세계
기독교
고전

26

THE CITY OF GOD

하나님의 도성

성 아우구스티누스 | 조호연 · 김종흡 옮김

CH북스
크리스천
다이제스트

이 책의 대본

「*A SELECT LIBRARY OF THE NICENE AND POST-NICENE FATHERS OF THE CHRISTIAN CHURCH*, Vol, II *ST. AUGUSTIN'S CITY OF GOD*」 Edited by Philip Schaff(Grand Rapids : Eerdmans Publ. Co., 1956)

「*THE CITY OF GOD*」(England: Penguin Books, 1980)

차 례

제 2 권

제 3 권

제 4 권

제 5 권

제 6 권

제 7 권

제 8 권

제 9 권

제 10 권

제 11 권

제 12 권

제 13 권

제 14 권

제 15 권

제 16 권

제 17 권

제 18 권

제 19 권

제 20 권

제 21 권

제 22 권

「하나님의 도성」의 배열과 내용

아우구스티누스는 그의 저작 가운데 여러번, 「하나님의 도성」이 어떻게 나누어지며, 각 부분의 주요 주제가 무엇인지 말하고 있다. 가장 완전한 설명은 그가 만년에 그의 친구 피르무스 신부에게 보낸 편지 가운데 있다. 이 편지는 벨기에의 마레드수스 수도원의 베네딕트파 학자인 돔 람보트(Dom C. Lambot)에 의해 발견되어, 그에 의해 *Revue Benedictine*에 발표되었다(Vol. LI nos 2-3, 1939년). 그 편지에서 그는 이렇게 쓰고 있다.

> "22권의 책을 한 권으로 묶기에는 너무 많다. 그대가 두 권으로 만들기 원한다면, 반드시 한 쪽은 10권으로, 다른 쪽은 12권으로 나누어야 한다. 그대가 두권 이상으로 만들기 원한다면, 반드시 5권으로 만들어야 한다. 첫째 권은 처음 다섯권을 포함한다. 거기서 나는 이교신들—나는 악령(다이몬)이라고 부르고 싶다—이 세상의 행복으로 이끈다고 주장하는 사람들은 반박하였다.
>
> 둘째권은 다음의 다섯권을 포함하고 있는데, 나는 그와 같은 신들을 내세에서의 행복을 위해 의식과 제사로 숭배해야 한다고 주장하는 사람들을 반박하였다. 그 다음의 세 권은 각각 네 권씩 포함하고 있는데, 네 권은 하나님의 도성의 기원을, 다음 네 권은 그 도성의 발전을, 마지막 네 권은 그 도성의 끝을 논하고 있다."

「하나님의 도성」 자체 내에서 독자들은 이 작품의 부분적인 설명을 보게 된다(4권 서문과 2장; 6권 12장; 10권 32장). 또한 그의 「재고록」(*Retractations*)에도 언급하고 있다(Ⅱ, 43:69와 편지 184 A.n.5.). 그러나 아마도 아우구스티누스 자신이 썼을 다른 요약은 「하나님의 도성」의 원고 끝에 발견되는데 람보트에 의해 출판되었다.

각 권 안에 주제들은 자주 너무 달라서 넓게 분석하기 어렵다. 번역판에 나타난

장 제목들 — 저자가 붙인 것이 아님 — 은 도움이 될 것이다. 본서에서는 각 권의 현저한 특징을 찾아 독자들이 신속하게 참조 구절을 찾을 수 있도록 하였다.

하나님의 도성

제 1 부

1권. 이교신들은 로마를 보호하지 못했다. 그리스도교인들은 다른 사람들과 같이 가난을 겪었으며, 그리고 세상 재물의 상실은 항상 재난인 것은 아니다. 정절이 더럽혀졌어도 본의아닌 영혼에게는 해를 끼치지 못한다. 정절을 더럽히지 않기 위해 자살하는 것은 허용될 수 없다.

2권. 이교신들은 도덕적 교훈을 갖고 있지 않다. 이교 의식의 외설스러움을 아우구스티누스의 경험에서 보여주고 있다. 이교신들은 연극의 외설스러움을 관용할 뿐 아니라 요구까지 하고 있다. 살루스티우스는 로마의 퇴폐상을 보여주고 있다. 스키피오의 국가에 관한 정의. 키케로의 판단. 공공숭배에서의 외설스러움.

3권. 신들은 로마를 보호하는데 실패했다. 로마는 누마 시대에 윤리적으로 견고했다. 그후에 뒤따르는 종교적 부패.

4권. 로마신들의 숫자와 무용함. 바로에 대한 찬사.

5권. 점성술의 거짓됨. 하나님은 운명이 아니다. 로마의 세속적 성공은 로마인의 덕 덕분이다. 로마 역사의 요약: 영광을 위한 야망; 지배를 위한 야망. 하나님은 그리스도교인 황제를 도우신다.

제 2 부

6권. 신들은 영생의 선물을 위해 숭배되지 않는다. 바로와 '신화적' 신들과 '도성적' 신들. 어리석은 작은 신들. 그들은 세속적 삶도 돕지 못한다.

7권. '선택된' 신들. 그들은 누구인가? 어떻게 선택되었나? 유피테르가 최고 신인가? 신은 세상의 영혼인가?

8권. '자연' 신학. 그리스 철학의 간단한 역사. 플라톤주의자들은 그리스도교인들에 가깝다. 마귀숭배 비판(아풀레이우스 — 헤르메스 트리스메기스투스). 죽은 자에 대한 이교 의식과 순교자에 대한 그리스도교 의식. 이교의 제사와 오직 하나뿐인 그리스도교적 희생.

9권. 마귀에 대한 부연 설명 . 아풀레이우스와 플라톤주의자들.

10권. 하나님에 대한 참된 경배. 포르피리오스와 마법의 거짓된 주장. 천사들. 그리스도교적 제사. 플라톤주의자들은 보편적 구원의 길인 그리스도를 인정하기를 거부한다.

제 3 부

11권. 성경의 진리. 창조. 시간. 선한 천사. 타락한 천사. 사악함은 자연스럽지 않다; 창조된 것은 아무것도 그 자체로 악하지 않다. 우리는 우리 자신의 존재를 어떻게 확신하는가?

12권. 악은 존재하지 않는다. 악은 원인이 없다 — 그것은 제한된 피조물이 하나님으로부터 자신에게로 돌아서는 것이다. 창조는 오래 전에 일어났다. 순환적 역사관은 잘못된 것이다. 세상은 영원하지 않다.

13권. 인간의 창조와 그 문제들. 죽음과 부활.

14권. 영의 생명과 육의 생명. 스토아 학파의 무감동(Apathy). 오직 창조자만이 죄의 결과를 풀 수 있다. 두 도성.

제 4 부

15권. 초기 인간. 아벨. 가인과 족장들. '거인들'은 누구였는가? 두 도성의 기원. 노아와 방주.

16권. 노아에서 유다까지. 인간적 괴물을 어떻게 설명할 것인가?

17권. 성경의 예언에 의해 그리스도를 위한 준비의 자세한 설명.

18권. 그리스도에 이르기까지 세상의 도성과 하나님의 도성. 교회 안에도 두 종류의 사람들이 있다. 예정된 사람들과 정죄될 사람들. 하나님의 도성 안에는 유대인들 외에 다른 사람들도 있다.

제 5 부

19권. 인간의 최고 선은 무엇인가? 평화. 모든 것이 평화를 향해 인도된다. 심지어 전쟁까지도.

20권. 최후의 심판. 율법과 질서. 다시 스키피오의 공화국.
21권. 영원한 형벌은 가능한가? 영혼 혹은 육체의 고통? 현세의 형벌이 죽음 후에도 어떤 이들에게 존재하는가?
22권. 창조와 부활. 기적은 아직 그리스도교회 안에서 일어난다. 하나님의 환상.

약어표

Ambr. – Ambrose of Milan (bishop and theologian, c. A.D. 339–c. 397)
  De Virg. – *De Virginibus ad Marcellinam Sororem*
  Ep. – *Epistolae*
Ammianus Marcellinus (Roman historian, *fl. c.* A.D. 390)
  Historiae
Apollod – Apollodorus (Greek mythologist, *fl. c.* 140 B.C.)
  Bibliotheca (spurious; first or second century A.D.)
Appian (Greek historian, *fl. c.* A.D. 160)
  De Bell. Civ. – *De Bello Civili*
  De Bell. Mithr. – *De Bello Mithridatico*
Apul. – Apuleius (philosophical writer, and novelist, *fl. c.* A.D. 150)
  Apol. – *Apologia Pro Se (De Magia)*
  De Deo Socr. – *De Deo Socratis*
  De Mund. – *De Mundo*
  Met. – *Metamorphoses (The Golden Ass)*
[Apul] – Pseudo-Apuleius
  Asclep. – *Asclepius*
Arist. – Aristotle (Greek philosopher, 384–322 B.C.)
  De An. – *De Anima*
  De Cael. – *De Caelo*
  Eth. Nic. – *Ethica Nicomachea*
  Met. – *Metaphysica*
Arnob. – Arnobius (Christian apologist, *fl. c.* A.D. 300)
  Adv. Gent. – *Adversus Gentes* (or *Adversus Nationes*)
Arr. – Arrian (Greek historian, *c.* A.D. 95–172)
  Anab. – *Anabasis* (of Alexander the Great)
Aug. – Augustine of Hippo (A.D. 354–430)
  Adv. Faust. Man. – *Adversus Faustum Manichaeum*
  Conf. – *Confessiones*
  De Div. Quaest. ad Simplic. – *De Diversis Quaestionibus ad Simplicanum*
  De Doctr. Christ. – *De Doctrina Christiana*
  De Gen. ad Lit. – *De Genesi ad Litteram*
  De Gen. c. Man. – *De Genesi contra Manichaeos*
  De Haer. – *De Haeresibus ad Quodvultdeum*
  De Nupt. et Conc. – *De Nuptiis et Concupiscentia*
  De Pecc. Mer. et Rem. – *De Peccatorum Meritis et Remissione (et de Baptismo Parvulorum)*
  De Spir. et Lit. – *De Spiritu et Littera*

De Trin. – *De Trinitate*
De Ver. Rel. – *De Vera Religione*
Enarr. in Ps. – *Enarrationes in Psalmos*
Ep. – *Epistolae*
Exp. ex Ep. ad Rom. – *Expositiones Quarundam Expositionum ex Epistola ad Romanos*
Quaest. in Hept. – *Quaestiones in Heptateuchum*
Retract. – *Retracttaiones*
Serm. – *Sermones*
[Aurel. Vict.] – Pseudo-Aurelius Victor
Epit. – *Epitome de Caesaribus* (wrongly assigned to Aurelius Victor, a fourth-century biographer of the emperors from Augustus to Constantine)
Cic. – Cicero (Roman orator and statesman, 106–43 B.C.)
Acad. Post. – *Academica Posteriora*
Acad. Prior. – *Academica Priora*
Ad Fam. – *Epistulae ad Familiares*
De Am. – *De Amicitia*
De Div. – *De Divinatione*
De Fat. – *De Fato*
De Fin. – *De Finibus Bonorum et Malorum*
De Har. Resp. – *De Haruspicum Responso*
De Leg. – *De Legibus*
De Nat. Deor. – *De Natura Deorum*
De Off. – *De Officiis*
De Or. – *De Oratore*
De Rep. – *De Republica*
In Cat. – *In Catilinam*
In Verr. – *In Verrem*
Philip. – *Orationes Philippicae*
Pro Lig. – *Pro Ligario*
Pro Rabir. – *Pro Rabirio*
Pro Scaur. – *Pro Scauro*
Tim. – *Timaeus* (translated or adapted from Plato)
Tusc. Disp. – *Tusculanae Disputationes*
Claudian (Roman poet, *fl. c.* A.D. 400)
Cons. Hon. III – *De Tertio Consulatu Honorii Panegyricus*
Clem. Al. – Clement of Alexandria (theologian, *c.* A.D. 150–*c.* 215)
Strom. – *Stromateis*
Curtius Rufus (Latin historian, *fl. c.* A.D. 59)
De Gest. Alex. – *De Gestis Alexandri Magni*
Cyprian of Carthage (bishop and theologian, d. A.D. 258)
Ep. – *Epistolae*
Cyr. Al. – Cyril of Alexandria (patriarch and theologian, d. A.D. 444)
C. Jul. – *Contra Julianum*

Dem. – Demosthenes (Athenian orator and statesman, 383–322 B.C.)
De Cor. – *De Corona*
Dio Cass. – Dio Cassius (Greek historian, *c.* A.D. 150–235)
Historia Romana
Diod. Sic. – Diodorus Siculus (Greek historian, *fl. c.* 40 B.C.)
Bibliotheca Historica
Diog. Laert. – Diogenes Laertius (Greek biographer and doxographer, *c.* A.D. 200–250)
De Clarorum Philosophorum Vitis . . .
Dion. Hal. – Dionysius of Halicaknassus (Greek literary critic and historian, *fl. c.* 25 B.C.)
Ant. Rom. – *Antiquitates Romanae*
Epict. – Epictetus (Greek philosopher, *c.* A.D. 60–140)
Ench. – *Enchiridion* (edited by Arrian)
Eur. – Euripides (Greek tragedian, *c.* 480–406 B.C.)
Frag. – *Fragmenta*
Ion
Iph. T. – *Iphigenia in Tauris*
Euseb. – Eusebius of Caesarea (bishop and historian, *c.* A.D. 260–*c.* 340)
Dem. Ev. – *Demonstratio Evangelica*
Praep. Ev. – *Praeparatio Evangelica*
Euseb-Hier.
Chronicon – The *Chronicle* of Eusebius, continued by Jerome
Eutrop. – Eutropius (Roman historian, *fl. c.* A.D. 370)
Breviarium ab Urbe Condita
Flor. – Florus (Roman historian, *fl. c.* A.D. 100)
Epit. – *Epitome*
Festus (Latin epitomist, second century A.D.)
De Verb. Sign. – *De Verborum Significatu* (epitome of Verrius Flaccus, grammarian in reign of Augustus)
Gell. – Aulus Gellius (Roman essayist, *fl. c.* A.D. 160)
Noctes Atticae
Hes. – Hesiod (Greek poet, probably eighth century B.C.)
Theog. – *Theogonia*
Hier. – Jerome (biblical scholar, *c.* A.D. 347–420)
Comm. in Dan. – *Commentarium in Danierem*
Comm. in Ez. – *Commentarium in Ezekielem*
Ep. – *Epistolae*
Praef. in Is. - *Praefatio in Isaiam*
Praef. in Mal. – *Praefatio in Malachiam*
Quaest. Hebr. in Gen. – *Questiones Hebraicae in Genesin*
Hom. – Homer (Greek epic poet, probably ninth century B.C.)
Il. – *Iliad*
Od. – *Odyssy*

Hor. – Horace (Roman poet, 65–8 B.C.)
  Carm. – *Carmina* (Odes)
  Ep. – *Epistulae*
  Epod. – *Epodes*
Joseph. – Josephus (Jewish historian, A.D. 37–*c.* 100)
  Ant. Jud. – *Antiquitates Judaicae*
  Bell. Jud. – *Bella Judaica*
Jul. Obs. – Julius Obsequens (Latin epitomist, probably fourth century A.D.)
  Prod. – *Liber Prodigiorum*
Justin (Latin epitomist, first or second century A.D.)
  Epitome (of the *Historiae Philippicae* of Trogus Pompeius, *fl.* under Augustus)
Justin Martyr (Greek Christian apologist, A.D. 109–165)
  Apol. – *Apologia contra Gentiles*
  Dial. – *Dialogus cum Tryphone Judaeo*
Juv. – Juvenal (Roman satirist, *c.* A.D. 250 – *c.* 320)
  Saturae
Lact. – Lactantius (Latin rhetorician and Christian apologist, *c.* A.D. 250–*c.* 320)
  De Ira Dei
  Div. Inst. – *Divinae Institutiones*
Liv. – Livy (Roman historian, 59 B.C.–A.D. 17)
  Ab Urbe Condita (references given without title)
  Epit. – *Epitome* (an abridgement of the above)
  Perioch. – *Periochae* (short abstracts of each book)
  (Of the 142 books of Livy's *History of Rome* only thirty-five survive. The *Epitome* of twelve books has been recovered, and we have the *Periochae* of all but two of the books.)
Luc. – Lucan (Roman epic poet, A.D. 39–65)
  Phars. – *Pharsalia*
Lucr. – Lucretius (Roman philosophic poet, *c.* 99–*c.* 55 B.C.)
  De Rerum Natura
Macrob. – Macrobius Theodosius (Roman philosophic writer, *fl. c.* A.D. 400)
  Saturnalia
Martianus Capella (Latin allegorist, early fifth century A.D.)
  De Nuptiis Mercurii et Philologiae
Minucius Felix (Christian apologist, second or third century A.D.)
  Octavius
Origen (Alexandrian biblical scholar and theologian, *c.* A.D. 185–*c.* 254)
  C. Cels. – *Contra Celsum*
  In Gen. Hom. – *In Genesin Homiliae*
  De Princ. – *De Principiis* (*Περὶ Ἀρχῶν*)

Oros. – Orosius (Latin historian, early fifth century A.D.)
Historiae
Ovid (Roman elegiac poet, 43 B.C.–A.D. 18)
Fast. – Fasti
Met. – Metamorphoses
Paus. – Pausanias (Greek geographer, *fl. c.* A.D. 150)
Hellados Periêgêsis (Descriptio Graeciae)
Pers. – Persius (Roman satirist, A.D. 34–62)
Saturae
Pind. – Pindar (Greek lyric poet, *c.* 520–*c.* 440 B.C.)
Nem. – Nemean Odes
Plat. – Plato (Greek philosopher, *c.* 427–348 B.C.)
Apol. – Apologia Socratis
Crat. – Cratylus
Legg. – Leges
Phaed. – Phaedo
Phaedr. – Phaedrus
Prot. – Protagoras
Rp. – De Republica
Symp. – Symposium
Tim. – Timaeus
Plaut. – Plautus (Roman comic playwright, *c.* 254–184 B.C.)
Amph. – Amphitruo
Plin. – Pliny the Elder (Roman natural historian, A.D. 23–79)
Naturalis Historia
Plot. – Plotinus (Neoplatonist philosopher, A.D. 205–270)
Enn. – Enneades
Plut. – Plutarch (Greek biographer and essayist, *c.* A.D. 46–*c.* 120)
Ages. – Vitae Parallelae, Agesilaus
Alex. – Vitae Parallelae, Alexander
Caes. – Vitae Parallelae, Julius Caesar
C. Gracch. – Vitae Parallelae, Caius Gracchus
Cat. – Vitae Parallelae, Cato
De Fort. Rom. – De Fortuna Romanorum
Num. – Vitae Parallelae, Numa
Quaest. Rom. – Quaestiones Romanae
Pyrrh. – Vitae Parallelae, Pyrrhus
Sull. – Vitae Parallelae, Sulla
Sall. – Sallust (Roman historian, 86–35 B.C.)
Cat. – Catilina (Bellum Catilinae)
Hist. – Historiae Fragmenta
Iug. – Jugurtha (Bellum Iugurthinum)
Sen. – Seneca (Roman essayist, *c.* 4 B.C.–A.D. 65)
Contr. – Controversiae
De Clem. – Dialogus de Clementia

De Ira – *Dialogus de Ira*
Ep. – *Epistulae*
Socr. – Socrates (Greek Church historian, *c.* A.D. 380–450)
Historia Ecclesiastica
Soph. – Sophocles (Greek dramatist, 496–406 B.C.)
Oed. Tyr. – *Oedipus Tyrannus*
Strab. – Strabo (Greek geographer, *c.* 64 B.C. – A.D. 10)
Geographica
Suet. – Suetonius (Roman biographer, *c.* A.D. 70–*c.* 160)
De Vita Caesarum
Tac. – Tacitus (Roman historian, *c.* A.D. 55–*c.* 115)
Hist. – *Historiae*
Ter. – Terence (Roman comic playwright, *c.* 195–159 B.C.)
Ad. – *Adelphi*
Andr. – *Andria*
Eun. – *Eunuchus*
Terentian. – Terentianus Maurus (Latin grammarian and metrist, late second century A.D.)
De Metr. – *De Litteris Syllabis et Metris Horatii*
Tert. – Tertullian (African Church Father, *c.* A.D. 160–*c.* 220)
Ad Nat. – *Ad Nationes*
Ap. – *Apologia*
De Res. Mort. – *De Resurrectione Mortuorum*
De Spect. – *De Spectaculis*
Thdt. – Theodoret (bishop, theologian, and historian, *c.* A.D. 393–*c.* 458)
H.E. – *Historia Ecclesiastica*
Val. Max. – Valerius Maximus (Latin anecdotist, *fl. c.* A.D. 30)
Factorum et Dictorum Memorabilium Libri IX
Varro (Roman polymath, 116–27 B.C.)
De Ling. Lat. – *De Lingua Latina*
De Re Rust. – *De Re Rustica*
Velleius Paterculus (Roman historian, *fl. c.* A.D. 20)
Historiae Romanae
Virg. – Virgil (Roman epic, bucolic and didactic poet, 70–19 B.C.)
Aen. – *Aeneid*
Ecl. – *Eclogae*
Georg. – *Georgica*

해제

우리에게 히포의 성 어거스틴(St. Augustine of Hippo)으로 더 잘 알려진 아우렐리우스 아우구스티누스는 로마의 아프리카 속주에 있는 내륙도시인 타가스테(Thagaste: 오늘날의 튀니지아와 동 알제리)에서 A.D. 354년에 태어났다. 그가 출생한 세기(世期)는 역사책을 읽는 독자들에게 그다지 친숙하지 않다. 왜냐하면 그 시기는 고전 그리스-로마 문명의 쇠퇴와 서구 유럽 문명의 출발 사이에 걸친 5세기의 중간기에 속하기 때문이다. 그럼에도 불구하고 이때는 그리스도교를 위해서는 중요하고 특징적인 시대였다. 왜냐하면 그때 로마 황제가 이교도이자 박해자로부터 그리스도교의 보호자요 중재자로 변신했으며, 이집트와 팔레스타인과 시리아와 소아시아에서 수도원 운동이 현저하게 발달했으며, 각처에서 대규모 교회당과 다른 종교 건물이 건립되었으며, 그리스도교 역사에서 처음으로 대 신학적 논쟁과 신학적 정의가 이루어졌기 때문이다. 또한 이 시기는 아마도 근대세계에 의해서보다는 고대나 근대에 동등한 정신적 비중을 지닌 어느 집단에 의해서도 높이 평가받는 위대한 신학자들의 시기이기도 했다. 이들은 교부신학의 황금기에 활동했던 교부들이었다. 그 중에는 대(大) 바실, 그레고리 나지안젠, 닛사의 그레고리, 요한 크리소스톰, 암브로시우스, 제롬, 그리고 아우구스티누스가 있었다. 이 모든 사람들은 329년(바실)과 354년(아우구스티누스) 사이에 탄생했으므로 로마제국이 공식적으로 그리스도교화된 이후에 성숙에 이르게 된 1, 2 세대의 후예였다.

지난 50년간 많은 역사학자들은 그 시대의 경제에 대해 관심을 집중해왔고, 로마제국의 쇠퇴를 분석하고 설명하려는 열망에 정신을 쏟았다. 그 결과 그들은 그리스도교 신학자들과 그들의 세력이 성장하게 된 문명의 긍정적인 업적에 대해서는 그다지 주의를 기울이지 않았다. 그 세기는 콘스탄티누스의 개종(312)과 곧이어 로마로부터 콘스탄티노플로 제국 중심부의 이전(330)으로 막을 열었었다. 이것은 사실 정치적·경제적 현실의 인정이기도 했지만, 또한 동방과 서방 사이에 이미 존재하던 간격이 급속히 확대되는 원인이 되기도 했다. 그 이후로 원래 로마 제국에 속했던 동방과 서방은 각자의 길을 걸어갔다. 동방에서는 앞으로 천 년 동안 존속될 비잔틴 제국이 생겨났고, 그곳에 있던 그리스 문명은 아나톨리아와 페르시아와 시리아의 사고방식과 생활태도에 의하여 점점 더 영향을 받게 되었다. 서방에 있던 로마제국은 이민족의 침입에 의하여 침식되었고, 그 문화는 새로운 생활의 어떤 중추적인 요소가 결핍되었기 때문에 약화되었다. 이런 일들에 더하여 또한 제국의 서북변경에 위협이 고조되어갔음에도 불구하고 4세기에는 아직도 동방과 서방 사이에 인적·사상적 교류가 있었고, 서방에서는 고대문명이 존속되었다.

서로마제국의 속주 중에는 오늘날의 튀니지아와 동 알제리의 해안지역을 포괄하면서 아프리카로 알려진 배후지역이 있었다. 한때 카르타고 제국의 심장부였던 튀니지아는 3차 포에니 전쟁(146 B.C.) 이후에 로마에 의하여 정복되어 식민지가 되었고, 유구르타(Jugurtha)에 대항한 전쟁 이후에는 그 변경이 남서쪽으로 확대되어 있었다. 이 지역은 곧 로마와 다른 이탈리아 여러 도시에 식량을 공급해주는 곡창 중의 한 곳이 되었고, 지중해성 기후에다가 집약농법과 관개농법을 사용하여 번영하고 인구가 조밀한 지역으로서 오늘날에는 사막이 되어있는 남쪽으로까지 확대된 비옥한 곳을 포함하였다. 로마에 의한 무자비한 파괴로 카르타고의 인구는 사실상 명맥이 끊어졌으나, 로마 식민지역의 변두리에는 토착 베르베르인들이 남아있었다. 이 시기에 관한 고고학적인 발굴로써 알 수 있듯이, 이곳은 마르쿠스 아우렐리우스 시대로부터 계속하여 통일적이고 수적으로 증가된 온갖 공공건물과 시설을 갖춘 잘 계획된 도시와 소읍이 있던 지역이었다.

이런 번영은 4세기에 이르러 주로 서로마제국을 전반적으로 괴롭혔던 여러 가지 재앙들, 즉 과다한 징수, 중앙정부에 의한 약탈, 대대적인 독립성과 진취성의 결여, 인구감소, 모든 계급의 법적인 동결, 소작농과 무산자로부터 쿠리알레스(*Curiales*), 즉 자기들의 거주하던 도성 주위에 재산을 소유한 귀족에게로의 소유지 이동 등으로 인하여 쇠퇴하기 시작했다. 이 지역에는 언덕 위에 몇몇 로마 귀족의 대영지와 많은 농장과 많은 토착 마을이 있었고, 해안을 따라 많은 항구가 발달했는데, 그 중에 히포 레기우스(Hippo Regius)는 카르타고 다음의 크기였다.

아프리카의 교회는 그 기원이 분명치 않으나, 3세기 초엽에 터툴리안이라는 인물을 통하여 표면으로 부상했다. 그는 변호사로 훈련받았으며 성향으로는 엄격주의자였는데, 마치 타키투스(Tacitus)가 키케로와 퀸틸리아누스(Quintilian)를 지지하듯이 풍자와 활력과 경구적인 능력에서는 키프리안과 대(大) 레오와도 같은 라틴 문체의 대가였다. 터툴리안은 결국 정통의 경계선을 넘어 로마에서도 대유행이었던 몬타누스파(Montanist) 이단에 빠졌지만, 라틴 지역의 그리스도교 신학을 위해서는 일가견을 이루었던 인물이며 아프리카에서 키프리안이 스승이라고 말할 수 있었던 존경받는 이름으로 남았다. 아프리카와 그 수도인 카르타고는 서로마에서는 로마 다음가는 그리스도교의 중심지가 되었다. 220년과 256년 사이에는 90명이나 되는 감독들이 참석했던 중요한 공의회가 그곳에서 개최되었으며, 아프리카 교회는 반(反)제국적인 성향을 지닌 하나의 실체가 되었다.

3세기 중반부에 이 지역은 카르타고의 감독이었던 키프리안(Cyprian)이라는 뛰어난 인물로 빛을 발하게 되었다. 그도 터툴리안처럼 타고난 문필가였으나, 고전적인 키케로 유형의 문체를 구사했다. 그는 웅변가로 훈련받았기 때문에 때때로 인위적인 것처럼 보이는 문학적인 채색을 가하여 순교자들의 고난을 논하며 찬양할 수 있었다. 그는 신학자로서 이단에 의한 세례의 유효성에 관하여 보편적인 가르침으로 받아들여졌던 주장에 반대입장을 취했다. 그는 교회질서를 주창한 최초의 대 신학자로서 단일한 믿음 안에서 감독들의 통합체로 표현된 교회의 통일성을 주창했다. 그는 실제로 또 이론적으로도 처음으로 통합원리로서 로마의 우위성을 인식했다. 나중에 그가 로마감독과 분쟁을 일으키게 되었을 때, 개별 감독의 권위를 강조했지만, 전체 조직으로서의 교회에 대한 그의 개념에는 추호도 흔들림이 없었다.

4세기 초의 아프리카는 도나투스파(Donatist)에 의하여 야기된 논쟁으로 들끓고 있었다. 그 파는 디오클레티아누스 황제기의 박해 동안 조금이라도 타락한 사람들에게 성찬식을 허락하려고 하지 않았고, 일정 기간의 참회 이후에 타락한 사람들을 기꺼이 받아들이려는 이들에게 비난을 가했다. 그들은 나아가 반대파가 베푸는 성직 서임식과 세례의 유효성에 도전하였고, 자기들만이 순수하고 진정한 교회라고 생각하였다. 따라서 1세기 동안 교회 내에 분열이 초래되어 아프리카 교회를 고통스럽게 했으며, 그 동안에 폭력이 행사되기도 하고 작은 교구에서 두 명의 감독이 대치하는 현상이 빚어지기도 했다. 도나투스주의는 주로 토착민 교회에 의하여 받아들여졌는데, 로마지배에 대한 혐오감이나 경제적인 원인이 그 배후에 있었는지는 아직도 논쟁거리가 되고 있다.

아우구스티누스는 「참회록」(고백록)에서 자신의 젊은 시절을 이야기하면서도 이런 혼란에 대해서는 아무런 언급도 하지않고 있다. 그는 그리스도인 어머니와 이교도 아버지 사이에서 태어났다. 그는 세례를 받지는 않았으나, 성년이 된 후에 개심을 할 때까지 세례를 유예하는 당대의 관습에 따라 예비신자[1]로서 등록되었다. 17

1) 예비신자란 문자적으로는 "교육 중인 사람"이란 뜻으로 세례를 위한 준비단계의 신앙을 가진 사람이었다. 그는 말씀의 의식에는 참여하도록 허락되었지만 성례전에 참여할

세 때 그는 카르타고로 가서 수사학을 공부하였는데, 놀랄 만한 성공을 거두었다. 그가 젊은 시절에 그리고 그 오래 전부터, 로마제국 서방의 교육은 전적으로 문학과 수사학으로 구성되어 있었다. 1단계 교육을 받는 어린이는 읽기와 쓰기와 계산하는 방법을 배웠다. 2단계에서 교육받는 소년은 문법과 작문의 여러 규칙과 함께 그리스의 고전 특히 호머의 작품을 습득했다. 3단계에 들어선 학생은 기하학(유클리드)과 산술과 비례산과 화성학 및 화음의 연관성에 대해 공부했다. 이 단계에서는 또한 일반 지식에 관한 강의도 개설되었다. 이보다 높은 단계나 대학과정은 없었다. 과학과 고등수학 특히 천문학은 몇몇 전문가들을 대상으로 교육되었다. 철학은 주로 아테네와 로도스 섬(Rhodes)과 알렉산드리아에서 연구되었고, 의학과 법률학은 그 과목을 전문 주제로 선택한 사람들에게만 따로 교육되었다.

포에니 전쟁이 끝난 후(c. 146 B.C.), 로마는 공인(公人)으로서 민사나 형사 소송에서는 변호사와 재판관이 되고 원로원에서는 웅변가가 되고 군대의 장군과 속주의 지사가 되어야 하는 지배층을 위하여, 공직생활의 요구를 충족시킬 수 있도록 그리스의 교육을 전수받아 실용적으로 적용시켰다. 그리고 젊은이는 마지막 과정으로서 아테네에서 철학을 공부할 수 있었다. 키케로를 변호사요 집정관이요 정치가요 문학자요 그리스 사상을 보급하는 사람으로 양육했으며, 율리우스 카이사르를 변호사요 문학비평가요 역사가요 장군이자 정객으로 만들 수 있었던 교육이 경시될 수 없었던 것이다. 그러나 방금 언급된 이 두 위인이 사망한 직후에 로마의 교육은 중대한 변화를 경험했다. 공화정 말기와 제국 초기에 라틴 문헌이 홍수처럼 쏟아져 나옴으로 말미암아 문법과 수사학 교육에서 그리스어가 라틴어로 대체되었고, 이와 동시에 제국 정부의 관청이 고대 로마의 공식 집무실과 공공 광장을 대신하여 행정의 중심역할을 담당하게 되었다. 이제 웅변은 정책을 결정한다거나 당파와 선거권자에게 영향을 미치는 수단이 아니라, 연설 혹은 대중교육으로 그 기능이 약화되었다. 변호는 개인 및 법률적 영역에만 국한되었다. 교육은 점점 책을 통한 것이자 수사학적인 모습을 갖추게 되었다. 로마의 엘리트들은 추상적인 사상을 결코 좋아하지 않았으므로 철학은 키케로의 경우처럼 그리스 사상을 대중적으로 단순화시켰거나, 스토아 학파의 경우처럼 일상생활에 대하여 종교와도 같은 배경을 이루었다.

아우구스티누스 시대에 이르게 되면, 교육은 내용적으로 아주 빈약해졌다. 아우구스티누스가 경험으로 판단해보면 그리스어는 선택과목이 되고, 라틴문학조차 필수

수는 없었다. 아우구스티누스가 살던 시대의 아프리카에서 그 말은 그리스도인의 친척이 있는 사람으로서 교회의 "명부에 올라 있는" 정도 이상을 의미하지 않았다.

로 취급되지 않았다. 인용구로 판단해보면, 베르길리우스(보통 아이네이드로 대변되는)는 타의 추종을 불허할 정도로 중요하게 다루어졌다. 그러나 호라티우스(Horace)는 거의 인용되지 않았고, 카툴루스(Catullus)는 결코 인용되지 않았다. 키케로의 철학 저작들은 아우구스티누스가 젊을 때 개인적으로 발견한 것들이었다. 그가 카르타고에서 받은 교육의 핵심은 웅변술에 있었다. 이 분야에서는 키케로가 아직 전형으로 생각되었으나, 아우구스티누스의 라틴어 산문은 비록 그것을 통하여 숭고한 결과를 산출할 수는 있었다고 할지라도 키케로의 어떤 글보다도 성격상 훨씬 더 느슨하며 박진감이 없었다.

그래서 아우구스티누스의 지적인 재산은 그가 받은 교육에서 얻은 바가 거의 없었다. 그는 교육을 통하여 수사학자로서 꽤 명성을 얻게 되었지만, 그의 정신적인 내용물 속에는 그리스도교 시대 최고의 사상가요 신학자로서 모습을 드러낼 만한 요소가 전혀 갖추어지지 못했다. 그는 철학과 신학분야에서는 공히 혼자 공부해야 했다. 그가 보인 놀라운 심리적 분석능력은 어떤 스승에게도 신세지지 않았다. 초신자로서 받았던 그리스도교 교육이나 수사학자로서의 훈련은 그가 이후에 9년 동안 습득하고 간직하게 되었던 마니교의 가르침으로부터 그를 보호해주지 못했다. 아우구스티누스의 생애 중에 선의 세력과 악의 세력이 영원히 공존하며 독립적이라고 보며 신비적이기도 하고 물질적이기도 한 이원론 종교인 마니교를 받아들인 일보다 이상한 것은 없다. 아마 당대 아프리카의 지적인 빈곤, 또한 아프리카 그리스도교의 지적 빈곤을 이보다 더 명확하게 보여주는 것은 없을 것이다. 그는 수사학적 교육의 영향으로 성경이 문체상 열등하다는 편견을 갖고 있었다. 그러나 그의 수사학적 지식은 그가 마니교도들의 신화를 받아들이지 못하도록 보호해주지 못했다.

「참회록」을 읽는 사람들은 이 사건을 이해하지 못해서 난감해한다. 그들은 그렇게 다양한 방법으로 우리 자신의 경험에 부합되게 직접적으로 말해줄 수 있고 그리스도교 신앙을 그토록 잘 이해하고 설명할 수 있는 사람이, 우리에게조차 조금만치도 믿을 만하게 보이지 않는 거짓 이야기에 만족할 수 있었는지 이해하기 어렵다는 사실을 알게 된다. 그 부분적인 이유는 분명히 우리가 이교적인 아프리카의 문화적인 분위기를 어렴풋하게나마 떠올릴 수 없다는 데 있다. 아테네가 패권을 잡고 있던 시기로부터 로마제국 초기에 이르기까지의 고대 문명에서 높은 수준에 있는 층과 뛰어난 개인들은 합리적인 견해와 문명인다운 방어수단을 가지고 있었기 때문에, 인생 문제에 대한 신비적인 설명이나 초자연적인 설명을 본능적으로 배척했다. 그러나 아우구스티누스가 태어난 아프리카에는 그런 방어수단이 그다지 눈에 띄지 않았다. 그곳에는 아직도 토착적이고 원시적인 사람들이 배후에 남아있었다. 겉보기에는 영원할 것만 같은 로마제국, 그리고 그 풍요는 몇몇 오늘날의 정치제도처럼 빈약하며 취약해 보이기 시작했다. 그리스도교는 아직 소수에 불과했으며 많은 부유한 시민들과 관리들은 과거의 신들을 성심껏 섬기거나, 쇠퇴하고 있던 신 플라톤주의를 추종하고 있었다. 아우구스티누스가 어린시절과 청년기를 보낼 때 그의 어머니 모니카가 나중과 같은 정도로 믿음이 확고하고 경건한 여인이지는 않았다는 사실은, 그 자신이 한 말로써가 아니라 이에 대해 침묵하고 있다는 것을 보아 분명한 듯 하다. 그러나 다른 어느 누구도 아우구스티누스에게 기초적인 그리스도교 교리에 관한 기반을 닦아주지 못했다. 그의 교육은 전적으로 이교적이었던 것이다.

이제 우리는 20세기 초 영국이나 미국의 산업도시에 있는 근본주의자의 가정에서 구약성서대로 양육받은 뒤에 자유사상가인 교사에게서 교육받는 어떤 소년이 있다고 상상하자. 이 소년이 16세 때, 그리스도교의 온갖 장점을 과학적이고 비판적인 세계관 속으로 흡수했다고 주장하고 특이하게 재능있는 어떤 신지학(神知學) 집단에게 매력을 느꼈다고 한다면, 우리는 아마 아우구스티누스가 마니교에 가졌던 매력을 이해할 수 있을 것이다. 마니교는 오랜 생활 동안 그의 마음에서 결코 지워지지 않았던 문제, 즉 자신 안과 영적 존재의 전 세계에 있는 죄와 악의 문제에 대해 대답할 수 있다고 공언했다. 마니교는 선과 악의 세력이 대항하며 일단의 빛인 영혼이 물질적인, 그러므로 악한 육체에 둘러싸여 있다고 주장하는 이원론적 사상체계를 가지고 있었다. 그 종교도 다른 종교들과 마찬가지로 그리스도의 예언적인 능력을 인정하기는 했지만, 그분이 가진 하나님으로서의 속성과 대속적인 사명은 인식하지 못했다. 우리는 아우구스티누스 자신의 말을 통해서 그가 청년기의 오랜 동안 신령한 하나님은 차치하고, 신령한 존재에 대해서도 생각할 수 없었음을 알 수 있다. 그가 이런 곤경에 처해있을 때, 키케로의 철학적 저술들과 신 플라톤주의에 의해서 교화되었고 나아가서는 요한 복음에 의하여 빛을 얻게 되었던 것이다.

그렇지만 이것이 전체 이야기가 아니었다. 감정이 아주 풍부했던 아우구스티누스는 오랜 기간동안 자신의 고상한 자아로부터 저항받았던 성적인 만족에 사로잡혀서 육욕적인 삶을 산 뒤에, 지성적일 뿐만 아니라 도덕적인 전환을 필요로 하였다. 위대한 자서전 중에 그의 「참회록」을 독특하게 만든 것은 그가 겪은 의지와 지성, 감정과 양심의 상호작용이었다. 그는 어머니로부터의 사랑과 기도 그리고 밀라노의 성 암브로시우스의 가르침으로부터 도움을 받아, 386년에 영혼과 마음 속의 갈등을 해결하고는, 다음 해에 암브로시우스로부터 세례를 받았다. 아우구스티누스는 처음에는 카르타고에서, 다음에는 로마에서, 마지막으로는 밀라노에서 오늘날에도 전문적인 수준이라고 할 수 있는 수준으로 수사학을 가르쳤었다. 그때도 지금처럼 — 영국에서보다는 유럽대륙에서 — 학문적인 직업에서 뛰어난 사람은 속주의 총독과 같은 고위공직으로 진출할 수 있었다. 비록 남아있는 아우구스티누스의 초기 저작이 알프스 기슭에서 여름 동안 전원생활을 할 때 뒤따라온 일군의 친척들과 친구들과 함께 나눈 철학적인 토론을 기록한 대화편이기는 하지만, 그는 회심한 후 세례받기 전에 거의 수중에 넣었던 그런 경력을 포기했다. 그 저작은 소크라테스 주위에 아테네의 청년들의 모여들었던 800년 전에 유래되었던 사고방식이 라틴 문학으로 모습을 드러낸 마지막이거나 마지막에 속한 단편이다. 그해 후반에 모니카는 아프리카로 돌아간 직후 오스티아에서 숨을 거두었고, 아우구스티누스 자신은 한동안 타가스테로 돌아가 있었다.

아우구스티누스로 하여금 회심하도록 이끈 자극 중의 하나는 밀라노에서 볼 수 있었던 이집트 수도사들을 모방한 수도원 생활의 모범이었다. 그는 세례받은지 4년 후에 히포 레기우스로 가서 몇몇 동료들과 함께 수도사처럼 생활하기 시작했다. 그는 391년에 성직자로 서임되었다가, 395년에는 그 도시의 감독으로 성별되었다. 그 이후 35년 동안 그는 분지모양으로 된 그 도시에서 아직도 기둥의 마루와 받침이 남아있는 교회당 가까이의 집에서 살았다. 그는 창문을 통하여 "여러 벌의 옷처럼 녹색이다가 아주 다양한 색조를 받아 주홍색이 되었다가 푸른 색이 되었다가 하는 변화무쌍한 색을 지닌" 지중해를 바라볼 수 있었다. 그는 그 분주한 도시에 살던 사람들의 활동과 근심거리에 큰 관심을 쏟았다. 그가 복음서에 관하여 수많은 설교를 하거나 시편을 주제로 장엄한 비유적 주석을 단 것은 그들을 대상으로 해서였다. 그는 그들을 위해서 날마다 요한 복음의 숭고한 묵상을 꾸준히 계속해 나갔다.

히포는 비록 아우구스티누스가 그곳에 있던 때보다 2세기 이상 전에 로마인들에 의하여 다시 설계되기는 했지만, 아프리카에서는 카르타고 다음가는 항구로서 꾸불꾸불한 카르타고식의 가로를 아직도 간직하고 있는 고대 도읍이었다. 그곳에는 커다란 공공광장과 어디에서나 흔한 로마인의 대건축물, 신전, 극장, 그리고 공중 목욕탕이 있었다. 교회당과 감독의 집이 있는 그리스도교 지역은 로마풍의 중심가로부터는 떨어져 있었지만, 대저택과 정원이 있는 상층민의 지역에 인접해 있었다. 그 도시가 위치해있던 강안 계곡은 기름진 땅으로서 집약적인 농법으로 경작되고 있었다. 곡물과 채소류, 포도와 올리브가 풍성했고, 계곡 위쪽으로는 대규모의 개간농지가 있어서 이 도시의 필요를 넘어 수출용 곡물도 생산해 내었다. 아우구스티누스가 맡은 교구는 배후지역에 위치해 있었고, 마을에 선 교회당과 지주들이 세운 소교회당으로 구성되어 있었다.

그리스도인들과 도나투스파 주민 사이에 격렬한 충돌이 발생된 것은 이 너머 언덕 지역에서였다. 아우구스티누스는 자신의 인품과 명성으로 서서히 회중을 늘려나가면서 도나투스파의 세력을 감소시켰다. 재판관이자 중재자로서의 그의 위치는 강화되었고, 그리스도인이든 이교도든 지방귀족은 그를 동료요 자문관으로 여겼다. 그에게는 아주 많은 친구들이 있었는데, 그는 그들과 엄청난 양의 서신을 교환했다. 그 자신은 금욕적이고 수도사적인 모습으로 동료 성직자들과 함께 독신생활을 하면서, 반(半)수도원적인 규율에 따라 손님들을 감독의 식탁으로 맞아들이고는 성경 해석과 도덕적 교훈에 관한 토론을 즐겼다. 아우구스티누스의 거처는 감독을 배출하는 장소가 되었다. 그리고 아프리카 교회에서 그의 명성이 커져감에 따라 그는 종종 카르타고로 여행해야 했는데, 도중에 제자들을 방문하곤 했다. 그의 동료시민들, 모든 수도원 성가합창대와 자신의 일과기도서를 암송하는 모든 성직자에 의해서 수세기 동안 낭송되어온 말을 처음 들었던 사람들은 우리가 이름도 알지 못하는 무명인들이다.

우리는 그들이 얼마나 자기들의 감독에게 감사했는지, 또는 얼마나 많은 사람들이 그가 단지 경건한 사람일 뿐만 아니라 탑처럼 높이 솟은 지성인임을 깨달았는지 궁금하다. 그의 설교는 그 말과 사상에 담긴 능력이 당대를 뛰어넘어서 수세기 후의 사람들도 움직이는 감동적인 실례가 되었다. 성 아우구스티누스는 이곳 히포 생활의 초기에 자신의 「참회록」을 저술했다. 그는 이제 밀라노에서 회심했을 때와는 다른 사람이 되어있었다. 이제 더 이상 젊지 않았던 그는 작은 지역 사회에서 확고한 자리를 잡고 있었다. 그러나 그는 우리를 위하여 젊은 시절의 모든 감정, 방황, 그리고 신선한 기쁨을 기억해냈다. 「참회록」 안에는 그의 다른 어떤 저술보다 더 놀랍도록 맑은 지성과 감정을 표현하는 정교한 능력이 연이어 드러나 있고, 영원을 바라보는 경지에 이르기까지 승화되어 표현되었다.

이후로 아우구스티누스는 결코 아프리카를 떠나지 않았다. 당대의 감독들은 오늘날 주교들의 정력을 빼앗아가는 행정적이며 일상적인 의무보다는, 신자들의 법률적 소송과 분쟁에 더 많은 시간을 보낸 듯하다. 그러나 그는 점차로 논쟁에서 보인 능력과 믿음의 옹호자로서의 명성 덕분에 그리스도교계에서 더 폭넓은 생활을 영위하게 되었다. 그는 감독직을 맡고 있던 거의 전 기간 처음에는 도나투스파와, 다음에는 펠라기우스주의자들[2]과 대항하는 가톨릭 아프리카 교회의 지도자였다. 그가 감

---

2) 브리튼 지방 태생인 펠라기우스는 약 400-418년 사이에 로마 등지에서 활동했는데, 원죄에 대한 전통적인 교리를 약화시켰으며 사람이 어느 누구의 도움도 받지 않고 하나님의 계명을 실천할 수 있고 은혜를 얻어낼 수 있다고 가르쳤다고 하여 고소당했다. 그의 가르침이 어느 정도 정확하게 이단이었는지는 아직도 논의되고 있지만, 아우구스티누

독이 되었을 때 이미 마지막 단계에 접어들었던 오랜 도나투스파 투쟁은 결국 교회에 의하여 승인되었던 제국정부가 폭력에 대항하기 위하여 무력을 사용했을 정도로 가슴아픈 문제가 되어 있었다. 도나투스파가 그 영향력이 절정에 달했을 때에는 아프리카의 민족주의 및 혁명적 경향을 띠면서 수세기 후에 나타난 남부 프랑스의 카타리파처럼 사실상 기성교회와 대등할 정도의 위세를 떨쳤다. 아우구스티누스도 처음에는 그들을 설득과 토론을 통하여 설복하기를 바랐으나, 폭력적 상황과 맞닥뜨리게 되자 강경입장으로 선회하여 결국에는 정부의 개입을 환영하고 강제진압에 찬성하게 되었다.

* * *

「하나님의 도성」은 특별한 경우를 위하여 마련된 에세이(Piece de circonstance)로서 거의 효시적인 작품이라고 할 수 있다. 로마는 410년에 알라릭이 이끄는 고트족과 노예들에 의하여 점령당하고 약탈되었다. 그로써 그 도성이 몰락한 것은 아니었으나 라틴 세계의 모든 분별있는 사람들은 비할바없는 심리적 충격을 받았다. 로마는 6세기 이상 동안 이탈리아에서 주인 역할을 담당했었고, 그 중 4세기 동안 로마제국의 경계는 곧 먼 동쪽 변경을 제외하고는 당시에 알려진 세계의 경계와 일치했었다. 로마는 비록 80년 전에 제국내에서 최고 지위를 상실했다고 할지라도, 아직도 모든 다른 도시에 대하여 암묵적인 위엄을 행사하고 있었다.

이후에 전설에 의하여 크게 도움받은 그리스도교적 전통에 따르면, 콘스탄티누스 시대로부터 로마를 교황도시로 바라보는 시각이 생겨났는데, 이 점은 오늘날 그리스도인들의 의식으로부터도 완전히 사라진 것은 아니다. 그러나 사실상 로마는 대체로 이교(異教)적인 성격을 간직하고 있었고, 특히 상류층에서는 그 정도가 아주 심했다. 진짜 오래된 가문이든 비교적 새로운 가문이든 대 원로원 가문은 자기들의 전통과 로마의 신들에 대해 완고할 정도로 집착하여 스스로 신전의 공식적인 사제요 관리인 역할을 수행했다. 고전 문학이 다시 활력을 찾음으로써 그들의 견해는 더욱 강화되었고, 더구나 신 플라톤주의에 의하여 그들은 그리스도교에 대하여 더욱 반대되는 입장을 취하게 되었다.

신 플라톤주의는 훌륭한 그리스어나 라틴어 문체의 장점을 거의 보유하지 못했던 유대인들과 그리스도교인들의 성경에 간직된 전설보다는, 더 합리적이고 더 영적

스와 제롬에 의하여 격렬하게 반대되었다. 아우구스티누스는 이 논쟁에 약 20년 동안 전념하여 은혜의 박사라는 칭호를 얻게 되었지만, 그 내용이 「하나님의 도성」에는 나오지 않는다.

이게도 보이게 만들 수 있었던 우주관을 제공해 주었다. 이런 사람들에게 로마가 당한 재앙은 구제받을 수 없을 정도로 암담한 비극처럼 보였고, 그들은 그 원인을 몇몇 근대의 역사가들과 마찬가지로, 그리스도교가 침투하여 로마의 신들에게서 그 위치를 빼앗았을 뿐만 아니라 로마와 그들 자신을 방어할 수 없었다는 데 돌렸다. 그 당시에 강한 반 그리스도교적 감정을 품고 있었던 많은 지배층 사람들이 아프리카로 도피해오게 되었다.

아우구스티누스의 친구이자 제국의 그리스도인 행정담당관인 마르켈리누스는 이교도들이 이해할 수 있는 말로써 그들의 공격에 대항할 수 있는 인물이 아우구스티누스 감독 뿐이라고 판단하고서 그에게 도움을 요청했다. 그는 특히 그리스도교에 상당히 기울어져 있었고 아우구스티누스와도 여러번 서신을 교환했던 이교도이자 제국의 아프리카지역 지방총독인 볼루시아누스(Volusianus)를 염두에 두고 있었다. 아우구스티누스는 약 427년에 쓴 글에서 그 저작의 기원에 대해 우리에게 다음과 같이 말해주고 있다.

> 이 당시에 로마는 알라릭 왕이 이끄는 고트족에 의하여 약탈당함으로 입은 재앙에 대해 크게 상심하고 있었다. 많은 거짓 신들을 섬기는 사람들, 곧 우리가 보통 이교도라고 부르는 사람들은 이 재앙에 대해 그리스도교에 책임을 돌리려고 하며 예전보다 더 격렬하고 심하게 참된 하나님을 모독하기 시작했다. 이로써 나는 하나님의 집에 대한 열정에 불타서, 그들의 모독과 거짓말을 반박하기 위하여 「하나님의 도성」을 저술하기 시작했다. 다른 작업들이 개입되었기 때문에 이 일에는 오랜 시간이 걸렸다. … 그러나 「하나님의 도성」에 담긴 엄청난 작업은 결국 22권으로 완성되었다.[3]

그는 계속해서 그 책에 대해 설명한다.

> 첫 다섯 권은 번영과 고난을 신들의 숭배나 그 숭배에 대한 금지의 탓으로 돌리는 사람들을 반박한다. 다음 다섯 권은 사람들에게 재앙이 결코 면제되는 것은 아니지만, 신들을 숭배하면 죽음 이후의 내세에 도움이 된다고 주장하는 사람들에 대한 반론이다. 이 작업의 두번째 부분에는 12권이 포함되어 있다. 첫번째 네 권은 두 도성 즉 하나님의 도성과 이 세상의 도성의 탄생을 묘사한다. 다음 네 권은 두 도성에 대한 이야기를 계속하며, 세번째 네 권은 그들의 마지막 운명에 관하여 기술한다.

---

3) *Retractations*, 2, 43, 2.

그는 그 작업이 마무리된 얼마 후에 피르무스(Firmus)라는 이름을 가진 친구에게 보내는 편지에서 이와 거의 유사한 설명을 하면서, 자기가 전 작품을 다시 읽고 있다고(아마 몇몇 부분은 고쳤을 것이다) 말하고 있다.[4] 다른 글들로 보아 우리는 그 책이 413년 초에 시작되었음을 알고 있다. 첫 세 권은 414년에 완성되었고, 4권은 415년 말에, 6권에서 11권까지는 아마 416년에, 다음 세 권은 420년까지, 마지막 여덟 권은 420년으로부터 426년 봄까지 완성되었다. 아우구스티누스는 간간이 자신이 완성한 책을 "출판했으며," 결국 이미 언급된 대로 모든 작업을 마무리한 후에 자기의 친구이자 성 제롬의 친구이기도 했던 아프리카의 성직자인 피르무스(Firmus)에게 발송했다.

그렇다면 하나님의 도성은 무엇인가? 아우구스티누스는 마르켈리누스에게 보내는 서문의 두번째 문장에서 자신이 "하나님의 도성의 건축자보다 자기 신들을 더 좋아하는 자들에 대항하여 하나님의 영광스런 도성을 옹호하는 작업"을 담당했노라고 말한다. 그리고 그는 "이 세상의 도성으로부터 적들이 생겨났고 그들에 대항하여 하나님의 도성이 방어되어야 한다"는 말로써 1권 1장을 시작한다. 그 도성은 나중에 35장에 가서는 이교적인 로마 도성에 반대되는 것으로 보이는 "이 세상의 순례길을 가는 하나님의 도성"이 되었다. 아우구스티누스는 자신이 "이 두 도성의 기원, 발달, 그리고 지정된 목적"을 설명하겠다고 말하고 있다. 그는 사실 마지막 권에 가서야 이 말을 실행에 옮겼고, 2권 2장과 14권 마지막 장 사이에는 두 도성에 대한 언급이 거의 나오지 않는다. 방금 언급한 14권 28장에서 그 말이 다시 등장할 때에도 하나님의 도성에 대항하는 것은 "세상 도성"과 "인간들의 도성"이다. 우리는 마침내 15권 1장에서 정의 비슷한 글을 대하게 된다.

> 나는 인류를 두 부분으로 분류한다. 하나는 인간의 기준으로 살아가는 사람들로 구성된 부분이며, 다른 하나는 하나님의 뜻에 따라 살아가는 사람들로 구성된 부분이다. … 나는 두 도성이란 말로써 두 부류의 인간사회를 의미하는데, 하나는 영원 전부터 하나님과 함께 다스리도록 예정된 도성이며 다른 하나는 악마와 함께 영벌을 겪을 운명을 지고 있는 도성이다.

두 사회 또는 이 세상에서의 가시적인 두 집단, 그리고 두 집단 각각의 구성원

---

4) 이 편지는 람보트(C. Lambot)에 의하여 발견되어 출판되었다. *Revue benedictine,* 51(1939) p. 109-21.

들이 내세에서 영광으로 예정된 부류와 영벌로 운명지워진 부류로서 보이지 않는 두 사회로 구분된 데에는 아우구스티누스가 결코 분명하게 확정지어놓지 않은 애매한 점이 있다. 「하나님의 도성」에는 그 저술 기간에 발생했으며 "중간에 개재되었다가" 그 완성시기를 늦춘 "다른 작업들"중의 하나였음에 틀림없는 펠라기우스주의자들과의 대 논쟁에 대한 암시가 전혀 나와있지 않지만, 우리는 두 도성의 구성원들이 "구원받기로 예정된" 이들과 "죄를 고집하는" 이들로 정확하게 구분되는 사람들로 구성되어 있다고 말할 수 있다. 우리의 눈에는 아우구스티누스가 하나님의 도성을 가톨릭 교회와 동일시한 적은 극히 드물다는 사실이 뚜렷하게 보인다. 그는 13권 16장에서 "하나님께 속한 교회 즉 하나님의 교회"라고 말하여 적어도 한 번은 그렇게 일치시켰다.

그는 다른 도성을 그리스도 이전에 이방왕국들이 걸어간 길과 동일시하며, 하나님의 도성을 아담으로부터 그리스도 탄생 때까지의 "하나님의 백성"과 같이 본다. 사실상 불신자들이 로마당국과 제국의 이교도들이듯이, 그리스도의 부활 후에 그를 믿는 사람들 즉 하나님의 도성은 교회이다. 그러나 교회와 국가가 대결상태에 있는 것은 아니다. 우리는 그 이유를 알 수 있다. 즉 두 도성의 구성 요소는 서로 다른 사랑의 대상이기 때문이다. 하나님을 사랑하면 자아를 경멸하게 되고, 자아를 사랑하면 하나님을 경멸하도록 이끈다(14권 28장). 그러므로 두 도성은 두 종류의 사랑이며, 이는 외적이고 정치적인 구분이 아니라 내적이며 영적인 차이인 것이다. 아우구스티누스는 이 작업의 다른 부분에서 제도적 교회에 대한 아주 분명한 개념을 전개하고 있다.

교회는 사도들의 계승자인 감독들에 의하여 치리되는 가시적인 몸으로서 감독들 중에 뛰어난 사도적 교구인 로마 감독이 전체 교회를 대신하여 발언한다. 성경에 포함되지 않은 온갖 진리를 위해서, 우리는 모든 감독들의 전체 공의회로부터 확실한 결정사항을 얻을 수 있다.[5] 그러나 아우구스티누스는 「하나님의 도성」 속에서 특징적으로, 사실은 암묵적으로 가시적인 제도로서의 교회로부터, 예정된 회중으로 구성된 초자연적인 실체로 눈길을 돌리고 있다. 그는 하나님의 도성이 순례자인 한, "그 중에는 성례전에 참여함으로써 연합하지만 성도들의 영원한 목적지에는 함께 하지 못할"(1권 35장) 사람들이 포함되어 있음을 분명하게 말하고 있다. 마찬가지로 그 도성의 적중에도 "시민이 될" 사람이 있다. 이들은 아마도 회개하게 될 사람들이다. 그렇지만 아우구스티누스는 더 나아가 과거의 섭리 속에는 하나님의 시민이지만 완

5) *Letter 54;Sermons,* 131, 10, 10 and 295, 2, 2.

전혀 하나님의 백성 밖에 있던 사람들이 있었으며, 지금도 그러하다고 인정하고 있다(18권 47-50장). 구약 시대의 충격적인 예로는 욥이 제시된다. 그러나 아우구스티누스는 욥이나 다른 사람들처럼 가시적인 도성 밖에 있으나 하나님의 도성에 속하게 된 사람들은 어떤 방법으로든지 개인적인 계시를 받았음에 틀림없다고 덧붙인다.

* * *

아우구스티누스가 교리와 사상의 문헌에서 수없이 등장하는 모습 가운데 가장 놀라운 것 중의 하나는 최근의 정치사상 목록에서 그가 차지하고 있는 위치이다. 덧붙여 말하자면, 정치사상 분야에서 만큼 조심성없는 독자들이 아우구스티누스를 잘 이해하지 못한 분야도 없다. 방대한 체계를 이루는 아우구스티누스의 저술 중에서 우리는 많은 중요한 사회문제에 대한 일반적인 원칙적 진술을 발견할 수 있음은 사실이다. 그 중에 실정법령과 만인에게 동일한 영원한 자연법, 곧 사도 바울과 그를 뒤이어 아우구스티누스가 만인의 마음 속에 쓰여졌다고 주장하는 법 사이의 구분처럼, 키케로로부터 직접적으로 또는 우회적으로 받아들인 주장도 있다. 또다른 주장들은 그에 의하여 받아들여진 뒤에 변형되기도 했다.

그러므로 노예제와 어떤 종류의 강압적 정부가 형벌적인 성격을 가지고 있다는 주장, 즉 어떤 강제적인 정치체계가 "죄의 결과"라는 개념을 비록 암브로시우스와 "암브로시우스의 제자"와 같이 시기적으로 아우구스티누스 직전의 몇몇 선대 사람들에게서 발견되기는 하지만 아우구스티누스에 의하여 받아들여진 뒤에 상당히 발달하였다. 그는 노예제를 받아들인다. 그것은 모든 인간을 사람으로서 평등하게 보는 기본적인 입장에 모순되고 이런저런 개별적인 경우에 하나님의 의해서 반드시 인정되는 것은 아니지만, 죄의 결과이므로 제도로서 용납될 만하다. 마찬가지로 무력적인 강제력을 갖고 있는 정부도 원래 인간을 위해 하나님이 만드신 제도가 아니라 죄에 대한 형벌이다. 사람들에 대하여 하나님이 의도하신 모범은 통치할 백성을 거느리는 왕이 아니라, 양떼를 먹이는 족장이다. 그러나 아우구스티누스에게는 인간의 죄성이 현실이었기 때문에, 형벌과 강제력이 인간세계에서 필연적인 요소로 받아들여졌다.

이미 언급된 대로 그 자신도 가톨릭 교회에 대항하여 반란을 일으킨 이들을 축출하고 근절시키는데 기꺼이 국가의 도움을 받아들였다. 그러나 이렇게 표명된 견해의 거의 대부분이 「하나님의 도성」 이외의 저작에서 나타난다. 「하나님의 도성」에서 정치사상에 대한 그의 주요한 기여는 그가 "인민"(*populus*)과 "공화국"(*res publica*)이라고 명명했으며 우리가 "국가"라고 일컫는 것에 대한 정의에 있다. 그는 지금은 남아있지 않은 키케로의 「국가론」 중의 한 부분에서 대 스키피오의 정의를 인용한다. 그는 공화국이 아무 인간이나 모인 집단이 아니라, 제 권리에 대한 인식된 체계와 이해 공동체 내에서 연합된 집단이라고 주장했다. 스키피오는 나아가 공화국은 어떠한 종류의 것이건 — 왕정이건 귀족정이건 민주정이건 — 공정한 통치를 의미한다고 말했다. 그렇지만 만약 정의가 결핍되어있을 때에 공화국은 악할 뿐만 아니라, 결코 공화국도 아니다(2권 21장). 키케로 자신이 인정한 바에 따르면, "우리 자신의 악에 의하여 … 우리가 이름은 가지고 있다고 할지라도 공화국을 잃어버렸다." 이에 대해 전적인 공감을 표명하고 있다. 나아가 그는 옛 공화국이 진정한 정의를 결핍하고 있기 때문에 결코 진정한 공화국이 될 수 없음을 보여줄 준비가 되어 있었다. 그렇지만 그는 그것이 공화국의 일종이라는 점은 기꺼이 인정했지만, 여하튼 그에게는 당대보다는 과거의 형편이 오히려 더 나았던 것이다. 그럼에도 불구하고 하나님의 도성 바로 뒤편에서 그의 말 중에 가장 흔히 인용되는 구절 중의 하나를 언급했다. "정의가 결여되어 있다면, 왕국은 강도집단 이외의 무엇인가? 그리고 강도집단은 소왕국이 아니고 무엇인가?"(4권 4장).

그는 이 주제를 오랜 세월 동안 언급하지 않다가 알맞은 때를 보아 19권 21장에 가서 다시 끄집어내었다. 그는 스키피오가 정의한 공화국이 로마에서 결코 실현되지 않았다고 되풀이하여 말했다. 우리가 권리(*jus*)에 대해서 말한다면, 우리는 단지 정부에만 유용한 것이 아니라 정의(*justitia*)로부터 파생되는 무엇인가를 의미한다. 진정한 정의가 결핍되었다면 결코 공화국은 존재하지 않고, 하나님의 명령이 준수되지 않는 곳에서는 진정한 정의가 있을 수 없다. 그럼에도 불구하고 공화국이 공동이익을 추구하며 자발적으로 연합한 이성적인 존재의 집단이라는 다른 정의를 제기할 용의를 가지고 있었다. 이런 정의로써 로마와 다른 어떤 공동체, 심지어 정의가 전혀 없음에 틀림없는 어떤 이교국가도 공화국 혹은 공동의 이익이라고 불릴 수 있었다. 그는 보다 앞 부분에서(5권 17장) 인생은 짧으며 우리가 어떤 정부 아래에 살든 크게 중요하지는 않다고 말했지만, 통치자가 아무리 악하더라도 그의 권력은 하나님에게로부터 유래된다고 언급했었다(5권 21장). 간단히 말하여 이런 다양한 접근으로 보아 아우구스티누스의 정치사상은 매우 유동적이거나, 오히려 그에게 있어서 유일하고 진정한 공화국은 하나님의 도성임을 암시하는 듯이 보인다.

분명히 「하나님의 도성」에는 교회와 국가 관계에 대한 어떤 확고한 주장이 있지는 않다. 의심할 바 없이 그런 어떤 것을 기대하는 것은 시대착오적인 일일 것이다. 그러나 예로부터 이 시기를 교회와 국가의 대결이 시작된 시점이라고 생각하는 대부분의 역사가들은 콘스탄티누스 황제의 개종과 그 이후 — 후견이라고 할 수는 없지만 — 그에 의한 교회의 후원 관계를, 돌이킬 수 없는 신기원을 연 사건으로 본다.

교회는 그때 비록 우호적이기는 했지만 처음으로 세속 군주와 대면했던 것이다. 이 문제는 영적인 아버지인 암브로시우스의 마음을 사로잡았지만, 정작 아우구스티누스 자신은 이에 대해 일언반구도 하고 있지 않다.

중세 정치 사상에 대한 탁월한 역사가인 칼라일 박사(Dr. A. J. Carlyle)는 자기가 「하나님의 도성」이 다음의 중세 이론가들에게 영향을 미쳤다는 증거는 거의 발견할 수 없었다고 선언했다.[6] 그러나 그는 아우구스티누스의 영향이 인지되었다고 볼 수 있는 한 가지 점에 주목했다. 베드로와 바울을 포함하여 초기부터의 그리스도교 저술가들은 "정부제도의 신적인 권위와 어떤 특정 기간의 어떤 특정한 권력을 지닌 개별 통치자의 신적인 권위" 사이에 혼동을 느꼈거나, 적어도 이 양자를 구분하지 못하는 경향이 있다. 인간 정부가 그 자체로서 신적인 권위를 가지고 있다는 점은 의심할 여지가 없다. 이 점은 왕정을 생각하든 입헌정을 생각하든 어떤 그리스도교인에게나 혹은 사회적 인간 생활에 대한 어떤 유신론적 개념에도 아주 중요하다. 그렇지만 이런저런 명령권을 행사하는 실제 통치자의 권위는 별개의 문제이다.

위대한 라틴 학자 중에 성 암브로시우스(약 380년)는 권력행위가 특정상황하에서는 저항받을 수 있고, 저항받아야 한다는 점을 말과 모범으로 가르쳤다. 이와는 아주 상반되게도 대(大) 그레고리 교황은 옳든지 그르든지 기존 권력에 순종해야 한다고 가르쳤다. 우리는 유럽에서 왕권신수설과 그 실제의 역사를 보면, 이런 가르침이 상당한 호소력을 유지했다는 증거를 발견할 수 있다. 오늘날 우리는 상당히 극단적인 견해를 보아왔고 지금 보고 있다. 한쪽 극단에는 한 사람의 독재자를 둔 전체주의적인 국가지배를 주장하는 측이 있고, 다른 한편으로는 사실상 분별없는 감정이나 자기이익만을 의미할 수도 있는 개인적인 "양심"을 주장하면서 모든 권위를 부정하는 측이 있다. 이 양극단 사이에 진리, 즉 플라톤과 스키피오와 아우구스티누스가 정의라고 말했으며 어떤 그리스도인의 특정한 경우에는 그리스도교적 가르침을 통하여 깨닫게 된 이성이 존재함에 틀림없다. 아우구스티누스가 위에 언급된 혼동에 부분적으로 책임이 있다는 것이 바로 칼라일 박사의 주장이다. 그는 5권 21장에 대해 논하면서 다음과 같이 쓰고 있다.

> 그런 심지어 이와 같은 사람들(네로)이 가진 권력도 하나님이 인간의 상황으로 보아 그러한 군주를 맞는 것이 마땅하다고 결정했을 때, 그 섭리 안에서 주어졌다. 하나님이

6) *Medieval Political Thought in the West*(3rd ed. Edinburgh, 1930), 2, 169.

> 지혜서에서 "왕이 통치하는 것은 나를 통함이요, 폭군이 땅을 소유함도 나를 통함이다"고 언급되었을 때 이 점에 관한 하나님의 입장은 분명하다. 여기서 "폭군"이라고 했을 때 "사악하고 무책임한 통치자"란 의미가 아니라, "권력을 잡은 자"라는 고대적인 의미를 갖고 있다고 생각될 수 있다. … 그러나 하나님이 "백성의 죄악 때문에 위선자로 하여금 다스리게 하신다"는 명확한 진술로 보아 이런 해석은 불가능하다.

정부형태에 대한 아우구스티누스의 태도가 이런 설명대로라면, 아우구스티누스의 사상을 관통하고 있는 것처럼 그가 어떤 구분, 즉 자연적인 지식과 초자연적 지식 사이의 구분을 회피한다든지 하나님의 도성의 본질과 존재 사이에 대한 구분을 회피하는 것과 같이, 우리는 이 문제에서도 그의 특징의 또다른 실례를 보고있는 셈이다.

* * *

우리는 문맹이던 샤를마뉴 대제가 「하나님의 도성」을 낭독하는 소리를 듣고 기뻐했다는 이야기를 안다. 최근에 프랑스의 역사가인 아르뀔리에르(Mgr F. X. Arquilliere)는 카롤링거 제국과 중세 초기의 정치사상의 특징을 정치적 아우구스티누스주의(*Augustinisme politique*), 즉 실제통치 속으로 편입된 아우구스티누스의 이념이라고 말했다. 이에 따른다면, 샤를마뉴는 마땅한 정도의 정의를 가지고 하나님에 의해 임명된 통치자에 의한 통치를 하나님의 교회 — 즉 모든 세례받은 개인들(실제적으로는 서방 유럽 전체) — 로 이해하고, 그 중 다수는 특정 시기에 사실상 죄 때문에 초자연적 특징을 지닌 교회 바깥에 있을 수도 있다고 생각한 듯이 보일 것이다. 그런 카롤링거 국가에서는 교회에 의한 지배가 외적으로 통치자에 의하여 통제되는 주교 관할구의 연합체이지만, 교리와 영적인 판단의 궁극적인 근원인 로마 교황청과의 연합에 의하여 그 몸체가 영적으로 통합된다는 점을 인정하게 될 것이다.

이 아우구스티누스주의가 명백히 생명력을 잃게 되고 교황제가 그리스도교 세계의 영적 생활에서 우위를 회복하는데 성공한 것은, 오토 1세 이후의 독일 군주하에서 제국이 새롭게 생명을 연장하고 교회의 전 조직이 봉건주의와 성직매매의 소용돌이에 휘말려들어간 때뿐이었다. 예정된 무리만 진정한 시민이 되는 아우구스티누스의 하나님의 도성이 각자 사법적인 지위를 가진 사람들 — 모두 로마주교의 관할 하에 있는 주교, 사제, 선서한 성직자와 평신도 — 로 구성된 위계적 교회에 자리를 내주게 된 것도 바로 그때였다. 물론 이처럼 아우구스티누스의 교회와 그레고리 7세

시대의 교회 사이를 엄격히 구분하는 태도가 지나치게 강조되어서는 안된다. 교황제에 대한 주장과 실제는 그레고리와 아우구스티누스 두 사람보다도 훨씬 이전까지 소급된다. 그리고 모든 이론적인 개념은 서방에서는 거의 모두가 교인으로서 문자를 알고있던 소수 계층에 국한되었다. 그러나 도식적인 이해를 추구하는 사상사가는 「하나님의 도성」과 그레고리 7세의 교황칙령(*Dictatus papae*), 강령, 적어도 묵상을 비교함으로써 그런 점을 살펴볼 수 있다.

아우구스티누스의 세속적 정치사상이 유동적이라거나 혹은 그가 오히려 이상국가유형을 그리스도교화된 로마제국 구도에 연관시키는 데 아무런 관심을 보이지 않는다면, 가시적인 가톨릭 교회의 조직에 대한 그의 견해가 그에 상응하여 애매하다고 해도 그다지 놀랄 일이 못된다. 사실 그의 거대한 전 작업이 비록 하나님의 교회와 관련되기는 했지만, 그는 자신이 감독직을 갖고 있던 거대한 활동조직에 대해서 생각해보려는 시도를 하지 않는다. 이것은 그가 교리적으로 애매했다거나 교회의 성직겸임업무에 무관심했기 때문이 아니다. 아우구스티누스는 모든 사람이 가지고 있어야 하며, 모든 사람에 의하여 쉽게 발견될 수 있는, 광대하고 확인할 수 있으며 상세한 그리스도교의 진리체계가 있음을 확신했다. 본질적으로 그 모든 것은 성경 속에서 발견될 수 있고, 성경은 교회의 저술가와 교사에게 공통된 의미로 이해되어야 한다[7] 분명한 전통에 의지하여 해결될 수 없는 논쟁이 교회 내에서 일어난다면, 어떤 지방 혹은 전체 교회의 감독들이 공의회로 모여서 결정할 수 있다. 아우구스티누스 자신이 아프리카에서 개최된 그런 공의회에서 지도적인 역할을 담당했다. 그는 또한 사도 중 베드로, 그의 후계자인 로마감독이 가진 특별한 위치를 인정했다. 그리고 종종 잘못 인용되기도 하고 잘못 추측되기도 하는 "그곳에서 문제가 종결된다"(*causa finita est*)[8]라는 유명한 말은 사실상 그가 모든 지방차원의 결정이 확인을 위하여 로마에 보고되어야 한다는 뜻으로 로마를 권위있는 교리의 중심으로 인정했음을 보여준다.

그러나 다른 곳에서와 마찬가지로 여기에서도 그의 특징적인 태도는 분명하다.

---

7) *Christian Doctrine*, 2, 8, 12. *On Baptism*, 2, 7, 12; 4, 24, 31.

8) *Sermon* 131, 10, 10. "이 문제(펠라기우스주의)에 관하여 두 공의회의 결정사항이 사도적 교구로 보내어졌다. 거기서 문제는 종결된다. 그래서 오류는 결국 끝이 날 것이다." "거기서 문제는 종결된다"는 말은 causa finita est인데, 종종 "소송이 로마로 이송된다"(Roma Iocuta est, causa) 등으로 인용된다. 그러나 아우구스티누스는 "보고서가 로마가 보내어졌고(적절하게 승인되고 보관되었고), 더 이상 할 말이 없다"고만 말하고 있다.

그는 펠라기우스의 가르침에 대한 단 한 가지 경우를 제외하고는, 어떤 교리나 사상에서도 분석을 한다거나 법률적인 판단을 내린 적이 없다. 인식론과 자연과 초자연의 관련성, 성만찬에서의 그리스도의 현존, 심지어 신비적인 경험과 이성이나 신앙의 영역에서도 명쾌한 구분을 바라는 사람은 만족을 느끼지 못한다. 아우구스티누스는 정의를 내리려는 것이 아니라, 기꺼이 견해를 나눌 준비를 갖추고서 자신의 영적 생활의 중심에 남아 있는 것이다.

* * *

아우구스티누스는 존재계에 대한 그리스도교적 관점을 설명하는 도중에 필연적으로 그리스 철학을 다루게 되었다. 왜냐하면 로마 후기의 철학은 어떤 의미에서는 종교와 혼합되었기 때문이다. 한편으로 플로티노스(Plotinus, 기원후 205-70)가 큰 영향을 미친 철학은 개화된 신지학(神知學)이 되어서 추상적인 사상체계라기보다는 그 윤리학과 형이상학이 신을 향하여 가는 영혼을 위한 지침을 제공해 주었고, 다른 한편으로 로마 후기의 이교적 만신전(萬神殿, pantheon) 속에 있는 영들과 신들은 신 플라톤주의의 초월적인 영들, 이에서 나아가 4세기의 쇠퇴하는 신 플라톤주의의 정령들에 대한 대중적인 변형으로 간주될 수도 있었다.

결코 철학적인 방법으로 훈련받아본 적이 없고 사실상 플라톤과 아리스토텔레스의 저작에 대해 알지 못하는 사람도 세계적인 대 사상가들과 최상의 교유를 나눌 수 있고 그리스 사상을 그리스도교 신학 속으로 엮어들어가는 일류의 주체가 될 수 있는 것은, 아우구스티누스의 정신 속에 있는 재능과 능력에 어느 정도 힘입고 있다. 「참회록」을 읽은 모든 독자들에게는 잘 알려져있듯이 아우구스티누스가 마니교의 신상을 깨뜨리고 복음으로 이끌리게 된 것은 처음에는 신 아카데미의 회의주의의 형태로, 나중에는 신 플라톤주의의 형태로 보인 그리스 철학과의 접촉 때문이었다. 아우구스티누스가 플라톤 혹은 "플라톤주의자"라고 언급한 대상은 사실 플로티노스의 제자이자 그의 전기작가인 포르피리오스(Porphyry)가 플로티노스의 가르침을 편집한 작품인 「엔네아데스」(*Enneads*)에서 보여진 플로티노스에 대한 내용이라는 것은 우리가 도처에서 찾아볼 수 있다.

플로티노스 자신은 기꺼이 자신을 플라톤의 충실한 제자인 플라톤주의자라고 생각했을 것이지만, 그는 사실 플라톤의 체계 혹은 사상개요를 신학과 형이상학과 인식론과 윤리학을 포용하는 분명하고 체계적인 사상체계로 "구성해냈다." 실로 플로티노스가 플라톤에 대하여 이룬 업적은 13세기에 아리스토텔레스와 관계하여 아퀴나스가 이룬 업적과 상이하지 않다. 플로티노스는 정리되지 않은 통찰력과 환상적인 시도를 논리적이지만 폐쇄적인 범위 안으로 변형시켰으며, 아퀴나스는 세밀한 기계적 체계에다가 유동성있는 영적인 능력을 융합시켰다. 플로티노스가 플라톤의 모호한 선(善)의 이데아를 초월자로 대체시켰다면, 아퀴나스는 아리스토텔레스의 비인격적인 제1원인을 가지고 초월적이고 영원한 창조주로 만들었다.

아우구스티누스는 공감이나 천재적 착상을 이용하여 플로티노스를 그리스도교화하려고 결코 시도하지 않았다. 오히려 그는 플라톤주의자들의 가르침을 인간 정신이 미칠 수 있는 한, 우주에 대한 진리에 다다랐던 성공적인 시도로 받아들였다. 여기서 또한 계시된 진리가 초자연적인 지식을 위해서 이룬 것을 아리스토텔레스의 철학이 자연적인 수준에서 이루었다는 아퀴나스의 관점과 상당한 유사점이 발견된다.

아우구스티누스는 「하나님의 도성」에서 신학을 설명하기 위하여 철학을 사용한 적은 거의 없다. 말하자면 철학자들과 철학사가들 사이에 그토록 많은 논쟁을 불러 일으켰던 아우구스티누스의 "지성에 대한 신적 조명"에 대한 어떠한 언급이나 어떠한 흔적도 없는 것이다. 아우구스티누스의 저작 중 몇몇 페이지에 대하여 주석가들이 어려움을 느꼈던 것처럼 인간의 자연적인 능력과 하나님으로부터 거저 주어지는 능력 사이에 구분을 흐리게 하는 예도 보이지 않는다. 은혜에 대한 논문에서와 마찬가지로 「하나님의 도성」에서도 비록 보다 온건하기는 하지만 그리스도인이 하나님으로부터 부여받은 능력은, 보다 제한된(사실상 손상당한) 인간의 자연적 능력과 대비된다. 반면에 아우구스티누스는 「하나님의 도성」에서 그의 다른 저작에서보다도 더 명확하고 더 역사적으로 그리스 철학을 다루고 있다. 예를 들어, 그가 주로 키케로로부터 차용했던 것과 같은 소크라테스 이전 철학자들과 소크라테스 자신에 대한 간략한 분석은 놀랄 만큼 정확하여 오늘날에도 백과사전의 간단한 논문을 구성할 수 있을 정도이다.

그가 플라톤에 대해서 직접 알고 있던 지식은 (라틴어 번역판에 의하여) 우주형성론과 더불어 그토록 중세인의 마음을 사로잡았고 고통스럽게 했으며 아주 난해하고 어떤 면에서는 예외적이기도 한 대화편인 메노(Meno)와 티마이우스(Timaeus) 밖에 없었다. 그럼에도 불구하고 그는 플라톤의 "이데아"와 "형상"이나, 정의에 대해서 중시하는 플라톤의 입장에 대해서는 명확한 개념을 가지고 있었다. 그러나 그는 그 이후 혹은 사상체계를 위한 기반을 이루는 플라톤의 대화편에 대해서는 거의 알지 못했다. 그가 아리스토텔레스에 대하여 알지 못했던 것은 플라톤보다 훨씬 더 정도가 심했다. 잘 알려진 것처럼 신 플라톤주의자들을 포함한 모든 학파에 의하여 사상의 도구요 방법으로 받아들여졌던 논리학적 문제 이외에, 생생한 아리스토텔레스의 전통을 계승한 고대 학파는 전무했다.

플라톤의 전통 혹은 플라톤의 가르침이라고 생각되었던 것이 수 세기에 걸쳐 아테네에서 떠돌다가 신 플라톤주의자들에 의하여 그리스도교 속으로 흡입된 반면에, 아리스토텔레스의 전통은 동쪽을 향하여 안디옥과 시리아와 페르시아로 이어졌고 아랍인들에 의하여 아프리카 북부한 스페인의 이슬람지역 그리고 파리와 서구 유럽으로 전수되었다. 아우구스티누스가 보기에 플라톤은 마땅히 다른 모든 사람들을 잊혀지게 만들 만큼 소크라테스의 제자들 중 가장 명성이 있었다. 최고의 지성을 갖춘 아리스토텔레스는 문체로 보아 플라톤에 비교될 수는 없었으나, 다른 모든 사람들은 손쉽게 능가했다. 플로티노스와 포르피리오스와 이암블리쿠스(Iamblicus)에 대해서 그는 어떤 다른 철학자들도 그들보다 우리 그리스도인에게 근접한 사람들은 없었다고 기술했다.

플로티노스는 비록 종교적인 인물이기는 했지만 그래도 순전한 철학자였다. 그러나 여러 단계의 영적 존재가 위계적인 행렬을 따라 일자(一者)로부터 유출되었고 그에게로 돌아갈 수 있으며 최고존재와 신비적인 사랑의 결합을 이룰 수 있는 여지를 남겨놓았던 그의 사상체계는, 그것을 사방으로 복잡하게 만들려는 중요치 않은 인물들의 시도에 취약함이 입증되었다. 게다가 그리스도교가 영향력을 얻고 세력을 행사하게 되자, 플로티노스 자신에게서 엿보이던 반(反) 그리스도교적 성향이 강화되었고, 2, 3세대의 추종자들은 아테네와 로마의 이교적 귀족 및 지성인들과 연합하게 되었다. 이로써 그들은 이교도인 원로원 가문들의 방어물인 고대 로마 종교와 연관을 맺게 되었고, 신 플라톤주의에 의하여 모든 신을 설명하려는 시도가 있게 되었다. 아우구스티누스가 당연히 뛰어난 사상가로 생각했던 플로티노스의 제자인 포르피리오스는 신탁이라고 생각되는 지혜의 모음집인 「갈데아의 신탁」 혹은 「신탁으로부터의 철학」으로 알려진 문서를 사용하였는데, 이것은 후에 나타난 아리스토텔레스의 신학이 진정한 아리스토텔레스의 전통에 해를 미친 것과 마찬가지로 진정한 신 플라톤주의자의 저술 가운데 해로운 영향을 미치게 되었다. 「갈데아의 신탁」에는 신 플라톤주의자의 전통의 일부를 구성한 광범한 초자연적 존재에 대한 목록이 열거되었다. 거기다가 플로티노스의 체계에서는 제한된 위치만 차지하다가 포르피리오스의 경우에는 전면으로 부각된 일군의 영적 존재들, 즉 악령들은 신 플라톤주의자들에 의해서는 상당히 많이 이용되었다. 이들은 유대교와 그리스도교의 가르침에 따른 천사들과 마찬가지로, 신들과 인간들 사이의 중간에 있었다. 주로 관심의 초점이 된 악령들은 이교적 신앙에서 보이는 부도덕에 책임이 있었던 반면에, 선한 정령들은 인간이 신에게로 가는 데 도움을 줄 수 있었다. 이런 가르침 때문에 아우구스티누스는 악령에 관하여 길게 토론하고 있다(9권 2장 이하).

우리는 「하나님의 도성」 내에 있는 철학적 부분을 보면서 유치함을 뛰어넘어 그다지 중요하지 않은 문맥에서도 천재성을 보여주는 아우구스티누스의 능력뿐만 아니라, 그의 인생여정 및 그가 살던 시대와 불가분의 관계에 있는 한계도 명확히 볼 수 있다. 아우구스티누스는 플로티노스의 「엔네아데스」의 전체 본문에 접근하지 않았고 진정한 플라톤주의 전체에는 더 적게 접근하였기 때문에, 어떠한 비판적인 탐구의 가능성이나 설명을 보여주지 않은 채, 포르피리오스나 그보다 더 아류에 속하는 아풀레이우스(Apuleius)의 단편에만 의존했다. 그러나 그는 이런 신통치 않은 소재를 사용하여 합리적인 비판과 그리스도의 중보적 사역에 대한 품위있는 신학적 제시를 위한 재료로 삼았다. 아우구스티누스가 차지한 비중만큼이나 자기가 속한 세계의 학적인 자료로부터 빈약한 도움을 받았으면서도 자기가 사용하는 권위자들보다 현저하게 뛰어난 철학자나 신학자를 생각하기는 어렵다. 아우구스티누스는 요약적인 형태 말고는 그리스의 문학이나 역사나 사상에 대한 지식이 없었고 플로티노스가 플라톤에 대해 갖는 관련성을 전혀 알지 못했다. 또 그는 포르피리오스가 받아들였던 유산과 그가 그것을 가지고 오용한 점의 차이라든지, 아풀레이우스 본인과 그가 인용했던 신비한 헤르메스 트리스메기스투스(Hermes Trismegistus)를 명확히 구분할 수 없었다.

뿐만 아니라 그는 심지어 로마의 역사와 사상에 대한 전체적인 관점을 가지고 있지 못했기 때문에, 자신이 다루고 있는 저술가들을 확인할 수단을 가지고 있지 못했고 따라서 자기 서재에 있는 자료와 자기가 입수할 수 있었던 다른 서적에만 엄격히 제한되어 있었다. 그는 남의 도움을 받지 않고 올림푸스의 전통적인 신들과 로마 후기의 지식층이 믿었던 합리화된 신들 사이의 차이점을 알 수 있었다. 그러나 그는 불완전하게 알고 있던 그리스의 신에 대한 개념과 로마의 민간 전승에 나타나는 목가적이며 가정적인 요정과 요귀에 대한 단순한 정령신앙(animism) 사이의 차이점을 알 수 있는 수단을 갖지 못했으며, 당대의 쇠퇴하는 신 플라톤주의의 "악령들"(demons)에게 마땅한 이상으로 큰 중요성을 부여할 수밖에 없었다.

그럼에도 불구하고 「하나님의 도성」에는 그리스도교적 전통에 전체적으로 혹은 부분적으로 흡수되어온 많은 심오한 사상이 있다. 그중 가장 분명한 실례의 하나는 모든 피조물이 근원상 선할 뿐만 아니라 엄격히 말하여 악이 피조물에 본래적이지 않다는 확고한 선언이다(11장). 아우구스티누스는 여기서부터 악이 능동적인 실체가 아니라 결핍이라는 선언으로 나아간다. 그러므로 악은 특별히 하나님의 보호를 받지 않는 모든 유한적인 피조물 안에 고유한 가능성이다. 그래서 죄의 기원에는 아무 문제도 없다. 죄란 존재를 가지고 있는 것이 아니라, 하나님을 향하는 의무를 이행치 않은 것이다. 그것은 마치 타자수의 탈자가 한눈을 팔았다거나 신경을 덜 썼다거나 와 같은 모든 육체적인 능력에 대한 가능성일 뿐 다른 원인이 없는 것처럼, 선을 행하지 않았다는 것외의 다른 원인을 가지고 있지 않다. 그러나 악(惡)은 물리적인 행동이 아니라 선택이요 사랑이기 때문에 어떤 적극적인 성질을 가지고 있으며, 또 만약 우리의 사랑이 하나님에게 드려지지 않는다면 그것은 우리 자신의 자기만족을 향하게 되는 것이다. 연약함에서 생기는 악과는 달리, 악의와 같은 특별한 악은 자기만족과 자기과장을 바라는 의지에서 생겨나서 증오심, 공포감, 시기심을 갖도록 이끌게 된다.

아우구스티누스의 「참회록」과 「독백」을 잘 알고있는 독자들은 「하나님의 도성」에서 보이는 보다 체계적인 접근법에 실망할 수도 있다. 이 책에는 의심할 여지없이 유창한 구절은 있을지라도, 보다 개인적인 서신과 시편 및 요한 복음에서 특징적으로 나타나는 전광과도 같은 빛과 사랑은 거의 보이지 않는다. 이처럼 그를 억제시킨 것은 저술의 범위와 목적 때문이었을 것이다. 그는 교육받은 이교도를 염두에 두고 저술하고 있었거나 적어도 그렇게 하고 저술을 시작했다. "믿음의 비밀의 훈련"은 비록 관례는 아니었지만 적어도 기억으로 남아있었고, 그 예비신자 입문서는 다소 인위적인 것이기는 하지만 아직 현실이었다. 그래서 아우구스티누스는 양떼에게 설교하거나 「참회록」에서처럼 직접 하나님께 이야기할 때를 위하여 심정을 토로하지 않고 유보시켰을 것이다. 더구나 그 책에는 버틀러(Butler) 수도원장에 의하여 「서구의 신비주의」(*Western Mysticism*)에서 수집된 여러 구절과 오스티아에서 모니카와 함께 보낸 저녁에 관한 설명과 같이 개인적으로 반(半)신비적인 경험에 대한 묘사가 전혀 나와있지 않다.

* * *

우리는 「하나님의 도성」을 통하여 오랜 여행을 하는 동안 그리스도교적 교리와 논쟁의 주제들에 대한 아우구스티누스의 사상적 경향을 많이 보게 된다. 그는 전통적인 성경의 연대기에 구애받지 않는다. 창조는 인간이 도래하기 오래 전에 발생했을 수도 있다. 아우구스티누스는 기꺼이 세상이 아주 오랜 기간 동안 존재해왔다고 생각하고자 한다. 반면에 시간이 창조와 시작되었을 뿐이기 때문에, 그 이전에 아무것도 없었다고 할지라도 세상은 영원하지 않다. 세상의 과정은 순환적인 것이 아니라, 그리스도에게서 절정에 이른 하나님의 계획이 실현되는 직선적인 시간과정이다. 교회는 어떤 의미에서는 아벨과 더불어 시작되었다. 그때 이후로 언제나 하나님의 가족이나 부족이나 백성이 있었다. 이외에 다른 유명한 구절로는 몸의 부활(20권)이나 영원한 형벌(21권)이나 우리의 분투, 심지어 전쟁의 목적이 되는 평화(19권)에 대한 논의가 있다.

아우구스티누스의 모든 저작에는 당대의 그리스도인의 생활과 신앙에 관한 흥미 있는 부언(附言)이 있다. 성만찬에 대해서는 멜기세덱에게서 전형적으로 드러난 "온 세상 그리스도인들에 의해서 하나님에게 이제 드려지는 희생"(14권 22장), "그분의 몸과 피가 올려진 식탁 … 구약의 모든 희생을 대체한 희생"(17권 19장), "우리가 지금 도처에서 하나님에게 드려지는 모습을 볼" 것이라고 말라기에 의해 예언된 희생(18권 35장과 19권 23장), "그리스도의 희생"(22권 8장), 그리고 "그리스도의 몸의 희생"(22권 10장)으로 적어도 여섯 군데에서 언급되어 있다. 아우구스티누스는 10권에서 미사 중의 성찬에 대한 교리를 아주 분명하게 설명한다. 그는 이교도의 희생제와 구약의 그것을 대조시키고 있다.

"예수는 자신과 더불어 한 하나님인 성부와 연합하여 '하나님의 모양으로'(그리스도교적) 희생을 받아들인다. 그러나 그는 '종의 모양으로' 희생을 받아들이기보다는 몸소 희생이 되기를 선택했다. … 그래서 그는 희생을 드리는 제사장인 동시에 희생제물이기도 하다. 이것은 진정한 제사요, 보다 이른 시기의 희생은 그와는 아주 다른 상징이었다. 이것은 실재이며, 그분은 교회가 날마다 드리는 성찬이 이것의 성례전적 상징이기를 원했다. 왜냐하면 자신을 머리로 하는 몸인 교회가 자신을 통하여 희생하는 것을 배우기 때문이다. … 이것은 믿는 자들에게는 잘 알려진 성례전, 즉 성찬대에서 드려지는 성례전에서 교회가 계속적으로 기념하는 성찬이다. 거기에서 교회가 하나님께 드리는 봉헌에서 스스로 봉헌되는 모습이 교회에 보여지게 되는 것이다."(10권 20장)

「참회록」을 읽은 사람이면 기억하겠지만, 아우구스티누스는 사자(死者)를 위한 일반적인 기도관습을 그리스도교 신앙의 일부로 받아들였다. 그의 생애에 대한 설명의 마지막 부분에는 자신의 독자들에게 성찬대에서 자기 어머니와 아버지를 기억하라는 그의 감동적인 요청이 나온다. 그는 「하나님의 도성」에서도 같은 신앙을 피력하고 있다. "경건한 사자들의 영혼은 교회로부터 분리되지 않기 때문이다.…… 그렇지 않다면 그들은 그리스도의 몸에 참예할 때 하나님의 제단에서 칭찬받지 못할 것이다"(20권 9장).

그 다음 책에서 그는 신학적인 입장을 제시한다. 그는 죄를 정화시키는 형벌에 대한 베르길리우스(버질)의 설명을 인용한 뒤에(*Aeneid*, 6, 733 ff.), 중죄에 대해서는 형벌이 정화적인 성격이 아니라 보응적인 성격을 갖고 있으며, 어떤 고통은 "현세나 내세에서 모두" 정화적일 수 있으며, "죽음 이후에 일시적인 고통을 당하는 사람들이 전부 영벌에 들어가는 것은 아니다. 사실 어떤 이들은 현세에서 용서받지 못한 일에 대하여 내세에서 용서를 얻을 것이다"(21권 13장)고 주장한다. "왜냐하면 교회 자체의 기도나 심지어 경건한 개인들의 기도는 몇몇 세상을 떠난 이들을 대신하여 들려지고 응답되기 때문이다. 그러나 그런 대상은 그리스도 안에서 거듭나고 육신을 입었을 때의 삶이 그런 자비가 효력을 발휘하지 못하고 심판받을 정도로 악하지도 않아야 하고 그럴 필요가 전혀 없게 보일 정도로 선하지도 않은 사람에게만 적용된다"(21권 24장). 그리고 아우구스티누스는 이것이 바울에 의하여 언급된 불(고전 3:13)일 가능성이 "응당 사실일 수도 있음"을 인정하고 있다.

*　　　　*　　　　*

위대한 셰익스피어 비평가인 브래들리(A. C. Bradley)는 리어 왕의 광기가 관중들이 보기에 그에게서 품위를 상실케 하기는커녕, 대양에서 발생된 폭풍처럼 지금까지 알려지지 않았던 해저의 풍요로움을 끄집어내어 제시하는 데 도움을 주었다고 말한 적이 있다. 그처럼 아우구스티누스는 아주 오랜 세월 동안 「하나님의 도성」을 저술하면서 자기 정신의 보고(寶庫)로부터 오래된 것과 새로운 것을 분출하였다. 그가 무심코 한 말 속에는 「참회록」에도 엿보이는 어린 시절의 기이한 공포가 드러난다. 워즈워스, 헨리 보간, 케넷 그레이엄 등과 함께 많은 사람들, 아마 우리들 대부분이 어린 시절을 황금시기로 회상한다. 우리는 또한 이상향에서도 살았다. 아우구스티누스는 사랑스런 어머니를 가지고 있었으며, 자신이 가진 재능으로 말미암아 어린 시절부터 남들로부터 사랑과 칭찬을 받았음에 틀림없다. 그러나 그는 이렇게 묻고 있다.

> 사실 죽는 길과 어린 시절을 다시 사는 길 사이에 선택하도록 제시된 사람이 있다면, 어린 시절에 대한 두려움 때문에 움츠러들고 죽음을 선택할 사람이 어디 있겠는가? 그러나 사실 유아기에는 미소로써가 아니라 울음으로써 현생을 출발한다. 이것은 어찌보면 이제 막 시작된 고통에 대한 무의식적인 예언이다(21권 14장).

> "당신도 알다시피, 우리는 바보들의 이 거대한 무대에 온 것을 애곡한다."[9]

사실 아우구스티누스가 다녔던 학교의 교사들은 매우 무자비했음에 틀림없다.

---

9) *King Lear*, IV, vi, 184.

> 저는 어릴 때 비록 매우 감정이 풍부한 어린 아이였지만, 학교에서 매를 맞지 않도록 저의 피난처요 도움이 되시는 당신께 간구하며 요청하기 시작했습니다. 그리고 당신이 저의 기도를 듣지 않았을 때, 저의 형들과 심지어 어머니와 아버지마저도 비록 그들이 저에게 해가 가해지는 것을 원하지는 않았겠지만 제가 매맞은 모습을 보고 웃었습니다. 그러나 그것은 저에게는 아주 심각하고 엄청나며 언짢은 일이었습니다.

그러나「하나님의 도성」곳곳에는 자연과 별과 언덕과 바다의 아름다움에 대한 아우구스티누스의 생생한 느낌이 엿보인다.

> 하늘과 땅, 바다에 있는 무수히 다양한 아름다움, 빛의 풍요로움과 그 신비한 사랑스러움, 숲의 어두운 그림자, 꽃의 색깔과 향기, 수없이 많은 새들과 그 노래소리와 멋진 깃털 … 또한 장엄한 바다의 전경이 있다 … (21권 4장)

성 프란체스코처럼 아우구스티누스도 불을 좋아했다. "누가 그 불가사의한 일을 설명할 수 있을까? 그것은 밝다.…… 그 색은 아름답다.…… 그것은 모든 것을 불꽃으로 포용하며 핥는다." 이 구절은 육신이 지옥 가운데서 영원히 불탈 수 있다는 우리의 믿음을 뒷받침하기 위하여 인용된 생석회, 자석, 공작의 살과 같은 경이로운 일들의 길다란 목록 중에 나온다. 아우구스티누스는 분명히 자석에 커다란 호기심을 가지고 우리에게 다음과 말하고 있다.

> 나는 형제이자 동료감독인 밀레부스의 세르베루스로부터 천연자석으로 하는 실험에 대해 배운 적이 있다. 그는 자기가 한때 아프리카의 백작이었던 바타나리우스의 집에서 식사를 하고 있을 때, 그가 자석을 만들고는 은쟁반 아래에 붙인 뒤에 그 위에 쇠조각을 올려 놓는 모습을 본 적이 있다고 말했다. 그런 다음 그가 쟁반 아래에 있는 돌을 손으로 움직이니까 그의 움직임에 따라 쟁반 위에 있던 쇠조각도 같이 움직이더라는 것이다(21권 4장).

그는 실험에 몹시 관심이 있었다.

> 죽음 이후에도 공작새에게 부패하지 않는 능력을 준 이는 만물의 창조자가 아니고 누구겠는가? 나는 전부터 이런 사실을 들어서 알고는 있었지만, 어느 날 카르타고에서 공작구이를 대접받고는 충분하게 보이는 양의 고깃살이 가슴팍으로부터 분리되어 보관되

도록 주문할 때까지는 그것을 믿을 수 없다고 생각했었다. 나는 어떤 종류의 요리된 고기도 부패했을 만큼 오랜 시간이 경과된 뒤에 그것을 내 앞에 가져오게 했다. 나는 거기서 조금만치도 역겨운 냄새가 나지 않는다는 사실을 알았다. 다시 되돌려 보관하게 하고는 한 달도 더 지나서 보았는데도 그 고기는 역시 마찬가지 상태로 있었다. 고기가 다소 건조해지고 주름이 잡힌 외에는 1년이 지나가도 별다른 변화가 일어나지 않았다(21권 4장).

「하나님의 도성」 중 논점을 벗어난 이야기에는 몇몇 활기찬 내용이 담겨져 있다. 그는 방주 문제를 논하다가(그는 모든 동물을 수용하기 위해서는 방주가 2중 갑판으로 이루어졌다고 생각한다) 괴물같은 사람에 관한 문제에 정신을 빼앗긴다. 노아는 완전한 정상인이었는데 어떻게 그로부터 그런 사람이 나올 수 있었을까? 예를 들어, 등을 대고 누울 때 그늘을 만들어 주는 데 도움을 주는 발은 둘이지만 다리는 하나인 족속과 피그미인들은 어떻게 생겨났을까? 그리고 카르타고의 해상 전시물에 모자이크 되어있는 다른 진기한 피조물들은 어떻게 해서 생겨났을까? 히포 자리투스에는 초생달처럼 생긴 발에다 각각 두 개의 발꿈치만 있고 손 모양도 이와 유사하게 생긴 사람이 있다. 그는 어찌된 일일까? 최근에 동방에서 태어난 머리 둘에다 가슴도 둘, 팔은 넷이지만, 배는 하나 뿐이요, 다리는 둘인 또다른 사람은 어찌된 일일까? 아우구스티누스는 "가설적이요 조심스런" 답변으로 결론을 내린다. 몇몇 이런 사람들에 대한 설명은 전적으로 무가치하거나, 그런 사람들이 생존한다고 해도 인간이 아니거나, 인간이라면 아담의 계통을 따랐을 것이다(14권 8장). 실로 아우구스티누스는 변종과 변칙적인 성취물에 큰 흥미를 느꼈다. 그는 인간에 의한 모든 신체적 움직임의 가능성을 논하다가, 심지어 우리 죄악된 세상에서조차 다음과 같이 특이한 능력을 보이는 목록을 열거한다.

어떤 사람들은 자기들의 귀를 한 번에 하나 혹은 둘을 한꺼번에 움직일 수도 있다.… 어떤 사람들은 믿을 수 없을 정도로 많은 물건을 삼켰다가도 횡격막을 약간 움직여서 마치 가방에서 꺼내듯이 자기가 원하는 물건을 완전한 상태대로 끄집어낼 수 있다. 많은 사람들은 마치 노래하듯이 자기 궁둥이로 마음대로 음악적인 선율을 들리게 할 수 있다. 나는 내 자신의 경험으로부터 원하는 때에는 언제든지 땀을 흘리곤 했던 사람을 알고 있다(14권 24장).

가장 활기찬 몇몇 내용은 아우구스티누스가 오늘날에는 기적이 일어나지 않는다는 반박에 대해 답변하는 마지막 권에 나온다. 기적은 일어나지 않는 것일까? 그는 자신이 직접 목격한 두 가지 사실을 들어 말을 시작한다. 하나는 「참회록」에서도 언급되었던 대로 게르바스와 프로타스(SS. Gervase & Protase)의 시신이 암브로시우스에 의하여 발견되었을 때의 이야기였다. 다른 하나는 직장(直腸) 누관의 치료에 대한 긴 이야기로서, 완전히 치유됨으로써 마지막 순간에 중단된 당대의 수술에 관한 괴로운 세부사항을 담고 있다. 아우구스티누스와 다른 두 명의 감독, 한 명의 사제, 그리고 여러 명의 부제가 환자를 격려하기 위하여 그 자리에 있었다. 여기에서 아우구스티누스는 어떤 이야기를 완전하게 저술하는 능력을 보여주고 있다. 우리는 원래 제공하기로 의도된 변론적인 의미와는 전혀 관계없는 이런 이야기를 통하여 교구 안에서 살아 움직이는 아우구스티누스의 모습을 대할 수 있다. 그는 놀랍게도 암이 치유된 후 치료된 이야기를 비밀로 하기를 원했던 여인을 책망하고는, 그 후의 현상에 대한 간단한 진술을 하라고 명령하였다. 그 뒤에 나오는 몇몇 이야기는 그런 문서로부터 직접 인용된 듯이 보인다. 그 이야기는 각각 독립적인 것처럼 시작된다. "히포 레기우스에서 30마일이 안되는 곳에 빅토리아나라는 별장이 있다.……" "안두라스는 순교자 스데반의 성골함을 담은 교회가 있는 영지의 이름이다." 이렇게 도합 15편의 기적 이야기가 언급되었는데 아주 놀라운 기적 중의 하나는 아우구스티누스가 부활절 미사 때 설교하던 교회에서 발생되었다(22권 8장).

또 아우구스티누스는 숫자의 상징적인 마력을 설명하지 않고는 배겨낼 수 없었다. 6이 완전수이기 때문에 세상 창조는 6일에 완성되었다. "왜냐하면 6은 그 부분의 합, 즉 그 분수인 6분의 1, 3분의 1, 2분의 1의 합이 첫번째 수가 되기 때문이다. 또 1과 2와 3을 합하면 6이 되기 때문이다. 이런 의미에서 우리는 수의 '부분'으로써 몫이라고 불릴 수 있는 것을 의미한다. … 예를 들어 4는 9 안에 포함되어있기 때문에 9의 부분이지만, 분수적인 의미에서 부분이지는 않다. 그러나 1은 9분의 1이 되고, 3은 3분의 1이 되므로 부분이 되는 것이다"

아우구스티누스는 "6이라는 수의 완전성을 간단히 보여주기 위하여" 몇 구절로써 이런 설명을 계속하고는 "수의 이론은 많은 성경 구절에서 중요한 가치를 부여받고 있음이 아주 명백하기 때문에 경시되어서는 안된다"고 덧붙인다. 그는 이어 말한다. "7 역시 다른 이유 때문에 완전수이다. 즉 3은 처음으로 온전한 홀수가 되는 수이고 4는 처음으로 온전한 짝수가 되는 수인데 7은 이 둘로 구성되어있다." 그는 여기다가 이렇게 덧붙인다. "7의 완전성에 대해서 말할 수 있는 것은 아주 많지만, 이 책은 이미 상당한 분량이 되었다. 그러므로 나는 쓸데없는 일에다가 자질구레한 지식을 과시하는 기회로 삼는 것처럼 보일까 우려하고 있다"(11권 30-1장).

그러나 그는 오랫동안 유혹을 참아낼 수는 없었다. 우리는 아담으로부터 홍수까지의 기간 사이에 가인의 혈통이 7대요 셋의 혈통이 10대라고 듣고 있다. 세 아들과 딸 하나를 7에 더해보면 11이 되는데 이것은 죄의 수이다. 이렇게 되는 이유는 11이 십계명의 수를 넘어서서 성막을 덮는 막을 이루는 염소털 열 한 폭의 수가 되는데, 염소는 왼편에 놓이게 되므로 하나님의 백성에게 죄를 기억나게 한다는 것이다. 반면에 셋을 통한 혈통은 10으로 완전수이다. 여기에 노아의 세 아들을 더하면, 둘은 착하고 하나는 악하다. 3에서 1을 빼서 생긴 2에다 10을 더하면 12가 되는데, 이 수는 족장들의 수이자 예언자들의 수이고 7의 두 부분을 곱한 것과 동일하다. 즉 3에다가 4를 곱하거나 4에다가 3을 곱하면 12가 되는 것이다(15권 20장). 이 다음에 우리는 요한복음 마지막 장에 나오는 물고기 수인 153의 내적인 의미에 대하여 아우구스티누스를 신뢰할 수 있음을 알고 있다.

*　　　*　　　*

아우구스티누스와 당대에 그와 서신을 교환했던 제롬, 이 두 명의 위대한 교부시대의 성서주석가들은 란트(E. K. Rand)가 "중세의 건설자들"이라고 명명한 저술가와 사상가 집단의 시기 중에도 이른 편에 속한다. 우리는 원하는 대로 이 목록을 확장시킬 수 있지만, 보에티우스(Boethius)와 카시오도루스(Cassiodorus)는 분명히 포함될 것이다. 이 사람들은 모두 고대문명의 풍성한 삶이 사라졌지만 그 문헌 대부분과 몇몇 사고방식을 유지하였던 한 지역에서 일정기간 동안 살았다. 문화와 종교의 역사에서 그들이 차지하는 중요성은 그들 자신이 보다 단순하고 단편화된 형태로 후대에 전수시킨 고전기의 과거에 접근했다는 것이다. 아우구스티누스로서는 상당한 분량의 신 플라톤주의를, 결과적으로 플라톤주의를 중세 교회에 전수해 주었다. 그 영향은 위(僞) 디오니시우스(Pseudo-Denis), 즉 여러 가지 점에서 또다른 창시자인 사람에 기인된 보다 변질된 해석에 의하여 부분적으로 상쇄되기는 했지만, 독자적으로 살아남아 성 빅토르의 위그(Hugh of St. Victor)와 성 보나벤투라, 심지어 — 철학에서라기 보다는 신학에서 — 아퀴나스에 의하여 이용되었다. 아우구스티누스는 또한 특히 「하나님의 도성」에서 바로와 키케로로부터 이끌어낸 백과사전적 지식을 상당 부분 전달해주었다.

아우구스티누스가 사용한 어휘와 구문은 주로 고전적이었다. 그러나 당시에는 다양한 방법으로 카이사르와 타키투스에게서 두드러졌던 단어의 긴장감이나 절제력이 사라진 것과 마찬가지로, 키케로의 시대도 이미 지나간 터였다. 대신에 그의 산문은 유창할 정도까지 투명하고 시종일관 미사여구로 되어 있지만, 폭로를 자주 사용하고 때때로 라틴 문학에는 생소한 정도로 보기에 따라 다른 색조를 지니고 있다. 또 아우구스티누스는 때로는 숭고할 정도로 상승했다가도 무기력할 정도까지 침체된 경우도 있었다. 그는 저술이나 그 부분을 구성하는 데 있어서 고전적이라기보다는 오히려 중세적이다. 그리스와 라틴 산문작가들이 저술을 어떻게 시작하고 어떻게 종결지을는지 알았던 데 비해, 아우구스티누스는 산문작가로보다는 수사학자로 훈련받았기 때문에 절제감이나 균형감을 거의 갖고 있지 못했다. 그의 모든 저작은 중심주제로부터 벗어나 빗나간 이야기를 한다.

「하나님의 도성」도 마찬가지 형편이어서 단일한 저작이라기보다는 인간의 구원을 위한 하나님의 계획이라는 거대한 중심주제 위에서 오랜 기간 동안 많은 중단을 겪으면서 구성된 일련의 감상이다. 덧붙여 그는 매혹적인 곁길을 그냥 두고 갈 수 없었다. 산토끼가 눈에 띈다면 그는 그 뒤를 좇았다. 그래서 그 작품은 때때로 우리에게 몽테뉴의 수상록이나 버턴(Burton)의 「우울증의 해부」(*Anatomy of Melancholy*)와 같은 16세기나 17세기 초반의 산만한 걸작을 회상시킨다. 그래서 첫 여섯 행에서 "하나님의 영광스런 도성"이라는 중심사상이 들리다가도 다음 페이지에서는 공화국에 대한 스키피오의 정의가 나온다. 그러나 이런 맥락이 다시 충분히 논의되기 위해서 그의 독자들은 8, 9년을 기다린 뒤 18권을 소화해야 했다.

그러나 아우구스티누스에게서 발견되는 정치사상과 심지어 하나님의 도성 개념이 자기 당대에 별다른 영향을 주지 못했다고 할지라도, 그 저작 속에 담긴 많은 사상과 많은 내용은 그리스도인의 의식 속에 깊이 침투했다. 심지어 그가 자신의 자료에 크게 의지하여 이끌어낸 구절들조차 그의 것이라는 이유로 유럽의 정신 속으로 스며들었다. 그의 수고의 대가로 독자들은 그 광대한 정신력과 공정성을 보다 잘 인식할 수 있게 되었고, 그리스도교적 가르침을 완전히 흡수할 수 있게 되었다.

독자는 처음에는 논지를 벗어난 이야기와 고대의 지식에 대한 백과사전적 인용, 그리고 진부한 연대기와 귀신론의 수용태도에 의하여 불쾌감을 가질는지 모르지만, 우리 시대의 종교적인 사상가들의 마음에 행사되는 몇몇 심오한 문제들에 대한 아우구스티누스의 장황하고, 웅변적이며, 사려깊고 심사숙고된 주장들을 다시 읽어보면 자신이 그리스도교의 전통 중에서 가장 강력하며 포용력이 있으며 예민한 인물과 접촉하고 있음을 느끼지 않을 수 없다.

그러나 아우구스티누스는 위대한 라틴 산문작가들의 정교하고 긴장감 넘치는 문체를 주장하고자 시도하지도 않았고, 그것을 좋아하지도 않았다. 단어들은 일련의 단조로운 문장이 나오고 나서야 때때로 달아올라 불길을 보이며 치솟는다. 그런 순간은 긴장을 늦추고 있다가 갑자기 깨어 일어난 사람들이 가장 잘 감지할 수 있다.

다른 사람들을 위해서 다음의 구절들은 아무리 불완전한 번역을 통해서라고 할지라도, 다양한 형태로 드러난 아우구스티누스의 웅변을 예증해줄 수 있을 것이다. 8권 3장:소크라테스의 가르침, 10장:그리스도교와 플라톤 사상, 11권 6장:악의 비실체성, 19권 27장:"우리가 우리에게 죄지은 자를 사하여 준 것 같이", 22권 24장:창조의 아름다운 것들과 인간 정신의 아름다움, 26장:보통 인간이 어떻게 "불에 의해서처럼" 구원받는가.

아우구스티누스가 「하나님의 도성」을 완성한 지 3년 후에 반달족(Vandal) 침입자들이 아프리카를 유린했다. 429-430년에 걸친 겨울에 그들의 육군과 해군이 히포를 포위했다. 아우구스티누스는 생애의 마지막 8개월을 피난민으로 붐비며 마지막 파국을 기다리는 포위된 도성에서 보냈다. 그는 아주 오래 생존했기 때문에 가톨릭 교회의 융성하는 지역인 아프리카의 파괴를 목격하였다. 그러나 그는 파괴된 도성을 눈으로 보는 데서는 면제되었다. 그는 93권의 저작 중 스스로 수정할 필요성을 느낀 구절에 대한 일련의 목록을 편찬한 직후인 430년 8월 28일에 사망했다. 그의 서재는 파괴를 면하였기 때문에 그의 저작은 거의 완전하게 온존하여 오랜 세월 동안 수많은 사람들의 정신에 영양분을 공급할 수 있었다. "한 시내가 있어 나뉘어 흘러 하나님의 성 곧 지극히 높으신 자의 장막의 성소를 기쁘게 하도다"(시편 46:4).

데이비드 노우리스(David Knowles)

제1권

개요:세상의 재난, 특히 고트족에 의한 로마의 약탈을 그리스도교와, 제신 숭배 금지에 책임을 돌리는 이교도들을 저자는 반박하고 있다. 그는 인생의 화복은 항상 선인에게나 악인에게 다같이 일어났다고 말한다. 끝으로, 그는 여인들이 군인들에게 폭행당한 것이 그리스도교인들 때문이라는 그들의 후안무치함을 통박하고 있다.

이 작업을 착수함에 있어서 자신의 계획을 설명하기 위한 서문

내 사랑하는 아들, 마르켈리누스[1]여, 그대가 제안하였고 내가 그렇게 하겠다고 약속한 이 작업의 주제는 영광스러운 하나님의 도성이네. 나는 그 도성을 건립한 분보다 자기들의 신들을 더 좋아하는 자들에 대항하여 영광스러운 하나님의 도성을 옹호하기 위한 일에 착수하였네. 이 도성은 쏜살같은 시간 속에서 믿음으로 살아가며(합 2:4; 롬 1:17; 갈 3:11; 히 10:38 참조) 불신자들 사이에 이방인으로 머무르는 모습을 우리에게 보이든지, 혹은 지금은 그것이 인내심을 가지고 "판단이 의로 돌아갈"(시 94:15) 때까지 기다리고 있는 영원한 보좌에 확고하고 안정되게 거하면서 뛰어난 덕성으로써 최후 승리와 완전한 평화를 얻게 될 모습을 우리에게 보이든지 간에 놀랍도록 영광스러운 도성이네. 이 일은 엄청나고 힘드는 작업이지만, 하나님이 나의 도움이 되신다네(시 118:6 참조).

나는 교만한 자들에게 겸손이라는 덕목이 얼마나 위대한지 확신시키기 위해서는 어떠한 능력이 요구되는지 알고 있네. 겸손은 인간적인 교만에 의해서가 아니라 하나님의 은혜로써 이 변화많은 인생에서 흔들거리는 모든 세상적인 지위 위로 우리를

---

1) 마르켈리누스(Marcellinus)는 가톨릭과 도나투스주의자들 사이에 벌어진 논쟁을 해결하고자 411년 여름에 카르타고에서 소집된 공의회를 주재하도록 호노리우스(Honorius) 황제에 의하여 파견된 인물로서 아우구스티누스가 아끼던 제자였다. 그는 논쟁에서 가톨릭의 승리를 인정하고 도나투스파를 규제하는 법을 만들려다 그들의 보복에 희생되었다. 그리고 그는 순교자의 반열에 드는 영광을 받았다.

들어올린다네. 왜냐하면 우리가 말하는 이 도성을 건립하셨으며 우리가 섬기고 있는 왕은 성경에서 당신의 백성에게 "하나님이 교만한 자를 물리치시고 겸손한 자에게 은혜를 주신다"(약 4:6)고 하나님의 법에 대한 선언을 해놓으셨기 때문이네. 이런 권한은 하나님의 대권에 속하네. 그렇지만 매우 우쭐해지고 교만한 마음을 가진 인간은 그것이 자신에게 속했다고 주장하면서 "복종하는 자들을 살려주며 교만한 자들을 때려 눕히라"[2]는 시구(詩句)에서 자기들의 교만한 정신에 대한 칭찬을 듣고서 기뻐한다네.

그러므로 우리가 착수한 이 작업의 계획에서 요구되는 대로, 그리고 기회가 닿는 대로, 우리는 여러 민족의 지배자이면서도 바로 그 자신이 지배욕에 의하여 지배당하는 세상 도성에 관해서도 말하지 않을 수 없다네.

1. 야만인들이 그 도성을 노략질할 때 그리스도 때문에 살려주었던, 그리스도의 이름에 대한 반대자들에 관하여

내가 대항하여 하나님의 도성을 옹호하고자 하는 반대자들은 이 세상 도성에 속해 있다. 이런 자들 중 많은 사람들은 자기들의 불경건한 오류를 교정하고 하나님의 도성의 아주 훌륭한 시민이 되기는 했지만, 다수의 사람들은 그 도성에 대하여 불타는 증오심을 가지고 있고 구속하신 분이 베푸신 현저한 유익들에 대하여 감사한 마음을 느끼고 있지 않다. 그리스도교의 적들은 침략자들의 칼을 피하여 도망칠 때 만약 그 거룩한 장소에서 자기들이 지금 과시하고 있는 그 생명을 발견하지 못했더라면, 오늘날 그 도성에 대하여 좋지 못한 말을 한 마디도 할 수 없을 것이라는 점마저 잊고 있다.[3] 야만인들이 그리스도 때문에 목숨을 살려주었던 바로 그 로마인들이 그리스도의 이름에 대항한 적이 되지 않았는가?

로마가 노략질당할 때 순교자들의 거룩한 처소와 사도들의 교회당은 그리스도인이든 이교도이든 모든 피난민에게 도피처를 제공했기 때문에, 이런 사실을 증언하고 있다. 피에 굶주린 적들은 아주 극도로 흥분된 상태에 있었지만, 이곳에서는 그들의 야수같은 광적 행동을 삼갔다. 적들 중에 자비심이 많은 자들은 길거리에서 살려주

2) Virg., *Aen.*, 6, 853.

3) 알라릭이 그리스도인들의 성지 특히 성 베드로와 성 바울 교회당에 있는 성소로 피난한 사람들에게 관대한 태도를 보인 것은 오로시우스(7, 39)와 제롬(*Ep.* 27. 13)에 의해서도 입증된다. 그는 아리우스파 기독교인이었으며, 야만족 침입자중 가장 인간적이였다. 그는 가톨릭 교인들을 보호했다.

었던 사람들이 그 정도의 동정심을 갖지 않은 적군을 맞닥뜨리지 않도록 이런 피난처들로 그들을 데려다주기도 하였다. 다른 곳에서는 적군이 보여줄 수 있는 온갖 만행으로 맹위를 떨치던 자들조차도 이런 장소에 와서는 일반적으로 전쟁의 법에 의하여 허용되는 관행을 삼가며, 극악무도한 그들의 폭력적인 열정을 갑작스럽게 억제시키며, 포로를 잡으려는 그들의 열망을 진정시켰다.

지금 그리스도교에 대하여 불평하며 자기들 도성이 당했던 재난에 대하여 그리스도에게 책임이 있다고 주장하는 많은 사람들은 이런 식으로 화를 면할 수 있었다. 그렇지만 그들은 자기들의 목숨을 구해준 그리스도에 대한 존경심으로부터 받은 유익에 대해서는 그리스도께 책임을 돌리지 않고, 자기들이 구원 받은 것을 운명탓으로 돌린다. 하지만 만약 그들이 올바른 판단력을 조금이라도 가지고 있다면, 적들의 손으로 당했던 어려움과 고통의 원인을 하나님의 섭리로 돌려야 할 것이다. 왜냐하면 하나님은 섭리로써 그런 재앙을 사용하여 사람들을 올바르고 칭찬받을 만하게 살아가도록 훈련시키며, 인정받는 삶을 살아가는 사람들을 좀더 나은 상태로 옮겨주거나, 혹은 이 세상에서 좀더 나은 목적을 위하여 그들을 보존하는 것과 마찬가지로, 전쟁을 사용하여 계속적으로 인간의 타락과 품성을 교정시키고 정결케 하시기 때문이다.

게다가 저들은 야만인들이 일반적으로 그리스도의 이름을 존중하여서든지 또는 자비를 베풀 여지를 줄 정도의 크기와 용량을 가진 건물로서 특히 그리스도의 이름에 봉헌된 장소에서든지, 피에 굶주린 야만인들이 전쟁의 관행과는 반대로 자비를 보여준 사실에 대하여 이 그리스도교 시대에서 원인을 찾아야 한다. 그러므로 우리를 비방하는 사람들은 오히려 이런 자비로운 행동으로 인하여 하나님께 감사드려야 한다. 그들 중 많은 사람들은 거짓된 입술로 하나님의 이름을 들먹거렸기 때문에 영원한 불의 형벌을 피하기 위하여, 즉 임박한 파멸의 형벌을 모면하기 위하여, 진정한 참회와 함께 그의 이름에 의지해야 한다. 그리스도의 종들을 그토록 무정하고 오만하게 모욕하던 이들 중에 아주 많은 사람들은 그 끔찍스런 학살시기 동안 그리스도의 종인 양 행세함으로써 목숨을 건졌다. 그런데도 그들은 이제 배은망덕한 교만과 아주 불경건한 광기로써 영원한 어둠 속에서 형벌받을 위험을 무릅쓰면서, 사악한 태도로 그 이름에 대적하고 있다. 그때 그들은 이 짧은 인생의 빛을 향유하기 위하여 기만적인 입술로 그 이름 아래에서 도피처를 찾았으면서도 말이다.

2. 승리한 자들이 패배자들을 그 신들에 대한 존중심으로 살려준 사건은 전쟁의 관행과는 정반대된다.

우리는 로마가 건국되기 이전이나, 그 다음에 흥기하여 세력을 잡은 이후의 시기에 발생된 수많은 전쟁에 관한 기록을 가지고 있다. 우리의 적들로 하여금 역사를 읽어보고 이방의 적군이 어떤 도시를 장악한 뒤 신전에 도피하고 있는 사람들의 목숨을 살려준 예가 있으면, 들어보게 하라.[4] 그들로 하여금 어떤 야만인 장군이 한 도시를 급습하였을 때, 이런저런 신전에서 발견되는 사람들을 난폭하게 다루지 말라는 훈령을 내렸는지 인용하게 해보라. 아이네아스(Aeneas)는 프리암(Priam)이 제단에서,

스스로 성별했었던 불을 피로써 더럽히는[5]

모습을 보지 않았던가? 그리고 디오메데스(Diomedes)와 율리시즈(Ulysses)는

성채를 수비하던 모든 자들을 살육하고 피묻은 손으로
거룩한 신상을 낚아채었다. 그리고 그들은 주저함없이 무서운
여신의 순결한 관에 손을 댔도다

라고 하지 않았던가? 그리고 다음 부분에,

이후에 그리스의 희망은 약해지고 희미해졌다[6]

는 진술은 조금도 진실되지 않다. 왜냐하면 사실상 이 일이 있은 후에 그리스가 승리했으며, 불과 칼로써 트로이를 파멸시키고 제단에서 프리암을 살해했기 때문이다.

그리고 트로이가 소멸된 것도 그 도시가 미네르바를 잃어버렸기 때문이 아니었다. 미네르바는 그녀 자신의 소멸로 이끌게 된 어떤 손실을 먼저 당했던가? 아마 호위병들을 잃어버린 것이 아니던가? 그녀는 의심할 바 없이 바로 그 호위병들이 살해당하자마자 도난당할 수 있었다. 사실은 신상이 그들을 지켜주고 있었던 것이 아니라, 그들이 신상을 보호하고 있었던 것이다. 그렇다면 그들이 자기 나라와 그 시민들을 위한 보호수단을 확보하기 위하여 그 여신을 숭배한 이유가 무엇이었을까? 그녀는 자신을 지켜주는 자들을 보호할 수도 없었는데 말이다.

---

4) 아우구스티누스의 문제 제기는 옳지 못했다. 이교도들은 티레(Tyre)에서의 알렉산더가 베푼 호의(Arr., *Anab.*, 7, 24)와 코로네아 점령 이후에 아게실라우스가 베푼 관대한 행위(Plut., *Aegs.*, 19)를 인용할 수 있었다.

5) Virg., *Aen.*, 2, 502.

6) *Aen.*, 6, 166ff.

3. 로마인들은 트로이를 방어할 수 없었던 신들로부터 유익을 얻으리라고 믿었을 때, 평소의 현명함을 보여주지 못하고 있었다.

이들이 바로 로마인들이 기꺼이 자기들의 도시를 보호하도록 위임하고는 기뻐했던 신들인 것이다! 이 얼마나 애처로울 정도로 어리석은 짓인가! 그러나 로마인들은 신들에 대해 저술한 사람들에 대해서는 전혀 화를 내지 않으면서도 우리들로부터 그런 이야기를 들으면 노발대발한다. 사실 그들은 그런 작품을 잘 알기 위하여 돈을 지불하기도 하고, 이런 작품들을 자기들에게 가르쳐주는 그런 교사들이 공공기금으로부터 봉급을 받을 만하며 다른 명예를 얻을 자격이 있다고 생각한다. 예를 들어, 모든 시인들 중에 가장 위대하며 가장 인정받는 위대한 시인으로서, 순수한 마음 속에 흡수되어 쉽게 망각되지 않도록 소년들이 읽는 베르길리우스(영. Virgil)가 있다. 이를 두고 호라티우스(영. Horace)는,

> 새로운 그릇들은 처음 담겨진 내용물의 맛을 오래도록 간직한다[7]

라고 말한 적이 있다. 그런데 베르길리우스의 작품에서 유노(Juno)는 트로이인들에게 적대적이라고 소개되고 있고, 바람의 왕인 아이올루스(Aeolus)에게 그들을 대적하도록 부추기면서 이렇게 말하고 있다.

> 내가 싫어하는 종족이 에트루리아 바다를 건너서 이탈리아에다가
> 트로이, 그리고 정복당한 트로이의 신들을 운반하고 있다.[8]

현명한 로마인들이 자신도 방어하지 못한 이런 신들에게 로마의 보호를 위임해야 했겠는가? 분명히 유노는 자기가 무슨 말을 하는지 신경쓰지 않고 성난 여인처럼 말했다. 그렇지만 아주 흔히 "경건한 자"라고 지칭된 아이네아스는 무슨 말을 했던가? 그는,

> 저런! 높은 곳에 있는 아폴로의 제사장인 판투스(Panthus)는
> 자신의 정복당한 신들과 어린 후손들을 잽싸게 붙잡고는
> 미친듯이 문쪽으로 달려가는구나[9]

---

7) *Ep.*, 1, 2, 69f.
8) *Aen.*, 1, 67f.
9) *Aen.*, 2, 319f.

라고 말하고 있지 않는가? 그가 "트로이의 신당에 있는 신들은 당신의 나라를 당신에게 돌보도록 맡겼다"[10]라는 말을 들었을 때, 스스로 신들에게 위탁되었다기보다는 스스로 거리낌없이 "정복당했다"고 말한 신들이 그에게 맡겨졌음이 분명하지 않은가?

베르길리우스가 그런 신들을 "패배자들"이라고 부르면서 그들이 정복된 후에 한 사람의 보살핌에 위임됨으로써 도망치는 데 어떻게 성공했는지 말하고 있다면, 로마를 그런 수호신들에게 위탁하고는 로마가 그들을 계속하여 보유하고 있었다면 노략질당할 수 없었으리라고 생각하는 것이 현명하다고 보는 태도는 얼마나 우매한 짓인가! "정복당한" 신들을 보호자요 수호자로 경배하는 행위는 선한 신이 아니라, 악한 영들을 숭배하는 것 외에 다른 무엇이겠는가? 만약 이런 신들이 앞서 소멸되지 않았었더라면, 로마가 이런 재앙을 모면했을 것이라고 가정하는 것은 현명한 일이 못된다. 오히려 로마가 그 신들을 보존하기 위하여 온갖 노력을 기울이지 않았더라면, 그런 신들은 오래 전에 사라졌을 것이라고 믿는 편이 더 현명하지 않겠는가? 정복당한 보호자들을 소유함으로써 패배당할 수 없다고 믿는 것과, 이런 수호신들을 잃었다는 데 파멸의 원인을 돌리는 것이 얼마나 어리석은지 이 문제를 생각하는 사람은 누구든지 알 수 있다. 사실 그들이 파멸당한 유일한 원인은 그처럼 소멸되기 쉬운 보호자들을 선택했다는 데 있었다. 그러므로 시인들이 "패배한 신들"에 대하여 쓰고 노래했을 때, 그들은 거짓을 꾸며내고자 하는 의도를 전혀 가지고 있지 않았고 진실이 자기들에게 어쩔 수 없이 말하게 하는 내용을 정직하게 말했던 것이다.

그러나 나는 이 주제를 보다 적절한 곳에서 아주 상세히 다루어야 한다. 지금 나는 스스로의 왜곡된 품성으로 마땅히 받아야 했던 재앙들 때문에 그리스도를 불경스럽게 비난하는 사람들의 배은망덕한 태도에 대하여 간단하게, 그리고 능력껏 최선을 다하여 다루고자 한다. 그들은 비록 사악했지만 그리스도 때문에 목숨을 건졌는데도 이 사실을 인정하려고조차 하지 않고 있다. 그들은 신성모독적이고 편파적인 광기를 가지고 그리스도의 이름을 대적하여 혀를 놀리고 있지만, 그 똑같은 혀로 이전에는 자기들의 목숨을 구하기 위하여 거짓되게 그 이름을 주장하거나, 혹은 그리스도께 성별된 장소에서 두려움 때문에 그 혀를 움직이지 않았던 것이다. 그들은 그분의 이름으로 적군의 폭력으로부터 안전하게 보호받다가 피난처로부터 나오자마자 적개심 가득찬 욕설로 그를 공격하기 위하여 자기들의 혀를 마음껏 움직이고 있는 것이다.

---

10) *Aen.*, 2, 203.

4. 그리스인들로부터 아무도 구원치 못했던 트로이에 있는 유노의 성소에 관하여, 또 도망친 모든 사람들을 야만인들로부터 보호해주었던 사도들의 교회에 관하여

앞서 말한 대로 비록 그리스인들도 같은 신들을 숭배했음에도 불구하고, 로마인들의 어머니인 바로 그 트로이는 성별된 신들의 건물 속에서 그리스인들의 불과 칼로부터 시민을 보호할 수 없었다.

> 유노의 성소에서 수비자로 선택된 피닉스와 무서운 율리시즈는
> 노략물을 감시하고 있다. 그곳에는 불타는 신당에서 가져온 약탈물,
> 황금 주발들, 신들의 탁자들, 탈취한 의복들 등 트로이의 재물이
> 쌓여있다. 그리고 그 물건들 가까이에는 겁을 먹은 부인들과
> 소년들이 길게 열을 지어 서 있다.[11)]

말하자면 그렇게 위대한 여신에게 봉헌된 장소가 포로들이 당연한 권리로써 바깥으로 인도될 수 없는 장소로서가 아니라, 승리한 자들이 마음대로 포로들을 감금시킬 수 있는 장소로 선택되었던 것이다. 이 성소는 신들 중에 낮은 축에 속하는 어떤 평범한 신의 신전이 아니라, 유피테르 자신의 누이이자 아내이며 모든 신들의 여왕인 유노의 신전이었다. 그렇다면 우리 사도들을 기념하여 세운 교회당과 그것을 비교해 보라. 유노의 신당에는 패배자들에게 되돌려주기 위해서가 아니라, 승리한 자들 사이에 분배될 약탈물이 불타는 신전과 신상들로부터 탈취되어 운반되어 왔다. 반면에 사도들의 교회당에는 다른 곳에서 발견되었다고 할지라도 여기에 속한 모든 것이 아주 정중하고 예의를 갖추어 되돌려졌다. 그곳에서는 자유가 상실되었으나, 이곳에서는 그것이 유지되었다. 그곳에서는 엄격한 감금행위가 있었으나, 이곳에서는 예속상태가 금지되었다. 그곳 사람들은 자기들을 노예로 넘김으로써 권한을 행사하던 적들에 의하여 둘러싸여 있었으나, 이곳 사람들은 자기들을 자유롭게 함으로써 동정심을 보이던 적들에 의하여 안내받았다.

간단히 말하여, 비열한 그리스인들은 유노의 신전을 자기들의 탐욕과 오만을 과시하는 장소로 선택하였던 반면에, 야만인들은 비록 투박하기는 하지만 그리스도의 교회당을 겸손과 친절을 보이는 곳으로 선택했다. 그러나 아마도 승리한 그리스인들은 트로이인들과 마찬가지로 자기들도 숭배했던 신들의 전당을 그냥 남겨두었으며, 그곳으로 도피한 불쌍하고 패배한 트로이인들을 감히 칼로 치거나 노예로 만들지 않

11) Virg., *Aen.*, 2, 761ff.

앉을는지는 모른다. 그렇다면 베르길리우스는 시인들의 방식대로, 실제 하지도 않았던 일을 묘사하고 있었단 말인가? 하지만 그가 적에 의하여 어떤 도시가 약탈당하는 일반적인 관행을 묘사했다는 데에는 의문의 여지가 없다.

5. 어떤 도성을 약탈하는 적군의 일반적인 관행에 대한 카토의 묘사

진실하기로 유명한 역사가인 살루스티우스(Sallust)에 의하면, 카토(Cato)[12]는 원로원에서 음모자들에 대한 의견을 발표하면서 도시가 약탈될 때 생기는 관행에 대한 적극적인 증언을 다음과 같이 해주고 있다.

소년소녀들은 끌려가고 젖먹이들은 부모의 품에서 떼어집니다.
여인들은 정복자들의 쾌락의 도구가 되며
신전과 집은 노략질 당합니다.
곳곳에서 화재가 발생하며 학살이 자행됩니다.
싸우는 사람들, 시체들, 유혈과 애곡소리로 모든 것이 혼란합니다.[13]

그가 만약 신전에 대한 언급을 생략했더라면 우리는 적들이 신들의 처소를 그냥 남겨두는 것이 관례라고 생각했을 것이다. 그렇지만 로마의 신전은 외국인 적들의 손이 아니라 카틸리나(Catiline) 일당, 즉 아주 고귀한 의원들이자 로마 시민들로부터 이런 재앙을 당할까 두려워해야 했다. 그렇지만 그들은 분명히 양심도 없는 자들이요, 자기들을 낳아준 모국을 살해한 자들이라고 말할 수도 있었다.

6. 로마인들도 도성을 장악했을 때 신전에 있는 피정복민들을 그냥두지 않았다.

우리는 이런 논의를 하면서 서로 간에 전쟁을 벌였을 때, 각자의 신들의 처소에 있는 피정복민들을 결코 살려주지 않았던 많은 민족들에 대해 주의를 기울일 필요가 있겠는가? 로마인들의 행동을 직접 살펴보자. 즉 특별히 칭찬하는 말로 "굴복하는 자들을 살려주며 교만한 자들을 때려눕히는 것"[14]이 관습이며 "자기들이 당한 악행을 복수하기보다 오히려 용서해주기를"[15] 선택했다고 언급되었던 로마인들을 돌이켜

---

12) 카토 우티켄시스(Cato Uticensis)는 탑수스(Thapsus:46 B.C.) 전투 이후에 자살했는데 그의 자살행위는 스토아적인 덕목의 모범으로 찬양되었다. 그 전쟁은 살루스티우스의 「카틸리나」(*Catiline*)에서 카이사르의 입을 통해 묘사되고 있다.

13) *Cat.*, 51, 9.

보고 검토해보자. 이 로마인들은 자기들의 영역을 확대하기 위하여 많은 강력한 도시들을 장악하고 습격하며 전복시켰다. 우리는 어떤 신전에 특권이 부여되며 그곳으로 피한 사람이 자유를 얻도록 보장받았다는 이야기를 들어본 적이 있는가? 혹은 비록 그들이 그렇게 행동했었다고 할지라도, 역사가들이 그런 사실을 언급하지 않았단 말인가? 굉장한 열의를 가지고 칭찬할 만한 거리를 찾고 있는 역사가들이 자기들 기준으로 보아 아주 설득력있는 종교적 감정의 증거가 되는 행동을 빠뜨렸다고 믿을 수 있을 것인가?

아주 화려하게 장식된 시라쿠사 시를 장악했던 위대한 로마인인 마르쿠스 마르켈루스(Marcellus)는 그 시의 임박한 파멸을 생각하며 슬퍼했고, 시라쿠사인의 피를 흘리기 전에 그 자신이 먼저 눈물흘렸다고 전해진다.[16] 또한 그는 비록 적이지만 그들의 명예를 지켜주기 위하여 애를 쓰기도 했다. 그래서 그는 도시로 진격하라는 명령을 내리기 전에, 어떠한 자유인의 몸에도 폭력을 행사하지 말라는 포고령을 발표했었다.

그렇지만 시라쿠사는 보통 전쟁이 벌어졌을 때의 관행대로 노략질 당했다. 우리는 그 명예롭고 자비로운 지휘관이 이런저런 신전으로 도망친 사람에게 해를 입혀서는 안된다고 명령하는 포고문이 있었다는 기록을 어디서도 읽을 수 없다. 그가 눈물 흘렸다는 기록이 언급되지 않을 수 없었고 적군의 명예를 전혀 손상시키지 말라는 포고령이 남아있다는 사실을 감안하면, 만약 그런 일이 있었다면 분명히 기록에서 빠질 수 없었을 것이다.

타렌툼을 정복했던 파비우스(Fabius)는 신상(神像) 약탈을 금지시켰다고 하여 칭찬받고 있다.[17] 상당수가 탈취했었던 신상을 어떻게 했으면 하느냐고 그의 서기관이 질문했을 때, 그는 어중간한 입장을 농담으로 숨겼다. 그는 그것들이 어떤 종류의 신상이냐고 물어본 다음, 그 중 상당수가 엄청난 크기일 뿐만 아니라 몇몇 신상은 무장을 갖추고 있다는 말을 들었을 때, "타렌툼 사람들에게 그 성난 신들을 맡겨두자"고 말했다. 그렇다면 로마의 역사가들이 한 사람의 눈물과 다른 사람의 농담투의 말, 즉 마르켈루스의 고귀한 자비심과 파비우스의 익살맞은 어중간한 태도를 놓치지 않고 언급한 사실을 보아, 만약 이들 두 사람이 적국의 신들에 대한 존중심 때

---

14) 이 문구는 서문에 인용된 바 있다. Virg., *Aen.*, 6, 853.

15) Sall., *Cat.*, 9, 5.

16) Liv. 25, 24, 11. B.C. 212년의 일이다.

17) Liv. 27, 15f. 파비우스 막시무스 쿤크타토르는 B.C. 209년에 타렌툼을 함락시켰다.

문에 어떤 신전에 있는 사람들을 학살하지 못하게 하고, 노예로 넘기지 말라고 함으로써 누군가에게 관대한 태도를 보였다면, 저술가들이 그 사실에 대한 기록을 생략시켰을 것 같은가?

7. 로마가 약탈당할 때 발생된 잔인한 행위들은 전쟁의 관행에 부합했지만, 관대한 행위들은 그리스도의 이름의 능력으로부터 결과되었다.

최근에 로마에 재앙이 닥쳤을 때 자행되었던 온갖 파괴, 학살, 약탈, 화재 및 고통은 일반적인 전쟁의 관행과 일치했다.[18] 그렇지만 새로운 관습을 확립시킨 어떤 것, 즉 전체 국면을 변화시켰던 어떤 요소가 있었다. 만행을 저지르던 야만인들이 아주 유화적인 태도를 보이면서 대 교회당들을 선택하여 자기들로부터 목숨을 건진 사람들로 가득 차도록 따로 남겨두었던 것이다. 그곳에 있는 사람은 어느 누구도 난폭하게 다루어지지 않았고, 강제로 끌려가지도 않았다. 자비심 많은 적들은 많은 사람들을 그곳으로 데리고 가서 자유를 얻게 하였다. 그곳에서는 심지어 잔인한 적군에 의해서조차도 포로로 잡혀가지 않게 되었다. 이런 행위는 그리스도의 이름과 그리스도교의 영향에서 그 원인을 찾아야 한다.

이 점을 보지 못하는 사람은 눈먼 사람이나 마찬가지이다. 이 점을 보고도 그에 대해 찬양하지 않는 사람은 감사할 줄 모르는 사람이다. 다른 사람이 이에 대해 찬양드리지 못하도록 방해하려고 애쓰는 사람은 정신이 온전치 못한 사람이다. 양식있는 사람이라면, 어느 누구도 그런 관대한 행동의 원인을 야만인들의 야수적인 본성에 돌릴 수 없다. 그들의 과격하고 야만적인 정신은 오래 전에 예언자를 통하여 "내가 지팡이로 저희 범과(犯過)를 다스리며 채찍으로 저희 죄악을 징책하리로다. 그러나 나의 인자함을 그에게서 다 거두지 아니하며 나의 성실함도 폐하지 아니하리라"(시 89:32, 33)고 말씀하신 분에 의하여 겁을 먹고 억제되며, 신비한 방법으로 완화되었던 것이다.

8. 종종 선인과 악인에게 차별없이 임하는 축복과 불행에 관하여

어떤 사람들은 "그렇다면 하나님의 자비는 왜 심지어 하나님을 모르며 감사치 않는 자들에게까지 미치는가?"라고 질문할는지 모른다. 이에 대한 유일한 설명은 그

---

18) 알라릭은 A.D. 410년 8월 24일에 로마에 입성했다. 아우구스티누스는 A.D. 413년에 「하나님의 도성」을 저술하기 시작했다.

것이 "그 해를 악인과 선인에게 비취게 하시며 비를 의로운 자와 불의한 자에게 내리우시는"(마 5:45) 분의 자비라는 것이다. 어떤 악인들은 이런 사실은 생각함으로써 회개하고 자기들의 불경건을 고치지만, 그 사도[19]의 말대로 다른 악인들은 "하나님의 인자하심과 용납하심과 길이 참으심의 풍성함을 멸시하며 각 사람에게 행한 대로 보응하시는 하나님의 의로우신 판단이 나타나는 진노의 날에 임할 진노를 쌓고 있다"(롬 2:4, 5).

그렇지만 하나님의 채찍이 선인들을 참을성있게 인내하도록 훈련시키는 것과 마찬가지로, 오래 참으시는 하나님은 아직도 악인들이 회개하도록 초대하신다. 악인들을 징벌하기 위하여 하나님의 엄격함이 완화되듯이, 선인들을 소중히 하기 위하여 하나님의 자비가 그들을 감싼다. 하나님은 섭리로써 의인들을 위해서는 불의한 자가 누리지 못할 장래의 축복을, 또 악인들을 위해서는 선인이 당하지 않을 슬픔을 예비하기로 결정하셨다. 그러나 그분은 현세의 좋은 일들과 나쁜 일들은 선인과 악인에게 동시에 임하도록 의도하셨다. 그래서 악인들도 동일하게 향유하는 모습을 보이는 어떤 것들을 우리가 지나치게 탐하지 않게 하고, 또한 심지어 선인들도 종종 겪는 해악으로부터 지나친 두려움을 가지고 움츠러들지 않도록 하셨다.

축복이라고 생각되는 일들과 불행이라고 간주되는 사건들이 각각 사용되는 목적에는 아주 큰 차이가 있다. 선인들은 이 세상의 좋은 일들로 인하여 의기양양해 하지도 않고, 이 세상의 나쁜 일들로 인하여 압도당하지도 않는다. 그렇지만 악인은 현세의 행운에 의하여 타락해 있기 때문에, 불행에 의해서는 자신이 징벌받는다고 느낀다.

그렇지만 하나님은 흔히 행운을 베풀거나 불운을 안겨줄 때조차 그분의 행동양식을 명확하게 보여준다. 왜냐하면 이 세상에서의 모든 악행에 대하여 명백하게 벌이 가해진다면, 마지막 심판을 위하여 남겨질 것이 하나도 없게 되리라고 생각될 수 있기 때문이다. 반면에 하나님의 능력이 현세에 저질러지는 어떠한 죄악에도 공개적으로 징벌하지 않는다면, 하나님의 섭리가 결코 존재하지 않는다는 결론이 제기될 것이다. 현세에서의 행운에 관해서도 마찬가지이다. 하나님이 간구하는 사람들에게 눈에 보일 정도로 관대하게 행운을 부여하지 않는다면, 우리는 이런 현세적인 축복이 그분의 소관사항이 아니라고 말할 수 있다. 반면에 그분께 구하기만 하면 번영을 베풀어주시는 경우에는, 하나님이 단지 그런 보상을 위해서만 섬김받을 수 있다고

---

19) 초대교부들의 저작 속에서 "그 사도"라 할 때 이 말은 항상 사도 바울을 지칭한다.

우리가 생각하게 될 것이다. 그렇게 된다면 우리가 그분을 섬김으로써 경건해지는 것이 아니라, 오히려 탐욕스럽고 욕심만 많이 가지게 될 것이다.

선인과 악인이 함께 고통당하며 또 그들이 당하는 고통에 아무런 차이가 없다고 할지라도, 우리는 그들 사이에 결코 아무런 차이가 없다고 생각해서는 안된다. 고통이 비록 같다고 할지라도 고통받는 사람들은 여전히 다른 채로 남아 있다. 덕과 악덕은 비록 같은 괴로움을 겪는다고 할지라도 동일하지 않다. 금을 빛나게 만드는 그 동일한 불은 왕겨가 연기를 내도록 만들기도 한다. 하나의 도리깨가 쭉정이를 떨어져 나가게 만드는 동시에 알곡을 걸러내기도 한다. 같은 압착기에서 눌린다고 하여서 기름이 찌꺼기와 혼동되어서는 안된다. 마찬가지로 선인들을 검증하고 정결케 하고 순수하게 하기 위하여 엄습하는 난폭한 일이 악인들을 저주하고 파멸시키고 근절시키도록 작용하기도 한다. 그러므로 똑같은 고난을 당할 때에 선인들은 기도하고 찬양하는 반면에, 악인들은 하나님을 증오하며 모독한다. 이로 보아 우리는 고난당하는 자의 본성이 중요하지, 고난의 본성이 문제가 되는 것이 아님을 알 수 있다. 구정물통을 흔들어 보아라. 그러면 더러운 악취가 풍길 것이다. 이제 향료를 흔들어 보아라. 똑같은 동작이지만, 이때에는 향기로운 내음이 솟아오를 것이다.

9. 선인과 악인이 똑같이 고난당하는 여러 가지 이유에 관하여

그렇다면 고난의 시기 동안에 믿음을 가지고 적절하게 다음과 같은 상황을 바라보는 사람에게 유익이 되는 고통 외에, 그리스도인들이 다른 무엇을 당한다는 말인가?

우선, 그리스도인들은 하나님이 온 세상을 끔찍스런 재앙으로 가득 채울 정도로 그분의 진노를 격발시킨 죄악에 대하여 겸손하게 생각해 본다. 그들은 비록 범죄적이고 불경건한 악으로부터 해방되어 있지만, 죄악의 보응으로 나타난 현세적인 불행을 당하지 않을 정도로 그런 악행에서 스스로 멀리 떠나 있다고는 생각하지 않는다. 그들 중 누구나 비록 칭찬받을 만한 생활을 한다고 할지라도 때때로 물질적인 욕망에 굴복한다. 그리고 그들이 비록 극악무도한 죄악을 범하거나 불의에 잠겨있거나 가증스럽도록 불경건한 행위를 저지르지는 않는다고 할지라도, 아마도 가끔씩은 어떤 죄에, 보다 사소한 죄에는 더욱 빈번하게 빠져들고 있다. 이 문제는 접어두고라도, 우리는 하나님이 예언을 통하여 경고하신 대로 가공할 만한 교만과 사치와 탐욕과 저주스런 불의와 불경건 때문에 지금 이 땅을 치시는 그런 사람들을 정당하고 적절하게 기꺼이 제지하는 사람을 어디에서 발견할 수 있는가? 사람들과 더불어 살아갈 때 마땅히 해야할 바를 행하며 살아가는 사람이 어디에 있는가?

우리는 때때로 심한 책망과 비난으로 그런 자들을 훈계하고 권고해야할 때에도 그 일이 성가시기 때문에, 또는 그들의 기분을 상할까 두려워하기 때문에 비겁하게도 우리의 책임을 회피하는 경향이 있다. 혹은 우리가 열심히 얻으려고 추구하는 일이나, 잃을까봐 마음 졸이며 두려워하는 세상적인 문제에 있어서 그들이 우리를 방해하고 해를 주지 않도록 그들의 적개심을 불러일으키는 일을 삼갈는지 모른다. 그래서 선인들이 악인들의 생활방식을 싫어하고, 따라서 내세에서 악인에게 예비된 저주에 가담하지는 않는다고 할지라도, 악인들의 가증스런 죄악에 대해 유약한 태도를 보이고, 그들을 두려워함으로써 죄악 가운데 빠져들기 때문에 — 그런 죄는 용서받을 만하고 비교적 사소하다고 할지라도 — 영원한 형벌로부터는 면제되었다 하더라도, 그들이 이 세상에서 고통받음으로 징벌당하는 것은 정당하다. 따라서 그들은 하나님이 당케 하신 고난에 악인과 함께 연루되었을 때 이 세상에서의 삶을 괴롭다고 느끼는 것이 온당한 것이다. 그렇지만 그들이 그런 죄인들에게 쓰라리지 않게 되는 것은 바로 이 세상의 달콤함을 사랑했기 때문이다.

누구든지 보다 좋은 기회를 찾기 때문에, 또는 행악하는 자들이 책망에 의하여 상태가 더 악화되거나 그들이 다른 약한 사람들에게 선하고 경건한 삶을 살아가도록 훈계하지 못하도록 방해하고 그들을 억압하여 믿음에서 돌아서게 만들까 우려하기 때문에 행악자들에게 책망과 징벌을 가하지 못한다면, 그런 행동은 이기심에 의해서가 아니라, 자비로운 생각에서 나온 듯이 보일 수도 있다. 그렇지만 악인들의 행동을 혐오하고 그들과는 다른 방식으로 살아가는 사람들이, 선인들에 의해서 정당하고 거리낌없이 향유되지만 이 세상을 이방인으로 살아가며 하늘 나라에 소망을 두고 있는 사람들에게 적당한 정도 이상으로 악인들이 바라는 일들에 관하여 스스로를 해롭게 하는 경우에도, 그들의 기분을 상하지 않으려고 염려함으로 말미암아 책망하고 꾸짖어야 할 죄악을 너그러이 보아넘길 때에 그들은 책망받을 만하다.

결혼하여 자녀들을 가지고 있거나, 가지기를 바라고 있고, 가정과 집의 주인으로서 보다 약한 형제들에 대하여 생각해 보자. 사도는 아내들이 남편들에 대하여, 남편들이 아내들에 대하여, 자녀들이 부모들에 대하여, 부모들이 자녀들에 대하여, 종들이 상전들에 대하여, 상전들이 종들에 대하여 어떻게 살아야 하는지 가르치고 훈계할 때, 교회에 대한 편지에서 이들에게도 권면하고 있다(골 3:18 이하). 그런데 이런 사람들은 없어질 이 세상의 재물을 많이 가지고 싶어하며 재물을 잃을 때에는 슬퍼하기 때문에, 수치스럽고 범죄적인 생활을 하는 자들을 싫어하지만 그들의 기분을 감히 상하게 하지는 못한다.

뿐만 아니라, 보다 고상한 생활을 하며 결혼생활이라는 속박에 얽매이지 않았으며 적은 음식과 변변찮은 의복에 만족하는 사람들조차도, 종종 악인들이 자기들의 명성과 안전에 해를 줄까 두려워하여 책망하기를 삼간다. 그들은 악인들과 같은 죄악을 범할 정도까지 그들의 악랄한 위협에 굴복하지도 않고 그들을 두려워하지도 않는다. 하지만 그들은 몸소 그런 죄를 저지르지는 않지만, 그들을 책망하는 데는 너무나 자주 실패한다. 왜냐하면 그들이 아마도 그런 책망을 통하여 몇 사람을 회개시킨다손 치더라도, 만약 그런 시도가 실패하는 경우에는 자기들의 안전과 명성이 위태롭게 되거나 파괴되지나 않을지 두려워하기 때문이다. 즉 그 원인은 그들이 자기들의 훈계를 필요로 하는 사람들에게 영향력을 미치기 위해서 그들의 안전과 명성이 필수적이라고 생각하기 때문이 아니라, 오히려 연약하게도 사람들의 아첨과 존경을 즐기며 민중의 판단과 육신의 고통이나 죽음을 두려워한다는 데 있다. 달리 말하여, 그들은 악인들의 죄악에 간섭하지 않는 것은 사랑이 아니라 이기심의 결과인 것이다.

그러므로 하나님이 현세적인 재난으로 도덕적인 타락을 징벌하기로 결정했을 때, 선인이 악인과 함께 징벌당하는 주된 이유는 바로 이것이라고 나는 생각한다. 즉 선인과 악인은 둘 다 악한 생활을 했기 때문이 아니라, 둘 다 비록 정도는 다르다고 할지라도 현세적인 생활을 사랑하기 때문에 함께 징벌받는 것이다. 이와 달리 선인은 현세적인 삶을 경멸함으로써 다른 사람들이 교훈을 얻어 마음을 고쳐먹고 영원한 삶을 목표로 할 수 있도록 했어야 했다. 혹은 다른 사람들이 이런 일에 동행하기를 거절한다면, 인내심을 갖고 그리스도인들이 원수를 향해 갖는 그 사랑으로 그들을 사랑했어야 했다. 왜냐하면 그들이 살아있는 한 심경의 변화를 경험할는지 알 수 없는 노릇이기 때문이다.

그러하므로 이런 이기적인 사람들은 "그는 자기 죄악 중에서 제한 바 되려니와 그 죄를 내가 파수꾼의 손에서 찾으리라"(겔 33:6)고 예언자가 말씀하는 사람들보다 두려워해야 할 이유를 더 많이 가지고 있다. 왜냐하면 '파수꾼' 또는 감독들은 가차없이 죄를 책망하도록 교회에서 세움받았기 때문이다. 이 말은 파수꾼이 아닌 사람이 세상을 살아가면서 관계를 맺는 이들의 행동에서 책망할 일들을 많이 보고도 그들의 심기를 불편하게 함으로써 합법적으로 욕망하지만 지나치게 집착하는 세상적인 축복을 상실할까 두려워하므로 아무 말도 안한다고 하여, 죄가 없다는 뜻은 아니다.

마지막으로 욥의 경우를 보아 알 수 있듯이 선인이 현세에서 고난을 당하는 또 다른 이유가 있다. 즉 고난을 통하여 인간의 영혼이 검증되며 하나님께 드리는 헌신이 어느 정도로 순수한지 각자 스스로의 힘으로 알 수 있는 것이다.

10. 성도들은 세상 재물을 빼앗겨도 잃는 것이 아무것도 없다.

이런 문제들에 적절한 주의를 기울이고 충분히 생각한 이후에, "우리가 알거니와 하나님을 사랑하는 자 곧 그 뜻대로 부르심을 입은 자들에게는 모든 것이 합력하여 선을 이루느니라"(롬 8:28)는 사도의 말씀이 전혀 무의미하다고 생각하지 않는다면, 믿고 경건한 사람들에게 유익이 되지 않는 어떤 재앙이 발생했는지 살펴보라. 그들은 자기들이 소유한 모든 것을 잃었다. 그때 그들은 믿음도 아울러 잃어버렸는가? 혹은 헌신마저 잃어버렸는가? 혹은 "하나님 앞에서 값진"(눅 12:21) 내적 인격의 소유물을 잃어버렸는가? 그들이 이런 것들을 잃어버렸는가? 이런 재물을 소유한 그리스도인들에게 그 역시 부요한 사도가 이렇게 말했다.

> 그러나 지족하는 마음이 있으면 경건이 큰 이익이 되느니라. 우리가 세상에 아무 것도 가지고 온 것이 없으매 또한 아무 것도 가지고 가지 못하리니 우리가 먹을 것과 입을 것이 있은즉 족한 줄로 알 것이니라. 부하려 하는 자들은 시험과 올무와 여러 가지 어리석고 해로운 정욕에 떨어지나니 곧 사람으로 침륜과 멸망에 빠지게 하는 것이라. 돈을 사랑함이 일만악의 뿌리가 되나니 이것을 사모하는 자들이 미혹을 받아 믿음에서 떠나 많은 근심으로써 자기를 찔렀도다(딤전 6:6-10).

그렇다면 로마가 당한 재앙 중에 세상적인 재물을 잃었던 사람들이, 겉으로는 가난하지만 내면적으로는 강한 그 사도에 의하여 서술된 대로 영혼 속에서 재물을 소유하였다면, 즉 만약 그들이 세상 물건을 쓰지만 다 쓰지 못하는 자 같았다면(고전 7:31), 그들은 심한 시련을 당했지만 결코 정복당하지 않은 욥처럼 이렇게 말할 수 있을 것이다. "가로되 내가 모태에서 적신이 나왔사온즉 또한 적신이 그리로 돌아가올지라. 주신 자도 여호와시요 취하신 자도 여호와시니 여호와의 이름이 찬송을 받으실지니이다"(욥 1:21). 욥은 착한 종처럼 주님의 뜻을 자신의 큰 재산으로 삼으며, 그에 순종함으로써 자신의 영혼이 살찐다고 생각했다. 또한 그는 잠시 후 죽을 때 뒤에 남겨놓아야 하는 재물을, 살아있는 동안에 잃는다고 하여 슬픔에 잠기지도 않았다.

그러나 세상적인 재물을 비록 그리스도보다 우선시키지는 않지만 어느 정도 탐욕스런 마음을 가지고 거기에 집착하는 보다 연약한 인물들은, 그것을 잃을 때에 자기들이 그것을 사랑함으로써 얼마나 큰 죄악을 저질렀는지 깨닫는다. 그들은 내가 이미 인용한 사도의 말씀대로 "많은 근심으로써 자기를 찔렀으며"(딤전 6:10) 상당한 고통을 겪었다. 그런 사람들은 아주 오랫동안 말로써 배우기를 거절했으므로 경험을 통하여 보충교육을 받아야 했다. 왜냐하면 사도가 "부하려 하는 자들은 ……시험에 빠지나니"(딤전 6:9)라고 말했을 때, 그가 재물에 대해 비난한 것은 재물을 향한 욕망이지 재물이 제공하는 기회는 아니기 때문이다. 이 점은 다음 구절에 나오는 그의 명령을 보면, 분명하게 드러난다.

> 네가 이 세대에 부한 자들을 명하여 마음을 높이지 말고 정함이 없는 재물에 소망을 두지 말고 오직 우리에게 모든 것을 후히 주사 누리게 하시는 하나님께 두며 선한 일을 행하고 선한 사업에 부하고 나눠주기를 좋아하며 동정하는 자가 되게 하라. 이것이 장래에 자기를 위하여 좋은 터를 쌓아 참된 생명을 취하는 것이니라(딤전 6:17 이하).

자신의 재물을 가지고 이런 일을 행한 사람들은 가벼운 손실에 대한 보상으로 큰 이익을 얻은 셈이다. 그들이 기꺼이 줌으로써 자신에게 좀더 확실하게 확보한 것에 대한 기쁨은, 근심하며 이기적으로 축적함으로써 완전히 잃어버린 재물에 대한 슬픔을 능가하는 것이었다. 이 세상에서 재물을 내놓기를 주저하는 사람은 그만큼 그것을 잃어버릴 위험이 크다고 할 수 있다. 그러므로 우리 주님께서는 "너희를 위하여 보물을 땅에 쌓아 두지 말라. 거기는 좀과 동록이 해하며 도적이 구멍을 뚫고 도적질하느니라. 오직 너희를 위하여 보물을 하늘에 쌓아 두라. 저기는 좀이나 동록이 해하지 못하며 도적이 구멍을 뚫지도 못하고 도적질도 못하느니라. 네 보물 있는 그곳에는 네 마음도 있느니라"(마 6:19 이하)고 말씀하신다. 이 말씀에 순종한 사람들은 고난의 시기에 최상의 조언자요 가장 신실하며 꺾을 수 없는 재물의 관리자되신 분의 말씀을 소홀히 하지 않음으로써 자기들이 얼마나 지혜로운지 입증해 보였다. 왜냐하면 자기들의 재물을 운좋게도 적군이 접근할 수 없는 장소에다가 두었던 사람들이 기뻐했다면, 하나님의 경고대로 적군이 도저히 들어올 수 없는 장소에 재물을 옮겨놓은 사람들은 훨씬 더 확실한 신뢰감을 가지고 기뻐할 수 있었기 때문이다.

그러므로 우리의 친구이자 놀라(Nola)의 주교인 파울리누스(Paulinus)[20]는 자발적으로 엄청난 재물을 포기한 뒤에, 거룩함에 있어서는 크게 부유하였지만 재물로는 극도로 가난하게 되었다. 내가 나중에 파울리누스에게서 들은 바에 따르면, 야만인들이 놀라를 유린하고 그가 포로로 잡혔을 때 그는 조용히 이렇게 기도하곤 했다. "오 주님, 당신은 저의 모든 재물이 어디에 있는지 아시므로 제가 금은 때문에 괴롭힘 당하지 않도록 해주십시오." 왜냐하면 그는 세상에 일어나게 될 그 모든 고통을

---

20) 놀라는 A.D. 409-31년 사이에 캄파니아에서 감독으로 있었다.

예견하신 분이 소유물을 쌓아 보관하라고 말씀하신 곳에다가 그 모든 것을 보관했기 때문이었다. 이렇게 하여 재물을 어디에 어떻게 쌓아놓아야 할 지에 대하여 그들의 주님의 조언에 순종한 사람들은, 야만인들이 침입해 들어올 때 세상 재물마저 잃어버리지 않았다. 반면에 자기들의 불순종을 후회하고 있는 사람들은 비록 일이 발생되기 전에, 지혜로써는 아니지만 적어도 그에 뒤따른 경험으로써 세상 재물을 올바르게 사용하는 방법을 배우게 되었다.

어떤 그리스도인들 및 훌륭한 그리스도인들은 재물을 적군에게 넘겨주도록 고문받았다. 그렇지만 그들은 자기들을 선하도록 만든 선(善) 자체를 양도할 수도 없었고 상실할 수도 없었다. 만약 그들이 "불의의 재물"을 포기하지 않기 위하여 고문받고자 선택하였다면, 선한다고 할 수 없었을 것이다. 금을 위하여 그렇게도 많은 고생을 한 사람들은 금과 은을 사랑하는 대신에 자기를 위하여 고통당하는 자들에게 영원한 지복(至福)으로 부요하게 하실 분을 사랑하는 것을 배울 수 있도록, 그리스도를 위하여 얼마만큼 인내해야 하는지 환기되어야 했다. 거짓말을 함으로써 재물을 숨길 수 있었든지, 진실을 털어놓아 그것을 포기해야 했든지, 부를 인하여 고생하는 것은 비참한 일이었다. 왜냐하면 어느 누구도 고문을 받을 때 그리스도를 고백한다고 하여 그를 잃지는 않았지만, 금의 경우에는 그 소유사실을 부인하지 않고는 아무도 보존할 수 없었기 때문이다. 그렇기 때문에 고문을 통하여 우리가 얻게 되는 교훈은 썩지 않는 선만이 진정으로 사랑받을 수 있다는 사실이라고 말할 수 있다. 그러므로 아무런 유용한 열매도 없이, 염려하는 소유자에게 불안과 고통을 안겨다주는 그런 재물보다는, 자기들이 상실할 수 없는 재물에다가 애정을 쏟아야 한다고 가르쳐준 고문이 더 유용했을 것이다.

그렇지만 우리는 어떤 사람들이 포기할 아무 것도 소유하지 않았지만 적군이 그들의 말을 믿지 않았기 때문에 고통당했음을 알고 있다. 그러나 그들은 경건한 태도를 통하여 자발적으로 가난했던 것이 아니라, 아마도 어느 정도 재물을 갈망하고 있었다. 그런 사람들은 비록 재물을 향유하지는 않는다고 할지라도, 그에 대한 욕망을 가지기만 하더라도 그런 쓰라린 고통을 받을 만하다는 사실을 알아야 했다. 나는 보다 나은 삶에 마음을 두었기 때문에 어떠한 금은도 쌓아두지 않았던 사람들 중에는 어느 누구도 재물이 있다고 의심받아 괴롭힘 당할 정도로 불운하지는 않았다고 확신한다. 그렇지만 심지어 이런 일이 발생했다고 할지라도, 그런 사람은 질문을 받았을 때 경건한 빈곤을 자백하면서 그리스도를 고백했다. 비록 야만인들이 그런 사람의 말을 믿었다고는 거의 기대될 수 없었지만, 경건한 빈곤을 고백한 사람은 고통받을 때마다 반드시 하늘에서의 상급을 받았던 것이다.

저들은 또한 많은 그리스도인들이 오랜 굶주림으로 인하여 비참하게 되었다고 말한다. 하지만 충성되고 신실한 사람들은 하나님께 대한 성실함으로 그것을 인내함으로써 기아마저 유익으로 전환시켰다. 왜냐하면 마치 질병이 사람에게서 신체적인 고통을 덜어주는 것처럼, 굶주림 때문에 누가 죽었다면 그것은 그에게서 현세의 악들을 낚아채갔기 때문이었다. 그리고 굶주리면서도 살아남은 사람들은 보다 검소하고 보다 더 금식을 실천하면서 살아가라는 가르침을 얻게 되었다.

11. 보다 이르든지 보다 늦든지 인생의 종결에 관하여

"그러나 많은 그리스도인들도 살해당했고 온갖 종류의 끔찍한 질병으로 목숨을 잃었다"라고 저들은 말할 것이다. 그러나 이 일이 비록 참아내기가 어렵기는 하지만, 그것은 틀림없이 이 세상에서 살게된 모든 이들이 공통적으로 당하는 일이다. 적어도 나는 죽음을 경험한 사람 중에, 언젠가 죽지 않을 사람이 아무도 없었다고 확신한다. 그래서 인생의 종결은 긴 인생을 짧은 것과 같은 상태로 축소시킨 셈이다. 어떤 것이 일단 존재하지 않게 되면 더 이상 더 나은지 더 나쁜지, 더 긴지 더 짧은지는 문제가 안된다. 일단 죽음을 경험한 사람은 동일한 고통을 두 번 겪도록 강요되지 않는데, 그가 어떤 종류의 죽음으로 인생이 종결되든지 무슨 중요성이 있는가?

세상에 사는 모든 사람들은 매일의 삶 가운데 수많은 죽음에 의하여 그런 식으로 위협당하고 있으면서도 어떤 죽음이 자기에게 닥칠지 모르고 있다. 그러므로 살아가면서 온갖 종류의 죽음을 두려워하느니보다, 한 번 고생하고 죽는 편이 더 낫지 않느냐는 물음이 제기된다. 나는 사람들이 한 번 죽음으로써 모든 죽음에 대한 공포로부터 해방되느니보다 그에 대한 두려움에 억눌려 사는 편을 당장 선택하리라는 사실을 모르는 바는 아니다. 그렇지만 약하고 겁이 많은 육신의 본능적인 위축 현상과, 심사숙고하여 육체의 영향에서 벗어난 정신의 합리적인 확신 사이에는 큰 차이가 있다. 더 나은 삶이 기다리고 있다면, 죽음은 재앙으로 간주될 수 없다. 왜냐하면 죽음을 좋지 않게 만드는 유일한 것은 죽음 이후에 받게 되는 응보이기 때문이다. 필연적으로 죽어야 하는 인간들은 어떤 사건으로 죽느냐에 대하여 지나치게 두려워해서는 안 된다. 그들이 염려해야 할 것은 죽음 이후에 다다를 목적지가 어디냐이다. 그리스도인들은 개가 헌데를 핥는 가난한 신앙인의 죽음이, 자색 옷과 고운 베옷을 입었으나 하나님을 모르는 부자의 죽음보다 훨씬 낫다는 사실을 알고 있다(눅 16:19 이하). 그렇다면 지금까지 훌륭하게 살아온 사람들에게 이런 끔찍스런 죽음이 어떤 해를 미칠 수 있었겠는가?

12. 시신의 매장에 대하여:그리스도인은 매장되지 않았다고 하여 아무런 해를 입지 않는다.

나아가 저들은 “그 모든 살육의 소란 속에서 많은 사람들은 매장조차 될 수 없었다”라고 우리에게 말한다. 그러나 신실한 믿음을 가진 사람은 그런 일마저 두려워하지 않는다. 왜냐하면 믿는 사람들은 몹시 굶주린 짐승들이 시신의 부활을 막는다고 하더라도 머리털 한 올도 없어지지 않는다는 확신을 가지고 있기 때문이다. 만약 살해당한 시신에 대하여 적군이 하기로 마음먹은 어떤 일로 인하여 장래의 생명이 방해받을 수 있다면, 진리되신 분은 “몸은 죽여도 영혼은 능히 죽이지 못하는 자들을 두려워하지 말라”(마 10:28)고 말씀하지 않았을 것이다. 몸을 죽이는 자들을 죽음 이전에는 두려워할 필요가 없지만, 죽인 다음에 시신의 매장을 허락하지 않을까 우려하여 죽음 이후에 두려워해야 한다고 주장할 만큼 어리석은 사람이 어디 있을까? 죽이는 자들이 시신에 대한 재량권을 많이 가지고 있다고 한다면, 그리스도께서 “몸은 죽이고 그 후에는 능히 더 못하는 자들”(눅 12:4)이라고 말했을 때 거짓말한 셈이 된다. 우리는 진리되신 분이 그런 거짓을 말할 수 있다고 결코 생각할 수 없다. 죽이는 자들이 어떤 일을 할 수 있다고 말하는 이유는 몸이 살해당할 때 그 안에 감각이 있다는 것이다. 그러나 그 이후에 살해당한 몸 안에는 감각이 전혀 없기 때문에 그들이 할 수 있는 일은 아무것도 없다.

그러므로 많은 그리스도인의 시신이 흙으로 덮이지 못했지만, 어느 누구도 그들을 하늘과 땅으로부터 분리시키지 못했다. 온 우주는 피조물을 어디서 일으킬 수 있는지 알고 계신 분의 임재하심으로 충만해 있는 것이다. 실로 시편에는 “저희가 주의 종들의 시체를 공중의 새에게 밥으로 주며 주의 성도들의 육체를 땅 짐승에게 주며 그들의 피를 예루살렘 사면에 물같이 흘렸으며 그들을 매장하는 자가 없었나이다”(시 79:2 이하)라고 나와 있다. 그러나 이 말은 고난당한 자들의 불행을 강조하기 위한 목적보다는 학살행위의 잔혹성을 부각시킬 의도로 언급되었다. 이런 일은 비록 사람들의 눈에는 가혹하고 끔찍스럽게 보인다고 할지라도 “성도의 죽는 것을 여호와께서 귀중히”(시 116:15) 보고 계신다. 애곡하는 사람들이 행렬을 짓고 성대한 장례식이 베풀어지며 적절하게 매장되는 것과 같은 일들은, 죽은 이에게 도움이 되기보다는 산 자들을 위로하기 위함이다. 만약 호사스런 장례식이 불신자에게 어떤 유익을 준다면, 초라한 장례를 치른다거나 전혀 장례식을 치르지 않는 가난한 신자는 해를 입을 수도 있을 것이다. 자색옷을 입은 부자에 대해서는 그의 식솔들이 사람들의 눈에 화려한 장례식을 베풀어 주었다. 그렇지만 가난한 사람을 위해서는 그를 대리석 무덤으로 호위해가지는 않았지만, 대신에 아브라함의 품안까지 인도해가는 수종드는 천사들에 의하여 하나님이 보시기에 훨씬 더 화려한 장례식이 베풀어졌다. 내가 그들에 대항하여 하나님의 도성을 옹호하고자 이 일에 착수한 그런 사람들은 이 모든 이야기를 듣고 비웃고 있다. 그러나 심지어 그들의 철학자들도 매장에 대한 염려에 대하여 경멸감을 나타내 보였다. 모든 군인은 세상 나라를 위하여 죽어갈 때 자기들이 어디에 누워있게 될지, 또는 자기들이 어떤 짐승의 먹이가 될지에 관하여 종종 아무런 관심도 보이지 않았다. 그러므로 그들의 시인이,

> 무덤이 없는 이는 하늘에 의하여 덮여지노라[21]

고 노래했을 때 올바른 말을 한 것이다.

그렇다면 저들은 매장되지 않은 그리스도인의 시신에 대한 모욕을 당장 그쳐야 하지 않겠는가? 그런 그리스도인들에게는 육신이 다시 형성되고 부활하며, 땅으로부터 뿐만이 아니라 사람들의 시신이 해체된 상태로 있는 아주 은밀한 처소로부터 신체의 각 기관이 다시 결합되리라고 약속되어 있는 것이다!

13. 성도들의 시신을 매장하는 여러 가지 이유

그렇다고 하여 죽은 이의 시신, 특히 성령이 온갖 종류의 선행을 위한 도구로서 거룩하게 사용했던 의롭고 신실한 이의 시신이 경멸당하고 버림받아야 된다는 뜻은 아니다. 부친의 의복과 반지같은 물건들이 부모에 대한 사랑에 비례하여 자식들에게 소중하다고 한다면, 어떤 의복보다 우리가 더 가깝고 더 친밀하게 입었던 육체가 경멸적으로 다루어져서는 안된다는 사실은 분명하다. 인간의 육체는 결코 단순한 장식품이나 외적인 보조물이 아니라, 인간으로서의 본성 자체에 속한다. 그러므로 과거에 의인들은 경건한 장례의식과 함께 무덤이 마련되었으며 정중하게 안장되었다. 그들은 생전에 매장에 대하여, 혹은 심지어 자기 시신을 보다 좋은 장소로 이장(移葬)하라고 자식들에게 지시했다.

천사가 증언하는 대로, 토비트는 죽은 자를 매장해줌으로써 하나님을 잘 섬겼다고 칭찬받았다.[22] 주님께서도 비록 삼일 만에 살아나실 터였지만 어떤 경건한 여자가 그분의 장사를 위하여 손과 발에 값비싼 향유를 쏟아부었기 때문에 "좋은 일"을 한

---

21) Luc., *Phars.*, 7819.
22) 토비트 2:9, 12:12.

사실이 기념되어야 한다고 선포하며 명령했다(마 26:10 이하). 그리고 복음서에서는 주님의 시체를 십자가에서 거둔 사람들이, 그를 조심스럽게 싸서 온갖 정성을 다하여 장사지낸 일이 칭찬받을 만한 행위로 언급되었다(요 19:38 이하).

이런 실례들은 분명히 시신이 어떤 감각을 가지고 있음을 우리에게 입증하지는 않는다. 그러나 그것들은 하나님의 섭리하심이 시신에까지 미치며, 부활에 대한 신앙을 품는 것과 마찬가지로 경건한 장례의식도 그분께 기쁜 일이라는 사실을 보여준다. 그리고 우리는 여기에서 건전한 교훈을 이끌어낼 수 있다. 즉 생명없는 시체에 행한 어떠한 배려와 봉사가 하나님의 눈에 잊혀지지 않는다면, 우리가 살아있고 감각을 가진 사람들에게 베푸는 선행에는 얼마나 커다란 상급이 따를 것인가! 경건한 족장들이 예언 정신으로 말해졌다고 간주되기를 바랐던 가르침, 즉 자기들 시신의 매장이나 이장(移葬)에 대해 가르쳐준 내용은 이 외에도 더 있다(창 49:29; 50:25). 그렇지만 이미 나온 예들로도 충분할 것이기 때문에, 우리는 여기에서 그 모든 것을 논의할 필요는 없다.

그러나 선인이 음식과 의복같은 생활필수품을 가지고 있지 않을 때 많은 불편을 겪겠지만 그것이 그에게서 인내심을 갖고 참아내려는 용기를 빼앗아 갈 수 없고 그 영혼에게서 헌신된 마음을 몰아내지 못하며 오히려 훈련을 통하여 그런 마음을 강하게 만든다면, 일상적인 방식대로 장례되고 매장되는 영예를 얻지 못하였다고 하여 이 일이 복받은 이들이 거하는 은밀한 처소에서 평화를 누리는 자들에게 곤경을 안겨다줄 가능성은 얼마나 희박한가! 결론적으로 말하여, 이 거대한 도시와 다른 도시들이 유린될 때 그리스도인들의 시신이 장례되지 못하였다고 하여 산 자들에게 허물이 돌아갈 수 없었고 죽은 자들에게 해가 가해지지 않았다. 왜냐하면 산 자들은 그렇게 할 수 없었기 때문이며, 죽은 자들은 장례당하지 못했다는 사실을 느낄 수 없었기 때문이다.

14. 사로잡힌 성도들에 대하여:그런 처지에 있더라도 하나님의 위로는 결코 그들을 버리지 않는다.

그러나 많은 그리스도인들이 포로로 끌려갔다고 저들은 말한다. 사실 그들이 하나님을 발견하지 못했던 다른 곳에서 사로잡히게 되었다면, 그런 일은 분명히 아주 가련한 운명이었을 것이다. 그러나 성경은 이런 재앙에 대해서도 커다란 위로를 제공해준다. 포로로 잡혀간 세 소년에 대한 이야기가 있다(단 4장). 다니엘도 포로로 잡혀갔고(단 1:6), 다른 예언자들도 그러했다. 그러나 위로자되신 하나님이 그들 곁에 계셨다. 물고기 뱃속에 있는 예언자도 버리지 않았던 그 하나님(욘 2:1)은, 비록 야만인이라고 할지라도 그래도 인간인 종족의 지배하에 들어간 믿는 자들을 내버려 두지 않았다. 우리의 대적들은 요나에 관한 이야기를 믿지 않고 오히려 조롱하고 있다. 그렇지만 그들은 자기들의 문학에서 배 밖으로 던져졌다가 돌고래 등으로부터 도움받아 육지까지 다다랐다는 유명한 시인, 메딤나의 아리온(Arion of Methymna)에 관한 이야기는 믿는다.[23] 사실 요나 예언자에 관한 우리의 이야기가 훨씬 더 불사사의하다. 분명히 그것은 더 기적적이기 때문에 더 믿기지 않고, 더 큰 능력을 증거하고 있기 때문에 더 기적적인 것이다.

15. 비록 거짓 종교이기는 하지만 종교를 위하여 자기에게 이익이 되지않는 자발적인 포로생활을 참아내는 모범을 보인 레굴루스에 관하여

그러나 우리의 대적들은 아주 뛰어난 영웅들 중에 종교적인 양심에 순종하여 자발적으로 포로생활을 참아낸 유명한 예를 하나 가지고 있다. 로마의 장군인 마르쿠스 레굴루스(Marcus Regulus)[24]는 카르타고인의 손에 포로로 잡혔다. 카르타고인들은 로마의 포로를 잡아두기보다는 로마인들에게 붙잡힌 카르타고인들이 석방되기를 더 바랐기 때문에 레굴루스를 선택하여 대표단과 함께 사절로 로마로 파송하면서, 그 이전에 만약 그가 자기들이 요구한 결과를 얻는 데 실패한다면 카르타고로 되돌아와야 한다는 맹세를 하게 했다. 그가 연설을 마친 후에 로마인들은 그가 적에게로 돌아가도록 강요하지는 않았지만, 그는 맹세한 내용을 자발적으로 이행했다. 그래서 적은 온갖 교묘하고 끔찍한 고문을 가한 뒤에 그를 죽였다. 그들은 그를 좁은 상자 속에 감금시켜 놓아 서 있을 수밖에 없도록 했다. 상자의 사면에는 날카로운 못이 박혀 있었기 때문에 어느 방향으로든지 그가 몸을 기대면 엄청난 고통을 당해야 했다. 그래서 그들은 잠을 자지 못하게 함으로써 그를 살해했던 것이다.

저들이 그토록 무시무시한 운명보다 높이 솟아오른 용기를 찬양하는 것은 분명

---

23) Hdt., 1, 23, Ov., *Fast.*, 2113.

24) 아틸리우스 레굴루스(M. Atilius Regulus)는 1차 포에니 전쟁 중인 B.C. 256년에 아프리카에서 로마군을 지휘했다. 카르타고가 평화협상을 제안했을 때, 그는 받아들일 수 없는 조건을 제시했다. 전쟁이 재개되고 레굴루스는 패배당하고 포로로 잡혔다. 250년에 파노르무스에서 카르타고 측이 패전한 이후에 레굴루스는 사절단과 함께 로마로 보내어졌다. 그는 원로원에서 전쟁을 계속할 것을 권고하였다. 그 후에 그는 카르타고로 돌아와 고문을 당하여 죽었다(Livy, *Epit.*, 16; Cic., *De Off.*, 1, 13, Hor., *Carm.*, 3, 5). 최근의 역사가들은 이 숭고한 이야기의 진실성을 의심하고 있다.

히 당연하다. 그러나 레굴루스가 맹세한 신들은, 자기들에 대한 숭배를 금지시켰기 때문에 사람들에게 최근에 발생된 재앙을 입혔다고 주장되는 신들이었다. 이것은 그들이 현세에서 번영을 안겨다주기 위하여 숭배되었다는 사실을 의미한다. 그런데도 그들이 맹세를 지킨 사람에게 그런 징벌이 가해지도록 바랐거나 허락했다면, 맹세를 깨뜨린 사람에게는 진노하면서 얼마나 잔인한 징벌을 내릴 수 있었겠는가?

그러나 내가 왜 추론을 통하여 두 가지 측면을 지닌 결론을 이끌어낼 수 없겠는가? 레굴루스는 신들을 아주 존중했다. 그 결과 그는 맹세를 지키기 위하여 자기 나라에 머물거나 원하는 장소로 가지 않고 조금도 주저함없이 잔인한 적들에게로 되돌아갔다. 그는 끔찍한 종말을 맞이했기 때문에 만약 그가 올바른 행동으로 현세적인 이익을 얻으려고 생각했다면, 큰 오산을 한 셈이었다. 사실 그는 자신의 모범을 통하여 신들이 이 세상에서의 행복에 관하여 숭배자들에게 아무런 도움이 되지 못한다는 사실을 보여주었다. 그는 헌신적으로 신들을 숭배했지만, 패배당하여 포로로 잡혔다. 그는 신들의 이름으로 한 맹세를 깨뜨리기를 거절했기 때문에, 유례가 없을 정도로 극악한 고문을 받고 살해당했다.

반면에 그런 신들에 대한 숭배자들이 훗날에 상급으로 행복을 얻게 된다고 가정한다면, 우리 대적들은 왜 신들에 대한 숭배를 저버린 바로 그 이유 때문에 로마에 파국이 임했다고 주장하면서 그리스도교에 대한 거짓 비난을 퍼붓는가? 왜냐하면 아주 부지런하게 숭배하는 사람도 레굴루스만큼 불행해질 수 있기 때문이다. 명백히 드러난 사실을 보고서도, 숭배자 개인은 불행해질 수 있지만 숭배하는 전체 도성은 그럴 수 없다고 주장할 만큼 제정신이 아니고 신기할 정도로 몽매한 사람이 어디에 있겠는가? 즉 다수가 개인들로 구성되어 있지 않기라도 하듯이, 그들 신들의 능력은 개인보다 다수를 보존하기에 더 적합하다는 말인가?

또한 마르쿠스 레굴루스가 심지어 포로생활 중에 육체적인 고문을 당하면서도 정신적인 덕성을 보유함으로써 행복했을 것이라고 말하는 사람들이 있다면, 그들로 하여금 어떤 도성 또한 행복해질 수 있는 진정한 덕성을 깨닫도록 하라. 왜냐하면 도성은 단지 개인이 연합된 다수이므로 도성의 행복의 근원은 한 사람에게 있어서와 다르지 않을 것이기 때문이다. 나는 지금 이 순간에 레굴루스의 덕성의 본질에 관하여 논하고 있는 것은 아니다. 현재의 목적을 위해서는 우리의 대적들이 레굴루스의 유명한 예를 통하여, 신들이란 육신적인 복이나 외적인 이익을 위하여 숭배되는 것이 아니라는 사실을 어쩔 수 없이 인정해야 한다는 것으로 충분하다. 왜냐하면 레굴루스는 자기가 맹세한 신들의 비위를 상하게 하기보다는 모든 복과 이익을 박탈당하는 길을 선택했기 때문이다.

그렇다면 우리는 그런 동료 시민을 가졌다는 사실을 뽐내면서도 그런 도성에 속하는 것을 두려워하는 자들을 어떻게 다루어야 하는가? 그들이 두려워하지 않는다면, 레굴루스가 했던 것처럼 열심히 신들을 숭배했던 도성에도 그에게 일어났던 일들이 발생했을 수 있다는 것을 그들로 하여금 인정하도록 하고, 그들이 당한 불행에 대하여 더 이상 그리스도교에 비난을 삼가도록 하라. 그러나 현재의 우리의 관심사는 포로로 잡힌 그리스도인들에 관한 것이기 때문에, 뻔뻔스럽고도 경솔하게도 아주 건전한 믿음을 향하여 조롱을 보내는 자들로 하여금 이 예를 주의깊게 살펴보고 침묵하게 하라. 신들을 아주 열심으로 숭배했던 이 사람도, 신들에 대한 맹세를 지키기 위하여 다른 곳에서 조국을 발견할 희망도 없이 조국을 떠나 유례없을 정도로 잔인한 고문으로 죽음과 같은 고통을 겪다가 마침내 포로로 죽었다. 이것이 그런 신들에 대한 비난거리가 되지 않는다면, 진실된 믿음으로 하늘 나라를 소망하고 심지어 자기들의 고향에서조차도 단지 순례자에 불과함을 알고 있는 성도들의 투옥에 관하여 그리스도의 이름이 비난받을 이유는 더더욱 없다.

16. 포로로 잡혔다가 정절을 잃은 성별된 처녀들과 다른 그리스도인 처녀들에 관하여, 그리고 이들은 의지로 그런 행위에 동의하지 않았는데도 그들 영혼이 더럽혀질 수 있는가에 관하여

우리의 반대자들은 부녀들, 결혼을 앞둔 숙녀들 뿐만 아니라 심지어 어떤 경우에는 성별된 처녀들이 폭행당했다는 이야기를 덧붙임으로써, 포로생활을 최대한 과장해서 말할 때 자기들이 그리스도교에 대하여 결정적인 공격을 가한다고 생각했음에 틀림없다. 그러나 사실 이 문제와 관련하여 어려움에 처하게 된 것은 우리의 믿음이나 우리의 헌신이나 정결의 덕목이 아니다. 유일한 어려움은 정숙한 태도를 견지하면서 분별있게 이 주제를 만족스럽게 다룰 수 있느냐 하는 점이다. 그리고 우리는 바깥에 있는 사람들의 공격에 대해서보다는 우리와 교제하고 있는 이들을 위로하는 문제에 더 관심이 있다.

그러므로 우선, 올바른 생활을 위한 조건이 되는 덕목은 마음 속에 자리잡고서 육체의 각 부분에 대하여 명령한다는 사실과, 성별된 육체는 성별된 의지의 도구라는 사실이 굳게 확정되어야 한다. 의지가 흔들리지 않고 굳게 서 있다면, 불가피하게 죄를 범하게 되는 경우를 당하여 다른 누구가 육체를 가지고 혹은 육체에 대하여 어떤 짓을 하든지 간에 피해자에게 책망할 거리가 없게 된다. 그렇지만 고통뿐만 아니라 욕망을 포함하는 행위가 다른 사람의 몸에 범해질 수는 있다. 그러므로 이러한 행위가 저질러졌을 때에는 언제든지 그것이 비록 최고의 결단력으로 유지되었던 순결을 파괴시키지는 않는다고 할지라도 수치심은 불러일으킬 수 있다. 이런 수치심은, 어떤 육체적인 쾌감이 없었다면 발생될 수 없었던 행위가 의지의 동의를 수반했다고 생각되지 않기 위해서 생겨나는 것이다.

17. 징벌이나 불명예에 대한 두려움 때문에 저지른 자살에 대하여

따라서 이런 처녀들 중 일부가 그런 불명예를 피하기 위하여 자살을 택했다고 할지라도, 동정심을 가진 사람이라면 누가 그들로 하여금 그렇게 행동하도록 이끈 심정을 이해할 수 없겠는가? 어떤 사람들은 자신에게 죄를 범함으로써 또다른 범죄행위를 모면할 수 있다고 생각하지 않았기 때문에, 자살을 거부했다. 그러므로 이를 들어 그들에 대한 비난거리로 삼는 사람은 누구나 우매하다는 비난을 피할 길이 없다. 왜냐하면 어느 누구든지 범죄자조차 개인적으로 죽일 권리를 가지고 있지 않다고 한다면, (어떠한 법도 이를 허용하고 있지 않다) 자기를 죽이는 사람은 누구나 명백한 살인자이며, 자신을 죽음으로 내모는 비난에 대하여 스스로 결백하면 결백할수록 자살을 통하여 죄를 더한다는 사실이 분명하기 때문이다.

우리는 유다의 행위에 대해 혐오감을 갖지 않는가? 그는 목매달아 죽음으로써 가증스런 배반행위를 보상한 것이 아니라, 오히려 죄악을 가중시켰다고 진리가 선포하고 있지 않는가? 왜냐하면 그는 하나님의 자비를 멸시하고 자기파괴적인 죄책감에 사로잡혀서 구원을 얻게 하는 회개의 기회를 남겨놓지 않았기 때문이다. 더구나 그런 형벌을 받을 만한 잘못을 자기 안에서 발견할 수 없는 사람이 자살해야하는 이유가 무엇이란 말인가! 유다가 자살했을 때, 그는 범죄자를 죽였던 것이다. 그래도 그는 그리스도의 죽음에 대해서만이 아니라, 자신의 죽음에 대해서도 죄가 있는 목숨을 종식시켰다. 그는 비록 죄 때문에 자살했다고 할지라도 자신을 죽임으로써 또 다른 범죄행위를 저질렀다. 그렇다면 잘못한 일이 없는 사람이 왜 자신에게 악한 일을 해야 하는가? 왜 그는 자신을 죽임으로써 범죄한 사람이 그렇게 하지 못하도록 막기 위하여 무죄한 자를 죽여야 하는가? 왜 그는 다른 사람에게서 그런 죄를 빼앗기 위하여 자신에 대한 죄를 범해야 하는가?

18. 정신은 침해당하지 않고 남아있지만, 다른 사람의 정욕에 의하여 육체에 가해질 수도 있는 폭력에 관하여

"그렇지만 다른 사람의 정욕에 의하여 피해자가 더럽혀지리라는 두려움은 남아 있다"고 말하는 사람도 있을 것이다. 그러나 정욕이 다른 사람의 것이라면 피해자를 조금도 더럽힐 수 없을 것이다. 정욕이 사람을 더럽힐 수 있다면, 그것은 가해자의 것일 뿐만 아니라 피해자도 그 정욕을 공유하고 있을 때 뿐이다. 정신의 덕목인 순결은 악에 동의하기보다는 모든 악을 참아내는 인내를 그 동료 덕목으로 두고 있다. 그리고 아무리 고결하고 순수한 사람이라고 할지라도 의지의 동의 여부를 통제할 수 있을 뿐, 항상 자기 육체를 지배할 수 있는 것은 아니다. 그러므로 제정신을 가진 사람이라면, 누가 몸이 억류당하고 강요받아 자기에게 속하지도 않은 욕망을 만족시키도록 사용된다고 하여, 순결을 상실했다고 생각할 수 있겠는가? 이런 식으로 순결이 파괴된다면, 그것은 정신의 덕목이 아니라는 결론이 나오기 때문이다. 그렇다면 그것은 도덕 생활을 구성하는 성질이 아니라, 체력, 미모, 건강처럼 그것을 손상시킨다고 할지라도 어떻게든지 도덕적 생활을 손상시킨다고 할 수는 없는 육체적인 성질로 분류되어야 할 것이다.

순결이 이런 부류에 속한다면, 우리는 왜 그것을 잃지 않기 위해 육체적인 위험을 무릅써야 하는가? 오히려 그것이 정신적인 성질이라면, 육체가 폭행당할 때라고 할지라도 상실되는 것이 아니다. 나아가 정숙이라는 덕목이 상스러운 육체적인 요구에 저항할 때 육체 그 자체를 성결케 만들고, 따라서 이런 정절이 굴복하지 않고 남아있다면 육체의 성결조차 유지되는 것이다. 왜냐하면 육체를 거룩하게 사용하고자 하는 의지가 육체 안에 남아있는 한, 그럴 수 있는 능력도 유지될 수 있기 때문이다.

육신은 그 지체가 원상 그대로 남아있다거나, 접촉되지 않았다는 이유 때문에 정결한 것은 아니다. 그 지체는 여러 가지 종류의 사고에 의하여 심한 해를 입을 수도 있고, 때로는 의사가 치유할 목적으로 구경하는 사람에게도 고통을 안겨주는 치료법을 시행할 수 있다. 또 산파가 처녀임을 확인하려고 손동작을 하다가, 악의로든 우발적으로든 미숙함으로든 그녀의 처녀막을 손상시킬 수도 있다. 나는 처녀가 이런 식으로 신체 부위의 고결성이 훼손되었을 때, 육체적인 순결을 어느 정도 상실했다고 생각할 정도로 어리석은 사람이 있다고 생각하지 않는다. 그러므로 육체마저도 정결하게 하는 정신의 결단력이 유지되는 한, 다른 사람에게서 받은 폭력적인 정욕은 요동하지 않는 자제력에 의하여 유지되는 순결을 빼앗아갈 수 없다.

자 그럼, 하나님께 대한 맹세를 어기고 유혹에 굴복하기 위하여 어떤 남자를 만나러 가는 처녀가 있다고 하자. 육체를 정결하게 해주는 마음의 정결성이 이미 분쇄되고 파괴되었는데도, 우리는 그녀가 가는 동안은 순결하다고 말할 수 있겠는가? 물론 그럴 수 없다! 오히려 우리는 정신의 순결이 범해졌을 때 육체적인 순결이 상실되는 것과 마찬가지로, 비록 육체가 농락당했을 때라고 할지라도 정신의 순결성이 유지되는 한 육체의 순결을 잃지 않았다고 결론지어야 한다. 그러므로 어떤 여인이 동의하지도 않고서 다른 사람의 죄에 의하여 범해지는 경우에, 그녀는 자의적인 죽음으로써 자신을 벌할 하등의 이유가 없다. 그녀는 추행을 피하기 위하여 자살을 할 까닭은 더더욱 없다. 왜냐하면 그런 경우에는 아직도 확실하게 드러나지도 않은 범죄를 피하기 위해서 살인 행위를 저지르는 셈이 되기 때문이다.

19. 자기에게 행해진 폭행 때문에 목숨을 끊은 루크레티아에 관하여

우리는 육체적인 폭행을 당할 때 불의를 거절함으로써 순결을 향한 의지에 아무런 변화를 일으키지 않은 경우에는, 죄가 오직 추행범에게만 속해 있고 스스로 동의하지 않고 강제적으로 추행당한 여인에게는 전혀 속하지 않는다는 주장을 펴는 명확한 이유를 제시하였다. 우리는 추행당한 그리스도인 여인들이 정신뿐만 아니라, 육체적으로도 순결하다고 변호하고 있다. 우리의 반대자들은 이런 우리의 주장에 감히 반론을 제기할 것인가? 모든 사람은 그들이 고대 로마의 귀부인인 루크레티아를, 그녀의 정숙함으로 인하여 높이 찬양하고 있다는 사실을 알고 있다.[25] 타르퀸(Tarquin)왕의 아들이 그녀의 육체를 범했을 때, 그녀는 이 젊은 불한당의 범죄행위를 지체높고 대담한 자기 남편 콜라티누스(Collatinus)와 친척인 브루투스(Brutus)에게 알리고는 그들로 하여금 복수를 맹세하게끔 만들었다. 그 이후에 그녀는 상심하고 모멸감을 참아낼 수 없어서 목숨을 끊고 말았던 것이다.

우리는 그녀에 대하여 무슨 말을 해야 하는가? 그녀는 부정하다고 판단받아야 하는가, 정숙하다고 판단받아야 하는가? 누가 이 문제를 논의하기 어려운 문제라고 간주할 것인가? 어떤 사람은 이 주제에 대하여 연설하면서 진실을 잘 말해주었다. "기묘한 현상이로다! 그곳에는 두 사람이 있었지만 오직 한 사람만이 간음을 범했다." 이 말은 명쾌하고 진실된 말이다. 그 사람은 두 육체가 결합된 광경에서 한 사람의 역겨운 음행과 다른 한 사람의 정숙한 의도를 관찰했고, 그 행동에서 그들의 육체가 합치된 모습이 아니라 두 사람의 정신의 상이함을 바라보았다. "그곳에는 두 사람이 있었지만 오직 한 사람만이 간음을 범했다."

그렇지만 범죄에 가담하지도 않은 그녀가 더 심한 징벌을 받았다니 어찌된 일인가? 왜냐하면 간음죄를 지은 자는 아버지와 함께 나라 밖으로 추방당하는데 그쳤으

---

25) Liv. 1, 58.

나, 정작 피해자는 최고의 형벌을 받았기 때문이다. 어떤 여인이 자신의 의사에 반하여 추행당할 때 결코 부정하지 않다고 한다면, 정결한 이에게 징벌을 가하는 것은 올바르지 않다. 나는 당신들, 로마의 법과 재판관들에게 호소한다. 당신들에 의하면, 비록 중죄인이라고 할지라도 재판도 없이 처형되도록 묵인하지는 않는다. 만약 당신들의 법정에서 어떤 이가 재판도 받지 않았을뿐만 아니라 정숙하고 죄가 없는 어떤 여인을 살해했다고 고발당하고 그것이 사실로 판명되었다면, 당신들은 응분의 중형으로 범인을 벌주지 않겠는가? 바로 그런 일을 루크레티아가 저질렀다. 그토록 높이 찬양받는 루크레티아는 또한 죄없고 정숙하며 모욕당한 루크레티아를 살해했다. 당신들은 판결을 내려보라. 혹은 범죄자가 벌을 받기 위해 모습을 나타내지 않기 때문에 당신들이 그렇게 할 수 없다면, 당신들은 무슨 이유로 정숙하고 무죄한 이를 살해한 범인을 그토록 칭송함으로써 높이는가? 당신들은 분명히 당신들 시인들의 구절에서 묘사된 대로, 지하세계의 재판관들 앞에서 그녀를 변호할 수 없음을 깨닫게 될 것이다. 왜냐하면 그녀는,

> 무죄하지만 자기들에게 죽음을 내리며, 빛을 싫어하여
> 자기 영혼을 내팽개친[26]

자들 중에 놓여있을 것이기 때문이다. 그리고 그녀가 세상으로 되돌아가기를 원한다고 할지라도,

> 운명이 길을 막아선다. 불길한 늪이 혐오스런 물로써 경계선을
> 놓는다.[27]

그렇지만 아마도 그녀는 자신을 죽일 때 이미 무죄하지 않고, 죄책감을 느끼고 있기 때문에 그곳에 있지 않을 것이다. 그녀 자신만이 알 수 있는 일이지만 그 젊은 이가 그녀를 사납게 덮쳤다고 할지라도 그녀가 자신의 욕망에 유혹받아 그런 행동을 용납하고 자책감을 가지게 되었을 때, 너무나 슬퍼서 죽음만이 유일한 속죄의 길이라고 생각했다면, 어떻게 되겠는가? 그러나 이런 경우라고 할지라도 그녀가 거짓 신들에게 효과적인 회개를 할 수 있었더라면, 자살은 삼가야 했을 것이다.

그러나 경우가 그러하고 "그곳에는 두 사람이 있었지만 오직 한 사람만이 간음

---

26) Virg., *Aen.*, 6, 434ff.
27. Virg., *Aen.*, 438f.

했다"는 말이 사실이 아니라, 두 사람 모두, 한 사람은 공개적으로 폭행했고 다른 한 사람은 은밀하게 동의했다고 한다면, 그녀는 무죄한 자를 죽인 것이 아니다. 그러므로 박식한 그녀의 변호자들은 그녀가 지하세계에서 "무죄하지만 스스로에게 죽음을 내린 자들" 사이에 있지 않다고 주장할 수 있다. 그렇지만 이런 경우라고 할지라도 그녀를 옹호하는 일은 진퇴양난에 봉착하게 된다. 만약 살인했다는 문제에서 그녀에게 정상을 참작하려고 한다면 간음죄가 확고부동해지고, 간음했다는 문제에서 그녀가 혐의를 벗으려면 살인죄를 덮어쓰게 된다. 여기서 빠져나갈 방도는 없다. 그녀가 간음했다면, 왜 칭찬받아야 하는가? 그녀가 정숙하다면, 왜 죽임당해야 하는가?

그럼에도 불구하고 진정한 성결이 무엇인지 알지 못하기 때문에, 겁탈당한 우리 그리스도인 여인들을 모욕하는 자들을 반박하고자 하는 우리의 목적을 위해서는, 이 로마 귀부인의 예에서 그녀를 칭송할 때 쓰인 말, 즉 "그곳에 두 사람이 있었지만 한 사람만이 간음했다"는 말을 인용하는 것으로 충분하다. 왜냐하면 사람들은 루크레티아가 너무나 착하기 때문에, 간음에 동의함으로써 더럽혀졌다고는 결코 믿지 않기 때문이다. 그녀가 비록 간음을 범하지는 않았지만 간음자에게 포옹당했다는 이유로 자살을 택한 것은, 그녀가 정숙함에 부여한 고귀한 가치보다는 수치심에 과도한 부담을 느낀 데 그 원인이 있었다. 그녀는 비록 자기와 함께는 아니라고 할지라도 자기에게 가해진 다른 사람의 추행을 수치스럽게 생각했고, 명예를 매우 존중히 여기는 로마 여인으로서 만약 계속 살아간다면 자기가 당한 폭행을 기꺼이 감내했다고 생각되는 것이 두려웠다. 그녀는 사람들에게 깨끗한 양심을 펼쳐보일 수는 없었으나, 자신에게 징벌을 가함으로써 그녀의 정신상태를 입증해보여야 한다고 생각했다. 그녀는 다른 사람이 자기에게 가한 폭력을 인내하며 참아낸다면, 자기가 그 행동에 공범자로 간주되리라는 생각을 견딜 수 없었던 것이다.

그리스도인 여인들도 루크레티아와 같은 일을 당했지만, 그런 결정을 내리지 않고 살아남았다. 그들은 다른 사람들의 죄를 자신들에게 복수하려고 하지 않았고, 스스로 가담하지 않은 범죄 행위에다가 자신의 범죄 행위를 첨가시키기를 거부했다. 적군이 정욕 때문에 그들로 하여금 간음하도록 내몬 것처럼 그들이 수치심 때문에 자살하도록 내몰렸더라면, 그들은 범죄하게 되었을 것이다. 그러나 그들은 자신들의 영혼 안에, 자신들의 양심이 증거하는 가운데, 정절을 소중히 여기는 마음을 간직하고 있다. 하나님이 보시기에 그들은 이러한 명예를 가지고 있으며, 더이상의 것을 요구하지도 않는다. 사실 그들은 선을 행하는 기회를 가지는 것으로 만족한다. 그러므로 그들은 사람들의 의혹을 벗어나기 위하여 불법적인 조치를 취함으로써 하나님의 법의 권위로부터 일탈하려고 하지 않는 것이다.

20. 그리스도인은 어떠한 경우에든지 자살을 할 수 있는 권위를 가지고 있지 않다.

거룩한 성경 가운데 어디에서든지, 영생을 보장받기 위해서나 어떠한 악을 피하거나 모면하기 위하여 자살하라는 계명이나 그에 관한 허가가 발견되지 않는다는 사실은 의미심장하다. 사실 우리는 특히 "네 이웃에 대하여 거짓증거하지 말지니라"(출 20:16)는 거짓증거를 금하는 계명에서처럼, "네 이웃"이라는 말이 부가되지 않은 것으로 보아, "살인하지 말지니라"(출 20:13)는 계명에 의하여 자살이 금지되었다고 이해해야 한다. 그렇지만 성경은 "네 이웃을 네 몸과 같이 사랑하라"(마 22:39)고 말하고 있는 것을 보건대, 이웃사랑은 자신에 대한 사랑으로부터 출발하기 때문에 그 계명이 자신에게 거짓증거하는 자가 면죄된다는 것을 뜻하지는 않는다.

게다가 자신에 대하여 거짓증거하는 사람은 누구든지 이웃에게 그렇게 하는 것과 마찬가지로 죄가 있다면 — 비록 그 조항이 이웃에 대하여 거짓증거하지 못하도록 규정될 뿐, 자신에 대하여 거짓증거하지 말라는 금지조항이 없다는 의미로 오해될 지는 모르지만 — "살인하지 말지니라"는 계명에 아무 첨가된 말이 없고 어떠한 사람, 심지어 그 계명을 받은 사람도 제외되지 않는다고 생각할 수 있기 때문에, 자살이 허용되지 않는다는 사실은 더욱 분명해진다.

그래서 어떤 사람들은 "죽이지 말라"는 계명을 야생동물이나 가축마저 죽이지 말라는 의미로 확대하려고 시도해 왔다. 그렇다면 왜 그것을 땅에 뿌리를 내리고 땅으로부터 영양분을 받아사는 식물에는 적용하지 않는가? 왜냐하면 이런 피조물이 비록 감각은 없다고 할지라도 "살아있다"고 말할 수 있으며, 폭력이 가해질 때 죽으며, 결과적으로 살생당할 수 있기 때문이다. 그러므로 그 사도는 이러한 종류의 씨에 관하여 말하면서 "너의 뿌리는 씨가 죽지 않으면 살아나지 못하겠고"(고전 15:36)라고 했으며, 시편 중의 어떤 구절은 "저희 포도나무를 우박으로 죽이셨으며"(시 78:47)라고 기록하고 있다. 그렇지만 우리는 이런 이유 때문에 "살인하지 말지니라"는 계명으로부터 하나님이 잡목마저 제거하지 못하도록 금하셨다는 결론을 끌어내어, 마니교도들의 오류에 동참해야 하겠는가? 그것은 정신나간 생각일 것이다.

우리는 그러한 터무니없는 생각을 배척한다. 우리는 "살인하지 말지니라"는 계명이 감각을 가지고 있지 않는 식물에 적용된다고 생각한다든지, 우리와 같은 이성을 부여받지 못해서 우리와 함께 이성적인 교제를 나누지 못한다는 이유로, 날아다니거나 헤엄쳐다니거나 걸어다니거나 기어다니는 이성이 없는 동물에게 적용된다고는 생각하지 않는다. 식물과 동물의 생명이 우리의 필요에 달려있다는 사실은 창조주 하나님이 정당하게 정하신 질서이다. 그렇다면 우리는 "살인하지 말지니라"는 계명을, 인간들 즉 다른 사람들 그리고 자신에게 적용하게 된다. 왜냐하면 자신을 죽이는 것도 인간을 죽이는 행위이기 때문이다.

21. 살인죄가 되지 않으면서 사람을 죽이는 경우에 관하여

그렇지만 살인을 금하는 법에도 하나님 자신의 권위에 의하여 정해진 몇몇 예외가 있다. 이런 예외는 두 가지 경우, 즉 하나님의 법이나, 어떤 때에 어떤 사람에게 부여된 특별한 명령에 의하여 정당화되는 경우가 있다. 그리고 후자의 경우에 명령을 받아 사람의 손에 쥐어진 칼에 불과한 당사자는 자기가 초래하는 죽음에 대하여 직접적인 책임을 지지 않는다. 이 때문에 하나님의 권위로 전쟁을 수행하는 사람들이나 아주 정당하고 합리적인 권력의 근원인 국가의 법에 따라 국가의 권위를 대변하면서 범죄자들에게 사형을 집행하는 이들이 살인을 금하는 계명을 어겼다고 할 수는 없다.

아브라함은 자기 아들을 죽일 준비가 되어있을 때, 잔인하다고 비난받기는커녕 헌신적인 믿음으로 인하여 칭찬받았다. 그의 행동은 범죄가 아니라 순종이었다. 또 우리는 입다가 전쟁에서 승리하고 돌아올 때 집 문에서 처음 영접하는 이를 하나님께 번제로 드리겠다고 서원했기 때문에 자기 딸을 살해한 일이, 하나님의 계명에 대한 순종이라고 생각하더라도 타당하다(삿 11:29 이하). 또 삼손이 집을 무너뜨림으로써 적들과 함께 압사당했을 때, 그의 행위는 그를 통하여 기적을 일으키신 성령이 그로 하여금 그렇게 하도록 은밀하게 명령하셨다는 이유만으로도 정당화된다(삿 16:28 이하). 따라서 일반적으로 정당한 법으로 규정되었거나 특별히 정의의 근원인 하나님 자신에 의하여 명령된 이런 살인을 예외로 한다면, 자신이나 다른 사람을 살해하는 사람은 누구든지 살인죄에 연루되어 있는 것이다.

22. 자살은 결코 당사자의 정신력이 강하다는 것을 증명해주지는 않는다

자신에 대하여 이런 범죄를 저지르는 사람들은 지혜롭다거나 건전한 정신을 가졌다고 칭찬받을 수는 없다고 할지라도, 아마 정신력이 강하다고 존경받을 수 있다고 생각될는지 모른다.[28] 그렇지만 우리가 문제를 보다 깊고 논리적으로 살펴본다면, 자살한 사람에게 정신력이 강하다는 용어를 적용하는 것이 올바르지 않다는 사실을 알게 될 것이다. 왜냐하면 그는 자신의 곤경이나 다른 사람들의 악행을 인내할 수 있는 힘을 가지고 있지 못했기 때문이다. 사실 우리는 그가 육체적인 억압이나 대중들의 어리석은 견해를 참아낼 수 없을 정도로 정신력이 약하다는 것을 알아차릴 수 있다. 우리는 인생의 어려움을 당하여 도망치는 대신에 그것을 인내하는 사람들, 특히 종종 암흑과도 같은 오류에 사로잡힌 대중들의 판단을 선한 양심의 순수한 빛과 비교하여 무시할 만한 힘을 가진 사람의 정신력이 강하다고 말할 수 있다.

자살이 강한 정신력의 증거로 간주될 수 있다면, 그 문제에 관하여 클레옴브로투스(Cleombrotus)보다 정신력이 더 강한 사람도 없을 것이다. 전하는 이야기에 따르면, 그는 영혼의 불멸에 관하여 논의하는 플라톤의 책을 읽고는 성벽 위에서 몸을 날려 현생을 떠나 자신이 더 낫다고 믿었던 생활로 건너갔던 것이다.[29] 그는 참이건 거짓이건 비난을 받았다거나 불행을 당하여 참을 수 없는 부담을 느꼈기 때문에, 자살을 선택하지는 않았다. 그가 죽음을 추구한 현생의 달콤한 속박을 깨뜨리도록 촉발시킨 이유는 오직 정신력이 강했기 때문이었다. 그가 읽었던 책의 저자인 플라톤 자신도 이런 행동이 정당화되는 것이라기보다는 정신력이 강함을 보여주는 행위라고 말했을 것이다. 왜냐하면 영혼이 불멸하다고 생각했던 그 위대한 지성의 소유자가 또한 자살을 통하여 불멸을 추구하는 것이 권장사항이 아니라 금지사항임을 분별하지 못했더라면, 틀림없이 앞장서서 자살을 감행했거나 적어도 자살하도록 사람들에게 권고했을 것이기 때문이다.

또한 저들은 많은 사람들이 적의 수중에 떨어지지 않기 위하여 목숨을 버렸다고 말한다. 그러나 우리는 그들이 그렇게 했느냐가 아니라, 그렇게 했어야 했느냐는 문제를 다루고 있다. 분명 실례보다는 건전한 이성이 우선되어야 한다. 어떤 실례들은 건전한 이성과 완전히 조화를 이루며, 하나님께 대한 헌신에 뛰어난 만큼이나 본받을 만한 가치를 가지고 있다. 왜냐하면 예언자나 사도들 중에 자살한 사람은 아무도 없기 때문이다. 뿐만 아니라 우리 주 그리스도께서 핍박을 당하거든 이 동네 저 동네 피하라고 권고하셨을 때 박해자들의 손에 빠지지 않기 위하여 스스로의 목숨에 해를 가하여 박해하는 자들을 피하라고 권고할 수도 있었겠지만(마 10:23), 우리는

---

28) 자살문제는 이교 철학자들에 의하여 많이 논의되었다. 플라톤(*Legg.* 873C)과 아리스토텔레스(*Eth. Nic.*, 3, 1116A)는 자살을 비난했다. 견유학파는 그것을 무조건적으로 인정했다(Diog. Laert. 4, 3;6, 18; 24 etc.). 스토아주의자들은 명예로운 이유가 있는 경우에는 그것을 승인했다(Cic., *Tusc. Disp.*, 1, 83; Seneca, *Ep.*, 24 etc.). 신플라톤주의자들은 대체로 자살을 인정하지 않았다(Plot., *Enn.*, 1, 4, 7).

29) Cic., *Tusc. Disp.*, 1, 34, 84(클레옴브로투스의 이야기).

사도들 중에 자살했다는 실례를 인용할 수 없다. 그분이 비록 영원한 처소를 예비하기 위하여 간다고 약속했음에도 불구하고(요 14:2) 이런 식으로 목숨을 끊으라고 명령하거나 권고하지 않았다고 한다면, "하나님을 모르는 이방인"(살전 4:5)들이 어떠한 실례를 제시하든지 진리되신 한 분 하나님을 섬기는 사람들이 그렇게 행동해서는 안된다는 사실이 분명하다.

23. 카이사르의 승리를 참아낼 수 없었기 때문에 자살한 카토의 예에 대하여 우리는 어떤 생각을 할 수 있는가

사람들은 내가 이미 충분히 언급했다고 생각되는 루크레티아의 경우 외에 유티카에서 자살한 유명한 카토의 경우가 아니라면, 호소력있고 권위있는 실례를 쉽게 발견할 수 없을 것이다. 그 이유는 그가 그렇게 행동한 유일한 인물이어서가 아니라, 학식있고 고결한 인품을 지녔다고 인정되던 그의 행동이 그 당시에나 지금이나 정당할 수 있다고 사람들이 느끼는 것도 당연하기 때문이다.

그러나 이 행동에 대하여 역시 학식이 있었던 그의 친구들이 현명하게도 그에게 자살을 만류했고, 그런 행동이 강한 정신력의 징표가 아니라 유약함의 징표이며 불명예를 피하려는 명예심의 증거라기보다는 역경을 참아낼 수 없는 허약함의 증거라고 간주했다는 사실 외에 내가 무슨 말을 할 수 있겠는가? 사실 카토 자신도 사랑하는 아들에게 "카이사르의 자비에 모든 소망을 두라"고 권고했을 때 자신의 판단이 잘못인 것을 알았다. "카이사르의 통치 아래에서 살아가는 것이 수치스럽다고 한다면",[30] 그는 무슨 이유로 아들에게 그토록 치욕적인 조언을 했겠는가? 그는 무슨 이유로 아들에게 자기와 함께 죽을 것을 강요하지 않았겠는가? 토르콰투스(Torquatus)는 자기 아들이 자신의 뜻에 거스려 적군과 교전하고서 비록 승리를 거두었지만 그를 죽였기 때문에 칭송받는다.[31]

그런데 패배한 카토는 자기 목숨을 끊으면서도 역시 패배한 아들의 목숨을 왜 살려주었는가? 불명예스럽게 정복자에게 굴복하는 것보다 불순종하여 정복자가 되는 것이 더 수치스러웠다는 말인가? 그렇다면 카토는 승리한 카이사르 아래에서 살아가는 것이 결코 수치스럽지 않다고 생각했다는 결론이 나온다. 그렇지 않다면 그는 자신의 칼로 아들에게서 이러한 치욕을 면하게 해주었을 것이다. 사실 카이사르 스스

---

30) Plut., *Cat.*, 65-70; Dio Cass., 10-13.
31) B.C. 340년에 라틴 전쟁에서였다(Liv., 7, 7).

로 설명한 바대로, 카토는 카이사르가 자신을 용서하는 영예를 얻을까 질투했던 것만큼이나 자기 아들을 사랑하여, 카이사르에 의하여 그의 목숨이 보존되도록 바라고 소망했던 것이다.[32] 혹은 질투라는 용어가 너무 지나치다고 한다면, 그는 이런 영예가 카이사르에게 돌아가는 것을 부끄러워 했다고 말해도 좋을 것이다.

24. 레굴루스가 카토를 능가한 바로 그 덕목에서 많은 그리스도인들은 아주 뛰어나다.

우리의 반대자들은, 우리가 경건한 욥이나, 최고의 권위를 가지고 있으며 전적으로 신뢰할 만한 성경에 기록된 다른 성도들보다 카토를 높게 평가하지 않는다는 데 불만을 가지고 있다. 욥은 스스로 목숨을 끊음으로써 모든 고통으로부터 벗어나려하지 않고, 끔찍스런 육체적 고통을 참아내고자 했다. 또 다른 성도들도 자살하기보다는 적의 수중에서 포로생활과 억압을 견뎌내기로 작정했다. 그러나 적들의 문헌에 따른다면, 우리는 마르쿠스 카토보다는 마르쿠스 레굴루스를 높게 평가해야 한다. 카토는 결코 카이사르를 패배시키지 못하고 그에게 오히려 패배당했으며, 굴복하는 것을 수치스럽게 여기고는 자살을 선택했다. 반면에 레굴루스는 이미 카르타고인들을 패배시킨 상태였다. 그는 로마군의 장군으로서 로마에 슬픔을 안겨주는 동료시민에 대한 승리가 아니라, 영예를 얻게되는 국외의 적에 대한 승리를 거두었다.

그러나 나중에 그가 도리어 카르타고인들에 의하여 패배당했을 때, 그는 자살을 통하여 적의 통제범위 밖으로 나가려고 하기보다는 그들의 포로가 되는 길을 택했다. 그는 적군의 지배하에서 인내하는 동시에 로마인들의 사랑 안에 계속 머무름으로써 적에게서는 정복당한 신체를 강탈하지 않았고, 자기 나라 사람들에게서는 정복당하지 않은 정신을 빼앗지 않았다. 그가 자살을 거절한 것은 목숨에 집착했기 때문이 아니었다. 그는 전쟁에서의 무공보다는 원로원에서 그가 한 연설에 더 격분한 적에게로 아무 주저하지 않고 돌아가서 맹세를 지킴으로써, 이 점을 입증했다. 그는 현세에서의 생명을 귀중하게 보지 않았다. 그러나 적이 자신에게 화를 냈을 때, 스스로의 손으로 죽기보다는 어떤 종류든지 고문에 의하여 자신의 생명이 종식되도록 만들고자 선택했다. 그는 이런 선택을 함으로써 자신이 판단하기에 자살이란 중죄임에 틀림없다고 선포한 셈이 되었다. 명예를 얻을 만하고 덕성으로 유명한 로마의 모든 영웅들 중에 이 사람보다 더 위대한 인물은 없다. 레굴루스는 대승리를 거둔 뒤

---

32) Plut., *Cat.*, 72; *Caes.*, 54.

에도 아주 검소한 생활을 계속하였기 때문에, 성공에 의하여 타락하지도 않았다. 또한 그는 아주 대담하게 그토록 끔찍스런 종말로 되돌아갔기 때문에, 역경에 의하여 분쇄당하지도 않았다.

오직 세상 나라를 방어하고자 하고 거짓 신에게도 진실된 숭배행위를 행한 용감하고 아주 유명한 영웅들, 달리 말하여 비록 전쟁의 관습과 권한에 의하여 패배당한 적에게 죽음을 내리는 이런 사람들이 적에 의하여 패배당했을 때에도 스스로의 목숨을 끊고자 하지 않았다면, 또 죽음에 대한 두려움이 전혀 없는 그들이 자살하기보다는 노예상태를 감수하고자 했다면, 참된 하나님을 경배하며 하늘 나라의 시민권을 열망하는 그리스도인들은 얼마나 자살행위를 하지 말아야 하는가? 하나님이 섭리로써 그들을 시험하거나 올바른 길을 가도록 한동안 적에게 맡기시는 데도 말이다!

그리고 그리스도인들의 하나님은 아주 높은 곳에서 그들을 위하여 낮은 곳으로 내려오신 분이기 때문에, 이런 치욕적인 상황에서도 그들을 버리지 않으신다. 더구나 그들은 어떤 군사적인 권위나 전쟁법에 의하여 패배당한 적군에게조차 칼을 내리칠 의무를 지고 있는 사람도 아니다. 그러므로 만약 우리가 우리 자신에 대해 범죄했거나 범죄할 가능성이 있는 적조차도 죽여서는 안된다고 한다면, 자신에 대해 적이 범죄했거나 행하리라는 이유 때문에 자살해야 한다고 주장할 만큼 끔찍스런 오판을 하는 사람은 도대체 누구인가?

25. 우리는 죄로써 죄를 회피하고자 노력해서는 안 된다

육체는 적의 정욕에 의하여 굴복될 때, 쾌락의 유혹에 의하여 죄악에 동의하도록 정신을 유인할 위험이 있다고 말하는 사람들도 있다. 그러므로 그들은 파국적인 결과를 방지하기 위한 조치가 취해져야 한다고 말한다. 자살은 적의 죄뿐만 아니라, 그렇게 유혹당한 그리스도인의 죄를 예방하기 위한 적절한 방법이 아닌가라고 그들은 질문한다. 결코 그렇지 않다! 육체적인 충동이 아니라 하나님의 지혜에 복종하는 이의 정신은 다른 사람의 정욕으로 생겨난 육체적인 욕망에 결코 동의하지 않는다. 진리되신 분이 분명히 밝혀놓았듯이 자살이 가증스럽고 저주스런 범죄행위라고 한다면, "장래에 생겨날 죄를 피하기 위하여 지금 죄를 범하자. 장래에 간음죄에 빠지지 않기 위하여 지금 살인하자"라고 말할 정도로 어리석은 사람이 있을 것인가? 우리가 불의에 장악당하여 죄를 모면할 수 없다고 한다면, 현재의 확실한 살인보다는 장래의 불확실한 간음죄가 낫지 않은가? 구원에 이르게 하는 회개를 위한 여지를 남겨놓지 않는 사악한 행위보다는, 회개함으로써 회복될 수 있는 잘못을 범하는 편이 더 낫지 않는가?

나는 다른 사람에 의하여 자기들의 정욕이 촉발되고, 자기들이 동의할까 두려워 다른 사람이 아닌 자신들이 죄를 범하지 못하도록 하기 위하여 스스로 목숨을 끊어야 한다고 생각하는 사람들을 위하여 이 점을 밝혀둔다. 그러나 육체적인 쾌락에 굴복하여 수치스런 일에 동의할 수 있는 정신은 그리스도인의 정신과는 전혀 관계가 없다. 왜냐하면 그리스도인은 하나님을 믿고 소망을 그에게 두며 그의 도움에 의지하기 때문이다. 죽을 운명을 지닌 우리 육신에는 아직도 불순종적인 욕망이 발견되어 사실상 우리의 의지의 법과는 관계 없이 독자적인 법에 의하여 행동한다는 것도 사실이다. 그와 같은 육신의 불순종은 우리가 잠들었을 때의 경우와 마찬가지로 의지가 동의하지 않는 경우에는 책망받을 수 없다.

26. 어떤 특별한 경우에는 성도들의 행동이 본받을 만하지 않다

"그러나 박해당할 때 익사하기 위하여 강물에 몸을 던짐으로써 정절을 위협하던 자들로부터 벗어난 몇몇 경건한 여인들도 있었다. 그들은 그렇게 죽은 뒤에 전체 교회로부터 순교자라고 칭송받았고 많은 사람들이 그들의 무덤을 방문했다"[33]는 말을 우리는 듣는다. 나는 이 문제에 대하여 감히 성급한 판단을 내리고 싶지 않다. 나는 교회가 하나님의 권위로부터 적절한 증거를 받아 그들에 대한 기억이 이런 식으로 영예를 얻을 수 있다는 확신을 얻었는지 알지 못하고 있다. 그랬을 가능성도 없지 않아 있다. 그들은 인간적인 오판이 아니라 하나님의 명령에 따라 행동했으며, 오류가 아니라 순종으로 그렇게 했을 수도 있다. 우리는 삼손의 경우가 이에 속한다고 믿을 수밖에 없다. 하나님이 어떤 행동을 명하시고 그분이 명하셨다는 명확한 증거를 보여주실 때, 그에 순종했다고 하여 누가 비난할 수 있겠는가? 경건하게 하나님의 뜻을 따르는데 누가 고소할 수 있겠는가?

그렇지만 어떤 사람이 단지 아브라함이 그렇게 하여 칭찬받았다는 이유만으로 자기 아들을 하나님께 번제로 드리겠다고 결정한다면, 그의 행위는 죄없다고 할 수 없다. 군인이 자기가 복무하는 합법적인 권위에 순종하여 어떤 사람을 죽인다면, 그 나라의 법에 의하여 그는 살인죄로 기소당하지 않는다. 오히려 그가 명령을 거역한

33) 순교자로서 자살한 가장 유명한 예는 성 펠라기아(St Pelagia)였다. 그녀는 15세의 나이로 어머니 및 자매들과 함께 폭행을 피하기 위하여 몸을 내던졌다. 성 암브로시우스는 아우구스티누스의 견해에 찬성하지 않고 펠라기아의 영웅적인 행동을 찬양한다(*De Virg.*, 3, 7; *Ep.*, 37).

다면, 항명죄와 반란죄로 고발당한다. 그렇지만 그가 자신의 의사대로, 또한 자신의 권위로 그런 일을 저지른다면, 살인죄로 체포당할 것이다. 그처럼 그가 명령을 받지 않고 그런 행동을 했을 때 받게될 징벌은, 그가 명령을 거역했을 때 받게 될 징벌과 그 이유가 동일하다.

일개 장군이 내린 명령이 그러한데 하물며 창조주로부터 명령이 발해질 때 얼마나 엄청난 차이가 생기겠는가? 그래서 자살이 금지되어있다는 사실을 아는 사람도, 우리가 그 명령을 소홀히 해서는 안되는 분에게서 지시받았다면 자살할 수도 있다. 그렇다면 그런 명령을 받은 사람으로 하여금 하나님의 명령에 대하여 조금만치라도 불확실한 점이 없도록 조심하게 하라. 우리는 어떤 사람이 양심에 대하여 풍문만으로 듣고는 그 마음 속에 있는 비밀을 판단할 수 있다고 주장할 수는 없다. "사람의 사정을 사람의 속에 있는 영 외에는 누가 알리요"(고전 2:11). 우리가 말하고 있고, 주장하고 있고, 온갖 방법을 동원하여 확정지으려는 것은 바로 이것이다. 즉 어느 누구든지 영원한 고통 속으로 빠져들지 않기 위해서는, 순간적인 곤경을 모면할 수단으로 고의적으로 자신의 목숨을 끊어서는 안된다. 다른 사람들의 죄 때문에 자살한다면, 그들의 죄가 자신을 오염시킬 수 없을 뿐만 아니라 오히려 그로써 자신에게 무거운 죄를 지우는 격이기 때문에, 그런 행동은 옳지 않다. 혹은 자신의 지난 죄 때문에 자살하는 것도 옳지 않다. 왜냐하면 그럴수록 자신의 죄가 회개를 통하여 깨끗하게 되도록 현재의 삶을 살아갈 필요성이 더 있기 때문이다. 혹은 죽음 뒤에 올 보다 나은 삶을 갈망하여 자살하는 것도 옳지 않다. 왜냐하면 스스로 목숨을 끊은 사람은 죽음 이후에 더 나은 삶으로 용납되지 않기 때문이다.

27. 죄를 피하기 위하여 자살을 선택해야 하는가

앞서 내가 논의를 시작했었던 문제로서, 자살하는 편이 유익하다고 생각되는 이유가 한 가지 남아 있다. 쾌락의 유혹이나 고통의 위협을 통하여 죄로 빠져드는 것을 피하기 위한 때가 바로 그러하다. 만약 이런 이유로 자살하는 것이 타당하다고 한다면, 우리는 사람들이 물 속에서 거룩하게 거듭나게 하는 씻음에 의하여 모든 죄를 용서받는 바로 그 순간에 자살하도록 권유해야 한다는 결론에 이르게 된다. 왜냐하면 과거의 모든 죄가 사함받은 그 순간이야말로 미래의 모든 죄를 예방하기에 적절한 시기일 것이기 때문이다. 자해적인 죽음이 용납된다면, 틀림없이 이 순간이 그 일을 치를 최상의 순간인 것이다! 세례로써 죄에서 놓임받은 마당에 자기 목숨을 끊음으로써 현생의 모든 죄를 지을 위험을 모면하도록 쉽게 허락된다면, 어느 누가 다시 그런 위험에 다시 몸을 내맡기겠는가?

"모험을 좋아하는 자는 모험으로 망할 것이다"[34]는 말도 있다. 사람들이 현생을 떠나도록 허락받는데도 그 안에 머무름으로써 적어도 그토록 많은 위험을 기꺼이 받아들이거나 그 위험들을 좋아할 이유가 어디 있는가? 어떤 사람이 다른 사람에게 포로로 잡혀있기 때문에 죄를 강요당하지 않기 위하여 자살해야 하는 의무를 가지고 있다면, 한 사람의 주인 밑에서 받게 되는 유혹과 인생에서 필연적으로 생겨나는 수많은 유혹들로 가득찬 현생의 억압을 참아내면서까지 계속 살아가야 한다고 생각하겠는가? 어떤 사람이 그토록 왜곡된 판단력으로 진리를 외면할 정도로 무지몽매하겠는가? 이런 가정에 따른다면, 우리는 새롭게 세례받은 이들에게 권면하는데 시간을 낭비할 하등의 이유가 없다. 우리는 지금 처녀들에게는 순결을 유지하도록 하고, 과부된 사람들에게는 그냥 지내도록 하고, 결혼한 사람들에게는 그들의 결혼서약을 성실히 지키도록 결단내리도록 최선을 다하여 권면하고 있다. 하지만 어떠한 죄의 위험도 벗어날 수 있게끔 유용하고 놀라운 지름길이 있다면, 그래서 우리가 초신자들이 죄사함을 얻자마자 그들에게로 달려가서 자살하라고 설득할 수 있고 그들을 순수하고 건전한 상태대로 주님에게로 보낼 수 있다고 한다면, 그런 권면을 하는데 시간을 낭비할 하등의 이유가 있겠는가?

그렇지만 사실 누군가 우리가 이런 식으로 초신자들을 설득해야 한다고 생각한다면, 나는 그 사람을 어리석다고, 아니 제정신이 아니라고 말할 것이다. 우리는 무슨 얼굴로 다른 사람에게 "당신은 야만인처럼 행동하는 부정한 주인 밑에 살고 있는데, 당신이 현재 저지른 작은 죄에다가 극악한 죄를 덧보태지 않도록 자살하시오"라고 말할 수 있겠는가? 혹은 "당신은 부정한 쾌락의 유혹으로 가득차 있고 온갖 끔찍스럽도록 잔인한 행동으로 날뛰며 갖가지 오류와 공포로 위협하는 세상에 살고 있는데, 당신의 모든 죄가 사함받은 지금 이 순간에 또다시 동일하거나 더 심한 죄를 범하지 않기 위하여 자살하시오"라고 말하는 사람이 있다면, 극악무도한 자가 아니겠는가? 이런 말을 하는 것은 사악한 행동일 것이다. 따라서 자살은 사악한 행위라는 결론이 도출된다. 자살을 하기 위한 타당한 이유가 있을 수 있다면, 이보다 더 정당한 이유는 없을 것이다. 그런데 이것이 타당하지 않기 때문에 자살을 뒷받침하는 온당한 견해는 존재하지 않는 것이다.

28. 적군은 하나님의 어떤 판단에 정결한 그리스도인들의 몸에다가 자신

---

34) 집회서. 3:26.

의 정욕을 충족시키도록 허락받았는가?

그러므로 신실한 그리스도의 종들이여, 당신들의 정조가 적에 의하여 놀림감이 되었다고 할지라도 인생을 짐이라고 생각하지 말라. 만약 당신이 당신에게 죄를 짓도록 허락받은 자들의 죄에 동의하지 않았다고 양심 속에서 확신한다면, 당신은 크고 진정한 위로를 받고 있다. 적이 그렇게 허락받은 이유를 당신이 묻는다면, 우리는 온 우주를 다스리며 창조하신 하나님의 섭리에는 우리의 생각이 미칠 수 없으며 "그의 판단은 측량치 못할 것이며 그의 길은 찾지 못할 것이로다"(롬 11:33)고 대답할 수밖에 없다.

그렇지만 당신은 스스로의 마음을 정직하게 살펴보아 순결과 절제와 정결을 소유하고 있다는데 지나친 자부심을 가지고 있지는 않은지, 사람들의 칭찬에 지나치게 신경쓰고 있고 심지어 이 점에 있어서 다른 사람들을 시기하지 않는지 질문해 보아야 한다. 나로서는 당신들의 마음이 어떠한지 알지 못하기 때문에, 아무런 비난도 가하지 않는다. 또한 나는 이런 질문에 대해 당신들의 마음이 말해주는 답변도 들어보지 못했다. 그렇지만 내가 기대하는 대로 이에 대해 긍정적인 답변이 나온다면, 당신은 사람들의 칭찬을 얻을 수 있는 것을 잃어버린 데 대해 놀라지 말고 그들의 눈에 제시할 수 없는 것을 간직하도록 하라. 당신이 죄짓는 데 동의하지 않았다면, 그것은 당신이 하나님의 은혜를 잃어버리지 않도록 예방하기 위하여 그 은혜에 하나님의 도우심이 더해졌기 때문이다. 그것은 또 당신이 인간적인 명예를 사랑하지 않도록 사람들로부터 명예를 얻는 대신에 부끄러운 일을 당했기 때문이다. 연약한 자들이여, 이 이중적인 위로를 받으라. 한편으로 당신은 시련을 겪었지만, 다른 한편으로는 징벌받았다. 한편으로 의롭다함을 얻었지만, 다른 한편으로는 교정받았던 것이다.

어떤 사람들은 마음으로부터 자기들이 처녀의 순결이나 과부의 절제나 기혼자의 정결을 과시하지 않고, "떨며"(시 2:11) "도리어 마음을 낮은 데 둠"(롬 12:16)으로써 하나님의 은사를 기뻐했고, 자기들과 마찬가지로 뛰어나도록 경건하며 정결한 사람을 시기하지 않았고, 그 대상이 드물수록 그에 비례하여 일반적으로 더 풍성하게 부여되는 사람들의 칭찬에 큰 의미를 부여하지도 않았고, 희소하기 때문에 눈에 잘 띄는 자기들과 같은 사람들의 수가 더 많아야 한다고 소망했다고 대답할 수 있을는지 모른다.

그런 여인들은 비록 야만인들의 정욕에 강제적으로 폭력을 당했다고 할지라도 그 일을 허락하신 하나님을 비난하지도 않으며, 또한 하나님이 그런 범죄행위를 가볍게 흘려버리리라고 믿지도 않음에 틀림없다. 그들은 틀림없이 하나님이 그런 행위를 허락했지만 어느 누구도 벌받지 않고 넘어갈 수 없다고 믿고 있다. 사실 현재 하나님의 신비한 판단 속에서 사악한 욕망이 제멋대로 날뛰고 있지만, 그에 대한 징벌이 최종 심판을 위하여 유보되고 있을 따름인 것이다.

또한 정결한 덕목에 대하여 자만심에 부풀어있지 않다고 양심으로 확신할 수 있는 여인이라 할지라도, 최근에 이런 수모를 당하지 않았더라면 오만하고 득의만만해할 정도로 어떠한 취약점을 몰래 가지고 있었을는지도 모르는 일이다. 그러므로 어떤 이들이 "악에 의하여 마음이 더럽혀지지 않도록"[35] 죽음에 내맡겨지는 것과 마찬가지로, 이런 사람들은 평안함으로 인하여 자기들의 정절이 손상받지 않도록 폭력에 내맡겨졌다고 할 수 있다. 그러므로 자기들의 육신이 모욕적인 접촉을 당하지 않았다고 자랑하는 이들과, 적에 의하여 난폭하게 다루어지지 않았더라면 그렇게 자랑하고 다녔을 이들 중 어느 누구도 정절을 빼앗기지 않았고 오히려 겸손을 배웠다. 전자의 경우에는 이미 품고 있던 교만한 마음으로부터, 후자의 경우에는 곧 닥치게 될 교만한 마음으로부터 구원받았던 것이다.

이외에도 우리가 살펴보아야 할 점이 더 있다. 피해입은 사람들 중 어떤 이들은 절제라는 덕목이 육체적인 성질로 분류되어야 하며, 육체가 다른 사람의 정욕에 의하여 더럽혀지지 않는 한, 절제가 계속 지속된다고 생각했을 수도 있다. 그렇지만 사실 육체와 영혼의 정결함은 하나님의 은혜에 의하여 유지되며, 굳건한 의지에 그 자리를 잡고 있다. 그것은 마음의 동의없이는 강탈 당할 수 없는 보물인 것이다. 최근의 재앙을 통하여 아마 그런 이들의 오류는 교정되었을 것이다. 왜냐하면 그들이 얼마나 성심성의껏 하나님을 섬기는지 생각해보고 그렇게 하나님을 섬기며 부르는 이들을 버릴 수 없음을 깨닫게 될 때, 또 그들이 정숙하다는데 얼마나 큰 기쁨을 누리는지 의심할 수 없다는 사실을 발견할 때, 그들은 하나님이 부여해 주셨고 성도들 안에서 보고 기뻐하시는 자기들의 순결이 만약 이런 식으로 빼앗길 수 있다면, 하나님이 그들에게 그러한 재앙이 내리도록 허락되지 않았을 것이라는 사실을 알게 될 것이기 때문이다.

29. 하나님이 적군의 흉포함으로부터 그리스도인들을 구원하지 않았다고 공개적으로 비난하는 불신자들에 대하여 그리스도의 종들은 어떤 답을 해야 하는가

35) Wisd., 4, 11 참조.

따라서 최고이며 진실하신 하나님께 속한 모든 가족은 이런 위로, 즉 속이지 않으며 불안정하며 타락적인 세상사가 결코 제공해줄 수 없는 보다 확실한 소망을 그 안에 포함하고 있는 위로를 갖고 있다. 그들은 영원한 생명을 위하여 교육받고 있기 때문에 이 현생의 훈련을 거절하려고 하지 않는다. 또한 그들은 이 세상적인 축복을 순례자처럼 대하고 거기에 집착하지 않기 때문에, 세상적인 불행을 당한다고 할지라도 슬퍼하지 않는다. 그것은 그들을 시험하고 교정시키는 데 도움을 줄 따름이다. 하지만 그들의 고결한 생활을 조롱하는 자들은 하나님의 종들에게 어떤 현세적인 재난이 닥칠 때 "네 하나님이 어디 있느뇨?"(시 42:3)라고 묻는다. 똑같은 일들이 조롱하는 자들에게 임할 때, 우리는 그들의 신들이 어디 있는지 물어볼 수 있다. 그들은 바로 그러한 재앙을 모면하기 위하여 그 신들을 숭배하고 있고 숭배해야 한다고 주장하는 데도 말이다.

이에 대한 그리스도인의 답변은 다음과 같다. "나의 하나님은 어디든지, 온전히 어디든지 계신다. 그를 제한하는 경계는 전혀 없다. 그는 모습을 드러내지 않고도 계실 수 있다. 그는 움직이지 않고도, 다른 데로 가실 수 있다. 내가 곤경을 당하여 고통당할 때, 그는 나의 믿음을 시험하고 계시거나 나의 잘못을 벌주고 계신다. 그리고 그는 내가 현재의 고통을 충성스럽게 인내하고 나면, 그 보답으로 주실 영원한 상급을 예비하고 계신다. 그런데도 내가 당신들 같은 사람들과 함께 당신들의 신에 대하여 논의할 필요가 있는가? 하물며 '만방의 모든 신은 헛 것이지만 하늘을 지으시며 모든 신보다 경외할'(시 96:4, 5) 우리 하나님에 대하여 당신과 논할 가치는 더더욱 없다."

30. 그리스도교에 대하여 불평하는 자들은 사실 수치스런 쾌락을 억제 당하지 않고 살기를 원하고 있다.

포에니 전쟁으로 무서운 공포분위기가 조성되었을 당시에, 프리기아부터 제례(祭禮)를 도입하기 위하여[36] 아주 고상한 성품을 가진 사람이 선택되어야 했을 때, 원로원은 만장일치로 당시에 신관(神官)으로 있던 스키피오 나시카(Scipio Nasica)를 선출했다. 그런데 그러한 그가 만약 지금 살아있다면, 나는 당신들이 그의 얼굴을 감히 쳐다볼 수 있을 지 의심스럽다. 왜냐하면 그는 분명히 철면피같은 당신들의 얼굴에 제재를 가할 것이기 때문이다. 일이 잘못되었을 때, 당신들이 그리스도교에

---

36) Liv. 29, 14. B.C. 204년에 퀴벨레의 신상이 로마로 운반되었다.

다 불평을 터뜨리는 이유가 도대체 무엇인가? 그것은 당신들이 방해받지 않고 악을 즐기며, 당신들이 고통이나 책망도 받지 않고 타락 속으로 함몰되기를 바라기 때문이 아닌가? 당신들이 평화와 번영을 바라는 이유도 당신들이 겸손과 절제와 자제와 경건으로써 그런 축복들을 고귀하게 사용하기를 원하기 때문이 아니라, 오히려 광기어린 방종으로 무진장 다양한 쾌락을 추구하기 때문이다. 그러므로 당신들의 번영은 적의 온갖 분노보다도 훨씬 더 악한 도덕적인 타락을 낳고 있다.

원로원에서 만장일치로 가장 훌륭한 로마인으로 선택되었던 당신들의 대신관(大神官)인 위대한 스키피오는 그 당시에 로마의 경쟁국이던 카르타고의 파괴에 동의하지 않았을 때 이 점을 두려워했던 것이다. 따라서 그는 그 도시의 파멸을 제안했던 카토[37]의 견해에 반대했다. 그는 약한 정신을 가진 사람에게는 무사태평이 위협이라고 염려했다. 그는 건전한 두려움이 시민들에게 적절한 보호수단이 되리라는 사실을 알았다. 그런데 그가 염려하던 대로 사태가 진행됨으로써, 그의 판단이 옳았음이 입증되었다.

카르타고가 파멸되었을 때, 분명히 로마공화정에 대한 심각한 위협이 제거되었다. 그 위협이 사라지자 즉각적으로 번영으로부터 생겨난 재앙이 잇달았다. 우선 야만적인 유혈봉기에 의하여 안정이 파괴되고 분쇄되었다. 그리고는 일련의 파멸적인 분쟁과 온갖 내란으로 인한 학살과 온갖 유혈충돌과 무법적이고 잔인한 추방 및 약탈행위가 꼬리를 물고 생겨났다. 그래서 적을 두려워하고 있을 때 높은 도덕적 수준을 유지하던 로마인들이, 그런 도덕수준이 붕괴되자 동료 시민들로부터 더 잔학한 일들을 당하게 되었다. 모든 인간의 제반 악 중에 대체적으로 로마인에게서 가장 확고한 형태로 발견되는 권력욕이 몇몇 세력가들 사이에 자리잡게 되었고, 그 결과 피곤에 지친 나머지 사람들은 노예와도 같은 멍에 아래 짓밟히게 되었던 것이다.

31. 권력을 향한 열정이 어떤 단계를 거쳐 로마인들 사이에 증가되었는가

오만한 사람의 마음 속에 자리잡은 권력욕은 이 직책 저 직책 거친 후에 마침내 최고 통치권에까지 다다를 때가 아니고서야 어떤 단계에서 잠자코 있을 수 있겠는가? 그리고 그렇게 높은 지위로 계속 나아가기 위해서는 무제한적인 야망이 반드시 필요하다. 그렇지만 무제한적인 야망은 바로 탐욕과 색정에 의하여 타락한 사람들 사이에서 활동무대를 발견한다. 게다가 사람들은 번영에 의하여 탐욕스럽고 사치스

---

37) 사실상 카토를 반대한 사람은 그의 아들이었다.

럽게 되는 법이다. 아주 지혜로웠던 스키피오 나시카가 그 크고 강대하고 부유한 로마의 적국을 파멸하는데 반대했을 때 피하고자 했던 것은 바로 그런 현상이었다. 그는 두려움 때문에 색욕이 제어되므로 방탕한 생활에 빠지지 않게 되고, 그로써 탐욕스런 마음이 날뛰지 못하게 해야 한다고 생각했다. 그는 이런 악덕이 억제될 때 나라에 유익을 주는 도덕성이 널리 퍼지게 되고 그와 발맞추어 항구적인 자유가 가능하다고 보았던 것이다.

당신들의 그 대신관 — 내가 종종 이야기하듯이 당시의 원로원에 의하여 로마에서 가장 훌륭한 사람이라고 만장일치로 선출되었던 인물 — 으로 하여금 원형극장을 건축하려던 원로원의 계획에 제동을 걸었던 것은 그와 동일한 신념, 동일한 애국적 선견지명이었다.[38] 그는 부패한 그리스의 풍습이 로마의 굳센 도덕성에 침투되도록 해서는 안되며, 외국의 타락한 정신이 유입되면 로마의 도덕성을 훼손시키며 약화시키므로 그 발자취를 따라가서는 안된다고 사람들에게 역설했다. 그의 주장이 꽤 권위있고 설득력이 있었기 때문에, 원로원은 그에 감동받아 지금까지 관람객을 위하여 임시용으로 극장에 관례적으로 운반되었던 긴 의자마저 사용금지시켰다.

만약 그와 같은 인물이 신들이라고 생각한 존재의 권위에 대항할 용기를 가졌더라면, 연극 자체를 로마로부터 축출하는 데 얼마나 큰 힘을 기울였겠는가! 그는 그 신들이 인간에게 해를 주는 악신인 줄 깨닫지 못하고 있었다. 혹은 그가 그런 줄 깨닫고 있었다고 할지라도, 그들을 경멸하느니보다는 달래는 편이 낫다고 판단했을 것이다. 왜냐하면 믿음으로 심령을 정결케 할 수 있고, 거룩함과 겸손함으로 천부적인 성향을 전환시킬 수 있으며, 교만한 마귀를 섬기는 데서부터 하늘에 있거나 하늘 위에 있는 것들을 향하여 관심을 전환시킬 수 있는 하나님의 가르침이 아직 이교도들에게 계시되지 않았기 때문이다.

32. 연극 공연물이 확립된 발단에 관하여

사실을 알지 못하거나 알면서도 모른 체하고 있는 이들이여, 당신들은 당신들을 그런 억압자들로부터 자유케하신 분에 대항하여 불평하고 있지만, 파렴치한 어리석음과 방종을 보여주는 연극이 인간들의 악한 욕구에 의해서가 아니라 당신들의 신들이 내린 명령에 의하여 로마에서 자리잡게 되었다는 사실을 알라. 당신들은 그 따위

38) 아우구스티누스는 다시 아버지와 아들을 혼동하고 있다. 155년에 스키피오 나시카 코르쿨룸(Scipio Nasica Corculum)은 원로원을 설득하여 돌로 된 극장건축을 포기하도록 만들었다(Liv., *Perioch.*, 48).

신들보다는 오히려 대(大) 스키피오에게 신적인 경의를 보내는 편이 그래도 용서받을 만할 것이다. 그런 신들은 자기들의 신관만큼도 도덕성이 없었다. 오류의 술에 깊이 취해버린 당신들의 정신이 이제 맑은 정신으로 되돌아오려면, 내 말을 주의깊게 들어보라! 당신들의 대신관은 도덕적인 질병을 예방하기 위하여 극장 건축을 금지시키려고 했던 반면에, 당신들의 신들은 사람들의 육체적인 질병[39]을 진정시켜주겠다고 하면서 그들에게 자기들을 경배하고 연극을 공연하도록 명령했다.

만약 당신들이 육신보다 영혼을 우선시키기에 충분한 광명을 마음 속에 품고 있다면, 어느 것을 섬겨야 할지 선택하라! 육체적인 질병이 진정되었다고 할지라도 그것은 지금까지 원형경기장의 검투경기에만 익숙해있던 호전적인 사람들이 극장의 방탕한 광기에 의하여 사로잡혔기 때문이 아니었다. 사실 이 악한 영들은 질병이 곧 자연적으로 그치리라는 사실을 교묘하게 알아차리고는, 숭배자들에게 그 육신이 아니라 도덕성에 더 심각한 질병을 감염시키는 기회로 삼았다. 이 질병으로 그 신들은 만족을 얻었지만, 사람들의 마음은 칠흙같이 어두워졌고 흉한 모습을 띠게 되었으며 타락하게 되었다. 그래서 최근에 — 후대 사람들이 이런 사실을 믿을 수 있을 것인가? — 로마가 유린될 때에도, 이 질병에 감염된 채 카르타고로 도망쳤던 사람들은 날이면 날마다 배우들을 좇아 미친 사람처럼 앞다투어 극장으로 몰려들었던 것이다.

33. 로마인들은 로마가 붕괴되었어도 자기들의 악을 교정하지 않았다

아, 정신나간 사람들이여! 당신들의 행동은 잘못이라기보다는 미친 짓이 아닌가? 우리가 듣는 바대로 동방국가들이 당신들의 파국을 슬퍼하고 있는 동안,[40] 세상 저쪽 멀리 있는 강력한 도성들이 당신들의 몰락을 함께 애통해 하고 있는 동안, 당신들은 극장으로 몰려들어 그곳을 완전히 채우고는 이전보다 더 심한 정도로 정신나간 일을 벌임은 도대체 어찌된 일인가? 대 스키피오가 극장 건축을 중지시켰을 때, 당신들이 번영에 의하여 얼마나 쉽게 타락하며 부패할 수 있는지 알았을 때, 그리고

39) B.C. 364-363년의 일이었다(Liv., 7, 2).

40) 로마의 함락이 동방세계에 미친 영향에 대해서는 제롬에 의하여 묘사되었다(*Ep.*, 136, 2; 127, 12. *Comm.* in Ez., 3 Pref.). "로마가 함락되었고 시민들이 금으로 목숨을 샀다는 끔찍한 보고가 우리에게 도착하였다. 그들은 약탈당한 뒤에 다시 포위당하여 재물을 잃고나서 목숨마저 잃었다. 나는 말이 잘 나오지 않으며, 내가 이 글을 쓸 때에 눈물이 앞을 가린다. 온 세계를 포로로 했던 도성이 오히려 포로로 잡혔다. 아니 그보다 그 도성은 검으로 함락되기 전에 굶주림으로 소멸되었다. 불과 몇 명만이 포로로 잡혀 살아남았다.……" (*Ep.*, 127, 2).

당신들이 계속적으로 적으로부터 위협당하기를 원했을 때, 그는 다름 아니라 당신들이 이처럼 타락하고 이처럼 도덕적으로 병들고 이처럼 고결함과 품위를 저버릴까 염려하고 있었다.

그는 어떤 도시에 그 도덕이 붕괴된 상태에서 그 성벽이 서있다고 한들, 행복하다고 생각하지 않았다. 그러나 선견지명을 갖춘 사람들의 경고보다 사악한 영들의 유혹이 당신들에게 더 큰 영향력을 행사했다. 그래서 당신들을 지금 당하고 있는 나쁜 일에 대해 그리스도교에 책임있다고 주장하면서도, 스스로 저지르는 악행을 탓하지는 않는다. 당신들의 평안을 추구하는 것도 나라의 평화를 위해서가 아니라, 아무 탈없이 방탕한 생활을 즐기기 위함이다. 번영이 당신들을 타락시켰기 때문에, 당신들은 곤경을 당해도 잘못을 고칠 수 없었다. 스키피오의 소망은 당신들이 방탕한 생활에 몸을 내어맡기지 않도록 적에 의하여 위협당하는 것이었다. 그러나 당신들은 너무나 악한 상태에 와 있기 때문에 적에 의하여 짓밟힌 지금도 쾌락을 억제하지 않았다. 당신들은 재앙으로부터 유익한 교훈을 배우지 못했고, 아주 비참한 상태가 되어 세상에서 가장 무가치한 존재가 되어있는 것이다.

34. 그 도성(로마)의 완전한 파멸을 막은 하나님의 자비에 관하여

그런데 당신들이 아직도 살아있는 것은 하나님의 은혜 덕분이다. 그분은 당신들을 살려주셨을 때, 당신들이 회개를 통하여 잘못을 고치도록 권고하고 있다. 비록 당신들은 배은망덕하지만, 그분은 당신들에게 그의 종으로 행세하거나 그 순교자들의 거룩한 장소에서 도피처를 발견함으로써 적의 손에서 도망갈 수 있는 수단을 마련해주셨다. 우리는 로물루스와 레무스가 도시의 인구를 증가시키기 위하여 그곳으로 도망가는 사람은 누구든지 아무 해도 입지 않도록 어떤 도피처를 마련해 놓았다고 듣고 있다.[41] 이것은 근년에 그리스도께 영광이 돌아간 사건의 놀라운 선례가 되었다. 로마를 파괴한 자들은 그 도시를 건설한 자들과 똑같이 행동했다. 건설한 자들이 시민의 수를 늘리기 위하여 이런 조치를 취해야했던 것은 놀랄 만하지 않지만, 파괴한 자들 역시 적의 수효가 줄어들지 않도록 같은 방식으로 행동했던 것이다.

35. 사악한 자들 사이에 숨어있는 교회의 아들들에 관하여, 그리고 교회 안에 있는 거짓 그리스도인들에 관하여

---

41) Liv., 1, 8.

주 그리스도의 구속받은 가족과 왕되신 그리스도의 순례자 도성에 의하여 이런 유사한 답변들이 반대자들에게 제시되도록 하라(이것은 얼마든지 부연되고 확장될 수 있을 것이다.).

그러나 그리스도의 도성으로 하여금 바로 이 반대자들 중에 미래의 동료 시민이 숨어있다는 사실을 염두에 두도록 하라. 그러므로 그들과 맞설 때 그들이 신앙을 고백하는 모습을 볼 때까지 그 적대감을 참아내는 일을 열매없다고 생각해서는 안 된다. 마찬가지로 하나님의 도성은, 이 세상에서 순례길을 걸어갈 때 자기들 가운데 성례전에는 참여하지만 성도들의 영원한 본향에는 함께 갈 수 없는 이들도 포함하고 있다. 이들 중 몇몇은 지금 알 수 없으나, 다른 이들은 정체가 잘 알려져 있다. 왜냐하면 이런 사람들은 자기들이 성례전에 참여하고 있는 하나님에 대하여 우리의 적들과 더불어 주저하지 않고 불평하기 때문이다. 이들은 한때는 불신자들과 함께 극장을 가득 메웠다가, 또 한때는 우리와 연합하여 교회를 가득 채운다.

그렇지만 비록 당사자들조차 잘 알 수 없지만 우리의 친구가 될 사람들이 아주 공공연한 적들 가운데 숨겨져 있다고 한다면, 이런 자들 중 얼마가 자기들의 잘못을 고칠 가망이 전혀 없다고 낙담할 이유는 더욱 없다. 사실 이 두 도성은 이 시기에 결합되고 혼재되어 있으면서 최후의 심판으로 분리될 날을 기다리고 있다. 나는 하나님이 도와주시는 정도까지 그 두 도성의 기원과 발달, 그리고 정해진 목적에 대해서 설명할 때 필요하다고 생각되는 내용을 말할 작정이다. 내가 이런 일을 하는 목적은 다른 도성과 비교해 볼 때 훨씬 더 광채를 발하게 될 하나님의 도성의 영광을 드높이기 위함이다.

36. 다음 논의에서는 어떤 주제가 취급될 것인가

그러나 로마의 신들에게 희생제를 드리지 못하게 했다고 해서 로마의 재난을 우리 종교의 탓으로 돌리는 자들에 대하여, 분명히 해야할 점이 몇 가지 더 남아 있다. 이 목적을 위하여 나는 로마 또는 제국에 딸린 속주들이 희생제가 금지되기 전에도 겪었던 재난에 대하여 모든 것 또는 충분하다고 보이는 많은 실례를 설명해야 한다. 만약 우리의 종교가 그 당시에도 그들에게 빛을 전해주었다거나 그들의 신성모독적인 의식을 금지했었더라면, 그들은 의심할 바 없이 그 모든 재앙들에 대하여 우리에게 책임이 있다고 주장했을 것이다.

그 다음에 나는 모든 왕국을 손 안에 넣고 계신 참된 하나님이 제국의 성장을 위하여 필요한 도덕적인 덕목을 그들이 얻을 수 있도록 돕기 위하여 어떠한 호의를 베푸셨느냐 하는 점과, 잘 알려진 그들의 신들이 그들에게 아무런 도움을 주지 않았음에도 불구하고 그분이 무슨 이유로 그렇게 했는지 제시해주어야 한다. 사실 우리는 그런 신들이 기만과 배신으로 그들에게 얼마나 해를 입혔는지 드러내 보여야 한다. 마지막으로 우리는 비록 입증할 수 없는 증거에 의하여 주장되고 반증되고 있기는 하지만, 그 신들이 현생에서의 유익을 위해서가 아니라 죽음 이후의 삶을 위하여 숭배받아야 된다고 고집스럽게 주장하는 이들에게 답변을 줄 것이다.

내 판단이 잘못되지 않다면, 이 문제는 상당히 어려우며 아주 정교한 논의를 요구한다. 우리는 철학자들, 보통 철학자들이 아니라 우리의 반대자들 중에서 영혼의 불멸성, 하나님의 우주창조, 피조물을 다스리는 하나님의 섭리 등 많은 점에서 우리와 견해를 함께하는 명성있는 철학자들과 논쟁을 벌여야 할 것이다. 그들은 비록 어떤 점에서는 우리와 견해를 같이 하지만, 그렇지 않은 점에서는 반박되어야 한다. 그러므로 우리가 그들의 경건치 못한 공격을 논박할 때 — 하나님이 우리에게 힘을 주시는 한 — 하나님의 도성과 진정한 믿음과 하나님께 대한 참된 경배를 주장할 수 있기 위하여 맡은 바 임무를 소홀히 해서는 안된다. 왜냐하면 거기에는 진정하고 영원한 복락의 약속만이 있기 때문이다.

이제 이 권은 여기서 끝맺고 위에서 대략적인 윤곽이 제시된 주제들을 새로운 권에서 다루도록 하자.

제 2 권

개요:저자는 2권에서, 거짓 신 숭배가 보편적으로 시행되던, 그리스도 이전 시대에 로마인들이 겪었던 재난에 대하여 말하고 있다. 저자는, 로마인들이 그 신들로부터 재난에서 보호받기는커녕, 모든 재난 가운데 유일하고, 적어도 가장 큰 재난—관습의 부패와 영혼의 사악함—으로 압도되었다는 것을 증명한다.

1. 반대자들에게 주는 대답에 설정되어야 하는 한계에 대하여

만약 미약한 이해력만 가진 보통 사람이 진리에 대한 명확한 증거에 고집스럽게 저항하려 들지 않고, 건강을 회복시키는 치료약으로 건전한 가르침에 자신의 연약함을 내어맡겨서, 그 믿음과 경건을 통하여 하나님으로부터 자신을 치유하기에 필요한 은혜를 받는다면, 건전한 판단력을 가지고 있으며 그것을 적절한 언어로 표현할 수 있는 사람들이 공허한 억측과 오류를 반박하기 위하여 길게 논의할 필요가 없을 것이다. 그러나 사실을 보자면 이런 정신적인 연약함이 이전보다 더 편만하고 해를 끼치고 있으므로, 사람들은 심지어 인간적인 견지에서 가능한 만큼 분명한 증거가 제시된다고 하더라도 마치 자기들이 진리요 논리 자체인 양 불합리한 주장들을 옹호하려고 한다. 그렇다면 그들은 자기 눈앞에 있는 것도 보지못할 정도로 눈이 멀었든지, 아니면 자기들이 보는 것을 인정할 수 없을 정도로 왜곡된 고집을 부리고 있다. 그 결과, 사실상 우리는 그들의 눈에 대해서가 아니라 눈을 감고 있는 자들조차도 느낄 수 있도록 그들의 감각에다가, 이미 분명하게 밝혀진 점들을 보다 상세하게 말할 필요성을 느끼고 있다.

그렇지만 우리가 우리 자신에게 대꾸하는 이들에게 항상 답변해야 한다고 생각한다면, 우리의 목적을 어떤 목적으로 이끌고 가며 논의의 종결을 어디에서 맺을 것인가? 왜냐하면 우리의 주장을 이해할 능력이 없거나, 혹은 이해한다고 할지라도 너무나 완고하고 트집부리기를 좋아하여 승복하려고 하지 않는 자들이 반론을 펴기 때문이다. 마치 성경이 말한 바대로 '저희가 지꺼리며 오만히 말을 하오며 죄악을 행하는 자가 다 자긍하나이다”(시 94:4). 그렇다면 당신은 아주 흔히 얼굴을 붉히면서 우리의 논의를 무시하려 들고, 어떻게든 우리의 논의에 반박할 수만 있다면 말하기 전에 생각하지 않기로 작심한 사람들의 온갖 주장을 논의하는 일이 얼마나 끝없고 열매없는 일인지 알 수 있다.

이런 이유 때문에, 내 사랑하는 아들 마르켈리누스여, 내가 그리스도의 사랑 안에서 기꺼이 이 일을 하면서 섬기는 그대와 다른 사람들은 이 책에서 어떤 반대의견이 제기될 때 항상 대꾸할 거리를 찾는 비판자가 되지 않기를 바란다. 나는 사도가 말한 대로 당신들이 “항상 배우나 마침내 진리의 지식에 이를 수 없는 어리석은 여자”(딤후 3:7)가 되지 않으리라고 믿는다.

2. 1권 내용에 대한 요약

나는 하나님의 도우심으로 착수한 이 전체작업의 주제이기도 한 하나님의 도성에 관하여 앞 책에서 논하기 시작했다. 거기서 제시된 첫번째 의무는 지금 온 세상에 고통을 안겨주는 전쟁, 특히 최근에 야만인들에 의하여 로마가 유린당한 데[1] 대해 그리스도교에 책임이 있다고 주장하는 자들에게 답변하는 일이었다. 그들은 모든 원인이 악마들에게 바치는 가증스런 희생제사를 그리스도인들이 금지시킨 데 있다고 말한다. 그렇지만 도리어 그들은 야만인들이 그리스도의 이름을 위하여 전쟁의 관례와는 상반되게도, 대 교회당을 피난민들의 도피처로 개방하였고 많은 경우에 그리스도의 참된 종뿐만 아니라 공포 때문에 거짓으로 그리스도의 종인 체하는 이들을 구분하지 않고 존중해줌으로써, 전쟁의 관행에 의하여 합법적으로 가해질 수도 있는 모든 곤경으로부터 면제시켜준 사실에 대하여 그리스도께 감사드려야 된다.

그렇다면 이런 문제가 제기된다. 이런 하나님의 축복이 어떤 이유로 경건치 않으며 감사치 않는 자들에게도 미치게 되었는가? 그리고 적들이 가한 곤경이 어떤 이유로 경건치 않은 자와 경건한 자에게 동일하게 임하게 되었는가? 나는 이 커다란 문제에 대하여 충분한 답변을 주기 위하여 상당한 지면을 할애했다. 왜냐하면 많은 사람들은 인간이 당하는 재앙뿐만 아니라 일상적인 하나님의 축복들이 선한 생활을 하는 자들에게나 악한 생활을 하는 자들에게 차별없이 일어난다는 사실로 인해 항상 고민스러워하기 때문이다. 특히 나는 비록 확고한 순결을 잃지는 않았지만, 적에 의한 폭행에 수치스러워하고 마음아파하는 경건하고 정숙한 여인들에게 위로의 말을

1) 이 일은 아우구스티누스가 이 책을 저술하기 4년 전인 A. D. 410년에 발생되었다.

전해주는 데 관심이 있었다. 나는 그들이 범죄했다고 자책하며 부끄러워해야 할 하등의 이유를 가지고 있지 않기 때문에, 살아가는 것을 수치스럽게 생각하지 않도록 권고했다.

그리고 나는 곤경에 처해있는 그리스도인들을 양심도 없이 무례하게 공격하는 이들, 특히 치욕스러워하고 수치스럽게 생각하는 정숙하고 경건한 여인들을 비난하는 이들에 대항하여 몇 마디 언급했다. 그런 자들은 사실상 인간들 중에 가장 무가치하고 불명예스런 인간들이며, 역사에서 많은 유명한 공적으로 찬양받고 기념되는 바로 그 로마인들로부터 완전히 타락한 사람들이다. 그러므로 그들은 사실상 자기 조상들의 명예에마저 심각한 손상을 입히고 있다. 로마는 옛 조상들의 수고에 의하여 건립되고 확장되었는데, 그 후손들은 그 성벽이 붕괴될 때보다 오히려 서 있을 때 로마를 더 추악한 장소로 만들어버렸다. 왜냐하면 어떤 도시가 파괴될 때 땅바닥에 떨어지는 것은 돌과 목재였지만, 로마가 붕괴될 때에 우리는 성벽이 아닌 도덕적인 방어벽이, 물질이 아닌 영혼의 광채가 붕괴됨을 보았기 때문이다. 그들의 거주지를 불태워버린 화염보다 그들의 마음 속에서 불타고있던 욕망이 더 치명적이었다.

이로써 나는 첫번째 책을 종결지었다. 이제 나의 목적은 로마가 건국된 이래 본국이나 그 속주에서 발생되었던 재앙들에 대해서 논의를 진척시키는 일이다. 만약 그때 당시에 복음의 가르침이, 거짓되고 기만적인 신들에 대하여 맹렬한 비난을 가했더라면, 사람들은 그리스도교에 그런 재앙의 원인을 돌렸을 것이다.

3. 우리는 그리스도교가 다른 신들에 대한 숭배와 분쟁을 일으키기 시작하기 전에 로마인들이 어떤 재앙을 당했는지 알기 위해서는 오직 역사를 읽어보기만 하면 된다.

우리가 이런 사실들을 언급할 때 아직도 무지한 자들, 너무나 무지하기 때문에 "비가 내리지 않는 것은 전적으로 그리스도교인들의 잘못이다!"[2]는 속담을 생겨나게 만든 자들을 대상으로 하고 있다는 점을 염두에 두어야 한다. 그들 중에는 역사를 좋아하고 이런 사실들을 잘 알고있는 교양있는 사람들[3]도 있지만, 그들은 우리들에 대항하여 무지한 대중들의 적대감을 불붙이기를 원한다. 그러므로 그들은 사실을

---

2) 아우구스티누스는 이 속담을 여러 번 인용하고 있다. 터툴리안(Ap., 40)을 참조하라. "티베르 강이 범람하여 성벽 아래로 밀려온다고 할지라도, 나일 강에 홍수가 나지 않아 들판에 물이 차지 않는다고 할지라도, 하늘이 침묵을 지킨다고 할지라도, 땅이 흔들린다고 할지라도, 기근이나 질병이 있다고 할지라도 사람들은 '그리스도인들을 사자 밥으로!'라고 외친다."

알지 못하는 척하면서, 어떤 장소에서 어떤 시기에 인간에게 발생되는 재앙들이 자기들의 신들을 무색케 만들 정도로 엄청난 명성과 유례가 없는 인기를 누리고 있는 그리스도교의 탓으로 돌리는 천박한 생각을 지지하기 위하여 최선을 다하고 있다.

그러므로 그리스도께서 성육신하기 전에, 즉 그의 이름이 각 민족에게 알려지고 영예를 얻게 되자 사람들이 헛된 질투심을 가지게 되기 전에, 로마를 덮쳤던 여러 가지의 다양한 재앙들을 그들에게 상기시켜주도록 하자. 그리고 그들은 만약 지금 조금이라도 당했더라면 우리를 원망했을 그런 재난을 모면하기 위하여 그 신들을 숭배한다고 주장하고 있기 때문에, 이런 사실을 염두에 두고서 할 수 있는 데까지 자기들의 신들을 변호하도록 하자. 그렇다면 그리스도의 이름이 선포됨으로 그들을 기분나쁘게도 하지 않았고 그리스도의 이름으로 그들에 대한 희생제를 멈추게도 하기 전에, 그 신들은 무슨 이유로 숭배자들에게 내가 언급할 재앙들이 임하도록 허락했는가?

4. 그 신들을 숭배하던 자들은 신들로부터 어떤 건전한 교훈을 받지 못했고, 숭배행위를 하는 동안 온갖 종류의 부정한 행동이 저질러졌다.

우리는 무엇보다도 이 신들이 도덕성의 타락을 방지하기 위하여 왜 아무런 조치도 취하지 않았는지 묻고 싶다. 참된 하나님은 자신을 경배하지 않는 자들을 무시할 권리를 가지고 있다. 그러나 이런 배은망덕한 사람들이 그에 대한 숭배행위를 금지시켰다고 하여 불평하는 그들의 신들은 왜 숭배자들이 덕스런 삶을 살아가도록 인도하는 법을 공포하지 않았던가? 그 신들은 자기들을 숭배하는 데 그토록 관심을 기울인 사람들의 행동에 대해 동일한 정도의 관심을 기울이는 편이 마땅했을 것이다.

하지만 저들은 인간의 악행이 개인의 자유의사에 달려있다고 대답한다. 누가 그런 사실을 부인하는가? 그렇기는 하지만 사람들의 인도자인 신들은 자기들을 숭배하는 사람들에게서 좋은 삶을 살아가는 가르침을 숨기지 말아야 하는 의무를 가지고 있었다. 그들은 그런 가르침을 명백하게 제시하며 공포했어야 했다. 또 그들은 가르침을 어긴 죄인들에게는 예언자를 보내어 책망하기도 하고, 악행하는 자들에게는 징벌하겠다고 위협하며, 올바른 삶을 살아가는 사람들에게는 보상을 약속했어야 했다.

---

3) 교양있는 사람들이란 예를 들어 A.D. 384년에 로마의 장관으로 있던 심마쿠스(Symmachus)를 말한다. 그는 그라티아누스(382)와 발렌티니아누스(384)에게 이교의 회복을, 특히 그라티아누스에 의하여 철거된 빅토리아의 제단을 재건립하도록 원로원에서 호소했다. 암브로시우스는 이런 호소를 성공적으로 반박했다. (발렌티니아누스에게 보내는 서한은 Ambr., *Ep.*, 15이다. *Ep.*, 17은 심마쿠스의 주장을 기술하고 있다.)

그렇지만 이런 신들의 성전에서 명확하고 강력한 경고 소리가 흘러나온 적이 있었던가?

나는 어렸을 때 종종 신성모독적인 연극과 구경거리를 보러가곤 했다. 그곳에서 나는 사제들이 종교적인 흥분상태에서 소리지르는 모습을 보았고, 종교음악대가 부르는 노래소리를 들었다. 그리고 나는 남신들과 여신들, 하늘의 처녀와 만물의 어머니인 베레킨티아(Berecynthia)[4]를 기념하기 위해 행해진 아주 천박한 구경거리를 굉장히 즐겼다. 매년 개최되는 베레킨티아의 정화제전(淨化祭典)에서는 질나쁜 배우들이 그녀의 침상 앞에서, 신들의 어머니는 말할 것도 없고 어떤 원로원이나 품위있는 시민의 어머니, 아니 어떤 행실나쁜 망나니의 어머니도 참고 들을 수 없는 노래를 불렀다. 아무리 못되어먹은 자식도 부모에 대한 천성적인 존경심을 무시할 수는 없는 법이다. 분명히 어떤 망나니라도 자기들의 집에서 어머니 앞에서 그토록 역겹고 외설적인 말과 행동을 보여줄 만큼 부끄러움을 모르지는 않을 것이다. 그런데도 그들은 엄청나게 많은 수의 남자와 여자들이 보는 가운데, 신들의 어머니의 면전에서 그런 짓을 행했다. 내 생각으로는 호기심 때문에 사방에서 모여든 관람객들도 자기들의 정숙함에 손상을 입었을 때에는 당황하여 적어도 흩어지기라고 해야 했다.

이런 일들이 성스런 의식이라면, 도대체 어떤 행위가 신성모독인가? 이런 일이 정화의식이라면 도대체 어떤 일이 오염시키는 행위인가? 그리고 그 의식의 이름은 "페르쿨라(fercula)"[5]로 불리어졌는데 그 말은 불결한 악마들이 자기들의 기호에 맞게 연회를 즐길 수 있도록 배설된 만찬회를 의미했던 듯하다. 신들의 이름으로 사람들을 속이는 어떤 부정한 영들이 존재한다는 사실조차 부인하려드는 사람이든지, 또는 참되신 하나님보다는 그런 신들의 분노를 두려워하고 그들에게서 호의를 얻으려고 희망할 수준의 삶을 살아가는 사람이 아니고서는, 그런 외설적인 행위를 즐길 수 있는 영들이 어떤 존재인지 깨닫지 못할 사람이 누가 있겠는가?

---

4) 하늘의 처녀. 아우구스티누스는 이 여신을 베레킨티아(프리기아의 그 숭배의 중심지인 베레킨투스 산에서 유래된 퀴벨레의 명칭)와 구분하는 지는 명확하지 않다. 그러나 26장에서는 이 둘이 동일시되어 나타난다. 서부 시리아의 여신인 아스타르트(타니트)는 특히 카르타고에서 존중되었다. 그 여신은 퀴벨레에 동화되어 이 둘이 유노와 동일시되었다. 매년 개최되던 그 여신의 정화축제는 원래 그녀가 로마에 도착한 기념일인 4월 4일에 열렸다(1권 30장 참조). 이 때 여신상은 의식에 따라 로마에 인접한 티베르 강과 합류되는 알모 강에서 씻기웠다(Ovid, *Fast.*, 4, 337-55). 제국하에서는 이런 세척식(lavatio)이 춘분의 의식의 일부로서 3월 27일로 변경되었다.

5) 페르쿨라는 두 가지 의미를 가지고 있다. 1) 행렬 중 신상을 운반하던 "가마". 2) 잔치 음식이 제공되던 "그릇".

5. 신들의 어머니를 기념하여 행해진 외설에 관하여

나는 이 타락한 의식의 외설적인 관습에 대해 저항하지 않고 오히려 즐기기에 열심을 내는 사람들보다는, 원로원이 가장 선한 인물로 뽑고는 그 손으로 퀴벨레(Cybele) 신상을 받아서 로마로 운반해오도록 부탁한 스키피오 나시카[6]를 이 문제에 관하여 판단해 줄 사람으로 선택하고 싶다. 그로 하여금 자기 어머니가 국가에 의하여 신적인 영예를 얻도록 선정되었으면 좋은지 말해 보도록 하자. 왜냐하면 잘 알려져 있듯이 그리스인들, 로마인들 그리고 다른 몇몇 민족들은 특출하게 공적인 봉사를 한 인물들에게 신적인 영예를 부여하도록 규정했고, 그런 사람들이 영생불사하며, 신들의 수효에 포함되었으리라고 믿었기 때문이다.[7] 그런 일이 가능하다면, 분명히 스키피오는 자기 어머니에게 그런 축복이 내리기를 바랐을 것이다. 그렇지만 계속하여 그가 자기 어머니에게 드려지는 신적인 영예 속에 이와 같은 역겨운 의식들이 포함되기를 원하는지 물어보자. 그러면 그는 자기 어머니가 그런 외설적인 말을 들으면서 여신으로 살아가느니보다 완전히 죽은 상태대로 남아있기를 바란다고 소리지르지 않겠는가?

우리는 영웅들의 도시에서 극장건축을 금지시킬 정도로 고매한 인품을 가진 로마의 원로원 의원이, 로마의 귀부인인 자기 어머니를 아연실색케했을 그런 속죄 의식에 의해 여신으로 떠받들여지기를 원했으리라고는 상상할 수 없다. 그는 존경받는 부인이 신이라는 가정하에 정숙함을 잃고는 그 숭배자들로부터 이런 종류의 의식적인 주문으로 호칭되리라고는 상상조차 하지 못했을 것이다. 그런 주문 속에는 이 세상에서 만약 싸움 중에 상대방을 향하여 퍼부어지고 그녀가 귀를 막지 않고 그 자리에서 들었더라면, 그로 인해 그녀의 친구들, 그녀의 남편, 그리고 그녀의 자녀들이 얼굴을 붉혔을 그런 종류의 표현이 담겨져 있었다. 사실 "신들의 어머니"는 사람들 중에 가장 악질적인 자조차 어머니로 모시기에 부끄러워할 성격을 가지고 있었다.

그리고 그녀가 로마인들의 마음을 사로잡고 그 나라에서 가장 훌륭한 인물을 찾은 목적은 유익한 도움으로 그를 좀더 덕스럽게 만들기 위함이 아니라, 성경이 말한 바 "귀한 생명을 사냥하는"(잠 6:26) 여인처럼 사술(詐術)로써 그를 얽어매기 위함이었다. 그녀는 고결한 인품을 가진 사람이 신적인 증언에 의하여 자만심을 갖게 하고, 스스로 특출한 존재라고 생각하게 하여, 진정한 종교와 경건을 따르지 못하도록

6) 1권 30장.

7) 유헤메루스의 이론을 위해서는 4권 27장 이하 참조.

의도하였다. 그런 종교와 경건이 없이는 아무리 국가적으로 뛰어난 재능을 가진 사람이라고 할지라도, 자만심에 수반되는 파멸 가운데서 사라지고 말텐데도 말이다. 그 여신이 자신을 위한 의식 중에서 가장 훌륭한 인품을 가진 사람이라면 연회상에서 듣더라도 수치심을 느끼게 될 정도의 외설스런 언행을 필요로 하고 있다는 사실을 고려해 볼 때, 그녀는 속임수를 쓰지 않고서 가장 훌륭한 인물의 지지를 어떻게 얻어낼 수 있었겠는가?

6. 이교도의 신들은 결코 거룩한 생활을 가르치지 않았다.

그런 신들은 바로 이 때문에 자기들을 숭배하는 도시와 사람들의 도덕성에 관심을 가지지 않았다. 오히려 그들은 아주 끔찍스럽고 가증스런 악이 거리낌없이 행해지도록 허용함으로써, 토지나 포도밭이나 집이나 재산이나 심지어 정신의 종인 육신이 아니라 육신을 실제로 지배하는 정신 자체에 더할 나위 없는 손상을 입혔다. 그 신들은 그런 일을 막기 위하여 무서운 힘을 사용하지 않고 오히려 그것을 허락했다. 그들이 그런 일을 멈추고자 노력했다면, 그 증거를 제시하고 입증하라. 그리고 우리는 일반적인 주장들이 선택받은 소수에게 가만히 속삭여졌고, 밀교적 전통[8]에 의하여 전수되어 고결하고 순수한 삶을 살아가도록 가르쳤다는 이야기를 듣고 싶지 않다. 이런 주장은 아무런 근거도 없는 허풍에 불과하다. 이교도들로 하여금 우리에게 배우들의 외설적인 노래나 방종적인 행위가 아니라, 아주 음란한 부끄럼 모르는 푸갈리아[9] — 이것은 사람들에게서 정숙함과 바른 감정을 추방하기 때문에, 푸갈리아라는 명칭을 제대로 갖고 있는 셈이다 — 의식이 아니라, 모인 사람들이 신들의 이름으로 탐욕을 절제하고 야욕을 억누르며 욕망을 자제하도록 명령받았던 집결지로 언제든지 성별되었던 장소를 보여주든지, 하다 못해 말이라도 하게 하라.

간단히 말하여 그들로 하여금,

> 오, 가련한 자들이여, 배우라. 그리고 사물의 원인을 알라.
> 우리 인간이 무엇이며 우리가 태어난 목적이 무엇인가,
> 우리가 인생에서 성공할 수 있는 법도는 무엇인가,

---

8) 밀교적 전통. 4세기에는 비의적인 의식과 교리, 특히 퀴벨레와 미트라스, 그리고 이시스와 세라피스의 이집트 의식과 같은 동방의 종교의식과 더불어 상당한 정도로 신비종교의 부흥이 있었던 것으로 보인다(Labriolle, *La Reaction Paienne*, Paris, 1934).

9) 2월 24일에 거행되던 푸갈리아는 왕의 도망(regifugium) 즉 B.C. 510년에 있었던 왕들의 축출을 기념했다(Ovid., *Fast.*, 2, 68ff).

우리는 어떤 방법으로 난파당하지 않고 목적지에 다다를 수 있는가,
우리는 재물에 어떠한 한계를 두어야 하며,
합법적으로 바랄 수 있는 정도는 어디까지인가,
부정한 이득은 어디에 소용되겠는가,
우리는 우리 나라와 우리 가족에게 얼마나 많은 것을
베풀어야 하는가,
간단히 말하여 배우라. 하나님이 당신들에게 어떤 인간이 되도록
의도하시는지, 그리고 그분이 당신들에게 어떤 역할을 감당하도록
명령하시는지를.[10]

이라고 말한 페르시우스(Persius)의 날카로운 책망을 배울 수 있는 장소를 말이다.

숭배를 위하여 모인 사람들에게 이런 신적인 계명이 정기적으로 공포되는 장소가 거명되도록 해보라. 말하자면 우리 측에서 그리스도교가 퍼진 곳에는 어디든지 바로 이런 목적을 위하여 세워진 교회를 지적할 수 있듯이 말이다.

7. 철학자들의 주장은 신적인 가르침에 속한 권위를 갖고 있지 않았고, 또 사람들이 본성적으로 인간의 교훈에 순종하기보다는 신들의 모범을 따르는 경향이 있었기 때문에, 어떤 도덕적인 영향을 행사할 수 없었다.

아마도 저들은 여러 학파의 철학자들과 그들의 주장을 우리에게 상기시킬 것인가? 그렇지만 우선 이런 활동들은 로마가 아니라 그리스에 속해 있다. 그리고 그리스가 로마의 속주가 되었기 때문에 로마에 속한다고 할지라도,[11] 그것들은 신들의 계명이 아니라 아주 예리한 지성을 부여받고 태어난 사람들이 발견해낸 사항이다. 그들은 자연에 대한 관찰을 통하여 은밀한 법칙을 발견해내고, 윤리학을 통하여 옳고 그른 일을 판단하고, 논리학을 통하여 논리의 규칙에 따라 어떤 귀결이 나오며 불합리하고 잘못된 것이 무엇인지 찾아내려고 애쓴 사람들이었다.

그들 중 몇몇 사람들은 하나님의 도움을 받았던 명확히 중요한 어떤 점들을 발견했던 반면에, 다른 사람들은 자기들 마음대로 생각하다가 인간적인 연약함에 의하여 길을 잃고 오류에 빠졌다. 그런데 이런 일은 교만한 마음을 억제시키고 그들의

---

10) Sat., 3, 66 ff.

11) B.C. 27년에 아카이아는 이미 로마의 속주였다. 그리스가 로마제국에 들어간 것은 B.C. 146년의 일이었다.

예를 봄으로써 최고 영역까지 근접하는 통로가 바로 겸손이라는 사실을 사람들이 알 수 있도록 하기 위하여 하나님의 섭리로 정해졌었다. 우리는 주님되신 참된 하나님의 뜻이라면, 이 문제에 관해서 나중에 좀더 상세히 다루는 기회를 가지게 될 것이다. 그렇지만 철학자들이 사람들을 복되고 덕스런 삶으로 인도하기에 충분한 정도의 발견을 했다고 한다면, 오히려 그들에게 신적인 영예를 부여하는 편이 온당했을 것이다.

갈루스들(Galii)[12]이 거세되며, 거세된 자들이 성별되고, 미친 자들이 자해행위를 하는 모습을 보면서 파렴치할 정도로 잔인하거나 잔인할 정도로 파렴치한 온갖 잔학한 행위가 이러한 신들의 의식에 의하여 명령되는 악마들의 신전에 있느니보다, 플라톤에게 신전을 봉헌하고 거기서 그의 저술을 읽는 편이 얼마나 더 낫고 더 영예스럽지 않았겠는가! 젊은이들은 고대의 법률이나 제도에 대하여 공허한 찬양을 일삼기보다는 신들의 법을 공적으로 낭송했다면, 덕스런 삶을 살기에 더 교육적이지 않았겠는가! 분명히 로마 신들의 숭배자들은 페르시우스의 말대로 "불타는 듯한 정욕의 독성"[13]에 의하여 일단 사로잡히게 되면, 플라톤의 가르침이나 카토의 사상보다는 유피테르의 행동으로 관심을 돌리게 된다. 따라서 테렌티우스(Terence)의 극에 나오는 부도덕한 젊은이는

> 유피테르가 황금 꽃의 형상으로 다나에의 무릎 위로
> 내려오는[14]

모습을 그린 벽화를 보고는 자기의 방종적인 행동에 대한 권위있는 선례라고 생각하였다. 그래서 그는 자기가 신의 모범을 따르고 있다고 자랑하면서, 다음과 같이 노래할 수 있었다.

> 그는 어떤 신인가?
> 그는 천둥소리로 하늘 궁전을 뒤흔드는 신이다.
> 그런데 미천하고 죽을 운명을 지닌 내가 그런 일을
> 두려워했겠는가? 아니다. 나는 그 일을 했다.

---

12) 갈루스들. 퀴벨레의 거세된 사제들은 그 물로 사람을 취하게 만드는 성질을 가지고 있다고 유명하던 베레킨투스 산 근처의 갈로스 강에서 이름을 얻었다고 전해진다.

13) Sat., 3, 37.

14) Eun., 584ff.

15) Eun., 590f.

기쁨을 가지고![15]

8. 신들에게 수치스런 행동을 발표한 극장 공연물은 신들을 성나게 하기 보다는 오히려 비위를 맞추어 주었다.

그러나 어떤 사람들은 이런 일들이 신들 자신의 명령이 아니라, 시인들의 창작이라는 이의를 제기할지 모른다. 나는 비의(秘儀)적인 의식이 극장에서 공연된 내용보다 더 파렴치했다고는 말하고 싶지 않다. 그러나 나는 시인들의 창작에 의하여 크게 영향받았던 그런 공연물은 시인의 가르침에 대한 맹목적인 추종을 통해서가 아니라, 신들 스스로가 그런 공연물의 공연을 엄히 명령했고 자기들의 영예를 위하여 봉헌되어야 한다고 주장하면서, 사실상 강요했기 때문에 로마인들에 의하여 신들을 숭배하는 행위로 도입되었다는 점을 말하고자 한다. 이 점은 바로 역사가 우리에게 입증해주고 있다. 나는 첫번째 책에서 그 점에 대해 약간 언급했었다.[16] 극장 공연물은 로마에 역병이 유행했을 때, 신관의 권한에 의하여 처음으로 시작되었다. 그러므로 어느 누구든지 인생을 살아가기 위한 규정으로, 오직 인간적인 권위로만 기록되고 공포된 교훈보다는 신들에 의한 승인을 받은 연극에서 대변된 모범을 채택하려고 하지 않겠는가? 시인들이 유피테르가 간음했다고 묘사할 때 거짓말을 했다면, 정결한 신들은 마땅히 그런 사악한 이야기가 유포되는 놀이를 격려하기는 커녕 오히려 화를 내며 복수했어야 할 것이다.

연극 중에 비교적 덜 해로운 종류는 희극과 비극, 즉 시인들이 무대를 위하여 쓴 작품이었다. 여기서도 종종 불결한 주제가 취급되기는 했지만, 적어도 많은 다른 연극물을 특징지운 음란한 언사는 없었다. 어른들이 소년들에게 소위 "교양있고 신사다운 교육"의 일부분으로서 읽고 배우도록 강요하는 것은 이런 극본들이다.

9. 그리스인들이 자기 신들에게 순종하여 허락했던 시적인 방종은 고대 로마인들에 의하여 제지당했다.

우리는 이 점에 관한 고대 로마인들의 견해가 어떠한지 키케로의 작품인 「공화국론」(*De Republica*)을 통해서 알 수 있다. 거기에 나오는 대화자 중의 한 사람인 스키피오는 "희극에서 보이는 음탕한 내용은 그 이전에 사회적인 관습으로 통용되지 않았더라면, 결코 극장에서 공연될 수 없었을 것이다"라고 주장하고 있다.[17] 초기의

---

16) 1권 32장.
17) Cic., *De Rep.*, 4, 10, 11.

그리스인들은 그들의 비난받을 만한 태도에서도 분명히 어떤 일관성을 유지했다. 왜냐하면 희극작가는 어느 누구에 대해서 말하기 원하든지 간에, 반드시 그 실명을 언급하도록 규정되어 있었기 때문이다. 그래서 키케로의 같은 책에서 스키피오는 이렇게 말하고 있다.

어느 누가 그 공격으로부터 온전했는가? 아니 희극은 어느 누구를 걱정해주었는가? 어느 누구를 봐주었는가? 희극이 클레온, 클레오폰, 히페르볼루스[18] 같은 선동가와 분파주의자, 그리고 공화국에 해로운 자들을 공격하도록 허용하라. 그런 자들은 시인에 의해서 풍자되기보다는 감찰관에 의하여 책망당하는 편이 나은 듯이 보이지만, 그래도 참을 만하다. 그렇지만 자기 나라가 평화로울 때나 전쟁을 할 때나 그렇게 오랫동안 아주 위엄있게 영도했던 페리클레스의 명성을 중상모략적인 시구절로 더럽히는 것은 우리 로마의 플라우투스나 나이비우스가 푸블리우스와 그나이우스 스키피오를 희극의 소재로 삼고 카이킬리우스가 마르쿠스 카토를 풍자적으로 묘사하는 것과 마찬가지로 시인으로서 할 가치가 없는 일이었다.[19]

그는 뒤부분에서 말을 잇고 있다.

우리의 12표법(Twelve Tables)[20]에서는 아주 소수의 범죄행위에만 사형을 적용하도록 규정해놓고 있는데 바로 그 소수 중에 다른 사람을 중상모략하거나 명예를 손상시키는 시구절을 기록하거나 발표하는 범죄가 포함되어 있다. 이는 아주 훌륭한 규정이다. 왜냐하면 우리는 생명을 정무관의 판단과 법에 따른 조사활동에 맡겨야 하지, 시인들의 무책임한 공상에 위임해서는 안되기 때문이다. 또한 우리는 적법한 재판정에서 자신을 변호하고 답변하는 경우가 아니라면, 인신공격성 발언을 들어서도 안된다.

---

18) 아리스토파네스에 의하여 공격당했던 아테네의 선동가들이다.

19) 플라우투스는 B.C. 224-184년 사이에 희곡을 쓰고 있었다. 나이비우스는 이보다 약간 앞시대 사람이었다. 카이킬리우스 스타티우스는 168년에 죽었다. 대 스키피오 아프리카누스(234-183)은 202년에 자마에서 한니발을 물리쳤다. 그나이우스 스키피오는 176년에 집정관이었다. 포르키우스 카토('감찰관', 239-149)는 사치와 헬레니즘을 극력 반대함과 동시에 카르카고를 멸망시킬 것을 집요하게 주장했다. 분명히 나이비우스는 메텔리 가문을 아주 격렬하게 공격한 것으로 보아 로마 귀족을 예외로 두지 않았다. 아울루스 겔리우스(33)는 그가 '그리스식으로 로마의 지도층을 중상모략했다'고 하여 투옥되었다고 말한다. 페리클레스는 희극 시인인 크라티누스에 의하여, (그의 사후에는) 아리스토파네스에 의하여 공개적으로 공격당했다.

20) 12표법. 위임권을 가진 열 명에 의하여 기인된 법률로, B.C.450년에 공표되었다. 여기에는 중상모략자에 대한 형벌로 곤봉으로 쳐서 죽이도록 규정해 놓았다.

21) Cic., *De Rep.*, 4, 10, 11.

나는 위의 글을 키케로의 「공화국론」 4권[21]에서 이해를 돕기 위하여 약간 생략시켰으나 변형시킨 것을 제외하고는, 단어 그대로 인용하는 것이 좋다고 생각했다. 왜냐하면 이 인용구는 내가 설명하려고 애쓰고 있는 문제와 깊은 관련이 있기 때문이다. 키케로는 그 저작에서 몇 마디 말을 덧보탠 후에, 고대 로마인들이 어떤 생존 인물도 무대에서 찬양받거나 비난되지 못하도록 규정지었음을 보여줌으로써 그 문제에 관한 결론을 내리고 있다. 그러나 내가 말했듯이 그리스인들은 비록 그다지 도덕적이지는 않았지만, 로마인들이 금지한 것을 허용했다는 점에서 보다 일관성이 있었다. 왜냐하면 그들은 자기들의 신들이 인간들에 대해서 뿐만 아니라 심지어 자기들을 풍자하는 말이 나올 때조차 그것을 승인하고 즐긴다고 생각했기 때문이다. 만약 관람객들이 모방하려 들지 않고 우스갯소리로만 판단한다면, 신들은 극장에서 언급되거나 행동으로 묘사되는 불명예스런 내용이 시인들의 창작물이든 참된 사실이든 개의치 않는다고 생각되었던 것이다! 바로 신들이 스스로의 명성이 더럽혀진다고 불평하지 않는 마당에, 정치가나 일반 시민의 명성을 예외로 하는 것은 분명히 주제넘는 일이었다.

10. 거짓이든 참이든 악마들은 자기들에게 혐의가 가는 죄악을 참아내면서 사람들에게 해를 끼치고자 의도했다.

어떤 사람들은 이런 관행을 옹호하면서 신들에 대한 이야기가 사실이 아니라 거짓이며, 단순한 창작이라고 주장한다. 그러나 우리가 우리 종교에서 배운 도덕성으로 판단해 본다면, 이런 주장은 문제를 더 악화시킬 따름이다. 우리가 악마들의 사악한 성질을 생각해 본다면, 그들은 얼마나 교활하고 간교한 술책을 행사할 수 있는가? 훌륭하고 애국적인 정치가에 대하여 중상모략적인 언사가 발설된다면, 그 내용이 진실과 거리가 멀수록 또 그의 실제 행동과 부합되지 않을수록 비난받을 만하지 않은가? 신들이 그런 사악하고 도리에 어긋나는 부당한 처사의 목표물이 될 때, 어떠한 징벌이 가해져야 만족할 만 하겠는가? 그러나 그런 사람들이 신이라고 생각하는 악마들은 자기들에게 혐의가 없는 부당한 이야기도 그것으로 인하여 사람들의 생각을 올무에 빠뜨리고, 예정된 형벌로 자기들과 함께 사람들을 끌고갈 수만 있다면, 만족스러워 한다.

사실상 악마들은 인간들의 잘못을 통하여 기쁨을 얻고, 인간들이 그런 오류를 더 많이 저지름으로써 파멸과 속임수를 위하여 고안된 수천 가지의 술책을 통하여 숭배받을 수 있다. 그러므로 이야기에서 언급된 극악한 범죄는 악마들을 신으로 생각함으로써 기쁨을 안겨준 인간들에 의하여 저질러졌을 가능성도 있다. 아니면 하늘로부터 그러한 수치스런 악행을 저지르도록 충분한 승인을 받았던 것처럼 보이도록 하기 위하여, 실제로 인간들의 범죄임에도 불구하고 이들 악마들이 자기들에게 혐의가 주어지도록 허락했을 가능성도 배제할 수 없다.

그러므로 그런 신들의 종이라고 생각했던 그리스인들은 이런 방법으로 신들을 닮기를 열망했기 때문이거나, 아니면 신들에 대해 주장하는 정도보다 명예가 덜 손상받고 신들보다 우위를 점함으로써 신들의 진노를 초래하지 않을까 두려워했기 때문에, 시인들이 무대 위에서 거리낌없이 인간들의 악행을 보여 주어야 한다고 생각했던 것이다.

11. 그리스인들은 신들을 즐겁게 해주는 사람이 동료인간들에 의하여 모욕적인 취급을 받아서는 안 된다는 이유로 배우들에게 공직을 허용했다.

그리스인들은 그러한 연극을 공연한 배우들을 부당하게 대우하지 않았다는 점에서 또한번 일관성을 보여주었다. 예를 들어, 위에서 언급된 「공화국론」을 보면,[22] 아테네의 유명한 웅변가인 아이스키네스(Aeschines)[23]는 젊은 시절에 비극배우였다가 정치가가 되었고, 또다른 비극배우인 아리스토데모스(Aristodemos)[24]는 아테네인들로부터 전권을 부여받아 수 차례에 걸쳐 마케도니아의 필립에게로 파송되었음을 알 수 있다. 왜냐하면 그리스인들은 신들에게도 용납되었던 무대 공연물에서 주연배우로 활동했던 사람들을 명예롭지 못한 지위에 있게 한다는 것이 부당하다고 판단했기 때문이다.

그리스인들의 이런 관행은 의심할 여지없이 부도덕하기는 했지만, 틀림없이 신들의 성격과 아주 일치된 행동이었다. 비록 신들로부터 명령받았다고 할지라도 그들의 명예를 갈가리 찢어버리도록 허용한 사람들이 시인과 배우의 혀를 통하여 시민의 행동이 난도질당하지 못하도록 방어하려고 감히 상상이나 할 수 있었겠는가? 그리고 그들은 스스로 확인했듯이 극장에서 숭배의 대상으로 삼고있던 신들에게 기쁨을 안

22) Cic., *De Rep.*, 4, 11.

23) 아이스키네스(B.C. 390년에 출생)는 데모스테네스의 반 마케도니아 정책을 반대했다. 데모스테네스는 그를 실패한 배우라고 조롱하고 있다(Dem., *De Cor.*, 209;262).

24) 아리스토데모스는 데모스테네스와 아이스키네스와 함께 올리투스가 몰락한 뒤 B.C. 347년에 마케도니아의 필립과 협상하도록 파견된 10인의 대표에 속했다.

겨주는 연극을 공연했던 배우들을 어떻게 경멸할 수 있었겠는가? 아니 어떻게 그들에게 최고의 시민적인 명예를 안겨다 주지 않을 수 있었겠는가? 그들은 자기들을 대신하여 신들에게서 명령받았을 뿐만 아니라, 그렇게 하지 않는다면 진노할 것이라는 설명을 제사장들에게서 들었던 그 기쁨이나 영예를 신들에게 드리는 배우들에게 불명예로 낙인찍는 경우에는, 자기들을 위해서 신들에게 용납될 만한 희생제를 드리는 사제들에게 무슨 구실로 명예를 안겨줄 수 있었겠는가?

이런 문제에 관한 학식으로 상당한 명성을 가지고 있었던 라베오(Labeo)[25]는 선신(善神)과 악신(惡神)을 구분하면서 숭배 방식에도 차이점을 드러내어야 한다고 주장한다. 그의 견해에 따르면, 악신은 피에 의한 제사와 음울한 의식으로 달래어져야 하지만, 선신은 예를 들어(그 자신이 말하듯이) 연극이나 축제나 연회[26] 등 유쾌하고 즐거운 제전으로 위로받아야 한다는 것이다. 우리는 하나님의 도우심을 얻어 이 모든 문제에 관하여 차후에 논할 것이다.

지금으로서는 현재의 논점에서 벗어나지 않기 위하여 신들이 모두 선하다는 가정하에서 — 분명 이런 이방 "신들"은 사실 신이 아니라 모두 악령들이기 때문에 하나같이 악하지만, 악한 신들이 존재한다는 생각은 적절치 못하기 때문에 이런 가정이 가능하다 — 이 모든 공물이 모든 신들에게 구분없이 주어지는 것이든지, 또는 아마도 라베오의 견해에 따라 어떠한 종류의 신이냐에 따라 의식에서도 구분이 있든지 간에, 연극이 모든 신들 혹은 그들의 선한 신들에게(이런 일은 훨씬 비난받을 만했을 것이다) 기쁨을 안겨주었다면, 그리고 그런 공연에 탐닉한 자들은 오직 그런 신들이라면, 배우들이 모든 신들을 모욕한다는 비난을 받지 않도록 하기 위하여 그리스인들이 희생제물을 바치는 제사장들과 연극에서 공연하는 배우들에게 동일한 영예를 안겨주었던 것은 아주 타당성을 가지고 있다.

12. 로마인들은 신들의 경우에 시인들에게 방종을 허락했으면서도 인간들에 관해서는 동일한 일을 금지시킴으로써, 신들에 관해서보다 인간들에 대해서 더 민감한 반응을 보여주었다.

---

25) 라베오. 코르넬리우스 라베오는 아마 기원후 3세기 후반에 활약했을 것이다. 그의 작품이 현존하지는 않지만, 마크로비우스(fl. c. 400)와 아우구스티누스의 글에 자주 인용되고 있다. 그는 로마의 종교적 전승과 의식에 대해 박식한 지식을 가졌던 것으로 보이며, 이를 신플라톤적인 의미로 해석해냈다.

26) 연회. 렉티스테르니아 때에는 신상들이 긴 의자에 눕혀지고 그 앞에 음식상이 놓여졌다. 3권 17권 참조.

그러나 스키피오가 같은 논쟁에서 자랑삼아 말했듯이, 로마인들은 자기들의 행동과 명성이 시인들의 공격과 비방에 노출되지 않도록 했고 만약 누가 감히 이런 종류의 시구절을 구성하는 경우가 발생하면 최고형에 처하도록 규정하였다. 이것은 그들 자신과만 관계해서는 아주 명예로운 결정이었지만, 신들에 대해서는 아주 오만하고 모욕적인 조치였다. 왜냐하면 그들은 신들이 시인들에 의하여 부당한 언사로써 통렬히 비난당하는 것을 용납했을 뿐만 아니라 오히려 즐기기까지 했다는 사실을 알면서도, 자신들은 그런 대우를 당하려고 하지 않았기 때문이다. 그들은 그들의 의식이 신들에게 용납될 만하다고 규정해놓은 사항을 자신들에게는 법으로써 부정하다고 금지시켰다.

그렇다면 스키피오여, 당신은 신들이 이러한 보호조치를 받지 않았다는 사실을 알고 있으면서도 시민들을 비방할 수 있는 재량권을 시인들에게 주지않은 조치에 대해 로마인들을 어떻게 칭찬할 수 있겠는가? 당신은 유피테르의 신전보다 당신들의 원로원 의사당이 훨씬 더 존중받을 만하다고 생각하는가? 그리고 당신들의 시민들은 아무 탈없이 또한 원로원 의원이나 감찰관이나 황제나 신관으로부터 아무런 간섭도 받지 않고 마음내키는 대로 신들에 대해 중상모략을 퍼부을 수 있다고 할지라도, 시인들이 시민들에 대해서는 험담하는 말을 한 마디도 할 수 없도록 만들 만큼 로마라는 일개 도성이 신들의 전체 하늘보다 더 가치를 가지고 있다고 생각하는가? 확실히 플라우투스나 나이비우스가 푸블리우스와 그나이우스 스키피오를 공격했던 것은 용납할 수 없었고, 카이킬루스가 카토[27]를 풍자적으로 묘사했던 것은 참을 수 없는 일이었지만, 당신들의 테렌티우스가 주신(主神)인 유피테르의 사악한 모범에 의하여 젊은이의 정욕을 충동질한 것은 아주 온당했다는 말인가?[28]

13. 로마인들은, 음탕한 공연물로 숭배받고 싶어했던 신들이 신적인 명예를 받을 자격이 없음을 이해했어야 했다.

그러나 스키피오가 만약 살아있다면 이런 답변을 할 것이다. "우리는 신들이 성별했던 공연물에 대해 어떻게 벌을 내릴 수 있겠는가? 왜냐하면 그런 것들이 말과 행동으로 공연되는 연극은 스스로의 영예를 위하여 봉헌되고 제시되도록 명령했던 신들에 의하여 로마사회로 도입되었기 때문이다."

---

27) 2권 9장 참조.
28) 7장 참조. 아우구스티누스의 「참회록」, 1, 16. 참조.

그렇다면 이것이야말로 그들이 결코 참된 신이 아니며, 사람들로부터 신적인 영예를 얻을 만한 자격이 조금도 없다는 명백한 증거가 아니었던가? 그들이 만약 자기들의 영예를 위하여 로마시민들이 조롱받을 것을 요구했더라면, 모든 로마인은 그런 불쾌한 제안을 개탄스럽게 생각했을 것이다. 나는 그들 자신의 범죄를 자기들의 영광을 기리기 위한 재료로 사용되도록 제안하는 그들이 과연 숭배받을 가치가 있을 수 있는지 묻고 싶다. 이런 술책은 스스로 가증스러운 악마라는 사실을 드러내주며 입증하고 있지 않는가?

그래서 로마인들은 비록 아무 거리낌없이 음란한 연극에서 숭배받으려는 욕망을 드러낸 자들을 신들로 숭배할 정도로 미신에 빠져있었지만, 배우들에게 그리스인들과 같은 정도의 영예를 안겨주지는 않을 만큼 전래의 위엄과 덕성에 대해 많은 관심을 가지고 있었다. 이 점에 관하여 우리는 키케로의 책에 기록된 스키피오의 증언을 들을 수 있다. "그들(로마인들)은 희극과 온갖 연극 공연물을 불명예스럽다고 간주했고, 그러므로 배우들이 일반시민들에게는 개방되어있는 직책과 명예를 얻지 못하도록 금지시켰을 뿐만 아니라, 감찰관에 의하여 그들의 이름이 비난받도록 하고, 부족 명부에서 삭제되도록 규정하였다."[29]

분명히 이것은 뛰어난 규정으로서 로마인들의 현명함에 대한 또다른 증거이다. 그렇지만 나는 그들의 올바른 판단력이 보다 철저하며 일관성을 가졌기를 바라고 싶다. 나는 어떤 로마인이 무대에 서는 것을 자기 직업으로 선택한다면 모든 명예로운 직책으로부터 차단당할 뿐만 아니라 심지어 자기 부족으로부터도 축출당한다고 들었을 때, 이것이야말로 진정한 로마 정신이며 그 명성을 탐낼 만한 국가 정신이라고 소리치지 않을 수 없었다. 그러나 배우들이 명예를 전혀 얻을 수 없도록 금지되어 있는 동시에 신들에게 바치는 숭배의 한 요소로 남아있는데도 어떻게 일관성이 있을 수 있느냐는 반문을 받았을 때, 나의 환희의 감정은 깨어졌다. 로마의 덕성은 오랫동안 연극공연에 의하여 오염되지 않고 남아있었다.[30] 만약 시민들에게 오락거리를

---

29) 배우는 전차 모는 사람 및 검투사와 더불어 천한 직업으로 생각되어 투표권을 박탈당하고 공직으로부터 차단되어 있었다. 기원전 45년에 제정된 한 법률은 그런 직업에 종사하는 사람들에게 공직을 맡기에 부적당하다고 규정하였다. Tertullian, *De Spect.*, 22. "전차 모는 사람들, 배우들, 운동선수들, 검투사들은 남자들이 자기 영혼을, 여인들이 자기 육체를 내다파는 사람들로서 매우 인기가 있었지만, 그들이 그토록 높이 평가받는 바로 그 일 때문에 로마인들로부터 경멸당하며 천시되었다.…… 이 얼마나 터무니없는 일인가! 로마인들은 자기들이 벌준 사람들에 의하여 매혹당했고, 자기들이 인정한 사람들을 천하게 생각했다. 그들은 예술을 높였으되, 예술가는 비난했던 것이다!"

제공해주기 위하여 연극이 도입되었더라면, 그와 함께 도덕성도 훼손당했을 것이다. 그러나 사실 욕망을 채우기 위하여 연극공연을 요구한 자는 바로 신들이었다. 신을 숭배하는 배우가 어떻게 축출당할 수가 있겠는가? 어떤 구실로 외설적인 공연을 하는 사람들을 존경하는 동시에 비난할 수 있겠는가?

그러므로 이것은 그리스인들과 로마인들 사이에 논쟁거리로 남아있다. 그리스인들은 배우들이 연극을 요구하는 신들을 숭배하고 있기 때문에, 존중받는 것이 정당하다고 생각한다. 반면에 로마인들은 배우가 원로원은 말할 것도 없고 자신의 부족을 불명예스럽게 하는 것을 참아내지 못한다. 이 모든 논쟁은 다음과 같은 삼단 논법으로 해결될 수 있을 것이다. 즉 그리스인들은 그런 신들이 경배받아야 한다면, 배우들도 마땅히 존중받아야 한다는 대전제를 제시한다. 로마인들은 그런 사람들이 결코 존중받아서는 안 된다는 소전제를 첨가한다. 여기서부터 그리스도인들은 "그러므로 그런 신들은 결코 숭배받아서는 안 된다"는 결론을 이끌어낸다.

14. 시인들을 질서정연한 국가로부터 배제시켰던 플라톤은 연극 공연물에 의하여 숭배받고자 했던 신들보다 더 뛰어나다.

우리는 희곡을 썼으며 12표법에 의하여 시민들의 명예를 손상시키지 못하도록 규정된 시인들이, 비록 신들의 성격을 추잡스럽게 비방하기는 했지만, 어떤 이유로 배우들보다 더 낫다고 평가되고 있는지 계속해서 질문해 보아야 한다. 저작자는 존중되고 있는데, 신들을 모독하는 이런 시문(詩文)을 연기하는 배우들이 경멸당하는 것이 정당한가? 우리는 자신의 이상국가를 구상하면서 시인들이 국가의 공적(公敵)으로서 도성으로부터 추방당해야 한다고 생각한 그리스인 플라톤[31]에게 승리의 종려가지를 수여해야 하지 않겠는가? 그는 시인들의 작품을 통하여, 신들이 모욕당하고 시민정신이 타락하고 병드는 것을 참아낼 수 없었다. 이제 시민들이 해를 입지 않도록 도성으로부터 시인들을 추방하자는 플라톤의 말에서 볼 수 있는 인간의 본성과, 자기들의 영예를 위하여 사람들에게 연극을 요구하는 신들에게서 볼 수 있는 신들의 본성을 비교해 보라. 플라톤은 비록 성공하지는 못했지만, 경박하고 음란한 그리스인들이 그런 극본을 쓰는 것과 같은 일을 삼가도록 설득하려고 애썼다.

---

30) 리비우스(7, 2)는 연극이 기원전 364년에 에트루리아로부터 수입되어 로마에서 처음 공연되었다고 말한다. 이로 보아 로마는 389년에는 그 오염으로부터 자유로웠을 것이다.

31) Plat., *Rp.*, 3398A; 8568B; 10605A; 607B. 참조.

그런데 그 신들은 이제 자기들의 권위를 사용하여 신중하고 중후한 기품을 지닌 로마인들로부터 동일한 행동을 요구하였다. 그 신들은 그런 연극이 공연되도록 만드는 데 만족하지 않고, 로마인들이 자기들에게 봉헌되며 성별되고 자기들을 숭배하는 의식에 엄숙하게 모습을 드러내기를 원했다. 국가가 어느 누구에게 신적인 영예를 부여하는 편이 옳은가? 이런 사악하고 음란한 연극을 금지시킨 플라톤인가? 플라톤이 가르치고자 한 진리를 사람들이 보지 못하도록 만들고 기뻐한 악마들인가? 라베오[32]는 철학자인 플라톤을 헤라클레스와 로물루스와 같은 이들과 같이 반신(半神)의 반열에 올려놓았다. 그는 비록 반신과 영웅이 모두 신에 속한다고 간주했지만, 영웅보다는 반신을 더 높은 위치에 두었다. 그렇지만 내가 보기에 라베오는 틀림없이 플라톤을 영웅들뿐만 아니라 신들보다도 더 존중할 만한 반신으로 분류하였다.

플라톤의 사상은 시적인 창작물을 전체적으로 비난하고 있고, 로마의 법은 적어도 인간을 대상으로 하는 경우에만 중상모략하지 못하도록 금지하고 있기 때문에, 이 둘은 유사성을 가지고 있다. 플라톤은 시인들이 심지어 이 도성에 거하는 것마저 참지 못했고, 로마의 법은 배우들이 시민으로 등록되지 못하도록 했다. 로마법은 만약 시인들이 연극상연을 요청했던 신들을 감히 기분나쁘게 했더라면, 시인들 모두를 추방했을 가능성이 높다. 그러므로 로마인들은 자신들의 법으로써 신들을 비난하고 힐난했기 때문에, 신들로부터 행동규범을 위한 어떠한 도덕률을 받아들일 수도 없었고 받아들이기를 합당하게 기대할 수도 없었음이 명백하다.

신들은 자기들의 영예를 위하여 무대연극을 요구했지만, 로마인들은 모든 시민적 권리로부터 배우들을 배제시켰다. 신들은 자기들의 불명예스런 일들을 무대에서 공연시킴으로써 스스로 찬양받도록 명령했다. 그러나 반신인 플라톤은 이런 신들의 탐욕에 저항하면서 로마인들의 과제가 무엇인지 보여주었다. 왜냐하면 그는 시인들이 진실과는 관계없는 허구를 창작했거나, 사람들이 모방하도록 신들의 행동을 가장하여 최악의 실례들을 제시했든지 간에 이상국가로부터 시인들을 단호히 배제시켰기 때문이다. 사실 우리로서는 플라톤을 신이나 반신이라고 생각하지 않는다. 심지어 우리는 그를 하나님의 거룩한 천사에도, 진리를 말하는 예언자에도, 사도들이나 순교자들 중 어느 누구에게도, 어떤 신실한 그리스도인에게도 견주어볼 수 없다. 우리는 플라톤에 대하여 이런 견해를 가지게 된 이유를 하나님의 도우심으로 적절한 곳에 가서 설명할 것이다. 그러나 이교도들이 플라톤을 반신이라고 생각하고 있기 때문에, 우리는 그가 비록 헤라클레스나 로물루스(그가 동생을 죽였었다거나 어떤 범

---

32) 11장 참조.

죄를 저질렀다고는 어떠한 역사가도 이야기하지 못하며, 어떠한 시인도 노래하지 못한다고 할지라도)에는 미치지 못하지만, 로마인들이 부분적으로는 외국으로부터 받아들였거나 부분적으로는 자체적으로 성별한 신들인 프리아푸스(Priapus)나 키노케팔루스(Cynocephalus)나 페브리스(Febris)[33]보다는 분명히 모든 점에서 뛰어났으며 더 반신다운 자격을 가지고 있다고 생각한다.

그런 신들은 연극공연을 통하여 자신들의 행동으로나 자기들의 행동을 본받도록 함으로써 사람들이 친숙하게 악행을 저지르도록 만들고자 몹시 원했다. 그런데 이들이 어떻게 도덕적·사회적 악행을 방지하거나, 이미 뿌리박힌 악행을 근절시킬 수 있는 선하고 건전한 도덕을 반포할 수 있다고 기대할 수 있는가? 그들은 오히려 일종의 신적인 권위를 사용하여 사람들 마음 속에다가 가장 부패한 욕망을 불붙여 놓았을 따름이었다. 키케로가 시인들에 관해서 다음과 같이 말함으로써 당시의 상황에 반대했어도 별 소용이 없었다. "시인들이 위대하고 현명한 교사의 칭찬인 양 대중들로부터 열광적인 인정을 받을 때, 사람들의 정신에다가 얼마나 심한 흑암을 불어넣으며 얼마나 큰 두려움을 불러일으키며 얼마나 사악한 열정을 불붙이는가!"[34]

15. 로마의 어떤 신들을 만든 것은 이성이 아니라 허영심이다.

그러나 로마인들이 이들 몇몇 거짓 신들을 선택하게 된 데에는 이성이 아니라 허영심이 더 크게 작용하지 않았던가? 그들이 반신이라고 생각했으며 온갖 주장을 사용하여 사람들로 하여금 아주 위험한 영적 재앙을 모면하도록 애썼던 이 플라톤을 위해서는, 아직도 자그마한 사당조차 마련되어 있지 않다. 반면에 로물루스의 경우에 로마인들은 비록 비밀스런 교의에 의하여 완전한 신이 아니라 반신으로만 증명하였지만, 많은 다른 신들보다 높게 평가하였다. 그들은 심지어 로물루스를 위해서 플라멘(flamen), 즉 로마의 종교의식에서 아주 뛰어난 지위를 차지하고 있는 사제를 임명하였다. 원추형의 관을 쓰고 있었기 때문에 눈에 잘 띄었던 이런 사제는 유피테르를 위한 플라멘 디알리스(Flamen Dialis), 마르스를 위한 마르티알리스

---

33) 풍요를 상징하는 남근숭배적 신인 프리아푸스는 특시 정원과 과수원의 신이었다. 키노케팔루스(개의 머리)는 이집트로부터 도입되었다(3권 12장 참조). 그 신은 분명히 자칼의 머리를 가진 아누비스요, 죽은 자를 지하세계로 인도하는 신이므로, 헤르메스 사이코폼푸스와 동일시되었다. 열병(Febris)에 대해서는 3권 12장, 4권 15장과 23장 참조. 키케로(*De Nat Deor.*, 3, 25, 63)는 팔라틴 언덕에 있는 그 여신의 사당에 대해 언급하고 있다.

34) Cic., *De Rep.*, 4, 9, 9.

(Martialis), 그리고 로물루스를 위한 퀴리날리스(Quirinalis)를 포함하여 세 경우밖에 없었다. "퀴리날리스"라는 명칭은 사람들이 말하듯이 로물루스가 시민들 사이에 인기를 끌었기 때문에 하늘로 받아들여진 후에, "퀴리누스"(Quirinus)[35]라는 명칭을 얻었기 때문에 생겨났다. 이렇게 하여 로물루스는 유피테르의 형제들인 넵튠과 플루토, 그리고 심지어 그의 아버지인 사투르누스보다도 선호되었다. 로마인들은 로물루스를 섬기기 위하여 유피테르의 경우와 같은 사제직을 임명했다. 또한 로물루스의 아버지라고 일컬어지고 있는 마르스에게도 같은 명예를 준 것은 그 자신을 위해서라기보다는 로물루스를 위해서가 아니겠는가?

16. 만약 신들이 공의에 대해 어느 정도 관심을 가지고 있었더라면, 로마인들은 좋은 법률을 다른 나라로부터 차용해야 하기보다는 그들로부터 받아들여야 했을 것이다.

로마인들이 그 신들로부터 생활을 위한 법률을 받아들일 수 있었더라면, 로마가 건국된 지 수년 후에 그렇게 했듯이 아테네인들로부터 솔론의 법을 차용하지 않았을 것이다.[36] 그렇지만 로마인들은 아테네의 법을 그대로 두지 않고 수정하고 개선시키려고 노력했다. 비록 리쿠르구스가 아폴로로부터 스파르타인들에게 법률을 제정해주도록 권위를 부여받은 척 했지만, 로마인들은 현명하게도 이 말을 믿지 않고 스파르타로부터는 어떠한 법률도 차용하지 않았다.[37] 로물루스를 뒤이어 왕위에 오른 누마 폼필리우스(Numa Pompilius)가 몇몇 법률을 제정했다고 전하여지지만, 국가를 통치하는 데는 충분하지 않았다. 그는 또한 많은 종교의식의 토대를 놓았지만 심지어 이것마저 신들로부터 받았다는 말이 전해지지 않고 있다.

그러므로 현명한 이교도들에 따르면, 너무나 강력하여 비록 도성이 아무 해를 입지 않는다고 할지라도 그로써 국가가 붕괴된다고 하는 해악들, 즉 도덕적인 부패와 생활 및 행동의 부패로부터 그 신들은 자기 숭배자들을 보호하는 데에는 조금도 관심을 두지 않았고, 반대로 우리가 앞에서 입증하려고 애써왔듯이 오히려 그런 부

---

35) 퀴리누스는 그 기능이 분명치 않은 고대 라틴의 신이었다. 그 신분이 로물루스와 동일시된 것은 후대의 발전인 듯하다. 왜냐하면 키케로는 그 현상을 최근에 발전된 것으로 말하고 있기 때문이다(*De Nat Deor.*, 2, 62; *De Off.*, 3, 41).

36) 리비우스(3, 31-3)에 따르면, 300년 후인 454년의 일이었다. 그러나 450년의 12표법에는 그리스가 영향을 미친 흔적이 없다.

37) 즉 델피의 신탁으로부터이다. 리쿠르구스는 스타르타의 전설적인 입법자였다. 아마도 그가 했다고 하는 개혁조치는 약 기원전 600년에 도입되었을 것이다.

패 현상을 증대시키려고 각별히 노력하고 있었다.

17. 사비니족 여인들을 약탈하는 등 로마가 아주 칭찬받는 시기에 저지른 불의한 일들에 대하여

그러나 우리는 신들이 로마인들에게 법률을 부여하지 않았던 이유를 아마도 살루스티우스(Sallust)가 말한 것처럼, "로마인들 사이에는 법률에 의해서라기보다는 본성에 의하여 정의와 도덕이 널리 퍼져 있었다"[38]는 말에서 찾을 수도 있을 것이다. 나는 사비니족 여인들을 약탈한 사건도 이런 타고난 "정의와 도덕성"에 원인을 돌릴 수 있다고 추측한다. 이방인이자 손님인 소녀들을 구경거리로 함정을 만들어 유인하고는 그 부모의 동의도 받지 않고 각자 마음에 드는 대로 강제적으로 납치하는 것보다 더 정의롭고 더 도덕적일 수 있었겠는가! 사비니족이 로마인들로부터 받은 자기 딸들의 청혼제의를 거절한 것이 옳지 않았다면, 로마인들이 그런 거절 이후에 그들을 납치한 것은 더 큰 잘못이 아니었던가? 로마인들은 일단 빼앗긴 자기 딸들을 돌려달라고 요구하는 종족에 대해서보다는 그 딸들과의 청혼제의를 거절하는 종족에 대항해서 전쟁을 치르는 편이 더 정당했을 것이다.

처음에 전쟁을 하겠다는 선포가 있어야 했다. 마르스가 호전적인 자기 아들이 청혼거절로부터 받은 모욕을 무기로써 복수하는 데, 또 그가 바라는 여인들을 얻는 데 도움을 주어야 했던 때는 바로 그 시기였다. 부당하게 주기를 거절한 여인들을 승자가 정당하게 획득했더라면, 그것은 일종의 전쟁의 권리에도 부합했을 것이다. 그렇지만 자기에게 주어지지도 않은 여인들을 납치해오고 그럼으로써 당연하게 분노한 부모들에 대항하여 전쟁을 치르는 일은 평화의 권리와는 맞지 않았다. 이런 폭력적인 행동이 사실 모두에게 좋은 결과를 초래하기는 했다. 왜냐하면 비록 그 떳떳치 못한 속임수가 원형경기장에서는 기념되고 있지만, 그 도성과 제국에서는 본받아야 할 선례로 승인받고 있지 못하기 때문이다. 우리는 그 원인을 로마인들이 로물루스의 불의한 범죄행위에도 불구하고 그를 신으로 삼고 있다는 데서 찾아볼 수 있다. 왜냐하면 우리는 이런 행위를 가지고 여인을 약탈하는 일종의 선례로 삼았다고 로마인들을 책망할 수 없기 때문이다.

또한 나는 타르퀸 왕이 자신의 아들이 루크레티아를 범했기 때문에 추방된 이후에 집정관인 유니우스 브루투스(Junius Brutus)가 루크레티아의 남편이자 자신의

---

38) Cat., 9, 1.

동료인 루키우스 타르퀴누스 콜라티누스(Lucius Tarquinus Collatinus)로 하여금 직책에서 사임하게 한 뒤에 추방한 것도 이런 "천성적인 정의와 도덕성"에 기인했다고 생각한다. 착하고 아무 죄없던 콜라티누스가 그런 일을 당한 유일한 혐의는 타르퀸이라는 이름을 가졌다는 것과 타르퀸 부자의 피에 책임이 있다는 것이었다. 이런 불의한 행동은 브루투스와 콜라티누스를 똑같이 집정관 직에 올려놓았던 그 시민들이 동의했거나, 적어도 묵인한 결과 행해졌던 일이었다.

이런 "정의와 도덕성"의 또다른 예는 마르쿠스 카밀루스(Markus Camillus)에 대한 대우에서도 발견된다. 그는 당대에 아주 걸출한 인물로서 아주 빠른 속도로 베이이(Veii)를 점령했다. 그 도시는 당시에 로마의 가공할 만한 적으로서 10년에 걸친 전쟁[39] 동안, 로마군대가 통솔력 부족으로 일련의 참패를 당한 끝에 로마인들이 생존 가능성마저 의심하게 만들었던 상대였다. 그런데도 그 부유한 적의 도성을 장악함으로써 로마의 안전을 확보해준 카밀루스가 그의 성공을 시기한 사람들의 악의에 의해서, 그리고 평민이 선출한 호민관의 무례함에 의해서 고소당하였던 것이다. 그는 자신이 자유롭게 해준 도성이 감사할 줄 모른다는 사실과 자신이 정죄받으리라는 사실을 알고서 망명길을 떠났는데, 로마인들은 그가 없음에도 불구하고 그에게 만 마리의 당나귀를 벌금으로 부과하였다. 그렇지만 그 직후에 이 배은망덕한 도성은 골인(Gauls)의 침입을 받게 되었을 때 또한번 그에게 도움을 요청해야 했다.

그러나 나는 귀족이 평민을 종속시키려고 했을 때, 평민이 귀족의 권한 침해에 저항했을 때, 그리고 양 측의 지도자들이 정의롭고 도덕적인 고려에 의해서라기보다는 승리를 얻기 위한 열망으로 행동했을 때, 로마가 당했던 온갖 수치스럽고 불의한 행동을 더이상 언급하고 싶지 않다.

18. 살루스티우스의 역사책은, 로마인들의 생활이 두려움에 의하여 올바르게 되든지 평안함에 의하여 느슨해진다고 묘사하고 있다.

그러므로 나는 이쯤하고는 로마를 찬양함으로써 이 논의를 시작하게 만든 살루스티우스 자신의 증언을 인용하고자 한다. 그는 "로마인들 사이에는 법률에 의해서라기보다는 본성에 의하여 정의와 도덕성이 널리 퍼져 있었다"[40]고 말한다. 그는 왕들이 추방된 후 믿을 수 없을 만큼 짧은 기간에 도성이 확장된 시기를 언급하고 있었다. 그러나 같은 작가는 자신의 역사책 첫 권의 서문에서, 정권이 왕에게서 집정

---

39) 기원전 405-396년.

관에게로 넘어간 후 잠깐 동안의 시간이 경과되었을 때, 보다 강력한 사람들이 부당하게 행동하기 시작했고 그로써 귀족과 평민을 분리시켰고[41] 도성 내에 다른 분쟁이 야기되었음을 인정하고 있다. 그는 2차 포에니 전쟁과 3차 포에니 전쟁[42] 사이에는 로마인들이 다른 어떤 시기보다 조화롭고 순수한 사회질서를 향유했다고 언급했지만, 그 원인이 정의를 사랑했기 때문이 아니라 카르카고인들과의 평화가 깨어질까 두려워했던 때문이라고 말하고 있다(이미 언급했듯이 나시카는 로마인들이 두려움 때문에 사악함을 억누르고 건전한 생활방식을 보존하는 경향이 있다고 생각했기 때문에 카르타고의 파괴를 반대했을 때 이 점을 고려했다).

살루스티우스는 "하지만 카르타고가 파괴된 후에 분쟁, 탐욕, 야망, 그리고 보통 승리한 후 생겨나는 다른 여러 악들이 이전보다 더 증대되었다" [43]고 덧붙여 말하고 있다. 악들이 "이전보다 더 증대되었다면" 그것이 모습을 드러냈었고, 이미 증대되고 있었다는 말이 된다. 그러므로 살루스티우스는 다음과 같은 말에서 그 이유를 계속 말하고 있다.

> 강력한 자들이 억압적인 조치를 취하고 그 결과 평민과 귀족이 분리되고 다른 여러 분쟁이 생겨난 현상은 애초부터 있었다. 왕을 축출한 직후, 도성이 에트루리아와 중요한 전쟁을 벌이게 되고 타르퀸의 보복을 받을 까 두려워하던 짧은 시기를 제외하고는 공평과 절제된 정의를 가지고 일처리를 한 기간은 없었다.

우리는 살루스티우스가 국왕을 축출한 후의 그 짧은 시기에조차도, 어떻게 단기간의 공평과 정의의 원인이 두려움에 있다고 인정하고 있는지 알 수 있다. 그들은 사실 타르퀸이 왕위를 빼앗기고 도성으로부터 축출당한 뒤 에트루리아인들과 동맹을 맺고 일으킨 전쟁을 두려워하고 있었다. 그러나 살루스티우스의 다음 말을 잘 살펴보라.

> 그 이후에 귀족은 이전에 왕들이 행한 것처럼, 평민을 매질하거나 참수하고 그들을 농지로부터 추방시키고 더이상 빼앗길 것이 없는 사람들에 대하여 가혹하게 학대하는 등 마치 평민을 노예로 취급했다. 이런 억압적인 대우 특히 터무니없는 고리대에 억눌리면서도 계속적인 전쟁에 재정적 · 인적 봉사를 강요당했던 평민은 결국 무기를 잡고는 아벤

---

40) Cat., 9, 1.

41) 철수사건은 기원전 494년에 발생되었다.

42) 즉 기원전 202년(자마)-146년(카르타고 함락).

43) *Hist. fr.* Ⅰ, Ⅱ.

틴(Aventine)과 사케르(Sacer) 산으로 철수함으로써 자기들을 위하여 호민관 설치 등의 보호법률을 획득했다. 그러나 양측 사이의 분쟁과 다툼이 종식된 것은 2차 포에니 전쟁 때 뿐이었다.[44]

이를 통하여, 우리는 왕이 축출된 후 불과 몇 년이 지나지 않은 시점에서도 로마인들이 어떤 부류의 사람인지 알 수 있다. 그런데도 살루스티우스는 이런 사람들에 관하여 "로마인들 사이에는 법률에 의해서라기보다는 본성에 의하여 정의와 도덕성이 널리 퍼져 있다"고 말하고 있다.

로마가 가장 공정하고 훌륭했을 때 보여준 모습이 이러하다고 할 때, 같은 역사가의 말을 빌리면, "도성의 형편은 공정하고 덕스런 상태로부터 서서히 변질되어 완전히 사악하고 방탕한 모양을 보이게 되었던"[45] 그 이후의 시기에 대하여 우리는 무슨 말을 하며, 무슨 생각을 할 수 있겠는가? 그는 카르타고가 파괴된 후에 이런 시기가 도래했다고 말한다. 살루스티우스는 자신의 역사책에서 이 시기에 관한 간략한 요약과 정리를 통하여, 번영의 시대에 유포된 도덕적 해악이 어떻게 하여 심지어 내란으로까지 연결되는지 보여준다. 그는 말한다: "이때로부터 지금까지 서서히 알게 모르게 쇠퇴해오던 전통적인 도덕의 붕괴 현상이 급류에 휩쓸린 듯한 양상을 띠게 되었다. 젊은 사람들은 사치와 탐욕에 너무나 깊게 물들어 있었기 때문에, 아비가 자신의 유산을 보존할 만한 아들을 찾지 못하여 다른 사람들에게 그 임무를 맡기는 지경까지 이르게 되었다고 해도 지나친 이야기가 아니었다."[46]

살루스티우스는 나아가 술라(Sulla)의 행악과 공화국의 일반적인 부패 현상에 대하여 많은 특수한 예를 보태고 있다. 다른 작가들도 비록 살루스티우스처럼 충격적인 언어를 사용하지는 않지만, 이 주제에 관한 그의 견해에 공감을 표시하고 있다.

그렇지만 나는 당신, 혹은 적어도 이 문제에 관심을 기울이는 사람은 누구든지 하늘에 계신 우리의 왕이 강림하기 전에, 로마가 얼마만한 불의에 깊이 빠져있었는지 통찰할 수 있는 수단을 가지고 있으리라고 생각한다. 왜냐하면 이런 일들은 그리스도가 가르침을 시작하기 전일 뿐만 아니라 심지어 그가 성 처녀의 몸에서 잉태되기도 전에 발생했기 때문이다. 로마인들은 비록 사악한 술수로써 사람들의 마음 속에다가 그런 해악을 사방으로 확장시킨 생각을 주입한 자들이 바로 그런 신들임에도

44) *Hist.*, *fr.* Ⅰ, Ⅱ.
45) *Cat.*, 5, 9.
46) *Hist.*, *fr.* Ⅰ. 16

불구하고, 카르타고가 멸망되기 이전의 비교적 용서될 만한 죄나 그 이후의 끔찍하고 흉악한 죄에 대하여 감히 신들에게 책임을 묻지 않는다. 그렇다면 그들은 무슨 이유로 현재 당하는 재앙에 대하여 우리에게 생명을 주는 진리를 가르치며, 거짓되고 기만적인 신들을 숭배하지 못하도록 하는 그리스도의 탓으로 돌리는가? 신적인 권위를 가지고 있는 그분은 사람들의 모든 사악하고 해로운 욕망을 비난하고 그에 대한 혐오감을 나타내면서, 그분 자신의 백성으로부터 헛된 환호성이 아니라 진리의 판단에 그 영광을 두는 영원한 도성을 건축하기 위하여 이런 악들로 인하여 타락하고 파멸로 치닫는 세상으로부터 그들을 서서히 이끌어내시는 데도 말이다.

19. 그리스도가 신들에 대한 숭배를 폐지시키기 전에 로마 공화국에서 증대된 부패에 관하여

그런데 이 로마 공화국은 "도성의 형편이 공정하고 덕스런 상태로부터 서서히 변질되어 완전히 사악하고 방탕한 모습을 보이게 되었다." 이런 말을 처음 한 사람은 내가 아니라, 그리스도가 강림하기 훨씬 전에 저술활동을 했으며 우리가 수업료를 내고 배웠던 로마의 작가들이었다. 당신은 그리스도가 강림하기 전, 그리고 카르타고가 파괴된 후에 어떻게 "이때로부터 지금까지 서서히 알게 모르게 쇠퇴해오던 전통적인 도덕의 붕괴 현상이 마치 급류에 휩쓸린 듯한 형상을 띠게 되었고, 젊은 사람들이 사치와 탐욕에 너무나 깊게 물들어 있었는지" 알고 있다. 저들로 하여금 그 신들이 로마인들에게 사치와 탐욕에서 돌아서도록 부여한 어떤 법이 있다면, 우리에게 읽어보게 하라.

나는 그들이 정결과 절제에 대하여 아무 말도 하지 말고, 소위 신성(神性)에 의하여 사악한 후원을 보내며 사람들에게 수치스럽고 타락한 행동을 요구하지나 않았으면 좋겠다. 저들로 하여금 이런 목적을 위하여 운집한 무리에게 어디서나 낭송되었으며, 확실치 않게 들리는 철학적인 논의가 아니라 구름으로부터 천둥소리로 들려오는 하나님 자신의 말씀으로 귀전을 때리듯 탐욕과 사치에 대해서 경고하는 수많은 훈계를 자세히 살펴보게 하라. 저들은 그리스도가 강림하기도 전에 공화국을 완전히 사악하고 부패하게 만들었던 사치와 탐욕과 잔학하고 방탕한 형태에 대하여 자기 신들에게 탓을 돌리지 않는다. 그러면서도 저들은 최근에 자기들의 교만과 나약함으로 당하게 된 고통에 대하여는 격렬하게 우리 종교를 비난한다. 만약 세상의 왕들과 모든 백성과 방백과 땅의 모든 사사며 청년 남자와 처녀와 노인과 아이들(시 148:11, 12)이나 나이에 관계없이 남녀를 불문하고, 세례 요한이 소리쳤던 세리나 군병이나

(눅 3:12 이하) 모두 의롭고 덕스런 생활에 관한 그리스도교의 교훈에 귀 기울이고 그것을 실천했더라면, 공화국은 그 자신이 가진 행복으로 온 세상을 아름답게 장식하며 영원한 생명 가운데 위엄있는 영광의 정점에 도달해 있을 것이다.

그러나 어떤 사람들은 이 말을 들었지만 다른 사람들은 배척했고, 대부분의 사람들은 엄격하고 건전한 덕성보다는 악의 아첨하는 말에 매혹되었다. 따라서 그리스도인들은 어떠한 형편에 있든지, 왕이든지 지배자이든지 재판관이든지 친위병이든지 속주에 소속된 군인이든지 부자이든지 가난한 자이든지 자유인이든지 얽매인 자든지 남자든지 여자든지 간에 비록 사악하고 방탕한 이 세상이지만 인내하도록 명령받았다. 그들은 이를 통하여 하나님의 뜻이 법으로 통용되는 하늘 공화국과 아주 거룩하고 격조있는 천사들의 총회에서 빛나는 자리를 얻을 수 있게 되는 것이다.

20. 그리스도교를 맹렬히 비난하는 사람들이 사실상 기뻐하는 행복과 생명의 종류에 관하여

그러나 이런 신들을 숭배하고 존중하는 자들은 그 신들의 추악하고 불의한 행동을 모방하는 데 즐거워하면서도, 공화국이 어떻게 하면 덜 타락하고 덜 부도덕한 상태에 이를 것인지에 대해서는 전혀 관심을 기울이지 않는다. 저들은 이렇게 말한다.

"공화국이 오직 패배당하지 않게 하고, 재물이 넘치게 하고, 번성하게 하라. 또 승리로 인하여 영광을 얻게 하든지, 더 낫게는 평화를 누리며 안전하게 하라. 그렇다면 우리에게 무슨 문제가 있겠는가? 우리의 관심사는 모든 사람이 매일의 낭비적인 생활을 계속할 수 있도록 재물을 증식시킬 수 있으며, 강한 자들이 자기 목적을 위하여 약한 자들을 복종시키는 일이다. 가난한 자들로 하여금 생계를 유지하고 나태하며 평온한 생활을 즐길 수 있도록 하기 위하여, 부자들의 비호를 받으며 그들을 섬기게 하라. 부자들로 하여금 자신들의 자만심을 충족시킬 수 있도록 하기 위해, 가난한 자들을 예속민으로 혹사시키게 하라. 사람들로 하여금 유익한 충고를 하는 자들이 아니라, 쾌락을 공급해주는 자들에게 성원을 보내게 하라. 어떠한 엄격한 의무도 부여되지 않도록 하고, 어떠한 징벌도 금지되도록 하라.

왕들로 하여금 신하들을 평가할 때 의로움으로가 아니라, 비굴한 태도를 보이는 정도에 의하여 척도를 삼도록 하라. 속주로 하여금 왕을 도덕적인 지도자로서가 아니라 소유물의 주인이자 쾌락을 공급하는 자로, 마음에서 우러나오는 존경심으로가 아니라 부정하고 비굴한 두려움으로 충성하게 하라. 법률로 하여금 어떤 사람의 인격에 가해진 모욕보다는, 다른 사람의 재산에 가해진 손해에 더 민감하도록 하라.

어떤 사람이 그의 이웃에게 불법적인 훼방을 하거나 그의 재산, 가족, 인격에 해를 입힌다면, 재판을 받도록 하라. 그러나 개인 문제에 있어서는 모든 사람으로 하여금 자신의 가족, 그리고 기꺼이 함께 하고자 하는 사람들과 더불어 하고 싶은 일을 벌받지 않고 하게 하라. 원하는 모든 사람, 특히 너무 가난하여 개인적으로 아내를 부양할 수 없는 사람들을 위하여 충분할 정도로 공창(公娼)이 공급되게 하라.

크고 화려하고 장식된 건물이 세워지도록 하라. 거기에서 원하는 사람은 누구든지 밤이나 낮이나 먹고 마시고 토해내고 주색에 빠져있을 수 있는 성대한 연회를 개최하라. 곳곳에서 무용수의 시끄러운 소리와 극장의 크고 음란한 웃음소리가 들리게 하라. 가장 잔인하고 가장 관능적인 쾌락이 계속되어 사람들을 끝없이 흥분시키도록 하라. 이런 행복을 싫어하는 사람은 공적(公敵)으로 낙인찍고, 그것을 교정하거나 폐지하려는 사람은 자유를 사랑하는 다수의 힘으로 침묵시키고 축출시키고 생명이 끊어지도록 하라. 사람들에게 이런 것들을 가능하게 해주고, 또 그것을 계속 유지하도록 해주는 이들을 신으로 떠받들어라. 이런 신들로 하여금 원하는 대로 숭배되도록 하고, 그 숭배자들로부터 혹은 숭배자들과 함께 즐길 수 있도록 어떤 종류의 구경거리든지 요구하도록 하라. 신들로 하여금 그런 복된 상태가 적이나 질병이나 다른 재앙에 의하여 위협당하지 않도록 보장하게끔만 만들어라."

나는 로마제국이라고 말하지는 않겠지만, 어떤 정상적인 사람이 이런 상태에 놓인 공화국을 사르다나팔루스(Sardanapalus)의 궁궐 외의 다른 데에다가 비유할 수 있을 것인가? 사르다나팔루스는 너무나 쾌락에 빠진 나머지, 죽을 때 자신의 소유물은 오직 생시에 마시고 먹어치운 것 뿐임을 무덤에 기록하도록 명령한 고대의 왕이 아니었던가?[47] 이들 로마인들이 방종한 생활을 하며 자기들에게 아무런 엄격한 제한도 가하지 않은 이런 사람을 왕으로 두고 있었다면, 고대 로마인들이 로물루스에게 했던 것보다 더 열광적으로 그에게 신전을 봉헌하고 특별한 사제를 임명했을 것이다.

21. 로마 공화국에 대한 키케로의 견해

우리의 반대자들이 로마가 "최악이자 가장 수치스런 상태"로 빠져들었다는 살루스티우스의 판단을 조롱하면서 로마가 존속되는 한, 부패한 관행에 의하여 아무리

---

47) Cic., *Tusc. Disp.*, 5, 35, 101; *De Fin.*, 2, 32, 106 참조. 사르다나팔루스는 아시리아의 위대한 왕인 아수르바니팔(기원전 668-626)을 고대 역사가들이 풍자한 이름이다.

더럽고 불명예스럽게 얼룩진다고 할지라도 전혀 신경쓰지 않는다면, 저들로 하여금 로마가 이미 완전히 쇠퇴했고 소멸되었다고 말한 키케로의 진술을 듣도록 하라.

키케로는 살루스티우스에 의하여 묘사된 부패에 의하여 로마가 급격하게 소멸될 운명에 처해있다는 예감이 들 때에, 카르타고를 멸망시켰던 스키피오를 등장시켜 공화국에 대하여 논하게 하였다. 사실 그 토론이 벌어진 때에는 살루스티우스가 최초의 위대한 선동가로 생각한 그락쿠스 형제 중 한 사람이 이미 살해당한 뒤였다. 바로 그의 죽음에 대하여 같은 책에서 언급되고 있다. 이제 스키피오는 두번째 책의 마지막 부분에서 이렇게 말했다.

> 현악기든, 관악기든, 성악이든 음악의 경우에 여러 부분 사이에 어떤 화음이 있어야 한다. 만약 이 음이 변질되거나 무질서하게 되면, 교양있는 귀는 그것을 참아내지 못한다. 상이한 소리라도 연합된 노력으로 통제력을 발휘하여 조화됨으로써 화음을 내야한다. 마찬가지로 사회에서도 높고 낮고 중간에 있는 여러 계급의 사람들이 음악의 다양한 소리처럼 이성적인 통제력을 발휘하여 다양한 부분 사이에 조화를 이루도록 연합해야 한다. 말하자면 음악에서의 화음은 사회에서의 화합이나 마찬가지이다. 그것은 나라를 하나로 단단히 묶는 끈이자 최상의 안전판으로서, 정의가 없는 곳에서는 결코 보존될 수 없는 것이기도 하다.[48]

그가 이렇게 장황하게 자기 견해를 늘어놓으면서 정의가 있을 때의 유익과 그렇지 않을 때의 파멸적인 결과에 대하여 많은 예를 들어 설명하고 있을 때, 필루스(Philus)라는 이름을 가진 다른 토론 참석자가 중간에 끼어들어, 그 문제는 보다 철저하게 조사되어야 한다고 말하면서, "공화국은 불의 없이는 통치될 수 없다"는 당대에 널리 퍼져있던 처세훈에 진실이 담겨있는지 확인하기 위하여 정의에 관한 주제를 자유롭게 토론할 것을 요구했다. 이에 스키피오는 그 처세훈에 대하여 기꺼이 토론하고 조사하자는 자신의 견해를 표명하면서, 그 말은 아무 근거도 없고 만약 "공화국은 불의 없이는 통치될 수 없다"는 처세훈이 거짓일 뿐만 아니라 가장 완전한 정의 없이는 통치가 불가능하다는 말이 진실이라고 설정되지 않는다면, 공화국에 대한 논의에서 아무런 진전이 있을 수 없을 것이라는 의견을 제시하였다.[49]

그 문제에 관한 토론은 다음 날로 연기된 후에 3권에서 아주 격렬한 어조로 철저하게 논의되었다. 필루스 자신은 공화국이 불의 없이 통치될 수 없다는 입장을 옹

48) *De Rep.*, 2, 42f.
49) *De Rep.*, 2, 44.

호하면서도, 자신이 실제로 그 견해대로 불의에 가담하고 있지는 않다는 점을 힘주어 말했다. 그는 불의가 정의보다 낫다고 아주 예리하게 주장하면서, 정의는 공화국에 무익하고 불의야말로 유익하다는 점을 그럴 듯한 이유와 실례를 들어 입증하려고 애썼다. 그때 일반적인 요청에 의하여 라일리우스(Laelius)가 정의를 옹호하는 입장에 서서 불의만큼 사회에 해로운 것은 없으며, 정의가 없이는 공화국이 통치될 수 없을 뿐만 아니라, 심지어 존속하지도 못할 것이라고 아주 강력하게 주장했다.

이 문제가 모든 참석자에게 만족스러울 만큼 충분히 논의되었을 때, 스키피오는 원래의 논점으로 되돌아가서 공화국에 대한 자신의 간단한 정의 즉 "그것은 시민의 행복이다"라고 되풀이함으로써 박수갈채를 받고 있다. 그는 "시민"이라는 말을, 온갖 종류의 모임이나 군중이 아니라, 법에 관한 공통된 인식과 공동의 이해관계에 의하여 연합된 결사체[50]라고 정의내린다. 그는 논쟁에서 이러한 정의가 유용함을 보여주면서 자신의 이런 정의로부터 공화국 혹은 "시민의 행복"은 군주에 의해서건, 귀족에 의해서건, 전체 시민에 의해서건, 건전하고 정의롭게 통치될 때에만 존재한다는 결론을 도출해낸다. 그러나 군주가 불의하거나 그리스인들이 말하듯이 참주가 된다면, 혹은 귀족이 불의하여 파당을 형성하거나, 더 나은 말이 없으므로 스키피오의 말을 빌리면 시민 자신이 참주가 된다면, 그 때에 공화국은(이전에 증명되었듯이) 부패할 뿐만 아니라 정의로부터 도출되는 당연한 추론으로 보아 더이상 존재할 수 없게 된다. 왜냐하면 참주가 파당적으로 국가 위에 군림한다면, 시민의 행복은 가능하지 않기 때문이다. 또 시민에 대한 정의가 "법에 관한 공통된 이해와 공동의 이해관계에 의하여 연합된 결사체"라고 한다면, 시민이 불의해질 때 더이상 시민이 아니기 때문이다.

그러므로 로마 공화국이 살루스티우스가 묘사한 상태대로라고 한다면 그의 표현대로 "최악이자 가장 수치스런 상태"에 있었던 것이 아니라, 당대의 지도적인 정치가가 참여한 공화국에 대한 토론으로 유추해볼 때 공화국은 더이상 존재하지도 않았던 셈이다. 툴리우스 키케로는 또한 그의 책 5권에서 스키피오나 다른 누구를 대신해서 말하는 것이 아니라 시인 엔니우스(Ennius)의 시구를 인용하면서 자신의 감정을 직접 표명하고 있다.

> 예전에 로마의 토대는 그 도덕성과 그 시민들이었노라[51]

---

50) *De Rep.*, 1, 25, 39.
51) *De Rep.*, 5, 1.

키케로는 계속해서 다음과 같이 말하고 있다.

> 내가 보기에 이 구절에는 신탁(神託)과도 같은 간결한 진실이 담겨져 있다. 왜냐하면 사회에 도덕성이 없었더라면 위대한 지도자들이라고 할지라도 그토록 광범위한 제국영토를 가진 그토록 위대한 공화국을 건립할 수도, 오래도록 유지할 수도 없었을 것이다. 그러므로 우리 시대 이전에 전통적인 도덕률이 뛰어난 인물들을 배출시켰고, 그렇게 배출된 인물들은 역으로 자기 선조들의 도덕률과 제도를 지속시켰다. 그러나 이미 낡아지기 시작한 다른 시대의 명작처럼 공화국을 이어받았던 우리 시대는 원작품의 색조를 복구하는데 소홀했을 뿐만 아니라, 심지어 전체적인 윤곽과 외형적인 특징을 그대로 보존하려고 애쓰지도 않았다. 엔니우스가 로마의 토대라고 말한 원래의 도덕성 중에 남아있는 것은 도대체 무엇이란 말인가? 그런 도덕성은 너무나 퇴색되고 잊혀졌기 때문에 사람들은 그것을 실행하기는커녕, 심지어 알지도 못하고 있다. 시민들에 대해서 내가 무슨 말을 해야 할까? 위대한 인물이 없으므로 도덕성은 소멸되었다. 그렇게 된 데는 바로 우리가 원인을 제공했기 때문에, 우리는 사형죄를 지은 죄인인 것이다. 왜냐하면 공화국이 이름뿐인 형편으로 남게 되고 오래 전에 그 실재를 상실하게 된 원인은 어떤 불운에 있는 것이 아니라 바로 우리 자신의 악덕에 있기 때문이다.

이 말은 키케로가 자기 저작인 「공화국론」에서 토론 참가자로 등장시킨 아프리카누스가 사망한 오랜 후에 스스로 말한 고백이지만, 이 때에는 아직도 그리스도가 강림하기 전이었다. 그러나 그런 감정들이 그리스도교가 확산되고 세력을 얻은 이후에 표현되었더라면, 우리의 반대자들 중에 재앙의 원인을 그리스도교의 탓으로 돌리지 않았을 사람이 있을 것인가? 그렇다면 그리스도가 성육신하기 오래 전에 키케로가 그 손실에 대해 그토록 애절하게 슬퍼했던 공화국의 쇠퇴와 소멸을 방지하기 위하여, 그들의 신들은 왜 아무 조치도 취하지 않았던가? 로마를 찬양하는 사람들은 심지어 도덕성이 유지되던 예전의 사람들이 살던 시대에조차 로마 안에 진정한 정의가 확립되었는지 질문할 필요가 있다. 혹은 키케로가 무심코 말한 표현에 따르면, 로마는 그 당시에도 살아있는 실재라기보다는 채색된 그림이 아니었던가?

그러나 우리는 하나님이 원하신다면 이 문제를 다른 곳에서 생각해 볼 것이다. 왜냐하면 나는 적절한 장소에서 키케로 자신이 스키피오의 입을 빌려서 공화국이 무엇이며 시민이 어떤 존재인지 간단하게 제의한 정의에 따라, 그리고 그 자신의 입술이나 그 토론에 참가한 다른 사람의 입술을 통하여 나온 많은 증언에 따라, 로마에는 진정한 정의가 결코 자리잡은 적이 없었기 때문에 결코 공화국이 아니었다는 점

---

52) 19권과 21장과 24장.

을 보여줄 작정이기 때문이다.[52] 그러나 공화국에 대한 보다 현실적인 정의를 받아들인다면, 나는 과거에 공화국이 있었으며 그것이 후대의 계승자들에 의해서보다는 좀 더 이른 시기의 로마인들에 의하여 더 훌륭하게 통치되었다는 점을 인정한다. 그렇지만 그리스도가 세우고 다스리는 나라에는 그 시민의 행복이 있다는 것을 부인할 수 없기 때문에 그 나라를 공화국이라고 부른다면, 그 공화국 외에는 진정한 정의가 존재하지 않음이 사실이다. 하지만 아마도 이 용어가 다른 의미로는 많이 사용되나 우리의 일반적인 용어에는 생소하다고 생각된다면, 우리는 적어도 성경이 "하나님의 성이여 너를 가리켜 영광스럽다 말하는도다"(시 87:3)라고 말한 그 도성에는 진정한 정의가 있다고 말할 수 있다.

22. 로마의 신들은 공화국이 부도덕성에 의하여 파멸당하지 않도록 결코 아무런 조치도 취하지 않았다.

그러나 현재의 논의와 관련하여 중요한 점은 바로 이것이다. 즉 우리의 반대자들이 과거나 현재의 로마 공화국이 아무리 칭찬받을 만하다고 말할지라도, 그들 자신의 가장 학식있는 저술가들에 따른다면 로마는 그리스도가 강림하기 오래 전에 최악이자 수치스런 상태가 되었으며, 사실 존립하고 있지도 않았고, 대신에 타락에 의하여 완전히 파멸되었음에 틀림없다. 이런 일을 막기 위하여 수호자격인 이들 신들은 그렇게 많은 갖가지 종류의 의식으로, 그렇게 많은 연중제례와 그렇게 많은 사치스런 공연물을 통하여 자기들을 숭배하는 사람들에게 올바른 생활태도를 갖게 하기 위한 계명을 부여했어야 했다.

그러나 악마들은 이 모든 장소에서 자기들의 이익만 추구했지, 숭배자들이 어떻게 생활하는지 전혀 신경쓰지 않았고, 혹은 오히려 그들이 이런 공물을 자기들의 영예를 위하여 바치고는 두려움을 가지고 바라보는 한, 그들이 타락된 생활을 살아가도록 권유하느라 애쓰기도 했다. 어느 누가 이런 사실을 부인한다면, 그로 하여금 신들이 선동행위를 금지하기 위하여 반포한 법률, 그라쿠스 형제가 모든 것을 혼란에 빠뜨렸을 때 무시했던 법률, 마리우스와 킨나와 카르보가 자기 나라를 내란상태로 몰아넣고 자기들의 주장을 위하여 온갖 불법적이고 불의한 일을 하다가 처음보다 훨씬 잔혹하게 사태를 마무리지었을 때 깨뜨렸던 법률, 혹은 살루스티우스와 다른 역사가들에 의하여 묘사된 바 모든 사람들이 전율에 떨 정도의 성격과 생활과 행동을 보여주었던 술라가 경멸했던 법률을 제시하고 지적하고 낭독하게 하라. 그 당시에 이미 공화국이 소멸되었음을 부인할 사람이 누가 있겠는가?

아마 우리 반대자들은 과감하게도 자기 신들이 그 때 로마시민들을 버린 것은 베르길리우스의 다음 시구처럼 시민들의 방탕한 생활 때문이라고 신들을 옹호하여 말할는지 모른다.

> 예전에 이 나라를 서게 했던 신들은 모든 성소와 제단을
> 버리고 떠나갔도다[53]

그렇지만 먼저 이 주장이 사실이라고 할지라도, 그들은 마치 그리스도교가 신들의 비위를 상하게 하여 로마를 떠나도록 만든 것처럼 그리스도교에 비난을 퍼부을 수는 없다. 왜냐하면 오래 전에 파리와도 같이 작은 신들이 도망쳐버린 것은 로마인들의 행실이 부도덕했기 때문이다. 그러나 초기의 도덕성이 부패하기 오래 전에 로마가 골인(Galls)들에 의하여 점령당하고 불타고 있을 때,[54] 이 신들 무리는 어디에 있었는가? 그들은 거기에 있었는가, 아니면 잠을 자고 있었는가? 그 당시에 온 도성이 적의 수중에 떨어졌으나, 오직 카피톨 언덕만은 예외였다. 만약 신들이 잠들어있는 동안 거위들이 망을 보고 있지 않았더라면, 이곳 역시 점령되었을 것이다. 이 사건으로 인하여 연례적인 거위 축전[55]이 생기게 되어 로마인들은 짐승과 새를 숭배하는 이집트인들의 미신에 빠져들 지경이 되었다.

그러나 이런 우발적인 해악은 적군이나 어떤 재앙에 의하여 가해졌고, 정신이 아니라 육신에 영향을 준 것이므로, 지금 내가 논하고자 하는 내용이 아니다. 현재 나는 처음에는 알게 모르게 퇴색되었다가 나중에는 급격한 소용돌이에 휘말려 완전히 지워져버린 도덕성의 타락에 대해서 말하고 있다. 그 결과는 공화국에 파멸적인 영향을 미쳤기 때문에, 비록 건물과 성벽은 서있다고 할지라도 위대한 저술가들은 주저하지 않고 공화국이 파괴되었다고 선포한다. 만약 신들이 도덕적인 생활과 정의를 심어주는 법률을 선포했지만 그 도성 사람들이 무시했었더라면, "모든 성소와 제단을 버리고 떠나갔던" 신들이 도성을 파괴되도록 내버려두었다고 할지라도 정당했을 것이다. 그러나 자기들을 숭배하는 사람들과 더불어 살려고도 하지 않고, 그들의 타락된 생활을 개선시키기 위한 일은 하나도 하지 않은 이 신들은 도대체 어떤 종류

---

53) *Aen.*, 2, 351f.

54) 기원전 390 년.

55) 거위 축제. 플루타르크(*De Fort.*, *Rom.*, 12)는 엄숙한 분위기에서 정교한 가마위에 한 마리의 거위가 운반되는 행렬을 묘사하고 있다. 거위들은 유노에게 성별되어 공공비용으로 카피톨 신전에서 양육되었다.

의 신이었는가?

23. 현생의 부침(浮沈)은 악마들의 호의나 적의에 달려있는 것이 아니라 참된 하나님의 의지에 달려있다.

그러나 나아가 그 신들은 사람들의 욕망을 권위있게 억제하려는 대신에, 그것을 충족시키는데 도움을 주었음이 명백하지 않은가? 비천한 가문 출신으로 자수성가하여 잔인하게 내란을 촉발시키고 또 진행시켰던 마리우스(Marius)를 예로 들어보자. 그는 효과적으로 신들에 의하여 도움을 받아 일곱 번이나 집정관에 올랐고, 마지막 집정관직을 맡고 있던 중에 노쇠하여 사망함으로써 그를 뒤이어 권력을 잡았던 술라(Sulla)의 손아귀를 피할 수 있었다. 왜 신들은 그에게서 그토록 수많은 극악무도한 행동을 자제하도록 도와주지 않았던가? 만약 신들이 그의 성공에 아무런 도움을 주지 않았다면, 신들이 아무런 자비를 베풀지 않더라도 인간은 자기가 몹시 바라는 현생에서의 행복을 획득할 수 있는 셈이 된다. 따라서 신들이 비록 적대적이라고 할지라도 사람들은 마리우스의 경우와 같은 행운을 부여받을 수 있고, 건강과 권세와 재물과 명예와 명성과 장수를 누릴 수 있으며, 반대로 신들이 비록 친구라고 할지라도 레굴루스의 경우와 같이 체포와 감금과 곤궁과 불면(不眠)과 고통과 잔인한 죽음으로 고난당할 수 있다는 중대한 사실을 인정하는 격이 된다.

이 사실을 시인하는 것은 그 신들은 쓸모없고 그들에 대한 숭배 행위는 아무 소용없다는 것을 간단하게 고백하는 것이다. 신들이 만약 사후에 상급을 얻게될 고결한 생활과 영혼의 덕에 거스르는 것을 사람들에게 가르쳤다면, 또 그들이 현세적이고 일시적인 축복과 관련하여서조차 자기들이 미워하는 자들에게 해를 주지 않고 자기들이 사랑하는 자들에게 이익을 주지 않는다면, 그들은 어떤 이유로 숭배받아야 하며, 어떤 이유로 그들을 숭배하도록 그토록 열심히 주장되어야 하는가? 사람들은 어떤 이유로 어렵고 슬프고 위급한 시대를 맞이하여 신들이 분노하여 떠나가 버린 것처럼 투덜거리고 있는가? 그리고 무슨 이유로 그리스도교가 그들 때문에 가장 무가치한 중상으로 해를 입어야 하는가? 현세문제에 있어서 그들이 선이나 악을 베풀 능력을 가지고 있다면, 로마 시민 중에 가장 악한 자인 마리우스를 지지하면서 가장 선한 시민인 레굴루스를 버린 이유는 무엇이었던가? 이것은 그들 자신이 아주 불의하며 아주 사악하다는 사실을 입증하는 것이 아닌가? 바로 그 이유 때문에 사람들이 그들을 두려워하고 숭배해야 한다고 판단한다면 오산이다. 왜냐하면 우리는 레굴루스가 마리우스보다 그들을 덜 성심껏 숭배했다는 기록을 가지고 있지 않기 때문이다.

또한 신들이 레굴루스보다 마리우스를 선호했다는 가정을 세우고는, 사악한 생활을 선택해야 한다고 생각해서는 안된다. 왜냐하면 다섯 명의 아들을 집정관이 되게했고 모든 로마인들 중에 가장 존경받았던 메탈루스(Mettallus)[56]는 심지어 현세의 재물을 향유하는 데 있어서도 행복했지만, 가장 사악했던 카틸리나(Catiline)는 빈곤에 찌들고 스스로의 범죄로 일으켰던 전쟁에서 패배 당하고 비참한 삶을 살다가 사라졌기 때문이다. 진정하고 안전한 행복은 오직 그분에 의해서만 부여될 수 있는, 그 하나님을 경배하는 사람들의 특별한 소유물인 것이다.

그러므로 공화국이 도덕적인 부패로 인하여 파괴되고 있을 때, 그 신들은 사람들에게 방향을 제시해주거나 교정시켜준다거나 하여 파멸을 막기 위한 조치를 전혀 취하지 않았고, 오히려 이미 퍼져있는 부도덕과 부패를 부추김으로써 그 파멸을 촉진시켰다. 그들은 자기들의 선한 성품이 로마의 불의에 의하여 충격을 받았다든지, 자기들이 분노하여 거기서 물러나온 척할 필요가 없다. 왜냐하면 그들은 분명히 그곳에 있었기 때문이다. 그들은 그 본질이 폭로되었고 유죄판결받아 마땅하다. 그들은 사람들을 인도할 수 있을 정도로 침묵을 깰 수도 없었고, 스스로의 모습을 숨길 수 있을 정도로 침묵을 지킬 수도 없었다. 나는 동정심 많은 민투르나이(Minturnae)의 거주민들이, 여신 마리카(Marica)가 마리우스에게 만사에 성공을 안겨줄 수 있도록 그가 그 여신의 성스런 정원으로 도피하게끔 추천해 주었다거나,[57] 마리우스가 절망적인 상황으로부터 아무 상처도 입지 않고 무자비한 군대를 지휘하는 무자비한 지휘관의 모습으로 로마로 귀환한 사실에 대해서 자세히 말하고 싶지 않다. 마리우스가 얼마나 잔혹한 승리를 거두었으며 그가 얼마나 야만적인지, 또 그가 어떤 외적보다도 얼마나 더 비인간적으로 행동했는지 알기를 원하는 사람들로 하여금 역사책을 읽어보도록 하라.

이미 말했듯이 나는 이에 관하여 깊이 생각하지 않는다. 다만 나는 마리우스가 유혈로써 거둔 행운이 — 내가 누구인지 잘 모르는 — 민투르나이의 여신(마리카)에게 원인이 있다기보다는, 우리 대적들의 입을 다물게 만들고, 격정에 의해서가 아니라 사태를 예의주시하며 관찰하는 사람들에게 오류를 피할 수 있게 하려는 하나님의 은밀한 섭리에 기인된다고 생각한다. 비록 악마들이 이런 문제에 있어서 어떤 권세

---

56) 기원전 148년에 마케도니아를 정복한 카이킬리우스 메텔루스 마케도니쿠스이다.

57) 술라가 기원전 89년에 로마로 진격해 들어왔을 때, 마리우스는 민투르나이 습지로 도망쳤지만 붙잡혔다. 마리카는 베누스, 혹은 디아나, 혹은 심지어 키르케와도 동일시된다.

를 가지고 있다고 할지라도, 그들의 능력은 전능하신 분의 헤아릴 수 없는 결정에 의하여 할당된 정도로만 국한되어 있다. 그분이 그렇게 하시는 이유는 우리가 종종 마리우스와 같이 사악한 자에게조차 허락되는 세상적인 성공을 지나치게 귀중하게 여기지도 않으면서, 또한 한 분 참된 하나님께 경건하고 올바르게 경배드리는 많은 사람들이 악마들의 반대를 무릅쓰고 특출하게 성공을 거두는 사실을 보아, 세상적인 성공을 악하다고 간주하지도 않게끔 하기 위함이셨다.

마지막으로 전능자께서는 우리에게 이런 부정한 영들이 세상적인 축복과 재앙으로 인하여 화해나 공포의 대상으로 되지 않기를 원했다. 사악한 사람들이 이 땅에서 자기들이 원하는 일을 전부 할 수 없는 것처럼, 이런 악마들도 원하는 대로 행동할 수는 없다. 그들은 단지 그 판단을 어느 누구도 완전히 이해할 수 없고 정당하게 비난할 수 없는 분의 정하심에 따라 허락된 한에서만, 그렇게 할 수 있을 따름이다.

24. 악마들이 자기들의 도움을 받았다고 자랑하던 술라의 행위에 관하여

술라가 통치했을 때의 상황은 너무나 끔찍하여 그가 개선시켰다고 생각되던 이전의 형편이 오히려 그리울 정도였다. 그러나 리비우스에 따르면,[58] 그가 마리우스에 대항하여 처음으로 군대를 진격시킬 때 희생동물의 내장이 너무나 길조를 보이므로, 점술사인 포스투미우스(Postumius)는 만약 술라가 신들의 도움으로 원하는 일을 성취하지 못한다면 자기 목이 날아가도 좋다고, 확언했다. 신들은 아직도 이런 일들에 대하여 예언하고 있는 사실로 보아, 그들은 "모든 제단과 성소"로부터 떠나버리지 않았으면서도 술라 자신을 교정시키려는 조치를 전혀 취하지 않았다. 그들은 예언을 통하여 그에게 커다란 성공[59]을 약속했지만, 경고를 발하든지 하여 그의 악한 열정을 억제하려는 시도는 전혀 취하지 않았다. 나중에 술라가 미트리다테스에 대한 전쟁을 수행하면서 아시아에 있을 때, 루키우스 티티우스(Lucius Titius)에 의하여 그에게 전달된 유피테르의 신탁에는 그가 미트리다테스를 정복하리라는 신탁이 담겨져 있었다. 그리고 사실 그렇게 되었다.

이후에 그가 시민들의 피로써 자신과 자신의 친구들에게 가해진 모욕에 대해 복수하기 위해 로마로 귀환하고자 궁리하고 있을 때, 6군단에 소속된 어떤 병사에 의

---

58) Liv., 77(소실된 책 중의 하나이다). 이 이야기는 Cic., *De Div.*, 1, 33, 72와 Plut., *Sull.*, 9에 나온다.

59) 펠릭스("행복한")이라는 별명이 붙은 술라는 미트리다테스에 대한 승리 후에 그 칭호를 얻게 되었다.

하여 유피테르가 보낸 두번째 신탁을 전달받았다. 그 속에는 미트리다테스에 대한 승리를 예언한 자가 바로 자신이며, 이제 많은 피를 흘리게 될 것이지만 공화국을 그 적들로부터 회복시킬 권한을 그에게 준다고 약속한다는 내용이 담겨져 있었다. 술라는 즉각 그 병사에게 어떤 형상이 나타났는지 묻고는, 그의 답변을 통하여 그 모습이 이전에 미트리다테스에 대한 승리를 확증해줄 때의 경우와 일치한다는 사실을 알게 되었다. 그렇다면 이처럼 승리를 앞서 예언해 줄 정도의 배려를 했으면서도, 술라를 교정하는 일에 태만을 보임으로써 공화국에 불명예를 안겨 주었을 뿐만 아니라 완전히 파멸시키기까지 했던 흉악하고 개탄할 만한 내란을 선동하지 못하도록 막지 못한 신들은 어떻게 정당화될 수 있는가?

내가 종종 말해왔으며, 성경이 우리에게 알려주고 있으며, 사실 자체로 충분히 증명되는 것처럼, 악마들이 의도하고 있는 목적은 불을 보듯 명확하다. 즉 그들은 스스로 신으로 간주되고 숭배받기 위하여, 또 사람들로 하여금 자신들의 죄악과 관련시킴으로써 하나님이 심판하실 때 자기들과 더불어 절망적인 곤경에 처하도록 만드는 숭배행위를 바치도록 의도했던 것이다.

나중에 술라가 타렌툼으로 가서 희생제사를 바칠 때, 그는 희생된 송아지의 간장 꼭대기에서 황금 왕관의 형상을 보았다. 그러자 앞서 말한 점술가인 포스투미우스가 이것을 승리의 표시로 해석하면서, 그 혼자서 송아지의 내장을 먹을 것을 명령했다. 조금 뒤에는 루키우스 폰티우스(Lucius Pontius)라는 사람의 종이 "나는 벨로나(Bellona)의 사자입니다. 술라여, 승리는 당신의 것입니다!"라고 소리쳤다. 그리고 그는 카피톨 신전이 불타버려야 한다고 덧붙여 말했다. 그는 이 예언을 다 말하자마자 진영 밖으로 뛰쳐나갔다가, 다음 날에는 더 흥분된 상태로 돌아와서는 "카피톨이 불탔다!"고 소리쳤다. 실제로 그런 일이 일어났던 것이다.[60] 악마가 이런 일을 예견하고는 재빨리 발표하는 것은 아주 간단했다.

그렇지만 우리의 주제와 연관하여, 신실한 자들의 의지를 악마의 지배로부터 해방시키는 주님을 모독하는 이 사람들이 어떠한 종류의 신들 아래에서 살고 싶어하는지 주목해 보라. 그 사람은 "술라여, 승리는 당신의 것입니다!"라고 예언적인 황홀경에 빠져 소리쳤다. 그리고 그는 자신이 신적인 정신으로 말하고 있음을 확인하기 위하여, 이 정신 속에서 말하는 사람으로부터 상당히 멀리 떨어진 장소에서 곧 실제로 발생될 예정이었으며 사실 그렇게 되었던 사건을 함께 예언했던 것이다. 그러나 그는 결코 "술라여, 악행을 멈추어라!"고 소리치지 않았다. 그래서 술라는 송아지

60) 기원전 83년 6월 6일.

간장 위에 나타난 황금 왕관을 자신의 승리에 대한 신적인 증거로 보고서는 로마에서 엄청난 악행을 저질렀던 것이다.

만약 관례적으로 사악한 영들이 아니라 정의로운 신들이 이러한 징조를 보냈더라면, 틀림없이 술라가 자문을 얻은 내장을 통하여 그 도성과 그 자신에게 닥치게 될 끔찍한 재앙에 관하여 통지해 주었을 것이다. 술라는 승리를 통하여 명예를 증가시켰다기보다는 자신의 야망에 해를 입었던 것이다. 왜냐하면 그로써 그는 자신의 욕망을 주체할 수 없게 되었고, 일시적인 성공을 통하여 아주 교만하고 부주의하게 됨으로써, 적들에게 육체적인 파멸을 안겨준 이상으로 자신은 도덕적으로 파괴당했다고 말할 수 있기 때문이다. 그러나 신들은 진정으로 슬퍼하고 개탄할 만한 이런 재앙들에 관해서는 동물의 내장(內臟)으로나, 새를 통한 점으로나, 꿈으로나, 예언으로 전혀 예시해 주지 않았다. 왜냐하면 신들은 술라가 패배당하는 것 이상으로 그가 행실을 바르게 할까 두려워했기 때문이다. 사실 그들은 자기 동료시민을 정복한 이 사람이 그 자신의 파렴치한 악덕에 의하여 정복당하며 포로가 됨으로써, 더욱더 악마인 자신들에게 고분고분한 종이 되도록 상당한 주의를 기울였던 것이다.

25. 사악한 영들은 사람들에게 자기들의 행동에 대한 거짓된 신적 권위를 부여함으로써 그들이 악행을 저지르도록 얼마나 강력하게 부추기는가

이로써 만약 하나님의 은혜로 이런 신들과의 교제관계를 끊기보다는 오히려 그들을 닮고자 하는 사람이 아니라면, 이 악한 영들이 자기들의 모범을 통하여 사실상 신적인 권위를 범죄에 이용하기 위하여 얼마나 열심히 노력하고 있는지 이해하지 못하며, 알지 못할 사람이 누가 있겠는가? 이것은 캄파니아의 넓은 평원에서 로마 군대 내에서 엄청난 유혈충돌이 발생되기 직전에 똑같은 장소에서 신들끼리 전투행위를 하는 모습이 목격된 사실에서도 입증되지 않는가? 처음에는 그곳에서 끔찍한 충돌음이 들리다가 나중에는 여러 날 동안 양측 군대가 전투하는 모습이 목격되었다고 전해진다. 이 전투가 중지되었을 때, 사람들은 온 땅이 마치 대규모 충돌 뒤에 남은 것과 같은 사람 발자국과 말 발자국으로 패여있는 광경을 보았다. 정말 신들이 서로 싸우고 있었다면, 사람들 사이의 내전은 충분히 정당화되지만, 이 호전적인 신들이 분명 아주 사악하며 아주 비참한 상태에 있음에 틀림없다는 사실을 주목하라.

그러나 그들이 단지 싸우는 흉내만 내고 있었다면, 로마인들의 내란이 결코 악하지 않고 오직 신들의 모범을 따르는 것처럼 보이게 하려는 외의 다른 목적이 있었겠는가? 내란은 이미 진행 중에 있었다. 그 이전에 잔혹한 전투가 벌어졌고 끔찍스런 대량학살이 자행되었었다. 많은 사람들은, 살해당한 적에게서 전리품을 거두던 중에 옷을 벗은 시체가 자신의 형제임을 알고는 내란에 대해 심한 저주를 퍼붓고는 자살하여 형제의 시체 위에 엎어졌다는 어떤 군인의 이야기에 큰 감동을 받았었다.[61] 신으로 간주되어 숭배받는 이들 악마들은 그런 비극적인 이야기에 의하여 생겨난 내란에 대한 혐오감을 완화시키고 이 가증스런 전쟁에 대한 열의를 더욱 불붙이기 위하여, 자기들끼리 싸우는 모습을 사람들에게 보여주고자 이런 계획을 꾸며냈던 것이다. 이로써 로마인들은 동료 시민에 대한 양심의 가책으로 위축되지 않고 전쟁을 치를 수 있게끔 되었으며, 오히려 인간들의 범죄가 신들의 본보기에 의하여 정당화 될 수 있었다.

이 악령들은 동일한 술책을 사용하여 내가 이미 말한 바 있는[62] 극장공연물이 마련되어 자기들에게 봉헌되도록 명령했다. 이런 공연물 속의 노래나 연극대사에서는 신들의 흉악무도한 행위가 나오게 되는데, 사람들은 그런 일들을 신들이 실제로 했다고 믿든지 혹은 그렇게 믿지는 않지만 신들이 그렇게 행했다고 표현되기를 굉장히 열망한다고 생각하든지 하여, 누구나 그런 행동을 안심하고 모방할 수 있었다. 그리고 신들은 시인들이 신들 사이에 싸우는 모습을 표현할 때 자기들을 중상모독한다거나 믿을 수 없는 행동을 뒤집어씌운다고 생각하는 사람이 아무도 없도록 하기 위하여, 극장의 공연을 통해서 뿐만 아니라 몸소 전장(戰場)에서 전투를 해보임으로써 시인들의 시구절이 사실임을 확인시켜주었고 그로써 사람들을 완전히 기만하였다.

로마의 저술가들이 아무런 주저함없이 시민들의 도덕적인 타락 때문에 로마 공화국이 이미 파멸되었으며 우리 주 예수 그리스도가 강림하기 전에 소멸되었다고 말하고 기록했기 때문에, 나는 위에서 적은 사실들을 공포하지 않을 수 없다. 그런데 그들은 산 사람이든 죽은 사람이든 선한 사람을 도무지 파멸시킬 수 없는 우리 그리스도에게 이 세상의 악에 대한 책임을 돌리면서도, 지금 당한 파멸에 대해서 자기 신들에게는 아무런 비난도 가하지 않는다. 사실 그들 자신의 신들은 자기들을 섬기는 공화국을 보존하기 위하여 도무지 아무 일도 하지 않았고, 그 파멸을 막기 위하여 아무런 교훈을 가르치지 않았으면서도, 오히려 자기들의 해로운 본보기를 통하여 도덕성을 부패시킴으로써 그 파멸을 촉진시켰다.

---

61) Liv., *Perioch.*, 79 참조.

62) 2권 8장 이하.

반면에 우리 그리스도는 수많은 교훈을 말하여 덕성을 심어주고 악덕을 억제시켰는 데도, 그들은 이런 짓을 행하고 있다. 나는 마치 신들이 덕의 친구이므로 사람들의 악덕에 의하여 기분이 상하여 "모든 제단과 성소로부터"[63] 떠나가 버렸기 때문에 공화국이 파멸당했다고 말할 정도로 뻔뻔스런 사람이 있으리라고는 생각하지 않는다. 오히려 그들은 내장을 통한 점, 새를 통한 점, 예언을 통하여 많은 전조를 보임으로써 스스로 미래의 사건들을 내다보며 전쟁의 승패를 통제한다고 자랑스럽게 공표하였다. 이 모든 일들은 그들이 떠나지 않았음을 입증하고 있다. 만약 실제로 신들이 없었더라면, 로마인들은 결코 이런 내란에서 신들의 선동에 의해서 결과되었던 만큼 그렇게 심하게 자신들의 욕망에 사로잡히지는 않았을 것이다.

26. 악마들은 자기들을 위한 의식을 통하여 공개적으로 온갖 악행을 주입시킨 반면에, 어떤 모호한 도덕적인 교훈은 아주 은밀하게 부여했다.

사실은 이와 같다. 진짜든 가장된 것이든 신들의 수치스럽고 범죄적인 행동과 더럽고 잔인한 행동은 신들 자신의 요청에 의하여 거룩하고 정해진 제전으로써 그들의 영예를 위하여 공개되고 성별되고 봉헌되었다. 신들은 그런 행동을 본받을 만한 것이라고 제시하기 위하여 그것을 만인의 눈앞에서 드러내 보이기를 거절한 사람들에게는 복수하겠다고 맹세했다. 이런 악마들은 그런 외설적인 것들을 기뻐함으로써 스스로 부정하다는 사실을 인정하고 있다. 그리고 그들은 사실이든 상상이든 범죄와 악행을 통하여, 부끄러움을 모르는 자들의 요청과 정숙한 자들에 대한 강압에 의하여 그런 일들을 공개적으로 공연토록 함으로써, 스스로 범죄적이고 음란한 생활의 선동자임을 공언하고 있다. 그렇다면 우리가 듣는 바대로, 그들이 소수의 선택된 자들에게 그들 신전 내에 있는 은밀한 장소에서 어떤 건전한 도덕적 교훈을 주었다는 말은 어찌된 일일까?

그렇다면 바로 이런 일은 이 해로운 영들의 또다른 사악한 계책을 입증하는 데 도움을 줄 따름이다. 왜냐하면 정직과 정결의 영향력은 대단히 크므로 모든 사람들, 거의 모든 사람들은 이런 덕목에 대한 찬양에 의하여 감동받기 때문이다. 어떤 사람도 악에 의하여 완전히 타락한 것이 아니라, 자신 안에 어느 정도 명예를 존중하는 감정이 남아있는 법이다. 그러므로 사탄은 성경이 말하는 대로 때때로 "광명의 천사"(고후 11:14)로 모습을 바꾸지 않는다면, 자기의 사악한 목적을 달성할 수 없을

---

63) Virg., *Aen.*, 2, 351.

것이다. 그러므로 공식적으로 추악하고 불결한 소리가 계속해서 사람들의 귓전에 울리는 동시에, 사적으로 거짓되게 정숙한 척하는 소리가 거의 들릴락말락하게 소수의 귀에 속삭여진다. 수치스런 일들을 위해서는 공개적인 무대가 마련되어 있지만, 칭찬받을 만한 일들은 무대 뒤에서 은밀하게 행해진다.

명예로운 일은 가리워서 보이지 않고, 수치스런 일만이 시야에 드러나 있다. 마치 정결함이 얼굴을 붉혀야 하고 부정함이 자랑되어야 하는 것처럼, 사악한 행동은 무수한 관중을 끌어들이지만 덕스런 말은 듣는 자를 거의 찾아볼 수 없다. 악마의 신전이 아니고서는 다른 어느 곳에서 이런 혼란 현상이 가능하겠는가? 기만의 소굴 외에는 이런 일이 어디에서 가능하겠는가? 왜냐하면 은밀한 계명은 소수의 덕있는 사람들을 확실하게 사로잡기 위해서 주어지고, 사악한 모범은 타락한 다수의 사람들을 격려하기 위해서 제시되기 때문이다.

우리는 카일레스티스(하늘의 처녀)[64]의 비의에 입회한 사람들이 언제 어디에서 어떤 선한 교훈을 받았는지 알지 못한다. 그러나 우리는 그녀의 신전 앞에 서 있는 신상을 잘 살펴보았다. 각지에서 몰려든 수많은 군중들이 빽빽히 선 채 큰 관심을 가지고 공연물을 지켜보았다. 우리는 눈길이 가는 대로, 한편으로는 창녀들의 장엄한 행렬을, 다른 한편으로는 처녀 여신을 바라보았다. 무언익살극 배우들에게는 수치심이 전혀 없었으며, 어떤 여배우에게서도 정숙한 모습이 전혀 보이지 않았다. 외설적인 의식이 요구한 모든 것이 완전히 충족 되었다. 우리는 처녀신을 기쁘게 하는 것이 무엇인지 분명히 알게 되었고, 공연물을 관람한 부인들은 풍성한 경험을 안고서 신전을 떠나 집으로 돌아왔다. 사실 몇몇 정숙한 여인들은 배우들의 음란한 동작으로부터 고개를 돌렸지만, 결국 몰래 훔쳐봄으로써 사악한 기술을 배우게 되었다. 그런 여인들은 남자들 가운데 섞여 있었기 때문에 수치스런 몸동작을 감히 두 눈을 뜨고 쳐다볼 엄두가 나지 않았다.

그러나 자기들이 숭배하는 여신의 거룩한 의식을 정결한 마음으로 비난할 용기는 더더욱 없었다. 자신의 집이라고 할지라도 아주 은밀한 장소에서 행할 수밖에 없는 이런 음탕한 일이 공개적인 교훈으로 신전에서 자행되었다. 마음 속에 조금이라도 정숙함을 간직한 사람이라면, 사람들도 무제한적으로 범할 수 없는 악행이 신들의 종교적인 가르침의 일부분이란 사실과, 그런 일을 공연하지 않는다면 신들의 진노를 불러일으키리라는 사실에 놀라움을 금치 못했을 것이다.

은밀한 영감으로 사람들의 타락을 충동질하며 그들로 하여금 간음하도록 꼬드기

---

64) 4장 참조.

며 완전한 불의를 밥먹듯 저지르게 하는 이 자는, 그런 종교적인 의식에서 즐거움을 찾고, 악마의 형상을 신전에 갖다놓으며, 악행이 공연되는 것을 좋아하며, 선한 소수의 사람들을 속이기 위하여 몇몇 의로운 말을 은밀히 속삭이며, 악한 다수의 사람들을 얻기 위하여 공개적으로 방탕한 생활로 초대하는 바로 그 영이 아니라면 어떤 영일 수 있겠는가?

27. 로마인들이 자기 신들을 진정시키기 위하여 봉헌했던 그런 연극의 외설물들은 주로 공적인 질서를 전복시키는 데 기여했다.

신중한 인물이자 철학자라고 할 수 있는 키케로는 조영관(造營官, aedile:옛 로마의 공공 건물, 도로, 공중위생 등을 관장)이 될 무렵에, 자신의 다른 직무 중에 연극을 상연함으로써 플로라(Flora)[65]를 달래야 한다는 점을 시민들이 이해하기를 바랐다. 이런 연극은 통상적으로 그 음란함에 비례하여 목적에 충실하였다고 판단되었다. 다음에[66] 그의 집정관시절에 국가가 커다란 위기[67]에 처하게 되었을 때, 그는 열흘 동안 연극이 공연되었으며 신들을 달랠 수 있는 어떤 것도 생략되지 않았다고 말한다. 마치 절제된 생활로 신들을 분개토록 만드는 것보다는 방탕함으로 그들을 달래는 편이, 정직한 생활로 그들의 적대감을 불러일으키기 보다는 수치스런 일을 행함으로써 화를 진정시키는 편이 더 만족스럽다는 듯이 말이다. 국가에 위협을 가함으로써 신들을 달래기 위한 구실을 제공한 사람들의 흉포함이 아무리 잔인하다고 할지라도, 그토록 역겨운 불법행위로 위로받아야 하는 신들과 연합하는 것보다 해로운 일은 하나도 없었을 것이다. 사람들은 신체에 닥친 위험을 모면하기 위하여 정신으로부터 덕성을 추방시키는 방법으로 신들과 화해했다. 신들은 자기들이 먼저 로마로부터 모든 도덕성을 몰아내기까지에는 그 성벽을 공격한 자들에 대항하여 방어자로서 전투에 임하려고 하지 않았다.

이러한 신들과의 화해 형태, 즉 아주 호색적이며 아주 불결하며 아주 부정하며 아주 사악하며 아주 추잡하여 로마인들이 본래 가지고 있던 칭찬받을 만한 명예심으로 배우들을 모든 정치적인 직책으로부터 차단시켰으며, 부족 명부에서 삭제시켰으며, 경멸받을 존재로 인식하고는 명예를 박탈한 화해 형태는, 진정한 종교의 눈으로 보기에는 너무나 더럽고 너무나 가증할 만하며 거리가 멀었다. 신들이 수치스럽고도

65) Cic., 2 *Verr.*, 2, 5, 14. 플로라는 꽃의 여신이었다.
66) Cat., 3, 8.
67) 기원전 63년에 있었던 카틸리나의 음모이다.

악의적으로 범했든지, 혹은 더 수치스럽고도 악의적으로 꾸며내었든지, 그들에 대한 추악하고 중상모략적인 이야기와 불명예스러운 행동은 배우들의 말과 동작을 통하여 온 도성 사람들에 의하여 공개적으로 학습되었다. 사람들은 신들이 이런 불법행위를 기뻐한다는 사실을 알았으며, 그런 일이 공연될 뿐만 아니라 모방되기를 바란다고 믿게 되었다. 그러나 신들이 말하는 선하고 정직한 교훈에 관해 보자면, 그것은 아주 은밀하고 더구나 아주 소수의 사람에게 주어졌기 때문에 그것이 실행하는 것보다 오히려 누설되지나 않을까 두려움을 가질 정도였다.

28. 그리스도교는 건전한 종교다.

사람들은 그리스도의 이름으로 그런 더러운 권세들의 소름끼치는 멍에와 그들이 받을 형벌로부터 구원받아, 해로운 불경건의 어둠으로부터 아주 건전한 경건의 빛 가운데로 빠져나왔다. 사악한 영에 굳게 잡혀있으며 파렴치하고 배은망덕한 자들은 이런 사실에 대해 불평을 터뜨리며 중얼거린다. 그런 자들만이 남녀가 품위있게 구별되며 축복받은 영생을 얻기 위하여 현생을 어떻게 살아야 하는지에 대해 배우는 교회로 사람들이 무리지어 몰려들어 정결한 경배를 드리는 데 대해 분통을 터뜨린다. 교회에서는 모든 사람들이 볼 수 있도록 높이 들린 강대상[68]에서 성경과 의에 관한 교훈이 선포되는데, 그에 순종하는 사람은 구원에 이를 수 있고, 그에 순종치 않는 사람은 심판을 받게 되는 것이다. 비록 그런 교훈에 조롱을 보내는 사람들이 들어온다고 할지라도 그들의 무례함은 갑작스런 심경의 변화를 통하여 사라지게 되거나, 적어도 두려움이나 수치심으로 인하여 억눌리게 된다. 왜냐하면 그곳에서는 어떤 추악하고 사악한 행동도 주목받는다든지 모방될 수 없기 때문이다. 교회에서는 오히려 참된 하나님의 계명이 알려지며, 그의 기적이 언급되며, 그의 은사가 찬양되며, 그의 은혜가 간구되는 것이다.

29. 로마인들에게 이교를 포기하라는 권고

아! 스카이볼라, 대 스키피오, 소 스키피오, 레굴루스, 그리고 파브리키우스[69]의

68) 성서는 교회당에서 높이 설치된 단인 람보에서 낭독되었다.

69) 레굴루스에 관하여는 1권 15장을 참조하라. 루키우스 스카이볼라는 라르스 포르센나를 죽이려다가 체포당했을 때, 죽음을 경멸한다는 것을 보여주기 위하여 자기 팔을 불속에 던졌다(Liv. 2, 12). 5권 18장 참조. 대 스키피오 아프리카누스는 2차 포에니 전쟁에서 승리했다. 소 스키피오 아프리카누스는 기원전 146년에 카르타고를 멸망시켰다. 스

후손이자 존경받을 만한 로마인들이여, 당신들이 강력히 바랄 만한 종교는 바로 이것(그리스도교)이다. 오히려 이것을 바라고, 악마들의 더러운 허영과 계략적인 악의로부터 이것을 구분하라. 만약 당신들의 본성 속에 어떤 뛰어난 덕성이 있다면, 그것은 진정한 경건에 의하여 정화되고 완성되지만 불경건에 의해서는 파멸당하고 형벌로 인도되게 된다. 당신 자신 안에서가 아니라 오류가 없으신 하나님 안에서 칭찬받기 위해서는 어떤 것을 추구해야할지 지금 선택하라. 왜냐하면 이전에 당신들은 여러 민족들로부터 영예를 얻었지만, 진정한 종교가 지금까지 비밀스런 하나님의 섭리에 의하여 당신들은 이전에 진정한 믿음을 향한 고난과 덕성으로 인하여 우리 그리스도인들도 자랑스럽게 생각하는 몇몇 사람들의 인격 속에서 이미 깬 적이 있다. 그들은 악의에 찬 세력들과 사방에서 싸우면서 필사적인 용기로 승리를 거두어 자기들의 피로써 우리에게 이 나라를 얻게 해주었다.[70]

우리가 당신들을 초대하여 그 도성의 시민의 수에 당신 자신을 보태도록 권하는 곳은 바로 이 나라이다. 그곳에는 또한 진정한 죄사함을 안겨주는 피난처[71]도 마련되어 있다. 평화로운 생활을 위해서보다는 벌을 받지 않고서 악행을 향유할 수 있는 시대를 갈망하면서도, 그리스도와 그리스도인들을 중상모략하며 최근에 발생된 재앙을 이들 탓으로 돌리고 있는 타락한 후손들의 말을 듣지 말라. 이 세상 나라와 관련시켜보더라도 로마의 야망이 그렇게 충족된 적은 결코 없었다. 이제 쉽게 얻을 수 있으며 진실되고 영원히 지배할 수 있는 하늘 나라를 소유하라. 당신들은 그곳에서 한 분 참된 하나님 외에는 베스타의 불도, 카피톨 신전의 돌[72]도 발견하지 못할 것이다.

> 그분은 어떠한 사물의 경계도, 어떠한 시간도 정하지 않으시고
> 끝없는 지배권을 부여하실 것이다.[73]

키피오 나시카와 그의 아들에 관해서는 1권 30장과 31장을 참조하라. 루스키니우스 파브리키우스는 기원전 280년에 피루스의 뇌물을 물리치고, 나중에는 자기 왕을 죽이려는 왕주치의의 제안을 피루스에게 폭로했다(Plut. Pyrrh, 29;Vo 1. Max., 2, 9, 4).

70) Virg., *Aen.*, 11, 24f.

71) 1권 34장 참조.

72) 화로의 여신인 베스타의 성스런 불은 베스타의 신전에서 영원히 불타도록 켜져 있으며, 베스타의 처녀들에 의하여 돌봄 받다가 매년 초(3월 1일)에 새롭게 점화되었다. 카피톨리나의 돌은 카피톨 신전에 있는 유피테르의 원래의 석장으로서 "유피테르의 돌"(Jupiter lapis)라고 불리었다.

73) Virg., *Aen.*m 1, 278f.

그렇다면 더 이상 거짓되고 속이는 신들을 추종하지 말라. 오히려 그들을 버리고 경멸한 후에, 진정한 자유를 향하여 뛰어오라. 그들은 신들이 아니라 악의에 찬 영들이기 때문에, 당신들의 영원한 행복이 그들에게는 쓰라린 형벌이 될 것이다. 당신들이 지금까지 신이라고 생각해온 이들 악마들은 당신들이 육신적인 조상으로 생각하는 트로이인들에게 로마의 성채를 내어준 데 대해 유노(Juno)가 질투하는 정도 이상으로 인류가 얻을 영원한 안식처에 대해 시샘한다. 당신들 스스로 연극으로 그 신들을 달래고 그런 연극을 공연하는 배우들을 수치스런 사람으로 생각했을 때, 이미 확고부동한 목소리로 그들에 대한 판결을 내렸었다. 우리로 하여금 당신들의 목에다가 자기들의 수치와 추악을 공연하는 멍에를 맨 부정한 영들에 대항하여 당신들의 자유를 주장하게 하라.

당신들은 신의 이름을 빙자하여 이런 죄악을 공연하는 자들을 공직으로부터 차단시켰다. 그 신들이 실제로 그런 범죄를 저지른다면 아주 수치스런 일이요, 그냥 꾸며서 하는 짓이라면 아주 사악한 행동인 짓으로부터 기쁨을 느끼는 그런 영들에게서 풀어달라고 참된 하나님께 간구하라.

당신들이 자발적으로 모든 연기자와 배우들을 시민공동체에서 추방시킨 일은 아주 잘한 일이다. 이제 더 정신을 바짝 차리라! 하나님의 위엄은 인간의 품위를 손상시키는 것에 의해서는 결코 위로받을 수 없다. 그렇다면 당신들은 이런 연극을 행하는 사람들이 가장 낮은 부류의 로마시민의 수에조차 들 수 없었는데, 그런 음란한 연극에서 기쁨을 얻는 신들이 거룩한 하늘의 권세 가운데 포함될 수 있다고 어떻게 믿을 수 있겠는가? 하늘의 도성은 로마와는 비교도 되지 않을 정도로 영광스럽다. 그곳에서는 승리 대신에 진리가, 위엄 대신에 거룩함이, 평화 대신에 행복이, 생명 대신에 영원이 있다.

배우들을 시민 가운데 넣어주기를 부끄러워했다면, 더더구나 하늘의 도성은 그런 신들을 받아들일 리 만무하다. 수치스런 행동에 의하여 위안을 얻은 신들은 올바른 마음을 가진 사람들에 의하여 경배받을 자격이 없다. 그렇다면 배우들이 감찰관의 금령에 의하여 시민권을 박탈당한 것처럼, 그리스도교의 정화작용에 의하여 이런 신들을 숭배대상에서 재외시키도록 하라.

그러나 우리는 다음 책에서 사악한 사람들이 향유하기를 바라는 유일한 축복인 육신적인 유익과 그들이 오직 피하려고만 하는 육신적인 불행에 관해서 논하면서, 악마들은 그들이 가지고 있다고 생각되는 권세를 사실상 갖고 있지 않다는 점을 보여줄 것이다. 비록 그들이 그런 권세를 가지고 있다고 할지라도 우리는 바로 그 이유 때문에 이런 축복을 경멸해야하지, 그로 인하여 그런 신들을 섬긴다든지, 그들을 숭배함으로써 그들이 우리에게 대하여 질투하는 진정한 축복을 놓치지 않도록 해야 한다. 그러나 사실 그들은 현세적인 이익을 위하여 그들을 숭배해야 한다고 주장하는 사람들이 주장하는 이 권세조차 가지고 있지 않다. 나는 이 점을 다음 책에서 입증하려고 한다. 그럼, 이제 현재의 논의는 여기서 마치도록 하자.

제 3 권

개요:앞의 책에서 저자는 도덕적이고 영적인 재난에 대해 증명했지만, 제3권에서는 외적인 재앙에 대해 말하고 있다. 로마의 건국이후 심지어 거짓 신 숭배가 유일하게 시행되었을 때—그리스도 강림 이전—조차 로마인들은 항상 재앙으로부터 아무런 구원도 받지 못했다.

1. 심지어 신들이 숭배될 때에도 세상이 끊임없이 겪어왔으며 사악한 자들만이 두려워하는 해악에 대하여

나는 다른 어떤 것들보다도 피해야할 도덕적·정신적 해악에 관해서는 거짓 신들이 자기들을 숭배하는 사람들로 하여금 그런 재앙에 의하여 압도당하지 않도록 금지시키는 어떠한 조치도 취하지 않았고, 오히려 파멸을 재촉했다는 사실을 보여주기 위하여 이미 충분한 말을 했다고 생각한다. 이제 나는 이교도들이 두려워하기만 하는 것, 즉 기근, 질병, 약탈, 포로, 학살 등과 같이 첫번째 책에서 이미 열거된 해악들에 관하여 얘기해야 한다는 것을 안다. 왜냐하면 악인들은 사람들을 악하게 하지 않는 것들만 악으로 계산하기 때문이다. 그들은 자기들이 생각하는 "선한 것들"로 둘러싸여 있을 때에는 그런 "선한 것들"을 인정하는 자신들이 악하다는 사실도 부끄러워하지 않는다. 그들은 마치 자신 외에는 모든 소유물을 선하게 하는 것이 최상의 선인 것처럼, 악한 생활에 대해서보다 누추한 가옥을 소유하는 것을 더 슬퍼한다.

그러나 저들의 신들은 무한정 숭배받을 때에조차도 이교도들이 두려워하기만 하는 그런 해악마저 막아주지 못했다. 우리 구속주가 오시기 전에 여러 시기와 여러 장소에서 인류는 수없이 많고 때로는 믿을 수도 없는 재앙으로 억눌림 당했다. 그때에 오직 한 민족 히브리인들과 그 민족에 속하지 않았다 하더라도 아주 비밀스럽고 정의로운 하나님의 판단으로 은혜받을 만하다고 간주된 개인들을 제외하고, 세상은 그런 신들 외에 다른 이를 섬겼는가? 나는 장황하게 늘어놓지 않기 위하여 다른 민족들이 겪어왔던 무거운 재앙들에 관하여는 말하지 않고, 로마와 로마제국, 즉 로마라고 정당하게 불리는 지역과 그리스도 강림 이전에 이미 합병이나 정복을 통하여 사실상 로마의 일원이 되었던 지역에 발생되었던 일에 대해서만 언급할 것이다.

2. 그리스인들과 로마인들이 공통적으로 섬겼던 신들은 일리움의 파국을 허락했는데도 정당화될 수 있었는가

그렇다면 우선 로마 민족의 발생지인 트로이 혹은 일리움(왜냐하면 나는 첫번째 책에서 손댄 것을 건너뛰거나 숨기지 말아야 하기 때문이다)[1]이 왜 동일한 신들을 존중하며 숭배했던 그리스인들에 의하여 정복당하며 탈취당하고 파괴당했던가? 어떤 사람들은 프리암(Priam)이 자기 아버지인 라오메돈(Laomedon)이 범한 위증죄의 대가를 치렀을 뿐이라고 대답한다.[2] 그때 라오메돈이 아폴로와 넵튠을 일꾼으로 고용한 것은 사실이다.[3] 왜냐하면 그 다음에는 그가 그들에게 임금을 주기로 약속했다가 계약을 위반했다고 나오기 때문이다. 나는 유명한 예언가[4]인 아폴로가 그렇게 거대한 일에 노력을 기울였으면서도 라오메돈이 자기에게서 보수를 떼어먹을 것이라고 의심치 않았던 점에 대해 잘 이해가 되지 않는다. 그리고 그의 삼촌이자, 유피테르의 동생이며, 바다의 왕인 넵튠이 사실 무슨 일이 일어나는지 몰랐을 것 같지도 않다. 왜냐하면 그는 (로마 건국 이전에 생존했으며 저술했던) 호메로스에 의하여 실제로 로마를 건설했던 아이네아스의 후손에 관해 중대한 무언가를 말하도록 등장되기 때문이다. 그리고 호메로스가 말하듯이 넵튠이 비록 (베르길리우스에 따르면),

> 그 자신이 만들었지만, 위증죄를 범한 트로이의
> 성벽을 파괴하고자 원했다[5]

할지라도, 아킬레스의 분노로부터 아이네아스를 구름 속으로 구해냈다. 그렇다면 아폴로와 넵튠처럼 위대한 신들이 자기들에게서 임금을 사기치려는 속임수를 알지도

---

1) 1권 3, 4장.

2) Virg., *Aen.*, 4, 542; *Georg*, 1, 502. 참조.

3) 유피테르는 아폴로와 포세이돈에게 프리암의 아버지인 라오메돈을 도와서 트로이를 건설하도록 했다. 그 작업이 끝났을 때, 라오메돈은 그들에게 보수를 지불하기를 거절했다. 호메로스는 트로이의 파멸원인을 라오메돈의 신의 상실에 있다고 본다(*Il*, 21, 441-60; Hor., *Carm.* 4, 3, 18-24).

4) *Il*, 20, 293-329.

5) *Aen.*, 5, 810f.

못하고서, 은혜와 감사를 모르는 사람들을 위하여 트로이 성벽을 건축한 셈이 된다. 그런 신들을 속이는 것보다는 그런 자들을 신이라고 믿는 편이 정도가 덜한 범죄인지 어느 정도 의심이 생길 수 있다. 심지어 호메로스 자신도 이 이야기를 전적으로 믿지는 않는다. 왜냐하면 둘다 속임수에 의하여 감정이 상했음이 이야기 속에 암시되어 있지만, 호메로스는 넵튠이 트로이인들에게 적대적이었다고 묘사하면서도 아폴로의 경우에는 그들을 옹호했다고 소개하고 있기 때문이다.

그러므로 만약 저들이 그런 꾸민 이야기를 믿는다면, 그런 신들을 숭배하는 것을 부끄럽게 생각하도록 하라. 만약 저들이 그 이야기를 믿지 않는다면, 더 이상 "트로이인들의 계약위반"에 대해 언급하지 않도록 하라. 아니면 저들로 하여금 어떻게 신들이 트로이의 약속위반은 미워했으면서도, 로마의 약속위반은 사랑했는지 설명하도록 하라. 아니라면 카틸리나의 모반 사건이 발생했을 때 그렇게 크고 타락한 도성에서 언행을 통하여 약속을 위반하고, 내란을 일으킴으로써 생계를 유지한 사람들이 그렇게도 많이 발견될 수 있었겠는가?[6] 약속위반이 아니고서야 다른 어떤 것이 그토록 많은 원로원 의원이 행한 재판을 타락시켰겠는가? 인민들이 자기들 앞에 회부된 결정사항과 투표권을 부패시킨 것은 약속위반이 아니고 무엇인가? 왜냐하면 엄청난 부패행위를 저지르는 도중에도 선서를 행하는 고대의 관습은, 종교적인 외경심으로써 악행을 억제하기 위해서가 아니라 계약위반죄를 추가시킴으로써 범죄 사실을 완성시키기 위하여 유지되었던 것처럼 보이기 때문이다.

3. 신들은 파리스의 간통에 의하여 기분이 상할 수 없었다. 이런 범죄는 신들 사이에도 흔한 일이었기 때문이다.

그렇다면 제국을 유지해왔다고 언급되는 신들은[7] 이미 입증되었듯이 트로이인들이 그리스인들에 의하여 정복되었을 때 위증죄를 범한 트로이인들에 대해 화를 냈다고 생각할 이유가 전혀 없다. 어떤 이들이 신들을 옹호하여 변명하듯이,[8] 그들이 트로이로부터 보호의 손길을 거두도록 만든 것은 파리스(Paris)의 간통에 대해 분개했기 때문에 아니었다. 왜냐하면 그들은 습성상 악을 복수하는 자들이 아니라, 부추기고 교사하는 자들이기 때문이다. 살루스티우스는 "내가 듣기로 아이네아스의 영도하에[9]

6) Sall., *Cat.*, 14.
7) Virg., *Aen.*, 2, 352.
8) Virg., *Aen.*, 2, 601ff.
9) *Cat.*, 6, 1. 아이네아스가 로마의 직접적인 창설자라는 전설은 나이비우스와 엔니우스에 의해서도 받아들여진다.

자기 나라로부터 도망쳐서 정처없이 방황하던 트로이인들이 처음으로 로마 도성을 건설하고 거기에 거주하였다"고 말한다. 그때 신들이 파리스의 간통행위를 벌주려는 의견을 가지고 있었더라면, 로마인들은 더 고통을 당하든지 적어도 동일하게 고통당해야 했을 것이다. 왜냐하면 아이네아스의 어머니가 바로 간통 당사자이기 때문이다. 그렇다면 어찌된 영문으로 신들은 파리스가 범한 죄는 미워하면서도 자기들의 누이인 베누스(Venus)(다른 예는 차치하고라도)가 안키세스와 범죄하고는 아이네아스를 낳았던 데 대해서는 싫어하지 않았던가? 앞의 경우에는 메넬라우스(Menelaus)가 분개했지만, 뒤의 경우에는 불칸(Vulcan)이 범죄에 눈감아 주어서인가? 왜냐하면 내가 상상하기로 신들은 아내에 대하여 질투심을 느끼지 않으며, 심지어 인간들과도 예사로이 아내를 공유하고 있기 때문이다.

아마도 나는 아주 중요한 문제를 그에 걸맞도록 진지하게 다루지 않고, 그런 이야기를 조롱거리로 삼고 있다고 의심받을는지 모른다. 좋다. 그렇다면 아이네아스가 베누스의 아들이라고 말하지 말자. 나는 그것을 기꺼이 인정하고도 싶다. 그렇다면 정녕 로물루스가 마르스의 아들인가? 왜 하나는 인정하고 다른 하나는 인정하지 않는가? 아니면 신들이 여인들과 동침하는 것은 합법이고, 인간들이 여신들과 동침하는 것은 불법인가? 만약 베누스의 법에 의하여 허락받았다면, 이것은 이해하기 어렵거나 차라리 믿을 수 없는 조건일 것이다. 그러나 두 경우 다 로마의 권위에 의하여 인정되고 있다. 왜냐하면 과거의 로물루스가 스스로 마르스의 아들이라고 믿었듯이, 근자에 와서는 카이사르가 스스로 베누스의 후손이라고 믿었던 것이다.

4. 인간들이 스스로 신들의 후손인 체하는 것이 유용하다는 바로의 견해에 대하여

어떤 사람은 "당신은 이 모든 이야기를 믿는가?"라고 물을는지 모른다. 정녕 나는 그것을 믿지 않는다. 저들 중 아주 학식있는 바로(Varro)[10]도 비록 과감하고 확

---

10) 테렌티우스 바로(M. Terentius Varro, 116-27 B.C.):박식한 다작의 저자이다. 그러나 총 600권이 넘는 저서로 된 74부문의 저술 중 「농업에 관한 세 권」(*De Re Rustica*)과 「라틴어 문법」(*De Lingua Latina*)에 관한 25권 중 6권, 그리고 "퀴닉 철학자의 비유" 중 약 600행 정도가 전해진다. 고대에 관한 그의 위대한 저술, 즉 "고대의 풍습"은 "인간들의 일들"에 관한 25권과 "신들의 일들"에 관한 16권으로 구분되었다. 아우구스티누스 역시 하나님의 도성에서 「신들에 대한 의식에 대하여」(*De Culta Deorum*)과 「로마 국민에 대하여」(*De Gente Populi Romani*), 그리고 「철학에 대하여」(*De Philosophia*)를 인용하고 있다.

신에 차서 그렇게 말하지는 않고 있지만, 이 이야기들이 거짓임을 인정한 것이나 마찬가지다. 그러나 그는 용감한 사람들이 비록 거짓이라고 할지라도 스스로 신들의 후예라고 믿는 편이 국가를 위해서 이익이 된다고 주장한다. 신에게서 유래되었다는 믿음을 품고있는 인간의 정신은 큰 일에 과감하게 뛰어들어 그것을 정력적으로 해내고, 그럼으로써 바로 그런 확신으로 보다 풍성한 성공을 확보할 것이라는 이유 때문이다. 나는 바로의 견해를 가능한 한, 성실하게 내 말로써 옮겨놓았다. 이제 당신은 신들 자신에 대해서조차 거짓이 말해지는 것이 시민들에게 유익하다고 판단되는 사회에서, 많은 종교적·신성한 전설이 창작되는 현상이 얼마나 이해할 만하며, 거짓을 위한 문이 얼마나 활짝 열려있는지 알 것이다.

5. 신들이 로물루스의 어머니의 간통에 대해서 전혀 분개하지 않은 것으로 보건대, 그들이 파리스의 간통을 징벌했어야 한다는 것은 믿을 수 없다.

그러나 우리는 베누스가 인간인 안키세스를 통하여 아이네아스를 낳았는지, 또는 마르스가 누미토르의 딸로부터 로물루스를 얻었는가 하는 문제를 결정하지 않고 남겨둔다. 왜냐하면 우리 성경도 이와 아주 유사하게 타락한 천사들이 사람의 딸들을 취하여(창 6:4) 그 당시에 땅이 용사, 즉 엄청나게 크고 힘센 사람들로 가득찼음을 암시하고 있기 때문이다. 그렇다면 나는 현재 다음과 같은 난점으로 나의 논의를 한정시키고자 한다. 만약 저들의 책이 아이네아스의 어머니와 로물루스의 아버지에 대해 말하는 내용이 사실이라면, 신들은 자기들이 저질렀을 때에는 아무런 불쾌감도 일으키지 않았던 간통사건에 대해 어떻게 인간들이 저질렀을 때에는 불쾌해 할 수 있는가? 그 내용이 거짓이라고 할지라도, 신들은 자기들에 대한 거짓 이야기에도 기뻐했던 간통사건을 인간이 저질렀다 해서 화를 낼 수 없다.

나아가 마르스의 간통행위가 신뢰되지 않고, 그 결과 베누스도 문책대상에서 제외된다면, 로물루스의 어머니는 신과 동침했다는 변명이 효력을 상실하게 된다. 실비아가 베스타의 여사제였기 때문에, 신들은 파리스의 간음행위로 인해 트로이인들에게 행한 것보다 훨씬 더 가혹하게 이런 신성모독 행위에 대해 로마인들에게 복수해야 한다. 왜냐하면 심지어 로마인들조차 고대에 간음행위가 발각된 여사제는 생매장하곤 했던 반면에, 보통의 여인들이 그런 죄를 범하면 벌을 주기는 해도 사형까지 시키지는 않았기 때문이다. 그래서 그들은 인간의 침상보다 자기들이 신성하다고 생각했던 성소의 순결을 훨씬 더 열정적으로 옹호하고자 했던 것이다.

6. 신들은 로물루스의 동생 살해 행위에 대해서는 아무런 형벌도 요구하지 않았다.

나는 또다른 예를 덧붙이고 싶다. 만약 인간들의 죄가 신들을 그토록 격분케 만들어서 그들이 파리스의 죄를 응징하기 위하여 트로이를 불과 칼에 내버렸다고 한다면, 로물루스가 동생을 살해한 사건은 한 그리스인 남편의 유혹 행위로 그들이 트로이인들에게서 돌아선 이상으로 그들을 격노하도록 만들었어야 한다. 갓 건설된 도성에서 발생된 동생 살해 행위는 이미 번성하고 있던 도성에서 일어난 간통행위보다 더 신들의 분노를 자극했어야 한다. 로물루스가 자기 동생이 살해되도록 명령했든지, 아니면 자기 손으로 직접 살해했든지 우리가 지금 논의하는 문제에 아무런 상관이 없다. 직접 죽였을 가능성에 대해서는 많은 사람들이 후안무치하게도 부인하거나, 또다른 많은 사람들은 수치심 때문에 의심하거나, 또 많은 사람들은 슬픔 때문에 숨기려 든다. 우리는 그 주제에 대한 역사가들의 증언을 조사하고 숙고하기 위해 멈추어설 필요는 없다. 모든 사람이 로물루스의 동생이 적이나 낯선 사람에 의해서 살해당하지 않았다는 데 동의하고 있다. 로물루스가 그런 범죄행위를 명령하였든지 직접 저질렀든지 트로이인들에 대한 파리스의 관계 이상으로, 로물루스는 로마인들의 진정한 수장이었다. 그렇다면 다른 남자의 아내를 빼앗아간 사람이 트로이인들에 대해 신들의 진노를 불러일으켰는데, 왜 자기 동생의 생명을 취해간 자는 그 동일한 신들의 보호를 받았는가?[11]

반면에 로물루스가 자기 동생을 살해하지도 않았고 그것을 원하지도 않았다고 한다면, 전체 사회가 책임을 져야한다. 왜냐하면 전체 사회가 그 사건에 별로 주의를 기울이지 않았던 셈이 되어, 형제 살인이 아니라 그보다 더 악한 존속 살인을 범한 꼴이 되기 때문이다. 형제 두 사람이 도성을 건설했는데 그 중 한 사람은 사악한 행동으로 인하여 살해당함으로써 통치자가 될 수 없었다. 내가 판단하기에 트로이는 신들이 파괴되도록 내버려둘 만한 악을 저지르지 않았고, 로마는 신들이 번영을 가지고 찾아들 만큼 선을 행하지도 않았다. 사실은 신들이 패배당했기 때문에 트로이로부터 도망친 뒤에, 똑같은 방식으로 로마인들을 속이기 위하여 그들에게로 도피한 것이 아닐까? 그럼에도 불구하고 신들은 트로이 땅에 장차 거주할 사람들을 속이기 위하여 그곳에 기반을 계속 유지해 놓은 채, 로마에서는 자기들의 사악한 속임수를

11) 이교도 도덕주의자들은 이 이야기에 대해 애석해 했다. Cic., *De Off.*, 3, 40; Liv., 1, 67; Hor., *Epod.*, 7, 17f. 참조.

더 광범하게 활용하여 보다 큰 영예를 얻고는 기뻐했던 것이다.

7. 마리우스의 장군인 핌브리아에 의한 일리움 파괴에 관하여

우리는 로마 내란의 불길이 처음 치솟을 때, 가련한 일리움이 그리스인들로부터 당한 약탈 이상으로, 마리우스 도당 중에 가장 흉악한 핌브리아(Fimbria)[12]의 손에 의하여 심하고 잔인한 파괴를 당할 만큼 악행을 저질렀는지 분명히 질문할 수 있다. 왜냐하면 앞서 그리스인들이 트로이를 점령했을 때에는 많은 사람들이 도망칠 수 있었고, 도망치지 못했던 사람들은 비록 노예생활이기는 했지만 적어도 생명을 부지할 수는 있었기 때문이다. 그러나 핌브리아는 애초부터 한 사람도 살려주지 말고 도성과 모든 거주민을 다 불사르라는 명령을 내렸다. 일리움은 악행으로 격노케했던 그리스인들로부터가 아니라, 첫번째 파괴 이후에 인구를 옮겨서 건설했던 로마인들에 의하여 그러한 보응을 받았다. 이런 일이 자행되는 동안에 양측으로부터 똑같이 존중받았던 신들은 아무 일을 하지도 않았고, 혹은 보다 정확히 말한다면 아무런 일을 할 수도 없었다. 이 때에도 도성이 그리스인들에 의하여 불타고 파괴된 후 다시 건설되었을 때, 그 도성을 유지시켜준 신들이 "성소와 제단을 버리고 떠나갔다"[13]고 말할 수 있을까?

그렇다면 나는 그 이유를 묻고 싶다. 내가 판단하기로는 트로이 시민들이 칭찬받을 만한 행동을 했던 정도에 비례하여, 신들은 그 행위로 인해 책망받아야 한다. 왜냐하면 시민들은 도성을 술라에게 남겨주려고 핌브리아에 대항하여 성문을 걸어잠근 결과, 격분한 그 장군에 의하여 도성이 불타고 진멸되었기 때문이다. 그 시점까지 술라의 주장이 둘 중에 훨씬 정당했다. 왜냐하면 그때까지 술라는 무력을 사용하여 공화국을 회복시키려고 하였고, 아직까지 아무도 그의 선한 뜻이 파국적인 결과에 도달하리라고는 생각하지 않았기 때문이다. 그렇다면 트로이인들은 이보다 더 나은 일을 행할 수 있었을까? 로마인들 중에 더 나은 편을 위하여 도성을 보존시키고 공화국을 멸하려는 자들에 대항하여 성문을 걸어잠근 행동보다, 로마에 더 명예로운 일이나, 더 충성스런 일이나, 혈연관계에 있는 이들에 대하여 더 합당한 노선이 있을 수 있었을까?

---

12) 플라비우스 핌브리아:술라에 대항한 내란에서 마리우스의 일파였다. 기원전 86년에 마리우스가 죽은 후 그는 아시아에서 지휘관으로 있으면서 트로이를 장악했다. 그러나 그의 군대가 반란을 일으키자 기원전 84년에 자살했다.

13) Virg., *Aen.*, 2, 351f.

신들을 변호하는 이들로 하여금 이런 행동으로 트로이가 당한 파멸을 주목해 보도록 하라. 신들은 간음을 범한 백성을 저버리고 트로이를 그리스인들의 불길 속으로 내던짐으로써 그 잿더미에서 보다 정결한 로마가 생겨나도록 했을는지는 모른다. 그러나 이제 그들은 두번째로 로마와 연합했으며, 자기의 귀한 딸인 로마에 대해 반란을 일으키지도 않았으며, 오히려 로마 중에서 가장 정당한 편에 아주 확고하며 경건한 충성을 유지한 바로 그 도성을 버린 이유가 무엇인가? 왜 그들은 트로이가 그리스의 영웅들이 아니라, 로마인 중에서도 가장 비열한 자에 의하여 파괴되도록 내버렸는가? 신들이 만약 불행한 트로이인들이 자기들의 도성을 보존해주고자 했던 술라의 주장에 찬성하지 않았다면, 왜 그에게 그런 성공을 예언하고 약속했는가? 우리는 그들이 불행을 당한 자들을 돕는 자가 아니라, 행운을 얻은 자들의 뒤를 따라다니며 아첨하는 자라고 불러야 하지 않겠는가?

그렇다면 신들이 트로이를 버렸기 때문에 그 도성이 파멸된 것도 아니었다. 왜냐하면 항상 속일 기회를 찾고 있는 악마들은 자기들이 할 수 있는 일을 했기 때문이다. 모든 신상이 도읍과 함께 파괴되고 불타고 있을 때 리비우스가 우리에게 말해주는 바에 따르면, 오직 미네르바의 신상만이 신전의 파괴더미 가운데서 아무 해도 입지 않고 서있는 모습이 목격되었다고 한다.[14] 이런 일은 신들을 찬양하면서,

> 신적인 보호로써 위대한 트로이를 도피시켰던
> 우리 조상들의 신들[15]

을 언급하기 위해서가 아니라,

> 모든 신들이 성소와 제단을 떠나갔다[16]

라고 하며 그들을 옹호하지 못하도록 하기 위해 발생되었다. 왜냐하면 그런 놀랄 만한 일이 그들에게 허락된 것은 그들의 강력함이 입증되기 위해서가 아니라, 그들이 그곳에 있다고 고발되기 위함이었기 때문이다.

8. 로마는 트로이의 신들에게 위임되었어야 했는가?

---

14) Liv., *Perioch.*, 83.
15) Virg., *Aen.*, 9, 247.
16) *Aen.*, 2, 351f.

트로이를 상실함으로써 자기들의 연약함을 내보였던 트로이의 신들에게 로마를 내맡긴 것이 지혜로운 일이었는가? 핌브리아가 트로이를 급습할 때 신들은 이미 로마에 거주했다고 말할 사람이 있을 것인가? 그렇다면 미네르바의 신상이 어떻게 서 있었겠는가? 게다가 핌브리아가 트로이를 파괴할 때 신들이 로마에 있었다면, 바로 로마가 골인들에 의하여 점령당하고 불탈 때에는 트로이에 가 있었다는 말이 된다. 그러나 그들은 청각이 아주 예민하고 동작이 민첩하기 때문에 거위의 울음소리를 듣고 재빨리 돌아와서는, 비록 경고소리가 너무 늦었던 까닭에 도성의 나머지를 방어할 수는 없었지만 적어도 카피톨 언덕만은 지켜낼 수 있었다.

9. 누마 통치기의 평화는 신들 덕분이라고 믿을 수 있는가?

또한 사람들은 로물루스의 후계자인 누마 폼필리우스(Numa Pompilius)가 통치기간 동안 줄곧 평화를 유지함으로써, 통상적으로 전쟁이 터질 때면 열어놓는 야누스의 문을 닫았던 것이 신들의 도움을 받았기 때문이라고 믿고 있다. 그리고 그는 로마인들 사이에 많은 종교의식을 제정함으로써 그러한 보응을 받았다고 생각되고 있다.

분명히 그 왕이 평온한 시기에 건전한 일을 추구하게 할 만큼 지혜롭고, 사악한 호기심을 내던지고 진정한 경건으로 참된 하나님을 추구하였더라면, 흔치 않은 평화 시기에 대해 우리의 축하를 받았을 것이다. 그러나 사실상 그에게 그런 평화를 허락한 이는 신들이 아니었다. 오히려 신들은 그가 좀더 바쁜 모습을 보였더라면, 그에게 속임수를 덜 사용했을 것이다. 왜냐하면 신들은 그가 한가한 모습을 보일수록 그의 주의를 더 많이 끌었기 때문이다. 바로(Varro)는 이런 신들을 그 자신과 로마와 연결시키기 위하여 사용했던 기술과 온갖 노력에 대해 우리에게 말해주고 있다. 만약 하나님이 원하신다면, 우리는 이 문제에 대하여 다른 곳에서 좀더 충분히 다룰 것이다. 현재 우리는 신들에 의하여 부여된 유익에 대하여 말하고 있는 중이기 때문이다.

나도 평화가 크게 유익하다는 점은 부인하지 않는다. 그러나 그것은 햇빛이나 비, 그리고 생활에 필요한 다른 것들과 마찬가지로 종종 감사치 않는 자들과 사악한 자들에게도 부여되는 참된 하나님의 유익이다. 그러나 신들이 로마와 폼필리우스에게 엄청난 혜택을 베풀었다면, 왜 그들은 나중에 로마 제국이 좀더 칭찬받을 만한 일을 했을 때에 그것을 부여하지 않았던가? 종교적인 의식은 일단 제정되고 나서 나중에 실행에 옮겨질 때보다, 애초에 정해질 때 더 효력이 있는 것인가? 그러나 누마가 그런 의식을 로마 종교 속으로 편입시킬 때까지 그 의식은 존재하지도 않았다. 이후에 의식이 기념되고 유지된 것은 그를 통하여 은혜를 입기 위함이었다. 그렇다면 누마가 통치한 43년, 혹은 다른 사람들이 주장하듯이 39년 동안 평화가 깨어지지 않고 지나갔으나, 그 이후에 의식이 정해지고 그런 의식을 통하여 부름받았던 신들 자신이 로마의 공인받은 수호자요 방어자가 되었을 때, 즉 도성이 건립된 후부터 아우구스투스의 시기까지 전 기간에 걸쳐 1차 포에니 전쟁의 종결된 후 1년 동안[17]을 제외하고는 전쟁의 문을 닫아놓은 순간을 찾기가 어려움은 어찌된 일인가? 바로 그 1년도 대단한 기적이라고 기록되어 있지 아니한가!

10. 로마제국은 누마의 평화스런 방법을 뒤따름으로써 조용하고 안전할 수 있었는데도, 그토록 광적인 전쟁수행에 의하여 확장되는 것이 바람직했는가?

저들은 로마가 계속적으로 부단히 전쟁을 치르지 않았더라면 그렇게 넓게 확장될 수도 없었고 그렇게 영광스럽게 될 수도 없었을 것이라고 대답하는가? 실로 정당한 주장이다. 그러나 제국이 확대되기 위하여 평화를 상실해야 하는 이유가 무엇인가? 인간의 신체라는 이 작은 세계에서도 부자연스런 고통을 가하여 거인과 같은 우람한 체구를 얻은 뒤에 평안히 쉬지도 못하고 신체의 크기에 비례하여 고통을 당하는 편보다는, 적절한 크기로 건강을 유지하는 편이 낫지 않은가? 처음 시기의 평화가 지속되었더라면, 어떤 악이 생겨났을 것인가? 그리고 그 결과가 좋지 않았을 것인가? 그 시기에 대해 살루스티우스는 다음과 같이 간략하게 기술하고 있다: "초기의 왕들 — 이 단어는 세상에서 지배권을 획득한 사람에게 처음 붙여진 호칭이기 때문이다 — 은 성향이 각기 달랐다. 어떤 이들은 정신적인 권력을 행사했고, 어떤 이들은 육체적인 힘을 행사했다. 그 당시에 사람들은 욕심없이 살았고 각 사람은 자기가 가진 것에 만족했다."

그렇다면 로마의 번영을 위해서는 베르길리우스가 다음과 같이 개탄했던 사태가 뒤이어 올 필요가 반드시 있었던가?

시간이 흘러감에 따라 서서히 생명은 색조를 잃어가고,

---

17) 기원전 235년이었다. 1차 포에니 전쟁은 241년에 끝났다. 평화시에는 닫혀 있기만 하던 이 야누스 신전의 문들은 기원전 31년에 악티움 해전이 끝나고 나서야 다시 닫히게 되었다.

18) *Aen.*, 8, 326ff.

주체할 수 없는 전쟁의 광기와 탐욕스런 소유욕이 뒤를 이었다.[18]

그러나 분명히 로마인들은 그렇게 많은 전쟁을 기도하고 수행한 데 대한 그럴듯한 변명, 즉 적의 침입으로 저항해야 했으며, 사람들의 갈채를 받기 위해서가 아니라 생명과 자유를 수호할 필요성에 싸울 수밖에 없었다고 변명할 수 있다. 그것은 그렇다고 치고 이 문제에 대한 다음과 같은 살루스티우스의 설명을 보자:

> 그들 국가가 법률과 도덕이 정비되고 농지가 확장된 데 힘입어 상당히 번영하고 강력해졌을 때, 인간 본성이 으레 그러하듯이 풍요로움으로부터 시기심을 불러일으켰다. 따라서 이웃하고 있던 왕들과 나라들이 무기를 잡고는 그들을 공격했다. 몇몇 동맹국이 원조해주기도 했지만, 나머지는 두려움 때문에 위험에서 멀리 떨어져 있었다. 그러나 평화 때나 전쟁 때나 경계를 늦추지않았던 로마인들은 힘있게 행동하여 미리 준비를 하고는 서로 격려하면서 나아가 적들에 맞서 싸웠고, 자기들의 자유와 나라와 부모를 무기로써 방어하였다. 그리하여 그들이 용맹스럽게 위험을 물리쳤을 때 동맹국과 우호국에 도움을 베풀어주었고, 호의를 얻음으로써보다는 부여해줌으로써 더 많은 우호관계를 쌓아나갔다.

이런 조치에 의하여 로마가 성장했던 데에는 부끄러워해야 할 만한 것이 전혀 없다. 그러나 누마의 치세 동안에는 악한 이웃국가가 침입해오는 데도 평화가 오랫동안 유지되었는가? 아니면 평화가 유지될 수 있도록 이런 침략행위가 중단되었는가? 그 당시에 로마가 전쟁으로 괴롭힘을 당하면서도 무력으로 대항하지 않았더라면, 전쟁에서 적을 정복하거나 공격을 통하여 겁을 주지 않고도 적을 잠잠하게 만든 똑같은 방법을 언제나 사용했어야 했고, 평화를 깨뜨리지 않음으로써 야누스의 문을 닫아놓아야 했을 것이다.

그리고 로마가 이런 일을 할 수 없었다면, 로마는 신들의 의지에 의해서가 아니라, 주변에 있는 이웃나라들이 자기들의 의사대로 전쟁으로 도발하고 싶지 않을 때에 한해서 평화를 누렸던 것이다. 비록 그런 신들이 파렴치하게도 다른 사람들의 선택이나 거절에 달려있는 공(功)을 자기들의 호의인 것처럼 사람들에게 감히 팔려고 내놓지 않는다면 말이다! 정녕 이들 악마들은 자기들이 할 수 있는 한, 그들 자신에게 고유한 사악함으로써 악인들의 마음을 겁먹이거나 충동질할 수 있다. 그러나 만약 그들이 이런 능력을 가지고 있고 또 보다 은밀하고 강한 능력으로 그들의 노력에 대항한 어떤 조치도 취할 수 없다고 한다면, 비록 직접적인 원인이 거의 항상 인간들의 감정에 달려있다고 할지라도 평화나 전쟁의 승리는 언제나 신들의 통제하에 있게 될 것이다. 그러나 조금만치도 진실되거나 진실을 암시하지 않는 거짓된 전설

뿐만 아니라 심지어 로마 자체의 역사에 의해서도 입증되듯이, 그런 일들은 흔히 신들의 의사에 반하여 발생된다.

11. 자신이 도와줄 수 없으므로 눈물로써 그리스인들에게 재앙을 예시했다고 생각되는 쿠마이에 있는 아폴로 신상에 관하여

아카이인들과 아리스토니쿠스 왕에 대한 전쟁[19]에서 4일 동안 눈물을 흘렸다고 전해지는 쿠마이의 아폴로에 대한 이야기[20]에서 인정되는 사실은 바로 신들의 이런 무력함이다. 복점관(卜占官)들이 이상(異常)에 대해 놀라고는 신상을 바다로 던지기로 결정했을 때, 쿠마이의 노인들이 개입하여 안티오쿠스와 페르세우스에 대한 전쟁[21] 때에도 그 신상에 유사한 이상이 발생했고, 그 사건이 로마인들에게 유리함이 입증되었기 때문에 원로원의 결정으로 아폴로에게 선물을 보내도록 했었다고 말했다. 그러자 보다 전문적인 기술을 지닌 점술사들이 소환되었는데, 그들은 쿠마이가 그리스의 식민시이고 아폴로는 자신의 출신지인 그리스에 임박한 재앙과 슬픔을 눈물로써 예시하고 있기 때문에 아폴로가 흘리는 눈물은 로마인들에게 길조(吉兆)라고 공표했다. 잠시 후에 아리스토니쿠스가 패배당했고 포로로 잡혔다는 보고가 들어왔다. 이 패배는 확실히 아폴로의 뜻과는 대치되는 결과였다. 그는 대리석 신상에서 눈물을 흘리면서까지 이 일을 암시했었다.

이런 사건은 시인들의 시구가 비록 수수께끼같을지언정 진실성이 전혀 결핍되어 있지는 않으며, 악령들의 행동양식을 아주 적합한 방식으로 묘사해준다는 사실을 우리에게 보여준다. 왜냐하면 베르길리우스의 작품에서 디아나는 카밀라를 위하여 슬퍼했고, 헤라클레스는 죽을 운명에 처해있던 팔라스를 위해 눈물을 흘렸기 때문이다.[22] 이로 보아 아마도 누마 폼필리우스 역시 장기간의 평화를 누리면서도 그것이

19) Liv., 43, 13.

20) Jul. Obs. *Prod.*, 87; Cic *De Div.*, 1, 43, 98.

21) 아우구스티누스는 기원전 146년에 코린트의 함락으로 종결된 아카이아 동맹에 대항한 전쟁과, 자기 형제인 유메네스에 의하여 페르가뭄 왕국이 로마인들에게 유산으로 넘겨지는 것을 막고자 했던 페르가뭄의 아리스토니쿠스에 대항한 전쟁을 혼동했던 것처럼 보인다. 아리스토니쿠스는 기원전 129년에 잡혀서 처형당했다. 시리아의 왕인("대") 안티오쿠스 3세는 소아시아와 그리스에서의 활동 때문에 로마와 충돌하게 되었다. 그는 기원전 190년에 소 스키피오 아프리카누스에 의하여 패배당했다. 마케도니아의 왕인 페르세우스(혹은 페르세스)는 기원전 168년에 피드니아에서 아이밀리우스 파울루스에 의하여 패배당했다.

22) *Aen.*, 11, 836ff; 10, 464f.

누구의 덕택인지 알거나 발견하지 못했기 때문에, 어떤 신들에게 로마의 안녕을 위임해야 하는지 자문해 보았을 법도 하다.

그는 참되고 전능하며 가장 높으신 하나님이 세상 문제에 관심을 갖고 있다는 생각을 꿈도 꾸지 못하고서, 아이네아스가 가지고 온 트로이의 신들이 트로이 왕국이나 아이네아스 자신이 건설한 라비니움 왕국을 오랫동안 지켜줄 수 없었다는 사실을 생각해냈다. 그래서 그는 피난민의 수호신이요 연약한 자의 조력자로 다른 신들을 세우고는, 로물루스와 함께 로마로 건너왔거나 알바가 파괴될 때 넘어온 초기의 신들에다가 이들을 더하기로 결정했던 것이다.

12. 로마인들은 누마에 의하여 도입된 신들에게 엄청나게 많은 신들을 첨가시켰지만, 그런 신들은 그들에게 아무런 도움도 주지 못했다.

폼필리우스가 그토록 많은 의식을 도입했음에도 불구하고, 로마인들은 그에 만족하는 것이 적절하다고 생각하지 않았다. 왜냐하면 유피테르 자신도 아직 주신전을 갖고 있지 못했기 때문이다. 카피톨[23]을 건축한 사람은 바로 타르퀸 왕이었다. 그리고 아이스쿨라피우스는 에피다우루스를 떠나 로마를 향해 감으로써[24] 이 중요한 도시에서 자신의 뛰어난 의술을 행사할 수 있는 보다 나은 터전을 갖고자 하였다. 또 나는 신들의 어머니[25]가 어떻게 하여 페시누스에서 나오게 되었는지 알지 못한다. 자기 아들이 이미 카피톨 언덕에 자리잡고 있는데 그녀 자신은 무명의 상태로 묻혀 있는 것은 적당하지 않았을는지 모른다. 그러나 그녀는 모든 신들의 어머니였음에도 불구하고, 몇몇 아들들을 로마까지 뒤따라 갔을 뿐만 아니라, 다른 아들들이 자신을 뒤따르도록 내버려 두었다.

진실로 나는 그녀가 오랜 뒤에 이집트에서 나온 키노케팔루스의 어머니인지 궁금하다. 그녀가 또한 여신인 페브리스(Febris)[26]의 어머니인지는 그녀의 손자인 아이스쿨라피우스가 결정할 문제이다. 그러나 그녀의 계통이 어떠하든지 나는 수입된 신들이 로마 시민인 여신을 태생이 천하다고 무례하게 경멸하리라고는 생각하지 않는다!

누가 로마를 보호하도록 위임받은 신들을 다 열거할 수 있겠는가? 토착신도 있

---

23) 유피테르 카피톨리누스의 신전이다. Liv., 10, 47, 7.
24) 기원전 293년(Liv., 10, 47).
25) 1권 30장 참조.
26) 키노케팔루스와 페브리스에 관해서는 2권 14장 참조.

고, 수입된 이방신도 있으며, 하늘과 땅과 지하와 바다와 샘과 강의 신들도 있으며, 바로가 말하듯이 명확한 신도 있으며, 불명확한 신[27]도 있다. 동물의 경우와 마찬가지로 이런 신들 사이에도 남성과 여성의 구분이 있다. 그렇다면 로마는 그처럼 구름 떼같이 많은 신들의 보호를 받고 있었기 때문에, 내가 단지 몇 가지만 언급했던 그 크고 끔찍한 재앙들로부터 분명히 고통당하지 말았어야 한다.

로마는 커다란 제단의 연기로써 마치 봉화를 피운 것처럼 자신의 방어를 위하여 수많은 신들을 불러 모아놓고는 그들을 위해 신전과 제단과 희생제를 바치고 사제를 제정하거나 임명하고 유지시켰다. 그리하여 그들은 마땅히 홀로 이 모든 의식을 받을 만한 자격을 가지셨던 참되고 가장 높은 하나님의 진노를 샀다. 사실 로마는 신들이 좀더 적었을 때, 더 번성했다. 그러나 로마는 점점 커지게 되자 마치 큰 배에서 승무원이 더 많이 승선할 필요가 있다는 듯이, 더 많은 신을 가져야 한다고 생각했다. 내가 추측하기로, 로마는 자기가 이전에 비교적 행복한 시기를 보냈을 때 보호받았던 적은 수의 신들이 점점 커져가는 위엄을 방어해줄 수 있다는 확신을 가지지 못했던 것으로 보인다.

우선, 내가 이미 말한 바 있는 누마 폼필리우스의 통치기를 제외하고는 왕들의 통치하에서조차 로물루스의 동생의 죽음을 초래할 만큼 아주 사악한 불화가 있었음에 틀림없지 않은가!

13. 로마인들은 첫번째 부인을 어떤 권리나 협정으로 얻었는가?

자기 남편인 유피테르와 함께, "토가(toga : 고대 로마의 겉옷-역주)의 민족인 로마의 아들들"[28]을 양육했던 유노나 베누스 자신은 어찌된 셈으로, 정당하고 품위있는 방법으로 사랑하는 아이네아스의 후손들에게 아내를 찾아줄 수 없었던가? 로마인들은 아내가 부족했기 때문에 아내를 훔쳐온 뒤에, 장인되는 사람들과 전쟁을 치러야 되는 절박한 필요가 생기게 되었다. 그래서 잡혀온 불쌍한 여인들은 남편들이 가한 해악의 충격에서 채 벗어나기도 전에, 자기 아버지의 피로써 지참금을 바쳐야 했다. 사실, 로마인들은 이웃나라와의 충돌에서 승리를 거두었다. 그러나 양편에 얼마만한 상해가 있었으며 친척과 이웃을 살해하는 슬픈 일이 얼마나 있었던가? 카이사르의 딸이기도 한 폼페이우스의 아내[29]가 죽었을 때 루칸(Lucan)이 당연하게도 슬픈 탄

---

27) 7권 17장 참조.
28) Virg., *Aen.*, 1, 281f.
29) 율리아인데 기원전 59년에 폼페이우스와 결혼했다가 54년에 사망했다.

식소리와 함께,

> 나는 에마티아 평원에서 벌어진 전쟁을 노래하노라.
> 거기서는 승리라는 이름으로 범죄행위도 정당화되었다네![30]

라고 부르짖은 이유는 장인인 카이사르와 사위인 폼페이우스 사이의 전쟁 때문이었다.

로마인들은 승리한 후, 장인의 피로 얼룩진 손으로 그 불쌍한 소녀들을 강제로 포옹했다. 소녀들은 승리한 남편들이 무서워서 죽은 자기들 부모를 위하여 감히 눈물도 흘리지 못했다. 전투가 심해질 때, 그녀들은 입술로 기도를 했지만 누구를 위해서 기도하는지 스스로도 알지 못했다.

로마인들에게 이런 결혼을 예비한 이는 분명히 베누스가 아니라 벨로나(Belona)였다. 아마도 지옥에서 나온 복수의 여신인 알렉토(Allecto)[31]가 유노의 간청으로 — 비록 그때쯤에는 유노가 로마인들 편이 되었음에도 불구하고—아이네아스에 대항하여 분격할 때보다 더 넓은 활동범위를 부여받았을는지 모른다. 사로잡힌 안드로마케(Andromache)는 이 로마의 신부들보다 더 행복했다. 그녀가 비록 노예였지만 피루스의 아내가 되고난 뒤에는, 더 이상 어떤 트로이인들도 피루스의 손에 죽지 않았다. 그러나 로마인들은 자기들이 침실에서 껴안았던 신부의 아버지를 전장에서 살해했다. 승자의 포로가 된 안드로마케는 두려움없이 자기 백성의 죽음을 슬퍼할 수 있었다. 전사(戰士)들과 관련되어있던 사비니족 여인들은, 남편이 집을 떠날 때에는 아버지가 살해당할까 두려워하고 남편이 돌아올 때에는 아버지의 죽음을 슬퍼했지만, 마음놓고 자기들의 두려움이나 슬픔을 표현할 수도 없었다. 그녀들은 자기 동료시민들과 부모 형제의 죽음을 마음 속 깊은 곳에서 탄식했든지, 아니면 잔인하게도 자기 남편의 승리를 기뻐했든지 둘 중의 하나였다. 더욱이 전쟁의 운은 변덕스럽기 때문에, 그들 중 어떤 이들은 부모의 칼에 남편을 잃기도 했고, 또다른 이들은 남편과 부모가 서로 죽이는 가운데 그 둘을 동시에 잃기도 했다.

사실 이때 로마인들은 사태를 무사히 넘길 수가 없었다. 그들은 성벽 안으로 후퇴하여 잠겨진 성문 뒤로 몸을 숨겼다. 그런데 속임수에 의하여 성문이 열리고 적병이 성안으로 들어오게 되자, 포럼(고대 로마의 공공 광장-역주)은 장인과 사위 사이에

---

30) *Phars.*, 1, 1f.
31) Virg., *Aen.*, 7, 323ff. 참조.

잔혹하고 격렬한 전장이 되어 버렸다. 이후에 여인을 약탈한 자들은 패배당하여 사방으로 흩어져 자기 집으로 가서는, 수치스럽고 개탄할 만했던 예전의 승리를 새로운 수치심으로 더럽혔다. 로물루스가 시민들의 용맹성에 더 이상 기대할 수 없게 되자, 유피테르에게 그들이 굳게 버틸 수 있도록 기도한 것은 이때였다. 이로부터 유피테르는 고정자(固定者:Stator)라는 이름[32]을 얻게 되었다. 만약 약탈당한 여인들이 머리를 풀고는 자기 부친 앞에 몸을 던져서 승리의 무기로써가 아니라 부정(父情)에 호소함으로써 그들의 정당한 분노를 누그러뜨리지 않았더라면, 끔찍한 불행이 계속되었을 것이다. 자기 동생마저도 동료로 받아들이기를 거절했던 로물루스도 그 때에는 어쩔 수 없이 사비니족의 왕인 티투스 타티우스(Titus Tatius)를 공동 통치자로 인정하지 않을 수 없었다. 그러나 자기 쌍둥이 동생과도 협력하기를 싫어 했던 그가 이방인을 얼마나 오랫동안 참아낼 것인가? 그리하여 타티우스는 살해당했고, 로물루스는 더 위대한 신이 되기 위하여 왕권을 독점하게 되었다.

이상한 결혼 방식, 이상한 전쟁 이유, 이상한 형제 관계, 인척 관계, 동맹 관계, 그리고 이상한 신들과의 관계를 보라. 그렇게 많은 신들의 보호를 받았던 도성의 모습은 이러했다. 당신은 이 주제에 대해 얼마나 가혹한 말을 할 수 있는지 알 것이다. 그러나 우리는 원래의 목적을 위하여 이제 이것을 넘어서서 다른 문제를 다루는 이야기로 넘어갈 필요가 있다.

14. 로마인들이 알바인들에 대항하여 벌인 전쟁의 사악함, 그리고 권력욕에 의하여 획득한 승리에 대하여

그러나 누마 이후 다른 왕들의 통치기에 알바인들이 전쟁에 연루되었을 때, 그들 자신에게만 아니라 로마인들에게도 얼마나 슬픈 결과가 초래되었던가? 사람들은 누마 시기의 오랜 평화에 대해 염증을 느꼈었다. 그래서 로마와 알바의 군대가 얼마나 끝없는 살상과 손실로써 평화를 끝장내었던가! 알바는 아이네아스의 아들인 아스카니우스가 건설했기 때문에 실상은 로마에게는 트로이보다도 더 모국에 가까왔는데도, 로마의 왕인 툴루스 호스틸리우스(Tullus Hostilius)에 의하여 충동질받아 전쟁을 벌이게 되었다. 그리하여 시작된 전투 중에 양측은 상당한 손실을 입고 고통을 받았기 때문에 급기야 싸움에 싫증을 느끼게 되었다. 그래서 양측에서 세 쌍둥이의 결투로써 전쟁을 결말짓자고 합의되었다. 로마 측에서는 호라티우스 집안의 세 형제

32) Liv., 1, 12. 참조.

가 출정했고, 알바 측에서는 쿠리아티우스 집안의 세 형제가 앞으로 나왔다. 처음에는 호라티우스 가의 두형제가 쿠리아티우스 가의 형제들에게 패하여 살해당했으나, 마지막 남은 호라티우스가 세 명의 쿠리아티우스 형제들을 죽였다. 그래서 로마가 승리했으나 이미 엄청난 재앙을 당한 터이라, 병사 중에 집으로 돌아간 사람은 6명에 1명 밖에 되지 않았다. 양측에서 누가 손실을 입었으며, 누가 슬퍼하였는가? 바로 유피테르의 손자이자 베누스의 자손인 아스카니우스의 후손들, 아이네아스 족속이 아닌가? 이 전쟁은 어머니 격인 나라와 딸 격인 나라가 서로 싸웠기 때문에 내란보다도 더 추악했다.[33]

세 쌍둥이 형제의 전투에다가 또다른 극악하고 끔찍한 비극이 추가되었다. 왜냐하면 두 나라는 예전에 우호적이었으므로(인척관계에 있기도 하고, 이웃이기도 하여) 호라티우스 가의 딸이 쿠리아티우스 가의 한 아들과 약혼을 했었기 때문이다. 그녀는 자기 오빠가 약혼자에게서 빼앗은 약탈물을 지니고 있는 모습을 보고는 울음을 터뜨렸는데, 이에 분개한 오빠가 여동생을 죽여버렸던 것이다.

나에게는 이 한 소녀가 전체 로마인들보다 더 인간적인 것처럼 보인다. 나는 그녀가 이미 약혼을 했었던 남자를 위해서 슬퍼했든지, 혹은 스스로 자기 여동생을 결혼시키기로 약속했던 사람을 자기 오빠가 죽였다는 사실에 슬퍼했든지 비난받을 수 없다고 생각한다.

그렇지 않다면 우리는 왜 베르길리우스의 작품에 나오는 대로 자기 손으로 죽인 적에 대해서 슬퍼했던 아이네아스[34]를 칭찬하는가? 마르켈루스가 시라쿠사를 파괴하기 직전에 그 도성의 번영과 최상의 영예를 회상하면서 모든 것이 같은 운명을 당한다고 생각했을 때, 왜 그는 그 도성에 대해 눈물을 흘렸는가?[35] 나는 인간적인 감정으로 스스로 정복한 적에 대해서 눈물을 흘린 사람이 칭찬받는다면, 연약한 소녀가 오빠의 손에 의하여 살해당한 연인의 죽음을 슬퍼한다고 하여 범죄자로 간주되어서는 안된다고 주장한다. 그 소녀가 오빠의 손에 살해당한 약혼자로 인하여 눈물흘리고 있는 동안에, 로마는 모시(母市)에 엄청난 타격을 가했고 양측에 똑같이 흘린 피의 대가로 승리를 쟁취해냈다는 데 기뻐하고 있었다.

"영광"이니 "승리"니 하는 단어나 칭호가 도대체 무슨 소용이 있는가? 망상(妄想)의 가리개를 찢어버리고, 범죄 행위 자체를 적나라하게 직시하며, 경중을 달아보

33) Luc., *Phars.*, 1, 1. 참조.
34) Virg., *Aen.*, 10, 821-8.
35) 1권 6장 참조.

고 판단하라. 트로이를 간통죄로 비난했던 것처럼, 알바에게도 고소거리를 찾아보도록 하라. 두 경우 사이에는 유사점이나 비교점이 전혀 없다. 툴루스의 전쟁은 오직,

> 오랫동안 승리를 맛보지 못하던 심심한 사람들과
> 군대를 부추기기 위하여[36]

촉발되었을 따름이다. 이런 억제되지 않은 야욕이 동맹에 대하여, 인척관계가 있는 이웃에 대하여 전쟁을 치른 유일한 동기였다. 살루스티우스는 이 악덕에 대하여 약간 언급했다. 그는 사람들이 욕심없이 살아가고 모두가 가진 것에 만족하던 옛 시절에 대해, 간단하지만 충심에서 우러나는 찬사를 보낸 다음에 계속해서 말을 잇는다. "그러나 아시아에서는 키루스 이후에, 그리스에서는 스파르타와 아테네 이후에, 도성과 나라를 정복하며 정복욕으로만 전쟁을 벌일 충분한 이유가 된다고 간주되며 최고의 영광은 제국을 확장시키는 데 있다고 생각되기 시작했다."[37]

살루스티우스는 이런 투로 계속 말하지만, 나는 여기에 그것을 다 인용할 필요를 느끼지 않는다. 이런 지배욕은 추악한 악덕으로 인류를 지치게 만들었다. 로마는 알바에게 승리를 거둔 뒤 자기의 죄악을 찬양하면서 영광이라고 부를 때, 오히려 이 욕망에 의하여 정복당했다. 왜냐하면 우리 성경이 말하듯이, "악인은 그 마음의 소욕을 자랑하며 탐리하는 자는 여호와를 배반하여 멸시하기"(시 10:3) 때문이다.

그렇다면 사태를 정직하게 보고 조사하기 위해서는 이런 거짓된 가면을 벗고 기만적인 회칠을 벗겨내라. 어느 누구든지 이런저런 사람이 이렇고 저렇게 싸우고 정복했기 때문에, "위대한" 인물이라고 말하지 않게 하라. 검투사들은 싸우고 승리함으로써 그 야만적인 관습으로 칭찬을 얻는다. 그러나 나는 그런 무기로써 영예를 얻으려고 추구하기보다는, 게으름 때문에 벌받는 편이 낫다고 생각한다. 두 명의 검투사가 싸우기 위하여 경기장에 들어섰는데 한 사람은 아버지이고 다른 한 사람의 그의 아들임이 판명된다면, 누가 그런 광경을 눈뜨고 볼 수 있겠는가? 누가 그 경기를 취소하라고 하지 않겠는가? 그렇다면 어머니 격인 나라에 대해 딸 격인 나라가 전쟁을 치르는데 어떻게 영광스럽다고 할 수 있는가? 전장이 경기장이 아니며, 넓은 평원이 단지 두 사람의 검투사만이 아니라 수많은 두 나라 사람들의 시체로 가득 메워지고, 다투는 광경을 원형 경기장에 있는 사람들이 아니라 온 세상이 바라보며, 당

36) Virg., *Aen.*, 6, 814f.
37) Cat., 2, 2.

대에 살아있는 사람들에게와 또 그 소식이 전해지는 한 후대 사람들에게도 모욕적인 구경거리로 제공된 형편에 거기에는 무슨 차이가 있다는 말인가?

그러나 로마제국의 수호신이자 사실상 이러한 전쟁의 관객이기도 한 신들은 호라티우스 가의 자매가 자기 오빠의 칼에 의하여 로마측의 세번째 희생자로 추가되었음에도 불구하고 만족하지 못했다. 그래서 로마는 전성기를 맞이했지만 많은 알바 사람들을 살해해야 했다. 나중에 로마인들은 승리의 결과로서, 비록 트로이의 신들이 그리스인들에 의하여 일리움이 약탈당하고 아이네아스가 피난하여 왕국을 세운 라비니움을 떠난 후에 그곳에서 세번째로 도피하고 있었음에도 불구하고 알바를 파괴했다. 그렇지만 아마도 알바는 베르길리우스가,

> 이 지역을 거룩하게 만들었던 신들이
> 성소와 제단을 버리고 떠나갔다[38]

고 말한 것처럼, 당대의 관습으로 보아 너무 많은 신들이 떠나갔기 때문에 파괴당했던 것인가? 실로 신들이 세 도성을 버린 후에 로마가 자기들에게 몸을 내맡기도록 떠나갔다는 데에는 의심의 여지가 없다. 왕인 아물리우스가 자기 형제를 추방시켰던 알바는 신들을 불쾌하게 만들었던 것이다. 반면에 왕인 로물루스가 자기 동생을 살해했던 로마는 그들을 기쁘게 만들었다. 그렇지만 알바가 파괴되기 전에 사람들이 로마 거주민들에게 병합되었기 때문에, 그 도성이 하나가 되었다고 사람들은 말한다. 그렇다. 그 점은 인정된다고 하자. 그래도 트로이의 신들이 세번째로 도피한 아스카니우스 도성이 딸 격인 도성에 의하여 파괴되었다는 사실은 남는다. 그리고 전쟁에서 생존한 사람들에 의하여 파괴되었다는 사실은 남는다. 그리고 전쟁에서 생존한 사람들에 의하여 둘로 한 민족을 만드는 것은 이미 양측에 의하여 흘린 모든 피를 가련하게도 응결시키는 일이었다.

그리고 비록 대승리로 종결된 듯이 보인다고 할지라도 후대 왕들에 의하여 자주 반복되었던 전쟁들, 때때로 대량 학살로 끝맺음되었고, 평화를 맺은 이후에도 장인격인 사람들과 사위격인 사람들 또한 그들의 자녀들과 후손들 사이에 거듭 반복되었던 전쟁들에 대해서는 내가 어떻게 상세하게 말할 것인가? 우리는 후대의 왕들이 결코 전쟁의 문[39]을 닫지 못했으며, 따라서 그들을 보호하는 신들이 있었음에도 불구

---

38) Virg., *Aen.*, 2, 351f.
39) 9장.

하고 결코 어느 누구도 평화스럽게 통치하지 못했다는 사실에서 이런 파국적인 역사에 대한 적지않는 증거를 가지고 있다.

15. 로마의 왕들은 어떤 방식으로 살았으며 죽었는가

그리고 왕들 자신들은 어떤 종말을 맞이했는가? 아첨하는 듯한 전설에 따르면, 로물루스는 승천했다고 한다. 그러나 로마의 어떤 역사가들은 그가 잔학했기 때문에 원로원에 의하여 몸이 절단당하여 죽었고,[40] 율리우스 프로쿨루스(Julius Proculus)라는 사람이 매수당하여 로물루스가 꿈에 자기에게 나타나 로마 사람들이 그를 신으로 숭배하라는 명령을 발표하였다고 말한다. 이렇게 하여 원로원의 조치에 분개하기 시작하던 시민들은 조용해지고 진정되었다는 것이다. 뒤이어 일식(日蝕)현상이 있었는데 무지한 대중들은 이것이 태양운행의 정해진 법칙임을 알지 못하고서, 로물루스의 신적인 능력에다가 그 원인을 돌렸다. 사실 주님께서 유대인들의 잔혹함과 불경건에 의하여 십자가에 못박혔을 때에도 이와 같은 현상이 있었기 때문에 태양이 슬퍼했다고 생각되는 이런 현상은(눅 23:44 이하), 로물루스가 살해당했으며 태양이 빛을 잃음으로써 범죄행위를 지적했다는 증거로 간주될 수도 있었을 것이다. 그러나 주님의 경우에 태양이 빛을 잃은 것은 전체의 자연적인 법칙에 따른 현상이 아님이 충분히 입증된다. 왜냐하면 자연적인 일식현상은 달이 이울 때 일어나는 반면에, 유대인의 유월절은 매년 달이 찰 때에만 돌아오기 때문이다.

키케로 역시 자신의 저술인 「공화국론」에서 스키피오의 입술을 통하여 다음과 같이 로물루스에 대한 찬사를 보낼 때, 그가 신들 사이에 받아들여진 것은 사실이라기보다는 상상이었음을 분명히 보여주고 있다.

> 로물루스는 굉장한 명성을 가지고 있었기 때문에 일식 기간에 갑자기 사라졌을 때 그가 신들 가운데 받아들여졌다고 생각되었다. 최고의 덕성을 가지지 않고서는, 죽을 운명을 지닌 어떤 인간도 그렇게 될 수 있다고 생각될 수 없었다.[41]

"그가 갑자기 사라졌다"는 어구로써 우리는 혼란 속의 난동이나 암살기도에 의하여 불가사의하게 살해당했다고 이해할 수 있다. 왜냐하면 다른 작가들은 일식뿐만 아니라 갑작스런 폭풍에 대해서 말할 때에, 분명히 암살의 기회를 제공했거나 그 자체로 로물루스의 종말을 의미했기 때문이다. 로마의 세번째 왕으로서 번개에 의하여

---

40) Liv., 1, 16; Flor., *Epit.*, 1, 1, 17f.
41) *De Rep.*, 2, 10, 20.

죽임당했던 툴루스 호스틸리우스에 대해서 키케로는 같은 책[42]에서 다음과 같이 말하고 있다.

> 그는 이런 죽음에 의하여 신들 가운데 들었다고 생각되지 않았다. 로마인들은 로물루스의 경우에 그렇다고 확신했거나 설득당했던 현상을 아무에게나 헤프게 인정함으로써 신이 된다는 이야기가 통속화되어 경멸당하도록 원하지 않았던 것이다.

키케로는 또한 카틸리나에 대하여 중상하는 말을 하는 도중에, "우리는 이 도성의 건립자인 로물루스의 위대함을 기리면서 그를 불멸의 존재요 신으로 높였다"[43]고 솔직히 말하고 있다. 이 말은 그가 실제로 신이 된 것이 아니라, 덕성 때문에 특별히 우대되어 그런 명예를 부여받고 그렇게 불려졌음을 보여준다. 그는 또한 대화편인 「호르텐시우스」(*Hortensius*)[44]에서 태양의 주기적인 일식에 대해 말하면서 "일식 기간 동안에는 로물루스가 죽었을 때 뒤덮었던 것과 같은 어두움이 생겨나게 된다"고 했다. 키케로는 찬미하는 사람이라기보다는 논리를 중시하는 사람이었기 때문에, 여기서 서슴치 않고 "죽었다"고 말할 수 있었다.

또한 로마의 다른 왕들은, 자연사(自然死)했던 누마 폼필리우스와 안쿠스 마르키우스를 제외하고는 얼마나 끔찍스런 죽음을 당했던가! 내가 언급했듯이 알바를 정복하고 파괴시켰던 툴루스 호스틸리우스는 자신의 집과 더불어 번개에 의하여 잿더미로 변해버렸다. 프리스쿠스 타르퀴니우스(Priscus Tarquinius)는 선왕의 아들들에 의하여 살해당했다. 세르비우스 툴리우스(Servius Tullius)는 그 뒤를 이어 왕위에 올랐던 자기 사위 타르퀸 수페르부스(Tarquinius Superbus)에 의하여 처참하게 살해당했다. 가장 훌륭한 로마 왕들에 대해 이런 극악무도한 살해사건이 벌어졌는데도, 파리스의 간통에 격분하여 불쌍한 트로이를 그리스인들의 불과 칼에 내던졌다고 하는 신들은 성소와 제단을 떠나가지 않았다.[45] 오히려 살해자인 바로 그 타르퀸은 장인을 이어 왕이 되도록 허락받았다. 이 파렴치한 존속살해자는 살인으로써 확보했던 통치기간 중에 많은 전쟁에서 승리를 거두었고, 거기서 생긴 약탈물로 카피톨을 건축하도록 허락받았다. 그러는 동안에 신들은 떠나가지 않았다. 그들은 남아서 자기들의 왕인 유피테르가 존속살해자에 의하여 세워진 바로 그 성전 높은 곳

---

42) *De Rep.*, 2, 17.
43) *Cat.*, 3, 1.
44) 이중 단편만이 남아있다.
45) Virg., *Aen.*, 2, 351f.

에서 자기들을 다스리며 지배하도록 부추겼다. 타르퀸은 죄가 없어서 카피톨을 지은 것은 아니었고, 범죄를 저지른 뒤에도 로마에서 추방당하지 않았다. 그는 끔찍한 범죄행위를 통하여 왕위에 올라서는 카피톨을 건축했던 것이다.

나중에 그가 로마인들에 의하여 폐위당하고 그 도성에서 추방당했던 것도 그 자신 때문이 아니라, 그의 아들이 루크레티아를 강간했기 때문이었다. 그는 그 범죄를 알지 못했을 뿐만 아니라, 그 자리에 있지도 않았다. 그 당시에 그는 아르데아(Ardea)를 포위공격하여 로마인을 위하여 전투를 벌이고 있었다. 우리는 그가 아들의 범죄를 알았더라면, 어떻게 행동했을는지 말할 수 없다. 그렇지만 로마인들은 그의 견해를 조사하거나 확인해보지 않고, 그에게서 왕위를 박탈했다. 그가 군대와 함께 로마로 돌아왔을 때 일단 받아들여지기는 했지만, 곧 군대로부터 분리되어 추방당했고 그의 면전에서 성문이 닫혀졌다. 그 이전에 타르퀸은 이웃나라들을 충동질하여 큰 전쟁을 벌임으로써 로마인들에게 고통을 안겨주었었다. 그런데 이제 그는 자기가 의지하던 사람들에게서 버림당하고 왕위를 되찾을 가망성도 전혀 없었기 때문에, 로마 인근의 투스쿨룸에서 14년 동안 자기 아내와 함께 조용한 은둔생활을 하며 만년을 보냈다.

그러다가 결국 그는 사위의 손에 살해당했던 장인보다는 훨씬 더 바람직한 형태로, 전해지는 바에 따르면 딸이 지켜보는 가운데 최후를 맞았다고 한다. 로마인들은 이 타르퀸을 "잔인한 자"라든지 "파렴치한 자"라고 하지 않고, "교만한 자"라고 호칭했다. 이는 아마도 그들 자신이 교만했으므로, 그의 독재적인 태도에 분개했기 때문일 것이다. 그들은 그가 가장 훌륭한 왕이었던 자기 장인을 살해한 데 대해서는 별로 심각하게 받아들이지 않고, 그를 왕으로 인정했다. 나는 그런 범죄자에게 그토록 관대한 보상을 해준 것이 훨씬 더 악한 범죄가 아닌지 궁금하게 생각한다.

그러나 신들은 "성소와 제단을 버리지" 않았다.[46] 만약 어떤 사람이 신들을 옹호하며 그들이 로마인들을 도와주고 이롭게 하려는 의도보다는 그들을 벌주고, 그리고 그들을 가치없는 승리로 유인하기 위하여, 또 그들을 가혹한 전쟁으로 소진시키기 위하여 로마에 머물렀다고 말하지 않는다면 말이다. 로마인들은 타르퀸 수페르부스를 축출하기까지에 이르는 찬양받는 243년 동안 왕들 밑에서 그렇게 살았다. 그 기간 동안에 로마는 그렇게 많은 피를 흘리며, 그렇게 심한 재앙을 당하면서 얻었던 승리로써 그 영역을 오늘날 조그마한 그라이툴리아 도성에도 비교될 수 없을 정도인 20마일도 확대시키지 못했다.

46) Virg., *Aen.*, 2, 351.

16. 로마의 첫번째 집정관들에 관하여:그들 중 한 사람은 다른 집정관을 추방시켰다가 잠시 후에 상처입은 적의 손에 의하여 죽음으로써 이상한 살해 경력을 마감했다.

다음으로 타르퀸 및 에트루리아와의 전쟁의 위협이 계속되는 동안, 살루스티우스가 말한 바[47] 정의와 절제에 의하여 질서잡혔던 시기에 대하여 생각해 보자. 에트루리아가 타르퀸의 왕위복귀 노력을 도와주는 한, 로마는 가공할 만한 전쟁으로 몹시 흔들렸다. 그러므로 살루스티우스는 로마가 정의와 절제로 질서잡혔던 것은 정의에 대한 신념이 있었기 때문이 아니라, 공포로 인하여 야기된 압박을 받았기 때문이라고 말한다. 그리고 왕권이 폐지되고 집정관이 처음으로 생겨났던 그 짧은 시기는 얼마나 파국적인 1년이었던가! 사실 집정관들은 그들의 임기를 다 채우지도 못했다. 왜냐하면 집정관인 유니우스 브루투스(Junius Brutus)가 동료인 루키우스 타르퀴니우스 콜라티누스(Lucius Tarquinius Collatinus)를 직책에서 몰아내고 도성 밖으로 추방시켰기 때문이다. 또 그는 이전에 자기 아들들과 처남들이 타르퀸의 복위를 음모했다고 하여 그들을 사형시켰는데, 이제 그 자신이 루키우스를 추방한 직후에 전쟁터에서 적에게 상처를 입힘과 동시에 자신도 부상당하여 넘어졌다. 베르길리우스가 다음과 같이 말할 때, 겉으로는 찬양하는 것 같지만 몸을 떨며 기록했던 것은 바로 이런 행동이었다.

> 그는 자신에게서 나온 반란의 씨앗에게,
> 위협받는 자유를 위하여 피를 흘리게 했네[48]

곧이어 그는 절규한다.

> 오, 불행한 아버지로다! 후대 사람들이
> 이 행동을 어떻게 판단할지라도.

즉 후대 사람들이 자기 좋은 대로 그 행동을 판단할지라도, 자기 아들들을 죽인 아버지를 높이고 찬양한다고 할지라도, 그는 불쌍한 사람이라는 것이다. 그리고 베르길리우스는 그토록 불행한 사람을 위로하려는 듯이 이렇게 덧붙이고 있다.

---

47) *Hist.*, *fr.* 1, 11; 2권 18장 참조.
48) *Aen.*, 6, 820ff.

그는 자기 나라에 대한 사랑과 무한한 명예심으로
모든 것을 억눌렀네.

브루투스는 자기 아들들을 죽였으며 자기 적인 타르퀸의 아들과 공격을 교환했지만 그보다 오래 살아남지 못했고, 또 타르퀸 자신보다 일찍 죽었다. 그로써 타르퀸이 추방당했을 때 그 독재자 자신과 같은 형벌을 받았던 그의 동료이자 훌륭한 시민인 콜라티누스의 무죄가 변호되는 듯이 보이지 않는가? 왜냐하면 브루투스 자신도 타르퀸의 친척이었다고 사람들이 말하기 때문이다. 그러나 콜라티누스는 불행하게도 혈통뿐만 아니라 이름에마저 타르퀸(타르퀴니우스)라는 명칭을 가지고 있었다. 그렇다면 그에게는 나라가 아니라, 이름을 변경하는 것이 적합한 형벌이었을 것이다. 사실상 그는 이름을 줄여서 루키우스 콜라티누스라고만 불리어질 수도 있었다. 그러나 그는 별 손해없이도 잃어버릴 수 있는 것을 잃도록 강요당하지 않고, 집정관이라는 명예를 박탈당한 뒤에 자기가 사랑하는 땅에서 추방되었다.

공화국에 아무런 이익도 되지 못하는 이러한 가증스런 불의가 브루투스에게는 영광이 되었는가? 그가 "나라에 대한 사랑과 무한한 명예욕"으로 어쩔 수 없이 하게 된 것은 바로 이런 범죄행위인가? 독재자 타르퀸이 축출되었을 때, 루크레티아의 남편인 루키우스 타르퀴니우스 콜라티누스가 브루투스와 함께 집정관으로 탄생되었었다. 어떤 시민에게서 그 이름이 아니라, 그 성품을 주목했던 민중은 얼마나 정당하게 행동했던가! 반면에 브루투스는 새 직책에 오른 당사자에게 기분좋은 일은 아니지만, 이름만을 바꿀 수도 있었던 동료에게서 명예와 조국을 박탈함으로써 얼마나 불의하게 행동했던가!

"정의와 절제로 질서잡힌" 통치기에 발생되었던 악행과 재앙은 바로 이런 모습이었다. 브루투스를 뒤이어 집정관이 되었던 루크레티우스(Lucretius)도 임기를 마치기 전에 질병으로 목숨을 잃었다. 콜라티누스를 승계했던 발레리우스(P. Valerius)와 루크레티우스의 죽음으로 생긴 공백을 매웠던 호라티우스(M. Horatius)에 가서야 다섯 명의 집정관이 있었던 그 불행하고 죽음이 많았던 한 해가 마감되었다. 로마 공화국이 집정관이라는 새로운 영예직을 시작했을 때의 형편은 이러했다.

17. 집정관 직이 시작된 이후에 로마 공화국을 괴롭혔던 재앙들에 관하여, 그리고 로마 신들의 불개입에 관하여

이후에 그들의 두려움이 점차로 경감되었던 것은 전쟁이 중단되었기 때문이 아니라, 전쟁의 압박이 다소 감소되었기 때문이다. 국가가 "정의와 절제에 의하여 질서잡혔던"[49] 시기는 끝이 나고, 살루스티우스가 다음과 같이 간략하게 묘사한 시기가 왔다.

> 그때 귀족들은 평민을 노예처럼 억압하고, 예전에 왕이 하던 것처럼 그들의 목숨을 빼앗으며, 매질을 가하고, 그들 소유의 농경지로부터 추방시키며, 잃을 재산이 없는 사람들에 대해서는 포악하게 행동하기 시작했다. 이런 억압적인 조치, 특히 채무에 억눌려 살면서 계속되는 전쟁을 위하여 납세와 군역을 담당해야했던 평민들은 무기를 잡고 아벤틴 산과 사케르 산으로 철수하여 자기들을 위하여 호민관 제도를 비롯한 여타 권리들을 획득했다. 그러나 양측 사이의 불화와 분쟁이 종결된 것은 2차 포에니 전쟁에 가서야였다.[50]

그러나 내가 왜 그런 일들을 기록하며 시간을 보내고, 다른 사람들로 하여금 그런 것들을 읽으면서 시간을 낭비하도록 만들어야 하는가? 공화국이 2차 포에니 전쟁[51]에 이르는 긴 기간 동안, 끊임없는 전쟁에 의하여 외부로부터 얼마나 괴롭힘을 당했으며 내부로부터는 분란과 불화에 의하여 얼마나 사분오열되었는지에 대해서는 살루스티우스의 간략한 요약을 통하여 비참한 형편을 충분히 잘 알 수 있다. 저들이 자랑하는 승리조차도 행복한 자의 진정한 기쁨이 아니라, 비참한 자에게 주는 공허한 위로요 불안한 상태에 있는 사람들에게 재앙 위에 재앙을 더하도록 유혹하는 자극이었다.

우리가 이런 말을 한다고 하여, 선하고 신중한 로마인들로 하여금 분노하도록 하지 말라. 사실 그들이 절대로 화를 품지 않으리라는 사실은 분명하기 때문에, 나는 이런 충고조의 호소를 할 필요가 없다. 왜냐하면 우리가 말하는 내용은 로마의 저술가들보다 표현이 신랄하지도 않고 오히려 덜 정교하며 덜 충격적이지만, 그들은 이런 저술가들의 글을 부지런히 읽으며 자기 자녀들에게 그것을 배우도록 강요하고 있기 때문이다. 그러나 화를 내는 사람들이 있다면 내가 다음과 같은 살루스티우스의 말을 인용한다면, 그들은 어떤 태도를 보이겠는가?

---

49) Sall., *Hist.*, *fr.* 1, 11.
50) *Hist.*, *1. fr.* 11; 2권 18장 참조.
51) 기원전 218년.

> 많은 소동과 반란이 발생했으며, 결국에는 내란이 빈번해졌다. 대중에 대한 영향력을 획득한 몇몇 지도적 인물들은 귀족 혹은 평민의 이익을 위한다는 그럴듯한 명분을 내세워 권력을 잡으려고 달려들었다. 모두가 똑같이 부패해 있었기 때문에, 시민들은 공화국에 대한 충성도에 아무런 관계없이 선한다거나 악하다는 판단을 받았다. 그러나 위험할 정도의 위세와 재물을 가진 사람들은 기존질서를 옹호하고 있었기 때문에 선하다고 분류되었다.[52]

이제 저들의 역사가들은 그 시민권으로 영원을 위하여 선택되는 다른 진정한 도성을 모르기 때문에, 저들이 다른 곳에서 그토록 큰 소리로 찬사를 아끼지 않는 저들 나라의 부정적인 측면에 대해 침묵하지 않는 것이 고귀한 자유라고 판단했다. 그렇다면 저들이 보다 연약하며 보다 어리석은 이들로 하여금 영원하고 복된 생활을 향유할 수 있는 유일한 도성으로부터 멀리하도록 만들 목적으로 오늘날 임한 재앙에 대해 우리 그리스도에게 원인을 돌리고 있을 때, 하나님 안에서 더 낫고 더 확실한 소망을 가지고 있기 때문에 훨씬 더 많은 표현의 자유를 가지고 있는 우리가 해야할 일은 무엇일까? 우리는 저들이 읽고 회람하는 저들 저술가들이 하는 것보다 저들 신들에 대해 더 심한 말을 하고 있지도 않다. 사실 우리는 앞에서 언급한 모든 내용을 저들 저술가들로부터 인용한 것이므로 정도가 더 심한 말도 많이 있을 것이지만, 우리가 그에 대해서 언급할 수는 없는 노릇이다.

그렇다면 교활한 거짓말로써 그 신들을 숭배하도록 유혹받은 로마인들이 그런 재앙들을 당하고 있을 때, 이 세상의 보잘것 없고 기만적인 행복을 위하여 마땅히 숭배받아야 된다고 생각되던 신들은 어디에 있었는가? 집정관인 발레리우스(Valerius)가 추방당한 자들과 노예들에 의하여 불탔던 카피톨 신전을 방어하다가 살해되었을 때,[53] 신들은 어디에 있었는가? 집정관 발레리우스가 그 신전을 지키러 왔었던 "지존하며 강력한 신들의 왕"과 더불어 일군의 신들이 그를 보호할 수 있었던 정도보다, 오히려 발레리우스가 유피테르의 신전을 더 훌륭하게 방어할 수 있었다. 끊임없는 반란으로 피폐해진 그 도성이 법률을 차용하기 위하여[54] 아테네로 파송된 사자들이 돌아오기를 기다리던 잠깐 동안의 평온한 기간에 끔찍스런 기근과 질병으로 황폐해졌을 때, 신들은 어디에 있었는가?

거듭된 기근으로 고통받던 민중이 곡물공급 장관직을 신설했을 때, 그리고 기근이 심해지자 굶주린 대중에게 곡물을 분배하던 스푸리우스 멜리우스(Spurius

52) *Hist., 1, fr.* 12.
53) Liv., 3, 18.
54) 2권 16장.

Melius)가 왕위를 꿈꾸고 있다고 고소당한 뒤 그 곡물공급 장관 시절에 독재관직을 맡고있던, 연로한 퀸티우스(Quintius)[55]의 명령에 따라 기병대장인 퀸투스 세르빌리우스(Quintus Servilius)에 의하여 처형되고 이로써 유례가 없을 정도로 위험한 폭동을 불러일으켰을 때, 신들은 어디에 있었는가? 그 무서운 질병이 로마에 만연하고 그 때문에 오랫동안 지치고 쓸모없게도 무능한 신들에게 간구한 사람들이 이전에는 결코 해본 적이 없는 렉티스테르니아(Lectisternia),[56] 즉 이 거룩한 의식, 아니 차라리 모독적인 의식의 이름이 유래된 대로 신들의 영예를 위하여 잔치상을 배설하려는 착상을 했을 때, 신들은 어디에 있었는가?

로마 군대가 10년 동안 계속해서 베이이인들에게 종종 심각한 손실을 당하고,[57] 나중에 은혜를 모르는 로마에 의하여 추방당했던 푸리우스 카밀루스(Furius Cammillus)의 도움이 없었더라면 완전히 붕괴될 지경에 있었을 때, 신들은 어디에 있었는가? 골인들이 로마를 장악하고 약탈하고 불태우고 황폐하게 했을 때,[58] 신들은 어디에 있었는가? 기록에 남을 만한 질병이 만연하여, 배은망덕한 나라를 처음에는 베이이인들로부터 방어했고 나중에는 골인들로부터 구원했던 푸리우스 카밀루스 역시 희생당했을 때,[59] 신들은 어디에 있었는가? 저들은 오히려 이런 질병이 기승을 부리고 있는 동안에 로마인들의 신체가 아니라, 도덕성에 보다 치명적인 병균을 전염시키는 연극 상연물이라는 신종 질병을 도입하지 않았던가?[60]

또다른 끔찍스런 질병, 즉 믿을 수 없을 정도로 많은 로마 귀부인들의 성품이 어떤 질병보다도 치명적인 병균에 감염되도록 만든 독약이 그 도성에 찾아들었을 때,[61] 그 신들은 어디에 있었는가? 또는 군대를 지휘하던 두 명의 집정관이 카우디네(Caudine)의 분기점에서 삼니움인들에 의하여 포위당함으로써 치욕적인 협정을 강요받아, 600명의 로마 기사들이 인질로 잡혀가고, 무장해제당한 군대는 한 가지 옷만 제외하고 발가벗긴 채 멍에문 아래로 기어가게 되었을 때에는?[62] 또는 심각한 질병으로 고생하는 중에 번개가 로마군영을 내리쳐서 많은 사람이 죽었을 때는?[63] 또는

---

55) 킨킨나투스는 기원전 439년에 80세였다. Liv., 4, 12f.
56) 기원전 399년; Liv., 5, 13; 2권 11장 참조.
57) 기원전 407-396년; Liv., 5, 32; 2권 17장 참조.
58) 기원전 390년; Liv., 5, 37-40.
59) 기원전 365년; Liv., 7, 1.
60) 1권 32장 참조.
61) Liv., 8, 18.
62) 기원전 321년; Liv., 9, 3-6.
63) Liv., 10, 31.

다른 참기 어려운 질병이 발생되었을 때,[64] 그토록 오랜 동안 카피톨 신전에서 지배하던 신들의 왕인 유피테르는 아마 젊은 시절에 방탕한 생활로 인해 의학을 연구할 시간이 없었으므로, 로마인들이 의료의 신인 아이스쿨라피우스(Aesculapius)를 부르러 에피다우루스로 사람을 보내지 않을 수 없었을 때에는? 또는 한때 루카니아인들, 브루티아인들, 삼니움인들, 투스카니아인들, 세노니아의 골인들이 반(反)로마 동맹을 맺고, 처음에는 사절단을 살해한 뒤에 법무관이 지휘하던 군대를 격파하고는 지휘관과 7명의 호민관을 제외하고도 13000명의 군인을 칼로 죽였을 때에는?[65] 또는 로마에 장기간의 심각한 소요가 발생된 뒤 결국, 평민들이 도성을 약탈하고 야니쿨루스로 철수하여 엄청난 위험을 안겨다 주었을 때에는?[66] 그때 극도의 위기순간에만 사람들이 의지했던 독재관으로 선출된 호르텐시우스(Hortensius)가 평민들을 다시 불러왔지만 임기를 마치기도 전에 사망하였는데, 이런 일은 이전의 어떤 독재관에게도 유례가 없는 사건으로서 아이스쿨라피우스를 포함한 신들에게는 수치스런 사건이 아니었던가?

그 당시에는 실로 너무나 많은 전쟁이 곳곳에서 발생하여 군인이 부족하게 되자, 아주 가난하여 군장비를 갖출 수 없어서 자손(Proles)을 생기게 할 만한 여가가 있었기 때문에 프롤레타리(Proletarii)라는 이름을 얻었던 하층민들마저 군인명부에 등록되었다. 당대에 그리스의 왕으로 명성을 떨쳤던 피루스(Pyrrhus)가 타렌툼의 요청에 의하여 로마에 적대하게 되었었다. 출정의 결과에 대해 자문받았던 아폴로가 어떤 경우가 발생하든지 자기가 신으로 생각하도록 애매한 신탁[67]을 내린 치밀성을 보여주었던 상대는 바로 그 피루스였다. 왜냐하면 그는 피루스가 로마인들에 의하여

---

64) 기원전 293년; Liv., 47; 12장 참조.

65) 기원전 283년; Liv., *Perioch.*, 12.

66) 마지막 "철수"는 기원전 286년에 있었다. Liv., *Perioch.*, 11.

67) 프롤레타리. 키케로(*De Re.*, 2, 23)는 세르비우스 툴리우스의 제도를 묘사할 때 그 어원을 설명해준다. "그 재산이 1500이 되지 않는 사람을 그는 프롤레타리라고 불렀다. 그래서 그들은 자손을 제공하도록 기대되었던 듯하다." 그 단어는 기원전 450년의 12표법(2권 9장 주 참조) 제1표에 나온다. 에피루스의 왕이었던 피루스는 기원전 280년에 로마인들에 대항하여 타렌툼을 돕기 위해 왔다. 키케로(*De Div.*, 2, 56, 116)는 aio te Aiacita Romanos vincere posse라는 신탁의 운율적 형태를 인용하고 있다. 이 말에서는 대격으로 나와있는 te와 Romanos중 어느 것도 vincere의 주어 혹은 목적어가 될 수 있었기 때문에 뜻이 애매하다. 키케로는 (1) 아폴로가 라틴어를 말할 수 없고, (2) 이 신탁이 그리스인들에게 알려지지 않았고, (3) 3세기에는 신탁이 더 이상 운문으로 쓰여지지 않는다고 얘기하고 있다. 그러나 그리스어로 된 산문 판에서도 애매한 점이 남아있을 것이다.

정복당할지, 로마인들이 피루스에 의하여 정복당할지는 차분히 기다려 보도록 신탁을 내렸기 때문이다. 그런데 그 전쟁에서 양쪽 군대에 얼마나 끔찍한 학살이 초래되었던가! 그러나 피루스는 우세를 보였고, 만약 그 다음 전쟁[68]에서 로마가 승자가 되지 않았더라면 자기가 그 신탁을 이해했던 대로 아폴로를 진정한 예언자로 선포할 수 있었을 것이다.

그런 파멸적인 전쟁이 진행되는 동안 여인들 사이에 끔찍한 전염병이 발생되어 임신한 여인들은 출산도 하기 전에 사망했다. 내가 추측하건대 아이스쿨라피우스는 이 사태에 대하여 자기는 의사의 우두머리이지 산파는 아니라고 변호했을 것이다. 가축들 또한 마찬가지로 죽어넘어져서 모든 종류의 동물은 씨가 마를 운명에 처해진 것처럼 생각되었다.

그 외에도 믿을 수 없을 정도로 혹심한 추위가 밀어닥쳐, 40일 동안 눈이 광장에 끔찍스러울 정도로 두껍게 쌓이고 티베르 강이 얼어붙었던, 그 기억될 만한 겨울에 대해서 내가 무슨 말을 할 것인가? 그런 일들이 만약 우리 시대에 발생되었더라면, 우리는 적들로부터 어떤 비난을 받았을 것인가? 그렇게 오랫동안 맹위를 떨치며 수많은 사람들의 목숨을 앗아간 다른 대 역병에 대해서 내가 무슨 말을 할 것인가? 아이스쿨라피우스의 온갖 약은 아무 효험을 발휘하지 못하고, 다음 해에 질병이 더욱 악화되자 사람들은 결국 시빌(Sibyl)의 신탁집에 도움을 요청해야 했다. 그 책은 키케로가 「점(占)에 관하여」(*De Divinatione*)[69]에서 말한 것처럼, 자기들이 할 수 있거나 원하는 대로 미심쩍은 추측을 하던 해석자들에게 의미를 결정하게 하던 신탁이었다. 여기서 전염병이 발생된 원인은 아주 많은 신전이 개인의 거주지로 점유되었기 때문이라는 말이 나왔다.

그러므로 아이스쿨라피우스는 불명예스럽게도 나태하다거나 의술이 부족하다는 비난을 면하게 되었다. 그러나 오랫동안 그렇게 많은 신들에게 간청을 해도 아무 소용이 없으므로 숭배자들이 점차로 성스런 장소를 버리고 비워두게 되어 적어도 신들의 기분을 상하지 않고 어떤 인간적인 목적을 위하여 사용할 수 있게 된 경우가 아니라면, 어떻게 그렇게 많은 사람들이 아무런 제지도 당하지 않고 신전을 차지할 수 있었겠는가? 그 당시에 질병을 가라앉히기 위하여 열심히 확인되어 복구되었던 신전들은 나중에 다시 사용하지 않게 되어, 이전과 같이 다시 사람들이 사용하도록 내맡겨졌다. 만약 신전들이 그렇게 망각 속으로 빠져들지 않았더라면, 바로가 자신의

68) 기원전 275년에 베네벤툼에서 벌어진 전쟁이다.

69) *De Div.*, 2, 54, 110ff.

「거룩한 건축물들」[70]을 저술하면서 많은 신전이 잊혀졌다고 기록한 말은 그의 엄청난 박식의 증거로 제시되지 못할 것이다. 그러는 동안에 신전이 복구되었지만 질병이 치유되지는 않았고, 신들에게 그럴듯한 변명거리만 제공되었을 따름이었다.

18. 포에니 전쟁 때 로마인들이 겪었던 재앙은 신들의 보호에 의하여 경감되지 못했다.

또한 포에니 전쟁이 발발하여 양 제국 사이에 누가 승자인지 아주 오랫동안 밝혀지지 않은 채, 강력한 양 민족이 온갖 힘을 다하여 서로에 대항하여 모든 물자를 동원할 때, 얼마나 많은 소왕국들이 분쇄되었으며 얼마나 많은 크고 번성하는 도성들이 파괴되었으며 얼마나 많은 국가들이 화를 당하고 파멸되었으며 원근에 있는 얼마나 많은 지역과 농토가 황폐하게 되었던가! 양측에서 승자와 패자의 자리가 얼마나 자주 바뀌었던가! 전투에 가담한 사람이든, 그렇지 않은 민간인이든, 얼마나 많은 사람들이 목숨을 빼앗겼던가? 얼마나 많은 대 함선들이 전투에서 손상입거나, 온갖 종류의 해난에 의하여 침몰되었던가! 우리가 이런 재앙을 설명하거나 언급하려고 한다면, 역사가가 되어야 할 것이다.

로마가 엄청난 혼란에 빠져 무익하고 어리석은 치유책에 의지하게 된 것은 바로 그때였다. 그래서 시빌의 책에 근거하여 한 세기 전에 시작되었다가 보다 형편이 나았던 시기에 망각 속에 잊혀졌던 세속적인 연극이 부활되었다[71] 저급한 신들에게 바쳐졌다가 마찬가지로 보다 나은 시기에 폐지되었던 종교극도 신관(神官)들에 의하여 부활되었다. 그래도 그것은 놀랄 만한 일이 아니었다. 왜냐하면 연극이 재개되었을 때 죽어가는 사람들이 아주 많아지게 되자, 모든 악마들은 아주 기뻐하며 연극에 정신을 빼앗겼기 때문이다. 또한 흉포한 전쟁과 비참한 전투가 벌어지고 이편저편에서 유혈로써 승리를 거둘 때, 이것은 인간들에게는 더할 나위 없는 재앙이었지만 악마들에게는 훌륭한 구경거리이자 풍성한 연회를 마련해주었기 때문이다. 그러나 1차 포에니 전쟁에서 가장 불행한 사건은 로마측이 패배하여 레굴루스가 포로로 잡혔을 때[72]의 일이었다.

---

70) 고대 이야기에 나오는 "신들의 일들"이 한 부분이다.

71) 세속적인 연극. 성 아우구스티누스는 기원전 249년에 공연된 이 연극에 대해 언급하고 있다.·이것은 불규칙적인 간격으로 공연되었다. 기원전 463(혹은 449), 363, 263, 249, 146, 17년, 그리고 기원후 88, 204년.

72) 1권 15장 참조.

우리는 앞의 두 책에서 비할 바 없이 위대한 이 인물에 대해서 언급했었다. 그는 이전에 카르타고인들을 정복하고 굴복시켰던 사람이자, 만약 칭찬과 영예를 얻으려는 과도한 욕심 때문에 피폐한 카르타고인들에게 참을 수 있는 이상의 가혹한 조건을 부과하려는 충동을 느끼지 않았더라면, 일찍이 1차 포에니 전쟁을 종결시켰을 인물이었다. 이 사람이 예기치 않게 포로로 잡히고 안스럽게도 노예상태에 들어가고 자기가 선서한 내용에 충실함으로써 비할 바 없이 잔혹한 죽음을 당한 사실을 보고도 신들의 얼굴이 불그스레해지지 않는다면, 그들은 철면피요 냉혈한 자들임에 틀림없을 것이다.

거기다가 그 당시에 국내적으로도 아주 심각한 재앙이 없었던 것은 아니었다. 티베르 강이 유례없을 정도로 범람하여 거의 모든 낮은 지역을 파괴시켰다.[73] 어떤 건물들은 무서운 격류에 의하여 유실되었고, 또다른 건물들은 홍수가 지난 뒤에도 빠지지 않고 남아있던 물에 오랫동안 침수되어 붕괴되었다. 이런 불행한 사태 뒤에 이보다 훨씬 더 파괴적인 화재가 발생하여 광장 주위에 있는 높은 건물들을 불태웠는데, 바로 화로의 신인 베스타의 신전도 무사하지 못하였다. 그 신전 안에서는 이런 영예, 아니 차라리 이런 형벌을 위하여 선택된 처녀들이 불에 영원한 생명을 부여하는 일에 몰두하면서 끊임없이 새로운 연료를 공급하고 있었는 데도 말이다. 그러나 우리가 지금 말하고 있는 그 순간에 신전에 타오른 불길은 그냥 살아있는데 만족하지 않고 미친 듯이 극성을 부렸다.

처녀들이 맹렬한 불길에 겁을 먹고는, 예전에 자기들이 안치되었던 세 곳의 도시[74]에서 이미 파멸을 맛보았던 불길한 신상[75]들을 구할 수 없게 되었을 때, 신관인 메텔루스(Metellus)가 자신의 안전을 고려하지 않은 채 불길을 뛰어들어 자기 몸의 절반 정도에 화상을 입으면서 그 신상을 구해내었다.[76] 이로 보아 불길이 신상을 알아보지 못하였든지, 아니면 그 신상에 신적인 능력이 없었다는 결론이 나온다. 왜냐하면 신적인 능력이 있었더라면 신상이 불로부터 그렇게 도망치지는 않았을 것이기

---

73) 기원전 242년.

74) 트로이, 라비니움, 알바이다.

75) 신상. 유피테르에 의하여 다르다누스(혹은 일루스)에게 보내어진 팔라스의 신상인 팔라디움은 아마 아이네아스에 의하여 트로이로 운반된 것인 듯하다. 그 신상은 베스타의 신전에 보관되어 불결한 눈이 볼 수 없도록 숨겨져 있었다. 그것의 안전은 그것을 부유한 도성의 안전을 보장해준다고 알려졌었다. "팔라디움은 사실상 우리의 안전 및 우리 제국의 안전을 보장한다. 그러므로 베스타에 의하여 보호되고 있다"(Cic., *Pro Scaur.*, 48.).

76) 기원전 241년. Ov. 1, *Fast.*, 6, 437-54; Liv., *Perioch.*, 19.

때문이다. 그렇다면 이제 우리는 베스타가 사람에게 도움을 줄 수 있었던 것보다, 사람이 그 여신에게 주는 도움이 더 컸다는 사실을 알 수 있을 것이다. 이런 신들이 불길로부터 자신을 피할 수 없었다고 한다면, 그들을 수호신으로 여기고 있는 국가가 화재나 홍수를 당했을 때, 그들이 무슨 도움을 줄 수 있었겠는가? 그런 일들은 신들의 무력함을 입증하였던 것이다.

만약 저들이 주장하기를 자기들의 우상들이 현세의 축복을 확보하기 위해서가 아니라 영원한 것의 상징으로 성별되었다고 하고, 모든 물질적이고 가시적인 물건들과 마찬가지로 그 상징물도 소멸될 수 있다고 하더라도, 신상이란 전에 봉사했던 동일한 목적을 위하여 다시 제작될 수 있으므로 그것이 성별된 바로 그 목적에는 아무런 해가 가해지지 않는다고 말한다면, 우리의 이런 반박은 효력을 잃을 수도 있을 것이다. 그러나 개탄스러울 정도로 맹목적이게도 저들은 소멸될 수 있는 신들의 개입을 통하여 국가의 세속적인 안녕과 현세적인 번영이 훼손당하지 않고 유지될 수 있다고 생각한다. 그러므로 저들은 신들이 있을 때에조차도 이런 행복과 번영이 타격을 입었음이 입증된 마당에도 스스로 옹호할 수 없는 신념을 바꾸기를 부끄러워 한다.

19. 양측의 힘을 소진시킨 포에니 전쟁의 재앙에 대하여

2차 포에니 전쟁에 관해서 보면, 그 지리하고 변동스런 전쟁에 연루된 양 국가가 입은 재앙을 열거하는 일은 매우 지루한 작업이 될 것이다. 전쟁을 설명하려 하기보다는 로마의 지배권을 찬양하려했던 저술가들도 이 전쟁에서 승리한 측은 패배한 측과 그다지 다를 바 없음을 인정해야 했다.[77] 한니발(Hannibal)이 스페인으로부터 피레네 산맥을 넘어 골을 통과하고 알프스 산맥을 돌파하고는 지나는 긴 여정마다 약탈과 정복을 통하여 힘을 축적했다가 급류처럼 이탈리아를 덮쳤을 때, 전쟁에서 얼마나 많은 피가 흘렀으며 로마인들이 얼마나 자주 패퇴당했던가! 얼마나 많은 성읍이 적의 수중에 넘어갔으며, 얼마나 많은 성읍이 점령당하고 굴복되었던가! 얼마나 끔찍스런 전투가 벌어졌으며, 얼마나 자주 로마인들이 패배당함으로써 한니발의 군사들에게 광채를 더해주었던가! 잔인한 인물이던 한니발조차도 처절한 적의 피에 싫증을 내고는 적군을 이제 살려주라는 명령을 내렸던 칸나이(Cannae)에서의 끔찍스런 패배에 대해서 내가 무슨 말을 할 것인가?

---

77) Florus, 2, 6 참조. (“정복한 국가는 패배당한 민족과 더 유사했다.”); Liv., 21, 1(“정복한 사람들은 재앙에 보다 가까왔다.”)

한니발은 이 전장에서 카르타고에 3 모디우스(modius)의 금반지를 보냈는데[78] 이는 그 날 너무나 많은 로마 귀족이 죽었기 때문에 전사자의 수효를 셈으로 계산하느니 보다는 모디우스 단위로 측량하는 편이 용이하다는 의미였다. 이로 보아 반지로 확인도 되지 않았고, 그 낮은 신분에 비례하여 수없이 많이 죽었던 일반 병사들의 소름끼치는 전사자의 수는 정확하게 보고될 수 없었고 차라리 짐작될 수 있을 따름이었다. 사실 이 전투 이후에 로마에는 군인이 부족하여 범죄자들은 면죄된다는 약속에 의하여, 노예들은 자유를 부여받고는 병적에 올라감으로써, 로마인들은 이런 자격없는 부류의 사람들로 모병하였다기보다는 오히려 군대를 창설한 셈이었다. 그러나 이들 노예들, 그들에게 명칭을 부여하자면 로마공화국을 위하여 가담하기 위하여 병적에 올라간 이들 자유민들은 무기를 가지고 있지 않았다. 그래서 그들은 마치 자기 신들에게 "당신들은 오랫동안 아무 쓸모없이 지니고 있는 그 무기를 이리 내려놓으시오. 우리 신인 당신들이 사용할 수 없는 그것을 우리 노예들이 잘 사용할 수 있을 테니까 말이오"라고 말하듯이 신전에서부터 무기를 빼내었다.

당시에는 또한 군인들에게는 지급할 급료마저 부족하여 공공용도를 위하여 개인의 재물이 유용되었다. 각 사람은 자기들이 가진 것이 반지든지 금 장신구든지[79] 계급을 표시하는 민망스러운 표지이든지 모든 것을 헌신적으로 내어놓음으로써 원로원 의원조차 개인이 사용할 수 있는 금을 가지지 못했는데, 하물며 다른 계급이나 부족 구성원들에 대해서는 더 말한 나위가 없었다. 만약 우리 시대에 저들이 그와 같은 빈궁한 상태에 빠지게 된다면, 누가 거의 참아낼 수 없는 저들의 비난을 듣고도 가만히 있을 수 있겠는가? 그 당시에 군대에 지불되는 것보다 더 많은 돈이 지금 불필요한 쾌락을 위하여 배우들에게 낭비되고 있는 데도 말이다.

20. 로마에 대한 충성 때문에 소멸되었지만, 로마 신들에게서 아무런 도움을 받지 못했던 사군툼인들의 멸망에 대하여

그러나 2차 포에니 전쟁의 모든 재앙 중에 사군툼인들의 운명보다 더 애처러우며, 더 연민의 정을 불러일으킬 만한 사건도 없었다. 특히 로마에 우호적이었던 이스페인 도성은 로마인에 대한 충성 때문에 파멸당했다. 왜냐하면 한니발이 로마인들과의 조약을 위반했을 때, 전쟁을 일으킬 기회를 찾고자 사군툼을 급습했기 때문이다.[80] 이런 소식이 로마에 전해지자 로마는 사절단을 한니발에게 파견하여 포위를

78) Liv., 23, 22.

79) 불라이(Bullae)는 귀족 태생 아이들의 황금제 장신구이다.

풀도록 요청했다. 이런 충고가 받아들여지지 않자, 사절단은 곧장 카르타고로 가서 계약위반에 대한 불만을 토로한 뒤에 아무런 성과를 거두지 못한 채 로마로 귀환했다. 그 동안에 그 나라에는 보석처럼 귀했고 로마에는 충실한 동맹이었으며 풍요로운 삶을 누렸던 이 불운한 도성은 8, 9개월 만에 점령당하여, 어느 누구도 몸을 떨지 않고는 읽을 수 없고 더구나 말할 수도 없는 처우를 강요받게 되었다. 그러나 이것은 우리가 당면한 문제와 직접 연관되기 때문에, 나는 그에 대해 간략하게나마 기술하고자 한다. 우선 그 당시에 사군툼인들은 기근 때문에 너무나 심한 고통을 받은 나머지, 적어도 기록된 바에 따르면 인육마저 먹기에 이르렀다. 이 후에 사군툼인들은 완전히 탈진했을 때, 적어도 한니발의 손에 포로로 잡히는 치욕을 모면하고자 광장에다가 높다란 장작을 쌓아올리고 불을 붙인 뒤에 자기 가족과 자신을 칼로 찌르고는 불길 가운데로 몸을 내던졌다.

그 입으로 살진 제물을 향하여 군침을 흘리며 그 입술은 거짓 예언을 말하는 이들 신들, 이들 난봉꾼들, 이들 대식가들은 이러한 경우에 아무 일도 할 수 없었던가? 그들은 로마인들과 긴밀한 동맹을 맺은 도성을 보존하기 위하여 개입한다거나, 그들 스스로 중재하여 맺은 동맹에 신의를 다하기 위하여 멸망당하는 그 도성을 방어할 수 없었던가?

사군툼은 이들 신들 앞에서 맺었으며 선서로써 굳게 지키겠노라고 맹세했던 동맹에 충성을 다하려다가, 약속을 깨뜨린 한니발에 의하여 포위당하여 점령당하고는 파괴되었다. 나중에 한니발이 로마 성벽에 접근했을 때 번개와 폭풍우로 그를 겁주어 멀리 쫓아버린 이들이 바로 그 신들이었다면, 그들은 무슨 이유로 그 이전에는 그렇게 개입하지 않았단 말인가? 신들은 한니발에 대항할 만한 넉넉한 자원을 가지고서 자신을 위하여 싸우고 있었던 로마인들을 위해서보다는, 아무런 자원도 가지고 있지 못하고 로마인들과의 신의를 깨뜨리기를 거절했기 때문에 위험을 처한 로마의 동맹국을 방어하는데 폭풍우를 동반한 이런 위세를 발휘하는 편이 훨씬 더 명예롭지 않았을까 나는 감히 말하고 싶다.

그들이 로마의 번영과 영광의 수호하는 신들이었더라면, 그들은 사군툼을 그 재앙으로부터 지켜줌으로써 그 영광을 유지할 수 있었을 것이다. 그러나 그 도성이 로마와 맺은 동맹에 충성을 다하기 위하여 패망하는 것을 구원할 수 없었던 자들의 보살핌 덕분에, 로마가 한니발의 손에 파멸당하지 않았다고 믿는 것은 얼마나 어리석은 일인가! 사군툼 사람들이 만약 그리스도인이었고 그리스도인다운 신앙 때문에

80) 2차 포에니 전쟁이 시작된 기원전 218년.

그런 고난을 당했더라면 — 물론 그리스도인들은 불과 칼을 사용하여 자신들의 목숨을 해하지 않았겠지만 — 그리스도 안에 있는 믿음으로부터 솟아나는 소망, 잠깐 동안의 현세적인 보상에 대한 소망이 아니라, 무한하고 영원한 복락을 향한 소망을 가지고 고난받았을 것이다. 그렇다면 이들 신들이 사군툼인들의 피에 대하여 고소당할 때, 그들을 편들고 옹호하는 자들은 무슨 변명을 할 수 있겠는가? 그 신들은 이 쏜살같고 덧없는 현세에서 번영을 확보해 준다는 바로 그 목적을 위하여 공공연하게 숭배당하고 간청하는 대상이 아니었던가? 레굴루스의 죽음에 대해서도 이와 다른 주장을 내세울 수 있을 것인가? 한 경우는 개인이고 다른 경우 모두 맹세한 서약을 지키기 위하여 파멸당했기 때문이다. 레굴루스가 기꺼이 적에게로 돌아간 것이나, 사군툼인들이 적에게 투항하지 않으려고 한 것은 바로 이 동일한 이유 때문이었다.

그렇다면 신의를 지켰다고 하여 신들의 분노를 자극했던 것일까? 아니면 개인뿐만 아니라 사회 전체가 신들로부터 호의를 받고 있는데도 파멸당할 수 있는 것일까? 우리의 대적들로 하여금 자기들 좋을 대로 어느 쪽을 선택하게 해보라. 앞의 경우를 택하여 신들이 신의를 지킨 데 격노했다면, 그들로 하여금 신의를 저버린 자들을 숭배자로 받아들이도록 하여라. 반면에 개인과 국가 신들에 의하여 호의를 받는데도, 엄청나고 끔찍스런 재앙으로 고통받을 수 있고 결국에는 패망당할 수 있다고 한다면, 신들을 숭배한다고 한들 그 결과로 행복을 낳는 것은 아닌 셈이 된다. 그러므로 자기들의 종교적인 숭배가 폐지되었다고 하여 곤경에 빠져들게 되었다고 생각하는 사람들로 하여금 분노를 풀게 하라. 왜냐하면 신들은 그들이 불행한 운명을 한탄하게 하거나 심지어 레굴루스와 사군툼인들처럼 끔찍한 고통을 겪다가 급기야 비참하게 파멸당하도록 하기 위하여, 남아있을 뿐만 아니라 애정을 가지고 그들을 바라보고 있을 가능성도 아주 높기 때문이다.

21. 자기를 구해준 스키피오에 대한 로마의 배은망덕함과 살루스티우스가 최고라고 묘사한 시기 동안의 로마의 도덕성에 관하여

이제 나는 스스로 이 책에서 의도했던 한계를 넘지 않기 위하여 많은 것들을 생략하고, 살루스티우스에 따르면 로마인들이 아주 도덕적이고 조화롭게 살았다는 시기, 즉 2차 포에니 전쟁과 마지막 포에니 전쟁 사이의 기간에 대해 생각하기로 한다.[81] 그러나 이런 도덕적이며 조화롭던 시기에도 로마와 이탈리아의 해방자인 대

81) *Hist.*, *fr.* 1, 11; 2권 18장 참조.

(大) 스키피오가 정적의 탄핵을 받아 자신의 용기로써 구원하고 해방시켰던 나라를 떠나야 하는 사건이 발생했다. 그는 놀라운 능력으로 한니발을 패퇴시키고 카르타고를 굴복시킴으로써, 끔찍스럽고 파괴적이었으며 위태로웠던 2차 포에니 전쟁을 종결시켰었다. 우리는 그가 성년 초에 신들에게 헌신되었으며, 신전에서 양육되었다고 듣고 있다.[82] 그러나 그는 놀라운 승리를 거둔 후에 로마를 떠나 리테르눔(Liternum) 성읍에서 만년을 보내야 했으므로, 망명지에서 돌아오라는 요청에도 아무 반응을 보이지 않다가 자신의 유해조차 그 배은망덕한 도성으로 옮기지 말라는 유언을 남겼다고 전한다.[83]

그리고 지방총독인 만리우스(Cn. Manlius)가 갈라디아인들[84]을 복속시킨 뒤에 적대적인 군사들을 모두 합한 것보다 더 파괴적이었던 아시아의 사치스런 풍습을 로마로 도입한 것도 바로 이때였다. 청동으로 도금한 침대와 값비싼 침대보가 처음으로 사용된 것도 이때이며, 또한 연회장에 수금을 타는 여인이 등장했다든지 하는 여러 타락한 관습이 도입된 것도 이때였다.

그러나 나는 지금 사람들이 자발적으로 행하는 악습에 대해서가 아니라, 자신들이 저항을 하더라도 겪을 수밖에 없었던 악습에 대해 말하고자 한다. 내가 생각하기에 정적에게 패배하여 자신이 구원해준 나라를 떠나 망명지에서 죽었던 스키피오의 경우가 현재의 논의에 아주 적합하다. 왜냐하면 그가 한니발로부터 그 신전을 구해주었으며 현세적인 행복을 확보해주는 목적으로만 숭배되었던 로마의 신들로부터 받은 보응이 바로 그것이었기 때문이다. 그러나 이미 본 대로 살루스티우스가 그 시기의 로마의 풍습이 가장 나았다고 선언했기 때문에, 나는 그 시기를 도덕성이 더 타락하고 파당 사이의 분쟁이 더 격렬했던 다른 시기와 비교하고자 할 때 그의 말이 사실인지 알아보기 위하여 그 당시에 도입된 아시아의 사치풍습에 대해 언급하는 것이 옳다고 판단했다.

2차와 3차 포에니 전쟁 사이의 기간에 여성을, 심지어 무남독녀라고 할지라도 상속자로 삼지 못하도록 금지시키는 악명높은 보코니아 법(Lex Voconia)[85]이 통과되었다. 나는 그 법보다 더 부당한 법이 있을까 상상조차 할 수 없다. 이 두 차례의 포에니 전쟁 사이에 로마가 다소 불행을 덜 당했다는 것은 사실이다. 실로 대외적으

---

82) Gellius, 7, 1 참조.
83) Liv., 39, 6, 7.
84) 기원전 189년에 전쟁했던 갈라디아인들이다.
85) 기원전 169년.

로는 전쟁에 의하여 국력이 소모되었으나 승리로 인해 위로받을 수 있었고, 대내적으로는 다른 시기와 같은 소란이 발생되지 않았다. 그러나 그로써 아프리카누스라는 별명을 얻었던 다른 스키피오[86]가 로마의 경쟁자인 카르타고를 단기간에 굴복시킨 뒤에 철저히 파괴하여 마지막 포에니 전쟁을 종결시켰을 때, 로마 공화국은 번영과 안정에 의하여 유입된 타락한 풍습에서 생겨난 엄청난 해악으로 압도당했다. 카르타고의 갑작스런 파멸은 오랫동안 지속되던 적대관계보다 로마에 더 심각한 해를 입혔던 것으로 보인다.

그 다음으로부터 아우구스투스 카이사르가 사실 로마인들 스스로의 판단으로도 더이상 명예스럽지 않고 대신 소란과 위험으로 가득찼으며 이제 무기력해지고 쇠약해진 그 자유(自由)를 로마인들로부터 완전히 박탈한 것처럼 보이며, 또한 만사를 다시 한 사람의 군주의 뜻에 귀속시켰으며, 사실상 병든 공화국의 만년에 새로운 생명을 불어넣었으며 새로운 정치체제를 출범시킨 전 기간 동안에, 무수한 군사적 재앙이 갖가지 이유로 반복되었지만, 여기서 나는 그에 대해 언급하지 않고 넘어가기로 한다. 그러나 이때 로마에 엄청난 불명예를 안겨다준 누만티아(Numantia)와의 협정이 맺어졌었던 사실은 특기할 만하다.[87] 사람들은 신성한 닭들이 닭장으로부터 날아감으로써 집정관이던 만키누스(Mancinus)에게 흉조를 나타내 보였다고 말한다. 저들은 마치 누만티아라는 작은 도성이 로마군대의 포위에 저항하고 공화국에 공포의 대상이 되었던 전 기간 동안에, 다른 징조가 나왔더라면 다른 장군들이 그 도성으로 진격해 들어갔을 것처럼 말하고 있다.

22. 아시아에서 눈에 띄는 모든 로마시민을 학살하라는 명령을 내린 미트리다테스의 칙령에 관하여

이 시기에 일들에 관해서 나는 다른 말을 하지 않고 넘어가겠지만, 아시아의 왕

---

86) 147년에 지휘관으로 임명되어 기원전 146년에 카르타고를 탈취하고 파괴했던 소아프리카누스이다.

87) 누만티아. 3만의 병력을 거느렸던 호스틸리우스 만키누스는 138년에 4천 명의 누만티아인들에게 패배당했다. 그가 승리자들과 맺었던 조약은 원로원에 의하여 기각당했다(Liv., *Perioch.*, 55; Cic., *De Or.*, 1,40. 180).

88) 기원전 88년 Liv., *Perioch.*, 78: App., *De Bell. Mithr.*, 22. 미트리다테스(기원전 63년에 사망)는 폰티우스의 왕으로서 소아시아의 상당 부분을 내어놓으라고 협박하면서 심지어 그리스에도 침입해 들어왔다. 술라는 그를 그리스로부터 내몰았고, 루쿨루스와 폼페이우스는 아시아에서 그를 패배시켰다.

인 미트리다테스가 어느 날 아시아에 거주하는 모든 로마인을 처형하라는 명령을 내렸고[88] 실제로 이 일이 시행된 데 대해 결코 침묵할 수 없다. 아시아에는 많은 로마인들이 개인사업에 종사하고 있었는데 이 얼마나 처참한 광경이 눈앞에 벌어졌단 말인가! 어떠한 로마인이든지 들판에 있든지, 노상에 있든지, 도시에 있든지, 자기 집에 있든지, 거리에 있든지, 광장에 있든지, 신전에 있든지, 침대에 있든지, 식탁에 있든지, 눈에 띄기만 하면 가차없이 무자비하게 살해당했던 것이다. 죽어가는 자들의 신음소리, 구경하는 사람들, 심지어 학살을 실행하는 사람들의 눈물을 생각해 보라. 집주인이 자기 집에서 말로 표현못할 정도로 처참한 살인을 구경할 뿐만 아니라 심지어 그런 일을 자행했다든지, 정중하고 친절한 얼굴을 갑자기 바꾸어 평시인데도 적군으로 돌변하여 치명적인 상처를 교환하다가 상대방의 육신을 칼로 찌르기는 했지만 찌른 당사자는 자신의 영혼에 찔림을 당하도록 강요한 것은 얼마나 잔인한 일이었던가!

이렇게 학살된 희생자들이 모두 점(占)으로 나타난 전조를 소홀히 여겼다는 말인가? 그들은 자기 집을 떠나서 돌아오지 못할 여행을 출발할 때, 공공의 신이든 집안의 신이든 아무 신에게든지 자문을 구하지 아니하였다는 말인가? 그들이 그렇게 하지 않았더라면, 우리 대적은 오늘날 당한 불행에 대하여 그리스도인들에게 불평할 하등의 이유가 없다. 왜냐하면 그토록 오래 전에 로마인들이 점을 통한 전조를 쓸데없다고 경멸했기 때문이다. 반면에 그들이 전조를 물었더라면, 어떠한 법, 적어도 어떠한 인간의 법으로도 그들의 여행을 제한하지 못했고 아무도 그들이 가지 못하도록 막지 못했다는 사실을 고려해 보면, 신들이 도대체 어떠한 도움을 주었는지 저들로 하여금 어디 말해보도록 하라.

23. 온갖 가축의 광기로 나타난 흉조에 뒤이어, 로마공화국을 괴롭혔던 내적인 재앙들에 대하여

그러나 이제 공화국 내부에서 발생했기 때문에 훨씬 더 괴로움을 안겨주었던 재앙들에 대해서, 가능한 한 간략하게 언급해 보자. 시민의(civil), 아니 야만적인(uncivil) 소란은 이제 더이상 단순한 혼란이 아니라 시가전의 양상을 띠면서, 거리낌없이 유혈사태를 빚었다. 또 파당이 생겨나서 언쟁이나 논쟁이 아니라 물리적인 충돌과 무력사용을 불사하면서 상대방에게 덤벼들었다. 동맹국과의 전쟁, 노예전쟁, 내전 등으로 이탈리아에는 얼마나 파멸적이며 황폐한 참극이 발생되었으며, 로마인들이 얼마나 많은 피를 흘려야 했던가! 라틴 동맹이 로마에 대항하여 반란을 일으키기 전에는,[89] 지금까지 인간이 부리던 개와 말과 당나귀, 소 등 고분고분하던 온갖 동물들이 갑자기 난폭해져서 온순한 성질을 잊어버리고는 우리에서 뛰쳐나와 제 마음대로 돌아다님으로써, 낯선 사람이든 주인이든 위험을 무릅쓰고 않고는 가까이 접근할 수 없었다.[90] 이 일이 전조라고 한다면 정말로 끔찍스러운 재앙으로 내린 전조요, 그렇지 않다고 할지라도 그 자체로도 얼마나 끔찍스런 재앙이었던가! 만약 그런 일이 오늘날 발생되었더라면 그 당시에 동물들이 사람을 대항한 이상으로 이교도들이 우리에게 대항하여 광포(狂暴)하게 덤벼들었을 것이다.

24. 그라쿠스 형제의 선동에 의하여 발생된 내란에 대하여

내란은 그라쿠스 형제가 농업법과 관련하여 사람들을 선동했을 때 발생되었다. 그들은 귀족들이 부당하게 차지하고 있던 농지를 시민들에게 분배하려고 결심했었다. 그러나 그토록 오랜 관행이 되어버린 악습을 개혁하는 것은 위험, 아니 사건으로 입증되었듯이 불행으로 가득찬 일이었다. 형인 티베리우스 그라쿠스가 살해당했을 때 얼마만한 불행이 뒤이어 발생되었는가! 잠시 후에 동생인 가이우스 그라쿠스가 똑같은 운명을 당했을 때, 얼마나 많은 사람들이 살해당했던가! 귀족이든 평민이든 법적 결정이나 절차없이 무장한 군중과 폭도에 의하여 무차별적으로 학살당했다. 동생 그라쿠스가 죽은 후에, 도성 내에서 그라쿠스에 대항하여 군대를 출동시켜 그와 그 지지세력을 패배시키고 죽이고는 수많은 시민을 학살했던 집정관인 루키우스 오피미우스(Lucius Opimius)는 잔존 그라쿠스 세력을 추적하여 법적인 조사를 마친 뒤에, 3천 명이나 되는 많은 사람들을 처형했다고 전해진다. 법적인 절차를 따른 결과로서도 그토록 많은 사람들이 죽임당했는데, 하물며 무장폭도에 의해서는 얼마나 많은 사람들이 희생되었을 것인지 우리는 짐작할 수 있다. 그라쿠스를 직접 암살한 자는 전에 맺은 계약에 따라 희생자의 머리와 같은 무게의 금을 받고 집정관에게 머리를 팔았다. 이런 일련의 유혈사태 속에, 집정관이었다가 축출당한 마르쿠스 풀비우스(Marcus Fulvius)도 모든 자녀들과 함께 살해당하고 말았다.[91]

25. 이런 소란과 학살이 자행되던 장소에 원로원의 결의에 의하여 세워진 콘코르디아(Concordia) 신전에 대하여

89) 기원전 90년.

90) Jul. Lbs, *Prod*, 114: Oros. 5, 18, 9.

사실 비극적인 폭동이 발생하여 모든 계급의 시민들이 죽어 넘어진 그 장소에 콘코르디아(Concordia : 조화) 신전[92]을 세우도록 한 원로원의 결의는 꽤 산뜻했다. 내가 보기에, 그 신전을 그라쿠스 형제가 형벌받은 증거로서 사람들의 눈에 띄게 되면, 민중을 향하여 연설하는 사람들의 기억을 자극하게 될 목적을 가지고 있었던 것 같다. 그러나 그 도성에 있었다고 한다면, 도성이 그처럼 내란으로 인하여 사분오열되지 않도록 막았어야 할 여신에게 신전을 세워줌으로써 신들을 조롱하는 격이 아니었던가? 아니면 콘코르디아 여신은 시민들의 생명을 아무렇게나 내동댕이쳤기 때문에, 유혈사태에 대한 책임을 지고 그 신전에 유폐되었다는 것일까?

로마인들이 일관성을 유지하고자 한다면, 그들은 왜 동일한 장소에 오히려 디스콘코르디아(Disconcordia : 부조화) 신전을 건축하지 않았던가? 아니면 디스콘코르디아라는 여신은 없는데, 콘코르디아 여신이 있어야 하는 어떤 이유가 있다는 말인가? 로마에서 "건강 신"(Salus)에 대한 신전이 있는 것과 마찬가지로 "열병 신"(Fever)[93]에 대한 신전이 세워진 것을 보더라도, 라베오에게 시사해 주었을 법한 선신과 악신의 구분[94]이 여기서도 적용되는 것인가? 그렇다면 같은 원리로 콘코르디아 신전이 있는 것과 마찬가지로, 디스콘코르디아 신전도 있어야 한다.

로마인들이 그런 사악한 여신을 화나게 하고, 바로 그녀가 기분을 상함으로써 트로이의 파멸이 초래되었다는 사실을 잊어버린 것은 위험천만한 모험이었다. 왜냐하면 그녀는 다른 여신들과 함께 (펠레우스와 테티스의 결혼식에) 초대받지 않은 데 격분하여 황금사과를 보냄으로써 세 여신 사이에 분란을 일으켰기 때문이다. 바로 그 일로 말미암아 신들끼리 다투게 되고 베누스가 승리하고 헬렌이 강간당하고 트로

---

91) 티베리우스 그라쿠스는 기원전 133년에 호민관으로 있을 때, 토지개혁을 위한 여러 가지 제안을 했다. 그는 다시 호민관으로 선출되고자 시도할 때 폭동 중에 살해당했다. 그의 동생인 가이우스는 125년과 122년에 호민관이 되어 자기 형의 제안을 다시 법률로 제기하면서 자유주의적 조치들을 진척시키고자 하였다. 그는 senatus consultum ultimum이 그와 그의 지지자들에 의하여 통과된 이후인 121년에 살해당했다. 121년에 집정관이었던 오피미우스는 가이우스 그라쿠스에 대항한 반대파의 지도자 중 한 사람이었다. 그는 120년에 많은 시민을 학살했다고 고소당했으나, 방면되었다(Cic., *De Or.*, 2, 25, 106). 그라쿠스는 사실 충실한 노예였던 필로크라테스에 의하여 살해당했다. 플루타르크(G. Gracchus, 17)에 의하면 그의 머리는 셉티물레이우스라는 사람에 의하여 오피미우스에게 팔렸다고 했다. 125년에 집정관이었던 풀비우스는 그라쿠스 형제의 친구였다.

92) 로마에는 여러 개소의 콘코르디아 신전이 있었다. 오피미우스에 의한 신전 봉헌은 아피안의 *De Bell. Civ.*, 1, 26에 의하여 입증된다.

93) 2권 14장 참조.

94) 2권 참조.

이가 멸망당하게 되었던 것이다. 그러므로 그녀가 만약 로마인들이 다른 신들 사이에 자신의 신전이 설 자격이 없다고 생각한 데 대해 기분을 상하고는 그와 같은 소동을 일으킴으로써 나라를 혼란에 빠뜨렸다면, 학살 장소, 다시 말하여 자기가 작업을 해놓은 장소에 자기를 적대하는 여신의 신전이 서있는 모습을 보고는 얼마나 더 분개한 심정을 갖게 되겠는가!

우리가 이런 어리석은 행동을 조롱할 때, 지혜롭고 학식있는 이들은 몹시 화를 낸다. 그러나 그들은 선신과 악신을 동시에 섬기고 있기 때문에, 콘코르디아와 디스콘코르디아에 대한 이런 곤란한 문제에서 벗어날 수 없다. 그들은 아주 옛날부터 성소가 세워져있는 페베르와 벨로나를 좋아하고 위에서 얘기한 두 여신을 소홀히 했는가? 아니면 그들이 그 신들도 숭배했지만, 콘코르디아가 자기들을 버리고 디스콘코르디아가 광포하게 날뛰며 그들을 내란으로 휘몰아갔는가?

26. 콘코르디아 신전이 세워진 후 발생된 갖가지 전쟁에 대하여

그러나 그들은 그락쿠스 형제의 징벌과 죽음에 대한 기념물로서 연설자들의 시야에 들어오는 곳에다가 콘코르디아 신전을 세우고는 반란을 막는 효과적인 방어책을 마련했다고 생각했다. 그것이 어느 정도 효과가 있었는지는 그 뒤에 발생된 훨씬 더 처참한 전쟁이 입증해준다. 왜냐하면 이후에 연설자들은 그라쿠스 형제의 선례를 피하려고 하기보다는 그들의 계획을 능가하려고 노력했기 때문이다. 민중파의 호민관인 루키우스 사투르니누스(Lucius Saturninus), 법무관인 카이우스 세르빌리우스(Caius Servilius),[95] 그 후에[96] 마르쿠스 드루수스(Marcus Drusus)[97] 등 세 사람은 처음에는 사람들을 선동하여 유혈사태를 일으키다가, 나중에는 동맹국 사이의 전쟁을 야기시킴으로써 이탈리아에 끔찍한 재앙을 가져오고 처참하리 만큼 황량하고

95) 기원전 103년과 100년에 호민관이었던 아풀레이우스 사투르니누스와 100년에 법무관이었던 세르빌리우스 글라우키아는 극단적인 마리우스 지지자였다. 원로원의 비상결의(senatus consultum ultimum)는 그들을 공적(公敵)으로 선포하고는 기원전 100년 10월에 처형했다.

96) 단지 9년 후였다. 이 구절은 아마도 "머지 않아"라고 읽혀야 할 것이다.

97) 기원전 91년에 호민관으로 있던 리비우스 드루수스는 이탈리아의 동맹들에게도 시민권을 부여하자고 제안했다. 그는 암살당했다. 그의 제안이 거절당하고 그가 살해된 사건은 기원전 90년에 동맹시 전쟁으로 이어진다.

98) 내란은 기원전 88-82년에 마리우스와 술라 사이의 전쟁으로 시작되었다. 스파르타쿠스 영도하에 검투사들에 의하여 주도된 노예전쟁은 기원전 73-71년까지 계속되었다. 시칠리아에서는 기원전 135-132년과 103-101년에 노예전쟁이 있었다.

황폐한 지경으로 몰아넣었다. 이 다음에는 노예전쟁과 내란이 잇달았다.[98]

그런 전쟁 중에 얼마나 많은 전투가 벌어졌으며, 얼마만한 유혈사태가 발생되었으며, 로마제국의 중심세력을 형성했던 이탈리아의 거의 모든 민족이 마치 야만인을 대상으로 하는 것처럼 정복되었던가! 사실 노예전쟁은 70명도 되지 않는 소수의 검투사들에 의하여 시작되었다. 그러나 과격하고 잔인한 사람들이 얼마나 많이 여기에 가담했는지, 얼마나 많은 로마의 장군들이 이들 무리에 의하여 패배당했는지, 이들이 얼마나 많은 지역과 도성을 폐허로 만들었는지는 심지어 역사가들도 설명하는 데 어려움을 느낀다. 그것은 단순한 노예전쟁이 아니었다. 마케도니아 속주, 따라서 시칠리아와 해안지방이 또한 노예집단에 의하여 황폐해졌다. 초기에는 끔찍한 약탈행위를 하고, 나중에는 해적이 되어 로마에 대항하여 벌인 전쟁에 대해 어느 누가 적절히 설명해낼 수 있겠는가?[99]

27. 마리우스와 술라 사이에 벌어진 내란에 대하여

파당끼리의 분쟁으로 희생된 동료시민의 피로 얼룩진 마리우스가 이제 패배 당하여 도성으로부터 도망쳤어도, 로마는 자유롭게 숨쉴 틈이 없었다. 이에 대해 키케로는 다음과 같이 말하고 있다.

> 킨나가 마리우스가 함께 돌아와 도성을 장악했다. 그때 명망있는 사람들은 대부분 학살당했고, 나라의 불빛은 꺼져버렸다. 나중에 술라는 이런 잔혹한 승리에 대해 보복했지만 우리는 얼마나 많은 시민의 수가 감소했는지, 공화국이 어떠한 재앙을 입었는지 말할 필요조차 없다.[100]

벌주려고 했던 범죄행위를 그냥 두었을 경우보다 훨씬 더 파괴적이었던 이 보복행위에 대하여 루칸(Lucan)은 이렇게 말하고 있다.

> 치료약이 질병을 쫓아가다가 모든 한계를 넘어
> 너무 멀리까지 나아갔다. 범죄자는 소탕되었다.
> 그러나 이제 범죄자들만 살아남을 수 있었다.[101]

---

99) 해적들은 결국 기원전 67년에 폼페이우스에 의하여 근절되었다.
100) *Cat.*, 3, 10.
101) *Phars.*, 2, 142-4.

마리우스와 술라 사이에 전쟁이 벌어졌을 때 도성 밖의 전장에서 많은 사람들이 죽어 넘어졌을 뿐만 아니라, 도심 가운데에 있는 도로와 광장과 극장과 신전 역시 시체로 가득 찼다. 사실, 승리한 자들이 승리를 거두기 전에 더 많은 사람을 죽였는지, 아니면 승리한 후에 승자로 남거나 승자라는 이유로 더 많은 사람을 죽였는지 판단하기가 쉽지 않다. 마리우스가 승리하고 망명지에서 돌아오자마자 곳곳에서 벌어진 학살말고도 집정관인 옥타비우스의 목이 연단에 내걸렸다. 그리고 카이사르와 핌브리아는 자기 집에서 살해당했고, 크라시 부자는 서로 보는 가운데 학살되었으며, 베비우스와 누미토리우스는 갈고리로 끌려가다가 내장이 터져 죽었다. 카툴루스는 적의 손에 들어가지 않기 위하여 독약을 마셨고, 유피테르의 사제이던 메룰라(Merula)는 혈관을 절단함으로써 자기 신에게 스스로의 피를 바쳤다. 이뿐만 아니라, 인사할 때 마리우스가 오른 손을 내밀어 답례하지 않은 사람은 누구든지 그 앞에서 즉각 참살되었던 것이다.[102]

28. 마리우스의 잔학행위를 보복한 술라의 승리에 대하여

그런 다음, 소위 마리우스의 잔학행위에 대해 보복하겠다던 술라가 승리하였다.[103] 그러나 그의 승리는 엄청난 피를 흘리고서야 가능했을 뿐만 아니라, 적대행위가 종식되어도 적대감은 그대로 남아있었으며, 평화가 찾아왔다고 할지라도 전시와 마찬가지로 잔혹한 행위가 계속되었다. 이보다 앞서, 형인 마리우스가 저지른 학살에다가 같은 파당에 속해 있던 동생 마리우스와 카르보(Carbo)[104]는 더 잔학한 행위

102) 기원전 88년에 미트리다테스에 대한 전쟁 지휘권이 원로원에 의하여 술라에게 주어졌다. 그러나 마리우스 일파는 명령 권한을 마리우스에게로 이양시켰다. 술라는 로마로 행진해 들어갔고, 마리우스는 도망쳤다. 그러나 술라가 동방으로 떠난 이후에 마리우스가 기원전 87년에 킨나와 함께 돌아와서 반대자들을 학살하기에 이르렀다. 기원전 87년에 집정관이었던 옥타비우스는 첫번째 희생된 사람들 중의 한 사람이었다. 기원전 90년에 집정관이었던 카이사르와 그의 형제이자 유명한 웅변가인 카이사르 스트라보도 죽음에 처해졌다. 3인 집정관의 아버지였던 크라수스는 자기 아들 중 한 사람이 학살된 이후에 같은 해에 자살했다. 바이비우스와 누미토리우스는 술라 일파였다. 루타티우스 카툴루스는 목탄화로로부터 일산화탄소를 흡입함으로써 자살했다고 일반적으로 알려져있고, 메룰라는 유피테르의 카피톨 신전에서 자살했다. 죄인으로 선고받은 사람들은 때때로 갈고리로 질질 끌려가서 티베르 강으로 내던져졌다. Cic. *Philip* , 1, 2, 5; *Pro Rabir*, 5, 16 그리고 Juvenal, 10, 66(세야누스의 시체에 대한 처리)참조.

103) 기원전 82년.

104) 보다 젊은 마리우스와 파피리우스 카르보는 기원전 82년에 집정관으로 있던 사람들이었다. 카르보는 기원전 84년에 킨나가 사망한 이후에 마리우스파를 이끈다.

를 덧보탰었다. 왜냐하면 그들은 술라가 접근해오자 승리할 수 없을 뿐만 아니라 자기들의 목숨도 안전하지 못하리라는 사실을 알고는, 친구와 적을 가리지 않고 무차별적인 학살을 자행했기 때문이다. 그들은 로마의 구석구석을 피로 물들이고도 만족하지 못하여 원로원을 포위한 뒤에 의원들을 마치 감옥에서 죄수에게 하듯이 끌어내고는 처형했다.

로마인들이 가장 신성한 장소라고 생각하던 베스타 제단에서 꼼짝않고 붙어있던 신관, 무키우스 스카이볼라(Mucius Scaevola)[105]는 바로 그 장소에서 살해되었다. 그가 흘린 피로 말미암아 처녀들의 꾸준한 보살핌으로 꺼지지 않고 타오르던 불길마저 꺼질 뻔했을 지경이었다. 술라는 무기를 버리고 항복한 7천 명을, 전투가 아니라 명령 한 마디로써 어떤 공공건물에서 살해하고는 승리자로서 로마에 입성했다. 전쟁의 광란상태가 끝난 이후에, 평화 시의 상태마저 그토록 무시무시했다. 게다가 술라의 부하들은 온 도성을 돌아다니면서 자기들 마음내키는 대로 사람을 죽였기 때문에, 사망자의 수를 계산할 수조차 없었다. 이런 상태는 정복자의 명령을 받아 행할 사람이 없어서는 안 되므로 어느 정도의 사람들은 살려두어야 한다는 생각이 술라에게 들 때까지 계속되었다.

이런 무차별적이고 광란적인 학살행위가 제지되자마자, 원로원과 기사계급이라는 두 명예로운 계급에서 사형당하거나 추방당할 2천 명의 명단이 커다란 박수갈채를 받으면서 발표되었다. 사실 그 숫자가 아주 많기 때문에 슬픈 일이기는 했지만, 한계가 정해졌다는 점이 사람들에게 위안이 되었다. 죽음을 앞둔 많은 사람들에 대한 슬픈 감정보다는 나머지 사람들이 이제 안전하다는 기쁜 감정이 더 컸다. 자신의 안전을 염려하여 동정심을 누르고 있던 사람들조차 죽을 운명에 처해진 몇몇 사람들이 당하는 격심한 고통을 보고 불쌍히 여기지 않을 수 없었다. 어떤 사람은 사형집행인들의 맨손에 의하여 갈기갈기 찢겼다. 그 자들은 맹수가 자기들에게 던져진 시체를 찢어버리는 것보다 더 야만적인 태도로 살아있는 사람을 다루었다. 다른 사람들은 두 눈이 후벼파인 채, 사지(四肢)가 하나씩 절단되고는 무시무시한 고통을 받으면서 남아 있는 시간 동안 살아가도록, 아니 죽어가도록 강요되었다.

몇몇 유명한 도성은 마치 농장처럼 경매에 부쳐지기도 했고, 어떤 도성은 마치 한 범죄자가 사형선고당하는 것처럼 집단적으로 학살되도록 선고받기도 했다. 이런

---

105) 95년에 집정관이던 무키우스 스카이볼라이다. 18권으로 된 시민법에 관한 방대한 저자이자 위대한 법률가인 그는 키케로에 의하여 크게 칭찬받고 있다(*De Or.*, 1, 39, 180).

일들은 전쟁이 끝난 뒤 평화 시에, 그것도 승리를 보다 재촉하기 위해서가 아니라, 이미 얻은 승리가 가볍게 취급되지 않도록 행해졌다. 평화와 전쟁이 누가 더 잔인한가 경쟁하다가 평화가 이겼다. 왜냐하면 전쟁은 무장한 군사들만 거꾸러뜨렸지만, 평화는 비무장한 사람들마저 살해했기 때문이다. 그리고 전쟁은 공격 당한 사람에게 가능한 한 반격할 기회를 주었지만, 평화는 살아남은 사람들에게 생명이 아니라 저항할 기회조차 얻을 수 없는 죽음을 수여했기 때문이다.

29. 고트족과 골인들이 침입했을 때 로마의 경험과 파국과 내란 당사자들에 의하여 야기된 파국 사이의 비교.

어떠한 외국 민족의 포악, 어떠한 야만인들의 흉포함이 시민에 대한 시민의 이런 승리와 비교될 수 있는가? 어떤 쪽이 로마에 더 불행했으며, 더 추악하며, 더 괴로웠는가? 최근의 고트족[106]과 과거의 골인들의 침입[107]인가, 아니면 자신들의 몸이나 다름없는 사람들에 대해서 마리우스와 술라와 그 일파가 저지른 잔인한 행동인가? 사실 골인들도 당시에 유일하게 방어되고 있던 카피톨 신전 외에, 시내 어디서든지 발견되는 모든 원로원 의원들을 학살했다. 그러나 그들은 카피톨을 급습하여 장악할 수는 없었으나 서서히 포위공격할 수도 있었지만, 그렇게 하지않고 그 언덕으로 피난한 사람들에게 금을 내놓고 목숨을 사도록 허용해 주었다. 또한 고트인들은 아주 많은 원로원 의원들을 살려주었는데, 그들이 어떤 의원을 죽였다는 것보다 그것이 한층 더 놀라운 사실이었다.

그러나 술라는 마리우스가 아직 살아있는 동안에, 골인들조차 침입하지 않았던 카피톨 신전에서 정복자로 자리잡고는 그곳에서 살육명령을 공포했다. 그리고 패주하여 도망간 마리우스가 나중에 돌아와서는 이전보다 더 잔학하고 잔인한 유혈사태를 일으키기는 하겠지만, 술라는 카피톨 신전에서, 그리고 원로원의 결의를 사용하여 많은 로마인들의 생명과 재산을 강탈했다. 그 후에 술라가 떠나자, 마리우스 일파는 어떤 것을 신성하게 여기고 남겨두었던가? 그들은 심지어 시민이요, 원로원 의원이요, 신관인 무키우스가 로마의 운명이 거주한다고 말해지던 바로 그 제단을 애처롭게 붙잡고 있는데도 그 목숨을 빼앗지 않았던가? 그리고 무수한 다른 학살사건은 언급하지 않더라도, 술라파의 마지막 명령서에는 고트족이 살해할 수 있는 것보

106) 기원후 410년.
107) 기원전 390년.

다 더 많은 원로원 의원들을 살해하려는 음모가 담겨 있었다.

30. 그리스도의 강림 이전에 종종, 그리고 아주 잔혹하게 잇달았던 전쟁의 연결고리에 대하여

그렇다면 저들은 이런 재앙에 대해서는 그들 자신의 신들에게 책임을 묻지 않고, 오늘날의 불행한 일에 대해서 얼마나 파렴치하고 뻔뻔스럽고 얼마나 무례하고 어리석은 태도로 우리 그리스도의 탓으로 돌리는가! 저들 자신의 역사가들도 인정하듯이, 어떤 외국과의 전쟁보다 비참했으며 공화국에 재앙이었을 뿐만 아니라 완전한 파국으로 판단되던 이런 유혈 내란은 그리스도가 강림하기 오래 전에 시작되어 잇달아 발생되었다. 불의와 범죄의 연결고리는 마리우스와 술라의 전쟁으로부터 세르토리우스[108]와 카틸리나[109]에게로 이어졌는데, 술라는 앞의 사람을 추방시켰고 뒤의 사람을 양육시켰던 것이다. 또 이 전쟁은 레피두스와 카툴루스[110]의 전쟁으로 연결되었는데, 앞의 사람은 술라가 제정한 법령들을 무효로 만들기를 원했고 뒤의 사람은 그것을 옹호하고자 하였던 것이다. 또 여기서 폼페이우스와 카이사르 사이의 전쟁이 발발하게 되었는데, 앞의 사람은 술라의 부하였다가 그의 권력과 비견되거나 심지어 능가했던 권력을 장악했고, 카이사르는 자기 것이 아니라는 이유로 폼페이우스가 가진 권력을 비난하다가 폼페이우스가 패배하여 살해당한 뒤에는 그것을 앞지르게 되었다. 그로부터 내전의 고리는 나중에 아우구스투스라고 불리는 제2의 카이사르에게로 연결되었는데, 그의 통치기에 그리스도가 탄생했던 것이다.

심지어 아우구스투스 자신도 수많은 내란을 치렀다. 이런 전란 통에 수많은 뛰어난 인물들이 살해되었는데, 그 중에는 뛰어난 웅변으로 국정에 관여하던 키케로도

---

108) 세르토리우스는 술라의 승리 이후 민중파의 지도자였다. 그는 기원전 80년에 반란을 일으킨 루지타니아인들을 지휘하도록 초청받은 뒤에 스페인 군대를 조직하여 원로원 세력에 맞서다가 72년에 부장 중 한 사람에 의하여 살해당했다.

109) 빈곤한 귀족이던 세르기우스 카틸리나는 대량 학살과 혁명을 의도하면서 기원전 65년에 일군의 극단적인 인물들을 결집했다. 이런 음모가 실패하자 그는 집정관직을 위해 싸웠으나 64년에 패배당했다. 63년에는 카틸리나의 "제2의 음모사건"이 모의되었다가 집정관인 키케로에 의하여 분쇄당했다. 카틸리나는 도망하여 패배당한 뒤에 전장에서 살해당했다.

110) 기원전 78년에 집정관이던 아이밀리우스 레피두스는 술라의 제반조치를 무효로 만들고자 군사 쿠데타를 시도했다. 그러나 그는 원로원 귀족의 지도자이자 또다른 집정관인 루타티우스 카툴루스의 군대와 야니쿨룸 언덕 근처에서 전투를 벌이다가 패배당했다.

포함되어 있었다. 직접 폼페이우스를 정벌했던 가이우스 카이사르는 비록 내란에서 승리한 후에 관용적인 태도로써 반대파에 섰던 사람들에게 생명과 명예를 부여해 주었지만, 왕권을 차지하려한다는 의심을 받고는 공화국의 자유를 수호하고자 계획했던 일단의 지체높은 원로원 의원들에 의하여 의사당에서 암살당했다. 그 후에 카이사르와는 아주 다른 성품을 가진 사람으로서 온갖 종류의 악덕에 의하여 오염되고 부패되었던 안토니우스가 권력에 탐을 냈을 때, 공화국의 자유를 수호한다는 똑같은 구실을 내건 키케로에 의하여 집요한 저항을 받았다.

이런 와중에 가이우스의 양자로서, 이미 말했듯이 나중에 아우구스투스라는 이름으로 알려진 제2의 카이사르가 놀라운 재능을 가진 젊은이로 모습을 드러냈다. 이 젊은 카이사르는 안토니우스의 세력과 대항하려고 꾀하던 키케로의 지원을 받았다. 왜냐하면 키케로는 새로운 카이사르가 안토니우스의 권력을 격파하고 분쇄하여 자유로운 공화국을 회복시키기를 바랐기 때문이다. 그러나 그는 아주 시야가 좁았고 장래일을 알지 못한 사람이었다. 왜냐하면 그 자신이 성장시키고 영향력을 키워준 바로 이 젊은이가 안토니우스와의 협약에 대한 보증으로 자신이 피살되도록 허용했으며, 그가 그렇게 크게 외쳤던 바로 그 공화국의 자유를 스스로의 지배하에 종속시키고 말았으니 말이다.

31. 이방신들이 숭배되고 있을 때에조차도 이런 재앙이 사람들을 덮쳤는데, 오늘날 당하는 고통의 원인을 다신론적인 숭배행위에 대한 금지조치와 그리스도에게 돌리는 것은 얼마나 파렴치한 일인가?

그리스도의 큰 은혜에 대하여 감사할 줄 모르는 자들로 하여금 이런 엄청난 재난에 대한 책임을 그들 자신의 신들에게 묻게 하라. 확실히 이런 일들이 발생되었을 때, 신들의 제단에는 불꽃이 피어오르고 있었으며 "아라비아 향료와 신선한 화환"[111]에서 나오는 향기가 혼합되어 풍기고 있었다. 신관들은 존중히 여겨졌으며, 성소는 호화스럽게 장식되었으며, 신전마다 제사가 드려지고 연극이 공연되며, 사람들이 거룩한 황홀경에 빠져있었다. 그럼에도 불구하고 먼 장소에서 뿐만 아니라, 바로 신들의 제단 사이에서 시민들의 피가 엄청나게 흘러내리고 있었던 것이다. 이전에 무키우스[112]가 신전에서 도피처를 찾았다가 효과를 보지 못했기 때문에, 키케로는 아예 그렇게 하려고 하지 않았다. 그러나 아주 용납할 수 없을 정도로 이 그리스도교 시

111) Virg., *Aen.*, 1, 416.
112) 28장.

대에 대해 중상모략하는 자들은 스스로 도피처를 찾아 특별히 그리스도에게 봉헌된 장소로 도망쳐 오거나, 야만인들이 목숨을 살려주려고 이끌고 오는 바로 그 사람들이다.[113]

간단히 말하여, 내가 언급한 많은 실례들을 반복하지 않더라도, 또 여기에다가 지루할까 염려되어 열거하지 않은 수많은 사건들을 덧붙이지 않더라도, 나는 이 한 가지 사실을 확신할 수 있다. 그리고 편견없는 판단력을 가진 사람이라면 기꺼이 이 점을 인정할 것이다. 즉 포에니 전쟁 이전에 사람들이 그리스도교를 받아들이고 이 전쟁으로 유럽과 아프리카에 야기된 끔찍한 참상이 그리스도교의 전래 이후였다고 한다면, 지금 우리를 비난하는 사람들 모두가 그 원인이 우리 종교에 있다고 생각했을 것이다. 그리스도교가 골인들이 침입하기 이전이나 로마를 황폐하게 만든 홍수와 화재 이전이나 무엇보다도 가장 파국적이었던 내란 이전에 수용되고 확산되었더라면, 적어도 로마인과 관계되는 한에는 우리가 그들의 항의를 참아내기가 얼마나 어려웠겠는가!

그리고 너무나 이상하여 기현상이라고 생각되던 다른 재앙들이 만약 그리스도교 시대 이후에 발생되었더라면, 저들은 그 원인을 그리스도인들 외에 누구의 범죄 탓으로 돌렸겠는가? 나는 해를 준다기보다는 오히려 놀라운 일들, 즉 소가 말을 했다든가, 뱀이 날아갔다든가, 암탉이 수탉으로 바뀌고, 여인이 남성으로 바뀌었다든가, 다른 이와 유사한 기현상들에 대해서는 말하지 않겠다. 이런 일들은 사실이든 거짓이든 이야기책이 아니라 역사책에 기록되어 있지만, 사람들에게 놀라움을 줄 뿐 해를 끼치지는 않는다.

그러나 흙이나 백악(白堊)이나 돌이 그것도 우박이 아니라 진짜 돌이 하늘에서 떨어졌다면, 이것은 분명히 심각한 해를 끼친 것으로 판단될 수 있었다. 우리는 저들의 책에서 에트나(Etna)의 불길이 산 정상으로부터 이웃 해변으로 흘러내림으로써 바닷물이 펄펄 끓어올라 암석이 불타버렸고, 배에 있는 역청이 녹아 흐르기 시작했다는 이야기를 읽을 수 있다. 이런 현상은 믿을 수 없을 정도로 놀라울 뿐만 아니라, 동시에 이에 못지 않은 해를 끼쳤던 것이다. 그 책에는 그 때의 강한 열로 시칠리에 화산재가 가득했고 카티나(Catina) 도성에 있는 집들은 그로 인해 파괴되고 매몰되었다고 기록되어 있다. 이런 재앙에 대해 로마인들은 측은히 여기는 마음으로 그 해의 공물을 그들에게서 면제해 주었던 것이다.[114]

113) 1권 1장.
114) Oros., 5, 15(오로시우스는 10년 동안 공물이 면제되었다고 말한다).

또한 우리는 그 때에 이미 로마의 속주가 되어있던 아프리카에 엄청나게 많은 메뚜기 떼가 들이닥쳤다는 기록을 읽을 수 있다.[115] 메뚜기들은 모든 곡식과 나뭇잎을 갉아먹은 뒤에, 측정할 수 없을 정도로 거대한 구름떼를 이루어 바다 쪽으로 몰려가서 물에 빠져죽었다고 전한다. 그러나 이제 메뚜기 시체가 해안으로 밀려올라와 공기를 오염시킴으로써 무서운 질병을 발생시켜 메시닛사(Mesinissa) 왕국[116]에서만 8십만 명을 희생시킨 외에 인근 지역에서는 이보다 많은 사람들이 죽였다고 한다. 우리는 책을 통하여 우티카(Utica)에 주둔하던 3만 명의 군사 중에 단지 만 명만 생존했음을 확실히 알 수 있다.

만약 이런 재앙들이 오늘날 발생되었더라면, 그토록 생각없이 우리를 비난하며 우리에게 답변을 강요하는 저들은 그 원인을 그리스도교에 돌리지 않았을 것인가? 그러나 저들은 자기들의 신들에게는 아무런 비난도 가하지 않는다. 저들은 오히려 옛날에 그 신들을 숭배한 사람들이 훨씬 심한 재앙을 모면하지 못했는데도 불구하고, 오늘날 겪고 있는 보다 가벼운 고통을 모면하기 위하여 그 신들을 다시 숭배하자고 요구하고 있는 것이다.

115) Liv., *Perioch.*, 40.
116) 누미디아.

제 4 권

개요:제4권에서 저자는, 로마제국의 범위와 긴 기간은 유피테르나 이교도 신들 덕택이 아니라 한 분인 참 신, 지복의 창시자인 그분의 권능과 판단에 의해 세상의 왕국이 세워지고 유지된다고 증명한다.

1. 1권에서 논의된 내용에 관하여

나는 하나님의 도성에 관한 논의를 시작할 때, 세상적인 쾌락을 열심히 추구하며 덧없는 일들을 향하여 달려가다가 그 안에서 겪게되는 온갖 불행한 일들—이런 일들은 그들을 벌하려는 하나님의 엄격성에서 나온 것이 아니라, 훈계하고자 하는 하나님의 자비에 기인하였다—에 관하여 참되고 유일한 구원의 종교인 그리스도교에 비난을 퍼붓는 반대자들에게 우선 대답할 필요성이 있다고 생각하였다. 저들 중에는 아주 학식이 없는 자들도 다수 있는데, 그들은 학자들의 권위를 가지고 우리에 대한 적개심을 북돋울 수 있다고 생각한다. 그들 무식한 자들은 경험이 부족하기 때문에, 자기들 시대에 발생된 일이 마치 지나간 시대에는 일어난 적이 없는 특이한 일이라고 상상한다. 이런 생각이 잘못임을 알고 있는 자들도 우리에 대해 불평하는 정당한 이유를 가진 척하기 위해, 자기들의 학식을 숨기며 그런 잘못된 생각을 지지한다.

그러므로 나는 후대 사람들이 알 수 있도록 저들 자신의 저술가들이 과거의 역사를 기록한 책을 통해 사실이 잘못 알려져 있다고 입증해 보임과 동시에, 저들이 공공연히 섬겼으며 아직도 은밀하게 숭배하고 있는 거짓 신들은 사실상 아주 불결한 영들이란 사실, 그리고 그들은 아주 사악하고 기만적인 악마들이어서 사실이든 거짓이든 자기들에게 돌려지는 범죄에도 기뻐하며, 신적인 권위로써 사람들로 하여금 악행을 모방하게끔 하였기 때문에 인간들이 연약하여 그런 범죄로부터 뒤로 물러설 수 없도록 하기 위하여 축제에서 공공연하게 악행이 표현되기를 원했다는 사실을 증명해야 할 의무가 있었다.

우리는 이런 작업을 함에 있어서 우리 자신의 추측에 의해서가 아니라, 부분적으로는 우리 자신의 눈으로 그런 신들을 숭배하여 행해지는 공연물[1]을 보았기 때문에 우리에게 생생히 남아있는 기억을 사용했고, 부분적으로는 신들에게 모욕을 가하기 위해서가 아니라 숭앙하기 위하여 이런 일들에 관해 후대에 기록을 남겨둔 사람들의 서적을 사용했다. 그래서 저들 중에 가장 학식있고 권위가 있는 바로[2]는 "인간에 관계된 문제"와 "신들에 관계된 문제"로 별도의 책을 만들 때, 어떤 일들은 인간들에게, 어떤 일들은 신들에게 각각의 특수한 비중에 따라 배분하고는, 극장 공연물을 인간들의 일이 아니라 신들의 일에 위치시켰다. 비록 국가에 선하고 정직한 사람들만 있다면, 연극은 인간들의 일에도 포함되어서는 안될 텐데도 말이다. 그런데 바로는 자기 임의대로 이런 구분을 한 것이 아니었다. 왜냐하면 그는 로마에서 태어나서 양육되었으므로 연극을 신적인 일들 가운데에서 발견했기 때문이다.

1권 마지막 부분에서 우리는 앞으로 논의하고자 의도하는 점에 관하여 간단히 언급했는데, 2권과 3권에서 그 중 일부를 처리했다. 그러므로 이제 우리는 우리의 독자들이 우리가 지금 어떤 문제를 다루기를 기대하는지 알고 있다.

2. 2권과 3권에 포함된 내용에 관하여

우리는 로마 공화국이 당한 재난을 우리 종교의 탓으로 돌리는 사람들에게 무언가를 말하고, 또한 그들의 희생제가 금지되기 전에도 그 도성이나 제국에 속한 속주들이 겪었었던 재앙을 우리가 기억할 수 있거나 충분하다고 판단되는 정도까지 많이 설명할 것이라고 약속했었다. 저들은 사실 그런 일이 발생하기 전에 우리의 종교가 그들에게 비춰었거나 그들의 신성모독적인 의식을 금지시켰더라면, 틀림없이 모든 원인을 우리에게 돌렸을 것이다.

우리는 이런 문제가 2권과 3권에서 충분히 다루어졌다고 생각한다. 우리는 그 중 2권에서는 유일한 재앙이거나 최고로 나쁜 재앙이라고 생각될 수 있는 도덕적인 악행에 대해서, 3권에서는 바보들만이 경험하기를 두려워하는 것, 즉 선한 사람들도 대부분 당하는 육체적 또는 외부적 재앙에 대해서 논했다. 그러나 저들은 스스로를 악하게 만드는 해악을 인내심을 가지고라기보다는 오히려 기쁨으로 취하고 있다. 그리고 나는 한 도성과 그 제국에 관하여 얼마나 적은 재앙을 언급했는가! 심지어 카이사르 아우구스투스 시대까지도 충분하게 설명하지 않았다. 만약 내가 전쟁에서 발

1) 2권 4장. *Conf.*, 1, 10; 3, 2.
2) 3권 4장.

생되는 황폐와 파괴와 같이 인간들이 서로 간에 가하는 재앙이 아니라, 세계 자체의 구성요소로부터 지상적인 사물에 발생되는 재앙을 하나하나 열거하고 강조하기로 결정했다면, 어떤 일이 발생했을 것인가? 이런 재앙에 대해서 아풀레이우스(Apuleius)[3]는 자신의 저작인 「우주에 관하여」(*De Mundo*)의 한 구절에서, 모든 지상의 사물은 변화하고 역전되며 붕괴될 수밖에 없다고 간략하게 말하고 있다. 그 자신의 말을 그대로 빌리면 다음과 같다.

> 엄청난 지진으로 인하여 대지가 갈라지고, 도성들은 거주민과 더불어 완전히 삼킴을 당했다. 갑작스런 폭우에 의하여 모든 지역이 씻겨내려가고, 이전에 대륙이었던 장소가 진기하고 새롭게 밀어닥친 파도에 의하여 섬으로 변했다. 다른 섬들은 바닷물이 빠져 나감에 따라 걸어서도 접근할 수 있게 되었다. 도성들은 바람과 폭풍에 의하여 파괴되었다. 동방에서는 구름 사이에서 불이 뿜어져 나와 모든 지역을 화염으로 멸망시켰고, 서방 해안에서는 호우와 홍수에 의하여 똑같은 피해가 발생했다. 예전에 에트나 산의 정상에 있는 분화구에서는 신들이 점화한 불덩이가 강을 이루면서 경사면을 따라 흘러 내렸다.[4]

만약 내가 입수가능한 모든 역사로부터 이런 유사한 실례들을 수집하고자 했더라면, 진정한 구원에 무익하고 해가 되는 우상들이 그리스도의 이름으로 압도당하기 전에 발생된 일조차 어디에서 끝마칠 수 있었을 것인가?

나는 또한 모든 왕국들을 그 권세 안에 두신 진정한 하나님이 저들의 어떤 도덕적 성질과 어떤 목적을 위하여 친히 제국의 확장을 도와주셨는지, 또 저들이 신이라고 생각하는 자들은 어떻게 저들에게 아무런 유익을 줄 수 없었으며, 오히려 기만과 사술로써 해를 끼치는지 제시해 보이겠다고 약속한 적이 있다.[5] 그러므로 내가 이제 여기에서 이런 일들, 주로 로마제국의 성장에 관해서 말해야 할 때가 온 것 같다. 왜냐하면 나는 저들이 신으로 숭배하는 악마들의 해로운 사술에 의하여 로마인의 도

---

3) 아풀레이우스 아페르(약 기원후 150년에 활약했다)는 누미디아에서 태어났다. 가장 잘 알려진 그의 작품은 일반적으로 황금 당나귀로 알려진 풍자소설인 「변신 이야기」(*Metamorphoses*)이다. 그러나 그는 또한 수사학과 철학의 교사이기도 했다. 그는 플라톤주의적(혹은 신플라톤주의적) 신과 악마들과 하위(下位)의 초자연적인 세력들에 대해서 다루는 논문들, 즉 *De Platonic Dogmate* 와 *De Deo Socratis* 를 썼다. 그 중 후자는 성 아우구스티누스에 의하여 「하나님의 도성」에서 널리 인용되며 논의되어 있다.

4) *De Mundo,* 34(부정확한 인용이다).

5) 1권 36장.

덕성에 미친 많은 해악에 대해서는 이미 적지 않게, 특히 2권에서 언급했기 때문이다. 우리는 이미 완성된 3권 전체에서 적절한 것으로 보이는 지면으로, 전쟁의 관행을 뛰어넘어 야만인들이 그토록 존경심을 보인 그리스도의 이름을 통하여 하나님이 "그 해를 악인과 선인에게 비취게 하시며 비를 의로운 자와 불의한 자에게 내리우심이니라"(마 5:45)고 하신 말씀처럼, 선인과 악인에게 얼마나 많은 도움을 베푸셨는지 지적하였다.

3. 오직 전쟁을 통해서만 획득될 수 있었던 제국의 확장이 현자들이나 행복한 사람들이 받는 축복으로 생각될 수 있는가?

그러므로 이제 저들이 어떻게 하여, 로마제국이 그토록 크게 확장되고 오래 지속되는 이유를 저속한 연극의 외설적인 행태와 저속한 인간들의 봉사에 의해서 적절한 숭배를 했다고 주장하는 신들에게 감히 돌리는지 알아보자. 그러나 나는 먼저 다음과 같은 간단한 질문을 던지고 싶다. 즉 외란이든 내란이든 항상 사람들의 피가 흐르는 전쟁의 참상 속에서 공포의 그림자와 잔인한 야욕 아래에서 살아가면서 기쁨을 얻었다고 한들, 갑작스럽게 산산조각 나지나 않을까 와들와들 떠는 유리잔의 부서지기 쉬운 광채에 비유될 수 있는 형편에 처한 사람이 행복하다고 말할 수 없다고 한다면, 제국이 확대되고 위대해졌다고 하여 자랑하는 것이 과연 이성적이며 신중한 자세일 것인가?

우리는 보다 분별력을 가지기 위해서는 공허한 자랑에 우둔해지지 않도록 하고, "민족" "왕국" "속주"와 같이 거창하게 들리는 단어들로 인하여 우리의 주의력이 둔감해지지 않도록 하자. 여기 우리 눈앞에 두 사람이 있다고 가정해 보자. 왜냐하면 아무리 많은 땅을 차지한 도성이나 왕국의 경우에도 그 안에 속한 각 개인은 마치 문장 속에 있는 하나의 글자처럼 사실상 그 구성요소가 되기 때문이다. 이 두 사람 중에 한 사람은 가난하다고 하든지 아니면 좀더 낫게 중간 정도의 형편에 있다고 하고, 다른 한 사람은 아주 부유하다고 하자. 그러나 부자는 염려로 불안해하며, 불만족하여 초췌한 모습을 보이며, 욕심 때문에 속이 타며, 결코 평안을 알지 못하여 항상 안절부절 못하며, 적대자와의 끊임없는 다툼으로 숨을 헐떡이고 있다. 그는 사실 재산을 축적했을지 모르나 이런 엄청난 비참함을 통해서이며, 재물을 더해감과 동시에 그보다 많은 쓰디쓴 근심을 쌓아가고 있다. 그러나 평범한 다른 사람은 적고 조촐한 재산에 만족하고, 자신의 가족들로부터 사랑을 받으며, 이웃한 친지 및 친구들과 의좋게 따뜻한 정을 나누며, 경건한 종교성과 자애로운 마음씨를 가지고 있으며,

육신적으로 건강하고, 검소한 생활을 하며, 정결한 태도와 편안한 양심을 가지고 있다. 나는 이 두 사람 중에 어떤 쪽을 선택할 지 감히 망설일 정도로 어리석은 바보가 있을 것이라고 생각하지 않는다.

그러므로 이 두 사람의 경우와 마찬가지로, 두 가족이나 두 민족이나 두 왕국에도 평안의 척도가 똑같이 타당하게 사용될 수 있다. 우리는 아무런 편견없이 조심성있게 그 척도를 적용시켜 보면, 어느 쪽에 단지 외양만의 행복이 있으며 어느 쪽에 진정한 행복이 있는지 쉽게 알아볼 수 있다. 그러므로 참된 하나님을 경배하며 올바른 의식과 진실된 도덕성으로 그분을 섬기는 사람들이라면, 오랫동안 널리 그리고 멀리 지배영역을 확장하는 것이 바람직하다. 이런 일은 그들 자신에게 유익하다기보다는 그들이 다스리는 사람들에게 더 이점이 있다. 왜냐하면 통치자 자신들과 관계해서 보면, 하나님의 큰 은사인 경건과 고결성이 진정한 행복과 현세에서의 복된 삶과 내세에서의 영생을 만족시켜주기 때문이다. 따라서 이 세상에서의 선한 사람들의 지배는 자신에게보다는 사회 전체에 유익이 된다.

그러나 악인들의 지배는 통치하는 자신들에게 주로 해가 미친다. 왜냐하면 그들 아래에 예속된 사람들은 자신들의 불의에 의하여 상처를 입을 따름이지만, 지배권을 가진 사람들은 자기 마음 내키는 대로 악을 행함으로써 스스로의 영혼을 파괴시키기 때문이다. 의로운 사람에게는 불의한 지배자가 부과하는 모든 해악은 죄에 대한 처벌이 아니라, 덕성에 대한 시금석이다. 그러므로 선인은 비록 노예라고 할지라도 자유롭다. 그러나 악인은 비록 지배권을 가지고 있다고 할지라도 노예, 그것도 한 사람이 아니라 훨씬 더 슬프게도 자기가 지닌 악행의 수만큼 많은 주인의 노예이다.[6] 이러한 악덕과 관련하여 성경은 "누구든지 진 자는 이긴 자의 종이 됨이니라"(벧후 2:19)고 말하고 있다.

4. 정의가 없는 왕국은 강도떼와 얼마나 유사한가

정의를 결여한 왕국은 강도떼가 아니고 무엇인가? 강도떼 역시 그 자체로는 작은 왕국이지 않은가? 강도떼도 사람들로 구성되어 있다. 그것은 한 사람의 두목에

6) 악의 노예:스토아주의적 감정을 드러낸 용어이다. Seneca., *Ep.*, 47, 17: "그는 노예이다. 그 때문에 그가 더 나쁜가? 노예가 아닌 사람이 있으면 나에게 보여달라! 한 사람은 욕망의 노예이고, 다른 사람은 탐욕의 노예이고, 또 다른 사람은 야망의 노예이다. 그리고 모든 사람들은 두려움의 노예이다.… 그리고 스스로에 의하여 부과된 것이 가장 비천한 노예상태이다."

의하여 지배되며, 결합체의 규약에 의하여 조직되어 있으며, 약탈물은 일정한 원칙에 의하여 분배된다.

만약 악당이 무뢰한들을 가입시킴으로써 큰 무리를 이루어 어떤 지역을 확보하고 거주지를 확정하고 도성들을 장악하고 민족들을 굴복시킬 지경이 된다면, 왕국이라는 이름을 아주 용이하게 획득하게 된다. 왜냐하면 탐욕을 제거시킴으로써가 아니라 아무 징벌을 받지 않음으로써, 왕국이라는 명칭에다가 명백히 실체가 부여되었기 때문이다. 사실 알렉산더 대왕에 의하여 사로잡힌 어떤 해적이 그에게 준 대답이 바로 이와 같았다. 즉 대왕이 해적에게 무슨 의도로 바다에서 남을 괴롭히는 짓을 하느냐고 물었을 때, 그는 거침없이 다음과 같이 답변했던 것이다. "그것은 당신이 온 세상을 괴롭히는 의도와 같습니다. 단지 저는 작은 배를 가지고 그런 짓을 하므로 해적이라고 불리고, 당신은 큰 함대를 가지고 그런 짓을 하므로 황제라고 불리는 차이가 있을 따름입니다."[7]

5. 왕의 위엄과 유사한 권세를 가졌던 도망친 검투사들에 관하여

나는 로물루스가 어떤 부류의 사람들을 끌어모았느냐는 문제를 논하지 않을 것이다. 그는 이전의 생활태도를 버린 뒤에 도성의 구성원으로 받아들여진 사람들이, 마땅히 받아야 할 형벌을 두려워하여 더 큰 범죄를 저지르지 않고 다른 사람들과 평화스럽게 생활할 수 있도록 하기 위한 조치를 취했다고 알려져 있다.

그러나 내가 말하려는 것은 많은 나라를 굴복시킴으로써 이미 대국이 되었고 다른 모든 나라의 공포의 대상이 되었던 로마 제국이, 캄파니아에 있는 양성소로부터 도망친 한 주먹만큼의 검투사들[8]이 대군을 징집하고 세 명의 장군[9]을 임명하고, 아주 널리 그리고 잔인하게 이탈리아를 유린했다는 이유로 크게 놀라며, 아주 많은 어려움을 겪고서야 엄청난 재난을 모면했다는 것이다. 저들로 하여금 어떤 신이 도와줌으로써 그 조그맣고 하찮은 강도떼가 왕국으로 발전하여 그토록 큰 위세와 온갖 요새를 갖춘 로마인들조차 두려워 할 지경이 되었는지 말해보도록 하여라, 혹은 저들은 노예반란이 오래 지속되지 않았기 때문에[10] 신들로부터 도움을 받지 않았다고 주장할 셈인가? 저들은 어느 누구의 인생도 그다지 길지 않음을 모르는가!

---

7) Cic., *De Rep.*, 3, 14, 24.
8) 3권 26장.
9) 스파르타쿠스, 오이노마우스, 크릭수스.
10) 기원전 73-71년.

그렇다면 모든 개인은 속히 죽기 때문에, 신들은 어느 누구도 지배자의 위치에 오르도록 도와주지 않는 셈이 된다. 또한 최고권력이란 모든 사람의 경우에 짧은 동안만 주어지고 또 그렇게 하여 각 개인의 경우에 연기처럼 사라져가는 것이므로 유익으로 간주될 것도 없게 된다. 로물루스 아래에서 신들을 숭배하다가 오래 전에 죽었던 사람들에게는 자기들이 세상 권세 앞에서 자기주장을 하는 동안에 로마 제국이 그토록 위대해진다고 한들, 그것이 무슨 소용이 있는가? 그들의 주장이 선한지 악한지는 우리가 당면한 문제에는 아무런 상관이 없다. 이 점은 비록 장기간에 걸쳐 계속적으로 세대를 이어 제국의 지위가 유지된다고 할지라도, 몇 날되지 않는 인생 동안 재빠르게, 그리고 서둘러 그 무대를 통과해 나가면서도 가지고 가야 할 무거운 짐을 진 모든 사람에게도 동일하게 이해될 수 있다.

그러나 만약 아주 짧은 기간만 지속되는 은혜라고 할지라도 신들의 도움에 그 원인이 있다고 한다면, 이들 검투사들은 적지않은 도움을 받은 셈이다. 그들은 노예 신분의 사슬을 끊어 탈주하여 도망쳤고, 우두머리의 의지와 명령에 순종하여 대부분의 로마인들이 매우 두려워했던 아주 강력한 대군을 징집했으며, 수 명의 로마 장군들에 의해서도 진압되지 않은 상태로 많은 지역을 장악했으며, 아주 많은 승리를 거둔 후에 자기들이 원하는 모든 쾌락을 향유했으며, 자기들의 욕망대로 행동했으며, 결국 로마인들이 엄청난 어려움을 겪으면서 진압할 때까지 오만하고 위풍당당하게 생활했던 것이다.

그러나 이제 이보다 중요한 문제를 논의해보자.

6. 보다 넓은 영역을 지배하기 위하여 이웃나라와 처음으로 전쟁을 일으킨 니누스(Ninus)왕의 야망에 관하여

트로구스 폼페이우스를 근거로 하여 그리스 역사, 아니 라틴어로 된 외국 역사를 저술했던 유스티누스(Justinus)는 다음과 같은 말로써 자신의 저술을 간략하게 시작하고 있다.

> 민족과 국가의 역사가 시작될 때에 민중의 지지를 얻어내려고 노력함으로써가 아니라 선인들이 가지고 있는 자제력을 알아봄으로써 위엄있는 지위에 오르게 된 왕들의 수중에 통치권이 있었다. 그때 민중은 어떠한 법에 의해서도 구속당하지 않았다. 지배영역을 확장하려고 하기보다는 방어하는 것이 관습이었고, 왕국은 개별통치자의 고유한 영토의 범위 안에 제한되어 있었다. 그런데 누구보다도 먼저 아시리아의 니누스 왕이 지배욕 때문에 과거의, 사실상 전래의 관습을 변화시켰는데 이는 그 당시로서는 새로운 현상이었다. 그는 이웃 나라에 대해 최초로 전쟁을 벌였고, 저항하도록 훈련되지 않은 여러 민족을

넘어 멀리 리비아 국경까지 지배권을 확장시켰다.

그는 조금 뒤에 계속 이렇게 말하고 있다.

> 니누스는 계속적인 정복활동으로써 이미 획득했던 지역에다가 광대한 영역을 설정했다. 그는 인근 국가에 대한 정복을 완수한 이후에 여기서 얻은 자원으로 힘을 보강하여 다른 지역으로 나아갔고, 매번 새롭게 얻는 승리를 다음의 정복을 위한 도구로 삼아 동방에 있는 모든 국가를 복속시켰다.[11]

이제 유스티누스나 트로구스의 이야기가 사실에 어느 정도 충실하든지 — 왜냐하면 다른 보다 신빙서있는 자료를 보면, 때때로 그들의 기술이 부정확하다는 사실이 입증되기 때문이다 — 역사가들은 일반적으로 아시리아 왕국이 니누스 왕에 의하여 널리 확장되었다는 데 동의하고 있다. 그리고 그 왕국은 아주 오랫동안 지속되어 로마 제국이 아직 그 연대에 미치지 못하고 있다. 왜냐하면 연대기를 연구한 사람들에 따르면, 그 왕국은 니누스가 통치하기 시작한 첫 해부터 미디아인에게로 지배권이 넘어갈 때[12]까지 1,240년 간이나 존속했기 때문이다.[13]

그렇다면 이웃 나라를 침략하고, 거기서 다른 지역으로 나아가고, 자기에게 아무런 해도 입히지 않은 민족을 단지 지배욕 때문에 쳐서 복종시키는 것은 대규모의 강탈행위가 아니고 무엇이란 말인가?

7. 초기의 왕국들은 신들의 도움을 받아 흥하고, 그들로부터 버림받아 망하게 되었는가

아시리아 왕국이 신들의 도움을 받지 않고 그토록 확장되고 오래 지속되었다면, 로마 제국의 영토가 광대해지고 장기간 지속된 사실이 로마 신들 덕분이라고 말하는 이유는 무엇인가? 왜냐하면 아시리아의 경우에 원인이 무엇이든지 간에, 로마의 경

---

11) 유스티누스(기원전 2-3세기)는 니느웨의 건립으로부터 시작하여 당대에까지 범위로 하는 트로구스 폼페이우스(아우구스투스 때 활동)의 보편사를 요약했다. 아시리아사를 위한 그의 정보원은 4세기 초반에 페르시아의 궁정에 있던 그리스 의사이던 스테시아스였다. 니누스는 전설적이다. 그의 연대는 기원전 2000년으로 상상된다. 바빌론의 건립은 그의 과부인 세미라미스의 공으로 돌려졌다. 아시리아 세력은 사실상 약 1500년에 흥기하기 시작했다.

12) 기원전 612년의 니느웨 함락.

13) Euseb-Hier., *Chronic.*, (ed. Helm) p. 83a, 9f.

우에 있어서도 같은 원리가 적용되기 때문이다. 그러나 저들이 만약 아시리아의 번영 또한 신들의 도움으로 가능했다고 주장한다면, 나는 어떤 신들의 도움인지 묻고 싶다. 왜냐하면 니누스가 정복한 나라들도 그 당시에 아시리아와 동일한 신들을 숭배하고 있었기 때문이다. 혹은 아시리아인들이 그들 자신의 신들, 말하자면 제국을 건설하고 보존하는 데 보다 능숙했던 기술자들을 가지고 있었다면, 그들이 제국을 상실할 때에는 신들이 이미 죽었다는 말인가? 아니면 그들이 보수를 지급받지 못했다거나 더 많은 보수를 약속받음으로써 미디아인에게로 넘어가고, 거기서 다시 키루스가 자기들을 초대하고 훨씬 더 유리한 조건을 약속했기 때문에 페르시아인들에게로 넘어가기로 작정했단 말인가?[14]

이 나라는 사실 영토가 컸던 만큼 그 존속기간이 짧았던 마케도니아의 알렉산더 왕국[15] 이후로 자신의 제국을 유지해왔으며, 오늘날에도 동방에서 적지않은 영역을 차지하고 있다. 이것이 사실이라면, 자기 민족을 버리고 그 적에게로 넘어간 신들은 불성실하다. 단지 인간에 불과한 카밀루스[16]도 로마와 철천지 원수를 맺은 도성을 정복하고 복속시킨 뒤에 자기가 그토록 많은 애를 써준 로마로부터 배신당했음에도 불구하고, 나중에 자신이 당한 해를 잊어버리고 자기 고국을 기억하여 또다시 골인들로부터 로마를 해방시켜주었을 때, 그 신들처럼 처신하지 않았다. 신들이 불성실하지 않다면, 그들은 신답지 않게도 인간들의 전술이나 군사력을 당해낼 수 없을 정도로 연약하다. 혹은 신들이 인간들에게 정복당한 것이 아니라 자기들끼리 전쟁을 벌이고 다른 도성에 독점적으로 소속된 신들에 의하여 패배당했다고 한다면, 특별한 편을 들면서 지지하는 신들 상호간에 적대감이 있다는 결론이 나온다.

결국에는 신들이 편을 바꾸었든지 도망갔든지 이주했든지 전투에서 패배당했든지 어떠한 경우이든, 이런 왕국들이 전쟁에서 엄청난 파멸을 당함으로써 멸망하고 지배권을 넘겨주었을 때, 아직도 그 지역에 그리스도의 이름이 선포되지 않았다. 만약 1200년이 지난 후 아시리아 왕국이 파멸당할 무렵에 그리스도교가 이미 또다른 영원한 왕국을 전파하고 거짓신들에 대한 불결한 숭배행위를 멈추게 했었더라면, 그 나라에 있는 어리석은 사람들은 그토록 오래 유지된 왕국이 멸망당한 원인이 자기들의 종교를 버리고 그리스도교를 받아들였기 때문이라고 말하지 않았겠는가?

우리의 반대자들로 하여금 그처럼 어리석은 말 속에서 자기들과 유사점을 찾아

---

14) 기원전 538년에 있었던 키루스에 의한 바빌론 함락.
15) 기원전 336-323년.
16) 2권 17장; 3권 17장.

보도록 하여라. 그들도 역시 동일한 불평을 말하고 있기 때문에 자기들 안에 수치심을 가지고 있다면, 부끄러운 줄 알 것이다. 로마 제국은 다른 나라로 교체되었다기보다는 해를 당했을 뿐인데, 이런 일은 그리스도의 이름이 전해지기 전에도 발생되었다. 로마가 그런 고통을 겪은 이후에 다시 회복한 것을 보면, 우리는 이번 경우에도 회복될 수 없다고 낙심할 필요는 없다. 이 문제에 관한 하나님의 뜻을 그 누가 알겠는가?

8. 개별 신들은 개별적인 일에 대해서조차 담당할 수 없는데도, 로마인들은 제국을 성장시키고 보존하는 일에 어떤 신들이 주재한다고 가정할 수 있는가?

다음으로 당신이 좋다면, 로마인들은 자기들이 숭배하는 그토록 엄청나게 많은 신들[17] 중에서 특별히 어떤 신들이 제국을 확장시키고 보존했다고 믿는지 물어보도록 하자. 분명히 저들은 아주 고귀하고 품위있는 이 일에 대하여 여신인 클로아키나(Cloacina)나, "쾌락"으로부터 명칭을 얻은 볼루피아(Volupia)나, "정욕"으로부터 이름을 얻은 리벤티나(Libentina)나, 아이들의 울음소리를 주재하는 바티카누스(Vaticanus)나, 아이들의 요람을 관리하는 쿠니나(Cunina)에게 감히 그런 역할을 돌리지는 않는다. 그러나 로마인들이 개별적인 일들에 관하여 신들에게 특별한 직능을 부여하는 작업을 방대한 책으로도 구성해 내지 못하는 형편에, 이 책 한 부분에 그 모든 남신들이나 여신들을 설명하는 일이 어떻게 가능하겠는가?

그들은 전답(田畓)에 대한 책임도 어느 한 신에게 위임되어야 한다고조차 생각하지 않는다. 그래서 농장은 루시나(Rusina)에게, 산등성이는 유가티누스(Jugatinus)에게, 구릉은 여신인 콜라티나(Collatina)에게, 계곡은 발로니아(Vallonia)에게 일을 맡겼다. 또한 그들은 세게티아(Segetia)라는 여신에게, 모든 작물을 일임해서 맡길 수 있다고조차 생각할 수 없었다. 그래서 그들은 씨앗이 땅 아래에 있는 동안에는 여신인 세이아(Seia)가 그것을 돌보도록 하고, 싹이 터서 결실을 맺을 동안에는 세게티아에게, 그리고 곡물이 수확되고 저장될 때에는 여신인

---

17) 이들 "작은 신들"의 대부분은 여러 가지 특수한 기능들을 위하여 초치되는 "능력"으로 애매하게 생각되었다. 그중 단지 몇몇만이 숭배 의식과 비슷한 무언가를 향유했다. 몇몇은 단지 우리에게 이름만 알려져 있는데 의심할 바 없이 아우구스티누스 당대의 이교도들에게도 비슷한 형편이었을 것이다. 성 아우구스티누스가 정교한 역설을 사용한 목적은 과거의 이교신앙에 대한 감상적인 향수를 물리치기 위함이었다.

투틸리나(Tutilina)에게 안전히 보관하도록 맡겼다. 이런 바에야 어느 누가 곡식이 푸른 싹을 낼 때부터 열매가 마를 때까지 여신인 세게티아가 감독할 수 있어야 한다고 생각하지 않을 것인가?

그러나 너무나 많은 신들을 사랑하기 때문에 한 분 참되신 하나님을 정결하게 품기 싫어하며, 창녀처럼 악마 무리에게 자신을 내던진 불쌍한 영혼들은 그 여신이 그렇게 할 수 있다고 보지 않았다. 그러므로 그들은 종자가 발아하는 데는 프로세르피나(Proserpina)에게, 줄기가 연결되어 마디가 맺히는 데는 노도투스(Nodotus)에게, 엽초(葉草)가 이삭을 펼치는 데는 여신인 볼룬티나(Voluntina)에게 역할을 맡겼다. 그리고 이삭이 패이도록 엽초가 열리는 데에는 파텔라나(Patelana)에게, 곡물이 새로운 이삭과 키가 같아질 때에는 옛날 사람들이 이것을 호스티레(hostire)라는 용어를 사용했기 때문에 여신인 호스틸리나(Hostilina)에게, 곡물이 개화할 때에는 여신인 플로라(Flora)에게, 유액으로 가득찰 때에는 남신인 락투르누스(Lacturnus)에게, 숙성할 때에는 여신인 마투타(Matuta)에게, 곡물이 잘릴 때 즉 땅에서 뽑힐 때에는 룬키나(Runcina)에게 그 원인이 돌려졌다.

나는 그 모든 것을 열거할 수도 없다. 그들에게는 그런 일이 아무렇지 않을는지 모르지만, 나는 그 모든 일이 불쾌하게 생각된다. 그러나 내가 이렇게 간단한 언급을 한 이유는, 너무나 명확하게 특수한 자기들의 영역에 국한되어 있기 때문에 그들 누구에게도 일반적인 책임이 돌아갈 수 없는 그런 신들에 의하여 로마 제국이 성립되고 확대되고 보존되었다고 주장할 정도로 이교도들이 뻔뻔스럽지는 않다는 사실을 분명하게 하기 위해서였다. 그러므로 곡물과 나무마저 다 돌보도록 허락받지 못한 세게티아가 제국을 돌볼 수 있었겠는가? 아기의 요람을 넘어선 곳은 감시할 수 없었던 쿠니나가 전쟁에 대해 생각할 수 있었겠는가? 줄기의 마디에만 관계될 뿐, 심지어 열매의 엽초도 어찌할 수 없었던 노보투스가 전쟁에서 도움을 줄 수 있었겠는가?

모든 사람은 자기 집을 지키도록 문지기를 세워놓는다. 사람인 한에는 충분히 그럴 수 있다. 그러나 로마인들은 신을 셋 씩이나, 즉 문짝을 지키도록 포르쿨루스

---

18) 클로아키나(클루아키나):독립된 신의 이름이라기보다는 베누스의 명칭이다. 이 말은 "정결케 한다"(cluare)에서 파생되었다. 그러나 성 아우구스티누스는 이것을 재봉사(cloaca)의 여신이라는 의미로 사용한다.

볼루피아:쾌락을 신격화한 것이다. 바로는 그 여신의 신당에 대해 언급하고 있다(*De Ling. Lat.*, 5, 164).

루벤티나:성적 쾌락을 신격화한 것이다. 키케로는 루벤티나 베누스에 대하여 말하고 있다(*De Nat. Deor.*, 2, 23, 61).

(Forculus)를, 돌쩌귀를 지키도록 카르데아(Cardea)를, 문지방을 지키도록 리멘티누스(Limentinus)를 갖다 놓았다.[18] 그처럼 포르쿨루스는 돌쩌귀와 문지방마저 동시에 돌볼 수 없었던 것이다.

9. 로마제국이 크게 확대되고 오래 지속한 것은 숭배자들이 주신으로 믿고 있는 유피테르 덕택인가?

그러므로 우리는 조그마한 신들 무리를 빼먹든지, 아니면 적어도 한동안 지나치든지 하여 로마가 그토록 광대한 영역을 얻고 수많은 민족을 지배하도록 만들어준 위대한 신들이 행한 역할을 살펴보아야 한다. 따라서 의심할 여지 없이 이것은 유피테르의 작업이다. 왜냐하면 사람들은 왕의 홀과 높은 언덕에 있는 카피톨 신전[19]에 의해서 보여지듯이 유피테르가 모든 남신과 여신의 왕이라고 주장하기 때문이다. "만물은 유피테르로 가득차 있다"[20]라는 말은 어떤 시인의 노래일 지 모르지만, 로마인들은 그 말을 그 신에 대한 가장 적합한 정의로 사용한다. 바로(Varro)는 아무런 신상 없이 유일한 하나님만 섬기는 사람들조차 비록 다른 이름을 사용하기는 하지만

바티카누스:신의 어원에 대한 아우구스티누스의 설명은 종종 근거가 약하다. 그러나 그에 대한 책임은 바로에게 있다(Gell., 16, 17). **쿠니나**는 바로에 의하여 언급되었지만, **루시나**는 정체불명이다.

이우가티누스는 정체불명이다(같은 이름의 신이 4장, 그리고 6권 9장에도 나온다).

콜라티나, 발로니아는 정체불명이다. **세게티아**는 플리니의 글에서 세게스타로 나온다. 마크로비우스와 플리니에게서는 세이아가 나오며, 바로(Varro)는 기능에 대한 설명없이 투틸리나에 대해 언급하였다.

프로세르피나:이 여신의 기능은 "기어서 나온다"(pro-serpere)는 말에서 파생적 의미를 취한다. 바로(*De Ling. Lat.*, 5, 68)는 여기에다 새로운 의미를 부여하고 있다("왜냐하면 그 여신은 뱀처럼 우로, 좌로 움직이기 때문이다"). 프로세르피나를 신으로 숭배한 의식은 1차 포에니 전쟁 동안인 249년에 시작되었다.

노두투스, 볼루티나, 호스틸리나, 락투르누스는 정체불명이다.

파텔라나는 아르노비우스(Adv. Gent., 4, 7)에 의하여 언급되었다.

플로라:2권 27장 참조.

마투타:17권 14장 참조. 이 여신은 루크레티우스(5654)에게서 새벽의 여신으로 오로라와 동일시되어 나타난다. "어머니 무투타"인 그녀를 위하여 로마에서는 6월 11일에 어머니들의 축제(Matralia)가 열렸다(Ovid., *Fast.*, 6479). 룬키나는 단지 여기에서만 나타난다. 포르쿨루스, 카르데아(Ovid, *Fast.*, 6101에 나오는 카르디아), 리멘키누스는 다른 곳에서도 언급되지만 이들에 대한 정보는 없다.

19) 유피테르 카피톨리누스의 신전이다.

20) Virg., *Ecl.*, 3, 60.

이 신을 숭배하고 있다고 믿고 있다.[21] 그러나 이 말이 사실이라면, 왜 그 신은 자신을 위하여 신상이 세워지게 함으로써 로마에서, 그리고 다른 나라들에 의하여 그토록 형편없는 대우를 받았는가? 바로 자신도 이 일을 매우 못마땅하게 생각하였다. 그래서 그는 비록 그렇게 큰 도성이 비뚤어진 관습에 의하여 압도당하기는 했지만 조금도 주저하지 않고, 시민들을 위하여 신상을 세운 자들이 경외심을 제거시킨 동시에 오류를 부가시켰다고 말로 하기도 하고 글로 쓰기도 하였다.

10. 다양한 신들이 세상의 상이한 부분을 책임지도록 분담시킨 자들은 어떤 견해를 따르는가

"자매이자 배우자"라고 불리는 유노(Juno)[22]는 무슨 이유로 유피테르와 연합되어 있는가? 사람들은 유피테르가 에테르[23] 중에 있다고 하고 유노는 공기 중에 있다고 하면서, 이 두 요소가 결합되어 있지만 에테르가 공기보다 더 위에 있다고 얘기하고 있으니 말이다. 만약 유노가 이렇게 어떤 부분을 차지하고 있다면, "만물이 유피테르로 가득차 있다"는 말이 그 유피테르에게 적용될 수 없다. 이 두 신은 각자 자기 영역을 채우면서, 이 원소 양쪽에 있기도 하고 동시에 각 원소에 있기도 한가? 그렇다면 무슨 이유로 에테르는 유피테르에게, 공기는 유노에게 부여되는가? 그 점 말고도 이 둘은 결점이 있다. 바다가 넵튠(Neptune)에게, 땅이 플루토(Pluto)에게 할당된 이유는 무엇인가? 그리고 이들 또한 아내가 없어서는 안되기 때문에, 넵튠에게는 살라키아(Salacia)[24]가, 플루토에게는 프로세르피나(Pro serpina)가 결합되었다. 왜냐하면 사람들은 유노가 하늘의 아랫 부분 즉 공기를 지배하고 있는 것처럼, 살라키아는 바다의 아랫 부분을 차지하고, 프로세르피나는 땅의 아랫 부분을 차지한다고 말하고 있기 때문이다.

그들은 이러한 이야기들을 어떻게 꾸며 맞출지 궁리하고 있으나, 아무런 방법을 찾아내지 못하고 있다. 이런 설명이 사실이라면, 저들의 옛 현자들은 각 원소가 한 쌍의 신을 가지기 위해서는 세계의 주원소를 넷이 아니라 셋이라고 주장했을 것이다. 사실상 그들도 에테르와 공기는 별개라고 분명히 확증했다. 그러나 물의 경우에

---

21) 31장 참조.

22) Virg., *Aen.*, 1, 47.

23) 에테르에 있는 유피테르. 유리피데스의 두 단편에서는 제우스와 공기 상층(aether)이 동일시되어 나타난다: "하늘 높이 끝없이 펼쳐진 에테르, 이것이 유피테르이다"(Frag. 941); "에테르, 사람들은 그것을 유피테르라고 부른다"(Frag. 877).

24) 7권 22장 참조.

는 위에 있든지 밑에 있든지, 확실히 물이다. 그 둘 사이에 같지 않은 점이 있다고 할지라도, 그 차이가 더 이상 물이 아니게 만들 정도로 그렇게 클 수 있는가? 또한 어떤 기발한 상상력을 동원한다고 할지라도 아래 부분에 있는 땅이 땅 외의 다른 무엇일 수 있는가?

자, 모든 물질적인 세계가 셋이든 넷이든 이런 원소들로 완성된다고 치면, 미네르바(Minerva)는 어디에 있게 될 것인가? 그녀는 무엇을 소유해야 하며, 무엇을 채워야 하는가? 그녀는 유피테르와 유노 사이에 태어난 딸이 아니면서도, 그 둘과 함께 카피톨 신전에 세워져 있으니 말이다. 혹은 그녀는 유피테르의 머리에서 생겨났다고 시인들이 꾸며내듯이 에테르보다 높은 곳을 차지하고 있다고 말한다면, 그녀는 유피테르보다 우월하기 때문에 왜 신들의 여왕이라고 불리지 않는가? 딸을 아버지 위에 올려놓는 것이 부적당해서 그런가? 그렇다면 유피테르와 사투르누스(Saturn)과의 관계에서는 형평의 원리가 관찰되는 이유는 무엇인가? 그가 정복되었기 때문인가? 그렇다면 그들은 싸웠던가? 사람들은 "결단코 그렇지 않다. 그것은 터무니없는 이야기이다"라고 말한다. 그렇다. 우리는 그런 꾸며낸 이야기를 믿지 말고, 신들에 관하여 보다 가치있는 견해를 가져야 한다!

그들은 무슨 이유로 유피테르의 아버지에게 비록 그보다 높은 자리는 아닐 망정 동등한 명예마저 부여하지 않았던가? 사람들은 사투르누스가 시간의 길이를 나타내기 때문이라고 말한다.[25] 그래서 사투르누스를 숭배하는 사람들은 시간을 숭배하고 있다. 여기서 신들의 왕인 유피테르는 시간으로부터 태어났음이 암시되고 있다. 그렇다면 유피테르는 하늘이고 유노는 땅이라면, 하늘과 땅이 둘 다 만들어졌으므로 영원하지 않기 때문에 이 둘을 시간의 자녀라고 말할 때 어떤 부당한 점이 있는가? 저들 학자들과 현인들도 이 점을 역시 책에 기록하고 있다. 베르길리우스는 시적인 허구가 아니라, 철학자들의 저술에 토대를 두고 다음과 같이 말하고 있다.

> 그때 전능한 아버지인 에테르는 풍성한 비에 의하여
> 자기 아내의 따뜻한 품안으로 내려와 그곳을 비옥하게 해준다.[26]

그는 텔루스, 혹은 테라의 품안으로 내려온다. 그럼에도 불구하고 그들은 어떤 차이가 있다고 주장하며, 땅 자체에서도 테라와 텔루스와 텔루모[27]는 각각 별개라고

---

25) 7권 19장 참조. 사투르누스 그 이름이 "시간"(chronos)에서 파생되었다고 생각되는 그리스의 신 크로노스와 동일하다(Cic., *De Nat. Deor.*, 2, 25, 64).

26) Georg., 2, 325ff.

생각한다. 그리고 그들은 이 모든 신들을 각자의 이름으로 부르며, 각자의 역할을 구분하며, 각자의 신전과 의식으로 경배한다. 그들은 이 동일한 땅을 신들의 어머니라고 부른다. 유노가 유피테르의 자매와 아내일 뿐만 아니라 그의 어머니라고 언급된 것이 로마인들의 시에서가 아니라 거룩한 저작에서이기 때문에, 시인들의 허구는 비교적 용납될 만하다. 그들은 이 동일한 땅을 케레스로도, 그리고 베스타[28]로도 숭배한다. 그러면서도 그들은 베스타가 도시의 존속에 반드시 있어야 하는 화로에 속하는 불 외의 다른 것이 아니라고 아주 자주 단언한다. 그러므로 아무것도 낳지 않았다는 점에서 처녀와 불이 유사하기 때문에, 처녀들이 그 신을 섬기는 관계가 있었다. 그러나 이 모든 터무니없는 이야기들은 처녀에게서 나신 분(그리스도)에 의하여 완전히 폐지되고 소멸되어야 한다.

그들이 불에 대해 그토록 많은 명예, 사실상 순결을 부여하면서도 때때로 베스타를 베누스라고까지 부름으로써 그녀의 시녀들 사이에 명예로운 처녀성이 소멸되도록 하고도 얼굴을 붉히지 않는 데 대해 어느 누가 참을 수 있겠는가? 베스타가 베누스라면, 처녀들이 베누스의 호색을 멀리함으로써 어떻게 제대로 그녀를 섬길 수 있겠는가? 베누스가 둘이 있어서, 하나는 처녀이고 다른 하나는 기혼녀란 말인가? 아니라면 베누스가 셋이 있어서 하나는 베스타라고도 불리는 처녀들의 여신이고, 다른 하나는 기혼녀들의 여신이고, 다른 하나는 창부들의 여신이란 말인가? 페니키아인들은 자기 딸을 남편에게 보내기 전에 매춘행위를 시킴으로써 얻은 선물을 그 여신에게 보내곤 했다. 이들 중 어느 누가 불카누스의 아내인가? 그녀는 남편이 있기 때문에 분명히 처녀는 아니다. 우리는 유노의 아들이자 미네르바의 동역자에게 모욕을 가하지 않기 위하여 그녀가 창부라고 말할 수는 절대로 없다. 그러므로 그녀는 기혼녀에 속한다고 이해될 수 있다. 그러나 우리는 그들이 마르스와 그녀가 함께 저지른 일을 본받지 않기를 바란다. 저들은 "당신은 다시 이야기로 돌아가라"고 말한다. 그러나 우리가 그들의 신들에 대해서 그런 이야기를 했다고 하여 화를 내면서도, 그들의 극장에서 신들의 범죄행위를 아주 기꺼이 보는 자들에게는 화를 내지 않는 태도가 과연 정당하다고 할 수 있는가? 그리고 자기들 신들의 범죄행위가 그렇게 극장에서 공연되는 것이 이들 동일한 신들에게 영예를 돌리기 위하여 창시되었다는 것은

27) 7권 23장 참조.

28) 베스타:오비드(*Fast.*, 6299)는 이상한 어원설명을 한다. "지구는 그 자신의 힘에 의하여 서 있다. 베스타는 권능과 함께 서 있기(vi stando) 때문에 그 이름을 얻었다." 베스타를 베누스와 동일시할 만한 증거는 없는 것같다. 7권 24장 참조.

명확히 입증되지는 않았지만, 믿을 수 없는 일이다.

11. 이교도 박사들이 유피테르와 동일하다고 옹호하는 많은 신들에 관하여

그러므로 저들로 하여금 자연학의 이론과 논의에서 원하는 만큼 많은 주장들을 하도록 하라. 한편으로, 유피테르로 하여금 넷이든 얼마든 자기들이 좋은 대로 얼마 정도의 원소로든 구성되고 압축되어 있는 밀집된 전체를 채우고 움직이는 이 물질계의 영혼이 되도록 하여라.[29] 다른 한편으로, 유피테르로 하여금 물질계의 다른 부분을 자기 자매와 형제에게 양도하게 하라. 이제 그로 하여금 아래쪽에 퍼져있는 공기인 유노를 위쪽으로부터 품을 수 있도록 에테르가 되도록 하여라. 또한 그로 하여금 공기와 함께 온 천체가 되게 하여 풍요로운 비와 종자를 가지고 자기 아내인 동시에 어머니 — 이런 일이 신들 사이에는 수치스러운 일이 아니다 — 인 대지를 수태케 하라. 또다시 그로 하여금 — 우리는 그 모든 것을 논의할 필요가 없다 — 아주 기품있는 시인이 다음과 같이 말했다고 많은 이들이 생각하는 한 신(神)이 되도록 하여라.

> 왜냐하면 신은 만물에 충만해 있기 때문이다. 온 대지에도,
> 광대한 바다에도, 저 하늘 깊은 곳에도.[30]

이 한 신으로 하여금 에테르에 있는 유피테르이자, 공기에 있는 유노이자, 바다에 있는 넵튠이자, 바다 아래쪽에 살라키아[31]이자, 땅에 있는 플루토이자, 땅 아래에 있는 프로세르피나이자, 가정의 화로에 있는 베스타이자, 대장장이의 화덕에 있는 불카누스이자, 별들 사이에 있는 솔과 루나이자, 점술가들 사이에 있는 아폴로이자, 상업활동에 있는 머큐리이자, 창시자인 야누스[32]이자, 종결자인 테르미누스이자, 시간에 있는 사투르누스이자, 전쟁에 있는 마르스와 벨로나이자, 포도원에 있는 리베르이자, 곡물 사이에 있는 케레스이자, 삼림에 있는 디아나이자, 학문 활동에 있는

---

29) Virg., *Ecl.* 3, 60(위의 9장)과 *Aen.* 6, 727 참조. "세계 영혼"은 스토아적 범신론의 전형적인 가르침이다. 7권 6장 참조.

30. Virg., *Georg.*, 4, 221f.

31) 7권 22장 참조.

32) 야누스와 그 다음에 나오는 작은 신들에 대해서는 주 45를 보라.

미네르바이도록 하라.

마지막으로, 그로 하여금 사실상 평민들의 신들 무리 사이에서 모습을 드러내도록 하며, 리베르라는 이름으로 남성으로 종자를 관리하도록 하며, 리베라[33]라는 이름으로 여인들의 종자를 관리하도록 하며, 출생한 자들에게 낮의 빛을 보게 하는 디에스파테르가 되게 하며, 여인들의 월경을 감독하는 여신 메나가 되게 하며, 아이를 출산하는 여인들이 부르는 루키나[34]가 되게 하며, 태어난 아이들을 대지의 무릎 위로 올려 놓아 도움을 주도록 하여 오피스로 불리도록 하며, 우는 아이의 입을 벌려 바티카누스라고 불리도록 하며, 아이를 대지로부터 들어올려 여신 레바나라고 불리게 하며, 요람을 지켜보도록 하여 여신인 쿠니나[35]로 불리게 하며, 신생아의 운명을 노래하는 카르멘테스 안에 반드시 들어가도록 하며, 우연적인 사건들을 주재하게 하여 포르투나라고 불리게 하며, 옛 사람들이 유방을 루마(ruma)라고 했기 때문에 어린 아이를 가슴에 안고 젖을 주게 하여 여신인 루미나가 되게 하며, 음료를 관장하도록 하여 여신인 포티나가 되게 하며, 음식을 공급하도록 하여 여신인 에투카가 되게 하며, 유아들의 두려움으로부터 파벤티아로 명명되게 하며, 앞으로의 소망으로부터 베닐리아[36]라고 명명되게 하며, 쾌락으로부터 볼루피아[37]라고 명명되게 하며, 활동성을 고려하여 아게노르라고 명명되게 하며, 사람들에게 극단적인 행동을 하도록 자극하므로 여신인 스티물라라고 명명되도록 하며, 사람들을 활발하게 하므로 스트레니아[38]라고 명명되도록 하며, 사람들에게 수(數)를 가르치므로 누메리아라고 명명되도록 하며, 노래를 가르치므로 카메나로 명명되게 하며, 조언을 하므로 남신인 콘수스가 되게 하는 동시에, 감정을 고취시키는 센티아가 되게 하며, 소년기의 의복을 벗어던진 후에 청년기의 시작을 담당하는 여신인 유벤타스[39]가 되게 하며, 젊은이들에게 수염을 나게 하는 포르투나 바르바타[40]가 되도록 하라(이교도들은 그 종류가 무엇이든지 간에 포르투나가 수염을 달고 있기 때문에 그 신을 포르투나가 아니라 포르투니우스라고 하든지, 노두스로부터 노도투스라고 한 것처럼 바르바〔barba〕로

33) 23장과 6권 9장, 7권 2장 참조.
34) 7권 2장 참조
35) 8장 참조
36) 7권 22장 참조.
37) 8장 참조.
38) 16장 참조.
39) 23장 참조.
40) 19장 참조.

부터 바르바투스라고 명명된 남신으로 하든지 하여 젊은이들에게 명예를 줄 수도 있었지만, 이것을 거절했다).

또한 그로 하여금 유가티누스[41]라는 신이 되게 하여 결혼한 쌍을 결합시켜주도록 하며, 신부의 허리띠가 풀릴 때 여신인 비르기니엔시스가 되게 하여 도움을 요청받도록 하며, 그리스인들 사이에 프리아푸스[42]로 불리는 무투누스 또는 투테르누스가 되게 하라. 저들이 부끄러워하지 않는다면, 내가 거명한 모든 이들, 모든 신들의 이름을 대는 것이 적합하다고 생각되지 않기 때문에, 내가 거명하지 않은 다른 모든

---

41) 6권 9장 참조.

42) 2권 14장 참조.

43) 야누스:시작의 신이다. 원래 로마의 주신 중 하나였다. 광장에 있던 그의 신전은 아치 길의 형태로 되어있었다. 평화 시에 신전 문이 닫힌 데 대해서는 3권 10장 참조. 또한 7권 4;7-10;28장 참조.

테르미누스:유피테르 카피톨리누스 신전에 있던 거룩한 경계의 돌이다. 테르미날리아의 축제는 2월 23일에 거행되었다.

벨로나:기원전 296년에 집정관, 아피우스 클라디우스("앞 못보는")는 에트루리아인과 삼니움인에 대한 승리를 거둔 후에 캄푸스 마르티누스에 벨로나를 위한 신전을 봉헌했다.

리베르:고대 이탈리아의 풍요의 신으로 후에 박쿠스와 동일시되었다. 리베랄리아(3월 17일) 축제는 젊은이들이 토가를 착용하는(toga virilis) 전통적인 날이었다. 성 아우구스티누스는 그의 여자 상대인 리베라를 베누스(7권 2장)와 케레스(7권 3장)와 동일하게 취급했다. 막시무스 원형경기장 가까이에는 리베르와 케레스를 위한 공동 신전이 있었다. 6권 9장 참조.

디에스피터:유피테르와 동일하다. 디에스, 주-, 조우브, 제우스는 모두 맑은 하늘에 해당하는 산스크리트어와 관련이 있다.

메나:그리스어의 men으로 달(moon) 또는 월(month)이다.

루키나:단일한 신이라기보다는 유노의 산과적(産科的) 능력에 대한 별칭이다.

오피스:옵스("권력" "재산"의 신격화)와는 분명히 다른 사투르누스의 부인이다. 테라, 키벨레, 그리고 다른 풍요의 능력과 동일시되었다.

레바나:새로 태어난 아이는 마루 위에 눕혀졌다. 아버지가 그 아이를 자기 아이라고 인정하면, 그를 들어올림으로써 양육에 대한 책임을 받아들인다.

카르멘테스:고전 시대에는 출생과 연관된 예언적 여신인 카르멘티스가 있었다. 그 여신을 위한 축제는 1월 11일과 15일에 개최되었는데, 로마의 문들 중 하나는 포르타 카르멘탈리스였다.

포르투나:포르스 포르투나를 위해서는 로마에 보아리움 광장에 하나, 또 카이사르의 정원에 하나, 이렇게 하여 적어도 두 군데의 신전이 있었다. 그외에 세 군데의 신전이 티베르 강 우측 언덕에 있었다. 그녀를 위한 축제는 6월 24일에 열리던 강의 제전이었다. 포르투나 푸블리카는 퀴리날에 3개소의 제단을 가지고 있었으며, 5월 25일에 그곳에서 축제가 열렸다. 포르투나 물리에브리스에 관해서는 19장 참조.

남신들과 여신들[43]로 하여금 하나의 유피테르가 되도록 하라. 어떤 사람들이 바라는 대로 이 모든 신들이 유피테르의 부분이든지, 대부분의 학식있는 자들의 견해에 따라 그를 우주의 영혼으로 생각하고 싶어하는 사람들이 생각하는 대로 유피테르의 능력이든지 간에 말이다.

나는 이런 일들이 얼마나 악한지 질문하지 않겠지만 설혹 사실이라고 하더라도 저들이 현명한 결단력으로 한 분 하나님을 숭배한다고 하면, 손해볼 일이 무엇인가? 그가 직접 경배받는다면, 그의 어떤 부분이 경멸될 수 있다는 말인가? 저들이 만약 유피테르의 어떤 부분이 무시되거나 소홀히 취급되어 분노하지 않을까 두려워한다면, 그들이 주장하듯이 그 능력 또는 지체 또는 부분으로서 모든 신들을 포괄하는

루미나:바로는 무화과나무인 피쿠스 루미날리스에 있는 제단에 대해서 말한다. 전설에 따르면, 그 아래에서 늑대가 로물루스와 레무스에게 젖을 먹였다고 한다. 루미누스는 유피테르의 명칭이었다(8권 11장).

에두카는 바로의 *De Liberis Educandis*(4세기 초반의 문법학자인 노니우스 마르켈루스에 의하여 인용됨)에서는 에두사로 나타난다. 그 여신은 포티나와 쿠니나를 도와서 젖을 뗀 유아를 돌보았다.

베닐리아:디바 베닐리스는 투르누스의 어머니였다(Virg., *Aen.*, 10, 76). 7권 22장에 나오는 베닐리아는 분명히 다른 여신이다.

스티물라:오비디우스(*Fast.*, 6503)는 "세멜레 혹은 스티물라"의 작은 숲에 대해서 언급한다. 기원전 186년에 디오니시우스의 의식을 억압하도록 만든 것은 박쿠스의 주연(酒宴) 광경이었다.

스트레니아:비아 사크라에 있던 제단은 바로에 의하여 기록되어 있다(*De Ling. Lat.*, 5, 47).

누메리아:바로에 따르면 빠른 출산을 위한 여신이다(노니우스 마르켈루스에 의하여 인용됨).

카메나:통상 복수형태로 발견된다. 예언을 하는 물의 정령들로서 포르타 바깥에 거룩한 샘을 가지고 있는데 베스타의 처녀들은 의식을 위하여 여기서 물을 길었다. 그리스의 뮤즈 신들과 동일시되었는데 그런 시도를 처음으로 한 사람은 그들을 위해 신전을 건축한 리비우스 안드로니쿠스(3세기의 시인)였다(Ovid., *Fast.*, 3, 275).

콘수스:풍요와 조언의 신이다. 8월 21일에 콘수스의 축제가 있었다.

유벤타스:그리스의 헤베("젊음")와 동일시되어 신격화되었다. 218년에 렉티스테르니움(2권 12장과 그 이하를 보라)이 그녀에게 바쳐졌고, 191년에는 그녀의 신전이 막시무스 원형경기장에서 봉헌되었다. 카피톨 신전에서 있었던 그녀를 위한 의식에 대해서는 23장을 참조하라.

무투누스 혹은 투투누스(다른 곳에서는 무투누스 투투누스 혹은 무티누스로 나옴):남근(男根)의 신으로서, 아마도 에트루리아의 프리아푸스와 동일하였을 것이다.

파벤티아, 아게노리아, 세티아, 유가티누스, 비르기넨시스, 포르투나 바르바타는 아마 바로의 저술에 기술되어 있었던 것같다. 그들은 현존의 고전 문학에서는 발견되지 않는다.

하나의 살아있는 존재의 전체 생명이 있지 않은 셈이 된다. 그 대신 각 부분이 다른 부분과는 독립적으로 분노할 수 있고 다른 부분이 화를 내는데 한 부분이 진정할 수 있다고 한다면, 각자 나머지와는 다른 생명을 가진다는 추론이 나온다. 반면에 다름 아닌 전체 유피테르인 모든 부분의 합이 만약 각 부분들이 개별적으로 세심하게 숭배받지 못한다고 하여 감정을 상할 수 있다고 한다면, 이런 주장은 아주 어리석다.

분명히 모든 부분을 자신 안에 포함하고 있는 신이 숭배된다면, 부분 중 어느 누구도 무시당할 수 없는 것이다. 나는 무수하게 지적할 수 있는 많은 예를 여기서 다 들 수 없다. 그러나 저들은 모든 별들이 유피테르의 부분이요, 모두 생명이 있으며, 이성적인 영혼을 소유하고 있으며, 따라서 논쟁할 여지없이 신[44]이라고 말한다. 그러나 저들은 자기들이 얼마나 많은 별들을 숭배하지 않은지 말할 수조차 없다. 왜냐하면 저들은 아주 많은 별들을 위하여 신전을 세운다거나 제단을 설치하지 않고, 사실상 아주 극소수의 별들에 대해서만 신전과 제단을 만들고는 제사를 지내기 때문이다. 그러므로 개별적으로 숭배되지 않는 별들이 불쾌한 생각을 가지고 있다면, 저들은 단지 소수만이 위안을 얻는 외에 온 천체가 분노하고 있는 형편 속에서 살아가는 것이 두렵지 않겠는가?

그러나 저들이 숭배하는 유피테르 안에 모든 별들이 들어있기 때문에 그들 모두를 숭배하고 있다고 한다면, 저들은 한 신 안에서 모든 신들에게 아주 경제적인 방법으로 간구할 수 있을 것이다. 이렇게 하는 편이 몇몇 신들을 숭배하고도 무시당한 훨씬 더 많은 신들, 특히 하늘 높은 곳에서 빛을 비춰주면서도 음란한 자태로 벌거벗은 채 벌렁 누워있는 프리아푸스보다 무시당한 신들에게 분노할 만한 정당한 이유를 주는 것보다 나을 것이다.

12. 신이 우주의 영혼이고 우주가 신의 몸이라고 생각했던 자들의 견해에 관하여

지성을 소유한 사람들과 실로 온갖 종류의 사람들은 이런 견해의 성격을 살펴볼 때 동요되지 않을 수 있겠는가? 이런 작업을 하는 데에는 뛰어난 능력이 필요하지도 않다. 모든 논쟁적인 요소를 차치하고라도, 신이 우주의 영혼이며 우주는 영혼인 그의 신체라고 한다면, 그는 영혼과 몸을 구성하는 하나의 살아있는 존재여야 한다.

44) 별들:고대에는 별이 신이라는 믿음이 일반화되어 있었다. 그것은 신플라톤주의에서 발견되며, 또한 스토아주의자들이 신과 빛을 동일시한 점과도 일치하였다. 성 아우구스티누스 자신은 천체에 지각과 지성이 있다는 것을 부인할 준비가 되어있지 않았다. 8권 16장 참조.

그리고 이 동일한 신은 자신 안에 만물을 포함하는 자연의 자궁과도 같다. 그리고 모든 살아있는 것들의 생명과 영혼은 각자 탄생하는 방법에 따라 전체에 생기를 불어넣는 신의 영혼으로부터 파생되므로, 신의 일부가 아닌 것이 전혀 존재하지 않게 된다. 이 말이 사실이라고 한다면, 우리가 어디를 디디고 있든지 신의 일부를 밟고 있는 셈이 되며, 살아있는 생명체를 도살할 때 신의 일부가 살해되어야 하는 것과 같은 아주 불경스럽고 불신앙적인 결론이 생기게 된다는 것을 어느 누가 모를 수 있을까? 그러나 나는 그렇게 생각하는 사람들의 머리에 떠오르는 일을 수치심 없이는 언급할 수 없으므로 다 말하고 싶지 않다.

13. 이성적인 동물만이 하나의 신의 부분이라고 주장하는 자들에 관하여

그러나 저들이 인간과 같은 이성적인 동물만이 신의 일부라고 주장한다고 할 때, 나는 온 우주가 신이라면 저들이 어떻게 짐승을 신의 일부에서 분리시킬 수 있는지 알 수 없다. 그러나 이 문제에 대해 왈가왈부할 필요가 있겠는가? 이성적인 동물 자신, 즉 인간에 관해 보더라도, 어린이가 회초리를 맞을 때 신의 일부가 회초리를 맞는다고 믿는 것보다 더 불쾌한 경우가 있을까? 아주 정신나간 사람이 아니라면, 신의 일부가 색욕적이며 불의하고 불경건하며 아주 저주받을 만하다는 생각을 품을 수 있는가? 간단히 말하여 이런 범죄를 저지르는 자들도 신의 일부라고 한다면, 신은 자신을 숭배하지 않는 자들에게 화를 내야 하는 이유가 무엇인가?

그러므로 저들은 모든 신들이 자기의 독자적인 생명을 가지고 있어서 그 중 어느 누구도 다른 이의 부분이지는 않으나, 너무나 수가 많기 때문에 전부 숭배할 수는 없다고 할지라도 적어도 알 수 있고 숭배받을 수 있는 신들에게는 전부 숭배해야 한다고 인정하는 선까지 입장을 완화할는지 모른다.

로마인들은 이 모든 신들 중에 유피테르가 왕으로 군림하고 있기 때문에 그가 로마제국을 건립하고 확장시켰다고 생각한다. 그가 그런 일을 하지 않았다면, 자기 직책과 직무에 매달려 있고 다른 영역에는 관여할 수 없는 형편에 처해있는 어떤 다른 신이 그런 거대한 작업을 시도할 수 있다고 저들이 믿겠는가? 그렇다면 과연 인간들의 왕국이 유피테르라는 신들의 왕에 의하여 확대되며 성장할 수 있었는가?

14. 저들이 주장하듯이 빅토리아가 여신이라면 그녀 혼자서도 이런 일을 하기에 충분할 것이기 때문에, 로마가 확장된 원인을 유피테르에게 돌리는 것은 타당하지 않다.

여기서 나는 무엇보다도 로마 자신이 그런 신 중의 하나가 아닌 이유를 묻고 싶다. 빅토리아[45]가 여신이라면 로마도 역시 그렇지 않을 이유가 있는가? 혹은 빅토리아가 승리를 바라는 자들에게 호의적이고 자비를 베풀며 항상 편을 든다면, 이 문제에 관하여 유피테르 자신이 무슨 필요가 있는가? 유피테르는 비록 빈둥거리고 아무 일을 하지 않을지라도, 이 여신이 호의적이며 자비를 베푸는데 어떤 민족이 정복당하지 않을 것이며, 어떤 나라가 굴복하지 않을 것인가? 그러나 아마도 아주 사악한 동기를 가지고 전쟁을 벌인다든지, 아무 해를 입히지 않으며 사이좋게 지내는 이웃나라에 대하여 지배영역을 확장할 욕심으로 자의적으로 침공하는 일은 선량한 사람들이 보기에 유쾌하지 못하다. 만약 저들이 그렇게 느낀다면, 나는 전적으로 동의하며 찬사를 보내는 바이다.

15. 선한 사람들이 통치영역을 확장하기를 바라는 일이 적합한가

그렇다면 저들로 하여금 선인들이 제국의 확장을 기뻐하는 것이 적합한 지의 여부를 생각해보게 하라. 제국의 성장은 오히려 그들 자신이 정당한 전쟁의 대상이 되어야하는 자들의 악의에 의하여 이루어졌다. 이웃 민족들이 평화를 지키고 항상 정의롭게 처신하며 결코 악으로써 도발을 감행하지 않았다면, 로마제국은 사실 소국으로 남아있어야 했을 것이다. 만약 모든 왕국이 소규모이고 이웃과 조화롭게 기쁨을 나누었더라면, 인간사는 보다 더 행복했을 것이다. 한 도성 내에 시민들의 가옥이 많이 있듯이, 세상에는 아주 많은 왕국들이 있었을 것이다. 그러므로 전쟁을 벌여서 이웃을 완전히 복속시켜 지배권을 확대하는 일은 악인들에게는 행복으로 보이지만, 선인들에게는 어쩔 수 없는 필연성이다. 그러나 불의한 자가 보다 의로운 자를 지배하는 것은 더 나쁠 것이기 때문에, 선인의 지배가 행복이라고 불리어도 부당하지는 않다. 하지만 의심할 바 없이 전쟁을 일으킴으로써 악한 이웃을 정복하는 것보다 선한 이웃과 평화스럽게 사는 것이 훨씬 큰 행운이다. 만약 당신이 미워하거나 두려워하는 나라가 당신에게 정복당할 수 있는 상태에 있기를 바란다면, 당신의 소망은 사악하다고 할 수 있다.

---

45) 294년에 팔라틴 언덕에는 빅토리아를 위한 신전이 건축되었다. 기원전 204년에 이곳에 퀴벨레의 신상이 세워졌다(1권 30장 참조; Liv., 29, 14). 빅토리아의 신상은 4월 4일에 거행되던 퀴벨레의 축제인 메갈렌시아에서 행렬을 선도했다. 성 아우구스티누스 시대에 그라티아누스 황제에 의하여 원로원 의사당으로부터 유명한 빅토리아 신상이 제거되었고, 심마쿠스의 선도로 이교도들이 이에 반발했다(2권 3장 이하 참조).

그러므로 로마인들이 불경건하다거나 불의한 전쟁이 아니라 정의로운 전쟁을 수행함으로써 그토록 광대한 영역을 획득할 수 있었다면, 그들은 외국인들의 "불의"를 여신으로 숭배해야 하지 않겠는가? 왜냐하면 "불의"가 외국을 부정하게 만듦으로써 정의로운 전쟁을 수행하는 대상이 되게 하고 로마세력이 성장할 수 있도록 해주었기 때문에 제국의 확장에 상당한 기여를 했다는 사실을 우리는 알고 있기 때문이다. "공포", "걱정", "열병"[46]이 로마의 신이 될 자격을 갖추었다면, "불의", 적어도 외국의 "불의"가 여신이 될 수 있지 않겠는가? 그러므로 비록 유피테르는 빈둥거리고 있었을지라도, 이 두 신, 즉 "불의"는 전쟁의 원인을 야기시킴으로써, 또 빅토리아는 이렇게 발발한 전쟁을 유리하게 종결지음으로써, 로마제국이 성장하게 되었다.

유피테르에게 원인이 있다고 생각되던 이점(利點)들이 바로 신들 자신이며 신들로 호칭되고 신들로 숭배되고 신들의 역할을 수행하도록 간구될 때, 유피테르는 어떤 할 일이 있을 수 있겠는가? 그러나 만약 유피테르가 빅토리아라는 여신으로 불리는 것과 마찬가지로 지배권(Regnum)으로 불린다면, 그는 어떤 역할을 찾을 수 있을 것이다. 하지만 지배권이 유피테르의 선물이라고 한다면, 빅토리아도 그의 선물이라고 주장되지 않을 이유가 있겠는가? 그런데 로마인들이 카피톨 신전에 있는 돌[47]이 아니라 진정한 "만왕의 왕이요 만주의 주"(계 19:16)를 인정하고 경배했더라면, 빅토리아는 분명히 선물로 간주되었을 것이다.

16. 로마인들은 모든 사물과 모든 정신의 움직임을 위하여 개별 신들을 상론하면서 문들 외곽에다가 "콰이에스"(평안)의 신전을 세우기로 선택한 이유가 무엇인가?

그러나 나는 아주 궁금하게 생각하는 점이 있다. 로마인들은 개개 신들에게 고유한 영역과 거의 개별적인 역할을 할당시킨다. 그들은 사람들에게 행동을 촉발시키기 위해서는 여신인 아게노리아(Agenoria)를, 특이한 행동을 하도록 자극하기 위해서는 여신인 스티물라(Stimula)[48]를, 사람들을 정도 이상으로 정지시키기 위해서

46) 23장; 2권 14장, 36장; 6권 10장 참조.

47) 2권 29장, 79장 참조.

48) 11장 참조.

49) 폼포니우스:아마도 원래 애호가에 의하여 연기되는 일종의 광대극인 fabulae Atellanae의 저자인 루키우스 폼포니우스(약 기원후 90년에 활동) 일 것이다. 이 극은 기원후 1세기에 문학적인 형태를 얻었고, 전통적인 전속 극단 배우들을 보유하며(마치 즉흥 가면희극의 배우들처럼), 직업인들에 의하여 연기되었다.

는, 아니 폼포니우스[49]가 말한 대로 극도로 무기력하고 꼼짝 못하게 한다는 의미인 나태(murcidus)한 상태로 만들기 위해서는 여신인 무르키아(Murcia)[50]를, 사람들을 활동적이게 하기 위해서는 여신인 스트레누아(Strenua)를 부른다. 그들은 이 모든 남신과 여신에게 엄숙하고 공개적인 숭배행위를 했다. 그런데 그들은 사람들을 평안하게 해준다는 이유로 콰이에스(Quies)[51]라는 이름을 얻은 여신을 인정하면서 콜리나 문 외곽에 그녀의 신전을 세웠음에도 불구하고, 이 신전을 국가적인 제단으로 채택하기를 거절했다. 그것은 그들의 마음이 불안정하다는 증거였거나, 아니면 분명히 신이 아니라 악마 무리를 숭배하겠다고 고집부리는 자는 어느 누구든지 평안한 삶을 누릴 수 없다는 사실을 의미했을 것이다. 진정한 의사되신 분은 사람들에게 평안을 위하여, "나는 마음이 온유하고 겸손하니 나의 멍에를 메고 내게 배우라 그러면 너희 마음이 쉼을 얻으리니"(마 11:29)라고 말씀하고 계시는 데도 말이다.

17. 최고의 권능이 유피테르에게 속해 있다면, 빅토리아 역시 숭배되어야 하는가

또는 저들은 아마 유피테르가 여신인 빅토리아를 파견했고, 그녀가 사실상 신들의 왕께 순종하여 행동하면서, 그가 지정한 사람들에게로 가서 그들 편을 든다고 말할 것인가? 이런 말은 거짓되게 신들의 왕으로 생각되는 유피테르에 대해서가 아니라, 실재하지도 않는 빅토리아 대신에 자신의 천사를 보내며 원하는 자에게 이기게 하며 그 계획이 숨겨져 있지만 불의할 수 없는 분에게 적용될 때에야 진실하다.

빅토리아가 여신이라면, "승리"(Triumph)도 신이 되어 남편이나 형제거나 아들로 그녀와 결합되지 않는 이유는 무엇인가? 만약 신들에 관한 이러한 내용들은 시인들이 꾸며냈고 우리가 그런 것을 논의의 대상으로 삼고 있다면, 저들은 그런 내용이 시인들의 우스개같은 허구이지 진정한 신의 속성이 아니라고 대답했을 것이다. 그러나 저들은 시인들의 이야기를 읽을 때가 아니라, 신전에서 그런 어리석고 터무니없는 신들을 숭배할 때 웃었다. 그렇다면 저들은 모든 일들에 관하여 유피테르에

---

50) 루르키아:그녀의 제단에 대해서는 리비우스(1, 33)에 의하여 언급되었다. 이 여신은 아마도 도금양과 관계있기 때문에 무르키아, 뮈르키아, 호은 뮈르테아라는 별칭을 가진 베누스와 동일시되었다(Ovid., *Fast.*, 4, 141ff.; Plin. 15, 121; Varro, *De Ling. Lat.*, 5134).

51) 콰이에스는 비아 라티카나에 신전을 가지고 있었다(Liv., 4, 41). 콜리나 문 외곽에 있는 제단에 대해서는 다른 데에 언급되어있지 않다.

게만 간구하며, 그에게만 간청해야 한다. 빅토리아가 여신이고 신들의 왕에게 종속되어 있다면, 그가 자기를 어디로 보내든지 감히 그의 뜻을 거스려 자기의 뜻을 행하려고 하지 않을 것이기 때문이다.

18. 펠리키타스(Felicitas)와 포르투나(Fortuna)를 여신이라고 생각하는 저들은 무슨 이유로 이 둘을 구분하는가

또한 펠리키타스[52]도 여신이라는 생각에 대해 우리는 무슨 말을 할 것인가? 그녀는 신전을 받았고, 제단을 획득했으며, 적절한 의식이 그녀에게 봉헌되고 있다. 그렇다면 그녀만 숭배되어야 한다. 그녀가 있는 곳이라면, 어떤 좋은 일이 없을 수 있겠는가? 그러나 저들이 포르투나[53]도 여신으로 간주하면서 숭배하는 이유는 무엇인가? 펠리키타스(행복)와 포르투나(행운)는 서로 다른 것인가? 그렇다. 이 둘 사이에는 차이점이 있다. 포르투나는 선할 수도 있지만, 악할 수도 있다. 그러나 펠리키타스가 악할 수 있다면 그것은 결코 펠리키타스가 아니다. 분명히 우리는 신들이 성(性)을 가지고 있다면, 남신이든 여신이든 모든 신들이 선하기만 하다고 생각해야 한다. 플라톤뿐만 아니라,[54] 다른 철학자들과 로마와 다른 민족들의 탁월한 지도자들도 그렇게 말했다. 그렇다면 여신인 포르투나는 어떻게 때에 따라 선하기도 하고, 악하기도 할 수 있는가? 아마도 그녀가 악할 때에는 여신이 아니라, 급작스럽게 사악한 악마로 변화되기라도 한다는 말인가? 그렇다면 포르투나는 얼마나 많이 존재하는가? 분명히 운이 있는 사람들, 즉 행운이 있는 사람들의 수만큼 있을 것이다. 그러나 동시에 불운을 겪는 많은 사람들이 있기 때문에, 그녀는 포르투나이기도 하면서 동시에 이 사람에게는 행운이고 저 사람에게는 불운일 수 있는가? 그녀는 여신이기에 항상 선한가? 그렇다면 그녀는 펠리키타스이다. 그렇다면 그녀가 두 개의 이름을 가지는 이유가 무엇인가?

그래도 이것은 용납할 만하다. 왜냐하면 관습적으로 한 가지 대상이 두 이름으로 불리기 때문이다. 그러나 신전이 다르고, 제단이 다르고, 의식이 달라야 하는 이유는 무엇인가? 저들은 말하기를, 펠리키타스는 예전에 행한 공덕의 결과로 선인들에 의하여 향유되지만, 포르투나는 어떤 공덕의 시험없이 우발적으로 선인에게나 악

52) 행복:후기의 신앙이다. 첫번째 신전은 기원전 74년에 벨라브룸에서 집정관인 리키니우스 루쿨루스에 의하여 세워졌다. 이 여신은 종종 동전에 새겨졌다.

53) 11장 참조.

54) *Rp.*, 2, 379 B.

인에게나 임하므로 그런 이름을 얻게 되었다고 한다. 그렇다면 아무런 판단력도 없이 선인에게나 악인에게나 가는 포르투나가 어떻게 선할 수 있는가? 아주 시력이 나빠서 아무 사람에게나 달려가므로 허다한 경우에 자기를 숭배하는 사람들을 지나치며, 자기를 경멸하는 사람들에게 달라붙는 그녀를 숭배하는 이유가 무엇인가? 그렇지 않고 그녀가 보고 사랑하므로 숭배자들이 이익을 얻는다면, 그녀는 공덕을 뒤따라 오는 것이지 우연히 오는 것이 아니다.

그렇다면 포르투나에 대한 정의가 무엇인가? 그녀가 우발적인 사건으로부터 바로 그 이름을 얻었다는 의견은 어찌되는 것인가? 그녀가 진정으로 행운이라면, 그녀를 숭배하는 것은 아무 이득이 되지 않겠기 때문이다. 그러나 그녀가 숭배자들에게 이익을 주기 위하여 사람들을 분별한다면, 포르투나가 아니다. 혹은 유피테르가 자신이 원하는 곳으로 그녀를 보내는가? 그렇다면 유피테르 혼자만 숭배받도록 하라. 왜냐하면 포르투나는 그가 명할 때 반항하지 못하고, 그가 원하는 곳으로 가기 때문이다. 그렇지 않다면 적어도 여신인 펠리키타스를 초대할 수 있는 공덕을 갖고자 하지 않는 악인들로 하여금 그녀를 숭배하도록 하라.

19. 포르투나 물리에브리스(Fortuna Muliebris)에 관하여

로마인들은 포르투나라고 부르는 이 상상의 신에게 너무나 많은 중요성을 부여하고 있다. 그때문에 로마의 기혼녀들에 의하여 봉헌되고 포르투나 물리에브리스[55] 라고 불리는 그녀의 신상이 입을 열어[56] 기혼녀들이 충성심으로써 자신을 기쁘게 했다고 수 차례에 걸쳐 말했다는 전설이 전해지고 있다.

그러나 사실 이 말이 사실이라고 할지라도 우리는 하나도 놀랄 이유가 없다. 사악한 악마들이 속임수를 쓰는 것은 그다지 어렵지 않다. 그리고 입을 연 여신이 우발적으로 나타나는 신이지 공덕에 대한 보상으로 다가오는 신이 아닌 사실로 보더라도, 로마인들은 악마의 책략과 술수에 주의를 기울여야 한다. 왜냐하면 포르투나는 말이 많은데, 펠리키타스는 말이 없기 때문이다. 그 이유는 선행이 없이도 행운을 줄 수 있는 포르투나를 친구로 삼은 사람들이 바른 삶을 살지 않도록 격려하는 외의 다른 것일 수 있는가? 그리고 사실 포르투나가 말한다면, 적어도 여자 목소리가 아

---

55) 포르투나 물리에브리스. 전설에 따르면, 포르투나 물리에브리스를 위한 신전이 콜리올라누스가 볼룸니아와 베투리아의 간구에 몸을 돌린 장소에 기원전 488년에 세워졌다고 한다.

56) Val. Max., 1, 8, 4.

57) 11장 참조.

니라 남자 목소리[57]로 말해야 한다. 왜냐하면 그 신상을 봉헌한 사람들 자신이 여자들의 수다에 의하여 그런 엄청난 기적이 발생했다고 생각하지 않도록 하기 위해서이다.

20. 신적 속성이 정당하게 부여되었더라면 마찬가지로 숭배되어야 했을 다른 훌륭한 성질은 간과된 채, 이교도들이 신전과 거룩한 의식으로 숭배한 덕과 믿음에 관하여

저들은 또한 덕(德)[58]을 여신으로 만들었다. 실로 덕이 여신이라면, 많은 다른 신들보다 선호되어야 했을 것이다. 사실 그것은 신이 아니라 하나님의 선물이기 때문에 사람들은 유일하게 그것을 줄 수 있는 그분께 기도로써 그것을 구하고, 모든 거짓 신들을 사라지도록 해야 한다. 그러나 무슨 이유로 믿음[59]이 여신으로 신앙되며 신전과 제단을 받는가? 믿음을 인정하는 지혜를 가진 사람은 누구든지 자신 안에 믿음을 위한 거처를 마련할 것이기 때문이다. 참된 하나님을 믿도록 하는 것이 믿음의 중요하고 가장 큰 기능이라는 점을 고려해 보면, 저들은 믿음이 무엇인지 어떻게 알겠는가? 덕이 저들의 필요를 충족시키지 못한 이유는 무엇인가? 그것은 또한 믿음을 포함하지 않는가? 저들은 덕을 네 부분, 즉 지혜, 정의, 용기, 절제로 나누는 것이 적합하다고 평가했다. 그런데 이들 각 부분은 각각의 덕을 가지고 있는데 믿음은 정의 부분에 속해 있으므로, "의인은 믿음으로 말미암아 살리라"(합 2:4; 롬 1:17; 갈 3:11; 히 10:38)는 말의 의미를 알고 있는 우리들 중 많은 이들과 중요한 공통점을 가지고 있다.

그러나 믿음이 여신이라면, 수많은 신들을 열정적으로 사랑하는 저들이 수많은 다른 신들에게도 동일하게 신전과 제단을 봉헌할 수 있음에도 불구하고 그렇게 하지 않음으로써 잘못 행하고 있는 이유를 나는 알 수 없다. 일부의 로마 지도자들의 절제로 인하여 적지않은 영예를 얻고 있는데 절제는 여신이 될 자격이 없는가? 결국

---

58) 덕:기원전 212년에 시라쿠사가 정복된 이후에 마르켈루스는 로마에서 명예와 덕을 위하여 신전을 봉헌했다.

59) 원래 누마에 의하여 카피톨 언덕(Cic., *De Nat. Deor.*, 3, 24, 104)에 믿음의 신전이 세워졌다고 하지만, 그것은 기원전 3세기에 재건축되었다. 세 명의 사제(Flamens:2권 15장 참조)가 그녀의 의식을 담당했다(Liv., 1, 21, 4). 종종 동전에서 그녀의 신상이 보인다.

60) 무키우스 스카이볼라는 그 인내력으로 라르스 포르센나를 아주 감동시킴으로써 그 에트루리아인이 로마와 평화조약을 맺도록 만들었다(Liv., 2, 12).

또한 무키우스[60]가 오른손을 불꽃 속으로 내밀었을 때 도와주었고, 쿠르티우스[61]가 자기 나라를 위하여 크게 입벌리고 있는 대지 속으로 곤두박질쳤을 때 도와주었으며, 데키우스 부자(父子)[62]가 군대를 위해 헌신했을 때 도와주었던 용기는 무슨 이유로 여신이 아닌가?

우리는 이 문제가 현재의 관심사라고 한다면, 이 사람들이 진정한 용기를 가지고 있었는지 질문할 수 있겠지만 말이다. 신중함과 지혜는 무슨 이유로 신들 사이에 자리잡을 자격이 없는가? 그 이유는 그들 모두가 덕이라는 일반적인 이름으로 숭배되고 있기 때문인가? 그렇다면 저들은 모든 다른 신들을 포함하고 있다고 생각되는 참된 하나님을 숭배할 수 있을 것이다. 여하튼 믿음과 절제[63]는 덕 안에 포함되어 있지만, 덕과는 독립하여 특별한 신전에서 개별적인 제단을 얻을 자격이 있다고 생각되었던 것이다.

21. 저들은 덕과 행복이 하나님의 선물임을 이해하지 못한다고 할지라도, 적어도 덕과 행복에 만족했어야 한다.

이런 신들을 만든 것은 진실이 아니라, 어리석음이다. 왜냐하면 이것들은 참된 하나님의 선물이지, 그 자체로 여신이 아니기 때문이다. 나아가 덕과 행복이 있는 곳에서 다른 무엇을 추구하겠는가? 덕과 행복이 만족시키지 못하는 사람을 어떤 무엇이 만족시킬 수 있겠는가? 왜냐하면 덕은 우리가 행할 필요가 있는 모든 것을 포함하고 있고, 행복은 우리가 바랄 필요가 있는 모든 것을 포괄하고 있기 때문이다. 그렇다면 이 두 가지를 얻기 위하여 유피테르가 숭배되어야 한다면 — 제국이 확대되고 유지된 것이 선한 무엇이라면, 그것은 동일한 종류의 이런 행복에 속하기 때문

---

61) 마르쿠스 쿠르티우스는 무장을 한 채 말을 타고 광장에 벌어져있던 틈 속으로 몸을 날렸다. 왜냐하면 점성가들이 언명하기를, 로마의 중심된 세력이 그 안에 던져져야만 틈이 닫혀질 수 있다고 했기 때문이다. 쿠르티우스는 로마의 중심된 세력은 용기와 무기에 있었다(Liv. 7, 6; Val. Max. 5, 6)고 말했다.

62) 기원전 340년에 집정관이었던 데키우스 무스는 라틴 전쟁에서 자기 몸과 적을 동시에 파멸에 내던지고는 확실한 죽음을 향해 내달음으로써 로마에 승리를 얻게 하였다. 같은 이름의 그의 아들도 295년의 3차 삼니움 전쟁에서 그런 전공을 되풀이했다. 이들 가족의 행동은 280년의 피루스에 대항한 전쟁에서 그의 손자에 의하여 지켜졌다(Liv. 8, 9; Val. Max. 5, 6).

63) 절제. 보아리움 광장에는 푸디키티아 파트리키아의 제단이 있었다(Liv., 10, 23). 그러나 여기서는 그 장소에 있던 포르투나 신전의 감춰어진 신상과 잘못 혼동한 듯이 보인다.

이다 — 덕과 행복은 여신이 아니라 하나님의 선물이라고 이해되지 말아야 하는 이유가 무엇인가? 그러나 그 두 가지가 여신으로 판단된다면, 적어도 다른 엄청나게 많은 신들이 추구되지 말아야 한다. 저들이 상상력을 통하여 다양한 신들과 여신들[64] 사이에 배분시킨 모든 직책을 염두에 두면서, 저들로 하여금 할 수 있으면 덕과 행복을 소유한 사람에게 어떤 신이 무엇을 줄 수 있는지 찾아보게 하라. 덕 안에 이미 모든 것이 포함되어 있는데 머큐리(Mercury)나 미네르바로부터 어떤 교훈이 얻어질 수 있는가?

사실 고대인들은 덕을 올바르고 잘 사는 기예(技藝) 자체로 정의내렸다. 따라서 덕이 그리스어로 아레테(Arete)로 명칭을 얻었기 때문에, 거기에서 라틴어인 ars(예술, art)가 파생되었다고 생각되었다.[65] 그러나 덕이 현명한 사람에게만 임한다면, 사람들을 신중하고 예민하게 만드는 아버지같은 남신인 카티우스는 펠리키타스가 이런 성질을 부여해주는 형편에 무슨 소용이 있겠는가? 왜냐하면 현명하게 태어난다는 것은 행복에 속하기 때문이다. 여신인 펠리키타스는 아직 태어나지도 않은 아이에 의하여 숭배될 수는 없다고 할지라도, 그 숭배자들에게 현명한 아이들이 태어나도록 이런 호의를 베풀어줄 수는 있을 것이다. 그런데 산모가 펠리키타스를 곁에 두고 있다면, 순산할 뿐만 아니라 훌륭한 자녀를 얻게 될텐데 루키나(Lucina)를 부를 필요가 어디 있겠는가?

갓 태어난 아이를 여신인 오피스(Opis)에게, 울고 있는 아이를 남신인 바티카누스(Vaticanus)에게, 요람에 누워있는 아이를 여신인 쿠니나(Cunina)에게, 젖먹는 아이를 여신인 루미나(Rumina)[66]에게, 오는 아이를 여신인 아데오나(Adeona)에게, 떠나가는 아이를 아베오나(Abeona)[67]에게, 착한 마음씨를 갖도록 하기 위해 여신인 멘스(Mens)에게, 좋은 것들을 소망하도록 하기 위해 남신인 볼루누스(Volunus)와 여신인 볼룸나(Volumna)[68]에게, 좋은 짝을 만날 수 있도록 하기 위해 결혼의 신들[69]에게, 아주 풍성한 수확을 거둘 수 있도록 하기 위해 농촌의 신들,

---

64) 카투스, 카티우스, 오피스:11장 참조.

65) 아르스 아레테. 두 단어는 사실 "적합한"이라는 의미를 지닌 인도-유럽 어근인 ar에서 파생되었다.

66) 11장 참조.

67) 7권 3장 참조.

68) 볼룸누스와 볼룸나는 볼툼누스, 볼툼니아를 잘못한 것일 수 있다. 왜냐하면 볼툼누스는 명백히 농업신인 베르툼누스(보르툼누스)의 초기형태이기 때문이다(7권 3장 참조).

특히 여신인 프룩테스카(Fructesca)[70]에게, 전쟁을 잘 하도록 하기 위해 마르스(Mars)와 벨로나(Bellona)에게, 승리할 수 있도록 하기 위해 여신인 빅토리아에게, 영예를 얻을 수 있도록 하기 위해 남신인 호노르(Honor)[71]에게, 많은 돈을 가질 수 있도록 하기 위해 페쿠니아(Pecunia)[72]에게, 동화와 은화를 가질 수 있도록 하기 위해 남신인 아이스쿨라누스(Aesculanus)와 그의 아들인 아르겐티누스(Argentinus)에게 위탁할 이유가 무엇인가?

저들은 동화가 은화보다 먼저 사용되었다는 그 이유 때문에 아이스쿨라누스를 아르겐티누스의 아버지로 삼았다. 그러나 그 이후에 금화(aurum)가 나왔는데 아르겐티누스에게 아우리누스(Aurinus)라는 아들이 없는 것이 궁금하다. 저들이 금화에 해당하는 아우리누스라는 신을 가졌더라면, 마치 유피테르를 사투르누스 위에 올려놓은 것처럼 아우리누스를 그의 아버지인 아르겐티누스와 그의 할아버지인 아이스쿨라누스 위에 올려놓을 수 있었을 것이다.

실로 영혼이나 육신이나 외적인 축복을 위한 유익을 얻기 위하여 온갖 신들 무리를 숭배하며 불러낼 필요가 있었던가? 나는 저들의 모든 신들을 거명하지도 않았거니와, 로마인들 스스로도 세부적으로 분류된 인간 생활의 모든 유익을 다루는 전문가로서 개개의 신들을 할당하는 데 성공하지 못했다. 펠리키타스 혼자서 간단하고 경제적으로 모든 유익을 베풀 수 있는데 온갖 신들이 왜 필요한가? 그렇게 되면 저들은 축복을 얻거나 재앙을 피하기 위하여 어떤 다른 신을 찾는 수고를 덜 수 있을 것이다.

그렇다면 저들이 피곤에 지친 이들을 위해 여신인 페소니아(Fessonia)를, 적을 쫓아내기 위해 여신인 펠로니아(Pellonia)를, 병자를 위한 의사로서 아폴로(Apollo)나 아이스쿨라피우스(Aesculapius)를, 혹은 병이 중한 경우에 이들 둘 다를 불러야 할 이유가 무엇인가? 또한 들판에서 가시를 근절시키기 위하여 남신인 스피니엔시스(Spiniensis)에게, 노균병(露菌病)이 들지 않도록 여신인 로비고(Robigo)[73]에게 간

---

69) 결혼의 신들:플루타르크(*Quaest. Rom.*, 2)는 이에 속한 신으로 유피테르, 유노, 베누스, 설득, 미네르바를 언급한다. 그러나 이곳에서는 아마도 6권 9장에서 묘사된 "작은 신들"을 지칭하는 것 같다.

70) 프룩테사, 아이스쿨라누스, 아르겐티누스, 페소나, 펠로니아, 스피니엔시스는 모두 정체불명이다.

71) 명예:명예와 미덕의 신전을 위해서는 20장에 있는 주 62를 보라.

72) 페쿠니아. 기원후 2세기에 유베날은 이렇게 말하고 있다. "그러나 저주받을 돈(페쿠니아)은 신전에 살지 않는다. 우리는 평화, 믿음, 승리, 미덕, 조화에 신전을 세웠듯이 현금에 제단을 세우지 않았다."(1, 113ff.)

청할 필요도 없다. 펠리키타스가 있기만 하다면, 어떠한 악도 생기지 않았을 것이고, 또 그것을 쉽게 제거시킬 수 있었을 것이다.

마지막으로, 이 두 여신인 비르투스(덕)와 펠리키타스(행복)를 생각해보면, 펠리키타스가 덕에 대한 보상이라면 그것은 여신이 아니라 하나님의 선물이다. 그러나 펠리키타스가 여신이라면, 덕을 획득하는 것이 커다란 행복일진대 그녀는 왜 덕을 부여한다고 얘기되어서는 안되는가?

22. 바로가 스스로 로마인들에게 부여해주었다고 자랑하는 바, 신들에게 합당한 숭배에 대한 지식에 관하여

바로는 자신이 로마인들에 의하여 숭배되어야 할 신들을 열거했을 뿐만 아니라 그들 각각에 특수한 역할이 무엇인지 이야기했기 때문에, 동료시민들에게 아주 크게 좋은 일을 했다고 자랑하고 있다. 그런데 그가 그런 주장을 할 만한 근거는 무엇인가? 바로는 "어떤 사람이 의사라는 사실을 알지 못하고서는 그의 이름과 외모를 안다고 한들 아무 소용이 없듯이, 당신이 아이스쿨라피우스가 건강의 선물을 부여해줄 수 있고 결과적으로 왜 그에게 간청해야 하는지 알지 못한다면, 그가 신이라는 사실을 잘 안다고 한들 아무 소용이 없다"고 말하고 있다. 그는 이 점을 확증하기 위하여 또 다른 비유를 들면서 "만약 어떤 사람이 대장장이가 누구며 제빵업자가 누구며 직물업자가 누구며 필요한 것을 얻기 위해서는 어디로 가야 하며 누구에게서 도움이나 인도나 교훈을 얻어야 하는지 알지 못한다면, 잘 살아갈 수 없을 뿐만 아니라 심지어 목숨을 부지할 수도 없다"고 말한다.

마찬가지로 그는 우리가 각자의 영역에 있는 개별 신들의 능력과 권능과 위력을 안다면 신들에 대한 지식이 유용하리라는 점을 의심할 수 없다고 말한다. 그는 계속하여 "그래서 우리는 어떤 신을 어떤 목적으로 불러 간청해야 하는지 알 수 있을 것이다. 우리는 많은 사람들이 그렇듯이 마치 희극배우처럼 리베르(Liber)에게서 물을 찾고, 림프에게서 포도주를 찾는 일을 하지 말아야 한다"고 말한다.

참으로 유용한 말이다. 만약 그가 사람들에게 진리를 계시해줄 수 있으며 사람들에게 모든 좋은 것들의 근원이 되시는 한 분 참된 하나님께 경배드려야 한다고 가르쳐 주었더라면, 누가 그에게 감사하지 않을 수 있겠는가?

---

73) 로비갈리아 축제(4월 21일)는 양과 붉은 색 강아지를 희생제로 바침으로써 자라나는 곡물로부터 노균병(robigo)을 방지하기 위함이었다(Ovid., *Fast.*, 9, 907-32; Varr., *De Re Rust.*, 1, 1, 6; Plin., 18, 285).

23. 비록 펠리키타스 혼자서 모든 다른 신들을 대신할 수도 있었는데도, 많은 신들을 섬기는 로마인들이 오랫동안 신적인 명예를 부여하며 숭배하지 않은 펠리키타스에 관하여

그러나 저들의 책과 의식이 사실이고 펠리키타스가 여신이라면, 그 여신이 모든 것들을 부여할 수 있고 경제적인 방식으로 사람들을 행복하게 만들 수 있었는데도 어떻게 하여 유일한 숭배대상으로 지정되지 않는가? 어느 누구가 행복해지려는 외의 목적을 위하여 어떤 것을 바라겠는가? 그렇다면 도대체 왜 그렇게 늦게, 그렇게 많은 통치자가 지나간 후에, 루쿨루스[74]에 이르러 비로소 그런 위대한 여신에게 신전을 봉헌하게 되었다는 말인가? 행복한 도성을 건설하려는 야망을 가졌던 로물루스는 무슨 이유로 모든 다른 신들에 앞서 이 여신을 위한 신전을 건립하지 않았는가? 만약 그 여신이 그와 함께 하였더라면 어떤 것도 부족하지 않았을 터인데, 그가 다른 신들에게 무언가를 간청할 이유가 있었겠는가? 만약 이 여신이 그에게 호의를 베풀지 않았더라면, 그 자신도 처음에는 왕이 되었다가 나중에 사람들이 생각하듯이 신이 될 수도 없었을 것이다.

그는 왜 야누스, 유피테르, 마르스, 피쿠스, 파우누스, 티베르누스, 헤라클레스[75] 등등의 다른 신들을 로마인들이 섬길 신으로 지정했는가? 티투스 타티우스[76]는 여기다가 사투르누스, 옵스, 해, 달, 불카누스, 빛 등등의 신들과, 심지어 여신인 클로아티아[77]도 포함시켰으면서도 펠리키타스를 소홀히 여긴 이유가 무엇인가? 누마는 그

---

74) 18장과 56장 참조.

75) 피쿠스:사투르누스의 아들로 가공의 왕이다. 아마도 딱다구리(picus) 숭배를 설명하기 위하여 꾸며진 것 같다.

파우누스:피쿠스의 아들로서 때때로 판과 동일시되는 농업의 신이다. 오비디우스에 따르면(*Fast.*, 2267), 그는 루페르칼리아(1월 15일)의 신이었다. 피쿠스를 위한 신전은 기원전 194년에 티베르 강에 있는 섬 위에 봉헌되었다(Ovid., *Fast.*, 2193; Liv., 33, 42, 10). 티베리누스(티베르의 아버지)는 신관들의 기도서와 복점관의 기도에서 언급되고 있는 것으로 보아 고대 신앙의 대상이었다(Cic., *De Nat Deor.*, 3, 20, 52). 그는 티베르 강의 한 섬에 성소를 가지고 있었고, 그를 기념하는 경기는 6월에 마르티우스 언덕에서 열렸다(Ovid, *Fast.*, 6, 237).

76) 티투스 타티우스:사비니의 전설적인 왕으로서 사비니 처녀들의 강탈 및 로마인들과 사비니인들과의 합병 이후에 로물루스와 공동 통치자가 되었다. 바로(*De Ling. Lat.*, 5, 74)는 빛 말고도 이런저런 신들을 소개하며 언급하고 있지만 우리는 그런 신들의 숭배에 관하여 다른 사료를 가지고 있지 않다.

77) 9, 20장 참조.

렇게 많은 남신과 여신을 지정했으면서도 왜 이 여신을 빠뜨렸는가? 그가 너무 많은 신들 사이에서 그녀를 발견할 수 없어서인가? 분명히 호스틸리우스 왕이 만약 이 여신을 알 수 있었고 숭배했더라면, 화해할 필요가 있는 새 신으로 파보르(공포)와 팔로르(전율)[78]를 도입할 수 없었을 것이다. 펠리키타스가 함께 하였더라면, 파보르와 팔로르는 사라지고 말았을 것이기 때문이다. 그들은 화해는 커녕 줄행랑치고 말았을 것이다!

나는 어느 누구도 펠리키타스를 숭배하지 않았는데도 로마제국이 어떻게 이미 거대하게 확대되었는지 묻고 싶다. 그 때문에 제국이 행복하다기 보다는 위대했단 말인가? 진정한 경건이 없는데, 어떻게 진정한 행복이 가능했겠는가? 왜냐하면 경건은 진정한 하나님에 대한 진실된 경배이지, 거짓 신들만큼이나 많은 악마들을 숭배하는 것은 아니기 때문이다. 그러나 나중에 펠리키타스가 이미 신들의 수효 가운데 들어왔을 때조차도 내란이라는 엄청난 불행이 뒤따랐다. 아마도 펠리키타스가 너무 늦게 초청받았고 그것도 숭배될 신들이 아니라 프리아푸스, 클로아키나, 파보르, 팔로르, 페브리스[79] 등 숭배자들의 범죄의 결과와 함께 숭배되었기 때문에, 명예를 얻기 위해서라기 보다는 책망받기 위하여 초대되었으므로 정당하게 분노했기 때문일까?

마지막으로, 그렇게 위대한 여신이 아주 쓸데없는 신들과 함께 숭배되는 것이 좋다고 생각되었다면, 그녀는 무슨 이유로 적어도 나머지 신들보다 더 명예로운 방식으로 숭배되지 않았든가? 펠리키타스가 저들이 유피테르의 회의에 든다고 주장하는 콘센테스(Consentes)[80]나 저들이 "선택된 신들"[81]이라고 명명한 신들 사이에 들지 못한 것이 참을 만한가? 저들은 그녀에게 높은 곳에 위치하며 위엄있는 형식을 갖춘 훌륭한 신전을 만들어 주었을는지 모른다. 그런데 무슨 이유로 유피테르 자신을 위해 지어진 것보다 나은 신전을 그 여신에게 봉헌하지 않았는가? 유피테르에게조차 그 왕국을 부여해준 자는 펠리키타스 외에 누구였겠는가?

나는 유피테르가 지배할 때 스스로 행복을 느꼈다고 생각한다. 그러나 분명히 펠리키타스는 왕국보다 더 가치가 있다. 왜냐하면 왕이 되기를 두려워하는 사람은

78) 15장 참조.

79) 2권 14, 36장 참조.

80) 콘센테스:포룸에 신상이 있는 12주신이다. "유노, 베스타, 미네르바, 케레스, 디아나, 베누스, 마르스/메르쿠리우스, 이오비, 넵투누스, 불카누스, 아폴로"(Ennius, Apul., *De Deo Socr.*, 2에서 인용). 콘실리움과의 연관성은 근거가 없다.

81) 7권 2장 참조.

쉽게 발견될 수 있지만, 행복하게 살기를 꺼리는 사람은 찾아볼 수 없다는 사실을 누구나 의심하지 않기 때문이다. 그러므로 신들이 점이나 다른 방식을 통하여 자문을 줄 수 있다고 생각된다면, 펠리키타스에게 어떤 지위를 부여하기를 바라는지에 관하여 질문받았어야 했다. 아마도 그녀에게 보다 위대하고, 보다 고고한 신전이 봉헌될 수 있는 장소를 다른 신들이 이미 차지하고 있었다면, 펠리키타스가 카피톨 신전의 바로 그 정상을 얻을 수 있도록 유피테르 자신이 양보했어야 할 것이다. 왜냐하면 불가능한 가정이기는 하지만, 불행하기를 바라는 사람이 아니고서야 펠리키타스를 반대할 사람은 아무도 없을 것이기 때문이다.

확실히 유피테르 자신이 자문을 받았더라면, 그는 자신들의 상급자요 사실상 왕인 신에게 양보하기를 완강하게 거절했던 마르스, 테르미누스, 유벤타스[82] 등처럼 행동하지는 않았을 것이다. 저들의 책에는 타르퀸 왕이 카피톨 신전을 건립하고 싶어할 때 자신이 보기에 가장 값지고 적합하게 보이는 장소를 다른 신들이 차지하고 있음을 알고는, 감히 그들의 기분을 상하게 할 어떤 행동은 못하고 그들이 아주 위대한 자기들의 주인인 신에게 기꺼이 양보할 것이라고 확신했다고 기록되어 있다. 카피톨이 건립될 장소에는 많은 신들이 들어서 있었기 때문에, 그는 점(占)을 통해 그들이 유피테르에게 기꺼이 양보할 것인지 물어보았다. 다른 신들은 모두 이에 동의했으나, 내가 언급한 마르스, 테르미누스, 유벤타스만은 예외였다.

그 때문에 카피톨[83]이 건축될 때 이들 세 신이 포함되게 되었으나, 그 신상들이 아주 눈에 띄지않게 놓여져 있었으므로 아주 학식이 많은 사람이라고 할지라도 그 사실을 알 수 없을 정도였다. 그처럼 유피테르 자신이 테르미누스, 마르스, 유벤타스에 의하여 멸시받았기 때문에 그 자신은 결코 펠리키타스를 경멸하지 않았을 것이다. 유피테르에게 양보하지 않았던 세 신들조차도 유피테르를 자기들 위에 왕으로 삼았던 펠리키타스에게 자리를 양보했을 것이다. 혹은 그들이 양보하지 않았다면, 그 이유는 펠리키타스를 경멸해서가 아니라 그녀 없는 다른 장소에서 두각을 나타내기 보다는 그녀의 집에서 눈에 띄지 않게 있기를 선택했기 때문일 것이다.

그렇게 여신인 펠리키타스가 트고 위엄있는 장소에 섰더라면, 시민들은 축복을 바라는 기도를 어디에서 하여 도움을 얻어야 하는지 알았을 것이다. 그래서 사람들

---

82) 세 신. 어떤 다른 권위자도 마르스를 테르미누스 및 유벤타스와 관련시키지 않는다. 유벤타스의 제단은 미네르바의 새로운 신전에 남아있도록 허락받았다. 유피테르의 신전에는 그 신상 가까이에 테르미누스의 돌이 있었다(Ovid, *Fast.*, 2, 667-79; Liv., 1, 55; Dion. Hal., Ant. Rom., 3, 69).

83) 즉 유피테르 카피톨리누스의 신전이다.

은 본성적인 이성의 설득을 받음으로써 이제는 쓸데없게 된 많은 다른 신들을 버리고 펠리키타스만 숭배하게 되었을 것이다. 모든 사람이 바라는 행복을 원하는 시민들은 그 여신에게만 기도하고, 그 여신의 신전만 자주 찾게 되었을 것이다. 그리하여 이전처럼 행복이 모든 다른 신들 대신에 여신인 펠리키타스 자신에게서 추구되었을 것이다. 어떤 신에게서든지 행복, 혹은 행복으로 이끄는 것 외의 다른 것을 얻고 싶어하는 사람이 어디에 있겠는가? 나아가 펠리키타스는 여신이라면 응당 그래야 하듯이 자신이 같이 있기를 원하는 사람을 선택할 수 있는 능력을 가지고 있다고 한다면, 그녀에게 요청함으로써 얻을 수 있는 행복을 어떤 다른 신에게서 추구할 정도로 어리석은 사람이 어디에 있겠는가!

그러므로 로마인들은 그 여신의 신전을 높이 세우기라도 하여 다른 신들보다 더 많은 명예를 부여했어야 했다. 왜냐하면 우리가 저들 저술가들의 책에서 읽은 바로는, 고대의 로마인들은 낮 동안의 번개를 주관한다고 주장되는 유피테르보다 밤 동안의 번개를 주관하는 숨마누스(Summanus)[84]라는 내가 아는 신에게 더 큰 영예를 주었기 때문이다. 그러나 유명하고 탁월한 신전이 유피테르에게 봉헌된 후에, 그 건물이 장엄했기 때문에 수많은 사람들이 거기로 몰려들었으나 숨마누스라는 이름을 읽었다고 기억하는 사람은 거의 발견될 수 없었다. 그리고 이제는 아무도 그런 이름이 언급되는 것을 들을 수 없게 되었다.

그러나 사실 행복은 하나님의 선물이기 때문에 펠리키타스가 여신이 아니라면, 우리는 그것을 줄 수 있는 하나님을 찾고, 바보들이나 몸을 내맡기는 해로운 거짓 신들 무리를 버려야 한다. 그런 바보들은 하나님의 선물을 가지고 신으로 바꾸어 놓고는, 교만한 자기들의 뜻을 고집함으로서 그런 선물들을 주시는 하나님의 기분을 언짢게 하고 있다. 왜냐하면 펠리키타스를 여신으로 숭배하면서 행복을 베푸는 분인 하나님을 저버리는 사람은 불행을 벗어날 수 없기 때문이다. 이는 빵덩어리가 그려진 그림을 핥으며 진짜 빵을 가진 사람에게서 그것을 구입하지 않는 사람이 굶주림을 벗어날 수 없는 것과 마찬가지 이치이다.

---

84) 숨마누스는 때때로 명각(銘刻)에서는 유피테르 숨마누스로 나타난다. 그는 키케로(*De Div.*, 1, 10, 16)와 리비우스(32, 69)에서 언급되고 있다. 플리니우스(2,52, 138)는 그의 기능에 대해 성 아우구스티누스와 견해를 같이하지만, 오비디우스는 그에 대해 의심을 품고 있다(*Fast.*, 731 f. "누군지는 잘 알려져 있지 않은 숨마누스에게 신전이 봉헌되었다고 전해진다"). 기원전 278년에 세워진 그의 신전은 막시무스 원형경기장 가까이 있었다.

24. 이교도들이 하나님의 은사 자체를 신으로 숭배하는 자기들의 행위를 옹호하려고 애쓰는 여러 가지 이유.

그러나 우리는 저들이 제시하는 이유를 생각해 볼 수 있다. 저들은 "우리 선조들이 이런 것들은 신이 아니라 신의 선물임을 알지 못할 정도로 천치라고 생각할 수 있는가?"라고 말한다. 선조들은 이런 선물들이 관대한 어떤 신으로부터 나온다는 사실을 알고 있었다고 저들은 말한다. 그리고 그들이 관련된 신들의 이름을 알지 못했을 때, 자기들이 부여받았다고 느낀 선물의 이름으로 신의 명칭을 삼았다는 것이다. 그래서 그들은 명칭을 약간 변경하기도 했다고 한다. 예를 들어, 그들은 전쟁이라는 말인 벨룸에서 벨로나(Bellona)를, 요람이라는 말인 쿠나이에서 쿠니나(Cunina)를, 베지 않은 작물이라는 말인 세게스에서 세게티아(Segetia)를, 사과라는 말인 포뭄에서 포모나(Pomona)[85]를, 소라는 말인 보스에서 부보나(Bubona)라는 명칭을 각각 끌어냈다. 때때로는 돈 자체가 여신으로 생각되지는 않았으나 돈을 주는 여신이 페쿠니아로, 덕을 베푸는 신이 비르투스로, 명예를 주는 신이 호노르로, 승리를 가져다주는 여신이 빅토리아로 명명된 것처럼, 단어가 바뀌지 않고 사물 자체로 명명된 경우도 있었다. 그래서 저들은 펠리키타스가 여신으로 명명되었을 때, 부여된 사물 자체가 아니라 행복을 준 신을 의미한다고 말한다.

25. 그 이름이 알려지지는 않았지만, 행복을 주는 분으로 생각되었고 유일하게 경배받아야 하는 한 분 하나님에 관하여

이런 이유가 우리에게 제시되었더라면, 우리는 그 마음이 지나치게 굳어버리지 않은 사람들을 우리가 원하는 대로 아마도 보다 쉽게 설득했을 것이다. 인간은 본성이 연약하기 때문에 어떤 신이 아니고서는 행복이 부여될 수 없음을 알고 있었다면, 유피테르를 우두머리로 한 많은 신들을 숭배한 사람들이 이런 사실을 깨달았더라면, 그들이 행복을 주는 신의 이름을 알지는 못했지만 그분이 주었다고 믿었던 바로 그 사물 이름으로 신의 명칭을 삼는데 동의했더라면, 그들은 자기들이 이미 숭배했던 유피테르 자신에게서가 아니라 분명히 펠리키타스라는 이름 자체로 숭배하는 것이 적합하다고 생각했던 신에 의하여 행복이 주어질 수 있다고 생각했다는 결론이 나온다.

나는 그들이 스스로 알지 못하는 어떤 신에 의하여 행복이 주어졌음을 믿었다는

85) 포모나:과실의 여신이다. 부보나는 다른 곳에서 발견되지 않는다.

말을 철저히 인정한다. 그렇다면 그들로 하여금 그분을 찾게 하고 그분께 경배드리도록 하라. 그것으로 충분하다. 무수한 악마들과 관계를 끊고 이 하나님으로 하여금 그의 선물에 만족할 모든 사람들을 만족시키게 하라. 반복하여 말하건대, 경배받을 만하며 행복을 주시는 하나님께 만족할 수 없는 사람은 행복을 얻고도 만족하지 못하는 사람이다. 어떤 사람이 행복에 만족한다면 — 사실 사람이 그 이상 바랄 만한 것은 아무것도 없다 — 그로 하여금 행복을 주시는 한 분 하나님을 섬기게 하라. 이 하나님은 저들이 유피테르라고 부르는 신이 아니다. 왜냐하면 저들이 유피테르가 행복을 주는 이로 알았더라면, 펠리키타스라는 이름 자체로 행복을 주는 다른 남신 또는 여신을 찾지도 않았을 것이고, 유피테르 자신이 그토록 파렴치한 속성으로 숭배되도록 그냥 놔두지도 않았을 것이기 때문이다. 유피테르는 다른 사람의 아내와 간통을 저지르기도 하고,[86] 수치심을 모른 채 미소년을 사랑하고 유혹한다고 설명되고 있는 것이다.[87]

26. 신들이 그 숭배자들에게 강요하는 의식, 즉 연극 공연물에 대하여

키케로는 "그러나 그런 이야기는 인간의 결점을 신들에게로 전가시켰던 호메로스가 꾸며낸 것이다. 나는 그가 신적인 능력을 우리 인간에게 전가시켰으면 하고 바란다"[88]라고 말하고 있다. 그 시인은 그런 죄악을 신들 탓으로 돌림으로써, 진지한 성품을 지닌 키케로가 정당한 불쾌감을 느끼도록 만들었다. 그러나 신들의 명예를 위하여 이런 죄악이 관습적으로 언급되고 공연되고 제시되는 연극물이, 아주 학식있는 이들 사이에 신성한 것으로 간주되는 까닭은 무엇인가? 키케로는 시인들의 창작에 대해서가 아니라, 선조들의 관례에 대항하여 소리쳤어야 한다. 그러나 선조들은 이에 대한 대답으로 이렇게 맞받아 고함쳤을 것이다.

> 우리가 어떤 일을 했는가? 신들 자신이 자기들의 명예를 위하여 이런 공연물이 상연되도록 큰 소리로 요구했고, 그것을 격렬하게 강요했고, 그렇지 않을 경우에는 파멸시키겠다고 위협했고, 그렇게 하지 않으면 아주 가혹하게 보복을 가했고, 공연이 재개되었을 때에는 기쁨을 표시했다. 그들의 능력이 기적처럼 행사된 데 대해서는 다음과 같은 이야기가 있다.[89] 티투스 라티니우스라는 이름을 가진 어떤 로마의 농부가 로마의 연극을 다

86) 예를 들어 알크메나이다.
87) 가니메데.
88) *Tusc. Disp.*, 1, 26, 65.
89) Cic., *De Div.*, 1, 26, 55; Liv. 2, 36; Val. Max., 1, 7, 4. 참조.

시 시작하도록 원로원에 알리라는 명령을 꿈에 받았다. 기념제 첫 날에 사람들이 보는 가운데 어떤 범죄자가 처형되어 연극에서 쾌락을 추구하던 신들을 불쾌하게 했다는 것이다. 이런 경고를 받은 농부는 용기가 없어서 다음 날 원로원에 그 명령을 전달하지 않았는데, 다음날 밤 꿈에 보다 엄격한 어조로 동일한 명령을 재차 받았다. 그는 이 명령을 또 무시했기 때문에 자기 아들을 잃어버렸다. 셋째날 밤에 그는 만약 계속해서 순종하지 않는다면, 더 무서운 벌이 기다리고 있다는 경고를 받았다. 그때에도 그는 명령을 감히 따르지 않았기 때문에, 무섭고도 끔찍스런 병에 걸리게 되었다. 그때에야 그는 친구들의 조언을 받아들여 정무관들에게 알리고는 들것에 실려 원로원으로 갔다. 거기서 그는 꿈 얘기를 선포하자마자 즉각 원기를 회복하여 자기 발로 걸어나왔다. 그런 큰 기적에 놀란 원로원은 이전보다 네 배나 비용을 들여 연극을 다시 시작하라는 결정을 내렸다.

양식있는 사람이라면 우리 주 예수 그리스도를 통한 하나님의 은혜말고는 그 지배로부터 벗어날 수 없는 사악한 악마들의 영향력 아래 있는 사람들이, 올바른 판단력으로 보면 수치스럽다고 정죄해야 할 연극을 그러한 신들에게 강제로 공연해야 하는 형편을 누가 알지 못하겠는가? 이런 연극에서 신들의 죄악이 시를 통해 기념되고 있는 것은 사실이지만, 그것은 신들의 강요를 받은 원로원의 결정으로 재개된 연극이다. 이런 연극 속에서 수치심을 모르는 배우들이 유피테르를 정절을 파괴하는 자로 노래하고 연기함으로써 그를 즐겁게 해주었다. 만약 그 내용이 허구였다면, 그는 분노했을 것이다. 그러나 비록 터무니없더라도 그가 자기 죄악이 드러나는 모습을 보고서 기뻐했다고 한다면, 그에 대한 숭배행위는 악마를 섬기는 짓이 아니고서는 무엇일 수 있는가?

27. 신관인 스카이볼라가 논술했던 세 종류의 신들에 관하여

아주 박식했던 신관 스카이볼라[90]는 신들을 세 종류,[91] 즉 시인들에 의하여 도입된 신들, 철학자들에 의하여 도입된 신들, 정치인들에 의하여 도입된 신들로 구분했다는 기록이 있다. 그는 시인들이 신들에 관하여 아주 무가치한 것들을 꾸며내었기 때문에 첫번째 신들을 쓸데없다고 선언한다. 두번째 부류는 쓸데없는 것들 및 민중이 알면 해를 줄 것들을 포함하고 있기 때문에, 국가에 적합하지 못하다. 법률가들은 흔히 "쓸데없는 것들은 해가 되지 않는다"라고 말하기 때문에 쓸데없는 것들에

90) 3권 28장 참조.

91) 세 종류의 신들. 아마 이 이론은 로마에서 얼마 동안 가르쳤던 로도스의 스토아 철학자인 파나이티우스(약 기원전 180-110)에서 유래되었을 것이다.

대해서는 그다지 중요한 문제가 없다. 그러나 다수의 사람 앞에 들여왔을 때에 해가 되는 요소는 무엇인가? 스카이볼라는 "그것은 헤라클레스, 아이스쿨라피우스, 카스토르, 그리고 폴룩스가 신이 아니라는 것이다. 왜냐하면 학식있는 사람들은 이들이 죽을 운명을 지닌 평범한 인간들의 운명에 굴복했다[92]고 선언했기 때문이다"라고 말한다. 세번째 부류의 신들은 어떠한가? "진정한 신은 성(性)도, 나이도, 명확한 육체도 가지고 있지 않기 때문에, 진정한 신상을 소유하고 있지 못하다." 신관은 민중들이 이런 것을 알기를 원하지 않았다. 왜냐하면 그는 이런 말들이 거짓이라고 생각하지 않았기 때문이다. 그러므로 그는 종교문제에 관해서는 국가가 기만당하는 것이 필요하다고 생각하고 있다. 그래서 바로(Varro) 자신도 자신의 저서에서 신적인 일들에 관하여 주저함 없이 말하고 있다. 구원받을 필요가 있는 약자들이 도움을 요청하러 달려가는 종교는 얼마나 훌륭한 종교인가! 그런데도 저들은 어떤 사람이 구원받을 수 있는 진리를 찾고있을 때, 그가 기만당하는 것이 필요하다고 믿고 있는 것이다.

로마의 문헌을 보면, 스카이볼라가 왜 시인들이 말한 신들을 배척했는지 분명하게 드러난다. 시인들은 신들에 대하여 아주 왜곡된 묘사를 해놓았기 때문에, 그런 신들은 선량한 사람들과도 비교될 수 없을 정도이다. 어떤 신은 도둑으로, 또 어떤 신은 간통을 저지른 자 등등으로 묘사되고 있다. 세 여신이 누가 아름다운지 겨루다가 베누스가 승리하게 되자 패배한 다른 두 신은 트로이를 멸망시켜 버린다는 등, 말과 행동을 통하여 온갖 종류의 추악함과 어리석음이 드러난다. 유피테르는 어떤 이들[93]과 동침하기 위하여 소, 또는 백조로 변신한다. 어떤 여신은 어떤 남자와 결혼하고, 사투르누스는 그의 아이들을 삼켜버린다. 거기에서는 비록 신들의 성질과는 아주 멀리 떨어져 있으면서도, 상상할 수 있는 모든 사악하고 기적같은 일들이 전부 다 발견된다.

오, 대신관인 스카이볼라여, 당신이 할 수 있거든 연극을 폐지시켜라. 사람들에게 자기 마음대로 신들의 죄악에 찬사를 보낼 수 있고, 가능하다면 원하는 대로 모방할 수 있는 연극에서 불멸의 신들에게 그런 영예를 주지 않도록 훈계하라. 그러나 사람들이 "대신관이여, 우리 사이에 이것을 도입한 사람이 바로 당신이오"라고 대꾸

---

92) "그들은 인간이었다." 신들은 신격화된 인간이라는 이론은 엔니우스가 라틴어로 번역한 히에라 아나그라페에서 약 기원전 300년에 그것을 전개한 시칠리의 유헤메루스를 따라서 유헤메리즘이라고 불린다. 아우구스티누스는 6권 7장과 7권 27장에서 유헤메루스의 이름을 언급한다.

93) 유로파와 레다.

한다면, 신들에게 이런 공연을 요구하지 말라고 부탁하라. 왜냐하면 당신이 연극의 공연을 명령한 것은 그들의 부추김이 있었기 때문이다. 그런 이야기들이 악하고, 그러므로 신들의 위엄에 비추어 절대로 믿을 수 없다고 한다면, 그런 거짓이 아무 벌도 받지 않고 행세되기 때문에 신들에게 가해지는 해독은 더욱 심각한 것이다.

그러나 스카이볼라여, 그들은 당신의 말을 듣지 않는다. 그들은 악마이고, 악한 것들을 가르치며, 더러운 것들로부터 즐거움을 얻는다. 그들은 자기들에 대한 그런 허구가 발표되는 것이 자기들에 대한 모욕이라고 생각하지 않을 뿐만 아니라, 그것이 제전 중에 공연되지 않는다면 그런 일은 바로 그들에게 참을 수 없는 권한침해이다. 그러나 만약 당신이 어떤 다른 신보다 유피테르의 죄악이 연극에서 더 많이 상연되는 경향이 있다는 바로 그 이유 때문에 신들에 대항하여 유피테르에게 호소하고자 한다면, 비록 당신이 그 신을 온 세계를 다스리고 통치하는 유피테르라고 부르고 있다고 할지라도 당신이 가장 큰 모욕을 가하는 대상은 바로 그가 아니겠는가? 왜냐하면 당신은 악마들과 함께 그가 숭배되어야 한다고 생각하면서, 그를 그들의 왕이라고 주장하고 있기 때문이다.

28. 로마인들이 제국을 획득하고 확장하는 데 신들에 대한 숭배가 도움이 되었는지에 관하여

그러므로 그런 영예에 의하여 달래져야 했거나, 또는 언급된 내용이 사실일 때보다도 오히려 거짓된 내용을 보고 기뻐하는 것이 더 큰 범죄라는 사실 때문에 마땅히 고소당해야 할 그런 신들은 결코 로마제국을 성장시키거나 보존시킬 수 없었다. 그들이 그런 능력을 가지고 있었더라면, 그런 엄청난 선물을 오히려 그리스인들에게 부여했을 것이다. 왜냐하면 그리스인들은 이런 종류의 신적인 일들, 즉 연극물에서 더 존중받을 만하고 가치있는 숭배행위를 했기 때문이다. 그들은 비록 시인들이 신들을 갈기갈기 찢는 모습을 보고도 그런 험담을 멀리하지 않았으며, 시인들에게 원하는 누구든지 매도할 수 있는 자유를 주었으며, 배우들을 파렴치하다고 정죄하지도 않았고, 오히려 최상의 명예를 누릴 만하다고 생각하기는 했지만 말이다.[94)]

그러나 로마인들은 금(Aurinus)을 신으로 숭배하지 않고도 금화를 가질 수 있었던 것과 마찬가지로, 은화와 동화를 사용하면서도 아르겐티누스와 그의 아버지인 아이스쿨라누스를 숭배하지 않을 수도 있었다. 그 나머지에 관하여 내가 상세히 든다면, 너무 번거로운 일이 될 것이다. 그러므로 로마인들은 참된 하나님의 뜻이 아

---

94) 2권 11장.

니라면, 결코 그런 지배권을 획득할 수 없다는 결론이 나온다. 또한 이런 수많은 거짓 신들이 알려지지 않았거나 정죄받았더라면, 그리고 그분만이 알려지고 신실한 믿음과 덕성으로 경배되었더라면, 로마인들은 그 크기가 어떠하든지 이곳에서 더 나은 나라를 소유했을 것이고, 여기에서든지 아니든지, 나중에 영원한 나라를 부여받을 것이다.

29. 로마제국의 위세와 안정성을 예시했다고 생각되는 점(占)의 거짓됨에 관하여

저들이 가장 훌륭하다고 선포했던 점(占), 즉 내가 조금 전에 언급했듯이[95] 마르스와 테르미누스와 유벤타스가 신들의 왕인 유피테르에게마저 자리를 양보를 않으려 했다던 것은 어떤 종류의 점인가? 저들은 마르스에게 봉헌된 국가인 로마는 한번 장악한 지역을 어느 누구에게도 내어주지 않으며, 남신인 테르미누스로 인해서 어느 누구도 로마의 국경을 요동시킬 수 없으며, 여신인 유벤타스 덕분에 로마의 젊은이들은 어느 누구에게도 굴복하지 않는다고 말한다. 그러므로 이런 점(占)이 유피테르를 적으로 올려놓고 그에게 양보하지 않는 것을 명예롭다고 여기고 있는데도, 어떻게 저들이 그를 신들의 왕이요 그들의 제국을 준 자로 주장하는지 알아보게 하라. 그러나 이런 일들이 사실이라고 할지라도 저들은 전혀 두려워할 필요가 없다. 왜냐하면 저들은 유피테르에게 양보하려하지 않았던 신들이 그리스도에게 굴복했다고 인정하려고 하지 않을 것이기 때문이다.

예수 그리스도는 제국의 경계를 변경시킴이 없이 스스로 그 신들을, 신전에서뿐만이 아니라 그 숭배자들의 마음으로부터도 축출할 수 있음을 입증했다. 그러나 그리스도께서 육체로 오시기 전에도, 사실 우리가 저들의 책에서 인용했던 이런 일들이 기록될 수 있기 전에도, 그러나 타르퀸 왕 치하에서 그런 점괘가 나온 이후에도, 로마의 군대는 여러 번에 걸쳐 패주하여 흩어지거나 도망침으로써 그 점의 거짓됨을 보여주었다. 그 점괘에서는 여신인 유벤타스가 유피테르에게 자리를 양보하지 않았다고 했음에도 말이다. 그리고 마르스에게 봉헌된 민족인 로마는 위세를 떨치며 침략했던 골인들에 의하여 도성 내에서 유린당했고, 많은 도성들이 한니발에게 장악됨으로써 제국의 경계선이 좁은 영역 안으로 제한되었다. 그래서 그 점괘의 훌륭함은 허사가 되었고 신들, 아니 악마들이 유피테르에 대항하여 불복종했다는 사실만 남게 되었다. 왜냐하면 양보하지 않았다는 것과 양보했던 것을 되찾았다는 것은 별

95) 23장.

개의 문제이기 때문이다.

그 외에도 나중에조차 동방지역에서 로마제국의 국경은 하드리아누스 황제[96]의 의지에 의하여 변경되었다. 그는 세 곳의 중요한 속주인 아르메니아, 메소포타미아, 아시리아를 페르시아 제국에 넘겨주었던 것이다. 그러므로 저들의 책에 따르면, 로마국경의 수호이자 그 훌륭한 점에 의하여 유피테르에게 자리를 양보하지 않았던 남신인 테르미누스는 신들의 왕보다 사람들의 왕인 하드리아누스를 더 두려워했던 것으로 보인다. 앞서 말한 속주들은 나중에 되찾게 되었지만, 이후에 우리 시대에 들어와서도 테르미누스는 또다른 양보를 했다. 이런 일은 율리아누스 황제가 신탁에 굴복하여 식량운반선을 불태워버리라는 명령을 내렸을 때 발생했다.[97] 그로써 군대가 보급을 받지 못하게 된 형편에 황제 자신마저 멀지 않아 적에게 입은 상처로 사망하자, 군대는 큰 곤경에 처하게 되었다. 지휘관을 잃어버린 군대가 엄청난 위기를 당하였기 때문에 아마도 제국의 국경을 오늘날의 상태대로 확정시킨 평화조약이 체결되지 않았더라면, 어느 누구도 목숨을 건지지 못했을 것이다. 사실 그것은 하드리아누스가 잃은 손실에 비하여 그렇게 엄청나지는 않았으나, 적지않은 희생이었던 것이다.

테르미누스가 하드리아누스의 의지에도 굴복하고, 율리아누스의 성급함에도, 요비아누스[98]의 곤궁에도 굴복한 것을 보면, 유피테르에게 굴복하지 않았다는 것은 거짓된 점(占)이었다. 보다 지적이고 신중한 로마인들은 이런 사실을 알고 있었으나, 악마들의 의식에 사로잡혀있던 국가의 관습에 대항할 힘을 거의 가지고 있지 않았다. 사실 그들 자신은 비록 그런 의식이 필요없음을 깨달았다고 할지라도 종교적인 경배는 한 분 참된 하나님의 통치와 지배하에서 조직된 자연의 질서에 드려져야 한다고 믿었기 때문이다. 그러나 그런 경배는 그 하나님께 드려질 때에만 합당하다. 그래서 사도는 로마인들에게 "피조물을 조물주보다 더 경배하고 섬김이라. 주는 곧 영원히 찬송할 이시로다"(롬 1:25)고 말했다. 필요한 것은 이 참된 하나님, 즉 거짓종교를 살아있는 사람들로부터 근절시킬 목적으로 참된 종교를 위해 기꺼이 목숨을 내놓는 경건하고 헌신된 사람들을 보내시는 하나님의 도움이다.

---

96) 기원후 117년에 제위를 이은 하드리아누스는 정복당한 토지를 포기하고 유프라테스를 로마제국의 경계로 회복시키고는, 114년에 트라야누스 황제에 의하여 시작된 파르티아인들과의 전쟁을 종결지었다.

97) 5권 21장 참조. 이 이야기는 암미아누스 마르켈리누스에서 언급되었다(24, 7, 4).

98) 기원후 363년에 율리아누스가 죽은 이후에 군대에 의하여 선출되었다.

30. 신들을 숭배한 자들조차도 자기들이 국가의 신들에 대해서 어떤 생각을 했는지 자백했다

스스로 점술가이기도 했던 키케로는 점을 비웃으면서,[99] 까마귀와 갈가마귀의 울음소리로 인생계획을 조절하는 사람들을 책망하고 있다.[100] 그러나 만사가 불확실하다고 주장하는 아카데미 학파[101]의 철학자인 키케로는 이런 문제에 관한 권위자로 간주될 자격이 없다. 그는 자신의 저작인 「신들의 본성에 대하여」(*De Natura Deorum*)[102] 2권에서, 미신들의 물질적이고 철학적인 진리에 기원을 두고 있음을 보여준 후에 퀸투스 루킬리우스 발부스[103]로 하여금 신상 건립과 신화 이야기에 대한 분노를 표현하게 하면서 이렇게 말하고 있다.

> 그러므로 당신은 인간의 이성이 자연에 관한 참되고 유용한 발견으로부터 허구적이고 상상적인 신들에게로 잘못 이끌려 들어가는 것을 알지 못하는가? 이로써 거짓된 견해와 난폭한 오류와 거의 옛날 할머니 얘기같은 미신이 생겨난다. 우리는 신들의 모습과 그들의 연령과 의복과 장신구에 대하여 잘 알고 있다. 또한 그들의 족보와 결혼과 혈연관계와 기타 그들에 대한 모든 것은 인간의 약점과 유사할 정도로 천박하다. 신들은 심지어 혼란된 정신을 가진 자로도 소개되고 있다. 우리는 그들의 욕정, 조바심, 그리고 분노에 관한 설명을 통해 그것을 알 수 있다. 또한 신화가 전하는 바에 따르면 신들은 자기들끼리 전쟁도 하고 쟁투도 벌인다. 호메로스의 작품[104]에서 볼 수 있듯이, 신들은 인간들이 양편으로 나뉘어 싸우고 있을 때 각자의 편을 들기도 하며, 예를 들어 타이탄족이나 거인족에 대해서처럼 자신들이 전쟁을 벌이기도 한다. 그런 일들은 말하거나 믿기에 너무나 터무니없다. 아주 경박하며 근거가 없는 것이다.

---

99) "키케로는 복점을 보고 웃는다." 기원전 53년에 복점관으로 선출된 키케로는 한 복점이 다른 복점을 충족시킬 수 없을 때마다 웃음을 터뜨리지 않을 수 없었다고 하여 놀랐다던 감찰관 카토의 말을 인용하고 있다.

100) *De Div.*, 2, 36-8.

101) 아카데미 학파 철학자들. 플라톤과 그의 후계자들은 아테네 근처의 아카데미 정원에서 가르쳤다. 피타나의 아르케실라우스(약 315-240)는 제2(혹은 신) 아카데미로 알려지게 된 가르침에다가 엘리스의 피론(약 365-275)의 회의주의를 도입했다. 확실한 지식의 가능성을 부인하는 태도는 스토아주의자들과의 논쟁으로 이끌었다. 사실 키케로는 철학에 있어서 완전한 절충주의자였다.

102) *De Nat. Deor.*, 2, 28, 70.

103) 스토아 철학자.

104) *Il.*, 20, 31 ff.

자, 이교의 신들을 옹호하는 자들이 어떤 것을 인정하는지 보라. 키케로는 이후에 계속해서 이런 것들은 미신에 속하고 저런 것들은 종교에 속한다고 함으로써, 스토아주의자들에 따르면 후자의 경우가 가르치기에 좋다고 생각한다고 말하고 있다. 그는 "철학자들 뿐만 아니라, 우리 선조들도 미신과 종교를 구분했다. 왜냐하면 자기 자식들이 자기들보다 오래 살라고(superstites essent) 모든 시간을 기도하는 데 보내며 제사를 바치는 사람들은 '미신적'(superstitous)[105]이라고 불렸기 때문이다"라고 말한다. 이로써 그가 대중들의 관습을 두려워하여 선조들의 종교를 칭찬하고 있고, 자신은 미신으로부터 떨어지고 싶지만 그렇게 하는 방법을 깨닫고 있지 못하다는 것을 누가 알지 못하겠는가? 온종일 기도하고 제사하는 사람들을 선조들이 미신적이라고 언급했다고 한다면, 그 자신이 비난하듯이 갖가지 의상을 입힌 다양한 연령의 신상을 세워놓고 신들의 계보와 그들의 혼인관계와 인척관계를 꾸며내는 자들도 그렇게 불릴 수 있다. 그러므로 이런 일들이 미신적이라고 비난받았다고 했을 때, 그는 그런 신상을 제작하고 숭배한 선조들이 비난받을 만함을 암시하고 있다. 나아가 그는 온갖 웅변으로 그런 비난으로부터 벗어나 해방되려고 노력하고 있지만, 자신이 이런 우상들을 존중할 수밖에 없음을 암시하고 있다. 또한 그는 이런 논의에서는 아주 분명하게 밝힌 내용을 대중집회에서는 감히 속삭이는 소리로 말하지도 못했다.

그러므로 우리 그리스도교인들은 그 철학자가 논하는 하늘과 땅이 아니라, 우리 주 하나님, 천지를 지으신 그분께 감사드리자. 왜냐하면 발부스(Balbus)가 더듬거리는 소리로 비난하는 데 성공하지 못했던 이런 미신들을 그분은 아주 낮게 되신 그리스도의 겸손을 통하여, 사도들의 설교를 통하여, 믿는 자들의 마음 속과 그들의 자유로운 섬김에서 뿐만이 아니라 미신을 섬기는 자들의 신전에서도 멸하셨기 때문이다.

31. 대중들의 믿음을 비난할 때, 참된 하나님을 발견할 수는 없었지만 한 신만 숭배해야 한다고 생각한 바로의 견해에 관하여

우리는 비록 바로(Varro) 자신의 판단에 따른 표현은 아니라고 할지라도, 그가 연극물을 신적인 일 사이에 분류시킨 데 대해 유감스럽게 생각한다. 종교적인 사람이었던 그는 많은 구절에서 사람들에게 신들을 숭배하도록 권고할 때, 스스로 지적

105) 이것은 적당한 어원론이 아니지만, 참된 기원은 불확실하다.

했듯이 로마가 제정한 관습에 따라 자신의 판단을 따르고 있지 않음을 인정하고 있다. 그래서 그는 애초에 자신이 새로운 도성을 건립했더라면, 신들과 그 이름을 자연의 법칙에 따라 열거했을 것임을 주저치 않고 인정하고 있다. 그러나 그는 이미 세워진 나라에 태어났기 때문에 전통적인 신들의 이름과 성, 그리고 그와 연관된 역사를 받아들일 수밖에 없고, 자신이 그런 세목을 조사하고 발표하는 것은 사람들에게 신들을 경멸하기 위해서가 아니라 숭배하도록 하기 위해서라고 말하고 있다. 그 말로써 이 아주 예민한 사람은 그런 것들이 자신이 보기에 경멸할 만할 뿐만 아니라 침묵 속에 넘어가지 않는다면 일반 사람들에게도 모욕감을 불러일으켰을 것이기 때문에, 모든 것을 다 공표하지는 않는다는 사실을 지적하고 있다.

만약 바로 자신이 다른 구절에서 종교적인 의식에 관하여 말하면서, 일반 사람들이 알기에 적합하지 않은 많은 것들이 있을 뿐만 아니라, 사람들이 사실이라고 믿는 것이 좋은 거짓 것이 많이 있으며, 또 그 이유가 그리스인들이 종교적인 의식과 비의를 침묵과 벽 안에 패쇄시켜 놓았기 때문이라고 말하지 않았더라면, 내가 이런 말을 추측으로 말하고 있을 따름이라고 생각될 수 있을 것이다. 여기서 그는 의심할 바 없이 국가와 민족을 통치하는 소위 현자들의 정책을 표현하고 있다. 그러나 우리 주 예수 그리스도를 통한 하나님의 은혜가 아니고서는 사람들을 해방시킬 수 없도록 지배하고 있는 사악한 악마들은, 이런 교묘한 술책에 의하여 속이는 자와 속는 자를 동시에 소유하며 뛸듯이 기뻐하고 있다.

또한 그 예리하고 학식많은 저자는 하나님이 우주의 영혼이며, 운동과 이성에 의하여 우주를 다스린다고 믿는 사람들만이 그분이 누군지 이해한 듯이 보인다고 말하고 있다. 이로 보아 진정한 하나님은 영혼이 아니라 영혼을 조성하고 만드신 분이라는 사실을 고려하면, 그가 진리에 다다르지는 못했다고 할지라도, 만약 그가 전래의 관습적 편견에 기꺼이 대항할 수 있었더라면, 다른 사람들에게 한 분 하나님만 경배해야 한다고 자인하고 자문해줄 수 있었을 것이다. 그러므로 이 문제에 관해서는 그가 하나님을 영혼의 창조자가 아닌 영혼으로 불렀다는 점만 논의거리로 남는다.

그는 또한 로마의 선조들이 신상이 없이도 170년 이상 동안이나 신들을 숭배했다고 말하고 있다. 그는 "만약 이런 관습이 오늘날까지 남아있을 수 있었더라면, 신들은 보다 순결하게 숭배되었을 것이다"라고 말한다. 그는 이런 견해를 지지하는 증거로서 다름아닌 유대민족을 인용한다. 또한 그는 처음으로 사람들을 위하여 신상을 세운 자들이 동료 시민들로부터 종교적인 경외심을 빼앗아가고 오류를 증가시켰다고 주저없이 말함으로써 그 문장을 끝맺고 있다. 현명하게도 그는 신들이 신상으로써 감각이 없는 모습으로 제시되자 쉽게 경멸받았다고 생각했던 것이다. 그러나 바로는 그들이 오류를 도입했다고 말하지 않고 증가시켰다고 말하고 있는 것으로 보아, 신상이 없었을 때에도 이미 오류가 있었음을 이해시키고자 원하고 있다. 그러므로 그가 하나님이 우주를 지배하는 영혼이라고 믿는 사람만이 그분이 누구인지 안다고 말했을 때, 그리고 신상이 없을 때 종교의식이 보다 순결하게 지켜졌을 것이라고 생각할 때, 그가 진리에 얼마나 다가갔는지 모를 사람이 누가 있겠는가? 그가 만약 뿌리박힌 오류에 대항하기 위해 어떤 일을 할 능력이 있었더라면, 그는 분명히 자신이 우주의 지배자로 믿었던 한 분 하나님이 경배되어야 함과 동시에, 그분이 신상 없이 경배되어야 한다는 견해를 내어놓았을 것이다. 아마도 그는 진리에 아주 가까이 접근했기 때문에, 쉽게 영혼의 무상함을 명심하고서 진정한 하나님이 영혼 자체를 만든 불변하는 존재임을 인식할 수 있었을 것이다.

사실이 이러하다면 바로와 같은 사람들이 자기 저술에서 많은 신들에 대하여 어떠한 조롱을 퍼부었다고 할지라도, 그들은 사람들을 설득하고자 했다기 보다는 하나님의 비밀스런 뜻에 의하여 그렇게 하도록 강요받았던 것이다. 그러므로 우리가 이들 저작에서 증거를 인용할 때, 우리는 우리 자신을 위하여 흘린 거룩한 피의 놀라운 희생과 우리에게 부여된 성령의 선물에 의하여 우리가 해방되었던 악마의 강하고 사악한 권세를 보기를 거절하는 자들에게 반박할 의도를 가지고 있었다.

32. 지배자들은 어떤 이익을 위하여 피지배층들 사이에 거짓 종교가 계속되기를 바랐는가

바로는 또한 신들의 계보에 관한 주제에서 일반 사람들이 자연철학자들에게 보다는 시인들에게 더 귀를 기울인다고 말하고, 그 때문에 그들의 선조인 과거의 로마인들이 신들의 성별(性別)과 계보를 믿었고 그들의 결혼을 확정지었다고 말한다.

그런 일은 확실히 종교문제에서 사람들을 기만하고 또 그런 일에서 속이는 것을 가장 큰 욕망으로 삼고있는 악마들을 숭배할 뿐만 아니라 모방하는 것이 현자들과 학자들의 의무라는 이유 때문에 생겨난 듯이 보인다. 왜냐하면 악마들이 자기들이 속이고 기만하는 사람들만 소유할 수 있듯이, 공정하지 않고 악마같은 지배자들도 자기들이 거짓임을 알고 있는 그런 것들을 종교라는 이름으로 사실이라고 받아들이도록 사람들을 설득해왔기 때문이다. 그들은 사실상 이렇게 하여 사람들을 국가사회에 결박시키고, 그들을 신민(臣民)으로 소유하려고 했던 것이다. 연약하고 학식없는 사람들 중에 지배자들과 악마들의 기만을 동시에 벗어날 수 있는 사람이 누가 있을 수 있었겠는가?

33. 모든 왕들과 왕국의 때는 참된 하나님의 판단과 능력에 의하여 결정되었다.

그러므로 홀로 참된 하나님이시므로 행복을 창조하고 베푸는 그 하나님은 지상 왕국들을 선인에게도 주시고 악인에게도 주신다. 그는 행운이 아니라 하나님이기 때문에 이런 일을 성급하게, 사실상 우발적으로 하지 않고, 우리에게는 감춰어져 있고 그분만이 알고 있는 사물과 때의 질서에 의하여 하신다. 그러나 그분은 때의 질서에 종속되어 묶여있는 것이 아니라, 사건의 주인으로서 통제권을 갖고 있으며, 주인으로서 다스리며, 통치자로서 명령하신다. 그분은 단지 선인에게만 행복을 베푼다. 신하든지 왕이든지 공평하게 행복을 소유할 수도, 소유하지 못할 수도 있다. 그러나 행복이 완전하게 향유되는 것은 왕도 신하도 없는 그런 생활에 가서야이다. 그러므로 하나님이 지상 왕국을 선인에게도 악인에게도 주신 이유는 아직도 연약한 상태에 있는 숭배자들이 이런 선물을 어떤 중요한 것처럼 탐내어 간구하지 않도록 하기 위함이다.

이것이 그 안에 신약을 감추고 있던 구약의 신비이다. 구약에서는 약속과 선물이 세상적인 것들을 대상으로 하기는 했지만, 심지어 그때에도 영적인 이해력을 가진 사람들은 비록 만인이 듣도록 선포하지는 않았다 하더라도, 현세적인 재물에 의하여 영원(永遠)이 예시되었음을 알았다. 그런 사람들은 또한 진정한 행복이 하나님의 어떤 선물에서 발견될 수 있는지 이해할 수 있었다.

34. 한 분이신 참 하나님에 의하여 건립되었으며, 유대인들이 진정한 종교에 머물러 있었더라면, 그분의 힘으로 존속되었을 유대인들의 왕국에 대하여

그러므로 더 나은 것들을 상상할 수 없는 사람들이 숨을 헐떡이며 추구하는 세상적인 좋은 것들이, 전에 로마인들이 숭배할 만하다고 믿었던 수많은 거짓 신들에게서가 아니라, 한 분 하나님의 능력 안에 남아있다는 사실이 알려지도록 하기 위해, 그분은 당신의 백성을 이집트에서 미약한 숫자로부터 증가시키고 놀라운 이적을 통하여 그들을 그곳에서 건져내셨다. 그들의 후손이 믿을 수 없을 정도로 증가되고 있을 때, 유대 여인들은 루키나를 부르지 않았다. 그리고 민족이 믿을 수 없을 정도로 증가되었을 때, 하나님께서는 그들을 박해하며 모든 어린이들을 죽이려는 이집트인들의 손에서 친히 그들을 건져내고 친히 구원하셨다. 유대 어린이들은 여신인 루미나 없이도 젖을 빨았고, 쿠니나 없이도 요람에 들었으며, 에두카와 포티나[106]없이도 음식을 먹고 마셨다. 그들은 어린 시대를 돌보는 신들 없이도 교육받았으며, 결혼을 담당한 신들 없이도 결혼했으며, 프리아푸스를 숭배하지 않고도 부부관계를 맺었으며, 넵튠을 부르지 않아도 그들이 지나가도록 바다가 열렸다가 파도가 다시 돌아옴으로써 그들을 뒤쫓은 적들을 뒤덮었다. 그들은 하늘로부터 만나를 받을 때 만니아라는 여신을 성별하지도 않았고, 갈증을 느끼던 그들에게 지팡이로 맞은 바위가 물을 뿜어낼 때에 그들은 님프와 림프를 숭배하지도 않았다. 그들은 마르스와 벨로나에 대한 미친 듯한 의식이 없이도 전쟁을 수행했으며, 전쟁에서 이기고 승리했을 때 그것을 여신이 아니라 하나님의 선물이라고 생각했다. 그들은 세게티아 없이도 수확물을 얻었으며, 부보나 없이도 소를, 멜로나 없이도 벌꿀을, 포모나 없이도 사과를 얻었다.[107]

그들은 한 마디로 로마인들이 엄청나게 많은 무리의 거짓 신들에게 요청해서 얻어야 한다고 생각했던 모든 것을 한 분 참된 하나님으로부터 훨씬 더 행복하게 얻어냈던 것이다. 그리고 만약 그들이 불경건한 호기심으로 인하여 마술같은 것으로 유혹되며 이상한 신들과 우상들에게로 끌리며 결국에는 그리스도를 죽임으로써 하나님께 범죄하지 않았더라면, 그들의 왕국은 온존했을 것이며, 비록 로마보다 경계가 넓지는 않다고 할지라도 더 행복했을 것이다. 이제 그들은 거의 모든 땅과 모든 민족 사이에 흩어져 있는데 그것도 한 분 참된 하나님의 섭리를 통해서이다. 하나님은 이로써 온갖 곳에서 거짓 신들의 신상과 제단과 거룩한 정원과 신전이 파괴되고 그 희생제사가 금지될 때, 그것이 오래 전에 그들의 책에서 예언자들에 의하여 예언되었으며, 그리하여 그런 내용이 우리의 성경에서 읽혀질 때 그리스도인들이 꾸며냈다고 믿을 이유가 없도록 만들기를 원하셨다.

그러나 이제 우리는 그 이상의 내용은 다음 권을 위하여 남겨두고, 너무 장황해진 이번 권을 여기서 마무리해야 한다.

106) 11장 참조.
107) 24장 참조(멜로나는 고전기 저술가 사이에 모습을 보이지 않는다).

제 5 권

개요:저자는 먼저 로마제국의 번영—이미 앞에서 거짓 신들에게 돌릴 수 없음이 증명되었다—을 운명에 돌리려는 자들을 논박하기 위해 운명론을 다룬다. 그후 저자는 하나님의 예지(미리 아심)와 인간의 자유의지에는 모순이 없다고 증명한다. 그리고나서 고대 로마인들의 관습을 말하고 난 후, 로마가 그 영토를 넓히게 된 것은 비록 로마가 참 하나님을 예배하지 않았지만, 어떤 의미에서 로마인 자신들의 덕과 하나님의 계획 때문이었다고 한다. 마지막으로, 그는 그리스도교인 황제의 참된 행복을 설명하고 있다.

서론

행복은 여신이 아니라 하나님의 선물로서, 모든 사람이 바랄 만한 완전한 기쁨임이 분명해졌다. 그러므로 사람들은 그들을 행복하게 만들 수 있는 그분 외에 어떤 신도 섬겨서는 안된다. 만약 펠리키타스가 사실 여신이라면, 그녀만이 유일한 숭배 대상으로 정당하게 주장될 수 있을 것이다. 그러나 선하지 않으므로 행복하지 않은 사람들조차 받아누릴 수 있는 축복은 오직 하나님만이 베풀어주실 능력을 갖고 계신다. 그러므로 이제 우리는 나아가 하나님이 무슨 이유로 로마제국이 그토록 넓게 확장되고 그토록 오래 지속되기를 바랐는지 생각해보도록 하자. 우리는 이미 이런 일이 로마인들에 의하여 숭배되던 다수의 거짓 신들에 의하여 이루어지지 않았음을 어느 정도 주장했지만, 기회가 닿는 대로 이에 대하여 더 많은 증거를 제시하도록 할 것이다.

1. 로마제국과 다른 모든 왕국의 기반은 우연적인 것도 아니고, 별들의 위치에 달려있는 것도 아니다.

아무런 원인도 가지고 있지 않거나 어떤 이해가능한 질서에서 생겨나지 않은 그런 원인을 갖는 것들을 "우연"이라고 하고, 하나님이나 인간의 의지와는 독립적으로 어떤 종류의 필연에 의하여 발생되는 것들을 "운명"이라고 부르는 사람들의 견해나 판단에 따르면, 로마제국이 거대해진 원인은 우연적이지도 않고 운명적이지도 않다. 한 마디로 말해, 인간의 왕국은 하나님의 섭리로 세워졌다. 어떤 사람이 하나님의 의지나 능력 자체를 운명이라는 이름으로 부르기 때문에 이것을 운명에다가 돌린다면, 그로 하여금 자기 견해를 유지하게 하되 말을 바꾸어 하게 하라. 왜 그는 나중에 어떤 사람이 "운명"이란 무슨 뜻이냐고 질문할 때 할 말을 애초에 하지 않는가? 사람들이 "운명"이라는 말을 일상적인 어법에 따라 들을 때면, 단지 어떤 사람이 탄생하거나 수태될 때 존재했던 별들의 특정위치에서 생긴 영향력이라고 이해한다.

어떤 사람들은 이 영향력이 하나님의 의지와 아무 관련이 없다고 보는 반면에, 다른 사람들은 그것이 그분의 의지에 달려있다고 주장한다. 그러나 하나님의 의지와는 무관하게 우리가 무엇을 행한다든지 어떤 좋은 일들을 소유할 것이라든지 어떤 해악을 겪게 될 것인지를, 별들이 결정한다는 견해를 가지고 있는 사람들은 진정한 종교를 가진 사람들 뿐만 아니라, 어떤 종류의 신들이든지 심지어 거짓 신들을 숭배하고자 선택한 사람들로부터 발언 기회를 허락받아서는 안 된다. 이런 견해는 어떠한 신이든지 숭배되거나 기도받는 대상이 되어서는 안 된다는 외의 다른 결론으로 이끌 수 있겠는가? 그러나 우리의 현재의 논의는 이런 견해를 가진 자들이 아니라, 자기들이 신이라고 가정하는 자들을 옹호하면서 그리스도교를 반대하는 자들을 상대로 하고 있다.

그러나 별들의 위치를 하나님의 의지에 종속시키고 어떤 의미로는 각 사람이 어떤 성격을 가지며 각 사람에게 어떤 좋고 나쁜 일이 발생되는지 규정짓는 사람들이, 만약 이 별들이 자기들의 의지대로 일을 결정할 수 있는 능력을 하나님의 지고의 권능으로부터 부여받았다고 생각한다면, 하늘에 대해 엄청난 모욕을 가하고 있는 셈이다. 왜냐하면 그들은 사실상 어떤 지상에 있는 왕국이 그렇게 규정한다면 전 인류의 결정으로 마땅히 제재받아야 할 그런 사악한 행동이, 하늘의 찬란히 빛나는 회의체에서 결정된다고 가정하고 있기 때문이다. 그리고 이런 행동이 천체의 필연성에 근거하고 있다면, 별들과 인간들의 주인이신 하나님이 인간의 행동에 관하여 판결할 여지가 어디 남아있겠는가?

혹은 비록 별들이 최고주권자인 하나님으로부터 어떤 권능을 받았음에도 불구하고 자의적으로 어떤 결정을 내리는 것이 아니라 단지 하나님의 명령이 별들을 도구로 사용하여 불가피하게 발생될 그런 일들을 적용하고 시행함으로써 성취된다고 저들이 말한다면, 우리는 별들의 의지에 관하여 생각할 때에도 무가치하게 보이는 방식으로 하나님에 대해 생각해야 하는가? 그러나 별들이 이런 일들을 초래한다기보다 전조로서 나타남으로써 별들의 위치가 예시적인 일종의 언어이지, 미래의 사건을 실행하는 것은 아니라는 말이 나올 수도 있다. 사실 상당한 학식을 갖춘 사람들은 이런 견해를 표명해 왔지만, 분명히 점성가들은 보통 이런 식으로 말하지 않는다. 예를 들어 그들은 그렇고 그런 위치에 있는 마르스가 살인을 전조로 나타내는 것이 아니라, 살인을 야기시킨다고 말하는 것이다.

그러나 그들이 자기 생각을 적절히 나타내지 못한다는 것과 그들이 별들의 위치에서 발견한다고 생각하는 것들을 예언하기 위하여 철학자들로부터 올바른 표현방법을 받아들여야 한다는 점을 인정한다고 하자. 그렇다고 할지라도 쌍둥이들은 출생시에 약간의 시차가 있을 뿐 한 번의 성관계로써 동시에 잉태되었음에도 불구하고, 그들의 생애와 행동과 일상사와 직업과 기술과 명예와 인간생활에 포함된 다른 일들과 또한 바로 죽음에서도 종종 너무나 큰 차이를 보이므로 이런 일들에 관한 한 그들이 서로 닮았다기보다는 전혀 다른 사람과 방불한 이유를 그들이 설명해내지 못함은 어찌된 일인가?

2. 쌍둥이의 건강상 차이점에 관하여

키케로[1]는 유명한 의사인 히포크라테스[2]가 어떤 형제의 경우에 동시에 병이 들었다가 각각 동시에 병세가 위기로 치달은 다음 진정된다면, 그들이 쌍둥이인지 의심했다는 기록을 남겼다고 말한다. 점성술에 깊이 빠진 스토아주의자인 포시도니우스(Posidonius)[3]는 그들이 동일한 성좌(星座) 아래에서 수태되고 태어났었다고 가정함으로써 그런 사건을 설명하곤 했다. 두 사람 사이에 그런 일치가 생긴 원인을 히포크라테스는 유사한 체질 때문이라고 믿었고, 그 점성가이자 철학자인 사람은 그들이 잉태되고 탄생할 때의 별들의 위치에다가 그 원인을 돌렸다. 이런 문제에서는 의사의 추측이 훨씬 더 받아들여질 만하며, 훨씬 더 믿을 만하다. 왜냐하면 잉태될 때 부모의 육체적인 형편이 그때 잉태되는 태아의 초기상태에 영향을 미칠 것이므로, 쌍둥이는 어머니의 몸 속에서 최초의 성장을 한 후에 같은 체질을 가지고 태어날 수도 있기 때문이다. 이후에 그들은 같은 집에서 양육되며, 같은 음식을 먹고, 같은 공기를 들이키며, 같은 물을 마신다.

---

1) *De Fato*(현재는 전해지지 않는다).

2) 기원전 460-357년.

3) 포시도니우스:아파메아 출신(기원전 135-51년)으로서 로도스섬에서 스토아학파의 지도자로 활약했다. 그는 역사가이자, 과학자이자, 철학자이자, 점성가였다. 바로와 키케로는 그의 학생으로 있었다. 그의 작품은 현존하지 않는다.

의학의 증명에 따르면, 이것은 좋든 나쁘든 신체적인 건강상태에 아주 큰 영향을 미치게 된다. 그리고 그들이 같은 종류의 신체훈련에 익숙해지게 되면, 그들은 체질이 아주 비슷하게 되어 동시에 유사한 질병의 영향을 유사하게 받을 수 있게 된다는 것이다. 반면에 아주 다양한 상태에서 아주 다양한 사건을 당하는 아주 다양한 종족의 많은 사람들이 동일한 시간에 동일한 지역에서 동일한 성좌 아래에서 잉태되고 탄생하는 것을 생각해 본다면, 쌍둥이가 수태되고 태어날 때 존재하던 별들의 특별한 위치를 그들이 동시에 병을 앓게 되는 원인이라고 제시하려는 것은 엄청난 교만을 드러내는 일이다.

그러나 우리는 쌍둥이가 아주 다르게 행동하고, 아주 다른 지역으로 여행할 뿐만 아니라, 다른 종류의 질병으로 고생한다는 사실도 알고 있다. 그에 대해 히포크라테스는 내가 보기에 가장 간단한 설명, 즉 체질이 아니라 정신적인 성향에 기인한 음식과 육체적인 훈련의 상이함 때문에 그들이 건강에 관하여 각각 다른 상태에 놓이게 되었을 수 있다는 설명을 제시하고 있다.

포시도니우스를 비롯하여 별들의 운명적인 영향력을 주장하는 다른 사람들은 그에 대해 전혀 알지 못하는 사람들을 기만하려는 의도가 없다면, 이 문제에 대해 충분한 답변거리를 가지고 있을 것이다. 그들은 바로 이 문제에 대해 쌍둥이의 출생시간을 구분짓는 미세한 시차에 주의를 기울이면서 자기들이 "천궁도"라고 부르는 바 출생시간의 위치가 표시되어 있는 하늘의 작은 부분을 언급하고 있다. 따라서 이와 관련하여 두 가지 가능성이 있다. 즉 이런 시차는 쌍둥이의 성향과 행동과 습성과 경험에서 발견되는 다양성에 비하면 비할 바 없이 사소하든지, 아니면 높든 낮든 쌍둥이의 경우에 동일한 신분을 압도할 만큼 비할 바 없이 중요한 것이다. 왜냐하면 그들은 이런 신분상의 큰 차이가 발생하는 것도 오직 탄생 때 별들의 영향에만 돌리기 때문이다. 그러므로 천궁도에서 아무런 변화가 발생하지 않을 때 쌍둥이 형제가 연이어 출생한다면, 그 둘이 모든 점에 있어서 완전히 동일해야 할 터이지만 어떤 쌍둥이의 경우에 있어서도 이런 일이 발견되지는 않는다. 그러나 두번째 아이가 출생이 늦어져 천궁도에 변화가 생긴다면 부모가 달라야 할 터이지만, 쌍둥이의 경우에 이런 일은 불가능한 것이다.

3. 점성가인 니기디우스가 쌍둥이 탄생에 대한 문제에서 토기장이의 바퀴로부터 끌어낸 주장에 관하여

이런 문제를 곤혹스럽게 생각했던 니기디우스[4]가 그 대답으로 말했다가 "토기장이" (Figulus)라는 별명을 얻었던 유명한 토기장이의 바퀴에 대한 비유는 목적에 전혀 부합되지 않는다. 그가 토기장이의 바퀴를 온 힘을 다하여 돌리다가 아주 빠른 동작으로 먹물로 두 개의 점을 찍었을 때, 그의 눈에는 점이 같은 곳에 생긴 것처럼 보였다. 그러나 회전이 끝났을 때 그가 찍은 점을 보니 그것은 적지 않은 거리로 떨어진 바퀴의 가장자리에서 발견되었다. 그래서 그는 천체가 아주 놀라운 속도로 회전한다는 사실을 고려해보면, 자신이 그 바퀴에 찍은 점 사이의 간격 만큼이나 짧은 순간에 쌍둥이가 연이어 탄생했다고 할지라도, 그 짧은 시차가 천체에 있어서는 아주 큰 차이에 해당된다고 말한다. 그러므로 그는 쌍둥이의 습성과 인생행로에서 어떤 차이가 발생하더라도 이로써 설명된다고 말했다.

이런 주장은 바퀴의 회전에 의하여 만들어지는 토기보다는 더 부서지기 쉽다. 성좌를 관찰함으로써는 이해될 수 없는 아주 큰 의미가 천체에 있기 때문에 쌍둥이인 경우에 한 사람은 유산을 받고 다른 한 사람은 유산을 받을 수 없는 정도라고 한다면, 점성가들은 어떻게 감히 쌍둥이가 아닌 다른 사람들의 경우에 성좌를 조사해보고는 이 이해불가능한 신비에 속한 것들을 예언하며 그것을 각 개인의 정확한 탄생시간과 관련시키려고 한다는 말인가? 아마도 그들은 쌍둥이가 아닌 사람들의 경우에 보다 긴 시차가 있기 때문에 출생시간과 관련하여 어떤 말을 할 수도 있다. 반면에 쌍둥이가 탄생되는 아주 짧은 시차는 점성가들이 보통은 상담받지 않는 소소한 문제들에 영향을 미친다고 가정된다. 왜냐하면 언제 일어나며 언제 외출하며 언제 무엇을 먹어야 하는지 그들에게 상담할 사람이 누가 있겠는가? 우리는 쌍둥이의 습성과 형태와 인생행로에 있어서 그토록 다양함을 지적해낼 수 있는데도, 성좌와 관련하여 설명한다면 어떻게 정당성을 얻을 수 있겠는가?

4. 성격과 행동에서 아주 달랐던 쌍둥이인 에서와 야곱에 관하여

아주 유명한 사례를 말하자면, 과거 조상들의 때에 두번째 아이가 첫번째 아이의 발꿈치를 잡을 정도로 곧이어 태어났던 쌍둥이 형제에 관한 이야기가 있다. 그들 둘의 생활과 태도는 너무나 크게 차이가 나고 그들의 행동도 너무나 비슷하지 않고 그들 각각에 대한 부모의 사랑도 너무나 큰 차이를 보였기 때문에, 그들 사이의 바

4) 니기디우스:점성가이자 피타고라스 학파의 철학자였다. 명성으로 치자면 로마에서 바로(Varro) 다음으로 학식있는 인물이었다. 그는 카틸리나의 음모 이후인 기원전 63년에 키케로 밑에서 일했다. 그는 내란 중에 폼페이우스편을 들었다가 기원전 45년에 추방생활을 하다가 죽었다.

로 그런 대조점으로 인하여 상호간에 적대적인 반감이 생겨나게 되었다. 우리가 그들이 서로 다르다고 말할 때, 한 사람은 걸어가는데 다른 사람은 서 있고, 한 사람은 잠자고 있는데 다른 사람은 깨어있다는 것을 의미하고 있는가? 그런 차이는 점성술적 상담을 위하여 어떤 사람의 출생 시에 존재하는 별들의 위치를 주목하는 사람들도 이해할 수 없는 공간상의 미세한 차이에 기인한다고 치자. 그러나 그 쌍둥이 중 한 사람은 오랫동안 고용인 처지로 있었고, 다른 한 사람은 결코 남을 섬긴 적이 없었다. 그 중 한 사람은 어머니의 사랑을 받았고, 다른 한 사람은 그렇지 못했다. 그들 중 한 사람은 자기 민족들 사이에 그토록 존중되던 명예를 잃어버렸고, 다른 한 사람은 그것을 획득했다. 그리고 우리는 그들의 부인, 그들의 자녀, 그들의 소유물에 관하여 무슨 말을 할 것인가?

이 모든 점에 관하여 그들은 얼마나 상이한가! 그러므로 이러한 차이들이 쌍둥이의 탄생 사이에 있었던 미세한 시차와 관련되고 성좌로서는 관찰될 수 없다고 한다면, 쌍둥이가 아닌 사람들의 성좌를 조사한 후에 점성가들이 왜 어떤 예언을 하는가? 반면에 이런 일들이 미세하고 이해할 수 없는 순간이 아니라 관찰될 수 있고 기록될 수 있는 시차와 관계되므로 예언될 수 있다고 말한다면, 토기장이라는 별명을 얻었던 사람의 바퀴는 점성가의 이야기가 얼마나 황당무계한지 알아채지 못하도록 하기 위하여 점토와도 같은 마음을 가진 사람들 주위에 빙글빙글 돌아가는 외에 다른 소용이 있겠는가?

5. 점성가들은 어떤 방식으로 공허한 학문을 주장하고 있다고 판결받을 수 있는가

명민한 의사인 히포크라테스가 어떤 두 사람의 질병이 각자의 경우에 동시에 위기로 발전되었다가 다시 동시에 진정되는 것을 보고서, 그들이 쌍둥이인지 의심했다는 예를 앞에서 들었다.[5] 그렇다면 이런 예는 체질의 유사성에 기인하는 것을 별들의 영향력 탓으로 돌리고 싶어하는 사람들에 대한 충분한 반론이 되지 않는가? 그들은 동시에 태어날 수는 없었을 테니까 출생 순서대로 차례차례 병들지 않고 왜 동시에 병에 걸렸는가? 혹은 그들이 다른 시기에 태어났다는 사실이 결코 필연적으로 그들이 다른 시기에 병에 걸려야 한다는 것을 의미하지는 않는다고 한다면, 점성가들은 왜 출생시기에서의 차이가 다른 것들에 있어서의 차이의 원인이라고 주장하는가? 그들이 다른 시기에 탄생했다는 이유로 다른 시기에 외국지방을 여행할 수 있으며

5) 2장 참조.

다른 시기에 결혼할 수 있으며 다른 시기에 자녀를 출산할 수 있으며 다른 시기에 여타 많은 일들을 할 수 있지만, 마찬가지로 왜 다른 시기에 병들 수는 없었던가?

출생시점에서의 차이가 천궁도를 변경시키고 모든 일들을 상이하게 만들었다면, 동시에 수태된 영향력이 무슨 이유로 질병의 공격을 받을 때에만 남아 있었는가? 혹은 건강에 관한 문제는 수태 시간에 포함되지만 다른 문제는 탄생 시간과 결부된다고 말한다면, 성좌를 조사할 수 있는 정확한 수태 시간이 알려지지 않은 형편에 그들은 출생 시간의 성좌를 조사함으로써 건강에 관한 어떤 것을 예언하지는 말아야 한다. 그러나 그들이 질병의 공격은 출생시간에 의하여 지시되기 때문에 수태의 천궁도를 살펴보지 않고도 질병에 관한 예언을 할 수 있다고 말한다면, 출생 시에 동일한 천궁도를 가지고 있지 않는 쌍둥이 중 한 사람이 형제와 불가피하게 동시에 병에 들어있는데도, 출생 시의 천궁도를 가지고 쌍둥이 중 어느 누구가 언제 병들 것인지 어떻게 말할 수 있다는 말인가?

이와 관련하여 또다른 문제가 있다. 우리는 쌍둥이의 출생 시간에 상당한 차이가 있어서 그들에게 적용되는 성좌가 다를 수밖에 없다는 이야기를 듣는다. 그런 경우에 그들의 천궁도가 다르고 큰 영향을 미치는 기본방위가 상이함으로 운명이 달라지게 되었다는 것이다. 그러나 수태 시간이 동일함에 틀림없는데 어떻게 이런 일이 발생할 수 있는가?

혹은 동시에 수태된 두 사람이 출생과 관련되어 다른 운명을 가질 수 있다면, 무슨 이유로 동시에 태어난 두 사람은 삶과 죽음에 있어서 다른 운명을 가질 수 있는가? 두 사람이 동시에 수태되었다고 해도 이것이 시차를 두고 두 사람이 태어나는 것을 막지 않았다면, 두 사람이 동시에 태어났다고 할 때 왜 그들이 시차를 두고 죽지 않도록 막는 것은 전혀 없는가? 쌍둥이가 동시에 수태되더라도 자궁 내에서 다른 운명을 갖도록 허락받는다면, 동시에 태어난 두 사람은 왜 세상에서 상이한 인생행로를 살아가도록 허락받아서는 안되는가? 그렇다면 이런 모든 점성술, 아니 공허한 기술은 제거되어야 한다. 동시에, 아니 동일한 순간에 동일한 별들의 위치 아래에서 수태된 두 아이가 다른 운명을 가지고 시차를 두고 출생하는데도, 서로 다른 두 어머니에게서 같은 순간에 동일한 별들의 위치 아래에서 태어난 두 아이는 다른 운명을 가질 수 없고 필연적으로 다른 인생행로와 죽음을 당할 수 없다고 한다면, 이 얼마나 진기한 상황인가? 그들은 탄생할 때에만 운명을 가질 수 있기 때문에, 수태될 때에는 운명이 없다는 말인가? 그러면 수태시간이 밝혀지면 이런 점성가들이 많은 것들을 예언할 수 있다는 저들의 말은 무슨 뜻인가? 어떤 현인은 똑똑한 아들을 낳기 위하여 부인과 동침할 시간을 선택했다는 이야기도 자주 반복되는데 말이다.

위대한 점성가이자 철학자이기도 했던 포시도니우스[6]가 동시에 질병의 공격을 받은 쌍둥이에 관하여 내린 답변, 즉 "그들에게 이런 일이 발생한 것은 그들이 동시에 수태되었고, 동시에 탄생했기 때문이다"고 말한 대답도 그런 인식에서 생겨났다. 그는 그들이 동시에 탄생될 수는 없다는 반박을 당하지 않기 위하여 동시에 수태되었음에 틀림없다는 사실을 알고 있었기 때문에 "수태"라는 말을 첨가시켰다. 그는 그들이 유사하게, 그리고 동시에 질병의 공격을 받은 사실을 체질의 유사성에 근사한 원인을 돌리기 원하지 않고, 건강의 유사성에서조차 그들이 별들의 위치에 의하여 서로 결부되어 있다고 주장했다. 그러므로 수태 시간이 운명의 유사성을 확보하는 능력을 가지고 있다고 한다면, 이렇게 정해진 운명은 출생환경에 의하여 변경될 수는 없는 것이다. 혹은 쌍둥이의 운명이 다른 시기에 태어났기 때문에 변경된다고 말한다면, 우리는 무슨 이유로 그들이 다른 시기에 태어나도록 운명이 이미 바뀌었다고 추론해야 하는가? 출생순서가 수태 때 가졌던 운명을 변경시킬 수 있다고 한다면, 이 세상에 살아가는 사람들의 의지가 출생 시의 운명을 변경시킨다고 할 수는 없는가?

6. 다른 성(性)을 가진 쌍둥이에 관하여

그렇지만 쌍둥이가 동일한 순간에 수태되는 경우에서조차 한 아이는 아들이고 다른 아이는 딸인 경우가 종종 발생한다. 나는 쌍둥이이지만, 다른 성을 가진 경우를 알고 있다. 그들은 둘 다 살아있고 한창 젊은 나이이다. 그들은 성의 차이가 허락하는 한 육체적으로 서로 닮았지만, 생활의 전 범위와 목적에서는 아주 차이가 난다. 남자의 생애와 여자의 생애 사이에 필연적으로 존재하는 차이점을 고려에 넣는다고 하더라도, 남자로 태어난 사람은 무관직을 맡아 거의 항상 외국지역에서 군복무를 하면서 집을 떠나있고, 여자로 태어난 사람은 자기 나라 혹은 고향 지역조차 결코 떠나본 적이 거의 없다. 더구나 남자는 결혼했으나 그의 자매는 성별된 처녀로 남아있고, 그는 수많은 자녀를 낳았지만 그녀는 심지어 결혼조차 하지 않았다. 이런 일은 별들에 의하여 운명이 결정된다고 믿는 사람에게는 아주 믿기지 않겠지만, 인간들의 의지와 하나님의 거저주는 선물을 고려하는 사람에게는 결코 놀랄 만한 일이 못되는 것이다.

그래도 천궁도의 위력이 대단한가? 나는 그것이 터무니없다는 사실을 보여주기

---

6) 2장을 보라.

위하여 충분한 말을 했다고 생각한다. 그러나 저들 점성가들은 다른 문제에서 천궁도의 위력이 어떠하든지 출생과 관련해서는 확실히 중요하다고 말한다. 그러나 의심할 바 없이 성행위와 동시에 발생되는 수태와 관계해서는 왜 그렇지 않다는 말인가? 그리고 사실 자연의 힘은 대단한 것이어서 여인이 일단 수태하고 나면, 또다시 수태할 가능성은 없어지게 된다. 그러므로 쌍둥이는 정확하게 동일한 순간에 수태됨에 틀림없다는 불가피한 결론이 나온다. 그들은 천궁도에 차이가 나기 때문에 한 아이는 남자로, 다른 아이는 여자로 출생 때 변경되었다는 말인가?

사실 별들의 어떤 영향력이 신체상의 어떤 차이점을 야기시키는 능력을 가지고 있다는 주장은 전적으로 터무니 없지는 않다. 예를 들어, 우리는 해가 접근하고 물러감에 따라 한 해의 계절이 변화되고, 달이 기울고 참에 따라 경이로운 조수의 변화가 생겨나고 섬게와 굴과 같은 생물이 커지든지 줄어들든지 한다는 사실을 알고 있다. 그렇다고 할지라도 인간의 의지가 별들의 위치에 종속된다는 결론이 나오지는 않는다. 그래도 우리의 행동을 성좌에 속박시키기를 원하는 점성가들은 신체적인 차원에서조차 어떤 변화가 점성적인 원인과는 다른 데 기인하는지 조사해보도록 우리에게 재촉하고 있다. 그렇다면 성의 차이보다 더 신체적인 것이 있을 수 있는가? 동일한 별자리에서도 성이 다른 쌍둥이가 수태될 수 있다. 그러므로 수태될 때 동일했던 별들의 위치가 쌍둥이로 하여금 서로 다른 성을 갖는 것을 막을 수 없었는데도, 출생시에 존재했던 별들의 위치가 한 아이로 하여금 결혼하게 하고 다른 아이는 거룩한 처녀로 남게 하는 큰 차이를 일으킬 수 있다고 주장하거나 믿는 것만큼 터무니없는 일이 있을 수 있겠는가?

7. 결혼이나 식목이나 파종을 위한 날을 선택하는 일에 관하여

어떤 날을 선택함으로써 특정한 행동을 위한 새로운 운명을 야기한다는 이런 주장을 누가 믿을 수 있겠는가? 그런 주장에 따르면, 위에서 언급한 현인은 똑똑한 아들이 아니라 경멸받을 만한 자식을 갖도록 태어난 셈이 된다. 그러므로 그 학식있는 사람은 아내와 동침하는 시간을 선택했던 것이다. 따라서 그는 전에 갖지 못한 운명을 만들었고, 자신이 만든 운명으로부터 태어날 때의 운명에 포함되어 있지 않던 무언가가 운명이 되기 시작했다. 아, 이 얼마나 기가 막히도록 어리석은 노릇인가! 내가 믿기에, 사람들은 자기들이 택일을 하지 않는다면 결혼일이 불길한 날과 마주치고 또 불행한 날이 될까 두려워하여 결혼날짜를 잡는다. 그렇다면 출생 시에 별들이 이미 결정한 것은 어떻게 되는가? 또 우리는 자기에게 결정된 것을 택일에 의하여 변경시킬 수 있는가? 그렇다면 그런 선택에 의하여 결정된 사항은 어떤 다른 능력에 의하여 변경될 수는 없는 것인가?

또한 하늘 아래 있는 모든 것이 아니라 인간만이 별들의 영향 아래 종속되어 있다고 한다면, 저들은 포도나무나 다른 식물을 심는다거나 파종하기에 적합한 날을 선택하고, 가축을 길들인다든지 암소와 암말이 새끼를 배도록 하기 위한 짝짓기를 하는 등등의 일을 위해 적합한 다른 날을 선택하는 이유가 무엇인가? 시차에 따라 다른 성좌가 생물이든 무생물이든 지구상의 모든 만물을 통제하기 때문에, 어떤 선택된 날이 이런 일들에 대한 영향을 미친다고 가정해보자. 그렇다면 얼마나 무수한 존재가 한 순간에 태어나거나 생겨나거나 출발하였다가 아주 다른 종말을 맞이하는지 고려해 본다면, 날에 관한 이런 관찰이 엉터리라는 것은 아무리 어린 아이라 할지라도 설득할 수 있을 정도이다. 모든 나무와 채소와 짐승과 뱀과 새와 물고기와 벌레가 각자 따로 출생의 순간을 갖는다고 감히 주장할 정도로 정신나간 사람이 어디 있을 것인가?

그럼에도 불구하고 사람들은 이러한 점성술의 시험을 받기 위하여 말못하는 동물들의 출생을 집에서 정성스럽게 관찰하였다가 그때의 성좌를 점성가들에게 가지고 감으로써 그 능력을 시험하는 경향이 있다. 그리고 사람들은 성좌를 진단하고 난 뒤, 그것이 사람이 아닌 동물의 출산을 의미한다고 선언하는 점성가들을 다른 사람보다 높이 친다. 그들은 또한 감히 그것이 어떤 종류의 동물인지, 양모생산을 위한 동물인지, 짐운반하기에 적합한 동물인지, 경작이나 집 지키기에 좋은 동물인지 말한다. 왜냐하면 점성가들은 개들의 운명에 관해서도 상담을 받는데, 상담을 부탁한 사람들은 박수갈채를 치며 그에 관한 점성가들의 대답을 환영하기 때문이다. 그들은 사람들을 얼마나 기만하는지, 사람이 탄생할 때에는 다른 모든 생물체의 출생이 정지되고 심지어 파리 한 마리라도 인간이 탄생하는 시간에 하늘의 동일한 구역 아래에서는 생겨나지 않는다고 생각하도록 만든다. 그리고 그들이 파리에 대해서 이런 말을 할 수 있다면, 추론은 거기에서 그치지 않고 반드시 파리로부터 낙타와 코끼리에게로까지 비약하게 된다.

또한 그들은 파종할 어떤 날이 선택되어 아주 많은 곡식이 동시에 땅에 떨어지고 동시에 발아하고 동시에 자라나고 성숙하여 열매를 맺지만, 같은 시기에 속한 모든 이삭 즉 동일배종 중에서도 어떤 것은 노균병(露菌病)에 의하여 갉아먹히고 어떤 것은 새들에 의하여 삼키우고 어떤 것은 사람들에 의하여 수확된다는 사실에 주의하려들지 않는다. 저들은 열매가 이렇게 다른 종말을 맞이하는 것을 보고서도 성좌가 다르기 때문이라고 어떻게 말할 수 있겠는가? 저들은 그런 일들에 대해 날을 택하는 것은 어리석으며, 그것들이 천체의 결정과는 아무런 관련이 없다고 실토할 것인가? 그렇지만 세상에서 하나님이 자유의지를 부여한 대상은 인간밖에 없으므로 인간들만 별들 아래에 종속시킬 것인가?

이 모든 일들을 고려해 볼 때, 우리는 점성가들이 아주 경이로운 많은 대답을 하는 원인이, 실제로 존재하지도 않는 어떤 기술에 따라 천궁도를 관찰하고 조사하는 데 있는 것이 아니라, 별들의 운명에 미치는 영향력에 관하여 거짓되고 해로운 견해를 사람들의 마음 속에 주입시키고 확신시키고 싶어하는 악한 영들의 은밀한 감화에 있다고 믿을 만한 충분한 이유를 가지고 있다.

8. 운명이라는 단어를 별들의 위치가 아니라, 하나님의 의지에 달려있는 원인의 연쇄라고 말하는 사람들에 관하여

운명이라는 단어를 어떤 생명체가 수태되거나 태어나거나 생겨나게 되는 때 존재하는 별들의 배치라고 말하지 않고 모든 것을 존재하는 모습대로 만들어주는 원인의 전체적인 연쇄와 연속이라고 부르는 사람들에 관해서는, 내가 단지 그들과 논쟁을 벌이면서 애쓰고 노력할 필요성이 없다. 왜냐하면 그들은 소위 원인들의 질서와 결합을 지존하신 하나님의 의지와 능력 탓으로 돌리면서, 아주 진실되고 정당하게도, 모든 의지는 아니지만 모든 능력이 하나님에게서 나오며 그분은 모든 일이 이루어지기 전에 모든 것을 다 알며 어떤 것도 무질서하게 방치하지 않는다고 믿고 있기 때문이다. 저들이 운명이라고 부르는 것이 주로 만물을 통하여 불가항력으로 능력을 미치는 지존하는 하나님의 의지라는 사실은 다음 시구로도 입증된다. 내가 잘못 알고 있지 않다면 이것은 세네카[7]의 작품일 것이다.

지고하신 아버지, 높은 하늘의 지배자시여,
당신이 기쁘신 대로 저를 이끄소서.
저는 즉각 순종하며, 조금도 지체하지 않겠나이다.
자, 제가 여기 있습니다. 저는 당신의 주권적인 뜻을
행하러 즉각 갑니다.
당신의 명령이 제 뜻과 맞지 않더라도

---

7) 안나이우스 세네카(기원전 4년-기원후 65년):스토아 도덕주의자요, 수필가요, 시인이었다. 이 시구는 스토아 학파의 우두머리로서 제노의 후계자인 클레안테스(약 기원전 330-231)로부터 의역한 것이다. 원래의 그리스어는 에픽테투스(*Ench.*, 77)에 의하여 주어진 것이다.

> 눈물을 흘리면서 뒤따라 가겠습니다.
> 제게 맡겨진 일을 마음이 싫어하여 괴로움을 준다고 해도,
> 그리고 그 일이 힘들다고 해도 해내겠습니다.
> 그 일이 비록 어렵지만, 제 성품이 착했더라면 아주 기쁜 마음으로
> 담당하며 해내었을 것입니다.
> 운명은 기꺼이 따르는 자는 인도하지만, 마지못해 하는 자는
> 질질 끌고 간답니다.[8]

이 마지막 구절에서 그는 아주 분명하게 앞에서 "지존하신 아버지의 의지"라고 부른 것을 "운명"이라고 칭하고 있다. "운명은 기꺼이 따르는 자는 인도하지만 마지못해 하는 자는 질질 끌고 가기" 때문에 그는 마지못해 질질 끌려가지 않고, 기꺼이 인도받기 위해 거기에 순종할 준비가 되어있다고 말하고 있다.

키케로가 라틴어로 번역한 호메로스의 다음 구절도 이런 견해를 뒷받침하고 있다.

> 인간의 마음은 아버지인 유피테르 자신이 풍요로운 지상에
> 내려쪼이는 빛과도 같은 것이다.[9]

키케로는 이러한 문제에서 시인들의 견해가 어떤 중요성을 가지고 있어야 한다고 판단하지는 않는다. 왜냐하면 그는 스토아주의자들이 운명의 능력을 주장하면서 호메로스로부터 이런 구절을 차용하는 습관이 있음을 말할 때, 그 시인의 견해에 관해서가 아니라 그 철학자들의 의견을 취급하고 있기 때문이다. 철학자들이 운명에 관한 논의 속으로 도입하는 구절에는 운명의 성격에 대한 그들의 인식이 아주 명백하게 드러나 있다. 그들은 자기들이 최고의 신이라고 생각하는 유피테르라는 이름으로 운명에 대해 언급하며, 유피테르에게 운명의 모든 사슬이 매달려 있다고 주장하고 있는 것이다.

9. 키케로가 내린 정의와는 상반되게도 하나님의 예지능력과 인간의 자유의지에 관하여

---

8) *Ep.*, 107.

9) *Od.*, 18, 136f. 이 번역은 아마도 *De Fato* 중의 소실된 부분 안에 포함되어 있었을 것이다.

10) *De Div.*, 2.

키케로[10]가 스토아주의자들을 논박하는 과업에 착수하는 방식을 보면, 우리는 그가 먼저 점(占)을 근절시키지 않고서는 논쟁에서 그들에 대한 어떤 효과를 거둘 수 없다고 생각했음을 알 수 있다. 그래서 그는 미래사에 대한 지식이 있다는 점을 부인함으로써 이 일을 성취하고자 시도하면서, 하나님에게서든지 사람에게서든지 그런 지식은 없고 사건에 대한 예언이 전혀 불가능하다고 온 힘을 다하여 주장하고 있다.[11] 그래서 그는 하나님의 예지능력을 부인함과 동시에, 공허한 논의와 논박되기 아주 용이한 어떤 신탁을 반대함으로써 햇빛보다 더 밝은 모든 예언을 폐기시키려고 시도한다. 비록 이런 신탁마저 완전히 반박되고 있지는 않지만 말이다. 그러나 점성가들의 추측은 자신을 파괴시키고 반박하는 것이기 때문에 이에 대한 반론을 펴는 키케로의 논의는 꽤 성공적이다. 그럼에도 불구하고 미래의 사건에 대한 예지능력을 부인하는 사람들보다 운명에 대한 별들의 영향력을 주장하는 사람들이 훨씬 더 용납될 만하다. 왜냐하면 하나님이 계신다고 고백하면서도, 동시에 그분이 미래사에 대한 예지능력을 가지고 있지 않다고 주장하는 것은 명백하게 아주 우매한 일이기 때문이다.

키케로 자신도 이런 사실을 깨닫고는 "어리석은 자는 그 마음에 이르기를 하나님이 없다 하도다"(시 14:1)라고 성경말씀에 구체적으로 표현된 가르침을 주장하려고 시도한다. 그러나 그는 그런 견해가 얼마나 불쾌하며 도전적인지 알기 때문에, 자신이 직접 그런 말을 하지는 않았다. 그래서 그는 신들의 본성에 관한 자신의 저술[12]에서 코타(Cotta)[13]로 하여금 이에 관해 스토아주의자들을 논박하게 했다. 이때 그는 어떤 신도 존재하지 않는다는 코타보다는 그가 스토아적 입장을 옹호하는 역할을 부여한 리킬리우스 발부스[14]편을 듦으로써 자신의 견해를 제시하고자 했다. 그러나 그는 점(占)에 관한 저술에서는 자신이 직접 미래의 일에 대한 예지능력을 아주 공공연하게 반대하고 있다. 하지만 그가 이런 모든 일을 하는 목적은 운명의 존재를 인정하지 않음으로써 자유의지를 보존하고자 함이었다. 왜냐하면 그는 미래사에 관한 지식이 일단 용납되면, 부인될 수 없는 필연적인 결과로서 운명이 수반된다고 생각하고 있기 때문이다.

그러나 우리는 철학자들의 이런 얽히고 설킨 논의를 그냥 그대로 놔둔 채, 아주

---

11) *De Div.*, 2, 56.

12) *De Nat. Deor.*, 3.

13) 아우렐리우스 코타는 75년에 집정관이었다. 그는 키케로의 *De Oratore* 와 *De Natura Deorum*에서 아카데미학파를 대변하면서 논쟁에 참여하고 있다.

14) 4권 30장 참조.

높고 진실된 하나님을 고백하기 위하여 그의 의지와 최고의 능력과 예지력을 고백하는 바이다. 미리 알고 계신 내용에 대해 결코 오류가 없으신 하나님은 우리가 어떤 일을 하리라고 미리 알고 있기 때문에, 우리는 의지의 작용에 의하여 하는 일이 자의적인 행동이라고 두려워하지도 말자. 키케로는 바로 이 점을 두려워하여 예지능력을 반대했다. 스토아주의자들 역시 모든 일이 운명에 따라 발생된다고 주장하기는 하지만, 만사가 필연적으로 이루어지는 것은 아니라고 주장했던 것이다.

그렇다면 키케로가 미래의 일들을 아는데 대해 두려워했던 것은 무엇이었기에 그토록 저주스런 논의로써 그런 생각을 분쇄하려고 애를 썼던가? 그 이유는 의심할 바 없이 바로 이것이었다. 즉 모든 미래사가 알려졌더라면, 모든 일은 미리 알려진 대로 발생될 것이다. 만사가 이렇게 진행된다면, 하나님의 예지 속에서 그 질서가 결정된다. 만물의 질서가 결정되어 있다면, 어떤 유효한 원인에 의하여 선행되지 않는 일은 발생될 수 없기 때문에 어떤 인과적인 질서가 있게 될 것이다. 그러나 모든 사건을 결정짓는 인과적인 질서가 고정되었다면, 만사는 운명에 의해 질서가 잡혀있다고 키케로는 결론짓는다. 그러나 이렇게 된다면 우리 자신의 능력에는 아무것도 없게 되고, 의지의 자유같은 것도 존재하지 않게 된다. 만약 우리가 이 점을 인정한다면, 인간생활의 모든 영역이 파괴되고 만다고 그는 말한다. 법률이 제정되어도 소용없다. 비난이나 칭찬이나 질책이나 권고를 하더라도 아무 소용이 없다. 선인에게 상급을 주고, 악인에게 징벌을 내리더라도 전혀 정의롭지 않다.[15]

키케로가 어떠한 예지력을 인정하기를 거절한 이유는 그처럼 믿을 수 없고 터무니없으며 인간생활에 해를 끼치는 결과를 피하기 위함이었다. 그리고 그는 종교심을 가진 사람마저도 이런 곤란한 문제로 속박하면서, 우리의 의지를 위한 어떤 영역이 있는지, 아니면 미래사에 관한 예지가 있는지 둘 사이에 선택하도록 강요하고 있다. 그 둘은 동시에 진실일 수는 없으며, 하나가 확증되면 다른 하나는 부인되는 것이다. 그러므로 키케로는 진실로 위대하고 현명한 사람이자 인간생활에 영향을 미치는 문제에서 폭넓은 경험과 실천적인 기술을 가지고 자문하는 사람으로서, 미래사에 대한 예지를 확실하게 부인하기 위하여 둘 중에 의지의 자유를 선택했다. 그런데 그는 인간들을 자유롭게 만들고자 원했기 때문에, 그들로 하여금 신성을 모독하게 만들고 있다. 그러나 종교심을 가진 사람은 둘 다 선택하며, 둘 다 고백하며, 경건한 믿음에 의하여 둘 다 주장한다. 키케로는 "어떻게 그럴 수 있는가?"라고 묻는다. 미래사에 관한 지식이 부여될 수 있다고 한다면, 논리적인 결과로서 우리 자신의 자유의지

15) *De Fato.*, 17, 40.

에 달려있는 것은 전혀 있을 수 없게 되는 데 말이다.

반면에 우리 의지에 달려있는 어떤 것이 있다고 한다면, 우리는 마찬가지의 논리적인 추론을 따라 미래사에 관한 어떤 예지도 없다는 결론에 다다르기까지 후퇴해야 한다. 우리는 모든 단계를 다음과 같은 순서로 거슬러 올라갈 수 있다. 즉 자유의지가 있다면, 모든 일은 운명에 따라 발생되지 않는다. 모든 일이 운명에 따라 발생되지 않는다면, 어떤 인과적인 질서도 없게 된다. 어떤 인과적인 질서가 없게 되면, 하나님에 의하여 예지된 어떤 사물의 질서도 없게 된다. 왜냐하면 유효한 원인에 의하여 선행되지 않는 한, 그런 일이 발생될 수 없기 때문이다. 그러나 하나님이 미리 아시는 어떤 고정되고 확실한 인과적 질서가 존재하지 않는다면, 하나님이 이미 아시는 대로 모든 일이 발생된다고 말할 수 없다. 나아가 만사가 하나님에 의하여 미리 알려진 대로 발생되는 것이 사실이 아니라면, 하나님 안에는 미래 사건에 대한 어떤 예지력이 없다고 키케로는 말하고 있다.[16]

이제 우리는 이런 불경건하며 신성모독적이고 무례한 주장에 대하여, 하나님이 만사가 발생되기 전에 그것을 아시기도 하며 우리 자신은 우리가 원하기 때문에만 행해진다고 알고 느끼는 일을 무엇이든지 자유의지로 하고 있다고 주장한다. 그러나 우리는 만사가 운명에 따라 진행된다고는 말하지 않는다. 아니, 우리는 어떤 일도 운명에 의하여 진행되는 것은 아니라고 확언한다. 왜냐하면 우리는 각자의 수태나 출생 때 별들의 위치를 의미하면서 말하는 사람들이 흔히 사용하는 운명이라는 단어는, 점성술 자체가 기만이므로 아무 의미가 없음을 입증해 보였기 때문이다. 우리는 하나님의 의지가 지배하는 인과적인 질서를 부인하지도 않지만, 운명(fatum)이라는 단어를 파리(fari) 즉 "말하기"에서 파생되었다는 의미[17]로 이해하지 않는다면 인과적인 질서를 "운명"이라고 지칭하지도 않는다. 사실 우리는 "하나님이 한두 번 하신 말씀을 내가 들었나니 권능은 하나님께 속하였다 하셨도다. 주여 인자함도 주께 속하였사오니 주께서 각 사람이 행한 대로 갚으심이니이다"(시 61:11f)라는 성경말씀을 부인할 수 없기 때문이다. 여기서 "한두 번 하신 말씀"이라는 표현은 "움직일 수 없게", 즉 그는 모든 되어질 일들과 그분이 하실 모든 일들을 변경할 수 없게 알고 계신다는 의미로 이해될 수 있다. 그러므로 우리가 원하지 않는 대로 "운명"이라는 단어가 인간들의 마음이 무의식적으로 경사되는 바의 의미로 이해되지 않는다면, 우리는 그 단어를 파리(fari) 즉 "말하기"로부터 파생될 때 지니는 의미로 사용할 수도

---

16) *De Fato.*, 10, 20ff.
17) 여기에 나오는 어원은 옳다.

있을 것이다.

그러나 하나님에게 모든 원인의 확정된 질서가 있다고 할지라도, 우리 자신의 의지의 행사에 달려있는 것은 아무 것도 없어야 한다는 결론은 나오지 않는다. 인간의 의지는 인간 행동의 원인이기도 하므로, 우리의 의지 자체는 하나님에게 확실하며 그분의 예지에 의하여 포착되는 바로 그 원인의 질서에 포함되어 있다. 만물의 모든 원인을 미리 알고계신 분은 분명히 그 원인들 중에 우리의 의지에 대해 모를 수가 없을 것이다.

유효한 원인이 없이는 어떤 것도 발생되지 않는다고 키케로 자신이 인정한 말도,[18] 당면한 문제에서 그에게 반론을 펴기에 충분하다. 어떤 일도 원인이 없지는 않지만 우연적인 원인, 자연적인 원인, 자발적인 원인도 있기 때문에 모든 원인이 운명적이지는 않다는 말은 그에게 무슨 소용이 되는가? 그가 모든 사건에는 원인이 선행되어야 한다고 인정했다는 것으로 충분하다. 우리로서는 우연적이라고 불린 원인이 존재한다고 주장하지 않고 단지 은밀한 원인이 있다고 말하면서, 그런 원인을 참된 하나님의 의지나 이런저런 영들의 의지에 기인한다고 보고 있기 때문이다. 자연적인 원인에 관해서 보자면, 우리는 그것을 결코 모든 자연의 창시자요 창조자인 분의 의지와 분리시키지 않는다. 자발적인 원인에 관해서 보자면, 그런 원인은 하나님과 천사와 인간, 그리고 자신들의 본성에 따라 어떤 것들을 원하거나 피하는 이성이 없는 동물들의 본능적인 행동이 의지라고 불릴 수 있다면, 동물들에게마저 언급될 수 있다. 그리고 내가 천사들의 의지라고 말할 때, 나는 우리가 하나님의 천사라고 부르는 선한 천사들의 의지와 우리가 악마의 천사들, 혹은 심지어 악령이라고 부르는 사악한 천사들의 의지를 다 포함한다. 또한 사람의 의지라고 말할 때, 나는 선인이나 악인의 의지를 다 포함한다.

이것은 만사에 유일하게 유효한 원인이 자발적인 원인이라는 것, 즉 유일한 유효한 원인은 "생명의 생기"인 그 본성에서 나온다는 것을 의미한다. "생기"라는 말은 바람이나 공기에도 적용되고 있지만, 그것은 물질적이기 때문에 "생명의 생기"일 수는 없다. 그러므로 만물에 생명을 주고 모든 육체와 모든 피조된 영의 창조자인 "생명의 생기"는 피조되지 않은 영인 하나님 자신이다. 모든 피조된 영혼에 영향을 미치면서 선인을 도와주고 악인을 심판하며 모든 이를 통제하며 어떤 이들에게는 능력을 주고 다른 이들에게는 주지않는 최고의 권한은, 그분의 의지 안에 있다. 그는 모든 자연의 창조자이듯이 모든 능력을 부여해 주시지만, 모든 의지를 주는 것은 아

18) *De Fato.*, 10f.

니다. 왜냐하면 악한 의지는 그에게서 나온 본성에 적대적이므로 그에게서 나오지 않았기 때문이다. 물체는 주로 의지에 종속되어 있다. 어떤 물체는 내가 모든 살아 있고 가멸적인 피조물의 의지를 뜻하는 우리의 의지, 다시 말하여 동물의 의지라기보다는 인간들의 의지에 종속되어 있다. 그러나 모든 것은 무엇보다도 하나님이 부여하는 능력 외에는 소유할 수 없기 때문에, 만물은 모든 의지도 또한 종속되어 있는 하나님의 의지 아래에 놓여있는 것이다.

그러므로 창조하기는 하되 창조되지 않은 만물의 원인은 하나님이다. 여타 모든 다른 원인은 만들기도 하고 만들어지기도 하는 것이다. 모든 피조된 영들, 특히 이성적인 영들은 그러하다. 그러므로 만들기보다는 만들어진다고 언급될 수 있는 물질적인 여러 원인은 유효한 원인 속에 계산될 수 없다. 왜냐하면 그런 원인은 오직 영들의 의지가 그것을 통해서 하는 것만 할 수 있기 때문이다. 그렇다면 우리의 의지 자체도 여러 원인의 질서에서 상당히 중요한 역할을 하는데, 어떻게 하나님에게 확실히 미리 알려진 원인의 질서가 있다고 하여 우리의 의지에 달려있는 것은 아무 것도 없어야 한다는 결론이 나오는가? 그렇다면 키케로는 이런 인과의 질서를 운명적이라고 부르거나, 오히려 이런 질서 자체를 운명이라는 이름으로 지칭하는 사람들과 논쟁하고 있는 셈이다. 사람들은 운명이라는 단어를 종종 사실과 부합되지 않는 의미로 이해하기 때문에, 우리는 그 단어에 대해 거부감을 가지고 있다.

그러나 키케로가 모든 원인의 질서가 아주 분명하며 하나님의 예지에는 완전하게 확실하다는 것을 부인할 때, 우리는 스토아주의자들이 하는 이상으로 그의 견해를 싫어한다. 그는 자신의 저술인 「신들의 본성에 대하여」(*De Natura Deorum*)에서 논쟁자의 모습으로 시도하려고 애썼듯이 하나님의 존재하심을 부인하고 있든지, 혹은 그분의 존재하심을 고백하더라도 그분이 미래사에 대해 안다는 사실을 부인한다면, "어리석은 자는 그 마음에 이르기를 하나님은 없다"(시 14:1)고 하는 셈이 아니겠는가? 왜냐하면 모든 미래의 일들을 알지 못하는 존재는 하나님이 아니기 때문이다.

그러므로 우리의 의지는 하나님이 의도하고 예지하는 만큼의 능력만 가지고 있다. 미리 아시는 내용에 전혀 오류가 없는 하나님은 우리의 의지의 능력과 우리의 행하는 일을 예지한다. 우리 의지의 장래의 능력이 완전히 확정되고, 그 장래의 행적이 철저히 확인되는 것은 바로 그 때문이다. 따라서 내가 운명이라는 단어를 어디엔가 적용하고자 한다면, 일반적으로 받아들여지는 의미와는 상충되게 스토아주의자들에게만 특이하게 적용되는 바대로 우리 의지의 자유가 그런 원인의 질서에 의하여 배제된다고 하기보다는, 약한 자의 운명은 그를 자기 능력 안에 가지고 있는 강한 자의 의지라고 기꺼이 말하고자 한다.

10. 우리의 의지는 필연성에 의하여 통제되는가?

그렇다면 스토아주의자들은 필연성에 대한 두려움을 가지고 있었기 때문에 어떤 원인들을 필연성의 영역으로부터 구출시키고 다른 원인들을 거기에 종속시킬 수 있도록 사물의 원인들 사이에 구분을 해놓았으나, 그런 필연성은 두려움의 대상이 아니다. 스토아주의자들은 의지가 필연성 아래에 종속된다면 자유롭지 못하리라는 것을 알고 있기 때문에, 필연성에 종속시키고 싶지 않은 것들 중에 우리의 의지를 위치시켰다. 예를 들어, 죽음의 필연성처럼 우리의 능력 안에 있지도 않지만 우리가 원하지 않는다고 할지라도 결과로 나타낼 수 있는 것을 결과로 나타내는 데 "필연성"이라는 말이 적용된다면, 우리로 하여금 정의롭거나 사악하게 살아가게끔 하는 우리의 의지는 그런 필연성 아래에 있지 않다는 것이 명확하다. 왜냐하면 우리는 의지로써 원하지 않는다면, 분명히 행하지 말아야 할 많은 일들을 하고 있기 때문이다. 이 말은 주로 의지행위 자체에 적용된다. 우리가 의도한다면, 그런 행위는 존재한다. 반면에 그렇지 않다면, 그것은 존재하지 않는다. 왜냐하면 우리는 원하지 않는다면 의도하지 말아야 하기 때문이다.

그러나 우리가 만약 어떤 일이 그렇고 그런 성격이 있다거나 그렇고 그런 태도로 행해지는 것이 필연적이라고 말할 때에 함축된 의미로 필연성을 정의한다면, 나는 왜 그런 필연성이 우리 의지의 자유를 박탈한다고 두려워해야 하는지 모르겠다. 왜냐하면 우리는 하나님이 영원히 생존하고 모든 것을 예지하는 것이 필연적이라고 말한다고 할지라도, 하나님의 생명이나 하나님의 예지를 필연성 아래에 위치시키는 것은 아니기 때문이다. 마찬가지로 우리가 하나님이 죽을 수 없다거나 오류에 빠질 수 없다고 말할 때에, 그분의 능력이 훼손되지는 않는다. 왜냐하면 이런 일은 그에게 아주 불가능하여 만약 그렇게 할 수 있다면 그의 능력이 감소될 것이기 때문이다. 그러나 그가 죽을 수도 없고 오류에 빠질 수도 없는 데도, 분명히 전능하다고 불러도 그 말은 정당하다. 왜냐하면 그는 의도하지 않는 것을 감수하기 때문에가 아니라 의도하는 것을 하므로 전능하다고 불리기 때문이다. 그렇지 않다면 그는 결코 전능하지 않을 것이다.

그러므로 그는 바로 전능하다는 이유 때문에, 어떤 것들을 할 수는 없다. 우리는 자신이 의도할 때 자유로운 선택으로 의도하는 것이 "필연적"이라고 말한다. 이때 우리는 의문의 여지가 없는 진실을 확증하는 것이지만, 그렇다고 하여 우리의 의지를 가져다가 자유를 파괴시키는 필연성 밑에 종속시키지는 않는다. 그러므로 우리의 의지는 의지로서 존재하며, 우리가 의지함으로써 하는 것은 무엇이든지 행한다. 만약 우리가 의도하지 않았더라면, 그런 일은 발생되지 않을 것이다. 그러나 어떤 사람이 의도하지 않는데도 다른 사람의 의지에 의하여 어떤 일을 행한다고 할지라도, 의지는 그 본질적인 타당성을 잃지는 않으나 그것은 그 자신의 의지가 아니라 다른 사람의 의지이다. 그렇지만 그 실행력은 하나님의 능력으로부터 나오는 것이다. 왜냐하면 어떤 의지가 존재하기만 하고 의도하는 것을 행할 수 없다고 한다면, 그것은 보다 강한 의지에 의하여 압도당했을 것이기 때문이다 그래서 비록 의지가 실행력이 없다고 할지라도, 그런 의지는 다른 사람의 의지가 아니라 의도하던 그 사람의 의지였을 것이다. 그러므로 사람에게 그 자신의 의지에 반하여 어떤 일이 발생할지라도, 그 원인은 사람들의 의지나 천사들의 의지나 어떤 피조물의 영이 아니라 의지에 능력을 부여한 그분의 의지에 돌려져야 한다.

그러므로 우리의 의지의 능력 안에 무엇이 있을 것인지 하나님이 예지한다고 하여, 우리의 의지 안에 어떤 것도 없어야 한다는 결론이 나오지는 않는다. 왜냐하면 이것을 예지하는 분에게는 미리 알지 못하는 것이 하나도 없기 때문이다. 게다가 우리의 의지 안에 무엇이 있는지 예지하는 분이 미리 알지 못하는 것이 하나도 없고, 비록 그가 예지한다고 할지라도 분명히 무언가 미리 알고 있다면, 우리 의지의 능력 안에는 무언가 있다는 이야기가 된다. 그러므로 우리는 하나님의 예지를 옹호하기 위하여 불경건하게도 그분이 미래사를 안다는 사실을 부인하도록 강요받아서는 안된다. 오히려 우리는 그 둘을 다 포용하고 있고, 그 둘을 다 믿음과 성실로 인정한다. 앞의 주장은 우리가 잘 믿기 위해서이고, 뒤의 주장은 우리가 잘 살기 위해서이다. 하나님을 잘 믿지 못하는 사람이 잘 살 수는 없다. 그러므로 우리는 자유를 유지한다는 목적으로 결코 하나님의 예지력을 부인하지 않는다. 우리는 그분의 도움으로 현재 자유로우며, 장래에도 자유로울 것이다.

결과적으로 법률을 제정하고 비난과 훈계와 칭찬과 질책을 하는 것은 무의미하지 않다. 왜냐하면 그분이 이것들을 예지하고 있고, 그런 것들은 그분이 효과가 있을 것이라고 예지한 만큼, 크게 소용될 것이기 때문이다. 그리고 하나님은 기도에 응답하시는 분이기 때문에, 그분이 예지하는 모든 것을 얻는데 기도가 유용하다. 그리고 선행에는 보상을 하고, 죄악에는 징벌을 가하는 것이 정당하다. 어떤 사람이 범죄하리라고 하나님이 예지했기 때문에 그가 죄를 짓는 것은 아니다. 반대로 예지함에 오류가 없으신 그분이, 그 사람 자신이 범죄하리라고 미리 아셨기 때문에 범죄한 사람이 바로 그 당사자임은 의심할 여지가 없다. 사람이 죄를 짓기로 의도하지 않는다면, 범죄하지 않는다. 그리고 그가 죄짓지 않기로 의도했었다면, 하나님은 그런 사실조차 예지했을 것이다.

11. 그 법으로 모든 것이 이해되는 하나님의 보편적인 섭리에 관하여

그러므로 가장 높고 진실하신 하나님은 그분의 말씀과 성령과 함께 셋으로 하나인 분이다. 그는 모든 영혼과 모든 육체의 조성자요, 창조자인 한 분 전능하신 하나님이다. 거짓이 아니라 진실을 통하여 행복한 모든 사람들은 그분의 선물에 의하여 행복을 얻는다. 그분은 사람을 영혼과 육체로 구성된 이성적인 동물로 창조하시고, 인간이 범죄할 때에는 벌받지 않고 그냥 두지도 않았고 자비없이 버려두지도 않았다. 그분은 선인에게나 악인에게나 돌과 마찬가지로 존재를, 나무와 마찬가지로 번식력이 있는 생명을, 짐승과 마찬가지로 감각력이 있는 생명을, 오직 천사들만 가지고 있는 지적인 생명을 부여해 주셨다. 그분으로부터 모든 양상과 모든 종(種)과 모든 질서가 유래되고, 그분으로부터 척도와 수량과 무게가 나온다. 또 그분으로부터 종류가 어떠하든지 가치가 어떠하든지 자연 속에 존재하는 모든 것이 나오며, 형상의 종자와 종자의 형상, 그리고 종자 및 형상 둘다의 운동이 유래된다.

그분은 육체에 그 기원과 아름다움과 건강과 풍성한 번식력과 정렬된 지체와 각 부분의 건전한 조화를 부여하셨다. 그분은 비이성적인 영혼에는 기억, 감각, 식욕을 주셨지만, 이성적인 영혼에는 이에 덧붙여 정신과 지성과 의지를 주셨다. 그분은 하늘과 땅, 천사와 인간은 말할 것도 없고 심지어 아주 작고 사소한 동물들의 내장이나 새의 깃털이나 식물의 작은 꽃잎이나 나무의 잎마저도 각 구성요소의 조화, 사실상 일종의 평화가 없이 버려두지는 않으셨다. 하나님이 인간의 왕국과 그 지배와 예속을, 당신의 섭리의 법칙 밖으로 내던졌다고 믿는 것은 아주 불가능한 일이다.

12. 고대의 로마인들은 하나님께 경배드리지 않았음에도 불구하고, 어떤 덕성에 의하여 참된 하나님이 자기들 제국을 확장시키도록 상을 얻었는가

그러므로 지상의 왕국 역시 권능 아래 두고 계신 참된 하나님이 로마인들에게 어떤 덕성이 있어서, 그리고 무슨 이유로 친히 그들을 도와서 제국을 확대하게 했는지 생각해 보도록 하자.

이 문제를 보다 분명하게 토의하기 위하여 우리는 앞의 책들을 기록함으로써 저들이 그토록 헛되고 어리석은 의식으로 숭배해야 한다고 생각했던 신들의 능력은 이 문제와 전혀 관련이 없음을 보여주었다. 또한 우리는 지금 쓰고 있는 책의 앞 장들을 통하여 로마제국이 확장되고 보존된 것이 그런 신들을 숭배해서가 아니라는 점을 이미 납득한 사람이, 그 원인을 지존하신 하나님의 강력한 의지가 아니라 어떤 종류의 운명 탓으로 돌리지 않도록 운명에 대한 가르침을 반박했다.

역사가들의 가르침에 따르면, 초기의 고대 로마인들은 히브리인들만 제외한 다른 종족과 마찬가지로 거짓 신들을 숭배했고, 하나님이 아니라 악령들에게 희생제사를 바쳤다. 그럼에도 불구하고 그들은 "칭찬받기를 갈망했고, 돈에 대해 관대했으며, 큰 명예를 바라면서, 절제있는 행운에도 만족했다."[19] 그들은 명예를 몹시도 사랑하여 명예를 위해서 죽기 바랐고, 사실 명예를 위하여 죽음도 서슴치 않았다. 그 한 가지를 위한 열정이 하도 강하여, 모든 다른 욕망은 억제되었다. 결국 그들은 남을 섬기는 것이 불명예스러우며, 다스리고 지배하는 것이 명예스러운 것처럼 보였기 때문에, 처음에는 자기들의 나라가 자유를 얻기를, 다음에는 지배자가 되기를 열렬히 소망하였다.

바로 그 때문에 그들은 왕정을 참아내지 못하고 "통치한다"(regnare)에서 파생된 왕(reges)이나 "지배한다"(dominare)에서 파생[20]된 군주(domini)가 아니라, "협의한다"(consulere)에서 유래[21]된 집정관이라고 불리는 두 명의 지도자에게 1년 동안의 국정을 맡겼던 것이다. 로마인들은 자기들이 어떤 지도자의 엄격한 지시나 자문관의 다정한 충고가 아니라 폭군의 오만함 때문에 왕정을 싫어했다고 설명한다. 그래서 타르퀴누스 왕이 축출되고 집정관 제도가 제정된 이후에 동일한 저술가인 살루스티우스가 로마인들을 칭찬하며 말했듯이 "로마가 자유를 얻은 이후에 놀라운 속도로 확대되었으며, 명예를 바라는 엄청난 열정이 사람들을 사로잡은"[22] 시기가 도래했다. 인간적인 판단으로는 의심할 바 없이 칭찬받을 만하고 명예스러운 그런 놀라운 업적을 성취하게 만든 것은 칭찬을 받으려는 이런 갈망, 명예를 향한 열정이었다.

살루스티우스는 또한 당대에 두 명의 위대한 인물, 즉 마르쿠스 카토와 가이우스 카이사르[23]에게 칭찬을 보낸다. 그는 공화국에 덕이 뛰어난 사람이 오랫동안 아무도 없었다가, 자신이 기억하는 바로는, 성품이 아주 다르지만 이 두 사람의 덕성

---

19) Sall., *Cat.*, 7, 6.
20) Sall., *Cat.*, 6, 7; Cic., *De Rep.*, 2, 31.
21) 이 설명은 옳지 않은 것 같다.
22) *Cat.*, 7, 3.
23) 우티카의 카토와 율리우스 카이사르.

이 뛰어났다고 말하고 있다.[24] 그는 카이사르에 대한 여러 칭찬중에 자신의 천재성과 능력을 발휘할 수 있는 영역을 확보하기 위하여 강대한 권력과 군대와 새로운 전쟁을 갈망한 데 대하여 그를 칭찬하고 있다. 그래서 벨로나가 곤경에 처한 나라들을 전쟁으로 내몰고 피의 채찍[25]으로 충동질하여 그들의 용기를 과시할 기회를 얻도록 하는 것이 영웅적인 기질을 가진 사람들의 주된 소망이 되었다. 칭찬을 갈망하고 명예에 대한 열정을 가진 결과는 사실 이러했다. 그러므로 그들은 초기에는 자유에 대한 사랑으로, 다음에는 지배욕에 대한 사랑과 칭찬 및 명예에 대한 소망을 통하여 많은 위대한 일들을 성취했다. 저들의 탁월한 시인은 다음과 같이 그들이 이런 모든 동기에 의하여 행동했다고 증언하고 있다.

포르센나(Porsenna)는 추방당한 타르퀸의 복위를 명하고는
엄청난 힘으로 로마에 압박을 가해왔다.
그러자 아이네아스의 용감한 아들들은 자유를 수호하고자
무기를 잡고 떨쳐 일어났다.[26]

그 당시에 그들이 가장 큰 야망은 용감하게 죽느냐, 아니면 자유롭게 사느냐였다. 그러나 그들은 자유를 얻었을 때, 엄청난 명예욕에 의하여 사로잡히게 되어 지배를 추구하지 않고 자유만으로는 충분하지 않았다. 그들의 야망은 같은 시인이 유피테르의 입을 빌어 한 다음 말에 표현되어 있다.

아니, 땅과 바다와 하늘을 두려움에 떨게하는 거치른 유노로 하여금
보다 마음을 곱게 쓰도록 하여, 나와 함께 이 땅의 지배자인
토가(toga) 입은 족속을 돕도록 하라.
이것이 나의 뜻이다. 세대가 흘러가면,
아이네아스의 후손들이 유명한 미케네와 피티아를
노예의 멍에 아래 억누르는 날이 올 것이다.
그렇다. 패배당한 아르고스는 로마의 지배를 느끼게 될 것이다.[27]

실로 베르길리우스는 유피테르에게 이런 것들을 미래의 일처럼 예언하게 하고

---

24) *Cat.*, 53f.
25) Virg., *Aen.*, 8, 703.
26) Virg., *Aen.*, 8, 646ff.
27) *Aen.*, 279-85.

있으나, 그 자신은 이미 이루어진 일들을 마음에 그리며 현재의 상황을 숙고하고 있다. 그러나 내가 이런 구절을 언급하는 이유는 로마인들이 자유 다음으로 지배를 아주 높이 평가하여, 그들이 아주 칭찬하는 대상 사이에 자리잡게 했음을 보여주기 위함이다. 그러므로 같은 시인은 다른 민족들보다 특히 로마인들이 가진 재주가 민족들을 통치하고 지배하고 굴복시키고 정복하는 기술이라고 말하면서, 다음과 같이 노래하고 있다.

> 다른 민족들로 하여금 보다 부드러운 동작으로 호흡하는 듯이
> 보이는 청동상을 만들어내며,
> 대리석으로 살아있는 얼굴을 조각해 내도록 하라.
> 그들로 하여금 보다 설득력있는 기술로 사건을 변론하며,
> 측정기를 가지고 천체의 미로를 추적하며,
> 온갖 별들의 위치를 예언하게 하라.
> 그러나 너, 로마인들이여, 그대들은 이 기술을 그대의 것으로 하라.
> 즉 그대들은 민족들을 그대의 지배권 아래에 잡아둘지어다.
> 평화가 정착될 때까지 평화를 강요하라.
> 복종하는 자들은 살려주고, 교만한 자들은 꺼꾸러뜨릴지어다.[28]

로마인들은 쾌락에 그다지 몸을 내맡기지 않을 때, 그리고 재물을 탐내고 축적하면서 몸과 정신이 그다지 무기력해지지 않을 때, 그리고 이런 부패한 도덕성으로 불쌍한 시민들을 약탈한다든지 그들을 저속한 배우들에게로 그다지 내던지지 않았을 때, 더 능숙하게 이런 기술을 구사할 수 있었다. 그러므로 살루스티우스가 글을 쓰고 베르길리우스가 이런 구절을 노래할 때, 이미 사방에 퍼져있던 타락한 성품을 지닌 이 사람들은 베르길리우스가 말한 "기술"로써가 아니라, 음모와 사술로써 명예와 영광을 얻으려고 추구하였다. 따라서 살루스티우스는 우리에게 이렇게 말하고 있다.

> 처음에 사람들의 마음을 움직인 것은 탐욕이라기보다는 야망이었지만, 그런 악덕은 덕에 보다 가까왔다. 왜냐하면 명예와 영광과 권력은 선인과 비열한 자가 모두 다 바라는 것이기 때문이다. 그렇지만 선인은 정도를 따라 그런 것들을 추구하는 반면에, 선한 기술을 알지 못하는 비열한 자는 음모와 책략으로 그것들을 얻으려고 애쓰는 것이다.[29]

---

28) *Aen.*, 6, 847-53.
29) *Cat.*, 11, 1ff.

선한 기술로써 영광과 명예와 권력을 얻으려고 추구한다는 말은 사술적인 책략으로가 아니라, 덕으로써 그것들을 추구한다는 의미이다. 선인이나 비열한 자나 똑같이 이런 것들을 바라지만 선인은 참된 방법으로 그것들을 얻으려고 애쓴다. 그는 소유하고자 하는 목표, 즉 명예와 영광과 권력을 향해 돌진할 때, 덕을 길로 삼는다. 이런 감정이 로마인의 정신 속에 뿌리박혀 있다는 것은 그들의 신전에 의해서도 드러난다. 왜냐하면 로마인들은 비르투스(덕)와 호노르(명예)[30]의 신전을 아주 근접하게 건축해 놓고는 하나님의 선물들을 신으로 숭배하고 있기 때문이다. 이로부터 우리는 선한 사람들이 덕의 목적을 무엇이라고 생각하며, 덕을 궁극적으로 무엇에다가 연관시키는지 이해할 수 있다. 그것은 바로 명예인 것이다. 악인들도 명예를 바라지만, 그들은 음모와 기만으로써 얻으려고 하기 때문에 그것을 결코 소유할 수 없다.

살루스티우스는 "그가 명예를 덜 바랄수록 명예가 그를 뒤쫓아 왔다"라고 말하면서[31] 카토에게 보다 큰 칭찬을 하고 있다. 로마인들은 다른 사람에 대해 좋게 생각할 때 자기들이 열렬히 바라는 대상인 명예를 판단의 척도로 삼는다. 그때문에 자기 양심 외에는 어떤 인간의 판단에도 만족하지 않는 덕(德)이 명예보다 더 우월하다. 따라서 사도는 "우리 양심의 증거하는 바니 이것이 우리의 자랑이라"(고후 1:12)고 말하고 있다. 그는 또 다른 구절에서 "각각 자기의 일을 살피라. 그리하면 자랑할 것이 자기에게만 있고 남에게는 있지 아니하리니"(갈 6:4)라고 말한다.

그러므로 로마인들이 스스로의 힘으로 열망했던 것, 곧 선인들이 선한 기술로써 얻으려고 추구했던 그 영광과 명예와 능력은 덕의 결과로 나와야 하는 것이지, 덕이 이것들을 추적해서는 안된다. 왜냐하면 참된 덕은 반드시 궁극적이고 최상의 선이 위치한 목표를 향하기 때문이다. 그러므로 카토는 자신이 간청한 명예마저 간청하지 말았어야 했다. 오히려 그가 청구하지 않는다고 할지라도 국가가 그의 덕성으로 인하여 그에게 그런 명예를 부여해 주었어야 했던 것이다. 그러나 당대의 위대한 두 로마인 중에서 진정한 덕 이념에 훨씬 근접한 덕을 가진 사람은 카토였다. 그러므로 카토가 당대와 그 이전의 상태에 관하여 내린 판단이 어떠했는지 알아보기 위하여 그 자신의 견해에 관한 다음과 같은 언급을 살펴보자.

나는 우리 선조들이 공화국을 작은 상태에서 크게 확장시킨 것이 무력을 통해서라고

---

30) 4권 20장 참조.
31) *Cat.*, 54, 6.

생각하지 않는다. 만약 그러했더라면 우리 동맹국과 그 시민의 수가 훨씬 많을 것이기 때문에, 오늘날의 공화국은 선조들 때보다 훨씬 더 번성한 상태에 있을 것이다. 그 외에도 우리는 그들보다 훨씬 더 많은 무기와 말을 가지고 있을 것이다. 오히려 선조들을 성장하도록 만든 것은 다른 요인들, 즉 대내적인 근면과 대외적인 공정한 통치, 정책 결정 시에는 죄악이나 욕망에 구속되지 않는 자유로운 정신 등이었다. 그러나 우리는 이런 것들을 하나도 가지고 있지 못하다. 우리는 이런 것들 대신에 사치스럽고 탐욕스럽다. 또 우리는 개인적으로는 부를 집중시키지만 국가적으로는 가난하다. 우리는 재물을 칭찬하며 나태함을 추종한다. 선인과 악인 사이에 아무런 구분도 없고, 덕성으로써 얻어야 할 모든 보상이 음모로써 획득된다. 모든 개인이 자기 이익만 생각하고, 당신들이 국내적으로는 쾌락의 노예가 되고 공적인 생활에서는 돈과 편벽된 감정의 노예가 되는 것도 놀랄 만한 일이 못된다. 보호력을 상실한 공화국에 대하여 공격이 퍼부어진다고 할지라도 전혀 놀랄 만하지 않다.[32)]

카토나 살루스티우스의 이런 말을 듣는 사람들은 아마도 고대 로마인들을 향하여 언급된 그런 칭찬이 그들 모두, 적어도 그들 다수에게 적용될 수 있다고 상상할지 모른다. 그러나 사실은 그렇지 않다. 그렇지 않다면 카토 자신이 쓴 내용과 내가 이 저술 2권[33)]에서 인용한 내용이 거짓말이 되어 버리고 말 것이다. 살루스티우스[34)]는 공화국의 아주 초기에서도 권력자들이 불의했기 때문에 평민이 귀족으로부터 이반되었고, 이와 다른 내부적인 분열현상이 있었으며, 공정하고 절도있게 통치되던 유일한 시기는 왕들을 추방한 이후에 타르퀸 때문에 로마가 벌이게 되었던 에트루리아와의 중대한 전쟁이 종결될 때까지, 타르퀸으로부터의 위협이 존재할 때 뿐이라고 우리에게 말하고 있다. 그러나 이후에 귀족은 평민을 노예처럼 억압하며, 왕들이 그러했던 것처럼 그들을 채찍질하며, 그들을 농지로부터 추방하며, 다른 모든 사람들을 배제시키고, 오직 자기들 손에만 정권을 독점했다. 한 쪽은 통치하고자 원하며 다른 한 쪽은 노예상태에서 벗어나고자 애쓰는 이런 부조화한 상태는, 2차 포에니 전쟁에 가서야 끝이 났다. 왜냐하면 엄청난 공포감이 다시 한 번 그들의 불안한 마음을 억누르기 시작하고, 이보다 더한 근심으로 혼란된 마음을 수습하게 하며, 내적인 화합을 이루도록 하였기 때문이다.

그러나 그 당시에 이룩된 훌륭한 일들은 선한 길을 걸었던 몇몇 사람들의 통치를 통하여 가능했다. 그리고 대내적인 해악을 참아낼 수 있고 경감시킬 수 있었던

32) Sall., *Cat.*, 52, 19ff.
33) 2권 18장.
34) *Hist.*, fr. 1, 11. 본문은 2권 18장에서 문자 그대로 인용한 것이다.
35) *Cat.*, 53, 2-5.

공화국이 점점 성장한 것도 이런 소수의 지혜와 선견지명 덕분이었다.[35] 살루스티우스도 평화 시와 전쟁 때 그리고 육지와 바다에서 거둔 로마인들의 많은 혁혁한 업적을 읽고 들으면서 이런 위대한 업적을 가능하게 했던 주된 기반이 무엇인지 알기 원한다고 말할 때, 이 점을 인정하고 있다. 왜냐하면 그는 아주 종종 로마인들이 소수 병력으로 대규모의 적과 싸웠으며, 또한 소량의 군비만 가지고도 부유한 왕들과 전쟁을 수행했음을 알고 있었기 때문이다. 그리고 그는 자신이 그 문제에 대해 오래 생각한 이후에 소수 시민의 뛰어난 덕이 모든 것을 성취했음이 명백해졌고, 그로써 빈곤이 부를 어떻게 극복하며 소수가 엄청난 다수를 어떻게 극복했는지 설명할 수 있었다고 말하고 있다. 그러나 그는 공화국이 사치와 나태에 의하여 부패하게 된 이후에는 역으로 나라가 크다는 사실 때문에, 정무관들과 장군들의 악덕을 지지해줄 수 있었다고 덧붙이고 있다.

그러므로 심지어 카토의 칭찬은 단지 소수에게만 적용될 수 있다. 왜냐하면 소수만이 사람들을 참된 방법, 즉 덕 자체에 의하여 명예와 영광과 권력을 추구하도록 이끄는 그 덕성을 소유하고 있었기 때문이다. 카토가 말하고 있는 개인적인 이런 근면성은 비록 그 결과가 개인의 빈곤으로 나타났다고 할지라도 공공재정을 부유하게 하려는 바람의 소산이었다. 그러므로 그가 도덕이 부패함으로 악이 생겨난다고 말할 때, 그는 표현을 바꾸어 "국가적으로는 빈곤하고 개인적으로는 부유하다"[36]고 말하고 있다.

13. 비록 악덕이라고 할지라도 그로 인해 더 큰 악덕이 억제되기 때문에 덕이라고 간주되는 칭찬받을 욕망에 관하여

동방의 여러 왕국이 장기간 명성을 떨쳤을 때, 하나님은 비록 시기적으로는 늦었다고 할지라도 지배영역과 위대성에 있어서는 더 뛰어난 서방제국이 흥기해야 한다고 결정하셨다. 그는 다른 민족 사이에 존재하는 쓰라린 악행을 억제할 수 있도록 하기 위해, 다름아닌 명예와 칭찬과 영광을 위하여 자기 나라를 섬기며, 나라의 영광에서 자신의 영광을 추구하며, 자신의 안전보다 나라의 안전을 서슴치 않고 우선시키며, 이 한 가지 악, 즉 칭찬받을 욕심 때문에 재물에 대한 욕망과 다른 많은 악행을 절제하는 사람들에게 그 지배권을 의도적으로 위임하셨다. 사실 도덕적으로 건전한 식견을 가진 사람이라면, 칭찬받을 욕심도 악행이라는 것을 깨닫는다. 시인인

---

36) *Cat.*, 52, 21f.

호라티우스(호레이스)는 이 점을 놓치지 않고 이렇게 썼다.

> 당신이 칭찬받을 욕심으로 우쭐하는가? 그렇다면 내 말을 들으라.
> 당신이 저기 있는 책을 세 번 읽는다면 마음이 진정될 것이다.[37]

같은 시인은 한 서정시에서 지배를 위한 열정을 진정시키기 위해 이렇게 노래하기도 했다.

> 야망을 통제하라. 그러면 당신은 머나먼 가데스에다가 리비아를
> 합한 것보다 더 큰 왕국을 얻을 것이고, 모든 카르타고인들을
> 수하에 넣게 될 것이다.[38]

그럼에도 불구하고 경건의 믿음이나 지성적인 미[39]에 대한 사랑으로써 얻은 성령의 능력으로가 아니라, 사람들로부터 칭찬을 얻기 위하여 비열한 욕망을 억제하는 사람들, 적어도 그런 칭찬을 사랑하여 비열한 욕망을 더 잘 억제하는 사람들은 사실 거룩하지는 않지만 비열한 정도는 덜한 셈이다. 키케로 자신도 이 사실을 숨길 수 없었다. 그는 「공화국론」(*De Republica*)[40]에서 국가의 지도자 교육에 관하여 언급할 때, 지도자는 명예심으로 양육받아야 한다고 말하면서, 이어 로마의 선조들은 명예에 대한 갈망으로 인하여 많은 놀랍고 뛰어난 일들을 이루었음을 상기시키고 있다. 그러므로 사람들은 이 악덕이 공화국에 이로움을 생각해 볼 때 그에 저항하기는 커녕, 오히려 그것이 자극되고 점화되어야 한다고까지 생각했다. 키케로는 철학에 관한 자신의 저술에서조차 이런 해로운 견해를 감추려하지 않고, 낮의 빛보다 더 명확하게 공표하고 있다. 그는 인간의 칭찬을 얻으려는 공허한 소망이 아니라 진정한 선을 추구하기 위하여 진행되어야 하는 연구들에 관하여 말하면서, 다음과 같은 보편적이고 일반적인 진술을 제시하고 있는 것이다.[41]

> 명예심은 예술을 육성한다. 모든 사람들은 명예심으로 인하여 학문을 연구하도록 자극받는다. 일반적으로 사람들 사이에 인정을 받지 못하는 모든 연구는 언제나 배척당한다

---

37) *Ep.*, 1, 1, 36f.

38) *Carm.* 2, 2, 9f.

39) 지적인 아름다움이다. 감각이 아니라 지성에 의하여 파악된 플라톤의 아름다움의 "이데아"이다.

40) *De Rep.*, 5, 7, 9.

41) *Tusc. Disp.*, 1, 2, 4.

14. 의인의 모든 영광은 하나님에게 속해 있기 때문에, 사람의 칭찬을 얻으려는 욕심이 근절되어야 함에 관하여

그러므로 이런 욕심에 굴복하는 것보다는 그에 저항하는 편이 더 낫다는 점은 의심의 여지가 없다. 왜냐하면 이런 오점으로부터 더 순수하면 순수한 사람일수록, 더 하나님을 닮기 때문이다. 덕성에 있어서 상당한 진보를 이루고 있는 사람의 마음조차 그런 유혹으로부터 면제되지 않기 때문에 이런 악이 사람의 정신으로부터 철저히 근절되지는 않는다고 할지라도, 적어도 의를 사랑하는 마음으로 명예욕을 이겨내도록 하자. 그리하여 어떤 곳에서 "사람들로부터 인정을 받지 못하므로 배척당하는 것들"이 있다고 할지라도 만약 그것이 옳고 의롭다면, 사람의 칭찬을 받으려는 욕망은 부끄러움을 알고 진리에 대한 사랑에 굴복하여야 한다. 왜냐하면 하나님에 대한 두려움이나 사랑보다 명예욕이 마음 속에서 더 크게 자리잡고 있다면, 이 악덕이 경건한 믿음에 해가 되므로 주님께서 "너희가 서로 영광을 취하고 유일하신 하나님께로부터 오는 영광은 구하지 아니하니 어찌 나를 믿을 수 있느냐"(요 5:44)고 말씀하셨기 때문이다. 하나님을 믿었지만 그분을 공개적으로 고백하기를 두려워한 사람들에 관하여, 복음서 기자는 "저희는 사람의 영광을 하나님의 영광보다 더 사랑하였더라"(요 12:43)고 말하고 있다.

거룩한 사도들도 "사람들의 인정을 받지 못하므로 배척당한다"는 키케로의 말대로 인정받지 못했을 뿐만 아니라, 배척당했던 곳에서 그리스도의 이름을 전파할 때 그렇게 행동하지 않았다. 그들은 그리스도의 이름이 극도로 혐오시되던 곳에서도 심령의 의사이자 선한 스승인 분으로부터 들었던 말씀 즉 "누구든지 사람 앞에서 나를 부인하면 나도 하늘에 계신 내 아버지 앞 혹은 하나님의 천사들 앞에서 저를 부인하리라"(마 10:33; 눅 12:9)는 말씀을 잊지 않았다. 그들은 저주와 모욕과 아주 가혹한 박해와 잔인한 처벌을 받으면서도, 멈추지 않고 인간들의 구원을 설교함으로써 사람들로부터 미움을 받았다. 그리고 그들이 하나님의 것들을 행하고 말하며, 하나님의 뜻에 따른 삶을 살고, 사실상 완악한 심령을 정복하며, 사람들 마음 속에 의의 평화를 전함으로 그리스도의 교회 안에서 큰 영광이 그들을 뒤따를 때, 덕의 목적에 다다른 것처럼 그 안에 안주하지 않았다. 그들은 오히려 그 은혜로 인해 그들을 그 당시의 모습으로 만들어준(고전 15:10) 하나님에게 모든 영광을 돌렸다.

그러나 이것은 그들이 인도했던 사람들의 심령 속으로 하나님의 사랑의 불을 밝힌 횃불, 다시 말하여 사람들을 사도들과 같이 만들 수 있었던 횃불이었다. 왜냐하면 그들의 스승은 사람들로부터 영광을 얻는 것이 좋지 않다고 가르치면서, "사람에게 보이려고 그들 앞에서 너희 의를 행치 않도록 주의하라. 그렇지 아니하면 하늘에 계신 너희 아버지께 상을 얻지 못하느니라"(마 6:1)고 말씀했기 때문이다. 반대로 사람들이 이 구절을 잘못 해석하여, 다른 이들의 인정을 받을까 두려워하여 선한 행동을 숨김으로써 그 효용을 감소시키지 않도록 하기 위하여, 어떤 목적으로 알리도록 해야 하는지 주님은 이렇게 설명하셨다. "이같이 너희 빛을 사람 앞에 비취게 하여 저희로 나의 착한 행실을 보고 하늘에 계신 너희 아버지께 영광을 돌리게 하라"(마 5:16). 당신 자신은 아무것도 아니기 때문에 당신이 사람들에 의하여 주목받도록 하지 말고, 즉 사람들의 눈이 당신을 향하도록 하지 말고, 사람들이 하늘에 계신 너희 아버지께 영광을 돌리게 하고, 그들로 하여금 그분께 눈을 돌리고 당신과 같은 사람이 되도록 하라는 것이다.

순교자들도 사도들의 발걸음을 뒤따라 진정한 덕성에서 스카이볼라스와 쿠르티우시스와 데키우스 부자[42]를 능가했다. 왜냐하면 그들은 진정으로 경건하기도 했고, 수적으로도 많았기 때문이다. 하지만 그들 로마인들은 지상 도성에 살며, 그들이 세상 도성을 위한 모든 의무행위에서 목표로 삼은 것이 그 나라와 그 왕국 — 하늘에 있지 않고 세상에 있으며, 영원한 생명의 영역에 있지 않고 죽은 자들이 죽어갈 자들에 의하여 계승될 과정 속에 있는 왕국 — 의 안전이었기 때문에, 그들은 사후에라도 그들을 칭찬하는 사람들의 입 속에서 살기를 바라는 마음에서 명예 외에 다른 무엇을 사랑해야 했겠는가?

15. 하나님이 로마인들의 덕성에 대하여 부여해 준 세상적인 보상에 관하여

하나님은 진정한 종교가 인도하는 도성, 그리스어로 라트레이아라고 하는 종교적인 예배[43]를 오직 참된 하나님 이외에는 드리지 않는 하늘의 도성에서, 그의 거룩한 천사들과 아울러 영원한 생명을 이런 사람들에게 주기도 의도하지는 않았다. 만약 그분이 그들에게 가장 뛰어난 제국이라는 세상적인 영예를 부여하지 않았더라면, 그들은 스스로의 선한 성질, 즉 그토록 큰 영예를 얻고자 추구했던 덕성에 대하여 아무런 보상을 얻지 못했을 것이다. 왜냐하면 사람들에게서 영예를 얻기 위하여 어떤 선행을 하는 듯이 보이는 사람들에 관하여 주님께서도 "진실로 너희에게 이르노

42) 4권 20장 참조.
43) 10권 1장 참조.

니 저희는 자기 상을 이미 받았느니라"(마 6:2)고 말씀하기 때문이다. 이런 사람들은 공화국을 위하여 그들의 사적인 문제를 고려하지 않았고, 국가재정을 위하여 탐욕에 저항했으며, 국가적인 선을 위하여 사심없는 마음으로 처신했으며, 법을 어긴 죄를 범하지도 않았고, 어떤 육체적인 욕정에 탐닉하지도 않았다. 그들은 스스로 참된 길이라고 생각한 이 모든 행동에 의하여 명예와 권력과 영예를 향하여 앞으로 달려나갔다. 그들은 거의 모든 나라에서 영예를 얻었으며, 많은 날에 자기들 제국의 법을 부과했다. 그리고 그들은 오늘날 문학과 역사 분야에서 거의 모든 나라들 사이에 이름을 떨치고 있다. 그들은 "저희는 이미 자기 상을 받았느니라"(마 6:2)라는 지고하고 참되신 하나님의 판결에 대하여 불평을 터뜨릴 이유가 하나도 없다.

16. 로마인들의 덕성으로 유용한 모범을 삼을 수 있는 천상의 도성의 거룩한 시민들이 받을 보상에 관하여

그러나 이 세상을 사랑하는 사람들이 싫어하는 하나님의 도성을 위하여 심지어 현세에서도 비난을 감수하는 성도들이 받을 보상은 이와 아주 다르다. 그 도성은 영원하다. 그곳에서는 죽는 이가 없기 때문에, 태어나는 이도 없다. 그곳에는 여신이 아니라 하나님의 선물인 참되고 완전한 행복이 있다. 우리는 순례길을 걸어갈 때에 그 아름다움을 사모하지만, 이미 그곳으로부터 믿음의 표적을 얻었다. 그곳에서는 해가 선인과 악인에게 떠오르지 않고, 의로운 해(말 4:2)가 오직 선인만 보호한다. 그곳에는 진리를 위한 공공적인 보고(寶庫)가 있기 때문에, 개인적인 빈곤을 감내함으로써 공공의 재정을 부유하게 하기 위하여 근면해야할 필요가 없다.

그러므로 로마인들의 제국과 영광이 그토록 두드러지게 확장되었던 것은 로마 시민들에게 보상을 베풀기 위해서만은 아니었다. 세상 나라의 시민들이 인간적인 영예를 얻기 위하여 그 나라를 그토록 사랑했다면, 영원한 도성의 시민들이 이곳에서 순례길을 가면서 로마인들의 모범을 부지런하고 냉정하게 숙고해 보고, 영생을 위하여 저 하늘 나라에 얼마나 많은 사랑의 빚을 지고 있는지 알게끔 하려는 목적도 있는 것이다.

17. 로마인들은 전쟁을 통하여 어떤 이익을 얻었는가, 그리고 그들은 정복한 사람들에게 얼마나 많은 유익을 베풀었는가

얼마만 지나다가 끝이 나는 죽을 이 생명에 관한 한, 만약 지배하는 사람들이 불경건하고 불의한 행동을 강요하지 않는다면 곧 죽을 사람이 누구의 지배 아래 살든지 무슨 문제가 되겠는가? 로마인들은 다른 민족들을 굴복시키고 자기들의 법을 강요했을 때 전쟁을 통한 대량살육으로 그런 일을 이루었다는 것 외에 어떤 해를 끼쳤는가? 그런데 그 일이 평화적인 합의에 의하여 이루어졌더라면 더 성공적이었을 터이지만, 개선자들에게 돌아가는 명예는 없었을 것이다. 로마인들은 자기들이 다른 민족에게 부과한 법률로부터 스스로 면제되어 생활하지 않았기 때문이다. 이 일이 마르스와 벨로나가 없이 행해짐으로써 승리를 위한 장소도 없고, 또 아무도 다투지 않음으로써 개선하는 사람도 없었더라면, 로마인들의 상태와 다른 민족들의 상태가 한 가지로 동일하지 않았겠는가? 특히 그 후에 아주 인간적이고 아주 만족스러운 일이 즉각 실시되었더라면, 즉 로마 제국에 속한 모든 사람에게 로마 시민의 권리가 허락되었더라면, 그리고 무토지 계층이 공공기금으로 생활해야 한다는 단 한 가지의 조건만 예외로 하고는 이전에 소수의 특권인 것을 모든 사람들의 특권으로 하였더라면 말이다. 그리고 하층민을 부조하기 위한 기금은 정복당한 민족들로부터 강제적으로 징수하는 대신에 평화적인 협약을 맺은 이후에 공정한 행정가의 손을 거쳐 자발적으로 제시되었더라면, 보다 은혜롭게 제공될 수도 있었을 것이다.

나는 어떤 사람들이 정복자가 되었고 다른 사람들이 정복당했다는 사실이, 안전이나 선한 풍습이나 사람들의 위엄에까지도 어떤 이익이 되는지 알지 못하겠다. 차이점이란 단지 그것을 얻기 위한 과도한 열망에 불타는 사람들이 아주 격렬한 전쟁을 치른 뒤에 "이미 상급을 받았다"는 표현처럼 비정상적으로 교만한 마음을 먹게 된 것뿐이다. 로마인들의 농지가 과세대상에서 제외되는가? 다른 나라에는 심지어 로마를 알지도 못하는 원로원 의원들이 많이 없단 말인가? 외적인 과시욕을 떨쳐 버리라. 모든 사람들이 결국 인간이 아니고 무엇인가? 그러나 세상의 왜곡된 기준으로 인하여 보다 나은 사람들이 다른 사람들보다 더 큰 명예를 얻도록 허락받는다고 할지라도, 명예를 위하여 값비싼 대가를 치러서는 안된다. 왜냐하면 그것은 무게도 없는 연기나 다름없기 때문이다.

그러나 이런 문제에서조차 하나님의 선하심으로부터 유익을 얻도록 하자. 로마인들이 인간적인 명예를 얻기 위하여 얼마나 많은 것들을 경솔히 여겼으며, 얼마나 많은 것들을 인내했으며, 얼마나 많은 욕망들을 억눌렀는지 생각해 보자. 사실상 그들은 그런 덕성에 대한 보답으로 그런 명예를 얻을 자격이 있었다. 우리 안에 있는 교만한 마음을 억누르기 위해, 여기서 유익을 얻도록 하자. 우리가 다스리기로 약속받은 그 도성은 이 세상적인 도성과는 하늘과 땅만큼이나, 영원한 생명이 순간적인 기쁨만큼이나, 확실한 명예가 공허한 칭찬만큼이나, 천사들의 사회가 인간 사회만큼이나, 태양과 달을 창조하신 분의 영광이 태양과 달의 빛만큼이나 큰 차이가 난다.

그러므로 로마인들이 자기들이 이미 소유한 세상 나라를 위하여 그토록 많은 일들을 하고 그토록 많은 일들을 참아내는 것을 생각해 볼 때, 그 위대한 나라의 시민들은 그 나라를 얻기 위해 어떤 선한 일을 하고 어떤 고난을 참아냈다고 할지라도 대단한 어떤 일을 이루었다고 생각해서는 안 된다. 그리고 시민들을 천상의 나라로 모으게 된 죄사함의 약속이 로물루스의 피난처에서 어렴풋이 비슷한 요소를 발견할 수 있기 때문에,[44] 이 모든 일들은 특히 고려되어야 한다. 로물루스도 온갖 종류의 범죄로부터 면죄해준다는 제안을 통하여 무리를 모아 로마를 건설했으니까 말이다.

18. 로마인들이 인간적인 명예와 지상 도성을 위하여 그토록 위대한 일들을 이루었는데, 영원한 도성을 사랑하므로 어떤 일을 행했다고 하여 그리스도인들이 얼마나 자랑을 금해야 하는가

그러므로 브루투스가 이 세상의 도성을 위하여 자기 아들을 죽일 정도의 희생,[45] 즉 하나님의 도성조차 어느 누구에게 강요하지 않는 희생까지 감당할 수 있었다면, 영원한 천상의 도성이 아무리 즐겁다고 할지라도 이 세상의 모든 매력적인 일들을 경멸하는 것이 그다지 대단한 일인가? 확실히 하늘 나라를 위하여 행해질 필요가 있는 일들을 하는 것보다, 심지어 자식들을 위하여 모으고 저축했다고 생각된 것들을 가난한 이들에게 분배하는 것이나, 믿음과 의를 위하여 우리에게 그렇게 하도록 강요하는 유혹이 생기는 경우에 자식들을 가게 하는 일보다, 자식들을 죽게 하는 것이 더 어렵다. 왜냐하면 우리나 우리 자식들을 행복하게 만드는 것은 세상적인 재물이 아니기 때문이다. 세상 재물은 우리가 살아있는 동안에 잃어버릴 수도 있고, 우리가 죽을 때 알지 못하는 사람이 가질 수도 있고, 아마도 우리가 원하지 않는 사람이 소유할 수도 있다. 그러나 진정한 영혼의 재산이 되시고 우리를 행복하게 만드는 분은 바로 하나님이다.

브루투스에 관해서는 심지어 그를 칭찬한 그 시인마저도 다음과 같이 그가 자식을 살해한 것이 그에게 불행한 일이었음을 증언해주고 있다.

> 그는 위협받고 있는 자유를 위하여, 반란을 일으킨 자식에게
> 피를 흘리게 했네.
> 시간이 흐른 후에 그의 행동이 어떻게 판단되든지 간에

---

44) 1권 34장 참조. Liv., 1, 8.
45) 3권 16장 참조.

그는 불행한 아버지로다!

그러나 그는 다음 구절에서 그 불행한 사람을 위로하며 말하고 있다.

조국에 대한 사랑이 그로 하여금 모든 것을 이기게 했네.[46]

즉 로마인들에게 경이로운 행동을 하도록 재촉한 것은 자유, 그리고 인간의 칭찬을 받고자 하는 욕망이라는 이 두 가지였다. 그러므로 죽어가는 사람들의 자유를 위하여, 또 멸망할 수밖에 없는 존재로부터 인간적인 칭찬을 얻고자 바라기 때문에 어떤 아버지가 자식들을 죽였다고 한다면, 우리를 죄와 사망과 악마의 지배로부터 자유하도록 만드는 진정한 자유를 위하여, 인간적인 칭찬을 바라기 때문이 아니라 타르퀸 왕이 아닌 악마들과 악마들의 왕으로부터 사람들을 자유케 하는 열렬한 소망을 통하여, 자식들을 죽이라고도 하지 않고 단지 우리 자식들 가운데 그리스도의 가난한 사람들을 포함시켰다고 하여 그다지 대단한 일이란 말인가?

토르콰투스(Torquatus)라는 별명을 가진 로마의 또다른 장군은 자기 아들이 나라를 대항해서가 아니라, 어떤 적의 도전을 받은 아들이 비록 나라를 위한다고 하지만 장군인 아버지의 명령을 거역하여 젊은 충동을 이기지 못하고 싸웠다는 이유로 죽였다.[47] 그의 아들이 승리했음에도 불구하고 그가 그렇게 행동한 이유는, 적을 살해한 데서 생긴 영광보다는 권위가 무시된 실례에 담긴 해악이 더 클까 두려워했기 때문이었다. 토르콰투스가 그렇게 행동했다면, 하늘 나라의 법을 위하여 아들보다 훨씬 덜 귀중한 세상의 모든 좋은 것들을 경멸하는 사람들이 뽐내고 다닐 이유가 있는 것인가?

푸리우스 카밀루스[48]는 자기 나라의 목덜미로부터 로마의 지독한 적이었던 베이이족의 멍에를 벗겨놓은 뒤에, 시기하는 사람들로부터 문책당했었다. 그러나 그는 명예로운 삶을 살아갈 더 나은 기회를 가질 수 있는 다른 나라를 발견할 수 없어서 배은망덕한 자기 나라를 골인들로부터 다시 해방시켰다. 카밀루스가 그렇게 행동했다면, 어떤 사람이 가령 교회 안에서 육신의 적들의 손에 아주 심각하고 불명예스러운 해를 당했을 때, 명예로운 생활을 할 수 있는 곳이 아니라 영원한 생명을 얻을 수 있는 또다른 교회를 발견할 수 없어서 이단적인 적에게로 넘어간다든지, 스스로

---

46) Virg., *Aen.*, 6, 820ff.
47) 1권 23장 참조.
48) 2권 17장 참조.

교회에 대항하여 이단을 조직하지 않고 오히려 이단의 사악한 행위로부터 교회를 보호하는 어떤 위대한 일을 힘을 다해 했다고 하여, 칭찬받아야 할 이유가 무엇인가?

무키우스(Mucius)[49]는 가혹한 전쟁으로 로마인들을 압박하던 포르센나 왕을 살해하려다가 실패하고 대신에 실수로 다른 사람을 살해했을 때 그로 하여금 전쟁을 그치도록 할 목적으로 벌겋게 단 제단불 위에 자기 오른손을 뻗치면서, "이제 당신은 내가 어떤 사람인지 아실 겁니다. 당신을 파멸시키기로 맹세한 나같은 사람들은 아주 많습니다"라고 말했다. 포르센나는 담대한 그의 행동에 겁을 먹고 그와 같은 사람들이 공모했다는 생각에, 지체하지 않고 모든 전투행위를 중지시키고는 화약을 맺었다. 무키우스가 이렇게 행동했다면, 하늘 왕국을 위하여 한 손이 아니라 온 몸을 불꽃 가운데 던지고, 그것도 자발적인 행위로가 아니라 다른 사람에 의해 박해받았기 때문에 그렇게 했다고 한다면, 누가 스스로 하늘 왕국에 참여할 만한 공적이 있다고 주장할 수 있겠는가?

쿠르티우스[50]는 신탁에 순종하여 완전무장한 채, 말에 박차를 가하여 대지의 갈라진 틈 사이로 몸을 내던졌다. 신탁은 로마인들이 소유한 가장 좋은 것을 틈새로 내던지라고 명령했었는데, 로마인들은 스스로 사람과 말이 뛰어나기 때문에 무장한 사람이 그런 파멸 속으로 곤두박질당하도록 내린 명령이라고만 이해했던 것이다. 그가 이런 일을 했다면, 어떤 사람이 자발적으로 틈새로 자신을 내던진 것도 아니고 신앙의 적들의 손에 이런 죽음을 당하고, 특히 그의 나라의 왕되신 주님으로부터 "몸은 죽여도 영혼은 능히 죽이지 못하는 자들을 두려워하지 말라"(마 10:28)는 보다 확실한 명령을 받았을 때 유사한 죽음을 당했다고 하여, 그가 영원한 도성을 위해 대단한 일을 했다고 우리가 말할 수 있는가?

데키우스 가문의 사람들[51]은 로마군대를 구출할 목적으로 자기들의 피로써 신들의 진노를 진정시키기 위하여, 희생의 서약으로써 자신들을 성별하고는 목숨을 신들에게 바쳤다. 그들이 이렇게 행동했다면, 거룩한 순교자들로 하여금 그들이 비록 피를 흘리는 형제들 뿐만 아니라 계명에 따라 심지어 자기들의 피를 흘리게 하는 적들마저도 사랑하면서 사랑의 믿음과 믿음의 사랑 안에서 서로 다투었다고 할지라도, 영원한 생명과 행복이 있는 나라에 들어갈 어떤 가치있는 일을 한 양 스스로 자랑하지 않도록 하라.

---

49) 스카이볼라. 4권 20장 참조.
50) 4권 20장 참조.
51) Liv., 2, 8.

유피테르와 유노와 미네르바의 신전에서 제사를 바치던 마르쿠스 풀빌루스(Marcus Pulvillus)는, 경쟁자들이 그의 마음을 뒤흔들어 뛰쳐나가게 함으로써 신전에 봉헌하는 영광을 그의 동료에게 돌아가도록 하려는 의도로 그에게 아들이 죽었다는 거짓 보고를 했을 때에도 아주 태연했다. 그는 얼마나 대범하게 생각했든지 아들을 매장하지 말고 내던지라는 명령을 내리고는, 마음 속에서 명예를 사랑하는 마음이 자식을 잃은 슬픔을 극복하게 했다. 그렇다면 어떤 사람이 부친을 장사지내는 문제로 염려할 때 주님께서 "죽은 자들로 저희 죽은 자를 장사하게 하고 너는 나를 좇으라"(마 8:22)고 말씀하신 하늘 도성의 시민들로 하여금 여러 가지의 오류로부터 해방되고 다양한 방황길에서 돌아와 모이도록 복음을 전한 사람이, 대단한 일을 하였다고 누가 확언할 수 있겠는가?

마르쿠스 레굴루스[52]는 아주 극악한 적들과 맺은 맹세마저 어기지 않기 위하여, 그를 붙잡아두고자 원했던 로마인들에게 자기는 이미 아프리카인들의 노예가 된 마당에 명예로운 로마시민의 품위를 유지할 수 없다고 응답하면서 바로 로마에서 적에게로 돌아갔다고 전해진다. 그러자 카르타고인들은 그가 원로원에서 자기들에게 불리한 발언을 했다고 하여 그에게 엄청난 고문을 가한 뒤에 죽음에 처했다. 레굴루스가 그렇게 행동했다고 한다면, 그리스도인들은 신앙 자체만으로 인도하는 그 행복한 나라를 향한 선한 믿음을 위하여 어떠한 고문을 경시해야 하는가? 또는 레굴루스가 무자비한 적들에 대한 신뢰 관계를 위하여 그들 손에 당한 그런 일들을 어떤 사람이 하나님께 대한 신앙 때문에 겪고자 한다면, 여호와께서 주신 모든 은혜를 무엇으로 보답할 것인가?(시 116:12)

그리고 루키우스 발레리우스[53]가 집정관 재직 중에 사망했을 때 너무나 가난하여 사람들이 모금한 돈으로 장례비용을 지불했다는 이야기를 듣거나 읽을 때, 진정한 재산인 하나님이 계시는 나라로 가는 도중에 보다 방해를 덜 받고 이 세상의 순례길을 갈 수 있도록 자발적인 빈곤을 선택한 그리스도인이 어떻게 자신을 자랑하겠는가? 혹은 퀸티우스 킨키나투스[54]가 단지 4 이우게룸(iugerum)의 농지만 가지고 그것을 자신의 손으로 직접 경작하다가, 쟁기를 놓고 집정관보다 더 명예로운 직책인 독재관이 되고나서 적을 정복함으로써 엄청난 명예를 얻었음에도 불구하고 청빈한 생활을 계속하고자 했다는 내용을 읽을 때, 그리스도인이 어떻게 자신을 자랑하겠는가? 또는 파브리키우스[55]가 에피루스인들의 왕인 피루스로부터 왕국의 4분의 1

52) 1권 15장 참조.
53) P. Valerius Publicola : Liv., 3, 26-9; Val. Max., 4, 4, 1.
54) 기원전 458년에 독재관이었다. Liv., 3, 26-9; Val. Max., 4, 4, 1.

을 주겠다고 하면서 로마 도성을 배반하라는 제안을 받았으나 자기 나라의 평범한 시민으로서 가난하게 머무르기를 선택하고는 회유당하지 않았다는 이야기를 들을 때, 그리스도인이 이 세상적인 응답을 제안하며 하늘의 영원한 나라와 단절하라는 유혹에 넘어가지 않았다고 하여 대단한 일을 했다고 어떻게 자랑할 것인가?

로마인들은 그들의 공화국, 즉 민중의 재산이요 국가의 재산이요 공공 재산이 아주 번영하고 부유할 때에도 그들 개인의 가정적으로는 너무나 청빈하여 이미 집정관을 두 번이나 지냈던 어떤 사람[56]이 10파운드의 은그릇을 소유한 사실이 발각되었다는 이유로 감찰관에 의하여 청빈한 사람들의 원로원으로부터 축출당할 정도였다. 전쟁에서의 승리를 통하여 풍요로운 국고를 가진 사람들이 그토록 가난한 생활을 하였던 것이다. 그런데 사도행전의 기록에 따르면(행 2:45) 소유를 각 사람의 필요에 따라 나눠 주고 어떤 사람도 자기 물건을 주장하지 않고 모든 것들을 공동 소유로 삼았을 정도까지 자기들의 공공 재산을 훨씬 고귀한 목적으로 소유한 모든 그리스도인들은, 천사들과의 사귐을 얻기 위하여 그런 일을 한다고 하여 자랑하지 말아야 한다고 이해해서는 안되는가? 로마인들도 명예심을 지키기 위하여 거의 같은 일을 하는 데도 말이다.

만약 그토록 널리 그리고 멀리 팽창한 로마 제국이 혁혁한 승리에 의하여 위대해지지 않았더라면, 이런 예들과 로마사에서 발견되는 많은 다른 실례들이 어떻게 널리 알려지며 이런 큰 명예를 얻을 수 있었겠는가? 그러므로 로마인들은 그토록 광대하며 그토록 오래 지속되었으며 그토록 위대한 인물들의 덕성에 의하여 찬란한 광채와 영예를 얻었던 그 제국을 통하여 스스로 열망하며 추구했던 보상을 얻어냈다. 그것은 또한 만약 우리가 그들이 지상 도성의 영광을 위하여 고수했던 덕성과 어떻게든지 유사한 덕성을 아주 영광스러운 하나님의 도성을 위하여 고수하지 않았음을 알게 된다면 수치심으로 가슴아파하지 않도록, 또한 우리가 그런 덕성을 고수해왔다고 의식한다면 "생각건대 현재의 고난은 장차 우리에게 나타날 영광과 족히 비교할 수 없도다"(롬 8:18)라고 그 사도가 말한 대로 우리가 자만심으로 가득 차 있지 않기 위하여 필요한 훈계를 담고 있는 실제적인 예를 우리 앞에 제시하고 있다. 이에 반해 세상적이고 인간적인 명예에 관한 한, 이들 고대 로마인들의 인생은 충분한 가치가 있다고 생각되었던 것이다.

유대인들은 구약에서 감춰었던 것, 즉 하나님, 한 분 참된 하나님이 그 섭리로

55) Plut., *Pyrrh.*, 20; Eutrop., 2, 12.
56) 기원전 275년의 코넬리우스 루피누스이다. Val. Max., 2, 9, 4; Gell., 4, 8.

써 선인이나 악인에게 구분없이 베풀어주는 세상적이고 순간적인 축복을 위해서가 아니라 영원한 생명과 영원한 선물을 위하여, 바로 그 하나님의 도성에 참여하기 위하여 경배되어야 한다는 지식이 신약에서 드러났을 때,[57] 그리스도를 죽였다. 이런 사실로 비추어 보아, 유대인들이 로마의 영예를 위한 기념물로 주어진 것은 지극히 정당했음을 우리는 알고 있다. 왜냐하면 우리는 세상적인 명예를 신뢰하면서 어떤 종류든지 자기들이 가진 덕성으로 그것을 얻고자 추구했던 이들 로마인들이, 아주 사악하게도 진정한 영광과 영원한 도성을 주신 분을 살해하고 배척했던 자들을 정복했음을 알고 있기 때문이다.

19. 진정한 명예심과 지배욕의 차이에 관하여

진정한 명예심과 지배욕 사이에는 뚜렷한 차이가 있다. 왜냐하면 사람들의 칭찬을 지나치게 기뻐하는 사람들은 지배욕을 충족시키기 위해 열망하는 경향을 가지고 있지만, 사람들의 칭찬에서조차 진정한 명예를 바라는 사람들은 자기들을 좋게 판단하는 사람들을 불쾌하게 하지 않으려고 노력하기 때문이다. 많은 사람들에게는 비록 자신들이 가지고 있지는 못하지만, 올바른 판단의 근거가 되는 많은 선한 도덕적 덕목들이 있다. 살루스티우스가 말한 바, "올바른 방법으로 추구하는"[58] 사람들은 이런 선한 도덕적인 덕목으로 명예와 권력과 지배권을 획득하려고 노력한다. 그러나 자신의 행동을 판단하는 사람들을 불쾌하게 하지 않도록 염려하게 만드는 명예욕을 갖고 있지도 않으면서 지배권과 권력을 얻고자 바라는 사람은 누구든지, 아주 흔히 그리고 매우 공개적인 범죄행위로써 자기가 좋아하는 것을 얻고자 추구하고자 한다.

그러므로 명예를 바라는 사람은 올바른 방법으로든지, 혹은 선하지도 않으면서도 선한 척 보이기 바라면서 기만과 책략으로써 명예를 얻고자 노력하든지 둘 중에 하나이다. 따라서 덕을 소유한 사람에게 있어서 명예를 경멸하는 것은 커다란 덕목이다. 왜냐하면 명예를 하찮게 여기는 행동은 사람들의 판단에는 드러나지 않고, 오직 하나님만 보시기 때문이다. 어떤 사람이 사람들의 눈앞에서 스스로 명예를 멸시하는 사람이라는 것을 보이고자 무슨 일을 하든지, 사람들은 그가 보다 큰 칭찬, 즉

57) 신약성서가 드러냈다. 4권 33장과 16권 26장 참조. 신약과 구약 사이의 이런 관련에 대한 가장 유명한 언급은 *Quaes., in Hept.*, 2, 83에 나온다. In Vetere Novum latet et in Novo Vetus patet. (신약은 구약 안에 감춰어져 있고, 구약은 신약 안에 감춰어져 있다.)

58) *Cat.*, 11, 2, 12장 참조

보다 큰 명예를 얻기 위하여 그렇게 행동하고 있다고 의심할 수 있다. 그렇다면 그는 자기를 의심하는 사람들에게 사실과는 다르다고 알려줄 방도가 없게 된다. 그러나 칭찬하는 사람들의 판단을 멸시하는 사람은 의심하는 사람들의 성급함도 또한 멸시한다.

그러나 그가 진정 선한 사람이라면 사람들의 구원을 가볍게 여기지는 않는다. 하나님의 영으로부터 자신의 덕목을 부여받은 사람은 아주 의롭기 때문에 바로 자신의 적들을 사랑하되 그들을 너무나 사랑하는 나머지, 자기를 싫어하고 중상모략하는 자들도 의롭게 되고, 또 지상 도성이 아니라 하늘 도성에서 자신의 동료시민이 되기를 소망한다. 그는 자신을 찬양하는 사람들의 칭찬에 대해서 그다지 가치를 부여하지는 않지만, 그들의 사랑을 평가절하하지는 않는다. 또한 그는 그들의 사랑을 놓치지 않기 위하여, 그들의 칭찬을 외면하려고도 하지 않는다. 그러므로 그는 모든 사람에게 진정으로 칭찬받을 만한 것을 부여하는 분에게 그들의 칭찬이 돌아가도록 열정적으로 애쓰는 것이다.

반면에 명예를 멸시하고 오직 지배만 탐하는 사람은 잔인함과 방탕함이라는 악덕에 있어서 짐승을 능가한다. 어떤 로마인들은 다른 사람들의 평판에는 아랑곳하지 않고, 지배욕에만 사로잡혀 있는 그런 종류의 인간들이었다. 역사는 그런 자들이 많이 있었음을 보여주고 있지만, 이런 악덕의 정점 아니 사실상 정상에 다다른 첫번째 인물은 네로 황제였다. 그의 방탕함은 너무나 심하여 사람들이 그의 안에서 남성적인 것 중에 두려움의 대상이 되는 것이 아무것도 없다고 생각할 정도였고, 그의 잔인함은 아주 심하여 반대되는 경우가 알려지지 않았더라면 그의 성품 안에 여성적인 요소가 있다고는 어느 누구도 상상하지 못했을 것이다.[59] 그럼에도 불구하고 가장 높으신 하나님이 섭리로써 인간사의 형편이 그런 인물들에게 적합하다고 판단하지 않았더라면, 권력과 지배권이 그와 같은 사람들에게 주어지지 않았을 것이다. 이 문제에 관한 하나님의 말씀은 분명하다. 하나님은 지혜로써 "나로 말미암아 왕들이 치리하며 방백(tyrannus)들이 공의를 세우며"(시 8:15)라고 말씀하기 때문이다. 그렇지만 여기서 사용된 "방백"이라는 말은 "사악하고 불경건한 왕들"이 아니라 베르길리우스가 다음과 같이,

> 내가 방백의 손을 접촉했던 것은 평화를 갈망함이니[60]

---

59) Suet., *Neto, passim.* 참조.

60) *Aen.*, 7, 266.

라고 말한 고대의 용법에 따라 “용감한 자”라는 의미였다. 따라서 하나님은 다른 곳에서 아주 명확하게 “나는 사특한 자로 권세를 잡아 백성을 함해하지 못하게 하려 하심이니라”(욥 34:30)고 말씀한다.

이제 나는 능력이 닿는 대로 유일하게 참되고 정당한 하나님이 지상 국가의 기준으로 보아 선한 로마인들로 하여금 그토록 위대한 제국을 얻는 명예를 달성하도록 도와주신 이유를 제시하였다. 그러나 인간들의 공덕은 다양하기 때문에, 우리에게보다 하나님에게 더 잘 알려진 숨겨진 이유가 있을 수 있다. 참으로 경건한 모든 사람들은 진정한 경건, 즉 참된 하나님에 대한 참된 경배 없이는 어느 누구도 참된 덕을 가질 수 없다는 것과, 인간의 칭찬의 노예가 참된 덕이 아니라는 데에 진정한 의견의 일치를 보이고 있다. 그럼에도 불구하고 성서에서 하나님의 도성이라고 불리는 영원한 도성의 시민이 아닌 사람이 그런 덕성을 갖지 않는 편보다 갖는 편이 지상의 도성에 더 유용하다.

그렇지만 하나님의 자비에 의하여 참되게 경건한 삶을 살아가는 사람이 사람들을 통치하는 기술을 갖추고 권력을 가지는 경우보다 인간사에 다행스런 것은 있을 수 없다. 하지만 그런 사람들은 현생에서 아무리 큰 덕성을 가지고 있다고 할지라도, 하나님이 자기들의 소망과 믿음과 간구로 그것을 베푸신 것을 오직 그분의 은혜 탓으로 돌린다. 그리고 동시에 그들은 자기들이 적응하려고 애쓰는 거룩한 천사들의 사회에 존재하는 완전한 의(義)에는 스스로 얼마나 부족한지 이해하고 있다. 그러나 진정한 경건이 없이 인간적인 명예의 노예에 불과한 그런 덕성은 아무리 칭찬받고 인정받는다고 할지라도 참된 하나님의 은혜와 자비에 소망을 두고 있는 성도들이 가진 덕성의 미약한 첫머리와도 전혀 비교될 수 없다.

20. 인간적인 명예욕을 만족시키기 위해 덕성을 사용하는 일은 육체적인 쾌락만큼이나 수치스럽다.

실로 덕을 인정하기는 하지만, 모든 덕을 육체적인 쾌락의 목적과 관계하여 판단하면서 이런 쾌락이 그 자체로 추구되어야 하고, 덕이 추구되는 목적은 쾌락이어야 한다고 생각하는 철학자들[61]이 있다. 이에 반해 인간을 위한 최고의 선을 덕 자체 안에서 설정한 철학자들[62]은 이들 철학자들에게 수치심을 불러일으키기 위하여, 종

61) 에피쿠로스주의자들이다.
62) 스토아주의자들이다.
63) Cic., *De Fin.*, 2, 21, 69.

종 말로 하는 일종의 그림을 그린다.[63] 그 그림 안에서 쾌락은 사치스런 여왕처럼 왕위에 앉아있고, 모든 덕은 그녀가 어떤 명령을 내리든지 이행하기 위하여 시녀처럼 부복하여 그녀의 분부를 기다리고 있다. 그녀는 "신중"(愼重)에게 쾌락이 어떻게 통치하는지 살펴보고, 문제가 생기지 않게 주의하라고 명령내린다. "정의"(正義)에게, 그녀는 육체적인 쾌락에 필요한 모든 우정을 확보하기 위하여 모든 가능한 유익을 부여하도록 하고, 또한 법을 위반하여 쾌락의 평온한 생활을 방해하지 않는다면, 어느 누구에게도 부정한 일을 하지 말도록 명령한다.

"인내"(忍耐)에게, 그녀는 이전의 즐거움을 회상함으로써 현재 당한 쓰라린 고통을 완화시킬 수 있도록 그녀의 몸에 죽음을 불러일으키는 고통이 가해지지 않는다면, 여주인인 쾌락을 용감하게 마음 속에 품고 있도록 명령한다. "절제"(節制)에게, 그녀는 과도한 음식물 복용으로 육신의 건강을 해침으로써 해가 된다거나 에피쿠로스주의자들이 주로 육체의 건강에 있다고 간주하는 쾌락이 중대한 지장을 받지 않도록 하기 위해 아주 좋아하는 음식물조차도 적정량만을 섭취하도록 명령한다. 그래서 덕은 그들의 온갖 명예와 위엄과 더불어 일종의 위험하고 불명예스러운 여주인인 쾌락의 시녀노릇을 하게 된다. 스토아주의자들은 이 그림보다 더 수치스럽고 추악한 것은 없으며, 선인들의 눈이 그것을 참아낼 수 없다고 말한다. 이들의 말은 진정 사실이다.

그러나 나는 그 그림에서 비록 여러 덕목들이 인간적인 명예의 시녀로 묘사되었다고 할지라도, 완전한 작품이 되었다고 생각하지는 않는다. 왜냐하면 그런 명예는 비록 사치스런 여인이 아니라고 할지라도, 숨을 헐떡일 정도로 그 안에 많은 허영을 포함하고 있기 때문이다. 그러므로 여러 덕목들이 굳건하고 강력하게 그 시녀 역할을 담당하고 있다고 생각하는 것은 아주 부적절하다. 왜냐하면 사람들이 기쁨을 얻고 헛된 영예심을 충족시키는 목적이 아니라면, "신중"은 아무것도 제공하지 않을 것이고, "정의"는 어떤 것도 배분하지 않을 것이며, "인내"는 어떤 것도 참아내지 않을 것이며, "절제"는 어떤 것도 규제하지 않을 것이기 때문이다.

그러나 사람들은 명예를 경멸하고 다른 사람들의 판단에 신경쓰지 않는다고 해도 스스로 현자라고 생각하며 자신을 기쁘게 하려고 할 때, 그런 추악한 비난으로부터 자신을 방어할 수 없을 것이다. 왜냐하면 그들의 덕이 어쨌든 덕이라고 한다면, 오로지 다른 각도에서 인간의 칭찬에 굴복해있기 때문이다. 달리 말하여 그가 기쁘게 하려고 추구하는 자신 또한 사람이기 때문이다. 그러나 진정한 경건으로 하나님을 신뢰하고 그에게 소망을 두는 사람은, 자신에 대해서라기 보다는 진리를 상대로 하여 기쁨을 주는 것 이상으로—만약 그런 것이 있다면—자신 안에서 불쾌하게 생각되는 일에 관심을 더 기울인다. 그리고 그는 자신 안에 기쁨을 주는 요소는 무엇이든지 스스로 불쾌하게 할까 염려하는 하나님의 자비 탓으로만 돌리며, 치유된 잘못에 대하여 그분께 감사드리며, 아직 치유될 때를 기다리는 잘못을 위해서 간절한 기도를 쏟아 붓는다.

21. 로마 제국은, 그에게서 모든 능력이 나오며 그 섭리로 모든 일들이 통치되는 분에 의하여 부여되었다.

그렇다고 한다면 우리는 왕국과 제국에 부여되는 권력의 원인을 오직 참된 하나님에게만 돌려야 한다. 그분은 하늘 왕국에서는 경건한 자들에게만 행복을 주시지만, 세상의 왕권은 결코 불의할 수 없는 기뻐하심에 따라 경건한 자들에게나 불경건한 자들에게나 주신다. 우리는 그분이 우리에게 분명하게 보이기를 원하는 한, 이 문제에 대하여 이미 어느 정도 이야기했다. 그럼에도 불구하고 인간들의 마음 속에 있는 숨은 것들을 토의한다거나 분명한 판단력을 가지고 인간왕국의 다양한 장점을 결론짓는 일은, 우리에게 지나친 일이요 우리의 능력을 벗어나는 업무이다. 그러므로 참된 한 분 하나님이자 정당한 판단과 도움 없이는 결코 사람들을 버리지 않는 그분은, 원하실 때, 그리고 원하는 만큼의 크기로 로마인들에게 왕국을 부여했다.

내가 이미 필요하다고 보이는 정도로 언급했으며 왕국으로 있는 동안 한 분 하나님을 경배했던 히브리인들은 차치하고라도 아시리아인들과, 심지어 그들 자신의 책이 증언하기를 선신과 악신이라는 두 신[64]만 숭배했던 페르시아인들조차도 하나님으로부터 왕국을 부여받았다. 페르시아인들이 세게티아를 숭배하지 않았다고 할지라도 곡물을 부여받았고, 또 그들이 로마인들에 의하여 그들 각각에 특수한 기능을 숭배하지 않았다고 할지라도 지상의 다른 선물들을 받게 하신 분은, 바로 하나님이었다. 즉 페르시아인들은 로마인들이 자기들의 제국건설에 빚졌다고 믿었던 신들 중 어느 누구도 숭배하지 않았지만, 하나님이 그들에게 영역을 주셨던 것이다.

이 점은 국가에 대해서만이 아니라 개인에 대해서도 적용된다. 마리우스에게 권력을 준 분은 또한 가이우스 카이사르에게도 권력을 주었다. 아우구스투스에게 그것을 준 분은 네로에게 또한 그것을 주었다. 아주 관대한 황제들이었던 베스파시아누스 부자[65]에게 그것을 준 분은 그것을 또한 잔인한 도미티아누스에게 주었다. 마지

---

64) 두 신. 젠드 아베스타에 나오는 조로아스터(기원전 6세기)의 가르침에는 광명의 신인 오르무즈드(아후라 마즈다)와 흑암의 신인 아리만이다.

막으로 모든 경우를 다 열거하지 않기 위하여 그리스도인인 콘스탄티누스에게 그것을 주신 분은 배교자인 율리아누스에게도 그것을 주었다. 율리아누스는 재능있는 사람이었으나, 신성모독적이고 혐오스런 호기심에 기만당하고 권력욕에 의하여 충동질 받았다. 그가 승리를 확신하고서 자신의 군대를 위하여 필요한 양식을 실은 선박들을 불태운 것은 호기심으로 인하여 헛된 신탁에 탐닉했기 때문이었다. 그는 성급하고 무모한 작전에 너무 열을 올리다가 자신의 부주의함에 대한 정당한 보응으로 곧 피살되었으며, 보급품도 없는 군대를 적지에 내버려둔 결과를 초래했다.[66] 그의 군대는 엄청난 곤경에 처하게 되어 만약 앞의 책에서 말했던 대로 테르미누스 신의 전조를 깨고서 로마제국의 국경을 변경하지 않았더라면,[67] 아무도 생명을 건지지 못했을 것이다. 유피테르에게 굴복하지 않았던 남신인 테르미누스지만, 필연성에서 굴복하고 말았던 것이다.

분명히 이런 일들은 한 분 하나님에 의하여 그 기뻐하심에 따라 통치되고 인도되었다. 하나님이 그렇게 하신 동기가 숨겨져 있다고 하여, 그런 일들이 부당하단 말인가?

22. 전쟁의 기간과 결말은 하나님의 뜻에 달려있다.

전쟁 기간 역시 정의로운 심판이나 자비로써 사람들에게 고통을 안겨줄 것인지 또는 사람들을 위로할 것인지 판단하는 하나님의 결정에 달려있기 때문에, 때때로 어떤 전쟁은 보다 오래 걸리고 또 어떤 전쟁은 비교적 빨리 끝난다. 해적들과의 전쟁은 폼페이우스에 의하여, 3차 포에니 전쟁은 스키피오에 의하여[68] 믿을 수 없을 정도로 빠른 속도로 종결되었다. 도망친 검투사들과의 전쟁은 비록 그 동안에 많은 로마장군들과 집정관들이 패배당하고 이탈리아가 끔찍스럽게 파괴되고 황폐화되었지만, 많은 손실을 입힌 후에 3년 만에 종결되었다. 또 많은 나라들이 로마의 권세에 복속되고 카르타고도 전복된 상황이지만, 외국인도 아닌 피켄테스인들과 마르시인들, 그리고 펠리그니인들이 로마의 멍에 아래에서 오랜 동안 아주 충성스런 노예생활을 하다가 자유를 얻으려고 고개를 들려고 시도한 적이 있었다. 이렇게 시작된 이탈리아 전쟁에서 로마인들은 아주 종종 패배당하였고, 다른 고위 원로원 의원뿐만

65) 티투스.
66) 4권 29장 참조.
67) 4권 23장.
68) 3권 26장.

아니라 두 명의 집정관을 잃었다. 그럼에도 불구하고 이 재앙은 오랫동안 계속되지 않고 4년 만에 끝을 보았다.

반면에 18년 동안이나 계속되었으며 공화국에 엄청난 재앙과 손실을 안겨준 2차 포에니 전쟁은 로마인들의 힘을 피폐케했고, 거의 탈진상태에 이르게 만들었다. 두 번의 전투[69]에서 약 7만명이나 되는 로마인들이 전사했을 정도였다. 1차 포에니 전쟁은 32년 동안의 값을 치른 뒤에 종결되었었다. 미트리다테스 전쟁은 40년 동안이나 대가를 치렀다. 그리고 어느 누구도 로마인들이 보다 칭찬받을 만한 초기에 훨씬 더 용감했고 전쟁을 신속하게 종결지을 수 있었다고 생각하지 않도록 하기 위해 삼니움 전쟁은 거의 50년 동안이나 끌었다. 이 전쟁 동안 로마인들은 심한 패배를 당하여 멍에문 아래로 통과하기까지 하였다.[70] 그렇지만 그들은 정의를 위하여 명예를 사랑한 것이 아니라, 명예를 위하여 정의를 사랑했던 것으로 보이기 때문에, 체결되었던 평화조약을 나중에 깨뜨려 버렸다.

내가 이런 일들을 언급하는 이유는 과거사에 무지한 많은 사람들과 무지한 체 가장하는 어떤 사람들이 그리스도교 시대에 예상보다 약간 전쟁이 더 오래 계속되는 것을 보면, 곧장 우리 종교에 대하여 격렬하고 무례한 공격을 하면서, 그리스도교가 없었더라면 고대 의식에 따라 신들이 아직도 간청받았을 것이고 그렇게 되면 마르스와 벨로나의 도움으로 신속하게 대규모 전쟁을 종결시켰던 로마인들의 용감성에 의하여 이번 전쟁 역시 빠르게 끝났을 것이라고 소리치기 때문이다.

그러므로 역사를 읽는 자들로 하여금 마치 비바람 몰아치는 바다와도 같이 다양한 정도로 손해를 주는 그런 폭풍우로부터 세상이 요동치는 일반적인 원칙에 따라, 고대 로마인들이 다양한 결말을 보이면서 저주스런 학살이 수반된 장기전을 치른 사실을 회상하게 하라. 그리고 그들로 하여금 때때로 자기들이 실토하기 싫은 것을 고백하게 하고, 하나님에 대적하는 미친 듯한 언사로써 자기들을 파멸시키면서 무지한 자들을 기만하지 않도록 하라.

---

69) 기원전 217년의 트라시메네 호수 전투와 기원전 216년의 칸네에서의 전투이다.

70) 폼페이우스는 기원전 67년에 6개월 만에 해적들을 소탕했다. 스키피오 아이밀리아누스(소 아프리카누스)는 기원전 146년에 명령을 받은 지 2년 후에 카르타고를 파괴시켰다. 기원전 73-72년에 검투사들의 노예전쟁이 있었다. 220-202년에는 2차 포에니 전쟁이 있었다. 미트리다테스는 기원전 104년에 공격을 개시했다. 그는 결국 기원전 63년에 폼페이우스에 의하여 패배당했다. 1차 삼니움 전쟁은 기원전 343년에 있었고, 4차 삼니움 전쟁은 기원전 272년에 끝났다. 아마 아우구스티누스는 마지막 전쟁은 무시한 것같다. 3차례의 전쟁은 342-290까지 계속되었다. 로마 군대가 “멍에문 아래로 기어가야” 했던 카우디네 분기점에서의 에피소드는 기원전 321년에 발생되었다.

23. 악마 숭배자이며 고트족의 왕인 라다가이수스가 강력한 군사력을 가지고 있었으면서도 하루 아침에 패배당한 전쟁에 관하여

저들은 하나님이 아주 최근에 우리도 기억하는 대로 놀랄 만하고 자비롭게 베푸신 일에 대해서는 일언반구 감사하는 말을 하지 않고, 오히려 가능한 한 일반인들의 망각 속에 묻어두려고 시도한다. 그러나 우리가 이런 일들에 대해 침묵한다면, 우리 역시 배은망덕한 사람이 될 것이다.

고트족의 왕인 라다가이수스[71]가 엄청난 야만인의 군대를 데리고 로마 도성 가까이에 포진하고는 로마인들을 크게 위협했을 때, 그는 단 하루만에 아주 신속하고 철저하게 패배당하였다. 로마인은 단 한 사람도 부상당하지 않았고 더구나 살해된 사람은 없었는데, 그의 군대는 만 명 이상이나 거꾸러뜨림을 당하였고 포로로 잡혔던 그와 그의 아들들은 응당 받아야 할 징벌을 받고는 사형에 처해졌었다.

그토록 불경건한 사람이 그토록 거대하고 아주 불경건한 무리를 끌고서 도성에 들어왔더라면, 어느 누구를 살려주었겠는가? 그가 어떤 순교자들의 무덤을 존중했겠는가?[72] 그가 어떤 사람을 다룰 때 하나님에 대한 두려움을 표시했겠는가? 그가 누구의 피를 흘리는데 자제력을 발휘했겠는가? 그가 누구의 정절을 손상시키지 않고, 보존하고 싶어 했겠는가? 라다가이수스가 승리했었더라면, 저들이 자기 신들에게 어떤 요구를 했겠는지 생각해보라. 저들은 그가, 그리스도교로 인하여 로마인들에게 금지된 제사를 매일 바침으로써 신들을 진정시키고 설득했기 때문에, 그런 위대한 일을 이룰 수 있었노라고 모욕적으로 자랑하지 않았을 것인가! 그가 곳곳에서 명성을 떨치며 최고로 높으신 분의 끄덕임으로 엎어질 장소에 도착했을 때, 우리는 카르타고에서 이교도들이 다음과 같이, 즉 라다가이수스는 날마다 제사를 바친다고 전해지는 신들의 도움과 보호 때문에 로마의 신들에게 그런 제사를 행하지 않고 심지어 어느 누구도 제사지내지 못하게 하는 사람들에 의하여 분명히 패배당하지 않을 것이라고 믿으며 공표하며 떠벌이더라는 얘기를 들었다.

그리고 이런 불쌍한 자들은, 훨씬 심한 징벌을 받아도 마땅한 인간들의 죄악을

71) 라다가이수스. 기원후 405년 말, 주로 동고트족으로 구성된 도나우 지역의 한 야만인 무리가 라다가이우스의 지휘하에 이탈리아를 침입했다. 그들은 아리우스파 그리스도교이던 서고트족과는 달리 이교도였다. 그들은 6개월 이상이나 북부 이탈리아를 유린했고, 마침내는 피렌체에 도달했다. 거기서 그들은 서로마 황제인 호노리우스 휘하의 반달족 장군인 스틸리코에 의하여 피에솔레에서 제지당하고는 패배당했다. 라다가이수스는 체포된 뒤에 처형당했다.

72) 알라릭의 행동에 대해서는 1권 1장 참조.

정결케 하고자 결정한 뒤에 큰 자비로써 화를 누그러뜨린 하나님에게는 아무 감사도 하지 않는다. 그래서 처음에 그분은 사람들로부터 도움을 간청받았다고 알려진 악마들에게 영광이 돌아가지 않도록, 또 연약한 사람들의 마음이 엎어지지 않도록 그 고트족의 왕이 놀라운 방법으로 패배당하도록 하셨다. 그런 다음에 그분은 다른 야만인들에 의하여 로마가 점령당하도록 하셨는데,[73] 그 야만인들은 이전에 발발했던 어떤 전쟁의 관행과는 달리 그리스도교를 존중하여 거룩한 장소로 피신처를 삼고 도망친 사람들을 보호해 주었고, 악마들 자체와 불경건한 제사의식을 어찌나 반대했던지 그들이 사람들에 대해서가 아니라 악마들과 아주 치열한 전쟁을 치르고 있는 것처럼 보일 정도였다.

그래서 참된 주님이자 만물을 지배하시는 분은 로마인들을 자비롭게 채찍질 하기도 했고, 악마숭배자들의 놀라운 패배를 통하여 현재의 안전을 위하여조차도 악마들에 대한 제사가 불필요함을 보여주었다. 그 결과 완고한 자기주장에 빠져있지 않고 사실을 신중하게 생각하는 사람이라면 오늘날의 긴박한 상황 때문에 진정한 종교를 포기하는 것이 아니라, 영생에 대한 아주 확실한 기대를 가지고 그것을 더 굳게 잡을 것이다.

24. 그리스도교 황제들의 행복은 무엇이며 그것은 어느 정도까지 진정한 행복인가

우리는 어떤 그리스도교 황제들이 장기간 통치했다거나, 평화로운 죽음을 맞이하여 제국을 아들들에게 승계시켰다거나, 국가의 적들을 제압했다거나, 자기들에 반대하여 봉기한 적대적인 시민들의 기도에 맞서서 좌절시킬 수 있었다고 하여 행복하다고 말하지는 않는다. 이 슬픈 세상의 이런저런 선물과 위안을 주는 일들은 그들과는 달리 하나님의 왕국에 속해 있지 않는 어떤 악마 숭배자들마저 받을 자격을 갖추었다. 이런 일은 자신을 믿는 사람들로 하여금 그런 일들을 최고의 선으로 생각하지 않기를 원하시는 하나님의 자비에 그 원인이 있는 것이다.

그러나 만약 통치자들이 정의롭게 다스린다면, 만약 그들이 자신들에게 최고의 명예를 바치는 사람들의 칭송소리와 자기들에게 과도하게 굽신거리며 인사하는 자들의 아첨을 듣고 우쭐대지 않고 자신들도 인간임을 기억한다면, 만약 그들이 자기들의 능력을 하나님에 대한 경배를 최대한 확장시키는 데 사용함으로써 그것을 그분의 위엄을 섬기는 종으로 삼는다면, 만약 그들이 하나님을 두려워하며 사랑하며 경배한

---

73) 기원후 410년 알라릭과 서고트족.

다면, 만약 그들이 동료에 대한 두려움없이 소유하게 될 하늘 왕국을 세상 왕국 이상으로 사랑한다면, 만약 그들이 벌주는데 느리고 용서하는 데 빠르다면, 만약 그들이 자신들의 원한을 충족시키기 위해서가 아니라 국가방어와 통치를 위하여 징벌이 필요하다고 생각한다면, 만약 그들이 불의가 형벌받지 않고 넘어가도록 원해서가 아니라 범죄자가 자신의 행위를 고치도록 바람으로써 용서를 베푼다면, 만약 그들이 가혹한 결정을 내려야 할 때에 그 대신 자비로운 행위와 관대한 아량으로 갚아준다면, 만약 사치스런 마음이 억제되지 않았을 정도만큼 억제된다면, 만약 그들이 어떠한 나라보다 부패한 욕망을 다스리기를 좋아한다면, 만약 그들이 헛된 영예를 열망해서가 아니라 영원한 행복을 사랑함으로써 이런 모든 일을 행하고 자기들의 참된 하나님께 죄용서함을 받고 겸손과 참회와 기도의 헌물을 소홀히 여기지 않고 드린다면, 우리는 그들을 행복하다고 말할 수 있다.

우리가 행복하다고 말하는 사람은 바로 이런 종류의 그리스도인 황제들이다. 그들은 현 생활에도 소망 중에 행복하며, 사실상 장래에도 행복할 것이다. 왜냐하면 그때에 우리가 기다리던 것이 나타나게 될 것이기 때문이다.

25. 하나님이 그리스도인 황제인 콘스탄티누스에게 베푼 번영에 관하여

선하신 하나님은 영생을 위하여 당신을 섬겨야 한다고 믿고 있는 사람들로 하여금 악령들이 현재의 최고지위와 세상의 왕국에 대한 큰 권한을 가지고 있다고 상상하면서, 악마숭배자가 되지 않고서는 어느 누구도 그런 것들을 획득할 수 없다고 생각하게끔 만들기를 원하지 않았다. 그 때문에 그분은 악마들을 숭배하지 않고 참된 하나님을 섬긴 콘스탄티누스 황제에게 어느 누구도 감히 바라지 못할 정도로 완벽한 세상적인 선물을 주었다. 그분은 또한 그에게 로마제국과 관련된 도성, 사실 로마 자체의 딸이지만 악마들의 신전이나 우상이 없는 도성[74]을 건설하는 영예를 베풀었다. 콘스탄티누스는 오랜 동안 유일한 황제[75]로서 독자적으로 전 로마세계를 유지하며 지켰다. 그는 전쟁을 지휘하고 수행할 때 혁혁한 승리를 거두었으며, 제위를 찬탈하려는 자들[76]을 아주 성공적으로 패퇴시켰다. 그는 장수를 누리다가 노환으로 죽을 때에 자기 아들들[77]에게 제위를 물려주었다.

---

74) 기원후 330년의 콘스탄티노플.
75) 306-337.
76) 막센티우스와 리키누스.
77) 콘스탄틴, 콘스탄티우스, 콘스탄스.

그러나 모든 사람은 영생을 위하여 그리스도인이 되어야 하는 데도 어떤 황제가 콘스탄티누스와 같은 행복을 획득할 목적으로 그리스도인이 되지 않도록 하기 위해, 하나님은 율리아누스[78]보다 훨씬 빨리 요비아누스[79]를 제거시켰고 그라티아누스[80]가 찬탈자의 칼에 살해당하도록 허락하셨다. 그러나 그라티아누스가 당한 경우는 대 폼페이우스의 경우보다 재난의 정도가 심하지 않은 편이었다. 왜냐하면 폼페이우스는 사실상 자신이 내란의 후계자로 세웠던 카토[81]에 의하여 원수를 갚을 수 없었기 때문이다. 그러나 그라티아누스는 비록 동생이 있었으면서도 공동통치자로 삼았던 테오도시우스에 의하여, 경건한 마음을 가진 사람이 그런 위안을 구하지는 않겠지만 자신의 원수를 갚을 수는 있었다. 그는 과도한 권력을 갖는 편보다 믿을 만한 동반자를 갖는데 더 관심이 있었던 것이다.

26. 테오도시우스 정제(正帝)의 믿음과 경건에 관하여

그 때문에 테오도시우스는 그라티아누스가 살아있는 동안에 마땅히 가져야 할 신뢰감을 유지하였을 뿐만 아니라, 그가 죽은 이후에도 진정한 그리스도인처럼 그라티아누스를 살해했던 막시무스에 의하여 추방당했던 그의 동생인 발렌티니아누스를 보호하여 공동 황제로서 옹립하였다. 그는 만약 자비를 베풀려는 마음 없이 광대한 제국에 대한 욕망으로 가득차 있었더라면, 아주 손쉽게 발렌티니아누스에게서 모든 것을 빼앗고 그를 제거할 수 있었음에도 불구하고, 아버지와 같은 사랑으로 그를 돌보아 주었다. 그러므로 그는 소년을 보호해주고, 그에게 황제의 지위를 유지시켜주었으며, 아주 친절한 호의를 베풀면서 그를 위로해 주었다. 나중에 그의 대성공이 막시무스를 두렵게 만들었을 때, 테오도시우스는 아주 불안한 마음 속에서도 신성모독적이고 불법적인 호기심을 뒤따라 타락하지 않고 이집트 사막에 거처하던 은둔수도사인 존(John)에게 서신을 보냈다. 그는 그 명성이 널리 알려진 이 하나님의 종이 예언의 은사를 부여받았다고 알고 있었기 때문이다. 그리고 그로부터 승리의 확

78) 363년 6월부터 364년 2월까지.

79) 361-3년.

80) 서로마의 황제이자 성 암브로시우스의 친구인 그라티아누스는 기원후 367년에 그의 아버지인 발렌티누스와 정제(正帝)로서 공동통치하다가 발렌티누스가 죽자 실제적으로 유일한 황제가 되었다. 그러나 막시무스가 접근하자 그의 군대는 탈주해버리고 그는 383년에 살해당했다. 그 이전인 379년에 그는 테오도시우스를 동로마 황제로 임명했었다.

81) 기원전 46년에 탐수스 전투 이후에 자살한 인물이다. 1권 23장 참조.

증을 받아냈던 것이다.

그 직후에 테오도시우스는 찬탈자인 막시무스[82]를 살해하고는 깊은 동정심과 존중심으로 소년인 발렌티니아누스를 원래의 제위로 복위시켰다. 발렌티니아누스가 곧 암살이건 다른 음모이건 우연이건 살해당했을 때, 테오도시우스는 다시 그 예언자로부터 받은 응답을 전적으로 신뢰하면서 불법적인 방법으로 황제로 선출되었던 찬탈자, 유게니우스를 대적하여 검으로써가 아니라 기도로써 그의 강력한 군대를 패퇴시켰다. 전장(戰場)에 있었던 어떤 이들은 그들이 던지고 있던 모든 투창이 테오도시우스 진영에서 적군을 향하여 불어온 엄청난 바람에 의하여 손에서 빠져나갔다고 나에게 말해주었다. 바람은 무서운 속도로 그들을 향한 단창을 몰아냈을 뿐만 아니라, 적의 몸을 향하여 방향을 바꾸기까지 하였다. 그러므로 시인인 클라우디아누스는 비록 그리스도의 이름과는 무관한 사람이지만, 테오도시우스를 찬양하여 이렇게 말하고 있다.

> 오 하나님의 사랑을 받은 자여, 하늘이 당신 편에 서서 싸우도다.
> 동맹을 맺은 바람은 그 나팔소리에 맞추어 나아오도다.[83]

그러나 그는 자신이 믿고 예언한 대로 어떤 종류인지는 알 수 없으나 그를 적대하는 의식에 의하여 봉헌되어 알프스 산중에 세워진 유피테르의 신상을 제거시켰다. 그 신상들은 황금으로 만들어진 번개의 화살을 지니고 있었는데, 황제의 전령들은 승리의 기쁨에 들떠 그 무기를 농담거리로 만들 수 있다고 생각하고는, 자기들이 그런 종류의 번개의 화살로 찔린다면 아주 행복할 것이라고 말했다. 이에 테오도시우스는 기뻐하면서 그들에게 번개의 화살을 선물로 나누어 주었다.

테오도시우스의 명령에 의해서가 아니라 맹렬한 전투 중에 아버지를 잃었던 적들의 아들들은, 비록 그리스도인이 아니었지만 교회로 몸을 피했다. 황제는 그 때를 이용하여 그들이 그리스도인이 되기를 바라면서 그리스도인의 사랑으로 그들을 대우해 주었다. 그는 그들의 재산을 빼앗지 않았을 뿐만 아니라, 그들에게 명예를 더해 주기까지 하였다. 그는 전쟁이 끝난 이후에 사적인 원한관계로 어떤 사람을 다루는 것을 허락하지 않았다. 그는 내란이 끝났을 때에도 그것을 종결시키기를 원하지 않았던 킨나, 마리우스, 술라 등의 사람들과는 달리, 내란이 끝난 후에 어느 누구에게

---

82) 기원후 388년.

83) *Cons. Hon.* Ⅲ, 96f.; Oros. 7, 35, 21.

해를 주려고 하기보다는 그런 분쟁이 발생되었던 사실 자체를 오히려 슬퍼했다. 이런 사건 와중에도 황제는 제위 초기부터 아리우스주의자들을 편애했던 이단자 발렌스(Valens)[84]가 교회에 극심한 타격을 입히자 아주 공정하고 자애로운 법률로써 불경건한 자들에 대항하여 교회를 도와주는 데 소홀히 하지 않았다. 사실 그는 지상의 군주이기보다는 교회의 일원이기를 더 기뻐했다. 그는 지상의 선물조차도 악마의 권세 아래에 있는 것이 아니라 진정한 하나님께 있다는 사실을 잘 알고 있었기 때문에, 도처에 있던 이교도들의 우상을 파괴하라고 명령했다.

그러나 어떤 일도 데살로니가인들이 저지른 개탄스런 범죄[85] 이후에, 그가 보인 종교적인 겸손보다 더 경탄할 만한 일은 없었다. 그 당시에 그는 감독들의 중재로 사면을 약속했었으나, 몇몇 지지자들의 강력한 요구로 범죄행위에 대해 보복하지 않을 수 없었다. 그러나 그가 교회의 규율에 순종하여 참회했을 때, 그에게 탄원하던 데살로니가인들은 황제라는 높은 자리에 있는 사람이 무릎꿇는 모습을 보고는, 자기들의 범죄행위로 야기된 황제의 분노에 대한 두려움보다도 더 강렬한 감정을 가지고 눈물흘렸던 것이다. 테오도시우스는 너무 많아서 열거할 수도 없는 이런저런 유사한 선행을 이 세상을 살아가면서 몸에 지니고 다녔다. 그에게 이 세상에서의 최고의 권력과 존엄은 안개에 불과했다(약 4:14). 이런 행동에 대한 보상은 하나님이 진정으로 경건한 자들에게만 베푸는 영원한 행복인 것이다. 그러나 그분은 세상 자체와 빛, 공기, 땅, 물, 열매, 그리고 인간 자신의 영혼, 신체, 감각, 마음, 생명과 같은 현생의 모든 축복과 특권은 선인에게나 악인에게나 똑같이 관대하게 주신다. 크기가 어떠하든지 그분이 다양한 시기에 섭리적인 경륜에 따라서 조절하는 제국의 소유도 이런 축복 속에 포함될 수 있다.

이제 온갖 수많은 거짓 신들이 어리석은 자들에게 유일한 소망의 대상이 되는 현세적인 행복을 얻는 데 아무 도움이 되지 않음을 입증하는 움직일 수 없는 증거에 의하여, 우리는 반대자들은 반박을 받았고 잘못된 생각을 하고 있음이 확증되었다. 그러나 나는 현세에서의 이익을 위해서가 아니라, 죽음 이후에 올 세상의 이익을 위해서 신들을 숭배해야 한다고 주장하려고 애쓰는 사람들에 대해 답변할 때가 되었음

---

84) 364-78년에 동로마 황제였다.

85) 데살로니가인의 범죄. 기원후 390년에 대중들은 인기있는 전차 기수가 투옥된 이후에 폭동을 일으켜 총독인 보테리스와 다른 관리들을 살해했다. 테오도시우스는 자기 군대로써 학살을 가함으로써 보복했다. 이때문에 황제는 암브로시우스 주재하에 열린 밀라노에서의 종교회의에 의하여 참회하도록 선고받았다.

을 깨닫는다.

나는 이 세상을 사랑하기 때문에 헛된 것들을 숭배하고자 하며, 유치한 사고력을 가지고 있으면서도 슬퍼하지 않는 사람들에 관하여, 앞선 다섯 권의 책에서 충분한 답변을 했다고 생각한다. 그 중 세 권이 출간되고 많은 사람들의 손에 들어가기 시작했을 때, 나는 몇몇 사람들이 그에 대해 이런저런 반론을 저술하고자 준비하고 있다는 얘기를 들었다. 이후에 그들이 이미 반론을 썼지만 위험없이 그것을 출판할 수 있는 때를 기다리고 있다는 이야기도 나에게 들려왔다. 나는 그런 사람들에게 아무 유익이 될 수 없는 일을 소망하지 않도록 충고하고 싶다. 어떤 사람이 침묵을 지키고 싶지 않을 때, 반론을 폈다고 상상하기는 쉬운 일이다. 어리석은 이야기보다 더 말이 많은 것은 무엇이 있는가? 그러나 어리석은 이야기가 자기 좋은 대로 진실보다 더 큰 소리를 지를 수 있다고 할지라도 진실보다 더 강력하지는 않다.

사람들로 하여금 우리가 말한 모든 것들을 주의깊게 생각하게 하라. 만약 그들이 편파적인 감정없이 사물을 판단한다면, 풍자적이고 모방적인 변덕과도 같은 아주 경솔한 수다에 의하여 공격받을 수는 있으나 반박될 수는 없는 어떤 주장이 있다는 것을 명확히 알게 될 것이다. 그들로 하여금 터무니없는 일들을 멈추도록 하고, 어리석은 자들에 의하여 칭찬받기 보다는 현명한 사람들에 의하여 잘못을 교정받는 편을 선택하게 하라. 만약 그들이 진리를 말할 자유가 아니라 비방할 수 있는 허락을 얻을 기회를 기다리고 있다면, 키케로가 어떤 사람에 관하여 "아, 불쌍한 자로다! 죄를 범할 허락을 받은 자는!"[86]이라고 말한 그런 기회가 그들에게 임하지 않기를 바란다. 비방할 허락을 얻었기 때문에 스스로 행복하다고 생각하는 사람은, 누구나 그렇게 허락받지 않았다면 훨씬 더 행복할 것이다. 왜냐하면 그런 사람은 공허한 자만심을 떨친 뒤에 견해가 다른 사람들과 더불어 자유로운 상담에 의하여 언제나 반대의견을 제기할 수도 있으며, 그가 상담받는 사람들이 정중하고 진지하고 솔직한 답변을 주기 위하여 최선을 다할 때 귀기울여 들을 수도 있기 때문이다.

---

86) *Tusc. Disp.*, 5, 19, 55.

제 6 권

개요: 여태까지의 논증은, 세속의 이익을 위해 신들을 숭배해야 한다고 믿는 사람들을 반박하는 것이었다. 이제는 영생을 위해 숭배해야 한다고 믿는 자들을 반박하고 있다. 저자는 6~10권을 이러한 후자의 믿음을 논박하는데 바치고 있다. 무엇보다도, 가장 존경받는 작가인 바로(Varro) 자신이 주장한 신들의 견해가 얼마나 조잡한지 밝히고 있다.

서문

나는 앞선 다섯 권에서, 그리스도교적 진리로써 창조자가 아니라 쓸모없는 우상이거나 부정한 영이거나 해로운 귀신이거나 분명히 피조물임이 드러난 많은 거짓 신들이 이 죽을 인생 및 현세적인 문제의 유익을 위하여 그리스인들이 라트레이아(latreia)[1]라고 부르고 있으며 한 분 참된 하나님에게만 돌려져야 할 그런 의식과 봉사로써 숭배되어야 한다고 믿는 자들에 대항하여 충분한 반박을 했다고 생각한다. 확실히 우리의 반대자들의 온갖 엄청난 우매함과 완고함에 대처하는 데는 이 다섯 권 혹은 추가적으로 더 많은 책이 있더라도 충분하지 않다는 점을 어느 누가 알지 못하겠는가? 어리석은 자들은 진리의 위력에 굴복하지 않는 것을 자랑으로 여기는데, 이러한 방법으로 이 극악무도한 도덕적 악덕의 지배하에 들어있는 사람들은 어느 누구나 파멸당하게 되는 것이다. 왜냐하면 의사가 아무리 열심히 병을 고치려고 온갖 애를 쓴다고 할지라도 그가 잘못이 있어서가 아니라 병자 자신이 나을 수 없는 관계로 병이 정복되지 않은 상태대로 남아있기 때문이다.

그러나 자기들의 오랜 오류에 속해 있는 엄청나고 과도한 정도의 완고함을 부리지 않고 자기들이 읽은 내용을 이해하고 생각해보며 그 경중을 철저하게 검토하는 사람들은 이미 완성된 다섯 권에서 우리가 요구된 질문 이상 혹은 그에 못지 않은 정도의 논의를 제공했다는 결론을 기꺼이 내릴 것이다. 무지한 자들은 인간 생활에

---

1) 10권 1장 참조.

서 당하는 재난과 인간 문제를 둘러싼 파국과 재해와 관련하여 그리스도교에 대해 비난을 퍼부으려고 시도하며, 학식있는 사람은 이 문제를 묵인할 뿐만 아니라 심지어 광포한 신성모독적 광기에 사로잡힌 채 자기들의 양심에 반하여 그런 중상모략을 지지하기까지 한다. 현명한 독자들이라면 그러한 시도에 어떤 분명한 사고나 올바른 추리가 전적으로 결여되어 있으며, 단지 무책임한 언행과 사악한 악의만이 있음을 의심할 수 없다.

1. 자기들이 현세적이 아니라 영원한 유익을 위하여 신들을 숭배하고 있다고 주장하는 자들에 대하여

이제 다음 부분에서는 (약속된 순서에 따라) 그리스도교적 진리가 파괴하고 있는 여러 민족의 신들이 현생 때문이 아니라 죽음 이후에 올 생활 때문에 숭배되어야 한다고 주장하는 자들이 반박되고 가르침 받아야 하기 때문에, 나는 “여호와를 의지하고 교만한 자와 거짓에 치우치는 자를 돌아보지 아니하는 자는 복이 있도다”(시 40:4)는 거룩한 시편의 진리된 말씀을 가지고 나의 논의를 시작하는 것이 좋을 것이다. 그럼에도 불구하고 사람들은 온갖 허영심과 거짓된 우매함이라는 주제에 대하여 그들의 견해와 오류를 반박해온 철학자들의 말을 보다 많은 관용심을 가지고 들어보아야 한다. 왜냐하면 사람들은 신들에게 우상을 세워주었고, 소위 불멸의 신들이라 부르는 자들에 관하여 많은 거짓되고 무가치한 것들을 꾸며냈거나, 꾸며낸 내용을 믿고 그것을 믿었을 때 자기들의 숭배 및 종교의식과 혼합시켰기 때문이다.

비록 자유롭게 자기들의 신념을 공언하지는 않는다고 할지라도 아직 그 주제를 논의하는 중에 반대의견을 중얼거림으로써 그런 것들을 인정치 않음을 실증하는 그런 사람들과 더불어 다음의 문제를 논의하는 일은 그다지 잘못된 일은 아닐 것이다. 즉 우리는 죽음 이후에 올 생명을 위하여 모든 영적이고 육체적인 피조물을 만든 한 분 하나님이 아니라, 이들 철학자 중 몇몇[2]이 주장하듯이 그 한 분 하나님에 의하여 만들어졌으며 그분에 의하여 자기들 각각의 숭고한 지위에 거하게 되었으므로 다른 존재들보다 더 뛰어나며 고귀하다고 생각되는 많은 신들을 숭배해야 하는가?

그러나 내가 그 중 몇몇을 4장에서 언급했으며 그 각각에 세세한 일들에 대한 의무를 분담시켰던[3] 그런 신들이 영원한 생명을 부여한다고 확증되며 주장되어야 한다고 누가 주장할 것인가? 왜 사람들이 각각의 특정 신에게 기도해야 하며, 리베르

---

2) 예를 들어, Plat., *Tim.*, 40.
3) 4권 11, 21 참조.

에게 물을 요청하고 림프들에게 포도주를 요청했을 때처럼 웃음을 자아내기 위하여[4] 익살극에서 일어나는 우스꽝스런 잘못을 피하기 위하여 개별 신들에게 어떤 도움을 요청해야 하는지 알려주기 위하여 글로써 지시를 내려줌으로써 커다란 유익을 베풀었다고 자랑하는 큰 학식과 통찰력을 지닌 사람들, 그런 사람들은 불멸의 신들에게 간청하는 누구에게나 그가 림프들에게 포도주를 청구했다가 그들이 "우리는 물만 가지고 있다. 리베르에게 부탁하거라"는 대답을 받았을 때 "당신들이 포도주를 가지고 있지 않다면, 적어도 나에게 영원한 생명을 줍니까?"라고 말하는 것이 정당하다고 확언할 수 있을 것인가? 이런 엉터리보다 더 기괴한 것도 있는가? 이들 림프들은 — 그들은 웃기기가 아주 쉽기 때문이다[5] — 크게 웃으면서(그들이 악령들처럼 속이려고 시도하지 않는다면) 요청하는 사람에게 "오 인간이여, 당신이 듣기에 심지어 포도나무(vitem)마저도 가지고 있지 않은 우리가 생명(vitam)을 우리의 처분대로 할 능력을 가지고 있다고 생각합니까?"라고 대답하지 않을 것인가?

그렇다면 그런 신들에게서 영원한 생명을 요청하거나 소망하는 일은 아주 무례하고 우매한 짓이다. 그들이 비록 이 짧은 생명의 염려거리를 원조하며 지지해준다고 할지라도 그들은 특별한 영역에 대해서만 지켜줄 따름이다. 그래서 어떤 신의 책임영역에 속한 어떤 일이 다른 신에게서 추구된다고 한다면 익살극 중의 어떤 웃기는 장면처럼 우스꽝스런 상황이 전개되고 마는 것이다. 그런 일은 자기들이 무엇을 하고 있는지 알고있는 배우들에 의하여 행해질 때에는 마땅히 극장 내에서 웃음이 터지겠지만, 아무 것도 알지못하는 어리석은 사람들에 의하여 행해졌을 때에는 세상에서 보다 더 조롱거리가 되더라도 당연한 일이다.

그러므로 국가가 공인한 신들에 관하여 모든 특별한 일에 관하여 어떤 남신이나 여신이 간청의 대상이 되어야 하는지, 예를 들어 리베르에게는 어떤 일이, 림프들에게는 어떤 일이, 불카누스에게는 어떤 일이, 내가 4권에서 그 중 몇을 언급했던 모든 다른 신들과 내가 생략하는 것이 옳다고 생각했던 몇몇 신들에게는 어떤 일이 요청되어야 하는지 학식있는 사람들에 의하여 현명하게 창작되며 전수되어 기억되었다. 나아가 케레스에게서 포도주를, 리베르에게서 빵을, 불카누스에게서 물을, 림프들로부터 불을 구하는 것이 잘못이라면, 이들 중 어떤 신에게 영생을 위한 간청을 한다면 그것은 얼마나 더 터무니없는 일이라고 생각되어야 하는가?

그러므로 어떤 신들이나 여신들이 인간들에게 지상 나라를 부여할 수 있다고 생

4) 4권 22장 참조.

5) Virg., *Ecl.*, 3, 9 … faciles Nymphae risere….

각될 수 있는지 우리가 질문했을 때 모든 일이 토의된 다음에 심지어 세상 왕국들도 이 많은 거짓 신들에 의하여 세워졌다고 생각하는 것은 진리와는 전혀 관계없음이 제시되었다면, 의심이나 비교대상이 없이 모든 세상왕국보다 선호되어야 하는 영원한 생명이 이 신들 중 어떤 이에 의하여 누구에겐가 주어질 수 있다고 믿는 것은 아주 정신나가고 불경건한 행위가 아니겠는가? 그런 신들이 지상 왕국조차 줄 수 없는 것처럼 우리에게 보이는 이유는 세상 왕국이 작고 천한 반면에 그들이 아주 위대하고 신분이 높은 관계로 그토록 숭고한 자리에서 황공하게도 세상 왕국에 신경쓰려고 하지 않기 때문이 아니다. 그 이유는 어떤 사람이라도 인간의 연약함을 생각하여 지상 나라의 위태로운 정점을 아무리 마땅히 경멸한다고 할지라도 이들 신들이 자기들에게 위임된 것들조차 부여하고 보존할 자격이 아주 없는 듯이 보이는 그런 모습을 나타내고 있다는 데 있다. 결과적으로 (우리가 이 문제가 다루어진 우리 작업의 최근 두 책에서 가르친 바대로) 사실상 평범하든지 고귀하든지 모든 신들의 무리 중에 어떤 신도 죽을 운명의 인간들에게 사라질 왕국을 주기에도 적합하지 않다고 한다면, 죽을 존재를 불멸하도록 만들 수 있는 능력은 얼마나 더더욱 갖추고 있지 못할 것인가?

나아가 우리가 만약 지금 논의하고 있는 자들의 견해에 따라 현생을 위해서가 아니라 죽음 이후에 생활을 위하여 신들이 숭배되어야 한다면, 확실히 그들은 (합당한 진리의 법에 의해서가 아니라 단지 헛된 추측에 의하여) 그런 신들의 권능 아래에 배분되고 분배된 특별한 것들 때문에 숭배되어서는 안된다. 왜냐하면 내가 앞의 다섯 권에서 능력이 닿는 한 충분히 주장한 대로 신들에 대한 숭배가 이 죽을 생명의 온갖 바람직한 것들을 위하여 필요하다고 주장하는 자들이 신들을 숭배대상으로 삼아야 한다고 믿고 있기 때문이다. 사실이 이러하다고 할 때 여신인 유벤타스를 숭배했던 사람들이 인생의 초기에 현저한 활력으로 특징지워진 반면에 그 여신을 경멸하던 자들이 젊을 때에 죽거나 노년의 무기력한 상태에서와 마찬가지로 나이가 젊을 때에도 무력해진다고 할지라도, 또 수염달린 포르투나[6]가 그 숭배자들의 뺨에 다른 이들보다 더 멋있고 우아한 수염으로 뒤덮는 반면에 그 여신을 업신여기는 자들은 수염이 전혀 나지 않거나 형편없는 모습으로 나는 광경을 보아야 한다고 할지라도, 우리는 이런 여러 신들이 어떤 면으로 기능에 있어서 제한이 있더라도 능력을 가지고 있으며, 따라서 수염을 나게할 수 없는 유벤타스로부터 영원한 생명이 추구되지 말아야 함과 아울러 이 현생에서조차 수염이 자라나는 그 젊은 나이를 부여할 능력

6) 유벤타스와 수염달린 포르투나에 대해서는 4권 11장 이하 참조.

을 가지지 않는 포르투나 바르바타로부터 현생 이후의 어떤 선한 것이 기대되어서는 안된다고 말하더라도 아주 정당하다.

사실 그런 여신들에 대한 숭배가 그들의 통제 아래 있다고 가정되는 선물을 확보해주기에 필수적인 것도 아니다. 여신인 유벤타스를 숭배하는 많은 자들이 그 나이에 전혀 활기차지 못하고 오히려 그녀를 숭배하지 않는 많은 사람들은 젊음의 활력을 향유하고 있다. 또 포르투나 바르바타에게 간구하는 많은 자들은 전혀 수염이 나지 않거나 별로 호감이 가는 모습으로 수염이 자라나지 않음으로써, 그 여신을 경멸하고도 수염을 가진 사람들에 의하여 숱이 많은 수염을 얻고자 그녀를 숭배했다는 이유로 놀림감이 되어있다. 인간들은 실제로 이들 신 중의 하나가 주재한다고 언급되는 아주 현세적이며 신속히 지나가는 재능에 관하여 그들을 숭배하는 일이 얼마나 효력없고 우스꽝스러운지 깨닫고 있으면서도 그것이 영원한 생명을 위하여 유익할 수 있다고 마음 속으로 믿을 정도로 어리석은 것인가? 생각없는 무리들이 그 신들을 숭배하도록 하기 위하여 수적으로 아주 많다고 생각되는 그런 신들 중 어느 누구도 아무 일을 하지 않고 빈둥거리며 앉아있지 않기를 원했으므로 신들에게 현세적인 일들을 세분해서 분배한 사람들조차 신들이 영원한 생명을 부여할 수 있다고는 단언하지는 않았다.

2. 바로는 신들에 대하여 어떤 견해를 가지고 있었는가? 그는 제 민족의 신들의 다양한 종류와 종교의식에 대하여 많은 내용을 보여줌으로써 그에 대해 침묵했더라면 신들에게 더 정중하게 행동한 셈이 되었을 것이다.

그런 일들에 대하여 마르쿠스 바로[7]보다 더 세심하게 조사한 사람이 누가 있었던가? 누가 더 학구적으로 그런 일들을 드러냈는가? 누가 더 주의깊게 그런 일들을 생각했는가? 누가 더 그런 일들을 예리하게 구분했는가? 누가 더 그런 일들에 대해 부지런하고 충분할 정도로 저술했는가? 그는 문체적으로 그다지 매력을 끌지는 못하지만, 아주 박식하고 지혜로우므로 우리 그리스도인들이 세속학이라고 부르고 이교도들이 교양학이라고 부르는 종류의 학문에서는 마치 키케로가 문체 전문가들에게 기쁨을 주는 만큼 호사가(好事家)들에게 많은 정보를 제공해주고 있다.

심지어 키케로 자신도 마르쿠스 바로와 벌였던 논의를 담았던 「아카데미에 관하

7) 3권 4장 이하 참조.

8) 아마도 소실된 *Acad.* Ⅲ 속에 있을 것이다.

여」(*Academics*)[8]에서 그에 대해 "두말할 것 없이 모든 사람들 중에 가장 예리한 자요, 의심할 바 없이 가장 학식있는 자"라고 증언한 적이 있다. 그는 가장 웅변에 능하다거나 가장 유창하다고 말하지는 않고 있는데 그 이유는 사실 바로가 이런 능력에서는 아주 결함이 있기 때문이었다. 그러나 그는 "모든 사람들 중에 가장 예리한 자"라고 말하고 있는 것이다. 그리고 키케로는 만물이 의심되어야 한다고 주장한 그 책들, 즉「아카데미에 관하여」에서 바로에 대해 "의심의 여지 없이 가장 학식있는 자"라고 덧붙이고 있다. 실로 그는 이 일에 대해서는 아주 확신이 있었기 때문에 만물에 있어서 그가 흔히 사용하곤 했던 그 의심을 옆으로 제쳐두었다. 마치 그는 아카데미 학파의 의심을 변호하고자 했을 때에도 이 한 가지 문제에 있어서는 자신이 아카데미 학파의 일원임을 망각한 듯 했다.

그는 첫번째 책에서 그 바로의 문학 저술을 찬양하면서 이렇게 말하고 있다.

> 우리는 우리 자신의 도성에서 이방인과도 같이 길을 잃고 헤매고 있었으나 사실 당신의 책으로 인하여 집으로 돌아가게 되었습니다. 그래서 우리는 결국 우리 자신이 누구이며 우리가 어디에 있는지 알 수 있었습니다. 당신은 우리에게 우리 나라의 연대와 시대의 구분과 종교의식 및 신관에 관한 여러 가지 법과 공적이며 사적인 여러 관습을 드러내주었으며, 종교적인 의식에 적합한 장소를 지적해주었으며 거룩한 장소에 관한 정보도 우리에게 제공해주었습니다. 또 당신은 모든 신적이며 인간적인 일들의 이름, 종류, 직책, 그리고 그 원인을 보여주었습니다."[9]

그는 특출하며 박식함에 있어서는 비할 데가 없는 사람이었으므로 테렌티아누스에 의하여,[10]

> 바로, 모든 분야의 학문에 능한 사람,[11]

이라고 간략하고 명쾌하게 한 줄의 시구로 묘사되었다. 그는 너무 많은 독서를 했기 때문에 우리는 그가 언제 저술할 시간이 있었는지 궁금할 정도이며, 너무나 많은 저술활동을 했기 때문에 우리는 어떤 사람이 그것을 전부 읽을 수 있었는지 믿을 수 없을 정도이다. 만약 많은 재능과 많은 학식을 가지고 있던 이 사람이 자기가 저술

---

9) 1, 3, 9.

10) Terentianus Maurus:문법학자(기원후 200년 경에 활동). 그는 철자와 음절과 운율에 대한 세 편의 시를 저술했다.

11) *De Metr.*, 2846.

하던 소위 신적인 문제들을 반대하고 파괴하고자 하고 그것들이 종교라기보다는 미신에 속한다고 말했다고 할지라도, 우스꽝스럽고 경멸받을 만하며 혐오스런 일들을 그렇게 많이 저술했을 것인지 나는 알지 못한다.

그러나 그가 이런 신들을 너무나 숭배하고 그 신들에 대한 숭배행위를 자신의 문학저술에서 너무나 변호한 나머지 신들의 적의 공격에 의해서가 아니라 시민의 태만에 의하여 사라지지나 않을지 우려했으며 신들이 이런 불명예로부터 자신에 의하여 구제되고 있으며 그런 저술들에 의하여 화염으로부터 베스타의 신상들을 구출했다고 칭찬받는 메텔루스[12]의 행위와 불타는 트로이에서 페나테스를 구해냈다는 아이네아스[13]의 행위보다 더 호의적인 열정으로 선한 사람들의 기억 속에 자리잡고 보존되고 있다고 말했을 때, 그리고 그가 그럼에도 불구하고 현명한 자들이나 그렇지 못한 자들에 의하여 당연히 읽히기에 적절하지 않으며 종교의 진리에 아주 적대적이라고 평가받을 그런 내용이 후대 사람들에 의하여 읽히도록 출판했을 때, 우리는 아주 예리하며 박식한—그러나 성령에 의하여 자유롭게 되지는 않았던—사람이 자기 나라의 관습과 법률에 압도되었으며, 자기가 영향받은 일들에 의하여 침묵할 수 없어서 종교를 찬양한다는 핑계하에 그에 대해 말했다는 것외에 달리 어떻게 생각해야 하는가?

3. 바로가 자신의 저술에서 고대의 관습 중에서 인간적인 일과 신적인 일들에 관하여 구성해냈던 구분

그는 고대의 관습에 대하여 41권의 책을 저술했는데 이것을 인간적인 일과 신적인 일로 구분했다. 그는 25권을 인간적인 일에, 16권을 신적인 일에 할애했다. 그는 그런 구분 즉 넷으로 구분된 인간사 각각에 여섯 권을 할당하고자 했던 계획을 가지고 있었다. 왜냐하면 그는 이러한 고려사항, 즉 누가 활동하며, 그들이 어디에서 활동하며, 그들이 언제 활동하며, 그들이 무엇을 하는지에 관하여 관심을 쏟고 있기 때문이다. 따라서 그는 첫번째 여섯권에서는 시기에 관하여, 네번째이자 마지막 여섯 권에서는 사물에 관하여 저술했다. 이렇게 한다면 24권밖에 되지 않는다. 그러나 그는 그에 관한 서론 부분에 이 모든 일에 관하여 동시에 말하는 별도의 책을 마련해놓았다.

---

12) 3권 18장 참조.
13) Virg., *Aen.*, 2, 717; 747 이하.

그는 신적인 일들에 관해서도 신들에게 수행된 일들이 관계되는 한 동일한 순서를 철저하게 유지했다. 왜냐하면 거룩한 일들은 인간들에 의하여 어떤 장소와 어떤 시기에 행해지기 때문이다. 그는 내가 언급한 네 가지 일들을 12권에 포함시키고는 각각에다가 3권씩 할당했다. 왜냐하면 그는 첫 세 권을 인간들에 관하여, 그 다음 세 권을 장소에 관하여, 세번째 세 권을 시기에 관하여, 네번째 세 권을 거룩한 일들에 관하여 저술함으로써 누가 행해야 하며, 그들이 어디에서 행해야 하며, 그들이 언제 행해야 하며, 그들이 무엇을 행해야 하는 데 대하여 아주 미묘한 구분을 보여주고 있다. 그러나 그들이 거룩한 의식을 누구에게 행해야 하는지 말하는 것이 필요하기 때문에 — 그리고 특별히 이런 일이 기대되었다 — 그는 신들 자신에 대하여 마지막 세 권을 저술했다. 그러나 신들에 관한 책은 우리가 말한 대로 도합 16권이다. 왜냐하면 그는 이들 책의 앞에다가 별개의 책을 위치시켜서 뒤에 나오는 모든 내용의 서론으로 삼고있기 때문이다.

그는 이런 일을 마친 이후에 계속하여 처음의 세 권을 인간들에게 속한 다섯 부분, 즉 첫번째는 고위 신관들, 두번째는 복점관들, 세번째는 거룩한 의식을 주재하는 15인[14]에 관하여 진술하고 있다. 그는 두번째 세 권을 장소에 관하여 삼분하고는 그 중 하나에서 자기들의 제단에 관하여, 다른 하나에는 자기들의 신전에 관하여, 세번째에는 기타의 종교적인 장소에 관하여 말했다. 그는 이 뒤에 위치해 있으며 시기 즉 축제일에 속한 다음의 세 권을 하나는 휴일에 관하여, 다른 하나는 원형경기장에 관하여, 세번째는 연극공연물에 관하여 각각 언급했다. 거룩한 일들에 관한 네번째 세 권 중에서 그는 하나를 봉헌에, 다른 하나를 개인적인 종교의식에, 마지막을 공적인 종교의식에 할당했다. 나머지 세 권에서는 사실상 이 모든 일들의 대상이 되는 신들 자신이 이 화려한 행렬을 뒤따르고 있다. 첫 세 권에서는 확실한 신들이, 두번째 세 권에서는 불확실한 신들[15]이, 세번째이자 마지막인 세 권에서는 중심되고 선택된 신들[16]이 나오는 것이다.

4. 바로의 논의로 보아, 신들을 숭배하는 자들은 인간적인 일들을 신적인 일들보다 오래된 것으로 간주한다는 말이 된다.

이런 전체적인 일련의 아주 인상적이고 아주 미묘한 구분과 배분에서는 우리가

---

14) 시빌의 책들을 보관하던 자들이다.
15) 3권 12장 참조.
16) 7권 2장 참조.

말한 것들과 이후에 언급되어야 하는 것들로부터 완고한 마음을 가진 채 자신에 대해 적이 되지 않은 사람 누구에게나, 영원한 생명을 추구하며 소망하는 것이 헛된 일이며 그것을 바라는 것이 심지어 아주 무례한 일임이 아주 용이하게 분명해지게 될 것이다. 왜냐하면 이런 제도들은 사람들이 아니라 악령들, 소위 선한 정령들이 아니라 보다 평이하게 말하자면 불결하고 논쟁의 여지 없이 악의를 가진 영들의 작품이다. 그런 영들은 놀랍도록 교활하며 은밀하게 불경건한 자들의 생각 안으로 침투하여, 때로는 공개적으로 그들의 이해력에다가 유해한 견해를 제시함으로써 인간의 마음이 점점 더 어리석어지고 변치않으며 영원한 진리에 적응할 수 없게 하고 그 안에 거할 수 없게 하고는, 자기들의 능력 안에 있는 온갖 종류의 거짓된 증명에 의하여 이런 견해들을 확고하게 하려고 추구한다. 이 동일한 바로 자신도 인간적인 일들에 관하여 저술하고 이후에 신적인 일들을 저술한 이유는 국가가 먼저 존재하고 그 후에 이런 일들이 국가에 의하여 제정되었기 때문이라고 증언하고 있다. 그러나 진정한 종교는 어떤 지상의 국가에 의하여 제정되지 않았으나, 의심할 바 없이 천상의 도성을 세운 것은 정녕 진정한 종교였다. 진정한 종교는 참된 경배자들에게 영원한 생명을 베푸시는 진실한 하나님에 의하여 영감과 가르침을 얻었다.

바로는 신적인 일들이 인간들에 의하여 제정되었기 때문에 자신이 인간들의 일들에 관하여 먼저 쓰고 그 이후에 신적인 일들에 관하여 저술했다고 고백했을 때 다음과 같은 설명을 제시하고 있다. "화가가 그림보다 앞서있고 건축자가 건물보다 앞서있듯이 국가는 그에 의하여 제정된 일들보다 앞서있다." 그러나 그는 마치 자신이 신들의 본성 중 전부가 아니라 일부분에 관해서만 진정 저술하고 있는 것처럼, 혹은 사실 신들의 본성 중 전부는 아니라고 할지라도 일부가 인간들의 본성 앞에 놓여져서는 안 되는 것처럼, 신들의 본성 전체에 관하여 자신이 저술하고 있었다면 신들에 관해서 먼저 쓰고 이후에 인간들에 관하여 저술했을 것이라고 말하고 있다.

그렇다면 어떻게 하여 그가 마지막 세 권의 확실한 신들, 불확실한 신들, 선택된 신들을 부지런히 설명하고 있는 동안에 신들의 본성에 대해서 어떠한 부분도 건너뛰는 것처럼 보이지 않는 일이 생겨나는가? 그렇다면 그는 왜 "우리가 신들의 본성 전체에 관하여 저술하고 있었다면 우리는 인간적인 일들을 건드리기 전에 신적인 일들을 먼저 완성했을 것이다"라고 말하고 있는가? 왜냐하면 그는 신들의 본성 전체에 관하여, 혹은 그 일부분에 관하여, 혹은 그에 대해서는 전혀 쓰고 있지 않기 때문이다. 그 모든 일에 관하여 신적인 일들이 인간적인 일들보다 분명히 선행되어야 한다면, 비록 그 일부분에 관한 내용이라고 할지라도 문제의 성격상 그런 일들이 인간의 일들보다 왜 앞서지 말아야 하는가? 신들의 어떤 부분조차 인간의 전체보다 선행되어서는 안되는가? 그러나 신적인 일들의 한 부분이 모든 인간적인 일들보다 우선시되는 것이 지나치다고 한다면, 그 부분은 적어도 확실히 로마인들보다는 우선시되어야 한다. 왜냐하면 그는 인간들에 관한 책을 저술할 때 전 세계가 아니라 오직 로마만 참조하고 있기 때문이다. 그는 그런 책들을 저술의 순서대로 마치 화가가 그림에 앞서며 건축자가 건물에 앞서는 것처럼 신적인 일들에 관한 책들보다 앞세운 것이 정당하다고 말하면서, 아주 공개적으로 이런 신적인 일들조차 그림이나 건축물과 마찬가지로 인간들에 의하여 제정되었다고 고백하고 있다.

이제 유일하게 남아있는 세번째 가정은 그가 신적인 본성에 관하여 전혀 저술하지 않았지만, 이것을 그가 공개적으로 말하기를 원하지 않았고 지성있는 사람들에게 추론하도록 남겨두었다는 것이다. 왜냐하면 우리가 "전부 다룬 것은 아니다"라고 말할 때 그것이 일상용법에서는 "어떤 것을 다루었음"을 의미한다고 이해되지만, "전혀 다루지 않았다"는 말은 전부도 아니고 일부도 아니기 때문에 "아무것도 다루지 않았다"고 이해될 수도 있기 때문이다.

사실 그 자신이 말하듯이 그가 신들의 모든 본성에 관하여 저술하고 있었더라면 그 적절한 장소는 저술의 순서에서 인간적인 일들 앞이었을 것이다. 그러나 진리가 선언하는 바대로 비록 바로가 침묵하고 있기는 하지만, 신적인 본성이 전부가 아니라 일부라고 할지라도 로마적인 것들보다는 우위를 점해야 했을 것이다. 그러나 신적인 본성은 정확하게 나중에 위치되어 있으므로 전혀 없다는 얘기가 된다. 그러므로 그의 배열방법은 인간적인 일들을 신적인 일들에 우선시키려는 바람에서가 아니라 참된 것 앞에 거짓 것을 우선시키려고 하지 않은 데 기인했다. 왜냐하면 그는 인간적인 일들에 관해서 쓴 모든 내용에는 사건의 역사를 따랐지만, 소위 신적인 일들에 관한 것들에 대해서 쓴 내용에 대해서는 공허한 일들에 대한 단순한 추측 외에 다른 무엇을 뒤따르고 있지 않았기 때문이다. 이것은 의심할 바 없이 그가 교묘한 방법으로 나타내기를 원했던 것이다.

바로는 인간적인 일들 다음에 신적인 일들에 관하여 기술하고 있을 뿐만 아니라 자기가 왜 그렇게 했는지 이유마저 제시하고 있는 것이다. 만약 그가 이렇게 하고자 하는 마음을 억눌렀더라면, 아마도 다른 사람들이 이런저런 방식으로 그가 그렇게 행동한 것을 변호했을 것이다. 그러나 그가 제시한 바로 그 이유 때문에 사람들이 자의적으로 추측할 어떤 것도 남아있지 않으며, 그가 신들의 본성보다 인간의 본성을 우선시한 것이 아니라 인간의 제도보다 인간을 우선시했음이 충분히 입증되었다.

그래서 바로는 자신이 신적인 것들에 관한 책을 저술할 때에 본성에 속한 진리에 관해서가 아니라 오류에 속한 거짓에 관해서 쓰고 있음을 고백했다. 내가 4권에서 언급했듯이[17] 그는 이 점을 다른 곳에서는 아주 공공연하게 표명하면서, 만약 그 자신이 새로운 도성을 건립하고 있었다면 본성의 순서에 따라 저술했겠지만 그는 오직 옛 도성을 건립하고 있기 때문에 그 관습을 따르지 않을 수 없다고 말했던 것이다.

5. 바로에 따른 세 종류의 신학, 즉 신화적 · 자연적 · 도성적 신학에 관하여

이제 우리는 그의 이 전제, 즉 신들에게 부여된 설명에는 신화적 · 자연적 · 도성적이라는 세 종류의 신학이 있다는 데 대하여 어떤 말을 할 수 있는가?[18] 라틴어 용법에서 허용되었다면 우리는 순서상 첫번째 것을 파부라르(fabular)라고 해야 하지만, "신화적"이란 말이 신화를 뜻하는 그리스어의 뮈토스(mythos)로부터 파생되었기 때문에 "신화적"이라고 하자. 그렇지만 두번째는 용례대로 "자연적"이라고 호칭될 수 있다. 세번째 부류에 대해서 바로 자신은 "도성적"(civil)이라고 지칭하였다.

그런 다음 그는 "사람들은 시인들이 주로 사용하는 종류를 신화적이라고 하고, 철학자들이 사용하는 종류를 자연적이라고 하고, 일반 대중이 사용하는 종류를 도성적이라고 부른다"라고 말하면서 이렇게 덧붙이고 있다. "내가 언급했던 첫번째에 관해서는 불멸적인 존재의 위엄과 본성에 반대되는 많은 조작된 이야기가 그 안에 포함되어 있다. 왜냐하면 우리는 그 안에서 어떤 신이 머리로부터, 다른 신이 넓적다리로부터, 또다른 신이 핏방울로부터 태어났음을 발견하기 때문이다.[19] 또한 우리는 이 안에서 신들이 도둑질하며 간음을 저지르며 사람들을 섬기는 모습을 보게 된다.[20] 한 마디로 우리는 이 안에서 어떠한 인간에게 뿐만이 아니라 심지어 가장 경멸받을 만한 사람에게 발생될지도 모를 온갖 일들조차 신들에게 그 원인이 돌려진다." 그는 분명히 자기가 할 수 있으며 감히 하려고 하며 스스로 생각하기에 아무 일을 당하지 않고 할 수 있다고 생각하는 곳에서 조금만치라도 모호하다거나 애매함 없이 거짓된 이야기에 의하여 신들의 본성에 얼마나 큰 해가 가해졌는지 명확히 하였다. 왜냐하면 그는 자연적 신학이나 도성적 신학이 아니라 자기가 생각하기에 자유롭게 비판할 수 있는 허구적 신학에 관하여 말하고 있기 때문이다.

---

17) 31장.
18) 스카이볼라의 구분이다. 4권 27장 참조.
19) 미네르바와 박쿠스와 페가수스(?)이다(메두사의 피로부터 나온 날개달린 말).
20) 예를 들어 메르쿠리우스, 유피테르, 아폴로(아드메투스의 노예).

이제 그가 두번째 종류에 대해서는 어떤 말을 하는지 보도록 하자. 그는 이렇게 말하고 있다.

> 내가 설명한 두번째 종류는 철학자들이 그에 대해 많은 저술을 남겼다. 철학자들은 그 안에서 어떠한 신들이 있으며, 그들은 어디에 있으며, 그들은 어떤 종류와 성격을 가졌으며, 언제 이래로 존재하게 되었거나 영원 전부터 존재해 왔는지의 여부와 헤라클레이토스가 믿듯이 불로부터 생겨났는지, 피타고라스처럼 수(數)에서인지, 에피쿠로스가 말하는 것처럼 원자에서 생겨났는지와 같은 문제들을 취급하고 있다[21] 그리고 바깥의 공공광장에서보다는 강의실 벽 안에서 사람들의 귀가 듣고 기꺼이 용납하는 문제들이 있다.

그는 소위 **자연적**이라고 하여 철학자들에게 속한 이런 종류의 신학에 대해서는 수많은 분파를 생기게 만들었던 그들 사이의 논쟁에 대해 말하는 것 외에는 아무런 결점도 찾아보지 못한다. 그럼에도 불구하고 그는 이런 신학을 공공광장 즉 대중으로부터 제거시키고는 학교 안에다가 한정시켜 놓았다. 그러나 그는 첫번째의 아주 거짓되고 아주 천박한 신학을 시민들에게서 제거시키지 않았다. 로마사람들을 포함하여 일반 사람들은 종교문제에 있어서 얼마나 예민한 귀를 가지고 있는가! 그들은 불멸의 신들에 대한 철학자들의 논의를 참아내지 못하고 있다. 그런데도 시인들이 노래부르며 무대 연기자들이 인간에게 뿐만이 아니라 가장 경멸받은 사람에게 발생될 수도 있는 일들, 불멸의 존재들의 위엄과 본성에 해를 끼치는 그런 일들을 행할 때 참고 있을 뿐만 아니라 기꺼이 듣고 있다. 이것이 전부가 아니라 그들은 심지어 이런 일들이 신들을 기쁘게 하고 그런 일을 통하여 신들이 달램 받는다고 생각하고 있기까지 하다.

그러나 어떤 사람들은 신화적·자연적 신학이라는 두 종류 즉 허구적·본성적 신학을 우리가 지금 이야기하고 있는 이 도성적 신학과 구분하자고 말할는지 모른다. 바로 자신도 이런 일을 예상하고서 그들을 구분했다. 이제 그가 도성적 신학 자체를 어떻게 설명하는지 보도록 하자. 나는 사실 그것이 거짓이며 천박하며 무가치하기 때문에 허구적이라고 구분되어야 하는 이유를 알고 있다. 그러나 도성적 신학

---

21) 헤라클레이토스(Heraclitus of Ephesus:기원전 약 500년)는 만물의 기원을 비물질적인 실체인 불로 돌린다. 피타고라스(Pythagoras of Samos)는 기원전 6세기 후반에 마그나 그라이키아에 정착했다. 그는 수와 수적 관계에서 만물에 대한 설명을 발견했다. 에피쿠로스(Epicurus of Samos:기원전 341-270)는 306년에 아테네에 정착했다. 그의 물리적인 세계인식은 레우키포스와 데모크리투스의 원자론을 발달시켰다.

으로부터 본성적 신학을 구분할 수 있기 위해서는 도성적 신학 자체가 거짓임을 고백하는 외의 다른 방도가 있겠는가? 그것이 본성적이라고 한다면 그것이 배제되어야 마땅한 어떤 잘못을 가지고 있는 것인가? 그리고 도성적이라고 불리는 이것이 본성적이지 않다면 그것은 인정되어야 마땅한 어떤 장점을 가지고 있는 것인가? 사실 이런 이유 때문에 그는 인간적인 일들에 관하여 먼저 저술하고 나중에 신적인 일들에 관하여 저술했던 것이다. 왜냐하면 그는 신적인 일들 안에서 본성 안에 있는 어떤 것이 아니라 순수하게 인간적인 제도를 다루고 있기 때문이다.

바로가 말하는 이 도성적 신학에 대해 살펴보자. 그는 이렇게 말하고 있다. "세 번째 종류의 신학은 도성 내에 있는 시민들, 특히 신관들이 알아야 하고 실행에 옮겨야 하는 신학이다. 거기에는 각 사람이 공적으로 어떤 신들을 마땅히 숭배할 수 있으며 각 사람이 마땅히 어떤 종교 의식과 제사를 행할 수 있는지에 관한 정보가 나와 있다." 계속해서 그가 말하는 다음의 내용에 주의를 기울여보자. "첫번째 신학은 특히 극장에 적용되며, 두번째 신학은 세상에, 세번째 신학은 도성에 적용된다." 그가 어떤 신학에 승리를 부여하고 있는지 모를 사람이 누가 있겠는가? 그것은 확실히 그가 위에서 말한 대로 철학자들의 신학인 두번째이다. 왜냐하면 그는 이 신학이 세상에 관계하고 있으며 철학자들[22]이 세상보다 더 나은 것은 아무것도 없다고 생각하고 있음을 증언해주고 있기 때문이다.

그러나 첫번째와 세번째의 두 신학, 즉 극장의 신학과 도성의 신학에 대해서 그는 그 둘을 구분하고 있는가? 아니면 결합시키고 있는가? 왜냐하면 우리는 도성이 세상 안에 있음을 안다고 할지라도 도성에 속한 모든 것이 세상과 관련된다고 보지는 않기 때문이다. 잘못된 견해에 따라 세상 안에서든지 세상 밖에서든지 전혀 존재하지 않는 것들이 도성 내에서 숭배되고 신앙의 대상이 되는 일은 가능하다. 그러나 도성 안이 아니라면 어디에 존재하는가? 국가가 아니고서는 누가 극장을 설립하는가? 국가는 연극 공연물을 위해서가 아니라면 어떤 목적을 위하여 극장을 설립하는가? 그리고 연극 공연물은 바로의 이런 책들에 그토록 유능하게 저술되어있는 신적인 일들에 관해서가 아니라면 다른 어떤 부류의 일들에 속해있는가?

6. 바로에게 대항한 신화적, 즉 허구적 신학과 도성적 신학에 관하여

아, 마르쿠스 바로여 ! 당신은 아주 명민한 사람이며 의심할 바 없이 아주 학식

---

22) 스토아주의자들이다. Cic., *De Nat. Deor.*, 2, 7; 2, 14, 37 이하 참조.

있는 사람이지만, 그래도 여전히 사람이지 하나님은 아니다. 이제 당신은 하나님의 영에 의하여 신적인 일들을 알아내고 발표하도록 들림받았기 때문에 신적인 일들이 인간적인 사사로운 일들 및 거짓말로부터 구분되어야 한다는 사실을 알고 있다. 그러나 당신은 대중의 아주 부패한 견해와 공적인 미신에 담긴 그들의 관습과 대결하는 것을 두려워하고 있다. 당신 자신도 그런 것들을 모든 측면에서 생각해 보았을 때 그것들이 신들, 심지어 아주 연약함 가운데 있는 인간의 마음이 이 세상의 구성요소 안에 존재하는지 의심하고 있는 그런 신들의 본성으로부터도 생소하다는 것을 느끼고는 당신의 모든 저서에서 그에 대한 비난의 소리를 높이고 있다. 아주 뛰어난 인간의 재능이 여기에서 무엇을 할 수 있는가? 인간의 학문이 비록 다양하기는 하지만 이런 혼란 가운데 있는 당신에게 어떤 도움을 줄 수 있는가?

당신은 자연적인 신들을 숭배하기를 원하고 있지만, 어쩔 수 없이 국가의 신들을 숭배하고 있다. 당신은 당신이 생각하는 바를 아주 자유롭게 토로하고 있는 몇몇 신들이 허구적이라는 것을 알고 있다. 그리고 당신이 원하든 원하지 않든 그와 더불어 국가의 신들에게조차 공격의 화살이 미치고 있다. 당신은 정말로 허구적인 신들이 극장에, 자연적인 신들이 세상에, 도성적인 신들이 도성에 적합하다고 말하고 있다. 그러나 분명히 세상은 신의 작품이며 도성과 극장은 인간들의 작품이다. 그리고 극장에서 놀림당하는 신들은 신전에서 숭상되는 신들과 다르지 않으며, 당신이 제물을 바치는 신들은 당신이 극장에서 그들을 기념하여 상연하게 하는 신들과 다르지 않다. 만약 당신이 자연적인 신들과 인간들의 제도로써 설정된 신들을 구분했다고 할지라도, 뒤의 부류의 신들에 대한 시인들의 저술이 신관들의 가르침과는 다른 태도를 보이지만 서로 제휴하여 속이는 데 있어서는 그 둘이 연합되어 있으며 진리의 가르침의 적인 악령들에게는 마찬가지로 용납될 만하다는 것을 관찰했더라면, 당신은 이런 일들을 보다 솔직하고 보다 섬세하게 제시해주었을 것이다.

그러므로 우리는 소위 자연적인 신학에 대해서는 나중에 논의될 것이기 때문에 당분간 유보시켜두고, 실제로 어떤 사람이 시인의, 극장의, 연극의 신들로부터 영원한 생명에 대한 소망을 추구할 준비가 되어있는지 질문할 수 있다. 하지만 그런 생각일랑 썩 집어치워라. 참되신 하나님이 그토록 난폭하고 신성모독적인 광기를 막아주시기를! 도대체 자신들의 범죄행위가 드러나는 이런 일들에서 기쁨을 얻으며 달램받는 신들로부터 영원한 생명이 요청될 수 있단 말인가? 내가 생각하기에 그토록 무분별하며 광포한 정도의 불경건한 상태에 다다른 사람은 아무도 없다. 그렇다면 어떤 사람도 신화적 신학이나 도성적 신학에 의하여 영원한 생명을 얻지는 못한다.

앞의 신학은 신들에 관한 천박한 일들을 꾸며냄으로써 씨를 뿌리고 있고, 뒤의 신학은 그런 내용을 지지함으로써 결실을 거두고 있다. 앞의 신학은 거짓을 흩뜨리고 있으며 뒤의 신학은 그것을 주워담고 있다. 앞의 신학은 거짓된 범죄로써 신적인 일들을 추구하는 반면에, 뒤의 신학은 신적인 일들 사이에 이런 범죄로 구성된 연극을 통합시키고 있다. 앞의 것은 인간의 노래 안에서 신들에 관한 불경건한 허구를 널리 들리게 하는 반면에, 뒤의 신학은 신들 자신의 축제에서 이런 내용을 신성하게 만들고 있다. 앞의 신학은 신들의 악행과 범죄를 노래하는 반면에, 뒤의 신학은 그것들을 사랑한다. 앞의 신학은 폭로하거나 거짓으로 꾸며내는 반면에, 뒤의 신학은 사실을 입증하거나 거짓을 즐거워한다. 둘 다 비루하며 가증할 만하다. 그러나 극장의 신학은 혐오스런 것을 공적으로 가르치며, 도성의 신학은 그런 혐오스런 것으로 자신을 치장하고 있다. 이런 짧고 순간적인 생애를 타락시키는 이런 것들로부터 영원한 생명이 추구될 수 있는가? 악인들과 사귐으로써 그들이 서서히 우리의 호의를 얻고 우리의 동의를 확보할 때 그로써 우리의 생활이 타락한다면, 자기들의 범죄행위로 숭배받는 악마들과의 사귐은 인생을 부패시키지 않겠는가? 그런 범죄가 사실이라면 악마들은 얼마나 사악한가! 그것이 거짓이라면 그런 숭배행위가 얼마나 사악한가!

우리가 이런 것들을 말할 때 이에 대해 잘 알지 못하는 어떤 사람에게는 아마도 시인들의 노래 안에서 신들에 관해서 불려지고 무대 위에서 행동되는 것들만은 신적인 위엄에 적절하지 못하고 엉터리이며 너무 혐오스러워서 기념될 수 없는 반면에, 무대의 배우들이 아니라 신관들이 수행하는 성스런 것들은 온갖 보기흉한 것들과는 상관없이 순수한 것처럼 보일는지 모른다. 만약 이것이 사실이었다면, 어느 누구도 이런 극장의 혐오스런 일들이 신들을 기념하여 공연되어야 한다고 생각한 사람이 없었을 것이고 신들 자신도 결코 그런 것들이 자기들을 향하여 연기되도록 명령하지 않았을 것이다. 그러나 사람들은 마찬가지 일들이 신전에서도 행해지고 있기 때문에 극장에서 이런 일을 행하고도 전혀 부끄러워하지 않는다.

간단히 말하여 앞서 언급된 저자가 도성적 신학을 제3의 별개의 종류로서 신화적 신학 및 자연적 신학과 구분하고자 시도했을 때, 그는 그것이 둘 중 어느 것과 구분된다기보다는 그 둘의 혼합물로 이해되기를 원했다. 왜냐하면 그는 시인들이 쓰는 것들은 사람들이 뒤따르는 모범으로서 부적절한 반면에, 철학자들의 저술은 너무 강압적이어서 보통 사람들이 그들의 연구로부터 유익을 발견할 수 없다고 말하고 있기 때문이다. 바로는 이렇게 말하고 있다. "그 두 신학은 아주 차이가 많지만 그럼에도 불구하고 양 신학으로부터 적지않은 요소가 도성적 신학의 설명에 차용되었다. 그러므로 우리는 도성적 신학이 철학자들의 신학과 보다 밀접하게 연관되어야 함에도 불구하고 시인들의 신학과 갖는 공통점을 지적할 것이다." 따라서 도성적 신학은 시인들의 신학과 그다지 별개의 것이 아니다.

그렇기는 하지만 바로는 다른 곳에서 신들의 계보에 관하여 다룰 때 사람들이 자연 철학자들[23]보다는 시인들에게 더 경사되어있다고 말한다. 왜냐하면 그는 앞의 구절에서 어떤 일이 행해져야 하는지를 말했다면 뒤의 구절에서는 어떤 일이 행해지고 있는지 말했기 때문이다. 그는 시인들이 쾌락을 목적으로 한 반면에 철학자들은 덕성 함양을 위하여 저술했다고 말했다. 그래서 사람들이 따르지 말아야 하는 시인들의 저술 내용은 신들의 범죄행위이기는 하지만 사람들과 신들을 즐겁게 하고 있다. 왜냐하면 그가 말하기로, 시인들은 덕성 함양이 아니라 쾌락을 위하여 저술하고 있음에도 불구하고 신들이 요망하며 사람들이 행동하는 그런 것들을 쓰기 때문이다.

7. 신화적 신학과 도성적 신학의 유사성과 일치점에 관하여

그러므로 온갖 비열한 것과 외설적인 내용으로 가득찬 극장과 연극의 신학인 신화적 신학은 도성적 신학 안으로 흡수되었다. 그리고 마땅히 비난과 배척을 받을 만하다고 판단되던 그 신학 전체는 계발되고 준수될 가치가 있다고 간주되던 신학의 일부분이다. 내가 보여주려고 착수했던 것처럼 그것은 전 체계와는 무관하게도 거기에 부적절하게 접합되어 매달려있는 모순된 부분이 결코 아니라, 동일한 체계의 일원으로서 나머지와 전적으로 일치하고 있으며 나머지와 아주 조화롭게 적응된 부분이다.

신들의 신상과 형상과 나이와 성(性)과 특징은 이외의 다른 무엇을 보여주고 있는가? 시인들이 수염달린 유피테르와 수염없는 메르쿠리우스를 가지고 있다면, 신관들은 그와 동일한 신들을 가지고 있지 아니한가? 신관들의 프리아푸스는 배우들의 프리아푸스보다 덜 외설적인가? 그는 관객들을 즐겁게 하기 위하여 무대 주위를 움직이는 것과는 다른 형태로 숭배자들의 존경을 받고 있는가? 사투르누스와 아폴로는 배우들이 가면을 쓰고 연기할 때 뿐만 아니라 그들의 신상이 서 있는 제단에서도 각각 나이든 모습과 젊은 모습을 하고 있지 않은가? 문을 담당하는 포르쿨루스와 문지방 및 상인방을 담당하는 리멘티누스는 남신인데 그들 사이에 나서 돌쩌귀를 담당하는 카르데아는 무슨 이유로 여신인가?[24] 신들의 일들에 관한 책에서는 신중한 시인들이 자기들의 시구에 무가치하다고 생각하는 그런 것들이 발견되고 있지 않은가?

23) 즉 철학자들이다.

24) 이 세 신에 대해서는 4권 8장 참조.

도성의 디아나는 처녀일 따름인데 극장의 디아나는 무기를 지니고 있는가? 무대에 등장하는 아폴로가 수금을 연주하는 자이지만, 델피의 아폴로는 이 기술에 대해 아는 것이 없는가?

그러나 이런 일들은 보다 수치스런 일들과 품위있게 대조를 이룬다. 카피톨 신전에다가 유모[25]가 있게 했던 자들은 유피테르 자신에 대해 어떤 생각을 했는가? 그들은 이야기꾼의 수다가 아니라 부지런히 그 문제를 조사했던 역사가의 진지함으로써 모든 그런 신들이 인간이요 죽을 존재라고 저술했던 유페메루스[26]의 이론을 지지하지 않았는가? 그리고 연회에 참석한 신들(Epulones)[27]을 유피테르가 있는 식탁의 식객으로 지정한 사람들은 종교 의식을 흉내내며 조롱하는 것 외의 다른 의도가 있었는가? 왜냐하면 어떤 희극 배우가 유피테르의 연회에 입장하도록 허락받은 식객들에 대해서 말했다면 그는 분명히 웃음을 자아내려고 의도했을 것이기 때문이다. 사실 이에 대해 말한 사람은 다름아닌 바로였다. 이 때 그는 신들을 조롱하려고 해서가 아니라, 오히려 그들을 찬양하려는 의도를 가지고 있었다. 이 점은 그가 극장공연물을 설명하고 있는 장소인 인간적인 일들에 관한 책에서가 아니라, 카피톨 신전의 의식을 보여주던 신적인 일들에 관한 책에서 이런 내용을 썼다는 사실로 보아 입증되고 있다. 한 마디로 말하여, 그는 어쩔 수 없이 로마인들이 인간적인 형태로 신들을 만들었듯이 신들은 인간적인 쾌락으로 기쁨을 얻고 있다고 믿었음을 인정하고 있는 것이다.

또한 사악한 영들은 사람들의 마음을 현혹시킴으로써 이런 해로운 견해들을 확고하게 하는 자기들의 업무에 실패하지 않았다. 그래서 헤라클레스 신전을 파수보던 자가 하루 종일 아무 할 일이 없어서 혼자서 주사위놀이를 했다는 얘기가 있다. 그는 한 손으로는 헤라클레스를 위하여, 다른 한 손으로는 자신을 위하여 주사위를 던지고는, 만약 자기가 이기면 신전의 비용으로 식사를 준비시키고 창부를 고용하겠지

25) 염소인 아말테아(Ovid, *Fast.*, 5, 115-128).

26) 4권 27장 이하 참조.

27) 연회하는 신들. epilones deos. 에풀로네스는 신들에게 봉헌되는 제의적 연회를 담당한 신관들의 이름이다. 그것은 때때로 그런 연회가 봉헌되는 신들을 언급하는 비문에서 발견된다. 우리는 아우구스티누스가 뜻하는 대로 유피테르가 다른 신들을 환대했다는 연회에 대하여 다른 증거를 가지고 있지 않다. 가장 근사한 예는 9월에 ludi Romandi에서 개최되었으며 11월에 "Plebeian Games"에서 반복된 epulum Jovis인 것처럼 보인다. 이것은 유피테르 신상이 비스듬이 누워있으며 유노와 미네르바의 신상이 의자에 앉아있는 모습으로 원로원 의원들과 행정관들이 참석한 가운데 카피톨 신전에서 열린 종교적인 연회였다(Val. Max., 2, 12).

만 헤라클레스가 이기면 자기 스스로 자신의 비용으로 헤라클레스를 위하여 똑같은 일을 하겠노라고 정했다고 한다. 결국 그가 마치 헤라클레스에게 당한 것처럼 자기 스스로 패배당했을 때 주기로 했던 식사 및 아주 유명한 창부인 라렌티나를 남신인 헤라클레스에게 제공했다. 그녀는 신전 안에서 잠이 든 후에, 헤라클레스가 자신과 동침하고는 그녀가 신전을 떠날 때 처음 만나는 젊은이에게서 돈을 받을 것과 이것이 헤라클레스에 의하여 그녀에게 지불되는 것임을 믿어야 한다고 말하는 꿈을 꾸었다. 그런데 그녀가 밖으로 나갈 때 첫번째로 만난 젊은이는 굉장한 부자인 타르티우스였다. 그는 그녀를 사랑하게 되어 오랫동안 자신의 정부(情婦)로 삼고는 죽을 무렵에 그녀를 상속인으로 남겨두었다. 그리하여 굉장한 유산을 물려받게 된 그녀는 신이 지불해준 돈에 대해 감사치 않는다고 보이기 원치 않았기 때문에 로마인들을 자신의 상속자로 삼음으로써 스스로 신들에게 가장 용납될 만하다고 생각했던 일을 행했다. 그녀는 사라졌지만 그녀의 유언장이 발견되었다. 사람들은 그녀가 이러한 칭찬받을 만한 행동에 의하여 신적인 영예를 얻었노라고 말하고 있다.[28]

그렇다면 이런 이야기가 시인들에 의하여 꾸며져서 희극배우들에 의하여 연기되었다면, 의심할 바 없이 그것은 신화적 신학에 속하며 품위있는 도성적 신학의 범주와는 구분될 가치가 있다는 판단이 내려졌을 것이다. 그러나 시인들이 아니라 시민에게 속했으며, 익살극이 아니라 거룩한 일들에 속했으며, 극장이 아니라 신전에 속했으며, 신화적 신학이 아니라 도성적 신학에 속한 그런 수치스런 일들은 그토록 위대한 권위자에 의하여 제시되었다. 그 때 배우들이 아주 엄청난 신들의 천박함을 극장의 연기로써 드러낸 일은 쓸모없지 않다. 그러나 확실히 신관들은 거룩하다고 불리는 의식에 의하여 존재하지도 않는 신들의 고상한 성품을 주장하려고 애쓰고 있지만 소용없다.

유노에 대한 종교 의식이 있는데, 이것은 그 여신이 유피테르와의 결혼에 응하게 된 사랑하는 섬인 사모스에서 기념된다.[29] 케레스에 대한 거룩한 의식이 있어서 그 안에서 그 여신은 플루토에 의하여 빼앗긴 프로세르피나를 찾고 있다. 베누스에 대한 종교 의식이 있어서, 그 중에 그녀는 자기가 사랑하는 아도니스가 멧돼지의 이빨로 살해당하자 그 사랑스런 젊은이를 위하여 슬퍼하고 있다. 신들의 어머니[30]에 대한 종교 의식이 있어서, 그 안에서는 그녀에 의하여 사랑받았고 한 여인의 질투를

28) Plut., *Quaest. Rom.*, 36; Gell., 6, 7.
29) Virg., *Aen.*, 1, 15 이하.
30) 키벨레이다. 2권 4장 이하 참조.

통하여 그녀에 의하여 거세당했던 아름다운 젊은이인 아키스가 동일한 불행을 당하고는 갈리(Galli)라고 불리던 남자들에 의하여 애도되고 있다.[31] 이런 일들은 모든 극장의 혐오스런 일들보다 더 보기 흉하다. 그렇다면 마치 고귀하고 가치있는 일들을 무가치하며 천한 것으로부터 구분하기라도 하듯이, 극장에 속해있으며 신들에 대한 시인들의 허구적인 신화를 도성에 속해있기를 원하는 도성적 신학으로부터 구분하려고 애쓰는 이유는 무엇인가? 사실 우리는 사람들의 눈에 대한 고려를 해주어 신전의 벽에 의하여 가리워진 모든 것들을 극장의 공연물로써 드러내지는 않았던 무대의 배우들에게 보다 감사할 이유가 있다.

빛 속으로 드러난 그런 일들이 그토록 혐오스럽다면, 우리는 어두움 속에 감추인 그들의 종교 의식에 대해 생각한다고 한들 무슨 유익이 있을 수 있는가? 그리고 확실히 그들은 불구가 되었으며 연약한 사람들을 대행자로 하여 자기들이 은밀하게 행하는 것을 보았다. 그러나 불행을 당했으며 아주 보기흉하게 무기력해졌으며 타락한 사람들을 시야 밖에 두는 것은 불가능했다. 이교도들로 하여금 그런 사람들의 임무를 통하여 누구에게나 자기들이 종교 행위를 수행하고 있다고 확신시키게 하라. 왜냐하면 그들은 그러한 사람들이 그들의 의식 중에 지정된 역할과 행동을 가지고 있다는 사실을 부인할 수는 없기 때문이다. 우리는 그들이 무엇을 행하는지는 알지 못하지만, 그들이 누구를 통하여 행하는지는 알고 있다. 우리는 결코 거세당한 자나 성 도착자가 심지어 창부들의 가무단에도 나타나지 않는 무대 위에서 어떤 일이 일어나는지 알고 있다. 그럼에도 불구하고 이런 일들은 심지어 비루하며 파렴치한 배우들에 의하여 연기되고 있다. 왜냐하면 선한 성품을 지닌 사람들이 그런 역할을 담당할 수는 없기 때문이다. 그렇다면 신성함이 그 실행을 위하여 심지어 무대의 외설스러움마저 인정하지 않았던 그런 사람들을 선택했던 그런 종교 의식은 무엇인가?

8. 이교도 교사들이 자기들의 신들을 위하여 보여주려고 시도하는 바, 자연적 설명을 구성하고 있는 해석들에 관하여

그러나 사람들은 이 모든 일들이 어떤 물리적인, 즉 자연적인 해석을 포함하고 있으며, 자연적인 의미를 제시하고 있다고 말한다. 마치 우리가 이 논의에서 신학 즉 자연이 아닌 하나님에 대한 설명이 아니라, 자연학을 추구하고 있다는 듯이 말이다. 참된 하나님인 그분은 의견으로써가 아니라 본성상 하나님이기는 하지만, 모든

31) Ovid, *Fast.*, 4, 223-30; 2권 7장 25장 이하 참조.

자연이 하나님은 아니다. 왜냐하면 인간과 짐승과 나무와 돌의 본성이 있으나 이것 중 어느 것도 하나님은 아니기 때문이다. 그러나 이런 노선에 따른 해석의 중심점이 신들의 어머니에 대한 의식에 적용될 때 그 여신이 분명히 땅이라는 것이라면, 우리가 더 이상 살펴보며 다른 설명을 검토할 필요가 있는 것일까? 그 모든 신들이 한때 인간이었다고 말하는 사람들에게 이보다 더 분명하게 지지를 보내는 것이 있을 수 있는가? 왜냐하면 그들은 땅이 자기들의 어머니라는 의미에서 땅에서 태어났기 때문이다. 그러나 진실된 신학에서는 땅이 하나님의 작품이지, 그 어머니는 아닌 것이다.

그러나 그들에 대한 종교 의식이 어떠한 방법으로 해석되며 그로써 사물의 본성에 관하여 어떠한 언급이 거론되든지 간에, 남자가 여자로 취급되는 것은 자연과 부합되지 않고 오히려 그에 반대된다. 이런 질병, 이런 범죄, 이런 혐오스런 일은 비록 부패한 사람이라고 하더라도 그에 대해 어쩔 수 없이 고백해야 할 때에는 고통을 느끼지 않을 수 없을 사항임에도 불구하고 거룩한 일들 사이에 공식적인 자리를 차지하고 있다. 또한 연극의 혐오스런 일들보다 더 불결함이 입증된 이런 종교 의식이 만약 사물의 본성을 상징하기 위하여 제시되는 그들 자신의 설명을 가지고 있다는 이유 때문에 용서되고 정당화된다면, 무슨 이유로 시인들의 허구는 동일한 방식으로 용서되며 정당화되지 않는가? 사실 많은 해석자들이 동일한 방식으로 시적인 내용을 설명해 내었다. 그래서 사람들이 말하기로 가장 기괴하며 가장 끔찍스러운 내용, 즉 사투르누스가 자기 아들을 삼켰다는 것조차 어떤 해석자들에 의하여 사투르누스라는 이름으로 상징화된 시간의 길이[32]가 자신이 낳는 것은 무엇이든지 먹어치운다거나, 혹은 우리가 얘기하는 바로가 생각하듯이 사투르누스는 땅으로부터 유래되어 다시 땅으로 돌아가는 것을 의미한다고 해석되어왔다. 그리고 사람들은 그것을 이런저런 방법으로 해석하고 있다. 이 신학의 나머지 모든 문제에 대해서도 동일한 것이 언급될 수 있는 것이다.

그럼에도 불구하고 그것은 신화적 신학이라고 불리면서, 그에 속한 모든 해석과 더불어 비난되며 배제되며 부인되고 있다. 그리고 그것은 철학자들의 것인 자연신학에 의해서 뿐만이 아니라 도성과 민족들에게 속해 있다고 주장되면서 지금 우리가 말하고 있는 도성적 신학에 의해서도, 신들에 관하여 무가치한 것들을 창작했다는 이유 때문에 비난받을 만하다고 판단되고 있다. 이런 구분을 한 밑바탕에 깔린 의도는 명확하다. 이 주제에 관하여 논문을 썼으며 예리한 지성과 심오한 학식을 지닌

32) 4권 10장 이하.

사람들은 신화적 신학과 도성적 신학이 둘 다 배척되어야 한다는 사실을 깨달았다. 그러나 그들은 전자에 대해서는 감히 그렇게 했으나, 후자에 대해서는 그럴 만한 용기를 가지고 있지 못했다. 그들은 전자를 비난의 대상으로 제시하고 있지만, 후자는 그와 비슷한 것으로 제시했다. 그것은 도성적 신학이 신화적 신학보다 선호되어 선택되어야 한다고 그들이 원했기 때문이 아니라, 그와 함께 배척될 가치가 있는 것으로 이해시키기 원했기 때문이다. 그래서 그들은 도성적 신학을 비난하기를 두려워했던 사람들에 대한 두려움없이 그 두 신학이 경멸당함으로써 사람들이 자연적 신학이라고 부르는 신학이 보다 좋은 마음씨를 가진 사람들 사이에 자리를 잡을 수 있게 하리라고 생각했다. 왜냐하면 도성적 신학과 신화적 신학은 둘 다 신화적이며 둘 다 도성적이기 때문이다. 두 신학의 허영과 외설성을 현명하게 조사하는 사람이라면 그것이 둘 다 신화적임을 알게 될 것이다. 그리고 도성적 신들에 대한 제전과 도성의 신적인 의식에서 신화적 신학에 속한 연극 공연물에 주의를 돌리는 사람이라면 그 둘 다 도성적임을 알게될 것이다.

그렇다면 그들이 그 신상과 의례를 통하여 아주 명백하게 신체적인 형태, 그 나이, 성, 의복, 결혼관계, 자녀 및 그 의식에 관하여 공개적으로 배척당한 신들과 아주 동일함이 입증되었는데도 어떻게 영원한 생명을 주는 능력이 그런 신들 중의 어느 누구에게 있다고 생각될 수 있는가? 이 모든 것을 통해서 원래 인간이었던 그들을 기념하여 그들의 생애나 사망에서 생긴 어떤 특별한 상황에 응답하여 의식과 의례가 제정되었으며, 이런 오류가 그것을 암시했던 마귀들의 격려 혹은 적어도 불결한 영의 행동을 통하여 인간의 마음을 현혹시킬 기회를 포착하여 잠입해 들어온 것임이 분명해졌다.

9. 신들의 특별한 역할에 관하여

너무나 비열하고 너무나 세부적으로 배분되어 있어서 — 우리는 비록 그에 관하여 모든 것은 아니라고 할지라도 이미 많은 내용을 언급했다 — 사람들이 특별한 기능에 따라 간청해야 한다고 말하는 바로 그 신들의 역할에 관해서 보자면, 그런 내용은 신적인 위엄보다는 희극배우의 익살에 보다 더 일치하지 않는가? 만약 어떤 사람이 자기 젖먹이를 위하여 먹을 것 외에는 아무것도 주지않는 간호원과 마실 것 외에 아무것도 주지않는 간호원을 동시에 고용한다면, 우리는 분명히 그가 자신의 집에서 일종의 익살극을 행하는 어리석은 사람으로 생각할 것이다. 그러나 로마인들은

33) 4권 11장 이하.

실제로 이 두 목적을 위하여 에두카와 포티나[33]라는 두 신을 정해놓았던 것이다! 로마인들은 남성이 교접할 때 리베르를 통하여 정액을 발산함으로써 자유로와지기 때문에 해방(liberamentum)[34]으로부터 그 이름을 유래시키기를 원하고 있다. 또한 그들은 여인들 역시 씨앗을 발산한다고 말하기 때문에 여인의 경우에는 (그들이 견해로는 베누스와 동일하다는) 리베라가 동일한 기능을 수행한다고들 말한다.

그래서 그들은 또한 이 때문에 신전 내에서 남성의 그것이 리베르에게, 여성의 그것이 리베라에게 각각 놓여있다고 말한다. 그들은 여기에다가 리베르에 할당된 여인들 및 욕정을 불러일으키기 위한 포도주를 추가시킨다. 그래서 박카스 축제는 극도의 광란 상태에서 기념되는데 이에 관해 바로 자신도 사람들의 정신이 극도로 흥분되지 않고는 그런 일들이 그 축제 참가자들에 의하여 행해질 수 없다고 고백하고 있다. 그러나 이런 일들은 이후에 보다 정신이 맑았던 원로원을 불쾌하게 하였으므로, 원로원의 명령에 의하여 그것이 중단되고 말았다.[35] 그들은 여기에 이르러 결국 불결한 영들이 신이라고 주장될 때에 사람들의 마음에 얼마나 큰 능력을 행사하고 있는지 감지하게 되었다. 분명히 이런 일들은 극장 안에서 행해져서는 되지 않았다. 그들은 그곳에서 미친 것을 행한 것이 아니라 연기를 감상하고 있었다. 그렇지만 그런 연기에서 즐거움을 느끼는 신들을 갖는 일은 미친 짓이나 다름없었다.

바로는 확실히 경건한 사람과 미신적인 사람을 구분하고 있다. 그가 말하기로 미신적인 사람은 신들을 두려워한다. 경건한 사람은 자신의 부모를 존경하기 때문에 신들을 공경한다. 그런 사람은 신들을 적이라고 두려워하지 않는 것이다. 그리고 그가 신들을 선하다고 부를 때 그는 한 사람의 무죄한 사람에게 해를 가하기보다는 범죄한 사람을 기꺼이 용서하고자 한다는 의미에서이다. 그러나 바로는 어떤 여인이 출산하였을 때 남신인 실바누스(Silvanus)[36]가 들어와서 그녀를 괴롭히지 않도록 하

---

34) 리베라멘툼. 이 단어는 다른 곳에서는 발견되지 않는다. 리베르는 일반적으로 포도나무의 신이다(4권 11장 이하 참조). 그리고 아마도 그 이름은 "libation"(헌주:獻酒)와 어원이 같을 것이다. 키케로(*De Nat. Deor.*, 2, 24, 62)는 성(性)적인 리베르를 알콜의 리베르와 구분하고는, 전자를 liberi(자녀들)과 연관시킨다.

35) 기원전 186년의 일이다. Liv., 39, 18.

36) **실바누스**:일반적으로 농업의 신이다. 이 출생 후의 경고에 대해서는 다른 곳에서는 언급되지 않는다.

필룸누스:베르길리우스의 *Aen.*, 10, 76에서 언급되었다. 바로를 언급하고 있는 세르비우스의 주석에는 어린이가 태어나는 집의 중앙 홀(atrium)에 필룸누스와 피툼누스를 위하여 침대 하나가 만들어졌다고 나와있다.

인테르키도나, 디베라:다른 곳에서는 나오지 않는다.

기 위해 세 신이 보호자로 위촉받았다고 말하고 있다. 이들 보호신들의 임재함을 상징하기 위하여 세 명의 남자가 밤 동안에 그 집을 빙빙 도는데, 그 때 첫번째 남자는 도끼로 문지방을 내리치며, 두번째 남자는 절구공이로 내리치며, 세번째 남자는 마당비로 그것을 쓸어내린다. 이는 도끼가 없이는 나무를 쪼개거나 벨 수 없고, 절구공이가 없이는 곡식을 빻을 수 없고, 마당비가 없이는 곡식을 쌓아놓을 수 없기 때문에, 남신인 실바누스가 들어오지 못하도록 이러한 농업적인 상징행위를 보여주고자 함이었다.

그래서 이 세 행위로부터 세 신의 이름이 붙여졌다. 즉 인테르키도나(intercidona)는 도끼로 자르는 행위로부터, 필룸누스(Pilumnus)는 절구공이로부터, 디베라(Diverra)는 마당비로부터 각각 유래되었다. 이런 보호신들에 의하여 해산한 여인은 남신인 실바누스의 능력에 대항하여 보호받는다는 것이다. 그래서 선한 신들의 보호능력도 만약 그들이 수적으로 3대 1의 우위를 보이지 않는다면, 또 숲에 거주하는 관계로 거칠며 무서우며 야만적인 그 남신에 대항하여 반대적인 농업의 상징으로 싸우지 않는다면, 해를 끼치는 신의 악의에 아무런 소용도 없을 것이다. 이것이 신들의 무해함을 보여주는가? 이것이 그들의 조화로움을 보여주는가? 이런 자들이 도성을 보호하는 자들이라니 극장에서 웃음을 자아내는 것보다 더 우스꽝스럽지 아니한가?

남성과 여성이 연합될 때에는 남신인 유가티누스(Jugatinus)[37]가 역할을 맡는다. 그렇다. 이 정도는 참을 만하다. 그러나 결혼한 여성이 집으로 호송되어올 때 남신인 도미두쿠스(Domiducus)도 역시 초치된다. 그녀가 남편과 함께 남아있기 위해서는 여신인 만투르나이(Manturnae)가 소용된다.[38] 더 필요한 것이 무엇인가? 인간적인 정숙함이 남아있도록 하라. 육신의 욕정이 나머지 일을 처리하게 하고 수치심의 비밀이 존중되도록 하라. 들러리들조차 물러나고 없는 때에 신방에 무슨 이유로 신들이 우글거려야 하는가? 신방이 신들로 가득차 있다는 생각으로 인하여 정숙함을 유지하는데 보다 많은 주의가 기울여지느냐 하면 결코 그렇지 않다. 본성적으로 보다 약한 성을 가지고 있으며 낯선 상황에 몸을 떠는 여성은 신들의 도움으로 보다 기꺼이 자신의 처녀성을 양보하게 된다. 왜냐하면 여기에는 베누스와 프리아푸

---

37) 4권 11장 참조.

38) 도미두쿠스는 마르티누스 카펠라(5세기), *De Nuptiis Mercurii et Philologiae*, 2, 149에 등장한다. 도미두카는 유노의 별칭으로 나타난다(7권 3장 참조). 도미티우스 만투르나 비르기넨시스(4권 11장 참조), 수비구스는 모두 알려져 있지 않다.

스만이 아니라, 여신인 비르기넨시스(Virginensis)도 있고 대부격인 수비구스(Subigus-복종시킨다)도 있고 대모격인 프레마(Prema-누른다)[39]도 있고, 여신인 페르툰다(Pertunda-찌른다)도 있기 때문이다.

이 모든 것은 무엇을 의미하는가? 이 일이 자신의 힘에 부친다고 생각하는 남자가 신의 도움을 받는 것이 절대적으로 필요하다고 할지라도, 어떤 남신이나 여신 하나로 충분하지 않았을 것인가? 그 여신의 폭력이 없이는(vi non sine) 여성이 처녀성을 잃을 수 없다고 하여 그런 이름을 얻었다고 하는 베누스만으로도 충분하지 않았는가? 사람들 안에 신들에게는 없는 수치심이 있다고 한다면, 신혼부부가 그토록 많은 남신과 여신이 있어서 이 일에 분주하다고 믿을 때 수치심을 강하게 느낌으로써 신랑은 보다 덜 흥분되고 신부는 보다 주저하는 경우가 생기지 않겠는가? 그리고 분명히 여신인 비르기넨시스가 신부의 요대를 풀기 위하여 그곳에 있고, 남신인 수비구스가 신랑 아래에 신부가 누워있도록 그곳에 있고, 여신인 프레마가 신랑 아래에 있는 신부가 몸을 움직이지 않도록 그곳에 있다고 한다면, 여신인 페르툰다는 그곳에서 무엇을 해야하는가? 그 여신으로 하여금 얼굴을 붉히고 물러나오도록 하라. 신랑이 직접 어떤 일을 하도록 하라. 그 외에 다른 이가 그 여신이 이름을 얻은 일을 한다면 그것은 불명예스러운 것이다. 그러나 아마도 그녀는 남신이 아니라 여신이기 때문에 용납 받을는지 모른다. 왜냐하면 그녀가 남신으로 생각되어 페르툰두스라고 호칭된다면, 신랑은 해산한 여인이 실바누스에 대항하는 것 이상으로 자기 아내의 정숙함을 위하여 그에 대항하여 많은 도움을 요청할 것이기 때문이다. 그러나 거기에는 또한 너무나 남성적인 프리아푸스가 있어서 갓 결혼한 신부가 로마 귀부인들이 가진 아주 명예롭고 아주 경건한 관습에 따라 그 거대하고 흉물스런 남근 위에 앉아있도록 명령받고 있는데, 내가 이런 말을 하는 이유가 무엇인가?

그들로 하여금 계속하여 명예로운 것들을 천한 것들로부터, 진실된 것들을 그릇된 것들로부터, 진지한 것들을 우스꽝스런 것들로부터, 바람직한 것들을 배척되어야 하는 것들로부터 구분하듯이, 자기들이 할 수 있는 모든 재주를 동원하여 도성적 신학을 신화적 신학으로부터, 도성을 극장으로부터, 신전을 무대로부터, 신관들의 성스런 일들을 시인들의 노래로부터 구분하기 위해 애쓰도록 하라. 우리는 그들이 어떤 일을 하고 있는지 알고 있다. 그들은 극장에서 등장하는 신화적 신학이 도성적 신학에 달려있으며, 거울에 비치는 것처럼 시인들의 노래로부터 거기에 반영되어 있

39) 프레마는 터툴리안에게서 언급되었다(*Ad Nat.*, 2, 11). 프리아푸스:2권 14장 이하 참조. 페르툰다:이 여신의 기능은 아르노비우스(Adv. Gent., 3, 10)에서 설명되었다.

다는 사실을 알고 있다. 그래서 그들은 도성적 신학을 비난할 용기를 가지고 있지는 못하지만, 그에 대한 상세한 설명을 제시하고는 그에 반영된 내용을 보다 자유롭게 공격하며 비난하고 있다. 이런 일을 하는 목적은 그들의 의도를 감지한 사람들로 하여금 모형을 넘어선 바로 그 원형을 혐오하게끔 하기 위함이다. 그러나 신들 자신은 마치 스스로 동일한 거울을 보고 있는 것처럼 자기들이 보는 내용에 너무나 매혹된 나머지, 모형에서나 원형에서나 자기들이 누구이며 무엇인지 이보다 더 명확하게 인식될 수는 없을 정도이다.

그런 이유 때문에 신들은 자기들을 숭배하는 자들에게 끔찍스런 명령을 가지고 신화적 신학의 불결한 것들을 자기들에게 바치도록 강요하며, 자기들을 그 제전 가운데 포함되도록 하며, 신적인 일들 사이에 계산하도록 강요해왔다. 그래서 그들은 자신들이 아주 불결한 영들이며, 동시에 이런 배척되고 저주받은 신학, 즉 극장의 신학을 선택되고 인정된 도성적 신학의 구성요소로 만들었음을 아주 분명하게 보여주었다. 그럼으로써 그 전체가 불명예스러우며 거짓되며 그 안에 허구적인 신들을 포함하고 있다고 할지라도, 그 일부분은 신관들의 서적 속에, 다른 일부분은 시인들의 노래 안에 들어가 있는 것이다.

그것이 또 다른 부분을 가지고 있는지의 여부는 다른 문제이다. 현재로서 나는 바로가 설정한 구분에 따라 도성의 신학과 극장의 신학이 하나의 도성적 신학에 속해있음을 충분히 제시해주었다고 생각한다. 그러므로 그 두 신학은 똑같이 불명예스러우며 터무니없으며 수치스러우며 거짓되기 때문에 경건한 사람들이 두 신학 중 어떤 것으로부터 영원한 생명을 기대할 수는 절대로 없는 노릇이다. 결국 바로 자신은 신들에 대해 설명하며 명칭을 열거할 때, 인간이 수태되는 순간으로부터 시작한다. 그는 인간을 담당하는 일련의 신들을 야누스(Janus)로부터 시작하여 사람이 노쇠하여 죽을 때까지 신들을 계속 열거하다가, 노인들의 장례식 때 노래되는 여신인 네니아(Nenia)[40]로써 종결짓는다. 그 이후에 그는 인간 자신이 아니라 음식과 의복과 현생에 필요한 모든 것과 같은 인간의 소유물을 담당하는 다른 신들에 대해 설명하기 시작한다. 이 모든 경우에 그는 각 신의 특별한 임무가 무엇이며 각 신이 무엇을 위하여 간청되어야 하는지 설명하고 있다. 그러나 바로는 이토록 세심한 조사를 하고 있음에도 불구하고, 영원한 생명이 추구될 수 있는 어떤 신이 존재를 증명하고 있지도 않고 그런 신의 이름을 언급하고 있지도 않다. 그렇지만 우리가 그리스도인이 된

---

40) 네미아는 "만가"(輓歌)를 의미한다. 아르노비우스(*Adv. Gent.*, 4, 7)는 그 여신을 곤경에 처한 사람들의 보호자라고 부른다.

것은 바로 이 영원한 생명을 위해서이다.

우리가 말하고 있는 바로가 그토록 조심스럽게 도성적 신학을 설명하고 공개할 때, 그리고 허구적이며 수치스러우며 불명예스러운 신학과의 공통점을 제시할 때, 또한 그것이 신화적 신학의 일부분이기도 하다는 사실을 가르칠 때, 그에 따르면 다름아닌 철학자들의 관심사에 속한 자연적 신학을 사람들의 마음 속에 두고자 애쓰고 있음을 감지하지 못할 정도로 어리석은 사람이 누가 있을까? 그는 감히 도성적 신학을 비판하지는 못하고 신화적 신학을 비난하고 있지만, 자신의 설명방식을 통하여 도성적 신학의 비난받을 만한 성격을 아주 교묘하게 증명해주고 있다. 그러므로 그의 의도대로라면 이 두 신학은 올바른 이해력을 지닌 사람들의 판단력에 의하여 책망받고 있으므로 자연적 신학만이 선택대상으로 남아있게 된다. 그러나 우리는 이에 관하여 적절한 장소에서 참되신 하나님의 도움을 받아 보다 철저히 논의해야 한다.

10. 바로가 신화적 신학을 비난한 것보다 더 격렬하게 도성의 신학을 비난했던 세네카의 자유에 관하여

바로는 스스로 도성의 자유와 아주 근접하게 닮았던 극장의 신학을 향하여 보여준 동일한 자유로움으로 앞의 신학을 비난할 정도의 솔직함과 용기를 가지고 있지는 못하였다. 그런데 우리 사도들의 때에 크게 활약했었음을 보여주는 몇몇 증거가 남아있는 안나이우스 세네카(Annaeus Seneca)[41]는 비록 충분하지는 않지만 부분적으로 그런 솔직함과 용기를 가지고 있었다. 부분적으로 가지고 있었다는 말은 그가 생활 속에서가 아니라 저술 속에서 그런 특질을 가지고 있었다는 의미이다.

세네카는 미신에 반대하여 저술한 책[42]에서 바로가 극장 및 신화적 신학에 대해서 한 이상으로 풍성하고 격렬하게 도성 및 도시의 신학을 비난했다. 그는 신상을 주제로 한 글에서 이렇게 쓰고 있다.

---

41) 세네카(5권 8장 이하 참조)는 분명히 사도들과 동시대 사람이었다. 그의 형인 갈리오는 기원후 52년(행 18:12)에 고린도에서 사도 바울을 만난 적이 있다. 세네카와 바울 사이에 교환된(말로 할 수 없을 정도로 진부한) 묵시적 서신은 현재 전해져 내려온다 (M. R. James, *Apocryphal New Test.* 에서 번역). 그것은 우리가 제롬(*De Vir.* Ⅲ., 12)과 아우구스티누스 자신(*Ep.*, 153, 14)으로 보아 알건대 진본으로 받아들여졌고, 4세기에 널리 읽혔다. 제롬 외에 많은 다른 사람들도 세네카가 기독교에 대해 적어도 호의적이었다고 믿었다.

42) 전해지지 않고 있다.

> 저들은 신성하고 불가침한 불멸적 존재에 대한 신상을 아주 무가치하며 움직이지 못하는 재료로써 봉헌하고 있다. 저들은 그런 신상에게 사람, 짐승, 그리고 물고기의 형상을 부여하며, 몇몇은 양성(兩性) 및 잡다한 신체를 가지도록 만든다. 저들은 그런 것들을 신이라고 부르고 있지만, 만약 그런 것들이 숨을 쉬고 갑자기 사람들과 맞닥뜨리게 된다면 괴물로 생각될 것이다.

조금 뒤에 그는 자연적 신학을 찬양하는 말을 하면서 몇몇 철학자들의 견해를 제시하고 있다. 그런 다음에 그는 스스로 어떤 질문을 마주 대하여 이렇게 말하고 있다. "이에 대해 어떤 사람은 '내가 하늘과 땅이 신들이며 어떤 신들이 달 위에 있으며 어떤 신들이 그 아래에 있다고 믿을 수 있는가? 내가 신체가 없는 신을 제안했던 플라톤을 참아낼 수 있는가, 아니면 소요학파에 속했으며 영혼이 없는 신을 제시했던 스트라토[43]를 참아낼 수 있는가?' 라고 말한다." 세네카는 이에 대해 답하며 이렇게 말하고 있다. "당신에게는 티투스 타티우스 혹은 로물루스, 혹은 툴루스 호스틸리우스의 몽상이 진리에 보다 근접했다고 보이는가? 타티우스는 여신인 클로아키나[44]에게, 로물루스는 피쿠스와 티베리누스에게 각각 신상을 봉헌했다. 호스틸리우스는 인간에게 가장 불쾌한 상태인 공포와 창백[45]을 신으로 삼았다. 전자는 두려운 일을 당하여 정신이 동요를 일으킨 것이며, 후자는 질병이 아니라 안색이 변화된 것일 뿐인데도 말이다. 당신은 이런 것들을 신이라고 믿으며 하늘 가운데 위치시킬 마음이 있는가?"

하지만 세네카는 잔인하며 수치스런 의식에 관해서는 얼마나 거리낌없이 저술하였던가!

> 어떤 사람은 스스로 거세하며, 또 어떤 사람은 자신의 팔을 베고 있다. 신들이 달램받을 때 그 호의를 얻기 위해 사람들이 그런 수단을 사용한다면, 그들이 신들의 분노를 두려워할 때에는 무슨 일이 발생하는가? 그러나 이런 식으로 숭배받기를 원하는 신들은 결코 어떤 방식으로든지 숭배받을 자격이 없다. 정신이 혼동을 느끼고 그 자리로부터 내몰릴 때 그 광기가 아주 심하므로 신들은 심지어 아주 광포하며 전설적인 잔인함을 가진

---

43) 스트라토는 "모든 신적인 능력이 어떤 형상이나 감각을 결여하고 있는 반면에 출생, 성장, 그리고 축소의 원인을 소유하는 자연 속에 위치해있다고 주장했기 때문에 피지쿠스(Physicus)라고 불렸다." (Cic., *De Nat. Deor.*, 1, 13, 35). 스트라토는 기원전 288년에 테오프라스투스를 계승하여 소요학파의 수장이 되었다.

44) 4권 8장 이하 참조.

45) 피쿠스와 티베리누스에 대해서는 4권 23장 이하 참조. 공포와 창백에 대해서는 4권 15장 참조.

사람조차 그 분노를 발산할 수 없는 방식으로 위무되고 있다. 폭군들이 어떤 사람의 사지를 잡아찢은 적이 있지만, 그들은 어느 누구에게 자신의 사지를 찢으라는 명령을 내리지는 않았다. 어떤 사람은 국왕의 욕구를 만족시키기 위하여 거세된 경우는 있으나, 어느 누구든지 군주의 명령에 의하여 스스로 격렬하게 손을 놀려서 스스로 거세한 적은 없었다. 사람들은 신전에서 자살하고 있다. 사람들은 자신의 몸을 상하여 피를 흘리며 간청하고 있다. 만약 어떤 사람이 그들이 하는 행동과 그들이 당하는 일들을 볼 시간을 갖는다면, 그는 품위있는 사람들에게는 너무 흉하며 자유인들에게는 너무나 무가치하며 건전한 사람들의 행동과는 너무나 상이한 일들을 많이 보게 될 것이다. 그래서 만약 그들이 소수라고 한다면 어떤 사람도 그들이 미쳤음에 틀림없다는 데 아무런 의심도 품지 않을 것이다. 그러나 이제 제정신이 아닌 사람들은 수적으로 아주 많기 때문에 정상이라는 호칭을 얻고 있다.

그는 계속하여 카피톨 신전에서 행해지곤 하던 일들을 말하면서, 엄청난 용기를 가지고 그런 행동들은 장난을 치는 사람이든지 아니면 정신나간 사람들이 행한다고 믿을 수밖에 없는 짓이라고 주장하고 있다. 세네카는 또 이집트의 종교의식에서 오시리스(Osiris)[46]가 행방불명되었기 때문에 추모되다가 곧장 발견되었을 때 큰 기쁨이 뒤따르는 데 대해 조롱의 말을 하고 있다. 왜냐하면 잃은 것이나 찾은 것은 모두 허구적이기 때문이다. 그렇지만 아무것도 잃지 않고 아무것도 찾지 않은 사람들에게서 나온 기쁨과 슬픔의 감정은 진실된 것이다. 세네카는 이 점에 대해 말하면서 이렇게 덧붙이고 있다.

그러나 이런 광란상태에는 적어도 고정된 때가 있다. 일 년에 한 번 미친 짓을 하는 것은 용납될 만하다. 하지만 카피톨 신전으로 가보라. 어떤 사람은 유피테르가 소환하는 이름을 발표하고 있다. 또 어떤 사람은 유피테르에게 시간을 말하고 있다. 또 어떤 사람은 신들보다 앞장 서서 소리치고 있다. 또 어떤 사람은 단지 팔 동작만 함으로써 그에게 기름붓는 동작을 하고 있다. 또 여인들은 그 신상으로부터 뿐만이 아니라 심지어 신전에서부터도 멀리 떨어진 지점에서 유노와 미네르바의 머리를 빗어주고 있다. 이런 여인들은 미용사와도 같은 방식으로 그들의 손가락을 움직이고 있다. 또 어떤 여인들은 거울을 잡고 있다. 어떤 이들은 법정에서 신들을 돕기 위하여 그들을 소환하고 있다. 어떤 이들

---

46) 오시리스. 이집트 신화에서 그는 자신의 백성들에게 문명을 가져다준 왕으로 묘사되었다. 그러나 그의 사악한 동생인 세트에 의하여 살해되어 그 시신이 해체되었다. 그의 자매이자 아내인 이시스는 남은 시신을 거두어 매장하고는 아들인 호루스와 함께 세트에게 복수했다. 오시리스는 죽은 자들의 신이자, 호루스(태양과 동일시됨)를 통하여 새 생명의 근원이 되었다. 황소(Apis)에 새겨진 오시리스의 화신을 보면, 그가 본질적으로 남성의 생식력을 상징한다는 점이 암시되어 있다.

은 신들에게 문서를 건네주면서 소송을 설명해주고 있다. 이제는 늙어서 기력이 없는 어떤 학식있고 유명한 희극배우는 사람들이 관심을 기울이지 않은 자신의 연기에 신들이 기꺼이 관객이 되어주기라도 한듯이 카피톨 신전에서 날마다 연기를 보여주곤 했다. 또 그곳에는 불멸의 신들을 위하여 일하기 위해 대기하던 온갖 종류의 장인들이 어슬렁거리며 다니고 있었다.

세네카는 이후에 다음과 같이 덧붙이고 있다.

그렇지만 이런 여인들은 아주 쓸데없는 목적을 위하여 신들에게 자신을 바치고 있기는 할지라도 가증스럽다거나 파렴치한 목적을 위하여 그렇게 하지는 않는다. 카피톨에는 자기들이 유피테르에게 사랑받는다고 생각하며 앉아있는 여인들도 몇몇 있다. 그런 여인들은 만약 당신들이 시인들을 믿는다면 심지어 잔뜩 화가 난 유노를 보고도 겁을 먹지 않는다.

바로는 이러한 자유를 향유하지 못했다. 그가 비난한 듯이 보이는 것은 오직 시인들의 신학뿐이었다. 그는 세네카가 난도질한 도성의 신학을 논박할 정도로 그렇게 대담하지 못하였다. 그러나 우리가 사실에 주목해보면, 이런 일들이 행해지는 신전은 그런 일들이 연기되는 극장보다 훨씬 더 악하다고 말할 수 있다. 그러므로 세네카는 이런 도성적 신학의 의식에서 현명한 사람이 따라야 하는 최상의 태도로서 행동으로는 그런 의식을 존중하는 체하지만 진심으로는 그에 대한 진정한 애정을 갖지 않는 길을 선택했다. 그래서 그는 "현명한 사람은 법에 의하여 정해진 것을 전부 준수하지만, 신들에게 기쁨을 주는 것들을 다 지키지는 않는다"라고 말하고 있다. 세네카는 조금 뒤에 이렇게 말하고 있다.

그리고 형제들과 자매들 사이에 결혼시키는 등의 신성모독적 행위를 포함하여 신들 사이에 우리가 맺어준 결혼관계의 형편은 어떠한가? 우리는 벨로나를 마르스와, 베누스를 불카누스와, 살라키아[47]를 넵튠과 결혼시키고 있다. 우리는 그들 중 일부에게는 마치 짝이 없기라도 하듯이 미혼인 상태로 남겨둔다. 확실히 포풀로니아(Populonia)나 풀고라(Fulgora)[48] 및 루미나(Rumina)[49]와 같이 쓸모있는 미혼 여신들도 몇몇 있다. 그러나 그들에 대해서 청혼하는 신이 나타나지 않는다고 하여 놀랄 만한 일이 아니다. 우리는

47) 4권 11장 참조.

48) 포풀로니아는 유노의 별칭이자, 황폐(populari="황폐하게 하다")에 대항한 보호자로 등장한다. 아마 풀고라는 그 여신을 번개(fulgor)에 대항한 수호신으로 묘사하고 있다.

49) 4권 11장 이하 참조.

오랜 세월 동안의 미신으로 축적된 이런 모든 변변찮은 신들 무리를 존경하게 될 것이다. 그러나 우리는 신들에 대한 숭배가 실제라기보다는 관습에 속해 있음을 언제나 염두에 두고 있을 것이다.

그러므로 법과 관습은 도성적 신학에서 신들에게 즐거운 것이나 진실에 부합되는 것을 제정하지 않았다. 그러나 사실상 철학자들에 의하여 자유함을 얻은 이 사람 세네카도 로마인 중에서 이름난 원로원 의원이었기 때문에 자기가 비난하던 것을 숭배했고, 자기가 책망하던 것을 행했고, 자기가 문책했던 것을 숭상했다. 아마도 그는 철학을 통하여 보다 위대한 어떤 것, 즉 세상에서 미신에 사로잡혀서는 안 된다는 것을 배웠을 것이다. 그렇지만 그는 또한 도성의 법과 사람들의 관습 때문에 극장의 연극에서 배우들의 역할을 행하지는 않으면서도 신전에서 그런 연기를 모방해야 한다는 사실을 배우게 되었다. 이런 일은 사람들로 하여금 자신이 진지하다고 믿도록 유도하는 방식대로 이런 거짓 행위를 행했다는 점에서 더욱 책망받을 만한 태도였다. 반면에 무대 연기자는 거짓된 가장에 의하여 사람들을 속이려고 하기보다는 연극을 공연함으로써 사람들에게 기쁨을 주고자 하였다.

11. 유대인들에 관한 세네카의 견해

세네카는 도성적 신학에 속한 미신적 요소를 비판하는 도중에 유대인들의 의식, 특히 안식일에 대해 공격을 퍼붓는다. 그는 유대인들이 일곱째 날을 지키려고 하다가 아무 일을 하지 않고 시간을 낭비하고 있으며, 따라서 즉각적인 주의를 요하는 많은 일들이 손상당하고 있다고 주장한다. 그러나 그는 유대인들에게 이미 아주 적대감을 보이던 그리스도인들에 대해서는 감히 칭찬을 한다거나 비난을 가하든가 하는 아무런 언급도 하지 않았다. 왜냐하면 만약 그가 그리스도인들을 칭찬한다면 자기 나라의 옛 관습에 대항하게 될 것이고, 만약 그들을 비난한다면 자신의 의지에 반하는 일을 하게 될 것이기 때문이었다. 그는 유대인들에 대해서 이런 말을 하고 있다. “이 저주 받을 민족의 관습이 아주 큰 세력을 얻게 되어 이제 모든 땅에 채택되었을 때, 정복당한 자들이 정복자들에게 자기들의 법을 부과하였다.” 그는 이런 말을 함으로써 자기의 놀라움을 표현하였다. 그리고 그는 유대인들의 종교제도의 의미에 대해서 자기가 생각하는 바를 드러내는 언급을 추가시킴으로써 하나님이 역사하시는 방법에 대한 자신을 무지함을 보여주고 있다. “그들은 적어도 자기들이 지키는 의식의 기원을 알고 있다. 반면에 우리 민족의 상당 부분은 자기들이 왜 그런 행동을 해야하는지 이유를 알지 못한다.”

그러나 유대인들의 종교의식에 대해서 제기되는 문제들, 즉 그런 것들이 무슨 이유로 어느 정도까지 신적인 권위에 의하여 제정되었으며, 이후에 적절한 시간이 경과된 이후에 동일한 권위에 의하여 하나님의 백성에게서 이양되었으며, 영원한 생명의 신비가 누구에게 드러났는지에 관한 문제들은 다른 곳, 특히 마니교도들에 대항한 나의 저술[50]에서 취급된 바 있다. 그리고 우리는 이 저술에서도 더욱 적합한 장소에서 이 문제에 대해 말할 계획을 가지고 있다.

12. 이전에 제 민족의 신들이 거짓되다는 사실이 폭로되었을 때, 신들이 현세적인 일들에 관해서조차 아무 도움을 줄 수 없는 형편에 있으므로 어느 누구에게든지 영원한 생명을 부여할 수 없다는 점은 의심될 여지가 없다.

그렇다면 여기에 그리스도인들이 각각 신화적 · 물리적 · 정치적 신학이라고 하고 라틴어로는 허구적 · 자연적 · 도성적 신학이라고 불릴 수 있는 세 신학이 있다. 그런데 심지어 많은 거짓 신들의 숭배자들조차 아주 거리낌없이 비난하는 허구적 신학이나 그 일부분이거나 혹은 그보다 더 도덕적으로 열악하다고 증명된 도성적 신학 중 어느 것으로부터도 영원한 생명이 기대될 수 없다. 만약 어떤 사람이 이 권에서 언급된 내용을 만족스럽지 않다고 생각한다면, 그로 하여금 앞선 책, 특히 4권에서 행복을 주는 분인 하나님에 관하여 다양하고 많은 설명을 덧보태도록 하라. 행복이 여신이라면 사람들이 행복 외에 다른 무엇에 자신을 바쳐야 하는가?[51]

그러나 행복은 여신이 아니라 하나님의 선물이기 때문에 진실되고 완전한 행복이 있는 영원한 생명을 경건하게 사랑하는 우리들은 행복을 주시는 하나님 외에 어떤 신에게 헌신해야 하는가? 그러나 나는 지금까지 언급된 내용으로부터 그토록 수치스럽게 숭배되며 그렇게 숭배되지 않는다고 할지라도 더욱 수치스럽게 격노하는 그런 신들이 행복을 주는 자가 아님을 어느 누구도 부인해서는 안되며, 그런 신들이 아주 추악한 영들이라는 사실을 고백해야 한다고 생각한다.

더구나 행복을 줄 수 없는 자가 어떻게 영원한 생명을 부여할 수 있는가? 왜냐하면 우리는 영원한 행복이라고 말할 때 무한한 행복을 의미하기 때문이다. 만약 그런 불결한 영들이 고통을 겪게 될 영원한 형벌 가운데 영혼이 살아간다면, 그것은 영원한 생명이라기보다는 오히려 영원한 죽음이다. 죽음으로써 죽지 않을 때보다 더

50) *Adv. Faust. Man.*, 6; 7장.
51) 4권 18장 참조.

심하거나 더 형편이 좋지않은 죽음은 없기 때문이다. 그러나 영혼은 그 본성상 멸하지 않도록 창조되었으므로 어떤 종류이든지 생명이 없지는 않기 때문에, 영혼에게 있어서 최악의 죽음은 영원한 형벌을 받으면서 하나님의 생명으로부터 분리되어 있는 것이다. 그렇다면 진정한 행복을 부여하는 분만이 영원한 생명, 즉 끝없이 행복한 생명을 줄 수 있다. 도성적 신학이 숭배하는 그런 신들은 이런 행복을 줄 수 없음이 입증되었기 때문에, 우리가 앞선 다섯 권에서 보여주었듯이 그들은 현세적이며 세상적인 일들로 인하여 숭배되어서는 안 된다. 더구나 우리가 앞선 논의에서 전개된 주장으로부터 도움을 받아 특히 이번 권에서 보여주려고 추구했던 바와 같이 그들은 죽음 이후에 오는 영원한 생명을 위해서 존중받을 수 없다.

하지만 고질적인 관습의 힘은 아주 깊은 곳에 뿌리박고 있다. 그래서 만약 어떤 사람이 이 도성적 신학을 배척하며 멀리해야 하는 필요성을 확정짓는데 나의 논의가 충분하지 않다고 생각한다면, 그로 하여금 하나님의 도움을 받아 이 권 뒤에 나오게 될 다른 권으로 주의를 돌리게 하라.

제 7 권

개요: 7 권에서는 영원한 생명이 야누스, 유피테르, 사투르누스, 그리고 도성의 신학의 다른 "선택된 신들"을 숭배함으로써 얻어질 수 없다는 사실이 제시되어 있다.

서문

나는 진정한 신앙에 대항하는 적으로서 오랜 세월 동안의 오류를 통하여 흑암 가운데 있는 인간의 정신 안에 고착되어 해악을 끼치며 오래 지속된 개념들을 파괴하고 근절시키는 동시에, 그 깊고 완강한 뿌리를 잘라버리기 위하여 최선의 노력을 다하고 있다. 나는 적으나마 어느 정도는 참된 하나님의 은혜로써 유일하게 이 계획을 성취할 수 있는 그분의 도움에 의지하여 이 일을 할 수 있는 힘을 얻고 있다. 의심할 바 없이 보다 명민하며 우수한 이해력을 가진 사람들에게는 앞선 나의 책의 논의가 이런 목적을 달성하기에 충분한 정도 이상이지만, 그들은 인내심을 발휘하여 자제해야 할 것이다. 나는 그들이 다른 사람들을 위하여 스스로 보아 불필요하다고 느끼는 것을 쓸데없다고 생각하지 말도록 부탁하는 바이다.

진실되고 참된 거룩한 신성이 추구해야 하며 경배해야 하는 대상으로서 사람들에게 추천될 때, 아주 중요한 문제가 우리 앞에 놓여 있게 된다. 그러나 비록 우리가 지금 살아가는 현세의 유약한 인생을 위하여 필요한 도움이 그 신성에 의하여 우리에게 제공된다고 할지라도, 그 목적은 연기같이 소멸하는 죽을 목숨 때문이 아니라, 복받은 유일한 대상인 영원한 생명 때문이다.

1. 신성이 도성적 신학에서 발견될 수 없음이 명확해졌기 때문에 우리는 그 신성이 선택된 신들에게서 발견될 수 있다고 믿을 수 있는가?

이 신성, 말하자면 이 신격 — 우리 그리스도교 저술가들은 그리스인들이 말하는 데오테스(Θεότης)[1]에 대한 보다 정확한 번역어로서 주저하지 않고 이 단어를 사용하기 때문이다 — 은 마르쿠스 바로가 열 여섯 권의 저서에서 해석한 도성적 신학에서는 발견될 수 없다. 즉 도성에서 세움받은 그런 신들을 숭배하고 그들에 대한 숭배의식에 의해서 영원한 생명의 행복에 다다를 수는 없는 것이다. 방금 마친 6권에서도 어떤 확신을 얻지 못한 사람이 있다면 그는 의심할 바 없이 지금 시작된 7권을 다 읽은 후에는 자기가 이 주제에 대하여 더 이상의 설명은 필요하지 않다는 사실을 깨닫게 될 것이다.

사실 바로가 자신의 마지막 책에서 취급했으며 우리가 아직 조금밖에 이야기하지 않았던 선택된 주신들은 적어도 다름아닌 영원한 지복의 생명을 위하여 숭배되어야 한다고 생각하는 사람이 있을는지 모른다. 이 문제에 관하여 나는 터툴리안이 진실되다기보다는 재치있게 한 말, 즉 "만약 양파와 마찬가지로 신들도 선택된다면, 분명히 나머지 신들은 무가치하다고 배척당하게 된다"[2]라는 말에 공감하지는 않는다. 나는 이렇게 말하지 않는다. 왜냐하면 나는 선택된 소수 사이에서라고 할지라도 몇몇은 보다 중요하고 보다 우수한 직무를 위하여 선택된다는 사실을 알고 있기 때문이다. 이는 마치 전쟁에서 신병이 선택되었을 때에도 더욱 중요한 군사작전을 수행하기 위하여 그들 중에서 일정 인원이 다시 선발되는 것과 마찬가지이다.

또한 교회에서 어떤 사람들이 감독으로 선택된다고 할지라도 모든 선한 그리스도인들은 마땅히 선택된 자이므로 나머지 사람들이 배척되지는 않는다. 건축하는 일에 있어서도 머릿돌이 선택되지만, 건물의 다른 부분을 구성하는 다른 돌들이 배척되지는 않는다. 먹기 위해서 선택된 포도가 있지만, 포도주를 담그기 위하여 우리가 남겨두는 다른 포도가 배척되지는 않는다. 답이 명료하게 나와 있으므로 많은 예를 인용할 필요가 없다. 그러므로 다수의 신들 사이에 어떤 신들이 선택된다고 하여 이 주제에 관하여 쓴 사람이나 신들에 대한 숭배자나 신들 자신이 배척당할 만한 타당한 이유가 제시되지는 않는다. 오히려 우리는 이들이 어떤 신들이며 어떤 목적을 위하여 선택된 듯이 보이는지 알려고 시도해 보아야 한다.

2. 선택된 신들은 누구인가, 그리고 그들은 보통의 신들의 직무로부터 면제되어 있다고 주장되고 있는가?

---

1) 그리스어인 theotes와 라틴어인 deitas는 둘 다 고전 작가들에게서는 발견되지 않는다. Divinitas는 고전 라틴어 단어이다. 기독교 작가들은 deitas와 divinitas 사이에 확고한 구분을 하지 않고 있지만, 하나님의 본성과 신성을 deitas로, 그분의 속성을 Divinitas라고 사용하는 경향이 있다.

2) Tert., *Ad Nat.*, 2, 9.

분명히 바로가 선택된 신이라고 지적하면서 이 주제에 관하여 한 권의 책을 할애한 신들의 명칭은 야누스, 유피테르, 사투르누스, 게니우스[3], 메르쿠리우스, 아폴로, 마르스, 불카누스, 넵투누스, 솔, 오르쿠스, 아버지 리베르[4], 텔루스, 케레스, 유노, 루나, 달[5], 미네르바, 베누스, 베스타 등인데 이 20신 중에서 열둘은 남신이고, 여덟은 여신이다. 이런 신들이 선택되었다고 불리는 이유는 그들이 세상에서 보다 중요한 책임을 부여받고 있기 때문인가? 아니면 사람들에게 더 잘 알려짐으로써 보다 숭배를 많이 받아야 하기 때문인가? 만약 그 이유가 그들이 세상에서 수행하는 역할이 보다 크기 때문이라고 한다면, 우리는 세세하며 사소한 일들을 책임진 평범한 신들 무리 가운데서 그들을 발견할 수 없어야 한다. 그런데 우선 아주 세부적으로 많은 신들에게 배당된 모든 일들의 출발점이 되는 태아가 수태될 때 야누스 자신이 정자를 받아들이기 위한 길을 열고있다. 또한 거기에는 정자 자체를 담당하는 사투르누스가 있다. 또 정액을 발산시킴으로써 남성을 자유롭게 하는 리베르가 있다.

또한 어떤 사람들이 베누스와 동일시하는 리베라가 있어서 여성에게도 이와 동일한 유익, 즉 난자를 배출함으로써 해방되도록 해준다. 이 모든 신들은 선택되었다고 불리는 신들의 수효 가운데 있다. 그러나 또한 월경을 담당하는 여신인 메나[6]도 있는데 이 여신은 비록 유피테르의 딸임에도 불구하고 지위가 높은 축에 들지 못한다. 동일한 저자는 선택된 신들에 관한 자신의 책에서 이 월경의 영역을 선택된 신들 사이에 여왕이기도 한 유노 자신에게조차 위임시키고 있다. 여기서 유노는 의붓딸인 그 메나와 함께 유노 루키나로서 출혈현상을 담당하고 있다. 또한 아주 드러나지않는 두 신, 즉 비툼누스와 센티누스[7]가 있는데, 앞의 신은 태아에게 생명을, 뒤의 신은 감각을 나누어준다. 사실 그 두 신은 비록 유명하지는 않지만 모든 고귀하고 선택된 신들이 부여하는 것보다 훨씬 중요한 직무를 수행하고 있다. 분명히 여인이 자궁 속에 배고있는 태아가 생명과 감각이 없다면 그것은 아주 가치없고 쓸데없는 물체인 동시에 진흙과 먼지보다 나은 점이 있겠는가?

3. 보다 고상한 직무가 많은 열등한 신들에게 위임되었는데, 어떤 신들이 선택되기 위하여 제시될 수 있는 이유가 어떻게 하여 없는가?

---

3) 13장 이하.

4) 4권 11장 이하, 6권 9장 참조.

5) 일반적으로 디아나와 동일시된다.

6) 리베라와 메나 : 4권 11장 참조.

7) 루키나:4권 11장 이하 참조. 비툼누스는 아마도 베르툼누스이다;4권 21장 이하 참조. 센티누스는 다른 곳에서는 Tert., *Ad Nat.* 2, 11에서만 발견된다.

완전한 무명의 처지에 있던[8] 비툼누스와 센티누스가 스스로 부여하도록 할당된 증여물에 있어서 선택된 신들보다 우위에 있는데, 어떻게 하여 모든 선택된 신들은 이처럼 비천한 책임을 담당할 수밖에 없게 되었는가? 선택된 야누스는 입구, 그리고 사실상 정자를 위한 문을 부여한다. 또 선택된 사투르누스는 정자 자체를 수여한다. 선택된 리베르는 남성들에게 동일한 정자의 발산을 부여한다. 케레스 혹은 베누스인 리베라는 여성들에게 동일한 일을 수여한다. 선택된 유노는 혼자서도 아니고 유피테르의 딸인 메나와 함께 태아가 성장하도록 경혈을 부여한다. 그런데 이름없고 비천한 비툼누스는 생명을, 마찬가지로 이름없고 비천한 센티누스는 감각을 부여한다. 이 마지막 두 가지 일은 이성과 지성에 의해서 뛰어난 만큼이나 다른 것들보다 훨씬 더 우수하다. 추론하며 이해하는 존재가 가축의 경우와 마찬가지로 지성과 이성이 없이 살아가며 느끼는 것보다 바람직하듯이, 생명과 감각을 부여받은 존재는 마땅히 살아있지도, 느끼지도 못하는 존재보다 더 낫다. 그러므로 정자를 들여보내는 야누스와 정자를 부여하거나 뿌려주는 사투르누스와 정자가 움직이게 하고 해방시켜주는 리베르 및 리베라보다는 오히려 생명을 주는 신인 비툼누스와 감각을 주는 신인 센티누스가 선택된 신들 가운데 들어야 한다. 만약 그런 신들의 정자가 생명과 감각을 얻지 못하게 되면 일고의 가치도 없게 되기 때문이다. 하지만 이런 선택된 수여물은 선택된 신들에 의해서가 아니라, 고위직에 있는 다른 신들과 비교할 때 무시될 만하다고 간주되는 이름없는 신들에 의해서 부여된다.

그러나 야누스가 모든 시작을 관장하고 있으므로 그에게 수태의 길을 열도록 위임된 데에도 이유가 없지 않다고 한다면, 또한 사투르누스가 모든 씨앗을 관장하고 있으므로 인간이 잉태되는 씨를 뿌리는 일도 그의 작용에서 예외가 될 수 없다고 한다면, 또한 리베르와 리베라는 모든 씨앗을 방출하는 일을 관장하고 있으므로 인간의 출산에 속한 씨를 주관하고 있다고 한다면, 유노가 모든 정화(淨化)와 출생을 관장하므로 또한 여인들의 정화와 출산을 담당하고 있다고 한다면, 만약 그들이 이런 대답을 제시한다면, 그들로 하여금 비툼누스와 센티누스도 마찬가지로 살아있고 느끼는 모든 일들에 대하여 관장하기를 원하는지에 관한 문제에 대하여 답변을 찾아보도록 하여라.

만약 그들이 이 점을 인정한다면, 그들로 하여금 그 두 신을 얼마나 높은 곳에 위치시켜야 하는지 관찰하게 하라. 왜냐하면 종자로부터 탄생하는 것은 땅 안에 있고 땅으로부터 유래되지만, 생명을 가지고 감각하는 일은 심지어 하늘에 있는 신들

8) Virg., *Aen.*, 5, 302.

의 특질이라고 생각되기 때문이다. 그러나 다른 한편으로 그들이 비툼누스와 센티누스가 육신 안에서 감각의 도움을 받아 살아가는 존재에 대해서만 책임을 부여받았다고 말한다면, 만물을 살아가게 하며 감각을 갖게 하는 그 하나님이 왜 육신에 생명과 감각을 부여하고 그 보편적인 작용의 일부분으로서 태아에게 이런 것들을 수여하지 않는다는 말인가? 그렇다면 비툼누스와 센티누스가 무슨 소용이 있는가?

그러나 이런 극히 낮은 일들이 보편적으로 생명과 감각을 관장하는 그분에 의하여 마치 종에게 일을 맡기는 것처럼 이런 신들에게 위임되었다고 생각해 보자. 그렇다면 우리는 이들 선택된 신들이 부릴 수 있는 종을 가지고 있지도 않음으로써, 그들이 선택된 신이 될 만한 자격이 있다고 보이는 모든 위임이 있음에도 불구하고 그런 일들을 맡길 수 있는 자를 발견할 수 없는 관계로 어쩔 수 없이 이름없는 신들과 함께 그런 일들을 분담하고 있다는 말인가? 유노는 신들 중에 선택된 여왕이자, 유피테르의 자매요 아내이다. 그럼에도 불구하고 그녀는 소년들을 돌보는 이테르두카로서 아주 이름없는 여신인 아베오나 및 아데오나[9]와 더불어 이 일을 수행하고 있다. 사람들은 이 분야에 여신인 멘스[10]를 둠으로써 소년들에게 훌륭한 정신을 부여하게끔 한다. 그런데 마치 인간에게 훌륭한 정신보다 더 중요한 무엇이 부여될 수 있기라도 한 것처럼 그 여신은 선택된 신들 가운데 속해 있지 않다. 그렇지만 마치 사람이 정신이 훌륭하지 않다고 할지라도 여행을 하고 집으로 돌아오는 일이 유익이 되기라도 한 것처럼, 유노는 이테르두카이자 도미두카(여행을 관장하며 집으로 귀환시키는 일을 담당한 여신)이기 때문에 선택된 신들 사이에 놓여있다.[11]

그러나 훌륭한 정신이라는 수여물을 주는 여신은 비록 사람들이 세부적인 작업을 분류할 때 소년들의 기억을 관장하도록 할당시킨 미네르바보다도 더 우선되어야 함에도 불구하고 사람들에 의하여 선택된 신들 가운데 들지 못했다. 아주 대단한 기억력이라고 할지라도 그것보다는 훌륭한 정신을 소유하는 것이 훨씬 더 낫다는 사실을 의심할 사람이 누가 있겠는가? 왜냐하면 훌륭한 정신을 소유한 사람은 어느 누구도 악하지 않기 때문이다. 그러나 아주 악한 사람 중에 어떤 이들은 경탄할 만한 기억력을 소유하고 있고, 그들이 생각해내는 악한 일들을 적게 잊어버릴수록 그만큼 더 악한 일을 한다. 그렇지만 미네르바는 선택된 신들 가운데 있는 반면에, 여신 메나는 무가치한 신들 무리 가운데 숨겨져 있다. 내가 비르투스에 관해서는 어떤 말을

9) 4권 21장 참조.

10) 4권 21장 참조.

11) 이테르두카와 도미두카는 마르티아누스 카펠레에 있는 결혼의 여신으로서 유노의 별칭으로 등장한다(*De Nuptiis Mercurii et Philologiae*, 2, 149);4권 9장 참조.

할 것인가? 펠리키타스에 관해서는 어떤 말을 할 것인가? 그들에 관해서 나는 이미 4권에서 많은 것을 언급한 바 있다.[12] 사람들은 이들이 여신이라고 주장하고 있기는 하지만, 선택된 신들 가운데 자리를 할애하고 있지는 않다. 그러면서도 죽음을 야기시키는 신인 마르스와 죽은 시신을 받아들이는 신인 오르쿠스에게는 선택된 신들 사이에 자리를 부여하고 있는 것이다.

그러므로 우리는 심지어 선택된 신들 자신조차 많은 신들 사이에 세분된 모든 세부적인 활동을 수행할 때 원로원이 민중과 함께 일하는 것처럼 다른 신들과 협동하여 일하는 모습을 보게된다. 그리고 우리는 보다 중요하고 나은 일들이, 선택되었다고 불리는 신들에 의해서보다는 선택될 자격이 있다고 간주되지 않은 어떤 신들에 의하여 수행되고 있음을 발견한다. 그렇기 때문에 우리는 그들이 선택되고 중요하다고 불리는 이유가 세상에서 보다 고상한 직무를 담당하기 때문이 아니라, 우연히 사람들에게 보다 잘 알려지게 되었기 때문이라고 가정할 수 있다. 그리고 바로 자신도 그런 식으로 하여 어떤 부신(父神)들과 모신(母神)들이 인간의 운명에 발생되는 것처럼 무명의 처지에 빠져들었다고 말하고 있다.

따라서 선택된 신들이 덕성에 의해서가 아니라 우연에 의해서 그런 고귀한 지위에 도달했기 때문에, 펠리키타스가 반드시 선택된 신들 가운데 들어야 하는 것은 아니다. 그렇기는 하지만 적어도 포르투나는 그들 사이에 위치했거나 오히려 그들보다 앞섰어야 한다. 왜냐하면 사람들은 그 여신이 어떤 합리적인 순서에 의해서가 아니라, 우연이 결정짓는 바에 따라 자기가 받는 선물들을 모든 사람에게 분배한다고 말하기 때문이다. 그 여신은 자신의 모든 능력을 보여줄 수 있는 곳이 바로 그들 사이이기 때문에 그 중에서 가장 높은 자리를 차지했어야 한다. 왜냐하면 우리는 선택된 신들이 어떤 뛰어난 덕목이나 합리적인 행복 때문이 아니라, 이들 신들을 숭배하는 자들이 생각하는 대로 포르투나가 행사하는 자의적인 능력에 의하여 선택되었음을 알기 때문이다. 아주 웅변에 능한 사람이던 살루스티우스 또한 "그러나 사실 행운(포르투나)은 모든 일에 대해 지배력을 가지고 있다. 행운은 진리에 따라서가 아니라 변덕대로 모든 것들을 유명하게도 하고 무명으로 남아있게도 한다"[13]고 말했을 때, 아마 이런 신들을 염두에 두고 있었을 것이다. 왜냐하면 사람들은 베누스와 비르투스가 둘 다 신으로 장엄하게 인정되었으며 그들의 덕목이 서로 다름에도 불구하고, 베누스는 유명하게 되었고 비르투스는 무명의 처지에 있어야 했는지 이유를 발

12) 21, 23장
13) *Cat.*, 8, 1.

견할 수 없기 때문이다.

또한 그 여신이 많이 추구된다는 사실 때문에 고귀한 지위를 받을 만했다면, —비르투스보다는 베누스를 추구하는 사람이 더 많기 때문이다—온 인류를 통하여 기예보다는 탐욕이 더 많은 사람들을 유혹하고 있는 마당에 왜 페쿠니아는 무명의 처지에 남아있고 미네르바는 유명해지게 되었는가?[14] 그리고 당신은 심지어 기예에 있어서 능숙한 사람들 사이에서도 금전적인 이익을 위해서 자신의 기예를 사용하지 않는 사람을 찾아보기는 어려울 것이다. 그리고 목적은 언제나 수단보다 더 높게 평가받는 법이다. 그렇다면 어리석은 대중의 판단으로 이렇게 신들이 선택되었다고 한다면, 돈을 목적으로 하는 예술가들이 많이 있는데도 무슨 이유로 여신인 페쿠니아가 미네르바보다 선호되지 않았는가? 그렇지만 이런 구분이 현명한 소수에 의하여 이루어졌다면, 이성이 베누스보다는 비르투스를 훨씬 우선시했을 터인데 무슨 이유로 전자가 후자보다 선호되었는가?

여하튼 내가 이미 말한 대로 — 그 여신에게 큰 영향력이 있다고 생각하는 이들의 견해에 따른다면 진리에 의해서라기보다는 변덕에 따라 모든 것들을 유명하게도 하고 무명의 처지에 있게도 하는 — 포르투나는 신들에 대해서조차 그녀의 변덕스런 판단에 따라 그렇게 하고 싶은 신들을 유명하게 하고, 또 그렇게 하고 싶은 신들을 무명의 상태대로 남겨두기도 할 정도로 많은 능력을 행사할 수 있다. 따라서 포르투나 자신은 신들 위에 아주 뛰어난 능력을 소유하고 있기 때문에 선택된 신들 사이에서도 탁월한 지위를 차지하여야 한다. 그렇지 않다면 우리는 그녀가 선택된 신들 사이에 들지못한 이유는 오직 이것, 즉 포르투나 자신마저도 불운을 당할 수 있다고 가정해야 하는가? 그렇다면 그 여신은 다른 신들에게 고귀한 지위를 부여하면서도 자신은 무명의 처지에 남아있으므로 스스로에 대하여 적대적인 입장에 서 있게 된 셈이다.

4. 그 이름이 불명예와 연관되지 않은 열등한 신들은 불명예스런 사건으로 유명한 선택된 신들보다 더 낫다고 취급되었다.

그러나 영예나 명성을 열심히 추구하는 사람은 누구든지, 만약 선택된 신들이 명예 때문이라기보다는 명예훼손 때문에 선택되었다는 사실을 알지 못한다면, 선택된 신들을 축하하며 그들이 운이 좋다고 말할 것이다. 왜냐하면 낮은 지위에 있는

---

14) 4권 21장 참조.

신들 무리는 바로 그들이 비천하고 이름없기 때문에 불명예스런 일로 압도당하지 않고 보호받기 때문이다. 사실 우리는 그런 신들이 단지 허구적인 인간들의 견해에 의하여, 마치 한 사람의 숙련된 기술자에 의하여 완성될 수 있는데도 불구하고 하나의 용기가 완성된 제품이 되기 위해서 많은 사람들의 손을 거쳐가도록 하는 은세공 작업장의 일꾼들이나 세금을 작은 항목으로 세분하여 청부시킨 사람들처럼, 특별한 직무에 따라 할당된 모습을 보고 웃음을 터뜨린다. 그러나 이것은 다수의 일꾼들을 전체 기술의 숙련가로 만들기에 요구되는 길고 고통스런 과정을 제거하기 위해서 각자로 하여금 신속하고 용이하게 수행될 수 있는 각 부분에 대한 기술을 획득하게 함으로써 많은 일꾼들의 이해를 충족시킬 수 있는 유일한 방법으로 생각되었다. 그럼에도 불구하고 선택되지 않은 신들 가운데 어떤 범죄행위로써 자신에 대한 불명예를 초래한 신을 발견하기란 쉽지 않을 것이다. 반면에 선택된 신들 가운데에는 현저한 불명예로 낙인찍히지 않은 신을 찾아내기가 쉽지 않다. 높은 지위에 있는 신들은 열등한 신들의 천한 직무를 담당하기까지 낮은 위치로 내려갔지만, 열등한 지위에 있는 신들은 지체높은 신들의 범죄에까지 다다르지는 못하고 있는 것이다.

야누스에 관해 보자면, 어떤 불명예스러운 일도 나의 생각 가운데 쉽게 떠오르지 않는다. 아마도 그 신은 나머지보다 더 결백하게 살았던 그런 신이었고, 악행과 범죄행위로부터 멀리 떨어져 있었다. 그는 도피 중에 있던 사투르누스를 친절하게 맞아들이고는 환대해 주었다. 그는 그 손님과 함께 자신의 왕국을 양분함으로써 각자가 하나는 야니쿨룸, 다른 하나는 사투르니아라는 도성을 소유하게 되었다.[15] 그러나 신들에 대한 숭배의식 속에다가 불쾌한 내용을 도입할 목적을 가지고 있던 이 교도들은 야누스의 생애에서 수치스런 일을 하나도 찾아내지 못하게 되자, 때로는 두 개의 얼굴을 가졌다고 하고 때로는 사실상 쌍둥이로서 네 개의 얼굴을 가졌다고 함으로써 괴물과도 같은 기형적인 신상을 갖게 하는 방식으로 그에게 불명예를 안겨 주었다.[16] 그들은 대부분의 선택된 신들이 수치스런 행위를 저지름으로써 면목을 잃어버렸기 때문에, 야누스가 그의 결백함에 걸맞게 여분의 얼굴을 더 가져야 한다고 의도했단 말인가?

---

15) Virg., *Aen.*, 8, 355-9; Ovid, *Fast.*, 1, 235-46.

16) 야누스의 두 얼굴:8장 참조, 네 얼굴. 트란시토리움(Transitorium) 광장의 네 문이 있는 사당에는 네 얼굴을 한 야누스 신상이 있었다(Servius on Virg., *Aen.*, 7, 607).

5. 아주 비밀스런 이교도들의 가르침에 관하여, 그리고 자연적 신학의 해석에 관하여

그러나 그들이 보다 심오한 가르침이 등장한 것처럼 아주 하찮고 천박한 오류를 채색시키려고 시도하는 그들 자신의 자연적 해석을 들어보자. 우선 바로는 이러한 해석을 아주 강하게 지지함으로써 신비적인 가르침을 전수받은 사람들이 신들을 위한 장식물과 상징물과 신상을 육신의 눈으로 바라다볼 때 정신의 눈으로써 세상의 영혼과 그 부분들, 즉 진실된 신들을 볼 수 있도록 하기 위하여 고대인들이 그런 것들을 창작했다고 말하고 있다. 또한 그는 자기들의 신상을 인간의 형태로 만들었던 사람들이 의도했던 의미는 이와 같은 것, 즉 인간이 몸 속에 있는 죽을 운명의 정신이 불멸의 정신과 아주 비슷하다는 것이라고 설명한다. 이는 안에 담긴 것이 담고있는 것에 의하여 상징되기 때문에, 예를 들어 포도주를 상징하기 위하여 리베르의 신전에 포도주 용기가 놓여진 것처럼 신들을 상징하기 위하여 용기가 놓여진 것이나 마찬가지이다. 그렇듯이 합리적인 영혼은 인간의 형상을 한 신상에 의하여 상징되었다. 왜냐하면 인간의 형상은 사실상 흔히 사람들이 하나님, 혹은 신들에게 원인을 돌리는 그 본성이 포함된 그 용기이기 때문이라는 것이다.

이상이 그 학식있는 사람이 백일하에 드러내기 위하여 이해했던 비밀스런 가르침이다. 그러나, 아, 아주 명민한 사람이여, 당신은 그러한 비밀 가운데서 당신에게 건전한 견해를 갖도록 이끈 통찰력, 즉 사람들을 위하여 처음으로 신상을 만든 사람들이 시민들로부터 두려움을 제거시키는 동시에 오류를 증가시켰으며, 고대의 로마인들이 신상 없이 보다 순수하게 신들을 섬겼다는 사실을 망각했는가? 당신이 후대의 로마인들에 대항하여 이런 말을 할 수 있기까지 대담해진 것은 그런 일들에 대해 생각했기 때문이다. 왜냐하면 아주 고대의 로마인들이 신상을 숭배했더라면, 아마도 당신은 소심하게도 침묵을 지키면서, 신상을 건립하는 어리석음에 관한 당신의 확신이 비록 올바르기는 하다고 할지라도 그런 확신을 억눌렀을 것이기 때문이다. 그리고 당신은 이런 무익하고 해로운 거짓을 구성하는 신비적인 가르침을 보다 당당하고 보다 소리높여 찬양했을 것이다.

아주 학식있고 아주 현명한 당신의 영혼은 — 내가 이것 때문에 당신에 대해 아주 유감스럽게 생각하고 있다 — 이런 비밀을 통해서는 결코 하나님에게 도달할 수 없었다. 즉 그 하나님은 당신의 영혼이 더불어 만들어진 것이 아니라 그에 의하여 창조되었으며, 그 일부가 아니라 그 피조물이 되는 하나님이다. 그리고 그 하나님은 만물의 영혼이 아니라 만물을 만든 분이며, 모든 영혼이 그의 은혜에 대하여 배은망덕하지 않다면 그의 조명을 통하여 복을 받는 그런 분이다.

그러나 다음에 나오는 내용은 이런 비밀의 본질이 무엇이며 그 위에 어떠한 가치가 부여될 수 있는지를 보여줄 것이다. 그러는 동안에 우리는 학식많은 바로가 세상의 영혼과 그 부분이 참된 신들이라고 주장하는 모습을 보게 된다. 따라서 그의 전 신학체계, 즉 그가 최고의 중요성을 부여하는 자연적 신학은 이성적인 영혼의 본성에 다다를 때까지만 확대될 수 있게 된다. 바로는 선택된 신들에 관한 자신의 책에서 미리 아주 적은 내용만 말하고 있기 때문이다. 여기에서 우리는 그가 자연적 해석에 의하여 도성적 신학을 이 자연적 신학 아래에 둘 수 있는지의 여부를 보게 될 것이다. 그런 경우에는 도성적 신학을 자연적 신학과 그토록 세심하게 구분할 필요성이 어디 있었겠는가? 반면에 바로가 인정하는 자연적 신학은 진실이 아니기 때문에 — 왜냐하면 그것은 영혼까지에만 범위가 미치며 참된 하나님에게까지 도달하지는 않기 때문이다 — 그러한 구분이 진정한 차이에 근거해 있다고 한다면, 도성적 신학은 얼마나 경멸받을 만하며 거짓된 것인가! 왜냐하면 도성적 신학은 주로 물질적 본성에만 관계되기 때문이다. 이런 점은 바로 자신이 힘써 작업했으며 대단한 근면으로 명확하게 된 해석에 의하여 보여질 것이다. 나는 그 중 몇몇을 인용해야 할 것이다.

6. 하나님은 세상의 영혼이지만, 세상은 그 여러 부분 안에 그 본성이 신적인 많은 영혼을 가지고 있다는 바로의 견해에 관하여

우리가 말하는 그 바로(Varro)는 자연적 신학에 대한 예비적인 진술에서 하나님이 세상(그리스 사람들은 이것을 코스모스(κόσμος)라고 부르고 있다)의 영혼이며 이 세상 자체가 하나님이라고 생각한다고 말하고 있다. 그러나 마치 현명한 사람이 육체와 영혼으로 구성되어있기는 하지만 그럼에도 불구하고 그 영혼 때문에 현명하다고 불리듯이, 세상도 영혼과 육체로 구성되어 있기는 하지만 정신 때문에 하나님으로 불리는 것과 같다는 것이다. 여기서 그는 적어도 어느 정도는 한 분 하나님을 인정하는 듯이 보인다. 그러나 그는 복합적인 신들을 도입하기 위하여 세상이 하늘과 땅으로 양분되며 그것이 다시 각각 하늘은 에테르와 대기(大氣)로, 땅은 물과 대

---

17) 네 부분. 네 요소가 있다고 생각하고 장소적인 배치를 한 개념은 아리스토텔레스까지로 소급된다. 그 개념은 피타고라스 학파와 스토아주의자들에 의하여 발전되었다. 바로는 아리스토텔레스와 스토아주의자들이 최상적인 요소로 간주했던 에테르를 불과 동일시했던 것으로 보인다.

지(大地)로 양분됨으로써 에테르가 가장 높고, 대기가 다음이며, 물이 세번째며, 대지가 가장 낮다고 덧붙인다. 그는 이 네 부분[17]이 모두 영혼들로 가득차 있는데, 에테르와 대기에 있는 영혼들은 불멸적이며, 물 속과 땅 위에 있는 영혼들은 가멸(可滅)적이라고 말한다. 하늘의 최상부분으로부터 달의 궤도까지에는 영혼들, 즉 항성과 행성이 있다. 이들은 신들로 이해될 뿐만 아니라, 그렇게 보여지기도 한다. 그리고 달의 궤도와 구름 및 바람이 있는 지역의 정점 사이에는 대기의 영혼들이 있다. 그러나 이들은 육신의 눈으로가 아니라 정신으로써 관찰되며, 헤로스(半神:Heros)나 라레스(보호신:Lares)나 게니(수호신:Genii)로 불린다.

이것이 바로의 예비적인 진술에서 주어진 자연적 신학에 대한 간결한 설명이다. 이에 대해서는 바로뿐만이 아니라 많은 철학자들이 만족감을 느꼈다. 나는 선택된 신들이 관계되는 한, 하나님의 도움을 받아 도성적 신학에 관하여 말해야 하는 것을 완성시킬 때 이에 대해 보다 세심하게 논의해야 한다.

7. 야누스와 테르미누스를 별개의 신으로 구분하는 것이 타당한가?

그렇다면 바로(Varro)가 출발점으로 삼고있는 야누스는 누구인가? 그는 세상이다. 이것은 확실히 아주 간결하고 명료한 대답이다. 그렇다면 왜 사람들은 사물의 시작이 그에게 속해있다고 하면서 종결은 테르미누스라고 부르는 다른 신에게 속한다고 말하는가? 왜냐하면 사람들은 3월로 시작되었다가 12월로 끝나는 열 달에 덧붙여 시작과 종결과 관련하여 1월을 야누스에게, 2월을 테르미누스에게 각각 봉헌했다고 말하기 때문이다. 그리고 사람들은 그것이 테르미누스의 축제가 그 달의 이름이 유래된 소위 페브룸(Februum)이라는 종교적인 정결의식이 거행되던 달인 2월[18]에 기념되는 이유라고 말한다. 그러므로 사물의 시작은 야누스와 동일한 세상에 관계되지만, 그 종결은 그렇지 않다는 말인가? 사람들은 이 세상에서 시작된다고 하는 만물이 또한 이 세상에서 종결된다는 사실을 인정하지 않는가? 사람들이 신상에서는 야누스에게 두 개의 얼굴을 부여해놓고는 작업능력에 있어서는 반감시킨 것은 얼마나 우매한 짓인가!

야누스와 테르미누스는 동일하며 하나의 얼굴이 시작을 지칭하고 다른 하나의 얼굴은 종결을 지칭한다고 말하는 편이 얼굴을 두 개 가진 신상을 해석하는 보다 고상한 방법이 아니겠는가! 왜냐하면 작업하는 자는 그 둘을 다 신경쓰기 때문이다.

---

18) 2월 23일;Ovid., *Fast.*, 2, 639-84.

왜냐하면 전 행동과정에서 시작을 돌아보지 않는 자는 종결을 내다볼 수 없기 때문이다. 그러므로 장래의 의도는 회고적인 기억과 연결될 필요가 있다. 만약 어떤 사람이 자기가 시작한 일이 무엇인지 잊어버린다면, 어떤 일을 종결시키는 방법을 어떻게 발견할 수 있겠는가? 그러나 만약 복된 삶이 이 세상에서 시작되어 저 세상에서 완성되며, 그 때문에 야누스 즉 세상에게는 시작만 하는 능력의 원인이 있다고 생각된다면, 사람들은 확실히 야누스보다는 테르미누스를 우선시켜야 하며, 그를 선택된 신들의 수효에서 제외시키지 말았어야 한다. 지금 형편이라고 할지라도 현세적인 일들의 시작과 종결이 이 두 신에 의하여 대변된다면, 보다 많은 명예가 테르미누스에게 부여되었어야 한다. 왜냐하면 어떤 일이 종결될 때 보다 큰 기쁨이 생겨나기 때문이다. 반면에 시작된 일은 그것이 종결될 때까지 언제나 많은 근심의 원인이 된다. 어떤 일을 시작한 사람이 그의 소망과 생각과 희망과 기원을 집중시키는 곳은 그 일이 종결되는 데이다. 그리고 그 일이 종결되지 않으면 그는 시작한 일에 대해 기뻐하지도 않는 법이다.

8. 야누스를 숭배하는 자들은 무슨 이유로 그 신상의 얼굴을 둘로 하였다가 때로는 넷으로 하였다가 하는가?

그러나 이제 얼굴을 둘 가진 신상에 대한 해석을 조사해 보도록 하자. 왜냐하면 사람들은 우리의 벌어진 입이 세상을 닮아 보이므로 그 신상이 하나는 앞에, 하나는 뒤에 얼굴을 가지고 있다고 말하기 때문이다. 그러므로 그리스인들은 입천장을 우라노스(οὐρανός)라고 부르며, 바로에 따르면 어떤 라틴 시인들[19]도 하늘을 입천장(palatum)이라고 불렀다. 사람들은 벌어진 입으로부터 치아 방향으로는 출구가 있고, 식도 방향으로는 입구가 있다고 말한다. 우리의 입천장에 대한 그리스어나 시적인 단어 때문에 세상이 어떻게 축소되었는지 보라! 입천장이라는 하늘 아래에 두 개의 출구, 즉 하나를 통해서는 침의 일부가 뱉어지고, 다른 하나를 통해서는 그 일부가 삼킬 수 있는 출구를 가진 이 신으로 하여금 오직 침 때문에만 숭배받도록 하라. 그러나 어떤 일이 이보다 더 터무니없을 수 있는가? 실제 세상에서 밖으로부터 어떤 것을 받아들이거나 안으로부터 어떤 것을 방출시킬 수 있도록 반대방향으로 두 개의 출구를 가진 것을 찾기란 불가능하다. 그러나 우리는 우리의 입과 식도에 기반

19) 라틴 시인들. 키케로(*De Nat. Deor.*, 2, 18, 29)는 엔니우스로부터 caeli palatum 을 인용하면서, 그리스인들이 "입천장"을 위하여 우라노스(ouranos)라는 표현을 사용하는 것과는 반대로 "하늘의 입천장"을 의미하고 있다.

하여(세상은 이것과 조금도 닮지 않았다) 오직 입천장(야누스는 조금도 이것을 닮지 않았다) 때문에만 야누스의 인격에서 세상에 대한 표상을 상상하도록 요청받는다.

그러나 그들은 야누스에게 네 개의 얼굴을 부여하고는 쌍둥이 야누스라고 부를 때, 그들은 마치 야누스가 네 개의 얼굴을 통하여 보듯이 세상도 어떤 것을 내다보기라도 하는 것처럼 세상의 네 방위를 지칭하는 것으로 해석하고 있다. 또한 야누스가 세상이고 세상이 네 방위로 구성되어 있다면, 두 얼굴을 가진 야누스의 신상은 거짓이다. 혹은 때때로 온 세상이 동(東)과 서(西)라는 표현으로 이해되기 때문에 그 신상이 진실하다고 하면, 야누스가 네 얼굴을 가지고 있을 때 쌍둥이라고 불리듯이 남과 북이 언급될 때 어떤 사람이 세상을 쌍둥이라고 불러도 되는가? 그들은 두 얼굴을 가진 야누스의 경우에는 세상의 표상으로 간주되는 인간의 입모양과 관련하여 설명을 찾아낼 수 있었다. 그러나 출입구로 개방된 네 개의 문의 경우에 그들은 어떤 종류로든 유사한 설명을 가지고 있지 않다. 확실히 넵튠은 그들을 도우러 와서는 입과 식도에 난 입구 외에도 아가미의 오른쪽과 왼쪽에 두 개의 틈을 가진 물고기를 제시할 수 있었을 것이다. 그럼에도 불구하고 어떤 영혼이든지 "내가 문이니"(요 10:9)라는 진리의 말씀을 듣는 자 외에는 수없이 많은 문 중에 어떤 문을 통해서라도 이런 무익한 일로부터 벗어날 수 없다.

9. 유피테르의 능력 및 유피테르와 야누스 사이의 비교에 관하여

그러나 그들은 또한 자기들이 (유피테르라고 불리기도 하는) 제우스(Jove)[20]가 어떻게 이해되기를 바라는지 보여주고 있다. 그들이 말하는 바에 따르면, 그는 세상에서 어떤 일이 발생하게 되는 원인에 대한 능력을 가지고 있는 신이다. 그리고 베르길리우스의 아주 품위있는 시구는 이것이 얼마나 위대한 것인지 증명해주고 있다.

사물의 원인을 알고있는 자는 행복하도다.[21]

---

20) Jove-Jupiter. 유피테르에 대한 모든 격변화 중에 주격과는 다른 어근인 Iov는 14, 15장(두 번)과 16장에 등장하는 주격인 Iovis를 의미한다. 아마도 15장과 16장에서는 이 형태가 하나님이 세상과 동일시되는 곳에서 발견되고 있는데, 이것은 전통적인 형식을 암시하고 있을 수 있다. 이오비스(주격)는 "위대한 신들의 목록" 가운데 아풀레이우스(*De Deo Socr.*, 2, 112)에서 인용된 엔니우스의 시구에서 등장한다. 그것은 아풀레이우스 자신에 의해서는 두 군데에서 사용되었다(*De Mund.*, 37, 370과 *Met.*, 1, 33, 311).

21) *Georg.*, 2, 490.

그렇지만 무슨 이유로 야누스가 그보다 선호되겠는가? 아주 명민하며 아주 학식 많은 바로에게서 이 문제에 대한 대답을 들어보자. 그는 이렇게 말하고 있다. "왜냐하면 야누스는 첫번째 일들에 관한 지배권을, 유피테르는 최상의 일들에 관한 지배권을 가지고 있기 때문이다. 그러므로 유피테르는 마땅히 만물의 왕으로 간주된다. 왜냐하면 최상의 것들은 처음의 것들보다 낫기 때문이다. 왜냐하면 비록 처음의 것들이 시간에 있어서 앞서기는 하지만, 최상의 것들이 가치에 있어서 빼어나기 때문이다." 예를 들면, 출발하는 것이 사물의 처음이고 도착하는 것이 최상의 부분인 것처럼 행해진 일들의 첫번째 부분이 최상의 부분으로부터 구분되었다면, 이런 말은 정당했을 것이다. 배우기 위한 처음은 시작된 일의 처음 부분이고, 지식의 획득은 최상의 부분이다. 만물의 이치가 이러하다. 시작은 처음이요 마지막은 최상이다. 그러나 이 문제는 이미 야누스와 테르미누스와 관련하여 논의된 바 있다.

그러나 유피테르에게 있다고 생각되는 원인은 결과를 초래하는 일들이지, 초래된 일들이 아니다. 그리고 시간적인 순서 안에서 결과나 결과의 시작이 원인보다 앞서는 일은 전적으로 불가능하다. 결과를 낳는 것은 언제나 생성된 결과보다 우선된다. 그러므로 과정의 처음이 야누스에게 속해있다고 할지라도, 그것이 유피테르에게 있다고 생각되는 유효한 원인보다 앞서는 것은 아니다. 왜냐하면 유효한 원인이 먼저 있지 않고는 어떤 일도 발생될 수 없듯이, 유효한 원인이 없이는 어떤 일도 생겨나기 시작할 수 없기 때문이다.

참으로 사람들이 생성된 모든 자연계와 모든 자연적인 일들의 온갖 원인을 그 능력 안에 가지고 있는 신을 유피테르라고 부르며 상당한 모욕과 파렴치한 범죄행위로써 숭배하고 있다면, 그들은 전적으로 어떤 신의 존재를 부인하는 경우보다도 더 충격적인 신성모독을 범하고 있다. 그러므로 그들은 유피테르에 대해 큰 소리치는 자인 동시에 간음하는 자요 온 세상을 통치하는 자인 동시에 아주 방탕한 행위를 저지르는 난봉꾼이요 자연과 모든 자연적인 일들에 대한 최상의 원인을 자기 능력 속에 가지고 있으면서도 자신의 행동에 대해서는 선한 동기를 가지고 있지 않다고 말하기보다는, 비루하고 범죄적인 영예를 받을 만한 어떤 다른 신을 선택하여 쓸데없는 허구적 내용을 자기들의 신성모독의 대상으로 대신시킴으로써(전하는 바로는 사투르누스가 자기 아들 대신 삼키도록 돌 하나가 헌물로서 대신된 것처럼) 유피테르라는 이름을 부여하는 편이 더 나았을 것이다.

다음으로 나는 야누스가 세상이라면 그들이 이 유피테르에게는 신들 가운데 어떤 자리를 부여하는지 묻는 바이다. 왜냐하면 바로는 진정한 신들이 세상의 영혼이고 그 부분이라고 정의내렸기 때문이다. 그러므로 그들에 따른다면 이런 정의에 부합되지 않는 신은 누구든지 분명히 참된 신이 아니다. 그렇다면 그들은 유피테르가 세상의 영혼이고 야누스는 신체, 즉 이 가시적인 세상이라고 말할 것인가? 그들이 만약 이렇게 말한다면, 그들이 야누스가 신이라고 확증하는 일은 불가능해지게 될 것이다. 왜냐하면 그들에 따르면 신은 세상의 신체가 아니라 세상의 영혼 및 그 부분들이기 때문이다. 그러므로 바로는 이 점을 알고서 자기는 신이 세상의 영혼이며 이 세상 자체가 신이라고 생각하지만, 마치 현명한 사람이 비록 영혼과 신체로 구성되어 있다고 하더라도 영혼으로부터 현명하다고 불리듯이, 세상도 비록 영혼과 신체로 구성되어 있다고 하더라도 영혼으로부터 신으로 불린다고 말하고 있다. 그러므로 세상의 신체만으로는 신이 될 수 없고, 그 영혼만으로나 혹은 영혼과 신체가 합하여 신이 되는 것이다. 그러므로 야누스가 세상이고 또 야누스가 신이라면, 그들은 유피테르가 신이 되기 위해서는 야누스의 일부분이라고 말할 것인가? 왜냐하면 그들은 예사로 우주전체를 유피테르에게 원인이 있다고 하기 때문이다. 따라서,

> 만물은 유피테르로 가득 차 있다[22]

는 말이 나오게 되는 것이다. 그러므로 그들은 또한 유피테르가 신, 특히 신들의 왕이라면, 그들의 이론에 따라 자신의 부분이 되는 다른 신들 위에 군림하기 위해서 세상이라고 생각해야 한다. 이런 취지에서 바로는 신들의 숭배에 관한 별도의 책에서 발레리우스 소라누스(Valerius Soranus)[23]의 몇몇 시구절을 해석하고 있다. 그가 해석한 시구절은 아래와 같다.

> 전능한 유피테르, 왕들과 사물들과 신들의 아버지, 또한 신들의 어머니이자, 하나이자 전체인 신이다.

그러나 바로는 같은 책에서 마치 남성이 정자를 발산하며 여성이 그것을 받아들이듯이 그들이 세상이라고 믿고 있는 유피테르는 자신으로부터 만물의 정자를 발산하고 자기 안으로 그것을 받아들인다고 말함으로써 이 시구를 해석하고 있다. 그는 이런 이유 때문에 소라누스가 "유피테르, 아버지이자 어머니"라고 썼으며 동일한 이

---

22) Virg., *Ecl.*, 3, 60.

23) 기원전 82년에 호민관이던 소라의 발레리우스 소라누스(Q. Valerius Soranus)는 바로와 키케로의 친구로서 철학과 언어학에 관한 저술가이기도 했으나, 그 중 몇몇 단편만이 전해져 내려온다.

유로 그가 하나이자 전체라고 노래했다고 말한다. 왜냐하면 세상은 하나요, 그 하나 안에 만물이 들어있기 때문이다.

10. 야누스와 유피테르를 구분하는 것이 적절한가

그러므로 야누스도 세상이고 유피테르도 세상인 터[24]에, 세상이 하나만 있다면 어떻게 야누스와 유피테르가 두 신이 될 수 있는가? 그들은 왜 별개의 신전과 별개의 제단과 별개의 의식과 상이한 신상을 가지고 있는가? 그 이유가 시작의 성격과 원인의 성격이 별개이기 때문이므로 전자가 야누스라는 이름을, 후자가 유피테르라는 이름을 얻었다면, 어떤 사람이 별도의 두 권위있는 직책이나 두 가지 기술을 가지고 있는 경우에 그 직책이나 기술이 상이하기 때문에 두 사람의 재판관이라든가 두 사람의 기술자라고 말해도 좋은가? 이 점은 신의 경우에도 적용된다. 만약 어떤 신이 시작과 원인에 대한 권능을 가지고 있다면, 시작과 원인이 별개라는 이유 때문에 그가 서로 다른 두 신이라고 생각되어야 하는가? 그러나 그들이 생각하기에 이것이 옳다고 한다면, 그들로 하여금 또한 유피테르가 그 많은 권능 때문에 그들로부터 부여받은 별칭만큼의 신이라고 확언하게 하라. 왜냐하면 이런 별칭이 유피테르에게 적용되도록 한 일들은 많고 다양하기 때문이다. 나는 그 중 몇몇을 언급하도록 하겠다.

11. 많은 신들에게가 아니라 하나의 동일한 신에게 언급된 유피테르의 별칭에 관하여

그들은 유피테르를 가리켜 빅토르, 인빅투스, 오피툴루스, 임풀소르, 스타토르[25], 켄툼페다, 수피날리스, 티길루스, 알무스, 루미누스, 그리고 열거하기에도 벅찬 많은 별칭으로 부르고 있다. 그들은 다양한 원인과 권능 때문에 이런 별칭을 한 신에게 부여하였지만, 그토록 많은 역할이 있다고 하여 그와 동일한 수만큼의 신이 되도록 강요받지는 않았다. 유피테르는 언제나 정복자이기 때문에 빅토르이다. 그는 결코 정복당하지 않기 때문에 인빅투스이다. 그는 곤경에 처한 사람들에게 도움을 제공하기 때문에 오피툴루스이다. 그는 재촉하는 능력을 가지고 있기 때문에 임풀소르이

24) 7, 9장 참조.
25) 3권 13장 참조. 다른 별칭은 고전 문학에서 유피테르의 명칭으로서 발견되지 않고 있다.

다. 그는 멈추게 할 능력을 가지고 있기 때문에 스타토르이다. 또 안정을 부여할 능력이 있기 때문에 켄툼페다이며, 넘어뜨리는 능력을 가지고 있기 때문에 수피날리스이다. 그는 들보 재목처럼 세상을 지탱시키며 유지시키기 때문에 티길루스이며, 만물을 양육하기 때문에 알무스이다. 그리고 그는 유방(ruma)에 의하여 모든 살아있는 피조물을 양육하기 때문에 루미누스이다. 여기서 우리는 그 중 어떤 것은 중요하며, 어떤 것은 사소한 일임을 알게 된다. 그러나 그 모든 일을 수행한다고 얘기되는 신은 오직 하나이다. 나는 그들로 하여금 하나의 세상이 두 신, 즉 유피테르와 야누스라고 생각하도록 만든 사물의 원인과 시작이 세상을 유지시키는 것 및 피조물에게 유방을 들이미는 일보다 서로 간에 더 근접해있다고 생각한다. 그러나 뒤에 말한 이 두 가지 일이 중요성과 가치에 있어서 서로 아주 상이하다는 이유로 반드시 두 신의 존재를 가정할 필요성은 없다. 지금까지 하나의 유피테르가 한 가지 기능 때문에 티길루스라고 불리고, 다른 하나의 기능 때문에 루미누스라고 불리어왔다.

나는 특히 여신인 루미나가 도움을 주고 봉사하기 위해 존재한다는 이유 때문에 포유동물에게 유방을 들이미는 일이 유피테르에게보다는 유노에게 더 적합했을 것이라고 말하고 싶지는 않다. 왜냐하면 나는 유노 자신이 아래에 나오는 발레리우스 소라누스의 시구에 따르면[26] 유피테르와 다르지 않다는 대답을 들으리라고 생각하기 때문이다.

전능한 유피테르, 왕들과 사물들과 신들의 아버지, 그리고 신들의 어머니.

그렇다면 아마도 좀더 부지런한 조사자라면 그가 여신인 루미나이기도 하다는 사실을 알 터인데도, 루미누스라고 호칭된 이유가 무엇인가? 하나의 곡물 이삭에서 한 신이 마디를, 다른 한 신이 껍질을 돌보아야 한다는 것이 신들의 위엄에는 무가치한 것처럼 보였다.[27] 이런 판단이 정당하다고 한다면, 동물을 젖먹이는 일처럼 보다 천한 활동 중의 하나에 대하여 만물의 군주인 유피테르가 자기 아내도 아니고 루미나라고 불리는 이름없는 여신의 도움을 받아 신경을 쓴다는 것은 얼마나 더 무가치한 일인가! 그 자신은 루미나와 동일함에 틀림없다. 아마도 그는 남성에게 젖을 먹일 때에는 루미누스이고, 여성을 담당할 때에는 루미나일 것이다. 만약 그가 이 시구에서 "아버지요 어머니"라고 호칭되지 않았더라면, 그리고 내가 이미 4권에서

26) 9장 이하.
27) 노두투스와 볼루티나:4권 8장 참조. 루미나는 4권 21장에 등장한다.

언급했듯이[28] 우리가 사소한 신들 사이에서 발견했던 페쿠니아라는 이름을 그의 다른 별칭 가운데서 읽지 않았더라면, 나는 확실히 그들이 유피테르에게 여성적인 이름을 적용시키고자 하지 않았다고 말했을 것이다. 그러나 남성과 여성이 모두 돈을 가지고 있는데 그는 왜 페쿠니아라고 호칭되는 동시에 페쿠니우스라고 호칭되지는 않는가? 그것은 그들의 관심사이다.

12. 유피테르는 페쿠니아라고도 호칭된다.

그들은 이 이름에 대하여 얼마나 멋진 설명을 하고 있는가! 그들은 "그는 페쿠니아라고도 불린다. 왜냐하면 만물이 그에게 속해 있기 때문이다"라고 말한다. 아, 신의 이름에 대한 설명치고 이 얼마나 장엄한가! 그렇다. 만물이 속해 있는 그가 아주 미천하고 아주 오만불손하게도 페쿠니아라고 불리고 있다. 하늘과 땅에 의하여 포함된 만물과 비교해보면, 돈이라는 이름으로 사람들이 소유한 만물은 합쳐서 무엇인가? 참으로 유피테르에게 이런 이름이 부과된 것은 바로 탐욕 때문이었다. 그래서 돈을 사랑하는 자는 누구든지 스스로 보기에 보통의 신이 아니라 다름아닌 만물의 왕 자신을 사랑하는 듯하다.

그러나 유피테르가 부(富)라고 호칭되었다면 문제가 아주 달라지게 되었을 것이다. 왜냐하면 부와 돈은 별개의 것이기 때문이다. 우리는 돈을 가지고 있지 않거나 아주 적게 가지고 있는 사람이라고 할지라도 현명한 사람이든지 정의로운 사람이든지 선한 사람을 부유하다고 부른다. 왜냐하면 그런 사람들은 덕을 소유함으로써 비록 육신을 위해서는 형편이 좋지 않을 때조차도 자기들이 가진 것에 만족하므로 보다 진정한 의미에서 부유하기 때문이다. 반면에 우리는 언제나 갈구하며 언제나 부족함 가운데 있는 탐욕적인 사람들을 가난하다고 말한다. 왜냐하면 그들은 항시 상당한 양의 돈을 소유하고 있을지 모르지만, 충분한 양이 얼마든지 그것을 가질 수 없고 언제나 부족하기 때문이다. 그래서 우리는 적절하게도 하나님 자신을 부유하다고 말하는데, 이는 그가 돈에 있어서 부유하다는 뜻이 아니라 전능함에서 그렇다는 의미이다. 그러므로 풍부한 돈을 가지고 있는 사람들은 부유하다고 언급되지만, 만약 그들이 탐욕스럽다면 내면적으로는 궁핍하다. 마찬가지로 돈을 가지고 있지 않은 사람은 가난하다고 언급되지만, 만약 그들이 현명하다면 내면적으로는 부유한 것이다.

그렇다면 현명한 사람이라면 신들의 왕이 "결코 어떤 현명한 사람도 욕구하지

---

28) 4권 21, 24장.

않는"[29] 물건의 이름을 받아들인 이 신학에 대해서 어떤 생각을 해야 하는가? 만약 이 철학에 의해서 영원한 생명에 관하여 건전하게 교육된 어떤 내용이 있었다면, 세상의 통치자인 그 신은 그들에 의해서 돈이 아니라 지혜라고 호칭되는 편이 얼마나 더 적합했을 것인가! 왜냐하면 지혜를 사랑하면 더러운 탐욕, 즉 돈에 대해 사랑하는 마음이 말끔히 씻겨내려갔을 것이기 때문이다.

13. 사투르누스가 누구인지, 게니우스가 누구인지 설명되었을 때 그 두 신이 유피테르와 동일하다는 사실이 확인되게 된다.

그러나 모든 다른 신들이 유피테르와 동일시됨으로써 그가 전부이기 때문에 많은 신들의 존재에 관한 견해는 진실성을 전혀 결여한 단순한 의견으로 남게 된다면, 이 유피테르에 대해서 더 말할 이유가 무엇인가? 그리고 만약 유피테르의 다양한 부분과 권능이 동일한 수 만큼의 신으로 생각된다면, 또는 그들이 온 세상에 걸쳐 확산되어 있다고 생각하는 정신의 원리가 이 가시적인 세상의 물질을 구성하는 다양한 부분으로부터, 그리고 다수의 형태로 드러난 자연의 작용으로부터 많은 신들의 이름을 얻었다면, 그런 신들은 모두 유피테르를 지칭하는 것으로 된다.

예를 들어, 사투르누스는 무엇인가? 바로는 "주신들 중의 하나로서 모든 파종하는 일을 관장하고 있다"고 말한다. 발레리우스 소라누스[30]의 시구를 보면, 유피테르가 세상이며 그가 자신으로부터 모든 종자를 방출하며 그것들을 자기 안으로 받아들인다는 사실이 나와있지 않은가? 따라서 유피테르가 파종하는 일을 관장해야 한다는 결론이 나오게 된다.

또 게니우스[31]는 무엇인가? "그는 생성된 사물에 대해 책임을 진 신으로서 생성시키는 권능을 가지고 있다." 그들은 "아버지이자 어머니인 전능한 유피테르"라고 언급된 세상을 제외한 다른 누구가 이런 권능을 소유하고 있다고 믿고 있는가? 그리

---

29) Sall., *Cat.*, 11, 3.

30) Apul., *De Deo Socr.*, 14.

31) 게니우스:인간의 출생을 관장하면서 또한 수호 천사처럼 인간 옆에 거하거나 그의 속에 거함으로써 그에게 생식력을 주기도 하는 영이다. 그러므로 부부의 침대는 렉투스 게니알리스(lectus genialis)이다. 그 개념은 다소 모호하고 신축적이다. 아우구스티누스는 23장에서 인간의 정기를 그의 혼, 혹은 영과 동일시하는 듯이 보인다. 로마 황제의 정기는 황제 숭배의 핵심이었다. 어떤 지역이든 수호신(genius loci)을 가질 수 있었다. 그리고 우리는 로마의 수호신(genius urbis Romae)에 대한 언급을 보게 된다. 2장에서 "선택된" 신들 가운데 포함된 게니우스는 아마도 로마 민중의 게니우스(genius populi Romani)일 것이다.

고 바로가 다른 장소에서 게니우스가 모든 사람의 이성적인 영혼이며, 따라서 각 개인 안에 별도로 존재하지만 세상과 상응하는 영혼은 신이라고 말했을 때, 그는 마침 동일한 입장, 즉 세상 자체의 영혼은 사실상 보편적인 게니우스라고 간주될 수 있다는 입장으로 되돌아가고 있다. 그러므로 이것은 말하자면 유피테르이다. 왜냐하면 모든 게니우스가 신이고 모든 인간의 영혼이 게니우스라면[32] 모든 인간의 영혼은 신이라는 결론이 나오기 때문이다. 그러나 이 신학자들이 그토록 터무니없는 주장으로부터 위축되지 않을 수 없다면, 그들은 그 게니우스를 특별하며 두드러진 구분에 의하여 소위 세상의 영혼, 따라서 유피테르라고 호칭해야 한다.

14. 메르쿠리우스와 마르스의 직무에 관하여

그러나 그들은 메르쿠리우스와 마르스를 세상의 어떤 부분 및 자연계에 대한 하나님의 어떤 활동과 연결시키는 방법을 발견하지 못했다. 그러므로 그들은 그 두 신에 대해서는 인간들의 활동을 관장하게 하여 언어와 전쟁수행에서 인간들을 돕도록 만들었다. 그리하여 메르쿠리우스가 신들의 언어에 대한 능력도 아울러 가지게 되었다면, 그는 또한 신들의 왕에 대해서도 지배권을 갖게 된다. 유피테르가 메르쿠리우스로부터 언어의 능력을 부여받아 그 신이 뜻하는 바에 따라 말한다는 가정은 분명히 터무니없는 일이다. 반면에 메르쿠리우스에게 원인이 있다고 간주되는 능력이 오직 인간의 언어에 한정된다면, 겸손하게도 어린이들에게 뿐만이 아니라 짐승들에게도 유방을 내밀었던 유피테르— 이 일로부터 그는 루미누스라는 별칭을 얻게 되었다 — 가 인간을 짐승보다 우월하게 한 언어에 대하여 배려하지 않으려 했으리라고 믿는 일은 불가능하다고 할 수 있다. 그러므로 언어 자체는 유피테르에게 속하기도 하고, 메르쿠리우스이기도 하다.

그러나 메르쿠리우스는 언어 자체라고 언급될는지 모른다. 이런 말은 그들이 그 신에 대해 부여한 해석에서 제시되었다. 왜냐하면 언어는 인간들 사이를 달리므로 그런 뜻을 가진 medius currens로부터 메르쿠리우스라는 이름을 연역해내기 때문이다. 그리스어로 그 신의 이름은 헤르메스인데, 이는 언어 또는 분명히 언어와 연관된 해석이 헤르메네이아(ἑρμηνεία)[33]라고 불리는 까닭이다. 메르쿠리우스는 또한 상업을 관장한다고도 하는데, 이는 판매자와 구매자 사이에 언어가 오가기 때문이

---

32) Apul., *De Deo Socr.*, 14.

33) 메르쿠리우스. 아우구스티누스(혹은 바로)가 어원을 추적하는 방식은 보통의 경우에 이상하다. 그 이름은 아우구스투스 시대의 언어학자인 베리우스 플라쿠스(Verrius

다. 그 신의 머리와 발에 달린 날개는 공기를 가로지르며 언어가 날아가는 모습을 상징하고 있다. 그는 또한 우리의 모든 사고가 언어를 수단으로 하여 표현되기 때문에 사자(使者)라고 호칭되었다고들 한다. 그러므로 언어 자체가 메르쿠리우스라면 그들 자신의 고백에 따르더라도 그는 신이 아니다. 그러나 그들은 심지어 악마마저도 아닌 존재들을 신으로 삼고는 불결한 영들에게 기도함으로써 신이 아니라 악마들에 의하여 소유되어 있는 것이다.

마찬가지로 그들은 마르스에 대해서도 그가 어떤 종류든지 자연의 어떤 활동을 수행할 수 있는 세상 속의 어떤 요소나 부분을 찾아줄 수 없었기 때문에, 그 신이 인간들의 일이면서도 그들이 소망하지 않는 전쟁을 관장한다고 말했다. 그러므로 만약 펠리키타스가 영원한 평화를 부여한다면, 마르스는 아무 할 일이 없게 될 것이다. 그러나 언어가 메르쿠리우스인 것처럼 전쟁 자체가 마르스라면, 전쟁이 신이 아님이 사실이듯이 거짓되게도 신이라고 불리는 전쟁이 결코 없어지는 것이 사실이기를 바라고 있다.

15. 이교도들이 신들의 이름으로 부르는 어떤 별들에 관하여

그러나 아마도 이들 신들은 그들의 이름을 가진 별들과 동일할는지 모른다. 왜냐하면 그들은 어떤 별을 메르쿠리우스라고 하고, 마찬가지로 어떤 다른 별을 마르스라고 하기 때문이다. 그러나 신들의 이름으로 호칭되는 별들 가운데에는 그들이 유피테르라고 부르는 별들도 있지만, 그들에게 있어서 유피테르는 세상이다. 또한 그들이 사투르누스라고 부르는 별도 있지만, 그들은 그 신에게 모든 종자를 담당하라는 막중한 책임을 안겨주었다. 또한 그들은 모든 별들 중에 가장 밝은 별을 베누스라고 부르지만, 이 동일한 베누스는 달이기도 하다. 하지만 그들은 베누스와 유노가 유명한 황금사과에 대해서와 마찬가지로 그 가장 밝은 달을 놓고 다투고 있다고도 말한다. 어떤 사람은 샛별이 베누스에 속해 있다고 하며, 어떤 사람은 그것이 유노에게 속해 있다고 말한다. 그러나 보통의 경우에는 베누스가 승리한다. 왜냐하면 압도적으로 많은 사람들이 그 별을 베누스에게 할당시키므로 다른 생각을 하는 사람을 찾아보기 어렵기 때문이다.

그러나 그들이 유피테르를 모든 신의 왕으로 부르고 있는 형편에 그의 별이 베

Flaccus)가 생각했듯이(페스투스-베리우스 플라쿠스의 단축형-*De Verb. Sign.*, 11) 거의 분명히 merx, merces와 관련된다. 헤르메네이아는 물론 헤르메스로부터 파생되었다.

누스의 별보다 밝기에 있어서 훨씬 미치지 못한다는 사실을 보고도 웃지 않을 사람이 어디 있겠는가? 왜냐하면 그 신 자신이 다른 신들보다 강력한 것처럼, 그의 별도 훨씬 밝게 빛나야 하기 때문이다. 그들은 그 별이 다른 별보다 높이 떠있고 지상으로부터 훨씬 멀리 떨어져있기 때문에 그렇게 보일 따름이라고 대답한다. 그러므로 만약 그의 보다 위대한 위엄 때문에 보다 높은 자리를 차지할 자격이 그에게 부여되었다고 한다면, 무슨 이유로 사투르누스가 유피테르보다 하늘 높은 곳에 있단 말인가? 유피테르를 왕으로 만든 꾸며낸 이야기가 별들의 높이에 다다를 수 없었던가? 그러므로 사투르누스는 자신의 왕국이나 카피톨 신전에서는 획득할 수 없었던 것[34]을 적어도 하늘에서는 얻도록 허락받았던 것일까? 그렇지만 야누스는 무슨 이유로 별을 하나도 부여받지 못했는가? 그가 세상이고 세상이 모든 별들을 포함하기 때문인가? 하지만 유피테르 자신도 세상이지만, 자신의 별을 가지고 있다. 야누스는 자신의 경우를 활용하여 최대한 유리하게 타협함으로써 창공에 별 하나를 가지지 않는 대신에 지상에서는 그토록 많은 얼굴을 받아들였단 말인가?

또한 그들이 언어와 전쟁은 세상의 부분이 아니라 인간의 활동이기 때문에 메르쿠리우스와 마르스를 신으로 간주할 수 있기 위해서는 오직 별들로 인해서만 그들이 세상의 부분이라고 생각한다면, 그들은 어떻게 하여 아리에스(목양좌)와 타우루스(황소좌)와 칸케르(게좌)와 스코르피오(전갈좌) 및 그들이 천체의 궁(宮)으로 열거하고 있고 단 하나의 별이 아니라 성좌로 구성된 별들에 대해서는 제단도 만들어주지 않고, 의식도 제정하지 않고, 신전도 건축하지 않았던 것일까? 그들은 그런 성좌가 이미 언급된 별들보다 훨씬 높은 하늘에 위치해있기 때문에 보다 일정한 움직임으로 인하여 올바른 경로를 따라가고 있다고 말하고 있으면서도 말이다. 그리고 그들은 무슨 이유로 그런 성좌들을 선택된 신들 가운데는 아니라고 할지라도, 심지어 서민적인 신이라고 부를 수 있는 신들 사이에도 넣지 않았던 것일까?

16. 그들이 세상의 부분이라고 주장하고자 하는 아폴로, 디아나 및 다른 선택된 신들에 관하여

비록 그들은 아폴로가 예언자요 의사라고 주장하고자 할지라도 그를 세상의 어떤 부분으로서 자리잡게 하고 있다. 그들은 또한 태양이라고 말했다. 마찬가지로 그

34) 카피톨 신전에 있는 사투르누스. 전설에 따르면, 사투르누스는 유피테르에 의하여 크레타로부터 축출되어 사투르니아 언덕에 정착했는데, 그 곳은 나중에 유피테르에 의하여 점거당했을 때 카피톨이라고 명명되었다. 4권 23장 참조.

들은 그의 누이인 디아나는 달인 동시에 수호신[35]이라고 말했다. 따라서 길은 어떤 것도 생산하지 않기 때문에 그들은 그 여신이 처녀라고 주장했다. 그들은 또한 그 두 행성이 자기들의 광선을 지상으로 보내고 있기 때문에 화살을 지니게끔 만들고 있다. 그들은 불카누스가 세상의 불이라고 생각하고 있다. 넵튠은 세상의 물인 반면에, 아버지인 디스, 즉 오르쿠스는 세상의 가장 아래 부분이다. 그들은 리베르와 케레스[36]에게 종자를 관장하게 하였다. 그들은 이 때 앞의 신에게는 남성의 정자를, 뒤의 신에게는 여성의 난자를 책임지웠거나, 앞의 신에게는 종자의 습기찬 부분을, 뒤의 신에게는 건조한 부분을 맡겼다. 그리고 이 모든 것들은 분명히 세상, 즉 "아버지이자 어머니인" 유피테르를 가리키고 있다. 왜냐하면 그는 자신으로부터 모든 종자를 방출하고 그것을 자신 안으로 받아들였기 때문이다.

그들은 또한 바로 이 케레스가 다름아닌 대지모신(大地母神)이라고 하며 그 여신을 또한 유노라고 부르기도 한다. 따라서 그들은 유피테르를 가리켜 "신들의 아버지요 어머니"라고 말했음에도 불구하고 사물의 수동적 제 원인을 그 여신에게 귀속시킨다. 왜냐하면 그들에 따르면 세상 전체가 유피테르의 것이기 때문이다. 미네르바 또한 인간의 기예를 관장하는 책임을 부여받았으나 사람들이 그녀가 거주할 별조차 발견할 수 없었기 때문에 가장 높은 에테르나 심지어 달이라고 언급되었다. 또한 그들은 비록 불카누스에게 속해 있는 바와 같은 보다 격렬한 불이 아니라 인간생활의 일상적인 목적을 위하여 사용되는 보다 부드러운 불이 베스타에게 위임되어 있다고 할지라도, 그 여신이 대지이기 때문에[37] 여신들 중에 가장 상위에 속한다고 생각했다.

그래서 그들은 모든 선택된 신들이 세상이요 그 부분으로서, 그 중 일부는 세상 전체요 다른 일부는 그 부분이라는 견해를 가지고 있었다. 말하자면 세상 전체는 유피테르이고, 그 부분은 게니우스, 대지모신, 솔과 루나 혹은 아폴로와 디아나 등이라는 것이다. 그리고 그들은 때로는 하나의 신을 많은 일들과, 때로는 하나의 일을 많은 신들과 동일시하고 있다. 유피테르의 경우에는 많은 일들이 하나의 신이다. 왜냐하면 세상 전체가 유피테르요, 하늘 자체가 유피테르이고 하나의 별 자체가 유피테르라고 언급되기도 하고 주장되기도 하기 때문이다. 마찬가지로 유노는 수동적 제 원인의 지배자이기도 하고, 대기이기도 하며,[38] 대지이기도 하다. 그리고 그 여신이

---

35) 트리비아(Trivia)

36) 4권 11장 참조.

37) 케레스, 베스타:4권 10장 이하 참조. 위대한 어머니:4권 7장, 2권 4장 이하 참조..

베누스를 눌렀더라면, 별이기도 했을 것이다. 마찬가지로 미네르바는 최상의 에테르이기도 하며, 그들이 에테르의 최하단에 있다고 가정하는 달이기도 하다. 그리고 그들은 하나의 일을 이런 식으로 많은 신으로 만들기도 한다. 세상은 야누스이기도 하고 유피테르이기도 하다. 또한 대지는 유노이기도 하며, 대지모신이기도 하며, 케레스이기도 하다.

17. 바로 자신조차도 신들에 관한 자신의 견해가 애매하다는 점을 자인하고 있다.

그리고 마찬가지 내용이 내가 실례를 들기 위하여 언급했던 일들에 적용되는 것처럼, 나머지 모든 일에도 적용된다. 그들은 그 문제를 설명하는 것이 아니라, 오히려 복잡하게 만들고 있다. 그들은 변덕스러운 견해의 충동에 의하여 내몰리는 대로 이리저리, 그리고 이편저편으로 내달리고 있다. 그래서 심지어 바로조차도 어떤 것을 확정짓기보다는 모든 일에 대하여 회의하는 길을 선택했다. 그는 확실한 신들에 관한 세 권의 마지막 저술 중 첫번째 것을 완성한 후에 불확실한 신들에 관하여 말하기 위하여 이 중 두번째 권을 시작하면서 이렇게 말하고 있다.

> 나는 이 책에서 신들에 관한 의심스런 견해를 말했다는 이유로 비난받아서는 안된다. 왜냐하면 분명한 결정이 바람직하며 가능하다고 생각하는 사람은 누구든지 내가 말해야 하는 것을 들은 후에 스스로 그런 결정을 내릴 것이기 때문이다. 내 입장으로 말하면 나는 이 책 안에서 저술하게 될 모든 것들로 어떤 확고한 결론을 내리려고 시도하기보다는 첫번째 책에서 내가 말한 것에 대하여 보다 용이하게 의문을 제기하도록 인도될 수 있을 것이다.

그래서 그는 불확실한 신들에 관한 책만이 아니라 확실한 신들에 관한 책마저도 불확실하게 만들고 있다. 게다가 그는 스스로 필요하다고 생각했던 자연적 신학에 대해서 어느 정도 서론격으로 설명을 시작한 후에, 그리고 그가 사물에 대한 진실성으로 인도되기는커녕 전통의 권위에 의하여 억눌린 채 국가적 신학의 공허함과 거짓된 광기에 대하여 말을 막 시작했을 때, 다음과 같은 얘기를 했다.

> 나는 이 책에서 로마인들이 신전을 봉헌했으며 수많은 신상을 세움으로써 명확하게 구분했던 공적인 신들에 관하여 저술하게 될 것이다. 그러나 나는 콜로폰의 크세노폰[39]이

---

38) 4권 10장 참조

적고 있듯이 나의 확신이 아니라 나의 견해에 대한 설명을 기술할 것이다. 왜냐하면 이런 주제에 대하여 사람들은 견해를 가지고 있을 따름이고, 오직 신만이 지식을 가지고 있기 때문이다.

그렇다면 바로가 인간들에 의하여 제정된 일들에 대하여 저술하고 있을 때, 그가 약속한 것은, 이해되었고 아주 확실하게 신뢰되었던 일들에 대한 설명이 아니다. 그는 단지 회의적인 견해의 주제일 따름인 사물에 대한 설명을 소심하게 약속하고 있는 것이다. 그는 세상이 존재하며 하늘과 대지가 존재하며 하늘은 별들로 빛나며 대지는 종자를 통하여 비옥하다는 등의 일에 대해서는 아주 큰 확신을 가지고 있었다. 그리고 그는 이 모든 자연의 광대한 구조가 어떤 보이지 않는 힘에 의하여 통제되며 인도된다는 점을 요동치 않는 지적인 신념으로 믿었다. 그러나 그는 야누스가 세상과 동일하다고 단언하거나, 사투르누스가 어떤 의미에서 유피테르의 아버지이며 동시에 왕인 유피테르에게 복종하고 있다고 깨닫거나, 다른 유사한 문제들에 대한 주장을 펼칠 때 앞서 말한 확신을 가지고 있을 수 없었다.

18. 이교도들의 오류에 대한 보다 신빙성있는 이유

이런 신들에 대해 훨씬 더 신빙성있는 설명은 그들이 인간이었으며[40] 그들 각각에게 특이한 재능, 성격, 업적, 모험담에 따라 종교적인 의식과 제전이 제정되었다는 것이다. 그런 의식과 제전은 악마들을 닮아서 경박한 오락거리를 탐하던 인간의 영혼 속으로 점차 숨어들게 됨으로써 널리 확산되었다. 여기에다가 시인들은 거짓 이야기를 꾸며놓았고, 거짓된 영들은 인간들이 그런 이야기를 수용하도록 유혹하였다. 바로의 해석에 따르면, 유피테르에게 속한 원인이 사투르누스에게 속한 종자보다 앞서기 때문에 사투르누스가 그의 아들인 유피테르에 의하여 정복당했다는 설명보다는 불효한 어떤 아들 혹은 부도덕한 아버지에 의하여 살해당할 것을 두려워한 어떤 젊은이가 왕위를 탐하여 자기 아버지를 축출했다는 것이 훨씬 더 그럴듯하다. 원인이 종자(seed)보다 앞섰다면 사투르누스는 결코 유피테르보다 앞서 있을 수도 없었고 유피테르의 아버지가 될 수도 없었을 것이다. 왜냐하면 원인은 언제나 종자

---

39) 크세노파네스(6세기)는 자연에 관한 철학적 시를 저술했으나, 그 중 단편만이 남아있다. 그는 다신론과 신에 대한 신인동형론적 개념을 공격했으며, 신에 관한 문제에서 안다고 공언했던 사람들을 조롱했다.

40) 유헤메리즘, 4권 27장 이하.

보다 선행하고, 결코 종자로부터 생겨나지는 않기 때문이다. 그러나 그들이 꾸민 아주 공허한 이야기나 인간들의 활동을 자연적인 해석에 의하여 존중하려고 시도할 때, 아무리 명민한 사람이라고 할지라도 곤란을 느끼게 되므로 우리는 그들의 우매함에 대해서도 슬퍼하지 않을 수 없다.

19. 사투르누스를 숭배하는 이유를 구성하는 해석에 관하여

바로는 종자가 스스로 생겨난 대지로 되돌아가기 때문에 사투르누스는 자기에게서 생겨난 모든 것을 삼키는 경향이 있다고 말하고 있다. 또 그는 유피테르 대신에 삼키도록 흙덩이가 사투르누스 앞에 놓여진다는 얘기가 쟁기 기술이 발견되기 이전에 사람들이 손으로 종자를 땅 속으로 묻었던 사실을 상징한다고 말한다. 그렇다면 종자가 아니라, 대지 자체가 사투르누스로 호칭되어야 한다. 왜냐하면 대지로부터 생겨난 종자가 다시 그 안으로 들어갈 때 대지는 어떤 식으로든지 스스로 산출한 것을 삼켜버리기 때문이다. 그리고 사투르누스가 유피테르 대신에 흙덩이를 받아들이는 것이 사람들의 손에 의하여 종자가 토양 속으로 묻힌다는 사실과 무슨 관련이 있는가? 종자는 흙으로 묻힘으로써 다른 것들처럼 삼킬 수 없었던 것일까? 이런 설명대로라면 흙을 놓은 사람이 종자를 제거시킨 반면에, (마치 신화에서 사투르누스가 흙덩이를 제공받았을 때 유피테르가 제거되는 것처럼) 사실상 흙으로 종자를 덮으면 종자가 보다 철저하게 삼켜지는 결과가 된다는 것이다. 그렇다면 조금 전에 언급되었듯이 유피테르는 종자이지, 종자의 원인이지는 않다. 그러나 사람들은 무엇을 기대할 수 있는가? 그런 터무니없는 것에 대하여 어떻게 타당한 해석이 발견될 수 있는가?

바로는 사투르누스가 농사일 때문에 갈고리를 가지고 있다고 말한다. 그러나 분명 사투르누스의 시대에는 아직 농업이 존재하지 않았다. 그러므로 사투르누스의 초기 시대가 언급된 이유는, 그 신화에 대해서 동일한 바로 자신이 내린 해석에 따른다면 원시 시대의 사람들이 땅에서 자연발생적으로 산출된 종자를 먹고 살았기 때문이다. 사투르누스는 아마도 자신의 홀을 상실하고 나서야 갈고리를 부여받은 듯하다. 그렇다면 그는 치세 초기에는 왕으로서 편안하게 살다가 아들로부터 왕위를 찬탈당한 뒤에 힘들게 일하는 노동자가 되었다는 말이 된다.

바로는 계속해서 어떤 민족들, 예를 들어 카르타고인들의 경우에 사투르누스에게 소년들이 제물로 희생되었으며 또다른 어떤 민족들, 예를 들어 골인들의 경우에 성인들이 희생제물로 바쳐졌다고 말한다. 왜냐하면 모든 종자 중에 인간이 최상품이기 때문이다. 이 잔인하고 우매한 짓에 대해서 우리는 무엇을 더 말할 필요가 있는가! 그 대신에 우리는 다음과 같은 사실을 주목하고 마음에 새기도록 하자. 즉 이러한 해석들은 살아계시며 영적이며 불변하는 분으로서 영원토록 지속되는 복된 생명을 부여할 수 있는 참된 하나님과는 아무런 관계가 없고, 오직 물질적이며 순간적이며 가변적이며 가멸적인 것들로 종결되고 만다는 것이다.

그리고 바로가 말하는 바에 따르면, 신화 속에서 사투르누스가 자기 아버지인 켈루스(Coelus:하늘)를 거세시켰다는 말은 신적인 종자가 켈루스가 아닌 사투르누스에게 속해 있다는 것을 상징하고 있다. 이런 이유 때문에 이치에 닿는 한, 하늘에 있는 것은 어느 것도 종자에서 생겨나지 않았다. 그러나 보라! 사투르누스가 켈루스의 아들이라면 그는 유피테르의 아들이 된다. 왜냐하면 그들은 수도 없이 많이, 그리고 아주 강력하게 하늘이 유피테르라고 확증하기 때문이다. 그러므로 진리에서 나지 않은 것들은 누군가로부터 도움을 받지 않는다면 아주 흔히 스스로 모순을 일으켜 자멸하게 되고마는 법이다.

바로는 사투르누스가 그리스어로는 시간을 의미하는 크로노스(Κρονος)[41]라고 호칭되었다고 말한다. 왜냐하면 종자는 시간이 없이는 생산할 수 없기 때문이다. 사투르누스에 관하여 이런저런 이야기가 있지만 모두 종자와 연관된다. 그리고 사투르누스는 온갖 위대한 능력을 가지고 있었으므로 분명히 혼자서도 종자를 다룰 수 있었을 것이다. 그렇다면 무슨 이유로 다른 신들, 특히 리베르와 리베라 즉 케레스가 종자를 위하여 필요하게 되는가? 바로는 종자와 관계되는 한, 그런 신들에 관하여 마치 자신이 사투르누스에 대하여 아무 얘기도 하지 않은 것처럼 많은 것들을 말하고 있다.

20. 엘레우시스의 케레스의 의식에 관하여

케레스의 의식 가운데에는 아테네인들 사이에 아주 명성을 떨쳤던 엘레우시스의 의식[42]이 널리 알려져 있다. 바로는 이에 대해 케레스가 발견했던 곡물 및 오르쿠스

41) 4권 10장 이하.

42) 엘레우시스의 제전. 데메테르와 페르세포네의 비의는 아테네에서 약 12마일 떨어진 아티카의 엘레우시스에서 가을 파종과 관련된 지방의 다산(多産) 의식에서 생겨났던 것으로 보인다. 엘레우시스가 아테네에 통합(기원전 600년 경)된 이후에 어떻게 하여 이 의식은 시초의 의식으로 발달했는데, 그 주된 행사에는 아테네로부터 엘레우시스까지의 행렬, 바다에 잠기는 정화의식적 목욕, 그리고 "행하고, 말하고, 보여주는" 것으로 구성된 어두운 지옥에서의 몇몇 종류의 연기가 있었다.

가 강탈해감으로써 케레스가 잃어버렸던 프로세르피나(Proserpina)와 관계되는 것 외에는 아무런 해석도 제시하지 않고 있다. 그리고 그는 이 프로세르피나 자신이 종자의 풍성한 결실을 상징한다고 말한다. 그러나 어떤 계절에는 대지가 슬픈 모양을 띠게 되어 불모의 상태가 될 때 풍요로움이 멈추게 되므로, 케레스의 딸 즉 prospere(살금살금 올라온다, 솟아오른다)[43]라는 단어로부터 프로스피나라는 이름을 얻게된 풍요로움 자체가 오르쿠스에 의하여 납치되어 지하 세상의 거주자들 사이에 감금된다는 견해가 생겨났다. 이 사건은 공식적인 애도로써 기념되었다. 그러나 동일한 풍요로움이 다시 되돌아오기 때문에, 프로스피나가 오르쿠스에 의하여 풀려난 것에 대한 환희가 생겨나고 이를 기념하는 의식이 제정되었다. 바로는 모든 곡물의 발견에 관계되는 케레스의 비의(秘儀) 안에는 많은 전통적인 의식이 있다고 덧붙이고 있다.

21. 리베르를 기념하여 거행되는 의식의 수치스러움에 관하여

말하자면 리베르[44]는 그들이 그 중에 포도주가 수위를 차지하고 있는 열매의 액체만이 아니라, 동물의 정액도 포함하는 유동적인 종자를 관장하게 하는 신이다. 그에 대한 의식에는 아주 심한 정도의 외설스러움이 있고 얘기가 길어질 것이기 때문에 주저하게 되지만, 우리는 그런 일을 행하는 자들의 오만한 우매함을 드러내려는 목적을 가지고 있기에 작업에 착수하고자 한다.

그 수가 많기 때문에 내가 어쩔 수 없이 생략하지 않을 수 없는 다른 의식들 가운데, 바로는 이탈리아에서 교차로가 있는 곳에서는 리베르에 대한 의식이 아주 절제되지 않은 채 외설스럽게 기념될 때 남성의 은밀한 부분이 공식적으로 숭배되었다고 말하고 있다. 적어도 일말의 절제됨이 있을 수 있도록 이런 혐오스런 일은 비밀스럽게 행해진 것도 아니고, 오히려 공개적이고도 음란하게 공연되었다. 리베르에 대한 제전 기간에 이 남근은 마차에 실린 채 처음에는 지방에 있는 교차로에서, 다음에는 도성 안에서 아주 존중받으면서 전시되었다. 라비니움에서는 온 한 달이 리베르에게만 봉헌되어 사람들은 그 기간 동안에 아주 외설스러운 대화를 주고받았고, 급기야는 남근이 광장을 통하여 운반되어 최종 목적지에 안치되었다. 그 보기흉한 신체기관 위에다가는 아주 명망있는 가문의 귀부인이 의무적으로 만인이 참석한 가

---

43) 4권 3장 이하 참조.
44) 4권 11장 이하, 4권 9장 참조.

운데 화환을 걸어주어야 했다. 이것이 종자의 성장을 위하여 리베르라는 신이 달램받는 방법이었다. 만약 관객 가운데 귀부인이 있다면, 창녀라고 할지라도 극장에서 행하도록 허락받아서는 안되는 그런 일을 귀부인이 공개적으로 어쩔 수 없어 행함으로써 들판에서 마법이 축출되었다.

그렇다면 이런 이유 때문에, 즉 불결한 영혼이 신들의 수를 증가시킬 근거를 발견하기 위하여 종자를 위해서 사투르누스만으로는 충분하지 않다고 생각되었다. 그래서 불결한 영혼을 더러움에 대한 정당한 형벌로서 참되신 한 분 하나님으로부터 내버림받고는 점점 더 불결함을 탐하는 까닭에 많은 거짓 신들을 숭배하도록 팔림으로써, 신성모독적인 의식에다가 종교의식이라는 이름을 붙이며 더러운 악마들 무리에 의하여 모욕당하며 오염되고 있는 것이다.

22. 넵튠과 살라키아와 베닐리아에 관하여

넵튠은, 사람들이 말하기를, 바다의 깊은 물인 살라키아[45]를 아내로 두었다. 그런데 무슨 까닭으로 베닐리아[46]가 그에게 추가되었는가? 그 이유는 이 여신이 그들의 종교의식을 완성시키기에 필요했기 때문이 아니라, 오직 부패한 영혼이 스스로를 팔아넘길 악마들의 수효를 늘리기 위했기 때문이 아닐까?

그러나 이 저명한 신학에서 어떤 만족스런 이유를 제시함으로써 우리가 이런 비난을 하지 못하도록 해석해내는지 살펴보자. 이 신학은 베닐리아가 해안으로 밀려오는 파도이고, 살라키아가 바다로 돌아가는 파도라고 한다. 그렇다면 밀려오는 물과 돌아가는 물이 하나일 터인데 무슨 이유로 여신이 둘인가?

확실히 많은 신을 두려는 열망에서 해안에서 부서지는 파도와 닮은 것은 광기어린 정욕 자체이다. 왜냐하면 들어오는 물이 나가는 물과 다르지 않다고 할지라도, 들어오기는 하지만 나가지는 않는 영혼은 그 자신이 이런 거짓된 변명을 끌어들이기 위한 기회를 삼고있는 두 악마에 의하여 오염되었기 때문이다.

아, 바로여, 그리고 학식있는 자들의 그러한 저술을 읽었으며 스스로 위대한 무언가를 배웠다고 생각하는 사람들이여, 나는 당신들에게 이 두 여신과 관련된 이 문제에 대하여 해석해주도록 부탁한다. 나는 홀로 하나님이시며 영원하고 변치않는 본성과 부합되는 방식으로가 아니라, 오직 당신들이 신이라고 생각하는 세상 및 그 부

---

45) 4권 11장 참조.

46) 정체가 알려져있지 않다. 베닐리아는 4권 11장에서는 다른 신으로 나타난다(그 이하 참조).

분들의 영혼에 관련된 가르침과 부합하는 방식으로 말하고 있다. 당신들이 바다에 침투한 세상의 영혼 중 그 부분을 당신들의 신인 넵튠으로 삼은 것은 어느 정도 보다 용납될 만한 일이다. 그렇다면 해안으로 밀려오고 바다로 나가는 파도가 세상의 두 부분이거나 세상의 영혼의 두 부분인가? 당신들 중 어떤 사람이 그렇게 생각할 정도로 어리석은가? 그렇다면 그들은 당신들에게 두 여신이 되었는가?

유일한 이유는 당신들의 현명한 조상들이 조치하기를, 많은 신들이 당신들을 다스리기 위함이 아니라 그런 헛된 일과 거짓에서 기쁨을 얻는 그토록 많은 마귀들이 당신들을 소유하게 하기 위함이다. 그러나 이런 해석에 따른다면 그 살라키아는 그녀의 남편 아래에 위치해있던 바다의 깊은 부분을 왜 상실하였는가? 왜냐하면 당신들은 방금 그녀를 밀려나가는 파도와 동일시했을 때 그녀를 표면 위로 올려놓았기 때문이다. 그녀는 자기 남편이 베닐리아를 첩으로 삼은데 분노하여 그를 바다의 표면으로부터 추방시켰던가?

23. 바로가 신이라고 생각하는 세상의 영혼이 또한 그의 신체 중 가장 아래 부분에도 침투하고 거기에다가 신적인 위력을 나누어주기 때문에 여신이라고 확언했던 대지에 관하여

확실히 우리가 그 자체의 생명체로 충만한 모습을 볼 수 있는 대지는 하나이다. 그러나 동시에 그것은 원소들 가운데 거대한 물체이며 세상의 가장 아래 부분이다. 그렇다면 그들은 왜 대지가 여신이라고 주장하는가? 그것은 풍성한 열매를 맺기 때문에 그러한가? 그렇다면 대지를 경작함으로써 열매가 열리게 하며 쟁기를 간다고 할지라도 땅을 숭배하지는 않는 사람들은 무슨 이유로 남신이라고 주장되지 않는가? 그러나 그들은 대지가 그곳에 침투한 세상 영혼의 일부분에 의하여 신이 되었다고 말한다. 인간 안에 영혼이 있다는 말이 훨씬 더 분명하며 의문의 여지가 없는 사실이 아닌가? 그러나 인간은 신이라고 주장되지 않고, (슬프게 애곡할 사실로서) 놀랍고도 가련한 미혹에 의하여 신이 아니고 자기보다 더 못한 존재들을 마땅한 숭배와 경모의 대상으로 생각하고 그들에게 복종하고 있다. 바로 자신은 선택된 신들에 관한 저술에서 자연계 전체에는 세 등급의 영혼[47]이 있다고 주장하고 있다.

첫번째는 그 신체의 모든 살아있는 부분을 관통하는 것으로서 감각은 없고 오직 생명력만 가지고 있는 경우이다. 바로는 이런 능력이 세상에서 일반적으로 나무가

---

47) 아리스토텔레스의 *De Anima* 에서 처음으로 영혼의 삼 단계가 구분되었다.

자양분을 받으며 성장하면서 비록 감각을 가지고 있지는 않지만 어떤 의미에서 살아 있는 것과 마찬가지 방식으로 우리의 뼈와 손발톱과 머리카락에 확산되어 있다고 말한다. 영혼의 두번째 등급은 감각이 들어있는 경우이다. 이런 능력은 우리의 눈과 귀와 콧구멍과 입과 감각기관에 침투해 있다. 세번째이자 최상의 등급은 정신이라고도 호칭되는데 이 안에 지성이 자리잡고 있다. 인간 외에는 어떠한 가멸적인 피조물도 이 단계의 영혼을 소유하고 있지는 않다. 바로는 세상의 영혼 중 이 부분이 신이라고 불리며, 우리 안에서는 게니우스(Genius)[48]로 호칭된다고 말한다.

그리고 우리가 보기는 하지만 감각의 능력이 침투해있지 않은 세상의 돌과 흙은 사실상 신의 뼈와 손발톱이다. 반면에 우리가 지각하며 신이 지각하는 수단이 되는 해와 달과 별은 신의 감각기관이다. 게다가 에테르는 신의 정신이다. 그리고 그 능력이 별들에게로 미치게 되어 별을 신으로 만든다. 그리고 여신인 텔루스(대지:Tellus)는 별들의 중재를 통하여 대지에 침투하는 능력으로 구성되어 있고, 바다와 대양에 도달된 것은 남신인 넵튠을 형성하고 있다.

바로로 하여금 자신이 자연적 신학이라고 생각하는 이런 내용을 떠나서, 그가 많은 변화와 굴곡에 의하여 생겨난 피로를 풀기 위하여 나가버린 그 지점으로 돌아가게 하라. 말하자면 그로 하여금 도성적 신학으로 돌아가게 하라. 나는 그를 한 동안 그곳에 묶어두고 싶다. 나는 그 신학과 관련하여 무언가 말할 것이 있다. 나는 아직도 대지와 돌이 우리의 뼈와 손발톱과 유사하다고 할지라도 감각을 결여하고 있는 것과 마찬가지 방식으로 지성을 가진 인간 안에 있다는 이유 때문에 지성을 소유하고 있다고 언급된다고 할지라도 세상에 이와 유사한 것들이 신이라고 말하는 사람이 우리의 뼈와 손발톱이 인간이라고 말하는 사람만큼이나 어리석다고 말하지는 않는다. 우리는 아마도 이런 문제에 대하여 철학자들과 토론할 기회를 갖게될 것이다.

현재로서 나는 바로를 정치성향을 지닌 신학자로서 다루기를 원한다. 사실상 바로는 자연적 신학에 속한 자유 속으로 머리를 들려고 원했던 것처럼 보이기는 하지만 그가 몰두하고 있는 책이 도성적 신학에 속한 주제와 관련된 것이라는 점을 의식하고 있기 때문에 그 신학의 관점 속으로 타락해 들어가서 그의 나라와 다른 국가들의 조상들이 넵튠에게 불합리한 숭배행위를 부여했다고 생각되지 않도록 이런 말을 했을 수 있다. 내가 말하고 있는 것은 이러하다. 즉 대지는 하나인데, 무슨 이유로 대지에 침투해 있는 세상 영혼의 그 부분이 바로가 텔루스라고 부르는 하나의 여신이지 않은가? 그러나 그런 경우에는 유피테르와 넵튠의 형제로서 그들이 디스 파테

---

48) 13장 이하 참조.

르(Dis Pater)라고 부르는 오르쿠스에게는 어떤 일이 발생할 것인가? 그리고 그런 경우에는 동일한 책에서 주어진 다른 견해에 따른다면, 대지의 풍요로움이 아니라 그 낮은 부분이라고 호칭되는 그의 아내, 프로세르피나는 어디에 있었던가?

그리고 만약 그들이 세상의 영혼 중 그 부분이 대지의 윗부분으로 침투할 때에는 디스 파테르가 되지만 아래 부분으로 보급될 때에는 여신인 프로세르피나가 된다고 말한다면, 텔루스는 무엇이란 말인가? 왜냐하면 텔루스가 대표한 모든 것이 이제 두 부분으로 분할되고 두 신에게 위임되었으므로 텔루스는 제3자로서 아무런 기능도, 아무런 처소도 찾지 못하게 되었기 때문이다. 하나의 가능한 제안은 오르쿠스와 프로세르피나라는 두 신이 하나의 신, 즉 텔루스와 동일하다는 것이다. 그렇게 되면 그들 세 신이 있는 것이 아니라, 하나의 신이 있거나 다른 두 신이 있게 된다. 그럼에도 불구하고 세 신이 언급되고 있으며, 세 신이 생각되고 있으며, 세 신이 그들 각각의 제단과 의식과 신상과 신관으로 숭배되고 있다. 그리고 그들 자신의 거짓된 악마들은 이런 일들을 통하여 타락한 영혼을 오염시키고 있는 것이다.

나아가 이런 질문에 대한 답변을 들어보자. 즉 세상 영혼의 일부분은 남신인 텔루모(Tellumo)[49]를 만들기 위하여 대지의 어떤 부분에 침투해 있는가? 바로는 이에 대해 부정적으로 대답하면서 이렇게 말하고 있다.

> 대지는 하나요 동일하지만 이중적인 생명을 가지고 있다. 즉 남성적인 생명은 종자를 산출하며 여성적인 생명은 종자를 받아들이고 양육한다. 그러므로 여성적인 원리로부터는 텔루스, 여성적인 원리로부터는 텔루모라고 호칭되었던 것이다.

그렇다면 무슨 이유 때문에 그가 지적했듯이 신관들은 다른 두 신을 첨가시켜 네 신, 즉 텔루스, 텔루모, 알토르, 그리고 루소르[50]에게 신적인 의식을 봉헌하는가? 우리는 이미 텔루스와 텔루모에 대해서는 언급했다. 그러나 그들은 왜 알토르를 숭배하는가? 바로는 대지에서 산출되는 모든 것이 대지에 의하여 양육(aluntur)되기 때문이라고 말한다. 또 그들은 왜 루소르를 숭배하는가? 바로의 말에 따르면 그것은 모든 것이 생겨난 그 장소로 다시 되돌아가기(rursus) 때문이다.

24. 비록 텔루스에 대한 별칭이 많은 특성을 지적한다고 할지라도 그에

49) 4권 10장 참조.49. 4권 10장 참조.
50) 알토르와 루소르는 다른 곳에서는 알려져있지 않다.

상응하는 만큼 많은 신이 있다는 견해가 성립될 수는 없다고 할 때의 그 별칭과 그 의미에 관하여

그렇다면 하나의 대지는 이런 네 가지 특성 때문에 네 개의 별칭을 가졌던 것이므로 네 신으로 간주되지 말았어야 했다. 이는 마치 유피테르와 유노가 그토록 많은 별칭을 가지고 있지만 그럼에도 불구하고 단일한 신인 것과 같다. 왜냐하면 이런 모든 별칭에 의하여 다양한 특성이 어떤 남신 혹은 어떤 여신에게 속해 있음이 나타나기는 하지만, 별칭이 많다는 것으로 많은 신을 의미하지는 않기 때문이다.

그러나 때때로 아주 부도덕한 여성도 자기가 사악한 격정의 충동을 받아 뒤쫓아 다녔던 떼거리에 대해 싫증을 느끼게 되는 것처럼, 타락한 모습으로 불결한 영들에게 이용당한 영혼도 때때로 한 때 그렇게 함으로써 기쁨을 얻었던 것과 마찬가지 정도로 자신을 굴복시켜 오염되도록 할 신들을 증가시키는 일에 혐오감을 느끼기 시작한다. 왜냐하면 바로 자신도 그런 신들 무리를 부끄러워하는 것처럼 텔루스를 하나의 여신으로 삼고자 하기 때문이다. 그는 다음과 같이 말하고 있다.

> 대지모신은 동일한 여신에 대한 다른 이름이다. 그녀는 북을 지니고 다니는데 이는 그녀가 대지의 원반임을 상징하고 있다. 그리고 그녀는 머리에 탑을 가지고 있는데, 이는 성읍을 상징하고 있다. 그리고 그녀는 착석한 모습으로 묘사되는데, 이는 만물이 움직인다고 해도 그녀는 움직이지 않는다는 사실을 상징하고 있다. 그리고 사람들이 이 여신에게 수종들도록 갈루스(Gallus)[51]라는 신관들을 임명했는데, 이는 모든 종자가 그 안에서 발견되기 때문에 종자를 필요로 하는 사람들은 대지를 추종해야 한다는 것을 상징하고 있다. 그 신관들은 그녀 앞에서 자신을 내어던짐으로써 대지를 경작하는 자들이 빈둥거리며 앉아 있어서는 안된다는 것을 가르치고 있다. 왜냐하면 그들에게는 언제나 할 일이 있기 때문이다. 심벌즈에서 나는 소리는 철제 농기구를 힘차게 사용함으로써, 그리고 사람들의 손에 의하여 생겨나는 소리 및 농업적인 활동과 연관된 모든 다른 소리를 상징하고 있다. 이런 심벌즈는 청동으로 만들어져 있는데, 이는 선조들이 철이 발견되기 이전에 농사일에서 청동제 기구를 사용했기 때문이다. 사람들은 여신 옆에다가 사슬에 묶지 않고 길든 사자를 한 마리 놓았는데, 이는 개간하고 경작하려는 시도를 수포로 돌릴 정도로 황량하며 극도로 불모인 땅이 없음을 보여주고 있다.

바로는 여기에다가 사람들이 어머니인 텔루스에게 많은 이름과 별칭을 부여했기 때문에 이들이 많은 신들을 상징하는 것으로 생각되었다고 덧붙이고 있다. 그는, "사람들은 땅(tellus)이 노동(opus)에 의하여 향상되기 때문에 텔루스를 오푸스로

51) 2권 7장 이하 참조.

생각한다. 또 많은 것을 산출하기 때문에 어머니라고 생각하며, 종자를 배출하기 때문에 위대하다고 생각하며, 열매들이 그곳으로부터 퍼져오르기 때문에 프로스피나[52] 라고 생각하며, 식물로 덮이기 때문에 베스타라고 생각한다.[53] 그래서 그들은 아주 타당하게도 다른 신들을 텔루스와 동일시하고 있다"고 말한다. 그렇듯이 그녀가 하나의 여신이라면, (진실을 고려해본다면 그녀는 심지어 여신이지도 않다) 그들은 무슨 이유로 그것을 다수의 신으로 분리시키는가? 하나의 여신에게 많은 이름을 붙여도 관계없지만, 이름만큼 많은 여신이 있지는 않도록 하라. 그러나 잘못된 선조들의 권위가 바로를 무겁게 억압하고 있으므로 그는 이러한 견해를 표명한 이후에 불안의 징후를 보이지 않을 수 없게 되었다.

그래서 그는 이렇게 덧붙인다. "실로 많은 신들이 있었다고 생각한 조상들의 견해는 내가 말한 이론과 모순되지 않는다." 하나의 여신이 많은 이름을 가지고 있다고 말하는 것과 많은 신들이 있다고 말하는 것은 전적으로 상이한데 어떻게 모순이 존재하지 않겠는가? 그러나 그는 동일한 대상이 하나인 동시에 그 안에 복합성을 가지고 있을 수 있다고 말하고 있다. 나도 한 사람 안에 다양성이 존재한다는 점을 인정한다. 그렇다고 해서 그 안에 다수의 사람이 존재하는 것일까? 마찬가지로 한 여신 안에 다양성이 존재한다. 또한 그렇다고 하여 많은 여신이 존재하는 것일까? 그러나 그들로 하여금 자기들 좋은 대로 분할하고, 통합하며, 증가시키고, 중복시키며, 결부시키도록 하라.

이런 것이 텔루스와 대지모신의 유명한 비의로서, 그 모든 것이 가멸적인 종자 및 농업과 연관되어있음이 제시되었다. 그렇다면 이런 것들, 즉 북, 탑, 갈루스들(신관들), 미친 듯한 몸짓, 심벌즈의 소음, 사자상 등이 이러한 연관성과 이러한 목적을 가지고 있다고 하여 영원한 생명을 약속하는가? 그렇다면 거세당한 갈루스들은 종자(정자)를 필요로 하는 사람들이 대지를 추종해야 한다는 것을 상징하기 위하여 대지모신에게 수종들고 있다. 그러면 사실이 그러한가? 그들에게서 종자(정자)를 강탈해간 목적은 그녀를 추종하기 위함이 아니었던가? 이것은 그 비의를 해석하는 것인가, 비난하는 것인가? 사악한 마귀들은 감히 어떠한 위대한 보상을 약속하지도 않고서 그토록 잔인한 의식을 강요할 수 있었다. 그럼에도 불구하고 마귀들이 어느 정도까지 유리한 입장을 차지했는지를 전혀 고려되지 않고 있다. 만약 대지가 여신이

52) 4권 8장 이하 참조.

53) 베스타는 그리스어로 헤스티아스인데 "불타다"라는 뜻인 인도유럽 어근인 vas에서 나온 난로이다. 4권 10장 이하 참조.

었다면, 사람들은 거기에서 종자를 얻어내기 위하여 노동을 하면서 그 위에 손을 얹었을 터이지, 그 때문에 종자를 잃어버리기 위하여 갈루스들 위에 격렬한 손을 얹지는 않았을 것이다. 만약 대지가 여신이었다면, 다른 사람들의 손에 의하여 아주 비옥하게 되었을 것이고, 사람들로 하여금 스스로의 손으로 황무하게 만들지는 않았을 것이다.

그리고 리베르에 대한 의식 가운데 사람들 안에 어떠한 수치심이 남아있다면 아마도 남편이 얼굴을 붉히며 땀을 흘리고 있는 장소에서 존경받는 귀부인이 사람들 보는 앞에서 남근 위에다가 화환을 걸어주는 일도 발생하지 않았을 것이다. 이런 일들이 비록 아주 악하기는 하지만, 다른 아주 잔인한 파렴치한 일이나 아주 가증스럽고 잔혹한 일과 비교해 보면 무시할 수 있는 약과에 불과하다. 그런 사악한 의식에서는 남성과 여성이 둘 다 조롱당했으나, 어떤 성도 자학적인 상처에 의하여 파멸당하지는 않는다. 어떤 종류의 의식에서는 들판에서의 마술이 두려움의 대상이 되며, 다른 종류의 의식에서는 신체의 절단이 공포의 원인이 되지 않는다. 어떤 종류의 의식에서는 새로운 신부의 정숙함이 더럽혀지지만, 수태력이나 처녀성마저도 손상되지 않는다. 반면에 다른 종류의 의식에서는 남성이 거세당하지만, 그는 여자로 변화하지도 않고 남자로 남아있지도 않다.

25. 아티스를 위한 거세에 대해 그리스 현인들의 가르침이 제시한 해석

갈루스는 아티스[54]에 대한 사랑 때문에 스스로 거세당했다. 하지만 바로는 아티스에 대하여 아무런 언급도 하지 않았으며 아무런 설명을 제시하려고 하지도 않았다. 그러나 학식많고 현명한 그리스인들은 그토록 신성하며 유명한 해석에 대해 결코 침묵을 지키지 않았다. 저명한 철학자인 포르피리오스[55]는 아티스가 가장 아름다운 계절인 봄의 꽃을 상징하므로 열매가 나타나기 전에 꽃이 떨어지는 까닭에 거세되었다고 말했다. 그렇다면 그들은 그 사람 자신이나 그들이 아티스라고 부르는 그와 닮은 사람이 아니라, 그의 남근을 꽃에 비유한 셈이 된다. 왜냐하면 그가 살아있

---

54) 아티스(4권 7장 이하 참조)는 외국의 신(키벨레와 관련된 프리기아의 신)이었는데, 바로는 자신의 「고대 로마」(*Roman Antiquities*)에서 그 신에 관해서 다룰 이유가 없었다.

55) 투르의 포르피리오스(기원후 233-C. 300):플로티노스의 제자로서 신 플라톤주의의 지도적 주창자이다. 그는 종종 교부들에 의하여 언급되고 있는 「반 그리스도교론」(*Against the Christians*)을 저술하여 그리스도교를 공격했다.

는 데도 남근은 아래로 떨어지기 때문이다. 오히려 그것은 떨어지지도 않고 뽑히지도 않지만, 꽃이 떨어졌을 때, 결실이 아니라 불모라는 결과가 뒤따랐다. 그렇다면 그들은 아티스 자신이 거세당함으로써 무엇이 상징되었다고 말하고 있는가? 그들은 그것을 무엇과 연관시키고 있는가? 어떤 설명이 제시되고 있는가? 그들은 해석을 찾기 위하여 공연한 노력을 기울인 후에 문자 그대로 거세당한 사람에 대한 전래의 이야기를 단순히 받아들이는 것이 최상의 방책이라고 우리에게 확신시키려고 애쓰고 있다. 우리의 바로는 아주 정당하게도 이런 해석에 반대하여 그에 관하여 언급하지 않으려고 하였다. 온갖 학식을 가진 그가 이에 관해 몰랐을리가 없기 때문이다.

26. 대지모신의 종교의식에 담긴 혐오스런 행위에 관하여

남성과 여성에게 있는 모든 정숙함에 도전하여 동일한 대지모신에게 봉헌되어 거세당한 자들에 관하여 바로는 아무것도 말하고 싶지 않았다. 나 역시 그들에 관하여 어디에선가 무엇을 읽었음을 기억하고 싶지 않다. 바로 얼마 전만 해도 이런 거세당한 자들이 머리에 기름을 바르고 얼굴에는 화장을 하고 몸을 흐느적거리면서 여성과 같은 자태로 걸으며 사람들로부터 자기들의 부끄러운 목숨을 부지하기 위한 재물을 요구하면서 카르타고의 광장과 거리를 걸어다니고 있었다. 그들에 대해서는 아무런 언급도 없다. 해석이 소멸되며, 이성이 얼굴을 붉혔으며, 웅변도 말문이 막혔다.

대지모신은 신으로서의 위대성에서가 아니라 범죄의 중대함으로써 자기의 모든 아들들을 능가했다. 야누스의 기괴한 모습조차도 이 괴물에 비할 바 되지 못했다. 야누스는 오직 외형에 있어서 추할 따름이었지만, 그녀는 종교의식에 있어서 잔인할 정도로 추악했다. 야누스는 돌신상에서 여분의 신체를 가지고 있지만, 그녀는 살아있는 남성들에게 신체의 일부를 절단하게 했다. 그토록 많고 그토록 엄청난 유피테르의 음란한 행동도 이런 혐오스런 행태를 능가할 수 없었다. 유피테르는 여성들을 많이 유혹하기는 했어도 천계를 불명예스럽게 한 것은 게니메데스의 경우뿐이었다. 그러나 그녀는 그토록 많고 공공연하며 공개적인 거세당한 자들로써 대지를 오염시켰고 천계를 모독했다. 아마도 우리는 이런 종류의 가증할 만한 잔인함에 있어서 이 대지모신에게 필적시킬 수 있거나 심지어 그녀보다 앞쪽에 놓을 수 있는 자로 사투르누스 정도밖에 없을 것이다. 왜냐하면 그는 자기 아버지를 거세시켰기 때문이다. 그러나 사투르누스의 축제에서 사람들은 자기들의 손에 의하여 거세되었다기보다는 다른 사람들의 손에 의하여 살해당할 수 있었다.[56]

시인들이 말하는 바에 따르면 그는 자기 아들들을 삼켰고, 자연적 신학자들은 이것을 자기들 좋은 대로 해석한다. 역사는 그가 그들을 살해했다고 말하고 있다. 그러나 로마인들은 카르타고인들처럼 자기 아들들을 그에게 희생제물로 바치는 관습을 수용하지는 않았다. 그러나 이 대지모신은 거세된 남자들을 로마의 신전으로 끌고 와서는 그런 잔인한 관습을 존속시켰다. 왜냐하면 그녀가 로마인들에게서 남근을 제거시킴으로써 그들의 힘을 증강시킨다고 생각되었기 때문이다.

이런 잔혹함에 비교해보면 메르쿠리우스의 절도와 베누스의 호색함과 나머지 신들의 방탕함과 파렴치한 행태가 도대체 무엇인가? 그런 일들이 매일 극장에서 노래와 춤으로 공연되지 않는다면, 우리는 책으로부터 그 증거를 인용할 수 있을 따름이다. 이 모든 일들은 대지모신에게만 속해있는 엄청난 전율적인 행태와 비교하면 아무것도 아니다. 이 점은 특히 시인들이 마치 신들에게 이런 이야기가 용납될 만하다고 생각하고 꾸며낸 것처럼 얘기되기 때문에 더욱 그러하다. 그렇다면 이런 이야기들이 노래되고 저술된 책임을 시인들의 뻔뻔스러움과 무례함에 돌리도록 하라. 그러나 그런 이야기가 신들을 기념하는 의식 속에 포함되었고 신들 스스로 그렇게 하도록 요구하고 강요한 일은 그들의 범죄행위가 아니고 무엇인가? 아니, 이런 일을 통해서 마귀들이 스스로의 정체를 드러냈으며 불쌍한 인간들에 대해 속임수를 쓴 것이 아니었던가? 그러나 대지모신이 거세한 자들의 봉헌에 의하여 숭배되었을 때 적절한 형태로 숭배되고 있다고 간주된 일에 관해 보자면, 그것은 시인들의 창작이 아니다. 오히려 시인들은 그에 대해 노래하기보다는 잔혹함에 몸을 움츠리고 말았다.

어떤 사람이 죽음 이후의 복된 생활을 위하여 봉헌된 대상이 이들 선택된 신들인가? 그들에게 봉헌된 사람은 그토록 추악한 미신의 희생물이 되고 더러운 마귀들의 지배하에 들어갔기 때문에 어느 누구도 죽음 이전에 품위있는 삶을 살 수 없었다. 그러나 바로는 이런 모든 일들이 세상과 관련성을 가지고 있다고 말한다. 그로 하여금 그것이 세상(mundus)가 아니라, 오히려 부정한(immundus) 영들과 연관되지 않는지 생각해보게 하라.[57] 그러나 세상 안에 존재함이 입증된 것이 세상과 연관되지 않을 수 있는가? 그러나 우리는 진실된 신앙에 의지함으로써 세상을 신으로 경모하지 않고 하나님을 위하여 세상을 하나님의 작품으로 찬양하는 영혼, 그리고 현세적인 추악함으로부터 정결케 되어 세상을 창조하신 그 하나님에게 순결한 모습

---

56) 19장 참조

57) 여기 라틴어의 명사인 mundus(세상)와 형용사인 immundus(불결한)에 대한 말장난이 나와있다.

으로 나아가는 영혼을 찾고 있다.

27. 참된 하나님께 예배드리지도 않고, 참된 하나님에게 적합한 예배를 수용하지도 않는 자연철학자들의 허구에 관하여

우리는 이런 선택된 신들이 나머지 신들보다 유명해지게 된 것은 그들의 장점이 부각되기 위해서가 아니라, 그들의 수치스런 행위가 은폐되지 않기 위함임을 알고 있다. 그러므로 그들이 시인의 작품만이 아니라 역사적 문헌이 전해주는 바대로 인간이라는 가정이 보다 설득력을 가진다. 베르길리우스는 다음과 같이 말하고 있다.

> 그 때 자기보다 강한 후계자인 유피테르에 의하여 보좌에서 축출된 선량한 사투르누스가 올림푸스의 높은 곳으로부터 내려왔다[58)]

그리고 이와 관련된 다음 내용이 역사가인 유헤메루스[59)]에 의하여 충분히 언급되었고, 이것은 엔니우스에 의하여 라틴어로 번역되었다. 그리고 우리보다 앞서 그리스어나 라틴어로 저술한 사람들이 이 문제에 관하여 그 사람들이 많이 범한 오류에 대하여 반박해놓았기 때문에, 나는 그에 관해 더 많은 시간을 할애하지 않기로 결정했다.

내가 학식많고 예리한 사람들이 인간적인 일들을 신적인 일들로 전환시키려고 시도하려고 할 때 수단으로 삼았던 자연적 설명들을 생각할 때, 보게되는 모든 것은 그들이 이런 것들을 오직 현세적인 활동과 유형적인 성격을 지닌 것, 그리고 비록 가시적이지는 않다고 할지라도 가변적인 것에만 연관시킬 수 있었다는 점이다. 이것은 결코 참된 하나님이 아니다. 그러나 우리는 그런 가르침에서 참된 하나님이 선포되지도 않았고 알려지지도 않았다는 점에서 분명히 유감스런 감정을 가지지 않을 수 야 없지만, 만약 이런 숭배행위가 그토록 추악하고 가증스런 행동을 야기시키지도 않고 명령하지 않고 적어도 종교와 부합된 이념의 상징으로서 행해졌더라면 그것을 어느 정도는 참아줄 수 있었을 것이다.

그러나 그 안에 거하기 때문에 영혼이 행복하게 되는 참된 하나님을 대신하여 육체나 구원이나 인간적인 존중을 얻어낼 수도 없는 그런 대상을 숭배하는 일은 얼마나 더 불경건한 일에 속하겠는가?

---

58) Aen., 8, 319 이하; 15장 참조.

59) 4권 27장 이하 참조.

따라서 부정하거나 사악하지는 않다고 할지라도 어떤 창조된 영이나 세상 중의 어떤 요소가 참된 하나님에게만 합당한 성전과 성직자와 희생제물로 숭배된다면, 그런 숭배행위는 여전히 악하다. 그 이유는 숭배를 바치는 수단이 악하기 때문이 아니라, 그런 수단이 숭배와 봉사의 유일한 대상으로 삼아야 하는 그분께 대한 예배에만 사용되어야 하기 때문이다. 반면에 어떤 사람이 어리석고 기괴한 우상과 인간을 바치는 희생과 남근 위에 화환을 얹는 동작과 매음과 육체의 절단과 거세와 거세된 자의 봉헌과 불결하고 음란한 연극으로써 한 분이신 참된 하나님, 즉 모든 영혼과 물질의 창조주를 경배한다고 주장한다면, 그런 사람은 경배의 대상이 되어서는 안 되는 분을 경배했기 때문이 아니라 경배받아야 될 분께 그분이 경배되어서는 안 되는 방식으로 경배하고 있기 때문에 범죄하고 있는 것이다.

그러나 그런 일들, 곧 추악하고 음란한 일들로써 참된 하나님, 즉 영혼과 물질을 조성하신 참된 하나님이 아니라, 비록 사악하지는 않다고 할지라도 영혼이나 물질 혹은 그 둘을 동시에 포함한 피조물을 숭배하는 사람은 하나님에 대하여 이중적인 죄를 범하고 있는 셈이다. 왜냐하면 그는 하나님 대신에 하나님이 아닌 것을 숭배하는 동시에, 하나님이나 하나님이 아닌 존재가 숭배되어서는 안 되는 방법을 사용하고 있기 때문이다.

사실 이교도들이 숭배행위를 하는 방식 즉 그들이 얼마나 수치스럽고 범죄적으로 숭배행위를 하는지는 명백하다. 그러나 만약 그들 자신의 역사가들이 끔찍한 위협으로써 숭배행위를 강요했던 신들의 요구에 굴복하여 명백히 비루하고 추악한 그런 의식이 행해졌다는 점을 증언하지 않았더라면, 그들이 무엇을 혹은 누구를 대상으로 숭배했는지 애매한 상태로 남아 있었을 것이다. 따라서 이런 도성적 신학 전체가 아주 불결하며 사악한 영들을 초치할 수단을 꾸며내며, 그런 감각없는 신상에 거주하게 하고, 이를 통하여 어리석은 심령들을 장악하는 일에 몰두해있다는 점에는 털끝만큼의 의심도 남아있지 않는 것이다.

28. 신학에 관한 바로의 해석은 어느 부분에도 일관성을 가지고 있지 않다

그렇다면 아주 학식많고 예리한 사람인 바로가 마치 정교하게 보이는 논의로써 이 모든 신들을 하늘과 대지로 환원시킴과 동시에 그와 연관시키려고 시도했던 목적이 무엇인가? 그렇지만 그런 시도는 불가능한 것이다. 신들은 물과도 같이 그의 수중에서 벗어나며 달아나며 미끄러지며 땅으로 떨어진다. 그는 여성들, 곧 여신들에 관하여 언급하고자 할 때 이렇게 말하고 있다.

> 내가 장소에 대한 1권에서 이미 말했듯이 신들에게는 하늘과 대지라는 두 가지 공인된 기원이 있다. 그러므로 어떤 신들은 하늘의 신이라고 호칭되며 어떤 신들을 대지의 신이라고 호칭된다. 나는 앞선 책에서 어떤 이들이 하늘과 동일시했고 다른 이들이 세상과 동일시했던 야누스에 대해 말할 때 하늘로부터 출발점을 삼았다.[60] 이제 나는 텔루스에 대해 말함으로써 여신들에 관한 말을 시작하고자 한다.

나는 그토록 위대한 지성의 소유자가 얼마나 큰 당혹감을 경험하고 있는지 이해할 수 있다. 그는 그럴 듯한 논법에 의하여 하늘을 능동적인 원리로, 대지를 여성적인 원리로 생각하고는, 전자에는 남성적인 활력이 있다고 생각하고 후자에는 여성적인 활력이 있다고 생각하고 있다. 그러므로 그는 능동과 수동을 만드신 분이 하늘과 대지를 모두 만들었다는 점을 깨닫고 있지 못하다. 그는 유명한 사모트라키아인들[61]의 유명한 비의를 다룰 때에도 이러한 원리에 서서 해석하고 있다. 그래서 그는 아주 엄숙한 분위기를 풍기면서 자신이 사모트라키아인들 스스로도 알지 못하는 이런 비의를 저술로써 해석해내고 그 의미를 전달해 주겠노라고 약속하고 있다. 그런 다음 그는 사모트라키아에 있는 증거를 연구해 본 결과 그 신상들 중의 하나가 하늘을, 다른 하나가 대지를, 다른 하나가 플라톤이 이데아라고 부르는 사물의 원형을 상징한다는 결론에 도달하게 되었다고 말한다.

그는 유피테르가 하늘로, 유노가 대지로, 미네르바가 이데아로 이해되어야 한다고 주장한다. 그는 하늘은 조성자요, 대지는 재료요, 이데아는 창조를 위한 원형이라고 말한다. 그러나 마지막 것에 관해 보자면, 나는 플라톤이 이 이데아에 아주 큰 중요성을 부여하였기 때문에 그에 따라 하늘에 의하여 어떤 것이 조성된 것이 아니라, 하늘 자체도 그에 따라 조성되었다고 말할 정도였다는 사실을 굳이 지적하지는 않겠다. 그러나 되돌아보자면 바로가 "선택된 신들"에 관한 그의 책에서 사실상 만

---

60) 7, 10장 참조

61) 사모트라키아. 비그리스 신들인 카비리(Cabiri)에 대한 비의는 아마도(디오니소스와 마찬가지로) 프리기아에서 유래되었다. 그 신들에 대한 중심지는 사모트라키아인데, 여기서 시작의 의식은 카비리아 제전에서 거행되었지만 그들에 대한 숭배는 다른 도서지방과 본토에서도 지켜졌고 헬레니즘 시대에는 널리 확산되었다. 그 신들은 주로 다산의 신들로서 종종 "위대한 신들"이라고 호칭되었다. 그렇지만 그들은 또한 선원들에게까지 보호의 손길을 확대시켰으며, 후기에는 이 점에서 기능이 중첩된다는 이유 때문에 디오스쿠로이에 동화되었다.

물을 포함시켰던 이들 신에 관한 이론을 포기했다는 사실은 유념되어야 한다. 왜냐하면 그는 남신들을 하늘에, 여신들을 대지에 할당시키고 있는데, 이전에는 하늘 자체보다 위쪽에 위치시켰던 미네르바를 여신들 가운데 자리잡게 했기 때문이다.

나아가 남신인 넵튠은 하늘보다는 대지에 속한 바다 속에 있다. 마지막으로 다른 남신으로서 다른 두 신[62]의 형제이며 그리스어로 플루톤(Πλουτων)이라고 불린 디스 파테르 역시 스스로 대지의 상부 지역을 점하고 있으면서 하부 지역을 그의 아내인 프로세르피나에게 할당한 대지의 신이라고 주장된다. 그렇다면 그들은 어떻게 남신들을 하늘과, 여신들을 대지와 연관시키려고 시도하는가? 이와 같은 논법에 어떤 견고성과 일관성과 정확성이 있단 말인가?

그러나 텔루스는 여신들의 근원, 즉 계속적으로 거세당하여 여자처럼 되어버린 남자들 및 스스로의 신체를 절단하며 광적인 몸짓에 탐닉하는 남자들의 광기어리며 가증스런 소음을 옆에서 듣는 대지모신이다.[63] 그렇다면 야누스가 남신들의 머리요, 텔루스가 여신들의 머리라고 호칭되고 있음은 어찌된 일인가? 앞의 신의 경우에는 착오 때문에 머리가 하나이지 않고, 뒤의 신의 경우에는 광기 때문에 제정신이 아니다. 설령 그들의 시도가 성공한다고 할지라도, 어떤 경건한 사람도 참된 하나님 대신에 세상을 숭배하지는 않는다. 그럼에도 불구하고 명백한 진리로 보아 그들이 이런 일에 성공할 수조차 없음이 분명하다. 그들로 하여금 오히려 이 모든 신들을 죽은 사람들 및 아주 사악한 영들과 연관시키도록 하라. 그러면 문제가 더 이상 남아 있지 않을 것이다.

29. 자연적 신학자들이 세상과 그 부분들을 연관시켰던 모든 일들은 한 분이신 참된 하나님과 관련되어야 한다.

그런 신들에게 부여된 설명에 따라 소위 자연적 해석과 연관된 모든 일들은 하나님께 대한 어떠한 모욕됨이 없이 오히려 하늘과 대지를 만들었으며 모든 영혼과 모든 물질을 창조한 참된 하나님에게로 원인이 돌려져야 한다. 다음 내용은 우리가 이런 일이 일어날 수 있다고 알고 있는 방법이다. 우리는 이 세상을 구성하는 두 부분인 하늘과 대지가 아니라, 모든 생물체에 확산되어 있는 영혼 및 영혼들이 아니라, 하나님께 경배드린다. 그분은 하늘과 대지와 그 안에 있는 모든 것을 만드셨으

---

62) 즉 유피테르와 넵튠이다.

63) 24장 참조

며, 그 생명의 본질이 어떠하든지 즉 감각과 이성이 없이 생명만 가지고 있거나 감각만 없는 생명을 가지고 있거나 감각과 이성이 동시에 있는 생명을 가졌거나 모든 영혼을 만드신 분이다.

30. 한 분 하나님 대신에 한 분 창조주의 작품의 수효만큼이나 많은 신들이 숭배되지 않도록 창조자를 피조물과 구분하는 일은 얼마나 경건한 일인가

이제 우리는 이교도들이 많은 수의 거짓 신들을 만들어놓고는 무수하게 많은 가증스럽고 아주 파렴치란 비의에 대하여 겉보기에 존중할 만한 해석을 제시해내려고 시도하게끔 된 한 분 참된 하나님의 작품들에 대한 검토작업을 시작하고자 한다. 우리가 경배하는 하나님은 그분에 의하여 창조된 만물에다가 그 존재와 활동의 시작과 종결을 결정지어 놓았다. 그분은 사물의 원인을 장악하며 알며 배열시키며, 종자의 효능을 창조했다. 그분은 당신이 원하는 모든 피조물에게 정신이라고 호칭되는 이성적인 영혼을 부여했으며, 언어의 재능과 용법을 수여했다. 그분은 당신에게 선하게 보이는 모든 영들에게 미래사를 예언하는 재능을 분배했다. 그분은 또한 당신이 기뻐하는 이들을 통하여 미래사를 예언하며, 당신이 원하는 이들을 통하여 질병을 제거시킨다. 그분은 인간들이 전쟁에 의하여 고침받으며 정결케 되어야 할 때 이런 전쟁의 시작과 진행과 종결을 통제한다.

그분은 이 세상 중에서 가장 격렬하며 가장 과격한 불을, 거대한 자연의 다른 요소들과 적절한 연관을 가지며 비례하도록 창조했으며 다스린다. 그분은 모든 물의 창조자인 동시에, 모든 물질적인 빛 가운데 태양을 가장 밝게 만들었으며 거기에다가 필요한 능력과 운동력을 부여했다. 그분은 심지어 지하세계의 거주자들로부터도 당신의 지배권과 권능을 보류하지 않았다. 그분은 모든 피조물에게 고체형태이건 액체형태이건 적합한 종자와 양분을 공급한다. 그분은 대지를 확고하게 하며 열매맺게 하는 동시에, 동물과 인간에게 그 소산물을 풍성하게 분배한다. 그분은 일차적이든지 부차적이든지 모든 원인을 알며 결정한다. 그분은 달을 위해서는 그 움직임을 정했으며, 한 장소로부터 다른 장소로 통과할 수 있도록 하늘과 대지에다가 길을 설정한다. 그분은 또한 당신이 창조한 인간의 정신에다가 생명과 본성에 도움이 되는 다양한 기예에 대한 지식을 부여했다. 그분은 자손의 번식을 위하여 남성과 여성의 결합을 정해놓았다. 그분은 지상의 불이라는 선물을 부여하여 인간사회가 난로 속에서 태우며 빛을 냄으로써 불편함 없이 살아갈 수 있도록 배려해주었다.

이것이 아주 예리하며 아주 학식많은 바로가 자연적 해석에서든지 다른 자료로부터 인계받은 것인지 스스로의 힘으로 추측해낸 것인지 알 수 없으나, 선택된 신들 사이에 배분하고자 노력했던 것들이다. 그러나 한 분 참된 하나님이 이런 일들을 조성하여 행한다. 그 하나님은 완전하므로 모든 곳에 존재하며, 모든 공간적인 제약으로부터 자유로우며, 얽매인 데가 없으며, 그 존재의 어떤 부분에서도 변덕스럽지 않으며, 자연질서 안에 있는 어떤 것과도 독립된 편재하는 능력으로 하늘과 땅에 충만한 분이다. 그러므로 그분은 만물이 스스로에게 고유한 운동을 시작하며 실행할 수 있도록 허락하는 방식으로 그것들을 다스린다. 왜냐하면 비록 만물이 그분에게 전적으로 의존되어 있기는 하지만, 하나님과 동일하지는 않기 때문이다. 그분은 또한 천사들을 통하여 많은 일들을 하기는 하지만, 오직 당신을 통해서만 천사들을 행복하게 한다. 또한 그분은 다양한 목적을 위하여 인간들에게 천사들을 보낸다고 할지라도 천사들의 경우와 마찬가지로 사람들을 행복하게 하는 것도 천사들을 통해서가 아니라 당신 자신에 의해서이다. 우리는 바로 이 한 분 참된 하나님으로부터 영원한 생명을 소망하고 있다.

31. 하나님은 진리를 따르는 자들에게 일반 은혜와는 별도로 어떠한 축복을 베푸는가

우리가 어느 정도 언급한 바 있는 이런 자연계의 다스림에 따라 그분이 선인과 악인에게 똑같이 관대하게 베푸는 그러한 축복 외에도, 우리는 그분으로부터 오직 선인에게만 속해있는 위대한 사랑의 놀라운 증거를 가지고 있다. 우리는 확실히 우리의 존재와, 우리의 생명과, 하늘과 땅을 볼 수 있는 시력 혹은 지성과 이성을 부여받음으로써 이 모든 것들을 창조한 그분을 찾을 수 있게 된 데 대해 충분한 감사를 드릴 수 없다. 그렇지만 이것만이 아니다. 우리가 죄의 짐에 억눌려 괴로워할 때 그리고 우리가 그분의 빛을 묵상하는 자리로부터 도망쳐서 어두움 즉 악을 사랑했을 때에도, 그분은 우리를 버리지 않았다.

그분은 독생자인 말씀을 우리에게 보내어, 우리를 위하여 육신을 입고 태어나고 고난당하게 했다. 그럼으로써 우리는 하나님이 인류에게 두고 있는 가치를 알 수 있게 되고, 그 유일무이한 희생에 의하여 모든 죄로부터 정결해질 수 있게 되었다. 그리고 그분의 성령을 통하여 우리 심령에 사랑이 확산되었을 때, 그리고 모든 어려움이 극복되었을 때, 우리는 영원한 안식 및 그분을 묵상함으로써 나오는 말로 형언할 수 없는 기쁨에 도달할 수 있게 되었다. 이 모든 일들을 살펴볼 때 어떤 심령과 어떤 입술이 그분께 충분한 감사를 했다고 주장할 수 있겠는가?

32. 과거의 어떤 시기에도 그리스도의 구속의 신비가 없지는 않았으나 항상 다른 형태로 선포되었다.

인류가 창조된 이래로 이 영원한 생명의 신비는 각 시대에 적합한 어떤 상징과 신비에 의하여 그에 관한 지식을 받아들이기에 알맞는 사람들에게 천사들을 통하여 알려졌다. 이후에 히브리 민족이 이런 신비스런 일을 수행하기 위하여 사실상 하나의 나라로 결집되었다. 그리고 그 나라에서도 때로는 자기들이 하는 말을 이해하는 사람들을 통하여, 때로는 이해하지 못하는 사람들을 통하여 그리스도의 강림으로부터 오늘날까지, 그리고 그 이후에 이르는 모든 일들이 예언되었다. 이 나라는 또한 그리스도 안에 있는 영원한 구원이 선포되어있던 성경 내용을 증명하기 위하여 이후에 민족들 사이로 흩어졌다. 왜냐하면 말씀 안에 포함된 예언만이 아니라, 도덕과 경건을 가르치며 성서 안에 담겨있는 올바른 생활을 위한 계율만이 아니라, 의식과 제사장직과 성막이나 성전과 제단과 희생제사와 절기와 하나님에게 합당하며 그리스어로는 라트레이아(λατρεία)[64]라고 적절하게 호칭되는 모든 형태의 예배가 예수 그리스도 안에서 영원한 생명을 얻은 우리가 성취되었다고 믿거나 성취되는 중에 있음을 보거나 여전히 미래에 성취될 것이라고 확신하는 일들을 상징하며 예고하기 때문이다.

33. 인간들의 오류를 즐거워하는 사악한 영들의 속임수는 오직 그리스도교를 통해서만 폭로될 수 있었다.

이 유일하게 참된 종교만이, 제 민족의 신들이 신으로 생각되기를 원하여 죽은 영혼들의 이름을 이용하거나 현세의 피조물로 가장하면서 교만하고 불결하게도 마치 신적인 영예를 받는 양 아주 비루하고 수치스런 일들을 즐기며 인간들의 영혼이 참된 하나님에게로 전환하는 것을 시기하는 아주 부정한 마귀들이란 사실을 폭로할 수 있었다. 사람들은 마귀들을 타락하게 만들었던 교만만큼이나 큰 겸손을 모범으로 보임으로써 부활을 이룬 그분을 믿을 때 그들의 아주 잔인하며 불경건한 지배로부터 해방된다.

우리가 이미 상당히 많이 언급했던 신들과 다른 민족들과 지역에 속한 많은 신

---

64) 5권 15장과 10 권 1장 참조.

들뿐만 아니라, 우리가 지금 다루고 있고 사실상 신들의 원로원을 구성하도록 선택된 신들도 이 범주에 속한다. 사실 뒤에 말한 그런 신들은 그들의 덕목이 존엄하기 때문이 아니라 악명높은 범죄행위 때문에 선택되었던 것이다. 바로는 그들의 종교행사를 어떤 자연적 이유와 연관시키려고 시도하면서 비루한 일들을 존중될 만한 것으로 만들려고 추구했지만, 자신의 해석과 사실을 일치시키며 거기에 일관성을 부여하는 방법을 찾아낼 수 없었다. 왜냐하면 이런 의식의 실제적인 동기는 그가 그렇다고 생각하는 것이 아니라, 그가 그렇다고 생각되기를 바라는 것이기 때문이다.

만약 이런 이유뿐만 아니라 이런 종류의 다른 이유들도 실제적인 동기가 되었더라면, 비록 그것들이 종교 안에서 추구되는 대상인 영원한 생명 및 참된 하나님과 아무런 관계가 없다고 할지라도, 사물의 본성에서 유추되는 어떤 종류의 이유를 제공함으로써 종교의식 속에서 의미가 알려지지 않았던 비열하거나 터무니없는 행위에서 생겨난 범죄행위를 어느 정도 완화시켰을 것이다. 바로는 극장에서 공연되는 어떤 꾸민 이야기나 신전의 비의에 대해서도 동일한 시도를 했다. 그러나 그는 극장이 신전과 유사하다고 하여 극장을 정당화한 것이 아니라, 오히려 신전이 극장과 유사하다는 이유로 신전을 비난했다. 그럼에도 불구하고 그는 자연 질서로부터 가정적인 설명을 제시함으로써 끔찍스런 일로부터 야기된 충격적인 감정을 어떻게든 누그러뜨리려고 시도했다.

34. 그 안에서 규정된 종교적인 의식의 원인이 알려지지 않도록 하기 위해 원로원이 불태워버리라고 명령했던 누마 폼필리우스의 저서들에 관하여

그렇지만 반면에 우리는 그 아주 학식있는 사람이 말했듯이 누마 폼필리우스의 저서들로부터 제시된 종교의식의 원인들이 결코 관용될 수 없었으며, 경건한 사람들에 의하여 읽힘으로 알려지는 문제에서만이 아니라 그들이 숨겨져 있던 어두움 속에서 쓰여있기에도 무가치하다고 생각되었음을 알고 있다. 이제 나는 적절한 장소에서 말하겠다고 이 저작의 3권[65]에서 약속했던 것을 말하고자 한다. 신들 숭배에 관하여 바로가 적은 글 중에는 다음과 같은 구절이 있다.

> 테렌티우스라는 사람이 야니쿨룸에 농지를 소유하고 있었다. 그런데 한 번은 그의 소작인이 누마 폼필리우스의 무덤 근처에서 쟁기를 몰고가다가 땅에서 종교제도의 원인이

65) 3권 9장.

기록되어있는 누마의 저술들을 발굴했다. 그가 그 저술들을 집정관에게 가지고 갔을 때, 집정관은 그 앞부분을 읽어보고는 아주 중요한 것으로 보이는 그 발견물을 원로원으로 보냈다. 그래서 주요한 원로원 의원들이 이런저런 의식이 제정된 원인 중 몇몇에 대해 읽게 되었을 때, 원로원이 죽은 누마의 글을 인정하고는, 원로원 의원들이 마치 종교적인 이해에 관심이 있는 것처럼 법무관에게 그 책들을 불사르라고 명령했다.[66]

각 사람으로 하여금 자기가 생각하는 것을 믿도록 하라. 그토록 불경건한 일을 옹호하는 모든 사람으로 하여금 무엇이든지 미친 듯한 주장이 제시하는 것을 말하도록 하라. 나로서는 로마의 의식을 제정한 누마 폼필리우스 왕에 의하여 기록된 종교의식의 원인이 민중이나 원로원이나 심지어 신관들 자신에게도 알려지지 말았어야 했으며, 또한 누마 자신이 독서에 의하여 이러한 마귀들의 비밀을 회상하기 위하여 받아적을 목적으로 불법적인 호기심에 의하여 거기에 도달했다는 점을 제시하는 데 만족하도록 하자. 그러나 그가 왕으로서 어느 누구도 두려워할 이유를 가지고 있지 않았음에도 불구하고, 감히 그런 일을 누구에게 가르친다거나 혹은 삭제시킨다거나 어떤 형태로든 파괴시킴으로써 폐기하려고 시도하지 않았다. 그러므로 그는 사람들이 수치스런 일들을 배우지 않도록 하기 위해 어느 누구도 그에 관해 알기를 원하지 않았고, 또 그가 마귀들을 자기에 대항하여 화나게 하지 않도록 그것들을 손상시키는 일을 두려워했기 때문에, 설마 쟁기가 자기의 무덤에 미칠 수 있으리라고는 상상도 못한 채 스스로 안전한 장소로 생각했던 곳에다가 그것을 묻었던 것이다.

그러나 원로원으로서는 선조들의 종교의식을 비난하게 될까 두려웠다. 그러므로 그들이 비록 누마에게 동의하지 않을 수 없었으면서도 그 책들이 해롭다고 확신하게 되었다. 그래서 그들은 그 책들을 다시 묻을 경우 문제가 이미 누설된 이후이기 때문에 인간의 호기심이 발동하여 찾고자 하는 열심이 이전보다 더 생기리라는 사실을 알고서 그런 명령을 내리지 않고, 문제가 된 그 문서를 불로써 폐기시키라고 명령했다. 왜냐하면 그들은 그런 종교의식을 계속 행하는 것이 필요하다고 믿었으므로, 원인을 알지 못하는 데서 생기는 오류가 그것을 앎으로써 국가에 야기될 혼란보다 더 용납될 만하다고 판단했기 때문이다.

35. 물에 비친 마귀들의 어떤 형상에 의하여 누마가 우롱당하는 수단이 되었던 수점(水占)에 관하여

66) Liv., 40, 29; Plut., Num., 22; Plin., 13

하나님의 어떤 예언자도, 어떤 거룩한 천사도 보냄받지 않았던 누마 자신 역시 물 속에서 신들의 형상(혹은 차라리 마귀들이 그를 놀리는 수단이 되었던 환영)을 보기 위하여, 또 그로부터 자신이 종교의식에서 결정하고 준수해야 하는 내용을 배울 수 있기 위하여 수점에 의지하려는 충동을 받았다. 바로는 이런 종류의 점이 페르시아인들로부터 도입되었고 누마 자신에 의하여 시작된 이후에 철학자인 피타고라스에 의하여 사용되었다고 말한다. 바로는 또한 이 점에서는 피를 사용하여 지하 세계의 거주자들에게 질문을 하는데, 그리스인들은 이것을 네크로만테이안(νεκρομαντειαν:강령술)이라고 부른다고 하였다. 그러나 그것이 강령술이라고 불리든지 수점이라고 불리든지 동일하다. 왜냐하면 어느 경우에나 죽은 이가 미래사를 말한다고 가정되기 때문이다.

그러나 이런 일들이 어떤 술책에 의하여 행해지느냐의 문제는 그들로 하여금 생각하게 하라. 왜냐하면 우리 주님이 오시기 전에 이런 술책들은 심지어 이교도들의 나라에서도 법으로 금지되었고 아주 엄한 형벌로 다루어졌다는 사실을 언급하고도 싶지 않기 때문이다. 정녕 나는 이런 일들조차 그 당시에 허용되었기[67] 때문에 이 점을 확언하고 싶지도 않다. 그러나 폼필리우스가 그 자신이 스스로 배웠던 것을 두려워했기 때문에 그 원인은 숨기면서도 사실로 제시한 그런 종교의식을 배운 것은 이런 술책에 의해서이다. 원로원 역시 그 원인이 기록된 책을 불태우라고 명령했다. 그렇다면 바로가 온갖 종류의 상상적인 자연적 해석을 우리에게 제시하려고 시도하는 이유는 무엇일까? 만약 누마의 책들에 바로의 해석이 포함되어 있었더라면, 사람들은 분명히 그것들을 불태우도록 명령하지 않았을 것이다. 그렇지 않았다면 원로원 의원들은 바로가 출판하여 대신관인 카이사르에게 헌정했던 책들도 역시 불태웠을 것이기 때문이다.

지금 누마는(바로가 앞서 언급된 책에서 설명하고 있듯이) 자신의 수점을 치기 위하여 물을 운반했기(egerere) 때문에 님프인 에게리아(Egeria)와 결혼했었다고 전해진다. 그렇게 하여 흔히 사실이 거짓된 채색을 통하여 꾸민 이야기로 변화되는 경향이 있다. 그 당시에 호기심이 지나쳤던 로마의 그 왕이 신관들의 책들 속에 기록되어있는 종교의식 및 자신 이외에는 어느 누구도 알기를 원하지 않았던 그런 의식의 원인을 배웠던 것은 그런 수점을 통해서였다. 그러므로 그는 원인에 대한 내용

67) 그런 관행을 허락 받았다. 우리는 디아클레티아누스 황제의 시기까지 그와 같은 마술적 관행을 금지하는 법적 기록을 갖고 있지 않다. 디아클레티아누스의 법은 모든 야간 의식과 모든 형태의 개인과 관련된 점을 금지시킨 콘스탄티누스의 칙령에 강화되었다.

을 별도로 기술하였고 땅 속에 묻히게 하여 사람들이 알 수 없도록 주의함으로써, 자신과 함께 사실상 그 원인도 사장되도록 만들었다.

그러므로 그 책들에 기록된 내용은 종교의식 자체에서 그토록 많은 파렴치한 것들을 수용했던 원로원 의원같은 사람들의 눈에서조차 도성적 신학 전체가 저주스럽게 비칠 정도로 추악하고 유해한 마귀들의 혐오스런 일이거나, 시간이 경과됨에 따라 거의 모든 이방 나라들이 불멸의 신들로 믿게 되었던 죽은 사람들에 대한 설명 외에 다름 아니다. 왜냐하면 마귀들은 그런 의식에 기쁨을 느끼고는 거짓된 기적을 증거로 제공함으로써 죽은 이들이 불멸의 신이라는 믿음을 공고하게 한 다음에 자기들이 숭배의 대상이 되었기 때문이다. 그러나 참된 하나님의 은밀한 섭리에 의하여 이들 마귀들은 강령술이 수행될 수 있는 술책에 의하여 설득당하여 자기들의 친구인 누마에게 이런 일들을 고백하도록 허락받았지만, 누마가 죽을 무렵에 그런 내용이 기록된 책들을 파묻는 대신에 불태우라고 그에게 권고하도록 허용받지는 못했다.

그들은 또한 책들을 파내게 하여 그런 지식이 햇빛을 보게끔 한 쟁기질이나 이에 관한 모든 이야기가 우리에게까지 알려지게 된 수단을 제공한 바로의 펜을 막을 수 없었다. 왜냐하면 그들은 허락받지 않는 일은 아무것도 행할 능력이 없기 때문이다. 그러나 그들은 심오하고 공의로운 판단을 내리는 하나님이 마땅한 형벌로서 그들에 의해서 단지 고통당하거나 또는 굴복되고 속임당하도록 넘겨준 자들에 대해서는 영향을 미치도록 허락받았다. 그러나 이런 저술들이 얼마나 사악하며 참된 하나님에 대한 예배로부터 얼마나 동떨어져 있는지는 원로원이 폼필리우스가 두려움 때문에 묻고 말았던 것을 두려워하지 않고 그것을 불태우기를 선택했다는 사실로부터 이해될 수 있다.

그러므로 아직까지도 경건한 삶을 살기를 바라지 않는 자로 하여금 그런 의식을 수단으로 하여 영원한 생명을 추구하도록 하라. 반면에 악의에 찬 마귀들과 교제하기를 원하지 않는 자에게는, 마귀들이 숭배되는 해로운 미신에 대해 두려움 갖지 말게 하고, 마귀들의 정체를 폭로하고 정복하는 참된 종교를 인정하게 하라.

제 8 권

개요:아우구스티누스는 이제 세번째 종류의 신학, 즉 자연적 신학에 도달하여 자연적 신학의 신들에 대한 숭배가 내생의 축복을 확보하는 데 유용한지의 문제를 제기하고 있다. 그는 이런 문제를 플라톤주의자들과 토의하기로 선택했다. 왜냐하면 플라톤의 체계가 여러 철학 중에서 "제1위"에 놓여있으며 그리스도교적 진리에 가장 근접해있기 때문이다. 그는 이 논의를 진행시키면서 먼저 아풀레이우스를, 그리고는 마귀들이 신들과 인간들 사이의 사자(使者)요 중재자로 숭배되어야 한다고 주장하는 모든 이들을 반박하고 있다. 그리고 그는 악의 종이요, 선하고 현명한 사람들이 혐오하고 저주하는 것들, 가령 시인들의 신성모독적인 허구, 극장의 공연, 그리고 마술에서 즐거움을 느끼며 후원을 해주는 마귀들에 의해서는 인간들이 선한 신들과 화해할 수 있는 가능성이 전혀 없음을 논증하고 있다.

1. 자연적 신학의 문제는 보다 뛰어난 지혜를 추구했던 철학자들과 토의될 수 있다.

우리는 앞선 책들에서 취급된 문제들을 해결하고 설명하는 데 요구된 것보다 더 큰 집중력을 가지고 우리의 정신을 현재의 문제에 향하게 할 필요가 있을 것이다. 왜냐하면 우리가 자연적이라고 부르는 신학에 관하여 논의하는 대상은 보통 사람들이 아니라 철학자들이기 때문이다. 그 신학은 신화적 신학 즉 극장의 신학도 아니고, 도성적 신학 즉 도성의 신학도 아니다. 앞의 신학은 신들의 범죄를 노출시키며, 뒤의 신학은 그들이 신이 아니라 사악한 마귀라는 것을 입증하는 그들의 범죄적 욕망을 명백하게 보여주고 있다. 그러나 우리는 자연적 신학에 관해서는 철학자들, 곧 그 이름 자체가 라틴어로 번역될 때 지혜에 대한 사랑을 공언하는 사람들과 논의해야 한다.

그런데 신적인 권위와 진리에 의하여 입증되듯이[1] 만약 지혜가 만물을 창조한

---

1) Wisd., 7:24 이하.

하나님과 동일한다면, 철학자는 하나님을 사랑하는 사람이다. 그러나 그 이름으로 호칭되는 그것 자체(지혜)가 그 이름을 자랑하는 모든 사람들 안에 존재하지는 않기 때문에 — 왜냐하면 철학자라고 호칭되는 모든 사람들이 참된 지혜를 사랑하는 사람이라는 결론이 나오지는 않기 때문이다 — 우리는 반드시 독서를 통하여 그 견해를 잘 알 수 있는 사람들 가운데서 우리가 그 주제를 다룰 때 타당한 수준에서 함께 논의할 만한 몇몇 사람들을 선택해야 한다.

나는 이 저술에서 철학자들의 온갖 공허한 의견이 아니라, 오직 우리가 신적인 본질에 대한 설명이나 근거를 의미한다고 이해하고 있는 신학에 속한 그런 견해만 논박하는 일에 착수하고자 한다. 또한 나는 모든 철학자들의 온갖 헛된 신학적 견해를 전부 반박하려고 계획하고 있지는 않다. 내가 다루고자 하는 견해는 오직 신적인 본성이 존재하며 이 신이 인간사에 관심을 가지고 있다는 신념에 동의하면서도, 변치않는 한 분 하나님에 대한 숭배가 현재만이 아니라 죽음 이후의 복된 생명을 얻는데 충분하다는 사실을 부인하며, 그런 생명을 얻기 위해서는 사실 그 한 분 하나님에 의하여 창조되고 여러 영역에 임명된 많은 신들이 숭배되어야 한다고 주장하는 것일 따름이다.

이런 견해는 심지어 바로보다도 진리에 더 접근해 있다. 바로는 자연적 신학 전체를 심지어 세상과 세상의 영혼에까지 확대시키는 데 아무 어려움을 느끼지 못하고 있다. 반면에 이들의 견해는 하나님에 대해 영혼의 본성에 속한 모든 것 위에 존재하며, 종종 하늘과 대지로 호칭되는 이 가시적인 세상뿐만 아니라 무엇이든지 모든 영혼의 창조자요, 그분 자신의 불변하며 비물질적 빛에 참여함으로써 이성적인 영혼 — 인간의 영혼도 여기에 속한다 — 에게 축복을 주시는 분임을 인정하고 있는 것이다. 그들의 이름을 그 스승인 플라톤에게서 따온 플라톤주의자들에 대해서 알지 못하는 사람으로서 이런 일들에 대해 미약한 지식이나마 가지고 있는 사람은 아무도 없다. 나는 동일한 저술 분야에서 시기적으로 플라톤보다 앞선 사람들을 먼저 언급한 후에, 그에 관하여 현재의 문제에 필요하다고 생각하는 그런 것들을 간략하게 언급할 것이다.

2. 철학자들의 두 학파, 즉 이탈리아 학파와 이오니아 학파 및 그 창시자에 관하여

어떠한 다른 민족들의 언어보다도 탁월한 지위에 있는 언어를 가진 그리스인들의 문헌이 관계되는 한, 역사는 두 학파의 철학자들에 대해서 언급해주고 있다. 하나는 이전에 마그나 그라키아라고 불린 이탈리아 지역에서 유래되어 이탈리아 학파라고 호칭되고 있고, 다른 하나는 아직도 그리스라는 이름으로 불리는 지역에 기원을 가지고 있고 이오니아 학파라고 호칭되고 있다. 이탈리아 학파의 창시자는 사모스의 피타고라스[2]인데, 그에게서 "철학자"라는 용어가 유래되기도 하였다. 그 이전에는 칭찬받을 만한 생활태도로써 다른 사람들을 능가한다고 보인 사람들이 현인이라고 호칭되었던 데 비해, 피타고라스는 무엇을 주장하느냐는 질문을 받았을 때 스스로 철학자 즉 지혜를 탐구하거나 사랑하는 자라고 대답했던 것이다. 왜냐하면 그에게는 자칭해서 현인이라고 말하는 것은 교만의 극치로 보였기 때문이다.

또한 이오니아 학파의 창시자는 밀레투스의 탈레스[3]였다. 그는 "7현인"이라고 일컬어지던 일곱 사람 중의 한 명으로서, 나머지 여섯 사람은 올바른 생활태도를 위하여 제시한 경구 및 그들의 생활방식으로 유명하였다. 탈레스로서는 자기 학파를 이어갈 후계자를 육성하기 위한 방안으로서 사물의 본질을 탐구한 이후에 발견한 내용을 저술로 남김으로써 명성을 얻게 되었다. 그러나 그를 특히 유명하게 만들었던 것은 천문학적인 계산에 의하여 일식과 월식을 예언하기까지 한 그의 능력 때문이었다. 하지만 그는 물이 만물의 근원으로서 세상의 모든 요소와 세상 자체와 그 안에서 생겨난 모든 것들이 궁극적으로 물로써 구성되어 있다고 생각했다. 그렇지만 그는 우리가 세상을 생각할 때에 그토록 감탄할 만하게 보이는 이 모든 피조물의 원인을 신적인 원인에다가는 전혀 돌리지 않았다.

그의 제자로서 그를 계승했던 아낙시만드로스[4]는 만물의 근원에 대해 다른 견해를 가지고 있었다. 왜냐하면 그는 근원이 물이라고 주장했던 탈레스처럼 만물이 하

---

2) 4권 5장 이하.

3) 탈레스는 약 기원전 624년에 태어났다. 그는 정치가로서 페르시아에 대항하여 이오니아의 저항세력을 조직하는 데 도움을 주었다. 그는 할리스(Halys)의 전투가 벌어진 날인 585년 5월 23일에 일식현상이 있으리라고 예견했으며, 이집트의 측정법을 그리스에 도입했던 것으로 유명하다. 그는 우주에 대한 사유로써 자연 과학의 아버지가 되었다. 그의 이론에 따르면, 물이 근본적이며 영원한 원소로서 만물이 그로부터 파생되어 거기로 돌아간다. 그의 저술은 현존하지 않는다.

4) 밀레투스의 아낙시만드로스(기원전 610년에 탄생)는 최초의 그리스 산문체 논문의 저술가이다. 그의 이론대로라면 만물의 근원은 다양한 형태의 물질로 변형될 수 있는, 무한하며 무제한적인 실체인 "무한자"이다. 아우구스티누스는 아마 이 점에 있어서 아낙사고라스(주 6을 보라)와 혼동을 일으켰던 것으로 보인다. 그렇지만 그는 무한한 세계에 대한 아낙시만드로스의 가르침에 대해서는 정확한 이해를 하고 있다. 아낙시만드로스는 최초로 지구가 구형이라고 주장함으로써 점성술을 근본적으로 변화시켰던 것으로 보인다. 그는 또한 해시계를 그리스에 도입했으며 처음으로 세계 지도를 작성했다고 생각되고 있다.

나의 근원에서 유래된다고 주장하지 않고, 각 사물이 자기에게 고유한 근원으로부터 생겨난다고 생각했기 때문이다. 그는 이 만물의 근원들이 무수히 많으며 수많은 세상과 그 안에서 생겨나는 모든 것들을 생성시킨다고 생각했다. 그는 또한 이런 세상들이 영원히 번갈아가면서 소멸되고 재생되는 과정에 놓여있으며 각 과정은 경우에 따라 보다 길기도 하고 보다 짧기도 한 기간 동안 존속된다고 생각하였다. 그리고 그는 탈레스가 그렇게 하지 않은 것처럼 만물의 이 모든 활동이 생성되는 데 어떤 원인도 신적인 정신에 돌리지는 않았다.

아낙시만드로스는 제자인 아낙시메네스[5]를 후계자로 남겨두었는데 그는 만물의 원인을 무한한 공기에다가 돌렸다. 그는 신들의 존재를 부인하지도 않았고 무시하지도 않았으나, 공기가 그들로부터 만들어졌다고 믿기는커녕 반대로 신들도 공기로부터 생겨났다고 주장했다. 그러나 그의 제자인 아낙사고라스[6]는 신적인 정신이 만물의 생성원인이라고 이해하고는, 온갖 다양한 사물들이 그들의 여러 양식과 종에 따라서 등질적인 소립자로 구성된 무한한 물질로부터 생성되지만 신적인 정신의 능력에 의해서라고 말했다. 그리고 아낙시메네스의 또 다른 제자인 디오게네스[7]는 어떤 공기가 만물이 생성된 원질이지만 그것은 신적인 정신을 소유하고 있는데 그것이 없이는 어떤 것도 공기로부터 생성될 수 없다고 말했다.

아낙사고라스는 제자인 아르켈라우스[8]에 의하여 계승되었다. 그는 또한 만물이 동질의 소립자로 구성되어있고 거기로부터 각각의 특별한 것이 만들어지지만, 그런 소립자들은 그 안에 즉 모든 영원한 물체 안에 항구적으로 동력을 제공하는 신적인 정신에 의하여 침투되어 있어서 번갈아가며 결합되고 분리된다고 생각했다.

---

5) 밀레투스의 아낙시메네스(약 기원전 500년에 활약)는 공기가 불로 희석되며, 구름, 물, 땅, 돌로 응축된다고 가르쳤다. 지구는 (천문학에서의 퇴행) 편편하며, 천체는 지구로부터 발산된 불꽃이다.

6) 클라조메나이의 아낙사고라스(기원전 약 500-약 430)는 페리클레스의 스승이자 친구였다. 그의 가르침에 대한 설명은 다양하지만, 아우구스티누스는 개별적으로 구분된 실체로서는 동질적인 "종자"의 무한성으로부터 파생된 무한히 복잡한 물질의 근본적인 다원성이라는 중요한 점에서는 옳은 듯하다. 우주는 물질과는 독립된 정신에 의하여 통제되며, 이 점에서 그는 아마도 정신-물질의 이원론을 최초로 주창한 사람일 것이다. 그는 또한 지구를 편편하다고 생각했다.

7) 아폴로니아의 디오게네스(약 기원전 440년에 활약)는 공기와 그 희석화와 응축에 대하여 아낙시메네스의 가르침을 부활시켰다(그는 그의 제자일 리가 없다). 그는 생리학에 중요한 공헌을 했다. 천문학에서 그는 아낙시메네스와 아낙사고라스를 계승했다.

8) 아르켈라우스(5세기에 활약)는 아낙사고라스의 "종자"를 아낙시메네스 및 디오게네스의 "공기"와 결합시켰던 것으로 보인다.

플라톤의 스승인 소크라테스는 아르켈라우스의 제자였다고 전해지는데, 내가 이들 학파들에 대한 간략한 역사적 설명을 제시하는 이유는 바로 플라톤에게 도달하기 위함인 것이다.

3. 소크라테스 철학에 관하여

그 이전의 모든 철학자들이 물리적, 곧 자연적 현상들을 탐구하는 데 엄청난 노력을 소모한 반면에, 소크라테스는 모든 철학적인 노력을 도덕의 교정과 규제에다가 방향지운 최초의 인물이었다고 언급되고 있다. 그러나 내가 보기에 소크라테스가 이렇게 한 이유가 모호하고 불확실한 일에 싫증을 내고는 자기의 정신을 복된 삶을 획득하기 위하여 필요한 명료하고 확실한 무언가 — 모든 철학자들의 노력과 경계심과 근면이 향했던 것으로 보이는 하나의 위대한 목적 — 를 발견하는 데 돌리기를 원했기 때문인지, 혹은 (그에게 보다 호의적인 몇몇 사람들이 가정하듯이) 그가 세속적인 욕망으로 더럽혀진 정신들이 신적인 일들을 향하여 몰려들려고 시도하는 것을 원하지 않았기 때문인지는 확실하게 결론내릴 수 없다.

그는 사람들이 만물의 원인을 탐구하고 있다는 사실을 보고는, 그 원인이 궁극적으로 다름아닌 한 분이신 참되고 최고인 신(神)의 의지로 환원될 수 있다고 믿었다. 그 때문에 그는 만물의 원인이 오직 정결한 정신에 의해서만 이해될 수 있으므로 욕망의 억압적인 무게로부터 해방된 정신이 본래적인 활력을 가지고 영원한 일들을 향하여 상승할 수 있기 위해서는, 그리고 정결한 이해력을 가지고 모든 피조된 자연물의 원인이 거하는 무형적이며 불변하는 광명인 그 본질을 숙고하기 위해서는 훌륭한 도덕에 의하여 생활을 정결케 하기 위한 온갖 노력이 기울여져야 한다고 생각했다. 그가 경이로울 정도로 명쾌한 표현법과 논법을 가지고, 또 아주 예리하며 암시적인 기지를 가지고 때로는 자기 자신의 무지를 고백하기도 하고 때로는 자신이 온 정신력을 집중시킨 듯이 보이는 바로 그 도덕적인 문제들에 있어서조차 자신의 지식을 숨기기도 하면서 스스로 이것 저것을 안다고 생각했던 무지한 사람들의 어리석음을 추적하여 폭로했다는 점은 분명하다. 그러므로 그에 대한 적대감이 조성되어, 그는 급기야 중상모략을 당하여 고소되었고 사형선고를 받고 말았다. 그러나 이후에 그를 공개적으로 비난했었던 아테네인들의 바로 그 도성이 공개적으로 그를 추모했다. 그래서 이제는 대중적인 분노가 그를 고소했던 자들을 향하여 아주 격렬하게 일어나게 되어, 그 중 한 사람은 군중의 폭력에 의하여 살해당하였고, 다른 한 사람은 자발적으로 영구히 망명길을 떠남으로써 동일한 운명을 가까스로 모면할 수 있었다.

소크라테스는 살아있을 때에나 죽을 때에나 유명했기 때문에 그의 철학을 따르는 상당히 많은 제자들을 남겨두었다. 그들은 인간 행복의 필수조건인 최고선(summum bonum)의 문제와 관계된 도덕적 문제들을 다룸에 있어서 온갖 열정을 다하여 서로 경쟁하였다. 소크라테스는 문제를 제기하고 주장하다가는 반전시키는 방법을 사용하였기 때문에 그가 최고선이 무엇이라고 주장했는지 명확하게 드러나지 않았다. 따라서 모든 사람들은 이러한 논의로부터 자기 마음에 가장 드는 것을 취해다가는, 자기에게 궁극적인 선이 존재한다고 보이는 어떤 것에다가 그것을 위치시키게 되었다. 그런데 궁극적인 선이라고 호칭되는 것은 인간이 거기에 도달했을 때 행복하게 되는 것이다. 그렇지만 소크라테스의 후계자들이 이 궁극적인 선에 관하여 주장하는 견해는 하도 다양하여 — 이런 일은 한 사람의 스승을 따르는 사람들에게 일어나리라고는 거의 믿기지 않을 정도였다 — 아리스티푸스[9]같은 사람들은 최고선이 쾌락에 있다고 하였고, 안티스테네스같은 사람들은 덕에 있다고 하였다. 실로 다양한 제자들의 다양한 견해들을 열거하는 일은 지루한 작업일 것이다.

4. 소크라테스의 제자 중에서 최고인 플라톤과, 철학에 대한 그의 삼분법에 관하여

그러나 소크라테스의 제자들 가운데 플라톤은 다른 이들의 그것보다 훨씬 뛰어난 영예로써 광채를 발하여 모든 이들을 무색케 했다고 말하더라도 부당하지 않을 정도의 인물이었다. 아테네의 고귀한 가문에서 태어났던 그는 놀라울 정도의 천부적인 재능을 소유하여 동료 제자들을 훨씬 능가했다. 그러나 그는 자신의 학문과 소크라테스의 학문이 철학을 완전한 경지로 올려놓기에는 너무 미흡하다고 생각하고서, 가능한 한 광범한 지역을 여행하여 어떤 학문에 대한 교육으로 명성이 있었던 모든 장소로 가서는 그에 대해 숙지하고자 하였다. 그래서 그는 이집트인들부터는 그들이

---

9) 퀴레네 학파의 창시자인 퀴레네의 아리스티푸스는 아마 소크라테스의 동료가 아니라, 아리스토푸스의 손자였을 것이다. 그는 직접적인 쾌락이 행동의 유일한 목적이라고 가르쳤다. 그러나 어떤 쾌락은 고통을 야기시키기 때문에 그는 쾌락을 서로 구분했던 것으로 보인다. 사람들은 쾌락에 대하여 선택적임에 틀림없다. 이것은 자제력을 포함하기 때문에 우리는 여기서 에피쿠로스의 가르침을 향한 입구를 발견한다(14권 2장 이하 참조). 안티스테네스(기원전 400년에 활약)는 소크라테스의 제자이다. 견유학파(14권 20장 이하 참조)의 명성있는 창시자인 그는 덕과 그에 수반된 행복이 결핍과 욕구로부터의 자유에 달려 있다고 가르쳤다.

중요하다고 간주하고 가르쳤던 모든 것을 배웠다. 그리고 그는 이집트를 떠나 피타고라스주의자들의 명성으로 가득 차 있던 이탈리아 지역으로 넘어가서 아주 유명한 스승들 밑에서 아주 용이하게 당시에 유행이었던 이탈리아 철학을 전부 습득했다.

그는 자기 스승인 소크라테스에 대하여 특별한 애정을 가지고 있었기 때문에 그의 모든 대화편에서 소크라테스를 화자로 삼고는 다른 사람들로부터든지 자기의 강력한 지성의 노력으로부터든지 배운 것은 무엇이든지 그가 말하도록 해놓았고, 심지어 자신의 도덕적인 주장마저도 소크라테스 식의 매력과 정중함으로 순화시켰다. 지혜에 대한 연구는 실행과 사색으로 구성되어 있는데, 앞의 부분은 실천적이라고 호칭될 수 있으며, 뒤의 부분은 사색적이라고 호칭될 수 있다. 실천적인 부분은 생활태도 즉 도덕적인 규율과, 사색적인 부분은 자연의 원인 및 순수 진리에 대한 조사와 관련되어 있다. 소크라테스는 그런 연구 중 실천적인 부분에서 탁월했다고 말해지는 반면에, 피타고라스는 그의 위대한 지성이 가진 모든 힘을 집중시킨 사색적 부분에 보다 주의를 기울였다. 플라톤은 이 두 부분을 하나로 연결시킴으로써 철학을 완성시켰다는 찬사를 받고 있다.

당시에 플라톤은 철학을 세 부분으로 분류했다. 첫째는 주로 실천과 관계되었던 도덕적(윤리적) 부분이며, 두번째는 사색을 목적으로 삼았던 자연적 부분이며, 세번째는 참과 거짓을 구분하는 논리적 부분이었다. 마지막 부분은 실천과 사색에 동시에 필요하기는 하지만, 특히 진리의 본성을 조사하는 직무를 가질 자격이 있다고 주장하는 사색부분이다. 그리하여 이 삼분법은 지혜에 대한 전 연구가 실천과 사색으로 구성된다고 간주하는 구분법과 충돌하지 않는다. 그렇다면 이들 각 부분, 즉 플라톤이 모든 행위의 목적이 무엇이며 모든 자연의 원인이 무엇이며 모든 지성의 빛이 무엇이라고 믿었는지에 관해서는 세부적으로 논의하기에 너무나 긴 시간이 걸리는 문제가 있을 것이므로, 우리는 그에 대해 섣부른 단언을 내리지 말도록 해야 한다. 플라톤은 스승인 소크라테스의 유명한 방법, 즉 자신의 지식이나 견해를 숨기는 방법을 좋아했고 계속적으로 즐겨 사용했기 때문에 소크라테스의 견해가 진정 무엇인지 발견해내기가 쉽지 않은 것처럼 그 자신이 다양한 문제에서 어떤 생각을 했는지 분명히 밝혀내기가 간단하지는 않다.

그럼에도 불구하고 우리는 그가 자신의 저술에서 직접 말했든지 다른 사람들에 의하여 표명되었다고 말하면서 그 자신이 인정한다고 했든지, 혹은 예를 들어 죽음 이후에 올 진정으로 복된 삶과 관련하여 한 분 하나님이 존재하는지 아니면 많은 신들이 존재하는지의 문제와 같이 때로는 우리의 믿음이 지지하며 옹호하는 참된 종교에 호의적이기도 하고 때로는 그에 반대되기도 하는 견해들을 우리의 저술 속에 삽입시켜야 한다.

이교도들 중의 모든 다른 철학자들보다 당연히 선호되었던 플라톤의 입장을 아주 근접하게 추종했다고 칭찬들으며 아주 명민하게 그에 대한 이해력을 보여주었다고 언급되는 사람들은, 아마도 존재의 원인과 이해를 위한 궁극적인 이성과 전 인생이 그에 따라 규제되는 목적이 하나님 안에서 발견될 수 있음을 인정하는 그런 개념을 하나님에 대해서 받아들일 것이다. 이 세 가지 중에 첫번째 것은 자연 철학에, 두번째 부분은 논리학에, 세번째 부분은 윤리학에 각각 속해 있다. 인간은 자신 안에서 가장 탁월한 그것을 통하여 만물보다 뛰어나신 분, 곧 한 분으로서 참되고 절대적으로 선한 하나님 — 그분이 없이는 어떤 자연도 존재할 수 없고, 어떤 교리도 교육될 수 없고 어떤 행동도 유익하지 않다 — 에게로 도달하도록 창조되었다고 한다면, 만물이 우리에게 확보되는 그분이 추구되도록 하고 모든 진리가 우리에게 확실하게 되는 그분이 발견되도록 하고 모든 것이 우리에게 정당하게 되는 그분이 사랑받도록 하라.

5. 우리가 신학적 문제에 관하여 토의할 때 특별한 논의대상은 그 견해가 모든 다른 철학보다 선호될 만한 플라톤주의자들이다.

플라톤이 현명한 사람에 대하여 이 하나님을 닮고 알며 사랑하는 사람, 그리고 그분 자신의 축복 안에서 그분과의 교제를 통하여 복을 얻은 사람이라고 정의내렸다면, 다른 철학자들과 토의할 이유가 있겠는가? 어느 누구도 플라톤주의자들보다 우리에게 근접해 있지 않다는 점[10]은 분명하다. 그러므로 신들의 범죄를 가지고 인간들의 정신을 기쁘게 하는 신화적 신학으로 하여금 그들에게 자리를 양보하게 하라. 그리고 신들이라는 이름 아래 부정한 마귀들이 세속의 쾌락에 항복해버린 지상의 민족들을 유혹하며 인간들의 오류에 의하여 영예를 얻기를 바라며 숭배자들의 마음에다가 부정한 욕망으로 가득 채움으로써 그들의 범죄를 폭로하는 일을 숭배의식의 하나로 충동질하는 한편, 그들 자신은 이들 공연의 구경꾼 가운데서 가장 흥겨운 구경거리를 찾음으로써 신전에서 존중받는 것은 무엇이든지 극장의 외설적인 내용과 혼

---

10) 플라톤주의자들보다 우리에게 근접한 사람들은 없다: *De Ver. Rel.*, 7참조. "만약 이 사람들(즉 플라톤주의자들)이 우리와 함께 다시 현생에 살 수 있었다면, ……그들은 몇 마디 말과 언급으로 그리스도인이 되었을 것이다." 미누키우스 펠릭스는 *Octavius* 21장에서 동일한 말을 많이 하고있다. 그리고 알렉산드리아의 클레멘트(*Strom.*, 1, 21)은 "결국 플라톤은 그리스의 아틱 지방에서 모세가 아니고 무엇이란 말인가?"라는 아파메아의 누메니우스를 인용하고 있다.

합되어 더러워지며 극장에 있는 천박한 것은 무엇이든지 신전의 혐오스런 행위에 의하여 변호되는 그 신학 역시 자리를 양보하게 하라.

또한 종교의식을 하늘과 땅 및 사멸되기 쉬운 것들의 활동 및 종자와 연관되었다고 설명하는 바로의 해석도 이들 철학자들에게 자리를 양보해야 한다. 왜냐하면 우선 종교의식은 바로가 그 안에서 읽어들이려고 노력하는 그런 의미를 가지고 있지 않기 때문이다. 따라서 그에 대해 시도된 바로의 해석에는 진실이 담겨 있지 않다. 비록 그의 해석이 옳다고 할지라도 자연의 질서에 있어서 보다 위에 위치한 이성적 영혼은 그런 대상을 신으로 숭배해서는 안 되며, 참된 하나님이 아래에 둔 사물들을 신으로서 자신보다 앞세워서도 안된다.

누마 폼필리우스가 자신과 함께 매장되도록 함으로써 숨기려고 의도했으며 나중에 쟁기에 의하여 발굴되었을 때 원로원의 명령으로 소각되었던 종교의식과 관계된 그런 저술들에 관해서도 마찬가지 이야기가 적용되어야 한다.[11] 그리고 누마를 보다 존중하여 취급하기 위해서는 마케도니아의 알렉산더가 어머니에게 보낸 편지에서 이집트의 최고 신관인 레오에 의하여 자기에게 전달되었다고 말한 종교적 비의도 이 부류에 속한다고 언급하도록 하자.[12] 이 편지에서는 피쿠스, 파우누스, 그리고 아이네아스, 로물루스 혹은 심지어 헤라클레스, 아이스쿨라피우스, 세멜레에게서 태어난 리베르, 틴다레우스의 쌍둥이 아들, 혹은 신격화된 다른 많은 인간들뿐만 아니라, 키케로가 「투스쿨란스」(*Tusculans*)[13]에서 이름을 언급하지는 않고 암시한 위대한 민족들의 신들 즉 유피테르, 유노, 사투르누스, 불카누스, 베스타, 그리고 바로가 세상의 부분 혹은 요소와 동일시하려고 시도하는 다른 많은 신들도 원래는 인간이었음이 밝혀져 있다. 우리가 말했듯이 이 경우와 누마의 경우 사이에는 유사점이 있다. 왜냐하면 그 최고 신관은 자기가 비밀을 누설했다는 데 대하여 아주 두려움을 느끼고는 이런 내용을 담고 있는 편지를 소각시키라고 그의 어머니에게 부탁하도록 알렉산더에게 간청했기 때문이다.

그렇다면 신화적 신학과 도성적 신학이라는 두 신학으로 하여금 참된 하나님을 만물의 창조자요, 진리의 빛의 근원이요, 모든 축복을 풍성히 나누어주는 분으로 인정했던 플라톤주의자들에게 자리를 양보하도록 하라. 그리고 이들뿐만 아니라 그들의 정신을 육신에 종속시켜 놓고는 만물의 근원이 물질적이라고 가정했던 철학자들

---

11) 7권 34장 참조.

12) 27장; 7권 11장 참조. Plut., *Alex.*, 27.

13) *Tusc. Disp.*, 1, 13, 29.

도 그토록 위대한 하나님을 인식했던 이들 플라톤주의자들에게 양보해야 한다. 거기에는 만물의 근원을 물이라고 주장했던 탈레스와 공기라고 주장했던 아낙시메네스와 불이라고 주장했던 스토아주의자들과 원자 즉 미세한 입자로 구성되었다고 확언했던 에피쿠로스[14]와 열거할 필요가 없지만 단일체이거나 복합체이거나 생명체이거나 무생물체이거나 물체가 만물의 원인이요 원리라고 믿었던 다른 많은 사람들이 속해있다.

그들 중 어떤 이들, 예를 들어 에피쿠로스주의자들은 생물체가 생명없는 물체에서 유래될 수 있다고 주장했다. 또 어떤 이들은 생물체이거나 무생물체이거나 생명있는 근원으로부터 생겨나지만 그럼에도 불구하고 만물은 물질적이기 때문에 물질적인 근원으로부터 유래된다고 주장했다. 예를 들어, 스토아주의자들은 불, 즉 이 가시적인 세상을 구성하고 있는 4원소 중의 하나인 불이 살아있기도 하고 지성적이기도 하고 세상과 그 안에 포함된 만물의 창조자, 곧 사실상 하나님이라고 생각했다.

이런 사람들, 그리고 이와 같은 다른 사람들은 오직 감각에 종속된 그들의 마음이 그들에게 무익하게 제시하던 것만 상상할 수 있었다. 그러나 그들은 자기들이 볼 수 없었던 무언가를 그들 안에 가지고 있었다. 그들은 보지 않고 단지 생각만 할 때에도 그것들 없이는 볼 수 없었던 내적인 것들에 대한 상(像)을 가지게 되었다. 그러나 사고 속에 있는 이 상은 더 이상 물체도 아니고 물체와 유사한 것도 아니다. 그렇게 그려진 상이 아름다운지 추한지 판단하는 능력은 의심할 바 없이 판단된 대상보다 우월하다. 이런 근원은 인간의 이해이자 이성적인 영혼이다. 그리고 사물에 대한 상이 생각하는 사람의 정신 속에서 보이고 판단될 때 물질적인 대상이 아님이 사실이라면, 그런 근원도 물질적인 대상이 아니다. 그렇다면 영혼은 이 세상을 구성하는 모습을 우리가 보고 있는 4원소로 불리는 4개의 물체, 즉 흙도, 물도, 공기도, 불도 아니다. 그리고 영혼이 육체가 아니라면 그것을 창조한 하나님이 어떻게 물체가 될 수 있는가?

그렇다면 우리가 말했듯이 그 모든 철학자들로 하여금 플라톤주의자들에게 자리를 양보하게 하라. 그리고 하나님이 물체라고 말하는 것을 부끄러워했지만, 우리의 영혼도 하나님과 같은 본질을 가지고 있다고 생각했던 사람들도 그렇게 양보하도록 하라. 그런 사람들은 만약 신적인 본성에 원인을 돌린다면 불경건한 일이 될 속성,

---

14) 에피쿠로스(기원전 341-270)는 레우키푸스와 데모크리투스(기원전 약 420년에 활약)의 원자론을 수용했다. 스토아주의자들은 우주가 개별 주기의 끝에(그 연속은 무한하다) 신적인 불로 해체된다고 주장했다.

즉 영혼의 엄청난 가변성에 아무런 주저함을 느끼지 않았다. 하지만 그들은 영혼을 변화시키는 것은 육체라고 말한다. 왜냐하면 영혼은 그 자체로는 변할 수 없기 때문이라는 것이다. 그들은 차라리 "육신에 상처를 주는 것은 외적인 물체이다. 왜냐하면 육신은 그 자체로는 상처를 입을 수 없기 때문이다"라고 말하는 편이 나을 것이다. 한 마디로 말해서 변화될 수 없는 것은 어떤 것에 의해서도 변화될 수 없다. 따라서 육신에 의해서 변화될 수 있는 것이 불변적이라고 말하는 것은 타당하지 않다.

6. 자연 철학이라고 불리는 철학에 대해 플라톤주의자들이 가진 의미에 관하여

그렇다면 우리가 보았듯이 이런 철학자들은 명성과 영예에 있어서 다른 사람들보다 찬양받았다고 할지라도 마땅히 그럴 자격을 가지고 있었다. 그들은 어떠한 물체도 하나님이 아님을 알고 있었고, 따라서 하나님을 추구할 때 모든 물질적인 대상 너머로 눈길을 돌렸다. 그들은 가변적인 것은 무엇이든지 최고로 높은 하나님이 아님을 알고 있었으므로, 최고로 높은 하나님을 추구할 때 모든 혼과 모든 가변적인 영 너머로 눈길을 돌렸다. 그들은 또한 모든 가변적인 물체 안에서 그것을 현재의 모습을 만들어주는 형상이 그것이 양태이든지 본질이든지 불변하기 때문에 진정으로 존재하는 그분을 통해서만 존재할 수 있을 따름이라는 사실도 알았다.

그러므로 우리가 전체로서의 세상, 그 형체, 그 성질, 그 질서잡힌 운행, 그 안에 포함된 온갖 물체를 생각하든지, 혹은 나무의 생명처럼 자양분을 받아서만 생명을 유지하든지 짐승의 생명처럼 감각도 가지고 있든지 인간의 생명처럼 여기에다가 지성을 추구시켰든지 천사의 생명처럼 영양분의 공급을 필요로 하지는 않지만 생존하고 느끼고 이해하든지 등의 모든 생명을 생각하든지, 모든 것이 순일(純一)하게 존재하는 그분을 통해서만 존재할 수 있다. 왜냐하면 그분에게는 마치 그분이 살아있지 않으면서도 존재할 수 있는 것처럼 존재하는 것과 살아있는 것이 별개가 아니기 때문이다. 또한 그분에게는 마치 그분이 이해하지 않고도 살아있을 수 있는 것처럼 살아있는 것과 이해하는 것이 별개가 아니다. 또한 그분에게는 마치 그분이 이해하면서도 지복의 상태에 없을 수 있는 것처럼 이해하는 것과 지복의 상태에 있는 것이 별개가 아니다. 그분에게는 사는 것과 이해하는 것과 지복의 상태에 있는 것이 존재하는 것이다.

그들은 하나님의 불변성과 순일성으로부터 만물이 그분에 의하여 창조되었음이 틀림없으며 그분 자신이 어느 누구에 의해서도 창조될 수 없었음을 이해했다. 왜냐하면 그들은 존재하는 것은 무엇이든지 물체 아니면 생명이며, 생명은 물체보다 나은 무엇이며, 물체의 본질은 감각으로 접근가능하며 생명의 본질은 지성으로 접근가능하다고 생각했기 때문이다. 그러므로 그들은 감각적인 본질보다는 지성적인 본질을 선호했다. 우리는 감각적인 사물이라는 말로써 물체를 보고 접촉함으로써 인지될 수 있는 대상을, 지성적인 사물이라는 말로써 정신이 봄으로써 이해될 수 있는 대상을 의미한다. 왜냐하면 외형과 같이 물체의 형태로 있든지 음악과 같이 움직임의 형태로 있든지 정신이 판단하지 않는 유형적인 아름다움이란 없기 때문이다.

그러나 만약 부피도 없고 음성의 소리도 없으며 공간이나 시간도 없는 정신 안에 이것들보다 더 뛰어난 형태가 없었다면, 이런 일은 발생할 수 없었을 것이다. 그러나 이런 일들에 관해서조차 정신이 변화할 수 없다면, 어떤 사람이 다른 사람보다 감각적인 형태에 관해서 더 낫게 판단하는 일은 가능하지 않을 것이다. 현명한 사람은 우둔한 사람보다, 숙련된 사람은 비숙련된 사람보다, 경험많은 사람은 경험없는 사람보다 더 잘 판단한다. 같은 사람이라고 할지라도 경험을 얻은 후에는 그 이전보다 더 잘 판단한다.

따라서 증가할 수도 있고 감소할 수도 있는 것이 가변적임은 분명한 사실이다. 그러므로 이런 문제에 대해 깊이 있게 생각한 유능한 사람들은 형태가 변화하는 것들 안에서는 근원적인 형태가 발견될 수 없음을 알게 된다. 그런 사람들은 육체와 정신이 형태에 있어서 다소 아름다움에 차이가 있을 수 있다는 점을 알고 있다. 그들이 보기에 육체와 정신이 형태를 결여하게 된다면 전혀 존재할 수 없게 된다. 그래서 그들은 불변하므로 비교를 허락하지 않으며 근원적인 형태가 거하는 어떤 존재가 있음에 틀림없다고 알고 있고, 창조되지 않고 오히려 만물을 창조한 분 안에 만물의 근원이 있다고 정당하게 믿고 있는 것이다.

그러므로 "이는 하나님을 알 만한 것이 저희 속에 보임이라. 하나님께서 이를 저희에게 보이셨느니라. 창세로부터 그의 보이지 아니하는 것들 곧 그의 영원하신 능력과 신성이 그 만드신 만물에 분명히 보여 알게 된다"(롬 1:19-20). 보이는 것들과 순간적인 것들이 창조된 것은 바로 그분에 의해서이다.

이상으로 우리는 그들이 물리적, 곧 자연적 신학이라고 부르는 부분에 대하여 충분한 말을 하게 되었다.

7. 플라톤주의자들은 논리학, 곧 이상적 철학에서 다른 철학자들을 얼마나 많이 능가한다고 주장될 수 있는가?

그렇다면 플라톤주의자들이 논리학, 즉 이성적 철학이라고 부르는 철학의 제2 부분과 관계된 가르침에 관해서, 우리는 진리를 분별하는 능력의 원인을 육체적인 감각에다가 돌리며 우리가 배우는 모든 것이 신뢰할 만하지 않으며 오류가 많은 감각의 기준에 의하여 측정될 수 있다고 생각했던 이들과 플라톤주의자들을 비교할 수는 절대로 없다. 에피쿠로스주의자들과 그런 유형의 다른 철학자들이 바로 거기에 속했다. 소위 변증법이라고 불리는 동시에 그토록 열정적으로 사랑하는 정교한 토론 기술의 원인을 육체적 감각에 돌리는 스토아주의자들조차 그러했다.[15] 그들은 정의를 내림으로써 설명하는 사물의 개념(ἔννοιαι : notions)을 정신이 감각으로부터 생각해낸다고 주장했다. 그들의 학문 및 교육의 모든 일관된 체계는 여기로부터 발달되었다.

나는 이와 관련하여 그들이 어떻게 하여 현자 외에는 아무도 아름답지 않다고 말할 수 있는지 종종 궁금하게 생각한다. 그들은 어떠한 육체적 감각에 의하여 그런 아름다움을 인지했으며, 어떠한 육신의 눈에 의하여 지혜가 지닌 형태의 우아함을 보았던 것일까? 그러나 우리가 정당하게도 모든 다른 이들보다 우선시키는 플라톤주의자들은 정신에 의해서 이해된 대상과 감각에 의해서 인지된 대상을 구분하고는, 감각이 해낼 수 있는 어떠한 것도 거기서 제거시키지도 않은 동시에 그 능력을 넘어서는 어떤 것의 원인을 감각에 돌리지도 않았다. 그리고 그들은 우리가 만물을 알게끔 가능하게 해준 정신의 빛이 만물을 창조한 하나님과 동일하다고 확언했던 것이다.

8. 플라톤주의자들은 윤리학에 있어서도 앞자리를 차지한다

철학 중 나머지 부분은 도덕 혹은 그리스인들이 에티케(ἠθική)라고 부르는 것이다. 여기서는 우리가 모든 우리의 행동을 그것에 연관시키고 여타의 다른 것을 위해서가 아니라 그 자체만을 위해서 추구하기만 한다면, 지복의 상태에 있기 위하여 시도해야할 더 이상의 다른 것을 남기지 않는 최고선에 관한 문제가 논의된다. 그러므로 우리는 그것 때문에 다른 것들을 원하고 그것은 오직 그 자체만을 위하여 원하기 때문에 목적이라고 불린다.

그러므로 지복을 가져오는 이 선은 어떤 이들에 따른다면 신체로부터, 또 어떤

---

15) 에피쿠로스는 "진리의 기준은 감정과 예견과 경험이다"고 주장했다(Diog. Laert. 10, 20, 31). 스토아주의자들의 이론에서 지각은 인상에서 생겨난다. 그 반복은 경험을 산출하며, 경험으로부터 개념이 형성된다.

이들에 따른다면 정신으로부터, 또 어떤 이들에 따른다면 그 양자로부터 인간에게 도달한다. 왜냐하면 그들은 인간 자신이 혼과 육체로 구성되어 있음을 알기 때문이다. 그러므로 그들은 그들에게 지복의 상태를 부여할 수 있으며 그런 선 자체를 연관시킬 더 이상의 어떤 것도 요구하지 않으면서 그들의 모든 행동을 연관시킬 수 있는 궁극적인 선에 위치한 그들의 행복이 이 둘 중의 하나, 혹은 그 양자로부터 진행됨에 틀림없다고 믿었다. 이 때문에 그들이 외적이라고 부른 세번째 종류의 선 — 예를 들어 명예, 명성, 부와 같은 것들 — 을 추가시킨 사람들이 그런 것들을 궁극적인 선, 즉 그 자체를 위하여 추구되어야 하는 것이 아니라 다른 무언가를 위하여 추구되어야 하는 것으로 간주하면서 이런 종류의 선이 선인에게는 선하고 악인에게는 악하다고 확언한 이유이다.

그러므로 그들이 인간의 선을 혼에서 추구했든지 육체에서 추구했든지 그 양자에서 추구했든지 그들의 가정대로라면 그것은 인간 내에서 추구되어야 한다. 그러나 그것을 육체로부터 추구했던 사람들은 인간 중에 보다 열등한 부분으로부터, 혼으로부터 그것을 추구했던 사람들은 인간 중에 보다 우등한 부분으로부터, 양자로부터 그것을 추구했던 사람들은 전 인간으로부터 그것을 요청했다. 그러므로 그런 사람들은 그것을 어떤 부분에서든지 혹은 전 인간에서든지 여전히 그것을 인간으로부터만 추구했다. 이런 차이점은 세 방향으로 구분된다고 하여 오직 세 부류의 철학자들만 발생시킨 것이 아니라, 보다 많은 분파를 낳게 되었다. 왜냐하면 다양한 철학자들이 육체의 선과 혼의 선과 그 양자의 선에 관하여 다양한 견해를 주장했기 때문이다.

그러므로 이 모든 자들로 하여금 사람이 육체의 향락이나 혼의 향락이 아니라 하나님을 향유함으로써 지복의 상태에 있게 된다고 확언하는 철학자들에게 자리를 양보하게 하라. 그러나 하나님을 향유하는 것은 정신이 육체나 그 자체를 향유하는 것이나 어떤 친구가 다른 친구를 향유하는 것이 아니라, 우리가 이들 사이에 어떤 유사점을 이끌어낼 수 있다면 눈이 빛을 향유하는 것에 비유될 수 있다. 하지만 이런 비유의 성격이 어떠한지는 하나님의 도우심을 받아 나의 능력이 닿는 한 다른 장소에서 제시될 것이다. 현재로서는 플라톤이 궁극적인 선을 덕에 따라 살아가는 것이라고 결론지었으며[16] 하나님을 알고 닮는 사람만이 덕에 도달할 수 있다고 확언했다는 사실을 언급하는 것으로 충분하다. 그분을 알고 닮는 것만이 지복의 원인인 것이다. 그러므로 플라톤에게 있어서 철학자가 된다는 것은 무형적인 본성을 지닌 하나님을 사랑하는 것이라는 점에 의심의 여지가 없었다.

---

16) *Gorg.*, 470D; 508B 참조.

그러므로 지혜를 탐구하는 자, 즉 철학자는 하나님을 향유하기 시작할 때에 지복의 상태에 있게 된다는 결론이 나오게 된다. 왜냐하면 자기가 사랑하는 것을 향유하는 사람이 반드시 지복의 상태에 있는 것은 아니라고 할지라도(많은 사람들은 사랑의 대상이 되지 말아야 하는 것을 사랑함으로써 비참한 상태에 있고, 더구나 그들이 그것을 향유할 때 훨씬 더 비참한 상태에 있게 된다), 자기가 사랑하는 것을 향유하지 못하는 사람이 지복의 상태에 있을 수는 없기 때문이다. 심지어 사랑의 대상이 되지 말아야 하는 것들을 사랑하는 사람들도 그것들을 단지 사랑함으로써가 아니라 향유함으로써 자기들이 지복의 상태에 있다고 간주하게 된다. 그렇다면 가장 비참한 자 외의 어떤 사람이 자기가 사랑하는 대상을 향유하며 참되고 최고의 선을 사랑하는 사람이 지복의 상태에 있음을 부인할 것인가? 그러나 플라톤에 따르면 참되고 최고의 선은 하나님이다. 그러므로 그는 하나님을 사랑하는 사람을 철학자라고 부를 수 있을 것이다. 왜냐하면 철학은 지복의 인생을 얻는 쪽으로 방향을 잡고 있으며, 하나님을 사랑하는 사람은 그분을 향유함으로써 지복의 상태에 있기 때문이다.

9. 그리스도교 신앙에 가장 근접해 있는 철학에 관하여

그러므로 최고의 하나님에 관해서 그분이 모든 피조물을 창조한 분이요 사물이 인식되는 광채요 행동이 수행되는 선이라고 생각한 철학자들, 곧 우리가 그분 안에서 자연의 제1원리와 교훈의 진리와 인생의 행복을 가지고 있다고 생각한 철학자들이 있다. 이들 철학자들이 보다 적절하게도 플라톤주의자들이라고 호칭되든지, 자기들 학파에 어떤 다른 명칭을 부여하든지, 가령 플라톤 자신과 같이 오직 이오니아 학파의 지도적인 인물들과 플라톤을 잘 이해했던 이들이 그렇게 생각했든지, 혹은 우리가 피타고라스와 피타고라스주의자들 때문에 이탈리아 학파 및 동일한 주장을 했었을 모든 사람들을 포함하든지, 마지막으로 우리가 아틀라스의 리비아인들이든지 이집트인들이든지 인도인들이든지 페르시아인들이든지 갈대아인들이든지 스키티아인들이든지 골인들이든지 스페인인들이든지[17] 다른 민족이든지, 이런 것을 알았으며 가르쳤음이 밝혀진 모든 민족들 가운데 현자요 철학자라고 주장되었던 모든 사람들

17) 디오게네스 라에르티우스(1, 122)는 소아시아의 마기승(Magi)과 인도의 "나체 고행자들"(10권 32장, 14권 17장, 15권 20장 참조), 켈트인들, 갈라티아인들, 드루이드인들, 그리고 북 아프리카 지역으로 철학이 확산된 내용을 설명하고 있다.

을 포함하든지, 우리는 이런 이들을 모든 다른 철학자들보다 선호하며 그들이 우리에게 보다 접근해있음을 고백하는 바이다.

10. 그리스도교의 우수성은 모든 철학자들의 학문보다 위쪽에 있다

비록 교회의 문서(성경)만으로 교육받은 그리스도인은 아마도 플라톤주의자라는 이름을 모를 수는 있고 심지어 그리스어로 말하는 두 학파의 철학자들, 즉 이오니아 학파와 이탈리아 학파가 존재한다는 사실조차 모를 수는 있지만, 철학자들이 지혜를 탐구하고 심지어 지혜를 소유하고 있다고 공언한다는 사실조차 모를 정도로 세상사에 그토록 무관심하지는 않다. 그러나 그는 세상 자체를 창조한 하나님에 따라서가 아니라, 이 세상적인 요소들에 따라서 철학적으로 사색하는 사람들에 관해서는 경계심을 가지고 있다. 왜냐하면 그는 바울 사도의 교훈에 의하여 경고받은 관계로 "누가 철학과 헛된 속임수로 너희를 노략할까 주의하라"(골 2:8)라고 언급된 말씀을 충실히 듣고 있기 때문이다. 그러나 그는 모든 철학자들이 다 이런 일을 하고 있다고 생각하지는 않기 위하여 동일한 사도가 철학자들 중 몇몇에 관하여 다음과 같이 하는 말을 듣고 있다. "이는 하나님을 알 만한 것이 저희 속에 보임이라 하나님께서 이를 저희에게 보이셨느니라 창세로부터 그의 보이지 아니하는 것들 곧 그의 영원하신 능력과 신성이 그 만드신 만물에 분명히 보여 알게 되나니"(롬 1:19-20).

그리고 그 사도는 아테네인들에게 말할 때에 하나님에 대하여 소수의 사람들만이 이해할 수 있는 "우리가 그를 힘입어 살며 기동하며 있느니라"(행 17:28)라는 위대한 말을 한 후에, 계속하여 "너희 시인 중에도 어떤 사람들의 말과 같이"라고 언급하고 있다. 그리스도인은 또한 이들 철학자들의 오류에 대하여 경계해야 한다는 것을 잘 알고 있다. 왜냐하면 그 사도는 "이는 하나님을 알 만한 것이 저희 속에 보임이라 하나님께서 이를 저희에게 보이셨느니라 창세로부터 그의 보이지 아니하는 것들 곧 그의 영원하신 능력과 신성이 그 만드신 만물에 분명히 보여 알게 되나니"(롬 1:19-20)라고 언급한 곳에서 또한 그들이 또한 하나님에게만 합당한 신적인 영광을 그렇지 말았어야 할 다른 대상들에게로 돌렸기 때문에 하나님 자신께 올바로 경배드리지 않았다고 말하고 있기 때문이다.

> 하나님을 알되 하나님으로 영화롭게도 아니하며 감사치도 아니하고 오히려 그 생각이 허망하여지며 미련한 마음이 어두워졌나니 스스로 지혜있다 하나 우준하게 되어 썩어지지 아니하는 하나님의 영광을 썩어질 사람과 금수와 버러지 형상의 우상으로 바꾸었느니라 (롬 1:21-23).

이 구절에서 바울 사도는 우리가 지혜에 대한 명성을 자랑하고 있는 로마인들, 그리스인들, 그리고 이집트인들에 관하여 이해하기를 원하고 있다. 그러나 우리는 이 주제에 대하여 나중에 그들과 논의하게 될 것이다. 그러나 우리는 그들이 우리와 의견을 같이하는 점, 즉 형체가 없으므로 모든 육체보다 뛰어날 뿐만 아니라 불멸하므로 모든 혼보다 뛰어나며 사실상 우리의 근원이요 우리의 빛이요 우리의 선이자 온 우주를 만든 한 분 하나님에 관하여 다른 모든 자들보다 이들을 앞자리에 위치시키고 있다.

그러므로 그들의 저술을 알지 못하는 그리스도인이 논의 중에 자기가 결코 배우지 않은 언어를 사용하지는 않는다고 할지라도 — 자연에 대한 탐구를 취급하는 부분을 자연 철학(라틴 용어) 혹은 물리 철학(그리스 용어)라고 부르지 않거나, 어떻게 진리가 발견될 수 있는지에 대한 문제를 다루는 부분을 이성적 철학 혹은 논리학이라고 부르지 않거나, 도덕과 관련하여 어떻게 선이 추구될 수 있으며 어떻게 악이 회피될 수 있는지를 보여주는 부분을 도덕 철학 혹은 윤리학이라고 부르지 않더라도 — 우리가 하나님의 형상을 따라 창조된 그 본성과 우리가 그분과 우리 자신을 알게 된 그 교훈과 우리가 그분께 붙어있음으로써 지복의 상태에 있게 되는 그 은혜를 가지게 된 것이 한 분이요 참되고 최고로 선한 하나님에게서 유래된다는 것을 모르지는 않는다.

이것이 우리가 이들을 다른 이들보다 앞자리에 위치시키는 이유이다. 왜냐하면 다른 철학자들은 사물의 원인을 추구하며 학문과 생활의 올바른 방식을 발견하려고 노력하면서 그들의 재능과 열심을 소진시키고 있는 반면에, 이 사람들은 하나님을 앎으로써 우주가 구성되어있는 원인과 진리가 발견될 수 있는 빛과 지복을 마실 수 있는 샘이 어디에 자리잡고 있는지 발견했기 때문이다. 그렇다면 플라톤주의자들이든지 다른 이들이든지 하나님에 관하여 이런 생각을 가진 모든 철학자들은 우리와 의견을 함께 한다. 그렇지만 우리는 플라톤주의자들의 저술이 더욱 잘 알려져있기 때문에 그들에게 관심을 집중시키는 편이 좋다고 생각한다. 왜냐하면 이방인들의 언어 가운데 최고 위치를 차지한 언어를 가진 그리스인들은 소리높여 이런 저술들을 칭찬하기 때문이다. 그리고 그들의 우수성이나 명성에 감동받은 라틴인들은 다른 저술들보다 그들을 더욱 진심으로 연구했고, 그들을 우리의 언어로 번역함으로써 거기에 보다 위대한 평판을 부여하여 유명하게 했던 것이다.

11. 플라톤은 어떻게 그리스도교적 지식에 그토록 근접할 수 있었는가

우리와 함께 그리스도의 은혜에 참여한 몇몇 사람들은 플라톤이 하나님에 관해서 가지고 있는 개념을 읽고 들을 때 우리 종교의 진리와 상당히 일치한다는 사실을 알고는 놀라게 된다. 이로부터 어떤 사람들은 그가 이집트에 갔을 때 예레미야 예언자의 말을 들었거나 같은 나라를 여행하는 동안에 선지서를 읽었으리라는 결론을 내렸는데, 나 자신도 몇몇 나의 저술[18]에서 이런 견해를 표명한 적이 있다. 그러나 연대기에 포함된 시기를 세심하게 계산해보면 플라톤은 예레미야가 예언한 시기로부터 약 백 년 후에 탄생했음을 알 수 있다. 그리고 그는 81년 동안 생존했기 때문에, 그가 사망한 때로부터 이집트의 왕인 프톨레마이오스가 히브리 민족의 예언서를 유대지방으로부터 자기에게로 가져오도록 의뢰하고는 그리스어도 알고 있던 70인의 히브리인들에게 번역하여 보관하도록 위임했을 때까지에는 약 70년의 기간이 있었음이 밝혀졌다. 따라서 플라톤은 이집트로 항해해 갔을 때 그보다 오래 전에 죽었던 예레미야를 만날 수도 없었고, 만약 그가 지식을 추구하고자 하는 열정 때문에 이집트인들의 서적에 대해서 그렇게 했듯이 번역자를 통하여 성경을 연구하지 않았다면 그가 잘 알고 있던 그리스어로 아직 번역되지 않은 성경을 읽을 수도 없었을 것이다.[19] 사실 성경을 번역했으리라는 가정은 불가능하지만, (비록 왕으로서의 권위에 대한 두려움도 충분한 동기인 것처럼 보였을 터이지만 프톨레마이오스조차 이런 편의를 얻기 위하여 푸짐한 하사물을 제공해야 했다) 플라톤이 대화를 통하여 성서 내용에 대하여 가능한 한 많이 배웠을 법도 하다.

이런 가정을 정당화해주는 것은 창세기의 첫 구절이다. "태초에 하나님이 천지를 창조하시니라. 땅이 혼돈하고 공허하며 흑암이 깊음 위에 있고 하나님의 신은 수면에 운행하시니라"(창 1:1, 2). 왜냐하면 플라톤은 「티마이오스」(*Timaeus*)에서 세상의 창조에 관하여 기술할 때 하나님이 처음으로 땅과 불을 결합시켰다고 말하고 있는데,[20] 이로부터 불을 하늘의 위치에다가 놓았음이 분명해지기 때문이다. 이런 견해는 "태초에 하나님이 천지를 창조하시니라"는 구절과 어느 정도의 유사성을 지

---

18) 나의 책 중 몇몇에서: *De Doctr. Christ.*, 2, 43. 아우구스티누스는 *Retract.*, 2, 4에서 그 생각을 폐기하고 있다. 플라톤이 성경을 알았다는 가정을 위해서는 순교자 유스티누스(*Apol.*, 1, 60), 오리겐(*C. Cels.*, 4, 39), 유세비우스(*Preap.* Ev., 11, 9, 2), 알렉산드리아의 키릴(*C. Jul.*, 29), 알렉산드리아의 클레멘트(*Strom.*, 1, 22) 참조.

19) 예레미야는 약 기원전 626년에 예언적 사역으로 부름받았다(Jer. 1, 2); 플라톤은 428-347년에 생존했다. "약 1세기"라는 표현은 아우구스티누스가 줄여서 말한 것이다. 70인역의 번역을 위해서는 15권 13장을 보라.

20) *Tim.*, 31B.

니고 있다. 플라톤은 다음으로 물과 공기라는 두 개의 매개적인 요소에 관하여 말하고 있다. 그 둘에 의하여 다른 두 개의 극단적인 요소 즉 땅과 불이 서로 통합되었다는 것이다.[21] 이런 상황으로 보아 그는 "하나님의 신은 수면에 운행하시니라"는 말씀을 그렇게 이해했던 것으로 생각되고 있다. 공기 역시 영으로 호칭되고 있기 때문에 플라톤은 성경에 의하여 하나님의 영에 부여된 칭호에 충분한 주의를 기울이지 않은 결과 그 구절에서 네 개의 원소가 언급되었다고 생각했을 것이다. 플라톤은 그 뒤에 철학자란 하나님을 사랑하는 사람이라고 말하고 있는데, 성경 가운데서도 이것보다 더 광채를 내는 말은 없는 것이다.

그러나 이와 연관하여 가장 놀랄 만한 일이기도 하고 무엇보다도 나로 하여금 플라톤이 성경을 모르지 않았다는 견해에 거의 동의하게끔 만드는 것은 하나님의 말씀이 천사에 의하여 경건한 모세에게 전달되었을 때 그가 한 질문에서 주어진 대답이었다. 왜냐하면 그가 자기에게 가서 이스라엘 자손을 이집트에서 인도하라고 명령하는 그 하나님의 이름이 무엇인지 물었을 때, "나는 스스로 있는 자니라. ……너는 이스라엘 자손에게 이같이 이르기를 스스로 있는 자가 나를 너희에게 보내셨다 하라"(출 3:14)는 대답이 주어졌기 때문이다. 이것은 불변하기 때문에 진정으로 존재하는 그분과 비교하면 가변적으로 창조된 것들은 존재하지 않는다는 의미이다. 플라톤은 이 진리를 열정적으로 주장했으며 부지런하게 가르쳤다.[22] 그리고 "나는 스스로 있는 자니라. … 너는 이스라엘 자손에게 이같이 이르기를 스스로 있는 자가 나를 너희에게 보내셨다 하라"고 언급된 그 책 이외에 플라톤보다 앞선 사람들의 책의 어느 곳에서 이런 구절이 발견되는지 알지 못하고 있다.

12. 플라톤주의자들조차 한 분 참된 하나님에 관하여 이런 말을 했음에도 불구하고 많은 신들에게 경의를 표하여 종교의식이 수행되어야 한다고 생각했다.

그러나 우리는 플라톤이 이런 것들을 그보다 앞선 선조들의 책으로부터 배웠는지, 혹은 보다 그럴듯하게는 "창세로부터 그의 보이지 아니하는 것들 곧 그의 영원하신 능력과 신성이 그 만드신 만물에 분명히 보여 알게 되나니"(롬 1:20)라는 그 사도의 말씀으로 배웠는지는 확정지을 필요가 없다. 그가 이런 지식을 어떤 자료로부터 도출했든지 간에 나는 논의의 상대로서 플라톤주의자들을 부적절하게 선택하지

---

21) *Tim.*, 32B.
22) 예를 들어 *Rp.*, 2, 380 D-381 C. 참조.

는 않았음을 충분하게 명확히 밝혔다고 생각한다. 왜냐하면 우리가 지금 다루고 있는 문제는 자연적 신학, 즉 죽음 이후에 올 행복을 위하여 한 분 하나님에게 예배를 드려야 하느냐, 혹은 많은 신들을 숭배해야 하느냐의 여부이기 때문이다.

내가 특히 그들을 선택했던 이유는 그들이 천지를 창조한 한 분 하나님에 관한 보다 공정한 사상으로 인하여 철학자들 사이에 명성이 높기 때문이다. 이로써 그들은 후대인이 판단하기에 모든 철학자들을 아주 능가하므로, 플라톤의 제자로서 탁월한 능력을 지닌 사람이며 문학적 형식에 있어서 스승보다는 못하지만 그 점에서 많은 사람들보다 뛰어났던 아리스토텔레스가 비록 소요학파—그들은 토론 중에 이리저리 걸어다니는 습관이 있었기 때문에 이런 이름을 얻었다—를 창설하기는 했지만, 그리고 그가 자기가 지닌 명성을 통하여 스승이 살아있을 때조차도 자기 학파 안에서 아주 많은 제자들을 끌어모았음에도 불구하고, 그리고 플라톤이 죽었을 때 아카데미라고 불리었던 그의 학교가 조카인 스페우시푸스(Speusippus)와 사랑하는 제자인 크세노크라테스(Xenocrates)에 의하여 계승되었고 이런 학교의 이름을 따라 그들도 그 후계자들과 함께 아카데미 학파[23]라고 호칭되었다고 할지라도, 플라톤을 따르기로 선택한 아주 뛰어난 최근의 철학자들은 소요학파나 아카데미 학파라고 호칭되기를 좋아하지 않고 플라톤주의자[24]라는 이름을 선택했다.

이런 사람들 중에는 그리스인으로서 유명한 플로티노스(Plotinus), 이암블리쿠스(Iamblichus), 포르피리오스(Porphyry)[25]가 있었고, 그리스어와 라틴어 모두에 학식이 있었던 아프리카인인 아풀레이우스(Apuleius)[26]가 있었다.

그렇지만 이 모든 사람들과 같은 학파에 속한 다른 사람들과 플라톤 자신[27] 마저도 많은 신들을 숭배하는 종교의식이 거행되어야 한다고 생각했다.

---

23) 14권 30장 이하 참조.

24) 그들은 보통 "신플라톤주의자"로 호칭된다.

25) 플로티노스(기원후 약 205-270)는 이집트에서 태어나서 244년에 로마에 정착한 사람으로서 신 플라톤주의의 대표적인 교사였다. 그의 가르침에 따르면, 실제는 이성에 접근하기 쉬운 영적인 세계에서 발견될 수 있다. 이에 비하여 물질 세계는 영혼에 의하여 "형태"를 부여받아 창조됨으로써 실제적이지 않다. 실재하는 것을 낮은 순서대로 단계적으로 보면 물질-영혼-이성-신(순수한 존재) 인간의 도덕적인 목적은 훈련을 통하여 정화를 성취하는 일과 그로써 신적인 일에 대한 사랑을 통하여 영적인 세계로 올라가는 것이다. 이암블리쿠스(기원후 약 325년에 사망)는 시리아의 신비주의자로서 포르피리오스의 학생이다. 피타고라스주의에 대한 그의 설명 중 일부분이 남아있다. 7권 25장 이하 참조.

26) 4권 2장 이하 참조.

27) *Legg.*, 4, 716D-717B; 8, 828 A-D참조.

13. 신들을 전적으로 선한 존재요 덕의 친구라고 정의했던 플라톤의 견해에 관하여

그러므로 그들은 많은 다른 중요한 점에서 우리와 견해를 달리 한다고 할지라도, 내가 방금 말한 이 특별한 차이점은 아주 중요한 것이고 우리의 당면문제가 이와 연관되므로 나는 우선 그들이 어떤 신들에게 종교의식을 바쳐야 한다고 생각하는지 질문하는 바이다. 숭배의 대상이 선한 신들인가, 악한 신들인가, 아니면 선한 신들과 악한 신들 모두인가? 그러나 우리는 모든 신들이 선하며 신들 중 어느 누구도 악하지 않다고 확언하는 플라톤의 견해[28]를 알고 있다. 그러므로 종교의식이 신들을 대상으로 하고 있으므로 그것은 선한 신들을 위하여 봉헌된다는 결론이 나온다. 왜냐하면 그들이 선하지 않다면 신이 아니기 때문이다. 자, 사실이 이러하다면, (우리가 신들에 관하여 어떻게 다르게 믿어야 하는가?) 악한 신들은 우리를 돕기 위하여 그들의 이름이 불려져야 한다는 의견은 분명히 성립조차 되지 않는다. 왜냐하면 악한 신들이란 없는 것이고, 그들이 말하듯이 종교의식에 합당한 명예는 바로 선한 신들을 대상으로 돌려지기 때문이다.

그러면 극장 공연물을 좋아하고 심지어 그것이 신적인 일들 사이에 자리잡아야 하며 신들에 대한 영예를 위하여 표현되어야 한다고 요구하는 신들은 도대체 어떤 이들인가? 이런 신들이 세력을 가지고 있음을 보면 그들이 존재함이 증명되지만, 그런 일들을 좋아한다는 사실을 보면 그들이 악하다는 사실이 입증되는 것이다. 왜냐하면 극장 공연물에 대한 플라톤의 견해는 잘 알려져 있기 때문이다.[29] 그는 시인들 자신이 신들의 위엄과 선함에 그토록 무가치한 노래들을 꾸며냈기 때문에 국가로부터 추방당해야 한다고 생각하고 있다. 그렇다면 극장 공연물에 대하여 플라톤 자신과 다투고 있는 신들은 어떤 이들인가? 그는 신들이 거짓된 오류에 범죄에 의하여 중상모략당하는 것을 참아내지 못한다. 그런데도 신들은 자기들의 영예를 위하여 그런 동일한 범죄들이 기념될 것을 요구하고 있다. 결국 그들은 이런 연극을 거행하도록 명령했을 때, 천박한 일들만이 아니라 잔인한 일들도 함께 요구했다. 그래서 티투스 라티니우스[30]가 자기들에게 순종하기를 거절했다는 이유 때문에 그에게서 아들을 강탈해가고 그가 병에 걸리게 했다가 그가 자기들의 요구조건을 다 완수했을 때에 낫게 해주었다.

---

28) *Rp.*, 2, 379 A.
29) 2권 14장 참조.
30) 4권 26장 참조.

그러나 플라톤은 그들이 비록 악하기는 하지만 두려움의 대상이 되어야 한다고 생각하지는 않았다. 그는 자기 견해를 확고하고 일관성있게 주장함으로써 부정하다는 이유 때문에 신들이 기쁨을 얻는다는 시인들의 온갖 신성모독적 어리석음을 질서 잡힌 국가로부터 주저하지 않고 추방시켰다. 그러나 라베오는 (내가 이미 2권[31]에서 언급한 바와 같이) 바로 이 플라톤을 반신들(demi-gods) 가운데 위치시키고 있다. 그 때 라베오는 악한 신들이 유혈적인 희생 및 그와 동일한 종류의 기원에 의하여 비위를 맞추어 주어야 하는 반면에, 선한 신들은 연극 및 즐거움과 연관된 온갖 다른 것들로 달램받아야 한다고 생각하고 있다. 그렇다면 반신인 플라톤이 그런 쾌락들을 저급하다고 하여 반신들로부터가 아니라 신들로부터, 나아가 선한 신들로부터 일관되게 감히 축출시키려고 하는 터에 일이 어떻게 되겠는가? 게다가 바로 그 신들 자신이 음란하며 익살맞을 뿐만 아니라 라티니우스의 경우에서처럼 잔인하고 가공할 만하다는 사실을 보여주고 있기 때문에 명백히 라베오의 견해를 반박하고 있다. 그러므로 플라톤주의자들로 하여금 이런 일들에 대하여 우리에게 설명하도록 하라. 왜냐하면 그들은 자기들 스승의 견해를 따라 어떤 신들에 대해서도 달리 생각하는 것을 불법이라고 주장하면서 모든 신들이 선하며 존중받을 만하며 현명한 사람들의 덕목에 호의적이라고 생각하고 있기 때문이다. 그들은 "우리의 설명은 이렇다"라고 말한다. 그렇다면 그 설명을 주의하여 들어보도록 하자.

14. 이성적인 혼이 세 종류, 즉 하늘의 신들의 혼과 공중의 마귀들의 혼과 지상의 인간들의 혼으로 구성되어 있다고 말했던 사람들의 견해에 관하여

그들은 이성적인 혼을 갖춘 모든 생물체에는 세 종류, 즉 신들과 인간들과 마귀들이 있다고 말한다. 신들은 가장 높은 지역을, 인간들은 가장 낮은 지역을, 마귀들은 그 중간지역을 차지하고 있다. 왜냐하면 신들의 처소는 하늘이고, 인간들의 처소는 땅이며, 마귀들의 처소는 공중이기 때문이다. 그들 각각의 본성은 거하는 곳의 위치에 상응하여 등급이 지워져 있다. 따라서 신들은 인간들이나 마귀들보다 우월하다. 인간은 그들이 거하는 지역의 순서에 있어서 뿐만 아니라 덕목의 차이에 관해서도 신과 마귀 아래에 위치해 있다. 그러므로 마귀는 신보다 낮은 곳에 거하기 때문에 그보다는 열등함과 마찬가지로, 인간보다는 높은 위치에 있기 때문에 그보다는

---

31) 2권 11장 참조.

우월하다. 왜냐하면 마귀들은 신들과는 육체의 불멸성을, 인간들과는 혼의 열정을 공유하고 있기 때문이다. 이로써 그들은 마귀들이 극장의 외설적 내용과 시인들의 허구를 기뻐하는 것이 놀랄 만하지 않다고 말하고 있다. 왜냐하면 그들은 신들의 경우에 멀리 떨어져 있으며 아무런 관계도 없는 인간적인 열정에 종속되어 있기 때문이다. 그러므로 우리는 플라톤이 시인들의 허구를 비난하고 금지시킴으로써 극장 공연물의 쾌락을 강탈한 대상은 모두 선하며 높이 칭찬받는 신들이 아니라, 바로 마귀들이라는 결론을 얻게 된다.

이런 문제들에 대해서는 많은 사람들이 저술한 바 있다. 그 중에 마다우라의 플라톤주의자로서 그 주제에 관하여 「소크라테스의 신에 관하여」(*Concerning the God of Socrates*)라는 총괄적인 책을 저술한 아풀레이우스[32]가 있다. 그 책에서 그는 친구와도 같은 방식으로 소크라테스에게 도움을 주었으며 그에게 유익하지 않음이 판명될 어떤 행동도 그만두도록 조언했던 신이 어떤 종류의 신인지 논의하면서 설명하고 있다.[33] 그는 아주 명확하고 아주 장황하게 그 대상이 신이 아니라 마귀였다고 주장하고 있다. 그리고 그는 신들이 높은 위치와 인간들의 낮은 위치와 마귀들의 중간적 위치에 대하여 아주 열심히 논하고 있다. 사실이 이러하다면, 플라톤은 비록 그가 온갖 인간적인 더러움과는 관계가 없다고 한 신들로부터는 아니라고 할지라도 시인들은 국가로부터 축출시킴으로써 온갖 극장의 쾌락을 분명히 마귀들로부터 제거시키려는 시도를 어떻게 감히 할 수 있었겠는가? 플라톤은 분명히 이런 식으로 인간의 혼에게 — 비록 그것이 아직도 이런 빈사상태의 지체 가운데 제한되어 있다고 할지라도 — 마귀들의 수치스런 명령을 경멸하고 그들의 부정을 혐오하며 오히려 덕의 광채를 선택하도록 권고하기를 원했다. 플라톤은 이런 일들을 비난하며 금지시켰을 때 그의 성품이 아주 고결함을 나타내 보였다. 그러므로 마귀들이 그런 일들을 명령했다는 것은 아주 수치스러운 일이라는 말이 된다.

그러므로 아풀레이우스가 틀렸고 소크라테스의 친구가 이런 부류의 신에 속하지 않든지, 플라톤이 한 때는 마귀들에게 존경을 표했다가 다른 때에는 질서잡힌 국가에서 그들이 기뻐하던 것들을 제거시키는 등 모순된 견해를 주장했든지, 소크라테스가 그 마귀와의 우정관계로 인하여 축하받을 수 없다는 말이 된다. 사실 아풀레이우스는 이 점에 대하여 아주 수치스럽게 느꼈으므로, 자기 책에다가 「소크라테스의 신에 관하여」라고 제목을 붙이기는 했지만 그가 아주 열심히 그리고 장황하게 신들과

32) 4권 2장 참조.
33) Plat., *Apol.*, 31D 참조.

마귀들을 구분한 논조에 따르면 신에 관하여가 아니라 「소크라테스의 마귀에 관하여」라는 제목을 붙였어야 했다. 그러나 그는 자기 책 제목에서라기보다는 논의 속에서 이 점을 다루고자 했다. 왜냐하면 인간사회를 비추는 건전한 가르침을 통하여 모든 사람, 혹은 거의 모든 사람은 마귀라는 이름에 대하여 아주 공포감을 느끼고는 마귀들의 위엄을 주창하는 아풀레이우스의 논의를 읽기도 전에 「소크라테스의 마귀에 관하여」라는 책 제목을 읽었던 사람이라면 누구든지 분명히 저자가 제정신이 아니라고 생각했을 것이기 때문이다.

그러나 아풀레이우스마저 마귀들에게서 신체가 정교하고 강하며 보다 높은 곳에 거주한다는 점 외에 어떤 칭찬할 만한 거리를 찾았던가? 왜냐하면 그는 그들의 예절에 관해서 개괄적으로 말할 때, 선한 것은 하나도 말하지 않고 대신 악한 것만 많이 말했기 때문이다. 마지막으로, 어떤 사람이 그 책을 읽었을 때, 마귀들이 무대의 외설스러운 일조차 신적인 일들 가운데 두고자 원했으며, 혹은 그들이 신들로 생각되기를 바란 나머지 신들의 범죄행위에 대해서도 기뻐했으며, 혹은 그 외설스러움으로 웃음을 자아내며 그 수치스럽도록 잔인한 행위로 공포감을 조성하는 모든 종교의식이 그들의 열정과 일치하리라는 데 대해서 어느 누구도 놀라와하지 않는다.

15. 마귀들은 그들이 공기같은 신체를 가졌다거나 거주지가 더 높다고 하여 인간보다 더 낫지는 않다.

그러므로 진정으로 경건하며 참된 하나님에게 순종하는 영혼으로 하여금 마귀들이 더 나은 신체를 가졌다는 이유 때문에 인간보다 더 낫다고 생각하지 않게 하라. 그렇지 않다면 인간은 감각의 예민함과 운동의 용이함 및 민첩성, 그리고 신체적인 힘과 오래 지속되는 활력에서 우리보다 더 뛰어난 많은 동물들을 자신보다 앞 쪽에 두어야 한다. 어떤 사람이 시력에 있어서 천사나 독수리와 견줄 수 있는가? 누가 예민한 후각에서 개와 견줄 수 있는가? 누가 민첩성에 있어서 토끼와 사슴과 온갖 새와 견줄 수 있는가? 누가 힘에 있어서 사자나 코끼리와 견줄 수 있는가? 누가 수명에 있어서 그 피부와 함께 노년을 떨쳐버리고 다시 젊어진다고 얘기되는 뱀과 견줄 수 있는가?

그러나 우리는 이성과 이해력을 소유함으로써 이 모든 것들보다 우월하듯이, 우리는 또한 선하고 덕있는 삶을 살아감으로써 마귀들보다 더 나아야 한다. 만약 하나님의 섭리로 인하여 말할 것도 없이 우리보다 열등한 존재들에게 육체적인 이점이 부여되어 있다면, 그 목적은 우리가 육신을 발달시키기보다는 동물보다 우월한 능력을 계발하는 데 보다 주의를 기울이도록 격려하며, 또한 마귀들보다 우리가 더 우월하게끔 된 도덕적인 선량함에 비교하면 우리가 인식하고 있으며 마귀들이 향유하는 육체적인 우월함을 고려하지 않도록 가르치고자 함이다. 왜냐하면 우리 역시 육체적으로 영원하리라는 사실을 알기 때문이다. 그러나 우리는 영원한 형벌에 의하여 고통을 겪는 불멸이 아니라, 정결한 혼에 수반된 불멸상태에 있게 될 것이다.

또한 장소의 높음에 관해서 마귀들이 공중에 거하며 우리가 땅에 거한다는 사실에 너무 영향을 받은 나머지 그 때문에 그들이 우리보다 앞서 있어야 한다고 생각하는 것은 전적으로 어리석은 짓이다. 왜냐하면 이런 식으로 하자면 우리는 새들을 우리보다 앞세워야 하기 때문이다. 그러나 그들은 새들의 경우에는 날기에 지치거나 육체를 음식으로 보강할 필요가 있을 때에 땅으로 돌아와 쉬거나 먹지만 마귀들은 그렇게 하지 않는다고 말한다. 그러므로 그들은 새들이 우리보다 우월하며 마귀들은 새들보다 우월하다고 말하고 싶어하는가? 그러나 그런 생각이 미친 일이라고 한다면, 마귀들이 보다 높은 곳에 거주한다는 이유 때문에 우리가 그들이 우리에게 종교적인 굴복을 요구할 권리가 있다고 생각해야하는 이유가 있는가?

그러나 공중의 새들이 땅에 거주하는 우리 앞에 위치해있지 않을 뿐만 아니라 심지어 우리 안에 있는 이성적인 혼의 위엄 때문에 우리에게 복종하고 있는 바와 마찬가지로, 마귀들은 비록 공중에 거한다고 할지라도 공중이 땅보다 더 높다는 이유 때문에 땅에 있는 우리보다 더 낫지 않으며 오히려 그들의 절망이 경건한 사람들의 소망에 비할 바 아니기 때문에 인간이 마귀보다 앞에 있는 것이다.

심지어 플라톤의 이론[34]— 그는 이 이론에 따라 두 가지의 극단적인 원소, 곧 가장 높은 정도로 유동적인 불과 움직일 수 없는 땅 사이에 두 가지 중간적인 원소, 즉 공기와 물을 삽입시킨다. 따라서 공기는 물보다 높고 불은 공기보다 높듯이 물은 땅보다 높다 — 조차 우리가 원소의 등급에 따라 생물체의 가치를 평가하지 않도록 권고하고 있다. 그리고 아풀레이우스 자신은 플라톤이 땅보다 물을 앞세웠음에도 불구하고 다른 사람들과 마찬가지로 인간이 수생 생물체보다 앞서 놓여야 하는 지상 생물체[35]라고 말하고 있다. 이로써 우리는 흔히 등급을 정하는 문제에 있어서 물질적인 등급에서 관찰되는 순서에 집착해서는 안된다는 사실을 알 수 있다. 왜냐하면 보다 높은 질서에 있는 혼이 보다 낮은 육체에 거할 수도 있고, 낮은 질서에 있는 혼이 보다 높은 신체에 거할 수도 있음이 가능한 것처럼 보이기 때문이다.

---

34) *Tim.*, 32B; 11장 참조.
35) *De Deo Socr.*, 3.

16. 플라톤주의자인 아풀레이우스는 마귀들의 태도와 행동에 관하여 어떤 생각을 했는가

동일한 아풀레이우스는 마귀들의 태도에 관하여 언급할 때 그들이 인간과 동일한 혼의 격정에 의하여 요동하며, 모욕에 의하여 화를 내며, 숭배의식과 선물에 의하여 달램받으며, 명예에 대하여 기뻐하며, 다양한 종교의식에 대하여 즐거워하며, 그들 중 누가 무시당할 때 불쾌해 한다고 말하고 있다.[36] 그는 또한 다른 일들 가운데 새(鳥)로 보는 점과 창자로 보는 점과 예언과 꿈의 계시가 그들에게 달려있으며, 마술사들의 기적 또한 그들로부터 유래된다고 말하고 있다.[37] 그러나 그는 그들에 대한 간략한 정의를 내릴 때, "마귀들은 생명체적 본성으로 되어있으며, 혼에 있어서는 감정적이며, 정신에 있어서는 이성적이며, 신체에 있어서는 공기적이며, 시간에 있어서는 영원하다"라고 하면서, "그 다섯 가지 중에서 앞의 세 가지는 그들과 우리에게 공통되며, 네번째 것은 그들에게만 특유하며, 다섯번째 것은 신들과 공통된다"라고 말하고 있다.[38]

그러나 나는 그들이 우리와 공유하고 있는 처음의 두 가지를 신들과도 공유하고 있음을 알고 있다.[39] 왜냐하면 그는 신들 역시 생명체라고 말하기 때문이다. 그래서 그는 사물의 모든 질서에다가 고유한 원소를 부여할 때 땅 위에서 생명과 감각을 가진 다른 지상적 생명체 사이에다가 우리를 위치시키고 있다. 그러므로 마귀들이 종류에 있어서 생명체라면, 그들은 이 점을 인간뿐만 아니라 신들 및 짐승들과도 공유하고 있다. 만약 그들이 정신에 있어서 이성적이라면, 그들은 이 점을 신들 및 인간들과 공유하고 있다. 만약 그들이 혼에 있어서 영원하다면, 그들은 이 점을 인간들과만 공유하고 있다. 만약 그들이 육체에 있어서 공기적이라면, 그들은 이 점에 있어서 독보적이다.

그들이 생명체적 본성을 가지고 있다고 하여 대단한 일은 아니다. 왜냐하면 짐승들도 그러하기 때문이다. 또 그들이 정신에 있어서 이성적이라고 하여 우리보다 우월하지 않다. 왜냐하면 우리 역시 그러하기 때문이다. 시간에 있어서 그들이 영원하다는 점에 관해 볼 때, 그들이 지복의 상태에 있지 않다면 그것이 무엇 때문에 유익하겠는가? 왜냐하면 영원하게 비참한 상태로 있는 것보다 잠깐 동안 행복한 상태

---

36) *De Deo Socr.*, 12; 14.
37) *De Deo Socr.*, 6.
38) *De Deo Socr.*, 13.
39) *De Deo Socr.*, 7; 8.

로 있는 편이 더 낫기 때문이다. 또한 혼에 있어서 감정적이라는 점에 관해 볼 때, 그들이 어떻게 이 점에 있어서 우리보다 우월한가? 왜냐하면 우리 역시 그러하지만 만약 우리가 비참한 상태에 있지 않았더라면 그러하지 않았을 것이기 때문이다. 또한 그들이 육체에 있어서 공기적이라는 점에 관해 볼 때, 거기에 얼마만큼 많은 가치가 부여될 수 있겠는가? 왜냐하면 혼은 어떠한 종류의 것이든지 모든 육체보다 위에 위치해있기 때문이다. 그러므로 혼으로부터 드려져야 하는 종교적인 예배는 결코 혼보다 열등한 대상에게 합당하지 않다.

만약 아풀레이우스가 마귀들에게 속해있다고 말하는 것들 가운데 덕과 지혜와 행복을 열거했다면, 또 마귀들이 그런 것들을 신들과 공유했고 신들처럼 영원히 소유하고 있다고 확언했다면, 그는 분명히 마귀들에게 크게 부러워해야 하며 크게 평가받을 만한 무엇이 있다고 말한 셈이 되었을 것이다.

그러나 심지어 그렇다고 할지라도 우리는 이런 것들 때문에 하나님께 경배하는 것처럼 마귀들을 숭배할 의무는 없을 것이다. 오히려 우리는 우리가 알기에 그들이 그런 것들을 부여받았을 그분께 경배해야 한다. 하지만 단지 비참한 상태에 있을 가능성을 가진 이성과 실제로 비참한 상태에 있기 위한 감정과 그들의 비참한 상태를 종결시킬 수 없는 영원을 가지고 있는 공기적인 생명체인 그들이 신적인 명예를 받을 자격은 얼마나 더더욱 없는 것인가!

17. 사람들이 그 악덕으로부터 해방될 필요가 있는 영들을 숭배하는 것이 적절한가

그러므로 다른 일들을 생략하고 아풀레이우스가 마귀들에게 우리와 공통된다고 말하는 것에 대해 우리의 관심을 집중시키기 위하여 이런 질문을 해보자. 모든 네 원소가 그들 자신의 생명체로 가득차 있다면, 즉 불과 공기는 불멸의 생명체로, 물과 땅은 가멸적인 생명체로 가득차 있다면, 무슨 이유 때문에 마귀들의 혼은 격정의 회오리와 소동에 의하여 요동치는가? 그리스어인 파토스(παθος)는 아풀레이우스가 마귀들이 "혼에 있어서 감정적이다"고 말하기 위하여 선택했던 동요(動搖)를 의미하기 때문이다. 왜냐하면 파토스로부터 파생된 열정이라는 단어는 이성과는 반대로 정신의 격동을 나타내기 때문이다. 그렇다면 짐승 안에서도 아니고 마귀의 정신 안에

40) 이성에 반한다. 키케로에 따르면(*Tusc. Disp.*, 4, 6, 11), 제노는 동요(그는 이것을 pathos 라고 불렀다)를 그에 의하여 영향받는 정신의 본질에 대항하는 올바른 이성 반대편의 무언가로 정의했다.

서 어떻게 이런 일이 발생하는가? 왜냐하면 이와 같은 어떤 일이 짐승 안에서 생겨난다면, 그것은 짐승들이 결여하고 있는 이성에 반하지[40] 않기 때문에 요동이 아니기 때문이다. 이렇게 볼 때 인간의 경우에 이런 소동이 발생하는 원인은 어리석음이거나 비참함이다. 왜냐하면 우리는 현재의 죽을 운명으로부터 해방되었을 때에야 비로소 우리에게 약속된 지혜의 완전함을 소유하지 않았으므로 아직 지복의 상태에 있기 때문에 이런 요동으로부터 자유롭다고 말하고 있다. 왜냐하면 그들 역시 동일한 종류의 이성적인 혼을 가지고 있지만 모든 오류와 저주로부터 아주 순수하기 때문이다. 그러므로 신들은 지복의 상태에 있고 비참한 생명체가 아니기 때문에 요동으로부터 자유로우며, 짐승은 지복의 상태에 있을 수도 없고 비참할 수도 없는 생명체이기 때문에 요동으로부터 자유롭다고 한다면, 마귀들은 사람들과 마찬가지로 지복의 상태에 있지 않지만 비참한 생명체이기 때문에 요동 아래에 종속되어 있게 된다.

그러므로 우리로 하여금 마귀들과 닮은 사악함으로부터 해방되도록 하는 것이 진정한 종교의 의무라고 할 때, 종교적 감정을 통하여 우리를 그들에게 굴복시키는 것은 얼마나 어리석은 일인가! 아니 오히려 얼마나 미친 짓인가! 왜냐하면 아풀레이우스 자신도 그들에 대하여 아주 호의적이기도 하고 그들이 신적인 영예를 받을 가치가 있다고 생각하고 있음에도 불구하고, 그들이 분노의 지배 아래 있음을 고백하지 않을 수 없었기 때문이다.[41]

반면에 진정한 종교는 우리에게 분노로 인하여 마음이 흔들리지 말며 오히려 그것에 저항하라고 명령하고 있다. 마귀들은 선물에 의하여 영향을 받지만, 진정한 종교는 우리에게 선물을 받았다고 하여 어느 누구에게 호의를 보이지 말라고 명령하고 있다. 마귀들은 명예에 의하여 기분이 좋아지지만, 진정한 종교는 우리에게 그런 것들에 의하여 마음을 움직이지 말라고 명령한다. 마귀들은 신중하고 조용한 판단의 결과로서가 아니라 아풀레이우스가 그들의 "격정적인 혼"[42]이라고 부른 것 때문에 어떤 사람들을 미워하고 또 어떤 사람들을 사랑하지만, 진정한 종교는 우리에게 원수마저 사랑하라고 명령한다. 마지막으로 진정한 종교는 아풀레이우스가 마귀의 혼 안에서 계속적으로 부풀어오르며 솟아오른다고 주장하는 정신의 불안, 마음의 격동, 그리고 혼의 온갖 격동과 혼란을 버리라고 명령하고 있다. 그러므로 당신이 어리석음과 비참한 오류 때문이 아니라면 당신은 인생 가운데 닮지 않기를 바라는 존재를 숭배하기 위하여 몸을 낮추어야 하는 이유가 무엇인가? 종교의 최상의 의무가 당신

41) *De Deo Socr.*, 13.
42) *De Deo Scor.*, 12.

이 숭배하는 그분을 닮는 것이라고 할 때, 당신이 닮으려고 하지 않는 존재에게 종교적인 경의를 표해야 하는 이유가 무엇인가?

18. 사람들이 선한 신들의 호의를 받도록 추천되기 위하여 마귀들의 후원을 받아들여야 한다고 가르치는 것은 어떤 종류의 종교인가

그러므로 아풀레이우스 및 그와 생각을 같이하는 사람들은 헛되게도 마귀들이 신들에게는 인간들의 기도를, 인간들에게는 신들의 답변을 전달하도록 하기 위해 에테르적인 하늘과 땅 사이의 공중에 그들을 위치시키는 영예를 부여했다. 그들이 말하기를 그 이유는 플라톤이 어떤 신도 인간과 교제하지 않는다고 주장했기[43] 때문이라는 것이다. 이런 일들을 믿는 사람들은 인간들이 신들과 교제해야 한다거나 신들이 인간들과 교제해야 한다는 것이 부적당하다고 생각했다. 그들에게는 오히려 마귀들이 신들 및 인간들과 교제함으로써 신들에게는 인간들의 청원을 제시하며, 인간들에게는 신들이 그들에게 부여하는 것을 전달하는 편이 적절하다고 생각되었다. 그래서 정숙한 사람으로서 마술적인 사악한 행위와 아무 관련이 없는 사람이 비록 그런 행위를 사랑하지 않았다는 사실 자체로도 신들로부터 보다 기꺼이 기쁨을 가지고 경청될 자격이 있는 사람으로 추천되었어야 함에도 불구하고, 그는 이런 범죄를 사랑하는 마귀들을 신들이 그의 말을 들을 수 있도록 유도되는 후원자로서 사용하여야 한다.

마귀들은 정숙한 사람들이 사랑하지 않는 무대의 혐오스런 일들을 사랑한다. 그들은 마술사들의 악행 안에서 마음이 정결한 사람들이 사랑하지 않는 "해를 가하는 일천 가지의 기술"[44]을 사랑한다. 그러나 그들이 신들로부터 무언가를 얻으려고 한다면, 그들의 적이 그들을 대신하여 중재자로 행동하지 않는 경우에 그들은 정결함과 무죄함의 덕목에 의하여 그렇게 할 수 없을 것이다. 아풀레이우스는 시인들의 허구와 극장의 저속한 익살을 정당화하기 위하여 시도할 필요가 없다. 인간적인 품위가 수치스런 일들을 사랑할 뿐만 아니라 심지어 그런 일들이 신들에게 기쁨을 준다고 생각하기까지 자신에게 그토록 불충실하게 행동할 수 있다고 할지라도, 우리는 다른 면으로 그들 자신의 최고의 권위자요 스승인 플라톤을 인용할 수 있는 것이다.

19. 사악한 영들을 돕는 일에 매달려 있는 마술의 불경건함에 관하여

43) Plat., *Symp.*, 203 A; Apul., *De Deo Socr.*, 4;6.
44) Virg., *Aen.*, 7, 338.

게다가 아주 비참하며 아주 불경건한 어떤 사람들이 기뻐하며 자랑하는 마술에 대해서는 일반적인 감정이 증인으로 제시될 수도 있지 않은가? 만약 마술적인 행위가 경배받아야 하는 신들의 활동이라면 그것이 왜 법에 의하여 그토록 엄중하게 벌받고 있는가? 그리스도인들이 마술을 벌 받게 만든 그런 법을 제정했다고 말할 수 있단 말인가? 이런 마술이 의심할 바 없이 인류에게 해롭지 않다면 아주 유명한 시인이 어떤 다른 의미를 가지고 다음과 같이 노래했던가?

나는 하늘과 당신의 사랑스런 생명으로써 맹세한다.
나는 이 팔을 의지와 반하게 사용하노라고,
그리고 임박한 싸움에 대처하기 위하여
마술의 칼과 방패를 잡노라고.[45]

그리고 그는 다른 곳에서 마술에 관하여 이렇게 말하고 있다.

나는 그가 서 있는 곡식을 다른 장소로 옮기는 것을 보았다.[46]

이 시구는 한 들판에 있는 열매들이 이런 해롭고 저주받은 교리가 가르치는 기술에 의하여 다른 들판으로 운반된다고 언급되고 있다는 사실과 연관된다. 키케로는 로마인들에게서 가장 오래된 성문법인 12표법의 법률조항 가운데 이런 일을 행하는 자에게 가해질 형벌을 정한 성문법이 있음을 우리에게 알려주고 있지 않은가?[47]

게다가 아풀레이우스 자신이 마술적 행위로 고소된 것은 그리스도인 재판관 앞에서였던가? 만약 그가 이런 마술이 신성하며 경건하며 하나님의 능력의 역사와 일치함을 알고 있었더라면, 그는 그것을 고백해야하고 공언해야 할 뿐만 아니라 이런 행위를 존경과 존중을 받을 만한 것으로 주장했어야 했는데도 불구하고 금지당하고 저주스러운 것으로 선포하고 있는 법을 비난했어야 한다. 왜냐하면 그는 그렇게 함으로써 재판관들로 하여금 자신의 견해를 채택하도록 설득했거나, 혹은 그들이 부당한 법으로 인하여 편파성을 보이면서 그가 그런 일들을 찬양하며 칭찬함에도 불구하고 그에게 사형선고를 내렸다면 마귀들이 자기들의 신성한 과업을 선포하고 제시하기 위하여 목숨을 잃는 일마저 두려워하지 않았던 그의 혼에게 마땅한 보상을 내려

45) Virg., *Aen.*, 4, 492 이하
46) Virg., *Eci.*, 8, 98.
47) Cic., *De Leg.*; Plin., 28, 2, 17.

주었을 것이기 때문이다.

우리 그리스도인 순교자들은 그들이 알기에 구원과 영원한 영광을 가져다준 그리스도교를 고백했다고 하여 고소당했을 때 현세적인 형벌을 모면하기 위하여 그것을 부인하지 않고 오히려 그것을 고백하고 선언하며 선포함으로써, 그리고 성실과 인내로써 그것을 위하여 모든 것을 참아냄으로써, 그리고 경건하고 평안하게 그것을 위하여 죽음으로써 그 종교를 금지시킨 법을 수치스럽게 만들었으며 결국 취소되게 끔 했던 것이다.

그러나 이 플라톤주의 철학자의 아주 상세하며 웅변적인 연설[48]이 남아있다. 거기서 그는 이런 마술을 행했다는 비난에 대해 자신을 변호하면서 자기는 그것을 전혀 알지 못하며 행하고도 무죄할 수 없는 그런 일들을 부인함으로써 자신의 결백함을 보여주고자 노력했다. 그러나 그가 생각하기에 마땅히 비난을 받을 만한 마술사들의 온갖 기적들은 마귀들의 능력과 가르침에 따라서 수행되는 것이다. 그렇다면 그는 무슨 이유로 그런 일들이 존중되어야 한다고 생각하는가? 그는 우리의 기도를 신들에게 제출하기 위해서는 그런 일들이 필요하다고 주장하지만, 그것들은 우리가 참된 하나님에게 상달시키기 원한다면 반드시 피해야 하는 것들인 것이다.

또한 나는 그가 인간들의 기도 중 어떤 종류의 것이 마귀들에 의하여 선한 신들에게 제출된다고 가정하는지 묻는 바이다. 그것이 마술적 기도라면, 신들은 그런 종류의 기도를 원하지 않을 것이다. 그것이 합법적인 기도라면, 신들은 그런 존재들을 통하여 받기를 원하지 않을 것이다. 그러나 회개하는 죄인이 기도를 토해낸다면, 특히 그가 어떤 마술적인 범죄를 저질렀다면, 그를 부추기고 도와줌으로써 지금 슬퍼하는 범죄에 빠지도록 만들었던 마귀들의 중재를 통하여 용서를 받아낼 것 같은가? 혹은 마귀들 자신이 회개하는 사람에게 용서를 얻도록 해주기 위하여 자기들이 그들을 속였다는 이유 때문에 먼저 회개하는 입장에 설 것인가?

하지만 감히 어느 누구도 마귀들에 관하여 이런 말을 한 적이 없다. 왜냐하면 사실이 이러했다면 그들은 감히 자기들을 위하여 신적인 영예를 추구하려고 하지도 않았을 것이기 때문이다. 회개에 의하여 용서라는 은혜를 받고자 하던 자들이 그런 혐오할 만한 교만이 용서받을 가치가 있는 겸손과 공존할 수 없다는 사실을 알고 있으면서도 어떻게 그런 일을 할 수 있을 것인가?

---

48) *Apologia*(*De Magia*).

20. 우리는 선한 신들이 인간들보다 마귀들과 더 교제하고 싶어한다고 믿을 수 있는가

그렇지만 마귀들이 어떤 긴박하고 아주 절박한 이유로 인하여 인간들의 기도를 제출하며 신들로부터 답변을 얻어낼 수 있기 위하여 신들과 인간들 사이를 중재해야 하는가? 만약 그렇다면 바라건대 그 원인이 무엇이며 그것이 그렇게 절대적으로 필요한 이유가 무엇인가? 이에 대해 그들은 어떠한 신도 인간과 교제하기를 원하지 않기 때문이라고 말한다.[49]

이 얼마나 경탄할 만하며 거룩한 신이란 말인가! 그는 탄원하는 인간과는 교제하지 않으면서 오만한 마귀와 교제하고 있다! 그는 회개하는 인간과는 교제하지 않으면서 속이는 마귀와 교제하고 있다! 그는 신성(神聖)을 향하여 도피처를 구해 도망치는 인간과는 교제하지 않으면서 신성을 가장하는 마귀와 교제하고 있다! 그는 용서를 구하는 인간과는 교제하지 않으면서 사악함으로 유인하는 마귀와는 교제하고 있다! 그는 철학적인 저술에 의하여 질서잡힌 국가로부터 시인들을 축출하는 인간과는 교제하지 않으면서 국가의 지배자들과 신관들로부터 시인들이 꾸며낸 조롱거리를 극장에서 공연할 것을 요구하는 마귀와는 교제하고 있다! 그는 범죄의 원인을 신들에게로 돌리지 못하도록 하는 인간과는 교제하지 않으면서 그들의 범죄를 허구적으로 제시하는 데서 기쁨을 느끼는 마귀와는 교제하고 있다! 그는 정당한 법으로써 마술사들의 범죄를 징벌하는 인간과는 교제하지 않으면서 마술을 가르치며 실행하는 마귀와는 교제하고 있다! 그는 마귀를 닮으려고 하지 않는 인간과는 교제하지 않으면서 인간을 속일 기회를 기다리며 누워있는 마귀와는 교제하고 있는 것이다!

21. 신들은 마귀들을 사자요 통역으로 사용하고 있는가, 그리고 신들은 그들에 의하여 기꺼이 기만당하는가, 혹은 알지 못하고서 기만당하는가

"그러나 의심할 바 없이 신들에게는 아주 무가치하고 이런 터무니없는 일을 할 만한 절박한 필연성이 있다. 인간사에 대해 관심을 가지고 있는 신들은 에테르에 살기 때문에 공중에 있는 마귀들이 그들에게 정보를 전해주지 않는다면 지상에 사는 인간들이 무엇을 하는지 알 수 없을 것이다. 왜냐하면 에테르는 땅으로부터 너무나

---

49) 18장에 인용된 Plat., *Symp.*, 203 A 참조.

멀리 그리고 높이 떨어져 매달려있지만, 공중은 에테르와 땅 모두에 인접해있기 때문이다."

이 얼마나 놀라운 지혜인가! 그들이 말하기를 최고로 선하며 인간사에 관심을 가지고 있으므로 숭배받을 만한 가치가 있는 듯이 보이지만 다른 한편으로 제 원소들로부터 떨어져있는 관계로 지상의 일들에 대해 무지한 신들에 관해서 이런 사람들은 어떤 다른 것을 생각하겠는가? 그들이 인간사에 관하여 신들이 정보를 얻을 수 있고 필요할 때에는 인간들을 구원할 수 있도록 하기 위해 마귀들을 대행자로 필요로 한다고 생각했던 것은 바로 이 때문이다. 그리고 마귀들 자신이 숭배받을 만하다고 주장되었던 것은 바로 이런 직임 때문이다.

사실이 이러하다면, 마귀들은 인간이 혼의 선함에 의하여 선한 신들에게 알려진 것보다 신체의 근접성으로 인하여 그들에게 더 잘 알려져 있다. 이 얼마나 서글픈 필연성인가! 오히려 신들을 무익한 위치로부터 보존해주기 위하여 고안된 얼마나 엉터리같으며 언어도단적인가! 왜냐하면 신들은 그 마음이 신체적인 제약으로부터 해방되어 있으므로 우리의 혼을 볼 수 있다면 우리의 혼을 그들에게 도달시키기 위한 사자로서 마귀들을 필요로 하지 않을 것이기 때문이다. 그렇지만 에테르에 있는 신들이 육신을 통하여 용모와 언어와 동작과 같은 외적인 표현을 인식함으로써 마귀들이 자기들에게 말하는 것을 이해한다면, 그들이 마귀들의 거짓에 의하여 기만당할 가능성이 있게 된다. 더구나 신들이 신성(神性) 때문에 마귀들에게 기만당할 수 없다고 한다면, 그들은 우리의 행동을 모를 수도 없게 된다.

그렇지만 나는 다음과 같은 사항에 대해 알고 싶다. 마귀들은 플라톤이 신들의 범죄행위에 관한 시인들의 허구를 불쾌하게 생각했다는 점을 신들에게 말했으면서도 그들 스스로는 그런 것을 즐겼음을 신들에게 숨겼던가? 혹은 그들은 두 가지 사항을 다 숨기고 신들이 이 모든 문제에 관하여 알지 못하도록 하고자 했는가? 혹은 그들은 신들에게 모욕적인 그들 자신의 욕정과 아울러 신들을 존중하는 플라톤의 경건한 신중성을 다 말했던가? 혹은 그들은 신들로 하여금 시인들의 불경건한 변덕에 대해 거짓되게 주장된 범죄로 인하여 신들이 중상모략당하지 않기를 원했던 플라톤의 견해를 숨기면서도 그들이 신들의 파렴치한 악행을 기념하는 극장 공연물을 사랑하게끔 된 자신들의 사악함을 알리는 데 있어서는 부끄러워하지도 않고 두려워하지도 않았던가? 그들로 하여금 이 네 가지 가능성 중에 원하는 대로 하나를 선택하게 하라. 그리고 그들이 어떤 것을 선택하든지 신들에 대한 견해가 얼마나 악한지 생각해보게 하라.

만약 그들이 첫번째 가정을 선택한다면, 그들은 선한 신들이 비록 그들에게 모욕적인 일들을 금지시키려고 시도했던 선한 플라톤과는 동거할 수 없으면서도 그들의 비행에 대해 즐거워하는 악한 마귀들과는 동거하고 있다고 고백해야 한다. 왜냐하면 선한 신들은 거리상으로 가까이 있었던 관계로 알 수 있었던 악한 마귀들을 통하지 않고서는 자기들로부터 너무나 멀리 떨어져있는 그 선한 사람에 대해서 알 수 없을 것이기 때문이다.

그리고 그들이 두번째 가정을 선택하여 마귀들이 이 두 가지 일들을 숨김으로써 신들이 플라톤의 아주 경건한 법률에 대해서와 마귀들의 신성모독적인 쾌락에 대해서 전혀 알지 못한다면, 그런 경우에는 신들이 이런 중재적인 마귀들을 통하여 인간사에 관하여 어떤 도움이 될 만한 일을 알 수 있겠는가? 왜냐하면 그들은 선한 인간들의 경건을 통하여 악한 마귀들의 정욕에 대항하고 선한 신들을 위한 명예를 위하여 제정된 것들에 대해 모를 것이기 때문이다.

그러나 만약 그들이 세번째 가정을 선택하여 이런 중재적인 마귀들이 신들을 대상으로 하는 악행을 금지시켰던 플라톤의 견해뿐만 아니라 이런 행악에 대한 그들 자신의 기쁨 역시 전달해주었다면, 나는 그것 자체가 오히려 모욕이 아닌지 질문하고 싶다. 이제 신들은 두 가지 사실을 다 듣고 알고서는 신들의 위엄과 플라톤의 종교적 경건에 반하는 일들을 소망하며 행하는 사악한 마귀들의 접근을 용인할 뿐만 아니라 자기들 가까이에 있는 이런 사악한 마귀들을 통하여 자기들로부터 멀리 떨어져있는 선한 플라톤에게 선한 일들을 전해주는 셈이 된다. 그들은 일련의 연결된 요소들 안에 자리잡고 있으므로 자기들을 옹호하는 자들이 아니라, 오히려 비난하는 자들과만 접촉할 수 있게 된다. 그들은 이 두 가지 사실을 알면서도 공기와 땅의 중력을 교체시킬 능력은 가지고 있지 않은 것이다.

이제 네번째 가정이 남아있다. 그러나 그것은 나머지보다 더 악하다. 마귀들이 불멸의 신들에 관한 시인들의 중상모략적인 허구와 극장의 혐오스런 익살과 그에 대한 그들 자신의 아주 열정적인 욕구와 아주 감미로운 쾌락을 알게 하면서도 플라톤이 철학자로서의 신중함을 가지고 이 모든 일들이 질서잡힌 국가로부터 축출되어야 한다는 견해를 제시한 데 대해서는 완전히 숨김으로써, 이제 선한 신들은 그런 사자들을 통하여 아주 사악한 존재들, 즉 사자들 자신의 악행을 알지 않을 수는 없지만 철학자들의 선한 행위에 대해서는 알도록 허락받지 않는다고 할 때, 어느 누구에게 이런 일이 참을 만하겠는가? 전자는 신들을 모욕하기 위함이요, 후자는 신들 자신에게 경의를 표하기 위함인데도 말이다!

22. 아풀레이우스의 견해에도 불구하고 우리는 마귀들에 대한 숭배를 배

척해야 한다.

그렇다면 이 네 가지 대안 중 어느 것도 선택될 수 없다. 왜냐하면 우리는 그 중 어느 것을 채택함으로써 신들에 관하여 생각하게 될 아주 용납될 수 없는 일들을 감히 상상할 수 없기 때문이다. 그러므로 아풀레이우스와 같은 학파에 속한 다른 철학자들의 견해, 즉 마귀들이 신들과 인간들 사이에 사자요 통역으로 행동함으로써 우리로부터는 신들에게 우리의 청원을 전달해주고 신들의 도움을 우리에게 가져다준다는 견해가 전혀 신뢰되어서는 안 된다는 선택만 남게 된다.

반대로 우리는 그들이 의로움과는 전혀 관계가 없고 자만심에 가득차 있으며 시기심으로 얼굴이 창백해있으며 교활하게 기만함으로써 해를 가하기에 아주 열심인 영들이라고 믿어야 한다. 그들은 자기들의 본성에 부합되는 감옥과도 같은 공중에 거주하고 있다. 왜냐하면 그들은 하늘 높은 곳으로부터 쫓겨난 후에 돌이킬 수 없는 죄에 대한 정당한 보응으로서 이 장소에 거하도록 선고받았기 때문이다. 그러나 공기는 땅과 물 위에 위치해 있음에도 불구하고 그런 이유로 인하여 마귀들이 인간들보다 덕성이 뛰어난 것은 아니다. 비록 인간들은 지상적인 육신이 관계되는 한 마귀들을 능가할 수는 없지만, 참된 하나님을 조력자로서 선택함으로써 경건한 정신을 통하여 그들보다 훨씬 뛰어날 수 있다.

그러나 마귀들은 그들이 굴복시켰던 포로들에 대해서와 마찬가지로 명백히 참된 종교에 참여할 자격을 갖추지 못한 많은 사람들에 대해 권세를 부린다. 그들은 포로로 잡은 사람들 중 대부분이 행동이나 예언으로 구성된, 경이롭지만 거짓된 기적들에 의하여 자기들을 신으로 받아들이도록 설득했다. 그럼에도 불구하고 그들은 자신들의 악행을 보다 주의깊고 부지런하게 생각했던 몇몇 사람들의 경우에는 자기들이 신이라고 설득할 수 없어서 자기들이 신들과 인간들 사이의 사자인 척 꾸며댔다. 사실 몇몇 사람들은 뒤에 말한 이런 명예조차도 그들에게 속해 있다고 인정할 수 없다고 생각했다. 그들은 자기들의 견해에 따라 신들이 모두 선한 데 반하여 마귀들은 사악하다는 것을 알았기 때문에 그들이 신이라고 믿지 않았다. 그럼에도 불구하고 그들은 뿌리깊은 미신으로 인하여 많은 의식을 수행하고 많은 신전을 건립함으로써 마귀들을 섬겼던 많은 사람들을 불쾌하게 만들까 우려하였기 때문에 감히 그들이 온갖 신적인 명예를 누릴 자격이 전혀 없다고 말하지 않았다.

23. 헤르메스 트리스메기스투스는 우상숭배에 관하여 어떤 생각을 했으며 어떤 자료를 통하여 이집트의 미신이 폐지되어야 한다는 사실을 알았

는가

사람들이 트리스메기투스[50]라고 부르는 이집트인인 헤르메스는 그런 마귀들에 대해서 다른 견해를 가지고 있었다. 사실 아풀레이우스도 그들이 신이라는 점을 부인하고 있다. 그러나 그는 그들이 신들과 인간들 사이의 중간적 위치를 차지하고 있다고 하면서 신들과의 중재를 위하여 인간들에게 그들이 필요한 듯 보인다고 말할 때, 그들에게 합당한 숭배와 초월적인 신들에게 합당한 종교적인 경의 사이를 구분하지 않고 있다. 그러나 이 이집트인은 어떤 신들이 최고의 신에 의하여 만들어지고, 어떤 신들이 인간들에 의하여 만들어졌다고 말하고 있다.

내가 언급했듯이 누구든지 이런 말을 들을 때 의심할 바 없이 그것은 신상을 언급한다고 생각한다. 왜냐하면 신들은 인간의 손에서 나온 작품이기 때문이다. 그러나 그는 가시적이며 유형적인 신상이 사실상 신들의 육체일 따름이며, 그 안에는 그곳에 들어오도록 초대되었으며 해를 끼치거나 자기들에게 신적인 영예와 순종적인 숭배를 바치는 자들의 욕구를 충족시킬 수 있는 능력을 가진 어떤 영들이 거주한다고 주장하고 있다. 헤르메스는 신들이 인간에 의하여 만들어진다고 말할 때, 그것은 볼 수 없는 영들을 물질적인 육체와 결합시킴으로써 그런 영들에게 봉헌되며 부여된 신상이 사실상 생명을 지닌 신체가 되는 일종의 기술이라고 언급하고 있다. 그는 이것이 인간에게 부여된 바, 신들을 창조하는 위대하며 놀라운 능력이라고 말하고 있다. 나는 이 이집트인의 말을 우리의 언어로 번역된 대로 아래에 제시할 것이다.

> 그리고 우리는 인간과 신들 사이의 관계와 교제에 관하여 논하는 일이기 때문에, 오, 아이스쿨라피우스여, 인간의 힘과 능력을 관찰하라. 주님이요 아버지 혹은 가장 높은 곳에 있는 분, 곧 하느님이 하늘의 신들을 만들었듯이, 인간은 신전에 있으며 인간들 가까이에 거주하는 데 만족하는 신들을 만들었다.[51]

그는 조금 뒤에는 이렇게 말하고 있다.

> 그 본질과 기원을 언제나 염두에 두고 있는 인간들은 신을 닮고자 고집하고 있다. 그리고 주님과 아버지가 자신과 닮도록 영원한 신들을 창조했듯이 인간은 자신의 용모와 비슷하도록 신들을 만들어내었다.[52]

---

50) 헤르메스 트리스메기스투스:전설적인 인물로서 2세기의 다양한 종교적 철학적 저술들(Hermetica)이 그의 저작으로 간주되었다. 그 중 하나인 라틴어판, Asclepius가 아풀레이우스의 저술이라고 나와있으나 이는 잘못이다.

51) *Asclep.*, 23.

그가 특히 대화의 상대로 삼고있던 아이스쿨라피우스가 그에게 답변을 하고는, "오, 트리스메기스투스여, 당신은 조각상을 의미합니까?"라고 말할 때, 그는 이렇게 답변했다.

> 그렇소. 조각상이오. 오, 아이스쿨라피우스여, 당신은 얼마나 불신앙적이요! 조각상은 생명을 지니고 있고 감각과 영으로 가득 차 있으며 아주 위대하고도 놀라운 일들을 하고 있소. 조각상은 미래의 일들을 예지하며 그것을 추첨과 예언자와 꿈과 많은 다른 방법으로 예언하며 인간들에게 병을 가져다주기도 하고 다시 낫게도 하며 그들의 공덕에 따라 기쁨이나 슬픔을 주오. 오, 아이스쿨라피우스여, 당신은 이집트가 하늘의 신전이라는 사실, 보다 진실되게는 그곳에서 명령되어 처리되는 모든 일들이 이집트로 이동하고 하강한다는 사실을 알지 못하오? 실로 우리가 그렇게 말할 수 있다면 이집트는 온 세상의 신전이 아니오? 그렇기는 하지만 현명한 사람은 만물을 미리 알아야 하므로 당신은 이에 대해 무지해서는 안되오. 즉 이집트인들이 경건한 마음과 아주 견실한 열심을 가지고 신을 숭배했어도 모든 일이 헛된 것으로 보이며 그들의 모든 종교의식이 무효화되며 무익한 것으로 판명될 때가 오게 될 것이오.[53]

헤르메스는 계속해서 아주 장황하게 이 주제를 다루고 있다. 여기서 그는 참된 구주의 은혜가 인간들이 만든 신들로부터 그들을 구속하고 인간들을 창조한 그 하나님 아래로 그들을 인도하기 위하여, 그리스도교가 아주 우수한 진리와 거룩함에 상응한 자유와 열의를 가지고 모든 거짓된 이야기를 전복시키고 있는 오늘날을 예언하고 있는 듯하다. 그러나 그는 이런 말을 할 때 마치 마귀들을 다정하게 흉내내듯이 말하고 있고 그리스도의 이름을 명시하고 있지는 않다.

반대로 그는 마치 그런 일이 발생했기라도 한 것처럼 그런 것들이 폐지되며 그로써 이집트에서 하늘을 닮는 일이 발생되리라는 데 대해 슬퍼하고 있다. 그는 일종의 음울한 예언에 의하여 그리스도교를 증언하고 있는 것이다. 바울 사도는 이와 관련하여 다음과 같이 말한 적이 있다.

> 하나님을 알되 하나님으로 영화롭게도 아니하며 감사치도 아니하고 오히려 그 생각이 허망하여지며 미련한 마음이 어두워졌나니 스스로 지혜 있다 하나 우준하게 되어 썩어지지 아니하는 하나님의 영광을 썩어질 사람과 금수와 버러지 형상의 우상으로 바꾸었느니라 (롬 1:21-23).

---

52) *Asclep.*, 23.
53) *Asclep.*, 24.

그 전부를 말하자면 너무 길기 때문에 여기서 다 인용할 수는 없다. 분명히 헤르메스는 이 세상을 창조한 한 분 하나님에 관한 진리에 부합되는 많은 말을 하고 있다. 그리고 나는 그가 어떻게 하여 "어두워지게 된 마음"에 의하여 혼란스럽게 되어 사람들이 그 자신의 공언대로 그들에 의하여 창조되었다고 하는 신들에게 계속해서 굴복해야 한다는 소망을 피력하게 되었으며, 그런 신들이 장래에 제거되리라는 데 슬퍼하게 되었는지 알지 못한다. 그는 마치 자신의 손으로 만든 작품에 의하여 지배당하는 인간보다 더 비참한 무엇이 있다는 듯이 말하고 있다. 하지만 인간은 자신의 손으로 만든 작품을 숭배하는 경우에 그런 행위를 통하여 작품이 신이 되기보다는 그 자신이 보다 용이하게 인간이기를 멈추게 되고 만다. 왜냐하면 인간의 작품이 하나님의 형상대로 지은 바 된 하나님의 작품 즉 인간 자신보다 우위에 있기보다는 명예로운 지위를 부여받고도 그것을 깨닫지 못하는 인간이 짐승에 비유되는 일이 더 빨리 발생될 수 있기 때문이다. 그러므로 인간이 스스로 만든 것을 자신보다 우선시키게 될 때 자신을 만든 그분으로부터 분리되어 남아있는 것도 마땅하다.

이집트인인 헤르메스는 이런 무익하고 기만적이고 해로우며 신성모독적인 일들에 대해 슬픔을 가졌다. 왜냐하면 그는 그런 것들이 제거될 때가 오고 있다는 사실을 알았기 때문이다. 그러나 그의 슬픔은 그의 지식이 분별없이 획득되었던 것과 마찬가지로 분별없이 표현되었다. 왜냐하면 성령이 이런 일들을 알고서 환호하면서 "인생이 어찌 신 아닌 것을 자기의 신으로 삼겠나이까"(렘 16:20)고 말했으며 다른 곳에서 "만군의 여호와가 말하노라. 그 날에 내가 우상의 이름을 이 땅에서 끊어서 기억도 되지 못하게 할 것이며"(슥 13:2)고 말한 경건한 예언자들에게 행했던 것처럼 이런 일들을 헤르메스에게 보인 분은 성령이 아니었기 때문이다. 그러나 경건한 이사야는 이 문제와 연관하여 이집트에 대하여 "애굽의 우상이 그 앞에서 떨겠고 애굽인의 마음이 그 속에서 녹으리로다"(사 19:1)는 등의 예언을 분명하게 말하고 있다.

그리고 예수께서 태어났을 때 그를 즉각 알아본 시므온이나 안나, 혹은 그분이 잉태되었을 때 성령의 충만함을 입어 그분을 알아본 엘리자벳이나 성부의 계시에 의하여 "주는 그리스도시요 살아계신 하나님의 아들이시니이다"(마 16:16)고 말했던 베드로와 같이 자기들이 아는 것이 실제로 임했던 것에 대해 기뻐했던 사람들도 이런 부류에 속해있다. 반면에 자기들이 파멸될 때가 오리라는 데 대해 이 이집트인에게 알려준 자들은 바로 주님이 육신으로 임했을 당시에 "때가 이르기 전에 우리를 괴롭게 하려고 여기 오셨나이까?"(마 8:29)라고 두려워 떨며 소리쳤던 영들이었다. 아마도 그들은 이런 일이 오리라고는 알았지만 보다 늦게 오리라고 생각했었는데 그토록 갑자기 임했다는 뜻이든지, 혹은 그들이 괴로움을 당한다는 말로써 자기들의 정체가 드러나고 경멸당한다는 사실만을 의미했든지, 둘 중의 하나의 이유로 이런 말을 했을 것이다.

사실 이런 일은 그 때, 즉 기만하지도 않고 결코 기만당하지도 않는 참된 종교가 선포하듯이 그들이 그들 자신이 사악함에 연루된 모든 사람들과 더불어 영원한 형벌을 받게 될 심판의 때 이전에 당하는 괴로움이었다. 그 종교는 "모든 교훈의 풍조에 밀려 요동하면서"(엡 4:14) 참된 것들을 거짓된 것들과 혼합하고는 나중에 스스로 오류라고 고백한 종교가 소멸하리라는 생각에 슬퍼하는 헤르메스의 가르침과 같지 않은 것이다.

24. 헤르메스는 그 파멸이 오리라는 데 대해 슬퍼했던 이집트 종교의 오류를 어떻게 공개적으로 인정하고 있는가

헤르메스는 긴 간격을 둔 후에 인간들이 만든 신들에 관한 주제로 돌아와서는 다음과 같이 말하고 있다.

> 그러나 이 주제에 대해서는 충분한 얘기가 나왔다. 이제 인간과 이성 즉 인간이 그 때문에 이성적 동물이라고 불리게 된 거룩한 선물에 대한 주제로 돌아가자. 인간에 관하여 언급된 내용은 비록 놀랍기는 하지만 이성에 관하여 언급된 내용보다 경이롭지는 않다. 왜냐하면 모든 기적 중의 기적은 인간이 신적인 본질을 발견하여 존재하게끔 만든 일이기 때문이다. 우리 선조들은 숭배와 봉사에 대하여 부주의하며 의심이 많은 관계로 신들에 대한 지식에서 아주 많은 오류를 범하고 있기 때문에, 이와 같이 신들을 만들어내는 기술을 창안했다. 이런 기술이 일단 창안되자마자 그들은 그것을 우주의 본질로부터 차용한 적절한 덕목과 연관시키게 되었다. 그렇지만 그들은 혼을 만들어낼 수는 없었기 때문에 마귀들이나 천사들의 혼을 불러내고는 이런 혼을 통하여 신상이 인간들에게 유익이나 해를 끼칠 수 있는 능력을 가질 수 있도록 그들로 하여금 이런 신상들과 비밀 의식 안에 거주하게끔 하였다.[54]

나는 마귀들 스스로 증언을 부탁받는다면 헤르메스가 고백했듯이 다음과 같이 고백하도록 만들어질 수 있었는지 알지 못한다.

> 우리 조상들은 불신과, 신들에 대한 숭배와 봉사에 부주의함으로 말미암아 신들에 관한 지식에서 상당한 오류를 범했기 때문에 신들을 만드는 기술을 창안했다.

---

54) *Asclep.*, 37.

그는 그들이 신들을 만드는 기술을 창안하는 데로 귀결된 것이 사소한 정도의 오류였다고 말하고 있는가? 아니면 그는 "그들이 잘못을 범했다"라고 말하는 데에 만족했는가? 아니다. 그는 반드시 "아주 많은"이라는 말을 덧붙이면서 "그들은 아주 많은 오류를 범했다"라고 말할 수밖에 없었다. 그렇다면 신들에 대한 숭배와 봉사에 부주의했던 그들의 선조들이 신들을 만든 기술의 원인이 되었던 것은 이런 엄청난 오류와 불신이었다. 그렇지만 이 현인은 그 기술이 마치 경건한 종교이기나 한듯이 장래의 언젠가에 파멸되리라는 데 대해 슬퍼하고 있다. 사실 그는 한편으로는 경건한 영향에 의하여 선조들의 옛 오류를 폭로하면서도, 다른 한편으로 악마적인 영향에 의하여 마귀들이 장래에 징벌받는 데 대해 슬퍼할 수밖에 없단 말인가? 그들의 선조들이 숭배와 봉사에 있어서 불신과 반항심을 통하여 신들에 대한 지식에 관해서 많은 오류를 범함으로써 신들을 만드는 기술을 창안했다면, 거룩한 종교에 반대되는 이 가증스런 기술에 의하여 행해지는 모든 것들이 진리가 오류를 교정하고 신앙이 불신을 반박하며 회개가 반항심을 치유할 때 그 종교에 의하여 제거되는 현상은 놀라운 일이 아닌가?

헤르메스가 비록 원인에 대해서는 언급하지 않고 선조들이 신들을 만드는 기술을 창안해냈다고 말할 따름이라고 할지라도, 우리가 올바르며 경건한 것에 주목하고자 한다면 선조들이 진리로부터 벗어나지 않은 경우에는, 또 그들이 하나님에게 합당한 것들을 믿은 경우에는, 또 경건한 예배와 봉사에 주의했던 경우에는 신들을 만들어내는 이런 기술에 도달할 수 없었으리라는 점을 인식하는 것이 우리의 의무였을 것이다. 그리고 우리들만이 이런 기술의 원인이 인간들의 엄청난 오류와 불신과 경건한 종교로부터 벗어나며 불충실한 정신적인 반항심에서 발견될 수 있다고 말한다면, 진리에 대항하는 자들의 무례함이 어느 정도 용납될 만도 하다.

그렇지만 인간 안에서 신들을 창안해낼 수 있는 기술을 최고로 간주하면서 인간들에 의해 만들어진 신들에 관한 온갖 허구가 법률에 의하여 폐지되도록 명령받을 때가 오고 있기 때문에 슬퍼하는 헤르메스 자신이 신들을 만든 이런 기술을 창안하게끔 이끈 원인에 대하여 고백하며 설명하면서, 그들의 선조들이 엄청난 오류와 불신과 신들에 대한 숭배와 봉사에 부주의했기 때문에 이런 기술을 창안했다고 말할 때, 우리는 그들의 제도로 이끈 원인과는 반대되는 원인들에 의하여 그런 일들을 축출시킨 우리 주 하나님에게 온갖 가능한 감사를 드리는 일 외에 무슨 말을 하며 무슨 일을 해야 하는가? 편만한 오류가 제정했던 것을 진리의 길이 축출시켰으며, 불신이 제정했던 것을 믿음이 축출시켰으며, 경건한 예배와 봉사에 대한 반항심이 제정했던 것을 한 분 참되고 거룩한 하나님에 대한 회개가 축출시켰던 것이다.

이런 일은 오직 이집트의 경우에만 한정되지 않았다. 왜냐하면 마귀들의 영이 헤르메스 안에서 슬퍼한 것은 이집트에서 뿐이었지만, “새 노래로 여호와께 노래하라. 온 땅이여 여호와께 노래할지어다”(시 96:1)고 기록되어 있는 참으로 거룩하며 참으로 예언적인 성경이 미리 말했던 대로 온 땅이 주님께 새 노래를 부르기 때문이다.

방금 인용된 시편의 제목은 포로 후에 집이 설 때인 것이다. 왜냐하면 신령한 집, 곧 마귀들이 하나님에 대한 믿음을 통하여 산 돌(벧전 2:5)이 된 사람들을 포로로 잡은 이후에 하나님의 교회인 거룩한 도성이 온 세상에서 주님에게 세워졌기 때문이다. 비록 사람이 신들을 만들었다고 할지라도 그것들을 만든 사람이 그들을 숭배함으로써 무감각한 우상들이 아니라 교활한 마귀들과의 교제관계에 들어갈 때에 그들의 포로로 잡히는 것은 아니었다. 우상들이란 “입이 있어도 말하지 못하며 눈이 있어도 보지 못하며”(시 115:5)라고 성경에 나와있으며 정교하게 만들어졌다고 할지라도 여전히 생명과 감각을 갖지 못한 것 외에 무엇인가?

그러나 이런 사악한 기술을 통하여 이런 동일한 우상과 연결된 불결한 영들은 자기들을 숭배하는 자들을 교제관계로 끌어들임으로써 비참하게도 그 혼을 포로로 잡았다. 그래서 그 사도는 “그런즉 내가 무엇을 말하느뇨. 우상의 제물은 무엇이며 우상은 무엇이라 하느뇨. 대저 이방인의 제사하는 것은 귀신에게 하는 것이요 하나님께 제사하는 것이 아니니 나는 너희가 귀신과 교제하는 자 되기를 원치 아니하노라”(고전 10:19-20)라고 말하고 있다. 그러므로 하나님의 집이 온 땅에 건축되고 있는 것은 사람들이 사악한 마귀들에 의하여 이렇게 포로로 잡힌 이후이다. 그러므로 앞서 말한 제목을 가진 시편에는 이런 내용이 나와있다.

> 새 노래로 여호와께 노래하라. 온 땅이여 여호와께 노래할지어다. 여호와께 노래하며 그 이름을 송축하며 그 구원을 날마다 선파할지어다. 그 영광을 열방 중에, 그 기이한 행적을 만민 중에 선파할지어다. 여호와는 광대하시니 극진히 찬양할 것이요 모든 신보다 경외할 것임이여 만방의 모든 신은 헛 것이요 여호와께서는 하늘을 지으셨음이로다(시 96:1-5)

그러므로 우상숭배가 폐지되며 그것을 숭배하는 사람들에 대한 마귀들의 지배가 폐지될 때가 오고있다는 데 대해 슬퍼했던 헤르메스는 그것이 끝날 때 시편에서 온 땅에서 주의 집이 건축될 것을 노래했던 그 포로생활이 마귀의 영향 아래에서 언제나 계속되기를 원했다. 헤르메스는 이런 일들을 슬픔을 가지고, 예언자는 기쁨을 가지고 예언했다. 그러나 승리는 경건한 예언자들의 입술을 통하여 이런 것들을 노래했던 성령에게 속해있기 때문에, 헤르메스조차 자기가 제거되기를 바라지 않았으며 제거된다는 생각에 슬퍼했던 바로 그런 것들이 사려깊고 신실하며 경건한 사람들에 의해서가 아니라 오류 가운데 있고 불신앙적이며 참된 종교의 경배로부터 떨어진 사람들에 의하여 제정되었다는 사실을 기적적인 방법으로 고백하지 않을 수 없었다. 그리고 그가 비록 그것들을 신이라고 부른다고 할지라도 분명히 우리가 닮지 말아야 하는 사람들에 의하여 그것들이 만들어졌다고 말할 때, 그는 원하든지 원하지 않든지 그것들이 이런 우상제작자들을 닮지 않은 사람들, 즉 사려깊고 신실하며 경건한 사람들에 의하여 그것들이 숭배되어서는 안된다고 말함과 동시에 그것들을 만든 바로 그 사람들은 신이 아닌 신을 숭배하는 일에 스스로를 연루시키고 있는 사람들임을 명백하게 하고 있다. 왜냐하면 "인생이 어찌 신 아닌 것을 자기의 신으로 삼겠나이까"(렘 16:20)라고 한 예언자의 말이 진실되기 때문이다.

그러므로 헤르메스는 그런 숭배자들에 의하여 인식되었으며 그런 사람들에 의하여 만들어진 신들, 즉 내가 어떻게 묘사해야할지 알 수 없는 어떤 기술을 통하여 그들 자신의 정욕의 사슬로 인하여 신상에 속박된 마귀들을 "인간들에 의하여 만들어진 신들"이라고 불렀다. 그럼에도 불구하고 그는 우리가 이미 그 일관되지 못함과 불합리함을 보였던 플라톤주의자인 아풀레이우스의 견해, 즉 마귀들이 하나님에 의하여 만들어진 신들과 역시 동일한 하나님에 의하여 만들어진 인간들 사이에 통역이자 중재자로서 신들에게는 인간의 기도를, 신들로부터는 이런 기도에 대한 응답으로 주어진 선물을 전달한다는 견해에 동의하지 않았다. 왜냐하면 인간에 의하여 만들어진 신들이 하나님 자신에 의하여 창조된 인간 자신보다 하나님에 의하여 창조된 신들에게 보다 큰 영향력을 행사할 수 있다고 믿는 것은 우매함의 극치이기 때문이다. 그리고 또한 불경건한 기술에 의하여 인간에 의하여 신상에 속박당하여 신이 된 존재, 그러나 모든 사람에 대해서가 아니라 오직 그런 사람에게만 신이 된 존재는 바로 마귀임을 생각하라.

그렇다면 바로 오류가 많고 믿을 만하지 않으며 참된 하나님에게서 멀리 떨어진 인간이 만든 신이란 어떤 종류의 신일까? 나아가 어떤 이상한 기술을 통하여 참된 종교적 경배로부터 떨어져있기 때문에 이런 기술에 의하여 그들을 신들로 만든 사람들에 의하여 신상 안에 거주하게 되었으며 신전에서 숭배된 마귀들이, 만약 그 성품이 부패하고 타락했기 때문이기도 하고 사람들이 비록 오류가 많고 참된 종교적 경배로부터 멀리 떨어져있고 불신실하기는 하지만 자기들 손에 의하여 신으로 만들었던 존재들보다는 낫다는 이유 때문에 신들과 인간들 사이에 중재자도 아니고 사자도 아니라고 한다면, 이것이 사실이라면, 그들이 소유하고 있는 모든 능력은 마귀로서 가지고 있는 능력이라는 말이 된다.

그들은 인간들에게 유익을 얻어준다는 구실을 대면서 보다 큰 해를 끼치거나, 공공연하고 숨김없이 인간들에게 악을 행한다. 그러나 그들은 깊고 심오한 하나님의 섭리에 의하여 허락받는 경우가 아니라면 이 중 어떤 방식으로든지 행동할 수 없다. 그러나 그들이 허락받을 때, 그것은 그들이 인간들과 신들 사이의 중간에 있는 관계로 신들의 우정을 통하여 인간들에 대해 큰 능력을 행사하기 때문은 아니다. 왜냐하면 그들은 아마도 우리 그리스도인들이 거룩한 보좌를 하늘에 가지고 있는 이성적인 피조물인 거룩한 천사들이나 보좌들이나 주관들이나 정사들이나 권세들(골 1:16 참조)이라고 부르고 있는 "선한 신들"의 친구가 될 수는 없기 때문이다. 마귀들은 악덕이 덕으로부터, 악의가 선의로부터 떨어져있는 것처럼 성향과 성격에 있어서 그들과 아주 분리되어 있는 것이다.

25. 거룩한 천사들과 인간들에게 공통될 수 있는 것들에 관하여

그러므로 우리는 마귀들의 상상적인 중재를 통하여 신들, 아니 선한 천사들의 호의나 자선을 얻어내려고 추구해서는 결코 안 되며, 우리가 그런 것들에 접근할 수 있는 것은 오직 선한 의지를 소유한다는 점에서 그들을 닮음으로써 그들과 함께 있으며 그들과 함께 살며 비록 우리 육신의 눈으로 그들을 보지 못한다고 할지라도 그들과 함께 동일한 하나님께 경배드려야 한다. 그러나 우리가 그들로부터 떨어진 것은 장소에 있어서가 아니라, 우리가 의지에 있어서 비참할 정도로 그들을 닮지 않고 성품이 약하다는 데에서 기인된 생활의 덕성에 있어서이다. 왜냐하면 우리가 육신의 몸을 입는 조건으로 이 땅에서 살아간다는 단순한 사실이 우리가 그들과 교제맺지 못하도록 막지는 않기 때문이다. 장애가 되는 것은 오직 마음이 정결하지 못한 우리가 세상적인 일들을 염두에 두고 있기 때문이다. 그러나 우리가 궁극적으로 그들과 같게 되도록 치유받고 있는 현재에 만약 그들의 도움을 받아 그들에게 복이 되는 그 분이 우리에게도 역시 복이 된다는 사실을 믿는다면, 우리는 믿음으로 그들에게 접근하게 된다.

26. 모든 이교도들의 종교는 죽은 사람들과 관련된다.

많은 점에서 잘못이 있고 불신앙적이며, 경건한 종교적 봉사에 대해 반항하는 사람들에 의하여 창안되었다고 고백한 것들이 이집트로부터 제거될 때가 오고 있다는 데 대해 이 이집트인이 슬픔을 표하면서 하는 말은 분명히 우리에게서 특별한 주의를 끌고 있다. 그는 "그 때 이 땅과 성소와 신전의 아주 거룩한 장소가 무덤과 죽은 사람들로 가득 찰 것이다"[55]라고 말하고 있다. 마치 실로 이런 것들이 제거되지 않는다면 사람들이 죽지도 않을 것처럼 말이다! 마치 시신이 땅 속 외에 다른 곳에라도 매장될 수 있는 것처럼 말이다! 마치 시간이 경과됨에 따라 죽은 사람들의 숫자가 증가되는 데 비례하여 무덤의 숫자가 필연적으로 증가되지 않는다는 듯이 말이다!

헤르메스가 진정으로 슬퍼하고 있는 것은 이교도들의 신전과 성소가 우리 그리스도인 순교자들의 기념예배당에 의하여 계승되리라는 점인 것처럼 보인다. 확실히 그리스도교에 대하여 왜곡된 적대감을 가지고 이런 글을 읽는 사람들은 그들이 자기들 신전에서 신들을 숭배했던 반면에 우리는 그들의 무덤에서 죽은 사람들을 숭배하고 있다고 가정하고 있다. 왜냐하면 불경건한 사람들은 사실상 너무나 맹목적이어서 산과 부딪치더라도 무엇이 자기들의 눈을 때리는지 알고자 하지 않는다. 그래서 그들은 모든 이교도들의 문헌에서는 어떠한 신이라고 할지라도 원래는 인간이었다가 죽었을 때 신적인 영예를 부여받은 경우 외에는 없다는 사실에 주의를 기울이지 않는다. 나는 바로(Varro)가 모든 죽은 자들이 이교도들에 의해서 마네스(Manes)라고 불리는 신들로 간주되었다고 말했다는 점을 상론하지는 않겠다. 그는 종교 의식이 신성을 기념하여서만 거행되는 경향이 있었으므로 신성에 대한 최고의 증거로서 특히 장례의식을 언급하면서 거의 모든 죽은 이들을 위하여 행해진 종교의식에 의하여 그 점을 입증하고 있다.

우리가 지금 취급하고 있는 헤르메스 자신도 마치 장래사를 예언하듯이 슬퍼하면서 "그 때 이 땅과 성소와 신전의 아주 거룩한 장소가 무덤과 죽은 사람들로 가득 찰 것이다"라고 말하는 동일한 책에서 이집트의 신들이 죽은 사람들이라는 점을 입증해주고 있다. 그는 자기 조상들이 신들에 관한 지식에서 오류가 많으며 불신앙적이며 경건한 예배와 참된 종교를 소홀하게 대함으로써 신들을 만들어내는 기술을 창안해냈다고 말한 후에 계속해서 이렇게 덧붙이고 있다:

> 그들은 또한 이런 기술에 대한 보충으로서 자기들의 목적에 부합한 대로 우주의 본성으로부터 유도해 낸 능력을 도입했다. 그들은 혼을 창조할 수는 없었던 관계로 이로 인하여 천사들 혹은 마귀들의 혼을 불러내고는 거룩한 신상과 신적인 비의 안에 그들이 거하도록 만들었다. 그들의 이런 수단을 통하여 우상들은 이익을 주거나 해를 끼치는 능력을 가질 수 있게 되었다.

---

55) *Asclep.*, 24; 23장 참조.

그는 이 말을 한 후에 사실상 실례를 듦으로써 이 점을 입증해내고 있다:

> 사실 당신들의 조상이자 의학의 창시자인 아이스쿨라피우스는 그의 육신적인 존재인 몸이 있는 리비아의 산 위에 자기에게 봉헌된 신상을 가지고 있다. 그의 나머지 부분 혹은 인간 전체는 전체 인간이 지적인 생활을 한다면 이제는 그의 모든 신성에 의하여 연약한 인간들에게 온갖 도움을 제공하고 있다. 그 이전에 그는 의술로써 그들에게 제공해 준 도움을 말이다.[56]

그러므로 그는 죽은 사람이 그가 무덤을 가지고 있는 장소에서 신으로 숭배되었다고 말하고 있다. 헤르메스는 그가 "하늘로 돌아갔다"라고 말할 때에 기만당하기도 하고 동시에 기만하고 있는 것이다.

그런 다음에 그는 "나의 조부로서 내가 그 이름을 따온 헤르메스는 그의 이름대로 불리는 자신의 도성에 살면서 세상 각지에서 그에게 오는 사람들을 도와주며 지켜주지 않는가?"라고 덧붙이고 있다. 왜냐하면 그가 자신의 선조였다고 말하는 노(老)헤르메스 즉 메르쿠리우스는 헤르모폴리스 즉 그의 이름에서 따온 도성에 매장되어 있다고 전해지기 때문이다. 여기서 그가 인간이었음을 확언하는 두 신, 즉 아이스쿨라피우스와 메르쿠리우스가 있게 된다. 이제 아이스쿨라피우스에 관해서는 그리스인들과 라틴인들이 동일한 견해를 가지고 있다. 그러나 메르쿠리우스에 관해서는 헤르메스가 그가 자신의 조부였다고 증언하고 있음에도 불구하고 많은 사람들은 그가 한 때 인간이었다고 생각하지 않는다. 그렇다면 헤르메스라고 호칭되던 서로 다른 두 인물이 있었을까? 나는 그들이 다른 개인이었는지 아닌지에 대해서 논하지는 않겠다. 단지 자기 민족 가운데에서 위대하다고 존경받았으며, 또한 메르쿠리우스 자신의 손자였던 그 트리스메기스투스의 증언에 따르면, 헤르메스가 말하는 이 메르쿠리우스도 아이스쿨라피우스와 마찬가지로 한 때 사람이었던 신이라는 점을 아는 것으로 충분하다.

헤르메스는 계속해서, "그러나 우리는 오시리스[57]의 아내인 이시스가 호의적일 때 얼마나 많은 이익을 베풀었으며, 그녀가 분노할 때 얼마나 많은 해를 끼쳤는가?"라고 말하고 있다. 그런 다음에 그는 이전에 언급된 기술에 의하여 인간들에 의하여 만들어진 신들이 변덕스런 신들 부류에 속한다는 점을 애써 지적하고 있다. 그래서 그는 자신의 견해대로 많은 오류를 가지고 있고 불신앙적이며 참된 종교를 가지고

---

56) *Asclep.*, 37.
57) 4권 10장 이하 참조.

있지 않으며 인간들에 의하여 발견된 기술을 수단으로 하여 신상 안에 자리잡은 마귀들은 죽은 사람들의 영혼으로부터 그 존재를 끌어냈음을 우리에게 이해시키고자 한다. 왜냐하면 이런 신들을 만든 자들은 물론 혼을 만들 수 없었기 때문이다.

그는 위에 언급된 이시스에 대한 말(그녀가 분노할 때 얼마나 많은 해를 끼쳤는가?) 뒤에 "사실 땅과 세상의 신들은 인간들의 양 본성으로부터 만들어지고 혼합되었기 때문에 쉽게 화를 낸다"고 말을 잇고 있다. 그는 양 본성이란 말에서 혼과 육체를 의미하므로, 마귀는 혼이요 신상은 육체가 된다. 그리고 그는 "그 때문에 그런 존재들이 이집트인들에 의하여 '거룩한 생명체(혼을 가진 피조물)'라고 호칭되며, 생시에 성별된 인간의 영혼들이 여러 도성에서 숭배된다. 그런 도성에 있는 이집트인들은 그런 신들의 법을 따르고 그들의 이름을 채택한다"고 말한다.

그렇다면 성소와 신전이 있는 아주 거룩한 장소인 이집트 땅이 무덤과 죽은 사람으로 가득 차게 될 운명이라는 슬픈 탄식에는 어떤 일이 발생했는가? 확실히 헤르메스에게 그런 말을 하도록 영감을 준 속이는 영은 헤르메스 자신의 입술을 통해서 그 나라가 그 때 사람들이 신으로 숭배한 죽은 사람들과 무덤으로 가득 찼음을 고백하지 않을 수 없었다. 그러나 그의 입술을 통해서 표현되고 있는 것은 바로 마귀들의 슬픔이었다. 그들은 그리스도인 순교자들의 기념 건물에서 장래에 자기들에게 예비된 형벌을 슬퍼했다. 왜냐하면 그들은 많은 그런 장소에서 고통당하며, 자백을 강요당하며, 자기들이 지배하고 있던 인간의 신체에서 축출당하기 때문이다.

27. 그리스도인들이 순교자들에게 부여하는 영예의 성격에 관하여

그럼에도 불구하고 우리 그리스도인들은 순교자들을 위하여 신전을 건축한다거나, 성직자를 임명한다거나, 의식이나 희생제사를 제정하지 않는다. 왜냐하면 그들은 우리의 신이 아니고, 그들의 하나님이 우리의 하나님이기 때문이다. 확실히 우리는 참된 종교가 알려질 수 있게 하고, 거짓되고 허구적인 종교가 폭로되도록 하기 위해, 심지어 자기들이 신체의 죽음에 이르기까지 진리를 위하여 애쓴 하나님의 경건한 사람들로서 순교자들에 대한 기억을 존중한다. 왜냐하면 그들보다 앞선 시대에 어떤 사람들도 이런 종교들이 사실 거짓되고 허구적이란 사실을 알았지만, 두려움으로 인하여 자기들의 신념을 표현할 수 없었기 때문이다.

그러나 어떤 순교자의 시신 위에서 하나님께 영광과 예배를 드리기 위한 제단 앞에 서서 어떤 신실한 사역자가, "오 베드로여, 혹은 오 바울이여, 혹은 오 키프리아누스[58]여, 나는 당신께 제물을 봉헌합니다"라고 말하는 것을 누가 들은 적이 있는가? 그리스도교 사역자는 그렇게 기도하지 않는다. 왜냐하면 그들의 무덤에서 제물이 봉헌되는 대상은 바로 하나님이기 때문이다. 그 하나님은 그들을 인간이요 순교자로 만들었으며, 하늘의 영광으로 그들을 거룩한 천사들과 교제하게 했다. 그리고 우리가 그들을 기념하여 그런 영예를 부여하는 이유는 그렇게 함으로써 우리가 그들의 승리에 대하여 참된 하나님께 감사를 드리기 위함이요, 또한 그들을 생생하게 기억 가운데 회상함으로써 용기를 얻어 그들이 획득한 승리의 관과 영예를 본뜨며 하나님이 우리를 돕도록 요청할 수 있기 위함이다. 그러므로 경건한 사람들이 순교자들의 묘 앞에서 바치는 모든 영예는 그들을 기억하기 위함일 따름이지, 신들에게와 마찬가지로 죽은 이들에게 봉헌되는 희생제나 종교의식은 아니다.

어떤 그리스도인들은 순교자들의 묘에다가 음식물을 가져가기도 하지만,[59] 훌륭한 그리스도인들은 이런 일을 행하지도 않고 세상 대부분 지역에서는 이런 관행이 알려져 있지도 않다. 그러나 이런 일을 행하는 사람들조차 처음에 음식물을 무덤에 갖다 놓았다가 자기들의 기도를 드린 다음에, 자기들이 그것을 먹거나 가난한 사람들에게 분배함으로써 치워버린다. 그들은 순교자들의 공덕을 통하여 순교자들의 주님의 이름으로 음식물이 정화되기를 바란다. 그러나 그런 장소에서 드려지는 제물인 그리스도인들의 제물을 하나라도 아는 사람이라면 이것이 순교자들에게 봉헌되는 제물이 아님도 알고 있다.

그러므로 우리는 이교도들이 신들을 숭배하듯이 신에 대한 숭배나 인간적인 중상모략으로 우리 순교자들에게 영광을 주지는 않는다. 우리는 또한 그들에게 제물을 봉헌하지도 않고, 그들의 범죄행위를 종교의식으로 변모시키지도 않는다.

글을 읽을 수 있고 읽으려고 하는 사람들로 하여금 알렉산더가 신관인 레온으로부터 알게 된 것들을 기록하여 자기 어머니에게 보낸 편지를 읽게 하라. 그리고 그것을 읽은 사람들로 하여금 시인들에 의해서가 아니라 이집트인들의 신비적인 기록에 의해서 오시리스의 아내인 여신 이시스[60] 및 이들 기록에 따르면 왕이었던 이들 부모에 관하여 얼마나 엄청난 정도로 혐오스런 내용이 기억으로 전해져 내려왔는지 알 수 있도록 하기 위해 그 내용이 어떠한지를 회상하게 하라.[61] 이시스는 부모에게

58) 카르타고의 감독이던 키프리아누스는 기원후 258년에 순교당했다.

59) Conf., 6, 2 참조. 2세기까지 경건한 친목의 회식인 그리스도인의 애찬(愛餐)은 이교도의 실리케르니움(silicernium)이나 사망한 그리스도인의 무덤에서 먹는 기념 저녁 식사와 마찬가지로 장례식 잔치가 되었던 것으로 보인다.

60) 4권 10장 이하 참조.

희생제를 드릴 때 보리작물을 발견했으며 그 중에 몇몇 이삭을 자기 남편인 왕과 그의 자문관인 메르쿠리우스에게 갖다주었다고 전해진다. 그래서 사람들은 그녀를 케레스와 동일시하고 있다.

알렉산더의 편지를 읽은 사람들은 거기서 사람이 죽을 때 신들에 관하여 종교적인 의식이 제정되는 사람들의 성격이 어떠했으며, 이런 의식을 위한 기회를 제공했던 사람들의 행위가 어떠했는지 알 수 있다. 비록 그들이 그런 사람들을 신이라고 주장하고 우리가 순교자들을 신이라고 주장하지 않는다고 할지라도, 그들로 하여금 결단코 다시는 그런 사람들을 우리 경건한 순교자들에게 비유하지 않도록 하라. 그들이 죽은 사람들에게 했듯이 우리는 우리 순교자들을 위하여 성직자도 임명하지 않았고 제물도 봉헌하지 않는다. 왜냐하면 그런 것은 오직 하나님에게만 합당하기 때문에 부적절하며 부당하며 불법적이기 때문이다. 그래서 우리는 그들이 인간이었을 때 실제로 저지른 범죄이든지 혹은 그들이 인간이 아니라면 불건전한 마귀들의 쾌락을 위하여 꾸며진 허구적인 범죄이든지 신들의 범죄행위가 기념되는 그런 수치스런 연극에서처럼 그들 자신의 범죄로써 순교자들을 기쁘게 하지도 않는다.

만약 소크라테스가 신(god)을 가지고 있었다면, 그의 신은 이런 부류의 마귀에게 속해있었을 리 없다. 그러나 아마도 신들을 만드는 이런 기술에서 탁월하기를 원했던 사람들이 그 기술과 전혀 무관하며 순결한 사람에게 이런 종류의 신을 강요했을 것이다.

우리는 여기서 더 말할 필요가 있는가? 그다지 현명하지 못한 사람이라고 할지라도 마귀들이 죽음 이후에 올 복된 삶을 위하여 숭배받을 수 있다고 상상하는 사람은 아무도 없다. 그러나 모든 신들은 선하지만, 마귀들 중에는 선한 존재도 있고 악한 존재도 있으므로 우리가 그들을 통하여 영원토록 복된 삶에 도달하기 위해서 숭배될 대상은 선한 마귀들이라고 말하는 사람들도 있을 수 있다.

우리는 이 견해에 대하여 조사해보기 위하여 다음 권을 할애할 것이다.

---

61) 5장; 12권 11장 참조.

제 9 권

개요:아우구스티누스는 마귀들이 무수한 방법으로 스스로 악한 영들임을 공표하고 있기 때문에 마귀들에 대한 숭배는 제거되어야 한다는 점을 앞 권에서 보여준 후에, 마귀들 사이에서도 구분을 하여 어떤 마귀들은 악하고 또 어떤 마귀들은 선하다고 주장하는 사람들을 다루고 있다. 그는 이런 구분을 논파한 후에 사람들에게 영원한 지복을 부여하는 직무는 전혀 마귀에게 속하지 않고 오직 그리스도에게만 속해 있음을 입증하고 있다.

1. 논의의 현주소 및 앞으로 다루어질 문제

어떤 사람들은 신들 가운데 선한 신과 악한 신이 있다고 견해를 주장하고 있다. 그러나 또 어떤 사람들은 신들을 더욱 존중하여 그들에게 아주 많은 명예와 칭찬을 돌리면서 어떠한 신도 사악하지 않다는 가정을 세워놓고 있다. 그러나 선한 신들과 마찬가지로 사악한 신들도 있다고 주장하는 사람들[1]은 "신들"이라는 이름 아래에 마귀들도 포함시켰고, 때로는 좀 드문 경우이기는 하지만 신들을 마귀(다이몬)라고 부르기도 하였다. 그래서 그들은 자기들의 견해로는 모든 신들의 왕이요 지배자인 유피테르가 호메로스에 의하여 마귀(다이몬)로 호칭되고 있음을 인정하고 있다.[2]

반면에 신들이 모두가 선하며 또 선하다고 불리는 사람들보다 훨씬 우수하다고 주장하는 사람들은 그들 스스로 부인할 수 없는 마귀들의 행동에 의하여 당연하게도 혼란을 느끼기 때문에, 그들이 선하다고 주장하는 신들에 의해서는 그런 일들이 행해질 수 없다고 생각하고 있다. 그래서 그들은 신들과 마귀들 사이에 차이가 있다고 가정하고 있다. 그런 사람들은 보이지 않는 영들이 능력을 과시하게 되는 행동이나 감정에서 무례한 어떤 요소를 보게 되는 경우에 그 원인이 신들이 아니라 마귀들에

---

1) Last., *Div. Inst.*, 2, 14, 6; 4, 27, 14 이하 참조.

2) *Il.*, 1, 222. 그러나 다이몬(δαιμων)은 "신적인 능력"을 의미하므로 어떤 신이나 반신(半神)을 대상으로 사용될 수 있다. "다이몬"에 대하여 경멸적인 의미를 부여한 것은 그리스도교 저술가들로부터 시작된다.

3) Apul., *De Deo Socr.*, 4(Plat., *Symp.*, 203 A 참조).

게 있다고 믿고 있다. 동시에 그들은 어떠한 신도 인간들과 직접 교제할 수 없기 때문에[3] 이들 마귀들이 기도를 가지고 올라가며 선물을 가지고 돌아오는 중재자의 위치를 차지하고 있다고 믿는다.

그들 철학자들 중에 가장 유능하며 가장 유명한 플라톤주의자들의 견해가 바로 이러하므로, 우리는 이 문제 즉 "수많은 신들에 대한 숭배행위가 미래의 삶에서 지복을 얻는데 어떤 도움이 되는가?"라는 문제를 논의할 상대로 그들을 선택하고자 한다. 이것은 우리가 앞 권에서 선하고 현명한 사람들이 싫어하고 혐오하는 그런 일들과 시인들이 인간들에 대해서가 아니라 신들 자신들에 대해서 기술했던 신성모독적이며 부도덕한 허구와 마술에 담긴 사악하고 범죄적인 폭력에서 즐거움을 얻고 있는 마귀들이 어떻게 인간들보다 신들에게 더 가까이 있으며 더 우호적이며, 선한 인간들과 선한 신들 사이를 중재할 수 있는지 질문했던 이유이기도 하다. 그런데 이런 일은 절대적으로 불가능하다는 사실이 입증되었던 것이다.

2. 신들보다 열등한 마귀들 가운데 인간의 혼이 참된 지복의 상태에 이를 수 있도록 보호해주는 어떤 선한 영들이 있는가

현재의 권은 앞 권 말미에서 한 약속대로, 플라톤주의자들의 견해에 따라 모두 선한 신들 가운데 존재하는 차이도 아니고, 신들과 마귀들 사이에 존재하는 차이도 아니고 — 신들은 커다란 간격에 의하여 인간들로부터 구분되어 있고 마귀들은 신들 및 인간들 사이에 위치해 있다 — 그들이 하나로 생각하는 마귀들 사이의 차이에 관한 논의를 포함할 것이다. 우리는 우리의 주제와 연관되는 범위가 미치는 정도까지 이 문제를 다룰 것이다. 보통 사람들은 흔히 어떤 마귀들의 경우에는 악하며 또 어떤 마귀들의 경우에는 선하다고 믿고 있다. 이 견해가 플라톤주의자들의 것이든지 다른 철학 분파의 것이든지 우리는 이 문제를 논의하지 않고 넘어갈 수는 없다. 우리는 어떤 사람이든지 모두가 선하다고 생각하고 있는 신들에 의하여 용납되며 죽음 이후에 그들과 영원히 살아갈 수 있기 위하여 중재자인 선한 마귀들과 교제를 두텁게 해야 한다고 생각하지 말도록 해야 한다. 만약 그렇게 생각하는 사람은 사악한 영들의 올가미에 빠져들게 되어 인간의 혼, 즉 이성적이며 지성적인 혼이 오직 그 안에서만, 또 오직 그와 함께만 지복의 상태에 있게 되는 참된 하나님으로부터 벗어나 방황하게 될 것이다.

3. 아폴레이우스는 마귀들에게 덕이 있다고는 말하지 않지만, 그들에게 이성이 있다는 점은 인정하고 있다.

그렇다면 선한 마귀들과 악한 마귀들 사이의 차이점은 무엇인가? 플라톤주의자인 아풀레이우스는 공기로 된 신체에 대해서는 많은 말을 하면서도 만약 그들이 선하다면 틀림없이 부여받았을 영적인 덕목에 대해서는 일언반구도 내비치지 않고 있다. 그는 마귀들을 행복하게 해줄 수 있었던 조건에 대해서는 아무 말도 하지 않았지만, 그들이 비참한 상태에 있다는 증거를 감출 수는 없었다. 왜냐하면 그는 자신이 이성적인 존재라고 설명하고 있는 마귀들의 정신이 비이성적인 격정에 저항하기 위한 덕목에 고취되어 강하게 되기는커녕, 어찌된 일인지 난폭한 감정에 요동되어 어리석은 인간들의 정신과 동일한 수준에 있음을 인정하고 있기 때문이다. 이 주제에 대하여 그는 이렇게 말하고 있다.

> 시인들이 심각한 오류를 범함이 없이 신들이 어떤 특정 인간들을 좋아하거나 싫어하며 어떤 이들을 번영하게 하고 고귀하게 하며 다른 이들을 대적하며 괴롭힌다는 말을 꾸며낼 때 가리킨 대상은 바로 이런 부류의 마귀들이다. 그러므로 마귀들은 인간과 마찬가지로 연민, 분노, 슬픔, 기쁨 등을 경험하며, 인간과 동일하게 동요되며, 동일하게 그 감정과 생각에 기복이 있다. 그들은 이런 혼란과 동요로 말미암아 천상에 있는 신들의 평온함으로부터 멀리 추방당하게 되었다.[4]

이런 말을 통해 볼 때 아풀레이우스가 말하기를 폭풍치는 바다와 같은 격정으로 흔들리는 부분은 마귀들의 영적 본질 중 어떤 열등한 부분이 아니라 그들이 이성적인 존재로서 자리를 잡고있는 바로 그 정신이라는 데에 어떠한 의심이 있을 수 있을까? 그렇다면 그들은, 현생에서 노출되어 있으며 인간적인 연약함으로 모면할 수 없는 이런 동요에 대하여 평온한 정신으로 저항하며 지혜의 도(道)와 정의의 법으로부터 벗어나게 만드는 어떤 것도 용인하거나 범함으로써 굴복하지 않는 현명한 사람들에게조차 비교될 수 없다. 그들은 비록 신체적인 외양에서는 아니라고 할지라도, 성격에 있어서 사악하며 어리석은 사람들을 닮았다. 그들은 사악함에 있어서 오래 되었으며 형벌에 의하여 교정될 수 없는 까닭에 사악한 인간들보다 더 악하다고도 생각될 수 있다. 아풀레이우스가 말하고 있듯이, 그들의 정신은 격정적이며 타락한 감정에 저항할 수 있는 진리나 덕성이라는 집결 지점도 가지고 있지 못한 채 격동에 흔들리는 바다이다.

4. 격정에 대한 소요학파와 스토아주의자들의 견해

---

4) *De Deo Socr.*, 12.

철학자들 가운데는 그리스인들이 파테(παθη)라고 부르며, 키케로와 같은 어떤 라틴 작가들이 격동(perturbatio)이라고 하며,[5] 어떤 사람들이 감정(affectus)이라고 하며, 어떤 사람들이 그리스어를 보다 정확하게 번역하여 passionem이라고 하는 이러한 격정에 대해서는 두 가지 견해가 있다. 어떤 사람들은 심지어 현자들조차 자신들에게 법을 부과하는 이성에 의하여 조절되며 통제된다고 할지라도 이들 격정에 종속되어 있기 때문에 그것을 필요한 범위 내에서 제한하고 있다고 말한다. 플라톤주의자들과 아리스토텔레스주의자들의 견해가 바로 이와 같다. 왜냐하면 아리스토텔레스는 플라톤의 제자이기도 하며 소요학파를 창설했기 때문이다. 그렇지만 예를 들어 스토아주의자들은 현자가 이런 격정에 종속되어있지 않다는 견해를 가지고 있다.

그러나 키케로는 자신의 책인 「최고선과 최고악에 관하여」(*De Finibus*) 에서 스토아주의자들이 실제에 있어서보다는 언어에 있어서 플라톤주의자들 및 소요학파와 충돌하고 있음을 보여주고 있다. 왜냐하면 스토아주의자들은 잘 살아가는 기술인 덕목이 유일한 선이며 이것은 정신 안에만 있다고 생각하기 때문에 외적이며 신체적인 이점에다가 "선"이라는 용어를 적용하기를 거절하기 때문이다. 다른 철학자들은 또한 단순하고 일반적인 용어를 사용하여 우리의 삶을 인도하는 덕성과 비교해보면 비록 작고 덜 존중받는다고 할지라도 주저하지 않고 이런 일들을 "선"이라고 부르고 있다. 그래서 이런 외적인 일들은 선이라고 불리든지 이점이라고 불리든지 양측에 의하여 동일한 평가를 받고 있고, 이 문제에서 스토아주의자들이 단지 진기한 용어만 가지고 즐거움을 삼고 있음이 명확하다. 그렇다면 현자가 격정에 종속되어 있느냐 아니면 그로부터 완전히 자유로우냐 하는 이 문제에서 논란이 되는 쟁점은 실제와 관계된다기보다는 언어와 관계되는 것처럼 보인다. 왜냐하면 단순한 언어의 느낌이 아니라 실제가 고려된다면, 나는 스토아주의자들이 플라톤주의자 및 소요학파와 정확하게 동일한 견해를 가지고 있다고 생각하기 때문이다.

장황한 설명을 피하기 위하여 나는 이 견해를 지지하여 인용할 수 있는 다른 증거를 생략하고 내가 결정적이라고 생각하는 단 하나의 증거만 말하고자 한다. 광대한 학식을 지녔으며 웅변적이고 우아한 문제를 구사하는 재능을 지닌 아울루스 겔리

---

5) 8권 17장 참조.

6) 아울루스 겔리우스. 겔리우스는 유년 시절을 로마에서 보낸 후에 140년 경에 아테네로 갔다. 거기서 그는 철학을 공부했고, 간단한 수필과 잡다한 정보를 모은 일종의 "비망록"인 「아티카의 밤」(*Noctes Atticae*)을 편찬해냈다.

우스(Aulus Gellius)[6]는 「아티카의 밤」(*Noctes Atticae*)이라는 자신의 저술에서, 자신이 한번은 저명한 스토아철학자 한 사람과 여행한 적이 있노라고 말하고 있다.[7] 그리고 그는 배가 심한 폭풍으로 요동하고 위험에 빠져있을 때 그 철학자가 공포감 때문에 얼굴빛이 창백해졌다는 이야기를 내가 말로 전할 수 없을 정도로 아주 재미있게 말하고 있다. 그의 말인즉 배에 탄 모든 사람들이 이런 광경을 목격하게 되었다고 한다. 그들도 비록 죽음을 눈앞에 두었기에 공포심을 가지고 있었지만 철학자도 다른 사람들처럼 동요될 것인지 호기심을 가지고 지켜보고 있었다. 폭풍우가 그치고 안정이 찾아오므로 그들이 다시 자유롭게 말하게 되었을 때, 승객 중 한 사람으로서 부유하고 호사한 아시아인이 그 철학자를 조롱하면서 자신도 임박한 파멸에 동요되지 않았는데 철학자인 그가 두려움으로 얼굴이 창백해지기까지 했다는 이유로 비난했다.

그러나 그 철학자는 소크라테스의 제자인 아리스티푸스(Aristippus)[8]가 동일한 성품을 지닌 사람에게서 동일한 놀림을 당할 때의 상황을 회상하고는, "당신은 스스로의 방탕한 난봉꾼의 영혼에 대해서는 염려할 이유가 없지만, 나는 아리스티푸스의 영혼을 위하여 놀랄 만한 이유를 가지고 있소"라고 말한 대꾸로 응수했다. 부자가 이렇게 물리침 당한 후에, 아울루스 겔리우스는 그 철학자를 화나게 하려는 의도가 아니라 단지 진실을 알고 싶어서 그가 두려워한 이유가 무엇이었는지 질문하였다. 그러자 그 철학자는 아주 열심히 지식을 추구하는 사람을 가르칠 목적으로 즉각 자기 짐에서 스토아주의자인 에픽테투스(Epictetus)[9]의 책을 끄집어냈는데, 그 안에는 스토아학파를 창시했던 제노와 크리시푸스[10]의 가르침과 정확하게 조화를 이루는 가르침이 진술되어 있었다.

아울루스 겔리우스는 자신이 이 책에서 소위 환영(phantasiae)이라는 외적인 대상에 의하여 영혼에 발생되는 어떤 현상들이 있으며, 영혼이 이런 현상들에 의하여 침해될는지 혹은 언제 침해될는지 결정하는 권한을 영혼 내에 가지고 있지 않다는 스토아주의자들의 주장을 읽었다고 말하고 있다. 그에 따르면, 이런 현상들이 놀

---

7) 19권 1장.

8) 8권 3장 참조.

9) 에픽테투스(약 기원후 60-140). 그의 가르침은 아리아누스에 의하여 *Diatribae*와 *Enchiridion*에서 기록되었다.

10) 키티움의 제노(기원전 약 300년 경에 활동)는 스토아 학파를 창시했다. 14권 주 2 참조. 크리시푸스(약 기원전 280-204)는 스토아주의자들의 세번째 수장이었다. 그는 스토아주의자들의 가르침을 완성했고 체계화시켰다.

랄 만하며 가공스러운 대상들에 의하여 이루어질 때, 그 현상들은 필연적으로 현자의 영혼조차도 움직이게 된다. 그래서 이런 현상들이 아성과 자제력의 작용을 예기하기라도 한 것처럼, 현자도 어느 정도 두려움에 몸을 떨거나 슬픔으로 낙담하게 된다. 그러나 이것으로 정신이 이런 악한 망상을 받아들였다거나 그것을 승인하거나 동의했다는 것을 의미하지는 않는다. 왜냐하면 그들의 생각으로 이런 능력은 인간의 능력 안에 있기 때문이다. 현자의 정신과 어리석은 자의 정신 사이에는 차이점이 있는데, 어리석은 자의 정신은 이러한 격정에 굴복하고 동의하는 반면에 현자의 정신은 비록 그런 격정에 의하여 어쩔 수 없이 침입당한다고 할지라도 흔들리지 않는 견고성으로 이성적으로 바라야 하거나 회피해야 하는 대상에 대한 참되고 꾸준한 확신을 견지한다고 한다.

아울루스 겔리우스의 이런 설명은 그가 에픽테투스의 책에서 스토아주의자들의 감정과 가르침에 대해서 읽은 내용과 관계된다. 나는 분명히 겔리우스보다는 덜 매력적이겠지만 보다 간결하고 내가 생각하기에 보다 명확하게 그 가르침을 능력껏 해석하였다.

이것이 사실이라면, 스토아주의자들의 견해와 정신적 격정 및 격동에 관한 다른 철학자들의 견해 사이에는 차이점이 거의 없거나 전혀 없는 셈이다. 왜냐하면 양측이 모두 현자의 정신과 이성이 이런 것들에 종속되지 않는다고 주장한다는 점에서 동의하기 때문이다. 그리고 아마도 스토아주의자들이 이같이 주장함으로써 뜻하고자 하는 것은 현자를 특징지우는 지혜가 어떠한 오류에 의하여 흐려지거나 어떠한 오점에 의하여 훼손될 수 없다는 점이다. 그렇지만 현자는 그의 지혜가 침해당하지 않고 남아있다는 이런 유보조건을 가지고 있다고 하더라도, 현생의 선과 악 — 혹은 그들이 부르고자 하는 대로 편의와 불편 — 이 그에게 만드는 현상들에 노출되어 있다. 왜냐하면 우리는 그 철학자가 스스로 생각하기에 즉각 잃을 것들, 즉 생명과 육체적인 안전에 대하여 아무런 생각을 하지 않았더라면, 얼굴을 창백하게 함으로써 두려움을 누설시킬 정도로 위험에 대하여 그토록 두려워하지는 않았을 것이라는 사실에 대해서는 말할 필요조차 없기 때문이다. 그럼에도 불구하고 그는 이런 정신적인 동요를 겪으면서도 맹렬한 폭풍우가 파멸하려고 위협했던 생명과 육체적인 안전이 의의 소유가 그러한 것처럼 그것들을 소유한 사람들을 선하게 만드는 선한 대상이 아니라는 확고한 신념을 유지할 수는 있었다.

그러나 그들은 우리가 그에 대해 선이 아니라 편의라고 불러야 한다고 주장하는 한에는 용어를 가지고 다투고 있으면서도, 실제를 소홀히 여기고 있다. 스토아주의자들도 소요학파처럼 선 혹은 편의를 상실한다는 전망에 대해 대경실색하기도 하며,

비록 다른 이름을 붙이기는 했지만 동일하게 그것을 존중하고 있는 터에, 어떤 것이 더 나은 이름인지의 문제에 무슨 중요성이 있다는 말인가? 양측은 그들이 만약 이런 선이나 편의를 상실할 위협에 처해 있으면서 어떤 부도덕한 일이나 범죄를 저지르도록 강요받는다면, 의에 어긋나는 일을 범하기보다는 신체적인 편의와 안전을 보존하는 그런 것들을 상실하는 편을 선택할 것이라고 우리에게 확증하고 있다. 그래서 이러한 결단력이 잘 자리잡은 정신은 비록 격동이 영혼의 가장 약한 부분을 공격한다고 할지라도 이성에 대항하여 그것이 우세를 점하도록 허용하지 않으며, 오히려 정신이 그들에 대하여 지배권을 행사하게끔 한다. 정신은 격동에 동의하기는커녕 저항하며, 그러한 저항으로써 덕성의 지배를 확립한다. 베르길리우스는 다음과 같이 말함으로써 아이네아스에게 그런 품성이 있다고 말하고 있다.

> 그는 눈물에 의해서도 움직이지 않는다
> 그는 아무리 애달픈 말이라도 동정적으로 듣지 않는다.[11]

5. 그리스도인들의 영혼을 공격하는 격정은 그들을 유인하여 악으로 빠지게 하지 못하고 오히려 덕성을 훈련시킨다.

우리는 현재 이러한 격정에 관하여 그리스도교적 지식의 총체인 성경의 가르침을 세심하고 풍부하게 제시할 필요가 없다. 성경의 가르침은 하나님이 정신을 다스리고 도와줄 수 있도록 정신 자체를 하나님께로 복종시키며 격정을 절제하고 억제하고 또 그것을 의롭게 사용하게끔 만든다. 우리의 윤리에 따르면 우리는 경건한 혼이 분노하느냐는 것보다는 분노하는 원인을, 그가 슬퍼하느냐는 것보다는 그가 슬퍼하는 원인이 무엇인지를, 그가 두려워하느냐는 것보다는 무엇을 두려워하는지를 질문한다.

생각이 건전한 사람이라면 악한 행동을 하는 사람을 고쳐주기 위하여 분노하며, 고통당하는 사람에게 위안을 주기 위해 슬퍼하며, 위험에 처한 사람을 죽음으로부터 건져내기 위하여 두려워하는 데 대하여 비난을 가할 수 없을 것이다. 사실 스토아주의자들은 동정심을 비난하는 일에 익숙해 있다.[12] 그러나 우리가 앞서 말한 바 있는 스토아주의자의 경우에 배가 전복당한다는 두려움에 의해서가 아니라 동료인간을 구원하려는 감정에 의하여 동요되었다고 한다면, 그것은 얼마나 명예로운 일이었겠는

11) *Aen.*, 4, 449("눈물"은 디도의 것이다).
12) 세네카 참조(*De Clem.*, 2, 5): "동정심은 연약한 혼의 악덕이다".

가!

키케로가 카이사르를 찬양하여 "당신의 덕목 중에서 당신의 동정심보다 칭찬받을 만하며 매력적인 것은 없다"[13]라고 한 말은 보다 신뢰할 만하며, 보다 자비로우며, 경건한 감정에 보다 부합된다. 그리고 동정심이란 다른 사람의 곤경을 이해하고, 할 수 있다면 기꺼이 그를 돕고자 하는 감정이 아니고 무엇인가? 그리고 가난한 자가 구제받거나 뉘우치는 자가 용서함 받을 때와 마찬가지로, 동정심은 정의에 장애가 되지 않고 그것이 실현되는 경우에는 이성에 복종하게 된다. 탁월한 웅변력을 갖추었던 키케로는 스토아주의자들이 의심하지 않고 악덕이라고 불렀던 이 감정을 덕목이라고 부르기에 주저하지 않았다.

그렇지만 스토아 학파를 창시한 제노(Zeno) 및 크리시푸스(Chrysippus)의 견해를 인용하고 있는 유명한 스토아주의자, 에픽테투스(Epictetus)의 저서가 우리에게 가르쳐주는 바대로, 스토아주의자들은 이런 종류의 감정이 온갖 악덕으로부터 자유롭다고 주장하는 현명한 인간의 혼에 엄습한다는 사실을 인정하고 있다. 그러므로 바로 이런 감정은 현명한 사람을 공격하더라도 그로 하여금 이성과 덕목에 대항하여 행동하도록 강요할 능력을 가지고 있지 않기 때문에 스토아주의자들에 의하여 악덕으로 간주되지 않는다는 결론이 나온다. 그렇다면 스토아주의자들의 입장은 소요학파 및 심지어 플라톤주의자들의 것과도 동일할 것이다. 그러나 키케로가 말하듯이 단지 말뿐인 논쟁은 진리에 대해서보다는 말다툼을 갈구하는 이들 가련한 그리스인들을 파멸시키는 원인이다.[14]

하지만 우리가 덕목을 따르는 경우라고 할지라도 이런 감정에 복종하는 것이 현생의 유약함의 일부분인지의 문제는 정당하게 질문될 수 있다. 왜냐하면 거룩한 천사들은 하나님의 영원한 법에 의하여 형벌받도록 인도된 자들을 벌주는 동안에 어떠한 분노도 느끼지 않으며, 곤경에 처한 자들을 구제하는 동안에 그들을 불쌍히 여기는 마음을 가지지 않으며, 위험에 처한 자들을 도와주는 동안에 아무런 두려움을 느끼지 않기 때문이다. 그렇지만 그들에게도 이러한 정신적인 감정이 있다고 생각하는 것은 우리의 일상적인 어법에 그 원인이 있다. 아마도 이것은 그들이 우리의 연약함을 전혀 가지고 있지 않다고 할지라도 그들의 행동과 인간의 행동이 대비되기 때문일 것이다. 그러므로 심지어 하나님 당신조차도 성경에서는 진노하신다고 언급되어 있지만, 어떠한 감정의 동요도 없는 것이다. 왜냐하면 이 용어는 그분의 감정이 동

---

13) *Pro Lig.*, 12, 37.
14) *De Or.*, 1, 11, 47.

요된 것이 아니라, 그분이 징벌하신 효과에 적용되기 때문이다.

6. 아풀레이우스에 따르면, 신들과 인간들 사이를 중재한다고 가정되는 마귀들을 격동시키는 격정에 관하여

당분간 거룩한 천사들에 대한 문제는 유보시켜 놓고, 신들과 인간들 사이를 중재하는 마귀(악령)들이 격정에 의하여 동요된다는 플라톤주의자들의 견해를 조사해 보도록 하자. 왜냐하면 마귀들의 정신이 격정의 공격에 노출된다고 할지라도 여전히 그에 대하여 자유롭고 우월한 채로 남아있다면, 아풀레이우스는 그들의 마음이 폭풍우치는 바다와도 같은 격정으로 흔들린다고 말할 수 없었을 것이기 때문이다.[15] 그렇다면 위에서 말한 플라톤주의자의 견해대로라면, 그들의 마음 — 그로써 그들이 이성적인 존재가 되며 실제로 그들이 덕성과 지혜 중 어느 것을 가지고 있는 경우에 그로써 혼의 하층 부분을 지시하고 통제함으로써 그 과격한 감정에 대한 통제권을 행사할 수 있는 영혼의 상층 부분 — 은 폭풍우와도 같은 격정에 의하여 동요된다는 말이 된다. 그러므로 마귀들의 마음은 두려움과 분노와 정욕 및 온갖 이와 유사한 감정에 종속되어 있다. 그렇다면 격정의 노예이자 악덕에 종속된 그들의 최상의 부분이 그들이 소유한 욕망의 정신적인 위력과 활력에 비례하여 그들을 속이고 유혹하는 일에 보다 열중하게끔 만들고 있는 터에, 그들 중 어떠한 부분이 신들에게 호감을 주며 인간들을 순결한 삶 속으로 적절하게 인도할 수 있게끔 자유로우며 또 지혜를 부여받았다는 말인가?

7. 플라톤주의자들은 시인들에 의하여 신들이 아닌 마귀들이 종속되어 있는 당파심 때문에 신들이 심란해 있다고 설명됨으로써 시인들이 신들을 모욕하고 있다고 주장한다.

그러나 만약 누구나 모든 마귀들이 아니라 단지 사악한 마귀들이 어떤 사람들을 아주 사랑하고 어떤 사람들을 아주 미워한다고 말한 시인들에게 타당성이 있다고 말한다면 — 왜냐하면 아풀레이우스가 감정의 격랑에 의하여 이리저리 내몰린다고 말한 대상은 그들이었기 때문이다 — 아풀레이우스가 동일한 맥락에서 단지 사악한 마귀들만이 아니라 모든 마귀들이 공기와 같은 신체에 의하여 신들과 사이를 중재한다고 설명했을 때 우리는 어떻게 이런 해석을 받아들일 수 있겠는가?

---

15) 3장 참조.

아풀레이우스에 따른다면, 시인들은 허구적으로 이들 마귀들을 신들로 삼으며 그들에게 신들의 이름을 부여하며 이런 시적인 파격(破格)을 이용하여 그들을 아주 변덕스럽게 개개인에 대한 동맹자나 원수로 할당시키고 있다. 그런데도 그는 신들이 마귀들과는 성질상 아주 상이하고, 천상에 거처를 잡은 점과 행복을 풍성하게 향유한다는 점에 의하여 마귀들을 신이라고 하며, 드센 당파심으로 좋아하거나 미워하는 사람들을 둘러싸고 자기들끼리 분쟁하고 있는 대상을 신들의 이름으로 말하는 것은 단지 시인들의 허구일 따름이다.

아풀레이우스는 마귀들이 신이라는 이름으로 잘못 호칭되고 있다고 할지라도 그들의 진정한 성격에 있어서는 마귀로 묘사되고 있기 때문에 이런 내용이 진실로부터 동떨어져 있지는 않다고 말한다. 그는 호메로스가 "아킬레스를 제지시키기 위하여 그리스인들의 집회 가운데로 개입했다"[16]고 한 미네르바가 이런 부류에 속한다고 말한다. 그는 그녀가 미네르바라고 말하는 것은 시적인 허구였다고 역설한다. 왜냐하면 그는 미네르바가 여신이라고 생각하고 있으며, 그 여신을 인간들과 교제할 수 없을 정도로 멀리 떨어진 높은 에테르적 위치에서 아주 선하며 복받은 상태에 있다고 믿는 신들 가운데 위치시키고 있기 때문이다.

그렇지만 그는 앞서 말한 시인이 베누스나 마르스라는 이름으로 언급하고 있는 다른 신들(천상의 거주지에서 지상적인 문제들을 넘어서서 찬양받는 신들)이 트로이인들의 동맹이자 그리스인들의 대적이었던 것처럼 그리스인들에게 우호적이며 트로이인들에게 적대적인 마귀들이 있었다는 것과, 이런 마귀들이 자기들이 싫어하는 사람들에 대항하여 사랑하는 사람들을 위하여 싸웠다는 등의 내용에서는 시인들이 진실과 아주 유사한 어떤 것을 말했다고 인정했다. 왜냐하면 그들은 사람들을 격동시킬 정도로 동일하게 격렬하며 난폭한 감정이 있다고 아풀레이우스가 생각하는 존재들, 따라서 마치 전차경주나 동물 싸움에서 관객들이 기호에 따라 편을 들듯이 정당하게 형성되었을 뿐만 아니라 당파심에서 형성되기도 한 애정과 혐오감을 품을 수 있는 존재들에 대하여 이러한 언급을 했다. 이 플라톤주의자는 시적인 허구가 그러한 이름들을 잘못 지닌 마귀들에 대해서가 아니라 신들에 대해서 신뢰되고 있다는 점에 대해 크게 우려했던 것으로 보인다.

8. 아풀레이우스는 천상에 거하는 신들과 공중을 차지하고 있는 마귀들과 지상에 거주하는 인간들을 각각 어떻게 정의하고 있는가?

---

16) *De Deo Scor.*, 10; Hom. *Il.*, 1, 195 이하 참조.

아풀레이우스가 마귀들에 대하여 내렸으며, 물론 그가 모든 마귀들을 포함시킨 정의는 그들이 본성에 있어서는 생물체이며, 혼에 있어서는 감정에 종속되어 있으며, 마음에 있어서는 이성적이며, 육체에 있어서는 공기와 같으며, 지속성에 있어서는 영원하다는 것이다[17] 그러나 그는 이 다섯 가지 성격 중에서 선한 인간들에게 적합하지만, 악한 인간들에게는 적합하지 않은 것에 대해서는 전혀 아무런 언급도 하지 않았다. 왜냐하면 아풀레이우스는 우선 천상의 존재들에 관하여 말한 다음에 저 아래 땅 위에 거주하는 자들에 대한 설명을 포괄하기 위하여 자기의 설명을 확대시켰을 때, 양 극단에 있는 이성적인 존재를 묘사한 이후에 중간적인 마귀들에 관하여 계속해서 말하기 위하여 다음과 같이 말하고 있기 때문이다.

> 그러므로 이성과 언어의 능력을 갖추었으며, 그 혼은 불멸이지만 그 지체는 가멸(可滅)적이며, 연약하고 염려하는 영과 무디며 부패할 수 있는 육체를 가졌으며, 성격에 있어서는 상이하지만 유사한 잘못을 범하며, 용기에 있어서는 단호하고 희망에 있어서는 집요하며, 그들의 노력이 헛되며, 그 운명은 이울며, 그들 자신은 사라지지만 각 세대는 생명이 신속하게 지나가며 지혜는 우둔하며 죽음이 임박하며 생애가 울부짖음으로 가득찬 후손들로 보충되므로 종족은 항구적인 이들이 바로 지상에 살아가는 인간들이다.

그는 인간들 대부분에게 속한 그토록 많은 성격을 설명하는 동안, 그 지혜가 우둔하다고 말했을 때 그가 단지 소수의 인간들에게만 적용된다고 알고 있는 무언가를 빠뜨리지 않고 언급했다. 만약 이 사실이 생략되었더라면 세심하게 정성들여 기술한 인류에 대한 그의 묘사가 결함을 지니게 되었을 것이다. 그리고 그는 신들의 우수성을 강조할 때, 그가 인간들이 지혜에 의하여 도달해야 한다고 생각하는 바로 지복에서 빼어나다고 주장했다.

그러므로 그가 어떤 마귀들이 선하다고 우리가 믿기를 원했더라면, 마귀들이 신들과 어느 정도 지복을 공유하거나 인간들과 어느 정도 지혜를 공유한다고 상징시키는 어떤 내용을 서술 가운데 삽입시켰을 것이다. 그러나 사실 그는 선악이 구별될 수 있는 선한 성질을 하나도 언급하지 않았다. 분명히 그는 마귀들 스스로가 아니라 자신이 대상으로 하여 글을 쓰고 있던 숭배자들을 불쾌하게 만들지나 않을까 우려하여 마귀들의 사악함에 대하여 충분히 기술하고 있지는 않았지만, 분별력있는 독자들에게는 자신이 마귀들에 대하여 어떤 견해를 가지고 있는지 명확히 했다. 그는 마귀들이 신체가 항구적이라는 단 한 가지 항목에 있어서만, 그의 주장대로 모두가 선하

17) *De Deo Socr.*, 13; 18권 17장 참조.

며 지복의 상태에 있으며 스스로 마귀들의 격정적인 감정이라고 부르고 있는 것으로부터 완전히 벗어나 있는 신들과 그들을 결합시켰다. 그리고 그는 혼에 관해서는 마귀들이 신이 아니라 인간과 유사하다고 아주 분명하게 확언하고 있다.

그리고 이러한 유사성도 심지어 인간들조차 도달할 수 있는 지혜를 소유한다는 데서가 아니라, 어리석고 사악한 자들을 동요시킬 수는 있지만 선하고 지혜로운 자들에 의해서는 잘 통제되므로 그들이 그것을 인정하기보다는 정복하기를 좋아하는 격렬한 감정을 소유했다는 점에 있다. 왜냐하면 그는 마귀들이 육체가 아닌 혼의 항구성에 있어서 신들을 닮았다고 이해시키고자 했다면, 플라톤주의자인 그가 응당 인간의 혼이 영원하다고 주장함에 틀림없으므로 분명히 인간들도 이런 특권을 공유한다고 시인했을 것이기 때문이다. 따라서 그는 생명체 중에 이 종족을 묘사할 때에 그들의 혼은 불멸적이며 지체는 가멸적이라고 말했다. 따라서 인간들은 가멸적인 육체를 가지고 있기 때문에 신들과 영원성을 공유하고 있지 못하다면, 마귀들은 그 육체가 불멸적이기 때문에 신들과 영원성을 공유하고 있다는 결론이 나온다.

9. 인간들은 마귀들의 중재로 천상의 신들로부터 우정을 확보받을 수 있는가?

그렇다면 인간들은 이러한 중재자들을 통하여 신들의 호의를 얻도록 유리하게 인도받기를 어떻게 소망할 수 있는가? 그들은 모든 살아있는 생명체 중의 보다 나은 부분 즉 혼에서는 인간들과 마찬가지로 결함을 가지고 있으면서, 보다 열등한 부분인 육체에 있어서만 신들을 닮은 존재들이 아닌가? 왜냐하면 살아있는 피조물 혹은 생물체는 혼과 육으로 구성되어 있는데 이 두 부분 중에 혼이 의심할 바 없이 보다 나은 부분이기 때문이다. 혼은 결함이 많으며 연약하다고 할지라도 심지어 아주 건전하며 강력한 육체보다 분명히 우월하다. 마치 금이 비록 더럽혀졌을 때라고 할지라도 아주 순수한 은이나 납보다 더 가치가 있는 것처럼, 혼의 본성에 담겨있는 탁월성은 악에 의하여 오염되었다고 할지라도 육체의 수준까지 격하되지는 않는 법이다.

그렇지만 인간적인 것들과 신적인 것들을 결합시킨다고 하는 이들 중재자들은 영원한 육체에 있어서는 신들과 공통점을 가지고 있으면서 사악한 혼에 있어서는 인간들과 공통점을 가지고 있다. 마치 신들과 인간들을 연결시키도록 만드는 종교가 혼이 아니라 육체에 위치하고 있다는 듯이 말이다. 그렇다면 보다 열등한 부분인 육체가 위를 향하여 신들과 연결되어 있고, 보다 우월한 부분인 혼이 인간들을 향하여 밑으로 방향잡고 있는 이들 거짓되며 속이기 잘하는 중재자들은 어떤 악행의 대가로 이처럼 머리를 아래로 향하고 있는가? 혹 이것은 그들에 대한 형벌이란 말인가? 그들은 섬기는 부분에 의해서는 천상의 신들과 연합되어 있으면서 비참하게도 다스리는 부분에 의해서는 지상의 거주자들과 연합되어 있으니 말이다. 왜냐하면 살루스티우스(Sallust)가 "우리에게 있어서 혼은 지배하며 육체는 복종하게끔 되어있다"[18]라고 말하고는 "우리는 전자를 신들과, 후자를 짐승들과 공유하고 있다"라고 첨가한 바와 같이, 육체는 종이기 때문이다.

살루스티우스는 여기서 인간에 관하여 말하기를 그들이 짐승들과 마찬가지로 가멸적인 육체를 가지고 있다고 말하고 있다. 다른 한편으로, 우리의 철학자 친구들이 신들과의 중재자로 우리에게 제시했던 이들 마귀들은 사실 자기들의 혼과 육체에 관하여 "우리는 전자를 신들과, 후자를 인간들과 공유하고 있다"라고 말할 수 있다. 그러나 내가 말했듯이 그들은 사실상 머리를 아래로 향하여 매달린 채 묶여 있으므로 종인 육체에 있어서는 신들과, 주인인 혼에 있어서는 불쌍한 인간들과 연결되어 있는 것이다. 그러므로 만약 그들이 지상의 생물체처럼 죽음에 의하여 혼과 육체가 분리되지 않는다는 이유로 신들과 마찬가지로 영원하다고 가정하는 사람이 있다면, 그들의 육체는 영원한 승리를 안겨주는 전차(戰車)라기보다는 오히려 영원한 형벌의 사슬로 간주되어야 한다.

10. 플로티노스에 따르면, 가멸적인 육체를 가진 인간은 영원한 육체를 가진 마귀들보다 덜 비참하다.

아주 근래의 인물로 기억되고 있는 플로티노스는 어떤 다른 제자들보다 플라톤을 잘 이해했다는 찬사를 받고있다. 그는 인간의 혼에 관하여 언급할 때, "자비심이 깊은 아버지는 그들의 족쇄가 사멸하게끔 정해 놓았다"[19]고 말하고 있다. 달리 말하여 그는 가멸적인 육체를 가진 인간이 현생의 비참함 속에 영원히 속박되어 있지않은 것을 아버지인 신의 자비에 기인한다고 간주했다. 그러나 마귀들은 이러한 자비를 받을 자격이 없다는 판결을 받았으므로 감정에 종속되어 있는 영혼과 함께 인간들처럼 가멸적이지 않고 영원한 육신을 부여받았다. 만약 그들이 인간들과 마찬가지로 가멸적인 육체를 가졌으면서도 신들과 마찬가지로 지복상태에 있는 혼을 가지고

---

18) *Cat.*, 1, 2.
19) *Enn.*, 4, 3, 12.

있다고 하면 인간들보다 행복했을 것이다.

그리고 그들은 비참한 상태에 있는 혼과 더불어 적어도 인간들처럼 가멸적인 육체를 부여받음으로써 최소한 어느 정도의 동정을 획득하는 경우에 죽음을 통하여 고통으로부터 해방될 수 있다고 한다면, 인간들과 동등했을 것이다. 그러나 사실상 그들은 인간들과 마찬가지로 비참한 혼을 가지고 있으므로 비슷한 정도로 불행할 뿐만 아니라, 육체에 영원토록 얽매여 있기 때문에 보다 더 처참한 형편에 놓여있다. 왜냐하면 플로티노스는 마귀들이 지혜와 경건에 있어서 어느 정도 진보함으로써 신이 될 수 있다고 우리가 생각할 수 있는 여지를 남겨놓지 않고, 그들이 영원히 마귀라고 분명히 말하고 있기 때문이다.

11. 인간의 혼은 육체로부터 풀려났을 때 마귀가 된다고 하는 플라톤주의자들의 견해에 대하여

또한 아풀레이우스는 인간의 혼이 마귀이므로[20] 선행을 한 경우에는 사후에 라레스(Lares)가 되며, 악행을 한 경우에는 레무레스(Lemures) 혹은 라르바이(Larvae)가 되며, 어느 경우에 속하는지 명확하지 않은 경우에는 마네스(Manes)가 된다고 말하고 있다. 이것이 인간들을 도덕적인 파멸상태로 빨아들이는 소용돌이에 불과하다는 사실을 단번에 알지 못할 사람이 누가 있겠는가? 왜냐하면 아무리 악행을 저지른 사람이라고 할지라도 그들이 라르바이 혹은 신적인 마네스가 되리라고 생각한다면, 그들은 해악을 저지르고 싶은 마음을 더 가질수록 더 악해지게 될 것이기 때문이다. 라르바이가 사악한 인간들로부터 만들어진 해로운 마귀이므로, 이런 사람들은 죽은 다음에 헌물 및 신적인 영예를 받도록 불려져서는 해를 가할 수 있으리라고 생각함에 틀림없다. 그렇지만 우리가 여기서 이 문제를 추적할 수는 없다. 아풀레이우스는 또한 축복받은 자들이 선한 혼 즉 선한 마귀들이기 때문에 그리스어로 유다이모네스(εὐδαίμονες)[21]라고 호칭된다고 말함으로써 인간들의 혼이 마귀(악령)라는 자신의 견해를 확증하고 있다.

12. 플라톤주의자들이 인간들의 본성과 마귀들의 본성을 구분하는 세 가지 상반되는 성질에 관하여

20) *De Deo Socr.*, 15.
21) *De Deo Socr.*, 22.

그러나 우리는 현재 아풀레이우스가 신들과 인간들 사이를 적절하게 중재하고 있다고 기술했던 존재들, 즉 본성에 있어서는 생물적이며, 정신에 있어서는 이성적이며, 혼에 있어서는 감정에 종속되어 있으며, 육체에 있어서는 공중에 위치하며, 지속성에 있어서는 영원한 존재들에 관하여 말하고 있다.[22] 그는 가장 높은 하늘에 위치시켰던 신들과 지상에 위치시켰던 인간들을 장소에서만이 아니라 본성의 위엄에 있어서도 구분한 뒤에, 다음과 같은 말로써 결론을 내리고 있다.

> 우리는 여기에 두 종류의 생물체를 가지고 있다. 신들은 장소의 숭고함과 생명의 영원함과 본성의 완전함에 있어서 인간들과 큰 차이가 있다. 왜냐하면 그들의 거처는 너무나 넓은 간격으로 분리되어 있으므로 양자 사이의 직접적인 교류는 불가능하기 때문이다. 전자의 생명력이 영원하며 소진될 수 없는 반면에, 후자의 그것은 덧없으며 불안정하다. 신들의 본성이 지복상태에서 찬양받고 있는 반면에, 인간들의 본성은 비참한 상태에 빠져 있다.[23]

여기는 우리는 최상에 있는 존재와 최하에 있는 존재에 대하여 세 가지 상반되는 성질을 발견하게 된다. 왜냐하면 아풀레이우스는 우리가 신들을 찬양하게 되는 세 가지 성질을 언급한 후에, 비록 용어는 다르지만 인간의 결점에 대한 항목으로 반복했기 때문이다. 그가 말한 세 가지 성질은 "거처의 숭고함과 생명의 영원함과 본성의 완전함"이다. 그는 인간의 상태를 분명하게 제시하기 위하여 이 점을 다시 언급했다. 그는 이전에 "거처의 숭고함"을 언급했는데, 이제 "그들의 거처는 아주 넓은 간격으로 분리되어 있다"라고 말하고 있다. 그는 이전에 "생명의 영원함"을 언급했는데, 이제 "신적인 생명이 영원하며 소진되지 않는 반면에, 인간의 생명은 덧없으며 불안정하다"고 말하고 있다. 그리고 그는 이전에 "본성의 완전함"을 언급했는데, 이제 "신들의 본성이 지복상태에서 찬양받고 있는 반면에, 인간들의 본성은 비참한 상태에 빠져있다"고 말하고 있다. 그렇다면 그는 신들이 숭고하며 영원하며 지복상태에 있다고 기술하고 있고, 인간은 그와 상반되게도 최하의 장소에 있으며, 가멸적이며, 비참한 상태에 놓여 있다고 기술하고 있는 것이다.

13. 마귀들은 신들처럼 지복 상태에 있지도 않고 인간들처럼 비참한 상태에 있지도 않으므로 양자와 아무런 공통점을 가지고 있지도 않다면,

22) 8장 참조.
23) *De Deo Socr.*, 4.

어떻게 신들과 인간들을 중재할 수 있겠는가?

아풀레이우스는 마귀들에게 세 가지의 이 상반되는 성질들에 관하여 신들과 인간들 사이의 중간적인 위치를 부여했는데, 그들의 위치가 이러하다는 점에 대해서는 전혀 문제삼을 이유가 존재하지 않는다. 왜냐하면 최상의 장소와 최하의 장소 사이에는 중간적인 위치라고 올바르게 간주되며 호칭될 수 있는 장소가 있기 때문이다. 그리고나면 다른 두 가지 성질이 남게 되는데, 우리는 이 점들에 대해 보다 주의를 기울여야 한다. 그렇게 함으로써 우리는 그런 성질들이 마귀들과 전혀 무관한 것인지, 혹은 마귀들이 중간적인 입장에 아무런 침해를 당하지 않고서 그런 성질들을 부여받았는지 알고자 한다.

그러나 우리는 아무런 사항도 마귀들과 관련되지 않는다는 생각은 기각시킬 수 있다. 왜냐하면 우리는 이성적인 생물체인 마귀들이 최상도 아니고 최하도 아닌 중간적인 위치에 있다고는 할 수 있을지언정, 마치 감각과 이성을 결여한 짐승과 식물처럼 복된 상태에 있지도 않고 비참한 상태에 있지도 않다고는 말할 수 없기 때문이다. 마귀들은 이성적인 존재이기 때문에 비참한 상태에 있든지 복된 상태에 있어야 한다. 마찬가지로 우리는 그들이 가멸적이지도 않고 불멸적이지도 않다고 말할 수는 없다. 왜냐하면 모든 생명체는 영원히 살아있든지, 죽음으로써 생명을 종결짓기 때문이다. 더더욱 우리가 말하고 있는 저술가는 마귀들이 영원하다고 언급했던 것이다.

그렇다면 이들 중재적인 존재들이 두 가지 남은 성질 중의 한 가지 점에 있어서는 신들과 동일하며 다른 한 가지 점에 있어서는 인간들과 동일하다고 생각하는 외의 다른 방도가 있겠는가? 왜냐하면 그들이 두 가지 성질 모두를 위로나 아래로부터 부여받았다고 한다면, 그들은 더 이상 중간적일 수가 없으며 신들을 향하여 위로 상승하든지 인간들을 향하여 아래로 하강해야 하기 때문이다. 그러므로 마귀들은 이 두 가지 성질을 소유하고 있음에 틀림없음이 입증되었기 때문에 신들과 인간들 양측으로부터 한 가지 성질을 부여받아 중간적인 위치를 차지하고 있는 셈이 된다. 결과적으로 아래에는 영원함이 존재하지도 않은 까닭에, 마귀들은 아래로부터 영원함을 받을 수 없게 되어 그것을 위로부터 얻어야 한다. 그리하여 그들은 인간들로부터 비참함을 받아들임으로써 중간적인 입장을 완성시키는 외에 선택의 여지가 없어지게 된다.

그래서 플라톤주의자들에 따르면, 최상의 위치를 차지하고 있는 신들은 영원한 지복 혹은 영원을 향유하고 있다. 또 최하층을 차지하고 있는 인간들은 가멸적인 비참함 혹은 비참한 가멸성을, 중간을 차지하고 있는 마귀들은 비참한 영원 혹은 영원한 비참함을 지니고 있다. 아풀레이우스는 마귀들에 대한 정의에서 포함시킨 다섯 가지 사항[24]에 관하여 그가 약속한 대로 마귀들이 중간적인 입장에 있음을 보여주지 못했다. 그는 그들의 본성이 생물체적이며 그들의 정신이 이성적이며 그들의 혼이 감정에 종속되어 있다는 세 가지 사항에 있어서는 인간들과 공통적이라고 말했다. 그리고 영원함에 있어서는 신들과 공통점을 가지고 있고, 공기와도 같은 신체를 가졌다는 점에서만 독자적이다. 그렇다면 마귀들은 최하층의 존재와는 세 가지 점에 있어서 공통점을 가지고 있는 반면에 최상층에 있는 존재와는 한 가지 점에 있어서만 공통점을 가지고 있는데 어떻게 그들이 중간적이라는 말인가? 그들이 최하층을 향하고 있고 하강함에 비례하여 중간적인 입장이 방기되고 있음을 모를 사람이 누가 있겠는가?

그러나 신들은 에테르적인 신체를 가지고 있고 인간들은 흙으로 된 신체를 가지고 있는 등 양 극단에 있는 존재들이 독자적인 신체를 가지고 있는 형편에 마귀들은 공기체를 소유한다는 한 가지 성질 때문에, 그리고 인간들과 공통적인 동시에 신들과도 공통적으로 가지고 있는 그들의 두 가지 성질 즉 그들의 본성이 생물체적이며 정신이 이성적이라는 점 때문에 우리는 그들을 중간적인 존재로 받아들일 수는 있다. 왜냐하면 아풀레이우스 자신도 신들과 인간들에 관하여 말할 때 "당신들은 두 개의 생물체적 본성을 가지고 있다"라고 말했기 때문이다. 그리고 플라톤주의자들은 흔히 신들에게 합리적인 정신이 있다고 언급하고도 있다.

그렇다면 혼이 감정적이기 쉽다는 점과 영원함이라는 두 가지 성질이 남게 된다. 마귀들은 그 중 첫번째를 인간과, 그 중 두번째를 신들과 공유하고 있다. 그래서 그들은 최상으로 상승한 것도 아니고 최하로 하락한 것도 아니고 완전히 중간적인 입장에 위치해 있게 된다. 그렇다면 마귀들의 영원한 비참함 혹은 비참한 영원함을 구성하는 상황은 바로 이것이다. 왜냐하면 그들의 혼이 감정에 종속되어 있다고 말하고 있는 그 사람은 만약 마귀들의 숭배자들로 인하여 얼굴을 붉히지만 않았더라면 그들이 비참한 형편에 처해 있다고 말했을 것이다. 게다가 세상은 우연에 의해서가 아니라 플라톤주의자들 스스로도 인정하고 있듯이 최고의 신의 섭리에 의하여 다스려지고 있기 때문에 마귀(다이몬)들이 엄청나게 사악하지 않다면 그 비참함이 영원하지도 않을 것이다.

---

24) 8장 참조.
25) 11장 참조.

그러므로 복된 자들이 유다이몬[25]이라고 호칭되는 것이 올바르다면, 신들과 인간들 사이를 중재하는 마귀(다이몬)들은 유다이몬이 아니다. 그렇다면 인간들보다는 위에 있으나 신들보다는 아래로 있고, 인간들에게 도움을 주면서 신들에게 수종드는 선한 마귀들의 위치는 어디라는 말인가? 왜냐하면 그들이 선하다고 한다면 그들은 의심의 여지 없이 복된 상태에 있을 것이기 때문이다. 그러나 그들이 영원토록 복되다면 신들과 아주 가까워지게 되고 인간들로부터는 아주 분리됨으로써 중간적인 특성을 상실하게 된다. 따라서 플라톤주의자들은 선한 마귀들이 불멸적이기도 하고 복되기도 하다면, 불멸적이며 복된 신들과 가멸적이며 비참한 인간들 사이에 중간적인 입장을 차지하고 있다고 어떻게 정당하게 언급될 수 있는지 보여주고자 애쓰지만 성공을 거두지 못하고 있다. 왜냐하면 그들이 신들과 함께 불성실한 복된 상태를 공유하고 있고, 비참한 동시에 가멸적인 인간들과는 이것 중 어느 것도 공유하고 있지 않다면 그들은 어떻게 양자 사이의 중간적 입장에 있기보다는 오히려 인간들로부터는 멀어졌으며 신들과 연합되어있지 않을 수 있겠는가?

사실 그들이 두 가지 성질을 어느 한 편과 공유하지 않고 각각 한 가지씩의 성질을 공유하고 있다면 중간적일 수 있다. 인간은 짐승과 천사 사이에 이와 같이 중간적이다. 천사는 이성적이며 불멸적인 반면에, 짐승은 비이성적이며 가멸적이다. 인간은 천사보다 열등하며 짐승보다 우월하므로 중간적이다. 인간은 짐승들과는 가멸성을, 천사들과는 합리성을 공유하고 있으므로 이성적이며 가멸적인 생물체이다. 그래서 우리는 복된 불멸적 존재와 비참한 가멸적 존재 사이의 중간을 추구할 때, 가멸적이며 복되거나 불멸적이며 비참한 존재를 찾아내야 한다.

14. 인간은 비록 가멸적이지만 참된 복을 향유할 수 있는가

인간이 가멸적이면서도 복될 수 있는지의 여부는 사람들 사이에 중대한 문제이다. 어떤 사람들은 자신의 상태에 대하여 보다 겸허한 견해를 취하고는 인간이 이 가멸적인 생명 속에 계속 남아있는 한, 복될 수 없다고 주장해왔다. 또 어떤 사람들은[26] 이런 견해를 일축하고는 대담하게도 인간이 비록 가멸적이지만 지혜를 획득함으로써 복될 수 있다고 주장한다. 그러나 사실이 이러하다면, 이런 지혜있는 인간들은 무슨 이유로 비참한 가멸적 존재와 복된 불멸적 존재 사이의 천부적인 중재자가 되지 않는다는 말인가? 그들은 후자와는 복된 상태를, 전자와는 가멸성을 공유하고

---

26) 스토아주의자들.

있지 않은가? 분명 그들이 복되다면 어느 누구를 시기하는 것이 아니라(시기하는 것보다 더 비참한 일이 무엇인가?), 모든 힘을 다하여 비참한 가멸적 존재를 도와 복된 상태에 들어가도록 도와주고자 애쓸 것이다. 그리하여 그들이 사후에 불멸적인 존재가 되며, 복되며 불멸적인 천사들과 연합하게끔 말이다.

15. 하나님과 인간들 사이의 중재자인 인간, 예수 그리스도에 관하여

그렇지만 모든 사람들이 가멸적이며 비참하다는 사실이 아주 그럴 듯하고 신빙성 있다면, 우리는 필연적으로 인간일 뿐만 아니라 하나님이기도 한 중재자를 찾아야 한다는 결론이 나온다. 그렇게 하여 그분이 자신의 복된 죽음을 개재시킴으로써 인간들을 가멸적인 비참함으로부터 복된 불멸성으로 인도할 수 있게 된다. 이런 중재에는 그분이 죽어야 한다는 것과 그분이 계속적으로 죽음상태에 있어서는 안 된다는 두 가지 조건이 요구된다. 그분은 죽음으로써 말씀의 신성을 약화시키지 않고 육체의 연약함을 취하였다. 그렇지만 그분은 육체의 죽음상태에 머물러있지 않고, 죽은 자들로부터 부활했다. 왜냐하면 바로 그분의 중재의 열매로써 그분이 구속하기 위하여 중재자가 된 사람들이 육체의 죽음 안에 영원히 거하지 않게 되었기 때문이다. 그러므로 하나님과 인간 사이의 중보자는 일시적인 죽음을 당하는 동시에 영원한 복을 누림으로써, 일시적인 것을 통해서 죽을 운명을 지닌 존재들과 자신을 일치시켰으며 그들을 죽음으로부터 영원한 상태로 인도할 수 있게 되었다.

따라서 선한 천사들은 그들 자신이 복되며 불멸적이기 때문에, 비참한 가멸적인 존재들과 복되며 불멸적인 존재들 사이를 중재할 수 없다. 반면에 악한 천사들은 한 편과 같이 불멸적이며 다른 편과 같이 비참하기 때문에 중재자가 될 수도 있다. 그런데 이들의 불멸성과 비참함과는 대조적으로 한 동안 죽기로 선택하고는 영원토록 복을 누릴 수 있게 된 선한 중보자는 이런 악한 천사들과는 반대 편에 서 있다. 교만한 불멸적 존재들이자 해를 끼치는 비참한 존재들은 자기들의 불멸성을 자랑함으로써 사람들을 비참한 상태로 몰기 위해 애쓰고 있으나, 선한 중재자는 이것을 방지하기 위해 죽음으로 보인 겸손과 복된 자비에 의하여 믿음으로써 마음을 정결하도록 해준 사람들에 대한 그들의 권세를 파멸시키고 이들 마귀들의 더러운 지배로부터 구원을 베풀었다.

그렇다면 가멸적이고 비참한 존재이자 또 불멸적이고 복된 존재들과는 아주 거리가 먼 인간은 불멸성 및 지복과 결합하기 위하여 어떤 중재자를 선택해야 하는가? 인간에게 어느 정도 매력을 줄 수 있는 마귀들의 불멸성은 사실상 비참한 상태에 지나지 않는다. 인간을 위축되게 만들 수 있는 그리스도의 죽음은 더 이상 존재하지 않는다. 마귀들 편에 서면 영원한 비참함에 대한 두려움이 있다. 반면에 그리스도 편에 서면, 죽음이 항구적일 수 없는 관계로 두려움의 대상이 될 수 없으며 영원한 지복이 애호됨에 틀림없다. 불멸하지만 비참한 중재는 그 자신이 비참하므로 우리가 복된 불멸성으로 넘어가는 것을 막기 위하여 중재역할을 할 따름이다. 반면에 죽음을 당했으나 복된 중재자는 스스로 죽음을 경험했으므로 죽을 존재들을 불멸하도록 만들며(그분은 부활로써 이런 일을 행할 수 있는 능력을 보이셨다) 그 자신이 결코 분리된 적이 없는 복을 비참한 자들에게 부여하기 위하여 중재자가 되었다.

그렇다면 친구들을 이간시키는 사악한 중재자와 원수들을 화해시키는 선한 중재자가 있다는 말이 된다. 이간질하는 자들의 수효가 많은 이유는 많은 복된 자들이 한 분 하나님 편에 섬으로써만 복을 얻게 되었기 때문이다. 악한 천사들은 그분 편에 설 수 없어서 비참하게 되었으므로 우리가 이런 복을 얻도록 도와주기보다는 오히려 방해하기 위하여 간섭한다. 그리고 그들은 그 수로써 바로 그 하나뿐인 지복의 선에 우리가 도달하지 못하도록 훼방놓는다. 그렇지만 우리는 그 선을 얻기 위하여 다수가 아니라 한 분인 중보자, 곧 만물이 그로 말미암아 지은 바 되었으며 그분께 참여함으로써 우리가 복을 받게 되는 창조되지 않은 하나님의 말씀을 요구하고 있는 것이다. 나는 그분이 말씀이기 때문에 중보자라고 말하지는 않는다. 왜냐하면 그분은 말씀으로서 최상으로 복되며 최상으로 불멸적인 까닭에 비참한 인간들과는 아주 큰 차이가 나기 때문이다. 오히려 그분은 인간이기 때문에 중보자가 된다. 왜냐하면 그분은 인간이 되시므로 우리에게 다음과 같은 사실, 곧 우리가 복될 뿐만 아니라 지복의 선을 얻기 위해서는, 점진적인 단계로써 이렇게 행하도록 인도해주는 다른 중개자들을 필요로 하지 않고 스스로 우리 인간의 모습에 참여하였으므로 우리가 신성에 참여할 수 있는 준비된 접근방법을 제공해준 복되며 지복 상태에 있는 하나님을 필요로 한다는 사실을 보여주었기 때문이다.

하나님은 우리를 죽음과 비참함으로부터 구원하실 때 불멸적이며 복받은 천사들에게로 인도함으로써 우리가 그들의 본성에 참여함으로써 불멸적이 되고 복을 받게끔 하지 않았다. 오히려 그분은 천사들 자신도 그에 참여함으로써 복을 얻은 삼위일체에게로 우리를 인도하신다. 그러므로 그분은 우리의 중보자가 되기 위하여 종의 형체를 가지며(빌 2:7) 천사보다 못하기로(히 2:7; 시 8:5) 선택했을 때 하나님의 본체로써(빌 2:6) 천사들 위에 남아 있었다. 그분 자신은 천상에서 자체인 것과 마찬가지로 지상에서는 생명의 길인 것이다.

16. 천상의 신들은 지상적인 일들과 접촉하지 않으려고 하며 인간들과의 교제를 거절하고 따라서 마귀들의 중재를 요구한다고 확정지은 플라톤주의자들은 타당한가

그 동일한 플라톤주의자가 플라톤이 말했다고 단언하는 견해,[27] 즉 "어떠한 신도 인간들과 접촉하지 않는다"는 말은 사실이 아니다. 그리고 그는 인간들과의 접촉에 의해 신들이 결코 오염되지 않으므로 이것이 그들을 찬양하는 주된 증거라고 말하고 있다. 따라서 그는 마귀들의 경우에는 오염되었음을 인정하고 있는 셈인데, 그렇다면 마귀들은 자기들이 오염물질을 전달받은 인간들을 정결하게 할 수 없다는 결론이 나온다. 그들은 인간들과 접촉함으로써, 인간들은 마귀들을 숭배함으로써 똑같이 불결해진다. 혹 마귀들이 인간들과 접촉하며 교류하고도 더럽혀지지 않는다고 말하는 자가 있다면, 그는 마귀들을 신들 위에 올려놓는 셈이 된다. 왜냐하면 만약 신들이 그렇게 한다면 오염될 것이기 때문이다. 우리는 신들이 아주 높은 곳에 있으므로 어떠한 인간적인 접촉으로 오염될 수 없다는 점을 신들의 자랑거리라고 듣고 있다.

사실 그는 우리가 참된 하나님이라고 부르는 만물의 창조자, 최고의 하나님이 플라톤에 의하여 인간의 언어로는 심지어 묘사될 수도 없는 유일한 하나님으로 언급되고 있음[28]을 확인해주고 있다. 그에 따르면, 심지어 현자들조차 그 정신적인 활력이 육체의 접촉이라는 장애물로부터 가능한 한 멀리 벗어났을 때 마치 어두움을 밝히는 섬광에 비유될 수 있을 정도의 그런 빛으로만 하나님에 대한 통찰력을 갖게 된다.[29] 그러면 이처럼 진정 만물 위에 찬양받는 최고의 하나님이 비록 현자들에게 그의 마음이 육체로부터 해방되었을 때 이따금이기는 하며 사실 어둠을 가로지르는 번갯불과 같기는 하지만 지성적이며 표현불가능한 방법으로 자신을 계시한다고 한다면, 왜 다른 신들은 마치 인간들과의 접촉에 의하여 오염되기라도 하는듯이 고고하게 멀리 물러나 있는가? 우리가 눈을 들어 지상에 필요한 만큼의 광채를 전해주는 천체를 바라보는 것만으로도 그에 대한 충분한 반박이 되지 않는가? 아풀레이우스의 설명대로 비록 눈으로 볼 수 있는 신들인 별들[30]이 우리가 그것들을 볼 때 오염되지 않는다면, 마귀들의 경우에도 인간들이 아주 근접해서 본다고 하여 오염되는 것은

---

27) *De Deo Socr.*, 4(Plat., *Symp.*, 203 A 참조).
28) *Tim.*, 28 C 참조.
29) Apul., *De Deo Socr.*, 3.
30) Apul., *De Deo Socr.*, 3, 33.

아니다.

그러나 신들을 오염시키는 원인은 눈으로 바라보기 때문이 아니라, 인간의 음성 때문일는지 모른다. 그래서 마귀들은 오염될까 두려워 멀리 물러나 있는 신들에게 인간의 말을 가져다가 전해주려고 임명받았는가? 내가 다른 감각에 대해서는 무슨 말을 해야 하는가? 왜냐하면 마귀들이나 신들이 제사 때 바쳐지는 사체에서 발생되는 악취에 의해서 오염되지 않는다면, 그들은 인간들과 함께 있고 또 인간들과 함께 있을 때 인간들이 내쉬는 숨을 들이킨다고 할지라도 더럽혀지지 않을 것이기 때문이다. 미각에 관해 말하자면, 그들은 인간들로부터 식물을 구걸하는 처지로 전락할 정도로 신체적인 쇠퇴를 보수할 필요성에 의해서 괴롭힘을 당하지는 않는다. 또한 접촉하는 능력은 마귀들과 신들의 통제 범위 안에 들어있다. 왜냐하면 우리가 접촉이라고 말할 때 특별히 마음 속에 품고 있는 것을 접촉하고 있는 것처럼 보인다고 할지라도, 신들은 원하기만 한다면 보고 보이며 듣고 들리는 정도까지 인간들과 접촉할 수 있기 때문이다. 그런 형편에 신들의 입장에서 접촉할 필요성이 어디 있겠는가? 인간들은 비록 신들이나 선한 마귀들을 보거나 대화하는 기쁨을 가질 때에도 감히 그들과 접촉하고자 바라지는 않을 것이다. 설령 그들이 과도한 호기심으로 그렇게 바란다고 할지라도 새가 새장에 갇혀있지 않다면 접촉할 수 없듯이, 그들은 신들이나 마귀들의 승락없이 원하는 바를 어떻게 달성할 수 있다는 말인가?

그렇다면 신들이 인간들과 육체적으로 접촉하거나 보고 보이며 말하고 듣지 못하도록 방해하는 것은 아무것도 없다. 그리고 이미 말했듯이 마귀들이 인간들과 접촉하고도 오염되지 않는 터에 신들이 그로써 더럽혀진다면, 마귀들이 신들보다 오염에 더 강하다는 말이 된다. 그리고 심지어 인간들을 정결케 하여 순결한 신들에게 그들을 깨끗한 모습으로 제시하기는커녕 중개자인 마귀 자신들이 감염되어 오염된다면, 그들은 어떻게 인간들이 죽음 이후에 축복을 얻도록 도와줄 수 있는가? 그리고 그들이 인간들에게 유익을 끼칠 수 없다면, 그들의 다정한 중재가 무슨 소용이 되겠는가? 그 결과 인간들이 신들에게 이르는 입구를 발견하지 못하고 인간들과 마귀들이 함께 오염상태에 거하며 결국 축복으로부터 배제될 것이 아닌가?

그 외에도 아마 어떤 사람들은 마귀들 스스로 해면동물(海綿動物)이나 그와 같은 종류의 물체처럼 친구들을 정결케하는 와중에 다른 이들이 깨끗해지는 것과 비례하여 자신은 더럽혀진다고 말할는지 모른다. 그러나 이런 해답이 제시된다면, 오염에 대한 두려움 때문에 인간들과의 접촉이나 교제를 회피하는 신들은 훨씬 더 더럽혀진 마귀들을 대하는 꼴이 된다. 아니면 스스로 더럽혀지지 않고는 인간들을 정화시킬 수 없는 신들은 자기들이 오염되지 않은 상태로 인간들과의 접촉을 통하여 더럽혀진 마귀들을 깨끗하게 할 수 있다는 말인가? 마귀들의 사술(詐術)에 기만당한 사람이 아니라면, 어느 누가 그런 어리석은 말을 믿겠는가? 보고 보이는 것으로 오염되며 아퓰레이우스 자신이 "가시적"[31]이며 "세상에서 가장 밝은 광채"[32]라고 부르고 있는 신들과 다른 별들이 인간들의 눈으로 보인다면, 원하지는 않더라도 보일 수 없는 마귀들이 오염으로부터 안전하다고 생각되어야 하는가?

혹은 보이는 것이 아니라 보는 것만으로 오염을 가져온다고 한다면, 그들은 그들 자신이 말하는 이런 신들 곧 세상에서 가장 밝은 광채들이 지상에 빛을 쪼일 때 인간을 보고 있음을 부인해야 한다. 더구나 그 광선은 비록 온갖 불결한 것들 위에 발산된다고 할지라도 오염되는 것이 아니다. 그렇다면 우리는 신들이 인간들과 섞일 때, 또 심지어 그들을 돕기 위하여 접촉이 필요할 때 감염된다고 생각할 필요가 있는가? 왜냐하면 태양 및 달의 광선이 땅과 접촉하지만 이로써 빛이 오염되지는 않기 때문이다.

17. 우리는 최고의 선에 참여함으로써 가능한 복된 생명을 얻기 위하여 마귀에게서가 아니라 오직 그리스도에 의하여 공급되는 중재를 필요로 한다.

모든 물질적이며 감각적인 것들이 비물질적이며 지성적인 것들보다 아주 열등하다고 선언할 정도로 학식있는 사람들이 복된 생명과 관련하여 육체적인 접촉을 언급하는 것을 보고 나는 상당한 정도의 놀라움을 느끼고 있다. 다음과 같은 플로티노스의 말은 잊혀졌는가? "우리는 우리의 사랑하는 조국으로 날아가야 한다. 그곳에는 아버지가 있으며 모든 것이 있다. 우리는 어디에서 배를 탈까? 어떻게 날아갈 수 있을까? 우리의 길은 신과 같이 되는 것이다."[33] 만약 우리가 하나님을 닮은 만큼 그분께 가까이 있다면, 그분을 닮지 않은 것보다 그분으로부터 멀리 떨어진 경우도 없다. 그리고 인간의 혼은 순간적이고 가변적인 것을 갈망하는 정도에 비례하여 비물체적이며 불변적이며 영원한 존재와 닮지 않게 된다.

그리고 아래에 있는 가멸적이며 불순한 존재들은 위에 있는 불멸적이며 순수한 존재와 교류할 수 없다. 그러므로 이런 어려움을 극복하기 위하여 사실 중보자가 요청된다. 그러나 그 중보자는 불멸의 육체를 소유함으로써는 최고의 존재와 닮았으나

31) *De Deo Socr.*, 2.
32) Virg., *Georg*, 1, 5 f.
33) *Enn.*, 1, 6, 8; 1, 2, 3.

병든 혼을 소유함으로써는 최하의 존재를 닮았기 때문에 우리가 치유되도록 도움을 주기보다는 오히려 치유되는 것에 원한을 품는 자가 아니다. 우리는 육체의 죽음으로써 여기 아래에서 우리와 연합되는 동시에, 영원한 성령의 의에 의하여 우리에게 진정 신적인 도움을 제공하여 우리를 정결케 하며 자유롭게 할 수 있는 중보자를 원하고 있다.

그런 중보자는 이 지상에 있는 동안에도 거룩한 분으로 남아있었다. 감염될 수 없는 하나님은 그분이 취한 인간이나 인간의 형상으로 함께 지낸 사람들로부터 오염될까 결코 두려워하지 않았다. 그분의 성육신이 비록 우리에게 여타의 다른 아무것도 보여주지 않았다고 할지라도, 참된 신성이 육체에 의하여 오염될 수 없다는 것과 마귀들이 육체를 가지고 있지 않다는 이유로 우리보다 낫다고 간주될 수 없다는 두 가지 가장 중요한 사실이 분명하게 드러났다. 그렇다면 성경이 말하듯이 그분은 "하나님과 사람 사이의 중보, 곧 사람이신 그리스도 예수"(딤전 2:5)이다. 하지만 이 부분은 그분이 성부와 자신을 동일시한 신성 및 우리와 같이 되신 인성에 관하여 가능한 만큼 충분하게 말할 곳이 아니다.

18. 속이기 잘하는 마귀들은 자기들의 중재로 인간들을 하나님께로 인도하겠다고 약속하고는 그들을 진리의 길로부터 돌이키게 하려고 꾀하고 있다.

이들 거짓되고 속이기 잘하는 중재자인 마귀들에 관해 보자면, 그들은 영이 불결하므로 종종 그들의 비참함과 사악함을 드러냄에도 불구하고 공기처럼 가벼운 신체와 그들이 거주하는 장소의 성질을 이용하여 우리를 빗나가게 하고 우리의 영적인 성장을 저지시키기 위해 궁리하고 있다. 그들은 우리가 하나님을 향하여 가는데 도움이 되기는커녕, 오히려 그분께 도달할 수 없도록 막고 있다. 오히려 육적인 방법으로 하나님께 도달하려는 것 자체가 잘못이며 오류이다. 그런 방법으로는 의가 행할 수 없다. 왜냐하면 우리는 육체의 상승에 의해서가 아니라, 그분께 대한 비육체적이거나 영적인 순종에 의하여 하나님께로 올라가야 하기 때문이다. 공중에 있는 마귀들이 에테르에 있는 신들과 지상의 인간들 가운데 위치해있는 데서 보이는 바와 같이, 육적인 길은 마귀의 친구들이 다양한 원소의 비중에 따라 질서를 정한 방법이다. 이들 철학자들은 신들이 이런 장소적인 간격에 의하여 인간과의 접촉에서 당하는 오염으로부터 보존된다는 특권을 가진 것으로 상상하고 있다.

그래서 그들은 인간들이 마귀들에 의하여 정화되기보다는 오히려 마귀들이 인간들에 의하여 오염되었으며, 신들 자신들도 장소적인 이점에 의하여 보존되지 않는다면 더럽혀지리라고 믿고 있다. 도대체 인간들은 오염시키고 있으며 마귀들은 오염되어 있으며 신들은 오염될 여지가 있다는 방식으로 자신이 정화될 수 있다고 기대할 정도로 가련한 존재가 누구란 말인가? 우리가 더러움에 감염되어있지 않은 천사들과 교제하기 위하여 감염될 수 없는 하나님에 의하여 오염으로부터 정결하게 되며 마귀들의 오염을 피하는 방법을 선택하지 않을 사람이 도대체 누가 있겠는가?

19. 숭배자들 사이에서조차도 "다이몬"(마귀)이라는 명칭은 결코 좋은 의미를 가지고 있지 않다.

그러나 내가 명칭을 만들자면 라베오(Labeo)도 포함한 이들 마귀 숭배자들 중 몇몇은 자기들이 "마귀(다이몬)"라고 부르는 자들이 다른 이들에 의해서는 천사들이라고 불려지고 있다고 주장하고 있다.[34] 따라서 나는 단지 말을 둘러싸고 논쟁을 벌이고 있는 듯이 보이지 않기 위하여 선한 천사들에 대해서 무언가를 말해야 한다. 플라톤주의자들도 선한 천사들의 존재를 부인하고 있지는 않지만, 오히려 그들을 선한 마귀(다이몬)라고 부르기를 좋아한다.

그렇지만 우리가 그리스도인이 된 바 그 성경을 따르자면, 우리는 천사들 중 일부는 선하며 일부는 악하다고 배우기는 했으나 선한 마귀들에 대해서 성경에서 읽어보지는 못했다. 성경에서는 이것 혹은 유사한 다른 용어가 등장할 때마다 단지 악한 영들에게만 적용되고 있다.

그리고 이런 용법은 아주 보편화되어 있으므로, 심지어 이교도라고 불리며 마귀들이 신들과 마찬가지로 숭배되어야 한다고 주장하는 사람들 사이에서조차도 학식과 교육의 정도와는 아무 관계 없이 감히 자기 노예에게 칭찬의 말로서 "너는 다이몬(악령)을 지니고 있다"고 말하거나 그가 이렇게 말하는 상대가 그 말을 저주로 간주하리라는 사실을 의심할 수 있는 사람은 아무도 존재하지 않는다. 그렇다면 우리는 모든 사람, 혹은 거의 모든 사람이 나쁜 의미와 연관시키는 다이몬이라는 용어를 사용함으로써 듣는 이들의 심기를 불편하게 만들어 놓고는 우리가 말한 바를 변명할 수밖에 없는 처지에 빠져들어야 하는 이유가 무엇인가? 우리는 천사라는 용어를 사용함으로써 이런 필요성을 아주 용이하게 제거할 수 있는데도 말이다.

34) 2권 11장 참조.

20. 마귀들을 교만하게 만드는 지식의 종류에 관하여

그러나 만약 우리가 그 단어를 거룩한 책들과 비교해보면, 바로 그 단어의 기원에서 고려할 만한 가치가 있는 시사점을 알게 된다. 마귀(다이몬)들은 지식을 의미하는 그리스어 단어(다에몬)로부터 그 이름을 얻었던 것이다.[35] 바로 그 사도는 성령으로써 "지식은 교만하게 하며 사랑은 덕을 세우나니"(고전 8:1)라고 말하고 있다. 그리고 이 구절은 지식이 사랑을 결여했을 때 아무 소용이 없고 단지 사람들을 우쭐하게 만들거나 공허한 망상으로 거드름을 피우도록 만든다는 의미로만 이해될 수 있다. 그렇다면 마귀들은 사랑이 없는 지식을 소유하고 있고, 그로써 아주 우쭐해하거나 교만하다. 그러므로 그들은 자기들이 참된 하나님에게 합당하다고 알고 있는 신적인 영예와 종교적인 봉사를 갈망하며, 나아가 능력이 미치는 한 자기들이 영향을 미칠 수 있는 모든 이들로부터 이런 일들을 강요하고 있다. 인류가 마땅한 형벌로서 그 아래 종속되어있는 마귀들의 이러한 교만의 반대 편에는 종의 형체를 가지고 나타난 하나님의 겸손함이 강력한 영향력을 행사했다. 그러나 인간들은 지식에 있어서가 아니라 교만에 있어서 마귀들을 닮았으며 부정함으로 우쭐해있기 때문에 그분을 제대로 인정할 수 없었다.

21. 주님이 자신을 귀신들에게 알리기를 어느 정도까지 원했는가

귀신(다이몬)들 스스로도 이러한 하나님의 강림하심을 너무나 잘 알고 있었기 때문이 주님이 비록 육체의 연약함을 입고 오셨다고 할지라도 "나사렛 예수여 우리가 당신과 무슨 상관이 있나이까 우리를 멸하러 왔나이까?"(막 1:24)라고 말했다. 이 말로 보면 그들은 상당한 지식을 가지고 있으되 사랑이 없음이 분명하다. 그들은 징벌하는 그분의 능력을 두려워했으나, 그분의 의를 사랑하지는 않았다. 그분은 스스로 원했던 만큼 많이 귀신들에게 자신을 알렸고, 필요한 만큼 그렇게 알리기를 기뻐했다. 그러나 그분은 거룩한 천사들에게 알려진 만큼 마귀들에게 많이 알려지지는 않았다. 천사들은 그분이 하나님의 말씀이라는 사실을 알고는 그분의 영원한 미래에 기꺼이 동참했다. 반면에 그분은 귀신들에게는 공포의 대상으로서 필요한 만큼 알려졌다. 왜냐하면 그분의 목적은 영원토록 진실되며 진실되게 영원한 그분의 왕국과 영광을 위하여 예정된 자들을 귀신들의 포악한 권세로부터 해방시키는 것이었기 때

---

35) Plat., *Crat.*, 398 B(다이몬을 "지식"으로부터 파생시키고 있다) 참조.

문이다.

그러므로 그분은 마귀들에게 그분에 대한 믿음에 의하여 영혼을 정결케 한 자들을 밝혀주는 불변의 빛과 영원한 생명으로서 알려지지는 않았다. 오히려 그분은 연약한 인간에 의해서보다는 천사의 감각, 심지어 사악한 영들의 감각에 의해서 더 쉽게 식별되는 몇몇 순간적인 능력의 행사와 은밀한 존재의 증거에 의하여 그들에게 알려졌다. 그러나 그분이 점차적으로 이런 징후를 억제하고 보다 깊은 은밀함 가운데로 물러나는 것이 바람직하다고 판단했을 때, 마귀들의 왕은 그분이 그리스도인가 의심하고는 그분을 시험함으로써 이 사실을 확인하려고 노력했다. 그러나 그것도 그분이 취하신 인간성이 우리의 모범이 되도록 하기 위하여 시험당하도록 허락하신 한도 내에서였다. 하지만 그런 시험 이후에 성경이 말하는 대로 그분이 선하고 거룩한 천사들에게 수종받고(마 4:3, 11) 따라서 불결한 영들에게 공포심을 안겨주었을 때, 그분은 점점 더 분명하게 마귀들에게 당신이 얼마나 위대한지 드러내주었다. 그래서 그분의 육체의 연약함이 경멸받을 만하게 보인다고 할지라도 감히 어느 누구도 그분의 권위에 저항할 수 없었다.

22. 거룩한 천사들의 지식과 마귀들의 지식의 차이

그러므로 선한 천사들은 마귀들이 소유하고 있다고 하여 그토록 자랑하고 있는 유형적이며 일시적인 것들에 대한 온갖 지식을 대수롭지 않게 생각한다. 그 이유는 그들이 이런 것들에 대하여 무지하기 때문이 아니라, 자신들을 성결케 한 하나님에 대한 사랑이 그들 자신에게 아주 고귀하기 때문이다. 또 그들은 가슴 속에 불일듯 타고 있는 거룩한 사랑으로써 비물질적일 뿐만 아니라 말로 형용할 수 없는 아름다움과 비교하여 그 아래에 있는 모든 것과 그것에 속하지 않은 모든 것을 경멸하기 때문이다. 그럼으로써 그들은 자기들 안에 있는 온갖 선한 것으로써 그들의 선의 근원이 되는 바로 그 선을 향유하고자 한다. 그리고 그들은 세상을 만든 하나님의 말씀 안에서 시간적이며 가변적인 일들의 원리와 원인을 바라보기 때문에 심지어 그런 일들에 대해서조차 더 확실한 지식을 가지고 있다. 바로 그런 원인들에 의하여 어떤 것은 승인되며 또 어떤 것은 배척되어 만물이 질서를 잡고 있는 것이다.

반면에 마귀들은 시간적인 일들의 이런, 영원하기도 하며 사실상 기본적인 원인들을 하나님의 지혜 안에서 바라보지 않고서, 단지 인간들로부터는 감춰어진 어떤 징후들을 보다 잘 안다는 이유로 인간들보다 더 많이 미래에 대하여 예견하고 있다. 또 때때로 그들이 예언하는 것은 그들 자신의 의도이기도 하다. 천사들은 결코 잘못 생각하지 않는 반면에, 사실 마귀들은 종종 그런 일을 당하기도 한다. 왜냐하면 시간적이며 가변적인 일들의 도움에 의하여 시간 내에서 발생될 수 있는 변화를 추론하기도 하고 자신의 의지와 능력에 의하여 그런 일들을 변화시키는 일과, 그분의 지혜 안에 남아있는 영원하며 불변한 법들 안에서 시간의 변화를 예견하기도 하고 그분의 영에 참여함으로써 모든 원인 중에 가장 오류가 없으며 강력한 하나님의 의지를 아는 것은 서로 다르기 때문이다. 앞의 일은 어느 정도 마귀들에게 허락되어 있지만, 뒤의 일은 정의로운 분별에 의하여 거룩한 천사들에게 부여되어 있는 것이다. 따라서 거룩한 천사들은 영원할 뿐만 아니라 복되기도 하다. 그리고 그들이 복받은 선은 그들을 창조한 하나님이다. 사실 그들은 끝없이 그분을 묵상하며 그분께 참여하는 기쁨을 향유하고 있다.

23. 비록 성경이 신들의 이름을 거룩한 천사들과 의로운 인간들 모두에게 적용시키고 있기는 할지라도, 그것을 이방인의 신들에게 부여하는 것은 잘못이다.

만약 플라톤주의자들이 마귀들이 아닌 이런 천사들을 신이라고 부르고는 자기들 학파의 창시자이자 스승인 플라톤이 주장하듯이[36] 최고의 신에 의하여 창조된 이들로 생각하고자 선택한다면, 환영할 만한 일이다. 나는 말을 둘러싸고 다투는 일에 힘을 소모하고 싶지는 않다. 왜냐하면 만약 그들이 이런 존재들을 불멸적이지만 자신의 힘에 의해서가 아니라 창조주에게 붙어있음으로써만 복받았다고 말한다면, 그들은 이런 존재를 어떤 명칭으로 부르든지 간에 우리가 하는 말을 하고 있기 때문이다. 그리고 이것은 모든 플라톤주의자들이거나 그 중 아주 우수한 이들의 견해라는 것이 그들의 저술에 의하여 확인될 수 있다. 그리고 명칭 자체를 고려할 때 만약 그들이 그처럼 복되며 불멸적인 피조물들을 신이라고 부르는 것을 타당하다고 생각한다면, 이 점은 우리들 사이에 어떠한 심각한 논쟁을 야기시킬 필요가 없다. 왜냐하면 우리가 가진 성경에도 "신들 중에 신인 주님이 말씀하사"(시 50:1), 또 "모든 신에 뛰어나신 하나님께 감사하라"(시 136:2), 또 "대저 여호와는 …… 모든 신 위에 크신 왕이시로다"(시 95:3)라는 구절이 나오기 때문이다.

그리고 "모든 신보다 경외할 것임이여"(시 9:4)라고 했을 때, 이어서 그 이유가 첨가되고 있다. 왜냐하면 "만방의 모든 신은 헛 것이요 여호와께서는 하늘을 지으셨

---

36) *Tim.* 40.

음이로다”(시 96:5)라고 기록되어있기 때문이다. 시편 기자는 “모든 신”이라고 노래했지만, “만방의” 곧 만방이 신들이라고 간주하지만 사실상은 마귀인 모든 이들을 부가시켰다. 그들은 “우리를 멸하러 왔나이까?”(막 1:24)라고 부르짖을 때와 같은 공포심으로 그분을 두려워한다. 그러나 “신들 중에 신”이라고 했을 때, 그것은 마귀들의 신으로 이해될 수 없다. 더구나 우리는 “모든 신 위에 크신 왕”이라는 말이 “모든 마귀들 위에 크신 왕”을 의미한다고 말할 수는 더욱 없다. 그렇지만 똑같은 성경은 “내가 말하기를 너희는 신들이며 다 지존자의 아들들이라”(시 82:6)에 나와있듯이, 또한 하나님의 백성에 속한 사람들을 “신들”이라고 부르기도 한다. 따라서 하나님이 신들 중에 신이라고 일컬어졌을 때, 이 말은 이런 부류의 신들로 이해될 수 있다. 그분이 모든 신 위에 크신 왕이라고 일컬어졌을 때도 상황은 마찬가지이다.

그럼에도 불구하고 어떤 이들은 “만약 하나님이 인간이나 천사를 통하여 말씀하시는 하나님의 백성에 속했기 때문에 인간들이 신들이라고 호칭된다면, 하나님을 경배함으로써 사람들이 얻으려고 애쓰는 그런 지복을 이미 향유하는 불멸적 존재들은 그 칭호를 들을 자격이 더 있지 않은가?”라고 말할는지 모른다. 그에 대한 유일한 대답은 우리가 약속받은 대로 부활할 때 동등해지게 될 불멸의 복된 존재들보다 더 분명하게 신이라고 호칭되는 것이 전혀 무익하지 않다는 것이다. 아마도 그 이유는 인간이 그 연약함으로 인하여 하나님에게 충성스럽지 못하여 어떤 천사를 신으로 삼고자 하는 가능성을 배제시키기 위함일 것이다. 인간의 경우에는 이런 위험성이 보다 적다. 뿐만 아니라 하나님의 백성에 속한 사람들은 신들 중에 신이라고 호칭되는 그분이 자기들의 하나님을 확신시키고 보증하기 위하여 보다 명확하게 신이라고 호칭되는 것이 마땅했다. 왜냐하면 천상에 거주하는 불멸하며 복된 영들은 비록 신이라고 호칭된다고 할지라도, 신들 중의 신 곧 하나님의 백성을 구성하고 있으며 “내가 말하기를 너희는 신들이며 다 지존자의 아들들이라”(시 82:6)고 언급되는 사람들의 신이라고 호칭되지는 않기 때문이다. 그러므로 그 사도는 이렇게 말했다.

> 비록 하늘에나 땅에나 신이라 칭하는 자가 있어 많은 신과 많은 주가 있으나 그러나 우리에게는 한 하나님 곧 아버지가 계시니 만물이 그에게서 났고 우리도 그를 위하여 또한 한 주 예수 그리스도께서 계시니 만물이 그로 말미암고 우리도 그로 말미암았느니라(고전 8:5, 6).

그래서 의심의 그림자를 용납하지 않을 정도로 사실이 아주 분명하므로 우리는 명칭을 둘러싸고 힘들여 논쟁할 필요가 없다. 우리가 말하는 그것, 곧 사람들에게 하나님의 의지를 전하도록 보냄받은 천사들이 복된 불멸적 존재의 위계에 속한다는 말에 대해 플라톤주의자들은 만족하지 않는다. 왜냐하면 그들은 이런 사역이 소위 신들, 달리 말하여 복된 불멸적 존재들에 의해서가 아니라, 그들이 감히 복되다고 단언하지 못하고 단지 불멸적이라고만 하는 마귀들에 의해서 수행된다고 믿고 있기 때문이다. 혹 그들은 복된 불멸적 존재들 가운데 위치된다고 할지라도 인간적인 접촉과는 아주 먼 하늘 위에 하늘에 거주하는 신들로서가 아니라 선한 마귀들일 따름이다. 그렇지만 그것이 명칭을 둘러싼 단순한 말다툼에 지나지 않는 것처럼 보일지라도 마귀라는 이름은 아주 혐오스럽기 때문에 우리는 어떤 의미로든지 그 이름을 거룩한 천사들에게 적용시키는 것을 참아낼 수 없다.

그러므로 우리가 이런 불멸적이며 복되지만 단지 피조물에 불과한 영들을 어떻게 부르든지 간에, 그들은 이중적인 차이점에 의하여 구분되는 비참한 가멸적 존재들을 영원한 지복으로 인도하는 중재자로 행동하지는 않는다는 사실을 확신하면서 이번 권을 마무리짓도록 하자. 그리고 다른 중개자들은 그들이 상위에 있는 존재와는 불멸성을, 하위에 있는 존재들과는 비참함을 공유하는 한, (왜냐하면 그들은 자기들의 사악함에 대한 정당한 징벌로서 비참하기 때문이다) 그들 스스로도 배제된 복을 우리에게 부여해줄 수 있기는커녕 오히려 우리가 그것을 가질까 질투하고 있다. 그러므로 마귀의 친구들은 우리가 그들을 우리 이익에 대한 가해자로서 회피해야 하기보다 조력자로서 숭배해야 한다고 주장할 만한 중요한 근거를 전혀 가지고 있지 않다.

선하며 따라서 불멸적일 뿐만 아니라 복된 영들에 관해 말하자면, 그들은 우리가 신의 칭호를 부여하고 사후의 생명을 전수받기 위하여 예배와 희생제를 봉헌해야 한다고 생각하고 있다. 그러나 그들 자신은 어떤 이름으로 호칭되든지 또 당신들이 그들에게 어떤 본성을 부여하든지 간에, 자기들을 창조했으며 그들에 대한 그분의 교통함에 의하여 복을 받은 하나님에게만 종교적인 경배가 돌려지기를 바라고 있다. 이것이 우리가 하나님의 도우심으로 다음 권에서 자세히 다루어야 할 문제이다.

제 10 권

개요:아우구스티누스는 이번 권에서 선한 천사들은 그들 자신이 섬기는 하나님만이, 희생에 의하여 이루어지며 "라트레이아"로 호칭되는 그런 신적인 영예를 받기를 원하고 있다고 가르치고 있다. 그런 다음 그는 계속하여 영혼의 청결과 구원의 원리 및 방법에 대해서 포르피리오스를 논박하고 있다.

1. 플라톤주의자들 스스로는 하나님만이 천사들이나 인간들에게 행복을 부여한다고 말했다. 그렇지만 우리가 행복을 얻기 위하여 플라톤주의자들이 우리에게 섬기라고 지적하는 그런 영들은 희생을 그들 자신이 받기를 원하는지 혹은 한 분 하나님에게만 그것이 드려지기를 원하는지의 문제가 남아있다.

모든 사람들이 행복해지기를 원한다는 것은 이성을 사용하는 모든 사람들이 의심의 여지 없이 가지고 있는 견해이다. 그러나 누가 행복하냐라든지 그들이 어떻게 그렇게 되었느냐는 등의 문제는 인간의 이해력이 연약함으로 말미암아 끝없고 열띤 논쟁을 불러일으키고 있다. 철학자들은 이런 문제를 가지고 자기들의 힘을 낭비하며 여가를 소모하고 있다. 여기서 그들의 다양한 견해를 인용하여 논의하는 일은 지루하기도 하고 불필요하기도 할 것이다. 독자들은 우리가 사후의 행복한 삶에 관한 문제 곧 우리가 그런 삶에 도달할 수 있기 위해서는 모든 신들의 창조자인 참된 한 분 하나님에게 신적인 영광을 돌려야 하는지 아니면 많은 신들을 숭배해야 하는지를 논의하기 위하여 철학자들을 선택하면서 8권에서 언급한 내용을 기억할 것이다. 그리고 그런 독자라면 비록 자세한 내용을 잊어버렸다고 할지라도, 특히 기억을 되살리기 위하여 우리가 여기서 같은 주장을 반복하도록 기대하지는 않을 것이다.

우리는 철학자들 중에 마땅히 가장 고상하다고 존중받는 플라톤주의자들을 선택했다. 왜냐하면 그들은 인간의 혼이 불멸적이며 이성적이며 사실상 지성적이기는 하지만 혼 자체와 세상을 만든 하나님의 광채에 참여하지 않고는 행복해질 수 없다는 것과 모든 사람이 바라는 행복한 생활이 순수하고 거룩한 사랑을 가지고 최고인 선이자 변치않는 한 분 하나님에게 충실히 붙어있지 않고서는 도달될 수 없음을 인식할 정도의 분별력을 가지고 있었기 때문이다. 그러나 심지어 이들 철학자들도 사람들의 우매함과 무지함에 굴복했든지 그 사도가 말하는 대로 "그 생각이 허망하여"(롬 1:21)졌든지 다른 이들로 하여금 많은 신들이 숭배되어야 한다고 생각하도록 만들었거나 스스로 그렇게 생각했다. 그래서 어떤 플라톤주의자들은 심지어 마귀들에게도 제사와 희생에 의하여 신적인 영광을 봉헌해야 한다고 생각했는데, 이 오류에 대해서는 내가 이미 논파한 적이 있다.

이제 우리는 하나님의 도우심으로 플라톤주의자들이 신이라고 불렀던 천상의 주관들이나 정사들이나 권세들 사이에 거하는 불멸하며 복된 영들 혹은 어떤 선한 마귀들이거나 우리와 같은 천사들이 우리의 종교적인 예배와 경건에 대하여 어떤 생각을 했는지 확인해야 한다. 즉 그 문제를 보다 간결하게 표현하자면, 천사들이 희생과 경배를 드리며 우리의 소유물과 우리 자신을 드리는 대상이 자기들이기를 원했는지 혹은 그들과 우리의 하나님뿐이라고 원했는지의 문제이다.

왜냐하면 이것은 신성(神性) 혹은 보다 정확하게 말해서 신격(神格)에 합당하게 돌려져야 하는 경배이기 때문이다. 그리고 나에게 만족할 만한 정도로 정확한 라틴어 용어가 떠오르지 않기 때문에 한 단어로 이 경배를 표현하기 위하여 나는 필요할 때마다 그리스어 단어를 사용할 것이다. 성경에서는 라트레이아(Δατρεία)라는 단어가 등장할 때마다 예배로 번역되었다. 그렇지만 그 사도가 종들이 육체의 상전에게 순종해야 한다고 썼듯이(엡 6:5) 사람들에게 합당한 봉사는 보통 다른 그리스어 둘레이아(δουλεία)로 지칭되었다. 반면에 우리를 위하여 하나님의 말씀을 보존하는 기자들의 용법에 따르면, 예배에 의하여 하나님에게만 돌려지는 봉사는 언제나 혹은 거의 언제나 라트레이아로 일컬어지고 있다.

단지 "쿨투스"(cultus)라는 용어로서는 오직 하나님에게만 합당한 무언가를 의미한다고 보이지는 않을 것이다. 왜냐하면 그 용어는 우리가 기억하고 있는 사람 또는 함께 있는 사람들에게 돌리는 존경에도 적용되기 때문이다. 그리고 그것은 경건한 겸손의 정신 속에서 우리가 위에 있다고 간주하는 사물들에 대해서만이 아니라 심지어 우리 아래에 있는 사물의 대해서도 채택된다. 또한 우리는 그로부터 경작자들(Agricolae), 토착농민들(coloni), 거주민들(incolae) 등의 단어도 파생시켰다. 그리고 이교도들은 그들의 신들이 단지 하늘(caelum)에 거주(colunt)한다는 이유로 카엘리콜라이(caelicolae)라고 부르고 있는데, 물론 여기서 동사의 의미는 "경배드린다"가 아니라 "거주한다"이다. 사실상 신들은 하늘의 거주민들인데, 그것은 토지소유자의 의지에 의하여 원래의 땅을 경작하도록 고착된 토착농민을 지칭하는 의미가 아니라, 위대한 라틴어의 스승이

> 투루스의 식민주의자들이 거주한 옛 도성이 있었네[1]

라고 말했을 때와 같은 의미이다. 그 시인은 그들이 땅을 경작했기 때문이 아니라 그 도성에 거주했기 때문에 그들을 식민주의자라고 호칭했다. 마찬가지로 대 도성으로부터 분리되어 떨어진 도성들도 그처럼 식민시라고 불리어졌다. 결국 "쿨투스"라는 말이 특별한 의미로 사용되었을 때에는 하나님 외의 어느 누구에게도 적용될 수 없음이 사실이기는 하지만, 그 단어가 여타의 다른 일들에도 적용되기 때문에 하나님께 드려지는 예배가 라틴어인 이 단어만으로 표명될 수는 없다.

"종교"라는 단어는 하나님에게만 합당한 예배를 보다 명확하게 표현하는 듯이 보인다. 그러므로 라틴어 번역자들은 드레스케이아(θρησκεία)라는 그리스어를 번역할 때 이 단어를 사용했다. 그렇지만 교육받지 못한 사람들 뿐만 아니라 최상의 학식을 갖춘 사람들도 종교라는 단어를 혈연이나 인척이나 친구 간의 관계를 의미하기 위해 사용하기 때문에, 하나님에 대한 예배를 논의할 때 이 단어를 사용하는 것은 불가피하게 모호한 점을 낳게 될 것이다. 우리가 종교라는 단어를 하나님께 대한 예배 외의 어떤 것도 아니라고 말할 때에는 이 단어를 사회관계 속의 존경하는 태도에 적용시키는 일상용법과 반드시 모순을 일으키게 된다.

또한 "경건" 혹은 유세베이아(εὐσεβεία)는 보통 하나님께 경배드리는 데 적절한 용어로 이해된다. 그러나 이 말은 부모에 대한 공손에 대해서도 사용된다. 또한 일반 사람들은 그 용어를 자선행위에 대해서도 사용하고 있다. 내가 생각하기에, 자선은 하나님이 그렇게 하도록 명하시면서 제사를 대신하거나 그보다 선호하여 기뻐하신 상황에서 생겨난다. 이런 용법으로부터 하나님 자신이 자비(pius)롭다고 불리어지기도 하지만(대하 30:9),[2] 그리스인들은 유세베이아(ευσεβεία)를 일반인들에 의한 자선행위에 적용시키기는 할지언정 하나님을 대상으로 유세베인(ευσεβεῖν)이라고는 결코 하지 않는다. 그러므로 성경의 어떤 구절들에서는 그 구분을 나타내기 위하여 보다 일반적인 단어인 유세베이아가 아니라, 문자 그대로 하나님에 대한 경배를 지칭하는 데오세베이아(θεοσεβεια)가 채택되었다. 반면에 이런 그리스어 단어

---

1) Virg., *Aen.*, 1, 12.
2) 집회서. 2, 13; Judith 7, 20.

들 중 어떤 것을 표현할 수 있는 라틴어는 하나도 없다.

그렇다면 그리스어로 라트레이아라고 하며, 라틴어로는 "세르비투스"(servitus)라는 하는 이런 경배는 오직 하나님에게만 합당하다. 그리스어로 드레스케이아(θρησκεια)라고 불리며, 라틴어로는 "렐리기오"(religio)라고 하는 이런 경배는 우리를 하나님과 결합시키는 종교이다.[3] 그리스인들이 데오세베이아(θεοσέβεια)라고 부르지만, 라틴어는 한 마디로 표현할 수 없고 오직 하나님께 대한 경배로 부르는 이런 경배는 오직 참된 하나님이시며 경배하는 자들을 신들로 만드는(시 82:6) 그 하나님에게만 속한다. 그러므로 이런 불멸하며 복된 천상의 거주자들이 누구든지 간에 그들이 우리를 사랑하지 않고 우리가 복받기를 바라지 않는다면, 우리는 그들을 숭배하지 말아야 한다. 그리고 그들이 우리를 사랑하고 우리의 행복을 원한다면, 그들은 스스로 향유하는 바와는 다른 수단에 의하여 우리가 행복해지기를 바랄 수 없다. 그들이 어떻게 우리가 자기들과는 다른 근원으로부터 행복을 얻기를 바랄 수 있다는 말인가?

2. 위로부터의 조명에 관한 플라톤주의자인 플로티노스의 견해

그러나 우리는 이 문제에 관하여 아주 존경받을 만한 이 철학자들과 아무런 갈등을 느끼지 않는다. 왜냐하면 그들은 이런 영들이 우리들과 동일한 행복의 근원을 가지고 있음을 알았으며, 자기들의 저술에서 아주 다양한 형태로 그런 견해를 표명했기 때문이다. 그 근원은 그들의 하나님으로서 그들 자신과는 다른 일종의 지성적인 광채인데, 그들이 빛에 쪼이며 하나님께 참여함으로써 완전한 행복을 향유할 수 있도록 그들을 조명해준다.

플로티노스는 플라톤에 대하여 부연하면서 그들이 우주의 혼이라고 믿고 있는 혼조차도 우리가 복을 끌어내는 바와는 다른 어떤 근원 즉 우주의 혼과는 구분되며 그것을 창조했던 근원으로부터 복을 이끌어낸다고 반복하여, 그리고 강력하게 주장하고 있다. 우주의 혼은 그 지성적인 조명에 의하여 지성적인 일들에 대한 광채를 향유하게 된다는 것이다. 그는 또한 마치 신(神)이 태양이요 혼이 달인 것처럼 그러한 영적인 일들을 광대하며 두드러진 천체에 비유하고 있다. 왜냐하면 그들은 달이 태양으로부터 광채를 끌어낸다고 생각하기 때문이다. 따라서 그 위대한 플라톤주의자는 이성적인 혼, 또는 오히려 지성적인 혼 — 그는 이 부류에다가 하늘에 거주하

3) 3장 참조.

는 복받은 불멸적 존재의 혼들을 포함시킨다 — 은 우주와 영혼 자체의 창조자인 신 외에는 자기보다 상위의 자연을 가지고 있지 않으며, 이런 천상의 영들은 우리와 동일한 근원으로부터 복된 삶과 진리의 빛을 파생시킨다고 말하고 있다.

그래서 그는 우리가 읽는 바 "하나님께로서 보내심을 받은 사람이 났으니 이름은 요한이라. 저가 증거하러 왔으니 곧 빛에 대하여 증거하고 모든 사람으로 자기를 인하여 믿게 하려 함이라. 그는 이 빛이 아니요 이 빛에 대하여 증거하러 온 자라. 참빛 곧 세상에 와서 각 사람에게 비취는 빛이 있었나니"(요 1:6- 9)라는 성경 내용에 동의하고 있다. 이 구분에 따르면, 요한이 가진 바와 같은 이성적이거나 지적인 혼이 그 자체로서 빛이 될 수 없고 참된 빛이신 다른 존재로부터 광명을 받을 필요가 있음이 충분히 입증되고 있다. 요한 스스로도 "우리가 다 그의 충만한 데서 받으니"(요 1:16)라고 증거할 때, 이 점을 인정하고 있다.

3. 플라톤주의자들은 비록 우주의 창조자에 대하여 무언가를 알고 있기는 하지만, 선하든지 악하든지 천사들에게 신적인 영광을 돌림으로써 하나님에 대한 참된 경배를 오해했다.

사정이 이러하므로 플라톤주의자들 혹은 그들과 생각을 함께하는 자들이 하나님을 알고 그분을 하나님으로서 찬송하며 감사한다고 하면, 또 그들의 생각이 허망하지는 않다고 하면(롬 1:21), 또 그들이 널리 퍼진 오류들의 근원이 된다거나 거기에 굴복하지는 않았다고 하면, 그들은 분명히, 복된 불멸적 존재들이나 우리처럼 비참한 가멸적 존재들이나 그들과 우리 양자의 하나님이요 신들 중의 신인 한 분 하나님께 경배드리지 않고는 행복한 상태에 이를 수 없음을 인정할 것이다.

우리는 외적으로든지 내적으로든지 그리스어로 라트레이아라고 부르는 예배를 그분께 드려야 한다. 우리는 각자 떨어져서든지 모두 함께든지 전부 그분의 성전이다. 왜냐하면 그분은 각 개인에게와 조화로운 전체에 친히 오셔서 내주하시기 때문이다. 그렇다고 할지라도 그분은 팽창되거나 축소될 수 없기 때문에 각 개인에게서보다 전체에게서 더 큰 것이 아니다. 우리의 마음은 그분에게로 상승할 때 그분의 제단(祭壇)이며, 우리를 위하여 중재하시는 제사장은 그분의 독생자이다.

우리는 "피흘리기까지"(히 12:4) 진리를 위하여 싸울 때, 피의 희생을 그분께 드리는 것이다. 그리고 우리가 거룩하고 경건한 사랑으로 불타는 마음을 가지고 그분 앞에 나아갈 때, 아주 감미로운 향기를 드리는 것이다. 우리는 그분께서 우리에게 주신 재능과 우리 자신을 그분께 바치고 헌신한다. 우리는 시간이 경과됨에 따라 배은망덕스런 망각현상이 우리를 덮치지 않도록 하기 위해 엄숙한 축제와 정해진 날에 의하여 그분의 은혜를 기념하며 헌신한다. 우리는 우리 심령의 제단에 타오르는 사랑의 불길에 의하여 점화된 겸손과 찬양의 제사를 그분께 봉헌한다.

우리가 모든 죄악의 더러움과 악한 감정으로부터 정결하게 되며 그분의 이름으로 성별되는 것은 그분이 보일 수 있는 정도까지 우리가 그분을 보며 그분께 붙어있기 위함이다. 왜냐하면 그분은 우리의 행복의 원천이며 우리의 모든 소원의 목적이기 때문이다. 우리는 그분께 붙음으로써, 또는 말하자면 다시 붙음으로써[4]—왜냐하면 우리는 그분으로부터 스스로 떨어져나와 그분을 놓쳤기 때문이다—그분 안에서 안식하기 위하여 사랑(dilectio)에 의하여 그분을 향해가며 또 그런 목적을 성취함으로써 우리의 축복을 발견한다. 왜냐하면 철학자들이 아주 열띤 논쟁을 벌여왔던 우리의 선은 하나님과 결합하는 외의 다른 것이 아니기 때문이다. 내가 그렇게 말할 수 있다면 지성적인 혼이 참된 덕목들로 주입되고 충만하게 되는 것은 그분을 영적으로 포옹함으로써 이다.

우리는 온 마음으로, 온 영으로, 온 힘으로 이러한 선을 사랑하도록 명령받았다. 우리는 우리를 사랑하는 이들에 의하여 이러한 선으로 인도되며 또 우리가 사랑하는 이들을 거기로 인도해야 한다. 그러므로 온 율법과 예언자의 강령은 "네 마음을 다하고 목숨을 다하고 뜻을 다하여 주 너의 하나님을 사랑하라"는 것과 "네 이웃을 네 몸과 같이 사랑하라"(마 22:37-39)는 것이다. 왜냐하면 사람이 자기를 사랑하는 방법을 알 수 있도록 그의 모든 행동을 관련시켜서 지복에 이르게 하는 목적이 설정되었기 때문이다. 자기를 사랑하는 자는 이와는 다른 어떤 것도 원하지 않는다. 그래서 그의 앞에 설정된 목적은 "하나님께 가까이 하는"(시 73:28) 것이다. 그래서 어떤 사람이 진정으로 자신을 사랑하는 방법을 안다면, 이웃을 사랑하라는 계명은 이웃으로 하여금 하나님을 사랑하도록 인도하기 위해 하나님께 대한 경배요, 참된 종교요, 올바른 경건이며, 하나님에게만 합당한 봉사이다.

그렇다면 만약 어떤 불멸의 능력이 모든 덕목을 갖추었고 자신처럼 우리를 사랑한다면, 그 능력은 스스로 순종함으로써 행복을 발견하는 그분께 우리를 순종하게 만듦으로써 우리가 행복을 찾도록 바라야 한다. 만약 그가 하나님께 경배하지 않는다면, 그는 하나님을 잃었기 때문에 비참하다. 만약 그가 하나님께 경배드린다면, 하나님 대신에 숭배받기를 원할 수가 없다. 반대로 이처럼 능력있는 존재들은 "여호

---

4) *Retract.*, 2, 13, 19 참조. 여기서 아우구스티누스는 religare로부터 "묶는다"라는 파생어를 이끌어낸다. 1장 참조.

와 외에 다른 신에게 희생을 드리는 자는 멸할지니라"(출 22:20)라고 기록된 하나님의 판결을 진심으로 수긍하고 있는 것이다.

4. 희생(제사)은 참된 하나님에게만 합당하다.

그러나 현재 하나님이 경배받는 다른 종교적인 의식은 차치하고라도, 분명히 어느 누구도 하나님 외의 다른 이에게 희생을 드리는 것이 합당하다고 감히 말하지는 않을 것이다. 사실 하나님께 대한 경배에 속한 많은 부분들은 과도한 자기비하를 통하거나 해로운 아첨을 통하거나 인간들에게 경의를 표하는 일에 사용되고 있다. 그러나 이런 일이 행해지는 동안 그렇게 숭배되고 존경받거나 심지어 숭앙되기조차 하는 사람들은 단지 인간으로만 판단된다. 그렇지만 하나님이라고 알려졌거나 생각되었거나 상상된 분 외의 다른 이에게 희생을 바치는 것을 옳다고 생각하는 사람이 누가 있었는가? 우리는 하나님이 형의 제사는 거부하였고 동생의 제사는 기꺼이 열납했던 가인과 아벨의 경우에서 희생(제사)에 의하여 하나님께 경배드리는 의식이 얼마나 오래 되었는지 알 수 있다.

5. 하나님이 요구하시지는 않지만 그분이 요구하시는 일들을 드러내기 위하여 준수되도록 바라시는 희생에 관하여

하나님께 봉헌된 일들은 그분 자신의 어떤 필요에 의하여 그분에 의하여 요구되었다고 생각할 정도로 어리석은 사람이 어디 있겠는가? 성경의 여러 군데에서는 이 점이 분명히 증거되고 있다. 조바심을 불러일으키지 않기 위해서 시편으로부터 "내가 여호와께 아뢰되 주는 나의 주시오니 주께서는 나의 소유물을 필요로 하지 아니하신다 하였나이다"(시 16:2 참조)는 간단한 구절을 인용하는 것으로 충분할 것이다. 그렇다면 우리는 하나님이 짐승이나 어떤 다른 세상적이며 물질적인 것뿐만 아니라 심지어 인간의 의에 대한 필요성도 전혀 갖고 계시지 않으며, 하나님을 대상으로 하는 모든 올바른 경배는 그분에게가 아니라 인간에게 유익하다는 사실을 믿어야 한다. 왜냐하면 어느 누구도 물을 마심으로써 샘을 유익하게 했다거나, 바라다봄으로써 빛을 유익하게 했다고 말하지는 않을 것이기 때문이다.

그리고 오늘날 하나님의 백성이 모방하지는 않고 단지 글로써 읽을 수 있듯이, 옛 조상들이 동물의 희생을 드렸다는 사실은 바로 그러한 희생이 우리가 하나님께 가까이 가며 우리의 이웃에게 동일한 일을 하도록 인도할 목적으로 행하는 일들을 상징하고 있음을 입증해준다. 그러므로 희생은 눈에 보이는 성사이거나 눈에 보이지 않는 희생의 거룩한 상징이다. 따라서 시편에서 참회하는 자이든지 혹 시편 기자 자신일 수도 있는 인물은 하나님이 자기의 죄악에 대하여 자비를 베풀어달라고 간청하면서 이렇게 노래하고 있다. "주는 제사를 즐겨 아니하시나니 그렇지 않으면 내가 드렸을 것이라 주는 번제를 기뻐 아니하시나이다. 하나님의 구하시는 제사는 상한 심령이라. 하나님이여 상하고 통회하는 마음을 주께서 멸시치 아니하시리이다"(시 51:16-17).

시편 기자가 하나님이 제사를 거절하신다고 표현한 바로 그 말에서 하나님이 제사를 요구하신다는 사실을 나타내보인 방법을 주목해보라. 그분은 도살당한 짐승의 제사를 원하지 않고 상한 심령의 제사를 원하신다. 그러므로 그가 하나님이 원하지 않는다고 말한 그 제사는 하나님이 원하는 제사의 상징이다. 하나님은 어리석은 사람들이 생각하는 바대로 그분이 스스로의 즐거움을 충족시키기 위하여 그들에게 원한다는 의미에서는 제사를 바라지는 않으셨다. 왜냐하면 만약 예를 들어 통회하는 슬픔에 의하여 겸손해지고 상한 심령과 같이 그분이 요구하시는 제사가 스스로의 기쁨을 위하여 원한다고 생각되던 제사에 의하여 상징되기를 그분이 원하지 않았더라면, 율법은 그런 제사가 지켜지도록 명령하지 않았을 것이기 때문이다.

그리고 사람들이 제사에 의하여 상징되는 것보다는 제사 자체가 기쁨이 된다거나 우리들 편에서도 만족스럽다고 생각하지 않기 위하여 적절한 기회가 왔을 때 그 둘은 통합되도록 정해져 있었다. 그러므로 시편 기자는 다른 구절에서 "내가 가령 주려도 네게 이르지 않을 것은 세계와 거기 충만한 것이 내 것임이로다. 내가 수소의 고기를 먹으며 염소의 피를 마시겠느냐?"(시 50:12-13)라고 말하고 있다. 여기서 하나님은 설령 그런 것들이 당신께 필요하다고 가정할지라도 당신 손에 가지고 계신 것을 위하여 사람들에게 요청하지는 않겠다고 말씀하고 계신 것이다. 시편 기자는 계속해서 이것이 상징하는 바를 언급하고 있다. "감사로 하나님께 제사를 드리며 지극히 높으신 자에게 네 서원을 갚으며 환난 날에 나를 부르라. 내가 너를 건지리니 네가 나를 영화롭게 하리로다"(시 50:14-15).

이 점은 다른 예언서에서는 다음과 같이 나타나 있다.

> 내가 무엇을 가지고 여호와 앞에 나아가며 높으신 하나님께 경배할까 내가 번제물 일 년 된 송아지를 가지고 그 앞에 나아갈까 여호와께서 천천의 수양이나 만만의 강수같은 기름을 기뻐하실까 내 허물을 위하여 내 맏아들을, 내 영혼의 죄를 인하여 내 몸의 열매를 드릴까 사람아 주께서 선한 것이 무엇임을 네게 보이셨나니 여호와께서 네게 구하시는 것이 오직 공의를 행하며 인자를 사랑하며 겸손히 네 하나님과 함께 행하는 것이 아니냐(미 6:6- 8).

이 예언서에는 두 가지 사실, 즉 하나님은 제사를 그 자체로는 원하지 않는다는 점과 제사가 요구하는 제사를 원하신다는 점이 충분할 정도로 분명하게 식별되며 설명되어 있다. 히브리서라고 명명된 서신서에서도 "오직 선을 행함과 서로 나눠 주기를 잊지 말라 이같은 제사는 하나님이 기뻐하시느니라"(히 13:16) 그리고 "나는 인애를 원하고 제사를 원치 아니하며"(호 6:6)라고 기록되었을 때, 어떤 제사가 다른 제사보다 선호된다는 것을 말하고 있을 따름이다. 왜냐하면 일반적인 언어로 제사라고 지칭되는 것은 참된 제사의 상징에 불과하기 때문이다. 실로 참된 제사는 인애이다. 따라서 내가 조금 전에 인용했듯이 "이같은 제사는 하나님이 기뻐하시느니라"고 기록되어 있는 것이다.

그러므로 우리는 성막이나 성전의 섬김에 나오는 제사에 관해서 읽는 모든 하나님의 명령을 하나님 및 우리 이웃에 대한 사랑과 연관시켜야 한다. 왜냐하면 "이 두 계명이 온 율법과 예언자의 강령이기"(마 22:40) 때문이다.

6. 참되고 완전한 제사에 관하여

그래서 참된 제사는 우리가 하나님과 거룩한 교제 안에서 연합하기 위하여 행하며 그 안에서만이 우리가 진실로 복을 받을 수 있는 최고의 선 및 목적과 관계되는 모든 일이다. 그러므로 우리가 인간들에게 보이는 인애조차도 그것이 하나님을 위해서가 아니라면 제사가 아니다. 왜냐하면 제사는 비록 인간에 의하여 행해지거나 봉헌된다고 할지라도 그것을 사크리피키움(sacrificium)이라고 명명했던 사람들이 지적하고자 의미했던 것처럼 신적인 행위이기 때문이다. 그러므로 하나님의 이름으로 성별되며 헌신된 사람 스스로가 하나님을 향하여 살기 위하여 세상을 향하여 죽는(롬 6:11 참조) 정도만큼 제사이다. 왜냐하면 "하나님을 기쁘게 함으로써 혼에 자비를 베풀라"(집회서 30:24)라고 기록된 것처럼, 이런 행위는 각 사람이 스스로에게 보이는 자비의 일부분이기 때문이다.

우리가 하나님을 위하여 "지체를 불의의 병기로 죄에게 드리지 말고 … 의의 병기로 하나님께 드리고자 할 때"(롬 6:13) 마땅히 그렇게 행동해야 한다면, 우리의 신체 역시 절제로써 정결하게 할 때에는 제사이다. 그 사도는 이런 제사를 권유하면서 이렇게 말하고 있다. "그러므로 형제들아 내가 하나님의 모든 자비하심으로 너희를 권하노니 너희 몸을 하나님이 기뻐하시는 거룩한 산 제사로 드리라. 이는 너희의 드릴 영적 예배니라"(롬 12:1). 그렇다면 흔히 그보다 열등하기에 종이나 도구로 사용하는 육체가 하나님에 대한 사랑의 불길로 점화되어 그분의 아름다움을 받아들이고 그분께 용납할 만하게 되어 세상적인 욕망은 그 형태라도 버리며 영원한 사랑스러움의 형상으로 다시 만들어지기 위하여 그분께 봉헌될 때 얼마나 제사에 합당하겠는가? 사실 그 사도는 여기에 덧붙여서 이렇게 말하고 있다. "너희는 이 세대를 본받지 말고 오직 마음을 새롭게 함으로 변화를 받아 하나님의 선하시고 기뻐하시고 온전하신 뜻이 무엇인지 분별하도록 하라"(롬 12:2).

따라서 참된 제사는 우리 자신에게나 다른 이들에게나 하나님과 관련되어 행해지는 자비의 행위이다. 자비의 행위는 우리를 곤경으로부터 건지거나 사랑을 부여하는 것 외의 다른 목적을 가지고 있지 않다. 그리고 "하나님께 가까이 함이 내게 복이라"(시 73:28)고 언급된 복을 떠나서는 행복이 있을 수 없다. 따라서 구속받은 전체 도성, 즉 성도들의 회중이나 공동체는 우리가 이 영광스런 머리의 지체가 되도록 우리를 위한 사랑으로 종의 형체(빌 2:7)를 따라 자신을 하나님께 드린 대제사장을 통한 우리의 희생으로서 하나님께 봉헌되었다. 왜냐하면 그분이 봉헌한 것은 이런 형체요 이런 형체 안에서 자신이 봉헌되었기 때문이다. 그분이 중보자가 된 것도 이런 형태에서이다. 따라서 그 사도는 우리에게 하나님의 선하시고 기뻐하시고 온전하신 뜻이 무엇인지 분별하기 위하여 이 세대를 본받지 말고 오직 마음을 새롭게 함으로 변화를 받아 우리 몸을 산 제사 즉 참된 제사로 드리라고 권한 이후에 이렇게 말하고 있다.

> 내게 주신 은혜로 말미암아 너희 중 각 사람에게 말하노니 마땅히 생각할 그 이상의 생각을 품지 말고 오직 하나님께서 각 사람에게 나눠 주신 믿음의 분량대로 지혜롭게 생각하라. 우리가 한 몸에 많은 지체를 가졌으나 모든 지체가 같은 직분을 가진 것이 아니니 이와 같이 우리 많은 사람이 그리스도 안에서 한 몸이 되어 서로 지체가 되었느니라. 우리에게 주신 은혜대로 받은 은사가 각각 다르니(롬 12:3-6).

이것이 그리스도인들의 제사이다. 우리는 비록 많은 수이지만 그리스도 안에서 한 몸이다. 그리고 이것은 또한 교회가 믿는 자들에게만 알려진 제단의 성례에서 계속적으로 기념하는 제사이다. 그 가운데서 교회는 자신이 하나님께 드리는 제사에서 스스로 봉헌되었음을 가르치고 있는 것이다.

7. 거룩한 천사들의 사랑, 곧 그 때문에 우리가 자신들이 아니라 한 분이신 참된 하나님을 섬기기를 바라도록 그들에게 자극하는 그 사랑에 관하여

사실 천상의 거주지에 자리잡은 이들 불멸의 복된 영들은 자기들을 창조한 분의 풍성함 안에서 기뻐하며, 그분의 영원하심 안에서 평안을 발견하며, 그분의 진리 안에서 보증을 얻으며, 그분의 진리 안에서 거룩함을 부여받는다. 그들은 다정하고도 친절하게도 우리를 비참한 가멸적 존재로 간주하면서 우리가 영원히 살며 행복해지기를 원하고 있기 때문에 우리가 그들 자신에게가 아니라 하나님에게 제사드리기를 바라고 있다. 왜냐하면 "하나님의 성이여, 너를 가리켜 영광스럽다 말하는도다"(시 87:3)는 시편의 구절처럼 우리와 그들은 함께 하나님의 도성을 이루고 있기 때문이다. 인간들로 구성된 부분은 이곳 아래에서 순례길을 걸어가고 있고, 천사들로 구성된 부분은 위로부터 도움을 제공하고 있다.

하나님의 뜻이 지성적이며 불변하는 법이 되는 것은 그런 천상의 도성으로부터이며, 우리를 위하여 관심(cura)을 가지고 있는 것은 소위 천상의 법정(curia)으로부터이며, 천사들로 말미암아 중보의 손을 빌어 베푸신(갈 3:19) 성경이 전해진 것도 그 공동체로부터인데, 우리는 그 안에서 "여호와 외에 다른 신에게 희생을 드리는 자는 멸할지니라"(출 22:20)라는 구절을 보게 된다. 이 성경, 이 율법, 이 계명들은 큰 기적에 의하여 확증되었기 때문에 우리가 자기들처럼 되기를 바라는 불멸의 복받은 영들이 우리가 누구에게 희생을 드리기를 바라는지의 여부는 충분할 정도로 분명하다.

8. 하나님이 경건한 자들의 믿음을 굳게 하기 위하여 그분의 약속에 따라 천사들의 수종을 통하여 친히 사용하신 기적들에 관하여

내가 만약 하나님께서 수천 년 전에 아브라함에게 천하 만민이 그를 인하여 복을 받게 될 것이라고(창 18:18) 말씀하신 약속의 진실성을 입증해 준 고래의 모든 기적들을 열거한다면, 나의 글은 분명히 지루하게 보일 것이다. 왜냐하면 아이를 낳지 못하는 아브라함의 아내가, 심지어 아이를 많이 낳은 여인도 더 이상 임신할 수 없는 나이에 아들을 낳았다거나, 아브라함이 희생을 드릴 때에 하늘로부터 내려온 횃불이 쪼갠 고기 사이로 지나갔다거나,[5] 그로부터 친절한 대접을 받았으며 아들이 있으리라는 하나님의 약속을 되새겨주었던 인간의 형상을 한 천사들이 또한 하늘로부터 내리는 불로 소돔이 멸망하리라는 예언을 했던 것이나, 그의 조카인 롯이 불이

---

5) 창 15:17; *Retract.*, 2, 69, 3 참조. 아우구스티누스는 잘못을 시인한다. 이것은 환상이지, 기적은 아니다.

쏟아져내릴 때 천사들에 의하여 소돔에서 구원받았고 반면에 그의 아내는 달려가다가 뒤를 돌아보았기 때문에 즉시 소금기둥이 됨으로써 구원의 길에 선 사람은 어느 누구도 스스로 버리고 떠나는 것에 대해 그리워하지 말아야 한다고 우리에게 경고하는 신성한 기둥이 서 있었다는 사실에 놀라지 않을 사람이 어디 있을 수 있는가?

이집트에서 노예생활을 하던 하나님의 백성을 멍에로부터 구원하기 위하여 모세에 의하여 행해진 기적들 또한 얼마나 놀라웠던가? 그 때 백성을 압제하던 이집트의 왕인 파라오의 술객들도 몇몇 기적을 행하도록 허락받았으나, 훨씬 경이로운 방법으로 제압당하고 말았던 것이다. 그들은 악한 영들이나 마귀들이 탐닉해있는 마술과 주문에 의하여 이런 일들을 행했던 반면에, 모세는 의의 편에 서 있었던 만큼 강력한 능력과 천사들의 도움을 받아 천지를 창조하신 주님의 이름으로 그들을 손쉽게 물리칠 수 있었다. 사실 술객들은 세번째 재앙을 내리는 데 실패했던 반면에, 모세는 자기에게 위임된 기적을 행하면서[6] 그 땅에 열 가지 재앙을 내림으로써 파라오 및 이집트인들의 강퍅한 마음이 굴복당하게 되어 그 백성이 풀려날 수 있었다. 그러나 이집트인들은 곧 이 조치를 후회하고는 바다 가운데 난 마른 땅을 건너서 이집트를 떠나가던 히브리인들을 덮치려고 시도하였을 때, 되돌아오는 물에 뒤덮여 매몰당하고 말았다.

그 백성이 광야를 가로질러 인도받는 동안 그토록 자주, 그리고 엄청나게 보인 하나님의 능력에 대해서 내가 어떤 말을 할 것인가? 마실 수 없었던 물에다가 하나님의 명령으로 나무가 던져졌을 때 쓴 맛이 없어져서 갈증을 해소시켜준 일이나, 백성의 굶주림을 달래기 위하여 하늘에서 내렸으며 어떤 사람이 정해진 분량 이상을 모았을 때에는 벌레가 생기고 냄새가 났으나 안식일 전날에는 두 배를 모았다고 할지라도 (안식일에는 만나를 모으는 일이 금지되어 있었다) 신선한 채로 남았던 만나에 대해서나, 그토록 많은 인구에게 공급하는 일이 불가능하게만 보였던 고기를 이스라엘 백성이 먹고자 갈망하였을 때 진을 가득 채우고는 식욕을 변케 하여 물릴 정도로 만들었던 새들에 대해서나, 이스라엘 백성에 맞서서 무기로써 그들의 행로를 막았다가 모세가 십자가 형상으로 손을 편 채 기도했을 때[7] 단 한 사람의 히브리인도 죽이지 못하고 패배당했던 적들에 대해서나, 하나님의 백성들 사이에서 일어나서는 그들 자신을 하나님이 정하신 공동체로부터 분리시켰다가 눈으로 보이지 않는 형벌의 가시적인 상징으로서 산 채로 땅에 삼키웠던 선동적인 사람들에 대해서나, 지팡

---

6) *Serm.*, 8; *Enarr. in Ps* 77:27 참조.
7) *Adv. Faust. Man.*, 12, 30.

이로 얻어맞았을 때 모든 회중에게 필요한 이상으로 물을 뿜어냈던 반석에 대해서나, 죄에 대한 정당한 형벌로서 보냄받았으나 장대 위에 달린 놋뱀을 보고서 치유됨으로써 고통받던 사람들이 치유되었을 뿐만 아니라 이처럼 죽음에 의하여 죽음이 파멸당한 데서 죽음을 십자가에 못박은 상징이 그들 앞에 놓이게 만들었던 치명적인 뱀의 상처에 대해서 내가 무슨 말을 할 것인가? 마지막에 말한 이 사건을 기념하여 보존되었다가 나중에 잘못된 사람들에 의하여 숭배받고는 아주 명예롭게도 경건하고 하나님을 두려워하는 왕, 히스기야에 의하여 부수어졌던 것은 바로 이 뱀이었다.

9. 마귀 숭배와 연관된 불법적인 기술에 관하여:플라톤주의자인 포르피리오스는 그 중 일부는 채택하고 다른 일부는 포기하고 있다.

이런 기적들과, 언급하기에는 지나치게 장황하게 여겨질 동일한 성질을 지닌 많은 다른 기적들은 한 분이신 참된 하나님에 대한 경배를 기리며 무수한 거짓 신들에 대한 숭배를 금지시킬 목적으로 행해졌다. 게다가 그런 기적들은 순전한 믿음과 경건한 확신으로 행해진 것이지, 범죄적인 미신의 규칙에 따라 구성된 주술과 마법에 의해서 행해진 것은 아니었다. 사람들은 그런 기술을 마술이라고 하거나, 보다 혐오스런 명칭으로는 강령술이라고 하거나, 보다 경의로운 칭호로는 접신술[8]이라고 부른다. 왜냐하면 사람들은 강령술을 행하면서 불법적인 기술에 탐닉하여 저주받은 사람들과 접신술을 행한다는 이유로 칭찬받을 자격이 있다고 보이는 다른 사람들을 구분하고 싶어하기 때문이다. 그러나 사실은 두 부류의 사람들 모두 그들이 천사의 이름으로 불러내는 마귀들의 사악한 의식에 묶인 노예들에 불과하다.

심지어 포르피리오스[9]조차도 접신술의 도움으로 일종의 혼의 정화를 약속하고 있다. 그렇기는 하더라도 그는 약간 주저하고 부끄러워하면서 그렇게 하고 있고, 어떤 사람도 이런 기술로 인하여 하나님께 돌아가는 길을 보장받을 수 없다고 말하고 있다. 그러므로 당신은 그의 입장이 스스로 건방지며 신성모독적이라고 느끼는 기술과 철학적인 견해 사이에서 동요되고 있음을 감지할 수 있을 것이다. 왜냐하면 한때 그는 우리에게 그 기술이 기만적이며 법에 의하여 금지되어 있으며[10] 그것을 행하는 자들에게 위험하다고 경고하고 있다가도, 다시 마치 그 옹호자들에게 경의를

---

8) 접신술:황홀경 가운데 환상을 일으킴으로써 혹은 마술을 수단으로 하여 신성을 아래로 내림으로써 사람을 신성(神性)과 접촉하게 하는 행위.

9) 7권 주 25 참조

10) 7권 주 35 참조.

표하기라도 하는 것처럼[11] 그것이 혼의 한 부분을 정화시키는데 유용하다고 말하고 있기 때문이다. 이 부분은 물질적인 실체와는 유사성을 가지고 있지 않으며 지성만으로 알 수 있는 진리가 인식되는 지성적인 요소가 아니라, 물질적인 사물의 영상을 인식하는 영적인 부분이다.

포르피리오스는 어떤 접신적인 헌신(teletae)이나 소위 비의의 도움을 받아 영들 및 천사들과 교제하며 신들을 보기 위하여 이 부분이 예비되며 적응되었다고 말하고 있다. 그렇지만 그는 이런 접신적인 비의가 하나님을 보기에 합당하며 진실로 존재하는 사물을 인식하기 위한 순수성을 지성적인 혼에 분배해주고 있다고는 인정하지 않는다.[12] 그래서 우리는 그의 이런 입장으로부터 이들이 어떤 종류의 신들이며 접신적인 의례에 의하여 어떤 종류의 환상이 전달되는지 알 수 있다. 비록 그 환상은 참된 실재를 보는 것이 아니라고 할지라도 말이다. 나아가 그는 이성적인 혼, 혹은 그 자신이 부르고자 선택했던 지성적인 혼이 접신술에 의하여 영적인 부분을 정결하게 함이 없이 하늘로 건너갈 수 있으며, 이런 기술이 영적인 부분을 불멸과 영원으로 들어가도록 그토록 정결하게 할 수 없다고 말하고 있다.

그러므로 그는 비록 천사들과 마귀들을 구분하면서 마귀들의 거주지가 공기 중에 있으며 천사들의 거주지가 에테르와 최고천(最高天)에 있다고 주장한다고 할지라도, 그리고 그는 비록 우리가 죽은 이후에 우리를 도와줄 수 있으며 우리를 적어도 지상보다는 조금 높게 들어줄 수 있을 어떤 마귀와 우정을 돈돈히 하라고 충고한다고 할지라도 — 왜냐하면 그는 우리가 하늘의 천사들의 세계에 도달하는 것은 다른 길을 통한다는 사실을 인정하고 있기 때문이다 — 그는 동시에 우리에게 마귀들과의 교제를 피하라고 분명하게 경고하면서 죽음 이후에 속죄받는 혼이 자신을 괴롭히는 마귀들에 대한 숭배를 몹시 싫어한다고 말하고 있다. 그리고 그는 접신술 자체에 대해서는 천사들과 마귀들을 화해시키는 것으로 추천하고 있기는 하지만, 그것이 그 혼의 순결성을 시기하거나 그것을 시기하는 자들의 술책에 도움을 주는 권세들과 관계되고 있음을 부인할 수는 없다.

그는 이 점에 대해 갈대아인이나 다른 이의 입을 통해 이렇게 불평을 토로하고

---

11) 마술은 어떤 물질적인 대상에서나("lychnomancy"에서의 불꽃을 예로 들 수 있다) 황홀경 속의 매개체를 통해서나 신성이 나타난 간접적인 계시를 보장해주었다. 강령술(goetia)은 신성이 그 안에 있지 않고 물질적인 사물을 사용함으로써 간접적인 계시를 보장해주었다. A. J. Festugiere, *La Reve lation d'Hermes Trismegiste.* Paris, 2판. 1950, Ⅰ, p. 283 이하 참조.

12) 28장 참조.

있다. "갈대아에 있는 어떤 착한 사람은 자신의 혼을 정결하게 하려고 열심히 노력하였으나 좌절당하였다. 왜냐하면 이 문제에 대한 영향력을 지니고 있으며 그의 정결함을 시기하던 다른 사람이 능력있는 존재들에게 탄원하여 그들을 불러냄으로써 그의 요청에 귀기울이지 말도록 결박해 놓았었기 때문이다." 포르피리오스는 여기에다가 "그러므로 어떤 사람이 결박했던 것을 다른 사람이 풀 수 없다"라고 덧붙이고 있다. 따라서 그가 인정하고 있듯이 접신술은 신들과 인간들 사이에 선을 행할 뿐만 아니라 악도 실행하는 술책이다. 또한 비록 포르피리오스가 에테르 속의 숭고한 위치에 거한다고 하여 신들을 인간들로부터 분리시키고 이런 구별을 옹호하여 플라톤의 가르침을 인용하고 있다고 할지라도, 신들은 아풀레이우스가 마귀들과 인간들에게 공통적인 조건으로 생각하고 있는 동요와 감정에 영향받고 있다는 결론이 나온다.

10. 귀신들을 불러냄으로써 기만적으로 혼이 정화된다고 약속하는 접신술에 관하여

나는 접신술이 무엇인지 잘 알지 못하지만 또다른 플라톤주의자로서 아풀레이우스보다 학식이 더 많은 포르피리오스가 신들 스스로조차도 감정과 동요에 속박되어 있다고 주장하는 모습을 본다. 왜냐하면 신들은 성스런 주문에 의하여 불리어져서는 혼의 정결에 영향을 미치지 못하도록 방해받을 수도 있기 때문이다. 또한 신들은 악한 결과를 요구하는 청원자에게 겁을 먹고는, 선한 결과를 요청하는 다른 사람들이 동일한 접신술적인 기술에 의하여 풀려나도록 하거나 은혜를 베풀도록 해방시켜줄 수 없었다.

마귀들의 가엾은 노예이든지 진정한 구속자의 은혜와 전혀 무관한 사람이 아니라면, 이런 모든 일들이 기만적인 마귀들의 허구임을 모르는 사람이 누가 있겠는가? 왜냐하면 그 갈대아인이 선한 신들과 관계하고 있었다면, 분명 자신의 혼을 정결하게 하고자 했던 선한 사람이 이런 일을 방해하고자 한 악한 사람에 대하여 우위를 점했을 것이기 때문이다. 혹은 신들이 공정하게도 그 사람이 스스로 추구했던 정결에 부적합하다고 생각했다면, 어쨌건 그들은 시기심많은 사람에 의하여 겁을 먹지도 말았어야 했을 것이요 포르피리오스가 인정하고 있듯이 보다 강한 신에 대한 두려움으로 인하여 방해받지도 말았어야 할 것이다. 오히려 그들은 자기들의 자유로운 판단에 의하여 단지 은혜를 부인하기만 했어야 할 것이다.

접신술적인 의식에 의하여 자신의 혼을 정결하게 하고자 했던 선한 갈대아인이 겁먹은 신들을 훨씬 무섭게 하여 은혜를 베풀도록 강요하게끔 만들거나 그들의 두려움을 진정시켜서 그들로 하여금 강요받지 않고도 선을 행하도록 만들 수 있는 상위의 신을 발견하지 못했음은 놀라운 일이다. 그렇지 않다면 선한 접신술사가 자신의 혼의 정결을 위하여 불러낸 신들에게서 두려움의 흔적을 제거할 수 있는 의식을 가지고 있지 않았단 말인가? 그리고 열등한 신들을 겁주는 능력을 가진 신은 있으나 그들을 두려움으로부터 해방시키는 능력을 가진 신이 없음은 어찌된 영문인가? 시기심 많은 사람에게 귀기울이고는 신들로 하여금 선을 행하지 못하도록 겁주는 신은 발견되는데, 선한 사람에게 귀기울이고 신들로 하여금 선을 행하도록 두려움을 제거해주는 신은 발견되지 않는다는 말인가!

이 얼마나 놀라운 접신술인가! 혼을 정결케 하기에는 이 얼마나 경탄할 만한 방법인가! 접신술에서는 부정한 시기심에 담긴 폭력성이 순결함과 거룩함의 폭력성보다 더 영향력을 행사하고 있다. 차라리 우리는 그런 사악한 영들의 사술을 혐오하며 피하고, 건전한 가르침에 귀기울이도록 하자. 신성모독적인 의식에 의하여 이런 불결한 청결의식을 행하며 그 최초의 상태에서 — 비록 우리가 이런 환상에 대해 의문을 제기한다고 할지라도 그가 계속해서 우리에게 말하고 있듯이 — 천사들이나 신들에 대한 놀랍도록 사랑스러운 모습을 보는 자들에 관해서는 그 사도가 "사단도 자기를 광명의 천사로 가장하나니"(고후 11:14)라고 말했을 때 언급된 바 있다. 왜냐하면 이들은 비참한 혼들을 속여서 많고 거짓된 신들을 기만적으로 숭배하는데 연루시키고 참된 하나님께 참되게 경배드리는 데로부터 그들을 돌아서게 만드는 그 영의 기만적인 모습이기 때문이다. 인간들은 하나님으로부터만이 정결하게 되며 치유되는데도 말이다. 그래서 "그는 자신을 온갖 모양으로 변화시킨다"[13]라고 말한 프로테우스(Proteus)의 말처럼, 그는 때때로 적으로서 우리를 공격하기도 하고 때때로 친구로 가장하기도 하지만 어느 경우에나 해를 끼치는 것이다.

11. 아네보에게 보내는 포르피리오스의 서한에 관하여:거기서 그는 귀신들 사이의 차이점에 대한 정보를 요청하고 있다.

포르피리오스는 이집트인인 아네보[14]에게 보낸 서한에서는 더 현명한 입장을 취

---

13) Virg., *Georg.*, 4, 411.

14) 아네보는 이집트의 사제로서 유세비우스도 그에 관하여 언급한 적이 있다(*Praep. Ev.*, 5, 7). 포르피리오스에 대한 답변(*De Mysteriis*)은 이암블리쿠스의 작품으로 생각된다.

하였다. 여기서 그는 아네보에게 질문하는 사람인 양 가장하고서 이런 신성모독적인 술책들을 폭로하며 논파했을 것이다. 사실 그는 그 서한에서 모든 귀신들을 논박하면서, 귀신들이 너무나 어리석어서 제사의 연기에 이끌리게 되므로 에테르에 거주하지 못하고 달 아래의 공중, 사실은 달 자체 안에 거주한다고 주장하고 있다. 그렇지만 그는 정당하게도 그의 분노를 불러일으키고 있는 온갖 기만과 사악하고 어리석은 행태들의 원인을 모든 귀신들의 탓으로 돌리는 대담성을 갖추고 있지는 못하다. 왜냐하면 그는 귀신들이 전체로서는 어리석음을 인정하면서도 대중적인 견해에 굴복하여 그 중 일부를 선량한 귀신들이라고 호칭하고 있기 때문이다.

또한 그는 희생이 신들의 마음을 기울도록 만들 뿐만 아니라 그들로 하여금 자기들이 원하는 것을 강제하고 강요한다는 점에 대해 놀라움을 표하고 있다. 그리고 그는 신들이 그 무형성으로 인하여 귀신들로부터 구분된다고 하면, 태양과 달과 다른 눈으로 보이는 천체들이 — 그는 천체들이 존재한다는 점에 대해서는 의심하지 않고 있다 — 어떻게 신들로 간주되는지 이해하는 데 난감해 하고 있다. 또한 그들이 신이라면 어떻게 일부는 자비로우며 다른 일부는 사악하며, 유형적인 그들이 어떻게 무형적인 신들과 같은 부류에 들 수 있다는 말인가?

계속해서 그는 점치는 자들과 기적을 행하는 자들이 특이한 혼의 소유자들인지, 혹은 이런 일들을 행하는 능력이 외부로부터의 영들에 의하여 전달되었는지에 대하여 의심을 품은 사람처럼 질문하고 있다. 이 문제에 대해 그 자신은 그들이 다름아닌 돌과 풀을 사용하여 사람들에게 주문을 걸고 닫힌 문들을 열며 이와 유사한 다른 기적들을 행한다는 이유 때문에 뒤의 견해에 마음이 기울어져 있다. 이 때문에 그가 말하기로 어떤 이들은 사람들의 말을 듣는 것을 특징으로 하는 일군의 존재들이 있고 — 이 존재들은 속이기를 잘하며, 모략에 가득 차 있으며, 모든 형태를 취할 수 있으므로 신들과 귀신들과 죽은 사람들의 흉내를 낸다 — 선이나 악의 모양을 가진 이 모든 일들을 야기시키지만, 실제로 선한 일에 있어서는 우리를 도와줄 수 없고 사실 그에 대해 잘 알지도 못하는 존재가 바로 이들이라고 가정하고 있다. 왜냐하면 그들은 사악한 일을 쉽게 하면서도 덕을 열심히 추구하는 사람들의 길목에다가 장애물을 두기 때문이다.

그리고 그들은 자만심과 성급함으로 가득 차 있으며, 희생 제사 때 생기는 악취를 기뻐하며, 아첨하는 말에 의하여 좌우된다. 포르피리오스는 사람들이 자거나 깨어있을 때 인간들의 혼 속으로 들어와서 그들의 감각을 속이는 이들 사악하고 기만적인 영들의 이런저런 특징들에 대해서 묘사하고 있지만, 그것이 그 자신의 견해는 아니다. 그것은 그에게 있어서 희미할 정도로 미심쩍은 내용이요 불확실한 가설로서, 그는 그것을 단지 보통 받아들여지는 견해로서 말하고 있을 따름이다.

우리는 이 위대한 철학자가 모든 귀신들의 무리를 알며 확신있게 공격할 때 경험했던 어려움에 대해 공감을 표시할 수 있다. 그렇다고 하더라도 그리스도인이라면 비록 노파(老婆)라고 할지라도 그에 대해 주저하지 않고 기술하며 아주 솔직하게 미움을 드러낼 것이다. 그러나 아마도 포르피리오스는 이런 제사에 관한 뛰어난 사제(司祭)요 자신이 서한을 보내는 당사자인 아네보 및 이런 마술적인 재주를 신적인 활동으로 생각하고 놀라워하며 신들을 숭배하는 일과 밀접하게 연관시킨 다른 사람들을 화나게 하지 않기 위해 위축되었을 것이다.

그러나 그는 이 주제를 추적하면서 아직도 질문자의 입장에 서서 건전한 판단력을 소유한 사람이라면 사악하고 기만적인 권세들에게 원인을 돌릴 수 밖에 없는 어떤 일들을 언급하고 있다. 그는 영들 중 보다 나은 부류가 불리어진 이후에 무슨 이유로 보다 악한 부류가 인간의 사악한 욕망을 행하도록 명령받아야 하는지 질문하고 있다. 그들은 사람들을 유혹하여 근친상간과 간음을 저지르게 하는 데는 조금도 주저하지 않으면서 무슨 이유로 한 여인과 포옹하고 막 떠난 사람에게는 귀기울이지 않는가? 그들 자신은 희생의 연기와 다른 내쉬는 숨에 의하여 매력을 느끼면서도 그들의 사제들은 육체적인 발산물에 의하여 오염될까 두려워 육신을 금하도록 명령받은 이유가 무엇인가? 그들의 비의는 거의 전적으로 사체(死體)에 의해서만 기념되는데도 참석자들이 사체를 만지지 못하도록 금지되는 이유가 무엇인가? 어떤 종류의 악에 탐닉한 사람이 귀신에게도 아니고 시신의 혼에게도 아니고 태양과 달이나 다른 천체들에게로 향하여, 그들로부터 진정한 은혜를 빼앗아내기 위하여 가공적인 협박을 가하는 것은 어찌된 일인가? 왜냐하면 그 사람은 상상적이고 터무니없는 위협에 겁을 집어먹은 신들이 마치 어린 아이처럼 명령받은 일을 하도록 하기 위해 하늘을 파괴한다는 등 불가능한 일들로 협박을 가하기 때문이다.

나아가 포르피리오스는 이런 신성한, 차라리 신성모독적인 비의에 아주 정통한 카에레몬[15]이라는 사람이 저술한 내용도 언급하고 있다. 그에 따르면, 유명한 이집트의 이시스와 그녀의 남편인 오시리스의 비의[16]는 주문을 사용한 사람이 그 비의를 누설하겠다거나 폐기하겠다고 위협하면서 신들이 자기의 명령을 듣지 않으면 오시리스의 지체를 흩어버릴 것이라고 협박투의 말로 소리칠 때 신들이 명령받은 대로 행하도록 강요하는 아주 큰 영향력을 행사했다고 한다.

---

15) 기원후 1세기의 스토아주의 저술가로서 저작은 남아있지 않다.
16) 6권 10장 참조.

어떤 사람이 신들에 대해서 — 그것도 하찮은 신들을 대상으로 해서가 아니라 천상의 신들과 별빛으로 빛나는 신들을 대상으로 하고 있다 — 그토록 난폭하며 쓸데없는 협박을 가한다는 것과 이러한 협박이 저항할 수 없는 힘을 가지고 그들을 강요하고 놀라게 하므로 그들이 그의 소원을 이루기에 효력을 가지고 있다는 데 대해 포르피리오스가 놀라는 것도 이유가 없지는 않다. 또 그는 이런 놀라운 일들의 원인에 대한 질문자의 입장에 서서 그런 일들이 마치 다른 사람들의 견해를 인용하고 있는 것처럼 자신이 전에 묘사했던 영들의 무리에 의하여 행해졌다고 이해시키려고 하는 것도 이유가 없지는 않다. 이런 영들은 본성적으로가 아니라, 그들 자신의 타락으로 말미암아 기만적이다. 그리고 포르피리오스가 말했듯이 그들은 사실 악령이기 때문에 악령이 아니라 신이나 죽은 인간처럼 행동한다.

또 초목과 돌과 동물과 어떤 주문과 음향과 때로는 공상적이며 때로는 천체의 운행으로부터 모사된 회화를 수단으로 하는 마법이 있다. 포르피리오스는 그런 방법으로 인간들이 다양한 결과들을 성취할 수 있는 세력들을 이 땅 위에 창출하고 있다고 생각한다. 그러나 이 모든 일들은 또한 악령들이 인간들의 어리석음을 이용하여 즐거움을 얻기 위해 자기들 밑에 있는 사람들에게 거는 기만에 불과하다.

그렇다면 포르피리오스는 진지하게 의심과 질문을 제기하면서, 이런 행위들이 우리에게 생명을 얻도록 도와주는 세력이 아니라 기만적인 마귀들의 활동임을 입증하고 분명하게 하기 위하여 이런 말을 했을 수 있다. 또는 그 철학자에 대해 보다 호의적인 견해를 취하자면, 그는 이러한 오류에 빠져 있으며 그에 대해 자부심을 갖고 있는 이집트인에 대하여 가르치는 자의 태도를 취함으로써 화를 내게 한다거나 공공연한 공격자의 언쟁으로써 마음을 불안하게 하지 않고 대신에 질문자의 입장을 취하고는 배우고 싶어하는 자의 겸손한 태도를 취함으로써 그의 관심을 이런 문제들에 향하게 하고 그 문제들이 경멸되며 포기되는 것이 얼마나 가치있느냐를 보여주기 위하여 이런 방법을 채택했을 수도 있다.

그는 서한의 거의 끝부분에서 아네보에게 이집트인의 지혜에 따르면 축복에 이르는 길이 무엇인지 가르쳐달라고 요청하고 있다. 그러나 그는 신들과 교제를 나누면서도 단지 도망친 노예를 찾기 위해서나 재물을 획득하기 위해서나 결혼 교섭이나 다른 일들을 위하여서만 신들을 성가시게 구는 자들에 관해서는 지혜를 위한 그들의 추구가 헛되다고 언명하고 있다. 여기다가 그는 이러한 신들이 다른 점들에서는 비록 사실을 말한다고 할지라도 아직도 행복에 관해서는 양식있거나 유용한 조언을 줄 수 없기 때문에, 신들이나 선한 귀신들일 수 없고 속이는 자라고 호칭되는 그 영이거나 단지 상상적인 허구에 불과하다고 덧붙이고 있다.

12. 거룩한 천사들의 사역을 통하여 참된 하나님이 일으키신 기적들에 관하여

이런 술책에 의하여 인간의 능력을 아주 능가하는 이적이 행해지기 때문에 우리는 기적적이며 신의 일처럼 보이는 동시에 한 분이신 하나님께 경배드리는 데에는 아무 역할을 하지 않는 이런 예언과 사건들이 진실로 경건한 자들을 유혹하여 방해하려고 애쓰는 사악한 영들의 유희 외에 다른 것이라고 믿을 수 있겠는가? 플라톤주의자들 자신들도 수없이 증언하듯이 모든 축복은 하나님께 붙어있음으로 가능한데도 말이다. 반면에 우리는 천사들에 의해서든지 다른 수단에 의해서든지 그분께만 복이 있는 한 분이신 하나님께 경배드리고 믿을 것을 촉구하기 위하여 행해지는 모든 기적들은 참되고 경건한 방법으로 우리를 사랑하는 이들에 의해서 행해지거나 그들을 수단으로 하여 하나님께서 직접 그 안에서 역사하고 계신다고 믿을 수밖에 없다. 왜냐하면 우리는 눈으로 볼 수 없는 하나님이 눈에 보이는 기적들을 일으키지 않는다고 주장하는 자들의 말을 들어볼 수 없기 때문이다.

심지어 그들 자신도 확실히 스스로 눈에 보인다는 사실을 부인할 수 없는 세상을 그분이 창조하셨음을 믿고 있다. 이 세상에서 어떤 기적이 발생하든지 간에 그것은 분명히 하나님이 창조하신 온 세상 즉 하늘과 땅과 그 안에 있는 모든 것만큼 경이롭지는 않다. 그렇지만 창조자 자신이 인간에게 숨기어져 있고 이해될 수 없듯이, 창조의 방법 또한 그러하다. 그러므로 이 가시적인 세상이라는 영속적인 기적이 언제나 우리 앞에 있기 때문에 가볍게 생각된다고 할지라도 우리가 그에 대해 현명하게 생각해본다면, 간헐적이며 아주 드물게 들을 수 있는 기적보다 더 위대한 기적인 것이다. 인간 자신만 보더라도 그가 일으키는 어떠한 기적보다도 더 큰 기적인 것이다.

그러므로 눈에 보이는 천지를 창조하신 하나님은 가시적인 사물 속에 함몰된 혼으로 하여금 눈에 보이지 않는 당신께 경배드리도록 일깨우기 위하여 세상 속에서 가시적인 기적들을 일으키는 것을 싫어하지 않으신다. 그러나 이러한 기적들의 장소와 시간은 그분의 불변하는 의지에 달려있는 것으로서, 그 안에서는 미래적인 일들도 마치 이미 성취된듯이 질서잡혀 있는 것이다. 왜냐하면 그분은 스스로 시간 안에서 움직임이 없이도 시간적인 일들을 움직이기 때문이다. 그분은 발생해야 하는 일들과 발생된 일들을 서로 다르게 알고 계시는 것이 아니다. 또한 그분에게는 기도할 자들을 보는 것과 기도하는 자들의 말을 듣는 것 사이에 아무런 차이가 없다. 왜냐하면 그분의 천사들이 우리의 기도를 듣는 때라고 할지라도 마치 손으로 짓지 아니한 그분의 참된 성전 안에서와 마찬가지로, 또 그분의 성도인 사람들 안에서와 마찬가지로 그 안에서 우리의 말을 들으시는 분은 그분 자신이기 때문이다. 그리고 그분의 응답은 비록 시간 안에서 성취된다고 할지라도 그분의 영원한 법에 의하여 이미 예정되어 있다.

13. 종종 눈에 보이지만 실제로 존재하는 모습으로가 아니라 보는 자들이 견딜 수 있는 정도로 보이시는 비가시적인 하나님에 관하여

우리는 하나님이 비록 눈에 보이지는 않지만 종종 조상들에게 가시적으로 나타났었다는 이야기를 듣고 놀랄 필요가 없다. 왜냐하면 말없는 마음 속에서 떠오른 생각을 전달하는 소리가 생각 자체는 아니듯이, 하나님이 그분의 본성 안에서 가시적이지 않지만 가시적이 되는 형태가 하나님 자신은 아니었기 때문이다. 그럼에도 불구하고 생각 자체가 소리의 음향 속에서 들리는 것과 마찬가지로, 그런 형태 안에서 보여진 분은 그분 자신이다.

그리고 조상들은 비록 육적인 형태가 하나님은 아니지만 자기들이 눈으로 볼 수 없는 하나님을 보았다는 사실을 인식했다. 왜냐하면 모세는 하나님과 대화를 나누고 있었으면서도 "내가 참으로 주의 목전에 은총을 입었사오면 원컨대 주의 길을 내게 보이사 내게 주를 알리시고"(출 33:13)라고 말했기 때문이다.

그 때 한 사람이나 소수의 현인들에 대해서가 아니라 민족 전체에게 부여된 율법이 경외심을 불러일으키는 징조에 수반되는 것이 적합했기 때문에, 무리가 경외로운 형상을 바라보는 가운데 한 사람을 통하여 율법이 전달되던 산상에서 천사들의 중보에 의하여 커다란 기적들이 행해졌다(행 7:53; 갈 3:19). 이스라엘 백성들이 모세에 대하여 가진 믿음은 스파르타인들이 리쿠르구스[17]에 대해 가진 믿음과는 다르다. 왜냐하면 리쿠르구스는 자신이 그들에게 제정해주었던 법을 유피테르나 아폴로로부터 받았기 때문이다. 한 분이신 하나님을 경배하라고 규정한 법이 백성에게 주어질 때에는 하나님의 지혜로 충분하다고 판단되는 정도까지 경이로운 징조들과 지진들이 모든 사람들의 눈앞에서 발생되었다. 그것은 그들이 당신의 법을 반포하기 위해 창조를 사용하실 수 있는 분은 창조자이심을 알도록 하기 위해서였다.

14. 한 분이신 하나님은 영원한 복을 위해서만이 아니라 현세적인 번영과

17) 전설상의 스파르타 법 제정자로서 기원전 600년 경. 스파르타의 성격을 변화시킨 개혁의 원인이 그에게 있다고 생각되었다.

관련되어서도 경배되어야 한다. 왜냐하면 모든 일들이 그분의 섭리에 의하여 규제되기 때문이다.

하나님의 백성에 의하여 대표된 인류에 대한 교육은 개인에 대한 교육과 마찬가지로 어떤 시기를 통하여, 혹은 개인의 경우에는 연령을 통하여 진전됨으로써 순간적인 일들로부터 영원한 일들로, 또 보이는 일들로부터 보이지 않는 일로 나아가게끔 되어있었다. 이런 목적은 사람들에게 너무나 분명하게 염두에 두어짐으로써 심지어 현세적인 보상이 약속된 시기라고 할지라도 사람들은 한 분이신 하나님께 경배하도록 명령받았다. 이것은 사람들이 심지어 현생의 세속적인 복과 연관해서조차 인간 영의 참된 창조자요 주인인 분 외의 다른 이를 인정하지 않도록 하기 위해서였다. 왜냐하면 천사를 통해서든지 인간을 통해서든지 우리가 받을 수 있는 모든 일들이 한 분이신 전능자의 손 안에 있음을 부인하는 자는 제정신이 아니기 때문이다.

플라톤주의자인 플로티노스는 섭리에 관하여 논의하면서,[18] 꽃들과 군엽의 아름다움으로부터 그 아름다움이 보이지 않으며 말로 형언할 수 없는 최고 존재인 하나님으로부터 심지어 여기 아래에 있는 세상적인 일에까지조차 섭리가 미침을 입증하고 있다. 그리고 그는 만약 이 연약하고 사멸하는 것들이 보이지 않으며 변하지 않는 아름다움을 만물에 지속적으로 스며들게 하시는 그분에 의하여 조성되지 않았더라면 그토록 정교하며 미세한 아름다움[19]을 가질 수 없었을 것이라고 주장하고 있다. 주 예수께서 다음과 같이 말씀하실 때에도 이 점이 입증되어 있다.

> 들의 백합화가 어떻게 자라는가 생각하여 보라. 수고도 아니하고 길쌈도 아니하느니라. 그러나 내가 너희에게 말하노니 솔로몬의 모든 영광으로도 입은 것이 이 꽃 하나만 같지 못하였느니라. 오늘 있다가 내일 아궁이에 던지우는 들풀도 하나님이 이렇게 입히시거든 하물며 너희일까보냐 믿음이 적은 자들아! (마 6:28-30).

그러므로 아직 연약하게도 세속적인 일들을 바라는 인간의 혼이 이런 일들에 대한 욕구로 인하여 그런 일들을 경멸하고 포기함으로써 우리가 나아가는 그분께 대한 경배로부터 벗어나지 않도록 하기 위하여, 심지어 영원한 복과 비교해서는 경멸받을 만한 이 세상의 세속적인 필요사항들과 자그마한 현세적인 이익마저도 하나님으로부터만 추구하게끔 습관을 붙이는 것이 합당하다.

---

18) *Enn.* 3, 2, 13.

19) 플라톤의 "이데아"이다.

15. 하나님의 섭리를 이루는 도구인 거룩한 천사들의 사역에 관하여

내가 이미 말했으며 우리가 사도행전에서 읽는 바대로(행 7;53 참조) 한 분이신 하나님께 경배드리라고 명령하는 율법이 천사들에 의하여 전해지게 된 것은 하나님의 섭리를 만족시켰다. 그렇지만 하나님 자신의 위격은 가멸적인 존재의 눈에는 보이지 않는 모습으로 남아있으며, 그분께 합당한 본체로서가 아니라 창조주께 순종함으로써 창조에 의하여 제공된 오류없는 징조들에 의하여 천사들 가운데 가시적으로 나타났다. 그분은 또한 인간 언어의 단어를 사용하여, 비록 그 본성으로는 육체적인 방법이 아니라 영적인 방법으로 말하고 있을지라도 계속해서 한 음절 한 음절씩 그들에게 말씀하셨다. 그 말씀은 감각을 대상으로 해서가 아니라 지성을 대상으로 하고 있으며, 시간을 차지하는 단어로 된 것이 아니라 가령 말하는데 시작도 없고 다함도 없는 말씀이다. 그리고 그분이 하시는 말씀은 그분의 불변하는 진리를 향유하면서 영원토록 복받은 그분의 사역자들과 사자(使者)들의 마음의 귀로 정확하게 들리는 것이지, 육적인 귀로는 들리지 않는다. 그래서 사역자들과 사자들은 말로 형용할 수 없는 방법으로 받는 지시사항들을 지체하거나 어려워하지 않고 감각적이며 가시적인 세상에서 실행하는 것이다.

그리고 이 율법은 세상의 연대에 순응하여 부여되었으며, 내가 말했듯이 최초의 세속적인 약속들에 포함되기는 했지만 영원한 약속을 상징해주고 있다. 그리고 이것이 모든 민족에 의하여 기념되는 외적이고 가시적인 의식 의미이지만, 그것을 이해하는 사람은 소수밖에 없다. 그럼에도 불구하고 그 율법의 언어나 가시적인 의식은 신들 무리 중의 한 신이 아니고 천지 및 그분과는 다른 모든 혼과 모든 영을 만드신 한 분 하나님에게 경배드릴 것을 규정짓고 있다. 그분은 창조하셨고, 여타의 만물은 창조되었다. 그리고 만물은 존재하기 위해서나 행복하기 위해서 창조자되신 그분을 필요로 하고 있다.

16. 우리가 신적인 영예를 바치도록 요구하는 천사들이나 그들 자신에게가 아니라 하나님에게 경건한 예배를 드리라고 우리에게 가르치는 자들이 영원한 생명에 이르는 길에 관해서 신뢰될 수 있는가

그렇다면 우리는 이 복되고 영원한 생명에 관한 문제에서 어떤 천사들을 신뢰할 수 있는가? 종교적인 전례와 의식으로 숭배받기를 바라며 인간들이 자기들에게 희생을 드리도록 요구하는 이들인가, 아니면 이 모든 경배가 창조자되신 한 분 하나님에게만 합당하다고 말하면서 그들 스스로 그분을 봄으로써 이미 복되며 그분 안에서 우리도 그렇게 되리라고 약속하는 분에게 참되고 경건하게 경배드리도록 가르치는 이들인가? 왜냐하면 그렇게 하나님을 보는 것은 아주 위대한 미를 목격하는 일이자 무한할 정도로 소망스럽기 때문에 플로티노스는 주저하지 않고서 모든 다른 축복을 풍성하게 향유하되 이것을 소유하지 못하는 사람이 가장 비참하다고 말하고 있기 때문이다.[20]

어떤 천사들은 우리가 이 하나님께 경배드리도록 권유하기 위하여 기적들을 일으키며, 다른 천사들은 그들 자신을 숭배하도록 하기 위하여 기적들을 일으킨다. 전자에 속한 천사들은 이런 숭배행위를 금지하고 있고 후자에 속한 천사들은 감히 우리가 하나님께 경배드리는 일을 금지하지는 않는 형편인데, 우리는 어느 쪽의 말을 들어야 하는가? 플라톤주의자들, 혹은 어떤 철학자들, 혹은 그런 술책들을 행하는 자들에게 아주 좋은 명칭인 페리얼지스트들(periurgists)로 하여금 이 문제에 대하여 답변하게 하라. 간단히 말하여, 적어도 이성적인 존재들로서 창조받을 때 소유하는 본성적인 지각력을 약간이라도 가지고 있는 모든 사람들로 하여금 대답하게 하라. 말하자면 우리가 자기들에게 희생을 드리라고 명령하는 신들이나 천사들에게 희생을 드려야 하는지, 혹은 우리에게 그들 자신이나 다른 이들에 대한 숭배를 금지시킨 자들이 희생을 드리도록 명령한 그 한 분에게 희생을 드려야 하는지 그들로 하여금 말하게 하라.

만약 어느 한 편이나 다른 편이 기적을 일으키지 않고 단지 한 쪽이 자기들에게 희생을 바치라고 하고 다른 쪽이 이를 금하고는 우리가 하나님에게 희생을 드리라고 명령했더라면, 경건한 정신을 소유한 사람은 어떤 명령이 교만한 오만으로부터 나왔으며 어떤 명령이 참된 종교로부터 나왔는지 분별하는데 아무런 어려움이 없었을 것이다. 나는 여기서 더 이상 아무 말도 하지 않을 것이다. 기적이 단지 자신들을 위한 희생을 요구하는 자들에 의하여 행해진 반면에 이런 일을 금하며 한 분 하나님에게만 희생 드리도록 명령한 사람들이 가시적인 기적의 사용을 삼가는 것을 전적으로 타당하다고 생각했다면, 눈뿐만 아니라 이성을 사용할 수 있는 모든 사람들은 후자의 권위를 우선시킬 것이다.

그렇지만 하나님은 우리에게 그분의 진리의 비의를 위임하시기 위하여 자기들의 교만이 아니라 그분의 위엄을 선포하는 이들 불멸의 사자들을 통하여 아주 숭고하며 확실하며 독특한 기적들을 행하셨다. 그리하여 그분은 경건한 자들 중에 연약한 이들이 자기들에게 희생드릴 것을 요구하며 우리의 감각에 엄청나게 호소함으로써 우

---

20) *Enn.*, 1, 6, 7.

리를 확신시키려고 애쓰는 자들에 의하여 거짓 종교로 빠져들지 않게끔 하셨다. 그렇다면 진리가 거짓보다 훨씬 더 충격적인 증거에 의하여 전달된다는 사실을 알고서도 진리를 선택하지 않고 따르지 않을 정도로 철저하게 분별없는 사람이 누가 있겠는가?

역사가 이방의 신들에게 원인을 돌리는 기적들에 관해 언급될 때, 나는 기이한 동물의 출생과 비정상적인 기상학적 현상처럼 단지 사람을 놀라게 만들거나 해(害)도 역시 가하든지 간헐적으로 어떤 알려지지 않은 자연적인 원인에서 발생되기도 하며 하나님의 섭리에 의하여 질서잡히고 정해졌지만 악령들과의 교류와 그들의 아주 기만적인 술책에 의하여 발생되며 제거된다고 사람들이 말하는 기현상들을 가리키고 있지 않다. 내가 말하고자 하는 것은 아이네아스가 트로이로부터 도망칠 때 가지고 나온 수호신들이 이곳저곳으로 옮겨다녔다거나,[21] 타르퀴누스가 면도칼을 가지고 숫돌을 잘랐다거나,[22] 에피다우루스의 뱀이 아이스쿨라피우스가 로마로 항해할 때 동행했다거나,[23] 프리기우스의 대지모신 신상을 운반하던 배가 일단의 남자들과 황소들에 의해서도 꿈쩍하지 않다가 정절의 증거로서 허리띠를 배에다가 묶고 끌었던 한 연약한 소녀에 의해서는 움직였다거나,[24] 처녀성을 의심받던 한 미혼녀가 티베르 강에서 조리 하나를 건져올렸는데 그 조리에는 물이 가득차 있었지만 조금도 흘러 내리지 않음으로써 의심을 풀었다는 이야기[25] 등과 같이 아주 명백히 마귀들의 위력과 권세에 의하여 발생된 일들이다. 이런저런 이야기들은 웅장함과 덕목에 있어서 우리가 읽는 바대로 하나님의 백성 사이에서 발생된 일들과는 결코 비교의 대상이 될 수 없다.

그렇다면 마법과 마술처럼 심지어 이방 민족들의 법에 의해서도 금지되어 있으며 징벌대상이 되는 이적들은 얼마나 비교대상이 되지 못할 것인가? 루카누스(Lucanus)가 달의 크기가 작아지는 원인에 대해서

> 달은 식물들에게 보다 큰 영향을 미치기 위해서

라고 말하고 있듯이,[26] 그러한 마법과 마술의 상당 부분은 단지 감각에 행사되는 환

---

21) Val. Max., 1, 8, 7.
22) Liv., 1, 36.
23) Val. Max., 1, 8, 2.
24) Ovid., *Fast.*, 4, 305 이하.
25) Val. Max., 8, 1, 5.

영일 따름이다. 그리고 그 중 일부가 경건한 자들에 의하여 행해지는 것과 유사하게 보인다고 할지라도 그런 일이 행해지는 목적에 있어서 양자가 구분되며, 그로써 우리가 행하는 일이 비교될 수 없도록 탁월하다는 사실이 드러나 보이게 된다. 왜냐하면 그러한 기적들은 숭배되고자 많이 요구하면 요구할수록 숭배될 자격을 상실하는 다수의 신들을 천거하지만, 우리의 기적들은 그분 자신의 성서가 증거함으로써 또 그 이후에 나타난 현상처럼 제사를 폐하심으로써 그분이 그러한 제사를 필요로 하고 있지 않음을 입증하신 한 분 하나님께 대한 경배를 천거하고 있기 때문이다.

그러므로 어떤 천사들이 자기들에게 제사를 바칠 것을 요구한다고 할지라도, 우리는 그들 자신을 위해서가 아니라 그들이 섬기고 있는 만물의 창조자인 하나님을 위해서 그것을 요구하는 이들을 선택해야 한다. 왜냐하면 그들은 제사에 의하여 그들 자신에게가 아니라 그들 스스로 결코 떨어져 본 적이 없는 그분께로 우리를 인도하기를 원하므로 그들이 우리를 얼마나 진지하게 사랑하는지를 입증하고 있기 때문이다. 다른 한편으로 어떤 천사들이 한 신이 아니라 자기들이 천사로 속해있는 다수의 신들에게 우리가 제사드리기를 원한다고 할지라도, 우리는 모든 신 중에 뛰어나신 한 분 하나님의 천사들이며 우리로 하여금 어떤 다른 신도 숭배하지 못하도록 하기 위해 그분께 경배드리라고 명령하는 이들을 선택해야 한다.

그렇지만 나아가서 그들 자신의 교만과 사술이 가리키고 있듯이 그들이 선한 천사도 아니요 선한 신들의 천사도 아니고 오직 유일한 분이며 최고되신 하나님에게가 아니라 자신들에게 제사가 돌려지기를 원하는 사악한 악령들이라고 한다면, 우리는 선한 천사들 즉 그들 자신에게가 아니라 우리 스스로 산 제물이 되어야 하는 그분에게 제사를 드리도록 명령하는 천사들이 섬기는 한 분이신 하나님의 것 외에 그들에 대한 더 좋은 어떤 방어책을 선택할 수 있는가?

17. 언약궤, 그리고 하나님이 율법과 약속을 권위있게 하신 기적적인 징후들에 관하여

천사들의 중보에 의해서 주어졌으며 모든 다른 신들을 배제시키고 오직 신들 중에 뛰어나신 한 분 하나님만이 거룩한 경배를 받도록 명령한 하나님의 율법이 언약궤라고 불리었던 궤 안에 놓여져 있었던 것은 바로 이런 이유 때문이었다. 비록 그분의 응답이 감각에 의해서 인지되는 징조들을 따라 그곳에서 발산된다고 할지라도,

---

26) *Phars.*, 6, 506, Virg., *Ecl.*, 8, 69 참조.

모든 의식에 의해서 경배되는 하나님이 그 장소에서 갇혔다가 풀려나는 것이 아니라 그분의 의지가 그 자리에서 선언되는 것임이 이 명칭에 의해서 충분하게 지적되었다. 율법 또한 돌판에 새겨져서 내가 이미 말한 대로 제사장들이 광야에 머무는 동안, 동일하게 언약의 막이라고 호칭되었던 성막과 함께 합당한 예우를 갖추어 운반한 궤 속에 놓여졌다. 그리고 이에 수반하여 낮에는 구름이 있고 밤에는 불이 나타나는 징조가 나타났는데, 구름이 움직일 때에는 장막도 이동했고 구름이 멈추어 설 때에는 장막도 발행하지 않았다(출 13:21, 40:34 이하 참조).

언약궤가 있던 장소에서 생겨난 이런 징후와 소리 외에도 율법에 대해서는 다른 기적적인 증거들도 있었다. 언약궤가 약속의 땅으로 들어가는 요단강을 가로질러 운반될 때에는 강의 상류에서 물의 흐름이 멈추어 서고 하류에서 물이 흘러내림으로써 언약궤와 사람들은 마른 땅 위를 지나갈 수 있었던 것이다. 그리고 그들이 맨처음 마주치게 된 적대적이며 다신론적인 도성 둘레로 언약궤가 일곱 번 운반되었을 때, 비록 손을 들어 공격하지 않았으며 파성퇴로 내려치지 않았다고 할지라도 성벽이 갑작스럽게 무너져 내렸다(수 3:16 이하 참조). 또한 나중에 그들이 약속의 땅에 거주하게 되었으나 범죄에 대한 징벌로써 언약궤가 적들에 의하여 강탈당했을 때 그것을 빼앗은 자들이 의기양양한 모습으로 언약궤를 자기들이 좋아하는 신의 신전 안에 두고는 그곳을 잠근 상태로 놓았는데, 다음 날 그들이 신전문을 열어보았을 때 자기들이 기도하곤 하던 신상이 땅에 쓰러져 수치스럽게 부서져있는 모습을 보게 되었다. 그들은 여러 가지 징조들에 아주 놀라며 또 훨씬 더 수치스럽게 징벌받은 후에 언약궤를 원래 자기들이 탈취했던 민족에게로 돌려주었다. 그런데 그들이 그것을 반환했던 방법은 어떠했던가? 그들은 언약궤를 수레 위에다가 싣고는 소 둘을 끌어다가 수레를 메우고 송아지들은 가둔 후에 소들 마음대로 선택하여 길을 가게 했다. 그들은 이런 식으로 하나님의 뜻이 예시되리라고 기대했던 것이다. 소들은 어떤 사람이 몰거나 방향을 잡아주지 않았음에도 불구하고 송아지들의 울부짖음도 개의치 않은 채 경배드리는 자들에게로 언약궤를 돌려주었다.

이런저런 기적들은 하나님에게는 사소하였지만 사람들을 두렵게 하고 건전한 가르침을 베풀기에는 강력한 힘을 가지고 있다. 내가 막 언급해왔듯이 철학자들, 특히 플라톤주의자들은 이 세속적인 일들과 가치없는 일들조차도 신적인 섭리에 의하여 다스려진다고 가르치면서 동물의 신체에서 뿐만이 아니라 심지어 식물과 풀들 안에서조차 관찰되는 수많은 아름다움을 그 증거로 제시하고 있기 때문에 다른 사람들보다 존경받아도 당연하다.[27] 그렇다고 하면 천상에 있든지 지상에 있든지 지하세계에 있든지 어떤 존재에게도 제사를 드리지 못하도록 하며 우리에 대한 그분의 사랑과 그분에 대한 우리의 사랑 때문에 우리를 복되게만 하시는 하나님에게만 제사가 봉헌되도록 명하는 종교가 천거되는 예언된 시기에 발생하는 이런 일들은 얼마나 분명하게 신성(神性)의 존재를 입증하고 있는가? 그 하나님은 그런 제사의 지정된 시기를 마련하심으로써, 또 그런 제사가 보다 나은 제사장에 의하여 보다 나은 제사로 변화된다고 예언하심으로써, 그분이 이런 제사에 대한 욕심이 있는 것이 아니라 그것을 통하여 보다 중요한 다른 복을 예표하셨음을 증명했다. 이 모든 일들은 그분 자신이 이런 명예에 의하여 찬양받기 위해서가 아니라, 우리가 그분의 사랑에 의하여 불타는 마음으로 그분께 경배드리고 또 그분께 붙어있음으로써 그분에게보다 오히려 우리에게 유익이 되도록 감명시킬 목적을 지니고 있다.

18. 하나님의 백성을 교육시키는 기적들에 대해서 교회의 서적들이 신뢰받을 수 없다고 주장하는 자들에 대항하여

이런 기적들이 거짓이며 결코 발생된 적이 없으며 그에 대한 기록은 거짓이라고 말할 사람이 있는가? 그런 식으로 말하면서 그에 관한 어떠한 기록도 믿을 수 없다고 주장하는 사람은 또한 인간들의 문제를 염려하는 신들이 없다고 주장할는지 모른다. 사실상 이방의 신들은 이교의 역사가 입증해주고 있으며 그로써 어떤 참된 예배를 행하는 이상으로 자기들의 능력을 펼쳐보이는 기적적인 일들을 수단으로 해서만 자기들을 숭배하도록 사람들을 유인해왔다. 그렇기 때문에 우리는 10권을 저술하고 있는 이 작업에서 어떠한 신적인 능력도 없다고 주장하거나 신적인 능력이 인간의 일들에 관여하지 않는다고 말하는 자들[28]에 대해 반론을 펴지 않았다.

우리가 대상으로 하는 자들은 거룩하며 아주 영광스러운 도성의 창시자되신 우리 하나님보다 자기들의 신을 더 좋아하며, 그분이 또한 이 가시적이며 변화하는 세상을 창조하신 보이지 않으며 불변하는 분이라는 사실과 창조된 사물들 안에가 아니라 그분 자신 안에 거주하는 복된 생명을 아주 진실되게 베푸는 분임을 알지 못하는 자들이다. 그래서 그분의 아주 진실된 예언자는 "하나님께 가까이 함이 내게 복이라"(시 73:28)고 말하고 있는 것이다. 철학자들 가운데는 우리가 행하는 모든 의무사항들이 어떤 연관된 목적과 선에 도달하기 위함인지 질문을 하는 사람들이 있다.

시편 기자는 재물을 많이 가진다거나 황제의 휘장과 자색옷과 홀과 관을 가지는 것이 내게 복이라고 말하지 않았다. 혹은 그는 심지어 몇몇 철학자들[29]이 얼굴을 붉

27) 14장 참조.

28) 에피쿠로스주의자들.

히지도 않고 말하듯이 육체적인 쾌락을 즐기는 것이 내게 복이라고 말하지 않았고, 좀더 나은 철학자들[30]이 말하는 것처럼 보이는 대로 "나의 복은 나의 정신적인 힘이다"라고 말하지 않고, "하나님께 가까이 함이 내게 복이라"고 말하고 있다. 그는 거룩한 천사들이 기적을 증거로 수반하여 유일한 경배 대상으로 제시해주었던 그분으로부터 이 사실을 배웠다. 그러므로 그는 스스로 하나님의 제물이 되었고, 그분께 대한 영적인 사랑을 불태우며, 말로 형용할 수 없으며 육체가 아닌 그 품속으로 자신을 던지고자 소망했다.

게다가 많은 신들을 숭배하는 자들은 — 그들이 어떤 종류의 신을 상상하든지 간에 — 나라의 역사 혹은 마법책 혹은 보다 품위있는 접신술의 책들에 기록된 기적들이 이들 신들에 의하여 행해졌다고 믿고 있다. 그렇다면 그 안에서 우리에게 경배드리라고 가르치는 그분이 위대하신 만큼 큰 정도로 우리가 믿음의 토대를 두고 있는 책들 안에 기록된 기적들을 그들이 믿지 않으려고 하는 이유는 무엇인가?

19. 참된 종교가 가르치듯이 참되며 눈에 보이지 않는 한 분이신 하나님께 눈에 보이는 제사를 드려도 타당한지에 관하여

어떤 사람들은, 이런 가시적인 제사가 다른 신들에게 드려져도 타당하지만, 모든 다른 신들보다 위대하며 더 나으며 눈에 보이지 않는 한 분이신 하나님에게는 위대하며 더 나으며 눈에 보이지 않는 제사만이 적합하다고 하면서, 그런 제사는 순수한 마음과 선한 의지를 봉헌하는 일이라고 생각한다. 그렇지만 그들은 우리에게 있어서 언어가 사물을 상징하듯이 이런 가시적인 제사가 보이지 않는 제사의 상징이란 사실을 망각하고 있음에 틀림없다. 그러므로 우리는 기도할 때나 찬양할 때 우리의 마음 속에서 표현하고 있는 그 감정을 그분께 드리는 것처럼 의미있는 언어를 그분께로 향하고 있다. 마찬가지로 우리는 제사에서도 우리 마음 속에서 보이지 않는 제사로 우리 자신을 드려야 하는 그분에게만 가시적인 제사를 드리고 있다는 사실을 이해해야 한다. 선함과 경건함으로써 능력을 가진(시 103:20) 천사들 즉 모든 초능력적인 권세들이 기쁨을 가지고 우리를 바라보며 우리와 함께 기뻐하며 능력껏 우리를 도와주는 것은 바로 그때이다.

그렇지만 그들은 우리가 자기들에게 그러한 숭배행위를 바친다면 그것을 거절한

---

29) 퀴레네 학파.
30) 스토아주의자들.

다. 그리고 인간들에게 어떤 소명이 있어서 감각기관들에 보일 수 있게 될 때에도 숭배받는 일을 단호하게 금지시킨다. 이에 관한 실례들은 성경에 나와있다. 어떤 사람들은 자기들이 숭배나 희생에 의하여 하나님에게 합당한 바와 똑같은 영예를 천사들에게 부여해야 한다고 생각했다가 천사들 스스로에 의하여 그렇게 하지 못하도록 금지되며 천사들이 아는 바대로 그런 일이 합당한 그분에게만 그렇게 하도록 명령받았다(출 22:20; 삿 13:16; 계 19:20; 22:8 이하). 그리고 거룩한 천사들은 이 점에 있어서 하나님의 거룩한 사람들에 의하여 모방되었다. 왜냐하면 바울과 바나바도 루스드라에서 치유의 기적을 행한 후에 신들로 생각되어 루스드라인들이 그들에게 제사드리고자 소망했을 때 겸손하고도 경건하게 이러한 영예를 거절하고는 그들이 믿어야 하는 하나님을 전했기 때문이다(행 14:7 이하).

그리고 숭배받고자 강요하는 그들 기만적이며 교만한 영들은 단지 그것이 참되신 하나님에게 합당하다고 알고 있기 때문에 그렇게 한다. 왜냐하면 그들이 기쁨을 얻는 것은, 포르피리오스가 말하고 있으며 어떤 이들이 상상하고 있듯이,[31] 희생제물의 냄새가 아니라, 신적인 영예이기 때문이다. 사실상 그들은 주체하지 못할 정도로 많은 냄새를 가지고 있으므로 더 원하기만 했다면 스스로의 힘으로 그것을 제공받을 수 있었다. 그러나 신성을 참칭하는 영들은 시체에서 풍기는 냄새가 아니라 기만당하여 그들의 지배에 들어가서 간구하는 영에게서 기쁨을 얻는다. 그런 영들은 참되신 하나님에게로 나아가는 길을 막음으로써, 사람이 어떤 다른 존재에게 희생이 되는 한, 하나님께 희생이 되지 못하게끔 만들고 있다.

20. 하나님과 사람들 사이의 중보자에 의하여 수행되었으며 최고이자 참된 제사에 관하여

그러므로 참되신 중보자는 — 그분은 종의 형체를 가져(빌 2:7) 하나님과 사람 사이의 중보자 곧 사람이신 예수 그리스도(딤전 2:5)이기 때문이다 — 그분과 더불어 한 분 하나님인 성부와 연합하여 제사를 받으신다. 그렇지만 그분은 제사를 받기보다는 오히려 종의 형체로서 희생이 되기를 선택하심으로써, 심지어 이런 상황에서조차 어떤 이가 어떤 피조물에게 제사를 드려야 한다고 생각하지 못하도록 했다. 그래서 그분은 제사를 봉헌하는 제사장이기도 하며 봉헌된 희생이기도 하다. 그리고 그분은 그분의 몸이기 때문에 그분을 통하여 자신을 드리는 것을 배우는 교회의 일

31) 11장 참조.

상적인 제사가 이에 대한 상징이 되도록 계획하셨다. 이런 참된 제사에 관해서는 성도들의 과거의 제사들이 다양하고 수많은 상징이 되었다. 그리고 마치 한 가지 사물이 다양한 단어들로 상징됨으로써 우리가 그에 관하여 말을 많이 할 때에 싫증내지 않도록 하기 위해 그 제사는 다양한 모습으로 나타났다. 이 최고이며 참된 제사 앞에서 모든 거짓된 제사들은 자리를 내주었다.

21. 성도들을 시험하고 영광스럽게 하기 위하여 악령들에게 위임된 권한에 관하여:성도들은 공중의 영들을 달램으로써가 아니라 하나님 안에 거함으로써 승리를 얻는다.

사실 악령들은 하나님의 도성에 대항하여 자기들의 영향력 아래에 있는 사람들을 충동질함으로써 그 도성에 대한 적대감을 표시하기 위하여, 또 자의적으로 제사를 바치는 사람들로부터 제사를 받을 뿐만 아니라 격렬한 박해로써 원하지 않는 사람들로부터도 제사를 강탈해내기 위하여 제한되며 미리 확정된 어떤 시기에 권한을 위임받았다. 그러나 이 권한은 해가 없을 뿐만 아니라, 순교자들의 수를 채워줌으로써(계 6:11 참조) 심지어 교회에 유익하기까지하다는 사실이 판명되었다. 하나님의 도성은 순교자들이 불경건한 죄에 대항하여 피 흘리기까지(히 12:4 참조) 싸웠기 때문에 이들을 가장 영광스러우며 명예로운 시민으로 존중하는 것이다.

교회의 일반적인 용법이 허락한다면 우리는 보다 고상하게 이런 사람들을 우리의 영웅이라고 부를 수도 있다. 왜냐하면 이 단어는 그리스어로 헤라(Hera)라고 불리었던 유노에게서 파생되었다고 하는데, 그리스 신화에 따르면 그녀의 아들들 중 한 명이 헤로스(영웅)라고 호칭되었기 때문이다.[32] 이런 신화들은 신비하게도 유노가 그들의 생각대로 마귀들과 영웅들의 거주지인 공중의 여주인이었음을 상징하고 있는데, 여기서 말하는 영웅들은 공로가 있는 사자(死者)의 혼들로 이해되고 있다. 그렇지만 내가 말했듯이 우리의 교회적인 어법이 허락한다고 가정한다면, 우리는 정반대되는 이유 때문에 우리의 순교자들을 영웅이라고 부를 것이다. 그들은 공중에서 악령들과 오랫동안 살았기 때문에 영웅인 것이 아니라, 이런 악령들 혹은 공중의 권세 잡은 자들(엡 2:2 참조)과 그 가운데 있는 유노를 정복했기 때문에 영웅이다. 우리가 유노의 이름의 의미를 어떻게 생각하든지 간에, 시인들은 흔히 유노가 덕에 적대적이며 하늘에 오르려고 애쓰는 용감한 사람들을 시기하고 있다고 묘사한다. 그러

---

32) "영웅"과 헤라는 관련이 없다. 헤로스는 정체불명이다. 아우구스티누스는 분명히 헤라를 aer("공기")와 연관시킨다.

나 베르길리우스는 불행하게도 그녀에게 굴복하고 복종한다. 왜냐하면 그는 그녀로 하여금 "나는 아이네아스에 의하여 정복당했다"[33]라고 말하게끔 하면서도, 헬레누스로 하여금 아이네아스 자신에게 다음과 같은 종교적인 조언을 하게끔 하기 때문이다.

> 유노에게 서약하라. 선물과 기도로써 그 강력한 여왕의 마음을 얻으라.[34]

포르피리오스도 이 견해를 따라 ― 그러나 자신의 견해라기보다는 다른 사람들의 견해를 표명한 것이다 ― 선한 신 혹은 영이 인간에게 나아올 때에는 반드시 악한 영이 우선적으로 달램받아야 한다고 말하고 있다. 이것은 악한 신의 능력이 선한 신의 능력보다 더 크다는 것을 의미하고 있다. 왜냐하면 악한 신들이 달램받고 자리를 양보하기 이전에는 선한 신들이 아무런 도움도 줄 수 없기 때문이다. 악한 신들이 반대한다면 선한 신들은 어찌할 수 없으나, 악한 신들은 선한 신들로부터 아무런 제지를 받지 않고도 해를 끼칠 수 있다. 참되며 참으로 진실된 종교가 가르치는 방법은 이렇지 않다. 우리의 순교자들은 유노 즉 경건한 자들의 덕을 시기하는 공중의 권세잡은 자를 이런 방법으로 정복하지 않는다. 우리가 그렇게 부를 수 있다면, 우리의 영웅들은 간구의 선물로써가 아니라 신적인 덕목으로써 헤라를 제압한다. 스키피오는 무용(武勇)으로써 아프리카를 정복했기 때문에 정당하게도 아프리카누스라고 호칭되고 있음에 틀림없다. 만약 그가 선물로써 적을 달래어 그들의 자비를 얻었다면 그런 칭호에 합당하지 않았을 것이다.

22. 성도들은 마귀들에 대항하는 권세와 참된 마음의 청결을 어디로부터 얻는가

하나님의 사람들이 경건한 일에 반대하는 공중의 적대적인 세력을 축출하는 것은 참된 경건에 의해서이다. 그리고 그것을 달램으로써가 아니라 몰아냄으로써이다. 그리고 그들은 그 세력에게가 아니라 그 세력에 대항하는 그들 자신의 하나님에게 기도함으로써 적의 온갖 유혹을 이겨낸다. 왜냐하면 귀신은 죄와 짝해있는 자 외에는 어느 누구도 정복하거나 굴복시킬 수 없기 때문이다. 그러므로 그 세력은 사람의 모양을 입었지만 죄는 전혀 없으신 분의 이름으로 정복되었다. 그래서 제사장이자

---

33) *Aen.*, 7, 310.
34) *Aen.*, 3, 418 이하.

희생인 그분, 곧 "하나님과 사람 사이의 중보인 사람이신 그리스도 예수"(딤전 2:5)를 통하여 속죄가 효력을 얻게 되어 우리는 죄로부터 정결해지고 하나님과 화목하게 되었다. 왜냐하면 인간은 오직 죄에 의해서만 하나님으로부터 분리되었기 때문이다. 우리가 이 삶에서 죄로부터 정결하게 되는 것은 우리 자신의 덕목이 무엇이든지 그것 자체가 그분의 선하심에 의하여 우리에게 부여되었기 때문이다. 그리고 우리는 육신을 떠날 때까지 사죄함을 받은 상태로 살지 않는다면, 너무 많은 원인을 육신 가운데 있는 우리 자신에게 돌릴 수 있다. 바로 이 때문에 중보자를 통하여 이 은혜가 우리에게 허락됨으로써 범죄한 육신에 의하여 더럽혀진 우리가 같은 모양의 범죄한 육신(롬 8:3)에 의하여 정결하게 되었던 것이다. 우리는 하나님이 우리에 대하여 커다란 사랑을 보이신 이 은혜에 의하여 현생에서는 믿음에 의하여 안내되며, 이후의 생에서는 계속해서 불변하는 진리를 봄으로써 온전한 완성으로 인도된다.

23. 플라톤주의자들에 따르면 혼의 정결을 규제하는 제원리에 관하여

심지어 포르피리오스조차도 우리가 태양이나 달에 어떤 제사를 바침으로써 정결하게 되지는 않는다는 사실이 신탁에 의하여 드러났다고 주장한다. 그는 이러한 대답을 하는 목적이 우리가 아무 신들에게나 희생을 바침으로써 정결해질 수는 없다는 점을 분명하게 하는 것이라고 말하고 있다. 천상의 신들 중 최고라고 존중받는 태양과 달의 비의(秘儀)가 사람을 정결하게 하지 못한다면, 어떤 비의가 우리를 정결하게 해줄 수 있다는 말인가? 포르피리오스는 같은 장소에서 "제원리"(諸原理)가 정결케 해줄 수 있다고 말하고 있다. 이것은 태양과 달에 제사를 바침으로써 정결해질 수는 없다는 그의 말로부터 사람들이 어떤 다른 일군의 신들에게 제사를 바침으로써 정결해질 수 있다고 생각하지 않도록 만들기 위한 목적을 가지고 있다.

우리는 플라톤주의자인 그가 "제원리"[35]라는 말로 무엇을 의미하는지 알지 못한다. 그는 성부 하나님 및 그가 그리스어로 성부의 지성 혹은 정신이라고 부르는 성자 하나님에 대해서 말하고 있지만, 성령에 대해서는 아무 말이나 어떤 분명한 언급도 전혀 하고 있지 않다. 나는 그가 성부와 성자 사이에 중간적인 위치를 차지하는 것으로 어떤 다른 것을 말하고 있는지 이해하지 못한다. 만약 그가 세 원리적 존재

---

35) 원리들 혹은 시작(그리스어로는 archai). 신플라톤주의의 삼위일체는 알렉산드리아의 키릴이 이렇게 묘사했다(c. Jul., 8). "플라톤은 신의 본질이 셋의 실체들(hypostaseis, '位')로 흘러나온다고 말했다. 최고의 신은 선한 존재이며, 그 뒤에 두번째로 창조주(the Demiurge)가 있고, 세번째로 세상의 혼이 있다."

들[36]에 관해 논의하는 플로티노스처럼 우리가 영혼의 본성을 세번째의 것으로 이해하기를 원했더라면, 그는 분명히 이 양자 즉 성부와 성자 사이의 중간적인 위치를 거기에 부여하지는 않았을 것이다. 왜냐하면 플로티노스는 영혼의 본성을 성부의 지성 다음에다가 위치시킨 반면에[37] 포르피리오스는 중간적인 위치에 있는 실체에 관해서 말하면서 양자의 뒤가 아니라 그 가운데 위치시키고 있기 때문이다. 의심할 바 없이 그는 자신의 빛에 따라, 혹은 자기가 편리하다고 생각하는 바대로 말했다. 그러나 우리는 성령이 성부만의 영이라거나 성자만의 영이 아니라 양자의 영이라고 주장하고 있다. 왜냐하면 철학자들은 마음에 떠오르는 바대로 말하면서 아주 어려운 문제들에 있어서도 믿음을 가진 사람들의 귀에 거슬리는 말을 주저없이 하는 반면에, 우리 그리스도인들은 아무렇게나 말함으로써 우리가 말하는 문제들에 대해서 불경건한 견해를 낳지 않도록 일정한 규범[38]에 따라 말해야 하기 때문이다.

24. 인간의 본성을 정결하게 하며 새롭게 하는 유일하게 참된 원리에 관하여

따라서 비록 우리는 성부와 성자와 성령 각각에 대해서 말할 때에는 각각 하나님이라고 고백하기는 하지만, 하나님에 관하여 말할 때에는 둘 혹은 셋의 원리가 있다고 인정하지 않으며 더군다나 제멋대로 둘 또는 세 신이 있다고 주장하지는 않는다. 그러나 우리는 사벨리우스파 이단[39]이 말하듯이 성부가 성자와 동일하다거나 성령이 성부 및 성자와 동일하다고 말하지도 않는다. 우리는 성부가 성자의 성부요, 성자는 성부의 성자이며, 성부와 성자의 성령은 성부도 아니고 성자도 아니라고 말하고 있다. 그러므로 플라톤주의자들은 비록 복수(複數)의 원리들에 대해서 말함으로써 오류에 빠지기는 했지만, 인간이 단지 하나의 근원에 의하여 정결하게 된다는 말에서는 틀리지 않았다.

그렇지만 포르피리오스는 자신이 그 영향력을 부끄러워하기도 하고 던져버리기를 두려워하기도 하는 이런 시기심많은 권세들의 지배하에 있기 때문에 그리스도께서 그분의 성육신에 의하여 우리가 정결하게 되는 근원임을 인정하지 않으려고 했

36) *Enn.*, 45, 1.
37) *Enn.*, 45, 6.
38) 일정한 규범. 15권 주 7 참조.
39) 3세기의 양태론적 군주신론자(Modalist Monarchians)로서 이들은 삼위를 신적 행동의 연속적인 양식으로 설명했다.

다. 사실 그는 그분이 우리의 정결을 위한 희생을 제공하기 위하여 취하신 육신 자체 때문에 그분을 경멸했다. 물론 포르피리오스가 이런 위대한 신비를 몰랐던 것은 그의 교만함 때문이었다. 그런데 우리의 참되며 자비로우신 중보자는 스스로 죽을 목숨을 지닌 인간의 모습을 가지고 가멸적인 인간들에게 자신을 드러내심으로써 그 겸손함으로 이런 교만함을 뒤엎었다.

거짓되고 사악한 중보자들이 불멸적인 존재로서 가멸적인 존재들을 돕겠다고 거짓된 약속을 함으로써 비참한 인간들을 기만하며 자기들의 우월성을 자랑했던 것은 그들이 가멸적인 상태로부터 풀려나 있었기 때문이다. 그래서 선하고 참된 중보자는 죄가 악하지 육신의 존재나 본성이 악한 것은 아님을 보이셨다. 왜냐하면 육신은 인간의 혼과 함께 죄가 없이 그 모습이 취해지기도 하고 유지되기도 하며, 죽음으로써 버려질 수도 있으며, 부활에 의하여 보다 나은 어떤 것으로 변화되기도 하기 때문이다. 그분은 또한 죽음 자체가 그분 스스로 죄 없이도 우리를 위하여 당하신 죄에 대한 형벌이기는 하지만 범죄로써 회피해야 하는 것이 아니라, 기회가 주어진다면 의를 위하여 참아내야 하는 것임을 보이셨다. 왜냐하면 그분이 죽음으로써 우리의 죄에 대한 대가를 치를 수 있었던 것은 단지 그분이 죽었고 그의 죽음이 죄에 대한 형벌이 아니었기 때문이다.

그러나 이 플라톤주의자(포르피리오스)는 그리스도가 근원이란 사실을 깨닫지 못했다. 그렇지 않았다면 그는 그분을 정결케하는 분으로 인정했을 것이다. 그 근원은 그리스도 안에 있는 육신도 아니고 인간의 혼도 아니고 오직 만물이 그로 말미암아 생겨난 말씀이다. 그러므로 육신은 자체의 덕에 의해서가 아니라 "말씀이 육신이 되어 우리 가운데 거하시매"(요 1:14)라고 할 때 말씀이 취한 그 덕에 의하여 정결케 된다. 그리스도께서 신비스럽게도 자기 살을 먹으라고 말씀하자 그분을 이해하지 못했던 사람들이 충격을 받아 "이 말씀은 어렵도다 누가 들을 수 있느냐"(요 6:60)고 말하며 떠나갈 때, 그분은 남아있는 사람들에게 "살리는 것은 영이니 육은 무익하니라"(요 6:62)고 대답했다. 그러므로 그 근원은 인간의 혼과 육을 입었기 때문에 믿는 자들의 혼과 육을 깨끗하게 만든다. 그러므로 유대인들이 그분에게 "네가 누구

---

40) "그리스도는 …… 원리이다." "네가 누구냐?"라는 물음에 대한 그리스도의 답변이 나오는 요 8:25의 그리스어 역어는 애매모호하다. 이 말은 "내가 너희들에게 처음에 말한 것"을 의미할 수도 있었고, "내가 도대체 왜 너희들에게 말하는가?"를 의미할 수도 있었다. 라틴어판 성경에서는 아우구스티누스가 취한 바와 마찬가지로 principium(ten archen을 "처음으로" 혹은 "at all"로 번역함으로써)이 주어일 수 있으므로 그 대답을 "나는 처음(원리)이라"고 번역함으로써 또다른 애매한 점이 생겨난다.

냐?"고 물을 때, 그분은 "내가 근원이다"[40] (우리말 번역에는 "나는 처음부터 너희에게 말하여 온 자니라"고 되어있다)라고 대답했다.

그리고 육체적이며 연약한 우리 인간들은 죄를 범하기 쉽고 무지의 흑암 속에 감싸여 있기 때문에 우리가 본래 모습과 본래 아닌 모습을 수단으로 하여 그분에 의하여 정결하게 되고 치유되지 않았다면, 아마도 이것을 이해할 수 없었을 것이다. 왜냐하면 그분의 성육신 안에는 인간의 본성이 있으되 의로우며 죄가 없었던 반면에, 우리는 인간이되 의롭지 않았기 때문이다. 이것은 타락하고 실족한 자들에게 손이 뻗쳐질 수 있는 매개체였다. 또 이것은 "천사가 전한"(행 7:53) 씨인데, 그들의 중보에 의하여 한 분 하나님께 대한 경배를 명령하며 이 중보자가 온다고 약속한 율법이 주어졌던 것이다.

25. 모든 성도들은 율법 아래에서 살았던지 그보다 앞서 살았던지 그리스도의 성육신의 신비에 대한 믿음에 의하여 의롭게 되었다.

율법이 히브리인들에게 주어지기 전이든지(왜냐하면 그때에조차 하나님과 천사들은 가르침을 베풀었기 때문이다) 율법 아래의 시기이든지 영적인 것들에 대한 약속들이 외형적으로 제시될 때 물질적인 보상인 것처럼 보이므로 구약(舊約)이라고 호칭되기는 했지만, 옛 의인들이 경건하게 삶으로써 정결하게 될 수 있었던 것은 이 신비에 대한 믿음에 의해서였다.

왜냐하면 그 때에도 예언자들이 살았는데 천사들에 의해서와 마찬가지로 그들에 의해서 동일한 약속이 선포되었기 때문이다. "여호와께 가까이 함이 내게 복이라"(시 73:28)[41]는 구절대로 인간의 목적과 최고선에 관한 위대하며 영감넘치는 감정을 내가 막 인용한 사람도 그들 가운데 속해 있었다. 이 시편에는 구약과 신약 사이의 구분이 명확하게 드러나있다. 왜냐하면 시편 기자는 불경건한 자들이 세속적이며 물질적인 약속들을 풍성하게 향유한다는 사실을 알고는, 거의 실족할 뻔하였고 걸음이 미끄러질 뻔하였기 때문이다(시 73:2). 그는 하나님을 경멸하던 자들이 자기가 하나님의 손에서 찾던 그 번영에서 형통함을 보았을 때 마치 자기가 하나님을 헛되이 섬겼던 것처럼 보였다. 그는 또한 왜 그러한지의 이유를 이해하려는 생각에서 이 문제를 살펴볼 때, 헛된 노력을 기울이다가 마침내 그가 하나님의 성소에 들어가서는 그가 행복하다고 잘못 알았던 자들의 결국을 깨달았다고 말하고 있다.

---

41) 시 73:28. 아우구스티누스는 계속해서 이 시편의 17절로부터 28절까지의 구절을 부연하여 해석하고 있다.

그때 그는 그들이 그가 말하는 대로 스스로 자랑했던 바로 그것에 의하여 파멸에 던져졌고, 스스로의 죄악 때문에 황폐해지며 전멸되었으며, 사람이 잠에서 깨어나서는 갑자기 자기가 꿈 속에서 보았던 모든 즐거움을 빼앗기듯이 현세적인 번영의 전 구조가 꿈처럼 되었다는 사실을 이해하게 되었다. 그리고 이 세상 혹은 세상 도성에서는 그들이 스스로에게 위대하게 보이기 때문에, 그는 "주여, 당신의 도성에서 당신은 그들의 형상을 멸시하시리이다"라고 말하고 있다.

또한 그는 자신이 심지어 세상적인 축복들조차 모든 것들을 그 능력 안에 두신 참되신 한 분 하나님께로부터만 구했던 것이 얼마나 유익했는지 보여주고 있다. 그래서 그는 "내가 …… 주의 앞에 짐승이오나 내가 항상 주와 함께 하니"라고 말하고 있다. 여기서 그가 "짐승이오나"라고 말할 때의 의미는 자신이 어리석었다는 것이다.

> 저는 악인들과 공유할 수 없는 것들을 당신께로부터 받기를 소망했어야 합니다. 그러나 저는 악인들이 이런 재물을 풍성하게 공급받는 것을 보고는 당신을 섬기기를 거절한 자들조차 이런 재물을 향유한다고 생각하고서 제가 당신을 헛되이 섬겼노라고 생각했습니다. 그럼에도 불구하고 저는 "항상 주와 함께 합니다." 왜냐하면 저는 그런 유익들을 추구할 때조차도 어떤 다른 신들께 간구하지 않았기 때문입니다.

따라서 그는 계속해서 이렇게 말하고 있다.

> 주께서 내 오른손을 붙드셨나이다. 주의 교훈으로 나를 인도하시고 후에는 영광으로 나를 인도하시리니(시 73:23-24).

그가 비록 악인들이 세상적인 이익들을 향유하는 모습을 보았을 때 거의 실족할 뻔하였다고 할지라도, 그 모든 것들은 그에게 왼쪽 손에 있는 축복인 것처럼 보였다. 그는 "하늘에서는 주 외에 누가 내게 있으리요 땅에서는 주밖에 나의 사모할 자 없나이다"(시 73:25)라고 고백하고 있다. 그는 자신을 책망하고 있으며 정당하게도 자신에 대하여 불만스럽게 생각하고 있다. 왜냐하면 그는 비록 하늘에 그토록 광대한 재물을 가지고 있다고 할지라도(나중에 그가 이해했던 바처럼) 우리가 자신의 하나님께로부터 진창 속의 행복이라고 말할 수도 있는 현세적이며 순간적인 행복을 땅에서 추구했기 때문이다. 그는 "내 육체와 마음은 쇠잔하나"라고 말하고 있다. 위에 있는 것들을 얻기 위하여 아래에 있는 것들을 잃어버렸으니 이 얼마나 행복한 쇠잔함인가! 그러므로 그는 다른 시편에서 "내 영혼이 여호와의 궁정을 사모하여 쇠약함이여"(시 84:2)라든지, 또 "나의 영혼이 주의 구원을 사모하기에 피곤하오나"(시 119:81)라고 말하고 있다. 그러나 그는 자신의 육체와 마음이 쇠잔하고 있다고 말했지만, "내 마음과 육체의 하나님"이라고 하지 않고 "내 마음의 하나님"이라고 덧붙이고 있다. 왜냐하면 육신은 마음에 의하여 정결하게 되기 때문이다. 따라서 주님께서는 "너는 먼저 안을 깨끗이 하라. 그러하면 겉도 깨끗하리라"(마 23:26)고 말씀하고 있다.

시편 기자는 계속해서 자신의 "분깃"이 하나님에게서 나온 무엇이 아니라, 그분 자신이라고 말하고 있다. "내 마음의 하나님은 영원한 분깃이시라." 인간이 선택하는 여러 가지 대상들 가운데 하나님만이 인간을 만족시켰다. 그는 "대저 주를 멀리하는 자는 망하리니 음녀같이 주를 떠난 자를 주께서 다 멸하셨나이다"라고 말하고 있다. 여기서 말하는 음녀는 많은 신들에게 몸을 굽히는 자들을 말하고 있다. 그런 다음 시편의 모든 다른 구절들이 이것을 위하여 예비된 듯이 보이는 구절이 나온다. "여호와를 가까이 함이 내게 복이라." 이 말은 주를 멀리하지 말며, 음녀처럼 많은 신들에게 몸을 팔러 다니지 말라는 뜻이다. 그렇다면 우리 안에서 회복되어야 하는 모든 것이 회복되었을 때 하나님과의 이러한 결합은 온전해질 것이다.

그렇지만 우리는 현재로서는 시편 기자가 말하는 대로 "우리의 소망을 하나님 안에" 두어야 한다. 그 사도의 말처럼 "보이는 소망이 소망이 아니니 보는 것을 누가 바라리요 만일 우리가 보지 못하는 것을 바라면 참음으로 기다릴지니라"(롬 8:24-25). 이제 우리는 이러한 소망 안에 서 있기 때문에 시편 기자가 이어서 가리키는 것을 실행하여 하나님의 뜻을 선포하며 그분의 영광과 은혜를 찬양함으로써 우리의 빈약한 능력이 닿는 한 하나님의 천사, 혹은 사자(使者)가 되도록 하자. 그는 "우리의 소망을 하나님 안에 두며"라고 말한 뒤에, 이어서 "내가 시온의 딸의 문에서 당신을 향한 모든 찬양을 선포하기 위함이라"(70인역 참조)고 말하고 있다. 시온의 딸은 아주 영광스러운 하나님의 도성이다. 그 딸은 한 분 하나님을 알며 그분께 경배드리는 도성이다. 그녀는 우리를 자기들의 사귐 속에 들도록 초대하며 우리가 이 도성에서 자기들과 더불어 동료시민이 될 것을 바라는 거룩한 천사들에 의하여 널리 알려진다. 왜냐하면 천사들은 우리가 자기들을 우리의 신으로 섬기는 것이 아니라, 자기들의 하나님이자 우리의 하나님이기도 한 분께 경배드리는 데 우리가 그들과 연합하기를 바라고 있기 때문이다.

다시 말해, 그들은 우리가 자기들에게 희생 바치기를 원하는 것이 아니라, 우리가 자기들과 더불어 하나님에게 희생이 되기를 원하고 있는 것이다. 따라서 사악한 고집을 버리고 이런 일들에 대해 생각해보는 사람이라면 누구든지, 우리를 시기하지 않고(왜냐하면 그들이 우리를 시기한다면 그들은 복되지 않기 때문이다) 오히려 우리를 사랑하며 우리가 자기들처럼 복되기를 바라는 이 모든 복되며 불멸적인 영들이 자기들에게 희생을 바치고 자기들을 숭배하는 경우보다 성부와 성자와 성령이신 한 분 하나님께 경배드리는 데 있어서 우리가 자기들과 연합할 때 더 큰 기쁨을 가지고 우리를 지켜주며 더 큰 도움을 제공해준다는 사실을 확실히 알게 될 것이다.

26. 참되신 하나님에 대한 고백과 악령들에 대한 숭배 사이에서 갈팡질팡하는 포르피리오스의 연약함에 대하여

나는 어떻게 그러한지에 대해서는 알지 못하지만, 포르피리오스가 자기의 친구인 접신술하는 자들 때문에 얼굴을 붉혔던 것으로 생각된다. 왜냐하면 그는 내가 제시해온 모든 것을 알고 있었으면서도, 다신론적인 숭배행위를 솔직히 비난하지 않았기 때문이다. 사실상 그는 어떤 부류의 천사들은 땅을 방문하여 접신술하는 자들에게 신적인 진리를 계시해주며, 다른 부류의 천사들은 성부께 속한 것들 곧 그분의 높이와 깊이에 대하여 공표한다고 말했다.

그렇다면 아 철학자여, 당신이 아직도 참된 덕목이나 참된 하나님의 은사에 적대적인 권세들에게 대항하여 자유롭게 말하는 것을 두려워하는 이유가 무엇인가? 당신은 이미 이상한 술책에 의하여 이끌리는 접신술하는 자들을 방문하는 자들과 하나님의 뜻을 선포하는 천사들이 어떻게 다른지 분별했다. 무슨 이유로 당신은 전자(前者)에게 신적인 진리를 선포하는 명예를 부여하는가? 만약 그들이 성부의 뜻을 선포하지 않는다면, 그들은 어떠한 신적인 계시를 내릴 수 있는가? 이들은 다른 이들에게 혼의 정결함을 부여할 수 없도록 시기심 많은 사람의 주문에 결박되어 있는 악한 영들이 아닌가?[42] 당신이 말하고 있듯이 정결함을 갈망하는 선한 사람도 이들을 속박으로부터 자유롭게 할 수 없으며 그들에게 행동의 자유를 회복시킬 수 없었다. 당신은 여전히 이들이 사악한 의식에 의하여 당신을 유혹하여 마치 굉장한 호의라도 되는 듯이 이런 비정상적이며 해로운 마법을 가르쳤던 접신술하는 자들을 불쾌하게 만들지 않기 위해 아무것도 모르는 척하고 있는가? 당신은 뻔뻔스럽게도 이들 시기심많은 권세들, 아니 차라리 역병(疫病)이라고 부르고 싶은 존재들, 혹은 당신의 평가대로 주인이라기보다는 종이라고 부르기에 적합한 존재들을 공중 위에, 심지어 천상에까지 올려놓으려고 하는가? 그리고 당신은 이들을 신(神)인 별들 사이에 위치시킴으로 별들 자신들도 그렇게 불명예스럽게 만들고도 부끄럽지 않은가?

---

42) 9장 참조.

27. 심지어 아풀레이우스의 오류보다도 더 악한 포르피리오스의 불경건에 관하여

당신과 비교해 보면 동료 플라톤주의자인 아풀레이우스의 오류는 얼마나 더 용납받을 만하며, 얼마나 인간의 감정과 합치되는가! 왜냐하면 아풀레이우스는 질병이나 폭풍우와도 같은 인간의 감정의 원인을 바로 달 아래에 자리잡고 있는 악령들에게만 돌렸기 때문이다.[43] 그는 그들을 존중했으나, 그럼에도 불구하고 그가 좋아하든지 악령들이 그러한 상황에 처해있다는 사실을 인정해야 했다. 그렇지만 그는 그 광채가 두드러진 태양 및 달, 그리고 다른 발광체처럼 눈에 보이든지 눈에 보이지 않지만 있다고 믿었으며 에테르 지역에 거주하는 최고의 신들에 관해서는 그러한 감정의 오점으로부터 면제시키고자 최선을 다하고 있다.

당신이 인간의 악덕을 세상의 에테르 지역 및 창공 지역, 그리고 천상에 있는 창공으로까지 이끌어 올리도록 배우고 그럼으로써 당신의 접신술사들이 당신의 신들로부터 신적인 계시들을 받을 수 있게 된 것은, 플라톤으로부터가 아니라 당신의 갈대아인 교사들로부터이다. 그러나 당신은 당신의 지성적인 생명 때문에 당신 자신이 그러한 신적인 계시보다도 우위에 있다고 생각하고 있다. 물론 당신은 철학자로서 접신술의 정화의식을 조금도 필요치 않음을 느끼고도 있다. 그러나 당신은 당신의 스승들에게 진 빚에 대한 보답의 일종으로서 다른 사람들에 대한 정화의식을 추천하고 있다. 당신은 철학자가 될 수 없는 사람들을 유혹하여 당신 스스로는 고상한 일들을 행할 수 있기 때문에 불필요하다고 인정하는 것들에 탐닉하게끔 만들고 있다. 그리하여 대중들에게는 너무나 힘들기 때문에 철학의 덕목을 이용할 수 없는 사람들은 당신의 교사(教唆)를 받아 지성적인 부분이 아니라 혼의 영적인 부분에서 정결하게 되도록 접신술사들에게 의지하게 되는 것이다.

사실 철학에 부적절한 사람들이 비교할 수 없을 정도로 다수를 차지하고 있기 때문에 보다 많은 사람들이 플라톤의 학교에 찾아가기보다는 당신의 이러한 은밀하며 불법적인 교사들에게 배우도록 강요당할 수도 있다. 왜냐하면 당신이 사자(使者)요 전령(傳令)이 된 영들, 즉 스스로 에테르의 신들인 체하는 불결한 영들은 당신에게 접신술에 의하여 혼의 영적인 부분에서 정결해진 사람들이 사실 하나님 아버지께로 돌아가는 것이 아니라, 공기 지역 위에 있는 에테르의 신들 가운데 거하게 되리라고 약속했기 때문이다.

---

43) 9권 8장 참조. *De Deo Socr.*, 12.

그렇지만 그러한 생각들은 그리스도께서 마귀들의 압제로부터 해방시켜주기 위해 오신 다수의 사람들의 귀에 들리지 않는다. 왜냐하면 그들이 정신과 영과 신체가 다같이 참여하는 가장 은혜로운 정화를 경험하는 것은 그분 안에서 이기 때문이다. 그분은 죄의 질병으로부터 모든 인간을 치유하기 위하여 죄가 없이 모든 인간의 본성을 취하였다. 만약 당신이 그분을 알았다면, 그리고 당신이 치유받기 위하여 당신 자신의 연약하며 불완전한 인간의 덕목이나 해로우며 이상한 술책보다는 차라리 그분께 당신 자신을 맡겼더라면 좋았을 것이다! 그분은 당신을 기만하지 않았을 것이다. 왜냐하면 당신 스스로도 보여주듯이 당신 자신의 신탁들도 그분이 거룩하며 불멸적임을 인정했기 때문이다.

시인들 중에 가장 유명한 자도 분명히 시적인 방식으로 그분에 대해 말한 적이 있다. 다름아닌 베르길리우스는,

> 당신께서 우리의 인도자가 될 때 모든 우리의 죄의 흔적은 말소될 것입니다. 그리고 세상은 영원한 두려움으로부터 해방될 것입니다[44]

라고 노래하고 있다. 여기서 비록 시인은 인물에다가 그것을 적용하고 있지만, 당신이 그것을 그리스도와 연관시킨다면[45] 사실과 아주 부합된다. 이 시구에 의하여 베르길리우스는 덕성과 의로움에 있어서 위대한 진보를 이룬 사람도 현생의 연약함 때문에 죄는 아니라고 할지라도 죄의 흔적이 존재할 여지를 남겨두고 있는데, 그것은 오직 이 시구가 말하고 있는 그 구주에 의해서만 도말된다고 언급하고 있다. 베르길리우스는 제4시선(詩選)의 거의 마지막 구절에서,

> 쿠마이의 신탁이 예언한 마지막 시대가 이제 도달했다

고 말할 때, 자기가 자신의 상상에서 충동질당하여 이런 말을 하고 있지는 않다고

---

44) Ecl. 4, 13 이하.

45) 그리스도와 연관시킨다. 집정관인 폴리오를 대상으로 한 베르길리우스의 「제4 목가시」는 자기 아버지의 덕목을 가지게 될 새로 탄생될 아이 아래에서 평화의 황금시기가 있게 될 것이라고 예언하고 있다. 그리스도교 저술가들은 베르길리우스가 영감을 받아 그리스도의 탄생과 그리스도교 시대의 도래에 관하여 말했다고 생각했다. 그러나 아마도 베르길리우스는 옥타비아누스와 스크리보니아누스 사이에 탄생될 아이를 염두에 두고 있었을 것이다.

46) 쿠마이의 신탁. 18권 주 23을 보라.

언급하고 있다. 이로 보아 이것이 쿠마이의 신탁[46]에서 구술된 것임이 분명하게 보여지고 있다. 그러나 그러한 접신술사들, 혹은 오히려 신들의 형상과 모양을 취하고 있는 마귀들은 인간의 정신을 정결하게 하기보다는 거짓된 외양과 실체적이지 못한 모양을 통한 기만적인 흉내에 의하여 인간의 정신을 오염시키고 있다. 스스로 불결한 혼을 가진 자들이 어떤 인간의 혼을 정결하게 할 수 있는가? 만약 그들이 불결하지 않다면, 시기심 많은 인간의 주문에 의하여 결박당하지도 않을 것이고, 그들이 약속하는 헛된 은혜를 주는 일을 두려워한다거나 꺼려하지도 않을 것이다.[47]

그러나 우리의 목적에 비추어볼 때 지성적인 혼 즉 우리의 마음이 접신술에 의하여 의롭게 될 수는 없으며, 비록 당신이 우리 혼의 영적인 부분이나 열등한 부분이 접신술에 의하여 정결하게 될 수 있다고 주장하고는 있지만 이런 행동에 의하여 혼이 영원하게 되며 불멸적이 될 수는 없음을 당신이 인정하는 것으로 충분하다. 이에 반하여 그리스도는 영원한 생명을 약속하고 있다. 그러므로 당신이 크게 분노할 만하게도, 또한 당신이 크게 놀라며 당황할 만하게도, 세상 사람들이 구름떼처럼 그분께 몰려드는 것이다.

당신은 사람들이 접신술을 행함으로써 길을 잃으며, 다수의 사람들이 혼란스러우며 터무니없는 가르침에 의하여 기만당하며, 모든 거짓된 조치 중에 가장 분명한 것이 간구와 희생으로써 천사들과 권세들에게 의지하는 일임을 부인할 수 없었다. 그렇지만 동시에 당신이 그런 기술에 보낸 노력이 헛되다는 비난을 면하기 위하여 사람들을 접신술사들에게로 향하게 하고 지성적인 혼의 규칙에 의하여 살지 않는 사람들이 그로써 영적인 혼을 정화시킬 수 있는 것처럼 보이도록 한다면 앞서 말한 시인이 무슨 소용이 있겠는가?

28. 포르피리오스가 참된 지혜인 그리스도를 인정하지 않을 정도로 몽매하게 된 것은 어찌된 일인가?

그러므로 당신은 사람들을 가장 명백한 오류 가운데로 몰아넣고 있다. 당신은 스스로 지혜와 덕을 사랑한다고 말하지만, 그토록 큰 해를 가하고도 부끄러워하지 않는다. 만약 당신이 이런 고백에서 참되며 신실했더라면 하나님의 덕이요 하나님의 지혜(고전 1:24)인 그리스도를 인정했을 것이고, 헛된 학문을 자랑하면서 그분의 구원의 겸손에 대해 반항하지도 않았을 것이다.[48] 그럼에도 불구하고 당신은 혼의 영적인 부분이 당신 스스로 배우는 데 시간을 낭비했던 접신술과 비의의 도움 없이 정화

47) 9장 참조.

의 덕목에 의하여 정결케 될 수 있다고 인정하고 있다.

당신은 때때로 이런 비의가 죽음 이후에 혼을 위로 끌어올리지도 않으며, 현생이 끝난 이후에 당신이 영적이라고 부르는 부분에조차 아무 소용이 되지 않는 것처럼 보인다고 말하고 있기까지 하다. 그러나 당신은 내가 아는 한 접신술의 전문가인 것처럼 보이며 불법적인 술책에 대한 호기심을 가진 사람들의 비위를 맞추려고 하거나 혹은 동일한 호기심을 가지고 다른 사람들을 부추기려는 목적을 가지고, 기회가 있을 때마다 이런 술책으로 거듭 돌아간다. 그러나 우리는 당신이 이런 술책을 금하는 법적인 조치[49]와 그것을 행하는데 포함된 위험 때문에 그것을 위험한 일이라고 말한 데 대해 당신에게 모든 칭찬을 아끼지 않는다. 나는 불행하게도 그 술책을 신봉하는 자들이 적어도 이러한 경고를 듣고 그 안에 완전히 빠져들지 않도록 물러서거나 심지어 접근도 하지 않기를 바라고 있다!

사실 당신은 무지와 무지에서 생겨나는 수없는 음성들이 어떠한 비의에 의해서가 아니라, 오직 파트리코스 누스(πατρικὸς νοῦς) 즉 하나님 아버지의 의지를 의식하고 있는 정신 혹은 지성에 의해서만 제거될 수 있다고 말하고 있다. 그러나 당신은 그리스도가 이 정신이란 사실을 믿고 있지 않다. 당신은 오히려 그분이 한 여인에게서 육신을 취했으며 십자가에서 수치를 당했다고 하여 그분을 멸시하고 있다. 왜냐하면 당신은 고고한 지혜 때문에 그토록 낮으며 경멸받을 만한 일들을 배척하며, 보다 고상한 위치로 솟아오르고 있기 때문이다. 그렇지만 그분은 거룩한 예언자들이 자신에 관해서 진실되게 예언한 것을 성취하고 있다. “내가 지혜 있는 자들의 지혜를 멸하고 총명한 자들의 총명을 폐하리라”(사 29:14, 고전 1:19로부터 인용). 그분이 폐하며 그들 안에서 책망하고 있는 것은 그분이 그들에게 주신 그분 자신의 지혜가 아니다. 그것은 그들이 그분에게서 나온 지혜를 가지지 않고서 자신들에게 부당하게 귀속시킨 지혜이다. 그러므로 그 사도는 그 예언자로부터 이 증언을 인용하면서 다음과 같이 덧붙이고 있다.

> 지혜 있는 자가 어디뇨 선비가 어디 있느뇨 이 세대에 변사가 어디 있느뇨 하나님께서 이 세상의 지혜를 미련케 하신 것이 아니뇨 하나님의 지혜에 있어서는 이 세상이 자기 지혜로 하나님을 알지 못하는 고로 하나님께서 전도의 미련한 것으로 믿는 자들을 구원하시기를 기뻐하셨도다 유대인은 표적을 구하고 그리스인은 지혜를 찾으나 우리는 십자

48) 옛 전승에 따르면, 포르피리오스는 그리스도인이었다가 배교한 사람이었다(Socr., 3, 23).

49) 7권 35장 참조.

가에 못박힌 그리스도를 전하니 유대인에게는 거리끼는 것이요 이방인에게는 미련한 것이로되 오직 부르심을 입은 자들에게는 유대인이나 그리스인이나 그리스도는 하나님의 능력이요 하나님의 지혜니라 하나님의 미련한 것이 사람보다 지혜 있고 하나님의 약한 것이 사람보다 강하니라(고전 1:20-25).

스스로 지혜있으며 강하다고 생각하는 사람들은 이것을 연약하며 어리석은 일이라고 하여 멸시했다. 그렇지만 이것은 그들 자신의 복을 교만하게 자랑하지 않고 오히려 참으로 자기들이 비참하다고 겸손하게 인정하는 약한 자들을 치유하는 은혜이다.

29. 플라톤주의자들이 불경건함 때문에 인정하기를 부끄러워하는 우리 주 예수 그리스도의 성육신에 관하여

당신은 하나님 아버지 및 당신이 하나님 아버지의 지성 혹은 정신이라고 부르는 그분의 아들 그리고 이 양자 사이에 당신이 성령을 의미한다고 우리에게 생각되는 분을 선포하면서, 당신 자신의 방식대로 이들을 세 신으로 부르고 있다.[50] 여기서 당신은 비록 부정확한 표현을 사용하기는 하지만 마치 수건을 통해서 보는 것처럼 노력해야 하는 목표를 어느 정도 바라보고 있다. 그러나 당신은 우리를 구원해주었으며 우리가 믿는 것들에 도달할 수 있도록 만들어준 사실, 곧 변치않는 하나님의 아들이 성육신했다는 사실을 인정하고자 하지 않는다. 당신은 마치 먼 거리를 두고서이기는 하지만, 또 몽롱한 눈을 통해서이기는 하지만, 우리가 안식처를 구해야하는 나라를 어느 정도 바라보고 있다. 그렇지만 당신은 그곳에 이르는 길을 알고 있지는 않다.

포르피리오스여, 그럼에도 불구하고 당신은 소수만이 지성의 덕에 의하여 하나님에게 도달할 수 있다고 말하는 것으로 보아 은혜의 존재를 믿고 있다. 당신은 "소수의 사람들이 결정했다거나 원했다"라고 하지 않고, "그것이 소수에게 부여되었다"라고 말하고 있기 때문에 분명히 인간의 능력이 아니라 하나님의 은혜를 인정하고 있다. 그리고 당신은 플라톤의 견해를 좇아[51] 현생에서 인간이 어떤 수단으로도 완전한 지혜에 도달할 수 없지만 하나님의 섭리와 은혜에 의하여 지성적으로 살아가는 사람들에게는 무엇이 결핍되었든지 내생에서 채워진다는 것을 주저치 않고 주장할 때 심지어 "은혜"라는 단어를 아주 공공연하게 사용하고 있기까지 하다.

---

50) 24장 참조.
51) 예를 들어 *Phaed.*, 66-7B 참조.

아, 당신이 우리 주 예수 그리스도 안에 있는 하나님의 은혜를 인정하기만 했더라면! 그분이 인간의 혼과 육을 취하신 성육신이야말로 은혜가 드러난 최고의 실례임을 당신이 볼 수만 있었더라면! 그러나 내가 어떻게 하겠는가? 나는 죽은 사람에게 말하는 것이 쓸모없다는 것을 알고 있다. 적어도 당신과 관계되는 한에는 나의 말이 아무 소용도 되지 않을 것이다. 그렇지만 당신이 배우지 말았어야 할 술책에 대한 호기심 때문에 또는 지혜를 사랑하기 때문에 당신을 아주 존경하며 좋아하는 사람들에게 말하는 일은 헛되지는 않을 것이다. 나는 당신의 이름을 빌어서 이런 사람들에게 편지를 쓰고 있다. 하나님 안에 변치않는 모습으로 계신 하나님의 독생자는 인간의 모습을 취하며 또 인간적인 본성의 중재를 수단으로 하여 그분의 사랑에 대한 소망을 우리에게 주셨다. 우리는 그런 중재를 통하여 인간의 조건으로부터 그토록 멀리 떨어진 그분에게로 도달할 수 있게 되었다. 우리는 죽을 목숨으로부터 영원한 생명을 가진 존재로, 가변적인 존재로부터 불변적인 존재로, 불의한 존재로부터 의로운 존재로, 비참한 존재로부터 복된 존재로 넘어갈 수 있었다.

하나님의 은혜는 이런 방법보다 더 은혜롭게 우리에게 위탁될 수 없었다. 그리고 그분은 우리에게 복과 영생을 바라는 자연적인 본성을 주셨기 때문에, 그분 스스로는 계속 복된 상태로 있지만 우리가 두려워하는 것을 인내함으로써 죽을 목숨을 취하셨다. 그리하여 그분은 그분 자신이 우리가 갈망하는 것을 부여하실 수 있도록 우리가 두려워하는 것을 멸시하게끔 가르치셨던 것이다.

그러나 당신들이 이런 진리에 순종하기 위해서는 필수적으로 겸손이 요구된다. 하지만 당신들이 여기에 허리를 굽히도록 하는 일은 아주 어렵다. 특히 사색하는 일에 익숙한 당신같은 사람들에게 이 일을 믿게끔 마음을 쏠리게 만들 정도로 믿을 수 없는 것이 무엇이란 말인가? 말하건대 하나님이 인간의 혼과 육신을 취했다는 주장에서 믿을 수 없는 것이 무엇인가? 플라톤주의자인 당신들은 그러한 우수성을 결국 인간의 혼인 지성적인 혼에다가 원인을 돌리고 있다. 그래서 당신들은 그 지성적인 혼이 당신들 스스로 인정한 대로 하나님의 아들인 성부(聖父)의 정신과 동일한 본질이 될 수 있다고 주장하고 있다. 그분이 많은 사람들을 구원하기 위하여 말로 형용할 수 없고 독특한 방법으로 어떤 한 혼을 취했다고 하면, 믿을 수 없는 것이 무엇이란 말인가? 게다가 육신이 혼과 결합하지 않는다면 인간은 불완전하다는 사실을 우리 본성 자체가 증거해주고 있다. 그런 현상은 모든 것들 중에 가장 흔한 일이 아니라고 한다면, 분명히 보다 믿을 수 없는 일일 것이다. 왜냐하면 우리는 물질적인 것과 비물질적인 것이 결합된다고 믿기보다는 영과 영, 당신 자신의 용어를 사용하자면 비물질적인 것과 비물질적인 것이 — 비록 전자는 인간의 것이며 후자는 신의 것이고, 전자는 가변적이요 후자는 불변적이라고 할지라도 — 서로 결합된다고 믿는 편이 더 쉬울 것이기 때문이다.

그러나 당신들을 주춤거리게 만드는 것은 유례가 없게도 처녀에게서 육신이 탄생했다는 것인가? 그러나 이것은 난점이기는커녕, 오히려 당신들이 우리의 종교를 받아들이도록 도와주는 역할을 담당해야 한다. 기적적인 인물은 기적적인 방식으로 탄생되었던 것이다. 아니면 당신들은 그분의 신체가 죽음에 내어맡겨지고 부활에 의하여 보다 나은 종류의 신체로 변화되고는 이제 더 이상 가멸적이지 않고 썩지 않게 된 이후에, 그분이 육신을 천상의 장소로 옮겨갔다는 사실에 대해 어려움을 가지고 있는가? 아마도 당신들은 내가 아주 많이 인용해온 바 혼의 회귀(回歸)에 대해 취급하는 이 모든 저서에서 포르피리오스가 혼이 지복상태에서 거주하기 위해서는 모든 종류의 육신은 회피되어야 한다고 아주 자주 가르쳤다는 사실을 기억하기 때문에 이것을 믿고자 하지 않는지 모른다. 그러나 이 문제에서 당신들은 포르피리오스를 추종하는 대신에 오히려 그를 교정시켜 주어야 했다. 특히 당신들은 그와 함께 이 가시적인 세상이자 거대한 물질적인 덩어리에 속한 영에 대해서 아주 신빙성없는 것들을 믿고 있다. 왜냐하면 당신들은 플라톤의 권위에 의지하여[52] 세상이 생명체이며 당신들이 또한 영원하기를 바라고 있는 아주 행복한 생명체라고 주장하고 있기 때문이다. 혼의 행복을 위해서는 진실로 육신으로부터 도망치는 일이 필수적이라고 한다면, 세상은 육신으로부터 해방되지 않고서도 어떻게 부단한 행복을 향유할 수 있는가?

이 외에도 당신들은 태양과 다른 별들이 모든 눈있는 사람들이 진심으로 동의하는 대로 물체인 것을 인정할 뿐만 아니라, 당신들 스스로 아주 심오한 통찰력이라고 판단하는 바에 의지하여 태양과 별들이 아주 복된 생명체이며 그 물체와 함께 영원하다고 언명하고 있다. 그렇다면 당신들은 무슨 이유로 그리스도교 신앙을 가지도록 설득당할 때 당신들이 늘상 논의하거나 가르치는 것을 잊어버리거나 무시하는 체한다는 말인가? 당신들은 사실 스스로도 뒤집어엎는 견해들을 주장하는 이유에 의지하여 그리스도인이 되기를 거절하는 까닭이 무엇인가? 그리스도께서는 겸손한 모습으로 오셨는데 당신들은 교만하기 때문일까? 성도들의 부활한 신체가 가진 정확한 본질을 둘러싸고 성경을 잘 알고있는 사람들 사이에서 때때로 논의가 일어날는지는 모른다. 그러나 우리들은 그들의 신체가 영원하며 그리스도의 부활한 신체의 모습에서

52) *Tim.* 30 이하.

예로 보인 본성을 가지고 있다는 점에 대해 조금도 의심치 않고 있다. 그렇지만 우리는 그들의 본성이 무엇이든지 간에 그들이 절대적으로 썩지 않으며 불멸할 것이며 혼을 하나님 안에 고정시켜주는 묵상에 아무런 장애가 되지 않는다고 주장하는 바이다. 반면에 당신들은 천체 가운데 영원한 지복상태에 있는 신체들의 경우에는 영원하다고 말하고 있다. 그런데 무슨 이유로 당신들은 모든 신체가 지복상태에 이르기 위하여 회피대상이 되어야 한다고 주장하고 있는가? 내가 다시 말하건대 그리스도께서 겸손한 반면에 당신들이 교만하기 때문이 아니라고 한다면, 당신들은 무슨 이유로 그리스도교 신앙으로부터 도망치기 위한 그럴듯한 이유를 찾고 있는가?

당신들은 잘못을 교정받기를 부끄러워하는가? 이것은 교만한 자들의 악덕이다. 확실히 학식있는 자로서 플라톤의 학도로부터 그리스도의 제자로 전환하는 것은 모욕적인 일이다. 그리스도는 그분의 성령에 의하여 한 어부로 하여금 다음과 같이 생각하고 말하도록 가르치셨다.

> 태초에 말씀이 계시니라 이 말씀이 하나님과 함께 계셨으니 이 말씀은 곧 하나님이시니라 그가 태초에 하나님과 함께 계셨고 만물이 그로 말미암아 지은 바 되었으니 지은 것이 하나도 그가 없이는 된 것이 없느니라 그 안에 생명이 있었으니 이 생명은 사람들의 빛이라 빛이 어두움에 비치되 어두움이 깨닫지 못하더라(요 1:1-5).

나중에 밀라노의 감독이 된 연로한 성자(聖者)인 심플리키아누스(Simplicianus)[53]는 어떤 플라톤주의자가 "요한에 의한"이라는 표제가 붙은 이 복음서의 앞머리를 금으로 기록해서는 모든 교회에서 가장 잘 보이는 장소에다가 걸어두어야 한다고 말하는 버릇이 있었다고 나에게 말하곤 했다. 그러나 교만한 자들은 "말씀이 육신이 되어 우리 가운데 거하시매"(요 1:14)라는 이유 때문에 하나님을 자기들의 스승으로 인정하기를 부끄러워 한다. 따라서 이 비참한 피조물들에 관해 말하자면 이들은 병에 걸렸다고 말하는 것으로는 충분하지 않다. 그들은 자기들의 질병을 뽐내면서, 자기들을 치유할 수 있는 약을 복용하기를 부끄러워하고 있다. 그 결과 그들은 위로 상승하는 것이 아니라 보다 파멸적으로 타락하는 길을 확고하게 다지고

53) 심플리키아누스:기원후 400년에 사망. 그는 373년에 암브로시우스가 세례받도록 준비시켰다. 그리고 그는 아우구스티누스가 신플라톤주의자인 빅토리누스의 개심에 관한 이야기를 해나가는 부분에서 말한 바대로(*Conf.* 8권 2장 참조. 10권 29장 참조) 아우구스티누스의 회심에도 커다란 영향력을 미친 인물이었다. 그는 397년에 밀라노의 감독이 되었다.

있는 것이다.

30. 플라톤주의에 대한 포르피리오스의 수정과 변경

플라톤이 가르쳤던 어떤 것을 정정하는 일이 부적절하게 간주된다고 하면, 포르피리오스 자신은 무슨 이유로 그것도 적지않게 수정을 가하고 있는가? 왜냐하면 플라톤은 사람들의 혼이 죽은 다음에 동물의 신체 속으로 되돌아온다고 썼음에 틀림없기 때문이다. 포르피리오스의 스승인 플로티노스[54] 역시 이 견해를 주장했지만, 포르피리오스는 정당하게도 그것을 반박했다.[55] 그는 인간의 혼들이 실로 인간의 신체 속으로 돌아오지만 그들이 떠났던 신체 속으로가 아니라 다른 새로운 신체 속으로 돌아온다는 견해를 가지고 있었다. 어떤 사람들은 노새로 변화된 여인이 아마도 자기 아들을 등 위에 태우는 경우가 발생하지 않도록 하기 위해 그가 플라톤의 이론을 주장하기를 부끄러워했다고 생각하고 있다. 그러나 그는 어머니가 소녀로 되돌아와서 자신의 아들과 결혼할 가능성을 인정한 이론으로부터는 뒤로 물러서지 않았다.

이에 비하면 거룩하며 진실된 천사들이 가르쳤으며, 하나님의 영으로부터 감동받은 예언자들이 말했으며, 보다 앞선 사자들에 의하여 오시는 구주로 예언된 그분 및 그분이 파송했으며 복음으로 온 세상을 가득 채운 사도들이 설교했던 신조는 얼마나 명예스러운 것인가? 말하건대 혼이 거듭 다른 신체로 돌아가는 것보다는 단번에 자신의 신체 속으로 돌아간다는 믿음이 얼마나 더 명예스러운 것인가? 그럼에도 불구하고 내가 이미 말했듯이, 포르피리오스는 적어도 인간의 혼이 오직 인간의 신체 속으로 이동할 수 있다고 하며, 플라톤이 인간의 혼을 던져버리기를 원했던 짐승의 감옥을 조금도 주저하지 않고 말소시켰다는 점에서 이런 견해를 상당한 정도로 개량시켰다.

포르피리오스는 또한 신(神)이 혼을 세상 가운데 위치시킨 것은 혼이 물질계의 제반 악들을 인식하고 하나님 아버지께로 되돌아와서는 오염을 야기시키는 물질과의 접촉으로부터 영원히 해방되게 하기 위함이라고 말하고 있다. 사실 그는 이 문제에서 어느 정도 부적절한 생각을 하고 있기는 하다. 왜냐하면 혼은 유익을 끼치지 않는다면 악을 인식하지도 않을 것이므로 육체에 부여된 목적은 유익을 끼치기 위함이기 때문이다. 그럼에도 불구하고 그는 이 점과 다른 중요한 문제에서 여타의 플라톤

---

54) *Plat.*, *Phaed.*, 81E; *Phaedr.*, 249B; *Rp.*, 10, 619D-620B; *Tim*. 42C; Plot., *Enn.*, 3, 4, 2.

55) 13권 19장 참조.

주의자들의 견해를 수정했다. 왜냐하면 그는 혼이 모든 악으로부터 정결하게 되어 하나님 아버지가 계신 곳으로 받아들여졌을 때, 다시는 이 세상의 악을 겪지 않을 것이라는 사실을 인정했기 때문이다. 그는 이 견해에 의하여 죽은 사람이 살아있는 사람들로부터 만들어지는 것처럼 살아있는 사람들이 죽은 사람들로부터 만들어진다는 주장,[56] 즉 플라톤주의에서 애호되는 주장을 아주 뒤엎어버렸다. 그리고 그는 베르길리우스가 플라톤으로부터 차용했던 것처럼 보이는 생각, 즉 복된 자들의 즐거움을 위한 시적인 이름인 극락 정토(the Elysian fields)로 보냄받은 정결한 혼들이,

> 그리하여 그들은 지난 일들을 기억하지 못하고서 다시 한 번 하늘의 천장을 찾기 위하여, 그리고 다시 한 번 죽을 신체를 취하고자 욕망하여[57]

레테(Lethe) 강 즉 망각의 강으로 소환된다는 생각을 논파했다.

포르피리오스는 아주 정당하게도 이런 주장에서 호의적인 면을 발견할 수 없었다. 왜냐하면 마치 완전한 정결의 결과가 단지 오염을 갈망하는 것일 따름이기라도 한듯이, 사실 혼들이 영원에 대한 보장에 의하지 않고서는 아주 복될 수 없는 그런 삶으로부터 현생으로 되돌아와서는 부패하기 쉬운 신체의 더러움을 갈망한다고 믿는 일은 어리석기 때문이다. 완전한 정결함이 모든 악의 망각을 수반하며 악에 대한 망각으로 인하여 혼이 다시 악과 뒤엉키게 할 수도 있는 육체에 대한 갈망이 생겨난다고 하면, 최상의 행복은 불행의 원인이 되며 지혜의 완성은 우매함의 원인이 되며, 가장 순결한 정화가 오염의 원인이 되고 말 것이다. 그리고 혼의 행복이 아무리 오랫동안 지속된다고 할지라도 행복해지기 위하여 반드시 기만당해야 한다고 하면 그것은 진리 위에 터를 둘 수 없을 것이다. 왜냐하면 혼은 두려움으로부터 자유로워지지 않는다면 복될 수 없는데 그로부터 해방되기 위해서는 자신이 언제나 복될 것이라는 거짓된 생각을 가지고 있어야 하기 때문이다.

그 생각이 거짓된 이유는 혼이 때가 되면 다시 비참해지도록 운명지워져 있는 까닭이다. 그렇다면 거짓 위에서 즐거움의 토대를 삼고있는 혼이 진리 안에서 어떻게 기쁨을 얻을 수 있겠는가? 포르피리오스도 이 점을 알고 있었다. 그러므로 그는 정결해진 혼이 악과 접촉하여 오염되는 데로 다시는 연루되지 않도록 하기 위해 하나님 아버지께로 돌아간다고 말했다. 따라서 혼들을 빼앗아 갔다가 다시 동일한 것

---

56) *Phaed.*, 70 C 이하 참조.
57) *Aen.*, 6, 750 이하.

들에로 되돌리는 필연적인 순환이 있다고 하는 일부 플라톤주의자들의 견해는 거짓된 것이다. 설령 그것이 사실이라고 할지라도 그것을 아는 데서 생기는 이점이 무엇이겠는가? 우리는 그들이 완전한 정결과 최고의 지혜를 획득한 이후에 거짓을 믿음으로써 행복을 향유할 수 있게끔 하기 위해 더 나은 다른 삶에서 도달하게 되는 그런 무지함을 현생에서 이미 얻었다. 플라톤주의자들은 그것을 이유로 하여 우리보다 자기들이 더 낫다고 자랑할 것인가!

그런 말이 아주 터무니없으며 어리석다고 한다면, 우리는 확실히 행복과 불행을 끊임없이 반복함으로써 혼이 순환한다는 생각보다 포르피리오스의 견해를 우선시켜야 한다. 그리고 이것이 정당하다고 한다면, 여기에 플라톤을 정정시키고 있는 플라톤주의자가 있다. 그는 플라톤이 알지 못했던 것을 알았다. 그는 비록 아주 뛰어나며 권위있는 스승의 제자이기는 했지만, 사람보다는 진리를 선호했기 때문에 스승을 교정하는 일에서 뒤로 물러서지 않았다.[58]

31. 인간의 혼이 하나님과 함께 영원히 공존한다고 주장하기 위해 플라톤주의자들이 내세우는 주장들에 대항하여

그렇다면 우리는 인간의 재능으로 헤아릴 수 없는 문제들에 있어서 오히려 무슨 이유로 신성(神性)을 믿지 않고 있는가? 무슨 이유로 우리는 혼이 하나님과 함께 영원히 공존하는 것이 아니라, 창조되었으며 한 때는 존재하지 않았다고 하는 신성의 주장을 신뢰하지 않는가? 왜냐하면 플라톤주의자들이 언제나 존재하지 않았던 것은 어느 것도 영원할 수 없다고 단언했을 때, 그들은 이런 가르침을 배척하는 적절한 이유를 주장했던 것으로 스스로에게 생각되었기 때문이다. 그렇지만 플라톤은 세상에 관하여, 그리고 최고 존재가 만들었으며 세상 안에 있는 신들에 관하여 글을 쓰면서, 신들이 시작을 가지고 있지만 끝을 가지고 있지 않으며 창조자의 주권적인 의지에 의하여 영원히 지속될 것이라고 아주 명백히 언명하고 있다.[59]

그럼에도 불구하고 플라톤주의자들은 이 말을 해석할 때 그가 시간이 아니라 원인의 시작을 의미했다고 생각했다. 그들은 이렇게 말하고 있다. "발이 영원 전부터 지면을 밟고 있었다고 한다면, 그 밑에는 항상 발자국이 있었을 것이다. 그러나 어느 누구도 이 발자국이 발의 압력에 의하여 만들어졌다는 것을 의심한다거나, 발자

58) "플라톤도 나의 친구이지만, 진리는 더욱 친한 친구이다." Cic., *Tusc. Disp.*, 1, 17, 39.

59) *Tim.*, 41 B.

국이 발에 의하여 만들어졌다고 할지라도 어느 것이 앞서지 않았다는 것을 의심하지 않을 것이다." 그들은 또 이렇게 말한다. "마찬가지로 세상과 그 안에 있는 신들도 언제나 존재해왔다. 그들은 만든 이가 언제나 존재했지만, 그들은 만들어졌던 것이다."

그렇게 하여 혼이 언제나 존재해왔다면, 우리는 혼의 비참함도 언제나 있어 왔다고 말할 수 있는가? 혼 안에 영원 전부터 존재하지 않고 시간 안에서 시작된 무언가가 있다고 한다면, 혼 자체도 비록 이전에 존재하지 않았다고 할지라도 시간 안에서 존재하기 시작하는 일이 불가능한 이유는 무엇인가? 나아가 포르피리오스가 인정하고 있듯이 혼의 복은 악을 경험한 이후에 보다 견고해지며 끝없이 지속될 것이다. 그렇다면 분명히 이 복은 시간 안에서 시작되는 것이다. 그것은 비록 이전에 존재하지 않았다고 할지라도 언제나 있게 되는 것이다.

그러므로 시작점을 가지지 않은 것 외에는 어떤 것도 영원할 수 없다고 확증하는 이 모든 주장은 근거를 잃고 만다. 왜냐하면 우리는 혼의 지복이 시작점을 가지고 있지만 끝은 가지고 있지 않다는 사실을 알고 있기 때문이다. 그러므로 인간의 연약함으로 하여금 하나님의 권위에 자리를 양보하도록 하라. 그들의 하나님이자 우리의 하나님인 분에게 합당하다고 알고 있는 영광을 가로채려고 하지 않는 복되며 영원한 영들로부터 참된 종교에 관한 우리의 믿음을 취하도록 하자. 그 영들은 오직 그분께만 희생을 드리도록 추천하고 있는데, 내가 이미 종종 말해왔으며 거듭 자주 말해야 하듯이 스스로 죽음에 자신을 내맡김으로써 스스로 취했으며 그에 따라 우리의 대제사장이 되기를 바랐던 인간적인 본성에서 우리를 위한 희생이 되신 그 대제사장을 통하여 우리와 그들이 다같이 봉헌되어야 하는 것이다.

32. 포르피리오스가 올바르게 추구하지 않았기 때문에 발견하지 못했으며 그리스도의 은혜로만이 가능한 바, 영혼이 구원되는 보편적인 길에 관하여

이것은 영혼을 구원시키기 위한 보편적인 길을 포함하고 있는 종교이다. 이 길에 의하지 않고서는 어느 누구도 구원받을 수 없다. 이것은 온갖 헛된 위엄(威嚴)들처럼 비틀거리지 않고 오직 영원한 토대 위에 굳게 서있는 왕국으로 이끄는 일종의 왕도(王道)이다.

포르피리오스는 「혼의 귀환」(*De Regressu Animae*) 제1권 마지막 부분에서 영혼을 구원시키는 보편적인 방법을 제공하는 어떠한 교의 체계가 진정한 의미에서의 철학이나, 인도인들[60]의 도덕과 행태에서나, 갈대아인들의 마법에서나, 도무지 어떠한 자료로부터도 주어진 바 없으며 자신이 역사를 읽어보더라도 그런 길을 알 수 없었노라고 말하고 있다. 여기서 그는 분명히 그러한 길이 있기는 하지만, 자신이 아직도 그것을 모르고 있다는 점을 인정하고 있다. 그가 혼을 구원시키는 일에 관하여 그토록 부지런히 배웠던 모든 것 중 어떤 것도, 그가 비록 자신에게는 아니라고 할지라도 다른 사람들에게는 알며 믿는다고 보였던 모든 것들 중 어느 것도 그를 만족시키지 못했다. 왜냐하면 그는 그토록 중요한 문제에 있어서 뒤따르는 편이 옳은 위엄있는 권위가 여전히 결여되어 있다는 점을 인식했기 때문이다.

그리고 그는 자신이 참된 의미의 철학으로부터 영혼을 구원시키는 보편적인 길을 포함한 체계를 배우지 못했다고 말할 때, 내게 그렇게 보이는 것처럼 자신이 제자로 있는 철학이 참되지 않거나 그 철학이 그런 길을 포함하고 있지 않거나 둘 중의 하나임을 분명히 보여주고 있다. 그런데 이런 길을 포함하고 있지 않는 철학이 어떻게 참될 수 있는가? 모든 혼들이 보편적으로 구원되며 그것 없이는 어떤 혼도 구원받을 수 없는 길 외에 다른 무엇이 혼을 구원하는 보편적인 길이란 말인가? 그리고 그가 "인도인들의 도덕과 행태에서나, 갈대아인들의 마법에서나, 다른 어떤 자료로부터도"라고 덧붙여 말할 때, 그는 혼을 구원시키는 이런 보편적인 길이 자기가 인도인들이나 갈대아인들로부터 배웠던 것에서는 들어있지 않았다고 아주 분명한 어조로 선언하고 있다. 그렇지만 그는 자신이 그토록 자주 언급했던 이런 신탁을 바로 갈대아인들로부터 끌어냈노라고 말하는 것을 참을 수는 없었다.

그렇다면 포르피리오스는 영혼을 구원시키는 보편적인 길이라고 했을 때 무엇을 의미하고 있는가? 그는 그것이 어떤 진정한 철학이나 신적인 일들에 관한 커다란 통찰력을 가지고 있다고 간주되었던 나라들의 가르침에 의해서 알려지지는 않았다고 말하고 있다. 왜냐하면 그런 나라들은 다양한 종류의 천사들을 숭배하는 의식과 가르침에 미신적인 관심을 가지고 탐닉해 있었기 때문이다. 한 나라에만 특별하게 속한 것이 아니라 모두에게 공통되며 신적으로 부여된 길이 아니라면, 포르피리오스가 자신의 무지함을 인정한 보편적인 길이란 무엇인가? 비범한 능력을 지닌 인물인 포르피리오스는 그런 길이 존재한다는 사실에 대해서는 의심치 않았다. 왜냐하면 그는 신적인 섭리가 인간들에게 영혼을 구원시키는 이런 보편적인 길을 주지 않은 상태로 있게 하지는 않으리라고 믿고 있기 때문이다. 그는 이런 길이 존재하지 않는다고 말

60) "나체철학자들." 8권 주 9, 14권 17장, 15권 20장 참조.

하는 것이 아니라, 이런 커다란 선물과 도움이 아직 발견되지 않았으며 그의 지식 가운데로 들어오지 않았다고 말하고 있다.

그렇다고 할지라도 여기에 놀랄 만한 것은 전혀 없다. 왜냐하면 포르피리오스는 진리를 위한 증인들 혹은 순교자들의 수가 완성되며 봉헌되도록 하기 위하여, 그리고 그들에 의하여 거룩한 믿음의 대의와 진리를 찬양하기 위해서 우리가 모든 육체적인 고난을 견뎌내야 한다는 증거가 주어지기 위하여 영혼의 구원을 위한 이 보편적인 길, 달리 말하여 그리스도교가 우상숭배자들과 귀신 숭배자들의 박해를 받던 시기에 생존했기 때문이다.[61] 포르피리오스는 이런 박해를 목격했기 때문에 이 길이 조속히 소멸될 운명에 처해 있으며, 따라서 그것이 영혼의 구원을 위한 보편적인 길이 아니라는 결론을 내렸다. 그러므로 그는 자신을 그토록 동요시켰으며 그가 그리스도인이 되지 못하도록 방해했던 바로 그것이 우리의 종교를 확고하게 하며 더욱 강력하게 고양시키는데 기여했다는 사실을 깨닫지 못했다.

그렇다면 이것은 영혼을 구원하는 보편적인 길, 즉 하나님의 자비로우심에 의하여 여러 나라에 보편적으로 부여된 것이다. 그런데 이 길에 대한 지식이 이미 이르렀든지, 혹은 나중에 이르게 되든지 간에 어떤 나라도 왜 그렇게 이르냐든지, 왜 그렇게 늦었느냐와 같은 질문을 제기해서는 안 된다. 왜냐하면 그 길을 보내신 분의 의도는 인간의 능력에 의하여 헤아려질 수 없기 때문이다. 포르피리오스 자신도 하나님의 이런 선물이 아직도 얻어지지 않았으며 아직 그의 지식에 도달되지 않았다고 말할 때 이 점을 느꼈다. 왜냐하면 상황이 그렇다고 할지라도 그는 그로 인하여 길 자체가 존재하지 않는다고 선언하지는 않았기 때문이다.

말하건대 이것은 믿는 자들의 구원을 위한 보편적인 길인데, 그에 관해 믿음의 사람인 아브라함은 "네 씨로 말미암아 천하 만민이 복을 얻으리니"(창 22:18)라는 하나님으로부터의 보증을 받았다. 사실 출생으로 보자면 아브라함은 갈대아인이었다. 그러나 그는 이 약속을 받기 위하여, 그리고 "천사들로 말미암아 중보의 손을 빌어 베푸신"(갈 3:19 참조) 씨가 그로부터 시작되기 위하여, 그래서 영혼의 구원을 위하여 모든 나라에 활짝 열린 이 보편적인 길이 중보자 안에서 발견될 수 있도록 하기 위해 그는 본토와 친척과 아비 집을 떠나도록 명령받았다. 아브라함은 우선 그 자신이 갈대아인들의 미신으로부터 놓임받았을 때, 한 분이신 하나님께 순종하고 경배드리고는 그분의 약속을 전적으로 신뢰했다. 이것이 "하나님은 우리를 긍휼히 여

61) 포르피리오스는 233-301에 생존했는데, 데키우스의 박해는 249-51년에, 발레리아누스의 박해는 257-60년에 있었다.

기사 복을 주시고 그 얼굴빛으로 우리에게 비취사 주의 도를 땅 위에, 주의 구원을 만방 중에 알리소서"(시 67:1, 2)라는 거룩한 예언에서 언급된 보편적인 길이다. 그러므로 아주 오랜 후에 우리 주님이 아브라함의 씨로부터 육신을 취했을 때 자신에 대하여 "나는 길이요 진리요 생명이니"(요 14:6)라고 말씀하고 있는 것이다.

이것은 보편적인 길로서 그에 관해서는 아주 오래 전에 다음과 같이 예언된 바 있다.

> 말일에 여호와의 전의 산이 모든 산꼭대기에 굳게 설 것이요 모든 작은 산 위에 뛰어나리니 만방이 그리로 모여들 것이라 많은 백성이 가며 이르기를 오라 우리가 여호와의 산에 오르며 야곱의 하나님의 전에 이르자 그가 그 도로 우리에게 가르치실 것이라 우리가 그 길로 행하리라 하리니 이는 율법이 시온으로부터 나올 것이요 여호와의 말씀이 예루살렘에서부터 나올 것임이니라 (사 2:2-3).

그러므로 이 길은 한 나라가 아니라, 모든 나라에 속해 있다. 주님의 말씀과 율법은 시온과 예루살렘에 머물러 있었던 것이 아니라, 거기로부터 흘러나와 보편적으로 퍼져나갔다. 그러므로 중보자되신 분 자신도 부활하신 이후에 놀란 표정을 짓고 있는 제자들에게 이렇게 말씀하셨다.

> 내가 너희와 함께 있을 때에 너희에게 말한 바 곧 모세의 율법과 예언자의 글과 시편에 나를 가리켜 기록된 모든 것이 이루어져야 하리라 한 말이 이것이라 하시고 이에 저희 마음을 열어 성경을 깨닫게 하시고 또 이르시되 이같이 그리스도가 고난을 받고 제삼 일에 죽은 자 가운데서 살아날 것과 또 그의 이름으로 죄 사함을 얻게 하는 회개가 예루살렘으로부터 시작하여 모든 족속에게 전파될 것이 기록되었으니(눅 24:44-47).

이것이 거룩한 천사들과 예언자들이 미리 말한 바 영혼을 구원하는 보편적인 길이다. 그들은 들을 수 있는 소수의 사람들, 곧 하나님의 은혜를 향유했던 사람들, 특히 열방 가운데서 소집될 하나님의 도성을 예언하며 선포할 목적으로 얼마간 성별된 정치적인 공동체를 가졌던 히브리 민족 가운데서 이전 시대에 그 길을 드러내주었다. 그들이 이 길을 가리킨 방식은 성막과 성전과 제사장직과 희생이기도 했으나, 어떤 경우에는 분명한 말이기도 했고 많은 경우에는 신비한 상징적 언어이기도 했다. 그러나 결국 중보자 자신이 육으로 오셨다. 이제 그분과 그분의 복받은 사도들은 하나님에 의하여 그분의 지혜로 결정된 경륜에 따라 인류 시대의 발달단계에 부합되게 암시가 주어졌던 이전 시대에 수건에 가린 것처럼 어렴풋하게 제시된 것을 신약의 은혜가 얼마나 보다 공공연하게 설명했는지 드러내주었다.

그런 계시는 내가 이미 몇몇 예를 제시한 바대로[62] 하나님이 기적적으로 역사하신 징후들을 추가적인 증거로 가지고 있다. 그런 징후들은 천사들의 환상과 천상의 사역자들의 응답하는 말로만 나타난 것이 아니었다. 단순하고 경건한 말로 무장한 하나님의 사람들도 인간의 육체와 감각기관으로부터 불결한 영들을 축출했고 신체장애가 있는 자들과 병든 자들을 치유했다. 땅과 바다의 날짐승들과 공중의 새들과 수목(樹木)들과 자연현상들과 별들도 그들이 말하는 하나님의 명령에 순종했고, 음부의 세력들도 그들 앞에 무릎 꿇었으며, 죽은 자들은 생명을 되찾았다. 나는 주님 자신의 인격에 특이하며 고유한 기적들, 특히 그분의 탄생과 부활에 대해서는 아무 말도 하지 않겠다. 그분은 앞의 기적에서는 처녀를 어머니로 하는 신비로운 일을 일으켰으며 뒤의 기적에서는 마지막 날에 모두가 경험하게 될 부활의 실례를 제공했기는 하지만 말이다.

이 길은 인간 전체를 정화시키며, 가멸적인 존재의 그 모든 지체가 불멸을 위하여 예비하도록 준비시킨다. 포르피리오스가 지성적이라고 부르고 있으며 다른 이가 영적이라고 부르고 있으며 또다른 이가 육체 자체라고 부르는 부분을 우리가 정결하게 하고자 추구하지 못하도록 하기 위해, 능력많으며 진실된 주님이자 정결케하는 분은 온전한 인간의 본성을 취하셨다. 미래에 발생되리라고 예언된 사건들의 경우에 있어서나 이미 실현되었다는 소식이 전해진 경우에 있어서나 언제나 인간들 사이에 존재했던 이 길에 의하지 않고서는, 어떤 사람도 구원받지 않았었고 구원받지 않으며 구원받지 못할 것이다.

역사에 관하여 잘 알면서도 아직 영혼을 구원시키는 보편적인 길을 알게 되지 못했다고 시인한 포르피리오스의 말에 관해서 나는 이런 질문을 하고 싶다. 그토록 권위있는 음성에 의하여 온 세상을 장악한 역사보다 더 놀랄 만한 역사가 어디에서 발견될 수 있는가? 혹은 지난 사건들을 말하면서 그와 동일한 명료함을 가지고 미래를 예언함으로써 실현되지 않은 예언들도 이미 성취된 것들로 인하여 믿을 수밖에 없도록 만드는 역사보다 신빙성있는 것이 무엇인가? 포르피리오스든지 어떤 플라톤주의자든지 묵시와 예언, 심지어 비록 그들이 정당하게도 마술과 관계된 일반적인 예언과 점은 경멸한다고 할지라도 심지어 현생과 세속적인 문제들에 속한 일들에 관한 묵시와 예언을 무시할 수는 없다. 그들은 마술과 관계된 일반적인 예언과 점이

62) 예를 들어 8장 참조.

위대한 사람들의 예언이라거나 중요하게 간주되어야 할 것이라고 인정하지 않고 있는데, 이는 바른 태도이다. 왜냐하면 그런 예언들은 마치 어떤 전조적인 징후에 의하여 질병의 경과가 어떻게 될는지 전문가의 눈에는 많은 정도로 미리 보이는 바와 같이 부차적인 원인들을 전망한 데 기반하고 있든지, 혹은 불결한 영들이 자기들이 하고자 결심할 일들을 예언함으로써 권위있는 모습으로써 사악한 자들의 생각과 욕망에 영향을 미치고 인간적인 연약함에 작용하여 자기들의 불순한 행동을 모방하게끔 하기 위함이든지 둘 중의 하나이기 때문이다.

보편적인 일을 걸어가는 성도들이 비록 믿음을 찬양할 목적으로 인간적인 관찰로는 탐지될 수도 없으며 경험에 의하여 용이하게 검증되지도 않는 그런 일들을 알기도 하고 종종 예언하기는 할지라도 그들이 관심을 가지고 중요한 것으로 예언하는 대상은 그런 일들이 아니다. 그렇지만 아주 중요하며 참으로 하나님과 관련된 다른 문제들도 있어서는 그들이 하나님의 뜻을 알도록 허락받는 한 그런 일들에 관해 예언하기도 했다. 왜냐하면 그리스도의 성육신 및 그분 안에서 성취되었으며 그분의 이름으로 행해진 모든 중요하며 경이로운 일들이나, 인간들이 회개하여 자기들의 뜻을 하나님에게로 돌린 일이나, 죄사함이 이루어지고 의의 은혜가 베풀어지며 경건한 자들이 믿으며 세상 모든 지역에서 많은 사람들이 참된 신성을 믿은 일이나, 신실한 자들이 시련에 의하여 연단받는 일이나, 심판의 날과 죽은 자들의 부활과 불경건한 자들이 속한 공동체가 영원토록 저주받으며 아주 영광스러운 하나님의 도성이라는 영원한 왕국이 하나님을 바라보며 즐거워하는 복을 향유하는 일 등은 이런 식으로 성경에서 예언되며 약속되었기 때문이다.

우리는 이 중 많은 일들이 이루어졌음을 알고 있기에 나머지 것들도 성취되리라고 믿는 편이 정당하며 신앙의 도리에 합당하다고 할 수 있다. 이것은 성경의 참된 예언과 말씀에 따라 하나님을 바라보며 그분과 영원토록 연합하게끔 이끄는 올바른 길이다. 이 사실을 믿지 않고 따라서 이해하지 못하는 자들은 우리의 입장을 공격할 수 있을지는 몰라도 그것을 뒤집어엎을 수는 없다. 그러므로 나는 이 열 권의 책에서 일부 사람들의 기대를 충족시키지는 못했다고 할지라도, 감히 말하건대 참되신 하나님이자 주님인 분이 내게 베푸신 도움을 통하여 우리가 말하기에 착수한, 거룩한 도성을 세우신 분보다 자기들의 신들을 선호하는 불경건한 자들의 반대주장을 논박함으로써 어떤 사람들의 원하는 바를 만족시켜 주었다.

이 열 권 중에서 앞의 다섯 권은 현생의 축복을 위하여 우리가 신들을 숭배해야 한다고 생각하는 자들에 대항한 것이고, 뒤의 다섯 권은 죽음 이후에 올 생명을 위하여 신들을 숭배해야 한다고 생각하는 자들을 대상으로 하였다. 이제 나는 첫번째 권에서 한 약속을 이루기 위하여 이미 언급된 대로 이 세상에서 서로 혼합되며 연루되어있는 두 도성의 기원과 그 역사와 예정된 종말에 관해서 언급될 필요가 있다고 생각되는 내용을 하나님이 나에게 도움을 주시는 정도까지 계속해서 말하기로 하겠다.

제 11 권

개요: 하나님의 도성 후반부는 여기서 시작되어, 지상의 도성과 천상의 도성의 기원과 역사와 종국을 설명한다. 우선 이 권에서는 선한 천사들과 악한 천사들을 분리함으로써 두 도성이 처음으로 형성된 이야기를 하며, 이 기회에 창세기 처음에 있는 대로 세계 창조를 다룬다.

1. 두 도성의 기원과 종국을 설명하기 시작하는 이 부분에 대하여.

우리가 말하는 하나님의 도성은 성경이 말하는 그 도성이다. 성경은 그 거룩한 권위로 말미암아 만국의 모든 문헌 위에 있으며,[1] 모든 종류의 사람들에게 영향을 주었다. 그리고 그 영향은 우연한 지적 감동의 결과가 아니라 명백한 섭리에 의한 계획의 결과였다. 성경에 "하나님의 성이여, 너를 가리켜 영광스럽다 말하는도다"라는 말씀이 있으며(시 87:3), 또 다른 시편에는 "여호와는 광대하시니 우리 하나님의 성 거룩한 산에서 극진히 찬송하여 온 세계가 즐거워함이여", "우리가 들은 대로 만군의 여호와 주의 성 우리 하나님의 성에서 보았나니 하나님이 이를 영영히 견고케 하시리로다"라고 한다(시 48:1-2, 8). 또 다른 시편에서는 "한 시내가 있어 나뉘어 흘러 하나님의 성, 곧 지극히 높으신 자의 장막의 성소를 기쁘게 하도다. 하나님이 그 성중에 거하시며 성이 요동치 아니할 것이다"고 한다(시 46:4-5). 이와 비슷한 증언들을 열거하면 너무 장황하겠지만 거기서 우리가 깨닫는 것은 하나님의 도성이 있으며, 그것을 건설하신 분이 우리에게 사랑을 불어 넣으셔서 그 도성의 시민권을 갈망하게 만드셨다는 것이다.

지상의 도성의 시민들은 이 거룩한 도성의 건설자보다 자기의 신들을 더 높이며, 그가 신들의 신이심을 모른다. 여기서 말하는 신은 물론 거짓된, 곧 불경건하고 교만한 신들이 아니다. 이런 신들은 하나님의 변함 없는 빛, 거저 주시는 빛을 빼앗

1) 성경의 우월성에 대해서는 Aug., *De Doctr, Christ.*, 2, 63.

겨, 권능의 극빈자가 되었기 때문에, 그들에게 속은 경배자들로부터 신적인 공경을 구하며 사적인 특권을 탐한다. 그러나 하나님을 신들의 신이시라고 할 때의 그 신들은[2] 경건하며 거룩해서, 많은 사람을 자기들에게 예속시키기보다 한 분 하나님에게 순복하는 것을 기뻐한다. 그들은 신으로서 경배를 받기보다 하나님을 경배하기를 원한다.

그런데 우리의 주(主)이시며 왕이신 분이 주시는 능력과 도움으로 우리는 앞의 열 권에서 이 천상의 도성의 원수들에게 대답했다. 이제 나는 내게 대한 기대를 짐작하며, 내가 한 약속을 잊지 않고, 전과 같은 도움을 믿으면서, 두 도성, 곧 천상의 도성과 지상의 도성의 기원과 과정과 당연한 종국을 논하기 위해 노력하겠다. 이미 말한 대로,[3] 두 도성은 현세에서는 서로 섞여 있으며 얽혀 있다고 하겠다. 우선 나는 이 두 도성이 당초에 어떻게 천사들 사이의 차이점에서 시작했는가를 이야기하겠다.

2. 하나님과 인간 사이의 중보자이신 인간 그리스도 예수를 통하지 않고는 아무도 하나님을 알 수 없다.

사람이 물질적인 것과 비물질적인 것을 합해서 피조 세계 전체를 관찰하며 그것이 변화하는 것을 안 다음에, 생각을 집중해서 그것을 초월하여 하나님의 변하지 않는 본질에 도달하며, 거기서 하나님 자신이 아닌 것은 모두 하나님에 의해서 창조되었다는 것을 바로 하나님 자신으로부터 배운다는 것은 위대한 일인 동시에 극히 드문 일이다. 하나님이 사람에게 말씀하실 때에는 어떤 들을 수 있는 피조물을 수단으로 사용하시는 것이 아니라, 소리가 나는 곳과 소리를 듣는 사람 사이의 공간 — 공기가 차 있는 그 공간을 움직여서 신체적인 귀에 들리게 하시는 것도 아니며, 꿈이나 그와 비슷한 경우에서와 같이, 형체가 있는 어떤 영적 대리자를 쓰시는 것도 아니라,[4] 이런 경우에도 신체의 귀를 향해서 말씀하시는 것 같으며, 물체를 수단으로 삼아 말씀하시며, 그 사이에 물질적인 공간이 있는 것 같으며, 상상적으로 보이는 것도 물체 또는 신체와 아주 같기 때문이다. 그러나 그렇지 않고, 사람이 신체가 아니라 마음으로 하나님의 말씀을 들으려고 그 마음을 준비하면, 하나님은 진리 자체로 말씀하신다. 사람에게 있는 것 중에서 가장 높은 것을 향해서, 하나님이 말씀하

---

2) 즉 선한 천사들, 9권 23장.
3) 1권 서문; 10권 32장의 끝.
4) Aug., *De Gen ad Lit.*, 12, 4-8.

시며, 하나님 이외에는 그것보다 높은 것이 없다.

그런데 사람이 하나님의 형상대로 지어졌다는 진리는(창 1:26) 이해할 수 있으며, 이해할 수 없다면, 적어도 믿을 수는 있으므로, 사람은 자기에게 있는, 짐승들과 공유하는 부분을 초월한 높은 부분으로, 자기보다 높으신 하나님께 접근하는 것이 지극히 당연하다. 그러나 이성과 지성의 자연적인 능력인 우리의 마음 자체가 고질적인 죄과 때문에 어두워지며 약하게 되어, 하나님의 변함없는 광명을 환영하며 즐기지 못할 뿐 아니라 용납할 수도 없게 되었다. 이 마음을 하루하루 점점 새롭게 함으로써 치유하며 저 행복을 받아들일 수 있게 하려면, 우선 믿음을 주입시키며 정결하게 만들 필요가 있었다.

그 믿음 안에서 진리를 목표로 더욱 확신있는 전진을 할 수 있도록, 진리 자체이며 하나님의 아들이신 하나님의 신성을 버림없이 인성을 취하시고, 이 믿음을 확고하게 세우셔서, 사람들이 사람이신 하나님을 통해서 사람의 하나님께로 가는 길을 얻게 하셨다. 그래서 하나님과 인간 사이의 중보자이신 인간 그리스도 예수가 계신 것이다(딤전 2:5).

그는 인간으로서 중보자시요, 길이시기 때문이다(요 14:6; 히 10:20). 목표를 향해서 가려고 애쓰는 사람과 그 목표를 연결하는 길이 있으면, 그는 목표에 도달할 소망이 있다. 그러나 그런 길이 없다면, 그는 목표에 도달할 가망이 없다. 길이 없든지, 또는 길을 모른다면, 가야 할 목표가 있다고 한들 무슨 소용이 있겠는가? 그런데 착오가 생길 염려가 전혀 없는 유일한 길은 하나님이시며 사람이신 분이 만들어 놓으신 길이다. 하나님으로서 목표시요, 사람으로서 길이시기 때문이다.

3. 성령께서 지으신 정경과 그 권위에 대하여.

이 중보자는 처음에 예언자들을 통하여 말씀하시며, 후에 자신과 사도들을 통해서 충분하다고 생각하신 대로 말씀하셨으며, 다시 정경이라고 부르는 성경을 제정하셨다. 정경에는 최고의 권위가 있으며, 우리가 몰라서는 안될 일, 그러나 자력으로는 알 수 없는 일들에 관해서 우리는 성경을 믿는다. 우리의 내적이나 외적인 감각에서 단절되지 않은 것에 대해서 우리는 알며 보증할 수 있다. 그래서 그것들이 우리 앞에 있다고 한다. 눈 앞에 있는 것이 눈에 제시되는 것과 같이, 그것들이 우리의 감각에 제시된다고 우리는 말한다.

그러나 감각기관에서 단절된 것은 알거나 보증할 수 없다. 이런 경우에는 다른 증거가 있어야 하며, 그것들을 직접 감각했다고 믿을 수 있는 사람들을 우리는 신용한다. 그러므로 우리가 보지 못했어도 본 사람들을 믿는 것과 같이, 또는 다른 신체적 기관에 대해서도 마찬가지인 것과 같이, 지성과 심정이 느끼는 것들에 대해서도 — "느낌"(sensus)이라는 말에서 "판단"(sententia)이라는 말이 나왔으므로, 여기서 "느낌"을 말하는 것은 바르다 — 바꿔 말하면, 우리의 내면적 감각에 제시되지 않는, 보이지 않는 것들에 대해서도, 그것들이 저 비물체적인 빛으로 나타나서 알게 된 사람들이나, 그것들을 계속적으로 그렇게 보는 사람들을 신용해야 한다.

4. 우주 창조는 시간과 관련없이 하신 일이거나, 새로운 결정으로 하신 일이 아니다.

눈에 보이는 것들 가운데서 우주가 가장 크며, 보이지 않는 것 가운데서 하나님이 가장 위대하시다. 우리는 우주의 존재는 볼 수 있으나, 하나님이 계심은 믿을 뿐이다. 그러나 우주를 하나님이 창조하셨다는 데 대해서 하나님 자신보다 더 믿을 만한 증인은 없다. 우리는 하나님의 말씀을 어디서 들었는가? 아직은 성경보다 더 분명한 것이 없다. 거기서 예언자가 "태초에 하나님이 천지를 창조하시니라"고 말한다(창 1:1). 하나님이 천지를 창조하셨을 때에 예언자는 현장에 있었던가? 그렇지 않다. 거기에 있던 것은 하나님의 지혜였으며(잠 8:27), 이 지혜로 만물이 창조되었다. 또 이 지혜는 거룩한 영혼들 속에 들어가서 그들을 하나님의 친구와 대변자로 만들며(지혜서 7:27), 자기가 한 일을 소리 없이 알려 준다. 아버지의 얼굴을 항상 보며(마 18:10) 합당한 사람들에게 하나님의 뜻을 알리는 하나님의 천사들도 거룩한 영혼들에게 말한다. 이런 영혼들 중의 하나였던 예언자가 "태초에 하나님이 천지를 창조하시니라"고 말하며 또 글로 쓴 것이다. 그는 우리가 하나님을 믿도록 설복하기에 합당한 증인이었기 때문에, 그에게 진리를 계시하여 알게 하신 하나님의 영의 도움을 받아, 그는 또한 우리들이 가지게 될 믿음을 오래 전에 미리 말했다.

그러나 영원하신 하나님은 그 때까지 창조하시지 않았던 천지를 무슨 까닭에 그 때에 창조하기로 결정하셨는가? 만일 이렇게 말하는 사람들이[5] 우주는 영원하여 시초가 없으며, 따라서 하나님께서 창조하신 것이 아니라고 생각한다면, 그들은 진리에서 아주 등을 돌렸으며 불경건이라는 치명적인 역병에 전염된 것이다. 설혹 예언자가 한 마디도 말하지 않았더라도, 우주 자체가 그 끊임없는 변천과 운동, 그리고 거기서 보이는 모든 모양을 통해서, 이를테면 무언중에 우주가 창조되었다고 외친

---

5) 에피쿠로스파와(Cic., *De Nat. Dear.*, 1, 9, 21) 마니교도들(Aug., *De Gen. C. Manich.*, 1, 3, 4).

다. 보이지는 않으나 형언할 수 없이 위대하시며, 보이지는 않으나 형언할 수 없이 아름다우신 하나님이 아니면 이 우주를 창조할 수 없었을 것이라고 외친다.

그러나 어떤 사람들은[6] 하나님께서 우주를 창조하셨다는 데는 찬성하면서도, 창조에 대해서만 시초를 인정하고 시간에 대해서는 시초를 인정하지 않는다. 그래서 어떤 이해할 수 없는 방법으로 우주가 창조되었다는 생각을 항상 한다. 그들이 이렇게 말하는 데는 이유가 없지 않아 있다. 이렇게 말함으로써 그들은 하나님이 닥치는 대로 충동에 의해서 행동하신다는 비난을 막을 수 있다고 생각하기 때문이다.

하나님은 우주를 창조하실 생각이 없으셨다가 갑자기 그런 생각을 하셨다거나, 모든 점에서 전혀 변함이 없으신 하나님에게 새로운 행동을 하시려는 뜻이 생겼다고, 우리가 믿는 것을 그들은 원하지 않는 것이다. 그러나 다른 피조물들, 특히 영혼을 생각할 때에는 그들의 이 이론이 어떻게 설 수 있을는지를 나는 알 수 없다. 만일 그들이 영혼을 하나님과 같이 영원한 것이라고 주장한다면, 그들은 전에는 영원 전체를 통해서 영혼에 없던 불행 — 처음으로 생겨난 새 불행의 근원을 설명할 수 없을 것이다. 가령 불행과 행복이 항상 서로 교체했다고 그들이 말한다면, 그들은 또한 이 변천이 영원히 계속되리라고 말해야 할 것이다.

그렇게 되면, 영혼이 행복하다고 하는 때에는, 영혼은 앞으로 불행과 수치가 올 것을 예견하므로, 적어도 그런 의미에서 확실히 행복하지 않다는 모순에 빠질 것이다. 만일 그와 반대로, 앞으로 올 불행과 수치를 예견하지 않고 영원한 행복을 기대한다면, 그것은 잘못 알기 때문에 행복하다는 것이며, 이 이상 더 어리석은 말은 있을 수 없다.[7] 그러나 영혼은 과거의 무한히 많은 시대를 통해서 불행과 행복의 이런 교체를 알았지만, 앞으로 남은 시간 동안은 다음 불행에서 해방되면 다시 불행으로 돌아가지 않을 것이라고 그들이 생각한다면, 그들은 역시 영혼이 전에는 참으로 행복했던 적이 없고, 겨우 이제부터 환상이 아닌 새 행복을 얻으리라고 생각한다는 비난을 면할 수 없다. 이것은 어떤 새로운 일이 영혼에 생긴다고 인정하는 것과 다름이 없으며, 과거의 영원 동안 결코 없었던 변화가 — 위대하고 확실한 변화가 생긴다는 것을 인정하는 것이다.

그런데 만일 그들이 생각하기에, 하나님은 영혼의 이 새로운 경험에 대한 어떤 원인을 자기의 영원한 목적에 포함시키지 않았다고 한다면, 그들은 동시에 하나님은 영혼의 이 행복에 대해서도 그것을 일으키는 분이 아니라고 말하게 될 것이니, 이것

---

6) 특히 신 플라톤파. 10권 31장의 처음.

7) 12권 19장.

은 가증한 불경건이다. 또 만일 하나님이 새로운 목적을 품으시며, 영혼을 이제부터 영원히 행복하게 만들기로 결정하셨다고 한다면, 그들은 그들이 인정하지 않는 변덕이 하나님에게 없다는 것을 어떻게 증명하겠는가?

그뿐 아니라, 만일 영혼이 시간 속에서 창조되었지만, 마치 숫자에 시작은 있는데 끝이 없는 것과 같이, 영혼도 앞으로 없어지는 때가 없으리라는 것을 그들이 인정한다면, 따라서 영혼은 불행을 경험하고 거기서 해방된 후에는 결코 불행하게 되지 않으리라는 것을 인정한다면, 그들은 하나님의 목적의 불변성을 해함 없이 이 일이 있으리라는 것을 의심하지 않을 것이다. 그렇게 되려면 우주가 시간 속에서 창조될 수 있었다는 것을 그들은 믿어야 한다. 그러나 그렇게 하는 동시에, 우주를 창조하셨을 때에 하나님이 그의 영원한 뜻과 목적을 바꾸신 것이 아니라는 것도 믿어야 한다.

5. 우리는 우주가 있기 전에 무한히 긴 시간이 지나갔으며 우주의 밖에 무한히 넓은 공간이 있다고 해서, 그것들을 이해하려고 해서는 안된다. 우주 이전의 시간이나 우주 이외의 공간은 없기 때문이다.

하나님이 우주의 창조주시라는 것을 찬성하면서도, 시간 속에서의 우주의 위치에 대해서 질문하는 사람들에게 우리는 무엇이라고 대답할 것인가, 또 공간 속에서의 우주의 위치에 대해서 그들 자신은 무엇이라고 대답할 것인가를 보아야 하겠다. 무슨 까닭에 우주는 그 특별한 순간에 창조되고 그 전에는 창조되지 않았느냐고, 사람들이 묻는 것과 같이, 무슨 까닭에 우주는 다른 곳이 아니고 여기서 창조되었느냐고 물을 수 있기 때문이다.

만일 세상이 존재하기 전에 무한히 긴 시간이 있었다고 생각하며, 그 동안 하나님은 아무 일도 하시지 않았을 리가 없다고 믿는다면, 같은 식으로 그들은 우주의 밖에 무한히 많은 위치들이 있다고 생각해야 한다. 그런데 만일 전능하신 분이 그런 곳들에서 활동하였을 리가 없다고 말한다면, 그들은 에피쿠로스 파와 함께 무한히 많은 우주들이 있다고[8] 몽상하게 되지 않겠는가? 유일한 차이는, 에피쿠로스 파는 그 우주들이 원자들의 우연한 움직임에 의해서 생겼다가 해체된다고 주장하며, 플라톤 파는 하나님의 활동으로 우주가 창조되었다는 것이다. 이 우주의 주위에 사방으로 한정없이 펼쳐진 무한히 많은 위치에서 하나님은 쉬지 않고 계시며 어떤 일이 있

8) Lucr., 2, 1048 f.

어도 파괴될 수 없다고 생각한다면 무한히 많은 우주가 지속된다고 볼 수 있을 것이다.

그런데 여기서 문제는, 우리와 함께, 하나님은 영적인 존재이며, 자기 이외의 모든 것을 창조하셨다고 믿는 사람들이다. 종교적 문제에 대한 이 논의에 그렇지 않은 사람들을 허용하는 것은 합당치 않을 것이다. 종교적 경배를 요구할 만한 신이 많다고 믿는 사람들 가운데서 우리가 말하는 사람들은 다른 철학자들보다 명망과 권위가 출중하며, 비록 진리에서 멀지마는 다른 사람들보다는 가깝다.[9]

이 철학자들은 하나님의 존재를 어느 한 공간에 가두거나 국한하거나 연장시키는 것이 아니라, 모든 곳에 전적으로 그러나 영적으로 존재한다고 인정한다. 이것이 하나님에 대해서 합당한 생각이다. 그러면 이 사람들은 하나님의 본질이 우주 이외의 무한히 넓은 공간에는 없으며, 거기에 비해서 아주 작은, 우주가 있는 이 공간에서만 일하신다고 말하는가? 나는 그들이 그렇게까지 허망한 말은 하지 않으리라고 생각한다.

그러면 그들은 우주가 하나만 있으며, 물질적이며 방대하지만 유한하며, 그 위치도 결정되어 있어서 하나님의 사역으로 이렇게 만들어진 것이라고 주장한다고 생각할 수 있다. 그런데 그들은 우주의 밖에 있다는 무한히 넓은 공간에서 무슨 까닭에 하나님은 일을 하시지 않느냐는 문제에 대한 것과 같은 대답을, 우주 창조 이전의 무한히 긴 시간에 무슨 까닭에 하나님은 일을 하시지 않았느냐는 질문에 대해서도 할 수 있을 것이다. 그렇다고 해서 하나님이 다른 곳이 아니고 현재의 위치에 우주를 두신 것은 신적인 이유에 의해서라기보다 함부로 하신 일이라는 결론은 되지 않는다. 다만 무슨 까닭에 현재의 위치에 우주를 두셨는지를 사람의 이성은 이해할 수 없으며, 무한히 많은 다른 위치들보다 현재의 자리가 선택될 만한 어떤 장점이 있었던 것도 아니다.

그와 같이, 하나님이 그 때에 우주를 지으시고 그 이전에 지으시지 않은 것은 닥치는 대로 변덕으로 하신 것이라는 것도 결론이 되지 않는다. 다만 그 이전의 무한한 과거에 여러 시대들이 지나갔으며, 다른 때보다 어느 한 때를 택해야 할 차이점도 없었다고 하는 것이 옳은 생각이다. 그러나 그들이 말하기를, 우주 이외에는 다른 곳이 없으므로, 사람들이 무한히 많은 장소를 생각하는 것은 허망한 일이라고 한다면, 같은 식으로 우주 이외에 시간이 있은 것이 아니므로 하나님이 일을 하시지

9) 8권 6장, Aug., *De Ver. Rel.*, 4, 7.

않은 과거를 생각하는 것도 쓸데없는 일이라고 우리는 대답한다.

6. 우주창조와 시간은 기원이 같으며, 어느 한 쪽이 먼저 있었던 것이 아니다.

운동과 변천이 없으면 시간이 없는 것이며, 영원에는 변천이 없다는 것이 시간과 영원의 올바른 차이점이라면, 어떤 피조물이 생겨서 운동함으로써 변화를 일으키지 않았으면 시간도 없었으리라는 것을 누가 깨닫지 못하겠는가?[10] 운동과 변천의 여러 부분은 동시에 있을 수 없고 서로 잇따르며 따라서 그 계속되는 부분 사이의 길거나 짧은 기간이 시간의 기초가 된다. 하나님의 영원성에는 아무런 변화도 없으며, 하나님이 시간의 창조자와 제정자이시다. 그런데 많은 시간들이 지난 후에 하나님이 우주를 지으셨다고 어떻게 말하게 되었는지 나는 알 수 없다. 우주 창조 이전에 어떤 피조물이 있었으며, 그것의 운동으로 시간이 지나갈 수 있었다는 말인가?

신성하고 무오한 성경은 태초에 하나님이 천지를 지으셨다고 하며, 하나님은 그 이전에 아무것도 지으시지 않았다는 뜻을 보인다. 만일 어떤 다른 것을 만드셨다면 그것을 "태초에" 만드셨을 것이다. 그러므로 확실히 우주는 시간 속에서 만드신 것이 아니라, 시간과 동시에 만드셨다. 시간 속에서 만드는 것은 어떤 시간의 이후와 이전에 만드는 것이다. 지나간 시간 후이며, 앞으로 올 시간 전이다. 그러나 그때에는 과거가 있을 수 없었다. 그 때에는 피조물이 없었고, 그 운동으로 시간의 길이를 측정할 수 없었다. 그러나 변화와 운동의 창조도 우주 창조에 포함되었다면 우주는 시간과 동시에 창조되었다. 이것은 처음 6일간 또는 7일간의 순서를 보면 명백하다. 이 며칠 동안에 아침과 저녁이 있었고, 하나님은 창조 작업을 제6일에 마치셨고, 제7일에 하나님의 안식이 신비롭고 숭엄하게 상징되었다.[11] 그 날들이 어떤 것이었는지, 우리는 말은 고사하고 생각조차 하기가 심히 어렵고, 아마 불가능할 것이다.

7. 태양이 창조되기 전에 아침이 있고 저녁이 있었다고 하는 그 며칠 동안의 형편에 대하여.

우리가 아는 하루는 보통 해가 져야만 저녁이 되고, 해가 떠야만 아침이 된다.

---

10) 시간의 본성 및 시간과 영원과의 관계에 대해서는 10권 31장; 12권 15장, Aug., *Conf.*, 11, 14, 17; *Serm.*, 117, 10, 7; Boethius, *Consolation of Philosophy*, 5, 6.

11) 8장과 31장.

태양이 창조된 것은 넷째 날이었다고 하므로, 처음 사흘 동안은 태양이 없이 지나갔을 것이다. 그러나 우선 하나님의 말씀으로 빛이 창조되었고, 하나님이 빛과 어두움을 나눠서 빛을 낮이라 하시고 어두움을 밤이라 하셨다고 성경에 기록되었다(창 1:3-4). 그러나 그것이 어떤 성격의 빛이었으며, 어떤 주기적 운동으로 저녁과 아침을 만들었으며, 어떤 저녁과 아침이었는지도 우리의 감각이 미칠 수 없는 일이다.

우리는 지성(知性)으로 그 일을 이해할 수도 없지만, 주저하지 않고 믿어야 한다. 그 때의 빛은 어떤 물질적인 빛이어서, 우리가 볼 수 없는 우주의 상층부로부터 왔든지, 또는 후에 태양에 불을 붙인 빛이었으리라. 그렇지 않으면, 빛이라는 이름으로 천사들과 축복된 영들로 구성된 거룩한 도성을 의미한 것이었으리라. 여기에 대해서 사도는 "위에 있는 예루살렘은 하늘에 있는 우리의 영원한 어머니다"고 하며(갈 4:26), 다른 곳에서도 "너희는 다 빛의 아들이요 낮의 아들이라. 우리가 밤이나 어두움에 속하지 아니하니라"고 한다(살전 5:5). 그러나 문제는 이런 해석과 일치하는 어떤 의미를 이 날의 저녁과 아침에서 찾아낼 수 있느냐 하는 것이다.

창조주가 아시는 지식에 비하면 피조물이 아는 지식은 황혼과 같으며, 피조물이 창조주를 찬양하며 사랑하게 될 때에 새벽이 되며 아침이 된다고 하겠다. 창조주를 버리고 피조물을 사랑하는 일이 없으면, 밤이 내리지 않는다. 성경이 처음 며칠을 기록했을 때에 밤이라는 말을 한 번도 쓰지 않았다. 결코 "밤이 되며"라고 하지 않고, "저녁이 되며 아침이 되니 이는 첫째 날이니라"고 했다(창 1:5). 둘째 날과 그 밖의 날들에 대해서도 마찬가지이다. 참으로 피조물을 창조주의 지혜에 비추어, 이를테면 그것을 창조하신 설계에 따라[12] 볼 때의 찬란한 지식과 비교하면, 피조물들을 그 자체대로만 보아서 아는 지식은 희미하며 퇴색한 것이다. 그러므로 밤이라기보다 저녁이라고 하는 것이 더 적절하다.

그러나 이미 말한 바와 같이, 피조물이 다시 창조주를 찬양하며 사랑할 때에 아침이 돌아온다. 피조물이 자체를 아는 지식으로 그렇게 할 때에, 그것이 첫 날이다. 궁창 곧 위의 물과 아랫 물 사이의 하늘을 아는 지식으로 그렇게 할 때에, 그것이 둘째 날이다. 땅과 바다와 땅의 모든 식물을 아는 지식으로 그렇게 할 때에, 그것이 셋째 날이다. 크고 작은 빛과 모든 별들을 아는 지식으로 그렇게 할 때에, 그것이 넷째 날이다. 물에서 헤엄치거나 공중을 날아다니는 모든 동물을 아는 지식으로 그렇게 할 때에, 그것이 다섯째 날이다. 땅 위에 사는 모든 동물과 인간 자신을 아는

12) 29장.

지식으로 그렇게 할 때에, 그것이 여섯째 날이다.

8. 하나님이 엿새 동안에 일하시고 일곱째 날에 쉬셨다는 뜻.

하나님이 일곱째 날에 모든 일을 쉬시고 그 날을 거룩하게 하셨다고 할 때에, 우리는 마치 일이 하나님에게 노고가 된다는, 유치한 생각을 해서는 안된다. 하나님께서 말씀하시매 "이루어졌느니라"고 한다(시 33:9; 148:5). 그것은 귀에 들리는, 사라지는 말씀이 아니라, 영적이며 영원한 말씀이었다. 하나님의 안식은 하나님 안에서 안식하는 자들의 안식을 의미한다(히 4:4-11). 마치 한 집의 기쁨이 그 집 안에서 기뻐하는 사람들의 기쁨을 의미하는 것과 같다. 그런 때에 기쁨을 주는 것은 그 집이 아니고 다른 것일 수도 있다. 만일 그 집 자체가 아름다워서 그 안에 사는 사람들을 기쁘게 한다면, 이런 표현은 얼마나 훨씬 더 알기 쉬울 것인가!

극장 안에 있는 사람들이 갈채를 보낼 때에 극장이 갈채를 보낸다고 하며, 목장에 있는 소들이 울 때에 목장이 운다는 식으로 말해서, 어떤 것 안에 있는 것에 대한 말을 그것에 대해서 한다. 그와 같이 어떤 때에는 원인에 대해서 그것이 결과인 듯이 말한다. 기쁜 편지라는 말은 그 편지가 읽는 사람을 기쁘게 만든다는 뜻이다. 그러므로 저 예언자적 저자[13]가 하나님이 쉬셨다고 한 것은 지극히 적합한 표현이다. 하나님 안에 있는 사람들이 쉬며, 하나님이 그들을 쉬게 만드신다는 뜻이기 때문이다.

이 예언적인 이야기는 그것을 듣는 사람들과 그것을 읽는 사람들을 향해서도 약속한다. 즉 하나님이 그들 안에서 또 그들을 통해서 선한 일을 하신 후에, 그들이 금생(今生)에서 믿음으로 하나님께 나아간다면, 그들도 하나님 안에서 영원한 안식을 누리리라고 약속한다. 하나님께서 고대의 백성에게 안식일에 대한 율법으로 안식을 명령한 것은 이 일을 미리 상징한 것이다. 여기에 대해서는 때가 오면 더 자세히 말하겠다.[14]

9. 천사들의 창조에 대한 성경의 가르침.

나는 지금 거룩한 도성의 기원을 논하려 하며, 우선 천사들의 기원을 말하려 한다. 천사들은 그 도성의 큰 부분을 차지하며, 나그네가 된 일이 없으므로 행복한 부

13) 즉 창세기의 저자
14) 22권 30장.

분이다. 나는 이 논술을 위해서, 하나님의 은혜를 받아 이 문제에 관련된 성경 말씀들을 적당한 만큼만 설명하겠다. 우주창조에 대한 성경의 기록에는 천사들이 창조되었는지, 또는 언제 창조되었는지, 명백한 말씀이 없다. 그러나 만일 언급이 있다면, 그것은 "태초에 하나님이 천지를 창조하시니라"(창 1:1)고 하는 말씀에서 "하늘"이라는 이름으로 암시되었거나, 그렇지 않으면 내가 말한 빛에 포함되었다.

천사들을 빠뜨린 것이 아니라고 내가 생각하는 근거는 하나님이 제7일에 모든 일을 쉬셨다고 하는 말씀과(창 2:2), 성경의 맨 처음에 있는 말씀이다. 태초에 하나님이 천지를 창조하셨다고 하는 말씀은 명백히 천지를 창조하시기 전에는 아무것도 만드시지 않았다는 뜻을 알린다. 이와 같이 하늘과 땅이 제일 처음으로 창조되었다. 그 맨 처음에 만드신 땅은, 성경이 부언하듯이, 보이지 않으며 형태가 없었다. 빛이 아직 창조되지 않았으므로 어두움이 깊음 위에 있었다. 이 깊음은 땅 곧, 흙과 물이 마구 섞인 것이었고, 빛이 아직 없었으니, 어두움이 있을 수밖에 없었다. 그러나 창조 작업에서 모든 것이 그 다음에 각각 그 자리에 배치되었고, 그것이 엿새 동안에 완성되고, 하나님이 제7일에 모든 일을 쉬셨다고 할 때에, 그 사역에 천사들이 포함되지 않은 듯이 보이는데, 어떻게 빠뜨릴 수 있었겠는가?

그러나 천사들을 하나님이 창조하셨다는 사실은 빠지지 않았다고 하더라도, 명백한 말씀은 없다. 그런데 성경의 다른 곳에 확실한 증언이 있다. 세 청년이 풀무 속에서 부른 찬송에 "주의 지으신 만물이 주를 찬송할지어다"라고 하면서, 이 만물 가운데 천사들도 포함시켰다(외경의 다니엘 3:57-58, 세 젊은이의 찬송가). 시편에는 다음과 같은 찬송이 있다: "할렐루야 하늘에서 주를 찬양하며 높은 데서 찬양할지어다. 그의 모든 사자(천사)여, 찬양하며 모든 군대여 찬양할지어다. 해와 달아 찬양하며 광명한 별들아 찬양할지어다. 하늘의 하늘도 찬양하며 하늘 위에 있는 물들도 찬양할지어다. 그것들이 주의 이름을 찬양할 것은 저가 말씀하시매 지어졌고 저가 명하시매 창조되었음이로다"(시 148:1-5, 70인역).

여기서 하나님의 말씀으로, 천사들이 하나님에게서 창조되었다는 것을 가장 명백하게 듣는다. 시인은 천상의 존재들을 말하고, 그 가운데 천사들을 포함시키며, 그 전체에 대해서 "하나님이 말씀하시매 그들이 지어졌다"고 부언하기 때문이다. 그뿐 아니라 엿새 동안에 피조물들이 모두 창조된 후에야 겨우 천사들이 창조되었다고, 누가 감히 말할 것인가? 그렇게 어리석은 사람이 있을지라도, 동등한 권위를 가진 성구가 반박을 가한다.

거기서 하나님이 말씀하시기를, "별들이 창조되었을 때에 나의 모든 천사들이 소리를 높여 나를 찬양하였느니라"고 한다(욥 38:7, 70인역). 그러므로 별들이 창조되었을 때에는 천사들이 있었을 것이다. 그런데 별들은 제4일에 창조되었다. 우리는 천사들은 제3일에 창조되었다고 할 것인가? 그렇지 않다. 그 날 무엇이 창조되었는지는 기록되어 있다. 땅과 물이 나뉘어, 각각 그 특유한 형태를 취했고, 땅은 뿌리를 가진 것들을 생산했다. 제2일은 어떤가? 그 날도 아니다. 그 날에는 위의 물과 아래의 물 사이에 하늘이 창조되고 궁창이라고 불렸다. 이 궁창에서 제4일에 별들이 창조된 것이다.

그러면 엿새 동안에 하나님이 지으신 것 가운데 천사들도 포함되었다면 그들은 틀림없이 낮이라는 이름을 얻은 그 빛이었다. 그리고 그 하나님을 우리에게 역설하기 위해서 "첫 날"이라고 하지 않고, 그냥 "하루"라고 했다(창 1:5)[15], 둘째 날과 셋째 날과 그 다음날도 다른 날이 아니고, 같은 "하루"였다. "하루"라는 같은 표현을 반복해서 여섯 또는 일곱이라는 수를 채웠으며, 우리에게 일곱 번 알린다. 곧 하나님이 일하신 것을 여섯 번, 그리고 쉬신 것을 한 번 알린다. 하나님이 "빛이 있으라" 하시매 빛이 있었으며, 이 빛이야말로 하나님이 창조하신 천사들이라고 해석하는 것이 옳다면, 천사들은 확실히 영원한 빛에 참가하는 자들이 되었다. 그 영원한 빛은 하나님의 변함없는 지혜 곧 만물을 창조한 그 지혜에 불과하며, 또 그 영원한 빛을 우리는 하나님의 독생자라고 부른다(요 1:9, 14; 8:12; 12:46).

이와 같이 천사들은 그들을 창조한 빛에서 빛을 받아 빛이 되었고 "낮"이라는 이름을 얻었다. 그들은 저 변함없는 낮이며 하나님의 말씀인 낮에 참가한 자들이었기 때문이다. 천사들과 그 밖의 만물은 하나님의 말씀이 창조했다. "세상에 들어오는 각 사람에게 비취는 참 빛이"(요 1:9)[16] 또한 모든 순결한 천사를 비추어, 그 천사로 하여금 그 자신으로서가 아니라, 하나님 안에서 빛이 되게 만든다. 만일 그 천사가 하나님을 버리고 멀어지면, 그는 "불결한 영"이라고 하는 다른 천사들과 같이 불결하게 된다. 그럴 때에 그런 천사들은 "주 안에서 빛"(엡 5:8)이 아니라 그 자신으로서 어두움이다. 그것은 영원한 빛에 참여하지 못하게 되었기 때문이다. 원래 악은 그 자체의 본성이 없으며, 선이 없게 된 것을 악이라고 부른다.[17]

---

15) 창 1:5의 '첫째 날'은 '한 날' 즉 '하루'라고 번역할 수 있음. 우주의 모든 부분을 동시에 창조하셨으나, 창세기에서 설명을 여섯 번 또는 일곱 번하는 것이라는 데 대해서는 30-31장을 보라. 또 Aug., *De Gen. ad Lit.*, 4, 1; 7, 28; *De Gen. C. Manich.*, 1, 23, 35 이하.

16) 개역성경과는 번역이 다름.

17) 22장; Aug., *Enchir.*, 4; Plat., *Enn.*, 3, 2, 5.

10. 성부 하나님과 성자 하나님과 성령 하나님은 한 하나님이시며 단순하고 불변하는 삼위일체이다. 그리고 그 본질과 속성은 서로 다른 두 가지 것이 아니다.

따라서 홀로 단순하며 그러므로 홀로 불변하는 선(善) 곧 하나님이 계시다. 이 선에 의해서 모든 선한 것이 창조되었으나, 그것들은 단순하지 않으며 따라서 변한다. 내가 그것들이 창조되었다고, 곧 바꾸어 말하면 지어졌다고 말하고, 났다고는 하지 않은 데에 유의하기 바란다. 단순한 선에서 난 이는 역시 단순하며, 난 이는 낳은 이와 같다. 이 두 분을 우리는 아버지(성부)와 아들(성자)이라고 부르며, 두 분은 그 영과 함께 한 하나님이시다. 성부와 성자의 영을 성경에서는 특별한 의미로 거룩하다고 부른다.

그런데 성령은 성부와 성자가 아닌 다른 분이시다. 성부도 아니요 성자도 아니시기 때문이다. 성령을 나는 다른 분이라고 했고, 다른 것이라고 부르지 않았다. 성령은 성부 성자와 같이 단순하며, 그들과 같이 불변하는 선이시며, 그들과 함께 영원하시기 때문이다. 그리고 이 세 분이 함께 한 하나님이시며 삼위일체시기 때문에 단순하시다. 우리가 이 선한 본성이 단순하다고 하는 것은 거기에 성부만 계시기 때문이 아니며, 성자나 성령만이 계시기 때문도 아니다. 또는 사벨리우스(Sabellius)[18] 이단파가 생각한 것과 같이, 이름만 삼위일체요 위격(位格)은 실재하지 않기 때문이 아니라, 그 본성과 그 가진 것 곧 속성이 같기 때문에 단순하다고 부르는 것이다. 다만 각 위격 사이의 상호관계를 말할 뿐이다. 확실히 아버지에게 아들이 있으나 아들은 아니시며, 아들에게 아버지가 있으나 아버지는 아니시기 때문이다. 그러므로 각 위격의 본성이 그 속성과 같다고 하는 것은 그 자신에 관한 일이며 그 관계하는 상대에 관한 일이 아니다. 예컨대 그 자신에 관해서 생명을 가졌기 때문에 살았다고 하며, 그 자신이 이 생명이다.

그런데 어떤 것이 단순하다고 하는 것은 잃어버릴 수 있는 것을 가지지 않았기 때문이다. 바꿔 말하면, 그 속성과 그 본성이 다르지 않기 때문이다. 예컨대, 병에 액체가 들어 있으며, 물체에 빛깔이 있으며, 공기가 밝거나 더우며, 영혼에 지혜가 있다고 한다. 이런 속성들은 그 물건들의 본성이 아니다. 병은 액체가 아니며, 물체는 빛깔이 아니며, 공기는 빛이나 열이 아니며, 영혼은 지혜가 아니다. 이런 속성들은 잃어질 수 있으며, 변해서 다른 상태나 성질이 될 수 있다. 예컨대, 병은 안에 찬

18) 3세기의 아프리카 신학자; 10권 24장.

액체를 비울 수 있으며, 물체는 빛깔을 잃을 수 있으며, 공기는 어둡고 차게 될 수 있으며, 영혼은 지혜를 잃어버릴 수 있다. 성도가 부활하면 썩지 않는 몸을 받으리라는 약속이 있는 것이 사실이다.

이 몸은 썩지 않는다는 속성(불후성, 不朽性)을 잃지 않는다는 것을 나는 인정한다. 그러나 그 몸으로서의 본질은 영속하므로 불후성과 동일한 것이 아니다. 이 속성은 신체의 각 부분에 전체적으로 있으며, 어느 부분이 다른 부분보다 더 불후하거나 덜 불후하다는 것이 아니다. 몸 자체는 어느 부분보다 크며, 큰 부분과 작은 부분이 있지마는, 큰 부분이 작은 부분보다 더 불후하는 것이 아니다. 따라서 몸은 각 부분에 전적으로 있는 것이 아니며, 불후성은 각 부분에 전적으로 있는 것이므로, 서로 다르다. 또 썩지 않는 몸의 부분들은 그 크기가 서로 다르지만, 썩지 않는다는 점에서는 모두 같다. 예컨대, 손가락은 손보다 작지만 그렇다고 해서 손이 손가락보다 더 불후한 것이 아니다. 손과 손가락은 같지 않으나, 그 불후성은 같다. 따라서 불후성을 썩지 않는 몸에서 분리할 수는 없지만, 그 몸을 몸이라고 부르게 하는 그 본질과 그 썩지 않는다고 하는 속성은 서로 다르다. 그렇기 때문에, 이렇게 서로 뗄 수 없으면서도, 몸은 그 속성이 아닌 것이다.

영혼 자체도 영원한 구원을 받을 때에 무한히 지혜롭겠지만, 그렇게 지혜로운 것은 영혼과 다른 불변하는 지혜에 동참하기 때문일 것이다. 공기 중에 편만한 빛을 빼앗기는 일은 없겠지만, 그렇다고 해서 공기와 그것을 비추는 빛이 서로 다르지 않다는 뜻은 되지 않는다. 내가 이렇게 말하는 것은 영혼을 공기라고 하는 뜻이 아니다. 비물체적인 존재를 생각할 수 없는 사람들이[19] 이렇게 생각했다. 그러나 영혼과 공기는 아주 다르지만, 유사점도 있어서, 비물체적인 영혼이 비물체적인 빛 곧 하나님의 단순한 지혜의 빛으로 비추어진다고 말해도 조금도 부적당하지 않다. 그것은 물체적인 것이 물체적인 빛으로 비추어지는 것과 같다. 물체계에서 어두움이라는 것은 공기에서 빛을 감한 것이므로, 이 빛이 떠나버리면 공기가 어두워지는 것과 같이 지혜의 빛을 빼앗기면 영혼도 어두워 진다.

그러면 이 원칙에 따라서, 근원적이며 참으로 신적인 존재들을 우리는 단순하다고 부른다. 그들은 본질과 속성이 같기 때문이다. 그들은 어떤 다른 것에 동참하지 않고서도 그 자체로서 신적이며, 지혜로우며, 행복하다. 그런데 성경에서는 지혜의 영을 다양하다고 표현한다(지혜서 7:22). 지혜는 많은 것을 포함하기 때문이다. 그

---

19) 아낙시메네스(Anaximenes)와 아폴로니아(Apollonia)의 디오게네스(Diogenes)와 일부 스토아파.

러나 지혜가 내포한 것들은 그 본성이며, 하나이면서 그 내포한 모든 것들이기도 하다. 지혜는 여러 가지 것이 아니라 하나이며, 그 안에 지적 실재(實在)들의 무수한 보고(寶庫)가 있다.

그러나 지혜가 보기에는 그 보고의 수효가 한정되어 있다. 이런 실재들 가운데는 변화하며 가시적인 것들에 대해 불가시적이며 불변하는 이념(이데아)들 곧 지혜 자체가 창조한 것들의 원형이 포함되었다. 하나님이 모르시면서 지으신 것은 없으며, 이 점은 장인(匠人)들도 마찬가지다. 그뿐 아니라, 하나님이 모든 것을 알고 지으셨다면, 확실히 그 만드신 것을 모두 아셨다는 결론이 된다. 이 점에서 이상하고 놀라운, 그러나 올바른 생각이 떠오른다. 즉 우리의 이 우주가 존재하지 않았다면 우리는 그것을 알 수 없었을 것이지만, 하나님이 이 우주를 아시지 않았다면, 그것은 존재할 수 없었을 것이다.

11. 거룩한 천사들은 창조된 순간부터 지복을 누렸지만, 진리 안에 굳게 머무르지 않은 천사들도 그 지복에 참여했는가?

그러므로 우리가 천사라고 부르는 영들은 어떤 모양 어떤 순간에도 암흑이었던 일이 없으며, 창조된 순간부터 광명의 존재로 창조되었다.[20] 그들은 그저 아무렇게나 존재하며 살도록 창조된 것이 아니라, 현명하고 행복하게 살도록 광명하게 창조되었다. 이러한 광명을 등진 천사들은 현명하고 행복한 생활의 영예(榮譽)를 얻지 못했다. 그렇게 살려면 영원해야 하며, 그 자체의 영원성을 굳게 믿어야 하기 때문이다. 그러나 그런 천사들도 여전히 이성을 지닌 생명을 보존한다. 그러나 그것은 지혜롭지 못한 이성이며, 설령 없어지기를 그들이 원하다고 하더라도 없어지지 않는다.

그러나 그들이 죄를 짓기 전에 저 지혜에 얼마 만큼이나 참여했는지를 누가 분명하게 단정할 수 있겠는가? 거룩한 천사들은 자기들의 행복이 영원하다는 것이 조금도 잘못이 아니기 때문에, 완전히 또 참으로 행복하다. 그들과 타락한 천사들이 지혜를 동등하게 가졌다고 우리는 어떻게 말할 것인가? 타락한 천사들도 이 지혜를 동등하게 나눠 받았다면, 그들도 선한 천사들과 같이 영원히 행복했을 것이다. 그들도 미래에 대해서 동등한 확신이 있었을 것이기 때문이다. 행복은 생명과 같다. 아무리 오래 간다고 하더라도, 끝이 정해져 있다면, 그것은 참으로 영원한 생명이라고

20) 12권 9장.

할 수 없으며, 끝이 없어야만 영원하다고 할 수 있다. 영원성이 자동적으로 행복을 보장하는 것이 아니며, 지옥 불도 영원하다고 한다. 그렇더라도 영원하지 않은 생명은 참으로 또 완전히 행복하지 않다고 상정한다면, 그들은 영원한 생명을 즐긴 것이 아니다. 그들의 복된 생명은 언젠가는 끝날 것이며, 따라서 영원하지 않았기 때문이다.

그들은 이것이 사실이라는 것을 알았거나, 또는 이 일을 모르고 다른 생각을 했을는지도 모른다. 알았다면 공포심 때문에, 몰랐다면 무지 때문에, 복될 수 없었을 것이다. 만일 그들이 무지하기 때문에, 그릇된 또는 불확실한 소망을 믿지 않으며, 자기들의 행복이 영원할 것인가 또는 언젠가는 끝이 올 운명인가 하는 데 대해서 확고부동한 신념이 있는 결단을 내리지 못했다고 한다면, 행복이 걸린 문제에 대한 이 우유부단한 태도 자체가 완전한 행복이 없었다는 것을 의미한다. 이 완전히 복된 생명을 거룩한 천사들은 즐긴다고 믿는다. 우리는 복된 생명이라는 말의 뜻을 좁게 해석해서 하나님만이 복되다고 말하는 것이 아니다. 물론 하나님께서 주시는 복보다 더 큰 복은 없다. 천사들은 천사로서 도달할 수 있는 커다란 복을 누리지만, 하나님의 복되심과 비교하면, 그 크다는 것이 얼마 만한 정도겠는가?

12. 하나님이 약속하신 상을 아직 받지 못한 의인들의 복과, 죄를 짓기 전의 아담과 하와가 낙원에서 누린 복을 비교한다.

피조물 중에서 이성적 또는 이지적 수준에 속한 것은 복되다고 말할 가치가 있다고 우리는 생각하며, 그 수준에 있는 것은 천사들뿐만이 아니다. 낙원에 있었던 처음 사람들도 죄를 짓기 전에는 행복했다는 것을 누가 감히 부정할 것인가? 그들은 자기들의 행복이 얼마나 계속될 것인지, 또는 그것이 영원할 것인지를 몰랐다. 죄를 짓지 않았더라면 영원했을 것이다. 그러나 그들이 죄를 짓기 전에 행복했으리라는 것을 누가 부인하겠느냐고 나는 묻는다. 현재도 미래의 영생을 믿으며 의롭고 경건하게 사는 사람을 두고 우리가 행복하다고 말하더라도, 지나치게 대담한 말이 아니기 때문이다. 이런 사람들은 양심을 찢는 가책을 받지 않으며, 연약한 상태에서 저지르는 죄에 대해서도 쉽게 하나님의 용서를 받는다. 끝까지 굳게 참고 견디며 기다리면 상을 받으리라고 확신하지만, 견인에 관한 보장이 있는 것은 아니다. 의를 실천하며 촉진하는 일에서 자기가 끝까지 견디리라는 것을 어떤 계시로 보장을 받지 않고서야 누가 자기가 견뎌내리라는 것을 알 수 있겠는가? 그 계시를 주시는 분의 판단은 우리가 알 수 없어도 의로운 것이며, 이 일에 대해서 모든 사람을 가르치시는 것이 아니지만, 아무도 속이시지 않는다.

그러므로 현재의 선을 즐긴다는 점에서 본다면, 낙원에 있었던 처음 사람은 어떤 의인보다 복되었다. 아무리 의인이라고 하더라도 우리와 같은 치명적인 약점을 면하지 못한다. 그러나 장래에 대한 희망을 가졌다는 점에서 본다면, 자기가 천사들 사이에서 아무 지장 없이 끝없는 교제를 즐기며, 가장 높으신 하나님께 가게 되리라고 생각할 뿐 아니라 그것이 사실이라고 확실히 아는 사람은, 어떤 신체적 고통을 받을지라도 낙원의 크나큰 복 가운데 있으면서 자기의 앞날에 대한 확신이 없었던 저 사람보다 더 행복하다.[21)]

13. 모든 천사가 공통의 복된 상태로 창조되었으며, 타락한 천사들이 자기들의 타락할 운명을 몰랐을 뿐 아니라, 천사들도 타락한 천사들이 몰락한 후에야 자신들의 견인의 확신을 얻은 것인가?

이제까지 말한 바와 같이, 이성적 존재가 그 합당한 목표로서 갈구하는 행복을 위해서는 두 가지 조건이 구비되어야 한다는 것을 쉽게 알 수 있다. 즉 이성적 존재는 불변하는 선 곧 하나님을 아무 지장 없이 즐기며 동시에 그 행복이 영원하리라는 것을 확신하면서 아무 의심이나 그릇된 판단의 방해를 받지 않아야 한다. 광명한 천사들에게 이런 행복이 있다는 것을 우리는 경건하게 믿는다. 그리고 자기의 과오로 광명을 잃은 범죄한 천사들은 타락하기 전에는 이런 복을 누리지 못했다고, 우리는 논리적으로 추론한다. 다만 그들이 죄를 짓기 전에도 하여간 살아 있었으므로, 비록 자기들의 장래를 알지 못했지만, 어느 정도의 행복을 누렸다고 인정해야 할 것이다.

그러나 천사들이 창조되었을 때에, 어떤 천사들은 자기들이 굳게 설 것인가 또는 타락할 것인가를 알 수 없도록 창조되었고, 어떤 천사들은 자기들의 행복이 영속하리라는 것을 알고 굳게 믿었다고 생각하기는 어렵다. 그렇지 않고, 처음에는 모든 천사가 계속 동등했다. 그러나 거룩한 천사들이 지금도 자기들의 영원한 행복을 확신하지 못한다고 생각하기는 어려운 일이다. 그들에 대해서 우리가 성경에서 배울 수 있는 것을 그들 자신이 모르고 있다고 하기 어렵다. 모든 그리스도인들이 앞으로 새로운 악한 천사가 선한 천사들 사이에서 나타나는 일이 없으리라는 것을 모르는가? 또 현재의 악한 마귀가 다시 선한 천사들과 사귀게 되는 일도 결코 없으리라는 것을 모르는가? 성도들과 신자들은 하나님의 천사들과 동등하게 되리라는 것을 진리

---

21) 이 장의 논제는 「견인의 은사」Aug., *De Dono perseverantiae* 와 「충고와 은혜」 *De Correptiane et gratia*에서 상론되었음

이신 분이 복음서에서(마 22:30) 약속하시기 때문이다. 그뿐 아니라 그들은 영생에 들어가리라는 확약을 받았다(마 25:46).

그러나 우리는 결코 영원한 행복에서 떨어지지 않으리라고 확신하는데, 그와 반대로 천사들에게 그런 확신이 없다면, 이것은 우리를 그들과 동등하지 않고 그들보다 우월하다고 하는 것이다. 그러나 진리이신 분은 우리를 잘못 인도하실 수 없으며, 우리는 천사들과 동등하게 될 것이다. 따라서 그들도 자기들이 영원히 행복하리라고 확신한다. 저 범죄한 천사들에게는 이 확신이 없었다. 그들의 행복은 끝이 있는 행복이었으므로, 그들에게는 확신있는 영원한 행복이 없었고, 따라서 그것을 믿을 수 없었던 것이다. 그러므로 우리는 천사들 사이에 등급의 차이가 있었다고 결론지어야 한다. 또는 만일 그들이 모두 동등했던 적이 있었다면, 범죄한 천사들이 몰락한 후에야 다른 천사들은 자기들의 영속적 행복을 확실히 알게 되었을 것이다.

그러나 복음서에서 마귀에 대해서 주님이 하신 말씀 — "저는 처음부터 살인한 자요, … 진리에 서지 아니하였다" (요 8:44)[22] —에 대해서 말하는 사람이 있으리라: 이 말씀의 뜻은 마귀는 처음부터 곧 인류의 처음부터 또는 마귀가 속여 죽게 만들 사람이 창조되었을 때로부터라는 것일 뿐 아니라, 마귀 자신이 존재하기 시작한 때로부터 그는 진리 안에 머무르지 않았고, 따라서 저 거룩한 천사들과 함께 행복한 때가 전혀 없었다는 것이다. 마귀는 창조주에 버금가는 것을 싫어하고, 자기가 자기의 힘으로 어떤 무엇인듯이, 자기의 권능을 자랑하는 교만한 자였다. 그렇게 함으로써 마귀는 스스로 속고 또 남을 속였다. 그것은 전능자의 권능에서 벗어날 존재가 없기 때문이다. 공경과 순종으로 이 현실을 인정하며 거기 머무르려 하지 않는 자는 그 자부심 때문에 실상은 없는 것을 있는 체하는 것이다. 그러므로 "마귀는 처음부터 범죄하였다" (요일 3:8)고 한 사도 요한의 말씀도 이런 뜻이라고 할 수 있다. 곧 그는 창조된 순간부터 하나님께 순복하는 경건한 의지만이 가질 수 있는 의를 거절한 자였다.

이 결론을 인정하는 사람은 마니교의[23] 이단자들과 그밖의 모든 사악한 종파들에 반대하는 것이다. 마귀는 어떤 반대원리에서 그 본성에 특유한 악한 본질을 받았다고 그들은 주장하기 때문이다. 그들의 오류는 심히 어리석은 것이어서, 그들도 복음서의 저 말씀의 권위를 우리와 같이 인정하면서도, 주님의 말씀이 "그는 진리와

---

22) 개역 성경에는 "진리에 서지 못하였다." 헬라어 원문은 "서지 아니하였다."

23) 마니교는 페르시아 출신인 마네스(Manes, 215-275 년경)가 창시한 종교로 선악과 명암(明暗)이라는 두 궁극적 실재를 주장하는 극단적 이원론이었음.

관계가 없었다"가 아니라, "그는 진리에 서지 않았다"라는 것임을 인식하지 못한다. 주님의 말씀의 뜻은 그가 진리에서 떨어져 나갔다는 것이다. 만일 진리에 굳게 서 있었다면, 그는 진리에 참여하게 되어, 거룩한 천사들과 함께 행복한 상태를 계속했을 것이 확실하다.

14. 마귀는 진리가 그 속에 없으므로 진리 안에 머무르지 않았다고 하는 설명에 대하여.

그뿐 아니라, 주께서는 마치 우리가 구한 것 같이, 마귀가 진리에 굳게 서지 않았다는 것을 증명하는 표징을 우리에게 주셨다. 그것은 곧 복음서에 있는 "진리가 그 속에 없으므로"라는 말씀이다(요 8:44). 그가 진리에 굳게 서 있었다면, 그 속에 진리가 있을 것이지만, 여기 사용된 말씀은 보통 말씀이 아니다.

"진리가 그 속에 없으므로, 그는 진리에 서지 않았다"고 하는 말은, 진리가 그 속에 있지 않은 결과, 그가 진리에 서지 않았다는 뜻으로 들리지만, 사실은 그렇지 않고, 그가 진리에 서지 않은 것이 원인이며, 진리가 그 속에 없는 것이 결과인 것이다. 같은 표현 방법이 시편에도 있다. "하나님이여, 내게 응답하신 고로 내가 불렀사오니"(시 17:6, 70인역), "하나님이여 내가 부른 고로 내게 응답하셨나이다"라고 말하는 것이 옳을 것으로 생각된다. 그러나 그는 "내가 불렀나이다"라고 말한 다음에,[24] 마치 그가 불렀다는 것을 어떻게 증명할 수 있느냐고 누가 묻기라도 한 것처럼 그는 결과를, 곧 하나님이 그의 부름에 응답하신 것을 들어서, 그 목적을 향한 자기의 행동을 증명한다. 마치 그는 "이것으로 내가 당신을 불렀다는 것을 밝히나이다. 그것은 곧 당신이 저에게 응답하신 것이니이다"라고 하는 것과 같다.

15. 마귀는 처음부터 범죄하였느니라고 하는 말씀을 어떻게 해석할 것인가?

마귀에 대해서 요한이 "마귀는 처음부터 범죄하였느니라"고(요일 3:8) 한 말씀을 어떤 사람들은[25] 이해하지 못한다. 그들은 마귀가 그 본성에 따라 죄를 짓는 것이라고 하지만, 만일 그렇다면 그것은 전혀 죄라고 할 수 없다. 그들은 예언자들의 증언에 어떻게 대답할 것인가? 이사야가 바빌론 왕을 마귀의 대표로 보고, "너 아침에

---

24) 원문에서는 이 구절이 앞에 있음.
25) 마니교도들.

떠오르던 계명성이여 어찌 그리 하늘에서 떨어졌느냐?"고 했으며(사 14:12, 70인역), 에스겔은 "네가 하나님의 낙원 즐거운 가운데 있어서 각종 보석으로 단장하였었도다"라고 한다(겔 28:13, 70인역).

여기서는 마귀에게 죄가 없었던 때도 있었다는 것을 말한다. 참으로 조금 내려가서 더 명백하게 "네가 지음을 받은 날로부터 너의 날에 흠 없이 행하였느니라"라고 말씀한다(겔 28:15, 70인역). 만일 이 구절들에 대해서 다른 더 적합한 해석을 얻을 수 없다면, 우리는 "그가 진리에 서지 않았다"는 말씀을, 그는 진리 안에 있었으나 진리 안에 영구히 머무르지 않았다는 뜻으로 받아들이며, "마귀는 처음부터 범죄하였느니라"는 말씀은 그가 창조된 처음부터 범죄했다고 생각할 것이 아니라, 죄를 짓기 시작한 때로부터 범죄했다는 뜻으로 받아들여야 한다. 마귀의 교만 때문에 죄가 처음으로 생겼다.

다음에 욥기에 마귀를 논하는 말씀이 있다. "이것은 하나님의 창조물 중에 으뜸이라. 천사들의 웃음거리가 되도록 지으셨느니라"(욥 40:19, 70인역).[26] 이 말씀과 부합하는 말씀이 시편에 있다. "주께서 이 용을 웃음거리가 되도록 지으셨나이다"라고 한다(시 104:26, 70인역).[27] 그러나 욥기의 말씀은 마귀가 처음부터 천사들의 웃음거리로서 합당하도록 창조되었다는 뜻으로 해석할 것이 아니라, 그가 죄를 지은 후에 이 벌을 받은 것이라고 해석해야 한다. 그러므로 마귀는 주님의 창조물로서 출발했다. 아무리 가치없고 미천한 동물일지라도 하나님이 지으시지 않은 것은 없다. 어떤 분량이나 형태나 유형이든 간에 그것은 모두 하나님으로부터 유래하며, 하나님이 지으신 것이 아니면, 어떤 분량이나 형태나 유형도 존재하지 않으며, 존재한다고 상상할 수도 없다. 그렇다면 하나님의 피조물 중에서 그 본성이 가장 존귀한 천사들은 더욱 하나님의 피조물인 것이 아닌가?

16. 피조물들의 등급과 차이를 측정하는 표준은 이용가치 또는 이성의 높고 낮음에 있음.

창조주이신 하나님의 본질을 가지지 않은 피조물들은 어떤 부피로 존재하든 간에, 서로 비교할 때에, 살아 있는 것이 그렇지 않은 것보다 등급이 높으며, 생식력이 있는 것, 심지어 의욕이 있는 것이 이런 충동이 없는 것보다 높다. 또는 생명이

26) 하마에 대한 이야기지만, 저자는 악마의 상징이라고 해석함.
27) 악어를 마귀로 해석.

있는 것들 가운데서 감각이 있는 것이 없는 것보다 높다. 그래서 동물이 나무보다 위에 있다. 또 감각이 있는 것들 가운데서 지성이 있는 것이 없는 것보다 높다. 그래서 사람은 가축보다 높다. 또 지성이 있는 것들 가운데서 죽지 않는 것이 죽는 것보다 높다. 그래서 천사들은 사람들보다 높다.

그러나 이것은 본성의 순서에 따른 등급의 예들이며, 다른 가치표준도 있다. 곧 각 피조물의 이용 가치에 따르는 것인데, 이 견지에서는 감각이 없는 것이 감각이 있는 것보다 등급이 높아진다. 심지어 우리는 할 수만 있으면 감각 있는 것들을 자연계에서 완전히 추방하고 싶은 때가 있다. 혹은 그 본성의 위치를 모르기 때문이며, 혹은 알면서도 우리의 이익을 앞세우기 때문이다. 집안에 쥐가 있는 것보다 빵이 있기를 원하지 않으며, 벼룩보다 돈이 있기를 원하지 않는 사람이 있는가? 그러나 우리는 이러한 것들에 놀랄 필요가 없다. 본성이 가장 높은 등급에 있는 사람을 평가할 때에도, 노예보다 말이 더 비싸며, 여종보다 보석이 더 비쌀 때가 많다.

그래서 자유로 판단할 때에는, 한 쪽에 사려깊은 사람의 합리성이 있고, 다른 쪽에 가난한 사람의 필요성이나, 욕망의 지배를 받는 사람의 쾌락을 위한 계산이 있어서 그 거리가 멀어진다. 이성은 존재의 등급에서 피조물이 차지한 고유의 위치에 따라서 저울질을 하지만, 필요성은 그것이 얻어야 하는 것과 그 이유를 계산한다. 이성은 마음의 내면적인 빛에 참이라고 보이는 것을 고려하지만, 쾌락은 어떤 유쾌한 물건이 신체적 욕망을 만족시킬 것인가 하는 것을 염두에 둔다. 그러나 이성적 피조물들의 경우에는 의지와 사랑이, 예를 들면 그것이 저울에 많은 무게를 주기 때문에, 본성의 등급으로는 천사들이 사람보다 위에 있지만, 정의의 법에 따라 선한 사람이 악한 천사보다 높이 평가된다.

17. 악의(惡意)라는 결함은 본성에서 오지 않고 본성에 반대되는 것이며, 사악한 범죄는 창조주에게서 유래하는 것이 아니라, 의지에서 유래한다.

그러면, "그것은 하나님의 창조물 중에 으뜸이라"고(욥 40:14, 70인역) 하는 말씀은 마귀의 본성을 의미하며 그의 악한 의지를 의미하는 것이 아니라고 하는 우리의 생각은 옳다. 악의라는 결함이 나타날 때에 그런 결함이 없는, 창조된 대로의 본성이 먼저 있었다는 것은 의심할 여지가 없다. 결함은 본성에 반대되는 것이며, 반드시 본성에 해를 준다. 따라서 창조된 본성이 하나님과 함께 머무르는 것이 더 합당한 일이 아니라면, 하나님으로부터 멀어지는 것이 흠이 되지 않을 것이다. 그렇기 때문에 악한 의지까지도 본성이 처음에는 선하다는 것을 강력하게 증명한다.

그러나 선한 본성들의 창조주이신 하나님이 최고로 선하신 것과 같이, 그는 또한 악한 의지들을 주관하는 분으로서 최고로 공정하시다. 그 결과로, 악한 의지가 선한 본성들을 악용할 때에, 하나님은 악한 의지들을 선용하신다. 그래서 하나님이 선하게 창조하셨는데 자기의 의지로 악하게 된 마귀는 낮은 지위로 떨어지며, 하나님의 천사들에게 조롱을 받게 되었다. 바꿔 말하면, 마귀가 성도들을 유혹해서 해하려고 하지마는, 그 유혹이 도리어 그들의 유익이 되도록 하나님이 마련하신다.

또 마귀를 창조하실 때에 하나님은 확실히 그가 선을 미워하는 자가 되리라는 것을 모르시지 않았으며, 자기가 그의 사악을 이용해서 이루실 선을 예견하셨기 때문에, 시편 저자는 이 일에 관해서 "주께서 이 용을 웃음거리가 되도록 지으셨나이다"라고 한다(시 104:26, 70인역). 시인이 우리에게 알리고자 하는 것은, 하나님이 마귀를 창조하신 순간에는 자기의 인자로 그를 선하게 만드셨지만, 자기의 예지에 의해서 그가 악하게 된 후에도 그를 선용하실 길을 이미 준비하셨다는 점이다.

18. 하나님의 조치에 따라 우주의 아름다움은 반대현상과의 대조에 의해서 더욱 찬란하게 된다.

어떤 사람이 악하게 될 운명임을 하나님이 아셨다면, 그 사람을 이용해서 선한 사람들에게 유익되게 만들며 역사에 광채를 더할 방법까지도 아신 것이 아니라면, 하나님은 그런 사람을, 더군다나 그런 천사를, 결코 만드시지 않았을 것이다. 대구(對句, antitheses)로 시가 더 훌륭하게 되는 것과 같다. 대구는 문장의 가장 아름다운 장식 중의 하나이다. 라틴어로는 "옵포시타"(opposita), 또는 더 정확하게 "콘트라포시타"(contraposita)라고 할 수 있다.

우리는 이 말을 자주 쓰지 않지만, 라틴어나 모든 국어가 이 문장수식법을 쓴다. 고린도 후서에서 사도 바울은 이것을 훌륭하게 이용했다. "의의 병기로 좌우하고 영광과 욕됨으로 말미암으며 악한 이름과 아름다운 이름으로 말미암으며 속이는 자 같으나 참되고 무명한 자 같으나 유명한 자요 죽은 자 같으나 보라 우리가 살고 징계를 받는 자 같으나 죽임을 당하지 아니하고 근심하는 자 같으나 항상 기뻐하고 가난한 자 같으나 많은 사람을 부요하게 하고, 아무것도 없는 자 같으나 모든 것을 가진 자로다"(고후 6:7-10).

이와 같이 대구로 대조를 나타냄으로써 표현이 아름답게 되는 것과 같이, 말로 하는 수사법이 아니라 사물(事物)로 하는 일종의 수사법 곧 반대현상의 대조를 사용함으로써 역사의 아름다움을 이룩하는 것이다. 이 점을 집회서에서 분명히 지적한다. "악의 반대편에는 선이 있고, 죽음의 반대편에는 생명이 있듯이, 악인의 반대편에는 경건한 사람들이 있다. 지극히 높으신 분의 모든 업적을 살펴 보아라. 모든 것은 서로 반대되는 것끼리 짝을 이루고 있다"(집회서 33:14-15).

19. "하나님이 빛과 어두움을 나누셨다"라는 말씀의 뜻.

하나님의 말씀이 모호할 때에, 그 진의에 대한 해석은 여러 가지가 되며, 읽는 사람에 따라 해석이 달라짐으로써 그 해석들을 세상이 널리 알게 된다는 이점이 있는 것을 우리는 안다. 그러나 모호한 구절에 대한 해석에는 명백한 사실이나, 뜻에 의심할 여지가 없는 다른 구절의 지지가 있어야 한다. 이렇게 함으로써 우리는 여러 가지 견해를 검토하게 되고 저자 자신이 생각한 의미에 도달하게 되며, 그 의미가 밝혀지지 않을 때에는 심히 모호한 구절을 토의함으로써 여러 가지 다른 진리를 표명하는 기회를 얻게 된다.

여기서 내가 주장하는 것이 하나님의 역사(役事)에 대한 설명에 불화를 일으키지 않는다고 생각한다. 나는 빛을 처음으로 만드셨다는 것은 천사들을 창조하셨다는 것이며,[28] "하나님이 빛과 어두움을 나누사 빛을 낮이라 칭하시고 어두움을 밤이라 칭하시니라"고 하는 것은(창 1:4-5) 거룩한 천사들과 불결한 천사들을 구별하셨다는 뜻이라고 제창한다.

물론 하나님만이 이렇게 구별하실 수 있었다. 하나님만이 어느 천사가 타락할 것인가, 어느 천사가 진리의 빛을 잃어버리고 교만의 암흑 세계를 결코 벗어나지 못할 것인가를 그들이 타락하기 전에 예견하실 수 있었기 때문이다. 그런데 하나님께서는 우리가 보통 보는 하늘의 발광체들에게 명령해서 우리가 잘 아는 낮과 밤을, 곧 우리의 빛과 어두움을 나누라고 하셨다.

"하늘의 궁창에 광명이 있어 땅에 비취며, 주야를 나뉘게 하라"고 하셨다(창 1:14, 15). 조금 뒤에 이런 말씀이 있다: "하나님이 두 큰 광명을 만드사 큰 광명으로 낮을 주관하게 하시고 작은 광명으로 밤을 주관하게 하시며 또 별들을 만드시고 하나님이 그것들을 하늘의 궁창에 비취게 하시며 주야를 주관하게 하시며 빛과 어두움을 나뉘게 하시니라"(창 1:16-18). 그러나 진리의 빛을 받아 영적으로 빛나는 천사들의 거룩한 공동체인 저 다른 빛과, 공의의 빛을 등진 악한 천사들의 추악한 마

28) 9장

음 속에 깃들인 저 어두움을 나누는 것은 하나님만이 하실 수 있는 일이었다. 장차 있을 그들의 파악은 본성에 있었던 결함이 아니라 그들의 의지에 있는 결함이었으며, 하나님으로부터 숨길 수 있거나 불확실한 것이 아니었기 때문이다.

20. "빛이 있으라" 하여 빛이 있은 후에 "그 빛이 하나님의 보시기에 좋았더라"고 한 말씀의 뜻.

그뿐 아니라, 우리가 묵과해서는 안될 사실이 있다. 하나님이 "빛이 있으라 하시매 빛이 있었다"고 한 다음에 즉시 "그 빛이 하나님의 보시기에 좋았더라"는 말씀이 첨가되었다(창 1:3-4). 하나님이 빛과 어두움을 나누시고, 빛을 낮, 어두움을 밤이라고 칭하신 다음에는 이런 말씀이 없다. 하나님이 빛을 좋게 보시는 동시에 어두움도 좋게 보셨다는 인상을 줄 염려가 있기 때문이다. 말씀하는 어두움이 죄 없는 것일 때에는, 곧 하늘의 발광체에 의해서 우리 눈에 분명히 보이는 빛과 구별되게 된 어두움을 말씀할 때에는 "하나님의 보시기에 좋았더라"는 말씀이 첨가되었으며, 그것은 빛과 어두움이 나뉘인 후이고 그 이전이 아니다.

본문은 다음과 같다: "하나님이 그것들을 하늘의 궁창에 두어 땅에 비취게 하시며 주야를 주관하게 하시며, 빛과 어두움을 나뉘게 하시니라 하나님이 보시기에 좋았더라" (창 1:17-18). 하나님께서는 양쪽을 좋게 보셨다. 그것은 양쪽이 다 죄 없는 것이었기 때문이다. 그러나 하나님이 "빛이 있으라 하시매 빛이 있었고 그 빛이 하나님의 보시기에 좋았더라"고 하며, 그 후에 "또 하나님이 빛과 어두움을 나누사 빛을 낮이라 칭하시고 어두움을 밤이라 칭하시니라"고 한 때에는 "하나님의 보시기에 좋았더라"는 말씀이 첨가되지 않았다. 양쪽을 다 좋다고 할 염려가 있기 때문이다. 그 중 하나는 나쁘며, 나쁘게 창조된 것이 아니라, 그 자체의 잘못 때문에 나쁜 것이다. 이 경우에 무슨 까닭에 빛만이 창조주의 기뻐하심을 받았는가 하는 설명을 우리는 여기서 얻는다. 천사들의 마음 속에 있었던 어두움은 하나님의 계획에 포함되었지만, 하나님의 시인은 받지 못한 것이다.

21. 하나님의 지식과 의지는 영원 불변하므로, 그의 피조물들은 모두 창조 전이나 창조 후에 항상 같은 정도로 그의 시인을 받는다.

각각 되풀이된 "하나님의 보시기에 좋았더라"는 말씀은(창 1:4, 10, 12, 18, 21, 25, 31) 훌륭하게 만들어진 것, 곧 하나님의 지혜로 훌륭하게 만들어진 것을 하나님이 좋게 보셨다는 뜻이 아니고 무엇인가? 그러나 하나님은 그의 일이 완결된 후에야 그 선하다는 것을 발견하실 정도로 그 일을 미리 아시지 못했다는 것이 아니다. 도리어 반대로, 미리 잘 아시지 않았다면 아무것도 창조하시지 않았을 것이다. 그러므로 하나님이 어떤 것을 좋다고 보신다면, 그는 그것을 만드시기 전에 좋게 보시지 않았으면 아예 만들지 않았을 것이므로, 그는 그것이 좋다는 것을 깨달으시는 것이 아니라, 우리에게 가르치시는 것이다.

참으로 플라톤까지도 우주가 완성되었을 때에 하나님이 기쁨으로 황홀해 하셨다는 대담한 말까지 했다.[29] 플라톤이 이렇게 말한 것도 하나님이 자기의 새로운 피조 세계를 보시고 놀랐기 때문에 더욱 기뻐하셨다는, 그런 어리석은 생각이 아니었다.[30]

그가 말하고 싶었던 것은 하나님의 피조 세계는 그것을 설계하셨을 때와 완성하신 후에 똑같이 그의 시인을 받았다는 것이다. 아직 없는 것과 지금 있는 것과 이미 없어진 것에 따라, 하나님의 지식에 차이가 있는 것이 아니다. 우리와 달라서 하나님은 장래를 내다보시며, 앞에 있는 현재를 보시며, 과거를 돌이켜 보시는 것이 아니다. 하나님이 보시는 방법은 우리가 잘 아는 경험과는 아주 다르며, 그 차이는 심원하다. 하나님은 주의를 한 가지 일에서 다른 일로 옮겨 가시는 것이 아니라, 그의 보시는 데는 변동이 전혀 없다. 시간 안에 있는 모든 사건 — 아직 없고 앞으로 있을 사건이나, 현재 눈앞에 있는 사건이나, 지나가서 없어진 사건이나 — 들을 하나님은 영원히 움직이지 않는 현재의 순간에 보신다.

또 눈으로 보시는 것과 마음으로 보시는 것이 다른 것도 아니다. 하나님은 마음과 몸의 복합체가 아니시기 때문이다. 현재와 과거와 미래의 어느 시점에서 보시더라도, 거기에 어떤 차이가 있는 것이 아니다. 우리의 지식과 달라서 하나님의 지식은 시간이 현재와 과거와 미래로 변한다고 해서 변하는 것이 아니다. "그는 변함도 없으시고 회전하는 그림자도 없으시기" 때문이다(약 1:17).

또 하나님은 한 가지 일을 생각하시다가 다른 일로 주의가 흘러가는 것이 아니다. 하나님의 시각은 비물체적이며 포괄적이어서 그 아시는 모든 것을 한꺼번에 보신다. 스스로는 시간적으로 움직이시지 않으면서 시간 속의 물건들을 움직이시는 것과 같이, 시간 속에서 인식(認識)활동을 하심이 없이 시간 속의 사건들을 아신다. 따라서 어떤 것을 만드시는 것이 좋다고 보신 것과, 만드신 것을 좋다고 보신 데는 차이가 없었다. 만드신 것을 보심으로써 그것에 대한 그의 지식이 배가되거나 늘어난 것이 아니다. 어떤 것을 만들고 보아야만 그것에 대한 지식이 생겨난 것이 아니

29) Plat., *Tim.* 37 C.
30) Plat., *Enn.*, 5, 8, 8.

다. 하나님의 지식은 완전하므로 창조 이후에도 더 얻는 바가 없는 것이 아니라면, 완전무결한 창조자이신 하나님은 완전하지 않게 되실 것이다.

만일 누가 빛을 만들었는가 하는 것만을 우리에게 알릴 필요가 있었다면, "하나님이 빛을 만드셨느니라"는 것으로 족했을 것이다. 또 만일 누가 만들었다는 것뿐 아니라, 어떤 방법으로 만들었는가 하는 것도 아는 것이 옳았다면, "하나님이 가라사대 빛이 있으라 하시매 빛이 있느니라"고만 하면(창 1:3), 빛을 만든 이가 하나님이시라는 것뿐 아니라, 말씀으로 만드셨다는 것도 우리에게 알리는 데에 충분했을 것이다. 그러나 사실은 창조 사역에 대해서 우리에게 알려야 했으며 우리가 알아야 할 중요한 문제는 세 가지였다. 누가 어떤 수단으로, 그리고 무슨 까닭에 만들었는가 하는 것이다. 그래서 성경은 "하나님이 가라사대 빛이 있으라 하시매 빛이 있었고 그 빛이 하나님의 보시기에 좋았더라"고 한다. "누가 만들었는가?"라고 물으면, 대답은 "하나님이 빛이 있으라 하시매 빛이 있었느니라"고 하며, "무슨 까닭으로 만드셨는가?"라고 묻는다면, 대답은 "빛이 좋기 때문에"가 된다.

또 하나님보다 더 훌륭한 창조자가 없으며, 하나님의 말씀보다 더 효과적인 기술이 없으며, 선하신 하나님에 의해서 선한 것이 창조되는 것보다 더 좋은 목적은 없다. 세계가 창조된 이유로서 가장 적합한 것은 선한 하나님에 의해서 선한 것들이 창조되기 위해서 라는 것이라고 플라톤도 말했다.[31] 그는 우리의 성경 구절을 읽었거나, 읽은 사람에게서 배웠을는지 모른다. 그렇지 않으면 그의 지극히 예리한 통찰력으로 하나님의 피조세계를 이해함으로써 하나님의 보이지 않는 진리를 본 것이다(롬 1:20). 또는 이렇게 본 사람들에게서 이 진리를 배웠을 것이다.

22. 선하신 하나님이 지으신 세계의 일부를 옳지 않다고 보며, 본성적인 악이 있다고 생각하는 사람들.

그러나 선한 피조세계의 이 원인 곧 하나님의 선하심에 대해서, 그것을 인정하지 않는 이단자들이 있다.[32] 이 가장 공정하고 합당한 원인을 신중히 또 경건하게 고려한다면, 세계의 근원을 연구하는 사람들의 논쟁은 모두 그치게 된다. 지금 벌을 받고 있는(창 3:17-19) 빈약하고 죽을 운명인, 우리의 육체에 대해서, 불과 서리와 들짐승과 그 밖에 유익하기보다 유해한 것들이 많다는 것을 이단자들은 안다. 그들은 이런 것들이 그 자체의 자리에서, 또 그 본성으로 얼마나 훌륭하며, 피조 세계에

31) Plat., *Tim.* 28 A, 30.
32) 마니교도들

얼마나 잘 적응하며, 한 공동체를 대하듯, 세계에 대해서 얼마나 많은 공헌을 하는가 하는 것은 고찰하지 않는다. 그것들에게 고유한 적응 방법을 알고 사용할 때에는 우리에게도 유익하다는 것을 그들은 생각하지 않는다.

독약은 잘못 쓰면 치명적으로 해롭지만, 그 속성대로 쓰면 양약이 된다. 그러나 우리를 즐겁게 만드는 음식과 일광 같은 것도 과도하게 섭취하거나 계절을 잘못 택하면 도리어 몸에 해롭다. 이와 같이, 하나님의 섭리는 이런 실례들을 통해서 우리가 피조물들을 어리석게 비난할 것이 아니라, 도리어 거기서 혜택을 입을 방법을 신중히 탐구하라고 경고한다. 우리의 지력(知力)이 연약하고 부족할 때에는, 거기에 이용 가치가 숨어 있다는 것을 믿어야 한다. 우리는 유용한 발견들도 실패할 뻔했다는 것을 경험으로 알기 때문이다. 이용 가치가 숨어 있다는 것은 우리의 겸손을 북돋우며 자부심을 깎아 내리는 데 도움이 된다. 본성이 악한 존재는 없기 때문이다. 악이라고 부르는 것은 선이 없다는 뜻에 불과하다.[33]

그렇더라도 지상적인 것들로부터 천상적인 것들, 보이는 것들로부터 보이지 않는 것들에 이르기까지 관찰할 때에, 선한 것들 사이에도 상하의 차등이 있는 것을 본다. 그것들은 이렇게 평등하지 않기 때문에 모두 존재할 수 있는 것이다. 그뿐 아니라, 하나님께서는 위대한 것들을 만드신 위대한 기술자시지만, 작은 것을 만드신 때에라도 저급한 기술자가 아니시다. 이런 작은 것들은 위대한 점이 없으므로 위대성을 표준으로 평가할 것이 아니라, 그것들을 만드신 분의 기술을 표준으로 삼아야 한다. 가령 사람의 한쪽 눈섭을 깎아버리면, 그의 몸에서 제거한 것은 거의 없다고 하겠지만, 그 몸의 미(美)를 생각할 때에는 큰 손실이 된다. 미는 부피에 달린 것이 아니라, 부분들 사이의 균형과 비례에 달렸기 때문이다.

어떤 사람들이 일종의 독자적 반대 원리가 악한 본성을 생산하며 번식시킨다고 생각하며, 선하신 하나님이 선한 세계를 만드셨다는, 내가 말한 창조의 원인을 인정하지 않는 것은 그다지 이상한 일이 아니다. 하나님이 그 악한 반대 세력을 격퇴할 필요가 절실했기 때문에, 할 수 없이 창조 사역을 시작하신 것이라고 그들은 믿는다. 그래서 하나님은 악한 세력을 억제하며 정복하기 위해서 악한 본성과 자기의 선한 본성을 섞으셨다고 하며, 이렇게 수치스러운 오염과 잔혹한 압박하에 잡혀 있게 된 자기의 본성을 정화하며 구출하려고 노력하시지만, 그 모든 수고로도 완전한 성공은 거두지 못한다고 한다. 그러나 오염을 씻어버릴 수 없는 부분은 정복된 원수를 가두는 감옥과 결박하는 사슬이 된다고 한다.

---

33) 9장.

그러나 마니교도들도 하나님의 본성은 변하거나 부패하는 일이 절대로 없으며, 손상을 받는 일도 없다는 것을 믿는다면, 이런 어리석은, 아니 미친 생각을 하지 않을 것이다. 또 그들은 영혼에 대해서도 그리스도교의 침착한 생각을 본받아야 한다. 영혼은 그 의지 때문에 악화되었으며, 죄로 인해서 부패했으며, 따라서 영원한 진리의 광명을 빼앗겼으며, 이런 영혼은 하나님의 일부이거나 하나님과 동일한 본성을 가진 것이 아니라, 하나님으로부터 창조되었으며, 창조주보다 훨씬 낮다는 것을 그들은 믿지 않는다.

23. 오리겐(Origen) 사상이 빠진 오류에 대하여.

우리와 함께 만물의 근원은 하나뿐이며, 하나님 이외의 모든 존재는 창조주 하나님이 지으신 것이라고 믿는 사람들 가운데까지, 세계 창조의 선하고 단순한 이유는 선하신 하나님이 선한 세계를 만드신 것이라는, 이 선하고 단순한 믿음을 받아들이지 않는 사람들이 있다는 것이 훨씬 더 이상한 일이다. 피조물들은 하나님과 본질이 다르며 하나님보다 낮지마는, 다름 아닌 선하신 하나님이 지으셨기 때문에 선하다는 것을 그들은 믿으려 하지 않는다.

그들은 영혼에 대해서, 영혼들은 하나님의 단편이 아니고 하나님의 피조물이지만, 하나님을 떠나는 죄를 지었다고 말한다. 영혼들의 여러 가지 죄의 무게에 비례해서 하늘로부터 땅까지 낮춰지는 정도가 다르며, 감옥으로서 여러 가지 몸을 받는다고 한다. 이것이 세계이며, 이것이 창조의 원인이며, 세계는 선한 것들을 보존하기 위한 것이 아니라, 악을 억제하려는 것이라고 한다.

오리겐이 이런 견해를 가졌다고 해서 비난을 받은 것은 당연하다. 그의 "페리 아르콘"(*Peri Archon*) 즉「제일 원리에 대하여」라는 저서에 이런 생각과 언사(言辭)가 있기 때문이다.[34] 그와 같이 교회문헌을 잘 아는 사람이 우선 이런 생각이 권위 있는 성경의 의미와 반대된다는 것을 알지 못했다는 것은 말할 수 없이 놀라운 일이다. 성경은 하나님의 역사를 기술하면서 번번이 "하나님의 보시기에 좋았더라"

---

34) Origen, *De Princ.*, 1, 6. 이집트에서 185년경에 나서, 알렉산드리아의 클레멘트에게서 신학을 공부하고, 그의 후임으로 그 곳 교리학교를 인도했다. 후에 신 플라톤파의 암모니우스 사카스에게서 철학을 배웠다. 로마 황제 데키우스의 대규모 박해 때 투옥되어 고문을 받고(250년) 얼마 되지 않아 죽었다. 그의 많은 저서는 널리 영향을 주었으나 그의 삼위일체론과 잘못된 영혼관, 영혼윤회설과, 성경은 은유에 불과하다는 생각들이 이단으로 인정되어, 543년 제2차 콘스탄티노플 공의회에서 정죄되었다.

고 첨가하며, 모든 일이 완결된 때에는 "하나님이 그 지으신 모든 것을 보시니 보시기에 심히 좋았더라"는 말을 삽입했다(창 1:31). 이것은 선하신 하나님이 선한 피조물들을 만드셨다는 것이 창조의 유일한 목적이라는 뜻이 아닌가?

아무도 죄를 짓지 않았다면 이 피조 세계는 예외없이 선한 본성들로 가득하며 아름다웠을 것이다. 또 죄가 있기는 하지만, 그렇다고 해서 온 우주가 죄로 가득한 것이 아니다. 천상주민(天上住民)들의 대부분, 곧 선한 천사들은 그 창조된 본성을 순진하게 보존했기 때문이다. 악한 의지도 그 본연의 질서를 어기었지만, 그렇다고 해서 만유를 선하게 정리하시는 공의로우신 하나님의 법을 피할 수 있는 것이 아니다. 그림자를 잘 그려 넣으면 그림이 더 훌륭하게 되는 것과 같이, 볼 줄 아는 눈에는 죄인들 때문에 세계가 아름답게 되기까지 한다. 물론 죄는 떼어놓고 보면 기형이며 슬픈 오점이다.

그뿐 아니라, 오리겐과 그의 추종자들이 보지 못한 점이 있다. 그들의 견해가 옳다면, 영혼들이 그 죄의 경중(輕重)에 따라 일종의 감옥으로서 여러 가지 등급의 몸을 받은 것이 우주일 것이며, 경한 범죄자들의 몸은 높고 가벼우며, 중한 범죄자들의 몸은 낮고 무거울 것이다. 귀신들이 가장 악하므로 가장 낮고 가장 무거운 지상적 신체를 받을 것이다. 그러나 실지는 사람의 몸이 흙으로 되었는데,[35] 가장 악한 귀신도 그 몸은 공기와 같다. 지금도 아무리 악한 사람일지라도 악을 향한 그 의지의 포악한 정도가 도저히 귀신들을 따를 수 없으므로 사람이 죄를 짓기 전에 그러했을 것은 의심할 여지가 없다. 이것을 보면 신체의 종류에 따라서 그 영혼의 선악을 판단할 수 없다는 것을 알 수 있다.

그러나 하나밖에 없는 이 우주에 태양이 하나밖에 없는 데에 대한 그들의 설명은 가장 어리석다. 창조주 하나님은 자기의 세계를 장식하시기 위해서, 심지어 물질세계의 행복을 증진시키기 위해서 태양을 하나 만드신 것이 아니라, 마침 그 죄의 정도가 이런 몸에 갇히기에 합당한 영혼이 하나만 있었기 때문이라고 한다. 이 이론이 옳다면, 그와 같은 정도의 죄를 지은 영혼이 하나나 둘이 아니라 백 개가 있다면 우리가 살고 있는 세계에는 태양이 백 개 있을 것이다. 그러나 이렇게 되지 않은 것은 물질세계의 건강과 장식을 위한 창조주의 놀라운 선견지명 때문이 아니라, 우연히 그렇게 되었을 뿐이라고 그들은 생각한다. 즉 마침 한 영혼의 죄의 정도가 이런 몸을 받기에 합당했다는 것이다. 확실히 그들은 자기도 모르는 말을 하고 있다. 억

35) Origen, *De Princ.*, 1, Praefatio 8.

제해야 할 것은 이렇게 진리에서 멀리 떠난 그들 자신의 방황이며, 그들이 말하는 영혼들의 방황이 아니다.

그러므로 어떤 피조물을 막론하고 우리가 위에서 제기한 세 가지 질문, 곧 "누가 만들었는가? 어떤 수단으로 만들었는가? 왜 만들었는가?" 하는 데 대해서, "하나님이 말씀으로 그리고 그것이 선하기 때문에 만드셨다"고 대답할 때에, 거기서 우리는 어떤 깊고 신비한 방법으로 삼위일체 곧 성부, 성자, 성령에 대한 암시를 받는다. 이것이 사실인가, 또는 성경 말씀에 대한 이런 해석에 대해서 반대가 있을 수 있는가 하는 것은 많은 토의가 필요한 문제이다. 그러나 한 책에서 모든 문제를 설명하라고, 우리에게 기대할 수는 없다.

24. 삼위일체 하나님이 존재하심을 알리는 상징이 피조세계의 각처에 있다.

성부가 말씀, 곧 지혜를 낳으셨고, 이 말씀이 만물을 지으셨다고 우리는 믿으며 주장하며 충실히 전파한다. 말씀은 독생자시며, 성부와 같이 한 분이시며, 성부와 같이 영원하시며, 성부와 같이 더할 나위없이 선하시다. 또 성령은 성부의 영이신 것과 같이, 또한 성자의 영이시며, 성부 및 성자와 같은 본질이시며, 그분들과 같이 영원하시다고 믿는다. 그리고 이 전체는 그 위격(位格)들의 개성 때문에 삼위일체시며, 그 불가분의 신적 본질 때문에 한 하나님이시며, 그 불가분의 전능 때문에 한 전능자시다.

그러나 우리가 한 분씩에 대해서 물을 때에는 그 한 분 한 분이 하나님이시며 전능자시라고 대답해야 한다. 모든 분을 함께 말할 때에는 세 하나님이나 세 전능자가 계신 것이 아니라, 한 전능하신 하나님이시라고 한다. 이 세 분의 불가분적 단합은 그만큼 위대하기 때문에, 이렇게 전파되기를 택하셨다.

그러나 성령은 선하신 성부와 성자에 공통한 영이시기 때문에 성령을 성부 및 성자의 선하심이라고 부르는 것이 합당한지를 나는 감히 성급하게 단정하려고 하지 않는다. 그러나 성령은 성부 및 성자의 거룩하심이라고 말하는 것은 그다지 주저하지 않는다. 성령을 성부, 성자의 속성에 불과하다고 보기 때문이 아니라, 성령 자신도 신적 본질이며, 삼위일체 하나님의 제3위격이기 때문이다. 내가 이 말을 대담하게 하는 이유는 비록 성부도 영이시고 성자도 영이시며, 성부도 거룩하시고 성자도 거룩하시지만, 성령은 다른 두 위격과 본질상 같은 본질적 신성성(神聖性)이며 특별히 거룩한 영(성령)이시라고 부르기 때문이다.

그러나 만일 하나님의 선하심은 하나님의 거룩하심에 불과하다면, 그렇다면 누가 각 피조물을 만들었으며 어떤 수단으로 또 어떤 이유로 만들었느냐고 물을 때에, 저 삼위일체 하나님이 암시되지 않느냐고 묻는 것은 무엄한 속단(速斷)이 아니라 합당한 연구심이라고 할 것이다. 삼위일체 하나님을 암시하되, 수수께끼 같은 말로 해서 탐구심을 자극한다. 곧 있으라고 하신 것은 말씀의 성부시다. 성부가 말씀하셨을 때에 지어진 것은 확실히 말씀에 의해서 지어졌다. 그리고 하나님이 보시기에 좋더라고 한 것은 하나님이 지으신 것은 부득이하거나 아쉬워서가 아니라 오직 그의 선하심 때문이었다. 곧 그것이 선했기 때문이었다는 것을 충분히 알린다.

창조가 있은 후에 이 말씀이 있는 것은 선하기 때문에 지으신 그 선하심을 그 피조물이 만족시켰다는 것을 확실히 알리기 위해서이다. 이 선하심이 곧 성령이라고 하는 우리의 해석이 바르다면, 삼위일체 하나님 전체가 창조 역사에서 계시되었다. 그리고 거룩한 천사들 사이에 있는 거룩한 하늘(갈 4:26) 도성의 근원과 광명과 행복도 이 삼위일체에 있다. 그 도성은 어디서 왔느냐고 물으면, 대답은 하나님이 지으셨다 라는 것이다. 어디서 그 지혜가 왔느냐고 물으면, 대답은 하나님이 비추어 주신다는 것이다(계 22:5). 어디서 그 행복이 오느냐고 물으면, 하나님이 그 즐거움이라고 대답한다. 그 도성은 하나님 안에 있음으로써 그 형태를 가졌으며, 하나님을 봄으로써 광명을 얻으며, 하나님 안에 머무름으로써 그 기쁨을 얻는다. 그 도성은 존재하며 보며 사랑한다. 하나님의 영원에 그 힘이 있으며, 하나님의 진리에 그 빛이 있으며, 하나님의 선하심에 그 기쁨이 있다.

25. 철학의 삼분법에 대하여.

철학자들이 학문을 세 가지로 나누려고 한 것도 — 더 적당하게 말한다면, 학문이 세 가지로 나누어진다는 것을 깨달은 것도 — 이유는 같다고 할 수 있다. 그들은 3분법을 발명한 것이 아니라 발견했기 때문이다. 곧 학문을 자연학과 논리학과 윤리학으로 나누었다. 여기에 해당하는 라틴어는 각각 "나투랄리스"(naturalis)와 "라티오날리스"(rationalis)와 "모랄리스"(moralis)라고 해서 이미 여러 저자들의 글에 많이 사용되었으며, 나는 제8권에서[36] 이 점에 대해 언급했다. 나는 철학자들이 이 3분법에서 하나님의 삼위일체성을 생각했다고 하는 것이 아니다. 다만 플라톤은 처음으로 이 3분법을 발견해서 보급시켰다고 하며, 그는 하나님만이 모든 자연적 존재

36) 8권 4-8장.

를 만들며 지성을 주며 선하고 행복된 생활을 위한 사랑을 일으킬 수 있다는 것을 확신했다고 한다.

철학자들은 세계와 진리탐구법과 우리의 모든 행동이 구하는 선(善) — 이 세 가지의 성격에 대해서 견해가 서로 다를지라도, 이 세 가지 분야에서 전력을 다하는 것이 사실이다. 그들은 세 가지 문제에 대해서 자기의 의견을 확립하려고 각기 노력하기 때문에 그들의 의견은 복잡다단하지만, 자연에 어떤 원인이 있다는 것과 학문 연구에 어떤 방법이 있다는 것과 인생에 어떤 목표가 있다는 것을 의심하는 철학자는 없다.

또 무엇을 만들어 내려고 하는 사람에게는 다음 세 가지가 있어야 한다. 곧 그의 천성과 교육과 실용(use)이다. 천성은 그의 능력으로 판단할 수 있으며, 교육은 그의 지식으로, 실용은 그가 즐거워 하는 것으로 판단할 수 있다. 원래 라틴어에서 "즐기다"라는 말은 결실과 같은 말이며, 얻는다는 뜻이요, 실용은 사용한다는 뜻이다. 이 두 말 사이에는 차이가 있다. 우리가 즐긴다는 것은 다른 목적과 관계 없이 그 자체만으로서 우리를 기쁘게 하는 것이며 실용은 어떤 다른 목적을 위해서 우리가 구하는 것이다. 그렇기 때문에 일시적인 것은 이용하되, 즐길 것은 아니다. 그래야만 우리는 영원한 것들을 즐길 자격을 얻는다.

사악한 자들은 돈을 즐기고 하나님을 이용하려 한다. 하나님을 위해서 돈을 쓰는 것이 아니라, 돈을 위해서 하나님을 경배한다. 그러나 일상용어에서는 즐거운 것을 이용하며 이용가치를 즐긴다고 한다. 우리는 "토지의 결실"을 즐기며 물론 현실 생활에서 음식으로 이용한다.

나는 이런 관용에 따라서 세 가지 점, 곧 천성과 교육과 실용을 보아야 한다고 말했다. 철학자들은 이 점을 더 깊이 생각해서 복된 생활을 얻게 하는 철학 연구의 3분법을 얻었다. 자연 철학은 자연 곧 본성에 관한 것이며, 이론 철학은 교육을 목표로 하는 것이며, 도덕 철학은 실용에 관한 것이다. 만일 우리 자신이 우리의 본성을 만들었다면, 우리는 우리 자신의 지혜도 만들었을 것이며, 교육에 의해서 곧 다른 데서 얻으려고 하지 않을 것이다.

우리의 사랑도 우리 자신에게서 출발해서 우리 자신에게 돌아올 것이므로, 우리를 넉넉히 행복하게 만들 것이며, 우리 이외의 것을 즐길 필요가 없을 것이다. 그러나 실지는 우리의 본성을 만든 이는 하나님이시므로 우리는 지혜를 얻기 위해서 하나님을 선생으로 모시며, 행복하기 위해서 하나님으로부터 내면적인 즐거움을 풍성하게 받아야 한다.

26. 사람이 지복(至福)을 얻기 전인 현재 상태에서도 인간성에는 삼위일체 하나님의 일종의 형상이 있다.

참으로 우리는 우리 안에서 하나님의 형상, 곧 최고의 삼위일체의 형상을 알아본다. 그 형상은 하나님과 가치가 동등하지 않고, 하나님으로부터 심히 거리가 멀다. 하나님과 같이 영원하지 않으며, 말할 필요도 없이 하나님과 본질이 하나가 아니다. 그러나 하나님의 피조물 중에서 어느 것보다도 그 본성이 하나님께 더 가까우며, 아직도 아주 같아지도록 개조되며 완성되어야 한다.

우리는 존재하며, 우리가 존재한다는 것을 알며, 이 존재와 존재에 대한 지식을 기뻐하기 때문이다. 그뿐 아니라, 내가 한 이 세 가지 말에서, 우리는 참인 듯한 착각 때문에 혼란을 받는 것이 없다. 우리는 신체적 감각을 통해서 이 일들과 접촉하는 것이 아니다. 우리의 외부에 있는 것들을 감지할 때에는 시각으로는 빛을, 청각으로는 소리를, 후각으로는 냄새를, 미각으로는 맛을, 촉각으로는 굳고 부드러운 것을 안다. 이렇게 감각되는 것들의 경우에는, 우리가 마음으로 알고 기억하고 있는 것, 또는 우리로 하여금 그것들을 원하도록 자극하는 것은 그 물체들 자체가 아니라, 그것들과 아주 비슷한 형상들이다. 그러나 내가 있으며 있다는 것을 알며, 이 존재는 이 지식을 기뻐한다는 것을 확실히 아는 데는 어떤 착각이나 환각으로 속은 것이 없다.

이런 진실에 관해서 나는 아카데미파의[37] 이론을 조금도 두려워하지 않는다. "네가 틀렸다면 어떻게 할 테냐?"고 그들은 묻지만, 내가 틀렸다고 하더라도, 나는 있기 때문이다. 있지 않은 사람은 물론 틀릴 수도 없다. 만일 내가 틀렸다면 틀렸다는 것이 곧 내가 있다는 표시이다. 내가 틀렸다면 나는 있는 것이니, 내가 있다고 믿는 것이 어떻게 틀린 것이 되겠는가? 내가 틀렸다면, 내가 있다는 것이 확실하기 때문이다. 그러므로 내가 참으로 틀렸을 때라도 그 틀린 나는 있을 것이므로, 내가 있다는 것을 아는 점에서 나는 확실히 틀린 것이 아니다. 따라서 내가 있다는 것을 안다고 말하는 점에서도 나는 틀리지 않았다.

내가 있다는 것을 아는 것처럼, 내가 안다는 것도 알기 때문이다. 이 두 가지 일을 내가 사랑할 때에, 나는 확실한 셋째 일, 곧 동등하게 중요한 나의 사랑을 첨가하는 것이다. 내가 사랑한다는 말도 틀리지 않았다. 내가 사랑하는 그 일들에서 내가 틀리지 않았기 때문이다. 그 일들이 거짓이라고 하더라도, 나는 그 거짓된 일

---

37) 회의적인 신 아카데미파.

들을 사랑한 것이 사실이겠기 때문이다. 만일 내가 그것들을 사랑했다는 것이 사실이 아니라면, 나는 그 거짓된 일들을 사랑했다는 비난을 듣거나, 사랑하지 말라는 명령을 받지 않을 것이다. 그러나 그 일들은 참되고 실재이므로, 그것들을 사랑하는 그 사람도 참되며 실재하다는 것을 누가 의심할 것인가? 그뿐 아니라, 행복하기를 원하지 않는 사람이 없는 것과 같이, 살아 있기를 원하지 않는 사람도 없다. 없어져 버리면, 어떻게 행복할 수 있겠는가?[38]

27. 존재와, 존재에 대한 지식과 이 두 가지에 대한 사랑.

존재한다는 사실만으로도 사람은 어떤 자연적 본능에 의해서 심히 기뻐하며, 불행한 사람이 죽기를 싫어하는 것도 다른 이유가 없다.[39] 자기를 불행하다고 느끼는 사람들은 자기가 세상에서 없어지기를 원하는 것이 아니라, 불행이 자기에게서 없어지기를 원한다. 자기가 보기에, 또는 사실상 완전히 가련하다고 하는 사람들 — 지혜 있는 사람들이 보기에 어리석어서 가련하고, 스스로 행복하다고 생각하는 사람들이 보기에 빈궁해서 가련한 사람들 — 이런 사람들에 대해서 영생을 약속하면서 동시에 그들의 불행도 없어지지 않으리라고 한다면, 그리고 만일 불행이 없어지지 않는 영생을 거절하면 그들은 전적으로 멸절되어, 아무데도 있지 않게 되리라는 조건을 제시한다면, 그들은 즉각적으로 기쁘게, 아니 기꺼이 이 조건으로도 항상 존재하는 편을 택하고, 전혀 존재하지 않게 되는 편은 버릴 것이다.

이런 사람들의 잘 알려진 태도가 이것을 증명한다. 그들은 죽기를 무서워하며, 죽어서 불행이 끝나는 것보다 불행이 계속되더라도 살아있고 싶어하는 것을 보면, 우리의 본성은 멸절되는 것을 완강하게 아주 싫어하는 것이 명백하지 않은가? 따라서 이제는 죽지 않을 수 없다고 깨달을 때에, 그들은 죽어서 불행이 끝나는 것보다 불행중에서라도 조금 더 살 수 있기를 원하며, 그렇게 되는 것을 자비와 큰 혜택이라고 생각한다. 이와 같이 그들은 끝없는 곤궁을 동반할 것이 확실하더라도, 제시되는 영생을 선뜻 환영하리라는 것을 증명하며, 의심할 여지를 남기지 않는다.

이런 계산을 할 줄 모르는, 이성이 없는 동물들도, 거대한 뱀으로부터 세미한 벌레에 이르기까지 존재하기를 원하며, 전심을 다해서 움직임으로써 죽음을 피하려고 하는 것을 증명하지 않는가? 보이는 운동으로 죽음을 피할 수 없는 초목들도 나름대로 존재를 유지하려고 한다. 땅 속으로 뿌리를 더욱 더 깊이 뻗어 양분을 섭취

---

38) Aug, *Conf*, 10, 21, 31;*De. Trin.*, 13, 20, 25.
39) Sen., *Ep.*, 101.

하며, 하늘을 향해서 건강한 가지를 올려보내지 않는가? 감각뿐 아니라 생명의 씨도 없는 물체들은 상공으로 올라가거나 깊이 떨어지거나 또는 중간 위치에 머무르면서, 그 본성이 주는 힘에 따라 자체의 존재를 보호하려고 한다.[40]

더군다나 인간의 본성은 자기의 존재를 아는 것을 좋아하며, 속기 싫어한다는 것을 충분히 알 수 있다. 많은 사람들은 미쳐서 기뻐하기보다 온전한 정신으로 슬픈 쪽을 택한다. 그리고 모든 동물 가운데서 사람에게만 이 위대하고 놀라운 본능이 있다. 어떤 동물은 이 세상 빛에 대해서 우리보다 시력이 더 예민하지만, 우리의 마음을 비춰서 만물에 대한 바른 판단을 내리게 하는 그 정신적인 빛은 받을 수 없다. 우리의 판단력은 내면적으로 이 빛을 받는 데 정비례한다.

그러나 이성이 없는 동물들에게 지식은 없지만, 확실히 지식과 비슷한 것이 있다. 다른 물체들이 알 수 있다고 하는 것은 그것들에게 감각 기관이 있기 때문이 아니라, 우리의 감각기관의 대상이 되기 때문이다. 다만 식물들이 양분을 섭취하며 번식하는 데는 감각과 비슷한 점이 있다.

그러나 식물과 무생물들은 그 본성에 원인이 숨어 있으며, 우리가 감각 기관으로 관찰하도록 그 형태를 보이며, 그 외형으로 우리가 보는 세계의 구조에 미(美)를 더함으로써, 스스로 지식이 없는 대신에 우리의 주의를 끌며 우리에게 알려지고자 하는 듯하다. 그러나 우리가 신체의 감각 기관으로 식물이나 무생물을 알 때에 우리는 이런 감각으로 그것들을 판단하지 않는다.

우리에게는 훨씬 더 높은 감각이 있으며, 이것은 내면적 인간에 속한 것이어서, 우리는 이것으로 무엇이 바르고 무엇이 그른가를 안다. 마음의 눈에 보이는 형태 곧 이른바 "관념"(intelligibilis species)이[41] 있는 것은 바르며, 그것이 없는 것은 그르다고 안다. 이 감각이 활동하기 위해서는 시각의 도움을 받는 것이 아니며, 청각, 후각, 미각, 촉각의 도움을 받은 것도 아니다. 이 내면적 감각에 의해서 내가 있다는 것과, 이 일을 안다는 것을 확실히 알게 된다. 또 같은 식으로 나는 이 확실성들을 사랑하며, 내가 그 일들을 사랑한다는 것을 확실히 알게 된다.

---

40) 불이 위로 올라가며 돌이 아래로 떨어지며 물 속에 부은 기름이 물 위로 떠오르듯, 모든 물체는 그 본유(本有)의 무게에 의해서 우주 속의 고유(固有)한 위치로 끌려 간다고 저자는 자주 말하고 있다. *Conf.*, 13, 9, 10; *Ep.*, 55, 10, 18; 157, 9.

41) 여기서 말하는 "intelligibilis species"는 플라톤이 말한 eidas 또는 idea와 같은 것이다.

28. 우리는 삼위일체 하나님의 형상과 같아지기 위해서 우리의 존재와 그에 대한 지식을 사랑하는 우리의 사랑을 사랑할 것인가?

우리는 우리의 존재와 그 존재에 대한 지식이라는 두 가지 일에 대해서, 이 저서가 요구하는 범위 내에서 많이 말했다. 또 이 일들을 우리가 얼마나 사랑하는가, 우리보다 낮은 피조물들에게도 다르면서도 비슷한 사랑이 얼마나 있는가 하는 것을 말했다. 우리는 존재와 존재에 대한 지식을 사랑하는 사랑에 대해서, 이 사랑 자체가 사랑을 받느냐 하는 것을 확인하려 한다. 그런데 그것은 확실히 사랑을 받는다. 그 증명은 이것이다:곧, 어떤 사람들을 사랑하는 것이 정당할 때에, 사랑을 받는 것은 그 사랑 자체다. 선한 것을 아는 사람이 선한 사람이 아니라, 선한 것을 사랑하는 사람이 선한 사람이기 때문이다. 그렇다면, 우리 자신에 관해서 우리가 어떤 선을 사랑하는 그 사랑을 우리가 사랑하는 것이 분명하지 않은가?

우리가 사랑해서는 안 될 것을 사랑하는 사랑도 우리에게 있다. 이런 사랑은 마땅히 사랑할 것을 사랑하는 사람을 미워한다. 이 두 가지 사랑이 다 한 사람 안에 있다. 이 공존은 사람을 위해서 좋다. 곧, 선하게 살게 하는 사랑이 자라며, 악으로 인도하는 사랑이 감해져서, 드디어 우리의 생활 전체가 완전히 치유되며 선하게 변하기 위해서, 그 공존이 좋은 것이다. 만일 우리가 짐승이라면 우리는 육적이며 감성적인 생활을 사랑하며, 그것으로 만족할 것이다. 그대로 일이 순탄할 때에는 그 이외의 것을 구하지 않을 것이다. 마찬가지로 우리가 수목이라면, 엄밀한 의미에서는 아무것도 의식적 충동으로 사랑할 수 없을 것이지만, 그렇더라도 더욱 풍성하고 호화롭게 결실할 수 있기를 갈망하는 것 같을 것이다.

우리가 돌이나 물결이나 바람이나 불꽃 같은 것이라면, 감각과 생명이 없을 것이 사실이지만, 그래도 우리에게 고유한 위치와 자연적인 질서를 향하는 일종의 충동이 있을 것이다. 물체의 무게는 일종의 사랑이 되어, 무거운 것은 아래로 내려가며, 가벼운 것은 위로 올라가려고 애쓴다. 영혼이 사랑으로 어떤 방향으로 끌려가는 것처럼 물체는 무게로 끌려간다.[42]

그러나 우리는 우리의 창조주의 형상대로 창조된 사람들이다. 창조주는 진실로 영원하시며, 영원히 진실하시며 영원히 또 진실을 사랑하신다. 그리고 그 자신은 영원하며 진실하며 깊은 사랑을 받은 삼위일체시며, 세 위격 사이에 혼동이나 분리가 없으시다. 그리고 그가 지으신 만물을 살펴볼 때에, 우리는 우리보다 낮은 것들에서

42) 각주 40을 보라.

그의 발자취라고 할 만한 것을 발견할 수 있다. 그것은 혹은 희미하고 혹은 분명하다.[43] 만일 더할 나위 없이 존귀하며 더할 나위 없이 선하며 더할 나위 없이 지혜로우신 분이 그것들을 지으시지 않았다면, 그것들은 존재할 수도 없을 것이며, 어떤 형태를 가질 수도 없을 것이며, 자연질서 속의 어떤 위치를 구하거나 유지할 수도 없겠기 때문이다. 다만 우리 자신 안에서는 창조주의 형상을 봄으로, 우리는 복음서에 있는 작은 아들과 같이(눅 15:17-18) 제 정신을 차려서 일어나 그에게로 돌아가자. 우리는 죄를 짓고 그를 떠났기 때문이다.

창조주에게 돌아가면 우리의 존재는 죽음을 모를 것이며, 우리의 지식에는 오류가 없을 것이며, 우리의 사랑에는 실수가 없을 것이다. 그런데 우리는 지금 이 세 가지를 확실히 알고 있다. 다른 사람들의 증언을 믿기 때문이 아니라, 그것들의 존재를 의식하며, 우리 자신의 내면적인 눈이 가장 진실한 증거가 되어 그것들을 보기 때문이다. 그러나 우리 자신의 힘으로는 그것들이 얼마나 오래 계속할는지, 또 없어지는 때가 없을는지, 또 그것들을 선용하거나 악용한 다음 결말이 어떻게 될는지를 알 수 없기 때문에, 깨닫지 못한 사람은 다른 사람들에게서 배우려고 한다. 이런 증인들을 우리는 의심없이 믿어야 한다. 그러나 여기에 대한 자세한 논의는 다른 기회로 미루겠다.

그러면 이 권에서는 이미 시작한 제목, 곧 하나님의 도성에 대해서 하나님의 도움을 받아 해설을 계속하겠다. 그 도성의 지상적 순례상태가 아니라 천상적 영원불멸의 상태를 말하겠다. 즉, 타락한 일이 없으며 또 결코 없을 천사들, 곧 하나님께 꾸준히 충성한 거룩한 천사들에 대해서 말하겠다. 이미 말한 바와 같이,[44] 이런 천사들과 악한 천사들, 곧 영원한 빛을 배반하고 어두움이 된 천사들을 하나님께서 맨 처음에 분리하셨다.

29. 거룩한 천사들은 삼위일체 하나님의 본질을 알며 피조물들에 대해서도 그것들 자체를 보기 전에 하나님이 지으신 이유를 안다.

거룩한 천사들은 말을 들음으로써 하나님을 알게 되는 것이 아니라, 그들의 영혼 안에 변함없는 진리가 있기 때문에, 곧 하나님의 독생하신 말씀이 계시기 때문에 안다. 또 그들은 이 말씀이신 분과 성부와 성령을 알며, 삼위일체가 나누어질 수 없

43) 12권 2장.
44) 13장.

음과 세 위격이 한 본질이심과, 세 하나님이 아니라 한 하나님이심을 안다. 그리고 그들이 이 진리들을 아는 지식은 우리가 우리 자신을 아는 지식보다 더 훌륭하다.

그래서 그들은 피조세계에 대해서도 더 나은 방법으로 곧 하나님의 지혜 안에서 안다. 이를테면 창조된 것보다 창조의 설계에 의해서 아는 것이다. 따라서 그들은 자신들에 대해서도 자신들을 봄으로써 아는 것도 있지만, 하나님 안에서 더 잘 안다. 그들은 피조물이며, 창조주와는 다르기 때문이다. 그러므로 말씀을 보아서는 일종의 낮과 같은 지식을 얻으며, 자신들을 보아서는 황혼과 같은 지식을 얻는다. 이 점은 이미 설명했다.[45]

어떤 것을 알되, 그것을 만든 설계에 따라서 아는 것과 그것 자체를 보고 아는 것과는 매우 다르다. 예컨대 직선이나 도형을 마음에 그려서 아는 것과 모래에 그려서 아는 것과는 다르다. 변함없는 진리에 비추어 정의를 아는 것과 공정한 사람의 정신에 비추어 아는 것과는 다르다. 이 밖의 모든 것에 대해서도 마찬가지다. 위의 물과 아래 물을 나누어 그 사이에 궁창을 만들어 하늘이라고 부른 것이나, 아래 물을 모아서 땅이 나타나게 하며, 초목이 나게 한 것이나, 일월성신을 만든 것이나, 물에서 동물들 곧 고기와 새와 짐승들이 나게 한 것이나, 땅 위를 걷거나 기어 다니는 것들을 만든 것이나, 만물의 영장인 사람을 만든 것, 이 모든 것을 천사들은 하나님의 말씀[46] 안에서 안다. 즉 그것들을 만든 영원불변하는 원인과 이유에 비추어서 안다.

이렇게 아는 지식은 피조물 자체를 보고 아는 지식보다 더 분명하다. 후자의 경우에는 설계보다 만들어진 것을 보기 때문에 그 지식이 희미하다. 그렇더라도 이 피조물들에 관해서 창조주 자신을 찬양하며 앙모할 때에는 그것들을 보는 사람의 마음에 새벽이 동트는 듯하다.

30. 여섯이라는 수는 그 약수(約數)의 합계와 같은 처음 수로서 완전한 수임.

---

45) 7장.

46) 여기서 하나님의 말씀은 로고스(logos)를 의미한다. 곧 하나님의 '지혜'와 동기(動機) 또는 '이유'를 의미한다. 스토아(행 17:18의 '스도이고') 철학에서는 하나님께 내재(內在)하는 로고스(logos endiathetos)와 창조자로서 로고스(logos prophorikos)를 구별했다. 교부들은 부분적으로 스토아 사상의 영향을 받아, 외면화한 로고스를 삼위일체의 둘째 위격(位格)이라고 하며, 하나님에 내재한 로고스는 혹은 위격적인 로고스로, 혹은 하나님의 한 속성으로 생각했다.

이런 일들은 엿새 동안에, 곧 같은 하루를 여섯 번 반복하면서, 창조가 완결되었다고 기록되었다. 이것은 6이 완전수(完全數)이기 때문이며, 하나님에게 긴 시간이 필요했기 때문이 아니다. 하나님은 만물을 동시에 지으시고, 그 후에 그것들의 움직임에 의해서 시간의 경과를 표시하실 수 있었을 것이다. 그러나 창조 역사(役事)가 완전하다는 것을 상징하시기 위해서 6이라는 수를 도입하셨다. 여섯은 그 약수들을 곧 6분의 1과 3분의 1과 2분의 1인 하나와 둘과 셋을 합하면 같은 여섯이 되는 최초의 수이기 때문이다.[47]

이 때에 약수는 2분의 1, 3분의 1, 4분의 1 등, 정수(整數)로 그 수를 제한 것이다. 예컨대, 4는 9의 한 부분이지만, 9의 약수는 아니다. 그러나 1은 9분의 1이므로 9의 약수이다. 3은 3분의 1이므로, 한 약수이다. 그러나 이 두 부분 곧 9분의 1인 하나와 3분의 1인 셋을 합하더라도 9가 되지 못한다. 10이라는 수에서 4는 한 부분이지만, 10을 제하지 못한다. 그러나 1은 10분의 1이므로 한 약수이다. 10의 5분의 1은 2이며, 2분의 1은 5이다.

이 세 부분 곧 10분의 1인 1과 5분의 1인 2와 2분의 1인 5를 합하면 8이 되고 열은 되지 못한다. 12라는 수는 약수들을 합하면 12보다 더 많다. 즉 12분의 1인 1과 6분의 1인 2와 4분의 1인 3과 3분의 1인 4와 2분의 1인 6을 합하면 12보다 많은 16이 된다.

6이 완전수라는 것을 설명하기 위해서 이렇게 많은 말을 한 것인데, 6은 그 약수의 화(和)와 같은 처음 수라는 것은 이미 말했다. 하나님이 창조 사역을 마치신 일수가 이 6이었다. 그러므로 우리는 수에 대한 지식을 멸시하지 말아야 한다. 성경에는 수에 대한 지식의 빈틈없는 해석을 위해서 큰 도움이 되는 구절이 많다. 하나님께 대한 찬양에 다음과 같은 말을 포함시킨 것은 이유가 없지 않다: "주여 당신은 부피와 수(數)와 무게로 만물을 정돈하셨나이다" (지혜서 11:20).[48]

31. 완성과 안식을 축하한 제7일에 대하여.

제7일에 하나님이 쉬셨다고 한다. 곧 같은 날이 반복된 일곱번째 날이었으며, 일곱도 다른 계산방법에 의해서 완전수이다. 또 일곱째 날은 하나님이 처음으로 거룩하게 하신 날이라고 한다. 이 날을 어떤 일로 거룩하게 하신 것이 아니라, 안식으

---

47) Aug., *De Musica*, 5, 8, 16; 5, 10, 20; *De Gen. ad Lit.*, 4, 2, 2-6; *De Trin.*, 4, 4, 7-9.

48) 수(數)의 의미에 대해서는 15권 22장, 17권 4장, 20권 5장과 7장.

로 거룩하게 하셨다(창 2:2-3). 이 날은 피조물이 아니며, 저녁이 없었다. 피조물이었다면 하나님의 말씀 안에서 아는 지식과 그 자체를 보고 아는 지식이 있었을 것이며, 전자는 아침의 지식이요 후자는 황혼의 지식이었을 것이다.[49]

7이 완전수임에 대해서는 더 많은 말을 할 수 있겠지만, 이 권은 벌써 너무 길어졌을 뿐 아니라, 내가 이 기회에 조금 아는 지식을 전시해서 유익을 주기보다 유치한 짓을 한다는 인상을 주고 싶지 않다. 나는 말을 적게 또 신중하게 하며, 너무 수에 집착해서 무게와 부피를 무시한다는 비난을 피하기 위해서 말을 겸손하고 정중하게 해야 되겠다.

간단히 말하면, 3은 첫 기수(奇數)요, 4는 첫 우수(偶數)이며, 이 두 수를 합하면 7이 된다. 그래서 7로 모든 수를 대표하는 때가 많다. "대저 의인은 일곱 번 넘어질지라도 다시 일어나느니라"(잠 24:16)로써 의인은 여러 번 넘어질지라도 멸망하지 않는다는 뜻을 표시한다. 이것은 죄를 짓는 데 대한 말씀이 아니라, 고난을 당해서 겸손하게 된다는 뜻이다. 또 "내가 하루 일곱 번씩 주를 찬양하나이다"(시 119:164)라고 하는데, 다른 데서는 같은 뜻을 "내가 주를 항상 송축하도다"(시 34:1)라고 한다. 이런 예는 성경에 많으며, 이미 말한 바와 같이, 일곱이라는 수는 전체나 어떤 것이 완전함을 표현하기 위해서 흔히 사용된다. 그래서 주께서 "그가 너희를 모든 진리 가운데로 인도하시리라"(요 16:13)[50]고 하신 그 성령을 자주 이 수로 의미한다. 이 수에 하나님의 안식이 있으며, 우리가 하나님 안에서 얻는 안식이 있다.

안식은 전체에 즉 완전무결한 데 있으며, 부분에는 노고가 있다. 그렇기 때문에 부분적으로만 알 때에 우리는 애를 쓰며, "온전한 것이 올 때에는 부분적으로 하던 것이 폐하리라"(고전 13:10)고 한다. 우리가 성경을 상고할 때에도 노고를 겪는 것은 이 때문이다. 그러나 우리는 이 가장 고생스러운 순례를 통해서 거룩한 천사들의 회중에 함께 참가하기를 구하지만, 그 천사들은 쉽게 알며 행복하게 쉬며 끝없이 안전하다. 그들은 또 우리를 도울 때에도 노고를 겪지 않는다. 그들의 영적 활동은 순수하고 자유로워서 힘들지 않기 때문이다.

32. 천사들은 우주보다 먼저 창조되었다고 하는 견해.

49) 7장을 보라.
50) Aug., *Serm.*, 8, 13.

혹은 우리 의견에 반대하는 사람이 있어서, "빛이 있으라 하시매 빛이 있으니라"(창 1:3)는 말씀은 거룩한 천사들을 의미한 것이 아니라, 그 때에 창조된 물질적인 빛을 의미한다고 하며, 천사들은 물과 물을 나누는 궁창을 하늘이라고 부르기 전에 창조되었을 뿐 아니라, "태초에 하나님이 천지를 창조하시니라"(창 1:1)고 하는 말씀이 의미하는 때보다도 먼저 창조되었다고 할는지 모른다. 그들은 "태초에", 곧 "처음으로"라는 말은 그 이전에는 아무것도 창조되지 않았다는 뜻이 아니라(천사들이 창조되었으므로), 하나님이 만물을 그의 지혜로, 곧 그의 말씀으로 지으셨다는 뜻이며, 성경에서 말씀을 처음이라고 설명한다고 할는지 모른다. 복음서에서도 유대인들이 예수님께 당신은 누구냐고 물었을 때에, 말씀 자신이 나는 처음이라고 대답하셨다(요 8:25)[51]

나는 이 반대 의견에 반대하지 않겠다. 그 중요한 이유는, 그렇게 생각할 때에 창세기의 첫머리에서 삼위일체에 대한 찬양을 발견하게 되므로 아주 흐뭇하기 때문이다.[52] "하나님이 처음으로 천지를 창조하시니라"는 말씀은 하나님이 성자(聖子)로 천지를 지으셨다는 뜻을 말한 후에(시편에서도 "주여 주의 하신 일이 어찌 그리 많은지요 주께서 지혜로 저희를 다 지으셨나이다"라고 한다:시 104:24),[53] 조금 내려가서 성령에 대한 적합한 언급이 있다. 우선 "땅이 혼돈하고 공허하여 흑암이 깊음 위에 있더라"는 말씀으로(창 1:2)[54] 하나님이 어떤 땅을 만드셨는가 하는 것을, 또는 "천지"라는 이름으로 우주창조를 위한 어떤 재료를 준비하셨는가를 우리에게 가르친다. 그 다음에 삼위일체 하나님에 대한 언급을 완전하게 만들기 위해서 즉시 "하나님의 신이 수면에 운행하시니라"(창 1:2)고 한다.

그러면 우리는 각각 원하는 해석을 취할 것이다. 이 구절은 심히 뜻이 깊기 때문에, 독자의 지혜를 단련하며 신앙의 기준을 떠나지 않은 것이면 여러 가지 견해를 불러 일으킬 수 있다. 다만 하늘에서 사는 거룩한 천사들은 비록 하나님과 똑같이 영원하지는 않더라도 영구하고 진정한 행복을 확보하며 확신한다는 것을 아무도 의

---

51) 10권 24장의 끝 구절. 요 18:25의 번역은 개역성경에서는 다르게 되어 있다. 그러나 계 3:14에서는 그리스도를 '하나님의 창조의 근본'이라고 부르며, 이 '근본'과 '처음'의 원어는 헬라어에서나 라틴어에서 같은 단어로 쓰고 있다(헬, arche; 라, principium).

52) 성경 구절의 해석이 하나 이상이 되어도 좋다는 생각에 대해서는, 특히 저자의 *De Doctr. Christ.*, 3, 27, 38; *Conf.*, 12, 18, 27; 그리고 위의 19장 참조.

53) 저자는 '처음으로'나 '지혜로'의 '으로'를(라틴어에서는 'in'을) '수단으로 삼아'라는 뜻으로 해석한다.

54) Aug., *De Gen. ad Lit.*, 1, 6, 12.

심해서는 안된다. 주님의 소자들은 그 천사들의 무리에 속한다고, 주께서 친히 가르치신다. 그들은 하나님의 천사들과 같으리라(마 22:30)고 하실 뿐 아니라, 천사들 자신이 얼마나 행복한 일을 보는가 하는 것도 가르치신다. "삼가 이 소자 중에 하나도 업신여기지 말라. 너희에게 말하노니 저희 천사들이 하늘에서 하늘에 계신 내 아버지의 얼굴을 항상 뵈옵느니라"(마 18:10)고 말씀하신다.

33. 천사들은 서로 다른 두 사회로 갈라졌으며, 그 두 사회를 빛과 어두움이라고 부르는 것은 부적당하지 않음.

어떤 천사들이 죄를 짓고 우주의 가장 낮은 곳으로 던져졌으며, 심판날에 최종적으로 정죄될 때까지 이를테면 갇혀 있으리라는 것을 사도 베드로는 분명히 선언했다. 즉, 하나님이 범죄한 천사들을 용서하지 아니하시고 지옥의 어두운 구덩이에 던져 두어 심판 때까지 벌을 받게 하셨다고 한다(벧후 2:4). 그러므로 하나님께서 그런 천사들과 다른 천사들을 예지(豫知)로 또 실지로 분리하셨다는 것을 누가 의심할 수 있는가? 또 다른 천사들을 "빛"이라고 부르는 것이 옳다는 것을 누가 부정할 것인가?

우리와 같이 아직 믿음으로 살며, 저 다른 천사들과 동등하게 되는 것을 기대할 뿐이고 실지로 즐기지 못하는 자들도 사도는 이미 "빛"이라고 부른다: "너희가 전에는 어두움이더니 이제는 주 안에서 빛이라"고 한다(엡 5:8). 그러나 저 타락한 천사들에 관해서는, 그들이 불신자들보다 더 나쁘다는 것을 알거나 믿는 사람들은 그들을 "어두움"이라고 부른다는 것을 잘 안다.

그러므로 창세기 말씀에서 "하나님이 빛이 있으라 하시매 빛이 있으니라"(창 1:3)고 하며, "하나님이 빛과 어두움을 나누시니라"(창 1:4)고 하는 말씀은 문자 그대로 빛과 어두움이라고 해석할 것이지만, 우리는 천사들의 두 사회라고 해석한다. 즉, 한 쪽은 하나님을 기뻐하며, 다른 쪽은 교만으로 부풀었다. 전자를 향해서는 "주의 모든 사자여 그를 찬양하라"(시 148:2)고 하며, 후자의 두목은 "네가 만일 내게 엎드려 경배하면 이 모든 것을 네게 주리라"(마 4:9)고 한다. 전자는 하나님께 대한 거룩한 사랑으로 불타는 듯하며, 후자는 자기를 높이려는 불결한 욕심의 악취를 풍긴다.

"하나님이 교만한 자를 물리치시고 겸손한 자에게 은혜를 주신다"(약 4:6; 벧전

---

55) 8권 14장.

5:5)는 말씀과 같이, 전자는 가장 높은 하늘에 거하고, 후자는 거기서 쫓겨나 우리의 낮은 공중에서[55] 날뛴다고 할 수 있으며, 전자는 광명한 경건으로 고요하고, 후자는 어두운 욕망으로 발광(發狂)하며, 전자는 하나님의 기쁘신 뜻에 따라 인자하게 도우며 공정하게 갚고, 후자는 교만으로 분격해서 정복하며 해치려는 정욕이 끓어오른다. 전자는 마음껏 하나님의 인애를 사람들에게 전달하고, 후자는 하나님의 권능에 의해서 남을 해하지 못하도록 억제된다. 전자는 후자가 박해를 가함으로써 본의 아닌 선을 행하는 것을 웃고(욥 40:14),[56] 후자는 전자가 순례자들을 모으는 것을 시기한다고 할 수 있다. 그래서 이 두 천사 집단은 서로 다르며 서로 반대된다. 전자는 본성이 선하며 의지가 바르고, 후자는 본성이 선하면서도 그 의지가 패악하다는 것은 성경의 다른 구절들에 더 명백하게 나타나 있다. 그러므로 창세기에서 빛과 어두움이라는 이름은 그들을 의미한다고 나는 생각한다.

설혹 창세기 저자가 다른 뜻을 생각했다고 하더라도, 이 모호한 용어에 대한 우리의 논의는 시간낭비가 아니었다. 우리는 저자의 본의를 발견하지 못했지만, 신앙의 기준을 엄수했고, 이 기준은 동등한 권위를 지닌 다른 구절들에서 신자들이 충분히 확인한 것이다.

여기서 화제가 된 것은 물질적인 피조물들이지만, 그것은 확실히 영적인 것과 비슷하며, 사도 바울이 "너희는 다 빛의 아들이요 낮의 아들이라 우리가 밤이나 어두움에 속하지 아니하였느니라"(살전 5:5)고 할 정도다. 만일 창세기 저자가 이 말씀에서 우리와 같은 뜻을 생각한 것이라면, 우리의 논의는 더욱 흐뭇한 결론을 얻는다. 즉, 탁월하고 거룩한 지혜를 가진 그 하나님의 사람이 — 더 적절하게 말한다면, 제6일에 완성된 하나님의 역사를 글로 써서 기록하신 성령이 — 천사들을 제외했을 리가 만무하다는 결론이다.

"처음으로 하나님이 천지를 창조하시니라"는 말씀에서 "처음으로"라는 표현은 맨 처음에 천사들을 창조하셨기 때문이든지 또는 더 합당한 해석과 같이, 독생하신 말씀으로[57] 창조하셨기 때문이든지, 그것은 상관하지 않는다. 그리고 하늘과 땅이라는 두 이름으로 피조세계 전체를 의미하며, 그것을 영적인 것과 물질적인 것으로 나눈 것인지(이것이 더 가능한 것 같다), 또는 우주를 두 큰 부분으로 나누고 거기 모든 피조물을 포함시킨 것이다. 그래서 우선 피조물을 전체적으로 말하고, 다음에 그 부분들을 신비적인 날 수(數)에 따라 열거한 것이다.

---

56) 11권 15장.
57) 11권 32장.

34. 궁창으로 물을 나누었다는 것은 천사들을 의미한다고 하는 생각과 물은 창조된 것이 아니라고 하는 생각에 대하여.

그러나 어떤 사람들은 물이라는 이름은 천사들을 의미하며, "물 가운데 궁창이 있으라"(창 1:6)[58]고 한 말씀은 이런 뜻이라고 생각한다. 그리고 위의 물은 천사들이며 아래 물은 눈에 보이는 물이든지 또는 악한 천사들의 무리든지 또는 여러 민족들을 의미하리라고 한다. 만일 이 생각이 옳다면, 천사들이 언제 창조되었다는 것은 여기에 없고, 언제 나뉘었다는 것이 있을 뿐이다. "하나님이 물이 있으라 하셨다"는 말씀이 아무데도 기록되어 있지 않으므로 물은 하나님이 창조하시지 않았다고 하는 어리석고 패악한 자들이 없지 않았지만, 땅에 대해서 같은 어리석은 말을 할 수 있을 것이다.

"하나님이 땅이 있으라 하시매 땅이 있으니라"는 말씀도 성경에 없기 때문이다. "태초에 하나님이 천지를 창조하시니라"고 하는 말씀이 있다고 그들은 말한다. 사실이다. 그러나 그 말씀은 물도 의미한다. 땅과 물이 땅이라는 한 단어에 포함되었기 때문이다. 시편에서는 "바다가 그의 것이라 그가 만드셨고 육지도 그의 손이 지으셨도다"(시 95:5)라고 한다.

그러나 하늘 위에 있는 물을 천사들이라고 해석하려는 사람들에게는 원소들의 비중이 곤란한 문제가 된다. 물은 흐르며 무게가 있어서, 우주의 상층부에 둘 수 없다고 생각하기 때문이다. 그래서 만일 그들이 그들 자신의 원칙에 따라 인간을 만든다면, 그들은 사람의 머리 속에 점액(粘液)을 — 그리스 사람들이 "플레그마"(phlegma)라고 부르는 것을 — 두지 않을 것이다.

이 액체는 우리 몸을 구성한 원소들 사이에서 물과 같은 작용을 한다. 그러나 하나님이 지으신 인간은 머리에 점액이 있으며, 그것이 확실히 적당한 자리가 되었다. 그런데 그들의 생각대로 한다면, 이 배치는 심히 어리석은 것이어서, 우리가 사실을 모르고 기록만 읽는다면, 곧 인체의 가장 높은 부분에 하나님이 차고 무거운 액체를 두셨다는 것을 읽는다면, 원소들의 무게를 측정하는 이 사람들은 절대로 믿지 않을 것이며, 만일 성경의 권위에 압도된다면 그런 기사의 뜻은 다른 데 있을 것이라고 주장할 것이다.

그러나 우주창조에 대한 성경의 기사를 세부까지 자세히 검토한다면, 할 말이 많을 뿐 아니라, 이 저서의 처음 계획에서 아주 벗어나는 것이 될 것이다. 나는 천

58) *Conf.*, 13, 32, 47에도 비슷한 생각이 있으나, 후에 버렸다: *Retract.*, 2, 6, 2.

사들의 두 다르고 반대되는 집단에 대해서 이미 충분히 말했다. 그 두 집단은 인류 역사에 나타난 두 도시의 일종의 서곡(序曲)이 되었으며, 나는 다음에 이것들을 논할 생각이다. 그래서 이 권을 이제는 끝내겠다.

제 12 권

개요:저자는 처음에 천사들을 논한다. 곧, 어떤 천사들의 의지가 선하고 어떤 천사들의 의지가 악한 것은 무슨 까닭이며, 선한 천사들이 행복하고 악한 천사들이 불행한 것은 무슨 까닭인가를 고찰한다. 그 다음에 인간 창조에 대해서 논하며, 사람은 영원부터 있던 것이 아니라 창조되었으며, 창조주는 곧 하나님이셨다고 가르친다.

1. 선한 천사들이나 악한 천사들이나 그 본성은 같다.

이미 앞 권에서[1] 천사들 사이에 두 사회가 나타났다는 것을 밝혔다. 여기서 인간이 창조되며, 그 이성적인 죽을 존재들 사이에 두 사회가 생긴 것을 이야기하기 전에, 천사들과 사람들을 포함한 사회를 말하는 것이 조리에 닿지 않거나 부적당한 일이 아니라는 것을 나는 힘자라는 대로 밝혀야 되겠다고 생각한다. 그래야만 천사들과 사람들 사이에 따로따로 사회가 둘씩 있어서 도합 넷이 생긴 것이 아니라, 천사거나 사람이거나 간에 선한 자들이 모인 편과 악한 자들이 모인 편에 각각 사회가 하나씩 있어서 도합 둘이 있게 된다.

선한 천사들이나 악한 천사들이나 모든 존재를 지으신 선한 창조주 하나님이 모두 창조하셨으므로, 그들이 추구하는 일이 서로 다른 것은 그들의 본성과 근본이 다르기 때문이 아니라, 그들의 의지와 욕망이 다르기 때문이라는 것을 의심할 수 없다. 선한 천사들은 만물에 공통된 선, 곧 하나님 안에 꾸준히 머물러서 그의 영원성과 진리와 사랑을 받아 즐기는데, 악한 천사들은 자기가 자기의 선인 듯이 자기의 힘을 심히 기뻐하며, 모두가 함께 참여해서 행복을 받는 저 더 높은 선을 버리고 사적(私的)인 선에 불과한 것으로 타락했다. 그들은 존귀한 영원성에 참여하기보다 교만으로 부풀기를 좋아하며, 절대적인 확실한 진리보다 간교한 허사를 좋아하며, 사

1) 11권 9장 33장, 34장.

랑의 단합보다 당파성을 좋아했다. 따라서 드디어 오만하며 속이며 시기하게 되었다.

선한 천사들은 하나님께 밀착함으로써 행복을 얻는 반면에, 악한 천사들의 불행은 하나님께 밀착하지 않은 데에 그 원인이 있다. 따라서 선한 천사들이 불행한 것은 무슨 까닭이냐는데 대한 바른 대답이 그들은 하나님께 밀착하지 않기 때문이라면, 그렇다면 이성적 또는 지성적 존재를 행복하게 만들 수 있는 유일한 선은 하나님이시다.

물론 모든 종류의 피조물이 행복하게 되는 것은 아니다. 짐승이나 목석같은 것은 행복하게 될 능력이 없다. 그러나 행복하게 될 수 있는 피조물도 원래 무에서 창조된 것이므로 자기에게서 행복을 얻어낼 수 없고, 자기를 창조해 주신 창조주에게서 얻어야 한다. 이 선을 얻으면 행복하게 되고, 이 선을 잃으면 불행하게 된다. 그렇다면 외부의 선이 아니라 선한 자기에게서 행복을 얻는 이는 불행하게 될 수 없다. 그는 자기를 잃을 수 없기 때문이다.

그러므로 우리가 말하려는 것은, 유일하고 진정하며 행복하신 하나님 이외에는 변함없는 선이 없다는 것이며, 또 그가 만드신 것들은 그가 만드셨기 때문에 선한 것이 사실이지만, 그에게서 온 것으로 만드신 것이 아니라 무로 만드셨기 때문에 변한다는 것이다. 따라서 하나님이 더 위대한 선이시기 때문에 피조물들은 가장 위대한 선은 아니지만, 변함없는 선이신 하나님께 밀착해서 행복을 얻을 수 있으므로, 그 변하는 선들도 매우 훌륭하다. 그리고 하나님은 완전히 그들의 선이시기 때문에 하나님이 없으면 그들은 불행하게 되지 않을 수 없다.

또 이 창조된 우주 안에는 불행하게 될 수 없는 것들이 있지만, 그렇다고 해서 그것들이 더 좋다고 할 수는 없다. 눈이 멀어버릴 수도 있다고 해서 그렇지 않은 다른 지체들이 눈보다 더 좋다고 할 수 없는 것과 같다. 감각이 있는 존재는 고통을 느낄 때에도 고통을 전혀 느낄 수 없는 돌보다 낫다. 그와 같이 이성적 존재는 불행한 때라도 이성이나 감각이 없어서 불행하게 될 수 없는 것보다 더 훌륭하다. 이성적 존재는 높은 수준으로 창조되어, 스스로는 변할 수 있으면서도 변할 수 없는 선이신 최고의 하나님께 밀착해서 행복을 얻을 수 있기 때문이다. 그는 완전히 행복하지 않고는 만족할 수 없으며, 하나님만이 이 요구를 만족시킬 수 있다. 그러므로 하나님께 밀착하지 못한다는 것은 이성적 존재로서는 분명히 한 결함(vitium)이다.

그뿐 아니라, 모든 결함은 본성을 손상하며 본성에 배치(背馳)된다. 그러므로 하나님께 밀착하지 않는 피조물은 밀착하는 피조물들과 다르지만, 그것은 본성 때문이 아니라 결함 때문이다. 그러나 이 결함은 그 본성이 심히 위대하고 크게 찬양할 것임을(시 145:3) 증명한다. 어떤 피조물에 있는 결함을 비난하는 것이 정당하다면, 그것은 확실히 그 본성을 칭찬한다는 뜻이다. 칭찬할 만한 피조물이 결함으로 인해서 손상되기 때문에, 그 결함을 비난하는 것이 정당하다.

그런데 눈이 보이지 않을 때 눈에 결함이 있다고 하는 것은 시력이 눈의 본성이라는 뜻이며, 귀가 들리지 않을 때는 귀에 결함이 있다고 하는 것은 청력이 귀의 본성이라는 것을 증명한다. 마찬가지로 천사로서 창조된 자가 하나님께 밀착하지 않는 것을 한 결함이라고 하는 것은, 이런 피조물은 하나님께 밀착하는 것이 본성이라고, 아주 분명히 언명하는 것이다. 그뿐 아니라, 하나님께 밀착하는 것이 얼마나 칭찬할 만한 일인가는 아무도 올바로 상상하거나 형언할 수 없다. 그것은 하나님을 위하여 살며, 그에게서 지혜를 받으며, 그의 안에서 기쁨을 얻으며, 그 위대한 선을 즐기며, 죽음이나 오류나 슬픔이 없다는 뜻이다. 이와 같이 모든 결함은 본성을 손상하는 것이므로, 악한 천사들이 하나님을 떠난 것이 그들의 결함이라고 하는 것은, 하나님이 그들의 본성을 심히 선하게 창조하셨기 때문에 그들이 하나님과 함께 있지 않으면 그 본성이 손상을 받게 된다는 것을 충분히 증명한다.

2. 하나님께 반대되는 존재는 없다: 영원히 있는 최고 존재에 전적으로 반대되는 것은 분명히 비(非)존재이기 때문이다.

우리는 이렇게 말함으로써 몇몇 사람들에게 경고한다. 우리가 타락한 천사들 운운할 때에, 아무도 그런 천사들은 하나님이 창조하신 것이 아니라, 마치 다른 근본에서 다른 본성을 받은 것 같이 생각해서는 안된다. 하나님이 모세를 이스라엘 자손에게 보내셨을 때에 천사를 시켜 전달하신 말씀 곧 "나는 스스로 있는 자로다"(출 3:14)라고 하신 말씀의 뜻을 분명히 깨닫는 사람일수록, 이 심히 불경건한 오류를 그만큼 쉽고 빠르게 버릴 수 있을 것이다.

하나님은 존재의 절정이시므로, 바꾸어 말하자면 최고로 존재하시며, 따라서 변하실 수 없으므로, 무에서 창조하신 것들에게 존재를 주셨다. 그러나 자기에게 속한 종류의 존재, 곧 최고의 존재를 주신 것은 아니다. 또 그는 어떤 피조물에는 더 풍성한 존재를 주시고 어떤 것에는 더 제한된 존재를 주셔서, 존재의 등급에 따라 존재의 본성들을 정돈하셨다. "사페레"(sapere, 현명하다)에서 "사피엔티아"(sapientia, 지혜)라는 말이 온 것과 같이, "에세(esse, 있다)에서 "에센티아"(essentia, 존재)라는 말이 왔다. 이것은 옛날 저술가들이 쓰지 않은 신조어지만, 우리 시대에 와서 좋은 말로 인정되었다. 그렇지 않았다면 그리스어의 "우시아"

(ousia, 존재)에 해당하는 우리 말이 없었을 것이다. "우시아"의 직역이 바로 "에센티아"이다. 따라서 최고로 존재하며 모든 다른 존재들을 창조한 본성에 대해서, 존재하지 않는 것 이외에는 반대되는 본성이 없다. 존재의 반대는 확실히 비(非) 존재이다. 그렇기 때문에 최고의 존재시며 모든 존재들의 창조주이신 하나님께 반대되는 존재는 없다.

3. 하나님의 원수가 된 것들은 그 본성 때문이 아니라, 그 의지로 반대하기 때문이다; 그 의지가 그들의 선한 본성을 해하며, 본성을 해하지 않는 결함은 없다.

성경에서는 하나님의 지배에 대항하는 것들을 하나님의 원수라고 부른다. 그들은 본성으로 반대하는 것이 아니라, 그들에게 있는 결함 때문에 반대한다. 그러나 그들은 하나님을 해하지 못하고 자기들을 해할 뿐이다. 그들이 원수가 된 것은 하나님을 해할 힘이 있기 때문이 아니라, 하나님을 거스르겠다는 의지가 있기 때문이다. 하나님은 변하시지 않으시며, 전혀 해를 받으시지 않는다. 그러므로 하나님의 원수들을 그에게 대항하게 만드는 그들의 결함은 하나님께 대해서 악이 되지 않고 그들 자신에게 악이 된다. 또 그들에게 악이 되는 것도 다만 그들의 선한 본성을 부패시키기 때문이다. 그러므로 하나님께 반대되는 것은 본성이 아니라 결함이며, 결함은 악이므로 선의 반대다.

그뿐 아니라 하나님이 최고의 선이심을 누가 부정할 수 있는가? 따라서 결함은 선에 대한 반대인 동시에 하나님께 대해서도 반대된다. 그뿐 아니라 해를 받는 본성도 선하므로, 결함은 이 선에 대해서도 반대일 것이다. 그러나 결함은 하나님에 대해서는 선의 반대기 때문에 반대되지만, 본성에 대해서 반대되는 것은 악하기 때문일 뿐 아니라 유해하기 때문이다. 악한 것은 하나님께는 유해하지 않고, 다만 변하며 멸할 수 있는, 그러나 여전히 선한 본성을 가진 존재들에 대해서 유해하다. 이 점은 결함들도 증거한다. 그 존재들이 원래 선하지 않았다면, 결함이 그것들에게 유해할 수 없을 것이다.

피해의 결과는 무엇인가? 완전성이나 미(美)나 건강이나 덕성이나 그 밖의 선한 것을 빼앗기는 것이 아닌가? 그런 것들은 어떤 결함 때문에 제거되거나 감소되기 때문이다. 그러나 선한 것이 전혀 없었다면 제거될 것도 있을 수 없고, 따라서 피해가 없을 것이며 결함도 없을 것이다. 무해한 결함은 있을 수 없다. 그러므로 결함은 변함없는 선을 해하지 못하지만, 피해가 없는 곳에는 결함도 있을 수 없으므로, 그것은 선한 것만을 해할 수 있다고 우리는 추론한다. 바꿔 말하면, 최고선에는 결함이 있을 수 없으며, 어떤 선이 없는 곳에도 결함이 있을 수 없다.

따라서 어떤 경우에는 선하기만 한 것들이 있을 수 있지만, 악하기만 한 것들은 어떤 경우에도 있을 수 없다. 악한 의지가 개입해서 결함이 생긴 존재들일지라도, 결함이 있다는 점에서는 악하지만, 그 본성은 선하다. 그리고 결함이 있는 존재가 벌을 받을 때에는 그 본성이 선하다는 것 외에 벌이[2] 없지 않다는 선이 첨가된다. 거기에 공의가 있으며, 공의는 물론 선이기 때문이다. 타고난 결함 때문에 벌을 받는 사람은 없고, 벌은 의지의 결함 때문이다. 습관이나 오래 계속되었기 때문에 강화되어, 이를테면 습성이 된 결함일지라도, 원래는 의지의 발동으로 생긴 것이다. 우리가 여기서 말하는 것은 정신적 피조물들에게 있는 결함뿐이다. 이런 피조물들은 이성의 빛을 받아 공정함과 불공정함을 구별할 수 있다.

4. 이성이나 생명이 없는 피조물들은 그 종류와 등급대로 우주의 미(美)를 다치게 하지 않는다.

그러나 짐승이나 나무나 그 밖의 지성이나 감각이나 생명이 없는, 변하며 없어지는 것들에 결함이 있으며, 그런 결함 때문에 그것들의 멸하는 본성이 손상되는 경우에라도, 그 결함을 비난하는 것은 어리석은 짓이다. 이런 피조물들은 창조주의 뜻으로 그들에게 적합한 본성을 받았으며, 서로 번갈아 나타나면서 미를 확보하며, 이것은 그대로 이 세계의 필수적인 부분이기 때문이다. 지상적인 것들은 천상적인 것들과 동등해야 되는 것이 아니며, 비록 낮을지라도 우주에서 전혀 제거할 것도 아니다. 그러면 그 적합한 곳에서 서로 이어 생멸(生滅)하면서, 작은 것은 큰 것에 굴하며 정복된 것은 정복한 것의 속성으로 변하는 것이 무상(無常)한 것들의 정해진 질서다. 이 질서의 미를 우리는 깨닫지 못한다.

우리는 죽기로 정해졌으며, 포목의 실과 같은 처지여서, 전체를 인식하지 못하며, 우리에게 해로운 그 단편들도 서로 조화되어 가장 정확하게 적합하며 아름답다는 것을 알지 못한다. 그러므로 창조주의 지혜를 잘 알지 못하는 우리로서는 그 지혜를 믿으라는 명령을 받는 것이 심히 당연한 일이다. 인간적인 허영과 경솔 때문에 위대한 창조주의 역사를 감히 비난하는 것을 피해야 한다.

동시에 지상적인 것들에 있는 결함들이 의도나 처벌의 결과가 아닌 경우에는,

---

2) 공정한 벌의 가치에 대해서 Aug., *De Natura Boni*, 9; Plat., *Georgias*, 472E.

그것들을 주의깊게 관찰하면 하나님이 창조하신 그 근본 본성들이 훌륭하다는 것을 나타내는 것 같다. 우리가 불만스럽게 생각하는 것은 그 본성이 결함 때문에 없어지기 때문이다. 사람들은 자기들에게 해로울 때에는 그 본성들까지도 싫어하지만, 그것은 본성을 그대로 평가하지 않고 그 이용가치를 생각하기 때문이다. 그것은 어떤 동물들의 큰 떼가 이집트 사람들의 교만을 때렸을 때와 같다(출 8-10장). 그러나 이런 식으로 평가한다면, 사람들은 태양도 비난할는지 모른다. 어떤 범죄자나 채무자에게 햇볕 아래 있게 하는 벌을 선언하는 재판관들이 있기 때문이다.

그러므로 피조물들이 창조주에게 영광을 돌린다고 하는 것은 우리의 편리나 불편 때문이 아니라, 그 본성 자체에 관해서 하는 말이다. 이와 같이 정죄된 죄인들에게 벌이 될 영원한 불까지도 그 본성은 칭찬할 만하다는 것은 의심할 여지가 없다. 훨훨 타올라 빛을 주는 불보다 더 보기 좋은 것은 무엇인가? 불에 데면 괴롭지만, 불은 우리에게 열을 주며 건강을 주며 음식을 익혀 주어 무엇보다도 유용하지 않은가? 같은 것이 합당하게 쓰면 가장 유용하고, 달리 쓰면 파괴적이 된다. 전우주적으로 볼 때에 불이 주는 유익을 어떻게 이루 말할 수 있는가?

그러므로 불이 주는 빛을 칭찬하면서 그 열을 비난하는 사람들에게 우리는 귀를 기울일 것이 못된다. 그들은 불의 본성을 보고 판단하는 것이 아니라, 자기들의 편리나 불편을 표준으로 삼는다. 보는 것은 원하고 데이는 것은 원하지 않는다. 그러나 그들에게 기쁨을 주는 바로 그 빛이 약한 눈에는 불쾌하며 해로운 것이다. 또 그들이 싫어하는 그 열이 어떤 동물들의 건강에는 가장 적합한 조건이 된다.[3]

5. 종류마다 계층마다의 본성은 모두 하나님의 영광을 나타낸다.

그러므로 모든 본성은 그 나름대로 독특한 등급과 종류와 일종의 내면적 평화를[4] 가졌으며 확실히 선하다. 그 등급에 따른 지정된 처소에 있을 때에 본성들은 그 받은 존재를 유지한다. 영구한 존재를 받지 못한 것들은 혹은 좋게 혹은 나쁘게 변해서, 창조주의 법에 따라 그것들이 섬기게 되어 있는 것들의 필요와 운동에 적응한다. 이와 같이 모든 본성은 하나님의 섭리 안에서 우주통치의 전반적 계획에 포함된 목적에 이바지한다. 무상한 것, 상하기 쉬운 것들이 썩어서 완전히 없어질 때에도, 그 정해진 결과는 반드시 나타난다. 그러므로 피조물들에 있는 결함 때문에 하나님

3) 불도마뱀(salamander) 같은 것을 의미하는 듯하다. 21권 4장.
4) 평화 개념에 대해서는 19권 12-13장.

을 비난할 것이 못된다. 하나님은 최고의 존재시며, 최고의 존재가 아닌 모든 것을 창조하셨다. 무에서 창조된 것들이 창조주와 동등할 수 없으며, 그가 창조하시지 않았다면 그것들은 존재할 수 없었을 것이다. 그러므로 하나님은 그 지으신 피조물들의 본성을 보아서도 찬양해야 한다.

6. 선한 천사들의 행복과 악한 천사들의 불행은 그 원인이 어디에 있는가?

따라서 선한 천사들이 행복한 참 원인은 최고 존재이신 하나님에게 밀착하는 데에 있다. 그리고 악한 천사들이 불행한 이유를 묻는다면, 그들이 지고의 존재를 가지신 분을 떠나서 최고 존재가 못되는 자기들에게 전적으로 향했다는 것을 우리는 생각하게 되며, 이 생각은 옳다. 이 결함을 교만이라고 부르지 않는다면 무엇이라고 불러야 할 것인가? 교만은 모든 죄의 시초이기 때문이다(집회서 10:13). 그들은 하나님을 위해서 자기의 힘을 보존하는(시 59:9, 70인역)[5] 것이 아니다. 지고의 존재를 가지신 분에게 밀착했으면, 더 풍부한 존재를 가지게 되었으련만, 그들은 하나님보다 자기를 택함으로써 존재가 감소되었다.

여기에 첫 실패와 약점이 있으며, 창조된 본성의 결함이 있다. 그 본성에 지고의 존재는 없었을 망정, 복되기 위해서 지고의 존재를 가지신 분 안에서 즐거워할 수는 있었다. 그 하나님을 버림으로써 모든 존재를 잃어버린 것은 아니지만, 존재가 낮아지며 따라서 불행하게 된 것이었다. 그뿐 아니라 그들의 이 악한 의지의 작용인(作用因, efficient cause. 어떤 일이 일어나고 사물이 생기는 경우, 그 생성, 변화, 운동을 일으키는 힘 곧 動因, 能因이 되는 것을 의미한다—역자주)이 무엇이냐고 물어도, 그것을 찾을 수 없다.

행위를 악한 것으로 만드는 것은 의지 자체인데, 무엇이 그 의지를 악하게 만든다고 하겠는가? 그러므로 악한 행위의 원인은 악한 의지지만, 악한 의지의 원인은 없다. 만일 어떤 것이 그 원인이라면, 그것은 의지를 가졌든지 또는 가지지 않았을 것이다. 만일 의지를 가졌다면 그 의지는 반드시 선하거나 악할 것이다. 만일 선하다면, 선한 의지가 악한 의지를 만든다고 할 어리석은 사람은 없다. 그럴 경우에는 선한 의지가 죄의 원인이 될 것이며 이것은 가장 어리석은 생각이다.

그와 반대로, 의지를 악하게 만들었다고 하는 그것도 악한 의지를 가졌다면, 나

---

5) 13권 21장.

는 그것을 그렇게 만든 것은 무엇이냐고 묻고자 한다. 그리고 이 질문을 끝내기 위해서 그 첫 악한 의지의 원인을 묻겠다. 악한 의지로 만들었다는 그 악한 의지는 첫 악한 의지가 아니기 때문이다. 처음 것은 어느 의지에 의해서도 만들어지지 않은 것이다.

어떤 의지 앞에 나타나서 그 의지를 악하게 만들었다면, 그 만든 의지가 먼저 있은 것이다. 그것을 만든 것은 없고, 그것은 항상 악했다고 대답하는 사람이 있다면, 나는 그 의지가 어떤 피조물 안에 있었느냐고 묻겠다. 아무 피조물 안에도 있은 것이 아니라면, 그것은 전혀 존재하지 않았다. 그러나 만일 어떤 피조물 안에 있었다면 그것은 피조물을 손상해서 악화시킨 것이다. 즉, 해하고 그 선을 빼앗은 것이다.

그렇기 때문에 악한 의지는 어떤 악한 피조물 속에 있을 수 없었고, 선하면서도 변할 수 있는 피조물 속에 있었던 것이다. 그것은 이 결함 때문에 손상을 당한 것이다. 손상이 없었다면 결함도 없는 것이며, 따라서 악한 의지도 없었다고 해야 한다. 그뿐 아니라, 참으로 손상을 입혔다면, 그것은 물론 거기 있었던 선을 감축했기 때문이다. 따라서 악한 의지는 영원 전부터 어떤 것 속에 있었을 수 없다. 즉 원래 있었던 본성적인 선에 악한 의지가 해를 주어 감축시켰다고 할 수 없다.

그러므로 악한 의지가 영원 전부터 있었던 것이 아니라면, 누가 그것을 만들었는가를 나는 알고 싶다. 한 가지 남은 가능성은 의지가 없는 어떤 것이 악한 의지를 만들었다고 하는 것이다. 나의 다음 질문은, 그것의 등급이 위냐, 아래냐 또는 동등하냐 하는 것이다. 만일 위라면 확실히 더 선할 것이며, 그럴 경우에 그것은 어떻게 의지가 없겠으며, 선한 의지가 없겠는가? 동등하다고 하는 경우에도 같은 논법을 쓸 수 있다. 동등하게 선한 의지를 가진 두 존재가 있는 동안은, 한쪽이 다른 쪽 안에 악한 의지를 창조할 수 없다. 그러므로 결국 남는 것은, 의지가 없는 어떤 낮은 것이 천사의 본성에 악한 의지를 창조해서 첫 죄를 짓게 했다는 것이다.

그러나 이것이 무엇이든 간에, 그 자체는 가장 깊은 땅 속보다 더 낮다고 하더라도 역시 한 피조물이며 한 존재이므로, 선하다는 데는 의심할 여지가 전혀 없다. 그것은 그 자체의 종류에 따라 특유한 등급과 형태가 있다. 그러면 선한 것이 어떻게 악한 의지의 발생 원인이 되겠는가? 선이 어떻게 악의 원인이 되겠는가? 의지가 높은 것을 버리고 낮은 것으로 향할 때에, 그것은 악하게 되기 때문이다. 의지가 향하는 대상이 악하기 때문이 아니라 그 방향전환 자체가 잘못 되었기 때문이다. 그러므로 악한 것이 악한 의지를 만드는 것이 아니라, 의지가 뒤집혀서 지나친 욕망으로 낮은 것을 구하게 되었기 때문이다.

가령 심신상태가 서로 똑같은 두 사람이 아름다운 한 신체를 보고, 한 사람은 불법한 환락을 구하게 되며, 다른 사람은 정결한 의지를 견지한다고 하면, 한 사람의 의지가 악하게 되고 다른 사람은 그렇지 않은 원인이 무엇이라고 생각하는가? 무엇이 그 악한 의지를 그의 안에 창조했는가? 그 육체의 미였다고 할 수는 없다. 그 미는 두 사람의 눈에 똑같이 보였기 때문이다. 보는 사람의 육체가 원인이라고 한다면 저 다른 사람의 육체는 무슨 까닭에 원인이 되지 않았는가? 악하게 된 사람의 마음이 원인이 되었다고 생각한다면, 무슨 까닭에 두 사람의 마음이 다 변하지 않았는가? 우리는 처음에 두 사람의 심신상태가 똑같다고 전제했다. 그러면 한 사람은 어떤 악령의 비밀한 속삭임에 시험을 받았다고 할 것인가? 그래서 그런 선동이나 그 밖의 영향에 자기의 자유 의지로 찬동한 것은 아니라는 뜻인가?

우리가 탐구하는 목적은 이 찬동을 한 사람의 마음에 창조한 것이 무엇인가를 결정하는 것이다. 즉 그에게 이 악한 의지를 주어서 저 악한 상담자에게 찬동하게 한 것은 무엇이냐는 것이다. 그런데 우리는 이 장애물도 우리의 탐구에서 제거하기 위해서, 두 사람이 똑같은 유혹을 경험하지만 한 사람은 그 시험에 굴하여 찬동하며, 다른 사람은 전과 같은 상태를 꾸준히 견지한다고 가정하겠다. 그럴 경우에 한 사람은 정절을 버리는 것을 거부했고, 또 한 사람은 그 일을 택한 것이 분명하다. 두 사람의 심신상태가 똑같았을 경우에, 이런 결과는 그들 자신의 의지에서밖에 올 수 없다. 두 사람의 눈에 본 미는 같은 것이었고, 두 사람을 공격한 비밀한 시험도 같은 것이었다. 따라서 그 중 한 사람의 의지를 악하게 만든 것이 무엇인가를 알고자 하는 사람들은 아무리 세심하게 연구하더라도 갈피를 잡을 수 없다.

그 사람 자신이 그 악한 의지를 창조했다고 말한다면, 그것을 창조하기 전의 그는 무엇이었는가? 변할 수 없는 선이신 하나님이 창조하신, 본성이 선한 존재가 아니었는가? 우리는 다시 한 번 가정하겠다. 아름다운 신체를 같은 때에 보았고, 그것을 보기 전과 시험을 느끼기 전의 그들의 심신상태도 같았는데, 한 사람은 그 신체를 불법하게 이용하라는 유혹자의 선동에 굴하고, 다른 사람은 굴하지 않았다고 하자. 이렇게 가정할 때에, 굴한 사람은 악한 의지가 있기 전에는 확실히 선했으므로, 자기의 의지를 악하게 만든 책임은 그 자신에 있다고 말하는 사람이 있다면, 그는 그 사람이 왜 이런 짓을 했느냐고 물어야 한다.

그가 하나의 창조된 본성이기 때문인가, 또는 무에서 창조되었기 때문인가? 그럴 때에는 그 악한 의지는 그가 한 창조된 본성이라는 사실에서 온 것이 아니라, 그가 무에서 창조된 한 존재라는 사실에서 왔다는 것이 발견될 것이다. 창조된 존재가 악한 의지의 원인이라고 한다면, 우리는 선이 악을 창조하며 선이 악의 원인이라고 결론짓지 않을 수 없지 않겠는가? 그런 가설 아래서는 선하게 창조된 존재가 의지를 악하게 만들게 되기 때문이다. 그러나 이런 일은 어떻게 가능한가? 악한 의지를 가지게 되기 전에는 비록 변하기는 할지라도 선한 피조물인데, 그것이 악한 것을, 곧 악한 의지 자체를 창조할 수 있겠는가?

7. 악한 의지의 작용인(作用因)은 찾지 말라.

그러므로 누구라도 악한 의지의 작용인(동력인)을 찾으려 하지 말라. 악한 의지는 어떤 결과가 아니라 한 결함이므로 그것의 원인은 어떤 능력이 아니라 결핍이기 때문이다. 지고의 존재자이신 분을 떠나서 더 낮은 존재로 향하는 것이 악한 의지를 가지게 되는 시초이기 때문이다. 그뿐 아니라, 이런 이탈의 원인은 적극적인 것이 아니라 소극적인 것이므로, 그것을 추적하는 것은 마치 암흑을 보거나 침묵을 들으려고 하는 것과 같다. 물론 우리는 이 두 가지 것을 알며, 하나는 눈으로만, 또 하나는 귀로만 알지마는, 그러나 어떤 일정한 형태로 아는 것이 아니라 형태가 없기 때문에 아는 것이다. 그러므로 아무도 내가 모르는 줄로 아는 것을 내게서 구하지 말라. 우리가 알 수 없는 모든 것과 알고 있는 모든 것을 모르고 지내는 법을 배우려고 한다면, 그것은 문제가 다르다.

일정한 형태로서 알려지는 것이 아니라 형태가 없기 때문에 알려지는 것들의 경우에, 안다는 것은 말하자면 모른다는 것이며, 모르는 것이 아는 것이다. 구체적인 형태들을 육체의 눈으로 날카롭게 훑어볼 때에, 아무것도 보이지 않기 시작하는 곳에서만 암흑을 본다. 그와 같이, 침묵을 느끼는 것은 귀뿐이고 다른 감각기관이 아니다. 그러나 아무것도 들리지 않음으로써만 침묵을 느낀다. 무엇을 생각할 때에도 우리의 마음에 생각의 대상들이 얼핏 보인다. 그러나 거기에 무엇이 결핍될 때에 마음은 그것을 모름으로써 알게 된다. "자기 허물(결핍)을 능히 깨달을 자 누구리요" 라고 하기 때문이다(시 19:12).

8. 방향이 잘못된 사랑은 의지로 하여금 변하지 않는 선을 버리고 변하는 선으로 타락하게 만든다.

내가 분명히 아는 것은 이것이다. 곧 하나님의 본성은 언제나 어디서나 어떤 정도로나 결함이 생길 수 없으며, 무에서 창조된 것들은 결함이 생길 수 있다는 것이다. 그러나 그것들에게 존재가 더 풍부할수록 더 많은 선한 결과를 나타내며, 그럴 때에 그것들은 성취하는 것이 있으므로 자체 안에 더 많은 발생 원인(동력인)을 간직했다. 그와 반대로, 그것들에게 결함이 있을 때에는 악한 결과를 나타내므로 자체 내에 결핍인을 가졌다고 하겠다. 그것들이 만들어내는 것은 허무밖에 없지 않은가? 또 나는 이것을 안다: 곧 의지가 악하게 될 때에는, 의지가 없었으면 나타나지 않았을 결과가 생긴다는 것이다. 그래서 허물은 필연적인 것이 아니라 의도적인 것이므로, 그 허물에 대한 벌은 정당하다는 것이다. 악한 것으로 타락하기 때문에 허물이 나쁜 것이 아니라 타락 자체가 나쁜 것이다. 다시 말하자면, 허물이 떨어져 간 상대인 본성이 나쁜 것이 아니라 떨어진다는 자체가 나쁜 것이다. 그것은 본성들의 질서에 역행하면서, 지고의 존재를 버리고, 더 낮은 존재로 타락하기 때문이다.

이와 같이, 탐욕은 금전에 생긴 결함이 아니라 사람에게 생긴 결함이다. 그는 그릇된 생각으로 금전을 사랑하고 의(義)를 버렸다. 그러한 의야말로 금전보다 무한히 귀히 여겨야 할 것이다. 방탕은 아름다운 신체에 생긴 결함이 아니라 영혼에 생긴 결함이다. 그릇된 생각으로 영혼이 육체적 쾌락을 사랑해서 절제의 덕을 버린 것이다. 절제를 지켜야만 우리는 더 위대한 정신적 미(美)와 그리고 더 영구한 기쁨과 조화를 이룰 수 있다. 호언장담은 사람들 사이에서의 영광에 생긴 결함이 아니라, 그 영혼에 결함이 있어서, 그릇된 생각으로 양심의 증거를(고후 1:12) 버리고 사람들의 칭찬을 사랑하는 것이다. 끝으로, 교만은 권능을 주는 이의 또는 심지어 권능 자체의 결함이 아니라, 영혼의 결함이다. 영혼이 그릇된 생각으로 더 높은 권능자의 의로운 권능을 멸시하고 자체의 권능을 사랑하기 때문이다. 따라서 그릇된 생각으로 어떤 본성의 선을 사랑하는 사람은 그것을 얻는 때라도, 그것 때문에 더 높은 선을 잃어버리고, 자체가 악하게 되며 동시에 불행하게 된다.

9. 거룩한 천사들의 본질을 창조하신 분이 또한 성령으로 그들에게 사랑을 주입하심으로써 그들의 선한 의지도 지으신 것인가?

그러면 악한 의지의 작용인(동력인)이 되는 본성은 없다. 또는 그런 본질(substantia)은 없다고 하겠다. 변하는 영적 존재에서 악은 악한 의지에서 시작한다. 그 본성에 있는 선이 그 악 때문에 감소되며 더럽혀진다. 이 의지를 창조하는 것은 하나님으로부터의 이탈뿐이다. 이런 이탈 또는 결핍의 원인은 전혀 없다. 그와 반대로, 선한 의지에도 작용인이 없다고 말한다면, 우리는 선한 천사들의 선한 의지는 창조된 것이 아니라 하나님과 같이 영원하다고 하는 신념을 경계해야 한다.

천사들 자신이 창조되었는데, 어떻게 그들의 선한 의지는 영원하다고 말할 수 있는가? 또 그 선한 의지가 창조된 것이라면, 문제는 그것이 천사들과 함께 창조되었는가 또는 천사들은 그것이 없이 먼저 있었는가 하는 것이다. 그것이 천사들과 함께 창조되었다면, 천사들을 창조하신 분이 그것도 창조하신 것이 확실하다. 천사들은 창조되자 곧 자기들 안에 창조된 사랑으로 하나님께 밀착했다. 그리고 악한 천사들이 선한 천사들의 무리에서 분리된 것은, 선한 천사들은 그 선한 의지를 꾸준히 지켰는데, 악한 천사들은 그 선한 의지를 버리고 변했기 때문이다. 선했던 의지를 버렸기 때문에, 바로 이 때문에 그들의 의지가 악한 것이 분명하다. 또 그들이 선한 의지를 버리는 것을 참으로 원하지 않았다면 그렇게 하지 않았을 것이다.

그와 반대로 선한 천사들은 처음에 선한 의지가 없었고, 하나님의 도움도 받음 없이, 스스로 창조한 것이라면, 그들은 하나님이 창조하신 것보다 자기들의 힘으로 더 좋게 된 것이다. 이것은 안될 말이다. 선한 의지가 없었다면 그들은 악할 수밖에 없었을 것이다. 또는 그들에게는 아직 선한 의지가 없었고, 그것을 버린 것도 아니므로 그들 안에는 악도 없었고, 따라서 그들은 악하지도 않았다고 한다면, 여하간 그들은 아직은 선한 의지를 가지게 된 때처럼은 선하지 않았다. 그런데 하나님이 하신 일을 더 개선할 존재가 없으며, 그들도 하나님에게서 창조된 자기들을 개선할 수 없었다면, 그들에게 있게 된 선한 의지는 분명히 한 개량이며, 창조주의 협력과 도움이 없이는 그들이 가지게 될 수 없었을 것이다.

이 천사들이 선한 의지를 가지게 된 결과로 작은 존재인 자기들을 향하지 않고 지고의 존재인 분을 향하며, 그에게 밀착함으로써 더 풍부한 존재를 얻으며, 그와 교제함으로써 현명하고 행복한 생활을 한다면, 이것은 그 의지가 아무리 선했을지라도 창조주가 채워주시지 않았으면 소원만을 가지고 여전히 빈곤했으리라는 뜻이 아니고 무엇인가? 무에서 의지를 창조하신 분은 그것이 자기를 받기에 적합하게 만들며 자기에게 대한 큰 동경을 일으키셨고, 더 나아가서 자기로 그것을 채워 향상시키신 것이다.

그뿐 아니라, 우리가 논해야 할 점이 하나 더 있다. 선한 천사들 안에 선한 의지를 창조한 것은 선한 천사들만이 한 일이라고 가정한다면, 이 일을 했을 때에 그들에게는 의지가 있었는가 또는 없었는가? 만일 의지가 없었다면 그들은 확실히 아무것도 창조하지 않은 것이다. 만일 그들에게 의지가 있었다면, 그것은 선했는가 또는 악했는가? 만일 악했다면, 악한 의지가 어떻게 선한 의지를 만들어낼 수 있었겠는가? 만일 선한 의지였다면, 그들에게는 이미 그것이 있었던 것이다. 그리고 누가 이것을 만들었는가? 그들의 본성을 창조하는 동시에 은혜를 주시며, 선한 의지를 가진 그들을, 바꿔 말하면 그에게 밀착하는 순수한 사랑을 가진 그들을 만드신 그분이 아닌가? 그러므로 거룩한 천사들은 선한 의지, 곧 하나님에게 대한 사랑이 없은 때가 없었다고 믿어야 한다.

그러나 선하게 창조되었으면서도 지금 악한 천사들은 자기의 의지로 그렇게 된 것이다. 이 의지는 그들의 선한 본성이 만든 것이 아니라, 그들이 자진해서 선을 버렸기 때문이다. 악의 원인은 선이 아니며 선에서의 이탈이다. 이 악한 천사들은 하나님의 은혜인 사랑 안에 꾸준히 머무른 선한 천사들보다 그 은혜를 적게 받았던지, 또는 똑같이 선하게 창조되었다면, 악한 천사들은 의지가 악해서 타락하고 선한 천사들은 더 많은 도움을 받아 충만한 행복을 얻으리라는 최대한의 확신까지 얻은 것이다. 이 점은 이미 전 권에서 내가 밝힌 바와 같다.[6]

그러면 성경에 성령을 그들에게 주셔서 하나님의 사랑을 그 마음에 부으셨다고(롬 5:5) 하는 말씀은 거룩한 사람들에게 대해서만 한 것이 아님을 인정해서 창조주를 찬양해야 한다. 이 말씀은 거룩한 천사들에게도 해당된다. 또 "하나님께 가까이 함이(밀착함이) 내게 복이라"(시 73:28)고 한 그 선은 사람에게만 있는 것이 아니라 오히려 무엇보다도 먼저 천사들에게 속한 것이다. 이 선을 공유한 자들은 그들이 밀착한 하나님과 또 상호간에 거룩한 교제를 즐기며, 하나님의 한 도성을 이룬다. 이것은 또한 하나님에게 드려지는 산 제사이며(롬 12:1)[7] 그의 산 성전이다(엡 2:19-22).

이와 같이 이 도성에는 죽은 인간들 사이에서 모집된 부분이 있어서 죽지 않는 천사들과 연합되도록 정해졌다. 이 부분은 현재 지상에서 순례의 고초를 겪으며, 이미 죽은 사람들은 영혼들의 비밀한 저장소이며 영구한 거처인 곳에서 쉬고 있다.[8] 내가 천사들 사이에서 하나님의 도성이 일어난 것을 설명한 것과 같이, 이제 이 부분의 기원에 대해서도 설명해야 되겠다. 전세계의 모든 민족 사이에서 놀랍고 당연한 권위가 있는 성경이(막 14:9) 가르치는 믿음과 같이, 인류는 하나님이 창조하신 처음 사람으로부터 출발했다. 성경의 참된 말씀 가운데는 만민이 이 사실을 믿으리라는 하나님의 예언도 기록되었다.[9]

10. 우주와 같이 인류도 항상 있었다고 생각하는 견해에 대하여.

---

6) 11권 13장.
7) 10권 16장.
8) 13권 8장 Aug., *Enchiridion*「신앙 핸드북」 29, 109.
9) 12권 11장.
10) 11권 4장.

자기도 모르는 말을 하는 사람들이 인류의 본성과 기원에 대해서 하는 억측을 우리는 무시하는 것이 좋겠다. 어떤 사람들은 우주가 항상 있었다고 하면서,[10] 인류에 대해서도 같은 생각을 한다. 그래서 아풀레이우스는 인류에 대해서, "개인적으로는 죽을 운명이지만 인류 전체로서는 영구적이다"라고 말한다.[11] 만일 인류가 항상 있었던 것이라면, 그들의 역사기록이 옳다는 것을 어떻게 변호하는가?

역사에서 어떤 사람들이 발명가로서 무엇을 발명했으며, 누가 처음으로 문학이나 예술이나 그 밖의 기술을 개척했으며, 이 지방 저 지방에 또는 이 섬과 저 섬에 처음으로 정착한 사람은 누구였다고 하는 것을 어떻게 변호하느냐고 물으면, 그들은 지구상의 모든 곳이 가끔 수재나 화재 때문에 황폐해졌고, 인간의 수효도 매우 줄어들었다가, 그 남은 인간들에게서 다시 인구가 불어 이전과 같은 수효를 회복했다고 대답한다.[12] 그리고 이렇게 일정한 간격을 두고 새로 출발하며, 큰 재난으로 억제되며 파괴되었던 것이 갱신되고 회복되어, 처음으로 시작되는 것같은 인상을 주었다고 한다. 그리고 인간은 먼저 있었던 인간에게서만 날 수 있었다고 한다. 그러나 그들은 자기의 생각을 말할 뿐이고, 아는 것을 말하는 것이 아니다.

11. 세계의 과거에 여러 천년을 돌리는 것은 잘못이다.

그들은 또 심히 기만적인 문서들에 속았다. 그런 문서들은 역사의 연대를 여러 천년이라고 하지만, 성경대로 계산하면 아직 6000년도 지나가지 않았다.[13] 그들의 문서에는 여러 천년 동안에 대한 이야기들이 있으나, 근거가 없으며 믿을 만한 권위가 없다. 그 점을 폭로하며 증명하는 데에 많은 말을 하지 않기 위해서, 알렉산더 대왕이 그 어머니 올림피아스에게 보낸 편지를[14] 인용하겠다. 거기서 그는 어떤 이집트 제사장에게서 들은 이야기를 한다.

그것은 이집트의 거룩한 문서에서 얻은 것이라고 하며, 그리스 역사가들이 밝힌 나라들의 역사에 대한 말들도 거기에 있었다. 알렉산더의 편지에서는 아시리아 왕국

11) Apul., *De Deo Socr.*, 4.

12) Plat., *Tim.*, 22C-23C; Cic., *De Nat. Deor.*, 2, 118.

13) 아우구스티누스는 제롬(히에로니무스)이 번역하고 보충한 유세비우스의 연대기(年代記, *Chronica*)를 따른 모양인데, 거기서는 창조로부터 고트족의 로마 약탈까지를 5611년이라고 계산했다.

14) 8권 5장과 27장.

15) 4권 6장(벨루스의 아들 니누스로부터 1240년); 18권 21장(벨루스로부터 1305년).

의 역사에 5000년을 돌렸다. 그런데 저 이집트 제사장도 아시리아의 초대왕이라고 한 벨루스의 시대로부터 계산하더라도 1300년 밖에 되지 않는다고[15] 그리스 역사가들은 말한다. 페르시아와 알렉산더 자신에 이르기까지의 마케도니아 역사에는 8000년을 돌렸다. 이것도 그리스 사람들은 알렉산더가 죽기까지의 마케도니아 역사는 485년이요,[16] 페르시아 역사는 알렉산더에게 멸망되기까지 233년이었다고[17] 한다. 이와 같이 그리스 역사가들은 이집트 사람들보다 훨씬 적은 연수(年數)를 인정한다. 이 숫자를 세배로 하더라도 그리스쪽 연대기는 역시 짧을 것이다.

이집트 사람들은 옛날에 4개월을 1년으로 계산했으므로,[18] 오늘날 그들과 우리의 공통된 계산법으로 하자면 그들의 옛 3년은 우리의 1년에 해당한다. 그러나 이미 말한 바와 같이, 이렇게 계산하더라도 그리스 역사와 이집트 역사는 연수가 맞지 않는다. 그러므로 참으로 거룩한 우리의 성경이 가르치는 참된 이야기를 넘어서지 않는 그리스 역사가 더 믿을 만하다.

그뿐 아니라, 이 유명한 알렉산더의 서간도 믿음직한 것으로 인정된 역사서들과 그 연대기록이 많이 다르다면, 저 황당한 이야기로 가득한 문서들을 어떻게 믿을 수 있겠는가? 사람들은 그것으로 성경의 권위에 대항하려 하지만, 성경은 전세계가 성경을 믿게 되리라고 예언했고, 또 예언대로 믿게 되었다.[19] 성경이 예언한 미래의 사건들이 정확하게 실현되었기 때문에, 과거에 대한 그 기술도 바르다는 것이 명백하다.

12. 어떤 사람들은 이 세계가 영원하다고 생각하지 않지만, 세계가 무수히 많다고 하거나, 그렇지 않으면 같은 세계가 일정한 주기를 두고 한 주기가 끝날 때마다 그 원소를 분해했다가 갱신되며, 이 과정을 영구히 반복한다고 생각한다.

또 어떤 사람들은 이 세계가 영원하다고는 생각하지 않는다. 그들은 세계는 하

---

16) Velleius Paterculus(1, 6); Justin(33, 2)에는 924년이라고.

17) Curtius(*De Gest. Alex.*, 4, 14, 20); Hier., *Comm. in Dan.*, 9에서는 230년.

18) 15권 12장.

19) 12권 9장.

20) 18권 41장; 아낙시만드로스와 데모크리투스와 에피쿠로스파의 생각; Lucr., 2, 1023-1174.

21) 헤라클레이토스와 스토아파의 생각.

나뿐이 아니라 무수히 많다고[20] 생각하거나, 그렇지 않으면 세계가 일정한 시간적 간격을 두고 죽었다가 다시 나는 것을 무수히 반복한다고 생각한다.[21]

어느 쪽으로 생각하든 간에 그들은 사람들에게서 나기 전에 인류가 이미 있었다고 인정하지 않을 수 없다. 왜 그런고 하니, 그들은 홍수나 화재에[22] 대한 말을 할 수 없다. 수재나 화재를 말하는 사람들은 이런 재난들이 전세계에 미치는 것이 아니라고 하므로, 언제든지 몇 사람이 살아 남았다가 그 후손에게서 인구가 다시 불었다고 말해도 이치가 닿는다. 그러나 이 사람들의 경우에는 세계가 멸망할 때에 인간이 남는다고 할 수 없다. 다만 그들은 세계가 그 자체의 자료(資料)에서 다시 생겨난다고 믿으므로, 인류도 세계의 원소들에서 다시 생산되며, 그 후에 다른 동물들의 후손과 같이 인간의 후손들도 그 양친에게서 번식했다고 생각한다.

13. 인류 창조의 시대가 오래지 않다고 해서 비난하는 사람들에게 어떻게 답변할 것인가?

무수한 시대들이 무한히 연속되는 과거에 인간이 창조되지 않고 그렇게 늦게 나타난 것은, 즉 성경 말씀대로 사람이 나타난지가 6000년도 되지 않는 것은[23] 무슨 까닭이냐고 묻는 사람들이 있다. 이 사람들에게 도움이 되도록 내가 하려는 대답은, 세계의 기원에 대해서[24] 그것이 영원하지 않고 시초가 있었다는 것을 믿지 않는 사람들에게 했던 대답과 같다.

어떤 사람들은[25] 플라톤이 말한 것과 실제로 생각한 것과는 다르다고 하지만, 하여간 그도 세계에 시초가 있었다고 아주 분명히 선언했다.[26] 인간이 창조된 지 얼마 되지 않고, 성경 말씀대로 사람이 사는 연수(年數)도 적은 것이 그들의 비위에 맞지 않는다면, 그들은 유한하고도 참으로 오랜 것은 없으며, 모든 시대를 합하더라도 유한하며, 무한한 영원과 비교할 때에는 심히 적거나 전혀 무라고 하는 것을 잘 생각해야 한다. 따라서 사람이 창조된 후로 5000년이 지났을 뿐 아니라, 6만년이나 60만년, 또는 그 60배, 600배, 60만배, 또는 이것을 여러 곱해서 그 수를 표현할 수 없을 만큼 세월이 지났다고 하더라도, 여전히 같은 질문, 곧 "왜 그 전에 창조되

---

22) 12권 10장.
23) 12권 11장.
24) 11권 4-5장.
25) 플로티노스와 기타 신플라톤파.
26) Plat., *Tim.*, 28 B.

지 않았느냐?"고 할 수 있을 것이다.

하나님이 사람을 창조하시지 않은 무한한 과거는 심히 오래므로, 아무리 오래고 무수한 시대들과 비교하더라도 이 후자에 끝이 있었다면, 그것은 가장 작은 물방울과 전세계를 둘러싸고 흐르는 바다를 비교하는 것과도 같지 않을 것이다. 물방울은 참으로 매우 작고, 바다는 비교할 나위 없이 광대하지만, 양쪽이 다 유한하기 때문이다. 어떤 시초에서 출발하여 종점에서 끝나는 기간이 아무리 길다고 하더라도, 시초가 없는 시대와 비교하면, 아주 사소하다고 할 것인지 또는 전혀 없다고 할 것인지를 알 수 없다.

만일 이 유한한 시간을, 그 끝으로부터 아주 짧은 순간까지 하나씩 감한다면(예컨대, 어떤 사람의 현재의 나이에서 하루씩 감해서 그의 처음 생일까지 간다면), 이 소급하면서 감하는 순간의 수효가 말할 수 없이 많다고 하더라도, 결국 그 시초에 다다르는 때가 있을 것이다. 그러나 시초가 없는 시간에서 감해 간다면, 순간이나 시간이나 날이나 달이나 여러 해씩을 감하는 것이 아니라, 가장 유명한 수학자도 이름을 붙일 수 없을 만큼 연수를 뭉텅뭉텅 잘라 낸다면, 또 그것을 한두 번 하는 것이 아니라 항상 반복한다면, 어떤 결과가 생기는가? 감해 가는 것을 아무리 계속하더라도, 원래 없는 시초이므로 거기 도달할 수는 없을 것이다.

그러므로 5000년 남짓한 지금의 우리가 요구하는 대답을 우리의 후손들도 요구할 것이다. 인류의 죽어가는 세대들이 부패와 갱신을 계속하며, 우리의 후예도 우리와 같이 연약하고 무지하다면, 그들은 지금으로부터 60만년 후에도 우리와 같은 호기심을 가지고 물어볼 것이다. 지상에 사람이 나타난지 오래지 않았을 때에 우리의 선조들도 같은 질문을 했을는지 모른다. 처음 사람은 창조된 다음 날, 아니 창조된 그 날에, 무슨 까닭에 더 일찍이 창조되지 않았느냐고 물었을는지 모른다. 사람이 창조된 시기가 어느 옛적이었든 간에, 세계 역사의 시초에 대한 논쟁은 지금과 똑같이 곤란한 문제들이 있었을 것이며, 앞으로도 있을 것이다.

14. 일정한 주기가 지나면 모든 것이 시초의 질서와 형태로 돌아간다고 하는 철학자들의 시대순환설에 대하여.

이 논쟁을 해결하는 데에 인정받을 수 있는 방법은 시대의 순환을 생각해서, 자

---

27) 저자는 플라톤이 말한 '큰 해'도 염두에 두었을는지 모른다. 이런 해에는 행성들의 상대적 위치가 동시에 다시 같게 된다. Plat., *Tim.*, 39 D; Cic., *De Nat. Deor.*, 2, 51-52.

연의 질서가 부단히 갱신되며 반복된다고 하는 것밖에 없다고 철학자들은 말한다.[27] 그래서 이 주기들은 끊임없이 번갈아 돌아온다고 주장한다. 한 영구한 세계가 그 모든 주기를 통과한다는 것인지, 또는 세계가 일정한 시간적 간격을 두고 죽었다가 갱신되어 같은 현상들을 되풀이 해서 보이는 것인지, 곧 이미 있는 현상과 앞으로 있을 일들이 일치하는 것인지에 대해서는 그들의 의견이 일치하지 않았다. 그리고 그들은 지혜를 얻은 영생불사할 영혼도 이 공상적인 변전(變轉)과정에서 제외하지 않고, 허망한 행복과 실재한 불행 사이를 끊임없이 윤회한다고 한다.

그러나 행복하다고 하면서 그 행복이 영원하리라는 확신이 없고, 진상을 모르든지, 닥쳐오는 불행을 보지 못하든지, 또는 그것을 알고 불행해하며 두려워한다면, 그것을 어떻게 참된 행복이라고 말할 수 있겠는가? 또는 만일 그 영혼이 행복으로 옮기고 불행을 영원히 떠난다면, 그럴 때에는 새로운 일이 생겼으며, 그것은 시간이 가도 없어지지 않을 것이다. 그렇다면 세계 자체는 무슨 까닭에 그렇게 되지 못할 것인가? 이와 같이, 건전한 교리의 곧은 길을 따름으로써 우리는 저 윤회라는 길을 피할 수 있다. 그것을 발견한 현인들은 남을 속이며 스스로도 속은 것이다.

모든 것의 원상을 복구시키는 이 주기들이 반복된다는 것을 주장하는 사람들은[28] 자기들의 생각에 유리하다고 해서 전도서에 있는 솔로몬의 말을 인용한다. "이미 있던 것이 후에 다시 있겠고 이미 한 일을 후에 다시 할지라 해 아래는 새 것이 없나니 무엇을 가리켜 이르기를 보라 이것이 새 것이라 할 것이 있으랴 우리 오래 전 세대에도 이미 있었느니라"(전 1:9-10). 그는 이미 말한 것, 곧 세대들의 연속과 태양의 궤도와 강들의 흐름에 대해서, 또는 났다가 죽은 모든 피조물에 대해서 이런 말을 했다.

사람은 우리보다 먼저 있었고, 우리와 함께 있고, 우리 뒤에도 있을 것이기 때문이다. 모든 동물, 모든 식물도 그렇다. 기형들도 마찬가지다. 기형들은 서로 다르지만, 유례가 없다고 하는 것도 대체로 비슷하다. 곧, 기적적이며 괴이하다는 점에서는 같으며, 이런 의미에서 그것은 이미 있었고 앞으로도 있을 것이며, 해 아래는 새로운 것이나 최근 것은 없다. 그러나 어떤 사람들은 솔로몬의 말에 대해서, 하나님의 예정에는 모든 것이 이미 존재했으며, 따라서 해 아래 새로운 것은 없다는 뜻으로 해석하려 한다.

여하튼 진실된 신자는 솔로몬이 그런 뜻으로 말했다고 믿어서는 안된다. 그는 철학자들과 같이, 일정한 주기들이 있어서 같은 기간과 사건들이 반복된다고 생각한

---

28) Origen, *De Princ.*, 2, 3, 1; 3, 5, 3.

것이 아니다. 마치 아테네의 아카데미라는 학교에서 가르친 철학자 플라톤이 확실히 돌아오는 긴 간격을 두고 오래 전에 같은 학교와 같은 학생들과 함께 있었으며, 앞으로도 무수한 주기를 통해서 반복하리라고 하는 것과 같다. 이것을 결코 믿어서는 안 된다고 나는 주장한다.

그리스도께서 우리 죄를 위해서 한번 죽으셨고, 죽은 자 가운데서 일어나셔서 다시는 죽으시지 않기 때문이다. 사망이 다시 그를 주장하지 못하며(롬 6:9), 우리 자신도 부활 후에 "항상 주와 함께 있으며"(살전 4:17), 우리는 지금 주를 향해서 시편 작가와 같이 "주여 저희를 지키사 이 세대로부터 영영토록 보존하시리이다"라고 한다(시 12:7). 그 다음에 있는 말씀 "악인이 둥글둥글 돌아다니리이다"(시 12:8, 70인역)라는 말씀도 적당하다고 생각한다. 이 철학자들이 공상한 것처럼 그들의 생애가 주기적으로 다시 돌아오리라는 것이 아니라 지금 그들의 그릇된 길, 곧 그들의 그릇된 학설이 둥글둥글 돌아간다는 뜻이다.

15. 하나님이 시간 속에서 인간을 창조하신 것은 새로운 목적이나 뜻의 변동이 있었기 때문이 아니다.

그들이 이 순환하는 주기들에 걸려서 출입문을 찾지 못하는 것은 이상할 것이 없지 않은가? 인류와 그 죽을 운명이 언제 시작했으며 언제 끝나리라는 것을 그들은 전혀 모른다. 하나님의 높으심을 깨달을 수 없기 때문이다. 하나님 자신은 영원하며 시작이 없으시지만, 시간에 시초가 있게 하셨다. 그리고 이전에 만드시지 않은 인간을 시간 속에서 만드셨다. 갑자기 새로 결심하신 것이 아니라, 변함없는 영원한 계획에 따라서 하신 것이다.

찾을 수 없고 측량할 수 없는 그 높으심을 누가 찾으며 측량할 수 있는가? 하나님은 그 높으심과 변함없는 뜻으로 시간적인 인간을 창조하셨다. 그 이전에 있었던 일이 없는 인간에게 시간 속에서 존재를 주시고, 한 개인으로부터 인류를 증가시키셨다. 시편 기자는 먼저 "주여 저희를 지키사 이 세대로부터 영영토록 보존하시리이다"(12:7)라고 말한 다음에, 영혼을 위해서 영원한 구원과 행복을 보존하지 못하는, 어리석고 불경건한 사상을 품은 사람들을 반박해서 즉시 "악인이 둥글둥글 돌아다니리이다"를 첨가한다.(시 12:8, 70인역).[29] 그 다음에 그는 마치 다음과 같은 질문을 받은 것 같다: 곧 "그러면 그대는 무엇을 믿으며 느끼며 아는가? 하나님이 지나

29) '즉시' 첨가한다고 하는 것은 이 문구가 원문에서는 8절의 처음에 있기 때문임.

간 영원중에 지으신 일이 없는 인간을 갑자기 창조할 생각을 하셨다고 믿으라는 말인가? 하나님께는 우연한 일이나 새로운 일이 없으며, 변할 수 있는 것도 없다." 이 질문에 대답하듯이 시편 기자는 하나님을 향해서 말한다: "주의 높으심에 따라 인생들을 증가시키셨나이다"(시 12:8, 70인역).[30]

그는 마치 다음과 같이 말하는 것 같다: "그들은 제멋대로 공상하며, 좋을 대로 추측하며 논쟁하게 하옵소서. 그러나 주께서는 아무도 깨달을 수 없는 주의 높으심에 따라 인생들을 증가시켰나이다." 참으로 하나님이 항상 계셨으며, 지으신 일이 없는 인간을 시간 속에서 지으시기로 정하셨으며, 그러나 계획과 뜻을 변하신 것이 아니었다는 것은 심히 높으신 일이다.

16. 항상 주권자로 계신 하나님께는 그 주권행사를 받는 피조물이 항상 있었는가? 어떤 의미에서 피조물은 항상 있었으니, 하나님과 동등하게 영원하다고 할 수 없는가?

하나님이 주권자가 아니시던 때가 있었다고 나는 감히 말할 수 없는 것과 같이, 사람은 시간 이전에 존재하지 않았다가 시간 속에서 처음으로 창조되었다는 것을 의심할 수 없다. 그러나 피조물이 항상 있었던 것이 아니라며, 하나님은 무엇의 주권자셨을까 하는 문제를 생각할 때에, 나는 아무 주장도 하지 않고 피한다. 내 자신의 무가치를 생각하며, 성경 말씀을 회상하기 때문이다. "누가 하나님의 의도를 알 수 있으며 누가 주님의 의사를 헤아릴 수 있겠습니까? 인간이 생각하는 것은 확실치 않으며 인간의 의도는 변덕스럽습니다. 썩어 없어질 육체는 영혼을 내리누르고 이 세상살이는 온갖 생각을 일으키게 하여 사람의 마음을 무섭게 만듭니다"(지혜서 9:13-15). 참으로 나는 이 지상의 장막에서 여러 가지 일에 대해서 생각한다. 그 여러 가지 가운데서 진리인 한 가지 일을 나는 찾아낼 수 없다. 내 생각이 그것에 미치지 못하는지도 모르겠다. 어쨌든 항상 주권자시요 다른 주권자 밑에 드는 일이 없는 분을 위해서 항상 피조물이 있었으나, 그것은 동일한 피조물인 것이 아니라, 다른 기간에는 다른 피조물이 있어서 서로 전후로 연속했다고 상정하자(어떤 피조물이든지 창조주와 동등하게 영원하다는 뜻을 내포해서는 안 되기 때문이다. 이것은 믿음과

---

30) '높으심'에 해당하는 라틴어 'altitudo'는 '깊으심' 또는 '깊으신 뜻'이라고 해석해도 좋다. 밑에서 보면 높고, 위에서 보면 깊게 보이기 때문이다. 고전 2:10의 "하나님의 깊은 것"과 롬 11:33의 '깊도다'에 이 말이 사용되었다. 그러나 거기서는 헬라어도 '깊음'(bathos)이지만, 여기서는 70인역의 헬라어가 '높음'(hupsos)이다.

건전한 이성(理性)이 함께 배척하는 생각이다).

그러나 우리는 어리석고 무지한 과오에 빠지지 않도록 주의해야 한다. 곧 어떤 죽을 운명을 지닌 피조물들이 항상 있어서 서로 전후로 계속하며 변천했으며, 우리 우주의 시대에 와서 천사들이 창조되기까지 영생불사하는 피조물은 있지도 않았다고 주장해서는 안된다. 적어도 제일 처음으로 창조된 빛은 천사들을 상징한다고 하는 우리의 생각은 바르다고 생각한다. 더 적절히 말하자면, "태초에 하나님이 천지를 창조하셨느니라"고 하는 그 하늘은 천사들을 상징한다.[31] 천사들은 창조되기 전에 존재할 수 없었기 때문이다. 만일 그들이 항상 존재했다고 말한다면, 그들은 영생불사하는 존재이므로, 우리는 그들을 하나님과 동등하게 영원하다고 하는 것이나 마찬가지이다.

그러나 내가, 천사들은 시간 속에서 창조되지 않았고, 모든 시간들보다 먼저 존재했으며, 항상 주권자이신 하나님의 지배를 받았다고 한다면, 이렇게 질문하는 사람이 있을 것이다: 만일 천사들이 모든 시간들 이전에 창조되었다면, 그들은 역시 피조물로서 항상 존재할 수 있었던 것이냐? 여기 대해서 나는 다음과 같이 대답할 수 있을 것이다: "그렇다. 항상 있었다. 모든 시간에 있는 것은 '항상' 있다고 하는 것이 당연하기 때문이다."

그런데, 이 천사들은 참으로 모든 시간에 존재했기 때문에, 그들은 심지어 시간들이 있기 전에 창조되었다. 적어도 시간들이 하늘과 함께 시작했고, 천사들은 이미 하늘보다 먼저 있었다면, 이렇게 말할 수 있다. 시간은 하늘과 함께 시작한 것이 아니라, 하늘보다도 먼저 있었다고 생각하자. 내가 말하는 시간은 몇 시간, 며칠, 몇 달, 몇 해 등등으로 측정하는 그런 시간이 아니다. 이런 것은 기간의 길이를 말한다. 보통 시간 단위라는 적절한 이름을 쓴다. 이런 기간들은 분명히 천체운동과 함께 시작되었다. 그래서 하나님이 천체들을 지으셨을 때에, "그 광명으로 하여 징조와 사시와 일자와 연한이 이루라" 하셨다(창 1:14).[32] 그러나 내가 말하는 시간은 어떤 변하는 운동 안에 있다. 그 운동의 한 부분이 먼저 지나가고, 그 후에 다른 부분이 지나가서, 그 두 부분이 동시에 있을 수 없다. 그러므로 만일 하늘이 있기 전에 천사들의 운동에[33] 이런 종류의 현상이 있었다면, 그래서 시간이 이미 있었고, 천사들은 창조된 순간부터 시간 속에서 움직이게 된 것이라면, 기간들이 하늘과 함께 존

---

31) 11권 9장.
32) Aug., *Conf.*, 11, 23, 29-30.
33) Aug., *De Gen. ad Lit.*, 8, 20, 39.

재하게 된 후로 그들은 모든 시간에 존재했다. 그러면 모든 시간에 존재한 것이 항상 존재한 것이 아니라고 누가 말할 것인가?

이렇게 대답하는 나에게 다른 질문이 있을 것이다: "만일 천사들도 하나님과 함께 항상 존재했다면, 무슨 까닭에 그들은 하나님과 동등하게 영원하지 않은 것인가? 그뿐 아니라, 그들이 항상 존재했다고 생각한다면, 어떻게 그들을 창조되었다고 말할 수 있는가?"

여기에 대해서 우리는 어떻게 응답할 것인가? 다음과 같이 말한다면 어떨까? "시간과 동시에 창조된, 또는 시간들과 동시에 창조된 천사들은 모든 시간에 존재했으므로, 그들이 항상 존재한 것은 사실이지만, 그들은 역시 창조되었다." 시간이 모든 시간에 존재했다는 것을 의심하는 사람은 없지만, 시간들도 창조되었다는 것을 우리는 부정하지 않을 것이기 때문이다.

만일 시간이 모든 시점에 존재한 것이 아니라면 시간이 없었을 때도 있었을 것이다. 그러나 아무리 어리석은 사람일지라도, 누가 이렇게 말할 것인가? 물론 우리는 "로마가 없었을 때가 있었다"고 말할 수 있고, 이것은 바른 말이다. 또는 "예루살렘이 없었을 때가 있었다; 아브라함이 없었을 때가 있었다; 사람이 없었을 때가 있었다" 고 말할 수 있다.

그러나 시간이 없었을 때가 있었다고 말한다면 ("시간이 없었을 때가 있었다"는 라틴어는 "시간이 없었을 한 때가 있었다"고 볼 수 있기 때문에), 사람이 없었을 때에 사람이 있었다, 또는 이 우주가 없었을 때에 이 우주가 있었다고 말하는 것처럼, 이치에 맞지 않는다. 만일 두 다른 것을 생각한다면, 예컨대 "이 사람이 없었을 때에 다른 사람이 있었다"고 말할 수는 있을 것이다. 마찬가지로, "이 시간이 없었을 때에 다른 시간이 있었다"고 말하더라도, 바른 말일 것이다. 그러나 아무리 미련한 사람이라도 시간이 없었을 때에 시간이 있었다고 말할 수 있겠는가?

시간이 모든 시간에 있었기 때문에 시간은 항상 있었다고 한다. 그러나 그런 시간을 창조되었다고 말한다면, 또 사실 그렇게 말하므로, 천사들에 대해서 그들이 항상 존재했다면 창조된 것이 아니라고 결론짓는 것은 논리적이 아니다. 따라서 우리는 다음과 같이 말할 수 있다. 곧 천사들은 모든 시간에 존재했으므로 항상 존재한 것이며, 그들이 없이는 시간들 자체도 존재할 수 없었기 때문에 그들은 모든 시간에 존재했다.

피조물이 존재하여 그 변하는 운동으로 시간이 지나가게 만들지 않는다면, 시간들은 전혀 있을 수 없다. 그러므로 천사들은 항상 존재했지만 창조되었으며, 그러나 항상 존재했다고 하는 그 이유 때문에 창조주와 동등하게 영원하다고 결론지을 수는 없다. 창조주는 변하지 않는 영원 속에서 항상 존재하셨는데, 천사들은 창조되었기 때문이다. 그들은 모든 시간에 존재했기 때문에 우리는 그들이 항상 존재했다고 말한다. 그들이 없었다면 시간들은 있을 수 없었다.

그뿐 아니라, 시간은 변하면서 흐르기 때문에, 불변하는 영원[34]과 동등하게 영원할 수 없다. 또 그러므로 천사들의 영생불사는 시간 속에서 지나가는 것이 아니지만 — 즉, 지금은 없어진 과거나 아직 없는 미래인 것이 아니지만 — 시간들을 만드는 그들의 운동은 미래로부터 과거로 옮겨가며, 그 때문에 그들은 창조주와 동등하게 영원할 수 없다. 창조주의 운동에서는 있던 것이 지금은 없다거나, 아직 없는 것이 앞으로 있으리라고, 우리는 말할 수 없다.

그러므로 하나님이 항상 주권자이셨다면, 그 주권에 복종하는 피조물이 항상 있었다. 다만 그것은 그에게서 난 것이 아니라, 그가 무에서 창조하셨으며, 하나님은 그 피조물이 존재하기 전에 계셨으나, 그것이 없었을 어떤 때가 아니었으며, 그것보다 먼저 계셨다고 하지만, 어떤 사라지는 시간적 간격이 있었던 것이 아니라 상존하는 영속성에 의해서였다.[35] 그러나 내게 묻는 사람에 대해서, 곧 복종하는 피조물이 항상 있었던 것이 아니라면 하나님은 어떻게 항상 창조주와 주권자이셨는가; 또는 어떤 피조물이 항상 존재했다면 그것은 어떻게 피조물이며 창조주와 동등하게 영원하지는 않은 것인가 하고 묻는 사람에 대해서, 내가 위에서 말한 대답을 한다면, 사람들은 내가 아는 것을 가르치는 것이 아니라, 모르는 것을 주장한다고 생각하기 쉬울 것이다.

그러므로 우리의 창조주께서 우리에게 알아두라고 하신 것으로 돌아가겠다. 더 현명한 사람들이 현세에서 아는 것을 그가 허락하셨거나, 내세에 완전하게 된 사람들이 알도록 보존해 두신 일들에 대해서는 나의 이해력이 미치지 못한다는 것을 고백한다. 그러나 내가 그런 문제들에 대해서 적극적인 주장을 하지 않으면서도 거론하기로 한 것은 독자들에게 건드리지 말아야 하는 위험한 문제들이 무엇인가를 알리고 싶었기 때문이다. 독자들은 모든 문제를 처리할 능력이 있노라고 생각할 것이 아니라, 사도의 건전한 교훈을 따라야 한다는 것을 이해하기 바란다. 사도는 "내게 주신 은혜로 말미암아 너희중 각 사람에게 말하노니 마땅히 생각할 그 이상의 생각을 품지 말고 오직 하나님께서 각 사람에게 나눠주신 믿음의 분량대로 지혜롭게 생각하

---

34) 영원과 시간과의 차이에 대해서는 11권 6장.

35) 하나님의 영원성이 시간에 선행(先行)하는데 대해서는:Aug., *Conf.*, 11, 13, 16.

라"고 한다(롬 12:3). 유아는 그 능력에 맞도록 먹이면 자라면서 더욱 많이 먹게 되지만, 삭이지 못하도록 먹으면 자라지 못하고 도리어 줄어드는 법이다.

17. 하나님께서 영원한 때 전부터 사람에게 영생을 약속하셨다는 것은 무슨 뜻인가?

인류가 창조되기 전에 얼마나 오랜 시대들이 지나갔는지 나는 모른다. 그러나 창조주와 동등하게 영원한 피조물이 전혀 없다는 것을 나는 의심하지 않는다. 그런데 사도까지도 영원한 시간들에 대해서 말한다. 미래에 대해서가 아니라 과거에 대해서 그렇게 말한 것이 더욱 놀랍다. "영생의 소망을 인함이라 이 영생은 거짓이 없으신 하나님이 영원한 때 전부터 약속하신 것인데 자기 때에 자기의 말씀을 전도로 나타내셨으니"라고 사도는 말한다(딛 1:2-3).

사도는 과거에 영원한 시간들이 있었다고 말하지만, 그것은 하나님과 동등하게 영원한 것은 아니었다고 한다. 하나님은 영원한 시간들이 있기 전에 존재하셨을 뿐 아니라 영생도 약속하셨고, 그 영생을 자기 때, 곧 적합한 때에 나타나셨다고 하기 때문이다. 이것은 그의 말씀이 아니고 무엇인가? 이것이 영생이기 때문이다. 그러나 하나님은 어떻게 약속하셨는가? 약속은 사람들에게 하신 것인데, 사람들은 영원 전에 아직 존재하지 않았다. 이것은 하나님 자신의 영원에서 또 그와 동등하게 영원한 말씀 안에서 때가 이르러 있을 사건이 이미 예정되며 결정되었다는 뜻이 아닌가?

18. 하나님이 하시는 일은 영원부터 반복되었고 똑같은 시대적 주기를 따라 항상 돌아온다고 주장하는 사람들이 있지만, 건전한 신앙은 하나님의 변함없는 목적과 의지에 관해서 그들의 이론을 상대로 어떻게 변호하는가?

또 나는 처음 사람이 창조되기 전에는 아무 사람도 존재한 일이 없었다는 것을 의심하지 않는다. 같은 사람이 주기를[36] 따라 돌아왔다든지, 주기라는 것이 무엇이며, 몇 번이나 거듭되었든지, 또는 처음 사람과 같은 본성을 가진 사람이 있었는지, 이 모든 것은 문제가 되지 않는다. 철학자들의 논법도 나의 이 믿음을 막지 못한다. 그 중에서도 가장 투철하다고 인정되는 것은 다음과 같다: 곧 무한한 것은 지식으로

---

36) 12권 14장.

37) 예컨대 Arist., *Met.*, 14; 12권 19장.

알 수 없으며,[37] 따라서 하나님이 지으시는 유한한 것들에 대해서 그가 마음에 가지고 계신 개념들은 모두 유한하다고 한다. 그러나 우리는 다음과 같이 믿어야 한다고, 그들은 계속해서 논한다:곧, 하나님의 인자하신 성격이 무위(無爲)하게 지낸 때는 없었으며, 그가 시간 속의 활동을 하게 된 배후에 무한한 무위의 기간이 있었다가, 마치 시초가 없었던 그 한거(閑居)를 후회라도 하는 것처럼 일을 하기 시작하신 것이라고 생각해서는 안 된다.

그러므로 똑같은 사건들이 항상 반복되며, 다시 되풀이될 예정으로 항상 지나가는 것이라고, 그들은 계속 추론한다. 우주는 변천하면서 계속 존재하든지 — 그럴 경우에, 우주는 시간상의 시초가 없이 항상 존재했으나, 그러나 창조되었다 — 그렇지 않으면, 우주의 나타남과 사라짐이 이 반복되는 주기들에 항상 포함되었고 앞으로도 항상 포함될 것이다. 그렇지 않고 하나님의 역사(役事)가 어떤 시점에서 처음으로 시작되었다고 말한다면, 이를테면 하나님은 자신의 이전의 시초 없었던 무위를 태만이었다고 정죄하고, 그 때문에 태도를 변경하신 것이라고 믿을 수 있다.

그런데 하나님께서 시간 안에서의 창조사역을 항상 하셨다고 인정하더라도 때가 다르면 만드신 것도 달랐으므로, 전에 창조하신 일이 없었던 사람을 창조하시게 되었다고 가정하라. 그러나 이럴 경우에 그들은 지식은 무한한 일들을 파악하지 못한다고 생각하므로 하나님도 지식으로 일을 하신 것이 아니라, 이를테면 순간적 충동으로 생각나는 대로, 불안정한 마음으로 함부로 하신 것이라는 인상을 받는다. 그뿐 아니라, 우리가 이 주기설을 인정한다면, 시간 안에서 창조된 것들이 그대로 반복되며, 우주가 변하지 않고 가든지, 또는 우주도 그 자체의 출현과 소멸의 순환을 주기와 융합시키든지 간에, 안일한 태만, 특히 시초없이 계속하는 안일이나 맹목적이고 경솔한 활동을 하나님께로 돌리지 않게 된다고, 그들은 계속 주장한다. 그것은 동일한 사건들이 반복되는 것이 아니라면, 하나님의 지식이나 예지로도 그 무한한 다양성을 파악할 수 없겠기 때문이라고 한다.

악인들은 이런 논법들을 써서 우리를 단순한 경건에서 떠나게 만들며, 자기들과 같이 개미 쳇바퀴 돌듯[38](시 12:8, 70인역) 만들려고 한다. 그러나 이성으로 이 논법들을 논박할 수 없다면, 우리의 믿음으로 웃어버려야 한다. 그뿐 아니라, 이 쳇바퀴 논법들은 피상적인 생각으로 만들어진 것이며, 우리 주 하나님의 도움을 받아 명쾌한 추리로 격파할 수 있다. 특히 이들을 이탈하게 만드는 이유, 곧 그들로 하여금 진리의 똑바른 길을 버리고 공상적인 쳇바퀴 속을 걷게 만드는 원인은, 그들이 자기

38) 14장의 끝.

들의 좁고 변하는 인간적인 마음으로 하나님의 전혀 변함없는 마음을 측정하는 데에 있다. 하나님의 마음은 아무리 무한한 것이라도 파악할 수 있으며 아무리 무수한 것들이라도 셀 수 있다. 그런 때에 그의 생각은 한 가지 물건에서 다른 것으로 옮겨갈 필요가 없다. 우리는 사도의 말씀을 여기에 적용할 수 있다. 사도는 "저희가 자기로 자기를 비교하니 지혜가 없도다"라고 한다(고후 10:12).

참으로 이 사람들은 새로운 무엇을 하려고 생각할 때에는 새로운 결심을 한다. 그들의 마음이 변할 수 있기 때문이다. 그들은 하나님을 상상할 수 없으므로 하나님을 상상하지 않고 그 대신에 자기들을 생각하며, 하나님과 하나님을 비교하는 것이 아니라 자기들을 자기들과 비교한다. 우리로 말하면, 우리의 신념상, 하나님이 쉬실 때와 일하실 때에 그의 상태가 달라진다고 할 수 없다. 하나님께는 어떤 상태가 있다고 말할 수 없기 때문이다. 곧, 전에 없던 무엇이 그의 본질에 있게 되었다고 생각할 수 없다. 어떤 상태가 되었다는 것은 어떤 결과가 나타났다는 뜻이며, 어떤 결과가 나타났다는 것은 변한다는 뜻이다.

그러므로 우리가 하나님의 활동에 관해서 노고나 노력이나 근면을 생각할 수 없는 것과 같이, 그의 한거(閑居)에 대해서도 게으름이나 무위나 안일을 생각할 수 없다. 하나님은 쉬면서 활동하시며 활동하면서 쉬실 수 있다. 그는 새로운 계획이 아니라 영원한 계획을 새로운 일에 적용하실 수 있으며, 하시지 않던 일을 시작하신 것도 무위하게 지내던 과거를 후회하셨기 때문이 아니었다.

그러나 사람들이 이 일을 어떻게 해석할는지 나는 모르지만,여하튼 하나님이 이전에 아무 일도 하시지 않다가 후에 무슨 일을 하셨다고 가정하자. 그런데 "이전에"라는 말과 "후에"라는 말은 물론 전에 없었다가 후에 있게 된 일들에 관한 것이다. 그러나 하나님의 경우에는 전에 있었던 목적을 후에 있는 목적으로 변경하시거나 제거하시는 일이 없다. 도리어 하나님은 영원불변하는 동일한 의지로 여러 가지 것을 창조하셔서, 이전에 존재하지 않은 동안은 있지 않게 하시다가, 후에 존재하기 시작하면서 있게 하셨다. 이렇게 하심으로써 이런 일들을 이해할 수 있는 사람들에게 자기가 하시는 일을 훌륭히 증명하려고 하신 것 같다. 곧, 시초가 없는 영원 전부터 하나님은 피조물들이 없어도 계속 완전히 행복하셨고, 그런 것들이 필요하지 않았지만, 순수한 호의로 창조하셨다는 것을 알리려고 하신 것 같다.

19. 무한한 것들은 하나님의 지식으로도 파악할 수 없다고 하는 주장을 반박한다.

이제는 철학자들의 다른 주장을 살펴보자. 그들은 하나님의 지식으로도 무한한 것은 파악할 수 없다고 한다. 그렇다면 그들에게 이제 남은 것은, 하나님은 모든 수(數)를 아시는 것이 아니라고 담대히 말하는 것뿐이며, 이런 말로 무종교의 깊은 구덩에 뛰어드는 것뿐이다. 수가 무한하다는 것은 의심할 여지가 없다. 어떤 수로 끝을 맺으려고 생각하더라도, 바로 그 수에 하나를 첨가할 수 있는 것은 말할 것도 없고, 아무리 수가 크며 그 표현하는 분량이 아무리 거대하다고 하더라도, 두 배로 만들 수 있을 뿐 아니라, 수론(數論)의 근본 원리에 따라 여러 배로 할 수 있다. 그뿐 아니라, 각 수는 그 특색으로 제한되어 있어서, 다른 어느 수와도 같지 않다. 따라서 수는 모두 같지 않고 다르다. 개개의 수는 유한하지만, 전체적으로는 무한하다. 이것은 수들이 무한하기 때문에 하나님이 모든 수를 아시는 것이 아니라는 뜻이 되는가? 수들의 어떤 합계까지는 아시지만, 그 이상은 모른다는 뜻인가? 어떤 사람이 이런 말을 할 것인가?

또 저 철학자들은 감히 수를 멸시하면서, 수는 하나님이 아실 바가 아니라고 하지는 않을 것이다. 철학자 플라톤은 하나님이 수리(數理)에 따라 우주를 만드셨다고, 큰 권위로 말한다.[39] 우리의 성경에도 하나님에 대해서 "주께서는 만물을 부피와 수와 무게로 정돈하셨나이다"라고 한다(지혜서 11:20). 예언자도 하나님에 대해서 "수효대로 만상을 이끌어 내신다"고 하며(사 40:26, 70인역), 구주께서는 복음서에서 "너희에게는 머리털까지 다 세신 바 되었다"고 하신다(마 10:30). 그러면 시편에 있는대로, "그 지혜가 무궁하신"(시 145:5) 하나님이 모든 수를 아신다는 것을 의심하지 말자. 따라서 무한한 수들의 수효를 정할 수는 없지만, "그 지혜가 무궁하신" 분은 무한한 수를 아실 수 없는 것이 아니다.

그러므로 지식으로 파악되는 것은 그 아는 주체(主體)의 이해력에 의해서 국한된다면, 모든 무한도 하나님의 지식으로 파악되지 못하는 것이 아니므로, 그것은 확실히 하나님께는 어떤 형언할 수 없는 방법으로 유한한 것이다. 따라서 수의 무한성도 그것을 파악하는 하나님의 지식에 대해서 무한할 수 없다면, 미약한 인간들인 우리가 어떻게 감히 하나님의 지식에 한계를 정하며, 동일한 일시적인 사물들이 동일한 주기로 반복되는 것이 아니면 하나님은 하시고자 하는 일을 예지하지도 못하며, 하신 일을 알지도 못한다고 하는가? 하나님의 지혜는 다양하면서도 단순하고 균일해서, 이해할 수 없는 이해력으로 모든 이해할 수 없는 일들을 이해하시므로, 만일 후속 사건들을 선행(先行) 사건들과 다르고 새롭게 만들고자 하셨다면, 질서와 예견

39) Plat., *Tim.*, 31 C-36 D.

(豫見)이 없이 하실 수 없었을 것이다. 또 겨우 최후 순간에 예견하신 것이 아니라, 그 일들을 그의 영원한 예지(豫知) 안에 포함시키셨을 것이다.

20. 세세무궁(世世無窮)함에 대하여

나는 감히 하나님이 이렇게 일을 하신다고 단정하지 않는다. 이른바 세세무궁함에 대해서도, 세대들이 서로 다르면서도 질서정연하게 전후해서 연속되는 것인지, 그리고 가련한 상태에서 풀려나 자유를 얻는 사람들만이 그 행복한 영생불사를 끝없이 계속하는 것인지, 또는 "세세"(라틴어로는 "세대들의 세대들")라고 해서 하나님의 요지부동하는 지혜 안에 머물러 있는 세대들이 시간과 함께 지나가는 세대들에 대해서 일종의 작용인이 되어 있다는 것을 알리려는 뜻인지, 이런 점들을 나는 감히 단정하지 않는다. 세세의 복수형은 단수형 세세(세대의 세대)와 아마 다름이 없을 것이다. 마치 "하늘들의 하늘들"과 "하늘의 하늘"[40]이 다름이 없는 것과 같다. 하나님은 물 아래 있는 궁창을 "하늘"이라고 하셨는데(창 1:7-8), 시편에서는 "하늘 위에 있는 물들도 주의 이름을 찬양할지어다"라고 한다(시 148:4).

"세대들의 세대들"이라는 표현의 이 두 가지 뜻 중에서 어느 것이 바른지, 또는 그 밖에 다른 해석이 있는지는 매우 심오한 문제이다. 그러나 이 문제에 대한 검토를 뒤로 물리는 것은 무방할 것이다. 우리가 이 문제에 대해서 어떤 결론을 얻게 되든지, 또 이 문제를 더욱 신중히 고려함으로써, 이런 모호한 문제에 대해서 성급한 주장을 하지 않도록 더욱 조심하게 되든지, 어느 쪽으로 나타나더라도, 문제를 뒤로 물리는 것이 좋다. 우리가 지금 하려는 것은 주기설을, 곧, 주기적인 중간기(中間期)를 지나면 같은 현상들이 항상 반복된다는 생각을 논박하는 것이기 때문이다. "세대들의 세대들"이라는 어구에 대한 어느 해석이 바르든 간에, 이 주기들에는 도움이 되지 않는다. "세대들의 세대들"이 동일한 세대들의 반복을 의미하지 않고, 서로 다른 세대들이 전후로 질서정연하게 연속되며, 구원을 받은 영혼들의 행복이 확고부동해서 불행으로 돌아가는 일이 없다고 하든지; 또는 "세대들의 세대들"은 영원하며, 시간 속에서 지나가는 세대들을 지배하는 주종(主從)관계에 있다고 하든지, 어느 쪽으로 해석하더라도 주기적인 반복이 있을 여지가 없다. 성도들의 영생이(마 25:46) 그런 생각을 완전히 논박하기 때문이다.

---

40) 시 115:16에 '하늘의 하늘'이라는 표현이 있으며, 저자는 이 표현을 자주 사용했다: *Conf.*, 12, 2, 2; 8, 8; 11, 12; 15, 20; 21, 30; 13, 5, 6; 8, 9 등.

21. 진정하고 완전한 행복에 참가하는 영혼들도 주기적으로 동일한 불행과 노고로 반복 복귀하리라고 주장하는 사람들의 불경건에 대하여.

인생을 둘러싼 각종 엄청난 불행한 환경들을 생각하면, 사람은 살았다기보다 죽었다고 하는 것이 옳을 것이며, 그런 삶에서 해방하는 죽음을 무서워하는 것은 이 산 죽음[41]을 사랑하기 때문이다. 그런데 진정한 경건과 지혜로 많고 무서운 고생의 값을 치르고 인생을 마친 다음에 우리는 하나님을 보며, 그의 변함없는 영생불사에 참여해서 영적인 빛을 보는 것으로 행복을 누리게 된다고, 철학자들은 말한다. 이것은 우리가 열렬히 동경하는 상태지만 그 상태에 도달하기 위해서는 조건이 하나 있다고 한다. 곧 언젠가는 그 상태를 버려야 한다는 것이다. 그리고 그 버리는 사람들은 영생과 진리와 행복을 버리고 죽을 지옥의 노고 속으로 던져진다. 추악한 우매와 극심한 불행이 있는 상태, 하나님을 빼앗기며 진리를 미워하며 불결하고 불의한 짓으로 행복을 추구하는 상태로 떨어진다.

그뿐 아니라, 이런 일이 길고 긴 세월을 한 주기로 삼아 순환하면서 과거에 끝없이 반복되었고 미래에도 끝없이 반복되리라고 한다. 철학자들이 이런 주장을 하는 것은, 유한한 주기가 영원히 순환한다고 함으로써, 하나님이 자기가 하시는 일들을 아실 수 있게 하기 위해서이다. 그리고 그 주기가 순환하는 데에 따라서 우리의 허망한 행복과 진짜 불행이 서로 교체하는 것이지만, 주기들이 끊임없이 순환하기 때문에 영원하다는 것이다. 그렇지 않고, 하나님이 창조작업을 항상 계속하신다면 쉬실 수 없으며 그 무한히 많은 피조물들을 아실 수도 없으리라고 그들은 말한다.

누가 이런 생각에 귀를 기울일 것이며, 누가 이것을 믿건 용인할 것인가? 이런 생각이 옳다고 가정한다면, 그런 사실에 대해서 아무 말도 하지 않는 것이 현명할 뿐 아니라, 솔직히 말해서, 전혀 모르는 것이 더 총명할 것이다. 우리가 저 세상에서는 이런 사실들을 기억하지 않으리라고 하며, 그래서 행복을 즐기리라고 한다면, 무슨 까닭에 이 세상에 있는 동안에 그것을 앎으로써 불행의 짐을 더 무겁게 만드는가? 그러나 만일 저 세상에서는 불가불 알게 되리라면, 적어도 여기서는 모르고 지내자. 그렇게 하면 저 세상에서 실지로 얻지 못할 행복을 기대하는 행복이라도 있을 것이다. 여기서는 영생이 앞에 있으리라고 기대하는데, 저 세상에서는 행복한 생활이면서도 영원하지 못하고 언젠가는 잃어버리게 되리라는 것을 알겠기 때문이다.

사람이 행복과 불행의 주기적 순환을 이 세상에서 알게 되지 못하면 저 세상에

41) 13권 10장; Cic., *De Rep.*, 6, 14, 14; *Tusc. Disp.*, 1, 31, 75.

서 행복을 얻지 못하리라고 그들은 말하는가? 그렇다면 나는 이렇게 묻겠다:그들은 사람이 하나님을 사랑할수록 더 쉽게 행복을 얻으리라고 가르치면서 무슨 까닭에 바른 그 사랑이 식게 만드는 사상을 가르치는가? 어떤 사람을 부득이 떠나야 하며, 그의 진실성과 지혜를 의심하게 되리라고 생각할 때에, 그 사람에 대한 사랑이 미지근해지며 무관심해지지 않을 사람이 있겠는가? 더군다나 완전히 행복하게 되었고 그에 대해서 가능한 가장 완전한 지식을 얻은 때에 그렇게 되리라고 한다. 인간인 친구에 대해서도, 앞으로 그가 원수[42]가 되리라고 알게 되면 아무도 그에 대해서 충실한 사랑을 유지할 수 없다. 그러나 이 철학자들이 우리를 위협하는 말은 진리일 수 없다. 우리의 불행은 결코 끝나지 않을 운명이며, 다만 허망한 행복의 기간이 자주 또는 끊임없이 사이에 끼여들게 되리라고, 그들은 위협한다.

참으로 그들이 말하는 행복보다 허망하고 거짓된 것은 없다. 우리는 진리의 위대한 광명 속에 있으면서 앞으로 불행하리라는 것을 모르거나, 또는 행복의 절정에 있으면서 앞으로 불행하게 될 것을 두려워한다고 한다. 만일 내세에 우리가 미래의 불행을 모르리라고 한다면, 현재 지상에서 겪는 불행은 미래의 행복을 믿고 있으므로, 알고 지내는 불행이다. 반대로 만일 내세에 가서 앞으로 닥쳐올 불행이 숨겨지지 않는다면 영혼은 행복한 기간보다 불행한 기간을 더 행복하게 지내게 된다. 불행한 기간에는 그 기간들이 끝나면 영혼은 행복한 상태로 향상될 것이지만, 행복한 기간에는 그 끝에 가서 다시 돌아온 불행으로 들어가겠기 때문이다. 이와 같이 우리가 불행중에 내다보는 전도(前途)는 행복한 것이며, 행복중에 내다보는 것은 불행이다. 따라서 우리는 현재 이 지상에서 불행을 겪으며, 천상에서는 닥쳐올 불행을 무서워하므로, 우리에게 행복한 때도 있으리라고 하는 것보다 항상 불행하리라고 하는 것이 더 옳은 말일 것이다.

그러나 경건이 부르짖으며 진리가 증명하듯이, 이런 견해는 잘못이다. 우리는 진정한 행복을 얻으리라고, 믿을 만한 약속을 받았으며, 그 명랑한 행복을 우리는 영원히 누리며 불행이 끼여드는 일이 없으리라고 한다. 그러므로 우리는 그리스도 안에서 곧은 길을 걸으며(요 14:6), 그리스도를 우리의 지도자와 구주를 모시면서 우리의 마음과 믿음이 불경건한 자들의 허무하고 서투른 순환설에 끌려들지 않도록 해야 한다.[43] 이 주기들과 영혼의 반복되는 왕래에 대하여 플라톤파의 포르피리오스[44]는 자기 학파의 견해를 따르지 않는다. 그 생각 자체에 내포된 무의미함 때문에 마

42) Cic., *De. Am.*, 16, 59.
43) 12권 14장.
44) 7권 25장.

음에 동요가 생긴 것인지, 또는 그리스도교 시대에 대해서 경의를 품게 된 것인지를 나는 알 수 없다. 제10권에서[45] 말한 바와 같이, 그는 영혼이 이 세상에 맡겨져 고통을 알게 됨으로써, 그 고통에서 구출되며 정화되어 아버지에게 돌아간 후에, 다시는 이런 일을 당하지 않게 하려는 것이라고 말했다. 그의 선택이 이러했다면 우리는 더군다나 우리의 그리스도교 신앙에 적대적인 저 그릇된 사상을 타기(唾棄)하며 기피해야 할 것이 아닌가?

그뿐 아니라, 일단 이 주기설이 논박되며 처리된 후에는, 인류에 시간상의 시초가 없었다고 반드시 생각해야 할 이유가 없게 되고, 인류는 시간과 함께 존재하게 되었다고 생각하게 된다. 주기가 무엇이든지 간에, 주기라는 생각을 하게 되면 반드시 어떤 주기적인 기간들을 사이에 두고 과거에 나타나지 않았거나 앞으로 다시 나타나지 않을 것이 역사상에 없다고 생각하게 되지만, 이 주기 개념이 논박되었기 때문이다. 영혼이 해방되며, 전에 해방된 일이 없었던 것과 같이, 앞으로도 결코 불행으로 돌아가지 않기로 정해져 있다고 한다면, 전에 창조된 일이 없었던 일이 영혼의 내부에 창조된 것이며, 이것은 참으로 지극히 위대한 일이다. 곧 결코 끝나지 않을 영원한 행복이 창조된 것이다. 그런데 영생불사할 존재 안에서 이렇게 위대하고 참신한 일이 생기며, 그것은 어떤 주기적 순환으로 과거에 반복되었거나 미래에 반복되는 일이 없으리라고 한다면, 무슨 까닭에 그들은 이런 일이 죽을 운명의 존재들에게서는 생길 수 없다고 주장하는가?

가령 영혼 안에 생기는 행복은 새로운 것이 아니며, 과거에 항상 있던 그 행복한 상태로 돌아간 것에 불과하다고 그들이 말한다면, 적어도 불행에서 해방되었다는 그 일 자체는 새로운 일이며, 그 불행 자체도 영혼 안에 있었던 적이 없는 새로운 경험이다. 그러나 만일 이런 참신한 일들이 하나님의 섭리가 주장하는 질서 속에 들어가지 않고 우연히 발생한다면, 저 일정한 길이의 주기들은 어디 있는 것인가? 거기서는 새로운 것이 전혀 창조되지 않으며, 이미 있었던 동일한 것들이 반복된다고 하지 않는가?

그러나 만일 이 참신한 일들이 섭리의 자연 질서 안에 있다고 인정된다면, 영혼이 구원되어 이런 경험에 넘겨진 것이든, 또는 이런 상태에 떨어진 것이든 간에,[46] 거기서는 전에 있었던 적이 없으나 역사의 전형과 관계가 없지 않은 새로운 사건이

45) 10권 30장.

46) 하나님의 뜻으로 영혼과 몸이 결합된 것인가, 그렇지 않으면 죄에 대한 벌로써 영혼이 몸 안에 떨어진 것인가를 신플라톤파가 논했다.

있을 수 있다. 또 만일 영혼 자체의 불찰로, 하나님의 섭리가 예견 못한 바 없는 새로운 불행을 창조하며, 섭리가 이것도 그 질서에 포함시키며, 선견(先見)에 따라 영혼을 그 불행에서 해방할 수 있다면, 하나님이 새로운 것을 창조하실 수 있다는 것을 우리는 경솔한 허영으로 감히 부정할 것인가? 그것은 하나님께는 새롭지 않아도 세계에서는 새로우며, 전에 창조하신 일이 없어도 예견하시지 않은 때가 없는 것이다.

그러나 해방된 영혼들이 불행으로 다시 돌아가지 않는다고 하며, 또 그 해방이 이 세상에서 생긴다는 것을 인정하더라도, 그것은 새로운 일이 아니며, 많은 영혼들이 과거에 자유를 믿었고 현재도 얻고 미래에도 얻겠기 때문이라고 한다면, 그들은 하여간 새로운 불행과 자유를 얻을 새로운 영혼들이 창조된다는 점을 인정한다. 그들의 주장에 따르면, 영혼들은 새 것이 아니라 영원한 과거부터 존재했다. 곧 그 영혼들로 매일 새 사람들이 창조되며, 현명하게 산 영혼들은 그 신체에서 해방되어 다시 불행으로 돌아갈 필요가 없으리라고 하기 때문이다. 만일 그들의 주장에 모순이 없으려면, 그 영혼들의 수효가 무한하다고 해야 할 것이다. 영혼들의 수효가 유한하다면, 그 수가 아무리 크더라도, 무한한 과거의 세대들을 통해서 끊임없이 새로운 사람들을 창조하며, 그 영혼들을 죽음의 상태에서 영원히 해방하여 다시는 그런 상태로 돌아가지 않게 만들기 위해서는 그 수가 부족할 것이다. 또 이 철학자들은 하나님은 유한한 사건들이라야 아실 수 있다고 하는데, 어떻게 이 세상에 무한히 많은 영혼들이 있을 수 있는가를 설명하지 못할 것이다.

영혼이 불가피하게 불행으로 돌아간다고 하는 주기설을 우리는 이제 논박했으므로, 하나님은 창조하신 일이 없는 것을 새로 창조하시며, 동시에 형언할 수 없는 예지가 있기 때문에 그 의지의 변함없음이 불가능하지 않다고 믿을 수 있다. 이렇게 믿는 것은 우리의 신앙과 완전히 조화된다. 그리고 해방을 얻은 후에 다시는 불행으로 돌아가지 않는 영혼의 수가 계속적으로 항상 증가하는가 하는 문제에 대해서는 무한한 사물을 제한하려고 미묘한 논법을 사용하는 사람들이 생각하게 하라.

우리는 우리의 논의를 양도논법(兩刀論法, 딜레마)의 형식으로 끝내려 한다. 해방된 영혼들의 경우에, 이전에 결코 존재하지 않았던 영혼들의 수가 한 번만 창조되는 것이 아니라 끊임없이 계속 창조되리라고 한다면, 그렇다면 전에 창조된 일이 없었던 것이 창조될 수 있다는 것을 그들은 무슨 까닭에 부정하는가? 그러나 반대로, 만일 해방된 후에 다시는 불행으로 돌아가지 않을 영혼들의 수가 일정하며, 이 수를 더 늘어나게 해서는 안 된다면, 그 수가 얼마든지 간에 그것은 물론 과거에 없었으며, 또 어떤 시초가 없었다면 그만한 수까지 늘어날 수도 없었을 것이다. 그러나 그들의 입장에서는 이 시초가 없었다. 따라서 이 시초를 만들기 위해서 그 때까지 없던 사람이 창조되었다.

22. 처음에 한 사람이 창조되고, 그 한 사람으로 인류가 창조되었다.

영원하신 하나님이 새로운 뜻을 품지 않으면서 새로운 것들을 창조하신다는, 이 심히 어려운 문제를 우리는 힘자라는 대로 설명했다. 그러므로 하나님이 인류를 지으신 일에 대해서도 여러 사람으로 출발하는 것보다 우선 한 사람을 창조하신 것이 훨씬 나았다는 것을 이해하기 쉽다. 하나님이 다른 동물들을 창조하셨을 때에는 어떤 것은 독거(獨居)하게 만드셨다. 예컨대 수리와 솔개와 사자와 이리와 그 밖의 따로 혼자 사는 것을 좋아하는 동물들이다. 그러나 어떤 것은 군거(群居)하게 만드셨다. 즉 비둘기와 찌르레기와 사슴과 노루와 그 밖의 여럿이 무리를 지어 살기를 좋아하는 동물들이다. 이 두 가지 동물들은 한 마리에서 그 종류 전체를 번식시키신 것이 아니라, 동시에 여러 마리를 지으셨다.

그러나 사람의 경우에는 그 본성이 이를테면 천사들과 동물들의 중간에 있게 하시고, 그가 자기의 진정한 주권자이신 창조주에게 항상 복종하며 그의 계명을 경건하게 준수하면, 천사들의 무리에 참가하며, 죽음을 거침이 없이[47] 무한하고 복된 영생불사를 얻게 하셨다. 그가 만일 교만과 불순종으로 자기의 자유의지를 악용하여 주 하나님께 항거하면, 그는 동물과 같이 살며 죽음에 지배되며 정욕의 종이 되어, 사후에는 벌을 받게 하셨다. 그러나 하나님이 사람을 한 사람만 만드신 것은 다른 사람들과의 교제가 없는 독거생활을 하라는 뜻이 아니었고, 도리어 단결된 교제를 확보하며 조화의 유대를 더욱 견고하게 인상지어 주시려는 것이었다. 그래서 사람들을 서로 본성이 같을 뿐 아니라 혈연의 애정으로 뭉치게 하셨다.[48] 남자의 처가 될 여자까지도 남자를 창조하신 것과 같이 창조하시지 않고, 그 남자의 일부로 여자를 만드셨다(창 2:22).[49] 인류 전체가 완전히 한 사람에게서 유래하게 하시려는 것이었다.

23. 하나님께서는 그 창조하신 처음 사람이 죄를 지으리라는 것을 예지하

47) 13권 1장과 3장. 저자가 펠라기우스(Pelagius) 사상에 반대한 것; 펠라기우스는 사람은 아담이 죄를 짓지 않았어도 죽도록 창조되었다고 주장했다:Aug., *De Haer.*, 88.

48) 14권 1장.

셨고, 동시에 자기의 은혜로 인류 가운데서 의인들의 큰 무리가 천사들의 사회로 옮기리라는 것도 예견하셨다.

하나님께서는 사람이 죄를 지으리라는 것과, 죽음의 지배를 받는 그가 역시 죽기로 정해진 후손을 낳으리라는 것을 모르시지 않았다. 그뿐 아니라, 이 죽을 인간들이 짓는 죄가 더욱더 엄청나게 악화하여, 땅과 물에서 무더기로 생겨나는 이성적 의지가 없는 동물들이 인류보다 — 평화롭게 살게 하시려고 한 개인에게서 번식하게 하신 그 인류보다 — 서로 더 안전하고 더 평화롭게 살리라는 것도 하나님은 아셨다. 사자들이나 용들이 사람들과 같이 전쟁을 한 일은 없다. 그러나 하나님께서는 자기의 은혜로 많은 의인들이 부름을 받아 양자가 되며(롬 8:15; 갈 4:5), 성령으로 죄를 용서받고 의롭게 되며, 최후의 원수인 죽음이 멸망된 후에(고전 15:26) 천사들과 결합되어 영원한 평화를 누리리라는 것도 예지하셨다. 또 많은 사람들이 하나가 되는 것을 하나님이 얼마나 기뻐하시는가를(시 133:1) 사람들에게 밝히 알리려고, 하나님이 한 사람에게서 인류를 창조하셨다는 이 역사적 사실을 생각하는 것이 이 의인의 무리에게 유익하리라는 것도 하나님은 아셨다.

24. 하나님의 형상대로 창조된 인간의 영혼과 그 본성에 대하여.

그러므로 하나님은 자기의 형상대로 사람을 지으셨다(창 1:26-27). 바꿔 말하면, 하나님은 사람에게 이성과 총명을 갖춘 영혼을 주셔서, 걸어다니거나 헤엄치거나 날아다니는 모든 다른 동물보다 뛰어나게 만드셨다. 동물들에게는 이런 마음이 없기 때문이다. 그런데 하나님께서는 흙으로 사람을 만드시고(창 2:7), 그 다음에 위에서 말한 영혼을 주셨다. 미리 만드신 영혼을 그의 안에 불어넣으셨거나,[50] 그렇지 않으면 숨을 불어넣음으로써 영혼을 창조하신 것이다. 곧 그 숨이 사람의 영혼이 되게 하신 것이다. 다음에 그 사람의 옆구리에서 뼈 하나를 취하여 그의 처를 만들고, 그를 도와 자녀를 낳게 하셨다(창 2:21-22). 이 모든 일을 하나님으로서 하신 것이다. 우리는 육적인 생각으로 기술자들이 물건을 만드는 식으로 상상해서는 안된다. 그들은 지상에서 얻은 재료와 육신의 손을 써서 그 전문 기술대로 물질적인 제품을 만든다.

---

49) 많이 언급된 문제:Hor., *Epod.*, 7, 11-12; Plin., 7, 1, 5; Juvenal, 15, 159-171; Sen., *De Clem*, 1, 26; *Ep.*, 95, 31.

50) 이것이 저자의 생각:*De Gen. ad Lit.*, 7, 24, 35.

하나님의 손은 그의 권능이며, 보이지 않는 방법으로 보이는 것까지 만드신다.[51] 우리의 일상생활에서 보통 보는 것을 표준으로 하나님의 권능과 지혜를 측정하는 사람들은 이 일을 역사적 사실이라기보다 한 신화라고 본다. 그러나 하나님의 지식과 능력은 씨앗이 없는 곳에서 씨앗을 만드실 수 있게 한다. 처음에 창조된 일들에 대해서 그들은 알 수 없기 때문에 의심한다. 사람이 잉태되며 출산되는 데 대해서 그들이 알고 있는 사실들은 경험한 일이 없는 사람들이 처음 들으면, 더 믿지 못할 것이 아닌가? 그러나 이런 사실들까지도 하나님의 마음이 하시는 것이라고 하지 않고, 자연적 · 물질적 원인에 돌리는 사람들이 많다.

25. 가장 작은 피조물이라도 천사들이 창조했다고 할 수 있는가?

하나님의 마음이 이런 것들을 짓고 보호하신다는 것을 믿지 않는 사람들에 대해서[52] 우리는 이 책에서 관계하지 않는다. 그러나 플라톤과 그 제자들은 우주를 창조하신 최고신이 신들을 만들었고, 죽을 운명인 동물들은 모두 하나님의 허락이나 명령에 의해서 최고 신보다 낮은 신들이 만들었으며, 인류는 그 동물중에서 특출한 지위에 있으며 신들과 혈연관계가 있다고 믿는다.[53] 그러나 그들이 신들을 자기들의 창조자라고 생각해서 경배와 제사를 드리는 것을 정당화하려고 하는 그 미신을 벗어난다면, 그들은 이런 믿음의 오류에서도 쉽게 벗어날 것이다. 아무리 작고 곧 죽을 것이라도 어떤 자연적인 존재를 하나님 이외의 누가 창조했다고, 잘 이해하지도 못하는 이야기를 믿거나 말하는 것은 잘못이기 때문이다. 이 철학자들은 천사들을 신들이라고 부르는데, 그 천사들은 명령이나 허락에 의해서 이 세계 내에서의 창조작업에 직접 참가하지만, 그들이 동물들을 창조한다고 할 수는 없다. 그것은 우리가 농부들이 곡식과 나무들을 창조한다고 하지 않는 것과 같다.

26. 자연적인 존재들과 피조세계의 형태들은 모두 하나님의 역사로 만들어진다.

그런데 형태에는 두 가지가 있다. 하나는 모든 물질적인 본질에 외부로부터 적용되는 형태다. 토기장이나 대장장이나 그 밖의 기술공들이 이런 형태를 쓰며, 동물

---

51) 의인적(擬人的)인 생각을 배제하는 것임:*De Gen. ad Lit.*, 6, 12, 20.
52) 에피쿠로스 파.
53) Plat., *Tim.*, 41 A-D; 69 C.

들의 몸과 같은 모양까지도 그리거나 만든다. 다른 형태는 생명과 지성을 가진 어떤 존재의 비밀한 사려(思慮) 안에 작용인으로 있어서 그 결과로 나타나는 것이다. 이 존재 자체는 창조되지 않으면서 자연적·물질적 형태들 뿐 아니라 생물들의 생명까지 만들어낸다. 처음에 말한 종류의 형태는 각 기술공에게 돌릴 수 있으나, 둘째 형태는 한 기술공, 곧 창조자이며 창시자(創始者)이신 하나님께만 돌릴 수 있다. 하나님은 세계와 천사들이 없을 때에 세계 자체와 천사들을 만드셨다.

만들어질 수 없고 오직 만들 수만 있는 힘, 곧 하나님의 힘, 말하자면 하나님의 생산적인 힘이 있어서, 우주가 창조되었을 때에 그 힘에서 하늘과 태양의 둥근 모양이 왔다. 하나님의 이 동일한 힘, 만들어질 수 없고 오직 만들 수만 있는 이 힘에서 눈의 둥근 모양과 과일과 여타의 자연물(物)의 둥근 모양이 왔다. 이 모양은, 우리가 보는 바와 같이, 그것들이 날 때에 외부로부터 주어진 것이 아니라, 창조주의 가장 내면적인 권능이 주는 것이다. 창조주는 "내가 천지에 충만하다"고 하시며(렘 23:24), 그의 지혜는 "세상 끝에서 끝까지 힘차게 펼쳐지며 모든 것을 훌륭하게 다스리신다"(지혜서 8:1). 그러므로 맨처음에 창조된 천사들이 그 후에 계속된 창조 사역을 어떻게 도왔는지를 나는 알지 못한다. 나는 그들이 할 수 없는 일을 담대히 그들에게 돌리거나, 그들이 할 수 있는 일을 그들에게 돌리지 않아서는 안되겠다. 모든 자연적인 것이 존재하게 한 그 창조와 창시의 작업을 나는 하나님께 돌리며, 이것은 천사들도 찬성할 것이다. 그들이 존재하게 된 것도 하나님의 덕택이며, 그 점을 그들은 인정하여 감사한다.

우리는 농부를 각종 과실의 창조자라고 부르지 않는다. 성경에 "심는 자나 물주는 이는 아무것도 아니로되 오직 자라게 하시는 하나님뿐이니라"(고전 3:7)고 되어 있기 때문이다. 그뿐 아니라 초목에 새 순이 솟아나며, 땅 속에 그 뿌리가 단단히 박혀 있어서 땅이 다산(多産)적인 어머니임을 우리는 보지만, 그 땅에게도 창조자라는 이름을 주지 않는다. "하나님이 그 뜻대로 저에게 형체를 주시되 각 종자에게 그 형체를 주시느니라"(고전 15:38). 마찬가지로 여인을 그 자녀들의 창조자라고 부르는 것은 잘못이며, "내가 너를 복중에 짓기 전에 너를 알았다"(렘 1:5)고 하신 분을 창조자라고 해야 한다. 야곱이 얼룩얼룩한 나뭇가지로 양떼가 아롱진 새끼를 낳게 했다는 것과 같이(창 30:37-39), 잉태한 여인의 정신상태가 태아에게 어떤 성격을 줄 수 있다고 인정하더라도, 여인은 자기를 창조하지 않은 것과 같이 출산하는 자의 본성을 창조하는 것도 아니다.

그러므로 창조를 문제로 삼을 때에는 사물의 생산을 위해서 자료나 종자가 참가하더라도, 그것들은 별다른 영향을 주는 것이 아니다. 천사와 인간과 어떤 동물의 활동이나 남녀성의 혼합 같은 것도 마찬가지다. 모체의 소원과 감정이 민감한 태아의 용모와 빛에 영향을 준다는 것도 중요하지 않다. 자연적 존재들이 어떤 영향을 받는다고 하더라도, 그 자체를 만드는 것은 최고의 하나님뿐이다. 하나님의 숨은 권능, 만물에 편만한 그 형언할 수 없는 임자가 모든 수준에 있는 모든 것에 존재를 주신다. 하나님이 활동하시지 않으면 만물은 어떤 모양을 취하지 못할 뿐 아니라 전혀 존재할 수 없다.[54]

기술공들이 외부로부터 물체에 첨가하는 형태로 돌아가서 생각한다면, 로마 시와 알렉산드리아 시를 건설한 것은 목수나 건축가들이 아니라, 로물루스 왕과 알렉산더 왕이라고 한다. 그들의 의지와 계획과 권세로 건설되었기 때문이다. 만일 이것이 옳은 생각이라면, 더군다나 자연적 존재들에 대해서는 하나님만을 창조주라고 불러야 할 것이다. 하나님은 자기가 만드시지 않은 원료를 쓰시는 일이 없으며, 자기가 창조하시지 않은 일꾼을 쓰시지도 않는다. 만일 하나님이 피조물들에게서 그의 건설적 능력을 철회하신다면, 만물은 창조되기 전과 같이 전혀 없어지고 말 것이다. 창조되기 전이라고 한 것은 시간적으로 한 말이 아니라 영원을 의미한 것이다. 시간의 기간들을 창조한 분이 하나님이 아니고 누구겠는가? 하나님이 물체들을 만드시고, 그것들이 움직임으로써 시간의 경과를 표시하게 되었기 때문이다.[55]

27. 플라톤파는 천사들이 하나님으로부터 창조되었다는 것을 인정하면서, 천사들 자신은 인간의 몸을 창조했다고 주장한다.

최고신(最高神)에게 창조된 낮은 신들이 다른 생물들을 만들었다고 플라톤이 말한 것은, 신들은 영원불멸하는 부분을 하나님에게서 받았고, 거기에 죽을 부분을 첨부했다는 뜻이었음이 틀림없다.[56] 그러므로 신들은 우리의 영혼을 창조한 것이 아니라 신체를 만들었다는 것이 플라톤의 생각이었다. 그런데 포르피리오스는 영혼을 정화하기 위해서[57] 우리는 신체와 접촉하는 것을 일체 피해야 된다고 하며, 동시에 플라톤이나 다른 플라톤파와 함께, 방탕하고 부끄러운 생활을 한 영혼들은 속죄하는 의미로 죽을 육체로 돌아간다고 믿었다. 플라톤은 짐승의 몸에도 돌아간다고 했으

---

54) 저자는 이 생각을 *De Tim.*, 3, 8, 13-9, 16에서 부언함.
55) 11권 6장과 12권 16장.
56) 25장의 주 53.
57) 그의 저서 *De Regressu Animae* 에서, 또한 본서 10권 29장, 22권 12장, 22권 26-28장을 보라.

나, 포르피리오스는 사람의 몸으로만 돌아간다고 했다.[58]

따라서 이 철학자들은 그들의 소위 신들을 우리가 창조주와 양친과 같이 사랑해야 한다고 하지만, 그 신들은 우리의 족쇄와 감옥을 만드는 자에 불과하며, 우리의 창조주가 아니라 우리를 힘든 작업장에 가두며 무거운 쇠사슬로 결박하는 간수에 불과하다. 그러므로 플라톤학파는 우리의 영혼이 이 육체를 통해서 벌을 받는다고 위협하는 것을 그만두든지, 그렇지 않으면 신들을 경배하는 것이 우리의 의무라고 가르치는 것을 그만두어야 한다. 신들이 우리에게 만들어 준 몸에서 될 수 있는 대로 도망하며 멀리하라고 그들은 충고하기 때문이다. 원래 그들의 사상은 이 점에서 양편이 다 잘못이다.

참으로 영혼들은 금생에 다시 돌아와서 이렇게 벌을 받는 것이 아니며, 천지를 지으신 분 이외에 생물의 창조자는 천상천하에 아무도 없다. 만일 이 몸에서 사는 이유가 벌을 받으려는 것뿐이라면, 플라톤은 또 어떻게 이 우주에 죽지 않을 생물과 죽을 생물이 가득하지 않고는, 최고로 아름답고 선한 우주가 될 수 없었으리라고 말할 수 있는가?[59] 그러나 만일 우리가 죽을 몸으로라도 창조된 것이 하나님의 선물이라면, 이 몸으로 곧 하나님이 만드신 선한 것으로 돌아오는 것이 어떻게 벌이 될 수 있는가? 또 만일 플라톤이 자주 말하듯이,[60] 하나님이 그 영원한 지성 안에 우주 전체의 형태뿐 아니라 모든 생물의 형태도 가지고 계셨다면, 무슨 까닭에 그 모든 생물을 자기가 직접 창조하시지 않았는가? 혹 하나님은 어떤 것들은 만들기를 원하시지 않은 것인가? 그것들을 만드는 데 필요한 기술은 그의 심중에 있었고, 그의 마음은 어떤 말로도 형언하거나 충분히 찬양할 수 없는 것이 아닌가?

28. 처음 사람 안에 인류 전체가 가득히 나타났으며, 그 중 어느 부분이 상을 받고 어느 부분이 벌을 받을 것인가를 하나님이 예견하셨다.

그러므로 진정한 경건은 우주 전체의 창조주가 또한 모든 생물의, 곧 그 신체와 영혼의 창조주시라고 바르게 인정하며 선포한다. 지상의 생물 가운데서 으뜸은 사람이었고, 사람은 단 한 명이 하나님의 형상대로 창조되었다. 거기에는 내가 이미 말한 이유가 있었지만 아직 발견되지 않은 다른 더 큰 이유도 있었을 것이다. 그러나 사람을 독거하게 버려두시지 않았다. 인류와 같이 본성이 사회적이며, 타락하면 불

58) 10권 30장; 13권 19장.

59) *Tim.*, 30 D; 92 C.

60) *Tim.*, 30 B-D; *Rep.*, 597 B-C.

화가 생기는 것은 없다. 불화를 고치거나 예방하기 위해서 인간성이 제공할 수 있는 가장 유력한 논법은 하나님이 조상 한 사람을 창조하신 것을 회상하는 것이다. 한 사람에게서 후손이 많이 번식하게 함으로써, 우리는 수는 많아도 마음은 하나가 되어야 한다는 것을 회상하게 하셨다. 그뿐 아니라, 남자를 위해서 그의 옆구리에서 여자를 만드셨다는 사실도 부부를 결합하는 사랑이 얼마나 돈독해야 하는가를 훌륭히 상징했다(창 2:22-24; 마 19:5; 엡 5:28, 31).[61]

하나님의 이런 행적들은 처음 하신 일이었기 때문에 참으로 비상한 것이다. 그러나 이 일들을 믿지 않는 사람들은 어떤 기사도 있다는 것을 믿지 않아야 할 것이다. 이 일도 일상적인 현상 중에서 나타났다면 기사라고 하지 않겠기 때문이다. 그러나 하나님의 섭리가 강력하게 지배하는 곳에서 발생하는 일에 목적이 없을 수 있겠는가? 그 이유가 분명하지 않을 수는 있다. 시편에 "와서 주의 행적을 볼지어다 땅에 큰 기사를 행하셨도다"라고 했다(시 46:8, 70인역). 나는 하나님의 도움을 받아 힘 자라는 대로 다른 곳에서,[62] 여인을 남자의 옆구리에서 지으신 이유와 이 처음 기사라고 할 만한 일이 예표한 것을 설명하겠다.

이제는 이 권을 끝내야 하겠으므로, 우리는 태초에 창조된 그 처음 사람과 함께 인류 사이에 두 도시 또는 두 사회가 나타났다고만 말하겠다. 아직 밝히 눈에 보인 것이 아니지만, 하나님의 예지 안에서는 이미 나타났다. 처음 한 사람에게서 인류가 일어나기로 정해졌으며, 그 일부는 악한 천사들과 짝하여 벌을 받으며 다른 부분은 선한 천사들과 함께 상을 받기로 정해졌다. 이것이 하나님의 숨은, 그러나 공정한 판단에 의해서 된 결정이었다. 성경에서 "하나님의 모든 길은 인자와 진리로다"라고 (시 25:10) 했으므로, 그의 은혜가 불공정하거나 그의 공의가 잔혹할 수 없다는 것을 우리는 안다.

61) 12권 22장과 23장.
62) 22권 17장.

제 13 권

개요:죽음은 벌이며, 아담의 죄 때문에 생겼다.

1. 처음 사람들이 타락해서 죽을 신세가 되었다.

우리의 현재 세계의 출현과 인류의 시초에 관해서 심히 어려운 문제들을 처리했으므로, 다음에는 주제의 논리적 순서에 따른 처음 사람의 또는 처음 사람들의 타락에 대해서, 그리고 인간의 죽음의 기원과 확산에 대해서 논하겠다. 하나님은 사람을 천사들과 같이 만드신 것이 아니다. 곧 죄를 짓더라도 결코 죽을 수 있도록 만드신 것이 아니다. 사람의 경우에는 순종의 의무를 다하면 천사들과 같은 영생과 영원한 행복을 얻어, 죽음이 개입하는 때가 없으며, 불순종에 대해서는 죽음으로 공정한 벌을 받도록 창조하셨다. 나는 이 점을 이미 앞의 책에서[1] 말했다.

2. 영혼의 죽음과 몸의 죽음.

그러나 나는 죽음에 대해서 더 자세히 설명해야 될 줄은 안다. 우선 사람의 영혼이 영생불사하리라고 하는 것은 바른 말이지만, 거기에도 독특한 죽음이 있다. 영혼이 영생불사한다고 하는 것은 영혼의 생명과 감각은 아무리 미약하게 되어도 결코 완전히 없어지지 않는다는 뜻이다. 그와 반대로 몸이 죽는다는 것은 몸에서 생명이 완전히 떠날 수 있으며, 몸 자체에는 독자적인 생명이 없다는 뜻이다. 따라서 하나님이 영혼을 버리시면 영혼이 죽는 것과 같이, 영혼이 몸에서 떠나면 몸은 죽는다. 그래서 하나님으로부터 버림을 받은 영혼이 몸을 떠날 때에는 영혼과 몸, 곧 사람 전체가 죽는다. 이럴 때에 영혼은 하나님에게서 생명을 얻지 못하여, 몸도 영혼에게서 생명을 얻지 못하기 때문이다.

---

1) 12권 22장의 주 47.

그뿐 아니라, 사람 전체가 이렇게 죽으면 둘째 사망으로 가게 된다. 이것은 성경의 권위가 인정하는 용어다(계 2:11; 20:6, 14; 21:8). "몸과 영혼을 능히 지옥에 멸하시는 자를 두려워 하라"(마 10:28)고 하신 주님의 말씀은 이 죽음을 의미한다. 그러나 이렇게 죽기 전에는 반드시 몸과 영혼이 결합되어서 전혀 분리할 수 없게 되어 있는 것이므로, 몸이 고통을 당할 때에 영혼이 몸을 떠나지 않고 생명과 감각을 주고 있는데, 어떻게 몸을 멸한다고 말할 수 있는지, 이상하게 여길 수 있다. 저 최종적이며 영원한 벌에 대해서 나는 적당한 곳에서 더 자세히 말하겠지만,[2] 그 벌을 받는 영혼은 하나님으로부터 생명을 얻을 수 없으므로, 죽었다고 말하는 것이 바르다. 그러나 여기서는 몸이 영혼으로부터 생명을 얻고 있는데, 어떻게 죽음을 말할 수 있는가? 참으로 영혼으로부터 생명을 얻지 않는다면 몸은 고통을 체험하지 못할 것이다. 그러나 부활 후에는 반드시 이 감각이 있기로 정해져 있다. 그러므로 대답은 아마 다음과 같을 것이다. 곧 어떤 종류의 생명이라도 생명은 선한 것이며, 고통은 악한 것이므로, 영혼이 몸에 있는 목적이 살게 만들려는 것이 아니라 고통스럽게 만들려는 것일 때에, 우리는 그 몸을 살았다고 말할 수 없다는 것이다.

그러므로 영혼은 선하게 살 때에 하나님으로부터 생명을 받는다. 하나님이 영혼 안에서 선을 행하시지 않으면 선한 생활을 할 수 없기 때문이다. 그러나 영혼이 몸 안에 있으면, 영혼이 하나님으로부터 생명을 얻든 얻지 못하든 간에 몸은 영혼에게서 생명을 얻는다. 불경건한 사람들의 몸에 있는 생명은 그 영혼에서 오는 것이 아니라 그 몸에서 온다. 영혼은 죽은 때에도, 곧 하나님으로부터 버림을 받은 때에도 그들의 몸에 생명을 줄 수 있다.

영혼 자체의 생명은 아무리 미약할지라도 그 영생불사의 근원이 되며, 그치는 일이 없기 때문이다. 그러나 최후의 심판으로 벌을 받고 있는 존재는 생명이라기보다 사망이라고 하는 것이 좋을 것이다. 그런 사람은 감각이 없어진 것은 아니지만, 그 감각에는 즐거운 쾌감이나 건전한 안정감이 없고, 고통스러울 뿐이므로 벌이 되는 것이다. 그뿐 아니라 그것은 하나님과 영혼 또는 영혼과 몸이라는 결합되었던 두 본질을 분리시키는 처음 사망이 있은 후에 있기 때문에 둘째 사망이라고 부른다. 따라서 첫째 사망 즉 몸이 죽는 것은 선한 사람들에게는 선이 되며 악한 사람들에게는 악이 된다고 할 수 있다. 그러나 둘째 사망은 선한 사람들에게 오지 않는 것이므로, 물론 아무에게도 선한 것이 되지 않는다.

---

2) 19권 28장.

3. 처음 사람들이 죄를 지었기 때문에 모든 사람이 겪게 된 죽음은 성도들의 경우에도 죄에 대한 벌이 되는가?

그러나 여기서 무시할 수 없는 문제가 생긴다. 영육을 분리시키는 죽음은 선한 사람들을 위해서 참으로 선한 것인가 하는 문제다. 만일 그렇다면 우리는 어떻게 죽음을 죄에 대한 벌이라고 주장할 수 있는가? 처음 사람들이 죄를 짓지 않았더라면 그들은 물론 이 죽음을 당하지 않았겠기 때문이다. 그러면 악한 사람들이 아니면 당하지 않을 죽음이 어떻게 선한 사람들에게 선이 될 수 있는가? 반대로, 악한 사람들에게만 오는 죽음이라면, 선한 사람들에게 선이 되는 것이 아니라 전혀 없어야 할 것이다. 벌을 받아야 할 일이 없는 사람들에게 어떻게 벌이 있을 수 있겠는가?

그러므로 처음 사람들은 참으로 죄만 짓지 않았더라면 어떤 종류의 죽음도 당하지 않았을, 그런 본성으로 창조되었지만, 그들이 처음 죄인이 되었을 때에 사형 언도를 받은 데는 조건이 있었다는 것을 우리는 인정해야 할 것이다. 곧 그들에게서 나는 후손들도 모두 같은 벌을 받으리라는 것이다. 그들과 같은 후손만을 낳겠기 때문이다. 참으로 그들이 받은 벌은 그들의 엄청난 죄책과 정비례한 것이었으며 그들의 처음 본성을 악화시켰다. 그 결과로, 처음 사람들의 죄에 대한 벌로써 출발한 것이 그 후손들에게는 타고나는 결과로써 나타난다.

이렇게 된 것은 사람이 흙에서 난 것과 사람에게서 나는 것이 같지 않기 때문이다. 흙은 사람을 만드는데 사용된 재료가 되었지만, 사람은 스스로 어버이가 되어서 사람을 낳는다. 따라서 육신은 그 재료가 된 흙과 다르지만, 자식인 사람은 어버이인 사람과 똑같은 존재다. 그러므로 첫 부부가 결합되어 하나님의 처벌 선언을 받았을 때에, 여인을 통해서 생산될 인류 전체의 본성이 처음 사람 안에 포함되어 있었고, 그 후로 사람이 낳는 것은 창조된 때의 사람이 아니라, 죄를 짓고 벌을 받게 된 때의 인간이었다. 적어도 죄와 죽음의 기원에 관해서는 이렇게 말할 수 있다.

그러나 처음 사람은 죄나 처벌 때문에 어린 아이들과 같이 마음이 우둔하며 몸이 연약하게 된 것이 아니었다. 이런 특성들이 어린이들에게 있는 것은 하나님이 그 부모를 동물과 같은 수준의 생활과 죽음으로 떨어뜨리셨기 때문이다. 성경에 "사람은 존귀에 처하였으나 깨닫지 못하였고, 깨닫지 못하는 짐승과 같이 되었도다"라고 하였다(시 49:12, 20, 70인역). 다만 유아들은 우리가 보는 바와 같이, 다른 동물들의 아주 어린 새끼들보다도 사지의 운동이나 쾌감이나 불쾌감이 약하다. 이것을 보면 사람의 능력은 억제되었기 때문에 다른 동물들보다 더욱더 높이 솟아오른다고 생각할 수 있다. 화살을 뒤로 당겨 활을 굽히면 쏠 때에 긴장력이 더 센 것과 같다.

처음 사람은 부당한 자만심으로 공정한 벌을 받았지만, 그렇다고 해서 어린이 같은 미숙한 상태로 퇴화한 것이 아니다. 그러나 그의 인간성이 심히 부패하고 변화해서, 그 지체에 복종하지 않고 반항하는 정욕이 생기며, 죽어야 하는 필연성으로 결박되며, 따라서 죄와 벌로 말미암아 이렇게 변한 자기와 같은 후손을, 곧 죄를 짓고 죽을 후손을 낳게 되었다. 만일 중보인 그리스도의 은혜로 말미암아 유아들이 죄의 결박에서 풀린다면, 그들은 영육을 분리시키는 죽음만을 겪을 수 있고, 죄의 결박에서 벗어났기 때문에 영원한 벌을 받는 둘째 사망으로는 가지 않는다.

4. 중생(重生)의 은혜로 죄를 용서받은 자들도 죽음, 곧 죄에 대한 벌을 면하지 못하는 것은 무슨 까닭인가?

만일 첫째 죽음까지도 죄에 대한 벌이라면, 은혜로 죄책이 말소된 사람들이 그 첫째 죽음을 당하는 것은 무슨 까닭이냐고 의아하게 생각하는 사람이 있을는지 모른다. 나는 「유아세례에 대해서」[3]라는 제목이 붙은 나의 저서에서 이 문제를 이미 논했으며 해결했다. 거기서 내가 주장한 요점은 다음과 같다. 죽음과 죄와의 관련은 없어졌지만, 영혼이 여전히 몸을 떠나게 한 것은, 중생의 성례전을[4] 받은 후에 즉시 신체의 영생불사가 따르게 된다면, 믿음 자체가 약해지겠기 때문이었다. 믿음은 현재 눈앞의 사실로 보이지 않는 것을 소망중에 기다릴 때에 참으로 믿음이기 때문이다.[5]

그뿐 아니라 죽음에 대한 공포심을 이기려면 믿음의 힘으로 싸워야 했다. 적어도 옛날에는 그랬고, 우리의 거룩한 순교자들의 운명에서 특히 현저한 실례를 볼 수 있다. 중생의 씻음을(딛 3:5) 받은 후에는 몸이 죽을 수 없다면, 죽음에 대한 이 싸움에서 승리나 영예를 얻을 수 없을 것이다. 이런 경우에는 처음부터 전혀 싸움이 없을 것이다. 그뿐 아니라 몸에서 떠나지 않기 위해서 어린이들과 함께 그리스도의 은혜로 세례를 받으려고 달려가지 않을 사람이 있겠는가? 그래서 행함으로써 즉시 상을 받게 된다면, 믿음은 보이지 않는 상을 위해서 시련을 받는 일이 없게 되며, 참으로 믿음이 아닐 것이다.

그러나 우리의 구주께서는 더욱 크고 더욱 놀라운 은혜로, 죄에 대한 벌을 개조

---

3) 이것은 412년에 발표한 *De Peccatorum Meritis et Remissione et De Baptismo Parvulorum Ad Marcellinum Libri Tres* 의 일부임.

4) 즉 세례.

5) *De Pecc. Mer. et Rem.*, 3, 31, 50; 34, 55; 롬 8:24; 히 11:1.

해서 의를 얻는 데에 이바지하도록 만드셨다. "네가 죄를 지으면 죽으리라"고 하시던 것이, 지금은 순교자에게 "너는 죄를 짓지 않기 위해서 죽으라"고 하신다. "계명을 어기면 너는 정녕코 죽으리라"(창 2:17) 하시던 것이 지금은 "네가 죽기를 거절하면 계명을 어기게 되리라"고 하신다. 전에는 죄를 방지하기 위해서 무서워하던 것을 지금은 죄를 피하기 위해서 환영하게 되었다.

이와 같이 하나님의 형언할 수 없는 자비로, 실패에 대한 벌이 그대로 덕성의 무기가 되며, 심지어 죄인이 받는 벌이 의인이 받는 상이 된다. 전에는 죄를 짓고 죽음을 받았는데, 지금은 죽음으로써 의를 실천하게 된다. 믿음을 버리거나 죽음을 당하라고 위협하는 박해자와 맞선 순교자들의 경우가 그러했다. 악했던 처음 사람들이 믿음이 없어서 당한 그 죽음을 의인들은 믿음을 위해서 도리어 선택한다. 처음 사람들은 죄를 짓지 않았더라면 죽지 않았을 것이지만 의인들은 죽지 않으면 죄가 될 것이다. 따라서 처음 사람들은 죄를 지었기 때문에 죽었는데, 의인들은 죽기 때문에 죄를 짓지 않는다. 처음 사람들은 죄를 짓고 벌을 불렀으나, 의인들은 벌을 받고 죄책을 피하게 된다. 이렇게 되는 것은 전에 악하던 죽음이 선한 것이 되었기 때문이 아니라, 하나님께서 지극히 위대한 은혜를 믿음에 주셔서, 생명의 반대로 인정되는 죽음이 사람들을 생명으로 넘어가게 하는 수단이 되게 하셨기 때문이다.

5. 악인들이 선한 율법을 악용하는 것처럼 선인들은 악한 죽음을 선용한다.

사도는 은혜가 돕지 않을 때에 죄가 어느 정도까지 해를 끼칠 수 있는가를 알리기 위해서, 죄를 금지하는 율법까지도 죄의 권능이 된다고 주장하기를 주저하지 않았다. "사망의 쏘는 것은 죄요 죄의 권능은 율법이다"(고전 15:56). 이것은 옳은 말씀이다. 의에 대한 사랑이 강해서 의를 기뻐하기 때문에 죄에 대한 욕망을 극복하게 되지 않는 곳에서는, 금지하는 일일수록 더욱 동경하게 되기 때문이다. 그리고 진정한 의에 대한 우리의 사랑과 기쁨을 확보하기 위해서는 하나님의 은혜 이외에 도움을 받을 곳이 없다.

그러나 율법을 죄의 권능이라고 부른다고 해서 율법을 악하다고 생각하지 않도록, 사도는 다른 곳에서 비슷한 문제를 생각할 때에 다음과 같이 말했다. "이로 보건대 율법도 거룩하며 계명도 거룩하며 의로우며 선하도다 그런즉 선한 것이 내게 사망이 되었느뇨 그럴 수 없느니라 오직 죄가 죄로 드러나기 위하여 선한 것으로 말미암아 나를 죽게 만들었으니 이는 계명으로 말미암아 죄로 심히 죄되게 하려 함이니라"(롬 7:12-13). "심히 죄되게 한다"고 사도가 말하는 것은 죄에 대한 욕망이 더하여 율법까지도 멸시할 때에 범행이 더욱 흉악하기 때문이다.

내가 무슨 까닭에 이 말을 여기서 할 필요를 느꼈는가? 율법은 죄인의 악한 욕망을 더하지만 악이 아니며, 이와 같이 죽음은 의인의 영광을 더하지만 선이 아니기 때문이다. 그러나 불의를 위해서 율법을 버리면 범법자가 생기고, 진리를 위해서 죽음을 당하면 순교자가 생긴다. 율법은 죄를 금지하므로 선이며, 죽음은 죄의 삯이기 때문에 악이다(롬 6:23). 그러나 악인들은 악한 것뿐 아니라 선한 것도 악용하는 것과 같이, 선인들은 선한 것뿐 아니라 악한 것도 선용한다. 그래서 율법은 좋은 것이지만 악인은 율법을 악용하며, 죽음은 악한 것이지만 선인은 선한 죽음을 죽는다.

6. 서로 결합되어 있는 영혼과 육체를 분리시키는 죽음은 대체로 악이다.

그러므로 몸이 죽는다는 것은, 곧 영혼과 몸을 분리시키는 것은, 당장 죽어가는 사람을 위해서는 선이 아니다. 살아있는 사람에게서 서로 긴밀히 결합되어 있는 두 가지 것을 떼어낸다는 것은 부자연한 느낌을 주며 신경에 거슬리는 일이다. 이것은 영혼과 몸이 하나가 되어 있기 때문이며, 이 느낌은 감각이 완전히 없어질 때까지 계속된다. 육신이 큰 타격을 받거나 영혼이 갑자기 졸도할 때에는 이런 고민이 짧게 끝나며 고통을 느끼지도 못한다.

죽어가는 사람의 감각 능력을 제거하며 슬픔을 느끼게 하는 것이 무엇이든 간에, 경건한 마음으로 견디는 사람에게는 인내의 미덕을 더하지만, 그렇더라도 '벌'이라는 말을 없애지 못한다, 이와 같이 처음 사람의 후손으로서 죽음은 모든 사람이 타고난 벌임을 의심할 수 없지만, 경건과 의를 위해서 죽는다면 그것은 사람이 재생할 때에 영광이 된다. 죽음은 죄에 대한 값일지라도, 죄에 대한 값을 치르지 않게 하는 데에 성공하는 때도 있다.

7. 세례를 받지 않고도 그리스도의 신앙을 고백하기 때문에 죽는 사람들에 대하여.

세례를 받지 않고도 그리스도를 인정하기 때문에 죽는 사람들은 거룩한 세례반(盤)에서 씻음을 받은 것과 똑같이 죄의 용서를 받는다. 물론 그리스도께서는 "사람이 물과 영으로 다시 나지 아니하면 하늘나라에 들어갈 수 없느니라"(요 3:5)고 말씀하셨지만, 다른 곳에서는 내가 말하는 것과 같은 사람들에 대해서 예외적으로 "누구든지 사람들 앞에서 나를 시인하면 나도 하늘에 계신 내 아버지 앞에서 저를 시인할 것이라"(마 10:32)고 일반적인 말씀을 하셨고, 다른 곳에서는 "누구든지 나를 위하여 제 목숨을 잃으면 찾으리라"(마 16:25)하셨다.

그러므로 "성도의 죽는 것을 주께서 귀중히 보시느니라"는 말씀이 성경에 있다(시 116:15). 참으로 모든 죄가 용서를 받게 하며, 더 많은 공로를 쌓아두기에 합당한 죽음보다 더 귀중한 것은 없다. 죽음을 미룰 수 없어서 세례를 받아[6] 모든 죄를 용서받고 이 세상을 떠난 사람들은, 죽음을 연기할 수 있으면서도 그렇게 하지 않고 그리스도를 부인하고 살아서 세례를 받는 것보다 그리스도를 시인하고 곧 죽는 편을 택한 사람들을 공로로써는 당할 수 없다. 이 사람들이 살아남았다고 하더라도, 세례식에서 그리스도를 부인한 죄까지 용서를 받았을 것이다. 그리스도를 죽인 자들도 세례를 받으면 그 흉악한 죄를 용서받았다. 그러나 만일 "임의로 부는"(요 3:8) 성령의 풍성한 은혜가 없었으면, 그들은 어떻게 그리스도를 그렇게까지 사랑해서 죽을 위험성이 있으며 용서받을 큰 소망이 있는데도 그리스도를 부인할 수 없게 되었겠는가?

그러므로 성도들의 경우에 죽음은 귀중한 것이다. 그들은 그리스도의 죽으심을 앞서간 모범으로 삼았다. 그 모범에서 큰 은혜가 흘러 나왔기 때문에, 그들은 그리스도를 얻기 위해서 스스로 죽음을 값으로 치르는 것을 주저하지 않았다. 그러므로 전에 죄에 대한 벌로 정해졌던 것이 선용되어, 의의 열매를 더욱 풍성하게 생산하는 수단이 되었다는 것을 그들의 죽음이 증명했다. 그렇더라도 그 때문에 죽음을 선이라고 생각할 수는 없다. 죽음이 유익한 것으로 변한 것은 그 자체의 공덕 때문이 아니라 하나님의 은혜 때문이다. 그래서 원래는 범죄를 방지하기 위한 무서운 위협으로써 죽음을 보여주었지만, 지금은 범죄를 방지하며, 지은 죄가 용서를 받으며, 위대한 승리에 마땅한 의의 상이 돌아가게 하기 위한 필요한 시련으로 우리 앞에 제시되는 것이다.

8. 진리를 위해서 첫째 사망을 당하는 성도들은 둘째 사망에서 해방된다.

참으로 더 자세히 생각해 보면, 사람이 진리를 위해서 충성을 지키면서 영광스럽게 죽을 때에, 그는 죽어도 죽음을 피하는 것이다. 그는 죽음의 일부분을 당하고 그 전체는 당하지 않으며, 끝이 없는 둘째 사망도 피한다. 영혼이 몸에서 분리되는 것을 인정하는 것은 하나님이 먼저 영혼에서 분리되시는 것을 방지하려는 것이다.

---

6) 아우구스티누스도 세례를 연기했노라고 한다: *Conf.*, 1, 11, 17-18; 5, 9, 16; 6, 13, 23; 9, 2, 4; 6, 14.

그렇지 않으면 사람 전체의 첫째 사망이 완전하게 되며, 영원한 둘째 사망이 따를 것이다.

그러므로 이미 말한 바와 같이,[7] 죽음은 죽어가는 사람이 겪고 있을 때와 그를 죽게 만들 때에, 아무에게도 선이 아니다. 그러나 어떤 선한 것을 보존하거나 얻기 위해서 견디면 영광이 된다. 그리고 이미 죽었다고 인정된 사람들이 죽은 상태에 있을 때에는, 죽음은 악인에게는 악이며 선인에게는 선이라고 하는 말에는 잘못이 없다. 몸에서 분리된 의인들의 영혼은 쉬고 있으며, 악인들의 영혼은 벌을 받고 있기 때문이다. 이런 상태는 계속해서 의인들의 몸이 부활하여 영원한 생명을 얻으며, 악인들의 몸이 부활하여 영원한 둘째 사망을 받게 될 때에 이른다.

9. 생명 감각이 없어지는 때 곧 죽는 때를 죽어가는 때라고 할 것인가 또는 죽은 때라고 할 것인가?

그러나 몸에서 분리된 영혼들이 선한 상태나 악한 상태에 있는 때를 우리는 사망 후라고 할 것인가 또는 사망 중이라고 할 것인가? 그것을 사망 후라고 한다면, 선하거나 악한 것은 지나가 버린 죽음이 아니라 죽음 뒤에 있는 영혼의 생활 상태이다. 그러나 그렇더라도 죽음은 그것이 현실로 있었을 때에는 악이었다. 바꿔 말하면, 사람들이 죽어가는 것을 경험했을 때에 그들에게 슬픔과 고통이 있었으므로, 죽음은 악한 것이었다. 이 악을 선인들은 선용한다. 그러나 일단 죽음이 완전히 끝나면 그것은 이미 없어졌는데, 어떻게 선하거나 악한 것이 될 수 있는가?

그뿐 아니라, 더 자세히 관찰한다면, 죽어가는 사람에게 슬픔과 고통스러운 감각이 있게 만드는 그 과정도 죽음이 아니라는 것이 분명하게 된다. 그들이 감각이 있는 동안은 확실히 살아있다. 아직 살아 있다면 죽음 속이 아니라 죽음 전이라고 해야 한다. 죽음이 가까워질 때 있던 고통스런 감각은 죽음이 오면 제거되기 때문이다. 그렇기 때문에 사망이 임박해서 이미 최후의 고통으로 신음하면서도 아직 죽지 않은 사람을 죽어간다고 형용하기가 어려운 것이다. 그러나 이미 임박한 죽음이 실지로 온 때에는 그들을 죽어간다고 하지 않고 죽었다고 하므로, (그 죽기 전에는) 죽어간다고 하는 것이 옳다. 따라서 살아 있는 사람만이 죽어갈 수 있다. 생명의 종점에 가까워져서 숨을 거두게 되었다고 하는 사람도 숨이 없어지지 않은 동안은 살아 있는 것이다. 그러므로 같은 사람이 살아 있기도 하고 죽어가기도 한다. 죽음에 가까워지는 동시에 생명에서 멀어지는 것이다. 그러나 아직 영혼이 몸 안에 있으므

---

7) 13권 6장.

로 그는 생명 안에 살아 있으며, 영혼이 아직 몸에서 떠나지 않았으므로 그는 죽음 안에 있는 것이 아니다. 그러나 영혼이 몸을 떠난 때에도 죽음 안에 있다고 하지 않고 죽음 후에 있다고("죽은 뒤")라고 한다. 그렇다면 그는 언제 죽음 안에 있다고 할 수 있겠는가? 참으로 아무도 동시에 죽어가기도 하고 살아 있기도 할 수 없다면, 대체로 죽어가는 사람도 없을 것이다. 영혼이 몸 안에 있는 동안은 그가 살아 있다는 것을 부정할 수 없기 때문이다. 그러나 죽음의 과정이 이미 시작된 사람에게 죽어간다고 말한다면, 또 아무도 동시에 살아 있기도 하고 죽기도 할 수 없다면, 그렇다면 대체로 사람은 언제 살아 있는 것인가?

10. 죽을 신세인 인간들의 생명은 생명이라기보다 죽음이라고 할 것인가?

참으로 죽을 신세인 이 몸 안에 사람이 존재하기 시작하는 그 순간부터 죽음이 접근해 오지 않는 시점은 없다. 사람이 이렇게 죽음을 향해서 전진하는 것은 금생의 순간순간에 그에게서 일어나는 변화의 결과다. 그래도 우리의 금생을 생명이라고 할 것인가? 1년 전보다 1년 후에 죽음에 더 접근하지 않는 사람이 없으며, 죽음은 오늘보다 내일, 어제보다 오늘, 지금보다 조금 후, 조금 전보다 지금 더 가깝다. 이렇게 된 까닭은 우리가 살아 있는 기간이 얼마든지 간에, 그것이 우리의 수명에서 감해지기 때문이다. 그래서 남은 세월은 날마다 점점 줄어들며, 우리의 금생은 죽음을 목표로 달음질하는 것에 불과하다. 잠깐도 쉬거나 조금도 속도를 늦출 수 없는 달음질이며, 모든 사람이 일제히 같은 방향과 같은 속도로 밀려가는 달음질이다. 이와 같이, 더 짧은 일생을 마치는 사람이 더 긴 일생을 사는 사람보다 하루라도 더 속히 지내보내는 것이 아니다. 두 사람의 생애에서 같은 수효의 순간들이 같은 속도로 제거되는 것이므로, 한 쪽 사람이 자기의 목표에 더 가깝고 다른 사람은 더 먼 것이다. 먼 길을 걷는 것과 느린 속도로 걷는 것과는 문제가 다르다. 죽기까지 오랜 세월을 보내는 사람은 전진 속도가 느린 것이 아니라, 걷는 거리가 먼 것이다.

그뿐 아니라, 죽음의 과정이 사람 안에서 시작될 때부터 죽기 시작하는 것 곧 죽음 안에 있는 것이라면, 확실히 사람은 이 몸 안에 생존하기 시작한 때부터 죽음 안에 있는 것이다. 생명이 줄어드는 것이 죽음이기 때문이다. 줄어들어서 생명이 없어진 때에는, 사람은 죽음 후에 있는 것이며, 죽음 안에 있다고 할 수 없다. 참으로 생명이 모조리 소비되고 죽음이 완전하게 되며, 생명이 줄어들어가던 죽음 안의 기간이 다음에 오는 죽음 후의 기간으로 넘어가기까지, 그 동안에 날마다, 시간마다, 순간마다 있는 것은 죽음뿐이 아니고 무엇인가? 따라서 사람이 동시에 생명과 죽음 안에 있을 수 없다면, 그는 살았다기보다 죽어가는 이 몸 안에 있기 시작할 때부터 생명 안에 있는 때가 전혀 없는 것이다.

그러나 사람은 동시에 생명 안에 있으며 또 죽음 안에 있다고 할 수 있을 것이다. 바꿔 말하면, 생명이 전적으로 소모되기까지 생명 안에 있으며, 동시에 그는 생명이 소모되기 시작하는 순간부터 죽어가므로 죽음 안에 있다고 할 수 있을 것이다. 그가 살아 있지 않다면 완전히 없어질 때까지 소모되는 것은 무엇인가? 그러나 반대로, 그가 죽음 안에 있지 않다면, 생명이 소모된다는 것의 본질은 무엇인가? 몸에서 생명이 완전히 소모된 때를 죽음 후라고 말하는 것은 옳다. 생명이 소모되는 것이 죽음이었기 때문이다. 생명이 모조리 소모된 때에 그 사람의 상태가 죽음 안이 아니라 죽음 후라면, 그가 죽음 안인 것은 생명이 소모되어가는 때가 아니고 언제겠는가?

11. 동시에 살아 있으며 또 죽을 수 있는가?

그러나 사람이 죽음에 도달하기 전에 이미 죽음 안에 있다고 하는 것은 아마 어리석은 말일 것이다. 만일 그가 이미 죽음 안에 있다면, 그는 살아 있는 순간에 무엇을 향해서 접근해 가는 것인가? 이런 말이 어리석게 여겨질 것은 사람이 동시에 살아 있으며 또 죽었다고 하는 것이, 사람이 동시에 잠이 들었으며 또 깨어 있다고 하는 것과 같이 변태적이기 때문이다. 그러므로 우리는 언제 그는 죽어가는 사람이냐고 물어야 한다. 죽음이 오기 전에는 그는 죽는 중이 아니라 살아 있다. 그러나 죽음이 온 때에는 그는 죽는 중이 아니라 죽었다. 그래서 죽음이 오기 전은 아직 죽음 전이며 죽음이 온 때는 죽음 후이다.

그러면 그는 언제 죽음 안에 있으며, 죽어간다고 할 수 있겠는가? 죽음 전과 죽음 안과 죽음 후라는 세 가지 때가 있다. 이것은 각각 살아 있는 때와 죽어가는 때와 죽은 상태에 해당한다. 그러므로 언제 죽어가는가 곧 죽음 안에 있는가 하는 것을 확정하기는 대단히 어렵다. 그 때에는 살아 있지 않는 것이며, 죽음 전이 아니고 또한 죽은 것, 죽음 후도 아니며, 죽어가는 때, 곧 죽음 안에 있기 때문이다. 영혼이 몸 안에 있을 때, 특히 감각이 있을 때에는, 영혼과 몸을 가진 사람은 물론 살아 있으며, 따라서 그는 아직 죽음 안이 아니라 죽음 전이라고 해야 한다. 그러나 영혼이 몸을 떠나고 감각도 전부 제거된 때에는 그는 죽음을 지났고, 죽었다고 한다. 그러므로 이 두 상태 사이의 중간이 곧 죽어가는 때, 또는 죽음이 진행중인 기간은 사라져 버린다. 아직 살아 있다면 그는 죽음 전이요, 살지 않게 되었다면 이미 죽음 후에 있기 때문이다. 따라서 죽어가는 때, 죽음 안이라고 생각되는 때가 없다. 그와 마찬가지로, 지나가는 시간 중에서 우리는 현재라는 순간을 찾아도 얻을 수 없다. 현재가[8] 차지하는 깊이가 전혀 없고, 미래에서 과거를 옮아갈 뿐이기 때문이다.

그러므로 우리는 이런 추리 방법에 따라 신체의 죽음은 없다고 말하지 않도록 조심해야 한다. 죽음이란 것이 있다면 그것은 언제인가? 죽음은 어떤 것 안에도 있을 수 없으며, 아무도 죽음 안에 있을 수 없다. 아직 생명이 있으면 아직 죽음이 없다. 생명은 죽음 전의 상태요 죽음 안의 상태가 아니다. 반대로, 생명이 끝났다면 그때에는 죽음은 이미 없다. 이 때의 상태는 죽음 안이 아니라 죽음 후이기 때문이다. 그러나 또 어떤 것의 앞에나 뒤에 죽음이 없다고 한다면, 죽음 전이니 죽음 후니 하는 말은 무슨 뜻인가? 죽음이 없다면 이 두 가지 표현도 무의미하기 때문이다. 우리가 낙원에서 선한 생활을 해서 죽음이 없이 살 수 있었다면, 얼마나 좋았을까? 그러나 현실에는 죽음이 있을 뿐 아니라, 큰 어려움을 일으키기 때문에, 설명할 말도 없고 피할 재주도 없다.

그러므로 당연한 일이지만, 우리는 상식적인 표현으로 죽음이 있기 전을 죽음 전이라고 부르기로 하자. 성경에서도 "사람이 죽기 전에는 칭찬하지 말라"고 한다(집회서 11:28).[9] 또 죽음이 있은 후에는 "누가 죽은 후에" 이러이러한 일이 있었다고 하자. 우리와 같은 시대에 대해서도 될 수 있는 대로, 예컨대 "그는 운명할 때에 유언을 했다," "운명할 때에 누구 누구에게 이러이러한 유산을 주었다"고 하는 식으로 말하자. 그러나 역시 그가 살아 있을 때가 아니면 이런 일을 전혀 할 수 없었을 것이며, 참으로 그는 죽음 안이 아니라 죽음 전에 그렇게 한 것이다. 우리는 성경에서 쓰는 말을 쓰자. 성경은 죽은 사람들에 대해서 죽은 후라고 하지 않고 죽음 안이라고 하는 것을 주저하지 않는다. 그래서 "사망 중에서는 주를 기억함이 없사오니"라고 한다(시 6:5). 그들이 부활하기까지는 사망 중에 있다고 하는 것이 옳으며, 깨어나기 전에는 수면 중이라고 하는 것과 같다. 그렇더라도 수면 중인 사람을 자고 있다고 하는 것처럼, 이미 죽은 사람을 죽는 중이라고 할 수는 없다. 몸을 이미 떠난 사람들은 아직도 죽어가는 것이 아니다. 물론 이런 말은 신체의 사망에 대해서 하는 것이며, 우리는 지금 이것을 화제로 삼는 것이다.

그러나 이것이 바로 내가 말을 단정할 수 없다고 말한 그것이다. 어떻게 죽어가는 사람들을 살았다고 하거나, 이미 죽은 사람들을 죽은 후 까지도 여전히 죽음 안에 있다고 할 수 있는가? 아직 죽음 안이라면 어떻게 죽음 후라고 생각할 수 있는

---

8) 현재라는 개념에 대해서는:*Conf.*, 11, 15, 18-20.

9) 이 이야기는 고대문서에 자주 나온다:Hdt., 1, 32, 7; Soph., *Oed. Tyr*의 끝줄; Juv.10, 274 f; Arist., *Eth. Nic.*, 1, 10, 11.

가? 특히 우리는 그런 때에 그들을 죽어간다고도 하지 않는다. 수면 중인 사람은 자고 있다고 하며, 피곤한 중에 있는 사람은 피로하다고 하며, 고통 중에 있는 사람은 고통을 받고 있다고 하며, 생활하는 사람은 살아 있다고 하는 것과 다르다. 그러나 죽은 사람은 부활하기까지 사망 중에 있다고 해야 하며, 죽고 있다고 할 수 없다.

그렇기 때문에, 사람의 의도가 아니라 아마 하나님의 섭리에 의해서, 라틴어의 문법학자들이 "그는 죽는다"(moritur)라는 말을 다른 비슷한 말들과 같이 변화시킬 수 없었던 것은, 부적당하거나 부조리한 일이 아니라고 나는 생각한다. "그는 일어난다"("oritur")에서 "그는 일어났다"("ortus est")라는 과거형이 생기듯이, 비슷한 동사들은 모두 완료분사를 쓴다. 그런데 모리투르(moritur)라는 동사의 과거형을 알아보면 모르투스(morituus)로서 "u"자가 겹친다. mortuus는 fatuus(미련한), arduus(가파른, 험한), conspicuus(보이는) 등등과 같이, 과거의 뜻이 없다는 형용사로서 시제 구별이 없이 변화하는 말들과 같이 사용된다. 그뿐 아니라, mortuus라는 형용사는 시제가 있을 수 없는 데서 시제를 만들어내듯이, 과거분사 대신으로도 사용된다. 그 결과로 이 동사가 표시하는 행동이(죽음이) 실생활에서 회피될 수 없는 것과 같이, 이 동사는 언어 사용에서 변화할 수 없다.[10)]

그러나 우리는 구주의 은혜로 도움을 받아, 적어도 둘째 사망을 피할 수 있을 것이다. 영혼과 신체가 분리되는 사망이 아니라, 영원한 벌을 받기 위해서 둘이 결합되는 사망은 모든 악 가운데서 가장 나쁜 악이기 때문이다. 거기서는 죽음 전이나 죽음 후의 상태에 있을 것이 아니라, 항상 죽음 안에 있을 것이며, 따라서 결코 살아 있거나 죽어버리는 것이 아니라 끝까지 죽어가고 있을 것이다. 참으로 죽음 안에 있는 사람은 죽음 자체가 죽지 않을 때보다 더 불행할 수 없다.

12. 하나님의 계명을 어기면 죽으리라고 하나님이 처음 사람들에게 경고하신 것은 어떤 죽음이었는가?

하나님으로부터 받은 계명을 지키지 않으며 순종을 유지하지 않으면 죽으리라고 하나님이 처음 사람들에게 위협하신 것은 어떤 죽음이었느냐고 묻는다면, 곧 영혼의 죽음이었는가, 몸의 죽음이었는가, 사람 전체의 죽음이었는가, 둘째 사망이라고 하는 것이었는가라고 묻는다면, 우리는 그 모든 것이라고 대답해야 한다. 첫째 사망은 두 가지 죽음, 곧 모든 죽음을 포함한 전적 죽음이기 때문이다. 지구 전체에 여러

---

10) 동사가 변화하다와 무엇을 회피하다는 라틴어로 declinare라고 하기 때문에 하는 말임.

나라들이 포함되며, 교회 전체에 여러 교회들이 포함되는 것과 같이, 죽음 전체에는 모든 죽음이 포함된다.

그 이유는 다음과 같다. 첫째 사망에는 영혼의 죽음과 신체의 죽음이 포함되어, 사람 전체의 죽음을 의미한다. 하나님과 신체를 잃은 영혼이 얼마 동안 벌을 받는 죽음이다. 그러나 둘째 사망은 영혼이 하나님을 떠나서 몸과 함께 영원한 벌을 받는 때에 있다. 따라서 낙원에 두신 처음 사람에게 금지된 식물에 대해서 하나님이 "네가 먹는 날에는 정녕 죽으리라"고(창 2:17) 하셨을 때에, 그 위협에는 첫째 사망의 처음 부분, 영혼이 하나님을 빼앗기는 그 죽음뿐 아니라, 몸이 영혼을 빼앗기는 두 번째 부분도 포함되었으며, 또 하나님과 몸에서 분리된 영혼이 벌을 받는 그 첫째 사망 전체뿐 아니라, 맨 마지막 죽음, 곧 둘째 사망이라고 하는 것까지 포함된다.

13. 처음 사람들이 죄를 짓고 당한 첫번째 벌은 어떤 것이었는가?

처음 사람들이 하나님의 명령에 복종하지 않고 하나님의 은혜가 그들에게서 떠났을 때에 그들은 즉시 자기 몸이 벌거벗은 것을 부끄러워했다. 당황한 그들이 우선 잡은 것이 무화과 나뭇잎이었든지, 그들은 그것으로 부끄러운 곳을 가렸다(창 3:7-10). 이 지체들은 전과 같았고, 전에는 지금 같이 부끄럽지 않았던 것이다. 이와 같이 그들의 육신이 복종하지 않게 되어, 전에 없었던 움직임을 보였을 때에, 그것이 하나님께 대한 그들 자신의 불순종에 대해서 이를테면 보복이며 벌이 된 것이다.

참으로 영혼은 이제 자기가 악을 행할 수 있는 그 자유를 기뻐하며 하나님을 섬기는 것을 멸시하기 때문에, 몸이 전과 같이 순종하지 않게 되었다. 자기가 위에 계신 주인을 일부러 떠났으므로, 자기 밑에 있는 종이 자기의 뜻에 순종하지 않게 되었다. 영혼이 하나님께 계속 순종했다면, 육신도 모든 점에서 영혼에게 계속 순종했을 것이나, 이제는 그것이 불가능하게 되었다. 그래서 "육체의 소욕이 성령을 거스르기" 시작한 것이다(갈 5:17). 이것은 우리가 타고난 갈등이다. 저 처음 범행이 원인이 되어 우리 속에 죽음의 씨가 생겼으며, 우리는 우리의 지체와 병든 존재에서 육신의 반항과 심지어 그 승리를 짊어지고 간다.

14. 하나님이 창조하신 사람은 어떠했으며, 사람은 자기의 의지를 행사함으로써 어떤 상태에 빠졌는가?

하나님은 모든 자연적 존재를 창조하시되, 그 결함을 창조하신 것은 아니므로, 사람도 똑바르게 지으셨다. 그러나 사람이 자진해서 부패하고 정죄된 후손을 낳았다. 처음 남자가 죄를 짓기 전에 그의 옆구리 뼈로 만드신 여자를 통해서 남자가 죄를 지었을 때에, 우리는 모두 그 사람이었고 그의 안에 있었다. 우리는 아직 각 개인이 창조되었거나 쓰고 살 몸을 받은 것이 아니었지만, 우리를 낳을 근본적 본질은 이미 그의 안에 있었다. 이 본질이 죄로 말미암아 낮아지며 공정한 정죄를 받아 사망의 족쇄로 매인 후로는, 아무도 그와 다른 상태로 날 수 없었다. 이와 같이 자유의지가 악용되었기 때문에 우리의 재난이 연쇄적으로 계속하게 되었고, 인류는 마치 썩은 뿌리에서 출발한 듯이 그 처음 타락으로부터 끊임없이 계속된 불행 속을 인도되어 왔다. 이 길은 결국 끝없는 둘째 사망으로까지 가고야 말 것이다. 다만 하나님의 은혜로 해방을 받은 자들은 이 운명을 면한다.

15. 아담은 죄를 지으려 했을 때에, 하나님이 그를 버리시기 전에 그가 먼저 하나님을 버렸으며, 하나님을 버린 것이 그의 영혼의 첫째 사망이 되었다.

그런데 "네가 죽음을 죽으리라"고(창 2:17)[11] 하셨으며 "죽음들을" 죽으리라고 하시지 않았다. 그러면 여기서는 영혼이 그 생명인 하나님에게서 버림을 받을 때에 생기는 죽음만을 말씀하신 것으로 해석하자. 하나님이 먼저 영혼을 버리시고 다음에 영혼이 하나님을 버린 것이 아니라, 영혼이 먼저 하나님을 버리고 그 다음에 하나님에게서 버림을 당한 것이다. 영혼의 의지가 우선 자기에게 해로운 일을 했다. 그러나 영혼을 창조하신 분의 의지는 우선 영혼에게 유리한 일을 하셨다. 아직 없는 영혼을 창조하시며, 타락해서 멸망한 영혼을 개조하셨다. 따라서 "먹는 날에는 네가 죽음을 죽으리라"고 하신 말씀은 마치 "네가 불순종으로 나를 버리는 날에는 내가 공의로 너를 버리겠다"고 말씀하신 것과 같이, 이 죽음을 예고하신 것으로 해석되지만, 하나님은 이 죽음을 말씀하심으로써 거기에 반드시 따를 저 다른 죽음들도 경고하신 것이 확실하다.

복종하지 않는 영혼의 육신에 복종하지 않는 움직임이 나타나서 우리의 처음 조상들이 부끄러운 지체들을 가렸을 때에, 그들은 한 가지 죽음, 영혼이 하나님에게서 버림을 당하는 죽음을 경험했다. 두렵고 당황해서 숨어버린 아담에게 하나님이 "아담아 네가 어디 있느냐"(창 3:9) 하신 말씀에는 이 죽음이 암시되었다. 물론 하나님이 몰라서 물으신 것이 아니라 책망하신 것이며, 하나님이 그의 안에 계시지 않게 된

11) 창 2:17의 "네가 정녕 죽으리라"를 직역하면 "네가 죽음을 죽으리라"임.

지금 그에게 어디에 있는가를 생각하라고 경고하신 것이다.

그러나 긴 세월이 지나고 노년이 되어, 썩고 지친 몸을 드디어 영혼이 버렸을 때에, 사람은 또 다른 죽음을 경험했다. 하나님이 그의 죄를 벌하셨을 때에, 이 죽음에 대해서도 "너는 흙이니 흙으로 돌아갈 것이니라"(창 3:19)고 말씀하셨다. 이와 같이 이 두 가지 죽음이 저 첫째 사망으로 인간 전체의 죽음이 되었다. 은혜로 해방을 받지 않은 사람에게서는 결국 둘째 사망이 따르게 된다. 흙으로 된 몸은 스스로 죽지 않으면, 곧 그 자체의 생명인 영혼에게 버림을 받지 않으면 흙으로 돌아가지 않을 것이다. 그러므로 참으로 정통 신앙[12]을 지닌 그리스도교인들은 몸이 죽는 것도 자연법칙의 명령이 아니라고 믿는다. 하나님은 사람에게 죽음이 있을 본성을 창조하시지 않았기 때문이다. 죽음은 죄에 대한 보복으로 가해지는 것이다. 우리 모두가 아담 안에 있었을 때에 하나님이 그에게 "너는 흙이니 흙으로 돌아갈 것이니라"고 하신 말씀은 죄에 대해서 벌을 주신 것이다.

16. 영육의 분리는 벌이 아니라고 철학자들은 생각하지만, 플라톤은 최고 신이 낮은 신들에게 그들이 몸을 빼앗기지 않으리라는 것을 약속했다고 한다.

우리는 철학자들의 중상에 대항해서 이와 같이 하나님의 도성, 곧 교회를 변호하는 것이지만, 그들은 영혼과 육체의 분리를 벌이라고 하는 우리 주장도 냉소하면서 스스로 지혜롭다고 믿는다. 영혼이 몸을 완전히 벗어버리고 단순한, 이를테면 벌거숭이로 홀로 하나님께로 돌아가는 순간에 가장 충만한 행복을 얻는다고 그들은 주장한다.

나는 이 믿음을 반박할 재료를 그들의 저술에서 발견하지 못했더라면, 몸이 영혼의 짐이 되는 것은 단순히 몸이기 때문이 아니라 부패한 몸이기 때문이라는 것을 증명하는 일이 더 어려울 뻔했다. 내가 앞의 책에서도[13] 인용한 성경 말씀, "썩을 몸이 영혼의 무거운 짐이 된다"는 말씀(지혜서 9:15)의 배후에는 이러한 뜻이 담겨 있다. 이 현인(賢人)은 "썩을"이라는 말을 첨가함으로써 모든 몸이 다 영혼을 내려누르는 것이 아니라, 죄를 짓고 벌을 받게 된 몸이 짐이 된다고 한다. 이 말을 첨가하지 않았다면, 우리는 다른 뜻으로 해석할 수 있었을 것이다.

그러나 플라톤은 아주 분명한 말로 최고 신이 창조한 신들에게 영생불사하는 몸

---

12) 마니교의 이단과 다른 신앙.
13) 12권 16장.

이 있다고 언명하며, 최고 신이 그들에게 큰 은혜를 약속했다고 한다. 신들은 영원히 그 몸과 결합되어 있어서 죽음 때문에 분리되는 일이 결코 없으리라고 했다는 것이다. 그러면 이 모든 사실을 볼 때에, 그리스도교 신앙을 괴롭히려는 저 철학자들이 자기들이 잘 알고 있는 것을 모르는 체하며, 끊임없이 우리에게 반대하기 위해서 자신들과 모순되는 짓이나 말을 하는 것은 무슨 까닭인가?

플라톤 자신의 말을[14] 키케로가 라틴어로 번역한 것을 인용하겠다. 그는 최고신이 신들을 향해서 다음과 같이 말했다고 한다: "신들의 계통에서 난 그대들은 잘 들으라. 어버이와 창시자가 된 존재들은 내 뜻을 어기면서 해체되지는 않을 것이다. 결합된 것은 모두 해체될 수 있지만, 이성에 의해서 결합된 것을 풀려고 하는 것은 좋지 않다. 너희는 생겨났으므로 영원불사하거나 멸망할 수 없는 것이 아니다. 그러나 너희는 결코 멸망되지 않으며, 필연적인 죽음이 너희를 말살하거나 나의 목적보다 더 강력하지 못할 것이다. 너희가 생겨났을 때에 너희를 결합한 그 유대보다, 너희를 계속 존재하게 하려는 나의 의지가 더 강하다."[15] 이와 같이 플라톤은 두 가지 점을 말한다. 신들은 영혼과 신체[16]가 결합되어 있기 때문에 죽을 신세이며 그러나 그들을 만든 하나님의 뜻과 목적이 있기 때문에 영원불멸한다는 것이다.

그러면 영혼이 몸과 — 어떤 종류의 몸이든 간에 — 결합되어 있는 것이 영혼에 대한 벌이라면, 무슨 까닭에 하나님은 마치 신들이 죽음, 곧 몸에서 분리되는 것을 두려워하는 듯이, 영생불사하리라고 약속해서 안심시키려고 하는 것인가? 그뿐 아니라, 이 약속의 근거는 단순하지 않고 복합체인 그들의 본성이 아니라 하나님 자신의 불가항력의 의지인 것이다. 하나님은 그 의지로 시초가 있는 것들이 소멸되지 않게 하며, 퇴화하지 않고 영원히 보존되도록 하시는 권능이 있다는 것이다.

그러나 별들에 대해서 한 플라톤의 이 말들이[17] 옳으냐 하는 것은 문제가 다르다. 낮이나 밤에 하늘에서 물질적인 빛을 발하는 저 발광체 또는 발광구체(球體)들에 자체의 영혼이 있어서 그것에서 생명력과 이해력과 행복을 얻는다고 인정해야 한다는 결론은 따르지 않기 때문이다. 플라톤은 우주 전체에 대해서 이 말을 역설한다. 우주는 가장 큰 생물체며, 모든 다른 생물들을 내포한다고 한다.[18] 그러나 이미 말한 바와 같이, 이것은 별개의 문제이며 지금은 논하지 않기로 했다.

---

14) Plat., *Tim.*, 41 A-B.
15) Cic., *Tim.*, 11, 40.
16) 플라톤은 신들의 신체에 대해서 명백한 말을 하지 않았다.
17) Plat., *Tim.*, 141 D- 42 A.
18) Plat., *Tim.*, 30 C-D; 92 C.

나는, 플라톤 파인 것을 또는 그 이름을 자랑하며 그래서 그리스도교인이 되기를 부끄러워하는 사람들을 상대로 이 정도만 거론하는 것이 좋겠다고 생각했다. 일만 군중과 한 이름을 공유하면 그리스식 겉옷을[19] 입은 그들의 위신이 — 소수기 때문에 있는 위신 — 떨어질까 해서 그들은 그 수효에 반비례해서 더욱더 부풀어 오른다. 그래서 그리스도교의 교리에서 어떤 흠을 찾으려고, 그들은 몸의 영원불멸을 매도한다. 영혼의 행복을 구하면서 동시에 영혼이 영원히 몸 안에 있기를 원하는 우리에게 어떤 모순이 있으며, 영육의 결합이 반드시 비참한 사슬인 듯이 말한다. 그러나 신들을 만든 최고신이 그들에게 죽지 않으리라는 은혜를 주었다. 다시 말하면, 그 자신이 그들과 결합해 준 그 몸에서 결코 분리되지 않는 은혜를 허락했다고 말한 사람은 그들의 선생이며 그들의 학파를 건설한 플라톤이다.

17. 지상적인 몸은 영원불멸하게 만들 수 없다고 주장하는 사람들에 반대한다.

이 철학자들은 또 지상적인 몸들은 영원할 수 없다고 논한다. 그러나 그들은 지구 전체가 그들의 신의 중심적인 그리고 영원한 지체라는 것을 의심하지 않는다. 여기서 그들의 신이라고 하는 것은 최고신이 아니라, 이 우주 전체를 그들은 한 위대한 신이라고 믿는다.[20] 그러므로 그들이 신이라고 생각하는 이 우주를 최고신이 창조해서, 자기 아래 있는 신들보다 상위에 두었다. 그뿐 아니라 이 신은 살아 있으며 영혼을 가졌다고 그들은 생각한다.

그 영혼은 이성적 또는 지성적이며, 그 방대한 몸 안에 갇혀 있다고 한다.[21] 또 최고신은 네 원소를 그 몸의 물질적 지체와 같이 확정해서 각기 적당한 곳에 배치했다고 한다. 그리고 그들의 이 위대한 신이 결코 죽지 않도록 하기 위해서 이 원소들의 결합은 해체할 수 없었으며 영원하다고 한다.[22] 이 모든 주장을 인정하며, 저 크고 살아 있는 존재의 몸에서 이를테면 중심적 지체인 지구가 영원하다고 한다면, 지구에 속한 다른 살아 있는 존재들의 몸이 영원할 수 없다는 이유는 무엇인가? 만일 하나님이 저 일과 같이 이 일도 원하신다면, 이 일이 안된다는 이유는 무엇인가?

그들은 생물들의 지상적인 몸은 흙으로 된 것이며, 흙은 흙으로 돌아가야 한다

19) 철학자들은 헬라식 겉옷을 입는 관습이 있었다.
20) Plat., *Tim.*, 34 A-B.
21. Plat., *Tim.*, 30 B.
22) Plat., *Tim.*, 32 A-C.

고 주장한다. 그래서 그 몸들은 그 근원인 지구로 — 꾸준하고 영원한 지구로 — 돌아가기 위해서 분해되며 소멸되어야 하는 것이라고 한다. 그러나 불에 대해서 비슷한 주장을 하는 사람이 있다고 하자. 천상적 존재들을 창조하기 위해서 저 우주적인 불에서 취한 몸들은 다시 그 불로 돌려 보내야 한다고 그가 주장한다고 가정하자. 그러면 플라톤이[23] 말한 최고신의 입으로 이런 신들에게 약속한 영생불사는 이 난폭한 논법으로 취소되는 것이 아닌가? 최고신의 의사를 꺾을 힘은 없다고 플라톤이 말하며, 그 최고신이 원하지 않기 때문에 철회될 수 없다는 것인가? 그렇다면 지상적인 몸에 대해서도 같은 일을 할 권능이 하나님에게 없게 만드는 것은 무엇인가? 특히 플라톤은 시작이 있는 것은 소멸되지 않게 할 권능이 하나님에게 있다고 인정하지 않는가? 또 결합된 것이 해체되거나, 원소로 만든 것이 원소로 돌아가거나, 몸 안에 정주하게 된 영혼이 몸을 버리지 않게 할 뿐 아니라, 영혼이 몸과 함께 영생불사와 영원한 행복을 즐기게 할 권능이 하나님께 있다고 인정하지 않는가?[24]

그렇다면 무엇 때문에 지상적인 것들이 소멸되지 않도록 할 권능이 하나님께 없겠는가? 하나님의 권능은 그리스도교인들이 믿고 있는 것보다 위대하지 못하고, 플라톤파가 주장하는 정도밖에 되지 않는다는 말인가? 하나님의 목적과 권능에 대해서 저 철학자들은 알았고 예언자들은 몰랐다는 것인가? 사실은 정반대였다. 하나님의 성령의 가르침을 받아 하나님께서 적당하게 보신 정도까지 그의 뜻을 계시한 것은 예언자들이었고, 철학자들은 하나님의 뜻을 발견하려고 했을 때에 인간적인 억측 때문에 오도되었다.

그러나 아무리 무지하고 완고하더라도 이 철학자들 같이 명백한 자기 모순에 빠지는 과오는 범할 필요가 없었다. 그들은 한 편으로, 행복하려는 영혼은 지상적인 몸뿐 아니라 모든 종류의 몸과 접촉이 없어야 한다고 강력하게 주장하면서, 또 한 편으로는 신들의 영혼은 지극히 행복하지만, 영원한 몸과 결합되어 있다고 한다. 즉 천상적인 영혼들은 불로 된 몸과 결합되어 있다고 한다.[25] 그리고 그들이 우주와 동일시하는 유피테르 자신의 영혼은 물질적 원소들의 전체 속에 — 천지를 포괄한 전체 구조 속에 — 완전히 내포되어 있다고 한다.[26]

유피테르에 대한 플라톤의 생각을 보면, 그의 영혼은 지구의 가장 깊은 핵심부,

23) *Tim.*, 41 A-B.
24) *Tim.*, 32 C-33 D.
25) Plat., *Tim.*, 40 A.
26) Plat., *Tim.*, 34 A-B.
27. *Tim.*, 35 B-36 B.

기하학자들이 말하는 중심으로부터 지구의 모든 부분을 통해서 하늘의 가장 멀고 가장 높은 곳까지 음악적 비례로 확산되어 있다.[27] 이와 같이, 이 우주는 한 영원한 생물이며, 가장 크고 가장 행복한 생물이다. 그 영혼에 지혜의 완전한 행복이 있으며, 자체의 몸도 버리지 않기 때문이다. 그리고 그 몸은 영혼이 영원히 살리며, 단순한 것이 아니라 많고 큰 몸들로 구성되어 있으면서도, 영혼을 굼뜨거나 게으르게 만들 힘은 없다고 한다.

그러므로 이 철학자들은 마음대로 이렇게 많은 사변을 하면서, 무슨 까닭에 하나님의 뜻과 권능이 지상적인 몸들도 영생을 얻게 만들 수 있으며, 영혼들도 죽음 때문에 몸에서 분리되거나 몸의 무게 때문에 압박을 받는 일이 없이, 그 몸 안에서 영원히 행복하게 살게 만들 수 있다는 것을 믿지 않겠다고 하는가? 그들은 그들의 신들이 불로 된 몸 안에서 행복하게 살 수 있다고 하며, 신들의 왕인 유피테르도 물질적 원소들의 전체 속에서 이렇게 산다고 주장한다. 만일 영혼이 행복하기 위해서 모든 종류의 몸을 피해야 된다고 한다면, 그들의 신들부터 그 몸인 별들에서 도망하며, 유피테르도 하늘과 땅에서 도망하게 하라. 그렇게 할 수 없다면, 신들은 불행하다고 단정하라. 그러나 이 철학자들은 어느 쪽도 인정하지 않는다. 신들이 몸에서 분리된다고 감히 말하지 못하는 것은 죽을 신세에 불과한 신들을 믿는 것이 되겠기 때문이며, 신들에게 행복이 없다고 한다면, 자기들의 입으로 신들이 불행하다고 인정하는 것이 때문이다. 따라서 행복을 얻기 위해서는 모든 몸을 피할 필요까지는 없고, 썩고 거추장스러운 것, 짐이 되고 죽고야 말 것만을 피해야 한다. 다시 말하자면, 하나님이 큰 은혜로 처음 사람들에게 만들어 주신 것과 같은 몸이[28] 아니라, 죄에 대한 벌이 그들에게 강요한 것과 같은 몸을 피해야 한다.

18. 지상적인 신체는 자연적 무게 때문에 지상으로 끌리므로, 천상에 있을 수 없다고 하는 철학 사상에 대하여.

이 철학자들의 말에 의하면, 지상적인 몸은 필연적으로는 그 자연적 무게 때문에 지상에 억류되어 있거나, 지상으로 끌리며, 따라서 하늘에 있을 수 없다고 한다.[29] 저 처음 인간들이 지상에서 살았던 곳에는 나무와 과실이 풍부했으며, 그곳을 낙원이라고 불렀던 것이 사실이다. 그러나 그리스도께서 입고 승천하신 몸이나 성도가 부활시에 입을 몸을 설명하려면, 우리는 이 이론에 대한 대답을 찾아야 하겠다.

---

28) 12권 22장, 13권 1장과 3장.
29) 22권 11장에서 재론함.

그러므로 그들은 그들 자신의 이 지상적 무게라는 문제를 더 자세히 고찰해야 한다.

철은 물 위에 놓으면 곧 가라앉는 법인데, 인간의 기술로 철선을 만들어 물에 띄우는 것을 우리는 알고 있다. 그렇다면 하나님의 기술은 얼마나 더 믿을 만하며 더 신비롭게 역사하겠는가? 하나님의 전능하신 의지는 시작이 있는 것들이 소멸되지 않으며, 결합된 것들이 해체되지 않도록 한다고 플라톤은 주장한다.[30] 그뿐 아니라, 어떤 물체와 물체가 결합되는 것보다 비물질적인 존재들은 물질적인 것들과 더욱 놀랍게 결합된다. 그렇다면 하나님은 확실히 지상적인 물체들이 무게 때문에 아주 낮은 곳으로 끌리는 것을 막을 뿐 아니라 영혼들이 몸과 함께 — 비록 지상적인 것이지만, 썩지 않은 몸과 함께 — 가장 행복하게 살 수 있으며, 또 어디든지 원하는 곳에 몸을 두거나 움직일 수 있게 만들 수 있다.

또 천사들이 이렇게 할 수 있으며, 어디서든지 원하는 곳에서 동물들을 집어다가 원하는 곳에 내려 놓을 수 있다면,[31] 그들이 이렇게 할 때에 그 들고 다니는 것의 무게를 느낀다고 믿을 것인가? 그렇지 않다면, 성도들의 영이 하나님의 섭리로 완전하고 행복하게 된 때에, 그 몸을 쉽게 어디든지 원하는 곳으로 옮길 수 있다는 것을 믿지 못할 이유는 무엇인가? 우리가 어떤 물체를 들고 다닐 때에 그 무게는 질량에 비례하며, 질량이 적은 것보다 많은 것이 더 무거운 것이 보통이라는 것을 인정하더라도, 육신의 기관들은, 건강하고 힘찰 때에는 쇠약하고 위축될 때보다 영혼에게는 가볍게 느껴진다.

건강하고 튼튼한 사람은 여위고 허약한 사람에 비해서 다른 사람들에게는 더 무겁게 느껴지지만 건강한 사람 자신은 앓거나 먹지 못해서 허약한 때보다, 건강하고 체중이 알맞을 때에 더 쉽고 민첩하게 몸을 움직일 수 있다. 이와 같이 우리가 지상적인 몸을 쓰고 있을 때에도, 그 몸은 썩으며 죽을 것이지만, 결정적인 것은 그 질량에서 오는 무게가 아니라 그 건강 상태이다. 또 우리의 현재상태에서의 소위 건강과 미래상태의 영생 사이에 방대한 차이를 누가 능히 말로 표현할 수 있겠는가?

몸의 무게에 대한 철학자들의 이론은 우리의 신조를 논박하지 못한다. 지구 전체는 그 어떤 것 위에 놓여 있지도 않다(욥 26:7). 그런데 철학자들은 무슨 까닭에 지상적인 몸이 하늘에 있을 수 있다는 것을 믿지 않느냐고는 묻지 않겠다. 우리의 견해에 반대하는 더 그럴 듯한 논법이 있기 때문이다. 그것은 우주에 중심점이 있으며, 모든 무거운 물체가 그것을 향해서 모인다는 사실에서 출발하는 논법이다. 내가

30) *Tim.*, 41 A-B.
31) (외경의) 벨과 용.
32) *Tim.*, 41 C-D; 42 D-E.

여기서 말하려는 것은 이것이다: 플라톤은 작은 신들이 사람과 동물들을 만들었다고 하며[32], 불에서 그 타는 속성을 제거하고 그 밝은 빛만이 눈을 통해서 번쩍이도록 남겨 두었다고 한다.[33] 우리가 이것을 인정한다고 가정하자. 그렇다면 플라톤도 말하듯이, 최고신의 의지와 권능이 시작이 있는 것들의 소멸을 막으며, 물질적인 것과 비물질적인 것이 결합되었을 때에 그것들이 분리되거나 해체되는 것을 막는다면, 하나님이 영생을 베풀어 주시는 사람의 육신이 썩지 않게 하시리라고 인정하는 것을 우리는 주저할 것인가? 육신의 다른 속성들은 건드리지 않고 남겨두며, 지체들 사이의 조화도 그대로 보존하며, 무게로 인한 번거로움은 제거될 것이 아닌가? 그러나 하나님의 뜻이라면 나는 이 저서의 끝에 가서[34] 죽은 자의 부활과 그들의 몸의 영생에 대해서 우리의 신념을 더 자세히 논할 생각이다.

19. 처음 사람들이 죄를 짓지 않았더라면 영생했으리라는 것을 믿지 않고, 영혼은 몸이 없이 영원히 산다고 주장하는 사람들의 견해를 반박한다.

이제 우리는 저 처음 사람들의 몸에 대해서 다시 논하겠다. 그들이 죄에 대한 공정한 보복을 받은 것이 아니었다면 죽지 않았을 것이다. 죽음은 선한 사람들에게는 선한 것이라고 하지만, 총명이나 신앙을 가진 소수의 사람들뿐 아니라, 모든 사람이 당하는 것이며, 영혼을 몸에서 분리하기 때문에 분명히 살았던 것의 몸이 분명히 소멸되고 만다. 의롭고 거룩한 사람들이 죽은 후에 그들의 영혼이 평안히 산다는 것은 의심할 수 없다. 그러나 그들이 건강한 몸을 가지고 산다면 그만큼 더 행복할 것이다. 그렇기 때문에 몸을 완전히 벗어버려야만 완전히 행복할 수 있다고 생각하는 사람들까지도 그와 반대되는 주장을 해서 자기의 신념을 반박하고 있다.

그들은 아직 살아 있거나 이미 죽은 현인들을 — 이미 몸이 없거나 곧 몸을 버리게 될 현인들 — 영생한다는 신들보다 위에 두지 않을 것이다. 플라톤은 최고신이 신들에게 해체될 수 없는 생명, 곧 영원히 몸과 결합되어 사는 막대한 특권을 약속했다고 하기 때문이다.[35] 그러나 플라톤은 또 지상에서 거룩하고 의롭게 산 사람들은 몸을 떠날 때에 가장 좋은 상을 받아, 몸을 버리는 일이 없는 신들의 품으로 영접된다고 한다.[36] 그것은 "모든 것을 잊고 하늘의 둥근 거처를 다시 찾으며, 머지않아 다

33) *Tim.*, 45 B-C.
34) 22권 12-21장, 25-30장.
35) *Tim.*, 41 A-B.

시 몸에서 살 뜻을 가지기 시작하기 위해서"[37]라고, 베르길리우스는 플라톤 사상을 훌륭하게 표현했다.

이와 같이 플라톤은 죽을 인간들의 영혼이 항상 몸 안에 있는 것이 아니라, 불가피한 죽음으로 몸에서 해방된다고 믿는다. 그러나 이 영혼들은 언제까지나 몸이 없이 살아가는 것도 아니며, 사람은 한 상태에서 다른 상태로 끊임없이 옮겨가면서 살기도 하고 죽기도 한다고 생각한다. 다만 현인들과 여타 사람들 사이에 구별이 있는 것 같다. 현인들은 죽은 후에 별들이 있는 하늘로 운반되어 각각 적당한 별에서 비교적 오랫동안 안식한다고 플라톤은 말한다. 그러다가 이전의 불행을 잊어버리고 다시 몸을 가지고 싶어지면, 그 별을 떠나 죽음의 비참함과 세상사로 돌아간다. 그와 반대는 미련한 생활을 한 사람들은 아주 짧은 시일이 지난 후에 다시 윤회의 길에 오르며, 그 행적에 따라 지정되는 대로 사람이나 짐승의 몸을 가지게 된다고 한다.[38]

플라톤은 선하고 어진 영혼들에게도 이와 같이 심히 가혹한 운명을 배정했다. 그들은 영원히 죽지 않고 살 수 있는 몸을 받지 못했기 때문이다. 그들은 몸을 영원히 차지하고 있을 수도 없고, 몸이 없이 영원히 순결하게 살 수도 없다는 것이다. 이미 앞에서[39] 말한 바와 같이, 그리스도교 시대에 산 포르피리오스는 이 플라톤 사상을 난처하게 생각했다. 그래서 사람의 영혼이 짐승의 몸과 결합된다는 생각을 버리고, 현인들의 영혼은 몸의 결박에서 완전히 풀려나기 위해서 일체의 몸을 버리고 아버지 앞에 영원히 보존된다고 했다. 이와 같이 그는 성도들에게 영생을 약속하신 그리스도에게 지지 않으려는 듯이, 순결하게 된 영혼들은 다시 이전의 불행으로 돌아가지 않고 영원히 행복한 곳에서 산다고 했다. 그와 반대로 그는 그리스도에게 반대도 하려는 듯이, 썩지 않는 몸으로 부활한다는 것을 부정하고, 영혼들은 지상적인 몸뿐 아니라 일체의 몸이 없이 영원히 살리라고 주장했다.[40]

그러나 포르피리오스는 이런 신념을 가졌으면서도 몸을 가진 신들을 이 영혼들이 경건하게 높여서는 안 된다고까지는 말하지 않았다. 왜 그랬는가? 몸을 가지지 않은 이 영혼들이 저 신들보다 더 높다고 믿지 않은 것이 아닌가? 그러므로 더할 나위 없이 행복하면서도 영원한 몸과 결합되어 있는 신들에 비해서 감히 인간의 영혼

---

36) *Phaed.*, 108 C; *Phaedr.*, 248 C.
37) *Aen.*, 6, 750 f.
38) Plat., *Phaedr.*, 248 A-249 D.
39) 10권 30장.
40) 22권 27장.

들을 상위에 두려는 것이 이 철학자들의 생각이 아니라면 — 나는 그렇지 않다고 믿지만 — 무슨 까닭에 그리스도교의 가르침인 처음 사람들이 창조되었을 때에는 죄를 짓지 않았다면 죽어서 몸을 떠나게 되는 일이 없었을 것이라고 하는 가르침을 그들은 어리석다고 생각하는가? 처음 사람들은 꾸준히 순종했더라면 그에 대한 상으로써 영생을 선물은 받았을 것이며, 몸과 결합되어 영원히 살았을 것이다. 그뿐 아니라 성도들이 부활할 때에는 금생에서 쓰고 살면서 고생하던 바로 그 몸을 다시 가지게 될 것이다. 그리고 그 몸은 육신의 퇴화나 장애가 없으며 슬픔이나 불행이 없이 행복할 것이다.

20. 지금 소망 가운데 쉬고 있는 성도들의 육신은 범죄 전의 처음 사람들의 육신보다 더 높은 상태로 회복되리라.

마찬가지로 세상를 떠난 성도들의 영혼은 지금도 사망 중에서 아무 슬픔도 없다. 죽음으로 말미암아 영혼과 몸이 분리되었으며 모든 감각이 없어진 후에 여러 가지로 학대를 받은 것 같을지라도, 그들의 육신은 소망 중에 쉬고 있기 때문이다(시 16:9). 그들의 영혼이 몸을 동경하는 것은 플라톤이 말하듯이,[41] 잊어버렸기 때문이 아니다. 오히려 반대로, 받은 약속을 기억하고 있기 때문이다. 약속하신 분은 아무에게도 실망을 주지 않는 분이며, 그들의 머리털 하나도 상하지 않으리라고 보장하셨다(눅 21:18). 그래서 그들은 간절한 기대와 인내로 몸의 부활을 기다린다. 몸을 입고 있었을 때에 당한 고난이 많았지만, 앞으로는 아무 고통도 받지 않겠기 때문이다.

참으로 육신이 연약해서 그들의 목적에 반대하려고 하므로 영의 법으로 그것을 억제하려고 했을 때에도 그들은 그 육신을 미워하지 않았으니(엡 5:29) 육도 영적인 것이 되려는 지금은 그 육을 얼마나 더 사랑할 것인가! 영이 육의 소욕을 따를 때에 그 영을 육적이라고 하는 것이 부당하지 않다면 육이 영을 섬길 때에 그것을 영적이라고 하는 것도 마땅할 것이다. 이것은 육이 변해서 영으로 되기 때문이 아니다. 어떤 사람들은 "육의 몸으로 심고 신령한 몸으로 다시 사나니"라고 한(고전 15:44) 성경 말씀에서 이런 결론을 얻는다. 그러나 그런 것이 아니라 육이 영에 순종하겠기 때문이다. 완전하고 놀랍고 흔연한 순종을 보이며, 그 부동의 결심을 실천해서 확고한 영생에 이르면서, 조금도 어려움을 느끼지 않으며, 퇴화나 무거운 짐의 가능성도

41) 19장.

없을 것이기 때문이다.

그 육은 지금 몸이 가장 건강한 때의 상태와도 같지 않으며, 저 처음 사람들이 죄를 짓지 않았을 때의 상태와도 같지 않을 것이다. 처음 사람들은 죄를 짓지 않았으면 죽을 필요가 없었지만, 인간으로서 그 몸이 지상적인 것이었기 때문에, 곧 아직 영적이 아니고 생물체였기 때문에, 영양소를 섭취했다. 그들의 몸은 늙고 병들어 필연적으로 죽을 운명이 아니었으며, 이 특권은 하나님의 놀라운 은혜로 생명의 나무에서 온 것이었다. 그것은 저 금지된 나무와 함께 낙원의 중앙에서 있었다. 그러나 그들은 그 외에도 취하는 영양이 있었다. 다만 금지된 한 그루의 나무만은 예외였다. 그 나무 자체가 악했기 때문이 아니라, 무조건적이며 절대적인 순종을 가르치시기 위한 것이었다. 창조주 아래 있는 이성적 존재에게는 이 순종이 가장 위대한 덕성이다. 악하지 않으면서도 금지된 것을 건드렸을 때에는 그 불순종만으로도 죄가 되기 때문이다.

그러므로 처음 사람들이 취한 다른 영양은 그들의 생물적인 몸이 기아로 인한 고통을 받지 않게 하려는 것이었다. 그와 반대로 그들이 생명의 과실을 먹은 것은 수명대로 살고 노쇠해서 죽거나, 다른 어떤 원인으로 불의에 죽게 되는 것을 피하기 위해서 였다. 모든 다른 음식은 영양을 위한 것이었고, 생명나무는 일종의 성례전이었다고 말할 수도 있을 것이다. 이와 같이 물질적 낙원에서 생명나무가 한 일은 영적 또는 이지적 낙원에서 하나님의 지혜가 하는 일에 해당했다고 볼 수 있다. 성경에 "지혜가 그 얻은 자에게 생명 나무라"고 한 말씀이 있다(잠 3:18).

21. 낙원에 대한 영적인 해석과 그 역사적 진리는 상충되지 않는다.

그렇기 때문에 어떤 사람들은 낙원 이야기 전체를 상징적으로 해석한다. 성경의 진실한 기록에 인류의 조상인 처음 사람들이 살아 있었다고 하는 낙원을 그렇게 해석할 뿐 아니라, 거기 있었다는 나무들과 과수들을 인생의 덕성과 관례라고 한다. 이야기의 세부적인 것은 눈에 보이는 물체들이 아니고 영적인 사실들을 상징적으로 설명하기 위해서 말이나 글로 묘사한 것이라고 한다.

낙원을 영적인 의미로도 해석할 수 있다고 해서 물질적인 낙원은 있었을 수 없다고 주장하는 것은 참으로 어리석은 생각이다. 아브라함에게 하갈과 사라라는 두 처가 있었고, 여종에게서 난 아들과 자유한 여인에게서 난 아들이 있었다는 것에 대해서, 사도가 그들은 두 언약을 의미한다고 말했다고 해서(갈 4:22-24;창 16:4;21:2), 아브라함에게 그런 일이 없었다고 하는 것과 같다. 또는 모세가 반석을 쳐서 물이 솟아난 데 대해서(출 17:6;민 20:11), 같은 사도가 그 구절을 "그 반석은 곧 그리스도시라"(고전 10:4)고 해석했다고 해서, 반석에서 물이 난 일이 없다고 하는 것과 같다.

그러므로 우리가 낙원을 복받은 사람들이라고 비유적으로 해석하며, 거기서 흐른 네 강을 지혜와 용기와 절제와 공의라는 네 가지 덕성이라고 하며, 거기 있었던 나무들을 모든 유용한 연구라고 하며, 나무의 과실들을 의인들의 행위, 생명 나무를 온갖 선의 어머니인 지혜, 선악을 아는 나무를 계명을 위반함으로써 오는 경험이라고 해석하더라도, 아무도 그것을 막지 않는다. 죄를 지은 사람들에게 하나님이 벌을 지정하셨을 때에, 그것이 공정한 벌이었으므로 하나님은 선한 일을 하신 것이지만, 사람이 이런 경험을 한 것은 그 자신에게 유익한 것이 아니었다.

우리는 이 일들을 교회와 관련시켜서 해석함으로써 장차 있을 일들에 대한 예언이라고 보는 것이 더 좋을 수 있다. 특히 아가서에 있듯이(아 4:12-15), 낙원은 교회 자체를 가리킬 수 있으며 낙원의 네 강은 네 복음서, 과수들은 성도들, 그 열매는 성도들의 행위라고 볼 수 있다. 생명의 나무는 지성소로서 확실히 그리스도 자신이며, 선악을 아는 나무는 자기의 의지에 대한 지배력을 의미한다.

사람이 하나님의 뜻을 멸시할 때에는 그 하는 일이 자기를 해할 뿐이므로, 이런 방법으로 그는 모든 사람에게 공통된 선을 고수하는 것과 자기의 이익만을 기뻐하는 것이 어떻게 다른 결과를 가져오는가를 깨닫게 된다. 자기를 사랑하는 사람이 그 자신에게 맡겨져서, 그 결과로 두려움과 슬픔에 압도되어, 자기의 불행을 느끼며 시편에 있는 것과 같이 "내 영혼이 내 속에서 낙망이 되나이다"(시 42:6, 70인역)라고 할 것이다. 그리고 바르게 원상을 회복한 때에는 "내가 주를 위하여 내 힘을 지키리이다"(시 59:9, 70인역)라 할 것이다. 낙원에 대한 비유적 해석과 관련해서는 이런 말과 더 적당한 말을 할 수 있을 것이며, 아무도 금지하는 사람이 없다. 그러나 조건이 하나 있다. 사건들에 대한 가장 충실한 기록이 우리에게 제시하는 저 이야기에 대해서 우리는 그 역사적 진실성도 믿어야 한다.

22. 성도들의 부활 후의 몸은 영적일 것이나, 그 육이 영으로 변하는 것은 아니다.

그러면 의인들이 부활할 때에 가진 몸은 병이나 노령으로 인한 죽음을 방지하기 위해서 어떤 나무가 필요하거나, 기갈로 인한 고통을 없애기 위해서 다른 물질적 영양이 필요하지 않을 것이다. 절대로 침범할 수 없는 확고한 영생의 은사를 받겠기 때문이다. 따라서 그들은 먹을 권능이 있으므로 원할 때에만 먹겠으나, 불가불 먹어야 할 필요는 없을 것이다.

천사들도 보이는 형상, 만질 수 있는 형상으로 나타났을 때에, 같은 식으로 행동했다. 먹을 필요가 없었는데도 불구하고 먹기를 원했고 먹을 수 있었다. 자기들의 임무를 다할 때에 사람들과 함께 살 수 있도록 인간적 속성을 가짐으로써, 스스로를 적응시킨 것이다. 그들이 사람에게서 대접을 받았을 때에(창 18:8;19:3), 외형상으로 먹은 것이라고 믿어서는 안된다. 물론 그들이 천사인 줄을 몰랐을 때에는, 우리와 같이 필요해서 먹는다고 생각했을 것이다. 그렇기 때문에 토비트서에서 천사는 "그대는 내가 먹는 것을 보았지만 그것은 그대의 눈으로 본 것이다"라고 말한다(토비트 12:19). 다시 말하면, 내가 그대와 같이 몸의 기운을 회복할 필요가 있어서 음식을 먹는다고 그대는 생각했다 하는 뜻이다.

하여간 천사들에 대해서는 더 그럴듯한 견해를 주장할 수 있을는지 모르지만, 그리스도교의 믿음은 구주 자신이 부활 후에 하신 일에 대하여 조금도 의심하지 않는다. 그 때의 그의 몸은 사실은 육신이었지만, 또한 영적인 것이었다. 그러나 그는 제자들과 함께 음식을 잡수시며 마셨다(눅 24:42-43;행 10:41). 미래의 이런 몸에서 제거되는 것은 먹고 마시는 필요성이며, 그 능력이 아닐 것이다. 그러므로 몸은 몸이 아니게 되겠기 때문이 아니라, 지탱해 주는 영, 곧 생명을 주는 영을 가지고 있기 때문에 영적일 것이다(고전 15:44-46).

23. 육적인 몸과 영적인 몸을 어떻게 해석할 것이며, 아담 안에서 죽으며 그리스도 안에서 살아나는 것은 누구인가?

살아있는 영혼(anima)을 가졌으나 아직 살리는 영(spiritus)을 가지지 못한 몸을 "영혼을 받은"(animale) 몸이라고 하는 것과 같이, 내가 설명한 저 다른 몸들은 "영적인"(spiritale)[42] 몸이라고 부른다. 영적인("신령한") 몸들은 살리는 영을 가졌기 때문에 육의 짐스러움과 썩음을 면하지만, 육을 본질로 가진 몸이 아니라고 믿어서는 안된다. 그 때에 사람은 지상적이 아니라 천상적인 존재가 될 것이나, 흙으로 만든 몸이 그렇지 않게 되겠기 때문이 아니라, 하늘 은혜로 하늘에서도 살기에 적합하게 되겠기 때문이다. 그 본질은 없어지지 않고, 그 속성이 변할 것이다.

그러나 저 처음 사람은 땅에서 났고 흙에 속한 존재였으며(고전 15:47), 그것을

---

42) 고전 15:44에서 animale한 몸을 "육의 몸", spiritale한 몸을 "신령한 몸"이라고 부른다. 보통 용어로는 animale는 생물이나 동물을 의미한다.

형성하는 것은 살아 있는 영혼이었고 살려주는 영이 아니었다(고전 15:45). 살리는 영은 그가 순종하는 공적으로 받게 될 때까지 보류되었다. 그래서 그의 몸이 영혼적(animalis, "육적")이며 영적(spiritalis)이 아니었다는 것은 의심할 여지가 없다. 그 몸은 기갈의 고통을 면하기 위해서 먹고 마실 필요가 있었고, 필연적인 죽음을 막으며 청춘 상태에 머무르기 위해서 생명나무의 도움을 받았다. 아직 절대로 완전하고 견고한 영생은 얻지 못했다. 죄를 지으면 정죄를 받으리라고 하나님이 예고하셨으므로, 죄를 지어 타락하지 않았더라면 그는 결코 죽지 않았을 것이다.

그 후에 그는 낙원 밖에서도 영양을 얻을 수 있었지만, 생명나무에는 접근할 수 없게 되었으며, 따라서 세월이 지나고 나이가 많아지면 그의 생명이 끝나기로 되었다. 죄를 짓지 않았더라면 낙원에서 계속적으로 기력이 갱신되면서 살 수 있었을 그 생명은 끝나게 되었다. 순종에 대한 상으로 영적인 몸이 될 때까지 육적인 것에 불과한 몸이었을 것이지만, 그 몸도 끝나기로 되었다.

그러므로 하나님이 "네가 먹으면 정녕 죽으리라"(창 2:17) 하셨을 때에 영혼과 몸을 분리시키는 죽음을 포함시키신 것이라고 우리는 해석하겠지만, 그렇더라도 금지된 치명적인 과실을 먹은 그 날에 처음 사람이 즉시 그 몸에서 분리되지 않았다는 사실을 모순이라고 할 필요는 없다. 그들의 몸도 필연적으로 죽게 된 것은 결국 그 날이었고, 우리도 이 필연성을 타고나게 되었다. 이것은 그들의 자연적인 몸이 퇴화하며 상처를 입었으며, 생명나무에 접근하지 못하도록 완전히 정당한 금지가 있었던 결과였기 때문이다. 사도가 "몸은 죄로 인하여 죽을 것이다"라고 말하지 않고, "몸은 죄로 인하여 죽은 것이나 영은 의로 인하여 생명이니라"(롬 8:10, 각주)한 것은 이 때문이다. 그 다음에 사도는 첨가했다. "예수를 죽은 자 가운데서 살리신 이의 영이 너희 안에 거하시면 그리스도 예수를 죽은 자 가운데서 살리신 이가 너희 안에 거하시는 그의 영으로 말미암아 너희 죽을 몸도 살리시리라"(롬 8:11).

이와 같이 그 때에 몸과 살리는 영과의 관계는 지금의 몸과 산 영혼과의 관계와 같을 것이다. 그런데도 사도는 지금의 몸이 이미 죽을 필연성에 굳게 매여있기 때문에 그것을 죽은 것이라고 부른다. 그러나 낙원에서는 몸이 살리는 영을 위해서 있는 것이 아니라 산 영혼을 위해 있었지만, 그러나 죽은 것이라고 하는 것은 적당하지 못했을 것이다. 죄를 짓지 않으면 필연적으로 죽어야 하는 것이 아니었기 때문이다.

그러나 하나님께서 "아담아 네가 어디 있느냐"(창 3:9)고 하심으로써 그가 아담의 영혼을 버리셨을 때에 그 영혼이 죽었다는 것을 알리셨다. 또 "너는 흙이니 흙으로 돌아갈 것이니라"(창 3:19)고 하신 것은 영혼이 몸을 떠날 때에 몸이 죽으리라는 뜻이었다. 그러나 둘째 사망을 말씀하시지 않은 것은 신약의 경륜을 위해서 계시하지 않기로 결정하신 것이라고 우리는 믿어야 한다. 신약에서는 둘째 사망이 아주 분명히 선포되었다(계 2:11;20:6,14;21:8). 이와 같이 모든 사람에게 공통된 첫째 사망은 죄의 결과인 것이 — 저 한 사람 안에서 모든 사람이 함께 지은 그 죄의 결과인 것이 — 우선 밝혀졌다. 그러나 둘째 사망은 모든 사람에게 공통된 것이 아니다. 하나님의 "뜻대로 부르심을 입은 자들"은 예외이기 때문이다. 이 사람들에 대해서 사도는 "하나님이 미리 아신 자들로 또한 그 아들의 형상을 본받게 하기 위하여 미리 정하셨으니 이는 그로 많은 형제 중에서 맏아들이 되게 하려 하심이니라"고 한다(롬 8:28-29). 이 사람들은 하나님의 은혜로 중보로 말미암아 둘째 사망에서 구제되었다.

그러므로 사도가 가르치는 대로, 처음 사람이 창조되었을 때에 그 몸은 육적인 것에 불과했다. 현재 우리가 가지고 있는 육적인 몸과 부활시에 가지게 될 영적인 몸을 구별하기 위해서 사도는 "썩을 것으로 심고 썩지 아니할 것으로 다시 살며 욕된 것으로 심고 영광스러운 것으로 다시 살며 약한 것으로 심고 강한 것으로 다시 살며 육의 몸으로 심고 신령한 몸으로 다시 사나니"라고 한다. 그 다음에 이 점을 확인하기 위해서 "육의 몸이 있은즉 또 신령한 몸이 있느니라"고 한다(고전 15:42-44). 그리고 무엇이 육의 몸이냐 하는 것을 알리기 위해서 "기록된 바 첫 사람 아담은 산 영혼(생령)이 되었다고 함과 같다"(고전 15:45; 창 2:7). 사도의 이 말씀은 무엇이 육의 몸이냐 하는 것을 알리고자 한다. 다만 성경에서는 하나님이 생기를 그 코에 불어 넣음으로써 처음 사람 아담이 육의 몸이 되었다고 하지 않고, "생령"(산 영혼)이 되었다고 한다. 따라서 사도는 "첫 사람은 산 영혼이 되었다"고 하는 성경 말씀이 사람의 육의 몸을 의미하는 것으로 해석되기를 원한다.

그러나 "신령하다"("영적이다")라는 말은 어떻게 해석할 것인가를 알리기 위해서 "마지막 아담은 살려 주는 영이 되었다"고 첨가했다(고전 15:45). 사도는 물론 이런 말씀으로 그리스도를 의미했다. 그리스도는 이미 죽은 자 가운데서 다시 살아나셔서 그 후로는 완전히 죽음을 면하신 분이다(롬 6:9). 사도는 계속해서 "그러나 먼저는 신령한 자가 아니요 육 있는 자요 그 다음에 신령한 자니라"고 한다(고전 15:46). 여기서 사도는 더욱 명백히 성경 해석을 밝힌다. 처음 사람이 산 영이 되었다는 것은 육의 몸을 의미하며, "마지막 아담은 살려 주는 영이 되었다"고 하는 그의 말씀은 신령한 몸을 의미한다는 것이다.

처음 아담이 죄를 짓지 않았다면 죽지 않았을 것이지만, 그가 죄를 지은 후에 가지게 된 것은 육의 몸이었다. 우리가 지금 가지고 있는 몸도 이런 것이다. 아담이 죄를 지은 후에 몸이 변하고 죽을 운명으로 결정된 것같이, 우리 경우에도 몸의 본성이 변하고 썩었다. 그리스도께서도 처음에는 우리를 위해서 이런 몸을 가지셨다. 가지셔야 했기 때문이 아니라 그럴 권능이 있었기 때문이다. 그러나 우리의 머리이신(엡 4:15) 그리스도가 이미 입고 가신 것과 같은 신령한 몸이 앞으로는 우리에게도 있을 것이다. 그의 지체인(고전 12:27) 자들에게는 앞으로 죽은 자들이 궁극적으로 부활할 때에 바로 이런 몸이 있을 것이다.

사도는 다음에 이 두 사람 사이의 아주 명백한 차이점을 말한다. "첫 사람은 땅에서 났으니 흙에 속한 자이거니와 둘째 사람은 하늘에서 나셨느니라 무릇 흙에 속한 자는 저 흙에 속한 자들과 같고 무릇 하늘에 속한 자는 저 하늘에 속한 자들과 같으니 우리가 흙에 속한 자의 형상을 입은 것같이 또한 하늘에 속한 자의 형상을 입으리라"(고전 15:47-49). 사도는 이렇게 말함으로써 중생의 성례가 지금 우리에게서 실현되기를 원한다. 다른 곳에서 "누구든지 그리스도와 합하여 세례를 받은 자는 그리스도로 옷입었느니라"(갈 3:27)고 말하는 것과 같다. 그러나 이 일이 참으로 우리에게서 실현되는 것은 우리에게서도 타고난 육적인 것이 부활로 말미암아 신령한 것이 된 때뿐일 것이다. 다시 사도의 말씀을 인용한다면, "우리는 소망으로 구원을 얻었다"(롬 8:24).

우리가 출생하면서 떠맡게 된 유산이 죄와 죽음이며, 이 유산을 혈통에 의해서 옮겨 받음으로써 우리는 땅에 속한 사람의 형상을 입는다. 그러나 우리는 용서와 영생의 은혜에 의해서 하늘에 속한 사람의 형상을 입을 것이다. 이것은 거듭남으로써 받겠지만, 그것은 하나님과 사람 사이의 유일한 중보인 인간 예수 그리스도(딤전 2:5)로 말미암아 받게 된다. 그리스도에게서 하늘에 속한 사람을 발견하라는 것이 사도의 의도다. 땅에 속한 죽을 몸을 입으려고 그리스도께서 하늘에서 내려오신 것은 그 몸에 하늘에 속한 영생을 입히시기 위해서였다. 그러나 사도가 다른 사람들에 대해서도 "하늘에 속한"이라는 말을 쓴 것은 그들이 은혜로 말미암아 그리스도의 지체가 되기 때문이며(롬 12:5; 고전 12:27; 엡 5:30), 그래서 머리와 몸이 결합되듯이, 그리스도가 그들과 결합되시기 때문이다.

사도는 같은 편지에서 이 점을 더 분명히 말한다. "사망이 사람으로 말미암았으니 죽은 자의 부활도 사람으로 말미암는도다. 아담 안에서 모든 사람이 죽은 것같이 그리스도 안에서 모든 사람이 삶을 얻으리라"고 한다(고전 15:21-22). 그리고 그 때부터는 살려주는 영에 합당한 신령한 몸으로 살 것이다. 그런데 아담 안에서 죽는 사람이 반드시 모두 그리스도의 지체가 되리라고 할 수 없다. 영원한 둘째 사망을 당하는 사람들이 훨씬 더 많겠기 때문이다. 두 구절에서 사도가 "모든" 사람이라는 말을 쓴 것은 육의 몸으로 죽는 사람들이 예외없이 아담 안에서 죽는 것과 같이, 신령한 몸으로 다시 살게 되는 사람들도 예외없이 그리스도 안에서 생명을 받게 되겠기 때문이다.

그러므로 우리는 처음 사람이 죄를 짓기 전에 가졌던 것과 같은 몸을 부활시에 가지게 되리라고 생각해서는 안 된다. 또 "무릇 흙에 속한 자는 저 흙에 속한 자들과 같다"라고 하는 말씀도 죄를 지은 후에 있었던 일에 비추어서 해석해서는 안 된다. 처음 사람은 죄를 짓기 전에 신령한 몸을 가지고 있었는데, 죄 때문에 그것이 변해서 육의 몸에 불과한 것이 되었다고 생각해서는 안 되기 때문이다. 이런 생각은 우리의 위대한 사도의 말에 너무도 유의하지 않는 것이 된다. 사도는 "육의 몸이 있은즉 또 신령한 몸이 있느니라. 기록된 바 첫 사람 아담은 산 영(영혼)이 되었다 함과 같으니라"고 했다(고전 15:44-45). 이 일은 사람의 처음 상태였으므로, 물론 아담이 죄를 지은 후에 있은 일이 아니다. 사람의 이 처음 상태에 관해서 바울은 율법의(창 2:7) 이 증언을 인용하면서, 육의 몸이 어떤 것인가를 설명한 것이다.

24. 하나님이 처음 사람에게 숨을 불어넣어 생령이 되게 하신 것과 그리스도께서 제자들에게 숨을 내쉬면서 성령을 받으라고 하신 것은 무슨 뜻인가?

여기에 관련된 다른 점에 대해서도 어떤 사람들은 너무 성급하게 생각했다. 성경에 "하나님이 생기를 그 코에 불어 넣으시니 사람이 생령이 된지라"라는 말씀이(창 2:7) 있는데, 그들은 이 말씀을 해석하기를, 그 때에 처음 사람에게 영혼을 주신 것이 아니라 영혼은 이미 그의 안에 있었는데 성령에 의해서 살아난 것이라고 한다.[43] 그들이 말하는 이유는 주 예수께서 죽은 자 가운데서 부활하신 후에 제자들을 향하여 숨을 내쉬면서 "성령을 받으라"(요 20:22) 하셨다는 것이다.

그래서 그들은 저 옛날에 있었던 것과 같은 일이 여기서도 있었다고 생각한다. 마치 복음서 기자가 계속해서 "그리하여 그들이 생령이 되니라"고 말한 것처럼 생각하는 것인데, 만일 이런 말을 사실로 했다면 우리는 그것을 다음과 같이 해석할 것이다. 하나님의 영(Spiritus)은 어떤 의미에서 영혼(anima)들의 생명이며, 하나님의 영이 없으면 비록 몸 안에 이성적 영혼이 있어서 몸에 생명을 주는 것같이 보일지라도, 그 영혼들은 죽은 것에 불과하다고 생각해야 된다. 그러나 성경의 풍부한 증언은 사람이 창조되었을 때에 "하나님이 흙으로(땅의 먼지로) 사람을 지으셨다"고

---

43) 마니교의 이단설. Aug., *De Gen. c. Man.*, 2, 8, 11.

한다(창 2:7).

어떤 사람들은 이 점을 더 분명히 설명해야 한다고 생각해서, "하나님이 땅의 진흙으로 사람을 빚어 만드셨다"고 번역한다. 바로 그 앞에 "샘이 땅에서 올라와 온 지면을 적셨더라"(창 2:6, 70인역)는 말씀이 있기 때문에, 수분과 흙을 섞은 진흙이라고 생각하는 것이다. 그리고 바로 그 다음에 "하나님이 땅의 먼지로 사람을 지으셨다"는 말씀이 있다. 라틴어 성경의 원본인 그리스어 성경(70인역)에서 eplasen(지으셨다)을 (라틴어로) formavit 로 번역하거나 finxit 로 번역하는 것은 — 비록 뒤의 말이 더 직역이더라도 — 중요하지 않다. 그러나 formavit 를 택한 사람들은 모호한 번역을 피하려고 한 것이다. 거짓 구실로 무엇을 조작한다고 할 때에 (finxit 의 원형인) fingere 를 쓰는 것이 보통이기 때문이다.

그러므로 땅의 먼지 또는 진흙으로 만들어진 사람, 성경의 분명한 말씀대로 이 "땅의 먼지"가 영혼(anima)을 받았을 때에 우리가 사도에게서 배우는 바와 같이 "animale "("영혼을 받은", "생물적인", "육의") 몸이 되었다. 성경의 "사람이 생령이 되니라"는 말씀과 같이, 흙으로 사람이 만들어진 다음에 그 흙이 생령 곧 "산 영혼"이 되었다.

그러나 사람에게 이미 영혼이 있었으며, 그렇지 않았다면 아담은 사람이 아니었을 것이라고 그들은 말한다. 사람은 몸이나 영혼뿐만 아니라, 몸과 영혼을 겸비한 존재이기 때문이라고 한다. 이것은 참으로 옳은 말이다. 영혼은 인간의 전부가 아니라 인간의 더 좋은 부분이며, 몸도 인간의 전부가 아니라 몸의 낮은 부분이다.

영혼과 몸이 결합된 것을 사람이라고 부른다. 그렇더라도 이 두 부분을 따로따로 써서 사람을 표시한다. '그 사람은 죽어서 지금 평안히 쉬고 있다', 또는 '벌을 받고 있다'고 할 때에, 이 말은 그 사람의 영혼에 대해서 말하는 것이지만, 일상 용어로는 이런 말을 금지하지 않는다. 또는 "그 사람은 어디어디에 묻혔다"고 할 때에, 이것은 그의 신체에 대해서만 하는 말이다.

성경은 보통 그렇게 말하지 않는다고, 그들은 말할는지 모른다. 그러나 그렇지 않다. 성경은 우리 편을 들며, 심지어 두 요소가 결합해서 사람이 살아 있을 때에도 그 요소들의 하나를 "사람"이라고 부른다. 영혼을 "속 사람", 몸을 "겉 사람"이라고 해서(고후 4:16) 이 둘이 한 사람을 이루지만, 마치 두 사람이 있는 것같이 말한다. 그러나 "하나님의 형상으로 지은 사람"과 "흙이니 흙으로 돌아갈 사람"이라는 말이 무슨 뜻인가를 우리는 알아야 한다. 앞의 말은 이성적인 영혼을 가리킨다. 하나님이 이것을 사람 속에 두셨다. 사람의 몸 안에 불어 넣으셨다. 숨으로 불어 넣으셨다고 해야 한다. 그러나 뒤의 말은 하나님이 먼지로 지으신 그 몸을 가리킨다. 곧 영혼을

(anima) 받아서 생물이(animale) 된 것이다. 말하자면 사람이 생령이 된 것이다.

그러므로 주께서 제자들을 향해서 숨을 내쉬면서 "성령을 받으라"(요 20:22)고 하신 것은, 성령이 성부뿐 아니라 또한 독생자의 영이라는 것[44]을 알려주려고 하셨음이 분명하다. 성부와 성자, 이 두 분의 영은 한 영이시다. 그리고 성부, 성자, 성령은 삼위일체를 이루시며, 피조물이 아니라 창조주시다. 그리스도의 육신의 입에서 나온 물질적인 숨은 성령의 본질이나 본성이 아니고 한 상징이었다. 이미 말한 바와 같이, 성령은 성부와 성자에 공통된다는 것의 상징이었다. 그것은 성부와 성자가 각각 다른 영을 가지신 것이 아니라, 두 분이 동일한 영을 가지셨기 때문이다.

이 영을 성경에서는 으레 프뉴마(pneuma)라는 그리스말로 표시하며, 예수께서도 방금 인용한 구절에서 자기의 물질적인 숨을 상징적으로 제자들에게 주셨을 때에, 이 단어를 쓰셨다. 성경의 다른 곳에서 다른 단어로 표시한 예를 나는 회상할 수 없다. 그러나 "하나님이 흙으로 사람을 지으시고 생기를 그 코에 불어넣으시니"라고 하는 말씀에서 그리스어 성경은 성령을 표시할 때에 보통 쓰는 프뉴마를 쓰지 않고 프노에(pnoe)라는 말을 썼다. 이 말은 창조주보다 피조물에 관해서 더 자주 사용된다. 그러므로 구별하기 위해서 어떤 라틴어 성경 번역자들은 프노에를 spiritus라고 하지 않고 flatus(숨)라고 했다.

마찬가지로 그리스어 성경의 이사야서에서 하나님이 "내가 모든 pnoe 를 만들었다"(사 57:16, 70인역)고 하시는 것도 확실히 모든 영혼을 의미한다. 이와 같이 pnoe 는 라틴어로 flatus (숨), spiritus("생기"의 "기"), inspiratio(불어 넣음), 또는 aspiratio (향해서 내쉼) 등, 하나님에 대해서도 여러 가지로 번역된다. 그러나 프뉴마는 언제나 spiritus 라고 번역한다. 사람에 대해서 사용되었을 때에도 마찬가지이다. 사도는 "사람의 사정을 사람의 속에 있는 영(spiritus) 외에는 누가 알리요"라고 하며(고전 2:11), 짐승에 대해서 쓸 때에도 솔로몬은 "인생의 영(spiritus)은 위로 올라가고 짐승의 영(spiritus)은 아래, 곧 땅으로 내려가는 줄을 누가 알랴"(전 3:21) 한다.

물질적인 공기의 운동인 바람에 대해서도 시편에서는 "불과 우박과 눈과 얼음과 광풍"이라고(시 148:8, 70인역) 할 때에 '풍'(바람)을 spiritus 라고 번역했다. 끝으로 주께서 복음서에서 자기의 물질적인 입에서 나오는 숨을 상징으로 삼아 "성령을 받으라"(요 20:22)고 하셨을 때와 같이, 피조물이 아니라 창조주인 영에 대해서

44) 성령은 또한 성자의 영이라는 교리로서 filioque 라는 표현으로 나타난 교리를 아우구스티누스가 역설하는 것임.

도 spiritus 로 번역한다. 이 마지막 사용법은 "너희는 가서 모든 족속으로 제자를 삼아 아버지와 아들과 성령의 이름으로 세례를 주라" (마 28:19) 하신 말씀에도 있다. 이 구절에서는 삼위일체가 아주 뚜렷하고 명백하게 표시되어 있지만, 이 밖에도 "하나님은 영이시라" (요 4:24) 등등 성경의 많은 구절에서 spiritus 라는 말이 사용되었다.

이 모든 구절에서 그리스어는 프노에가 아니라 프뉴마이며, 따라서 라틴어는 flatus 가 아니라 spiritus 이다. 그러므로 "하나님이 숨을 불어넣으셨다", 더 정확하게는 "하나님이 생기를 그 코에 불어 넣으셨다"고(창 2:7) 할 때에, 그리스어로는 프노에 대신에 프뉴마를 썼지만 그 영을 반드시 창조주이신 영, 즉 삼위일체의 한 분이신 성령과 동일시할 필요는 없다. 이미 말한 바와 같이, 프뉴마는 창조주뿐 아니라 피조물에 대해서도 쓰기 때문이다.

그러나 논쟁을 일으키는 자들은 이렇게 주장한다: "성경이 spiritus 라고 할 때에, 그 영이 성령이라고 해석되기를 원한 것이 아니라면, '생명'이라는 말을 첨가하지 않을 것이며, 사람이 생령이 되었다고 할 때에도, 만일 성령의 선물로서 영혼에게 생명이 주어졌다는 뜻이 아니라면, '생' (生)이라는 말을 첨가하지 않았을 것이다."

영혼은 그 독특한 방법으로 살아 있는 것인데, 만일 성령을 통해서 생명을 받았다고 우리에게 알리려는 것이 아니었다면, 무슨 필요가 있어서 '생'이라는 말을 첨가했을 것이냐고, 그들은 논한다. 이것은 인간의 추측을 옹호하는데 열심이 있고, 성경을 보는 데는 무관심한 것이 아니고 무엇인가? 더 멀리 갈 필요도 없고, 같은 책의 조금 앞에 있는 말씀을 간단히 읽어 보면 된다. 땅의 모든 동물들이 창조된 대목에서, "땅은 생령을 내라"는 말씀이 있다(창 1:24, 70인역). 역시 몇 장 뒤의 여전히 같은 책에서 "생기를 가진 것과 육지에 있는 것이 모두 죽었더라" (창 7:22, 70인역)는 말씀을 읽을 수 있다. 이 구절은 지상에 있던 생물이 모두 홍수로 죽었다는 것을 알린다.

이와 같이 모든 생물에게는 생령과 생기가 있으며, 성경에서는 이것이 정상적인 표현 방법이다. 그뿐 아니라 우리가 방금 인용한 "생기를 가진 모든 것"이라는 구절에서 그리스어는 프뉴마가 아니라 프노에라는 말을 썼다. 그러면 우리는 무슨 까닭에 묻지 않는가: "영혼은 살아 있지 않으면 존재할 수 없는 것인데, 무슨 필요가 있어서 "살아 있는" ('생령'의 '생')이라는 말을 첨가하거나, '생기'에서 '생' 곧 생명이라는 말을 첨가하는가? 그러나 성경이 보통으로 생령과 생기라는 말을 써서 동물을 의미한다는 것을 우리는 안다. 동물은 animata 한(살아있는) 몸들을 가졌고, 그

anima(영혼)를 통해서 감각이 있다. 그런데 반대로 사람이 창조된 대목에 와서는 성경의 표현방법을 우리는 잊어버리지만, 성경은 그 정상적 방법으로 우리를 가르친다.

사람은 이성적인 영혼을 받았으며, 이것은 다른 동물들의 영혼과 같이 물과 흙으로 만들어진 것이 아니라 하나님의 숨으로 창조되었지만 다른 동물들과 같이 "동물적인"(animale) 몸에서 살도록 되어 있으며, 이 몸은 영혼(anima)이 그 속에 살고 있을 때에 창조된다. 성경은 다른 동물들에 대해서 "땅은 생령을 내라"고 하며(창 1:24, 70인역), 생기를 가졌다고도 한다(창 6:17; 7:15, 22, 70인역). 다른 동물들의 경우에 그리스어는 프뉴마가 아니고 프노에이며, 여기서 성경은 이 단어로 성령을 언급하는 것이 아니라 동물들의 영혼을 언급하는 것이다.

반대론자들은 대답하기를, 하나님의 숨은 하나님의 입에서 나온 것으로 해석되며, 또 만일 그 숨을 영혼과 동일시한다면, 지혜도 "나는 가장 높으신 이의 입에서 나왔노라"고 하므로(집회서 24:3), 우리는 그 지혜와 영혼을 같은 본질을 가지고 동등한 것이라고 해야 할 것이며, 이것이 논리적이다. 그러나 지혜는 하나님의 입에서 내뿜어진 것이라고 말하지 않고, 하나님의 입에서 나왔다고 한다. 그뿐 아니라 우리가 숨을 내쉴 때에, 우리를 사람으로 만드는 그 본질을 내뿜는 것이 아님을 생각해야 한다. 우리는 주위에 있는 공기를 들이쉬었다가 다시 내쉴 뿐이다. 그와 같이 하나님은 그의 본질이나 그보다 낮은 어떤 피조물에서 온 것이 아닌 숨을 내보내실 능력이 있다. 무(無)에서도 숨을 만드실 수 있다. 그러므로 하나님이 이 숨을 사람의 몸 속에 두신 것을 그의 속에 불어넣으셨다고 말한 것은 아주 적합한 표현이다.

하나님이 물체가 아니신 것과 같이, 이 숨도 물체가 아니지만 그는 변하시지 않는데 이 숨은 변할 수 있는 것이다. 창조되지 않은 하나님이 창조하신 것이기 때문이다. 그러나 성경의 용어에 유의하지 않고 성경을 논하는 사람들이, 하나님의 입에서 나온다고 하는 것은 하나님과 본질이 동일한 것뿐이 아니라는 것을 알기 위해서는 기록된 하나님의 말씀을 듣거나 읽는 것이 좋겠다: "네가 이같이 미지근하여 더웁지도 아니하고 차지도 아니하니 내 입에서 너를 토하여 내치리라"고 하셨다(계 3:16).

그러므로 사도가 하는 아주 알기 쉬운 말씀에 우리는 찬성하지 않을 이유가 없다. 우리가 현재 쓰고 있는 육적인 몸과 우리가 장차 입게 될 영적인 몸을 구별하기 위해서 사도는 말씀한다.: "육의 몸으로 심고 신령한 몸으로 다시 사나니 육의 몸이 있은즉 또 신령한 몸이 있느니라 기록된 바 첫 사람 아담은 산 영(영혼, anima)이 되었다 함과 같이 마지막 아담은 살려 주는 영이(spiritus)되었나니 그러나 먼저는 신령한(spiritale) 자가 아니요 육 있는(animale)자요 그 다음에 신령한 자니라 첫 사람은 땅에서 났으니 흙에 속한 자이거니와 둘째 사람은 하늘에서 나셨느니라 무릇 흙에 속한 자는 저 흙에 속한 자들과 같고 무릇 하늘에 속한 자는 저 하늘에 속한 자들과 같으니 우리가 흙에 속한 자의 형상을 입은 것같이 또한 하늘에 속한 자의 형상을 입으리라"(고전 15:44-19). 사도의 이 모든 말씀에 대해서는 이미 위에서[45] 말했다.

따라서 사도의 말씀과 같이, 처음 사람 아담이 창조되었을 때에 입은 육의 몸은 전혀 죽을 수 없게 만든 것이 아니라, 죄를 짓지 않으면 죽음을 당하지 않게 만든 것이었다. 그 몸이 앞으로 살려 주는 성령으로 말미암아 신령하며 영원불멸하게 되며, 영원불멸하도록 창조된 영혼과 같이 전혀 죽지 않게 될 것이다. 영혼도 죄를 지음으로써 죽었다고 말할 수 있는 것이 사실이다. 그 때에 영혼은 어떤 종류의 생명, 즉 하나님의 영을 잃어버렸기 때문이다.

하나님의 영에 의해서 영혼은 현명하고 행복하게 살 수 있었을 것이다. 그러나 그것은 원래 영원불멸하도록 창조되었기 때문에, 불행하게 되었으면서도 독특한 일종의 생명을 계속 가지고 있다. 반역 천사들에 대해서도 같은 말을 할 수 있다. 그들은 죄를 짓고 생명의 근원이신 하나님을 버렸기 때문에 일종의 죽음을 당했다. 하나님에게서 마심으로써 그들은 현명하고 행복하게 살 수 있었을 것이다. 그러나 그들은 원래 영생하도록 창조되었기 때문에, 생명과 감각을 완전히 빼앗길 정도로 죽을 수는 없었다. 마찬가지로, 최후 심판으로 둘째 사망 속에 거꾸로 던져진 후에 그들은 거기서도 생명이 없지는 않을 것이다. 거기서 고통을 받을 때에 그들에게 감각이 없지 않겠기 때문이다.

그러나 하나님의 은혜에 속하며 행복한 생명을 보존한 거룩한 천사들과 같은 시민인 사람들은 신령한 몸을 받아 입어, 그 후로는 죄를 짓거나 죽는 일이 없게 될 것이다. 그들이 받아 입을 영원불멸은 천사들의 영원불멸과 같이, 죄로 말미암아 빼앗기는 일이 없을 것이며, 그들의 육신의 본질은 변하지 않겠지만, 육신의 부패성이나 나태성은 흔적도 없을 것이다.

다음에 반드시 다뤄야 할 문제가 있으며, 이것은 진리의 하나님에게서 도움을 받아 반드시 해결해야 되겠다. 처음 사람들이 불순종이라는 죄를 짓고 하나님의 은혜를 잃었기 때문에, 그 결과로서 우리의 지체에 불순종과 정욕이 생겼다는 것을 우리는 안다. 그 결과로 그들의 눈이 자기의 벌거벗었음을 알게 되었다는 것, 다시 말

45) 13권 23장.

하면 더욱 엄밀히 관찰하게 되었다는 것을 우리는 안다. 그리고 그들의 의지에 따르지 않고 지체가 흉하게 움직이므로, 그들은 흉한 것을 가렸다. 그러므로 만일 그들이 창조된 그대로 죄없이 살아갔다면 어떻게 자녀를 생산했을까 하는 문제가 생긴다. 그러나 우리는 이 책을 끝내야 할 때가 되었다. 그뿐 아니라, 그런 중대한 문제를 간단히 처리해 버릴 수 없다. 따라서 문제를 다음 권에 미루어, 더 편리하게 다루겠다.

제 14 권

개요:저자는 처음 사람의 죄를 재론하면서 그것이 인간의 육적 생활과 악한 감정의 원인이 되었다고 가르친다. 특히 정욕에 따르는 수치감은 불순종에 대한 벌임을 밝히면서 사람이 죄를 짓지 않았더라면, 어떻게 정욕없이 자녀를 낳았을까를 고찰한다.

1. 만일 하나님의 은혜로 많은 사람이 구원을 받지 않았더라면, 처음 사람의 불순종은 모든 사람을 둘째 사망의 영원한 불행에 던져 넣었을 것이다.

나는 이미 앞에서[1] 하나님이 단 한 사람을 시조를 삼아 인류를 퍼뜨리기를 정하신 목적을 설명했다. 그것은 같은 모양으로 난 것을 기초로 삼아서 인류를 한 동맹체로 만들 뿐 아니라, 한 혈통의 유대로 묶어서 평화의 유대로 결합된 조화 있는 단일체를 만드시려는 것이었다. 또 처음의 두 사람 중 한 사람은 먼저 있는 사람에게서 창조되었지만 그들이 불순종으로 죽을 신세를 만들지 않았더라면, 개개인에게 죽음이 없었을 것이다. 그들의 죄는 너무도 엄청난 것이었기 때문에 인간의 본성에 해로운 영향을 주었고, 그 후손들까지도 죄의 결박과 불가피한 죽음이라는 유산을 받게 되었다.

그뿐 아니라 모든 사람에 대한 죽음의 압박은 지극히 횡포해서, 만일 하나님의 거저 주시는 은혜로 일부 사람들이 구원받지 않았다면, 모든 사람이 당연한 벌을 받아 끝없는 둘째 사망 속으로 휩쓸려 버렸을 것이다. 또 그래서 그 결과로, 비록 위대한 민족들이 세계 각처에서 여러 가지 종교와 도덕으로 살며 서로 다른 언어와 무기와 의복 등이 풍부하며 훌륭하지만, 인간 사회에는 두 계급밖에 나타난 것이 없다. 우리의 성경을 따라(엡 2:19-22; 빌 3:17-21) 우리는 그것을 두 도성이라고 부

---

1) 특히 12권 22장과 28장.

를 수 있다. 육체적인 생활을 택하는 사람들의 도성이 있고, 영적으로 살기를 택하는 사람들의 도성이 있어서, 각각 그 목적하는 평화의 종류가 다르다. 그리고 각기 자기의 목적을 달성하면 자기들이 원하는 평화를 누리면서 산다.

2. 육체적 생활은 신체의 결함뿐 아니라, 마음의 결함에서도 온다고 보아야 한다.

우선 육체(caro)에 따라 산다는 것과 영(spiritus)에 따라 산다는 말의 뜻을 알아야 한다. 내가 하는 말을 피상적으로만 보고, 성경이 사용하는 표현법을 생각하지 않거나 경시하는 사람은 오해할 수 있다. 에피쿠로스파[2] 철학자들이 인간의 최고선을 신체(corpus)적 쾌락[3]에 두었으므로 육체적으로 산 것이 사실이라고 생각할는지 모른다. 어떤 모양으로든지 신체적인 선이 인간의 최고선이라고 주장하는 다른 철학자들과, 철학설 같은 것을 따르지 않고 정욕에 기울어진 그 성향 때문에 신체적 감각으로 느끼는 쾌감만을 즐길 줄 아는 일반 대중도 육적 생활을 하는 사람들이라고 하기 쉽다.

그러나 인간의 최고선을 마음에[4] 두는 스토아파[5]는 영에 따라 산다고 생각할는지 모른다. 사람의 마음이 영이 아니고 무엇인가? 그러나 성경 말씀대로 본다면, 이 두 가지 사람들은 다 육체에 따라 사는 것이 분명하다.

성경에서 "육체는 다 같은 육체가 아니니 하나는 사람의 육체요 하나는 짐승의 육체요 하나는 새의 육체요 하나는 물고기의 육체라"(고전 15:39)는 말씀처럼 죽을 신세인 지상적 생물체만을 육체라고 부르는 것이 아니다. 성경은 이 명사를 여러 가지 다른 뜻으로 쓴다. 그 중의 하나는 사람 자신, 즉 사람의 본성을 자주 육체라고 부른다. 이것은 부분으로 전체를 대표하게 하는 표현 방법인데, "율법의 행위로 그의 앞에 의롭다 하심을 얻을 육체가 없나니"(롬 3:20)라는 말씀이 있다. 여기서 육

---

2) 에피쿠로스(341-270 B.C)는 쾌락, 고통이 없는 것이 유일한 선이며, 최고의 쾌락은 단순하고 유덕한 생활에 있다고 가르쳤다. 그는 감성적 쾌락을 옹호하지 않았다.

3) Cic., *De Fin.*, 1; 2.

4) Cic., *De Fin.*, 3; 4.

5) 스토아파의 시조는 Citium의 제논(Zenon)으로 B.C 300년경이 전성기. 인생의 진정한 목적은 자연과의 조화이며, 행복은 바른 행실로 얻어야 한다고 가르쳤다. 스토아파는 사해동포적인 호의를 가르쳤으나, 외부 환경에 대한 부동심(不動心)을 추구했기 때문에, 세상에 대한 무관심 또는 유리(遊離)를 조장했다.

6) "조금 내려가서"는 롬 3:28을 의미했을는지 모른다. "사람이 의롭다 하심을 얻는 것은." 그러나 실지로 인용된 것은 갈 3:11과 2:16.

체는 사람이라는 뜻이 아니고 무엇인가? 이 점은 조금 내려가서[6] "아무나 율법으로 말미암아 의롭게 되지 못할 것"(갈 3:11)이라는 말씀에서 더 분명히 나타났고, 갈라디아서에는 "사람이 의롭게 되는 것은 율법의 행위에서 난 것이 아니요"(갈 2:16)라는 말씀이 있다.

우리는 "말씀이 육신(caro)이 되어"(요 1:14)라는 말씀을 "사람이 되어"라는 뜻으로 해석할 때도 이 원칙을 응용한다. 그러나 어떤 사람들은[7] 이 말씀의 뜻을 오해해서, 그리스도에게 인간적인 영혼이 없었다고 생각했다. 복음서에서 "사람이 내 주를 가져다가 어디 두었는지 내가 알지 못함이니이다"(요 20:13)라고 막달라 마리아가 한 말을 읽을 때에 우리는 전체를 부분으로 해석한다. 마리아는 그리스도의 육신에 대해서 말하며, 무덤에 두었던 그 육신을 사람들이 옮겨갔다고 생각한 것이다. 위에서 인용한 구절들에서와 같이, 육신이라는 말을 읽을 때에 우리는 부분을 전체로 곧 사람으로 해석할 수 있다.

성경에서 '육체'라는 말을 쓰고 있는 모든 예를 모아서 검토하기는 지루할 것이다. 육체의 본질은 나쁜 것이 아니지만 육체적으로(또는 육적으로) 산다는 것은 확실히 나쁘다. 육적으로 산다는 문제를 더 검토하기 위해서 사도 바울의 갈라디아서에 있는 구절을 연구하는 것이 좋겠다. "육체의 일은 현저하니 곧 음행과 더러운 것과 호색과 우상숭배와 술수와 원수를 맺는 것과 분쟁과 시기와 분냄과 당 짓는 것과 분리함과 이단과 투기와 술 취함과 방탕함과 또 그와 같은 것들이라. 전에 너희에게 경계한 것같이 경계하노니 이런 일을 하는 자들은 하나님의 나라를 유업으로 받지 못할 것이라"(갈 5:19-21).

문제의 중요성에 합당한 주의를 사도의 이 구절 전체에 기울인다면, 우리는 육체를 따라 산다는 문제를 해결할 수 있을 것이다. 사도는 육체의 일들이 현저하다고 하며, 그것을 열거하면서 정죄한다. 그 가운데는 음행과 더러운 것과 호색 또는 방탕과 같이 육체적 쾌락에 관한 것이 있을 뿐 아니라, 육체적 쾌락과는 관계가 없으면서 정신적 결함을 나타내는 것도 있다. 우상숭배와 술수와 원수를 맺는 것과 분쟁과 시기와 분냄과 당 짓는 것과 분리함과 이단과 투기의 경우에는 확실히 신체의 결함보다 마음의 결함이 있다는 것을 아무도 의심하지 않는다. 우상을 숭배하거나 어떤 분파의 그릇된 교리를 따르기 때문에 신체적 쾌락을 버린 사람이 있을 수 있다. 그러나 그렇더라도 육체적 정욕을 억제하는 듯한 사람도 사도의 권위에 의해서 육적으로 산다는 정죄를 받는다. 이런 경우에는 그가 육신의 쾌락을 거부하고 있다는 것

7) 아폴리나리스와 아리우스파의 이단; Aug., *De Haer.* 49; 55.

이 육신의 악한 일에 빠져 있다는 것을 증명한다.

원수를 맺는 생각, 곧 적의를 느끼는 사람은 마음으로 느끼는 것이 아닌가? 원수라고 생각하는 사람에게 "그대는 내게 대해서 마음에 반감이 있다"고 하지 않고, "내게 대해서 육신에 반감이 있다"고 하는 사람이 있는가? 만일 'carnalitates' ('육신적인 일들')라는 말을 써도 좋다면, 그것들이 사람의 육적인 본성에서(caro) 왔다는 것을 의심하는 사람이 없는 것과 같이, 'animocitates' (증오심, 원한)가 'animus' (마음)에 관한 것임을 의심하는 사람도 없다. 그러면 이방인에게 믿음과 진리를 가르치는(딤전 2:7) 이 분이 이런 감정들을 육신의 일이라고 하는 것은 '육신' 이라는 말이 '사람' 이기 때문이 아니겠는가? 부분으로 전체를 가리킨 것이다.

3. 죄의 원인은 육체에 있는 것이 아니라 영혼에 있으며, 죄의 결과인 병적 상태는 죄가 아니라 벌이다.

모든 죄와 악행의 원인은 육체이며 영혼이 악하게 사는 것도 육체의 악한 영향을 받기 때문이라고 말하는 사람이 있다면, 확실히 그는 인간의 본성 전체를 신중하게 고찰하지 않았다. "참으로 썩는 몸이 영혼을 압박한다"고 한다(지혜서 9:15). 이 썩는 몸에 대해서 사도도 우리의 "겉 사람은 후패하나"라고(고후 4:16) 말한 다음에, 얼마 안가서 "만일 땅에 있는 우리의 장막집이 무너지면 하나님께서 지으신 집 곧 손으로 지은 것이 아니요 하늘에 있는 영원한 집이 우리에게 있는 줄 아나니 과연 우리가 여기 있어 탄식하며 하늘로부터 오는 우리 처소로 덧입기를 간절히 사모하노니 이렇게 입음은 벗은 자들로 발견되지 않으려 함이라 이 장막에 있는 우리가 짐진 것같이 탄식하는 것은 벗고자 함이 아니요 오직 덧입고자 함이니 죽을 것이 생명에게 삼킨 바 되게 하려 함이라"고 한다(고후 5:1-4).

우리는 이 썩을 몸을 짐같이 지고 있다. 그러나 이렇게 짐이 되는 것은 신체의 본성이나 본질이 아니라, 그 썩는 성질 때문인 것을 알기 때문에, 우리는 몸을 벗기를 원하는 것이 아니라 영생으로 덧입기를 원하는 것이다. 그렇게 되면 역시 몸이 있겠지만 그것은 썩지 않기 때문에 짐이 되지 않을 것이다. 지금은 "썩는 몸이 영혼을 압박하며, 땅의 장막이 생각 많은 마음을 내리 누른다" (지혜서 9:15). 그러나 영혼의 모든 악이 신체에서 온다고 하는 생각은 잘못이다.

참으로 베르길리우스는 플라톤의[8] 생각을 참으로 아름다운 시구로 표현한 것 같다.

---

8) *Phaedr.*, 245E-250E.

"불 같은 힘, 하늘에서 온 본질이
그들의 생에 갈등을 준다.
다만 흙으로 된 사지(四肢)와 썩는 몸이
그것을 가로 막는다.[9]

그는 또 더 잘 알려진 네 가지 감정인 욕망과 공포와 기쁨과 슬픔[10]을 말하면서, 이 감정들이 모든 죄악의 원인이라고 주장하려고 한다.

"따라서 캄캄한 동굴에 갇혀
하늘을 내다 보지 못하는 그들에게
욕망과 공포와 기쁨과 슬픔이 있을 뿐이다"[11]

그러나 우리가 믿는 것은 전혀 다르다. 영혼을 압박하는 썩는 몸, 그것은 처음 죄의 원인이 아니라, 그 죄에 대한 벌이다. 썩는 육체가 영혼을 죄짓게 만든 것이 아니라, 죄 많은 영혼이 몸을 썩게 만들었다.

썩을 육신 때문에 어떤 죄악이 자극을 받기도 하지만, 우리는 악한 생활의 원인을 전부 육신에 돌려서는 안된다. 그렇게 한다면 마귀에게는 아무 죄도 없게 될 것이다. 마귀에게는 육신이 없기 때문이다. 우리는 마귀가 음란하거나 술에 취한다거나 방탕한다고 할 수 없다. 그는 이런 죄에 빠진 자들을 은밀히 선동하며 충동하는 자이기는 하지만 그 자신은 그런 죄보다 심히 교만하며 시기하는 자이다. 그는 이 죄에 철저히 잡혀 있기 때문에 흑암의 쇠사슬로 영원한 벌에 매여 있는 것이다.

그런데 마귀를 지배하는 이런 죄악들을 사도는 육체의 일이라고 하며, 마귀에게는 육체가 없다. 사도는 원수를 맺는 것과 분쟁과 시기와 분냄과 투기를 육체의 일이라고 한다(갈 5:19-21). 이 모든 악행의 근원은 교만이며(집회서 10:13, 15; 12권 6장), 이것이 신체가 없는 마귀를 지배하고 있다. 성도들과 가장 많이 원수를 맺는 것은 누구이며, 성도들과 가장 많이 분쟁을 일으키는 것은 누군가? 누가 성도들을 더 시기하며 미워하는가? 그가 이런 악행을 하면서도 육체는 가지지 않았으므로 이런 일들을 육체의 일이라고 하는 것은 사람의 일이라는 뜻이 아닌가? 이미 말한 바와 같이, 사람을 육체라고도 부르기 때문이다.

사람은 자기, 곧 사람을 따라 살기 때문에 마귀와 같이 된 것이고, 마귀에게 없

9) *Aen.*, 6, 730-732.
10) Cic., *Tusc. Disp.*, 3, 11, 24; 4, 6, 11; 12.
11) *Aen.*, 6, 733-734.

는 육체를 따라 살기 때문이 아니었다. 마귀도 진리 안에 머무르지 않았을 때에 자기를 따라 살기를 원한 것이다. 그래서 그가 거짓말을 했을 때에, 그것은 하나님으로부터 온 것이 아니라, 마귀 자신에게서 거짓말쟁이에 불과한 마귀 자신에게서 온 것이었다. 참으로 마귀는 거짓말의 조상이며(요 8:44), 처음으로 거짓말을 한 자, 죄 되는 거짓말을 시작한 자였다.

4. 사람을 따라 사는 것과 하나님을 따라 사는 것에 대하여

그러므로 사람이 하나님을 따르지 않고 사람을 따라 살 때에는 마귀와 같다. 천사도 진리 안에 머무르며, 자기의 거짓이 아니라 하나님의 진리를 말하려고 할 때에는 천사를 따르지 않고 하나님을 따라 살아야 했기 때문이다. 사람에 대해서도 같은 사도가 다른 곳에서 "나의 거짓말로 하나님의 참되심이 더 풍성하였으면"이라고 한다(롬 3:7). 그는 "나의 거짓말"과 "하나님의 참되심"이라고 한다.

사람이 진리를 따라 살 때에는 자기 자신을 따라 사는 것이 아니라, 하나님을 따라 사는 것이다. "나는 진리다"(요 14:6) 하신 이는 하나님이시기 때문이다. 그러므로 사람이 자기를 따라, 곧 사람을 따라 살 때에는 확실히 거짓을 따라 사는 것이다. 사람 자신이 거짓이라고 하는 것이 아니다. 하나님이 사람의 창조주시며, 하나님이 거짓의 창조주가 아니시기 때문이다. 사람은 바른 자로 창조되어, 자신을 따라 살 것이 아니라 자기를 지으신 이를 따라 살기로 되어 있었다. 다시 말하자면, 사람은 자기 뜻이 아니라 하나님의 뜻을 행하기로 되어 있었다. 자기가 창조된 대로 살지 않는 것, 이것이 거짓이다.

사람이 행복하게 될 수 있는 방법대로 살지 않을 때에도, 그의 의지는 행복하게 되려고 한다. 그러면 그런 의지보다 더 거짓된 것은 무엇이겠는가? 그러므로 모든 죄는 거짓이라고 말해도 잘못이 아닐 것이다. 죄를 짓는 것은 행복을 원해서이거나 불행하게 되고 싶지 않기 때문이다. 따라서 행복하게 살고 싶어서 죄를 지었는데 그 결과는 불행이며, 더 행복하게 되려고 죄를 지었는데 그 결과는 더 불행하게 되었다는 데에 거짓이 있는 것이다. 이렇게 되는 이유는 무엇인가? 사람의 행복은 하나님에게서 오고 사람에게서 오는 것이 아니기 때문이 아닌가? 그런데 사람은 죄를 지음으로써 하나님을 버리며, 자기 자신을 따라 삶으로써 죄를 짓는다.

나는 앞에서[12] 서로 다르고 반대되는 두 도시가 있는 것은 육체를 따라 사는 사람들과 영을 따라 사는 사람들이 있기 때문이라고 말했다. 말하자면 어떤 사람들은 사람을 따라 살고, 어떤 사람들은 하나님을 따라 살기 때문이라고 할 수 있다. 사도 바울은 고린도 신자들을 향해서 "너희 가운데 시기와 분쟁이 있으니 어찌 육신에 속하여 사람을 따라 행함이 아니리요"라고(고전 3:3) 아주 분명히 말한다. 이와 같이 육신에 속했다고 하든지, 사람을 따라 행한다고 하든지, 뜻은 같다. 사람의 일부분인 육신은 사람 자신을 의미하기 때문이다.

사도가 여기서 "육신에 속하였다"(carnalis)고 하는 사람들을 그 앞에서는 "육에 속한"(animalis) 사람이라고 했다:"사람의 사정을 사람의 속에 있는 영 외에는 누가 알리요 이와 같이 하나님의 사정도 하나님의 영 외에는 아무도 알지 못하느니라 우리가 세상의 영을 받지 아니하고 오직 하나님께로 온 영을 받았으니 이는 우리로 하여금 하나님께서 우리에게 은혜로 주신 것들을 알게 하려 하심이라 우리가 이것을 말하거니와 사람의 지혜의 가르친 말로 하지 아니하고 오직 성령의 가르치신 것으로 하니 신령한 일은 신령한 것으로 분별하느니라.[13] 육에 속한(animalis) 사람은 하나님의 성령의 일을 받지 아니하나니 저희에게는 미련하게 보임이라"(고전 2:11-14).

그는 이런 육에 속한 사람들을 향해서 조금 뒤에 "형제들아 내가 신령한 자들을 대함과 같이 너희에게 말할 수 없어서 육신에 속한 자들을 대함과 같이 하노라"고 한다(고전 3:1). 육에 속했다, 육신에 속했다고 하는 두 가지 말은 다 부분으로 전체를 가리키는 표현법이다. '육에 속한'(animalis)의 어원인 anima(영혼), '육신에 속한'(carnalis)의 어원인 caro(육신)에서 이 영혼과 육신은 전체인 사람을 가리킨다. 이와 같이 '육에 속한' 사람과 '육신에 속한' 사람은 다르지 않고, 뜻이 같으며, 사람을 따라 사는 사람을 의미한다. 마찬가지로 "율법의 행위로 의롭다 하심을 얻을 육체가 없나니"(롬 3:20), "야곱의 집 사람으로 애굽에 이른 영혼들의 도합이 칠십 오명이었더라"(창 46:27의 직역)는 말씀도 사람을 가리킬 뿐이다. 앞의 말씀에서 육체가 없다고 하는 것은 사람이 없다는 뜻이며, 뒤의 말씀에서 영혼들의 도합은 사람들의 도합이 75명이었다는 뜻이다.

그뿐 아니라, 사도가 "사람의 지혜의 가르친 말로 아니하고"(고전 2:13)라고 말한 것은 '육신에 속한 지혜로 아니하고'로 볼 수 있을 것이다. 그와 같이 "사람을 따라 행함"이라는 말씀은(고전 3:3) '육신을 따라 행함이라'로 할 수 있을 것이다. 이 점은 그가 첨가한 말씀, 곧 "어떤 이는 말하되 나는 바울에게라 하고 다른 이는 나는 아볼로에게라 하니 너희가 사람이 아니리요"(고전 3:4)에서 더 분명히 나타났다.

---

12) 14권 1장.

13) '분별하느니라'가 설명이나 해석을 의미한다면, 이 말의 원어에는 고후 10:12에서와 같이 '비교'한다는 뜻도 있다.

'너희가 사람이라' 고 함으로써 '너희가 육에 속하였다' (animalis), '너희가 육신에 속하였다' (carnalis)라고 한 표현의 뜻을 더욱 명백하게 알린다. 사도가 하고자 하는 말은 "너희는 사람을 따라 살고 하나님을 따라 살지 않는다. 만일 하나님을 따라 산다면 너희는 신들이 되리라"는 것이다.

5. 신체와 영혼의 본성에 대한 플라톤 파의 생각은 마니교의 생각보다 나으나, 그것도 모든 결함의 원인을 육신의 본성에 돌리므로, 우리는 그것을 배척한다.

그러므로 우리의 죄와 허물에 관하여 육신의 본성을 비난함으로써 창조주를 욕되게 해서는 안 된다. 육신은 그 나름대로 선한 것이기 때문이다. 사람이 선하신 창조주를 버리고 창조된 선을 따라 살려고 하면, 육신을 따르든지 영혼을 따르든지 또는 사람 전체를 따르든지, 그런 삶은 선하지 않다. 사람은 영혼과 육신으로 성립되므로 그 중의 하나 곧 영혼이나 육신으로 사람을 의미할 수 있다.

영혼의 본성을 최고선으로 인정하며 육신의 본성을 악이라고 비난하는 사람이 영혼을 추구하거나 육신을 기피하는 것은 다 육신적인(animalis) 일이다. 이런 생각은 인간적인 허영에서 온 것이고 하나님의 진리에서 온 것이 아니기 때문이다.

플라톤 파는 마니교도들 같이 어리석지 않은 것이 사실이다. 마니교는 지상적인 몸들을 악의 본질이라고 해서 저주하지만,[14] 플라톤 파는 눈에 보이며 손으로 만질 수 있는, 우주를 구성하는 원소들과 그 속성들을 모두 그들의 창조주 하나님께로 돌리기 때문이다. 그러나 그들은 영혼이 지상적인 사지와 죽을 지체들의 영향으로 욕망과 공포와 환희와 슬픔이라는 감정을 가지게 된다고 믿는다. 그리고 키케로[15]가 마음의 동요(perturbationes)라고 하며, 그리스어를 직역해서 일반적으로 격정(激情, passiones)이라고 하는 이 감정들이 인간생활의 모든 도덕적 부패를 포함한다고 한다.[16]

그러나 이것이 사실이라면 무슨 까닭에 베르길리우스의 시에서 아이네아스(Aeneas)가 저승에서 그 아버지로부터 영혼들이 몸으로 돌아가리라는 말을 들었을 때에, 이런 신념에 대해서 놀라 부르짖는가.

---

14) 마니교도들은 악한 세력이 육신을 창조했다고 하며, 그 세력은 하나님에 반대하며 하나님과 같이 영원하다고 했다; Aug., *De Haer.*, 46; 11권 13장의 주 50.

15) *Tusc. Disp.*, 4, 6, 11.

16) 8권 17장.

"오 아버지, 영혼들이 이 높은 곳을 떠나
다시 한 번 짐스런 몸으로 돌아간다는 것이 참말이오니까?
저 가련하고 어리석은 것들이
삶에 대해서 가진 이 정욕은
얼마나 무서운 것이오니이까?"[17]

지상적인 자손과 죽을 지체들에서 온 이 무서운 정욕은 저 영혼들 안에 — 순결하다고 해서 자랑거리가 되는 그 영혼들 안에 — 아직도 남아 있는 것인가? 다시 한 번 몸으로 돌아가려고 일어나는 영혼들은 신체적인 역병들을 모두 깨끗이 씻어버렸다고 베르길리우스는 주장하지 않는가?

그러므로 가령, 전혀 근거 없는 가정을 해서, 영혼들은 정화와 오염이 교체하는 과정을 끝없이 되풀이한다고 하더라도 영혼의 허물과 타락한 감정들이 모두 지상적인 신체에서 왔다고 하는 것은 참말일 수 있다고 우리는 추론한다. 그들의 저 유명한 대변인이 무서운 정욕이라고 부르는 그 감정은 몸에서 오는 것이 아니라 그 자체가 영혼들을 몰아 몸 안에 있도록 만든다고 그들 자신이 말하기 때문이다. 모든 신체적 역병을 깨끗이 씻고 모든 신체적인 존재들과의 접촉을 끊어버린 영혼들이 그런 정욕에 몰린다고 한다. 이와 같이 그들 자신까지 인정하는 대로, 영혼은 육신의 영향으로 욕망과 공포와 기쁨과 슬픔을 느낄 뿐 아니라, 그 자체가 이런 감정들로 어지럽게 될 수도 있는 것이다.

6. 사람의 의지의 성격에 대하여. 마음의 성향이 바르고 그름은 의지의 판단으로 결정된다.

사람의 의지가 어떤 성격이냐 하는 것이 중요하다. 그것이 잘못되면 이런 감정들도 비난을 받지 않을 뿐 아니라 칭찬을 받아야 한다. 욕망이나 기쁨은 우리가 원하는 것에 동감한 의지의 발동이 아니고 무엇인가? 공포와 슬픔은 우리가 원하지 않는 것에 반대하는 의지의 발동이 아니고 무엇인가? 우리가 원하는 것을 추구함으로써 우리의 동감을 표시할 때에 그것을 욕망이라고 부르며, 우리가 원하는 것들을 즐김으로써 우리의 동감을 표시할 때에 그것을 기쁨이라고 한다. 마찬가지로 우리가 원하지 않는 일에 반대할 때에 의지의 행동은 공포로 나타나며, 우리의 의지에 반대되는 일이 생길 때에 우리의 의지는 슬픔으로 반응을 나타낸다. 일반적으로 의지가

---

17) Virg., *Aen.*, 6, 719-721.

추구하거나 회피하는 것들의 성격이 다름에 따라, 의지는 거기에 끌리거나 또는 싫어하며, 따라서 감정도 방향이 변한다.

그러므로 사람을 따르지 않고 하나님을 따라 사는 사람은 반드시 선을 사랑하며, 그 결과로 악을 미워한다. 그뿐 아니라, 본성이 악한 사람은 없으므로 하나님을 따라 사는 사람은 악한 사람들에 대해서 완전한 미움[18]을 품을 의무가 있다. 결점이 있다고 해서 사람을 미워하거나, 사람 때문에 결점을 사랑할 것이 아니라, 결점을 미워하고 사람은 사랑해야 한다. 결점이 고쳐지면 사랑할 것만이 남고, 미워할 것은 남지 않겠기 때문이다.

7. 성경에서는 선과 악에 관해서, 사랑(amor)이라는 말과 애착(dilectio)이라는 말을 구별하지 않고 사용한다.

사람을 따르지 않고 하나님을 따라, 하나님을 사랑하며 이웃을 자기 몸과 같이 사랑하려고(마 19:19) 하는 사람을 선의(善意)의 사람이라고 부르는 것은 의심할 여지가 없다. 이런 마음씨를 성경에서는 보통 '카리타스'(caritas, 사랑)라고 부르지만, '아모르'(amor)라고도 한다. 사람들의 지도자로서 선택될 사람은 선을 좋아(사랑)하는 사람이라야 한다고 사도는 가르친다(딛 1:8). 그뿐 아니라, 주께서 친히 사도 베드로에게 "네가 이 사람들보다 나를 더 사랑하느냐(diligis:동사 diligere 의 2인칭 단수·현재)고 물으셨고, 사도는 "주여 내가 주를 사랑하는(amor :동사 amare 의 1인칭 단수·현재) 줄 주께서 아시나이다"라고 대답했다(요 21:15-17). 주께서 다시 베드로에게 나를 '아마레'(amare) 하느냐고 물으시지 않고 '딜리게레'(diligere) 하느냐고 물으셨으며, 사도는 다시 "주여 내가 주를 amo 하는 줄 주께서 아시나이다"라고 대답했다.

그러나 세번째 물으실 때에는 주께서도 네가 나를 diligere 하느냐고 하시지 않고, "네가 나를 amare 하느냐"고 물으셨다. 여기서 복음서 기자는 논평하기를, "주께서 세번째 네가 나를 amare 하느냐고 하시므로 베드로가 근심"했다고 한다. 그러나 주께서 "나를 amare 하느냐"고 물으신 것은 세 번이 아니라, 한 번 뿐이었다. 그러므로 주께서 "네가 나를 diligere 하느냐"고 물으신 것도 "네가 나를 amare 하느냐"라는 뜻일 뿐이었다는 것을 알 수 있다. 그러나 베드로는 이 한 가지 일에 대한 말을 변하지 않고 세번째도 "주여 모든 것을 아시노니 내가 주를 amare 하는 줄을 주께서 아시나이다"라고 대답했다.

---

18) 시 139:22; '심히 미워하니'는 '완전한 미움으로 미워하니'의 의역.

내가 이 점을 말할 가치가 있다고 생각한 것은 (diligere의 명사형인) dilectio 와 caritas 는 (amare 의 명사형인) amor 와 다르다고 생각하는 사람들이 있기 때문이다. dilectio 는 좋은 의미로, amor 는 나쁜 의미를 사용된다고 그들은 말한다. 그러나 세속 문인들 사이에서도 그런 용법이 없었다는 것을 우리는 확실히 알 수 있다. 다만 그들이 그런 구별을 해야 하는지, 어떤 원칙을 두고 하는지를 나는 철학자들의 결정에 맡긴다. 하여간 선한 일들에 관해서나 하나님을 향할 때에 amor 를 중요시한다는 것을 그들의 저서에서 충분히 증언한다. 나는 우리가 다른 모든 서적보다 더 권위가 있다고 믿는 우리의 성경이 dilectio 와 caritas 를 amor 와 구별하지 않는다는 것을 증명하려고 한 것이다. amor 도 좋은 의미로 쓴다는 것을 나는 이미 증명했다.

그러나 amor 는 좋은 의미와 나쁜 의미로 쓸 수 있으나, dilectio 는 좋은 의미로만 쓴다고 생각하는 사람이 있을는지 모르므로, 그런 사람은 시편에 있는 "불의를 diligere 하는 자는 자기의 영혼을 미워하느니라"(시 11:6, 70인역)고 하는 말씀을 생각하라. 또 사도 요한은 "누구든지 세상을 diligere 하면 아버지의 dilectio 가 그 속에 있지 아니하니라"고 한다(요일 2:15). 여기서는 한 문장 안에서 dilectio 를 좋은 의미와 나쁜 의미로 썼다. 내가 amor 라는 말이 좋은 의미로 사용된 것을 보였으니, 나쁜 의미로 사용되는 것을 증명하라고 요구한다면, 나는 성경에 있는 말씀, "사람들은 자기를 amare 하며 돈을 amare 하며"라는(딤후 3:2) 말씀을 읽으라고 하겠다.

그러므로 바른 의지는 선한 사랑이며, 그릇된 의지는 나쁜 사랑이다. 사랑하는 대상을 얻으려고 노력하는 사랑이 욕망이며, 그 대상을 소유하며 즐기는 사랑이 기쁨이다. 마주친 것을 피하는 사랑은 공포며, 그 대상이 주는 타격을 느끼는 사랑은 슬픔이다. 따라서 이런 감정들은 사랑이 나쁘면 나쁘고, 사랑이 선하면 선하다.

이제는 우리의 주장을 성경으로 증명하겠다. 사도는 "떠나서 그리스도와 함께 있을 욕망을" 가졌으며(빌 1:23), "나의 영혼이 주의 심판을 원하기를 사모하나이다" 또는 더 적절하게 표현해서 "나의 영혼이 주의 심판을 사모하기를 원하나이다"라고 한다(시 119:20, 70인역). 또 "지혜를 원하는 사람은 하나님 나라로 인도된다"(지혜서 6:20). 그러나 일반 관례로는 '욕망'이라는 라틴어 cupiditas 와 concupiscentia 는 그 대상을 분명히 알리지 않는 때에는 나쁜 뜻으로만 해석된다. '기쁨'이라는 라틴어 laetitia 는 좋은 의미로 사용된다. 그래서 "너희 의인들아 여호와를 기뻐하며 즐거워할지어다"(시 32:11)라고 하며, "주께서 내 마음에 두신 기쁨"(시 4:7)이라고 하며, "주의 앞에서 기쁨이 충만하고"(시 16:11)라고 한다.

'공포' 라는 라틴어 timor 는 좋은 의미를 사용되어 사도는 다음과 같이 말한다. "두렵고 떨림으로 너희 구원을 이루라" (빌 2:12), "높은 마음을 품지 말고 도리어 두려워하라" (롬 11:20), "뱀이 간계로 하와를 미혹케 한 것 같이 너희 마음이 그리스도를 향하는 진실함과 깨끗함에서 떠나 부패할까 두려워하노라" (고후 11:3). 그러나 '슬픔' 이라는 라틴어 tristitia 를 좋은 의미로 쓸 수 있는지는 결정하기 어렵다. 키케로는 이 감정을 질고라는 뜻의 aegritudo 라고 했고,[19] 베르길리우스는 고통(dolor)이라는 말은 "그들은 고통스러워 하며 기뻐했다"[20]고 했다. 그러나 '질고'와 '고통' 은 신체적인 의미로 사용하는 때가 더 많으므로, 나는 tristitia 를 쓰기로 했다.

8. 스토아 파는 현인의 마음에는 저 세 가지 혼란이 있으나, 고통이나 슬픔은 없어야 마땅하다고 한다.

스토아 파의 사상 체계에서는 현인의 마음에는 저 세 가지 혼란 상태 대신에 거기에 해당하는 세 가지 정연한 상태가 있다고 해서, 그리스어로 이 심경들을 eupatheiai (평온상태들)이라고 하며, 키케로는 라틴어로 constantiae(안정상태들)라고 했다.[21] 그래서 욕망(eupiditas)은 소원(voluntas)으로, 기쁨(laetitia)은 만족(gaudium)으로, 공포(metus)는 조심(cautio)으로 바꿨다. 그러나 현인의 마음에는 고통이나 질고에 해당하는 상태가 있을 수 없다고 했다. 이것은 혼란을 피하기 위해서 내가 슬픔(tristitia)이라고 부른 상태다.

그런데 소원 또는 의지는 선한 것을 추구하며, 이것이 바른 현인이 하는 일이라고 그들은 말한다. 만족은 선을 얻은 결과이며, 조심은 악을 피하는 것인데, 현인은 반드시 악을 피한다. 그러나 슬픔은 이미 있었던 악에서 생기는 것이므로, 그리고 현인에게는 악한 일이 생길 수 없다고 그들은 생각하기 때문에, 현인의 심경에는 슬픔에 해당하는 것이 없다고 선언한다. 그들의 주장을 요약하면, 현인에게만 소원과 만족과 조심이 있는 반면에, 어리석은 자는 욕망과 기쁨과 공포와 슬픔이 있을 뿐이며, 앞의 세 가지 상태는 질서정연한 심경인데, 뒤의 네 가지는 혼란한 상태라고 한다. 이것들을 키케로는 perturbationes(동요 상태들)라고 하였고, 세상에서는 passiones(열정들)로 알려졌다. 이미 말한 바와 같이, 그리스어로 앞의 세 가지 마

---

19) *Tusc. Disp.*, 3, 10.
20) *Aen.*, 6, 733.
21) *Tusc. Disp.*, 4, 6, 11 ff.; Diog. Laert., 7, 116.

음씨를 eupatheiai 라고 하며, 뒤의 것들은 pathe 라고 한다.

성경에서 이런 용어법이 인정되는가 해서 자세히 검토하다가 예언자의 "주의 말씀에 악인에게는 만족이었다 하셨느니라"(사 57:21, 70인역)는 말씀을 만났다. 만족은 선하고 경건한 사람의 소유이므로, 악인의 특색은 기뻐 날뛰는 것이라고 생각하는 듯하다. 또 복음서에서 "무엇이든지 남에게 대접을 받고자 하는 대로 너희도 남을 대접하라"(마 7:12)는 말씀을 보았다. 이 말씀의 뜻은 악하거나 부끄러운 일들은 욕망의 대상이 될 수 있지만, ('받고자' 하는 것과 같은) 소원의 대상이 될 수는 없다고 하는 것 같다.

참으로 어떤 사람들은 '선한 일들'이라는 말을 첨가해서 표현을 세상 관례에 더 잘 일치하게 만들려고 하며, "무슨 선한 일이든지 남에게 대접을 받기를 원하는 대로"라는 뜻이 되게 했다. 이렇게 되면 부끄러운 일이 아닐지라도 부적당한 일로, 예컨대 호화로운 연회로 대접을 받고자 하는 것을 막으리라고 그들은 생각했다. 같은 식으로 답례를 하면 이 교훈을 지키게 되리라는 생각도 막으리라는 것이다. 그러나 라틴어 성경의 원본인 그리스어 성경에는 '선한 일들'이라는 말이 없고, "무엇이든지 남에게 대접을 받고자 하는 대로 너희도 남을 대접하라"고 되어있다. '선한 일들'이라는 뜻은 이미 "받고자 하는 대로"(받기를 원하는 대로)에 포함되었기 때문이라고 나는 생각한다. "받으려는 욕망대로"라고는 하지 않기 때문이다.

그러나 우리는 말의 특수한 의미를 간혹 제한해서 쓸 수는 있어도, 언어를 항상 그렇게 구속할 수는 없다. 우리가 권위를 부정해서는 안 되는 저자들의 말을 읽을 때에는 정확한 뜻을 표현하는 다른 말을 찾을 수 없으면 그 특수한 뜻으로 해석해야 한다. 내가 선지서와 복음서에서 인용한 말씀들과 같다. 악한 자들은 기뻐서 날뛰지만, "주의 말씀에 악인에게는 만족이 없다 하셨느니라." 이런 구별이 가능한 것은 '기뻐한다'라는 동사를 어떤 특수한 뜻으로 사용할 때에는 뜻이 달라지기 때문이다. 마찬가지로 남에게서 대접을 받으려고 하는 욕망대로 남을 대접하라고 한다면, 이런 교훈이 잘못이라는 것을 누가 부정하겠는가? 이렇게 한다면 부끄러운 일, 불법한 쾌락으로 서로를 기쁘게 할 염려도 있지 않은가? 그러나 "무엇이든지 남에게 대접을 받고자 하는 대로 너희도 남을 대접하라"고 하는 교훈은 심히 건전하고 바르다.

이것은 여기서 소원이(받고자 하는 뜻이) 엄격하게 사용되었고, 악을 추구할 수 없는 소원(또는 뜻)을 의미하기 때문이 아닌가? 악한 뜻이 없다면 "어떤 모양으로든지 거짓말을 할 뜻을 품지 말라"(집회서 7:13)고는 보통 말하지 않을 것이다. 그러나 악한 뜻이 있기 때문에 천사들이 축하하는 말에도 "땅에서는 선한 뜻을 가진 사람들 중에 평화로다"(눅 2:14)라는 말씀이 있다. 선한 뜻만 있다면 "선"이라는 말을 붙일 필요가 없을 것이다. 사도가 사랑을 찬양할 때에 사랑이 "불의를 기뻐하지 아니하는"(고전 13:6) 것이 위대한 일이라고 한 것은 악한 뜻은 불의를 기뻐하기 때문이 아닌가?

세속 문헌에서도 이런 용어들을 구별하지 않은 예를 발견한다. 가장 세련된 웅변가였던 키케로의 글에, "원로들이여, 자비한 사람이 되는 것이 나의 욕망이라"[22] 하였다. 그가 이 말을 좋은 의미로 썼다는 것을 인정하더라도, 그는 '욕망'이라고 할 것이 아니라 '소원'이라고 했어야 한다고, 현학적으로 말하는 사람이 있겠는가?

또 테렌티우스(Terentius)의 희극에서, 미친 욕망이 가득한 방탕한 청년이, "내게는 필루메나(Philumena)밖에는 소원이 없다"고 한다. 그러나 이 소위 소원이 정욕을 두고 하는 말이라는 것은 그의 노예가 한 대답으로 분명히 알 수 있다. 주인보다 이성적인 종이 여기서 대답한다. "많은 말로 정욕의 불을 더욱 일으키는 것보다 그 사랑을 마음 속에서 뽑아 버리시는 것이 얼마나 더 좋을까요?"[23] 기쁨이라는 말을 나쁜 의미로 쓴 증거를 우리는 베르길리우스가 저 네 가지 혼란된 감정을 간결하게 열거한 데서 볼 수 있다: "거기서 생기는 것은 공포와 욕망과 기쁨과 고통이다."[24] 같은 시인이 "마음 속에 솟아나는 기쁨의 악한 발작"이라고도 했다.[25]

그러므로 소원과 조심과 만족은 선한 사람들에게나 악한 사람들에게 공통적이며, 이 생각을 표현하는 욕망과 공포와 기쁨도 선한 감정과 악한 감정에 다 같이 쓴다. 그러나 선한 사람들은 이런 감정들을 선하게 느끼며, 악인들은 악하게 느낀다. 인간의 의지 활동이 선하기도 하고 악하기도 한 것과 같다. 스토아 파는 현인의 마음에는 슬픔에 해당하는 감정이 없다고 하는데 특히 우리의 성경에서는 이 말을 좋은 의미로 사용했다. 사도는 고린도 신자들이 경건한 슬픔을 느꼈다고 해서 칭찬한다. 그러나 어떤 사람은, 사도가 칭찬한 것은, 그들이 회개하면서 죄를 지은 사람들만이 느낄 수 있는 슬픔을 느꼈기 때문이라고 할는지 모른다.

사도의 말씀은 이것이다: "그 편지가 너희로 잠시만 근심하게 한 줄을 앎이라 내가 지금 기뻐함은 너희로 근심하게 한 까닭이 아니요 도리어 너희가 근심함으로 회개함에 이른 까닭이라 너희가 하나님의 뜻대로 근심하게 된 것은 우리에게서 아무 해도 받지 않게 하려 함이라 하나님의 뜻대로 하는 근심은 후회할 것이 없는 구원에 이르게 하는 회개를 이루는 것이요 세상 근심은 사망을 이루는 것이라 보라 하나님

---

22) *In Cat.*, 1, 2, 4.
23) *Andr.*, 306 ff.
24) *Aen.*, 6, 733.
25) *Aen.*, 6, 278 f.

의 뜻대로 하게 한 이 근심이 너희로 얼마나 간절하게 하였는가"(고후 7:8-11).

여기서 스토아 파는 자기들의 입장을 지지하는 대답을 할 수 있다. 슬픔은 죄에 대한 후회를 표시하므로 유익한 것 같지만, 현인의 마음에는 슬픔이 없다고 한다. 현인은 슬퍼하며 후회해야 할 죄를 짓지 않으며, 그가 참고 견디면서 슬픔을 느끼게 할 악도 만나지 않는다고 한다. 나의 기억이 잘못이 아니라면, 알키비아데스(Alcibiades)에 대한 이야기가 있다. 그는 자기를 행복한 사람이라고 생각했는데 소크라테스의 토론을 듣고 눈물을 흘렸는데 소크라테스는 그가 어리석은 자요, 따라서 불행한 자라는 것을 증명했기 때문이었다.[26] 그의 경우에는 어리석은 것이 이 유용하고 바람직한 슬픔의 원인이었다. 자기가 원치 않는 인간이 되어 있음을 유감스럽게 생각하는 사람의 슬픔이었다. 그러나 스토아 파는 어리석은 자에게가 아니라 현인에게 슬픔이 없다고 주장한다.

9. 마음의 동요와 감정 중에서 바른 것만이 의인들의 마음에 있다.

그러나 정신적 동요의 문제에 대해서는 이 책의 제9권에서[27] 이미 철학자들에게 대답했다. 나는 거기서 그들이 사실보다 말에 흥미가 있으며, 진리보다 논쟁을 원한다고 지적했다. 그와 반대로 우리 그리스도인들 사이에서는 성경과 건전한 교리에 따라, 거룩한 하나님 나라 시민들이 금생의 순례의 도상에서 하나님을 따라 살아가는 동안, 공포와 욕망, 고통과 기쁨을 느끼며, 그들의 사랑이 바르기 때문에 그들의 감정도 모두 바르다.

그들은 영원한 벌을 두려워하며, 영원한 생명을 원한다. 양자 되는 것, 곧 몸이 구속되는 것(롬 8:23)을 기다리면서 탄식하므로, 금생에 대해서 고통을 느끼며, 희망이 있으므로 기쁨을 느낀다. "사망이 이김의 삼킨 바 되리라고 기록된 말씀이 응하겠기" 때문이다(고전 15:54). 또 그들은 죄를 지을까 두려워하며, 끝까지 참기를 원한다. 지은 죄로 인해서 고통하며, 선한 행위를 기뻐한다. 죄를 두려워하는 것은 "불법이 성하므로 많은 사람의 사랑이 식어지리라"(마 24:12)는 말씀을 듣기 때문이며, 오래참기를 원하는 것은 "나중까지 견디는 자는 구원을 얻으리라"(마 10:22)는 성경 말씀을 알기 때문이다. 죄에 대해서 고통을 느끼는 것은 "만일 우리가 죄없다 하면 스스로 속이고 또 진리가 우리 속에 있지 아니할 것이라"(요일 1:8)는 말씀을 듣기 때문이며, 선행(善行)을 기뻐하는 것은 "하나님은 즐겨 내는 자를 사랑하시느

26) Cic., *Tusc. Disp.* 3, 22
27) 4-5장.

니라"(고후 9:7)는 말씀을 들었기 때문이다.

마찬가지로 성격이 강하거나 약한데 따라 시험을 두려워하기도 하며 원하기도 하고, 시험당함을 슬퍼하거나 기뻐한다. 시험을 두려워하는 것은 "사람이 만일 무슨 범죄한 일이 드러나거든 신령한 너희는 온유한 심령으로 그러한 자를 바로잡고 네 자신을 돌아보아 너도 시험을 받을까 두려워하라"(갈 6:1)는 명령을 듣기 때문이다. 그들이 시험을 원하는 것은 하나님 나라의 용감한 시민이 "주여 나를 살피시고 시험하사 내 뜻과 내 마음을 단련하소서"(시 26:2)라는 말씀을 듣기 때문이다. 시험을 슬퍼하는 것은 베드로가 우는 것을 보기 때문이며(마 26:75), 시험을 기뻐하는 것은 "형제들아 너희가 여러 가지 시험을 만나거든 온전히 기쁘게 여기라"(약 1:2)는 야고보의 말씀을 듣기 때문이다.

그뿐 아니라 하나님 나라 시민들은 자기만을 위하지 않고 다른 사람들을 위해서도 그들이 해방되기를 원해서 그들이 멸망할까 두려워하며, 그들이 멸망하는 것을 보고 괴로워하며, 그들이 해방되는 것을 보고 기뻐한다. 우리와 같이 이방인으로서 그리스도의 교회에 들어온 사람들은 특히 저 덕성과 용기의 모범이었던 분이 자기의 연약함을 자랑한 것을(고후 12:5, 9, 10) 회상하자. 그는 믿음과 진리 안에서 이방인의 스승이었으며(딤전 2:7), 모든 사도들보다 더 많이 수고했으며(고전 15:10), 당시의 하나님 백성뿐만 아니라 앞으로 있을 사람들을 위해서도 많은 편지를 썼다. 그는 그리스도의 경기자로서 그에게서 배웠으며(갈 1:12), 그에게서 기름 부음을 받았으며(고후 1:21), 그리스도와 함께 십자가에 못박혔으며(갈 2:20), 그리스도를 자랑했으며, 그리스도를 위해서 세계 곧 천사와 사람들에게 구경거리가 되었으며(고전 4:9), 법대로 큰 싸움을 싸웠으며(딤후 2:5), 위에서 부르신 부름의 상을 위해서 좇아갔다(빌 3:14).

그는 신자들이 믿음의 눈으로 보고 기뻐하는 가운데서, 즐거워하는 자들과 함께 즐거워하고 우는 자들과 함께 울었으며(롬 12:5), 밖으로는 다툼을 당하며 안으로는 두려움을 당했으며(고후 7:5), 떠나서 그리스도와 함께 있을 욕망을 가졌으며(빌 1:23), 로마에 있는 신자들 사이에서도 다른 이방인 중에서와 같이 열매를 거두려고 그들 보기를 심히 원했다(롬 1:11-13). 신자들은 그가 고린도 교회 신자들을 위하여 열심을 내며, 이 열심 때문에 그들이 그리스도 안에 있는 성결의 길에서 멀어질까 두려워하는 것을 보았다(고후 11:2-3). 그에게 큰 근심이 있는 것과 마음에 그치지 않는 고통이 있는 것으로 보았다(롬 9:2). 이것은 이스라엘 백성이 하나님으로부터 오는 의를 모르고 자기들의 의를 세우려고 힘써 하나님의 의에 복종치 않기 때문이었다(롬 10:3). 참으로 그들은 그가 자기의 고통을 말할 뿐 아니라 죄를 지은 사람들이 그 더러움과 음란함을 회개치 않으므로 슬퍼하는 것을 보았다(고후 12:21).

선을 사랑하며 거룩한 사랑이 있기 때문에 생기는 이런 동요와 감정을 죄과라고 한다면, 참 죄과들을 덕성이라고 해도 좋을 것이다. 그러나 바른 이유가 있으며 바른 모양으로 나타난 것이라면, 이런 감정들을 누가 감히 병이라든가 병적인 격정이라고 부를 것인가? 그렇기 때문에 주께서 자기를 낮추어 종의 형상으로(빌 2:7) 인간의 생활을 하셨을 때에, 전혀 죄가 없으시면서도, 이런 감정을 나타내는 것이 옳다고 판단하신 때에는 나타내셨다. 참으로 사람의 몸과 사람의 마음을 가지셨던 주께서 나타내신 인간적인 감정들은 가짜로 꾸미신 것이 아니었다. 따라서 복음서에 있는 기록들에는 거짓이 없다. 유대인들의 마음이 완악함을 근심하여 노하셨으며(막 3:5), "너희를 위하여 기뻐하노니 이는 너희를 믿게 하려 함이라"(요 11:15)고 말씀하셨으며, 나사로를 살리려 하셨을 때에 눈물을 흘리셨으며(요 11:35), 제자들과 함께 유월절에 잡수시기를 원하고 원하셨으며(눅 22:15), 수난이 임박했을 때에 그의 마음이 심히 고민하였다(마 26:38). 주님의 인간적인 마음은 그가 선택한 일정한 섭리적인 목적을 위해서 이런 감정을 가진 것이다. 그가 택하신 때에 사람이 되신 것과 같다.

그러나 바르고 경건한 감정들도 금생에 속한 것이요, 우리가 바라는 내생에는 없으리라는 것을 우리는 인정해야 할 것이다. 또 우리는 원하지 않는 감정에 휩쓸리기도 한다. 그래서 비난 받을 욕망이 아니고 칭찬할 만한 사랑이 원인이 된 것이면서도, 원하지 않는 눈물을 흘리는 때가 있다. 그러므로 이런 감정들은 인간의 처지가 약하기 때문이라고 할 수 있겠지만, 주 예수의 경우는 그렇지 않았다. 그가 약하신 것도 그의 권능에서 온 것이었다. 그러나 우리가 금생의 연약한 상태에 있는 동안, 이런 감정을 전혀 느끼지 않는다면, 우리의 생활은 올바르지 않을 것이다.

사도는 자연스러운 감정이 없는 사람들을 책망했다(롬 1:31). 시편 작가도 "나의 슬픔을 나눌 자를 찾았으나 얻지 못하였나이다"(시 69:20, 70인역)라면서 그런 사람들을 비난했다. 어떤 세속 저술가는 우리가 이 불행한 곳에 있는 동안 고통이 완전히 없으려면 "야만적인 마음과 무감각한 몸이라는 큰 희생을 바쳐야 한다"는 의견을 말했다.[28]

이와 관련해서 그리스어의 apatheia[29]라는 말을 생각해 본다. 이 말은 라틴어로 impassibilitas (무감각, 부동심〔不動心〕)이라고 번역할 수 있을 것이다. 만일 이

28) Cic., *Tusc. Disp.* 3, 6, 12.
29) apatheia는 스토아파의 도덕률 2장의 주 5 참조.

런 말이 있어서 신체가 아니라 마음에 대해서 쓰며, 이성에 반대되는 감정, 마음을 어지럽게 하는 감정이 없이 산다는 뜻이라면, 이것은 심히 바람직한 상태인 것이 분명하다. 그러나 이것도 우리의 금생에 속한 것이 아니다. 사도가 "만일 우리가 죄 없다 하면 스스로 속이고 또 진리가 우리 속에 있지 아니할 것이라"(요일 1:8)하는 것은 일반 사람들을 대표한 말씀이 아니라, 가장 경건하며 의로우며 거룩한 사람들을 대변한 말씀이다. 따라서 이 부동심은 사람에게 죄가 없을 때에만 있게 될 것이다.

그러나 금생에서는 비난받을 일이 없이 산다면 착실히 사는 것이다. 자기는 죄 없이 사노라고 생각하는 사람은 참으로 죄가 없는 것이 아니라 용서를 잃어버리는 것이다. 그뿐 아니라, 만일 부동심은 아무 감정도 느끼지 않는 상태라고 정의한다면 누가 이런 마비 상태를 모든 죄보다 더 나쁜 것이라고 생각하지 않을 것인가? 완전한 행복에는 공포심이 주는 고통이나 슬픔이 없으리라고 주장하는 것은 불합리하지 않겠지만 진리를 완전히 등진 사람이 아니고서야 누가 사랑과 기쁨이 행복한 생활에 없으리라고 주장할 것인가? 그뿐 아니라 부동심은 아무 공포나 고통이 없는 상태라면, 현세에서 하나님을 따라 바르게 살려는 사람은 그것을 피해야 한다. 그러나 우리에게 약속된 영원하고 행복한 생명에서는 분명히 그런 상태가 있으리라고 기대해도 좋을 것이다.

사도 요한이 두려움에 대해서 "사랑 안에 두려움이 없고 온전한 사랑이 두려움을 내어 쫓나니 두려움에는 형벌이 있음이니라 두려워하는 자는 사랑 안에서 온전히 이루지 못하였느니라"(요일 4:18)한 것이 사실이다. 그러나 이 두려움은 사도 바울이 느낀 두려움과 다르다. 바울은 고린도 신자들이 뱀의 간계로 미혹될까 두려워했다(고후 11:3). 이것은 사랑하기 때문에 느끼는 두려움이며, 참으로 사랑으로써만 느낄 수 있는 것이다. 그러나 사랑 안에 없다는 두려움은 성격이 다르다. 이런 두려움에 대해서 사도 바울은 "너희는 다시 무서워하는 종의 영을 받지 아니하였다"고 한다(롬 8:15). 그러나 영원까지 이르리라는 저 정결한 두려움(시 19:9)[30]— 이 두려움이 내세에 있다면(그렇지 않다면 어떻게 영원까지 이를 수 있겠는가?) — 그것은 닥쳐올는지 모르는 악을 피하게 만드는 두려움이 아니라, 잃어버릴 수 없는 선에 계속 머무르게 하는 두려움이다.

이미 얻은 선에 대한 사랑이 변할 수 없다면, 피해야 할 악에 대한 걱정으로부터 자유스러워질 것이다. '정결한 두려움'이라는 말이 의미하는 의지 활동은 우리가

30) 시 19:9; "주를 경외함"은 공경하며 두려워함이다.

반드시 죄를 거부하며 죄를 경계하리라는 것이다. 연약한 것이 염려스러우며 죄를 지을 두려움이 있기 때문이 아니라, 사랑의 결과로서 마음이 평온하기 때문이다. 또는 영원하고 복스러운 기쁨을 아무 염려없이 절대로 확신하는 상태에서는 아무런 두려움도 없다면 "주를 경외하는 도는 정결하여 영원까지 이르리라"(시 19:9)는 말씀의 뜻은 "가난한 자의 인내는 영원히 없어지지 아니하리라"(시 9:18, 70인역)는 것과 다름이 없을 것이다. 견뎌야 할 악이 없는 곳에서는 인내가 필요하지 않으므로, 인내 자체는 영원하지 않을 것이지만, 인내함으로써 달성된 목표는 영원할 것이다. 아마 이런 뜻으로 정결한 두려움을 영원까지 이르리라 한 것이다. 곧, 이러한 두려움으로써 얻는 목표는 영원까지 지속되리라는 뜻일 것이다.

이 모든 점을 생각해 볼 때에, 행복한 생활을 누리려면 바르게 살아야 하므로, 바른 생활은 이 모든 감정을 바르게 느끼며, 그릇된 생활은 그릇된 모양으로 느낀다. 그뿐 아니라, 행복하고 영원한 생명은 바를 뿐 아니라 확고한 사랑과 기쁨을 알 것이지만, 두려움이나 고통은 전혀 없을 것이다. 우리가 이렇게 생각할 때에 하나님 나라 시민들이 현세의 순례의 길에서 어떤 생활을 할 것인가를 분명히 볼 수 있다. 그것은 육을 따르지 않고 영을 따르는 생활이며, 사람이 아니라 하나님을 따르는 생활이다. 또 그들이 목표로 삼는 영생의 상태에서 어떤 생활을 할 것인지도 우리는 볼 수 있다.

반면에 악인들 사이에서는 이런 감정들이 병이 들고 경련을 일으킨 듯이 악한 모양으로 나타나서 사회를 흔든다. 그들은 하나님이 아니라 사람을 따라 살며, 사람들이나 귀신들의 가르침을 따라 거짓 신들을 숭배하고 참된 신을 멸시한다. 그리고 악인들의 도시에 이런 감정들을 통제하거나 완화하는 듯한 사람들이 있으면, 불경건한 그들은 심히 오만불손해서 고통이 적어질수록 자만심은 더욱 부푼다. 또 어떤 사람들[31]은 괴상한 허영심으로 자기의 자제력에 매혹되어 전혀 아무런 감정도 느끼지 않고 움직이지 않으며, 진정한 평정을 얻는 것이 아니라 인간성을 전적으로 잃어버린다. 곧다고 해서 반드시 바른 것이 아니며 무감각하다고 해서 반드시 건강한 것이 아니기 때문이다.

10. 처음 사람들은 낙원에서 죄를 짓지 않았을 때에 마음에 동요가 있었다고 우리는 믿을 것인가?

---

31) 스토아파와 같은 사람들.

한 쌍을 이루었던 처음 사람들이 죄를 짓기 전에, 그 육체에서 이런 감정들을 느꼈을까 하는 것은 완전히 타당한 질문이다. 내가 말하는 것은 우리가 모든 죄를 씻어 없애버렸을 때에 우리의 영으로는 느끼지 않을 그런 감정들이다. 만일 저 처음 사람들이 그런 감정을 하나라도 느꼈다면, 낙원이라고 하는 그 잊을 수 없는 곳에서 어떻게 행복할 수 있었겠는가? 두려워하며 슬퍼하는 사람을 어떻게 완전히 행복하다고 할 수 있겠는가? 그도 모든 것이 풍부하고 좋았던 곳에서 죽음이나 병이 없으며, 선한 의지가 얻고자 하는 것이 모두 있으며, 행복하게 사는 사람의 몸이나 마음을 상할 것이 하나도 없는 그곳에서, 무엇이 그들을 두렵게하거나 슬프게 만들 수 있었겠는가?

그들은 부부로서 서로 진실하게 협력했으며, 하나님께 대하여 또 상호간에 흔들리지 않는 사랑을 품고 있었다. 그들이 사랑한 상대는 항상 곁에 있어서 그들에게 기쁨을 주었으므로, 그들의 사랑에서는 큰 기쁨이 솟아났다. 조용히 죄를 피했으며 이렇게 계속하는 동안 슬퍼하게 만들 악이 침입하지 않았다. 혹은 금지된 과실을 따 먹으려는 욕망과 죽을까 하는 두려움을 그 곳에서도 느꼈고, 그래서 이미 그 곳에서 욕망과 두려움이 그들의 마음을 어지럽게 만들었을까? 아무 죄도 없었던 곳에서 그런 일이 있었다는 것은 생각할 수 없다. 하나님의 법이 금하는 일을 원하는 것은 확실히 죄며, 원하지 않더라도 의를 사랑하기 때문이 아니라 벌이 무섭기 때문이라면, 그것은 죄이기 때문이다. 죄가 있기 전에 낙원에서 저 나무에 관련해서 주께서 여인에 관해서 말씀하신 것과 같은 죄를 짓게 하는 죄가 있었다고 생각하는 것은 천만부당한 일이다. 주께서는 "여자를 보고 음욕을 품는 자마다 마음에 이미 간음하였느니라"(마 5:28)고 말씀하셨다.

그러므로 만일 처음 사람들이 죄를 지어 그것이 후손에게 유전되거나, 그들의 한 후손이 멸망을 받을 불의의 씨를 뿌리지 않았다면, 처음 사람들이 마음의 동요나 신체의 병고를 느끼지 않은 것과 같이, 모든 인류도 그와 같이 행복했을 것이다. 그뿐 아니라, 이 행복은 계속해서 "생육하고 반성하라"(창 1:28)는 축복의 말씀대로 예정된 성도의 수가 찰 때까지 이르렀을 것이다. 그 때에는 지극히 축복된 천사들이 받은 것과 같은 더 큰 행복을 성도들도 받았을 것이다. 이런 상태에서는 아무도 죄를 짓지 않으며 죽지도 않으리라는 확신이 있었을 것이며, 노고와 고통과 죽음을 경험한 일이 없는 성도들의 생활이, 이런 모든 일이 있은 후에 우리의 몸이 죽은 자의 부활로 다시 썩지 않게 될 그 때와 같았을 것이다.

11. 선하게 창조된 처음 사람이 타락해서 그 본성이 손상되었고, 창조주

만이 그 본성을 회복시키실 수 있다.

그러나 하나님은 모든 일을 미리 아셨고, 따라서 사람이 죄를 지으리라는 것도 미리 아셨을 것이다. 그렇기 때문에 거룩한 도성에 대한 교리는 하나님의 예지와 섭리를 기초로 삼아야 하며, 그의 섭리의 일부가 아니기 때문에 우리가 알 수 없었던 일을 기초로 삼아서는 안된다. 사람은 죄를 지음으로써 하나님의 계획을 뒤집을 수 없다. 곧 하나님이 명령하신 일을 변경하시도록 강요할 수 없다. 하나님은 예지로 장차 있을 일들을 다 아셨다. 자기가 선하게 창조하신 사람이 얼마나 악하게 될 것이며, 그런 사람을 이용해서 어떤 선한 결과를 만드실 것인지를 다 아셨다.

하나님이 그 명령하신 일을 바꾸신다고 하는 것이 사실이며, 성경에는 비유적인 표현으로 심지어 하나님이 후회하셨다고까지 한다(창 6:6; 출 32:14; 삼상 15:11; 삼하 24:16). 그러나 이런 말은 사람의 기대나 일들의 자연적인 추세를 보고 하는 예측이며, 전능하신 하나님이 하시려는 일에 대한 그 자신의 예지를 기초로 한 것이 아니다. 그래서 성경 말씀과 같이 하나님은 사람을 바르게 만드셨고(전 7:29), 따라서 선한 의지를 가진 자로 만드셨다. 선한 의지 없이는 바른 사람이 될 수 없었을 것이다. 하나님이 사람을 창조하셨을 때에 선한 의지를 주셨으므로, 선한 의지는 하나님이 하신 일이다.

그런데 사람의 모든 악한 행위들보다 먼저 있었던 최초의 악한 의지는 어떤 행위라기보다 하나님의 일을 떠나 사람의 의지 자체의 일로 타락한 것이었다. 사람의 행위들이 악했다는 것은 의지 자체의 방식을 따르고 하나님의 방식을 따르지 않았기 때문이다. 이와 같이 그 의지 자체가, 또는 악한 의지를 가졌던 사람 자신이 악한 나무여서, 저 행위들이 대표한 악한 열매를 맺은 것이다(마 7:17-18). 그뿐 아니라, 악한 의지는 한 결함이므로 본성과 일치하지 않고 도리어 반대되는 것이지만, 역시 그것이 결함으로 되어 있는 그 본성에 속해 있다. 어떤 본성적인 존재 안에서만 결함이 있을 수 있기 때문이다. 그러나 그것이 있어야 하는 그 본성적인 존재는 하나님이 무에서 창조하신 것이며, 하나님이 자기에게서 낳으신 것이 아니다. 하나님은 말씀을 낳으시고, 말씀으로 말미암아 만물이 창조되었다(요 1:3). 하나님은 흙으로 사람을 지으셨지만(창 2:7), 땅과 땅에 있는 모든 것은 전적으로 무에서 만드셨으며, 사람을 지으셨을 때에 무에서 만드신 영혼을 그의 몸에 주셨다.

그러나 선한 일들이 악한 일들을 극복한다. 다만 악의 존재가 허용되는 것은 하나님의 지극히 의로우신 예지가 그 악을 선용할 수 있다는 것을 증명하기 위해서다. 그러나 악이 없어도 선은 있을 수 있다. 예컨대 최고의 진정한 하나님이 그러하시고, 우리의 침침한 공중 위에 있는 하늘에는 보이거나 보이지 않는 피조물들이 모두 악이 없이 존재한다. 그와 반대로, 선한 것이 없으면 악은 있을 수 없다. 악은 피조물 안에 있는 것인데, 그 피조물들은 확실히 선하게 창조된 것이다. 그뿐 아니라, 어떤 본성적인 존재를 또는 악하게 된 그 부분을 제거함으로써 악이 제거되는 것이 아니라, 악화된 부분을 치유하며 시정함으로써 제거할 수 있다.

따라서 허물과 죄의 노예가 아닌 때라야 의지는 참으로 자유로운 결정을 할 수 있다. 하나님이 처음으로 의지를 주셨을 때에는 의지에 그런 자유가 있었지만, 자기의 허물로 그런 자유를 잃었으므로, 자유를 회복하려면 원래 그것을 주실 수 있는 분에게 가는 수밖에 없다. 이 점에 대해서 진리이신 분이, "아들이 너희를 자유케 하면 너희가 참으로 자유하리라"(요 8:36)고 말씀하셨다. 이것은 "아들이 너희를 구원하면 그 때에 너희는 참으로 구원을 받으리라"고 하신 것과 같다. 구원하는 분이 곧 해방하는 분인 것이다.

이와 같이 사람은 물리적이며 또 영적인 낙원에서 하나님의 법을 따라 살았다. 이 낙원은 물리적인 것이어서 신체를 위해 유익한 것들을 공급했을 뿐이고, 영적으로 마음을 위해 유익한 것을 공급하지 않은 것이 아니며,[32] 영적인 것만도 아니었다. 그의 외적인 감각에 기쁨을 주는 물리적인 것뿐만이 아니라, 내적인 감각을 통해 기쁨을 주는 영적인 것으로 분명히 심신 양면으로 유익한 것이었다. 그러나 거기에서 교만한 천사가 왔다. 교만하기 때문에 시기하게 된 그는 또한 사람이 하나님을 버리고 자기를 따르게 만들었다. 이를테면 폭군의 자만심으로 자기가 섬기기보다 남을 부리는 것을 기뻐하기로 결심한 것이다. 따라서 그는 영적인 낙원에서 떨어졌다. 이 천사와 하나님의 사자였다가 이 천사의 사자가 되어 그와 결탁한 천사들에 대해서는 이 책의 제11권과 12권[33]에서 이미 힘 자라는 대로 이야기했다.

그는 스스로 타락한 후에 간계를 써서 사람의 마음 속에 기어들어왔다. 자기가 타락했으므로 사람의 타락하지 않은 상태를 시기한 것이다. 물리적인 낙원에는 남녀 두 사람과 함께 모든 땅의 동물들이 길이 들고 양순하게 살고 있었는데, 저 천사는 자기의 대변자로서 뱀을 택했다. 꿈틀거리며 이동하며 매끄러운 이 동물은 물론 그 하려는 일을 위해서 적당한 도구였다. 그는 천사라는 위신과 우월한 지위로 사악한 쪽으로 뱀을 부하로 만들며, 뱀을 도구로 이용해서 여자에게 거짓말을 했다. 이것은 물론 두 사람 중의 낮은 편에서 시작해서 점점 전체에 손을 뻗치려는 계획이었다. 그는 아마 남자를 쉽게 속이거나, 남자 자신의 과실로 올무에 걸리게 할 수 없고 다

---

32) 13권 21장.
33) 11권 13장; 12권 1장.

른 사람의 잘못으로만 넘어뜨릴 수 있으리라고 생각했을 것이다.

우상을 만들자는 군중에게 아론이 찬성한 것도 확신이 있었기 때문이 아니라 압력을 느꼈기 때문이었다(출 32:1-6). 솔로몬이 우상을 섬기는 그릇된 생각을 스스로 했다고 믿을 수 없다. 그는 여자들의 꾀임에 넘어가서 불경건한 짓으로 끌려간 것이다(왕상 11:4). 마찬가지로 저 처음 남자와 처음 여자의 경우를 생각해보면, 그들은 둘만이 있었고 또 부부가 되어 있었으므로, 남자가 하나님의 법을 어기게 된 것은 여자의 말이 참말이라고 믿어서가 아니라는 것을 우리는 생각해야 한다. 그가 여자의 말대로 한 것은 그들이 서로 굳게 결합되어 있었기 때문이다.

사도가 "아담이 꾀임을 보지 아니하고 여자가 꾀임을 보았느니라"(딤전 2:4) 한 것은 공연한 말이 아니다. 사도의 뜻은, 하와는 뱀이 한 말을 참인 줄로 믿었지만, 아담은 죄를 함께 짓더라도 자기의 유일한 동반자에게서 떨어지지 않으려고 했다는 것이다. 그러나 그가 알면서, 또 앞일을 생각하면서 지은 죄라고 해서 책임이 없는 것이 아니다. 사도가 아담은 죄를 짓지 않았다고 말하지 않고 속지 않았다고 한 이유도 여기에 있다. "한 사람으로 말미암아 죄가 세상에 들어 오고"(롬 5:12)라고 한 것은 확실히 아담을 가리키는 말이며 조금 뒤에서는 더 분명히 "아담의 범죄와 같은 죄"(롬 5:14)라고 하기 때문이다.

사도의 뜻은 자기가 하는 일을 죄라고 생각하지 않는 사람들은 속았다는 것을 우리가 깨달으라는 것이다. 그러나 아담은 알고 있었다. 그렇지 않았다면 어떻게 "아담은 꾀임을 보지 않았다"고 할 수 있겠는가? 그러나 그는 아직 하나님의 엄격한 공의를 알지 못했으므로, 자기의 죄는 용서 받을 수 있으리라는 잘못된 생각을 했을는지 모른다. 그래서 그는 여자와 같이 속지는 않았지만, 자기가 할 변명에 대해서 반드시 있을 판결을 잘못 생각했다. 그는 "당신이 주셔서 나와 함께 있게 하신 여자 그가 그 나무 실과를 내게 주므로 내가 먹었나이다"라고 했다(창 3:12). 요약하면, 두 사람이 다 속아서 믿은 것이 아니었지만 두 사람이 다 죄에 사로잡혔고 마귀가 놓은 올무에 걸린 것이다.

12. 처음 사람들이 지은 죄의 성격에 대하여.

처음 두 사람의 죄가 사람의 본성을 변하게 했다면, 다른 죄들은 그렇지 않은 것은 무슨 까닭이냐고, 이상하게 생각하는 사람이 있을는지 모른다. 저 죄의 결과로서 인간의 본성이 우리가 보며 느끼는 대로 온갖 모양으로 부패하게 되었고, 따라서 죽게도 되었기 때문이다. 그뿐 아니라, 사람은 여러 가지 강하고 서로 반대되는 감정 때문에 불안에 시달려서, 육체를 가지고 낙원에서 죄를 짓기 전에 누리던 상태와는 전혀 다른 존재로 되어버렸다. 이미 말한 바와 같이, 이 일을 이상하게 생각하는 사람이 있을는지 모르지만, 만일 그렇다면 저 죄가 음식에 관한 것에 불과했다는 이유로 경미한 것, 사소한 것이었다고 생각해서는 안 된다. 그 음식은 나쁘거나 해로운 것이 아니었고, 다만 금지되었을 뿐이었다. 참으로 하나님은 저 굉장히 행복한 곳에 어떤 나쁜 것을 만들어 두시지 않았을 것이다.

그러나 하나님은 순종하라고 명령하셨고, 이성적인 피조물에 있어서 이 순종이라는 덕성은 모든 덕성의 어머니며 수호자이다. 사람은 순종하는 것이 유익하며, 창조주의 뜻을 버리고 자기의 뜻을 따르면 파멸하도록 이미 그 본성이 그렇게 되었기 때문이다. 다른 종류의 과실들이 풍부하게 눈 앞에 있었을 때에, 하나님께서 어떤 한 가지는 먹지 말라고 명령하셨으므로, 그것은 기억하기에도 간단하고 지키기에도 쉬운 명령이었다. 특히 그 때에는 그의 의지에 반대하는 욕망이 없었다. 이런 욕망은 죄를 지은 후에 벌로 생긴 것이다. 따라서 명령에 유의하며 복종하기가 쉬웠던 만큼 그 명령을 어긴 죄는 그만큼 더 큰 것이었다.

13. 아담의 범행에서 악한 행위보다 악한 의지가 먼저 있었다.

처음 사람들이 악하게 되었을 때에 그 시작은 비밀스런 것이었으나, 그것이 노골적인 불순종으로 나타날 수 있게 만들었다. 악한 의지가 먼저 있지 않았더라면 악한 행위에 이를 수 없었을 것이다. 그뿐 아니라, 악한 의지의 시초는 교만이 아니고 무엇이었는가? "교만은 죄의 시작이라"고 했다(집회서 10:13).[34] 또 교만은 도착(倒錯)된 높임을 갈망하는 것이 아니고 무엇인가? 마음이 뿌리를 내리고 있어야 할 근본을 버리고 자체에 뿌리를 내리고 있는 것은 도착된 높임인 것이다. 사람은 자기 자신에게 너무 만족할 때에 이렇게 되며, 자기보다 저 변함없는 선을 기뻐해야 마땅한 것인데, 이런 사람은 그 선을 떠날 때에 만족을 느낀다. 그런데 이렇게 떠나는 것은 의지가 스스로 하는 일이다.

저 변함없고 더 높은 선은 의지에 빛을 주어 보게 하며 불을 달아 사랑하게 했으므로, 의지가 그 선에 대한 사랑을 견지했다면 그것을 버리고 자체의 쾌락을 추구하지 않았을 것이다. 또 의지는 그 결과로 어둡고 차게 되지 않았을 것이다. 그러나 그것은 그렇게 되었기 때문에 여인은 뱀이 한 말을 참말이라고 믿게 되었고, 남자는 하나님의 명령보다 아내의 뜻을 앞세우게 되었다. 그는 또 평생의 반려자를 버리지만 않으면, 비록 죄를 함께 짓더라도 그 죄가 용서를 받을 수 있다고 생각하게 되었

34) 12권 6장.

다.

따라서 저 악행 곧 금지된 음식을 먹었다는 죄는 이미 악하게 된 사람들이 지은 것이었다. 악한 나무만이 악한 열매를 맺기 때문이다(마 7:18). 그뿐 아니라, 나무가 악했다는 것도 본성에 반대되는 사건이었다. 의지가 본성에 반대되는 결함이 없었더라면 그런 일이 없었을 것이다. 그러나 무에서 창조된 것만이 결함으로 부패할 수 있다. 그러므로 피조물은 하나님이 창조하셨기 때문에 존재하지만, 그 진정한 본성에서 타락한다는 것은 무에서 창조되었기 때문이다.

그러나 사람은 모든 존재를 잃을 정도로 완전히 타락한 것이 아니었고, 자기를 향함으로써 최고의 존재를 가진 분에게 뿌리를 내렸을 때보다 진정한 존재를 적게 지니게 되었다. 그러므로 하나님을 버리고 자기 안에 머무는 것 곧 자기의 쾌락을 따르는 것은 이미 무가 된 것이 아니라 무가 되는 데에 가까워진 것이다. 그래서 성경에서는 교만한 자들은 자기를 기쁘게 하는 자라고 한다(벧후 2:10).[35] 향상하려는 정신은 좋으나, 자기를 향해서 향상하면 교만이 되고, 하나님을 향할 때에는 순종이 된다. 그리고 순종은 겸손한 자만이 할 수 있다.

따라서 이상하게 생각될는지 모르나, 겸손에는 마음을 높이는 무엇이 있으며, 교만에는 마음을 낮추는 무엇이 있다. 교만이 낮추며 겸손이 높인다는 것은 참으로 역설같이 들리지만, 경건한 겸손은 위에 있는 것에 순종하는 정신을 기른다. 따라서 하나님보다 더 높은 것이 없으므로 겸손은 하나님에게 순종하게 만듦으로써 마음을 향상시키는 것이다. 그와 반대로 본성의 결함인 교만은 자동적으로 순종을 경멸하며 최고의 하나님에게서 떨어진다. 그 결과로 더욱 낮아지며, "그들이 높여질 때에 당신은 그들을 내던지셨나이다"라는(시 73:18, 70인역) 말씀이 실현된다. 성경은 그들이 높여졌을 때라고 해서 그들이 우선 높여졌고, 그 후에 내던져졌다고 하는 것이 아니다. 그렇지 않고, 그들이 높여지는 그 순간에 내던져졌다. 스스로 높아지려는 그 행동이 곧 이미 몰락하는 행동이기 때문이다.

우리가 아는 바와 같이, 하나님 나라가 세상에서 길손으로 지내는 이 때에, 하나님 나라에서 또 하나님 나라를 위해서 특히 권장되는 것은 이 겸손이며(마 11:29; 23:12, 기타) 그 나라의 왕이신 그리스도에 대해서 가장 역설적인 성품도 겸손이다(빌 2:8-11). 또 성경을 보면, 그리스도의 적인 마귀의 으뜸가는 특색은 덕성의 반대인 교만이라는 결점이라는 것을 알 수 있다. 우리의 화제인 두 도성의 큰

---

35) 개역성경에서 '고집하여'라고 번역된 말이 라틴어 역에서는 '자기를 기쁘게 하며'로 되어있다.

차이는 확실히 여기에 있다. 경건한 사람들의 공동체와 불경건한 사람들의 공동체에는 각각 특유한 천사들이 속해 있으며, 전자에서는 하나님께 대한 사랑이, 후자에서는 자기에 대한 사랑이 첫자리를 차지했다.[36]

따라서 만일 사람이 이미 자기 만족에 빠지기 시작한 것이 아니었다면, 마귀는 하나님이 금지하신 일을 한다는 노골적이고 명백한 죄로 사람을 함정에 빠뜨리지 않았을 것이다. 사람은 자기 만족에 빠지기 시작했기 때문에 "너희가 신들과 같이 되리라"(창 3:5)는 말을 듣고 기뻐한 것이다. 만일 순종하는 마음으로 그들의 최고의 진정한 근본에 밀착해 있고, 교만해서 자신들을 근본으로 삼지 않았다면, 그들은 신들이 될 수 있었을 것이다. 창조된 신들은 자체가 진정한 존재이기 때문이 아니라, 진정한 하나님에 참여하기 때문에 신들인 것이다(시 82:63; 요 10:34).[37] 자기가 자기를 위해서 충족감을 갖기 위해서, 참으로 충분하신 분을 버리는 사람은 결핍을 보게 되며, 커지려고 애쓰다가 도리어 작아지는 것이다.

그러므로 사람이 스스로 빛인 듯이 자신에게 만족하고, 참 빛을 버린 것이 잘못의 출발이었다. 그가 원했더라면 참 빛에 의해서 그도 빛이 될 수 있었다. 다시 말하거니와, 이 잘못이 비밀리에 우선 생겨서 노골적으로 저지른 다른 잘못들의 길을 준비한 것이다. "사람의 마음의 교만은 멸망의 선봉이요 겸손은 존귀의 앞잡이니라"(잠 18:12; 16:18)는 성경 말씀은 진리다. 간단히 말하면, 비밀스런 몰락이 공공연한 몰락보다 앞서는 것인데, 비밀한 몰락은 몰락으로 인정되지 않는다. 교만은 가장 높으신 분을 버림으로써 이미 몰락의 요소를 내포했건만, 누가 교만을 몰락이라고 생각하는가? 그와 반대로 어떤 계명을 명백하고 확실히 범할 때에, 누가 거기에 몰락이 있다는 것을 보지 못하는가?

이렇게 볼 때에, 하나님이 무슨 까닭에 저 일을 금지하셨는가를 이해할 수 있다. 그 일을 저지른 후에는 아무 정당성을 구실로 삼아도 변호할 수 없었다. 또 교만한 자는 자기 만족으로 이미 타락했으므로, 어떤 명백한 죄를 짓고 몰락함으로써 자기를 싫어하게 되는 것이 유익할 것이다. 나는 감히 말한다. 베드로는 자기에 만족하며 너무 자신이 강했던 때보다(마 26:33, 75) 자기가 싫어져서 통곡한 때에, 그의 상태가 더 건전했던 것이다. 거룩한 시편에서도 이런 생각이 표현되었다. "주여 수치로 저희 얼굴에 가득케 하사 저희로 주의 이름을 찾게 하소서"(시 83:16). 다시 말하면 "자기의 이름을 구하면서 자기로 만족하던 자들로 하여금 주의 이름을

36) 28장의 처

37) 9권 23장.

구하면서 주를 기뻐하게 하소서"라는 것이다.

14. 범죄 행위 자체보다 범죄자의 교만이 더 나쁘다.

죄인인 줄을 분명히 알면서도 어떤 구실을 찾아 도피하려고 하는 그 교만은 더욱 악하며 더욱 정죄를 받아야 한다. 처음 사람들의 경우에 여자는 "뱀이 나를 꾀므로 내가 먹었나이다"라고 했고(창 3:13), 남자는 "하나님이 주셔서 나와 함께 하게 하신 여자 그가 그 나무 실과를 내게 주므로 내가 먹었나이다"라고 했다(창 3:12). 이런 말들에서는 용서를 빌거나 치유를 간청하는 모습이 없다. 저들은 가인과 같이 (창 4:9) 자기가 범한 죄를 부정하지는 않았지만, 여전히 교만해서 그릇된 행동의 책임을 다른 데에 돌린다. 여자는 교만해서 뱀을 비난하고, 남자는 교만해서 여자를 비난한다. 하나님의 명령을 어긴 것이 분명하므로, 이런 구실은 자기에 대한 변명이 아니라 도리어 정죄가 된다. 참으로 여자가 뱀이 달래기 때문에 죄를 지었다거나, 남자는 여자가 나눠주기 때문에 죄를 지었다고 해서, 그 이유만으로 그들의 죄책이 적게 되는 것이 아니다. 하나님보다 우선적으로 의지하거나 순종해야 하는 것은 없기 때문이다.

15. 처음 사람들의 불순종에 대한 벌은 공정하였다.

우리가 아는 바와 같이, 사람은 하나님의 명령을 멸시했다. 그 하나님은 그를 창조하셨고, 자기의 형상대로 지으셔서 모든 동물 위에 두시며, 낙원에 두시고, 모든 것을 풍성하게 주시고 안전하게 마련해 주셨다. 하나님은 그에게 무겁고 어려운 명령을 많이 내리신 것이 아니라, 그를 건전한 순종으로 돕기 위해서 아주 짧고 쉬운 명령을 하나만 내리셨다.

그저 섬김으로써 유익을 얻을 이 피조물에게 그 한 가지 명령으로 하나님이 주(主)이심을 깊이 알리려고 하신 것이다. 그러므로 사람이 하나님의 그 명령을 멸시한 결과로 공정한 정죄가 따랐으며, 명령을 지켰더라면 육신까지 영적이었을 사람이 정죄로 말미암아서 마음까지 육적인 것이 되었다. 그뿐 아니라, 교만해서 자기로 만족하던 이 사람이 하나님의 공의에 의해서 그 자신에게 맡겨졌다. 그러나 이렇게 됨으로써 그가 완전히 그 자신의 권능 안에 있게 된 것이 아니라, 그가 자신과 불화하며 원하던 자유는 얻지 못하고 그 말에 찬성해서 죄를 지은 자의 지배하에서 잔혹하고 가련한 노예생활을 하게 되었다. 그는 원함으로써 정신적으로 죽었고 원하지 않으면서 몸이 죽어야 할 신세가 되었다. 영생을 버린 그는 은혜로 해방되지 않으면 영원한 죽음도 당할 운명이 되었다. 이런 정죄를 과도하다든지 불공정하다고 생각하는 사람은 죄를 짓지 않을 기회가 풍부했는데도 죄를 지은 것이 얼마나 큰 죄악인지를 헤아릴 줄을 모르는 것이 확실하다.

아브라함은 아들을 죽이라는 어려운 명령을 받았기 때문에(창 22:2), 그의 순종을 극찬하는 것은 지나친 일이 아니다. 그와 같이, 낙원에서 받은 명령에는 조금도 어려운 점이 없었기 때문에, 거기에 대한 불순종이 그만큼 더욱 나쁜 것이다. 둘째 사람은 죽기까지 순종하셨기 때문에(빌 2:18) 그 순종이 그 만큼 더 칭찬할 만한 것과 같이, 처음 사람은 죽기까지 순종하지 않았으므로 그 불순종은 더 악한 것이다. 불순종에 대해서 제시된 벌이 엄하고 창조주의 명령은 쉬웠는데, 그렇게 위대한 권능으로 쉬운 일을 명령하며 그렇게 무서운 벌이 예고된 이 일에 대해서 불순종이 얼마나 중대한 악인가를 누가 능히 합당하게 설명할 수 있겠는가?

그러므로 간단히 말하면, 저 죄에 대한 벌에서 불순종에 대한 보복은 바로 불순종이었다. 사람의 불행은 자기가 자기에게 순종하지 않는 데에 있기 때문이다. 사람은 할 수 있는 일을 하려고 하지 않았기 때문에, 지금은 할 수 없는 일을 하려고 한다.[38] 물론 사람은 낙원에서 죄를 짓기 전에도 무엇이든지 하고 싶은 대로 할 수 있었던 것이 아니다. 그러나 할 수 없는 일은 하려고 하지 않았기 때문에, 결국 하고 싶은 일을 모두 할 수 있었다. 그러나 지금은, 그의 후손들에게서 보고 또 성경이 증언하는 대로, "사람은 헛 것같이 되었다"(시 144:4). 그가 그 자신에게 순종하지 않는 동안, 곧 그의 마음과 그보다 낮은 그의 육신까지도 그의 의지에 순종하지 않는 동안, 그가 하고 싶어하면서도 할 수 없는 일을 누가 모두 셀 수 있겠는가? 심지어 그의 의지를 거스려 그의 마음이 동요하는 때가 심히 많으며 그의 육신이 고통을 느끼며 늙고 죽으며 기타 여러 가지 괴로움을 겪는다. 그러나 만일 우리의 존재가 철두철미하게 우리의 의지에 순종한다면, 우리의 의지를 거스르는 이 모든 일을 겪지 않을 것이다.

혹은 우리의 육신은 고통을 받기 때문에 우리를 섬길 수 없는 것이라고 항변하는 사람이 있을는지 모른다. 그러나 왜 그런 일이 있느냐가 중요한가? 중요한 것은 오직 한 가지 뿐이다. 우리의 주시며 우리가 그의 백성이면서 섬기지 않은 그 하나님의 공의에 의해서, 우리에게 순종하던 육신이 지금은 순종하지 않고 문제를 일으킨다는 것이다. 우리가 하나님에게 순종하지 않는 것은 하나님께 문제가 되는 것이 아니라 우리 자신에게 문제가 될 뿐이다. 우리에게는 신체의 섬김이 필요하지만, 하

---

38) Ter., *Andr.*, 305-306.

나님께는 우리의 섬김이 필요하지 않기 때문이다. 그래서 우리가 얻은 것은 우리에게 벌이 되지만, 우리가 한 일이 하나님에게는 아무 벌도 되지 않는다. 그뿐 아니라, 육신의 소위 고통은 육신 안에 있으며 육신에서 출발하는 마음의 고통이다. 영혼과 관계없이 육신은 어떤 고통이나 욕망을 단독으로 경험하는가?

육신이 욕망이나 고통을 느낀다고 할 때에 우리는 사람 자신을 의미한다. 이 점은 이미[39] 논증했다. 또는 육신이 겪은 엄하고 괴로운 일이나 부드럽고 상쾌한 일에서 영향을 받은 영혼의 일부를 의미한다. 육신의 고통은 육신이 근원이 되어 생기는 영혼의 고통에 불과하며, 육신이 당한 일에 대한 일종의 불찬성이다. 슬픔 곧 마음이 받는 고통은 우리가 원하지 않는 일이 생긴 데에 대한 반대인 것과 같다. 그러나 슬픔이 있기 전에 대개는 두려움이 있으며, 이것은 육신에 있지 않고 영혼에 있다. 그러나 육신에 고통이 있기 전에 육신이 두려움과 같은 어떤 것을 느끼는 것이 아니다. 그러나 쾌감은 육신이 어떤 욕망으로 느끼는 갈망이 먼저 있다. 예컨대 배가 고프다, 목이 마르다, 또는 성기에 관해서는 정욕(libido)이 일어난다고 하는 것과 같다. 정욕이라는 말은 어떤 종류의 욕망에라도 적용할 수 있는 일반적인 용어다.

분노까지도 복수심에 불과하다고 고대인들은 정의했다.[40] 다만 무생물에 대해서도 분을 터뜨리는 때가 있어서, 복수의 효과가 무익한데도 글씨가 잘 되지 않는다고 해서 붓을 꺾는 수가 있다. 그러나 이런 불합리한 정욕도 일종의 복수심이며, 악을 행한 자는 고통을 받아야 한다는 보응원칙의 희미한 반영이라고 하겠다. 이를테면 분노는 복수심이며, 탐심은 돈에 대한 욕심이며, 고집은 어떻게 해서든 이겨보려는 욕망이며, 허영[41]은 뽐내려는 욕심이다. 여러 가지 욕심 곧 정욕이 있어서 어떤 것은 특별한 이름이 있고 어떤 것은 없다. 예컨대 수령이 되려는 정욕을 무엇이라고 부르는지는 아무도 쉽게 말할 수 없겠지만, 내란 같은 현상에서 보는 바와 같이 이 욕심이 폭군들의 마음을 아주 강하게 움직인다.

16. 정욕이라는 말은 여러 가지 죄를 의미할 수 있지만, 특히 음욕을 의미하며, 그런 의미에서 정욕은 악하다.

여러 가지 일에 대한 욕심 또는 정욕이 있지만, 그 대상을 말하지 않고 정욕이라고만 할 때에는 보통은 신체의 부끄러운 부분을 흥분하게 만드는 욕심을 생각하게

39) 2장.
40) Cic., *Tusc. Disp.*, 3, 5, 11; 4, 9, 21.
41) Cic., *Tusc. Disp.*, 4, 9, 10.

된다. 그뿐 아니라 정욕을 정신을 휩쓸며, 외부로부터 휩쓸 뿐만 아니라 내부로부터 지배한다. 신체의 쾌락 중에서 가장 강렬한 쾌락을 추구하려는 육신의 충동과 마음의 감정이 결부되며 혼합될 때에는 정욕은 인간 전체를 경련에 빠뜨린다. 그 결과로 절정에 달한 때에는 총명과 경계심이 거의 전적으로 가려진다. 그러나 지혜와 거룩한 기쁨을 사랑하며, 결혼 생활을 하면서도 사도가 충고하는 것과 같이, "각각 거룩함과 존귀함으로 자기의 아내 취할 줄을 알고 하나님을 모르는 이방인과 같이 색욕을 좇지"(살전 4:4-5) 않을 줄을 아는 사람이라면, 확실히 될 수만 있으면 이런 정욕 없이 자녀를 얻고 싶어할 것이다. 그는 자녀를 생산하는 일에서도 이 일을 위해서 창조된 신체의 부분들이 자기의 마음에 봉사하는 것을 원할 것이다. 각각 다른 기능을 지정 받은 다른 지체들도 그렇게 하기 때문이다. 그렇게 되면 그 지체들은 의지가 재촉할 때에 움직이고 뜨거운 정욕 때문에는 움직이지 않을 것이다.

그러나 이 쾌락에 매혹된 사람들도 부부 관계에서나 추악한 범죄에서 원할 때에 반드시 곧 흥분하는 것이 아니다. 생각지도 않은 때에 흥분하기도 하며, 정욕은 타올라도 몸이 냉랭한 때가 있다. 이상한 일이지만 정욕은 이와 같이 자녀 생산 의욕에 이바지하지 않을 뿐 아니라, 음욕에도 봉사하지 않는다. 대체로 마음의 제지에 강하게 반항하지만, 때로는 자기 분열을 일으켜 마음을 흥분시키고 몸은 흥분시키지 못하는 모순에 빠진다.

17. 처음 사람들은 죄를 지은 후에 자기들이 벌거벗은 것을 상스럽고 부끄럽다고 생각했다.

그러므로 우리가 이런 정욕을 부끄러워하는 것은 당연하며, 저 지체들을 부끄러워하는 것도 당연하다. 그것은 일종의 자율로 혹은 움직이고 혹은 움직이지 않으며, 우리의 의지에 순종하지 않는다. 그래서 범죄 전에는 그렇지 않았는데 범죄 후에는 그 지체들을 부끄러운 것들, 곧 치부(恥部)라고 불렀다. 성경에서도 "두 사람이 벌거벗었으나 부끄러워 아니하니라"(창 2:25)고 했다. 그들이 벌거벗은 줄을 모른 것이 아니라 그 나체 상태가 아직 상스럽지 않았기 때문이다. 곧 의지가 없을 때에 정욕만으로 지체가 움직이는 일이 없었고, 육신은 아직 지체의 불순종으로 사람의 불순종을 증언하지 않았기 때문이다.

무지한 군중이 생각하듯이 처음 사람들은 눈이 멀었던 것이 아니다. 아담은 동물들을 보고 이름을 지어 줬으며(창 2:20), 하와에 대해서도 성경에 "여자가 그 나무를 본즉 먹음직도 하고 보암직도" 하더라고 한다(창 3:6). 따라서 그들은 눈을 감은 것이 아니라 뜨고 있었다. 몸의 지체들이 의지에 반대할 줄을 모르는 것이 은혜의 겉옷을 입은 덕택이라는 것을 이해할 만큼은 관찰력이 있었다. 그러나 이 은혜를 잃고 불순종에 대한 벌을 받았을 때에, 신체의 움직임에 어떤 부끄러운 것이 새로 생겼고, 그 후부터 나체가 흉하게 생각되었다. 벌거벗은 것이 그들의 주의를 끌었고 그들을 당황하게 만들었다.

그렇기 때문에 그들이 노골적인 범행으로 하나님의 명령을 어긴 후에 대해서 성경은 "이에 그들의 눈이 밝아 자기들의 몸이 벗은 줄을 알고 무화과나무 잎을 엮어 치마를 하였더라"고 한다(창 3:7). "그들의 눈이 밝아"라고 하는 것은 보게 되었다는 것이 아니다. 그들은 이미 볼 수 있었다. 눈이 밝아진 것은 그들이 잃어버린 선과 얻게 된 악을 구별할 수 있기 위해서였다. 저 나무의 이름도 이것으로 설명이 된다. 금지된 그 열매를 따 먹으면 선악을 구별할 수 있으리라고 한 그 나무를 이 사실에 따라 선악을 알게 하는 나무라고 부른 것이다. 병으로 불편을 경험한 후에는 건강의 기쁨을 더 잘 알게 되기 때문이다.

따라서 그들은 "자기들의 몸이 벗은 것을 알았다." 곧 죄의 법이 와서 그들의 마음에 반대하기(롬 7:23) 전에는 나체인 그들을 당황하지 않게 하던 그 은혜가 이제는 벗겨진 것을 알았다. 그래서 하나님을 믿고 그 말씀에 순종했더라면 모르고 있는 것이 행복했을 일을 그들은 알게 되었다. 그러나 그들은 금지된 행동을 했기 때문에 불신앙과 불순종이 주는 해독을 경험으로 알게 되지 않을 수 없었다. 그러므로 육신이 순종하지 않고, 그들 자신의 불순종에 대한 벌임을 증언했으므로, 이 일이 창피해서 그들은 "무화과나무 잎을 엮어 치마를 만들었다." 어떤 사람들이 번역한 것과 같이 앞치마를 하였다(앞치마, 라틴어로 campestria는 원래 청년들이 '캄푸스' 곧 들에 나가서 옷을 벗고 운동을 할 때에 앞을 가리던 것이다. 그래서 그런 사람들을 'campestrati'라고 불렀다). 이와 같이 사람의 의지가 불순종에 대한 벌을 받았고, 그 의지가 금해도 순종하지 않고 움직이는 지체를 부끄럽게 생각해서 적당히 앞을 가리게 되었다.

그 때부터 지금까지 앞을 가리는 이 습관은 처음 조상으로부터 모든 민족 사이에 깊이 뿌리를 박았다. 참으로 어떤 야만인들은 목욕탕에서까지 아래를 가린 채로 몸을 씻을 정도다.[42] 인도의 밀림 속에 사는 이른바 나체 수도사들[43]도 몸의 다른 부분은 벗었지만 앞만은 가렸다.

18. 성교(性交)에는 부부간이거나 난잡한 것이거나 수치감이 따른다.

---

42) Herodotus, 1, 10; Plat., *Rp.*, 452C.
43) 8권 9장; 10권 32장; 15권 20장.

정욕이 충족되기 위해서는 어둡고 비밀스런 곳이 필요하다. 불법한 음행을 원할 때 뿐 아니라 지상의 도성에서 합법화한 음행의 경우에도 마찬가지이다. 벌을 받을 염려가 없을 때에도 이 허락된 음행은 세상 눈을 피한다. 유곽도 비밀을 지키게 되어 있다. 정욕은 법의 제재를 제거할 수 있었지만, 파렴치한 자들도 비밀의 덮개를 제거할 수 없었다. 파렴치한 자들도 이 일을 수치라고 하며, 그 쾌락을 좋아하면서도 감히 공개하지는 못한다.

매음행위는 비열한 자들 자신도 비열한 짓이라고 한다. 그들은 거기에 매혹되면서도 감히 세상 앞에 내놓지는 못한다. 자녀를 낳을 약속으로 결혼한 사람들이 자녀를 낳기 위해서 성적으로 결합하는 것은 어떤가? 그것은 합법적이며 점잖은 일이지만, 역시 눈에 보이지 않도록 침실을 찾지 않는가? 신랑이 신부를 껴안기 위해서도 우선 하인들과 들러리들과 친척들을 전부 밖으로 내보낸다.

로마의 최대 웅변가[44]는 모든 바른 행위는 나타나[45] 알려지기를 원한다고 말했다. 그러나 이 부부간의 바른 행위는 알려지기를 원하더라도 보이는 것은 부끄러워한다. 자녀를 낳기 위해서 부부가 하는 일을 누가 모르는가? 여자들이 예식을 차려서 출가하는 것도 자녀를 낳기 위해서가 아닌가? 그런데도 이 잘 인정된 행위에 의해서 낳은 아이들까지도 목격하지 못하게 한다. 이 바른 행위는 알려지기를 원하지만, 보이기는 원하지 않는다. 그것은 무슨 까닭인가? 본질상 점잖고 합당한 일이 실행할 때에는 벌로써의 수치감을 동반하기 때문이 아닌가?

19. 범죄 전과 달라서 지금은 분노와 정욕이 마음을 격동시켜 사람에게 해를 주므로, 지혜로 억제해야 한다.

진리에 비교적 가까이 온 철학자들[46]이 사람의 영혼 안에서 분노와 정욕을 악한 부분이라고 한 이유도 여기에 있다. 이런 감정들은 혼란하게 움직여서 지혜가 금지하는 행동까지도 하며, 따라서 합리적인 마음을 통제할 필요가 있다고 그들은 논했다. 영혼의 이 셋째 부분, 곧 지성[47]은 일종의 성채 안에 있어서 저 다른 두 부분을 지배하며, 그것이 명령하고 이것들을 섬김으로써 영혼의 모든 부분 사이에 공정한 상태가 유지된다고 한다.

영혼의 이 두 부분은 현명하고 절제 있는 사람에게도 악하다는 것을 철학자들은

44) Luc., *Phars.*, 7, 62-63; 키케로를 의미함.
45) Cic., *Tusc. Disp.*, 2, 26, 64.
46) 신 플라톤파.
47) Plat., *Rp.*, 586 D-E.

인정한다. 그렇기 때문에 잘못된 행동으로 나타날 때에는 지성이 억제해서 돌이키며, 지혜의 법이 허락한 길을 따르게 한다. 예컨대 의분(義憤)은 나타나게 하며, 자녀 생산을 위한 정욕은 허락한다. 그러나 범죄 이전의 낙원에서는 이 감정들이 악하지 않았다고 나는 주장한다. 이를테면 이성의 고삐로 억제할 필요가 있는 일을 추구해서 바른 의지를 거스리려고 하지 않았기 때문이다.

참으로 지금 절제하며 공정하며 성결한 사람들의 생활에서 이 감정들이 이런 방향을 취하며, 혹은 비교적 쉽게 혹은 어렵게, 그러나 여전히 제한과 억압을 받고 있다는 것은 본성대로의 건전한 상태가 아니다. 이것은 죄책 때문에 생긴 병적 상태다. 점잖은 사람이 분노와 그밖의 감정들을 모든 언행에서 성욕과 같이 일일이 감추지 않는 것은, 그런 때에는 행동하는 지체들이 감정만으로 움직이는 것이 아니라 의지가 허락하기 때문이다. 곧 의지가 그 지체들을 완전히 주관하며 사용하기 때문이다. 의지가 명령하지 않는다면 아무도 혀로 노한 말을 하거나 손으로 남을 칠 수 없을 것이다. 이 지체들은 분노가 없을 때에도 의지를 움직일 수 있다. 그러나 성기의 경우에는 완전히 정욕의 지배하에 들어 있어서, 이 한 가지 감정이 자발적으로 또는 자극을 받아서 나타나지 않으면 지체들이 행동을 할 수 없다. 수치감의 원인은 여기에 있으며, 남의 눈을 피하는 수치감도 여기에 있다. 타인에 대해서 잘못 분풀이를 하는 장면을 많은 사람들이 구경하는 것은 참을 수 있어도, 자기 처와 정당하게 동침하는 장면은 단 한 사람이 보는 것도 피하려 한다.

20. 견유학파의 파렴치함은 아주 어리석다.

저 개 같은 철학자들 곧 견유학파[48]는 이 사실을 모르고 인간의 바른 수치심에

---

48) 이 학파의 이름에 개 견자(犬)를 붙여서 견유학파(犬儒學派)라 한 것은 그 말의 헬라어에 '퀸'이라는 음이 있고, 이 음은 '개'(kuon)에도 있기 때문이다. 그런데 이 '퀸'이라는 음은 이 학파의 시조 안티스테네스(Antisthenes, B.C 400년경에 전성)가 학교를 설치했던 아테네 근교 퀴노사르게스(Kunosarges)에서 왔으리라고 하지만, 이 학파 사람들의 생활 방식이 일반 사람들의 눈에 '개'와 같이 보였고, 특히 B.C 4세기의 시노페(Sinope)의 디오게네스는, 본문에도 있듯이, 괴상한 전설을 남겼으며, 실지로 '개'라는 별명이 붙었다고 한다. 그러나 안티스테네스는 소크라테스의 제자였고, 안락한 생활보다 빈궁한 생활을 권장하는 금욕 생활을 가르쳤는데, 그의 후예들이 세상 사람들의 안락 추구를 냉소하며 사회의 관습을 경멸하고 세상 일에 일체 관여하려 하지 않은 것이다. 기원후 3세기 동안 이 학파가 다시 부흥했으며 Dio Chrysostom(A.D 1세기) 같은 교양있는 층과 이른바 '거지 철학자'라는 낮은 층이 있었다고 한다. 헬라의 '퀸'(kun)은 로마자로 'Cyn'으로 이것을 영어식으로 발음하여 시닉스(Cynics)라고 한다.

거슬리는 의견을 말했다. 그들의 견해는 개와 같은 것, 비열하고 파렴치한 것이라고 밖에 할 수 없다. 자기 처와 하는 일은 합법적이므로 공개적으로 하는 것을 부끄러워 할 필요가 없고, 어느 거리나 어느 광장에서도 할 수 있다고 했다. 그러나 우리의 본래의 수치심은 이런 이단 사상을 극복한다.

디오게네스(Diogenes)가 일부러 남이 보는 데서 이 일을 했다는 전설이 있는 것은 사실이다.[49] 그는 이런 파렴치한 짓으로 인류의 기억에 선정적인 인상을 주면 자기 학파가 더 많이 알려지리라고 생각한 것이다. 그러나 그 후의 견유학파는 이런 짓을 버렸고, 수치심이 오류를 이겼다. 사람들 앞에서 부끄러워하는 본능이, 개와 같이 되어야 한다는 주장을 이겼다.

그러므로 나는 차라리 이런 짓을 했다고 하는 디오게네스와 그밖의 사람들이 사람들이 보는 데서 함께 눕는 체 했지만, 그들이 겉옷으로 덮고 실지로 한 짓은 아무도 알 수 없었다고 생각한다. 사람들이 보는 앞에서 어떤 쾌락을 얻었으리라고 나는 믿지 않는다. 저 철학자들은 함께 눕는 것이 부끄럽지 않다고 했지만, 그런 곳에서 정욕은 부끄러워 머리를 들지 않았을 것이다. 지금도 우리 사이에 견유학파 철학자들이 있다. 그들은 겉옷을 입었을 뿐 아니라 곤봉[50]을 들고 다닌다. 그러나 그들 중에서 아무도 감히 그런 짓을 하지 못한다. 격노한 민중이 던지는 돌이 아니더라도 적어도 뱉는 침이 쏟아져 오겠기 때문이다.

그러면 인간의 본성이 이 정욕을 부끄러워하는 것은 의심할 여지가 없으며, 이것이 또한 바른 느낌이다.

성기에 대한 의지의 지배를 빼앗아 자체의 충동하에 예속시킨 그 정욕의 불순종은 인간이 처음에 순종하지 않은 데에 대한 벌임을 충분히 증명한다. 그리고 이 벌이 특히 생식 기관에 나타난다는 것은 합당한 처사였다. 처음 지은 중대한 죄 때문에 악하게 변한 바로 그 피조물을 생산하는 지체이기 때문이다. 모든 사람이 아직 한 사람 안에 있었을 때에 범한 저 처음 죄는 모든 사람에게 비참한 해를 끼쳤고, 하나님의 공의로 모든 사람이 벌을 받았다. 그러므로 하나님의 은혜로 각각 개인적으로 죄값을 치르지 않고는 아무도 그 죄의 그물에서 구출될 수 없다.

21. 자녀를 낳아 번성하라는 축복은 범죄 전에 있었고 범죄 후에도 철폐되지 않았으나, 정욕이라는 병이 섞여 들었다.

---

49) Diog. *Laert.*, 6, 69.
50) 그들이 숭배한 신화상의 영웅 헤라클레스가 들고 다녔다고 함.

처음 남녀는 이 정욕이 부끄러워서 앞을 가렸는데, "생육하고 번성하고 땅에 충만하라"(창 1:28) 하신 축복을 이 정욕으로 낙원에서 실현했으리라고 믿어서는 안 된다. 이 정욕이 생긴 것은 범죄 후였고, 신체의 각부분에 대한 지배력을 잃고도 아직 수치감은 남아 있었던 그 사람들이 정욕을 느끼며 보고 부끄러워 가린 것은 범죄 후였다. 그러나 결혼한 그들이 생육하며 번성하여 땅에 충만하라는 축복은 범죄 전에 주신 것이었다. 자녀 생산은 혼인의 영광이며 죄에 대한 벌이 아님을 밝히려는 것이 축복의 목적이었기 때문이다.

그러나 확실히 낙원에서의 처음 행복을 모르는 사람들이 우리 시대에도 있다.[51] 그들은 자기들이 직접 아는 방법 곧 정욕이 아니면 자녀를 낳을 수 없으리라고 믿는다. 그러나 이것은 점잖은 부부도 거북해 하는 감정이다.

그들 중의 어떤 사람은 범죄 후에 알몸인 것이 부끄러워 앞을 가렸다고 하는 성경 말씀을 거부할 뿐 아니라, 믿지 않고 조롱한다. 또 그들 중의 어떤 사람은 성경을 인정하며 존경하면서도 "생육하며 번성하라"는 말씀은 육신적인 생식을 의미하는 것이 아니라고 한다. "주께서 주의 힘으로 내 영혼을 풍성하게 하시리이다"(시 138:3, 70인역) 하는 말씀과 같이, 영혼에 대해서 비슷한 말씀이 있기 때문이라고 한다. 이 말씀을 근거로 그들은 다음에 있는 "땅에 충만하며 땅을 정복하라"(창 1:28)는 말씀을 비유적으로 해석한다.

땅은 육신을 의미하며, 영혼이 육신 안에 있음으로써 충만하며, 영혼이 내적인 힘, 곧 덕성으로 풍성할 때에 최대의 지배력을 가진다고 해석한다. 그러나 육적인 자녀는 그 때나 지금이나 정욕없이는 낳을 수 없었다고 그들은 주장한다. 그리고 정욕이 범죄 후에 생긴 것을 보고 당황해서 감추었으므로, 자녀는 낙원에서 낳을 수 없었고 낙원의 밖에서만 낳았다고 한다. 처음 부부가 자식을 낳기 위해서 결합했고, 또 자식을 낳은 것은 낙원에서 쫓겨난 후였기 때문이라는 것이다.

22. 하나님이 처음에 제정하고 축복하신 결혼 제도.

그러나 나 자신은, 하나님께서 축복하신 대로 생육하며 번성하여 땅에 충만한 것은 혼인의 선물이라는 것과, 사람이 범죄하기 전에 하나님이 처음부터 남녀를 만드셔서 이 제도를 정하셨다는 사실을 조금도 의심하지 않는다. 남녀의 성별은 그 육신에 명백하기 때문이다. 하나님의 축복도 하나님의 남녀 창조와 연결된 것이었다.

---

51) 마니교도들

성경에서 “하나님이 남자와 여자를 창조하시고”라고 한 다음에 곧이어 “하나님이 그들에게 복을 주시며 그들에게 이르시되 생육하고 번성하여 땅에 충만하라 땅을 정복하라” 하는 말씀이 첨가되었기 때문이다(창 1:27-28).

이 모든 일을 영적 의미로 해석해도 타당하리라는 것을 인정하더라도, 남녀라는 말을 한 사람에게 적용해서 지배하는 요소와 지배를 받는 요소라고 해석할 수는 없다. 남녀는 그 신체에 성별이 있도록 창조되었고 자녀를 낳아 번식하며 땅에 충만하게 되는 것을 목적으로 살았다. 지극히 명백한 이 사실을 부정하는 것은 심히 어리석은 짓이다. 어떤 이유로든지 아내와 이혼하는 것이 허락되느냐고 주님께 물은 사람이 있었다. 이스라엘 사람들이 마음이 완악하므로 모세가 그들에게 이혼 증서를 주어 아내를 버리는 것을 허락했기 때문이었다.

그러나 주님의 대답은 명령하는 정신과 순종하는 육신, 지배하는 이성적 정신과 지배를 받는 비이성적 욕망, 높은 명상적 능력과 예속된 활동적 능력, 지성의 이해력과 신체의 감각에 관한 것이 아닌, 분명히 남녀를 결합하는 혼인 관계에 대해 언급하셨다. “사람을 지으신 이가 본래 저희를 남자와 여자로 만드시고 말씀하시기를 아내에게 합하여 그 둘이 한 몸이 될지니라 하신 것을 읽지 못하였느냐 이러한즉 이제 둘이 아니요 한 몸이니 그러므로 하나님이 짝지어 주신 것을 사람이 나누지 못할지니라”(마 19:4-6) 하셨다.

처음부터 남녀는 성별이 다른 두 사람이었고, 지금 우리가 보는 바와 같았다는 것은 의심할 수 없다. 그들을 ‘한 몸’이라고 하는 것은 남녀가 합하기 때문이든지, 그렇지 않으면 남자의 옆구리에서 여자가 창조되었기 때문이다. 사도도 하나님이 관례로서 제정하신 처음 일을 모범으로 삼아, 모든 남편들에게 각각 그 아내를 사랑하라고 충고한다(엡 5:25-33; 골 3:19).

23. 범죄가 없었더라면 낙원에서 자녀 생산이 허용되었을까? 또는 정절과 정욕의 싸움이 있었을까?

처음 사람들이 죄를 짓지 않았더면 성적 결합이나 자녀 생산이 없었으리라고 말하는 사람이 있다면, 그것은 성도의 수효가 차기 위해서 사람의 죄가 필요했다는 뜻이 되지 않는가? 그들이 죄를 짓지 않았더라면 자녀를 낳지 않았으리라고 어떤 사람들은 생각한다. 그렇다면 죄를 짓지 않은 처음 사람들은 언제까지나 두 사람만 있었을 것이며, 그랬더라면 두 의인뿐 아니라 의인이 많아지기 위해서는 확실히 죄가 필요했을 것이다.

그러나 이것은 너무도 어리석은 생각이어서 믿을 수 없다면, 우리는 비록 아무 범죄도 없었더라도 많은 성도가 나타나서 저 지극히 행복한 도성에 살았으리라고 믿어야 할 것이다. 지금 무수한 죄인들 사이에서 하나님의 은혜로 말미암아 많은 성도들이 소집되는 것과 같으며, 앞으로 "세상의 자녀들"(눅 20:34)이 태어나는 동안 많은 성도가 소집될 것이다.

그러므로 범죄함이 없었더라도 혼인은 낙원의 행복에 합당한 것이었으며, 사랑스러운 자녀를 낳았을 것이며, 정욕 때문에 부끄럽게 되지도 않았을 것이라는 결론이 된다. 그러나 우리에게는 지금 실례를 들어 가르쳐 줄만한 것이 지금은 없다. 그렇다고 해서 지금, 많은 지체들을 순종시키는 의지가, 정욕이 없었던 그 때에 저 한 지체도 순종시켰으리라는 것을 믿지 못할 이유가 되지 않는다.

생각해 보라:우리는 원하는 대로 손발을 움직여 그 기능을 발휘하게 한다. 우리도 그렇고 다른 사람들도 그렇다. 특히 몸으로 일하는 공예가들 가운데는 타고난 능력이 약하거나 느릴 때에는 우수한 기술과 노력을 가미해서 그 능력을 활용한다. 그와 같이 불순종의 죄를 짓고 그 벌로써 정욕을 받지 않았다고 하더라도, 생식 기관은 다른 기관들과 같이 의지의 결정에 순종해서 자녀를 낳으며 인류에 이바지했으리라고 우리는 믿을 수 있지 않은가?

키케로가 그의 저서 「공화국론」(*De Republica*)에서 여러 가지 지배 형식을 논했을 때에, 인간성과 비교해서 몸의 지체들은 곧 순종하므로 자녀들과 같은 지배를 받고, 영혼의 타락한 부분들은 노예와 같이 억압적인 가혹한 지배를 받는다고 했다.[52]

물론 자연의 질서에서 영혼은 신체보다 지위가 높지만, 영혼 그 자체보다 신체를 다스리는 것이 더 쉽다. 그런 우리가 화제로 삼고 있는 이 정욕은 영혼에 영향을 주어 심신을 다스릴 수 없게 만들기 때문에 더욱 부끄럽게 느껴지는 것이다. 정욕의 작용을 받으면 영혼 자체를 다스려 정욕을 일소할 수도 없고, 부끄러운 지체가 정욕이 아니라 의지에 의해서 움직일 정도로 신체를 지배할 수도 없게 된다. 참으로 그렇게 할 수 있다면 부끄럽지 않을 것이다.

그러나 지금 영혼은 신체의 반대를 받는 것을 부끄러워한다. 원래 신체는 본성이 낮으므로 영혼에 예속한 것이기 때문이다. 다른 감정들의 경우에 영혼 자체에 반대하는 것은 덜 부끄럽게 생각한다. 영혼이 스스로 정복될 때에 그 정복자는 영혼 자체이기 때문이다. 영혼이 영혼을 정복한다는 것은 이성에 예속되어야 할 구성분자

---

52) *De Rep.*, 3, 25, 37.

들이 승리하는 것이므로 질서가 혼란된 병적 상태지만, 그렇더라도 그 자체의 구성분자들이 승리하는 것이며, 따라서 자기 정복인 것이다.

영혼이 질서정연하게 스스로를 극복하며, 따라서 불합리한 감정들을 합리적인 목적에 순종시킬 때에, 이런 승리는 칭찬할 만하며 고결한 것이다. 다만 그럴 때의 합리적인 목적은 하나님께 순종해야 한다. 그렇더라도 영혼의 타락한 부분들이 영혼에 순종하지 않을 때에, 영혼의 소원과 명령을 신체가 무시하는 것에 비해서 영혼은 부끄러움을 느끼는 정도가 적다. 신체는 영혼과 구별되며 열등하다. 신체 그 자체는 영혼에 의지하지 않으면 생명이 없기 때문이다.

다른 지체들이 없으면, 정욕으로 흥분된 지체들이 의지를 무시하면서 그 욕구를 충족시킬 수 없다. 그러나 의지의 권위로 다른 지체들이 억제되면 정결이 보호된다. 죄의 쾌락이 없어지기 때문이 아니라 나타나지 못하기 때문이다. 불순종에 대한 벌로써 죄 많은 불순종이 가해진 것이 아니라면, 낙원에서의 결혼에는 이 저항, 이 반대, 의지와 정욕의 이 충돌이 없었을 것이며, 의지는 충족되고 정욕은 억제되었을 것이다. 다른 지체들 뿐 아니라 모든 지체들이 똑같이 의지에 순종했을 것이다.

그런 상태에서는 지금 손이 씨를 부리듯, 이 일을 위한 기관이 생식의 밭에 씨를 뿌렸을 것이다.[53] 그랬다면 지금 내가 이 문제를 자세히 탐구하고자 하면서도 체면 때문에 못하며, 점잖은 분들의 용서를 빌어야 하는 것같은 일이 없었을 것이다. 이런 지체들에 대해서 생각하는 사람은 음란한 언사의 염려없이 생각나는 대로 자유롭게 모든 부분들을 언급할 수 있었을 것이다. 음란한 말이라는 것이 없었을 것이며, 다른 지체들에 관한 말과 마찬가지로 이 문제에 대한 말도 점잖은 것으로 인정되었을 것이다. 그러므로 내가 쓴 글을 음탕한 생각으로 읽는 사람은 자연스러운 사실을 피할 것이 아니라, 자기의 죄책을 피하라.

자기의 타락한 행동을 비난하고, 내가 필요해서 쓴 말을 비난하지 말라. 경험하지 못하는 일에 대한 믿음을 의지하지 않고 경험한 지식을 논거로 삼는 회의론을 내가 논박하는 동안은 점잖은 독자나 청취자들의 용서를 쉽게 받을 수 있을 것이다. "순리대로 쓸 것을 바꾸어 역리로 쓰는"(롬 1:26) 여인들의 무서운 부도덕을 책망한 사도의 말을 무서워하지 않는 사람들에게는 내가 한 이 말도 걸림돌이 되지 않을 것이다. 특히 나는 지금 패악한 음행을 들어 비난하는 것이 아니기 때문이다. 그렇더라도 인간의 생식에 대해서 나는 힘껏 설명하면서, 사도 바울과 함께 음란한 언사를 피하려고 노력한다.

---

53). Virg., *Georg.*, 3, 136.

24. 처음 사람들이 죄를 짓지 않고 순종으로 낙원에 머무를 권리를 얻었더라면, 생식을 위한 성기의 사용도 다른 지체들과 같이 의지가 정하는 대로 되었을 것이다.

그 때에는 생식 기관이 의지의 지도를 따르고 정욕으로 흥분되지 않을 것이므로, 필요한 때에 필요한 분량으로 남자는 자녀의 씨를 뿌리고 여자는 받았을 것이다. 우리는 수족이나 손가락과 같은 관절과 굳은 뼈가 있는 지체들을 마음대로 움직일 뿐 아니라 부드러운 근육으로 느슨하게 조직된 부분들, 예컨대 입 안이나 얼굴에 있는 기관들도, 의지가 움직일 수 있는 범위 안에서 마음대로 흔들고 움직이며 펴고 비틀며 수축시키기도 하고 뻣뻣하게 만들 수도 있다. 참으로 내장 가운데서 골수 다음으로 연한 기관인 폐도, 그래서 흉곽 안에 두어 보호하는 것이지만, 이런 방법으로 작용하게 되어, 호흡하며 음성을 조절한다. 대장장이나 풍금 연주자가 풀무의 도움을 받는 것과 같이 호흡하며 말하며 외치며 노래하는 사람들은 폐의 도움을 받는다.

몸 전체를 덮는 것과 관련하여 나는 어떤 동물들이 타고난 것을 논하지 않겠다. 다만 한 예로써 가죽에 파리가 붙거나 창이 꽂히면 그들은 가죽의 바로 그 부분을 흔들어서 그것들을 떨쳐 버린다. 사람에게 이런 기능이 없다는 것을 인정하더라도, 하나님이 원하시는 생물들에게 이 기능을 주실 수 없었다는 결론은 되지 않는다. 그러므로 사람도 낮은 지체들을 임의로 지배했었는데, 불순종으로 그 능력을 잃었을 수 있다. 지금 정욕으로만 움직이는 육신의 부분을 그 때에는 의지로만 움직이도록 사람을 설계하시는 것이 하나님께는 어렵지 않았을 것이다.

우리가 아는 바와 같이, 다른 사람들과 전혀 다른 희한한 천부적인 능력을 가진 사람들이 있다. 다른 사람들이 모방할 수 없고 들어도 믿기 어려운 일들을 그들은 몸으로 할 수 있다. 어떤 사람은 한 쪽 또는 두 쪽 귀를 동시에 움직이며, 어떤 사람은 머리를 움직이지 않은 채 머리털이 난 머리 가죽을 전부 앞으로 가져왔다가 다시 제 자리로 끌어갈 수 있다. 어떤 사람은 여러 가지 물건을 놀라울 만큼 많이 삼켰다가 횡격막을 조금 수축시킴으로써, 주머니에서 물건을 내듯이, 무엇이든지 완전한 상태로 마음대로 내놓는다. 어떤 사람은 새나 짐승의 소리를 또는 다른 사람의 음성을 훌륭히 모방하기 때문에, 눈으로 보지 않고 귀로 듣기만 해서는 구별할 수 없다. 어떤 사람들은 뒤로 냄새 없는 소리를 음악 같이 낼 수 있다. 마음대로 땀을 흘리는 사람을 나는 내 눈으로 보았다. 어떤 사람은 마음대로 울며 눈물을 마구 흘린다.

그러나 훨씬 더 믿지 못할 일이 있다. 우리의 많은 교우들이 목도한 일인데, 칼라마(Calama) 교구[54]에 레스티투투스(Restitutus)라고 하는 장로가 있었다. 사람들이 그가 하는 일을 직접 보려고 부탁하면, 그는 마음대로 감각을 잃었다. 가령 크게 슬픈 일이 있는 사람처럼 울면서 감각 능력을 거둬 들여 꼭 죽은 사람 같이, 가만히 누워 있다. 이 상태에 있을 때에는 꼬집거나 찌르거나 심지어 불을 그어 대도 전혀 감각이 없었고, 나중에야 그 상처를 아파했다. 그가 일부러 노력해서 몸이 움직이지 않는 것이 아니라, 감각이 없기 때문이라는 증거로써, 그는 죽은 사람 모양 호흡하는 표적이 전혀 없었다. 그러나 깨어난 후에는 사람들이 똑똑히 한 말이면 멀리서 들리듯이 들을 수 있었다고 보고했다.

그러므로 우리가 본 바와 같이, 지금도 썩을 몸으로 불행한 현세를 살면서, 보통 사람이 타고난 한도 이상으로 그 몸을 현저히 여러 가지로 움직이며 느끼는 사람들이 있다. 그렇다면 사람이 불순종의 죄를 지어 벌을 받고 퇴화하기 전에는, 몸의 지체가 정욕 없이 뜻대로 자녀를 생산했으리라는 것을 믿지 못할 이유가 무엇인가?

사람은 자기 만족으로 하나님을 버렸기 때문에 사람이 스스로를 맡아야 했고, 하나님께 순종하지 않았기 때문에 자기에게까지 순종하지 않게 된 것이다. 여기서부터 사람이 원하는 대로 살지 못한다는 더 명백한 불행이 생겼다. 원하는 대로 살 수 있다면 행복하다고 생각할 것이나, 그렇더라도 음란한 생활을 한다면 행복하지 못할 것이다.

25. 진정한 행복은 우리의 현재 생활에 없다.

그러나 문제를 더 면밀히 생각하면, 행복한 사람만이 원하는 대로 살며 의인만이 행복하다. 그러나 의인도, 죽음과 속임과 상함이 전혀 없으며 항상 그렇게 지내리라는 보장이 있는 곳에 이르기까지는, 원하는 대로 살지 못할 것이다. 우리의 본성은 이것을 구하며, 그 구하는 것을 완전히 얻기까지는 행복하지 못할 것이다. 그러나 사는 일 자체가 자기 힘대로 되지 않는데, 우리 중에 누가 원하는 대로 살 수 있겠는가?

사람은 살기를 원하더라도 죽지 않을 수 없다. 원하는 만큼 오래 살지 못한다면 어떻게 원하는 대로 살 수 있는가? 혹은 죽기를 원한다면 사는 것조차 원하지 않는 사람이 어떻게 원하는 대로 살 수 있겠는가? 또 살기를 원하지 않는 것이 아니라 죽어서 더 잘 살고 싶어서 죽기를 원한다면, 그는 아직 원하는 대로 사는 것이 아니다. 죽어서 원하는 것을 얻은 때에 그렇게 살리라는 기대를 가졌을 뿐이다.

---

54) 칼라마는 히포의 남쪽에 있었던 도시. 히포(Hippo)는 아우구스티누스의 거처.

얻지 못할 것은 원하지 않도록 자기를 억제하며, 얻을 수 있는 것만 원하도록 강제한 사람은, 원하는 대로 산다고 인정할 수 있다. 테렌티우스가 "네가 원하는 것을 할 수 없으니, 할 수 있는 것을 원하라"[55]고 한 것과 같다.

이런 사람은 불행을 참고 견디는 것이므로 행복한가? 그렇지 않다. 자기의 생활을 사랑하는 사람만이 행복한 생활을 하고 있다. 또 행복한 생활을 사랑하며 가지고 있다면, 반드시 다른 모든 것보다 그것을 더 열렬히 사랑하게 될 것이다. 달리 사랑하는 것이 있다면, 그것은 행복한 생활을 위해서 사랑하기 때문이다. 그뿐 아니라, 행복한 생활을 충분히 사랑하지 않는 사람은 행복하지 않은 것이며, 자기의 행복한 생활을 충분히 사랑하는 사람은 그것이 영원하기를 바라지 않을 수 없다. 그러므로 영원한 생활만이 행복할 것이다.

26. 낙원에 있었던 행복한 부부는 부끄러운 욕망 없이 생식 기능을 다할 수 있었으리라고 우리는 믿어야 한다.

따라서 사람은 낙원에서 하나님의 명령하시는 대로 원하는 동안 자기가 원하는 대로 살았다. 그는 하나님을 즐기면서 살았고, 하나님이 선하시므로 그도 선했다. 그는 아무 결핍 없이 살았고, 항상 그렇게 살 능력이 있었다. 굶주리지 않고 음식이 있었으며, 노쇠하지 않도록 생명의 나무가 있었다. 신체의 퇴화나 불쾌감을 일으킬 원인이 없었다. 몸 안에서 병이 생기거나 몸이 상해를 입을 염려가 없었다. 육신이 완전히 건강했고 영혼이 완전히 평온했다.

낙원에서는 추위나 더위가 심하지 않은 것과 같이, 거기 사는 사람도 욕망이나 두려움 때문에 그 선의가 방해를 받는 일이 없었다. 아무런 슬픔이나 어리석은 기쁨이 없었고, 진정한 기쁨이 끊임없이 하나님 앞으로부터 흘러왔다. "청결한 마음과 선한 양심과 거짓이 없는 믿음으로"(딤전 1:5) 하나님을 사랑했다. 부부는 서로 정직하게 사랑함으로써 진실한 협력을 이루었다. 몸과 마음이 함께 활발해서 하나님의 명령을 어렵지 않게 수행했다. 여가에 권태를 느끼는 사람이 없고 원치 않는 잠으로 고통받는 사람도 없었다.

이렇게 안락한 생활과 행복한 인류였으므로, 정욕 없이 자녀를 생산할 수는 없었으리라고 우리는 결코 생각해서는 안 된다. 다른 지체들과 같이 생식 기관도 의지의 권위로만 움직였을 것이다. 남편이 아내의 가슴에 안기는 것[56]도 음란한 정욕 때

55) *Andr.*, 305-306.
56) Virg., *Aen.*, 8, 406.

문이 아니라 평온한 마음과 온전한 몸의 소행이었다. 우리가 경험하지 못했다 하여 반드시 부인해서는 안된다.

그 때에는 생식 기관이 격동하는 정욕으로 움직이지 않고 필요성과 능력에 따랐기 때문이다. 우리가 지금 아는 바와 같이, 경도를 치른 처녀는 신체에 변화가 생기는 것이 아니므로, 그 때에 아내는 처녀막의 파열없이 남편의 씨를 받아들일 수 있었을 것이다. 경수가 흐른 길을 통해서 정액이 들어갈 수 있었겠기 때문이다. 자궁이 열리는 것도 태모가 고통받을 때가 아니라 자연스런 때가 왔기 때문인 것과 같이, 남녀 양성의 결합도 정욕 때문이 아니라 자녀를 낳겠다는 의지의 올바른 소원에 따랐을 것이다.

우리가 지금 부끄러워하는 것을 화제로 삼았기 때문에, 우리는 될 수 있는 대로 그것이 부끄럽지 않았을 때와 같이 생각하려고 노력하지만, 우리의 미력으로 할 수 있는 논의까지도 체면상 제한하지 않을 수 없다. 이 일은 저 처음 조상들도 경험하지 못했다. 정욕 없는, 의지에 의한 자녀 생산이 있기 전에, 범죄와 추방이 있었기 때문이다. 그래서 지금 성교를 말하면 우리의 처음 조상들에게 가능했을 의지에 대한 평정한 순종을 연상하지 않고, 자기들이 경험한 정욕의 격동을 연상한다.

그래서 내 마음은 문제를 분명히 생각하면서도 체면상 입을 다물게 된다. 그러나 모든 본성을 지으신 지극히 선하신 창조주 하나님께서는 선한 의지를 도와 상을 주시며, 악한 의지를 배척하여 정죄하셔서, 선악간 모든 의지를 주관하시며, 그의 도성을 사람으로 채울 계획이 없지 않았다. 그의 지혜는 시민의 수효를 예정했고, 정죄된 인류 가운데서 구별할 자들을 예정하셨다. 인류는 뿌리가 썩은 집단, 전체가 정죄를 받은 한 덩어리이므로, 공로에 따르는 것이 아니라 은혜로 그 가운데서 구별해 내는 것이다. 그렇게 하심으로써 구원된 자들 뿐 아니라 구원을 받지 못한 자들의 경우에도 하나님이 얼마나 은혜를 내리셨는가를 밝히신다. 악에서 구원을 받은 사람은 모두 자기가 뽑힌 것은 자기의 공로가 있기 때문이 아니라 하나님의 거저 주신 은혜 때문임을 인정하기 때문이다.

다른 사람들과 함께 마땅히 공통된 벌을 받았을 터인데 무사히 놓인 것이다. 그러면 사람들이 죄를 지을 것을 미리 아신 하나님은 그들을 창조하시지 않았어야 했다는 이유는 없다. 하나님은 그들을 창조하심으로써 그들로 말미암아 그들의 죄에 대한 벌과 그분께서 거저 주신 은혜를 보이실 수 있었기 때문이다. 하나님이 창조하시며 섭리하시는 동안, 범죄자들이 빚어낸 패악한 무질서는 창조의 바른 질서를 뒤집을 수 없었다.

27. 죄를 지은 천사나 사람들의 악행이 섭리의 길을 어지럽게 만들지 못한다.

그러므로 천사와 사람을 무론하고 대개 범죄자들이 하나님의 행사를 방해할 수 없다. "주의 행사가 크시니 그 모든 뜻에 합당하도록 세밀히 계획되었나니"(시 111:2, 70인역)라고 한 것과 같다. 예지와 전능으로 각 사람에게 그 몫을 나눠 주시는 분이 선한 자들 뿐 아니라 악한 자들도 선용하시기 때문이다. 저 악한 천사가 가진 처음 악한 의지에 대해서 다시는 선한 의지를 가질 수 없는 완고한 성질을 주셨지만, 하나님이 그를 이용하셔서 처음 사람을 시험하게 허락하지 않아야 할 이유는 무엇인가?

처음 사람은 올바른, 선한 의지를 품도록 창조되었다. 그는 선한 인간으로서 하나님의 도움을 믿고 의지하면 악한 천사에게 지지 않도록 지어졌다. 그러나 교만한 자기 만족으로 창조주시며 구원자이신 하나님을 버리면 실패하게 되어 있었다. 이와 같이 하나님의 도움을 받는 바른 의지로 사람은 선한 보응을 받았을 것이며, 하나님을 버리는 그릇된 의지로는 악한 보응을 받기로 되어 있었다.

하나님의 도움을 믿고 의지하는 것도 하나님의 도움이 없이는 불가능했다. 다만 그렇다고 해서 사람은 자기 만족으로 마음대로 하나님의 은혜에서 떨어질 능력이 없었던 것이 아니다. 우리는 음식의 도움이 없으면 육신이 살아갈 수 없지만, 자살하는 사람들과 같이, 육신으로 살지 않는 것은 우리의 힘으로 할 수 있다. 그와 같이 사람은 낙원에서 하나님의 도움 없이 살 능력은 없었지만, 악한 생활은 그의 힘으로 할 수 있었다.

그러나 이렇게 할 경우에 그의 행복은 장구하지 못하고 심히 공정한 벌이 따르기로 되어 있었다. 하나님께서는 사람이 이렇게 곧 타락할 것을 모르시지 않았는데 저 원망과 시기심이 가득한 천사에게 그가 시험을 받도록 허락하시지 못할 이유가 있었겠는가? 참으로 사람이 패배할 것을 하나님은 완전히 알고 계셨지만, 사람의 후손(창 3:15)이 하나님의 은혜에서 도움을 받아 마귀를 정복하리라는 것과 성도들의 영광을 더욱 나타내리라는 것도 똑같이 잘 예견하셨다.

이와 같이 하나님은 어떤 미래사도 간과하시지 않았으며, 이 예지로 누가 죄를 짓도록 강요하시지도 않았다. 다만 이성적 피조물인 천사와 사람들에게 경험의 실제 결과를 통해서 각 개인의 사적인 자기 주장과 하나님의 거룩한 보호의 차이를 보여 주셨다. 천사나 사람이나 넘어지지 않도록 마련할 능력이 하나님께 없었다고 누가 감히 믿거나 말할 수 있는가? 그러나 이 일을 그들의 권한에 맡기기로 정하시고, 그렇게 하심으로써 그들의 교만이 가져올 수 있는 큰 재앙과 하나님의 은혜가 이룰 수 있는 큰 행복을 증명하는 길을 택하셨다.

28. 지상 도성과 천상 도성의 성격에 대하여.

그래서 두 가지 사랑이 두 도시를 건설했다. 심지어 하나님까지도 멸시하는 자기 사랑이 지상 도성을 만들었고, 자기를 멸시하면서 하나님을 사랑하는 사랑이 천상 도성을 만들었다. 따라서 지상 도성은 자체를 자랑하며 천상 도성은 주를 자랑한다(고후 10:17). 지상 도성은 사람들에게서 영광 받기를 원하고, 천상 도성은 우리의 양심을 보시는 하나님을 최대의 영광으로 여긴다.

지상 도성은 자기의 영광으로 머리를 높이 들며, 천상 도성은 그 하나님께 "주는 나의 영광이시요 나의 머리를 드시는 자니이다"(시 3:3)라고 한다. 지상 도성에서는 지배욕이 자체 속의 귀인들과 피정복 민족들 위에 군림하고, 천상 도성에서는 지도자와 피지도자들이 사랑으로 서로 섬기되, 지도자는 그 지혜로 피지도자는 복종으로 섬긴다. 지상 도성은 그 권력자들이 나타내듯이 자체의 권력을 사랑하며, 천상 도성은 하나님께 "나의 힘이 되신 주여 내가 주를 사랑하나이다"(시 18:1)라고 한다.

그래서 지상 도성에서는 사람을 따라 사는 현인들이 자기들의 몸이나 마음이나 또는 그 쌍방에 유익한 것을 추구했고, 그 가운데서 하나님을 알 수 있었던 사람도 "하나님으로 영화롭게도 아니하며 감사치도 아니하고 오히려 그 생각이 허망하여지며 미련한 마음이 어두워졌나니 스스로 지혜 있다 하나", 교만에 지배되어 자기들의 지혜로 스스로 높다 하면서 "우둔하게 되어 썩어지지 아니하는 하나님의 영광을 썩어질 사람과 금수와 버러지 형상의 우상으로" 바꾸었다.

그들은 이런 우상숭배에서 일반 민중의 지도자가 되거나 추종자가 되었기 때문이다. 그리고 "피조물을 조물주보다 더 경배하고 섬김이라. 주는 곧 영원히 찬송할 이시로다"(롬 1:21-23, 25). 그러나 천상 도성에서는 사람의 유일한 지혜는 진정한 하나님을 바르게 경배하도록 인도하는 경건이며, 또 사람들과 천사들로 구성된 성도의 무리에 참여해서 "하나님이 만유의 주로서 믿음 안에 계시려"(고전 15:28) 하는 이 목표를 상으로 받기를 기다리는 경건이다.

제 15 권

개요:앞의 네 권에서 천상 도성과 지상 도성의 기원을 논했으므로, 다음 네 권에서는 그 성장과 전진을 설명한다. 저자는 이 일을 위해서 성경의 주요한 해당 구절들을 해석한다. 제15권에서는 창세기의 가인과 아벨로부터 홍수까지의 사건들을 설명한다.

1. 인류를 처음부터 끝까지 분열시키는 두 계통과 그들이 추구하는 목적에 대하여.

낙원에서의 행복과 낙원 자체, 낙원에서의 처음 조상들의 생활, 그리고 그들의 죄와 벌에 대해서 많은 사람들이 생각하며 많이 말하며 많이 썼다. 우리 자신도 앞의 몇 권에서[1] 성경 말씀이나 그것을 근거로 추리하여 이야기했다. 이 문제들을 더 자세히 연구하자면 끝없는 의문들이 생겨나서, 이 책은 허락된 범위를 넘어설 것이다. 우리는 한가한 사람들이 트집을 잡기 위해서 제기하는 모든 의문에 대답할 여유가 없다. 그들은 대답을 이해할 능력이 없으면서도 쉽게 묻기만 하는 것이다.

그러나 나는 우주와 영혼과 인류의 시초에 관한 크고 어려운 문제들을 이미 충분히 논했다고 생각한다. 우리는 인류를 두 부류로 나누어, 사람의 생각대로 사는 사람들과 하나님의 뜻대로 사는 사람들이라고 했다. 그리고 그들에게 두 도성이라는 비유적인 이름을 붙였는데, 이것은 두 사회라는 뜻이다. 그 중의 한 도성은 하나님과 함께 영원히 지배하기로 예정되었고, 다른 도성은 마귀와 함께 영원한 벌을 받기로 예정되었다. 그러나 이것은 그들의 종말이며, 후에[2] 논하겠다. 지금은 아무도 그 수를 모르는 천사들과 처음 두 사람 사이의 두 도성의 기원을 논한 다음에 그들의 진로를 말하는 것이 합당하리라고 생각한다. 즉 우리의 처음 조상들이 자식을 낳기 시작한 때로부터 인류의 생식이 그칠 때까지의 경과를 말한다. 사람들이 죽고 다른

---

1) 특히 제14권.
2) 제19-22권.

사람들이 나서 그 뒤를 이어 가는 이 모든 기간 또는 세계(World-age, *Saeculum*)는 우리가 논하려는 두 도성의 역사가 전개되는 때이기 때문이다.

그런데 인류의 처음 조상에게서 장자로 태어난 가인은 사람의 도성에 속했고, 그 다음에 난 아벨은(창 4:1-2) 하나님의 도성에 속했다. 한 개인에 관한 사도의 말씀이 사실인 것과 같다. "먼저는 신령한 자가 아니요 육 있는 자요 그 다음에 신령한 자니라"(고전 15:46). 그러므로 정죄를 받은 혈통에서 난 사람은, 먼저 아담에게서 나서 악하며 육적이고, 그 후에 중생함으로써 그리스도에게 접붙임이 되어야만 선하고 영적인 사람이 된다. 인류 전체도 이와 같다.

사람들이 연달아 태어나고 죽으므로써 이 두 도성의 역사가 시작되었을 때에, 이 세상의 시민이 먼저 났고 그 후에 하나님의 도성 시민이 이 세상 나그네로 났다. 그는 은혜로 예정된 자, 은혜로 선택된 자, 은혜로 아래서는 나그네요 위에서는 시민인 자였다. 이 모든 일은 은혜로 된 일이었다. 그도 근원이 온통 정죄를 받은 그 같은 덩어리에서 태어난 자였지만, 사도가 많이 생각한 후에 적절한 비유로 말한 것과 같이, 하나님이 토기장이와 같이 같은 진흙 덩어리에서 하나는 귀히 쓸 그릇으로, 또 하나는 천히 쓸 그릇으로 만드신 것이다(롬 9:21).

그러나 천히 쓸 그릇을 먼저 만드시고 그 후에 귀히 쓸 다른 그릇을 만드셨다. 내가 이미 말한 바와 같이, 각 개인의 경우에 이미 악한 것이 있어서 이것으로부터 출발해야 하지만, 반드시 여기에 머무를 필요는 없다. 그 후에 선한 것이 있어서 우리는 나아가 이것을 얻으며, 얻은 후에는 거기에 머무를 수 있다. 물론 악한 자가 모두 선하게 되리라는 것은 아니지만, 먼저 악하지 않고서 선하게 되는 사람은 없으며, 속히 선하게 될수록 그만큼 빨리 이 이름을 얻어, 옛 이름을 없애고 새 이름을 가지게 된다.

그런데 가인이 도시를 건설했다는 기록은 있지만(창 4:17), 아벨은 나그네였기 때문에 그러지 않았다. 성도들의 도성은 위에 있지만, 이 아래에 있는 동안 시민들을 태어나면서 나그네로 살아가다가, 천상 도성에서 지배하는 부활의 날에 모든 시민을 모아 약속된 나라를 받으며 모든 시대의 왕이신(딤전 1:17) 그들의 왕과 함께 영원무궁토록 지배할 것이다.

2. 육신의 자식들과 약속의 자식들.

참으로 이 천상 도성을 상징하며 예시하는 형상이 필요에 따라 지상에 있었다. 그 목적은 천상 도성을 지상에 실현시키려는 것이 아니라, 그런 도성이 있으리라는 것을 사람들이 생각하게 만들려는 것이었다. 이 형상은 미래 도성의 상징이요 그 실체는 아니었지만, 거룩한 도성이라고 불렸다. 모형인 이 도성과 이것이 상징하는 저 자유 도성에 대해서 바울은 갈라디아서에서 다음과 같이 말했다.

> 내게 말하라 율법 아래 있고자 하는 자들아 율법을 듣지 못하느냐 기록된 바 아브라함이 두 아들이 있으니 하나는 계집 종에게서, 하나는 자유하는 여자에게서 났다 하였으나 계집 종에게서는 육체를 따라 났고 자유하는 여자에게서는 약속으로 말미암았느니라 이것은 비유니[3] 이 여자들은 두 언약이라 하나는 시내산으로부터 종을 낳은 자니 곧 하가라 이 하가는 아라비아에 있는 시내산으로 지금 있는 예루살렘과 같은 데니 저가 그 자녀들로 더불어 종노릇하고 오직 위에 있는 예루살렘은 자유자니 곧 우리 어머니라 기록된 바 '잉태치 못한 자여 즐거워하라 구로치 못한 자여 소리질러 외치라 이는 홀로 사는 자의 자녀가 남편 있는 자의 자녀보다 많음이라' (사 54:1)하였으니 형제들아 너희는 이삭과 같이 약속의 자녀라 그러나 그 때에 육체를 따라 난 자가 성령을 따라 난 자를 핍박한 것같이 이제도 그러하도다 그러나 성경이 무엇을 말하느뇨 '계집 종과 그 아들을 내어 좇으라 계집 종의 아들이 자유하는 여자의 아들로 더불어 유업을 얻지 못하리라' 하였느니라(창 21:10) 그런즉 형제들아 우리는 계집 종의 자녀가 아니요 자유하는 여자의 자녀니라 그리스도께서 우리로 자유케 하려고 자유를 주셨느니라(갈 4:21-5:1).

이 구절에 대한 이러한 해석은 사도의 권위로 우리에게 전해졌으며, 우리가 구약성경과 신약성경을 어떻게 이해할 것인가를 밝힌다. 지상 도성의 한 부분이 천상 도성의 상징이 되었고, 그 자체에 의미가 있는 것이 아니라 다른 도성을 의미하며, 따라서 '종이 되어' 섬긴다. 그 자체를 위하여 건설된 것이 아니라 다른 도시를 예표하기 위해서 건설되었다. 한 도시의 그림자인 이 도시는 그보다 먼저 있었던 형상에 의해서 그 자체도 예표되었다.[4]

사라의 여종 하가와 그의 아들은 이 상징의 상징이었다. 또 빛이 오면 그림자가 사라지기로 되어 있었으며, 사라는 자유로운 도시를 상징하고, 그림자인 하가는 나름대로 그 도시를 상징했다. 그래서 사라는 "계집 종과 그 아들을 내어 좇으라 계집 종의 아들이 내 아들 이삭과 함께(또는 사도가 말한 대로, '자유하는 여자의 아들과 함께') 유업을 얻지 못하리라"고 했다.

우리는 지상의 도성에서 두 가지 것을 발견한다: 그 자체가 명백히 존재하는 것

---

3) 비유(allegoria)의 의미에 대해서는 Aug., *De Trin.*, 15, 9, 15.

4) 여종 하가는 지상의 예루살렘을 예표했으며, 지상의 예루살렘은 하가와 같이 종노릇을 하면서 자유의 도성인 천상의 예루살렘을 위한 예언이 되었다. 천상 도성의 상징은 자유인인 사라였다.

과, 천상의 도성을 상징적으로 제시하는 것이다. 그런데 지상의 도성의 시민들은 죄로 더럽혀진 본성으로 낳으며, 천상 도성의 시민들은 본성을 죄에서 해방하는 은혜가 낳는다. 그래서 전자는 '진노의 그릇', 후자는 '긍휼의 그릇'이라고 부른다(롬 9:22, 23). 그리고 이것을 아브라함의 두 아들이 상징했다. 여종 하가의 아들 이스마엘은 육체를 따라 났고, 자유의 여자 사라의 아들 이삭은 약속을 따라 났다. 두 아들이 다 아브라함의 씨에서 났지만, 하나는 육체의 법으로 났고, 다른 하나는 은혜의 약속으로 주셨다. 한 아들의 출생은 사람의 관습적 행동을 나타내며, 다른 아들의 출생에서는 하나님의 은혜가 나타났다.

3. 잉태하지 못하던 사라가 하나님의 은혜로 생산하게 되었다.

참으로 사라는 잉태하지 못하는 사람이었다. 그래서 자식을 낳을 희망이 없었으므로 자기 몸으로 얻을 수 없는 복을 적어도 여종을 통해서 얻으려고, 여종을 남편에게 주어 자기 대신에 그에게 들어가라고 요구했다(창 16:1-3). 인간이 공유하고 있는 생산법대로 이스마엘이 태어났기 때문에, 그는 "육체를 따라 났다"(갈 4:23)고 한다. 이렇게 태어나는 것이 하나님의 선물이 아니라거나, 하나님이 하시는 일이 아니라는 뜻은 아니다. "하나님의 창조적 지혜는 한 끝으로부터 다른 끝까지 힘차게 이르며, 만유를 아름답게 정돈한다"(지혜서 8:1)고 기록되었다. 그렇지 않고, 하나님의 선물이 사람이 당연히 받을 것이 아니라 거저 주시는 것일 때에, 그 일을 두드러지게 보이기 위해서는 인간의 자연성이 쓸 수 없는 방법으로 아들을 주실 필요가 있었다. 아브라함과 사라의 나이로써 자식을 낳는다는 것은 인간의 본성이 거부하는 일이었으며, 그뿐 아니라 사라는 전성기에도 잉태하지 못하는 사람이었다.

자식을 낳을 수 없는 이 자연성은 인류의 본성이 죄로 더럽혀졌고 그 결과로 정당한 정죄를 받아 내세의 복락을 받을 자격이 없게 된 것을 상징한다. 그러므로 약속의 아들 이삭은 은혜의 자녀와 자유 도시의 시민을 적절히 상징한다. 이 시민들은 영원한 평화 속에 이기심이나 고집 없이 서로 섬기는 사랑으로 함께 산다. 그들은 모든 사람이 함께하는 기쁨을 기뻐하며 많은 마음으로 한 마음을 만든다(행 4:32). 곧 완전한 합심을 확보한다.

4. 지상 도성의 충돌과 평화.

그러나 지상 도성은 최후 심판으로 벌을 받으면 도성이라 할 수 없게 될 것이며 따라서 영원하지 못하겠지만, 그렇더라도 이 세상에서는 그 자체의 선한 점이 있으며, 거기서 얻을 수 있는 기쁨을 즐긴다. 그러나 그 선한 것이 시민들의 모든 곤란을 해결할 수는 없으므로 지상 도성은 소송과 전쟁과 분쟁으로 분열되며, 승리를 얻는다고 해도 많은 생명을 희생하며 장구하지도 않다. 대립된 부분들 자체가 죄악에 사로잡혀서 다른 시민들을 이기려고 애쓰기 때문이다. 승리한 자는 교만으로 부풀며, 그 승리는 인명을 희생한 것이다. 우리 인간의 죽을 신세와 인명의 손실을 생각하며, 이미 얻은 성공으로 교만해지지 않고 도리어 앞으로 당할는지 모르는 재난들을 염려한다면, 이런 승리는 차원이 높다고 하겠으나, 그것도 오래 가지 못한다. 피정복자들을 영구히 지배할 수는 없기 때문이다.

그러나 이 지상의 도성이 원하는 것들을 악하다고 단정하는 것은 공평하지 않다. 성 자체가 한 공동체로서 모든 인간적인 선보다 나으며, 그것은 지상적인 선을 즐기기 위해서 지상적인 평화를 원하며, 이 평화를 얻기 위해서 전쟁도 하는 것이기 때문이다. 물자가 부족해서 서로 불만인 집단들이 항쟁하다가 어느 한 편이 정복한 후에는 대적이 없고 평화를 즐길 수 있다. 이 평화를 얻기 위해서 고생스러운 전쟁을 하며 소위 혁혁한 승리를 얻는다.

그런데 비교적 정당한 주장을 한 편이 승리할 경우에, 그 승리자를 축하하며 그 평화를 환영하기를 누가 주저하겠는가? 이것은 선한 일들이며, 하나님의 선물임에 틀림없다. 그러나 그들이 천상 도성의 더 좋은 일들을 — 영원한 승리와 영원 무궁한 평화로[5] 얻는 선들을 — 등한시하며, 현세의 선을 유일한 선으로 믿어서 과도하게 탐내거나, 더 좋다고 믿는 선보다 더 사랑한다면, 그 때에는 필연적으로 불행이 따르며 더욱더 심각하게 될 것이다.

5. 지상 도성의 건설자와 로마의 건설자는 자기 동생을 죽였다.

지상 도성의 건설자는 자기 아우를 죽였다. 그는 시기심에 사로잡혀, 영원한 도성의 시민이며 지상의 나그네인 자기 아우를 죽인 것이다. 그래서 범죄의 이 처음 표본이 — 그리스어의 아르케튀포스(archetypos, 원형) — 오랜 후에 로마시가 건설되었을 때에 비슷한 범죄로 나타난 것을 보고 우리는 놀라지 않는다. 로마시는 결국 많은 민족을 지배하며, 우리가 말하는 지상 도성의 머리가 되었지만, 그들 가운데 한 시인이 말한 것과 같이, 그 도성의 "처음 성벽에서는 아우의 피가 흘렀다."[6]

---

5) 제19권 제17장에 평화에 대한 논술이 있다.
6) Luc. 1, 95.
7) 로물루스가 레무스를 죽인 데 대해서는, 제3권 제6장.

로마 역사에 기록된 대로, 레무스(Remus)가 그의 형 로물루스(Romulus)에게 죽은 것이다.[7] 그러므로 로마와 저 지상 도성은 건설된 사정이 다르지 않으며, 다만 로물루스와 레무스는 두 사람이 다 지상 도성의 시민이었을 뿐이다. 두 사람이 다 로마를 건설하는 영광을 가지려고 했으나, 두 사람이 차지하는 영광은 독점하는 것과 같을 수 없었다. 살아 있는 동등한 동료와 권력을 나누어서는 지배하는 영광이 감소되겠기 때문이었다. 그러므로 영광을 전적으로 독점하기 위해서 동료를 제거했고, 그 범죄의 결과로 나라는 커졌으나 그 질이 저하되었다. 그렇지 않았더라면, 나라가 작았을지라도 질은 나았을 것이다.

그런데 가인과 아벨은 두 형제가 다 지상적 욕망으로 움직인 것이 아니며, 살인죄를 범한 자의 질투도 두 사람이 지배권을 나눔으로써 세력이 감퇴하겠기 때문이 아니었다. 아벨은 형이 건설한 도성을 지배하려는 생각이 없었다. 그러나 악인들이 자기들은 악하고 선한 사람들은 선하다는 이유 하나로 그들을 미워하는 그 악마적인 시기와 미움에 가인은 자극되었다. 원래 선은 일시적으로나 영구적으로나 다른 사람들과 나눈다고 해서 가진 사람의 선이 줄어드는 것이 아니라, 도리어 반대로 나눠 가지는 사람들의 합심과 사랑에 비례해서 더욱더 증가하는 것이다. 간단히 말하면, 선을 나누지 않는 사람은 가지지도 못한다. 나누기를 가장 열망하는 사람은 가장 풍부하게 가지게 된다.

로물루스와 레무스의 다툼은 지상 도성의 내부 분열을 보여주며, 가인과 아벨 사이의 사건은 하나님의 도성과 사람의 도성 사이에 있는 적대관계를 설명한다. 악인이 악인과 싸우며 선인도 악인과 싸운다. 그러나 선인과 선인 적어도 완전한 선인들이 서로 싸울 수는 없다. 다만 완전한 선인이 되려고 노력하는 도중에서 자기와 싸우는 문제들에 관해서는 선인은 다른 사람들과도 싸운다. 모든 개인의 생활에서 "육체의 소욕은 성령을 거스리고 성령의 소욕은 육체를 거스리므로"(갈 5:17), 이 성령의 소욕이 다른 사람의 육체의 소욕과 싸울 수 있다. 또 육체의 소욕이 다른 사람의 성령의 소욕과 싸워서, 선인과 악인의 싸움이 될 수 있다. 또는 악인과 악인이 싸우는 것과 같이, 아직 불완전한 두 선인의 육체의 소욕이 싸우는 것은 더 확실한 일이다. 이런 일들은 하나님의 은혜로 치료를 받는 사람들의 건강이 최후 승리를 얻을 때까지 계속된다.

6. 하나님의 도성의 시민들도 지상 순례 중에는 죄에 대한 벌로써 허약하

8) 제14권 제1장과 11장, 기타.

며, 하나님의 은혜로 치유된다.

우리가 제14권에서[8] 말한 불순종 즉 허약한 상태는 처음에 있었던 불순종에 대한 벌이다. 따라서 허약은 본성이 아니라 결함이다. 그러므로 은혜 안에서 성장하며 믿음으로 순례 생활을 하는 선인들을 향해서 성경은 말씀한다.

> "너희는 짐을 서로 지라 그리하여 그리스도의 법을 성취하라"(갈 6:2)
> "규모 없는 자들을 권계하며 마음이 약한 자들을 안위하고 힘이 없는 자들을 붙들어 주며 모든 사람을 대하여 오래 참으라 삼가 누가 누구에게든지 악으로 악을 갚지 말라"(살전 5:14-15).
> "사람이 만일 무슨 범죄한 일이 드러나거든 신령한 너희는 온유한 심령으로 그러한 자를 바로잡고 네 자신을 돌아보아 너도 시험을 받을까 두려워하라"(갈 6:1)
> "해가 지도록 분을 품지 말라"(엡 4:26)
> "네 형제가 네게 죄를 범하거든 가서 너와 그 사람과만 상대하여 권고하라"(마 18:15).

죄를 지어 문제를 일으킨 때에 대해서 사도는 말한다: "범죄한 자들을 모든 사람 앞에 꾸짖어 나머지 사람으로 두려워하게 하라"(딤전 5:20).

이 일을 위해서, 또 평화를 위해서 — 평화가 없이는 아무도 주를 보지 못하리라고 하므로(히 12:14) — 그 평화를 유지하기 위해서 서로 용서하라는 주의깊은 교훈을 많이 주셨다. 예컨대 1만 달란트의 빚을 탕감받은 종이 자기에게 100데나리온을 빚진 동료를 용서해 주지 않았기 때문에, 그 1만 달란트를 갚으라는 무서운 선고를 받았다(마 18:23-34). 주 예수께서 이 비유에 첨가하시기를 "너희가 각각 중심으로 형제를 용서하지 아니하면 내 천부께서도 너희에게 이와 같이 하시리라"고 하셨다(마 18:35).

하나님의 도성에 사는 시민들은 하늘 나라의 평화를 사모하면서 지상에 기류하고 있는 동안에 이런 방법으로 치유된다. 성령도 마음 속에 역사하셔서 밖으로 쓰는 약이 좋은 효과를 나타내도록 하신다. 그렇지 않고, 비록 하나님이 잘 순종하는 피조물들을 동원하시거나 인간을 시켜 우리의 감각에 호소하게 하셔서, 우리가 꿈이나 눈으로 인상을 받더라도, 내면적인 은혜로 마음을 움직여 주시지 않는다면, 아무리 진리를 가르쳐도 전혀 효과가 없는 것이다.

그러나 하나님께서는 진노의 그릇들과 긍휼의 그릇들을 구별하시며, 심히 은밀하지만 심히 공정한 섭리로 실지로 그런 은혜를 주시며 역사하신다(롬 9:22-23). 하나님이 자신의 놀라운 비밀 수단으로 영혼을 도우시며, 사도가 가르치듯이(롬 6:12-

13), 죄에 대한 벌로써 우리의 지체 안에 있는 죄가 이 죽을 몸을 지배해서 그 정욕에 복종하게 만들지 않게 되며, 또 우리가 우리의 지체를 불의의 병기로 제공하지 않게 되면, 그 때에 우리는 마음에 변화를 받아 하나님의 지배 아래 있게 됨으로써 죄를 짓는 데 찬성하지 않고, 금생에서도 이 새로운 마음이 더 평화롭게 다스리게 되며, 후에는 완전한 건강과 영생을 받아 죄없는 영원한 평화 속에서 다스리게 될 것이다.

7. 하나님의 말씀도 돌이킬 수 없었던 가인의 완강한 결심과 범죄의 원인.

하나님께서는 우리가 애써 설명한 방법을 쓰시며, 순종하는 피조물을 통해서 우리의 처음 조상들의 형편에 맞추어, 친구와 같이 그들과 대화하셨다(창 4:6 이하).[9] 그러나 하나님이 그렇게 경고하신 것이 가인에게 어떤 좋은 영향을 주었는가? 하나님의 음성이 그를 경고한 후에도 자기 아우를 죽이겠다는 악한 생각을 실행하지 않았는가? 하나님이 아벨의 제물을 열납하시고 가인의 제물은 열납하시지 않은 이 차별은 어떤 보이는 표징으로 알려졌을 것이 틀림없다. 그리고 형제 중 한 사람의 행위는 악하고 다른 한 사람의 행위는 선했기 때문에 하나님이 이 구별을 하셨을 때에, 가인은 심히 노해서 안색이 변했다. 성경에 "주께서 가인에게 이르시되, 네가 심히 노함은 어찜이며, 안색이 변함은 어찜이뇨? 네가 바르게 제물을 드리되, 바르게 구별하지 않으면 죄를 지은 것이 아니뇨? 조용하라. 그것이 네게로 돌아오게 하여, 네가 그것을 다스릴지니라"고 기록되었다(창 4:6-7, 70인역).[10]

가인에게 주신 하나님의 이 경고에서 "네가 바르게 제물을 드리되, 바르게 구별하지 않으면 죄를 지은 것이 아니뇨?"라는 말씀은 뜻이 모호하다. 무슨 이유 또는 목적으로 하신 말씀인지가 분명하지 않으며, 신앙규범에[11] 따라 해석하려고 하는 사람들이 여러 가지 뜻을 붙였다. 확실히 바르게 제물을 드린다는 것은 유일하고 참된 하나님께만 드릴 때다. 또한 바르게 구별하지 않는다는 것은 드리는 장소나 시기, 물자를 바르게 구별하지 않거나, 누가 드리며 누가 받는가, 드렸던 제물을 누구에게 나눠 먹이는가 하는 것을 바르게 구별하지 않을 때다. 구별한다는 말은 여기서 식별

---

9) 하나님이 사람들에게 말씀하시는 방법에 대해서는, Aug., *De Gen. ad Lit.*, 8, 18, 37; 9, 2, 3-4.

10) 원문에서 창 4:7은 뜻이 분명하지 않으나, 저자는 자기의 입장에서 해석한다.

11) 성경해석에 관해서 전통적으로 인정된 정통적 입장을 의미하며, 어떤 공인된 규정이 있는 것은 아니다.

(識別) 한다는 뜻으로 사용되었다.

드리는 장소가 마땅하지 않거나, 제물이 다른 장소에는 마땅하더라도 그 장소에서는 마땅하지 않거나, 또는 드리는 때가 잘못일 때, 곧 제물이 다른 때에는 마땅하더라도 그 때에는 마땅하지 않든지, 또는 어느 장소 어느 때라도 드려서 마땅하지 않은 것을 드렸거나, 또는 같은 종류의 물건 중에서 하나님께 드린 것보다 더 좋은 것은 자기가 가지고 있다든지, 또는 부정한 사람이나 제물을 먹으면 율법에 어긋나는 사람이 먹는다든지 할 경우다.

이 중의 어떤 점에서 가인이 하나님의 뜻에 부합하지 않았는지 단정하기 어렵다. 그러나 사도 요한이 이 두 형제에 대해서 한 말씀이 있다. "가인 같이 하지 말라 저는 악한 자에게 속하여 그 아우를 죽였으니 어찌 연고로 죽였느뇨 자기의 행위는 악하고 그 아우의 행위는 의로움이니라" (요일 3:12). 이와 같이 사도가 우리에게 주는 해석은 다음과 같다. 하나님이 가인의 제물을 열납하시지 않은 것은 그가 바르게 구별하지 않았기 때문이라고 하는 것은, 가인이 자기의 소유물을 하나님께 드리면서 자기 자신은 자기가 그대로 차지하고 있었다는 뜻이다.

하나님의 뜻을 행하지 않고 자기 뜻대로 행하는 사람들, 올바른 마음으로 살지 않고 굽은 마음으로 사는 사람들, 그러면서도 하나님께 무엇을 선물로 드림으로써 도움을 받으려 하며, 그 도움도 자기들을 고쳐 건강하게 만드시는 것이 아니라 자기들의 정욕을 만족시켜 주시는 것이라고 생각하는 사람들 — 이런 사람들은 모두 가인과 같이 행동한다. 그리고 이것이 지상 도성의 특징이다. 지상 도성은 하나님이나 신들을 경배하되, 지상에서 승리자로서 평화롭게 지배하는 것을 도와주리라고 기대하며, 선을 행하는 것을 사랑하기 때문이 아니라, 지배욕에 사로잡혔기 때문이다.

선한 사람들은 하나님을 즐기기 위해서 세상을 이용하지만, 악인들은 반대로 세상을 즐기기 위해서 하나님을 이용하려 한다. 적어도 하나님이 계시다는 것과 인간사에 관심을 가지신다는 것을 믿는 악인들은 이렇다. 이 믿음에도 도달하지 못한 사람들은 수준이 훨씬 더 낮다. 하나님이 자기 아우의 제물은 열납하시고 자기 것은 열납하시지 않는 것을 보았을 때에, 가인이 아우를 모범으로 삼지 않고 경쟁의 대상이라고 생각한 것은 교만한 짓이었다. 다른 사람의 아름다운 점, 자기 형제의 아름다운 점에 대해서까지도 이와 같이 분개하는 것을 하나님은 큰 죄라고 인정하시고, "네가 노함은 어찜이며 안색이 변함은 어찜이뇨?" 하고 질문하며 책망하셨다. 하나님은 그가 형제를 시기하는 것을 보시고 이 점을 책하신 것이다.

다른 사람의 마음을 알 수 없는 사람들은 가인이 노하는 까닭을 확실히 알 수 없었을 것이다. 하나님의 마음을 거스린 자기의 악행을 알고 슬퍼한 것인지, 또는 아우의 선행이 하나님을 기쁘시게 하고 그 제물이 열납된 것을 슬퍼한 것인지 확실치 않았을 것이다. 그러나 하나님은 가인의 제물을 열납하시지 않은 이유와 아우보다 가인에 대해서 노하는 것이 마땅하다는 이유를 가르치시려고, 그가 "바르게 구별하지 않았다"는 것, 곧 바르게 살지 않았고, 따라서 제물이 열납될 자격이 없다는 것과 정당한 이유 없이 아우를 미워함으로써 훨씬 더 불의하다는 것을 밝히셨다.

그러나 하나님은 그를 물러가게 하시기 전에 거룩하고 공정하고 친절한 교훈을 주셨다. "조용하라. 그것이 네게로 돌아오게 하여 네가 그것을 다스릴지니라"고 하셨다. 아우를 다스리라는 뜻인가? 결단코 그렇지 않다. 그렇다면 죄를 다스린다는 뜻이 아니고 무엇이겠는가? 하나님은 이미 "네가 죄를 지었다"고 말씀하시고, 다시 덧붙이셨다. "조용하라. 그것이 네게로 돌아오게 하여, 너는 그것을 다스릴지니라." 죄가 어느 사람에게로 돌아온다는 것은 그 죄의 책임이 자기에게 있고 다른 사람에게 있는 것이 아니라는 것을 알아야 한다는 뜻이다.

이것이 회개라는 약이며 건강하게 만드는 약이며, 용서를 얻기에 합당한 탄원이다. 따라서 우리는 "그것이 네게로 돌아올 것이며"라고, 미래형을 써서 예언으로 해석할 것이 아니라, "그것이 네게로 돌아오게 하여"라는 명령으로 해석해야 한다. 사람이 자기 죄를 높이며 변명하지 않고, 후회하며 억제할 때에, 그것을 지배하게 되기 때문이다. 사람이 자기 죄를 옹호하면 반드시 죄가 주인이 되고 그는 종이 될 것이다.

만일 우리가 이 죄를 사도가 말한 육체의 정욕이라고 해석한다면 — 사도는 "육체의 소욕은 성령을 거스린다"(갈 5:17)고 하며, 그 육체의 일 중의 하나로서 질투를 들었고(갈 5:21), 확실히 가인도 이 질투심 때문에 아우를 죽인 것이므로 — 미래형을 덧붙여서 "그것은 네게로 돌아올 것이며 너는 그것을 다스리리라"로 읽어도 좋을 것이다. 사도는 "이것을 행하는 자가 내가 아니요 내 속에 거하는 죄니라"(롬 7:17) 하여 육적(肉的)인 부분을 죄라고 부르며, 철학자 가운데도 이 부분을 악하다고 하는 사람들이 있다.

이 부분이 마음을 인도해서는 안되며, 마음이 그것을 지배해서 그 불의한 움직임을 막아야 하는 것이다. 그러면 이 부분이 악한 일을 하려고 할 때에 그것을 억제해서, "너희 지체를 불의의 병기로 죄에게 드리지 말라"(롬 6:13)고 한 사도의 말씀에 순종하게 한다면, 그것은 마음으로 돌아와 마음에 의해서 억압되며 정복되어, 이성의 지배를 받게 된다.

자기에게 좋은 모범을 보여 준 아우에 대해서 도리어 불붙는 듯한 질투심으로 죽여버리려고 한 자에게 하나님이 명령하신 것은 이 일이었다. "조용하라," 곧 침착하라고 하셨다. "죄를 짓지 말라. 죄가 너의 죽을 몸을 지배하며 그 정욕을 충족시키게 하지 말라"(롬 6:12). 너의 지체를 불의의 병기로 죄에게 드리지 말라. 네가 죄에게 고삐를 주어 돕지 않고 도리어 침착하게 억제한다면, "그것은 네게로 돌아올 것이며 너는 그것을 다스릴 것이다." 대외적인 행동이 허락되지 않을 때에 죄는 이성의 인자한 지배와 권위에 굴하는 습성이 생기며 내면적인 움직임까지도 없어지는 것이다.

하와에 대해서 성경에 비슷한 말씀이 있다. 그것은 뱀의 모양으로 나타난 마귀와 여인과 그의 남편에 대해서 하나님이 그 죄를 심문하시고 심판하신 후에 선고로써 하신 말씀이다. "내가 네게 잉태하는 고통과 신음을 크게 더하리니 네가 수고하고 자식을 낳을 것이라" 하시고, 다시 "너는 남편에게로 돌아가며 남편은 너를 다스릴 것이니라"고 하셨다(창 3:16, 70인역). 죄에 대해서, 또는 육체의 악한 정욕에 대해서, 가인에게 하신 말씀을 여기서 죄를 지은 여인에게 하셨다. 그래서 우리는 이성이 육체를 다스리는 것과 같이, 남편이 아내를 다스려야 한다는 것으로 해석한다. 그러므로 "자기 아내를 사랑하는 자는 자기를 사랑하는 것이라 누구든지 언제든지 제 육체를 미워하지 않았느니라"고 사도는 말한다(엡 5:28, 29).

이 육체는 우리의 것이므로 치유해야 하며, 우리와 관계 없는 것처럼 정죄하기만 할 것이 아니다. 그러나 가인이 하나님의 이 권고를 들었을 때에 그는 자기를 개선하려는 생각이 없었다. 참으로 질투의 죄성이 그의 안에서 더욱 강하게 되어, 아우를 꾀어 죽였다. 지상 도성의 건설자는 이 모양이었다. 그는 또 예수 그리스도를 죽인 유대인들의 모형이었다. 인간들의 목자였던 그리스도에 대해서 아벨은 양떼의 목자로서 그를 예표했다. 그러나 이것은 한 비유이며 예언이므로, 나는 지금 설명하지 않겠다. 그뿐 아니라, 나는 마니교도의 파우스투스를 논박하는 글[12]에서 이 문제를 다소간 말한 기억이 있다.

8. 가인은 어떻게 그렇게 일찍이 도성을 건설했는가?

나는 여기서 기록된 역사를 변호해야 되겠다고 생각한다. 지구상에 남자가 넷밖에 없었을 때에 그 중 한 사람이 도성을 건설했다고 성경에 있는 것을 어떤 사람들은 믿지 못할 일이라고 생각한다. 네 사람이라고 했지만, 그 중에서 형이 아우를 죽인 후이니까 세 사람이라고 하는 것이 좋을 것이며, 이 셋은 곧 인류의 처음 조상과 가인 자신과 그의 아들 에녹이었다(창 4:17). 이 에녹의 이름을 붙인 성을 가인이

12) *Adv. Faust. Man.*, 12, 9.

쌓았다는 것이다. 그러나 이 기사를 의심하는 사람들이 잊어버린 점이 있다. 성경에서 역사를 쓴 사람은 반드시 그 시대에 살아 있는 사람들을 모두 말한 것이 아니라, 그가 기록할 필요가 있다고 생각되는 사람들의 이름만을 말했다는 것이다.

저자는 이 문제에서 성령의 도구로써 일한 것이며, 그의 의도는 한 사람에게서 출발한 자손의 세대들을 순서로 확인하면서 아브라함까지 내려가고, 다시 아브라함의 씨를 지나 하나님의 백성에 이르며, 다시 영원한 도성의 왕이며 건설자이신 그리스도까지 내려가는 것이었다. 하나님의 백성은 다른 백성들에서 분리되어 있어서, 영원히 다스릴 도성에 관련된 모든 일을 미리 상징하거나 예언했으며, 이 모든 일이 있으리라는 것은 성령 안에서 예견된 것이었다. 그러나 이 목적을 실현해 갈 때에 우리가 지상 도성이라고 부르는 다른 종류의 인간 사회를 전혀 말하지 않은 것이 아니라, 그것과 대조함으로써 천상 도성의 영광을 높이는 데에 필요하다고 생각된 범위 안에서 언급하고 있다.

성경이 이 때에 살았던 사람들의 연령을 말할 때에, 한 사람 한 사람의 이야기를 끝맺는 말은 "자녀를 낳았으며 그가 몇몇 살을 향수하고 죽었더라"고 한다(참조, 창 5:4-5). 그런데 그 자녀들의 이름을 말하지 않았다고 해서 우리는 그 시대 사람들이 오래 산 그 세월 동안에 많은 사람이 태어 났으리라는 것을 의심할 것인가? 그리고 그 많은 사람들이 합심해서 몇몇 곳에 성을 쌓을 수 있지 않았겠는가? 그러나 하나님의 영감으로 저술된 이 역사에서는 처음부터 두 사회의 세대들을 따로따로 기록하는 것이 하나님의 목적과 부합했다. 한편으로는 사람의 뜻대로 사는 사람들의 세대들을 열거하고, 또 한편으로는 하나님의 뜻대로 사는 사람들 곧 하나님의 아들들의 세대들을 기록해서 홍수 때까지 이르러, 두 사회의 분리와 결합이 분명히 나타났다.

두 계열의 세대들이 다른 목록에 기록된 점에서는, 한 계열은 아우를 죽인 가인으로부터 내려오고 다른 계열은 죽은 아우 대신으로 아담에게서 난 셋으로부터 내려온 것과 같이 서로 분리되었고, 선한 사람들의 사회가 타락해서 전인류가 대홍수로 일소될 정도였던 점에서는 두 사회가 결합되었다. 예외는 노아라는 의인 한 사람과 그의 아내와 아들 셋과 며느리 셋이었다. 이 여덟 사람만이 인류 전체를 멸망시킨 큰 재난을 면할 가치가 있다고 인정되었던 것이다.

그러므로 "가인이 아내와 동침하니 그가 잉태하여 에녹을 낳은지라 가인이 성을 쌓고 그 아들의 이름으로 성을 이름하여 에녹이라 하였더라"(창 4:17)고 기록되었지만, 이 사람이 그의 장자였다고 생각해야 한다는 것은 아니다. "아내와 동침하여"라고 했으나, 이것이 처음이었다는 증거는 되지 않는다. 인류의 조상 아담에 대해서도, 장자였던 것으로 보이는 가인이 잉태된 때뿐 아니라 그 후에도 "아담이 아내 하와와 동침하니 하와가 잉태하여 아들을 낳고 이름을 셋이라 하였더라"고 했다(창 4:25, 70인역). 그러므로 자식이 잉태되었을 때에, 성경은 항상 그런 것은 아니지만 보통 이 표현을 썼다고 단정할 수 있으며 처음으로 동침한 때에만 쓴 것이 아니다. 또 에녹의 이름을 성에 붙였다고 해서 그가 장자였다는 증거가 될 수는 없다. 다른 아들들이 있었지만, 어떤 이유로 아버지가 그를 특별히 사랑했을 수도 있다. 유다는 장자가 아니었지만, 그의 이름이 유대 나라와 유대 민족에 붙게 되었다.

에녹이 가인의 장자였다고 하더라도 그가 나자마자 그의 이름을 따서 성의 이름을 만들었다고 할 수도 없다. 그 때에 가인은 고독한 사람이었으므로, 한 공동 사회를 ― 어떤 유대(紐帶)관계가 있어서 한데 뭉친 인간의 집단에 불과한 그런 공동체 ― 건설할 수 없었을 것이다. 그러나 그의 가족이 불어 인구가 상당한 수에 도달했을 때에 그는 도시도 건설하고 아들의 이름을 붙일 수도 있었다. 홍수 이전 사람들은 수명이 길어서, 성경에 기록된 사람들 중에서 수명이 가장 짧은 사람이 753세까지 살았다(창 5:31, 70인역).[13] 천 살까지 산 사람은 없었지만, 900세를 넘은 사람은 여럿이었다.

그렇다면 한 사람이 한 평생을 살아가는 동안에 인류의 수효가 불어서 성 하나뿐 아니라 여럿을 쌓고 거기 살 만했으리라는 것을 누가 의심할 수 있겠는가? 아브라함의 경우를 보면, 이런 추측은 아주 쉽게 할 수 있을 것이다. 400년 남짓한 동안에(출 12:40) 히브리 민족은 많이 불어, 출애굽 때에는 무기를 들 만한 장정만도 60만 이상이었고(출 12:37), 이 이스라엘의 후손 외에도 이스라엘의 형 에서(창 36장), 곧 아브라함의 다른 손자의 후손인 에돔 사람들이 따로 있었다. 그뿐 아니라 사라의 후손은 아니었지만, 아브라함의 후손인 다른 사람들이 있었다(창 25:1-4; 25:12-15).

9. 홍수 이전 사람들의 장수와 큰 체구.

그러므로 가인 시대 사람들이 매우 장수했다는[14] 사실을 신중히 고려하는 사람이라면 그가 한 도시를, 큰 도시를 건설했다는 것을 의심하지 않을 것이다. 혹 어떤 회의론자들은 홍수 이전 사람들이 장수했다는 성경 기록을 믿지 않을는지 모른다.

13) 개역 성경에서는 777세. 에녹은 365세에 죽었지만(창 5:23), 그의 경우는 자연사로 인정되지 않았다(히 11:5-6).

14) Plin. 7, 48, 153-49, 164.

또 그 때 사람들의 체구가 지금 사람들보다 컸다는 것도 그들은 믿지 않았다. 그러나 그들이 가장 존경하는 시인 베르길리우스가 경계표가 된 저 거석에 대해서 한 말도 결국 같은 뜻이다. 그것은 싸움에 나간 고대의 어떤 역사(力士)가 싸움 도중에 집어서 뛰어가면서 던진 것이라고 한다.

"지금 보는 몸집으로는 역사 열 두명이라도 들지 못하였으리라."[15]

이와 같이 그 때에 지구상에 산 사람들은 지금 사람들보다 체구가 컸다는 의견을 암시한다. 그렇다면 그보다도 더 오랜 옛날인 저 유명한 홍수 이전 시대에는 얼마나 더했을 것인가?

그러나 원시인들의 체구가 컸다는 것은 노출된 옛 무덤들이 회의론자들에게 증명해 주는 때가 많다. 세월이 많이 흘렀거나 홍수에 침식되었거나 또는 그 밖의 사고로 인해서, 믿을 수 없을 만큼 큰 뼈가 발견되거나 노출되는 예가 있다.[16] 나 자신도 몇몇 사람들과 함께 우티카(Utica)[17] 해변에서 사람의 굉장히 큰 어금니를 보았다. 만일 그것을 부술 수만 있다면 우리의 어금니 백개는 만들 수 있으리라고 생각한다. 그러나 그것은 어떤 거인의 것이었다고 믿는다. 그 시대 사람들은 보통 사람의 체구도 우리보다 컸지만, 거인들은 더욱 컸다.

우리 시대나 옛 시대나, 수효는 적을지 몰라도, 거인들은 항상 있었다. 저 심히 박식했던 플리니우스(Plinius)는 세계가 늙어갈수록 사람들의 몸집이 작아진다고 주장한다.[18] 그는 호메로스(Homeros)도[19] 그 시에서 자주 이 점을 개탄했다고 하며, 이것을 시인의 허구라고 하여 웃어버리지 않고 자연계의 경이적 사실들을 수록하는 사람으로서 역사적 사실이라고 인정한다. 그러나 내가 이미 말한 바와 같이, 가끔 발견되는 뼈들이 고대인의 몸집이 컸다는 것을 증명하며, 그 썩는 속도가 완만하므로 오는 시대들에 대해서도 증명할 것이다.

다만 홍수 이전의 사람들이 얼마나 장수했느냐 하는 것을 물적 증거로 증명할 수는 없다. 그러나 그렇다고 해서 성경 기사를 믿지 않을 수는 없다. 미래에 대한 성경의 예언들이 정확한 것을 볼 때에, 과거에 대한 성경의 기록을 믿지 않는다는

15) *Aen.*, 12, 899-900.
16) Virg., *Georg.*, 1, 4, 93-97.
17) 아프리카의 카르타고만 북부에 있는 해변 도시.
18) Plin. 7, 16, 73-75.
19) *Il.*, 5, 302-304; 12, 378 ff; 445 ff.

것은 더욱 용인할 수 없다. 그리고 저 플리니우스는,[20] 지금도 인간이 200년 동안이나 장수하는 나라가 있다고 한다. 그렇다면 우리가 모르는 곳에서 사람들이 지금 우리의 경험을 초월한 장수를 누린다는 것을 믿는다면, 먼 옛날에도 그런 일이 있었다는 것을 무슨 까닭에 믿어서는 안되는가? 여기서는 없는 일이 다른 곳에서는 있다는 것을 믿어도, 지금 없는 일이 다른 시대에 있었다는 것을 믿어서는 안 된다는 말인가?

10. 히브리어 성경과 우리 성경은 홍수 이전 사람들의 연령 계산에서 차이가 난다.

우리가 사용하는 성경과 히브리어 성경[21] 사이에는 홍수 이전 사람들의 연령에 차이가 있고, 나는 그것을 설명할 수 없지만, 그 차이가 심해서 그들이 장수했다는 사실까지 일치하지 않을 정도는 아니다. 처음 사람 아담이 셋을 낳았을 때에, 우리 성경에서는 230세였고 히브리 성경에서는 130세였다. 그러나 셋을 낳은 후에 우리 성경은 700세를 더 살았다고 하며 히브리 성경은 800세를 살았다고 하므로(창 5:3-4), 두 성경에서 합계는 같다.

그 뒤의 세대들도 아들을 낳았을 때의 나이가 우리 성경은 항상 100살이 많고, 그 후의 생존 년수는 히브리 성경이 항상 100살이 많으므로, 두 시기를 합하면 결과는 같다. 여섯째 세대에서는 아무 차이도 없는데, 일곱째 세대에서 다시 같은 차이가 있다. 그 세대의 대표인 에녹은 하나님의 뜻을 기쁘게 하여 죽지 않은 채 옮겨졌다고 기록되었는데(창 5:21-24, 70인역), 우리 성경에서는 아들을 낳았을 때의 나이가 100살 더 많다. 그러나 두 성경이 다 365세에 옮겨졌다고 해서 결과는 같다.

여덟째 세대에서는 차이가 적고 그 성질도 다르다. 에녹의 아들 므두셀라가 아들을 낳았을 때의 나이가 히브리 성경에서 100살이 적은 것이 아니라 20살이 많게 되어 있지만(창 5:25-27), 우리 성경에서는 이 숫자만큼 더해서 여기서도 합계는 같다. 그런데 아홉째 세대인 라멕 때에만은, 즉 므두셀라의 아들이요 노아의 아버지였던 라멕의 때만은 합계가 다르다. 그러나 이 때에도 그 차이가 사소하다(창 5:28-

---

20) Plin. 7, 48, 154.

21) "우리가 사용하는 성경"은 70인역의 헬라어 성경을 고대 라틴어로 번역한 것. 아우구스티누스가 말하는 히브리어 성경은 제롬(히에로니무스)이 히브리어 성경에서 직접 번역한 라틴어 성경이며, 이것을 보통 "불가타역"이라고 한다. 이 불가타역은 404년경에 발표되었고, 아우구스티누스가 「하나님의 도성」을 집필하기 시작한 해는 413년이었으므로, 그는 불가타역을 잘 알고 있었다.

31). 히브리 성경에는 우리 성경보다 24살을 더 산 것으로 되어 있다. 아들 노아를 낳았을 때에 히브리 성경에서는 6살 젊었는데, 그 후에 산 연수는 30년이나 더 많았으므로, 결국 24년이 더 많았던 것으로 되었다.

11. 므두셀라는 홍수 후에도 14년을 더 살았는가?

히브리어 성경과 우리 성경 사이의 이런 차이 때문에 므두셀라의 나이에 대한 저 유명한 의문이[22] 생긴다. 그의 나이를 계산하면 홍수 이후에도 14년을 더 산 것으로 되는데, 성경에는 방주 안에 있었던 여덟 명 외에는 홍수에 모두 죽었다고 하며, 므두셀라는 그 여덟 명 가운데 들어 있지 않았다. 우리 성경에서 므두셀라가 라멕을 낳았을 때에 167세였고(창 5:25), 라멕이 노아를 낳았을 때에 라멕은 188세였으니(창 5:28), 합하면 355년이 된다. 여기에 홍수가 났을 때의 노아의 나이 600세를(창 7:6) 합하면, 홍수가 난 해의 므두셀라의 나이가 955세가[23] 된다.

그런데 그의 생존연수는 969세라고 했다(창 5:26).[24] 아들 라멕을 낳은 때에 167세였고, 그 후에 802년을 더 살았으므로 합하면 969세가 된다. 여기서 홍수 때의 므두셀라의 나이인 955세를 감하면 14년이 남고, 이것은 홍수 이후에 그가 살아 있었으리라고 생각되는 연수다. 그래서 어떤 사람들은 (지구상에 있는 것으로서 물에서 사는 생물이 아닌 것은 모두 홍수 때에 죽었으므로) 므두셀라는 지상에 있지 않고 하늘로 옮겨간 부친 곁에 있으면서 홍수가 지나가는 것을 기다렸으리라고 한다. 그들이 이 가설을 취하는 것은 교회가 높은 권위를 인정하는 번역들의 신빙성을 손상하지 않으려는 것이며, 한편으로는 유대인들의 사본이 도리어 잘못이었다고 믿기 때문이다.

그들은 역자들이 과오를 범한 것이 아니라 원문에 있었던 잘못된 발언이 그리스어 번역을 통해서 우리말 번역에 들어온 것이라고 주장한다. 70인 역자들은 한 사람도 예외없이 동시에 한 가지 번역을 내놓았다고 하는데, 그 사람들이 오류를 범했으리라는 것은 믿을 수 없는 일이며, 그들의 이해와 관계 없는 일로 번역을 달리 꾸몄을 리가 없다는 것이다. 그러나 유대인들은 우리가 번역을 통해서 율법과 예언서들을 가지게 될 것을 시기해서, 우리 번역의 권위를 손상시키려고, 그들의 본문을 변

---

22) 제롬도 창 5:25과 관련하여 이 문제를 유명한 문제라고 했다(*Quaest. Hebr. in Gen*). 아우구스티누스는 이 문제를 *Quaest. in Hept.*, 1, 2에서도 논했다.

23) 불가타역에서는 969세. 즉 70인역에서는 167+188+600=955지만, 불가타역에서는 (개역 성경에서도) 187+182+600=969.

24) 불가타역과 한역에서도 187+782=969.

경한 것이라고 한다.

이러한 의견 또는 의혹은 각 사람의 판단에 맡긴다. 그러나 므두셀라가 홍수 이후까지 살아 있지 않은 것은 확실하며, 히브리어 성경에 있는 숫자들이 옳다면 그는 홍수가 난 해에 죽었다. 70인 역자들에 대한 나의 견해는, 이 저술이 요구하는 순서에 따라 그들이 그 번역을 한 시대를 논술할 때가 오면,[25] 하나님의 도움으로 더 상세하게 말하겠다. 눈앞의 문제를 위해서는, 우리 번역들에 나타난 그 시대 사람들의 수명이 길었기 때문에, 우리의 처음 조상의 장남의 생애 중에 인류는 한 도성을 이루기에 넉넉할 만큼 번식할 수 있었다는 것을 알면 충분할 것이다.

12. 원시 시대 사람들은 성경에 기록된 것만큼 장수하지 않았다고 믿는 사람들의 견해.

어떤 사람들은 옛날의 1년은 짧아서 우리의 1년이 그 때의 10년에 해당한다고 생각하지만, 그들의 의견에 귀를 기울일 필요는 없다. 어떤 사람이 900년을 살았다고 하면, 우리는 그것을 90년으로 해석하는 것이 옳다고 그들은 생각한다. 아담이 셋을 낳은 나이는 23세였고, 셋이 에노스를 낳은 나이는 20세하고도 6개월이었다고 그들은 생각한다. 그러나 성경은 셋이 205세였다고 한다. 이 사람들의 가설에 따르면 옛날 사람들은 1년을 10부분으로 나눴고, 1부분은 6의 6배였다고 한다. 하나님이 엿새 동안 일을 하시고 일곱째 날은 쉬셨기 때문이라는 것이다. 나는 제11권에서[26] 힘 자라는 대로 이 문제를 논했다. 그런데 엿새의 여섯 배는 36일이며, 그 10배는 360일, 곧 음력으로 1년이 된다. 태양력의 1년에 비해서 5일과 4분의 1일이 부족한데, 4분의 1일을 채우기 위해서 4년에 한 번씩, 윤년이라 하여 하루를[27] 첨가했으며, 5일을 채우기 위해서는 고대 사람들도 로마 사람들과 같이 "윤"(閏) 날을 더했다고 한다.

그래서 셋의 아들 에노스가 아들 게난을 낳았을 때에는 열아홉 살이었는데, 성경에는 190살로 되어있다고 한다(창 5:9, 70인역). 홍수 이전 사람들의 연령은 각 세대가 이런 식으로 되어 있어서, 우리 번역본에서는[28] 100세 이하나 120세 전후에 아들을 낳은 사람은 없고, 제일 젊어서 낳은 사람이 160세 이상이었다. 이렇게 된

---

25) 제18권 제42-44장.

26) 제11권 제8장.

27) 로마 역법(曆法)에서는 2월 24일을 3월 1일 전 여섯째 날이라는 뜻으로 Sextus 라고 했으며, 4년마다 이 날을 거듭했기 때문에 그 더하는 날을 두번 여섯째 날이라는 뜻으로 Bissextus 라고 불렀다.

이유는 100세 즉 10세에 자식을 낳는 사람은 없고, 16세가 사춘기이며 자식을 낳을 수 있기 때문이라고 하며, 이것이 160세라고 그들은 말한다.

그 시대에 1년을 계산한 방법이 지금과 달랐다는 것은 믿지 못할 일이 아니라는 것을 알리기 위해서, 그들은 역사가들의 기록을 인용한다. 이집트 사람들은 4개월을[29] 1년으로 계산했고, 아카르나니아(Acarnania)사람들은 6개월을, 라비니움(Lavinium) 사람들은 13개월을 1년으로 계산했다고 한다. 플리니우스는[30] 어떤 저술가들의 말을 인용해서, 152세를 산 사람, 그보다 10세를 더 산 사람, 200세, 300세, 심지어 500세와 600세를 산 사람들이 있었고, 몇 사람은 800세를 살았다고 한 다음에, 그 자신의 의견으로는 이 모든 연수는 계산이 잘못되었기 때문일 것이라고 했다.

어떤 사람들은 여름과 겨울을 각각 1년으로 보고, 어떤 사람들은 아르카디아(Arcadia) 사람들과 같이 한 계절, 곧 3개월을 1년으로 보았다고 플리니우스는 말한다. 그리고 이미 말한 바와 같이, 4개월을 1년이라고 한 이집트 사람들은 간혹 달이 이즈러질 때마다 1년이 끝난 것으로 보았기 때문에, 그들 사이에서는 1,000년을 산 사람이 있었다고 덧붙였다.

어떤 사람들은 성경에 있는 역사 기록의 신빙성을 약화시킬 생각이 없고, 도리어 이런 믿지 못할 장수 기록들을 제거함으로써 그 역사를 더 쉽게 믿을 수 있게 만들 생각으로, 이런 그럴 듯한 이론들을 스스로 믿고 다른 사람들도 설득하는 것이 현명한 행동이라고 생각한다. 그래서 옛날의 1년은 짧아서 그들의 10년이 우리의 1년에 해당하고, 우리의 10년은 그들의 100년에 해당한다고 가르친다. 그러나 이것이 아주 잘못이라는 것을 밝혀 주는 더할 나위 없이 분명한 증거가 있다.[31] 그러나 이 증거를 제시하기 전에, 더 그럴듯한 추측을 하나 소개하는 것이 좋겠다.

히브리어 성경을 근거로 우리는 이 자신있는 발언을 즉시 반박할 수 있을 것이다. 아담이 셋째 아들을 낳은 때에(창 5:3), 230세가 아니라 130세였다. 만일 이것이 우리의 보통 계산으로 13세를 의미한다면, 아담은 첫째 아들을 낳았을 때에 11살이나 그보다 조금 더 되었을 것이다. 자연의 일상적인 흐름에 따른다면, 누가 이 나이에 자식을 낳을 수 있겠는가?

그러나 아담은 창조되자마자 자식을 낳을 수도 있었을는지 모르므로 그는 문제

---

28) 즉 70인역.

29) 제12권 제11장.

30) Plin. 7, 48, 154-155.

31) 제14장.

로 삼지 않겠다. 아담이 창조되었을 때에 우리의 갓난아이들 같이 작았다고는 믿을 수 없다.

그의 아들 셋이 에노스를 낳았을 때에(창 5:6), 그는 (우리 성경에 있는 것과 같이) 205세가 아니라 105세였다. 그러므로 그들의 생각대로 한다면, 이것은 11살도 되지 않는다. 그의 아들 게난은 우리 성경에서 170세라고 하지만, 히브리 성경에서는 마할랄렐을 낳았을 때에 70세였다고 한다(창 5:12). 만일 그 때의 70세가 우리의 일곱 살이라면, 어떤 사람이 일곱 살에 자식을 낳는다는 말인가?

13. 우리는 햇수 계산에서 히브리어 성경과 70인역 가운데 어느 편을 따를 것인가?

내가 이렇게 말하면 어떤 사람은 곧 "그것도 유대인들의 거짓말이다"라고 대답할 것이다. 나는 이미 앞에서[32] 이 점을 처리했다. 저 70인 역자들과 같이 훌륭하고 특출한 사람들이 거짓 번역을 내놓았을 리가 없다는 것이 그들의 논거다. 두 가지를 생각할 수 있다. 세계 각지에 널리 흩어져 있는 유대 민족이 일치단결해서 이 거짓말을 꾸미고, 이방인들이 권위 있는 성경을 가지는 것을 시기해서 성경의 진실성을 제거했다고 하는 것과, 이집트왕 프톨레마이오스(Ptolemaios)가 이 번역 사역을 위해서[33] 한 장소에 소집한 유대인 70명이 이방인에 대한 같은 시기심으로 서로 합심해서 이 오류들을 삽입했다고 하는 것이다. 이 두 가지 추측 중에 어느 편이 더 믿음직하냐고 내가 묻는다면, 어느 쪽이 더 쉽게 믿어지리라는 것을 누가 모르겠는가?

그러나 분별력 있는 사람이라면, 아무리 심술궂고 완고한 유대인들일지라도 그렇게 널리 분산되어 있는 많은 사본들에 일일이 손을 댔거나, 저 유명한 70인이 이방인들에게 진리를 알리지 않겠다는 공통된 목적을 가졌다는 생각을 배척해야 한다. 그러므로 더 믿을 만한 주장은 다음과 같을 것이다: 그들의 번역 자료를 우선 프톨레마이오스 도서관에 있었던 사본에서 베꼈을 때에, 잘못된 기사가 전사(轉寫)된 사본에 들어가고, 거기서부터 점점 널리 전파되었으리라고 하는 주장이다. 그러나 이

---

32) 제11장.

33) 유대인 사이의 전설에 따르면 이집트왕 프톨레마이오스 아델포스는(285-246 B.C.) 알렉산드리아에 설치한 도서관에 갖추어 놓기 위해서 유대 민족의 토라(율법, 모세 5경)를 얻어 헬라어(그리스어)로 번역시켰으며, 이 번역 사역을 위해서 유대인 학자 72명을 고용했다고 한다. 후에 모세 5경뿐 아니라 구약성경 전체와 외경까지 포함하게 되었다. 외경의 하나인 집회서의 서문을 보면, 이 번역 사역은 기원전 132년경에는 대략 완성되었던 것 같다. 본서 제18권 제42-44장에도 설명이 있다.

것은 단순히 전사자의 실수였다는 것이다.

므두셀라의 생애에 대한 어려운 문제는 이것으로 충분히 그럴듯하게 설명할 수 있고, 저 다른 사람의[34] 경우에 24년의 차이가 있는 것도 설명할 수 있다. 그러나 다른 경우들에서는 잘못이 조직적으로 유사해서, 후계자인 아들을 낳았을 때의 나이가 한 쪽에서 100년이 더 많고, 그 후에 산 나이는 100년이 적게 되어서, 합계는 같게 되었다. 이것은 제1, 제2, 제3, 제4, 제5 및 제7세대에서 볼 수 있다. 이 경우들에서는 과오에 일종의 항구성이 있어서, 우연히 된 일이 아니라 의도적으로 한 것같이 보인다.

그러므로 히브리어 성경 사본과 그리스어 및 라틴어 사본들을 구별하는 숫자들의 차이는, 몇몇 세대를 계속해서 사람들의 나이에 100년을 가감한 것을 제외하고는, 유대 민족의 악의나 70인 역자들의 고의에 돌릴 것이 아니라, 위에서 말한 왕실 도서관에 있던 사본에서 처음 전사 작업을 허락 받은 사람의 착오로 돌려야 한다. 지금도 더 쉽게 이해하거나 더 유용한 지식을 얻는 데에 영향을 주지 않는 숫자들은 되는 대로 전사하며 더욱 되는 대로 정정한다. 예컨대 이스라엘 각 지파가 몇 만명이었는가 하는 것을 누가 알려고 애쓸 것인가? 이런 지식에서 어떤 혜택을 얻을 것 같지 않기 때문이다. 또는 이런 지식에 숨어 있는 광범한 유용성을 아는 사람이 몇이나 되는가?

그러나 이 경우에는 여러 세대를 계속해서 다른 쪽 사본에 없는 100년이 첨가되고, 그 다음에는 후계자인 아들이 난 후의 연수는 그만큼 줄였으므로, 분명히 이렇게 정리한 전사자가 의도한 것이 있을 것이다. 홍수 이전 사람들이 굉장히 장수한 것은 1년이 극히 짧았기 때문이었다는 생각을 암시하려는 것이었다. 그리고 그 사람들이 자식을 낳게 된 사춘기를 자기 나름대로 말함으로써 이 사실에 대해서 주의를 환기하려고 한 것이 분명하다. 의심 많은 사람들이 그렇게 긴 생애를 믿기 어려워서 실족하는 일이 없도록, 그는 그 옛날 사람들의 100년은 겨우 우리의 10년에 해당했다는 생각을 암시했다. 그는 이 암시를 전달하기 위해서, 자식 낳기에 부적당한 연령 기록을 볼 때마다 100년을 더하고, 아들을 낳은 후의 연수에서 100년을 감해서 합계를 맞추었다. 이런 방법으로 자식을 낳기 시작한 때를 적합한 나이로 만들면서도, 그 개인들의 수명은 줄이지 않았다.

그가 제6세대에서 이 고정 방침을 버렸다는 사실을 보면, 우리가 말한 사정이 있던 때에는 숫자를 고쳤다는 것을 더욱 믿을 수 있다. 그런 사정이 없는 때에는 고

34) 라멕; 제10장을 참조.

치지 않았기 때문이다. 이 제6세대에서는 야렛이 에녹을 낳은 때에 162세였다고 히브리어 성경에 있고(창 5:18), 이것은 16세하고도 약 2개월이어서, 자식을 낳을 만한 나이였으므로, 100년을 더해서 보통 나이로 26세를 만들 필요가 없었다. 그리고 물론 아들을 낳은 후의 나이에서 100년을 뺄 필요도 없었다. 그래서 이 경우에는 두 성경에 차이가 없게 되었다.

그러나 제8세대에서 우리는 이상한 현상을 본다. 히브리어 사본들은 라멕이 태어났을 때의 므두셀라의 연령을 182세라고(창 5:25)[35] 하며, 우리 사본에서는 20세가 적게 되어, 이 시기에 보통 더하던 100세를 더하지 않았다. 그리고 라멕이 난 후의 연수에 20세를 도로 더해서 본인의 수명은 두 사본에서 같게 되었다. 이 170세를 17세라고 해석해서 적합한 사춘기 연령으로 인정하게 하는 것이 그의 의도였다면 아무것도 가감할 필요가 없었다. 이 경우에는 자식들을 낳을 만한 나이가 이미 기록되어 있었고, 그가 100세를 더한 것은 그런 충분한 연령이 없었던 경우들이었기 때문이다. 만일 그가 여기서 뺀 연수를 후에 회복시켜서 합계에 결함이 없게 만들지 않았다면, 우리는 처음에 있는 20년의 차이를 우연히 생겼다고 생각했을 것이다. 혹은 그가 이렇게 한 것은 첫 시기에 일제히 100년을 더하고 다음 시기에서 100년을 뺀 계획적인 행동을 숨기려는 교활한 계략이었다고 생각해야 하는가? 감할 필요가 없는 경우에도, 100년은 아니지만, 그와 비슷하게 몇 년을 가감했기 때문이다.

그러나 어떤 해석을 채용하든지, 그것은 중요하지 않다. 내가 제시한 설명을 믿든 의심하든, 이 일을 어떻게 생각하든 간에, 내가 조금도 의심하지 않는 것은, 사본들 사이에 차이가 있을 때에, 양쪽이 다 사실과 부합할 수는 없으므로, 번역되는 원어 쪽에 치중해서 믿는 것이 좋다는 것이다. 사실, 그리스어 사본 셋과 라틴어 사본 하나와 시리아 사본 하나가 서로 일치하며, 모두 므두셀라는 홍수보다 6년전에 죽었다고 한다.[36]

14. 고대의 1년은 우리의 1년과 같은 길이였다.

이제 우리는 저 엄청나게 장수했던 사람들의 1년이 짧아서 그들의 10년이 겨우 우리의 1년과 같았던 것이 아니라, 태양의 운행에 따라 계산하는 우리의 1년과 그들의 1년이 같았다는 것을 분명히 설명하고자 한다. 성경에서는 홍수가 노아의 600세

---

35) 히브리어 성경에서는 187세로 되어 있으며, 아우구스티누스도 187세라고 쓴 것 같다(같은 문장에 나타나 있다).

36) Aug., *Quaest. in Hept.*, 1, 2.

되는 때에 났다고 한다. "홍수가 땅에 덮이니 노아 600세 되던 해 2월 곧 그 달 27일이라"(창 7:10-11, 70인역). 만일 1년이 짧아서 (그들의 10년이 우리의 1년과 같아서) 36일이었다면, 어떻게 그렇게 말할 수 있겠는가? 그렇게 짧은 기간을 고대인들이 1년이라고 불렀다면, 그때는 달이 없었거나, 있었다면 한 달의 길이가 사흘뿐인 12개월 있었을 것이다.

그 때의 한 달이 지금의 한 달과 같은 길이가 아니라면, 어떻게 노아가 600세 되던 해 2월 27일이었다고 말할 수 있었겠는가? 어떻게 홍수가 2월 27일에 시작되었다고 할 수 있었겠는가? 그리고 후에 홍수가 끝났을 때에 대해서, "7월 곧 그 달 27일에 방주가 아라랏 산에 머물렀으며 물이 점점 감하여 11월 곧 그 달 1일에 산들의 봉우리가 보였더라"고 한다(창 8:4-8, 70인역).

만일 그 때의 한 달이 우리의 한달과 같았다면, 그들의 1년도 우리의 1년과 같았을 것이다. 사흘이 한 달이었다면 물론 27일이라는 날짜가 있었을리 없다. 만일 모든 시간 측정을 거기에 비례해서 줄였다면, 사흘의 30분의 1을 하루라고 불렀을 것이며, 40일 40야를 계속했다고 기록된(창 7:12) 저 대홍수는 우리의 날로 4일 만에 끝났을 것이다. 누가 이런 어리석은 생각을 용인하겠는가? 이 오류는 그릇된 추측을 근거로 성경의 권위를 세우려고 하지만, 다른 점에서 우리의 믿음을 파괴하므로, 우리는 그것을 버려야 한다. 그 때에도 하루는 현재의 24시간으로 된 1주야와 같았고, 그 때의 한 달은 달이 찼다가 이즈러지는 기간으로 정하는 지금의 한 달과 같았고, 그 때의 1년은 지금의 1년과 같이 음력으로 12개월에 5일 4분의 1일을 첨가해서 태양의 운행과 조절시키는 것이었다.

이런 길이로 계산한 1년을 노아의 600세 되는 해라고 했으며, 그 해 2월 27일에 홍수가 시작되었다고 한 것이다. 그 홍수의 원인은 40일 동안 계속된 폭우였고, 그 때의 하루는 2시간 남짓이 아니라 24시간으로 완전히 1주야를 이루었다. 따라서 저 홍수 이전 사람들이 900세 이상을 산 그 1년은 후에 아브라함이 175세를 살고(창 25:7), 이삭이 180세(창 35:28), 야곱이 거의 150세(창 47:28), 그리고 얼마 후에 모세가 120세를 살았고(신 34:7), 지금 사람들이 70세나 80세 남짓하게 사는 그 1년과 같은 길이였다. 이 80 남짓한 수명에 대해서 "그보다 더함은 수고와 고통뿐이라"고 했다(시 90:10, 70인역).

그러나 우리의 성경과 히브리어 성경 사이의 숫자의 차이는 고대인들의 장수를 문제 삼는 것이 아니며, 차이가 너무 커서 양쪽이 다 옳지 않은 경우에는 번역된 원어를 가지고 진상을 규명해야 할 것이다. 그러나 우리의 사본을 시정하고 싶은 사람은 그럴 권리가 있지만, 아무도 감히 히브리어 사본을 표준으로 삼아 70인역에 있는 많은 차이점을 고치려고 하지 않았다는 사실은 중요하다. 그것은 이런 차이를 곡필(曲筆)이라고 생각하지 않았기 때문이다. 나 자신도 그렇게 생각해서는 안된다고 믿는다. 그러나 차이점이 전사자(轉寫者)의 과실에 불과한 것이 아니며 그 뜻도 진실과 부합하며 진실을 갈파할 때에는, 성령께서 번역이 달라지도록 감동시킨 것으로 믿어야 한다. 번역자로서의 기능을 감동시켰다는 것이 아니라, 예언하는 자유를 감동시킨 것이다.

또 그렇기 때문에 사도들도 70인역을 인정해서, 성경 말씀을 증거로 인용할 때에는 70인역과 히브리어 성경을 함께 사용했다. 그러나 나는 약속한 대로,[37] 더 적당한 곳에서[38] 하나님의 도움을 받아 이 문제를 더 신중히 논하겠고 지금은 당면 문제를 계속 논하겠다. 고대인들은 심히 장수했기 때문에 우리의 처음 조상의 처음 아들이 한 도성을 쌓을 수 있었다는 것은 의심할 수 없다. 그러나 그것은 지상 도성이었고, 하나님의 도성이라고 불리지는 않았다. 하나님의 도성을 설명하는 것이 큰 책을 쓰기 시작한 목적이다.

15. 원시 시대 사람들은 자식을 낳는 연령까지 이성 관계가 없었을까?

어떤 사람은 이렇게 말하리라. "자식을 낳을 생각이 있고 독신으로 지낼 생각이 없는 사람이 100살 이상이 될 때까지, 혹은 히브리 성경에 있는 대로, 그보다 조금 적은 80세, 70세, 또는 60세가 될 때까지, 이성 관계가 없었다는 것을 우리는 믿어야 하는가? 또는 그가 자제(自制)한 것이 아니었다면, 자식을 낳을 능력이 없었던 것인가?" 이런 질문에는 두 가지 해결 방법이 있다. 수명이 길었던 만큼 사춘기도 늦게 왔든지, 그렇지 않으면 출생한 아들이 장자가 아니었을 것이다. 후자가 가능성이 더 있다고 나는 생각한다. 후자의 경우에, 태어난 사람은 장자가 아니고 세대를 이어간 사람들이었을 것이다. 노아까지 족보가 계속되고 다시 아브라함까지 계속되면서, 그 후에도 이 세상에 나그네로 있으면서 하늘 나라를 구하는 가장 영광스런 도성을 향하는 계통에 의해 필요할 때까지 계속되었다.

남녀 사이에서 난 첫 아들이 가인이었다는 것은 부정할 수 없다. 우리의 처음 조상들은 나지 않은 사람들이었고, 그들에게서 남으로써 증가된 자가 가인이 아니었다면, 아담은 성경 기록대로 "내가 주로 말미암아 사람을 얻었다"(창 4:1)고 할 수 없었을 것이다. 그 다음에 나서 형에게 죽은 아벨은 나그네된 하나님의 도성을 예표

37) 제11장.
38) 제18권 제42-44장.

하듯, 그 도시가 악인들에게 받을 부당한 핍박을 처음으로 보여주었다. 악인들은 땅에서 난 자들이며, 그 근원인 땅을 사랑하며 지상 도성의 지상적 행복을 기뻐한다. 그러나 아담이 이 아들들을 얻었을 때의 나이는 밝혀지지 않았다.

그 후에 족보가 갈라져서, 한 쪽은 가인을 시조로 삼고 다른 쪽은 아담이 아벨 대신에 낳아 셋이라고 부른 사람이 시조가 되었다. 셋이 태어났을 때에 아담은 "하나님이 내게 가인이 죽인 아벨 대신에 다른 씨를 주셨다"(창 4:25)고 하여 성경에 기록되었다. 따라서 가인과 셋의 두 계열은 우리가 논하는 두 도성을 암시한다. 셋의 계열은 지상에 나그네로 있는 천상 도성이요, 가인의 계열은 지상적인 기쁨을 탐내며, 그것이 유일한 기쁨인양 거기에 매달리는 지상 도성이다. 그러나 아담으로부터 여덟번째 세대까지의 가인의 계열에서는 어느 누구도 자식을 낳은 때의 연령이 기록되지 않았다. 하나님의 영은 지상 도성의 홍수까지의 연대를 기록하지 않고, 천상 도성 계열만이 기억할 가치가 있다는 뜻으로, 그 계열만 기록했다.

그뿐 아니라, 셋이 태어났을 때에 그 아버지의 나이를 밝혔으나(창 5:3), 그는 이미 가인과 아벨을 낳았다. 그 때까지 낳은 것이 이 사람뿐이었다고 누가 감히 말하겠는가? 계보를 계속 밝히기 위해서 그들의 이름이 나열되었다고 해서, 그 때까지 아담에게서 난 것은 그들뿐이었다고 단정할 수는 없다. 다른 아들들의 이름이 알려지지 않았지만, 아담이 아들과 딸을 낳았다고 했다(창 5:4). 무모하다는 비난을 듣고 싶지 않은 사람이라면 누가 감히 셋은 아담의 몇째 아들이었다고 말할 것인가?

셋이 태어났을 때에 아담이 "하나님이 내게 아벨 대신에 다른 씨를 주셨다"고 한 것이 하나님의 감동으로 한 말이었을 가능성은 충분하다. 그것은 셋이 아벨의 거룩한 성격을 대표할 수 있었기 때문이며, 시간적으로 그의 다음에 처음으로 낳았기 때문이 아니다. 다음에 "셋은 205세에" — 히브리어 성경에는 105세 — "에노스를 낳았다"고 기록되었다고 해서(창 5:6), 경솔한 사람이 아니고서야 누가 에노스는 그의 장자였다고 주장할 수 있겠는가?

이런 말을 읽고 우리는 이상해서, 그가 독신으로 지낼 생각도 없이 그렇게 오랫동안 이성 관계가 없었던 것인가, 그렇지 않고 그가 자제한 것이 아니라면 무슨 까닭에 자식이 없었느냐고 묻게 된다. 성경에는 "셋은 자녀를 낳았으며 그가 912세를 향수하고 죽었더라"고 되어 있다(창 5:7-8).

그 후에 연령이 기록된 사람들에 대해서도 역시 자녀를 낳았다는 것을 빠뜨리지 않았다. 따라서 아들이라고 한 사람이 장자였는지는 전혀 언급되지 않았다. 저 조상들의 사춘기가 그렇게 늦었다든지, 또는 그렇게 오랫동안 아내를 얻을 수 없었다든지, 또는 자식을 얻을 수 없었다든지 하는 것은 믿을 수 없는 일이므로 저 아들들이 장자였다는 것도 믿을 수 없다. 그렇지 않고, 거룩한 역사의 저자가 의도한 것은, 홍수가 난 때의 노아까지 연대순으로 족보를 더듬어 노아의 출생과 생애에 도달하는 것이었으므로, 처음 난 아들들의 이름을 열거한 것이 아니라, 대를 이어간 사람들을 말한 것이다.

이 점을 더 밝히기 위해서 나는 한 예를 여기 삽입하겠다. 이것을 보면 내가 주장하는 것이 옳다는 것을 아무도 의심하지 못할 것이다. 복음서 기자 마태는 주님의 육신의 족보를 우리에게 기억시킬 생각으로, 아브라함으로부터 시작해서 다윗까지 내려온다. 그는 “아브라함이 이삭을 낳고”라고 한다(마 1:2). 무슨 까닭에 맏아들이었던 이스마엘을 말하지 않는가? 다음에 “이삭이 야곱을 낳고”라고 한다. 무슨 까닭에 장자였던 에서를 말하지 않는가? 이스마엘과 에서는 다윗까지의 족보에 도움이 되지 않겠기 때문이었다. 다음에 “야곱은 유다와 그의 형제를 낳고”라고 한다. 유다는 장자였는가? “유다는 베레스와 세라를 낳고”(마 1:3)에서 이 쌍둥이들은 첫 자식이 아니라 그들보다 먼저 아들 셋이 있었다.

이런 식으로 세대순을 따라 마태는 다윗까지 내려갈 수 있는 사람들을 보존해서 자기가 정한 목표까지 전진한다. 이것을 보아서 우리는 홍수 이전 사람들 가운데서 이름이 나오는 사람들을 장자였다고 해석할 것이 아니라, 족장 노아까지 순서로 세대를 이어간 사람들이었다고 할 것이다. 그러므로 그들의 사춘기가 늦었다는 무용하고 모호한 문제로 기력을 소모할 필요가 없다.

16. 혈족 결혼과 원시 시대 사람들.

인류 역사상 처음으로 결혼한 남자는 흙으로 창조되었고 그의 아내는 그의 옆구리에서 창조된 여자였다. 그 후에 인류가 번식하기 위해서는 남자와 여자가 결합될 필요가 있었는데, 사람이라곤 처음 두 조상에게서 난 사람들뿐이었으므로, 남자들은 자기의 누이를 아내로 삼았다. 이것은 그 시대에는 확실히 부득이하고 바른 처사였지만, 그 후에 종교에서 금지하며 사람들이 기피하게 되었다. 서로 화합하는 것이 존귀하고 유용한 사람들 사이에서는 다양한 관계로 연결되기 위해서 애정을 중요시한 것이다. 또 한 사람이 다양한 관계를 한 사람에게 집중시키지 않고 여럿이서 분배해서, 될수록 많은 관계로써 공통된 사회 생활에 더욱 효과적으로 포함시키며 결합하려는 것이었다.

“아버지”와 “장인” 또는 “시아버지”는 두 관계의 명칭이다. 아버지와 장인이 서로 다른 사람인 때에는 친밀한 관계가 더 확대된다. 그러나 아담의 자식들은 형제

자매끼리 결혼했기 때문에, 아담은 한 몸에 이 두 관계를 독점하지 않을 수 없었다. 그의 아내 하와도 자기의 아들 딸들에 대해서 어머니이며 장모 또는 시어머니였다. 그 때에 두 사람이 있었다면, 한 사람은 어머니가 되고 다른 사람은 장모가 되어서, 사회적 화합과 결합 관계가 더욱 넓어졌을 것이다. 그 때에 결혼한 누이는 두 가지 관계를 한 몸에 가졌지만, 이것이 분산해서 한 사람은 누이요 또 한 사람은 아내가 되었다면, 가족적 연결이 더 많은 수의 사람들을 포함했을 것이다.

그러나 그 때에는 처음 부모에게서 난 형제 자매 이외에 사람들이 없었으므로 그렇게 될 수 없었다. 그러므로 인구가 불어서 이 일이 가능하게 되었을 때에는, 남자들은 자기의 자매가 아닌 사람을 택해서 아내로 삼는 것이 마땅했다. 그 때에는 자매와 결혼할 필요가 없었을 뿐 아니라, 이런 결합이 금지되었다. 처음 부부의 손자들 세대에서는 사촌 가운데서 아내를 택할 수 있었는데, 자기의 누이와 결혼한 사람이 있었다면, 두 가지 관계가 아니라 세 가지 관계를 한 몸에 가졌을 것이며, 관계를 한 사람씩 나누어서 가족 관계를 더 많은 사람에게 확대하는 데 방해가 되었을 것이다.

형제와 자매가 부부가 된 경우에는 한 사람이 자기 자식들에게 아버지와 장인 또는 시아버지와 숙부가 되었을 것이며, 그의 아내는 어머니와 숙모와 장모 또는 시어머니가 되었을 것이다. 그리고 그 젊은 부부는 서로 형제 자매와 부부일 뿐만 아니라 형제 자매의 자식들이므로 서로 사촌이었을 것이다.

그러나 세 사람을 한 사람에게 연결한 이 관계들은, 만일 한 사람 한 사람씩 나눠 가졌다면, 아홉 사람을 포괄했을 것이다. 곧 한 남자에게 한 사람은 누이, 또 한 사람은 아내, 또 한 사람은 사촌, 또 한 사람은 아버지, 또 한 사람은 숙부나 백부, 또 한 사람은 장인, 또 한 사람은 어머니, 또 한 사람은 숙모 또는 백모, 또 한 사람은 장모였을 것이다. 이렇게 되었다면 사회적 유대가 소수 사람들에게 집결되지 않고, 혈연 관계로 더 많은 사람들 사이에 분산되며 증가되었을 것이다.

인류가 많이 불어난 후에는, 많은 거짓된 신들을 숭배한 사람들 사이에서도 이 일이 엄격히 준수되었다. 그들의 악한 법률은 형제와 자매가 결혼하는 것을 허락하지만, 그들의 관습은 도덕적 수준이 더 높아서 이 자유를 타기한다. 인류의 초창기에는 자기의 자매와 결혼하는 것이 말할 나위없이 허락되었지만, 지금은 어떤 경우에도 정당시할 수 없는 일이라고 해서 몹시 싫어한다. 관습에는 사람들의 감정을 끌기도 하고 놀라게도 하는 큰 힘이 있기 때문이다.

이 문제에서 관습은 사람들의 정욕을 일정한 한도내에 억제하는 동시에, 관습에 따르지 않는 사람은 당연히 범죄자로 단정한다. 욕심을 부려서 자기의 경계선을 넘어서까지 밭을 가는 것이 불의한 짓이라면, 정욕 때문에 인륜이 공인한 경계를 유린하는 것은 더욱 불의하지 않은가? 우리 시대에는 사촌 사이의 결혼을 법률적으로 허락하더라도 도덕적 야심 때문에 이런 결혼이 빈번하게 되지 않도록 막는 것을 우리는 보았다. 하나님의 법이나 사람의 법이 금지한 것은 아니지만,[39] 일반 사람들은 그것이 합법적인 줄을 알면서도 너무도 불법적인 일과 근사하기 때문에 그것을 기피한다. 사촌들은 관계가 가깝기 때문에, 그들끼리는 서로 형제와 자매라고 부르며, 사실로 완전한 형제 자매와 거의 같다.

그러나 고대 조상들은 세대를 거듭함에 따라 가까운 친척 관계가 점점 멀어지거나 전혀 무관계하게 될까 두려워서, 너무 멀어지기 전에 결혼의 유대로 그것을 제한하며, 멀어진 때에는 결혼으로 그것을 도로 불러 오려고 경건하게 노력했다. 그래서 세상에 사람이 많아진 때에도 그들은 자기의 자매나 이복 자매에게서 아내를 취하지는 않았지만, 자기들과 같은 혈통에서 취하는 것을 택했다. 그러나 사촌 사이의 결혼까지도 금지하는 현대법이 더 품위가 있다는 것을 누가 의심하는가? 내가 지금까지 주장한 이유 때문만은 아니다.

한 사람이 두 가지 관계를 차지하지 않고 두 사람에게 분배하는 식으로 관계를 불리며, 따라서 한 가족에 포함되는 사람의 수를 늘리는 것만이 아니다. 인간성에는 자연히 어떤 알지 못할, 그러나 칭찬할 만한 수치심이 있어서, 근친과의 결합을 원하지 않게 하기 때문이다. 이성 관계는 번식을 위한 것일지라도 정욕을 동반하는 것이며, 점잖은 부부도 얼굴을 붉히는 일이므로, 존경해야 하는 근친과의 결합은 더욱 기피하는 것이 인간의 자연성이기 때문이다.

그래서 남녀 관계는 죽을 인간들의 경우에는 그 도시의 모판이라고 하겠다. 그러나 지상 도성의 인구를 위해서 생식이 필요할 뿐이고, 천상 도성은 생식으로 인한 부패를 제거하기 위해서 중생이 필요하다. 그러나 후에 아브라함에게 할례를 명령하신 것과 같이(창 17:10-14), 홍수 이전에 중생의 표징이 신체에나 어느 보이는 것으로 있었는지, 또 그것은 어떤 종류의 표징이었는지, 거룩한 역사는 우리에게 알리지 않는다. 그러나 우리에게 알려주는 것은 이 원시 시대 사람들도 하나님께 제물을 바쳤다는 것이다.

저 가인과 아벨의 경우에도 그러했다(창 4:3-4). 노아도 홍수가 지나간 후에 방주에서 나와 하나님께 제물을 드렸다고 한다(창 8:20). 이 문제에 대해서 우리는

39) 테오도시우스(Theodosius)황제가 금지했다: (Aurel. Vict.), *Epit.*, 48, 10; Ambr., *Ep.*, 60, 8(*ad Paternum*)

앞의 여러 권에서 마귀들이 신성을 참칭(僭稱)하며 제물을 요구해서 신으로 인정받고자 한다는 것을 말했다. 그들이 이런 명예를 기뻐하는 까닭은 하나뿐이다. 그것은 진정한 제물은 진정한 하나님께 드려야 한다는 것을 그들도 알기 때문이다.[40]

17. 한 어버이에게서 난 두 사람이 선조와 지도자가 되었다.

아담은 지상 도성과 천상 도성에 속한 두 계열의 조상이 되었다. 아벨이 피살되어 놀라운 신비를 나타낸 후에,[41] 가인과 셋을 조상으로 삼은 두 계열이 생겼고, 그들의 후손 중에서 기록할 가치가 있는 사람들에게서 두 도성의 특색이 더 선명하게 나타나기 시작했다.

가인은 에녹을 낳고 그의 이름을 붙여 성을 쌓았는데, 이 도성은 지상적인 것이었으며, 이 세상에서 나그네가 아니라 현세적 평화와 행복으로 만족했다. 가인은 "소유"라는 뜻이다. 그래서 그가 태어났을 때에 그의 아버지 또는 어머니가 "나는 하나님으로 말미암아 득남하였다"(창 4:1)고 말했다. 에녹은 "드린다"라는 뜻이다. 지상 도성은 그 속해 있는 이 세상에 드린 것이었으며, 그 추구하는 목표도 이 세상에 있었다. 셋은 "부활"을 의미하며, 그의 아들 에노스는 "사람"이라는 뜻을 지녔지만 아담과는 다르다. 아담도 사람이라는 뜻으로 히브리어에서는 남녀에 공통으로 쓴다. "하나님이 남자와 여자를 창조하시고 … 그들의 이름을 사람(아담)이라 일컬으셨더라"(창 5:2).

그래서 여자는 분명히 하와라고 불렀지만, 아담이라는 이름은 남녀에 공용어로 썼다는 것을 의심할 여지가 없다. 그러나 에노스는 한정된 의미를 지닌 "사람"이었기 때문에, 히브리어 학자들은 여자에게 적용할 수 없다고 가르친다. "에노스"는 장가 가고 시집 가는 일이 없는 "부활의 자녀"와 같다(눅 20:35, 36). 우리가 중생해서 가는 곳에서는 생식이 없기 때문이다.

그러므로 셋이라고 부르는 사람의 계통에서는 아들과 딸을 낳았다고 하지만, 여자의 이름을 뚜렷이 기록하지 않은 것은 사소한 일이 아니라고 나는 생각한다. 그러나 가인의 계열에서는 그 맨끝에 가서 제일 끝으로 태어난 사람이 여자다.

> "므드사엘은 라멕을 낳았더라 라멕이 두 아내를 취하였으니 하나의 이름은 아다요 하나의 이름은 씰라며 아다는 야발을 낳았으니 그는 장막에 거하여 육축 치는 자의 조상이

40) 제10권 제4-6장과 26장.

41) 제7장.

되었고 그 아우의 이름은 유발이니 그는 수금과 퉁소를 잡는 모든 자의 조상이 되었으며 씰라는 두발가인을 낳았으니 그는 동철로 각양 날카로운 기계를 만드는 자요 두발가인의 누이는 나아마이었더라"(창 4:18-22).

여기서 가인의 족보는 아담으로부터 8대로 끝난다. 즉 아담으로부터 라멕까지 7대였고, 이 라멕은 두 아내를 취했으며 그의 자식인 제8대에서 딸의 이름이 기록되었다. 이렇게 함으로써 지상 도성은 끝까지 남녀의 결합으로 육체적 생식에 의해서 계속되리라는 것을 완곡하게 알린다. 그래서 가인의 계열에서 마지막으로 기록된 아버지의[42] 두 아내까지도 이름이 기록되었다.

홍수 이전 시대에는 하와 외에 이런 일이 없었다. 그런데 지상 도성을 건설한 가인의 이름이 소유를 의미하며, 아들 에녹의 이름을 따서 그 도성의 이름을 만들었다는 그 에녹은 헌납(獻納)이라는 뜻을 지녔으므로, 이는 지상 도성의 출발점과 종점을 알려준다. 그것은 이 세상에서 볼 수 있는 것 외에는 그 도성에서 기대하지 않는다는 뜻이다. 셋의 계열은 그들과는 구별되게 기록되었고, 셋이라는 이름은 부활을 의미하므로, 성경이 셋에 대해서 하는 말씀을 우리는 상고해야 되겠다.

18. 아벨과 셋과 에노스는 그리스도와 그의 몸인 교회에 대해서 어떤 의미가 있는가?

"셋도 아들을 낳고 그 이름을 에노스라 하였으며 그에게는 주 하나님의 이름을 부르리라는 소망이 있었다"(창 4:26, 70인역). 이 말씀은 진리에 대한 드높은 증언이다. 부활의 아들인 사람은 소망으로 산다. 즉 그리스도의 부활을 믿음으로써 탄생한 천상 도성이 이 세상에 우거하는 동안, 사람은 소망으로 산다. 아벨은 "슬픔"이라는 뜻이며, 그의 아우 셋은 "부활"이라는 뜻이므로, 이 두 사람에게서 그리스도의 죽음과 부활이 예시되었다. 이 두 가지 사실을 믿음으로 말미암아 이 세상에 하나님의 도성이, 곧 하나님의 이름을 부를 소망을 가진 사람이 탄생한다.

"우리가 소망으로 구원을 얻었으며 보이는 소망이 소망이 아니니 보는 것을 누가 바라리요 만일 우리가 보지 못하는 것을 바라면 참음으로 기다릴지니라"(롬 8:24-25). 누가 이것을 심원한 신비에 돌리지 않을 수 있겠는가? 성경에 아벨의 제물을 하나님이 열납하셨다고 하였는데, 그는 주 하나님의 이름을 부를 소망이 있었던 것이 아닌가? "하나님이 아벨 대신에 다른 씨를 주셨다"(창 4:25)는 셋에 대한

42) 라멕.

말씀이 기록되어 있는 바, 그도 하나님의 이름을 부를 소망이 있지 않은가?

모든 경건한 사람들에게 공통된 이 일을 특히 에노스에게 돌리는 것은 무슨 까닭인가? 이것은 천상 도성이라는 좋은 편을 위해서 구별된 세대들의 조상이 된 사람(셋)에게 그가 장자로 났다고 했기 때문이며, 따라서 사람을 따라 현재의 지상적 행복으로 만족하게 사는 것이 아니라, 하나님을 따라 영원한 행복을 바라보면서 사는 사람 또는 그런 사회를 그가 미리 보여줬다는 것이 적합한 일이기 때문이다. 그리고 그는 주 하나님에게 소망을 두었다거나, 그는 주 하나님의 이름을 불렀다고 하지 않고, "주 하나님의 이름을 부를 소망이 그에게 있었다"고 한다(창 4:26). 그러면 이 부를 소망이 있었다는 것은 무슨 뜻인가? 이것은 "은혜로 택하심을 따라"(롬 11:5) 주 하나님을 부르는 백성이 일어나리라는 예언이 아니겠는가?

예언자가 "누구든지 주의 이름을 부르는 자는 구원을 얻으리라"(욜 2:32) 한 것도 이것이며, 사도는 이 말씀을 하나님의 은혜를 받은 백성에 관한 것이라고 해석했다(롬 10:13). "그 이름을 에노스(사람)라 하였다"고 하며, "그에게는 주 하나님의 이름을 부를 소망이 있었다"고 하는 두 가지 표현은, 사람이 자신에게 소망을 두어서는 안된다는 것을 충분히 증명한다. 다른 곳에는 "무릇 사람을 믿는 사람은 저주를 받을 것이라"(렘 17:5)는 말씀이 있기 때문이다. 그러므로 아무도 자기를 믿음으로써 가인의 아들의 이름으로 현세에 헌납된 저 다른 도성, 곧 무상하게 끝나는 이 죽을 세상의 시민이 되어서는 안 되며, 영원한 행복에 헌납된 도성의 시민이 되어야 한다.

19. 에녹이 옮겨진 의미.

셋의 후손 가운데도 아담으로부터 일곱째 되는 세대에 "헌납"이라는 뜻을 지닌 이름이 있다. 아담까지 포함하여 일곱째 세대인 에녹이다. 그는 하나님을 기쁘시게 하여 옮겨진 사람인데(창 5:24, 70인역; 히 11:5), 족보에서 특별한 위치를 차지했다. 아담으로부터 일곱째로서 안식일을 성별한 수다. 그러나 가인의 후손과 갈라진 셋의 계열에서는 셋으로부터 여섯째이며, 하나님이 창조 사역의 완성으로써 사람을 지으신 때가 여섯째 날이었다. 그런데 이 에녹이 옮겨진 것은 우리 자신의 헌납이 연기된 것을 예시한다.

이 헌납은 우리의 머리이신 그리스도에게서 이미 실현되었다. 그리스도께서는 이미 부활하셔서 다시 죽지 않으시며, 이미 옮겨지셨다. 그러나 그를 토대로 모신(엡 2:20) 집 전체의 헌납은 아직 남아 있으며, 모든 사람이 부활해서 다시 죽지 않게 될 종말까지 연기되었다. 헌납될 것이 하나님의 집이라고 하든지, 하나님의 성전이라고 하든지, 또는 하나님의 도성이라고 하든지 다 같은 뜻이며 라틴어의 관례와도 다르지 않다. 베르길리우스 자신이 세상에서 가장 큰 제국의 수도를 "앗사라쿠스(Assaracus)의 집"이라고 하여,[43] 로마 국민을 의미했다. 그들은 트로이 사람들(Trojans)을 통해서 앗사라쿠스의 후손이었기 때문이다. 그는 또 로마 국민을 "아이네아스의 집"이라고 했다. 이것은 아이네아스가 거느리고 이탈리아에 온 트로이 사람들이 로마를 건설했기 때문이다.[44] 이 유명한 시인은 히브리 민족의 수가 많아진 후에도 성경에서 그들을 "야곱의 집"이라고 부르는 것을 본받은 것이다.

20. 가인의 계통이 제8대에서 끊어지고 셋의 계통이 제10대까지 계속된 것은 무슨 까닭인가?

어떤 사람은 이렇게 말하리라. "이 역사를 쓴 사람이 세대들을 셀 때에, 아담으로부터 시작하여 셋을 거쳐 노아 홍수의 노아 때까지 내려가고, 다시 시작하여 차례로 아브라함까지 내려가는 것이 그의 의도였으며, 마태는 하나님의 도성의 영원한 왕이신 그리스도의 계보를 아브라함으로부터 시작했으니, 가인에서 시작된 세대들을 열거할 때에는 어디까지 가서 끝낼 생각이었을까."

우리의 대답은 다음과 같다. "홍수까지 내려갈 생각이었다. 그 홍수에서 지상 도성의 계통은 전적으로 멸망했고, 노아의 아들들이 재건했다." 지상 도성의 지상적인 인간 공동체는 육체를 따라 살며, 이 세상의 종말까지 없어지지 않겠기 때문이다.

여기에 대해서 우리 주님의 말씀은 "이 세상의 자녀들은 장가 가고 시집간다"고 하신다(눅 20:34). 그러나 이 세상에 기류(寄留)하고 있는 하나님의 도성은 중생에 의해서 다른 세계로 인도되며, 그 곳 자녀들은 장가도 가지 않고 시집도 가지 않는다.

이 세상에서 시집 장가를 가서 생식하는 것이 두 도성에 공유한다. 그렇지만 지금도 하나님의 도성에서는 생식 행위를 버린 시민이 많다. 그러나 저 다른 도성에도, 비록 잘못된 생각으로 하는 일이지만, 이것을 모방하는 시민들이 얼마간 있다. 그들은 천상 도성의 믿음을 벗어나서 여러 가지 이단 사상을 시작했으며, 물론 사람을 따르고 하나님을 따르지 않는다. 벌거벗은 채 고독한 가운데 명상을 한다는 인도

43) *Aen.* 1, 284.
44) *Aen.*, 3, 97.

의 나체 수도사들도[45] 그 시민이며, 혼인을 하지 않는다. 지고의 선이신 하나님을 믿는 믿음과 연결될 때에만 금욕생활은 선하다. 그러나 홍수 이전에는 금욕생활을 한 사람이 없었다. 아담의 7대손 에녹은 죽지 않고 옮겨졌다고 하지만, 그도 옮겨지기 전에 자녀를 낳았고, 그 중의 하나인 므두셀라가 기록된 계보를 이어 갔다.

만일 가인의 계통을 홍수시까지 추적해서 이 계통의 남자들은 사춘기의 지연으로 백세를 넘기까지 자녀를 낳을 수 없었던 것이 아니었다고 한다면, 무슨 까닭에 가인의 후손은 세대수가 그렇게 적게 기록되었는가? 창세기 저자는 셋의 후손을 노아까지 추적하려 했고, 거기서부터 순서대로 다시 출발했다. 그러나 가인의 계열의 경우에는 누구에게까지 내려가겠다는 의도가 없었다면, 라멕까지 내려가기 위해서 장자들을 제외한 까닭이 무엇이었는가?

라멕의 아들들의 세대에서, 즉 아담으로부터 8대요 가인으로부터 7대에서 이 계통은 끊어졌다. 마치 그는 이 점에서부터 다른 계통을 연결하여 이스라엘 백성이나 예수 그리스도에게까지 내려가려고 한 것같이 보인다. 이스라엘 백성 사이에 있는 예루살렘은 천상 도성을 예시했고,[46] 예수 그리스도는 "만물 위에 계셔 세세에 찬양을 받으실 하나님"이시며, 천상 도성을 세우고 주관하시는 분이다. 그러나 가인의 후손은 홍수 때에 전멸했으므로, 그렇게 할 수 없었다.

이것을 보면, 가인의 족보에 기록된 사람들은 장자였다고 생각된다. 그렇다면 무슨 까닭에 그렇게 수가 적을까? 그들의 사춘기가 그들이 장수했던 것만큼 정비례해서 늦었던 것이 아니라, 백세 이전에 자식을 낳았다면, 홍수 이전에 난 장자의 수효가 더 많았을 것이다. 평균 30세에 자식을 낳기 시작했다면, 아담으로부터 라멕의 자식까지 8대였으므로, 이 숫자에 30을 곱한다면 240년이 된다. 이것은 그들이 홍수까지의 나머지 세월에는 자녀를 더 낳지 않았다는 뜻이 될 수 없다.

그렇다면 무슨 의도로 이 족보를 쓴 사람은 그 다음 세대를 말하지 않는가? 아담으로부터 홍수까지는 우리 성경에서는 2262년이고, 히브리어 성경에서는 1656년이다. 작은 숫자가 더 정확하다고 가정한다면, 1656년에서 240년을 감한 나머지 1400년 동안, 곧 홍수 때까지의 세월에 가인의 후손들은 자식을 낳지 않았다고 믿을 수 있는가?

이런 질문에 마음이 동요되는 사람은 내가 앞에서 한 말을 회상하기 바란다. 옛 사람들은 자식을 낳기까지 오랫동안 금욕할 수 있었다는 것을 어떻게 믿을 수 있느

45) 제14권 제17장.
46) 제15권 제2장.

냐는 문제를 논했을 때에, 나는 두 가지 해답을 말했다. 그들은 장수했으므로, 거기 비례해서 사춘기도 늦었으리라는 것이 그 하나요, 족보에 기록된 것은 장자가 아니라 저자가 의도한 목표까지 내려갈 수 있는 아들들이었다는 것이 다른 한 해결책이었다. 예컨대 저자는 셋의 계열에서 노아까지 내려갈 생각으로 이렇게 했다. 그래서 만일 가인의 계통을 기록했을 때에 어떤 사람까지 내려가겠다는 목표가 없었다면, 따라서 그 사람에게 가기까지 장자를 빼어버리고 그의 목적에 맞는 사람들을 삽입할 필요가 없었다면, 우리는 그들의 사춘기가 늦었다고 상정할 수밖에 없다. 그래서 백 세를 넘어서야 자식을 낳았고, 세대는 장자들이 이었고, 홍수까지의 기간은 비록 길었지만 이런 식으로 메웠다는 것이다.

그러나 내가 모르는 어떤 더 비밀한 이유가 있어서, 저자는 우리가 지상적이라고 부르는 이 도성을 라멕과 그 자녀들의 세대까지 보여주고, 홍수까지의 기간에 있었을는지 모르는 세대들은 기록하지 않았을 가능성도 있다. 또 그 시대 사람들의 사춘기가 늦었다고 가정하지 않고도 그들의 세대가 장자로 이어지지 않은 이유가 있다. 가인이 아들 에녹의 이름으로 건설한 도시는 그 판도가 넓고 왕이 여럿이었다는 것이다. 그 왕들은 동시에 통치한 것이 아니라, 서로 대를 이어 갔으며 그 지위는 언제든지 아들에게 계승시켰다. 가인 자신이 이런 왕이었고, 그의 아들 에녹은 그의 이름이 그가 다스린 도성의 이름이 되었을 뿐 아니라 제2대의 왕이었을 것이다.

에녹의 아들 이랏이 제3대로, 이랏의 아들 므후야엘이 제4대요, 므후야엘의 아들 므두사엘이 제5대요, 므두사엘의 아들 라멕이 제6대였는데, 아담으로부터 계산하면 제7대였다. 그러나 왕위를 계승한 자는 반드시 장자가 아니라, 지상 도성을 위해서 유용한 어떤 능력이 있다든지, 제비로 뽑혔다든지, 혹은 아버지가 특히 좋아해서 왕위의 상속권을 얻게 되었을 것이다.

그리고 라멕의 재위중에 저 홍수가 나서 그와 모든 다른 사람들을 멸망시키고, 방주에 탄 여덟 명만 남았을 것이다. 아담으로부터 홍수까지의 긴 세월 동안에, 그리고 각 개인의 수명이 서로 많이 달랐을 그 때에, 가인의 계열은 7세대이며 셋의 계열은 10세대였던 것과 같이, 이미 말한 바대로 라멕은 아담으로부터 제7대요 노아는 제10대여서 세대수가 같지 않았다는 것은 놀랄 일이 아니다. 그리고 라멕의 경우에 그 이전과 같이 아들 하나만 이름이 기록된 것이 아니라 더 많이 기록된 것은(창 4:19-22) 홍수가 오기 전에 라멕이 죽었다면 누가 뒤를 이었을는지 확실치 않았기 때문이다.

그러나 가인 계열의 세대들을 추적했을 때에 장자들을 따라서 한 것이든, 또는 왕위 계승자를 따른 것이든 간에, 내가 빠뜨리지 못할 점이 있는 것 같다. 라멕이 아담의 7대손이라고 기록되었을 때에, 다른 사람들의 이름도 기록되었다. 그의 아들 셋과 딸 하나의 이름이 기록되어, 그 이름의 수효가 11이 되었으며, 이것은 죄를 의미하는 수이기 때문이다. 라멕의 아내들은 내가 지금 지적하는 것과는 다르다. 나는 지금 그의 자녀에 대해서 말하는 것이며, 그 아내들의 계통에 대해서는 성경에서 알려진 것이 없다.

율법을 상징하는 수는 10이며, 그래서 저 유명한 십계명이 있으므로, 10을 넘는 율법을 어기는 11이라는 수는 확실히 죄를 의미한다. 이런 이유가 있기 때문에, 증거의 장막에는 염소의 털로 짠 휘장 열 한폭을 준비하라는 명령이 있으며(출 26:7), 이 장막은 하나님의 백성이 유랑하는 기간에 이동성전이 되었다(행 7:44). 염소는 최후심판에서 왼편에 서게 되었으므로(마 25:33), 그 털로 만든 천은 죄를 연상시키며, 따라서 우리가 죄를 고백할 때에도 염소털로 짠 천을 두르고 엎드린다. 시편에 "내 죄가 항상 내 앞에 있나이다"(시 51:3)[47] 한 것과 같은 태도다.

살인자 가인을 통한 아담의 후손은 죄를 상징하는 11이라는 수로 끝나며, 이 수효에는 여자가 포함되었다. 우리 모두를 죽게 만드는 죄를 시작한 것이 여자였던 것과 같다. 그리고 이 죄의 다른 결과는 육체의 쾌락이 영을 거스리게 된 것이다(갈 5:17). 참으로 라멕의 딸의 이름인 나아마는 "쾌락"이라는 뜻이다. 그러나 아담으로부터 노아까지 셋의 계열에는 열 세대가 있었고, 이것은 율법을 의미하는 수다. 노아의 아들도 셋이었는데, 그중 하나가 죄에 빠지고 둘은 아버지의 축복을 받았으므로(창 9:22-27) 범죄자 하나를 빼고 훌륭한 두 아들을 더하면 열둘이 된다. 이 수는 족장들과 사도들의 경우에서와 같이, 유명한 수이며, 일곱의 두 부분인 셋과 넷을 서로 곱한 것이다. 이런 사실들을 보면 이 두 계열은 그 서로 다른 족보를 통해서 땅에서 난 사람들이 만든 도성과 중생한 사람들이 만든 도성이라는 두 성을 연상시킨다. 그러나 그 후에 서로 섞이고 혼동되어 여덟 명을 빼고는 인류 전체가 홍수로 멸망을 당하는 것이 마땅했다는 것을 나는 다음에 검토하여 기록하지 않을 수 없다.

21. 가인의 아들 에녹의 이름이 나온 후에 곧 족보가 홍수까지 내려가는데, 셋의 아들 에노스의 이름이 나온 후에는 다시 인간 창조의 이야기로 돌아가는 것은 무슨 까닭인가?

우리가 우선 알아야 할 일이 있다. 가인의 후손을 열거할 때에, 가인의 아들 에

47) 털로 짠 속옷은 옛날부터 참회의 옷으로 인정되었다.

녹의 이름으로 성을 쌓았다는 말을 한 다음에, 그 나머지 자손들은 즉시 내가 말한 종점인 그의 계통 전체가 홍수에 멸망한 때까지 내려갔는데, 셋의 아들 에노스를 말한(창 4:26) 다음에는 홍수까지의 나머지 자손들의 이름을 즉시 들지 않고, "아담 자손의 계보가 이러하니라" 운운 하는 구절이 삽입된 것은 무슨 까닭이냐는 것이다.

> "사람들의 계보가 이러하니라. 하나님이 아담을 창조하셨을 때에 하나님의 형상대로 지으시되 남자와 여자를 창조하셨고 그들이 창조되던 날에 하나님이 그들에게 복을 주시고 그들의 이름을 아담이라 일컬으셨더라"(창 5:1-2, 70인역).

이 구절을 삽입한 것은 저자가 세대들을 계산할 때에 다시 아담으로부터 출발하겠다는 목적이 있었기 때문이라고 나는 생각한다. 지상 도성에 대해서 말할 때에는 저자에게 이런 목적이 없었다. 마치 하나님이 그 일을 언급하실 뿐이고 계산에는 넣지 않으셨다는 것과 같다. 그러나 셋의 아들, 곧 하나님의 이름을 부르기를 희망한 사람을(창 4:26)[48] 말한 다음에 저자가 처음으로 돌아가서 이야기를 되풀이한 것은 무슨 까닭이었는가? 이런 방식으로 제시하는 것이 합당하기 때문이 아니었는가?

한 도성은 살인자로 시작해서 살인자로 끝났다(라멕도 자기가 살인했다는 것을 아내들에게 인정했다〔창 4:23〕). 또 한 도성은 주 하나님의 이름을 부르기를 희망한 사람이 건설한 것이다. 지상에서 나그네인 하나님의 도성이 지상에서 해야 할 최고의 유일한 의무는 피살된 아벨의 부활을 상징한 사람이 낳은 사람인 에노스가 모범을 보였다. 천상 도성의 단합은 아직 완전하지 않고 장차 완성될 것이지만, 그 단합을 저 한 사람이 예언적 인물로써 예시했다.

가인의 아들, 곧 지상적 소유에 불과한 소유의 아들은 그의 이름으로 쌓은 성에 이름이 남아 있지만, 이런 것에 대해서 시인은 "그 전지(田地)를 자기 이름으로 칭하도다"라고 한다(시 49:11). 그러므로 그들은 다른 시편에 기록된 일을 당한다: "주여 주의 도성에서 저희 형상을 멸시하시리이다"(시 73:20, 70인역). 그러나 셋의 아들, 부활의 아들은 주 하나님의 이름을 부르기를 바라게 하라. 그는 "오직 나는 하나님의 집에 있는 푸른 감람나무 같음이여 하나님의 인자하심을 영영히 의지하도다"(시 52:8)라고 하는 사람들의 사회를 예표한다. 그는 지상의 명사(名士)가 받는 허무한 명예를 구하지 않는다. "주의 이름을 의지하며 헛된 것과 어리석은 거짓을 돌아보지 아니하는 자는 복이 있기" 때문이다(시 40:4, 70인역).

---

48) 第18장.

그래서 이 세상 일을 토대로 삼은 도성과 하나님께 대한 소망을 토대로 삼은 도성이 우리 앞에 있다. 이 도성들은 그 공동의 문, 곧 죽을 수밖에 없는 아담을 통해서 이 세상에 들어오고, 각각 그 예정된 독특한 종말을 향해서 전개되었다. 성경은 세월을 계산하기 시작하며 다른 세대들을 포함시킨다. 이 때에 다시 아담으로부터 이야기를 시작하며, 그는 정죄된 씨, 당연히 멸망해야 할 한 덩어리와 같다. 그 한 덩어리에서 하나님은 천하게 쓰일 진노의 그릇과 귀하게 쓰일 긍휼의 그릇들을 만드셨다(롬 9:22-23).

전자에게는 받아 마땅한 벌을 갚아주시고, 후자에게는 받을 자격이 없는 은혜를 거저 주셨다. 이와 같이 천상 도성이 저 진노의 그릇들과 자기를 비교함으로써, 같은 지상에 기류(寄留)하면서도 자기의 의지가 가진 자유를 신뢰하지 말고, 주 하나님의 이름을 부르기를 바라는 것을(창 4:26) 배우게 하려고 했다. 사람의 의지는 선하신 하나님이 선하게 지으신 본성이지만, 무에서 창조되었으므로, 변하시지 않는 분에 의해서 변하는 것으로 창조되었다. 자유 의지로 선한 것이 타락해서 악을 행할 수도 있고, 하나님의 도움을 받을 때만은 악을 피하고 선을 행할 수도 있다.

22. 하나님의 아들들이 사람의 딸들에게 매혹되어 타락했으므로, 여덟 사람을 제외하고는 모두 홍수 때에 멸망했다.

인류가 번식하며 전진하는 동안에 이 자유 의지를 행사함으로써 두 도시가 혼합되며, 함께 불의를 행함으로써 혼란에 빠졌다. 이 재난도 처음 것과 같이 경로는 달랐지만, 여자 때문에 생겼다. 여자들 자신은 처음과 같이 어떤 자의 간계로 속았거나 남편들을 죄에 빠뜨린 것이 아니었다. 그러나 지상 도성과 지상적인 인간들의 사회에 속해 있었으므로 처음부터 도덕적으로 부패해 있었다. 그래서 지상에 우거하는 저 다른 도성의 시민인 하나님의 아들들이(창 6:2) 여자들을 그 신체적인 아름다움 때문에 사랑하게 된 것이다. 참으로 아름다움은 하나님이 주신 좋은 선물이다. 그러나 선한 자들이 아름다움을 위대한 선으로 생각하지 못하도록, 하나님은 그것을 악한 자들에게도 주신다.

선한 자들에게 특유한 위대한 선을 하나님의 아들들이 버렸을 때에, 그들은 선한 자들에게 특유하지 않고 악한 자들도 공유하는 보잘것 없는 선에 기울어졌다. 그래서 그들은 사람의 딸들에 매혹되어 그들을 아내로 삼아 즐기려고 지상적 관습을 채용하고, 그들의 거룩한 사회에서 따르던 경건한 생활을 버렸다. 이와 같이 하나님이 지으신 것은 사실이지만, 일시적이며 육적이며 가장 저급한 선인 신체적 아름다움을 사랑하고, 영원하며 내면적이며 변치 않는 선이신 하나님을 제쳐놓았다.

이것은 바르지 않은 사랑이다. 수전노가 공의보다 돈을 더 중요시할 때에는, 그 돈에 잘못이 있는 것이 아니라 그 사람에게 잘못이 있는 것이다. 이러한 이치는 모든 피조물에서 일반이다. 피조물 자체는 선하지만, 그것을 사랑하는 방법이 선할 수도 있고 악할 수도 있다. 순서가 바른 사랑은 선하며, 순서가 뒤집힌 사랑은 악하다. 성촉(聖燭)을[49] 찬양한 시구에서 내가 간단히 말한 것도 이 점이다: "이것들은 당신의 것이며, 만드신 당신이 선하시므로 이것들도 선하나이다. 거기에 우리 것은 전혀 없사옵고, 우리는 올바른 질서를 잊고 당신보다 당신이 지으신 것을 사랑하며, 죄를 범할 뿐이옵니다."[50]

만일 하나님을 바르게 사랑한다면, 즉 하나님 대신에 다른 것을 사랑하는 것이 아니라 하나님 자신을 사랑한다면, 그 사랑은 악할 수 없다. 우리가 무엇을 사랑할 때에 선하고 유덕(有德)한 생활을 하게 된다면, 우리는 그것을 사랑하는 것이 좋다. 이런 사랑 자체도 올바른 순서로 사랑해야 한다. 그래서 "바른 질서로 사랑함"이라는 것이 덕성에 대한 간단하면서도 옳은 정의라고 나는 생각한다. 그렇기 때문에 아가서에도 그리스도의 신부인 하나님의 도성이 "내 안에 사랑을 정돈하소서"라고 노래한다(아 2:4, 70인역). 그러면 하나님의 아들들이 하나님을 버리고 사람의 딸들에게 매혹되었을 때에, 그들은 이 사랑의 질서를 어지럽게 한 것이다.

하나님의 아들들과 사람의 딸들이라는 두 이름은 저 두 도성을 충분히 구별한다. 하나님의 아들들은 본성이 사람의 자식들이었는데, 은혜로 다른 이름을 가지게 되었다. 하나님의 아들들이 사람의 딸들을 사랑했다는 말씀이 있는 그 성경에서 그들을 하나님의 천사들이라고 부르기도 했다(창 6:2)[51] 그래서 그들을 사람이 아니라 천사라고 생각하는 사람이 많다.

23. 영적 본질을 가진 천사들이 여자들의 아름다움을 사랑해서 결혼하며, 이 결합에서 거인들이 태어났다는 것을 우리는 믿어야 하는가?

우리는 이 책의 제3권에서[52] 지나가는 말로 이 문제를 언급하고, 영들인 천사들

---

49) 유월절의 성촉이라기보다 감사 또는 기원의 의미로 드린 초인 듯함.

50) 이 시구는 *De Anima*라는 제목의 시의 일부로서 다음 책에 수록되었다: *Anthologia Latina*, pars prior, fasc. Ⅱ (1906), ed. A. Riese, 43, no. 489.

51) 70인역의 알렉산드리아 사본에서만 창 6:2의 "하나님의 아들들"이라는 말씀을 그 뒷 세대 사람들이 "하나님의 천사들"이라고 고쳐 놓았다.

이 부녀자들과 육체 관계를 가질 수 있느냐 하는 것을 결정하지 않았다. "영들로 자기의 사자를 삼으시며"(시 104:4, 70인역). 이 말씀은 본질상 영인 존재들을 자기의 사자로 삼아 자기의 소식을 전달하는 일을 맡기신다는 것이다. 그리스어의 앙겔로스(angelos)는 라틴어의 앙겔루스(angelus)며 사자, 곧 심부름꾼을 뜻한다. 그러나 시인이 "화염으로 자기 사역자를 삼으신다"고(시 104:4 후반절) 첨가하는 것은 그들의 몸을 가리키는 것인지, 또는 하나님의 사역자는 영적 화염이라고 할 만한 사랑으로 불타듯하다는 것인지 확실치 않다.

그러나 성경의 완전히 믿을 만한 증언에, 천사들이 사람들에게 몸으로 나타났다고 하며, 그 몸은 볼 수 있을 뿐 아니라 만질 수도 있었다고 한다(창 19:1-22; 민 22:23-35; 삿 6:12-22; 13:3-20). 또 여러 사람이 직접 체험으로 확인한 풍문이 널리 돌아다니며, 믿을 만한 사람들이 다른 사람들의 체험을 듣고 그 풍문을 확인했다. 그것은 속칭 "잉쿠비"(incubi)라고 하는 숲속의 요정(妖精)인 실바누스(Silvanus)나 목양신인 판(Pan)들이[53] 부녀자를 습격해서 정욕을 채운다는 것이다. 또 갈리아(Gallia) 사람들이 두시이(Dusii)라고 부르는 악귀들은 항상 이런 추행을 시도해서 성공한다고 하므로 이 주장을 부정하는 것은 주제넘은 짓일 것이다. 물론 나는 이런 말들을 근거로 삼아서, 공기로 된 몸을 가진 영적 존재가 있는지(공기는 부채질을 하기만 해도 우리 몸으로 누낄 수 있지만), 또는 그런 영들이 정욕을 일으켜 여자들과 육체적으로 어울릴 수 있는지를 결정적으로 말할 수 없다.

그러나 하나님의 거룩한 천사들이 그 때에 그렇게까지 타락했다고, 나는 믿을 수 없다. 또 사도 베드로가 "하나님이 범죄한 천사들을 용서치 아니하시고 지옥에 던져 어두운 구덩이에 두어 심판 때까지 지키게 하셨다"(벧후 2:4) 한 것은 거룩한 천사들에 대해서 한 말씀이라고 할 수 없다. 그렇지 않고 먼저 하나님을 버린 천사들, 그리고 시기로 뱀의 모양을 하고 처음 사람을 속인 저 마귀의 수하에 들어간 자들을 가리킨다고 나는 생각한다. 그러나 성경에는 경건한 사람을 천사라고 부른 예가 많다.

요한에 대해서 "보라 내가 내 사자(앙겔로스)를 네 앞에 보내노니 저가 너의 길을 예비하리라"고 한다(막 1:2). 예언자 말라기는 독특한 은혜로 특별한 말씀을 받아(말 2:7) 천사(말라기)라는 이름을 얻었다. 그러나 하나님의 천사들이라고 하는

---

52) 제3권 제5장.

53) 실바누스에 대해서는 제6권 제9장을 보라. 판(Pan)은 아르카디아(Arcadia)의 목양신이며, 이탈리아의 목양신 Faunus에 해당한다.

자들과 여자들과의 결합에서 우리와 같은 사람이 아니라 거인들이 났다는 기사가 있다는 사실에(창 6:5, 70인역) 마음이 동요하는 사람들이 있지만, 내가 앞에서[54] 말한 바와 같이, 우리 시대에도 보통 신장보다 훨씬 큰 사람들이 났다. 고트족이 로마시를 약탈하기[55] 몇 년전에, 로마에 부모와 함께 나타난 여인은 어느 누구보다도 키가 훨씬 컸고, 거의 거인이 아니었던가? 각처에서 온 사람들이 그 여자를 보고 놀랐다. 가장 놀라운 것은 그 양친은 보통 제일 크다고 하는 키에도 미치지 못했다는 사실이다.

그러므로 하나님의 천사라고도 하는 하나님의 아들들이 사람의 딸, 곧 사람을 따라 사는 자들의 딸들과 결합하기 전에도, 다시 말하자면 셋의 아들들이 가인의 딸들과 결합하기 전에도 거인들이 났을는지 모른다. 정경에도 다음과 같은 말씀이 있기 때문이다: "사람이 땅 위에 번성하기 시작할 때에 그들에게서 딸들이 나니 하나님의 아들들이 사람의 딸들이 좋음을 보고 자기들이 택한 모든 자로 아내를 삼는지라 주께서 가라사대 나의 신이 영원히 사람과 함께 하지 아니하리니 이는 그들이 육체가 됨이라 그러나 그들의 날은 120년이 되리라 하시니라 당시에 땅에 거인들이 있었고 그 후에도 하나님의 아들들이 사람의 딸들을 취하여 자기들을 위하여 자식을 낳았으니 그들이 거인이라 고대에 유명한 사람이었더라"(창 6:2-5, 70인역).

성경의 이 말씀을 보면, 하나님의 아들들이 사람의 딸들을 좋게, 아름답게 보아서 사랑한 때에(겉모양이 아름다운 사람도 좋다고 하는 것이 성경의 관례이므로), 땅에는 이미 거인들이 있었다는 것을 충분히 알 수 있다. 그러나 결합이 생긴 뒤에도 거인들이 났다. "당시에 거인들이 있었고 그 후에도 하나님의 아들들이 사람의 딸들을 취하여 자식을 낳았으니 그들이 거인이라"고 하기 때문이다. 그러므로 "당시에" 이미 거인들이 있었고, 또 "그 후에도" 있었다.

"자식을 낳았으니", 또는 원문대로 "자기들을 위하여 자식을 낳았으니"라는 말은 하나님의 아들들이 이렇게 타락하기 전에는 자기들을 위하지 않고 하나님을 위해서 자식을 낳았다는 뜻임이 분명하다. 말하자면 육체적인 정욕으로 움직인 것이 아니라, 번식의 의무를 다해서 하나님의 도성의 주민을 생산하며, 자기들의 자랑이 될 가족을 이루려 한 것이 아니었다. 그들은 하나님의 사자가 되어 이 하나님의 도성 주민들에게 소식을 전해서 하나님께 소망을 두게(시 78:7) 하려는 것이었다. 셋의 아들, 곧 부활의 아들이 주 하나님의 이름 부르기를 소망한 것과 같이, 이 소망으로

54) 제9장.
55) 고트족의 로마 약탈은 기원후 410년.

그들과 그들의 후손은 영원한 축복을 함께 상속받으며, 하나님을 아버지로 모신 한 가족에서 자기 자식들과 형제가 되려는 것이었다.

그러나 어떤 사람들은 저 천사들은 사람이 아니라는 뜻으로서의 천사라고 생각하지만, 성경은 그렇지 않다고 하며, 그들은 사람이었다고 분명한 말로 단정한다. 처음에는 "하나님의 천사들이 사람의 딸들이 아름다움을 보고 자기들이 좋아하는 모든 자로 아내를 삼는지라"고 한 다음에, 즉시 덧붙여서 "주께서 가라사대 나의 신이 영원히 사람과 함께 하지 아니하리니 이는 그들이 육체가 됨이라"고 한다. 그들은 하나님의 영에 의해서 하나님의 천사와 하나님의 아들이 되었지만, 낮은 것으로 기울었기 때문에 "사람"이라고 부른다. 이것은 그들의 본성에 대한 이름이며 은혜에 대한 이름이 아니다. 또 그들은 "육체"라고 했으니, 영을 버린 자들이라는 뜻이며, 이렇게 영을 버림으로써 영에게 버림을 받았다.

70인역에서 "하나님의 천사들"과 "하나님의 아들들"이라는 말을 함께 쓰는 것은 사실이지만, 모든 사본이 그렇게 쓰지는 않고 어떤 사본은 "하나님의 아들들"만을 쓴다. 또 유대인들이 제일 존중하는 번역가 아퀼라(Aquila)는[56] "하나님의 천사들"이나 "하나님의 아들들"이라는 말을 쓰지 않고, "신의 아들들"이라고 한다. 그러나 양쪽이 다 옳다. 그들은 하나님의 아들들이었고, 하나님의 자식들이었던 자기들의 조상과 형제들이었다. 또 그들은 신들에게서 난 신들의 아들들이었고, 신들과 함께 스스로 신들이었다.

성경에 "내가 말하기를 너희는 신들이며 다 지존자의 아들들이라 하였다" 한 것과 같다(시 82:6). 우리는 70인역의 역자들이 예언의 영을 받았다고 믿는 것이 좋다. 그래서 그들이 성령의 권위로 원본과 달리 번역한 것이라면, 이것은 하나님으로부터 온 것임을 의심할 수 없다.[57] 어쨌든 히브리어의 뜻이 모호해서 "하나님의 아들들" 또는 "신들의 아들들"이라고 번역할 수 있다고 한다.[58]

그러므로 소위 외경(Apocrypha)에 있는 이야기들을 우리는 제외한다. 이 글들은 정경의 권위를 전한 조상들도 그 기원을 모른다. 정경의 권위는 이 사람들이 가

---

56) 아퀼라는 기원후 140년경에 구약성경의 축자역인 그리스어 번역을 발표했다. 유대인들은 그의 번역을 정확하다고 칭찬했으나, 그리스도교인들은 그가 그리스도에 관한 예언들을 왜곡했다고 비난했다.

57) 70인역의 영감에 대한 아우구스티누스의 견해에 관해서는: 본서의 제18권 제43장; *De Doctr. Christ.*, 2, 15, 22.

58) 창 6:2에 있는 히브리어 "엘로힘"의 뜻이 불분명하다는 점에 대해서는: Hier., *Quaest. Hebr. in Gen*(*Corpus Christianorum*, vol. 72, 9).

장 확실하고 확인된 계통을 통해서 대대로 이어받아 우리에게까지 내려온 것이다. 외경에도 다소의 진리가 있지만, 거짓된 말이 너무 많아서 경전으로서의 권위를 지닐 수 없다. 아담의 7대손 에녹이 거룩한 글을 남겨놓았다는 것을 우리는 부정할 수 없다. 성경에 있는 유다서가 이 점을 주장하기 때문이다(14절). 그러나 히브리 민족의 제사장들이 대대로 정성껏 성전에 보관한 정경에 에녹서가 포함되지 않은 데에는 상당한 이유가 있다. 그 시대가 오래 전이라는 점이 의심을 샀고, 참되다는 것을 확인할 길이 없었고, 대대로 정경을 보존한 사람들이 참되다고 해서 제시한 일도 없었기 때문이다. 그래서 에녹의 이름이 붙어 있는 이 글들에 거인들에 대한 이야기가 있고, 그들의 아버지는 사람이 아니었다고 하는 것을 보고 신중한 사람들이 그것을 참된 것이 아니라고 하는 것은 당연하다. 이단자들도 예언자들의 이름으로, 또 최근에는 사도들의 이름으로 많은 글을 발표했지만 자세히 검토한 결과 정경으로서의 권위를 인정하지 않고 외경으로서 제쳐놓게 되었다.

그러므로 히브리인들과 그리스도인들의 정경에 따라서 홍수 이전에 거인들이 있었다는 것과 그들은 지상적인 인간 사회의 시민들이었다는 것과 육신으로는 셋의 후손인 하나님의 아들들이 바른 길을 버리고 이 세상의 수준으로까지 타락했다는 것은 의심할 여지가 없다. 또 이 사람들에게서 거인들이 났다는 것도 이상하게 생각할 필요가 없다. 그들의 자식들이 모두 거인이었던 것은 아니지만, 홍수 이후보다 그 때에 더 많았던 것이다. 또 이런 방법으로, 지혜 있는 사람들에게 신체의 아름다움이나 큰 몸집, 체력 등이 중요하지 않다는 것을 알리기 위해서, 창조주께서는 기꺼이 거인들을 내놓으신 것이다.

지혜 있는 사람들의 행복은 영적이며 영원한 축복에 있으며, 그것이 더 좋고 더 영속하며, 선인과 악인이 공유하지 않고 선인에게만 있는 선이다. 다른 예언자가 이 점을 확인해서 다음과 같이 말했다: "이것이 처음부터 유명했던 그 거인들이다. 그들은 장대하고 전쟁에 능숙했다. 그러나 주께서는 그들을 택하시지 않았고, 지식의 길도 주시지 않았다. 그들은 지혜가 없어서 파멸되었고, 판단력이 없어서 멸망하였다"(바룩 3:26-28).

24. 홍수로써 죽을 자들에게 그들의 날은 120년이 되리라고 하신 것은 무슨 뜻인가?

"그들의 날은 120년이 되리라"(창 6:3). 이렇게 하나님이 말씀하신 것은 그 때부터 사람들의 수명이 120년을 넘지 못하리라는 예언이라고 해석해서는 안된다. 홍수 이후에도 그 이전과 같이 500년 이상 산 사람들이 있었다. 그 말씀은 노아가 거의 500세를 살았을 때인 그의 480세 때에 하나님이 하신 말씀이라고 해석해야 한다. 성경은 부분이 클 때에는 그 전체의 이름을, 예컨대 500년을 쓰는 때가 많다. 그런데 홍수는 노아가 600세 된 해의 2월에(창 7:11) 났다. 그래서 120년은 홍수가 날 때까지의 기간을 예언한 것이며, 그만한 세월이 지나면 사람들은 홍수로 죽을 수밖에 없었다.

홍수가 그 때에 난 것은 이렇게 분명한 심판으로, 죽어서는 안될 사람이 하나도 없었기 때문이라고 믿을 만한데 충분한 이유가 있다. 선한 사람도 언젠가는 죽을 것이므로 이렇게 죽는다고 해서 그들의 사후에 하등의 손해를 입히는 것이 아니다. 그러나 성경에 셋의 후손이라고 한 사람들은 저 홍수에 하나도 죽지 않았다. 그러나 홍수의 원인에 대한 하나님의 설명은 다음과 같다:

> "주께서 사람의 죄악이 세상에 가득함과 그 마음의 생각이 항상 악할 뿐임을 보시고 땅 위에 사람 지으셨음을 고려하시며 다시 고려하시고 가라사대 나의 창조한 사람을 내가 지면에서 쓸어 버리되 사람으로부터 육축과 기는 것과 공중의 새까지 그리하리니 이는 내가 지었음을 분하게 여김이라 하시니라"(창 6:5-7, 70인역).

25. 하나님의 분노는 그의 마음을 격동시키거나 그의 변함없는 평정을 어지럽게 하지 않는다.

하나님의 분노는 그의 마음을 어지럽게 하는 감정이 아니라, 죄를 벌하는 그의 심판이다. 그의 하신 일에 대한 고려와 재고려도 변할 일들에 대한 변함없는 계획이다. 그는 사람과 같이 자기가 한 일을 후회하시는 일이 없다(민 23:19). 모든 일에서 그의 예지가 확실한 것과 같이 그의 결정도 흔들리지 않는다. 그러나 위에 있는 것과 같은 표현을 쓰지 않는다면, 성경은 사람들의 마음에 그 원하는 바를 알릴 수 없을 것이다.

성경은 사람들의 유익을 위해서 그들의 마음에 접근하려 하며, 교만한 자를 놀라게 하며, 게으른 자를 분기시키며, 알고 싶어하는 자의 주의를 끌며, 총명한 자에게 만족을 주려 한다. 이렇게 하려면 성경은 먼저 허리를 굽혀 사람들이 게으르게 누워 있는 곳까지 내려가지 않을 수 없다. 그러나 지상과 공중에 있는 모든 동물들도 죽으리라고 하는 것은, 임박한 재난의 넓은 범위를 언명한 것이다. 이성이 없는 동물들이 죄를 지어 파멸을 자초했다는 듯이, 그들을 위협한 것이 아니다.

26. 노아에게 지으라고 명령하신 방주는 모든 점에서 그리스도와 교회를 상징한다.

그뿐 아니라 하나님이 노아에게 방주를 만들라고 하신 데는 뜻이 있었다. 노아는 의인이었고, 진실을 전하는 성경에 그는 당대에 완전한 사람이었다고 한다(창 6:9). 그가 완전했다고 하는 것은 하나님의 도성 시민들이 장차 영생하는 상태에서 천사들과 같이 될 그 완전성을 말하는 것이 아니라, 그들이 지상에 우거하는 동안 도달할 수 있는 정도의 완전성을 가리킨 것이다. 그 노아에게 방주를 지으라고 명령하시고, 그의 일가, 아내와 아들들과 며느리들을 태우며, 하나님의 명령에 따라 그들에게로 오는 동물들도 넣어 홍수에 죽지 않게 하신 것은, 확실히 이 세상에 나그네로 있는 하나님의 도성을 상징한다. 다시 말하자면 교회를 상징한다.

교회는 하나님과 사람 사이의 중보자이신 인간 그리스도 예수가(딤전 2:5) 달리신 나무로 구원을 받기 때문이다. 방주의 길이와 넓이와 높이까지도 예수께서 예언대로 입고 오신 몸을 나타낸다. 몸의 정수리로부터 발바닥까지의 길이는 한쪽 옆구리로부터 다른 옆구리까지의 넓이의 6배요, 뒷등으로부터 앞가슴까지의 두께의 열배다. 바꿔 말하면 사람이 반듯이 눕거나 엎드릴 때에, 그의 머리로부터 발까지의 길이는 두 옆구리 사이의 넓이의 여섯 배요, 그 누운 몸의 높이의 열 배다.

그러므로 방주는 길이가 300규빗에 넓이가 50규빗, 높이가 30규빗이었다. 그 문을 옆으로 냈다는 것은 십자가상의 예수님의 옆구리를 창으로 찔러 상처를 낸 것을(요 19:34) 의미한다. 예수님께로 오는 사람들은 이 상처로 들어가며, 거기서 흘러내린 물과 피는 신자를 믿음에 들여보내는 상징이기 때문이다. 그리고 네모난 재목으로 방주를 만들라고 하신 것은(창 6:14, 70인역) 성도의 생활의 확고부동함을 의미한다. 네모난 재목은 어떻게 굴려도 안정된 위치를 취하기 때문이다. 그 밖에도 방주의 구조에 있는 특색들은 교회의 여러 측면을 상징한다.

그러나 모든 점을 추궁하기는 지루할 것이다. 또 나는 이미 마니교도 파우스투스에 대한 반박문에서[59] 이 문제를 상론했다. 그는 히브리인들의 글에는 그리스도에 대한 예언이 없다고 했기 때문이다. 사람들의 설명에 우열이 있을 것이며, 우리 것이 제일 좋다고 할 수 없을는지 모른다. 그러나 적어도 저자의 뜻에서 멀리 빗나가지 않으려면, 무슨 말을 하든지 간에, 우리가 말하는 이 하나님의 도성에 — 홍수에 빠진 것과 같이 이 악한 세상에 기류하고 있는 하나님의 도성 — 관련시켜야 한다.

---

59) *Adv. Faust. Man.*, 12, 14.

예컨대 "상중하 3층으로 할지니라"(창 6:16)라는 말씀에 대해서 내가 파우스투스 반박문에서[60] 한 해석은, 모든 민족에서 교회를 모았으므로, 2층이라고 해서 두 부류 사람들, 곧 할례 받은 사람들과 받지 않은 사람들, 또는 사도의 말씀대로 유대인과 이방인(롬 1:16; 3:9; 갈 3:28)을 의미하며, 3층이라고 해서 모든 민족을 노아의 세 아들이 보충한 것을 의미한다고 했다. 누구든지 이 해석에 반대하고, 신앙 규범과[61] 조화되는 다른 해석을 할 수 있다.

방주에는 아래층에만 방이 있던 것이 아니라, 그 위에 2층이 있었고 다시 그 위에 3층도 있었으므로, 이것을 사도가 권장한 믿음과 소망과 사랑이라는(고전 13:13) 세 가지 덕성이라고 해석할 수 있다. 또는 더 좋은 해석으로서, 복음서에 있는 30배와 60배와 100배의 추수(마 13:8)로 해석할 수도 있다. 맨아래층에서는 정결한 결혼생활이 있고, 그 윗 층에는 정결한 과부생활이 있고, 그 윗 층에는 정결한 미혼생활이 있다고 할 수도 있다. 우리의 이 도성의 믿음과 일치하기만 하면, 어떤 더 좋은 해석도 할 수 있을 것이다. 이 제목에 대한 모든 다른 설명에 대해서 나는 같은 말을 하겠다:여러 가지 설명을 할 수 있겠지만, 모두 반드시 보편(정통) 신앙의 화합과 일치해야 한다.

27. 방주와 홍수에 대해서 단순히 역사적 사실만을 인정하고 비유적 해석을 배척하거나, 비유적 의미만을 주장하고 역사적 사실임을 부정하는 것에 우리는 찬성할 수 없다.

이런 일들을 기록한 데는 목적이 있었던 것이 아니라든지, 또는 우리는 비유적인 의미를 떠나서 역사적 진실만을 연구할 것이라고 생각하는 것은 잘못이다. 또는 그와 반대로, 이 기록은 비유에 불과하며 그런 사실이 있었던 것이 아니라든지, 또 사실이든 사실이 아니든 간에, 거기에 교회에 대한 예언은 전혀 없다고 하는 것도 잘못이다. 수천년 동안 경건하게 보존되며 대대로 정연하게 전수되어 온 문서가 아무 목적 없이 기록되었다거나, 독자는 단순히 역사적 사실 기록만을 고려하라는 등 바른 정신을 가진 사람이라면 누가 이런 주장을 할 것인가?

다른 것은 말하지 않더라도, 동물의 수효가 많아서 배를 크게 만들 필요가 있었다면, 정결한 짐승과 부정한 짐승을 같은 수효로 보존할 수도 있었을 터인데, 부정한 것은 두 쌍, 정결한 것은 일곱 쌍을(창 7:2) 수용할 필요는 무엇이었는가? 그 동

---

60) *Adv. Faust. Man.*, 12, 16.
61) 위의 주11을 참조.

물들의 씨를 다시 보충하려고 그렇게 명령하신 하나님이 그것을 창조하신 때와 같은 방법으로 다시 창조하실 수 없었겠는가?

그러나 이런 일들은 실지로 발생하지 않았고, 숨은 의미를 가진 비유적 언사에 불과하다고 주장하는 사람들은 우선 그렇게 큰 홍수가 있을 수 없었다고 생각한다. 물이 가장 높은 산들보다도 15규빗이나 더 높은 수위에 도달했다고 하지만, 올림푸스(Olympus) 산 꼭대기에는 구름도 생기지 못한다고 한다. 거기는 바람과 구름과 비를 발생시키는 짙은 공기가 전혀 없기 때문이라고 한다. 그러나 그들은 가장 짙은 원소인 흙이 거기 있을 수 있다는 사실을 생각하지 못한다. 혹 그들은 올림푸스 산정은 흙으로 된 것이 아니라고 할는지 모른다. 그렇지 않다면, 원소들의 무게를 헤아리는 이 사람들이 무슨 까닭에 흙은 그 높은 공중까지 올라가고 물은 거기 갈 수 없다고 주장하는가? 그들도 물이 더 가볍고, 흙보다 높이 올라간다는 것을 인정한다. 더 무겁고 더 낮은 원소인 흙은 수천년 동안 고요한 공중까지 올라갔고, 더 가볍고 더 높이 올라가는 물은 단시일 동안이라도 그렇게 하는 것이 허용되지 않는다는 것은 무슨 까닭인가를 그들은 설명할 수 있는가?

또 그들은 그 방주의 크기로는 부정한 짐승 두 쌍과 정결한 짐승 일곱 쌍씩, 그렇게 많은 종류의 동물을 수용할 수 없었으리라고 한다. 그러나 그들은 길이 300규빗과 넓이 50규빗인 공간만을 생각하고, 같은 공간이 위에와 다시 그 위에 하나씩 더 있다는 것을 잊은 것 같다. 결국 장(長)과 광(廣)이 900규빗과 150규빗인 공간이 있었던 것이다. 만일 우리가 오리겐이[62] 지적한 훌륭한 생각을 인정한다면, 창세기를 기록한 하나님의 사람 모세는 기록된 대로 "애굽(이집트) 사람들의 학술을 다 배웠고"(행 7:22), 이집트 사람들은 기하학을 좋아했으므로, 모세가 말하는 한 규빗은 우리의 규빗의 여섯 배가 되는 기하학적 규빗이었을 수 있다. 만일 이렇게 생각한다면 방주의 수용능력이 굉장했다는 것을 모든 사람이 분명히 알 것이다.

이렇게 큰 방주는 만들 수 없다고 하는 그들의 항의는 심히 어리석은 비방이다. 거대한 도성이 건설된 것을 그들은 알며, 방주 건조는 100년 동안 계속했다는 것을 그들은 기억해야 한다. 석회만으로도 돌과 돌을 붙여서 수십리 되는 둥근 성을 쌓을 수 있는데, 일직선인 판자들을 장붓구멍과 빗장과 못과 역청으로 서로 붙여, 곡선이 없고 전체가 직선적인 배를 만들지 못한다는 것인가? 그리고 사람들이 배를 물에 띄울 것이 아니라, 물이 와서 비중의 차이로 자연히 배가 뜨게 한 것이며, 떠다니는 동안에 파선이 없도록 하는 것도 사람의 기술이 아니라 하나님의 돌보심에 맡겼다.

---

62) *In Gen. Hom.*, 2, 2.

아주 작은 동물들, 쥐나 도마뱀 같은 것뿐 아니라, 메뚜기, 풍뎅이, 파리, 벼룩 같은 것들에 대해서 묻는 사람들은, 방주 안에는 하나님이 정하고 명령하신 것보다 이런 것들이 더 많지 않았겠느냐고 의문을 제기하는 것이 보통이다. 이것을 곤란한 문제라고 생각하는 사람들은, "땅에 기는 모든 것"(창 6:20)이라는 말씀은 물 속에서 사는 고기들과 물 위를 떠다니는 새들 같은 것은 방주에 넣어 보존할 필요가 없다는 뜻일 뿐이라는 것을 깨달아야 한다.

암컷과 수컷을(창 6:19) 말씀하신 것은 물론 그 종류를 다시 채우는 문제를 언급하신 것이며, 따라서 자웅의 결합 없이 여러 가지 물질이나 그것들이 썩을 때에 생겨나는 생물들을 방주에 넣을 필요가 없었다. 만일 이런 것이 거기 있었다면, 집 안에 있을 때와 같이 일정한 수효가 있었던 것이 아닐 것이다. 물에서 살 수 없는 생물은 모두 일정한 수대로 방주 안에 넣어서, 여기서 나타내려 한 가장 거룩한 신비가 구체적인 역사에 완전히 반영되도록 했다면, 그것은 노아나 어느 다른 사람 또는 사람들이 걱정할 일이 아니라 하나님이 돌보아주실 일이었다. 노아는 동물들을 붙잡아 방주에 넣은 것이 아니라, 동물들이 오면 방주에 들여보냈을 뿐이다. "모든 것이 네게로 오리니"(창 6:20)라 하신 말씀은 이런 뜻이었다. 사람의 노력이 아니라 하나님의 뜻으로 동물들이 온 것이다.

성별이 없는 동물들도 왔다고 믿을 수는 없다. "암수 한 쌍"이라는 분명한 말씀이 있기 때문이다(창 6:19). 어떤 생물은 파리와 같이, 물건이 썩은 데서 난 후에 암컷과 수컷의 결합으로 생식하며, 벌과 같이 성별이 없는 것도 있다. 노새와 같이 성별은 있어도 생식 능력이 없는 동물은 아마 방주에 없었을 것이며, 그 어버이인 말과 나귀가 있으면 충분하다고 인정되었을 것이다. 이것은 모든 잡종에 대해서 할 수 있는 말이다. 그러나 완전한 신비를 위해서 잡종들도 방주에 있었을 것이다. 잡종들도 암컷과 수컷이 있기 때문이다.

육식동물들의 사료에 대해서 흔히 제기되는 문제는, 명령된 수효의 동물을 보존하기 위해서 그들에게 먹일 다른 동물들도 방주에 넣었느냐는 것이다. 이보다 더 좋은 생각은, 고기가 아닌 어떤 다른 먹이를 넣어서 모든 동물에게 적합하게 했으리라는 것이다. 육식을 하면서도 풀과 과실, 특히 무화과와 밤을 먹는 동물이 많은 것을 우리는 안다. 그러므로 저 현명하고 의로운 사람 노아는 하나님의 지시로 어떤 사료가 모든 동물에 적합할까를 알아서 육류가 없이도 각 종류에 적합한 것을 준비했다고 한다면, 놀랄 것이 무엇인가?

굶주린 동물이 먹지 못할 것은 무엇인가? 또는 그렇게 위대한 신비가 완전한 것이 되기 위해서 동물들이 먹어야 할 필요가 없었다면, 하나님은 쉽게 그들이 먹지 않고 지낼 수 있도록 하셨을 것이며, 또는 무엇인들 동물들에게 맛나고 위생적인 것으로 만드시지 못하였겠는가? 그러나 이렇게 잡다하고 부수적인 세목에서는 교회의 예표가 없다는 것은 쟁론을 일삼는 사람이 아니고서는 할 수 없는 짓이다. 교회에는 이미 각 민족이 들어 찼으며, 그 통일된 윤곽 안에 정결한 것과 부정한 것이 포괄되어 지정된 종말까지 갈 것이므로, 이 한 가지 아주 명백한 실현을 보더라도 다른 더 모호하고 곧 식별할 수 없는 점들까지도 어떻게 해석할 것이냐 하는 데 대해서 의심할 여지가 없다.

이와 같이, 아무리 완고한 사람일지라도 이런 일들이 기록된 데는 목적이 없었다든지, 또는 실지로 있었던 일들이라 할지라도 의미는 없다든지, 또는 참으로 있었던 사실이 아니라 비유적인 이야기일 뿐이라든지, 또는 하여간 교회와 관련된 비유적 의미가 아니라든지 하는 주장을 하지 않을 것이다. 그와 반대로, 이 이야기를 기억해서 기록한 데에는 현명한 목적이 있었으며, 이런 일들은 사실로 발생했고 또 의미가 있으며, 이 의미는 교회에 대한 예언적인 것이라고 믿어야 한다.

이 책의 내용은 여기에서 끝내고, 다음에는 사람을 따라 사는 지상적 도성과 하나님을 따라 사는 천상적 도성이 홍수 이후에 걸어간 길을 추적하겠다.

제 16 권

개요:제1장으로부터 제12장까지는 성경 기록을 근거로 삼아 두 도성의 발전을 노아로부터 아브라함까지 밝히고, 나머지 부분에서는 천상 도성만을 아브라함으로부터 이스라엘의 왕조까지 다룬다.

1. 홍수 이후 노아로부터 아브라함까지의 사이에서 하나님을 따라 산 가족이 있었는가?

홍수 이후에 거룩한 도성의 추구가 계속되었는지, 또는 중단되어 불경건한 시대가 사이에 끼였고, 그 시대에는 진정으로 하나님을 경배하는 사람이 하나도 없었는지를 성경 기록에서는 알아내기가 어렵다. 아내와 세 아들과 세 며느리와 함께 홍수를 면하고 살아난 노아로부터 아브라함에 이르기까지 하나님의 명백한 말씀으로 칭찬을 받은 경건자는 노아 외에는 한 사람도 없기 때문이다.

노아는 두 아들 셈과 야벳을 축복하는 예언을 했고, 오랜 후에 있을 일을 예견했다. 또 가운데 아들이 자기에 대해 죄를 지었을 때에, 그 아들이 아니라 그 아들의 아들인 자기의 손자를 들어 "소년 가나안은 저주를 받아 그 형제의 종이 되기를 원하노라"(창 9:25, 70인역)고 저주한 것은 예언적 영으로 한 일이었다. 가나안은 함의 아들이었고, 함은 자는 아버지의 벌거벗은 것을 덮어드리기는 고사하고 도리어 폭로했다. 그래서 노아는 다른 두 아들에게 축복을 첨가했다. "셈의 주 하나님을 찬송하리로다 가나안은 셈의 종이 되고 하나님이 야벳을 창대케 하사 셈의 장막에 거하게 하시기를 원하노라"(창 9:26-27, 70인역). 또 노아가 포도나무를 심어 그 열

---

1) 노아가 포도주에 취했다는 사실에는 그리스도의 고난을 예언하는 의미가 있다고 하는 비유적 해석은 키프리아누스(258년에 순교)에서 시작되었다: Aug., *De Doctr. Christ*, 4, 21, 45, 이런 비유적 해석법의 정당성을 아우구스티누스는 사도 바울의 갈 4:21-5:1에서, 특히 4:24에서 얻었다: 제15권 제2장.

매를 먹고 취하여 잘 때에 벌거벗은 것이나, 그 때에 한 일로써 기록된 모든 것은 예언적 의미가 가득하며 오묘함으로 덮여 있다.[1)]

2. 노아의 아들들의 예언적 의미

그 때에는 감추어졌던 일들이 그 후에 있었던 사건들에 의해서 충분히 나타났다. 그 일들을 신중하고 총명하게 고려한다면, 누가 그 일들이 그리스도에게서 성취되었다는 것을 깨닫지 못하겠는가? 그리스도의 육신의 조상이었던 셈은 "이름"을 의미한다. 그리스도의 이름보다 더 위대한 이름은 무엇인가? 그리스도의 이름은 그 향기를 지금 어디서든지 알 수 있으며, 아가서에서는 미리 쏟은 향유에 비교했다(아 1:3). 또 만민의 "창대함"은 그리스도의 집인 교회들에서 볼 수 있지 않은가? 야벳은 "창대함"을 의미한다. 그리고 함("뜨거움")은 노아의 가운데 아들이었는데, 두 형제들에게서 떨어졌고 그들 사이에 있으면서도 이스라엘의 첫 열매나, 충만한 이방인들 가운데 어디에도 속하지 않은 뜨거운 이단자의 무리를 의미한다. 인내할 줄 모르고, 조급하며 뜨거운 것은 이단자 정신의 특색이며, 그래서 성도들의 평화를 교란시킨다.

그러나 이단자들도 우리의 진보를 돕는다. 이에 대해 사도는 말한다. "너희 중에 편당(이단들)이 있어야 너희 중에 옳다 인정함을 받은 자들이 나타나게 되리라" (고전 11:19). 그래서 다른 곳에서도 "교훈을 잘 받아들이는 아들은 지혜가 있으리니 어리석은 아들을 종으로 쓰리로다"라고 한다(잠 10:4, 70인역). 이단자들이 정통 신앙의 여러 신조에 대해서 초조하고 열렬한 질문을 할수록, 우리 편에서는 변호하기 위해서 부득이 더 정확하게 탐구하며, 더 분명하게 이해하며, 더 열심히 전파한다. 그래서 반대자들이 문제를 제기하는 것이 교육하는 기회가 된다. 그러나 교회에서 공공연하게 분리된 자들뿐 아니라, 그리스도인이라는 이름을 자랑하면서도 동시에 악한 생활을 하는 자들은 모두 노아의 가운데 아들과 같다고 해도 조금도 불합리하지 않을 것이다. 노아가 벌거벗은 것이 그리스도의 고난을 예표했다면, 이런 사람들의 신앙 고백은 그 고난을 선언하지만, 그들의 악한 행동은 도리어 욕되게 하기 때문이다. 그러므로 이런 자들에 대해서 "그 열매로 그들을 알리라"고 하셨다(마 7:20).

그러므로 함은 그의 열매라고 할 아들의 이름으로 저주를 받았다. 그 아들 가나안은 "그들의 움직임"이라고 번역하는것이 바르며, 그들의 한 일은 결국 이것에 불과했다. 그러나 셈과 야벳, 곧 할례와 무할례 또는 사도가 말한 대로 유대인과 이방인들, 그러나 부르심과 의롭다 하심을 받은 사람들은, 아버지가 벌거벗은 것을(주의 고난을 상징하는 이 일) 알고, 옷을 가져다 등에 쓰고 뒷걸음질로 들어가서, 존경하는 마음으로 숨긴 것을 보지 않으면서 아버지의 벌거벗은 몸을 가렸다(창 9:23). 우리도 우리를 위해 받으신 그리스도의 고난을 공경하는 동시에, 그리스도를 십자가에 단 유대인들의 죄악에는 등을 돌린다. 옷은 성례(聖禮)를 의미하며, 그들의 등은 과거사들에 대한 기억을 의미한다. 교회는 이미 이루어진 그리스도의 고난을 기념하며, 장래의 일로 여겨 내다보는 것이 아니다. 야벳은 이미 셈의 집에서 유하며, 그 악한 형제는 그들 사이에 있다.[2]

악한 형제는 그의 아들(또는 그의 행위)을 통해서 선한 형제들의 종이 된다. 이것은 선한 사람들이 악한 사람들을 이용해서 인내를 연습하며 지혜를 더할 때를 의미한다. 사도도 불순한 동기로 그리스도를 전파하는 자들이 있다는 것을 증언한다. "그러나 외모로 하나 참으로 하나 무슨 방도로 하든지 전파되는 것은 그리스도니 이로써 내가 기뻐하고 또한 기뻐하리라"고 사도는 말한다(빌 1:18).

"만군의 여호와의 포도원은 이스라엘 족속이라"고 예언자가 말하는(사 5:7) 그 포도원을 심은 이는 그리스도 자신이시며, 그리스도는 거기서 나는 포도주를 마신다. 주께서는 "내가 마시려 하는 잔을 너희가 마실 수 있느냐?"(마 20:22), "내 아버지여, 만일 할 만하시거든 이 잔을 내게서 지나가게 하옵소서"(마 26:39)라는 말씀으로 분명히 자기의 고난을 의미하셨지만, 우리는 그 잔에 대한 해석이 다를는지 모른다. 포도주는 포도나무에서 나는 것이므로 우리는 이 포도나무를 그리스도께서 이스라엘 족속으로부터 살과 피를 받아 고난을 받으신 것이라고 해석하는 편을 취할 수도 있다.

(노아가) "취하여"는 그리스도의 고난을, "벌거벗은" 것은 그리스도의 고난에서 나타난 연약함을 의미한다. "그리스도께서 약하심으로 십자가에 못박히셨으나"(고후 13:4), "하나님의 약한 것이 사람보다 강하고 하나님의 어리석은 것이 사람보다 지혜 있느니라"고 사도는 말한다(고전 1:25). 성경에 그가 벌거벗었다고 하면서 "그의 장막 안에서"라고 덧붙인 것은(창 9:21) 예수께서 십자가의 고난과 죽음을 그 동족인 유대인들에게서 받으시리라는 것을 적절하게 알려준다.

타락한 신자들은 그리스도의 고난을 입으로만 형식적으로 전파하지만, 그 전파하는 일의 뜻을 이해하지 못한다. 그러나 의인들은 마음에 이 위대한 신비를 간직하

---

2) 즉 유대인들과 그리스도인들이 교회 안에 함께 있으며, 그 사이에 이단자들이 있다.

여, 사람보다 강하며 지혜로우신 이 하나님의 연약함과 바보스러움을 진심으로 공경한다. 이 점을 예표한 것이 아버지의 벌거벗음을 밖에 나가서 떠든 함과, 셈과 야벳이 아버지의 벌거벗은 것을 가리려고 집 안으로 들어간 모습이다. 이 두 아들은 마음 속에서 아버지를 공경한 것이다.

성경의 이러한 숨은 뜻을 우리는 힘써 연구한다. 우리의 노력이 성공하는 정도는 다르겠지만, 이 일들을 기록한 데는 반드시 장래에 있을 일들을 예표하려는 의도가 있다는 것을 모든 사람이 확신한다. 그리고 그리스도와 그의 교회에만 관련시킨 것이라고 확신한다. 교회는 곧 하나님의 도성이며, 이것은 인류사의 맨 처음부터 항상 예언으로 선포되었으며, 우리는 지금 그 예언들이 일일이 실현된 것을 본다.

노아가 두 아들을 축복하고 가운데 아들을 저주한 후로 아브라함까지 천여년 동안에[3] 하나님을 바르게 경배한 의인이 있었다는 기록이 전혀 없다. 그렇다고 해서 한 사람도 없었다고 단정하는 것은 아니다. 그런 사람들을 일일이 말했다면 지루했을 것이며, 역사적 정확성은 있었겠지만 예언적 통찰은 나타나지 않았을 것이다. 이 성경을 쓴 사람, 그의 안에 계신 하나님의 성령의 목적은 과거의 사건들을 기록할 뿐 아니라, 하나님의 도성에 관한 장래를 서술하는 것이었다.

하나님의 도성의 시민이 아닌 사람들에 대한 기사는 저 시민들이 지상 도성과의 대조를 보고 유익과 향상을 얻게 하려는 목적이었다. 물론 기록된 모든 것에 상징적 의미가 있다는 것은 아니다. 그 자체로는 뜻이 없는 것도 섞여 있다. 땅을 헤치는 것은 보습이지만, 이 일을 하기 위한 보습에는 부속품들이 있다. 하프나 그밖의 악기에서 아름다운 소리를 내는 것은 줄뿐이지만, 거기에 연결된 다른 것들이 있어서, 연주자는 그것들은 치지 않고 줄을 쳐서 음악적인 소리가 나게 한다. 그와 같이 이 예언적 역사에서도 어떤 기사는 그 자체의 의미가 없으면서, 일종의 테두리가 되어서 거기에 의미있는 일들을 연결시켰다.

3. 노아의 세 아들의 족보

그러므로 노아의 세 아들들의 족보에서 중요한 점들을 이 책에 포함시켜서, 두 도성, 곧 지상 도성과 천상 도성의 시간적 경과를 설명하도록 해야겠다. 성경은 우선 끝의 아들 야벳에 대해 언급한다. 그의 여덟 명의 아들 이름을 기록하고, 그 중 두 아들에게서 손자 셋과 넷 합해서 일곱을 얻었으니, 그들의 수가 전부 열 다섯이

3) 1000여년은 70인역에 의한 계산이며, 개역성경에서는 290년이다. 제15권 제10-13장.

었다. 노아의 가운데 아들 함에게서는 아들 넷이, 그 중 한 아들에게서 손자 다섯이 기록되었고, 그중 한 손자에게서 증손자 둘을 얻어서, 도합 열하나였다. 성경은 이 후손들을 열거한 후에 처음으로 돌아가서 "구스가 또 니므롯을 낳았으니 그는 세상에 처음 영걸이라 그가 여호와 앞에서 특이한 사냥꾼이 되었으므로 아무는 여호와 앞에 니므롯 같은 특이한 사냥꾼이로다 하더라 그의 나라는 시날 땅의 바벨과 에렉과 악갓과 갈레에서 시작되었으며 그 땅에서 아시리아로 나아가 니스웨와 르호보딜과 갈라와 및 니느웨와 갈라 사이의 레센(이는 큰 성이라)을 건축하였느니라"고 한다(창 10:8-12).

그런데 거인 니므롯의 아버지 구스는 함의 아들 가운데서 처음으로 이름이 나오는 사람이며, 그에게 아들 다섯과 손자 둘이 있었다고 이미 기록했다. 구스는 손자들이 태어난 후에 이 거인을 낳았거나, 그렇지 않으면 더 가능성이 있는 것은 거인이 유명했기 때문에 따로 이야기를 한 것이다. 이 사람의 나라에 대해서도, 굉장한 도성 바빌론으로부터 기타 도성 또는 지방들까지 함께 열거했다. 그러나 니므롯의 나라 시날로부터 아시리아로, 나아가 니느웨와 그 밖에 열거된 도시들을 건설했다는 것은, 훨씬 후에 있은 일이었는데, 아시리아 왕국의 영광이 굉장했기 때문에 저자는 이 기록을 여기 포함시킨 것이다. 그 나라를 놀랍도록 팽창하게 한 것은 벨루스의 아들 니누스였고,[4] 니누스가 건설한 큰 도성은 그의 이름을 따서 니느웨라고 했다. 그러나 아시리아 나라의 시조 아시리아는 노아의 가운데 아들 함의 아들이 아니라 맏아들 셈의 아들이었다. 그러므로 셈의 후손 가운데서 후에 저 거인의 나라를 차지한 사람들이 있었고, 더 나아가서 다른 도성들을 건설했는데, 그 중의 첫째가 니누스의 이름을 딴 니느웨였던 것 같다.

거인 이야기로부터 성경은 다시 함의 다른 아들인 미스라임으로 돌아가서 그의 아들들을 열거하는데, 그것은 개인들이 아니라 일곱 민족들이다. 그리고 그 여섯째 민족은 마치 여섯째 아들인듯이, 그에게서 블레셋 민족이 났다고 한다. 그래서 모두 여덟 민족이 되었다. 다음에 다시 가나안에게로 돌아가는데, 이 사람의 이름으로 함이 저주를 받았던 것이다. 그의 아들 열한 사람과 그들이 점령한 땅들과 몇 도시의 이름을 열거했다. 그래서 아들과 손자들을 합해서 후손은 31명이 기록되었다.

노아의 맏아들 셈의 족보가 남았다. 이 족보 기록은 끝의 아들로부터 시작해서 맏아들까지 올라가는 순서이기 때문이다. 그러나 셈의 족보는 그 처음에 설명이 필요한 모호한 점이 있으며, 이것은 우리가 탐구하는 목적과 긴밀한 관련이 있다. "셈

4) 니느웨의 전설적 건설자 니누스에 대해서는 제4권 제6장.

은 에벨 온 자손의 조상이요 야벳의 형이라 그에게도 자녀가 출생하였으니"(창 10:21). 이 구절의 뜻은 앞으로 말하려는 후손들은 아들과 손자와 증손자와 더 먼 후손까지도 모두 그 족장은 셈이라는 것이다. 셈이 에벨을 낳았다는 것이 아니며, 사실 에벨은 5대손이었다. 셈의 한 아들이 아르박삿이고, 아르박삿이 게난을 낳고, 게난이 셀라를 낳고, 셀라가 에벨을 낳았다.

그런데 에벨의 이름이 셈의 후손 중에서 그의 아들들보다도 먼저인 맨 처음에 나온 데에는 두드러진 이유가 있다. 그는 5대손에 불과했지만, 전승에 의하면 히브리 민족의 이름은 그의 이름에서 왔다고 하기 때문이다. 아브라함의[5] 이름에서 왔다는 생각도 바를는지 모르지만, 에벨에서 왔다는 것은 의심할 여지가 거의 없다. 이스라엘 민족만이 사용한 말도 히브리어라고 했고, 그 이스라엘 민족 사이에서 성도들 사이에서와 같이 하나님의 도성이 순례자로 있었으며, 모든 민족 가운데서는 희미하게 상징되었다.

그 다음에 셈의 아들 여섯의 이름이 나오고 그 중 한 아들에게서 난 손자 넷을 열거하며, 다음에 셈의 다른 아들이 손자 하나를 낳았다고 한다. 거기서 난 증손자가 고손자를 낳았으니, 그가 바로 에벨이었다. 에벨은 두 아들을 낳아서, 하나는 나누는 자라는 뜻인 벨렉이라고 불렀다. 성경은 이 이름의 이유로써 "그 때에 세상이 나뉘었음이라"고 설명한다. 이 뜻은 후에[6] 나타날 것이다. 에벨의 다른 아들은 아들 열둘을 낳았으므로 셈의 후손은 전부 27명이었다. 노아의 세 아들에게서 난 후손들은 도합 73명이었으니, 야벳에게서 15명, 함에게서 31명, 셈에게서 27명 이었다. 다음에 성경은 "이들은 셈의 자손이라. 그 족속과 방언과 지방과 나라대로였더라"고(창 10:31) 첨가한다. 그리고 전체에 대해서 "이들은 노아 자손의 족속들이요 그 세계와 나라대로라. 홍수 후에 이들에게서 백성의 섬들이 땅에 흩어졌더라"고 한다(창 10:32, 70인역). 이것을 보면 저 73명(또는 곧 밝히겠지만, 저 72명)은 개인들이 아니라 민족들이었다는 것을 알 수 있다. 야벳의 후손을 열거했을 때에도 결론에서 "이들로부터 백성의 섬들이 나뉘어서 각기 방언과 종족과 나라대로였더라"고 한다(창 10:5, 70인역).

그러나 이미 말한 바와 같이, 민족들의 이름은 함의 족보에 명백히 나타났다: 미스라임은 루딤과 그밖에 일곱 민족을 낳았더라고 해서 모두 열거한 다음에(창

---

5) 창 14:13에서는 아브라함을 "히브리 사람"이라고 했다. 에벨에 대해서 우리가 유의할 것은, 히브리어 "에베르"는 발음이며, "히브리"는 "히브리"라는 점이다. "히브리"의 ㅎ음은 70인역에서 첨가되었다. 그리스어 표기로는 에벨로 헤베르로 되어 있다.

6) 제10장

10:13-14), 결론으로 "이들은 함의 자손이라 각기 족속과 방언과 지방과 나라대로 였더라"고 한다(창 10:20). 그러므로 후손 중에서 어떤 사람들의 이름을 들지 않은 것은 그들이 다른 민족에 속해 있었고 자기 민족을 이루지 못했기 때문이다. 야벳은 아들이 여덟이었는데, 그중 두 아들의 후손만을 말하고, 함의 아들은 넷이었는데, 세 사람만이 아들을 낳은 것으로 되었고, 셈은 아들 여섯을 낳았으나 두 아들의 후손만 기록된 것은 이밖에 어떤 이유가 있었겠는가? 그 외에 사람들은 자식이 없었다는 것인가? 그렇게 생각할 수 없다. 그들은 이름을 들만한 큰 민족을 이루지 못하고, 자기들이 태어난 그 민족에 흡수되었기 때문이다.

4. 여러 가지 방언과 바빌론 건설에 대하여.

여러 민족들이 그 방언에 따라 흩어졌다고 하지만, 저자는 한 가지 언어만 있었을 때로 돌아가서, 어떻게 여러 방언이 생겨났는지를 설명한다.

> "온 땅의 구음이 하나이요 언어가 하나이었더라 이에 그들이 동방으로부터 옮기다가 시날 평지를 만나 거기 거하고 서로 말하되 자, 벽돌을 견고히 굽자 하고 이에 벽돌로 돌을 대신하며 역청으로 진흙을 대신하고 또 말하되 자, 성과 대를 쌓아 대 꼭대기를 하늘에 닿게 하여 우리 이름을 내고 온 지면에 흩어짐을 면하자 하였더니 주께서 인생들의 쌓는 성과 대를 보시려고 강림하셨더라 주께서 가라사대 이 무리가 한 족속이요 언어도 하나이므로 이 같이 시작하였으니 이후로는 그 경영하는 일이 모두 실패하지 않으리로다 자, 우리가 내려가서 거기서 서로 알아듣지 못하게 하자 하시고 주께서 거기서 그들을 온 지면에 흩으신 고로 그들이 성 쌓기를 그쳤더라 그러므로 그 이름을 혼잡이라 하니 이는 주께서 거기서 온 땅의 언어를 혼잡케 하셨음이라 주께서 거기서 그들을 온 지면에 흩으셨더라"(창 11:1-9, 70인역).

혼잡이라고 부른 이 도성은 곧 바빌론이며[7] 이 도성이 훌륭하게 건설되었다는 것은 이방 역사도 말한다. 바빌론은 혼잡이라는 뜻이다. 그러므로 우리는 저 거인 니므롯이 도성의 건설자였다고 단정한다. 성경에도 그에 대해서 그의 나라가 바빌론에서 시작되었으며, 바빌론이 중심 도시와 왕도로서 다른 모든 도시들보다 위에 있었다고 한다. 다만 오만불손한 그들이 의도한 만큼 굉장한 대도시가 된 것은 아니었지만, 계획으로서는 하늘에 닿도록 높이 만들려는 것이었다. 이것이 탑 또는 대 하나를 다른 탑들보다 높게 만들려고 한 것인지, 모든 탑을 높게 만들려고 한 것인지,

---

7) 창 11:9은 "바벨"이라는 이름을 "발랄"(Balal, 혼잡케 한다)에서 왔다고 설명한다.

분명하지 않다. 단수로서 복수를 의미하는 것은 "군인"으로 군대를 의미하며, 개구리나 메뚜기로써 모세가 이집트를 괴롭힌 저 해충들을 의미하는 것과 같다.[8]

그러나 허영심이 강하고 외람된 이 사람들이 얻으려고 한 것은 무엇인가? 어떻게 그 크고 높은 탑을 모든 산이나 공중의 구름보다 더 높이 쌓아올려 하나님께 대항하려고 기대했는가? 사람이 정신적으로나 물질적으로 아무리 높은 야심을 품은들, 그것이 하나님께 어떤 해를 입힐 수 있겠는가? 하늘로 올라가는 완전하고 참된 길을 만드는 것은 겸손이며, 그것은 하나님께 대항하는 것이 아니라 마음을 드리는 것이다. 그러나 이 거인은 "주님께 반대하는 사냥꾼"이 되었다고 한다.

그리스어는 모호하기 때문에 어떤 사람은 이 점을 오해해서 "주께 반대하는"이 아니라 "주 앞에서"라고 번역했다. 그리스어 "에난티온"(εναντίον)에는 "앞에서"와 "반대해서"라는 두 가지 뜻이 있기 때문이다. 시편에서는 이 말을 "우리를 지으신 주 앞에서 울자"라고 번역한다(시 95:6, 70인역). 욥기에서 "주께 반대하여 분을 터트리며"라는 말씀에도(욥 15:13, 70인역) 이 말이 사용되었다. 그래서 이 거인은 "주께 반대하는 사냥꾼"으로 인정해야 한다. "사냥꾼"이라는 말은 지상의 동물들을 속이는 사람, 압박하는 사람, 죽이는 사람이라는 뜻이 아니고 무엇인가? 그러므로 이 사람과 그의 부하들은 주께 대항하는 탑을 쌓고 자기들의 불경한 자만심을 표시한 것이다. 그래서 그들의 악한 의도가 비록 성공은 하지 못했지만 하나님의 벌을 받은 것이 당연한 일이었다. 그 벌의 성격은 어떤 것이었는가?

지배의 도구가 언어였기 때문에 그 언어로써 자만심을 처벌하셨다. 그래서 하나님의 명령을 이해하려고 하지 않은 그는 자기가 하는 명령을 사람들이 오해하게 되었다. 그 결과로써 말을 알아들을 수 없는 사람들은 서로 떨어져서 말을 알아들을 수 있는 사람끼리 결합하게 되었으므로, 니므롯의 음모는 부서지고, 각 민족은 언어에 따라 나눠져 온 땅 위에 흩어졌다. 이것은 하나님이 좋게 보신 일이며, 우리에게서 감춰진, 또 우리가 이해할 수 없는 방법으로 성취하신 일이다.

5. 도시 건설자들의 언어를 혼잡하게 만드시려고 하나님이 내려 오셨다는 뜻.[9]

---

8) 창 11:4에 있는 "대"가 단수로 되어 있기 때문에 이런 설명을 하고 있다.

9) 이 장에서는 창 11:5-7을 해설한다.

10) 개역 성경 창 11:5에 있는 "인생들"이 원문에서는 "사람의 아들들"이기 때문에, 그것과 "하나님의 아들들"을 대조시키는 것이다.

"주께서 인생들의 쌓는 성과 대를 보시려고 강림하셨더라." 이 말씀은 하나님의 아들들이 아니라[10] 단순히 인간적으로 사는 사회, 우리가 지상 도성이라고 부르는 것이었다. 그리고 항상 어디든지 계시는 하나님은 공간적으로 움직이시지 않는다.

지상에서 보통 있는 일과 다른 어떤 일을 기적적으로 하시며, 이를테면 하나님이 거기 계시다는 것을 알 수 있게 하실 때에, 우리는 하나님이 내려오셨다고 한다. 마찬가지로 하나님은 어느 시점에서 "보심"으로써 새로운 것을 아시는 것이 아니다. 하나님은 모르는 것이 없으시지만, 사람들로 하여금 보고 깨닫게 하시는 것을 하나님이 시간 안에서 보고 아신다고 우리는 말한다. 그러므로 하나님이 전에 그 도성이 마음에 거스린다는 것을 알리셨을 때에 하나님이 원하는 대로 본 자가 없었던 것이다. 참으로, 하나님이 도성을 보시려고 강림하셨다는 것은 하나님이 천사들 안에 계시면서 그 천사들이 내려온 것이라고 해석할 수 있다.

그 다음 구절의 "주께서 가라사대 이 무리가 한 족속이요 언어도 하나이라", "자, 우리가 내려가서 그들의 언어를 혼잡케 하자"는 말씀은 전에 알린 "주의 강림"이 어떻게 이루어졌는가를 반복해서[11] 설명하는 것이다. 하나님이 이미 내려 가셨으면, 무슨 까닭에 "자, 우리가 내려가서 혼잡케 하자"고 하시겠는가? 이것은 천사들에게 하신 말씀이며, 천사들 안에 계시면서 그들과 함께 내려가셨다는 것을 알리는 것 같다. "너희가 내려가서 혼잡케 하라"고 하시지 않고, "우리가 그들의 언어를 혼잡케 하자"고 하시는 것은 가장 적절하다. 이것은 하나님이 자기의 종들을 사용하실 때에, 그들이 하나님의 동역자가 되게 하신다는 것을 알린다. 사도가 "우리는 하나님의 동역자들이라"(고전 5:9)고 하는 것과 같다.

6. 하나님이 천사들에게 말씀하신다는 것을 어떻게 해석할 것인가?

사람을 창조하셨을 때에 "내가 사람을 만들리라"하지 아니하시고, "우리가 사람을 만들자"(창 1:26) 하셨는데, 만일 이 말씀을 첨가하지 않았다면, 이 말씀은 천사들에게 하신 것이라고, 우리는 생각했을는지 모른다. 그러나 우리는 사람을 천사의 형상대로 만드셨다든지, 또는 하나님의 형상이 천사들의 형상과 같다고 믿을 수 없으므로, 이 표현은 삼위일체의 복수와 연관짓는 것이 마땅하다. 그러나 이 하나님은 한 분이시므로, "우리가 만들자"고 말씀하신 후에도 "하나님이 자기 형상대로 사람을 창조하시니"(창 1:27)라 하며, "하나님들" 또는 "그들의 형상대로"라고 하지 않

---

11) "반복해서" 또는 "소급해서" 설명한다는 뜻인 recapitulatio, 성경 해석에서 이야기의 이미 지나간 어떤 점으로 돌아가서 설명을 첨가하는 것을 의미한다.

는다.

"자, 우리가 내려가서 그들의 언어를 혼잡케 하자"는 말씀을 천사들에게 적용하는 것이 곤란하다면, 삼위일체와 관련시켜서, 성자와 성령에게 말씀하신 것이라고 할 수도 있다. 그러나 거룩한 움직임으로, 즉 경건한 생각으로 하나님께 접근해서 불변하는 진리를 얻어 자기들의 하늘 궁정을 지배하는 영원한 법으로 삼는 것이 천사들이 하는 일이다. 그들은 스스로 진리가 아니라, 창조적 진리에 참여함으로써 자기의 생명의 원천인 진리에 접근하며, 자기들에게 없는 것을 거기서 얻는다. 그리고 그들은 도달한 점에서 돌아서는 일이 결코 없으므로, 이 운동은 방향이 변하지 않는다.

하나님이 천사들에게 말씀하시는 것은 우리가 서로를 대하여, 또는 하나님께, 또는 천사들에게 말하는 것과 같지 않으며, 또는 천사들이 우리에게, 또는 하나님이 천사들을 통해서 우리에게 말씀하시는 것과 같지 않다. 하나님이 천사들에게 말씀하시는 방법은 하나님께 특유한 것, 형언할 수 없는 것이다. 그렇더라도 하나님이 말씀하시는 내용은 우리의 능력에 적합한 방법으로 우리에게 전달된다. 참으로 하나님의 말씀은 그의 사역보다 높은 수준에 있으며, 그의 사역의 불변하는 이유를 미리 알린다. 그의 말씀에는 요란하다거나 사라지는 음향 등이 있지 않다. 그 말씀의 힘은 영원히 계속되면서 시간 속에서 결과를 나타낸다. 하나님은 거룩한 천사들에게 이렇게 말씀하시지만, 멀리 떨어져 있는 우리에게 말씀하시는 방법은 다르다. 그러나 우리도 내면적인 귀로 하나님의 말씀의 일부를 들을 때에, 천사들에게 가까이 간다. 그러나 이 책에서 하나님의 말씀하시는 방법을 매번 설명할 필요가 없다. 불변의 진리이신 하나님께서는 이성적 피조물의 마음에 어떤 형용할 수 없는 방법으로, 혹은 우리의 영에 영적인 형상들을 제공하시며, 혹은 우리의 감각에 물질적인 음성을 들려주신다.

"차후로는 그 경영하는 일이 모두 실패하지 않으리로다"(창 1:6, 70인역)는 말씀은 확실히 단언이 아니고, 사람들이 경고할 때 사용하는 질문이다. 이는 마치 디도가 외친,

"그들은 무기를 들고 추격하지 않을 것인가?"[12]

라고 한 것과 같다. 그러므로 이 말씀은 "이후로는 그 경영하는 일이 모두 실패하지

---

12) Virg., *Aen.*, 4, 592.
13) 여기서 아우구스티누스는 라틴어 문법을 설명하는 문장 하나를 번역하지 않았다.

않을 것인가?"라는 뜻으로 해석해야 한다.[13] 그러므로 노아의 세 아들에게서 일흔셋 또는 목록에 나타났듯이 일흔 두 민족과 그만한 수효의 언어가 지상에 흩어졌으며, 인구가 불어남에 따라 섬들에까지 가득하게 되었다. 또 민족의 수효는 언어의 수효보다 훨씬 더 많아졌다. 아프리카에서도 우리가 아는 바와 같이 여러 민족이 한 가지 언어만을 쓰고 있다.[14]

7. 멀고 먼 섬들에 있는 동물들도 홍수 때에 방주에 보존된 동물에서 퍼진 것인가?

인류가 증가하여 배를 타고 섬에 건너가서 살게 되었다는 것을 누가 의심할 수 있겠는가? 그러나 동물들에 대해서 의문을 품는 사람들이 있다. 사람이 길들인 짐승과 개구리같이 땅에서 생겨나는[15] 것은 문제가 되지 않고 수컷과 암컷에서 번식하는 모든 종류의 동물들, 예컨대 이리 같은 동물에 대해서 의문을 품는다. 홍수 때에 방주 안에 있지 않은 동물은 모두 멸망했는데, 홍수 후에 섬들에서 발견된 동물들은 방주 안에 보존되었던 자웅들에서 회복된 것이 아니라면, 어떻게 거기 있을 수 있었겠느냐고 한다.

헤엄을 쳐서 섬으로 건너갔다고 할 수 있겠지만, 이것은 육지에 가까운 섬에 대해서만 할 수 있는 말이다. 어떤 동물도 헤엄쳐서 갈 수 없을 만큼 먼 섬들도 있다. 사냥을 좋아하는 사람들이 잡아서 가지고 건너가 번식시켰다고 가정하는 것도 불가능하지 않다. 그러나 하나님의 명령 또는 허락으로, 천사들이 개입해서 동물들을 옮겼을 수도 있다는 것을 부정할 수는 없다.

하나님이 "땅이 생물을 내라"고 하신(창 1:24) 처음 창조 때와 같이, 땅에서 생겨난 것이라면, 방주 안에 모든 종류의 동물이 보존되었던 의미가 더욱 분명하게 된다. 그것은 동물의 종류들을 갱신하기 위해서라기보다 교회 안에서 구원을 받을 각종 민족들을 예표하기 위해서 였다는 뜻이다. 동물들이 건너갈 수 없는 섬들에서는 땅에서 여러 동물이 생겨났다고 하는 것이 바른 설명일 것이다.

---

14) 아우구스티누스 시대의 북아프리카에서는 베니게(행 21:2) 사람들과 로마 사람들이 도입한 두 가지 언어가 개명한 사람들의 언어였고, 아직 미개했던 원주민들은 여러 종족이 "리비안"(Libyan)이라는 언어를 쓰고 있었다. 이 언어는 지금도 남아 있다.

15) 작은 동물들이 흙과 물과 썩은 물건에서 자연 발생적으로 생겨난다는 생각: 제15권 제27장, Ovid, *Met.*, 15, 375; Plin. 9, 51.

16) 아우구스티누스는 주로 Plinius의 *Naturalis Historia*를 참조했다(7, 2, 10-30). 무생물계의 기괴한 현상에 대해서는 : 제21권 제5장에서 설명한다.

8. 기괴하게 생긴 인종들도 아담이나 노아의 아들들의 후손인가?

세속 역사에서[16] 말하는 기괴한 인종들은 노아의 아들들의 후손인가, 또는 저 인류의 시조 아담의 후손인가 하는 질문이 있다. 이마 한복판에 눈이 한 개 있는 사람의 이야기나 발이 발목에서 뒤로 돌아선 사람, 남녀 양성을 구비해서 오른쪽 가슴은 남자요, 왼쪽 가슴은 여자며, 아이의 아버지도 되며 어머니도 되는 사람, 입이 없이 코로만 숨을 쉬는 사람, 키가 한 자밖에 되지 않아서 그리스어의 한 자라는 말로서 "피그미"라[17] 불리는 사람들, 어떤 지방의 여자들이 다섯살이 되면 임신을 하고, 여덟 살을 넘기지 못하고 죽는다는 이야기 등이 있다. 어떤 인종은 발은 두 개인데 다리는 하나뿐이고, 무릎을 굽히지 않으면서 굉장히 빨리 뛴다고 한다. 이 사람들은 더운 날에는 반듯이 드러누워서 발로 햇볕을 가린다고 해서 스키오포데스(skiopodes;skio=그늘, podes=발)라고 부른다. 또 머리가 없고 눈이 어깨에 있는 사람들이 있으며, 카르타고 항구의 해변 광장에 모자이크로 그린 사람은 사람이라기보다 기괴한 야담에나 나올 유사(類似)인종이라고 해야 할 것이다.

키노케팔리(Cynocephali;cyno=개, cephali=머리)는 머리가 개와 같고, 목소리도 개가 짖는 소리와 같기 때문에, 사람이라기보다 짐승이라는 것을 증명하므로, 이렇게 부르는 것인지, 나는 알 수 없다.

우리는 이런 기괴한 이야기를 모두 믿지 않아도 된다. 그러나 어디서든지 사람으로 태어났다면, 즉 이성적이고 죽을 생물로 태어났다면, 그 피부색, 동작, 음성 등의 외형이 아무리 이상하고 그의 타고난 어떤 능력과 부분과 성질이 아무리 특이할지라도, 그가 저 한 시조인 아담에게서 났다는 것을 그리스도인은 아무도 의심할 수 없다. 우리는 대다수의 정상적인 인간과 드물기 때문에 신기한 것을 구별할 수 있다.

기괴한 개인들과 같이 기괴한 인종에 대한 이야기도 있다. 만물의 창조주이신 하나님은 전체의 아름다움을 위해서 공헌할 수 있는 유사점과 차이점들을 보시므로, 그 하나하나가 언제 어디에 있어야 하며, 또는 창조되었어야 한다는 것을 알고 계신다. 그러나 전체를 볼 수 없는 인간은 어떤 부분의 기형을 볼 때에, 그것을 조화시키는 것이나 그것의 배경을 보지 못하기 때문에, 마음에 충격을 받는다. 손가락이나 발가락이 다섯 개 이상 되는 사람이 있다는 것을 우리는 안다. 이것은 비교적 사소한 문제다. 무슨 까닭에 이런 차이가 생겼는지를 우리는 모르지만, 그렇다고 해서

---

17) 피그미와 큐빗은 길이가 같으며, 1.5척(尺) 정도.

창조주께서 사람의 손가락 수효를 잘못 아셨다고 어리석은 생각을 해서는 안된다. 그래서 표준에서 매우 동떨어진 경우에도 하나님은 자기가 하신 일을 아시며, 그가 하시는 일을 사람은 정당하게 비난할 수 없다.

히포 자리투스(Hippo Zaritus)[18] 에는 두 손이 초승달처럼 생겼으며, 손가락은 둘씩이고, 발도 같은 모양으로 생긴 사람이 있다. 만일 그와 같은 인종이 있다면, 신기하고 놀라운 것으로 기록될 것이다. 그렇다고 해서 이 사람이 처음으로 창조된 아담의 후손임을 부정해야 하는가?

남녀 양성 구유자(具有者) 또는 남녀추니라 불리는 사람들은 수효는 적지만, 가끔 나타나며, 그 성별이 확실치 않고, 대개는 더 좋게 생각되는 남성으로 부른다. 그들을 여성이라고 부르는 사람은 없다. 또 내가 기억하기에도 몇 해 전에 동방에서 상반신은 둘이고 하반신은 하나인 사람, 즉 머리와 가슴은 두 개씩이요 손은 네 개인데, 하반신은 보통 사람과 같이 몸뚱이 하나에 다리가 둘인 사람이 있었다. 그는 오래 살아서, 많은 사람이 그를 볼 기회가 있었다.

이와 같이 확인된 양친과 현저히 다르게 생긴 사람들을 누가 모두 열거할 수 있겠는가? 이 사람들이 모두 저 한 사람 아담의 후손임을 아무도 부정하지 않을 것임과 같이, 자연이 전반적으로 또는 거의 보편적으로 보존하는 그 통례에서 신체적으로 이탈했다고 전하는 인종들도, 이성적인 죽을 생물이라는 정의에 포함된다면, 더 말할 것 없이 그 족보는 저 처음 인간까지 거슬러 올라간다. 우리는 이 여러 가지 인종들이 서로 다르고 우리와도 다르다고 생각하지만, 아마 그렇지는 않을 것이다.

만일 우리가 꼬리 없는 원숭이와 꼬리 있는 원숭이와 침팬지가 사람이 아니라 동물이라는 것을 몰랐다면, 기괴야사가(奇怪野史家)들은 그것들을 인종들이라고 하면서 자기들의 거짓된 발견을 감쪽같이 자랑했을 것이다. 그러나 가령 이 이상한 기록대로 그들이 사람이라고 한다면, 하나님이 어떤 인종들을 이런 모양으로 만드는 것을 적합하게 보시며, 우리가 숙달하지 못한 장인의 실패를 말하듯이, 우리 사이에 나타나는 기괴한 개인들을 인류를 창조하신 하나님의 지혜가 실패한 것으로 생각하지 못하도록 하신 것이 아니겠는가? 따라서 기괴한 개인들이 나는 것과 같이, 인류 전체로서는 기괴한 인종도 있다는 것을 어리석은 일이라고 생각해서는 안된다.

그러므로 나는 이 문제를 끌어내기 위해서 우선 조심스럽게 대답하려 한다: 어

---

18) 히포 자리투스는 현재 튜니시아의 비제르테(Bizerte). 아우구스티누스가 교회 감독으로 있었던 히포 레기우스는 그 서쪽으로 약 100마일 떨어진 항구 도시였고, 현재는 알제리아의 보네(Bone).

떤 인종들에 대한 이야기는 전혀 사실이 아니거나, 만일 사실이라면 그들은 사람이 아니며, 만일 사람이라면 아담의 후손이다.

9. 우리는 대척지(對蹠地)의 존재를 믿어야 하나?

지구의 저 쪽에서는 여기서 해가 질 때에 해가 뜨며, 사람들은 우리와 발바닥을 맞대는 모양으로 걸어 다닌다고 해서, 그곳을 대척지, 그 곳 사람들을 대척지 주민이라고 하는데, 이것은 믿을 만한 합리적 근거가 없다. 이런 말을 하는 사람들은 역사적 증거가 있다고 주장하지 않는 것이 사실이지만, 일종의 논리적 추측이라고 한다. 그 추측의 근거는, 지구가 둥근 하늘의 오목한 안에 매달려 있으며, 지구의 중심점과 가장 낮은 점이 같다는 것이다. 따라서 그 곳, 즉 우리 밑의 부분에도 주민이 없지 않다는 것이다.

그러나 비록 세계가 둥글고 공 같이 생겼다고[19] 생각하거나 논리적으로 증명이 된다고 하더라도, 지구의 저 쪽이 수면 위에 나타나 있다는 결론은 되지 않으며, 물 위에 나타났다고 하더라도 곧 사람이 산다고 단정할 수는 없다는 것을 그들은 깨닫지 못한다.

성경은 그 예언들이 실현된 것으로 그 역사적 기술의 진실성을 증명하며 성경에는 거짓된 기사가 없다. 또 광대한 바다를 배로 횡단한 사람들이 있었다든지, 그 먼 곳의 주민들도 저 한 시조의 후손이라고 하는 것은 너무도 어리석은 생각이다.

그러므로 우리는 지상에 유랑하는 하나님의 도성을 찾을 수 있다면 기록된 일흔 두 민족과 일흔 두 언어로 갈라진 인종 사이에서 구해야 한다. 그 도성은 홍수와 방주 때까지 계속되었고, 노아의 아들들 사이에 계속 존재했다는 것은 그들이 받은 축복이 증명한다. 특히 맏아들 셈에게서 계속되었고, 야벳은 셈의 천막에 살리라는 축복을 받았다.

---

19) 그리스의 자연철학자들 사이에서 지구는 구형(球型)이라는 주장과 둥글넓적하다고 보는 주장(원반설)이 공존하다가, 대략 아리스토텔레스로부터(기원전 384-322년) 프톨레마이오스(기원 후 150년)까지 지식인들 사이에서는 구형설이 지배적이었다. 지구의 반대편에 있는 세계를 "반대 세계"라고 하는 말이 Arist, *De Cael*, 2, 13에 나타났으며, "대척지 주민"(Antipodes)이라는 말이 Cic., *Acad. Post.*, 2, 39, 123에 나타났다. 그러나 원반설도 남아 있어서, 기원후 3세기에는 지배적이 되었고, 락탄티우스(250-320)는 구형설을 냉소했다(*Inst. Div*, 3, 24). 아우구스티누스는 성경 기록을 부정하지만 않는다면, 어느 쪽이 옳든 간에 그리스도인은 상관하지 않는다고 했다(*De Gen. ad Lit.*, 2, 9, 20).

10. 셈의 후손 사이에서 하나님의 도성이 아브라함 때까지 보존되었다.

그러므로 홍수 이후의 하나님의 도성을 밝히기 위해서는 셈으로부터 시작된 족보를 따라갈 필요가 있다. 그것은 홍수 이전에 셋의 족보를 따라간 것과 같다. 그래서 성경은 지상 도성인 바빌론 즉 "혼잡"을 밝힌 후에, 족장 셈으로 돌아가서 새로 아브라함까지의 세대들을 열거하며 각 사람이 이 계열에 속한 아들을 낳은 때의 나이와 그 후에 얼마나 오래 살았는가를 첨가한다. 내가 위에서[20] 설명하겠다고 약속한 점이 이와 관련이 있다는 것을 인정해야겠다. 그것은 에벨의 아들들에 대한 성경 말씀, "하나의 이름을 벨렉이라 하였으니 그 때에 세상이 나뉘었음이요"(창 10:25)의 뜻을 설명하겠다고 한 것이다. 세상이 나뉘었더라는 것은 언어가 여러 가지로 갈라졌다는 뜻이 아니고 무엇이겠는가?

그러므로 성경은 셈의 아들 가운데서 이 일에 관련이 없는 사람들의 이름을 제거하고, 아브라함까지 가계를 이어간 사람들의 족보를 제시한다. 홍수 이전에 셋으로부터 노아까지의 족보를 계속했을 때와 같다. 그래서 이 계열의 족보는 "셈의 후예는 이러하니라 셈은 일백세 곧 홍수 후 이년에 아르박삿을 낳았고 아르박삿을 낳은 후에 오백년을 지내며 자녀를 낳았고"라 한다(창 11:10-11). 나머지 사람들에 대해서도 같은 식으로 기록하면서, 다른 계열에 속한 아들을 낳은 때의 나이를 말하면서 아브라함까지 내려간다. 또 그 후에 얼마나 많은 세월 동안 살면서 자녀를 낳았는가를 밝힘으로써, 우리가 이름이 나온 사람들만 있었다는 유치한 생각을 하지 않고, 인구가 어떻게 많이 불어서 광대한 지역과 나라들이 셈의 자손으로 덮이게 되었는가를 이해하게 한다. 특히 아시리아는 니누스가 근거지로 삼아 인근 나라들을 정복하며 찬란한 번영을 이룩해서 후손에게 심히 광대하고 견고한 제국을 물려 주어 오랫동안 계속되게 했다.[21]

그러나 불필요한 시간 소비를 피하기 위해서, 우리는 이 계열의 각 세대 사람의 수명을 적지 않고, 후계자를 낳은 때의 나이만을 적어서, 홍수로부터 아브라함까지의 연수를 계산하며, 필요한 문제들을 간단히 언급하고 지나가려 한다.

홍수 후 2년에 셈이 백세에 아르박삿을 낳고, 아르박삿은 35세에 게난을 낳고, 게난은 130세에 셀라를 낳았다. 셀라도 같은 나이에 에벨을 낳고, 에벨은 134세에 벨렉을 낳았으니, 이 사람 때에 땅이 나뉘었다고 한다. 벨렉은 130세에 르우를 낳

---

20) 제3장.

21) 니누스에 대해서는 제4권 제6장을 참조.

고, 르우는 132세에 스룩을 낳고, 스룩은 130세에 나홀을 낳고, 나홀은 79세에 데라를 낳고, 데라는 70세에 아브람을 낳았으니, 이 사람의 이름은 하나님이 후에 아브라함이라고(창 11:10-26; 17:5) 고치셨다. 이와 같이 70인역에 의하면 홍수로부터 아브라함까지는 1072년이었다. 히브리어 성경에서는 훨씬 연수가 적고, 여기에 대해서 이유 설명이 전혀 없거나, 있어도 믿기가 심히 어렵다.[22]

그러므로 하나님의 도성을 72개 민족들 사이에서 찾으려 할 때에 구음이 하나였을 때, 즉 언어가 하나밖에 없었을 때에 인류가 진정한 하나님을 경배하는 것을 이미 버리고, 순정한 경건은 셈으로부터 아르박삿을 지나 아브라함에 이른 계통에서만 살아 있었다고 주장할 수 없다. 그렇지 않고 저들이 하늘에 닿는 탑, 즉 자만심의 상징을 자랑스럽게 쌓았을 때에, 불경건한 자들의 도성 또는 사회가 나타난 것이다. 그 전에는 가장을 하고 있었는지 또는 전혀 없었는지, 두 도성이 홍수 이후까지 계속되었는지 즉 경건한 도성은 노아의 축복을 받은 두 아들과 그 후손들 사이에, 그리고 불경건한 도성은 그의 저주를 받은 아들과 그 후손들 사이에 있었는지, 그리고 이 후자에서 하나님에 반대하는 저 거인 사냥꾼이 나타난 것인지—이런 문제들은 쉽게 단정할 수 없다.

더 믿을 만한 추측으로서는, 이미 바빌론이 건설되기 전에도 하나님을 업신여기는 자들이 노아의 두 착한 아들의 후손들 사이에 있었고, 하나님을 경배하는 자들이 함의 후손들 사이에 있었으리라는 것이다. 확실히 이 두 종류의 인종 중 어느 쪽도 지상에서 말살된 일이 없었다. 시편에서는 "다 치우쳤으며 함께 더러운 자가 되고 선을 행하는 자가 없으니 하나도 없도다", "죄악을 행하는 자는 다 무지하뇨 저희가 떡 먹듯이 내 백성을 먹는도다"라고 한다(시 14:3-4; 53:3-4). 그 때에도 하나님의 백성이 있었다. 그러므로 "선을 행하는 자가 없으니 하나도 없도다"라는 말씀은 하나님의 아들들에 대한 것이 아니라, 사람의 아들들에 대한 것이다. "하나님이 하늘에서 인생을 굽어 살피사 지각이 있어 하나님을 찾는 자가 있는가 보려 하신즉"(시 14:2-4; 53:2-4)이라는 말씀 뒤에 사람의 모든 아들들, 하나님을 따라 살지 않고 사람을 따라 사는 도성에 속한 자들은 모두 하나님에게 버림을 받은 자들이라는 것을 알리는 말씀이 있다.

11. 인류가 사용한 최초의 언어는 히브리어였고, 언어의 혼란이 생겼을 때까지 이 말은 에벨의 가계에서 보존되었다.

22) 제2장.

홍수 이전에는 사람들이 한 가지 언어를 사용했지만, 의인 노아의 가족 이외의 사람들은 모두 홍수에 멸망해야 했으므로, 인류의 언어가 하나뿐이라는 사실이 사람을 죄에 빠지지 않게 하는 보장이 되지 못했다. 인류의 여러 민족들이 더욱 오만한 불경건 때문에 그 벌로써 언어가 혼란되어 분산되며, 그들의 도성은 혼잡을 뜻하는 바빌론이라고 불리게 되었을 때에 인류의 원시 언어는 에벨의 집에서 보존되었다. 그래서 내가 이미[23] 말한 바와 같이, 셈의 후손들을 열거할 때에 에벨은 셈의 5대손이었지만 그의 이름이 맨 처음에 나왔다(창 10:21).

그리고 다른 민족들이 각각 독특한 언어 때문에 갈라졌을 때에 에벨의 가계에서는 인류의 공통 언어였다고 믿을 만한 근거가 충분한 그 말을 보존했기 때문에 후에 그것을 히브리어라고 부르게 되었다. 다른 언어들에도 각각 독특한 이름이 생겼고, 그것들과 구별하기 위해서 이 언어에도 고유 명사를 붙일 필요가 있었기 때문이다. 다른 언어가 없었을 때에는, 그 한 가지 언어를 전 인류가 사용했으므로, 그저 사람의 언어라는 이름밖에 없었다.

어떤 사람은 이렇게 말하리라:"벨렉 때에 땅의 언어가 나뉘었다면, 그 이전에 모든 사람이 쓰던 공통된 말은 벨렉의 이름을 따서 불렀을 것이다." 그러나 우리는 이 나눈다는 뜻을 가진 벨렉이라는 이름을 아들에게 붙인 사람은 에벨이었다는 것을 기억해야 한다. 벨렉은 땅이 나뉜 바로 그 때에 태어났기 때문에 "그 때에 세상이 나뉘었음이요"라고 했다(창 10:25). 언어가 많아졌을 때에 에벨이 살아 있지 않았다면, 그의 집에서 보존된 언어의 이름을 그의 이름으로[24] 부르지 않았을 것이다. 이 언어가 원시적 공통 언어였다고 믿게 되는 이유는, 언어가 변해서 종류가 많아진 것은 일종의 벌이었다는 것과, 하나님의 백성은 이 벌을 받지 않았다고 보는 것이 합당하기 때문이다.

아브라함이 보존한 것도 이 언어였으며, 또 야곱의 가계 이외의 후손에게는 이 언어를 전승시킬 수 없었다는 것은 무의미한 사실이 아니다. 야곱의 가계는 특별히 현저하게 하나님의 백성이었으며, 하나님의 언약들을 받았으며, 육신으로는 그리스도의 선조였기 때문이다. 마찬가지로 에벨 자신도 모든 자손에게 히브리어를 전한 것이 아니라, 아브라함이 난 계통에만 전했다. 이와 같이 악한 자들이 바빌론을 건설했을 때에 경건한 족속이 있었다는 명백한 말씀은 없지만, 이렇게 모호한 것은 연구를 자극하며, 막을 정도는 아니다.

처음에 공통된 언어 한 가지가 있었다는 말씀을 우리는 읽으며, 에벨은 셈의 5

---

23) 제3장.
24) 앞의 주5.

대손이었는데도 다른 자손들보다 먼저 이름이 기록되었으며, 족장들과 예언자들이 일상 회화에서 뿐 아니라 권위있는 성경의 용어로도 사용한 언어를 히브리어라고 부르는 것을 우리는 안다. 그러므로 언어의 혼란이 생긴 후에 원시 공용 언어는 어디서 보존되었느냐고 하는 질문을 받을 때에, 확실히 그것을 보존한 민족은 언어의 혼란이 의미한 그 벌을 받지 않았으리라는 것을 의심할 수 없으며, 그렇다면 그 언어에 이름을 빌려준 가문에서 그 원시 공용어가 살아남았다는 생각밖에 할 수 없지 않은가? 또 다른 가문들이 받은 벌을 받지 않았다는 것은 이 에벨의 가문만은 의로웠다는 증명으로써 적지 않은 가치가 있다고 생각된다.

나의 논적들이 일으키는 다른 문제가 있다: 즉 에벨과 벨렉이 같은 언어를 썼는데, 어떻게 각각 다른 민족을 이루었느냐는 것이다. 히브리 민족이 에벨에서 시작해서 아브라함을 지나 큰 민족이 된 것은 의심할 수 없다. 에벨과 벨렉이 서로 다른 민족을 일으키지 않았다면, 노아의 세 아들의 후손들이 각각 한 민족을 세웠다고 해서 그 이름이 열거된 것은 어떻게 된 일이냐는 것이다. 그럴듯한 설명은 니므롯의 경우다. 그도 따로 한 민족을 이루었을 가능성이 많으며, 그의 제국과 그의 몸집이 컸기 때문에 성경이 그의 이름을 따로 세웠을 것이다. 그래서 72 민족이라는 숫자는 여전히 남는다. 그리고 벨렉의 이름을 내놓은 것은 그가 한 민족을 이루었기 때문이 아니다. 그의 민족과 언어는 히브리였다. 그러나 그가 태어났을 때는 온 세계가 나뉘는 중대한 시기였기 때문에 그의 이름을 내놓은 것이다.

또 거인 니므롯이 바빌론이 건설되고 언어가 혼란되어 그 결과로 온 땅이 나뉠 때까지 살아 있었다고 해도, 우리는 놀랄 것이 없다. 에벨은 노아의 6대손이요 니므롯은 4대손이었지만, 같은 때에 살아 있을 수 없었다고 단정할 수는 없다. 세대수가 적었을 때에는 사람들이 늦게 태어나고 오래 살았다. 세대수가 많았을 때에는 빨리 나고 사는 기간이 줄어들었다. 민족을 이루었다고 기록된 노아의 후손들은 온 땅이 나뉘었을 때에 이미 났을 뿐 아니라, 이미 나이 많아서 한 부족이나 민족이라고 할 만큼 거대한 가족들을 가지고 있었다고 생각해야 할 것이다. 그러므로 그들이 기록된 순서대로 태어났다고 생각해서는 안 된다. 그렇지 않고, 에벨의 다른 아들이요 벨렉의 형제인 욕단이 성경 기록대로 벨렉 다음에 났다면, 벨렉이 났을 때에 땅이 나뉘었다고 하는데, 어떻게 욕단의 열두 아들들이 이미 민족들을 이루었겠는가? 그러므로 벨렉의 이름이 먼저 기록되었을지라도 욕단보다 훨씬 뒤에 났고, 욕단의 열두 아들들은 이미 큰 가족들을 이루어 여러 가지 언어로 나뉠 만했던 것이라고 해석해야 한다.

나중에 난 사람이 먼저 기록된다는 것은 조금도 이상한 일이 아니다. 노아의 아들들 가운데서 끝의 아들 야벳의 후손들이 먼저 기록되고, 맏아들 셈의 아들들은 나중에 열거되었다. 이 여러 민족들의 이름 가운데서 어떤 것은 거의 변하지 않고 그대로 남아 있어서 우리는 지금도 어느 민족이 누구에게서 왔다는 것을 알 수 있다. 예컨대 아시리아로부터 아시리아라는 나라가 생겼고, 에벨로부터 히브리 민족이 탄생했다. 그러나 일부는 세월이 지남에 따라 변했기 때문에, 고대문서들을 깊이 연구한 학자들도 전부는 아니지만, 어떤 민족에 대해서는 그 기원을 찾을 수 없었다. 이집트 사람들은 함의 아들 미스라임의 후손이며, 에티오피아 사람들은 구스의 자손이라고 하지만 이집트라는 이름과 에티오피아라는 이름에서는 그런 증거를 찾을 수 없다. 그리고 이 이름들을 전체적으로 볼 때에, 변한 것이 변하지 않은 것보다 더 많다는 것을 알 것이다.

12. 아브라함의 생애에서 거룩한 계보에 새 시대가 열렸다.

이제 우리는 조상 아브라함의 생애와 함께 출발한 새시대로부터[25] 하나님의 도성의 전진 상태를 추구하겠다. 그의 시대에 하나님의 도성의 증거가 더 현저하게 되기 시작하며, 그리스도 안에서 지금 성취된 하나님의 약속들이 더욱 분명히 알려졌다. 성경 기록에 의하면, 아브라함은 갈대아 지방에서 태어났는데(창 11:28), 그곳은 아시리아 제국에[26] 속해 있었다. 그런데 그 때에도 갈대아 사람들 사이에는 다른 민족 사이에서와 같이 불경건한 미신이 가득했다. 아브라함의 부친 데라의 가정에서만은 참 하나님께 대한 경배가 살아 남았고, 히브리어를 보존한 것도 이 가정뿐이었다고 우리는 생각할 수 있다. 다만 여호수아는 이 가정도 메소포타미아에서 다른 신들을 섬겼다고 한다(수 24:2). 에벨의 다른 후손들은 점점 다른 족속과 다른 언어에 동화되었다.

그래서 물의 홍수가 났을 때에 인류를 회복시키기 위해서 노아의 가족 하나가 보존된 것과 같이, 전세계를 미신의 홍수가 덮었을 때에 데라의 가족 하나가 남아서 하나님의 도성의 씨앗을 보존했다. 하나님이 노아에게 방주를 만드는 문제를 말씀하기 시작하기 전에, 성경이 노아 이전의 세대들을 열거하여 그 연령들을 기록하며,

---

25) "아브라함과 함께 시작된 시대의 전환점"이 직역이며, 이런 전환점들은 아담, 노아, 아브라함, 다윗, 바빌론 포수(捕囚), 그리스도이다. 제43장과 제22권 30장의 끝으로부터 둘째 단락을 참조하라.

26) 유세비우스의 연대기에서 아브라함은 기원전 2015년에 난 것으로 되어 있으며, 우르는 그 때에 이미 천년의 역사를 가진 도시였다. 그러나 우르 지방이 아시리아의 영토가 된 것은 그 때로부터 천년 후였다.

홍수의 원인을 설명할 때에, "노아의 사적은 이러하니라"고 했다(창 6:9). 그와 같이, 지금은 노아의 아들 셈의 후손들을 아브라함까지 열거한 다음에, 새 시대를 알리려는 듯이 기록한다: "데라의 후예는 이러하니라 데라는 아브라함과 나홀과 하란을 낳았고 하란은 롯을 낳았으며 하란은 그 아비 데라보다 먼저 본토 갈대아 우르에서 죽었더라 아브람과 나홀이 장가 들었으니 아브람의 아내 이름은 사래며 나홀의 아내 이름은 밀가니 하란의 딸이요 하란은 밀가의 아비며 또 이스가의 아비더라"(창 11:27-29). 이 이스가는 아브라함의 아내 사래와 동일 인물이라고 생각된다.

13. 데라가 갈대아를 떠나 메소포타미아로 이주한 이야기에서 데라의 아들 나홀을 빼놓은 이유는 무엇일까?

다음에 데라가 갈대아 지방을 떠나 메소포타미아에 도착해서 하란에 정착한 이야기가 있다. 그러나 나홀이라는 아들에 대해서는 아무 말도 없고, 단순히 데리고 가지 않은 것 같이 되어 있다: "데라가 그 아들 아브람과 하란의 아들 그 손자 롯과 그 자부 아브람의 아내 사래를 데리고 갈대아 우르에서 떠나 가나안 땅으로 가고자 하더니 하란에 이르러 거기 거하였다"(창 11:31). 이 성경 구절에는 나홀과 그 아내 밀가에 대한 말이 한 마디도 없다. 그러나 후에 아브라함이 아들 이삭을 위해서 아내를 데려오라고 종을 보냈을 때에, "이에 종이 그 주인의 약대중 열 필을 취하고 떠났는데 곧 그 주인의 모든 좋은 것을 취하고 떠나 메소포타미아로 가서 나홀의 성에 이르니라"고 한다(창 24:10).

이 구절과 성경에 있는 다른 말씀들을 보면, 아브라함의 형제 나홀도 갈대아 지방을 떠나. 아브라함이 그 아비 데라와 함께 정착한 메소포타미아에 가서 살게 된 것을 알 수 있다. 성경에 데라가 갈대아 백성들 사이를 떠나 가족과 함께 메소포타미아에 정착했다고 했을 때에, 아들 아브라함뿐 아니라 자부 사래와 아브라함의 조카 롯을 데리고 갔다고 하면서, 나홀에 대한 말이 없는 것은 무슨 까닭인가? 혹은 나홀이 아버지와 형의 종교를 버리고 갈대아 사람들의 미신에 빠졌다가, 그 후에 자기의 과오를 후회했든지, 또는 의심과 박해를 받고 그도 이주한 것이 아닐까? 이밖에 어떤 이유를 생각할 수 있는가?

유딧서에서 이스라엘 백성의 원수였던 홀로페르네스가 그들은 어떤 민족이며, 그는 그들과 싸워야 할 것이냐고 물었을 때에, 암몬 사람들의 지도자 아키오르가 다음과 같이 대답했다: "이 종이 주인님께 말씀드립니다. 주인님이 계시는 이 근방 산악 지대 주민에 관한 실정을 그대로 말씀드립니다. 이 종의 입에서는 거짓말이라곤

한 마디도 새어 나오지 않을 것입니다. 그들은 갈대아인의 후계로서, 그들의 조상이 갈대아 땅에서 찬란하게 섬기던 신들을 섬기다가 싫어서 메소포타미아로 옮겨가서 산 적이 있는 사람들입니다. 그들은 자기 조상들의 생활 관습을 떠나서, 하늘의 하나님을 인정하고 하나님을 예배했던 것입니다. 이렇게 조상의 신들을 버렸기 때문에 그들은 그 앞에서 추방되어 메소포타미아로 도망가서 그 곳에 오랫동안 머물렀습니다. 그들은 그들이 머물러 있는 땅을 떠나서 가나안 땅으로 들어가라는 하나님의 지시를 받고 그리로 가서 정착했습니다"(유딧 5:5-9). 이것을 보면 데라의 가정이 유일하고 진정한 하나님을 경배했고, 그 참된 종교 때문에 갈대아 사람들에게 박해를 받은 것이 분명하다.

14. 하란에서 일생을 마친 데라의 연령.

데라가 메소포타미아에서 205세로 죽었을 때에, 아브라함에 대한 하나님의 약속들은 이미 계시되기 시작했다. "데라는 205세를 향수하고 하란에서 죽었더라"(창 11:32). 그러나 그가 평생을 그 곳에서 보냈다고 생각해서는 안되며, 거기서 일생을 마쳤을 때의 그의 수명이 205세였다는 것이다. 그가 몇 살에 하란에 왔는지는 기록이 없고, 그의 나이가 여기에 기록되지 않았더라면 우리는 그의 수명을 알 수 없었을 것이다. 이 족보에서는 각 사람의 수명을 신중히 기록했는데, 이 사람의 수명만 기록이 없다고 하는 것은 어리석은 생각이다. 성경이 이름을 내놓으면서 그 수명을 적지 않은 사람들은 이 족보에서 위치가 없기 때문이다.

이 계열에서는 아버지들의 죽음과 아들들의 계승에 따라 연대를 계산하는 방식을 취했다. 그래서 아담으로부터 아브라함에 이르는 계보는 이름을 내놓은 개인에 대해서 반드시 그 수명을 기록했다.

15. 하나님의 명령을 따라 아브라함이 하란을 떠난 때.

아브라함의 아버지 데라가 죽었다는 기사가 있은 다음에 이어지는 말씀은 "주께서 아브람에게 이르시되, 너는 너의 본토 친척 아비집을 떠나"(창 12:1). 이 말씀이 뒤에 기록되어 있다하여 사건으로서도 데라가 죽은 다음에 있었던 일이라고 생각하면 안된다. 만일 사실이 그러했다면 해결할 수 없는 문제가 생긴다. 아브라함에 대한 하나님의 이 말씀이 있은 후에 성경은, "이에 아브람이 주의 말씀을 좇아 갔고, 롯도 그와 함께 갔으며, 아브람이 하란을 떠날 때에 그 나이 75세였더라"고 한다(창 12:4). 만일 그가 아버지가 죽은 후에 하란을 떠난 것이라면, 어떻게 이 말씀이 옳을 수 있겠는가? 데라가 아브라함을 낳았을 때에 그는 70세였다(창 11:26). 아브라함이 하란을 떠났을 때의 나이인 75세를 더하면 145세가 되고, 아브라함이 이 메소포타미아 도시를 떠날 때에 이것이 데라의 나이였을 것이다. 그러므로 그는 아버지가 죽은 후에, 곧 아버지가 205세를 살고 죽은 후에 떠난 것이 아니라, 아버지가 70세 때에 난 그가 75세 때에 떠났으니, 그 때에 아버지의 나이는 물론 145세였다.

그러므로 여기서 성경은, 그 잦은 관례대로, 이미 이야기를 한 시점으로 돌아간 것으로 우리는 해석해야 한다. 이전에도 노아의 자손들을 열거한 다음에 그들은 그 족속과 방언대로 살았다고(창 10:31) 말하고, 그 후에 마치 이것도 시간적으로 그 후에 있었던 일같이 "온 땅의 구음이 하나이요 언어가 하나이었더라"고 한다(창 11:1). 만일 그들이 한 언어를 공용으로 사용했다면, 어떻게 그 족속과 방언대로 살았겠는가? 이 기사는 이미 이야기한 사건들로 돌아가서 반복하는[27] 것이라고 우리는 생각해야 할 것이다. 그러므로 여기서도 그와 같이 "데라는 205세를 향수하고 하란에서 죽었더라"고 한 다음에(창 11:32), 데라의 이야기를 끝내기 위해서 빠뜨린 점으로 다시 돌아가서 "그리고 주께서 아브람에게 이르시되, 너는 본토 친척 아비 집을 떠나"(창 12:1)라고 한다. 하나님의 이 말씀이 있은 다음에 "이에 아브람이 주의 말씀을 좇아 갔고, 롯도 그와 함께 갔으며, 아브람이 하란을 떠날 때에 그 나이 75세였더라"(창 12:4). 이 일은 아브라함이 75세 때에 있었으므로, 그의 아버지의 나이는 그 때에 145세였다. 그러나 이 문제에 대한 다른 해결 방법은, 아브라함의 나이 75세를 그가 태어났을 때로부터 계산하지 않고, 그가 갈대아의 불에서[28] 구원된 때로부터 계산하는 것이다. 이 불에서의 구원을 그가 그 때에 난 것같이 생각하는 것이다.

그러나 순교자 스데반은 사도행전에서 같은 이야기를 다음과 같이 한다 "우리 조상 아브라함이 하란에 있기(정착하기) 전 메소포타미아에 있을 때에 영광의 하나님이 그에게 보여 가라사대 네 고향과 친척과 아비집을 떠나 내가 네게 보일 땅으로 가라 하시니라"(행 7:2-3). 스데반의 이 말을 보면, 하나님이 아브라함에게 말씀하신 것은 그의 아버지가 죽은 후가 아니었다. 그의 아버지는 확실히 하란에서 죽었고, 아브라함도 아들로서 그와 함께 그 곳에 살았다. 그러나 그가 메소포타미아에 오기는 했으나 아직 그 도시에 정착하기 전에 하나님의 말씀이 있었던 것이다. 따라

---

27) 앞의 주11을 참조.

28) 아브라함이 갈대아 사람들의 화신(火神)숭배를 거부했기 때문에, 불에 던져졌다가, 하나님의 도움으로 구출되었다는 유대인들의 전설이 있다: Hier., *Quaest. Hebr. in Gen.*, 19-20.

서 갈대아에서는 이미 떠난 때였다.

스데반이 첨가한 말씀인 "그 때에 아브라함이 갈대아 사람의 땅을 떠나 하란에 거하다가"(행 7:4)는 하나님이 그에게 말씀하신 후에 있었던 일을 가리키는 것이 아니다. 하나님의 지시를 받은 후에 갈대아를 떠난 것이 아니기 때문이다. 스데반은 아브라함이 이미 메소포타미아에 있을 때에 하나님이 그에게 말씀하셨다고 한다. 스데반은 "그 때에"라는 말로 그 시기를 전체적으로 가리킨다. 즉 그가 갈대아 사람의 땅을 떠나 하란에 정착한 때 이후를 가리킨다. 마찬가지로 그 다음 말씀, "그 후에 그 아비가 죽으매, 하나님이 그를 거기서 너희 시방 거하는 이 땅으로 옮기셨느니라"(행 7:4)고 하는 것은 그의 아버지가 죽은 후에 그가 하란을 떠났다는 뜻이 아니라 "그 아비가 죽은 후에 하나님이 그를 여기 정착시키셨느니라"는 뜻이다.

그러므로 우리는 다음과 같이 이해해야 한다. 즉 아브라함이 메소포타미아에 와서 아직 하란에 살기 전에 하나님이 그에게 말씀하셨고, 하나님의 교훈을 마음에 간직한 채로 아버지와 함께 하란에 정착했다가, 75세 되는 해 곧 아버지의 145세 되는 해에 하란을 떠났다. 그런데 스데반은 아브라함이 아버지가 죽은 후에 가나안에 정착했다고 말하며, 하란을 떠났다고 말하지 않는다.

아브라함이 가나안에서 처음으로 자기의 땅을 사서 소유하게 된 때에, 그 아버지는 이미 죽었다. 그뿐 아니라, 그가 이미 메소포타미아에 있었을 때에, 즉 갈대아를 떠난 후에 하나님이 "너의 고향 친척 아비 집을 떠나라"고 하신 것은(창 12:1) 그가 이미 떠난 땅에서 신체적으로 떠나라는 뜻이 아니라 정신적으로 떠나라는 뜻이었다. 그가 돌아가리라는 소망과 소원으로 매여 있었다면 그는 정신적으로 떠난 것이 아니기 때문에, 하나님의 명령과 도움, 그리고 그 자신의 순종으로 이 소망과 소원을 끊어버려야 했다. 참으로 아브라함이 하나님의 명령을 좇아 아내 사라와 조카 롯을 데리고 하란을 떠난 것은 나홀이 아버지를 따라 온 때였다고 하는 것을 믿지 못할 이유가 없다.

16. 하나님이 아브라함에게 주신 약속들의 순서와 내용.

이제는 하나님이 아브라함에게 하신 약속들을 검토하겠다. 이 약속들에서 경건한 백성에게 한 우리 하나님의 진정한 말씀이 분명히 나타나기 시작하기 때문이다. 이 백성에 대해서는 권위있는 예언이 이미 있었다. 그 약속 중의 처음 것은 다음과 같다: "주께서 아브람에게 이르시되 너는 너의 본토 친척 아비 집을 떠나 내가 네게 지시할 땅으로 가라 내가 너로 큰 민족을 이루고 네게 복을 주어 네 이름을 창대케

하리니 너는 복이 있으리라 너를 축복하는 자들에게는 내가 복을 내리고 너를 저주하는 자들에게는 내가 저주하리니 땅의 모든 족속이 너를 인하여 복을 얻을 것이니라 하신지라"(창 12:1-3, 70인역).

아브라함에게 하신 약속이 두 가지라는 점에 주목해야 한다. 첫째는, 그의 후손이 가나안 땅을 가지리라는 뜻으로 "내가 네게 지시할 땅으로 가라. 내가 너로 큰 민족을 이루리라"고 하신다. 그러나 둘째 약속은 훨씬 더 훌륭하다. 그것은 육신의 후손이 아니라 정신적 후손에 관한 것이며, 이스라엘이라는 한 민족의 조상이 될 뿐 아니라, 그의 믿음의 발자취를 따르는 모든 민족의 조상이 되리라는 말씀이었다. 즉 "땅의 모든 족속이 너를 인하여 복을 얻을 것이니라"고 하신다. 유세비우스는 마치 이 약속이 있은 직후에 아브라함이 하란을 떠난 것 같이, 이 약속은 그의 75세 때에 하신 것이라고 생각했다. 성경에 있는 "아브라함이 하란을 떠날 때에 그 나이 75세였더라"(창 12:4)는 말씀은 거역할 수 없기 때문이다. 그러나 만일 이 약속을 그 해에 하신 것이라면, 물론 아브라함은 아버지와 함께 하란에 있었다. 거기 살고 있지 않았다면, 거기를 떠날 수 없었을 것이다.

그렇다면 이것은 스데반이 우리 조상 아브람이 하란에 있기 전, 메소포타미아에 있을 때에 "영광의 하나님이 그에게 보여"(행 7:2)라는 말과 상치되는가? 우리는 이 모든 일이 같은 해에 있었다고 해석해야 한다. 아브라함이 하란에 정착하기 전 하나님의 약속이 있었고, 그가 하란에 정착했고, 그리고 거기서 떠난 것이다. 유세비우스는 그의 연대기에서[29] 이 약속의 해로부터 계산하며, 그 후 430년을 지나서 출애굽이 있었고 율법을 주셨다는 것을 보여 줄 뿐 아니라, 사도 바울도 그렇게 말씀하기 때문이다(갈 3:17).

17. 3대 이방 국가에 대하여 — 그 하나인 아시리아는 아브라함이 태어났을 때에 이미 강성했다.

이 때에 이방 민족의 우수한 왕국들이 있었다. 그것은 땅에서 난 사람들의 도성, 바꿔 말하면 사람의 표준을 따라 사는 사람들의 사회가 타락한 천사들의 지배하

---

29) 유세비우스의 연대기에서 아브라함이 태어난 해로부터 출애굽까지는 505년 이므로, 그의 75세 때로부터는 430년이 된다.

30) (이방국가들의 역사는 제18권에서 기술된다.) 여기에 열거된 세 나라 중에서 시키온은 고린도 부근에 있었던 아주 작은 왕국이었으나, 그 왕들의 연대를 기록해서 기원전 2000년경인 아시리아의 니누스 때까지로 소급했다.

31) 니누스에 대해서는 제4권 제6장을 참조

에 굉장히 발전한 나라들이었다. 곧 시키온(Sicyon), 이집트, 아시리아,[30] 이 세 나라였다. 그러나 아시리아가 다른 두 나라보다 훨씬 강성했다.[31] 베루스의 아들인 유명한 니누스 왕이 인도만 제외하고 아시아의 모든 나라를 정복했기 때문이다. 그런데 아시아는 아시아라는 넓은 지역 안에 있는 한 지역에 불과한 아시아[32]를 의미하는 것이 아니라, 우리가 말하는 전체 아시아를 의미한다. 어떤 사람들은 세계를 둘로 나눠서 그 중의 하나를 아시아라고 하지만, 대개는 세계의 삼분의 일이라고 한다. 다른 두 부분은 유럽과 아프리카라고 해서, 이것은 균등한 구분이 아니다.

이 경우에 아시아라는 부분은 남으로부터 동을 통해서 북으로 뻗고, 유럽은 북으로부터 서로, 아프리카는 서로부터 남으로 뻗는다. 그래서 유럽과 아프리카가 세계의 절반을 차지하고 아시아가 다른 절반을 차지한다. 그러나 유럽과 아프리카는 그 사이에 바깥 바다에서 물이 들어와 대해(大海)를 이루고 있기 때문에 세계의 두 부분으로 인정된다. 그래서 세계를 동서 둘로 나누면, 아시아가 그 한 부분이 되고 유럽과 아프리카가 다른 한 부분이 된다. 고대의 세 강대국 중에서 시키온은 유럽에 있었으므로 아시리아에 예속되지 않았다. 그러나 인도만을 제외하고 모든 아시아를 정복했다는 나라에 어떻게 이집트가 예속되지 않았겠는가? 그래서 아시리아에서 악한 도성의 지배 세력이 고도로 발달했다. 그 수도는 바빌론이었고, 이 이름의 뜻인 "혼란"은 땅에서 난 그 도성에 가장 적합했다. 거기서 니누스의 아비 벨루스가 65년 동안 지배하고, 그가 죽은 뒤를 이어 니누스가 52년 동안 통치했는데, 그의 재위 43년에 아브라함이 출생했다. 이것은 로마 건국 전 약 1200년이었고, 로마는 서방의 바빌론이 될 것이었다.

18. 하나님이 두번째 아브라함에게 말씀하시고, 그 후손에게 가나안 땅을 약속하셨다.

그 후에 아브라함은 75세에 하란을 떠났는데, 그 때에 그의 아버지는 145세였다. 아브라함은 조카 롯과, 아내 사래와 함께 가나안 땅에 들어가 세겜에 이르렀고, 거기서 하나님의 말씀을 받았다. "주께서 아브람에게 나타나 가라사대 내가 이 땅을 네 자손에게 주리라 하신지라"(창 12:7). 이 구절에는 그를 모든 족속의 조상으로 만든 그 자손에 대한 말씀은 없고, 다만 그를 이스라엘이라는 한 민족의 조상이 되게 한 자손만을 말한다. 이 자손에 의해서 그 땅이 점령되었기 때문이다.

---

32) 소아시아에 있었던 로마 영토로서의 아시아 지방. 계시록의 일곱교회가 있던 지방.

19. 하나님이 이집트에서 사라의 정조를 지켜 주셨다.

아브라함이 세겜에서 단을 쌓고 하나님의 이름을 부른 후에, 그 곳을 떠나 사막에서 살다가, 기근을 당해서 부득이 이집트으로 갔다. 거기서 그가 사라를 자기의 누이라고 한 것은(창 12:10-20) 거짓말이 아니었다. 사라는 그의 아주 가까운 친척이었고, 누이라고 할 만했다. 그의 가까운 친척이었던 롯도 형제의 아들이었지만, 형제라고 했다. 그래서 아브라함은 사라가 자기의 아내라는 말은 하지 않고, 또 아내가 아니라고도 하지 않고, 아내의 정조는 하나님께 맡기고, 남자로서 인간의 간계를 경계했다. 그가 될 수 있는 대로 위험 방지책을 강구하지 않았다면, 그것은 하나님을 믿는다기보다 시험하는 것이 되었을 것이다. 나는 이 문제에 대해서 마니교도 파우스투스의 비방을 충분히 반박한 일이 있다.[33]

드디어 아브라함이 기대한 대로 되었다. 이집트왕 파라오(Pharaoh)는 아내로 삼으려고 사라를 데려갔으나, 심한 고통을 받고 남편 아브라함에게 돌려주었다. 우리는 사라가 다른 남자와 동침해서 더럽혀졌다고 믿을 수 없다. 바로가 큰 재난을 당해서 이런 짓을 할 수 없었다고 하는 것이 훨씬 더 믿음직하기 때문이다.

20. 롯과 아브라함은 사랑을 손상함이 없이 합의에 의해서 갈라졌다.

아브라함이 이집트로부터 가나안에 돌아왔을 때에, 그의 조카 롯이 그를 떠나 소돔 땅으로 갔다. 그러나 두 사람 사이의 애정에는 조금도 손상이 없었다. 사실 그들은 그 때까지 재산이 불어 양떼를 돌보는 목자들을 많이 데리고 있었던 것이다. 그 목자들이 서로 싸우게 되었으므로, 그들은 그 싸움이 자기들의 가정에까지 번지는 것을 피하려고 했다. 이렇게 되는 것이 세상 인심이기 때문이었다. 그래서 아브라함은 이 화를 피하기 위해서 롯에게 말했다: “우리는 한 골육이라 나나 너나 내 목자나 네 목자나 서로 다투지 말자 네 앞에 온 땅이 있지 아니하냐 나를 떠나라 네가 좌하면 나는 우하고 네가 우하면 나는 좌하리라”(창 13:8-9). 아마 이것이 사람들이 토지를 분할할 때에 연장자는 나누고 아랫 사람이 선택해 가지는[34] 평화적 해결 방법의 시초였을 것이다.

21. 하나님의 세번째 약속은 아브라함과 그의 후손에게 가나안 땅을 영구히 주신다는 것이었다.

---

33) *Adv. Faust. Man.*, 22, 36.
34) 세네카는 이것이 로마 상속법의 한 원칙이라고 했다: Sen., *Contr.*, 6, 3.

그런데 추악한 불화 때문이 아니라 가족 생활을 유지하기 위해서 아브라함과 롯이 갈라져, 아브라함은 가나안에 있고, 롯은 소돔에 있었을 때에, 하나님이 세번째 약속을 아브라함에게 말씀하셨다 "너는 눈을 들어 너 있는 곳에서 동서남북을 바라보라 보이는 땅을 내가 너와 네 자손에게 주리니 영원히 이르리라 내가 네 자손으로 땅의 티끌 같게 하리니 사람이 땅의 티끌을 능히 셀 수 있을진대 네 자손도 세리라 너는 일어나 그 땅을 종과 횡으로 행하여 보라 내가 그것을 네게 주리라"(창 13:14-17).

그를 만민의 조상으로 만드시겠다는 약속도 이 약속에 포함되었는지는 분명하지 않다. "네 자손으로 땅의 티끌 같게 하리라"는 말씀이 이와 관련된 말씀이라고 생각할 수도 있다. 이것은 그리스 사람들이 말하는 과장법이 담긴 비유로 하신 말씀이고, 문자 그대로 해석해서는 안된다. 그러나 성경을 공부한 사람이면, 성경이 이 비유와 다른 비유들을 어떻게 쓰는가를 의심할 수 없다. 이 비유는 말하려는 뜻보다 나타난 것이 훨씬 더 클 때에 사용된다. 아담으로부터 세상 끝에 이르기까지의 인류를 모두 합한 것보다 땅의 티끌의 수효가 비교할 수 없을 만큼 더 많다는 것을 누가 모르겠는가? 그렇다면 아브라함의 자손보다는 얼마나 더 많겠는가?

이스라엘 민족에 속하는 사람들뿐 아니라, 전세계의 모든 민족 가운데서 그의 믿음을 따르는 사람들까지 합해서 생각하더라도 그럴 것이다. 참으로 이 자손들은 악인들의 큰 무리에 비하더라도 매우 적다. 그렇더라도 그들 자체로 보면 무수한 큰 무리며, 과장법으로 땅의 티끌과 비교한 것이다. 참으로 아브라함에게 약속하신 그 큰 무리는 사람이 보기에 클지라도, 하나님 보시기에는 무수한 것이 아니며, 땅의 티끌까지도 하나님은 무수하다고 보시지 않는다.

그뿐 아니라, 여기서 약속된 것은 이스라엘 민족뿐 아니라, 전세계에 퍼진 아브라함의 자손이라고 해석할 수 있다. 이것은 티끌에 비교할 만큼 많다고 하는 것이 적당하다. 육신의 자손이 아니라 정신적 자손인 그들에 관해서도 많은 자손이 있으리라는 약속이 있었기 때문이다. 그러나 우리가 이 점이 분명하지 않다고 말한 것은, 아브라함의 손자 야곱을 통해서 난 한 민족만도 거의 세계 각지에 가득할 만큼 불었기 때문이다. 그러므로 이 민족도 사람이 셀 수 없을 만하기 때문에, 과장법으로 티끌에 비할 수 있을 것이다.

확실히 여기서 말하는 땅은 가나안 땅뿐이라는 것을 아무도 의심하지 않는다. 그러나 "내가 너와 네 자손에게 주리니, 영원히 이르리라"는 말씀에서 "영원히 이르리라"를 "영원에 이르기까지"라고 해석해서 마음이 어지러워지는 사람이 있을는지 모른다. 그러나 그렇게 해석하더라도, 또 우리도 그런 뜻이라고 굳게 믿지만, 즉 내세의 처음은 금세의 끝에서부터 있으리라고 하더라도,[35] 역에 곤란한 문제가 있지는 않다. 이스라엘 사람들은 예루살렘에서 추방되었지만 지금도 가나안의 다른 도시들에 남아 있고, 또 끝까지 있을 것이며, 또 그 지방 자체에 그리스도교인들이 살고 있으며, 그들도 아브라함의 자손이기 때문이다.

22. 아브라함이 소돔의 적군을 이기고 롯을 구출하며, 멜기세덱의 축복을 받았다.

이 약속의 말씀을 받은 아브라함은 같은 땅 다른 곳으로 즉 헤브론에 있는 마므레 상수리 나무 부근으로 이주했다(창 13:18). 그 후에 네 왕을 상대로 다섯 왕이 소돔에 침입해서, 정복을 당한 다른 소돔 사람들과 함께 롯도 포로가 되었을 때에, 아브라함이 자기 집에서 기른 종 318명을 거느리고 가서 싸워 소돔 왕들을 위해서 승리를 얻었다. 그의 덕택으로 승리한 왕이 노략물을 그에게 주겠다고 했을 때에, 그는 전혀 받지 않았다(창 14장). 그 다음에 그는 지극히 높으신 하나님의 제사장 멜기세덱에게서 공공연한 축복을 받았다.

이 제사장에 대해서는 히브리서에(히 7장) 위대한 말씀이 많다. 히브리서를 대개는 바울 사도의 글이라고 하나, 어떤 사람은 그렇지 않다고 한다.[36] 어쨌든 지금 전세계의 그리스도교인들이 하나님께 드리는 제사가 그 때에 처음으로 나타났으며, 그 후 오랜 세월을 지나 예언자가 그리스도에게 한 말씀이 성취되었다. 그리스도는 아직 육신으로 오시지 않았지만 그에게, "너는 멜기세덱의 반차를 좇아 영원한 제사장이라"(시 110:4)는 말씀을 주었다. 아론의 반차를 좇는 것이 아니었다. 그 반차는 이런 그림자들이 예표한 일들이 나타날 때에 제거되겠기 때문이었다.

23. 하나님이 아브라함에게 그의 자손이 별과 같이 많아지리라고 약속하셨으며, 이 말씀을 믿은 아브라함은, 아직 할례 전이었건만, 의롭다는 인정을 받았다.

---

35) 제26장을 참조. 아우구스티누스 시대에는 로마 제국이 팔레스타인을 지배했고, 유대인들은 예루살렘에는 들어갈 수 없었다. 그러나 다른 지방에는 살 수 있었고, 인구의 대부분은 그리스도인이었다.

36) 동방 교회는 3세기까지에 대체로 히브리서를 바울의 편지로 인정했으나(오리겐은 예외), 서방 교회에서는 오랫동안 의견이 갈라졌었는데, 393년의 히포(Hippo) 교회 회의에서 바울의 편지로 인정했고, 아우구스티누스도 396년경에 쓴 *De Doctr. Christ.*, 2, 8, 13에서 같은 견해를 표명했다.

이 때에 하나님의 말씀이 환상 중에 아브라함에게 와서, 그에게 보호와 큰 상급을 약속하셨다. 그는 후손에 대한 염려로, 엘리에셀이라는, 그의 집에서 난 종이 상속자가 될 것이라고 말씀을 드렸다. 하나님께서는 집에서 난 종이 아니라, 아브라함 자신에게서 난 상속자를 주시겠다고 즉시 약속하시고, 이어 땅의 티끌이 아니라 하늘의 별 같이 무수한 후손을 다시 약속하셨다(창 15:1-5). 이것은 그의 후손이 천상적인 행복에서 높은 경지에 이르리라는 약속이었다고 나는 생각한다. 많기로 말한다면, 하늘의 별들은 땅의 티끌에 비해서 아무것도 아니며, 무수하다는 점에서만 비교가 될 것이다. 별도 모두 볼 수 없기 때문이다. 시력이 좋을 수록 더 많은 별을 본다. 그래서 우리가 사는 곳에서 아주 먼 곳에서 뜨고 진다는 별들은 별개로 하더라도, 시력이 가장 예리한 사람도 보지 못하는 별들이 있다고 생각된다. 끝으로, 성경의 권위는 아라투스(Aratus)나[37] 유독수스(Eudoxus)[38]와 같이 별들을 완전히 세고 기록했노라고 자랑하는 사람들을 멸시한다.

사도가 하나님의 은혜를 칭송하기 위하여 인용하는 말씀이 여기서 기록되었다. "아브라함이 하나님을 믿으니 이를 그의 의로 여기시니라"(창 15:6; 롬 4:3; 갈 3:6). 할례를 자랑하며, 할례없는 이방인들을 그리스도를 믿는 믿음에 받아들이지 않는 일이 없기를 사도는 바랐다. 아브라함이 믿었을 때에, 그는 아직 할례를 받지 않았기 때문이다.

24. 아브라함이 자기가 믿은 일에 대해서 하나님에게 가르침을 기원했을 때에, 하나님이 명령하신 제물의 의미.

같은 환상 중에 하나님이 말씀하셨다: "나는 이 땅을 네게 주어 업을 삼게 하려고 너를 갈대아 지방에서 이끌어 낸 하나님이라"(창 15:7, 70인역). 아브라함이 무엇으로 그 땅을 차지하게 될 줄을 알리이까 라고 물었을 때에, 하나님이 "삼 년 된 암소와 삼 년 된 암염소와 삼년 된 수양과 산비둘기와 집비둘기 한 마리씩을 취하라"고 말씀하셨다. 아브라함은 이 모든 것을 잡아다가 반으로 쪼개고 그 쪼갠 것을 짝을 맞추어 마주 놓았다. 그러나 새들은 쪼개지 않았다. 새들이 그 쪼개 놓은 시체 위에 날아 왔지만, 아브람이 곁에 앉아 있었다고 기록되었다. 해질 무렵에 아브람이 황홀경에 빠져 들어 심히 어두운 두려움에 사로잡혀 있는데, 그에게 말씀이 임했다: "너는 정녕히 알라 네 자손이 이방에서 객이 되어 그들을 섬기겠고 그들은

37) 아라투스는 기원전 3세기의 천문학자이며 시인.
38) 유독수스는 기원전 4세기의 천문학자.

400년 동안 네 자손을 괴롭게 하리니 그 섬기는 나라를 내가 징치할지며 그후에 네 자손이 큰 재물을 이끌고 나오리라 너는 장수하다가 평안히 조상에게로 돌아가 장사 될 것이요 네 자손은 사대만에 이 땅으로 돌아오리니 이는 아모리 족속의 죄악이 아직 관영치 아니함이니라."

그리고 해가 지려 할 때에 불꽃이 나타나고, 연기 나는 풀무가 보이며 타는 횃불이 쪼갠 고기 사이로 지나 갔다. "그날 주 하나님이 아브람으로 더불어 언약을 세워 말씀하시되 내가 이 땅을 이집트강에서부터 유브라데까지 네 자손에게 유노니 곧 겐 족속과 그니스 족속과 갓몬 족속과 헷 족속과 브리스 족속과 르바 족속과 아모리 족속과 가나안 족속과 히위 족속과 기르가스 족속과 여부스 족속의 땅이니라"(창 15:8-21, 70인역).

이 모든 것은 하나님의 역사로 환상 중에 있었던 행동과 말이었다. 세부까지 철저히 논하는 것은 지루할 것이며, 이 책의 범위를 벗어나게 될 것이다. 그러므로 아브라함이 하나님을 믿었으며, 이것을 그의 의로 여겨 주셨다는 말씀이 있은 다음에 아브라함이 "주 하나님이여, 내가 이 땅을 차지할 줄을 무엇으로 알리이까?"라고 물은 것은 그가 믿지 못했다는 뜻이 아니라는 것을 알면 충분할 것이다. 이것은 물론 그 땅을 주어 차지하게 하시겠다고 하신 약속에 관한 말이었다.

아직 믿지 못한다는 듯이 "어떻게 알리이까"라 하지 않고, 무엇으로 알리이까라는 말은, 이미 믿는 일에 대해서 그와 비슷한 어떤 표징을 알고 싶다는 뜻이다. 마치 동정녀 마리아가 "나는 사내를 알지 못하니 어찌 이 일이 있으리이까?"라고 물었을 때에(눅 1:34), 믿지 않는다는 뜻이 아니라, 마리아가 그렇게 되리라는 것을 알고 있었다는 것이다. 그러나 그녀는 어떻게 그런 일이 이루어지겠느냐고 물었으며, 그에 대해서 대답을 받았다(눅 1:35). 이 경우에도 암소와 암염소와 수양과 산비둘기와 집비둘기 등의 동물들로 구체적인 상징을 아브라함에게 알리시고, 그가 이미 의심하지 않는 그 미래사가 이 상징에 따라 있으리라는 것을 알게 하셨다.

그래서 암소는 율법의 멍에 밑에 있을 백성을 상징했을는지 모른다. 암염소는 죄많은 그들의 장래를, 수양은 그 백성이 주권을 차지할 때를 상징했다. 이것이 삼년 된 동물들이었다는 것은 중요한 세 시기가 아담으로부터 노아까지, 노아로부터 아브라함까지, 그리고 아브라함으로부터 다윗까지 연결되었기 때문이며, 사울이 배제된 후에(삼상 15), 주의 뜻으로 이스라엘 백성의 주권자로 세움을 받은 처음 사람이 이 다윗이었다. 그러므로 그것은 셋째 시기로서 아브라함으로부터 다윗까지며, 그때에 그 백성이 성숙했고, 그 민족사의 제3기라고 부를 수 있다. 이 동물들에 대한 다른 해석이 더 적합할는지 모르지만, 거기 첨가된 산비둘기와 집비둘기가 아브라함의 정신적 후손을 상징한다는 점을 나는 조금도 의심하지 않는다.

"그 새는 쪼개지 아니하였다"는 말씀에도 뜻이 있다. 육적인 피조물들은 서로 갈라지지만, 산비둘기와 같이, 인간들의 일상적인 교섭을 피해 있든지, 또는 집비둘기 같이 사람들 사이에서 있든지 간에, 정신적인 피조물들은 갈라지지 않기 때문이다. 이 두 가지 새는 단순하고 무해해서, 그 땅을 차지할 이스라엘 백성 가운데 약속의 자녀와 나라의 상속자인 개인들이 있어서 영원한 행복을 누릴 것을 의미했다. 그러나 쪼개놓은 사체 위에 내려 온 새들은 아무 선한 의미도 없고, 우리의 하층 공중에 있는 영들을 의미한다. 그것들은 육적 인간들의 분열에서 어떤 양식을 구하는 것이다. 그러나 아브라함이 그 곁에 앉아 있었다는 것은 육적 인간들의 분열 상태 속에서도 진정한 신자들은 끝까지 견인한다는 뜻이다. 해가 질 무렵에 황홀경과 심히 어두운 공포심이 아브라함을 엄습했다는 것은, 이 세상 종말에 가서 신자들이 큰 우환과 고난에 빠지리라는 뜻이다. 이에 대해서는 주께서 복음서에서 "이는 그때에 큰 환난이 있겠음이라"하셨다(마 24:31).

그러나 아브라함에게 하신 말씀 — "너는 정녕히 알라. 네 자손이 이방에서 객이 되어 그들을 섬기겠고 그들은 400년 동안 네 자손을 괴롭게 하리라"(창 15:13) — 은 이스라엘 백성이 이집트에서 노예가 되리라는 가장 분명한 예언이었다. 이집트 사람의 강압 아래 400년 동안 노예 생활을 하리라는 것이 아니라, 앞으로 400년 동안에 이런 일이 있으리라는 예언이었다.

아브라함의 아버지 "데라는 하란에서 205년을 향수하였다"(창 10:32)고 기록된 것은 그가 거기서 205년 동안 살았기 때문이 아니라, 거기서 205세가 되기까지 살았기 때문이다. 그와 같이 여기서도 "그들을 섬기겠고 그들은 400년 동안 네 자손을 괴롭게 하리라"고 하시는 것은, 괴롭히는 기간이 400년이 아니라, 괴롭히는 기간까지 합해서 400년이 되겠기 때문이다.

실지 연수는 조금 더 많았지만 400년이라고 한다. 아브라함에게 이 약속을 하신 때부터 계산하거나, 아브라함의 후손으로 예언된 이삭이 난 때부터 계산한 데에 따라서 달라진 것이다. 이미 말한 대로, 아브라함에게 처음 약속이 있었던 때가 그의 75세 때였고, 이스라엘의 출애굽까지는 430년이 있었기 때문에, 사도는 "내가 이것을 말하노니 하나님이 미리 정하신 언약을 430년 후에 생긴 율법이 없이 하지 못하여 그 약속을 헛되게 하지 못하리라"고 한다(갈 3:17). 그러므로 이 430년은 얼마 더 많지 않으므로 400년이라고 부를 수도 있겠다. 특히 이 일들을 환상 중에 아브라함에게 알리셨을 때에는 이미 그 일부분이 지나갔고, 이삭이 아브라함의 백세 때인, 처음 약속이 있은 후 25년에 태어났을 때에는 430년에서 405년이 남았을 뿐이었으므로, 하나님께서는 400년이라고 하신 것이다. 하나님의 예언적인 말씀에 그 다음에 있는 다른 일들도 이스라엘에 관한 것임을 아무도 의심하지 않을 것이다.

첨가된 말씀, "해가 지려 할 때에 화염이 있었고 연기 나는 풀무가 보이며 타는 횃불이 쪼개진 고기 사이로 지나더라"는 것은, 세상 끝에 육적인 인간들이 불로 심판을 받으리라는 뜻이다. 하나님의 도성이 일찍이 있었던 적이 없는 고난을 적그리스도에게 받게 될 것을 해가 질 무렵, 곧 세상 종말이 가까울 때에 아브라함이 경험한 큰 어두움의 공포심이 상징한 것과 같이, 불은 심판의 날을 상징한다. 이 심판은 육적인 사람들 가운데서 불로 구원을 받을 자들과 정죄되어 불에 들어갈 자들을 분리할 것이다(고전 3:12-15).

끝으로, 아브라함에게 주신 언약은 특히 가나안 땅을 지적해서, 이집트 강에서부터 큰 강 유브라데까지의 가나안 땅에 있는 열 한 민족을 열거하신다. 이집트 강은 나일강을 의미하는 것이 아니라, 이집트와 팔레스타인 사이에 있는 작은 강을 의미하며, 거기 리노코루라(Rhincorura)라는[39] 도성이 있다.

25. 사라가 여종 하갈을 아브라함에게 첩으로 주었다.

이제 여기서부터 아브라함의 아들들의 시대가 시작되었다. 그것은 여종 하갈과 자유인인 사라가 낳은 아들들이었는데, 우리는 이미 이들에 대한 이야기를 전권에서[40] 했다. 그뿐 아니라, 실지로 된 일들을 검토해 보면, 아브라함은 이 첩 문제에서 유죄했다고 낙인을 찍을 수 없다.[41] 사실 그가 첩을 이용한 것은 자식을 얻으려는 것이었고, 정욕을 만족시키려는 것이 아니었다. 자기 아내를 모욕한 것이 아니라 아내에게 순종한 것이었다. 사라는 자기가 자식을 낳지 못하게 생겼으므로, 자식을 낳을 수 있는 여종의 배를 이용해서 위로를 얻겠다고 스스로 결심한 것이었다. 사도가 "남편도 이와 같이 자기 몸을 주장하지 못하고, 오직 그 아내가 하느니라"(고전 7:4) 말씀한 그 아내의 특권을 사라는 행사해서, 자기가 낳지 못하는 자식을 다른 여자를 통해서 얻으려고 한 것이다. 여기에는 음란함이나 비열하거나 부끄러운 점이 없었다.

자손을 얻기 위해서 아내가 남편에게 여종을 주었고, 남편도 자식을 얻기 위해

---

39) 현재는 엘 아리시(El Arish)라고 부른다.

40) 제15권 제2-3장.

41) 마니교도들의 이런 비난을 아우구스티누스는 반박했다: *Adv. Faust. Man.*, 22, 30.

서 여종을 받았다. 어느 쪽도 양심에 가책을 받을 만한 탈선을 구한 것이 아니고 자연스러운 열매를 구했을 뿐이다. 끝으로, 잉태한 여종이 무자한 여주인을 멸시하고, 사라가 여성적인 질투심으로 남편을 비난했을 때에도, 아브라함은 비굴한 애인이 아니라 자유로운 어버이임을 분명히 나타냈다. 그는 하갈 문제에서 아내의 체면을 지켜 주었고, 자기의 쾌락을 추구한 것이 아니라 아내의 의사에 따랐다는 것을 증명했다. 그는 하갈을 구한 것이 아니라 받은 것이고, 그에게 갔으나 그에게 빠지지 않았고, 그에게 씨를 주었으나 사랑을 준 것이 아니었다. 그는 "그대의 여종은 그대의 수중에 있으니 그대의 눈에 좋은 대로 그에게 행하라"(창 16:6)고 말했다. 얼마나 훌륭한 남자인가! 참으로 대장부답게 여성을 대한 사람이었다. 아내에 대하여 절제가 있으며, 여종에 대하여 양순하며, 아무 여성에 대해서도 무절제하지 않았다.

26. 연로한 아브라함이 무자한 사라에게서 아들을 얻으며 여러 민족의 조상이 되리라고 하나님이 약속하시고 그 약속을 할례 의식으로 확인하셨다.

이 일이 있은 후에 하갈에게서 이스마엘이 태어났다. 아브라함은 하나님이 하신 약속이 이 아들에게서 성취되었다고 생각했을는지 모른다. 자기 집에서 난 종을 상속자로 채택하기로 결심했을 때에, 하나님께서 "그 사람은 너의 후사가 아니라 네 몸에서 날 자가 네 후사가 되리라"(창 15:4) 하셨던 것이다. 그래서 그가 여종의 아들에게서 약속이 성취되었다고 생각하지 않도록, 그가 "이미 99세 된 때에 주께서 그에게 나타나서 이르시되 나는 하나님이라. 너는 내 앞에서 기쁨이 되며 흠없이 살라. 내가 내 언약을 나와 너 사이에 세워 너로 심히 번성케 하리라 하시니 아브람이 엎드린대 하나님이 또 그에게 일러 가라사대 내가 너와 새 언약을 세우리니 너는 열국의 아비가 될지라. 이제 후로는 네 이름을 아브람이라 하지 아니하고 아브라함이라 하리니 이는 내가 너로 열국의 아비가 되게 함이니라. 내가 너로 심히 번성케 하리니 나라들이 네게로 좇아 일어나며 열국이 네게로 좇아 나리라. 내가 내 언약을 나와 너와 네 대대 후손의 사이에 세워서 영원한 언약을 삼고 너와 네 후손의 하나님이 되리라. 내가 너와 네 후손에게 너의 우거하는 이 땅 곧 가나안 일경으로 주어 영원한 기업이 되게 하고 나는 그들의 하나님이 되리라.

하나님이 또 아브라함에게 이르시되 그런즉 너는 내 언약을 지키고 네 후손도 대대로 지키라. 너희 중 남자는 다 할례를 받으라. 이것이 나와 너희와 너희 후손 사이에 지킬 내 언약이니라. 너희는 양피를 베어라. 이것이 나와 너희 사이의 언약의 표징이니라. 대대로 남자는 집에서 난 자나 혹 너희 자손이 아니요 이방 사람에게서 돈으로 산 자를 무론하고 난지 팔일 만에 할례를 받을 것이라. 너희 집에서 난 자든지 너희 돈으로 산 자든지 할례를 받아야 하리니 이에 내 언약이 너희 살에 있어 영원한 언약이 되려니와 할례를 받지 아니한 남자 곧 난지 팔일만에 그 양피를 베지 아니한 자는 겨레에서 끊어지리니 그가 내 언약을 배반하였음이니라.

하나님이 또 아브라함에게 이르시되 네 아내 사래는 이름을 사래라 하지 말고 그 이름을 사라라 하라. 내가 그에게 복을 주어 그로 네게 아들을 낳아 주게 하며 내가 그에게 복을 주어 그로 열국의 어미가 되게 하리니 민족의 열왕이 그에게서 나리라. 아브라함이 엎드리어 웃으며 심중에 이르되 백세된 사람이 어찌 자식을 낳을까 사라는 90세니 어찌 생산하리요 하고 아브라함이 이에 하나님께 고하되 이스마엘이나 하나님 앞에 살기를 원하나이다. 하나님이 가라사대 아니라 네 아내 사라가 정녕 네게 아들을 낳으리니 너는 그 이름을 이삭이라 하라. 내가 그와 내 언약을 굳게 세우리니 그의 후손에게 영원한 언약이 되리라. 이스마엘에게 이르러는 내가 네 말을 들었으니 내가 그에게 복을 주어 생육이 중다하여 그로 크게 번성케 할지라. 그가 열 두 민족을 낳으리니 내가 그로 큰 나라가 되게 하려니와 내 언약은 내가 명년 이 기한에 사라가 네게 낳을 이삭과 세우리라"(창 17:1-21, 70인역).

여기는 이삭 즉 약속의 아들로 말미암아 이방인들을 부르시겠다는 약속이 더욱 명백히 나타났다. 늙은 남자와 무자한 노파에게 약속된 아들이므로, 그는 천성보다 은혜를 나타낸다. 자연적인 생식 과정을 성사시키는 것도 하나님이시지만, 자연성이 불구가 되고 무력하게 된 곳에서는 하나님의 은혜가 더욱 분명히 인정된다. 그리고 이 일은 단순히 한 번 출생한 자가 하는 것이므로, 사라에게 아들이 약속된 이 때에 할례가 제정되었다. 모든 아들뿐 아니라, 집 안에서 난 종들과 돈으로 산 종들까지도 모두 할례를 주라고 명령하신 것은, 이 은혜를 모든 사람에게 주신다는 증언이었다. 할례는 옛 것을 벗어버림으로써 본성을 갱신한다는 뜻이 아니고 무엇인가? 그리고 제8일은 7일 기간의 끝, 즉 안식일 후에 죽은 자 가운데서 부활하신 그리스도를 상징하는 것이 아니고 무엇인가? 또 두 사람의 이름도 바뀌었다. 모든 것에 새로움의 소리가 드높으며, 옛 언약에서 새 언약이 예표된다. 옛 언약에 불과하지 않은가? 그 새 언약은 옛 언약에서 너울을 벗긴 것이 아니고 무엇인가?[42] 아브라함이 웃은 것

---

42) 구약성경에 있는 언약들은 그대로는 불완전하며 "장차 올 좋은 일들의 그림자"라는(히 10:1) 입장에서 아우구스티누스는 구약성경에 기록된 사건들과 말씀들을 비유(알레고리)로 해석했다. 마니교도들과의 논쟁에서 이 입장이 중요했다: *Adv. Faust. Man.*, 6, 9, 본서 제4권 제33장 후반을 참조.

은 의심하는 사람의 조소가 아니라, 감사하는 사람의 환성이다. 그가 마음 속으로 한 말도 마찬가지이다: "100세된 사람이 어찌 자식을 낳을까? 사라는 90세니, 어찌 생산하리요?" 이 말은 의심이 아니라 경탄을 표현한다. "내가 너와 네 후손에게 너의 우거하는 이 땅 곧 가나안 일경으로 주어 영원한 기업이 되게 하리라"(창 17:8)는 말씀은 성취되었다고 해야 할 것인지, 또는 아직 성취되지 않았는지 알 수 없으며, 지상의 소유는 어떤 나라에도 영원히 속할 수 없기 때문에 곤란을 느끼는 사람이 있을는지 모른다. 여기서 "영원한"이라는 말은 그리스어의 "아이오니온"(αἰώνιον)에 해당하며, 그 명사인 "아이온"(αἰων, 영원)은 라틴어의 "사이쿨룸"(saeculum; 세대, 세기, 긴세월)에 해당한다. 그러나 라틴어로 번역한 사람들은 "사이쿨룸"의 형용사인 "사이쿨라레"(saeculare)는 뜻이 너무 달라지겠기 때문에 감히 쓰지 못했다. "사이쿨라레"한 것들은 이 시대에 나타났다가 불원간 사라지기 때문이다. 그러나 "아이오니온"하다는 것은 끝이 없거나 이 시대의 끝까지 지속한다.[43]

27. 제8일에 할례를 받지 않은 남아는 하나님의 언약을 배반했기 때문에 그 영혼이 멸망한다는 뜻.

"난 지 8일만에 할례를 받지 아니한 남자 곧 그 양피를 베지 아니한 자는 백성 중에서 끊어지리니 그가 내 언약을 배반하였음이니라"(창 17:14)[44] 하신 말씀을 어떻게 이해해야 할지 몰라서 고민하는 사람들이 있을는지 모른다. 이것은 그 영혼이 멸망할 운명이라고 한 그 유아의 잘못이 아니며, 하나님의 언약을 배반한 것도 아이가 아니라, 아이에게 할례를 베풀지 않은 어른들의 잘못이기 때문이다. 그러나 우리가 생각해야 할 것은, 유아들까지도 자신의 생활의 성격 때문이 아니라 인류에 공통된 근원 때문에, 하나님의 언약을 배반한 것이다. 즉 저 한 사람 안에서 모든 사람이 죄를 지은 것이다(롬 5:12).

지금까지 하나님의 언약이라고 부른 두 가지의 중대한 언약 이외에도 언약이 많으며, 이것들은 모든 사람이 읽으면 알 수 있는 것들이다. 그런데 처음 사람에게 주

---

43) 위의 제21장과 Aug., *Quaest. in Hept.*, 1, 31을 참조.

44) "언약"이라고 하지만, 하나님과 사람과의 합의로 된 약속을 의미하는 것이 아니라, 성경에서 말하는 "언약"은 하나님의 뜻을 의미한다. 언약의 내용은 명령, 위협, 약속, 조건 등, 모두 일방적인 의사표시다. 창 2:17의 "네가 먹으면 정녕 죽으리라"고 하신 경고 또는 명령도 언약이라고 한다. 그래서 언약의 그리스어 디아테케(diatheke)는 "언약과 "유언"을 의미한다. 갈 3:15의 "사람의 언약이라도 정한 후에는 아무나 폐하거나 더하거나 하지 못한다"고 한 "언약"은 유언을 의미한다.

신 처음 언약은 "네가 먹는 날에는 정녕 죽으리라"고 하신 말씀이다(창 2:17). 그러므로 집회서에서는 "모든 육신은 의복처럼 낡아지게 마련이며, 태초로부터 언약은 너는 '죽으리라'고 한다"고 했다(집회서 14:17). 그런데 후에 더 명백한 율법을 주셨고, "율법이 없는 곳에는 범함도 없느니라"고 사도가 말하므로(롬 4:15), 시편에 있는 말씀, 곧 "내가 지상의 모든 죄인을 범법자로 인정하였나이다"라는 말씀이(시 119:119, 70인역) 어떻게 옳겠는가? 유일한 근거는, 어떤 죄의 종이 된 자들은 모두 율법을 범한 책임이 있다는 것이다.

그러므로 참 믿음이 주장하듯이, 유아들까지도 그 자신의 행위 때문이 아니라 그 근원 때문에 나면서부터 죄인이며, 따라서 죄를 용서하는 은혜가 그들에게도 필요하다고 우리가 인정한다면, 그들도 죄인인 것과 같이, 또한 에덴 동산에서 발표된 율법을 위반한 자라고 인정된다. 그래서 "내가 지상의 모든 죄인을 범법자로 인정하였나이다"라는 말씀과, "율법이 없는 곳에는 범함도 없느니라"는 말씀이 다 옳다. 그러므로 할례는 중생이며, 생식 행위는 하나님의 언약을 배반한 원죄 때문에 중생으로 해방되지 않은 유아를 멸망시키므로, 이 하나님의 말씀은, "중생하지 않은 자는 그 영혼이 백성 가운데서 끊어지리라"는 뜻으로 해석해야 한다. 그 유아도, 아담 안에서 모든 인류와 함께 죄를 지었을 때에, 하나님의 언약을 배반했기 때문이다.

만일 하나님께서 "그가 나의 이 언약을 배반하였음이니라"고 말씀하셨다면, 할례에만 관련시켜서 해석해야 할 것이다. 그러나 유아가 어떤 언약을 배반했다는 분명한 말씀이 없으므로, 우리는 아이가 위반했다고 할 수 있는 언약에 관련시켜서 해석할 자유가 있다. 그러나 만일 이 말씀은 할례에만 적용되는 것이라고 여전히 고집하며, 그 근거로써 아이가 하나님의 언약을 배반한 것은 할례를 받지 않았다는 사실을 가리킨다고 하는 사람이 있다면, 그는 아이가 언약을 스스로 배반한 것은 아니지만, 역시 이 경우에 언약을 배반한 것이므로 유아가 배반했다고 생각하는 모순을 제거하도록, 어떤 표현 방법을 찾아야 할 것이다. 그러나 이렇게 한다고 하더라도, 할례를 받지 않은 데 대해서 직접 책임이 없는 유아의 영혼이 멸망한다는 것은, 원죄에 매여 있기 때문이 아니라면, 부당한 일일 것임에 유의해야 한다.

28. 자식을 얻을 수 없었던 노부부 아브라함과 사라가 자식을 얻으리라는 약속을 받았을 때에, 이름이 바뀌었다.

그러므로 아브라함이 심히 위대하고 분명한 약속을 받았을 때에, 그 말씀은 지극히 명백한 것이었다. "내가 너로 열국의 아비가 되게 하며 내가 너로 심히 번성케 하리니, 나라들이 네게로 좇아 일어나며 열왕이 네게로 좇아 나리라. 내가 사라도 네게 아들을 낳아주게 하며 내가 그에게 복을 주어 그가 열국의 어미가 되게 하리니 민족의 열왕이 그에게서 나리라"(창 17:5-6, 16). 이 약속이 그리스도에게서 성취된 것을 우리는 지금 본다. 이 약속이 있었던 그 때부터 그 때까지의 이름이었던 아브람과 사래라는 이름을 성경은 쓰지 않고, 아브라함과 사라라고 쓴다.

모든 사람이 이렇게 부르므로, 우리도 처음부터 이렇게 불렀다. 그런데 아브라함의 이름을 바꾸신 이유에 대해서, "이는 내가 너로 열국의 아비가 되게 함이니라"(창 17:5) 하신다. 이것을 아브라함이라는 이름의 뜻으로 해석해야 하며, 그 이전의 이름 아브람은 '높은 아버지'라는 뜻이다. 그러나 사라의 이름을 바꾸신 데 대해서는 설명이 없다. 성경에 있는 히브리 이름들의 뜻을 기록한 사람들은 사래를 '나의 공주'라고 번역하지만, 사라는 '힘'이라는 뜻이다. 그래서 히브리서에 "믿음으로 사라 자신도 잉태하는 힘을 얻었다"고 한다(히 11:11).

두 사람이 다 고령이었고, 사라는 원래 잉태하지 못하는 사람인데다가 경수도 끊어진 때였으므로, 잉태할 수 없는 사람이 아니었더라도, 이미 잉태할 가능성이 없었다. 또 여자가 나이가 많더라도 정상적인 경도(월경)가 계속된다면, 젊은 남자의 아이를 낳을 수 있다. 또 늙은 남자도 젊은 여자에게서 아이를 얻을 수 있다. 사라가 죽은 후에 아브라함은 젊고 씩씩한 그두라에게서 자식들을 얻을 수 있었다. 사도가 기적적이라고 하는 것도 이 점이며, 이 때문에 사도는 아브라함의 몸이 이미 죽었더라고 한다(롬 4:19; 히 11:12).

그의 연령으로서는, 아무리 여자편에 잉태할 힘이 단기간 남아있더라도, 도저히 생산할 수 없었을 것이다. 그의 몸은 모든 기능이 죽은 것이 아니라 한 가지 기능에서만 죽었다고, 우리는 생각해야 한다. 모든 점에서 죽은 몸은 살아 있는 사람의 늙은 몸이 아니라 죽은 사람의 시체라고 해야 할 것이다. 그러나 이 난문은 다음과 같이 해결할 수도 있다: 즉, 아브라함이 그두라에게서 자식을 얻은 것은 주님에게서 받은 생산 능력이 사라가 죽은 후에도 계속되었다고 생각하는 것이다. 이 문제의 해결책은 위에서 약술한 것이 더 나은 것 같다. 우리 시대에는 100세 되는 노인이 여자에게서 자식을 얻는다는 것은 불가능하지만, 그때에는 그렇지 않았고, 사람들이 아주 장수했기 때문에 100세가 되어도 노쇠함을 초래하지 않았다.

29. 마므레 상수리 나무 곁에서 세 사람 또는 세 천사로 주께서 아브라함에게 나타나셨다.

하나님께서는 마므레 상수리 나무 곁에서 세 사람의 모양으로 아브라함에게 다시 나타나셨다. 이들은 틀림없이 천사들이었는데, 어떤 사람들은 그 중 한 사람은 주 그리스도시라고 하며, 그리스도께서는 성육하시기 전에도 눈에 보였다고 주장한다. 참으로 하나님이 보이지 않는 권능, 비물질적이며 불변하는 권능의 한 속성은, 그 자체는 전혀 변하지 않으면서 죽을 인간의 형태로도 나타난다는 것이다. 그 본질대로 나타나는 것이 아니라, 거기 종속된 어떤 수단으로 나타나는 것이다. 거기에 종속하지 않은 것은 무엇인가?

그런데 이 사람들이 그 셋 중의 하나는 그리스도셨다고 주장하는 이유는, 아브라함이 본 사람은 셋이었지만, 주님께 말할 때에는 단수를 썼다는 것이다. "눈을 들어 본즉 사람 셋이 맞은 편에 섰는지라 그가 그들을 보자 곧 장막 문에서 달려나가 영접하며 몸을 땅에 굽혀 가로되 내 주여 내가 주께 은혜를 입었사오면"(창 18:2-3).

이것이 사실이라면, 무슨 까닭에 그들은 그 중 두 사람이 소돔 사람들을 멸망시키기 위해서 이미 간 후에, 아브라함이 한 사람을 상대로 주라고 부르면서, 소돔의 의인을 악인들과 함께 멸망시키지 말아 달라고 중재한 점에 주목하지 않는가?

또 롯도 같은 모양으로 두 사람을 맞아, 그들을 단수로 주라고 부르면서 서로 말을 나누었다. 그러기 전에는 복수를 써서 "주님들이여, 돌이켜 종의 집으로 들어와"(창 19:2)라 했고, 그 후에 "천사들이 그의 손과 그 아내의 손과 두 딸의 손을 잡아 인도하니, 주께서 그들을 구원하시려 함이더라 그 사람들이 그들을 문 밖으로 이끌어낸 후에 이르되 도망하여 생명을 보존하라 돌아보거나 들에 머무르거나 하지 말고 산으로 도망하여 멸망함을 면하라고 하니라 롯이 그들에게 이르되 내 주여 그리 마옵소서 종이 주께 은혜를 얻었고"(창 19:16-19).

그 일이 있은 후에, 두 천사 안에 계시면서 단수를 써서 "내가 이 일에도 네 소원을 들었은즉"(창 19:21) 하신다. 그러므로 아브라함은 세 사람, 그리고 롯은 두 사람 안에 계신 주님을 인정했고, 사람들인 줄로 생각하면서도 두 사람이 다 단수로 주님께 말했다고 하는 것이 더 믿을 만하다. 그들이 그 사람들을 환영한 목적은 휴식이 필요한 사람으로 생각해서 도와 주려고 한 것뿐이었다. 그러나 그들에게는 사람 같이 보이면서도 어떤 현저한 특성이 나타나서, 그들을 친절하게 대접한 사람들이 그들 안에 주님이 계심을 의심할 수 없었던 것이 확실하다. 예언자들의 경우에는 이런 일이 자주 있었다. 그들이 그 사람들 안에 계신 주님을 향해서 혹은 복수로, 혹은 단수로 말한 것은 이런 이유 때문이다.

그뿐 아니라, 성경은 그들이 천사였다고 한다. 이 이야기가 기록된 창세기뿐 아니라 히브리서도 마찬가지다. 히브리서는 손님 대접을 칭찬하면서, "이로써 부지중에 천사들을 대접한 이들이 있었느니라"고 한다(히 13:2).

이와 같이 사라에게서 아들 이삭이 나리라는 약속을 이 세 사람이 다시 했을 때에, 하나님의 확약도, "아브라함은 강대한 나라가 되고 천하 만민은 그를 인하여 복을 받게 되리라"는 것이었다(창 18:18). 여기서는 가장 간결한 말로 두 가지 일을 약속하셨다: 즉, 육신을 따른 이스라엘 백성과 믿음을 따른 세계 만민이었다.

30. 롯이 구원된 후에 하늘에서 불이 내려 소돔이 멸망했으며, 아비멜렉의 정욕도 사라의 정조를 상하게 하지 못했다.

이 약속이 있은 후에, 롯이 소돔에서 구원되고, 하늘에서 불바람이 내려왔을 때에, 저 악한 도성의 전 영역이 잿더미로 화했다. 거기서는 법이 인정하는 어떤 행위에 못지 않게 남자들 사이에 동성 연애가 성행하고 있었다. 그런 곳이 벌을 받은 것은 하나님의 심판이 앞으로도 오리라는 한 전조였다. 천사들에게 구출된 사람들이 돌아보지 말라는 경고를 받은 것은(행 19:17), 은혜로 중생한 사람들이 최후 심판을 면하려면, 그가 버린 옛 생활에 정신적으로도 되돌아가지 말라는 뜻이 아니고 무엇이겠는가? 롯의 아내가 뒤를 돌아본 그 자리에서 소금 기둥이 되어 버린 것은 믿는 자들에게 일종의 조미료를 제공했다. 그의 예를 보고 경계함으로써 지혜의 맛을 내라는 것이다(창 19:24-26).

이 일이 있은 후에 아브라함은 그 아내의 문제로 이집트에서 사용한 술책을 그랄의 아비멜렉왕을 상대로 쓰게 되었고, 여기서도 아내는 해를 받음이 없이 되돌아왔다. 그가 아내인 사실을 숨기고 누이라고 한 것을 왕이 책망했을 때에, 아브라함은 자기가 두려워한 것을 털어놓으면서, "그러나 저는 내 아버지 쪽으로는 내 누이요, 어머니 쪽으로는 그렇지 아니하나이다"(창 20:12)라고 첨가했다. 이것은 아브라함의 아버지를 통해서는 가까운 친척이었기 때문에 누이였다는 것이다. 또 사라는 굉장한 미인이어서, 늙어서도 사람들의 사랑을 받을 수 있었던 것이다.

31. 약속대로 이삭이 태어났고, 그 이름은 부모가 웃었기 때문에 주어졌다.

이 후에 하나님의 약속대로 사라가 아브라함에게 아들을 낳아 주었고, 그 이름을 "웃음"이라는 뜻의 이삭이라고 불렀다. 그가 태어나리라는 약속을 받았을 때에 아버지가 기쁨과 놀라움으로 웃었기 때문이며(창 17:17), 어머니도 저 세 사람에게서 다시 그 약속을 들었을 때에 기쁨과 의심으로 웃었기 때문이었다(창 18:12-13).

그러나 그 웃음이 비록 기쁨 때문이었지만 완전한 믿음에서 온 것이 아니었기 때문에 천사가 책망했고, 후에 같은 천사가 그의 믿음을 굳게 해 주었다(창 18:13-14). 그래서 아이가 그 이름을 얻게 되었다. 이삭이 나서 그 이름을 받았을 때에, 사라는 자기의 웃음이 조롱과 멸시를 의미하는 것이 아니라, 기쁜 찬양의 웃음이었음을 나타냈다.

성경에 있는 바와 같이, 그는 "주께서 나로 웃게 하시니, 듣는 자가 다 나와 함께 웃으리로다"(창 21:6)했다. 그 후 얼마 되지 않아서 여종과 그 아들이 집에서 쫓겨났다. 사도에 의하면, 옛 언약과 새 언약이 모두 여기서 상징되었고, 사라는 하늘 예루살렘, 곧 하나님의 도성을 대표한다(갈 4:22-26).

32. 아들을 제물로 바치라는 명령으로 아브라함이 믿음의 시험을 받았고, 사라도 죽었다.

여러 사건들을 모두 자세히 이야기하는 것은 너무 지루할 것이고, 그 중에서 아브라함은 사랑하는 아들 이삭을 제물로 바치라는 시험을 받았으며, 그 목적은 그의 경건한 순종을 시험해서, 하나님이 아니라 후세가 알도록 하시려는 것이었다. 참으로 시험은 언제든지 비난받을 만한 것은 아니다. 그것으로 인해 인정을 받게 된다면, 그것은 또한 기뻐할 일이다. 또 사람의 마음은 이를테면 시험의 심문을 받아, 말이 아니라 행동으로 응대하는 힘을 보지 않고는 자기를 알 수 없는 법이다. 이런 경우에, 하나님이 제물을 받아주시면 우리는 참으로 경건한 마음을 가지게 되며, 허망한 자만심으로 부풀지 않고 은혜의 힘으로 단단히 다져진 마음을 가지게 될 것이다.

물론 아브라함은 하나님이 인신제물(人身祭物)을 기뻐하신다고 믿었을 리가 없다. 그러나 하나님의 명령이 벽력같이 들릴 때에, 우리는 항변하지 않고, 순종해야 된다. 또 아브라함은 아들을 제물로 드리더라도 부활할 것을 확실히 믿었으므로, 그 점에서 칭찬을 받을 만하다. 여종과 그 아들을 집에서 쫓아내라고 하는 아내의 말을 들어주려 하지 않았을 때에, 하나님께서 "이삭에게서 나는 자라야 네 씨라 칭하리라"고 하셨기 때문이었다. 물론 하나님께서는 이어, "그러나 여종의 아들도 네 씨니 내가 그로 한 민족을 이루게 하리라"고 하셨다(창 21:12-13). 이스마엘도 그의 씨라고 부르시면서, "이삭에게서 나는 자라야 네 씨라 칭하리라"는 말씀은 무슨 뜻인가? 사도가 설명한 말씀은 이것이다: "이삭으로부터 난 자라야 네 씨라 칭하리라 하셨으니 곧 육신의 자녀가 하나님의 자녀가 아니라 오직 약속의 자녀가 씨로 여기심을 받느니라"(롬 9:7-8).

약속의 자녀들이 아브라함의 씨가 되기 위해서 이삭 안에서 부르심을 받는다. 바꿔 말하면 은혜의 부르심을 받아 그리스도 안에서 모아질 것이다. 이 경건한 아버지는 이 약속을 굳게 믿었다. 그런데 이 약속은 하나님이 죽여 바치라고 명령하신 그 아들로 말미암아 성취될 것이었다. 그러므로, 자기가 과거에 아들을 얻을 가능성이 전혀 없었을 때에 이 아들을 받을 수 있었던 것과 같이, 이제 그를 제물로 바친 후에도 다시 돌려 받을 수 있으리라고 그는 믿어 의심하지 않았다.

히브리서에 있는 구절도 이렇게 해석해야 한다: "아브라함은 시험을 받을 때에 믿음으로 이삭을 드렸으니 저는 약속을 받은 자로되 그 독생자를 네 자손이라 칭할 자는 이삭으로 말미암으리라 하셨으니 저가 하나님이 능히 죽은 자 가운데서 다시 살리실 줄로 생각한지라." 그러므로 히브리서 기자는 "비유컨대 죽은 자 가운데서 도로 받은 것이니라"고 덧붙인다(히 11:17-19). 누구에 비유했다는 뜻인가? 사도는 사도는 "자기 아들을 아끼지 아니하시고 우리 모든 사람을 위하여 내어주신 이가 어찌 그 아들과 함께 모든 것을 우리에게 은사로 주지 아니하시겠느뇨"라고 한다(롬 8:32).

이렇게 하여 이삭은 자기를 그 위에 얹어 제물로 드릴 나무를 제사 지낼 곳으로 지고 갔다. 주님 자신이 십자가를 지고 가신 것과 같다. 끝으로 아브라함이 아들을 칼로 치지 말라는 명령을 받고, 이삭이 죽지 않게 되었을 때에, 죽임을 당해서 의미심장한 피로 제사를 완전히 드리게 한 저 수양은 누구였는가? 아브라함이 보았을 때에 수양은 뿔이 수풀에 걸려 있었다. 그러면 수양이 상징한 이는, 희생이 되시기 전에 유대인들의 가시관을 쓰신 그 그리스도가 아니고 누구겠는가?

그러나 우리는 천사를 시켜 하신 하나님의 말씀을 보기로 하자. 성경에, "아브라함이 손을 내밀어 칼을 잡고 그 아들을 잡으려 하더니 주의 사자가 하늘에서부터 그를 불러 가라사대 아브라함아 아브라함아 하시는지라 아브라함이 가로되 내가 여기 있나이다 하매 사자가 가라사대 그 아이에게 네 손을 대지 말라 아무 일도 그에게 하지 말라 네가 네 사랑하는 아들을 내게 아끼지 아니하였으니 내가 이제야 네가 하나님을 경외하는 줄을 아노라"(창 22:10-12)고 하신다. "내가 이제야 아노라"고 하신 것은, 하나님이 그 전에는 사실을 모르신 것이 아니므로, "내가 이제 알게 하였노라"는 뜻이다. 그리고 아들 이삭 대신에 수양을 제물로 바친 후에 성경에는 "아브라함이 그 땅 이름을 주께서 보셨다라 하였으니 오늘까지 사람들이 이르기를 주께서 산에서 나타나셨다 하더라"고 한다(창 22:14, 70인역).

"내가 이제 알게 하였노라" 대신에 "내가 이제 아노라"고 하신 것과 같이, "주께서 나타나셨다", 즉 "주께서 자기를 보이셨다" 대신에 "주께서 보셨다"고 한 것이다. "또 주의 사자가 하늘에서부터 두번째 아브라함을 불러 가라사대 주께서 이르시기를 내가 나를 가리켜 맹세하노니 네가 내 말을 순종하여 네 사랑하는 아들을 아끼지 아니하였은즉 내가 정녕 네게 큰 복을 주고 네 씨로 크게 성하여 하늘의 별과 같고 바닷가의 모래와 같게 하리니 네 씨가 그 대적의 도시들을 기업으로 차지할 것이라 또 씨로 말미암아 천하 만민이 복을 얻으리니 이는 네가 나의 말을 준행하였음이니라 하셨다 하니라"(창 22:15-18).

이와 같이, 그리스도를 상징하는 번제를 드린 후에, 아브라함의 씨 안에서 만민을 부르시겠다는 약속이 하나님의 맹세로 이제 확인되었다. 하나님은 그 때까지 여러 번 약속을 하셨지만, 맹세하신 일은 없었다. 진실하신 참 하나님이 하시는 맹세는 그의 약속을 확인하시는 것이 아니고 무엇인가? 동시에 믿지 않는 자들에 대한 일종의 책망이 아니고 무엇인가?

이 후에 사라가 127세에 죽었으니, 남편이 137세 되는 해였다. 그가 10년 연상이었던 것은, 아내가 아들을 낳으리라는 약속을 받았을 때에, 100세 된 나에게 어찌 아들이 있으며, 90세 된 사라가 어찌 잉태하리요 라고 한 것과 같다(창 17:17). 그 때에 아브라함이 땅을 사서 아내를 장사했다. 스데반이 말하듯이, 그는 결정적으로 그 땅에 정착했다(행 7:4). 즉 아버지가 2년 전에 죽은 것으로 추측되는 때에 그 곳에서 토지를 소유하게 되었기 때문이다.

33. 나홀의 손녀 리브가가 이삭의 처가 되었다.

그 후 이삭이 40세 되던 해에 숙부 나홀의 손녀 리브가에게 장가들었다. 이것은 그의 부친이 140세요, 모친이 별세한 지 3년이 되는 때였다. 아브라함이 며느리를 데려오기 위해 종을 메소포타미아로 보낼 때에, 종에게 말했다: "청컨대 네 손을 내 환도뼈 밑에 넣으라 내가 너를 하늘의 하나님 땅의 하나님이신 주를 가리켜 맹세하게 하노니 너는 가나안 족속의 딸 중에서 내 아들을 위하여 아내를 택하지 말라"(창 24:2-3). 이것은 그 환도뼈 밑에서 나는 육신으로 천지의 주 하나님이 오시리라는 것을 의미한 것이 아니고 무엇인가? 확실히 이것은 우리가 지금 그리스도 안에서 성취된 것을 보는 그 진리가 예언되었더라는 증명이며, 이것은 사소한 증명이 아니다.

34. 사라가 죽은 후에 아브라함이 그두라와 결합한 의미.

그러나 사라가 죽은 후에 아브라함이 그두라를 취한 것은 무슨 뜻인가? 이 경우에는 특히 그의 고령과 순수한 믿음을 생각할 때에, 무절제가 있었다고 의심하는 것은 아주 잘못이다. 하나님께서 이삭의 후손이 하늘의 별과 땅의 모래같이 많으리라고, 더할 나위 없이 완전한 맹세와 약속을 주셨지만 그는 자식들을 얻으려고 한 것이라고 생각할 것인가? 그러나 만일 하갈과 이스마엘이, 사도가 가르치는 것과 같이(갈 4:24), 옛 언약 아래에서의 육적인 사람들을 상징했다면, 그두라와 그의 자식들은 새 언약에 속하는 육적인 개인들을 예표한다고 생각할 것이 아닌가? 참으로 하갈과 그두라는 아브라함의 아내와 첩이라고 불렸지만, 사라를 첩이라고 부른 일은 전혀 없다.

아브라함에게 하갈을 주었을 때에, 성경은 "아브람의 아내 사래가 그 여종 이집트 사람 하갈을 가져 그 남편 아브람에게 아내로 준 때는 아브람이 가나안 땅에 거한 지 10년 후이었더라"고 한다(창 16:3). 사라가 죽은 후에 그가 맞아들인 그두라에 대해서는 "아브라함이 후처를 취하였으니, 그 이름은 그두라라"고 한다. 이와 같이 두 사람을 다 아내라고 부르지만, 또 두 사람을 다 첩이라고도 부른다. 성경이 계속해서, "아브라함이 아들 이삭에게 자기 모든 소유를 주었고 자기 서자들에게도 재물을 주어 자기 생전에 그들로 자기 아들 이삭을 떠나 동방 곧 동국으로 가게 하였더라"고 한다(창 25:1-6).

이와 같이 첩의 자식들도 재물을 받지만, 약속된 왕국은 상속하지 못한다. 이단자와 육적인 유대인들도 약속된 나라를 받지 못한다. 이삭 외에는 상속자가 없으며 "육신의 자녀가 하나님의 자녀가 아니라 오직 약속의 자녀가 씨로 여기심을 받기" 때문이다(롬 9:8). 또 이 일에 관해서 "오직 이삭으로부터 난 자라야 네 씨라 칭하리라 하셨다"(롬 9:7).

이 신비 때문이 아니라면, 아브라함이 아내가 죽은 후에 장가든 그두라를 첩이라고 부르는 이유를 나는 알 수 없다. 이 일들에 대한 이 해석들을 인정하지 않는 사람도 아브라함은 비난하지 말라. 두번째 혼인을 공격하는 후세의 이단자들에[45] 대해서, 처음 아내가 죽은 후의 재혼은 죄가 아니라는 것을 만민의 조상의 경우로 증명하려는 계획이 여기 있다면 무엇이라고 하겠는가?

그리고 아브라함은 175세에 죽고, 그가 100세 때에 낳은 이삭은 그 때에 75세였다.

---

45). 2세기 후반의 몬타누스(Montanus)파를 의미한다. 금욕적·열광적 말세론자인 그들은 재혼을 죄라고 규정하고, 자기들은 성경보다 "더 완전한" 도덕수준에 있노라고 주장했다. Aug., *De Haer.*, 26.

35. 아직 리브가의 태중에 있던 쌍둥이에 관해서 하나님이 대답하신 말씀의 뜻.

이제부터 하나님의 도성이 아브라함의 후손 시대에 진행된 경과를 보겠다. 이삭이 한 살 때부터 예순 살까지, 주목할 만한 일은 하나뿐이었다. 잉태하지 못하는 아내를 위해서 이삭이 하나님께 기도했을 때에, 하나님이 이미 기도를 허락하셔서, 아내가 잉태했고, 태중에서 쌍둥이들이 서로 싸우고 있었다. 이 일이 괴로워서 태모가 주께 질문했고, 주님의 대답은 "두 국민이 네 태중에 있구나 두 민족이 네 복중에서부터 나누이리라. 이 족속이 저 족속보다 강하겠고 큰 자는 어린 자를 섬기리라"는 것이었다(창 25:23). 사도 바울은 이 일이 하나님의 은혜에 대한 현저한 예로써 인정되기를 원한다. 아이들은 아직 나지 않았고, 선악간에 아무 일도 한 일이 없었을 때에, 아무 선도 행한 것이 없는 아우가 선택되고, 형이 배제되었기 때문이다(롬 9:11-13). 이 때에는 원죄가 있는 점에서 두 아이가 동등했으며, 자신의 죄라는 점에서도 양쪽이 다 아무 죄도 범한 것이 없었던 것은 의심할 여지가 전혀 없다.

그러나 이 책의 계획된 조직에 따라 나는 이 문제를 여기서 더 논할 수 없고, 이미 다른 책들에서[46] 자세히 논했다. 그러나 "큰 자가 어린 자를 섬기리라"는 말씀에 대해서는 더 오랜 유대 백성이 새로운 그리스도교인들을 섬기리라는 뜻으로 해석하지 않는 사람이 우리 사이에 거의 없다. 이 말씀은 큰 아들의 후손인 이두매 민족에게서 성취되었다고 생각될 수도 있다. 형인 에서의 다른 이름이 에돔이었고(창 25:30) 이두매 민족이라는 이름은 에돔에서 왔기 때문이다. 그리고 이 민족이 후에 아우의 후손인 이스라엘 백성에게 정복당하고 예속되었다. 그렇더라도, "이 족속이 저 족속보다 강하겠고, 큰 자는 어린 자를 섬기리라"는 말씀은 이보다 더 큰 일을 예표했다고 믿는 것이 더 적합하다. 이 더 큰 의미가 유대인들과 그리스도교인들의 경우에 가장 분명히 성취된 것이 아닌가?

36. 아버지의 공로 때문에 은혜를 받은 이삭이 아버지가 받은 것과 똑같은 말씀과 축복을 받았다.

이삭은 그 아버지가 몇 차례 받은 것과 같은 말씀을 받았다. 이 말씀에 대한 기록은 다음과 같다: "아브라함 때에 첫 흉년이 들었더니 그 땅에 또 흉년이 들매 이삭이 그랄로 가서 블레셋 왕 아비멜렉에게 이르렀더니 주께서 이삭에게 나타나 가라

46) *Exp. ex Ep. ad Rom.*, 60; *De Div. Quaest. ad Simplic*, 1, 2; *Quaest. in Hept.*, 1, 72; *Conf.*, 7, 9, 15; *Tractatus Adversus Judaeos*, 7, 9.

사대 애굽으로 내려가지 말고 내가 네게 지시하는 이 땅에 유하면 내가 너와 함께 있어 네게 복을 주고 내가 이 모든 땅을 너와 네 자손에게 주리라. 내가 네 아비 아브라함에게 맹세한 것을 이루어 네 자손을 하늘의 별과 같이 번성케 하며 이 모든 땅을 네 자손에게 주리니 네 자손을 인하여 천하 만민이 복을 받으리라. 이는 네 아비 아브라함이 내 말을 순종하고 내 명령과 내 계명과 내 율례와 내 법도를 지켰음이니라 하시니라"(창 26:1-5, 70인역).

이 족장은 다른 처나 첩이 없었고, 후손으로는 한 번 동침해서 잉태된 쌍둥이들로 만족했다. 그는 또 외국인들 사이에서 살았기 때문에, 미인인 아내로 인한 말썽을 두려워해서, 자기 아버지가 한 것과 같이, 아내를 아내라고 하지 않고 누이라고 했다. 그 여인은 그 아버지 편이나 어머니 편으로 보아서 아주 가까운 친척이기 때문이었다. 그러나 리브가도 그의 처인 것이 알려졌고, 외인들에게 해를 받지 않을 수 있었다. 그러나 이삭이 자기 아내 이외의 여성과 짝한 일이 없다고 해서, 그 점만으로 그를 그의 아버지보다 높이 평가할 수 없다. 확실히 그의 부친의 믿음과 순종의 공로가 그 자신의 것보다 컸고, 그 때문에 하나님께서 그 아버지를 보아서 그에게 여러 가지 혜택을 허락하신다고 하신다. "네 자손을 인하여 천하 만민이 복을 받으리라. 이는 네 아비 아브라함이 내 말을 순종하고 내 명령과 계명과 율례와 법도를 지켰음이라."

또 다른 때에 이렇게도 말씀하신다: "나는 네 아비 아브라함의 하나님이니 두려워 말라. 네 아비 아브라함을 위하여 내가 너와 함께 있어 네게 복을 주어 네 자손으로 번성케 하리라"(창 26:24, 70인역).

이것으로 보면, 아브라함이 얼마나 깨끗하게 살았는가를 알 수 있다. 다만 후안무치한 무리들이 자기들의 추악에 대한 지지를 성경에서 얻으려고, 아브라함도 정욕의 지배를 받았다고 상상한다. 또 이 일을 보아서, 우리는 사람들을 비교할 때에 그 하나하나의 아름다운 점을 근거로 삼을 것이 아니라, 각 사람의 전체적인 모습을 보아야 한다는 것을 알 수 있다. 그 생활의 어떤 한 가지 성질에서 다른 사람보다 나을 수 있고, 다른 사람들보다 훨씬 탁월하며 현저할 수 있다. 또 이 건전하고 바른 표준에 따를 때에, 절제가 혼인생활보다 낫기는 하지만, 결혼한 그리스도인이 독신인 비그리스도인보다 낫다. 불경건한 사람은 칭찬을 덜 받아야 할 뿐 아니라, 확실히 가장 타기할 만한 인물이다. 두 사람이 다 착실하다고 가정하라. 그렇더라도 하나님께 완전히 충실하고 완전히 순종하는 사람이 믿음과 순종이 적은 독신자보다 확실히 낫다. 그러나 다른 점들에서 동등할 때에는, 결혼한 사람보다 독신자를 더 높이 평가하는 것을 누가 주저할 것인가?

37. 에서와 야곱에게서 발견되는 숨은 예언적 의미.

이삭의 두 아들 에서와 야곱은 함께 자랐다. 두 사람 사이의 합의와 계약으로 형의 상속권이 아우에게 이양되었다. 아우가 만든 팥죽을 형이 몹시 먹고 싶어 했기 때문에, 부득이 맹세를 하고 아우에게 자기의 기득권을 판 것이다(창 25:29-34). 이 일로 보아서, 먹는 문제에서 비난할 것은 먹고 싶어 하는 음식의 종류가 아니라 지나친 탐욕이라는 것을 알 수 있다. 이삭은 늙어서 눈이 잘 보이지 않았다. 큰 아들을 축복하려고 하다가, 그 대신에 작은 아들을 모르고 축복했다. 큰 아들은 몸에 털이 많았는데, 작은 아들이 염소 새끼의 가죽으로 손을 싸고 — 마치 다른 사람의 죄를 쓰는 것 같이 — 그리고 가서 아버지가 손으로 자기를 만지게 했다. 우리가 야곱의 이 간계를 사기 행위였다고 생각해서, 거기 있는 중대한 비밀을 찾지 못하는 일이 없도록, 성경은 설명한다: "에서는 익숙한 사냥꾼인 고로 들사람이 되고, 야곱은 단순한 사람인 고로 장막에 거하니라" (창 25:27, 70인역).

우리 가운데 어떤 사람들은 "솔직한" 사람이라고 번역했다. 그리스어의 "아플라스토스" (ἄπλαστος)를 "솔직하다", "단순하다", 그보다 나은 "꾸밈 없다" 중에 어느 것으로 번역하든 간에, "솔직한" 사람이 축복을 얻은 데에 어떤 술책이 있었는가? "단순한" 사람이 술책을 쓰며, "거짓말을 하지 않는" 사람이 꾸밀 때에, 그것이 진리에 대한 심원한 비밀이 아니라면, 어떻게 그런 일이 가능하겠는가?[47] 그뿐 아니라, 그 축복의 내용은 어떤 것이었는가? "내 아들의 향취는 주의 복 주신 풍요한 밭의 향취로다. 주께서 하늘의 이슬과 땅의 기름짐이며 풍성한 곡식과 포도주로 네게 주시기를 원하노라. 만민이 너를 섬기고 열왕이 너를 존숭하리니 네가 형제의 주가 되고 네 아비의 아들들이 너를 존숭하며 네가 저주하는 자는 저주를 받고 네게 축복하는 자는 복을 받기를 원하노라" (창 27:27-29, 70인역).

그러므로 야곱에 대한 축복은 천하만민 사이에 그리스도를 선포하는 것이었다. 이 일이 있게 되며, 이 일이 지금 성취되고 있다.

이삭은 율법과 예언자들이며, 이것들에게 그리스도가 축복을 받는다. 유대인들은 율법과 예언자들을 모르지만, 자기가 하는 일을 모르는 사람같이, 율법과 예언자들을 말함으로써 그리스도를 축복한다. 세계는 그리스도의 이름의 아름다운 향취가 가득한 밭과 같다. 그가 주시는 축복은 하늘의 이슬, 곧 소낙비같은 하나님의 말씀이며, 땅의 기름짐 곧 백성들의 큰 모임이다. 그는 풍성한 곡식과 포도주를 주시니,

---

47) 이 문제를 *Quaest. in Hept.*, 1, 74에서 더 논한다.

그의 몸과 피를 기념하여 곡식과 포도주로 모이는 큰 무리이다. 그를 천하 만민이 섬기며, 열왕이 존숭한다. 그는 그 형제의 주시니, 그의 백성이 유대인들을 다스리기 때문이다. 그를 그의 아버지의 아들들인 아브라함의 믿음의 아들들이 경배하니, 그 자신도 육신으로는 아브라함의 아들이시다. 그를 저주한 자는 저주를 받았고, 그를 축복하는 자는 복을 받았다.

다시 말하거니와, 우리의 그리스도는 복 받은 분이시다. 유대인들까지도 참으로 그를 선포한다. 그들은 길을 잘못 들었지만, 역시 율법과 예언자들을 읽기 때문이다. 다만 그들은 다른 메시야를 축복하는 줄로 생각하며, 그릇된 믿음으로 그런 메시야를 기다린다.

그런데 큰 아들이 약속된 축복을 받으러 왔을 때에, 자기가 다른 아들에게 축복을 준 것을 알고, 이삭은 두려움으로 떨었다. 그는 놀라서 이것이 누구냐고 묻지만, 자기가 속은 것에 대해서 불평을 말하지 않는다. 도리어 그의 심중에 큰 비밀이[48] 즉시 계시되었을 때에, 그는 분노를 억제하고 자기가 준 축복을 확인한다: "그런즉 사냥한 고기를 내게 가져온 자가 누구냐? 너 오기 전에 내가 다 먹고 그를 위하여 축복하였은즉, 그가 정녕 복을 받을 것이니라"(창 27:33). 만일 이 일들이 하늘의 감동으로 된 것이 아니라 땅에 속한 방식으로 된 것이었다면, 누가 여기서 노한 사람의 저주를 예상하지 않겠는가? 참으로 사건은 이렇게 일어났지만, 거기에 예언적인 의미가 있었으며, 지상에서 되었지만, 하늘로부터 지도를 받았으며, 사람들이 했지만, 하나님의 역사로 된 일이었다.

그 외의 것들에도 심히 중요한 뜻이 가득하며, 그것을 모두 검토한다면 많은 책을 이룰 것이다. 그러나 우리는 이 책을 적당히 제한해야 되겠으므로 부득이 속히 다른 화제로 넘어가겠다.

38. 아내를 구하러 야곱은 메소포타미아로 가며, 도중에서 꿈에 환상을 보며, 아내 한 사람만을 얻으려다가 네 여자를 얻었다.

야곱에게 아내를 얻도록 하려고 그의 부모는 메소포타미아로 야곱을 보낸다. 그를 보낼 때에 아버지가 한 말은 다음과 같다: "너는 가나안 사람의 딸들 중에서 아내를 취하지 말고 일어나 밧단아람으로 가서 너의 외조부 브두엘 집에 이르러 거기서 너의 외삼촌 라반의 딸 중에서 아내를 취하라. 나의 하나님이 네게 복을 주어 너로

---

48) 여기서 "비밀"또는 신비(sacramentum)는 어떤 시건이면서 비유적 의미가 있는 것, 즉 하나님의 계획의 일부를 가리킨다.

생육하고 번성케 하사 너로 여러 족속을 이루게 하시고 네 조상 아브라함에게 허락하신 복을 네게 주시되 너와 네 자손에게 주사 너로 하나님이 아브라함에게 주신 땅 곧 너의 우거하는 땅을 유업으로 받게 하시기를 원하노라"(창 28:1-4).

벌써 여기서 우리는 야곱의 후손과 이삭의 다른 후손, 곧 에서에게서 날 후손들이 구별된 것을 알 수 있다. "이삭에게서 난 자라야 네 씨라 칭하리라"(창 21:12)는 말씀으로 하나님의 도성에 속한 후손을 의미했을 때에도, 여종의 아들과 그두라에게서 날 아들들을 구별했다. 그러나 그 때에는 아직 이삭의 두 아들에 대한 문제가 있었다. 축복이 두 아들에게로 갈 것인가, 또 만일 한 아들에게만 간다면 어느 쪽으로 갈 것이냐 하는 것이었다. 이제 이 문제가 분명히 해결되었다: 야곱이 아버지의 축복을 받은 것은 한 예언이었고, 그 때에 야곱에게 한 말은 "네가 여러 족속을 이루고 네 조상 아브라함에게 허락하신 복을 네게 주시기를 원하노라"는 것이었다.

다음에 야곱은 메소포타미아로 가는 도중에, 꿈에 하나님의 말씀을 받았다. 성경은 이르기를, "야곱이 맹세의 우물에서[49] 떠나 하란으로 향하여 가더니 한 곳에 이르러는 해가 지니라. 거기서 유숙하려고 그 곳의 한 돌을 취하여 베개하고 거기 누워 자더니 꿈에 본즉 사닥다리가 땅 위에 섰는데 그 꼭대기가 하늘에 닿았고 또 본즉 하나님의 사자가 그 위에서 오르락내리락하고 또 본즉 주께서 그 위에 서서 가라사대 나는 너의 조부 아브라함의 하나님이요 이삭의 하나님이라. 두려워하지 말라. 너 누운 땅을 내가 너와 네 자손에게 주리니 네 자손이 땅의 티끌같이 되어서 바다와 아프리카와 북과 동에 편만할지며 땅의 모든 족속이 너와 네 자손을 인하여 복을 얻으리라. 내가 너와 함께 있어 네가 어디로 가든지 너를 지키며 너를 이끌어 이 땅으로 돌아오게 할지라. 내가 네게 말한 것을 다 이루기까지 너를 떠나지 아니하리라. 야곱이 잠이 깨어 가로되 주께서 과연 여기 계시거늘 내가 알지 못하였도다. 이에 두려워하여 가로되 두렵도다 이곳이여 다른 곳이 아니라 이는 하나님의 집이요 이는 하늘의 문이로다 하고 야곱이 일어나 베개하였던 돌을 가져 기념물로 세우고 그 위에 기름을 붓고 그곳 이름을 하나님의 집이라[50] 하였더라"(창 28:10-19, 70인역).

여기에 예언적 의미가 있다. 야곱이 돌 위에 기름을 부은 것은 우상숭배적 행동이 아니었다. 그 돌을 경배하거나 거기 제물을 드린 것이 아니므로, 그것을 신으로 만든 것이 아니었다. 그러나 그리스도라는 이름은 "그리슴" 즉 "기름을 부음"에서 왔으므로, 확실히 여기에는 큰 비밀을 가리키는 상징적 의미가 있다. 또 참으로 우

49) 즉 브엘세바에서(창 28:10).
50) "하나님의 집"은 벧엘.

리 주님 자신이 복음서에서 저 사닥다리를 회상시킨 것을 우리는 안다. 나다나엘을 가리켜 "보라 이는 참 이스라엘 사람이라 그 속에 간사한 것이 없도다"라고 하셨을 때에 이스라엘, 곧 야곱이 저 환상을 보았기 때문에 말씀을 이어, "진실로 진실로 너희에게 이르노니 하늘이 열리고 하나님의 사자들이 인자 위에 오르락내리락 하는 것을 보리라"고 하셨다(요 1:47, 51).

이 일이 있은 후에 야곱은 여행을 계속하여 아내를 얻으려고 메소포타미아로 갔다. 성경에는 야곱이 어떻게 네 여인을 얻게 되었으며, 그들에게서 아들 열둘과 딸 하나를 얻었는가 하는 설명이 있다. 다만 그는 그 중 한 사람이라도 율법을 어기면서 얻은 것이 아니다. 우리가 주목할 것은, 그는 아내 하나를 얻으려고 갔는데, 다른 여자를 받게 되어, 밤에 그가 누군지를 모르고 동침하였으므로, 그를 희롱한 것 같이 생각되는 것을 피하기 위해서 그 여자를 버리지 않았다. 또 그 당시에는 자손을 많이 보기 위해서 일부다처를 금하는 법이 없었기 때문에, 그는 약혼한 유일한 여인도 취했다. 그런데 그 여인이 잉태하지 못했으므로, 자기의 여종을 남편에게 주어 아들을 얻으려 했다.

그의 언니는 이미 자녀를 낳았지만, 이 처사를 본받아, 자기의 후손을 불리려 했다. 야곱이 한 여인 이외의 다른 여인을 원했다는 말씀은 성경에 없으며, 자식을 얻을 목적 이외에 다른 여인들과 관계한 일도 없다. 그가 결혼을 맹세대로 했다면, 그런 짓들을 할 수 없었을 것이지만, 법적으로 남편의 몸을 주장한 그의 아내들이 (고전 7:4) 시키는 대로 한 것이기 때문에, 그는 맹세를 깨뜨린 것이 아니다. 그래서 네 여인에게서 아들 열둘과 딸 하나를 얻었다. 그 후에 아들 요셉으로 인해서 이집트로 갔다. 요셉은 형들의 시기로 팔려 이집트로 간 것이며, 거기서 큰 세력을 가진 높은 몸이 되었던 것이다.

39. 어떤 이유로 야곱에게 이스라엘이라는 이름을 주셨는가?

그뿐 아니라, 조금 전에 말한 바와 같이, 야곱은 이스라엘이라는 이름도 가지게 되었는데, 그의 후손들은 주로 이 이름을 썼다. 그가 메소포타미아에서 돌아올 때에 도중에서 그와 씨름을 한 천사가 이 이름을 주었고, 그 천사는 분명히 그리스도의 예표로서 행동했다. 야곱이 천사를 이겼지만, 이것은 자연히 천사가 원해서 된 일이었으며, 비밀을 상징하기 위해서였다. 그 승리는 그리스도의 수난을 가리키며, 거기서 유대인들은 그리스도를 이긴 것 같았다. 그러나 야곱은 자기가 이긴 그 천사에게서 축복을 받아냈으며, 이름을 지어준 것도 한 축복이었다.

"이스라엘"은 "하나님을 본다"는 뜻이다. 이것은 세상 끝에 모든 성도들이 받을 상이다. 그뿐 아니라, 같은 천사가 외면상 씨름에 이긴 자의 환도뼈를 다쳐서, 그가 절게 만들었다(창 32:24-32). 이와 같이 한 사람 야곱이 축복도 받고, 절게도 되었다. 그의 백성 가운데서 그리스도를 믿는 사람들은 축복을 받으며, 믿지 않는 사람들은 절게 되었기 때문이다. 환도뼈는 그 민족의 대다수를 의미한다. 참으로 그들 중에는 "그들이 절면서 길에서 멀어졌나이다"(시 18:45, 70인역)라는 예언의 말씀이 지적하는 대다수가 있다.

40. 야곱과 함께 이집트로 간 후손이 75명이었다고 하지만, 그 대부분은 그 후에 태어났다.

그런데 야곱 자신까지 합해서 그 자손 일흔 다섯 사람이 이집트에 들어갔다고 한다(행 7:14; 창 46:27, 70인역). 이 수효에는 여자라곤 딸 하나와 손녀 하나가 포함되었을 뿐이다. 그러나 자료를 자세히 검토하면, 야곱이 이집트에 들어간 해에 그의 자손이 그렇게 많은 것은 아니었다. 참으로 요셉의 증손자들까지 함께 계산했으니, 이 때에는 그들이 있었을 리가 절대로 없다. 그 때에 야곱이 130세요, 아들 요셉은 39세였기 때문이다. 요셉이 장가든 것이 30세 이후였다는 것을 우리가 아는데, 어떻게 9년 동안에 이 아내가 낳은 아들들에게서 증손자들을 얻을 수 있었겠는가?

이 때에는 요셉의 아들 에브라임과 므낫세에게 아들이 없었고 야곱이 이집트에 온 때에 그들은 아홉 살도 되지 않은 소년들이었다. 그런데 어떻게 그들의 아들들뿐 아니라 손자들까지 야곱과 함께 이집트에 들어온 75명 가운데 계산되었는가? 므낫세의 손자요 요셉의 증손자인 갈라아드도 그 중에 열거되었다. 또 요셉의 둘째 아들 에브라임의 아들인 우탈라암, 곧 요셉의 손자와 우탈라암의 아들, 곧 에브라임의 손자이며 요셉의 증손자인 에돔도 열거되었다.[51] 이 아이들은 야곱이 이집트에 왔을 때에 태어났을 리가 없다. 그들의 조부인 요셉의 아들이요 야곱의 손자들도 아홉살도 되지 않은 소년이었다. 그러나 성경에 야곱이 일흔다섯 사람을 데리고 이집트에 들어왔다고 확실히 성경에 기록된 것은 하루나 한 해에 된 일이 아니고, 그들을 들어오게 한 요셉의 전생애에 있은 일로 생각해야 한다. 요셉에 대한 성경 말씀은 "요셉이 그 형제들과 그 아비의 온 가족과 함께 애굽(이집트)에 거하며 일백십 세를 살

---

51) 여기서 지적하는 문제는 70인역에만 있고, 히브리어 성경과 그 번역들에는 없다.

며 에브라임의 자손 삼대를 보았더라" 한다. 요셉의 증손자는 에브라임의 삼대손이다. 삼대를 보았다고 했으니, 아들 손자 증손자를 의미한다. 다음에 있는 말씀은 "므낫세의 아들 마길의 아들들도 요셉의 슬하에서 양육되었더라"(창 50:22-23)고 한다. 마길의 아들은 므낫세의 손자요 요셉의 증손자다. 마길의 아들들이라고 한 복수는 성경의 관습에 따른 것이며, 야곱의 딸도 하나뿐이었는데 딸들이라고 했다(창 46:7). 라틴어에서도 아들이 하나인 때에도 후손이라는 뜻으로 쓸 때에는 "아들들"이라고 하는 것이 보통이다. 그러므로 요셉이 증손자까지 본 행복한 사람이라고 할 때에, 우리는 그 아이들이 야곱이 이집트에 왔을 때, 곧 그들의 증조부 요셉이 39살 때에 이미 태어났다고 단정해서는 안 된다. 그러나 성경이 "아버지 야곱과 함께 애굽으로 내려간 이스라엘 자손의 이름이 이러하니"(창 46:8, 70인역)라고 하므로, 본문을 신중히 검토하지 않는 사람들은 모두 이 점을 놓친다. 이 성경 말씀은 야곱까지 합해서 75명을 열거하기 때문이고, 야곱이 이집트에 들어간 때에 그들이 모두 함께 있었다는 것이 아니다. 이미 말한 바와 같이, 그가 이집트에 들어간 것과, 그렇게 들어갈 수 있게 만든 요셉의 전생애를 동일시했기 때문이다.

41. 야곱이 아들 유다에게 약속한 축복.

우리의 관심은 지상에서 순례의 길을 걷는 하나님의 도성과 그것을 몸소 구현하는 그리스도인들에게 있다. 그러므로 그리스도의 조상을 아브라함의 후손 가운데서 찾으려고 할 때에, 첩들의 후손을 제외하면 이삭을 얻고, 이삭의 후손 가운데서 에돔이라고도 하는 에서를 제외하면 이스라엘이라고도 하는 야곱을 얻고, 이스라엘의 후손 가운데서 다른 사람들을 제외하고 유다를 얻는다. 그리스도께서는 유다 지파에서 나셨기 때문이다. 야곱이 이집트에서 죽기 직전에 아들들을 축복했을 때에 유다를 축복한 예언적인 말을 들어보자. "유다야, 너는 네 형제의 찬송이 될지라. 네 손이 네 원수의 등을 잡을 것이요 네 아비의 아들들이 네 앞에 절하리로다. 유다는 사자 새끼로다. 내 아들아 너는 싹에서부터 올라갔도다. 그 누워 잠이 수사자 같고 사자 새끼 같으니 누가 그를 일으키리요. 치리자가 유다를 떠나지 아니하여 그를 위하여 간직된 것이 나타날 때까지 미치리니 그를 모든 백성이 기다리도다. 그의 나귀를 포도나무에 매며 그 암나귀 새끼를 포도나무 가지에 맬 것이며 또 그 옷을 포도주에 빨며 그 복장을 포도즙에 빨리로다. 그 눈은 포도주로 인하여 붉겠고 그 이는 우유로 인하여 희리로다"(창 49:8-12, 70인역).

나는 마니교도 파우스투스(Faustus)를 반박하는 글에서[52] 여기에 있는 여러 가지 점을 설명했으며, 이 예언에서 진리의 광명이 밝히 빛난다고 생각한다. "잔다"는 표현으로 그리스도의 죽으심을 예언하며, 그 죽으심에서 필연성이 아니라 권능이 역사한 것을 사자를 비유로 예견한다. 이 권능을 그리스도 자신이 복음서에서 언명하신다: "나는 내 목숨을 버릴 권세도 있고 다시 얻을 권세도 있으니 이를 내게서 빼앗는 자가 있는 것이 아니라 내가 스스로 버리고 다시 얻노라"(요 10:18).

이와 같이 사자가 외쳤으며, 이 말씀을 성취했다. 그 다음에 있는 "누가 그를 일으키리요"라는 말씀도 그의 부활에 관한 것이며, 이 권능에 관한 것이다. 그 자신 이외에는 아무도 없으니, 그는 자기의 몸에 대해서 "너희가 이 성전을 헐라. 내가 사흘 동안에 일으키리라"고 하셨다(요 2:19). 그뿐 아니라, 그가 죽으신 형편, 곧 십자가에 높이 달리심은 "올라갔도다"라는 한 마디로 표현한다. "누워 잠"이라는 말을 복음서 기자는 "머리를 숙이시고 영혼이 돌아가시니라"는 말로 설명한다(요 19:30). 이렇게 해석할 것이 아니라면, 확실히 이 말씀은 그리스도의 무덤에 관한 것이다. 그는 무덤에 누워 주무셨고, 예언자들이 사람들을 일으킨 것이나, 그 자신이 사람들을 일으키신 것처럼, 누군가가 그를 일으킨 것이 아니라, 스스로 잠에서 깨듯이 일어나셨다.

또한 그 옷을 포도주에 빤다고 한 것은 그리스도의 피로 죄를 씻으신다는 뜻이다. 세례를 받는 사람은 그의 피의 성례를 안다. 그러므로 "그 복장을 포도즙에 빨리라"고 덧붙인 것은 교회를 의미하는 것이 아니고 무엇인가? "그 눈은 포도주로 인하여 붉겠고"는 그리스도의 잔에서 마신 영적인 사람들이며, 이 일에 대해서 시편은 "나를 상쾌하게 하는 당신의 잔, 어찌 그리 찬란하니이까"라고 노래한다(시 23:5, 70인역). "그의 이는 우유로 인하여 희리로다"는 것은, 사도가 말하듯이, 어린이들이 마시는 우유 즉 영양을 주는 말씀이며, 어린이들은 아직 굳은 음식을 먹을 수 없기 때문이다(고전 3:2; 벧전 2:2). 유다에게 한 약속들은 그리스도 안에 간직되어 있으며, 그 약속들이 실현될 때까지 치리자들인 이스라엘의 왕들이 유다의 계통에서 끊어지지 않았다. "그를 모든 백성이 기다리도다" — 이 말씀은 어떤 설명보다 한 번 보는 것으로 뜻이 더 명백해진다.

42. 야곱이 요셉의 아들들을 축복했을 때에 손을 엇갈리게 내밀었다.

그런데 이삭의 두 아들 에서와 야곱은 유대인과 그리스도인이라는 두 백성을 예표했다. 다만 육신적인 계통으로 보면, 에서의 후손은 유대인들이 아닌 이두매 사람

52) *Adu. Faust. Man.*, 12, 42.

들이었고, 야곱의 후손은 이방 그리스도인들이 아니라 유대인들이다. 여기서 상징적 의미는 "큰 자는 어린 자를 섬기리라" (창 25:23)는 데서 그치기 때문이다. 요셉의 두 아들의 경우도 마찬가지여서, 큰 아들은 유대인을, 작은 아들은 그리스도인을 상징했다. 야곱이 그들을 축복했을 때에, 바른 손을 자기 왼편에 있는 작은 아이에게 얹고, 왼손을 자기 바른 편에 있는 큰 아이에게 얹었다.

이것을 요셉은 큰 실수라고 생각해서, 바로 잡고자, 어느 쪽이 큰 아이인가를 아버지에게 말씀을 드렸다. 그러나 야곱은 손을 바꾸려하지 않고 말했다: "나도 안다. 내 아들아 나도 안다. 그도 한 족속이 되며 그도 크게 되려니와 그 아우가 그보다 큰 자가 되고 그 자손이 여러 민족을 이루리라" (창 48:19). 여기서도 그는 저 두 가지 약속의 의미를 적절하게 알린다. 즉 한 쪽은 "한 족속"을 이루겠지만, 다른 쪽은 "여러 민족"을 이루리라고 한다. 이 두 가지 약속은 이스라엘 민족과 아브라함의 후손에 포함되어 있는 전세계를 가리킨다. 전자는 육체를 따른 후손이며, 후자는 믿음을 따른 후손이라고 하는 것보다 더 명백한 해석이 있겠는가?

43. 모세와 여호수아와 사사들과 열왕들의 시대: 초대왕은 사울이었으나, 상징적 예표로써, 또 그 자신의 행적으로 다윗이 탁월했다.

야곱이 죽고 요셉도 죽은 후에, 출애굽까지의 144년동안 이 민족은 믿지 못할 정도로 인구가 늘었다. 그들의 과도한 팽창을 보고 놀라고 겁이 난 이집트 사람들은 그들을 가혹하게 핍박해서 괴롭혔고, 심지어는 사내 아이가 태어나면 죽여 버렸다 (출 1장). 이때에 모세는 유아들을 죽이는 자들의 손에서 비밀히 구출되어 왕궁에 가게 되었다. 이 사람이 할 큰 일들을 하나님이 간직하고 계셨기 때문이다. 그는 왕궁에서 자랐고, 파라오의 딸에게 양자가 되었다. 파라오는 이집트왕들의 칭호였다.

그는 장성해서 위대한 사람이 되었고, 기적적으로 많이 증가하였으나 종살이의 심히 가혹하고 무거운 멍에를 메고 고통당하는 자기 민족을 구출했다. 아니, 하나님이 아브라함에게 하신 약속대로 그의 손을 통해서 그들을 구출하셨다. 처음에 모세는 어떤 이스라엘 사람을 보호하려다가 이집트 사람 하나를 죽였기 때문에(출 2:1-15) 겁을 먹고 그 나라를 탈출했었지만, 드디어 하나님의 사자로서 하나님의 영의 힘을 입어, 그와 힘을 겨룬 파라오의 마술사들을 극복했다. 그 다음에 이집트 사람들이 하나님의 백성을 보내지 않기 때문에, 그들에게 열 가지 큰 재앙을 내렸다. 강물이 피로 변한 것과 개구리와 이와 파리와 가축의 악질과 독종과 우박과 메뚜기와 흑암과 장자가 죽는 것이었다.

그들은 드디어 이 많고 큰 재앙들 때문에 사기가 죽어서 이스라엘 백성을 보냈으나, 홍해를 건너는 그들을 추격하다가 자기들이 몰사하고 말았다. 바닷물이 갈라져서 길이 열리고 이스라엘 백성들은 건너갔지만, 이집트 사람들이 뒤를 쫓을 때에 물이 다시 어울려, 그들을 덮어버린 것이다(출 7-12장;14장).

그후에 하나님의 백성은 모세의 지휘하에 40년동안 광야를 헤매었다. 그 때에 증거막이라는 이름이 생겼다(출 25:8-27:21).[53] 이것은 하나님을 경배하는 천막이었는데, 그 때에는 하나님께 제물을 드렸고, 그 제물들은 장차 있을 일들을 예언하는 것이었다. 물론 이것은 저 산상에서 심히 두려운 가운데 율법을 주신 후였다. 그 때에 하나님의 임재하심이 놀라운 표적과 들리는 말씀으로 분명히 확증되었다. 그런데 이것은 출애굽 직후, 곧 광야생활의 초기에 있은 일이며, 어린 양을 죽여 지킨 유월절 후(출 12:1-11) 50일째 되는 때였다. 유월절은 히브리어로도 넘어간다는 뜻이므로, 이 일은 그리스도께서 그 받으신 고난으로 자기를 희생으로 드리심으로써 이 세상으로부터 아버지께도 넘어가신 것을 분명히 예표한다. 그래서 우리의 유월절이신 그리스도께서 희생이 되신 후에 새 언약이 계시되었을 때에, 성령, 즉 복음서에서 말하는 하나님의 손가락이(눅 11:20) 하늘에서 내려온 것은 50일째 되는 날이었다. 이것은 전에 있었던 상징적 사건을 우리에게 상기시키려는 의도에서 된 일이었다. 율법판들도 하나님의 손가락으로 쓰셨다고 기록되었기 때문이다(출 31:18).

모세가 죽은 후에 여호수아가 백성을 지도해서 약속된 땅으로 들어가 그들에게 나누어주었다(수 1장). 이 두 훌륭한 지도자는 전쟁에서 기적적으로 크게 성공을 얻었지만, 그 승리는 히브리 민족에게 공적이 있었기 때문이 아니라, 패배한 백성들에게 죄가 있었기 때문이라고 하나님은 증언하셨다. 이 지도자들의 뒤를 이은 것이 사사들이었고, 그때에는 백성이 약속된 땅에 정착해 있었다. 그래서 아브라함에게 주신 처음 언약이 실현되기 시작했다. 그러나 그것은 히브리 민족이라는 한 민족과 가나안이라는 한 국토에서 이루어진 것이고, 아직 천하 만민에게서 이루어진 것은 아니었다.[54] 이 일은 그리스도께서 육신으로 강림하심으로써 실현되기로 예정되어 있었고, 옛 율법을 지킴으로써 이루어질 것이 아니라, 오직 복음을 믿음으로써 이루어질 것이었다. 이 일을 상징한 것이 모세와 여호수아의 경우였다. 모세는 시내산에서 율법을 받아 백성에게 주었고, 여호수아는 백성을 약속의 땅으로 인도했는데, 그의

53) "증거막"이라는 명칭은 출 27:21의 70인역에 있으나, 개역성경에는 없고, 출 38:21; 민 1:50, 53; 10:11에 있다.

54) 제29장의 끝 단락을 참조.

이름은 하나님의 명령으로 여호수아 즉 예수라고 불렀다(민 13:16).[55] 그 후 사사시대에도 이스라엘 백성의 죄와 하나님의 자비에 따라, 전쟁의 추세가 악화하기도 하고 호전되기도 했다.

이렇게 해서 열왕 시대에 도달했으며, 초대왕이 사울이었다. 그가 은혜를 잃고 전사한 후에, 그의 가문이 버림을 받아 왕을 낼 수 없게 되었고,[56] 특히 그리스도의 선조로서 유명한 다윗이 왕권을 이어 받았다. 다윗은 새 시대를 열었고, 아브라함으로부터 그 때까지 하나님의 백성이 사춘기를 지났다고 한다면, 다윗은 청년 시대를 열었다고 할 수 있다. 복음서 기자 마태가 아브라함으로부터 다윗까지를 첫 시대로 정하고 이 시대에 14대를 돌리는 식으로 족보를 기록한 것도(마 1:17) 근거가 없는 일이 아니었다.

사람이 사춘기에도 자식을 낳을 수 있는 것이 사실이므로 몇 세대가 아브라함으로부터 시작되었고 그는 또 천하 만민의 조상으로 되어, 그 이름까지 고쳐졌다(창 17:5).[57] 노아로부터 그의 시대까지는 하나님의 백성의 소년 시대와 같았고, 그래서 그 때에 한 언어 즉 히브리어를[58] 가지게 되었다. 사람은 유아기 다음에 오는 소년기에 말을 하기 시작하며 말하는 힘이 없기 때문에 유아기라고[59]한다. 이 처음 시대는 잊혀지며, 인류의 처음 시대가 홍수로 없어진 것과 같다. 자기의 유아기를 회상할 수 있는 사람이 백에 몇 명이나 되는가?

그래서 하나님의 도성의 역사에서, 우리의 앞서의 책은 처음 시대 하나를 포함했는데, 이 책에서는 두 시대, 곧 둘째와 셋째 시대가 논술되었다. 이 셋째 시대에는 삼년 된 암소와 삼년 된 암염소와 삼년 된 수양이 대표하듯이(창 15:9), 율법의 멍에가 얹혀졌을 뿐 아니라 무수한 죄악이 나타났으며, 지상 왕국의 처음 단계들이 일어났지만, 산비둘기와 집비둘기가 상징한 영적인 사람들도 없지 않았다(창 15:9).[60]

---

55) 여호수아는 히브리 이름이고, 예수는 70인역과 신약성경에서 그리스어식으로 부른 것: 민 13:16; 수 1:10; 행 7:45; 히 4:8 등.

56) 사울은 버림을 받고(삼상 15:26), 사울과 세 아들은 전사하고(삼상 31:1-6), 다윗이 후계자가 되었다(삼하 5:1-3).

57) 제28장.

58) 제11장.

59) 유아기의 라틴어 "infantia"는 원래 말할 줄 모름을 의미한다.

60) 제24장을 참조.

제 17 권

개요: 이 책에서는 하나님의 도성의 역사를 왕조 시대와 예언자 시대로부터 추적하여, 사무엘로부터 다윗에까지, 그리고 드디어 그리스도에까지 이른다. 또 열왕기, 시편, 솔로몬 문서에 기록된 예언들을 그리스도와 교회에 관련시켜 해석한다.

1. 예언자 시대.

우리는, 아브라함의 후손은 하나님의 은혜로 육신적으로는 이스라엘 민족, 신앙적으로 모든 민족이 되리라는 하나님의 약속을 받았다는 것을 알았다. 하나님의 도성의 역사를 시대순으로 더듬어보면, 이 약속이 어떻게 실현되는가가 나타날 것이다. 앞서의 책에서 우리는 다윗왕 시대까지 왔으므로, 이제부터 그 이후의 사건들을 다루되, 우리가 계획한 목적을 위해서 충분한 정도에 그치겠다.

그런데, 거룩한 사무엘이 예언을 시작한 때로부터 이스라엘 백성이 바빌론으로 끌려가고, 거룩한 예레미야의 예언대로(렘 25:11) 70년 후에 돌아와서 성전을 재건할 때까지의 모든 기간은 예언자 시대다. 홍수로 온 세계가 멸망한 때의 노아와 그 전후의 사람들, 그 후 하나님의 백성 사이에 왕조가 설 때까지의 사람들을 예언자라고 불러도 좋다. 그들은 통해서 하나님의 도성과 왕국에 관계되는 일들이 여러 가지로 상징되거나 예언되었기 때문이다. 어떤 사람들의 경우에는 이 점이 분명하며, 특히 아브라함과 모세는 예언자라고 기록되었다(창 20:7; 신 34:10). 그러나 "예언자 시대"라는 명칭은 주로 사무엘의 초기 예언으로부터 시작하는 시대에 적용된다. 사무엘은 하나님의 명령에 따라 처음에 사울에게 기름을 부었고, 이 사람이 배제된 후에 다윗에게 기름을 부었다. 그 후 다윗의 계통에서 그 대를 이을 권한을 받은 사람들이 왕위를 이어갔다.

이 예언자 시대에도 한 세대가 죽고 다른 세대가 나서 그 뒤를 이어가는 동안에 하나님의 도성의 역사는 진행되었으며, 그 동안에 그리스도에 대해서 예언자들이 말한 것을 모두 기록하려고 한다면, 그것은 끝없는 일이 될 것이다. 우선 성경이 왕들의 사적과 흥망을 질서정연하고 자세하게 기록한 것은 학자적 근면함이 동기가 된 것으로 보이지만, 하나님의 영의 도움을 받아 성경을 연구하며 검토해 보면, 성경은 과거를 묘사하기보다 미래를 예언하려는 의도가 더 강하다는 것을 알게 될 것이다. 적어도 여기에 대한 관심이 약하지 않다. 이 점을 조금이라도 고려하는 사람이라면, 그 기록 전체를 탐구하며 추적해서 그 결과를 자세히 기록하는 것이 수고와 시간이 드는 일이며, 여러 책을 채우리라는 것을 누가 깨닫지 못하겠는가? 또 생각할 점은, 분명히 예언적 성격을 가진 사건들 자체가 자주 그리스도와 하늘 나라, 즉 하나님의 도성과 관련이 있으며, 그런 사건들을 암시만 하더라도 이 책의 범위를 초월하는 긴 이야기가 필요하게 될 것이다. 그러므로 하나님의 뜻에 따라 힘 자라는 대로 나의 목적 달성을 위해서 불필요한 것은 말하지 않으며, 꼭 필요한 것은 빠뜨리지 않도록, 붓을 조절하겠다.

2. 육적인 이스라엘이 차지하게 될 가나안 땅에 관해서 하나님이 하신 약속은 언제 이행되었는가?

앞에서 우리는 하나님이 아브라함에게 하신 약속은 처음부터 두 가지였다고 했다. 하나는 그의 후손이 가나안 땅을 차지하리라는 것이었는데, 이에 대한 말씀은 "너는 내가 네게 지시할 땅으로 가라 내가 너로 큰 민족을 이루리라"는 것이었다(창 12:1-2). 더욱 중요한 둘째 약속은 그의 육신적 후손이 아니라, 영적 후손에 관한 것이었다. 그 후손으로 인해서 그는 이스라엘 민족의 조상이 될 뿐 아니라 그의 믿음을 따르는 천하 만민의 조상이 되리라는 것이다.

이 약속의 말씀은 다음과 같이 시작되었다: "땅의 모든 족속이 너를 인하여 복을 얻으리라"(창 12:3). 우리는 또 이 두 가지 약속이 그 후 여러 기회에 확인되었다는 것을 지적했다. 이와 같이 아브라함의 육신적 후손인 이스라엘 민족은 이미 약속의 땅에 들어갔고, 거기서 원수들의 도성을 점령할 뿐 아니라 왕들을 세워서 그 땅을 지배하고 있었다. 그래서 이 백성에 관한 하나님의 약속은 많이 실현되었다. 세 족장 아브라함과 이삭과 야곱과 그들의 시대에 주신 약속뿐 아니라, 모세를 통해 주신 약속들도 많이 실현되었다. 이 사람으로 말미암아 이스라엘 백성은 이집트의 노예 생활에서 해방되었고, 그가 백성을 인도하여 광야를 지날 때에 과거에 있었던 모든 사건이 계시되었다.

여호수아는 탁월한 지도자로서, 백성을 약속의 땅에 인도하여 그 곳 주민을 정복하고, 하나님의 명령대로 땅을 12지파에게 나눠주고 죽었으나, 하나님의 약속은 실현하지 못했다. 그가 죽은 후 사사들이 다스린 모든 기간을 통해서도 가나안 땅에 대한 약속인 이집트의 강으로부터 큰 강 유브라데까지의 전지역에 관한 약속은(창 15:18) 실현되지 않았다. 다만 이것은 먼 미래에 대한 예언이 아니라, 그 실현이 언제라도 기대되게 되었다. 그러나 그 약속을 실현시킨 것은 다윗과 그의 아들 솔로몬이었다.

그들은 약속된 땅의 모든 주민을 정복하고 조공을 받게 되어, 그 전지역을 지배했다(왕상 4:21). 그러므로 이 왕들의 치하에서 아브라함의 육신적 후손들은 가나안 땅에 훌륭하게 정착했고, 하나님의 세상적인 약속을 실현하기 위해서는 부족한 것이 없었다. 남은 것은 히브리 민족이 그들의 주 하나님의 율법을 지킴으로써 세상적인 영고성쇠에 관해서 자손 만대를 통해 그 지위에 훼손을 받음 없이 인류 역사의 끝까지 그 땅에 남아 있도록 하는 것뿐이었다. 그러나 하나님께서는 그들이 이렇게 하지 않을 것을 아시고, 그들에게 일시적인 벌까지 주셔서 그들 가운데 있는 소수의 충성한 자들을 단련하며, 천하만민 중에서 그들의 뒤를 이을 사람들에게 경고를 주셨다. 그리스도의 성육신을 통해서 새로운 언약을 계시함으로써 둘째 약속을 실현하시는 상대가 될 사람들이 경고를 받을 필요가 있었던 것이다.

3. 예언의 의미는 3중인데 지상적 예루살렘, 혹은 천상적 예루살렘, 혹은 양편에 동시에 관련되었다.

그러므로 아브라함과 이삭과 야곱에게 주신 하나님의 말씀, 그리고 초기 성경 문서들에서 주신 다른 예언적 표적과 말씀들의 경우와 같이, 열왕 시대에 있었던 다른 예언들도 일부는 아브라함의 육신적 후손에 관한 것이며, 일부는 천하 만민 중에서 그의 후손으로서 축복을 받은 사람들에 관한 것이다. 이 사람들은 새 언약을 통해서 그리스도와 함께 상속자가 될 것이며, 천국의 영생을 차지하게 될 것이다. 그러므로 예언의 일부는 노예들을 낳은 여종인 지상적 예루살렘에 관한 것이며, 그는 아들들과 함께 종살이를 한다. 그러나 일부는 하나님의 자유로운 도성인 천상적 예루살렘에 관한 것으로, 이 도성은 하늘에 영원히 있으며, 그 아들들은 하나님의 교훈을 따라 살면서 지상의 순례를 계속한다. 그러나 또 어떤 예언들은 양쪽에 관한 것으로 해석된다. 문자 그대로는 여종에, 비유적으로는 자유로운 여인에 관한 것이다.

그러므로 예언자들의 말씀에는 3중의 의미가 있다는 것을 알게 된다. 어떤 말씀은 지상적 예루살렘을 의미하며, 어떤 말씀은 천상적 예루살렘을, 그리고 또 어떤 말씀은 양쪽을 함께 의미한다. 나의 이 말을 예를 들어 증명해야겠다. 예언자 나단은 다윗왕의 중대한 죄를 책망하며, 장차 올 불행을 예언하도록 파견되었고, 그 불행은 후에 사실로 나타났다(삼하 12:1-5). 이 말씀이나 이와 같은 다른 말씀들이 지상 도성에 관한 것임을 의심할 수 있는가? 이런 말씀은 일반 백성의 안녕과 유익을 위해서 공개적으로 말씀하기도 하고, 개인을 위해서 비밀히 주기도 하신다. 개인이 하나님의 말씀으로 지상 생활에 유익한 일을 계시 받는 큰 행복을 얻는 것이다.

그러나 이런 말씀이 있다: "주께서 가라사대 볼지어다 날이 이르리니 내가 이스라엘 집과 유다 집으로 새 언약을 세우리라 또 주께서 가라사대 내가 저희 열조들의 손을 잡고 애굽 땅에서 인도하여 내던 날에 저희와 세운 것과 같지 아니하도다 저희는 내 언약 안에 머물러 있지 아니하므로 내가 저희를 돌아보지 아니하였노라 또 주께서 가라사대 그 날 후에 내가 이스라엘 집으로 세울 언약이 이것이니 내 법을 저희 생각에 두고 저희 마음에 그것을 기록하리라 나는 저희에게 하나님이 되고 저희는 내게 백성이 되리라"(히 8:8-10; 렘 31:31-33, 70인역). 이 말씀은 하늘 예루살렘에 관한 것임을 의심할 수 없다. 그 곳에서 받는 상은 하나님 자신이기 때문이다. 또 하나님을 소유하며 하나님의 소유가 되는 것이 최대의 그리고 완전한 선이기 때문이다.

그러나 다음 예는 양쪽에 관한 것이다. 예루살렘을 하나님의 도성이라고 부르는 예언과 하나님의 미래의 성전을 말하는 예언이다. 이런 예언은 솔로몬왕이 심히 웅장한 성전을 건축했을 때에 성취된 것을 우리는 안다. 이것은 지상적 예루살렘에서 있었던 한 역사적 사실이며, 동시에 천상적 예루살렘의 한 상징이다. 그런데 이런 종류의 예언이 다른 두 종류와 결합되거나 혼합되어 구약성경의 역사서에서 매우 중요한 자리를 차지했기 때문에 성경 연구가들이 지혜를 짜내게 했고 지금도 여전히 그렇다. 아브라함의 육신적 후손 사이에서 예언이 있었고 또 실현된 것을 읽을 때에, 그들은 아브라함의 신앙적 후손에 관해서도 거기에 예언이 있고 또 실현되리라는 비유적 의미를 탐구하려고 노력한다.

이런 종류의 예언이 심히 많기 때문에, 어떤 학자는 이 역사서에서 성취된 것으로 기록되어 있는 것은, 예언이 있었거나 없었거나 간에, 반드시 하나님의 천상 도성과 금생을 순례하는 그 시민들에게도 비유적으로 적용된다고 단정했다. 만일 이 이론이 건전한 것이라면, 예언자의 말씀들은, 아니, 구약성경이라고 하는 문서 전체는 세 종류가 아니라 두 종류로 나뉠 것이다. 만일 구약성경에서 지상 예루살렘에 관해서 또는 그것을 위해서 있고 또 실현된 말씀에 비유적인 예언으로써 천상 예루살렘에서도 적용될 의미가 있다고 한다면, 구약성경에는 지상 예루살렘에만 적용되는 것은 없을 것이다. 그래서 예언에는 자유 예루살렘과 두 도성에 관한 두 가지 예언만 있을 것이다.

그러나 내 의견으로는, 이런 종류의 문서에(옛예언자들이라 하는 역사서들에) 있는 사건 기록에는 어떤 일들이 실제로 있었느냐 하는 의미밖에 없다고 생각하는 사람들이 잘못된 것과 같이, 이 책들에 있는 발언은 그 하나하나에 비유적인 의미가 있다고 주장하는 사람들도 매우 경솔하다. 그래서 나는 예언들을 두 종류가 아니라 세 종류라고 말하는 것이며, 이것은 나의 확신이다. 그렇더라도, 거기 기록된 사건 하나하나에 대해서 영적인 의미를 얻어낼 수 있었던 사람들을 비난하는 것은 아니다. 다만 그들은 우선 그 역사적 진실성을 주장하도록 유의해야 한다. 그러나 어떤 말씀들은 사람이나 하나님이 과거에 하신 일 또는 미래에 하실 일에 관련시킬 수 없다. 이런 말씀들에 대해서, 어떤 그리스도인이 헛된 말씀이 아니었다는 것을 의심할 수 있는가? 누가 할 수만 있으면 이런 말씀을 그 영적 의미에 따라서 해석하려고 하지 않겠는가? 자기가 할 수 없으면, 능력있는 사람이 그렇게 해석해야 한다는 것을 누가 인정하지 않겠는가?

4. 이스라엘의 왕조와 제사장 제도가 변천하리라는 예언이 있었고 사무엘의 어머니 한나는 교회를 대표해서 예언했다.

그러므로 하나님의 도성이 왕들의 시대까지 진행되어, 사울이 버림을 받고 다윗이 처음으로 왕권을 받아 그의 후손이 오랫동안 계승하면서, 지상적 예루살렘을 지배하게 되었을 때에 이 사건은 미래를 계시하며 예고했다. 그것은 신구 두 언약에 관해서 오랜 후에 있을 변화를 알리는 중요한 상징이었다. 제사장 제도와 왕국이 변해서 그리스도이신 예수라는 한 인물을 중심으로 새롭고 영원한 제사장과 왕이 나타나리라는 상징이 되었다. 제사장 엘리가 버림을 받고 그 대신 사무엘이 제사장과 사사라는 이중의 직책으로 하나님을 섬기게 된 것과, 사울이 폐위되고 다윗이 왕위를 받은 이 사건들이 방금 말한 그리스도의 사건을 예표한 것이다.

그뿐 아니라, 사무엘의 어머니 한나는 처음에 잉태하지 못하다가 후에 많은 자식들을 낳게 되었는데, 분명히 바로 이 일을 예언했다. 한나는 아들이 태어나 젖을 뗀 후에, 아이를 하나님에게 돌려드리면서, 전에 하나님 앞에 맹세하던 때와 같은 경건한 정성으로 주님 앞에 기쁜 감사를 쏟아 놓았다.

"내 마음이 주를 인하여 견고하며 내 뿔이 주를 인하여 높아졌으며 내 입이 내 원수들을 향하여 크게 열렸으니 이는 내가 주의 구원을 인하여 기뻐함이니이다. 주와 같이 거룩하신 이가 없으시니 이는 주 같이 의로운 이가 없고 우리 하나님밖에 거룩한 이가 없으심이니이다. 자랑하지 말며 교만한 말을 하지 말 것이며 거만한 말을 너희 입에서 내지 말지어다. 주는 모든 지식의 하나님이시라. 자기의 계획을 준비하시느니라. 용사의 활은 약하게 하시고 약한 자는 힘으로 띠를 띠도다. 유족하던 자들은 작게 되고 주리던 자들은 땅을 넘어 갔도다. 전에 잉태치 못하던 자는 일곱을 낳았고 많은 자녀를 둔 자는 쇠약하도다. 주는 죽이기도 하시고 살리기도 하시며 음부에 내리게도 하시고 다시 생명으로 올리기도 하시는도다. 주는 가난하게도 하시고 부하게도 하시며 낮추기도 하시고 높이기도 하시는도다. 가난한 자를 진토에서 일으키시며 빈핍한 자를 거름더미에서 드사 귀족들과 함께 앉게 하시며 영광의 위를 차지하게 하시는도다. 맹세하는 자들에게 성취를 허락하시며 주께서 의로운 자들의 연대를 축복하시나니 사람이 자기 힘으로 강하지 못함이니라. 주께서 자기의 대적을 약하게 만드시리니 주는 거룩하시도다 지혜있는 자는 그 지혜를 자랑하지 말며 강한 자는 힘을 자랑하지 말며 부한 자는 그 부를 자랑하지 말지니 자랑하고자 하는 자는 주를 깨달아 알며 땅 가운데서 심판과 의를 행함으로 자랑할지니라.[1] 주께서 하늘에 오르사 우레를 울리셨도다 땅 끝까지 심판을 베푸시고 우리 왕들에게 힘을 주시며 자기의 그리스도의 뿔을 높이시리로다"(삼상 2:1-10, 70인역; 렘 9:23-24).

이 기도가 아들이 태어났다고 해서 기뻐하는 연약한 여자의 말에 불과하다고 할 것인가? 이 여인이 쏟아 놓은 말이 그의 능력을 초월한 것임을 알지 못할 만큼 사람들의 마음이 진리의 빛에 대해서 눈이 어두웠는가? 그뿐 아니라, 사건들이 이 지상의 순례에서까지 이미 실현되기 시작한 것을 보고 합당한 감동을 받은 사람이라면, 이 여인을 통해서 — 하나님의 은혜라는 뜻인 "한나"라는 이름을 가진 이 여인을 통해서 — 그리스도교 자체가, 그리스도께서 그 왕이시며 건설자이신 하나님의 도성 자체가, 결국은 하나님의 은혜 자체가 예언의 영에 의해서 이 말씀을 했다는 것을 주목하며 인정하지 않을 것인가? 하나님의 은혜를 멀리한 교만한 자들은 넘어지며, 은혜를 넘치게 받은 겸손한 자들은 높이 들린다는 이 여인의 찬양의 노래도 그 주제는 이 하나님의 은혜이다.

그러나 이렇게도 말하리라:여인은 예언을 한 것이 아니라, 기도의 응답으로 아들을 얻은 것이 기뻐서 하나님을 찬양한 것뿐이다. 그렇다면 그가 한 말의 뜻은 무엇인가? "용사의 활을 약하게 하시고 약한 자는 힘으로 띠를 띠도다 유족하던 자들은 작게 되고 주리던 자들은 땅을 넘어 갔도다 전에 잉태하지 못하던 자는 일곱을

---

1) "지혜로운 자는 … 자랑할지니라"는 개역성경에 없으며, 렘 9:23-24에서 왔다.

낳았고 많은 자녀를 둔 자는 쇠약하도다." 확실히 한나는 잉태하지 못했으나, 일곱 아들을 낳은 것이 아니다. 이 말을 했을 때에는 아들 하나를 낳았을 뿐이었으며, 그 후에도 여섯을 낳아서 사무엘까지 일곱이 된 것이 아니라, 세 아들과 두 딸을 낳았을 뿐이다.

그 백성에게 아직 왕이 없을 때에 백성에 대해서 그가 한 말을 또한 생각하라: "그는 우리 왕들에게 힘을 주시며 자기의 그리스도의 뿔을 높이시리로다." 그가 예언을 한 것이 아니라면, 무엇이 그가 이런 말을 하게 만들었는가?

그리스도의 교회 즉 위대한 왕의 도성(시 48:2), 은혜가 충만하여(눅 1:28) 자녀가 번성한 그 교회로 하여금 그 잘 아는 말씀을, 즉 이 경건한 어머니의 입을 통해서 예언된 그 말씀을 다시 한번 입 밖에 내게 하라: "내 마음이 주를 인하여 견고하며 내 뿔이 주를 인하여 높아졌도다." 그 자체의 힘이 아니라, 그의 주 하나님의 힘으로 그의 (교회의) 마음은 참으로 견고하며 그 뿔은 참으로 높아졌다. "내 입이 내 원수들을 향하여 크게 열렸도다" — 심한 박해 중에서도 하나님의 말씀을 전하는 자들은 매일지라도 말씀은 매이지 않기 때문이다(딤후 2:9).

"내가 주의 구원을 인하여 기뻐하였도다"라고 그는 말했다. 구원은 예수 그리스도 자신이시다. 우리가 복음서에서 읽는 것과 같이, 노인 시므온은 어린 아기 예수를 안고 심중에 그 위대함을 인정하면서, "주여 이제는 종을 평안히 놓아주시는도다 내 눈이 주의 구원을 보았나이다"라고 했다(눅 2:29-30).

그러므로 교회는 말하라: "나는 주의 구원을 기뻐하였도다 주와 같이 거룩하신 이가 없으시니 우리 하나님과 같이 의로운 이가 없도다." 하나님은 자기가 거룩하신 것같이 사람들을 거룩하게 만드시며, 스스로 의로우신 것같이 사람들을 의롭게 만드시기 때문이다. 당신이 거룩하게 만드시지 않으면, 아무도 거룩하지 못하므로, "당신 외에 거룩한 이가 없도다"라고 한다. 또한 "자랑하지 말며 교만한 말을 하지 말며 오만한 말을 너희 입에서 내지 말지어다 주는 모든 지식의 하나님이시니라"(삼상 2:3). 아무도 너를 모를 때에 주께서는 아신다. "만일 누가 아무것도 되지 못하고 된 줄로 생각하면 스스로 속임이니라"고 하기 때문이다(갈 6:3).

이 말씀들은 하나님의 도성에 대적하는 자들을 상대로 한 것이다. 즉 바빌론에 속한 자들, 자기의 힘을 믿으며 자기를 자랑하며, 주를 자랑하지 않는 자들이다. 그들 가운데는 육적인 이스라엘 사람들도 있으니, 땅에서 나서 지상 예루살렘의 시민인 자들이다. 그들은 사도가 말하듯이, "하나님의 의를 모르고", 즉 홀로 의로우사 사람들을 의롭게 만드시는 하나님이 사람들에게 주시는 의를 모르고, "자기 의를 세우려고 힘써" — 마치 자기 힘으로 얻고, 하나님이 주시는 것이 아닌듯이 — "하나님의 의를 복종치 아니하였느니라"(롬 10:3). 이것은 그들이 교만해서 하나님의 의가 아니라 자기들의 의로 하나님을 기쁘시게 할 수 있다고 생각하기 때문이다. 그러나 하나님은 지식의 하나님이며 양심을 판단하시는 분이시다. 사람들의 양심 속에 있는 생각들을 보시며, 그것이 하나님에게서 나지 않고 사람들에게서 났을 때에 허무한 것임을 아신다(시 94:11).

또 "그는 자기의 계획을 준비하신다"고 그는 말한다. 이것은 교만한 자가 넘어지고, 겸손한 자가 일어나게 하려는 계획이 아니고 무엇이겠는가? 확실히 이 계획들을 실현하는데 대해서 그는 "용사의 활을 약하게 하시고 약한 자는 힘으로 띠를 띠도다"라고 말한다. 활이 약해졌다. 즉 자기들의 힘을 믿고 하나님의 선물과 도움이 없어도 자기 힘만으로 하나님의 계명을 지킬 수 있다고 생각하는 자들의 목적이 약해지는 것이다. 그리고 "주여 내가 약하오니 긍휼히 여기소서"라고(시 6:2, 70인역) 충심으로 부르짖는 사람들은 힘으로 띠를 띠게 된다.

"유족하던 자들은 작게 되고 주리던 자들은 땅을 넘어갔도다"라고 한나는 말한다. 유족했던 사람이란 강한 듯한 사람들로 하나님의 말씀을 맡은(롬 3:2) 이스라엘 사람들이 아니라면 누구라고 해석할 것인가? 그러나 그들 중에서 여종의 후손은(갈 4:21-31) 작아졌다(minorati sunt). 이 "작아진다"라는 의미의 라틴어 동사는 좋은 라틴어가 아니지만,[2] 크던 것이 작은 처지로 떨어진다는 뜻은 잘 표현한다. 그들은 유족했다. 떡이 풍부했다. 즉 모든 백성들 가운데서 유독 이스라엘 백성만이 하나님의 말씀을 풍부히 받았지만, 그들은 땅에 속한 일만을 생각했기 때문이다.

그와 반대로, 율법을 받지 못했던 백성들은 새 언약을 통해서 그 말씀들을 알게 된 후로, 심히 주리는 마음으로 땅을 넘어갔다. 그들은 그 말씀의 지상적 요소가 아니라 천상적 요소를 생각했기 때문이다. 그래서 마치 이 일을 위한 설명을 구하는듯이, "전에 잉태하지 못하던 자는 일곱을 낳았고 많은 자녀를 둔 자는 쇠약하도다"라고 한나는 말한다. 이 말로 인해서 일곱이라는 수효의 의미를[3] 잘 아는 사람들에게는 이 예언 전체가 빛으로 환하게 된다. 일곱은 보편 교회를 상징하기 때문이다. 그래서 사도 요한은 일곱 교회에(계 1:4) 글을 보내어, 하나인 교회의 전체를 위해서 그 글을 쓴다는 것을 알렸다. 마찬가지로 솔로몬의 잠언에서도, 이 일을 오래 전에 예시하는 의미에서, "지혜가 그 집을 짓고 일곱 기둥을 다듬었다"고 한다(잠 9:1).

---

2) Minoro라는 동사는 고전 라틴어에 없었고, 성경과 교회 문서들에서 사용하게 되었다.

3) 일곱을 완전수라고 보는 데 대해서는 제11권 제30-31장; 제15권 제20장; 제20권 제5장.

우리가 지금 우리 눈으로 보는 그 후손이 나기 전에는, 하나님의 도성은 모든 민족 가운데서 잉태하지 못했다. 또 아들이 많았던 지상 예루살렘은 지금 약해진 것을 우리는 본다. 자유로운 여인의 후손이 그 도성에 있을 때에는 그 일이 힘이 되었지만, 지금은 문자만이 거기 있고 영이 없으며(고후 3:6-16), 따라서 그 힘이 떠나고 그것은 약해졌다.

"주는 죽이기도 하시고 살리기도 하신다" — 주는 아들이 많던 자에게 죽음을 가져 오셨고, 잉태하지 못하다가 일곱 자녀를 가지게 된 자에게 생명을 가져다 주셨다. 그러나 이 생각은 같은 사람에게 해당시켜서, 죽음을 가져다 주셨던 자에게 생명을 주신다는 뜻으로 해석하는 것이 더 적합할 것이다. 한나는 이 발언을 되풀이해서, "주는 사람들을 음부에 내리게도 하시고 다시 생명으로 올리기도 하신다"고 한다. 사도가 "너희가 그리스도와 함께 죽었으면 위엣 것을 찾으라 거기는 그리스도께서 하나님 우편에 앉아 계시느니라"(골 3:1-3)고 한 사람들은 하나님이 죽음을 가져오셨을 때에 확실히 유익을 얻었다. "위엣 것을 생각하고 땅엣 것을 생각하지 말라"고 사도는 덧붙임으로써, "주림으로 땅을 넘어간" 그 사람들을 상대하고 있음을 알린다.

사도는 "너희는 죽었고"라고 말한다. 하나님이 주신 죽음에는 어떤 유익이 있는가를 보라! 다음에 첨가한다: "너희 생명이 그리스도와 함께 하나님 안에 감취었느니라"(골 3:3). 하나님이 어떻게 같은 사람들에게 생명을 주시는가를 보라! 그러나 그가 음부에 내리게 하고 다시 생명으로 올리신 것은 같은 사람들이었는가? 확실히 이 두 가지 일이 그의 경우에 — 즉, 우리의 머리이신 그의 경우에 —, 다 이루어졌다는 것을 신자들은 조금도 의심하지 않는다. 사도는 우리의 머리이신 그리스도와 함께 우리의 생명이 하나님 안에 감취어 있다고 한다.

"자기 아들을 아끼지 아니하시고 우리 모든 사람을 위하여 내어주신" 분은(롬 8:32), 이렇게 하심으로써 그 아들을 확실히 죽게 하셨고, 그를 죽은 자 가운데서 일으키심으로써 다시 생명으로 올리셨다. 그뿐 아니라, "주는 내 영혼을 음부에 버리지 아니하시리라"는 예언에서(시 16:10) 그의 음성이 들리므로, 하나님이 무덤으로 내려 보내고 다시 생명을 회복해 주시는 것은 같은 사람이었다. 그의 가난하심으로 우리는 부요하게 되었다. "주는 가난하게도 하시고 부하게도 하시기" 때문이다. 이 말씀의 뜻을 이해하기 위해서 그 다음에 있는 말씀을 들어보자: "주는 그들을 낮추기도 하시고 높이기도 하시는도다." 이것은 확실히 교만한 자를 낮추시고, 겸손한 자를 높이신다는 뜻이다. 다른 구절에 있는, "하나님이 교만한 자를 물리치시고 겸손한 자에게 은혜를 주신다"는 말씀이(약 4:6) 하나님의 은혜라는 이름을 가진 여인의 발언 전체의 취지이기 때문이다.

그러나 이 시점에서 첨가한 "가난한 자를 진토에서 일으키시며"라는 말씀은 "부요하신 자로서 우리를 위하여 가난하게 되심은", 방금 말한 바와 같이, "그의 가난함을 인하여 우리로 부요케 하려 하심이니라"(고후 8:9)고 한 그분에게 가장 잘 적용된다고 나는 생각한다. 그는 같은 그 몸을 땅에서 속히 일으키셨기 때문에, 그 살이 썩지 않은 것이다. 그 다음에 있는 "빈핍한 자를 거름더미에서 드사"라는(시 113:7) 말씀도 그에게 적용하는 것을 나는 거부하지 않겠다. "빈핍한 자"는 물론 가난한 자를 의미하며, 거름더미는 박해하는 유대인들을 의미한다. 사도는 자기도 교회를 박해하였으니, 그런 유대인이었노라고 하며, "그러나 무엇이든지 내게 유익하던 것을 내가 그리스도를 위하여 다 해로 여길 뿐더러, 모든 것을 잃어버리고 배설물로 여김은 그리스도를 얻으려 함이라"고 한다(빌 3:7-8).

이와 같이, 가난한 사람이 진토에서 일으킴을 받아 모든 부자들 위에 섰으며, 빈핍한 사람이 거름더미에서 들려 모든 부요한 사람들 위에 있게 되어, "귀족들과 함께 앉으며", 그들에게 그는 "너희도 열두 보좌에 앉으리라"고 말씀하신다(마 19:28). "그들이 영광의 위를 차지하게 하시는도다" — 귀족들은 "우리가 모든 것을 버리고 주를 좇았나이다"라고 했기 때문이다(마 19:27). 그들은 이 서약을 가장 엄격하게 지켰다. 그러나 이 구절에 있는 다음 말씀, "맹세하는 자들에게 성취를 허락하신다"고 한 그 분에게서 오는 것이 아니면, 어디서 이 맹세의 가능성이 왔겠는가? 그렇지 않다면 그들은 그 활이 약하게 된 용사들의 무리일 것이다. "맹세하는 자에게 성취를 허락하신다"고 한나는 말한다. 주님 앞에서 의로운 맹세를 한 자로서 그 기도한 것을 주님에게서 받지 못하는 사람은 없겠기 때문이다.

다음에 있는 말씀, "의로운 자들의 연대를 축복하시나니"는 물론, "주의 연대는 무궁하리이다"라고 한(시 102:27) 그 주님과 함께 무궁하게 살리라는 뜻이다. 저기서는 "연대들", 곧 한해 한해가 움직이지 않고 서 있지만, 여기서는 그 세월이 지나가며 없어진다. 한해 한해가 오기 전에는 없지만, 일단 오면 더 있지 않게 된다. 오는 동시에 끝나기 때문이다. 그런데 이 두 발언, "맹세하는 자들에게 성취를 주시며"와 "의로운 자들의 연대를 축복하시느니라"에서, 전자는 우리가 하는 일을 말하고 후자는 우리가 얻는 것을 말한다. 그러나 우리가 하나님의 은혜로 후자를 얻으려면, 반드시 우선 하나님의 도움으로 전자가 성취되어야 한다.

"사람이 자기 힘으로 강하지 못함이니라. 주께서 대적을 약하게 만드시기" 때문이다. 대적은 맹세한 사람이 그 맹세를 성취하지 못하도록, 그를 미워하며 반대하는 사람이라는 뜻이다. 그러나 여기서 그리스말이 모호하므로 "그 자신의 대적"이라고 번역할 수도 있다. 하나님이 일단 우리를 차지하시기 시작하면, 즉시 우리의 원수는 하나님의 원수가 되며, 그 원수를 우리가 이기더라도, 우리의 힘으로 이기는 것이 아닐 것이다. "사람이 자기 힘으로 강하지 못함이니라." 그래서 "주께서 자기의 대적을 약하게 만드시며", 거룩하신 주가 거룩하게 만드시는 그 거룩한 사람들이 그 대적을 극복하게 된다.

그러므로 "지혜 있는 자는 자기의 지혜를 자랑하지 말며 부한 자는 자기의 부를 자랑하지 말지니 자랑하고자 하는 자는 주를 깨달아 알며 땅 가운데서 심판과 의를 행함으로 자랑할지니라"고 한다. 주를 깨달아 아는 능력도 주의 선물임을 깨달아 아는 사람은 주를 깨달아 아는 정도가 적지 않다. 그것은 사도의 말씀이 있기 때문이다: "네게 있는 것 중에 받지 아니한 것이 무엇이뇨 네가 받았은즉 어찌하여 받지 아니한 것 같이 자랑하느뇨"(고전 4:7). 즉 자랑하는 근거가 네 자신의 노력에 있는 것처럼 생각하느냐 라는 뜻이다. 그뿐 아니라, 바르게 사는 사람은 심판과 의를 행한다. 하나님의 계명에 순종하는 사람이 바르게 사는 사람이다. "경계의 목적", 즉 "경계의 목표는 청결한 마음과 선한 양심과 거짓이 없는 믿음으로 나는 사랑"이다(딤전 1:5). 또한 사도 요한이 증언하듯이, "사랑은 하나님께 속한 것"이다(요일 4:7). 따라서 심판과 의를 행하는 능력은 하나님에게서 온다.

"땅 가운데서"라는 것은 무슨 뜻인가? 땅 끝에서 사는 사람들은 심판과 의를 행할 의무가 없다는 것이 아니다. 누가 이런 주장을 할 것인가? 그러면 무슨 까닭에 "땅 가운데서"를 첨가했는가? 이 말이 없고 다만 "심판과 의를 행함"이라고만 했다면, 계명은 땅 가운데 사는 사람들과 바닷가에 사는 사람들의 양쪽에 해당했을 것이다. 그러나 육신으로 살아 있는 동안에 심판과 의를 행하지 못하더라도 육신이 끝난 후에 그 일을 행할 기간이 남아 있으리라고 생각하는 사람이 있을까 하는 염려와, 따라서 거룩한 심판을 회피하게 되리라고 생각할까 하는 염려 때문에, 한 방지책으로써 "땅 가운데서" 즉 각각 "몸으로 살아 있는 동안에"라는 뜻을 첨가한 것이라고 나는 생각한다. 확실히 사람은 각각 금생에서 자기의 흙을("흙"과 "땅"은 라틴어에서 같은 단어) 가지고 다니며, 죽을 때에는 공통된 흙이(땅=지구) 받아 두며, 세상 종말에 부활할 때에 물론 도로 찾는다. 따라서 "땅 가운데서" 즉 우리 영혼이 흙으로 된 몸 안에 갇혀 있는 동안에, 심판과 의를 행해서 장래에 그 혜택을 받아야 한다. 그 때에 "우리가 다 반드시 각각 선악간에 그 몸으로 행한 것을 따라 받으려 함이니라"고 한다(고후 5:10).

사도가 "그 몸으로"라고 하는 것은 "몸으로 살아 있던 전 기간을 통해서"라는 뜻이다. 악한 의도와 불경건한 생각으로 모독하는 말을 하는 자는 신체의 행동으로

한 것이 아니라는 이유로 죄 없다는 인정을 받지 못할 것이다. 그것은 몸을 차지하고 있는 동안에 한 일이기 때문이다. "하나님은 예로부터 우리 왕이시라 땅 가운데서 구원을 베푸셨나이다"라는 말씀도(시 74:12, 70인역) 같은 식으로 해석하는 것이 적합할 것이다. 이 발언에서 "우리 하나님"은 주 예수를 의미한다("예로부터"의 원어는 "여러 시대 전에"이기 때문에). 예수께서 시대들을 창조하셨으므로, 그는 여러 시대 전에 계시며, 말씀이 육신이 되어(요 1:14) 흙으로 된 몸 안에 거하신 때에, 그는 땅 가운데서(개역성경은 "인간에"라고 의역했음) 우리의 구원을 이룩하셨다.

이와 같이 한나는 자랑하는 자는 자기를 자랑하지 말고 주를 자랑하라고 예언한 다음에, 심판 날에 올 보상에 대해 언급한다: "주께서 하늘에 오르사 우레를 울리셨도다 주께서 의로우시니 땅 끝까지 심판을 베푸시리로다." 한나의 이 말은 정확히 그리스도인들이 고백하는 말을[4] 따른 것이다. 주 그리스도께서 승천하셨고, 산 자와 죽은 자를 심판하러 오시겠기 때문이다(행 10:42). "올라가셨다 하였은즉 땅 아랫곳으로 내리셨던 것이 아니면 무엇이냐 내리셨던 그가 곧 모든 하늘 위에 오르신 자니 이는 만물을 충만케 하려 하심이니라"(엡 4:9-10). 그래서 주는 그의 구름으로 우레를 울리셨으며, 올라가실 때에 구름을 성령으로 채우셨다. 이 일들에 관해서 주께서는 여종인 예루살렘을 열매를 맺지 않는 포도원으로 비유함으로써 경고하셨다. 즉, 예언자 이사야에게 구름을 명하여 그 위에 비를 내리지 말라 하리라고 하신다(사 5:6). 그뿐 아니라, "땅 끝까지 심판을 베푸시리라"는 말씀은 "땅 끝까지라도"라는 말씀과 같다. 주는 물론 모든 사람을 심판하실 것이며, 땅의 다른 부분들도 반드시 심판하시겠기 때문이다. 그러나 땅 끝까지 심판하시리라는 말씀에 대한 더 좋은 해석은, "인류의 종말"이다.

그 때까지의 중간기에는 선악간 어떤 변화에 대해서도 심판이 없을 것이지만, 종말 상태에는 심판 받을 사람들의 마지막 상태를 심판하시겠기 때문이다. "나중까지 견디는 자는 구원을 얻으리라"고 하셨다(마 10:22). 그러므로 땅 가운데서 꾸준히 계속해서 심판과 의를 행하는 자는 땅 끝까지 심판을 받을 때에 정죄를 받지 않을 것이다.

다음에, 한나는 "우리 왕들에게 힘을 주시고"라고 한다. 곧 그들이 심판에서 정죄를 면하고 구원을 얻게 하신다. 그들에게 힘을 주셔서, 왕들인 그들이 그들을 위하여 피를 흘리신 주의 힘으로 육신을 지배하며 세상을 정복하게 하신다. "자기의

---

4) 사도신경.

기름 부음을 받은 자의 뿔을 높이시리로다." 그리스도는 어떻게 그의 기름 부음을 받은 자의 뿔을 높이실 것인가? 앞에서 "주께서 하늘에 오르사"라고 한 것은 그리스도에 대한 말이었고, 이것은 주 그리스도인 것으로 이해되었는데, 여기서 그리스도가 그의 기름 부음 받은 자(그리스도)의 뿔을 높이리라고 한다. 그러면 그리스도의 기름 부음을 받은 자란 누군가? 한나가 노래의 처음에 "내 뿔이 주를 인하여 높아졌다"고 한 것과 같이, 주를 믿는 모든 개인의 뿔을 높이실 것인가? 참으로 주의 기름으로 부음을 받은 사람을 모두 기름 부음 받은 자라고 부를 수 있다. 이런 사람들의 전부가 한 몸을 이루며 그리스도가 그 머리시기 때문이다.

이것이 사무엘의 어머니 한나의 예언이었다. 사무엘은 거룩한 사람으로서 많은 칭찬을 받았고, 이전의 제사장 제도가 변경될 것이 그 때에 그에게서 예표되었고, 그 예표는 지금 실현되었다. 즉, 그 때에 많은 자녀를 두었던 자가 지금은 쇠약하고, 잉태하지 못하던 자가 일곱 자녀를 낳아서, 그리스도 안에서 새로운 제사장직을 가지게 되었다.

5. 하나님의 사람이 예언의 영으로 제사장 엘리에게 한 말은 아론을 따라 세워진 제사장직이 폐지되리라는 것을 알렸음.

그러나 엘리 자신에게 파견된 하나님의 사람이 이 일을 더 명백히 말했다. 그 사람의 이름은 기록되지 않았으나, 그의 직책과 사명으로 보아서 예언자였음은 의심할 여지가 없다. 그 이야기는 다음과 같다.

"하나님의 사람이 엘리에게 와서 그에게 이르되 주의 말씀에 너의 아비의 집이 애굽에서 바로의 집 종이었을 때에 내가 그들에게 분명히 나타나서 이스라엘 모든 지파 중에서 그를 택하여 나의 제사장을 삼아 그로 내 단에 올라 분향하며 내 앞에서 에봇을 입게 하였노라. 이스라엘 자손의 드리는 모든 화제를 내가 네 아비의 집에 주어 먹게 하였노라. 너희는 어찌하여 나의 향과 제물을 멸시하며 네 아들들을 나보다 더 중히 여겨 내 백성 이스라엘의 드리는 가장 좋은 것으로 스스로 살지게 하느냐. 그러므로 이스라엘의 주 하나님이 말하노라 내가 전에 네 집과 네 아비의 집이 내 앞에 영영히 행하리라 하였으나 이제 나 주가 말하노니 결단코 그렇게 아니하리라. 나를 존중히 여기는 자를 내가 존중히 여기고 나를 멸시하는 자를 내가 경멸히 여기리라. 보라 내가 네 씨와 네 아비의 씨를 끊어 네 평생에 내 집에 노인이 하나도 없게 하는 날이 이를지라. 내 단에서 내가 끊어버리는 너의 가문의 남자는 그 눈이 쇠잔하고 그 마음이 녹아버릴 것이요 네 집에 살아남는 모든 자가 사람의 칼에 죽으리라. 네 두 아들 홉니와 비스하스가 한 날에 죽으리니 그들의 당할 그 일이 네게 표징이 되리라. 내가 나를 위하여 충실한 제사장을 일으키리니 그 사람은 내 마음 내 영혼대로 행할 것이라. 내가 그를 위하여 견고한 집을 세우리니 그가 나의 기름 부음을 받은 자 앞에서 평생 동안 행하리라. 네 집에 남은 사람이 각기 와서 은 한 조각을 위하여 그에게 엎드려 가로되 청하노니 내게 제사장의 직분을 맡겨 나로 떡을 먹게 하소서 하리라 하셨다 하니라"(삼상 2:27-36, 70인역).

옛 제사장 제도가 변경되리라는 것을 아주 분명하게 말하는 이 예언이 사무엘에게서 실현되었다고 주장할 근거는 없다. 사무엘은 주께서 제단에서 섬기라고 지명하신 그 지파와 다르지 않았지만, 아론의 후손은 아니었다.[5] 아론의 가문만이 제사장직을 상속할 수 있었다. 따라서 이 사건에서도 그리스도 예수를 통해서 이루어질 변천이 예시되었으며, 그 말이 아니라 그 행동이 옛 언약에는 문자대로 적용되었고, 새 언약에는 비유적으로 적용되었다. 즉 예언자가 제사장 엘리에게 한 말이 그 행동을 상징했다. 그 후에도 다윗왕 때의 사독과 아비아달과 같이, 아론의 지파에서 제사장이 났고, 제사장직의 변천에 대한 오래 전의 예언이 그리스도에서 똑바로 실현되기까지 다른 제사장들도 있었다. 그뿐 아니라, 이 일들을 믿음으로 관찰하는 사람이라면, 누가 그 실현된 것을 알 수 없겠는가? 참으로 지금은 성막이나 성전이나 제단이나 제물이나 심지어 제사장이나 이 모든 것이 유대인들에게 남아있지 않다. 그러나 이전에는 하나님의 율법에서 아론의 자손을 제사장으로 임명하라는 명령을 받고 있었던 것이다.

또 예언자도 여기서 이 일을 언급한다: "이스라엘의 하나님 나 주가 말하노라 내가 전에 네 집과 네 아비의 집이 내 앞에 영영히 행하리라 하였으나 이제 나 주가 말하노니 결단코 그렇게 아니하리라 나를 존중히 여기는 자를 내가 존중히 여기고 나를 멸시하는 자를 내가 경멸히 여기리라"

그의 아비의 집이란 그 앞에 있는 바와 같이, 그의 직접 아버지를 의미하는 것이 아니라, 맨처음에 제사장이 되었고 그 계통에서 대대로 그 뒤를 이어가기로 된 아론을 의미한다. 이에 대한 말씀은, "네 아비의 집이 애굽에서 바로의 집 종이었을 때에 내가 그들에게 나타나서 이스라엘 모든 지파 중에서 그를 택하여 나의 제사장을 삼았노라"고 하신다. 그의 어느 조상이 애굽에서 종노릇을 했으며, 해방되었을 때에 제사장으로 선택되었는가? 그 사람은 아론이 아니었는가? 여기서 예언자가 말하는 것은 이 사람의 후손들이며, 그들이 제사장이 되지 못할 때가 오리라는 것이

5) 아우구스티누스는 *Retract.*, 2, 69에서 "아론의 후손이 아니었다"라는 말을 정정해서, "제사장의 아들이 아니었다"라고 했다. 사무엘의 아버지는 아론의 후손이었지만 제사장은 아니었고, 제사장의 아들이라야 제사장이 되는 규례였기 때문이라고 했다.

다. 우리는 이 말씀이 지금 실현된 것을 본다.

믿음의 눈을 뜬다면, 사실들이 당장 우리 앞에 있으며, 볼 수 있고 파악할 수 있고, 보고자 하지 않는 자도 보지 않을 수 없다. "보라 내가 네 씨와 네 아비의 집 씨를 끊어 네 평생에 내 집에 노인이 하나도 없게 하는 날이 오리라 내 단에서 내가 끊어버리는 네 가문의 남자는 그 눈이 쇠잔하고 그 마음이 녹아버릴 것이니라."

보라, 예언된 그 날이 지금은 와 있다. 아론의 반열을 따른 제사장은 지금 없으며, 그의 후손으로서 살아 남은 사람은 그리스도교인들의 제사가 전세계에 보급되었고, 자기의 이전의 영에는 빼앗긴 것을 볼 때에, 슬픔에 압도되어 그 눈이 쇠잔하며 영혼이 녹아버린다.

그뿐 아니라, 엘리에게 한 그 다음 말씀은 문자 그대로 그의 집에 적용된다: "네 집에 살아남는 모든 자가 사람의 칼에 죽으리라 네 두 아들 홉니와 비느하스가 한 날에 죽으리라." 이 일은 제사장직이 이 사람의 집에서 옮겨지리라는 표징이 되었으며, 이 표징은 아론의 집의 제사장직이 변경되리라는 것을 의미했다. 우리가 유의할 것은, 이 사람의 아들들이 죽으리라고 한 것은 개인들의 죽음을 의미한 것이 아니라, 아론의 가계가 가지고 있던 제사장직이 죽으리라는 뜻이라는 것이다. 그뿐 아니라 그 다음에 있는 말씀은 엘리의 뒤를 이은 사무엘이 미리 보인 저 제사장에 관한 것이다. 그러므로 다음에 있는 말씀은 새 언약의 진정한 제사장 즉 그리스도 예수에 대한 말씀이다.

"내가 나를 위하여 충실한 제사장을 일으키리니 그 사람은 내 마음 내 영혼대로 행할 것이라 내가 그를 위하여 견고한 집을 세우리라." 이 집은 영원한 하늘 예루살렘이다. "그가 나의 기름 부음을 받은 자 앞에서 평생 동안 행하리라." 그는 "행하리라"(transibit)라는 동사를 "나와 함께 살리라"는 뜻으로 썼다. 앞에서 아론의 집에 대해서 "내가 전에 네 집과 네 아비의 집이 내 앞에 영영히 행하리라(transibunt=transibit의 복수) 하였다"고 한 것과 같다. 그뿐 아니라, "그가 나의 기름 부음을 받은 자 앞에서 행하리라"고 하는 말씀은 확실히 그 집 자체에 관한 말씀으로 보아야 한다. 저 제사장, 즉 기름 부음을 받은 그리스도며 중보와 구세주이신 이에 관한 말씀이 아니다. 그의 집이 그리스도 앞에서 행할 것이다. 그러나 "행하리라"는 "평생 동안", 즉 죽을 인생의 나그네 길을 이 세상 끝까지 걸어가는 동안 죽음에서 생명으로 넘어 가리라는 뜻으로(trans=넘어, ibit=가리라) 해석할 수도 있다.

"내가 나를 위하여 충실한 제사장을 일으키리니, 그 사람은 내 마음 내 영혼대로 행할 것이라"는 하나님의 말씀 때문에, 우리는 하나님에게 영혼이 있다고 생각해서는 안된다. 하나님은 영혼의 창조주시기 때문이다. 그렇지 않고, 이것은 하나님에 대한 문자적인 말씀이 아니라 비유적인 말씀이다. 그의 손과 발과 기타 신체의 다른 부분들에 대해서 하는 말들과 같다. 이 문장이 있다고 해서, 사람이 하나님의 형상대로, 즉 하나님의 신체의 모양대로 지어졌다고 우리가 생각하는 것을 방지하기 위해서, 확실히 사람에게 없는 날개를 들어, 하나님께 "나를 주의 날개 그늘 아래 감추사"라고 말한다(시 17:8). 이런 용어는 형언할 수 없는 하나님의 본성을 문자적이 아니라 다만 비유적으로 형용한다는 것을 사람들이 깨닫게 하려는 것이다.

그러나 그 다음에 있는 "네 집에 남은 사람이 각기 와서 그에게 엎드려 가로되"는 문자적으로 이 엘리 집에 대한 것이 아니라 아론의 집에 대한 것이다. 이 집에는 예수 그리스도의 강림시에도 남은 자들이 있었고, 참으로 지금도 이 가문은 없어지지 않았다. 엘리의 집에 대해서는 이미 "네 집에 살아 남는 모든 자가 사람의 칼에 죽으리라"고 하셨다. 그러면 어떻게 "네 집에 남은 사람이 각기 와서 그에게 엎드려 가로되"라는 말씀이 옳을 수 있겠는가? 네 집에 살아 남는 모든 자가 사람의 칼에 죽으리라고 하지 않았는가? 그러므로 여기서 말하는 사람들은 엘리의 집에 속한 것이 아니라, 아론의 반차에 따랐던 제사장들 전체를 의미한다고 생각해야 한다. 이렇게 살아 남기로 예정된 사람들에 대해서는 다른 예언자가 "남은 자만 구원되리라"고 했고(사 10:22, 70인역), 사도도 "이와 같이 이제도 은혜로 택하심을 따라 남은 자가 있느니라"고 한다(롬 11:5).

"네 집에 남은 사람"은 이런 남은 자에 속했다는 것이 분명히 이해되므로, 확실히 그 사람은 사도 시대의 많은 유대인들과 같이 그리스도를 믿는다. 지금은 이 믿음을 가진 사람들이 비록 매우 소수지만 없지는 않다. 이와 같이 하나님의 사람이 그 다음에 첨가한 말씀이 실현되었다: "각기 와서 은 한 조각을 위하여 그에게 엎드려 말하리라." 또한 하나님이신 저 대제사장 앞이 아니고 누구 앞에 엎드린다는 말인가?

아론의 반차에 따른 제사장 제도에서도 사람들이 하나님의 단이 있는 성전에 가까이 간 것은 제사장께 경배하기 위해서가 아니었다. "은 한 조각"이란 무엇을 의미하는가? 이것은 간단한 신앙고백이 아닌가? 이에 대해서는 사도가 "주께서 땅 위에서 그 말씀을 이루사 필하시고 끝내시리라"는 말씀을 회상하였다(롬 9:28; 사 10:23, 70인역). 말씀을 은에 비유한 예는 시편에도 있다: "여호와의 말씀은 순결함이여, 불에 단련한 은 같도다"(시 12:6).

하나님의 제사장, 하나님이신 제사장에게 온 사람은 엎드려 무엇을 말하는가? "'나로 제사장들의 한 부분이 되게 하여 떡을 먹게 하소서.' 나는 내 조상들의 명예로운 지위에 앉기를 원하지 않습니다. 그것은 지금 없어졌습니다. 나를 당신의 제사장들의 어느 부분이라도 되게 해 주십시오. '나는 하나님 집에서 낮은 종이 되기를 택하였나이다' (시 84:10, 70인역). 나는 당신의 제사장들의 일부가 되기를 원하며, 아무리 작은 부분이라도 좋습니다"라고 한다. 확실히 여기서 제사장들은 백성을 의미한다, 즉 제사장이시며, 신인간의 중보시며, 사람이신 그리스도 예수의 백성을 의미한다(딤전 2:5). 이 백성에 대해서 사도 베드로는 "너희는 거룩한 백성이요 왕 같은 제사장들"이라고 한다(벧전 2:9).

그러나 어떤 사람들은 "당신의 제사장들의 일부분"이 아니라 "당신의 제물의 일부분"이라고 번역하는데, 그렇게 번역하더라도 역시 그리스도교인들을 의미한다. 그래서 사도 바울은 "떡이 하나요 많은 우리가 한 몸이라"고 한다(고전 10:17). "떡을 먹게"라는 말을 첨가한 것은 제물의 성격을 잘 정의한 말이었다. 이 제물에 대해서는 제사장 자신이 "나의 줄 떡은 곧 세상의 생명을 위한 내 살이로라"라고 하신다(요 6:51). 독자는 이것이 아론의 반차가 아니라 멜기세덱의 반차에 따른 제물임을 이해해야 한다. 여기 있는 것은 간단한 신앙고백이며, 건전한 겸손이 현저한 말이다: "나를 제사장들의 한 부분이 되게 하여, 나로 떡을 먹게 하소서." 이것 자체는 비록 작기는 하지만 은 한 조각이며, 그리스도인의 마음 속에 계시는 주님의 말씀이다. 하나님께서 전에 옛 언약의 희생 제물들을 아론의 집에 주어 먹게 하셨다고 말씀하셨다. "이스라엘 자손이 드리는 모든 화제를 내가 네 아비 집에 주어 먹게 하였노라." 그런데 이 음식은 분명히 유대인들의 제물이었다. 그와 같이, 여기서 "떡을 먹게 하소서"라고 하는 것은 새 언약에서 그리스도교인들이 드리는 제물을 의미한다.

6. 유대인들의 제사장 제도와 왕국은 영원히 확립된 것이라고 했으면서도 지금은 없어졌으므로, 영원성에 대한 약속은 다른 일들에 대한 것으로 이해해야 한다.

그런데 이 예언들이 이렇듯 숭고한 말씀으로 그 때에 전해졌으며 지금은 찬란하게 계시되었건만, 어떤 사람들은 당황한다. 거기에는 이유가 없지 않으며, 그들은 말한다: "'네 집과 네 아비의 집이 내 앞에서 영영히 행하리라' 고 한 하나님의 말씀이 실현될 수 없었다면, 이 책들에 있는 예언들이 그대로 나타나리라는 것을 우리는 어떻게 믿을 수 있는가? 우리는 제사장 제도가 변한 것을 보며, 그 집에 주신 약속이 실현될 가능이 전혀 없다. 그것이 배제되어 변경되고 그 뒤를 이은 것이 영원하리라고 선언되었기 때문이다."

이렇게 말하는 사람은 아직 이해하지 못하거나 기억하지 못하는 점이 있다. 아론의 반차를 따른 제사장직 자체도 후에 있을 영원한 제사장직의 일종의 그림자요 형상이었다는 것이다. 따라서 그 제사장직이 영원하리라는 약속은 그 그림자와 형상에 대해서 주신 것이 아니라, 그림자와 형상이 미리 보인 본체에 대해서 주신 것이었다. 그 그림자가 영속하리라고 사람들이 생각하지 않도록, 그것이 변경되리라는 것도 예언해야 되었던 것이다.

마찬가지로, 분명히 배제된 사울의 나라도, 후에 나타나서 영원히 계속할 나라의 그림자였다. 그에게 부어진 기름, 그래서 그를 기름 부음을 받은 자라고 하게 된 그 기름은 확실히 위대한 비밀이라고,[6] 신비적인 해석을 해야 한다. 다윗 자신도 그 기름을 심히 두려워해서, 사울이 뒤를 보려 들어온 어두운 동굴 속에 숨어 있다가, 사울의 옷 자락을 가만히 조금 베어, 자기가 그를 죽일 수도 있었지만 살려주었다는 것을 증명하며, 거룩한 다윗을 원수로 생각하여 추격한 사울의 의심을 풀려고 했을 때에, 다윗은 양심의 가책을 받으며 그 일이 무서워 떨었다. 사울의 옷에 손을 댄 그 일만으로도 사울의 몸에 있는 위대하고 거룩한 비밀을 범하는 죄를 짓지 않을까 하는 생각으로 그는 두려워 떨었다.

성경은 "사울의 겉옷 자락 벰을 인하여 다윗의 마음이 찔려"라고 한다. 그뿐 아니라, 사울이 그들의 손에 들었은즉 죽이라고 강권하는 부하들에게 다윗은 말한다. "내가 손을 들어 여호와의 기름 부음을 받은 내 주를 치는 것은 여호와의 금하시는 것이니, 그는 여호와의 기름 부음을 받은 자가 됨이니라"(삼상 24:1-6). 이 극진한 존숭은 미래에 대한 그림자 그 자체 때문이 아니고, 그것이 상징한 본체 때문이었다.

그렇기 때문에 사울에게 한 사무엘의 말씀, "왕이 주께서 왕에게 명하신 나의 명령을 지키지 아니하였도다. 주께서 전에 이스라엘 위에 왕의 영영한 나라를 준비하신 것과 같이 지금은 왕의 나라가 왕을 위하여는 남지 아니하리라. 주께서 왕에게 명하신 바를 왕이 지키지 아니하였음으로 주께서 그 마음에 맞는 사람을 구하여 그 백성의 지도자를 삼으셨느니라"(삼상 13:13-14). 이 말씀이 하나님이 사울을 위해서 영구히 지배하도록 계획을 세우셨다가, 후에 사울이 범죄했을 때에 그 계획을 시행하는 것을 거부하셨다는 해석으로 받아들여서는 안된다. 하나님은 그가 범죄하리라는 것을 모르신 것이 아니라 하나님은 영원한 나라를 예표할 나라를 사울을 위해 계획하셨다는 뜻이다. 그렇기 때문에 첨가하기를 "지금은 왕의 나라가 왕을 위하여는

---

6) "비밀" 즉 "sacramentum"은 상징적 또는 비유적 의미를 내포한 사건이나 행동을 가리킨다: 제16권 제37장의 주 48.

남지 아니하리라"고 한 것이다.

이와 같이 사울의 나라가 상징한 것은 남았고 앞으로도 남을 것이지만, 사울의 나라는 사울을 위해서 남는 것이 아니다. 그것은 그 자신이나 그의 후손이 영영히 지배하기로 정해진 것이 아니었기 때문이다. 그의 후손이 적어도 얼마 동안 자자손손 "영영하리라"고 하신 약속이 지켜진 듯한 인상을 줄 수도 있었을 것이다. "주께서 그 마음에 맞는 사람을 구하여"는 다윗을 의미하거나, 그렇지 않으면 새 언약의 중보 자신을 의미한다. 이 중보는 다윗과 그 후손들에게 부은 기름을 상징한다. 그러나 하나님은 어떤 사람이 어디 있는지를 몰라서 구하시는 것이 아니다. 하나님은 사람을 통해서 말씀하실 때에, 사람이 쓰는 표현법을 쓰시며, 사람을 구하신다고 하는 것도 마찬가지다. 우리는 하나님 아버지뿐 아니라 잃어진 자를 찾으러 오신 그의 독생자에게도 잘 알려졌으며, 우리는 창세 전에 그리스도 안에서 택하심을 받았다고까지 한다(엡 1:4). 그러므로 "구하여"라는 말씀은 "자기의 것으로 삼으시리라"는 뜻이다. 그래서 라틴어에서 이 "구한다"(quaerere)라는 말은 전치사를 붙여서 adquirere가 되는데, 그 뜻은 "얻는다"가 분명하다. 그러나 전치사가 붙지 않아도 quaerere는 adquirere와 같은 뜻이 될 수 있기 때문에, quaerere에서 온 quaestus를 "이익"이라는 뜻으로 쓴다.

7. 이스라엘 왕국의 파탄은 영적 이스라엘과 육적 이스라엘의 영구적 분리를 예표했다.

사울이 불순종으로 다시 한 번 죄를 지었으므로, 사무엘이 주의 말씀으로 다시 그에게 말했다: "왕이 주의 말씀을 버렸으므로 주께서도 왕을 버려 이스라엘의 왕이 되지 못하게 하셨나이다." 사울이 그 죄를 인정하고 용서를 빌면서, 함께 돌아가서 하나님의 노염을 풀자고 요청했을 때에, 사무엘은 말했다. "나는 왕과 함께 돌아가지 아니하리니 이는 왕이 주의 말씀을 버렸으므로 주께서 왕을 버려 이스라엘 왕이 되지 못하게 하겠음이니이다." 그리고 사무엘이 가려고 돌아설 때에 사울이 그의 겉옷자락을 붙잡으니, 옷이 찢어졌다.

그때에 사무엘이 말했다: "주께서 오늘 이스라엘 나라를 왕의 손에서 떼어 왕보다 나은 왕의 이웃에게 주실 것이며 이스라엘은 두 부분으로 나뉠지니라. 주는 돌이키거나 후회함이 없으시니 그는 사람이 후회함 같지 않으심이니이다. 사람은 위협하

7) 이 삼상 15:23-29의 인용에서 맨 끝의 문장은 70인역에나 개역성경에 없다.

나 굳게 서지 아니하나이다"(삼상 15:23-29, 70인역)[7]

사울에게 한 말씀은 "주께서 왕을 버려 이스라엘 왕이 되지 못하게 하셨나이다", "주께서 오늘 이스라엘 나라를 왕의 손에서 떼시리라"는 것이었지만, 사울은 40년 동안 이스라엘을 다스렸고, 이것은 다윗의 재위 햇수와 같았다. 그리고 이 말씀은 사울의 재위 초기에 한 것이었다. 따라서 이 말씀은 사울의 가문에서는 왕이 나지 않으리라는 것을 알리며, 다윗 계통으로 우리의 주의를 돌리기 위한 것이었다. 중보자이신 인간 그리스도 예수는(딤전 2:5) 육신으로는 다윗의 혈통에서 나셨다.

그뿐 아니라, 라틴어 사본들에 있는 "주께서 이스라엘에서 왕의 손에서 나라를 떼었나이다"라는 말씀은 (히브리어) 성경에는 없지만, 그리스어 본문에는 있다. "주께서 이스라엘에서 왕의 손에서 나라를 떼어"라는 표현은 "왕의 손에서"와 "이스라엘에서"가 같은 뜻임을 밝히려는 것이다. 이와 같이, 저 사람은 이스라엘의 상징적 대표였고, 우리 주 그리스도 예수께서 새 언약에 의해서 육신을 따르지 않고 영적으로 다스리게 될 때에, 이스라엘 백성은 권력을 잃기로 정해졌던 것이다. 사울에게 "왕보다 나은 왕의 이웃에게 주실 것"이라고 했을 때에, 이것은 자연적인 친척 관계에 대해 언급한 것이다. 그리스도께서는 육신으로는 사울과 같이 이스라엘의 후예였기 때문이다.

그런데 그 다음에 있는 표현, bono super te는 "왕보다 나은"이라고 해석하며 또 그렇게 번역할 수도 있는 것이 사실이지만, "선하며 왕보다 상위에 있는"이라고 해석하는 것이 더 좋다. 즉 "그는 선하므로, 따라서 왕보다 상위에 있으므로"라는 뜻이며, 예언자가 "내가 네 원수로 네 발등상 되게 하기까지"라고 한 말씀과도 일치한다(시 110:1). 이 원수들 가운데 이스라엘도 들어 있었고, 박해자인 그들에게서 그리스도는 나라를 떼시었다. 그러나 "그 속에 간사한 것이 없는"(요 1:47) 이스라엘 사람도 있었다. 많은 왕겨 속에 알곡 하나가 들어 있는 것과 같다. 물론 사도들도 이스라엘 출신이었고, 스데반을 위시해서 많은 순교자들이 그들 가운데서 나타났다. 사도 바울이 개종한 것을 듣고 "나로 인하여 영광을 하나님께 돌리니라" 한 많은 교회들도 이스라엘 사람들이었다(갈 1:24).

나는 이것이 다음에 있는 말씀, "이스라엘은 두 부분으로 나뉘리라"에 대한 바른 해석이라는 것을 의심하지 않는다. 바꿔 말하면, 그리스도의 원수인 이스라엘과 그리스도에게 충성을 다하는 이스라엘, 여종에게 속한 이스라엘과 자유로운 여인에게 속한 이스라엘로 나뉜다. 이 두 종류의 이스라엘은 처음에는 섞여 있었다. 마치 무자하던 여인이 그리스도의 은혜로 자식을 낳은 후에 "이 여종과 그 아들을 내어 쫓으라"고 부르짖을 때까지(창 21:10), 아브라함이 아직도 여종과 연결되어 있는 것과 같다. 물론 우리는 솔로몬의 죄 때문에 이스라엘이 그의 아들 르호보암왕 때에 양분되어, 각각 왕을 가지고 계속하다가 드디어 민족 전체가 비참하게 망하고 갈대아 사람들의 포로가 되어 끌려 갔다는 것을 안다. 그러나 이 사건에 대한 경고는, 솔로몬이 다윗의 아들이었으므로, 다윗에게 했을 것이며, 사울과는 무슨 관계가 있는가?

현재는 히브리 민족이 분열되지 않고 전세계에 무차별적으로 분산되어 있지만, 과오를 범하고 있는 점은 마찬가지이다. 다만 이 나라와 이 백성이 분열되리라는 것을 나라와 백성을 대표한 사울에게 한 경고는 영원불변하리라고 했다: "주는 돌이키거나 후회함이 없으시니 그는 사람이 후회함 같지 않으심이라 사람은 위협하나 굳게 서지 아니하느니라." 다시 말하면, 사람은 위협하나 굳게 서지 않지만, 하나님은 그렇지 않으시다. 그것은 사람과 같이 후회하시지 않기 때문이다. 하나님이 사람 지으셨음을 후회하셨다는 말씀이 성경에 있으나(창 6:6) 이것은 역사상의 변화를 가리킨 것에 불과하고, 하나님의 예지에는 언제나 변동이 없다. 그러므로 그가 후회하시지 않는다고 하는 것은 그가 변하시지 않는다는 뜻이다.

이 말씀을 볼 때에, 이스라엘 백성의 이 분열에 관해서 절대로 꺾을 수 없으며 완전히 영구한 선언을 하나님이 발표하신 것을 알 수 있다. 백성 가운데서 그리스도에게로 넘어간 사람이나 지금 넘어가는 사람이나 앞으로 넘어갈 사람들은 하나님의 예지에 의해서 또는 인류에 공통된 본성에 의해서 이스라엘 족속에 속하지 않은 사람들이다. 그뿐 아니라, 그리스도에게 충성하며 그리스도와 계속 연결되어 있는 이스라엘 사람들은 누구를 막론하고 금생의 끝까지 그리스도의 원수인 입장을 유지하는 사람들과 결코 하나가 되지 않을 것이다. 그렇지 않고 그들은 여기서 예언된 분열에 따라 영원히 갈라져 있을 것이다. 시내산상의 "종을 낳는"(갈 4:24) 옛 언약은 새 언약에 대한 증언을 하는 것 외에 쓸모가 없기 때문이다. 그렇지 않으면 모세의 글을 읽을 때에 항상 수건이 마음을 가리운다. 그러나 그들을 떠나 그리스도 쪽으로 넘어가는 사람은 누구든지 그 수건이 벗겨진다(고후 3:15-16).

참으로 개종하는 사람들의 목적도 옛 것이 새 것으로 변해서, 육적 행복을 구하지 않고 영적 행복을 구하게 된다. 그렇기 때문에 위대한 예언자 사무엘이 사울에게 기름을 부어 왕으로 세우기 전에 이스라엘을 위하여 하나님에게 부르짖었고, 하나님이 들어주셨다. 그가 온전한 번제를 드렸을 때에 이방인들이 접근해서 하나님의 백성과 싸우려 했으나, 주께서 그들 위에 큰 우레를 보내셔서, 그들을 혼란에 빠뜨려 넘어지게 하시고 이스라엘 앞에서 패하게 만드셨다.

그래서 사무엘은 돌을 취하여 신구 두 미스바[8] 사이에 세우고 에벤에셀이라고 불렀으니, 우리 말로 하면 "도움의 돌"이라는 뜻이며, 그는 "주께서 우리를 여기까지 도우셨다"고 했다(삼상 7:9-12, 70인역). 미스바는 "목적"이라는 뜻이다.[9] 도움의 돌은 구주의 개입을 의미하며, 이 개입에 의해서 사람은 옛 미스바로부터 새 미스바로 넘어가야 한다. 말하자면, 거짓된 육적 행복을 구하던 목적으로부터 새 언약에 의해서 하늘 나라에서 진정한 영적 행복을 구하는 목적으로 넘어가야 한다. 또 이보다 더 좋은 일이 없기 때문에 하나님께서는 우리가 이 점에 도달하도록 "여기까지" 도와 주신다.

8. 다윗의 아들에 대해서 그에게 주신 약속은 솔로몬에게서는 조금도 실현되지 않고 그리스도에게서 풍성하게 실현되었다.

나는 바로 여기서 다윗에게 주신 약속을 설명해야 될 줄로 안다. 이 약속은 우리가 논하는 문제를 위해서 중요한 것이다. 다윗은 사울의 뒤를 이어 왕권을 잡은 사람이었는데, 이 변화가 상징하는 저 궁극적 변화를 위해서 하나님이 이 모든 말씀과 기록을 남기셨다. 다윗왕이 크게 번영했을 때에 하나님을 위해서 집을 지으려고 생각했다. 그것은 후에 솔로몬왕이 지은 저 유명한 성전과 같은 것이었다. 다윗이 이 일을 계획하고 있었을 때에 하나님의 말씀이 예언자 나단에게 내려, 왕에게 전달하라고 하셨다. 하나님은 이 지시에서 처음에 다윗에게 성전을 짓지 말라고 하셨고, 그 동안 아무에게도 당신을 위해서 백향목 집을 지으라고 지시하신 일이 없었다고 하셨다.

"그러므로 이제 내 종 다윗에게 이처럼 말하라 전능하신 주께서 이처럼 말씀하시기를 내가 너를 양의 우리에서 취하여 내 백성 이스라엘의 주권자를 삼고 네가 어디를 가든지 내가 너와 함께 있어 네 모든 대적을 네 앞에서 멸하였은즉 세상에서 존귀한 자의 이름 같이 네 이름을 존귀케 만들었노라. 내가 또 내 백성 이스라엘을 위하여 한 곳을 정하여 저희를 심고 저희로 자기 곳에 거하여 다시 염려없게 하며 악한 자로 전과 같이 저희를 해하지 못하게 하여 전에 내가 사사를 명하여 내 백성 이스라엘을 다스리던 때와 같지 않게 하고 너를 모든 대적에게서 벗어나 평안케 하리라. 또 주는 네가 그를 위하여 집을 지으라고 하시리라. 또 네 수한이 차서 네 조상들과 함께 잘 때에 내가 네 몸에서 난 자식을 네 뒤에 세워 그 나라를 준비하리라. 저는 내 이름을 위하여 집을 건축할 것이요 나는 그 나라 위를 영원히 인도하리

---

8) 12절에 있는 "신구 두 미스바"는 개역성경에서 "미스바와 센."

9) 미스바는 보통 "망대"라고 번역한다.

라. 나는 그 아비가 되고 그는 내 아들이 되리니 저가 만일 죄를 범하면 내가 사람 막대기와 인생 채찍으로 징계하려니와 내가 네 앞에서 폐한 자들에게서 내 자비를 빼앗은 것 같이 그에게서는 빼앗지 아니하리라. 그의 집이 내게 충성하며 그의 나라가 내 앞에서 영원히 보전되고 그 위가 영원히 견고하리라 하셨다 하라"(삼하 7:8-16, 70인역).

이 굉장한 약속이 솔로몬에게서 실현되었다고 생각한다면, 그것은 큰 잘못이다. 이것은 솔로몬이 지극히 훌륭한 성전을 지었기 때문에, "그가 나를 위하여 집을 건축하리라"는 말씀만을 보고, "그의 집이 내게 충성하며 그의 나라가 내 앞에서 영원히 보전하리라"는 말씀을 무시하기 때문이다. 이런 생각을 하는 사람은 솔로몬의 집을 잘 생각하라. 거기는 거짓된 신을 경배하는 외국 여자들이 가득했고, 전에는 지혜있는 사람이었던 솔로몬 자신도 거기 끌려 타락함으로써 똑같은 우상숭배에 빠졌다.

아무도 하나님의 이 약속이 거짓이었다고 감히 생각하지 말라. 솔로몬과 그 집이 이렇게 될 줄을 하나님이 모르셨다고 생각하지 말라. 우리가 비록 이 일들이 우리 주 그리스도 안에서 — 육신으로는 다윗의 후손이시었던 그리스도에게서 — 실현되었다는 것을 이미 알고 있지 않다고 하더라도, 솔로몬에 대한 일은 조금도 의심해서는 안 된다. 우리는 육적인 유대인들과 같이, 그리스도 이외의 어떤 다른 사람을 찾는 무익하고 허망한 일을 피해야 한다. 유대인 자신들도 이 구절에서 읽는 바와 같은, 다윗의 약속된 아들이 솔로몬이 아니었다는 것을 완전히 깨닫기 때문에, 지금도 다른 사람이 나타나기를 기다리노라고 한다. 약속된 분이 이미 환하게 나타났는데도, 그들의 눈은 놀라울 정도로 어두워진 것이다.

하기는 장래의 형상이 솔로몬에게서도 어느 정도로 반영되어서, 그는 성전을 지었고, "평화롭게 하는 자"라는 뜻인 그의 이름에 합당한 평화를 누리기도 했다. 왕이 된 처음에 그는 참으로 칭찬할 만했다. 그러나 장차 주 그리스도가 오실 것을 상징했을 뿐이고 그리스도 자신은 우리에게 보여주지 못했다. 그렇기 때문에 어떤 일들은 솔로몬 자신에 대한 예언과 같이 기록되었고, 성경은 그 역사적 기록에 예언적 의미를 담기 때문에 그에 대한 기사로 미래 사건들의 개요를 말한다. 그의 치세를 기술한 성경의 역사서들 이외에 시편 제72편은 그 제목에 그의 이름이 들어 있다. 이 시에는 그에게 적용될 수 없는 기사가 많은데, 그것은 주 그리스도에게 적용된다는 것이 지극히 분명하다. 그래서 그리스도가 진정한 원본이시고 솔로몬은 비록 훌륭한 사본이지만 역시 그림자 같은 사본이라는 것이 더할 나위 없이 명백하다. 예컨대, 솔로몬 왕국의 국경은 잘 알려진 사실인데, 이 시편에서는 다른 점들은 말하지 않더라도, "저가 바다에서부터 바다까지와 강에서부터 땅 끝까지 다스리리라"고 한다(시 72:8). 이것은 그리스도에게서 실현된 일이며, 참으로 그리스도는 주로서의 행로를 강에서부터 출발하셨다. 그를 지적한 요한에게서 세례를 받으신 그 강에서 처음으로 제자들에게 인정되셨고, 그들은 그를 "선생"이라고 할 뿐 아니라 또한 "주"라고 불렀다.

솔로몬이 아버지인 다윗왕이 아직 살아 있을 때에 왕위에 오른 것은 그 나라 왕들 사이에 유례가 없는 일이었다. 이렇게 된 것은 다윗에게 주신 예언에 있는 사람이 솔로몬이 아니라는 것을 이런 방법으로 아주 명백하게 알리기 위해서였다. "네 수한이 차서 네 조상들과 함께 잘 때에 내가 네 몸에서 날 자식을 네 뒤에 세워 그 나라를 준비하리라"고 한 말씀을 읽으면서, 어떻게 그 다음에 "저는 내 이름을 위하여 집을 건축하리라"는 말씀이 있다고 해서 이 말씀이 솔로몬에 대한 예언이라고 할 수 있는가?

"네 수한이 차서 네 조상들과 함께 잘 때에 내가 네 몸에서 날 자식을 네 뒤에 세워 그 나라를 준비하리라"는 말씀이 먼저 있다. 이것은 또 다른 평화롭게 하는 사람을 약속하신 것이며, 그는 다윗이 죽기 전이 아니라 죽은 후에 왕위에 오르리라는 예언이었다. 예수 그리스도의 강림시까지 아무리 긴 세월이 간다고 하더라도, 그것은 이 약속을 받은 다윗왕이 죽은 후일 것이라는 데는 의심할 여지가 없다. 그가 죽은 후에 하나님을 위해서 집을 짓는 사람이 올 것이며, 그 집은 나무나 돌로 짓는 것이 아니라 사람으로 짓는 것, 우리가 지금 그 지어지는 것을 보고 기뻐하는 그런 집이다. 이 집을 상대로, 바꿔 말하자면, 그리스도를 믿는 모든 사람들을 상대로 사도는 "하나님의 성전은 거룩하니, 너희는 그 성전이니라"고 한다(고전 3:17).

9. 시 88편에 있는 그리스도에 관한 예언은 열국기에 있는 나단의 예언과 어떻게 같은가?[10]

이 때문에 "이스라엘 사람 에단의 교훈"이라는 제목이 붙어있는 시 88편에도 다윗왕에게 주신 하나님의 약속이 기록되었으며, 거기에 있는 어떤 말씀은 열국기에 있는 것과 같다. "내가 내 종 다윗에게 맹세하기를 내가 네 자손을 영원히 견고히 하리라"(시 89:3-4).

"주께서 이상 중에 주의 아들들에게 말씀하시기를 내가 돕는 힘을 능력있는 자

10) 70인역의 시 88편은 개역성경에서 시 89편이다. 그리고 개역 성경에 사무엘 상하와 열왕기 상하는 70인역에서 "제1, 제2, 제3, 제4 열국기"로 되어 있으며, 개역 성경의 역대기는 빠뜨린 것의 보충으로 되어 있다.

에게 더하며 백성 중에서 택한 자를 높였으되 내가 내 종 다윗을 찾아 나의 거룩한 기름으로 부었도다. 내 손이 저와 함께하여 견고히 하고 내 팔이 그를 힘이 있게 하리로다. 원수가 저를 누르지 못하며 불의한 자가 저를 곤고케 못하리로다. 내가 저의 앞에서 그 대적을 박멸하며 저를 한하는 자를 치려니와 나의 성실함과 인자함이 저와 함께 하리니 내 이름을 인하여 그 뿔이 높아지리로다. 내가 또 그 손을 바다 위에 세우며 오른 손을 강들 위에 세우리니 저가 내게 부르기를 주는 나의 아버지시요 나의 하나님이시요 나의 구원의 바위시라 하리로다. 내가 또 저로 장자를 삼고 세계 열왕의 으뜸이 되게 하며 저를 위하여 나의 인자함을 영구히 지키고 저로 더불어 한 나의 언약을 굳게 세우며 또 그 후손을 영구케 하여 그 위를 하늘의 날과 같게 하리로다"(시 89:19-29).

이 모든 말씀을 해석하면 주 예수에 관한 것임을 이해할 수 있다. 다만 다윗의 이름으로 되어 있는 것은 주 예수의 형상으로서 중보자께서 다윗의 후손인 동정녀에게서 종의 형상을 취하셨기 때문이다.

다음에 열국기에 있는 것과 거의 같은 죄에 대한 말씀이 있는데, 이것을 솔로몬에게 연관시키는 것은 너무도 조급한 짓이다. 열국기에서 주는 말씀하시기를, "저가 만일 죄를 범하면 내가 사람 막대기와 인생 채찍으로 징계하려니와 내가 내 은총을 그에게서는 빼앗지 아니하리라"고 하신다(삼하 7:14-15). 여기서 채찍은 시정하기 위한 고통을 의미한다. 그래서 "나의 기름 부은 자를 만지지 말라"고 하며(시 105:15), 이것은 "상하지 말라"는 뜻이 아니고 무엇인가? 그러나 시편에서도 다윗을 상대로 하듯이 비슷한 말씀을 하신다. "만일 그 아들들이 내 법을 버리며 내 규례대로 행치 아니하며 내 율례를 파하며 내 계명을 지키지 아니하면 내가 지팡이로 저희 범과를 다스리며 채찍으로 저희 죄악을 징책하리로다. 그러나 나의 인자함을 그에게서 다 거두지 아니하리라"(시 89:30-33).

여기서 주께서는 다윗의 아들들에 대해서 말씀하시고 다윗 자신에 대해서 말씀하시는 것이 아닌데도, "그들에게서"라고 하시지 않고 "그에게서"라고 하신다. 이것을 올바로 해석하면, 똑같은 뜻이 된다. 그리스도 자신에게서는 아무 죄도 발견될 수 없겠기 때문이다. 그러나 그리스도가 머리가 되신 교회는 그의 몸과 지체이며, 그의 백성인 교회만은 하나님의 끊임없는 자비 아래 인간적인 징계를 내려 시정하는 것이 필요하다. 그러므로 열국기에서는 "저희(그 아들들의) 범과"라고 한다.

그의 몸에 대해서 하는 말씀은 그 자신에 대한 말씀과 같이 된다는 것을 우리에게 알리려는 것이다. 그래서 그리스도께서는 그의 몸, 곧 그를 믿는 사람들을 박해하는 사울에게 하늘로부터 말씀하실 때에도, "사울아 사울아 네가 어찌하여 나를 핍박하느냐"고 하셨다(행 9:4). 시편에서는 계속해서, "나의 성실함을 폐하지 아니하며 내 언약을 파하지 아니하며 내 입술에서 낸 것도 변치 아니하리로다 내가 나의 거룩함으로 한번 맹세하였은즉 다윗에게 거짓을 아니할 것이라", 즉 다윗에게 결코 거짓을 아니하시겠다고 하신다(시 89:33-35). 그뿐 아니라, 무슨 일에 대해서 거짓을 하시지 않으실지를 첨가하신다: "그 씨가 장구하고 그 왕위는 해같이 내 앞에 항상 있으며, 또 궁창의 확실한 증인 달같이 영원히 견고케 되리라"(시 89:36-37).

10. 땅 위의 예루살렘에서 있었던 사건들은 하나님이 약속하신 일들과 달랐으며, 이것으로 보아 약속의 실상은 다른 왕과 나라에 관한 것임을 알 수 있다.

이 위대한 약속에 대한 지극히 확고한 보장이 있은 다음에, 이 약속이 솔로몬에게서 실현되었다고 생각하지 않도록 기대했으나 그렇게 되지 않았다는 듯이, "그러나 주께서 그를 버리셨고 멸시하셨나이다"라고 한다. 확실히 솔로몬의 나라는 그 후손들 때에 이렇게 되었고, 그 나라의 수도였던 지상 예루살렘이 멸망하며, 특히 솔로몬이 지은 성전이 파괴되었다. 그러나 하나님이 약속을 어기셨다고 생각하지 않도록 곧 덧붙인다. "주께서 주의 기름부음을 받은 자를 지연시키셨나이다"(시 89:38, 70인역) ("기름부음을 받은 이"라고 번역된 말은 원래 한 단어로서〔요 1:41; 4:25〕 히브리어로 "메시야", 그리스어로 "그리스도"라고 한다).

만일 왕의 기름부음을 받은 자 곧 그리스도가 지연되었다면 그는 솔로몬이나 다윗이 아니다. 신비적인 기름을 부어 성별된 왕들은 다윗왕 때뿐 아니라 그 후에도 모두 주의 "기름부음을 받은 자", "그리스도"라고 불렀고, 이스라엘 백성의 초대왕으로서 처음으로 기름부음을 받은 사울 왕 때에도 그러했다. 그래서 다윗 자신이 사울을 주의 기름부음을 받은 이라고 부른 것이다(삼상 24:7). 그러나 참 그리스도, 기름부음을 받은 이는 한 분뿐이었고, 왕들은 예언적으로 기름부음을 받음으로써 그를 대표했다. 기름부음을 받은 이 그리스도를 다윗이나 솔로몬이라고 생각하는 사람들의 계산으로는 그의 강림이 오랫동안 지연되었지만 하나님의 계획으로서는 그가 장차 그의 때에 강림할 것이 이미 준비되어 있었다.

지상 예루살렘의 왕국을 반드시 다스리게 되리라고 기대된 기름부음을 받은 이의 강림이 지연되는 동안에, 그 나라에 어떤 일이 있었는가 하는 것을 시편은 다음에 첨가한다. "주께서 주의 종의 언약을 버리사 그의 성소를 땅에 던져 욕되게 하셨으며 저의 모든 울타리를 파괴하시며 그 보장을 훼파하셨으므로 길로 지나는 자들에게 다 탈취를 당하며 그 이웃에게 욕을 당하나이다 주께서 저의 대적의 오른 손을 높이시고 저희 모든 원수로 기쁘게 하셨으며 저의 칼이 돕지 못하게 하사 저를 전쟁에서 도우시지 아니하셨으며 저의 영광을 그치게 하시고 그 위를 땅에 엎으셨으며 그 위의 기간을 단축케 하시고 저를 수치로 덮으셨나이다"(시 89:39-45, 70인역).

여종인 예루살렘은 이 모든 일을 당했으나, 거기서는 자유로운 여인의 아들들도 다스렸다. 그들은 임시로 나라를 차지해서, 하늘 예루살렘의 아들들로서 진정한 믿음을 품고, 저 참 그리스도에게 소망을 두었다. 그 나라가 어떻게 이 일들을 당했는가 하는 것은 역사서를 읽으면 알 수 있다.

11. 그리스도께서 육신을 입으심으로써 하나님의 백성의 본질이 그의 안에 있으며, 그만이 지옥에서 자기의 영혼을 탈취할 능력이 있었다.

이렇게 예언한 다음에 예언자는 하나님께 기도를 드리는데, 이 기도도 한 예언 행위다. "주여, 얼마나 오랫동안 끝까지 숨기시리이까"(시 89:46). 여기서는 "얼굴"이라는 말을 보충하는 것이 좋겠다. 그런 예로서는 "주의 얼굴을 나에게서 언제까지 숨기시겠나이까?"라는 말씀이 있다(시 13:1). 그래서 어떤 사본에는 "숨겨지시리이까?"라고 되어 있다. 그러나 이 구절은 "주께서 다윗에게 약속하신 자비를 숨기시나이다"라고 해석할 수 있다. 다음에 "끝까지"는 "끝까지도"라는 뜻이 아니고 무엇인가? 그런데 그 끝은 끝날을 의미한다, 즉 (이스라엘) 백성까지도 예수 그리스도를 믿게 될[11] 날을 의미한다. 그 때가 오기 전에 앞에서 시편 작가가 한탄한 재앙들이 반드시 있을 것이었다. 그렇기 때문에 그 다음에 "주의 노가 불붙듯 하오니 내 본질이[12] 무엇인지 기억하소서"라고 한다. 이에 대한 가장 좋은 해석은, 예수 자신이 그 출신 민족의 본질이라는 것이다.

다음에 시인은 "주께서 모든 인자들을 헛되이 창조하시지 아니하였나이다"라고 한다(시 89:47). 참으로, 많은 인자들을 해방할 그 한 인자가 이스라엘의 본질이 아니었다면, 모든 인자가 헛되이 창조되었을 것이다. 참으로 지금은 전 인류가 처음 사람의 죄로 말미암아 허무하게 되었고, 그래서 다른 시인은 "사람은 헛 것같고 그의 날은 지나가는 그림자 같다"고 한다(시 144:4). 그러나 하나님은 모든 인자들을

---

11) 세상 종말에 가서 최후 심판이 있기 전에 유대인들이 모두 그리스도를 믿게 되리라고 하는 기대에 대해서 아우구스티누스는 본서 제20권 제29장에서 말 4:5-6을 근거로 삼고, *Quaestiones Evangelioxum*, 2, 33, 7에서 롬 11:26을 근거로 삼았다.

12) 시 89:47의 70인역에 있는 Hypostasis(존재, 存在)를 라틴어 성경에서 Substantia라고 번역한 것인데, 아우구스티누스는 철학에서 말하는 본질적 존재라는 뜻으로 해석한다.

헛되이 창조하시지 않았다. 중보자이신 예수를 통해 많은 인자들을 허무에서 해방하실 뿐 아니라, 해방되지 못하리라고 미리 아신 사람들에 대해서도 해방될 사람들의 유익을 위해서 그들을 지으셔서, 저 두 서로 반대되는 도성의 차이를 알리려고 하셨다. 이것은 확실히 헛된 일이 아니라, 이성적 피조물(인류) 전체를 포함한 지극히 아름답고 지극히 의로운 계획으로 하신 일이었다.

다음에, "누가 살아서 죽음을 보지 아니하고 그 영혼을 음부의 손에서 빼앗으리이까?"(시 89:48). 참으로 이스라엘의 본질이며 다윗의 후손이신 그리스도 예수를 제하고 누가 그렇게 할 수 있는가? 그에 대해서 사도는 "죽은 자 가운데서 사셨으며 다시 죽지 아니하시고 사망이 다시 그를 주장하지 못하리라" 한다(롬 6:9). 그는 살아서 죽음을 보지 않으실 것이다. 다만 그는 우선 죽으실 것이요, 음부에 내려가셔서 음부의 사슬로 결박된 죽은 자들의 일부를 풀어주시며, 자기의 권능으로 자기의 영혼을 음부의 손에서 빼앗으실 것이다. 이 일에 대해서는 복음서에서 "나는 내 목숨을 버릴 권세도 있고 다시 얻을 권세도 있노라"고 하신다(요 10:18).

12. "다윗에게 맹세하신 옛날 인자하심이 어디 있나이까?"라고 하면서, 그 약속을 탄원하는 사람들은 누구라고 해석해야 할 것인가?

그러나 이 시편의 나머지 부분에 있는 말씀은 다음과 같다. "주여 주의 성실하심으로 다윗에게 맹세하신 옛날 인자하심이 어디 있나이까 주는 주의 종들의 받은 훼방을 기억하소서 많은 민족의 훼방이 내 품에 있사오니 주여 이 훼방은 주의 원수가 주의 기름부음 받은 자의 변화를 훼방한 것이로소이다"(시 89:49-51, 70인역). 이 말씀에 대해서는, 이렇게 말한 것이 다윗에게 주신 약속을 받기를 간절히 원한 이스라엘 사람들인가, 그렇지 않으면 육신이 아니고 영적 이스라엘인 그리스도인들인가 하는 문제를 당연히 제기할 수 있다.

이 말씀은 시편의 제목에 이름이 나타나 있는 에단의 생전에 한 것이며, 그것은 또 다윗의 시대였다. 따라서 이 예언에 나오는 사람들은 오랜 뒤에 살아 있을 사람들이며, 다윗에게 주신 약속이 옛날 것으로 여겨지리라고 생각한 것이 아니면, "주여 주의 성실하심으로 다윗에게 맹세하신 옛날 인자하심이 어디 있나이까"라는 표현을 쓰지 않았을 것이다. 그러나 많은 민족들이 그리스도인들을 박해했을 때에, 그리스도의 고난을 이유로 삼아 그들을 조롱한 것을 의미한다고 볼 수도 있다. 성경은 그리스도의 고난을 그리스도의 변화라고 하며, 그것은 그가 죽음으로써 영생하게 되셨기 때문이다. 이렇게 본다면, 그리스도의 변화는 이스라엘에게 훼방 거리라고 할 수 있다. 그리스도는 그들에게 속한 것으로 기대되었는데, 이방인들의 구주가 되었고, 새 언약에 의해서 그를 믿게 된 많은 민족이 옛 언약을 고수하는 이스라엘 사람들을 비난하기 때문이다. "주여 주의 종들의 받은 훼방을 기억하소서"라는 말씀은 이 뜻일 수 있다. 하나님이 잊지 않으시고 그들에게 자비를 베푸시면, 그들도 이런 비난을 받은 후에 믿음을 얻기 때문이다.

그러나 처음에 제시한 해석이 더 만족스런 것같이 내게는 생각된다. "주여 주의 종들의 받은 훼방을 기억하소서"라는 말씀이 그리스도의 대적들에 대해서라는 것은 적합하지 않다. 그들은 그리스도가 그들을 버리고 이방인 쪽으로 넘어갔기 때문에 비난을 받는 것이며, 이런 유대인들을 하나님의 종들이라고 할 수 없다. 그러나 이 말씀은 그리스도의 이름으로 천대와 박해를 받으면서, 다윗의 후손에게 하늘 나라를 약속하신 것을 회상할 수 있는 사람들에게는 적합하다. 그들은 실망하기 때문이 아니라, 지극히 간절한 마음으로 부르짖는 것이며, 구하며 찾으며 문을 두드리는 것이다: "주여 주의 성실하심으로 다윗에게 맹세하신 옛날 인자하심이 어디 있나이까 주는 주의 종들의 받은 훼방을 기억하소서 많은 민족의 훼방이 내 품에 있사오니 — 즉 내가 참으면서 마음 속 깊이 간직하였사오니 — 주여 이 훼방은 주의 원수가 주의 그리스도의 변화를 훼방한 것이로소이다." 그들은 변화인 줄을 모르고 멸망인 줄로 생각하나이다라고 한다. "주여 기억하소서"란 무슨 뜻인가? 기억하시고 자비를 베푸셔서 저희가 참고 견딘 모욕 대신에, 주의 성실하심으로 다윗에게 맹세하신 그 높임으로 갚아주옵소서 라는 뜻이 아닌가?

이와 반대로, 이 말씀을 유대인들이 한 것이라고 해석한다면, 그것은 예수 그리스도께서 인간으로서 나시기 전에 지상 예루살렘이 함락되고 외국에 포로로 잡혀간 유대인 중에서 하나님의 종들이 한 말이 될 수 있을 것이다. 이 경우에 "기름부음 받은 자의 변화"는 믿음으로 기다리는 것이 달라졌다는 뜻일 것이다. 즉 지상적 육적 행복이 — 솔로몬왕 때에 수년간 알게 된 그런 행복 — 아니라, 그 당시에 이방인들이 전혀 모르던 천상적·영적 행복을 믿음으로 기다린다는 뜻이 될 것이다. 그들이 포로가 된 유대인들을 우월감으로 질시한 것은 그들의 그리스도가 변했다는 것이 아니고 무엇이었는가? 이것은 무지한 자들이 총명한 사람을 모욕하는 것이다. 따라서 이 시편의 구절, "주를 영원히 찬송할지어다 아멘 아멘"은 하늘 예루살렘에 속하는 모든 하나님의 백성에게 아주 적합하다.

새 언약이 계시되기 전에 옛 언약 안에 감취어 있는 사람들이거나, 또 새 언약이 계시된 지금 공개적으로 그리스도께 속한 것으로 알려진 사람들 모두에게 이 말씀이 적합하다. 그리고 확실히 다윗의 후손에게 주신 축복은 솔로몬 때에 생각한 것과 같이 어느 한 시기에만 국한된 소망이 아니라, 영원한 소망이며, 그 소망을 확고히 품기 때문에 "아멘 아멘" 하는 것이다.

또 이 말을 반복하는 것은 저 소망을 확인하는 것이다. 다윗은 이 점을 알았기 때문에, 우리가 이 시편을 논하기 전에 본 열국기(=사무엘하)에서 "주께서 종의 집에 영구히 이를 일을 말씀하셨나이다"라고 하며, 또 조금 후에 "이제 청컨대 종의 집에 복을 주사 주 앞에 영원히 있게 하옵소서" 한다(삼하 7:19, 29). 이것은 그의 후대를 이어 그리스도에 이르기까지 계속시킬 아들을 그 때에 낳으려 했기 때문이다. 그리스도를 통해서 그의 집이 영원하게 되며, 하나님의 집도 되려는 것이었다.

다윗의 집이라는 말은 다윗의 후손들에게 적용되지만, 또한 하나님의 집이라고 한다. 그것은 하나님의 전이며, 돌이 아니라 사람으로 지었으며, 거기서 백성이 하나님과 함께 또 하나님 안에 영원히 살며, 하나님 또한 자기의 백성과 함께, 백성 안에 사신다. 그래서 하나님이 백성을 가득 채우시며, 백성은 하나님으로 충만하여, 하나님이 만유의 주로서 만유 안에 계시게 되실 것이며(고전 15:28) 하나님이 우리의 평화시의 상(賞)이시며, 전쟁 때의 힘이 되신다. 이와 같이 나단이 "주가 또 네게 이르노니 주가 너를 위하여 집을 이루리라"고 하며, 그후에 다윗 자신의 말로 "전능하신 주 이스라엘의 하나님이여 주의 종에 알게 하여 이르시기를 내가 너를 위하여 집을 세우리라 하셨나이다"라고 한다(삼하 7:11, 27).

그런데 우리는 선한 생활을 함으로써 이 집을 지으며, 하나님이 또한 우리의 선한 생활을 도우심으로써 이 집을 지으신다. "주께서 집을 세우지 아니하시면 세우는 자의 수고가 헛되기" 때문이다(시 127:1). 이 집이 마침내 헌납된 때에는 하나님이 나단에게 하신 말씀이 이루어질 것이다. "내가 또 내 백성 이스라엘을 위하여 한 곳을 정하여 저희를 심고 저희로 자기 곳에 거하며 다시 옮기지 않게 하며 악한 유로 전과 같이 저희를 해하지 못하게 하여 전에 내가 사사를 명하여 내 백성 이스라엘을 다스리던 때와 같지 않게 하리라"(삼하 7:10-11).

13. 약속된 평화의 참 의미를 솔로몬 시대에 돌릴 수 있을까?

이와 같이 위대한 행복을 이 세상과 이 지상에서 기대하는 사람이 있다면, 그는 미련한 자의 지혜를 가졌을 뿐이다. 또는 솔로몬왕의 평화로운 치세 중에 이런 행복이 허락되었다고 생각할 수 있는가? 물론 성경은 그 평화를 장차 있을 것의 그림자로써 고귀한 예언으로 찬양한다. 그러나 이 생각은 다음에 있는 말씀이 신중하게 막는다. "또 악한 유로 전과 같이 저희를 해하지 못하게 하여"라고 한 다음에 곧 첨가하기를, "내가 사사를 명하여 내 백성 이스라엘을 다스리게 하던 때와 같지 않게 하리라"(삼하 7:10-11).

이스라엘 백성이 약속된 땅을 얻었을 때에, 왕들이 다스리기 시작하기 전에는 사사들이 임명되어 다스렸다. 그리고 악한 자인 외적이 실제로 그들을 해해서, 그 동안은 평화와 전쟁이 번갈아 있었다. 그러나 그 시기에도 솔로몬 때의 40년 동안보다 평화가 더 오래 계속된 때가 있었다. 예컨대 에훗이라는 사사 때에는 80년 동안 평화가 계속되었다(삿 3:30).

그러므로 이 약속은 솔로몬 때를 예언했다고 믿는 것은 잘못이며, 다른 어느 왕의 때라고 하는 것은 더욱 잘못이다. 솔로몬 이외에 그처럼 평화로운 치세를 해나간 왕이 없었고, 이스라엘 민족은 외적의 침범을 두려워하지 않을 만큼 나라가 견고한 때가 전혀 없었다. 인간사의 성쇠는 무상해서, 어떤 백성도 적의 공격을 염려할 필요가 없을 수 없기 때문이다. 그러므로 평화롭고 안전한 거처로서 약속된 저 곳은 영원한 곳이며, 자유로운 어머니인 예루살렘(갈 4:26)에 사는 영원한 영혼들을 위한 것이다. 거기서 그들은 참으로 이스라엘 백성이 될 것이다. 이스라엘이라는 이름은 우리말로는 "하나님을 본다"[13]는 뜻이기 때문이다. 이 상을 얻으려는 간절한 소원을 품은 사람들은 이 슬픔 많은 순례 중에 믿음으로 경건한 생활을 해야 한다.

14. 다윗이 신비한 목적으로 시편들을 정리했다.

하나님의 나라가 여러 시대를 지나면서 전진하는 동안 장차 올 것의 그림자로써 다윗이 처음으로 지상 예루살렘에서 다스렸다. 그런데 다윗은 음악을 심히 사랑하며 노래를 잘 했다. 그러나 그것은 속된 즐거움 때문이 아니라, 믿는 마음으로 위대한 일을 신비적으로 예시함으로써 참 하나님을 섬기는데 사용하기 위해서였다. 여러 가지로 다른 음을 합리적으로 잘 배열하며 결합해서 얻는 화음의 변화는 질서가 잘 잡힌 도시의 단결을 암시한다. 그리고 그의 예언은 거의 전부가 시로 되어 있으며, 그 중 150편이 우리가 시편이라고 부르는 책에 수록되었다. 그 중에서 제목에 그의 이름이 붙은 것만이 그의 작품이라고 하는 사람들도 있지만, 어떤 사람들은 "다윗의 시"라고 하는 것이 그의 작품이고, "다윗을 위하여"라고 한 것은 다른 사람들이 그의 문체를 따라 지은 것이라고 생각한다.

이 생각은 복음서에서 주께서 직접 다윗이 성령의 감동으로 그리스도를 그의 주라고 했다고 하심으로써 부인하신다(마 22:43-45). 시편 110편의 처음에 "주께서(여호와께서) 내 주에게 말씀하시기를 내가 네 원수를 네 발등상 되게 하기까지 너

13) 第16권 第39장.

는 내 우편에 앉으라 하셨도다"라고 했다. 확실히 이 시편의 제목에는 "다윗의 시"라고 하지 않고, 다수의 시편과 같이 "다윗을 위한 시"라고 되어 있다.

그러나 시편에 있는 150편을 전부 다윗의 작품으로 돌리는 사람들의 견해가 더 믿을 만하다고 나는 생각한다. 다윗은 시의 내용에 관계되는 일을 예표한 사람들의 이름도 제목에 넣고, 나머지 시들에는 아무 사람의 이름도 넣지 않기로 정한 것이라고 그들은 생각한다. 그는 이 여러 가지 시편들을 정리할 때에 하나님이 영감을 주시는 대로 했으며, 이 일은 아무리 수수께끼같이 생각되더라도 확실히 의미가 없지 않다. 다윗보다 오랜 후에 생존한 예언자들의 이름이 어떤 시편의 제목에 있으며,[14] 그 시편들의 내용도 그 사람들이 한 말같은 인상을 준다는 사실 때문에 그 시편들이 다윗의 작품임을 의심해서는 안 된다. 다윗왕이 예언을 했을 때에, 예언의 영은 그에게 미래에 있을 예언자들의 이름까지도 계시하실 수 있었을 것이며, 왕이 그들에게 합당한 일을 예언적으로 노래하도록 하신 것이다. 마치 300여년 후에 요시야왕이 위에 올라 할 일들이 왕의 이름과 함께 어떤 예언자에게 계시된 것과 같다(왕상 13:2; 왕하 23:15-17).

15. 그리스도와 교회에 관한 시편의 예언들을 모두 이 책에 포함시킬 것인가?

그리스도와 교회에 관해서 다윗이 시편들에서 예언한 것을 내가 여기서 모두 밝히리라고 기대하는 줄을 나는 안다. 그러나 나는 한 시편에 대해서는 이미 그렇게 했지만, 이 기대를 만족시킬 수 없다. 자료가 부족하기 때문이 아니라, 풍부하기 때문이다. 지루하게 만들지 않기 위해서 나는 모든 것을 포함시킬 수 없다. 그러나 만일 일부분만 채택한다면, 자료를 아는 많은 사람들이 보기에, 더 중요한 부분들을 빠뜨린 것같이 보일 것이다. 또 증거를 제출할 때에는 시 전편의 문맥으로 그 증거를 지지해야 하며, 설혹 모든 것이 지지하는 것이 아닐지라도 적어도 그 증거를 반박하는 것이 없어야 한다. 그렇지 않으면 당면 문제에 관한 개개의 시구들을 주워모은 것같이 생각될 것이다.

자기의 제목과는 아주 다른 제목에 대해서 다른 사람이 쓴 장시(長詩)에서 시구

---

14) 70인역에서 시 137(138)편과 145(146)-148편은 학개와 스가랴가 지은 것으로 되어 있음.

15) 이런 편찬물의 일례는 4세기에 Proba라는 사람이 베르길리우스의 *Aeneid* 에서 문장과 표현들을 주워모아, 그리스도의 일생을 그린 서사시를 만든 것이다.

들을 주워 모으는 편찬물[15] 같이 될 것이다. 그 뿐 아니라, 시편마다 이렇게 증명하기 위해서는, 전부를 설명해야 할 것이고, 이것이 얼마나 거창한 일이 될 것인가는, 이런 계획을 실천한 다른 저자들과 우리 자신의 저서들이 분명히 알려 준다. 그러므로 그 책들을 읽고 싶은 생각과 읽을 기회가 있는 사람들이 읽어본다면, 예언자이기도 했던 다윗왕이 그리스도와 그의 교회, 즉 왕과 그가 세운 나라에 대해서 한 예언들의 수효와 중요성을 발견할 것이다.

16. 시편 44장에서 직접 또는 비유적으로 그리스도와 그의 교회에 대해서 말한 일들.

어떤 제목에 대한 예언에 구체적이고 분명한 발언들이 있을 수 있지만, 거기는 반드시 비유적인 발언도 섞여 있으며, 이해력이 부족한 사람들을 위해서 분석하며 해설하는 힘든 일을 학자들에게 요구하는 것은 주로 이런 예언들이다. 어떤 예언들은 얼른 보아도 곧 그리스도와 교회를 보여주지만 이런 예언에도 쉽게 이해되지 않는 점들이 있어서 천천히 해설할 필요가 있다. 예컨대 시편에 이런 말씀이 있다.

"내 마음에서 좋은 말이 넘쳐 왕에 대하여 지은 것을 말하리니 내 혀는 필객의 빠른 붓과 같도다. 왕은 사람의 아들들보다 아름다워 은혜를 입술에 머금으니 그러므로 하나님이 왕에게 영영히 복을 주시도다. 강한 자여 칼을 허리에 차고 왕의 영화와 위엄을 입으소서. 왕은 진리와 자비와 공의를 위하여 일어나 승전하소서. 왕의 오른 손이 왕을 놀랍게 인도하리이다. 왕의 살이 날카로워 왕의 원수의 염통을 뚫으니 만민이 왕의 앞에 엎드리는도다. 하나님이여 주의 보좌가 영영하며 주의 나라의 홀은 공평한 홀이니이다. 왕이 정의를 사랑하고 악을 미워하시니 그러므로 하나님 곧 왕의 하나님이 즐거움의 기름으로 왕에게 부어 왕의 동류보다 승하게 하셨나이다. 왕의 모든 옷은 몰약과 침향과 육계의 향기가 있으며 상아궁에서 왕의 딸들이 높으신 왕을 즐겁게 하도다"(시 45:1-9, 70인역).

아무리 이해력이 둔한 사람일지라도 누가 이 말씀들에서 우리가 선포하며 우리가 믿는 그리스도를 알아보지 못할 것인가? 그 보좌가 영영한 하나님, 하나님에게 기름 부음을 받은 이, 즉 눈에 보이는 기름이 아니라, 영적인 총명의 기름을 부음 받은 이라는 이름을 듣지 않는가? 그리스도라는 칭호는 그리슴(chrism), 즉 거룩한 기름으로 부음을 받았다는 데서 유래했다는 것을 모르리만큼, 우리 종교를 모르거나 널리 퍼진 그 명성을 듣지 못한 사람이 있는가? 그 뿐 아니라, 시에 있는 왕이 그리스도임을 알고, 진리와 자비와 공의를 위해서 다스리는 그의 백성이 된 사람은, 이 구절에 있는 다른 비유적 표현들을 조용히 검토하라. 그의 아름다움이 사람의 아들들보다 월등하며, 그 아름다움도 신체적인 미가 아니기 때문에 더욱 사랑과 경모를 받을 만한 것임을 보라. 그의 칼과 살과 그 밖의 문자적이 아니라 비유적으로 표현된 세부의 뜻을 알라.

다음에 그리스도의 교회를 생각하라. 영적인 혼인과 거룩한 사랑으로 이렇듯 위대한 남편과 결합된 교회에 대해서, 다음과 같은 말씀이 있다. "왕후는 금으로 꾸민 옷을 입고 각색 띠를 띠고 왕의 우편에 섰도다. 딸이여 듣고 보고 귀를 기울일지어다. 네 백성과 네 아비 집을 잊어버릴지어다. 왕이 너의 아름다움을 사모하시며 저는 너의 하나님이시니라. 두로의 딸들이 예물을 드려 경배하고 백성 중 부한 자도 네 은혜를 구하리로다. 왕의 딸이 궁중에서 모든 영화를 누리니 각색 띠를 띠며 그 옷은 금으로 수 놓았도다. 시녀들이 그의 뒤를 따라 왕께로 인도함을 받으며 동무 처녀들도 왕께로 이끌려 올 것이라. 저희가 기쁨과 즐거움으로 인도함을 받고 왕의 신전에 들어가리로다. 왕의 조상들 대신에 왕께 아들들이 나리니 왕이 저희로 온 세계의 군왕을 삼으리로다. 저들이 왕의 이름을 만세에 기억케 하리니 그러므로 만민이 왕을 영영히 찬송하리로다"(시 45:10-17, 70인역).

여기서 칭찬을 받는 사람을 보통 여인이라고 생각하는 어리석은 사람은 없을 것이다. 그 여인의 신랑을 상대로 하는 말은 "하나님이여 주의 보좌가 영영하며 주의 나라의 홀은 공평한 홀이니이다. 왕이 정의를 사랑하고 악을 미워하시니 그러므로 하나님 곧 왕의 하나님이 즐거움의 기름으로 왕에게 부어 왕의 동류보다 승하게 하셨나이다"라고 한다(시 45:6-7). 확실히 이 분은 그리스도인들 위에 임명된 그리스도시다. 세계 만민 사이에 있는 그의 제자들의 단결과 합의로 이 여왕이 일어나며, 다른 시편에서는 여왕을 "큰 왕의 성"이라고 부른다(시 48:2).

왕후 자신은 영적인 시온이다. 이 이름의 뜻은 라틴어로 sbeculatio(발견)이다. 도래할 시대의 고귀한 우수성을 내다보며, 그것이 그 여인이 노력하는 목표이기 때문이다. 그는 또 영적 의미의 예루살렘이며, 이 문제에 대해서 나는 이미 많이 말했다. 그의 원수는 바빌론, 곧 악마의 도성이며, 그 이름의 뜻은 "혼란"이다(창 11:10). 그러나 이 왕후는 모든 민족 사이에서 중생하여 바빌론에서 해방되어, 가장 악한 왕의 손에서 가장 선한 왕의 손으로 넘어간다. 바꿔 말하면 악마에게서 그리스도에게로 넘어간다. 그렇기 때문에 그에게 대해서 "네 백성과 네 아비 집을 잊어버리라"고 하는 것이다. 육신으로만 이스라엘 백성이고 믿음으로는 이스라엘이 아닌 사람들은 저 불경건한 도시의 일부며 또한 이 위대한 왕과 왕후의 원수다.

그리스도는 그들에게 오셨다가 그들에게 죽임을 당하시고, 생전에 보시지 못한 다른 사람들의 그리스도가 되셨기 때문이다. 그러므로 우리의 왕이신 그는 어떤 시편에서 예언하신다. “주께서 나를 백성의 다툼에서 건지시고 열방의 으뜸을 삼으시리니 내가 알지 못한 백성이 나를 섬기며 내 풍성(風聲)을 들은 즉시로 내게 순복하였나이다”(시 18:43-44, 70인역). 그리스도께서 몸으로 임하셨을 때에 알지 못했던 이방인들이 그리스도가 그들에게 선포되었을 때에 믿었다. 그러므로 “내 풍성을 들은 즉시로 내게 순복하였나이다”라는 말씀은 옳다. 믿음은 들음에서 나기 때문이다(롬 10:17). 혈통과 믿음으로 이스라엘 사람들에게 이 이방인들이 첨가되어서 하나님의 도성을 이루며, 이 도성은 이스라엘 사람들만으로 구성되었을 때에 육신의 그리스도를 생산하기도 했다. 그것이 처녀 마리아의 핏줄이었으며, 그리스도께서는 마리아에게서 우리와 같은 육신을 취하여 사람이 되신 것이었다.

이 도성에 대해서 다른 시에 “사람이 어머니 시온이라고 할 것이니 그가 거기서 나며 지존자가 시온을 세우셨도다”라는 말씀이 있다(시 87:5, 70인역). 지존자는 하나님이 아니고 누구인가? 이와 같이, 그리스도는 하나님이시며, 마리아로 말미암아 저 도성에서 사람이 되시기 전에, 족장과 예언자들로, 친히 그 곳을 세우셨다. 그러면 우리는 오래 전에 이 왕후, 곧 하나님의 도성에 대해서 예언된 일이 지금 실현된 것을 본다. “왕의 조상들 대신에 왕께 아들들이 나리니 왕이 저희로 온 세계의 군왕을 삼으리로다”라는 말씀과 같이, 참으로 전 세계에 있는 왕후의 아들 가운데서 총독들과 국부(國父)들이 채택된다. 백성들이 왕후에게 모여 와서 그의 이름을 고백하며, 영영히 영원한 찬양을 고백하기 때문이다. 그러므로 이 시편에서 비유적으로 다소 모호하게 한 말씀들은, 어떻게 해석하든 간에, 물론 내가 여기서 지적한 아주 명백한 점들과 모두 조화되어야 한다.

17. 시편 109장에 있는 그리스도의 제사장직과 21장에[16] 있는 그리스도의 고난에 대하여.

위에서 인용한 시편에서 그리스도를 왕이라고 선포하는 것과 같이, 그리스도를 제사장이라고 하는 시편의 경우도 마찬가지다. 거기에는 아주 명백한 선언이 있다: “주(여호와)께서 내 주에게 말씀하시기를 내가 네 원수로 네 발등상 되게 하기까지 너는 내 우편에 앉으라 하셨도다”(시 110:1). 그리스도께서 아버지 우편에 앉아 계신 것을 눈으로 보지 못하지만, 마음으로 믿는 것이다. 그의 원수들이 그의 발등상이 되었다는 증거는 아직 전혀 없다. 그러나 그 일은 지금 진행중이며, 드디어 판명

16) 70인역의 시 109편과 21편은 개역성경에서 각각 110편과 22편.

될 것이다. 그러므로 여기도 지금은 믿고 후에 보게 될 일이 있다. 그러나 그 다음에 있는 말씀, "주께서 시온에서부터 주의 권능의 홀을 내어 보내시리니 주는 원수 중에서 다스리소서"(시 110:2)라는 말씀은 너무도 분명해서, 이것을 부정하는 사람은 믿음과 행복에 대한 소망이 없을 뿐 아니라 수치심까지도 완전히 잃어버린 것이다.

우리의 원수들까지도 그리스도의 법이 시온으로부터 나왔다는 것을 인정한다. 그리고 우리는 그것을 복음이라고 부르며, 그것에서 그의 권능의 홀을 보기 때문이다. 원수들 가운데서 다스린다는 점에 대해서는, 그가 다스리시는 그 사람들이 이를 갈며 소멸해 가면서도 그에게 대항할 힘이 없다는 것이 그 사실을 증거한다.

조금 뒤에 있는 말씀 — "주는 맹세하고 변치 아니하시리라"(시 110:4) — 은 다음에 첨가하려는 것이 영원불변할 것임을 의미한다. "너는 멜기세덱의 반차를 좇아 영원한 제사장이라"(시 110:4). 지금은 아론의 반차를 따르는 제사장직이나 제사가 아무데도 없으며, 그리스도의 제사장직으로 제물을 드리는 그 제물이 멜기세덱이 아브라함을 축복했을 때에 드린 것임을(창 14:18) 우리는 아는 고로, 이 말씀이 누구에 대한 것인지를 의심할 수 있겠는가?[17] 이와 같이 이 시편에서 다소 모호하게 표현된 일들은 바르게 이해하면, 이 명백한 해석과 관련이 있으며, 나는 신도들 앞에서 한 설교에서[18] 이미 이 관련을 지어 보였다.

그리스도께서 자기가 당하실 고난과 수치를 예언하신 시편으로 다른 예가 있다. "저들이 내 수족을 찔렀나이다 저들이 내 모든 뼈를 세고 나를 관찰하며 주목하였나이다"(시 22:16-17, 70인역). 이 말씀의 뜻은 확실히 그들이 그의 몸을 십자가 위에 벌려 눕힌 후에, 손과 발을 못으로 꿰뚫어 달아놓고, 구경거리로 빤히 바라보리라는 것이다. 그는 또한 첨가한다. "저희가 내 겉옷을 나누며 속옷을 제비 뽑았나이다"(시 22:8). 이 예언은 복음서가 전하는 대로 실현되었다(마 27:35; 요 19:24).

우리 해석이 분명히 표현된 말씀들과 일치할 때에, 그다지 분명하지 않은 말씀들도 바르게 이해된다. 특히 우리가 믿는 과거의 사실들이 아니라, 현재 전 세계에서 우리 눈 앞에 전개되는 사실이 오래 전에 기록된 예언들과 정확히 일치하기 때문에, 우리는 확신을 품는다. 같은 시편에서, "땅의 모든 끝이 주를 기억하고 돌아오

---

17) 멜기세덱이 아브라함에게 떡과 포도주를 대접한 것을 성찬의 예표라고, 키프리아누스와 그 밖의 사람들이 해석했다.

18) 시 110편에 대한 더 자세한 해석을 담은 설교는 예컨대 *Nicene and Post Nicene Fathers*(First Series), Ⅷ, 541-544에 있다.

며 열방의 모든 족속이 주의 앞에 경배하리니 나라는 주의 것이요 주는 열방의 주재심이로다"라고 말하고 있기 때문이다(시 22:27-28).

18. 시편 3장, 40장, 15장, 67장에는[19] 주의 죽음과 부활을 예언하는 말씀이 있다.

시편들은 그리스도의 부활에 대해서도 잠잠하지 않다. 시편 3장의 "내가 누워 자고 깨었으니 주께서 나를 붙드심이로다"(시 3:5)라는 말씀을 어떻게 달리 해석할 것인가? 예언자는 그가 잠이 들었다가 깨어난 것을 굉장한 일같이 우리에게 알리려는 것이라고 한다면, 그렇게 믿는 사람은 지혜가 없을 것이다. 그가 말하는 잠은 죽음을 의미하며, 깨어났다는 것은 죽은 자 가운데서 일어난 것을 의미할 것이다. 예언자는 그리스도에 대해서 바로 이런 식으로 예언한다.

시편 41장에서도 이 점이 훨씬 더 분명히 나타났다. 거기서도 보통 때와 같이 중보자 자신의 입으로 미래사들을 예언하는 것으로 되어 있다. 그는 그 일들이 이미 발생한 것같이 말하는데, 이것은 하나님의 예정과 예지로 결정된 것이므로, 장래사가 과거사나 다름이 없기 때문이다. "나의 원수가 내게 대하여 악담하기를 저가 어느 때에나 죽고 그 이름이 어느 때에나 멸망할꼬 하며 나를 보러 와서는 거짓을 말하고 그 중심에 간악을 쌓았다가 나가서는 이를 광포하오며 나를 미워하는 자가 다 내게 대하여 수군거리고 나를 해하려고 꾀하며 나를 해할 악한 말을 만들어 이르기를 자는 자가 다시 일지 못하리라 하나이다"(시 41:5-8, 70인역). 확실히 이런 말투를 볼 때에 우리는 "죽는 사람이 다시 살아나지 않을까?"라는 것으로 해석하게 된다. 그의 원수들이 그를 죽이려고 음모했다는 것을 그 앞에 있는 말씀이 알리고, 그 일을 실행할 자가 그를 보러 들어왔다가 나가서 배반했다는 것을 말한다. 누가 여기서 그리스도의 제자였다가 배반자가 된 유다를 회상하지 못하겠는가?

그들이 목적을 달성하려고 그를 죽이려고 하지만, 그는 부활할 것이므로 그와 같은 무익한 악의로 그를 죽이더라도 아무 소득이 없으리라는 것을 지적하기 위해서, 자는 자가 다시 일어나지 못하리라는 구절을 첨가해서 "너희 허무한 자들아, 무엇을 하려느냐? 너희가 범죄하는 것이 내게는 잠드는 것에 불과할 것이다"라는 뜻을 말씀하신다. 그리고 그들이 그런 큰 죄를 짓고서 무사하지 못하리라는 것을 알리기 위해서 다음 구절에서 말씀하신다. "나의 신뢰하는 바 내 떡을 먹던 나의 가까운 친

---

19) 이 시편들은 개역성경에서 각각 제3, 제40, 제16, 제68편이다.

구도 나를 대적하여 그 발꿈치를 들었나이다. 그러하오나 주여 나를 긍휼히 여겨 내 생명을 회복하시사 나로 저희에게 보복하게 하소서"(시 41:9-10, 70인역).

그리스도의 수난과 부활이 있은 후에 유대인들이 전쟁에 의한 살육과 파괴로 고국에서 완전히 근멸된 지금에 와서, 누가 이 예언을 부인할 수 있겠는가? 그리스도는 그들에게 피살된 후에 부활하셔서 우선 임시적인 징계로 보복하셨다. 임시적이라는 것은 생활 태도를 고치지 않은 자들을 기다리고 있는 보복을 도외시하고 하는 말이다. 그러나 그리스도가 산 자와 죽은 자를 심판하러 오실 때에는 그 보복이 있을 것이다.

주 예수께서 배반자에게 빵을 집어 주시면서 그가 배반자임을 제자들에게 알리셨을 때에, "내 떡을 먹는 자가 내게 발꿈치를 들었다"는 이 시편 말씀을 회상하시면서, 성경이 자기에게서 응하였다고 하셨다(요 13:18, 26). 그리고 "내가 신뢰한"이라는 말씀은 그의 머리에 적용되는 것이 아니라, 그의 몸에 적용된다. 구세주 자신은 그를 모르신 것이 아니고, 이미 "너희 중에 하나가 나를 팔리라", "너희 중에 하나는 마귀니라"고 하셨다(요 6:70). 그러나 그리스도는 그 지체들의 특성을 자기에게 옮기며, 그들의 성질을 자기에게 돌리시는 것이 보통이었다. 그리스도 자신이 머리이신 동시에 몸이시기 때문이다. 그래서 복음서에 "내가 주릴 때에 너희가 먹을 것을 주었다"고 하시고, 이 말씀을 설명하시기를, "너희가 내 백성 중의 지극히 작은 자 하나에게 한 것이 곧 내게 한 것이라"(마 25:35, 40)고 하셨다. 따라서 유다가 사도로 참가하게 되었을 때에 제자들이 그에게 건 기대를 그리스도께서도 가지셨던 것이다.

그러나 유대인들은 그들이 대망하는 그리스도, 즉 메시야는 죽으리라고 생각하지 않는다. 그렇기 때문에 그들은 율법과 예언자들이 말한 분이 우리의 그리스도라고 생각하지 않고, 어떤 다른 그들의 메시야를 기다린다. 그러나 그것은 그들이 공상한 인물이며, 죽음을 당하지 않으리라고 한다. 그래서 그들은 놀라운 허망과 무지로, 우리가 인용한 말씀은 죽음과 부활을 의미하지 않고, 잠자고 깨는 것을 의미한다고 고집한다.

그러나 시편 15장도 그들에게 반대한다: "이러므로 즉 내 마음이 기쁘고 내 혀가 즐거워 하였으며 내 육체도 소망 가운데 쉬리니 이는 내 영혼을 음부에 버리지 아니하시며 주의 거룩한 자로 썩지 않게 하실 것임이니이다"(시 16:9-10). 자기의 영혼이 음부에 버려지지 않고 속히 육신으로 돌아와서, 보통 육신이 썩는 것같이 썩지 않으리라고 믿기 때문에, 육신이 소망 가운데 쉬리라고 주장하는 사람은, 사흘만에 부활하신 분 외에 누구겠는가? 확실히 예언자이기도 했던 다윗왕에 대해서 그들은 이런 주장을 할 수 없다.

시편 67장도 "하나님은 우리에게 구원의 하나님이시라 사망의 출구[20]도 주의 것이라"고 부르짖는다(시 68:20). 무엇이 이것보다 더 분명할 수 있는가? 구원의 하나님은 주 예수시며, 그의 이름은 "구원자" 또는 "치유자"다. 그런데 이 이름을 붙이는 이유에 대해서는, 그가 동정녀에게서 나시기 전에 설명이 있었다. "아들을 낳으리니 이름을 예수라 하라 이는 그가 자기 백성을 저희 죄에서 구원할 자이심이라"(마 1:21). 그는 이 죄들이 용서 받기 위해서 피를 흘리셨으므로, 죽는 이외에 금생을 떠날 방법이 없었다. 그래서 "우리 하나님은 구원의 하나님이시라"고 한 다음에 즉시 "사망의 출구도 주의 것이라"고 첨가한다. 이 말씀은 그가 죽으심으로써 우리가 구원을 얻으리라는 것을 밝히려는 것이다. "주의 것"이라는 말에는 놀라운 어조가 있다. 마치 "주 자신도 죽음을 통과하지 않고는 이 죽을 인생을 떠날 수 없었다"고 하는 것과 같다.

19. 시편 68장은[21] 유대인들의 불신과 고집을 밝힌다.

그러나 이 예언이 제공하는 이렇게 분명한 증거를 보며, 그 후에 있었던 사건들이 이 예언이 실현된 것을 분명하고 확실하게 증명함에도 불구하고, 유대인들은 조금도 양보하지 않는다. 그러므로 이 시편 다음에 있는 말씀은 그들의 경우에 확실히 실현되었다. 거기서도 그리스도의 고난이 그리스도의 입으로 예언될 때에, 복음서에 있는 일이 분명히 기록되었다. "저희가 쓸개를 나의 식물로 주며 갈할 때에 초로 마시웠나이다"(시 69:21; 마 27:34, 48). 다음에 마치 이것이 그의 앞에 놓인 큰 연회상인 듯이, 그는 첨가했다. "저희 앞에 밥상이 올무가 되게 하시며, 보복과 걸림돌이 되게 하소서 저희 눈이 어두워 보지 못하게 하시며 그 허리가 항상 굽게 하소서"(시 69:22-23, 70인역).

이 모든 말씀은 소원을 말한 것이 아니라, 소원의 형식으로 예언을 한 것이다. 그러면 그들의 눈이 어두워 이 분명한 진상을 볼 수 없더라도 이상할 것이 무엇인가? 그들의 등이 항상 굽어 땅의 일만 보고 하늘 일을 쳐다보지 못하는 것도 이상할 것이 없지 않은가? 신체에서 얻은 이 비유는 영적인 결점을 의미하기 때문이다.

시편에 대한 이 논의, 즉 다윗왕의 예언에 대한 이 논평은 적당한 한계를 넘지

---

20) "사망의 출구"는 개역성경에서 "사망에서 피함"이라고 되어 있다. 그 라틴어인 exitus mortis는 사망에서 피함 또는 사망으로 피함이라고 해석할 수 있다.

21) 개역성경의 시 69편.

않기 위해서 이만하고 그치겠다. 이 글을 읽고 여기 열거된 시편들을 잘 아는 분은 나를 용서하고, 더 중요한 예들이 빠졌다고 생각하더라도 불평하지 않기를 바란다.

20. 다윗과 그 아들 솔로몬의 치세와 공적에 대하여, 또는 솔로몬이 썼거나 썼다고 하는 문서들에 있는 그리스도에 관한 예언에 대하여.

그런데 지상 예루살렘에서 왕위에 오른 다윗은 천상 예루살렘의 백성이었다. 그는 지극히 건전한 겸손과 회개로 위대한 경건 생활을 함으로써 자기의 많은 죄를 극복했기 때문에, 그를 칭찬하는 하나님의 증언이 많다. 그는 "그 불법을 사하심을 받고 그 죄를 가리우심을 받는 자는 복이 있도다"라고 했지만(롬 4:7; 시 32:1), 확실히 그 자신이 그런 사람이었다. 그의 뒤를 이어 같은 백성 전체를 다스린 것이 그의 아들 솔로몬이었는데, 위에서 말한 바와 같이, 그는 부왕 생존시에 즉위했고,[22] 치세의 초기는 좋았으나 나중은 나빴다.

참으로 어진 자의 정신을 약화하는 번영에서[23] 그가 받은 해독은 그의 지혜에서 얻은 혜택을 능가했다. 그러나 그의 지혜는 생전에 광범한 호평을 받은 것과 같이, 지금도 사람들이 기억하며, 앞으로도 기억할 것이다. 또 그가 쓴 책에는 예언들이 있으며, 그 중 세 권, 잠언과 전도서와 아가가 정경에 들어 있다. 이 외에 지혜서와 집회서도 문체가 그의 것과 비슷하다고 해서 보통 그의 저작이라고 인정되지만, 지도적인 학자들은 그가 저자라는 생각을 단호하게 배제한다. 그러나 교회, 특히 서방 교회는 초기부터 이 책들의 권위를 인정했다.

그 중 한 권인 솔로몬의 지혜라는 책에는 그리스도의 수난에 대한 아주 분명한 예언이 있다. 그것은 확실히 그리스도를 죽일 악인들이 할 말을 기록한 것이다. "의인은 우리를 방해하고 우리가 하는 일을 반대하며 율법을 어긴다고 우리를 책망하고 배운 대로 하지 않는다고 나무라니 그를 함정에 빠뜨리자. 그는 자기가 하나님을 안다고 큰소리치고 주님의 아들을 자처한다. 우리가 무슨 생각을 하든지 늘 우리를 책망하기만 하니 그를 보기만 해도 마음의 짐이 되는구나. 아무튼 그의 생활은 다른 사람과는 다르고 그가 가는 길은 변함이 없다. 그의 눈에는 우리가 가짜로만 보인다. 그는 우리가 걷는 길이 더럽다고 멀찍이 피해 간다. 의인들의 최후가 행복스럽다고 큰소리치고 하나님이 자기 아버지라고 자랑한다. 그가 한 말이 정말인지 두고 보자. 그의 인생의 말로가 어떻게 될 것인지 기다려 보자. 의인이 과연 하나님의 아

---

22) 제8장과 왕상 1장을 참조.
23) Sall., *Cat.*, 11, 8.

들이라면 하나님이 그를 도와서 원수의 손아귀에서 구해 주실 것이다. 그러니 그를 모욕과 고문으로 시험해 보자. 그러면 그가 얼마나 경건한가를 알 수 있을 것이다. 입만 열면, 주님이 자기를 도와 주신다고 말해 왔으니 그에게 아주 수치스러운 죽음을 한번 안겨 보자, 악인들은 이렇게 뇌까리지만 그들의 생각은 그릇되었다. 그들의 악한 마음 때문에 눈이 먼 것이다"(지혜서 2:12-21).

또 집회서에는 장차 천하 만민이 가지게 될 믿음을 예언하는 말씀이 있다. "만물의 주인이신 하나님, 우리를 불쌍히 여기시고 굽어 보소서. 모든 이방인들로 하여금 주님을 두려워하며 떨게 하소서. 손을 들어 이방인들을 치시고, 그들로 하여금 주님의 권능을 알아보게 하소서. 주님의 거룩하심이 우리에게 나타난 것을 그들이 본 것처럼, 주님의 위대하심이 그들에게 나타나는 것을 우리가 보게 하소서. 주님, 주님 외에 따로 하나님이 없다는 사실을, 우리와 마찬가지로 저들도 알게 하소서"(집회서 36:1-4).

이 예언은 소원과 기도의 형식을 취했지만, 예수 그리스도에게서 성취된 것을 우리는 본다. 그러나 유대교의 정경에 포함되지 않은 글로 우리의 논적들과 맞서더라도, 그런 글에는 그다지 힘이 없다.

그러나 결정적으로 솔로몬의 글로는 저 세 책의 경우에는, 거기 있는 이런 종류의 글이 그리스도와 교회에 관련되었다는 것을 밝히기 위해서 힘든 논의가 필요하다. 지금 여기서 그렇게 한다면, 우리 일이 너무 길게 될 것이다. 그러나 잠언에 있는 악인들의 말은 모호하지 않다. "우리가 의인을 부당하게 땅 속에 감추며 무덤같이 그들을 산 채로 삼키며 그들에 대한 기억을 땅에서 씻어 버리자 우리가 그의 보화를 차지하자"(잠 1:11-13, 70인역).

이 말씀은 많은 해설이 없어서는 그리스도와 그의 재산 즉 교회에 관한 것이라고 이해할 수 없을 정도로 모호한 말씀이 아니다. 주 예수께서 친히 복음서의 비유에서 어떤 악한 농부들이 이와 비슷한 말을 했다고 밝히신다. "이는 상속자니 자 죽이고 그의 유업을 차지하자"(마 21:38).

앞에서 무자하다가 일곱 자녀를 낳은 여인 이야기를 했을 때에(삼상 2:5)[24] 우리가 검토한 같은 책에 또 다른 예가 있다. 하나님의 지혜는 그리스도이심을 아는 사람들은 그 말씀을 들을 때에 곧 그것이 그리스도와 교회에 관한 것으로 해석한다. "지혜가 그 집을 지어 일곱 기둥으로 바치고 짐승을 잡으며 포도주를 혼합하여 상을 갖추고 그 여종을 보내어 성중 높은 곳에서 불러 이르기를 무릇 어리석은 자는 이리

---

24) 제4장을 참조(삼상 2:5의 인용).

로 돌이키라 또 지혜없는 자에게 이르기를 너는 와서 내 떡을 먹으며 내 혼합한 포도주를 마시라 하느니라"(잠 9:1-5, 70인역).

이 말씀에서 우리는 확실히 하나님의 지혜, 아버지와 함께 영원한 말씀이 동정녀의 태중에 집, 곧 인간의 몸을 짓고, 그것을 머리로 삼아 지체들인 교회와 결합한 것을 본다. 또 지혜가 순교자들을 제물로 삼아 죽이며, 포도주와 떡으로 상을 차린 것을 본다. 또 여기에는 멜기세덱의 반차를 좇은 제사장이 나타난다. 그리고 지혜가 어리석은 자들과 총명이 없는 자들을 초청하는 것을 본다. 사도가 "하나님께서 세상의 미련한 것들을 택하사 지혜있는 자들을 부끄럽게 하려 하신다"고 한 것과 같다(고전 1:27). 이 약한 자들을 향해서 지혜는 "어리석음을 버리고 생명을 얻으라. 명철을 구하여 생명을 얻으라"고 한다(잠 9:6, 70인역). 그뿐 아니라, 지혜가 차린 상에 손님으로 앉는다는 것은 생명을 얻기 시작하는 것이다.

전도서에도, "사람이 먹고 마시고 즐거워하는 것보다 해 아래서 나은 것이 없느니라"는 말씀이 있다(전 8:15). 이에 대해서는 새 언약의 제사장과 중보자이신 분이 멜기세덱의 반차를 좇아 자기의 몸과 피로 갖춘 상에 참가하는 것을 의미한다고 해석하는 것보다 더 온당한 해석이 있는가? 이 제사는 옛 언약에 있는 모든 제사가 뒤를 이은 것이며, 옛 제사들은 장차 올 제사의 그림자였다. 이렇기 때문에 시편 39장에서도 같은 중보자의 음성이 "주께서 제사와 예물을 기뻐 아니하시며, 나를 위하여 몸을 온전케 하셨나이다"라고 하는 것을 듣는다(시 40:6, 70인역). 이것은 저 모든 짐승이나 곡식 예물 대신에 그의 몸을 드려, 상에 앉은 이들에게 먹이기 때문이다. 이 전도서가 먹고 마시는 일에 대한 말을 자주 반복하며 역설하는 것은 육신의 즐거움을 위한 연락을 생각하는 것이 아니다. 그 증거로서는 "초상집에 가는 것이 잔치집에 가는 것보다 낫다"고 하며, 조금 뒤에 "지혜자의 마음은 초상집에 있되, 우매자의 마음은 연락하는 집에 있느니라"고 한다(전 7:24).

그러나 이 책에 있는 다음과 같은 말씀이 더욱 인용할 가치가 있다고 생각한다. 이것은 두 도성, 곧 마귀의 도성과 그리스도의 도성, 그리고 그 두 임금인 마귀와 그리스도에 대한 말씀이다. "왕은 어리고 대신들은 아침에 연락하는 이 나라여 화가 있도다 왕은 자유인들의 아들이요 대신들은 취하려 함이 아니라 기력을 보하려고 마땅한 때에 먹는 이 나라여 복이 있도다"(전 10:16-17).

그가 마귀를 어린 사람이라고 부르는 것은 마귀의 우매와 교만과 경솔과 방종과 기타 그 시기에 가득한 죄과들 때문이다. 그러나 그리스도는 자유인의 아들, 자유로운 도성의 백성인 거룩한 족장들의 아들이라고 한다. 그리스도는 육신으로는 그들의 후손이시기 때문이다. 저 나라의 대신들은 아침에 마땅한 때가 오기 전에 연락한다.

그들은 내세에 있을 마땅한 행복인 진정한 행복을 기다리지 않고, 현세에서 명성을 얻으려고 갈망하기 때문이다. 그러나 그리스도의 나라의 대신들은 우리에게 실망을 주지 않는 축복의 시대를 참고 기다린다. 그들의 소망이 좌절되는 일이 없기 때문에 그는 "취하려 함이 아니라 기력을 보하려고"라는 말로 이 점을 의미한다.

그들은 사도의 "소망이 부끄럽게 하지 아니함"이라는 말씀과 같고(롬 5:5), 시편에 "주를 바라는 자는 수치를 당하지 아니하느니라" 한 것과 같다(시 25:3). 또 아가서는 참으로 저 나라의 왕과 왕후인 그리스도와 교회의 혼인을 거룩한 사람들이 맞이한 일종의 영적 기쁨으로 노래한다. 그러나 이 기쁨을 비유로 둘러싸서, 더욱 열심히 구해서 밝혀질 때에 더욱 기쁘도록 한다. 신랑이 알려지도록, 그를 향해서 "공평이 그대를 사랑하였느니라"하며(아 1:4 하반절, 70인역), 신부를 향해서도 "그대는 사랑을 기뻐하도다"라고 한다(아 7:7, 70인역). 우리는 이 책을 마무리하기 위해서 여러 가지 일들을 묵과한다.

21. 솔로몬 이후의 유다와 이스라엘의 왕들에 대하여.

솔로몬 이후에 히브리 민족의 왕들은 유다에서나 이스라엘에서나 그리스도와 교회에 관해서 말로나 행동의 숨은 뜻으로 예언을 한 것이 거의 보이지 않는다. 그런데 유다와 이스라엘은 히브리 민족이 분열되고 나라가 분열되어서 생긴 두 나라의 이름이었다. 그것은 솔로몬의 악행에 대해서 그의 뒤를 이은 르호보암왕 때에 하나님이 그들에게 벌을 주셨기 때문이다. 그 후로 열 지파는 솔로몬의 신복이었던 여로보암을 사마리아에서 왕으로 옹립하고, 전에 나라 전체를 부르던 이름을 취해서 특별한 의미로 이스라엘이라고 칭했다. 그러나 유다와 베냐민의 두 지파는 유다라는 이름을 얻었다. 그들은 다윗을 위해서, 그의 가문이 근멸되지 않도록 예루살렘에 충성을 계속했으며, 다윗의 출신 지파인 유다 지파의 이름을 취해서 나라 이름으로 삼았다. 이미 말한 것과 같이 이 나라에 합류한 베냐민 지파는 다윗보다 먼저 왕이었던 사울의 지파였다.

그러나 이 두 지파를 합해서 유다라고 불러, 따로 왕을 세우고 갈라져 나간 열 지파인 이스라엘과 구별했다. 그러나 왕조에 소속되지 않고 하나님을 섬기는 제사장직을 맡았던 레위 지파는 열셋째 지파로 인정되었다. 이스라엘의 열두 아들 중의 하나였던 요셉은 한 지파를 세우지 않고, 에브라임과 므낫세라는 두 지파를 세웠다. 그리고 레위 지파는 그들이 섬긴 하나님의 성전이 예루살렘에 있었기 때문에 그 나라와 더 밀접한 관계가 있었다. 민족이 분열된 후에 솔로몬의 아들 르호보암왕이 예루살렘에서 다스린 초대왕이 되었고, 사마리아에서는 솔로몬의 이전 신복 여로보암이 초대 이스라엘 왕이 되었다.

르호보암왕은 여로보암을 이스라엘의 폭군이라고 해서 토벌하기로 결정했지만, 하나님이 예언자를 통해서, 분열은 하나님 자신이 하신 일이라고 선언하심으로써 동족 상잔을 금지하셨다. 이와 같이, 나라가 분열된 데 대해서 이스라엘의 백성이나 왕에게 죄가 있는 것이 아니라, 하나님이 벌을 주기로 결정하셨기 때문이라는 것이 알려졌다. 이 일을 깨닫고 두 파는 화평하고 평화를 지켰다. 나라는 분열되었어도, 종교는 분열되지 않았기 때문이었다.

22. 여로보암은 불경건한 우상숭배로 백성을 더럽혔으나, 하나님께서는 계속 예언자들을 감동시키시며, 많은 사람들을 인도하셔서 우상숭배의 죄를 짓지 않게 하셨다.

그러나 여로보암에게 나라를 주시겠다고 하신 약속을 하나님이 지켜주셨건만, 여로보암은 하나님을 믿지 않는 악한 자였다. 그는 백성이 하나님의 율법이 가르치는 대로 예루살렘 성전에 가서 제물을 드린다면, 결국은 자기를 떠나 다윗의 후손인 왕족에게로 다시 넘어가리라고 두려워해서, 자기 나라에 우상숭배를 시작했을 뿐 아니라, 하나님의 백성들까지 꾀어 자기의 흉악한 우상숭배를 따르게 만들었다. 그러나 하나님께서는 끊임없이 예언자들을 보내 각방으로 왕을 책망하실 뿐 아니라, 그의 불경건을 되풀이한 후계자들과 일반 백성들까지도 책망하셨다. 그 시대에 위대한 예언자들이 배출되어서 엘리야와 엘리사와 같이 기적도 많이 행했다. 또 그때에 엘리야가 "주여 저희가 주의 예언자들을 죽이며 주의 제단을 헐어버렸고 나만 남았는데 내 목숨도 찾나이다"라고 했을 때에, 주의 말씀이 바알에게 무릎을 꿇지 아니한 사람 칠천명이 있다고 하셨다(왕상 19; 롬 11:3-4).

23. 히브리 민족의 남북 왕국은 여러 풍상을 거친 후에, 백성이 각각 다른 때에 포로로 끌려 갔고, 유다만은 본국으로 돌아왔으나, 드디어 로마의 세력하에 들어갔다.

마찬가지로 예루살렘의 유다 왕국에서도 대대의 임금 때에 예언자들이 없지 않았다. 그들은 하나님의 뜻대로 파견되어, 혹은 필요한 일을 사전에 알리며, 혹은 왕들의 죄를 책망하며 의를 명령했다. 북쪽보다는 덜했지만, 남쪽에서도 불경건한 행위로 하나님을 심히 노엽게 한 왕들이 있었고, 그들과 다름이 없는 백성들과 함께 상당한 벌을 받았다, 물론 그들 가운데는 경건한 왕들도 있어서 작지 않은 공적으로 칭찬을 받았지만, 그와 반대로 이스라엘 왕들은 전부가 여러 가지로 악했던 것으로 기록되었다. 그래서 하나님의 섭리가 명령하거나 허락하는 데 따라, 남북에서 성쇠의 시기가 교차했으며, 외국의 침범뿐 아니라 남북간의 내란 때문에 고통이 심했다.

그런 때에 하나님이 혹은 자비를 베푸시고 혹은 진노하시는 것을 밝히 알 수 있었다. 드디어 하나님의 진노가 더해서 전 국토가 갈대아 군대에 유린을 당했을 뿐 아니라, 국민의 대부분이 아시리아로 끌려갔다. 처음에는 북쪽의 열 지파인 이스라엘이 당했고, 그 후에 예루살렘과 그 유명한 성전이 파괴된 후에 남쪽 백성도 끌려갔다. 외국 땅에서 그들은 70년 동안 조용한 포로 생활을 했다. 그 후에 귀국 허가가 있어서, 그들은 무너진 성전을 재건했고, 아직 다수가 외국에 남아 있었지만, 돌아온 사람들은 나라를 분열하거나 왕을 따로따로 세우지 않고 전체를 다스리는 한 지도자가 예루살렘에 있었다. 세계 각국에 흩어져 산 사람들은 일정한 시간적 간격을 두고 모두 예루살렘에 있는 하나님의 성전으로 돌아왔다. 그러나 그 때에도 그들의 원수와 정복자가 되는 민족들이 없지 않았고, 그리스도가 오신 때에는 그들은 이미 로마의 속국이었다.[25]

24. 유대인들 중의 마지막 예언자들과 그리스도가 탄생하실 무렵에 살아 있었다고 복음서에 기록된 예언자들에 대하여.

그런데 바빌론에서 돌아왔을 때의 예언자 말라기, 학개, 스가랴, 에스라 이후에는 구세주가 강림하신 때까지 예언자가 없었다. 구세주가 오시기 직전의 예언자는 요한의 아버지 사가랴와 그 아내 엘리사벳, 오신 후에는 늙은 시므온과, 이미 늙은 과부였던 안나와, 맨 마지막으로 요한이었다. 요한과 예수는 그 때에 청년이었고, 요한은 그리스도의 강림을 예언한 것이 아니라, 세상이 알아보지 못하는 그리스도를 알아보았고, 예언자적 통찰로 그를 지적했다. 그러므로 그리스도께서는 "율법과 예언자는 요한까지지라"고 하신 것이다(마 11:13).

이 다섯 사람의 예언은 복음서로 알려졌고, 그 복음서에는 주의 어머니 마리아도 요한보다 먼저 예언했다고 한다. 하나님의 버리심을 받은 유대인들은 이 나중 사

25) 북이스라엘이 아시리아에 망한 것이 기원전 721년, 남유다 사람들은 596년과 586년에 바빌론에 포로로 잡혀 갔고, 586년에는 나라도 망했음. 바빌론은 페르시아에 538년에 망했고, 다음해에 유대 사람들은 귀환이 허락되어 예루살렘에 520-516년 사이에 성전을 재건했음. 기원전 63년에 로마 장군 폼페이우스가 유대를 로마 영토로 만들었음.

람의 예언을 인정하지 않지만, 복음을 믿게 된 무수한 유대인들이 그들을 받아들였다. 이스라엘은 예언자 사무엘을 통해서 사울왕에게 미리 전해진 대로 그 때에 참으로 분열되었고, 이 분열은 변경할 수 없는 것이다. 그러나 말라기, 학개, 스가랴, 에스라는 버림받은 유대인들도 받아들이며, 신적 권위가 있는 최후의 책들로 인정한다. 다른 예언자들과 같이 이 사람들이 쓴 글도 있으며, 그 수는 많은 예언자들 가운데서 소수이지만, 정경에 든 글들을 썼다. 그리스도와 교회에 관해서 그들이 한 예언을 몇 개 이 책에 넣어야 한다고 나는 생각하며, 하나님의 도움을 받아 다음 권에 넣는 것이 더 편리하겠다. 그렇게 함으로써 이미 길어진 이 권의 부담을 더하지 않게 되겠다.

제 18 권

개요: 지상 도성과 천상 도성이 병행한 과정을 아브라함 때로부터 세상 종말까지 추적하며, 그리스도에 대한 시빌(sibyl)들과 예언자들의 예언들에 대해 언급한다. 호세아, 아모스, 이사야, 미가와 그 계승자들은 로마가 건국된 후에 글을 썼다.

1. 제17권까지 논한 구세주 시대 이전의 사건들.

나는 두 도성, 곧 하나님의 도성과 이 세상의 도성에 대해서 그 기원과 진전과 예정된 종말을 논하겠다고 약속했다. 하나님의 도성은 인류의 처지에서 보면, 지금 이 세상에서 나그네로 지낸다. 그러나 나는 우선 하나님의 은혜를 의지하면서, 하나님의 도성에 대적하는 사람들을 논박하겠다고 했다. 그들은 하나님의 도성을 건설한 그리스도보다 자기들의 잡신들을 존중하며, 자살적인 악의로 그리스도인들을 맹렬히 미워한다. 나는 이 논박을 처음 열 권에서 마쳤다.

방금 말한 나의 삼중의 약속에 대해서는, 제11권부터 네 권에 걸쳐서 두 도성의 기원을 논했다. 다음에 처음 사람으로부터 홍수까지를 제15권에서 다루었다. 그 때로부터 아브라함까지 두 도성의 과정을 시대순으로 보다가, 족장 아브라함으로부터 이스라엘의 왕조에 이르러 제16권이 끝나고, 그 후 그리스도의 육신 강림까지를 제17권에서 논했다. 그런데, 내가 쓴 글에서는 아브라함 이후로 하나님의 나라가 단독으로 진전한 것 같이 되어 있으나, 이 시대에 그러했던 것이 아니라, 두 도성이 인류 사이에서 병행했고, 여전히 성쇠의 시대적 변천을 함께 경험했다.

그러나 내가 고의로 이렇게 기록한 목적은, 하나님의 약속이 더욱 분명하게 나타나기 시작한 때로부터 그 처음 약속을 실현하실 분의 처녀 탄생에 이르기까지 하나님의 도성의 진로가 더욱 분명히 보이며, 저 다른 도성의 역사로부터 방해를 받지 않게 하려는 것이었다. 다만 하나님의 도성도 새 언약이 계시될 때까지의 과정이 환하게 나타난 것이 아니라, 그림자에 가려 있었다. 그러므로 이제는 내가 빠뜨린 것을 보충하며, 아브라함 시대로부터 다른 도성의 역사를 필요한 정도로 충분히 기록해서,[1] 두 도성의 차이에 독자들이 주목하게 하는 것이 마땅하다고 생각한다.

2. 아브라함의 탄생 이후에 성도들과 동시대였던 지상 도성의 왕들과 그 연대.

죽을 운명인 인간들은 전 세계 각지에 흩어져서 사회를 이루었다. 그들은 사회마다 지리적 환경이 많이 다르며, 각각 독자적인 장점과 성공을 추구했지만, 근본이 같으므로 상호간에 일종의 동지적 유대가 있었다. 그러나 모두가 한 가지 목표를 추구하는 것이 아니므로, 모두가 그 얻는 것으로 만족하는 것이 아니며, 아마 그런 사람은 하나도 없을 것이다. 그래서 인간의 사회는 내부 분열이 생기며, 우세한 부분이 열세한 부분을 압박한다. 정복된 자들은 권력이나 심지어 자유까지도 단념하고 어떻게 해서든지 평안히 살아남기 위해서 정복자의 뜻에 복종한다. 그래서 종이 되기보다는 차라리 죽기를 선택하는 사람들이 있을 때에, 세상은 심히 놀란다.

거의 모든 민족에게 공통된 자연의 음성은, 패자는 전면적 패전으로 말살되기보다는 승리자에게 굴복하라고 역설한다. 그렇기 때문에 비록 하나님의 손도 관여해서 그 권능이 개개의 경우에 전쟁에서 멍에를 씌울 자와 쓸 자를 결정하는 것이지만, 어떤 민족들은 제국을 얻고, 또 어떤 민족들은 다른 민족의 제국에 예속된다. 그러나 세상적인 우세와 성공을 추구하는 사회인 우리가 세상 도성이라고 총칭하는 사회가 건설한 많은 왕국 가운데서 특출하게 유명한 것은 두 나라이다. 우선 아시리아 제국이요, 다음에 로마 제국이다. 이 두 나라는 시간적으로나 공간적으로 깨끗이 구별된다. 아시리아가 먼저 일어나고 로마가 후에 일어난 것과 같이, 아시리아는 동방에서 그리고 로마는 서방에서 일어났으며, 한 쪽이 끝나자 곧 다른 쪽이 그 뒤를 따랐다. 다른 나라들과 왕들은 이 두 제국의 부속물이라고 할 것이다.

---

1) 아우구스티누스가 주로 참고한 것은 저 유명한 교회사가(史家) 유세비우스가 작성한 연대기였다. 유세비우스는 전편에서 갈대아, 아시리아, 히브리, 이집트, 그리스, 로마 등의 역사를 요약해서 소개하고, 후편에서 이 나라 왕들의 대조 연표(對照年表)를 제시해서 그리스도 기원전 61년까지 내려왔다. 이 연표만을 제롬(히에로니무스)이 라틴어로 번역하고, 로마 역사를 첨가해서 기원후 378년까지 내려왔다. 아우구스티누스는 제롬이 번역 보충한 연표를 사용한 것이다. 이 연표에 있는 연대 몇 개를 그대로 소개한다면, 아시리아 제국은 기원전 2124년에 출발해서 1305년 계속하다가 819년에 멸망했다. 아브라함은 기원전 2016년에 출생했다. 로마 제국은 753년에 건설되었다.

아우구스티누스는 상기 연대기 이외에 바로(Varro, 신관)와 여러 고대 사가들의 문서를 참고했다. 바로는 기원전 2160-2100년에 생존했다는 오기구스왕(王)으로부터 기록하기 시작했다.

아브라함이 갈대아 땅에서 태어 났을 때에, 아시리아의 처음 지배자 벨(Bel)의 아들 니누스(Ninus)가[2] 2대왕으로서 이미 다스리고 있었다. 그 때에 시키온(Sicyon)[3]이라는 나라도 있었는데, 이 나라는 극도로 작았지만, 연대가 오래되었기 때문에, 심히 박학했던 마르쿠스 바로(Marcus Varro)가 「로마민족사」(*De gente populi Romani*)를 썼을 때에, 이 나라에서부터 시작했다. 그는 시키온 왕들에서 출발해서 아테네(행 17:16)로 내려오고, 다음에 그들로부터 라티움(Latium)으로, 다음에 로마로 내려왔다. 그러나 그가 열거한 로마 건국 이전의 나라들은 아시리아 제국에 비하면 참으로 보잘 것이 없었다. 다만 로마 사람인 역사가 살루스티우스(Sallust)는 그리스(행 20:2)에서는 아테네도 유명했다고 하지만, 그들의 실적은 명성을 따르지 못했다고 한다.

그 자신이 다음과 같이 기록했다. "아테네 사람들의 업적은 위대하고 찬란했지만, 세평에 비해서는 다소 떨어진다고 나는 생각한다. 천재적인 문인들이 아테네에서 배출되었기 때문에, 아테네의 업적을 가장 위대한 것으로 온 세상이 칭송한다. 그래서 그런 업적을 이룩한 사람들의 용기를 유명한 천재들의 역량에 해당한다고 하며 칭찬을·받을 만하다고 인정하는 것이다."[4]

아테네에서 유례가 없을 정도로 왕성했던 문학과 철학도 적지 않은 명성을 얻게 했다. 그런데 국력을 볼 때에는 고대 국가로서 아시리아를 능가한 나라가 없었고, 그 판도도 가장 광대했다. 벨루스의 아들 니누스는 리비아(Libya) 국경에 이르기까지 아시아 전역을 정복했다고 하는데, 이 곳은 세계의 3분의 1이 된다고 하지만, 실지는 2분의 1이 된다. 동방에서 그가 정복하지 않은 곳은 인도뿐이었지만, 그의 사후에 그의 아내인 세미라미스(Semiramis)가 인도와 싸웠다. 이와 같이 동방에 있는 민족들과 왕들은 모두 아시리아 왕에게 복종해서 그 모든 명령을 이행했다.

아브라함은 아시리아의 갈대아 지방에서 니누스 왕 때에 태어났다. 그러나 우리는 아시리아 역사보다 그리스(행 20:2) 역사를 더 잘 알며, 로마 국민의 유래를 상고까지 소급한 사람들도 그리스 역사를 통해서 라티움 역사로 내려오고, 다시 라티움의 일부인 로마의 역사로 내려왔기 때문에, 우리는 하나님의 도성이 이 세상에서 순례의 길을 걷는 동안에 첫째 로마였던 바빌론이[5] 어떻게 병행했는가를 밝히기 위해서, 필요에 따라 아시리아 왕들의 이름을 들어야 한다. 그러나 지상과 천상의 두

---

2) 4권 6장과 16권 17장. 니누스는 기원전 2059년부터 52년간 재위했다고 한다.
3) 시키온은 고린도 부근에 있는 도시 국가.
4) Sall, *Cat.*, 8, 7 이하.

도성을 비교하는 우리의 이야기의 줄거리를 알리기 위해서, 주로 그리스 역사에서, 그리고 둘째 바빌론과 같은 로마의 역사에서 그 시대들을 선택해야 되겠다.

다시 아브라함으로 돌아가서, 그가 태어난 때에 아시리아와 시키온의 2대 왕인 니누스와 유롭스(Europs)가 위에 있었다. 이 나라들의 초대왕은 각기 벨루스와 아이기알레우스(Aegialeus)였으나, 아브라함이 갈대아를 떠난 때, 곧 그의 후손이 큰 민족을 이루며 그의 후손으로 말미암아 만방이 복을 얻으리라는 약속을 하나님에게서 받았을 때에는, 아시리아에는 제4대 왕이 있었고, 시키온에는 제5대 왕이 있었다. 니누스의 아들이 그 어머니 세미라미스의 뒤를 이어 왕이 되었기 때문이다. 이 여인은 아들에게 감히 근친상간의 죄를 범해서 그를 더럽혔기 때문에, 아들에게 피살되었다고 한다. 바빌론을 건설한 것은 이 여인이라고 하는 사람들도 있으나, 그는 바빌론을 재건했을 것이고, 그 도시가 언제 어떻게 건설되었는가 하는 이야기는 제16권에서[6] 했다. 또 니누스와 세미라미스 사이에 태어나서 어머니의 뒤를 이어 왕위에 오른 아들도 이름이 니누스였다고 하는 학자들이 있지만, 니누스라는 이름을 모방해서 니니아스(Ninyas)라고 부르는 사람들도 있다. 그 때에 시키온에서는 텔크시온(Telxion)이 왕위에 있었다. 이 왕의 치세는 매우 평화롭고 행복했기 때문에, 그가 죽자 국민은 그를 신으로 숭배하며 제물을 바치며 기념 경기대회를 거행했다. 그것은 원래 그에게 경의를 표하는 의미에서 제정한 경기 대회였다고 한다.

3. 아브라함이 100세 되었을 때 약속된 이삭이 태어나고, 이삭이 60세에 그 아내 리브가가 에서와 야곱 쌍둥이를 낳았을 때에, 아시리아와 시키온의 왕들은 누구였는가?

이 텔크시온 때에 백세된 아브라함에게 하나님의 약속대로 이삭이 났고, 아브라함의 아내 사라는 원래 잉태하지 못하는 사람인데다가 나이도 많아서 자식을 낳을 가망이 전혀 없는 때였다. 그 때에 아시리아에는 제5대 왕 아리우스(Arrius)가 있

---

5) 계시록에서(18:2) 로마를 바빌론이라고 했기 때문에 지상 도성으로서 로마 제국의 선배였던 아시리아를 첫째 로마 즉 첫째 바빌론 또는 첫째 바빌로니아라 하고, 조금 내려가서 로마를 둘째 바빌론이라고 부르는 것이다. 그러나 상고사(史)에는 실제로 아시리아보다 먼저 메소포타미아 지방의 남부에 우르나 바빌론 등의 도시를 중심으로한 첫째 바빌로니아가 있었고, 북부의 니느웨를 중심으로 한 아시리아 제국이 기원전 606년에 완전히 망한 후에 그 뒤를 이어 둘째 바빌로니아가 일어났다. 이스라엘을 정복한 것은 아시리아였고, 유다를 정복한 것은 둘째 바빌론이었다. 아우구스티누스는 상고의 아시리아와 처음 바빌론을 확연히 구별하지 않았다.

6) 16권 4장.

었다. 그런데 이삭 자신은 60세 때에 아내 리브가에게서 에서와 야곱 쌍둥 아들을 얻었다. 그 때에 아브라함은 160세로 아직 생존해 있었고, 그가 175세로 생을 마쳤을 때에 아시리아 왕은 발레우스(Baleus)라고도 부르는 크세르크세스(Xerxes)였고, 시키온 왕은 투리아쿠스 또는 투리마쿠스(Thuriacus, Thurimacus)였는데, 두 사람이 다 제7대 왕이었다. 또 아브라함의 손자들 때에 아르고스(Argos)[7] 사람들이 나라를 세우고 이나쿠스(Inachus)가 초대왕이 되었다.

바로에 따르면, 시키온 사람들은 저희의 7대 왕 투리아쿠스의 묘에 제물을 드리는 관습이 있었다. 아시리아와 시키온의 제8대 왕이었던 아르마미트레스(Armamitres)와 레우키푸스(Leucippus), 그리고 아르고스의 초대왕 이나쿠스의 치세에 하나님께서 이삭에게 그 아버지에게 하신 것과 같은 약속을 하셨다. 즉 그 자손에게 가나안 땅을 주시며, 그의 후손으로 말미암아 천하 만민에게 복을 주시겠다고 하셨다. 같은 약속을 그의 아들 야곱, 곧 아브라함의 손자에게도 하셨다. 야곱은 후에 이스라엘이라는 이름이 되었는데, 그 때에 아시리아에는 제9대 왕 벨로쿠스(Belocus), 아르고스에는 이나쿠스의 아들인 제2대 왕 포로네우스(Phoroneus), 시키온에는 아직도 레우키푸스가 다스리고 있었다.

이 시대에 아르골리스(Argolis)의 포로네우스 왕 밑에서 법률이 제정되고 재판소가 설치되므로 그리스는 명성을 얻었다. 이 포로네우스의 아우 페고우스(Phegous)가 죽었을 때에, 그의 묘지에 신전을 세우고 그를 신으로서 숭배하며 가축을 잡아 제사를 지냈다. 이 사람의 아버지는 두 아들에게 나라를 나눠 주어, 자기 생전에 각각 그 영토를 다스리게 했는데, 페고우스는 신들을 숭배하는 사당들을 만들며, 1년 또 1개월 단위로 시간을 기록하는 방법을 백성에게 가르치며, 도량형의 단위와 수를 세는 방법을 가르쳤기 때문에, 백성이 이렇게 숭배할 가치가 있는 것으로 인정했다고 나는 생각한다. 교육이 없었던 시대 사람들은 이런 새로운 발명을 놀랍게 생각하여, 그가 죽으면 그를 신이 되었다고 믿거나 선언한 것이다.

이오(Io)도 이나쿠스의 딸이었다고 하는데, 후에 이시스(Isis)라는 이름으로 이집트에서 위대한 여신으로 숭배를 받았다. 어떤 사람은 이시스는 왕후로서 에티오피아에서 왔고, 넓은 국토를 공정하게 다스리며, 문자와 그 밖의 여러 가지 유익한 관습을 제정했기 때문에, 죽은 후에 신으로서 숭배를 받게 되었다고 한다. 이시스에 대한 존숭은 대단해서, 그를 죽을 운명의 보통 인간이었다고 말하는 사람은 사형죄에 인정되었다고 한다.

---

7) 고린도 서남방에 있던 도시 국가로 그 지방을 아르골리스라고 했다.

4. 야곱과 그 아들 요셉의 시대.

발레우스(Balaeus)는 아시리아의 제10대 왕이며, 메사푸스(Messapus)가 — 이 사람을 어떤 사람들은 케피수스(Cephisus)라고도 부름 — 시키온의 제7대 왕이며, 아피스(Apis)가 아르골리스의 제3대 왕이었을 때에, 이삭이 180세에 세상을 떠났고, 그의 쌍동 아들들은 그 때에 120세였다. 형이 버림을 받은 후에 동생 야곱은 우리가 논하는 하나님의 도성에 속한 사람이 되었고, 그의 아들 열두 형제 중에서 요셉은 형들에게 팔려 이집트로 가는 상인들의 손에 넘겨졌다. 그 조부 이삭이 아직 살아 있을 때 일이었다. 그런데 요셉은 오래 천대를 참고 견디다가 30세에 파라오 왕 앞에서 높은 지위에 발탁되었다(창 41:46). 하나님의 도움으로 파라오의 꿈을 해석하면서 7년 대풍을 예언했고, 그 후의 흉년은 그 엄청난 풍작을 소모해 버리리라고 했기 때문에, 파라오 왕이 그를 옥중에서 구출해서 국정을 그에게 맡긴 것이다. 그가 투옥된 것은 자기의 정조를 지켰기 때문이었다. 그를 유혹한 여주인에게서 도망할 때에, 그를 잡으려는 여주인의 손에 그의 옷이 남아 있었고, 여자는 그 옷으로 고지식한 남편을 속인 것이다.

흉년이 계속된 둘째 해에 야곱이 온 가족을 데리고 이집트에 있는 아들에게로 온 것이 그가 파라오 왕에게 대답한 대로(창 47:9-10) 그의 130세 되는 때였다. 요셉은 30세에 고관이 되고, 그 후 7년 풍작과 2년 흉작을 겪었으니, 그 때에 39세였다.

5. 아르골리스의 아피스 왕을 이집트 사람들은 세라피스라고 부르면서 신으로 숭배했다.

그 때에 아르골리스의 아피스 왕이 함대를 끌고 이집트로 가서 거기서 죽자, 세라피스라는 이름으로 이집트 전국의 제일 높은 신이 되었다. 이 사람이 죽은 후에 아피스가 아니라 세라피스가 된데 대해서는 바로(Varro)가 간단히 설명했다.

죽은 사람을 넣은 관을 라틴어로는 사르코파구스(sarcophagus)라고 하지만, 그리스어로는 소로스(σορὸς)라고 한다. 아피스 왕이 죽은 후에 그를 위한 신전이 완공되기까지는 사람들이 관에 들어 있는 그를 경배했기 때문에, 처음에는 "소로스 아피스"라고 부르다가, 자주 있는 바와 같이, 모음 하나가 변해서 세라피스라고 부르게 되었다고 한다.

그의 경우에도 그를 사람이었다고 하는 사람은 사형에 처한다는 법령이 있었다. 그리고 이시스와 세라피스를 경배한 신전에는 거의 어디나 입술을 손가락으로 눌러 잠잠하라는 신호를 하는 형상이 서 있었기 때문에, 바로는 이것을 그 두 신이 사람이었다는 말을 하지 말라는 뜻이라고 생각했다. 그뿐 아니라, 이집트 사람들은 이상한 미신으로 세라피스 숭배의 일부로써 황소에게 진미를 먹였는데, 그것은 죽은 소가 아니라 살아 있는 소라는 이유로 아피스라 부르고 세라피스라고 하지 않았다. 즉 관에 들어 있지 않다는 뜻이었다. 이 황소가 죽을 때에는 빛깔이 같은, 즉 무늬가 같고 흰 점들이 있는 송아지를 구하며, 얻으면 신이 준 기적이라고 했다. 귀신들로서는 사람들을 속이기 위해서 새끼를 가진 암소에게 이런 황소의 환상을 보이는 것이 큰 일이 아니다. 그 환상을 암소만이 보면서 원하는 대로 그 무늬가 새끼의 몸에 나타나게 하는 것이다. 야곱이 얼룩진 막대기를 이용해서 여러 가지 색깔의 양과 염소를 얻은 것과 같다(창 30:37-39). 사람이 실제로 색채와 물건을 가지고 하는 일을 마귀들은 새끼를 밴 동물들의 눈을 속이는 환상을 보임으로써 쉽게 할 수 있기 때문이다.

6. 야곱이 이집트에서 죽었을 때에 아르고스와 아시리아를 다스린 왕들.

아피스는 이집트 왕이 아니라 아르고스 왕이었는데, 이집트에서 죽은 것이다. 그의 뒤를 이어 왕이 된 자는 그의 아들 아르구스(Argus)였고, 이 사람의 이름을 따서 그 나라 백성을 아르기(Argi), 그 나라를 아르기위(Argivi)라고 부르게 되었다. 그 이전의 왕들 시대에는 백성이나 나라에 이 이름이 없었다. 아르구스가 아르고스왕이었고, 에라투스가 시키온의, 그리고 발레우스가 여전히 아시리아의 왕이었을 때에, 야곱이 147세로 이집트에서 세상을 떠났다. 그는 죽기 전에 아들들과 요셉이 낳은 손자들을 축복했으며, 유다를 위해 복을 빌 때에 분명히 그리스도에 대한 예언을 했다: "치리자가 유다를 떠나지 아니하며 지배자가 그의 허리에서 떠나지 아니하리라. 그의 자리를 차지할 분이 와서 만백성이 그에게 기대를 걸리라"(창 49:10, 70인역).

아르구스 왕 때에 그리스 사람들이 곡식을 먹게 되어, 외국에서 종자를 얻어다가 농사를 짓기 시작했다. 아르구스도 죽은 후에 신으로 인정되어, 신전과 제물로 경배를 받았다. 그의 생존시에 호모기로스(Homogyros)라고 하는 일개 평민이 처음으로 소에게 멍에를 메워 밭을 갈기 시작했다고 해서, 그가 벼락에 맞아 죽은 후에, 사람들이 그를 신으로 모시게 되었다.

7. 요셉이 이집트에서 죽은 것은 어느 왕 때였는가?

아시리아의 제12대왕 마미투스(Mamythus)와 시키온의 제11대 왕 플렘메우스(Plemmeus)와 아르고스와 아르구스 왕 때에 요셉이 110세로 이집트에서 죽었다. 그가 죽은 후에 하나님의 백성은 145년 동안 이집트에 머물러 있으면서 놀랄 만큼 인구가 불었다. 그들은 처음에 평화롭게 살 수 있었지만, 그것은 요셉을 아는 사람들이 살아 있을 동안 뿐이었고, 그 후에는 그들의 인구 증가가 적개심을 자극해서 의심을 받게 되며, 말할 수 없는 고역을 하면서 박해를 받았다. 그런 가운데서도 하나님의 은혜로 자손이 더욱 불어, 드디어 그 나라에서 해방될 때까지 이르렀다. 이 기간을 통해서 아시리아와 그리스에서는 같은 왕조들이 계속했다.

8. 모세가 태어났을 때의 왕들과 그 시대에 경배를 받기 시작한 신들.

아시리아의 제14대 왕 사프루스(Saphrus)와 시키온의 제12대 왕 오로토폴리스(Orthopolis)와 아르고스의 제5대 왕 크리아수스(Criasus) 때에, 모세가 이집트에서 태어났다. 이 사람을 통해서 하나님의 백성이 이집트에서의 노예 생활에서 해방되었다. 그들의 고난은 창조주의 도움을 갈망하는 마음을 가지게 되도록 그들을 훈련하기 위해서 필요했다. 위에서 말한 왕들 때에 프로메테우스가 살아있었다고 하는 사람들이 있다. 그가 흙으로 사람을 만들었다고 그들이 말하는 이유는, 그가 지혜를 가르친 가장 훌륭한 선생이었다는 것인데, 어떤 지혜있는 사람들이 그의 시대에 살아 있었는가 하는 것을 그들은 말하지 않는다. 프로메테우스의 형제 아틀라스는 위대한 점성가였다고 하며, 그래서 그가 하늘을 떠받치고 있다는 신화가 생겼다. 그러나 아틀라스라는 산이 있고, 그 산이 높기 때문에 그가 하늘을 떠받치고 있다는 통속 신념이 생긴 것 같다. 그 시대에는 그리스에서 신화가 많이 생겼다.

아테네시(市)가 아테네라고 불리게 된 것이 그 시의 케크롭스(Cecrops)왕 때였고, 이 때에 하나님이 모세를 시켜 그의 백성을 이집트에서 이끌어 내셨는데, 그 때까지 그리스 사람들은 무지 몽매한 관습과 미신 때문에 많은 사람들을 죽은 후에 신으로 만들었다.

그렇게 된 사람들은 예컨대 크리아수스왕의 왕후 멜란토미케(Melantomice)와 제6대 왕이 된 그들의 아들 포르바스(Phorbas)와 제7대 왕 트리오파스(Triopas)의 아들 야수스(Iasus)와 제9대 왕 스테넬라스(Sthenelas)였다. 이 사람은 저자들에 따라 스테넬레우스 또는 스테넬루스라고 부른다. 메르쿠리우스(Mercurius)는 그 시대에 살았다고 하며, 아틀라스의 딸 마이아(Maia)에게서 났다고 해서 통속 문학에서 잘 알려졌다. 메르쿠리우스는 여러 가지 기술에 능해서 그것을 사람들에게 전수했으며, 그 대신 사후에 신이라고 선언되었고, 심지어 신이라고 믿어지게 되었다. 그의 뒤에 헤라클레스가 태어났는데, 그때까지도 아르고스 왕국 시대였다고 한다. 그를 메르쿠리우스보다 먼저 낳았다고 하는 사람들도 있지만, 나는 그것은 잘못된 것이라고 생각한다. 그러나 어느 때에 났든 간에, 이런 옛 이야기를 기록한 냉철한 역사가들은 메르쿠리우스와 헤라클레스는 사람이었는데, 많은 혜택을 주어 사람들의 생활을 편리하게 만들었기 때문에 신으로서 숭배를 받게 된 것이라고 생각한다.

그러나 미네르바(Minerva)는 이들보다 훨씬 더 오래 전에 있었다. 그는 오기구스(Ogygus) 때에 어린 처녀로서 트리토니스(Tritonis) 호수 부근에 나타났다고 해서 트리토니아(Tritonia)라고도 부른다. 확실히 그는 여러 가지 기예를 발명했고, 그 근본이 잘 알려지지 않았기 때문에, 사람들이 더욱 쉽게 신이라고 믿었다. 유피테르의 머리에서 태어났다고 하는 것은 시인들과 신화로 돌려야 하며, 역사적 사실에 포함시킬 수 없다. 다만 오기구스 자신의 연대에 대해서 역사가들의 의견이 일치하지 않는다. 이 사람 때에 큰 홍수가 있었다고 하는데, 이것은 방주에 들어간 사람들만 살아난 가장 큰 홍수가 아니다. 이 홍수에 대해서는 그리스나 로마의 역사가들이 아는 바가 없지만, 오기구스 홍수는 그 후에 데우칼리온(Deucalion) 때에 있었던 홍수보다 큰 것이었다.

앞에서[8] 언급한 바로의 저서는 이 시점에서 시작하며, 그가 로마 역사까지 내려올 때에 출발한 것도 오기구스 때의 홍수부터였다. 우리의 연대기 저자들 즉 유세비우스와 제롬은 물론 선배들의 의견에 근거를 둔 것이지만, 오기구스의 홍수는 300여 년 후, 아르고스의 제2대 왕 포로네우스 때에 있었다고 한다. 그러나 오기구스의 연대가 어떻게 되었든 간에, 아테네를 재건 또는 건설했다고 하는 케크롭스 왕 때에 미네르바는 이미 신으로서 숭배를 받고 있었다.

9. 아테네가 건설된 때와 그 이름의 유래에 대한 바로의 설명.

아테네시(市)의 이름에 대해서 바로는 다음과 같이 그 유래를 설명한다. (로마 신화에서 말하는) 미네르바를 그리스어로는 아테나(Athena)라고 부르므로, 아테네시의 이름이 거기서 왔음이 확실하다. 그 도시에서 갑자기 감람나무가 나타났는데, 동시에 다른 곳에서는 샘물이 터져 나왔다. 이런 조짐들에 놀란 왕이 델피에 있는 아폴로신에게 사람을 보내어, 이것이 무슨 뜻이며 어떻게 처리해야 하느냐고 묻게 했다. 아폴로의 대답은, 감람나무는 미네르바 여신을 상징하고 샘물은 넵튠

8) 2장.

(Neptunus)[9]을 상징하는데, 시민들은 두 신 중에서 어느 한 쪽을 택하여 그 이름을 시의 이름으로 삼아도 좋다는 것이었다. 케크롭스왕은 이 신탁(神託)을 받고 남녀 시민들을 모두 소집해서 투표하게 했다. 그 당시에 그 곳 여성들은 공중 토론에 참가하는 관습이 있었다. 그러므로 공중 투표에서 남자들은 넵튠을, 여자들은 미네르바를 택했고, 여자들 편이 한 표가 더 많았기 때문에 미네르바가 이겼다.

그랬더니 넵튠이 노해서 큰 해일을 일으켜 아테네시를 황폐하게 만들어 버렸다. 귀신들은 어디 있는 물이든지 움직일 수 있기 때문이다. 바로의 이야기로는, 넵튠의 노를 풀기 위해서 아테네 여성들은 세 가지 벌을 받았다고 한다. 이 후로 여성은 투표에 참가하지 말 것, 그 자식들은 어머니의 이름을 자기 이름에 붙이지 말 것, 그리고 아무도 그들을 아테네 여자라고 부르지 말 것이라는 것이었다. 이와 같이, 문예의 어머니로서 위대한 철학자들을 많이 내었고, 그리스의 가장 큰 영광이며 경이의 대상이었던 아테네는 귀신들의 간계에 걸려, 남녀 양신의 경쟁에서 여성표가 승리함으로써 그 이름을 얻게 되었다. 그리고 패배한 남신에게 일격을 받자 아테네시는 승리한 여성들에게 복수를 했는데, 이것은 미네르바의 무기보다 넵튠의 물을 더 무서워했기 때문이다. 또 미네르바는 비록 이겼지만, 여성들이 벌을 받음으로써 자기도 패배한 것이었다. 그는 자기에게 투표한 여성들을 돕지 못했다. 그들이 투표권을 잃고, 자식들의 이름에서도 단절되었을 때에, 자기에게 투표해서 남신을 이기게 한 아테네 여성들이 적어도 자기 이름을 따서 아테네 시민을 자칭하는 특권만큼은 보장할 수 있었을 것이다. 이 제목에 대한 논평이나 긴 이야기가 있을 수 있지만, 우리는 다른 문제로 속히 옮겨가야 하겠다.

10. 아레오바고라는 이름과 데우칼리온의 홍수에 대한 바로의 견해.

마르쿠스 바로는 신들의 존엄성을 해하는 일을 승인하게 되지 않기 위해서 그들에게 수치가 될 황당한 이야기들을 신용하지 않으려 한다. 그래서 사도 바울이 아테네 사람들과 토론한 장소를 아레오바고라고 하며, 거기 있는 사회를 아레오파기타이라고 한데 대해서(행 17장), 군신 마르스, 곧 그리스어로 아레스가 살인죄로 그 곳에서 열두 신들 앞에서 재판을 받아, 6대 6의 표결로 무죄가 되었다는 주장을 바로는 배척한다.

투표수가 반반으로 나뉠 때에는 유죄보다 무죄로 결정되었기 때문이라고 한다. 훨씬 더 널리 인정되는 이 해석에 대항해서, 바로는 희귀한 문서들에서 얻은 지식을

9) 넵튠은 바다 신(海神). 그리스 신화의 포세이돈.

근거로, 다른 설명을 시도한다. 아테네 사람들이 아레스와 파고스, 곧 언덕이라는 말에서 아레오파고스(아레오바고)라는 이름을 지었다고 생각해서는 안된다는 것이다. 그런 생각은 소송이나 재판과는 인연이 없는 신들에 대해서 명백히 불공평하다고 한다. 아레스신에 대한 이런 이야기는 세 여신들에 대한 이야기와 같이 거짓말이라고, 바로는 주장한다. 유노와 미네르바와 베누스(비너스)는 누가 더 아름다우냐 하는 경쟁을 했고, 인간인 파리스의 심판으로 황금 사과를 얻으려 했다는 것이다. 신들의 노여움을 면하기 위해서 경기대회를 열었고, 그들의 죄상을 묻지 않고, 노래와 춤으로 연출할 때에 극장이 박수갈채로 진동하고, 신들도 즐거워했다는 것이다.

그러나 바로는 이런 이야기들을 믿지 않는다. 신들의 본성과 성격에 맞지 않는 일을 믿고 싶지 않기 때문이다. 그런데 신화가 아니고 역사적 사실인 아테네시의 이름을 설명할 때에는 넵튠과 미네르바, 곧 아테나의 저 유명한 소송 사건을 그의 저서에 채용해서, 넵튠이 아니라 아테나의 이름을 따서 시의 이름을 지었다고 한다.

두 신이 경쟁적으로 놀라운 일을 했을 때에, 질문을 받은 아폴로신도 감히 심판을 내리지 못했다고 한다. 유피테르가 세 여신을 파리스에게 보낸 것처럼, 아폴로도 경쟁하는 두 신의 싸움을 끝내려고 사람들에게 보내서 판결을 받게 했다. 그 법정에서 아테나 여신이 표결로 이겼지만, 자기에게 투표한 여성들이 벌을 받음으로써 결국은 패배했다. 여신은 그에게 반대한 남성 시민들을 아테네시에서 지배할 수 있었지만, 자기편인 여성 시민들이 아테네 사람이라는 이름을 가지게 만들 수 없었다. 그 때에, 바로가 말하듯이, 케크롭스의 후계자 크라나우스(Cranaus)가 아테네의 왕이었는데, 또는 유세비우스와 제롬이 말하듯이, 케크롭스가 아직 왕위에 있었는데, 데우칼리온의 홍수가 있었다. 홍수의 피해가 가장 심했던 지역을 이 사람이 지배하고 있었기 때문에, 그의 이름을 그 홍수에 붙인 것이다. 그러나 그것은 확실히 이집트나 그 부근에는 미치지 않았다.

11. 모세가 하나님의 백성을 이집트에서 인도해 낸 것은 어느 시대며, 그의 후계자 여호수아가 죽은 때의 왕들은 누구였는가?

모세가 하나님의 백성을 이집트에서 인도해 낸 것은 아테네의 케크롭스왕 치세의 말년이었고, 아시리아왕 아스카타데스(Ascatades)와 시키온왕 마라투스(Marathus)와 아르고스왕 트리오파스(Triopas) 때였다. 그는 백성을 인도해낸 후에 시내산에서 하나님에게서 받은 율법을 그들에게 주었다. 이것을 옛 언약이라고 하는 것은 지상적인 약속들이 들어 있기 때문이며, 그에 대해서 예수 그리스도를 통해서 올 것을 새 언약이라고 한 것은 하늘 나라를 약속했기 때문이었다. 개인이 하나님을 향해서 전진하는 순서가 이러하므로, 이 순서를 지켜야 하는 것이다.

사도가 "먼저는 신령한 자가 아니요 육 있는 자요 그 다음에 신령한 자니라", "첫 사람은 땅에서 났으니 흙에 속한 자이거니와 둘째 사람은 하늘에서 나셨느니라" 고 한 것은 옳다(고전 15:46-47). 그런데 모세는 사막에서 40년 동안 백성을 다스리다가 120세에 죽기 전에 성막과 제사장 제도와 제사와 기타 육적인 의식들을 제정하고, 거기에 숨어 있는 풍성한 뜻으로 그리스도를 상징하며 예언했다. 여호수아가 모세의 후계자가 되어 백성을 약속의 땅으로 인도한 후에, 그 곳을 점령하고 있던 민족들을 정복하고 땅을 자기 백성에게 분배했다. 그리고 27년 동안 다스리다가 죽었는데, 당시에 아시리아에서는 제18대 왕 아민타스가, 시키온에서는 제16대 왕 코락스, 아르고스에서는 제10대 왕 다나우스, 아테네에서는 제4대 왕 에리크토니우스가 다스리고 있었다.

12. 이스라엘의 출애굽으로부터 여호수아의 죽음에 이르기까지 그리스의 왕들이 제정한 거짓 신 숭배에 대하여.

이 시기에는 이스라엘의 출애굽으로부터 여호수아의 인도하에 그 백성이 약속의 땅을 받고 여호수아가 죽을 때까지, 그리스의 왕들은 거짓 신들에 대한 경배를 제정해서, 홍수와 사람들이 홍수에 구원된 것과 그 때에 물을 피해서 고지와 평지 사이를 왕래하던 고생을 엄숙한 축제로 기념했다. 루페르쿠스(Lupercus)라는 전원(田園)신의 제사장들이 거룩한 길을 오르내리는 것도 홍수 때에 사람들이 물을 피해 산상에 올라갔다가 물이 빠진 후에 평지로 돌아온 것을 표현한다고 사람들은 해석한다.

그 시대에 아버지 리베르(Liber)라고도 부르는 디오니수스가 아티카 지방에 우거하면서 집주인에게 포도나무를 보여주었다고 하며, 죽은 후에 신으로 인정되었다. 또 그 때에 델피의 아폴로를 위한 음악 경연회가 제정되어 그의 노여움을 풀려고 했다. 다나우스왕이 전시에 그 지방에 침입해서 그의 신전을 태워 버리는 것을 사람들이 막지 않았다 하여, 아폴로의 노염으로 그리스의 여러 지방이 농사가 잘 되지 않았기 때문이었다. 사실 그들은 이런 경연 대회를 제정하라는 권고를 직접 아폴로에게서 받은 것이었다. 그러나 아티카에서 아폴로뿐 아니라 미네르바를 위해서 경기 대회를 시작한 것은 에리크토니우스 왕이었다. 이런 대회에서는 우승자에게 감람 기름을 주었다. 리베르가 포도나무를 발견한 것처럼 미네르바가 감람나무를 발견했다고 생각했기 때문이다.

그 시대에 크레타(행 27:7)의 크산투스(Xanthus) 왕이 유로파(Europa)를 납치했다고 하는데, 크산투스를 다른 이름으로 부르는 사람들도 있다. 유로파와 크산투스 사이에서 라다만투스와 사르페돈과 미노스가 태어났다고 하지만, 유로파와 유피테르 사이에서 태어났다고 하는 이야기가 더 널리 유포되었다. 그러나 이런 신들을 숭배하는 사람들은 크레타 왕에 대한 이야기는 역사적 사실이라고 인정하면서, 유피테르에 대한 이야기는 허무한 신화로 돌린다. 그것은 시인들이 노래하며, 사람들이 극장에서 박수로 즐기는 주제라는 것이다. 신들의 노염을 푼다고 하면서, 비록 거짓말일지라도 그들의 죄악 이야기로 연극을 꾸미는 데는 이런 황당한 주제가 필요하기 때문이었다.

그 시대에 시리아에서는 헤라클레스가 명성을 떨쳤다. 우리가 앞에서[10] 말한 사람과 이름은 같지만, 다른 사람이었던 것 같다. 참으로 더 비전(秘傳)적인 역사에서는 리베르 아버지와 그리스클레스라는 사람들이 여럿이었다고 한다. 열두 가지의 위대한 일을 했다는 것은 이 헤라클레스였고, 아프리카의 안타이우스를 죽인 것은 다른 헤라클레스였다고 하며, 이 사람은 오이타(Oeta)산에서 불로 자살했다고 한다. 자주 용기를 보인 사람이었지만, 병으로 눕게 되자 어쩔 수 없었던 것이다.

그 때에 부시리스라는 왕은 왕이라기보다 폭군이라고 하는 것이 적합한 사람이었는데, 자기를 찾아오는 사람들을 제물로 신들에게 드리곤 했다. 그는 에파푸스(Epaphus)의 딸 리비아와 넵튠 사이에서 난 아들이었다고 하지만, 넵튠이 이런 방탕한 짓을 했다고 인정하면서 신들을 비난하지 않는 것이 좋을 것이다. 이런 이야기는 시인들과 극장에 주어서 신들을 적당히 달래는 데 쓰게 하라. 아테네의 에리크토니우스 왕은 불카누스(Vulcanus)와[11] 미네르바 사이에서 난 사람이라고 하며, 이 왕의 말년에 여호수아가 죽은 것으로 되어 있다. 그러나 미네르바는 처녀였다는 입장을 지키기 위해서, 사람들은 두 신이 다투다가 불카누스가 흥분해서 씨를 땅에 흘리자 거기서 사람이 났기 때문에 그런 이름을 지은 것이라고 한다.

그리스어로 에리스(ἔρις)는 다툼이고, 크톤(Χθὼν)은 땅이므로, 이 두 단어를 합해서 에리크토니우스라는 이름이 되었다는 것이다. 그러나 학적인 저술가들은 이런 이야기를 버리며, 이런 이야기와 신들을 연결하는 것을 거부한다. 그리고 이런 신화의 원인은 아테네에 있는 불카누스와 미네르바의 공동 신전에서 버린 아기가 발견된 데 있다고 생각한다. 아기가 뱀이 사리고 있는 한가운데에 있었기 때문에, 장차 큰 인물이 될 것이라고 생각했고, 부모를 모르므로 그 신전의 두 신의 아들이라

10) 8장.
11) 불카누스는 불과 대장간의 신.

고 한 것이다. 다만 그의 이름의 유래를 설명하는 것은 이 역사적인 이야기보다 저 신화다. 그러나 이것이 우리와 무슨 상관이 있는가?

믿는 사람들은 저 침착한 산문적인 이야기에서 배우고, 추악한 귀신들을 즐겁게 하는 거짓말은 연극에 주라. 그러나 세상의 믿는 사람들은 이 귀신들을 숭배하며, 귀신들에 대한 이야기를 부정하면서도 신들의 죄악을 완전히 씻어버리지 못한다. 신들 자신이 신화들을 파렴치하게 연출하는 연극들을 요구하기 때문이다. 사람들이 이런 이야기들을 부정하는 것은 현명한 일이지만, 그런 거짓말과 그런 파렴치한 짓이 신들의 호의를 산다고 한다. 그러므로 어떤 신이 연극에서 나오는 죄를 지었다고 하는 것은 조작한 이야기지만, 그런 거짓된 죄를 재미있게 생각한다는 것 자체는 참으로 죄인 것이다.

13. 히브리 민족을 사사들이 다스리기 시작했을 때에, 어떤 황당한 설화들이 있었는가?

여호수아가 죽은 후에 하나님의 백성들은 사사들을 받았고, 그 시대에 그들은 죄를 지어 굴욕적인 고난을 겪는 기간과 하나님의 자비로 번영과 위로를 얻는 기간이 여러 번 교체했다. 그 시대에 여러 가지 황당한 이야기가 조작되었다.

트립톨레무스(Triptolemus, 농업의 발명가)는 케레스(Ceres, 곡식의 여신)의 명령을 받아 날개 돋친 뱀들을 타고 가난한 지방을 날아다니면서 곡식을 주었다고 한다. 미노타우루스(Minotaurus, 몸은 사람이고 머리는 소인 짐승)가 갇혀 있는 미로에 사람이 들어가면 길을 잃고 빠져 나올 수 없었다. 켄타우루스(Centaurus)들은 말과 사람의 몸을 지녔고, 케르베루스(Cerberus)는 지하에 있는 머리가 셋인 개였다. 프릭수스(Phryxus)와 그의 누이 헬레(Helle)는 숫양을 타고 공중을 날아 다녔으며, 고르곤(Gorgon, 여자 괴물)은 머리칼이 뱀이었고, 보는 사람을 돌로 만들어 버렸다. 벨레로폰(Bellerophon)은 페가수스라는 날개돋친 말을 타고 공중을 날아다녔다. 암피온(Amphion)은 거문고의 아름다운 곡조의 힘으로 돌들을 끌어 당겼다. 대장장이였던 다이달루스(Daedalus)와 그의 아들 이카루스는 몸에 날개를 달고 공중을 날았으며, 사람의 얼굴을 가진 네 발 짐승 스핑크스가 풀 수 없는 수수께끼라고 하면서 던진 질문을 오이디푸스가 풀었기 때문에, 이 괴물은 할 수 없이 투신자살을 했다. 헤라클레스에게 죽은 안타이우스는 땅의 아들이어서, 땅에서 일어날 때마다 더욱 강력하게 되었다. 이 밖에도 내가 빠뜨린 이야기들이 있었을 것이다.

마르쿠스 바로는 앞에서 말한 로마 민족사의 제2권을 트로이(행 16:8) 전쟁으로 끝냈는데, 그 전쟁이 있었던 시대까지 사람들은 실지로 있던 사실들을 기록한 역사서들에서 재료를 얻어 신들을 훼방하는 말과 결부해서 황당한 이야기를 만들었다. 그러나 누가 만든 이야기든간에, 예컨대 미동 가니메데스를 유피테르가 납치해다가 애인으로 만들었다고 하지만, 이것은 탄탈루스왕이 범한 죄를 유피테르에게 돌린 것이며, 유피테르가 금이 쏟아져 내리는 가운데서 다나에((Danae)의 침상을 나누려 했다는 것은 여자의 정조는 금으로 더럽혀진다는 뜻이다.

그 시대에 생긴 이런 이야기들은, 사실이거나 조작이거나, 또는 일부는 사실이고 유피테르에 대한 부분은 조작이었거나를 불문하고, 사람들이 으레 이런 거짓말들을 참고 들을 수 있으리라고 전제한 것이며, 따라서 그런 인간들의 지성을 얼마나 멸시했느냐 하는 것은 말로 표현할 수 없다. 그러나 사람들이 심지어 그런 이야기들을 환영하며 즐긴 것은 사실이다. 그들이 유피테르를 열심히 숭배했다면, 그에 대해서 이런 말을 하는 사람들에게 그만큼 더 엄격한 벌을 주었어야 옳았을 것이다. 그러나 사실은 그와 반대로, 그들은 거짓말쟁이들을 노여워하지 않을 뿐 아니라, 극장에서 그 거짓말들을 연출하지 않으면 도리어 신들이 자기들에게 노하리라고 두려워했다.

그 시대에 라토나가 아폴로를 낳았다고 한다. 이것은 앞에서 말한 아폴로, 사람들이 많이 신탁을 받으려고 간 그 아폴로가 아니라, 헤라클레스와 함께 아드메투스왕을 섬긴 자였다. 그러나 대부분의 사람들, 아니 거의 모든 사람이 그를 신이라고 굳게 믿으며, 저 아폴로와 동일시한다. 또 그 시대에 리베르 아버지가 인도에서 전쟁을 했고, 그의 군대에 박카라고 부르는 여자들이 많아서, 용기보다 미친 짓으로 유명했다. 어떤 저술가들은 이 리베르가 패전해서 잡혔다고 하며, 어떤 사람은 페르수스와 싸우다가 죽었다고 하면서, 그 묻힌 곳까지 말한다. 그래서 그도 신인듯이 그의 이름으로 추악한 귀신들이 박쿠스(Bacchus, 그리스 이름으로 디오니수스) 의식을, 아니 모독 행위를 제정했으며, 오랜 후에 로마의 원로원이 그 광태를 부끄럽게 여겨 로마 시내에서는 금지했다. 또 그 시대에 페르수스와 그의 처 안드로메다가 죽은 후에, 사람들은 그들이 하늘에 올라갔다고 확신해서, 그들의 모양을 표시하는 별들을 찾아 그들의 이름을 그 성좌에 붙이는 무엄한 짓을 했다.

14. 신학적 시인들에 대하여.

같은 시대에 신들에 대한 노래를 지었다고 해서 신학자들이라고 불리는 시인들이 대두했으나, 그들이 노래한 것은 신들이 아니라 사람들, 곧 위대한 사람들이었다. 그렇지 않으면 진정한 하나님이 창조하신 이 세계의 원소들이거나, 창조주의 뜻과 그들 자신의 장점 때문에 지배적 지위에 놓이게 된 피조물들이었다. 또 그 시인들이 여러 가지 허무한 거짓말과 함께 유일하고 진정한 하나님에 대해서 노래했다고 하더라도, 그들은 하나님을 바르게 섬긴 것이 아니다. 그들은 신이 아닌 다른 신들을 동시에 섬겼으며, 유일신에게만 드려야 할 경배를 다른 신들에게 드렸기 때문이다. 또 그들은 비록 시인이었지만, 신들에 대해서 부끄러운 거짓말을 피하지 않았기 때문이다.

그들은 오르페우스(Orpheus)와 무사이우스(Musaeus)와 리누스(Linus)이다. 그 신학적 시인들이 신들을 숭배하고 그들 자신은 신으로서의 숭배를 받지 않은 것이 사실이지만, 악인들의 도성은 명부의 거룩한 의식, 아니 모독적인 의식의 선두에 오르페우스를 두는 관례가 생겼다. 또 아타마스(Athamas)왕의 왕후 이노와 그 아들 멜리케르테스는 바다에 몸을 던져 죽은 후에 신이 되었다고 인정되었고, 그 시대에 산 카스토르와 폴룩스도 그렇게 되었다. 그리스 사람들은 멜리케르테스의 어머니를 레우코테아라고 불렀고, 라틴 사람들은 마투타라고 불렀지만, 양쪽이 다 그를 신이라고 생각했다.

15. 아르고스가 멸망했을 때에, 사투르누스의 아들 피쿠스가 라우렌툼 왕국을 얻었다.

그 시대에 (그리스에서는) 아르고스 왕국이 끝나서 아가멤논(Agamemnon)의 도시 미케네(Mycene)로 세력이 옮겨졌고, (이탈리아에서는) 라우렌툼 왕국이 일어나서 사투르누스의 아들 피쿠스가 초대 왕이 되었으며, 히브리 민족은 여인 드보라가 사사로서 다스렸다(삿 4-5장). 이 여인은 하나님의 영이 대언자로서 사용한 예언자였지만, 그의 예언은 모호해서 그리스도에 관한 것이라고 증명하려면 긴 논술이 필요할 것이다. 그런데 라우렌툼 사람들은 이미 이탈리아를 지배하고 있었으며, 그리스인들 이후에 그들에게서 로마 민족이 유래한 것을 분명히 알 수 있다. 그러나 아시리아 왕국은 아직 존속해서 람파레스가 제23대 왕이었을 때에, 피쿠스가 라우렌툼을 지배하기 시작했다.

피쿠스의 아비 사투르누스에 관해서는, 그가 사람이었다는 것을 부정하는 사람들은 이런 신들을 숭배하는 사람들의 생각을 알아야 한다. 그가 아들 피쿠스보다 먼저 이탈리아에서 다스렸다고 기록한 사람들이 있을 뿐 아니라, 베르길리우스의 유명한 시구에도 다음과 같은 말이 있다:

"무식한 인종을 고산 지대에
흩어져 살게 하며 법을 주었고
라티움이라는 이름을 주었다. 왜냐하면
그는 그 땅에 숨어 살았기 때문이다. 그가 다스린 때를 사람들은
황금시대라고 한다."

그러나 이것은 시적 조작이며, 피쿠스의 아비는 스테르케스라는 유능한 농부였다고 주장해야 한다. 그는 동물의 분을 비료로 이용하는 방법을 발견했다고 한다. 그의 이름을 따서 분을 스테르쿠스라고 하기 때문에, 어떤 사람들은 그의 이름을 스테르쿠티우스라고 한다. 그를 사투르누스라고 부른 까닭이 무엇이든 간에, 스테르쿠스 또는 스테르쿠티우스가 농업에 공헌한 공로로 보아서 신으로 만든 것이 확실하다. 같은 식으로 그의 아들 피쿠스도 신이라고 한다. 그는 유명한 복점관(卜占官)이었고 또 전사(戰士)였다고 한다. 피쿠스에게 파우누스라는 아들이 있어서 라우렌툼의 제2대 왕이 되었고, 그들이 보기에는 그도 신이었다. 죽은 사람들에게 신으로서의 영예를 돌린 것은 트로이 전쟁 전이었다.

16. 트로이 멸망 후에 신으로 추대된 디오메데스와 새가 되었다는 그의 동료들.

그 후에 트로이가 패망했고, 그 참상은 각처에서 시의 주제가 되어 학생들이 잘 알게 되었다. 사건 자체의 중대성과 저술가들의 문재(文才) 때문에 대단히 유명하게 되었다. 그것은 파우누스의 아들 라티누스의 치세였고, 이 사람 때부터 국명을 라티움(Latium)이라고 하며 라우렌툼이라고 하지 않게 되었다. 그리스 사람들이 승리하고 폐허가 된 트로이를 떠나 고향으로 돌아올 때에, 여러 가지 무서운 재난으로 상처를 입었지만, 그러면서도 그 가운데서 어떤 사람들은 신들의 수효를 불렸다. 신들의 벌을 받아 고향으로 돌아가지 못했다는 디오메데스까지도 그들은 신으로 만들었다. 그리고 그의 동료들이 새가 되었다는 것은 시적 조작이 아니라 역사적 사실이라고 한다.

그들은 디오메데스가 신이 되었다고 생각했지만, 그는 동료들을 사람으로 환원하지 못했고, 천상 사회의 신참자였기 때문에, 유피테르 왕에게서 이 호의를 얻어내지도 못했다. 사람들의 말로는, 그의 신전이 디오메데아 섬에 있으며, 아풀리아에 있는 가르가누스산에서 멀지 않다고 한다. 새로 변한 그의 동료들이 그 신전 주위를 날아다니면서 거기에 살며, 부리에 물을 물어다가 신전에 뿌려, 놀라운 경의를 표시

한다고 한다. 그리스에서 온 사람이나 그리스 사람의 후손이 그 곳을 찾는 때에는 새들이 조용해 질 뿐 아니라, 그들에게 아양을 부리고, 다른 민족 출신이 오면 그 머리에 달려들어 공격하며, 심지어 죽인다고 한다. 그 부리가 크고 단단해서 훌륭한 무기가 된다는 것이다.

17. 인간의 믿지 못할 변형에 대한 바로의 이야기.

이 이야기를 뒷받침하는 의미에서 바로는 악명이 자자한 마녀 키르케(Circe)와 아르카디아[12] 사람들에 대해서 역시 비슷한 정도로 믿을 수 없는 이야기를 인용한다. 그 마녀는 율리시즈(Ulysses, 그리스명 오디세우스)의 동료들을 동물로 변하게 했다고 하며, 아르카디아 사람들은 추첨으로 뽑힌 사람들이 어떤 호수를 헤엄쳐 건너가서 이리가 된 후에, 그 곳 황무지에서 다른 이리들과 함께 살았다고 한다. 만일 그들이 사람의 고기를 먹지 않으면 9년 후에 다시 호수를 건너와서 사람의 형상을 회복했다고 한다.

바로는 데마이네투스(Demaenetus)라는 사람에 대한 이야기를 전한다. 아르카디아 사람들이 정기적으로 남자 아이를 죽여 그들의 리카이우스(Lycaeus) 신에게 드렸는데, 데마이네투스가 그 제물을 맛보고 이리로 변했다가, 10년 되는 해에 다시 사람으로 변해서 권투 훈련을 받아 올림픽에서 우승했다고 한다. 이 역사가는 사람들이 이리로 변했다는 이 일 외에는 아르카디아에서 판(Pan)과 유피테르에게 리카이우스라는 칭호를 붙일 까닭이 없었다고 한다. 이런 변화는 신들의 힘이 아니고는 일으킬 수 없었기 때문이라는 것이다. 그리스어로 이리를 리코스(lykos, 그리스식 발음은 뤼코스[λυκός]) 라고 하며, 여기서 리카이우스라는 칭호가 생긴 것 같다고 한다. 또 로마의 루페르키(Luperci)도[13] 이런 밀교(密敎)가 적어도 씨를 뿌려 자라게 한 것이라고 바로는 생각한다.

18. 귀신들의 술책으로 사람들이 변한 듯한 데 대해서 어떻게 생각할 것인가?

이런 이야기들을 읽은 사람은 귀신들이 행하는 이 큰 기만에 대해서 우리는 무

12) 아르카디아는 그리스의 펠로폰네소스의 한 산지대.

13) 12장. 루페르쿠스 신에게는 염소와 개를 제물로 드리며, 귀족 출신의 소년들이 염소 가죽을 입거나 염소피를 알몸에 바르고 의식을 행했다. 그러나 루페르쿠스라는 이름은 루푸스, 즉 이리라는 말에서 왔다고 한다.

엇이라고 하는가를 듣고 싶을 것이다. 우리는 바빌론에서 도망해야 한다고(사 48:20) 밖에 또 무슨 말을 할 수 있겠는가? 이 예언자의 교훈을 영적으로 해석하면, 이 세상 도시에서 도망하라는 뜻이 된다. 악인들뿐 아니라 확실히 악한 천사들의 도성이기도 한 이 세상 도시를 우리는 사랑으로 역사하는 믿음의 걸음으로 도망해서, 살아계신 하나님 안에서 피난처를 얻어야 한다. 아래 있는 이 세상에 미치는 귀신들의 힘이 크다는 것을 알면 알수록, 우리는 중보자에게 더욱 굳게 매달려, 골짜기로부터 산 위로 올라가야 한다. 내가 이런 일을 믿을 수 없다고 하면 지극히 확실한 실례를 들었다거나 직접 체험했노라고 증언하는 사람들이 지금도 있다. 내가 이탈리아에 있을 때에, 어떤 지방에 이런 예가 있다는 말을 자주 들었다.

악한 재주에 능한 여관 주인들이 생각나는 대로 또 기회 있는 대로, 치즈에 약을 넣어 손님들에게 먹여 짐싣는 동물로 만들어, 여러 가지 물건을 운반하게 하고는 일이 끝난 후에는 본래 모양으로 돌려준다는 것이었다. 다만 그들의 마음은 동물 같이 되지 않고, 끝까지 이성적이며 인간적이었다고 한다. 아풀레이우스는 "황금 당나귀"라는 책에서, 자기도 이런 일을 당해서, 약을 먹고 당나귀가 되었으나, 인간적인 지성은 잃지 않았었노라고 말하지만, 꾸민 말일 수 있다.

이런 일들은 거짓말이거나, 그렇지 않으면 너무 희한해서, 우리는 믿지 않는 것이 좋을 것이다. 그러나 전능하신 하나님은 벌이나 도움을 주시기 위해서 무엇이든지 원하시는 대로 하실 수 있다는 것, 그리고 귀신들은 그 본성의 능력으로는 아무것도 할 수 없다는 것을 굳게 믿어야 한다. 귀신들은 천사로 창조되었으나, 자기의 허물로 인해서 악하게 된 자들이며, 하나님이 허락하시지 않으면 제 힘으로는 아무것도 할 수 없다. 다만 하나님의 판단에는 신비적인 것은 많으나, 부당한 것은 없다. 참으로 귀신들은 우리가 지금 화제로 삼은 일을 한다고 하더라도, 실제 있어야 할 것을 창조하지는 못한다. 참되신 하나님이 창조하신 것을 그들은 변화시키는 것 같이 보일 뿐이며 실제는 그렇지 않다.

그러므로 귀신들의 기술이나 능력으로 사람의 영혼이나 몸이 짐승의 지체와 모양으로 변한다는 것을 나는 결코 믿을 수 없다. 그 대신 나는 사람에게 환상(phantasticum) 또는 환영이 있다고 생각한다. 이 환상 자체는 물체는 아니지만, 생각이나 꿈에 무수히 다른 물체들을 받아, 놀라울 만큼 신속하게 물체와 같은 형상을 얻는다. 그리고 어떤 설명할 수 없는 방법으로 다른 사람들의 둔하게 되었거나 가리워진 감각에 자기를 한 물체로 나타낸다. 그 동안 본인들의 몸은 살아서 따로 누워 있지만, 그 감각이 잠이 든 것보다 더 깊이 마비되어 있다. 그러나 환상은 어떤 동물의 모양으로 다른 사람들의 감각에 비치며, 자기에게도 자면서 상상하는 대로 동물이 되어 짐을 나르는 것 같이 보일 수 있다. 그 짐이 실재한 물건인 때에는, 사람을 속이기 위해서 귀신들이 운반하는 것이며, 사람들은 실재한 짐을 보며, 거짓인 동물의 몸도 보는 것이다.

프라이스탄티우스라는 사람은 자기 아버지가 이런 일을 당했다고 말했다. 그는 자기 집에서 치즈에 약을 넣어 먹고 침상에 누워 자는 듯했는데 아무리 깨우려고 해도 깨어나지 않았다. 그러나 며칠 후에 잠을 깨듯이 일어나서 자기가 꿈에 경험한 일을 말했다. 그는 말이 되어 다른 짐승들과 함께 레티카라고 부르는 군량을 운반했노라고 했다. 레티카라고 한 것은 레티아라는 곳으로 보내는 양곡이었기 때문이다. 그런데 그가 말한 대로 군량 운반이 있었지만, 그는 전부를 자기의 꿈이라고 생각했다. 또 어떤 사람은 잠자리에 들려고 할 때에, 잘 아는 철학자가 와서 플라톤의 이론을 설명하는 것을 보았다. 그는 그 전에 부탁했을 때에는 그런 설명을 거부한 사람이었다. 후에 그 철학자에게 무슨 까닭에 가서 부탁할 때는 거부한 일을 남의 집에 와서 했느냐고 물었더니, 그는 "내가 한 것이 아니라, 내가 꿈에 한 것이라"고 대답했다. 그러므로 이 경우에는 한 사람이 자면서 꿈에 본 것이 깨어 있는 다른 사람에게 환상을 통해서 나타난 것이다.

이런 일들을 우리에게 알려 준 것은 믿지 못할 사람들이 아니었고, 우리를 속인다고 생각할 수도 없는 사람들이었다. 그러므로 아르카디아 사람들이 자주 그 곳의 신들, 아니 그 곳의 귀신들에 의해서 이리로 변했다고 쓰거나 말한 것과, 키르케가 마술로 율리시즈의 부하들을 변신시켰다고 노래하는 것이 사실이었다면 내가 말한 방식으로 가능했으리라고 나는 생각한다. 디오메데스의 새들은 번식을 계속했다고 하는데 그것은 사람들이 변해서 새가 된 것이 아니라, 사람들을 제거한 대신 새들을 놓아둔 것이라고 믿는다.

그것은 아가멤논의 딸 이피게니아를 암사슴으로 바꾼 것과 같다고 생각한다. 하나님의 심판으로 이런 일이 허락될 때에 귀신들이 이런 재주를 부리는 것은 어렵지 않다. 이피게니아도 후에 살아 있는 것을 발견했는데, 이것으로 보아 암사슴으로 바꾸었던 것을 쉽게 알 수 있다. 그러나 디오메데스의 동료들은 갑자기 자취를 감추고 그 후에 아무데서도 나타나지 않았는데, 악한 천사들이 복수로 그들을 살해한 것이다. 사람들은 그들이 새로 변했다고 믿었지만, 새는 다른 지방에 있는 것을 비밀리에 대신 가져다 둔 것이다. 그 새들이 물을 물어다가 디오메데스의 신전에 뿌렸다는 것이나, 그리스 사람들에게는 아양을 떨고 다른 민족 출신들은 공격하더라는 것은, 귀신들이 그런 충동을 일으켰을 것이므로 이상할 것이 없다. 귀신들은 사람들을 속이기 위해 디오메데스가 신이 되었다는 신념을 장려한다. 그들은 사람들이 거짓 신들을 많이 숭배해서 참된 신을 욕보이게 하기 위해, 살았을 때에도 참으로 살지 못한 인간들을 죽은 후에 신이라고 하며, 신전과 제단과 제사와 사제들을 갖추어 숭배하게 만들었다. 그러나 살아 계시며 참되신 하나님만을 이렇게 숭배하는 것이 옳다.

19. 압돈이(삿 12:13) 히브리 민족의 사사였을 때에 아이네아스가 이탈리아에 왔다.

트로이가 점령되고 파괴되었을 때에 아이네아스가 살아남은 트로이 사람들을 배 20척에 태워 이탈리아로 왔다. 그 때에 그 곳 왕은 라티누스였고, 아테네 왕은 메네스테우스, 시키온 왕은 폴리피데스, 아시리아 왕은 타우타네스, 히브리 민족은 압돈(삿 12:13)이 사사였다. 라티누스가 죽은 후에 아이네아스가 3년 동안 다스렸고, 위에서 말한 왕들이 있었으며, 시키온은 펠라스구스(Pelasgus) 왕이, 히브리 민족은 삼손이(삿 15:20) 사사로서 다스리고 있었다.

삼손은 놀라운 역사(力士)였기 때문에 헤라클레스라고 생각하는 사람도 있다. 그런데 라틴 사람들은 아이네아스가 죽은 후에 보이지 않았다 하여 그를 신으로 만들었다. 사비니[14] 민족도 그 초대 왕 상쿠스(Sancus) 또는 상크투스(Sanctus)를 신의 무리에 넣었다. 이 때에 아테네 왕 코드루스가 가장을 하고 원수인 펠로폰네소스 사람들 앞에 나타나, 그들에게 죽음으로써 자기의 목적을 달성했다. 이렇게 함으로써 자기 도시의 자유를 얻었다. 펠로폰네소스 사람들은 아테네 왕을 죽이지 않아야만 최후의 승리를 얻으리라는 신탁을 받고 있었기 때문이다. 코드루스왕은 빈민으로 가장하고 그들을 조롱해서 자기를 죽이게 만들었다. 그래서 베르길리우스는 "코드루스의 조롱도"라는 말을 썼다. 아테네 사람들은 그에게 제사를 드리면서 신으로 숭배했다.

아이네아스의 아들 아스카니우스가 라티움의 제3대 왕이 되었고, 그 어머니는 크레우사였다. 라티누스의 딸 라비니아와 아이네아스에게서 난 유복자 실비우스가 제4대 왕이었을 때에, 아시리아를 다스린 것은 제29대 왕 오네우스였고, 아테네에서는 제16대 왕 멜란투스, 히브리 민족은 제사장 엘리가 사사였으며(삼상 1:9), 시키온 왕국은 959년의 역사를 마쳤다고 한다.

20. 사사 시대 이후의 이스라엘 왕들.

14) Sabini. 이것은 라틴족의 바로 북쪽에 있는 종족

그 후에 얼마 지나지 않아서, 위에서 말한 왕들의 재위 중에 이스라엘에서는 사사 시대가 끝나고 사울이 초대 왕이 되어 왕국이 시작되었으며, 그 때에 예언자 사무엘이 살아 있었다. 그런데 그 때에 라틴 민족은 실비우스라는 이름을 가진 왕들이 다스리기 시작했다. 아이네아스의 아들이 처음으로 실비우스라는 이름이었고, 그 뒤를 이은 왕들이 자기의 이름과 함께 반드시 이 가명(家名)을 첨가했기 때문에 실비우스들이라고 부르게 되었다. 마치 카이사르 아우구스투스의 후계자들을 모두 카이사르라고 한 것과 같다. 그런데 사울이 버림을 받아 그의 자손은 왕이 되지 못하게 되었고, 그가 40년 동안 다스리다가 죽은 후에 다윗이 그 뒤를 이었다. 그 때에 아테네는 코드루스왕이 죽은 후에 왕정을 폐지하고 치안관(治安官, Magistratus)들이 공화국을 다스리게 되었다. 다윗도 40년을 다스렸고, 아들 솔로몬이 이스라엘의 왕이 되어 저 유명한 성전을 예루살렘에 지었다.

그와 같은 때에 라틴족은 알바(Alba)를 건설했고, 그 후로는 라틴족의 왕이라고 부르지 않고, 영토는 같은 라티움이었지만, 알바 왕이라고 부르기 시작했다. 솔로몬의 아들 르호보암이 왕위를 계승했으나, 히브리 민족이 두 나라로 분열되어 각각 서로 다른 왕을 가지게 되었다(왕상 12:20).

21. 라티움의 역대 왕 중에서 초대 왕 아이네아스와 제12대 왕 아벤티누스는 사후에 신으로 인정되었다.

사람들이 아이네아스를 신으로 만든 후에, 뒤를 이은 왕이 열 하나였지만, 그 가운데는 신이 된 사람은 하나도 없었다. 그러나 제12대 왕 아벤티누스가 전사해서 지금도 그의 이름으로 부르는 산에 매장되었을 때에, 사람들은 그를 신의 무리에 끼워 넣었다. 어떤 사람들은 그가 전사했다는 것을 인정하지 않고 행방불명이 되었다고 하며, 산 이름도 그의 이름에서 온 것이 아니라, 새들이 왔기 때문이라고 한다. 그 후에는 로마를 건설한 로물루스에 이르기까지 신이 된 사람이 없었다. 그런데 이 두 임금들 사이에 유명한 왕은 두 사람이었다. 첫째는 베르길리우스의 시에 있듯이,

> "트로이 족속의 영광인 유명한 프로카스(Procas)."[15]

이 사람 때에 로마는 이미 탄생하는 중이었다고 할 수 있는데, 가장 위대한 제

---

15) *Aen.*, 6, 767.

국이었던 아시리아는 그 때에 그 긴 생명의 끝에 도달했다. 벨루스의 치세까지 합해서 1305년을 지난 후에 아시리아의 권력은 메디아(왕하 17:6) 나라로 이양되었다. 벨루스는 니누스를 낳았으나 작은 나라로 만족했다.

프로카스 다음에 왕위에 오른 아물리우스는 아우인 누미토르의 딸 레아를 베스타신(가정 수호신)의 사제로 만들었다. 어떤 사람들은 이 처녀의 이름을 일리아(Ilia)라고 하는데, 일리아는 로물루스의 어머니가 되었다. 사람들이 레아가 마르스신으로 말미암아 잉태했다고 하는 것은 그의 타락을 칭찬하거나 변명하는 것이며, 그런 주장을 증명하기 위해서, 갓난 쌍둥이들이 버려진 것을 이리가 젖을 먹였다고 한다. 이 동물은 마르스신에 속했으며, 그 주인인 마르스의 아들인 줄 알고 젖을 먹인 것이라고 한다. 그러나 다른 사람들은 버린 아이들을 처음 발견한 것은 어떤 이름 모를 창녀였고, 그 여자가 맨 처음에 젖을 먹였다고 한다. 이것은 창녀를 이리라고 하며, 지금도 유곽을 이리굴(lupanaria)이라고 하기 때문이다. 그 후에 파우스툴루스라는 목자가 아이들을 데려다가 그의 처 악카의 젖을 먹였다고 한다. 그러나 아이들을 물에 던지라고 명령한 잔인한 왕을 정죄하기 위해서 하나님이 도우신 것이라면 — 위대한 도시를 건설하게 될 아이들을 우선 물에서 건져내고, 동물이 젖을 먹이도록 하신 것이라면 — 이것이 무슨 놀랄 일이겠는가? 아물리우스의 아우 누미토르, 곧 로물루스의 외조부가 왕위를 이었고, 이 왕의 첫 해에 로마가 건설되었다. 그래서 그는 그 후에도 손자인 로물루스와 함께 왕위에 있었다.

22. 로마가 건설된 때에 아시리아 왕국이 끝나고, 히스기야가 유다 왕이었다.

자세한 점들은 생략하고, 둘째 바빌론으로서의 로마가 건설되었다. 로마는 처음 바빌론의 딸이었으며, 로마를 시켜 하나님께서는 전 세계를 정복하고 그 구석구석까지 평화를 펼치게 하며, 전세계가 로마 공화국과 그 법으로 통일되게 하셨다. 그 때까지는 강해지고 전쟁에 익숙한 백성들과 나라들이 있어서, 큰 충돌이 없이 쉽게 항복하거나 정복되지 않았으며, 서로 무서운 노력을 하며 비참한 전화를 입게 되었다. 아시리아 제국이 거의 전 아시아를 정복한 때에는 사정이 달랐다. 그들도 전쟁으로 정복한 것이지만, 잔인하고 어려운 전쟁을 할 기회는 얼마 없었다. 니누스가 인도를 제외한 전 아시아를 정복한 것은 겨우 여덟 명이 노아의 방주에서 살아남은 세계적 대홍수로부터 약 1000년 밖에 지나지 않은 때였기 때문이다. 그러나 우리가 아는 대로, 로마의 지배하에 들어간 동서의 많은 민족들은 쉽고 빠르게 정복된 것이 아니다. 로마는 조금씩 발전했고, 어느 쪽으로 세력을 확장하려 하든, 용감한 백성들의 저항을 받았다.

그런데 로마가 건설되었을 때에 이스라엘 민족은 약속의 땅에 718년 동안 살고 있었다. 그 중에서 27년간은 사사 시대였다. 그 후 왕들이 서게 되어 362년을 경과했다. 그 때의 유다 왕은 아하스였는데, 다른 계산으로는 그의 다음 왕 히스기야였다고 한다. 이 사람이 아주 선량하고 경건한 왕이었다는 것은 일치되는 의견이며, 로물루스와 같은 때였다. 그러나 이스라엘이라고 부른 히브리 민족 국가에서는 호세아왕이 다스리기 시작했다.

23. 에리트라이(Erythrae)의 여예언자는 그리스도에 대해서 뚜렷한 예언을 많이 했다고 한다.

이 때에 에리트라이의 여예언자가[16] 예언을 했다고 말하는 사람들이 있다. 바로는 여예언자가 한 사람뿐 아니라 여럿이었다고 한다. 확실히 이 에리트라이의 여예언자는 명백히 그리스도에 관련된 글을 썼다. 우리가 처음으로 읽은 그 라틴어 번역은 운률도 맞지 않는 빈약한 것이었는데, 후에 알고보니 그것은 어떤 무명 인사가 무지해서 생긴 결점이었다. 유명한 전 총독 플라키아누스는 웅변가요 박학한 사람인데, 우리가 그리스도에 대해서 서로 이야기했을 때에, 그는 그리스어로 된 사본을 가져다가 거기에 에리트라이의 여예언자의 시가 있다고 했다. 그가 내게 지적해 보인 어떤 구절은 각 줄의 첫 글자를 순서로 합하면 'Ιησοῦς χριστος θεοῦ υἱὸς σωτηρ라는 말이 되었고, 번역하면 "예수 그리스도 하나님의 아들 구세주"라는 뜻이다. 이 구절을 어떤 다른 사람이 운률도 바른 훌륭한 라틴어로 번역한 것을 여기에 소개한다.[17]

"(1; *I*) 심판의 징조로 온 땅이 땀에 젖으리라.

---

16) 여기서 여예언자라고 번역한 것은 sibylla다. 바로는 시빌이 열 명이었다고 한다. 그 중에서 가장 유명한 것이 에리트라이의 시빌과 쿠마이의 시빌이었다. 에리트라이는 아테네 또는 트로이의 부근에 있었고, 쿠마이는 이탈리아의 중부 해안 도시였다. 쿠마이의 시빌이 한 신탁들을 기록한 책을 로마의 유피테르 신전에 보관하고, 국가가 위기에 처했을 때에는 그 책에서 조언을 얻었다고 한다. 기원전 83년에 화재로 없어졌고, 현재 남아 있는 시빌 신탁들은 유대인이나 그리스도인의 글이라고 추측된다.

17) ( )안에 있는 아라비아 숫자는 역자가 임의로 넣은 번호이다. 원문에는 번호에 대한 언급이 있다. ( )안에 있는 그리스어 문자는 그리스어 원문에서 그 줄의 맨 처음 글자를 가리킨다.

(2, *H*) 영원히 다스리러 왕이 하늘에서 오시며,
(3, *Σ*) 육신으로 와서 온 세상 모든 육체를 심판하시리라.
(4, *O*) 믿는 자와 믿지 않는자 모두 하나님을 보도록,
(5, *Υ*) 이 시대의 종말에 성도들과 함께 들려,
(6, *Σ*) 몸을 얻은 영혼들이 심판대 앞에 서리라.
(7, *X*) 혼돈하고 황무한 세계는 밀림에 덮이고,
(8, *P*) 우상들과 보물들이 버린 채 흩어졌으며,
(9, *E*) 땅과 바다와 하늘이 온통 불꽃이 되며,
(10, *I*) 무서운 지옥문을 사르고자 하리라.
(11, *Σ*) 구원의 빛이 성도들의 몸을 해방하며,
(12, *T*) 악인들은 영원한 불에 타리라.
(13, *O*) 완전히 숨겨진 행위도 드러나며, 사람마다 비밀을 고백하며,
(14, *Σ*) 하나님이 각 사람의 가슴 속을 나타내시리라.
(15, *Θ*) 그 때에 큰 애통과 이를 갊이 있으리니,
(16, *E*) 해가 빛을 잃고, 별들이 잠잠하며,
(17, *O*) 달빛이 사라지고 하늘이 말려 없어지리라.
(18, *Υ*) 높은 곳이 낮아지고 골짜기가 높아지며,
(19, *Υ*) 사람 사이의 높고 낮음이 없어지며,
(20, *I*) 모든 산이 평지가 되며, 푸른 바다도
(21, *O*) 없어지며, 땅이 갈라져 사라지리라.
(22, *Σ*) 모든 샘과 모든 시내도 불에 끓어 없어지리라.
(23, *Σ*) 그 때에 슬픈 나팔 곡조가 하늘로부터 울려 퍼져,
(24, *Ω*) 악한 행실과 각종 노고를 통탄하리라.
(25, *T*) 땅이 갈라져 지옥의 무저갱이 나타나며,
(26, *H*) 왕마다 하나님의 심판대 앞에 서며,
(27, *P*) 불과 유황이 강같이 하늘에서 쏟아지리라."[18]

이 번역은 잘된 것이지만, 각 줄의 처음 글자를 순서로 모아서 얻는 뜻을 얻을 수 없게 된 경우가 있다. 그것은 그리스 문자 윕실론(*Υ*)이 나타나는 경우인데, 이 글자에 해당하는 라틴 글자는(y) 그 글자로 시작하는 적당한 라틴어를 찾을 수 없었기 때문이다. 그런데 이런 예가 셋이다. 즉 제5행과 제18, 19행이다. 그러므로 이 세 줄의 첫 단어의 첫 글자 대신에 윕실론을 넣어서 모든 줄의 첫 글자를 순서로 이으면 그리스어로는 단어 다섯이 생기며, "예수 그리스도 하나님의 아들 구세주"라는 뜻이다. 그리고 이 구절은 27줄로 되어 있다. 즉 셋의 입방이다. 3에 3을 곱하면 아

18) *Oracula Sibyllina*(ed. Geffcken) Ⅷ, 217 이하.

홉, 이 아홉을 3으로 곱해서 입방을 만들면 27이 된다. 그리고 각 줄의 첫 글자를 순서로 합한 것은 'Ἰησοῦς χριστος θεοῦ υἱὸς σωρήρ, 번역하면 "예수 그리스도 하나님의 아들 구세주"가 된다. 다시 이 다섯 단어의 처음 글자를 순서로 연결하면 익투스(ἰχθύς)라는 그리스어가 되는데, 물고기라는 뜻이다. 이 명사의 신비적인 뜻은 그리스도다. 즉 죽을 인생의 무저갱에서 바다 밑에서와 같이 그리스도는 살아 있을 힘이 있다. 즉 죄없이 살 힘이 있다는 뜻이다.

그뿐 아니라, 이 에리트라이의 여예언자는 — 또는 어떤 사람들이 믿듯이 쿠마이의 여예언자는 — 여기에 그 일부를 소개한 시 전체에서, 거짓 신들 또는 조작된 신들을 숭배하는 데 대해서는 한 마디도 언급이 없다. 그러나 다신 숭배와 그 숭배자들을 심히 비난하므로, 그는 분명히 하나님의 도성에 속한 사람으로 인정해야 할 것이다. 락탄티우스도 그의 저서에 그리스도에 대한 여예언자들의 예언을 삽입하며, 어느 예언자인가를 말하지 않는다.[19] 나는 그가 따로 따로 인용한 짧은 구절들을 연결해서 한 예언을 만드는 것이 좋겠다고 생각했다. 그 예언은 다음과 같다.

"앞으로 세계는 불신자들의 악한 손에 빠지리라. 그뿐 아니라, 그들은 그 추악한 손으로 하나님을 때리며, 더러운 입에서 독이 있는 침을 그에게 뱉으리라. 그러나 그는 간사함 없이 그 거룩한 등에 그들의 채찍을 받으시리라. 그는 잠자코 그들의 손에 맞으시면서, 그가 말씀으로서 오신 것이나, 어디서 오신 것을 아무도 모르게 하시며, 지옥에 있는 영들에게 전도하시려고 가시관을 쓰신다. 그뿐 아니라, 그들은 그에게 음식으로 쓸개즙을, 마실 것으로 초를 드린다. 그들의 불친절한 대접이 이 정도에 달할 것이다. 너 유다는 어리석어, 너의 하나님이 하시는 일을 — 죽을 인간들이 생각하지 못할 일을 — 알지 못하고, 가시관을 씌우며 쓰디쓴 쓸개즙을 타 드렸다. 또 성전의 휘장이 찢어지며, 한낮에 짙고 깊은 흑암이 세 시간 계속될 것이다. 그는 사흘 동안 죽어 자다가, 낮은 세계로부터 광명 세계로 돌아오는 처음 사람이 되어, 죽음에서 도로 불려온 자들에게 부활의 시초를 보여 줄 것이다."

락탄티우스는 변론 도중에 증명할 필요가 있을 때마다 여러 곳에서 조금씩 여예언자의 예언들을 인용했다. 나는 내 말을 넣지 않고 인용된 말들만을 한 연속된 글로 작성해서, 구절이 끊어지는 곳들은 큰 글자로 표시했으므로, 필사하는 사람들이 큰 글자를 빠뜨리지 않기를 바란다.[20] 그리고 어떤 사람들은 에리트라이의 여예언자

---

19) *Div. Inst.*, 4, 18-19. *Oracula Sibyllina* VIII, 287 이하를 참조.

20) 아우구스티누스 시대에는 한 페이지나 한 난의 처음은 큰 글자로 시작했다. 그리고 논지가 달라지는 데서도, 문장의 사이를 조금 더 떼어 놓고, 큰 글자로 새 문장을 시작했다.

가 있었던 때는 로물루스 때가 아니라, 트로이 전쟁 때라고 기록했다.

24. 로물루스왕 때에 일곱 현인이 있었고, 이스라엘의 열 지파가 갈대아로 포로로 끌려 갔을 때에 로물루스는 죽어 신으로 인정되었다.

로물루스가 왕이었을 때에 밀레도의(행 20:17) 탈레스가 살아 있었다고 한다. 그보다 먼저 신학적 시인들이 있었고, 그 중에서 오르푸스가 가장 유명했다. 현인들은 그리스어로 소포이(Σοφοί)라고 했는데, 지혜있는 사람들이라는 뜻이다. 그 때에 이스라엘이라고 한 열 지파가 갈대아에 정복되어, 포로로 끌려 갔고, 유다라고 한 다른 두 지파는 유대 땅에 남아 있어서 예루살렘을 수도로 유지했다. 로물루스도 행방불명이 되어, 죽어서 신으로 추대된 것은 일반 사람들이 잘 아는 사실이다. 이 관습은 키케로 때에는 이미 쇠퇴했고, 카이사르들(가이사들) 때까지 예가 없었다. 카이사르들 때에는 사람들이 무지했다기보다 아첨하기 위해서 그들을 신으로 추대한 것이다. 키케로가 로물루스를 극찬한 것은 사람들이 무지해서 속기 쉬웠던 때가 아니라, 이미 문명과 인지가 발달한 때에 로물루스가 그런 존경을 받았기 때문이었다. 다만 그 때에는 아직 철학자들의 지나치게 세밀하게 장황한 변론이 성행하지 않았다.

후대에 와서 죽은 사람을 신으로 모시는 일은 없어졌지만, 고대인들이 만들어 놓은 신들은 여전히 숭배했다. 그뿐 아니라, 고대인들이 만들지 않은 신상들을 많이 만들어서 허망하고 불경건한 미신으로 사람들을 유인했다. 이것은 그들의 마음에 영향을 준 귀신들이 한 일이며, 귀신들은 가짜 신탁과 그 밖의 수단으로 세인을 속였다. 그래서 닳고 닳은 시대에 새로운 신화는 만들지 않았지만, 신들에 대한 옛날 죄악 이야기를 파렴치한 연극으로 보여줌으로써 그 거짓 신들을 섬기노라고 했다.

로물루스의 후계자 누마(Numa)는 많은 신들을, 물론 거짓 신들을 모심으로써 로마시를 방위할 필요를 절실히 느꼈다. 그러나 그 자신은 신의 서열에 들지 못했다. 신들을 너무 많이 하늘에 넣었기 때문에 빈 자리를 발견할 수 없었던 모양이다. 누마와 같은 시대에 사모스섬의 여예언자가 있었다고 하며, 히브리왕 므낫세가 즉위한 초기였다. 이 사람은 예언자 이사야를 죽였다는 악한 왕이었다.

25. 예루살렘이 함락되고 성전이 파괴된 때, 즉 히브리 민족의 시드기야왕과 로마의 타르퀴니우스 프리스쿠스왕 때에 있었던 철학자들.

히브리 민족의 시드기야왕과 로마의 타르퀴니우스 프리스쿠스왕이 안쿠스 마르키우스의 뒤를 이어 다스리고 있을 때에, 유대인들은 바빌론으로 잡혀가고, 예루살렘과 솔로몬의 저 유명한 성전은 파괴되었다. 이런 일이 있으리란 것은 그들의 불의와 불경건을 책망한 예언자들이 이미 예언한 바있고, 특히 예레미야는 포로 시대의 연수까지 지적했다(렘 25:11). 그 때에 일곱 현인 중의 한 사람인 미틸레네의 피타쿠스가 살아 있었다고 한다. 위에서 말한 탈레스와 이 피타쿠스와 함께 일곱 현인을 구성한 다섯 사람은 이 때에, 즉 하나님의 백성이 바빌론에 포로로 있었을 때에 살아 있었다고, 유세비우스는 말한다. 다섯 현인의 이름은 아테네의 솔론과 라케다이모니아의 킬론과 고린도의 클레오불루스와 프리에네의 비아스였다. 이 일곱 현인들은 모두 신학적 시인 이후에 살았고, 그 생활 방식이 뛰어나게 훌륭했고, 간결한 격언으로 도덕적 교훈을 남겼기 때문에 유명하게 되었다. 그러나 후세에 남겨준 문헌은 없었는데, 솔론은 아테네를 위해서 어떤 법률을 제정했다고 한다. 탈레스는 자연 연구가로서 그 학설을 글로 남겼다. 유대 민족의 포로 시대에 아낙시만드로스와 아낙시메네스와 크세노파네스도 유명한 자연 연구가였다. 그 다음에 피타고라스였고, 그 때부터 그런 사람들을 철학자(Philosophoi, 지혜를 사랑하는 사람들)라고 부르기 시작했다.

26. 70년이 차서 유대인들의 포로 생활이 끝나고, 로마 국민은 왕정에서 벗어났다.

이 시대에 갈대아와 아시리아 백성까지 지배한 페르시아 왕 고레스가(스 1:1) 포로된 유대인들의 일부를 해방했으며, 5만명이 성전을 재건하기 위해서 귀국하게 되었다. 그러나 그들은 기초를 놓고 제단을 쌓았을 뿐이었다. 원수들의 공격에 대항할 힘이 없어 건축 사업을 계속하지 못하고, 다리우스 왕 때까지 연기했다(스 4:23-24). 이 때에 유딧서에 기록된 사건들이 발생했으나, 유대인들은 이 책을 정경에서 제외했다고 한다. 그러다가 다리우스 왕 때에 예레미야가 예언한 70년이 차고, 유대인들의 포로 상태가 끝나며 자유가 회복되었는데, 이것은 로마의 제7대 왕 타르퀴니우스 때였다. 이 왕을 축출하고 로마 백성도 왕정의 폭압에서 벗어났다. 이 때에 이르기까지 이스라엘 백성에게는 예언자들이 있었으며, 그 수효도 많았지만, 그 중에서 몇 사람의 글만을 유대인들과 우리가 정경으로 받아들인다. 앞서의 책을 끝낼 때에 나는 이 책에서 그 예언자들에 대한 이야기를 하겠다고 약속했는데, 이제 여기서 실행하겠다.

27. 아시리아 제국이 망하고 로마 제국이 출발할 때에, 이방인을 부르시

는 데에 대한 예언을 한 문서 예언자들.

그러므로 그들의 시대에 주의를 집중하기 위해서 시대를 조금 거슬러 올라가겠다. 12예언서의 처음에 있는 호세아서의 첫머리에 "웃시야와 요람과 아하스와 히스기야가 이어 유다왕이 된 시대에 호세아에게 임한 하나님의 말씀이라" 했다(호 1:1). 아모스 예언자도 웃시야왕 때에 예언했노라고 기록했고, 같은 때에 있었던 이스라엘왕 여로보암의 이름을 첨가했다(암 1:1). 예언자 이사야의 아버지는 아모스라고 하는데, 방금 말한 예언자 아모스 또는 이름만 같고 예언자가 아닌 사람이든 간에, 이사야서도 그 처음에 호세아가 말한 것과 같은 네 왕들 때에 예언했노라고 한다(사 1:1). 미가도 웃시야왕 이후의 같은 때에 예언했다. 그는 호세아가 말한 세 임금 요담과 아하스와 히스기야의 이름을 열거했다(미 1:1).

이 사람들이 여기서 말한 때에 동시대인으로서 예언했다는 것은 그들 자신이 말하는 바와 같다. 다른 동시대인들은 웃시야왕 때의 요나와 웃시야의 후계자 요담왕이 즉위한 초기에 예언한 요엘이다. 그러나 이 두 예언자의 연대는 그들 자신의 글에는 없고 (유세비우스의) 연대기에 있다. 그런데 이 시대는 라티움의 프로카스왕 또는 그의 선임자 아벤티누스왕으로부터 로물루스가 로마 왕이 된 때, 또는 그의 후계자 누마 폼필리우스왕 때에 이르기까지의 기간에 해당한다. 유다왕 히스기야 왕은 이 때까지 살았기 때문이다. 따라서 이 사람들은 아시리아 제국이 망하고 로마 제국이 출발한 때에, 예언의 샘이 터진 듯이 한꺼번에 예언 활동을 했다.

여기에는 분명히 의도가 있었다. 그 자손으로 말미암아 천하 만민이 복을 받으리라는 지극히 명백한 예언을 받게 될 아브라함이 아시리아 제국의 초창기에 태어난 것과 같이, 서방 바빌론의 초창기에는 예언자들이 입을 열어, 장차 그 판도 내에서 그리스도가 나타나며 저 약속들을 실현하리라고, 이 위대한 사건을 입과 붓으로 미리 증언한 것이다. 이스라엘 민족은 왕들이 서기 시작한 후로 예언자가 없던 적이 거의 없었지만, 그런 예언자들은 이스라엘 백성만을 위한 것이고 이방 민족들을 위한 것이 아니었다. 그러나 후대에 이방인을 위해서 귀중한 것이 될 일련의 예언서들이 더 공개적으로 나타나려고 했을 때에, 그 이상적인 출발 시기는 세계 만민을 지배하게 될 도성이 건설되는 때였다.

28. 그리스도에 관한 호세아와 아모스의 예언.

그런데 호세아 예언자는 그 전하는 말씀이 깊으면 깊을수록 그 뜻을 해명하기가 더욱 어렵다. 그러나 우리는 약속한 대로 그의 예언의 일부를 여기서 고찰하겠다.

"전에 저희에게 이르기를 너희는 내 백성이 아니라 한 그곳에서 저희에게 이르기를 너희는 사신 하나님의 자녀라 할 것이라"(호 1:10). 사도들도, 이 말씀은 전에 하나님께 속하지 않았던 이방인들을 부르시겠다는 증언이며 예언이라고 인정한다(롬 9:26). 또 이방인들도 아브라함의 자손들과 정신이 같아서 이스라엘이라고 부르는 것이 마땅하므로, 호세아는 계속해서 말한다.

"이에 유다 자손과 이스라엘 자손이 함께 모여 한 두목을 세우고 그 땅에서부터 올라오리라"(호 1:11). 만일 우리가 이 말씀을 현시점에서 분석하려고 한다면, 그 웅변적 예언의 향취가 희박하게 될 것이다. 그렇더라도 우리는 저 모퉁이돌과 두 벽을 기억하자(엡 2:14, 20). 한 벽은 유대인들이요, 다른 벽은 이방인들이다. 전자는 유다 자손이라는 이름으로, 그리고 후자는 이스라엘 자손이라는 이름으로, 함께 한 머리를 기초로 삼아 땅에서부터 올라간다는 것을 인식하자.

그뿐 아니라, 같은 예언자가 육신의 이스라엘 민족은 그리스도를 믿으려 하지 않지만, 후일에 그를 믿게 되리라, 즉 그들은 죽어 갈 곳으로 가고(행 1:25), 그 자손이 믿게 되리라고 한다. "이스라엘 자손들이 많은 날 동안 왕도 없고 군도 없고 제사도 없고 제단도 없고 제사장도 없고 믿음의 상징도 없이 지내리라"(호 3:4, 70인역). 지금 유대인들이 이런 상태에 있다는 것을 누가 모르겠는가? 그러나 그가 첨가한 말씀을 들어보라. "그 후에 이스라엘 자손이 돌아와서 그 주 하나님과 그 임금 다윗을 구하고 말일에 주와 그 은혜 앞에서 놀라리라"(호 3:5, 70인역). 그리스도가 "육신으로는 다윗의 혈통에서 나셨다"(롬 1:3)고, 사도가 말한 것과 같이, 다윗 왕은 그리스도를 의미하는 것으로 알려져 있으므로, 이 예언보다 더 분명할 수 없다. 또 호세아 예언자는 예언에 합당한 숭고한 언사로, 제3일에 그리스도의 부활이 있으리라는 것을 예언했다. "이틀 후에 그가 우리를 낫게 하며, 제3일에 우리는 다시 일어나리라"(호 6:2, 70인역). 사도도 이와 같은 뜻으로 "너희가 그리스도와 함께 다시 살리심을 받았으면 위엣 것을 찾으라"고 하기 때문이다(골 3:1).

아모스도 같은 제목에 대해서 다음과 같이 예언한다. "이스라엘아 네 하나님 부르기를 예비하라. 대저 우레에 힘을 주며 바람을 창조하며 사람들에게 그들의 그리스도를 선포하는 자는 나니라"(암 4:12-13, 70인역). 또 다른 구절에서 다음과 같이 말한다. "그 날에 내가 다윗의 무너진 천막을 다시 지으며 그 퇴락한 것을 일으키며 그 파괴된 부분을 다시 지어 옛적과 같이 세우리니 이는 그 남은 사람들과 내 이름으로 일컬음을 받는 모든 이방인들로 나를 찾게 하려 함이라 이는 이를 행하시는 주의 말씀이니라"(암 9:11-12, 70인역; 행 15:16-18).

29. 그리스도와 교회에 관한 이사야의 예언들.

글을 많이 쓴 소위 대예언자들과 견주어서 쓴 글이 적은 사람들은 소예언자라고 하는데, 이사야는 소예언자가 아니라 대예언자였다. 내가 위에서 말한 예언자들과 이사야를 연결하는 것은 그가 같은 시대에 예언을 했기 때문이다. 그는 불의를 책망하며 선행을 장려하며 죄많은 백성이 당할 재난을 예언했을 뿐 아니라, 그리스도와 교회 즉 왕과 그가 건설할 도성에 대해서 다른 예언자들보다 더 많이 예언했기 때문에, 어떤 사람들은[21] 그를 예언자라기보다 복음전도자라고 부른다. 그러나 나는 계획에 따라 이 저서를 너무 크지 않게 만들기 위해서, 여기서는 많은 예언 중에서 하나만을 인용하겠다. 그는 하나님 아버지의 입장에서 다음과 같이 말한다.

"보라 내 종이 깨달으리니 받들어 높이 들려 지극히 존귀하게 되리라. 네 얼굴이 사람들의 영광을 받지 못하며 사람들이 네 영광을 욕되게 하리니 무리가 너를 보고 놀라리라. 이리하여 그가 열방을 놀랠 것이며 그들은 입을 봉하리니 이는 그에 대하여 아직 전파되지 않은 것을 그들이 볼 것이요 아직 듣지 못한 자들이 볼 것이요 아직 듣지 못한 자들이 깨달을 것임이라 주여 우리의 전한 것을 누가 믿었사오며 주의 팔이 뉘게 나타났나이까 우리는 그의 앞에서 유아에 대하여 전하듯 하였으며, 그는 마른 땅 속에 있는 뿌리 같아서 고운 모양도 없고 풍채도 없은즉 그 형상이 흉하고 모든 사람보다 떨어지도다. 그는 간고를 많이 겪었으며 질고를 아는 자라. 마치 사람들에게 얼굴을 가리우고 보지 않음을 받는 자 같아서 멸시를 당하였고 우리도 그를 귀히 여기지 아니하였도다. 그는 실로 우리의 죄를 지며 우리의 질고를 지었거늘 우리는 생각하기를 그는 고통과 불행과 고난을 당한다 하였도다. 그가 찔림은 우리의 불의를 인함이요 그가 상함은 우리의 죄악을 인함이라. 그가 징계를 받음으로 우리가 평화를 누리고 그가 채찍에 맞음으로 우리가 나음을 입었도다. 우리는 다 양 같아서 그릇 행하여 각기 제 길로 갔거늘 주께서는 우리의 죄악을 그에게 담당시키셨도다. 그가 곤욕을 당하여 괴로울 때에도 그 입을 열지 아니하였음이여 마치 도수장으로 끌려가는 양과 털 깎는 자 앞에 잠잠한 어린 양 같이 그 입을 열지 아니하였도다. 그가 곤욕과 심문을 당하고 끌려갔으니 그 세대 중에 누가 생각하기를 그가 산 자의 땅에서 끊어짐은 마땅히 형벌 받을 내 백성의 허물을 인함이라 하였으리요. 그는 불의를 행치 아니하였고 그 입에 궤사가 없었으나 그 무덤이 악인과 함께 되었으며 그 묘실이 부자와 함께 되리로다. 주께서 그의 고난을 깨끗이 하기를

---

21) 예컨대 제롬(*Praef in Is.*).

원하시느니라. 너희 영혼을 속건죄로 드리기에 이르면 너희 영혼이 씨를 보게 되며 그 날은 길 것이라. 또 주께서 그의 영혼의 고통을 제하며 그에게 빛을 보이며 깨닫게 하며 많은 사람에게 섬기는 의인을 의롭다 하시기를 기뻐하시며 그가 그들의 죄를 담당하리로다. 이러므로 그가 무리의 분깃을 받으며 강한 자와 함께 탈취한 것을 나누리라. 이는 그가 영혼을 버려 사망에 이르게 하며 범죄자중 하나로 헤아림을 입었음이라. 그러나 실상은 그가 많은 사람의 죄를 지며 그들의 불의를 인하여 내어준 바 되었느니라"(사 52:13-53:12, 70인역).

이 일들은 그리스도에 대해서 한 말씀이다. 이제는 교회에 대한 말씀을 듣기로 하자.

"잉태치 못하며 생산치 못한 너는 기뻐할지어다. 그렇지 못한 너는 외쳐 노래할지어다. 홀로 된 여인의 자식이 남편 있는 자의 자식보다 많음이니라. 네 장막 터를 넓히며 네 처소의 휘장을 아끼지 말고 널리 펴되 너의 줄을 길게 하며 너의 말뚝을 견고히 할지어다. 이는 네가 좌우로 퍼지며 네 자손은 열방을 얻으며 황폐한 성읍들도 사람 살 곳이 되게 할 것임이니라. 네가 수치를 당하였을지라도 두려워 말라. 네가 비난을 받았을지라도 놀라지 말라. 네가 네 청년 때의 수치를 잊겠고 과부 때의 비난을 다시 기억함이 없으리니 이는 너를 지으신 자는 주심이라. 그 이름은 만군의 주시며 네 구속자는 이스라엘의 하나님이시라고 온 세상이 부르리로다"(사 54:1-5, 70인역).

그러나 이만 하면 족하리라. 설명이 필요한 점들이 있지만, 분명한 점들도 많으므로, 우리의 논적들이라도 싫어도 이해하지 않을 수 없을 것이다.

30. 새 언약에 적용되는 미가와 요나와 요엘의 예언들.

미가는 그리스도를 어떤 큰 산에 비교하면서 다음과 같이 말한다. "말일에 이르러는 주의 산이 나타나리니 산들의 꼭대기에 굳게 서며 작은 산들 위에 뛰어나고 민족들이 그리로 몰려갈 것이라. 곧 많은 이방이 가며 이르기를 오라 우리가 주의 산에 올라가서 야곱의 하나님의 전에 이르자. 그가 그 도로 우리에게 가르치실 것이라. 우리가 그 길로 행하리라 하리니 이는 율법이 시온에서부터 나올 것이요 주의 말씀이 예루살렘에서부터 나올 것임이라. 그가 많은 민족 중에 심판하시며 먼 곳 강한 이방을 책망하시리라"(미 4:1-3, 70인역).

이 예언자는 그리스도가 나실 곳까지 예언했다. "에브라다의 집 베들레헴아 너는 유다 족속 중에 작을지라도 이스라엘을 다스릴 자가 네게서 내게로 나올 것이라.

그의 근본은 상고로부터, 영원한 날부터니라. 그러므로 임산한 여인이 해산하기까지 그들을 기다리게 하시겠고 그 후에는 그 형제 남은 자가 이스라엘 자손에게로 돌아오리니 그가 서서 보고 주의 능력 안에서 그 떼에게 먹여 그들로 그 주 하나님의 이름의 위엄을 의지하고 거하게 할 것이라. 이제 그가 창대하여 땅끝까지 미치리라" (미 5:2-4, 70인역).

그러나 예언자 요나는 글로 그리스도를 예언하지 않고 자기가 당한 일로 예언했다. 참으로 그리스도의 죽음과 부활을 말로 선언하기보다 더 분명히 전했다. 그가 괴물의 배 속에 흡수되었다가 제3일에 다시 나오게 된 것은 그리스도가 제3일에 깊은 지옥에서 돌아오실 것을 가리키려는 것이 아니었다면, 거기에 어떤 이유가 있겠는가?(욘 1-2장).

그리스도와 교회에 대한 요엘의 구절들을 밝히려면, 그의 예언들을 모두 길게 설명할 필요가 있다. 그러나 내가 빠뜨릴 수 없는 구절이 하나 있으며, 그리스도께서 약속하신 대로 믿음있는 회중 위에 성령이 내렸을 때에 사도들은 요엘의 이 말씀을 회상했다. "그 후에 내가 내 영을 모든 육체에게 부어 주리니 너희 자녀들이 장래 일을 말할 것이며 너희 늙은이는 꿈을 꾸며 너희 젊은이는 이상을 볼 것이며 그 때에 내가 또 내 영으로 나의 남종과 여종에게 부어 주리라"(욜 2:28-29, 70인역).

31. 세계가 그리스도 안에서 구원을 받을 것에 대해서 오바댜와 나훔과 하박국은 어떤 예언을 했는가?

소선지 중의 세 사람 오바댜, 나훔, 하박국의 시대는 그들 자신이 말하지 않고, 유세비우스와 제롬의 연대기에도 없다. 이 사람들은 오바댜를 미가와 연결하지만, 미가가 예언한 시대를 말한 구절에서 언급한 것이 아니다. 이것은 다른 사람의 글을 베낀 사람들의 부주의에서 생긴 잘못이라고 생각한다. 다른 두 예언자에 대해서는 내가 참고한 책들에 언급이 없었다. 그러나 정경에 들어 있으므로, 여기서 언급하지 않을 수 없다.

예언서 중에서 제일 짧은 예언서를 남긴 오바댜는 에돔, 즉 에서 족속을 공격한다. 에서는 이삭의 쌍동 아들 중의 형이었고, 아브라함의 손자였다. 부분으로 전체를 의미하는 비유적 표현으로 에돔은 이방인들을 의미한다고 생각할 때에, 여러 구절 가운데서 여기서 인용하려는 구절에서도 그리스도에 대한 언급을 알아볼 수 있다. "시온산에 구원이 있으며 거룩한 곳이 있으리라", "구원 받은 자들이 시온산으로부터 올라가 에서의 산을 지키며 그 나라가 주의 나라가 되리라"(옵 17, 21, 70인역). 구원 받은 자들이 시온산으로부터, 다시 말하면, 그리스도를 믿는 자들이 유대로부터 — 특히 사도들이 — 에서의 산을 지켜주러 올라갔을 때에, 이 예언이 분명히 실현되었다.

복음을 전함으로써 믿게 된 자들을 구원하는 것 외에 어떻게 지켜줄 수 있었겠는가? 그렇게 함으로써 그들을 흑암의 세력에서 구출하며 하나님의 나라로 옮긴 것이 아닌가? 이 점을 그는 다음에 첨가한 "그 나라가 주의 나라가 되리라"는 말씀으로 표명했다. 시온산은 유대를 의미하며, 거기에 구원과 거룩한 곳이 있으리라고 예언했는데, 그것은 곧 그리스도 예수시다. 그러나 에서의 산은 에돔이며, 이것은 이방인 교회를 의미한다. 내가 설명한 대로, 구원을 받은 사람들이 시온산으로부터 와서 이방인 교회를 지켜줌으로써 그것을 주의 나라로 만들려고 한다. 이 일이 이루어지기 전에는 뜻이 모호했지만, 일이 이루어진 후에야 어떤 신자가 그 뜻을 알아보지 못할 것인가?

나훔 예언자는 말한다. 하나님이 그를 시켜 말씀하신다. "내가 새긴 우상과 부은 우상을 멸절하며 네 무덤을 예비하리라. 볼지어다 아름다운 소식을 가져오고 화평을 전하는 자의 발이 산 위에서 빠르도다. 유다야 네 절기를 지키고 네 서원을 갚을지어다. 이제부터는 이 일들이 오래 쇠퇴하지 아니하리로다. 끝나고 소멸되고 제거되었도다 너를 고난에서 구출한 자가 올라와서 네 얼굴에 숨을 내쉬는도다"(나 1:14-15; 2:1, 70인역). 누가 지하에서 올라와 유다, 곧 유대인 제자들의 얼굴에 성령을 불어 주는가? 복음서를 기억하는 사람은 회상하라(요 20:22-23). 영적으로 절기를 개혁하여 다시 쇠퇴하지 않게 하는 자들은 신약에 속한 자들이다. 그뿐 아니라, 새긴 우상과 부은 우상이 멸절되어 무덤에 던져진 듯이 잊혀진 것은 우리가 보는 대로 복음에 의해서 된 일이다. 그러므로 우리는 이 예언이 이 사건에서 실현되었다고 인정한다.

다음에 인용하려는 하박국의 말씀도 오시기로 예정된 그리스도가 오시는 데 대한 것이 아니고 무엇인가? "주께서 내게 대답하여 가라사대 너는 이 묵시를 기록하여 판에 명백히 새기되 달려 가면서도 읽을 수 있게 하라. 이 묵시는 정한 때가 있나니 종말에 일어날 것이며 결코 허망하지 아니하리라. 비록 더딜지라도 참고 기다리라. 지체되지 않고 정녕 응하리라"(합 2:2-3, 70인역).

32. 하박국의 기도와 노래에 있는 예언(합 3:2-19, 70인역).

그뿐 아니라, 그의 기도와 노래에서 그는 주 그리스도를 상대로 말하는 것이 아닌가? "주여 당신의 말씀을 듣고 저는 두려웠나이다. 주여 당신의 역사를 생각하고 떨었나이다"(2절)— 이것은 사람들을 위한 새롭고 갑작스러운 구원을 예견하고 말할 수 없이 놀랐음을 의미하는 것이 아닌가? "당신은 두 생물 사이에 보이시며"(2절)— 이것은 두 언약 사이, 두 강도 사이, 산상에서 그와 대화를 한 모세와 엘리야 사이를 의미하는 것이 아닌가? "세월이 가까이 올 때에 당신이 알려지시며 때가 이르면 계시되시리이다"(2절)— 이 구절은 설명이 필요하지 않다. "내 영혼이 어지러울 때에 당신은 진노의 날의 자비를 생각하시리이다"(2절)— 이것은 예언자 자신이 소속된 유대 민족과 그가 처지를 같이하는 태도가 아닌가? 그들이 격렬한 분노로 그리스도를 십자가에 못박았을 때에, 그리스도께서는 자비를 생각하시고, "아버지여 저들을 사하여 주옵소서 자기의 하는 것을 알지 못함이니이다"라고 말씀하셨기 때문이다(눅 23:34).

"하나님이 데만에서 오시며 거룩하신 이가 깊이 그늘진 산에서 오시리이다(3절)— "데만에서 오시며"라는 말씀은 남방으로부터 또는 아프리카 방면, 즉 대낮을 의미한다고 해석하는 사람들이 있으며, 열렬한 감정과 찬란한 진리를 의미한다. 깊이 그늘진 산은 여러 가지로 해석할 수 있겠지만, 나는 그리스도를 예언한 성경의 심오함을 의미한다고 생각하고 싶다. 확실히 성경에는 모호하고 깊이 그늘진 말씀들이 있어서, 상고하는 사람들이 고심하지만, 깨달은 사람이 거기서 그리스도를 발견할 때에 그는 거기서 오시는 것이다. "그의 영광이 하늘을 덮고 그의 찬송이 땅에 가득하도다"(4절)— 이는 시편이 가리키는 것과 같지 않은가? "하나님이여, 주는 하늘 위에 높이 들리시며 주의 영광은 온 세계 위에 높아지기를 원하나이다"(시 57:5). "그의 광채는 빛과 같을 것이며"(4절)— 이것은 "그의 명성은 믿는 자들에게 빛을 주리라"는 뜻이 아닌가? "그의 손에 뿔이 있으니"(4절)— 이 말씀은 십자가의 전리품을 말하는 것이 아닌가? "그의 힘에 대한 영영한 사랑을 심으셨도다"(4절)— 여기서는 아무 설명도 필요하지 않다.

"그의 말씀이 그의 얼굴 앞으로 가며 그의 발 뒤 들판에 퍼지리로다"(5절)— 이것은 그가 여기 오시기 전에 알려졌으며, 이 곳을 떠나신 후에도 선포되었다는 뜻이 아니겠는가? "그가 멈추시매 땅이 움직였으며"(6절)— 그가 우리를 도우려고 멈추셨을 때에 세상이 감동을 받아 그를 믿었다는 뜻이 아닌가? "그가 내려다보시매 만방이 소진하였도다"(6절)— 즉 그가 자비를 베푸시며 백성들이 회개했다는 것이다. "그의 큰 힘에 산들이 가루가 되며"(6절)— 즉 기적의 힘으로 거만한 자들의 자만심이 분쇄되었다. "영영한 언덕들이 녹아버렸나이다"(6절)— 언덕들이 낮춰져서, 앞으로 영영히 높여지려 한다는 뜻이다. "그가 수고한 보상으로 영원히 승진함을 내가 보았도다"(6절)— 바꿔 말하면, 수고한 사랑에 영원한 보상이 없지 않다는 것이다. "에디오피아의 천막이 두려움으로 떨며 미디안 땅의 천막도 그러하리라"(7절)— 당신의 놀라운 행적에 대하여 소문을 듣고 나라들이 갑자기 공포심을 일으키고 그리스도교 세계의 일부가 되며, 로마 법률 아래 있지 않은 백성들까지도 그러하리이다라는 것이다.

"주여 주는 확실히 강들을 노하지 않으시며 강들이나 바다를 진노하지 아니하시리이다"(8절)— 이 말씀은 그가 이번에 오신 것은 세상을 심판하시려는 것이 아니라 세상을 자기로 말미암아 구원하시려는 것임을(요 3:17) 알리려 한다. "당신은 말을 타시며 당신이 타고 가시는 것이 구원이 되리이다"(8절)— 당신이 지시하시는 복음 전도자들이 당신을 운반할 것이며, 당신의 복음은 당신을 믿는 자들에게 구원이 되리이다. "주가 말씀하시기를 참으로 네가 홀들을 향하여 활을 당기며"(9절)— 지상의 왕들에 대해서도 심판이 있을 것을 경고하시리라는 것이다. "시내들이 땅을 쪼개리이다"(9절)— 즉 당신을 전파하는 자들의 설교에서 영향을 받아 사람들이 마음을 열고 당신을 고백하며, "너희는 옷을 찢지 말고 마음을 찢으라"(욜 2:13) 한 말씀대로 되리이다. "백성들이 당신을 보고 통곡하며"(10절)— 이는 그들이 애통하는 복을 받으리라는(마 5:4) 뜻이 아닌가? "당신은 가시면서 물을 흩으시리이다"(10절)라는 것은 당신을 선포하는 사람들 안에서 당신이 걸어다니시면서 사방으로 교훈을 홍수같이 퍼뜨리시리라는 뜻이 아니고 무엇인가?

"무저갱이 소리를 지르며"(10절)라는 것은 사람의 마음 깊은 곳에서 그 좋게 생각하는 것을 선언했다는 뜻이 아니고 무엇인가? "생각의 깊은 곳"(10절)은 앞에 있는 말씀에 대한 일종의 해석이다. "깊은 곳"은 "무저갱"을 의미하기 때문이다. "생각의 깊은 곳에서"에는 "소리를 질렀나이다"를 보충해야 하며, 이 뜻은 우리가 "그 좋게 생각하는 것을 선언했다"고 한 것과 같다. "생각"은 사람이 본 것을 마음 속에 간직하여 감추지 않고 입으로 고백한 것이다. "해가 높이 올렸으며 달이 그 길에서 멈추었나이다"(11절). 즉 그리스도께서 승천하시고, 교회가 그 임금 아래 자리를 잡았다는 뜻이다. "당신의 화살이 광명 가운데로 나가며"(11절)— 즉 당신의 말씀을 비밀히 하시지 않고 공개적으로 하시리라는 것이다.

"당신의 무기가 찬란하게 번쩍이는 가운데"(11절). 여기는 "당신의 화살들이 나가리이다"를 보충해야 한다. 이것은 그리스도께서 제자들에게 "내가 너희에게 어두운 데서 이르는 것을 광명한 데서 말하라"고 하셨기 때문이다(마 10:27). "당신의 경고로 나라를 낮추시며"(12절). 사람들에게 경고하심으로써 그들을 겸손하게 만드시며, "당신의 진노로 만민을 내리던지리이다"(12절). 스스로 높이는 자들에게 당신은 벌을 주어 분쇄하시리이다. "주께서 주의 백성을 구원하시려고, 기름받은 자를 구원하시려고 나오사, 악인의 머리에 죽음을 보내시며"(13절)— 여기에는 아무 설명도 필요하지 않다.

"당신이 그의 목에까지 결박을 올리셨나이다"(13절)— 이것은 지혜의 선한 결박이라고 해석할 수 있으며, 우리의 발과 목이 지혜에 결박되게 하신다는 뜻이다. "당신은 그의 영이 놀라는 중에 찢으셨사오며"(14절)— "결박"이라는 말을 보충해서, 그가 선한 결박을 올리시고 악한 결박을 찢으셨다고 해석한다. "주께서 나의 결박을 푸셨나이다"라는 말씀이 있기 때문이다(시 116:6). 그리고 이 일은 "그의 영이 놀라는 중에" 기적적으로 하신다. "유력한 자들의 머리가 이 일로 움직이리이다"(14절), 즉 놀라리이다. "그들은 가난한 자가 가만히 먹듯이 턱을 널리 버리리이다"(14절), 유대인 중의 어떤 유력자들은 주님의 언행에 놀라, 그 교훈의 떡을 사모하며 유대인들이 두려워 비밀히 먹었다고, 복음서가 알려 준다(요 3:2; 19:38).

"주께서 말을 타고 바다에 들어가시사 큰 물결을 일으키셨나이다"(15절). 모든 사람은 아닐지라도, 많은 사람들이 동요해서, 혹은 두려워 믿음에 들어오지 못하며, 혹은 믿는 자들을 심히 핍박한다는 것이다. "내가 지켜 보매 내 입술의 기도 소리에 내 창자가 떨며 뼈 속이 떨려 온 몸뚱이가 어지러웠나이다"(16절). 그는 자기가 하는 말에 정신을 집중하고 자신이 하는 말에 놀라 떨었다. 자기가 예언을 하듯이 말하며, 장래에 될 일을 깨달았기 때문이다. 많은 사람들이 소란한 것을 보고 교회가 당할 고난을 예견하며, 자기도 교회의 일원으로서 "나는 고난의 날에 안식하며"(16절)라 하는 것을 보았다. "소망 중에 즐거워하며 환난 중에 참는" 무리의 일원이 된 것이다(롬 12:2).

"순례하는 내 백성과 함께 올라 가리로다"(16절)— 지상에서 순례자가 아니며 하늘 나라도 구하지 않는 사람들, 즉 자기의 육신의 동족들에게서 떨어지겠다는 것이다. "무화과나무에 열매가 없으며 포도나무가 무성하지 못하며 감람나무의 수고가 헛되며 밭에 식물이 없으며 풀밭에 양이 없으며 구유에 소가 없도다"(17절)— 그리스도를 죽일 운명인 백성이 풍부한 영적 수확을 잃으리라는 것을 그는 예견했다. 그는 예언의 형식으로 영적 수확을 땅의 풍요한 생산으로 비유했다.

그 백성이 이렇게 하나님의 진노의 벌을 받는 것은 그들이 하나님의 의를 모르고 자기의 의를 세우려 하기 때문인 것을(롬 10:3) 알기 때문에, 그는 곧 첨가한다. "그러나 나는 주 안에서 즐거워하며 나의 구주이신 하나님 안에서 기뻐하리로다 주 하나님은 나의 힘이시며 종말까지 내 발을 세우시리로다 주는 나를 높은 곳에 놓으시며 그의 노래로 승리하게 하시리로다"(18-19). 이것은 물론 시편에 비슷한 말씀이 있는 그 노래다. "내 발을 반석 위에 두사 내 걸음을 인도하셨도다. 새 노래 곧 우리 하나님께 올릴 찬송을 내 입에 두셨도다"(시 40:2-3). 그러므로 그 사람은 주님의 노래로 승리를 얻으며, 자기를 찬양하는 것이 아니라 주님을 찬양하는 것을 기뻐한다. "자랑하는 자는 주 안에서 자랑하라"는 말씀을(고전 1:31) 따르는 것이다. 그런데 어떤 사본에는 "하나님 나의 예수를 인하여 기뻐하리로다"라고 되어 있는데(18절)[22] 나는 이 번역을 더 기뻐한다. 라틴어로 번역하는 사람들은 우리가 발음하기에 더 즐겁고 아름다운 이 이름을 사용하지 않았다.

33. 그리스도와 이방인 구원에 대한 예레미야와 스바냐의 예언.

내가 지금까지 몇 구절을 발췌한 소선지서들과 달리 예레미야는 소선지서가 아니라 이사야와 같은 대선지서이다. 그러나 그는 유대 민족이 포로로 잡혀 가기 직전에 예루살렘의 요시야왕 및 로마의 안쿠스 마르키우스왕과 같은 시대에 예언 활동을 했다. 그리고 그의 글로 알 수 있는 바와 같이, 그는 포로 후 5개월이 될 때까지 예언을 계속했다(렘 1:2-3). 스바냐는 소선지서인데, 예레미야와 관련이 있다. 그것은 요시야 왕 때에 예언했노라고 하기 때문인데, 얼마 동안 예언했다는 것은 말하지 않는다(습 1:1). 예레미야가 예언한 것은 안쿠스 마르키우스 때뿐 아니라, 로마의 제5대 왕 타르퀴니우스 프리스쿠스 때까지 계속했다. 이 왕은 유대 민족의 포로 생활이 시작되기 전에 다스리기 시작했다.

예레미야는 그리스도에 대해서 예언했다. "우리의 콧김 곧 주 그리스도가 우리 죄로 인하여 포로가 되었도다"(애 4:20). 이런 말씀으로 그리스도가 우리의 주시며 우리를 위해서 고난을 받으셨다는 것을 간단히 알린다. 마찬가지로 다른 구절에서, "이 분이 나의 하나님이시며 이 분과 비교할 이 없도다. 그는 지식의 모든 길을 찾아내어 그 종 야곱과 그 사랑하는 이스라엘에게 주셨고 그 후에 지상에 나타나셔서 사람들과 말씀하셨도다"(바룩 3:36-37). 어떤 사람들은 이 증언을 예레미야에게 돌리지 않고, 그의 서기였던 바룩의 것이라고 하지만, 예레미야에게 돌리는 편이 더 일반적이다.

그는 그리스도에 대해서 또 말한다. "주의 말씀이라. 보라 때가 이르리니 내가 다윗에게 한 의로운 가지를 일으킬 것이라. 그가 왕이 되어 지혜롭게 행사하며 세상

---

22) "나의 구주"와 "예수"라는 두 단어가 히브리어 표기에서 매우 같기 때문에 이런 번역이 가능하다.

에서 공평과 정의를 행할 것이며 그의 날에 유다는 구원을 얻겠고 이스라엘은 평안히 거할 것이며 그 이름은 주 우리의 의로운 이라 일컬음을 받으리라"(렘 23:5-6). 그뿐 아니라, 그는 이방인들을 부르시는 데 대해서 말했는데, 이 일은 그 때에 예정되어 있었고 지금 우리가 보는 대로 성취되었다. "주 나의 하나님 환난 날의 나의 피난처시여 열방이 땅 끝에서 주께 이르러 말하기를 우리 열조는 참으로 거짓 우상들을 경배하였으며 그것은 무익하옵나이다라 하리이다"(렘 16:19, 70인역). 그러나 그를 죽이게 될 유대인들은 그를 알아보지 못하리라는 것을 이 예언자는 다음과 같은 말씀으로 가리켰다. "마음이 온전히 둔하여 그가 그 사람이어늘 누가 그를 아는고"(렘 17:9, 저자의 해석). 그리스도를 중보자로 삼은 새 언약에 대한 구절을 나는 제17권에서[23] 논했는데, 그 구절도 이 예언자가 쓴 것이다. 물론 말하는 것은 예레미야이다. "주께서 말씀하시기를 보라 날이 가까우니 내가 야곱의 집에 새 언약을 세우리라"(렘 31:31 이하).

예레미야와 동시에 예언한 스바냐의 그리스도에 대한 예언들을 여기에 넣겠다. "주 말씀하시기를 내가 장차 부활할 날까지 너희는 나를 기다리라. 내가 뜻을 정하고 나라들을 소집하여 열국을 모으리라"(습 3:8, 70인역). 그는 또 말한다. "주가 그들에게 두렵게 되어 세상의 모든 신을 쇠잔케 하리니 이방의 모든 섬 사람들이 각각 자기 처소에서 주께 경배하리라"(습 2:11). 그리고 조금 뒤에 말한다. "그 때에 내가 열방의 언어를 변하여 그들로 다 주의 이름을 부르며 일심으로 섬기게 하리니 구스 하수 건너편에서부터 예물을 가지고 와서 내게 드릴지라. 그 날에 네가 내게 범죄한 모든 행위를 인하여 수치를 당하지 아니할 것은 네가 행한 모든 악행을 내가 사하며 네가 나의 성산에서 다시는 교만하기를 구하지 않을 것임이니라. 내가 온유하고 겸손한 백성을 너희 중에 남겨 두리니 이스라엘의 남은 자들이 주의 이름을 두려워하리라"(습 3:9-12, 70인역).

이 남은 자들에 대해서는 다른 예언이 있으며, 사도도 그것을 기록했다. "이스라엘 자손의 수가 바다의 모래 같을지라도 남은 자만 구원을 얻으리라"(사 10:22; 롬 9:27). 여기서 말하는 남은 자는 물론 그리스도를 믿는 사람들을 의미한다.

34. 그리스도와 교회에 해당하는 다니엘과 에스겔의 예언.

바빌론 포로 시대의 초기에 두 대예언자 다니엘과 에스겔이 예언했는데, 다니엘은 그리스도가 와서 고난을 받을 때까지의 연수까지 지적했다. 그가 계산한 것을 수

---

23) 17권 3장.

학적으로 증명하기는 너무 지루할 것이며, 우리보다 먼저 그 일을 한 사람들이 있다. 그러나 그리스도의 권능과 교회에 대해서 그가 한 말은 이것이다. "내가 또 밤 이상 중에 보았는데 인자 같은 이가 하늘 구름을 타고 와서 옛적부터 항상 계신 자에게 나아와 그 앞에 인도되며 그에게 권세와 영광과 나라를 주고 모든 백성과 족속과 각 방언하는 자로 그를 섬기게 하였으니 그 권세는 영원한 권세라 옮기지 아니할 것이요 그 나라는 폐하지 아니할 것이니라"(단 7:13-14, 70인역).

에스겔도 예언하는 방식에 따라 다윗으로 그리스도를 대표하게 한다. 이것은 그리스도께서 다윗의 후손에게서 육신을 얻으셨기 때문이며, 하나님의 아들이시면서도 사람이 되어 종의 형상을 취하셨기 때문에 또한 하나님의 종이라고 부른다. 에스겔은 예언자로서 하나님 아버지의 입장에서 그리스도에 대한 이 예언을 한다. "내가 한 목자를 그들의 위에 세워 먹이게 하리니 그는 내 종 다윗이라. 그가 그들을 먹이고 그들의 목자가 될지라. 그뿐 아니라 나 주는 그들의 하나님이 되고 내 종 다윗은 그들 중에 왕이 되리라. 나 주의 말이니라"(겔 34:23-24). "한 임금이 모두 다스리게 하리니 그들이 다시는 두 민족이 되지 아니하며 두 나라로 나누이지 아니할지라. 그들이 그 우상들과 가증한 행실과 그 모든 죄악으로 스스로 더럽히지 아니하리라. 내가 그들을 그 범죄한 모든 거처에서 구원하여 정결케 한즉 그들은 내 백성이 되고 나는 그들의 하나님이 되리라. 내 종 다윗이 그들의 왕이 되리니 그들에게 다 한 목자가 있을 것이라"(겔 37:22-24).

35. 학개와 스가랴와 말라기의 예언들.

나머지 세 소예언자 학개와 스가랴와 말라기는 포로 시대의 끝에 예언 활동을 했다. 그 중에서 학개는 그리스도와 교회에 대해서 다음과 같이 간단한 말로 가장 명백한 예언을 했다. "만군의 주가 말하시나니 조금 있으면 내가 하늘과 땅과 바다와 육지를 진동시킬 것이요 또한 만국을 진동시킬 것이며 만국의 사모하는 이가 이르리라"(학 2:6-7, 70인역).

이 예언의 일부는 이미 실현되었고, 일부는 종말에 실현되리라고 기대된다. 하나님은 그리스도가 육신이 되셨을 때에 천사들과 별들의 증언으로 하늘을 진동시키셨고, 동정녀에게서 탄생하셨다는 위대한 기적으로 땅을 진동시키셨고, 지금과 같이 그리스도가 섬들과 전 세계에 선포되심으로써 바다와 육지를 진동시키셨다. 그와 같이, 우리는 만국이 그를 믿도록 움직여지는 것을 본다. 그러나 그가 그 다음 문장에서 하는 말, "만국의 사모하는 이"는 아직도 대망 중이며 그의 최후 강림에 관한 일이다. 그를 믿는 자들이 우선 그를 사랑하게 되어야만 그의 강림을 기다리면서 그를 사모할 수 있겠기 때문이다.

스가랴는 그리스도와 교회에 대해서 다음과 같이 말한다. "시온의 딸아 크게 기뻐할지어다. 예루살렘의 딸아 즐거이 부를지어다. 보라 네 왕이 네게 임하나니 그는 공의로우며 구원을 베풀며 겸손하여서 나귀를 타나니 나귀의 작은 것 곧 나귀 새끼니라. 그의 정권은 바다에서 바다까지 이르고 강들에서 땅끝까지 이르리라"(슥 9:9, 10). 주 그리스도께서 이런 짐승을 타고 행차하셨을 때에 이 예언이 실현된 것을 복음서가 알린다. 거기는 이 예언의 적당한 부분도 인용되었다(마 21:5).

다른 구절에서는 그리스도의 피로 죄를 용서 받는 데 대해서, 예언의 정신으로 그리스도를 상대로 말한다. "또 너로 말할진대 네 언약의 피를 인하여 너의 갇힌 자들을 물 없는 구덩이에서 놓았도다"(슥 9:11, 70인역). "구덩이"가 무슨 뜻이냐에 대해 바른 믿음의 입장에서도 해석이 구구할 수 있지만, 인간의 불행을 의미한다고 하는 것이 제일 좋은 해석이라고 나는 생각한다. 그 구덩이를 건조하고 척박하다고 하며, 의의 시내가 없고 불의의 수렁만 있다고 한다. 이에 대한 언급이 시편에도 있다. "그가 나를 불행의 구덩이와 진흙 수렁에서 끌어 올리셨도다"(시 40:20, 70인역).

그리스도가 퍼뜨리신 교회에 대해서 말라기는 지극히 명백한 말로 하나님을 대표해서 유대인들을 상대로 예언한다. "내가 너희를 기뻐하지 아니하며 너희 손으로 드리는 것을 받지도 아니하리라. 주께서 이르노라. 해 돋는 곳에서부터 해 지는 곳까지의 이방 민족 중에서 내 이름이 크게 될 것이라. 각처에서 내 이름을 위하여 분향하며 깨끗한 제물을 드리리니 이는 내 이름이 이방 민족 중에서 크게 될 것임이니라"(말 1:10-11). 지금 우리가 보는 대로 해돋는 곳으로부터 해 지는 곳에 이르기까지 각처에서 멜기세덱의 반차를 따른 그리스도의 제사장직으로 이 제물이 드려지며, 또 유대인들은 "내가 너희를 기뻐하지 아니하며 너희 손으로 드리는 것을 받지 아니하리라"고 하신 것과 같이, 자기들의 제사가 끊어졌다는 것을 부정할 수 없는데 그들은 무슨 까닭에 아직도 다른 그리스도를 기다리는가? 그들은 이 예언을 읽으며 또 실현된 것을 본다. 그리스도에 의하지 않고는 실현될 수 없는 예언이 아닌가?

조금 뒤에 말라기는 그리스도에 대하여 하나님을 대표해서 말한다. "그와 세운 나의 언약은 생명과 평강의 언약이라. 내가 이것으로 그에게 준 것은 그로 경외하게 하려함이라. 그가 나를 경외하고 내 이름을 두려워하였으며 그 입에는 진리의 법이 있었고 그는 화평 중에 나와 동행하며 많은 사람을 돌이켜 죄악에서 떠나게 하였느니라. 대저 제사장의 입술은 지식을 지켜야 하겠고 사람들이 그 입에서 율법을 구하게 되어야 할 것이니 제사장은 전능하신 하나님의 사자가 됨이라"(말 2:5-7, 70인역).

그리스도 예수를 전능하신 하나님의 사자(천사)라고 부른다고 해서 우리는 놀랄 것이 없다. 그가 사람들 사이에 오셨을 때에 종의 형상을 취하셨기 때문에 그를 종이라고 부르는 것과 같이, 그가 복음의 소식을 인류에게 전하셨으므로 사자라고 부르는 것이다. 그리스어 원어를 보면 복음은 좋은 소식이라는 뜻이며, 천사는 사자(使者)라는 뜻이다. 참으로 그는 여기에 대하여 다른 구절에서도 말한다. "전능하신 주의 말씀이라. 보라 내가 내 사자를 보내리니 그가 내 앞에서 길을 예비할 것이요 또 너희의 구하는 바 주가 홀연히 그 전에 임하리니 곧 너희의 사모하는 바 언약의 사자가 임할 것이라. 그의 임하는 날을 누가 능히 당하며 그의 나타나는 때에 누가 능히 서리요"(말 3:1-2). 이런 말씀으로 그는 그리스도의 처음 오심과 두번째 오심을 선언한다.

"주가 홀연히 그 전에 임하리라"는 것은 첫번째 오심, 육신으로 오심을 의미하며, 이에 대해서 복음서에 "너희가 이 성전을 헐라 내가 사흘 동안에 일으키리라"는 말씀이 있다(요 2:19). 두번째 오심에 대해서는 "보라 그가 임하리니 전능하신 주의 말씀이라. 그의 임하는 날을 누가 능히 당하며 그의 나타나는 때에 누가 능히 서리요"라고 한다. 그뿐 아니라, "너희의 구하는 바 주와 너희의 사모하는 바 사자"라고 한 것은 유대인들도 성경을 읽기 때문에 그리스도 메시야를 구하며 사모한다는 뜻이었다. 그러나 자기들이 구하며 사모하는 그 분이 참으로 오셨다는 것을 인정하지 않는 사람이 많았다. 자기들의 종전의 행적에[24] 의해서 그 마음의 눈이 어두워졌기 때문이었다.

앞에서는 "그와 세운 나의 언약"이라고 하며, 여기서는 "언약의 사자"라고 하는 그 언약에 대해서는, 그것을 새 언약이라고 해석해야 한다는 것은 의심할 여지가 없다. 그것은 영원한 보상을 약속하는 새 언약이며 현세적 행복을 약속하는 옛 언약이 아니다. 사람은 대개 연약해서 이런 현세적인 보상만을 위해서 진정한 하나님을 섬기며 이런 행복을 심히 존중하기 때문에, 불경건한 사람들이 현세적 재물을 풍성하게 가지고 있는 것을 볼 때에 낙심한다. 그래서 이 예언자는 새 언약의 영원한 축복, 즉 선한 사람들에게만 주시는 이 영원한 축복을 옛 언약의 지상적 행복, 즉 악인들에게도 흔히 주시는 이런 행복과 구별하기 위해서 다음과 같이 말한다.

"주가 이르노라. 너희가 완악한 말로 나를 대적하고도 이르기를 우리가 무슨 말

---

24) 자기들의 행적에 만족했기 때문에, 또는 자기들의 행적이 악했기 때문에, 눈이 어두워졌다. 원문에는 "행적"이 "공적"으로 되어 있기 때문에 뜻이 모호하다.

로 주를 대적하였나이까 하는도다. 이는 너희가 말하기를 하나님을 섬기는 자는 어리석으니 전능하신 하나님 앞에 그 명령을 지키며 기도로 행하는 것이 무엇이 유익하리요. 지금 우리는 외인들을 복되다 하며 악을 행하는 자가 창성하며 하나님을 대적하는 자가 구원을 받는다 하노라 함이니라. 그 때에 주를 경배하는 자들이 피차에 이 경멸하는 말을 하며 주께서 그것을 분명히 들으시고 주를 경외하는 자와 그 이름을 존중히 생각하는 자를 위하여 주 앞에 있는 기념책에 기록하셨느니라"(말 3:13-16, 70인역). 여기서 책은 신약성경을 의미한다.

또 그 다음에 있는 말씀을 들어 보자: "전능하신 주의 말씀이라. 내가 나의 정한 날에 그들로 나의 특별한 소유를 삼을 것이요 또 사람이 자기를 섬기는 아들을 택함 같이 내가 그들을 택하리니 그 때에 내가 돌이키리니 너희가 의인과 악인이며 하나님을 섬기는 자와 섬기지 아니하는 자를 분별하리라. 전능하신 주의 말씀이라. 보라 극렬한 풀무불 같은 날이 이르리니 외인들과 악을 행하는 자는 다 초개 같을 것이라. 그 이르는 날이 그들을 살라 그 뿌리와 가지를 남기지 아니할 것이로되 내 이름을 경외하는 너희에게는 의로운 해가 떠올라서 치료하는 힘이 그 날개에 있으리니 너희가 나가서 외양간에서 나온 송아지 같이 뛰리라 또 너희가 악인을 밟을 것이니 그들이 나의 정한 날에 너희 발바닥 밑에 재와 같으리라. 전능하신 주의 말씀이니라"(말 3:17-4:3, 70인역). 그 날이라고 한 것은 심판의 날이며, 여기에 대해서는 하나님의 뜻이면 적당한 때에 더 자세히 말할 것이다.

36. 에스드라서와 마카베오서에 대하여.

이 세 예언자 학개와 스가랴와 말라기의 후배로서 역시 바빌론 포로 시대가 끝나는 시기에 활동한 사람이 에스드라였다. 그는 예언자라기보다 역사가로 인정되었다. 마치 에스더서가 이 역사적 시기에 가까운 때에 있었던 사건들을 기술해서 하나님을 찬양하는 것과 같다. 다만 에스드라서에는 그리스도를 예언했다고 해석할 만한 구절이 있다. 거기서 세 청년이 세상에서 가장 세력이 강한 것은 무엇이냐고 하는 문제로 토론했을 때에, 첫째 청년은 임금들, 둘째는 술, 셋째는 여자라고 대답했다. 여자들은 대체로 임금들을 지배하기 때문이라고 셋째 청년은 말했다. 그러나 이 셋째 청년은 진리가 모든 것을 정복한다는 것을 증명했다. 그런데 복음서가 증언하듯이, 그리스도가 진리시라는 것을 우리는 안다(요 14:6).

이 때로부터 성전을 재건한 후 아리스토불루스에 이르기까지 유대인들을 다스린 것은 임금들이 아니라 방백들이었고, 이 사람들의 시기는 정경에 없고 마카베오서

등의 다른 문서에 있다. 이 마카베오서를 유대인들은 정경으로 인정하지 않지만, 교회는 정경으로 인정한다. 그리스도께서 육신으로 오시기 전에, 순교자들이 지극히 괴롭고 무서운 고문을 견디면서 죽기까지 하나님의 법을 지킨 이야기들이 거기에 있기 때문이다.

37. 이방 철학의 어느 근원보다도 예언의 권위는 더 오래다.

우리의 예언자들은 후대에 훨씬 널리 알려졌지만, 그들의 시대에 이미 모든 백성들의 주목을 받게 되었었는데, 같은 시대에 이방 철학자들이 살고 있었다. 처음으로 철학자라는(즉 "지혜를 사랑하는 사람"이라는) 이름으로 불리기 시작한 것은 사모스(Samos)의 피타고라스였고, 이 사람은 유대인들이 포로 생활에서 해방된 시기에 명성을 얻게 되었다.[25] 그러므로 다른 철학자들은 예언자들보다 훨씬 후대였음을 알 수 있다. 당시의 일류철학자들의 선생이었던 아테네의 소크라테스는 이른바 도덕 철학 또는 실천 철학 부문에서 특히 탁월했는데, 그의 연대도 에스드라보다 뒤떨어졌다. 소크라테스의 제자들 중에서 월등하게 우수한 플라톤이 태어난 것은 조금 후였다.

아직 철학자라는 명칭을 적용하지 않았던 그 이전의 인물들, 즉 일곱 현인들과 그 후의 자연 철학자들도 모두 예언자들보다 먼저 나타난 것이 아니었다. 자연 철학자들의 선배는 탈레스였고, 그를 따라 주로 자연 연구에 몰두한 아낙시만드로스, 아낙시메네스, 아낙사고라스 등은 처음으로 "철학자"를 자칭한 피타고라스의 선배였지만, 모두 예언자들보다 앞서지 않는다. 그들 중의 대선배였던 탈레스가 유명해진 것은 로물루스의 재위 중이었다고 하며, 후에 전 세계에 물을 제공하게 된 예언의 시내가 이스라엘의 샘에서 터져 나온 시대였다. 그러므로 저 유명한 신학적 시인들, 즉 오르푸스, 리누스, 무사이우스 등의 그리스 시인들만이 히브리 민족의 예언자들보다 앞섰고, 우리는 이 예언자들의 글의 권위를 인정한다.[26]

그러나 이 사람들조차 우리의 순수한 신학자인 모세보다 앞서지 못한다. 모세는 진정한 하나님을 충실하게 알렸고, 그가 쓴 글은 권위있는 정경의 처음에 들어 있

---

25) 유대인들의 포로 생활이 끝난 것은 기원전 538년, 피타고라스의 전성시대는 540년경, 소크라테스는 469-399년, 플라톤은 429-349년. 이스라엘의 멸망은 기원전 722년, 유다가 망한 것은 586년.

26) 자연 철학자들의 전성기는 탈레스는 기원전 600년경, 아낙시만드로스는 570년경, 아낙시메네스는 500년경, 아낙사고라스는 460년경. 8권 2장을 참조하라. 일곱 현인에 대해서는 25장, "신학적" 시인들에 대해서는 14장을 참조하라.

다. 이 점은 그리스 민족을 위해서 결정적으로 중요하다. 그들의 언어로 세속적 문학이 가장 발달한 것이 사실이다. 그러나 그들의 지혜가 — 진정한 지혜인 우리의 종교와 비교해서 더 우수하다고 할 수는 없다 — 적어도 시대가 더 오래다고 자랑할 근거를 갖고 있지 않다. 다만 모세 이전에도 지혜라고 할 만한 것이 이방인들 사이에 있었다. 그것은 그리스 사람들 사이가 아니라 이집트 사람들 사이에 있었던 것, 이를테면 그들의 지혜였다. 그렇지 않았다면 모세가 이집트 사람들의 모든 학술에 능통했다는 말씀이 성경에 기록되지 않았을 것이다(행 7:22).

그는 이집트에서 났고, 파라오의 딸의 양자가 되어 훌륭한 교육을 받았기 때문이다. 그러나 이집트의 지혜까지도 우리의 예언자들보다 시대적으로 앞섰다고 할 수 없다. 아브라함도 예언자였기 때문이다(창 20:7). 그뿐 아니라 이집트 사람들은 그들에게 문자를 준 이시스를 죽은 후에 위대한 여신으로 숭배했으니, 이시스 이전에 그들에게 얼마만한 지혜가 있었겠는가? 그런데 이시스는 아르고스의 초대왕 이나쿠스의 딸이었다고 하며,[27] 그 때에 아브라함은 이미 손자들을 보고 있었다.

38. 어떤 거룩한 사람들의 글은 너무 오랜 것이기 때문에, 그릇된 것이 섞여들지 않도록, 그 글들은 정경에 포함되지 않았다.

그런데 훨씬 더 고대의 일들을 회상해도 좋다면, 우리의 족장 노아는 확실히 대홍수보다도 먼저 살고 있었다. 또 나는 그를 당연히 예언자라고 부를 수 있을 것이다. 그가 방주를 만들어 가족과 함께 홍수를 피할 수 있었던 것은 우리 시대에 대한 예언이었기 때문이다(히 11:7; 벧전 3:20). 아담의 7대손 에녹은 어떤가? 정경에 들어 있는 유다서에 그가 예언했다고 하지 않는가?(유 14) 다만 이렇게 너무 오랜 사람들의 글은 유대인이나 우리나 그 권위를 인정하지 않는다. 거짓이 진실로 오인되는 것을 막기 위해서, 너무 오랜 글들은 의심스러운 것으로 보는 것이 좋겠다고 인정한 것이다. 자기의 취미에 맞는 것이면 무엇이든지 막연히 신용하는 사람들이 고대인들의 순수한 작품이라고 인정한 것도 있지만, 정경의 순수한 표준으로 보아서 이런 글들은 허용되지 않았다. 하나님이 시인하신 그 사람들의 권위를 거부하기 때문이 아니라, 그 글들을 그들의 것이라고 믿지 않기 때문이다.

책 머리에 어떤 고대인의 이름이 기입되어 있으면서도 의심스러운 문서로 인정된다는 것은 놀랄 일이 아니다. 유다와 이스라엘의 역대 왕들의 사적과 그 시대의

---

27) 3장 참조.

사건들을 기록했고 우리도 정경의 권위에 비추어 진실되다고 인정하는 기록에, 거기에 설명하지 않은 일들에 대한 언급이 많으며, 그 일들은 예언자들의 글에 있다고 하며, 그 예언자들의 이름까지도 명시된 것이 있다(대상 29:29; 대하 9:29). 그러나 그런 문서들은 하나님의 백성이 인정하는 정경에 수록되지 않았다.

사정이 이렇게 된 이유를 나는 모른다고 고백한다. 다만 성령이 확실히 종교적으로 권위있는 일들에 관해서 계시를 준 사람들이 어떤 때에는 사람으로서 역사적 연구의 결과를 쓰고, 또 어떤 때에는 예언자로서 하나님의 영감에 따라 썼다고 나는 생각한다. 이 두 가지는 서로 달라서, 어떤 판단은 사람 자신의 것이요, 어떤 것은 하나님이 그들을 통해서 말씀하셨다. 이와 같이, 한 쪽은 지식을 더하는 데 공헌하며 또 한 쪽은 종교적 교리로서의 권위를 부여했다. 그리고 정경에서는 이 종교쪽을 엄격히 감시했다. 정경 이외에 진정한 예언자들의 이름이 붙은 문서들이 지금도 발표된 것이 있지만, 그 예언자들의 참된 글이라는 것이 확실하지 않기 때문에, 지식의 자료로서도 타당성이 없다. 그러므로 그런 문서들은 신용하지 않으며, 특히 정경의 증언에 반대되는 말씀까지 발견되는 문서들은 아주 분명히 진짜가 아니라고 인정된다.

39. 히브리어는 항상 자체의 기록을 남겼다.

히브리라는 이름은(창 14:13) 에벨이라는 이름에서(창 10:21) 온 것이다. 어떤 사람들은 생각하기를, 히브리어의 구어체는 에벨이 보존해서 아브라함에 전했지만, 그 문어체는 모세를 통해서 주어진 율법으로부터 시작되었다고 한다. 그러나 이 생각은 믿을 수 없다. 그렇지 않고, 문어체와 그것으로 기록된 문서들은 저 계통의 족장들이 대대로 보존해서 전했다고 할 것이다.

참으로 모세는 히브리 백성이 하나님의 기록된 율법을 알기 전에 교사들을 임명해서 백성에게 문자를 가르치게 했다. 이 교사들을 그리스어 성경에서는 그람마타이사고게이스(γραμματεισαγωγεῖς)라고 하며,[28] 그 뜻은 문자를 소개하는 사람이라는 뜻이다. 그들은 사람들의 마음에 글자를 소개하기 때문이다. 또는 사람들을 문자에 소개한다고 하겠다.

그러므로 어느 나라든지 자기의 지혜의 역사가 하나님의 지혜를 받은 우리의 족장들과 예언자들보다 더 오래다는 거짓된 자랑을 해서는 안 된다. 자기들의 지식이

---

28) 70인역의 한 사본의 출 18:21에 이 교사들에 대한 말이 있다.

오랜 역사를 가졌다고 어리석고 거짓된 자랑을 항상 하는 이집트도, 그 지식의 내용을 문제 삼지 않더라도, 우리의 족장들의 지혜보다 시대적으로 앞섰더라고 할 수 없다. 참으로 그들이 문자를 알기 전, 이시스가 그들에게 문자를 가르쳐 주기 전에, 그들이 고도의 지식을 가졌더라고 감히 주장하는 사람은 없을 것이다. 그뿐 아니라, 그들의 소위 지혜는 지식이었는데, 그것은 주로 천문학과 거기에 관련된 지식이었고, 사람의 심정을 진정한 지혜로 비춰준다기보다 사람의 지성을 개발하는 데 도움이 되는 것이 아니고 무엇이었는가?

행복을 얻는 길을 사람들에게 가르치노라고 하는 것이 철학인데, 이런 연구가 그 나라들에서 일어난 것은 헤르메스(메리쿠리우스) 시대에 가까운 때였다. 헤르메스는 "트리스메기스투스"(세 배나 위대한)라는[29] 별칭이 있었고, 확실히 그리스의 현인들이나 철학자들보다 훨씬 오랜 사람이었다. 그러나 아브라함과 이삭과 야곱과 요셉보다는 후대였고, 참으로 모세가 났을 때에 위대한 천문학자 아틀라스가 살아 있었던 것을 알 수 있으며, 이 아틀라스는 프로메테우스의 형제며, 위에서 말한 헤르메스 트리스메기스투스의 조부였던 다른 헤르메스의 외조부였다.

40. 이집트 사람들은 자기들의 과학에는 10만년의 역사가 있다고 주장하지만, 그것은 완전히 어리석은 거짓이다.

이집트의 천문학은 10만년 전에 발달했다고 떠드는 사람들은 전혀 근거가 없는 대담하고 헛된 주장을 하는 것이다. 이집트 사람들이 이시스에게서 문자를 배운 것이 2000년을 조금 넘을 뿐인데, 그들은 어떤 책에서 그 숫자를 얻어낸 것인가? 역사가로서 무시할 수 없는 권위자인 바로도 이렇게 말하고, 그의 말은 성경의 진리와도 부합한다. 아담이라는 처음 사람이 창조된 후에 아직 6000년도 다 지나지 않았는데, 이 충분한 연구를 거친 사실들과 그렇게 다르며 그렇게 반대되는 연대를 주장하는 사람들을 무슨 까닭에 반박하기보다 냉소해 버리지 않을 수 있는가?

현재 우리의 목전에서 발생하는 사건들을 예언한 그 사람들이 역사가로서 과거사도 기록했다면, 우리는 그들보다 어느 역사가를 더 신용해야 하는가? 참으로 역사가들의 견해가 일치하지 않을 때에, 우리는 우리가 존중하는 성경의 기록과 상치하지 않는 역사가를 택할 확고한 근거가 여기 있다. 그뿐 아니라, 세계 각지에 퍼진

---

29) 메르쿠리우스 또는 헤르메스 트리스메기스투스에 대해서는 8권 23장 이하 참조. 이 이름은 이집트의 신 토트(Thoth)에게 신플라톤파가 붙인 것이라고 하며, 이 신이 헤르메티카(Hermetica)라고 부르는 철학 및 종교적 문서의 저자라고 했다.

불신자의 도성의 시민들은 가장 유식한 저술가들이 가장 오랜 상고의 사건들에 대한 기록에서 서로 일치하지 않을 때에, 누구를 믿을 것인지를 몰라 당황한다. 그러나 성경의 역사 기록을 권위로 믿는 우리는 이 권위에 반대되는 것은 무엇이든지 아주 거짓이라는 것을 의심하지 않는다. 우리가 의롭고 축복된 생활을 하도록 감동시키는 데 도움이 되지 않는 세속적인 서적들은 다른 내용이 어떻든 간에, 우리는 그것을 문제시하지 않는다.

41. 철학자들은 견해가 서로 다르나, 교회의 정경은 그 책들 사이에 조화가 있다.

역사 문제는 더 논하지 않겠으나, 우리가 이런 문제들로 탈선하게 된 동기였던 철학자들은 우리가 행복을 추구하기 위해서 우리의 생활을 어떻게 적용시키는 것이 최선책인가 하는 것을 발견하려고, 그것만을 목적으로 삼는다. 그러면 무슨 까닭에 그들은 제자들이 선생과 의견이 다르며, 제자들은 자기들끼리 견해가 달라지는가? 그것은 사람의 감각과 사람의 이성을 증거로 삼아 사람으로서 이 목적을 추구하기 때문이 아닌가?

이렇게 되는 데는 경쟁적인 자기 광고도 곁들었을 수 있다. 각 사람이 자기가 동료들보다 더 현명하거나 더 예리하다는 것을 보이려고 하며, 자기는 풋내기가 아니라 독창적인 사상가로서, 다른 사람의 사상을 되풀이하는 것이 아니라 독자적인 주장과 견해를 가졌노라고 자랑하는 것이다. 그러나 오직 진리를 사랑하기 때문에 선생이나 동료들과 갈라지는 사람들이 있다는 것을, 아니 그런 철학자가 많으리라는 것을 나는 인정한다. 그런 사람들은 진리에 대한 자기 생각이 옳든 또는 그르든 간에, 그 생각을 옹호하려고 싸운다. 그러나 그렇다고 하더라도, 하나님의 권위가 길을 지시하지 않는다면, 불행한 인생이 행복 추구를 위해서 어느 방향이나 어느 길을 취하든, 거기에 어떤 차이가 있는가?

그래서 최종적으로 확정된 우리 성경의 정경에 포함된 저자들은 그렇게 될 근거가 없는 것이 아니다. 그런데 그들의 생각에 서로 상치되는 것이 전혀 없다. 이 사실을 볼 때에, 그들이 쓴 것은 하나님이 그들에게 말씀하신 것, 또는 그들을 통해서 말씀하신 것이라고 믿는 것이 당연하다. 이렇게 믿는 것은 어느 학파나 학교에 속한 소수의 논쟁가들뿐이 아니라, 농촌과 도시에 사는, 혹은 유식하고 혹은 무식한 무수한 사람들이다.

저자가 너무 많으면 믿는 눈에 귀중한 것의 가치가 떨어져 보일 수 있으므로 저자의 수효가 적어야 했으며, 동시에 그들이 일치하는 사실이 놀랍지 않게 되지 않도록 그 수효가 너무 적지도 않았다. 철학자 가운데는 자기의 주장을 글로 남겨 놓은 사람이 많지만, 그 생각이 서로 완전히 일치하는 두 사람을 찾아내는 것은 쉬운 일이 아니다. 그러나 이 점을 증명하는 것은 이 책의 범위를 넘는 일일 것이다.

귀신들을 숭배하는 도시에서는, 어느 학파를 막론하고, 거기 속한 어떠한 사람의 견해가 널리 인정되어서, 그와 다르거나 반대되는 견해를 가진 사람들은 모두 배척을 받았다는 예가 있는가? 아테네에서는 신들은 인간사에 전혀 관심이 없다고 주장한 에피쿠로스파와, 신들은 우리를 도우며 보호하며 우리의 인간사를 인도하며 지지한다는 정반대되는 주장을 한 스토아파(행 17:18)가 다 번창하지 않았던가? 그렇기 때문에 아낙사고라스가 태양은 타는 불에 불과하고 신이 아니라고 했다고 해서 재판을 받았는데, 에피쿠로스는 해나 어느 별이나 신이라는 것을 믿지 않았을 뿐 아니라, 유피테르와 그 밖의 신들은 인간의 기도와 기원이 미치는 우주 안에 살고 있지 않다고 주장했음에도 불구하고, 같은 아테네에서 대단한 유행을 일으키면서 무사평온하게 산 것을 나는 이상하게 생각한다.

신체의 쾌락을 최고선이라고 본 아리스티푸스(Aristippus)와 사람은 고상한 인격으로 행복하게 된다고 주장한 안티스테네스(Antisthenes)도 아테네에서 번창하지 않았는가? 이 두 훌륭한 철학자는 다 소크라테스파였지만, 인간의 최고선을 인정한 영역이 너무 다르고 반대되어서, 한 사람은, 현명한 사람은 정치를 피하라고 했고, 다른 사람은 나라 일을 도우라고 했다. 그래도 두 사람이 다 자기의 철학파를 따르도록 많은 제자를 모을 수 있었다.

그들의 활동은 공개적이었다. 저 유명한 복도와 학교와 정원 등, 공적 또는 사적인 장소에서 그들은 자기의 의견을 옹호하기 위해서 많은 제자들을 동원했다. 어떤 사람들은 세계가 하나라고 하며, 다른 사람들은 세계가 무수히 많다고 했다. 이 한 세계에 대해서도 혹은 시초가 있었다고 하며 혹은 시초가 없었다고 했다. 어떤 사람들은 이 한 세계가 멸망하리라고 하며, 다른 사람들은 영원히 있을 것이라고 했다. 어떤 사람들은 이 세계를 신의 마음이 주관한다고 했고, 다른 사람들은 우연과 환경에 농락된다고 했다. 어떤 사람들은 영혼을 영생한다고 하며, 다른 사람들은 영혼은 죽어 없어진다고 했다. 영혼 불멸을 믿는 사람들 중에서도 어떤 사람들은 영혼이 다른 동물의 몸에 들어간다고 주장했고, 다른 사람들은 그것을 부인했다. 영혼이 죽어 없어진다고 믿은 사람들 가운데서도 어떤 사람들은 영혼은 몸이 죽은 직후에 죽는다고 믿었고, 다른 사람들은 혹은 오랫동안, 혹은 잠깐 살아 있다고 했으나, 영원히 사는 것은 아니라고 했다.

어떤 사람들은 선의 표준을 신체에 두고, 또 어떤 사람들은 신체와 마음의 양쪽에 두었다. 또 어떤 사람들은 심신 이외에 외부적인 선을 첨가했다. 어떤 사람들은 신체의 감각기관들을 항상 믿을 수 있다고 생각했고, 다른 사람들은 항상 믿을 수는 없다고 했고, 또 어떤 사람들은 언제든지 믿을 수 없다고 생각했다.

그런데 저 불신자의 도성에서 어떤 사람들이나 원로원이나 행정관이나 유력자가 철학자들의 서로 충돌하는 무수한 의견들과 그 밖의 의견들을 심판해서, 혹은 인정하고 받아들이며 혹은 정죄하며 배척하게 하는가? 그렇지 않고 불신자 도성은 도리어 모든 논쟁을 혼란한 그대로 한 품안에 안고 있지 않았던가? 그뿐 아니라, 그들의 차이점은 토지나 가옥이나 금전문제가 아니라, 우리가 불행하게 되느냐 또는 행복하게 되느냐를 결정하는 인생 문제에만 관한 것이다.

물론 그들의 어떤 말은 옳다. 그러나 그른 말도 동등한 특권을 누렸으므로, 그런 도성을 바빌론이라는 상징적인 이름으로 부른 것은 공연한 일이 아니었다. 이미 말한 바와 같이, 바빌론은 "혼란"을 의미한다. 그런 도성의 왕인 마귀로서는 그들이 서로 싸우게 만드는 오류들이 얼마나 서로 모순되느냐 하는 것을 문제시하지 않는다. 그들이 여러 가지 불경건으로 가득하기만 하면 그는 모든 것을 한결같이 차지하고 있기 때문이다.

그러나 하나님의 말씀을 위탁받은 민족, 백성, 도성, 공화국인 이스라엘 사람들은 진정한 예언자들과 거짓 예언자들에게 동등한 특권을 인정해서 혼합한 것이 아니라, 반대 의견이 없고 한 마음을 가진 사람들만을 믿을 만한 성경 저자로 인정하며 존경했다. 이 사람들이 그들의 철학자, 즉 지혜를 사랑하는 사람들이었으며, 그들의 현인들이었으며, 그들의 신학자들이었으며, 예언자들이었으며, 성실과 경건의 교사들이었다.

그들의 생활과 사상을 모범으로 삼은 사람들은 그 생활과 사상을 사람에게서 얻은 것이 아니라 그들을 통해서 말씀하신 하나님에게서 얻은 것이다. 성경이 불경건을 금하면 금하는 것은 하나님이시다. "네 부모를 공경하라"고 하면, 이 명령은 하나님이 하시는 것이다. "간음하지 말라, 살인하지 말라, 도적질하지 말라", 그 밖에 비슷한 계명들은(출 20:12 이하) 사람의 입에서 나온 것이 아니라 하나님이 하신 말씀이다.

어떤 철학자들은 그릇된 견해가 많으면서도 진리를 인식할 수 있었고, 정밀한 이론으로 그것을 사람들에게 납득시키려고 노력했다. 예컨대, 하나님이 이 세계를 만드시고 지혜롭게 주관하신다고 하며, 덕성을 존중하라, 나라를 사랑하라, 친구끼리 진실하라, 선행을 하라, 그 밖에 건전한 인격에 속한 모든 일을 가르쳤다. 다만 그들은 이 모든 일의 궁극적 목표가 무엇이며, 이 일들을 판단할 표준이 무엇인가를 몰랐다. 그러나 우리 도성에서는 이런 일들을 예언자들의 말, 즉 그들을 통해서 하시는 하나님의 말씀으로 백성이 받아들이게 만들었다. 결코 대립 항쟁하는 이론으로 가르친 것이 아니다. 그래서 교훈을 알게 된 사람은 사람의 지혜가 아니라 하나님의 말씀을 무시할까 두려워했다.

42. 하나님의 섭리로 구약성경을 히브리어에서 그리스어로 번역해서 이방인들이 알 수 있게 하셨다.

이집트의 프톨레마이오스 왕조의 한 임금이 성경을 알며 가지기를 간절히 원했다. 마케도니아의 알렉산더는 "대왕"이라는 별칭이 있었던 만큼 심히 놀랍기는 했으나, 오래 가지 못한 힘의 지배로 온 아시아뿐 아니라 거의 온 세계를 정복했다. 혹은 군사력으로 혹은 위협으로 동방국가들을 억압했고, 그 중에는 유대도 포함되었다. 그러나 그가 죽은 후에 그의 장군들은 그 광범한 영토를 평화적으로 분할하지 못하고 전쟁으로 국토를 황폐하게 만들었다. 그 후에 이집트에는 프톨레마이오스 왕조가 섰고, 그 처음 왕은 라구스의 아들이었으며, 유대에서 많은 포로를 이집트에 끌어 갔다.

그러나 그의 후계자 필라델포스는 그 모든 포로를 해방해서 돌려 보냈을 뿐 아니라, 하나님의 성전에 풍성한 선물을 보냈고, 당시의 대제사장 엘리아살(Eleazar)에게 성경을 한 권 보내 달라고 요청했다. 그는 성경이 참으로 하나님의 말씀이라는 소문을 들었으며, 따라서 그가 창설한 저 유명한 도서관에 비치하기를 심히 원하노라고 했다. 대제사장이 히브리어 성경을 보내 주자, 그는 다시 번역할 사람들을 요청했다. 그래서 히브리어와 그리스어에 능통한 서기관을 열 두 지파에서 여섯 사람씩 도합 72명을 지명했다. 그들이 한 번역을 지금 우리는 70인역이라고 부른다.

프톨레마이오스왕은 그들의 진실성을 시험하기 위해서 각각 다른 곳에서 번역작업을 하게 만들었다고 한다. 그러나 그들이 번역한 결과는 그 사용한 단어가 같아서, 동의어인 경우에도 그 뜻이 정확히 같았으며, 단어 배열의 순서까지도 전혀 다르지 않았다고 한다. 마치 한 사람이 번역한 것 같이, 그들의 번역이 완전히 일치한 사실로 한 성령이 그들 전체 안에 계신 것이다. 그들이 하나님으로부터 이런 놀라운 선물을 받은 데는 목적이 있었다. 즉 성경의 권위를 인간적인 것으로 받아들이지 않고, 사실 그대로 신적인 것으로 받아들이게 하려는 것이었다. 이렇게 함으로써 이방인들이 결국 신자가 되어 유익을 얻을 것이었고, 이 결과는 지금 우리가 보는 대로 실현되었다.

43. 히브리어 성경을 마땅히 존중해야 하지만, 70인역은 다른 번역들보다 더 권위가 있다.

이 거룩한 말씀들을 히브리어에서 그리스어로 번역한 사람들이 달리 또 있었다. 예컨대 아퀼라와 심마쿠스와 테오도티온과 그리고 보통 "다섯째" 번역이라고 하는 번역을 한 무명인사이다. 그러나 교회는 70인역을 유일한 번역인 것으로 인정했으며, 그리스어 세계의 그리스도교인들은 대부분이 다른 번역이 있는 줄을 전혀 모른다. 70인역에서 라틴어로 번역한 성경을 라틴어 세계의 교회들이 가지고 있으나, 우리 시대에 와서 세 언어에 능통한 대학자 제롬 장로가 직접 히브리어에서 라틴어로 번역한 것이 있다.

그러나 비록 유대인들은 그의 극히 학적인 작업이 히브리 원본에 충실하다고 증언하며, 70인역은 여러 곳에서 잘못되었다고 주장하지만, 그리스도의 교회는 대제사장 엘리아살이 이 위대한 사역을 위해서 선발한 이 많은 사람들의 권위보다 어느 한 사람을 더 높이 인정할 것이 아니라고 판단했다. 틀림없는 하나님의 영이 그들 사이에 나타나지 않았다고 가정하며, 저 70인 학자들도 보통 사람들 같이 자기들이 번역한 말씀들을 서로 비교해서 모든 사람이 수락하는 것을 최종적으로 인정했다고 가정하더라도, 어느 한 역자를 그들보다 우위에 둘 수는 없다. 그런데 그들의 경우에는 하나님의 위대한 표적이 나타났으므로, 어떤 다른 사람이 히브리어에서 다른 말로 성경을 충실히 번역한다면, 그는 70인 역자들과 일치할 것이 확실하며, 그렇지 않고 그들과 일치하지 않을 때에는 더 깊은 예언적 의미가 70인역에 있다고 우리는 믿어야 한다.

예언자들이 그 말씀을 전했을 때에 그들 안에 친히 계신 그 성령이 70인 역자들에게도 계셨기 때문이다. 성령은 다른 말씀을 하실 권능이 있었으며, 같은 성령이 하신 말씀들이므로 예언자도 두 가지 말씀을 다 한 것같이 된다. 또 성령은 한 가지 일을 다르게 표현할 수 있었고, 말씀이 다를지라도 바르게 이해하면 같은 뜻이 그 말씀들을 통해서 나타나게 하셨다. 또 성령은 어떤 것을 가감할 수 있었다. 이렇게 함으로써 이 번역 사역은 문자의 노예가 된 사람이 한 것이 아니라, 번역자의 지성에 넘치며 그것을 인도하는 하나님의 권능이 했다는 것을 알리려고 한 것이다.

어떤 사람들은 히브리어 사본을 표준으로 70인역을 교정해야 된다고 생각하는 것이 사실이다. 그러나 그들도 히브리어 성경에 없고 70인역에 있는 것을 감히 삭제하지 못하고, 70인역에 없고 히브리어에 있는 것을 첨가할 뿐이다. 이런 구절의 처음에 그들은 별표를 붙여서 구별한다. 히브리어 성경에 없고 70인역에만 있는 구절들은 그 처음에 짧은 횡선을 그어 표시했다. 이런 부호를 붙인 라틴어 성경도 널리 보급되었다.

그러나 히브리어 성경과 그리스어 성경을 다 상고하지 않고서는 가감된 것이 아니라 표현이 다른 구절들에 대해서, 그 뜻이 다르면서도 상충하는 것은 아닌지, 또는 같은 뜻을 다른 형식으로 표현했을 뿐인지를 알아낼 수 없다. 그러므로 성경에는 하나님의 영이 사람을 통해서 말씀하신 것이 아닌 말씀은 없다고 우리가 생각한다면, 또 그렇게 생각해야 하지만, 히브리어 성경에 있고 70인역에 없는 말씀은 성령이 70인 역자들을 통해서 말씀하시지 않고 예언자들만을 통해서 말씀하시기는 한 것이라는 결론이 된다. 그와 반대는 어떤 말씀이 70인역에 있고 히브리 성경에 없을 때에는, 같은 성령이 예언자들보다 70인 역자들을 통해서 말씀하신 것이며, 이들도 예언자였음을 알리신 것이다.

마찬가지로 성령은 그 원하시는 대로 어떤 일은 이사야를 통해서 말씀하시고, 어떤 일은 예레미야를 통해서, 또 어떤 일은 다른 예언자를 통해서 말씀하셨으며, 또는 같은 일을 다른 형식으로 두 예언자를 통해서 말씀하셨다. 그뿐 아니라, 어떤 일이 두 곳에 다 있을 때에는 같은 성령이 두 가지 수단으로 말씀하기로 정하신 것이며, 다만 하나는 먼저 와서 예언을 했고, 또 하나는 뒤에 와서 그 말씀을 예언적인 번역으로 전한 것이다. 예언자들이 일치된 진리의 말씀을 했을 때에 한 평화의 성령이 그들 안에 계신 것과 같이, 같은 한 성령이 번역자들 안에 자기를 나타내셔서, 그들이 상의하지 않고도 한 입같이 전체를 번역할 수 있게 하신 것이다.

44. 니느웨 사람들이 멸망하리라는 위협을 어떻게 해석할 것인가? 히브리어 성경에는 40일 후라고 했는데, 70인역에서는 3일 후라고 했다.

그러나 어떤 사람들은 말할는지 모른다. 예언자 요나는 니느웨 사람들에게 3일이 지나면 니느웨가 멸망하리라고 했는지, 또는 40일이 지나면 이라고 했는지(욘 3:4), 어떻게 알 수 있느냐? 그 도시에 파견되어 멸망이 임박했다는 위협으로 그들을 떨게 만들려고 한 이 예언자는 두 가지 말을 다 했을 수는 없기 때문이다. 그 도성이 3일 후에 멸망할 것이었다면 40일 후에 멸망할 운명은 아니었고, 40일 후에 멸망할 것이었다면 3일 후가 아니었다. 그래서 요나가 어느 쪽을 말한 것이냐고 내게 묻는다면, 나는 히브리 성경에 있는 대로 40일이 지나면 니느웨가 멸망하리라고 했다고 단정한다. 70인 역자들은 오랜 후에 번역했으므로 새로운 말을 할 수 있었지만, 그것은 그 문제에 합당하며 뜻도 같은 것이었고, 다만 의미의 수준이 달랐을 뿐이었다. 동시에 읽는 사람들이 어느 쪽 본문의 권위도 경시하지 말고, 단순한 역사의 수준을 넘어 그 역사를 기록한 의미를 찾으라는 충고가 있었던 것이다. 이 사건들이 참으로 니느웨시에 발생했지만, 그것은 그 도시의 수준을 초월한 다른 의미도 전했다. 마치 요나 자신이 고래 뱃속에 사흘 동안 있었다는 것이 역사적 사실이면서, 그가 다른 무엇을 상징한 것과 같다. 즉 모든 예언자의 주이신 분이 깊은 지옥에 사흘 동안 계시리라는 것을 상징한 것이다.

그러므로 니느웨는 예언적인 비유로 이방인 교회를 대표한다고 바르게 해석할 때에, 바꿔 말하면, 회개에 의해서 멸망하고 다시는 전과 같지 않게 된 이방인 교회라고 할 때에, 니느웨를 비유로 삼아 그 이방인 교회에 이런 일을 이루신 이는 그리스도셨으므로, 40일과 3일도 그리스도에 관련된 말씀이다. 부활하신 후에 승천하실 때까지 제자들과 함께 지내신 것이 40일이었고, 부활하신 것이 3일 후였기 때문이다. 70인 역자들과 예언자들이 단순한 역사적 기록에만 집착하는 독자의 잠을 깨우치면서, 더 깊은 예언적 의미를 구하라고 경고한 것과 같다. "네가 3일을 얻을 수 있는 그 분을 40일에서도 구하라. 너는 40일에서 승천하신 분을, 그리고 3일에서 부활하신 분을 발견할 것이다."

이 때문에 이 두 숫자로 한 뜻을 지극히 바르게 전할 수 있었던 것이다. 하나는 예언자 요나를 통해서, 또 하나는 70인 역자들을 통해서 전했으나, 둘이 다 같은 한 성령의 음성이었다. 나는 장황하게 되는 것을 피하기 때문에, 70인역과 히브리어 본문이 다른 듯이 보이면서도 잘만 해석하면 서로 일치한다는 것을 여러 실례를 들어 설명하지 못한다. 그러므로 히브리 성경과 70인역에서 한결같이 예언적 증언들을 인용하는 사도들을 나도 약한 걸음으로 따라간다. 그리고 두 쪽이 다 하나이며 거룩하므로 권위로 대접해야 마땅하다고 단정한다. 그러면 이제부터 우리 능력이 미치는 대로 다음 역사를 추궁하겠다.

45. 성전 재건 후에 유대인 사이에 예언자가 없었고 그리스도 탄생시까지 계속적인 역경에 처한 것은, 예언자들을 통해서 다른 성전이 세워지리라는 약속이 있었다는 증거였다.

유대 민족이 바빌론 포로생활 후에 성전을 재건하고 생활이 개선되기를 기대한 바로 그 때에, 그들 사이에 예언자들이 나타나지 않게 되었고, 국민생활이 확실히 저하되었다. 분명히 육적인 사람들은 학개 예언자가 "이 전의 나중 영광이 이전 영광보다 크리라"(학 2:9) 한 말을 생활이 나아지리라는 뜻으로 해석했다. 그가 신약을 의미했다는 것을 그는 조금 앞에서 분명히 밝혔다. "내가 만국을 진동시킬 것이며 만국이 사모하는 이가 이르리라"는 말씀으로(학 2:7) 그는 그리스도를 의미한 것이다. 이 구절에서 70인 역자들은 예언자적 권위로 머리보다 몸에 더 적절한, 즉 그리스도보다 교회에 더 잘 해당하는 뜻으로 표현했다. "주께서 만국에서 선택하신 것들이(즉 사람들이) 오리라"고 했다,

이런 사람들에 대해서 주께서 복음서에서 "청함을 받은 자는 많되 택함을 입은 자는 적으니라"(마 22:14) 하셨다. 만민 중에서 선택된 이런 사람들 즉 "산 돌들"로(벧전 2:5) 새 언약을 통해서 하나님의 집이 건설되며, 이 집은 솔로몬왕이 짓고 포로 시대 후에 재건된 그 성전보다 훨씬 더 찬란한 것이다. 그때부터 유대 민족에게 예언자가 없고 여러 가지 재난과 이방의 왕들과 심지어 로마 사람들에게까지 고난을 받은 이유가 여기에 있는 것이다. 성전을 재건했으니, 학개의 이 예언이 실현되었다고 생각지 말라는 것이었다.

그 후 얼마 지나지 않아서 알렉산더가 왔을 때에 그들은 전혀 해를 받지 않았지만 정복되었다. 그것은 감히 저항하지 않았기 때문이었고, 그래서 선뜻 항복하고 그를 환영했을 때에 그는 온화한 심경이 되었다. 그러나 성전의 영광은 독립국가의 왕들이 주관하던 때만큼은 찬란하지 못했다. 알렉산더가 성전에서 제물을 드린 것은 사실이지만, 그것은 참으로 경건한 마음이 되어 하나님을 경배한 것이 아니라, 거짓 신들과 함께 하나님도 경배해야 한다는 불경건하고 어리석은 생각을 했기 때문이었다. 그가 죽은 후에, 앞에서 말한 라구스의 아들 프톨레마이오스가 유대인들을 포로로 잡아 이집트로 끌어갔다. 그의 후계자 프톨레마이오스 필라델포스가 아주 친절하게 그들을 해방해 보냈고, 조금 전에 말한 것처럼 성경의 70인역을 얻게 한 장본인이 되었다. 그 다음에 유대인들은 마카베오서에 있는 대로 전쟁에 시달렸다. 그 후에 알렉산드리아 왕 프톨레마이오스 에피파네스에게 정복되었다. 그 뒤 시리아의 안티오쿠스 왕에게 여러 가지로 심한 고통을 받아 강제로 우상을 숭배하게 되었고, 성전에서는 이방인의 가증하고 불경건한 의식을 행하게 되었다. 그러나 마카베오라는 별명을 가진 강력한 지도자 유다가 안티오쿠스 편의 지도자들을 격퇴하고 성전에서 우상숭배를 깨끗이 씻어버렸다.

그러나 얼마 지나지 않아서 알키무스(Alcimus)라는 야심가가 제사장 가문이 아니면서 불법적으로 대제사장이 되었다. 그 후 거의 50년 동안 유대 백성은 어떤 점에서는 번성했으나, 평화를 모르고 지내다가, 아리스토불루스가 유대 역사상 처음으로 왕위와 대제사장직을 겸하게 되었다. 그 이전에는 바빌론 포로생활에서 돌아와서 성전을 재건한 후로, 그들 사이에 임금이 없었고, 지휘관이나 통치자가 있을 뿐이었다. 물론 임금도 통치하는 1인자요 군대의 지휘권을 가진 지휘관이지만, 통치자

와 지휘관을 곧 임금이라고 부르는 것은 아닌데, 아리스토불루스는 임금이 된 것이다.

그의 후계자 알렉산더도 왕과 대제사장을 겸했는데, 백성을 몹시 압박했다고 한다. 그의 뒤를 이어 그의 처 알렉산드라가 유대의 여왕이 되었고, 그 후 유대 백성은 더 심한 고통을 받게 되었다. 그의 두 아들 아리스토불루스와 힐카누스(Hyrcanus)가 서로 왕위를 다투어 로마 군대를 불러 들였기 때문이다. 즉 힐카누스가 자기 아우와 대항하기 위해서 로마군의 도움을 요청한 것이다. 로마는 그 때에 이미 아프리카와 그리스를 정복했고, 그 밖에 세계 각지의 광대한 지역을 지배하고 있었지만, 자기의 무게를 이기지 못하는 듯, 자기의 무게에 눌려 부서진 형편이었다.

참으로 로마는 중대한 반란에 직면했고, 이어 동맹국들과 싸웠고, 곧 내란으로 발전해서, 국력이 심히 위축되었기 때문에 헌법을 고치지 않을 수 없었고, 왕제(王制)를 곧 채용하게 될 형편이었다. 그래서 로마의 유명한 장군 폼페이우스가 군대를 끌고 유대에 들어가 예루살렘을 점령하고 성전을 개방했다. 경배하려는 종교적 열성이 있었던 것이 아니라, 정복자로서의 권리를 행사한 것이다. 대제사장만이 들어갈 수 있는 지성소에도 들어갔다. 경건한 태도가 아니라 모독적인 태도였다. 그는 힐카누스를 대제사장으로 인정한 후에 안티파터에게 프로쿠라터(procurator)라는 직을 주어 감시자로 붙여놓았다. 프로쿠라터는 피정복국에 두는 총독이었다. 그리고 아리스토불루스는 결박해서 끌고갔다. 그 때로부터 유대는 로마의 속국이 되었다. 그 후에 카시우스(Cassius)가[30] 성전을 약탈했다.

그리고 몇 해 후에 헤롯이라는 외국인을 왕으로 가지게 되었는데, 이 때에 그리스도가 나셨다. 족장 야곱이 예언자 정신으로 예견해서 말한 사건이 실현된 것이다. "통치자가 유다를 떠나지 아니하며 치리자가 그의 허리에서 떠나지 아니하기를 준비된 이가 오시기까지 미치리니 그를 모든 백성이 기대하리로다"(창 49:10, 70인역). 이 때까지 유대인들 사이에는 통치자가 없지 않았는데, 처음으로 외국인인 헤롯을 왕으로 두게 되었다. 그러므로 새 언약으로 약속된 일이 준비되어 있었던 분, 즉 만민의 기대를 받는 분이 오실 때는 바로 이 때였다. 그러나 그가 와서 그 권능의 광채로 심판을 행하기를 지금 만민이 기대하지만, 그 때에는 그런 기대를 할 수 없었다. 그가 겸비하게 참으면서 스스로 심판 받기 위해서 오셨을 때에, 그들은 그를 먼저 믿어야 했기 때문이다.

---

30) 기원전 53년에 성전을 약탈한 것은 카시우스가 아니라 크라수스였다.

46. 우리 구주가 나심으로써 말씀이 육신이 되었으며, 유대민족은 예언대로 각국에 흩어졌다.

헤롯왕 재위 중에 즉 로마 헌법이 개정되고 가이사 아구스도가(눅 2:1, 카이사르 아우구스투스) 황제가 되어 세계를 평화롭게 만들었을 때에, 예언에 있는 대로 유대 베들레헴에서 그리스도가 탄생하셨다. 외형은 사람으로 사람인 처녀의 몸에서 나셨고, 내적으로는 하나님이시며 하나님 아버지에게서 나셨다. 예언자의 말씀에 "보라 처녀가 잉태하여 아들을 낳을 것이요 그 이름은 임마누엘이라 하리라 하였으니 이를 번역한즉 하나님이 우리와 함께 계시다 함이라" 하였다(사 7:14; 마 1:23). 자기로 말미암아 사람들이 하나님을 환영하게 만드시고자, 그리스도는 기적을 많이 행하셨는데, 복음서들에 그를 알리기에 충분할 만큼 많이 기록되었다. 그 중 첫째는 그의 기적적인 탄생이요, 마지막은 죽은 자 가운데서 다시 살아나셔서 승천하신 것이다. 그러나 그리스도는 죽어서 부활해야 했기 때문에 유대인들은 그를 믿지 않고 죽였으며, 그 후로 그들은 로마에게서 더욱 비참한 압박을 받았다. 이미 외국인을 임금으로서 섬기던 데다가 자기 나라에서 아주 근절되고 세계각지로 분산되고 만 것이다.

그래서 지금 그들이 없는 곳이 없으며, 그들 자신의 성경으로 우리가 그리스도에 대한 예언을 조작한 것이 아니라는 것을 우리를 위해서 증언하고 있다. 그들 중에는 그리스도의 고난 전에, 더욱 그의 부활 후에 그에 대한 예언들을 깊이 생각하고 그를 믿게 된 사람이 심히 많았다.

그들에 대해서 "이스라엘 뭇 자손의 수가 비록 바다의 모래 같을지라도 남은 자만 구원을 얻으리라"는 예언이 이미 있었던 것이다(사 10:22; 롬 9:27). 그러나 나머지는 눈이 어두워졌으며, 이들에 대한 예언은 "저희 밥상이 올무와 덫과 거치는 것과 보응이 되게 하옵시고 저희 눈은 흐려 보지 못하고 저희 등은 항상 굽게 하소서"였다(시 69:22-23; 롬 11:9-10). 그러므로 그들이 우리의 성경 즉 그들 자신의 성경을 믿지 않고, 읽어도 눈이 어두워진 때에, 성경은 그들에게서 성취되고 있는 것이다. 유대민족과 아무 연결도 없는 여예언자 시빌(sibyl)들과 그 밖의 것들의 이름으로 그리스도에 대한 예언이라고 해서 인용하는 것들을 그리스도교인들이 조작한 것이라고 말하는 사람이 있더라도, 그것은 문제가 되지 않는다. 우리의 원수들이 가지고 있는 책들에서 인용되는 예언만으로 우리는 충분하기 때문이다. 그들이 성경을 가지고 보존함으로써 우리를 위해서 자의가 아닌 증언을 하고 있다는 것을 우리는 보고 안다. 즉 그리스도의 교회가 뻗어져 나가는 곳마다 각 민족 사이에 그들이 흩어져 있다는 것을 그들 자신이 증언한다.

이 일에 대해서는 그들이 읽는 시편에 예언이 있었기 때문이다. "나의 하나님이 그 인자하심으로 나를 인도하시며 내 원수에 관하여 내게 보이셨으니 저희를 죽이지 아니하시리라. 저희가 주의 율법을 잊는 날이 올까 하심이라 나의 하나님 주의 능력으로 저희를 흩으소서"(시 59:10-11, 70인역). 그래서 하나님께서는 교회의 원수인 유대인 문제에 관해서 교회에 그 인자한 은혜를 보이셨다. 사도가 말하듯이, "그들의 죄가 이방인들의 구원"이기 때문이다(롬 11:11). 그러므로 하나님은 유대인들을 죽이지 않으셨다. 다시 말하면, 그들은 로마에 정복되고 압박을 받았을지라도 유대 민족으로서는 멸망하지 않았다. 그것은 그들이 율법을 잊어버림으로써 우리가 현재 문제로 삼는 이 점에 대해서 효과적인 증언을 하지 못하게 되는 것을 막기 위해서였다. 그러나 그들이 주의 율법을 잊는 날이 없도록 그들을 죽이지 마옵소서라고 하는 것으로 충분하지 못했고, 또한 "그들을 흩으소서"라고 첨가했다. 그들이 성경의 증언을 가지고 자기 고토에만 살고 세계 각지에 살아있는 것이 아니었다면, 각지에 있는 교회는 모든 이방인들 사이에서 그리스도에 관하여 미리 주신 예언에 대해서 그들을 증인으로 삼을 수 없을 것이다.

47. 그리스도 시대가 오기 전에 천상 도성에 속한 사람들이 이스라엘 민족 이외에도 있었는가?

이스라엘의 혈통에서 나지 않았고 이스라엘 백성의 정경에도 포함되지 않은 어떤 이방인이 그리스도에 대해서 예언한 것이 있다면, 우리는 그 사실을 알게 되었거나 또는 알게 될 때에, 그런 사람을 최고의 권위로 인정할 수 있다. 그런 사람이 없을 때에 필요하겠기 때문이 아니라, 다른 민족 사이에서도 이 비밀에 대한 계시를 받고 이 일들을 선포하도록 영감을 받은 사람들이 있었다는 것을 믿는 것이 합당하기 때문이다. 그들은 하나님에게서 같은 은혜를 받았을 수도 있고, 그렇지 않으면 악한 천사들에게서 배웠을 수도 있다. 그리스도께서 세상에 계셨을 때에 유대인들은 그를 인정하지 않았는데, 악한 천사들은 인정한 것을 우리는 안다(마 8:29; 막 1:24; 눅 4:34).

유대인들도 이스라엘의 형이 버림을 받은 후로 이스라엘의 혈통에 속하지 않은 사람은 하나님께 속한 자가 전혀 없었다고 감히 주장하지 못하리라고 나는 생각한다. 물론 특히 하나님의 백성이라고 하신 민족은 달리 없었다. 그러나 다른 민족 가운데도 지상적인 인연이 아니라 천상적 인연으로 진정한 이스라엘, 즉 위에 있는 나라의 시민인 사람들이 있었다는 것을 유대인들은 부정할 수 없다. 만일 부정한다면 저 거룩하고 경탄할 욥을 지적함으로써 쉽게 논박할 수 있다. 욥은 이스라엘 사람으로 태어난 것도 아니었고 개종한 사람도 아니었다. 그는 에돔의 후손으로서 에돔 땅에서 났고 거기서 죽었다. 그런데 하나님께서는 같은 시대 사람 중에서 그만큼 정직하고 경건한 사람이 없다고 칭찬하셨다(욥 1:1, 8; 겔 14:4-20). 연대기에서 그의 연대를 찾을 수 없지만, 유대인들은 그를 유대인인양 바른 생각으로 그를 정경에 포함시켰다. 우리는 그에 관한 글을 근거로 삼아, 그는 이스라엘로부터 3대 후에 있었던 사람이라고 추측한다.

또 다른 민족 사이에도 하나님을 따라서 하나님의 기쁨을 얻으며 영적 예루살렘의 시민이 된 사람들이 흩어져 있었다는 것을 우리에게 알리기 위해서, 하나님이 이 한 가지 실례를 마련하신 것이라고 나는 확신한다. 그러나 하나님과 사람 사이의 한 중보자이신 인간 예수 그리스도에(딤전 2:5) 대한 계시를 받지 않고서도 이 은혜가 허락되었다고 우리는 생각해서는 안 된다. 그리스도가 육신으로 오시리라는 것을 옛 성도들에게 예고하셨고, 그 오신 것을 우리들에게 선포하셔서, 하나님의 도성, 하나님의 집, 하나님의 성전에 들어가기로 예정된 사람들을 모두 한 믿음으로 그를 통해서 하나님에게로 인도하려고 하신 것이다. 그러나 예수 그리스도를 통한 하나님의 은혜에 관해서 다른 사람들이 했다는 예언은 그리스도교인들이 조작한 것이라고 생각할 수 있다.

그러므로 이 문제에 대해서 논란하는 사람이 있다면, 그가 어떤 나라의 "외인"이든 간에, 그를 설복하며, 그가 참으로 현명한 사람일 경우에 그를 우리와 일치하게 만드는 가장 확실한 방법이 있다. 그것은 곧 유대인들의 성경에 그리스도에 대해 기록된 예언들을 제시하는 것이다. 그들은 고국에서 추방되어 전세계에 흩어져 있으면서 이 증언을 하며, 그리스도의 교회가 각지에 보급되게 한다.

48. 하나님의 집의 영광이 처음보다 더 크리라고 한 학개의 예언은 성전 재건에서 실현되지 않고, 그리스도의 교회에서 실현되었다.

하나님의 이 집은 나무와 돌과 금속과 다른 보물로 지은 처음 집보다 그 영광이 더 크다. 학개의 예언은(학 2:7) 성전의 재건으로 실현되지 않았다. 재건된 성전은 솔로몬의 성전같이 찬란했다고 증명할 수 없기 때문이다. 도리어 그 성전의 영광이 감소되었다는 것은, 우선 예언이 끊어졌고 다음에 이스라엘 백성의 고난이 더 심해진 것으로 증명할 수 있다. 그들이 드디어 로마에 의해서 멸망한 것은 앞에서[31] 말한

31) 45장.

사건들이 증명한다. 그러나 새 언약에 속한 이 성전은 확실히 더 찬란하다. 성전을 지은 돌들이 살아있는 사람들이며, 믿는 사람, 새로 창조된 사람들이어서 더 좋은 돌이기 때문이다. 그러나 저 성전을 재건했다는 일 자체가 둘째 언약을, 이른바 새 언약을 예언적으로 의미했기 때문에, 그것은 새 언약에 속한 성전의 그림자를 의미했다. 그러므로 방금 말한 예언자를 통해서 하나님이 "내가 이 곳에 평강을 주리라" (학 2:7)고 말씀하셨을 때에, "곳"이라는 상징적인 말로 그 말이 의미하는 분을 의미한다. 그 곳에 재건한다는 것이 그리스도가 세우실 교회를 상징하므로, "내가 이 곳에 평강을 주리라"고 하는 말은 곧 "내가 이 곳이 상징하는 그 곳에 평강을 주리라"는 뜻으로 해석할 수밖에 없다.

상징적인 것은 그 상징하는 것의 몫을 어느 정도 하는 것 같다. "그 반석은 곧 그리스도라"(고전 10:4)고 사도가 말했는데, 이렇게 말한 그 반석은 확실히 그리스도를 상징했다. 그래서 이 집, 곧 새 언약의 영광은 이전 집, 곧 옛 언약의 영광보다 더 크며, 이 집이 헌납될 때에는 그 영광이 더욱 클 것이다. 히브리어 성경에 있듯이, "그 때에 만국이 사모하는 이가" 오겠기 때문이다(학 2:7). 그가 처음 오셨을 때에 사람들은 자기들이 사모하기로 정해진 그 분을 믿지 않고 전혀 알지 못했기 때문에, 그의 처음 오신 것을 아직 만국이 사모하지 않았다. 역시 예언적 의미를 가진 70인 역자들의 표현을 따르면, "주의 선택하신 자들이 만국으로부터 오리라"고 한다.

그 때에는 선택된 자들만이 올 것이기 때문이며, 그들에 대해서 사도는 "곧 창세 전에 그리스도 안에서 우리를 택하사"라고 했다(엡 1:4). "청함을 받은 자는 많되 택함을 입은 자는 적으니라"고 하신(마 22:14) 건축자이신 분이, 청함을 받고 왔다가 잔치 자리에서 쫓겨난 사람들이 아니라(마 22:11-14) 택함을 입은 사람들로 지은 집을 우리에게 보여주실 것이며, 이것은 지은 후에 결코 무너질 염려가 없는 집이다. 그런데 타작마당에서 키질하듯 골라버려야 할 사람들도 교회에 섞여 있는 동안은 이 집의 영광이 영원히 있을 사람들만으로 지어진 교회의 영광같이 위대하게 나타나지 못한다.

49. 교회가 분간없이 확장되었으므로, 이 세상에서는 버림 받은 자들이 선택 받은 자들과 섞이게 되었다.

그러므로 이 악한 세상에서 이 악한 시대에 교회는 현재의 낮은 처지로부터 미래의 높은 지위로 올라갈 준비로써, 공포심으로 가슴을 찔리며 슬픔으로 괴로우며 노고와 시험을 당할 염려 때문에 불안하면서도, 오직 희망 가운데 건전한 기쁨으로 즐거워하면서 훈련을 받고 있다.

이 기간에 교회에는 버림 받은 자들이 선한 자들과 섞여 있어서 양쪽이 다 복음의 그물 안에(마 13:47-50) 함께 모여 있다. 해변으로 갈 때까지는 양쪽이 다 그 안에서 무차별하게 바다에서와 같이 헤엄을 치고 있으며, 해안에 가서야 악한 자와 선한 자가 분리되며, 선한 자들 사이에서 마치 성전 안에서와 같이 "하나님이 만유의 주로서 만유 안에 계실 것이다"(고전 15:28). 참으로 시편에서 "내가 널리 말하였사오나 그들이 불어 그 수를 셀 수 없나이다"(시 40:5, 70인역) 한 말씀이 지금 실현되었다. 처음에는 선구자 요한의 입으로, 다음에 그 자신의 입으로 "회개하라. 천국이 가까웠느니라"(마 3:2; 4:17) 선포하신 후로 이 현상이 계속되었다.

그는 제자들을 택해서 사도라고 부르셨다(눅 6:13). 미천하고 영예나 학식이 없는 사람들이었으나, 그들이 어떤 위대한 사람이 되거나 어떤 위대한 일을 하든 간에 그 자신이 그들 안에 계시며, 그들을 통해서 그 일을 하려 하신 것이다. 그들 중의 하나는 악한 자였다. 이 악한 자를 선용하셔서 자기의 예정된 고난을 실현하며, 악인들을 참고 견디는 모범을 교회에 보이려고 하셨다. 그는 몸으로 계시는 동안 자기가 하실 수 있는 대로 거룩한 복음의 씨앗을 심은 후에, 고난을 받아 죽으시고 부활하셔서, 자기의 고난으로 우리가 진리를 위해서 마땅히 당할 일을 보이며, 자기의 부활로 우리가 영원계에서 마땅히 기대할 것을 보여주셨다.

이 밖에도 죄의 용서를 위해서 그의 피를 흘리신 그 성례의 비밀이 있었다. 제자들과 40일간 사귀신 후에 그들이 보는 가운데 승천하셨고, 10일 후에 약속하신 대로 성령을 보내셨다. 믿는 자들에게 성령이 오셨다는 가장 위대하고 부정할 수 없는 표징은 그들이 모두 모든 국어를 말했다는 사실이다. 이것은 통일된 세계 교회가 만민 사이에 건설되며 모든 국어로 말하게 되리라는 것을 의미했다.

50. 복음을 전파하는 사람들이 고통을 받음으로써 복음은 더욱 찬란하게 강력하게 전파되었다.

"율법이 시온에서부터 나올 것이요 주의 말씀이 예루살렘으로부터 나올 것이라"(사 2:3) 하신 예언대로 되었다. 또 부활하신 후에 놀라는 제자들에게 주 그리스도께서 친히 예언하신 대로 되었다: "이에 저희 마음을 열어 성경을 깨닫게 하시고 또 이르시되 이같이 그리스도가 고난을 받고 제3일에 죽은 자 가운데서 살아날 것과 또 그의 이름으로 죄 사함을 얻게 하는 회개가 예루살렘으로부터 시작하여 모든 족속에게 전파될 것이 기록되었느니라"(눅 24:45-47). 또 그의 마지막 오심에 대해서 그들이 물었을 때에 그는 대답하셨다. "때와 기한은 아버지께서 자기의 권한에 두셨으니 너희의 알 바 아니요 오직 성령이 너희에게 임하시면 너희가 권능을 받고 예루살렘과 온 유대와 사마리아와 땅끝까지 이르러 내 증인이 되리라"(행 1:7-8).

처음에는 예루살렘으로부터 교회가 확장되어서 유대와 사마리아에서 많은 사람들이 믿게 되었다. 그 다음에는 그가 횃불과 같은 그의 말씀으로 준비하시고 성령으로 불을 붙여놓으신 사람들이 다른 민족들을 찾아갔다. 그는 이미 그들에게 "몸은 죽여도 영혼은 능히 죽이지 못하는 자들을 두려워하지 말라"고 말씀하셨다(마 10:28). 그리고 그들은 공포심 때문에 얼어붙지 않기 위해서 사랑의 불로 타고 있었다. 결국 복음은 전 세계에 전파되었다. 수난 전과 부활 전에 그를 보고 들은 사람들뿐 아니라, 그들이 죽은 후에 그들의 후계자들이 무서운 박해와 각종 고문과 순교의 죽음을 무릅쓰고 복음을 전파했다. 그래서 하나님께서 친히 여러 가지 표징과 징조와 자기의 권능의 실례, 그리고 성령의 역사로 증거해 주셨다.

이방 민족들이 자기들을 구속하기 위해 십자가에 달리신 분을 믿으며, 그들이 악마같이 날뛰면서 흘린 순교자들의 피를 그리스도교적 사랑으로 존경하게 만드시려는 뜻이었다. 또 자기들의 법으로 교회를 유린한 왕들이 자기들이 치유를 받기 위해서 그리스도의 이름에, 곧 지상에서 말살하려고 애쓰던 그 이름에 복종하게 되도록 하시려는 것이었다. 거짓 신들을 위해서, 참 신을 경배하는 사람들을 박해한 그 왕들이 도리어 거짓 신들을 박해하게 되도록 하시려는 것이었다.

51. 이단자들의 반대를 통해서까지 정통 신앙이 확립된다.

그러나 귀신들의 신전에 인적이 끊어지며 사람을 해방하는 중보의 도움을 인류가 청하는 것을 보았을 때에, 마귀는 이단자들을 선동해서 그리스도교의 가면을 쓰고 그리스도교에 반대하게 만들었다. 혼란의 도시가 서로 충동하는 여러 가지 신념을 가진 철학자들을 무관심하게 버려둔 것같이, 하나님의 도성에서도 이단자들을 책망하지 않고 무관심하게 버려둘 수 있으리라고 착각한 것이다. 그래서 어떤 사람들은 그리스도의 교회 안에서 불건전하고 비속한 의견을 갈구하며, 건전하고 바른 의견을 기뻐하도록 책망을 받으면 도리어 완강하게 반항하며, 그 유해하고 치명적인 주장을 고치려 하지 않고 이단자가 된다. 그들이 교회를 떠날 때에는 교회를 단련하는 데 도움이 되는 원수로 인정된다. 그들이 악한 것이 참으로 그리스도의 정통적 지체인 사람들에게 도움이 되기 때문이다.

하나님이 악인들까지 이용하시며, "하나님을 사랑하는 자들에게는 모든 것이 합력하여 선을 이루기" 때문이다(롬 8:28). 교회의 원수들은 아무리 오류로 눈이 어둡고 악으로 타락할지라도, 모두 쓸모가 있다. 몸을 해하는 능력이 허락되면 그들은 교회의 인내심을 단련한다. 그릇된 의견으로 교회에 반대할 뿐이면 교회의 지혜를 단련한다. 그뿐 아니라, 원수까지도 사랑할 수 있게 하기 위해서 그들은 교회의 호의와 친절까지 단련한다. 혹은 설득력이 있는 교리로 그들을 대하며, 혹은 무서운 징계로 대하더라도, 항상 사랑으로 대하게 한다.

이와 같이, 불경건한 도성의 지배자인 마귀는 이 세상에서의 순례자인 하나님의 도성에 대항해서 그 앞잡이들을 동원하지만, 해를 가하는 것은 허락되지 않는다. 확실히 하나님의 섭리는 교회가 역경으로 낙심하지 않도록 창성(昌盛)하게 하심으로 위로하는 수단을 주시며, 창성함으로 부패하지 않도록 역경으로 훈련하는 수단을 주셔서, 두 가지 환경이 서로 보충하게 하시며, "내 속에 슬픔이 많을 때에 주의 위안이 내 영혼을 즐겁게 하시나이다"(시 94:19)라는 말씀의 근원이 여기 있음을 알게 하신다. 사도의 말씀도 "소망 중에 즐거워하며 환난 중에 참으라" 한다(롬 12:12).

같은 선생의 다른 말씀, "무릇 그리스도 예수 안에서 경건하게 살고자 하는 자는 핍박을 받으리라"는 말씀이(딤후 3:12) 그릇될 때가 있으리라고 생각해서는 안 된다. 외부에 분격하는 사람들이 없고, 내부가 평온해서 특히 연약한 사람들에게 큰 위로가 되지만, 악인들의 타락한 행위 때문에 경건한 생활을 하는 사람들이 많이 마음의 고통을 받는다. 그런 자들 때문에 그리스도교와 전통 신앙이 심한 비난을 받는다. 그리스도 안에서 경건하게 살기를 원하며 그리스도교를 사랑하는 마음이 간절한 사람일수록, 교회 안에 있는 악인들이 교회를 친애하지 못하게 만드는 것을 더욱 슬퍼한다. 이단자들도 그리스도인이라는 이름과 성례전과 성경과 신조를 가진 것으로 인정되기 때문에, 경건한 사람들의 마음에 큰 고통을 준다.

그리스도교인이 되고 싶으면서도 이단설 때문에 주저하게 되며, 그들의 반대론에서 그리스도교를 질욕(叱辱)할 재료를 얻는 사람도 많다. 잘못된 일이지만, 하여간 그들도 그리스도교인이라고 세상이 부르기 때문이다. 또 이와 비슷한 부도덕 행위와 인간적 오류로 인해 그리스도 안에서 경건하게 살고자 하는 사람들이 박해를 받는다. 신체적으로 천대와 고통을 받는 것은 아니지만, 그 마음에 박해를 받는 것이다. 그래서 "내 속에 슬픔이 많을 때에"라는 말씀이 있으며, "내 몸에" 있다고는 하지 않는다.

하나님의 약속은 변할 수 없다고 생각되며, 사도는 "주께서 자기 백성을 아신다"(딤후 2:19), "하나님이 미리 아신 자들로 또한 그 아들의 형상을 본받게 하기 위하여 미리 정하셨다"고 한다(롬 8:29). 그러므로 그들은 아무도 멸망할 수 없다. 또 그래서 "주의 위안이 내 영혼을 즐겁게 하시나이다"고 한다(시 94:19). 악인들이나 거짓 그리스도교인들의 행위 때문에 박해를 받는 경건자들의 마음에 생기는 슬픔은 그들에게 유익을 주기 때문이다. 그들의 슬픔은 악인들과 이단자들이 멸망하기를 원하거나 그들의 구원을 방해하려는 것이 아니라, 사랑에서 오는 것이기 때문이다.

끝으로, 그들이 오류에서 구제될 때에 큰 위안이 생기며, 경건자들의 영혼에 큰 기쁨이 넘치게 된다. 멸망할 자가 되어 그들을 괴롭히던 것만큼 그들이 주는 기쁨은 더 큰 것이다. 교회는 이 세상에서 이 악한 시대에 이렇게 지내며, 이 길은 그리스도께서 세상에 계셨을 때와 사도들이 있었을 때에 시작된 것이 아니라, 불경건한 형에게 죽은 처음 의인 아벨의 때로부터 시작해서 이 세계의 종말까지 계속될 것이다. 이 순례의 길은 이 세상의 박해와 하나님의 위로 사이에서 전진한다.

52. 열번의 박해가 지나갔고, 적그리스도가 가할 열한번째 박해 이외에는 박해가 없으리라고 생각하는 것은 옳은가?

그뿐 아니라, 어떤 사람들과 같이, 교회가 이미 받은 열번의 박해 이외에 적그리스도의 때까지 다른 박해가 없으리라, 즉 열한번째 박해는 적그리스도가 가하는 마지막 박해가 되리라고 경솔하게 말하거나 믿는 것은 옳지 않다고 나는 생각한다. 그들은 처음 박해를 네로 황제가 가한 것이라고 생각하며, 둘째, 도미티아누스(Domitianus) 황제, 셋째, 트라야누스(Traianus) 황제, 넷째, 안토니누스(Antoninus), 다섯째, 세베루스(Severus), 여섯째, 막시미누스(Maximinus), 일곱째, 데키우스(Decius), 여덟째, 발레리아누스(Valerianus), 아홉째, 아우렐리아누스(Aurelianus), 열째, 디오클레티아누스(Diocletianus)와 막시미아누스(Maximianus)가 한 것이라고 한다.

그들은 이집트에서 하나님의 백성이 나오기 시작하기 전에 있었던 열 재앙에 대해서, 그 후에 히브리 백성을 추격한 이집트 사람들이 홍해에서 몰사하고 하나님의 백성은 마른 땅을 걸어 건너간 것을 열한번째 재앙이라고 해석한다. 그러나 나는 이집트에서 있었던 이 사건들을 이 박해에 대한 예언적 상징이라고 생각하지 않는다. 그런 생각을 하는 사람들은 교묘한 억지 논쟁으로 저 재앙들과 이 박해들을 하나씩 맞추지만, 그것은 예언자적 영감으로 한 것이 아니라, 인간의 생각으로 억측할 뿐이다. 인간의 마음은 진리를 얻기도 하지만, 길을 잘못 들기도 한다.

이런 견해를 품은 사람들은 주 자신이 십자가에 달린 박해에 대해서 무엇이라고 하는가? 그들은 이 박해를 몇번째라고 하는가? 머리를 목표로 하며 또 살해한 것은 제외하고 몸에 관련된 경우들만을 계산한다는 원칙으로 십자가 사건은 제외하는 것이라면, 그리스도의 승천 후에 예루살렘에서 있었던 일들, 즉 스데반이 돌에 맞아죽고, 요한의 형제 야고보가 칼에 죽고, 사도 베드로가 투옥되어 사형당할 처지였다가 천사가 해방해 주었고, 형제들이 예루살렘에서 쫓겨 사방으로 흩어졌고, (나중에 사도 바울이 된) 사울이 교회를 유린했으며, 후에 그 자신이 자기가 박해한 그 복음을 열렬히 전파하면서 유대와 이방에서 가는 곳마다 박해를 받은 것은 어떻게 생각하는가? 교회가 네로 때까지 성장하는 과정에서 겪은 잔인무도한 박해는 전부 이야기하려면 너무 지루할 정도였는데, 그들은 무슨 까닭에 네로 때부터 세기 시작하는가? 만일 왕들이 가한 박해만을 계산하노라면, 주님의 승천 후에 심한 박해를 가한 것도 헤롯왕이었다(행 12장).

그들이 계산하지 않은 율리아누스(Julianus)에 대해서 그들은 어떻게 대답하려는가? 그는 그리스도교인들이 고등교육을 받거나 가르치는 것을 금지함으로써 교회를 박해하지 않았는가? 그 후에 세번째 황제였던 발렌티니아누스가 그리스도교 신앙을 고백하고 나섰을 때에, 그의 군대 지휘권을 빼앗지 않았는가? 그가 안디옥에서 하려고 한 일에 대해서 한 가지만 말하겠다. 아주 진실하고 확고한 어떤 청년이 많은 사람들과 함께 잡혀 고문을 당했지만, 하루 종일 몹시 괴롭혀도 여전히 노래를 부르고 있었기 때문에, 율리아누스 황제는 그의 백절불굴하는 정신에 놀라며, 만일 다른 사람들도 계속 괴롭히다가는 자기가 더 큰 수치를 당할 뿐일 것이라고 겁을 내었다. 방금 말한 발렌티니아누스의 형제 발렌스(Valens)가 아리우스(Arius)파가 되어 동방에서 큰 박해로 정통 교회를 유린한 것을 우리는 생생하게 기억하지 않는가?

결국 전세계적으로 성장하며 열매를 맺는 교회가 어떤 나라에서는 왕들의 박해를 받고 어떤 나라에서는 받지 않을 수 있다는 것을 생각하지 않는다는 것은 큰 실수일 것이다. 고트족의 왕이 정통 신앙을 가진 신자만 있는 곳에서 가장 잔인한 박해를 한 것을 박해로 인정하지 않는가? 거기서 많은 순교자가 났다는 것을 우리는 목격한 형제들에게서 들었다. 최근에 페르시아에서 있었던 사건들은 무엇인가? 지금은 그쳤다고 하더라도, 그리스도교에 대한 박해가 너무 심해서 어떤 사람들은 로마 영토에 있는 도시로 도망하지 않았는가? 이런 일들과 이와 비슷한 일들을 생각할 때에 나는 교회가 받게 될 박해의 수효를 제한할 수 없다고 생각한다. 그러나 그와 반대로, 최후의 박해가 있을 것은 어떤 그리스도교인도 의심하지 않지만, 그 박해 이외의 박해들을 왕들이 장차 행하리라고 주장하는 것도 역시 경솔하다고 생각한다. 그러므로 이 문제에 대해서 우리는 무엇이라고 단정하지 않고, 어느 쪽에도 찬성하거나 반대하지 않는다. 그리고 어떤 입장을 취하는 담대한 억측을 버리라고 경고할 뿐이다.

53. 최후 박해의 때는 아무에게도 계시되지 않았다.

적그리스도가 할 최후의 박해는 확실히 예수께서 오심으로써 친히 소멸시키실 것이다. 성경에 "주 예수께서 그 입의 기운으로 저를 죽이시고 강림하여 나타나심으로 폐하시리라"(살후 2:8)하기 때문이다. 여기서 그것은 언제인가라고 묻는 것이 보통이다. 그러나 이 질문은 적당하지 않다. 이 일을 아는 것이 우리에게 유익하다면, 하나님이신 주 이외에 누가 제자들의 질문에 더 잘 대답할 수 있었겠는가? 제자들은 잠잠하지 않고 주님께 직접 물었던 것이다. "주께서 이스라엘 나라를 회복하심이 이 때니이까?" 그러나 주님은 말씀하신다. "때와 기한은 아버지께서 자기의 권한에 두셨으니 너희의 알 바가 아니라"(행 1:6-7).

그런데 제자들은 시간이나 날이나 해를 물은 것이 아니라 때를 묻고 이 대답을 받았다. 우리는 세계에 남아 있는 연수를 계산하며 한정하려고 하지만, 이 일을 알 자격이 우리에게 없다고 진리이신 분이 말씀하시므로, 그것은 무익한 짓이다. 그런데도 어떤 사람들은 주님의 승천과 재림 사이에 400년이 있으리라고 하며, 어떤 사람들은 500년, 또 어떤 사람들은 심지어 1000년이 있으리라고 한다. 그러나 이 사람들이 어떻게 그런 의견을 지지하느냐 하는 것은 너무 긴 이야기가 될 것이며, 필요하지도 않다. 그들은 인간적인 추측을 하며, 성경의 권위에서 얻은 결정적인 근거는 전혀 제시하지 못하기 때문이다. 참으로 "때와 기한은 아버지께서 자기의 권한에 두었으니 너희의 알 바 아니라"고 말씀하셨으므로, 이 문제에 대해서 손가락으로 계산하는 사람들은 손가락을 쉬게 할 수 있다.

그러나 이 말씀은 복음에 있기 때문에, 거짓 신들을 숭배하는 자들이 이 말씀의 제지를 받지 못한 것은 놀랄 것이 없다. 그들은 그 숭배하는 귀신들의 응답이 있었다고 하며, 그리스도교가 얼마나 오랫동안 존속할 운명인가를 알았다는 이야기를 조작했다. 아무리 심한 박해도 그리스도교를 멸망시키지 못하고, 도리어 박해 때문에 놀랍게 확대되어 가는 것을 보았을 때에, 그들은 어떤 그리스어 시구를 생각해 내어, 묻는 사람에게 신이 대답한 말인 듯이 가장한다. 그들은 그 시구에서, 그리스도에게는 이 소위 모독 행위에 대한 책임이 없다고 하면서, 베드로가 요술로 예수의 이름이 365년 동안 숭배를 받도록 만들었고, 이 연수가 차면 즉시 그 숭배가 끝나리라고 설명한다.

박식한 사람들의 마음과 유식하고 유능한 사람들이여, 그대들이 그리스도를 믿기 싫어하며, 그에 대해서 이런 말을 믿는 것을 합당하게 생각했으니, 참으로 놀라운 일이다. 그리스도의 한 제자였던 베드로는 선생에게서 요술을 배운 것이 아니었는데, 선생에게는 허물이 없고 그 제자가 요술을 써서 자기 이름보다 선생의 이름이 숭배를 받도록 만들었다고 믿는다. 그렇게 만들기 위해서 그는 엄청난 노고와 위험을 겪었으며, 마침내 피까지 흘렸다. 만일 이 요술가가 세상이 그리스도를 사랑하게 만든 것이라면, 그 허물없는 그리스도는 무엇을 했기에 베드로가 그를 그렇게까지 사랑한 것인가? 그러므로 그들은 스스로 대답하며, 될 수 있으면 깨달으라. 즉 위로부터 오는 은혜에 의해서 세상은 영생 때문에 그리스도를 사랑하게 되었고, 같은 위로부터의 은혜에 의해서 베드로는 그리스도에게서 영생을 받기 위해서 그를 사랑했으며, 또 그를 위해서 이 세상에서 죽음까지 견딘 것이다.

그뿐 아니라, 그 예언을 했으면서도 그 일을 막지 못한 신들은 어떤 신들이었는가? 그들은 한 요술가에게 굴복했으며, 한 범죄적인 마술에 굴했다는 것이 아닌가? 나서 1년 되는 어린 아이를 죽여 배를 가르며 흉악한 의식으로 매장했다고 그들은 말하기 때문이다. 그들에게 대적하는 교파가 오랫동안 세력을 규합하며, 많고 큰 박해들의 잔학 행위를 이기고 살아남는 것을 그 신들은 허락하지 않았는가? 그리스도교는 적극적으로 싸운 것이 아니라 소극적으로 저항했을 뿐이지만, 결국 신들의 상과 전과 의식과 신탁들을 뒤집게 되지 않았는가? 끝으로, 그렇듯 위대한 악에 유인된, 또는 그런 결과를 가져오지 않을 수 없었던 그 신은 — 우리의 신이 아니라 그들의 신 중의 하나인 그 신은 — 어떤 신이었는가? 베드로가 마술로 햇수를 결정했을 때에 상대로 한 것은, 시구에 의하면, 어떤 귀신이 아니라 한 신이었다고 하기 때문이다. 그리스도를 믿지 않는 사람들은 그런 신을 믿는 것이다.

54. 그리스도교는 365년 이상 계속되지 못하리라고 한 이교도들의 어리석은 거짓말에 대하여.

꾸며낸 예언인 줄 모르고 어리석은 사람들이 신용하던 그 해가 이미 지나가지 않았다면, 나는 비슷한 논법을 많이 수집할는지 모른다. 그러나 그리스도의 육신 강림과 사도들의 전도는 그리스도의 이름이 경배되기 시작한 때로부터 365년이 지난 것이 사실이므로, 그 거짓말을 논박하기 위해서 다른 증거를 찾을 필요가 있는가? 그리스도의 탄생을 그 기간의 기점으로 삼을 수 없다. 유아나 소년이었을 때에는 제자들이 없었다. 제자가 생긴 때로부터 그리스도교의 가르침과 경건은 그리스도가 몸으로 계셨기 때문에 점점 널리 알려졌다. 다시 말하면, 그가 요단강에서 요한에게 세례를 받으신 때가 그 기점이 된다. 이 사건을 예상한 유명한 예언은 이것으로 설명된다. "저가 바다에서부터 바다까지와 강에서부터 땅끝까지 다스리리라"(시 72:8).

그러나 그리스도께서 수난당하시고 죽은 자들 가운데서 부활하시기 전에는 모든 사람을 위한 믿음이 명확하지 않았고, 확실히 그가 부활하심으로써 참으로 명확하게 되었다. 사도 바울이 아테네 사람들 앞에서 한 말이 있기 때문이다. "이제는 어디든지 사람을 다 명하사 회개하라 하셨으니 이는 정하신 사람으로 하여금 천하를 공의로 심판할 날을 작정하시고 이에 저를 죽은 자 가운데서 다시 살리신 것으로 모든 사람에게 믿을 만한 증거를 주셨음이니라"(행 17:30-31).

그러므로 우리의 문제에 대한 대답을 찾기 위해서 이것이 더 좋은 출발점이 된다. 특히 이것이 성령을 주신 때였기 때문이다. 성령은 둘째 율법 곧 새 언약이 나갈 도시에서 그리스도가 부활하신 후에 내리실 수밖에 없었다. 처음 율법인 옛 언약은 모세를 통해서 시내산에서 주셨으나, 그리스도를 통해 주실 이 율법에 대해서는 "율법이 시온에서부터 나올 것이요 주의 말씀이 예루살렘에서부터 나올 것이라"는 예언이 있었다(사 2:3). 그러므로 그리스도 자신이 그의 이름으로 죄 사함을 얻게 하는 회개가 예루살렘으로부터 시작하여 모든 족속에게 전파되리라고 하셨다(눅 24:47). 그래서 이 이름에 대한 경배가 시작된, 다시 말하면 십자가에 달렸다가 부활하신 예수 그리스도를 사람들이 믿게 되었다는 의미의 이 경배는, 그 출발점이 여기에 있었다.

이것을 출발점으로 삼아 믿음이 타올랐고, 처음부터 현저히 성공했다. 수천 명이 놀라운 속도로 그리스도의 이름으로 개종하며, 소유 재산을 팔아 가난한 사람들에게 나눠주며, 거룩한 결심과 열렬한 사랑으로 자진해서 빈곤 생활을 시작했다. 그리고 분격해서 피를 보려고 눈에 불을 켜는 유대인들 사이에서 진리를 위한 결사적 투쟁에 나섰다. 그들은 무기로 싸운 것이 아니라 더 강력한 인내로 싸웠다. 이 일이 마술로 이루어진 것이 아니라면, 그들은 무슨 까닭에 비슷한 일이 전 세계 각지에서 같은 하나님의 힘으로 이루어질 수 있었다는 것을 믿지 않고 주저하는가?

그러나 만일 베드로가 이미 마술을 썼고, 그랬기 때문에 십자가에 그리스도를 달거나, 십자가상의 그를 희롱한 예루살렘 사람들이 큰 떼를 지어 그의 이름을 경배하게 된 것이라면, 365년이라는 기간의 출발점은 바로 그 해에 있었을 것이다. 그런데 그리스도는 두 명의 게미누스(Geminus)가 집정관이었던 해의 3월 25일에 세상을 떠났다.[32] 그리고 사도들이 직접 보고 증거하듯이 제3일에 부활하셨다. 다음에

40일 후에 승천하셨고, 다시 10일 후인 부활후 50일만에 성령을 보내셨다. 그 때에 사도들의 설교를 듣고 믿은 사람이 3000명이었다. 그러므로 그 때에 그 이름에 대한 경배가 시작되었다. 곧 성령의 역사로 시작되었다는 것이 우리의 믿음이며, 또 사실이 그렇다. 그러나 불경건하고 어리석은 사람들은 베드로의 요술에 의해서 그 경배가 생겼다고 꾸미거나 믿고 있다.

조금 후에 놀라운 기적이 있었고, 신자 수가 5000명이 되었다. 앉은뱅이로 난 어떤 거지를 사람들이 성전문 곁에 두고 구걸하게 했는데, 사도 베드로가 그에게 예수 그리스도의 이름으로 걸으라고 했더니, 거지가 곧 뛰어 일어났다(행 3:1-8). 그 후에 믿는 자가 더욱 더 불었다.

이와 같이 그 해가 시작된 날, 즉 성령을 보내주신 날까지 발견되며, 그것은 5월 15일이었다. 이 날로부터 집정관들을 세어보면 365년은 호노리우스와 에우티키아누스가 집정관이던 해의 5월 15일로 끝난다.[33] 그런데 그 다음해 즉 마리우스 데오도루스(Malius Theodorus)가 집정관이던 해에는, 만일 저 귀신들의 말, 또는 사람들이 지어낸 말대로 되었다면, 그리스도교가 전혀 남아있지 않았을 것인데, 아프리카에서 가장 유명한 도시인 카르타고에서 호노리우스 황제의 두 고관인 가우덴티우스(Gaudentius)와 요비우스(Jovius)가 3월 18일에 거짓 신들의 신전과 신상들을 파괴해 버렸다. 다른 곳에서 있었던 일들을 자세히 조사할 필요가 없다.

그 때부터 지금까지 약 30년 동안에[34] 그리스도의 이름에 대한 경배가 얼마나 더 보급되었는가를 누가 보지 못할 것인가? 특히 참된 예언이라는 것 때문에 믿음에 들어오지 못하다가 지정된 햇수가 찬 후에 그 예언이 어리석고 우스운 것임을 알게 된 사람들이 많이 그리스도교인이 되었다. 그러므로 우리 그리스도교인들은 베드로를 믿는 것이 아니라, 베드로가 믿은 분을 믿는 것이며, 베드로의 마술에 중독된 것이 아니라, 그리스도에 대한 그의 전도로 덕을 세우며, 그의 마술에 속은 것이 아니라 그의 선행에서 도움을 얻는다. 베드로에게 영생의 길을 가르친 그 그리스도가 또한 우리의 선생이시다.

---

32) 기원후 29년(터툴리안과 락탄티우스도 같은 견해였다).

33) 기원후 398년. 저자의 계산대로 한다면 29+365=394년이어야 옳았을 것이다.

34) 앞에서 말한 399년으로부터 약 30년이라면 429년 전후가 되는데, 아우구스티누스는 이 제18권을 쓴 후에도 제19권으로부터 제22권까지를 마쳤고, 그 밖에도 여러 논문과 서간을 썼으므로, 430년 8월 28일에 죽기까지의 단시일 내에 그렇게 많은 일을 했을 수 없다. 그뿐 아니라, 그의 말년은 건강도 나빴고, 세상도 외적의 침입으로 소란했다. 그는 적군의 포위를 당한 히포에서 죽었다. 학계의 여론으로는 제18권을 425년에 쓰고, 제22권까지 마친 것은 427년이었으리라고 한다.

그러나 우리는 드디어 이 권을 끝낼 때가 되었다. 여기서 우리는 천상 도성과 지상 도성이 처음부터 끝까지 이 세상에서 서로 섞여 지내는 그 과정을 충분하다고 생각되는 범위 안에서 기술했다. 그 중에서 지상 도성은 무엇이든지, 심지어 사람까지도 거짓 신으로 만들어 제물을 드리면서 숭배했다. 그와 반대로 천상 도성은 지상의 순례자로서 거짓 신들을 만들지 않으며, 도리어 참 하나님에게서 창조되며 자신을 참 제물로 바친다. 그러나 두 도성이 다 이 세상에서는 복도 누리고 화도 입는다. 다만 믿음이 다르며 소망이 다르며 사랑이 다르다. 그리고 마지막에는 최후 심판에서 분리되어 각자의 종국을 맞으며, 거기는 끝이 없다. 우리의 다음 제목은 두 도성의 종국이 될 것이다.

제 19 권

개요:이 권에서는 두 도성 즉 천상 도성과 지상 도성의 종말을 논한다. 저자는 최고선에 대한 철학자들의 견해와 금세에서 행복을 얻으려는 그들의 헛된 노력을 관찰하고 논박하면서, 금세와 내세에서의 천상 도성 곧 그리스도의 백성의 평화와 행복은 무엇인가를 밝힌다.

1. 최고선에 대한 여러 가지 견해로 288개의 철학 학파를 만들 수 있으리라고 바로는 생각했다.

나는 여전히 지상과 천상의 두 도성의 정해진 앞날을 논해야 되겠으므로, 우선 이 책의 범위 안에서 허락되는 대로, 사람들의 이론, 곧 이 불행한 세상에서 행복을 얻으려는 노력에 대한 그들의 이론을 설명하겠다. 그 설명에 의해 철학자들의 헛된 꿈과 하나님이 우리에게 주실 그 행복이 어떻게 다른가를 밝히려고 한다. 이 일에서 내가 의지하는 것은 하나님의 권위와 불신자들에게 들려 줄 수 있는 이유들이다. 철학자들은 선과 악의 끝에 대해서 무수히 다른 의견을 표명했으며, 그 문제를 열심으로 연구해서 될수만 있으면 사람을 행복하게 만드는 것을 발견하려고 했다.

선(우리에게 유리한 것)의 끝은 그것을 위해서 다른 것을 원해야 하는 것이며, 그것은 그 자체 때문에 원해야 하는 것이다. 그리고 악(우리에게 유해한 것)의 끝은, 그것 때문에 다른 것을 피해야 하는 것이며, 그것은 그 자체 때문에 피해야 하는 것이다. 그래서 선의 끝은 선을 파괴해서 없애버리는 것이라는 뜻이 아니라, 선을 끝내는 것, 선을 완성하는 것을 의미한다. 그리고 악의 끝은 악을 소멸시키는 것이 아니라, 악을 완전히 발전시킨 것이다. 그러므로 이 두 끝은 최고선과 최고악이다. 내가 말한 대로, 이 허무한 인생에서 지혜를 연구하노라고 한 사람들은 금생에서 이 두 끝, 즉 최고선과 최고악을 발견하려고 무진 애를 썼다. 그들은 비록 여러 가지 오류를 범했지만, 타고난 통찰력 때문에 진리에서 멀리 떠나지 않고, 최고선과 최고악을 영혼, 혹은 신체, 혹은 양쪽에 두었다. 철학의 이 세 분파를 출발점으로 삼아서 마르쿠스 바로는 그의 저서 「철학에 대하여」(*De Philosophia*)[1]에서 굉장히 많은 견해를 얻어냈다. 그는 차이점을 세밀하게 분석함으로써 쉽게 288개라는 학파수를 얻었다. 실지로 이만한 수가 있다는 것이 아니라 있을 수 있다는 것이다.

그가 의미하는 것은 간단히 설명하기 위해서 나는 우선 그의 저서에 있는 서론을 소개하겠다. 사람들이 '자연히' 원하는 것은 네 가지인데, 교사의 도움없이, 어떤 교육의 도움없이, 의식적 노력없이, 처세술(덕행)[2]을 모르고도 원하게 된다고 한다. 신체의 감각이 유쾌하게 자극된다는 의미의 쾌감, 또는 신체에 아무 불편도 없다는 의미의 평안, 또는 이 두 가지를 결합한 것으로 에피쿠로스[3]가 쾌락이라고 부른것, 또는 본성의 기본적 요구[4], 즉 이미 말한 것들 이외에도 신체의 건강, 안전, 완전한 지체, 그리고 인간으로서 얼마간 갖추는 정신적 능력들이다. 그런데 이 네 가지의 **쾌감**과 **평안**과 **쾌락**과 **본성의 기본적 요구**를 우리가 원할 때에, 덕성과 관련하여, 이것들을 위해서 덕성을 원하는가, 또는 덕성을 위해서 이것들을 원하는가, 또는 이것들과 덕성을 다 그 자체 때문에 원하는가 하는 차이가 있다. 따라서 네 가지의 하나 하나가 세 가지로 되어 모두 열두 학파가 된다.

그 중의 한 가지를 예를 들어 설명하면, 다른 것들도 쉽게 이해하게 될 것이다. 신체적 쾌감을 덕성의 아래 두는가, 위에 두는가, 또는 덕성과 결합시키는가 하는데 따라서, 세 학파가 생긴다. 덕성의 아래 둘 때에는 덕성을 위해서 도움이 되기 때문에 그것을 택하는 것이다. 그래서 나라를 위해서 살며, 나라를 위해서 자녀를 낳는 것은 덕성의 의무지만, 살거나 자녀를 낳는 것은 쾌감이 없이는 할 수 없다. 먹고 마시는 것과 성교에는 쾌감이 있기 때문이다. 쾌감을 덕성보다 더 중요시할 때에는 그 자체 때문에 쾌감을 원하고, 덕성은 쾌감에 도움이 되기 때문에 택하는 것이다. 즉 신체적 쾌감을 얻거나 유지하기 위해서만 덕성을 택하고, 그 밖에는 아무 다른 목적이 없는 것이다. 이렇게 하면 인생은 참으로 추악하게 된다. 덕성이 쾌감의 노예가 되는 것에서는 그것을 덕성이라고 할 가치가 없기 때문이다. 그러나 이런 부끄러운 왜곡까지도 두호(斗護)하며 변호하는 철학자들이 있다.

다음에 덕성과 쾌감을 결합한다는 것은, 어느 한 쪽을 다른 쪽을 위해서 원하는

---

1) 이 책은 남아 있지 않음.

2) 덕성을 가르칠 수 있느냐 하는 문제는 고대 철학자들이 많이 논했음. 참조. Arist., *Eth. Nic,*, 2, 1, 3.

3) 14권 2장.

4) 스토아 철학에서 말한 ta prota kata phusin('본성의 근본되는 것들'). 참조. Cic., *De Fin.*, 2-3.

것이 아니라, 양쪽을 다 그 자체를 위해서 원하는 것이다. 그러므로 쾌감을 덕성의 아래에 두거나 또는 위에 두거나 또는 덕성과 결합하는 예에 따라서 세 학파가 생기는 것처럼, 평안과 쾌락, 즉 쾌감과 평안을 결합한 것과 기본적 본성의 축복들도 각각 세 학파를 형성한다. 사람들의 의견이 서로 다름에 따라, 이 네 가지는 그 하나하나를 덕성에 종속시키는 때도 있고, 그 우위에 두는 때도 있고, 덕성과 결합시키는 때도 있기 때문에, 열두 학파가 생긴다. 그러나 한 가지 차이점인 사회 생활이 첨가됨으로써, 이 수가 두 배로 는다. 이 열두 학파 중의 어느 학파에 가입하는 사람은 자기 자신만 위해서 그렇게 할 수도 있고, 친구를 위해서 가입할 수도 있기 때문이다. 즉 자신을 위해서 원하는 일을 친구를 위해서도 원해야 된다고 생각하는 것이다. 그래서 이 열두 가지 견해 중의 어느 하나를 자신을 위해서 주장해야 된다고 생각하는 사람이 12명이 있을 것이며, 다른 열두 명은 어느 한 철학 사상을 따르기로 결정할 때에, 자기만을 위해서 따르는 것이 아니라, 다른 사람들을 위해서도 자기들을 위하는 것과 같이 그 사상을 따라야 되겠다고 생각할 것이다. 이 24학파는 신(新) 아카데미파에서 얻은 차이점을 첨가함으로써 두배로 불어서 48학파가 된다.

이 24학파는 각각 자기의 견해를 확실하다고 믿고 또 옹호할 수 있다. 스토아파가 인간의 최고선은 오직 덕성뿐이라는 자기의 입장을 옹호할 때의 태도와 같다. 그렇지 않으면 신 아카데미파와 같이, 자기의 견해를 그럴 듯한 것이라고 하면서도 확실한 것이라고는 주장하지 않을 수 있다[5]. 그러므로 자기의 철학을 확실한 진리라고 주장하는 학파가 24개요, 다른 24개 학파는 자기의 견해를 그럴듯하지만 확실하다고는 하지 않는다. 또 이 학파들 중의 어느 하나에 가입하는 사람이 견유학파[6]와 같은 생활방식을 취할 수도 있고, 다른 철학자들과 같은 생활을 할 수도 있으므로, 이 차이점 때문에 학파수가 2배로 불어 96개가 된다.

끝으로, 이 철학파 중의 어느 하나에 가입하는 사람이 한적한 생활을 사랑할 수 있다. 자기가 원하거나 또는 부득이해서 연구 생활에 잠긴 사람들과 같다. 혹은 철학을 생각하면서도 국가나 사회의 일에 몰두하는 사람들과 같이 분망한 생활을 사랑할 수 있다. 그렇지 않으면 혼합된 생활 방식을 사랑해서 한적한 연구 생활과 필요한 사업에 시간을 분배할 수도 있다. 이런 차이들 때문에 학파수가 3배로 늘어 288개가 된다.

이와 같이, 바로가 그 저서에서 표명한 의견을 나는 내 자신의 말로 될 수 있는

---

5) 4권 30장.
6) 14권 20장.

대로 간단명료하게 소개했다. 그러나 바로는 구(舊)아카데미파, 즉 플라톤이 설립하고 그 파의 제 4 대 스승이었던 폴레모(Polemo)까지 자기들의 체계를 확실한 것이라고 주장한 학파만을 취하고, 모든 다른 학파는 논박한다. 또 이 점을 근거로 삼아, 폴레모의 후계자 아르케실라우스(Arcesilaus)로부터 시작한 학파인 모든 것은 불확실하다고 주장한 신 아카데미파를 구별한다. 그리고 구 아카데미파에는 회의와 동시에 과오도 없다는 것을 확립하려고 노력한다. 바로가 하는 이 모든 일은 너무 깊어서 상론할 수 없지만 그렇다고 해서 전혀 묵과할 수도 없다.

그는 다음에 우선 학파의 수를 불린 차이점들을 배제한다. 그가 그렇게 하는 근거는, 그것들은 최고선에 대한 차이점이 아니라는 것이다. 철학에서는 최고 목적이라는 점에 관해서 다른 학파들과 다른 독자적인 견해를 가져야만 한 학파가 창조된다고 바로는 주장한다. 사람이 철학을 생각하는 데는 행복하게 되고 싶다는 것 외에 다른 이유가 없으며, 행복하게 만드는 것은 곧 최고선이기 때문이다. 바꿔 말하면, 최고선이야말로 철학을 생각하는 근거다. 그러므로 최고선을 추구하는 독특한 방법을 가지지 않은 것을 한 철학학파라고 부를 수 없다. 그래서 지혜 있는 사람은 사회생활을 채용하며, 자기의 최고선뿐 아니라 친구의 최고선에 대해서도 관심이 있으며 그것을 원하는가, 그렇지 않으면 그와 반대로 이 모든 일을 자기만을 위해서 하는가 하고 묻는다면, 여기는 최고선에 대한 질문은 없고, 최고선에 참여하는 데에 친구와 함께 하는 것이 타당한가 또는 함께 하지 않는 것이 타당한가 하는 문제가 있을 뿐이다. 지혜 있는 사람은 자기만을 위해서 이 일을 하는 것이 아니라, 친구의 유익을 자기의 유익같이 기뻐하기 때문에 그 친구를 위해서 최고선을 추구하느냐고 물을 뿐이다. 마찬가지로 철학이 관심을 가진 모든 것을, 신 아카데미파와 같이 불확실하다고 여길 것인가, 또는 다른 철학자들이 주장하듯이 확실하다고 여길 것인가 하는 문제는, 무슨 목적을 추구할 것인가 하는 것이 아니라 그 목적이 실재한다고 믿을 것이냐 또는 실재하지 않는다고 믿을 것이냐 하는 것이다.

더 평이하게 말한다면, 최고선을 추구하는 사람은 그것이 진정한 선이라고 주장할 것이냐, 또는 허망한 것일 가능성도 있지만 자기 생각에는 진정한 것 같다고만 할 것인가 이며, 이 두 경우에 동일한 선을 추구하고 있는 것이다.

견유학파의 의복이나 관습에 근거한 차이점도 최고선의 문제에 관한 것이 아니라, 자기가 진정한 선이라고 생각해서 추구하는 사람이 견유학파와 같이 살아도 좋으냐 하는 것뿐이다. 최고선이라고 생각해서 쾌감을 택하며 혹은 덕성을 택하는 식으로 서로 다른 것들을 추구한 사람들이 견유학파식의 생활을 한 일이 있다. 그래서 다른 철학자들과 구별되는 견유학파의 특색이 무엇이든 간에, 그것은 사람을 행복하게 만드는 것을 택해서 추구하는 것과는 아무 관계가 없다. 만일 관계가 있다면, 같은 생활 습관은 필연적으로 같은 최고선을 추구하게 만들 것이며, 다른 습관은 반드시 다른 목적들을 추구하게 만들 것이다.

2. 바로는 학파를 만들 수 없는 차이점들을 2차적인 문제라고 해서 모두 제거하고, 최고선에 대한 세 가지 정의를 얻으며, 우리는 그 중에서 하나를 선택해야 한다고 한다.

세 가지 생활 방식인 한적한 연구와 진리 추구의 생활, 쉽게 사업에 투신하는 생활, 그리고 이 두 가지를 혼합한 생활에 대해서도 같은 말을 할 수 있을 것이다. 어느 생활 방식을 채용할 것이냐고 하는 문제는 최고선에 관한 논쟁을 내포한 것이 아니라, 이 세 가지 생활 방식 중의 어느 것이 최고선을 발견하며 보존하기 위해서 가장 유리한 위치에 사람을 두느냐고 묻는다. 사람이 이 최고선을 얻으면 그는 즉시 행복하게 된다. 그러나 한적한 연구나 공적 사업이나 이 두 가지의 교체는 반드시 행복하게 만드는 것이 아니다. 사실 이런 생활 방식 중의 이것저것을 해보아도, 사람을 행복하게 만드는 것은 얻지 못할 수 있다는 것을 많은 사람이 깨닫는다.

그러므로 최고선과 최고악에 관한 문제, 따라서 철학 학파들을 구별하는 문제가 한편에 있고, 사회 생활이나 아카데미파의 회의, 견유학파의 의복과 음식이나 세 가지 생활방식 즉 명상 생활과 활동생활과 혼합생활 — 이런 것들에 대한 문제가 다른 편에 있어서, 서로 성질이 다르다. 이 후자들은 최고선의 문제에는 전혀 관계하지 않는다. 그러므로 바로는 사회 생활과 신 아카데미파와 견유학파와 세 생활 방식이라는 네 가지 차이점을 도입함으로써 철학파의 수효를 288개로 (또는 원한다면 그 이상으로) 늘린 것과 같이, 이런 차이점들은 최고선과는 관계가 없다고 해서, 따라서 참으로 철학파라고 할 만한 것을 만드는 것이 아니라고 해서 제거함으로써, 무엇이 사람을 행복하게 만드는 선이냐 하는 연구를 하는 12 학파로 돌아가며, 또 이 중에서 한 학파만이 옳고 다른 것들은 거짓이라는 것을 밝힌다. 바꿔 말하면, 그는 세 가지 생활 방식을 근거로 한 구별을 배제함으로써 전체수효를 3분의 1인 96파로 줄인다. 다음에 견유학파의 특징을 제거함으로써 절반인 48학파로 줄인다. 같은 식으로 사회 생활에 대한 고려를 제거함으로써 24의 절반인 12학파가 남는다.

이 열둘에 관해서는 학파라고 해서는 안 된다는 이유를 지적할 수 없다. 이것들은 최고선과 최고악만을 연구하기 때문이다. 그런데 이 12학파를 만들기 위해서 그는 네 가지를 세 배로 늘인 것이다. 그 네 가지는 쾌감과 평안과 이 둘을 결합한 것과 천성의 기본적 요구인데, 이 끝의 것을 바로는 프리미게니아(primigenia)라고 부른다. 그리고 이 네 가지를 어떤 때에는 덕성에 종속시켜서, 그 자체 때문에 원하는 것이 아니라 덕성 때문에 원하는 것 같다. 또 어떤 때에는 덕성보다 우위에 두어, 덕성은 그 자체 때문에 필요한 것이 아니라, 이것들을 얻기 위해서 필요한 것같이 보인다. 또 어떤 때에는 그것들과 덕성을 결합시켜서, 양쪽을 다 그 자체 때문에 원하게 된다. 그러므로 넷을 셋으로 곱해서 12학파를 얻는다.

그러나 바로는 이 네 가지 중에서 셋, 즉 쾌감과 평안과 이것들을 결합한 것을 제거한다. 이것들은 논할 가치가 없다는 것이 아니라, 본성의 기본적 요구에 포함되었기 때문이라고 한다. 또 쾌감과 평안이라는 두 가지를 처음에는 각각 따로 계산하고 다음에 결합해서 계산함으로써 둘을 셋으로 만드는 것은 무슨 필요가 있는가? 그것들과 그밖에 여러 가지가 본성의 기본적 요구에 포함되어 있다. 그러면 나머지 세 학파 중에서 어느 것을 선택할 것인가? 이 문제를 바로는 자세히 논한다. 이 셋 중의 하나를 택하든 또는 다른 어떤 것을 택하든, 하나 이상이 진리라고 하는 것은 이성이 용납하지 않는다. 이 점을 우리는 후에 알게 될 것이다. 그러나 우선은 바로가 어떻게 이 셋 중에서 택하는가를 될 수 있는 대로 간단 명료하게 설명하겠다. 세 학파라는 것은, 본성의 기본적 요구를 덕성 때문에 원해야 한다는 학파, 덕성을 그것들 때문에 원해야 한다는 학파, 덕성과 요구들은 각각 그 자체 때문에 원해야 된다는 학파다.

3. 바로는 안티오쿠스와 구 아카데미를 추종하면서, 최고선에 관한 세 주도적 견해 중의 어느 것을 택했는가?

이 세 가지 중에서 어느 것이 참된가, 따라서 채택되어야 하는가 하는 것을 바로는 다음과 같이 설명하려고 노력한다. 철학이 탐구하는 최고선은 나무나 짐승이나 어떤 신을 위한 것이 아니라 사람을 위한 것이므로, 우리는 우선 사람을 정의해야 한다고 그는 생각한다. 인간의 본성에는 두 부분인 신체와 영혼이 있다고 하며, 이 둘 중에서 영혼이 더 나은 부분, 훨씬 더 가치 있는 부분이라는 것을 그는 조금도 의심하지 않는다. 그러나 영혼만이 사람인가? 그래서 신체와 영혼의 관계는 말과 마부의 관계와 같은가 하는 문제는 밝혀야 될 것이라고 그는 생각한다. 마부는 말과 사람이 아니라 사람에 지나지 않지만, 말과 어떤 관계가 있다. 또는 신체만이 사람인가, 그리고 영혼과의 관계는 잔과 술과의 관계와 같은 것인가? 술잔이라고 부르는 물건은 술과 잔이 아니라 잔일 뿐이지만, 술을 담기 때문에 술잔이라고 한다. 또는 사람은 영혼만도 아니고 신체만도 아닌 영혼과 신체가 합한 것이며, 영혼과 신체는 각각 그 한 부분이고 그것들을 합한 전체가 사람인가? 마치 말 두 필을 한 멍에에 묶어서 한 쌍이라고 할 때에, 말 하나 하나는 부분이고, 아무리 연결되었어도 하나를 쌍이라고 하지 않고, 합해야 비로소 쌍이 되는 것과 같다.

다음에 바로는 이 세 가지 생각 중에서 셋째 것, 곧 사람은 몸만도 아니요 영혼만도 아닌 둘이 합한 것이라는 생각을 택한다. 그러므로 사람을 행복하게 만드는 최고선은 신체적이고 영적인 선들을 함께 포함한다고 한다. 따라서 본성의 기본적 요구들은 그 자체를 위해서 구해야 하며 덕성도 마찬가지라고 한다. 교육에 의해서 전수될 수 있는 생활술인 이 덕성은 영적인 선 중에서 가장 우수한 것이며 생활을 조절하는 기술이라고 한다. 본성의 기본적 요구 대상들은 덕성과는 독립적으로 아무 교육도 받기 전에 있는 것인데, 덕성이 그것들을 받으면 그것들과 그 자체를 그 자체 때문에 구하며, 그 자체와 함께 그것들을 이용해서 그 크고 작은 것에 따라 혹은 큰, 혹은 작은 유익과 즐거움을 얻는다. 그리고 그것들은 모두 기뻐하지만, 필요에 따라 더 큰 것을 얻거나 보존하려고 할 때에는 비교적 작은 것을 멸시한다.

그런데, 영적이거나 신체적 선들 중에서 덕성과 비교할 만한 것은 하나도 없다. 덕성은 사람을 행복하게 하는 모든 다른 선과 자체의 쌍방을 선용하며, 덕성이 없는 곳에서는, 사람이 아무리 많은 선을 가졌더라도 그것들은 그에게 유익하지 못하며, 따라서 사람이 악용해서 무익하게 만드는 것은 선이라고 부를 수 없다. 그러므로 이 다른 여러 가지 영적이고 신체적 선들과 — 즉 그것들이 없으면 덕성이 불가능한 선들 — 덕성을 즐기는 사람의 생활이 행복하다. 인간의 생활이 덕성을 위해서 본질적이 아닌 선들까지도 얼마간 또는 많이 즐길 수 있으면 그 생활은 더 행복하다고 하며, 신체와 영혼에 속한 선이 하나라도 없지 않으면 그 생활은 가장 행복하다고 한다. 생활과 덕성은 동일하지 않다. 모든 생활이 아니라 현명하게 조절된 생활만이 덕성이다. 그러나 덕성이 없는 일종의 생이 있을 수도 있음과 동시에 생이 없는 덕성은 있을 수 없다. 이 점은 기억과 이성과 그 밖의 정신적 기능에 적용할 수 있다. 이런 기능들은 교육을 받기 전에 있으며 이것들이 없으면 교육이 있을 수 없다. 따라서 배워서 얻는 덕성도 있을 수 없다. 그러나 신체적 장점은, 예컨대 걸음이 빠르다, 아름답다, 힘이 세다 하는 것은, 덕성을 위해서 본질적이고 필수적인 것이 아니며, 그것들을 위해서 필수적인 것도 아니다. 그러나 그것들은 선한 것이다. 그래서 우리의 철학자들의 생각을 보면, 이런 선들도 그 자체를 위해서 덕성이 원하며 합당한 방법으로 사용하며 즐긴다고 한다.

이 행복한 생활은 또한 사회적인 것이어서, 친구들의 장점을 자기 것과 같이 사랑하며, 자기를 위해서 원하는 것을 친구들을 위해서도 원한다고 이 철학자들은 말한다. 친구는 한 가정에서 사는 아내와 자녀와 하인들일 수 있으며, 같은 도시의 시민들과 같이 자기 집이 있는 지방에도 있다. 또는 사해동포의 인연으로 묶여진 민족들과 같이 전 세계에 있다. 또는 천지를 포함한 전 우주에 있는 존재들, 예컨대 소위 현자들의 친구라는 신들과 그리스도인들이 친근하게 부르는 천사들일 수도 있다. 그뿐 아니라 최고선과 최고악에 관해서는 의심할 여지가 없으며, 따라서 그들은 이 점에서 신 아카데미파와 다르다고 이 철학자들은 말한다. 그리고 그들이 참되다고 생각하는 목표를 추구하는 철학자라면, 그가 견유학파의 의복과 생활 방식을 취하든, 어떤 다른 방식을 취하든, 거기는 상관하지 않는다고 한다.

끝으로, 명상적 · 활동적 · 혼합적인 세 가지 생활 방식에 대해서 그들은 셋째 것을 택한다. 위에서 말한 것들이 구 아카데미의 견해와 학설이었다고, 바로는 안티오쿠스[7]의 권위를 빌어 주장한다. 그러나 안티오쿠스는 키케로와 바로의 선생이었고, 키케로는 그를 자주 구 아카데미보다 스토아학파를 따른 것으로 소개한다. 그러나 이것은 중요하지 않다. 우리는 문제 자체의 가치에 따라 판단하며, 사람들이 그에 대해서 각각 어떻게 생각했는가를 정확히 알려는 것이 아니다.

4. 최고선이 자신들 안에 있다고 주장한 철학자들과는 반대로 그리스도인들은 최고선과 최고악에 대해서 무엇을 믿는가?

하나님의 도성은 이런 점들에 대해서 무엇이라고 말하며, 우선 최고선과 최고악에 대한 견해는 무엇이냐고 우리에게 묻는다면 그 대답은 이것이다. 영원한 생명이 최고선이요 영원한 사망이 최고악이며, 전자를 얻고 후자를 피하기 위해서 우리는 바르게 살아야한다. 또 그래서 "의인은 믿음으로 산다"(합 2:4)고 기록되었다. 우리는 아직 우리의 선을 보지 못하며, 따라서 믿음으로 살아야 하기 때문이다. 우리는 바르게 살 힘도 없고 우리에게 그의 도움을 믿는 믿음을 주신 분이 믿고 기도하는 우리를 도와 주셔야만 우리는 바르게 살 수 있다. 최고선과 최고악을 금생에서 얻을 수 있다고 생각한 사람들, 그리고 그것을 영혼이나 신체에, 또는 양쪽에 둔 사람들 — 더 분명히 말하면, 쾌감이나 덕성, 또는 그 양쪽에 둔 사람들, 또는 평안이나 덕성의 양쪽에 또는 본성의 기본적 요구나 덕성의 양쪽에 둔 사람들 — 이 사람들은 모두 놀라울 만큼 천박한 생각으로 행복을 금생에서와 자신들 안에서 얻어보려고 했다. 진리 자체이신 분이 예언자를 시켜 이런 생각에 대한 멸시를 쏟으셨다. "주께서

7) 80 B.C.경에 전성했고 구 아카데미 사상과 스토아 사상을 조화시키려 했음.

사람의 생각이 (사도 바울이 인용한 대로는, "지혜 있는 자들의 생각이") 허무함을 아시느니라"고 하셨다(시 94:113; 고전 3:20).

얼마나 많은 웅변을 토해야만 금생의 불행한 일들을 충분히 열거할 수 있겠는가? 키케로는 딸이 죽었을 때에 전력을 다해서 애도의 정을 표명했지만, 그의 능력으로도 결과는 불충분하지 않았는가? 금생의 언제 어디서 또 어떻게 본성의 기본적 요구를 가진 사람이 예상치 않은 사고를 당하지 않을 수 있는가? 지혜 있는 사람의 신체는 쾌감을 쫓아버리는 고통이나 평안을 추방하는 불안을 받지 않게 되어 있는가? 신체의 어디에서 지체가 절단되거나 썩으면 그 완전성은 없어지고 아름다움 대신에 기형이, 건강 대신에 허약이, 기력 대신에 무기력이, 활동력 대신에 지둔(遲鈍)이 몸을 차지하는 것이니, 현인의 육신은 이 가운데 어느 것의 습격에서 면제되었는가? 몸의 거동이 아름답고 적합한 것은 본성의 기본적 축복의 하나라고 한다. 그러나 어떤 병으로 말미암아 지체가 떠는 수가 있지 않은가? 척추가 굽어서 손이 땅에 닿고 네발 짐승같이 다니는 사람은, 정지한 때나 운동할 때에도 신체의 우아한 미가 전혀 없지 않은가?

영혼의 근본적 축복인 감각과 지성에 대해서는 무엇이라고 할 것인가? 감각은 지각을 위한 것이며, 지성은 진리를 해득하기 위한 것인데, 사람이 귀나 눈이 어두워지면 어떤 감각이 남으며, 병으로 헛소리를 하는 사람에게 어떤 이성이나 지성이 있는가? 정신착란에 빠진 사람의 행동이나 말을 생각하거나 볼 때에, 우리는 눈물을 금할 수 없다. 그들의 현재의 행동은 정신이 바를 때의 판단과 행동과는 너무도 다르고 심지어 반대된다. 귀신 들린 사람들에 대해서는 무엇이라 할 것인가? 귀신이 제 마음대로 그들의 몸과 영혼을 이용할 때에 그들의 지성은 어디에 숨어 있는가? 현자라고 해서 금생에서 이런 일을 당하지 않으리라고 누가 믿을 수 있는가? 지혜서에 "썩어 없어질 육체는 영혼을 내리누르고, 많은 생각을 하는 마음은 땅의 장막에 눌린다"고 한 것과 같다(지혜서 9:15). 그리스어 호르메의 뜻이 행동하려는 충동이라면, 이것도 본성의 기본 장점으로 계산되지만, 미친 사람의 가련한 움직임이나, 감각이 속고 정신이 착란된 사람이 우리를 놀라게 하는 행동은 이런 충동에서 생기는 것이 아닌가?

끝으로, 덕성은 기본적 요구에 들지 않고, 학습한 결과로써 그것들의 다음에 생기며 인간을 위한 선들 중에서 가장 높은 자리를 차지한다고 한다. 그러나 그것이 하는 일은 악습과 끊임없이 싸우는 것, 그것도 우리의 외부에 있는 것이 아니라 우리의 내부에 있는 것, 다른 사람의 악습이 아니라 우리 자신의 악습과 싸우는 것이 아니고 무엇인가? 이 싸움을 싸우는 덕성은 특히 그리스인들이 소프로수네

(σωφροσυνη)라고 부르고, 우리는 temperantia(절제)라고 부르는 것이다. 이것은 육신의 정욕을 제어해서 사악한 행동에 찬성하지 않도록 막는다. 우리는 안에 죄악이 없다고 공상해서는 안된다.

사도가 말씀하듯이 이 죄악에 반대되는 덕성이 있다. "이들이 서로 적대함으로 너희의 원하는 것을 하지 못하게 하려 함이라"고 사도가 말씀하는 것과 같다. 우리가 최고선을 얻으려고 힘쓸 때에 우리가 원하는 것은 무엇인가? 육체가 성령을 거스르지 않게 되며, 성령이 싸울 죄악이 우리 안에 없게 되는 것이 아닌가? 그리고 아무리 열망하더라도 금생에서는 이 일을 성취할 수 없으므로, 하나님의 도움으로 적어도 우리의 영혼과 싸우는 육체에 영혼이 굴복하지 않도록 보존하며, 죄를 범하는 데에 찬성하지 않는 경지에 이르러야 한다. 우리가 아직도 이 내부 투쟁을 하고 있는 동안은, 우리가 승리하며 구하던 행복을 이미 얻었노라고 결코 공상하지 말라. 또 자기의 죄악과의 싸움을 계속할 필요가 없을 만큼 현명한 사람은 누군가?

사려심(prudentia)이라고 하는 덕성에 대해서 나는 무엇이라고 할 것인가? 그것은 우리가 마땅히 할 일과 해서는 안될 일에 대해서 과오를 범하지 않기 위해서, 선과 악을 분별하려고 항상 경계하는 것이 아닌가? 그래서 그 자체로 우리가 여러 가지 악 가운데 있다는 것, 달리 말하면, 여러 가지 악이 우리 안에 있다는 것을 증명한다. 죄에 동의하는 것은 악이며, 여기에 동의하지 않는 것이 선이라고 우리에게 가르치기 때문이다. 그러나 사려심이 악에 동의하지 말라고 우리에게 가르치고 절제는 우리가 동의하지 않을 수 있게 만든다고 하지만, 이 악은 사려심이나 절제에 의해서 인생에서 제거되지 않는다. 공의가 하는 일은 사람이 받아야 할 몫을 그에게 주는 것이며, 그 공의에 의해서 사람에게는 일정한 자연 질서가 있다고 한다. 즉 영혼은 하나님에게 순종하며, 육체는 영혼에 순종하며, 따라서 영혼과 육체가 모두 하나님께 순종한다고 한다. 그러나 이 덕성은 우리가 아직도 목표를 향해서 노력하는 중이고, 일을 완결하고 쉬는 것이 아니라는 것을 증명하지 않는가? 하나님을 덜 생각하는 영혼은 그만큼 하나님에게 덜 순종하는 것이며, 육체가 영과 맹렬히 싸울수록 그만큼 영에 순종하지 않는 것이기 때문이다. 그러므로 우리가 이 약점, 이 병에 괴롭힘을 당하는 동안은, 어떻게 감히 안전하다고 하겠는가? 안전하지 않다면 어떻게 궁극적 행복을 이미 누린다고 말할 수 있는가?

용기라고 부르는 덕성은 인생의 불행들을 가장 명백하게 증명한다. 이 불행들을 부득이 참고 견뎌야 하는 것이 용기라는 덕성이기 때문이다. 가장 원숙한 지혜와 용기가 공존하더라도 우리는 이렇게 말할 수 있다. 스토아 철학자들은 이것을 인생의 불행이 아니라고 하면서, 동시에 현자인 지혜 있는 사람이 그 불행이 심하게 되어 견딜 수 없거나 견디는 것이 옳지 않은 때에는 자살을[8] 허락하는데, 그들이 어떻게 감히 그런 말을 할 수 있는지 나는 도저히 이해할 수 없다. 그러나 이렇게까지 어리석은 자만심을 가진 이 사람들은 금생에서 최고선을 얻을 수 있으며 자기의 힘으로 행복하게 될 수 있다고 공상한다. 그들 현자는 — 적어도 그들이 현자라고 공상하는 사람은 — 눈이나 귀가 멀고 벙어리가 되고 지체가 끊어지고 고통에 시달리며 자살하지 않을 수 없게 만드는 어떤 재난을 당하더라도 항상 기뻐한다고 한다. 그들은 이런 악들에 포위된 인생을 행복하다고 부르기를 부끄러워하지 않는다. 그러면 죽음의 도움을 받아서 자기의 생명을 끊어버리는 것이 행복한 생활인가? 그런 인생이 행복하다면 현자는 거기에 머물러 있어야 할 것인데 그것은 현자를 거기서 쫓아내니 어떤 의미에서 그것은 행복한가? 또 용기의 덕성을 정복하는 이런 일들이 재앙이라고, 그들은 어떻게 말할 수 있는가?

이런 악들은 용기를 굴복시킬 뿐 아니라, 인생은 행복하다고 말하는 그 입으로 인생을 버리라고 권면하는 정도로 그들을 미치게 만들지 않는가? 인생이 행복하다면 인생에서 도망하지 않으리라는 것은 아무리 어리석은 사람이라도 알 수 있지 않은가? 인생에는 약점이 너무도 많으므로 도망해야 한다면 무슨 까닭에 그들은 자만심을 낮추고, 인생은 불행하다고 인정하지 않는가? 카토(Cato)[9]로 하여금 자살하게 만든 것은 용기였는가 유약함이었는가를 나는 묻고 싶다. 만일 그가 유약하지 않고 카이사르의 승리를 참고 견딜 수 있었다면 자살하지 않았을 것이다. 그렇다면, 그의 용기는 어디 있었는가? 그것은 양보하고 굴복하고 철저히 정복되어서, 이 행복한 인생을 버리고 도망했다. 혹 그것은 행복하지 않게 되었던가? 그랬다면 그것은 불행했던 것이다. 그렇다면 인생을 불행하게 만들고 버리고 도망해야 할 것으로 만든 이 일들이 어떻게 악이 아니란 말인가?

그러므로 아리스토텔레스파나 바로가 옹호하는 구 아카데미파와 같이, 이런 것들을 악이라고 인정하는 것이 더 합리적인 주장이다. 그러나 그들도 인생의 악이 견디기 어려워서 자살로써 도망해야 할 정도일지라도, 그런 악이 가득한 인생을 행복하다고 주장하므로 역시 무서운 과오를 범하고 있다. "신체의 고통과 고민은 악이며, 고통이 심할수록 그만큼 더욱 큰 악이다. 그것들에서 도망하려면 이 인생을 버려야 한다"고 바로는 말한다. 어느 인생을 버리라고 하는가? 이런 악들에 눌려 지내는 이 인생이라고 그는 대답한다. 인생에는 이런 악들이 있기 때문에 그것을 버려야

8) 1권 22장.
9) 1권 23장.

하는데, 이 악들의 소용돌이 가운데서도 인생은 행복하다는 것인가? 혹은 그 악들을 피하기 위해서 자유로 죽을 수 있기 때문에 인생을 행복하다고 하는가? 그렇다면 만일 하나님의 어떤 비밀한 판단으로 그대가 죽는 것도 허락되지 않고, 이런 악이 없이 사는 것도 허락되지 않는다면 무엇이라고 할 것인가? 그런 경우에 그대는 적어도 인생은 불행하다고 할 것이다. 물론 그것은 곧 버리게 되겠지만, 그렇다고 해서 불행하지 않은 것이 아니다. 인생이 영원하다면 그대 자신이 그것을 불행하다고 할 것이다. 그러므로 인생은 짧다고 해서 불행하지 않다고 할 수 없다. 짧은 불행을 행복이라고 부를 수도 없다.

참으로 이런 악들에는 위력이 있어서 사람이 — 그들의 말대로라면 지혜있는 사람까지도 — 그것들에서 도망하기 위해서 사람이 아닌 것으로 되게 만든다. 그들도 사람은 자기를 아끼며 죽음을 피하라는 것이 본성의 첫째 가는 가장 강력한 요구라고 하며 생물, 즉 신체와 영혼이 결합된 존재로서 계속하기를 열망하며 노력하도록 스스로 격려해야 한다고 바른 말을 한다. 그러나 이런 악들에는 위력이 있어서 온갖 방법과 힘을 다해서 죽음을 피하려는 인생의 본능을 정복하며 피하던 죽음을 도리어 원하며 구하게 될 정도로 완전히 정복한다. 또 다른 방법으로 얻을 수 없을 때에는 자기 손으로 자기를 죽인다. 이런 악들에는 위력이 있어서 용기를 살인자로 만든다. 참으로 이런 악들에 철저히 정복되어서, 사람을 주관하며 보호한다는 사명을 다하지 못하고, 그 사람을 인내로 지키지 못해서 스스로 죽이는 것을 용기라고 부를 것인가? 현자는 인내로써 죽음을 견디어야 한다는 것을 나는 인정하지만 그것은 그가 피해자인 경우다. 그러므로 만일 이 사람들이 주장하듯이, 현자는 자살을 할 의무가 있다면 그를 그렇게 하지 않을 수 없게 만드는 것은 악일 뿐 아니라 용인할 수 없는 악이다.

그러면 사고를 면치 못하며 그렇게까지 중대하고 비통한 악들에 둘러싸인 인생은 원래 행복하다고 할 수 없을 것이다. 인생을 행복하다고 하는 사람들이 자살할 때에는 불행에 항복하며 정복자인 악들에게 정복을 당하는 것이다. 그와 같이 만일 그들이 행복한 생활을 연구했을 때에, 진리에 항복하며 타당한 이론에 정복되었다면 그들은 인생을 행복하다고 할 수 없었을 것이다. 여러 가지 덕성은 확실히 인생의 가장 훌륭하고 유용한 재산이지만, 바로 그 덕성들이 인생의 불행을 증명하며, 인생의 위험과 노고와 비애의 폭압에 대항해서 덕성이 주는 도움이 크면 클수록, 그것은 인생이 불행하다는 것을 더욱 뚜렷이 증명한다. 진정한 경건을 지닌 사람들이 아니면, 진정한 덕성이 있을 수 없지만, 그 진정한 덕성은 이런 거짓말을 하지 않고, 금세의 크고 많은 악들에 휘말린 금생은 내세에 대한 희망에 의해서 안전하며 행복하다고 언명한다. 안전하지 않으면 어떻게 행복할 수 있겠는가? 그러므로 사도 바울은 사려심, 절제, 용기, 공의심이 없는 사람들이 아니라 진정한 경건으로 자기의 생활을 조절하는 사람들, 따라서 진정한 덕성을 지닌 사람들에 대해서 다음과 같이 말한다. "우리가 소망으로 구원을 얻었으면 보이는 소망이 소망이 아니니 보는 것을 누가 바라리요 만일 우리가 보지 못하는 것을 바라면 참음으로 기다릴지니라"(롬 8:24-25). 그러므로 우리는 소망으로 구원을 받은 것같이 소망으로 행복하게 된다. 그리고 우리가 아직 현재의 구원을 가진 것이 아니라 미래의 구원을 기다리고 있는 것과 같이 행복에 대해서도 마찬가지며 여기서는 "참음으로" 기다린다.

우리는 여러 가지 악에 둘러싸였기 때문이며, 순수한 선을 형언할 수 없이 즐기게 될 때까지 우리는 악을 참고 견뎌야 한다. 그 때가 되면 참아야 할 것이 전혀 없을 것이다. 우리가 내세에 받을 구원은 그 자체가 우리의 궁극적 행복일 것이다. 이 행복을 이 철학자들은 알지 못하기 때문에 믿지 않고 거부한다. 그리고 교만하고 거짓된 덕성을 기초로 삼아 금생에서의 행복을 조작하려고 노력한다.

5. 사회 생활은 매우 바람직하면서도 곤란과 불안이 많다.

현자의 생활은 사회적이어야 한다는 생각을 우리는 훨씬 더 무조건으로 시인한다. 우리는 하나님의 도성에 대해서 이미 19권을 쓰고 있지만, 그 하나님의 도성도 성도들의 생활이 사회적인 것이 아니라면 어떻게 출발하거나 발전하거나 그 목표에 도달할 수 있겠는가? 그러나 불행한 이 죽을 인생에서 인간 사회에 가득한 큰 곤란한 문제들을 누가 능히 열거할 수 있으며 누가 능히 그 무게를 말할 수 있겠는가? 이 문제에 관해서 모든 사람에게 공통된 느낌을 극작가는 그 등장인물의 입을 빌어 발표했다. "나는 결혼을 한 것이 한 불행이죠. 아이들이 태어났으니, 걱정 거리가 늘어났지요."[10] 같은 테렌티우스(Terentius)가 열거한 애인들 사이의 불행한 일들에 대해서 나는 무엇을 말할 것인가? 그는 그것을 "무시와 의심과 다툼, 그리고 오늘은 싸움 내일은 화평"[11]이라고 하는데, 인생은 이런 것이 가득하지 않은가? 점잖은 친구들 사이에서도 이런 일들이 있지 않은가? 전후좌우 어디서나 우리는 이 경시와 의심과 다툼과 싸움을 경험하며 이것들을 알 수 없으며, 오늘은 알았더라도 내일 어떻게 될는지를 모른다. 한 가정에 사는 사람들보다 더 다정할 수 있는가, 또는 다정하게 할 수 있는가? 그러나 이 애정까지도 신뢰할 수 없다. 비밀한 배신 때문에 애정이

---

10) Ter., *Adelph.*, 5, 4, 13f.
11) Ter., *Eun.*, 1, 1, 14f.

깨어지며, 달콤했던 사랑이, 또는 사랑처럼 완전을 가장했던 것이 변해서 쓰디쓴 원한이 되는 예가 많다.

그러므로 키케로의 말은 모든 사람을 감동시키며 탄식을 자아낸다. "의무나 친척 사이라는 가장 밑에 숨어 있는 것보다 더 위험한 함정은 없다. 공공연한 원수에 대해서는 경계함으로써 쉽게 막아낼 수 있지만, 이 가정 안에 숨어있는 위험성은 그냥 있을 뿐 아니라 예상이나 검토할 사이도 없이 우리를 압도해 버린다."[12] "사람의 원수가 자기 집안 식구리라"고 하신 거룩한 말씀도(마 10:36) 이 점을 가리킨다. 아무도 이 말씀을 듣고 마음이 아프지 않을 수 없다. 가면쓴 친구의 악의를 태연하게 참을 만한 용기와 좌절시킬 만한 총명이 있는 사람일지라도, 악인의 배신을 당하면 자신이 착할수록 마음의 고통이 더욱 심하다. 그 배신자가 항상 악했고 그 우정은 속임수에 불과했든 또는 그 사악한 성격이 더욱 타락한 것이든, 이 쪽의 마음의 아픔은 마찬가지이다. 그러므로 인생의 악을 피하기 위한 자연적인 피난처인 가정 자체도 안전하지 않다면 도시 생활에 대해서는 무엇이라고 할 것인가? 도시가 크면 클수록 민법과 형법상의 소송이 더욱 많으며 두려움이 없을 때가 없다. 도시에서는 반란이나 내란의 소란한 유혈 사태가 터질 위험성이 언제든지 있으며, 실지로 터지는 때가 있기 때문이다.

6. 진상을 알 수 없을 때에 인간의 판단은 오류를 범한다.

생활 공동체가 외면적으로는 평화로울지라도 재판이 필요하지만 사람이 사람을 재판하는 일에 대해서 나는 무엇이라고 해야 하는가? 참으로 그것은 우울하고 통탄할 일이다. 재판관들은 법정에 선 사람들의 양심을 알 수 없기 때문이다. 그래서 다른 사람들의 범죄에 대한 진상을 알기 위해서 무죄한 증인들을 고문에 붙인다. 피고인 자신이 받는 고문에 대해서 나는 무엇을 말할 수 있는가? 그에게 죄가 있는지를 알기 위해서 고문을 하는 것이지만, 실지로는 죄가 없으면서도 아직 확실치 않은 죄 때문에 가장 확실한 죄가 주어지는 것이다. 그가 죄를 지은 것이 증명되었기 때문이 아니라 그가 죄를 짓지 않았다는 것이 아직 확인되지 않았기 때문이다. 그래서 판사의 무지 때문에 무죄한 사람이 고통을 받는 일이 많다. 그리고 더욱 참을 수 없는 일, 너무도 슬픈 일이어서 될 수만 있다면 눈물의 분수로 씻어버리고 싶을 정도인 일이 있다. 판사가 무고한 사람을 무의식 중에 죽이는 일을 없도록 하기 위해서 피고인을 고문에 걸 때에, 무고하면 죄를 주지 않으려고 고문에 건 그 사람이 결과적

12) Cic., *In Verr.*, 2, 1, 13.

으로 고문도 당하고 죄도 없는 채로 사형 선고를 받는 것이다.

만일 그가 현자의 철학적 교훈에 따라 고문을 더 견디기보다는 생명을 버리기로 결심했다면, 그는 짓지 않은 죄를 지었노라고 선언한다. 그래서 유죄 판결을 받고 사형을 당한 후에도, 판사는 자기가 무고한 사람을 죽인 것인지 유죄한 사람을 죽인 것인지를 모르고 있다. 그는 원래 무죄한 사람을 구할 목적으로 그 피고를 고문에 붙였던 것이다. 그래서 판사는 피고인의 무죄함을 발견하기 위해서 무고한 사람을 고문했고, 그의 무죄 여부를 발견하지 못한 채로 그를 죽였다. 사회 생활이 이런 암흑 속에 가려져 있다면, 현명한 판사는 판사석에 앉을 것인가 또는 앉지 않을 것인가? 문제없이 그는 앉을 것이다. 그는 인간의 사회를 버리는 것을 죄악이라고 생각하며, 사회도 그에게 그 책임을 억지로 지운다. 그는 다른 사람이 고발을 당한 죄에 대해서 무고한 증인들을 고문에 거는 것을 악한 일이라고 생각하지 않는다. 또는 피고인을 고문에 걸어서 심한 고통에 지치게 하며, 무고하면서도 거짓 자백을 해서 죄를 받게 하는 것도 죄악이라고 생각하지 않는다. 사형선고는 받지 않을지라도, 고문을 받는 도중이나 받은 결과로 죽는 일이 많은 것도 죄악이라고 생각하지 않는다. 또는 범죄자를 재판에 붙임으로써 사회를 돕겠다는 생각으로 사건을 고발한 사람이 재판관의 무지 때문에 도리어 죄를 받게 되는 때가 있다.

이런 때에 고발은 사실에 입각한 것이었지만, 고발인이 그 진실성을 증명할 수 없고, 증인들이 거짓말을 하고, 피고인이 고문을 견디면서 자백하지 않기 때문이다. 이렇게 많은 중대한 악을 현명한 판사는 죄라고 생각하지 않는다. 그가 이런 일들을 하는 것은 누구를 해하려는 의도가 있는 것이 아니며 무지하기 때문에 부득이한 것이며, 또 사회가 그를 재판관이 되라고 하기 때문이다. 그러나 우리는 이런 이유들 때문에 판사에게 악의가 없음을 인정하지만, 역시 인간 생활은 가련하다고 정죄하지 않을 수 없다. 자기의 직책과 무지가 강요하기 때문에 무고한 사람을 부득이 고문하며 처벌하는 것이라면, 그 판사는 무죄한 동시에 행복하기도 한가? 확실히 더 깊은 사려와 더 세련된 정서는 그가 이 불가피한 일들의 가련성을 인식하고, 자기가 그 불행을 조장하는 것을 기피할 때에 증명될 것이다. 그리고 그에게 경건한 마음이 조금이라도 있다면 그는 하나님께 간구할 것이다. "나를 고난에서 (부득이한 궁지에서) 끌어내소서"(시 25:17).

7. 다양한 언어 때문에 사람 사이의 친교가 막히며, 전쟁은 소위 정의의 전쟁까지도 참화를 빚어낸다.

도시 또는 국가 다음에 오는 것이 인간 사회의 셋째 범위인 세계다. 첫째 범위는 가정이요, 둘째는 도시다. 세계는 넓으므로 그만큼 위험한 일도 더 많다. 마치 넓은 바다일수록 더 위험한 것과 같다. 이 세계에서는 우선 언어가 다르기 때문에 사람과 사람이 분리된다. 언어가 서로 다른 두 사람이 만나서 지나가야 하는 것이 아니고 한 곳에 함께 있게 되는 경우에 그들에 비하면 서로 다른 종류의 두 동물이 비록 말을 못할지라도 서로 더 잘 사귄다. 언어가 달라서 서로 소감을 전달할 수 없으면, 같은 사람이라는 것이 우정에는 도움이 되지 않으며, 외국인과 교제하는 것보다 자기의 개와 사귀는 것이 더 쉬울 정도다. 로마 제국은 예속 민족들에게 멍에를 씌울 뿐 아니라 평화의 유대라고 해서 언어까지도 강요하기 때문에, 통역하는 사람들이 무수히 많다. 이것은 사실이다. 그러나 이 통일을 얻기 위해서 얼마나 많은 전쟁을 했으며 피를 흘리며 사람을 죽였는가?

이런 일들은 지나갔지만, 이런 참사들은 아직 끝나지 않았다. 제국 밖에 적대 민족들이 없었던 적이 없고 지금도 있으며, 그들과의 사이에 전쟁이 있었고 지금도 있지만, 가령 이런 민족들이 없다고 하더라도 제국이 광범하다는 사실 자체 때문에 더 불쾌한 종류의 전쟁인 사회적 · 국내적 전쟁이 있다. 이런 전쟁은 실지로 터지거나 다시 터질 위험성 때문에 전 인류를 불안하게 만들었다. 이런 다양한 재난들을 — 이 준엄하고 영속하는 필요악들을 — 내가 충분히 서술하려고 한다면, 비록 내게는 그럴 능력이 없지만, 나는 어디에 한계를 둘 것인가? 그들은, 그렇지만 현자는 정의의 전쟁을 할 것이라고 말한다. 그는 자기가 사람인 것을 생각한다면, 그 정의의 전쟁이 필요한 것을 도리어 통탄하지 않을 것인가? 정의에 입각한 것이 아니면 그는 그런 전쟁을 하지 않을 것이며, 따라서 모든 전쟁을 면할 것이다. 현자로 하여금 정의의 전쟁을 하게 만드는 것은 반대편의 비행이며, 이 비행은 전쟁을 일으키지 않을 때에도, 사람이 한 비행이기 때문에 사람에게는 슬픈 일일 것이다. 그러므로 이 모든 무섭고 무정하고 큰 악들을 생각하여 고통을 느끼는 사람은 모두 이것이 불행임을 인정하라. 이런 악들을 생각해도 마음이 아프지 않거나 마음에 고통을 느끼지 않고 견디는 사람이 있다면, 그것은 더욱 불행한 처지다. 그는 인간으로서의 느낌을 잃어버렸기 때문에 자기를 행복하다고 생각하는 것이다.

8. 금생의 불안을 피할 수 없으므로 착한 사람들의 우정도 확실히 의지할 수 없다.

우리는 현재의 가련한 상태에서 자주 친구를 원수로 오해하고 원수를 친구라고 생각한다. 이 가련한 맹목 상태를 면할 때에 신실하고 착한 사람들 사이의 순수한 신뢰와 사랑은 재난과 오해가 가득한 인간 사회에서 우리의 유일한 위안이 되지 않는가? 그러나 친구가 많을수록, 또 그들이 흩어져 있는 범위가 넓을수록 인생에 산적한 재난의 어느 부분이 그들 위에 덮이지 않았는가 하는 염려가 더 많게 된다. 기근, 전쟁, 질병, 사로잡힘이나 말할 수 없이 무서운 노예생활을 그들이 당하게 되지 않았나 할 뿐 아니라, 그보다도 더 무서운 일을 염려하게 된다. 즉, 그들의 우정이 배신, 악의, 불의 등으로 변질하지 않았나 하는 것이다. 이런 이변이 사실로 나타날 때에 — 친구가 많고 널리 흩어져 있을수록 이런 일이 더 많은 것이지만 — 또 그런 이변을 우리가 알게 될 때에 그런 경험이 없는 사람으로서는 누가 감히 가슴을 찢는 그 고통을 말할 수 있겠는가? 차라리 그들이 죽었다는 소식을 듣는 편이 나을 정도다. 물론 그들이 죽었다고 해도 우리는 마음이 아프지 않을 수 없다.

그들이 살아 있어서 그 아름다운 우정으로 우리를 위로해 주었다면 그들이 죽은 것이 우리의 슬픔을 자아내지 않을 것인가? 이런 슬픔을 느끼지 않는 사람은 될 수 있는 대로 친구를 가지지 않아야 할 것이다. 온갖 우정을 말살하며 잔혹한 무감각으로 인간 관계의 유대를 끊어버리든지, 그렇지 않으면 인간 관계를 이용하되 마음에 애정이 침입하는 것을 막도록 고안해야 할 것이다. 그러나 이런 일이 불가능하다면, 우리는 어떻게 우리에게 다정했던 사람이 죽은 것을 애통하지 않을 수 있겠는가? 그래서 인정이 많은 사람은 마음에 상처를 받으며 친절한 위로만이 그 상처를 낫게 할 수 있다. 그 사람의 영혼 상태가 좋을수록 그 치유는 쉽고 빠르지만, 그렇다고 해서 치유해야 할 상처가 전혀 생기지 않는다고 상상해서는 안된다. 그러므로 우리가 매우 사랑하는 사람이, 특히 유능한 사회적 인물이 죽을 때에, 우리가 받는 타격은 혹은 가볍고 혹은 강렬하지만 그렇더라도 이런 사람들이 신의나 덕성을 버렸다는 것을 — 바꿔 말하면, 그들이 정신적으로 죽었다는 것을 — 알게 되는 것보다 그들의 몸이 죽었다는 소식을 듣는 편이 나을 것이다.

땅 위에는 이 불행한 자원이 가득하다. 그러므로 "세상에 있는 인생에게 전쟁이 (또는, 시험이) 있지 아니하냐"(욥 7:1)라고 하며, 주께서는 같은 의미로 "실족케 하는 일들이 있음을 인하여 세상에 화가 있도다"(마 18:7), "불법이 성하므로 많은 사람의 사랑이 식어지리라"고 하신다(마 24:12). 그래서 우리는 친한 친구가 죽을 때에 일종의 만족을 느낀다. 그들의 죽음은 우리를 슬프게 하지만, 이 세상에서 가장 우수한 사람들까지 낙심시키거나 타락시키거나 또는 양쪽 모두의 결말이 있는 위험 속에서 그들은 이제 초월했다는 것을 확신하고 우리는 위로를 받기 때문이다.

9. 금생에서 천사들의 우정을 확보할 수 없는 것은, 다신숭배자들을 사로잡고 있는 마귀들의 기만 때문이다.

신들을 우리의 친구로 삼으라고 권하는[13] 철학자들은 거룩한 천사들과의 친교를 사회 생활의 넷째 범위에 두며, 지상에서의 세 범위를 다시 하늘을 포함한 전 우주에 확대한다. 참으로 천사들과의 교제에서는 그들이 죽거나 타락해서 우리를 슬프게 할 염려가 전혀 없다. 그러나 사람과 달라서 그들과는 가까이 섞일 수 없는 것이 우선 인생의 한 불행이며, 사탄은 우리를 억제하거나 그저 속이기 위해서 성경에(고후 11:14) 있는 것과 같이, 자기를 광명의 천사로 가장하는 때가 있으므로, 선한 천사와 사귀는 줄 알았는데 위장된 마귀들과 교제하는 것을 면하려면, 하나님의 자비를 받을 필요가 절실하다. 악령들은 사람을 잘 해칠 뿐 아니라 교활하고 잘 속이기 때문이다. 하나님의 자비가 없으면 이런 마귀들의 희생이 된다는 것은 인생의 큰 불행 가운데 하나가 아닌가? 또 신들을 자기들의 친구라고 주장한 철학자들은 하나님을 믿지 않는 사회에서 마귀들의 희생이 된 것이 확실하다. 마귀들은 그런 사회를 다스리며, 그 사회가 받을 영벌을 함께 받을 것이다. 이런 존재들의 본성은 다신교의 신성모독적인 의식들과, 그들의 죄악 행위를 축하하는 추악한 경기에서 분명히 나타난다. 참으로 그런 경기는 그들이 직접 시작했으며, 그들을 달래는 합당한 방법이라고 하여 다신숭배자들에게 강요하는 것이다.

10. 금생의 시련을 참고 견딘 성도들을 위하여 예비된 상에 대하여.

그러나 유일진정한 최고신을 거룩하고 성실하게 예배하는 사람들도 마귀들의 잡다한 시험과 속임수를 받지 않도록 안전한 것은 아니다. 이 연약한 장막에서 사악한 나날을 보내는 동안, 이 불안한 상태에도 그만한 쓸모가 있기 때문이다. 그것은 평화가 완전하고 절대로 안전한 그곳을 더욱 갈망하도록 우리를 자극한다. 거기서 우리는 본성의 재능을 즐길 것이다. 즉 만유의 창조주이신 하나님께서 우리의 본성에 주신 모든 것 — 선할 뿐 아니라 영원한 재능, 지혜로 치유된 영혼뿐 아니라, 부활로 새로워진 신체의 재능들을 즐길 것이다. 거기서 덕성은 악습이나 재난과 싸울 필요가 없어지고, 승리의 상, 어떤 원수도 흔들지 못하는 영원한 평화를 누릴 것이다. 이것이 최종적 복락이며, 이것이 궁극적 완성이며 끊없는 끝이다.

참으로 이 지상에서도 선한 생활에 따르는 평화를 누릴 때에 우리는 행복하다고

---

13) 9권 23장.

한다. 그러나 이런 행복은 저 최후 행복에 비하면 불행에 불과하다. 우리 죽을 인간들이 이 죽을 인생이 제공할 수 있는 평화를 가졌을 때에는 덕성이 이 평화로운 상태의 장점을 선용한다. 우리에게 그런 평화가 없을 때에는 덕성이 인간이 받는 고난까지도 선용한다. 그러나 덕성이 선용하는 장점과 선과 악을(순경과 역경을) 선용하는 덕성의 모든 활동과 덕성 그 자체까지도 더할 나위 없이 좋고 위대한 평화를 즐기게 될 저 종말에 관련시키는 것이 진정한 덕성이다.

11. 영원한 평화를 누리는 행복이야말로 성도들의 목표이며 진정한 완성이다.

그래서 우리는 영생에 대해서 한 말을 평화에 대해서도 할 수 있을 것이다. 그것은 우리의 선의 결국이라고 할 수 있을 것이다. 우리가 힘써 논하는 하나님의 도성에 대해서 시편 작가는 특히 말한다. "예루살렘아 주를 찬송할지어다. 시온아 네 하나님을 찬양할지어다. 저가 네 문빗장을 견고히 하시고 너의 가운데 자녀에게 복을 주셨으며 네 경내를 평안케 하셨도다"(시 147:12-14). 예루살렘의 문빗장을 견고히 하면 아무도 출입할 수 없을 것이며, 따라서 그 경내의 평화는 우리가 궁극적 평화라고 선언하고자 하는 것이라고 이해해야 한다. 이 도성의 신비한 이름인 "예루살렘" 자체가 평화의 환상을 의미한다는 것도 내가 이미 말한 바와 같다. 이 세상에는 확실히 영원한 생명이 없으며, 그런 이 세상 일들에 관해서 평화라는 말을 쓰기 때문에, 우리는 이 도시의 최고선을 평화라고 하지 않고 영생이라고 했다. 이 종국에 대해서 사도는 말한다: "그러나 이제는 너희가 죄에게서 해방되고 하나님께 종이 되어, 거룩함에 이르는 열매를 얻었으니 이 마지막은 영생이라"(롬 6:22).

그러나 성경을 잘 알지 못하는 사람들은 악인들의 생명도 영원하다고 생각할는지 모른다. 혹은 어떤 철학자들도 인정한 영혼의 영원불멸 때문에, 혹은 우리의 믿음의 일부인 악인들의 영벌(永罰) 때문에, 즉 영벌은 영생해야 가능하기 때문에, 악인의 영생을 생각할는지 모른다. 그러므로 우리가 의미하는 것을 모든 사람이 쉽게 이해할 수 있게 하려면, 이 도성의 마지막 또는 최고선은 영생 중의 평화 또는 평화 속의 영생이라고 말하는 것이 현명할 것이다. 평화는 심히 위대한 선이므로, 이 지상의 죽을 인생에서도 평화라는 말같이 들어서 즐거운 말이 없으며, 평화처럼 우리가 열망하는 것이 없으며, 평화보다 더 철저한 만족을 주는 것이 없다. 따라서 우리가 이 문제를 좀 더 논하더라도 독자들에게 지루하지 않으리라고 생각한다. 우리가 말하는 도성의 종국이 무엇인가를 이해하기 위해서, 또 모든 사람이 소중히 여기는 평화가 아름답기 때문에 경청하는 독자들은 지루하지 않을 것이다.

12. 맹렬한 전쟁과 소란한 사람들도 모든 피조물이 원하는 이 평화라는 최종목표를 구한다.

인간사와 인간성에 다소라도 유의하는 사람이라면, 기쁨을 원하지 않는 사람은 평화도 원하지 않으리란 것을 알 것이다. 전쟁을 하는 사람들은 승리를 원할 뿐이며, 승리란 영광스러운 평화를 의미한다. 승리란 자기에게 반대하는 사람들을 굴복시키는 것에 불과하며 굴복시킬 때에 평화가 있기 때문이다. 그러므로 전쟁을 하는 것은, 호전적 성격 때문에 지휘하며 전투하는 것을 즐기는 사람들까지도, 평화를 원하기 때문이다. 따라서 전쟁으로써 얻으려는 목표는 평화임에 분명하다. 모든 사람이 싸움으로 평화를 구하는 것이며, 평화로써 싸움을 구하는 사람은 없다. 평화로운 생활을 전쟁으로 어지럽게 하는 사람들도 평화를 미워하는 것이 아니라 자기 마음에 더 흡족한 평화를 만들고자 하는 것이다. 그러므로 평화를 원하지 않는 것이 아니라, 자기 마음에 드는 평화를 원할 뿐이다. 자기들이 속한 공동체에서 떨어져 반란을 일으키는 사람들도 공모자들끼리는 일종의 평화를 유지해야만 원하는 일을 할 수 있다. 그래서 강도들도 다른 사람들의 평화를 더 효과적으로 또 더 안전하게 침범하기 위해서 자기들끼리는 평화를 유지하려고 주의한다.

초인적인 완력을 지닌 사람이 다른 사람과의 협력을 싫어해서 친구와 사귀지 않고 혼자 힘으로 계획을 짜며 혼자 힘으로 약탈과 살인을 범할지라도, 그런 사람도 자기가 죽일 수 없는 사람, 자기의 행실을 알리고 싶지 않은 사람과는 일종의 평화를 유지한다. 자기의 가정에서도 처자나 다른 식구들과 평화롭게 지내고자 한다. 그들이 자기의 눈치대로 신속히 복종하는 것이 그에게 즐겁기 때문이다. 그렇지 않을 때에 그는 노하며 책망하며 벌을 준다. 이렇게 그 때 그 때의 필요에 따라 폭풍을 일으킴으로써 자기 가정에서는 고요한 평화를 확보한다. 가정의 식구들이 모두 한 머리인 자기에게 순종하지 않고는 평화를 유지할 수 없다는 것을 알기 때문이다. 그러므로 한 도시나 한 국민이 그에게 복종하겠다고 하며, 그가 자기 가정에 강요하는 식으로 그를 섬기겠다고 제안한다면, 그는 산적의 은신처에 더 잠복해 있지 않고, 여전히 탐욕과 사악이 마음 속에 가득하면서도 공공연하게 왕을 자칭하고 나설 것이다. 이와 같이 사람은 모두 자기가 마음대로 지배하고자 하는 세력 범위 내에서 평화를 유지하기를 원한다. 싸울 때에도 상대를 굴복시키며, 자신의 평화를 위한 법을 그들에게 강요하고자 하는 것이다.

시인들이나 신화에 따라, 사회성이 너무 없고 너무 사나워서 사람이라기보다 반인(半人)이라고 해야 할 사람을 상상해 보라. 그의 지배권은 적막한 동굴같이 고적하고, 그 자신은 마음이 너무도 나빠서 이름까지도 나쁘다는 의미의 그리스어를 빌어 "카코스"라고 한다.[14] 다정한 말로 위로해 주는 아내도 없고, 함께 놀아주는 어린 아이들이나 심부름을 해주는 아들이나 유쾌한 이야기를 나눌 친구나 그의 아버지인 불카누스(Volcanus. 불의 신)도 없었다(그는 자기와 같은 괴물을 낳지 않았다는 이 한 가지 점에서 아버지보다는 행복했다 할 수 있다). 그는 누구에게 무엇을 주는 일이 없었고, 할 수만 있으면 빼앗고 싶은 것을 무엇이든 누구에게서나 언제든지 빼앗았다. 그러나 베르길리우스가 말하듯이, 언제나 최근에 도살한 냄새가 나는[15] 그의 고적한 동굴에서도 그가 구하는 것은 평화에 불과했다. 귀찮게 굴지 말아 달라, 공격하거나 놀라게 하지 말고 조용히 있게 해 달라는 것이었다.

그는 자기의 몸과도 평화롭게 지내기를 바랐으며, 평화로와야만 그만큼 만족했다. 그는 자기의 지체들을 지배해서 복종시켰고, 죽을 본성이 무엇이 부족해서 반역하거나 굶주려서 영혼을 몸에서 추방하려는 반란이 있을 때에 그는 밖에 나가 죽이며 잡아먹었다. 그러나 이렇게 사나운 행동을 한 것은 자기의 생명의 평화를 유지하려는 것이 유일한 목적이었다. 만일 그가 자기의 동굴 속에서 자신과 평화롭게 지낸 것과 같이, 다른 사람들과도 평화롭게 지낼 수 있었다면, 그는 "카코스"(악한)니, 괴물이니, 반인 등의 말을 듣지 않았을 것이다. 그의 외형이나 그가 뿜는 불과 연기 때문에 사람들이 무서워 접근할 수 없었더라도, 그의 사나운 행동은 아마 남을 해하려는 생각에서 온 것이 아니라 살아가야 할 필요성 때문이었을 것이다. 그러므로 이렇게 상상하기보다 그는 아예 존재하지 않았다고 믿는 것이 좋으며, 적어도 시인들이 상상한 것 같지는 않았을 것이다. 그들은 헤라클레스를 높이기 위해서 카코스를 희생시킨 것이다. 그러므로 이런 반인은 없었고 시인들의 많은 망상적 인물들과 같이 허구에 불과하다고 믿는 것이 좋다.

카코스는 거의 야수였다고 하지만, 아무리 사나운 동물이라도 제 새끼는 평화롭게 있도록 감싸주는 법이다. 그들은 동거하며 새끼를 낳으며 젖을 먹여 키운다. 양, 노루, 비둘기, 찌르레기, 벌 등은 떼를 지어 살지만, 사자, 여우, 수리, 올빼미처럼 군거하지 않는 짐승들도 많다. 어떤 어미 호랑이가 제 새끼를 귀여워하지 않으며, 그럴 때에는 그 잔인성을 일시에 버리지 않는가? 솔개가 먹이를 찾아 공중을 떠돌 때에는 고독하지만, 암컷과 짝을 지어 둥지를 틀며 알을 까서 새끼를 키우면 될 수

14) 카코스와 헤라클레스의 이야기는 Virg., *Aen.*, 8, 190-305에 있음.
15) Virg., *Aen.*, *Ibid.*, 195f.

있는 대로 암컷과 평화로운 가정을 유지한다. 더구나 인간성의 법칙들은 다른 사람과 협력하며, 될 수 있는 대로 모든 사람과 평화를 유지하도록 강력하게 요구한다. 그래서 악한 사람들까지도 자기들의 세력 범위 내의 평화를 유지하려고 전쟁을 하며, 될 수만 있으면 모든 사람이 자기들에게 예속되며, 모든 사람과 모든 것이 한 두목인 자기에게 복종해서, 자기를 사랑하든 미워하든, 자기와 평화롭게 살게 되기를 원한다. 이와 같이 인간의 변태적인 자만심은 하나님을 흉내내어, 하나님 밑에서 다른 사람들과 동등하게 되는 것을 싫어하고, 하나님의 지배를 배제하면서 동료들에게 자기의 지배를 강요하려고 애쓴다. 바꿔 말하면, 하나님의 공정한 평화를 싫어하고 자기의 불공평한 평화를 애호하는 것이지만, 어떻든 평화를 애호하지 않을 수 없다. 본성의 가장 희미한 흔적까지도 말소할 정도로 본성과 정반대되는 피조물의 죄악은 없기 때문이다.

그러므로 그릇된 것보다 바른 것을 택하며, 무질서보다 질서를 택하는 사람은, 불의한 자들의 평화는 공정한 사람들의 평화와 비교할 때에 평화라고 부를 가치가 없다는 것을 안다. 그러나 무질서한 것도 사물의 질서와 조화를 이루며, 거기 의지하며 그 일부가 되지 않을 수 없고, 그렇지 않으면 전혀 존재할 수조차 없을 것이다. 가령 사람이 거꾸로 달린다면, 그 몸의 자세와 지체들의 위치가 변태적이다. 지체들의 상하 배치가 반대로 되었기 때문이다. 이 변태적 상태가 신체의 평화를 교란하며 따라서 고통을 준다. 그러나 영혼과 신체의 평화는 아직 깨어지지 않고, 영혼이 그 평화를 유지하려고 노력하기 때문에 고통도 느낀다. 그러나 고통이 심해서 영혼이 축출되면, 체구가 그 형태를 유지하는 동안은 지체들 사이에 일종의 평화가 있으며 몸은 그대로 달려 있다. 그러나 지상의 몸은 땅을 향하며, 임시로 달려서 안정을 찾고 있지만, 그 본성에 맞는 평화를 구하며 그 무게로 쉴 곳을 요구한다. 지금은 생명과 감각이 없지만 피조 세계에서의 그 위치에 자연스러운 평화가 있으며, 그 평화를 이미 가졌든, 또는 그것을 향하고 있든지 간에 그 평화에서 떨어지지 않는다. 방부제를 써서 신체가 썩지 않게 한다면, 여전히 일종의 평화로 몸 전체와 부분들이 지상에서의 적합한 위치를 유지한다. 즉 그 몸과 함께 평화를 유지하는 자리에 있다.

그러나 이런 절차를 밟지 못하고 자연적 흐름대로 방치한다면, 그것은 서로 조화되지 않는 악취를 발산하면서 부패하여, 드디어 물질계의 원소들 사이에 동화되어 조금도 남김없이 그 원소들과 평화롭게 공존하게 된다. 그러나 이 과정 전체를 일관해서 최고 창조주의 법칙들이 엄격히 준수된다. 우주 전체의 평화를 주관하는 이는 창조주이기 때문이다. 큰 동물의 시체에서 아주 작은 동물들이 생기지만, 이것들은 같은 창조주의 법칙에 따라 그 소속된 동물들에게 평화롭게 봉사한다. 또 죽은 동물의 살을 다른 동물이 먹을 경우에 그 살이 어디로 가든, 무엇과 접촉하든, 무엇으로 변하든 그것을 지배하는 법칙은 만물에 편만한 그 법칙들이다. 이 법칙들이 모든 생물을 보존하며 서로 적응하는 것들의 조화를 실현하는 것이다.

13. 모든 소란을 통하여 자연의 법이 보편적 평화를 보존하며, 이 평화에 의하여 모든 사람이 공정한 심판자가 주관하는 방법으로 그 보응을 받는다.

신체의 평화는 그 부분들의 균형 있는 배치에 있으며, 비이성적 영혼의 평화는 욕구의 조화 있는 충족과 안정에 있으며, 이성적 영혼의 평화는 지식과 행동의 조화에 있다. 신체와 영혼의 평화는 생물체로서의 질서있고 조화있는 생활과 건강에 있다. 인간과 하나님 사이의 평화는 영원한 법에 대해서 신앙으로 질서있는 순종을 하는 데에 있다. 사람과 사람 사이의 평화는 잘 정돈된 조화에 있다. 가정의 평화는 주관하는 자와 복종하는 자들 사이의 잘 정돈된 조화에 있다. 시민생활에서의 평화는 시민간의 일치에 있다. 하늘 도성의 평화는 완전한 질서와 조화로 하나님을 즐기며, 하나님 안에서 서로를 즐기는 데에 있다. 만유의 평화는 평온한 질서에 있다. 질서는 동등한 것들과 동등하지 않은 것들을 각각 그 자리에 배치하는 것이다.

그러므로 불행한 사람들은 불행한 점에서는 물론 평화를 즐기지 못하고, 어떤 소동도 없는 평온한 질서로부터 분리되어 있지만 그들의 불행은 당연하고 공정한 것이므로 그들은 불행함으로써 질서와 관련이 있는 것이다. 그들은 행복한 사람들과 결합되지 않고 질서의 법에 의해서 분리되었다. 또 불안 상태에 있지만 그래도 그들의 처지는 그들과 적합하게 되며 따라서 그들은 일종의 질서에서 오는 평온에 따라 일종의 평화를 가졌다. 그러나 그들은 전적으로 불행한 것은 아니면서도, 불행이 섞여들 수 없는 처지에 있는 것도 아니다. 그러나 만일 사물이 자연적 질서와의 조화에서 오는 평화를 가지지 않았다면, 그들은 더 가련할 것이다. 그들이 고통을 받을 때에 그들의 평화는 그만큼 교란되며 그들이 고통을 받지 않으며 그들의 본성이 계속 존재하는 동안은 그들의 평화는 계속된다. 그러므로 모종의 생명이 없으면 고통도 없으며 동시에, 고통이 없는 생명이 있을 수 있는 것과 같이 전쟁이 없는 평화도 있을 수 있다. 그러나 모종의 평화가 없이는 전쟁이 있을 수 없다. 전쟁은 전쟁을 하는 사람들이 있다는 것을 전제하며, 이런 사람들은 일종의 평화가 없이는 존재할 수 없기 때문이다.

그러므로 (하나님이 지으신 사물의) 본성에는 악이 존재하지 않는, 또는 존재할 수 없는 것이 있지만 아무 선도 없는 본성은 없다. 마귀의 본성까지도 본성이라는 점에서는 악이 아니지만 비뚤어짐으로써 악하게 된 것이다. 그래서 그는 진리 안에 거하지 않았으나(요 8:44) 진리가 주는 벌을 면할 수 없었다. 그는 질서의 평온 상태에 머무르지 않았으며, 그렇다고 해서 질서를 세운 분의 권한 밖으로 도망할 수도 없었다. 그의 본성에는 하나님이 주신 선이 있었지만, 그 선이 그를 하나님의 정의 앞에서 보호하지 않았고, 하나님의 공의대로 그가 벌을 받음으로써 질서가 유지되었다. 하나님은 자기가 창조하신 것을 벌하신 것이 아니라, 마귀가 범한 악을 벌하셨다. 하나님은 그의 본성에 주신 선을 모두 도로 찾으신 것이 아니라, 일부는 취하고 일부는 남겨 두고서 그 빼앗긴 것이 손실임을 알 수 있게 하셨다.

그리고 고통을 아는 이 지각이야말로 빼앗긴 선과 남아 있는 선을 증거한다. 선한 것이 조금도 남아 있지 않다면, 잃어버린 선에 대한 고통도 있을 수 없을 것이다. 죄를 짓는 자가 의를 잃어버린 것을 기뻐한다면, 그만큼 더욱 악한 것이다. 그러나 고통받는 사람은, 고통의 덕을 보지 못한다면, 적어도 건강을 잃은 것을 슬퍼한다. 또 의와 건강은 다 좋은 것이며, 좋은 것을 잃어버리는 것은 슬픈 일이요, 기쁜 일은 아니므로 — 적어도 신체의 건강을 대신할 만한 정신적 의를 얻지 않는 경우에는 — 확실히 악인은 그 과오를 기뻐하기보다는 벌을 받아 슬퍼하는 것이 마땅하다. 그러므로 선한 것을 버린 죄인이 기뻐하는 것은 그의 악한 의지를 증거하는 것과 같이, 벌을 받고 나서 선을 잃은 것을 슬퍼하는 것은 그의 선한 본성을 증거한다. 자기의 본성이 잃은 평화를 애통하는 사람은 평화를 애호하게 하던 그의 본성의 잔재가 움직여 주기 때문이다. 또 최후의 죄에서 악하고 불경건한 자들이 본성으로 받아 즐기던 장점들을 잃어버린 것을 애통하게 되는 것은 심히 공정한 일이다. 그들은 하나님의 인자하며 관대하심을 멸시했으므로, 본성의 장점들을 빼앗긴 것이 공정했다는 것을 알게 될 것이다.

가장 현명한 창조주시며 만유의 가장 공정한 제정자시며, 최대의 장식으로써 인류를 지상에 두신 하나님은 사람들에게 금생, 즉 현세적 평화에 적합한 것들을 주셨다. 예컨대, 금생에서 즐길 수 있는 건강과 안전과 인간관계, 그리고 이 평화를 유지하기 위해서 필요한 모든 것, 예컨대 우리의 외면적 감각에 적합한 빛과 밤과 공기와 우리에게 적합한 물, 그리고 신체를 유지하며 보호하며 치유하며 미화할 것들을 주셨다. 그리고 이 모든 것을 주실 때의 조건은 가장 공정한 것이다. 즉, 이 죽을 인생의 평화에 적합한 이 모든 이점들을 선용하는 사람들은 모두 더 좋고 더 풍성한 축복인 영생의 평화를 그에 동반하는 영광과 영예, 하나님을 즐기며 하나님 안에서 서로를 즐기기에 합당한 영생을 받을 것이다. 그러나 현재의 축복들을 악용하는 사람은 그것들을 잃어버릴 뿐 아니라 다른 축복들도 받지 못할 것이다.

14. 천지에 통용하는 질서와 법에 의해서 인간 사회를 지배하는 자가 사회에 봉사하게 된다.

현세적인 사물을 사용하는 목적은 지상 도성에서는 지상적인 평화를 이룩하려는 것이며 하나님의 도성에서는 영원한 평화와 관련되어 있다. 그러므로 우리가 비이성적 동물이라면, 우리가 원하는 것은 신체 각부의 올바른 배치와 욕구의 충족에 그칠 것이다. 즉 신체의 안락과 풍부한 쾌감을 원할 뿐일 것이며, 신체의 평화로 영혼의 평화를 얻으려고 할 것이다. 신체적 평화가 없으면, 욕구를 만족시키지 못하기 때문에 비이성적 영혼의 평화도 막히기 때문이다. 이 두 가지 평화는 함께 영혼과 신체 사이의 평화, 즉 조화된 생활과 건강에서 오는 평화를 돕는다. 동물들은 고통을 피함으로써 영혼의 평화를 사랑한다는 것을 보인다. 그와 같이 그들이 죽음을 무서워한다는 것은 신체와 영혼을 밀접하게 결합하는 평화를 강렬하게 사랑한다는 것을 충분히 알린다.

그러나 사람에게는 이성적인 영혼이 있으므로 동물과의 공통점들을 이성적 영혼의 평화에 예속시켜서, 지성이 행동을 자유로 조절하며, 지식과 행동 사이의 질서 있는 조화, 즉 우리가 말한 이성적 영혼의 평화를 즐기려고 한다. 이 목적을 위해서 그는 고통이나 욕망의 방해를 받지 않으며 죽음을 면함으로써 유용한 지식을 얻어 그것으로 자기의 생활과 습관을 조절해야 한다. 그러나 사람의 마음은 오류에 빠지기 쉬운 것이므로, 하나님의 지도를 받지 않으면 지식 추구가 올무가 될 수 있다. 하나님께 순종하는 사람은 불안을 느낄 필요가 없으며, 또 하나님은 사람이 자유를 잃지 않도록 도우신다. 그리고 사람이 죽을 몸을 쓰고 있는 동안은 하나님을 잘 알지 못하므로, 믿음으로 행하고, 보는 것으로 하지 않는다(고후 5:6, 7). 그러므로 사람은 모든 평화를, 즉 신체적인 것과 정신적인 것과 양자 간의 것을 사람과 영생하시는 하나님 사이의 평화에 예속시켜서 영원한 법에 신앙으로 질서있게 복종하려 한다.

그리고 거룩한 선생께서 가르쳐 주시는 교훈은 하나님을 사랑하라는 것과 이웃을 사랑하라는 두 가지이다. 이 두 가지 교훈에서 사랑해야 할 상대는 하나님과 자신과 이웃 — 이 셋이다(마 22:37-39). 또 하나님을 사랑하는 사람은 그렇게 함으로써 자기를 사랑하게 되므로, 그는 이웃도 하나님을 사랑하게 되도록 노력해야 한다.

이웃을 그 자신과 같이 사랑하라는 명령을 받았기 때문이다. 이 노력은 그의 힘이 닿는 범위 내에서 처자와 다른 식구들과 그 밖의 사람들에 대해서 실행하며, 자기에게 필요한 때에는 같은 일을 이웃에게 요구할 것이다. 이 조화의 질서는 첫째로, 아무도 해치지 않으며, 둘째, 힘이 닿는 대로 모든 사람에게 유익한 일을 하는 것이다.

그러므로 사람은 우선 자기 가정을 돌보아야 한다. 자연과 사회의 법이 자기 식구에게 가장 쉽게 접근할 수 있게 하며 그들을 섬길 더 좋은 기회를 주기 때문이다. 그래서 사도는 "누구든지 자기 친족 특히 자기 가족을 돌아보지 아니하면 믿음을 배반한 자요 불신자보다 더 악한 자니라"고 한다(딤전 5:8). 이것이 가정 평화의 근본이다. 즉 가정 안에서 다스리는 자와 순종하는 자 사이의 잘 정돈된 조화의 근본이다. 가정에서는 돌보는 사람이 다스리는 것이니, 남편이 아내를, 부모가 자녀를, 주인이 하인들을 다스리며, 돌봄을 받는 사람이 순종하는 것이니, 아내는 남편에게, 자녀는 부모에게, 하인은 주인에게 순종한다. 그러나 믿음으로 사는 의인, 천상 도성을 향하여 순례하는 도중인 사람의 가정에서는 다스리는 사람이 그 명령하는 듯한 상대자들을 섬긴다. 그들이 다스리는 것은 권세욕 때문이 아니라 타인에 대한 의무감에서 하는 일이기 때문이다. 권위를 자랑하기 때문이 아니라 자비를 사랑하기 때문이다.

15. 인간성에 고유한 자유와 죄가 도입한 노예 상태에 대하여 — 의지가 악한 인간은 다른 사람의 종이 아니면서도 자기의 정욕의 종이 된다.

이것은 자연 질서가 규정한 것이며 하나님이 이렇게 사람을 창조하셨다. 하나님이 "사람으로 바다의 고기와 공중의 새와 육축과 온 땅과 땅에 기는 모든 것을 다스리게 하자"고 하셨다(창 1:26). 사람이 비이성적인 피조물 이외의 것을 다스리는 것은 하나님의 뜻이 아니었다. 즉 사람은 사람을 다스리지 말고 짐승들을 다스리라고 하셨다. 그래서 원시시대의 의인들을 인간 사회의 왕으로 만들지 않고 양을 치는 목자로 만드셨다. 이렇게 하심으로써 하나님께서는 피조물들의 상대적 위치가 어떠하며, 죄의 보응이 무엇인가를 가르치려 하셨다. 종의 처지가 죄의 결과인 것은 공정한 처사라고 우리는 믿는다.

그 때문에 의인 노아가 자기 아들의 죄에 이 이름을 붙이기까지(창 9:25, "종들의 종") 성경에 "종"이라는 단어가 나오지 않는다. 그러므로 이 이름은 본성이 아니라 죄가 도입한 것이다. 종이라는 라틴어("servus")의 기원은 전쟁터에서 승리한 자가 죽일 권리가 있는 사람들을 살려두고 지킨("servare") 데에 있다고 한다. 이런 형편은 죄가 없으면 생기지 않았을 것이다. 정의의 전쟁에서는 상대자들에게 죄가 있으며 악인이 승리하는 때에라도 그것은 하나님께서 심판하신 결과다. 하나님은 패전자의 교만을 꺾으심으로써 그 죄를 제거하거나 벌하신다.

하나님의 사람 다니엘을 보라. 그는 외국에 사로잡혀 갔을 때에, 자기의 죄와 자기 민족의 죄를 하나님께 고백하며, 그 죄가 그들이 포로가 된 원인이라고 애절하게 인정했다(단 9:3-15). 노예 상태의 근본 원인은 죄며, 죄 때문에 사람이 사람의 지배를 받게 되는 것이다. 이런 일은 불의가 없는 하나님, 모든 종류의 죄에 대해서 반드시 합당한 벌을 주시는 하나님의 심판이 없이는 생기지 않는다.

하늘에 계신 주님이 "죄를 범하는 자마다 죄의 종이라"고 말씀하신다(요 8:34). 그래서 경건한 사람들을 종으로 부리는 악인들이 많지만, 그들 자신은 노예의 신세인 것이다. "누구든지 진 자는 이긴 자의 종이 되느니라"고 하기 때문이다(벧후 2:19). 그리고 사람의 종이 되는 편이 정욕의 종이 되는 것보다 행복하다는 것은 의심할 여지가 없다. 다른 정욕들은 고사하고 이 지배욕까지도 무자비한 지배로 사람의 마음을 황폐하게 만든다. 그뿐 아니라 사람들이 평화로운 질서에 따라 서로 순종할 때에 자랑스러운 지위가 주인에게 유해한 것처럼 낮은 지위가 종에게 유익하다. 하나님이 처음에 사람을 창조하신 대로는 본성으로 사람이나 죄의 종인 사람은 없다. 그러나 이 노예 상태는 벌이며, 자연 질서의 보존을 명령하며 그 교란을 금하는 법이 정한 것이다. 그 법을 위반하는 일이 없었더라면 벌로써의 노예 상태로 억제해야 할 죄가 없었을 것이다. 그러므로 사도는 주인에게 순종하며 진실과 호의로 그들을 섬기라고 노예들에게 권고한다(엡 6:5). 주인이 해방해 주지 않더라도, 그들 자신이 노예의 신세를 어느 의미에서 자유로운 것으로 만들며, 교활한 공포심으로 섬기는 것이 아니라, 성실한 사랑으로 섬기면 드디어 모든 불의가 사라지며, 모든 주권과 인간적인 권력이 무로 돌아가며, 하나님이 만유의 주로서 만유 안에 계시게 될 것이다(고전 15:28).

16. 공정한 지배

그러므로 우리의 의로운 족장들은 종들을 썼으며, 종의 신분과 아들의 상속권을 구별해서 가정 문제를 처리했지만 그것은 금생의 축복들에 관해서이며 우리에게 영원한 축복을 주시리라고 믿는 하나님을 경배하는 일에 관해서는 가정 내의 모든 식구를 똑같은 사랑으로 돌보았다. 이것은 자연의 질서와 잘 부합하는 일이었기 때문에 한 가정의 우두머리는 가정의 아버지(라틴어로 paterfamilias)라고 불렸으며, 이 이름을 세상이 환영했기 때문에 가정을 불의하게 지배한 자들까지도 기꺼이 이 이름을 자칭했다. 그러나 참으로 가정의 아버지라고 할 사람들은 가정 내의 식구가 자기의 친자식들과 같이, 하나님을 경배하며 하늘 집으로 갈 수 있기를 원하며, 그렇게 되도록 노력한다. 하늘 집에서는 그들의 영원한 행복을 위해서 사람이 염려할 의무가 없어지므로 따라서 사람이 다스릴 의무도 필요하지 않게 된다. 그러나 그 집에 도착하기까지는, 종이 섬기는 처지를 짐으로 느끼는 것보다 주인이 권위를 가진 자기의 지위를 더 무거운 짐으로 느껴야 한다.

그래서 가정 내의 어느 식구가 순종하지 않고 가정의 평화를 깨뜨리면, 말로나 매로 또는 사회가 허락하는 공정하고 합당한 벌로 시정해서 그가 개선되며 가정의 조화에 다시 적응하게 한다. 남을 도와 준다고 하면서 그가 받을 수 있는 더 큰 혜택을 희생시키는 것이 올바른 선심이 아닌 것과 같이, 더 중대한 죄에 빠지게 될 염려가 있을 때에 그의 잘못을 그냥 용서해 주는 것은 죄가 없지 않다. 죄가 없으려면, 우리는 남을 해하지 않을 뿐 아니라 남의 죄를 억제하거나 처벌해서 벌을 받는 자가 그런 경험의 덕을 보든지, 다른 사람들이 그 일로 경고를 받게 해야 한다. 그리고 가정은 사회의 출발점 또는 구성요소며, 모든 출발점은 그 종점과 관련이 있으며 모든 요소는 전체가 완전하게 되는데 관련이 있으므로, 가정의 평화와 사회의 평화에 관련이 있다는 것은 분명한 결론이다.

바꿔 말하면, 가정에서 다스리는 자와 순종하는 자 사이에 잘 정돈된 조화가 있으면, 그것이 사회, 예컨대 도시 생활에서의 순종과 지배 사이의 질서있는 일치에 영향을 준다. 그러므로 더욱 나아가서, 가장 자리에 있는 사람은 도시의 법에 따라 가정을 다스림으로써 가정 내의 질서가 서로 조화되도록 해야 한다는 결론이 생긴다.

17. 천상 도성과 지상 도성 사이의 평화와 불화를 일으키는 것은 무엇인가?

그러나 믿음으로 살지 않는 가정들은 금생의 지상적 유익에서 평화를 구하며, 믿음으로 사는 가정들은 약속된 영원한 축복들을 바라보면서 지상에서는 순례자로서 현세적 지상적인 유익들 중 그들을 매혹하여 하나님을 떠나게 하지 않는 것들만을 사용한다. 즉 썩을 육신이 영혼을 내리누르는 그 짐을(지혜서 9:15) 더 쉽게 견디도록, 또 그 짐의 수효를 감하는데에 도움이 되는 그런 유익들만을 이용한다. 그래서 죽을 인생에 필요한 것은 두 가정이 다 쓰지만, 그 쓰는 목적이 각각 독특하고 서로 많이 다르다. 믿음으로 살지 않는 지상적 도성은 금생에 도움이 되는 것들을 얻기 위해서 인간들의 의지를 결합한 것인데, 지상적 평화를 구하며, 시민 생활에서의 복종과 지배 사이의 질서있는 조화를 목표로 삼는다. 천상 도성 또는 지상에서 믿음으로 사는 그 일부는 부득이 이 평화를 이용해서, 그렇게 만드는 죽을 처지가 사라질 때까지 계속한다. 따라서 지상 도성에 포로나 외인같이 살고 있는 동안은, 비록 이미 구속의 약속과 그 담보로서의 성령을 받았지만, 지상 도성의 법에 복종하는 것을 주저하지 않는다. 그 법이 이 죽을 인생을 유지하는 데에 필요한 것들을 관리하기 때문이다. 그래서 금생이 두 도성에 공통된 것과 같이, 금생에 속한 것에 관해서도 양자 간에 일종의 조화가 있다.

그러나 지상 도성에 있는 어떤 철학자들은 하나님의 교훈이 정죄하는 학설을 주장했다. 그들은 자기의 추측이나 마귀들에게 속아서, 많은 신들을 초청해서 인간사에 관심을 가지게 해야 한다고 생각했고, 그 신들에 각각 다른 기능과 다른 부분을 배당했다. 한 신에게는 신체를, 다른 신에게는 영혼을 배당하고, 신체에서도 머리를 맡긴 신, 목을 맡긴 신 등 지체마다 맡긴 신이 달랐다. 같은 식으로 영혼에서도 타고난 능력과 교육과 분노와 정욕 등을 각각 한 신에게 한 가지씩 맡기고, 인간이 하는 일들도 가축, 곡식, 포도주, 기름, 산림, 돈, 항해, 전쟁과 승리, 혼인, 출생과 생식력, 기타 여러 가지 일들을 각각 한 가지씩 신들에게 배당했다.[16]

그와 반대로 천상 도성은 유일신만을 경배해야 될 줄로 알았고, 신에 대한 숭배만을 라트레이아(λατρεία)라고 부른 그리스 사람들의 그 라트레이아는 유일신에게만 드려야 한다고 믿었기 때문에, 종교에 관해서는 두 도성이 공용의 법칙을 가질 수 없었다. 그래서 이 문제에서 천상 도성은 반대 입장에 서지 않을 수 없었고, 생각이 다른 사람들이 싫어하는 바가 되어, 그들의 분노와 미움과 박해를 받게 되었다. 다만 그리스도교의 원수들은 그리스도교인의 수효가 많은 데 놀랐고, 하나님이 주시는 분명한 보호를 보고 진정되었다.

그러므로 이 천상 도성은 지상에 나그네로 있는 동안, 모든 국민 사이에서 시민을 모집해서 모든 언어를 사용하는 순례자 사회를 형성한다. 지상 평화를 확보하고 유지하는 데 필요한 풍속과 법률과 제도가 다른 것을 문제시하지 않으며, 이런 것이 아무리 다를지라도 모두 지상 평화라는 한 목적에 이바지한다는 것을 인정한다. 그러므로 이런 차이점들을 제거하거나 폐지하기는 고사하고, 유일진정한 하나님을 경

16) 4, 6, 7권을 보라.

배하는 데 방해만 되지 않으면, 오히려 보존하며 채용한다. 따라서 천상 도성도 순례 도중에 있는 동안 지상 평화를 이용하며, 신앙과 경건을 해하지 않으면 생활 필수품을 얻는 문제에서 할 수 있는 대로 세상 사람들과 합의하고자 하며, 지상 평화가 천상 평화에 이바지하게 한다.

천상 평화만이 참으로 이성적 피조물의 평화라고 부르며 존중할 수 있기 때문이다. 그것은 완전한 질서와 조화를 유지하면서 하나님을 즐기며, 하나님 안에서 서로를 즐기는 것이다. 우리가 그 평화에 다다른 때에는 이 죽을 생명은 영원한 생명에 자리를 양보하고, 우리의 신체는 물질적인 것이 아니라 영적인 것이 된다. 물질적인 몸은 썩기 때문에 영혼을 내리누르지만, 영적인 몸은 아무 결핍도 느끼지 않는며, 그 지체는 모두 의지에 복종할 것이다. 순례 도상의 천상 도성이 믿음으로 이 평화를 누리며, 평화를 얻기 위해서 하나님과 사람에 대한 모든 선행을 할 때에, 우리는 믿음으로 의롭게 산다(롬 1:17). 천상 도성의 생활도 사회적인 것이기 때문이다.

18. 신아카데미파의 회의와 그리스도교 신앙의 확신은 어떻게 다른가?

모든 것에 대해서 반신반의하는 것이 신아카데미파의 특징이라고 바로는 말하지만[17], 하나님의 도성은 그런 회의를 미친 짓이라고 해서 몹시 싫어한다. 하나님의 도성은 지성과 이성으로 인식하는 것에 대해서 절대적인 확신을 품는다. 다만 썩을 몸이 지성을 내리누르기 때문에, "우리는 부분적으로 안다"고 한 사도의 말씀과 같이(고전 13:9) 우리의 지식에는 한도가 있다는 것을 인정한다. 또 하나님의 도성은 지성이 자체의 도움으로 감각을 이용해서 얻는 증거를 신용한다. 결코 감각을 믿지 않겠다고 하는 사람이 도리어 가련하고 속은 사람이기 때문이다. 하나님의 도성은 또 우리가 정경이라고 부르는 신구약성경을 믿음의 원천이라고 믿으며, 의인은 그 믿음으로 살며(합 2:4), 우리도 주와 따로 있는 동안(고후 5:6) 그 믿음으로 살아 가는 것이다. 이 믿음이 침범되지 않고 견고히 서 있기만 하면, 우리는 어떤 일들에 대해서는 의심을 품더라도 비난을 받지 않는다. 즉 우리의 감각이나 이성으로 인식한 일이 없으며, 정경에서 계시된 일이 없으며, 의심하는 것이 도리어 어리석을 만한 증인들을 통해서 알게 된 것도 아닌 일들에 대해서는 우리는 의심해도 무방하다.

19. 그리스도인의 의복과 습관에 대하여.

---

17) 1장 주5.

믿음으로 하나님께 오는 사람이 하나님의 계명들을 따라 살기만 하면, 그의 옷이나 생활 습관은 하나님의 도성에서 전혀 중요한 문제가 되지 않는다. 그러므로 철학자들이 그리스도인이 될 때에 그들의 그릇된 학설은 반드시 버려야 하지만 경건에 방해가 되지 않는 의복이나 생활 양식은 버리라고 하지 않는다. 따라서 보기에 흉하거나 방종한 점만 없다면, 바로가 견유학파에 관련해서 말한 학파 구별은[18] 문제시 하지 않는다. 세 가지 생활 양식— 즉 명상적 · 활동적 · 양자를 결합한 생활양식—에 관해서는, 진리와 의무가 요구하는 것을 무시하지만 않으면, 어느 생활 양식을 채용하더라도 영생을 얻는 데는 지장이 되지 않지만, 진리와 의무가 요구하는 일은 결코 무시할 수 없다. 명상 생활을 한다고 해서 이웃을 섬기는 것을 잊어버리고 안일하게 있을 권리가 있는 것이 아니며, 활동 생활에 파묻힌 사람에게 하나님께 대한 명상을 게을리 할 권리가 있는 것도 아니다. 한적한 시간을 좋아하는 것은 머리 속이 빈 채로 아무 일도 하지 않고 있을 수 있기 때문이 아니라, 진리를 탐구하며 발견할 수 있기 때문이어야 하며, 따라서 모든 사람이 확고한 지식을 얻는 동시에 다른 사람들도 그와 같이 되기를 원해야 한다.

해 아래 있는 것이 모두 헛되므로(전 1:14) 활동 생활에서도 우리가 구할 것은 금생의 명예나 권력이어서는 안 되며, 만일 정직하게 얻은 지위나 세력이 있다면, 그것을 우리 아래 있는 사람들의 복지를 위해서 우리가 이미 설명한 대로[19] 쓰는 것을 목표로 삼아야 한다. "사람이 감독의 직분을 얻으려 하면 선한 일을 사모한다"고 한 사도의 말씀은(딤전 3:1) 이 점을 가리킨 것이다. 사도는 감독의 직분은 한 가지 일이며 명예가 아니라는 것을 밝히고자 했다. 감독의 그리스어는 다스리는 사람이 그 다스림을 받는 사람들을 감독한다, 또는 돌본다는 뜻이다. "감독한다"는 그리스어의 에피스코페인에서 에피는 " 위에서," 코페인은 "본다," 따라서 에피스코페인은 위에서 본다, 감독한다, 돌본다는 뜻이 된다. 그러므로 선하게 해 주는 것보다 지배하는 것을 좋아하는 사람은 감독도 아니다. 따라서 진리를 탐구하는 것이 한적한 시간을 가장 훌륭하게 사용하는 방법이므로, 아무에게도 진리를 탐구하지 말라고 할 수 없다. 그러나 감독직에 있는 사람은 그 지위에서 지배하는 직분을 품위있게 이행해야 하지만, 사람들을 지배하는 데에 필요한 그 높은 지위를 탐내는 것은 품위없는 짓이다. 그러므로 거룩한 한적함을 사모하는 것은 진리를 사랑하기 때문이며, 필요한 사무를 맡는 것은 사랑이 강요하기 때문이다. 아무도 이런 짐을 우리에게 지우지 않는다면, 우리는 자유로 진리를 탐구하며 명상해도 좋다. 그러나 우리에게 부담이

---

18) 1장.
19) 14장.

올 때에는 사랑을 위해서 그 짐을 반드시 져야 한다. 다만 이런 경우에도 명상의 행복을 전적으로 포기할 의무가 있는 것은 아니며, 만일 이 행복마저 빼앗긴다면 그 짐은 우리가 감당할 수 없게 될는지도 모른다.

20. 성도들은 금생에서 소망으로 행복하다.

하나님의 도성의 최고선은 완전하고 영원한 평화이며, 죽을 인간들이 나서 얻고 죽어서 잃어버리는 그런 평화가 아니라, 아무 악도 없는 평화, 영생하는 존재들이 영원히 즐기는 평화이므로, 그런 내세가 가장 행복하다는 것을 누가 부정할 수 있는가? 또는 그 내세와 비교할 때에 우리가 지금 살고 있는 생명은 아무리 영육의 모든 축복과 외적인 물자가 가득하더라도 지극히 가련하다는 것을 누가 부정할 수 있는가? 다만 내세를 열렬히 사랑하며 확실히 바라보면서, 그 내세를 위해서 현세를 이용하는 사람은 비록 실제는 아니고 소망으로만 가진 것이지만, 역시 이미 현세에서 행복을 누린다고 할 수 있다. 그러나 설혹 금생의 행복을 실제로 누린다고 하더라도, 만일 저 세상에 대한 소망이 없다면 그것은 참으로 거짓된 행복이며 심각한 불행에 불과하다. 영혼의 진정한 선들을 (소망으로) 이용하지 않기 때문이다. 즉 사려 깊은 판단과 용기있는 행동과 유덕한 절제와 공정한 처사를 실천할지라도, 확고한 영원과 완전한 평화 속에 하나님이 만유의 주로서 만유 안에 계시는(고전 15:28) 종말을 목표로 삼지 않는다면, 그런 지혜는 진정한 지혜가 아니기 때문이다.

21. 키케로의 대화편에서 스키피오가 정의한 것과 같은 로마 공화국이 일찍이 있었는가?

내가 제2권에서[20] 약속한 것을 여기서 이행해야 되겠다. 키케로의 저서「공화국에 대하여」(*De Republica*) 에서 스키오피오가 내린 정의를 우리가 인정한다면, 로마 공화국은 없었다는 것을 될 수 있는 대로 간단명료하게 설명하겠다. 스키피오는 공화국을 국민의 복지라고 간단히 정의했다. 만일 이 정의가 옳다면, 로마 사람들 사이에서 국민의 복지를 얻은 일이 없으므로, 로마 공화국은 없었다. 그의 정의대로 한다면 국민은 권리를 서로 인정하며 공통된 이해 관계로 뭉친 인간들의 집단이다. 그는 권리를 서로 인정한다는 것을 설명해서, 공의가 없으면, 공화국을 다스릴 수 없다는 것을 밝힌다. 그러므로 진정한 공의가 없는 곳에서는 권리가 있을 수

---

20) 2권 21장.

없다. 권리로 한 일은 공정하게 한 일이며, 불공평하게 한 일은 권리로 했다고 할 수 없다. 인간들이 조작한 불공평한 규정들은 권리에 의한 것이라고 생각하거나 말할 수 없다. 그런 인간들도 권리는 공의라는 원천에서 흘러온다고 하며, 사리를 오인한 자들이 흔히 말하는 정의, 즉 강자에게 유용한 것이 권리라고 하는 것을 인정하지 않는다.[21)]

그래서 진정한 공의가 없는 곳에는 권리를 서로 인정함으로써 뭉친 인간들의 집단이 있을 수 없으며, 따라서 스키피오가 또는 키케로가 정의한 국민이 있을 수 없다. 국민이 없으면 국민의 복지도 있을 수 없고, 있는 것은 국민이라고 부를 가치가 없는 잡동사니 군중에 불과하다. 따라서 공화국은 국민의 복지며, 그리고 권리를 서로 인정함으로써 뭉친 사람들의 집단이 아니면 국민이 아니며, 또 공의가 없는 곳에는 권리도 없다면 가장 확실한 결론은, 공의가 없는 곳에는 공화국도 없다는 것이다. 그뿐 아니라 공의는 모든 사람에게 그 받아야 할 것을 주는 덕성이다[22)]. 그렇다면, 사람이 진정한 하나님을 버리고 불결한 귀신들에게 자기를 맡길 때에 공의는 어디 있는가? 이것이 모든 이에게 그 받아야 할 것을 주는 것인가? 땅을 산 사람에게 땅을 주지 않고, 그 땅에 대해서 아무 권리도 없는 다른 사람에게 주는 사람은 불공정하고, 자기를 지으신 하나님에게 자기를 드리지 않고 악령들을 섬기는 사람은 공정하다는 말인가?

같은 책 「공화국」에서는 불공정을 반대하고 공의를 강력하고 예리하게 주장한다. 먼저 공의에 반대하는 불공정의 입장을 듣는다. 그것은 불공정한 일을 하지 않고는 공화국이 성장하거나 존속할 수조차 없다는 주장이었다. 어떤 사람들은 다스리고, 어떤 사람들은 섬긴다는 것은 불공평하다는 것은 절대로 부인할 수 없는 논거라고 규정했기 때문이다. 그러나 공화국이 속한 제국 수도는 이 불공정한 일을 하지 않고서는 해외 영토들을 다스릴 수 없다. 공의의 입장을 옹호하는 대답은, 섬기는 것이 해외 영토에 유익하므로 그들을 다스리는 것이 공정하며, 바르게 다스리기만 하면, 즉 불법한 사람들이 남을 해치지 못하도록 막기만 하면, 공정하다는 것이었다. 그 뿐 아니라, 불법한 사람들을 자유롭게 버려두면 점점 더 악화하는 것이므로, 그들은 굴복시켜야만 개선된다는 것이었다. 이 논법을 뒷받침하기 위해서 자연계에서 현저한 예를 인용했다. "하나님이 사람을 다스리며, 영혼이 신체를 다스리며, 이성이 정욕과 영혼의 악한 다른 부분들을 다스리는 것은 무슨 까닭이냐?" 이 예를 보면, 섬기는 것이 어떤 것들에게는 유익하다는 것을 의심할 수 없으며, 참으로 하나

21) Plt., *Rp.*, 339A-341A
22) Arist., *Eth*, Nic., 5, 5, 2.

님을 섬기는 것은 모든 것에 유익하다.

그리고 영혼이 하나님을 섬길 때에 신체를 바르게 통제할 수 있으며, 영혼의 내부에서는 이성이 정욕과 그 밖의 악습들을 바르게 지배하려면 스스로 하나님께 순종해야 한다. 따라서 사람이 하나님을 섬기지 않을 때, 우리는 그에게 어떤 공의를 돌릴 수 있는가? 이런 경우에 그의 영혼은 신체를 올바로 통제할 수 없으며 그의 이성도 그의 죄악들을 바르게 통제할 수 없기 때문이다. 개인에게 공의가 없으면 확실히 이런 개인들로 구성된 공동체에 공의가 있을 수 없다. 그러므로 이런 곳에는 사람들을 뭉쳐서 국민으로 만들며, 그들이 하는 일을 공화국이라고 부르게 한 권리의 상호인정도 없다. 그리고 이익에 대한 공동 추구가 국민을 만든다는 저 정의에 대해서 내가 말할 필요는 무엇인가? 문제를 자세히 들여다보기만 하면, 불경건한 생활을 하는 사람에게 아무 유익도 없다는 것을 알게 될 것이다. 즉 하나님을 섬기지 않고 가장 불결한 영들이면서도 사람들의 숭배를 받고자 할 정도로 악한 귀신들을 섬기는 사람에게 유익한 일이 있을 수 없다. 그러나 내가 권리의 상호 인정에 대해서 한 말은 공의가 없는 곳에서는 위에서 언급한 정의에 있는 것과 같은 국민이나 공화국이 있을 수 없다는 것을 넉넉히 증명할 것이다.

만일 로마인들의 공화국에서는 불결한 신들을 섬긴 것이 아니라 선하고 거룩한 신들을 섬겼다고 주장하는 사람들이 있다면, 그렇다고 해서 우리가 이런 말에 다시 대답해야 하는가? 우리가 이미 한 말은 충분하고도 남을 정도다. 내가 쓴 이 글을 여기까지 읽고도 로마인들이 악하고 불결한 신들을 섬겼다는 것을 의심하는 사람은 특별히 어리석거나 몰염치한 논쟁가일 것이다. 그러나 신들의 성격을 말할 것이 아니라, 진정한 하나님의 법에 있는 말씀은 "주 외에 다른 신에게 희생을 드리는 자는 멸할지니라"고 하신다(출 22:20). 그러므로 이렇듯 무서운 계명을 내리신 분이 신들은 선악간 일체 경배하지 말라고 명령하신다.

22. 그리스도교인들이 섬기는 하나님만이 희생을 드려야 하는 진정한 신인가?

그러나 혹은 대답하리라. "이 하나님은 누군가? 또는 그만이 로마인들에게서 희생을 받을 자격이 있다는 증거는 무엇인가?" 이 하나님이 누구인지를 아직도 묻는 사람은 아주 소경일 것이다. 이 하나님의 예언자들이 예언한 일들이 실현된 것을 우리는 본다. 아브라함은 이 하나님에게서 "네 씨로 말미암아 천하 만민이 복을 얻으리라"는 확약을 받았다(창 22:18). 그 씨에서 나타난 그리스도에게서 이 말씀이 실현되었다는 것은 그리스도의 원수들까지도 할 수 없이 인정한다. 이 하나님의 거룩한 영이 사람들을 시켜 예언하신 말씀들을 나는 앞에 있는 여러 권에서 인용했고, 온 세계에 퍼진 교회 안에서 그 예언들이 실현된다. 로마인 중에서 가장 박식한 바로는 자기가 하는 말의 뜻을 잘 모르면서도 이 하나님을 유피테르라고 했다. 그만큼 유식한 사람이 이 하나님이 존재하지 않다거나 멸시할 만하다고 생각하지 못하고, 이 하나님이 곧 최고신이라고 믿은 사실을 말하는 것이 옳다고 나는 생각한다. 끝으로 가장 박식한 철학자 포르피리오스[23]는 그리스도교인들의 가장 맹렬한 원수였으면서도, 이 하나님을 위대한 신이라고 인정했다. 그는 자기가 신들이라고 생각하고 존중한 존재들의 말을 따라서 그런 고백을 한 것이다.

23. 그리스도에 관해서 신들이 말한 대답이라고 포르피리오스가 전한 것.

포르피리오스의 저서 「신탁의 철학」[24]은 신학적인 문제들에 대해서 신들이 했다는 대답들을 수집하고 논평한 것이다. 그가 한 말을 그리스어에서 번역한 대로 인용한다. "자기의 아내를 그리스도교에서 떼어 놓으려면 어느 신의 노염을 풀어야 하겠느냐고 물은 사람에게 아폴로는 다음과 같은 시구로 대답했다." 그 아폴로의 말은 다음과 같다. "일단 몸을 더럽힌 너의 불경건한 아내의 마음을 바로잡기보다는 물위에 사라지지 않는 글자를 쓰거나 공중을 새같이 날아 다니는 것이 더 쉬울 것이다. 그 여자는 제멋대로 미련한 거짓말을 믿고, 죽은 하나님을 헛되이 애탄하게 버려두라. 그의 하나님은 정신이 똑바른 재판관들의 유죄 선고를 받고 부끄러운 횡사를 한 것이다." 여기서 라틴어 산문으로 번역된 이 아폴로의 시구 다음에 포르피리오스는 말을 첨가한다. "아폴로의 이 시구는 그리스도인들의 고칠 수 없는 부패상을 폭로하며, 그들보다 유대인들이 하나님을 인정했다고 말한다."

그는 이와 같이 그리스도인들보다 유대인들이 하나님을 인정했다고 함으로써 그리스도를 잘못 전한다. 그리스도를 사형에 처한 재판관들은 정신이 똑바른 공정한 사람들이었다고 한 아폴로의 말을 그는 이렇게 설명했다. 바꿔 말하면 그리스도는 죽은 것이 당연했다는 것이다. 그리스도에 대한 신탁의 책임을 나는 아폴로를 해석한 사람의 거짓말로 돌린다. 또는 이 해석을 믿은 이 철학자에게 책임이 있을 수 있고 혹은 그 자신이 꾸며냈을 수도 있다. 포르피리오스의 견해나 다른 신탁들과 이런 해석이 일치하느냐 하는 문제에 대해서는 조금 뒤에 말하겠다.

---

23) 7권 25장.
24) 이 책은 단편이 많이 남아 있다.

그러나 이 구절에서 그가 말하려는 것은, 유대인들이 하나님을 해석하는 입장에서 그리스도를 가장 수치스러운 사형에 해당한다고 한 것은 공정한 판단이었다는 것이다. 그렇다면 그가 이렇게 증언하는 그 유대인들의 하나님이 하신 말씀을 그는 경청했어야 옳았을 것이다. "주 외에 다른 신에게 희생을 드리는 자는 멸할지니라"고 하셨다(출 22:20). 그러나 이보다도 더 명백한 표현들을 들어, 포르피리오스가 유대인들의 하나님을 얼마나 위대하게 생각하는가를 보겠다. 말 또는 이성과 법은 어느 편이 나으냐고 물었을 때에 아폴로는 시구로 대답했다고 하는데, 나는 그 중에서 다음 것을 인용하면 충분하리라고 생각한다. "그들의 아버지요 왕이신 하나님은 만물보다 먼저 있었으며, 그의 앞에서는 하늘과 땅과 바다와 지옥의 숨은 것들이 떨며, 신들까지도 무서워 한다. 그들의 법이 그 아버지이며, 거룩한 히브리 사람들은 그를 공경한다."[25] 포르피리오스는 그의 신 아폴로의 이 신탁으로, 히브리인들의 하나님이 위대하기 때문에 신들까지도 그를 무서워한다고 언명했다. 그러므로 하나님이 "주 외에 다른 신에게 희생을 드리는 자는 멸할지니라"고 하셨을 때에, 포르피리오스 자신은 다른 신들에게 희생을 바치면서 멸절될 것을 떨며 두려워하지 않은 것을 알고 나는 놀란다.

그러나 이 철학자는 우리가 방금 말한 그의 모욕적인 언사를 잊어버린 듯이 그리스도에 대해서 좋게 말하기도 한다. 그의 신들이 그리스도를 나쁘게 말한 것은 그들이 잘 때 뿐이고 깨어 있을 때에는 그리스도를 착한 분으로 인정하고 그의 진가를 칭찬했다는 것인가? 마치 믿을 수 없는 놀라운 말을 하려는 듯이 그는 다음과 같이 말한다. "우리가 이제 말하려는 것을 듣고 어떤 사람들은 확실히 놀랄 것이다. 신들이 그리스도는 매우 경건했고, 영생하게 되었고, 그들도 그를 그리워한다고 말했기 때문이다. 그러나 그리스도교인들에 대해서는 부패했으며 오염되었으며 과오가 많다고 했다. 그 밖에도 많은 말로 그들을 공격했다."

그리고 그 신들이 했다는 비난들을 말한 다음에 첨가한다.

> "그러나 헤카테(Hecate. 천지와 지옥을 주관한다는 여신)에게 그리스도는 하나님이었느냐고 물은 사람들에게 여신은 대답하기를 '그대들은 몸을 떠나서 영생하는 영혼의 상태를 알며 지혜에서 분리된 영혼은 항상 오류를 범한다는 것도 안다. 그대들이 언급한 영혼은 가장 경건한 사람의 영혼이며, 진리를 오해한 자들이 그것을 숭배한다'[26]고 했다." 이 소위 신탁이 한 대답에 그는 그 자신의 말을 첨가한다. "이 매우 경건한 사람의

---

25) 이 신탁의 일부를 Lactantius가 인용했음: Lact., *De Ira Dei*, 23, 12

26) 그리스 문장의 일부가 Euseb., *Dem. Ev.*, 3, 6에 인용되었음.

영혼은 다른 선한 사람들의 영혼과 같이 사후에 영생을 받았으며, 그리스도인들은 무지해서 그의 영혼을 숭배한다고 헤카테는 말했다. 그리고 무슨 까닭에 그는 사형 선고를 받았느냐고 묻는 사람들에게 여신은 대답하기를 '몸은 항상 고통을 받을 위험성이 있는 것이 사실이나 경건한 사람들의 영혼은 하늘에서 살고 있다. 그리고 그대들이 묻는 그 영혼은 다른 영혼들에게 치명적인 오류의 원인이 되었다. 그런 영혼들은 신들의 선물을 받거나, 영생하는 유피테르를 알 운명이 아니었기 때문에 신들의 미움을 받는다. 신들의 선물을 받지 못할 운명이며 하나님을 알 수 없는 운명인 영혼들은 그대들이 말하는 그 사람으로 인해서 오류에 빠질 운명이었다. 그러나 그 자신은 선했고, 다른 선한 사람들과 같이 그에 대해서도 하늘이 열려 있었다. 그러므로 그대들은 그에 대해서 나쁜 말을 하지 말고, 사람들의 어리석음을 불쌍히 여기는 것이 옳다. 그리고 그로 인해서 사람들에게 위험이 임박했다."

이 신탁들은 그리스도인들에 대해서 깊은 원한을 품은 사람이 교묘하게 조작한 것이거나, 그렇지 않으면 같은 동기로 불결한 귀신들이 한 대답이라는 것을 어느 어리석은 사람이 모르겠는가? 이런 말은 그리스도를 칭찬함으로써 그리스도인들에 대한 그들의 독설이 신용을 얻게 하려는 것이다. 또 될 수만 있으면 영원한 구원인 그리스도교의 길을 막으려는 것이다 그리스도인들에 대한 자기들의 중상을 세상이 받아들이기만 한다면, 그리스도에 대한 믿음을 조장하는 것이 그들의 악한 공적에 결코 방해가 되지 않는다고 그들은 믿기 때문이다. 그리스도를 좋게 생각하는 사람도 그리스도인이 되는 것을 거절할 것이며, 따라서 그리스도를 칭찬하면서도 그리스도에 의해서 그들의 지배하에서 구출되지 못하도록 하려는 것이다. 그 뿐 아니라 그들이 그리스도를 칭찬한다고 하지만, 그들이 말하는 그리스도를 믿는 사람들은 진정한 그리스도인이 되지 않고, 포티누스(Photinus)[27]파의 이단자가 되도록 꾸민 것이다. 즉, 그들은 그리스도의 인간성만을 인정하고 신성은 인정하지 않으며, 따라서 구원을 받지 못하며 마귀들이 하는 거짓말의 올무에서 구출되지 못할 것이다.

우리로 말하면, 그리스도에 대한 아폴로의 훼방과 마찬가지로 헤카테의 칭찬도 기뻐하지 않는다. 그리스도를 사형에 처한 사람들은 정신이 바른 재판관이었다고 한 아폴로의 말에는 그리스도가 불의했다는 뜻이 내포되었다. 헤카테는 그리스도를 가장 경건한 사람이라고 할 뿐, 그 이상이 아니었다고 하는 것이다. 이 두 가지 발언의 의도는, 사람들이 그리스도인이 되는 것을 막자는 것이다. 이렇게만 된다면, 사람들이 그들 자신의 지배를 벗어나지 못하겠기 때문이다. 그러나 우리의 철학자가

27) Sirmium의 감독이며 351년에 파면됨.

또는 그리스도인들을 공격하는 이 소위 신탁들을 믿는 사람들이 이행해야 할 의무가 있다. 우선 그들은 할 수 있으면 아폴로와 헤카테가 그리스도에 대해서 같은 생각을 하게 만들어서, 둘이 다 그를 정죄하든지 그렇지 않으면 둘이 다 그를 칭찬하게 만들어야 한다. 또 설혹 그들이 이렇게 하는데 성공하더라도, 우리로서는 거짓된 귀신들이 하는 말은 그리스도에 유리한 것이거나 불리한 것이거나 모두 배척할 것이다. 그러나 우리의 논적들의 남신과 여신이 하나는 그리스도를 악평하며 또 하나는 그를 칭찬할 때에, 식견이 있는 사람이라면, 그들이 그리스도인을 모욕하는 것을 신용할 수 없을 것이 확실하다.

포르피리오스, 또는 헤카테가 그리스도를 칭찬하면서 그리스도는 그리스도인들에게 자기를 치명적인 선물로 주어 그들을 오류에 빠지게 했다고 할 때에, 그는 이 오류의 원인을 폭로하는 것으로 생각한다. 그러나 그가 그런 뜻으로 하는 말을 인용하기 전에 나는 묻고자 한다. "만일 그리스도가 그와 같이 자기를 그리스도인들에게 주어서 오류에 빠지게 했다면, 그것은 원해서 한 일인가 또는 그의 의사와는 반대되는 일이었는가? 만일 원해서 한 일이라면 어떻게 그는 의로울 수 있는가? 만일 본의가 아니었다면 어떻게 그는 행복할 수 있는가?"

그러나 이 오류의 원인에 대한 말을 들어보기로 한다. "어떤 곳에 아주 작은 지상적 영들이 있어서, 악한 귀신들의 세력하에 매여 있다. 히브리 민족의 현인들은 — 위에서 인용한 아폴로의 신탁에서 독자들이 이미 아는 바와 같이, 예수도 그들의 현자였지만 — 경건한 사람들에게 이 심히 악한 귀신들과 작은 영들을 버리고 천상의 신들을 숭배하며 하나님 아버지를 경배하라고 가르쳤다. 이 일을 신들은 명령하며, 영혼이 하나님을 향하도록 충고하며 그를 숭배하도록 명령한다는 것을 우리는 이미 밝혔다. 그러나 무지하고 불경건한 자들, 신들의 가호를 받거나, 영생하는 유피테르를 알 운명이 아닌 자들은 신들의 교훈을 듣지 않고, 모든 신들을 등지고, 금지된 귀신들을 미워하지 않을 뿐 아니라 도리어 공경했다. 하나님을 경배하노라고 하면서 하나님만을 경배하는 의식들을 거절했다. 물론 만유의 아버지이신 하나님은 아무것도 필요하지 않지만, 우리로서는 하나님을 숭모하는 것이 유익하다. 즉 공의와 정결과 기타의 덕행으로 하나님을 경배하며, 하나님의 본성을 연구하며 모방함으로써 생활을 곧 기도로 만드는 것이다. 연구는 우리를 깨끗이 하며 모방은 우리를 하나님께 더욱 접근하게 함으로써 신으로 만든다."

이와 같이 포르피리오스는 하나님을 아버지라고 선언하며, 우리가 어떤 행동으로 그를 숭배할 것인가를 말하는 점에서는 옳다. 히브리 민족의 성경에는 성도들의 생활을 칭찬 또는 비난하는 이런 교훈들이 가득하다. 그러나 그리스도인들에 대한 그의 말은 잘못이며, 그가 신들이라고 인정하는 귀신들이 원하는 그대로 그리스도인들을 훼방할 뿐이다. 이전에 신들을 기쁘게 할 목적으로 극장들과 신전들에서 한 창피하고 부끄러운 짓들을 회상하는 것이 그렇게 어려운가? 그런 짓들과 지금 우리들이 교회에서 듣는 말이나 참 하나님에게 드리는 희생을 비교한다면, 어느 편이 인간의 성품을 향상시키며 어느 편이 타락시키는가를 판단하기가 어렵지 않을 것이다. 그러나 히브리인들이 숭배하지 말라고 한 귀신들을 그리스도교인들이 미워하지 않고 도리어 공경한다고 하는, 분명하고 허망한 거짓말을 이 사람에게 불어넣은 것은 어느 마귀였는가?

히브리 현자들이 경배한 하나님은 하늘의 천사들이나 거룩한 세력들에게도 희생을 드리는 것을 금하셨다. 우리는 이들을 순례 도상의 가장 축복받은 동포로 인정해서 존경하며 사랑할 뿐이다. 하나님은 히브리인들에게 주신 율법에서 우레같은 음성으로 위협하신다. "주 외에 다른 신에게 희생을 드리는 자는 멸할지니라"(출 22:20). 그리고 이 금지 명령은 철학자가 아주 작다 또는 낮다고 한 마귀들이나 지상적인 영들에만 타당하는 것이 아님을 알리고자 하셨다. 이런 것들을 히브리인들은 신이라고 인정하지 않고 이방인들이 그렇게 생각한 것이다. 그래서 70인역에서는 "만방의 모든 신은 마귀들이라"고 했다(시 96:5, 70인역). 이 마귀들에게 희생을 드리는 것은 금지하고, 하늘에 있는 세력들에게는 그 전부나 또는 일부에 희생을 드리는 것은 허락된다는 것이 아니라는 점을 알리기 위해서 "주 외에"라는 말씀이 첨가되어 있다. 이것은 하나님께만 드리고 그 외에는 아무에게도 드리지 말라는 뜻이다. 내가 이렇게 설명하는 것은 라틴어 번역의 Deo soli를〔"하나님에게만"이라는 뜻. 그런데 soli는 "에게만"이라는 뜻이지만, "태양(太陽)에게"라는 뜻도 되므로〕 "태양신에게" 희생을 드려도 좋다는 뜻으로 오해할 수 있겠기 때문이다. 그리스어 번역을 보면, 이런 뜻이 아닌 것을 곧 알 수 있다.

그러면 이 유명한 철학자가 이렇게 훌륭한 증언을 하는 히브리인들의 하나님은 그들에게 율법을 주셨고, 그 율법은 원래 히브리어로 쓴 것이지만 지금은 세계 각국에서 발표되어 밝히 알려져 있다. 그 율법에 "주 외에 다른 신에게 희생을 드리는 자는 멸할지니라"고 기록되어 있다. 이 문제에 대해서 우리는 율법이나 선지서에서 다른 증거를 찾을 필요가 있는가? 그럴 필요가 전혀 없다. 그런 말씀이 한두 군데만 있는 것도 아니요 얻어보기 어려운 것도 아니다. 가득하고 명백한 증거들을 수집해서 나의 주장을 뒷받침할 필요는 무엇인가? 최고의 진정한 하나님을 제하고는 아무 신에게도 희생을 드리지 말라는 뜻이 청천 백일과 같이 분명하지 않은가? 우리의 논적들 중에서 가장 현명한 사람이 그렇게 높이 찬양하는 그 하나님이 하신 간단한 말씀이 있다. 그것은 결정적이며, 두려우며 확실히 진리인 말씀이다. 순종하지 않는 영혼은 진멸되지 않기 위해서, 이 말씀을 듣고 두려워하며 실천하라. "주 외에 다른 신에게 희생을 드리는 자는 멸할지니라." 하나님께 무엇이 필요하기 때문이 아니라, 우리가 하나님의 소유가 되는 것이 마땅하기 때문이다. 히브리 민족의 성경에 "내가 주께 아뢰되 주는 나의 주시오며 나의 재산이 필요하지 아니하나이다라고 하였도다" 라고 하였다(시 16:2, 70인역).

그러면 그의 도성의 백성인 우리 자신이 그의 가장 고귀하고 가치있는 희생이며, 우리가 드리는 희생은 이 신비라는 것을 모든 신자가 잘 알며, 나도 앞의 몇 권에서 설명했다.[28] 유대인들이 드린 희생은 장차 있을 것의 그림자요, 따라서 없어질 것이며 전 세계에 민족들이 한 희생을 드리게 되리라는 것을 예언자들의 입을 빌어 하나님이 선언하셨다. 우리는 지금 이런 말씀들이 실현된 것을 보며, 나는 이 책의 목적에 적합한 것들을 채용했다. 그러므로 최고의 유일신이 명령하고 시민들이 하나님의 은총의 도움으로 복종하며, 하나님 외에 아무 신에게도 희생을 드리지 않는 그런 공의가 없는 곳에는, 따라서 모든 시민들이 질서 정연하게 영혼이 신체를 지배하며 이성이 악습을 지배하는 곳이 아니면, 그래서 개인으로서나 의인들의 공동체로서나 사랑으로 역사하는 믿음으로 살며 하나님을 올바로 사랑하며 이웃을 자기 몸같이 사랑하지 않는 곳에는, 권리를 서로 인정하며 공통된 이익 추구를 위해서 뭉친 집단이 없다. 따라서 우리의 정의가 바르다면, 이런 집단이 없다면 국민 또는 시민도 없고 공화국도 없다. 국민이 없는 곳에는 공화국이 있을 수 없기 때문이다.

24. 국민과 공화국의 올바른 정의를 생각한다.

국민에 대한 이 정의를 배제하고, 그 대신에 사랑할 대상에 대해서 서로 합의함으로써 뭉친 이성적 존재들이라고 한다면, 어떤 국민의 성격을 알기 위해서는 그 사랑하는 대상을 관찰하기만 하면 될 것이다. 그러나 무엇을 사랑하든 간에, 동물이 아니라 이성적 존재들의 집단이기만 하면, 그리고 사랑할 대상에 대한 합의로 뭉쳤다면 그것을 국민이라고 하는 것이 정당할 것이다. 그리고 그것을 뭉치게 한 이해관계가 고급이면 그 만큼 그 국민도 고급일 것이며, 저급인 이해로 뭉쳤으면 그만큼 그 국민도 저급일 것이다. 우리의 이 정의에 비춰볼 때에 로마인들은 한 국민이었고, 그들의 나라는 확실히 한 공화국이었다. 그러나 그 초기와 그 후의 취미가 어떠

---

28) 특히 10권 5, 6, 20장

했으며, 그 후에 사회적 분쟁과 내란들로 타락해서 국민의 건강, 즉 조화의 유대를 끊어버리며 부패시킨 것은 역사가 알려주는 바와 같고, 나도 앞에서 많이 논술했다.

또 그렇다고 해서 그들을 국민이 아니었다고 하든지, 그들의 나라를 공화국이 아니었다고 하려는 것이 아니다. 그들은 사랑의 대상에 대한 합의로 뭉친 이성적 존재들이었기 때문이다. 내가 이 국민과 이 공화국에 대해서 말하며 생각하는 것은 아테네나 다른 그리스인들의 나라나, 이집트나 기타 공화국 정부를 가졌던 모든 크고 작은 나라들에 대해서도 마찬가지이다. 일반적으로 하나님을 믿지 않고 하나님 외에 다른 신에게 희생을 드리지 말라는 하나님의 명령에 순종하지 않는 사람들의 사회에서는, 따라서 영혼이 신체에 대해서 고유의 지배권을 가지지 못하며, 이성이 악습들에 대해서 고유의 권위를 행사하지 못하므로 거기에는 진정한 공의가 없다.

25. 진정한 경건이 없는 곳에는 진정한 덕성도 없다.

신체에 대한 영혼의 지배와 악습에 대한 이성의 지배가 훌륭한 듯하더라도, 그 영혼과 이성이 하나님이 자기를 섬기라고 명령하신 대로 하나님께 순종하는 것이 아니라면, 그들에게는 신체와 죄악에 대한 올바른 권위가 없다. 사람의 마음이 진정한 하나님을 모르며, 하나님의 권위에 굴복하지 않고 심히 악한 귀신들의 부패한 영향으로 더럽혀진다면, 그런 마음이 어떻게 신체와 악습의 주인이 되겠는가? 이렇기 때문에 덕성이 있는 것같고, 그 덕성에 의해서 신체와 악습을 억제하며 자기의 원하는 바를 얻어 보유하는 것같이 생각하더라도, 그 마음이 하나님을 향하지 않고 있을 동안은 그런 것은 덕성이 아니라 도리어 악습이다. 그 자체만을 위해서 있으며 그 자체 때문에 원하는 덕성을 진정한 덕성이라고 생각하는 사람들이 있지만, 그런 덕성도 교만으로 부풀어 있으며 덕성이라기보다는 악습이라고 인정된다. 육체에 생명을 주는 것은 육체에서 나오지 않고 그것을 초월한 것과 같이, 사람에게 복된 생명을 주는 것은 사람에게서 유래하지 않고 사람을 초월한 어떤 것이다. 내가 사람에 대해서 하는 말은 모든 천상적인 권세와 능력에 대해서도 타당한 것이다.

26. 하나님에게서 멀어진 사람들의 멀어진 평화와, 하나님의 백성이 순례 도상에서 이용하는 평화에 대하여.

육신의 생명은 영혼인 것과 같이 사람의 복된 생명은 하나님이시다. 이 하나님에 대해서 히브리 백성의 성경에 "주를 자기 하나님으로 삼는 백성은 복이 있도다"라고 했다(시 144:15). 그러므로 하나님에게 멀어진 백성은 불행하다. 그러나 이런 백성에게도 소홀히 볼 수 없는 독특한 평화가 있다. 다만 그들은 종말이 오기 전에 그 평화를 선용하지 않으므로 결국 그것을 즐기지 못할 것이다. 그러나 그들이 이 세상에 있는 동안에 이 평화를 즐기는 것이 우리에게 유리하다. 두 도성이 섞여있는 동안 우리도 바빌론의 평화를 즐기기 때문이다. 하나님의 백성은 순례하는 동안 바빌론과 함께 지내면서 거기서 해방되는 것이다. 그러므로 사도는 왕들과 그 외의 높은 지위에 있는 사람들을 위해서 기도하라고 교회에 권고하면서, 그 이유로써 "이는 우리가 모든 경건과 단정한 중에 고요하고 평안한 생활을 하려 함이라"고 했다(딤전 2:2). 고대의 하나님 백성이 포로 생활을 하게 될 것을 예언자 예레미야가 예언했을 때에, 순종하는 마음으로 바빌론으로 가라는 하나님의 명령을 전달하며 바빌론을 위해서 기도를 하라고 충고하면서, "이는 그 성이 평안함으로 너희도 평안할 것임이니라"고 했다(렘 29:7). 선한 자들과 악한 자들이 함께 즐기는 현세적 평화를 의미한 것이다.

27. 하나님을 섬기는 자들의 평화는 죽을 금생에서는 완전할 수 없다.

그러나 우리에게 특유한 평화를 우리는 지금 믿음으로 하나님과 함께 즐기며, 내세에서는 보면서 그와 함께 즐길 것이다. 지금 이생에서 즐기는 평화는, 모든 사람에게 공통된 것이거나 또는 우리에게 특유한 것이거나 간에 행복을 실지로 즐긴다는 것보다 불행을 위로하는 것에 불과하다. 우리의 의도 진정한 선을 목표로 하는 점에서는 참 의라고 하겠지만, 금생에서의 그 실상은 덕행이 완성되었다고 할 것이 아니라 죄가 용서를 받는다는 것이다. 하나님의 도성의 백성들이 순례 중에 이구동성으로 하나님께 부르짖는 기도를 들어보라. "우리가 우리에게 죄 지는 자를 사하여 준 것 같이 우리 죄를 사하여 주옵소서"(마 6:12). 그리고 이 기도는 행함이 없어서 그 믿음이 죽은(약 2:17) 사람들에게 효과가 없고, 오직 사랑으로 역사하는 믿음을(갈 5:6) 가진 자들에게 효험이 있다. 하나님에게 순종하는 이성도 썩을 육체에 내리 눌리며(지혜서 9:15), 죽을 운명의 금생에 있는 동안 죄악에 대해서 완전한 권위를 행사하지 못하기 때문에 의인들에게 이 기도가 필요한 것이다. 이성이 권위를 주장하더라도 죄악이 순순히 복종하지 않고 대항한다. 또 이 항전을 아무리 잘 지탱하며 아무리 철저하게 적을 억압할지라도 악한 세력이 조금은 잠입하는 것이며, 그것이 곧 행동으로 나타나지 않더라도 입술로 새어나오거나 생각에 스며든다.

따라서 죄와 싸우는 동안은 그의 평화에 결함이 있다. 저항하는 죄악과의 싸움은 승리할 것이 확실하지 않으며, 죄악을 공격하고 승리를 얻은 경우에는 결코 안심할 수 없으며, 불안이 많고 노력을 많이 해야 한다. 그런 모든 시험에 대해서 성경은 말한다. "세상에 있는 인생은 시험이 아닌가?" (욥 7:1, 70인역). 교만한 자가 아니고서야 어찌 자기는 "우리의 죄를 용서하옵소서"라고 기도할 필요가 없는 생활을 하노라고 감히 생각할 수 있겠는가? 이런 사람은 위대한 것이 아니라 허영으로 부푼 것이며, 겸손한 자에게 풍성한 은혜를 주시는 하나님이 당연히 그를 막으신다. 그래서 "하나님이 교만한 자를 대적하시되 겸손한 자에게 은혜를 주신다"고 한다(약 4:6; 벧전 5:5).

사람이 의롭다는 것은 자신을 하나님에게 순종시키며, 자기의 몸을 영혼에 순종시키며, 자기의 영혼과 그 악한 생각들을 이성에 순종시켜 저항하는 악령을 이성이 이기거나 적어도 대항하게 하며, 자기의 의무를 다할 수 있도록 하나님에게 은혜를 빌며, 죄를 사하여 주시기를 빌며, 하나님에게 받는 모든 축복을 감사하는 것이다. 그러나 우리의 모든 의가 향하며 유지되는 목표는 최고의 평화이며, 그 평화 상태에서 우리의 본성은 건전하게 죽지 않음과 썩지 않음을 즐기며 아무 죄악도 없으며, 우리 자신이나 외부로부터 오는 저항을 당하지 않을 것이므로 이미 없어진 죄악을 이성이 다스릴 필요가 없고, 하나님이 사람을 다스리며 영혼이 몸을 다스리며, 그 다스림이 지극히 즐겁고 쉬워서 아무 속박도 받지 않게 된 생명의 행복한 상태에 적합할 것이다. 그리고 이 상태는 영원할 것이며 그 영원성을 우리는 확신하게 될 것이다. 이와 같이 행복한 이 평화와 평화로운 이 행복이 최고선일 것이다.

28. 악인들의 종말.

이와 반대로 하나님의 도성에 속하지 않은 자들은 영원한 불행을 상속할 것이다. 그들의 영혼은 생명이신 하나님에게서 분리되며, 따라서 살았다고 할 수 없으며, 그들의 몸은 영원한 고통을 받을 것이므로 그들의 상태를 둘째 사망이라고 부른다. 따라서 이 둘째 사망은 죽어서 끝날 것이 아니므로 그만큼 더욱 엄격한 것이다. 행복과 불행, 생명과 사망이 서로 반대되는 것과 같이 평화와 전쟁도 서로 반대되므로, 의인들의 종국을 평화라고 하는데 대해서 악인들의 종국에 있을 전쟁은 어떤 것이겠느냐고 묻는 것은 당연하다. 이렇게 묻는 사람은 전쟁에서 해치며 파괴하는 것은 무엇인가를 관찰하기만 하면 그것은 대립과 충돌이라는 것을 깨달을 것이다. 그러면 의지와 정욕이 대립 항쟁해서 그 격심한 대립은 어느 쪽이 패배하더라도 결코 끝날 수 없으며, 이 항쟁에서 받는 심한 고통과 신체의 본성과의 충돌도 어느 한 쪽이 양보하지 않을 것이라면, 이보다 더 비통한 싸움을 상상할 수 있겠는가? 금생에서는 이 충돌이 있을 때에, 고통이 이겨서 사망이 고통스런 감각을 쫓아버리든지, 그렇지 않으면 본성이 이겨서 건강이 고통을 쫓아버린다. 그러나 내세에서는 고통은 계속적으로 괴롭히며, 본성도 없어지지 않고 계속적으로 고통을 느낀다. 어느 쪽도 없어지지 않고 따라서 벌도 그치지 않는다.

그런데 선과 악에는 각각 결말이 있어서, 우리는 전자를 구하고 후자를 피해야 하며, 또 심판이 있어서, 선인들은 최고선이라는 종말에 도달하며, 악인들은 최고악이라는 종말에 도달하는 것이므로, 나는 다음 권에서 하나님이 허락하시는 대로 이 심판을 논하려 한다.

제 20 권

개요:최후 심판, 그리고 그에 대한 신약과 구약의 말씀들에 대하여.

1. 하나님은 항상 심판하시지만, 여기서는 최후 심판만을 고찰하겠다.

나는 하나님의 은혜를 힘입어 하나님의 최후 심판의 날에 대해서 말하며 불경건한 회의론자들을 논박하고자 한다. 이 일을 위해서 우리는 우선 하나님의 말씀들을 토대로 삼아야 한다. 이런 말씀들을 믿지 않는 사람들은 전력을 다해서 그들 자신의 거짓되고 허망한 궤변으로 대항하며, 성경에서 인용된 말씀들을 혹은 뜻이 다르다고 하든지 혹은 하나님이 하신 말씀이 아니라고 전적으로 부정한다. 그러나 기록된 말씀을 이해하는 사람, 그리고 그것이 최고의 진정한 하나님께서 거룩한 사람들을 시켜서 전달하신 것임을 믿는 사람이라면, 아무도 그 말씀들을 인정하며 거기에 동의하는 것을 거부하지 않는다고 나는 생각한다. 이런 사람들은 혹은 그 동의를 입으로 인정하고, 혹은 악한 세력 때문에 그렇게 하는 것을 부끄러워하거나 두려워한다. 혹은 심지어 광증(狂症)에 가까운 고집을 부리면서 진리인 줄로 알고 믿는 것에 대항해서 거짓인 줄 알고 믿는 것을 옹호한다. 그러나 이런 차이는 문제가 아니다.

그러므로 진정한 하나님의 교회가 사도신경으로 믿고 고백하는 것, 즉 그리스도께서 하늘로부터 오셔서 산 자와 죽은 자를 심판하실 날, 이 날을 우리는 하나님의 심판의 마지막 날 또는 마지막 때라고 부른다. 그 심판이 며칠 동안 계속되는지는 모른다. 그러나 아무리 성경을 소홀하게 읽는 사람이라도, 성경에서는 보통 "때"를 "날"이라고 한다는 것을 가르쳐 줄 필요가 없다. 또 하나님의 심판의 날에 대해서 말할 때에 최후라는 말을 첨가하는 것은, 하나님이 지금도 심판하시며 인류 역사의 처음부터 심판하셨기 때문이다. 엄청난 죄를 지은 처음 사람들을 낙원에서 몰아내며 생명나무에 접근하지 못하게 하신 것은 심판이었다(창 3:23). 죄를 지은 천사들을 용서하지 않으신 것도 확실히 심판이었다(벧후 2:4). 그들 중의 괴수는 시기심으로 유혹에 빠졌고, 다시 사람들을 유혹했던 것이다. 공중의 마귀들과 지상의 사람들이 불행과 재난과 과오가 가득한 것도,[1] 하나님의 깊고 공정한 심판이 없이 있는 일이 아니다. 아무도 죄를 짓지 않았다고 가정하더라도, 이성적 피조물의 전체가 그 주님에게 항상 밀착해서 영원한 복락을 유지하는 것은 오직 하나님의 선하고 바른 심판에 의해서만 가능했을 것이다.

또 하나님은 마귀들의 족속과 인간들의 족속을 그 원죄 때문에 집단적으로 벌하실 뿐 아니라, 개체가 자유 의지로 단독으로 한 행위도 심판하신다. 마귀들까지도 괴롭히지 말아 달라고 기도하는 것은(마 8:29), 그들이 그 행위에 따라서 용서나 고통을 받는 것이 공정하다는 것을 증명한다. 또 사람들은 그 죄에 대한 벌을 하나님에게서 받는다. 눈에 보이게 받는 일이 많지만 비밀리에 항상 받으며 금세가 아니면 내세에 받는다. 그러나 하나님의 도움을 받지 않고 바르게 행하는 사람이 없으며, 하나님의 지극히 공정한 심판으로 허락을 받지 않고 불의를 행하는 사람이나 마귀도 없다. 사도의 말씀에, "하나님에게는 불의가 없느니라"(롬 9:14), "그의 판단은 측량치 못할 것이며, 그의 길을 찾지 못할 것이로다"라고 한다(롬 11:33). 그러므로 이 권에서는 하나님이 허락하시는 대로, 하나님의 처음 심판이나 그 후의 심판에 대해서는 말하지 않고, 그리스도께서 하늘로부터 오셔서 산 자와 죽은 자를 심판하실 그 최후 심판에 대해서 말하겠다. 그 날을 최후 심판의 날이라고 부르는 것은 적절하다. 그 날에는 이 악인이 행복하고 저 의인이 불행한 것은 무슨 까닭이냐고, 무지한 사람이 질문할 여지가 남지 않겠기 때문이다. 그 날에는 선한 자들만이 진정하고 완전한 행복을 제 몫으로 받으며, 당연하고 극심한 불행은 악인들, 그들만의 몫이 될 것이다.

2. 착잡하게 얽힌 인간사 속에 하나님의 보이지 않는 심판이 임재한다.

우리는 금생에서 착한 사람도 당하는 재난들을 평온한 마음으로 견디며, 악인들이 즐기는 행복을 경시할 줄을 알게 된다. 따라서 하나님의 공의가 분명히 보이지 않는 경우에도 그의 교훈은 유익하다. 우리는 하나님의 어떤 심판으로 착한 사람은 가난하고 악인은 부자인지를 알 수 없다. 타락 생활에 빠진 자는 심한 고통을 받아야 옳다고 우리는 생각하는데 실제로는 즐겁게 살며, 훌륭한 생활을 하므로 행복해야 되리라고 우리가 생각하는 사람은 슬픔에 쫓겨다니는 것은 무슨 까닭인가? 죄없

1) 8권 14장

는 사람이 재판에 이기지 못할 뿐 아니라, 불의한 재판관 때문에 해를 보거나 거짓 증거에 압도되는 반면에, 그의 유죄한 상대자는 무죄 방면이 될 뿐 아니라, 그 주장하는 것 같이 인정을 받는 것은 무슨 까닭인가? 불경건한 자는 건강을 즐기고 경건한 자는 병약해서 신음하는 것은 무슨 까닭인가? 흉악한 자들은 체격이 더할 나위 없이 건장한데, 한 마디 말로도 남을 해칠 수 없는 사람들은 어려서부터 여러 가지 병으로 연이어 고생하는 것은 무슨 까닭인가? 사회에 유용한 사람은 빨리 죽고, 나지 않음만 못한 사람은 남달리 장수하며, 죄가 가득한 자는 영광을 받고, 비난할 데 없는 사람은 세상의 무시를 당하면서 땅속으로 들어가니 이것들은 무슨 까닭인가? 누가 이런 종류의 대조적 현상들을 모두 수집해서 열거할 수 있겠는가?

그러나 이런 변태적인 상태가 금생에서 — 거룩한 시편 작가가 말하듯이, "사람은 헛 것 같고 그의 날은 지나가는 그림자 같은" 이 세상에서(시 144:4) — 한결같이 변함이 없어서, 악인이 아니면 지상의 일시적인 번영을 얻을 수 없고 착한 사람만이 세상에서 고생하다고 하더라도, 이것도 하나님의 공정한, 아니 심지어 인자한 심판에 돌릴 수 있을 것이다. 인간의 복락이라고 하는 영원한 혜택을 얻을 운명이 아닌 사람들은 일시적인 축복을 자기들의 악한 생활에 대한 공정한 보상이라고 생각해서 속았다든지, 또는 하나님의 자비로 그것에서 위로를 받았다고 우리는 생각할 수도 있을 것이다. 또 영원한 고통을 받을 운명이 아닌 사람들은 그 죄에 대한 일시적인 징벌을 받아서 더욱 더 덕성을 함양하도록 자극을 받는 것이라고 생각할 수도 있을 것이다. 그러나 사실은 그렇지 않으며, 우리는 착한 사람들이 인생의 재난에 휩쓸리고, 악인들이 인생의 행복을 즐기는 불공평한 사태를 볼 뿐 아니라 악인이 자주 재난을 당하며 착한 사람이 행운에 놀라는 것도 보므로, 이런 점에서 하나님의 판단은 측량할 수 없으며, 그 길은 찾을 수 없다(롬 11:33).

그러므로 하나님의 어떤 심판으로 이런 일들이 행해지거나 허락되는지 우리는 모르며, 또 하나님은 최고의 덕과 최고의 지혜와 최고의 공의시며, 연약함이나 경솔함이나 불의함이 없으시지만, 이런 일은 선악을 경시하는 것을 배우는 것이 우리에게 유익하다. 이런 일들은 선인과 악인에게 무차별적으로 닥쳐오는 것임을 알아야 한다. 그리고 선인들에게만 속한 일을 갈구하며 악인에게 무차별적으로 닥쳐오는 것임을 알아야 한다. 그러나 우리가 심판을 받을 때에는 — 그 날을 특히 심판의 날 혹은 주의 날이라고 하는 그 날을 당하면 — 우리는 하나님의 심판이 모두 공정함을 알게 될 것이다. 그 때에 선포될 심판뿐 아니라, 처음부터 유효하며 그 날 전에 유효할 모든 심판의 공정성을 알게 될 것이다. 또 그 날 우리는 금생에서의 하나님의 공정한 심판의 다수가 또는 거의 전부가 인간의 감각이나 통찰력으로 탐구할 수 없는 데 대해서, 그 정당한 이유를 알게 될 것이다. 그러나 이 문제에서 숨겨진 것은 공정하다는 것이 경건한 마음을 가진 사람들에게는 숨겨지지 않았다.

3. 착한 사람과 악인이 똑같이 당하는 일들에 대하여 솔로몬이 전도서에서 하는 말들.

예루살렘에서 치리한 이스라엘의 가장 현명한 왕 솔로몬은 유대인들이 성경에 포함시킨 전도서에서 다음과 같은 말로 시작한다. "헛되고 헛되며 헛되고 헛되니, 모든 것이 헛되도다. 사람이 해 아래서 수고하는 모든 수고가 자기에게 무엇이 유익한고?"(전 1:2-3). 이것을 제목으로 삼아, 그는 인생의 여러 재난과 실망을 열거하며 현세의 무상함과 허무함을 말한 후에, 해 아래 있는 헛된 것들 가운데서 특히 지적하는 것이 있다. 지혜가 우매보다 뛰어남이 빛이 어둠보다 뛰어남 같고 지혜자는 눈이 머리에 있고 우매자는 어둠 속을 걷지만(전 2:13-14), 그들이 당하는 일이 매한가지이다. 이것은 물론 해 아래 있는 이승에서 선인과 악인이 한결같이 당하는 재난들을 가리키는 것이다. 그는 더 나아가서, 선인이 행악자인 듯이 재난을 받으며 악인이 선인인 듯이 행복을 누린다고 한 후에 이렇게 말한다. "세상에 행하는 헛된 일이 있나니 곧 악인의 행위대로 받는 의인도 있고, 의인의 행위대로 받는 악인도 있는 것이라. 내가 이르노니 이것도 헛되도다"(전 8:14).

이 최고의 지혜자가 이와 같이 책 전체를 바쳐서 이 헛된 것을 폭로하는 데에는 다른 목적이 있는 것이 아니라, 우리가 해 아래서 헛된 것이 없고, 해를 지으신 분 아래서 진실이 있는 생활을 사모하게 하려는 것임이 분명하다. 그러면 이 헛된 가운데서 헛된 것같이 지어진 사람이 없어질 운명을 받은 것은 하나님의 공정하고 의로운 심판에 의한 일이 아닌가? 그러면 이 헛된 나날을 보내는 동안에 사람이 진리에 저항하느냐 순종하느냐, 진지한 경건이 있느냐 없느냐 하는 것이 중요한 차이점이 된다. 중요하다는 것은 이 헛되고 무상한 인생에서 복을 받느냐 재난을 피하느냐 하는 문제에 관해서 하는 말이 아니라, 내세의 심판에 관해서 하는 말이다. 그 때에는 선인은 복을, 악인은 화를 받아, 영원히 떨어짐 없이 항상 가지고 있게 될 것이다.

이 지혜자는 다음과 같은 말로 이 책을 끝낸다. "하나님을 경외하고 그 명령을 지킬지어다 이것이 사람의 본분이니라 하나님은 모든 행위와 모든 멸시 받는 사람들을 선악 간에 심판하시리라"(전 12:13-14, 70인역). 이보다 더 바르고 간단하고 건전한 말을 할 수 있을까? "하나님을 두려워하고, 그 명령을 지킬지어다 이것이 사람의 본분이니라." 참으로 존재하는 사람은 하나님의 계명들을 지키는 사람이며 지키지 않는 사람은 아무것도 아니다. 헛된 것같이 지내는 동안, 그는 진리의 형상대로 새로워지지 않는다. "하나님은 모든 행위를 심판하시리라" — 사람이 이생에서 하는 모든 일을 심판하시리라. "모든 무시된 일들을 선악간에 심판하시리라"— 바꿔 말하면, 여기서 천하게 보이며 따라서 고려되지 않는 사람들도 모두 심판하시리라. 하나님은 그런 사람들도 보시며 심판하실 때에 그들을 한 사람도 멸시하거나 무시하시지 않기 때문이다.

4. 최후 심판에 대한 증명을 먼저 신약성경에서 인용하고, 다음에 구약성경에서 인용한다.

이 하나님의 최후 심판에 대한 증명을 제출하려 할 때에, 나는 우선 신약성경에서 인용하고 다음에 구약성경에서 인용하겠다. 시간적으로는 구약이 먼저지만 내용의 가치로 보면 신약이 앞서기 때문이다. 구약은 신약의 선구자와 같다. 그러므로 신약성경의 구절들을 먼저 인용하고, 다음에 구약성경의 구절들로 확인하겠다. 구약에는 율법과 예언자가 있고, 신약에는 복음서와 사도서신들이 있다. 사도는 말한다: "율법으로는 죄를 깨닫느니라 이제는 율법 외에 하나님의 한 의가 나타났으니 율법과 예언자들에게 증거를 받은 것이라 곧 예수 그리스도를 믿음으로 말미암아 모든 믿는 자에게 미치는 하나님의 의니라"(롬 3:20-22). 이 하나님의 의가 신약성경에 있고, 그 증거가 구약성경의 율법과 선지서에 있다. 그러나 나는 우선 문제를 제시하고, 다음에 증인들을 부르겠다. 이 순서는 예수 그리스도께서 친히 우리가 지키도록 지시하신다. "천국의 제자된 서기관마다 마치 새 것과 옛 것을 그 곳간에서 내어오는 집주인과 같으니라"(마 13:52). 옛 것과 새 것이라고 하시지 않으셨다. 가치의 순서를 따르지 않고 시간의 순서를 우리가 따르기를 원하셨다면, 확실히 "옛 것과 새 것"이라고 하셨을 것이다.

5. 세상 끝에 하나님의 심판이 있으리라고 구세주께서 선언하시는 구절들.

주께서 큰 권능을 베푸신 도시들이 믿지 않은 것을 주께서 책망하시며 외국 도시들보다 불리한 입장이 되리라고 하시면서, "내가 너희에게 이르노니 심판 날에 두로와 시돈이 너희보다 견디기 쉬우리라"고 친히 말씀하셨다(마 11:22). 그리고 조금 뒤에, "내가 너희에게 이르노니 심판 날에 소돔 땅이 너보다 견디기 쉬우리라"고 하셨다(마 11:24). 여기서 구주께서는 심판 날이 오리라는 것을 더할 나위 없이 분명히 예언하신다. 다른 곳에서도, "심판 때에 니느웨 사람들이 일어나 이 세대 사람을 정죄하리니 이는 그들이 요나의 전도를 듣고 회개하였음이어니와 요나보다 더 큰 이가 여기 있으며 심판 때에 남방 여왕이 일어나 이 세대 사람을 정죄하리니 이는 그가 솔로몬의 지혜로운 말을 들으려고 땅 끝에서 왔음이어니와, 솔로몬보다 더 큰 이가 여기 있느니라"고 하셨다(마 12:41, 42).

이 구절에서 우리는 두 가지를 배운다:심판이 있으리라는 것, 그리고 죽은 자들이 부활할 때에 있으리라는 것이다. 니느웨 사람들과 남방 여왕에 대해서 하신 것은 확실히 죽은 사람들에 대한 말씀이었는데, 그들이 심판 날에 일어나리라고 하셨다. "그들이 정죄하리라"는 마치 그들이 직접 심판자가 될 것처럼 말씀하신 것이 아니라, 그들과 비교해서 저 다른 사람들이 공정한 정죄를 받겠기 때문에 그렇게 말씀하신 것이다.

또 다른 구절에서 선인과 악인들이 현재 섞여 있으나 장차 분리되리라는 것과 그 분리는 심판날에 있으리라는 것을 말씀하실 때에, 밭에 심은 밀 이삭과 그 사이에 심은 가라지를 비교하면서, 제자들에게 "좋은 씨를 뿌린 것은 인자요 밭은 세상이요 좋은 씨는 천국의 아들들이요 가라지는 악한 자의 아들들이요 가라지를 심은 원수는 마귀요 추수 때는 세상 끝이요 추수꾼은 천사들이니 그런즉 가라지를 거두어 불에 사르는 것같이 세상 끝에도 그러하리라. 인자가 그 천사들을 보내리니 저희가 그 나라에서 모두 넘어지게 하는 것과 또 불법을 행하는 자들을 거두어 내어 풀무불에 던져 넣으리니 거기서 울며 이를 갊이 있으리라. 그 때에 의인들은 자기 아버지 나라에서 해와 같이 빛나리라. 귀 있는 자는 들으라"고 설명하셨다(마 13:37-43). 여기에 심판과 심판 날에 대한 말씀이 없는 것은 사실이지만, 전후 관계에 대한 설명이 훨씬 더 분명히 심판을 가리키며, 또 그 심판이 세상 끝에 있으리라고 말씀하신다.

또 제자들에게 비슷한 말씀을 하신다. "내가 진실로 너희에게 이르노니 세상이 새롭게 되어 인자가 자기의 영광의 보좌에 앉을 때에 나를 좇는 너희도 열두 보좌에 앉아 이스라엘 열두 지파를 심판하리라"(마 19:28). 여기서 우리는 예수께서 제자들과 함께 심판하시리라는 것을 알게 된다. 그러므로 예수께서는 다른 곳에서 유대인들에게 "내가 바알세불을 힘입어 귀신을 쫓아내면, 너희 아들들은 누구를 힘입어 쫓아내느냐? 그러므로 저희가 너희 재판관이 되리라"고 하셨다(마 12:27). 또 주님은 여기서 제자들이 열두 보좌에 앉으리라고 하시지만, 열두 사람만이 심판하리라고 생각해서는 안 된다. 열둘은 심판자의 수가 완전하리라는 뜻이다. 보통 완전수를 의미하는 일곱의 두 부분 즉 넷과 셋을 서로 곱하면 열둘이 된다. 셋의 네곱이나 넷의 세곱은 열둘이다.

이 열둘이라는 수에는 다른 뜻도 있다. 이것이 열두 보좌에 대한 다른 해석이 아니라면, 맛디아가 배반자 유다의 대신으로 사도가 되었으니(행 1:26-27), 사도 바울은 모든 사도들보다 더 많이 수고했으면서도(고전 15:10) 심판 자리에 앉지 못하게 될 것이다. 그러나 그 자신은 분명히 심판자 사이에 끼일 것을 말하면서, "우리가 천사를 판단할 것을 너희가 알지 못하느냐?"고 한다(고전 6:3). 심판을 받는 편에 열둘이라는 수를 적용할 때에도 같은 원칙을 지켜야 한다. "이스라엘 열두 지파를 심판하리라"고 하시지만, 그렇다고 해서 열셋째 지파인 레위 지파가 심판을 면하리라든지, 이스라엘만 심판을 받고 다른 민족들은 받지 않으리라는 뜻이 아니다. 그리고 "세상이 새롭게 되어"라는 말씀은 확실히 죽은 자의 부활을 의미했다. 우리의 영혼이 믿음으로 새롭게 되는 것같이, 우리의 육신은 썩지 않음으로 새롭게 되겠기 때문이다.

최후 심판에 대하여 언급하는 듯한 여러 구절을 나는 생략한다. 더 자세히 보면, 뜻이 모호하거나, 어떤 다른 사건을 가리킨다는 것이 나타나기 때문이다. 혹은 교회 안에 계속적으로 있는 구세주의 강림, 바꿔 말하면 주님이 그 지체들에게 조금씩 단편적으로 오시는 것을 의미한다. 교회 전체가 그의 몸이기 때문이다. 그렇지 않으면 지상의 예루살렘이 멸망하리라는 뜻이다. 이 사건에 대해서 말씀하실 때에도, 자주 세상 끝과 최후 심판의 큰 날에 통용할 수 있는 용어를 쓰시기 때문에, 이 문제에 대한 세 복음서의 기사를 서로 비교하지 않고는 두 사건을 구별할 수 없다. 마태와 마가와 누가에서 한 복음서 기자가 더 모호하게 쓴 것을 다른 사람은 더 분명하게 썼기 때문에, 한 사건에 대해서 어떤 말들을 하는지 잘 나타난다. 나는 살로나(Salona)의 고(故) 헤시키우스(Hesychius) 감독에게 보낸 서간에서 이 점을 밝히려고 노력했다.[2)]

이제 나는 마태복음에서 그리스도의 지극히 효과적인 최후 심판으로 선인과 악인들이 구별되는 구절을 인용하겠다. "인자가 자기 영광으로 모든 천사와 함께 올 때에 자기 영광의 보좌에 앉으리니 모든 민족을 그 앞에 모으고 각각 분별하기를 목자가 양과 염소를 분별하는 것같이 하여 양은 그 오른편에 염소는 왼편에 두리라. 그 때에 임금이 그 오른편에 있는 자들에게 이르시되 내 아버지께 복 받을 자들이여 나아와 창세로부터 너희를 위하여 예비된 나라를 상속하라 내가 주릴 때에 너희가 먹을 것을 주었고 목마를 때에 마시게 하였고 나그네 되었을 때에 영접하였고 벗었

2) 서간 199호.

을 때에 옷을 입혔고 병들었을 때에 돌아보았고 옥에 갇혔을 때에 와서 보았느니라. 이에 의인들이 대답하여 가로되 주여 우리가 어느 때에 주의 주리신 것을 보고 공궤하였으며 목마르신 것을 보고 마시게 하였나이까 어느 때에 나그네 되신 것을 보고 영접하였으며 벗으신 것을 보고 옷 입혔나이까 어느 때에 병드신 것이나 옥에 갇히신 것을 보고 가서 뵈었나이까 하리니 임금이 대답하여 가라사대 내가 진실로 너희에게 이르노니 너희가 여기 내 형제 중에 지극히 작은 자 하나에게 한 것이 곧 내게 한 것이니라 하시고 또 왼편에 있는 자들에게 이르시되 저주를 받은 자들아 나를 떠나 마귀와 그 사자들을 위하여 예비된 영영한 불에 들어가라"(마 25:31-41).

그 다음에 그들이 한 악행을 그리스도께서 설명하시는데, 그것은 오른편에 있는 사람들에게 하신 말씀과 같은 것이다. 그리고 그들이 묻기를, 언제 자기들이 그리스도께서 이런 곤경에 빠지신 것을 보았느냐고 할 때에, 나의 작은 형제 중 지극히 작은 자 하나에게 하지 않은 것이 곧 나에게 하지 않은 것이라고 대답하신다. 그리고 끝으로 말씀하신다. "그리하여 저희는 영벌에, 의인들은 영생에 들어가리라"(마 25:42-46).

그 뿐 아니라, 죽은 자들이 부활할 때에 심판이 있을 것을 그리스도께서 예언하셨다고 요한복음은 지극히 분명하게 말한다. "아버지께서 아무도 심판하지 아니하시고 심판을 다 아들에게 맡기셨으니, 이는 모든 사람으로 아버지를 공경하는 것같이 아들을 공경하게 하려 하심이라. 아들을 공경치 아니하는 자는 그를 보내신 아버지를 공경치 아니하느니라"고 말씀하신 다음에 곧 덧붙이신다. "내가 진실로 진실로 너희에게 이르노니 내 말을 듣고 또 나 보내신 이를 믿는 자는 영생을 얻었고 심판에 이르지 아니하나니 사망에서 생명으로 옮겼느니라"(요 5:22-24). 여기서 그리스도께서는 자기를 믿는 사람은 심판을 받지 않으리라고 하셨다. 이 구절에서 심판이라는 말을 정죄라는 말 대신에 쓰신 것이 아니라면, 어떻게 심판으로 그들을 악인들에게서 분리해서 그의 오른편에 두실 것인가? 그의 말씀을 듣고 그를 보내신 이를 믿는 사람들은 이런 의미의 심판을 받지 않겠기 때문이다.

6. 첫째 부활과 둘째 부활이란 무엇인가?

그 다음에 덧붙이신다. "진실로 진실로 너희에게 이르노니 죽은 자들이 하나님의 아들의 음성을 들을 때가 오나니 곧 이 때라 듣는 자는 살아나리라. 아버지께서 자기 속에 생명이 있음같이 아들에게도 생명을 주어 그 속에 있게 하셨느니라"(요 5:25-26). 여기서 말씀하시는 것은 아직 둘째 부활, 즉 종말에 있을 몸의 부활이 아니라 지금 있는 첫째 부활이다. 이 점을 구별하시기 위해서 "때가 오나니 곧 이 때라"고 하신다. 그런데 이 부활은 몸에 관한 것이 아니고 영혼에 관한 것이다. 영혼도 그 죄악 때문에 죽기 때문이다. 이렇게 죽은 자들에 대해서 같은 입술이 "죽은 자들로 저희 죽은 자를 장사하게 하라"고 하셨다(마 8:22). 즉, 영혼이 죽은 자들로 몸이 죽은 자들을 장사하게 하라는 뜻이다. 그러면 이렇게 죽은 자들 — 불경건과 죄악으로 죽은 자들 — 에 대해서 그리스도께서는 "죽은 자들이 하나님의 아들의 음성을 들을 때가 오나니, 곧 이 때라 듣는 자가 살아나리라"고 말씀하신다. "듣는 자", 바꿔 말하면, 순종하고 믿고 끝까지 참는 자들이다. 여기는 선인과 악인의 차별이 없다. 모든 사람이 그의 음성을 듣고 살아나며, 불경건하여 죽은 상태로부터 경건하여 산 상태로 옮기는 것이 좋은 일이기 때문이다.

사도 바울이 말하는 것도 이 죽음이다. "그러므로 모든 사람이 죽은 것이라. 저가 모든 사람을 대신하여 죽으심은 산 자들로 하여금 다시는 저희 자신을 위하여 살지 않고 오직 저희를 대신하여 죽었다가 다시 사신 자를 위하여 살게 하려 함이니라"(고후 5:14-15). 이와 같이 모든 사람이 예외없이 죄로 죽었다. 혹은 원죄 때문에, 혹은 자기의 의사로 지은 죄 때문에 죽었고, 혹은 무지 때문에, 혹은 알면서도 지은 죄 때문에 죽었다. 그리고 모든 죽은 자들을 대신해서 오직 홀로 살아계신 분, 즉 전혀 죄가 없으신 분이 죽으셨다. 죄를 용서 받음으로써 살게 된 사람들이 앞으로는 자기를 위하여 살지 않고, 모든 사람을 대신하여 — 우리의 죄를 대신하여 — 죽었다가 우리가 의롭게 되게 하기 위하여 다시 살아나신 분을(롬 4:25) 위하여 살게 하시려는 것이다. 말하자면 불경건한 자들을 의롭다 하시는 분을 믿는(롬 4:5) 우리가 — 불경건을 용서 받고 의롭다 하심을 얻은, 즉 죽었다가 살아난 우리가 — 지금 있는 첫째 부활을 얻을 수 있게 하시려는 것이다. 이 처음 부활에는 영원히 복받을 사람들만이 참가한다. 그러나 그 다음에 주께서 말씀하시는 둘째 부활에는 복받은 자들과 불행한 자들이 모두 참여한다는 것을 우리는 알게 될 것이다. 첫째는 자비의 부활이요, 둘째는 심판의 부활이다. 그러므로 시편에, "내가 인자(자비)와 공의(심판)를 찬송하겠나이다. 여호와여, 내가 주를 찬송하리이다"라고 한다(시 101:1).

그리고 이 심판에 대하여 주님은 말씀을 계속하신다. "또 인자됨을 인하여(아들에게) 심판하는 권세를 주셨느니라." 여기서 그는 자기가 재판을 받기 위하여 오신 그 육신으로 심판하러 오시리라는 것을 알리신다. 이 뜻을 알리시기 위해서 "인자됨을 인하여"라고 하신다. 그 다음에 우리가 찾는 말씀이 있다. "이를 기이히 여기지 말라. 무덤 속에 있는 자가 그의 음성을 들을 때가 오나니 선한 일을 행한 자는 생명의 부활로 악한 일을 행한 자는 심판의 부활로 나오리라"(요 5:28-29). 여기서 쓰시는 이 심판은 조금 앞에서 쓰신 것과 같은 뜻이다. 그 말씀은 "내 말을 듣고 또 나 보내신 이를 믿는 자는 영생을 얻었고 심판에 이르지 아니하나니 사망에서 생명으로 옮겼느니라" 하였다. 바꿔 말하면, 그런 사람은 첫째 부활에 참여함으로써 지금 사망으로부터 생명으로 옮겼고 앞으로는 정죄를 받지 않으리라고 하시는데, 이 정죄 대신에 심판이라는 말을 쓰신다. "악한 일을 행한 자는 심판의 부활로 나오리라" 하실 때에도 심판으로 정죄를 의미하신다. 그러므로 둘째 부활에서 정죄를 받고 싶지 않은 사람은 첫째 부활로 일어나라.

"하나님의 아들의 음성을 들을 때가 오나니, 곧 이때라. 듣는 자는 살아나리라." 바꿔 말하면, 저주를 받지 아니하리라. 이 저주를 둘째 죽음이라고 한다. 처음 부활인 영적 부활로 일어나지 않은 자들은 둘째 부활인 몸의 부활을 얻은 후에 다시 둘째 죽음 속으로 던져질 것이다. "무덤 속에 있는 자가 다 그의 음성을 들을 때가 오나니"라고 하실 때에는 "곧 이 때라"고 하시지 않는다. 그것은 세상 끝에 하나님의 가장 큰 최후 심판 때에 있을 일이기 때문이다. 첫째 부활 때와 달라서, 여기서는 "듣는 자는 살아나리라"고 하시지 않는다. 모든 사람이 살아나는 것이 아니겠기 때문이다. 적어도 생명이라는 이름이 합당한 생명, 유일한 복된 생명에 모든 사람이 참가하는 것이 아니겠기 때문이다. 들으리라고 하며 부활한 몸으로 무덤에서 나오리라 하였으니, 어떤 종류의 생명은 있을 것이다.

그리고 무슨 까닭에 모든 사람이 살 것이 아닌가를 그 다음에 있는 말씀으로 가르치신다. "선한 일을 행한 자는 생명의 부활로 나오리라"고 하신 사람들은 살 사람들이고, "악한 일을 행한 자는 심판의 부활로 나오리라"고 하신 사람들은 살지 못하고 둘째 사망으로 들어갈 사람들이기 때문이다. 그들은 그 생활이 악했으므로 악한 일을 행한 자들이며, 지금 그 때인 첫째 부활 곧 영적 부활로 새로워지지 않았거나, 새로워진 생활을 끝까지 참고 지키지 않았기 때문에, 그 생활이 악하게 된 것이다. 그러면 내가 이미 말한 바와 같이, 새로워짐에 두 가지가 있다. 금생에서 세례를 받음으로써 생기는 믿음으로 인한 새로워짐이 한 가지요, 위대한 최후 심판으로 말미암아 영원히 썩지 않고 죽지 않음으로 이루어질 육신의 새로워짐이 또 한 가지다. 그와 같이 부활에도 두 가지가 있다. 하나는 첫째의 영적 부활로서 금생에서 있으며, 우리를 둘째 사망으로 가지 않게 보호한다. 또 하나는 여기서 있지 않고 세상 끝에 있을 부활이며, 영혼이 아니라 몸에 관한 것이다. 이것은 최후 심판에 의해서 어떤 사람들은 둘째 사망으로 보내고, 또 어떤 사람들은 사망없는 생명으로 보낼 것이다.

7. 두 가지 부활과 천년 시대에 대한 요한계시록의 기사 및 이에 대한 바른 신념.

복음서를 쓴 요한은 계시록이라는 책에서 이 두 가지 부활에 대해서 말했는데, 그 말하는 방식 때문에 어떤 그리스도교인들은 첫째 부활을 이해하지 못하고 우스운 공상을 한다. 계시록에 있는 사도 요한의 말씀은 이것이다. "또 내가 보매 천사가 무저갱 열쇠와 큰 쇠사슬을 그 손에 가지고 하늘로서 내려와서 용을 잡으니 곧 옛 뱀이요 마귀요 사단이라 잡아 일천년 동안 결박하여 무저갱에 던져 잠그고 그 위에 인봉하여 천년이 차도록 다시는 만국을 미혹하지 못하게 하였다가 그 후에는 반드시 잠깐 놓이리라. 또 내가 보좌들을 보니 거기 앉은 자들이 있어 심판하는 권세를 받았더라. 또 내가 보니 예수의 증거와 하나님의 말씀을 인하여 목 베임을 받은 자의 영혼들과 또 짐승과 그의 우상에게 경배하지도 아니하고 이마와 손에 그의 표를 받지도 아니한 자들이 살아서 그리스도로 더불어 천년 동안 왕노릇 하니 (그 나머지 죽은 자들은 그 천년이 차기까지 살지 못하더라) 이는 첫째 부활이라. 이 첫째 부활에 참예하는 자들은 복이 있고 거룩하도다. 둘째 사망이 그들을 다스리는 권세가 없고 도리어 그들이 하나님과 그리스도의 제사장이 되어 천년 동안 그리스도로 더불어 왕노릇 하리라"(계 20:1-6).

이 구절을 근거로 삼아서 첫째 부활을 미래의 신체적인 것이라고 생각하는 사람들은, 다른 점도 있지만 천년이라는 숫자가 있기 때문에 성도들이 그 기간에 일종의 안식일의 휴식을 즐기는 것이 합당하다는 듯이 생각하게 되었다. 사람이 창조된 후 6000년 동안 노고를 거듭했고, 그 큰 죄 때문에 행복한 낙원을 쫓겨나 슬픔 많은 죽을 인생을 살았으니, 성경에 "하루가 천년 같고 천년이 하루 같다"는 말씀이 있는 것같이(벧후 3:8), 6000년이 엿새와 같이 지난 후에 일종의 제7일 안식일과 같은 천년이 올 것이며, 이 안식을 즐기기 위해서 성도들이 부활하리라는 것이다.

그런데 만일 성도들의 그 안식일의 기쁨이 영적인 것이며 하나님이 임재하시기 때문이라고 믿는다면, 이런 견해는 배척해서는 안 될 것이다. 나 자신도 이렇게 생각한 때가 있다. 그러나 그들의 주장은 다르다. 그 때에 부활하는 사람들은 육적인 연회에서 한가하게 음식을 진탕 먹으리라고 한다. 그 음식의 분량은 절제 있는 사람들을 놀라게 할 뿐 아니라, 믿을 수도 없는 것이어서 이런 주장을 믿을 수 있는 것은 육적인 사람들 뿐이다. 이런 사람들은 그리스어로 chiliastai라고 부르고, 라틴어로 miliarii(천년론자들)라고 할 수 있다. 그들의 견해들을 자세히 반박하려면 지리하게 될 것이므로, 그것보다 우리는 성경 구절의 해석 방법을 밝히려 한다.

주 예수 그리스도께서 친히 말씀하신다. "사람이 먼저 강한 자를 결박치 않고는 그 강한 자의 집에 들어가 세간을 늑탈치 못하리라"(막 3:27). 이 말씀에서 강한 자는 마귀다. 그는 인류를 사로잡을 수 있었기 때문이다. 여러 가지 죄와 불의로 마귀에게 잡혀 있으나, 그리스도를 믿게 될 사람들이다. 사도가 계시록에서 본 것은 이 강한 자를 결박하기 위해서 내려 오는 천사였다. "천사가 무저갱 열쇠와 큰 쇠사슬을 손에 가지고 하늘로서 내려 와서 용을 잡으니 곧 옛 뱀이요 마귀요 사단이라 잡아 일천년 동안 결박하여", 즉 그의 힘을 억제해서 장차 해방될 사람들을 다시는 유혹하며 차지하지 못하게 하는 것을 보았다.

그런데 1000년은 내가 생각나는 대로는 두 가지로 해석할 수 있다. 이런 일들은 여섯째 천년 동안에 — 그 끝 부분이 지금 경과중인 여섯째 천년 기간 중에 — 발생하므로, 마치 제6일과 같고, 그 다음에 저녁이 없는 안식일이 와서 성도들이 끝없이 안식하리라는 것이다. 이것은 부분으로 전체를 대표하는 표현이다. 천년 기간의 끝 부분, 세상 끝까지 아직 경과해야 할 부분을 천년이라고 부르는 것이다. 그렇지 않으면, 이 세계가 계속하는 전 기간을 천년이라고 해서, 완전수로 기간 전체를 의미한다. 천은 10의 입방이기 때문이다. 열의 열 곱은 백이며, 평면상의 정방형이다. 평면을 입방체로 높이려면 100을 다시 10으로 곱해서 1000을 얻는다. 그뿐 아니라, 100도 전체를 의미하는 때가 있다. 모든 것을 버리고 주님을 따른 사람에게 "금세에 백 배를 받으리라"고 약속하신 것과 같다(막 10:30). 이것을 설명하듯이 사도는 "아무것도 없는 자 같으나 모든 것을 가진 자로다"라고 하며(고후 6:10), 옛적 말씀에는 "온 세상이 믿는 자의 재물이라"고 했다(잠 17:6, 70인역). 평방에 불과한 100이 이러하거든, 입방인 1000은 더욱 더 전체를 의미할 것이 아닌가? 같은 이유로 시편에 있는 말씀, "그는 그 언약 곧 천 대에 명하신 말씀을 영원히 기억하였으니"에서(시 105:8), 천 대를 모든 세대라고 해석하는 것 이상으로 좋은 해석은 있을 수 없다.

"무저갱에 던져", 즉 마귀를 무저갱 속에 던졌다. 무저갱은 무수한 악인들의 무리며, 하나님의 교회에 대한 그들의 악의는 헤아릴 수 없이 깊고 깊다. 마귀가 전에는 거기 없었다는 것이 아니라, 신자들을 해하지 못하게 된 그는 이제 불경건한 자들을 더욱 완전히 차지하기 때문이다. 하나님에게서 멀어졌을 뿐 아니라, 하나님을 섬기는 사람들을 공연히 미워하는 사람들은 더욱 든든히 마귀의 소유가 되는 것이다. "잠그고, 그 위에 인봉하여 천년이 차도록, 다시 만국을 미혹하지 못하게 하였다." "잠그고"는 나가지 못하도록, 금지된 짓을 하지 못하도록 한 것이다. "잠그고 그 위에 인봉하여"는 누가 마귀당파에 속하며 누가 속하지 않는가를 비밀에 부치려는 뜻이라고 나는 생각한다. 사실 이 세상에서 이것은 비밀이다. 서 있는 듯한 사람도 넘어질는지 모르며, 넘어진 듯한 사람이 다시 일어설는지 우리는 알 수 없다.

그러나 마귀는 결박되어 갇혀 있으므로 그가 전에 유혹해서 굴복시키던 사람들, 그러나 지금은 그리스도에게 속한 나라들을 더 유혹할 수 없도록 금지되며 억제된다. 사도가 말하듯이 하나님께서는 창세 전에 그들을 흑암의 권세에서 건져내사 그의 사랑의 아들의 나라로 옮기시기로 정하셨기 때문이다(엡 1:4; 골 1:13).

마귀가 지금도 민족들을 유혹해서 영벌에 끌고 가지만, 영원한 생명을 받기로 예정된 백성들은 그렇게 못한다는 것을 어느 그리스도인이 모르는가? 그리스도 안에서 중생하여 하나님의 길을 걷기 시작한 사람들까지도 마귀가 유혹하는 때가 많다는 실정에 아무도 놀라지 말아야 한다. "주께서 자기 백성을 아시기" 때문이며(딤후 2:19), 이런 사람들 가운데서는 마귀가 유혹하여 영원한 멸망으로 끌어가는 사람이 없기 때문이다. 하나님께는 미래까지도 숨길 수 없으며, 주께서는 그러한 방식으로 자기 백성을 아신다. 이 세상에서 사람을 보시면서 (그 마음을 보지 못하는 것도 본다고 한다면) 그가 어떤 종류의 사람이 될는지를 모르는 한 사람으로서 자기 백성을 아신다는 것이 아니다. 마귀는 결박되고 무저갱에 던져져, 교회가 있기 전에 유혹하던 민족들을 — 그러나 지금은 교회원들이 그 사이에 흩어져 있는 민족들 — 유혹할 수 없게 되었다. 계시록에 "아무도 미혹하지 못하게 하였다"고 하지 않고 "다시는 만국을 미혹하지 못하게 하였다"고 한다. 물론 지금 교회가 처해 있는 나라들이라는 뜻이다. "천년이 차도록"은 천년으로 된 제6일의 나머지 부분이든지, 그렇지 않으면 세상 끝까지 흘러갈 모든 세월을 의미한다.

"천년이 차도록 다시는 만국을 미혹하지 못하게 하였다"는 말씀은, 그 후에 그는 예정된 교회가 있는 나라들만 미혹할 것이며, 지금은 쇠사슬과 투옥 때문에 그 나라들을 미혹하지 못한다는 뜻으로 해석해서는 안 된다. 이 말씀을 쓴 방식은 성경에서 자주 사용되며, 예컨대 시편에 "그와 같이 주 하나님이 우리를 긍휼히 여기실 때까지 우리 눈이 하나님을 바라나이다"라고 한다(시 123:2). 여호와 하나님이 긍휼히 여겨 주신 다음에는 그 종들의 눈이 하나님을 바라보지 않으리라는 뜻이 아니다. 여기서 말의 순서는 확실히 다음과 같은 것이다. "잠그고 그 위에 인봉하여 천년이 차도록 하며", 〔그리스어 성경과 불가타 역에서 "천년이 차도록"의 앞에 있는〕 "다시는 만국을 미혹하지 못하게"는 분리해서 뒤에 두는 것이다. 그래서 이 문장 전체는 다음과 같이 될 것이다. "잠그고 그 위에 인봉하여 천년이 차도록 두며, 다시는 만국을 미혹하지 못하게 하였다." 천년이 차도록 그가 갇혀 있으며, 그 때문에 다시는 만국을 미혹하지 못하게 되었다는 것이다.

8. 마귀의 결박과 놓임에 대하여.

"그 후에 반드시 잠깐 놓이리라"고 요한은 말한다(계 20:3). 마귀가 결박되어 갇히는 것이 교회를 유혹할 수 없게 된 것을 의미한다면, 그가 풀리는 것은 다시 유혹할 수 있게 된다는 뜻인가? 그렇지 않다. 창세 전에 예정되며 선택된 교회, "주께서 자기 백성을 아신다"(딤후 2:19)고 한 그 교회는, 결코 미혹되지 않을 것이다. 교회가 처음부터 있었고, 앞으로 죽는 신자의 자리를 새신자가 메움으로써 교회가 항상 있을 것이므로, 마귀가 놓이는 때에도 이 세상에 교회가 있을 것이다. 조금 뒤에 요한은 마귀가 전세계 백성들을 유혹해서 교회와 싸울 것이며, 이 원수들의 수는 바다의 모래와 같으리라고 한다. "저희가 지면에 널리 퍼져 성도들의 진과 사랑하시는 성을 두르매 하늘에서 불이 내려와 저희를 소멸하고 또 저희를 미혹하는 마귀가 불과 유황 못에 던지우니 거기는 그 짐승과 거짓 예언자도 있어 세세토록 밤낮 괴로움을 받으리라"(계 20:9-10).

이것은 최후 심판에 관한 말씀인데, 내가 여기서 인용하는 것이 적당하다고 생각한 것은 마귀가 놓여 있는 짧은 기간에는 지상에 교회가 없으리라고 생각할 수 있겠기 때문이다. 그 때에 마귀가 교회를 발견하지 못하든지 각종 박해로 교회를 파괴하리라는 생각이다. 놓인 때에도 마귀가 교회를 유혹하지 않으리라고 한다면, 이 책이 관련된 기간 전체를 통해서도 — 그리스도의 처음 강림으로부터 세상 끝인 그리스도의 재림까지 — 마귀는 결박되지 않았다는 뜻이 된다. 바꿔 말하면 이 천년 기간 동안 교회를 유혹하지 않으리라는 의미에서 결박되지 않았다는 것이 된다. 만일 그가 결박되었다는 것이 그가 교회를 유혹하지 못하게 된다든지 또는 유혹하는 것이 허락되지 않는다는 뜻이라면, 그가 놓인다는 것은 유혹할 수 있게 된다든지 유혹이 허락된다는 것이 아니고 무엇이겠는가? 그러나 결코 이렇게 되지 않을 것이다. 마귀가 결박되었다는 것은 그가 전력을 다해서 유혹하지 못하게 된다는 뜻이다. 혹은 사람들을 폭력으로 강요하며 혹은 기만 수단으로 그와 손을 잡게 만드는데 전력을 경주하지 못하게 되는 것이다. 만일 이 오랜 기간에 그가 연약한 사람들을 습격하는 것을 허락한다면, 이런 시험 받는 것을 하나님이 원하시지 않는 많은 사람들이 믿음을 잃거나 믿지 못하도록 방해를 받을 것이다. 이런 일이 없도록 하기 위해서 그가 결박되는 것이다.

그러나 그가 놓이는 짧은 기간이 온다. 그는 자신과 사자들의 능력을 전적으로 동원해서 3년 6개월 동안 날뛸 것이라고 기록되었다(계 11:2; 13:5). 그리고 그가 대적하는 사람들은 그의 폭력과 술책에 대항할 힘이 있을 것이다. 그가 결코 놓이지 않는다면, 그의 악한 세력이 덜 분명할 것이며, 거룩한 도성의 확고한 용기도 덜 증명될 것이다. 간단히 말하면, 그의 큰 행악을 전능자가 어떻게 이용하시는가가 덜 분명할 것이다. 전능자는 성도들을 마귀의 유혹에서 절대로 격리하시는 것이 아니라, 믿음의 거처인 그들의 속사람만을 보호하시고, 외면적인 시험은 허락하셔서 그들이 유익을 얻도록 하신다. 그리고 마귀를 결박하셔서, 그가 자유로 악행을 열심히 계속함으로써 무수한 연약한 사람들의 믿음을 방해하거나 빼앗는 것을 막으신다. 교회는 이런 사람들로 성장하며 완성되기 때문이다. 그리고 마침내 그를 놓아서, 하나님의 도성이 정복한 원수가 얼마나 강력하였는가를 밝힘으로써 구속자와 후원자와 구원자이신 분에게 큰 영광이 돌아가게 하실 것이다. 그리고 그 때에 있을 신자들이나 성도들과 비교해서 우리는 무엇인가? 우리는 결박된 마귀와 싸우는 데도 큰 위험을 무릅쓰는데, 그들은 결박에서 풀려난 원수와 싸울 것이기 때문이다. 그러나 이 중간 기간에도 확실히 그리스도의 현명하고 굳센 군사들이 있었고 또 있다. 만일 이 사람들이 마귀가 놓인 긴박한 시기에 살아 있다면, 그의 모든 간계와 공격에 대해서 유감없는 지혜로 경계하며 끝까지 참고 견딜 것이다.

이와 같이 교회가 유대 땅 밖으로 더욱 더 널리 뻗어 나갔을 때에 마귀가 결박되었을 뿐 아니라, 지금도 결박되었고 앞으로도 결박되어 세상 끝까지 갈 것이며 그 때에 놓일 것이다. 지금도 그리고 물론 세상 끝까지도 마귀에게 잡혀 믿지 않던 사람이 회개하고 믿게 되며 또 믿게 될 것이다. 이 강한 자는 그 세간을 빼앗길 때마다 결박되어 있는 것이다. 또 그가 갇혀 있는 무저갱은 그가 처음으로 거기에 던져졌을 때에 살아있던 사람들이 죽는다고 해서 끝나는 것이 아니다. 그들의 뒤를 이은 사람들이 있었고, 세상 끝까지 있을 것이다. 뒤를 이은 사람들도 그리스도에 대한 미움을 타고 난 것은 마찬가지이며, 그들의 어두운 마음 속에 마귀는 무저갱과 같이 계속적으로 갇혀 있는 것이다. 그러나 그가 놓여서 힘껏 날뛰는 이 3년 6개월 동안, 믿음을 얻는 사람이 있을까 하는 것이 문제다. 그렇게 되면, "사람이 먼저 강한 자를 결박하지 않고는 강한 자의 집에 들어가 세간을 늑탈하지 못하리라"(마 12:29) 하신 말씀이 어떻게 옳겠는가? 따라서 이 구절대로 된다면 그 때에는 비록 짧은 기간이지만 그리스도교회에 가입하는 사람이 없을 것이며, 마귀는 기성교인들만을 상대로 싸워서 그에게 정복되는 사람들이 있을 것이며, 그러나 이런 사람들은 하나님의 자녀로 예정된 수에 들지 않았다고 믿지 않을 수 없을 것이다. 계시록을 쓴 요한은 그의 서간에서 어떤 사람들에 대해서 다음과 같은 바른 말을 하기 때문이다. "저희가 우리에게서 나갔으나, 우리에게 속하지 아니하였나니, 만일 우리에게 속하였더면 우리와 함께 거하였으리라"(요일 2:19).

그러나 어린이들은 어떻게 될 것인가? 그 때에 그리스도인의 어린이로서 난 후에 아직 세례를 받지 않은 아이들과, 또 기간에 새로 태어나는 아이들이 없으리라는 것은 믿을 수 없는 일이다. 이런 어린이들이 있다면, 그 부모들이 어떤 방법으로든지 그들을 중생의 씻음으로(딛 3:5) 데려가지 않을 리가 없다. 그러나 이렇게 되면, 놓여 있는 저 마귀에게서 어떻게 이 세간들을 빼앗겠는가? 먼저 그를 결박하지 않고는 그의 집에 들어가 세간을 빼앗을 수 없기 때문이다. 그러나 우리는 이와 반대로, 그 때에는 교회에서 떨어지는 사람과 교회에 들어 오는 사람들이 없지 않을 것이며, 어린이들에게 세례를 받게 하려는 부모들이나 처음으로 믿게 된 사람들의 결심이 강렬해서, 놓여 있는 마귀까지도 정복함으로써, 즉 마귀가 미증유의 역량을 발휘하며 간계를 쓸지라도 경계와 견인으로 대항함으로써, 놓여 있는 그에게서도 신자들을 빼앗을 수 있으리라고 믿어야 한다.

그렇더라도 성경 말씀, "누가 먼저 강한 자를 결박하지 않고서 그의 집에 들어가 세간을 빼앗으리요?"라는 말씀은 틀리지 않을 것이다. 이 옳은 말씀에 따라 그 순서가 지켜졌기 때문이다:우선 강한 자가 결박되었고 그 다음에 그의 세간이 늑탈되었다. 그래서 온 세계의 모든 민족 가운데서 강한 자와 약한 자들이 부름을 받아 교회가 크게 성장했기 때문에, 예언들이 성취된 데 대한 씩씩한 믿음으로 교회는 놓인 마귀에게서도 그 세간을 늑탈할 수 있을 것이다. "불법이 성하므로 많은 사람이 사랑이 식어지리라"는 것과(마 24:12) 또 생명책에 기록되지 않은 사람들이 풀려난 마귀의 미증유의 격렬한 박해와 간계에 많이 항복하리라는 것을 인정해야 되겠지만, 우리는 또한 그 때에 건전한 믿음을 품고 있는 사람들과, 그 때까지 배척하던 믿음을 새로 굳게 붙잡은 사람들이, 하나님의 은혜의 도움을 받아, 풀려난 마귀까지도 배척하며 정복하리라고 생각하지 않을 수 없다. 그 때에 그들은 닥쳐오는 종말을 목도하며, 그 종말이 다른 일들과 함께 예언되어 있는 성경을 하나님의 은혜의 도움으로 이해할 것이다. 그리고 만일 이렇게 되면, 마귀의 결박이 먼저 있고, 다음에 결박되었건 놓였건 간에 그의 물건이 빼앗긴다고 말할 수 있다. "누가 먼저 강한 자를 결박하지 않고서, 그 집에 들어가 그 세간을 늑탈할 수 있으리요?"라는 말씀은 이런 뜻이기 때문이다.

9. 성도들이 그리스도와 함께 천년 동안 다스린다는 것은 무슨 뜻이며, 영원한 나라와는 어떻게 다른가?

그러나 마귀가 결박되어 있는 동안 성도들은 그리스도와 함께 천년 동안 왕노릇한다. 이 천년은 곧 그리스도가 처음 오신 기간이다. 끝날에 그리스도께서 "내 아버지께 복 받을 자들이여, 나아와 창세로부터 너희를 위하여 예비된 나라를 상속하라" (마 25:34) 말씀하실 그 나라는 여기서 문제가 되지 않는다. 성도들이 지금도 그리스도와 함께 왕노릇한다는 것이 아주 다른 의미에서 하는 말씀이 아니라면, 교회를 지금 그의 나라 또는 하늘 나라라고 할 수 없을 것이다. 주께서 성도들에게 "볼지어다, 내가 세상 끝날까지 너희와 항상 함께 있으리라"고 말씀하시기 때문이다(마 28:20). 하나님 나라의 제자된 서기관에 대해 우리는 이미 언급했지만, 그가 새 것과 옛 것을 그 곳간에서 내어오는 것은(마 13:52) 확실히 이 현세에서 하는 일이다. 추수 때까지 밀과 함께 자라도록 주께서 허락하신 가라지를 추수하는 자들이 거둬 내는 것도 교회에서 거둬낼 것이다.

주님이 설명하신 말씀과 같다. "추수 때는 세상 끝이요 추수꾼은 천사들이니, 그런즉 가라지를 거두어 불에 사르는 것같이, 세상 끝에도 그러하리라 인자가 그 천사들을 보내리니 저희가 그 나라에서 모든 넘어지게 하는 것을 거두어 내리라"(마 13:39-41). 어떤 넘어지게 하는 것도 없는 그 나라에서 거두어 낸다는 말씀일 수 있는가? 그러므로 그들이 가라지를 거두어 내는 것은 주님의 현재의 나라인 교회에서 하는 일일 것이다.

그래서 주님은 "누구든지 이 계명 중에 지극히 작은 것 하나라도 버리고 또 그 같이 사람을 가르치는 자는 천국에서 지극히 작다 일컬음을 받을 것이요, 누구든지 이를 행하며 가르치는 자는 천국에서 크다 일컬음을 받으리라"(마 5:19) 하셨다. 주님이 가르치시는 계명들을 행하지 않는 "버리는" 사람과, 주님과 같이 행하며 가르치는 사람 — 이 두 가지 사람이 다 천국에 있다고 말씀하신다. 그러나 전자는 지극히 작고, 후자는 크다고 하신다. 그리고 즉시 덧붙이신다: "내가 너희에게 이르노니, 너희 의가 서기관과 바리새인보다 더 낫지 못하면 결단코 천국에 들어가지 못하리라." 바꿔 말하면 자기가 가르치는 것을 자기는 행하지 않는 자들의 의라는 뜻이다. 다른 곳에서 서기관과 바리새인에 대해서 "저희는 말만 하고 행치 아니한다"(마 23:3)고 말씀하셨기 때문이다. 그러므로 너희 의가 저희 의보다 낫지 않으면, 즉 너희가 가르치는 것을 버리지 않고 행하는 것이 아니면, "너희는 결단코 천국에 들어가지 못하리라"고 하신다(마 5:20).

그러므로 천국을 두 가지 뜻으로 해석해야 한다. 자기가 가르치는 것을 행하지 않는 지극히 작은 자와 행하는 큰 자가 공존하는 천국과, 자기가 가르치는 것을 행하는 자만이 들어 갈 천국이다. 따라서 두 가지 사람들이 공존하는 것은 현재 있는 교회요, 한 쪽 사람들만 있을 천국은 악인이 없기로 예정된 미래의 교회다. 그러므로 현재 있는 대로의 교회도 그리스도의 나라며 하늘 나라다. 따라서 지금도 성도들이 그리스도와 함께 왕노릇하며, 앞으로 왕노릇할 때와 다를 뿐이다. 그러나 교회 안에 가라지가 좋은 곡식과 함께 자라고 있으므로, 그들은 그리스도와 함께 왕노릇하지 않는다. 사도의 말씀대로 행하는 사람들만이 그리스도와 함께 왕노릇하기 때문이다. "너희가 그리스도와 함께 다시 살리심을 받았으면 위엣 것을 찾으라. 거기는 그리스도께서 하나님 우편에 앉아 계시느니라. 위엣 것을 생각하고 땅엣 것을 생각지 말라"(골 3:1-2). 이런 사람들에 대해서 사도는 그들의 시민권은 하늘에 있다고 한다(빌 3:20). 끝으로, 그리스도의 나라에 있되, 자신이 그의 나라인 사람들은 그와 함께 왕노릇한다. 그러나 다른 일은 말하지 않더라도, 세상 끝에 그리스도의 나라에서 모든 넘어지게 하는 것이 제거될 때까지 그 안에 있으면서도 자기 일을 구하고 그리스도의 일을 구하지 않는 사람들은(빌 2:21) 어떤 의미에서 그리스도의 나라에 있다고 하겠는가?

그러므로 우리가 방금 인용한 계시록 말씀은 이 싸우는 나라에 대한 것이다. 이 나라 안에서는 원수와의 충돌이 아직도 계속되며, 거스르는 정욕과 싸워 이기며 지배해서, 드디어 원수 없이 다스리는 아주 평화로운 나라가 된다. 또 이 말씀은 금생에서의 첫째 부활에 대한 것이다. 마귀가 천년 동안 결박되었다가 잠깐 놓인다고 한 다음에 그 때에 교회가 무엇을 하는가, 즉 교회 안에서 어떤 일을 하는가 하는 간단한 묘사가 있다. "또 내가 보좌들을 보니, 거기 앉은 자들이 있어, 심판하는 권세를 받았더라"(계 20:4). 이 말씀은 최후 심판에 대한 것이 아니라, 지금 교회를 다스리는 사람들과 그 자리에 대한 것이다. 심판하는 권세를 받았다는 데 대해서 가장 좋은 해석은 "무엇이든지 너희가 땅에서 매면 하늘에서도 매일 것이요, 무엇이든지 땅에서 풀면 하늘에서도 풀리리라"는 말씀이다(마 18:18). 그래서 사도는 말한다. "외인들을 판단(심판)하는데 내가 무슨 상관이 있으리요마는 교중 사람들이야 너희가 판단치 아니하랴?"(고전 5:12). 그리고 요한은 "예수의 증거와 하나님의 말씀을 인하여 목베임을 받은 자의 영혼들"이 "천년 동안 왕노릇하니"라고 하는데(계 20:4), 이것은 몸을 도로 받지 않은 순교자들의 영혼을 의미한다.

죽은 경건한 사람들의 영혼은 지금도 그리스도의 나라인 교회에서 분리되지 않기 때문이다. 그렇지 않다면, 그리스도의 몸에 참여할 때에 하나님의 제단에서 기억하지 않을 것이다. 또는 세례를 받지 않은 채 세상을 떠나지 않기 위해서 서둘러 그리스도의 세례를 받는 것도 무익할 것이다. 또 회개나 양심의 가책으로 사람이 그리스도의 몸에서 분리된다면, 화해를 얻는 것도 무익할 것이다. 이런 일들을 행하는 것은 믿는 사람은 죽은 후에도 그리스도의 지체이기 때문이 아니고 무엇인가? 그러므로 이 천년이 지나는 동안 그들의 영혼도, 아직 몸과 결합되지 않았지만 그리스도와 함께 왕노릇한다. 그러므로 같은 책의 다른 부분에 이런 말씀이 있다: "자금 이후로 주 안에서 죽는 자들은 복이 있도다 하시매 성령이 가라사대 그러하다 저희 수고를 그치고 쉬리니 이는 저희의 행한 일이 따름이라 하시더라"(계 14:13). 교회는 지금 산 자들과 죽은 자들로 그리스도와 함께 다스리기 시작한다. 사도는 "그리스도께서 죽으셨으니 산 자와 죽은 자의 주가 되려 하심이라"고 하기 때문이다(롬 14:9). 그러나 요한이 순교자들의 영혼만을 말한 것은 진리를 위하여 죽기까지 싸운 그들이 죽은 후에 주로 왕노릇하기 때문이다. 그러나 부분으로 전체를 대표해서 우리는 교회, 즉 그리스도의 나라에 속한 모든 다른 사람들에 대한 말씀으로 해석한다.

그 다음에 있는 말씀, "또 내가 보니, 예수의 증거와 하나님의 말씀을 인하여 목베임을 받은 자의 영혼들과 또 짐승과 그의 우상에게 경배하지도 아니하고 이마와 손에 그의 표를 받지도 아니한 자들이"(계 20:4)는, 산 자와 죽은 자의 양쪽으로 해석해야 한다. 그리고 이 짐승이 무엇이냐 하는 것은 신중히 연구할 필요가 있지만, 저 불경건한 도시 자체와 불신자 사회라고 해석하는 것이 진정한 믿음과 합치할 것이다. 즉 신자들과 하나님의 도성에 반대하는 자들이다. "그의 우상"(또는 그의 형상)은 그를 흉내내는 자들, 즉 입으로는 믿노라고 하면서 생활은 불신자인 자들이다. 그들은 그리스도인이 아니면서 그리스도인인 체하며, 세상도 그렇게 부르지만, 그들의 형상은 그리스도와 같은 것이 아니라 가짜 형상이다. 이 짐승에게 속한 것은 그리스도의 이름과 그의 가장 영광스러운 도시에 반대하는 원수들 뿐 아니라, 저 가라지들, 세상 끝에 그의 나라인 교회에서 뽑아 모을 그 가라지들도 짐승에게 속하기 때문이다.

그리고 짐승과 그의 형상을 경배하지 않았다는 것은 사도가 "너희는 믿지 않는 자와 멍에를 같이 하지 말라"고 한(고후 6:14) 그 사람들이 아니고 누구겠는가? 이런 사람들은 경배하지 않는다. 즉 찬성하고 굴복하지 않는다. 그들은 그 표, 즉 범죄의 낙인도 받지 않는다 — 고백함으로써 이마에 받거나, 실천함으로써 손에 받는 일이 없다. 그러므로 이 사람들은 오염이 없으며, 살아 있든 죽었든 천년이라고 하는 중간기에 이 시기에 합당한 방법으로 지금도 그리스도와 함께 왕노릇한다.

"그 나머지 사람들은 살지 못하더라"(계 20:5). 지금은 죽은 자가 하나님의 아들의 음성을 듣는 때며 듣는 자는 살 것이며(요 5:25) 그 나머지는 살지 못하겠기 때문이다. "천년이 차기까지"라는 말이 첨가되어 있는데, 이것은 그들이 사망에서 생명으로 옮김으로써 살았어야 할 기간에 살아나지 않았다는 뜻이다. 그래서 몸이 부활하는 때가 오면 그들도 무덤에서 나오겠지만, 생명이 아니라 심판인 둘째 사망이라고 하는 정죄를 받기 위해서 나올 것이다. 천년이 마치기까지, 첫째 부활이 진행되는 기간이 끝날 때까지 살아나지 않은 사람은 — 하나님의 아들의 음성을 듣고 사망에서 생명으로 옮기지 않은 사람은 — 둘째 부활 즉 몸이 부활할 때에, 그 몸과 함께 둘째 사망으로 들어갈 것이다. 그는 계속해서 말하기 때문이다. "이는 첫째 부활이라 첫째 부활에 참여하는 자들은 복이 있고 거룩하도다"(계 20:6). 첫째 부활을 경험한 자들이라는 뜻이다. 이런 사람들은 죄의 사망에서 살아날 뿐 아니라, 이 갱신된 생활을 계속함으로써 첫째 부활을 경험하는 것이다. "둘째 사망이 그들을 다스리는 권세가 없다"(계 20:6). 그러므로 둘째 사망은 나머지 사람들에 대해서는 권세가 있으며, 위에서 "그 나머지 죽은 자들은 그 천년이 차기까지 살지 못하더라"고 했다(계 20:5). 그 천년 기간이 계속되는 동안, 그들은 몸으로 아무리 찬란하게 살았을지라도, 죄악에 붙잡혀서 사망에서 살아나지 못했기 때문이다. 다시 살아났어야만 첫째 부활에 참여하고, 따라서 둘째 사망이 그들을 다스리는 권세가 없었을 것이다.

10. 몸만 부활하고 영혼은 부활할 수 없다고 하는 사람들에게 대답한다.

부활은 몸에 대해서만 말할 수 있다고 생각하며, 따라서 계시록에서 말하는 첫째 부활은 몸의 부활이라고 주장하는 사람들이 있다. 넘어지는 것이라야 다시 일어난다. 즉 부활한다고 말할 수 있기 때문이라고 한다. 그런데 몸은 죽어서 넘어진다.[3] 그러므로 영혼의 부활은 있을 수 없고, 몸만 부활한다고 한다. 그러나 영혼의 부활에 대한 사도의 말씀에 대해서 그들은 무엇이라고 말하는가? 사도는 확실히 겉사람이 아니라 속 사람이 다시 일어난 사람들을 상대로 말한다. "너희가 그리스도와 함께 다시 살리심을 받았으면(또는, 일어났으면) 위엣 것을 찾으라"(골 3:1). 다른 데서도 같은 뜻으로 말한다. "아버지의 영광으로 말미암아 그리스도를 죽은 자 가운데서 살리심과 같이 우리도 또한 새 생명 가운데서 행하게 하려 하심이라"(롬 6:4).

"잠자는 자여, 깨어서 죽은 자들 가운데서 일어나라. 그리스도께서 네게 비취시리라"(엡 5:14). 넘어지는 것 외에는 어떤 것도 일어날 수 없다. 따라서 몸만이 부활하고, 영혼은 부활하지 않는다. 몸은 넘어지기 때문이라고 결론내리는 그들은, 무슨 까닭에 다음과 같은 말씀들을 무시하는가? — "주님을 두려워하는 자들아 그 분

---

3) 이것은 라틴어에서 시체를 cadaver라고 하며, 이 말이 cader(떨어지다, 죽다 라는 뜻의 동사)에서 왔기 때문에 하는 말임.

의 자비를 기다려라, 빗나가지 말아라, 넘어질까 두렵다"(집회서 2:7). "그 섰는 것이나 넘어진 것이 제 주인에게 있느니라"(롬 14:4). "선 줄로 생각하는 자는 넘어질까 조심하라"(고전 10:12). 우리가 조심하라는 그 넘어짐은 영혼에 대한 말씀이고, 몸의 넘어짐이 아니라고 나는 생각한다. 그러므로 넘어지는 것이 다시 일어나며, 영혼도 넘어진다면, 영혼이 다시 일어난다는 것도 인정해야 한다.

"둘째 사망이 그들을 다스리는 권세가 없고"라는 말씀에 "그들이 하나님과 그리스도의 제사장이 되어 천년 동안 그리스도와 더불어 왕노릇하리라"는 말씀이 첨가되었다(계 20:6). 이것은 감독들과 지금 교회 내에서 특히 사제(신부, 개역성경의 "제사장")라고 부르는 장로들만을 의미하는 것이 아니라, 신비로운 기름 부음(그리슴) 때문에 신자들을 기름 부음을 받은 자들(그리스도인)이라고 하는 것과 같이, 저 유일한 제사장의 지체들도 모두 제사장이라고 한 것이다. 그들에 대해서 사도 베드로는 "거룩한 백성이요 왕 같은 제사장들"이라고 한다(벧전 2:9). 비록 지나가는 우연한 방법이지만 하나님과 그리스도의 제사장이라고 함으로써, 즉 성부와 성자의 제사장이라고 함으로써, 사도는 그리스도는 하나님이시라는 뜻을 포함시켰다. 그리스도는 종의 형상으로(빌 2:7) 인자로서 멜기세덱의 반차를 따른 제사장이 되셨지만(히 7:17-21) 하나님이시라는 것이다. 그러나 이 점을 우리는 이미 여러 번 설명했다.[4]

11. 세상 종말에 풀려난 마귀가 곡과 마곡을 일으켜 교회를 박해하리라고 한다.

"천년이 마치매 사단이 그 옥에서 놓여 나와서 땅의 사방 백성 곧 곡과 마곡을 미혹하고 모아 싸움을 붙이리니 그 수가 바다 모래와 같으리라"(계 20:7-8). 그들을 미혹해서 싸움을 붙이려는 것이 그의 목적이다. 이전에도 그는 계속할 수 있는 대로 여러 가지 방법과 많은 유혹을 이용했다. "나와서"라는 것은 마음 속에서 미워하던 것이 공개적으로 박해를 하게 되었다는 뜻이다. 이 박해는 최후 심판이 임박한 때에 있을 것이며, 전 세계의 거룩한 교회가 견뎌야 할 최후의 것이다. 그 때에 지상에 있는 그리스도의 도성 전체가 마귀의 도성 전체로부터 공격을 받을 것이다. 곡과 마곡은 세계의 어느 한 부분에 있는 야만 국가들이라고 해석해서는 안 된다. 곡과 마곡의 처음 자음에 따라서 게타이와 마사게타이(그리스 북쪽과 중앙아시아에 있는 민족들)라고 하며, 혹은 로마 정부하에 있지 않은 다른 나라들이 아니다. 요한은 그들

4) 16권 22장; 17권 17-20장.

이 전 세계에 퍼져 있다고 해서 "땅의 사방 백성"이라고 하며, 이것이 곡과 마곡이라고 덧붙인다. 우리는 (히브리어를 따라) 곡을 지붕, 마곡을 지붕으로부터라고 해석하며, 집과 집에서 나오는 사람이라는 뜻이라고 생각한다.

그러므로 앞에서[5] 해석한 대로 곡은 마귀가 마치 무저갱과 같이 그 속에 갇혀 있는 백성들이며, 마곡은 마귀가 그 속에서 나오는 것이다. 그래서 그들은 그 지붕이며, 그는 지붕으로부터 나오는 자다. 또는 두 말을 다 백성이라고 보고, 백성과 마귀로 나누지 않을 경우에는 둘다 지붕이다. 저 옛 원수는 지금 그들 속에 갇혀 — 지붕으로 덮여 — 있으며, 앞으로 숨겼던 미움을 백일하에 나타내어 지붕 밑으로부터 나타나듯 할 것이기 때문이다.

"저희가 지면에 널리 퍼져 성도들의 진과 사랑하시는 성을 두르매"(계 20:9)라는 것은, 그들이 성도들의 진영과 사랑하시는 도성이 어느 한 곳에 있는 듯이, 그런 한 곳으로 왔다, 또는 오리라는 뜻이 아니다. 이 도성은 전 세계에 퍼져 있는 그리스도의 교회에 불과하기 때문이다. 따라서 교회가 있는 곳이면 어디든지 — "지면에 널리"라고 하는 말이 의미하는 바와 같이, 교회는 모든 나라에 있을 것이므로 — 성도들의 진과 사랑하시는 도성도 어디든지 있을 것이며, 모든 원수들의 야만적인 박해가 교회를 둘러쌀 것이다. 원수들도 모든 백성 사이에 교회와 공존하겠기 때문이다. 바꿔 말하면, 교회는 심한 고난으로 절박하며 난처하며 갇혀 버리겠지만, 군사적 의무를 저버리지 않을 것이다. "진영"이라는 말은 이런 뜻이다.

12. 하늘에서 내려와 저희를 소멸한 불은 악인이 받을 최후의 벌을 의미하는가?

"하늘에서 불이 내려와 저희를 소멸하고"(계 20:9)라는 말씀은 "저주를 받은 자들아, 나를 떠나 영원한 불에 들어가라"(마 25:41)는 말씀으로 가해질 최후의 벌이라고 해석하면 안 된다. "하늘에서 불이 내려와"는 성도들의 강경한 저항을 의미한다. 그들은 날뛰는 원수들에게 항복하거나 굴복하는 것을 강경히 거부하겠기 때문이다. 타는 듯한 열성을 견지한 성도들을 적그리스도 쪽으로 끌어갈 수 없는 원수들에게는 이 일이 큰 고통일 것이다. 이 일이 그들을 소멸할 불이며 하나님에게서 오는 불이다. 즉 하나님의 은혜가 성도들에게 불굴의 용기를 주며 원수들에게는 고통을 주는 것이다. 좋은 뜻으로 "주의 집을 위하는 열성이 나를 삼켰나이다"라고 하는 것

---

5) 20권 7장.

과 같이(시 69:9), 나쁜 의미로는 "열성이 무지한 백성을 사로잡았나니, 이제 불이 주의 대적을 사르리이다"라고 한다(사 26:11, 70인역). "이제"는 최후 심판의 불이 아니라는 뜻이다. 또 만일 하늘에서 내려와서 그들을 소멸하는 이 불은, 그리스도가 오실 때에 지상에 살아 있는 교회 박해자들을 치시며, 입의 기운으로 적그리스도를 죽이시리라는(살후 2:8) 뜻이라고 요한이 생각했다면, 이것도 악인에 대한 최후 심판은 아니다. 최후 심판은 몸이 부활할 때에 받게 될 심판이다.

13. 적그리스도의 박해는 천년기간 중에 있을 것인가?

계시록과(계 11:2, 13:4) 예언자 다니엘이(단 12:7) 확인하였고 우리도 이미 말한 것과 같이[6] 적그리스도의 이 마지막 박해는 3년 6개월 동안 계속될 것이다. 이것은 짧은 기간이지만, 마귀가 결박되어 있고 성도들이 그리스도와 함께 왕노릇하는 천년 기간에 포함되는 것인지, 또는 따로 거기 첨가되는 것인지를 문제로 삼는 데는 이유가 없지 않다. 천년 동안에 포함시킨다면, 성도들이 그리스도와 함께 다스리는 기간은 마귀가 존속되어 있는 기간보다 더 길게 된다. 마귀가 놓여 전력을 다해서 성도들을 반대하여 날뛰는 그 최후 박해 때에도 성도들은 자기들의 왕이시며 승리자이신 그리스도와 함께 힘있게 다스리겠기 때문이다. 그러므로 만일 그리스도와 함께 하는 성도들의 치리보다 마귀의 결박이 3년 6개월 먼저 끝난다면, 성경이 마귀의 결박과 성도들의 치리를 다 천년 동안이라고 규정하는 것은 무슨 까닭인가?

또 만일 그렇지 않고 이 짧은 박해 기간은 천년의 일부가 아니라 천년이 지난 후에 첨가되는 것이라면, 확실히 우리는 그들이 "하나님과 그리스도의 제사장이 되어 천년 동안 그리스도로 더불어 왕노릇하리라 천년이 차매 사단이 그 옥에서 놓여"라고 하는 말씀을 해석할 수 있을 것이다. 이렇게 되면, 성도들의 치리와 마귀의 결박은 동시에 끝나고 우리가 말하는 박해는 성도들의 치리 기간이나 마귀의 투옥 기간과 동시가 아니라 그 기간이 지난 후에 더해진 세월이다. 그러나 이렇게 되면, 이 박해 기간 중에는 성도들이 다스리지 않는 것이 된다. 그러나 성도들이 가장 용감하게 그리고 누구보다도 그리스도에게 밀착해 있어야 할 그 때에, 또 싸움이 격렬할수록 저항의 영광과 순교의 면류관이 더욱 빛날 그 때에, 그리스도의 지체들이 그와 더불어 왕노릇하지 않으리라고 누가 감히 말할 수 있는가?

혹은 성도들이 고난을 받고 있을 것이므로 그 동안은 왕노릇하지 않는다고 할

---

6) 20권 8장.

수 있다는 견해인가? 그렇다면 그 이전에도 천년 기간 중에 고난을 받은 사람들은 그리스도로 더불어 왕노릇하지 않았다고 해야 될 것이다. 또 계시록 저자가 보았다는 영혼들, 즉 예수의 증거와 하나님의 말씀을 인하여 목 베임을 받은 사람들도 박해를 받았을 때에는 그리스도와 더불어 왕노릇하지 않은 것이 된다. 즉 그들은 그리스도의 나라가 아니었다는 결론이 되는데, 사실은 그 때에 그리스도께서 어느 다른 때보다 그들을 자기 백성으로 삼고 계셨다. 참으로 이것은 완전히 어리석은 이야기이며 배격해야 할 견해다. 확실히 영광스러운 순교자들의 승리한 영혼들은 모든 슬픔과 노고를 극복하여 마치고, 죽을 운명의 지체들을 벗어 놓은 후에 그리스도와 함께 왕노릇했고 천년이 마치도록 또 지금도 왕노릇한다. 그리고 또 영생할 몸을 받게 되어 그리스도와 함께 왕노릇할 것이다.

그러므로 저 3년 반 동안에는 이전에 그리스도의 증거로 인하여 죽은 사람들의 영혼과 최후의 박해로 죽을 사람들이 다 죽을 인간 세상이 끝나기까지 그리스도로 더불어 왕노릇하며, 드디어 죽음이 없을 나라로 옮아갈 것이다. 그래서 성도들은 마귀가 결박이 풀린 3년 6개월 동안 그들의 왕이시며 하나님의 아들이신 그리스도와 함께 왕노릇할 것이므로, 그들의 치리 기간은 마귀의 결박과 투옥보다 더 길 것이다.

그러므로 "하나님과 그리스도의 제사장들이 되어 천년 동안 그리스도로 더불어 왕노릇 하리라. 천년이 차매 사단이 그 옥에서 놓여"라는 말씀을 읽을 때에(계 20:6-7) 우리는 여전히 두 가지 해석을 한다. 성도들의 치리는 천년으로 끝나지 않으나 마귀의 투옥은 끝난다는 것이 한 가지 해석이다. 이 때에 성도들과 마귀는 다 천년 기간, 즉 완전수의 세월을 가지게 되지만 실지로 지나는 연수는 적당히 달라서 성도들은 많고 마귀는 적다. 또 한 가지 해석은 3년 6개월은 짧은 세월이므로 사탄의 전 투옥 기간에서 감하지 않거나 성도들의 치리 기간에 더하지 않는 것이다. 이 점은 제16권(제24장)에서 400이라는 끝자리가 없는 수를 논할 때에 설명했다. 실지는 더 많은데 400이라고만 하는 것이다. 이와 비슷한 표현은 주의해 보면 성경에 자주 나온다.

14. 마귀와 그 추종자들의 정죄; 모든 죽은 자들의 몸의 부활에 대한 간단한 묘사, 그리고 최후 심판과 보응에 대하여.

이 마지막 박해에 언급한 후에 요한은 마귀와 그가 다스리는 도성이 최후 심판에서 받을 일을 알린다. "또 저희를 미혹하는 마귀가 불과 유황 못에 던지우니 거기는 그 짐승과 거짓 예언자도 있어 세세토록 밤낮 괴로움을 받으리라"(계 20:10). 짐승은 저 악한 도성으로 해석된다는 것을 우리는 이미 말했고,[7] 그의 거짓 예언자는 적그리스도든지 또는 같은 곳에서 말한 형상 또는 가짜다. 이 다음에 또 계시를 받은 대로 죽은 자들의 둘째 부활 즉 몸의 부활을 말하고 그 때에 있을 최후 심판을 간단히 이야기한다: "또 내가 크고 흰 보좌와, 땅과 하늘이 그 앞에서 피하여 간데 없었던 자가 그 위에 앉으신 것을 보았노라"(계 20:11. 저자의 번역대로). 그는 "내가 크고 흰 보좌와 그 위에 앉은 자를 보니 땅과 하늘이 그 앞에서 피하더라"고 말하지 않는다. 그 때에, 즉 산 자와 죽은 자들이 심판을 받기 전에는 그렇게 되지 않았기 때문이다. 그가 말하는 것은, 하늘과 땅이 그 앞에서 피한 분 그러나 그 후에 피한 분이 보좌 위에 앉아 계신 것을 보았다는 것이다. 심판이 끝난 후에 이 하늘과 땅은 없어지고 새 하늘과 새 땅이 있겠기 때문이다. 그리고 이 세계는 절대적 파괴가 아니라 본질의 변화에 의해서 없어질 것이다. 그러므로 사도 바울도 "이 세상의 형적은 지나감이니라. 너희가 염려 없기를 원하노라"고 한다(고전 7:31-32). 그러면, 지나가는 것은 형적이고 본성이 아니다.

하늘과 땅이 그 앞에서 피한 것은 비록 후에 있은 일이지만, 그 분이 보좌 위에 앉아 계신 것을 보았노라고 말한 다음에, 요한은 계속 본다. "또 내가 보니 죽은 자들이 무론 대소하고 그 보좌 앞에 섰는데 책들이 펴 있고 또 다른 책이 펴졌으니 곧 사람의 생명책이라 죽은 자들이 자기 행위를 따라 책들에 기록된 대로 심판을 받으니라"(계 20:12). 여기서는 책들과 또 다른 하나가 펼쳐져 있었다고 말하면서, 그 다른 책을 각 사람의 생명책이라고 할 뿐이고 그 성격에 대해서는 말하지 않으므로 우리는 당황한다. 그러면 그가 처음에 말한 책들은 신구약성경이며, 거기서 하나님이 명령하신 계명들을 보일 수 있을 것이요, 각 사람의 생명책은 각 사람이 어떤 계명들을 실행 또는 무시했는가를 알린다고 우리는 해석할 것이다. 만일 이 책이 물질적인 것이라면 각 사람의 일평생을 기록한 책의 부피나 그것을 읽는데 필요한 시간이 얼마나 될 것을 누가 계산할 수 있겠는가? 사람들과 같은 수효의 천사들이 있어서 각 사람은 자기에게 배정된 천사가 자기의 일생기(一生記)를 읽는 것을 들을 것인가? 그렇다면 한 책에 모든 사람의 기록이 있는 것이 아니라, 각각 다른 책이 있을 것이다.

그러나 우리의 구절에는 "또 다른 책이 펴졌으니"라고 해서 책 한 권을 생각하게 만든다. 그러므로 우리는 하나님의 어떤 권능으로 해석해야 할 것이다. 그 권능

7) 20권 9장.

에 의해 각 사람의 양심을 혹은 가책하며 혹은 용서하여(롬 2:15), 모든 사람이 예외 없이 동시에 심판을 받을 것이다. 그래서 우리가 책을 읽듯이 모든 것을 회상하게 만드는 이 하나님의 권능을 책이라고 부른다. 그리고 무론 대소하고 심판을 받을 사람들은 누구냐 하는 것을 알리기 위해서, 그는 빠뜨렸다기보다 뒤로 물렸던 것으로 다시 돌아가서, "바다가 그 가운데서 죽은 자들을 내어주고 또 사망과 음부도 그 가운데서 죽은 자들을 내어 주매"라고 한다(계 20:13).

물론 이 일은 심판 전에 있었지만, 후에 언급한 것이다. 그래서 빠뜨렸던 것으로 돌아갔다고 나는 말했다. 그러나 이제는 사건들의 순서를 지키며 그 순서를 보이기 위해서, 죽은 자의 심판에 대해서 이미 앞에서 말한 것을 되풀이한다. "바다가 그 가운데서 죽은 자들을 내어 주고 또 사망과 음부도 그 가운데서 죽은 자들을 내어 주매"라고 한 다음에, 방금 말한 것을 그는 즉시 첨가해서, "각 사람이 자기의 행위대로 심판을 받고"라고 한다(계 20:13). 그는 방금 "죽은 자들이 자기 행위를 따라 … 심판을 받으니라"고 말했다(계 20:12).

15. 바다와 사망과 음부가 내어주어 심판을 받게 한 죽은 자들은 누구인가?

그러나 바다 속에 있는 죽은 자들을 바다가 내어 주었다고 하는데 그들은 누구인가? 바다에서 죽은 사람들이 음부(지옥, 하데스)에 있지 않다거나 그들의 몸이 바다에 보관되어 있다거나, 더욱 어리석은 것은, 선한 사람들은 바다에 보관되고 악한 사람들은 음부에 있다고 생각할 수 없다. 어떤 사람들이 여기서 바다는 이 세상을 의미한다고 생각하는 것은 매우 현명하다. 그리스도의 심판을 받을 것은 몸이 부활한 사람들과 그 때에 아직(이 세상에) 살아있는 사람들일 것이므로 이 사람들을 요한은 죽은 자들이라고 부르는 것이다.

선한 사람들은 "너희가 죽었고, 너희 생명이 그리스도와 함께 하나님 안에 감취었음이니라"고 했고(골 3:3), 악한 사람들에 대해서는 "죽은 자들로 저희 죽은 자를 장사하게 하라"고 하신 것과 같다(마 8:22). 또 그들을 죽었다고 할 수 있는 것은, "몸은 죄로 인하여 죽은 것이나, 영은 의를 인하여 산 것이라"(롬 8:10)는 사도의 말씀이 있기 때문이다. 이 말씀은 몸으로 살아 있는 사람에게는 죽은 몸과 생명인 영이 있다는 것을 증명한다. 사도는 여기서 몸이 죽을(죽을 운명을 지닌) 것이라고 하지 않고 죽은 것이라 하지만, 즉시 평소대로 죽을 몸에 대해서 말한다. 이 사람들이 바다 속에 있었고, 바다가 그들을 내 주었다. 즉 이 세상에 있었던 사람들, 아직 죽지 않은 사람들인데, 세상이 내어주어 심판을 받게 한 것이다.

"또 사망과 음부도 그 가운데서 죽은 자들을 내어 주매"(계 20:13). 바다는 거기 있는 사람들을 거저 내어 주었고, 사망과 음부는 생명이 떠난 사람들을 다시 살려서 내 주었다. 사망이나 음부를 하나만 말해서는 부족하다고 생각해서 둘을 다 말한 데는 그만한 이유가 있을 것이다. 죽기는 했으나 음부에 가지 않은 사람들에 대해서는 그저 사망이라고만 하고, 음부의 벌을 받은 악인들을 표시하기 위해서는 음부라고 한 것이다. 그리스도와 그가 장차 오시리라는 것을 믿은 옛적의 성도들이 악인들이 고통을 받는 곳에서 멀리 떨어진 곳에, 그러나 그래도 음부에 보호되어 있으면서, 그리스도께서 피를 흘리시고 음부에 내려오셔서 그들을 구출하실 때까지 기다렸다고 믿는 것이 어리석게 생각되지 않는다면, 그 귀한 대가로 구속을 얻은 착한 그리스도인들은 몸을 도로 받으며 상을 받는 때를 기다리는 동안, 확실히 음부를 전혀 모르고 지낼 것이다.

"각 사람이 자기의 행위대로 심판을 받고"라고 한 다음에, 그는 그 심판이 어떤 것이었는가를 "사망과 음부도 불못에 던지우니"라는 말로 간단히 첨가한다(계 20:14). 이 이름들은 마귀와 그의 추종자 전체를 의미한다. 마귀는 사망과 음부의 고통이 있게 한 장본인이기 때문이다. 그는 또 이미 더 분명한 말로 미리 말했다. "저희를 미혹하는 마귀가 불과 유황 못에 던지우니"(계 20:10). 그리고 그 때에 첨가한 모호한 말씀, "그 짐승과 거짓 예언자도 있어"를 여기서 설명한다. "누구든지 생명책에 기록되지 못한 자는 불못에 던지우더라"(계 20:15). 이 책은 하나님이 무엇을 잊으실까봐 다시 생각하시기 위한 것이 아니라, 영원한 생명을 받을 사람들이 예정되어 있다는 것을 상징한다. 하나님이 모르시는 일을 아시기 위해서 이 책을 읽으신다는 것이 아니라 그의 예지는 절대로 틀림없다는 것을 의미한다. 생명책에 기록되었다는 것은, 바꿔 말하면, 미리 알고 계셨다는 것이다.

16. 새 하늘과 새 땅에 대하여.

악인들에 대한 최후 심판을 예언했으니 선인들에 대한 말씀이 남아 있다. "저희는 영벌에 들어가리라"는 주의 말씀을 간단히 설명했으니, 거기 연결된 "의인들은 영생으로 들어가리라"는 말씀을(마 25:46) 이제 설명해야 한다. 그래서 "또 내가 새 하늘과 새 땅을 보니 처음 하늘과 처음 땅이 없어졌고 바다도 다시 있지 않더라"고 한다(계 21:1). 이 일은 그가 앞에서 말한 순서에 따라 있을 것이다. 그는 "또 내가 크고 흰 보좌와 그 위에 앉으신 자를 보니, 땅과 하늘이 그 앞에서 피하여 간데 없더라"고 했다. 생명책에 기록되지 않은 사람들이 심판을 받아 영원한 불에 던져졌다. 이 불의 본성이나 우주 내에서의 그 위치는 성령의 계시를 받은 사람이 아니고서는 아무도 알지 못한다고 생각한다. 그 다음에 이 세계의 모습이 전면적 화재로 사라진다. 전에 한번 세계가 전면적 홍수에 덮였던 것과 같다. 또 이 전면적 화재로 인해서 우리의 썩을 몸에 합당하던 썩을 원소들의 속성이 완전히 없어지고, 우리의 본질은 새로운 속성들을 받을 것이다. 그것은 우리의 영생할 몸과 조화되는 속성들일 것이다. 우주 자체가 갱신되며 개선될 것이므로, 그 우주는 역시 갱신되며 개선된 육신을 가진 인류에 적합할 것이다.

"바다도 다시 있지 않더라"는 말씀에 대해서는 심히 뜨거운 화재 때문에 바다가 말라 버리리라고 나는 경솔히 말하고 싶지 않다. 또는 바다가 어떤 모양으로 개선되리라고 말하지 않겠다. 새 하늘과 새 땅을 보았다고 하지만 새 바다에 대한 말씀은 읽은 기억이 없기 때문이다. "유리 바다 같은 것이 있고"(계 15:2)라는 말씀은 있지만, 거기서는 세상 끝이나 문자 그대로 바다에 대해서 말한 것이 아니라, "바다 같은 것"이라고 한다. 예언자들은 비유적인 용어와 사실적인 용어를 섞어서 뜻을 어느 정도 숨기는 것을 좋아하므로, "또 바다도 다시 있지 않더라"는 말씀은 앞에 있었던 "바다가 그 가운데서 죽은 자들을 내어 주고"라고 한 때와 같은 뜻일 가능성이 있다. 그렇다면 세상 끝에는 이 세상이 — 이 인간 생활의 파란과 불안이 — 더 없을 것이며, 이것을 바다라는 말로 상징한 것이다.

17. 교회의 무궁한 영광에 대하여.

요한은 말한다. "또 내가 보매 거룩한 성 새 예루살렘이 하나님께로부터 하늘에서 내려오니 그 예비한 것이 신부가 남편을 위하여 단장한 것 같더라. 내가 들으니 보좌에서 큰 음성이 나서 가로되 보라 하나님의 장막이 사람들과 함께 있으며 하나님이 저희와 함께 거하시리니 저희는 하나님의 백성이 되고 하나님은 친히 저희와 함께 계셔서 모든 눈물을 그 눈에서 씻기시매 다시 사망이 없고 애통하는 것이나 곡하는 것이나 아픈 것이 다시 있지 아니하리니 처음 것들이 다 지나갔음이러라. 보좌에 앉으신 이가 가라사대 보라 내가 만물을 새롭게 하노라"(계 21:2-5).

이 도성이 하늘에서 내려온다고 한 것은, 이 도성을 만든 하나님의 은혜가 하늘에서 오기 때문이다. 그래서 하나님께서는 이사야를 시켜, "나 곧 주가 너를 창조하였느니라"고 하신다(사 45:8. 70인역). 참으로 그것은 처음부터 하늘에서 내려왔다. 그 시민들은 이 세계사를 통해서 하나님의 은혜로 불어나며, 이 은혜는 하늘에서 내려보내신 성령 안에서 중생의 씻음을(딛 3:5) 통해서 내려오기 때문이다. 그러나 하나님의 아들 예수 그리스도가 집행하실 하나님의 최후 심판에 의해서 하나님의 은혜로 한 영광이 나타날 것이며, 이 영광은 새롭고 편만해서 옛 것의 형적은 전혀 남지 않을 것이다. 우리의 몸까지도 옛 썩음과 죽을 운명에서 벗어나 새로운 썩지 않음과 영생으로 옮기겠기 때문이다(고전 15:53-54).

이 약속을 현재에, 즉 성도들이 그리스도로 더불어 천년 동안 왕노릇하는 현재에 관한 것이라고 하는 것은 너무도 염치 없는 일이라고 생각한다. 분명한 말씀이 있기 때문이다. "하나님이 모든 눈물을 그 눈에서 씻기시매 다시 사망이 없고 애통하는 것이나 곡하는 것이나 아픈 것이 다시 있지 아니하리라"(계 2:14). 아무리 다투는 버릇과 고집으로 눈이 멀고 어리석게 된 사람이라도 누가 감히 이 죽을 운명의 인생과 그 재난 속에서 하나님의 백성이 — 아니 단 한 명의 성도라도 — 눈물이나 아픔없이 살았다거나 살리라고 주장할 수 있는가? 사실은 그와 반대로 거룩한 사람일수록, 거룩한 소원이 가득할수록, 그의 기원에 눈물이 가득한 때가 더 많지 않은가?

하늘 예루살렘의 시민이 하는 말은 예컨대, "내 눈물이 주야로 내 음식이 되었도다"(시 42:3), "밤마다 눈물로 내 침상을 띄우며 내 요를 적시리이다"(시6:6, 70인역), "나의 탄식이 주의 앞에 감추이지 아니하나이다"(시 38:9), "나의 슬픔이 되살아나도다"(시 39:2. 70인역). 또는 짐을 진 것같이 탄식하며 벗고자 하지 않고 오직 덧입고자 하며 죽을 것이 생명에게 삼킨 바 되게 하려고 하는 것은(고후 5:4) 하나님의 자녀들이 아닌가? 성령의 처음 익은 열매를 받은 자들까지도 속으로 탄식하여 양자될 것 곧 몸의 구속을 기다리지 않는가?(롬 8:23) 하늘 예루살렘의 시민이었던 사도 바울은 동족인 이스라엘을 위해서 큰 근심과 마음에 그치지 않는 고통이 있었을 때에(롬 9:2-4) 더욱 그렇지 않았는가?

그러나 도성에 다시 사망이 없으리라는 것은 오직 "사망아 너의 이기는 것이 어디 있느냐 사망아 너의 싸우는 것이[8] 어디 있느냐 사망의 쏘는 것은 죄니라"고 할 때가 아닌가?(고전 15:55). "어디 있느냐?"라고 할 수 있을 때에는 분명히 죄가 없을 것이다. 그러나 현재에 대해서는 이 도성의 어떤 가련하고 연약한 시민이 아니라, 같은 사도 요한 자신이 말한다. 만일 "우리가 죄 없다 하면 스스로 속이고 또 진리가 우리 속에 있지 아니할 것이라"(요일 1:8). 이 책을 계시록이라고 부르지만 확실히 이 책에는 모호한 구절들이 많아서 독자들이 머리를 써야 하며, 우리가 아무리

---

8) 아우구스티누스가 가진 그리스어 원문에 neikos(싸움)라고 있는 듯; 개역성경에 있는 '이기는 것'은 nikos임.

애써도, 다른 구절들을 해석하는데 도움이 될 만한 명백한 구절도 거의 없다. 또 같은 일들에 대해서 표현을 바꿔가면서 되풀이하기 때문에 해석이 더욱 어렵게 된다. 그러나 "하나님이 모든 눈물을 그 눈에서 씻기시매 다시 사망이 없고 애통하는 것이나 곡하는 것이나 아픈 것이 다시 있지 아니하리라"고 하는 말씀은 분명히 미래 세계와 성도들의 영생 및 영원성에 관한 것이다. 그 때와 그 곳에서만 이런 상태가 실현되겠기 때문이다. 만일 이 분명한 말씀을 모호하다고 생각한다면, 우리는 성경의 어느 부분에서도 명백한 말씀을 발견할 것이라고 기대할 필요가 없다.

18. 사도 베드로는 최후 심판에 대해 어떤 예언을 했는가?

이 심판에 관해서 사도 베드로가 예언한 것을 보기로 한다. "먼저 이것을 알지니 말세에 기롱하는 자들이 와서 자기의 정욕을 좇아 행하며 기롱하여 가로되 주의 강림하신다는 약속이 어디있느뇨. 조상들이 잔 후로부터 만물이 처음 창조할 때와 같이 그냥 있다 하니 이는 하늘이 옛적부터 있는 것과 땅이 물에서 나와 물로 성립한 것도 하나님의 말씀으로 된 것을 저희가 일부러 잊으려 함이로다. 이로 말미암아 그때 세상은 물의 넘침으로 멸망하였으되 이제 하늘과 땅은 그 동일한 말씀으로 불사르기 위하여 간수하신 바 되어 경건치 아니한 사람들의 심판과 멸망의 날까지 보존하여 두신 것이니라. 사랑하는 자들아, 주께는 하루가 천 년 같고 천 년이 하루 같은 이 한 가지를 잊지 말라. 주의 약속은 어떤 이의 더디다고 생각하는 것같이 더딘 것이 아니라 오직 너희를 대하여 오래 참으사 아무도 멸망치 않고 다 회개하기에 이르기를 원하시느니라. 그러나 주의 날이 도적같이 오리니 그 날에는 하늘이 큰 소리로 떠나가고 체질이 뜨거운 불에 풀어지고 땅과 그 중에 있는 모든 일이 드러나리로다. 이 모든 것이 이렇게 풀어지리니 너희가 어떠한 사람이 되어야 마땅하뇨. 거룩한 행실과 경건함으로 하나님의 날이 임하기를 바라보고 간절히 사모하라. 그날에 하늘이 불에 타서 풀어지고 체질이 뜨거운 불에 녹아지려니와 우리는 그의 약속대로 의의 거하는 바 새 하늘과 새 땅을 바라보도다"(벧후 3:3-13).

죽은 자들의 부활에 대해서는 여기에 아무 말씀도 없으나, 이 세계의 멸망에 대해서는 충분한 말씀이 있다. 그리고 저 홍수에 대해 언급함으로써, 세상 끝에 있을 이 세계의 파멸에 대해서 우리가 어느 정도로 믿을 것인가를 암시하는 것 같다. 그 때에 있던 세계가 멸망했다고 말하기 때문이다. 땅뿐 아니라 하늘도 멸망했는데, 이 하늘은 공중을 의미하며 물이 그 공중을 점령했었다. 그러므로 센 바람이 부는 공중의 전체 또는 거의 전체를 우리는 하늘이라고 부르며 지구의 대기층을 의미하며, 일월성신이 있는 상층 공중을 가리키는 것은 아니다. 그래서 지구의 대기가 습기로 변했고, 그렇게 됨으로써 지구와 함께 멸망했다. 곧, 지구는 홍수로 이전 모습이 없어졌다. "그러나 이제 하늘과 땅은 동일한 말씀으로 불사르기 위하여 간수하신 바 되어 경건치 아니한 사람들의 심판과 멸망의 날까지 보존하여 두신 것이니라"(벧후 3:7). 그러므로 홍수로 멸망한 세계를 대신해서 물 가운데서 구해지고 보존된 그 하늘과 땅은 드디어 불경건한 자들의 심판과 멸망의 날에 불사르기 위하여 남겨둔 것이다. 이 대변혁에서 사람들도 멸망하리라고 사도는 주저하지 않고 말한다. 그러나 그들은 영벌을 받는 중에도 그 본성이 계속될 것이다.

어떤 사람은 이렇게 질문하리라. "만일 심판이 선언된 후에 세계 자체가 불에 탄다면 그 화재 중에는, 또 하늘과 새 땅으로 대치되기까지 성도들은 어디 있을 것인가? 그들은 물질적인 몸을 가지고 있을 것이므로, 어디엔가 있어야 할 것이 아니냐?" 우리는 그들이 상층 공중에 있으리라고 대답할 수 있을 것이다. 거기는 홍수 때의 물과 같이 불이 올라가지 못할 것이다. 또 성도들은 원하는 곳이면 어디든지 갈 수 있는 몸을 가지고 있을 것이다. 그 뿐 아니라 그들이 영생하며 썩지 않게 된 때에는 대화재의 불꽃이 그다지 두렵지 않을 것이며, 세 청년이 죽어서 썩을 몸을 가지고도 격렬히 타는 풀무 안에서 상하지 않고 살 수 있었던 것과 같다(단 3:13-27).

19. 주의 날이 오기 전에 나타날 적그리스도에 대해서 사도 바울은 데살로니가서에서 무엇이라고 하는가?

이 책이 너무 길어지지 않기 위해서는, 이 최후 심판에 대한 복음서와 서간의 말씀들을 많이 생략해야 될 줄로 안다. 그러나 결코 생략할 수 없는 것은 데살로니가서에 있는 사도 바울의 말씀이다. "형제들아, 우리가 너희에게 구하는 것은 우리 주 예수 그리스도의 강림하심과 우리가 그 앞에 모임에 관하여 혹 영으로나 혹 말로나 혹 우리에게서 받았다 하는 편지로나 주의 날이 이르렀다고 쉬 동심하거나 두려워하거나 하지 아니할 그것이라. 누가 아무렇게 하여도 너희가 미혹하지 말라. 먼저 배도하는 일이 있고 저 불법의 사람 곧 멸망의 아들이 나타나기 전에는 이르지 아니하리니 저는 대적하는 자라 범사에 일컫는 하나님이나 숭배함을 받는 자 위에 뛰어나 자존하여 하나님 성전에 앉아 자기를 보여 하나님이라 하느니라. 내가 너희와 함께 있을 때에 이 일을 너희에게 말한 것을 기억하지 못하느냐 저로 하여금 저의 때에 나타나게 하려 하여 막는 것을 지금도 너희가 아나니 불법의 비밀이 이미 활동하였으나 지금 막는 자가 있어 그 중에서 옮길 때까지 하리라. 그 때에 불법한 자가 나타나리니 주 예수께서 그 입의 기운으로 저를 죽이시고 강림하여 나타나심으로 폐하시리라. 악한 자의 임함은 사단의 역사를 따라 모든 능력과 표적과 거짓 기적과 불의의 모든 속임으로 멸망하는 자들에게 임하리니 이는 저희가 진리의 사랑을 받지 아니하여 구원함을 얻지 못함이니라. 이러므로 하나님이 유혹을 저의 가운데 역사하게 하사 거짓 것을 믿게 하심은 진리를 믿지 않고 불의를 좋아하는 모든 자로 심판을 받게 하려 하심이니라"(살후 2:1-12).

이것이 적그리스도와 심판의 날에 대한 말씀인 것은 아무도 의심할 수 없다. 심판의 날을 사도는 여기서 주의 날이라고 부른다(살후 2:2). 또 이 날이 오기 전에 반드시 배도한 자, 즉 주 하나님을 배반한 자가 오리라고 연명하는 것도 의심할 수 없다. 이것은 모든 불경건한 자들에 대해서 할 수 있는 말이라면, 배도자에 대해서는 더욱 그렇지 않겠는가? 그러나 그가 어떤 성전에 앉아 있으리라는 것인지(살후 2:4) — 솔로몬이 지은 성전의 폐허인지 혹은 교회 안인지 — 확실치 않다. 어느 우상이나 귀신의 전을 사도가 하나님의 성전이라고 부를 리가 없다. 그래서 어떤 사람들은 이 구절에서 적그리스도는 군주만이 아니고 그를 따르는 집단과 군주를 함께 의미한다고 생각한다. 또 우리는 그리스어 원문을 더 정확하게 번역해서 "하나님 성전에 앉아"라고 할 것이 아니라, "하나님 성전으로서 앉아서" 즉 자기가 하나님의 교회인 것처럼 앉아서라고 해야 된다고 그들은 생각한다.

다음에, "저로 하여금 저의 때에 나타나게 하려 하여 막는 것을 지금도 너희가 아나니"(살후 2:6), 그를 방해하는것, 그가 지체하게 만드는 원인을 안다고 하는 말씀은, 그들이 안다고 하는 그 일을 명백히 말하기를 꺼리는 것을 알린다. 그래서 그들이 안 것을 우리는 모르므로 아무리 애써보아도 사도의 뜻을 알 수 없다. 사도가 첨가하는 말씀 때문에 뜻이 더욱 모호하게 된다. "불법의 비밀이 이미 활동하였으나 지금 막는 자가 있어 그 중에서 옮길 때까지 하리라. 그 때에 불법한 자가 나타나리라"(살후 2:7-8)는 것은 무슨 뜻인가? 솔직히 말하면 나는 사도의 의미를 알 수 없다. 그러나 내가 읽고 들은 추측들을 말하겠다.

어떤 사람들은 사도 바울이 로마 제국을 의미했다고 생각한다. 다만 영원하리라고 사람들이 믿은 제국에 대해 악의를 품었다는 훼방을 받지 않기 위해서 더 명백한 말을 쓰지 않은 것이라고 한다. 그래서 "불법의 비밀이 이미 활동한다"는 말은 네로를 가리킨다고 한다. 이 사람의 행동은 이미 적그리스도와 같이 생각되었기 때문에 그가 다시 일어나 적그리스도가 되리라고 생각하는 사람들이 있다. 또 어떤 사람들은 그가 죽지도 않았고 죽은 줄로 알게 하기 위해서 숨어 있으며, 그가 죽었다고 세상이 생각한 때와 같은 나이로 건장하게 살아 있다고 생각한다. 그리고 그의 때가 오면 나타나서 나라를 회복하리라고 한다. 사람들이 이런 대담한 추측을 하는 것이 나는 이상하다.

그러나 "지금 막는 자가 있어 그 중에서 옮길 때까지 하리라"고 하는 사도의 말씀은(7절) 로마 제국을 가리킨다고 믿는 것은 어리석지 않다. "지금 지배하는 자는 그 중에서 옮겨질 때까지 지배하리라"고 말하는 것과 같기 때문이다. "그 때에 불법한 자가 나타나리니"(8절)— 이것이 적그리스도를 의미한다는 것은 아무도 의심하지 않는다. 그러나 어떤 사람들은 "막는 것을 지금도 너희가 아나니", "불법의 비밀이 이미 활동하였으나" 하는 말씀들은 교회 안에 있는 악인들과 위선자들만을 가리킨다고 생각한다. 이 사람들의 수효가 불어 적그리스도에게 많은 추종자들을 제공하게 되며, 그들이 숨어 있는 것 같기 때문에 불의의 비밀이라고 한다는 것이다. 또 그리스도인들이 지금 가지고 있는 믿음을 완강하게 지키라고 권고하기 위해서, 사도는 "지금 막는 자가 있어 그 중에서 옮길 때까지 하리라", 즉 지금 숨어 있는 불의의 비밀이 교회를 떠나기까지 버티라고 말하는 것이라고 한다.

그들은 요한이 그 서간에서 하는 말씀도 같은 이 비밀을 가리킨다고 생각한다: "아이들아 이것이 마지막 때라. 적그리스도가 이르겠다 함을 너희가 들은 것과 같이 지금도 많은 적그리스도가 일어났으니 이러므로 우리가 마지막 때인줄 아노라. 저희가 우리에게서 나갔으나 우리에게 속하지 아니하였나니 만일 우리에게 속하였더면 우리와 함께 거하였으리라"(요일 2:18-19). 요한이 "마지막 때"라고 부르는 때, 즉 세상 종말 이전의 시기에 요한이 "많은 적그리스도"라고 부르는 많은 이단자들이 교회에서 나간 것처럼, 세상 종말에는 그리스도에게 속하지 않고 저 최후의 적그리스도에게 속한 자들이 교회에서 나갈 것이요, 그 다음에 적그리스도가 나타나리라고 한다.

사도의 모호한 말씀에 대해서 이와 같이 추측적인 설명은 여러 가지이다. 그러나 사도가 분명히 말한 것은 그리스도의 적대자인 적그리스도가 와서 영혼이 죽은 자들을 미혹하지 않으면 그리스도가 산 자와 죽은 자를 심판하러 오시지 않으리라는 것과, 그들이 미혹을 받는 것도 하나님이 이미 내리신 은밀한 심판의 결과라는 것이다. "악한 자의 임함은 사단의 역사를 따라 모든 능력과 표적과 거짓 기적과 불의의 모든 속임으로 멸망하는 자들에게 임하리라"고 하는 것과 같다(살후 2:9-10). 그 때에 사단이 놓여 적그리스도를 사용해서 속임수로, 그러나 놀라운 방법으로 능력을 행하겠기 때문이다. 사람의 이 역사를 "표적과 기적"이라고 하는 것은 그가 거짓된 외관으로 사람들의 감각을 속이겠기 때문인가, 그가 하는 일은 사실로 엄청난 일이지만 사탄의 능력을 모르고 하나님만이 이런 일을 행하실 수 있다고 믿는 사람에게는 거짓으로 인정되겠기 때문인가라고 묻는 사람들이 많다. 특히 그 때에 사탄은 과거에 보인 일이 없는 능력을 처음으로 발휘하겠기 때문이다. 사탄이 불이 되어 하늘에서 떨어졌을 때에, 즉 일거에 욥의 많은 하인들과 무수한 가축들을 살해하고, 다음에 대풍으로 나타나서 그의 집과 자녀를 친 것은(욥 1:16-19) 속이는 외관이 아니었고, 하나님에게서 이런 능력을 받은 사탄이 한 짓이었다.

무슨 까닭에 표적과 거짓 기적이라고 부르는지는 그 때가 되면 우리도 아마 알게 될 것이다. 그러나 이렇게 부르는 이유가 무엇이든 간에 유혹을 받을 만한 사람들에게는 표적과 기적이 될 것이다. 즉 "진리의 사랑을 받지 아니하여 구원함을 얻지 못할"(살후 2:10) 사람들이기 때문이다. 또 사도는 서슴지 않고 계속해서 "이러므로 하나님이 유혹을 저의 가운데 역사하게 하사 거짓 것을 믿게 하신다"고 한다(살후 2:11). 역사하는 것은 마귀가 자기의 불의하고 악한 목적을 추구해서 하는 일이지만, 그것을 허락하시는 것은 하나님의 공의로운 심판으로 하시는 일이기 때문에 하나님이 역사하게 하신다고 한다. 그리고 그것은 "진리를 믿지 않고 불의를 좋아하는 모든 자로 심판을 받게 하려 하심이라"고 한다(살후 2:12).

그러므로 그들은 심판을 받아 유혹을 받을 것이며, 유혹을 받아 심판을 받을 것이다. 그러나 그들은 심판을 받음으로써 하나님의 은밀히 공정하며 공정하게 은밀한 심판들에 의해서 유혹을 받을 것이다. 이 심판들은 이성적 피조물들의 처음 죄가 있은 이후로 그치신 일이 없다. 그리고 유혹됨으로써 그들은 예수 그리스도가 집행하시는 최후에 나타난 심판을 받을 것이다. 그리스도는 가장 공정하지 못한 심판을 받았으나, 자신은 가장 공정한 심판을 하실 것이다.

20. 죽은 자들의 부활에 대해서 사도 바울이 데살로니가전서에서 가르치는 것.

사도는 죽은 자들의 부활에 대해서는 여기서 아무 말씀도 하지 않는데, 데살로니가전서에서는 다음과 같이 말씀한다. "형제들아 자는 자들에 관하여는 너희가 알지 못함을 우리가 원치 아니하노니 이는 소망없는 다른 이와 같이 슬퍼하지 않게 하려 함이라. 우리가 예수의 죽었다가 다시 사심을 믿을진대 이와 같이 예수 안에서 자는 자들도 하나님이 저와 함께 데리고 오시리라. 우리가 주의 말씀으로 너희에게 이것을 말하노니 주 강림하실 때까지 우리 살아 남아있는 자도 자는 자보다 결단코 앞서지 못하리라. 주께서 호령과 천사장의 소리와 하나님의 나팔로 친히 하늘로 좇아 강림하시리니 그리스도 안에서 죽은 자들이 먼저 일어나고 그 후에 우리 살아 남은 자도 저희와 함께 구름 속으로 끌어올려 공중에서 주를 영접하게 하시리니 그리하여 우리가 항상 주와 함께 있으리라"(살전 4:13-17). 장차 산 자와 죽은 자를 심판하러 주 그리스도께서 오실 때에, 죽은 자들이 부활하리라는 것을, 사도의 이 말씀은 지극히 분명하게 선언한다.

이 구절에서 사도와 그의 동시대인들은(살전 4:15) 그리스도 재림시에 살아 있을 사람들을 대표한다. 이 사람들이 부활한 사람들과 함께 공중에 끌려 올라가 주를 영접할 때에(살전 4:17), 그들은 전혀 죽지 않을 것인가, 또는 우리가 이해할 수 없는 속도로 죽음을 통과해서 영생으로 옮길 것인가? 이것이 흔히 묻는 문제다. 그들이 공중 높이 들려 올라가는 동안에 죽었다가 살아나리라는 것을 불가능한 일이라고 우리는 말할 수 없다. "그리하여 우리가 항상 주와 함께 있으리라"(살전 4:17)는 말씀은 항상 주와 함께 공중에 머무르리라는 뜻으로 해석해서는 안 된다. 주 자신이 거기 머무르시지 않고, 거기를 통과해서 오실 뿐이다. 우리는 그가 머무르시는 곳으로 영접하러 가는 것이 아니라, 오시는 그를 영접해서 "항상 주와 함께 있으리라"는 것, 즉 우리는 영생하는 몸을 입고 어디든지 그가 계신 곳에 함께 있으려는 것이다. 우리는 이 말씀을 이런 뜻으로 해석하지 않을 수 없으며, 주께서 지상에서 발견하실 산 자들은 그 짧은 시간 동안에 죽기도 하고 영생을 받기도 하리라고 생각하지 않을 수 없다. 같은 사도가 "그리스도 안에서 모든 사람이 삶을 얻으리라"고 하며(고전 15:22), 같은 몸의 부활에 대해서 다른 곳에서 "너의 뿌리는 씨가 죽지 않으면 살아나지 못하리라"고 한다(고전 15:36).

그러면 그리스도 재림시에 살아 있을 사람들이 죽지 않는다면 어떻게 주 안에서 살리심을 입어 영생을 받겠는가? "너의 뿌리는 씨가 죽지 않으면 살아나지 못하리라"고 하기 때문이다. 그러나 인류의 처음 조상이 죄를 지었을 때에 하나님이 "너는 흙이니 흙으로 돌아갈 것이라"고 말씀하신 것과 같이(창 3:19), 사람이 죽어서 어떤 형식으로든지 흙으로 돌아가지 않고는, 사람의 몸을 "뿌린다"고 하는 것은 합당하지 않다면, 그리스도 재림시에 몸으로 살아있을 사람들은 사도나 창세기의 말씀에 포함되지 않는다는 것을 우리는 인정해야 할 것이다. 구름 속으로 끌려 올라가는 것은 씨를 뿌리는 것과 다르며 흙으로 돌아가는 것도 아니기 때문이다. 이때에 그들이 전혀 죽음을 경험하지 않거나 공중에서 일순간 죽거나 하는 것은 문제가 아니다.

그러나 다른 편에는 같은 사도가 고린도서에서 몸의 부활에 대해서 한 말씀이 있다. "우리가 다 일어나리니", 또는 다른 사본에 있는 것과 같이, "우리가 다 자리니"라고 한다(고전 15:51). 죽음이 먼저 있지 않으면 부활이 있을 수 없으며, 이 구절에서 잔다는 것은 곧 죽음이라고밖에 해석할 수 없으므로, 몸으로 살아 있는 것을 그리스도께서 발견하실 그 많은 사람들이 자지도 않고 다시 살아나지도 않는다면, 어떻게 모든 사람이 자거나 다시 일어날 것인가? 그러므로 그리스도 강림시에 살아 있어서, 그를 영접하기 위하여 공중으로 끌려 올라갈 사람들이, 그 올라갈 때에 죽을 몸으로부터 죽지 않을 몸으로 옮긴다면, 우리는 사도의 "너의 뿌리는 것이 죽지 않으면 살아나지 않느니라", "우리가 모두 일어나리라", "자리라"는 말씀에서 곤란을 겪지 않을 것이다.

그 성도들도 비록 짧은 시간이라도 먼저 잔 다음에 부활이 있다는 것에서 예외가 아니겠기 때문이다. 그리고 저 많은 몸들이 이를테면 공중에 뿌려졌다가 공중에서 즉시 불사와 불후의 몸으로 재생하리라는 것을 우리는 무슨 까닭에 믿을 수 없다고 생각하겠는가? 우리는 같은 사도의 증언에 따라, 부활이 순식간에(고전 15:51) 있으리라는 것을 믿지 않는가? 또 오랫동안 죽은 몸이 먼지가 되었다가도 이제부터 영원히 살아갈 지체들에 이해할 수 없는 속도로 쉽게 돌아오리라는 것을 믿지 않는가?

또 이 성도들의 경우에, 그들의 몸이 죽어 땅에 떨어지지 않고 공중에 끌어올려 죽었다가 곧 다시 살아날 것이지만, 그렇더라도 "너는 흙이니 흙으로 돌아갈 것이니라"는 말씀이 헛되지 않다. "흙으로 돌아갈 것이라"는 말씀은 "죽으면 생명이 시작하기 전의 상태로 돌아가리라. 네 생명의 숨을 잃으면 생명이 있기 전의 상태가 되리라"는 뜻이기 때문이다. 하나님이 흙으로 된 얼굴에 대고 기운을 부신 것이 생명의 기운이("생기가") 되어 사람이 산 영혼이("생령")이 된 것이다(창 2:7). 마치 "너는 지금 영혼이 있는 흙이지만 전에는 그렇지 않았다. 너는 영혼이 없는 흙이 될 것이니, 전에도 그러했다"고 하시는 것과 같다. 모든 죽은 자의 몸은 썩기 전에 바로 이런 상태에 있다.

성도들의 몸도 어디서 죽든간에, 죽으면, 다시 말하면 즉시 도로 받을 생명을 내어준 직후에는 이런 상태일 것이다. 이와 같이 살았던 사람이 흙이 되는 것은 흙으로 돌아가는 것이다. (라틴어 표현에서) 재가 되며 썩게 되는 것은 재로 돌아간다. 부패함으로 돌아간다는 것과 같다. 이런 표현은 심히 많다. 그러나 이 일이 어떤 모양으로 있을는지 우리는 지금 희미하게 추측할 수 있을 뿐이고 실지로 나타날 때라야 이해할 것이다. 산 자와 죽은 자를 심판하러 그리스도가 오실 때에 죽은 자들이 몸으로 부활하리라는 것은 그리스도인이 되고자 하는 사람은 믿어야 한다. 그러나 어떤 방법으로 그렇게 될지를 완전히 이해하지 못하더라도 그 때문에 우리의 믿음이 허무한 것은 아니다.

그러나 앞에서[9] 우리가 약속한 대로 이제는 하나님의 최후 심판에 관해서 고대 예언서들이 예언한 것을 필요한 범위 내에서 밝혀야 하겠다. 또 독자가 우리가 이미 제공한 도움을 잘 이용했다면, 이 예언들을 논하며 설명하는 데는 많은 시간을 보낼 필요가 없으리라고 생각한다.

21. 죽은 자들의 부활과 보응 심판에 관한 이사야 예언자의 말씀들.

예언자 이사야는 말한다. "죽은 자들이 다시 일어나며 무덤에 있던 모든 자가 다시 일어나리라. 또 땅 속에 있는 모든 자들이 기뻐하리라. 주의 이슬은 그들의 건강이요 악인의 흙은 떨어지리라"(사 26:19, 70인역). 이 구절의 앞 부분은 모두 축복받은 자들의 부활에 관한 것이다. 그러나 "악인의 흙은 떨어지리라"는 말씀은 악인의 몸들이 정죄의 파멸로 떨어지리라고 해석하는 것이 옳을 것이다. 그리고 선인들의 부활에 관한 말씀들을 더 정확하고 신중하게 검토하려면, "죽은 자들이 다시 일어나며"라는 말씀은 첫째 부활과 관련시키고, "무덤에 있던 모든 사람이 다시 일어나리라"는 둘째 부활과 관련시킬 수 있을 것이다. 그리고 주님의 강림시에 지상에 살아있을 사람들에게는 어느 말씀이 해당되느냐고 묻는다면, 그것은 "땅 속에 있는 모든 자들이 기뻐하리라. 주의 이슬은 그들의 건강이요"라는 문장이 적당할 것이다. 여기서 "건강"은 영생 불사라고 하는 것이 제일 좋은 해석이다. 매일 영양을 의약과 같이 취할 필요가 없는 것이 최선의 건강이기 때문이다.

같은 식으로 같은 예언자는 심판의 날에 관해서 선인들에게 희망을 주며, 악인들에게 공포를 안겨준다. "주께서 이같이 말씀하시되 내가 그들에게 평강의 강같이 열방의 영광에 넘치는 시내같이 흐르리니 그들의 자녀는 어깨에 메일 것이요 무릎에서 위로를 받으리라. 어미가 자식을 위로함같이 내가 너희를 위로할 것인즉 너희가 예루살렘에서 위로를 받으리니 너희가 이를 보고 마음이 기뻐서 너희 뼈가 연한 풀의 무성함 같으리라. 주의 손은 그를 경배하는 자들에게 알려지겠고 그의 진노는 항거하는 자들에게 더하리라. 보라 주께서 불같이 강림하시리니 그 수레들은 회리바람 같으리로다 그가 혁혁한 위세로 노를 베푸시며 맹렬한 화염으로 견책하실 것이라. 주께서 불과 칼로 온 땅과 모든 혈육에게 심판을 베푸신즉 주께 상할 자가 많으리라"(사 66:12-16).

선인들에게 약속하시기를 평강의 강같이 흐르시리라, 즉 평화를 지극히 풍성하

---

9) 4장.

게 주시겠다고 하신다. 이 평화로 우리는 세상 종말에 새로운 기운을 얻을 것이다. 이 점에 대해서는 앞의 책에서 많이 말했다. 위대한 행복의 약속을 받는 그들에게 강같이 흐르시겠다고 하시므로, 그 행복이 있는 곳인 하늘에서는 모든 일이 이 강으로 만족을 얻는다고 우리는 해석할 수 있다. 그러나 그 불후와 불사의 평화가 하늘로부터 지상의 몸들에까지 흐를 것이므로 하나님은 강같이 흐르시리라, 즉 위로부터 아래 있는 것들 위에 자기를 부어, 사람들을 천사들과 동등하게 만들려 한다고 하신다.

"예루살렘"도 그 자녀들과 함께 여종으로 섬기는 도성이 아니라 사도의 말씀대로 우리의 자유로운 어머니, 하늘에 있는 영원한 어머니라고(갈 4:26) 해석해야 한다. 세상의 염려와 재난으로 지친 우리가 저 어머니의 자녀로서 그 무릎과 어깨 위에 끌어올림을 받아 그에게서 위로를 받을 것이다. 이런 총애는 받아본 경험이 없으므로 우리가 받는 행복은 생소할 것이다. 거기서 우리는 보고 마음이 기쁠 것이다. 무엇을 보리라고 그는 말하지 않지만 복음서에 "마음이 청결한 자는 복이 있나니, 저희가 하나님을 볼 것임이라"(마 5:8) 하신 말씀이 실현되어 그 하나님을 볼 것이 아닌가? 또 지금 우리가 보지 못하고 믿기만 하는 모든 것들이 아니고 무엇이겠는가? 우리는 지금 우리의 빈약한 능력으로 그것들을 생각하지만, 우리의 개념은 실제보다 비교할 수 없이 작은 것이다. "너희가 보고 마음이 기뻐하리라"고 그는 말한다. 여기서는 믿고 저기서는 볼 것이다.

그러나 "너희 마음이 기뻐할 것이라"(사 66:14) 한다고 해서 우리가 그 기쁨을 정신적인 것으로만 생각할는지 모르기 때문에 그는 몸의 부활에 관해서 빠뜨린 것을 보충하듯이, "너희 뼈가 연한 풀의 무성함 같으리라"고 한다(사 66:14). 우리가 본 다음에 그 일이 있을 것이 아니라, 그 일이 있은 다음에 우리가 보겠기 때문이다. 그는 이미 신천 신지에 대해서 말했고, 성도들에게 약속된 일들을 여러 가지 비유로 되풀이했다. "새 하늘과 새 땅이 있으리니, 이전 것은 기억되거나 마음에 생각나지 아니할 것이라, 저희는 그것을 기뻐하며 즐거워할지니라. 보라, 내가 예루살렘으로 즐거움을 창조하며, 그 백성으로 기쁨을 삼고, 내가 예루살렘을 즐거워하며 나의 백성을 기뻐하리니, 우는 소리가 그 가운데서 다시는 들리지 아니할 것이라"(사 65:17-19. 70인역).

이밖에도 다른 약속들이 있어서, 어떤 사람들은 천년 동안의 즐거움과 관련시키려고 애쓴다. 예언 방식에 따라 비유적인 표현과 문자적인 표현을 섞음으로써, 진지한 사람들이 유용하고 건전한 노력으로 영적 의미를 얻도록 하기 때문이다. 그러나 육적 나태나 불학무식한 노둔 때문에 피상적인 문자에 안주하고 그 밑에서 찾을 것을 생각하지 않는다. 방금 인용한 예언적 표현들의 문체에 대해서는 이만큼만 말하고 해석으로 돌아가겠다.

"너희 뼈가 연한 풀의 무성함 같으리라"고 말한 다음에, 이것은 선한 사람들의 부활 — 그 몸의 부활 — 에 관한 말씀임을 알리기 위해서 그는 첨가했다: "주의 손은 그를 경배하는 자들에게 알려지리라"(사 66:14). 이것은 하나님을 경배하는 자들과 멸시하는 자들을 구별하시는 분의 손이 아니고 무엇인가? 이 멸시하는 자들에 대해서 즉시 첨가되었다: "그의 진노는 항거하는 자들에게 더하리라"(사 66:14). 다른 번역자는 "믿지 않은 자들"이라고 했다. 실지로 진노를 더하신다는 것이 아니라, 지금 위협하시는 진노가 그 때에 결과로 실현되리라는 것이다. 그래서 그는 말한다. "보라, 주께서 불같이 강림하시리니 그 수레들은 회리바람 같으리로다. 그가 혁혁한 위세로 노를 베푸시며 맹렬한 화염으로 견책하실 것이라. 주께서 불과 칼로 온 땅과 모든 혈육에게 심판을 베푸신즉 주께 상할 자가 많으리라"(사 66:15-16).

물과 회리바람과 칼은 하나님이 내리시는 벌을 의미한다. 주께서 오시는 것이 곧 벌이 되는 사람들에게 불과 같이 강림하신다고 한다. 회리바람은 복수로 되어 있어서 천사들의 역사로 해석하는 것이 합당하다. 모든 혈육과 온 세상이 주의 불과 칼로 심판을 받으리라고 하는 것은, 영적이며 거룩한 자들은 포함하지 않고, 지상적이고 육적인 사람들을 의미한다. 이 사람들에 대해서 "땅의 일을 생각한다"고 하며(빌 3:19), "육신의 생각은 사망이라"고 하며(롬 8:6), 하나님이 이 사람들에 대해서 "나의 신이 영원히 사람과 함께 하지 아니하리니 이는 그들이 육체가 됨이라"고 하셨다(창 6:3).

"주께 상할 자가 많으리라"는 말씀에서는 이렇게 상함으로써 둘째 죽음이 생길 것이다. 물론 불과 칼과 상함을 좋은 뜻으로 이해할 수도 있다. 주께서는 불을 땅에 던지기를 원한다고 하셨다(눅 12:49). 성령이 오셨을 때에는 갈라진 불의 혀 같았다(행 2:3). 주께서는 "내가 세상에 화평을 주러 온 것이 아니라 검을 주러 왔노라"고 하셨다(마 10:34). 성경에 하나님의 말씀은 좌우에 날선 예리한 검이라고 해서(히 4:12), 구약과 신약이 있음을 의미한다. 아가에서 거룩한 교회는 사랑으로 상처를 입었노라고 말한다(아 2:5). 이를테면 사랑의 화살에 찔렸다는 것이다. 그러나 여기서 주께서 노를 베푸시러 오신다고 하는 것을 듣거나 읽을 때에는, 이 표현들을 어떻게 해석할 것인가가 명백하다.

율법이 금지했어도 그들이 피하지 않은 고기들을 비유로 삼아(사 66:17) 악인들과 죄인들이 이 심판에서 멸망되리라는 것을 간단히 말한 다음에, 그는 신약에 있는 은혜를 구주의 초림으로부터 최후 심판까지 우리가 지금 말하는 대로 요약한다.

그리고 이것으로 예언을 마친다. 주가 오셔서 모든 민족을 모으며 주의 영광을 보게 하리라고 주께서 선포하신다고 한다(사 66:18). 사도가 말하듯이, “모든 사람이 죄를 범하였으매 하나님의 영광에 이르지 못하기 때문이다”(롬 3:23). 또 예언자는 말한다: 주께서 그들 사이에서 기적을 행하셔서 그들이 놀라며 그를 믿을 것이요, 그들 중에서 구원 받은 자들을 여러 민족과, 그의 이름을 듣지 못하며 그의 영광을 보지 못한 먼 섬들에 보내셔서 그의 영광을 민족들에게 선포하며, 예언자가 상대한 사람들의 형제 즉 이스라엘 중의 선택된 자들을 믿음과 하나님 아버지 밑으로 데려 오게 하리라고 한다. 또 그들은 모든 민족으로부터 주님께 드릴 예물을 짐승과 수레에 실어(즉 천사나 사람들의 봉사로) 거룩한 성 예루살렘으로 가져오리라고 한다(사 66:19-20). 이 성은 지금 믿는 성도들 안에 있으며 지상 각처에 흩어져 있다. 하나님께서 도움을 주시는 곳에서 사람들은 믿으며, 그들은 믿는 곳에 온다.

그리고 주께서 비유적으로 그들을 이스라엘 자손들과 비교해서 성전에서 찬양과 함께 예물을 드린다고 하시는데, 이것은 이미 교회가 도처에서 하고 있는 일이다. 그리고 주께서는 그들 가운데서 제사장들과 레위인들을 택하겠다고 약속하시는데(사 66:21), 이 일이 이미 실현된 것을 우리는 본다. 지금 제사장과 레위인은 아론의 반차를 따르던 본래의 통례와 달라서(시 110:4) 어떤 한 지파나 한 혈통에서 뽑지 않고, 신약에 적합하도록, 그리스도께서 멜기세덱의 반차를 따른 대제사장이시고, 하나님의 은혜가 각 사람에게 주신 장점을 고려해서 택한다. 또 이 제사장들은 그 직명만으로 판단을 받지 않는다. 무자격자도 직명을 가지는 때가 많기 때문이다. 그들은 마땅히 선인이나 악인에게서 흔히 볼 수 없는 거룩한 성품이 있어야 한다.

교회가 경험했고 우리가 지금 분명히 잘 아는 이 하나님의 은혜에 대해서 말한 다음에, 예언자는 하나님을 대표해서 세계 종말 즉 최후 심판으로 선인과 악인이 분리된 때에 대해서 예언한다. “나의 지을 새 하늘과 새 땅이 내 앞에 항상 있을 것같이 너희 씨와 너희 이름이 항상 있으리라. 주가 말하셨느니라. 그들에게 달에 달이 이으며 이 안식일에 안식일이 이으리라. 모든 혈육이 예루살렘에 이르러 내 앞에 경배하리라. 주가 말씀하셨느니라. 그들이 나가서 내게 패역한 사람들의 지체들을 볼 것이라. 그 벌레가 죽지 아니하며 그 불이 꺼지지 아니하여 모든 혈육에게 가증함이 되리라”(사 66:22-24).

이 시점에서 세계가 종말에 도달할 것과 같이 예언자도 그의 책을 끝냈다. 어떤 사람들은 패역한 사람들의 지체라고 하지 않고 시체라고 번역해서 그 몸의 명백한 벌을 의미한다. 그러나 시체는 보통 죽은 육체를 일컫는데, 여기서 말하는 몸들은 살아 있을 것이며 그렇지 않다면 그들은 고통을 느끼지 못할 것이다. 그러나 둘째 죽음으로 떨어질 몸들이므로 시체라고 해도 아마 무리하지 않을 것이다. "악인들의 흙은 떨어지리라"고 한다(사 26:19. 70인역). 라틴어의 '시체'(cadavera)는 '떨어지다' '넘어지다'에서 왔다. 또 "패역한 사람들"의 "사람"(사 66:24)을 패역한 자(또는 남자)로 번역하는 사람들은 남자들만을 포함시키는 것이 아님이 명백하다. 아무도 죄를 지은 여자들은 심판에 나타나지 않으리라고 하지 않겠기 때문이다. 다만 남자는 더 우수하고, 남자에게서 여자가 나왔기 때문에(창 2:21-22), 남성으로 양성을 대표하게 하려는 것이다.

그러나 우리의 주제를 위해서 특히 적절한 것은, "모든 혈육이 이르러"라는 말씀이(사 66:23) 선한 사람들에게 적용된다는 것이다. 하나님의 백성은 모든 족속 출신으로 형성되겠지만, 모든 사람이 올 것이 아니므로 인간의 대부분은 벌을 받을 것이다. 그러나 내가 말하려고 한 것은, "혈육"은 선한 사람들에 대해서 쓴 말이고 "지체" 또는 "시체"는 악한 사람들에 대한 말이므로, 선인들과 악인들을 각각 그 받을 운명으로 배정할 저 심판은 몸의 부활이 있은 후에 있으리라는 점이다. 여기에 대한 우리의 믿음은 이 말들이 사용되었다는 사실에 의해서 철저히 확립된다.

22. 성도들이 나가서 악인들이 받는 벌을 보리라는 것은 무슨 뜻인가?

그러나 선인들은 어떻게 악인들이 받는 벌을 나가서 볼 것인가? 그들이 몸을 움직여 행복한 거처를 떠나서 그 벌을 받는 곳으로 직접 가서 악인들이 고통받는 것을 자기 눈으로 보리라는 것인가? 물론 그렇지 않고 지식으로 나가리라는 것이다. 이 "나간다"는 말은 벌을 받는 자들이 밖에 있으리라는 뜻이다. 그래서 주께서도 그 곳을 "바깥 어두운 데"라고 부르신다(마 25:30). 그와 반대로 선한 종에 대한 말씀은 "네 주인의 즐거움에 들어오라"이다(마 25:21, 23. 개역성경의 "참여하라"는 의역). 악인은 안으로 들어가서 알려진다고 생각할 수 없고, 선인들이 그 지식으로 그들에게 나간다는 것이다. 선인들은 밖에 있는 일을 알기로 되어 있기 때문이다. 심한 고통을 받는 자들은 주의 즐거움 안에서 진행하는 일을 알지 못할 것이나, 그 즐거움 안에 들어간 사람들은 바깥 어두운 데서 있는 일을 알 것이다. 그러므로 "그들이 나가서"라고 한다. 그들은 밖에 있는 자들이 하는 일을 알겠기 때문이다. 죽을 운명인 예언자들이 그 마음 속에 하나님이 거하시기 때문에, 비록 제한된 내주(內住)지만 아직 나타나지 않은 일들을 알 수 있었다면, 영생할 성도들이 하나님이 만유의 주로서 만유 안에 계실 때에(고전 15:28) 이미 있었던 일들을 알지 못하겠는가?

그러면 그 씨와 성도들의 이름이 행복 속에 머무를 것이다. 즉 요한이 "하나님의 씨가 그의 속에 거함이라"(요일 3:9)고 한 그 씨며, 이사야를 통해서 "내가 그들에게 영영한 이름을 주리라"(사 56:5)고 하신 그 이름이다. "그들에게 달에 달이 이으며 안식일에 안식일이 이으리라"(사 66:23)고 한 것은 (천체의) 달에 달이 이어지고 안식에 안식이 이어지리라는 뜻이다. 그들은 시간 속의 옛 그림자를 떠나 영원의 새로운 광명 속에 들어가리라는 것이다. 악인들이 받는 벌인 죽지 않는 벌레와 꺼지지 않는 불에 대해서는 해석이 구구하다. 두 가지를 다 신체에 관련시키는 사람들과 영혼에 관련시키는 사람들이 있다. 또 어떤 사람들은 불은 문자 그대로 몸에 관련시키고, 벌레는 비유적으로 영혼에 관련시킨다. 이것이 더 믿을 만한 생각인 것 같다. 그러나 지금은 이 차이를 논할 때가 아니다. 우리는 이 권에서 선인과 악인을 가르는 최후 심판을 논하기로 했다. 그들이 받을 상과 벌은 다른 곳에서 더 신중하게 논할 것이다.

23. 적그리스도의 박해와 하나님의 심판과 성도들의 나라에 대한 다니엘의 예언.

최후 심판에 대해 다니엘의 예언은 먼저 적그리스도가 오리라고 하며, 성도들의 영원한 나라에 이르기까지 이야기를 계속한다. 그는 예언적 환상 중에 네 짐승인 네 왕국을 보고, 넷째 왕국이 어떤 왕, 즉 적그리스도로 인정되는 자에게 정복되고 그 후에 인자 즉 그리스도의 영원한 나라를 보았을 때에, "나 다니엘이 중심에 근심하며 내 머리 속에 이상이 나로 번민케 한지라"고 한다. 그래서 "내가 그 곁에 모신 자 중 하나에게 나아가서 이 모든 일의 진상을 물으매 그가 내게 고하여 그 일의 해석을 알게 하여 가로되"라고 한다(단 7:15-16).

다음에 그가 물은 일들에 대해서 들은 설명을 그는 다음과 같이 전한다. "이 네 큰 짐승은 네 왕이라. 세상에 일어날 것이로되 지극히 높으신 자의 성도들이 나라를 얻으리니 그 누림이 영원하고 영원하고 영원하리라. 이에 내가 넷째 짐승의 진상을 알고자 하였으니"라고 그는 말한다. "곧 그것은 모든 짐승과 달라서 심히 무섭고 그 이는 철이요 그 발톱은 놋이며 먹고 부숴뜨리고 나머지는 발로 밟았으며 또 그것의 머리에는 열 뿔이 있고 그 외에 또 다른 뿔이 나오매 세 뿔이 그 앞에 빠졌으며 그 뿔에는 눈도 있고 큰 말하는 입도 있고 그 모양이 동류보다 강하여 보인 것이라. 내가 본즉 이 뿔이 성도들로 더불어 싸워 이기었더니 옛적부터 항상 계신 자가 와서 지극히 높으신 자의 성도를 위하여 신원하였고 때가 이르매 성도가 나라를 얻었더라"(단 7:17-22).

이것이 다니엘이 물었다고 하는 것이며 계속해서 그가 들은 것을 말한다. "모신 자가 이처럼 이르되 넷째 짐승은 곧 땅의 넷째 나라인데 이는 모든 나라들과 달라서 천하를 삼키고 밟아 부숴뜨릴 것이며 그 열 뿔은 이 나라에서 일어날 열 왕이요 그 후에 또 하나가 일어나리니 그는 먼저 있던 자들과 다르고 또 세 왕을 복종시킬 것이며 그가 장차 말로 지극히 높으신 자를 대적하며 또 지극히 높으신 자의 성도를 괴롭게 할 것이며 그가 장차 말로 지극히 높으신 자를 대적하며 또 지극히 높으신 자의 성도를 괴롭게 할 것이며 그가 또 때와 법을 변개코자 할 것이며 성도는 그의 손에 붙인 바 되어 한 때와 두 때와 반 때를 지내리라 그러나 심판이 시작된즉 그는 권세를 빼앗기고 끝까지 멸망할 것이요 나라와 권세와 온 천하 열국의 위세가 지극히 높으신 자의 성민에게 붙인 바 되리니 그의 나라는 영원한 나라이라. 모든 권세 있는 자가 다 그를 섬겨 복종하리라. 그 말이 이에 그친지라. 나 다니엘은 중심이 번민하였으며 내 낯빛이 변하였으나 내가 이 일을 마음에 감추었느니라"(단 7:23-28).

그런데 어떤 사람들은 이 네 나라를 아시리아와 페르시아(바사)와 마케도니아와 로마라고 해석한다. 이 해석의 적합성을 이해하고자 하는 사람들은 제롬의 다니엘서 해석을 보는 것이 좋다. 이것은 정성과 박식을 들인 유감이 없는 책이다. 그러나 이 구절을 자면서 읽는 사람이라도 적그리스도의 나라가 교회를 맹렬히 공격하리라는 것을 깨닫지 못할 수 없다. 그 기간은 비록 짧지만, 하나님의 최후 심판으로 성도들의 영구적인 지배가 시작되기 전에 그 공격이 있을 것이다. 뒤에 나오는 날수로 보아서(단 12:11) 한 때와 두 때와 반 때는 1년과 2년과 반 년, 즉 3년 반을 의미한다.

성경에서는 같은 기간을 달로 표시하는 때가 있다. 여기서 "두 때"를 라틴어 번역이 그냥 "때들"이라고 한 것은 라틴어에 양수가(두개를 말할 때에 쓰는 것) 없기 때문이며, 그리스어에 있고 히브리어에도 있다고 한다. 그러므로 "때들"은 "두 때"를 의미한다. 적그리스도가 와서 열 왕, 즉 열 개인을 발견하리라고 하는 것 같은데, 나의 이 생각이 잘못일 수 있으며, 그가 불시에 올 때에 로마 세계에 열 왕이 살아있지 않을 것 같다. 열이라는 수는 적그리스도가 오기 전에 있을 왕들의 전체를 의미한다고 생각하면 어떨까? 자세히 말할 필요가 없을 때에, 전체를 상징하기 위해서 흔히 1000이나 100이나 7이나 그 밖의 수를 쓰기 때문이다.

같은 다니엘이 다른 곳에서 말한다. "또 환난의 때가 있으리니 이는 개국 이래로 그 때까지 없던 환난일 것이며 그 때에 네 백성 중 무릇 책에 기록된 모든 자가 구원을 얻을 것이라. 언덕 속에서 자는 자 중에 많이 깨어 영생을 얻는 자도 있겠고 수욕을 받아서 무궁히 부끄러움을 입을 자도 있을 것이며 지혜 있는 자는 궁창의 빛과 같이 빛날 것이요 많은 사람을 옳은 데로 돌아오게 한 자는 별과 같이 영원토록 비취리라"(단 12:1-3). 이 구절은 적어도 죽은 몸의 부활에 관해서는 우리가 복음서에서(요 5:28) 인용한 구절과 매우 같다.

거기서 "무덤 속에 있는 자들"을 여기서는 "깨리라"고 한다. 거기서는 "선한 일을 행한 자는 생명의 부활로, 악한 일을 행한 자는 심판의 부활로 나오리라"고 하며 여기서는 "영생을 얻는 자도 있겠고, 수욕을 받아서 무궁한 부끄러움을 입을 자도 있을 것"이라고 한다. 또 복음서에 "무덤 속에 있는 자가 다"라고 하는 데, 예언자가 "언덕 속에서 자는 자 중에 많이"로써 "다"라고 하지 않는 것을 차이점이라고 해서는 안 된다. 성경에서는 "많이"(또는 "많은")를 "다"(또는 "모든") 대신에 쓰는 때가 있기 때문이다. 그래서 아브라함에게 "내가 너를 열국의(많은 백성의) 아비가 되게 함이니라"(창 17:5)고 하며, 다른 곳에서는 "네 씨로 말미암아 천하 만민이(모든 백성이) 복을 얻으리니"(창 22:18)라고 한다. 이런 부활에 대해서 조금 뒤에 예언자 다니엘에게 말씀하신다: "너는 가서 쉬라. 종말이 이르기까지 아직 때가 있느니라 너는 쉬다가 끝날에 네 업을 누릴 것임이니라"(단 12:13. 70인역).

24. 다윗의 시편 중에서 세상 종말과 최후 심판을 예언하는 구절들.

시편에는 최후 심판을 암시하는 말씀이 많지만, 대개는 지나가는 말씀이고 미약한 것이다. 그러나 이 세계의 종말에 대한 분명한 말씀을 나는 빠뜨릴 수 없다. "주께서 옛적에 땅의 기초를 두셨사오며 하늘들도 주의 손으로 지으신 바니이다. 그것들은 없어지려니와 주는 영존하시겠고 그것들은 다 옷같이 낡으리니 의복같이 바꾸시면 바뀌려니와 주는 여상하시고 주의 연대는 무궁하리이다"(시 102:25-27). 히브리 민족이 위대하고 진정하신 하나님, 신들까지도 무서워하는 하나님을 경배한다고 해서 포르피리오스는 그들의 경건생활을 칭찬하면서,[10] 그리스도인들이 이 세계가 멸망하리라고 한다고 해서 신들의 말을 따라 그들의 극심한 우매(愚昧)를 비난하는 것은 무슨 까닭인가? 이 위대한 철학자가 신들까지도 무서워한다고 인정하는 그 하나님을 향해서 히브리 민족의 거룩한 책에 "하늘들도 주의 손으로 지으신 바니이다. 그것들도 없어지리이다"라고 한다.

그런데 세계의 더 높고 더 안전한 부분인 하늘들이 없어진다면, 세계 자체는 보

10) 19권 23장.

존될 것인가? 이 철학자는 유피테르의 말을 의심할 수 없는 권위로써 인용하며 그리스도교인들의 경솔한 믿음을 힐책하는데, 하늘들이 없어지리라는 생각을 그 유피테르가 좋아하지 않는다면, 무슨 까닭에 그는 히브리인들의 지혜도 우매라고 힐책하지 않는가? 그들의 가장 거룩한 문서에 예언이 있지 않은가? 그러나 포르피리오스가 그 자신의 신들의 발언들을 통해서 찬양하며 경탄하여 마지 않는 그 히브리인들의 지혜가 하늘들은 없어지리라고 선언한다.

그렇다면 그리스도교인들이 세계가 없어지리라고 믿는다고 해서, 비록 이것이 가장 중요한 이유는 아니지만, 부분적으로는 이것을 이유로 삼아 포르피리오스가 그들의 믿음을 미워할 정도로 매혹된 것은 무슨 까닭인가? 세계가 없어지지 않는다면 하늘들이 어떻게 없어지겠느냐고 하는 것은 이해하기 쉽지 않다. 그리고 참으로 우리에게만 있고 히브리인들에게는 없는 성경, 복음서와 사도서신들에는 다음과 같은 표현들이 있다. "이 세상의 형적은 지나가느니라"(고전 7:31), "이 세상은 지나가느니라"(요일 2:17), "천지는 없어지리라(지나가느니라)"(마 24:35). 이 표현들은 시편에서 "그것(하늘)들은 없어지리라(또는 멸망하리라)"고 하는 것보다 좀더 부드러운 듯하다.

사도 베드로의 서신에서(벧후 3:6-7) 그 때의 세상은 물의 넘침으로 멸망하였다고 하는데, 여기서 세상 전체는 어느 부분을 가리키는지, 또 어떤 의미에서 멸망했다고 하는지, 어느 하늘들이 불사르기 위하여 간수하신 바 되어 경건치 아니한 사람들의 심판과 멸망의 날까지 보존되었다고 하는지 그 뜻이 충분히 명백하다.

조금 내려가서 "주의 날이 도적같이 오리니 그 날에는 하늘이 큰 소리로 떠나가고 체질이 뜨거운 불에 풀어지고 땅과 그 중에 있는 모든 일이 타지리로다"라고 한 다음에 첨가해서, "이 모든 것이 이렇게 풀어지리니 너희가 어떠한 사람이 되어야 마땅하뇨?"라고 하는데(벧후 3:10-11), 여기 있는 하늘은 사도가 불사르기 위하여 간수되었다고 한 그 하늘이라고 해석할 수 있을 것이다. 그리고 뜨거운 불에 풀어지리라고 한 "체질", 즉 원소들은 세계의 가장 낮은 부분인 폭풍과 동요가 가득한 곳이며, 거기에 그 하늘들이 간수되어 있다고 한다. 더 높은 하늘들은 그 궁창에 별들이 박혀 있으며 항상 완전한 상태로 지속된다. 성경에 있는 "별들이 하늘에서 떨어지리라"는(마 24:29) 표현까지도, 다른 해석이 더 나으리라는 점을 말하지 않더라도, 별들이 떨어지고 하늘 자체는 변함없이 그대로 있다는 것을 알린다. 그러므로 이 표현은 비유적인 것이라고 하는 것이 더 믿음직하지만, 이런 현상은 이 최하층 하늘에서 있다고 해석할 수도 있다.

베르길리우스의 시에서는 이렇게 말한다.

"유성이 빛의 꼬리를 달고
눈부신 빛으로 하늘을 가로 질러
이다(Ida) 산 숲 속으로 사라진다".[11]

그러나 내가 인용한 시편의 구절은 하늘의 어느 부분도 멸망할 운명에서 제외하는 것 같지 않다. "하늘들은 주의 손이 지으신 것이요, 그것들은 없어지리라"(시 102:25, 26). 그 중의 어느 것도 하나님이 지으신 것이라는 범주에서 제외되지 않으므로 멸망에서 제외되지 않는다. 우리의 논적들은 그들의 신들이 칭찬했다는 히브리인들의 경건을 그들이 미워하는 사도 베드로의 말씀으로 옹호하려고 하지 않을 것이다. 또 사도가 그 서신에서 세계 전체가 물로 멸망했다고 하면서 그 일부분인 최하층 부분과 그에 해당하는 하늘들이 멸망했다고 해석한 것과 같이 시편에서도 전체를 일부분 대신에 써서, 비록 최하층 하늘들이지만 저것들이 없어지리라고 한 것이라고 그들은 추론하지 않을 것이다. 그들은 내가 말한 바와 같이, 베드로의 해석을 인정하는 것같이 보이는 것을 피하기 위해서 이런 추론을 하지 않을 것이며, 우리가 홍수를 중요시하는 것만큼 최후의 대화재를 중요시하지 않고, 물이나 불이 전 인류를 멸망시킨다는 것은 불가능한 일이라고 주장하므로 남은 길은 한 가지밖에 없다. 그들의 신들이 히브리 민족의 지혜를 칭찬한 것은 이 시편을 읽지 않았기 때문이라고 주장하는 것이다.

시편 50편에 있는 말씀도 이 하나님의 최후 심판에 관한 것이다. "우리 하나님이 나타나게 임하사 잠잠치 아니하시리니 그 앞에는 불이 삼키고 그 사방에는 광풍이 불리로다. 하나님이 그 백성을 판단하시려고 윗 하늘과 땅에 반포하시리라. 너희는 그의 성도를 그의 앞에 모으라. 곧 제사로 그와 언약한 자니라 하도다"(시 50:3-5).

이것은 우리의 주 예수 그리스도에 관한 말씀이라고 해석한다. 우리는 주께서 산 자와 죽은 자를 심판하러 하늘로부터 오실 것을 기다린다. 그는 전에는 숨어 오셔서 불의한 자들에게 불의한 심판을 받으셨지만, 앞으로는 나타나게 오셔서 의로운 자들과 불의한 자들을 공정하게 심판하실 것이다. 다시 말하거니와, 그가 드러나게 오셔서 잠잠하지 않으실 것이다. 즉 심판하시는 음성으로 자기를 알리실 것이다. 전에 숨어 오셨을 때에는 재판관 앞에서 잠잠하셔서 도수장으로 끌려가는 양과 같이, 털 깎는 자 앞에 있는 어린 양같이 입을 열지 않으셨다. 이사야가 그에 대해서 예언

11) Virg., *Aen.*, 2, 694; 696.

한 것과 같으셨고(사 53:7), 우리는 그 예언대로 된 것을 복음서에서 읽을 수 있다(마 26:63). 불과 광풍에 관해서는 이사야서에서 비슷한 구절을 설명할 때에 그 해석 방법을 이미 말했다.

성도들과 의인들을 하늘이라고 부르는 것은 마땅하므로, "윗 하늘에 반포하시리라"는 표현은 사도가 하는 말씀과 같은 뜻임에 틀림없다. "우리가 저희와 함께 구름 속으로 끌려 올려 공중에서 주를 영접하게 하시리라"(살전 4:17). 만일 문자 그대로 해석한다면, 어떻게 윗 하늘이라고 해서, 하늘이 어느 다른 곳에 있는 것같이 말할 수 있겠는가? "하나님이 땅에 반포하시리라"에 "위"라는 말이 없는 것은 건전한 교리와 일치하는 것 같다. 즉 하늘은 그리스도와 함께 심판할 사람들을 상징하며, 땅은 심판을 받을 사람들을 상징한다. 그래서 "윗 하늘에 반포하시리라"는 "공중으로 끌어 올리리라"가 아니라, "심판 자리로 들어 올리리라"는 뜻일 것이다. 혹 "하늘에 반포하시리라"는 높은 곳에 있는 천사들을 부르셔서 그들이 함께 심판하게 하시리라는 뜻일 수도 있다. 그리고 "땅에 선포하시리라"는 땅에 있는 사람들을 심판대 앞으로 부르시리라는 뜻이 될 것이다. 그러나 만일 "땅에 반포하시리라"에도 "위"라는 말을 더해서 "하나님이 윗 하늘과 윗 땅에 반포하시리라"고 읽게 된다면, 이것은 그리스도를 영접하기 위하여 공중으로 끌어올려지는 사람들로 해석하는 것이 좋겠고, "하늘"은 그들의 영혼을, 그리고 "땅"은 그들의 몸을 의미하게 될 것이다.

그렇다면 "그 백성을 판단하시려고"는 양과 염소를 구별하듯이 선인들과 악인들을 분리한다는 뜻이 아니고 무엇이겠는가? 다음에 그는 천사들을 향해서 "너희는 그의 성도를 그의 앞에 모으라"고 한다. 이렇게 중대한 일을 성취하려면 확실히 천사들의 봉사가 필요하기 때문이다. 천사들이 모으는 그 성도들은 누구냐고 묻는다면, 대답은 "제사로 그와 언약한 자"다. 제사로 하나님과 언약하는 것이 성도 생활의 전부이기 때문이다. "제사로"라는 말은 자선 행위를 의미할 수 있다. "나는 인자를 원하고 제사를 원치 아니한다"(호 6:6)고 말씀하시는 하나님 앞에서는 제사보다 자선이 낫기 때문이다. 혹은 "제사로"는 "제사를 드림으로써"라고 해서 자선 행위로 하나님을 기쁘시게 한다는 뜻일 수 있다. 이 점은 제 10권[12]에서 이미 말한 기억이 있다. 성도들은 이런 행위로 하나님과 언약한다. 하나님의 새로운 언약, 즉 신약에 있는 약속 때문에 이런 일들을 하기 때문이다.

그렇기 때문에 성도들이 그리스도 앞에 불려가 지정된 심판대 오른편에 정렬할 때에, 그리스도께서 그들에게 말씀하실 것이다. "내 아버지께 복 받을 자들이여, 나

12) 10권 6장.

아와 창세로부터 너희를 위하여 예비된 나라를 상속하라. 내가 주릴 때에 너희가 먹을 것을 주었고"(마 25:34). 이렇게 선인들이 한 행실을 말씀하시고, 최후 심판에서 지정된 영원한 상을 선언하실 것이다.

25. 최후 심판과 일부 사람들이 받을 정화의 벌에 대한 말라기의 예언.

예언자 말라기는 천사라고도 부르며, 어떤 사람들은 제사장 에스라와 같은 사람이라고 한다.(히브리인들이 이렇게 생각한다고 제롬(히에로니무스)이 전한다.)[13] 그의 다른 저서들도[14] 정경에 들어 있지만 그는 최후 심판에 대해서 다음과 같이 예언한다. "전능하신 주가 이르노라. 보라, 그가 오나니 그의 임하는 날을 누가 능히 당하며 누가 능히 견디어 그를 보리요. 그는 금을 연단하는 자의 불과 표백하는 자의 잿물과 같이 오리라. 그가 은을 연단하여 깨끗케 하는 자같이 앉아서 레위 자손을 깨끗케 하되 금은 같이 그들을 부으리니 그들이 의로운 제물을 주께 드릴 것이라. 그 때에 유다와 예루살렘의 헌물이 옛날과 고대와 같이 주께 기쁨이 되려니와 내가 심판하러 너희에게 임할 것이라. 술수하는 자에게와 간음하는 자에게와 거짓 맹세하는 자에게와 품꾼의 삯에 대하여 억울케 하며 과부와 고아를 압제하며 나그네를 억울케 하며 나를 경외치 아니하는 자들에게 속히 증거하리라. 전능하신 주가 말하였느니라. 나는 주 너희 하나님이니 변역치 아니하느니라(말 3:1-6, 70인역).

이 말씀을 보면 최후 심판에서 어떤 사람들은 일종의 정화의 벌을 받으리라는 것이 매우 명백한 것 같다. "그가 들어오는 날을 누가 능히 당하며 누가 그를 볼 수 있으리요. 그는 연단하는 자의 불과 표백하는 자의 잿물과 같으리라. 그는 앉아 금과 은같이 녹이며 깨끗케 하리라. 그는 레위 자손을 깨끗케 하되 금은과 같이 그들을 부으리라"(말 3:2-3)고 하는 말씀은 그렇게밖에 해석할 수 없지 않은가? 이사야도 비슷한 말을 한다. "주께서 그 심판하는 영과 소멸하는 영으로 시온의 아들들과 딸들의 더러움을 씻으시며, 예루살렘의 피를 그 중에서 청결케 하시리라"(사 4:4). 악한 자들에게 벌의 심판을 주어 그들에게서 분리하여 제거하며 영벌에 처하면, 그들은 앞으로는 악인들에게서 전염을 받지 않을 것이므로 그런 의미에서 더러움을 씻고 깨끗하게 된다고 하겠다. 그러나 "레위 자손을 깨끗케 하되 금은과 같이 부으리니 그들이 주께 의로운 제물을 드리리라. 그 때에 유다와 예루살렘의 헌물이 주께 기쁨이 되리라"(말 3:3-4)고 함으로써 정화된 사람들이 의의 헌물로 주를 기쁘시게

13) Hier., *Praef. in. Mal.*

14) 에스라와 느헤미야.

하며 따라서 주를 기쁘시게 하지 못하던 그들 자신이 그 불의에서 정화되리라고 선언한다. 이렇게 정화된 그들은 완전한 의의 제물이 될 것이며, 이런 사람들은 하나님을 가장 기쁘시게 할 제물이 자기 이외에 없을 것이다. 그러나 이 정화하는 벌에 대해서는 더 충분한 논의를 다른 기회에 미뤄야 하겠다.

레위 자손과 유다와 예루살렘은 교회라고 해석해야 하며, 히브리 민족뿐 아니라 다른 민족들도 이 교회에 참여한다. 또 현재의 교회가 아니다. "우리가 죄 없다 하면 스스로 속이고 진리가 우리 속에 있지 아니하니라"(요일 1:8)고 하는 것이 현재의 교회지만, 그 때의 교회는 타작 마당의 까부는 바람과 같이 최후 심판으로 정화되며, 교회의 지체 중에서 필요한 자들은 불로 깨끗이 되었기 때문에 자기의 죄 때문에 제물을 드리는 사람이 절대로 없을 것이다. 제물을 드리는 사람은 죄가 있기 때문이며, 죄를 용서 받고자 제물을 드리며, 받으실 만한 제물을 하나님께 드린 후에 사면을 받고자 하는 것이다.

26. 성도들의 헌물이 옛날과 고대와 같이 하나님을 기쁘시게 하는 데 대하여.

그리고 레위 자손이 의로운 제물을 드리며, 죄가 있기 때문에, 따라서 죄를 위해서 드리는 것이 아니라고 하나님이 말씀하신 것은 그의 도성이 그 때에는 이 관습을 따르지 않으리라는 것을 알리시기 위해서였다. 그러므로 유대인들이 자기들은 구약적 율법에 따라 제물을 드리던 옛날로 돌아가리라고 약속하는 것이 얼마나 허망한 짓인가를 알 수 있다. 그들의 논거는 그 다음에 있는 말씀, "유대와 예루살렘의 헌물이 옛날과 고대와 같이 주께 기쁨이 되리라"(말 3:4)는 것이다. 율법 시대에 그들이 드린 것은 의의 헌물이 아니라 죄의 헌물, 즉 특별히 그리고 우선 죄가 있기 때문에 드리는 헌물이었다. 그렇기 때문에 그들 중에서 가장 의로웠다고 여겨야 할 사람인 제사장까지도, 하나님의 계명에 따라 먼저 자기의 죄를 위해서, 그리고 그 다음에 백성의 죄를 위해서 제물을 바치는 것이 관례였다. 또 우리의 처음 선조가 낙원에 있던 때를 의미할는지 모른다. 참으로 그 때에 그들은 죄의 오점이나 결점이 전혀 없었고, 자기를 가장 순수한 제물로 하나님께 바쳤다. 그러나 그 후에 그들이 범죄로 인하여 추방되고, 그들과 함께 인간성이 정죄를 받았다. 예외는 한 분 중보자와, 세례를 받고 아직 유아인 자들이다. "더럽지 않은 자가 하나도 없나니 땅 위에서 산 날이 하루밖에 되지 않는 젖먹이도 그러하니이다"(욥 14:4-5, 70인역).

어떤 사람은 대답하리라. 의인은 믿음으로 산다고 하였으니(롬 1:17) 믿음으로 드리는 사람들은 의로운 헌물을 드린다고 할 수 있으리라. 그러나 이렇게 말하는 사람이 자기에게 죄가 없다고 하며, 자기는 믿음으로 살기 때문에 죄가 있다는 말을 하지 않는다면 그는 자기를 속이는 것이다. 의로운 제물을 드리는 사람들이 최후 심판의 불로 정화될 때와 이 믿음의 시대를 동등시하는 사람이 있는가? 따라서 이런 정화가 있은 후에는 의인에게 아무 오점도 없으리라고 믿어야 하므로, 확실히 그 때는, 죄가 없다는 점에서, 어느 다른 때보다도, 우리의 처음 조상이 범죄 이전에 낙원에서 가장 순진하고 행복하게 살던 때와 비교할 수 있다. "옛날과 고대와 같이"라고 할 때에는 그 시대라고 해석하는 것이 합당하다.

이사야서에서도 새 하늘과 새 땅을 약속하신 후에 성도들의 행복한 생활 내용을 여러 가지 풍유와 비유로써 묘사하지만(사 65:17-22), 나는 장황하게 되는 것을 피하기 위해서 합당한 설명을 할 수 없다. 그러나 이어서 "내 백성의 수한이 저 생명나무의 수한과 같으리라"라는 말씀이 있다(사 65:22. 70인역). 성경을 본 사람으로서, 하나님이 생명 나무를 어디 심으셨고, 우리의 처음 조상들이 범죄했을 때에 그 나무 열매를 먹지 못하도록 낙원에서 추방하며 낙원 주위에 무서운 불의 담장을 두르신 것을 누가 모르겠는가?

만일 이사야 예언자가 말한 생명나무는 그리스도의 교회가 있는 현대라고 하며, 그리스도를 생명나무라고 예언한 것이 있으며, 그리스도는 지혜시며, 지혜에 대해서 솔로몬이 "지혜는 그 얻은 자에게 생명나무라"(잠 3:18)고 했다면, 또 우리의 처음 조상들은 낙원에서 여러 해를 보낸 것이 아니며, 일찍이 추방되어 낙원에서는 자녀도 낳지 않았으니, "옛날과 고대("이전의 해들")와 같이"라고 하는 그 시대라고 할 수 없다고 주장한다면, 나는 이 문제에 들어가지 않겠다. 모든 것을 논해서 지루하게 되며, 문제 전체를 불투명하게 만들 염려가 있기 때문이다.

내가 보기에는 여기에 다른 뜻이 있으며, 율법에 따른 제물을 드리던 옛날과 고대로 돌아가는 것을 큰 행복이라고 예언자가 우리에게 약속했다고 믿을 수 없다. 옛날 율법 아래서 제물로 선택된 동물은 오점이나 흠이 전혀 없어야 했으며, 아무 죄도 없는 거룩한 사람을 상징했다. 이런 예는 오직 그리스도뿐이다. 그러므로 최후 심판에서 이런 정화를 받을 만한 자들은 심지어 불로 깨끗함을 얻어 철저히 죄 없는 자가 되며, 하나님께 자기를 의로운 제물로 드리며, 참으로 온갖 흠과 결함이 없는 희생이 된다면, 그들은 확실히 그 때에 "옛날과 고대와 같이" 될 것이다. 즉 장래의 사실에 대한 그림자같이, 가장 순수한 희생을 바치던 "옛날과 고대와 같이" 될 것이다. 그 때에는 옛날 희생 제물들의 몸이 상징한 그 순수성이 성도들의 영원한 몸과 영혼에 있겠기 때문이다.

그 다음에 깨끗이 할 가치가 없고 정죄를 받아야 할 사람들에 대해서, "내가 심판하러 너희에게 임할 것이라. 술수하는 자에게와 간음하는 자에게와" 운운하여 여러 가지 영벌에 해당하는 죄명을 열거한 다음에 첨가하시되, 그런 자들에게, "속히 증거하리라. 전능하신 주가 말하였느니라. 나 주는 변역지 아니하느니라"(말 3:5) 하신다. 이 말씀을 바꿔 말하면, "너희 허물이 너희를 나쁘게 바꾸고 나의 은혜가 너희를 좋게 바꿨지마는, 나는 변하지 않는다"가 될 것이다. 그리고 하나님의 심판에서는 증거가 필요하지 않으므로 하나님 자신이 증인이 되시리라고 한다. 그리고 "속히" 증거하시리라고 하는데, 그가 갑자기 오시며, 더딘 듯하던 심판이 하나님의 불의의 오심으로 매우 속하게 되겠기 때문일 수도 있고, 하나님이 사람들의 양심을 직접 설득하여 장광설이 필요하지 않겠기 때문일 수도 있다. "주님은 악인의 생각을 심문하시리라"(지혜서 1:9)고 하며, 사도는 "그 생각들이 서로 혹은 송사하며 혹은 변명하여 내 복음에 이른 바와 같이 하나님이 예수 그리스도로 말미암아 사람들의 은밀한 것을 심판하시는 그 날이라"(롬 2:15-16)고 한다. 이와 같이 주께서 갑자기 악인의 기억을 불러일으켜 그 양심을 설득하며 벌하실 때에, 신속히 증거하실 것이다.

27. 최후 심판은 구별하므로 선인들과 악인들이 분리된다.

내가 다른 목적으로 제18권[15]에서 인용한 이 예언자의 말씀은 최후 심판에 관한 것이다. "전능하신 주가 이르나니 내가 나의 정한 날에 그들로 나의 특별한 소유로 삼을 것이요 또 사람이 자기를 섬기는 아들을 택함같이 내가 그들을 택하리라. 그 때에 내가 돌이키리니 너희가 의인과 악인이며 하나님을 섬기는 자와 섬기지 아니하는 자를 분별하리라. 전능하신 주의 말씀이라. 보라 극렬한 풀무불 같은 날이 이르리니 외인들과 악을 행하는 자는 다 초개 같을 것이라. 그 이르는 날이 그들을 살라 그 뿌리와 가지를 남기지 아니할 것이로되 내 이름을 경외하는 너희에게는 의로운 해가 떠올라서 치료하는 힘이 그 날개에 있으리니 너희가 나가서 외양간에서 나온 송아지같이 뛰리라. 또 너희가 악인을 밟을 것이니 그들이 나의 정한 날에 너희 발바닥 밑에 재와 같으리라. 전능하신 주의 말씀이니라"(말 3:17-4:3, 70인역). 의인과 악인을 구별하는 상과 벌의 차이는 의의 태양 아래서 영생의 광명으로 밝혀질 것이다. 허무한 금생을 비추는 이 태양 아래에서는 이 차이가 알려지지 않지만, 그 때에는 과거에 있었던 일이 없는 심판이 있을 것이다.

15) 18권 35장.

28. 모세의 율법은 영적으로 해석하며, 육적인 해석의 불평을 배제하라.

다음에 있는 예언자의 "너희는 내가 호렙에서 온 이스라엘을 위하여 내 종 모세에게 명한 법을 기억하라"(말 4:4)는 말씀은 적절한 기회에 율례와 법도를 회상시킨다. 그는 법을 준수하는 자들과 멸시하는 자들의 중요한 차이를 선언했기 때문이다. 그는 또 그들이 법을 영적으로 해석해서 그 안에서 그리스도를 발견하기를 원한다. 그리스도의 심판에 의해서 선인과 악인이 구별되겠기 때문이다. 주 자신이 유대인들에게 "너희가 모세를 믿었더면 또 나를 믿었으리니, 이는 그가 내게 대하여 기록하였음이라"(요 5:46) 말씀하신 것은 이유가 없지 않다. 율법의 지상적인 약속들이 영적인 것들의 상징임을 이해하지 못하고 육적으로 받아들임으로써 그들이 불만에 빠지며 감히 말하기를, "하나님을 섬기는 것이 헛되니, 전능하신 주 앞에 그의 명령을 지키며 탄원하면서 행하는 것이 무엇이 유익하리요? 지금 우리는 타국인이 복되다 하며 악을 행하는 자가 창성하도다"(말 3:14-15. 70인역)라고 한다.

그들의 이런 말 때문에 예언자는 부득이 최후 심판을 선언한 것이었다. 최후 심판에서 악인들은 외관상으로도 행복하지 못하고 분명히 극도로 불행할 것이며 선한 사람들은 일시적인 불행에조차 눌리지 않고 순수하고 영원한 복락을 누릴 것이기 때문이다. 그는 앞에서도 비슷한 말을 인용했다. "모든 행악하는 자는 주의 눈에 선히 보이며 그에게 기쁨이 된다"(말 2:17). 그들이 이와 같이 하나님에 대해서 불평을 말하게 된 것은 모세의 율법을 육적으로 해석했기 때문이라고 나는 단정한다. 그래서 시편 73편의 작가도 죄인들이 창성하는 것을 생각하여 시기했기 때문에, 거의 실족할 뻔하였고 걸음이 미끄러질 뻔하였다고 하면서, 이런 말도 했다. "하나님이 어찌 알랴? 지극히 높은 자에게 지식이 있으랴?(시 73:11) 또 "내가 내 마음을 정히 하며 내 손을 씻어 무죄하다 한 것이 실은 헛되도다"(시 73:13). 선한 자가 불행하고 악한 자가 행복한 듯할 때에 생기는 이 가장 곤란한 문제를 해결하려고 그는 애써 보았으나 소용이 없었다고 한다. 그러다가 드디어 하나님 성소에 들어가서야 결국 있을 일들을 알았노라고 한다(시 73:17). 최후 심판에서는 사태가 그렇지 않겠기 때문이다. 의인들은 명백히 행복하고 악인들은 명백히 불행한 전혀 다른 사태가 벌어질 것이다.

29. 최후 심판이 있기 전에 엘리야가 와서, 성경을 가르치며 그 비밀을 설명하여 유대인들을 그리스도에게로 돌이키리라.

예언자는 그들에게 모세의 법을 명심하라고 충고한 후에, 그들이 오랫동안 율법을 영적으로 바르게 이해하지 못하리라는 것을 예상하고 말을 계속했다. "보라, 주의 크고 빛나는 날이 이르기 전에 내가 디셉 사람 엘리야를 너희에게 보내리니, 그가 아비의 마음을 아들에게로 돌이키게 하고 사람의 마음을 그 근친에게 돌이키게 하리라. 돌이키지 아니하면 두렵건대 내가 와서 심히 그 땅을 칠까 하노라"(말 4:5-6, 70인역). 심판 전 마지막 날에 유대인들이 진정한 그리스도, 즉 우리의 그리스도를 믿게 되리라는 것은 신자들의 대화나 마음에 자주 나오는 제목이다. 그리고 이 위대하고 경탄할 예언자 엘리야가 그들에게 율법을 해설해 줌으로써 그렇게 되리라고 믿는다. 우리의 심판자이며 구주이신 분이 오시기 전에 엘리야가 오리라고 우리가 예상하는 데는 이유가 없지 않다. 그가 지금 살아있다고 우리는 믿을 만한 근거가 있다. 성경이 분명히 알려주듯이(왕하 2:11), 그는 불수레를 타고 금세를 떠나 올라갔다. 그러므로 그가 오면 유대인들이 지금 육적으로 해석하는 율법을 영적으로 해석해 가르치며, 그렇게 함으로써 "아비의 마음을 아들에게로 돌이키리라," 즉 아버지들의 마음을 그 자녀들에게로 돌이키리라고 한다.

70인역의 역자들은 자주 복수 대신에 단수를 쓰기 때문이다. 그리고 그 뜻은 아들들, 즉 유대인들이 아버지들, 즉 예언자들과 같이 율법을 이해할 것이며, 예언자 중에는 모세도 포함시켜서, 그 자신이 이해한 것과 같으리라는 것이다. 자녀들이 아버지들과 같이 율법을 해석할 때에 아버지들의 마음이 그 자녀들에게로 돌아설 것이며, 자녀들이 아버지들과 같은 느낌을 가질 때에 자녀들의 마음이 그 아버지들에게로 돌아설 것이다. 70인역에 "그리고 사람의 마음을 근친에게로 돌이키게 하리라"(말 4:6)는 표현이 있는 것은, 아버지들과 자녀들은 특별히 가까운 이웃이기 때문이다.

70인역의 역자들은 성경을 번역할 때에 예언을 염두에 두었으므로,[16] 그들의 이 표현에는 다른 뜻, 더 나은 뜻이 있을 수 있다. 즉 엘리야가 성부의 마음을 성자에게 돌이키게 하리라는 것이다. 그가 성자에 대한 성부의 이 사랑을 일으키리라는 것이 아니라 그가 이 사랑을 알리리라는 뜻이며, 유대인들도 그 때에 우리의 그리스도이신 성자를 사랑하리라는 것이다. 유대인들의 입장에서 보면, 하나님은 우리의 그리스도에게서 마음을 돌이켜 멀어지셨다는 것이 하나님과 그리스도에 대한 그들의 생각이다. 그러나 그들의 마음이 돌아서며 성자에 대한 성부의 사랑을 알게 되면, 그들의 경우에 성부의 마음이 성자에게로 돌이켰다고 할 것이다. 그 다음에 있는 "그리고 사람의 마음을 그 근친에게 돌이키게 하리라"라는 말씀 — 엘리야는 사람의

16) 18권 43장.

마음을 그 근친에게 돌이키게 하리라는 것 — 은 사람의 마음을 그리스도에게로 돌이키리라고 해석하는 것보다 더 나은 해석이 있을 수 있는가? 그리스도께서는 하나님의 형상으로서 우리의 하나님이시지만, 종의 형상을 취하사 우리의 근친이 되셨기 때문이다. 엘리야가 할 일은 이것이며, "그렇지 않으면 두렵건대 내가 와서 심히 그 땅을 칠까 하노라"(말 4:6)라고 한다. 땅의 일을 생각하는 사람들은 땅이기 때문이다. 지금까지 육적인 유대인들은 이러하며, 따라서 하나님께 대한 불평을 말한다: "악인들이 주께 기쁨이 된다"(말 2:17), "하나님을 섬기는 것이 헛되다"(말 3:14).

30. 구약성경에는 하나님이 세상을 심판하시리라는 말씀이 있으면서도, 그리스도를 명백히 가리키지 않지만 어떤 구절들에서는 그리스도를 의미한다고 하나님이 말씀하신다.

하나님의 최후 심판에 관한 구절이 성경에 달리도 많다. 참으로 너무 많아서 그것을 전부 인용한다면 이 책이 용납할 수 없을 정도로 길게 될 것이다. 그러므로 신구약 성경이 심판을 선언한다는 것을 증명한 것으로 만족하겠다. 그러나 그 심판을 그리스도가 집행하시리라는 것을, 즉 그리스도가 심판자로서 하늘로부터 내려 오시리라는 것을 구약은 신약만큼 확실히 말하지 않는다. 구약에서 주 하나님이나 예언자가 주 하나님이 오시리라고 언명할 때에, 우리는 반드시 그리스도가 오시리라고 해석할 수 없다.

성부와 성자와 성령을 모두 주 하나님이라고 부르기 때문이다. 그러나 우리는 이 점을 증명하지 않고 버려둘 수 없다. 그러므로 우리는 우선 예언서에서 예수 그리스도 자신이 말씀하시는 것을 의심할 수 없는 경우에, 어떻게 예수 그리스도께서 주 하나님이라는 이름으로 말씀하시는가를 밝혀야 한다. 그렇게 하면 주 하나님이 최후 심판에 오시리라고 하면서 그 뜻이 분명하지 않은 다른 구절들에서도, 예수 그리스도를 의미한다는 것을 이해할 수 있을 것이다.

내가 의미하는 점을 예시하는 구절이 예언자 이사야서에 하나 있다. 예언자를 시켜서 하나님이 말씀하신다. "야곱아 나의 부른 이스라엘아 나는 처음이요 또 영원하니라. 또 내 손이 땅의 기초를 놓았고 내 오른 손이 하늘을 정하였나니 내가 부르면 천지가 일제히 서며 다 모여 들으리라. 누가 이 일들을 그들에게 선포하였는고? 너를 사랑하여 내가 너의 뜻을 바빌론에 행하였나니 이는 갈대아인의 씨를 제거하려 함이라. 나 곧 내가 말하였고 또 내가 그를 부르며 그를 인도하였나니 그 길이 형통하리라. 너희는 내게 가까이 나아와 이 말을 들으라. 내가 처음부터 그것을 비밀히 말하지 아니하였나니, 그 말이 있을 때부터 내가 거기 있었노라 하셨느니라. 이제는 주 하나님과 그의 영이 나를 보내셨느니라"(사 48:12-16. 70인역).

여기서 주 하나님으로서 말씀하신 분은 그 자신이었다. 그러나 "이제는 주 하나님과 그의 영이 나를 보내셨느리라"고 첨가하시지 않았다면, 우리는 그가 예수 그리스도셨다는 것을 이해하지 못했을 것이다. 그는 종의 형상과 관련해서 이 말씀을 하셨고, 미래의 사건을 마치 과거사인 듯이 말씀하신 것이다. 같은 예언자가 "도수장으로 끌려가는 양 같았도다"라고 하며(사 53:7) "같으리라"고 하지 않는 것과 같다. 여기서 과거 시제는 미래를 말하기 위해서 쓴 것이다. 예언자들은 항상 이런 식으로 말한다.

스가랴서에도 전능자가 전능자를 보내셨다고 분명히 선언하는 구절이 있다. 이 분들은 성부 하나님과 성자 하나님이라고 해석할 수밖에 없지 않은가? 그 말씀은 이것이다. "전능하신 주께서 이같이 말씀하시되 영광이 있은 후에 너희를 노략한 열국으로 나를 보내셨나니 무릇 너희를 범하는 자는 그의 눈동자를 범하는 것이라. 보라 내가 손을 그들 위에 움직인즉 그들이 자기를 섬기던 자에게 노략거리가 되리니 너희가 전능하신 주께서 나를 보내신 줄 알리라"(슥 2:8-9. 70인역). 여기서 전능하신 주께서 그를 보내셨다고 전능하신 주께서 말씀하시는 것을 보라. 이것을 그리스도가 아닌 어느 다른 분의 말씀이라고 누가 감히 해석할 수 있겠는가?

여기서 그리스도는 이스라엘의 잃어진 양들에게 말씀하신다. 그리스도께서는 복음서에서 "나는 이스라엘 집의 잃어버린 양 외에는 다른 데로 보내심을 받지 아니하였노라"(마 15:24)고 말씀하셨고, 여기서 그들을 하나님의 눈동자와 비교해서 지극히 깊은 사랑을 의미하신다. 사도들도 이 양의 무리에 속했다. 그리고 여기 있는 영광은 부활의 영광을 의미하며, 복음서 기자도 부활이 있기 전에는 "예수께서 아직 영광을 받지 못하셨다"(요 7:39)고 한다.

그러나 그 영광이 있은 후에 그는 그의 사도들 안에서 열국에 파송되어, "주께서 나를 백성의 다툼에서 건지시고 열방의 으뜸을 삼으셨느니라"(시 18:43)고 한 시편의 말씀이 실현되었다. 그래서 이스라엘을 노략한 자들, 이스라엘이 정복을 당하여 섬기던 자들이, 같은 식으로 도리어 노략을 당할 것이 아니지만, 이스라엘에게 노략을 당하게 되었다. 이 일이 사도들에게 약속되었기 때문이다. 주께서 "내가 너희로 사람을 낚는 어부가 되게 하리라" 하셨고(마 4:19), 그 중 한 사람에게는 "이제 후로는 네가 사람을 사로잡으리라"고 하셨다(눅 5:10). 그러므로 열국은 좋은 의미에서 노략물이 될 터이었고, 강한 자를 먼저 결박하고 그에게서 세간을 빼앗는 것 같이 될 것이었다(마 12:29).

같은 예언자를 시켜 주께서 같은 모양으로 말씀하신다: "예루살렘을 치러 오는 열국을 그날에 내가 멸하기를 힘쓰리라. 내가 다윗의 집과 예루살렘 거민에게 은총과 긍휼의 심령를 부어주리니 그들이 모욕한 나를 바라보고 그를 위하여 애통하기를 사랑하는 자를 위하여 애통하듯 하며 그를 위하여 통곡하기를 독자를 위하여 통곡하듯 하리로다"(슥 12:9-10. 70인역). 거룩한 성 예루살렘을 "치러오는" 또는 어떤 번역에 있듯이 "습격하는," 즉 짓밟아 버릴 듯이 악의를 가진 모든 백성을 멸하는 것이나, 다윗의 집과 예루살렘 거민에게 은총과 긍휼의 영을 부어주는 것은 하나님 이외에 누가 할 수 있는가? 이것은 물론 하나님이 하시는 일이며, 예언자도 이 말씀을 하나님께로 돌린다. 그러나 그리스도께서 계속하시는 말씀, "그들이 모욕한 나를 보고 그를 위하여 애통하기를 사랑하는 자를 위하여 애통하듯 하며 그를 위하여 통곡하되 독자를 위하여 통곡하듯 하리라"는 말씀은 그가 이렇게 위대하고 거룩한 일들을 하는 하나님이심을 알린다.

그 날 유대인들은 — 적어도 은총과 긍휼의 영을 받은 유대인들은 — 그리스도가 존엄한 영광으로 오시는 것을 보고 그가 전에 겸비한 모습으로 오셨을 때에 그들이 즉 그들의 조상들이 모욕한 그 분이심을 알 때에, 고난 받는 그를 모욕한 것을 회개할 것이며 이런 엄청난 불경건을 범한 그들의 조상들 자신도 부활하여 그를 볼 것이다. 그러나 이것으로 그들은 시정되지 않고 벌을 받을 것이다. "내가 다윗의 집과 예루살렘 거민에게 은총과 긍휼의 영을 부어 주리니 그들이 모욕한 나를 보리라"고 한 말씀은 그들에 대한 것이라고 해석해서는 안 된다. 그렇지 않고 그들의 후손들에 관한 것, 엘리야를 통해서 그 때에 믿게 될 사람들에 관한 것으로 해석해야 한다.

그러나 그들의 조상이 한 일이지만, 우리가 그들을 향해서 "당신들이 그리스도를 죽였다"고 말하듯이, 어떤 의미에서는 그들도 조상이 한 일을 했다. 그러므로 은총과 긍휼의 영을 받아 믿게 된 사람들은 불경건한 조상들과 함께 정죄를 받지는 않겠지만, 마치 조상이 한 일을 자기들이 한듯이 애통할 것이다. 그들의 슬픔은 죄책감에서 오는 것이 아니라 경건한 사랑에서 올 것이다.

"그들이 모욕한 나를 바라보리라"고 한 70인역의 말씀은 히브리어로는 "그들이 찌른 나를 바라보리라"이다. 이 말씀은 확실히 십자가형을 더욱 분명히 가리킨다. 그러나 70인역은 그의 고난 전체에 포함된 모욕을 암시하는 편을 취했다. 사실 그들은 그를 모욕한 것이다. 그를 체포했을 때, 그를 결박했을 때, 그를 재판했을 때, 그에게 홍포를 입히고 그 앞에서 무릎을 꿇음으로써 희롱했을 때, 그에게 가시 면류관을 씌우고 갈대로 그의 머리를 쳤을 때, 그가 십자가를 지셨을 때, 그리고 드디어

나무에 달리셨을 때에 그들은 그를 모욕했다. 또 그러므로 우리는 "모욕했다"와 "찔렀다"의 어느 하나에 해석을 국한하지 않고, 둘을 결합해서 읽을 때에 주의 고난을 더 잘 알 수 있다.

그러므로 예언서에서 하나님이 종말에 심판하러 오시리라는 말씀을 읽을 때에, 심판에만 언급하고 의미를 결정할 다른 말씀이 없을지라도, 우리는 그리스도를 의미한다고 해석해야 한다. 성부께서 심판하시지만, 성자가 오심으로써 심판하시기 때문이다. 하나님이 친히 나타나게 임재하셔서는 "아무도 심판하지 아니하시고 심판을 다 아들에게 맡기셨다"(요 5:22). 성자께서 인간으로서 재판을 받으신 것 같이, 인간의 형상으로 심판하실 것이다.

그리스도의 몸의 조상인 야곱과 이스라엘의 이름을 쓰시면서 하나님이 이사야를 시켜 말씀하시는 것은 다름 아닌 성자를 가리키는 것이다. 그 말씀에 "야곱은 내가 붙드는 나의 종, 이스라엘은 내 마음에 기뻐하는 나의 택한 사람이라. 내가 나의 영을 그에게 주었은즉 그가 이방에 심판을 나타내리라. 그는 외치지 아니하며, 말하기를 그치지 아니하며, 그 소리를 바깥에 들리게 아니하며, 상한 갈대를 꺾지 아니하며, 등불을 끄지 아니하고, 진리로 심판을 나타낼 것이며, 그는 빛을 발하여 꺾이지 아니하며, 세상에 심판을 세우기에 이르리니 이방이 그 이름을 앙망하리라"(사 42:1-4. 70인역). 히브리 성경에는 "야곱"과 "이스라엘"이 없지만, 70인 역자들은 "나의 종"이라는 표현의 뜻을 밝히며, 지극히 높으신 이가 자기를 낮추신 그 종의 형상을(빌 2:7) 가리킨다는 것을 알리려고, 그 종의 형상의 조상이 된 사람의 이름을 넣은 것이다.

성령을 그에게 주셨고 또 복음서 기자가 증거하듯이, 성령을 비둘기 모양으로 나타내셨다(요 1:32). 그는 이방인들에게서 감춰졌던 심판을 예언하셨으므로 그들에게 심판을 나타내신 것이다. 온유하신 그는 외치지 않으며, 쉬지 않고 진리를 선언하셨다. 그러나 그의 음성은 밖에서는 들리지 않았고 지금도 들리지 않는다. 그의 몸(교회) 밖에 있는 사람들은 그에게 순종하지 않기 때문이다. 그를 핍박한 유대인들은 상한 갈대와 같이 성실성을 잃었고, 그을리는 등과 같이 빛이 꺼진 자들이었지만, 그는 그들을 꺾지 않았으며, 끄지도 않으셨다. 아직 심판하시지 않고 도리어 심판을 받으러 오셨기 때문에 그들을 용서해 주셨다.

그들이 악한 생활을 고집하면 벌을 받으리라고 선언하심으로써 진리로 심판을 나타내셨다. 그의 얼굴은 산상에서 빛났으며(마 17:1-2), 그의 이름은 세상에 빛났다. 그 자신이나 그의 교회를 박해가 말살하지 못했으므로, 그는 꺾이지 않으며, 패망하지 않으신다. 그러므로 "저가 어느 때에나 죽고, 그 이름이 언제나 멸망할꼬?"

(시 41:5)하는 원수들의 소원은 "그가 세상에 심판을 세우기에 이를"(사 42:4) 때까지 실현되지 않았고 또 실현되지 않을 것이다.

보라, 우리가 찾던 비밀이 발견되었다. 이것은 그가 하늘에서 오실 때에 지상에 세우실 심판, 즉 최후 심판이다. 또 우리는 이 예언의 결론인 "이방이 그 이름을 앙망하리라"(사 42:4. 70인역)는 표현이 그에게서 이미 실현된 것을 본다. 아무도 부정할 수 없는 이 실현을 보고 사람들은 용기를 얻어, 일부 사람들이 몰염치하게 부정하는 일을 믿게 된다. 아직도 그리스도를 믿지 않는 사람들까지도 우리 사이에서 실현된 것을 보며, 도저히 부정할 수 없어서 이를 갈며 소멸하는(시 112:10) 그 일을 누가 기대할 수 있었겠는가? 내가 말하는 것은, 누가 이방이 그리스도의 이름에 소망을 둘 수 있었겠느냐 하는 것이다. 그 때에 그리스도는 체포되며 결박되며 매를 맞으며 희롱을 받으며 십자가에 못박히셨고, 제자들까지도 그에게 걸기 시작했던 기대를 잃어버렸다. 그때에 십자가 상의 한 도적이 겨우 품었던 기대를 지금은 전 세계의 민족들이 품고 있으며, 그가 걸려 죽으신 십자가를 자기들의 표지로 삼아 영원히 죽지 않으려고 한다.

최후 심판을 예수 그리스도께서 성경에 예언된 모양으로 집행하시리라는 것을 아무도 부정하거나 의심하지 않는다. 예외는 괴상한 적의나 무지 때문에 성경을 믿지 않는 자들 뿐이지만, 성경의 진리는 전 세계에 입증되었다. 우리가 알게 된 바와 같이, 최후 심판 때와 그와 관련해서 있을 일들을 열거한다면, 디셉 사람 엘리야가 오며 유대인들이 믿으며 적그리스도가 박해하며 그리스도가 심판하시며 죽은 자들이 일어나며 선인과 악인들이 분리되며 세계가 불에 타서 갱신될 것이다. 이 모든 일이 있으리라고 우리는 믿는다. 그러나 어떤 모양으로 또 어떤 순서로 있을 것이냐 하는 것은 인간의 지성이 우리에게 완전히 가르쳐 줄 수 없고, 사건 자체들을 실제로 경험해야만 알 수 있을 것이다. 그러나 나의 소견으로는, 그 사건들은 내가 말한 순서대로 발생할 것이다.

내가 쓰기로 약속한 것을 하나님의 도움을 얻어 완결하려면, 아직 두 권을 더 써야 되겠다. 그 중 한 권은 악인들이 받을 벌을, 다른 한 권은 의인들의 행복을 설명할 것인데, 이 두 권에서 나는 하나님의 은혜로 특히 반대자들을 논박하려고 노력할 것이다. 그 불행한 인간들은 자기들의 이론으로 하나님의 약속과 경고를 논박하며, 믿음에 대한 가장 유익한 영양소인 성경 말씀들을 헛된 말이라고 조소할 수 있는 줄로 자신한다. 그러나 하나님이 하시는 일들을 배운 사람들은 하나님의 성실과 전능이야말로 가장 강력한 이론이라고 믿는다. 즉 사람에게는 믿지 못할 것같이 생각되는 일들이지만, 성경에 기록되어 있는 예언들을 변호하는 가장 유력한 논거가 된다. 성경의 진리는 이미 여러 가지 모양으로 증명되었다. 하나님의 일을 배운 자들은 하나님이 결코 거짓말을 하실 수 없다는 것과 불신자가 불가능하다고 생각하는 일을 하나님은 하실 수 있다는 것을 확신하기 때문이다.

제 21 권

개요: 마귀의 도시의 예정된 종말, 즉 정죄된 자들이 받을 영원한 벌; 그리고 여기에 대한 불신자들의 반대 의견에 대하여.

1. 논술의 순서. 먼저 멸망할 자들이 마귀와 함께 받을 영원한 벌을, 다음에 성도들의 영원한 행복을 논한다.

나는 하나님이 주시는 능력에 따라, 이 권에서 마귀와 그 부하들에게 배정된 벌을 더 자세히 설명하겠다. 산 자와 죽은 자의 심판자이신 우리 주 예수 그리스도로 말미암아, 하나님의 나라와 마귀의 나라가 종말에 이를 때에 마귀의 나라는 벌을 받을 것이다. 나는 먼저 마귀들의 벌에 대해서, 그 다음에 성도들의 행복에 대해서 말하기로 순서를 정했다. 몸은 이 두 가지 운명 중의 어느 하나를 겪겠기 때문이다. 또 몸은 아무 고통없이 영구한 복락 속에서 생존을 계속하리라고 하는 것보다, 영원히 고통을 받으리라고 하는 편이 더 믿기 어렵기 때문이다.

따라서 그런 벌은 믿지 못할 것이 아니라는 것을 내가 설명하면, 더 믿기 쉬운 문제인 모든 고통에서 구출된 성도들의 몸이 영생하리라는 것은 더욱 더 믿기 쉬울 것이다.

이 순서는 성경과도 조화된다. 성경에서는 어떤 때에는 선인의 행복을 먼저 말한다. 예컨대, "선한 일을 행한 자는 생명의 부활로, 악한 일을 행한 자는 심판의 부활로 나오리라"고 했다(요 5:29). 그러나 어떤 때에는 뒤에 둔다. 예컨대, "인자가 그 천사들을 보내리니 저희가 그의 나라에서 모든 넘어지게 하는 것을 거두어 내어 풀무 불에 던져 넣으리니 거기서 울며 이를 갊이 있으리라 그 때에 의인들은 아버지 나라에서 해와 같이 빛나리라"(마 13:41-43). 또 "저희는 영벌에, 의인들은 영생에 들어가리라"(마 25:46). 그리고 예를 들면 지루하겠으나, 예언서들도 상고하면 전후 순서가 일정하지 않음을 발견할 것이다. 내가 택한 순서에 대해서는 이미 이유를 말했다.

2. 몸은 타는 불 속에서 살아남을 수 있을까?

영혼과 생명을 가진 사람의 몸이 죽어서 썩지 않을 뿐 아니라, 영원한 불 속에서 고통을 오래 견디고 살아남으리라는 것을 믿지 않겠다고 하는 사람들을 나는 어떤 증거를 가지고 설득할 수 있겠는가? 그들은 우리가 이 일을 간단히 전능자의 권능에 돌리는 것을 용인하지 않고, 어떤 실례를 들어 설복하라고 요구한다. 어떤 동물은 죽으면서도, 즉 썩을 수 있으면서도 화염 속에서 살며, 손을 넣을 수 없을 만큼 뜨거운 온천에 있는 어떤 벌레는 다른 데서는 살 수 없다고 우리가 대답하면, 그들은 우리가 실례를 보여줄 수 없으면 이런 사실들을 믿지 않겠다고 하거나, 그렇지 않으면 우리가 보여주거나 기록된 충분한 증언으로 증명하면, 그들은 이런 사실들은 우리가 증명하려는 점의 실례가 될 수 없다고 여전히 의심한다.

이런 동물들은 영원히 사는 것이 아닐 뿐 아니라, 고열 중에 고통없이 살며, 불이 그들의 본성에 맞기 때문에 그 속에서 고통받지 않고 도리어 잘 사는 것이라고 한다. 마치 이런 어려운 환경에서 고통한다는 것보다 잘 산다는 것이 덜 믿기 어렵다는 식으로 말한다. 어떤 것이 불 속에서 고통하면서도 살아 있다는 것이 이상하지만, 불 속에서 살면서 고통을 받지 않는다는 것은 더욱 이상하다. 그런데 후자를 믿는 사람이 무슨 까닭에 전자도 믿지 않는가?

3. 몸이 고통을 당하면 반드시 죽게 되는가?

그러나 고통이 있으면서도 죽지 않는, 그런 몸은 없다고 그들은 말한다. 우리는 어떻게 이 일을 아는가? 귀신들은 몸에 고통을 느끼지 않는다고 누가 확신있는 말을 할 수 있는가? 그들은 심히 고통스럽다고 고백하지 않는가? 만일 고통이 있으면서도 죽을 수는 없다는 그런 지상적인 몸, 바꿔 말하면, 우리가 볼 수 있는 고체의 몸, 또는 한 마디로 육체는 없다고 대답한다면 이것은 사람들이 자기의 경험과 신체적 감각으로 안 것을 말할 뿐이 아닌가? 그들은 죽지 않는 육신을 만나 본 일이 없으며, 그들이 경험한 일이 없는 것은 전혀 불가능하다고 판단하는 것이 그들의 논법의 전부다. 고통으로 죽음을 증명하는 것을 우리는 추론이라고 부를 수 없으며, 참으로 고통은 도리어 생명의 표시가 아닌가?

고통받는 것이 영원히 살 수 있느냐 하는 것은 문제가 될 수 있지만, 확실히 고통받는 것은 모두 살아 있으며, 고통은 살아 있는 것에만 있을 수 있다. 그러므로 고통받는 사람은 필연적으로 살아 있지만, 고통이 필연적으로 사람을 죽이는 것은 아니다. 반드시 죽을 운명인 우리의 몸일지라도, 모든 고통이 이 몸을 죽이는 것이 아니다. 그리고 어떤 고통이 몸을 죽이는 것은 몸과 연결되어 있는 영혼이 큰 고통에 굴복해서 떠나기 때문이다. 우리의 급소들과 지체들은 연약하게 생겨서, 큰 고통이나 극심한 고통을 주는 충격에는 견딜 수 없다. 그러나 내세에서는 영육의 결합 방법이 달라서 시간이 흐르거나 고통을 받는다고 하여 영혼과 육신이 분리되는 일이 없다. 그래서 이 세상에서는 고통을 받아도 죽지는 않는 육신이 없는 것이 사실이지만, 내세에서는 지금 없는 종류의 육신이 있을 것이며 지금 없는 종류의 죽음도 있을 것이다. 즉 영혼은 하나님을 즐기면서 살 수도 없으며, 신체의 고통에서 도망할 수도 없을 것이므로, 죽음은 없어지지 않고 영원할 것이기 때문이다. 첫째 죽음은 원하지 않는 영혼을 몸에서 축출하고, 둘째 죽음은(계 20:14)[1] 원하지 않는 영혼을 몸 안에 가두어 둔다. 양자의 공통점은 원하지 않는 영혼이 자기 몸이 주는 고통을 받는다는 것이다.

또 반대론자들은 고통당하면서도 죽을 수는 없는 그런 육신이 이 세상에 없다는 것을 중요시하면서, 몸보다 위대한 것이 있다는 사실은 아주 무시한다. 몸 안에 있어서 몸을 살리며 지배하는 것은 영이며, 이 영은 고통스러워 하면서도 죽을 수는 없다. 고통을 느끼면서도 영원히 죽지 않는 것이 여기 있다. 그러므로 지금 우리가 모든 사람의 영에 있는 줄로 아는 이 능력이 내세에는 정죄된 자들의 몸에 있을 것이다.

그 뿐 아니라, 좀더 자세히 보면 신체적 고통이라고 부르는 것도 몸보다 영혼에 돌려야 한다. 고통당하는 것은 영혼이고 몸이 아니기 때문이다. 고통이 몸에서 시작될 때에도, 몸이 상처를 입는 그 곳에서 영혼이 고통을 느끼는 것이다. 그래서 몸이 감각을 느끼며 살고 있는 것은 영혼에서 오는 것인데, 우리는 몸이 느끼며 살아있다고 말한다. 그와 같이, 영혼을 떠나서는 몸은 고통을 전혀 느낄 수 없는데 우리는 몸이 고통스럽다고 말한다. 어떤 것이 몸을 상할 때에 영혼은 그 부분에서 몸과 함께 고통스러워 한다. 그리고 어떤 눈에 보이지 않는 것이 영혼을 괴롭힐 때에, 몸은 무사 태평한데도, 몸 안에 있는 영혼은 홀로 고통당한다. 몸과 연결되지 않았을 때에도 영혼은 고통스러워 한다. 부자가 지옥에서 "내가 이 불꽃 가운데서 고민하나이다"라고(눅 16:24) 외쳤을 때에, 그는 확실히 고통을 느낀 것이다. 그러나 생명이 없는 몸은 고통스러워 하지 않는다. 살아있는 몸도 영혼이 고통스러워 하기 때문에 고통을 느낄 뿐이다. 그러므로 만일 우리가 고통이 있으므로 죽음이 있다고 추정하는 것이 옳다면, 그리고 고통을 느낄 수 있는 곳에는 죽음이 있을 수 있다고 결론내

1) 첫째 죽음과 둘째 죽음에 대해서는 13권 2장과 21권 11장을 참조.

린다면, 고통은 몸보다 특히 영혼에 속한 것이므로 죽음도 몸보다 영혼의 속성이 될 것이다. 그러나 고통을 느끼는 영혼이 죽을 수 없으므로, 몸이 고통을 받는다고 하여 죽으리라고 주장하는 것은 어떤 근거가 있는가?

플라톤파가 이 지상적 신체와 죽어가는 지체들이 공포심과 욕망과 슬픔과 기쁨을 영혼에 준다고 주장한 것이 사실이다. 베르길리우스도 "거기서"(지상적 신체와 죽어가는 지체들에게서),

> "황당한 욕망과 비루한 공포심
> 그리고 인간적인 웃음과 인간적인 눈물이 생긴다."[2)]

그러나 본서 제12권에서[3)] 우리는 플라톤파 자체의 이론을 근거로, 영혼은 몸의 모든 오염을 깨끗이 씻어 버린 후에도, 이전 몸으로 돌아가려는 파멸적인 욕망을 가진다는 것을[4)] 지적했다. 그러나 욕망이 있을 수 있는 곳에는 확실히 고통도 있을 수 있다. 목적하는 바를 얻지 못하거나 얻은 것을 잃었을 때에 좌절된 욕망은 고통으로 변한다. 그러므로 영혼만이 고통을 받거나, 영혼이 주로 고통을 받으며, 그 영혼에는 특유한 영생이 있다면, 정죄된 자들의 몸이 고통을 받으리라고 해서 죽을 수 있으리라고 결론 내릴 수는 없다.

끝으로, 몸이 영혼에 고통을 일으킨다면, 무슨 까닭에 몸은 영혼의 고통뿐 아니라 죽음까지도 가져오지 않는가? 그것은 고통을 일으키는 것이 반드시 죽음도 일으키는 것은 아니기 때문이 아닌가? 또 그렇다면, 무슨 까닭에 불이 우리가 말하는 몸에 고통을 주면서 죽음은 주지 않으리라는 것을 믿을 수 없는가? 마치 몸이 영혼에 고통을 일으키면서도 죽음은 일으키지 않는 것과 같다. 그러므로 고통이 있다고 해서 반드시 죽음이 따르리라는 증명은 되지 않는다.

4. 살아 있는 몸이 고통 속에서도 살아남을 수 있다는 것을 증명하는 자연계의 실례들.

생물학자들이 기록한 것과 같이 불도마뱀은 불 속에서 살며,[5)] 시칠리아의 어떤

---

2) *Aen.*, 6, 733

3) 12권이 아니라 14권의 3장; 거기서 저자는 *Aen.*, 6, 730-734를 인용해서, 영혼에 대한 플라톤파의 생각을 예시한다. 플라톤의 생각은 *Phaed.*, 66B-E에, 플로티노스의 생각은 Plat., *Enn.*, 4, 8에 있다. 21권 13장도 참조.

4) *Aen.*, 6, 719-721(14권 5장에도 인용되었다.)

유명한 산들이 상고로부터 지금까지 계속 타고 있으면서도 여전히 산 모양이 완전한 것을 보면, 이 사실들은 불에 타는 것이 반드시 타서 없어지는 것이 아님을 넉넉히 믿게 하는 실례가 된다. 또 고통을 느낄 수 있는 것이 모두 죽을 수 있는 것이 아니라는 것을 영혼이 증명하므로, 무슨 까닭에 그들은 여전히 우리에게 요구하는가? 영벌을 받기로 정죄된 사람들의 몸이 불 속에서도 영혼을 잃어버리지 않으며, 불에 타더라도 상하지 않으며 고통을 받아도 소멸되지 않을 수 있다는 것을 실례를 들어 증명하라고 하는가? 우리가 보는 만물에 각종 놀라운 속성을 주셔서, 그 수효가 굉장히 많기 때문에 우리가 도리어 경탄하지 못할 정도가 되게 하신 분이 육신의 본질에 적합한 속성을 부여하시겠기 때문이다.

만물의 창조주이신 하나님 이외에 누가 공작의[6] 살에 살균성을 주었는가? 나는 이 이야기를 처음으로 들었을 때에 믿을 수 없다고 생각했다. 그러나 카르타고에서 공작 한 마리를 요리해서 내 앞에 내 놓았을 때에, 나는 그 가슴에서 적당히 한 점을 베어 저장하라고 명령했다. 다른 고기라면 악취가 나게 됐을 일수가 지났을 때에 그 고기점을 다시 가져다가 내 앞에 놓았는데, 악취가 전혀 없었다. 다시 30여일 동안 둔 후에도 마찬가지였고 1년 후에는 조금 말라서 줄어들었을 뿐이고, 변함이 없었다.

누가 왕겨에 얼리는 힘을 주었기에 눈을 그 밑에 두어도 그대로 보존하며, 누가 데우는 힘을 주었기에 푸른 과실을 익히는가?

그러나 불 자체의 이상한 속성들을 누가 설명할 수 있는가? 불은 그 태운 것을 모두 검게 만들면서 그 자체는 빛이 선명하다. 불 자체는 가장 아름다운 빛깔이지만, 불에 타거나 그을린 물건은 거의 모두 빛이 더럽게 되며, 시뻘겋게 타는 연료도 검은 찌꺼기로 변한다. 그러나 이것은 절대로 보편적인 법칙이 아니다. 도리어 반대로 훨훨 타오르는 불에서 돌을 구으면 돌도 환하게 되며 불은 불그스름한 데 돌은 희다. 그런데 흰 색은 광명과, 검은 색은 암흑과 상통한다. 불이 나무를 태워 돌을 횟가루로 만들 때에, 이 상반되는 결과는 재료가 상반되기 때문이 아니다. 나무와 돌은 다르지만, 흑백과 같이 서로 반대인 것은 아니다.

불의 작용은 같은데, 돌에서 나는 빛깔과 나무에서 나는 빛깔이 달라서, 한 쪽

---

5) 저자는 불 속에 산다는 동물에 자주 언급한다. 불도마뱀에 대해서는 12권 4장과 21권 4장을 참조. 아리스토텔레스는 이런 생물은 있을 수 없다고도 하고(*Generation of Animals* 2, 3, 757a); 불도마뱀 이야기를 하기도 했다. (*History of Animals* 5, 19, 552b). Plin., 11, 42, 119; 29, 33, 74-76.

6) 공작 고기에 대한 이야기는 저자의 독특한 공헌인 듯.

은 불빛과 같이 환하게 되고 다른 쪽은 검게 된다. 그리고 불은 나무를 연료로 하지 않으면 돌에 아무 영향을 주지 못한다. 목탄의 속성들은 또 얼마나 놀라운가? 숯은 부서지기 쉬워서 가볍게 눌러도 부서지며 조금 누르면 가루가 된다. 그러나 아주 강해서 습기에도 썩지 않고 시간이 오래 지나도 부서지는 법이 없다. 숯은 지구력이 강하기 때문에 경계표를 놓을 때에 밑에 숯을 뿌려 두는 것이 한 관례가 되어 있다. 오랜 세월이 지나서 경계표석이 없다는 이유로 소송을 일으키는 사람이 있으면, 밑에 있는 숯 때문에 죄를 뒤집어 쓸 수가 있다. 그러면 나무를 썩히는 습한 흙 속에 숯이 묻혀 있으면서도, 오랫동안 썩지 않을 수 있게 한 것은, 모든 것을 태워버리는 그 불이 아니고 무엇인가?

또 석회의 놀라운 속성들을 고려하라. 내가 지금까지 많이 말한 불은 다른 물건들을 검게 만드는 것인데, 석회는 불 속에서 희게 될 뿐만 아니라, 불을 그 속에 배고 있다는 신비한 속성이 있다. 석회에 손을 대어 보면 차게 느껴지는데 속에 불이 감춰어 있어서, 우리가 곧 감각할 수는 없지만 눈에 보이지 않으면서도 마치 자고 있는 것 같다는 것을 우리는 경험으로 알게 된다. 그래서 "생석회"(살아있는 석회)라고 부른다. 불이 눈에 보이지 않는 영혼과 같이, 눈에 보이는 물질인 물체를 살리고 있다는 뜻이다. 그러나 가장 놀라운 것은, 이 불은 끌 때에 일어난다는 사실이다. 숨어있는 불을 유리(遊離)시키려면 물로 적시든지 물을 붓는다. 보통은 물은 뜨거운 것을 식히는데, 석회에 부을 때에는 차던 석회가 뜨겁게 된다. 그리고 불이 석회를 떠나고 덩어리는 운명한다는 듯이, 불은 숨어있지 않고 나타난다.

그 다음에 죽어서 차게 된 석회 덩어리는 다시 살릴 수 없고 우리는 그것을 소화된(꺼진) 석회라고 부른다. 이보다 더 이상한 일이 있을 수 있는가? 그러나 더 놀라운 일이 있다. 석회에 물이 아니고 기름을 부으면, 불의 연료인 기름이 아무리 부어도 석회를 뜨겁게 만들지 못한다. 만일 우리가 실험할 수 없는 어떤 인도의 광물에 대해서 이런 이야기를 들었다면 우리는 곧 거짓말이라고 단언했을 것이며, 그렇지 않으면 확실히 매우 놀랐을 것이다. 그러나 우리는 일상 관찰할 수 있는 일은 경시한다. 놀랍지 않기 때문이 아니라 흔하기 때문이다. 그래서 먼 인도에서 나는 물건도 우리가 천천히 관상할 수 있게 되면, 그만 감탄을 멈추게 된다.

금강석을 가진 사람은 우리 사이에 많고 특히 보석상이나 보석공들이 가지고 있다. 이 돌은 아주 굳어서 쇠나 불로 가공할 수 없고, 염소피가[7] 아니면 아무 것으로도 가공할 수 없다고 한다. 그러나 금강석을 가지고 있어서 그 속성을 익히 아는 사

7) Plin., 20, 1; 28, 9; 37, 15, 59; Solinus, *Collectanea* (*ed.* Mommsen) 52, 56.

람들이 처음 보는 사람들만큼 감탄하는 줄로 생각하는가? 본 일이 없는 사람들은 이야기를 들어도, 믿지 않거나, 경험할 수 없는 것이라는 정도로 탄복할 것이다. 어쩌다가 보게 되면, 아직 익숙지 않기 때문에 경탄하지만, 자주 경험하면 탄복하지 않게 된다.

천연 자석에는 철을 끌어당기는 놀라운 힘이 있다는 것을 우리는 안다. 나는 천연 자석에 쇠로 만든 반지가 붙어 달려 있는 것을 본 것이 자석을 처음 본 것이었는데 깜짝 놀랐다. 다음에 그 반지를 다른 반지 곁에 놓았다가 들었더니, 자석의 속성을 옮겨받아 그것도 자석이 된 듯이, 처음 반지가 자석에 붙어 있던 것처럼 둘째 반지가 처음 반지에 붙어 있었다. 셋째 반지와 넷째 반지를 더해서 일종의 반지 사슬이 되고, 반지들의 테가 서로 걸린 것이 아니라 그 표면만이 서로 닿아서 연결되었다. 자석의 힘이 그 자체 속에 있을 뿐 아니라, 거기 달린 여러 반지에까지 옮겨져서 보이지 않는 고리들로 연결하는 것을 보고, 누가 놀라지 않을 것인가?

내가 이 돌에 대해서 나의 형제인 밀레비스(Milevis)의 세베루스(Severus) 감독에게서 들은 이야기는 훨씬 더 놀라운 것이었다. 아프리카의 총독을 지낸 바타나리우스(Bathanarius)와 함께 감독이 식사를 했을 때에, 바타나리우스가 자석을 철편을 놓은 은쟁반 밑에 들고, 자석을 움직이면 철편도 따라서 움직이더라고 했다. 사이에 있는 은그릇에는 아무 영향도 없었는데, 자석을 전후로 움직이면 아무리 속히 움직여도 위에 있은 철편도 끌려 다녔다고 한다.

나는 내가 목격한 것을 말했고, 내 눈같이 믿는 분이 한 이야기를 전했다. 다음에는 내가 이 자석에 대해서 읽은 이야기를 첨가하겠다. 금강석이 곁에 가까이 있을 때에 자석은 쇠를 들어 떨어뜨린다.[8] 이 자석은 인도에서 온다. 우리가 자석을 지금은 잘 알기 때문에 감탄하지 않는다면, 그것을 쉽게 얻어 우리에게 보내는 사람들은 얼마나 더 냉담할 것인가? 석회가 흔하기 때문에 우리가 아무렇지 않게 생각하는 것과 같이, 아마 거기서는 자석도 회만큼 가치가 없는 것으로 여길 것이다. 그러나 석회는 보통 불을 끄기 위해 쓰는 물을 부으면 열을 내고, 보통 연료로 쓰는 기름을 섞으면 여전히 차다는 이상한 속성이 있다.

5. 그 이유를 발견할 수 없어도 사실인 것이 매우 많다.[9]

---

8) 자석의 견인력에 대해서는 Plin., 20. 1; 금강석의 중립화 작용에 대해서는 Plin., 28. 9; 37, 15, 61; Solinus 52, 57을 참조.

하나님이 이미 하신 기적이나 앞으로 하실 기적, 그러나 우리가 사람들 눈에 보여줄 수 없는 기적들을 우리가 말하면, 회의론자들은 그 기적들을 합리적으로 설명하라고 요구한다. 그리고 인간의 이해력을 초월한 그 기적들을 우리가 설명할 수 없기 때문에, 그들은 우리가 거짓말을 한다고 생각한다. 그러므로 그들 편에서도 우리가 볼 수 있는, 또는 실지로 보는 여러 가지 기적들을 설명할 의무가 있다. 그리고 만일 사람으로서는 설명할 수 없다고 깨닫는다면, 그들은 합리적으로 설명할 수 없다고 해서 어떤 것이 있지 않았다든지 또는 있지 않으리라고 결론 내릴 수 없다는 것을 인정해야 한다. 현재 있는 것들도 설명할 수 없기 때문이다.

나는 서적들에 많이 기록된 이상한 일들을 모두 말하려는 것이 아니다. 이것들은 한 번 있고 없어진 것이 아니라, 어떤 곳에서는 항상 있으며, 뜻과 기회가 있는 사람은 그곳에 가서 사실인가를 확인할 수 있다. 나는 세상에서 말하는 몇 가지 기이한 일들만을 이제부터 이야기 하겠다. 시칠리아의 아그리겐툼(Agrigentum)에서 나는 소금은 불에 넣으면 물에 넣은 것처럼 유동체가 되고, 물에 넣으면 불에 넣은 것처럼 딱딱 소리가 난다.[10] 아프리카 오지의 가라만타이(Garamantae) 민족 사이에 있는 샘물은 낮에는 물이 차서 마실 수 없고, 밤에는 뜨거워서 손도 댈 수 없다. 에피루스(Epirus)에 있는 어떤 샘물도, 다른 샘물들과 같이 불을 켜놓은 횃불을 끄지만, 반대로 꺼진 횃불을 다시 켜는 것은 다른 샘물들과 다르다.[11] 아르카디아(Arcadia)에서 나는 돌은 한 번 불에 타기 시작하면 끌 수가 없기 때문에 Asbestos〔"끌 수 없음," 석면(石綿)〕라고 부른다.[12]

이집트에서 나는 어떤 무화과 나무의 목재는 물에 가라앉는데, 다른 목재와 달라서 물에 뜨지는 않는다. 더 이상한 것은, 물을 먹은 목재는 더 무거워진다는 것인데, 이 나무는 물 밑에 얼마동안 담그어 두면 다시 수면으로 떠오른다.[13] 소돔에서 나는 어떤 사과들은 익은 것같이 보이지만, 손이나 이를 대면 껍질이 터져서 먼지와 재가 되고 만다.[14] 시아에서 나는 황철광은 손을 꼭 대고 있으면 손을 덴다고 해서,

---

9) 이 장에서 언급하는 자료는 대개 Solinus에서 얻은 것. Solinus는 Plinius에서 얻어서, 간혹 손질했고, 아우구스티누스는 그대로 채용했다. 소돔의 사과 이야기만은 Solinus가 첨가했다.

10) Plin., 31, 41, 86; Solinus 5, 18.

11) Plin., 5, 5, 36; Solinus 29, 1. 에피루스의 샘물 이야기는 Plin., 2, 106, 228; Solinus 7, 2. 홰에 불을 붙이는 이야기는 7장과 주 23을 참조.

12) 아스베스토스는 불을 끌 수 없다는 것이 본래 뜻이었는데, 후에 불이 붙지 않는다는 뜻으로 변했다. 이 석면에 대한 이야기는 Plin., 37, 54, 146에 있다.

13) Plin., 13, 14, 57; Solinus 32, 34-35.

"불"(그리스어로 pyr)라는 말에서 온 "피리테"(pyrite)라는 이름이 있다.[15] 또 페르시아에서 나는 어떤 돌은 달[즉 그리스어로 selene]이 찼다가 이즈러지는 데 따라 그 내부의 광도가 가감된다고 해서, 셀레니테(Selenite, 아[亞]셀렌산염, 속명 투명석고[透明石膏])라고 부른다.[16] 카파도키아(Capadocia)에서는 암말들이 바람으로 새끼를 배고, 새끼들은 삼년밖에 살지 못한다.[17] 인도의 틸로스(Tylos)라는 섬은 거기 나는 나무들이 결코 잎이 떨어지지 않는다는 우수한 특색이 있다.[18]

이와 같은 무수한 놀라운 일들은 과거에 있었던 사건이 아니라, 그 지방에서는 항상 있으며, 그것들을 더 평론하는 것은 나의 주요 목적이 아니다. 그러나 성경을 믿지 않겠다는 회의가들은 이 일들을 합리적으로 설명할 수 있는지 시험해 보라. 그들이 성경을 믿지 않는 이유는, 내가 이야기한 것과 같은 믿지 못할 일들이 거기 있다는 것이기 때문이다. 예컨대 육신이 타면서도 없어지지 않으며, 고통을 받아도 죽지 않는다고 하는 것은 이성이 인정할 수 없다고 그들은 말한다. 기사(奇事)로 인정되는 모든 일에 대해서 그 이유를 능히 말할 수 있는 그들은 위대한 이론가들이라고 할 수 있으므로, 우리가 말한 몇 가지 기사들을 설명해 보라.

만일 그들이 이 일들이 존재한다는 것을 알지 못했다면, 그리고 이 일들이 어느 미래에 있으리라는 우리의 주장만을 들었다면, 그들은 지금 우리가 하는 말을 가지고는 믿지 않겠다고 하는 일보다 이 일들은 더 믿지 않을 것이다. 예컨대, 앞으로 살아있는 인체가 영원한 고통과 불 속에서도 죽지 않고 견디리라고 우리가 말하는 대신에, 내세에는 불 속에서는 물 속에서처럼 유동체가 되고, 물 속에서는 불 속에서와 같이 딱딱 소리를 내는 소금이 있으리라고 한다면, 그들 중의 누가 우리를 믿겠는가? 또는 공기가 찬 야간에는 손을 댈 수 없게 뜨겁고, 더운 주간에는 차서 마실 수 없는 샘물이 있다든지, 뜨거워서 손을 데게 만드는 돌, 그 한 부분에 불이 붙으면 그 불을 끌 수 없는 돌, 또는 내가 무수한 기사 중에서 몇 가지만 열거한 것을 그들 중의 누가 믿겠는가?

그러므로 이런 일들이 내세에 있으리라고 우리가 말할 때에, 우리의 회의가들이

---

14) Tac., *Hist.*, 3, 7; Joseph., *Bell. Jud.*, 4, 484; Solinus 35, 8. 지금도 이런 과실을 볼 수 있다고 한다(Mclintock and Strong, *Cyclipedia* I (1895), 325f).

15) Plin., 36, 10, 138; Solinus 37, 16.

16) Plin., 37, 67, 181; Solinus 37, 21.

17) Plin., 8, 67, 166; Solinus 23, 7. Solinus는 현재 그런 일이 포르투갈의 리스본에서 있었다고 함.

18) Plin., 12, 21, 38; Solinus 52, 49. Tylos는 현재 페르시아만에 있는 바레인섬(Bahrain).

대답하기를, "그 일들을 우리가 믿기를 원한다면, 그대들은 그 하나하나에 대해서 이유를 설명하라"고 한다면, 우리는 그렇게 할 수 없다고 고백할 것이다. 인간의 이해력은 연약해서 하나님이 역사하시는 이런 놀라운 일들을 이해할 수 없기 때문이다. 또 인간의 연약한 지성은 그 이유를 설명할 수 없을지라도, 전능자가 하시는 일에는 모두 이유가 있다는 것을 우리의 이성은 철저히 믿는다는 것을 우리는 고백할 것이다. 또 우리는 하나님의 의도가 무엇인지 확실치 않을 경우가 많지만 그가 의도하시는 일은 그에게 불가능한 것이 없다는 것을 확신한다고 고백할 것이다.

하나님이 장래 일을 말씀하실 때에, 그가 무력하시거나 거짓되시다고 믿을 수 없는 우리는 그의 말씀을 믿는다고 고백할 것이다. 그러나 자연 법칙과 반대되는 듯 하면서도 실지로 존재하며, 그 이유를 설명할 수 없는 일들에 대해서, 이유를 강요하는 이 회의가들은 어떻게 대답하는가? 만일 우리가 그 일들이 장차 있을 것이라고 말했다면, 앞으로 예정된 일이라고 우리가 말하는 일들에 대해서와 같이, 회의가들은 이유를 요구했을 것이다. 따라서 인간의 이성과 논리가 하나님이 하시는 이 일들을 설명하지 못할지라도, 현세에 있는 저 놀라운 일들을 존재하지 않는다고 할 수 없는 것과 같이, 우리가 예측하는 이 일들도 사람이 설명할 수 없어도 반드시 실현될 것이다.

6. 놀라운 일들이 모두 자연의 산물은 아니며, 인간의 재주나 마귀의 간계로 생긴 것도 있다.

여기서 그들은 아마 대답할 것이다: "이런 일들은 없다. 우리는 하나도 믿지 않는다. 이것들은 여행가들이 하는 이야기—황당한 이야기에 불과하다." 그리고 논증 비슷한 것을 첨가할는지 모른다. "그대들이 이런 이야기를 믿는다면, 같은 책들에 기록된 다른 이야기도 믿어야 한다. 베누스(Venus, 사랑의 여신)의 신전이 있다느니 또는 있었다느니 하며, 촛대를 공중에 달아놓고, 그 등은 불빛이 강렬해서 폭풍이 불거나 비가 내려도 꺼지지 않으며, 그래서 위에서 언급한 끌 수 없는 돌, 석면처럼 끌 수 없는 등이라고 한다."[19] 그들은 이렇게 말함으로써 우리를 궁지에 빠뜨리려고 할는지 모른다. 우리가 이것을 믿을 수 없다고 말하면, 다른 기록된 기사들도 사실이 아니라고 하는 것이 되겠고, 우리가 이것이 믿을 만하다고 인정한다면, 이교 신들을 인정하게 되겠기 때문이다.[20]

---

19) Plin., 2, 96, 210.
20) 18권 18장.

그러나 우리가 본서의 제18권에서 이미 말한 바와 같이, 우리는 세속 서적들에 있는 것을 모두 믿어야 한다고는 생각하지 않는다. 바로(Varro)의 말과 같이, 역사가들도 여러 가지 점에서 견해가 서로 다르며, 일부러 애써 그런다고 생각될 정도이기 때문이다. 그러나 이 서적들이 부정하지 않는 일들을 우리는 믿으며, 또 믿어야 한다고 말하기를 주저하지 않는다. 내세에 있을 기적들을 회의가들이 믿게 하려고, 우리가 열거한 자연의 항구적 기적들은 우리의 목적을 위해서는 완전히 충분하다. 우리는 스스로 관찰할 수 있으며, 그렇지 않으면 믿을 만한 증인들을 얻을 수 있다.

그뿐 아니라, 불이 꺼지지 않는 등이 있다는 베누스 신전도 우리를 난처함에 몰아넣는 것이 아니라. 도리어 우리의 주장에 유리한 분야를 열어준다. 이 끌 수 없는 등에 우리는 무수한 이적들을 첨가하기 때문이다. 이것은 사람이 하거나 마술, 즉 귀신들의 영향하에 있는 사람들이 하거나, 마귀들이 직접하는 것이다. 이런 기적들을 부정한다면 우리는 반드시 우리가 믿는 성경의 진리성도 부인하게 된다. 그러므로 등에는 어떤 기계나 사람의 고안으로 석면을 장치한 것이다. 경배자들을 놀라게 하기 위해서 마술로 그렇게 조절한 것이다. 또는 어떤 귀신이 베누스(비너스)라는 이름으로 눈이 부시게 나타나서, 이런 장관이 시작되었고 또 계속한 것이다.

그런데 귀신들은 그 취미에 맞는 것을 가져다주는 사람들이 모이는 신전에 마음이 쏠리고 그런 곳에서 산다. 귀신들은 동물과 달라서, 음식에 끌리는 것이 아니라, 영들과 같이 자기의 취미에 적합한 상징, 예컨대 여러 가지 돌, 나무, 풀, 동물, 노래, 의식 같은 것에 끌린다. 또 이런 선물을 제공하도록, 그들은 우선 교활하게 사람들을 유인한다. 그 마음에 비밀한 독을 불어 넣기도 하고, 다정한 모습으로 자기를 나타내서, 몇 사람을 제자로 만들어 많은 사람을 가르치게 하기도 한다. 우선 사람에게 가르쳐 주지 않고서는, 그들이 각각 무엇을 원하며, 무엇을 싫어하며, 무슨 이름으로 그들에게 기도하거나 그들을 억지로 오게 할 것인지를 사람들이 알 길이 없다.

그러나 무엇보다도 귀신들은 사람의 마음을 잡으며, 광명의 천사의 모습으로 나타나서 사람의 마음을 잡는 것을 제일 자랑스러워 한다. 그러므로 그들의 행위가 심히 많으며, 우리는 그것을 놀라운 일이라고 인정하는 동시에 피하도록 더욱 주의해야 한다. 그러나 바로 이런 짓들이 내가 지금 주장하는 점을 돕는다. 불결한 귀신들이 이런 놀라운 일을 한다면, 거룩한 천사들은 훨씬 더 위력이 있을 것이 아닌가! 그리고 천사들이 기적을 행할 수 있게 만드신 하나님은 얼마나 더욱 큰 힘을 가지셨을까!

사람의 기술이 하나님의 피조물들을 이용해서 기계라고 하는 놀라운 것을 많이 만들어 내기 때문에 이면을 모르는 사람은 어느 신이 하는 일이라고 생각한다. 예컨대 어떤 신전에서 두 자석을 하나는 천정에 두고 또 하나는 장판에 두어, 쇠로 만든 형상이 그 중간 공중에 떠 있었다. 위와 아래에 자석이 있다는 것을 모르는 사람은 어느 신의 힘이 여기에 나타났다고 생각했다.[21] 베누스 신전의 등은 석면을 교묘하게 이용한 것이라고, 우리는 이미 말했다. 또 성경에 박수와 술사라고 하는 마술사들의 도움으로 귀신들은 위력을 발휘할 수 있기 때문에, 고귀한 시인 베르길리우스도 어떤 매우 유능한 마술사를 호의를 가지고 묘사했다.

그 무녀의 주문은 원하는 대로 영혼들을 고치며,
다른 가슴들에서는 건강한 평안을 빼앗을 수 있다.
강물의 흐름을 멈추며
별들이 길을 돌이키며,
밤에 유령들을 불러 일으킨다.
땅이 발 밑에서 고함을 지르며,
산속의 물푸레 나무가 그 자리를 떠나
비탈을 내려가게 한다.[22]

이것이 사실이라면, 하나님은 얼마나 더 유능하실 것인가? 불신자들이 불가능하다고 생각하는 일들도 하나님의 능력으로는 쉬울 것이다. 돌과 그 밖의 모든 것에 능력을 주며, 사람들에게 재주를 주어 놀라운 모양으로 그 능력을 이용하게 만든 이는 하나님이시기 때문이다. 지상에 있는 어느 생물보다도 강력한 천성을 천사들에게 준 이는 하나님이시다. 그의 권능과 지혜는 놀라운 일들의 천체보다도 월등하며, 만물을 창조하실 때에 놀라웠던 것같이, 만물을 주관하실 때에도, 그 역사하시며 명령하시며 허락하시는 일에서 모두 놀랍다.

7. 기적을 믿는 궁극적인 근거는 창조주의 전능이다.

그러면, 무슨 까닭에 하나님은 죽은 자의 몸이 부활하며, 정죄된 자의 몸이 영원한 불에 타게 하실 수 없겠는가? 하늘과 땅과 공중과 수중에 있는 무수한 기적으로 우주에 가득히 채우신 하나님, 거기 가득한 모든 놀라운 일들보다 분명히 더 위대하고 감탄할 만한 기적인 우주 자체를 만드신 하나님이 아닌가? 그러나 우리가 토

21) Plin., 34, 14, 148.
22) Virg., *Aen.* 4, 487-491.

론하는 사람들로서 우주를 지은 하나님이 계시며, 그를 대신해서 우주의 법을 시행하는 신들이 — 하나님이 지은 신들이 — 있다는 것을 믿는 사람들, 바꿔 말하면, 놀라운 결과를 나타내는 능력을 가진 존재들이 있다는 것을 부정하지 않거나, 더욱 적극적으로 주장하는 반대론자들이 있다. 그리고 그런 존재들은 혹은 자진해서, 혹은 의식이나 기도로 사람들이 원하기 때문에, 혹은 어떤 마술을 써서 기적을 행한다고 한다.

그러나 그 반대론자들 앞에 이성이 있는 동물이나 영이 아니고 우리가 방금 열거한 것과 같은 물질적인 것들에 놀라운 속성이 있다는 것을 제시하면, 그들은 상투적으로 대답한다. "그것은 그것들에게 자연히 있는 속성이며, 그것들의 본성이며, 자연의 힘이다." 그래서 아그리겐툼의 소금이 불 속에서 녹고 물 속에서 딱딱 소리를 내는 것은 전적으로 그 이유가 그것의 본성이라는 데 있게 된다. 그러나 이 현상은 자연과 반대인 것 같다. 소금을 녹이는 힘을 자연은 불이 아니라 물에 주었고, 소금을 태우는 힘은 물이 아니라 불에 주었다. 그러나 그들은 이 소금에게는 이렇게 반대 효과를 나타내는 것이 그 자연적 속성이라고 대답한다.

가라만타이 산중의 샘물은 한 줄기인데 낮에는 차고 밤에는 뜨거워서 어느 쪽도 손을 댈 수 없다는 것에 대해서도 같은 이유를 말한다. 저 다른 샘물이 차게 느껴져서 다른 샘물들 같이 타는 횃불을 끄면서도, 놀랍게도 다른 샘물들과 달라서 꺼진 홰에 불을 붙이는 것도 같은 식으로 설명한다. 석면 자체에는 열이 없는데, 한 번 불을 붙이면 끌 수 없는 것도 마찬가지라고 한다. 지루할까봐 더 열거하지 않는 다른 예들도 자연과 반대되는 듯한 비상한 속성이 있음에도 불구하고, 그것이 그 자연 또는 본성이라는 이유를 말할 뿐이다.

참으로 간단한 이유며, 만족스러운 대답이라고 나는 인정한다. 그러나 하나님이 모든 자연(본성)을 만드신 분인데, 우리의 반대론자들은 우리가 주장하는 것을 불가능하다는 이유로 믿지 않을 때에, 무슨 까닭에 그들의 설명보다 더 나은 우리의 설명을 받아들이기를 원하지 않는 것인가? 우리는 전능하신 하나님의 뜻을 그 근거라고 설명한다. 참으로 그를 전능하시다고 하는 것은 단순히 그 원하시는 모든 일을 행하실 수 있기 때문이다. 그는 놀라운 일을 많이 창조하셨다. 그 중에는 사람들이 모르는 것도 있지만, 내가 밝힌 것과 같이 아주 잘 확인된 것들도 있다. 이것들은 우리가 직접 관찰하지 않았거나, 믿을 만한 최근의 목격자들이 보고하지 않았다면, 확실히 불가능하다고 선언되었을 것이다. 우리가 읽은 책들의 저자들은 하나님의 가르침을 받고 쓴 것이 아니므로, 따라서 인간적인 과오를 범했을 수 있으므로 그들 외에 다른 증인이 없는 기적들에 대해서는 믿지 않는 사람을 우리는 비난할 수 없다.

내 자신은 내가 열거한 기적들의 전부를 사람들이 경솔하게 믿는 것을 원하지 않는다. 내 자신이 관찰한 것과 누구든지 쉽게 확인할 수 있는 것을 제외하고는, 나도 덮어놓고 믿는 것이 아니다. 내가 믿는 것은 예컨대, 물에 뜨거워지고 기름에 식는 생석회, 보이지 않는 신비적인 견인력으로 철편을 끌어 당기면서 짚에는 아무 영향을 주지 않는 자석, 플라톤의 육신도 면하지 못한 부패를 정복하는 공작의 살점, 눈이 녹지 못하게 할 만큼 차면서도 사과를 익게 만드는 열을 가진 왕겨, 훨훨 불이 붙어 환히 비칠 때에는 그 속에 던진 돌을 구워 희게 만들지만, 그 태우는 것들의 대부분을 검게 만드는 불(아무리 순수한 기름도 그 묻은 자리가 검게 되며, 백은으로 그어 놓은 선이 검게 되는 것 같다), 불의 작용으로 재료가 완전히 변한 숯 — 그래서 아름다운 목재가 보기싫게 되며, 강인하던 것이 취약하게 되며, 썩기 쉬운 것이 썩지 않게 된다.

이 중의 어떤 것은 나뿐 아니라 아는 사람이 많으며, 또 어떤 것은 모든 사람이 안다. 이 외에도 내가 여기에 기록하지 않는 것이 많다. 내가 직접 보지 못하고 책에서만 읽은 것 중에는 사실임을 확인할 수 있을 믿을 만한 증인을 얻지 못한 것들이 있다. 다만 횃불을 끄면서도 꺼진 홰에 불을 붙이는 샘물과, 익은 것 같으면서 속에 먼지가 가득한 소돔의 사과는 예외다. 에피루스의 샘물을 보았노라는 사람을 나는 만난 일이 없지만, 갈리아의 그레노블(프랑스의 동남부) 부근에 비슷한 샘물이 있는 것을 안다는 사람들을 만났다.[23] 소돔의 사과는 믿을 만한 책들에 있을 뿐 아니라 보았다는 사람이 많기 때문에 나는 그 사실을 의심할 수 없다.

나머지 기사들에 대해서는 나는 확고한 긍정도 하지 않고 부정도 하지 않으면서도 단순히 받아들인다. 그리고 내가 그것들을 열거한 것은 반대론자들이 인정하는 저자들의 책에서 읽었기 때문이다. 또 그들의 문사들의 저서에 기록되어 있기 때문에, 합리적인 설명을 받지 못하면서도 그 일들을 믿는 사람이 그들 사이에 많다는 것을 증명하려고 했기 때문이다. 그런데 전능하신 하나님이 그들의 경험과 관찰을 초월한 일을 하시리라고 우리가 주장하면, 그들은 냉소하고 믿지 않는다. 우리가 하나님의 하시는 일에 대해서 이유를 말해도 그들은 믿지 않는다. 이런 일들에 대해서, 전능자가 이 일들을 능히 하실 수 있으며 또 실현하시리라고 할 때에, 하나님이 성경에서 예언하신 다른 많은 일들이 이미 명백히 실현되었고, 그 성경에 이 일들도

---

23) 지금도 Grenoble 부근 Saint-Barthellmy du Gua(Isere)에 이런 샘이 있다고 한다. 천연 가스가 분출하는 것. H. I. Marrou, *Saint Augutin et la Fin De la Culture Antigus*, 145, 주 4를 참조.

예언하셨기 때문이라고 하는 것보다 더 훌륭하고 더 강력한 어떤 이유를 말할 수 있겠는가? 불가능하다고 생각되는 일들은 하나님이 미리 말씀하셨으므로, 그 약속대로 하나님의 권능으로 성취될 것이다. 하나님은 의심하는 백성들이 믿을 수 없는 기적을 믿게 하시려고, 미리 말씀하시고 또 실현하셨다.

8. 우리가 잘 아는 물건의 속성이 갑자기 변하더라도, 그것은 자연에 반대되지 않는다.

인간의 몸들이 항상 불에 타면서도 결코 죽지 않으리라고 우리가 말할 때에 그들은 믿지 않으며, 그 믿지 않는 이유로서 인간의 몸은 전혀 다르게 생겼다고 대답한다. 인간의 몸에 관한 이 기적에 대해서는 자연 기적들에 타당한 이유를 이유로써 말할 수 없다고 그들은 대답한다. "이것이 자연적으로 있는 힘이며, 그 물건들의 자연 또는 본성이라"고 우리가 말하는 것을 인정하면서도, 인간의 육신은 본성이 그렇지 않다고 한다. 그러나 그들의 대답에 대한 우리의 대답은 성경에 있다. 즉 인간의 육신은 죄가 있기 전과 죄가 있은 후에 구조가 서로 다르며, 죄가 있기 전에는 죽을 수 없게 생겼고, 죄가 생긴 후에는 지금 우리가 보는 바와 같이, 죽을 운명의 비참한 상태이며, 영구히 생명을 간직할 수 없다. 그래서 죽은 자들이 부활할 때에는 그 몸이 현재 잘 알려진 상태와는 다르게 될 것이다. 그러나 그들은 우리의 성경을 믿지 않는다. 거기서 우리는 사람의 본성이 낙원에서 어떠했으며, 필연적인 죽음에서 얼마나 먼 것이었는가를 읽을 수 있다.

참으로 그들이 성경을 믿는다면, 정죄받은 자들이 받을 미래의 벌에 대해서 우리는 그들과 어려운 토론을 하지 않을 것이다. 그러나 그들은 성경을 믿지 않으므로, 우리는 그들이 쓴 글에서 예를 들어, 무엇이든지 그 고정된 본성이라고 알려졌던 것과 다르게 될 수 있다는 것을 증명하겠다. 마르쿠스 바로의 「로마 민족사」라는 제목이 붙은 저서에서 다음 예를 인용하겠다:

> "하늘에 비상한 이변이 있었다. 플라우투스가 베스페루고(Vesperugo)라고 부르고, 호메로스가 귀여운 헤스페루스라고[24] 부르는 찬란한 별 베누스(금성)에 아주 이상한 징조가 나타나서, 그 빛과 크기와 형태와 궤도가 변하여 전무후무한 것이 되었다고 카스토르가[25] 기록했다. 유명한 수학자인 키지코스의 아드라스토스와 나폴리의 디온은 이 일이 오기구스의[26] 치세에 있었다고 한다."

---

24) Plaut., *Amph.*, 1, 1, 119; Hom., Od., 22, 318.

자연과 반대되는 것 같지 않았다면, 바로만큼 위대한 학자가 이변이라고 부르지 않았을 것이다. 우리는 모든 이변을 자연과 반대된다고 말하지만 그런 것이 아니다. 위대한 창조주의 뜻이야말로 그가 창조하신 모든 물건의 자연적 본성인데, 그 하나님의 뜻에 따라 발생하는 일이 어떻게 자연과 반대될 것인가? 그러므로 이변이 발생할 때에, 자연과 반대인 것이 아니라 우리가 자연인 줄로 안 것과 반대인 것이다. 그러나 세속 역사서에 기록된 이변의 많은 수효를 누가 능히 말할 수 있는가? 그러므로 우리는 당면 문제에 관해서 이 한 가지 예만을 주목하겠다.

천지의 창조주가 정하신 것 중에서 별들의 궤도와 같이 정확하게 정해져 있는 것은 무엇인가? 그렇게 확고 불변한 법칙에 따라 설정된 것은 무엇인가? 그러나 자기의 모든 피조물을 자기의 최고 주권과 권능으로 주관하시는 분이 원하셨을 때에, 별들 중에서 크기와 광도가 특히 현저한 것이 그 빛과 크기와 형태와, 그리고 가장 놀라운 것은 그 정해진 정규의 진로를 바꾼 것이다! 당시에 천문학자들에게 어떤 규준이 있어서, 그것으로 별들의 과거와 미래의 운동을 틀림없이 계산하며 기록했다면, 이 현상은 확실히 그 규준에 혼란을 일으켰을 것이다. 그래서 그들은 금성에 나타난 이 현상은 그 이전에나 그 이후에 없었던 것이라고 주장했다. 그러나 성경을 보면, 태양까지도 정지한 때가 있었다. 그것은 거룩한 사람인, 눈의 아들 여호수아가 그가 시작한 싸움이 승리로 끝날 때까지 해가 넘어가지 말게 해 달라고 하나님에게 기도한 때였다(수 10:13). 또 히스기야왕의 수명을 15년 연장해 주시겠다는 하나님의 약속을 더 확인하는 의미에서 태양이 뒤로 가는 이변이 있었다고 한다(사 38:8).

그러나 거룩한 분들의 공적에 대하여 주신 이 기적들을 이교도들이 사실이라고 인정할 때에도 그들은 그것을 마술에 돌린다. 내가 위에서 인용한 베르길리우스의 시구에서도,

> "강물의 흐름을 멈추며
> 별들의 길을 돌이킨다"[27]

는 것을 마술의 힘에 돌린다. 성경에도 강물이 위에서는 멈추고 그 하류는 그대로

---

25) 카스토르는 기원전 1세기에 있었던 문법 학자이며 연대기의 저자. 유세비우스가 자주 언급했음.

26) 18권 8장.

27) *Aen.*, 4, 487.

흘러갔다는 기사가 있다. 그것은 위에서 말한 눈의 아들 여호수아의 지도하에 백성들의 강을 건넌 때였다(수 3:16). 그리고 엘리야가 건널 때와, 그의 제자 엘리사가 건널 때에도 그런 일이 있었다(왕하 2:8, 14). 또 우리는 히스기야왕의 경우에는 가장 큰 별이 길을 돌이켰다는 말을 방금 했다. 그러나 금성에서 있었다는 일을 바로는 어느 사람의 기도에 대한 응답이었다고 하지 않았다.

그러면 우리의 논적들은 사물의 자연적 본성을 아는 문제에서, 자기들의 인간적 경험이 알려준 것 외에는 하나님의 권능이 아무 일도 나타내지 못하리라는 듯이, 정신적 안개 속에 숨지 말아야 한다. 드문 것에만 감탄하는 버릇을 버린다면, 자연스러운 것으로 가장 흔히 알려진 것도 보는 사람들에게 희귀한 것에 못하지 않은 경이감을 일으킬 것이다. 무수히 많은 사람들과 그 유사점을 신중하게 관찰한다면, 각 사람의 외모에 나타난 개성을 보고 누가 놀라며 감탄하지 않을 수 있는가? 그런 관찰에서 우리는 생각하게 될 것이다. 사람들이 서로 같지 않다면 다른 동물과 구별할 수 없을 것이며, 또한 서로 다르지 않다면 서로를 구별할 수 없으리라고. 그래서 우리가 서로 같다고 말하는 사람들이 또한 서로 다른 것이다. 그리고 그 다르다는 것이 더 놀라운 관점이다. 공통된 본성에는 유사성이 필요하기 때문이다. 그러나 희귀한 것도 경이감을 일으키기 때문에, 우리는 용모가 서로 같은 두 사람을 알게 되어 그들을 구별해 보려고 하다가, 항상 또는 자주 실패하게 되면, 우리는 훨씬 더 놀란다.

그러나 비록 바로가 이교도요 대단히 유식한 역사가지만, 우리의 반대론자들은 내가 그에게서 인용한 사건이 참으로 발생했다고 믿지 않을는지 모른다. 혹은 그 별은 그 새로운 궤도에 오래 계속한 것이 아니고 그 통상 궤도로 돌아갔으므로, 예증으로써 박약하다고 할는지 모른다. 그러면 현재 그들이 관찰할 수 있는 다른 예가 있다. 그들이 어떤 자연법칙을 관찰하며 확인했다 하더라도, 그렇다고 해서 하나님이 그것을 바꾸어서 그들이 관찰한 것과 아주 다른 것으로 만드실 수 없다는 듯이, 하나님께 지시해서는 안된다는 것을 이 현상에서 충분히 깨닫게 되리라고 나는 생각한다.

소돔땅은 언제나 지금과 같았던 것이 아니다. 옛적에는 그 외양이 다른 땅들과 같았고 적어도 같은 정도로 비옥했다. 성경에서는 그 곳을 하나님의 낙원과 비교했다(창 13:10). 그러나 한번 하늘에서 불이 내려와 파괴된 후에는, 이교도들의 역사서도 증거하며,[28] 그곳을 지금 방문하는 사람들도 증언하는 것과 같이, 그 곳은 보기

---

28) 참조. Tac., *Hist.*, 5,7.

에 무서울 정도로 부자연스럽게 거무죽죽하며, 보기에는 익은 것 같은 사과들이 속에는 재가 들어 있다고 한다. 이것은 종류가 변해 버린 일례이다. 모든 자연적 본성을 창조하신 분이 그 땅의 본성을 놀랍게 변화시켜서 심히 보기 싫은 다른 것으로 만드신 것이다. 오랜 후에 있은 변천이요, 오랜 후인 지금도 계속하는 변천이다.

그러므로 하나님은 이런 자연적 본성들을 마음대로 창조하시는 것이 불가능하지 않은 것과 같이, 자기가 창조하신 본성들을 마음대로 변경하시는 것도 불가능하지 않다. 그래서 기괴함, 표적, 징조, 이변 등등의 놀라운 것을 무수히 퍼뜨리신다. 그것들을 내가 열거하며 기록하기로 한다면, 이 책은 언제 끝날 것인가? 그것들을 〔라틴어로〕 "monstra"(기괴), "ostenta"(표적), "portenta"(징조), "prodigia"(이변)이라고 하는 것은 각각 어떤 것을 "demonstrare"(보여주며), "ostendere"(전시)하며, "portendere(앞에 즉 미리 보여주며), "porrodicere"(미리 말하기) 때문이라고, 그들은 설명한다. 그러나 표적들을 해석한다는 그들의 점쟁이들은 자기들이 가끔 속는다는 것, 또는 그 예언이 맞을 때에도 그것은 영들의 감화를 받았기 때문이라는 것을 깨달아야 한다. 영들은 (그런 벌이 합당한) 사람들의 마음을 해로운 호기심의 그물에 걸어잡으려고 애쓴다. 또는 점쟁이들이 알아맞히는 일이 있더라도, 그것은 예언을 함부로 많이 하기 때문이라는 것을 알아야 한다.

사도 바울이 인간적인 화법에 따라, 돌감람나무를 참감람나무에 접붙여 그 진액을 함께 받게 하는 것은 본성을 거스르는 일이라고 하는 것과 같이(롬 11:24), 우리도 본성을 거스려 생기는 이 일들, 본성을 거스른다고 그들이 말하는 이 일들, 기괴함, 표적, 징조, 이변이라고 하는 이 일들은, 하나님이 사람의 몸에 관해서 예언하신 일을 실현하시려는 것을 보여주며, 전시하며, 미리 보여주며, 미리 말하는 것이라고 생각한다. 하나님을 방해하는 어려움이나 그를 제한하는 자연 법칙은 전혀 없기 때문이다. 하나님이 어떻게 그 예언하신 바를 행하실까 하는 것을 나는 신구약 성경을 근거로 이미 앞에서 충분히 밝혔다. 이 일에 관련된 구절을 모두 발췌한 것이 아니라, 이 저서를 위해서 충분하다고 생각되는 것들만을 인용했다.

9. 지옥 그리고 영벌의 성격에 대하여.

하나님이 예언자를 시켜, 정죄된 자들의 영벌에 대해서 하신 말씀은 틀림없이 실현될 것이다. "그 벌레가 죽지 아니하며 그 불이 꺼지지 아니하리라"(사 66:24)는 것이 그 말씀이었다. 주 예수 그리스도께서도 사람을 넘어지게 만드는 지체, 즉 우리가 오른 손이나 발과 같이 사랑하는 사람들을 잘라 버리라고 말씀하셨을 때에,

이 말씀을 우리의 머리 속에 가장 깊이 새겨 넣으시기 위해서, “불구자로 영생에 들어가는 것이 두 손을 가지고 지옥의 꺼지지 않는 불에 들어가는 것보다 나으니라. 거기는 구더기도 죽지 않고 불도 꺼지지 아니하느니라”(막 9:43, 48)고 하셨다.

발에 대해서도 같은 말씀을 하셨다. “절름발이로 영생에 들어가는 것이 두 발을 가지고 지옥 꺼지지 않는 불에 던지우는 것보다 나으니라. 거기는 구더기도 죽지 않고 불도 꺼지지 아니하느니라”(막 9:45-46). 눈에 대해서도, “한 눈으로 하나님의 나라에 들어가는 것이 두 눈을 가지고 지옥불에 던지우는 것보다 나으니라. 거기는 구더기도 죽지 않고 불도 꺼지지 아니하느니라”(막 9:47-48). 주께서는 한 구절에서 같은 말씀을 세 번하시는 것을 주저하지 않으셨다. 이렇게 주께서 친히 반복하시는 것을 듣고도, 또 이렇게 역설하신 영벌의 위험성을 듣고도 떨지 않을 사람이 있겠는가?

그런데 불과 벌레는 몸이 아니라 영에 관한 것이라고 하는 사람들은, 하나님 나라에서 분리된 악인들의 영이 불에 타리라, 즉 때가 늦었고 효과도 없는 후회 때문에 고민하리라고 주장한다. 그러므로 불이 붙은 듯한 이 고민을 표현하기 위해서 불이라는 말을 쓰는 것은 부당하지 않다고 하면서 사도의, “누가 실족하게 되면 내가 타지 않더냐”(고후 11:29)라는 말씀을 인용한다. 벌레도 같은 식으로 해석해야 된다고 그들은 생각한다. “좀이 옷을 먹으며 벌레가 나무를 먹는 것같이, 슬픔이 사람의 심장을 먹으리라”는 말씀이 있다고 한다(잠 25:20, 70인역). 그러나 내세에 몸과 영혼이 다 벌을 받으리라고 확신하는 사람들은, 몸이 불에 타고 이를테면 영혼이 고민의 벌레에 먹히리라고 주장한다.

몸이나 영혼의 어느 한 쪽은 내세의 벌을 면하리라고 하는 것은 어리석은 생각이므로, 양쪽이 다 벌을 받는다는 생각이 더 합리적이지만, 나는 불과 벌레는 다 몸에 관련된 것이 아니라는 생각보다, 둘이 다 몸에 관한 것이라고 하는 것이 더 이해하기 쉽다고 생각한다. 그리고 정죄된 자들의 영적 고통에 대해서 성경이 침묵을 지키는 것은, 몸이 이렇게 고통을 받을 때에, 소용없는 후회를 하는 영혼도 고통을 받는다는 것은 말하지 않더라도 필연적으로 추측되기 때문이라고 생각한다. 옛 문서를 보면 “불경건한 자의 육신이 받는 벌은 불과 벌레라”고 했다(집회서 7:17, 불가타역). 간단히 “불경건한 자가 받을 벌”이라고 할 수 있었을 것이다. 그런데 무슨 까닭에 “불경건한 자의 육신”이라고 했는가? 불과 벌레는 육신이 받을 벌이기 때문이 아닌가? 혹은 “육신이 받을 벌”이라고 쓴 것은 육신을 따라 사는 사람들이 받을 벌이라는 뜻인가? 사도가 “육신대로 살면 반드시 죽으리라”(롬 8:13) 한 뜻은 둘째 죽음으로 간다는 것이었다. 그렇다면, 각각 자기가 원하는 해석을 취할 것이다. 불은 몸에 관련시키고 벌레는 영혼에 관련시키며, 한 쪽은 문자대로, 또 한 쪽은 비유적으로 해석하는 것이 한 가지 선택이다. 그렇지 않으면, 양쪽을 다 몸과 관련시켜서 사실로 해석하는 것이다.

동물이 불 속에서 타면서도 타버리지 않고, 고통스러워하면서도 죽지 않을 수 있다는 것을 나는 이미 충분히 입증했다. 이것은 전능하신 창조주의 놀라운 권능으로 하시는 일이다. 자연에 있는 모든 놀라운 일을 누가 지었는가를 모르지 않는 사람이라면, 창조주가 능히 그런 기적을 행하실 수 있다는 것을 부정하지 않을 것이다. 내가 이미 말한 크고 작은 모든 기적들과 내가 생략한 지극히 많은 기적들을 행하시고, 그 자체가 최대의 기적인 이 우주에 그 기적들을 넣어두신 이는 창조주 자신이시다. 우리는 각각 원하는 대로 선택할 것이다. 벌레는 실제로 있으며 몸에 관련된 것이라고 하든지, 그렇지 않으면 영적인 것을 물체로 표현해서 영혼에 관련시킨 것이라고 할 것이다. 이 중에서 어느 편이 옳은지는 성도들이 실제로 보아서 더 쉽게 발견하는 날이 올 것이다. 그 때에 이런 벌레들이 어떤 것인지를 성도들은 체험하지 않고도 알 것이며, 그들은 완전히 지식을 얻어 이 문제도 충분히 알게 될 것이다. 온전한 것이 올 때까지, 우리는 지금 부분적으로 알기 때문이다(고전 13:9-10). 다만 우리는 결코 저 몸들이 불로 고통을 받지 않으리라고 믿어서는 안 된다.

10. 지옥의 불이 물질적인 것이라면, 비물질적인 악령들인 귀신들을 태울 수 있을까?

여기서 의문이 생긴다. 만일 그 불이 영혼의 고통과 같이 비물질적인 것이 아니고 물질적인 것이며, 접촉함으로써 태우는 것이라면, 그래서 몸이 불 속에서 괴로움을 당하는 것이라면, 어떻게 악한 영들이 불에 고통을 받을 수 있는가? 사람과 마귀들을 벌하는 데 사용되는 것은 동일한 불이기 때문이다. 그리스도의 말씀에 "저주를 받은 자들아 나를 떠나 마귀와 그 천사들을 위하여 예비된 영영한 불에 들어가라" (마 25:41)하셨다. 학자들이 생각했듯이, 마귀들의 몸은 바람이 불 때에 우리에게 부딪치는 것을 느끼는 것과 같은, 밀도가 크고 습기가 있는 공기로 생겼다면 문제가 다를 것이다. 그리고 이런 것은 불의 영향을 받지 않는다면 목욕탕에서 열을 가하더라도 불이 붙지 않을 것이다.

불에 타려면 우선 불이 붙어야 하며, 다른 것에도 같은 영향을 주어야 한다. 그러나 마귀들에게는 몸이 없다고 주장하는 사람이 있다면, 이것은 애써 탐구하거나 예리하게 토론할 문제가 아니다. 비물질적인 영들일지라도 어떤 비상한 방법으로 물질적인 불에 실지로 고통을 받을 수 있다고 주장하지 못할 이유는 무엇인가? 사람의 확실히 비물질적인 영혼들도 지금 물질적인 몸의 지체 안에 있으며, 내세에는 자기의 몸과 결합되어 떨어질 수 없을 것이 아닌가? 그러므로 귀신들에게 몸이 없을지라도 그들의 영, 즉 그들 자신은 물질적인 불과 접촉되어 고통을 받을 것이다. 그들이 접촉하게 되는 불 자체가 이 연결에 의해서 생명을 얻으며, 몸과 영으로 구성된 생물이 되리라는 것이 아니라, 내가 말한 것과 같이, 어떤 형언할 수 없는 놀라운 방법으로 이렇게 결합되어, 귀신들은 불에서 고통을 받되, 불에 생명을 주지는 못할 것이다. 또 다른 방법으로, 몸과 영이 결합해서 생물이 되는 방법도 그렇게 결합된 것이 인간이지만, 참으로 그것은 철저히 놀라운, 인간의 이해를 초월한 것이다.

참으로 저 부자가 지옥 불에 타면서, "내가 이 불꽃 가운데서 고민하나이다"(눅 16:24)라고 부르짖은 것과 같이, 영들은 몸을 가지지 않았으면서도 불에 타리라고 나는 말할 것이다. 그러나 부자가 받은 적절한 대답을 안다. 부자가 말한 불꽃은 그가 눈을 들어 나사로를 보았다는 그 눈과 동일한 성질의 것이었다.

물을 조금 떨어뜨려 식혀 달라고 간청한 그의 혀나, 나사로가 그렇게 해 줄 때에 손가락도 같은 성질의 것이어서, 이 모든 일이 몸 없는 영들이 있는 곳에서 있었다. 그래서 그를 태운 불꽃과 그가 간청한 물방울은 잠자는 사람이나 황홀(恍惚) 중에 있는 사람들이 보는 것, 즉 비물질적인 것이 형태를 갖추어 보이는 것과 비슷하였다. 이런 상태에 있는 사람은 영으로만 있고 몸으로 있는 것이 아니면서도, 자기의 몸과 같은 자기를 보기 때문에 전혀 차이를 식별하지 못한다.

그러나 불과 유황의 못이라고 하는 지옥은(계 20:10) 물질적인 불일 것이며, 사람의 몸은 고체요, 귀신들의 몸은 기체일지라도, 정죄된 자들의 몸을 사람이거나 귀신이거나 그 불이 다 괴롭힐 것이다. 또는 사람만이 몸과 영이 있다고 한다면, 악령들은 몸이 없으면서도, 물질적인 불과 결합되어 고통을 받고, 불에 생명은 주지 못할 것이다. 확실히 동일한 불이 쌍방을 괴롭히리라는 것은, 진리이신 분이 언명하신 바와 같다.

11. 처벌 기간이 범죄 기간보다 오래지 않아야만 공정한가?

우리의 하나님의 도성에 반대하는 사람들은, 아무리 중한 죄일지라도 단시일 동안에 지은 것에 대해서 영원한 벌을 가한다는 것은 공정하지 못하다고 생각한다. 이것은 마치 공정한 법은 죄가 계속되는 기간에 따라 처벌 기간을 규정하는 것을 목표로 삼는다고 하는 것과 같은 생각이다. 벌에는 여덟 가지, 즉 벌금, 금고, 태형, 보복, 불명예, 추방, 사형, 노예 생활이 있다고 키케로(Cicero)는[29] 말한다. 이 가운데 신속한 범행에 정비례하는 단기적인 벌, 즉 범행 기간보다 처벌 기간이 길지 않은 것이 있는가? 아마 보복만은[30] "눈은 눈으로, 이는 이로"(출 21:24; 마 5:38)라는 법과 같이, 범행자가 자기가 한 짓만큼 고통을 받으라고 한다. 잔인한 불법 행위로 이웃의 눈을 상한 사람은 엄격한 보복으로 역시 단시간에 자기의 눈을 빼앗길 수 있을 것이다. 그러나 타인의 아내와 입을 맞춘 죄로 태형을 받는 것이 정당할 때에 일순간의 과오를 장시간의 속죄로 갚으며, 지속하는 고통으로 순간적 기쁨을 갚게 하는 것이 아닌가?

금고에 대해서 어떻게 말할 것인가? 범행에 소비한 시간만큼만 범죄자를 구금할 것인가? 노예가 주인을 말로 노하게 만들었거나 순식간에 때렸을 때에, 여러 해 동안 갇히지 않는가? 경감하거나 용서할 수 없도록 흔히 가하는 벌인 벌금과 불명예와 추방과 노예 생활은 짧은 인생에 비해서 영원한 벌과 같지 않은가? 오직 이 벌들을 받는 인생이 영원하지 않기 때문에 이것들을 영원하게 하지 않을 뿐이다.

이 길게 끄는 벌을 받게 만든 범죄는 범행 시간이 극히 짧았다. 벌이 주는 고통도 범행 시간만큼 짧아야 한다고 생각하는 사람은 없다. 또는 살인, 간음, 신성모독 기타의 범죄도 그 손상을 준 정도나 흉악함의 정도가 아니라 범행 시간의 길이로 판단해야 한다고 생각하는 사람은 없다. 중대한 범죄자를 사형에 처할 때에, 법은 사형을 집행하는 시간이 짧은 것이 벌이 된다고 인정하는가, 그렇지 않으면 범죄자를 인간 사회에서 영원히 추방하는 것이 벌이 된다고 인정하는가?

첫째 죽음으로 처벌하는 것이 사람들을 현세의 죽을 운명인 도시에서 끊어버리는 것과 같이, 둘째 죽음으로 처벌하는 것은 사람들을 내세의 영원한 도성에서 끊어버린다. 세상 도성의 법이 처형된 범죄자의 세상으로의 복귀를 고려하지 않는 것과 같이, 둘째 죽음을 당하기로 정죄된 사람은 영생으로 소환하지 않는다.

그러나 반대론자들은, 세상에서의 죄에 대해서 영원한 벌을 가한다면, "너희의 헤아림으로 너희도 헤아림을 도로 받을 것이라"(눅 6:38)한 그대들의 그리스도의 말씀이 어떻게 옳겠는가라고 할 것이다. 그리고 헤아림이라는 말씀은 같은 기간을 의미하는 것이 아니라, 악을 악으로 갚음을 의미한다는 것을 보지 않는다. 즉 악을 행한 사람은 악을 받는다는 법을 의미한다. 그뿐 아니라, 이 말씀을 적합하게 해석하려면, 이 말씀을 하신 때의 화제인 판단과 정죄라는 문제와 관련시켜야 한다. 그래

---

29) 출처가 불분명한 단편에 있음.

30) 보복법(Lex Talionis)은 초기 로마법에도 있었다.

서 부당한 판단으로 남을 정죄하는 사람이 자기도 정당한 판단으로 정죄를 받는다면, 그는 준 것과 같은 것을 받는 것은 아니지만, 같은 헤아림으로 받은 것이다. 그는 판단을 주었고 판단을 받기 때문이다. 다만 그가 준 판단은 공정하지 않았고, 그가 받는 판단은 공정하다.

12. 구주의 은혜에서 제외된 사람들이 영벌을 받는 것은 처음 범죄가 중대하기 때문이다.

인간의 이해력으로 영원한 벌을 가혹하고 부당하다고 생각하는 것은, 처음 범죄가 얼마나 중대한 것이었는가를 깨달을 만한 지극히 높고 순수한 지혜가 우리 연약한 인간성에 없기 때문이다. 사람이 하나님 안에서 얻은 기쁨이 컸으면 컸을수록, 하나님을 버린 그의 악행은 더욱 중대한 것이었다. 영원한 행복이 될 수 있는 것이 자기 안에 있었건만, 그것을 파기했으므로, 그는 영원한 재난을 받아야 했다. 따라서 인류 전체가[31] 정죄를 받았다. 처음으로 죄를 지은 사람이, 뿌리 같은 자기 안에 포함된 모든 후손과 함께 벌을 받았기 때문이다. 그 결과로 아무도 이 공정하고 당연한 벌을 면할 수 없다.

자비와 거저 주시는 은혜에 의해서 구원을 받은 사람들만이 예외다. 그래서 인류는 자비로운 징벌의 효험이 나타난 사람들과, 공정한 징벌의 효험이 나타난 사람들로 나뉘었다. 두 가지 효험이 모든 사람에게서 나타날 수는 없었기 때문이다. 모든 사람이 공정한 정죄 아래 그대로 있었다면, 구원하는 은혜의 자비를 받는 사람이 하나도 없을 것이다. 그와 반대로, 모든 사람이 암흑에서 광명으로 옮겨졌다면, 아무에게서도 엄격한 징벌이 나타나지 않았을 것이다. 그러나 모든 사람이 받을 것이 무엇이었느냐 하는 것을 알리기 위해 구원보다 벌을 받는 편이 더 많다. 설혹 모든 사람이 벌을 받았다 하더라도, 공정하게 처벌하시는 분의 공정성을 아무도 정당하게 비난할 수 없었을 것이다. 그러나 무수한 사람들이 벌을 면하고 해방을 받는 데 대해서는, 그 해방하시는 분의 거저 주시는 풍성한 은혜를 충심으로 감사하는 것이 당연하다.

13. 악인들이 사후에 받는 벌은 정화하기 위한 것이라는 생각을 논박한

---

31) 아담의 죄 때문에 인류 전체가 정죄되었다는 교리는 아우구스티누스가 펠라기우스 논쟁에서 특히 역설한 것. 신앙 핸드북(*Enchirion*) 8, 26을 참조.

다.

참으로 플라톤파는[32] 벌을 받지 않는 죄가 없다고 믿으면서도, 금생에서나 사후에나 또 사람의 법이거나 신의 법이거나 간에, 벌을 주는 목적은 개선하려는 데 있다고 생각한다. 이 세상에서 벌을 받지 않거나, 벌을 받아도 개선되지 않겠기 때문이라고 한다. 그래서 베르길리우스는 우리의 지상적 신체와 죽을 지체들에 대해서 말한 구절에서, 우리의 영혼들은 거기서

"욕망과 공포심,
슬픔과 기쁨을 얻으며
어두운 토굴 속에 갇혀,
하늘을 쳐다보지 못한다"

고 한다. 그리고 계속해서,

"그렇다, 생명이 드디어 도망하고,
죽어 차디찬 육체를 남겨 둘 때,
흙에서 받은 고통은 없어지지 않는다;
오래된 많은 오점은 기어이 빠지지 않고
깊이 남을 것이다.
그리하여 옛적의 죄악에 대한 벌을 받아,
고통을 견디며 정결하게 되려 한다;
어떤 자들은 세상이 보도록 높이 달려 있어서
속속들이 바람이 통과하게 하며,
어떤 자들은 깊이 물든 죄책을
붙는 불이나 닥쳐오는 파도에 씻는다."[33]

이런 견해를 가진 사람들은 사후의 벌은 전부가 정화를 위한 것이라고 주장하며, 공기와 불과 물은 흙보다 나은 원소들이므로, 흙에 감염되어 얻은 죄를 갚으며 씻어버리는 데 사용될 수 있다고 한다. 그래서 베르길리우스가 공중에 "높이 달려 바람이 통과하게 한다"고 하는 것은 공기를 의미하며, "닥쳐오는 파도"는 물을, 그리고 "붙는 불"은 분명히 불을 의미한다.

32) 예컨대 Plot., *Enn.*, 3, 2, 41.
33) *Aen.*, 6, 733-742.

우리는 금생에서도 어떤 벌은 정화 작용을 한다고 인정한다. 그것은 벌을 받아서 나아지지 않고 도리어 악화하는 사람들의 금생이 아니라, 벌을 받음으로써 부득이 생활을 고치는 사람들을 의미한다. 하나님의 섭리로 각 사람이 받는 다른 벌들은 일시적인 것이거나 영원한 것이거나 간에, 모두 혹은 과거의 죄 때문에, 혹은 아직도 짓는 죄 때문에, 혹은 사람의 장점이 실천으로 나타나게 하기 위하여, 가하는 것이다. 이런 벌들을 줄 때에 악한 사람들과 천사들 또는 선한 사람들과 천사들이 사용될 수 있다.

다른 사람의 악행이나 과오 때문에 피해를 당하는 사람이 있기 때문이다. 무지하거나 흉악해서 남을 해치는 사람은 죄를 짓는 것이지만, 공정한 그러나 숨은 판단으로 그런 피해를 허락하시는 하나님에게는 죄가 없다. 그러나 일시적인 벌은 금생에서만 받는 사람이 있고, 사후에만 받는 사람이 있고, 금생과 내세에 받는 사람이 있다. 이런 벌들은 모두 지극히 엄격한 최후 심판 이전에 있는 것이다. 또 사후에 일시적인 벌을 받는 사람들은 그 전부가 최후 심판 후에 있을 영원한 고통을 받게 마련인 것이 아니다. 우리가 이미 말한 바와 같이, 어떤 사람들은 금생에서 용서를 받지 못한 죄를 내세에 용서받는다. 즉, 그들은 내세에 있을 영원한 벌은 받지 않을 것이다.[34]

14. 인간성이 받아야 하는 금생에서의 일시적인 벌들에 대하여

금생에서는 벌을 받지 않고 내세에서만 받는 사람들은 아주 적다. 사소한 병도 앓은 일이 없고 끊임없이 인생을 즐긴 고령자가 있다는 것을 나는 듣기도 하고 보기도 했다. 그러나 우리 죽을 인생이 살아가는 것 자체가 온통 벌이다. 성경에 "세상에 있는 인생이 시험이 아니냐?"는 말씀과 같이(욥 7:1, 70인역), 우리의 지상 생활 전체가 시험이기 때문이다. 무지는 그 자체가 작은 벌이 아니며, 교육이 없는 것도 마찬가지다. 교육 부족을 피하는 것이 심히 필요하다고 여겨지기 때문에 소년들은 억지로 직업이나 글을 배우며, 처벌의 위협을 받고 있다. 벌이 무서워 배우는 것이 너무도 고통스러워서 그들은 배우는 고통보다 벌을 받는 고통을 택하는 때가 있다.[35]

만일 죽임을 당하겠느냐 또는 다시 유아가 되겠느냐고 묻는다면, 누가 죽음을 택하기를 두려워 하겠는가? 우리의 유아기가 웃음으로 시작되지 않고 눈물로 시작된다는 것이 우리가 앞으로 당할 곤란들을 무의식 중에 예언하는 것 같다. 조로아스터

---

34) 20권 25장; 21권 24장(주 43장) 및 26장(주 44)을 참조,

35) 저자가 소년 시절에 학교에서 겪은 고생에 대해서는「참회록」 1, 9, 14을 참조.

(Zoroaster)만은 태어났을 때에 웃었다고[36] 하는데, 그 부자연한 웃음은 그에게 좋은 전조가 되지 않았다. 그는 마술을 발명했다고 하지만. 원수들의 공격을 받아 금생의 빈약한 행복조차 확보할 수 없었다. 그는 박트리아(Bactria)나라의 왕이었으나, 아시리아왕 니누스(Ninus)에게 정복을 당했다.[37]

요컨대, 성경에 "여자의 뱃속에서 태어나는 날부터 만물의 어머니에게로 돌아가는 날까지 아담의 자손들이 지는 멍에는 무겁다"(집회서 40:1)는 말씀이 틀림없이 적중해서, 원죄에 매여 있을 뿐인 유아들이 중생의 씻음으로 원죄에서 풀렸건만 많은 재난을 받으며 악령들의 공격을 받을 때도 있다. 그러나 그런 고통이 더해서 영을 육체에서 축출해서 어린 생명을 끝내게 할지라도, 그 때문에 그들의 내세의 행복이 해를 입는다고 생각해서는 안 된다.

15. 뿌리깊은 악에 빠져 있는 우리를 구출하려고 하나님의 은혜가 하는 일은 모두 내세에 속하며, 내세에서는 모든 것이 새로워진다.

여자의 뱃속에서 태어나는 날부터 만물의 어머니에게로 돌아가는 날까지 아담의 자손들이 지는 멍에는 무겁다고 하지만, 이 괴로움도 경탄할 교사가 되어 침착한 마음을 가지라고 우리를 가르치며, 우리의 일생이 벌의 일생이 된 것은 낙원에서 저지른 무법한 악행 때문이라는 것을 깨닫게 한다. 또 신약이 약속하는 것은 모두 우리가 내세에 받도록 기다리고 있다는 것을 믿게 한다. 우리가 지금 여기서 담보를 잡았다가, 때가 오면 담보된 것을 얻게 하려는 것이다. 그러므로 이제 우리는 믿음으로 걸으며, 육신의 행위를 영으로 죽이면서(롬 8:13), 날마다 전진해야 한다. "주께서 자기 백성을 아신다"(딤후 2:19)고 하며, "무릇 주의 영으로 인도함을 받는 그들은 곧 하나님의 아들이라"(롬 8:14) 하기 때문이다. 이것은 은혜로 되는 일이며 천성으로 되는 것이 아니다.

천성으로 하나님의 아들인 이는 오직 한 분이시며, 이 분은 자비하셔서 우리를 위하여 인자가 되셨다. 그것은 본성으로 사람의 자녀인 우리가 그로 말미암아 은혜로 하나님의 자녀가 되게 하시려는 뜻이었다. 그는 스스로는 변하심이 없으면서 우리의 본성을 취하시고, 그렇게 하심으로써 우리를 자기에게 받아들이려 하셨다. 또 자기의 신성을 견지하시면서 우리의 연약함을 취하셔서, 우리가 변하여 개선되며,

36) Plin., 7, 16, 72.

37) Plin., 30, 2, 3; Euseb-Hier., *Chronicon* 20[a]; Justin, *Epitome* 1, 1, 7-10.

그의 의와 영생에 참가함으로써 우리의 속성인 죄와 죽을 운명을 버리고, 그가 우리의 본성에 주입하신 선한 속성들을 보존하며, 우리가 그의 선한 본성에 참가함으로써 최고선(最高善)으로 충만하게 하려 하셨다. 한 사람의 죄로 말미암아 우리가 개탄할 불행에 빠진 것과 같이(롬 5:12), 하나님이신 한 사람이 우리를 의롭게 함으로 말미암아 우리는 높은 행복을 얻을 것이다.

시험이 없는 저 곳, 평화가 있는 저 곳에 가기까지는 아무도 저 한 사람으로부터 이 한 사람으로 옮겨졌다고 생각해서는 안된다. 우리는 "육체의 소욕은 성령을 거스르고 성령의 소욕은 육체를 거스르는"(갈 5:17) 이 전쟁에서 여러 가지 많은 격돌을 하면서 평화를 구한다. 그런데 만일 인간성이 그 자유의지를 행사할 때에, 그 창조된 당초의 의로운 상태를 유지했다면, 이런 전쟁이 없었을 것이다. 그러나 인간성은 행복한 가운데서 하나님과의 평화를 유지하려 하지 않았기 때문에, 지금 불행한 가운데서 자체와 싸우고 있다. 그리고 이 전쟁 상태는 가련하고 비참한 것이지만, 이런 생활 이전의 시기보다 나은 것이다.

죄와 싸우는 것이 무저항으로 죄에 굴복하는 것보다 낫다. 해방될 가망이 없는 노예 상태보다 영원한 평화를 바라보면서 싸우는 것이 낫다는 뜻이다. 물론 우리는 이 전쟁이 끝나기를 갈망하며, 하나님께 대한 열렬한 사랑으로 우리는 질서정연한 평화를, 즉 아래 있는 것이 위에 있는 것에 항상 순종하는 평화를 열망한다. 그러나 만일 — 이런 일은 없어야 하지만 — 위대한 선을 얻을 희망이 없다고 가정하더라도, 우리는 우리의 죄악에 무저항으로 굴복하는 것보다는 이 어려운 싸움을 계속하는 편을 택하는 것이 우리의 의무다.

16. 은혜의 법은 중생한 자의 전 생애를 주관한다.

하나님은 위대한 긍휼로 어떤 사람들을 택하셔서 긍휼의 그릇으로 만드시고, 그들이 영광을 받도록 예비하셨다(롬 9:23). 이런 사람들도 생애의 처음 시기인 유아기에는 무저항으로 육에 굴복하며, 둘째 시기인 아동기에는 이성이 아직 이 싸움을 시작하지 않았기 때문에 거의 모든 악한 쾌락에 항복한다. 이 시기에는 언어 능력을 가지게 되어 유아기를 통과한 것 같지만, 그 분별 능력은 아직 약해서 하나님의 계명을 이해할 수 없다. 그러나 이 두 시기의 어린이들이 중보의 성례를[38] 받았으면,

38) 여기서 "성례"는 세례와 성찬을 의미한다. 아우구스티누스 시대에는 유아들도 세례를 받은 직후에 성찬을 받았다. 펠라기우스 논쟁에서 그는 어른들뿐 아니라 어린이들도 영생을 얻기 위해서는 세례와 성찬을 모두 받아야 한다고 주장했다. Aug., *De Pecc. Mer. et Rem.*, 1, 26; 1, 34를 참조.

곧 세상을 떠나더라도, 암흑의 세력에서 그리스도의 나라로 옮겨졌기 때문에, 영벌로 가지 않을 뿐 아니라, 사후의 정화의 고통도 받지 않을 것이다.

한 번 영적 중생을 거치면, 육신으로 출생해서 죽음과 맺어진 관계는 사후에 하등 불리한 결과를 초래하지 않는다. 그러나 계명을 이해하며 법의 지배에 복종할 수 있는 시기에 이르면, 정죄받을 죄에 빠지지 않기 위해서, 죄악과의 전쟁을 시작하고 격렬히 싸워야 한다. 죄악들이 힘을 얻지 못하였으면, 매일 승리하는 사람에게 죄는 더욱 쉽게 극복된다. 그러나 죄악이 상습적으로 정복하며 지배하면, 많이 수고해야만 그것을 겨우 이길 수 있다.

그리고 진지하고 진정한 승리를 얻으려면 진정한 의를 기뻐해야 한다. 그리고 이런 기쁨을 주는 것은 그리스도에 대한 믿음이다. 만일 율법이 명령하더라도, 성령이 도와주시지 않는다면, 금지가 있기 때문에 죄를 지으려는 욕망이 더욱 성할 뿐이며, 죄책감도 더하게 된다. 간혹 명백한 죄악을 다른 숨은 죄악이 정복하는 수가 있는 것이 사실이다. 이 후자는 덕성으로 인정되지만, 그것을 만들어내는 원리는 교만과 파멸적인 자기 만족이다. 따라서 하나님께 대한 사랑으로 정복해야만 죄악은 정복된 것으로 인정해야 한다. 하나님께 대한 사랑은 하나님 자신만이 주실 수 있으며, 그 주시는 것도 하나님과 인간의 중보자이신(딤전 2:5) 인간 그리스도 예수를 통해서 하신다. 예수는 우리를 그의 신성에 동참하는 자로 만드시기 위해서 우리의 죽을 운명에 동참하셨다.

그러나 방자하거나 난폭한 행동으로, 혹은 불경건하고 불법적인 의견을 따름으로써, 청년시대의 초기로부터 정죄받을 죄를 지은 일이 전혀 없는 반면에, 육체적 쾌락의 종이 되게 할 모든 죄악을 성령의 위력으로 극복한, 그런 행복한 사람은 심히 드물다. 대부분은 처음으로 율법을 배울 때에 죄악의 힘에 패배해서 율법을 위반한다. 다음에 도움을 받으려고 은혜 앞으로 피신하여, 더욱 비통한 회개와 격렬한 싸움으로 영혼을 하나님에게 복종시키며, 이와 같이 영혼이 육신을 지배하게 함으로써 승리자가 된다. 그러므로 영원한 벌을 면하고자 하는 사람은 세례를 받을 뿐 아니라 그리스도 안에서 의롭게 되어야 하며, 이렇게 함으로써 참으로 마귀를 떠나 그리스도에게 넘어가야 한다. 그리고 무서운 최후 심판 이전에 있는 것을 제하고 다른 정화의 벌이 있다고 공상해서는 안 된다. 그러나 영원한 불까지도 악한 행적의 심각한 정도에 따라 그 불이 더 괴로운 사람들과 덜 괴로운 사람들이 있으리라는 것을 인정할 수 있을 것이다. 이런 결과가 나타나는 것은 각 사람의 행적에 따라 불 자체의 온도가 다르거나, 온도는 같으면서 고통을 느끼는 정도가 사람에 따라 다르기 때문일 것이다.

17. 영원히 벌을 받는 사람은 없으리라고 생각하는 사람들에 대하여.

이제 나는 인정이 많은 그리스도인들을 상대로 우호적인 논쟁을 해야겠다. 그들은 아무도, 절대로 공정하신 재판관이 지옥의 벌을 받아야 한다고 선언하시는 사람들은 아무도, 영원히 고통당하리라고는 믿지 않고, 각 사람의 죄의 많고 적음에 따라 일정한 장기 또는 단기의 처벌 기간이 지난 후에는 해방되리라고 생각한다. 이 문제에 대해서 오리겐(Origenes)은 더 관대하였다. 그는 심지어 마귀와 그 천사들까지도 그 죄에 해당하는 엄격하고 장기적인 고통을 받은 후에 그 고통에서 풀려, 다시 거룩한 천사들과 연합하게 되리라고 믿었다.[39] 그러나 교회는 정당한 이유가 있어서 그의 이 견해와 다른 견해들을 정죄했다.[40] 특히 행복과 불행이 끊임없이 교체하며, 일정한 기간이 지날 때마다 한 상태에서 다른 상태로 옮아가는 것을 끊임없이 반복하리라고 한 그의 생각을 정죄했다. 그는 이런 생각을 말함으로써 인자하다는 인정까지도 받지 못하게 되었다.

성도들은 죄를 속하기 위해서 불행을 실지로 당한다고 하며, 그 행복이란 것은 아무 확고하고 진정한 기쁨이 없는 거짓된 행복이라고 했다. 바꿔 말하면, 성도들은 아무 두려움이 없이 영원한 복락을 확신할 수는 없다는 것이었다.

그러나 우리가 말하는 오류는 매우 다르며, 그리스도교인의 마음이 인정에 끌리기 때문에 저지르는 것이다. 그들은 최후 심판에서 정죄되는 사람들이 받는 고통은 일시적인 것이며, 조만간 자유를 얻게 되어 모두 영원한 복락을 누리리라고 믿는다. 이 견해가 자비롭기 때문에 좋고 바른 것이라면, 더 자비로울수록 더 좋고 더 바를 것이다.

그러면 그 자비의 샘을 연장하며 더 깊게 해서 멸망한 천사들에게도 미치게 하며, 그들도 아무리 많고 오랜 시대가 지난 후에라도 드디어 해방된다고 하라! 이 자비의 샘줄기가 모든 인류에 이르는데, 천사들에게 이르러서는 갑자기 말라버릴 이유는 무엇인가? 그러나 그들도 그들의 자비를 더 확장해서, 감히 마귀 자신까지 해방하지는 못한다. 그렇게 담대한 사람이 있다면 그는 확실히 가장 인자한 사람이 되겠지만 이 문제에 대한 자기의 견해가 가장 관대하다고 생각할수록, 그의 오류는 분명히 그만큼 더 추악하며, 하나님의 명백한 말씀을 반대하는 점에서 그만큼 패악할 것이다.

---

39) Orig., De *Princ.*, 1, 6, 3; 3, 6, 5.
40) BC 400년의 알렉산드리아 교회 회의에서.

18. 성도들이 위하여 기도하므로, 아무도 최후 심판에서 정죄를 받지 않으리라고 생각하는 사람들에 대하여

나는 대화를 통해서 이와 다른 의견을 알게 되었다. 그들은 성경을 존경하지만, 비난받을 생활을 하고 있기 때문에, 하나님이 사람들에 대해서 더욱 더 인자하시다는 생각을 해서, 내가 방금 말한 사람들보다 자기들에게 더 유리하도록 해석한다. 악하고 믿지 않는 사람은 벌을 받아야 한다는 하나님 말씀은 옳다는 것을 인정하면서도, 심판 때가 오면 자비가 더 우세하리라고 그들은 주장한다. 자비하신 하나님이 성도들의 기도와 중보기도를 들어주시고 그들을 용서하시겠기 때문이라고 한다. 악한 불신자들의 잔인한 미움으로 고통당할 때에도, 그들을 위해서 기도한 성도들이니, 그 악인들이 엎드려 겸손하게 애원할 때에는 더욱 더 기도해 줄 것이 아니냐고 한다. 성도들이 완전히 거룩하게 될 때에 그 자비심을 잃으리라고는 생각할 수 없으며, 아직 죄인인 때에 원수를 위하여 기도한 성도들이 죄에서 해방된 때에 탄원하는 자들을 위하여 기도하지 않으리라고 생각할 수 없다고 그들은 말한다.

하나님의 자녀들이 거룩하게 되어, 그 기도에서도 응답받지 못하게 하는 것이 모두 제거된 때에, 그 많은 사랑하는 자녀들이 드리는 기도에 하나님이 귀를 기울이시지 않을 것인가? 악한 불신자들은 결국은 모든 고통에서 구제되겠지만, 오랫동안 벌을 받으리라는 것을 인정하는 사람들이 인용하는 시편 말씀이 있는데, 우리가 지금 이야기하는 사람들은 그것을 자기들에게 더욱 유리하게 해석한다. 시편의 말씀은 "하나님이 은혜 베푸심을 잊으실까 노하심으로 그 긍휼을 막으실까"라고 한다(시 77:9, 70인역). 하나님의 노염은 영원한 행복을 받을 자격이 없는 자들을 끝없는 벌에 처하리라고 그들은 말한다. 그러나 하나님이 그들이 오랫동안 또 조금이라도 벌을 받는 것을 허락하신다면 그는 긍휼을 막으셔야 할 것이 아닌가? 그러나 시편 작가의 뜻은 그렇게 하시지 않으리라는 것이라고 한다. 노하심으로 그 긍휼을 오랫동안 막으실까 라고 하지 않고, 긍휼을 전혀 막으시지 않으리라고 분명히 말한다고 그들은 주장한다.

그리고 이와 같이 하나님이 아무도 정죄하시지 않더라도, 하나님이 심판하시리라는 위협은 거짓으로 판명되지 않는다고 그들은 말한다. 니느웨를 멸망시키겠다고 하나님이 위협하셨고(욘 3:4), 멸망에 대한 그 절대적 예언이 성취되지 않았지만, 그렇다고 해서 그 위협이 거짓이었다고 말할 수 없는 것과 같다는 것이다. "백성이 뉘우치고 행위를 고치지 않으면 니느웨는 멸망하리라"고 하신 것이 아니라, 이런 조건을 붙이시지 않고, 그 도시가 멸망하리라고만 예언하셨다.

비록 하나님이 벌을 내리시지 않았지만, 그들이 받아야 할 벌을 예언하신 것이므로 이 예언은 정말이었다고 그들은 주장한다. 그들이 회개했을 때에 용서해 주셨지만, 하나님은 그들이 회개하리라는 것을 알고 계셨다. 또 아시면서 그 도시가 멸망되리라고 절대적이고 결정적으로 예언하셨다. 그들은 벌을 받아야 마땅했기 때문에 이 말씀은 그 엄격한 점에서 진실이었다. 그러나 하나님의 자비가 그의 노염을 막아서, 거역하는 자들을 위협한 벌을 탄원하는 자들에게는 주시지 않게 된 점에서, 그 예언은 진실이 아니었다. 하나님이 용서하셨다고 해서 예언자가 불만스러워 한 사람들을 용서하셨으니, 모든 성도가 위하여 기도하는 더 가련한 애원자들은 더욱 용서하실 것이 아니냐는 것이다.

그들의 이와 같은 추측이 성경에 암시되어 있지 않은 것은, 많은 사람이 오래 끄는 고통이나 영원한 고통이 두려워 그 생활을 개혁하도록 자극하며, 기도할 수 있는 다른 사람들은 고치지 않는 사람들을 위하여 기도하도록 자극하려는 뜻이라고 그들은 생각한다. 그러나 하나님의 말씀은 이에 대해서 전혀 침묵하신 것은 아니며 "주를 두려워하는 자를 위하여 숨겨두신 주의 은혜가 어찌 그리 큰지요"(시 31:19)라고 하신 말씀은, 하나님의 자비가 위대하면서도 숨겨져 있는 것은 사람들이 두려워하게 만들려는 뜻임을 우리에게 가르치기 위한 것이 아니냐고 그들은 생각한다.

같은 목적으로 사도도 "하나님이 모든 사람을 순종치 아니하는 가운데 가두어 두심은 모든 사람에게 긍휼을 베풀려 하심이라"(롬 11:32) 했으며, 하나님이 아무도 정죄하시지 않으리라는 뜻을 암시한다고 그들은 생각한다. 그러나 이런 의견을 품은 사람들도 마귀와 그의 천사들까지 용서나 해방을 받으리라고 하지는 않는다. 그들의 인정은 사람에게 국한되며, 주로 자기들의 입장에 유리한 주장이 되도록, 하나님의 특별한 자비를 전 인류에 확대함으로써, 자기들의 패역한 생활도 벌을 받지 않으리라는 헛된 소망을 제시한다. 따라서 마귀와 그 부하들까지도 벌을 받지 않으리라고 약속하는 사람들은 이 사람들보다 하나님의 자비를 더욱더 확대하는 것이다.

19. 이단자들도 그리스도의 몸에 참여했기 때문에 벌을 받지 않으리라고 약속하는 사람들에 대하여

또 어떤 사람들은 영원한 벌에서의 구원을 모든 사람에게 약속하지 않고, 그리스도의 몸에 참여한 사람들에게만 약속한다. 이런 사람들은 그 생활이 어떠했든지 어떤 이단이나 불경건에 빠졌든지 그것은 상관이 없다고 한다. 그들은 이 견해의 근거로써 주님의 말씀을 인용한다. "이는 하늘로서 내려오는 떡이니 사람으로 하여금 먹고 죽지 아니하게 하는 것이니라. 나는 하늘로서 내려온 산 떡이니 사람이 이 떡을 먹으면 영생하리라"(요 6:50-51). 이 말씀이 있기 때문에 이단자들도 반드시 영원한 죽음에서 구원받으며, 조만간 영생으로 들어가게 되리라고 그들은 말한다.

20. 이 용서를 모든 사람에게 약속하지 않고, 정통 교회에서 세례를 받은 사람들에게 국한하며, 그들이 후에 많은 죄와 오류에 빠져도 그것은 상관이 없다고 하는 사람들에 대하여

또 어떤 사람들은 이 용서를 세례와 성찬을 받은 사람들에게 모두 약속하지 않고, 정통 교회 신자들에게만 약속하며, 이들이 아무리 악한 생활을 해도 상관하지 않는다. 정통 교회 신자들은 그리스도의 몸에 결합되어, 그리스도의 몸을 성례로 먹을 뿐 아니라 실지로 먹었으며, 그리스도의 몸 안에 굳게 포함되었기 때문이라고 한다. 사도의 말씀에 "떡이 하나요 많은 우리가 한 몸이라"(고전 10:17) 한 것과 같다는 것이다. 그래서 그들이 후에 어떤 이단에, 심지어 이교의 우상숭배에 빠지더라도, 그리스도의 몸 안에서, 정통교회 안에서 그리스도의 세례를 받고 그리스도의 몸을 먹었다는 이 한 가지 일 때문에, 그들은 영원히 죽는 것이 아니라 조만간 영생을 얻으며, 그들의 모든 불경건도 그들이 받는 벌을 영원하게 만들지 못하고, 다만 다른 사람들보다 오래고 엄격하게 만들 뿐이라고 한다.

21. 믿음을 지키는 정통 그리스도인은 비록 그 패악한 생활이 지옥불을 받기에 합당할지라도, 그들의 믿음의 "터"가 있기 때문에 구원을 받으리라고 주장하는 사람들에 대해서

또 어떤 사람들은 "끝까지 견디는 자는 구원을 얻으리라"(마 24:13)는 성경 말씀을 근거로 삼아, 정통 교회에 남아 있는 사람들에게만 구원을 약속한다. 이런 사람들은 아무리 악한 생활을 했을지라도, 사도가 말하는 "터"가 있기 때문에 구원을 받을 것이라고 한다. "이 닦아 둔 것 외에 능히 다른 터를 닦아 둘 자가 없으니 이 터는 곧 예수 그리스도라. 만일 누구든지 금이나 은이나 보석이나 나무나 풀이나 짚으로 이 터 위에 세우면 각각 공력이 나타날 터인데 그 날이 공력을 밝히리니 이는 불로 나타내고 그 불이 각 사람의 공력이 어떠한 것을 시험할 것임이니라. 만일 누구든지 그 위에 세운 공력이 그대로 있으면 상을 받고 누구든지 공력이 불타면 해를 받으리니 그러나 자기는 구원을 얻되 불 가운데서 얻은 것 같으리라"(고전 3:11-15).[41]

따라서 정통 그리스도인은 어떤 생활을 하든 간에, 그리스도가 그의 터가 되시지만, 그리스도의 하나된 몸에서 떨어져 나간 이단에게는 이 터가 없다고, 그들은 말한다. 그러므로 이 터가 있기 때문에, 정통 신자는 그 악한 생활로 나무와 풀과 짚으로 집을 세운 자 같지만, 불로 구원을 받으리라고 그들은 믿는다. 바꿔 말하면, 그 악한 생활 때문에 최후 심판에서 불을 당연한 벌로 받아 그 고통을 맛본 후에 해방되리라는 것이다.

22. 자선 행위를 하면서 지은 죄는 최후 심판에서 정죄를 받지 않으리라고 생각하는 사람들에 대하여

내가 만난 어떤 사람들은, 자선 행위로[42] 그 죄를 덮지 않은 사람들만이 영원한 불로 벌을 받으리라고 생각한다. 그들은 사도 야고보가 "긍휼을 행하지 아니하는 자에게는 긍휼없는 심판이 있으리라"(약 2:13) 한 말씀을 인용한다. 그러므로 비록 행위를 고치지 않았을지라도 그 방탕하고 흉악한 짓들과 자선 행위를 섞은 사람은 정죄를 전적으로 면하거나, 또는 조만간 영벌에서 해방되리라고 그들은 말한다. 그래서 산 자와 죽은 자의 심판자이신 분이 오른쪽에 있는 자들에게 영생을 주시고 왼쪽에 있는 자들에게 영벌을 주셨을 때에, 자선을 행한 여부만을 말씀하신 것이라고(마 25:33) 그들은 믿는다. 같은 목적으로, 우리는 주기도에서 "우리가 우리에게 죄지은 자를 사하여 준 것같이 우리 죄를 사하여 주시옵소서"(마 6:12)라 한다고 한다. 자기를 해한 사람을 용서하는 사람은 분명히 자선을 한 것이기 때문이다.

주께서도 이 일을 높이 평가하셔서, "너희가 사람의 과실을 용서하면 너희 천부께서도 너희 과실을 용서하시려니와, 너희가 사람의 과실을 용서하지 아니하면 너희 천부께서도 너희 과실을 용서하지 아니하시리라"하셨고(마 6:14, 15), 사도 야고보가 "긍휼을 행하지 아니하는 자에게는 긍휼없는 심판이 있으리라"(약 2:13)고 한 말씀도 이와 같은 자선 행위를 가리킨 것이라고 한다. 또 주께서는 죄의 대소를 구별하시지 않고, "너희가 사람의 과실을 용서하면 너희 천부께서도 너희 과실을 용서하시리라" 하셨다고 한다. 따라서 끝까지 타락된 생활을 한 사람이라도, 그 죄가 어떤 것이었든 간에, 한 가지 일만 명심했다면, 즉 자기를 해친 사람이 용서를 빌 때에 충심으로 용서해 주었다면, 이 매일 드리는 기도 때문에 그 죄를 모두 용서 받으

41) 26장의 논술을 참조.

42) "자선"은 물질적인 것뿐 아니라, 그리스어와 라틴어의 본뜻대로 긍휼 또는 자비의 행위를 의미함.

리라고 그들은 단정한다.

나는 하나님의 도움을 받아 이 모든 오류에 대답함으로써 이 권을 마칠 것이다.

23. 마귀나 악인들이 받는 벌은 영원한 것이 아니라고 생각하는 사람들을 논박함.

마귀가 아무리 엄격하고 오랜 벌을 받을지라도, 얼마 후에는 석방이나 용서를 받으리라고 약속하는 생각을 교회는 허용할 수 없었다. 우리는 우선 그 이유를 알아야 한다. 신구약의 정신을 체득한 많은 성자들이, 각급 각종의 천사가 어떤 종류나 어떤 수효의 벌을 받아 정화된 후에 천국의 지복을 즐기게 되는 것을 싫어하지 않았다. 그러나 그들은 주께서 예언하신 말씀을 무시하거나 약화할 수 없다는 것을 알았다. 최후 심판에서는, "저주를 받은 자들아, 나를 떠나 마귀와 그 천사들을 위하여 예비된 영영한 불에 들어가라"는 선고를 하시리라고 예언하셨고(마 25:41), 마귀와 그 천사들이 영영한 불에서 타리라는 것을 여기서 명백히 말씀하셨기 때문이다.

계시록에도 "저희를 미혹하는 마귀가 불과 유황 못에 던지우니 거기는 그 짐승과 거짓 예언자도 있어 세세토록 밤낮 괴로움을 받으리라"(계 20:10) 하였다. 앞의 구절에서는 "영영한", 뒤의 구절에서는 "세세토록"이라고 했는데, 이 말들은 성경에서 끝없이 계속한다는 뜻으로 사용되는 것이 보통이다.

그러므로 올바른 경건의 확고 부동한 믿음 즉 마귀와 그 천사들은 결코 성도들의 의로운 생활로 복귀하지 못하리라는 믿음에 대해서는, 아무도 속이지 않는 성경에 있는 말씀이 가장 분명하고 가장 바른 근거가 된다.

성경에 하나님이 그들을 용서하시지 않고, 미리 정죄하여 지옥에 던져 어두운 구덩이에 두어, 심판 때까지 지키게 하셨다고 하며(벧후 2:9), 그 때에 그들은 영원한 불 속에 들어가서 그치는 때가 없는 고통을 받으리라고 한다. 그렇다면 어떻게 모든 사람이, 또는 일부 사람들이 불 속에서 얼마동안 벌을 받은 후에 놓이리라고 믿을 수 있겠는가? 어떻게 이런 믿음을 품으면서 마귀들의 영벌을 믿는 우리의 믿음을 약하게 만들지 않을 수 있겠는가? 만일 "저주를 받은 자들아, 나를 떠나 마귀와 그 천사들을 위하여 예비된 영영한 불에 들어가라"는 말씀을 들은 자들의 전부나 일부가 그 불 속에 항상 있을 것이 아니라면, 마귀와 그 천사들이 항상 거기 있으리라고 믿을 이유는 무엇인가? 악한 사람들과 천사들에게 똑같이 말씀하신 하나님의 선고가 천사들의 경우에는 정말이고, 사람들의 경우에는 거짓이라는 것인가? 사람들의 추측이 하나님의 말씀보다 더 무게가 있다면 분명히 그럴 것이다. 그러나 이것은 어리석은 생각이므로, 영원한 벌을 면하고자 하는 사람들은 하나님의 말씀에 반대하지 말고, 아직 기회가 있는 동안에, 하나님의 계명에 순종하는 것이 마땅하다.

그러므로 영벌은 오래 계속되는 벌이며, 영생은 끝없는 생명이라고 하는 것은 얼마나 어리석은 공상인가? 그리스도께서 그 구절에서 같은 용어와 한 문장으로 "저희는 영벌에, 의인들은 영생에 들어가리라"는 말씀으로 벌과 생명이 다 영원하리라고 말씀하셨기 때문이다(마 25:46). 두 가지 운명이 다 "영원"하다면, 다 오래 계속하다가 결국은 끝나리라고 하든지, 다 끝이 없으리라고 해석해야 한다. 표현이 같으므로, 한 편의 벌도 영원하고, 다른 편의 생명도 영원하다는 것이다. 한 문장에서 영생은 끝이 없고, 영벌은 끝이 있으리라고 하는 것은, 더할 나위 없이 어리석은 생각이다. 그러므로 성도의 영생에 끝이 없는 것과 같이, 정죄된 자들의 영벌에도 끝이 없을 것이다.

24. 하나님의 심판에서 죄인들은 성도들의 기도의 힘으로 모두 용서받으리라고 생각하는 사람들을 논박함.

하나님이 위협하신 일들을 사람들이 실지로 당하겠기 때문이 아니라, 그들은 그런 고통을 받아야 마땅하기 때문에 하나님의 말씀은 진실이라고 하는 사람들은, 남달리 인정이 있는 척하면서 자기들에게 유리하도록만 해석하는 것이며 하나님의 말씀을 부정하는 것이므로, 위에서 말한 논거는 그들의 주장도 결정적으로 반박한다. 하나님께서는 죄인들을 위한 성도들의 기도에 응답하시리라고 그들은 말한다. 성도들은 그 때에 더욱 완전히 거룩할 것이므로 원수를 위하여 더욱 열심히 기도할 것이며, 모든 죄에서 정화되었으므로 그 기도는 더욱 힘이 있으며 하나님께서 들으시기에 더욱 합당하리라고 한다.

만일 성도들이 완전히 거룩하게 되어 그 기도가 그렇게 순수하고 그렇게 유효하다면, 무슨 까닭에 영원한 불이 준비되어 있는 천사들을 위해서도 하나님에게 기도하며, 하나님이 그 선고를 완화하시고 변경하셔서 그들이 불에서 풀려나도록 하지 않는가? 혹은 거룩한 천사들까지도 하나님의 천사들같이 거룩하게 된 성도들과 합심해서, 죄있는 사람들과 천사들을 위해서 기도하며, 그들이 당연히 받아야 한다고 진리가 선언하신 벌을 자비가 용서하게 만들 것이라고 주장하는 당돌한 사람이 있는가? 그러나 건전한 믿음을 가진 사람으로서 이런 주장을 한 일이 없고, 앞으로도 없을 것이다. 그렇지 않다면, 원수를 위하여 기도하라고 주 하나님께서 명령하셨는데, 교회가 지금도 마귀와 그 천사들을 위하여 기도하지 않을 이유가 없다.

교회가 자기의 원수인 줄로 아는 악한 천사들을 위해서 지금 기도하지 못하게 하는 이유는, 최후 심판 때에 아무리 완전히 거룩하게 된 교회라도, 영원한 불로 벌을 받을 사람들을 위해서 기도하지 못하게 할 이유와 동일한 것이다. 교회가 지금 그 원수인 사람들을 위해서 기도하는 것은 그들에게 아직도 효과가 있는 회개를 할 기회가 있기 때문이다. 교회가 그들을 위해서 특히 비는 것은 사도의 말씀과 같이, "하나님이 저희에게 회개함을 주사 진리를 알게 하실까 하며 저희로 깨어 마귀의 올무에서 벗어나 하나님께 사로잡힌 바 되어 그 뜻을 좇게 하실까함"이 아니고 무엇인가?(딤후 2:25-26). 그러나 만일 교회가 이 세상에 살아 있는 사람들 중에서 누가 마귀와 함께 영원한 불로 가기로 예정되어 있는지를 확실히 안다면, 교회는 마귀를 위해서 기도하지 못하는 것과 같이 그 사람들을 위해서도 기도할 수 없을 것이다. 그러나 아무 사람에 대해서도 교회는 이런 확신이 없기 때문에, 이 세상에 아직 살아있는 모든 원수들을 위해서 기도한다.

원수를 위한 교회의 기도가 모두 응답을 받는 것은 아니다. 지금 교회에 반대하지만, 교회의 기도로 교인이 되기로 예정되어 있는 사람들만은, 그들을 위한 교회의 기도에 응답이 있다. 그러나 죽기까지 회개하지 않는 마음을 간직하고 있어서, 원수가 교인으로 변하지 않을 경우에, 교회는 그들을 위하여, 즉 이렇게 죽은 사람들의 영을 위하여 여전히 기도하는가? 그런 기도를 그만두는 것은, 육신으로 있을 때에 그리스도의 나라로 옮겨지지 않은 사람은 사탄의 부하가 되었다고 판단하기 때문이 아니고 무엇인가?

그러면 악한 천사들을 위해서 교회가 지금이나 저 때에 기도하지 않는 이유와, 영원한 불에서 벌을 받을 사람들을 위해서 교회가 그 때에 기도하지 않을 이유는 같다고 나는 주장한다. 또 교회가 불경건한 불신자로서 죽은 사람들을 위해서 기도하지 않은 것도, 같은 이유가 있기 때문이다. 참으로 교회나 경건한 개인들이 어떤 죽은 사람을 위해서 드리는 기도에는 응답이 있다. 그러나 이런 기도를 드리는 것은 그런 사람들이 그리스도 안에서 중생하였으나 자비를 받을 수 없으리라고 생각될 만큼 악한 생활을 한 것도 아니고, 그들을 위한 기도가 필요하지 않을 만큼 훌륭한 생활을 한 것도 아니기 때문이다. 또 부활 후에 어떤 사람은 죽은 자의 영들이 받을 고통을 받다가 긍휼을 얻어, 영원한 불의 벌은 면할 것이다.

만일 이 세상에서는 용서를 받지 못했지만 내세에 용서를 받는 사람들이 없다

43) 마 12:32와 고전 3:12-15을 근거로 아우구스티누스는 연옥 사상을 용납했다. 죽은 자를 위한 기도는 당시의 교회에서는 오랜 관례였다.

면, "이 세상과 오는 세상에도 사하심을 얻지 못하리라"(마 12:32)는 말씀이[43] 진실일 수 없을 것이다. 그러나 산 자와 죽은 자의 재판관이 "내 아버지께 복 받을 자들이여, 나아와 창세로부터 너희를 위하여 예비된 나라를 상속하라"(마 25:34)고 하시며, 반대편에 있는 자들에게 "저주를 받은 자들아, 나를 떠나 마귀와 그 사자들을 위하여 예비된 영영한 불에 들어가라"(마 25:41)고 하시며, 저희는 "영벌에, 의인들은 영생에"(마 25:46) 들어갔는데, 하나님이 영벌로 가라고 하신 사람들 가운데는 벌이 영원하지 않을 사람이 있으리라고 말하는 것은 심히 주제넘은 짓일 것이다. 이런 주제넘은 주장은 영원한 생명에 대해서 절망이나 의심을 일으킬 것이다.

그러므로 시편 작가의 "하나님이 자비 베푸심을 잊으셨는가 노하심으로 그 긍휼을 막으셨는가"(시 77:9)라는 말씀을, 마치 하나님의 선고는 선한 사람들에게는 맞고 악한 사람들에게는 맞지 않는다든지, 선한 사람들과 악한 천사들에게는 맞고 악한 사람들에게는 맞지 않는다는 식으로 해석해서는 안 된다. 시인의 말씀은 긍휼의 그릇과 약속의 자녀들에게 관한 것이다. 그리고 시인 자신도 약속의 자녀에 포함된다. "하나님이 자비 베푸심을 잊으셨는가 노하심으로 그 긍휼을 막으셨는가"라고 물은 다음에, 그는 즉시 첨부한다: "그리고 나는 말하였다. 이제 나는 시작하니, 이것은 지극히 높으신 이의 바른 손이 이루신 변화로다"(시 77:10, 70인역)

이것은 분명히 "노하심으로 그 긍휼을 막으셨는가?"라고 말한 뜻을 설명한 것이다. 왜 그런고 하니, 하나님의 노하심은 곧 이 죽을 인생이며, 여기서 사람은 헛것 같이 되고 그의 날은 지나가는 그림자 같다(시 144:4). 그러나 하나님의 이 노하심에서 하나님은 자비 베푸시기를 잊지 않으시고, 의로운 자와 불의한 자들에게 해를 비추시며 비를 내리신다(마 5:45). 이와 같이 하나님은 노하시는 가운데서도 자비를 그치지 않으시며, 특히 시인이 "이제 나는 시작하니, 이것은 지극히 높으신 이의 바른 손이 이루신 변화로다"라고 하는 것과 같이. 즉 긍휼의 그릇들은 아직 이 지극히 가련한 인생 곧 하나님의 노염 안에 있는 동안에도, 그리고 하나님의 노염이 이 가련한 부패 속에 나타날 때에도, 하나님은 그들을 변하여 향상시키신다.

"그는 노하심으로 그 긍휼을 막으시지 않기" 때문이다. 그리고 이 노래의 진리성은 이와 같이 적용됨으로써 증명되기 때문에, 하나님의 도성에 속하지 않은 무리가 영원한 불로 벌을 받을 때에 관련시킬 필요가 없다. 만일 악인들이 받는 고통에까지 확대해서 적용할 것을 고집하는 사람이 있다면, 그들은 적어도 악인들을 영벌로 위협하는 하나님의 노염은 계속되리라는 것과, 그러나 노염과 긍휼을 섞으셔서 공정하게 부과하신 고통을 완화하시리라는 것으로 이해해야 한다. 곧 악인들은 벌을 완전히 면하는 것도 아니요 일시만 받는 것도 아니지만, 고통이 그 당연한 정도보다 덜 엄격하며 더 견디기 쉬울 것이다. 이와 같이, 하나님의 노염은 여전히 계속되지만, 동시에 노하심으로 그 긍휼을 막으시지 않을 것이다. 그러나 이 가설도 내가 적극적으로 반대하지 않는다고 해서 내가 지지한다고 생각해서는 안 된다.

어떤 사람들은 성경 말씀에서 참된 말씀을 발견하는 것이 아니라 공허한 위협을 발견한다. "저주 받은 자들아, 나를 떠나 영영한 불로 들어가라," "저들은 영벌에 들어가리라"(마 25:41, 46), "그들은 세세토록 괴로움을 받으리라"(계 20:10), "그 벌레가 죽지 아니하며 그 불이 꺼지지 아니하리라"(사 66:24) — 이런 구절들을 공허한 위협이라고 하는 사람들은 내가 반박한다기보다 성경 자체가 분명하고 충분하게 반박한다.

니느웨 사람들은 이 세상에서 회개하였고(욘 3:5-10), 따라서 그들의 회개에는 결실이 있었다. 눈물을 흘리며 씨를 뿌리는 자는 기쁨으로 거두리라(시 126:5)고 하나님이 정하신 그 밭에 그들은 심었기 때문이다. 또한 적어도 하나님께서 노염뿐 아니라 자비로도 죄인들을 멸망시키신다는 것을 관찰한 사람이라면, 누가 그들의 경우에 하나님의 예언이 적중했다는 것을 부정할 것인가? 죄인들이 멸망하는 방법은 두 가지이다. 소돔 사람들과 같이, 사람들 자신이 죄에 대한 벌을 받는 것과, 니느웨 사람들과 같이, 회개에 의해서 사람들의 죄만 파기되는 것이다. 그러므로 하나님의 예언은 실현되었다. 악한 니느웨가 전복되고 선한 니느웨가 새로 건설되었다. 그 성벽과 집들은 그대로 서 있었지만, 그 패악한 풍조가 전복되었다. 이와 같이 예언자가 예언했고 주민들이 무서워한 그 파멸이 실현되지 않았기 때문에 예언자는 노했지만, 하나님이 예지하시고 예언하신 하나님께서는 그 일이 더 좋은 의미로 실현되리라는 것을 알고 계셨다.

그러나 도착된 자비심을 품은 이 사람들이 "주를 두려워하는 자를 위하여 숨겨두신 주의 선하심이 어찌 그리 큰지요?"(시 31:19, 70인역)라는 말씀의 뜻을 깨닫기 위해서 그 다음에 있는 말씀, "주를 바라는 자를 위하여 주는 그것을 완전하게 하셨나이다"라는 말씀을 읽으라. "주를 두려워하는 자를 위하여 숨기셨다," "주를 바라는 자를 위하여 완전하게 하셨다"는 것은 무슨 뜻인가? 벌이 무서워서 율법에 의한 자기의 의를 세우려고 노력하는 사람들은(롬 10:3-4) 하나님의 의를 모르므로, 그것을 선하게 느끼지 못한다는 뜻이 아닌가? 그들은 하나님의 의를 맛보지 못했다. 자기에게 희망을 두고 하나님께 두지 않기 때문이다. 그래서 하나님의 풍성한 선하심이 그들에게는 숨겨진 것이다. 그들이 하나님을 두려워하는 것은 사실이지만, 그것은 노예적인 두려움이며, 이런 것은 사랑 안에 있지 않는다. 그러나 온전한 사랑은 두려움을 내어 쫓는다(요일 4:18). 그러므로 하나님께 희망을 두는 자들에게는 하나님 자신의 사랑으로 감동시킴으로써 주의 선하심을 완전하게 하시며, 그들은 사랑이 내어쫓지 않고 영원히 계속하는 거룩한 두려움으로 자랑할 때에는 주를 자랑하게 하신다. 하나님의 의는 그리스도이시기 때문이다.

사도의 말대로, "예수는 하나님께로서 나와서 우리에게 지혜와 의로움과 거룩함과 구속함이 되셨으니 기록된 바 자랑하는 자는 주 안에서 자랑하라 함과 같게 하려 함이니라"(고전 1:30-31).

이 하나님의 의는 공로 없는 자에게 주시는 은혜의 선물이며, 자기의 의를 세우려고 서두르며, 따라서 하나님의 의 곧 그리스도에게 복종하지 않는 사람들은 알지 못한다(롬 10:3). 그러나 하나님의 선하심이 풍성함을 우리가 발견하는 곳은 이 하나님의 의며, 이에 대해서 시편 작가는 "너희는 여호와의 선하심을 맛보아 알지어다"라고 한다(시 34:8). 우리는 이 순례 생활에서 선하심을 배불리 먹기보다 맛볼 뿐이다. 지금은 목마르고 굶주린 것같이 사모하여 내세에 그의 계신 그대로 볼 때에(요일 3:2) 배불리 먹으려 한다. 그때에는 "주의 영광이 나타날 때에 나는 만족하리이다"(시 17:15, 70인역)라 한 말씀이 실현될 것이다. 이와 같이, 그리스도께서는 그에게 희망을 두는 자들에게 대한 그의 위대하고 풍요한 선하심을 완성하신다.

그뿐 아니라 우리의 논적들이 공상하는 것과 같은 의미에서 하나님을 두려워하는 사람들에게서 하나님이 그 선하심을 숨기신다면, 그래서 하나님의 긍휼을 모르는 사람들이 벌을 두려워하여 생활을 개선하며, 바른 생활을 하지 않는 사람들을 위하여 기도하는 사람들이 있게 한다면, 하나님은 어떻게 그에게 희망을 두는 사람들에 대한 그 선하심을 완전히 하시는가? 그들의 몽상이 옳다면, 하나님께 희망을 두지 않는 사람들을 하나님의 자비가 용서하리라고 한다. 우리는 하나님께 희망을 두는 자들을 위해서 완전케 하시는 그 자비를 구하는 것이며, 그를 멸시하며 모독하는 자들에 대해서 완전케 하신다고 그들이 생각하는 것을 구해서는 안 된다. 몸을 쓰고 사는 동안 준비하지 않은 것을 몸이 죽은 후에 얻으려고 하는 것은 무익한 노력이다.

"하나님이 모든 사람을 순종치 아니하는 가운데 가두어 두심은 모든 사람에게 긍휼을 베풀려 하심이라"(롬 11:32)는 말씀은, 하나님이 아무도 정죄하시지 않으리라는 뜻이 아니다. 그의 뜻은 그 앞에 있는 문맥이 알린다. 사도는 이미 믿는 이방인들을 위해서 이 편지를 쓰면서, 아직 믿지 않는 유대인들에 대해서 말한다. "너희가 전에 하나님을 믿지 아니하였으나 저들이 믿지 아니함으로 말미암아 너희가 지금 긍휼을 얻었다. 그와 같이 저들이 지금 믿지 않는 것은 너희가 받은 긍휼로 말미암아 저들도 긍휼을 얻게 하시려는 것이다"(롬 11:30-31). 그 다음에 이 사람들이 자기 기만에 이용하는 문제의 말씀을 첨가한다. "하나님이 모든 사람을 순종치 아니하는 가운데 가두어 두심은 모든 사람에게 긍휼을 베풀려 하심이로다".

모든 사람이란 누구를 의미하는가? 그가 화제로 삼은 사람들이 아닌가? 마치 "너희와 그들을 모두"라고 하는 것과 같다. 하나님은 미리 아시고 그의 아들의 형상을 본받게 하시려고 미리 정하신(롬 8:29) 유대인과 이방인들을 모두 믿지 아니하는 가운데 가두셔서, 그들이 불신앙의 괴로움에 당황하여 회개하며, 하나님의 긍휼의 즐거움을 믿게 되어, 시편 작가와 함께 감탄하게 만들려고 하셨다. "주여, 주를 두려워하는 자를 위하여 숨겨두신 주의 선하심이 어찌 그리 큰지요? 그러나 (자기가 아니고) 주를 바라는 자를 위하여 완전하게 하셨나이다"(시 31:19). 하나님은 모든 긍휼의 그릇들을 긍휼히 여기신다. "모든"이란 무슨 뜻인가? 유대인과 이방인 가운데서 하나님이 미리 정하시고 부르시고 의롭다 하시고 영화롭게 하신(롬 8:30) 사람들이다. 이 사람들 중 한 사람도 하나님께 정죄를 받지 않을 것이다. 그러나 우리는 모든 사람들 중 한 사람도 아니라고 말할 수 없다.

25. 이단파의 세례를 받고, 후에 악한 생활에 빠진 자들, 정통적인 세례를 받고, 후에 이단과 분파로 넘어간 자들, 정통 교회에서 세례를 받고, 그 안에 머무르면서도 부도덕한 생활을 계속한 자들 — 이런 자들은 성례전의 덕택으로 영벌을 면할 것인가?

우리가 지금까지 상대한 사람들과 같이, 지금부터 대답하려는 상대들도 마귀와 그 사자들에게, 심지어 모든 사람들에게 영원한 불에서 구원되리라고 약속하는 것이 아니라, 그리스도의 세례로 씻음을 받고, 그리스도의 몸과 피에 참여하는 자가 된 사람들에게만 약속하며, 이런 사람들이 어떤 생활을 했든지 또는 어떤 이단이나 불경건에 빠졌든지 간에 그것은 문제시하지 않는다. 그러나 사도는 그들을 반박한다. "육체의 일은 현저하니 곧 음행과 더러운 것과 호색과 우상숭배와 술수와 원수를 맺는 것과 분쟁과 시기와 분냄과 당 짓는 것과 분리함과 이단과 투기와 술 취함과 방탕함과 또 그와 같은 것들이라. 전에 너희에게 경계한 것같이 경계하노니 이런 일을 하는 자들은 하나님의 나라를 유업으로 받지 못할 것이라"(갈 5:19-21).

이런 사람들이 얼마 동안 지난 후에 풀려나서 하나님의 나라를 유업으로 받는다면 확실히 사도의 말은 거짓이다. 그러나 이 말씀이 거짓이 아니므로, 그들은 결단코 하나님 나라를 이어받지 못할 것이다. 하나님 나라에 결코 들어가지 못한다면, 그들은 항상 영벌을 받고 있을 것이다. 하늘 나라에 들어가지 못하는 사람이 벌도 받지 않으면서 살 수 있을 중간 지대는 없기 때문이다.

그러므로 우리는 주님의 다음과 같은 말씀을 어떻게 이해할 것인가를 마땅히 질문할 수 있을 것이다. "이는 하늘로서 내려오는 떡이니 사람으로 하여금 먹고 죽지 아니하게 하는 것이니라. 나는 하늘로서 내려온 산 떡이니 사람이 이 떡을 먹으면 영생하리라"(요 6:50-51). 그리고 우리가 지금 대답하는 상대들이 이 구절에 대해서 하는 해석은 우리가 앞으로 곧 상대하려는 사람들이 반박한다. 이 사람들은 주님의 세례와 몸을 받은 사람들에게 모두 구원을 약속하는 것이 아니라, 정통 신자들에게만 약속하며, 그들의 생활이 아무리 악하더라도 그것은 문제시하지 않는다. 이런 정통 신자들은 주의 몸을 성례전으로서 먹었을 뿐 아니라 그의 몸의 지체가 되어 참으로 먹었기 때문이라고 한다. 주의 몸에 대해서 사도는 "많은 우리가 한 떡이며 한 몸이라"(고전 10:17)고 한다. 하나된 그리스도의 몸 안에 있는 사람, 그리스도인이 제단에서 성찬을 받아먹는 그 몸의 지체가 된 사람은 참으로 그리스도의 몸을 먹으며 피를 마신다고 한다. 따라서 이단자와 분파 신자들은 하나된 이 몸에서 분리되었으므로, 같은 성례를 받을 수는 있어도 아무 유익도 얻지 못하며 도리어 해를 받는다. 그래서 오랜 고통 후에 해방되기는 고사하고 도리어 더 엄격한 심판을 받는다. 그들은 저 성례전이 상징하는 평화의 단결 안에 있지 않기 때문이다.

그리스도의 몸 안에 있지 않은 사람은 그리스도의 몸을 먹는다고 할 수 없다는 것을 충분히 이해하는 사람들도 하나된 그 몸에서 떨어져 이단이나 심지어 이교의 미신에 빠진 사람들에게 영벌의 불에서의 해방을 약속하는 점에서 오류를 범한다. 첫째로 정통 교회를 버리고 불경건한 이단설을 창도하며 이단의 시조가 된 사람들이 많이, 아니 거의 전부가 정통 그리스도교인이 된 일이 없으나 이 이단자들의 올무에 걸린 사람들보다 나은 운명을 즐긴다는 것은, 얼마나 타기할 일이며 건전한 교리와 얼마나 반대되는가를 그들은 숙고해야 한다. 바꿔 말하면 이 사람들이 정통적 세례를 받고, 그리스도의 참 몸 안에서 그리스도의 몸의 성례를 받았다는 사실이, 이 이단설 시조들을 영원한 벌에서 구원하기에 충분한가를 숙고해야 한다. 확실히 믿음을 버리고 다시 배반자가 공격자로 변한 사람은, 믿는 일이나 믿음을 버린 일이 없는 사람보다 더욱 나쁘다. 또한 사도가 그들을 반박한다. 육체의 일들을 열거한 다음에, 사도는 이단에 관해서 "이런 일을 하는 자들은 하나님의 나라를 유업으로 받지 못할 것이라"(갈 5:21)고 한다.

그러므로 끝까지 정통교회 안에 머물러 친교를 계속하며, "끝까지 견디는 자는 구원을 얻으리라"고 하신 말씀으로 자기를 위로할지라도, 벌을 받을 타락 생활을 하는 사람들은 구원을 얻으리라는 자신을 가져서는 안 된다. 그들은 그 불의한 생활로 그들의 의로운 생활인 그리스도를 버리는 것이다. 혹은 음행으로, 혹은 사도가 이름도 부르지 않는 더러운 행위로, 혹은 방탕한 사치로, 혹은 사도가 "이런 일을 하는 자들은 하나님의 나라를 유업으로 받지 못할 것이라"고 한 죄들로 그들은 그리스도를 버렸다. 따라서 이런 일을 하는 자들은 하나님 나라에 있을 수 없으므로 영원한 벌 이외에 있을 곳이 없을 것이다. 끝까지 이런 짓을 계속하면 끝까지 그리스도 안에 머무르는 것이 아니다. 그리스도 안에 머무른다는 것은 그리스도를 믿는 믿음 안에 머무른다는 뜻이기 때문이다. 그리고 이 믿음은 사도가 정의한 것과 같이 "사랑으로 역사한다"(갈 5:6). 또 사도가 다른 데서 말하듯이, "사랑은 악을 행치 아니한다"(롬 13:10).

이 사람들은 그리스도의 지체라고도 인정할 수 없으므로, 그리스도의 몸을 먹는다고 할 수 없다. 다른 죄들은 고사하고 그들은 동시에 그리스도의 지체와 창녀의 지체가 될 수 없기 때문이다. 주께서는 "내 살을 먹고 내 피를 마시는 자는 내 안에 거하고 나도 그 안에 거한다"(요 6:56)고 하심으로써, 성례로써가 아니라 사실로써 그의 몸을 먹으며 그의 피를 마시는 것이 무엇인가를 친히 알리신다. 그것은 곧 우리가 그리스도 안에 거하여, 그리스도께서도 우리 안에 거하시게 하는 것이기 때문이다. 그래서 마치 내 안에 거하지 않고 나도 그 안에 거하지 않는 사람은, 내 몸을 먹고 내 피를 마시노라고 말하거나 생각하지 말라고 하신 것과 같다. 따라서 그리스도의 지체가 아닌 사람들은 그의 안에 거하지 않는다. 또 스스로 창녀의 지체가 된 자들은 회개하여 그 악을 버리고 이 선에 들어와서 화해하지 않으면 그리스도의 지체가 아니다.

26. 그리스도가 터가 되셨다는 것은 무슨 뜻이며, 불로 얻은 것 같은 구원을 약속받은 것은 누구인가?

그들은 말한다. 그러나 정통 그리스도교인은 그리스도를 터로 모셨으며, 그 위에 나무나 짚이나 풀로 아무리 타락한 생활을 세웠더라도, 그리스도와의 결합에서 떨어지지 않았다. 따라서 그 터 위에 세운 것들은 불에 타서 손해를 보더라도(고전 3:12-15) 그리스도를 터로 모시고 방향을 바르게 잡은 그들의 믿음은 계속되는 불 속에서 넉넉히 그들을 얼마 후에 구출하리라고 사도 야고보가 그들에게 단적으로 대답하리라: "만일 사람이 믿음이 있노라 하고 행함이 없으면 그 믿음이 능히 자기를 구원하겠느냐"(약 2:14). 또 사도 바울이 "자기는 구원을 얻되 불 가운데서 얻은 것 같으리라"(고전 3:15)고 한 것은 누구를 가리킨 것이냐고 그들은 묻는다. 우리도 그들과 함께 이 문제를 탐구할 터인데, 한 가지 확실한 점이 있다. 바울이 의미하는 사람은 야고보가 말하는 사람이 아니다. 그렇지 않다면 두 사도가 서로 모순된 말을 하게 될 것이다. 한쪽에서는 사람의 공력(행위)이 악할지라도 그 믿음이 불 가운데서 얻은 것같이 그를 구원하리라고 하며, 다른 쪽에서는 선행이 없으면 그의 믿음이 그를 구원할 수 있겠느냐고 물은 것이다.

그러므로 우선 그리스도를 터로 모신다는 뜻을 밝힌다면, 불 가운데서 얻은 것 같이 구원을 받을 수 있는 것은 누구냐를 확인하게 될 것이다. 이 점은 이 비유 자체를 보면 아주 쉽게 알 수 있다. 집을 지을 때에는 우선 기초부터 둔다. 그러므로 마음 속에 그리스도를 모시고, 지상적인 것이나 세상적인 것을 — 당연한 것과 허락된 것까지도 — 그리스도보다 더 중요시하지 않는 사람은 그리스도를 터로 모셨다. 그러나 이런 것들을 더 중요시한다면 그리스도를 믿는 것 같더라도 그런 사람에게는 그리스도가 터가 아니시다.

만일 건전한 교훈들을 멸시하며 금지된 행실을 한다면, 그런 사람은 분명히 그리스도를 처음이 아니라 끝에 둔다는 비난을 받을 것이다. 그리스도의 지배와 계명과 허락을 멸시하고 자기의 사악한 정욕을 만족시키는 편을 택했기 때문이다. 따라서 어떤 그리스도인이 창녀를 사랑해서 그와 한 몸이 된다면(고전 6:16), 그는 그리스도를 터로 모시지 않게 되었다. 자기 아내를 사랑하되 그리스도의 뜻에 따라 사랑한다면, 그가 그리스도를 터로 모셨다는 것을 누가 의심할 수 있겠는가? 그러나 그가 자기 아내를 세상적으로 육적으로 사랑하며, 정욕의 병이 시키는 대로, 하나님을 모르는 이방인같이 사랑한다면, 이것도 사도는, 아니 사도를 시켜 그리스도께서 하나의 가벼운 과실로써 허락하신다. 그러므로 이런 사람까지도 그리스도를 터로 모셨다고 하겠다.

그가 그런 애정이나 쾌락을 그리스도보다 더 중요시하지 않는 동안은 그가 지은 것은 나무와 짚과 풀일지라도 그의 터는 그리스도시다. 그러므로 그는 불 가운데서 얻은 것같이 구원을 얻을 것이다. 그는 합당한 결혼 생활에서 사치스러운 쾌락과 지상적인 사랑을 즐긴 것이므로 이것은 비록 저주를 받지는 않을지라도 고난의 불에 타고 말 것이다. 또 죽음으로 이별하며 기쁨을 소멸시키는 모든 재난도 이 불에 대해서 연료로써 작용한다.

따라서 그가 세운 상부 건축은 없어질 것이며 그에게 기쁨과 쾌락을 주던 것이 없어짐으로써 그에게 고민이 있을 것이다. 그러나 그는 터의 덕택으로 이 불에서 구원을 얻을 것이다. 박해하는 자가 그리스도와 이런 것들의 어느 편을 유지하고 싶으냐고 물을 때에 그는 그리스도를 택하겠기 때문이다. 독자는 터 위에 금이나 은이나 보석으로 세우는 사람은 누구인지를 사도 자신의 말에서 보라. "장가 가지 않은 자는 주의 일을 염려하여 어찌하여야 주를 기쁘게 할꼬 하느니라"(고전 7:32)고 사도는 말한다. 나무와 짚과 풀로 짓는 사람을 보라. "그러나 장가간 자는 세상 일을 염려하여 어찌하여야 아내를 기쁘게 할꼬 하느니라"(고전 7:33). 각각 공력이 나타날 터인데 "그 날이 — 물론 고난의 날 — 공력을 밝히리니 이는 불로 나타낼 것임이라"(고전 3:13).

사도가 고난을 불이라고 부르는 것은 다른 데 있는 말씀과 같다. "질그릇이 가마 속에서 단련되듯이 의인은 고난으로 수련된다"(집회서 27:5). "그 불이 각 사람의 공력이 어떠한 것을 시험할 것이라. 만일 누구든지 그 위에 세운 공력이 그대로 있으면" — 주의 일을 염려하여, 어찌하여야 주를 기쁘시게 할꼬 하는 것은 그대로 남는 것이므로 — "상을 받고" — 바꿔 말하면 그는 그 염려한데 대한 과실을 거둘 것이다. "그러나 누구든지 공력이 불타면" 그가 사랑하던 것을 유지하지 못할 것이므로 "해를 받으리라." 그러나 어떤 고난도 그를 그 확고한 터에서 옮기지 못할 것이므로 "자기는 구원을 얻되 불 가운데서 얻은 것 같으리라"(고전 3:14-15). 지극히 사랑하던 것을 잃으면 반드시 불타는 듯한 슬픔이 있기 때문이다. 이런 불은 어느 쪽도 정죄하지 않으며, 한 쪽은 더 풍부하게 만들고 다른 쪽에는 손해를 주지만, 양쪽을 다 시험한다.

그러나 만일 이 구절로 주님의 말씀에 있는 불을 해석한다면, 곧 왼편에 선 사람들에게 "저주 받은 자들아, 나를 떠나 영영한 불에 들어가라"(마 25:41) 하신 말씀을 해석해야 한다면, 우리는 이 사람들 사이에 터 위에 나무와 짚과 풀로 지은 사람들이 있다고 믿어야 할 것이다. 그래서 그들은 그 악한 행적에 대한 보상인 불에서 얼마 후에 해방될 것이다. 그러나 그렇다면 오른편에 있는 사람들에 대해서 우리는 어떻게 생각할 것인가? 그들에게는 "내 아버지께 복 받을 자들이여 나아와 너희를 위하여 예비된 나라를 상속하라"고 하실 것이므로 그들은 그 터 위에 금과 은과 보석으로 세운 자들이 아닌가?

그러나 만일 주께서 말씀하시는 불과 사도가 "그러나 불 가운데서 얻은 것같이"라고 하는 불이 같은 불이라면 오른편과 왼편에 있는 사람들이 모두 불에 던지울 것이다. 그 불이 양쪽 사람들을 시험하리라고 성경이 말하기 때문이다. "주의 날이 공력을 밝히리니 이는 불로 나타내고 그 불이 각 사람의 공력이 어떠한 것을 시험할 것임이니라"(고전 3:13). 그러므로 만일 불이 양쪽을 다 시험해서 공력이 그대로 있는 사람은 — 그 상부 건축이 불에 타지 않는 사람 — 상을 받고, 그 공력이 불에 타 없어지는 사람은 손해를 본다면, 그 불은 확실히 영원한 불이 아니다.

영원한 불에 들어갈 것은 왼쪽에 있는 사람들뿐이며 최종적으로 영원히 멸망할 운명을 받은 사람들이다. 그러나 다른 불은 오른 쪽에 있는 사람들을 시험한다. 그 중의 어떤 사람은 그리스도를 터로 모시고 그 위에 세운 건축이 불에 타서 없어지지 않고 또 어떤 사람들은 시험한 결과가 달라서, 그 세운 것이 불에 타서 손해를 보지만, 무엇보다도 그리스도를 사랑해서 확고한 터로써 모시고 있기 때문에 그들 자신은 구원을 얻게 된다. 그러나 만일 그들이 구원을 받는다면 그들은 오른편에 서 있을 것이며, 다른 사람들과 함께 "내 아버지께 복 받을 자들이여 나아와 너희를 위하여 예비된 나라를 상속하라"고 하시는 말씀을 들을 것이다.

그들이 설 곳은 왼편이 아니다. 왼편에 있는 사람들은 구원을 받지 못할 것이며, 따라서 "저주를 받은 자들아 나를 떠나 영영한 불에 들어가라"는 말씀을 들을 것이다. 그들은 영벌에 들어갈 것이므로, 그 중의 한 사람도 구원을 얻지 못할 것이며, 그들이 가는 곳에서는 그들의 벌레가 죽지 않으며 그들의 불이 꺼지지 않을 것이요, 그들은 세세토록 밤낮 괴로움을 받을 것이다(사 66:24; 막 9:44-46; 계 20:10).

그러나 만일 이 몸이 죽는 때와 최후의 심판과 보응의 날 사이의 중간 시기에, 죽은 사람들의 영이 어떤 고난의 불을 만나서 그 중의 어떤 사람은 이 세상에서 나무와 짚과 풀과 같이 타서 없어질 쾌락이나 직업에 빠지지 않았기 때문에 그 불의 영향을 받지 않고, 그런 상부 건축을 세운 사람들은 영향을 받으며, 이런 세속적 생활이 작은 죄이기 때문에 이 세상에서만 보응의 불에 타든지 여기서와 내세에 타든지, 또는 이 세상에서 타고 내세에는 그런 일이 없게 되리라는 이런 생각에 나는 반대하지 않는다.[44] 이 생각이 옳을 가능성이 있기 때문이다. 몸이 죽는 것 자체도 처음 범죄의 결과이기 때문에 이 고난의 일부이며, 죽은 후의 시기는 아마 각각 그 사람이 세운 건물의 성격에 따라 색채가 결정될 것이다.

순교자들에게 관을 씌워준 박해, 모든 종류의 그리스도 신자들이 받는 박해는, 불과 같이 두 가지 건물들을 다 시험해서, 그리스도를 터로 모시지 않은 사람들은 건물과 함께 불에 타서 없어지며, 그리스도가 그 안에 계신 사람들은 타지 않고 건물만 타서, 손해는 보아도 사람은 구원을 얻으며, 또 어떤 건물들은 영원히 남는 재료를 썼기 때문에 타지 않는다. 이 시대의 끝에 적그리스도의 때가 되면, 미증유의 고난이 있을 것이다. 그 때에 가장 훌륭한 터이신 그리스도 위에 금이나 짚으로 세운 건물이 얼마나 많을는지! 그 건물들을 저 불이 시험해서 어떤 사람들에게는 기쁨

44) 이것이 아우구스티누스의 연옥 사상이다. 그는 이 생각을 아마 옳을 것이라고 했다.

을 주며 다른 사람들에게는 손해를 주겠지만, 이 확고한 터가 있기 때문에 어느 쪽도 멸망하지 않을 것이다.

그러나 육적 쾌락을 위해서 동거하는 아내는 별문제로 하고, 이런 즐거움을 주지 않는, 그러나 사랑할 의무가 있는 친척들을 그리스도보다 더 존중하는 사람은 그리스도를 터로 모시지 않고 따라서 불로 구원을 얻지 못할 것이며, 아니 전혀 구원을 얻지 못할 것이다. 그는 구주와 함께 거하지 않겠기 때문이다. 주께서는 바로 이 문제에 대해서 아주 명백하게 말씀하셨다. "아비나 어미를 나보다 더 사랑하는 자는 내게 합당치 아니하고, 아들이나 딸을 나보다 더 사랑하는 자도 내게 합당치 아니하니라"(마 10:37). 그러나 친척들을 육적으로 사랑하되, 그리스도보다는 존중하지 않으며, 친척과 그리스도의 어느 쪽을 잃겠느냐는 시험을 당할 때에, 친척을 잃겠다는 사람은 불로 구원을 받을 것이다. 친척들을 잃음으로써 그들을 사랑하는 정도에 따라 고통을 받지 않을 수 없겠기 때문이다.

또 아버지나 어머니나 아들이나 딸을 그리스도의 뜻에 따라 사랑하며, 그들이 그리스도의 뜻에 따라 사랑하며, 그들이 그리스도의 나라를 얻으며 그리스도에 밀착하도록 돕는 사람, 또는 그들이 그리스도의 지체이기 때문에 사랑하는 사람은, 절대로 나무나 짚이나 풀같이 불에 타지 않고, 금과 은과 보석으로 세운 것으로 인정될 것이다. 그리스도를 위해서만 친척을 사랑하는 사람이 어떻게 그들을 그리스도보다 더 사랑할 수 있겠는가?

27. 자선 행위와 함께 계속된 죄는 자기들에게 해롭지 않으리라는 신념을 반박함.

이제 남은 것은, 자기의 죄의 정도에 해당하는 자선 행위를 하지 않은 자들만이 영원한 불에서 타리라고 주장하는 사람들에게 주는 대답이다. 이 견해의 근거를 그들은 사도 야고보의 말씀에 둔다. "긍휼을 행하지 아니하는 자에게는 긍휼 없는 심판이 있으리라"(약 2:13). 그러므로 긍휼을 행한 삶은 그 방탕한 행위를 고치지 않고 악하고 불의한 생활을 계속하면서도 자선을 행했으면, 긍휼 있는 심판을 받아 전혀 정죄를 받지 않든지, 그렇지 않으면 얼마 후에 최종적 심판에서 풀려나리라고 그들은 말한다. 같은 이유로 그들은 그리스도께서 오른편과 왼편에 세울 자들을 구별하여, 한 편은 그의 나라로 보내고 다른 편은 영벌로 보내실 때에 그들이 자선 행위에 유의했는가 또는 무관심했는가 하는 것을 유일한 근거로 삼으실 것이라고 생각한다. 그뿐 아니라, 그들은 주님 자신이 가르치신 기도를 이런 견해에 대한 근거로 삼으면서, 결코 버리지 않고 매일 짓는 죄도, 그 악한 정도와 종류의 여하를 막론하고, 자선 행위로 대속할 수 있다고 생각한다.

그리스도인이 이 기도를 이용하지 않는 날이 없으며 "우리 죄를 사하여 주옵소서"라고 할 때에, 그 앞에 있는 "우리가 우리에게 죄지은 자를 사하여 준 것같이"라는 말씀을 잊지 않고 실행한다면, 비록 매일 짓는 죄일지라도, 그것이 어떤 죄든지 간에 용서를 받지 못할 것이 없다고, 그들은 말한다. 그리고 그 설명으로써, 주께서는 "너희가 사람의 과실을 용서하면 너희 천부께서도 너희의 사소한 일상적인 과실을 용서하시리라"고 말씀하시지 않고, "너희 과실을 용서하시리라"(눅 6:12, 14)고 하신다고 한다. 그러므로 그 죄가 어떤 종류거나 얼마나 중대하거나 간에, 또 매일 범하든지, 또는 결코 버리거나 개선하지 않든지, 이런 것은 문제삼을 것 없고, 다른 사람을 용서하는 행위로 모두 용서를 받을 수 있다고, 그들은 상상한다.

그들이 과거의 죄를 대속할 만한 자선을 행하라고 가르치는 것은 옳다. 그러나 만일 엄청난 죄를 매일 지은 사람이라면 어떤 자선 행위를 하더라도 하나님께 용서를 받으리라고 하며, 그것도 매일 받을 수 있으리라고 한다면, 그들은 그런 생각이 얼마나 어리석고 우스운지를 알 것이다. 그렇다면 큰 부자가 매일 푼돈 열닢을 자선에 씀으로써 살인이나 간음, 기타의 모든 악행에 대한 용서를 받을 수 있으리라고, 그들은 인정하지 않을 수 없을 것이다. 이런 인정을 하는 것이 가장 어리석고 정신나간 짓이며, 그리스도의 선구자가 "그러므로 회개에 합당한 열매를 맺으라"(마 3:8)고 한 그 합당한 자선은 무엇이냐고 우리가 추궁한다면, 물론 그것은 끝까지 매일 흉악한 행위로 자기의 생활을 망치는 사람이 하는 자선 행위가 아님을 알게 될 것이다.

우선 그들은 남에게서 강탈한 많은 재산의 아주 적은 부분을 가난한 사람들에게 줌으로써 그리스도의 노염을 풀 수 있다고 상상하며, 그리스도에게서 범죄 면허를 매일 산다고 믿으면서, 저주 받을 극악한 죄를 태연하게 지을 수 있노라고 생각한다. 그러나 한 가지 범죄에 대해서 모든 재산을 그리스도의 가난한 지체들에게 준다고 하더라도, 그들이 모든 죄를 버리고, 악을 행하지 않는 사랑을 품게 되지 않는다면, 그 자선은 그들에게 아무 유익도 되지 못할 것이다.

그러므로 자기의 죄를 대속할 만한 자선을 하고자 하는 사람은 우선 자기에게서 출발해야 한다. 이웃에게 하는 일을 자기에게 하지 않는다는 것은 바르지 않다. 주님의 말씀에 "네 이웃을 네 몸과 같이 사랑하라"(레 19:18;마 22:39)고 하시고, 또 "너의 영혼을 불쌍히 여기고, 하나님을 기쁘게 하라"(집회서 30:24, 불가타역)고 하셨다. 자기 영혼을 불쌍히 여김으로써 하나님을 기쁘시게 하려 하지 않는 사람을 어떻게 그 죄에 맞먹는 자선을 한다고 할 수 있는가? 같은 뜻으로 “자기에게 악한 사람이 누구에게 선할 수 있겠는가?”(집회서 14:5)라고 기록되었다. 확실히 자선은 기도를 돕는 것이다. 우리가 유의해야 할 말씀이 있다. “내 아들아, 잘못을 저질렀느냐? 다시는 되풀이 하지 말아라. 그리고 과거의 잘못에 대하여 용서를 빌어라”(집회서 21:1). 그러므로 우리는 과거의 죄를 용서해 줍소사 하는 기도에 응답을 받기 위해서 자선을 할 것이요, 죄를 계속하면서 자선 행위로 범죄 면허를 얻는다고 생각해서는 안 된다.

주께서 그 오른편에 있는 사람들에게 자선 행위를 칭찬하시고 왼편에 있는 사람들에게는 자선을 행하지 않은 것을 책망하시리라고 우리가 예언하는 이유는, 주께서 이렇게 하심으로써 사랑이 과거의 죄를 말소하는 데 효과가 있다는 것을 밝히시려는 것이며, 항상 죄를 계속 지어도 벌을 받지 않게 하는 효과가 있다는 뜻이 아니기 때문이다. 또 악한 생활 습관을 버리고 선한 생활로 옮기지 않는 사람들은 자선을 행한다고 할 수 없다. “이 지극히 작은 자 하나에게 하지 아니한 것이 곧 내게 하지 아니한 것이니라” 하신 뜻이 여기 있기 때문이다(마 25:45). 그들은 자선을 하노라고 생각하더라도, 그것이 자선행위가 아니라는 것을 주께서 밝히 알리신다.

굶주리는 그리스도인에게 그리스도인이기 때문에 빵을 주는 사람이라면, 자기에게 주는 의의 빵인 그리스도를 거부하지 않을 것이며, 하나님께서는 누구에게 선물을 주느냐 하는 것보다 어떤 정신으로 주느냐 하는 것을 중요시하시기 때문이다. 그러므로 그리스도인 안에 계신 그리스도를 사랑하는 사람은 그리스도인에게 자선을 행할 때에 그리스도 앞으로 나아가는 때와 같은 정신으로 하며, 벌만 받지 않는다면, 그리스도라도 버린다는 정신으로 해서는 안 된다. 그리스도께서 금하시는 일을 사랑하는 사람은 그만큼 그리스도 자신을 버리는 것이기 때문이다.

사람이 세례를 받더라도, 만일 의롭게 되지 않는다면, 무슨 소득이 있는가? 주께서 말씀하시지 않았는가? — “사람이 물과 성령으로 나지 아니하면 하나님 나라에 들어갈 수 없느니라”(요 3:5), “너희 의가 서기관과 바리새인보다 더 낫지 못하면 천국에 들어가지 못하리라”(마 5:20). 많은 사람들이 처음 말씀이 두려워서 세례 받기를 서두르는데, 둘째 말씀이 두려워서 의롭게 되려고 노력하는 사람들이 적은 것은 무슨 까닭인가? “미련한 놈”이라고 하더라도 그렇게 노한 상대가 그 형제가 아니고 그가 범한 죄라면 그 말은 그 형제에게 한 말이 아니다. 그렇지 않다면 그는 지옥 불에 들어가게 될 것이다(마 5:22). 그와 같이 그리스도인에게 자선을 행하더라도 만일 그의 안에 계신 그리스도를 사랑하지 않는다면 그 자선은 그리스도인에게 행한 것이 아니다.

그리스도 안에서 의롭게 되는 것을 거부하는 사람은 그리스도를 사랑하지 않는다. 또 형제의 죄를 제거하려는 생각이 없이, 부당하게 "미련한 놈"이라고 욕설을 하는 죄를 지은 사람은 같은 구절이 명령하는 화해 방법을 덧붙이지 않는다면 자선을 베풀더라도 이 죄를 대속하는 데는 큰 도움이 되지 않는다. "그러므로 예물을 제단에 드리다가 거기서 네 형제에게 원망을 들을 만한 일이 있는 줄 생각나거든 예물을 제단 앞에 두고 먼저 가서 형제와 화목하고 그 후에 와서 예물을 드리라"(마 5:23-24)고 하신다. 그와 같이 죄인이 그 상습적인 죄를 계속한다면, 아무리 많은 자선을 베풀더라도 그 자선은 죄를 위해서는 넉넉한 것이 되지 못한다.

주께서 가르치신 기도, 그래서 주기도라고 부르는 매일 드리는 기도에 대해서, 우리가 매일 "우리 죄를 사하여 주옵소서"라고 기도할 뿐 아니라, "우리가 우리에게 죄 지은 자를 용서한 것같이"라는 말도 실천한다면, 주기도는 참으로 그 날에 지은 죄를 말소한다,. 그러나 우리가 이렇게 기도하는 것은 죄를 지었기 때문이요, 죄를 짓기 위해서가 아니다. 우리 주께서 이 기원을 가르치신 목적이 있기 때문이다.

즉 우리가 약하고 어두운 인생을 살아가는 동안, 아무리 의롭게 사노라고 해도 역시 죄를 지으므로, 그것을 용서 받기 위해서 기도해야 하며, 동시에 우리에게 죄를 지은 사람들을 용서해서 우리도 용서를 받도록 해야 한다는 것을 가르치려고 하셨다. 그러므로 "너희가 사람의 과실을 용서하면, 너희 천부께서도 너희 과실을 용서하시리라"(마 6:14) 하신 것은, 우리가 이 기원에서 자신을 얻어 안심하고 날마다 죄를 지으며, 자기의 권력을 믿고 인간 사회의 법을 두려워하지 않거나, 우리의 행위에 대해서 교묘하게 세인을 속일 수 있게 하시려는 뜻이 아니었다. 그것이 아니라 우리에게 범죄는 없을지라도 죄는 없지 않다는 것을 우리가 깨닫게 하려고 하셨다. 구약 시대의 제사장들에게도 그 드리는 예물에 대해서 같은 취지를 가르치셨다. 그들은 우선 자기의 죄를 위해서 제물을 드리고, 그 다음에 백성의 죄를 위해서 드리라고 명령하셨다(레 16:6).

우리는 우리의 위대하신 주님이 친히 하신 말씀에 온전히 주의를 경주해야 한다. "너희가 사람의 죄를 용서하면 너희 아버지께서도 너희 죄를 어떤 것이라도 용서하시리라"고 하신 것이 아니라 그저 "너희 죄"라고만 말씀하셨다. 주께서는 여기서 매일 드릴 기도를 가르치셨고, 또 이미 의롭게 되고 성결하게 된 자들도 피하지 못할 그 죄라는 뜻이 아니고 무엇인가? 그러므로 이 기원을 구실로 삼아 그 상습적인 죄를 계속하고자 하는 사람들은 주님이 "천부께서 너희 작은 죄를 용서해 주시리라"고 하시지 않고, "너희 죄"라고만 하심으로써 큰 죄까지 포함시키려 하셨다고 주장하지만, 우리는 그와 반대로 주님이 상대한 사람들의 성격을 보아서, 이런 사람들은 큰 죄를 짓지 않게 되었으므로, "너희 죄"라는 표현을 작은 죄가 아니라고 해석할 수 없다. 그러나 큰 죄는 — 우리가 성격을 전적으로 개혁해서 피해야 할 죄들은 — 거기 첨가된 교훈인, "우리가 우리에게 죄 지은 자를 용서하는 것같이"라는 말씀을 준수하지 않으면 용서를 받지 못한다.

의인의 생활에서 없어지지 않은 심히 사소한 죄까지도, 이 조건이 충족되지 않고는 용서를 받지 못한다면, 많은 큰 죄에 빠져있는 사람들이 설혹 그런 죄를 그만두더라도, 자기에게 죄를 지은 사람들을 용서하는 것을 완강히 거부한다면, 그들은 더군다나 용서를 받지 못할 것이 아닌가? 주님의 말씀에 "너희가 사람의 과실을 용서하지 아니하면, 너희 아버지께서도 너의 과실을 용서하지 아니하시리라"고 하시기 때문이다(마 6:15).

사도 야고보가 "긍휼을(또는 자비를) 행하지 아니하는 자에게는 긍휼없는 심판이 있으리라"(약 2:13) 한 말씀도 같은 뜻이다. 우리는 왕이 1만 달란트나 되는 빚을 탕감해 준 종을 생각하는 것이 좋겠다. 그 후에 그 종은 자기에게 100데나리온을 빚진 동료에게 전혀 동정하지 않았기 때문에 왕은 그의 빚을 모두 갚으라고 명령했다(마 18:23-34). "긍휼은 심판을 이기고 자랑하느니라"(약 2:13)고 사도 야고보가 덧붙인 말씀은 약속의 자녀들과(갈 4:28) 긍휼의 그릇들(롬 9:23) 사이에서 적용된다. 거룩한 생활을 한 의인들, 불의의 재물로 자기들을 친구로 사귄 사람들까지 영원한 처소로 영접한 사람들도(눅 16:9) 경건치 아니한 자를 의롭다 하시는 주께서 자비로 구원해 주셨기 때문에 이 의를 얻은 것이다. 주께서는 불경건한 자에게 은혜로 의의 상을 주시며, 빚으로 여겨 주시지 않는다. 이렇게 상을 받는 사람들 가운데 "내가 주의 자비하심을 받아서 충성된 자가 되었노라"(고전 7:25)고 한 사도도 포함된다.

그러나 이렇게 영원한 처소에 영접된 사람들은 그 성격으로 보아서 성도들의 도움을 받지 않고는 그들 자신의 생활만으로 넉넉히 구원을 받을 수 없으며, 따라서 특별히 그들의 경우에 긍휼이 심판을 이긴다는 것을 인정해야 한다. 그러나 생활을 고치지 않고 개선되지 않은 사람이 불의의 맘몬으로 성도들을 돕기만 했다고 해서 모두 영원한 처소로 영접되리라고 생각해서는 안된다. 이 맘몬(mammon)이라는 말은 불의하게 얻은 재물, 혹은 바르게 얻은 재산이라도 진정한 재산이 아니라 불의한 입장에서 재산이라고 보는 것을 의미한다. 진정한 재산을 많이 가진 것은 다른 사람들까지 영원한 처소에 영접하는 사람들이다. 어떤 사람들의 생활은, 풍성한 자선으로 의인들의 궁핍을 덜어주며 자기를 영원한 처소로 영접할 수 있을 친구들을 얻는다고 해도 하늘 나라에 들어가는 데는 도움이 되지 못할 만큼 그렇게까지 악하지는 않다. 그러나 동시에 그들이 얻은 친구들의 공적으로 자비를 얻지 않더라도, 그 자체가 위대한 복락을 얻기에 충분할 만큼 선하지도 않다.

나는 주님이 하신 말씀의 뜻을 베르길리우스까지 그대로 표현하는 것을 자주 이상하게 생각한다. 주님은 "불의의 재물로 친구를 사귀라. 그리하면 저희가 영원한 처소로 너희를 영접하리라"(눅 16:9). 또 아주 비슷한 말씀을 하신다: "예언자의 이름으로 예언자를 영접하는 자는 예언자의 상을 받을 것이요 의인의 이름으로 의인을 영접하는 사람은 의인의 상을 받을 것이니라"(마 10:41). 그런데 저 시인이 축복된 사람들의 영혼이 산다는 엘리시움(Elysium) 땅을 묘사할 때에, 자기의 공적으로 거기 도달할 수 있는 사람들뿐 아니라,

> "남을 섬긴 사람들,
> 감사히 기억되는 사람들"

도 거기 둔다.[45] 즉, 그들은 남을 섬긴 공적으로 기억되었다는 것이다. 마치 겸손한 그리스도인들이 어떤 성자에게 자기를 부탁할 때에 흔히 "나를 기억하소서"라고 하며, 어떤 선행을 함으로써 그가 꼭 기억하게 하려고 하는 것과 같다.

그러나 우리가 말한 생활이 어떤 종류인지, 어떤 죄가 사람이 자기 힘으로 천국에 들어가는 것을 막으며, 그러나 친구가 된 성자들의 공적을 이용하는 것은 허락되는지, 이 점을 확인하려는 것은 대단히 어렵고, 단정하는 것은 대단히 위험한 일이다.

내 자신도 많이 탐구해 보았지만, 이 시간까지도 발견하지 못했다. 혹은 우리가 이런 죄를 피하는데 유의하지 않게 되며, 따라서 전진하지 않게 될까 해서, 우리에게는 감추인 것이리라. 무엇이 이런 죄인가를 안다면, 그리고 그것을 버리고 향상되는 것이 아니라 그냥 계속하더라도 성자들이 대신 간구하도록 구하며 기대하는 것이 허락된다면, 게으른 인간성은 주제넘게 이런 죄를 둘러쓰고 덕행의 힘으로 그것을 벗어버리려는 노력을 하지 않으며, 불의의 재물을 많이 씀으로써 친구로 삼은 사람들의 공적으로 구원받기만 바랄 것이다. 그러나 지금 우리는 이런 작은 죄가 어떤 것인지를 정확히 알지 못하기 때문에, 비록 그것을 계속하고 있더라도, 확실히 우리는 더욱 깨어 기도하며 전진하려고 노력하며, 불의의 재물로 성도들 사이에서 친구를 얻으려고 더욱 주의한다.

---

45) *Aen.*, 6, 664.

그러나 자신의 기도로 이루어지든지, 또는 거룩한 분들의 중보 기도로 이루어지든지 간에, 이렇게 얻는 구원은 사람이 영영한 불에 들어가지 않도록 보장하는 것이며, 그가 일단 불에 던져질 경우, 얼마 후에 구출될 것을 보장하는 것이 아니다. 결실이 풍부해서 혹 30배, 혹 60배, 혹 100배가 된다는 좋은 땅을(마 13:8) 성자들에 대한 말씀으로 해석해서, 성자들은 그 공적으로 혹은 30명, 혹은 100명을 구원하리라고 공상하는 사람들이 있다. 그러나 그들도 대개는 이 구원이 심판 날에 있을 것이요 심판 후에 있을 것은 아니라고 주장한다. 이런 인상을 받았기 때문에, 어떤 사람은 사람들이 모든 사람이 이런 방법으로 지옥에서 해방되리라고 하면서 자기들에게 무죄를 약속하는 추태를 보다가, 아주 적절한 말을 하더라고 한다: 우리는 도리어 선한 생활을 해서 모두 남을 해방하기 위하여 대신 기도하는 자가 되어야 하며 그런 사람이 적으면 중보 기도로 배정된 대로 혹 30명, 혹 60명, 혹 100명을 구원하고도 구원하지 못한 사람이 많이 남을 것이다. 그 남은 자들 가운데는 다른 사람이 수고한 추수를 얻으리라고, 자기에게 허망하고 경솔한 약속을 한 모든 사람이 포함될 것이다라고 한다.

그러나 우리와 함께 같은 성경의 권위를 인정하면서도, 그릇된 해석으로 내세에 대해서 성경의 교훈보다 자기들의 소원대로 생각하는 사람들에게 우리는 충분한 대답을 주었다. 그리고 이 대답을 했으니, 이제는 약속대로 이 권을 마치겠다.

제 22 권

개요:이 권에서는 하나님의 도성의 종말, 즉 성도의 영원한 복음을 논하며, 몸의 부활을 확정하고 설명한다. 영원하고 영적인 몸을 입고 성도는 무슨 일을 하면서 지낼까를 밝힌다.

1. 천사들과 인간들의 창조에 대하여.

앞서의 책에서 약속한 바와 같이, 맨 마지막 권이 될 여기서는 하나님의 도성의 영원한 행복을 논하겠다. 영원하다는 뜻은, 결국은 끝이 있었지만 여러 세대 동안 계속되리라는 뜻이 아니라 복음서에 있는 것과 같이, "그의 나라는 무궁하리라"(끝이 없으리라)는 것이다(눅 1:33). 또는 늙은 세대가 죽고 새 세대가 일어나 그 자리를 차지함으로써 영속하다는 듯이 보일 뿐이라는 뜻도 아니다. 상록수의 경우에 시들어 떨어진 잎을 대신해서 새 잎들이 자람으로써 항상 울창하게 보인다. 그러나 그 도성의 경우에는 모든 시민이 영생할 것이다. 거룩한 천사들이 잃어버린 때가 없는 그 상태를 사람들도 얻게 될 것이다. 이 일은 전능한 창조주이신 하나님께서 실현하실 것이다. 그는 이 일을 약속하셨으므로 거짓말을 하실 수 없다. 그는 자기의 진실성에 대한 보증으로서 약속하신 일들을 이미 많이 실천하셨고 약속하시지 않은 은혜까지도 많이 베푸셨다.

원래 태초에 우주를 창조하고, 눈이나 마음에 보이는 모든 선한 것으로 가득히 채운 것은 하나님이시다. 그 중에서 하나님이 지성을 주신 영들이 가장 우수하다. 그들은 하나님을 응시하며 즐길 수 있도록 만드셨고 그들을 연합하여 한 사회, 거룩한 하늘 도성을 이루셨다. 그 사회에서는 하나님 자신이 그들의 존재와 행복의 원천, 즉 그들의 공통된 생명과 양식이시다. 지성을 받은 이 무리에게 또한 자유의지를 주셔서, 그들이 원한다면 하나님을, 곧 자기들의 진정한 행복을 버리고 즉시 불행하게 되는 것을 허락하셨다. 어떤 천사들이 교만한 생각으로, 자기 힘으로 넉넉히 행복을 누릴 수 있기를 원해서, 그들의 위대한 선을 버리리라는 것을 예지하시면서도, 그들에게서 그 자유 선택의 능력을 빼앗지 않으셨다. 악이 생겨나는 것을 허락하지 않는 것보다 악에서 선을 만들어내는 것이 자신의 권능과 인자에 더 합당하다고 판단하셨기 때문이다.

참으로 변함없이 선하신 하나님이 모든 것을 선하게 창조하셨기에, 모든 것은 선했지만, 피조물은 변할 수 있었다. 만일 그 변하는 피조물이 죄를 지어 악을 자초하지 않았다면, 악은 전혀 없었을 것이다. 이 죄 자체도 피조물의 본성이 선했다는 것을 증명한다. 그것은 창조주와 동등하지 않았을지라도 매우 선하지 않았다면 자기의 빛이신 하나님을 버린 것이 그것의 악이(화가) 되지 않았을 것이다. 보지 못하는 것은 눈의 결함이며, 바로 이 사실이 눈은 빛을 보도록 창조되었다는 것을 알리며, 따라서 이 결함 자체가 눈이 다른 지체들보다 우수하다는 것을 증명한다. 때문에 빛을 보지 못하는 것을 눈의 결함이라고 하는 것이다. 그와 같이 일찍이 하나님을 즐긴 본성은 바로 그 결함에 의해서도 모든 것 중에서 가장 선하게 창조되었다는 것을 증명한다. 지금 하나님을 즐기지 못해서 불행하기 때문이다. 자발적으로 타락한 천사들을 하나님은 영영한 불행으로 보내시고, 최고선에 계속 밀착한 천사들에게는 그 충성에 대한 보상으로서 영원한 행복을 약속하셨다.

사람에게도 의지의 자유를 주며 그를 바르게 지은 이는 하나님이시다. 사람은 비록 땅에 붙은 동물이지만 창조주에게 계속 충실하면 하늘에 들어가기에 합당하며, 하나님을 버리면 그런 자들에게 합당한 불행을 받기로 예정되었다. 사람도 하나님을 버리며 하나님의 법을 어김으로써 죄를 지을 것을 미리 아셨을 때에 그에게서 자유의지의 능력을 빼앗지 않으셨다. 사람이 만든 악에서 하나님 자신이 선을 만들어내시며, 당연하고 공정한 정죄를 받은 이 죽을 운명의 종족에게서 은혜로 많은 무리를 지금과 같이 모으셔서, 타락한 천사들이 남긴 공백을 보충하며,[1] 이런 방법으로 사랑하는 하늘 도성의 시민수가 부족하지 않고 도리어 더욱 많은 인구를 가지게 할 것을 예견하셨기 때문이다.

2. 하나님의 영원불변하는 의지에 대하여.

악한 사람들이 하나님의 뜻에 반대되는 일을 많이 하는 것이 사실이다. 그러나 하나님의 지혜와 권능은 위대해서, 그의 목적에 반대되는 듯한 일들도 모두 그가 예지하신 그 바르고 선한 결말과 결과에 여전히 이바지한다. 따라서 하나님이 뜻을 변

---

1) 타락한 천사들이 멸망함으로써 감해진 천국 인구를 구원 받은 성도들이 보충하리라는 생각에 대해서는, 저자의 「신앙핸드북」(*Enchiridion*) 9, 29를 참조.

하신다고 할 때에, 예컨대 친절하게 대하시던 사람들에게 노하실 때에 변한 것은 하나님보다 사람들이며 하나님의 처분으로 고통을 받는 것이 그들에게 새로운 경험이기 때문에 하나님이 변하셨다고 느끼는 것이다. 마치 상한 눈에 대해서 태양이 변했다고 할 때에, 눈에 부드럽던 태양이 강렬하게 느껴지며, 즐겁던 것이 아프게 느껴지지만 태양 자체는 전이나 다름없는 것과 같다. 하나님의 계명들을 준행하는 사람들의 마음 속에 하나님이 창조하시는 뜻도 그의 뜻이라고 부른다.

이 일에 대해서 사도는 "너희 안에서 행하시는 이는 하나님이시니, 너희로 소원을 두게 하시나니"(빌 2:13)라고 한다. 하나님의 "의"는 하나님 자신을 의롭게 하는 의일 뿐 아니라, 사람을 의롭게 만드셔서 그의 안에 만들어내시는 의도 하나님의 의라고 한다. 그와 같이, 하나님이 주시기는 했지만, 사람들의 법인 것을 하나님의 법이라고 한다. "너희 율법에도 … 기록하였으니"(요 8:17)라고 하셨을 때에, 예수께서는 확실히 사람들을 향해서 말씀하셨는데, 다른 데는 "그 마음에는 하나님의 법이 있으니"(시 37:31)라는 말씀이 있다. 사람들 안에서 하나님이 행하시는 이 뜻에 따라, 그 자신이 원하시지 않고 그의 백성이 원하게 만드시는 것도 그가 원하신다고 말한다. 사람들이 알지 못한 것을 하나님이 알게 만드신 때에, 하나님이 그 일을 아신다고 말하는 것과 같다.

"그러나 이제는 너희가 하나님을 알 뿐더러 하나님의 아신 바 되었거늘"(갈 4:9)이라고 사도가 말할 때에, 하나님이 창세 전에 예지하셨던 사람들을 여기서 처음으로 아셨다고 생각하는 것은 잘못이며, 하나님이 그 때에 그들이 알게 만드셨기 때문에 그 때에 그들을 아셨다고 하는 것이다. 그러나 내가 기억하기에는 이런 표현 방법들에 대해서 이미 앞의 권들에서[2] 논하였다. 미래를 모르는 사람들에게 하나님이 어떤 일을 원하게 만드실 때에 우리는 하나님이 원하신다고 말한다. 그런 의미에서 하나님께서는 원하시면서 행하시지 않는 일이 많다.

이와 같이, 하나님의 성도들은 하나님의 감동을 받아 거룩한 뜻으로 원하기는 하지만 실현되지 않는 일이 많다. 예컨대, 성도들은 어떤 개인들을 위해서 경건하고 거룩하게 기도하지만, 하나님 자신이 성령을 통해서 그들 안에 그런 기도를 일으키셨음에도 불구하고, 그들의 소원을 하나님은 이루시지 않는다. 따라서 성도들이 하나님의 마음에 따라 모든 사람이 구원 받기를 원하며 기도할 때에, 우리는 "하나님이 뜻하시지만 행하시지 않는다"고 말할 수 있다. 그 뜻은 그들이 이 일들을 원하도록 만드시는 그 분이 이 일들을 원하신다는 것이다. 그러나 하나님의 예지와 같이

---

2) 11권 8장과 21장 및 16권 5장과 32장을 참조.

영원한 그의 뜻에 대해서 말한다면, 하나님은 그 뜻하신 일들을, 천지의 모든 일들을 이미 하셨다. 과거와 현재의 일뿐 아니라, 미래에 있을 일들도 모두 이미 하셨다. 그러나 시간이 있기 전에 그가 예지하시고 예정하신 일들이 발생하기를 원하신 그 때가 오기 전에는, "하나님이 원하실 때에 그 일이 있으리라"고 우리는 말한다. 그러나 그 일이 있을 때뿐 아니라 대체로 그 일이 있을는지도 모를 때에, "하나님의 뜻이면 그렇게 되리라"고 우리는 말한다. 하나님이 전에 원하시지 않은 것을 그 때에 새로 원하시게 되겠기 때문이 아니라 그의 변함없는 뜻으로 영원 전에 준비하신 일이 그 때에 발생하겠기 때문이다.[3]

3. 성도들은 영원한 복을, 악인들은 영원한 벌을 받으리라는 약속에 대하여.

그러므로 다른 예를 많이 들지 않더라도, 하나님께서 아브라함에게 "네 씨로 말미암아 천하 만민이 복을 얻으리라"(창 22:18) 하신 약속이 그리스도에게서 실현된 것을 우리가 지금 보는 것과 같이, 하나님께서 예언자를 통해서 같은 후손에게 약속하신 이 일도 실현될 것이다. "무덤에 있는 자들은 일어나리라"(사 26:19. 70인역). "새 하늘과 새 땅이 있으리니 이전 것은 말하지도 않으며 마음에 생각나지 아니할 것이라 저희는 그것을 기뻐하며 즐거워하리라. 보라, 내가 예루살렘으로 즐거움을, 그 백성으로 기쁨을 삼고 내가 예루살렘을 즐거워 하며 나의 백성을 기뻐하리니 우는 소리가 그 가운데서 다시는 들리지 아니할 것이라" 하셨다(사 65:17-19. 70인역).

그리고 다른 예언자를 통해서 같은 예언을 하셨다. "그 때에 네 백성 중 무릇 책에 기록된 모든 자가 구원을 얻을 것이라. 땅의 티끌 가운데서(또는 어떤 이들이 번역하듯이, "언덕에서") 자는 자 중에 많이 깨어 영생을 얻는 자도 있겠고 치욕을 받아서 무궁히 부끄러움을 입을 자도 있을 것이라"(단 12:1-2). 같은 책에서 같은 예언자를 통해서 말씀하셨다. "지극히 높으신 자의 성도들이 나라를 얻으리니 그 누림이 영원하고 영원하고 영원하리라"(단 7:18). "그의 나라는 영원한 나라이라"(단 7:27). 같은 문제에 대한 다른 예언들을 나는 제20권에서[4] 인용했고, 내가 인용하지 않은 예언들도 성경에 있다. 불신자들이 실현되리라고 생각하지 않은 예언들이 실현

---

3) 하나님의 뜻과 피조물의 뜻 그리고 사건들의 움직임의 상호 관계에 대해서는 「신앙핸드북」 26, 102를 참조.

4) 20권 21장.

된 것과 같이, 이 예언들도 모두 실현될 것이다. 양쪽 일들을 약속하신 이는 한 하나님이시며, 양쪽이 다 실현되리라고 약속하셨기 때문이다. 철학자 중에서 가장 유명한 포르피리오스까지도 이 하나님 앞에서는 이교의 신들이 떤다고 증언했다.[5]

4. 인간의 지상적인 몸은 천상 거처로 옮겨질 수 없다고 생각하는 세상의 현자들을 반박한다.

오래 전에 하나님이 예언하신 일이 실현되어 모든 종류의 사람들이 이 믿음과 소망을 품게 되었는데도, 그 위대한 권위에 대해서, 학식과 지혜가 있는 사람들이 항거한다. 그들은 몸의 부활에 반대해서, 키케로가 「공화국」 제3권에서[6] 한 말을 인용하면서 예리한 논박인 줄로 생각한다. 헤라클레스와 로물루스를 신으로 위하게 된 데 대해서 키케로는 말한다. "그들의 몸은 하늘로 가져가지 않았다. 지구상에서 생긴 신체가 지구가 아닌 곳에서 존재한다는 것은 자연이 허락하지 않을 것이기 때문이다." 참으로 이것은 현인들의 위대한 논법이지만, 하나님은 그들의 생각이 허망하다는 것을 아신다. 만일 우리가 단순히 영혼뿐이라면, 즉 신체가 없는 영이라면 그리고 하늘에 살고 있어서 지상에 있는 동물들의 일을 전혀 모르며 그리고 우리가 어떤 놀라운 결합 방법으로 지상적 신체와 결부되어 그것에 생명을 주게 되리라는 말을 듣는다면, 우리는 이 일을 믿기를 거부하며, 형체 없는 존재가 형체 있는 것에 매인다는 것은 자연이 허락하지 않으리라고 강경하게 주장할 것이 아닌가? 그러나 지상에는 영혼이 가득하며, 그 영혼들에 지상적 신체가 결부되어 생명을 받으며, 놀랍게 서로 얽혀 있다.

지상의 몸에 생명을 주신 하나님이 원하신다면, 무슨 까닭에 지상의 몸을 천상의 몸으로 올리지 못할 것인가? 영혼은 모든 신체보다 우월한 것, 따라서 천상적 신체보다도 우월한 것인데, 그 영혼이 지상적 신체에 결부될 수 있었다. 만일 그렇게 작은 흙덩이가 천상적 신체보다도 우수한 것과의 결합을 유지하면서 감각과 생명을 받을 수 있다면, 하늘은 이 감각과 생명을 가진 덩이를 받아들이는 것을, 적어도 받아두는 것을 멸시할 것인가? 그것의 감각과 생명은 천상적 신체보다도 우수한 데에서 유래한 것이다. 이런 일이 지금 있지 않는 것은 하나님이 예정하신 때가 오지 않았기 때문이다. 매일 보기 때문에 오래 전부터 범상하게 느껴지는 일이 사실은 이 사람들이 믿지 않는 이 일보다 훨씬 더 놀랍다.

---

5) 19권 23장 및 20권 24장.
6) Cic., *De Rep*, 3, 28, 40.

무슨 까닭에 우리는 천상적 신체보다도 더 격이 높은 무형체의 영들이 지상적 신체들과 결합되는 것을 더욱 심각하게 이상하게 여기지 않는가? 지상적인 신체들이 천상적인 거처로 올려진다는 것을 우리는 이상하게 생각하지만, 천상적이라고 해도 그것은 유형한 것이다. 이것은 우리가 영과 신체의 결합을 항상 보고 있으며, 참으로 우리 자신이 그런 결합체이기 때문이 아닌가? 동시에 우리는 아직 다른 놀라운 것으로 되어보지 않았으며, 그것을 아직 보지도 못했기 때문이 아닌가? 참으로 냉정한 이성에 묻는다면 하나님이 하신 두 가지 일을 비교할 때에 유형물을 무형물과 결합하는 편이 더 놀라우며, 지상적인 것과 천상적인 것을 결부하는 일은, 서로 다른 것이지만 양쪽이 다 형체가 있는 것이다.

5. 일부 사람들이 믿지 않으나, 온 세계가 믿는 육신 부활에 대하여.

전에는 이 일이 믿지 못할 일이었다고 할지라도, 보라, 지금은 그리스도의 지상의 몸을 하늘이 받아들였다는 것을 온 세계가 믿게 되었다. 유식한 사람들이 육신의 부활과 그 승천을 믿으며, 극소수의 학식있는 자와 무지한 자가 아직도 믿지 않고 놀라고 있다. 세상이 믿게 된 이 일이 믿을 만한 것이라면, 믿지 않는 사람들은 자기들이 얼마나 어리석은가를 생각하라. 만일 이 일이 믿을 수 없는 것이라면, 이 일이 세인의 신용을 얻었다는 것 자체도 믿을 수 없는 일이다.

그러므로 여기에 믿지 못할 일 두 가지가 있다 — 즉, 우리의 몸이 부활하여 영생한다는 것과, 세상이 그런 믿지 못할 일을 믿는다는 것이다. 그리고 이 두 믿지 못할 일들을, 그 어느 쪽도 있기 전에 하나님이 있으리라고 예언하셨다. 그런데 믿지 못할 일을 세상이 믿게 되었으니 믿지 못할 일 하나는 실현되었다. 그러면 무슨 까닭에 나머지 믿지 못할 일은, 즉 세상이 믿지 못하겠다고 생각하던 일은 실현될 가망이 없겠는가? 믿지 못할 일을 세상이 믿는다는, 같은 정도로 믿지 못할 이 일이 이미 실현되었기 때문이다. 두 일이 다 믿지 못할 것이었다. 그 중 하나는 성취되었고, 다른 하나도 성취되리라고 우리는 믿는다. 세상을 믿게 만든 성경에 두 일이 다 예언되었기 때문이다.

그리고 세상을 믿게 만든 방법을 생각해 보면, 그것은 더욱 믿지 못할 일임을 우리는 깨닫는다. 고등 교육을 전혀 받지 못하고, 이교 세계의 학문을 전혀 닦은 일이 없고, 문법이나 논리나 웅변술 등을 배운 일이 없는 평범한 어부들에게 — 수효도 아주 적은 그들에게 — 그리스도는 믿음의 그물을 주어 세상 바다에 보내셨는데, 그들이 모든 민족 사이에서 각종 고기를 많이 잡았고, 심지어 희귀한 철학자들까지 얻었다. 희귀할 수록 더욱 큰 기적이다. 우리는 그 두 가지 믿지 못할 일에 이 셋째 일도 믿지 못할 일로 첨가했으면 한다, 아니 첨가하지 않을 수 없다. 그래서 여기에 믿지 못할 일 셋이 있으며, 모두 실현된 것이다. 예수 그리스도께서 육신으로 부활하여 육신으로 승천하셨다는 것이 믿을 수 없는 일이며, 이렇게 믿을 수 없는 일을 세상이 믿게 되었다는 것이 믿을 수 없는 일이며, 극소수의 비천하고 무식한 사람들이 그런 믿지 못할 일을 세상이 — 유식한 사람들까지 — 믿도록 설득할 수 있었다는 것이 또한 믿지 못할 일이다. 이 세 가지 믿지 못할 일 중에서, 우리가 지금 논의의 상대로 하는 사람들은 첫째 것을 믿지 않는다. 그들은 둘째 것을 보지 않을 수 없다. 또 셋째 것을 믿지 않는다면, 둘째 것도 설명할 수 없다.

하여간 그리스도의 육신 부활과 육신 승천이 전 세계에 이미 선포되었고 전 세계가 믿게 되었다는 것은 의심할 수 없다. 만일 그 일이 믿을 만하지 않다면, 그 일을 지금 전 세계가 신용하는 것은 어떻게 된 일인가? 다수의 고귀하고 특출하고 박식한 사람들이 그 일을 목도했노라고 말하며, 그 본 일을 선포하는 데 노력했다면, 세상이 그 일을 믿게 되었다는 것이 이상하지 않을 것이며 우리의 논적들도 여전히 믿지 않기는 매우 어려울 것이다. 그러나 소수의 이름없고 보잘것 없는 무지한 자들이 그 일을 목도했노라고 말과 글로 전한 것을 세상이 믿었으니, 소수의 완고한 사람들이 전 세계가 믿는 일에 반대하면서 믿기를 거부한다는 것은 무슨 까닭인가? 세상이 소수의 미천하고 무지한 사람들을 신용했다면, 그것은 그 일 자체의 거룩한 성격이 미천한 증인들과 대조되어서 더욱 놀라운 설득력이 있었기 때문이다. 그들이 전한 말에 설득력을 준 웅변은 말이 아니고 기적이었다. 그리스도가 육신으로 부활하신 것이나, 그 부활한 몸으로 승천하시는 것을 보지 못한 사람들이 그 일들을 보았노라고 주장하는 사람들을 믿었다. 그들은 말로 전했을 뿐 아니라 놀라운 표적으로 그 말을 증거했기 때문이다.

한 가지 언어밖에 모르거나 기껏해야 두 가지를 아는 줄로 안 사람들이 갑자기 각국 말을 하는 것을 듣고 사람들은 놀랐다(행 2:5-11). 날 때부터 앉은뱅이인 40세 된 사람이, 사도들이 그리스도의 이름으로 일어나라고 하자, 곧 씩씩하게 일어서는 것을 그들은 보았으며(행 3:2-8, 4:22) 사도들의 몸에서 얻은 손수건에 병자를 고치는 힘이 있는 것을 보았다(행 19:12). 사도들이 지나가는 길에 각양 병자들을 무수히 일렬로 눕혀 놓고, 그들의 그림자라도 덮이면 병이 곧 낫는 것을 보았다(행 5:15). 이 밖에도 굉장한 기적을 그리스도의 이름으로 행하며, 심지어 죽은 사람을 살렸다(행 9:36-41, 20:9-12).

이런 일들이 기록된 대로 있었다는 것을 인정한다면, 그 세 가지 믿지 못할 일에 이 많은 믿지 못할 일들을 첨가해도 좋을 것이다. 우리는 그리스도의 부활 승천이라는 한 가지 믿지 못할 일을 믿게 만들기 위해서 무수한 믿지 못할 일들을 증거로 수집했지만, 그래도 이 회의론자들의 무섭게 완고한 마음을 굽히지 못한다. 그러나 만일 그리스도의 사도들이 이 기적들을 행해서 그리스도의 부활 승천에 대한 그들의 선포를 믿게 만들었다는 것을 이 사람들이 믿지 않는다면, 아무 기적도 없이 전 세계가 믿게 되었다는 것이 되며, 우리는 이 한 가지 위대한 기적만으로 충분하다고 생각한다.

6. 로마 사람들은 로마 건설자 로물루스를 사랑했기 때문에 신으로 만들었고, 교회는 그리스도를 하나님이라고 믿었기 때문에 사랑하였다.

여기서 우리는 로물루스의 신격화를 세상이 믿은데 대해서 키케로가 놀랐다고 한 문장을 그대로 인용하겠다. "로물루스에 관해서 주목할 점은, 신이 되었다고 하는 다른 사람들은 교육 정도가 더 낮은 때에 살았다는 사실이다. 그 때에는 황당한 이야기를 더 잘 믿었고, 배우지 못한 사람들이 무엇이든지 쉽게 믿었다. 그러나 로물루스의 시대는 지금으로부터 600년도 되지 않으며, 이미 문예와 지식이 미개 시대의 과오들을 제거한 때였다." 그는 조금 뒤에 역시 로물루스에 대해서 다음과 같이 말한다. "이것을 보면 호메로스는 로물루스보다 훨씬 전에 활약했으며, 로물루스 시대에는 사람들의 학문이 깊었고, 문명이 널리 보급되어서 허황한 이야기가 믿어질 여지가 거의 없었다. 고대에는 꾸며낸 이야기, 서투른 이야기까지도 용납되었지만, 이 시대에는 현저히 개화되어서 불가능한 것은 모두 조롱하며 배척했다."[7] 이와 같이 매우 박식한 부류의 사람이며, 확실히 가장 탁월한 웅변가였던 키케로는 황당한 거짓말을 믿지 않을 정도로 개화되었던 시대에 로물루스를 신이라고 믿었다는 것을 한 기적이라고 한다.

그러나 로마 이외에 — 아직 영토가 작고 초창기에 있었던 로마 이외에 — 누가 로물루스를 신이라고 믿었는가? 그 후에 조상의 전통을 대대로 보존해서 어렸을 때부터 이 미신을 듣고 믿게 할 필요가 있었다. 그것은 나라가 강대하게 되어 그 세력하에 들어온 모든 민족에게 이 믿음을 강요하기 위해서였다. 그러나 다른 민족들은 로물루스를 신이라고 믿지 않았더라도, 종주국인 로마가 그 건국 시조에게 준 이 칭

---

7) Cic., *De Rep*, 2, 10, 18-19. 이런 대화가 있었던 때가 기원전 129년이며, 로물루스의 재위는 751-714년이었다고 하므로, 로물루스가 죽은 것은 이 말을 한 때로부터 600년이 다 되지 않았다.

호를 주지 않으면 감정을 상할 것이 두려워서 적어도 말로는 믿노라고 했다. 로마가 이 믿음을 채용한 것은 잘못을 사랑했기 때문이 아니라 사랑이 잘못되었기 때문이었다.

그러나 그리스도는 영원한 하늘 도성의 건설자지만, 그 시민들이 그가 건설자였기 때문에 그를 하나님이시라고 믿은 것이 아니라, 이 믿음 때문에 그가 건설자가 된 것이다. 로마는 건설과 헌납이 끝난 후에 그 건설자를 신으로 삼아 신전에서 경배했지만, 이 예루살렘은 하나님이신 그리스도를 믿음의 기초로 삼고 그 위에서 건설과 헌납을 추진했다. 로마는 건설자를 사랑했고 그래서 그를 한 신이라고 믿었다. 예루살렘은 그리스도를 하나님이라고 믿었고, 그래서 그를 사랑했다. 로마는 먼저 사랑할 이유가 있었기 때문에 사랑한 대상에게 유리한 거짓된 이야기를 기꺼이 믿었다. 그와 같이 예루살렘은 믿을 이유가 있었기 때문에 거짓을 경솔하게 믿지 않았으며 참된 것을 바르게 믿을 수 있었다.

그리스도가 하나님이시라는 확신을 준 놀라운 기적들이 많았을 뿐 아니라 그리스도가 오시리라는 하나님의 예언들도 있었다. 이 예언들에 대해서 우리는 조상들처럼 확인되는 날을 기다릴 필요가 없고, 그것은 이미 실현되었으므로 가장 믿음직하다. 그러나 로물루스의 경우에는 그가 로마를 건설하고 통치했다는 기사를 읽거나 들을 뿐이고, 이런 일이 있으리라는 예언은 없었다. 그가 신들 사이에 영입되었다는 데 대해서 역사는 그런 믿음이 있었다고 기록했을 뿐이고, 그것을 역사적 사실이라고 가르치지 않는다.

확실히 이런 일이 참으로 있었다는 것을 증거하는 기적이 없었다. 두 쌍둥이에게 이리가 젖을 먹였다고 하며, 이것을 큰 이적이라고 하지만, 이것이 어떻게 그가 신이었다는 증명이 되는가? 젖을 먹인 것이 참으로 이리였고 창녀가[8] 아니었다고 하더라도, 그가 키운 것은 두 쌍둥이였는데, 레무스는 신으로 여기지 않는다. 그뿐 아니라, 로물루스나 헤라클레스나 그 밖에 이런 사람들을 신이라고 부르지 못하게 했다면, 누가 죽음을 무릅쓰고 그들을 신이라고 했겠는가? 로마의 이름으로 강요되지 않은 나라로서 로물루스를 한 신으로 경배한 민족이 하나라도 있었는가? 그러나 그리스도의 신성을 부인하기보다는 가장 참혹한 죽음을 선택한 사람들의 수를 누가 셀 수 있는가? 그래서 로마에 정복된 나라들은 로마 사람들이 노하리라는 추측을 하고, 부득이 로물루스를 신으로 숭배하게 된 것이다. 그러나 마음의 사소한 불쾌감이 두려울 정도가 아니고 각종의 무서운 벌과 가장 무서운 죽음으로 위협해도 전 세계의

---

8) 이 이야기는 18권 21장에도 있음.

무수한 순교자들이 그리스도를 경배할 뿐 아니라, 하나님이시라고 고백하는 것을 막을 수 없었다.

그리스도의 나라는 아직 지상에서 손님이지만 셀 수 없이 많은 시민을 가졌고, 그러면서도 금세에서의 안전을 얻기 위해서 불경건한 박해자들을 상대로 싸우지 않았으며, 전쟁을 거부함으로써 영원한 구원을 얻는 편을 택하였다. 그들은 결박을 당하며 옥에 갇히며, 칼에 찔리며, 고문을 당하며 화형을 당하며 찢기며 다수가 일시에 학살을 당하였지만, 그래도 수효가 늘었다. 그들이 영원한 구원을 위해서 싸우는 방법으로 허락된 것은 오직 하나뿐이었다:그들의 구세주의 뜻에 따라 현세적 안전을 멸시하라는 것이었다.

내 생각이 잘못이 아니라면, 키케로가 그의 「공화국」 제3권에서, 일류 국가는 신의나 안전을 위하는 경우가 아니면 전쟁을 하지 말라는 주장을 했다. 안전 문제에 대해서, 또 안전이라는 말의 뜻에 대해서, 그는 다른 곳에서 다음과 같이 설명한다. “사사로운 개인들은 빈곤이나 추방이나 질곡(桎梏)이나 태장이나 기타 가장 무감각한 사람까지도 느끼는 고통을 신속한 죽음으로 회피하는 때가 많다. 그러나 개인을 모든 벌에서 해방하는 듯한 죽음 자체가 국가에 대해서는 벌이 된다. 국가는 영원하도록 구성되어야 하기 때문이다. 개인에 대해서는 죽음이 필연적일 뿐 아니라 심지어 바람직한 때도 많지만 한 나라에 대해서는 죽음이 자연적인 것이 아니다. 한 나라가 멸망하면, 그것은 말살되며 진멸될 때에, 그것은 (침소봉대한다면) 온 세계가 멸망하고 붕괴한 것과 같다.”[9]

키케로가 이렇게 말한 것은 그도 플라톤파와[10] 같이, 세계는 멸망하지 않으리라고 믿었기 때문이다. 따라서 키케로의 말대로, 한 나라의 시민들은 죽고 나고 해서 변할지라도 나라의 존재를 영구히 보존해야 하며, 그러기 위해서 나라는 안전을 위한 전쟁을 해야 한다는 것이다. 마치 감람나무나 월계수의 오랜 잎들이 떨어지고 새 것들이 대신 남으로써 항상 푸르게 보이는 것과 같다. 죽음은 개인에게는 벌이 아니라, 도리어 모든 다른 벌에서 구출해 주지만, 국가에 대해서는 죽음이 벌이라고 키케로는 말한다.

그러므로 사군툼[11] 사람들이 로마공화국과의 신의를 어기기보다 차라리 전 국가가 멸망하는 것을 택한 것이 옳았느냐고 묻는 데는 일리가 있다. 지상 국가의 시민들은 사군툼 사람들의 행위를 칭찬하기 때문이다. 그러나 안전이나 신의를 유지할

---

9) Cic., *De Rep.*, 3, 23, 34.

10) 8권 6장.

11) 사군툼이 신의를 지키다가 멸망한 이야기는 3권 20장에 있음.

목적이 아니면 전쟁을 하지 말라고 하는 키케로의 원칙을 세상 국가들이 어떻게 따를 수 있었는지, 나는 알 수 없다. 이 두 가지 일 중에서 한 편을 구하면 다른 편을 잃게 될 경우에 어느 쪽을 더 중요시할 것인지를 그는 말하지 않는다. 사군툼 사람들이 안전을 취했다면 신의를 버렸을 것이며, 신의를 지키면 안전을 버렸을 것이 분명하며, 사실 그들은 그렇게 되었다. 그러나 하나님의 도성의 안전은 신의로(또는 믿음으로)[12] 지키며, 아니 믿음으로 얻는다. 만일 믿음을 버린다면 아무도 이 도성에 다다를 수 없다. 견인불발의 용기로 이렇게 생각했기 때문에 고귀한 순교자들이 많이 난 것이다. 그러나 로물루스의 경우에는 그의 신성을 얻게 되었을 때에 한 명의 순교자도 없었고 또 있을 수 없었다.

7. 세계가 그리스도를 믿게 된 것은 하나님의 권능의 결과요, 사람이 설복한 결과가 아니다.

로물루스의 거짓된 신성과 그리스도의 신성을 비교하는 듯이 말한다면, 그것은 참으로 어리석은 짓이다. 그러나 만일 로물루스가 키케로보다 600년 전에 살았고, 그 때에는 이미 문명이 개화되어서 온갖 불가능한 일을 배척했다면, 600년 후인 키케로 시대에는 더욱 그러했을 것이며, 그 후에 더 개명한 아우구스투스와 티베리우스의 시대에는 훨씬 더 그러했을 것이 아닌가?

그 때에는 그리스도의 부활과 승천이 있을 수 있었고 사실 있었다는 증명이 없었다면, 진리 자체의 신성 또는 신성의 진리성과 그것을 확인하는 기적들이 증명하지 않았다면, 사람들은 그 일을 듣거나 믿는 것을 거부하며 불가능한 일이라고 하여 멸시해 버렸을 것이다. 그러나 반대가 있고 잔인한 박해가 있었음에도 불구하고 이런 증언들 때문에 우선 그리스도가 부활하며, 신체적으로 영생하며, 그 후로 신시대의 모든 추종자들도 부활 승천하리라는 것을 굳게 믿는 사람들이 있었고, 그것을 담대하게 선포하며, 풍성한 결실이 있을 그 믿음의 씨를 전 세계에 전파해서 순교자들의 피가 그 씨를[13] 더욱 풍부하게 만들었다. 사람들은 그 일에 대한 예언자들의 예언들을 읽었고, 예언을 확인하는 기적들을 보았고, 처음으로 경험하는 그 진리가 자기들의 이성과 모순되지 않음을 깨달았고, 그래서 세상은 맹렬히 박해하던 그 진리를 드디어 믿고 따르게 되었다.

---

12) "신의"와 "믿음"은 원문에서 같은 단어("fides")임.

13) 순교자들의 피를 씨라고 하는 비유는 터툴리안(160-225년경)의 글에(*Apol.*, 21; 50) 처음으로 나타났음.

8. 세계가 그리스도를 믿게 되도록 기적들이 있었으며, 세계가 믿게 된 지금도[14] 기적들은 그치지 않는다.

네가 말하는 그 기적들은 이전에 있었다고 하는데, 무슨 까닭에 지금은 없느냐고 사람들은 묻는다. 나는 물론 세상이 믿기 전에는 믿게 하기 위해서 기적이 필요했다고, 대답할 수 있을 것이다. 그리고 지금 세상에서 자기로 하여금 믿게 하려면 놀라운 일을 보게 하라고 요구하는 사람은 전 세계가 믿는 일을 믿지 않는 점에서 그 자신이 큰 놀라움이다. 그러나 그들이 이런 항의를 하는 것은 이전에 있었다는 기적들도 있었던 일이 없다는 생각을 암시하려는 것이 유일한 목적이다. 그러면 어디서나 사람들이 그리스도의 부활과 승천을 굳게 믿는 것은 무슨 까닭인가? 문명이 발달해서 모든 믿지 못할 일을 배척하는 시대에, 기적이 없는데도, 믿지 못할 일들을 세상이 믿게 되었으니 이것은 무슨 까닭인가? 혹은 그들은 이 일들은 믿을 만했기 때문에 신용하게 된 것이라고 말하는가?

그렇다면 무슨 까닭에 그들 자신은 믿지 않는가? 그러므로 우리의 논법은 간단하다 — 즉, 믿지 못할 사건들이 참으로 발생했고 목격자들도 있었기 때문에 믿지 못할 다른 사건에는 목격자가 없어도 세상이 믿게 되었다고 하든지 그렇지 않고, 어떤 일은 아주 믿을 만해서 증명하는 기적이 전혀 필요하지 않기 때문에, 그들의 괴상한 회의가 반박된다. 내가 이렇게 말하는 것은 이 가장 경박한 반대자들을 반박하기 위해서다. 그러나 우리는 그리스도의 부활과 승천이라는 기적 — 생명을 주는 위대한 기적 — 을 확인하기 위해서 많은 기적이 있었다는 사실을 부정할 수 없다. 우리의 가장 믿을 만한 성경에 기적들과 그 기적들이 확인하려는 믿음이 모두 기록되어 있기 때문이다. 기적들은 믿음을 일으키기 위해서 발표되었고, 기적들이 일으킨 믿음은 기적을 더욱 유명하게 만들었다. 기적을 믿게 하기 위해서 신자의 집회들에서 기적 이야기를 읽기 때문이지만, 기적을 믿지 않는다면 읽지도 않을 것이다.

지금도 그리스도의 이름으로 기적이 행해진다. 성례나 기도나 성자들의 유물에[15] 의해서 행해진다. 그러나 이전의 기적들과 같이 널리 선전되지 않기 때문에 그렇게 유명하지 않다. 정경으로 결정된 성경에서 이전 기록들은 각처에서 읽으며, 모인

---

14) 아우구스티누스는 만년에 가서야 자기 시대에 있었던 기적들을 믿게 되었다: F. van der Meer, *Augustine the Bishop*, 539-557.

15) 성자들의 유물 또는 기념물은 유해와 그 일부 또는 그것과 관계있는 물건들과 기념 사당 등을 의미한다. 아우구스티누스 시대의 기적들은 대부분이 성자들의 유물과 관련이 있었지만, 세례에 쓰는 물이나 기도만으로 일어난 것도 있었다.

사람들의 뇌리에 깊이 박히지만, 현대의 기적들은 그것이 있었던 지방 주민들도 거의 알지 못하며 기껏해야 한 곳에 국한된다. 아주 제한된 몇 사람만이 알게 되는 때가 많으며 다른 사람들은 전혀 모르며, 특히 큰 도시에서 그렇다. 다른 지방 사람들이 듣더라도, 신자들을 상대로 신자들이 전하건만, 즉시 확고한 믿음을 얻기에는 충분한 권위가 없다.

내가 밀라노에 있었을 때에, 눈먼 사람이 보게 된 기적은 많은 사람이 알게 되었다. 큰 도시였고 그 때에 황제가 거기 계셨고 프로타시우스(Protasius)와 게르바시우스(Gervasius)라는 두 순교자의 유해를 보려고 모인 많은 군중이 그 기적을 보았기 때문이다. 순교자들의 시체는 오랫동안 감춰어 있다가 암브로시우스(Ambrosius) 감독이 꿈에 알게 되어 발견한 것이다. 그 맹인은 오랫동안 암흑 속에 살다가 이 성자들의 유해에 의해 광명을 보게 되었다.[16]

부지사의 전고문관 인노켄티우스가 카르타고에서 내가 보는 눈앞에서 기적적으로 병이 나은 일은 아주 소수의 사람들 이외에 누가 알 것인가? 나와 나의 형제 알리피우스가 아직 교역자는 아니었으나, 이미 하나님의 종들로서 이탈리아 본토에서 카르타고에 돌아왔을 때에, 그가 우리를 받아서 자기 집에 유하게 했다. 그는 가족과 함께 경건한 신자였다. 그 때에 그는 치질로 치료를 받고 있었다. 그의 직장(直腸)에는 누(屢, sinus)가 많이 숨어 있었다. 이미 수술을 한 차례 받았는데, 외과의들은 수술에 전력을 경주했다.

그는 오래 계속되는 수술에 고통이 심했고, 의사들은 주름진 장 속에 있던 누 하나는 보지 못했다. 이것도 칼로 쨌어야 했는데, 그들은 건드리지 못했다. 그래서 짼 누는 다 나았지만, 이 하나가 남아 있어서 그들의 수고를 헛되게 만들었다. 환자는 치료가 지연되는 것을 보고 의심하게 되며, 다시 수술이 있을까 무서워했다. 그 사람의 하인인 한 의사가 다시 수술을 해야 된다고 했기 때문이다. 이 사람은 전번 수술에 참가하지 못했고, 목격하지도 못했을 뿐 아니라, 집에서 쫓겨났다가 겨우 허락을 받고 화난 주인 앞으로 돌아왔던 것이다. 하여간 환자는 의사들을 향해서 "당신들은 또 나를 쨀 생각이요? 당신들은 저 사람이 곁에 있지도 못하게 했는데, 이제는 그가 한 예언을 실현시킬 작정이요?"라고 하면서 화를 냈다. 의사들은 그 미숙한 의사를 비웃으면서, 말과 약속으로 환자를 위로했다. 이렇게 며칠을 지냈으나 그들

16) BC 386년에 암브로시우스 감독이 계시를 받아 밀라노에서 두 성자의 유해를 발견한 이야기는 아우구스티누스의 「참회록」 9, 7, 16; Serm., 286; 318; Ambr., *Ep.*, 22에 있다. 그 밀라노 성자들의 사당이 히포 부근에도 있었다(8장, 눈알이 빠진 청년의 이야기).

은 그에게 도움이 되지 않았다. 그래서 그들은 칼을 쓰지 않고 약물로 그 누를 치료하겠노라고 약속을 계속했다. 그들은 또 그 방면에서 아주 유명한 의사인 암모니우스를 불러왔다(그때에 아직 생존해 있었다). 그는 환부를 진찰한 후에, 그 의사들의 기술과 치료 방법대로 하면 나으리라고 약속했다. 권위있는 이 말에 환자는 자신을 얻었고 벌써 병이 나은 듯이 유쾌한 농담을 하면서, 두번째 수술을 예언한 그의 하인 의사를 골려주었다.

이야기를 간단히 줄이면, 이렇게 며칠을 헛되이 보낸 후에, 의사들은 지치고 당황해서 결국 수술하는 것밖에 치료 방법이 없다고 고백했다. 환자는 너무 무서워서 창백하게 되었다가, 정신을 가다듬고 말을 할 수 있게 되자, 의사들에게 모두 물러가고 다시는 오지말라고 명령했다. 울다가 지친 그는 할수없이 어떤 알렉산드리아 사람을 불러들이기로 생각했다. 기술이 굉장한 의사라는 명성이 자자한 사람이었으므로 이 사람에게는 수술을 허락하리라고 생각한 것이다. 그러나 이전 의사들이 주도한 수술의 자취를 전문가의 눈으로 관찰하고 나서, 착한 사람답게 환자에게 권해서, 이전 의사들에게 일을 맡기라고 설복했다. 그들의 기술은 자기도 탄복할 만큼 훌륭하니, 그들이 완전히 치료하게 하라고 하며, 나으려면 수술할 수밖에 없다고 덧붙이면서, 남은 일을 조금 해서 치료를 온통 자기가 한 체하는 것은 자기의 성미에 전혀 맞지 않는 짓이라고 했다. 그들이 한 일을 보면 그 기술과 주의와 열성이 자기도 감탄하여 마지 않는데, 어떻게 그들의 공로를 빼앗을 것이냐고도 했다. 그래서 그 의사들을 다시 불러다가 그 알렉산드리아 사람과 의논해서 수술로밖에 치료 방법이 없다는 것으로 의견이 일치되었고, 수술은 그 다음 날 하기로 결정했다.

그러나 의사들이 집에서 나간 후에, 주인이 하도 낙심하기 때문에 그에게 동정하는 통곡 소리가 터졌고, 초상집 같은 그 곡성을 우리는 저지할 수 없었다. 교직자들이 매일 그를 심방했는데, 고인이 된 우잘리의 사투르니누스 감독과 카르타고 교회의 굴로수스 장로와 집사 등이었다. 그 가운데서 지금도 생존해 있는 사람은 아우렐리우스 감독뿐인데, 우리가 심히 존경하는 이 사람과 우리는 하나님의 놀라운 역사들을 말할 때에 자주 이 사건을 언급했으며, 이 사람은 내가 이제부터 이야기하려는 일을 분명히 기억하고 있는 것을 나는 알았다.

이 교직자들이 전례대로 그날 밤에 환자를 심방했을 때에, 그는 가련한 눈물로 그들이 다음 날 와 주면 감사하겠노라고 간청했다. 그러면서 다음 날 자기는 고통당하기보다 죽게 될 것이라고 했다. 그는 전번 수술이 너무도 괴로웠기 때문에 이런 공포심에 붙잡혔던 것이며, 틀림없이 이번에는 의사들 손에 죽으리라고 생각했다. 교직자들은 그를 위로하면서 하나님께 맡기며 남자답게 용기를 내라고 권했다.

그리고 우리는 기도하기 시작했다. 그러나 우리가 다른 때와 같이 땅에 무릎을 꿇고 있었을 때에, 그는 땅에 몸을 마구 던지다시피 엎드리고 기도하기 시작했다. 그러나 그가 기도하는 모양은 무어라고 말할 수 없었다. 그 열성과 감동, 그 강같이 흐르는 눈물, 그 탄식과 울음은 형언할 수 없었고, 몸 전체가 떨려서 그는 거의 숨을 쉴 수 없었다. 다른 사람들이 기도를 했는지, 또는 그의 이 행동에 주의가 산란했는지, 나는 알 수 없다. 나 자신은 전혀 기도할 수 없었다. 나는 간단히 마음으로 기도했을 뿐이다. "이 분의 기도를 들으시지 않는다면 당신은 당신의 백성이 드리는 어떤 기도를 들으십니까?"라고 기도하면서 그에게 남은 것은 기도 중에 죽는 것뿐이리라고 나는 생각했다.

기도를 마치고 감독의 축도가 있은 후에, 환자는 손님들이 다음 날 오전에도 와 주기를 간청했으며 손님들은 용기를 내라고 권고했다. 그 무서운 날이 와서 하나님의 종들이 약속대로 왔고, 외과의들도 와서 만반의 준비가 되어 무서운 기계들을 끄집어 내었다. 모두 어찌 되나 해서 긴장한 가운데 보고 있었다. 환자의 신임을 받는 사람들이 낙심하는 그를 고무시키고 있는 동안에, 그를 의자 위에 눕히고 수술하기 편하도록 사지를 정돈하고, 붕대를 풀고 환부를 노출시켰다. 의사는 손에 수술칼을 들고 다시 째야 할 항문을 찾았다. 눈으로 찾아보고, 손가락으로 만져보고, 각양 방법으로 찾아보았으나, 그가 찾은 것은 완전히 나은 자국뿐이었다. 그때에 전능하고 자비하신 하나님의 은혜에 대한 감사와 눈물과 찬양과 기쁨이 모든 사람의 입에서 쏟아져 나온 그 광경을 나는 도저히 표현할 수 없다. 독자는 말을 듣기보다 현장을 상상해 보라!

같은 카르타고 시내에 문벌이 가장 높고 매우 경건한 인노켄티아라는 부인이 있었다. 그는 한 쪽 유방에 암이 있었고, 이것은 불치병이라는 것이 의사들의 말이다. 그러므로 그들은 보통 환부를 떼어버리든지, 그렇지 않으면 비록 환자의 죽음은 불가피할지라도 그 생명을 연장시키기 위해서 일절 치료를 하지 않는 것이 히포크라테스의 충고라고 한다. 우리가 말하는 부인도 그의 가정과 친밀한 어떤 유능한 의사에게서 이런 충고를 듣고, 하나님께만 의지하면서 기도하고 있었다. 그러다가 부활절이 가까웠을 때에 그는 꿈에 지시를 받았다. 세례를 받고 나오는 처음 여자를 기다리다가, 그에게 자기의 환부 위에 십자가의 표를[17] 하도록 부탁하라는 것이었다. 그는 그 지시대로 했더니, 즉시 병이 나았다. 좀더 살려면 아무 약도 쓰지 말라고 그

---

17) 히포에서 발굴된 세례반(盤)은 폭이 6피트에 길이 9피트의 작은 구조여서, 감독과 집사를 포함한 세 사람이 겨우 들어설 수 있는 것이었다. 세례를 방금 받은 사람이 짓는 십자가의 표는 특히 효과가 있다고 생각했다.

에게 충고한 의사가 그를 다시 진찰해 보고, 전번 진찰 때에 있던 병이 완전히 나은 것을 발견하고서는, 부인에게 무슨 약을 썼느냐고 열심히 물었다.

히포크라테스의 결정을 물리친 그 약을 알아낼 수 있으리라고 그는 믿었을 것이다. 그러나 그 부인이 사실대로 이야기했을 때에, 의사는 예의를 잊지 않으면서도 경멸하는 태도였기 때문에, 부인은 그가 그리스도에게 불경한 말을 할까 두려워했다. "나는 부인이 위대한 일을 말씀하실 줄로 생각했는데요"라고 대답했다고 한다. 이 말에 부인이 놀라자 그는 얼른 "죽은지 나흘된 사람을 살리신 그리스도신데, 암 하나 고치는 것이 무슨 위대한 일이겠습니까?"라고 말했다.

나는 이 이야기를 들었을 때에, 유명한 도시에서 있던 이렇게 위대한 기적, 이름없는 사람도 아닌 분에게 있었던 기적을 세상에 알리지 않았다는 것에 격분했고, 그 사람을 책망하지 않더라도 충고는 해야 되겠다고 생각했다. 자기는 잠잠한 것이 아니라고 그가 대답하기에, 나는 마침 그 자리에 있던 그와 제일 친밀한 부인들에게 이 이야기를 들어본 일이 있느냐고 물었다. 그들은 모른다고 대답했다. 그래서 나는 부인에게 "당신은 잠잠하지 않았다고 하지만, 그렇게 친한 사람들도 모르고 계십니다"라고 지적했다. 그리고 나는 이야기를 간단히 들었을 뿐이었기 때문에, 자초지종을 모두 말해달라고 부탁했고, 다른 부인들도 함께 듣고 매우 놀라면서 하나님께 영광을 돌렸다.

같은 도시에 통풍으로 고통당하는 의사가 있어서 세례를 받겠노라고 지원했다. 세례를 받기 전날 밤, 꿈에 검은 고수머리 아이들이 나타나서, 그 해에는 세례를 받지 말라고 했다. 그는 그들을 귀신이라고 생각했고, 그들이 그의 두 발을 밟고 처음 경험하는 무서운 고통을 주었지만, 그들의 명령을 거절하고 중생의 물두멍에서 몸을 씻기를 연기하지 않았다. 그랬더니, 바로 세례를 받을 때에, 그를 괴롭히던 그 무서운 고통이 없어졌을 뿐 아니라, 병 자체가 나아서, 그 후에 오래 살아가는 동안에도 통풍증이 전혀 없었다. 그러나 누가 이 기적이 있은 것을 아는가? 적어도 나는 확실히 알며, 소수의 이웃 신자들이 들어서 알고 있다.

(카르타고 부근의) 쿠루비스에 사는 한 희극 배우가 세례를 받았을 때에 중풍으로 인한 마비가 나았을 뿐 아니라 탈장까지 나아서 두 가지 병이 나은 그는 중생의 세례반에서 나왔을 때에는 전신에 아무 지장도 없는 것 같았다. 쿠루비스 사람들이나 혹은 소문을 들은 극소수의 타 지방 사람들 이외에 누가 이 일을 아는가? 우리는 믿을 만한 사람들에게서 사실을 이미 확인한 다음에도 거룩한 아우렐리우스 감독의 명령으로 그를 카르타고에 오게 하였다.

우리의 이웃 헤스페리우스는 호민관 집안의 후손으로서, 히포 부근의 후살라 지방에 주베디라는 농장을 가지고 있었는데, 자기 가족과 가축과 하인들이 악령들에게 고통을 받는 것을 알고, 내가 없는 동안에 우리 교회의 장로에게 와서 악령들을 쫓아달라고 부탁했다. 장로 한 사람이 가서 성찬을 집행하고 악령들의 해가 없기를 열심히 기도했더니, 하나님의 자비로 그대로 되었다. 그런데 그는 자기 친구에게서 예루살렘의 흙을 얼마 나눠 받은 것이 있었다. 삼일 만에 다시 사신 곳의 흙이었다. 그것을 그는 호신용으로 자기 침실에 걸어두었다. 악령들의 침입이 제거된 후에 그는 그 흙을 그대로 침실에 두는 것이 황송했다. 마침 그 때에 나와 나의 동료 시니타의 막시미누스 감독이 그 부근에 있다가, 헤스페리우스가 우리를 자기 집으로 청하기에, 우리는 그곳으로 갔다. 그는 전후 사정을 이야기하고; 그 흙을 어디다가 묻고, 그 곳을 신자들의 예배 처소와 기도소로 만들었으면 좋겠다고 제의했다. 우리도 반대하지 않았고, 그가 원하는 대로 되었다. 그 부근에 있는 중풍에 걸린 한 청년이 그 소문을 듣고 자기 부모에게 즉시 그 성지로 자기를 데려가 달라고 간청했다. 청년은 그곳에 와서 기도하자 곧 완전히 나아서 제발로 걸어 돌아갔다.

히포 레기우스에서 30마일도 되지 않는 시골에 빅토리아나라는 저택이 있고, 거기에 밀라노의 순교자 프로타시우스와 게르바시우스를 기념하는 기도소가 있다. 한 번은 악귀에 들린 어떤 청년을 그리로 데려온 일이 있다. 청년은 어느 여름 날, 강에서 말을 씻기다가 악귀에 붙잡힌 것이었는데, 기도소에 데려다 눕혀 놓았을 때에는 죽은 사람 같았다. 그 때에 그 저택의 여주인이 하녀들과 신자들을 데리고 일과인 저녁 기도와 찬송을 드리려고 기도소에 왔다. 그들이 찬송을 부르자, 청년이 전기가 통한 사람 같이, 정신이 번쩍 나서, 무섭게 소리를 지르면서 거룩한 단을 두 손으로 꽉 붙잡았다. 그는 손을 놓지 않으려는듯, 아니 놓을 힘이 없는 듯했다. 그리고 그에게 들린 귀신이 어디서 언제 어떻게 그를 붙잡았다는 것을 고백하면서, 살려달라고 큰 소리로 애원했다. 결국 귀신은 청년에게서 나가겠노라고 하면서, 나갈 때에 그의 몸을 해친 곳을 일일이 말하고 떠나버렸다. 그러나 청년의 눈 하나가 빠져서 볼에 나와 있었고, 실 같은 혈관이 달려 있어서 검은 눈동자가 희게 보였다. 그 때까지는 청년이 떠드는 소리에 사람들이 많이 모여 있어서, 그가 바른 정신을 되찾은 것을 기뻐했지만, 한 편으로는 그의 눈이 걱정스러워 의사를 부르자고 했다. 그러나 그를 데려 온 그의 매부가 "귀신을 쫓으신 하나님께서 성도들의 기도에 응답하셔서 눈도 고치실 수 있다"고 말했다. 그러면서 드리워 있는 눈알을 손으로 밀어 넣고, 손수건으로 재주껏 붕대를 매면서, 이레 동안 풀지 말라고 타일렀다. 청년은 그대로 해서 눈도 완전히 나았다. 이 기도소에서는 다른 사람들도 나았는데, 그 이야기들은 너무 지루할 것이다.

내가 아는 히포의 어떤 처녀는 자기를 위해서 기도한 장로의 눈물이 떨어진 기름을 몸에 부었더니, 즉시 귀신이 떠나버렸다. 또 내가 아는 어떤 감독은 만난 일이 없는 귀신 들린 청년을 위해서 기도를 드렸더니, 청년이 당장에 나았다.

우리가 사는 히포의 시민 플로렌티우스 노인은 경건하고 가난한 분으로서 재봉업으로 생활을 했다. 그는 저고리를 잃고 다른 것을 살 돈이 없었기 때문에, 우리 시에 있는 20인 순교자라는 아주 유명한 기념 기도소에 가서 큰 소리로 저고리를 줍소사고 기도를 드렸다. 그것을 곁에서 들은 청년들이 비웃으며 뒤를 따라 가면서 노인이 50폴리스로[18] 옷을 살 모양이라고 했다. 그러나 노인은 잠잠히 해변을 걸어가다가, 방금 물에서 밀려나온 듯이 모래밭에서 헐떡거리는 큰 물고기 한 마리를 보았다. 청년들이 선심으로 도와 주어서 노인은 그 고기를 잡아가지고 카토수스라는 경건한 요리사에게 가서, 붙잡게 된 경과를 이야기하고 300폴리스에 팔았다. 노인은 그 돈으로 양모를 사서 부인에게 주어 재주껏 외투를 만들게 할 계획이었다. 그러나 요리인이 물고기 배를 째고 보니, 거기에 큰 반지가 있었다. 믿는 사람인지라 동정심과 두려움으로 반지를 노인에게 주면서, "이렇게 20인 순교자들이 옷을 주셨습니다"라고 했다.

프라이엑투스 감독이 가장 훌륭한 순교자 스데반의[19] 유골을 티빌리스 온천에 가져 왔을 때에, 그를 환영하려는 사람들이 많이 그 사당에 모여 있었다. 어떤 눈먼 여인이 그 유골을 들고 오는 감독한테로 데려다 달라고 간청했다. 여인은 가지고 온 꽃을 감독에게 주었는데, 감독이 그 꽃을 여인에게 돌려주었다. 여인이 받아서 눈에 대자 눈을 뜨게 되었다. 곁에 있던 사람들이 놀라는 동안 여인은 온갖 기쁜 표정을 지으면서 아무의 손도 잡을 필요없이 앞장 서서 걸어갔다.

식민 도시 히포의 부근에 있는 시니타의 성내에 역시 순교자 스데반의 유골이 보관되어 있었는데, 그곳 루킬루스 감독이 그 유골을 들고 행렬에 참가했다. 그는 오랫동안 치질로 고통당했고, 의사도 쨀 기회를 엿보고 있었다. 그러나 유골을 들고 갈 때에 갑자기 치질이 나았고, 그 후로 그 흔적이 전혀 없게 되었다.

칼라마에 오래 살고 있던 에우카리우스 신부라는 서바나 사람은 담석으로 오랫동안 고생하다가, 그곳 포시디우스 감독이 가져온 순교자 스데반의 유골로 병이 나았다. 그후에 다른 병으로 죽게 되어, 사람들이 그 손을 묶고 있었다. 그러나 스데

---

18) 폴리스(follis)는 가치가 적은 동전.

19) 첫 순교자 스데반의(행 7:59) 유해는 415년에 팔레스타인의 가자에서 발견되었고, 아우구스티누스의 젊은 친구 오로시우스가 그 유물의 일부를 아프리카에 가져 왔다.

반 사당에서 돌아온 그의 속옷을 시체에 덮자, 그는 다시 살아났다.

시니타에 마르티알이라는 늙은 귀족이 있었는데, 그리스도교를 몹시 싫어했다. 그의 딸은 신자였고, 사위도 그 해에 세례를 받았다. 노인이 병석에 눕게 되자 젊은 부부는 그에게 그리스도를 믿으라고, 눈물과 기도로 간청했지만, 그는 단연 거부하고, 노발대발해서 그들을 쫓아버렸다. 사위는 스데반 사당에 가서 기도할 생각을 하고, 거기서 하나님이 노인에게 바른 마음을 주셔서 곧 그리스도를 믿도록 해 주십사고 열심히 기도했다. 그는 크게 탄식하며 눈물을 흘리며 온갖 경건한 열성을 다해서 기도하는 것이었다. 그리고 그곳을 떠날 때에 거기 있는 꽃을 몇 개 가지고 돌아와서, 이미 밤이 되었으므로 잠이 든 노인의 머리맡에 두고 물러갔다. 그랬더니, 동이 트기 전에 노인이 큰 소리로, 누구든지 감독에게 달려가서 모셔오라고 요구했다. 그러나 그 때에 감독은 나와 함께 히포에 있었기 때문에, 노인은 감독이 집에 없으면 장로들에게 오도록 부탁했다. 장로들이 왔더니, 노인은 자기는 믿게 되었으니 세례를 달라고 말해서 모든 사람이 깜짝 놀라며 기뻐하게 만들었다. 그 후에 그는 살아 있는 동안 항상 "그리스도여, 내 영혼을 받으시옵소서"라고 했다. 이것은 스데반이 유대인들의 돌에 맞아 죽었을 때에 한 최후의 말이었음을 노인은 모르고 한 것이다. 얼마 지나지 않아서 그가 세상을 떠났을 때에도 이것이 그가 한 마지막 말이었다.

같은 순교자의 덕택으로 시니타의 두 시민과 한 손님이 통풍이 나았다. 시민은 완전히 나았고, 손님은 고통이 재발하면 어떤 약을 쓰라는 지시를 꿈에 받았는데, 그대로 하면 곧 고통이 사라졌다.

아우두루스라는 농장에 순교자 스데반의 사당이 있었다. 사당뜰에서 한 소년이 놀고 있었는데, 우차를 끌고 가던 소가 탈선해서 소년이 우차 바퀴에 깔려 당장 죽을 지경이었다. 그러나 아이의 어머니가 아이를 들고 사당에 눕혔더니 살아났을 뿐 아니라 상한 데도 없었다.

그 이웃 농장 카스팔리아나에서 여신도 한 사람이 병이 들어 희망이 없게 되었을 때에, 그 속옷을 스데반 사당에 가지고 갔으나, 옷이 돌아오기 전에 여인이 죽었다. 그러나 부모들이 그 옷으로 시체를 쌌더니, 소생해서 아주 완전히 나았다.

같은 사당에서 밧수스라는 시리아 사람이 중병에 걸린 딸을 위해서 기도를 드리고 있었다. 그도 딸의 옷을 가지고 왔다. 그가 기도를 드리고 있었을 때에, 하인들이 달려와서 딸이 죽은 것을 알리려고 했다. 그러나 친구들이 그들을 막고, 그렇게 하면 그가 여러 사람 앞에서 통곡하게 될 것이니, 알리지 말라고 했다. 그가 집에 돌아왔을 때에 가족들의 곡성이 요란했으나, 그는 딸의 옷을 시체에 덮어서 딸이 다시 살아나게 했다.

그 곳 세리(稅吏) 이레나이우스의 아들이 병으로 죽었다. 시체를 놓고 고별식 준비를 하면서 모든 사람이 울며 애통하고 있을 때에, 그 아버지를 위로하고 있던 한 친구가 스데반 사당의 기름을 시신에 바르면 어떻겠느냐고 제의했다. 그래서 그대로 했더니, 아들이 다시 살아났다.

호민관을 지낸 엘레우시누스는 죽은 어린 아들을 스데반 사당에 가져다 놓았다. 사당은 그가 사는 교외에 있었다. 울면서 기도를 드리고 나서 아기를 들어 일으켰더니 아이가 살아 있었다.

나는 어떻게 하면 좋을까? 이 책을 끝맺겠다는 약속에 쫓겨서 아는 기적들을 모두 기록할 수 없고, 우리의 어떤 친구들은 내가 한 이야기들을 읽을 때에, 나와 그들이 확실히 알고 있는 기적들이 많이 빠진 것을 유감스럽게 생각할 것이다. 이 책을 끝맺기 위해서 부득이 생략하는 이야기들을 생략하지 않고 한다면 얼마나 시간이 오래 걸릴까를 생각해서 독자들은 나를 용서하기 바란다. 다른 기적들은 모두 빼놓고, 칼라마와 히포 지방에서 스데반 사당을 중심으로 있었던 치유 기적만을 기록하더라도, 여러 권이 될 것이다. 또 이 기적들까지도 모두 수집할 수는 없었고, 세상이 읽도록 이미 기록된 것만을 의미한다. 옛날과 같이 우리 시대에도 하나님의 권능이 자주 나타나 보일 때에, 나는 그 이야기들이 기록되기를 원했다. 민중도 이런 일들을 모르고 있어서는 안 된다고 판단했기 때문이다. 스데반 유골이 히포 레기우스에 온 지 아직 2년도 되지 않으며,- 그 유골들로 인한 기적들이 모두 기록된 것도 아님을 나는 잘 안다. 그래도 지금 이 시간까지 공표된 것이 거의 70건에[20] 이른다. 칼라마에는 유골이 비교적 더 오랫동안 있었고, 더 많은 기적 이야기가 발표되었지만, 아직도 발표되지 않은 것이 훨씬 더 많다.

우티카에 가까운 식민 도시인 우잘리에서는, 내가 알기에도 같은 순교자에 의해서 기적이 많이 있었다. 우리가 히포에 순교자의 유골을 모시기 전에 우잘리에서는 에오디우스 감독의 지휘로 먼저 모시고 있었는데, 거기서는 기적 이야기를 공표하지 않는 관습이다. 아니, 지금은 공표하기 시작했을는지 모르나 전에는 그렇지 않았다. 내가 최근에 그 곳에 갔을 때에 페트로니아라는 명문의 부인이 백약이 무효했던 오랜 고질이 기적적으로 나았다는 말을 들었다. 나는 전기 감독의 동의를 얻어서, 세

---

20) 아우구스티누스는 자기 시대에 있던 기적들을 기록해서 "기적 소식"(직역하면 "기적 소책자")라고 부르며, 그리스도인들에게 읽어 들려줄 뿐 아니라 영구히 보관하는 사업을 적극적으로 추진했다. 비그리스도인들을 믿음으로 인도하는 데 이바지하려는 의도도 있었다. 이 사업을 시작한 것이 425년, 스데반의 유물이 아프리카에 온 후부터였다. 그가 이 8장을 쓴 것은 426년 또는 427년으로 추측된다.

상에 알리도록 그 이야기를 들려 달라고 그 부인에게 부탁했더니 쾌락했다. 나는 이 책이 논할 다른 제목으로 속히 넘어가야 하겠지만, 부인이 한 이야기를 빼놓을 수 없다.

기적이 있기 전에, 그는 어떤 유대인의 권고로 머리털로 만든 띠를 알몸에 띠고 거기에 반지를 하나 달았다. 반지에 낀 것은 보석이 아니라, 소의 콩팥에서 얻은 결석이었다. 마력이 있다는 이 호신구를 달고 거룩한 순교자의 사당을 향해서 카르타고를 떠났다. 도중에 바그라다 강가에 있는 자기 소유지에서 유숙하고, 아침에 길을 떠나려 했는데, 발 앞에 반지가 보였다. 깜짝 놀라서 머리털 띠를 만져보니, 단단히 맨 채로 있었고, 반지가 닳아서 떨어진 것인가 해서 자세히 보아도 반지는 조금도 상한 곳이 없었다. 부인은 이 큰 기적을 통해서 자기가 나으리라는 약속을 받은 것이라고 생각했기 때문에 띠를 풀어 반지와 함께 강에 던졌다.

주 예수 그리스도께서 어머니의 태중에서 나오셨을 때에 어머니의 처녀성을 상하지 않았으며, 방문이 닫혀 있었을 때에 제자들 사이에 나타나신 것을 믿지 않는 사람들은, 그 부인이 한 이야기도 믿지 않는다. 그러나 그들은 부인의 이야기를 엄밀히 검토해 보고, 만일 참말이라고 인정하면 다른 이야기도 믿어야 한다. 그 부인은 유명한 사람이며, 귀족 출신이고 귀족과 결혼한 사람이다. 그가 사는 카르타고도 유명한 땅이며, 그도 유명하니, 사실을 조사하고 싶은 사람들은 반드시 만족한 결과를 얻을 것이다. 참으로 부인을 기도로 낫게 한 순교자는 평생 처녀였던 어머니의 아들을 믿었고, 문이 닫혀 있었을 때에 제자들 사이에 나타나신 분을 믿었고, 우리가 이모저모로 이야기하는 궁극적 목표이신 분, 곧 육신으로 부활하시고 그 육신으로 승천하신 분을 믿었다. 그리고 순교자가 이 믿음을 위해서 죽었기 때문에 그를 힘입어 이런 기적들이 나타난 것이다.

그러므로 우리가 성경에서 읽는 기적을 행하신 그 하나님이 지금도 그가 원하시는 사람을 통해서 그가 원하시는 대로 많은 기적들을 행하신다. 그러나 그 기적들은 잘 알려지지 않고, 자주 읽어서 뇌에 자갈같이 박히는 것도 아니다. 지금같이 혜택을 받은 사람들의 이야기를 들려주도록 주의하는 곳에서도, 한 번만 듣는 사람들이 있는 반면에 전혀 듣지 못하는 사람들이 있다. 또 들은 사람들도 며칠 지나면 들은 것을 잊어버리며, 듣지 못한 사람에게 자기가 들은 것을 이야기해 줄 수 있는 사람은 거의 없다.

우리는 우리 자신들 사이에서 한 기적이 일어나는 것을 보았다. 내가 지금까지 이야기한 것들에 비해서 더 위대한 기적이라고 할 수는 없어도, 확실히 주목할 만하고 현저한 것이었다. 히포의 주민으로서 이 기적을 보지 못했거나 듣지 못한 사람은 없으며, 잊어버릴 수 있는 사람도 없을 것이다. 카파도키아의 가이사랴에 사는 한 귀족 가정에 7남 3녀가 있었는데, 최근에 과부가 된 어머니를 박대했다고 해서, 어머니가 그 일에 원한을 품고 자식들을 저주했다. 과연 그들에게 엄한 천벌이 내려서 모두 사지가 무섭게 떠는 병이 들었다. 자기들의 흉한 모습을 차마 이웃 사람들 앞에 드러낼 수 없어서 열 남매는 로마 제국의 각지로 흩어졌다. 그 중에서 파울루스와 팔라디아라는 두 남매는[21] 사방에서 그 비참한 모습 때문에 유명해졌는데, 히포에도 온 것이 부활절의 15일 전이었다. 그들은 매일 교회에 왔고, 특히 스데반 순교자의 사당에 와서, 하나님께서 노염을 푸시고 건강을 도로 주시기를 기원했다. 거기서나 어디서나 그들은 가는 곳마다 모든 사람의 주목을 끌었고, 다른 곳에서 그들을 본 사람들이 그들이 떠는 원인을 기회 있는 대로 설명했다.

부활절 주일 아침이 되어, 큰 군중이 모인 앞에서, 청년이 스데반 사당의 난간을 잡고 기도를 드렸다. 그는 갑자기 쓰러져서, 꼭 자는 사람 같이 누워 있었다. 전에는 잘 때에도 떨던 사람이 이 때에는 떨지 않았다. 보는 사람들이 모두 놀랐다. 겁이 난 사람, 측은하게 생각하는 사람이 있는 가운데서, 어떤 사람이 청년을 안아 일으키려고 했지만, 다른 사람들이 그것을 말리면서 결과를 기다려 보기로 했다. 그런데 아니나 다를까 청년은 일어섰고, 전혀 떨지 않았다. 아주 건강한 몸으로 나왔고, 자기를 보는 사람들을 물끄러미 보는 것이었다. 누가 하나님을 찬양하지 않을 수 있었겠는가? 온 교회가 사람들의 고함과 그를 축하하는 소리로 소란했다. 그 때에 나는 교회에 들어갈 준비를 하고 앉아 있었는데, 사람들이 나한테 달려와서 제각기 있었던 일을 내게 되풀이해서 알렸다. 나는 속마음으로 기뻐하며 하나님께 감사하고 있었는데, 그 청년 자신이 다른 사람들과 함께 들어와서, 내 앞에 꿇어 엎드렸다. 나는 그를 일으켜 입을 맞추고 회중 앞으로 들어갔다.

교회는 만원이었고, 환성이 가득했다. "하나님께 감사! 하나님을 찬양!"하고 모든 사람이 합창하며, "내가 백성을 낫게 하였느니라"고 한 사람이 부르면 다른 사람들이 되받아 불렀다. 드디어 잠잠하게 되어, 전례에 따라 성경 낭독이 있었다. 그리고 내가 설교를 시작해서, 그 때에 있었던 일과 그에 대한 기쁜 마음을 몇 마디 말하고, 내가 말하기보다 하나님이 놀라운 역사를 통해서 하시는 말씀을 청중이 생각하기를 원했다.

그리고 우리가 청년과 함께 음식을 먹을 때에, 그는 자기와 모친과 가족들의 재

---

21) 파울루스와 팔라디아 남매의 이야기는 저자의 설교에도 여러 번 나왔다. 설교 320-324, 설교 322호는 기적 소식임.

난에 대해서 자세히 이야기했다. 따라서 나는 그 다음날 설교를 한 후에, 내일은 이 청년의 이야기를 읽어들리겠다고 약속했다. 그래서 부활절 주일 후 사흘째 되는 날에 나는 남매를 강단 위에 세워놓고, 그들에 대한 기록을 읽었다. 그들 중 한 사람은 전혀 떨지 않고, 다른 한 사람은 사지가 떠는 것을 온 회중이 남녀노소할 것 없이 모두 보았다. 청년을 본 일이 없는 사람들은, 그 누이동생의 증세를 보고, 그를 고쳐주신 하나님의 자비를 알 수 있었다. 그들은 청년에게서 축하할 일을 보았고 누이동생에게서 기도할 제목을 보았다. 그러는 동안에 그들에 대한 글이 끝나고, 나는 그들을 청중 앞에서 물러가게 한 후에, 이 사건을 좀더 자세히 설명하기 시작했다. 그런데 이야기를 계속하고 있을 때에, 순교자의 사당 쪽에서 사람들의 새로운 환호성이 들려왔다. 청중이 그 쪽으로 달려가기 시작했다. 소녀가 그 서 있던 강단에서 내려가 기도를 드리려고 사당에 갔고, 거기서 난간에 손이 닿자, 오빠와 같이 쓰러져 자는 것처럼 누웠다가, 일어났을 때에는 병이 나은 것이었다.

무슨 일이 있었는가, 왜 저렇게 기뻐 떠드느냐고 우리가 묻고 있는데, 사람들은 완전히 나은 소녀를 데리고 교회에 들어왔다. 그 때에 남녀노소가 모두 놀라 환성을 올리며 눈물을 흘려 마지 않았다. 소녀가 조금 전에 떨면서 서 있던 그 곳에 다시 그를 세우고 그 때에 청년과 같지 않은 것을 불쌍히 여기던 회중은 지금 그가 자기 오빠와 같이 된 것을 더욱 기뻐했다. 그리고 소녀를 위해 자기들이 기도를 올리기 전에 그 소원이 이렇게 속히 성취된 것을 보고, 그들은 말없이 하나님께 감사하는 고함을 귀가 아플 정도로 지르는 것이었다. 이렇게 환호하는 그들의 마음 속에 있는 것은 스데반이 피를 흘리면서 지킨 그 믿음 곧 그리스도에 대한 믿음이 아니고 무엇이겠는가?

9. 그리스도의 이름으로 순교자들이 행한 기적들은 그에 대한 믿음을 증거한다.

이 기적들은 그리스도께서 부활하시고 승천하셨다고 전하는 그 믿음을 증거하는 것이 아니고 무엇인가? 순교자들은 곧 이 믿음에 대한 증인들이었다.[22] 그들은 증거했기 때문에 세상의 미움과 학대를 받았으나, 세상에 항거한 것이 아니라 스스로 죽음으로써 세상을 정복했다. 이 믿음을 위해서 죽었고, 지금은 그들이 죽기까지 믿었

22) 순교자들을 영어로 martyrs라고 하는 것은 그리스어에서 증인들을 martyres라고 한 데서 왔다. 법적인 또는 비유적인 증인이며(마 18:16; 행 1:8), 죽기까지 증거한 사람(행 22:20)은 순교자다.

던 주님에게서 이 혜택들을 빌 수 있다. 이 믿음을 위해서 그들은 고난을 놀랍게 견디었으며, 그 결과로 그들의 기적에 위대한 권능이 나타났다. 만일 육신으로 부활하여 영생에 들어가는 일이 먼저 그리스도에게서 실현되지 않았다면, 또는 그리스도께서 예언하신 대로, 또 그리스도의 오심을 예언한 예언자들도 예언한 대로, 그리스도의 백성들에게서도 부활과 영생이 실현되지 않는다면 무슨 까닭에 부활을 선포하는 이 믿음을 위해서 죽음을 당한 순교자들까지 이런 기적을 행할 수 있는가? 스스로 영원하시면서 그 역사(役事)의 효과를 시간 안에 나타나게 하시는 하나님께서 그 놀라운 방법으로 이 기적들을 친히 행하시는 것인가? 또는 그 종들을 통해서 하시는 것인가?

그렇다면 아직도 몸을 쓰고 있는 사람들을 쓰시는 것과 같이, 순교자들의 영도 쓰셨는가? 또는 하나님의 명령을 이행하는 천사들에게 보이지 않고 변함없고 형체없는 영향을 주셔서 이 기적들을 나타내시는 것인가? 그래서 순교자들이 행했다고 하는 기적들은 그들이 행한 것이 아니고 그들의 기도와 간구로 천사들이 행한 것인가? 또는 어떤 것은 우리가 열거한 방법으로, 어떤 것은 사람이 전혀 이해할 수 없는 방법으로 행해진 것인가? 이 중의 어느 것이든 간에, 이 기적들은 부활로 영생을 얻는다는 이 믿음을 선포한다.

10. 참 하나님이 경배를 받으시도록 많은 기적을 행한 순교자들은 자기가 신으로 인정되려고 몇 가지 기사를 행하는 귀신들보다 훨씬 더 존경을 받을 만하다.

여기서 우리의 반대론자들은 그들의 신들과 우리의 죽은 사람들을 비교하면서, 그들의 신들도 기사를 행한 것이 있다고 할는지 모른다. 혹은 헤라클레스와 로물루스와 그 밖에 신들의 동료가 되었다고 공상하는 사람들처럼, 그들의 신은 죽은 사람들 사이에서 얻었다고 하는가? 그러나 우리의 순교자들은 우리의 신이 아니며, 순교자들의 하나님과 우리의 하나님은 같은 분이시다. 또 그들의 신전들이 행했다는 기적들은 순교자들의 유물에 의해서 행해진 기적들과 비교할 가치가 없다. 만일 유사점이 있는듯 하다면 바로의 술객들이 모세에게 패배한 것같이(출 7:7-12; 8:18-19) 그들의 신들은 우리의 순교자들에게 패배했다.

참으로 그 귀신들은 이방인들의 신이 되려는 불순한 야망으로 기적을 행했지만, 우리의 순교자들이 기적을 행하는 것은, 더 정확히 말하면 그들이 기도하며 순종하여 하나님이 기적을 행하시는 것은 바른 믿음을 일으키려는 뜻이다. 그 믿음으로 우리는 그들이 우리의 신이 아니라고 믿으며, 우리와 그들은 함께 한 하나님을 믿는다. 그들은 그들의 신들을 위해서 신전을 짓고 제단을 쌓고 제사장을 임명하고 제사를 드렸다. 그러나 우리는 순교자들을 신들로 여겨 신전들을 지은 것이 아니라, 죽은 그들의 기념 사당을 만들고, 그들의 영은 하나님과 함께 살고 있다고 믿는다. 우리가 그들의 사당에 쌓은 제단과 드리는 제물은 순교자들에게 드리는 것이 아니라, 그들과 우리의 한 하나님께 드리는 것이다. 이 제사를 드릴 때에 순교자들은 하나님을 고백함으로써 세상을 정복한 사람들 곧 하나님의 사람들로서 그 처지와 지위에 따라[23] 호명되며, 제사장은 결코 그들에게 기도를 드리지 않는다. 제사장은 비록 순교자 사당에서 제사를 드릴지라도, 그 제사는 순교자들이 아니라 하나님께 드리는 것이다. 그는 그들의 제사장이 아니라, 하나님의 제사장이기 때문이다. 제물 자체도 그리스도의 몸이며, 그들에게 드리는 것이 아니라, 그들 자신이 곧 이 그리스도의 몸이다.

그러면 기적을 행한다고 할 때에 우리는 어느 편을 더 믿을 수 있는가? 기적을 행하는 상대자들에게 신으로서 인정되고자 하는 편인가? 또는 기적을 행하는 목적이 오직 사람들로 하여금 하나님을 믿으며 그리스도를 하나님으로 믿도록 인도하려는 것인 편인가? 자기들의 범죄까지도 거룩한 예전으로 만들고자 하는 편인가?[24] 그렇지 않으면, 자기들을 위한 기념 행사에서 자기들이 칭찬을 받는 것을 원치 않고, 그들이 받는 칭찬이 하나님께 영광을 돌리게 되는 것을 원하는 편인가? 그들의 영혼은 주님 안에서 칭찬을 받기 때문이다(시 34:2. 70인역). 그러므로 진리를 말하는 동시에 기적을 행하는 이들을 우리는 믿어야 한다. 그들은 진리를 말했기 때문에 고난을 받았고, 그래서 기적을 행하는 능력을 얻었다. 그리고 그들이 고백한 진리 중 으뜸가는 것은 그리스도께서 죽은 자 가운데서 살아나셔서 부활한 자의 영생을 처음으로 그 자신의 육신으로 보여주시고, 우리도 부활과 영생을 새 시대의 처음이나 이 시대의 끝에 얻으리라고 약속하셨다는 것이다.

11. 원소들에는 중량이 있으므로 지상적인 몸은 하늘에서 살 수 없다고 주장하는 플라톤파를 논박한다.

하나님의 이 위대한 선물(부활)에 대해서 반대 이론을 말하는 사람들이 있다.

---

23) 키프리아누스(258년에 순교) 때부터 자기 지방에 있던 순교자들을 성경에 있는 성자들과 함께 교회가 기념하다가, 후에 구별하게 되었음.

24) 2권 8장 참조.

"하나님께서 사람의 생각이 허무함을 아시느니라"(시 94:11) 하거니와, 이 사람들은 자기들의 선생 플라톤에게서[25] 배운 것을 말한다. 우주의 가장 큰 원소 두 가지는 서로 제일 멀리 떨어져 있으면서, 중간에 있는 두 원소인 공기와 물에 의해서 서로 연결된다고 한다. 흙이 이 계열의 첫째 원소로서 맨 밑에 있으며, 흙 위에 둘째 원소인 물이 있고, 물 위에 셋째 원소인 공기가 있고, 공기 위에 넷째인 하늘이 있으므로, 흙으로 된 몸이 하늘에서 살 수는 없다고, 그들은 말한다. 원소들은 그 무게가 다른 것으로써 균형을 얻으며, 각기 그 고유한 처소를 지켜야 한다는 것이다. 우리는 연약하고 허망한 인간이 하나님의 전능에 반대하는 이론이 어떤 것인가를 여기서 본다.

공기는 흙으로부터 셋째 원소이며, 흙으로 된 몸들이 많이 공중에 있는데 그 몸들은 무엇을 하는가? 지상적인 몸을 가진 새들이 가벼운 털과 날개로 공중에 솟아오르게 하신 하나님이 영생하게 만드신 사람들의 몸에 가장 높은 하늘에서 사는 능력을 주실 수 없다는 말인가? 지상적인 몸을 가진 동물들, 그리고 사람도 그런 동물인데, 이들은 날 수 없으며, 그들의 이론대로 한다면 이런 동물들은 땅 밑에서 살아야 할 것이다. 수중 동물인 물고기들이 물 밑에서 살고 있기 때문이다. 그러면 흙에 속한 동물은 셋째 원소 가운데서 살 수 있는데, 무슨 까닭에 둘째 원소인 물 속에서는 살 수 없는가? 흙에 속한 새는 흙 위에 있는 둘째 원소 속에서 살라고 밀어 넣으면 곧 질식해 버리지만 셋째 원소 속에서는 살며, 거기를 떠나서는 살 수 없다. 원소들의 순서가 잘못된 것인가, 또는 자연이 아니라 그들의 이론에 잘못이 있는 것인가? 나는 제13권에서[26] 한 말을 되풀이하지 않겠지만, 지상적인 물체 가운데는 납과 같이 무거우면서도 물에 뜨도록 사람이 형체를 만들 수 있는 것이 많다. 그런데 사람의 몸이 하늘로 솟아 올라 거기서 살 능력을 전능하신 하나님이 주실 수 없다는 것인가?

그러나 내가 방금 사용한 논법에 대해서 그들은 할 말이 없지만, 원소들의 이 순서를 굳게 믿고 이 점을 이용한다. 만일 흙이 첫째요, 물이 둘째, 공기가 셋째, 하늘이 넷째라면, 영혼의 본질이 모든 원소 위에 있다. 플라톤은 영혼이 물체라는 것을 부정했지만, 아리스토텔레스는 영혼을 다섯째 물체라고[27] 했다. 만일 영혼이 다

25) *Tim.*, 32 A-B.

26) 13권 18장.

27) 아리스토텔레스는 영혼을 다섯째 물체라고 하지 않고, 네 원소 위에 있는 다섯째 본성 또는 원소라고 한다(*Generation of Animals* 2, 3, 736-7). 또 "영혼은 몸이 아니라, 몸에 속하고 몸 안에 있다"고 한다(*De An.*, 2, 2, 414 A).

섯째 물체라면, 그것은 물론 모든 다른 원소들 위에 있을 것이며, 그러나 물체가 아니므로, 그만큼 더욱더 모든 것 위에 높이 있다. 그런 영혼은 흙으로 된 몸 속에서 무엇을 하는가? 다른 모든 것보다 미묘하게 생긴 이 영혼은 이런 거친 물체 속에서 무엇을 하는가? 가장 가벼운 것이 이 무거운 것 안에서, 가장 빠른 것이 이 느릿느릿한 것 안에서 무엇을 하는가? 이와 같이 우수한 존재의 힘을 입어 신체는 하늘로 들려가지 않을 것인가? 지금 지상적인 몸의 본성이 영혼을 지상으로 끌어내릴 수 있다면, 언젠가는 영혼이 지상적인 몸을 위로 들어올릴 수 없겠는가?

그들은 그들의 신들이 기적을 행했다고 하는데, 만일 여기서 우리의 순교자들이 행한 기적들에 그것으로 대항한다면, 그런 소위 기적들까지도 우리에게 유리하며, 우리가 하는 주장을 돕게 되지 않겠는가? 그들의 신들이 행했다는 기적 중에 위대한 것이 있었다면, 바로가 말한 것이 확실히 위대하다. 부엌 여신 베스타의 한 여사제가 부정하다는 허위 고발을 받아 궁지에 빠졌을 때에, 그는 티베르강에서 체에 물을 담아 재판관들 앞에 가져왔는데, 물이 한 방울도 흐르지 않았다고 한다.[28] 무거운 물을 체 속에 머물게 한 것은 누구였는가? 그 많은 구멍으로 물이 새는 것을 막은 것은 누구였는가? 그들은 "어떤 신이나 어떤 귀신"이라고 대답할 것이다. 만일 신이었다면 그것은 천지 만물을 지으신 하나님보다 더 위대한가? 만일 어떤 귀신이었다면, 그것은 천지를 지으신 하나님을 섬기는 천사들보다 더 강력한가? 그러면 하나님보다 낮은 신이나 천사나 귀신이 물의 무게를 지탱해서 물이 그 본성을 변한 것같이 만들었다면, 모든 원소를 만드신 전능하신 하나님이 지상적인 몸의 무게를 제거하시고 그것을 살린 영이 원하는 원소에서 그 다시 산 몸이 살게 만드시지 못할 것인가?

또 그들은 공기를 불과 물 사이에 두고, 불이 그 위에, 물이 그 아래 있다고 하므로, 공기가 물과 물 사이나, 물과 땅 사이에 있는 때가 많은 것은 어찌된 일인가? 물을 포함한 구름이 뜨고, 그 구름과 바다 사이에 공기가 있는 것을 그들은 어떻게 설명하는가? 또 폭풍우가 지상 높이 공중에 있다가, 공기 밑에 있는 땅 위에 억수로 쏟아지는 것은 무게와 원소들의 어떤 순서에 의한 것인지를 나는 알고 싶다. 끝으로, 지구 전체를 통해서 가장 높은 하늘과 땅 사이에 공기가 있는 것은 무슨 까닭인가? 공기는 하늘과 물 사이에 있으며, 물이 하늘과 땅 사이에 있다고 하지 않는가?

플라톤이 생각하듯이, 원소들 중에서 두 극단에 있는 불과 흙이 중간에 있는 공기와 물에 의해서 연결되며, 불은 하늘의 가장 높은 부분을, 흙은 가장 낮은 부분인 우주의 토대같은 부분을 점유하므로, 흙이 하늘에 있을 수 없다고 한다면, 땅 위에

---

28) 10권 16장을 참조.

불이 있는 것은 무슨 까닭인가? 그들의 이론대로 하면, 흙과 불이라는 두 원소는 각각 그 자리, 즉 가장 높은 곳과 가장 낮은 곳에 국한되어야 하며, 가장 낮은 원소가 가장 높은 원소가 있는 곳으로 올라 가거나, 가장 높은 것이 가장 낮은 것의 위치로 내려갈 수 없을 것이다. 그래서 흙은 한 알이라도 하늘에 없으며 앞으로도 없으리라는 것이 그들의 생각이므로, 불도 땅 위에서는 전혀 볼 수 없을 것이다. 그러나 사실은 불이 많이 있으며, 땅 위 뿐 아니라 땅 속에까지 있어서, 산꼭대기들이 불을 토한다. 땅 위에 있는 불을 사람이 이용할 뿐 아니라, 나무나 돌 같은 분명한 지상적 물체로 불을 일으키듯이, 불은 흙에서 생겨난다.

그들은 말한다. 천상의 불은 고요하고 순수하고 무해하고 영원한데, 이 불은 무질서하며, 연기가 나며, 없어지며, 파괴한다고. 그러나 산 속이나 굴 속에서 맹위를 떨치는 불은 산이나 굴을 파괴하지 않는다. 그러나 지상의 불은 그 지상적 지위에 합당하도록 다른 불과 다르다고 인정한다면, 지상적인 몸이 언젠가는 변해서 하늘에 합당한 썩지 않는 것이 되리라고 우리가 믿는 것을 그들은 무슨 까닭에 비난하는가? 지금은 불도 땅에 합당하도록 없어진다고 그들은 말하지 않는가? 그러므로 그들이 원소들의 무게와 순서를 근거로 삼은 논법은, 전능하신 하나님이 우리의 몸을 하늘에서 살 수 있도록 만드실 수 없다는 증명을 할 수 없다.

12. 그리스도교인들이 부활을 믿는다고 하여 냉소하는 불신자들을 논박한다.

우리의 논적들은 우리에게 세밀한 질문을 하며, 그런 질문으로 부활에 대한 우리의 믿음을 조롱한다. 예컨대, 낙태아들도 부활하느냐고 그들은 묻는다. 또 주께서 "내가 진실로 너희에게 말하노니 너희 머리털 하나도 없어지지 않으리라" (눅 21:18) 하신 것과 같이, 모든 몸이 같은 신장과 힘을 가질 것인가? 또는 대소의 차이가 있을 것인가 라고 묻는다. 만일 같다고 하면 낙태아들도 부활한다고 할 때에, 그들은 이 세상에서 가지지 못한 몸의 부피를 어디서 얻을 것인가? 또는 낙태아들은 낳지 않고 버렸기 때문에 부활하지도 않으리라고 한다면, 그들은 어려서 죽은 아이들에 대해서 같은 질문을 한다. 어린이들은 살았을 때에 가지지 못했던 몸의 부피를 어디서 얻을 것이냐고. 태어났을 뿐 아니라, 다시 태어난 사람이 부활하지 않으리라는 말을 우리는 하지 않기 때문이다. 다음에 그들은 이 부피가 같으리라는 몸들은 얼마나 크겠느냐고 묻는다. 만일 모든 사람이 이 세상에서 키와 몸집이 가장 큰 사람과 같은 키와 몸집을 가진다고 하면, 또 사람들은 살았을 때에 가졌던 것을 모두 다시 받는다면, 어린이들 뿐 아니라 장성한 사람들까지도 어떻게 생전에 가지지 못했던 것을 얻을 것이냐고 묻는다.

또 사도가 한 말씀, 즉 우리 모두가 "그리스도의 연령의[29] 분량이 충만한 데까지" 이르며, "하나님이 그들로 또한 그 아들의 형상을 본받게 하기 위하여 미리 정하셨다"(롬 8:29)는 말씀을, 하나님 나라에 있는 모든 사람이 그리스도의 키와 몸집과 같이 되리라는 뜻이라고 해석한다면, 키와 몸집이 줄어들 경우가 많을 것이며, 그렇게 몸의 많은 부분이 없어지면, "너희 머리털 하나도 없어지지 않으리라"는 말씀은 어떻게 되느냐고 그들은 묻는다. 그뿐 아니라, 머리털 자체에 대해서, 깎아 버린 머리털도 모두 회복될 것이냐고 물을 수 있다. 그리고 만일 회복된다면, 누가 그 흉한 모습에 놀라지 않겠는가? 손톱과 발톱도 깎은 것이 회복되어, 보기 좋게 하기 위해서 떼어버린 것이 많이 몸에 도로 붙게 될 것이다. 썩을 상태에서보다 영생불사할 상태에서 몸은 훨씬 더 아름다울 것이라고 믿어지는데, 그 아름다움은 어디에 있겠는가? 반대로 이런 것이 몸에 회복되지 않는다면 버려지는 것인데, 그렇다면 어떻게 머리털 하나도 잃어지지 않을 것이냐고 그들은 말한다.

같은 식으로 그들은 비둔함과 수척함을 논한다. 모든 사람이 같다면, 살찐 사람이나 여윈 사람이 없을 것이며, 따라서 살이 더 붙은 사람과 빠진 사람이 있을 것이다. 그러면 있던 것을 단순히 회복하는 것이 아니라, 한 편에는 없던 것을 덧붙이며, 다른 편에서는 전에 있던 것을 잃어버리게 될 것이다. 시체가 썩어 분해되는 데 대해서도 항의들을 한다. 어떤 것은 흙이 되고, 어떤 것은 공중으로 증발한다. 짐승들에게 먹히며, 불에 타버리며, 파손을 당하거나 물에 빠져 죽음으로써 몸이 썩어 액체가 된다. 이런 문제들에 그들은 상당히 놀라며, 이렇게 분해된 원소들을 모두 다시 모아 한 몸을 이룬다는 것은 불가능한 일이라고 믿는다. 그들은 또 사고로 인하거나 타고난 기형과 흠집을 일일이 거론하며, 해괴한 기형아들의 예를 들어, 모든 기형이 부활시에 어떻게 될 것이냐고, 전율과 조롱이 섞인 질문을 한다. 이런 것들은 부활한 몸에 나타나지 않는다고 말하면, 그들은 주 그리스도의 부활하신 몸에 상처의 자국이 있었다는 것으로 논박한다.

그러나 제일 곤란한 문제는, 굶주린 사람이 할 수 없이 다른 사람의 살을 먹었을 때에, 그 살은 어느 사람에게 돌아갈 것이냐는 질문이다. 그 살은 먹은 사람의 살이 되었고, 그가 굶어서 줄어든 자리를 보충했기 때문이다. 그들은 부활을 희롱하

---

29) 엡 4:13에 있는 "장성한 분량" 또는 각주 1에 있는 "신장의 분량"을 저자는 "연령의 분량"이라고 해석한다. 그 이유는 15장에서 설명한다.

기 위해서 묻는다. "이 살은 처음에 그것을 가졌던 사람에게 돌아가느냐, 또는 나중 사람의 살이 되었으니, 그에게로 돌아갈 것이냐."

그래서 그들은 또 플라톤의 이론에 따라, 사람의 영혼은 진정한 불행과 거짓된 행복을 번갈아 경험하리라고 약속하거나 그렇지 않으면 포르피리오스의 이론에 따라, 사람의 영혼은 많은 윤회를 거쳐 여러 다른 몸에 들어갔다가, 불행을 끝내고 다시는 어느 몸에도 돌아가지 않는다고 한다. 그때에 영혼이 영생하는 몸을 얻는 것이 아니라, 모든 종류의 몸을 피한다는[30] 것이다.

13. 낙태아들을 죽은 자로 인정한다면 그들도 부활에 참가할까?

논적들의 반대론을 열거하였으니, 나는 이제부터 하나님의 자비로운 도움을 믿고 그들에게 내가 열거한 순서대로 대답하겠다. 낙태아들은 태중에서 살아있다가 죽었다고 하더라도, 그들이 부활하리라는 것을 나는 감히 긍정하지도 못하고 부정하지도 못한다. 다만 그들이 사자 중에서 제외되지 않는다면, 무슨 까닭에 그들은 부활을 얻지 못할 것인지 나는 알 수 없다. 죽은 사람이 모두 부활하는 것이 아니고, 생전에는 태중에까지도 몸이 있었지만, 사후에 영원히 몸없이 지내는 영혼들이 있으리라고 하든지, 그렇지 않으면 인간의 영혼들은 모두 생전의 몸을 — 어디서 살았든 죽을 때에 남겨 둔 그 몸을 — 다시 받을 것이라고 하든지 이 둘 중의 하나인데, 모태 안에서 죽은 자라도 부활하지 못하리라고 어떻게 말할 수 있을는지 나는 알 수 없다. 그러나 낙태아들에 대해서 이 중 어떤 의견을 채택하든 간에, 만일 그들이 부활한다면, 우리가 출생한 유아들에 대해서 말하는 것을 그들에게도 적용해야 한다.

14. 유아들은 장성한 몸으로 부활할 것인가?

그러면 유아들에 대해서 우리는 무엇이라고 말한 것인가? 그들은 죽었을 때의 그 작은 몸으로 부활할 것이 아니라, 하나님의 놀랍고 신속한 역사에 의해서, 그들이 후에 가지게 되었을 그 몸을 받을 것이 아닌가? "너희 머리털 하나도 없어지지 않으리라" 하신 주님의 말씀은 가졌던 것이 하나도 없어지지 않으리라는 뜻이고, 가지지 않았던 것을 받지 않으리라는 뜻은 없다. 죽은 유아에게는 완전한 키가 없었다. 완전한 유아라도 아직 더 자랄 수 있고, 완전한 몸집은 가지지 못하였다. 사람은 모두 더 자랄 수 없다는 완전성의 한계가 있으며, 이 완전한 키는 말하자면, 그

30) 10권 30장; 12권 27장; 22권 26장.

들이 태중에서 가지고 나온 것, 바꿔 말하면 가능성으로서 가졌고 아직 실지로 그 부피는 되지 못한 것이다. 마치 몸의 지체들이 모두 가능성으로서 종자 안에 잠재해 있는 것과 같다. 그 중 어떤 것은 출생한 때에도, 치아와 같이, 보이지 않는다.

아직 있지 않는, 더 정확하게 말하면 아직 나타나지 않는 모든 것의 도안이 신체의 본질에 찍혀 있으며, 이것이 시간이 경과함에 따라 있게 된다, 아니 보이게 된다. 키가 큰 아이와 작은 아이는 벌써 여기서 크거나 작은 것이다. 같은 이치로, 몸이 다시 살 때에, 우리는 몸의 어느 부분이 없어지리라고 염려할 필요가 없다. 모든 사람의 몸집이 같아질 것이라면, 여기서 가장 큰 사람들의 몸을 줄여 그만큼 잃어버리게 되는 일이 없도록, 모든 사람들이 거인이 될 것이다. 그렇지 않다면 너희 머리털 하나도 없어지지 않으리라고 하신 주의 말씀과 상치될 것이다. 또 (여기서 몸이 작았던 사람들에 관해서는) 무에서 만물을 창조하신 하나님의 놀라운 솜씨로 필요하다면 몸에 덧붙여 주실 방법이 없겠는가?

15. 모든 죽은 자의 몸이 주님의 몸과 같은 부피로 부활할 것인가?

그리스도께서 죽으셨을 때에 똑같은 몸집으로 부활하신 것은 확실하다. 그러나 전반적 부활이 오면 그리스도께서는 가장 키 큰 사람과 같기 위해서 부활 후 제자들에게 나타나시던 몸집, 곧 그들이 친숙했던 그 몸집과는 다르리라고 하는 것은 잘못이다. 그러나 만일 몸이 더 큰 사람은 주님의 몸집과 같도록 축소되리라고 한다면, 머리털 하나도 없어지지 않으리라는 주의 약속과 달리, 많은 사람들의 몸이 큰 손실을 보게 될 것이다. 그러므로 우리가 할 수 있는 나머지 결론은 모든 사람이 늙어서 죽었든지, 어려서 죽었든지, 각각 젊었을 때의 몸집을 받으리라는 것이다. 사도가 그리스도의 연령의 분량이 충만한 데 대해서 한 말은 뜻을 달리 해석해야 한다. 즉 모든 그리스도교인이 그 머리이신 그리스도에게 지체로서 첨가될 때에, 그리스도의 분량이 충만하리라는 사실을 사도가 가리킨다고 해석하는 것이다. 또는 이 말씀을 부활과 관련시킨다면, 모든 사람은 장년 이후나 장년 이전이 아닌 몸으로 부활해서, 그리스도가 도달하셨더라고 우리가 알고 있는 그 기력과 연령으로 다시 살아나리라는 것이다. 세상 학자들도 한창 젊은 때는 30세라고 하며 이 시기를 지나면 내리막길이 되어 몸이 무겁고 노년이 된다고 한다. 그러므로 사도도 몸의 분량이나 신장의 분량을 말하지 않고 "그리스도의 연령의 분량이 충만한 데까지"라고 한다.

16. 하나님의 아들의 형상을 성도가 본받는다는 뜻에 대하여.

"하나님의 아들의 형상을 본받게 하기 위하여 미리 정하셨다"(롬 8:29)는 말씀은 속사람에 대한 것이라고 해석할 수 있다. 그래서 사도는 다른 곳에서 "너희는 이 세대를 본받지 말고 오직 마음을 새롭게 함으로 변화를 받으라"(롬 12:2)고 한다. 우리는 변화를 받아 세상을 본받지 않는 것이 곧 하나님의 아들의 형상을 본받는 것이 된다. 또 그리스도께서 죽을 몸을 쓰심으로써 우리의 형상을 본받으신 것과 같이, 우리는 영생을 입음으로써 그의 형상을 본받으리라고 해석할 수 있다. 이것은 참으로 몸의 부활과 관련된 뜻이다. 그러나 만일 이 말씀이 우리가 어떤 몸으로 부활할까를 가르친다면, 여기서 본받는 것은 위에서 말한 몸집이 아니라 연령이라고 해석해야 한다. 따라서 사람들이 부활할 때에는 모두 장년이 되어 가졌던, 또는 가졌을 신장으로 나타날 것이다. 그러나 내세에서는 마음이나 몸이 허약하지 않겠으므로 몸의 형상이 유아같든, 노인같든, 그것은 아무 지장도 되지 않을 것이다. 그러므로 만일 누가 사람은 죽었을 때와 똑같은 형태로 부활하리라고 말하더라도, 우리는 애써 논쟁할 필요가 없다.

17. 여자들의 부활한 몸은 여전히 여성일까?

"우리가 다 … 온전한 사람을 이루어 그리스도의 연령의 분량이 충만한 데까지 이르리라"(엡 4:13)는 말씀과 "하나님의 아들의 형상을 본받아"(롬 8:29)라는 말씀을 근거로, 어떤 사람들은 여자들은 부활할 때에 여자가 아니라 모두 남자일 것이라고 한다. 하나님이 흙으로 남자만 만드시고 그 남자에게서 여자를 만드셨기 때문이라고 한다. 나로서는 남성과 여성으로서 부활할 것을 의심치 않는 사람들 편이 더 지혜롭다고 생각한다. 현재 혼란의 원인이 되어 있는 정욕이 그 때에는 없을 것이기 때문이다.

그들이 죄를 짓기 전에는 남자나 여자나 벌거벗고 있으면서도 부끄러워하지 않았다. 그러던 몸에서 결함(정욕)이 제거되고 본래의 상태는 보존될 것이다. 여자가 여성인 것은 결함이 아니라 본연의 상태이며, 부활 때에는 성교나 해산을 초월할 것이다. 여성의 성기는 이전과 다른 새로운 사용법이 있으며, 새로운 아름다움에 이바지할 것이다. 그것은 이미 없어진 정욕을 자극하는 아름다움이 아니라 하나님의 — 없던 것을 창조하시고 창조하신 것을 부패에서 구출하신 하나님의 — 지혜와 사랑을 찬양하게 자극할 것이다.

인류의 시초에는 남자가 잠든 사이에 그의 옆구리에서 갈빗대 하나를 취해서 그것으로 여자를 만들었다(창 2:21). 이 사건으로 그리스도와 교회와의 관계를 예표하는 것이 합당했다. 남자가 자고 있었다는 것은 그리스도의 죽으심이요, 그가 십자가상에서 운명하신 후에 그의 옆구리를 창으로 찔러 피와 물이 흘렀으며, 이 피와 물이 교회를 "세우는" 성례들이다. 성경에도(창 2:22) 여자를 "형성하였다", 또는 "만들었다"는 말을 쓰지 않고, 바로 이 "세운다"는 말을 썼다. 그래서 사도는 그리스도의 몸 즉 교회를 "세운다"는 말을 한다(엡 4:12). 그러므로 여자도 남자와 똑같이 하나님의 피조물이며, 남자에게서 여자를 창조하심으로써 화합을 권장하신다. 그리고 이미 말한 바와 같이, 여자 창조의 방법은 그리스도와 교회를 예표했다. 남녀양성을 창조하신 분이 남녀양성을 부활시키실 것이다.

예수님 자신도 부활을 부인하는 사두개인의 질문을 받았다. 율법에 따라 자식없이 죽은 형의 후손을 남겨 주기 위해서, 차례로 그 미망인을 아내로 삼은 일곱 형제 중 누가 그 여인을 아내로 가지게 되겠느냐는 것이었다. 예수께서는 "너희가 성경도, 하나님의 능력도 알지 못하는 고로 오해하였도다"(마 22:29)라고 대답하셨다. 예수님으로서는 "그대가 말하는 그 여자는 남자가 될 것이고 여자가 아닐 것이다"라고 말씀하실 절호의 기회였건만, 그런 말씀은 아예 하시지 않고, "부활 때에는 장가도 아니가고 시집도 아니가고 하늘에 있는 천사들과 같으니라"(마 22:30)고 하셨다. 그들이 천사들과 같으리라는 점은 영생과 행복에서이고 육신에서가 아니며, 천사들은 죽지 않고 부활이 필요하지 않으므로 부활에서도 아니다. 예수께서 부활시에 없으리라고 하신 것은 여성이 아니라 혼인이었다. 그 질문에 대해서 여성이라는 성별이 없으리라고 함으로써 문제를 쉽고 빨리 해결할 수 있었을 터이지만, 예수님은 그렇게 예견하신 것이 아니라, 도리어 여성의 존재를 인정하셔서 "시집도 아니가고"라고 하셨다. 이것은 여성에게 해당하는 말씀이며, 남성에 관해서는 "장가도 아니가리라"고 하셨다. 그러므로 이 세상에서 시집 장가를 가는 풍습이던 사람들이 부활할 것이지만, 그 때에는 그런 혼인을 하지 않을 것이다.

18. 완전한 사람이신 그리스도와 그리스도의 충만과 그의 몸인 교회에 대하여.

우리 모두가 완전한 사람에 이르리라고 한 사도의 말씀에 대해서는 이 구절 전체의 문맥을 고려해야 한다. "내리셨던 그가 곧 모든 하늘 위에 오르신 자니 이는 만물을 충만케 하려 하심이니라. 그가 혹은 사도로 혹은 예언자로 혹은 복음 전하는 자로 혹은 목사와 교사로 주셨으니 이는 성도를 온전케 하며 봉사의 일을 하게 하며 그리스도의 몸을 세우려 함이라. 우리가 다 하나님의 아들을 믿는 것과 아는 일에 하나가 되어 온전한 사람을 이루어 그리스도의 연령의 분량이 충만한 데까지 이르리니 이는 우리가 이제부터 어린 아이가 되지 아니하여, 사람의 궤술과 간사한 유혹에 빠져 모든 교훈의 풍조에 밀려 요동치 않게 하려 함이라. 오직 사랑 안에서 참된 것을 말하여 범사에 그에게까지 자랄지라. 그는 머리니, 곧 그리스도라. 그에게서 온 몸이 각 마디를 통하여 도움을 입음으로 연락되고 상합하여 각 지체의 분량대로 역사하여 그 몸을 자라게 하며 사랑 안에서 스스로 세우느니라"(엡 4:10-16).

무엇이 완전한 사람인가를 보라 — 머리와 몸, 그리고 몸은 모든 지체로 구성되며 지체들은 때가 오면 완성되리라는 것이다. 그러나 교회가 세워지는 동안 이 몸에 매일 지체들이 첨가되며 그들에 대해서, "너희는 그리스도의 몸이요 그의 지체니라"(고전 12:27), "그의 몸된 교회를 위하여"(골 1:24), "떡이 하나요 많은 우리가 한 몸이라"(고전 10:17)고 한다. 또 이 몸을 세우는 데 대해서 "성도를 온전케 하며 봉사의 일을 하게 하며 그리스도의 몸을 세우려 하심이라"고 한다. 그 다음에 우리가 이야기하는 구절이 첨가되었다: "우리가 다 하나님의 아들을 믿는 것과 아는 일에 하나가 되어 온전한 사람을 이루어 그리스도의 연령의 분량이 충만한 데까지 이르리니."

여기서 말하는 분량은 어떤 몸에 관한 것인가를 알리기 위해서, "범사에 그에게까지 자랄지라. 그는 머리니 곧 그리스도라. 그에게서 온 몸이 각 마디를 통하여 도움을 입음으로 연락하고 상합하여 각 지체의 분량대로 역사하여" 라고 한다. 이 충만에 대해서도 사도는 다른 곳에서 그리스도에 관해서 "그를 만물 위에 교회의 머리로 주셨느니라. 교회는 그의 몸이니 만물 안에서 만물을 충만케 하시는 자의 충만이니라"(엡 1:22, 23)고 한다.

그러나 이런 말씀들은 각 사람이 부활할 그 형태에 관한 것이라고 하더라도 "사람"이라는 말은 남녀를 다 의미하는 것으로 해석해서, 분명히 인간에 대해서 한 말을 여자에게도 적용하지 못할 이유는 무엇인가? "여호와를 경외하는 자는[31] 복이 있도다"(시 112:1)라고 할 때에, 확실히 여호와를 경외하는 여성들도 포함되었다.

19. 금생에서 신체의 아름다움을 손상하는 결함들은 부활시에 모두 제거될 것이며, 신체 본연의 재료는 그대로 있으면서 그 속성과 분량이 변경되어 신체를 아름답게 만들 것이다.

31) 경외하는 "자"의 원어는 "사람" 또는 "남자"라는 뜻임.

머리털과 손톱에 대해서 나는 무엇이라고 말해야 하는가? 몸의 어느 부분이 없어짐으로써 몸의 기형이 생기는 일이 없다면 동시에 너무 많아서 기형이 생길 것들은 몸 전체의 부피를 더하는 데 사용될지언정, 어느 한 부분에 첨가되어서 그 부분을 기형으로 만드는 일은 없으리라고 생각된다. 마치 진흙으로 그릇을 만들었다가 고쳐 만들려고 할 때에, 손잡이를 만들었던 흙은 반드시 새 손잡이를 만드는 데 써야 하며 밑바닥을 만들었던 흙은 다시 밑바닥이 되어야 하는 것이 아니라, 흙을 전부 써서 완전한 새 그릇을 만들고 흙을 남기지 않으면 되는 것과 같다. 그러므로 깎아버린 머리털과 손톱을 부활시에 제자리에 다시 두어서 기형이 생긴다면, 제자리로 돌리지 않을 것이다. 그러나 그것들은 없어지는 것이 아니라 그 재료가 변화되어 어디든지 배치되며 각 부분의 균형을 유지할 것이다.

"너희 머리털 하나도 없어지지 않으리라"(눅 21:18) 하신 주님의 말씀도 머리털의 길이에 대한 것이 아니라 그 수효에 대한 것으로 해석하는 것이 더 적합할 것이다. 다른 곳에서 "너희에게는 오히려 머리털까지도 다 세신 바 되었나니라"(눅 12:7)고 하셨기 때문이다. 내가 이렇게 말하는 것은 신체에 자연히 있는 어떤 부분이 없어질 수 있다고 생각하기 때문이 아니다. 그러나 사람이 타고나는 기형은 우리 죽을 인간들이 벌을 받고 있기 때문이라고 설명할 수밖에 없지만, 그 기형적 부분은 부활시에 그 재료가 완전히 보존되며 기형만이 소멸되어서 회복되리라고 생각한다. 어떤 이유로 기형적인 소상(塑像)을 만든 사람도 그것을 다시 아름다운 상으로 개조할 수 있다. 그럴 때에 재료는 조금도 버리지 않고 기형만을 버린다. 예컨대 보기 싫은 또는 균형을 잃은 부분을 전체에서 떼어버리는 것이 아니라, 재료 전체를 다시 섞어서 그 분량을 줄임없이 결점만을 제거할 수 있다. 그렇다면, 우리는 전능하신 조물주께서 이만한 일을 못하시리라고 생각할 것인가? 그가 인간의 몸에서 모든 기형과 결함을 일소하실 수 없겠는가? 가련한 금생에서 보통인 결함이든 희한하고 망측한 것이든, 성도들의 미래의 지복에서는 그런 것을 생각할 수 없다. 조물주께서 자연히 있으면서도 보기에 흉한 기형들을 제거하면서도 본래의 재료에는 손실이 없게 하실 수 없겠는가?

따라서 비대하거나 수척한 사람들은 이 세상에서도 원치 않는 그 형태를 하늘에서 가지게 되리라고 염려할 필요가 없다. 신체의 각 부분이 서로 균형이 잡히며 거기에 빛깔이 어느 정도 조화되는 데에 신체의 미가 있는 것이다. 균형이 잡히지 않으면, 무엇이 잘못 생겼거나 너무 크거나 너무 작아서 눈에 거슬린다. 그래서 모든 잘못된 것이 시정되며, 부족한 것이 하나님이 아시는 자원으로 보충되며, 재료는 완전히 보존되면서 지나친 것이 제거되는 상태에서는, 균형이 없기 때문에 기형이 생기는 일이 없을 것이다. 그리고 빛깔은 "의인들이 아버지 나라에서 해와 같이 빛나리라"(마 13:43)는 말씀으로 보아 얼마나 현저할 것인가?

그리스도께서 부활하셨을 때에 그 몸에 이 광채가 없었던 것이 아니라 숨겨졌다고 생각해야 한다. 인간의 연약한 눈은 그 광채를 감당할 수 없었을 것이며 그들은 예수님을 알아볼 수 있어야 했다. 그래서 주께서는 그들이 자기의 상처 자리를 만지게 하시고, 음식이 필요하신 것이 아니었으나, 원하면 취할 수 있다는 것을 보이시기 위해서 잡수셨다. 광채가 있었으나 제자들이 보지 못했다는 것은, 눈 앞에 있는 물건 중에 어떤 것은 보고 어떤 것은 보지 못하는 것과 같은 현상이며, 이것을 그리스어로 아오라시아(ἀορασία)라고 하며, 라틴어 번역자들은 창세기에서 더 좋은 말이 없기 때문에 카이키타스(caecitas, 눈이 보이지 않음)라고 번역했다. 소돔 사람들이 의인 롯의 집 문을 찾다가 찾지 못한 것도(창 19:11) 이렇게 눈이 보이지 않은 탓이며,[32] 만일 그들이 아무것도 보지 못한 것이라면, 집으로 들어갈 문을 찾지 않고 누군가 자기들을 자기 집으로 데려가 주기를 원했을 것이다.

그러나 우리는 순교자들을 사랑하기 때문에, 무슨 까닭인지는 몰라도 하늘 나라에서 그들을 만날 때에 그들이 그리스도의 이름 때문에 받은 상처를 보고 싶으며 아마 볼 수 있을 것이다. 그 상처는 흠이 아니라 명예로운 표적이며, 신체의 아름다움은 아닐지라도 영적인 아름다움을 더하겠기 때문이다. 너희의 머리털 하나도 없어지지 않으리라는 말씀을 들은 사람들이 순교시에 잃어버린 지체가 부활시에 없으리라고 믿을 필요는 없다. 새로운 나라에서 영생할 몸에 상처의 흔적들이 보이는 것이 눈에 거슬리지 않는다면, 상하거나 잘린 지체가 없어지지 않고 회복되며, 거기에 상한 자국들도 보존될 것이다. 그러므로 몸에 있는 결점이 부활시에 보이지 않으리라는 것이 옳은 생각이면서도, 이 덕성의 자국들을 결점이라고 인정하거나 부르는 것은 옳지 않을 것이다.

20. 우리 몸의 재료는 아무리 흩어지더라도, 부활시에는 모두 다시 결합될 것이다.

그뿐 아니라 전능하신 창조주께서 우리 몸을 다시 살리실 때에 짐승에게 먹히거나 불에 타버린 부분, 먼지나 재로 분해된 부분, 물이 되거나 공기 중으로 증발한 부분들을 모두 다시 부르시지 못하리라고 염려하지 말라. 자연의 깊은 곳에 숨은 것

---

32) 눈에 고장이 있거나 눈이 멀어서 못보는 것이 아니라, 눈은 건강한데 특정 물체를 일시적으로 보지 못하는 것.

을 우리는 모를지라도 만물의 조물주가 모르시거나 그의 권능이 미치지 못하리라고 생각하지 말라. 우리 논적들이 최대 권위로 삼는 키케로는 될 수 있는 대로 정확하게 하나님을 정의하기 위해서 말했다. "하나님은 자유롭고 독립된 마음이다. 물질적인 데가 없으며, 만물을 알며 움직이며, 그 자신은 영원한 운동을 할 수 있다."[33] 이런 생각을 그는 일류 철학자들의 체계에서 발견했다. 우리는 그들의 말을 빌려서 묻겠다. 만물을 아는 이에게서 무엇이 숨을 수 있으며, 만물을 움직이는 이를 무엇이 피하여 전혀 없어질 수 있겠느냐고.

그래서 나는 가장 어려운 질문에 대답하려 한다. 죽은 사람의 살을 먹어 산 사람의 살이 되었을 경우에 부활시에는 그것이 누구의 살이 될 것이냐는 질문에 대해서이다. 먹을 것은 없고 배는 고프고 해서 부득이 사람의 고기를 먹었다는 것은 고대 역사에도 있고, 우리 시대에도[34] 알게 된 불행한 경험인데, 먹은 살은 전부 배설되고, 먹은 사람의 몸에는 살이 되어 남은 것이 전혀 없다고 정직하게 주장해야 하는가? 먹기 전에 파리했던 사람이 그 핼쓱한 모습이 없어졌다는 것은 그에게 없었던 것이 이 음식에 의해서 보충되었다는 충분한 증거가 된다. 그러나 이 어려운 문제도 넉넉히 해결할 수 있는 말을 나는 조금 전에 했다.

굶주린 사람이 먹은 살은 모두 공기 중으로 증발하고, 그것을 전능하신 하나님이 다시 부르실 수 있다고 우리는 말했다. 그러므로 그런 살은 처음에 살이 되었던 그 사람에게로 돌아갈 것이다. 그것을 먹은 사람은 빌린 것이며, 돈을 빌린 때와 같이 빌려준 사람에게 돌려야 한다. 그러나 그가 기아로 잃어버린 살은 증발한 것까지도 회복하시는 분이 회복해 주실 것이다. 그것이 완전히 없어져서 그 재료가 자연의 어느 구석에도 남아있지 않다고 하더라도, 전능자가 적당하다고 보시는 자원(資源)에서 얻어 회복하실 수 있을 것이다. "너희 머리털 하나도 없어지지 않으리라" 하신 진리의 말씀이 있으므로, 사람의 머리털은 하나도 없어지지 않을지라도 배고픈 사람에게 먹힌 많은 살이 없어지리라고 생각하는 것은 불합리하다.

우리가 지금까지 우리의 빈약한 능력을 동원해서 검토하고 논의한 것을 근거로 우리는 다음과 같이 결론내린다. 영생을 얻으려고 육신이 부활할 때에 몸은 한창 젊었을 때에 얻은, 또는 얻었을 체구를 가질 것이며, 모든 지체의 균형과 조화에서 오는 아름다움을 지닐 것이다. 또 이 아름다움을 유지하기 위해서, 몸의 재료의 어느

---

33) Cic., *Tusc. Disp.*, 1, 27, 66.

34) 로마시가 410년에 고트족에게 오랫동안 포위를 당해서 시내에 심한 기근이 있었던 사실을 언급하는 듯하다. 그러나 그 때에 사람의 고기를 먹었다고 말한 곳은 없다.

부분을 한 곳에 둘 때에 기형이 생기면, 그것을 몸 전체에 분배해서, 어느 부분이 없어지지도 않고 몸 전체의 균형도 잃어버리지 않게 할 것이며, 한 곳에 두어서 기형이 생길 이 재료를 전신에 배분할 때에 신장이 전반적으로 늘어나리라고 생각하는 것은 불합리하지 않다. 혹은 죽었을 때의 신장으로 부활하리라고 주장하는 사람이 있더라도, 그와 논쟁할 필요가 없다. 다만 기형이나 허약함이나 무기력함이나 쇠퇴 등은 없어야 한다. 이런 것들은 천국에 합당하지 않으며 거기서는 부활의 자녀, 약속의 자녀들은 신체나 연령은 그렇지 않아도 적어도 행복한 점에서는 하나님의 천사들과 동등할 것이다(마 22:30).

21. 성도들의 육신은 새로운 신령한 몸으로 변하리라.

그러므로 생전이나 사후에 몸에서 떨어져 나간 것은 무덤 속에 남아 있는 것과 함께 몸에 회수되어 부활할 것이며, 이전의 동물체로부터 새로운 신령한 몸으로 변하여 썩지 않고 죽지 않게 될 것이다. 격렬한 사고나 잔혹한 원수 때문에 몸이 완전히 가루가 되며 공중이나 물 속에 모조리 흩어져 전혀 흔적이 없더라도, 창조주의 전능한 힘이 미치지 못하는 곳은 없을 것이다. 참으로 머리털 하나도 없어지지 않을 것이다. 살은 그 때에 영에 순종하여 영적일 것이지만 역시 영이 아니라 육일 것이다. 마치 영이 육에 순종했을 때에 육적이면서도 여전히 영이며 육이 아니었던 것과 같다. 이 점은 벌을 받은 우리의 기형적 상태에서의 실험에 의한 증거를 가지고 있다.

사도가 "내가 신령한 자들을 대함 같이 너희에게 말할 수 없어서 육신에 속한 자를 대함 같이 하노라"(고전 3:1) 한 사람들은 그 신체가 육적인 것이 아니라 그 영이 육적이었다. 금생에서 영적이라고 하는 사람도 그의 몸은 아직 육적이다. 마음의 법에 거스려 싸우는 다른 법이 그 지체에 있음을 보기 때문이다. 그러나 "육(동물적인)의 몸으로 심고 신령한(영적인) 몸으로 다시 사나니"(고전 15:44)라고 한 부활 때에는 비록 몸을 쓰고 있을지라도 그 몸도 영적인 것일 것이다.

그러나 이 신령한 몸이 무엇이며 그 아름다움은 얼마나 위대하리라는 것을 말하는 것은, 아직 경험한 일이 없는 우리로서는 경솔한 짓이라는 두려움이 있다. 그렇지만 우리가 품은 희망의 기쁨을 말하여 하나님을 찬양하는 것은 당연하며, 시인도 열렬하고 거룩한 사랑으로 "주여 내가 주의 집의 아름다움을 사랑하였나이다"라고 하였다(시 26:8. 70인역). 우리도 하나님의 도움을 얻어, 하나님께서 이 심히 가련한 인생에서 선악간 모든 사람에게 부어주시는 은사들을 말하며, 우리가 아직 경험하지 못해서 올바르게 말할 수 없는 저 상태의 위대한 영광을 추측하는 것은 허락될 것이다. 나는 하나님께서 사람을 바르게 만드셨던 때에 대해서는 전혀 말하지 않겠다. 저 풍성한 낙원에서 남녀가 행복한 생활을 한 이야기도 하지 않겠다. 그 기간은 너무도 짧아서 그것을 경험한 자녀가 없었다. 나는 다만 우리가 아는 금생, 우리가 살고 있는 금생, 우리가 살고 있는 동안은 아무리 선으로 진보한 사람일지라도 피할 수 없는 시험에 대해서 말한다. 인생은 모두 시험이기 때문이다(욥 7:1. 70인역). 그리고 나는 금생에서도 하나님께서 인류에게 베푸시는 자비의 표적들을 누가 묘사할 수 있느냐고 묻겠다.

22. 인류는 그 처음 죄의 당연한 보응으로 불행과 재난을 받으며, 그리스도의 은혜에 의하지 않고는 아무도 거기서 구원받지 못한다.

금생도 생이라고 한다면, 거기 가득한 무서운 재난은 인류 전체가 그 원초에서 이미 정죄되었다는 것을 증거한다. 이 점은 아담의 후손들을 둘러싼 깊고 무서운 무지와 거기서 생기는 모든 오류가 증명하지 않는가? 아무도 노고와 고통과 두려움을 경험함 없이 이 무지에서 구출될 수 없다. 또 허다한 허망하고 해로운 것을 인간들이 사랑하는 것도 이 점을 증명하지 않는가? 이런 사랑 때문에 생기는 것들은 가슴을 찢는 염려와 불안과 슬픔, 열광과 다툼과 소송과 전쟁과 반역, 분노와 미움과 기만과 아첨과 사기, 절도와 강도, 배신과 교만과 야망과 시기, 살인과 부모 살해와 잔인과 흉악, 사치와 불손과 파렴치, 음란과 간음과 근친상간과 기타 무수한 성적 불결과 동성애 등 말하기조차 부끄러운 짓들이다. 그뿐 아니라, 신성 모독과 이단사상과 불경한 언사, 위증과 무죄한 사람들에 대한 압박, 비방과 음모와 거짓말과 거짓 증언, 불의한 재판과 폭행과 약탈, 기타 유사한 악행들이 인간 생활에서 떠나지 않는다. 이런 것들은 악인들이 짓는 죄지만, 그 근원은 아담의 모든 후손이 타고난 근본적 오류와 그릇된 사랑이다. 유아기에 나타나는 깊은 무지, 그리고 소년기에 시작하는 풍성한 어리석은 욕망으로 인생을 시작하지 않는 사람이 있는가? 그래서 제멋대로 살며 행동하게 버려둔다면, 위에서 언급한 또는 언급하지 못한 죄들의 전부 또는 대부분에 빠지지 않겠는가?

하나님께서는 인간을 정죄하시지만 전적으로 버리시지는 않으며 인간을 노여워하시지만 그 지극한 긍휼을 막아버리시지 않으시며(시 77:9) 금지와 교훈으로 인류를 제어하심으로써, 우리가 타고난 죄성을 경계하며 그 침범을 막으신다. 다만 이 교훈에는 노고와 고통이 가득하다. 아동들의 어리석은 짓을 억제하기 위하여 사용되는 각종 위협은 무엇을 의미하는가? 가정 교사와 학교 교사와 나무채와 가죽채와 회초리 등은 무엇을 의미하는가? 성경에도 사랑하는 자식은 "길을 잘 들이고 어릴 때에 회초리로 키워라. 그렇지 않으면 고집만 자란다"고 하며(집회서 30:12),[35] 그런 자식은 억제하기 어렵거나 전혀 불가능할 것이다. 이 모든 벌의 목적은 무지를 극복하고 나쁜 욕망을 억제하려는 것이 아니고 무엇인가? 우리는 무슨 까닭에 기억하기는 어렵고 잊어버리기는 쉬우며, 배우기는 어렵고 모르고 지내기는 쉬우며, 부지런하기는 어렵고 게으르기는 쉬운가? 이것은 우리의 패악한 천성이 그 자체의 무게로 기울어지는 방향과 그것이 구출되기 위해서 필요한 도움이 무엇인가를 알리지 않는가? 무위와 권태와 무관심 등은 노고를 회피하는 죄들이다. 다만 노고는 유용하면서도 그 자체가 일종의 벌이다.

자식들이 유용한 것을 배우도록 원하지 않는 부모는 드물지만, 그런 것도 아이들이 배울려면 벌이 있어야 하는데, 그런 벌 이외에도 인류를 괴롭히는 무수한 각종 고통을 누가 능히 말로나 생각으로 세며 형용할 수 있을까? 그것은 불의한 사람들의 악행과 불법에 대해서 벌로써 주는 고통뿐 아니라, 인류의 처지와 그 공통된 불행의 일부가 되어 있는 고통이다. 사별(死別)과 상중(喪中)에서 오는 공포와 슬픔뿐 아니라, 재산의 손실과 유죄 판결, 사기와 허위, 무근한 혐의, 기타 다른 사람들의 범죄와 악행에서 오는 공포와 슬픔을 생각해 보라. 사람들 때문에 우리가 받는 고통은 약탈과 인질, 구속과 투옥, 추방과 고문, 불구와 실명과 겁탈, 기타의 무서운 재난들이다.

외부로부터 우리의 신체를 위협하는 무수한 사고들을 생각하여 보라. 더위와 추위, 폭풍, 홍수, 번개, 우레, 우박, 지진, 지각 변동, 무너지는 집 등이며 말이 넘어지거나 놀라거나 나쁜 버릇이 있어서 입는 피해, 관목과 물과 공기와 동물에서 오는 여러 가지 독, 야수에게 물린 고통과 죽음, 주인에게 가장 온유하고 다정한 동물인 개에게서 오는 광견병(이것은 사자나 뱀보다도 더 무서운 해를 주어 자기의 부모 처자들까지도 어느 야수보다 더 무서워하는 미친 사람이 되게 만든다). 육상이나 해상을 여행하는 이들이 겪는 재난을 생각하여 보라. 집을 나서면 사방에서 사고가 닥쳐오는 것을 피할 수 없다. 어떤 사람은 사지가 무사하게 집에 돌아왔건만, 자기집 문턱에 걸려 쓰러져 다리가 부러져서 그 때문에 죽었다. 사람이 자기 의자에 앉아 있는 때보다 더 안전할 수 있겠는가? 그러나 제사장 엘리는 의자에서 자빠져 목이 부러졌다(삼상 4:18). 농민들이 아니, 모든 사람이 기후나 토질이나 야수들로 인한 농

---

35) 21권 14장의 주 35를 참조.

작물의 피해를 얼마나 두려워하는가? 추수를 해서 헛간에 장만하면 안심하는 것이 보통이지만, 갑자기 홍수가 나서 일꾼들을 쫓고 곳간에 있는 가장 우수한 곡식을 말끔히 쓸어간 예를 우리는 안다.

천진난만하면 귀신들의 각양 간계를 넉넉히 배제할 수 있는가? 그런 생각을 막는 듯이, 세례를 받은 순진한 유아들까지도 심한 고통을 받는 것을 우리는 보며, 이 일을 허락하시는 하나님이 우리가 이 일을 계기로 금생의 불행을 애탄하며 내세의 행복을 원하라고 가르치신다. 우리의 신체까지도 병이 너무 많아서 의학서에도 다 기록할 수 없다. 그리고 치료법이나 치료약 자체가 심한 고통인 병이 많으며, 거의 전부라고 하겠다. 그 결과로 사람들은 고통을 면하기 위해서 고통스러운 치료를 받아야 한다. 갈증으로 미칠 듯해서 사람의 오줌, 심지어는 자기의 소변을 마시지 않는가? 굶주린 사람이 부득이 인간을 먹는데, 죽은 사람이 아니라 일부러 죽인 사람의 고기를 먹지 않는가? 굶주림의 고통을 견디지 못해서 어머니가 자기 자식의 고기를 먹는다는 믿지 못할 야만 행위를 감행하지 않는가? 잠이 들면 쉰다고 하는 것은 옳더라도, 실재와 구별할 수 없을 만한 꿈이나 환상이 방해하는 잠에 무슨 휴식이 있는가? 또 어떤 병들은 환자가 거짓된 환상들을 보고 정신이 혼란에 빠진다. 건강한 사람조차 악령들에게 속게 하는 환상이 얼마나 많은가? 귀신(마귀)들은 피해자들을 유혹할 수 없으면 그들의 감각 기관을 속여 거짓을 믿게 만든다.

지옥과 같은 이 가련한 인생에서 도망하는 길은 우리의 하나님이시며 주이신 구주 예수의 은혜밖에 없다. 예수라는 이름 자체가 구주라는 뜻이다(마 1:21). 그는 특히 우리가 이 삶을 떠나 더 가련하고 영원한 상태로 — 삶이라기보다 죽음이라고 해야 할 상태 — 가는 것을 구하신다. 이 땅의 삶에서는 거룩한 사람들과 거룩한 물건들이 치유해서 큰 위로를 우리에게 주지만, 사람들이 갈구하는 축복은 모든 사람이 받는 것이 아니다. 그렇지 않다면 사람들은 이런 현세적 이익을 위해서 경건 생활을 하며, 모든 악이 제거된 저승을 위한 것이 되지 않을 것이다. 그러므로 현세의 재난 가운데서도 은혜가 착한 사람들을 도와서, 그 믿음이 굳을 수록 더욱 큰 용기로 재난을 견딜 수 있게 한다. 철학도 진리를 깨닫는 데 공헌한다고 세상의 현인들은 주장한다.

진정한 철학은 신들이 소수 사람들에게만 주었다고 키케로는 말한다.[36] 신들이 사람에게 준 선물로써 이보다 더 위대한 것은 없으며 있을 수도 없다고 그는 말한다. 그래서 우리의 논적들까지도 철학을 얻기 위해서 — 아무 철학이나 얻는 것이

---

36) Cic., *Acad. Post.*, 1, 2, 7.

아니라 진정한 철학을 얻기 위해서는 — 하나님의 은혜가 필요하다는 것을 부득이 인정한 격이 되었다. 또 진정한 철학을 — 금생의 불행과 싸울 유일한 힘이 되는 그 철학 — 신들이 소수에게만 주었다면, 이 사태에서 우리는 인류가 벌로써 불행을 겪고 있다는 것을 분명히 알 수 있다. 또 다신 숭배자들이 인정하는 대로, 이보다 더 큰 선물이 없다면, 그 선물은 그들도 모든 신들보다 더 위대하다고 인정하는 그 하나님만이 주실 수 있다는 것을 우리는 믿어야 한다.

23. 선악간 모든 사람에게 공통된 금세의 불행과는 별개로, 특히 의로운 사람들의 노고에 따르는 불행에 대하여.

이승에서 선악간 모든 사람에게 공통된 불행과는 별도로, 의인들이 부딪치는 특별한 노고가 있다. 그들은 자기의 죄와 싸우며 그래서 이 싸움에 관련된 시험과 위험에 마주친다. 영과 육의 싸움은 혹은 격렬하고 혹은 완만하지만 중단되는 때가 없으며, 따라서 우리는 원하는 것을 하거나(갈 5:17) 모든 정욕을 멸할 수 없다. 하나님이 주시는 능력으로 우리는 겨우 정욕에 찬성하기를 거부함으로써 억제하며 경계를 쉬지 않을 뿐이다. 그렇지 않으면 진리인 듯한 외양 때문에 속으며 교묘한 이론에 눈이 어두우며 오류 때문에 암흑 속에 휘말리기 때문이다.

부단히 경계하지 않으면 선을 악으로 악을 선으로 오인하며, 두려움 때문에 의무를 행하지 못하며, 정욕 때문에 하지 못할 일에 빠지며, 해가 지도록 노를 품으며(엡 4:26), 미움 때문에 악을 악으로 갚으며 지나친 애통 때문에 기력이 소진하며, 배은망덕의 경향이 있어 받은 바 은혜를 나누지 않으며, 훼방이 퍼질 때에 양심이 약해지며, 경솔한 의심으로 친구를 오해하며, 의심을 받으므로 불안하며, 죄가 우리의 죽을 육체를 지배해서 그 소욕대로 하게 되며, 우리의 지체가 불의의 도구가 되며(롬 6:12-13), 눈이 정욕을 따르며, 맹렬한 복수심에 바른 정신을 잃으며, 즐겁게 생각되는 악을 너무 오래 보거나 생각하며, 악한 말이나 점잖치 못한 말을 즐겨 들으며, 유쾌하더라도 합당치 않은 일을 하며, 노고와 위험이 가득한 이 싸움에서 우리 자신의 힘으로 이길 수 있다고 생각하거나, 이겼을 때에 우리 자신의 힘으로 이긴 것이라고 해서 하나님의 은혜로 돌리지 않는다.

사도는 "우리 주 예수 그리스도로 말미암아 우리에게 이김을 주시는 하나님께 감사하노라"(고전 15:57)고 했으며, 다른 데서는 "이 모든 일에 우리를 사랑하시는 이로 말미암아 우리가 넉넉히 이기느니라"(롬 8:37)고 했다. 그러나 우리가 아무리 용감하게 죄와 싸우며 아무리 죄를 정복하는데 성공할지라도, 이 몸을 쓰고 사는 동안은 언제든지 하나님께 "우리의 빚을 탕감하옵소서"(마 6:12)라고 할 이유가 있다는 이 사실을 알아야 한다. 그러나 우리가 영원히 거처할 저 나라에서는 죽지 않을 몸을 입은 우리는 싸움이나 빚이 없을 것이다. 참으로 우리가 창조되었을 때의 본성을 그대로 가지고 있다면, 언제나 어디서나 싸움과 빚이 없었을 것이다. 따라서 우리의 구원은 이 싸움에 달렸으며, 이 위험한 싸움에서 우리는 궁극적 승리로 구출되기를 원하지만 이 싸움도 금생의 한 재난이다. 이 무수하고 큰 재앙들을 증거로 삼아 우리는 금생이 정죄 아래 있다는 것을 증명한다.

24. 금생은 저주를 받았지만, 창조주께서 여러 가지 축복도 채워 주셨다.

그러나 우리는 이제부터 인자하신 하나님께서 인류에게 풍부하게 주신 무수한 축복을 보아야 하겠다. 하나님께서는 그 모든 피조물을 인도하시며, 인류의 불행도 하나님이 주시는 벌이 공정함을 나타낸다. 그러나 하나님은 인류의 불행을 축복으로 채우셨다. 사람이 타락하기 전에, "생육하고 번성하여 땅에 충만하라"(창 1:28) 하신 그 처음 축복을 사람이 죄를 지은 후에도 철회하시지 않았고, 시초에 주신 생식력은 정죄된 줄기에 여전히 남아 있었다. 죄 때문에 우리는 불가불 죽게 되었지만, 종자의 놀라운 힘은 — 종자를 생산하는 더욱 더 놀라운 힘은 — 빼앗기지 않고 인간의 신체 속에 깊숙이 잠재한다.

인류의 역사를 급히 흐르는 강이라고 한다면, 거기에는 두 가지 물줄기가 함께 흐르고 있다. 아담에게서 오는 악과 창조주가 주시는 선이 병행한다. 근본적인 악에는 죄와 벌이라는 두 부분이 있으며, 근본적인 선에는 번식과 상사성(相似性, conformation)라는 두 부분이 있다. 우리는 악을 충분히 논했지만, 죄는 우리가 주제넘었기 때문이요, 벌은 하나님의 심판에서 왔다. 나는 이제 하나님께서 우리의 천성에 주셨고 지금도 주시는 그 축복들에 대해서 말하려 한다. 우리의 천성은 타락하고 정죄되었지만 하나님은 정죄하시면서도 이미 주신 것을 모두 철회하신 것이 아니며, 만일 그렇게 하셨다면 우리의 천성은 근멸(根滅)되었을 것이다. 또 우리의 천성에 벌을 주어 마귀에게 굴복하게 만드셨지만, 자기의 권능 밖으로 몰아내버리지 않으셨다. 어떤 모양으로 있든지 있는 것은 모두 하나님이 존재를 주시기 때문에 있다. 마귀의 천성도 최고 창조주에 의해서만 존재를 계속하며 하나님의 지배 밖에 있는 것이 아니다.

하나님의 자비가 샘처럼 우리의 본성에 — 죄로 타락하고 벌을 받기로 정죄된 우리의 본성에 — 흘러온다고 한 하나님의 두 가지 축복 중에서, 번식은 하나님이 처음 만물을 창조하시고 제7일에 쉬신 때에 주신 것이다. 그러나 다른 축복인 상사성(일치)은 하나님이 "이제까지 일하시면서"(요 5:17) 우리에게 주신다. 하나님이 그 창조적인 권능을 철회하신다면, 아무것도 존재를 계속할 수 없으며, 그 예정된 발전과 지정된 기간을 채울 수 없을 것이다. 또 그 창조된 본성을 그대로 계속 보유할 수 없을 것이다. 하나님께서는 사람을 창조하실 때에 번식력을 주셔서, 그 힘으로 다른 사람들을 낳고 그들 또한 같은 종류의 다른 사람들을 낳을 수 있는 능력을 타고나게 했다. 그러나 그렇게 할 필연성을 부과하는 것은 아니다. 이 능력은 하나님이 뜻대로 어떤 개인들에게서 철회해서 무자(無子)하게 만들지만, 인류 전체에게서는 처음 부부에게 주신 번식의 축복을 빼앗지 않으셨다. 그러나 죄 때문에는 도로 빼앗기지 않은 번식력이지만, 죄가 없었을 경우와는 판이하게 되었다. 사람은 존귀하게 창조되었으나 짐승같이 되었고(시 49:20), 자기와 같은 자식을 낳게 되었다. 그러나 창조되었을 때에 그의 안에 있던 하나님의 형상인 이성의 작은 불꽃은 꺼지지 않았다.

그런데 번식에 상사성이 첨가되지 않는다면 동류를 번식시키지 못할 것이다. 이 성간의 결합이 없더라도 지상에 인간들이 살고 있기를 하나님이 원하신다면 맨 처음에 사람의 번식력을 빌리지 않고 사람을 창조하신 것과 같이 지상의 인구를 모두 창조하실 수 있을 것이다. 또 현재의 성적 결합도 하나님의 창조력에 의존하지 않고는 아무것도 생산하지 못할 것이다. 그러므로 사람이 영적으로 성장하여 경건과 의를 이루게 되는 문제에 대해서 사도가 "심는 이나 물 주는 이는 아무것도 아니로되 오직 자라나게 하시는 하나님 뿐이니라"(고전 3:7) 한 것같이, 낳게 하는 자나 씨를 심는 자는 아무것도 아니요 형태를 주시는 하나님뿐이시며, 자기의 태중의 열매를 안고 젖을 먹이는 어머니는 아무것도 아니요 오직 자라나게 하시는 하나님뿐이시라고 말해야 옳을 것이다. 이제까지 일하시는 그 힘으로 씨가 그 수(數)로부터[37] 발육하게 하시며, 눈에 보이지 않는 숨은 조직으로부터 우리가 보듯이 아름다운 형태를 갖추어 나타나게 하시는 이는 오직 하나님이시다. 어떤 놀라운 모양으로 영적 본성과 육체적 본성을 결합해서, 영은 명령하고 육은 순종하는 한 생물체를 만드는 것은 하나님 자신이시다. 하나님의 이 역사는 지극히 위대하며 경이적이므로, 이성적인 동물, 따라서 지상의 모든 다른 동물보다 훨씬 우수한 인간뿐 아니라, 가장 작은 벌레

37) 씨에는 장차로 나타날 몸의 형태 또는 모형이 포함되었고, 그 형태의 본질은 수(數)에 있다. 이 생각을 아우구스티누스는 자주 표명했다. 특히 *De libero arbitrio*(자유의지론) 2, 16, 42. 몸의 조절 또는 조화는 그 수 때문이라고 했다. 이 24장과 아래 30장에서도 수에 관해 언급한다.

까지도 주의해서 고찰할 때에는 놀라지 않을 수 없으며, 창조주를 찬양하지 않을 수 없다.

인간의 영혼에 마음을 주시고 마음 속에 이성과 지성을 주신 것은 하나님이시다. 유아기에는 자는 듯 또는 없는 듯한 이성과 지성은 나이가 더함에 따라 깨어나며 활동하기 시작해서 무엇을 알며 배울 수 있으며, 참된 것을 이해하며 선한 것을 사랑하기에 적합하게 되기로 예정되어 있다. 영혼이 지혜를 흡수하며 덕성을 받게 하는 것은 이 능력이다. 곧 총명과 용기와 절제와 공평의 덕을 얻어, 오류와 기타 타고난 죄과와 싸우며, 지고불변의 선이신 하나님만을 원함으로써 이 싸움에서 승리를 얻는다. 비록 항상 이런 결과가 나타나는 것은 아니지만 이런 성과를 얻는 능력만이라도 우리에게 주심으로써 전능자가 하시는 이 역사의 위대함과 우리의 이성적 천성에 주신 그 말할 수 없는 혜택을 누가 완전히 표현하거나 생각할 수 있겠는가?

우리가 일생을 선하게 보내고 드디어 무궁한 행복을 얻게 하는 미덕들을 일종의 기술이라고 부른다면, 그것은 그리스도 안에 있는 하나님의 은혜만이 약속의 자녀들과 천국의 자녀들에게 주는 것이다. 그런 기술 이외에 인간의 재능은 많은 기술을 발견하며 이용하지 않았는가? 그 기술들은 혹은 우리에게 필요한 것을 공급하며 혹은 우리를 즐겁게 할 뿐이다. 마음의 활력, 이 이성적 활동력은 불필요한 것뿐 아니라 위험하고 파괴적인 것까지도 만들어 내지만, 이런 기술들을 발명하며 배우며 이용하는 그 능력은 우리의 천품이 훌륭하다는 증거가 아닌가?

피복과 건축, 그리고 농업과 항해 방면에서 인간이 부지런히 발달시킨 결과는 얼마나 놀라운지, 어리둥절하게 만든다고 할 것이다. 도자기와 그림과 조각에서는 무한히 변화하는 도안과 놀라운 솜씨를 본다. 극장에서는 보지 않은 사람은 믿을 수 없는 놀라운 장면들이 연출된다. 야수를 잡거나 죽이거나 길들이는 꾀는 얼마나 교묘한가? 사람을 해하기 위해서 많은 종류의 독약과 무기와 파괴장치가 발명되었으며, 건강을 유지하거나 회복하기 위한 의약품은 그 수가 무한하다. 식욕을 자극하며 음식맛을 좋게 하기 위해서 얼마나 많은 조미료를 조합했는가? 생각을 표현하거나 주입하기 위해서 얼마나 많은 종류의 기호가 있으며, 말과 글은 그 중에서 첫째 자리를 차지할 뿐이다. 사람들의 마음을 기쁘게 하기 위한 웅변술의 장식들과 각종의 시, 귀를 즐겁게 하는 노래들과 악기들과 곡조들은 얼마나 많이 고안되었는가? 도량형의 기술, 별들의 운행과 법칙을 알아낸 총명은 어떤가! 사람이 세상에 대해서 얻은 지식은 엄청나다. 총괄적으로 말하지 않고 일일이 자세히 말한다면, 누가 그것을 다 말할 수 있겠는가!

오류와 허위에 대한 변호까지도 거기에 나타난 이단자들과 철학자들의 천재는 충분히 평가할 수 없다. 지금 우리가 칭송하는 것은 이 죽을 인생이 타고난 정신적 능력이며, 영생으로 인도하는 믿음과 진리의 길이 아니다. 인간의 이 위대한 본성은 확실히 진정한 최고의 하나님이 창조하셨으며, 하나님은 그 지으신 만물을 절대적인 권능과 공의로 주관하시므로, 인류의 시조에게 너무도 커다란 죄가 없었더라면, 인류는 현세의 불행에 빠지지 않았을 것이며, 구원을 받는 자들만을 제외하고 영원한 불행으로 옮겨가는 일도 없을 것이다.

그뿐 아니라 사람의 몸은 동물들의 몸과 같이 죽으며, 많은 동물들보다 약하지만, 거기 나타난 하나님의 인자하심은 얼마나 위대한가? 우리의 위대한 조물주의 섭리는 얼마나 위대한가? 감각 기관들과 그 밖의 지체들의 배치, 그리고 신체 전체의 외형과 신장 등은 이성적인 영혼을 위해서 쓸모있도록 만들어졌음을 알리지 않는가? 사람은 이성없는 동물들과 달라서 자세가 땅을 향하여 굽지 않았고, 몸의 형태가 똑바로 서서 하늘을 향했으며, 위의 일을 생각하라고(골 3:2) 충고하고 있다. 그리고 혀와 손은 놀랍게 민첩해서 말하며 글을 쓰며 여러 가지 의무와 기예를 수행하는데 적합하게 되어 있으니, 이것은 이런 보조 수단이 제공되어 있는 영혼의 우수성을 증명하지 않는가?

또 설사 이런 활동들에 필요한 적응을 생각하지 않더라도, 신체 각부의 균형과 아름다운 조화를 볼 때에, 우리는 신체를 창조하실 때에 실용 가치와 아름다움의 어느 편을 더 중요시하셨는가를 판단하기 어렵다. 확실히 신체의 어느 부분도 실용 가치만을 고려하고 그 아름다움은 돌보지 않은 것이 없다. 만일 우리가 신체의 각 부분을 연결하며 통일하는 수적 비례를 더 정확하게 안다면 우리는 그 아름다움을 잘 이해할 것이다. 인간의 지성은 외면에 나타난 것을 탐구함으로써 그런 비례를 발견할 수 있을 것 같지만, 볼 수 없게 감추어져 있는 것들, 즉 혈관들과 신경들의 조직과 내장과 급소의 비밀은 알아낼 수 없다. 어떤 의사들, 즉 해부학자라고 하는 사람들은 지식에 대한 광적인 열성으로, 죽은 사람의 — 때로는 수술대에서 죽은 사람들의 — 몸을 해부하여, 인체의 비밀을 잔인하게 들여다봄으로써 병의 성격과 정확한 처소를 알아 치료방법을 알려고 한다.

그러나 내가 말한 신체 내외의 연결 또는 그리스인들이 말하는 하르모니아(harmonia, 조화)의 수적 관계에 대해서는, 그것을 발견하려고 감히 시도한 사람이 없었다. 그러나 만일 그 숫자들을 알게 된다면, 보이지 않는 내장들에도 균형의 미가 있어서 눈에 보이는 아름다움보다 우리 마음에 더 큰 만족을 줄 것이다. 눈은 마음의 심부름꾼에 불과하기 때문이다.

몸에 있는 어떤 것은, 남자의 젖꼭지나 수염과 같이, 유용해서가 아니라 아름다움을 위해서 있는 것이 분명하다. 수염이 보호용이라면, 여자는 약하므로 그런 보호가 필요할 터이지만, 여자의 얼굴에 수염이 없다는 것은 장식을 위한 것이며, 보호를 위한 것이 아니라는 증명이 된다. 우리가 눈으로 보는 신체 부분들 중에는 유용성 때문에 아름다움을 희생시킨 것이 없는 동시에 어떤 부분은 아름다움 이외의 다른 목적이 없다. 그러므로 인체를 창조하실 때에 유용성보다 아름다움이 더 중요시되었다는 결론이 된다. 참으로 유용성은 일시적인 것이며, 우리가 아무런 정욕도 느끼지 않고 서로의 아름다움을 즐길 때가 올 것이다. 그런 상태가 되면, 시편에서 "주는 찬양과 아름다움을 입으셨나이다"(시 104:1. 70인역)라고 하는 것과 같이 조물주를 더욱 찬양하게 될 것이다.

정죄를 받고 노고와 불행의 구렁에 던져진 인간이건만, 인자하신 하나님께서는 이 밖에도 유용하고 아름다운 피조물들을 주셔서 그 눈을 즐겁게 하며 필요를 충족시켜 주신다. 어떻게 그 모든 것을 말할 수 있을까? 하늘과 땅과 바다의 여러 가지로 변하는 아름다움을 말할 것인가? 풍족히 주시는 빛과 그 놀라운 속성들, 일월(日月)과 성신(星辰), 녹음과 방초, 다양한 새들의 빛깔과 노래, 각종 동물들에 대해서 어떻게 말할 수 있을까? 가장 작은 것이 가장 경이적인 동물인 때가 있다.

예컨대 개미와 벌들이 하는 일은 몸집이 거대한 고래들보다 더욱 놀랍지 않은가? 보기만 해도 웅장한 바다는 각양 각색의 옷을 입은 듯 초록색 혹은 자색, 혹은 청색으로 변한다. 폭풍 때에 바다를 바라보면서 우리는 풍랑과 파선을 면했다는 안도감으로, 즐겁게 폭풍을 구경하지 않는가? 언제나 주림의 고통을 제거해 주는 식품은 그 종류가 무수하며, 식욕을 자극하는 조미료는 자연의 도처에 산재해서 요리 기술로써 발명한 것이 아니다. 건강을 유지하며 회복해 주는 자연적인 산물은 얼마나 많은가? 주야의 교차는 얼마나 감사하며 산들바람은 얼마나 유쾌한가! 나무들과 동물들은 우리에게 풍부한 옷감을 공급한다. 우리가 즐기는 이 모든 축복을 누가 다 셀 수 있겠는가? 내가 대강 열거한 것들을 일일이 풀어 자세히 설명한다면 얼마나 시간이 걸릴 것인가? 그리고 이 모든 것은 정죄된 가련한 인생들을 위로하는 것에 불과하고, 복받은 자들에 대한 상이 아니다.

정죄된 처지가 이런 축복들을 받는다면, 복받은 자들이 받을 상은 어떠하겠는가? 죽음으로 예정하신 자들에게도 이런 복들을 주시는 분이, 생명으로 예정하신 자들에게는 무엇을 주시겠는가? 이런 불행한 상태에 있는 자들을 위해서까지 독생자가 고난을 받아 죽음에 이르셨으니, 그들이 복된 생명을 얻을 때에는 얼마나 풍성한 축복들을 즐기게 해주실 것인가? 그래서 나라에 들어가기로 예정된 자들에 대하여 사도는 묻는다. "자기 아들을 아끼지 아니하시고 우리 모든 사람을 위하여 내어 주신

이가 어찌 그 아들과 함께 모든 것을 우리에게 은사로 주지 아니하시겠느뇨?"(롬 8:32).

이 약속이 실현된 때에 우리는 어떻게 되며, 어떤 모습이 될 것인가? 그 나라에서 우리가 받을 축복들에 대한 담보로써 그리스도께서 이미 우리를 위하여 죽으셨으니 그 축복들은 어떤 것이겠는가? 죄가 전혀 없게 된 인간의 영은 어떤 상태일까? 그 때에 인간의 영은 어떤 죄에도 굴복하지 않으며 종노릇하지 않으며 아무리 훌륭한 싸움일지라도 싸울 필요가 없을 것이요, 완전히 선하게 되어 구김없는 평화를 즐길 것이다. 그 때에는 하나님의 지혜를 그 원천에서 마음껏 기꺼이 마실 것이므로 노고나 오류가 없이, 모든 것을 확실히 알 것이 아닌가? 또 몸은 모든 점에서 영에 순종하며 풍족한 생명을 영에서 얻어 다른 영양이 필요하지 않을 것이므로 얼마나 놀랍겠는가? 참으로 몸은 이미 동물이 아닐 것이며, 그 재료는 육일지라도 육적인 부패는 전혀 없을 것이다.

25. 예언된 바와 같이 온 세계가 몸의 부활을 믿는 데도 그것을 부정하는 사람들의 고집에 대하여.

일류 철학자들도 우리와 같이 영혼은 내세에 행복을 누리리라고 생각한다. 그들이 문제로 삼고 전력을 다해서 부정하는 것은 부활뿐이다. 그러나 일반 사람들은, 유식하거나 무식하거나, 또 세상의 지혜있는 사람이거나 어리석은 사람이거나, 그리스도를 진심으로 믿고, 반대자들을 소수파로 고립시켰다. 그리스도는 이 소수파가 어리석은 생각이라고 하는 일이 사실임을 부활로 증명하셨다. 세상은 하나님이 예언하신 이 일을 믿었고, 세상이 믿으리라는 것도 예언하셨다. 신자들의 칭찬을 받으려고 베드로가 요술을 걸었기 때문에 하나님이 이 먼 장래를 예언하신 것이 아니다.[38] 내가 이미 말했고 아무리 되풀이해도 실증나지 않는 바와 같이, 이 하나님 앞에서는 모든 신들이 떤다. 포르피리오스도[39] 이 점을 인정해서 신들의 말로 증명하려고 노력하며, "아버지와 왕이신 하나님"이라고까지 부른 그 하나님이시다. 온 세계가 믿으리라고 예언된 일을 믿지 않는 사람들은 하나님의 예언들에 대한 해석이 우리와 다르다. 우리는 믿으리라고 예언된 세상 사람들과 같은 해석을 하며, 그들의 해석을

---

38) 베드로가 요술을 걸어서 그리스도가 365년 동안 숭배를 받게 했다고 하는 신탁에 대해서는 18권 53-54장을 참조.

39) 포르피리오스가 전한 신탁에 대해서는 19권 23장과 20권 24장 그리고 22권 3장을 참조.

배척한다. 무슨 까닭에 세계가 믿으리라고 예언된 그대로 해석하지 않고, 믿지 않는 몇몇 수다쟁이들의 해석을 따를 것인가?

만일 그들이 주장하기를, 성경이 어리석은 말을 한다고 비난함으로써 그들이 높이 공경하는 하나님을 해하게 되는 것을 피하기 위해서 예언들에 대한 해석을 달리 하노라고 한다면, 우리는 하나님이 세상의 믿음을 칭찬하며 예언하며 실현하셨는데, 그들이 세상과 다른 해석을 하는 것은 하나님을 더 많이 해하지 않느냐고 묻겠다. 하나님께서는 몸이 다시 살아나서, 영원히 살게 하실 수 없는가? 혹은 이 일이 악하며 하나님답지 못하기 때문에 하나님이 하시리라고 믿어서는 안 되는 것인가? 무수한 믿지 못할 기적을 행하시는 하나님의 전능에 대해서 우리는 이미 많이 말했다. 전능하신 분이 못하시는 일이 무엇인가를 그들이 알고 싶다면, 나는 그분은 거짓말을 하실 수 없다고 대답하리라. 그러므로 우리는 그가 하실 수 없는 일을 믿지 않음으로써, 그분이 하실 수 있는 일을 믿어야 한다.

그는 거짓말을 하실 수 있다고 믿지 않음으로써 그들은 그가 약속하신 일을 하시리라고 믿어야 한다. 이것은 세상과 같은 믿음을 가지는 것이며 세상의 믿음은 하나님이 예언하셨고 칭찬하셨고 약속하셨고 지금 실현된 것을 보이신다. 그러나 그들은 무슨 근거로 이 일은 악이라고 증명하는가? 신체의 유일한 오점은 썩는 것인데, 부활의 몸에는 썩음이 없을 것이다. 원소들의 순서와[40] 그 밖에 그들이 말하는 반대론에 대해서 나는 이미 충분히 말했다. 그리고 제13권에서[41] 신체가 건강할 때에 우리가 지금이라도 경험하는 경쾌한 운동을 논거로 삼아, 썩지 않는 부활의 몸은 비할 수 없이 더욱 경쾌하리라는 것을 충분히 설명했다. 앞서의 책들을 읽지 않았거나 읽은 기억을 다시 살리고자 하는 사람들은 직접 읽어 보기 바란다.

26. 영혼이 행복하려면 모든 종류의 몸에서 분리되어야 한다는 포르피리오스의 의견을 플라톤이 반박한다: 최고신은 신들에 대하여 그들은 결코 그 몸에서 축출되지 않으리라고 약속했다는 것이 플라톤의 주장이다.

그러나 그들은 영혼이 행복하게 되려면 모든 종류의 몸을 피해야 한다는 포르피리오스의 말이 있다고 한다.[42] 그러므로 모든 종류의 몸을 완전히 피하지 않고는 영

40) 본권 11장.
41) 13권 18장.
42) 본권 주 30을 참조.

혼이 행복할 수 없다면, 미래의 몸이 썩지 않으리라는 것도 아무 도움이 되지 않는다. 그러나 전기 제13권에서[43] 나는 이 문제를 이미 충분히 논했고 여기서는 한 가지 점만을 되풀이 하겠다. 즉, 그들의 스승인 플라톤으로 하여금 포르피리오스의 글을 시정하게 하라는 것이다. 신들이 행복하기 위해서는 몸을 떠나 죽어야 한다고 하지만, 천상적인 몸 안에 갇혀 있는 신들에게 그들을 만드신 하나님이 영생을 약속하셨다고 플라톤은 말한다. 즉 그들에게 몸의 영원한 수명을 약속하셨다고 한다. 그러나 이것은 그들의 본성이기 때문이 아니라, 하나님의 의지가 모든 것을 배제하고 개입하기 때문에만 가능한 것이라고 한다. 몸의 부활을 불가능하다고 해서 믿을 수 없다고 하는 주장을 여기서 플라톤은 분명히 전복시킨다.

창조되지 않은 하나님이 자기가 창조한 신들에게 영생을 약속했을 때에, 하나님은 불가능한 일을 하겠다고 명백히 말씀하신 것이라고 플라톤은 말하기 때문이다. 하나님이 하셨다고 하는 말을 인용하면, "너희는 시간 안에서 생겨났으니 영생하거나 썩지 않을 수 없다. 그렇지만 너희는 썩지 않을 것이며 아무 운명도 너희를 파멸시키거나 나의 뜻보다 강력하지 못할 것이다. 너희를 영생에 결부하는 나의 의지는 너희를 지금까지 결부한 유대보다 더 강력하다."[44] 이 말을 듣는 그들에게 깨닫는 지성은 없어도 듣는 귀가 있다면 신들을 창조한 하나님이 그들에게 불가능한 일을 약속했다는 플라톤의 믿음을 의심할 수 없을 것이다. "너희는 영생할 수 없지만 나의 뜻으로 영생하게 될 것이다"라고 말한 것은 "너희에게 불가능한 일을 내가 반드시 가능하게 만들겠다"는 뜻이 아닌가?

그러므로 불가능한 일을 하겠다고 약속한 하나님이 몸을 썩지 않고 죽지 않는 영적인 것으로 일으키시리라고 플라톤은 말한다. 그러면 무슨 까닭에 그들은 하나님이 약속하신 이 일을, 예언된 대로 하나님의 약속에 따라 세상이 믿게 된 이 일을 지금도 불가능한 일이라고 외치는가? 우리가 말하는 것은 플라톤까지도 말하듯이, 불가능한 일들을 하시는 하나님이 이 일도 하시리라는 것이다. 그러므로 영혼의 행복을 위해서는 모든 종류의 몸에서 도망할 필요가 없고, 썩지 않는 몸을 받을 필요가 있다. 또 그들이 기뻐할 썩지 않는 몸으로서는 그들이 일찍이 입고 신음하던 그 썩을 몸이던 것이 가장 적합하지 않겠는가? 그렇게 되면 플라톤을 본받아 베르길리우스가 말한 것, 즉 그들은 "어떤 몸으로 돌아가기를 다시 원하리라"고[45] 한 그 갈망

43) 13권 16장.
44) *Tim.*, 41 B.
45) *Aen.*, 6, 751.

을 느끼지 않을 것이다. 그들은 돌아가기를 원할 자기 몸을 가지고 있을 것이며, 참으로 완전히 소유해서 일순간도 잃어버릴 수 없을 것이며, 죽어서 벗어놓는 일도 없을 것이기 때문이다.

27. 플라톤과 포르피리오스는 그 상충되는 의견을 서로 양보할 수 있었다면 진리에 도달하였으리라.

플라톤과 포르피리오스가 각기 한 말을 공동으로 할 수 있었다면 그들은 혹시 그리스도인이 되었을는지 모른다. 영혼은 몸 없이 영원히 존재할 수 없다고 플라톤은 말했다. 지혜있는 사람들의 영혼까지도 오랜 후에 언젠가는 그 몸으로 돌아가야 한다고 그가 말한 것은 이 때문이었다. 포르피리오스는 정화된 영혼이 아버지에게 돌아간 때에는 결코 이 세상의 재난으로 돌아가지 않으리라고 했다. 따라서 플라톤이 진리라고 생각한 것, 지혜있고 의로운 사람들의 완전히 정화된 영혼은 인간의 몸에 돌아가리라는 생각을 포르피리오스에게 전하며, 또 포르피리오스가 그 진리라고 생각한 것, 거룩한 영혼들은 썩을 몸의 불행으로 결코 돌아가지 않으리라는 생각을 플라톤에게 전해서, 두 사람이 각각 자기 생각만을 지키지 않고 그들의 두 진리를 공동으로 주장하게 되었다면, 영혼은 몸으로 돌아가리라는 것과 그 몸 안에서 영혼은 복되고 영원한 생명을 누리리라는 논리적인 결론을 깨달았을 것이라고 나는 생각한다. 왜 그런고 하니 플라톤에 의하면, 거룩한 영혼들까지도 인간의 몸으로 돌아갈 것이며, 포르피리오스에 따르면, 거룩한 영혼들은 금세의 재난으로 돌아가지 않으리라고 한다.

포르피리오스는 플라톤과 함께 "그들은 몸으로 돌아가리라"고 말하라. 그리고 플라톤은 포르피리오스와 함께 "그들은 이전의 불행으로 돌아가지 않으리라"고 말하라. 그렇게 한다면 영혼이 재난을 받지 않을 몸으로 돌아가리라는 점에서 의견이 일치할 것이다. 그리고 이 몸은 하나님이 약속하시는 것에 불과하다. 즉 하나님은 축복받은 영혼들은 자기의 영원한 몸을 입고 영원히 살리라고 하신다. 이 두 철학자는, 거룩한 사람들의 영혼이 죽지 않을 몸과 다시 결합된다면, 그것은 그들 자신의 몸, 즉 금생에서 불행을 참고 견디던 그 몸일 것이라고 쉽게 인정하리라고 나는 생각한다. 거룩한 사람들은 그 불행을 면하기 위해서 그 몸으로 하나님을 경건하고 신실하게 섬겼던 것이다.

28. 플라톤이나 라베오(Labeo)나 심지어 바로까지도 서로의 의견을 하나로 통일할 수 있었다면, 부활에 대한 진정한 믿음에 공헌하였으리라.

플라톤의 문장이 탁월하며 가끔 진리를 말하기 때문에 그를 좋아하는 그리스도인들은, 죽은 자의 부활에 대해서 그는 자기들과 같은 의견을 가졌다고 말한다. 그러나 키케로는 그의 저서 「공화국」에서[46] 이 점을 언급할 때에, 플라톤은 사실로써 말한 것이 아니라 농담으로 말한 것이라고 주장한다. 플라톤은 죽었다가 다시 살아난 사람을 소개해서, 그의 학설을 증명하는 경험담을 시키기 때문이다.[47] 라베오도[48] 두 사람이 같은 날에 죽어 네거리에서 만났다가 몸으로 돌아가라는 명령을 받았다고 한다. 그들은 평생 친구로 지내기로 약속하고 그대로 살다가 죽었다고 한다. 그러나 이 사람들이 예로 든 부활은 우리가 아는 소생한 사람들과 같고, 다시 죽지 않은 것이 아니다. 마르쿠스 바로는 「로마 국민의 기원에 대하여」라는 저서에서[49] 더 주목할 만한 사실을 기록했다. 그 자신의 말을 인용하는 것이 좋겠다. "어떤 점성학자들의 글에, 사람은 다시 나기로 — 그리스(희랍)인들이 말하는 소위 중생(Another birth) — 정해져 있다고 한다. 이것은 440년 후에 있을 것이며, 같은 영혼과 같은 몸이 이전과 같이 다시 결합되리라고 한다."

바로가 이름을 들지 않고 의견만을 소개한 이 이름없는 점성학자들이나 바로 자신이나 확실히 그릇된 말을 했다. 영혼은 이전에 입었던 몸으로 돌아가면 다시는 떠나지 않겠기 때문이다. 그렇더라도 부활은 불가능하다고 하는 우리의 논적들의 주장을 바로의 이야기가 많이 전복시키며 논박한다. 이런 생각을 했거나 지금도 하는 사람들은 몸이 일단 해체되어 공기나 흙이나 재나 물이 되며 그 몸을 먹은 동물이나 인간의 몸에 흡수되면, 다시 그 이전의 몸으로 회수될 수 없다고 하지 않기 때문이다.

또 그러므로 만일 플라톤과 포르피리오스가, 아니 그들의 현대 제자들이 우리와 함께 플라톤이 말하는 대로, 거룩한 영혼들도 몸으로 돌아가리라고 생각하며, 포르피리오스가 주장하는 대로 불행으로 돌아가는 것이 아니라고 생각한다면, 그래서 그리스도교 신앙이 가르치는 바와 같이, 영혼은 몸을 받아 아무 불행도 없이 영원히 살리라는 것을 시인한다면, 그들은 또한 바로를 따라, 영혼은 이전의 몸으로 복귀하리라는 진리를 받아들여야 한다. 그렇게 한다면 몸의 영원한 부활이라는 문제는 전적으로 그들 자신의 말로 해결될 것이다.

---

46) *De Rep.*, 6, 4.

47) *Rp.* 10, 613 E-끝(Er가 한 이야기).

48) 코르넬리우스 라베오는 2권 11장에서 소개되었음.

49) 바로 저서의 단편 4호(Peter, *Historicorum Romanorum Fragmenta*, frg. 229).

29. 성도들이 내세에 하나님을 뵐 때의 상태에 대하여.

성도들이 영생할 신령한 몸을 입고 육적으로 사는 것이 아니라 영적으로 살게 될 때에, 그들은 어떤 일에 종사할는지를, 하나님이 주시는 능력에 따라 이제부터 생각하려 한다. 솔직히 말하면 그런 종사의 성격을 — 아니, 그 안식과 평안의 성격을 — 나는 이해할 수 없다. 몸으로 감각한 일이 없기 때문이다. 나의 마음이나 이해력으로 알았다고 말한다면, 그 일의 탁월성에 비해서 대체로 우리 인간의 이해력이란 무엇인가? 그 때에는 "모든 지각에 뛰어난 하나님의 평강이" 있으리라고 사도는 말하기 때문이다(빌 4:7).

여기서 지각(또는 이해력)은 모든 사람뿐 아니라, 아마 천사들의 이해력도 의미하며, 확실히 하나님의 이해력은 아니다. 하나님의 평화가 우리의 이해력을 초월한다는 것은 의심할 여지가 없지만, "모든 지각"이라고 해서 천사들을 제외하지 않는 것 같으므로 천사들의 지각도 초월하는 것이다. 그렇다면 사도의 뜻은 우리나 천사들은 하나님이 즐기시는 평화를 하나님같이 이해하지 못한다는 뜻일 것이다. 물론 하나님의 평화는 하나님 자신의 이해력 이외의 모든 이해력을 초월한다.

그러나 우리도 우리의 작은 능력에 따라 하나님의 평화에 참여하게 되어, 우리의 이상적 평화 개념에 따라, 우리 자신이 평화로우며 우리의 이웃과 하나님과도 평화롭게 되었다. 거룩한 천사들은 그들의 능력대로 하나님의 평화를 안다. 그러나 사람들은 아무리 정신적으로 전진했다고 하더라도, 그 아는 바가 훨씬 뒤에 떨어졌다. 우리는 위대한 말씀을 회상해야 한다. "우리가 부분적으로 알고 부분적으로 예언하여 온전한 것이 올 때까지 이르나니"(고전 13:9, 10), "우리가 이제는 거울로 보는 것같이 희미하나 그 때에는 얼굴과 얼굴을 대하여 볼 것이라"(고전 13:12). 거룩한 천사들도 지금 이렇게 본다. 그들은 또한 우리의 천사라고 부른다.

우리가 흑암의 세력에서 구출되며 성령을 담보로 받아 그리스도의 나라로 옮겨졌고, 우리가 지금까지 여러 권에 걸쳐 논한 거룩하고 즐거운 하나님의 도성을 함께 즐길 그 천사들과 한 무리가 되었기 때문이다. 그래서 그리스도께서 하나님의 그리스도인 동시에 우리의 그리스도이신 것과 같이, 하나님의 천사들은 또한 우리의 천사들이다. 그들이 하나님의 천사인 것은 하나님을 버리지 않았기 때문이요, 우리의 천사인 것은 우리와 함께 천국 시민이기 때문이다. 주 예수께서도 말씀하셨다. "삼가 이 소자 중의 하나도 업신여기지 말라. 너희에게 말하노니 저희 천사들이 하늘에서 하늘에 계신 내 아버지의 얼굴을 항상 뵈옵느니라"(마 18:10). 그들이 보는 것과 같이 우리도 볼 것이다. 그러나 지금은 그렇게 보지 못한다. 그래서 사도는 조금 전에 인용한 말씀을 했다. "우리가 이제는 거울로 보는 것같이 희미하나 그 때에는 얼굴과 얼굴을 대하여 보리라." 이렇게 보는 것은 우리의 믿음에 대한 보상으로써 간직되어 있으며, 사도 요한도 이에 대해서 "그가 나타내심이 되면 우리가 그와 같을 줄을 아는 것은 그의 계신 그대로 볼 것을 인함이라"(요일 3:2)고 했다. 하나님의 "얼굴"은 하나님이 나타나심을 의미하며, 우리 몸에서 얼굴이라고 하는 것과 같은 신체의 한 부분을 의미하는 것이 아니다.

그러므로 거룩한 몸을 입은 성도들은 무슨 일에 종사할 것이냐는 질문에 대해, 나는 보는 대로 말하는 것이 아니라 믿는 대로 말한다. 시편에도 "내가 믿었으므로 말하였도다"(시 116:10. 70인역)라고 했기 때문이다. 그들은 몸을 입고 하나님을 보리라고 말하지만, 우리가 일월성신과 바다와 땅과 거기 있는 만물을 보는 것과 같이 몸을 수단으로 삼아 볼 것이냐고 하는 것은 어려운 질문이다. 그 때에 성도들은 마음대로 눈을 감거나 뜰 수 없는 몸을 가지리라고 하기는 어렵다.

그러나 눈을 감으면 하나님을 보지 못한다고 하기는 더욱 어렵다. 왜 그러냐 하면, 예언자 엘리사가 심한 문둥병을 고쳐 준 시리아 사람 나아만에게서 그의 종 게하시가 선물을 받았을 때에, 멀리 있던 예언자가 보지 못할 줄로 생각했지만, 예언자는 그것을 보았다. 그렇다면 더구나 신령한 몸을 입은 성도들은 눈을 감고 있을 때뿐 아니라, 현장에 없을 때에도 모든 것을 볼 수 있을 것이 아닌가? 그 때에는 사도가 "우리가 부분적으로 알고 부분적으로 예언하니 온전한 것이 올 때에는 부분적으로 하던 것이 폐하리라"(고전 13:9-10)고 한 그 온전한 것이 있을 것이기 때문이다.

사도는 이렇게 말한 다음에, 범인들뿐 아니라 가장 훌륭한 성도들까지도, 현재 생활보다 미래 생활이 얼마나 우월할 것인가를 될 수 있는 대로 잘 밝히기 위해서 비유를 쓴다. "내가 어렸을 때에는 말하는 것이 어린 아이와 같고 깨닫는 것이 어린 아이와 같고 생각하는 것이 어린 아이와 같다가 장성한 사람이 되어서는 어린 아이의 일을 버렸노라. 우리가 이제는 거울로 보는 것같이 희미하나 그 때에는 얼굴과 얼굴을 대하여 볼 것이요 이제는 내가 부분적으로 아나 그 때에는 주께서 나를 아신 것같이 내가 온전히 알리라"(고전 13:11-12).

이 세상에서 비범한 사람들의 예언 능력을 내세와 비교할 때에, 그것은 어린 시절과 장성한 시절을 비교하는 것과 같은 데도 엘리사는 멀리 있는 종이 선물을 받는 것을 보았거늘, 우리는 완전한 것이 오고 썩을 몸이 영혼을 압박하지 않고 도리어 썩지 않는 몸이 영혼에 아무 지장도 주지 않는 내세에, 성도들이 신체의 눈을 써야만 볼 수 있으리라고 말할 것인가? 엘리사는 먼데 있는 종을 보았을 때에 그럴 필요가 없었다. 70인역에서 예언자가 게하시에게 한 말은 이 것이다. "그 사람이 수레에서 나와 너를 맞으며 네가 그의 선물을 받았을 때에 나의 심령이(마음이) 너와 함께 가지 아니 하였더냐"(왕하 5:26). 제롬이 히브리어에서 번역한 대로는, "그 사람이 수레에서 돌아와 너를 맞았을 때에 내 심령이 거기 있지 아니하였느냐?"

예언자는 자기의 마음으로 보았다고 말했으며, 그가 하나님의 기적적인 도움을 받았다는 것은 아무도 의심할 수 없다. 하나님이 만유의 주로서 만유 안에 계실 때에는(고전 15:28) 성도들이 이 선물을 얼마나 더 풍부하게 즐길 것인가? 그러나 신체의 눈들도 직책과 위치가 있을 것이며, 영이 신령한 몸의 일부로써 그 눈들을 사용할 것이다. 엘리사는 곁에 있지 않은 종을 보았을 때에 육체의 눈이 필요하지 않았으며, 곁에 있는 물건들도 자기가 가 있지 않은 먼 곳에 있는 물건을 보았을 때와 같이 눈을 감고 영으로 볼 수 있었겠지만, 그는 눈앞에 있는 물건들을 볼 때에 눈을 사용하는 것을 버리지 않았다. 그렇다면, 내세에 성도들은 영으로 항상 하나님을 볼 것이므로, 그들이 눈을 감으면 하나님을 보지 못하리라고 하는 것은 전혀 문제가 되지 않는다.

그러나 의문이 생긴다. 그들이 눈을 떴을 때에는 그 몸의 눈으로 하나님을 볼 것인가? 만일 영적인 몸의 눈은 물론 영적일 것이며, 우리가 지금 가지고 있는 눈보다 더 강력한 것이 아니라면 분명히 그 눈들은 하나님을 볼 수 없을 것이다. 하나님은 어느 한 처소에 국한되지 않고 도처에 전적으로 계신 충만이시므로 그 형체없는 존재를 보아야 하겠기 때문이다. 예언자를 시켜 하나님께서 "나는 천지에 충만하다"(렘 23:24)고 말씀하신 것처럼, 우리도 하나님은 하늘에 계시며 땅에 계시다고 하지만 그것은 하나님의 일부는 하늘에, 또 일부는 땅에 계시다는 뜻이 아니다. 하나님은 하늘에 완전히 계시며 땅에도 완전히 계시다. 하늘과 땅에 번갈아 계시는 것이 아니라, 동시에 양쪽에 완전히 계시다. 이것은 물체적 존재가 할 수 없는 일이다.

그러면, 내세의 눈에는 굉장히 우월한 힘이 있을 것이다. 그것은 뱀이나 수리의 시력이 예리하다고 하는 것과 다르다. 이런 동물의 눈은 아무리 예리하더라도 물체밖에 볼 수 없다. 그러나 내세의 성도들은 형체 없는 것을 보는 힘이 엄청나게 강할 것이다. 욥이 하나님에게 드린 말씀 — "내가 주께 대하여 귀로 듣기만 하였삽더니 이제는 눈으로 주를 뵈옵나이다. 그러므로 내가 스스로 한하고 티끌과 재 가운데서 회개하나이다"(욥 42:5-6)라고 했을 때에, 아직 죽을 몸을 쓰고 있던 거룩한 욥의 눈에 일시적으로 위대한 시력이 부여된 것이었으리라. 이것을 사도가 "너희 마음눈을 밝히사"(엡 1:18)라고 한 그 마음의 눈이라고 해석하지 못할 이유는 없지만, "마음이 청결한 자는 복이 있나니 하나님을 보겠음이니라"(마 5:8) 하신 우리의 하나님이시며 선생이신 분의 말씀을 믿고 받아들이는 그리스도인으로서는, 아무도 이 눈으로 하나님을 보리라는 것을 의심하지 않는다. 여하간 우리가 여기서 문제 삼는 것은 내세에 하나님을 몸의 눈으로도 보게 되겠느냐 하는 것이다.

성경에 "모든 육체가 하나님의 구원하심을 보리라"(눅 3:6)고 한 말씀은 "모든 사람이 하나님의 그리스도를 보리라"는 뜻으로 쉽게 해석할 수 있다. 확실히 사람들은 몸을 입으신 그리스도를 보았고, 산 자와 죽은 자를 심판하러 오실 때에도 몸을 입으신 그를 볼 것이다. 그리스도가 하나님의 구원이심은 성경의 여러 구절이 증거하지만 특히 고령의 의인 시므온은 아기 그리스도를 받아 안고 말했다. "이제는 말씀하신 대로 종을 평안히 놓아주시는도다. 내 눈이 주의 구원을 보았삽나이다"(눅 2:29). 위에서 말한 욥은 히브리어 사본에서 "내가 육체 안에서 하나님을 보리라"(욥 19:26)고 하였다. 이것은 부활에 대한 예언이지만 그는 "육신으로" 보리라고 하지 않는다. 이렇게 말했더라도 "하나님"이라고 한 것은 그리스도를 의미했다고 해석할 수 있을 것이다. 그리스도를 육신 안에서 육신의 눈으로 보겠기 때문이다.

그러나 "내가 육체 안에서 하나님을 보리라"는 말은, 내가 하나님을 볼 때에 육신 안에 있으리라고 해석할 수 있다. "얼굴과 얼굴을 대하여"(고전 13:12)라는 사도의 말은 반드시 우리 몸에서 눈이 있는 그 얼굴로 하나님을 보리라고 믿어야 하는 것이 아니다. 우리는 끊임없이 영으로 하나님을 보겠기 때문이다. 속사람의 "얼굴"이 없다면, 그의 말씀 곧 "우리가 다 수건을 벗은 얼굴로 거울을 보는 것같이, 주의 영광을 보매 저와 같은 형상으로 화하여 영광으로 영광에 이르니 곧 주의 영으로 말미암음이니라"(고후 3:18) 하신 말씀을 하지 않았을 것이다. "주께 가까이 가서 광명을 받으라 그리하면 너희 얼굴이 부끄러움을 당하지 아니하리라"(시 34:5. 70인역) 한 시인의 말씀도 우리는 같은 뜻으로 해석한다. 우리는 믿음으로 하나님께 가까이 가며, 믿음은 몸으로 하는 것이 아니라, 심정으로 하는 일이기 때문이다. 그러나 우리는 신령한 몸(영체)의 접근이 어느 정도일는지를 모른다. 그것은 우리가 경험한 일이 없는 것이며, 성경의 권위로도 명확한 도움을 주지 못한다. 그러므로 우리는 지혜서에 있는 말씀, "죽을 인간의 생각은 떳떳하지 못하며, 우리의 예상은 확실하지 못하다"(지혜서 9:14)는 말씀이 우리를 가리킨 것으로 생각할 필요가 있다.

철학자들의 이론에 따르면, 지적 또는 정신적 대상은 마음으로 보며, 감각적 또는 물체적 대상은 몸의 감각으로 보되, 정신적 대상은 몸을 통해서 볼 수 없으며, 물체적 대상을 마음이 자체만으로 볼 수는 없다고 한다. 만일 이 이론이 믿을 만하다면, 비록 신령한 몸(영체)의 눈일지라도 하나님을 볼 수 없을 것이다. 그러나 진정한 이론과 예언자적 권위가 이런 주장을 멸시한다. 하나님이 감각적 대상을 인식하시지 못한다고 말할 만큼 어리석은 사람이 있는가? 그렇다고 해서 하나님께 이 지식을 얻게 하는 몸이나 눈이 있는가? 그뿐 아니라 우리가 말한 엘리사 예언자의 이야기는 몸의 도움을 받지 않고도 물체적인 것들을 영으로 볼 수 있다는 것을 충분히 알리지 않는가?

그의 종이 선물을 받은 것은 확실히 물체적 행동이었지만 예언자는 눈이 아니라 영으로 그것을 보았다. 따라서 영으로 물체를 볼 수 있다는 것이 확실하므로 만일 신령한 몸의 힘이 심히 강해서 그 신령한 몸으로 영도 볼 수 있을 것이라면 무엇이라고 하겠는가? 하나님은 영이시기 때문이다(요 4:24). 그뿐 아니라, 사람은 각각 자기의 생명을 인식한다 — 우리가 지금 몸 안에서 살고 있는 생명, 우리의 이 지상적 지체들을 살리며 자라게 하는 생명을 안다. 그 때에는 신체적인 눈으로 아는 것이 아니라 내부감각으로 아는 것이다. 그러나 다른 사람의 생명은 보이지 않는 것이지만, 몸으로 본다. 우리는 몸으로밖에 볼 수 없는 그의 몸과 생명을 한꺼번에 보는 것이 아니라면 산 몸과 죽은 몸을 어떻게 구별하는가? 그러나 우리는 몸이 없는 생명은 몸의 눈으로 보는 것이 아니다.

그러므로 내세의 신천신지에서 우리가 몸을 입고 몸을 통해서 물질적 형태들을 볼 때에, 모든 것에서 하나님이 도처에 계시며 모든 것을(물질적인 것까지도) 주관하시는 것을 아주 분명히 보리라는 것은 충분히 가능하며 개연성이 많다. 지금은 하나님의 보이지 아니하는 것들을 그의 만드신 만물을 통해서(롬 1:20) 보며 이해하려고 할 때에 거울로 보듯 희미하며 부분적이요, 물질적으로 나타난 것, 즉 몸의 눈으로 보는 것보다 믿음으로 믿는 것이 더 중요하다. 지금 우리는 생명의 움직임을 나타내 보이는 산 사람들 사이에 살아있다. 우리는 그 움직임을 볼 때에, 그들이 살아있다는 것을 믿는 것이 아니라 보고 안다. 우리는 그들의 몸 안에 있는 생명을 볼 수 없지만, 그들의 몸에 의해서 그 생명을 보고 의심하지 않는다. 그와 같이 우리가 내세에 가질 새 몸의 영안으로 주위를 볼 때에도 우리의 몸에 의해서 영이신 하나님이 만물을 주관하시는 것을 관찰할 것이다.

그러므로 두 가지를 생각할 수 있다. 마음의 속성과 같은 것이 있을 정도로 우리의 영안이 훌륭해서, 영이신 하나님과 모든 영적인 것들을 인식할 수 있으리라는 것이 그 하나다. 이에 대해서는 성경에서 실례나 증언을 얻기가 어렵고, 불가능하다고도 할 것이다. 더 이해하기 쉬운 것은 둘째 생각이다. 우리는 하나님을 잘 알며 하나님이 우리 눈앞에 뚜렷이 계셔서 우리는 이웃들과 자기와 신천신지와 그 때에 있을 모든 피조물에서 하나님을 우리의 영으로 보며, 또 우리의 신령한 몸(영체)의 눈이 가진 시력이 미치는 모든 물체에서 몸으로도 보리라는 것이다. 우리의 생각들도 그 때에는 모든 사람이 볼 수 있을 것이다. 그것은 사도의 말씀이 있기 때문이다. "때가 이르기 전 곧 주께서 오시기까지 아무것도 판단치 말라. 그가 어두움에 감추인 것들을 드러내고 마음의 뜻을 나타내시리니 그 때에 각 사람에게 하나님께로부터 칭찬이 있으리라"(고전 4:5).

30. 하나님의 도성에 있을 영원한 행복과 영원한 안식에 대하여.

그 때에는 어떤 악도 없으며, 어떤 선도 부족하지 않으며, 만유의 주로 만유 안에 계시는 하나님을 찬양할 시간이 있을 것이므로 그 행복이 얼마나 커다란 것일까! 나태함으로 게을러지거나 결핍으로 피곤한 일이 없을 그 곳에서 사람들이 어떤 다른 일에 종사할 것인지 나는 알 수 없다. 나는 거룩한 노래를 읽거나 들을 때에 생각하게 된다. "주의 집에 거하는 자가 복이 있나이다. 저가 항상 주를 찬송하리이다"(시 84:4). 썩지 않을 몸의 모든 지체와 기관은 지금은 여러 가지 필요한 기능을 배당 받았지만, 그 때에는 하나님을 찬양하는 데 이바지할 것이다. 내세에는 결핍이 없고, 있는 것은 확실하고 안전하고 영속하는 행복뿐이겠기 때문이다. 신체의 조화를 이루는 수에 대해서 나는 이미 말했다.[50] 그 수들은 지금 숨어 있으나 그 때에는 신체의 각 부분에 안과 밖으로 배치되어 나타나 보일 것이다. 우리의 이성을 만족시키는 그 아름다움과 다른 위대하고 놀라운 것들이 합력해서 모든 이성적 존재들에 감동을 주며 위대하신 창조주를 찬양하게 만들 것이다.

이런 몸들의 운동력이 어떠할는지를 나는 상상할 수 없으므로 감히 경솔한 판정을 할 수 없다. 그런 그 때의 몸들은 운동하거나 정지하거나 간에, 그 외형과 같이, 언제나 품위가 있으리라. 품위없는 것은 내세에서 허락되지 않겠기 때문이다. 확실히 영이 원하는 곳에는 어디든지 즉시 몸이 있으며, 영이나 몸에 적합하지 않은 것은 영이 결코 원하지 않을 것이다. 거기에는 진정한 영예가 있어서, 착오나 아첨으로 영예를 주는 일이 없는 동시에, 자격있는 사람에게는 아무에게도 거절하지 않으며 무자격자에게는 결코 주지 않을 것이다. 거기는 자격있는 자만이 거할 허락을 받을 것이므로, 무자격자가 영예를 구하는 예도 없을 것이다. 거기에는 진정한 평화가 있을 것이다. 아무도 자기나 다른 사람의 행동에서 해를 받는 일이 없겠기 때문이다.

덕성의 근원이신 하나님 자신이 덕성에 대한 상이 되실 것이다. 하나님보다 더

---

50) 앞의 각주 37을 참조.

위대하거나 더 선한 상이 있을 수 없으므로, 하나님은 자기를 상으로 주시겠다고 약속하셨다. 예언자를 통해서 "내가 저희 하나님이 되며 저희가 내 백성이 되리라"(고후 6:16) 하신 말씀은 "내가 저희를 만족하게 하며, 사람들의 올바른 소원은 내가 모두 그대로 되어 주리라"는 뜻이 아니고 무엇인가? 생명과 건강과 영양과 풍족한 영광과 평화와 명예와 모든 선한 것이 되어 주시리라는 뜻이 아닌가? 또 이렇게 생각하는 것이 "하나님이 만유의 주로서 만유 안에 계시려 함이라"(고전 15:28)고 한 사도의 말씀에 대한 바른 해석이다. 하나님은 우리의 소원의 목표가 되실 것이니, 우리는 그를 끝없이 보며, 싫증없이 사랑하며, 피로함 없이 찬양할 것이다. 이 넘치는 애정과 이와 같은 활동은 영생 자체와 같이, 확실히 모든 사람에게 공통일 것이다.

각 사람의 공로의 차등에 따라 명예와 영광에 어떤 차등이 있을는지를 누가 설명은 고사하고 상상이라도 할 수 있겠는가? 그러나 차등이 있을 것은 의심할 수 없다. 또 저 복된 도성에서는 지금 천사들이 천사장들을 시기하지 않는 것과 같이 아랫 사람이 윗사람을 시기하는 일이 없다는 이 위대한 축복이 있을 것이다. 아무도 자기가 받지 않은 것이 되고자 하지 않는 동시에, 받은 자들과 지극히 다정하게 합심하며 단결하겠기 때문이다. 한 몸에서 손가락이 눈이 되고자 하지 않으면서 이 두 지체가 온 몸의 구조 속에 포함되어 조화를 이루고 있는 것과 같다. 이와 같이, 비교적 작은 선물을 받은 사람은 그 이상의 것을 원하지 않는 자족의 선물까지 받을 것이다.

또 그들을 기쁘게 할 힘이 죄에 없게 되리라고 해서, 자유 의지가 철회되리라고 생각해서는 안 된다. 의지는 죄를 기뻐하는 상태에서 해방되어, 죄를 짓지 않는 것을 반드시 기뻐할 것이므로 그것은 도리어 더욱 자유로울 것이다. 처음에 사람이 고결한 자로 창조되었을 때에 받은 의지의 자유는 죄를 짓지 않는 능력과 동시에 죄를 짓는 능력이었다. 그러나 의지의 마지막 자유는 훨씬 더 강력한 것이어서 죄를 지을 수 없을 것이다. 참으로 그것은 인간의 본성에 있는 능력이 아니라 하나님이 주신 선물일 것이다. 하나님인 것과 하나님에 동참하는 자인 것은 문제가 다르기 때문이다. 하나님은 본성 때문에 죄를 지으실 수 없지만 하나님께 동참하는 자는 죄를 지을 수 없는 상태를 하나님께로부터 받는다.

그리고 이 하나님의 선물에는 단계가 있어야 했다. 즉, 처음에 받은 자유 의지로는 죄를 짓지 않을 수 있었고, 마지막에 받은 자유 의지로는 죄를 지을 수 없다. 전자는 공로를 얻기에 합당하며, 후자는 상을 받기에 합당하다. 그러나 인간은 본성으로 죄를 지을 수 있었을 때에 죄를 지었다가, 더 풍성한 은혜로 구원을 받아, 죄를 지을 수 없는 자유에 이른다. 아담이 범죄함으로써 잃어버린 처음의 영생은 죽지 않을 수 있다는 것이었고, 마지막 영생은 죽을 수 없는 것이었는데, 그와 같이 처음의 자유 의지는 죄를 짓지 않는 능력이었고, 마지막 자유 의지는 죄를 지을 수 없다는 것이다. 그래서 경건과 공의에 대한 욕망은 행복에 대한 욕망과 같이 소멸될 수 없을 것이다. 확실히 우리는 범죄 때문에 경건과 행복을 다 잃었지만, 행복을 잃었을 때에도 행복에 대한 욕망은 잃지 않았다. 또 하나님은 죄를 지으실 수 없지만, 그렇다고 해서 자유 의지가 없으시다고 말할 수 없다.

그 도성에서는 모든 시민에게 한결같은 자유 의지가 있을 것이며 아무도 그 자유 의지가 분열되지 않고 모든 악에서 해방되어 모든 선으로 충만하며 영원한 기쁨을 끊임없이 즐기며, 과거의 죄와 벌을 잊되, 해방된 것과 해방해 주신 분에 대한 감사를 잊지 않을 것이다. 그 때에 영혼은 과거의 악을 지식적으로 기억하고 있겠지만, 감각적 경험으로서는 아주 잊어버릴 것이다. 유능한 의사는 전문적인 병들을 거의 모두 알고 있지만, 체험하지 못한 병이 많아서 그 병들을 직접 알 수는 없다. 그러므로 좋지 못한 일들을 아는 방법은 정신적 통찰과 감각적 체험의 두 가지이다.

교양있는 정신이 지혜로 모든 죄악을 이해하는 것과 죄 많은 생활의 어리석음으로 이해하는 것과는 문제가 다르다. 그와 같이 악을 잊어버리는 방법도 두 가지이다. 즉, 잘 배워서 유식한 사람이 잊어버리는 방법과 고통을 체험한 사람이 잊어버리는 방법이다. 전자는 그 알게 된 것을 무시함으로써, 그리고 후자는 고통에서 해방됨으로써 잊는다. 이 후자의 경우와 같이, 성도들은 받는 고통이 없을 것이므로 그 감각에서 고통이 완전히 말소될 것이다. 그러나 그들의 인식 능력은 강대해서 자기의 과거의 고통뿐 아니라, 멸망한 자들의 영원한 고통도 알고 있을 것이다. 만일 과거의 불행을 모른다면, 어떻게 시인이 말하듯이, 하나님의 자비를 영원히 노래할 수 있겠는가?(시 89:1)

참으로 그 도성에서는 그리스도께서 피를 흘려 우리를 구원하신 그 은혜를 찬양하는 것보다 더 큰 기쁨이 없을 것이다. 거기서는 "너희는 가만히 있어 내가 하나님 됨을 알지어다"(시 46:10)라고 한 시인의 말씀이 실현될 것이다. 그곳은 저녁이 없는 가장 위대한 안식일, 하나님이 최초의 피조물들 사이에서 기뻐하신 그런 안식일이 있을 것이다. 성경에 "하나님이 일곱째 날에 안식하시니라. 하나님이 일곱째 날을 거룩하게 하셨으니 이는 하나님이 그 만드시던 모든 일을 이 날에 쉬셨음이더라"(창 2:2-3)고 하였다. 그 때에는 우리 자신이 일곱째 날이 될 것이다. 즉 우리는 하나님의 복주심과 거룩하게 하심으로 충만할 것이다. 그 때에 우리는 가만히 있어도 그가 하나님이심을 알 것이며, 우리가 그를 버렸을 때에 신이 되고자 하던 그 하나님이심을 알 것이다.

이전에 우리는 "너희가 신들과 같이 되리라"(창 3:5)고 하는 유혹자의 음성에 귀를 기울여 진정한 하나님을 버렸지만, 하나님께서는 우리가 그를 버리는 것이 아니라, 그에게 동참함으로써 참으로 신들이 되도록 도우려고 하셨던 것이다. 하나님을 떠나서 우리가 한 일은 그의 진노로 멸망하는 것뿐이었고 그밖에 한 것이 무엇인가? 그러나 하나님이 우리를 회복해 주시고 더 큰 은혜로 완전하게 만드실 때에, 우리는 영원히 쉬면서 그가 하나님이심을 항상 볼 것이다. 그가 만유의 주로서 만유 안에 계실 때에 우리도 그로 충만하겠기 때문이다. 우리의 선행도 우리 것이 아니라 그의 것임을 깨달을 때에, 이 안식을 우리가 즐길 수 있도록 우리의 선행으로 돌려질 것이다. 그것을 우리의 선행이라고 하면 그것은 종이 하는 노동같이 되며, 안식일에 관해서도 "너희는 그날 아무 노동도 하지 말라"(신 5:14)고 했다. 그러므로 예언자 에스겔을 시켜 "또 나는 그들을 거룩하게 하는 여호와인 줄 알게 하려 하여 내가 내 안식일을 주어 그들과 나 사이에 표징을 삼았노라"고 말씀하셨다(겔 20:12). 우리가 이 일을 완전히 아는 것은, 우리가 완전히 쉬며, 그가 하나님이심을 완전히 아는 때일 것이다.

성경에 있는 시대 구분에 따라 한 시대를 하루라고 계산하면 그 시대가 일곱째 날임이 나타나며 이 안식일임이 더 분명해질 것이다. 처음 시대, 즉 첫 날은 아담으로부터 홍수까지요, 둘째 시대는 홍수로부터 아브라함까지며 첫째 시대와 둘째 시대는 시간의 길이가 아니라 세대수가 같다. 즉, 한 시대에 열 세대씩 있었다. 아브라함으로부터 그리스도의 강림까지는 세 시대라고 복음서 기자 마태는 계산했으며, 한 시대에 14세대씩 있었다. 즉 아브라함으로부터 다윗까지가 한 시대요, 다윗으로부터 포로 기간까지 한 시대요, 포로 기간으로부터 그리스도의 육신 탄생까지가 한 시대였으며, 각 시대가 14세대씩이었다. 이와 같이 모두 다섯 시대가 있었다.

여섯째 시대는 지금이요, 그 길이를 세대수로 측정할 수 없는 것은 "때와 기한은 아버지께서 자기의 권한에 두셨으니 너희의 알 바가 아니라"(행 1:7)고 하신 말씀과 같다.[51] 이 기간이 지난 후에는 하나님이 일곱째 날에 쉬실 것이며, 일곱째 날에 있을 우리에게 그의 안에서 안식을 주실 것이다. 지금은 이 시대들을 일일이 자세하게 논하면 너무 길어지겠으므로, 다만 일곱째 날은 우리의 안식일이 될 것이라고만 말한다. 그 날의 끝은 저녁이 아니라 주님의 날, 즉 여덟째의 영원한 날일 것이다. 주일은 주님의 부활로 성별되어 영뿐 아니라 몸까지 영원히 안식할 것을 예표

51) 이 여섯 시대의 구분에 대해서는 16권 43장의 마지막 부분을 참조.

한다. 그 때에 우리는 쉬면서 보며, 보면서 사랑하며, 사랑하면서 찬양할 것이다. 끝없는 끝에 있을 일을 보라. 끝없는 나라에 도달하는 것 이외에 무엇이 우리의 끝이며 목표인가?

나는 하나님의 도움을 받아 이 방대한 저서를 이제 완결했으니, 책임을 다한 줄로 생각한다. 내가 한 말이 너무 적거나 너무 많다고 생각하는 사람들은 나를 용서하라. 내가 한 말이 알맞고 충분하다고 생각하는 사람들은 나와 함께 하나님께 감사하라. 아멘. 아멘.

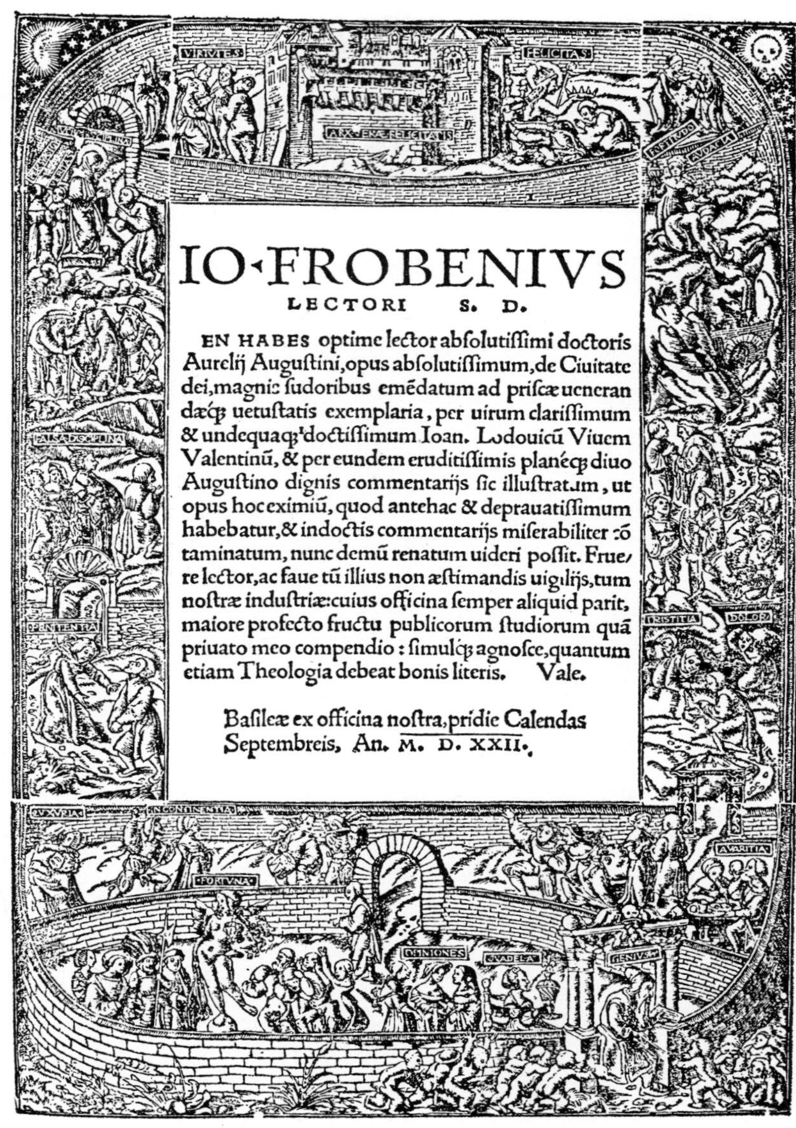

IO·FROBENIVS
LECTORI S. D.

EN HABES optime lector absolutissimi doctoris Aurelij Augustini, opus absolutissimum, de Ciuitate dei, magnis sudoribus emẽdatum ad priscæ ueneran dæq; uetustatis exemplaria, per uirum clarissimum & undequaq; doctissimum Ioan. Ludouicũ Viuem Valentinũ, & per eundem eruditissimis planéq; diuo Augustino dignis commentarijs sic illustratum, ut opus hoc eximiũ, quod antehac & deprauatissimum habebatur, & indoctis commentarijs miserabiliter cõtaminatum, nunc demũ renatum uideri possit. Fruere lector, ac faue tũ illius non æstimandis uigilijs, tum nostræ industriæ: cuius officina semper aliquid parit, maiore profecto fructu publicorum studiorum quã priuato meo compendio: simulq; agnosce, quantum etiam Theologia debeat bonis literis. Vale.

Basileæ ex officina nostra, pridie Calendas Septembreis, An. M. D. XXII.

「하나님의 도성」, 1522년 Ludovic Vives 版의 속표지

주요 참고문헌

아우구스티누스의 참고 문헌은 엄청나게 많다. 최근에 5,502종을 포함한다고 추산한 것도 결코 완전하지 않다. 매년 책과 판(版)과 논문들이 더해지고 있다. 적어도 한 잡지 <Revue des etudes augustiniennes>는 전적으로 이 주제에 헌신하고 있다. 아우구스티누스는 지난 50년간(1972년 기준) 역사가들에 의해 많이 다루어지고 이해되었다. 특별한 전문가를 제외하고는 피터 브라운의 책 안에 있는 참고 문헌 목록은 전기적 자료와 일반적 자료에 충분할 것이다. 아우구스티누스의 신학과 사상을 위해서는 질송의 작품에 있는 방대한 해설을 참조해야 할 것이다.

전기. 아우구스티누스의 제자인 포시디우스가 쓴 그 당시의 생활은 큰 가치가 있고, H. T. Weisskotten(1919)版으로부터 영어로 번역되었다. 그러나 엄격하게 전기적 자료를 위해서는 Peter Brown의 *Augustine of Hippo* 가 최고로 좋으며, 보너스로 그의 작품 연대표까지 나와 있다.
다른 책 중에는 G. Bardy, *Saint Augustine, l'homm et l'oeuvre*(6th edition, 1946)이 표준이다.

사상. 여기서 일류의 작품은 E. Gilson, *Introduction al etude de S.Augustin*(3rd edition 1949)인데 축약판이 *History of Christian Philosophy in the Middle Ages*(1955)이다(현대지성사 역간 「중세철학사」). 이 책은 풍부한 전기적 해설을 담고 있다. 아우구스티누스의 '전체적' 견해를 위해서는 E. Portalie, *Dictionnaire de theologie catholique*(1903)이 고전적 논문인데, 영어로 *A Guide to the Thought of St Augustine*(1960)으로 번역되어 아직도 큰 가치가 있다. 상기 책들과 다른 책들에도, 「하나님의 도성」이 많이 취급되고 있다. F. Van der Meer와 Chr. Mohrmann의 *The Atlas of the Early Christian World*(Nelson, 1966)

는 아우구스티누스의 생애의 지도와 히포의 아우구스티누스 교회당 전경을 담고 있다. 플로티노스에 대한 가장 좋고, 간결한 논문은 A. H. Armstrong이 쓴 *Encyclopaedia Britannica*(1967년판)의 논문이다. S. Mackenna의 *Enneads*(3판, P. Henry의 서론)의 번역은 고전이다.

마니교에 대해서는, H. Puech, *Le Manicheism:son fondateur, sa doctrine*(1944)가 표준적이다. 도나투스파에 대해서는 W. H. C. Frend, *The Donatist Church*를 보라.

참고문헌

1. 일반적 배경

G. Boissier, *La fin du paganisme*, Paris, 1891.
C. N. Cochrane, *Christianity and Classical Culture*, Oxford, 1940.
S. Dill, *Roman Society in the Last Century of the Western Empire*, London, 1899.
E. R. Dodds, *Pagan and Christian in an Age of Anxiety*, Oxford, 1965.
P. de Labriolle, *La réaction paienne*, 10th edition, Paris, 1950.
A. Momigliano (ed.), *The Conflict between Paganism and Christianity in the Fourth Century*, London, 1963.
A. D. Nock, *Conversion. The Old and the New in Religion from Alexander the Great to Augustine of Hippo*, Oxford, 1933.

2. 아우구스티누스의 생애와 사상

R. Battenhouse (ed.), *A Companion to the Study of St Augustine*, New York, 1955 (contains a short essay on the *City of God* by E. R. Hardy).
J. Burnaby, *Amor Dei*, London, 1938.
P. Courcelle, *Les Lettres greques en Occident de Macrobe a Cassiodore*, Paris, 1958; *Recherches sur les 'Confessions' de S. Augustin*, Paris, 1950.
R. A. Markus, *Saeculum: History and Society in the Theology of St. Augustine*, London, 1970.
H. Marrou, *Augustin et la fin de la culture antique*, Paris, 1938.
Various writers, *A Monument to St Augustine*, London, 1930 (contains a short essay on the *City of God* by C. Dawson).

3. 하나님의 도성에 관하여

R. H. Barrow, *Introduction to St Augustine, The City of God*, London, 1950 (selections in Latin and English, with an analysis and a running commentary).
E. Barker, Introductory essay to the reprint of John Healey's translation in the Everyman Library, London, 1945.
N. H. Baynes, *The Political Ideas of St Augustine's De Civitate Dei*, London, 1936.
S. Burleigh, *The City of God. A Study of St Augustine's Philosophy*, London, 1950.

더 읽어야 할 책들

W. Cunningham, *St Augustine and his Place in the History of Christian Thought*, Cambridge, 1886.
J. N. Figgis, *The Political Aspects of St Augustine's City of God*, London, (reprinted 1963).
J. O'Meara, *Charter of Christendom*, London, 1961.
J. Rickaby, *St Augustine's City of God, A View of the Contents*, London, 1925.
J. E. C. Welldon, *S. Aurelii Augustini ... De Civitate Dei ...*, 2 volumes London, 1924. (The only annotated edition in English, with full notes and a useful introduction and appendices).

독자 여러분들께 알립니다!

'CH북스'는 기존 **'크리스천다이제스트'**의 영문명 앞 2글자와
도서를 의미하는 **'북스'**를 결합한 출판사의 새로운 이름입니다.

세계기독교고전 26

하나님의 도성

1판 1쇄 발행 1998년 1월 5일
2판 1쇄 발행 2016년 6월 1일
2판 5쇄 발행 2025년 4월 10일

지은이 성 아우구스티누스
옮긴이 조호연, 김종흡
발행인 박명곤 **CEO** 박지성 **CFO** 김영은
기획편집1팀 채대광, 이정미, 백환희, 이상지
기획편집2팀 박일귀, 이은빈, 강민형, 박고은
기획편집3팀 이승미, 김윤아, 이지은
디자인팀 구경표, 유채민, 윤신혜, 임지선
마케팅팀 임우열, 김은지, 전상미, 이호, 최고은

펴낸곳 CH북스
출판등록 제406-1999-000038호
전화 070-4917-2074 **팩스** 0303-3444-2136
주소 서울시 강서구 마곡중앙6로 40, 장흥빌딩 10층
홈페이지 www.hdjisung.com **이메일** support@hdjisung.com
제작처 영신사

"크리스천의 영적 성장을 돕는 고전"
세계기독교고전 목록

1 **데이비드 브레이너드 생애와 일기**
조나단 에드워즈 편집
2 **그리스도를 본받아** | 토마스 아 켐피스
3 **존 웨슬리의 일기** | 존 웨슬리
4 **존 뉴턴 서한집 - 영적 도움을 위하여** | 존 뉴턴
5 **성 프란체스코의 작은 꽃들**
6 **경건한 삶을 위한 부르심** | 윌리엄 로
7 **기도의 삶** | 성 테레사
8 **고백록** | 성 아우구스티누스
9 **하나님의 사랑** | 성 버나드
10 **회개하지 않은 자에게 보내는 경고**
조셉 얼라인
11 **하이델베르크 요리문답 해설** | 우르시누스
12 **죄인의 괴수에게 넘치는 은혜** | 존 번연
13 **하나님께 가까이** | 아브라함 카이퍼
14 **기독교 강요(초판)** | 존 칼빈
15 **천로역정** | 존 번연
16 **거룩한 전쟁** | 존 번연
17 **하나님의 임재 연습** | 로렌스 형제
18 **악인 씨의 삶과 죽음** | 존 번연
19 **참된 목자(참 목자상)** | 리처드 백스터
20 **예수님이라면 어떻게 하실까** | 찰스 쉘던
21 **거룩한 죽음** | 제레미 테일러
22 **웨스트민스터 소교리문답 강해**
알렉산더 화이트
23 **그리스도인의 완전** | 프랑소아 페넬롱
24 **경건한 열망** | 필립 슈페너
25 **그리스도인의 행복한 삶의 비결** | 한나 스미스
26 **하나님의 도성(신국론)** | 성 아우구스티누스
27 **겸손** | 앤드류 머레이
28 **예수님처럼** | 앤드류 머레이
29 **예수의 보혈의 능력** | 앤드류 머레이
30 **그리스도의 영** | 앤드류 머레이
31 **신학의 정수** | 윌리엄 에임스
32 **실낙원** | 존 밀턴
33 **기독교 교양** | 성 아우구스티누스
34 **삼위일체론** | 성 아우구스티누스
35 **루터 선집** | 마르틴 루터
36 **성령, 위로부터 오는 능력** | 앨버트 심프슨
37 **성도의 영원한 안식** | 리처드 백스터
38 **웨스트민스터 소요리문답 해설** | 토머스 왓슨
39 **신학총론(최종판)** | 필립 멜란히톤
40 **믿음의 확신** | 헤르만 바빙크
41 **루터의 로마서 주석** | 마르틴 루터
42 **놀라운 회심의 이야기** | 조나단 에드워즈
43 **새뮤얼 러더퍼드의 편지** | 새뮤얼 러더퍼드
44-46 **기독교 강요(최종판) 상·중·하** | 존 칼빈
47 **인간의 영혼 안에 있는 하나님의 생명**
헨리 스쿠걸
48 **완전의 계단** | 월터 힐턴
49 **루터의 탁상담화** | 마르틴 루터
50-51 **그리스도인의 전신갑주 I, II** | 윌리엄 거널
52 **섭리의 신비** | 존 플라벨
53 **회심으로의 초대** | 리처드 백스터
54 **무릎으로 사는 그리스도인** | 무명의 그리스도인
55 **할레스비의 기도** | 오 할레스비
56 **스펄전의 전도** | 찰스 H. 스펄전
57 **개혁교의학 개요(하나님의 큰 일)**
헤르만 바빙크
58 **순종의 학교** | 앤드류 머레이
59 **완전한 순종** | 앤드류 머레이
60 **그리스도의 기도학교** | 앤드류 머레이
61 **기도의 능력** | E. M. 바운즈
62 **스펄전 구약설교노트** | 찰스 스펄전
63 **스펄전 신약설교노트** | 찰스 스펄전
64 **죄 죽이기** | 존 오웬